J. von Staudingers
Kommentar zum Bürgerlichen Gesetzbuch
mit Einführungsgesetz und Nebengesetzen
Eckpfeiler des Zivilrechts

Kommentatorinnen und Kommentatoren

Dr. Karl-Dieter Albrecht
Vorsitzender Richter am Bayerischen Verwaltungsgerichtshof a. D., München

Dr. Christoph Althammer
Professor an der Universität Regensburg

Dr. Georg Annuß
Rechtsanwalt in München, Außerplanmäßiger Professor an der Universität Regensburg

Dr. Christian Armbrüster
Professor an der Freien Universität Berlin, Richter am Kammergericht a. D.

Dr. Arnd Arnold
Professor an der Universität Trier, Dipl.-Volksw.

Dr. Markus Artz
Professor an der Universität Bielefeld

Dr. Marietta Auer, S.J.D.
Professorin an der Universität Gießen

Dr. Martin Avenarius
Professor an der Universität zu Köln

Dr. Ivo Bach
Professor an der Universität Göttingen

Dr. Wolfgang Baumann
Notar in Wuppertal, Professor an der Bergischen Universität Wuppertal

Dr. Winfried Bausback
Professor a. D. an der Bergischen Universität Wuppertal, bayerischer Staatsminister der Justiz, Mitglied des Bayerischen Landtags

Dr. Roland Michael Beckmann
Professor an der Universität des Saarlandes, Saarbrücken

Dr. Dr. h. c. Detlev W. Belling, M.C.L.
Professor an der Universität Potsdam

Dr. Andreas Bergmann
Professor an der Fernuniversität Hagen

Dr. Falk Bernau
Richter am Bundesgerichtshof, Karlsruhe

Dr. Marcus Bieder
Professor an der Universität Osnabrück

Dr. Werner Bienwald
Professor an der Evangelischen Fachhochschule Hannover, Rechtsanwalt in Oldenburg

Dr. Tom Billing
Rechtsanwalt in Berlin

Dr. Claudia Bittner, LL.M.
Außerplanmäßige Professorin an der Universität Freiburg i. Br., Richterin am Hessischen Landessozialgericht

Dr. Eike Bleckwenn
Rechtsanwalt in Hannover

Dr. Reinhard Bork
Professor an der Universität Hamburg

Dr. Jan Busche
Professor an der Universität Düsseldorf

Dr. Georg Caspers
Professor an der Universität Erlangen-Nürnberg

Dr. Tiziana Chiusi
Professorin an der Universität des Saarlandes, Saarbrücken

Dr. Michael Coester, LL.M.
Professor an der Universität München

Dr. Dr. h. c. Dagmar Coester-Waltjen, LL.M.
Professorin an der Universität Göttingen

Dr. Thomas Diehn
Notar in Hamburg

Dr. Katrin Dobler
Regierungsdirektorin beim Justizministerium Baden-Württemberg

Dr. Heinrich Dörner
Professor an der Universität Münster

Dr. Werner Dürbeck
Richter am Oberlandesgericht Frankfurt a. M.

Dr. Anatol Dutta, M. Jur.
Professor an der Universität München

Dr. Christina Eberl-Borges
Professorin an der Universität Mainz

Dr. Dres. h. c. Werner F. Ebke, LL.M.
Professor an der Universität Heidelberg

Dr. Jan Eickelberg, LL.M.
Professor an der Hochschule für Wirtschaft und Recht, Berlin

Jost Emmerich
Richter am AG München

Dr. Volker Emmerich
Professor an der Universität Bayreuth, Richter am Oberlandesgericht Nürnberg a. D.

Dipl.-Kfm. Dr. Norbert Engel
Ministerialdirigent a. D., Rechtsanwalt in Erfurt

Dr. Cornelia Feldmann
Rechtsanwältin in Freiburg i. Br.

Dr. Timo Fest, LL.M.
Priv. Dozent an der Universität München

Dr. Karl-Heinz Fezer
Professor an der Universität Konstanz, Honorarprofessor an der Universität Leipzig, Richter am Oberlandesgericht Stuttgart a. D.

Dr. Philipp S. Fischinger, LL.M.
Professor an der Universität Mannheim

Dr. Holger Fleischer
Professor am Max-Planck-Institut, Hamburg

Dr. Rainer Frank
Professor an der Universität Freiburg i. Br.

Dr. Robert Freitag, Maître en droit
Professor an der Universität Erlangen-Nürnberg

Dr. Jörg Fritzsche
Professor an der Universität Regensburg

Dr. Beate Gsell, Maître en droit
Professorin an der Universität München, Richterin am Oberlandesgericht München

Dr. Karl-Heinz Gursky
Professor an der Universität Osnabrück

Dr. Thomas Gutmann, M. A.
Professor an der Universität Münster

Dr. Martin Gutzeit
Professor an der Universität Gießen

Dr. Martin Häublein
Professor an der Universität Innsbruck

Dr. Johannes Hager
Professor an der Universität München

Dr. Felix Hartmann, LL.M.
Professor an der Freien Universität Berlin

Dr. Wolfgang Hau
Professor an der Universität Passau

Dr. Rainer Hausmann
Professor an der Universität Konstanz

Dr. Stefan Heilmann
Richter am Oberlandesgericht Frankfurt, Honorarprofessor an der Frankfurt University of Applied Sciences

Dr. Jan von Hein
Professor an der Universität Freiburg i. Br.

Dr. Christian Heinze
Professor an der Universität Hannover

Dr. Stefan Heinze
Notar in Moers

Dr. Tobias Helms
Professor an der Universität Marburg

Dr. Dr. h. c. mult. Dieter Henrich
Professor an der Universität Regensburg

Dr. Carsten Herresthal, LL.M.
Professor an der Universität Regensburg

Christian Hertel, LL.M.
Notar in Weilheim i. OB.

Dr. Stephanie Herzog
Rechtsanwältin in Würselen

Joseph Hönle
Notar in München

Dr. Ulrich Hönle
Notar in Waldmünchen

Dr. Bernd von Hoffmann †
Professor an der Universität Trier

Dr. Dr. h. c. Heinrich Honsell
Professor an der Universität Zürich, Honorarprofessor an der Universität Salzburg

Dr. Norbert Horn
Professor an der Universität zu Köln, Vorstand des Arbitration Documentation and Information Center e.V., Köln

Dr. Rainer Hüttemann
Professor an der Universität Bonn

Dr. Martin Illmer, MJur
Richter am Landgericht Hamburg, Privatdozent an der Bucerius Law School

Dr. Florian Jacoby
Professor an der Universität Bielefeld

Dr. Rainer Jagmann
Vorsitzender Richter am Oberlandesgericht Karlsruhe a. D.

Dr. Ulrich von Jeinsen
Rechtsanwalt und Notar in Hannover, Honorarprofessor an der Universität Hannover

Dr. Joachim Jickeli
Professor an der Universität zu Kiel

Dr. Dagmar Kaiser
Professorin an der Universität Mainz

Dr. Bernd Kannowski
Professor an der Universität Bayreuth

Dr. Rainer Kanzleiter
Notar a. D. in Ulm, Honorarprofessor an der Universität Augsburg

Dr. Sibylle Kessal-Wulf
Richterin des Bundesverfassungsgerichts, Karlsruhe

Dr. Christian Kesseler
Notar in Düren, Honorarprofessor an der Universität Trier

Dr. Fabian Klinck
Professor an der Universität Bochum

Dr. Frank Klinkhammer
Richter am Bundesgerichtshof, Karlsruhe, Honorarprofessor an der Universität Marburg

Dr. Steffen Klumpp
Professor an der Universität Erlangen-Nürnberg

Dr. Jürgen Kohler
Professor an der Universität Greifswald

Dr. Stefan Koos
Professor an der Universität der Bundeswehr München

Dr. Rüdiger Krause
Professor an der Universität Göttingen

Dr. Heinrich Kreuzer
Notar in München

Dr. Lena Kunz, LL.M.
Akad. Mitarbeiterin an der Universität Heidelberg

Dr. Hans-Dieter Kutter
Notar a. D. in Nürnberg

Dr. Arnold Lehmann-Richter
Professor an der Hochschule für Wirtschaft und Recht Berlin

Stefan Leupertz
Richter a. D. am Bundesgerichtshof, Honorarprofessor an der TU Dortmund

Johannes Liebrecht
Wiss. Referent am Max-Planck-Institut, Hamburg

Dr. Martin Löhnig
Professor an der Universität Regensburg

Dr. Dr. h. c. Manfred Löwisch
Professor an der Universität Freiburg i. Br., Rechtsanwalt in Lahr (Schw.), vorm. Richter am Oberlandesgericht Karlsruhe

Dr. Dirk Looschelders
Professor an der Universität Düsseldorf

Dr. Stephan Lorenz
Professor an der Universität München

Dr. Katharina Lugani
Professorin an der Universität Düsseldorf

Dr. Ulrich Magnus
Professor an der Universität Hamburg, Affiliate des MPI für ausländisches und internationales Privatrecht, Hamburg, Richter am Hanseatischen Oberlandesgericht zu Hamburg a. D.

Dr. Peter Mankowski
Professor an der Universität Hamburg

Dr. Heinz-Peter Mansel
Professor an der Universität zu Köln

Dr. Peter Marburger
Professor an der Universität Trier

Dr. Wolfgang Marotzke
Professor an der Universität Tübingen

Dr. Sebastian A. E. Martens
Professor an der Universität Passau

Dr. Dr. Dr. h. c. mult. Michael Martinek, M.C.J.
Professor an der Universität des Saarlandes, Saarbrücken, Honorarprofessor an der Universität Johannesburg, Südafrika

Dr. Annemarie Matusche-Beckmann
Professorin an der Universität des Saarlandes, Saarbrücken

Dr. Gerald Mäsch
Professor an der Universität Münster

Dr. Jörg Mayer †
Honorarprofessor an der Universität Erlangen-Nürnberg, Notar in Simbach am Inn

Dr. Dr. Detlef Merten
Professor an der Deutschen Universität für Verwaltungswissenschaften Speyer

Dr. Tanja Mešina
Staatsanwältin, Stuttgart

Dr. Rudolf Meyer-Pritzl
Professor an der Universität zu Kiel, Richter am Schleswig-Holsteinischen Oberlandesgericht in Schleswig

Dr. Morten Mittelstädt
Notarassessor in Hamburg

Dr. Peter O. Mülbert
Professor an der Universität Mainz

Dr. Dirk Neumann
Vizepräsident des Bundesarbeitsgerichts a. D., Kassel, Präsident des Landesarbeitsgerichts Chemnitz a. D.

Dr. Hans-Heinrich Nöll
Rechtsanwalt in Hamburg

Dr. Jürgen Oechsler
Professor an der Universität Mainz

Dr. Hartmut Oetker
Professor an der Universität zu Kiel, Richter am Thüringer Oberlandesgericht in Jena

Wolfgang Olshausen
Notar a. D. in Rain am Lech

Dr. Dirk Olzen
Professor an der Universität Düsseldorf

Dr. Sebastian Omlor, LL.M., LL.M.
Professor an der Universität Marburg

Dr. Gerhard Otte
Professor an der Universität Bielefeld

Dr. Lore Maria Peschel-Gutzeit
Rechtsanwältin in Berlin, Senatorin für Justiz a. D. in Hamburg und Berlin, Vorsitzende Richterin am Hanseatischen Oberlandesgericht zu Hamburg i. R.

Dr. Frank Peters
Professor an der Universität Hamburg, Richter am Hanseatischen Oberlandesgericht zu Hamburg a. D.

Dr. Axel Pfeifer
Notar in Hamburg

Dr. Christian Picker
Dozent an der Universität München

Dr. Andreas Piekenbrock
Professor an der Universität Heidelberg

Dr. Jörg Pirrung
Richter am Gericht erster Instanz der Europäischen Gemeinschaften i. R., Professor an der Universität Trier

Dr. Dr. h. c. Ulrich Preis
Professor an der Universität zu Köln

Dr. Maximilian Freiherr von Proff zu Irnich
Notar in Köln

Dr. Thomas Raff
Notarassessor, Kandel

Dr. Manfred Rapp
Notar a. D., Landsberg am Lech

Dr. Thomas Rauscher
Professor an der Universität Leipzig, Dipl. Math.

Dr. Peter Rawert, LL.M.
Notar in Hamburg, Honorarprofessor an der Universität Kiel

Eckhard Rehme
Vorsitzender Richter am Oberlandesgericht Oldenburg i. R.

Dr. Wolfgang Reimann
Notar a. D., Honorarprofessor an der Universität Regensburg

Dr. Tilman Repgen
Professor an der Universität Hamburg

Dr. Dieter Reuter †
Professor an der Universität zu Kiel, Richter am Schleswig-Holsteinischen Oberlandesgericht in Schleswig a. D.

Dr. Christoph Reymann, LL.M. Eur.
Notar in Neustadt b. Coburg, Professor an der Privaten Universität Liechtenstein

Dr. Reinhard Richardi
Professor an der Universität Regensburg, Präsident des Kirchlichen Arbeitsgerichtshofs der Deutschen Bischofskonferenz, Bonn

Dr. Volker Rieble
Professor an der Universität München,
Direktor des Zentrums für Arbeitsbeziehungen und Arbeitsrecht

Dr. Thomas Riehm
Professor an der Universität Passau

Dr. Anne Röthel
Professorin an der Bucerius Law School, Hamburg

Dr. Christian Rolfs
Professor an der Universität zu Köln

Dr. Herbert Roth
Professor an der Universität Regensburg

Dr. Ludwig Salgo
Apl. Professor an der Universität Frankfurt a. M.

Dr. Renate Schaub, LL.M.
Professorin an der Universität Bochum

Dr. Martin Josef Schermaier
Professor an der Universität Bonn

Dr. Gottfried Schiemann
Professor an der Universität Tübingen

Dr. Eberhard Schilken
Professor an der Universität Bonn

Dr. Peter Schlosser
Professor an der Universität München

Dr. Martin Schmidt-Kessel
Professor an der Universität Bayreuth

Dr. Günther Schotten
Notar a. D. in Köln, Professor an der Universität Bielefeld

Dr. Robert Schumacher, LL.M.
Notar in Köln

Dr. Roland Schwarze
Professor an der Universität Hannover

Dr. Andreas Schwennicke
Notar und Rechtsanwalt in Berlin

Dr. Maximilian Seibl, LL.M.
Oberregierungsrat im Bayerischen Staatsministerium für Gesundheit und Pflege, München

Dr. Hans Hermann Seiler
Professor an der Universität Hamburg, Richter am Hanseatischen Oberlandesgericht a. D.

Dr. Stephan Serr
Notar in Ochsenfurt

Dr. Reinhard Singer
Professor an der Humboldt-Universität Berlin, vorm. Richter am Oberlandesgericht Rostock

Dr. Dr. h. c. Ulrich Spellenberg
Professor an der Universität Bayreuth

Dr. Sebastian Spiegelberger
Notar a. D. in Rosenheim

Dr. Ansgar Staudinger
Professor an der Universität Bielefeld

Dr. Malte Stieper
Professor an der Universität Halle-Wittenberg

Dr. Markus Stoffels
Professor an der Universität Heidelberg

Dr. Dr. h. c. Fritz Sturm †
Professor an der Universität Lausanne

Dr. Gudrun Sturm
Assessorin, Wiss. Mitarbeiterin

Dr. Michael Stürner
Professor an der Universität Konstanz

Burkhard Thiele
Präsident des Oberlandesgerichts Rostock, Präsident des Landesverfassungsgerichts Mecklenburg-Vorpommern

Dr. Christoph Thole
Professor an der Universität zu Köln

Dr. Karsten Thorn
Professor an der Bucerius Law School, Hamburg

Dr. Gregor Thüsing, LL.M.
Professor an der Universität Bonn

Dr. Judith Ulshöfer
Notarassessorin in Ludwigshafen am Rhein

Dr. Barbara Veit
Professorin an der Universität Göttingen

Dr. Bea Verschraegen, LL.M., M.E.M.
Professorin an der Universität Wien, adjunct professor an der Universität Macao

Dr. Klaus Vieweg
Professor an der Universität Erlangen-Nürnberg

Dr. Markus Voltz
Notar in Offenburg

Dr. Reinhard Voppel
Rechtsanwalt in Köln

Dr. Christoph Weber
Akad. Rat a. Z. an der Universität München

Dr. Johannes Weber, LL.M.
Notarassessor, Geschäftsführer des Deutschen Notarinstituts, Würzburg

Gerd Weinreich
Vorsitzender Richter am Oberlandesgericht Oldenburg

Dr. Matthias Wendland, LL.M.
Privatdozent an der Universität München

Dr. Domenik H. Wendt
Professor an der Frankfurt University of Applied Sciences

Dr. Olaf Werner
Professor an der Universität Jena, Richter am Thüringer Oberlandesgericht Jena a. D.

Dr. Daniel Wiegand, LL.M.
Rechtsanwalt in München

Dr. Wolfgang Wiegand
Professor an der Universität Bern

Dr. Peter Winkler von Mohrenfels
Professor an der Universität Rostock, Richter am Oberlandesgericht Rostock a. D., Rechtsanwalt in Rostock

Dr. Hans Wolfsteiner
Notar a. D., Rechtsanwalt in München

Heinz Wöstmann
Richter am Bundesgerichtshof, Karlsruhe

Redaktorinnen und Redaktoren

Dr. Christian Baldus

Dr. Dr. h. c. mult. Christian von Bar, FBA

Dr. Michael Coester, LL.M.

Dr. Heinrich Dörner

Dr. Hans Christoph Grigoleit

Dr. Johannes Hager

Dr. Dr. h. c. mult. Dieter Henrich

Sebastian Herrler

Dr. Dagmar Kaiser

Dr. Dr. h. c. Manfred Löwisch

Dr. Ulrich Magnus

Dr. Peter Mankowski

Dr. Heinz-Peter Mansel

Dr. Peter O. Mülbert

Dr. Gerhard Otte

Dr. Lore Maria Peschel-Gutzeit

Dr. Manfred Rapp

Dr. Peter Rawert, LL.M.

Dr. Volker Rieble

Dr. Christian Rolfs

Dr. Herbert Roth

Dr. Markus Stoffels

Dr. Wolfgang Wiegand

J. von Staudingers
Kommentar zum Bürgerlichen Gesetzbuch mit Einführungsgesetz und Nebengesetzen

Eckpfeiler des Zivilrechts

6. neu bearbeitete Auflage 2018

von

Marietta Auer	Fabian Klinck
Ivo Bach	Katharina Lugani
Roland Michael Beckmann	Rudolf Meyer-Pritzl
Jan Busche	Jürgen Oechsler
Volker Emmerich	Dirk Olzen
Beate Gsell	Frank Peters
Johannes Hager	Reinhard Richardi
Felix Hartmann	Gottfried Schiemann
Carsten Herresthal	Martin Schmidt-Kessel
Heinrich Honsell	Klaus Vieweg
Florian Jacoby	Reinhard Voppel
Dagmar Kaiser	Matthias Wendland

Redaktoren
Dagmar Kaiser
und
Markus Stoffels

Sellier – de Gruyter · Berlin

Die Bearbeiterinnen und Bearbeiter

6. neu bearbeitete Auflage 2018
HEINRICH HONSELL, Einleitung zum BGB
FELIX HARTMANN, Allgemeines Gleichbehandlungsgesetz (AGG)
GOTTFRIED SCHIEMANN, Das Rechtsgeschäft
IVO BACH, Der Inhalt des Schuldverhältnisses
MATTHIAS WENDLAND, Allgemeine Geschäftsbedingungen
JAN BUSCHE, Anbahnung von Schuldverhältnissen und cic
KATHARINA LUGANI, Das Erlöschen der Schuldverhältnisse
MARTIN SCHMIDT-KESSEL, Gläubiger und Schuldner: Mehrheit und Wechsel
DAGMAR KAISER, Leistungsstörungen
KLAUS VIEWEG, Schadensersatzrecht
CARSTEN HERRESTHAL, Recht der Kreditsicherung
BEATE GSELL, Verbraucherschutz
JÜRGEN OECHSLER, Vertragstypen
ROLAND MICHAEL BECKMANN, Kauf
VOLKER EMMERICH, Miete
REINHARD RICHARDI, Dienstvertrag
FRANK PETERS/FLORIAN JACOBY, Werkvertrag
MARIETTA AUER, Das Recht der ungerechtfertigten Bereicherung und der Geschäftsführung ohne Auftrag
JOHANNES HAGER, Das Recht der unerlaubten Handlungen
FABIAN KLINCK, Sachenrecht
REINHARD VOPPEL, Familienrecht
RUDOLF MEYER-PRITZL, Erbrecht

Sachregister

Rechtsanwältin Dr. MARTINA SCHULZ, Pohlheim

Zitierweise

BECKMANN, in: STAUDINGER/Eckpfeiler (2018) N. Rn 1

Hinweise

Das Abkürzungsverzeichnis befindet sich auf www.staudingerbgb.de.
Der Stand der Bearbeitung ist jeweils mit Monat und Jahr auf den linken Seiten unten angegeben.
Am Ende eines jeden Bandes befindet sich eine Übersicht über den aktuellen Stand des Gesamtwerks STAUDINGER.

Die Deutsche Nationalbibliothek verzeichnet diese Publikation in der Deutschen Nationalbibliografie; detaillierte bibliografische Daten sind im Internet über http://dnb.dnb.de abrufbar.

ISBN 978-3-8059-1267-9

© Copyright 2018 by oHG Dr. Arthur L. Sellier & Co. – Walter de Gruyter GmbH, Berlin. – Printed in Germany.

Dieses Werk einschließlich aller seiner Teile ist urheberrechtlich geschützt. Jede Verwertung außerhalb der engen Grenzen des Urheberrechtsgesetzes ist ohne Zustimmung des Verlages unzulässig und strafbar. Das gilt insbesondere für Vervielfältigungen, Übersetzungen, Mikroverfilmungen und die Einspeicherung und Verarbeitung in elektronischen Systemen.

Satz: fidus Publikations-Service, Nördlingen.

Druck und Bindearbeiten: C. H. Beck, Nördlingen.

Umschlaggestaltung: Bib Wies, München.

♾ Gedruckt auf säurefreiem Papier, das die DIN ISO 9706 über Haltbarkeit erfüllt.

Inhaltsübersicht

	Seite
Vorwort	IX
A. Einleitung zum BGB Heinrich Honsell	1
B. Allgemeines Gleichbehandlungsgesetz (AGG) Felix Hartmann	97
C. Das Rechtsgeschäft Gottfried Schiemann	135
D. Der Inhalt des Schuldverhältnisses Ivo Bach	215
E. Allgemeine Geschäftsbedingungen Matthias Wendland	257
F. Anbahnung von Schuldverhältnissen und cic Jan Busche	305
G. Das Erlöschen der Schuldverhältnisse Katharina Lugani	333
H. Gläubiger und Schuldner: Mehrheit und Wechsel Martin Schmidt-Kessel	365
I. Leistungsstörungen Dagmar Kaiser	413
J. Schadensersatzrecht Klaus Vieweg	549
K. Das Recht der Kreditsicherung Carsten Herresthal	597
L. Verbraucherschutz Beate Gsell	715
M. Vertragstypen Jürgen Oechsler	813

N. Kauf	837
Roland Michael Beckmann	
O. Miete	953
Volker Emmerich	
P. Dienstvertrag	1007
Reinhard Richardi	
Q. Werkvertrag	1063
Frank Peters/Florian Jacoby	
R. Das Recht der ungerechtfertigten Bereicherung und der Geschäftsführung ohne Auftrag	1105
Marietta Auer	
S. Das Recht der unerlaubten Handlungen	1189
Johannes Hager	
T. Sachenrecht	1269
Fabian Klinck	
U. Familienrecht	1389
Reinhard Voppel	
V. Erbrecht	1479
Rudolf Meyer-Pritzl	
Sachregister	1529

Vorwort zur 6. Auflage 2018

Nach vier Jahren legen Redaktoren, Autoren und Verlag die 6., neu bearbeitete, Auflage 2018 der „Staudinger Eckpfeiler des Zivilrechts" vor. Frau Professorin Dagmar Kaiser und Herr Professor Markus Stoffels folgen dem langjährigen Redaktor Herrn Professor Michael Martinek als Bandredaktoren nach. Die Eckpfeiler richten sich wie bisher an Studierende in fortgeschrittenen Semestern und an Referendare, die eine solide Grundlage für ihre Examensvorbereitung benötigen, darüber hinaus auch an „gestandene" Juristen, die in diesem oder jenem Teilgebiet des BGB jenseits des vertrauten Berufsalltags eine profunde Orientierung gewinnen möchten.

Das bewährte Konzept der Eckpfeiler, mit der Zielsetzung „Staudinger-Knowhow für Ihr Prädikatsexamen zu vermitteln", wird fortgesetzt: Es geht den Machern der Eckpfeiler weiterhin um Wissens- und Verständnisvermittlung und nicht um das Referieren von Detailwissen. Erläutert werden die Ordnungsaufgaben und Regelungsanliegen, die Prinzipien und Wertungen, die normativen Systeme und Strukturen sowie die dogmatisch-konstruktiven Zusammenhänge in den verschiedenen Teilgebieten des BGB: Die Kenntnis der Grundstrukturen und der Normzwecke ist die Basis für eine selbstständige Problemlösung und Fallbearbeitung in Gutachten und Urteilen.

Die Neubearbeitung aktualisiert alle Kapitel umfassend unter Berücksichtigung der neuesten Rechtsprechung und aktueller Literaturbeiträge. Die Autoren haben ihre Beiträge unter dem Gesichtspunkt der Examensrelevanz überarbeitet und entsprechende vertiefende Schwerpunkte gesetzt. Zur Verdeutlichung schwieriger Zusammenhänge sind Schaubilder in die Texte integriert worden. Ganz neu aufgenommen wurde überdies ein Beitrag zum Allgemeinen Gleichbehandlungsgesetz.

Mainz, Heidelberg und München im März 2018
Dagmar Kaiser
Markus Stoffels
Andreas Pittrich

A. Einleitung zum BGB

Heinrich Honsell

Systematische Übersicht

I.	**Entstehungsgeschichte des BGB**	
1.	Überblick über die politischen Verhältnisse der Entstehungszeit	1
2.	Das Parteiwesen in Deutschland zur Entstehungszeit	2
3.	Die gesellschaftlichen und ökonomischen Gegebenheiten	6
4.	Die Gestaltung der Wirtschaft	7
5.	Die herrschenden Wertvorstellungen	8
6.	Die Kodifikation als Element des Nationalstaates	10
7.	Rechtspolitische Argumente für eine Kodifikation	11
8.	Kritik an der Kodifikation – das freie Juristenrecht	13
II.	**Der Gang der Gesetzgebungsarbeiten**	
1.	Der Plan der Vorkommission	14
2.	Die 1. Kommission	16
3.	Die öffentliche Diskussion um den I. Entwurf	17
4.	Die 2. Kommission	19
5.	Die Behandlung in den legislativen Körperschaften	20
6.	Die Schöpfer des BGB	21
7.	Die Materialien	22
8.	Inkrafttreten. Einfluss auf andere Länder	23
III.	**Grundlagen und Prinzipien des BGB**	
1.	Überblick über Probleme der privatrechtlichen Gesetzgebung im 19. Jahrhundert	24
2.	Charakter des BGB	27
3.	Die Generalklauseln	29
IV.	**Die Entwicklung des BGB**	
1.	Veränderungen im Vertragsrecht	30
2.	Umgestaltung des Familienrechts	34
V.	**Das Schuldrechtsmodernisierungsgesetz**	
1.	Charakter	36
2.	Inhalt der Neuregelung	37
3.	Das neue Verjährungsrecht	39
VI.	**Internationales Privatrecht**	39a
VII.	**Europarecht**	
1.	Organisation und Rechtsvorschriften der EU	40
2.	Der Verbraucherschutz im Besonderen	42
3.	Die Rolle des EuGH	43
4.	Der Euro	43a
5.	Ausblick	43b
VIII.	**Die Zukunft des Privatrechts und des BGB**	
1.	Das Privatrecht auf dem Rückzug	44
2.	Die Renaissance des Strafgedankens im Privatrecht	46
3.	Diskriminierungsverbote im Privatrecht	47
4.	Europäisches Zivilgesetzbuch	48
IX.	**Gesetzesauslegung**	
1.	Gesetzesanwendung. Subsumtion des Falles unter die Norm	49
2.	Wortlaut und Sinn	50
3.	Interpretationskanon	53
4.	Objektive und subjektive Auslegung	60
5.	Auslegung und Analogie, teleologische Restriktion	61
6.	Grundrechte und Privatrecht – verfassungskonforme Auslegung	67
7.	Richtlinienkonforme Auslegung (Europarecht)	70
8.	Economic analysis of law	71
X.	**Richterrecht**	
1.	Definition des Richterrechts	72

2.	Das Verhältnis von Gesetz und Richter	73	XI. Gewohnheitsrecht und Verkehrssitte	
			1. Gewohnheitsrecht	78
			2. Verkehrssitte	80

I. Entstehungsgeschichte des BGB

1. Überblick über die politischen Verhältnisse der Entstehungszeit

1 Am 13.12.1873 erging das Gesetz über die von Lasker und Miquel beantragte Änderung des Art 4 Nr 13 der Reichsverfassung. Damit war die Kompetenz des Reiches vom Obligationenrecht auf das gesamte bürgerliche Recht ausgedehnt worden. Am 28.2.1874 berief der Bundesrat die sog Vorkommission, welche Plan und Methode für die Aufstellung des *Entwurfs eines deutschen Bürgerlichen Gesetzbuches* ausarbeiten sollte. Damit begannen die Vorarbeiten für das künftige BGB. Mehr als zwanzig Jahre später, am 1. Juli 1896, nahm der Reichstag das Gesetz an; am 1. Januar 1900 trat es in Kraft. Nahezu ein Vierteljahrhundert ist an dieser Kodifikation gearbeitet worden. In den Staaten, aus denen sich das 1871 in der kleindeutschen Lösung neu konstituierte Deutsche Kaiserreich zusammensetzte, bestand seit kürzerer oder längerer Zeit das Verfassungssystem der sog konstitutionellen Monarchie, in den süddeutschen Staaten seit dem zweiten Jahrzehnt des 19. Jhs, im führenden Staat Preußen jedoch erst seit 1848. Der deutsche Fürstenstaat des 19. Jhs wurde, abgesehen von der Armee, getragen von einer effektiven Bürokratie in Verwaltung und Justiz, einer Organisation, der im damaligen Deutschland keine andere von auch nur annähernd vergleichbarer Macht gegenüberstand. In dieser Bürokratie, insbesondere in der Verwaltung, besaßen der Adel und damit die konservativen Gruppen einen erheblichen Einfluss. An seiner Spitze stand in Preußen der machtbewusste und autoritäre Bismarck, der zugleich auch Reichskanzler war. Aber viele Beamte, Mitglieder dieses Apparates, waren von liberaler Gesinnung. Am stärksten war der Einfluss der Liberalen innerhalb der Justiz. In der Zeit, in welche die Ausarbeitung des Bürgerlichen Gesetzbuches fiel, stärker erst unter Wilhelm II., trat insofern ein Umschwung ein, als sich das *Beamtentum,* ähnlich wie Teile des Bürgertums, der Orientierung an „militärisch-feudalen, aristokratischen Standesbegriffen" zuwandte. Aber diese Entwicklung hatte auf das Gesetzgebungswerk keinen Einfluss mehr.[1]

2. Das Parteiwesen in Deutschland zur Entstehungszeit

2 Das Parteiwesen der zweiten Hälfte des 19. Jhs in Deutschland hat man als *Fünf-Parteien-System* bezeichnet. Die politischen Hauptgruppen waren die *Konservativen,* die *Katholiken* (das Zentrum), die *Liberalen* konstitutioneller Prägung und die mehr demokratisch ausgerichteten *Linksliberalen* sowie schließlich die *SPD.*[2] Die *liberalen Parteien,* für die neben der Errichtung des *Rechtsstaates* die *nationale Einigung* im Vordergrunde stand, machten sich politisch zum Sprecher des Gedankens einer nationalen Kodifikation. 1873, als die Verfassungsänderung beschlossen wurde, welche die Ausarbeitung des BGB ermöglichte, war die 1867 gegründete und 1870 auf ganz Deutschland ausgedehnte *national-liberale Partei* die führende und im Parlament

---

[1] Näher STAUDINGER/HONSELL (2018) Einl 4 zum BGB mwH.

[2] Vgl STAUDINGER/HONSELL (2018) Einl 5 zum BGB.

stärkste Gruppe. Sie war „der eigentliche Vertreter des Einheitsgedankens".³ Die Nationalliberalen arbeiteten mit BISMARCK zusammen und haben die ersten großen Gesetze des Kaiserreichs entscheidend beeinflusst, die *Gewerbeordnung, das Strafgesetzbuch* und die sog *Justizgesetze*. Aus ihren Reihen war auch der Antrag auf die Erweiterung der Reichskompetenz auf das bürgerliche Recht gestellt worden.

In den konservativen Gruppen hatte neben dem *Adel* auch der *Großgrundbesitz* erheblichen Einfluss; die liberalen Parteien hatten ihren wesentlichen Anhang in den verschiedenen sozialen Gruppen des Bürgertums. Das „*Zentrum*" war weniger durch die sozialen Schichten, die es vertrat, als dadurch geprägt, dass es die Interessen der katholischen Bevölkerung wahrnahm, welche sich in dem neuen Reich – im Gegensatz zu den Zeiten österreichischer Führung – in der Minderheit und zunächst von der Staatsführung ausgeschlossen sah. Die *SPD* verstand sich als Arbeiterpartei; sie lehnte nicht nur die bestehenden wirtschaftlichen und politischen Verhältnisse, sondern auch jeden Zusammenschluss mit dem demokratisch orientierten Teil der Liberalen ab.⁴

Die Beratungen und die Abstimmung über das fertige Bürgerliche Gesetzbuch im Jahre 1896 wurden von einem Parlament in ganz anderer Zusammensetzung vorgenommen. 1878 hatte Bismarck mit den National-Liberalen gebrochen. Er regierte seitdem mit wechselnden Mehrheiten. Dabei spielte die 1876 reorganisierte konservative Partei, die sog *Deutsch-Konservativen,* welche bewusst die Interessen des Großgrundbesitzes vertrat, eine erhebliche Rolle. Die *National-Liberalen* hatten sich 1880 gespalten. Sie entwickelten sich mehr und mehr zur Partei der *Großindustrie*, gewannen aber niemals die bedeutende Stellung zurück, die sie in den ersten Jahren des Kaiserreichs gehabt hatten. Das *Zentrum* war aus der Opposition herausgetreten und arbeitete nun von Fall zu Fall mit der Regierung zusammen. Die *SPD* – im ersten Reichstag nur mit einem Abgeordneten vertreten – war inzwischen eine große Partei geworden, sie hatte im Reichstag von 1896 44 Abgeordnete.⁵ Auch das allgemeine politische Klima war anders geworden. „Die wirtschaftlichen Interessen" – hat GOTTLIEB PLANCK bemerkt – „sind in den Vordergrund getreten, und fast jeder Stand vertritt einseitig seine Sonderinteressen".⁶

Das Zentrum und die liberalen Parteien, die umgeformte nationale Partei und der Freisinn waren es, welche die *Beratung* des Entwurfs *des BGB* 1896 vor allem *getragen* haben. Sie gewannen die Zustimmung der mehr liberal gestimmten Gruppe der sog Freikonservativen oder der Reichspartei. Die Konservativen waren in der Abstimmung gespalten. Die SPD lehnte die Kodifikation ab, ebenso eine Reihe föderalistisch eingestellter Abgeordneter. Im Wesentlichen waren es die Parteien, die die breiten Schichten des Bürgertums vertraten, welche die Kodifikation durchsetzten.

---

³ BERGSTRÄSSER, Geschichte der politischen Parteien in Deutschland, völlig neu bearb und hrsgg v vMOMMSEN, Deutsches Handbuch der Politik II (1965) 106.
⁴ Vgl STAUDINGER/HONSELL (2018) Einl 6 zum BGB.
⁵ Vgl hierzu die Darstellung bei BERGSTRÄSSER (Fn 3) 119 ff, Kap IV. Die Entwicklung der Parteien im Kaiserreich.
⁶ Vgl FRENSDORFF, Gottlieb Planck, deutscher Jurist und Politiker (1914) 368.

3. Die gesellschaftlichen und ökonomischen Gegebenheiten

6 Die deutsche Bevölkerung hat sich im 19. Jh mehr als verdoppelt. Auf dem Gebiet des Deutschen Reiches von 1871 lebten 1800 23 Millionen Menschen, um die Jahrhundertmitte waren es 35 und 1900 56 Millionen Menschen. Diese Bevölkerungsvermehrung hatte nur dadurch aufgefangen werden können, dass die wirtschaftlichen Grundlagen des Landes vollständig umgestaltet wurden. Aus einem Agrarland, das weitgehend in einer gebundenen Wirtschaft und Standesverfassung lebte, wurde Deutschland im Laufe des Jahrhunderts zum Industriestaat. Die Entwicklung der Industriewirtschaft spiegelt sich in der Verschiebung der *Berufstätigkeit* von der Landwirtschaft in die Industrie wider. 1816 hatte der Anteil der ländlichen Bevölkerung in Preußen noch 73,5 % betragen; 1871 waren es immerhin noch 67,5 %, 1895 dagegen ergibt sich folgende Verteilung der Erwerbstätigen für das Deutsche Reich: Gesamtzahl 22 913 683 Millionen, davon in der Landwirtschaft 8 292 692, in Industrie- und Bauwesen 8 281 220 und in Handel und Verkehr 2 338 511. Die Zahl der Beschäftigten in Industrie, Handel und Verkehr überwog also damals schon diejenige der in der Landwirtschaft Tätigen.[7] Dem entsprach eine Verschiebung zwischen ländlicher und städtischer Bevölkerung. 1871 hatte der Anteil der städtischen Bevölkerung (Städte über 10 000 Einwohner) nur ca 36,1 % betragen. 1890 waren es schon 42,5 % und 1900, als das BGB in Kraft trat, schon 54,4 %.

4. Die Gestaltung der Wirtschaft

7 Was die Wirtschaftsverfassung angeht, so hat sich der deutsche Liberalismus keineswegs von vornherein und konsequent für *Marktwirtschaft* und *Freihandel* im Sinne von ADAM SMITH entschieden.[8] Um die Mitte des Jhs hatte jedoch die Wirtschaftstheorie der Manchesterschule in Deutschland starken Einfluss gewonnen. Sie erwartete die Lösung aller wirtschaftlichen Probleme aus der freien, vom Staat unbeeinflussten und natürlichen Entwicklung der Wirtschaft und wandte sich deswegen grundsätzlich gegen eine aktive Sozial- und Wirtschaftspolitik des Staates ebenso, wie sie in internationalen Beziehungen für den Freihandel eintrat. Sie hatte starken Einfluss auch auf die führenden Köpfe der Beamtenschaft, der Gedanke der Marktwirtschaft genoss vielfach Sympathie in den Kreisen der leitenden *Bürokratie,* dies gilt insbesondere für die *Beamten,* in deren Händen die preußische Handels- und Wirtschaftspolitik lag; sie traten für Freiheit des Verkehrs ein und waren grundsätzlich gegen eine ausgesprochene Schutzpolitik, insbesondere gegen Schutzzölle, welche die Lebenshaltungskosten verteuerten. Diese grundsätzlich marktwirtschaftliche Einstellung hinderte sie allerdings nicht, die industrielle Entwicklung durch verschiedene staatliche Maßnahmen immer wieder zu fördern – Maßnahmen, die von Anregungen über Bereitstellung von Maschinen, Gründung von Gewerbeschulen bis zu unmittelbaren Subventionen reichten.[9]

---

[7] Vgl STAUDINGER/HONSELL (2018) Einl 11 zum BGB.
[8] Vgl STAUDINGER/HONSELL (2018) Einl 16 zum BGB.
[9] Einen interessanten Einblick in die wirtschaftspolitischen Auffassungen und die getroffenen Maßnahmen bieten die Erinnerungen von RUDOLF vDELBRÜCK, zB seine Schilderung der Lage der schlesischen Leinenindustrie und der dort beschäftigten Weber. Es tritt hier deutlich die Schwierigkeit hervor, Unternehmer zu gewinnen, welche den Produktionsmethoden der ausländischen Konkurrenz zu folgen bereit waren. Vgl Lebenserinnerungen 1817–1867 I 226 ff.

5. Die herrschenden Wertvorstellungen

Die Wertvorstellungen der Deutschen waren am Ende des 19. Jhs noch stark vom **Christentum** in Gestalt der beiden großen Konfessionen geprägt. Allerdings war das Christentum auch in Deutschland nicht mehr unumstritten. In der Jahrhundertmitte hatten sich die *positiven Wissenschaften*, vor allem die Naturwissenschaften, in den Vordergrund gedrängt. Die Entwicklungstheorie des Darwinismus hatte die christliche Weltanschauung in Frage gestellt. In gewisser Hinsicht bedeutete die zweite Hälfte des 19. Jahrhunderts in der Philosophie sogar einen Höhepunkt des *Positivismus* und *Materialismus*. Die kritische Geschichtswissenschaft hatte begonnen, die historischen Quellen des Christentums kritisch zu untersuchen. In die letzten Jahrzehnte des Jhs fallen die scharfen Angriffe, die NIETZSCHE gegen das Christentum gerichtet hat. Die materialistische Philosophie wurde unter dem Einfluss der Theorien von MARX und ENGELS insbesondere in der Arbeiterschaft verbreitet. Indessen war die Entfremdung zwischen Bürgertum und Kirche, welche die heutige Zeit kennzeichnet, noch nicht eingetreten. Besonders bei den Protestanten gab es eine Verbindung zwischen deutschem Idealismus und protestantischer Auffassung des Christentums. Diese Synthese war gerade für diejenige Bildungsschicht wichtig, deren Vertretern wir bei der Schaffung des BGB begegnen. Im gebildeten liberalen Beamtentum ebenso wie bei den liberalen Politikern standen christliche Einflüsse neben der Prägung durch die klassische Zeit der deutschen Kultur, der Goethezeit. Vergleicht man das Vierteljahrhundert, in dem das BGB ausgearbeitet wurde, in dieser Beziehung mit der Zeit ein Jh vorher, mit dem Ende des 18. Jhs, so kann man feststellen, dass der Einfluss der Religion und der Kirchen eher wieder gewachsen ist.

Neben den Lehren des Christentums hatte sich zT auf der Grundlage antiker Ethik die bürgerliche Moral entwickelt. Arbeitsamkeit, Pflichttreue, Sparsamkeit, Zuverlässigkeit und strenge Familienmoral zeichneten sie aus. Sie konnte sich leicht mit der altpreußischen Tradition der ebenfalls zum großen Teil bürgerlichen, preußischen Beamtenschaft verbinden.

Bei aller Verschiedenheit in Einzelfragen, etwa in der Auffassung der Ehe, die zwischen den Konfessionen strittig war, bestand doch in der Bevölkerung ein weitgehender Konsens über gewisse *Grundwerte*, der die Kodifikation begünstigt hat. Während in den politischen, wirtschaftlichen und sozialpolitischen Vorstellungen relativ wenig Übereinstimmung herrschte, war die große Mehrheit von einem ausgesprochenen *Nationalgefühl durchdrungen;* die Einheit und die Größe der Deutschen Nation galten quer durch alle Schichten als hohes Gut.

6. Die Kodifikation als Element des Nationalstaates

Die Abneigung gegen jegliche Kodifikation teilte die römische Klassik mit dem angloamerikanischen Rechtskreis. Ob Deutschland den Weg der Kodifikation gehen sollte, war im 19. Jhdt. sehr umstritten. Das nationale Momentum des gegen Napoleon geführten Befreiungskrieges schien dem Heidelberger Professor *Thibaut* die politischen Voraussetzungen für eine deutsche Zivilrechtskodifikation geschaffen zu haben, die er 1814 mit der Denkschrift „Über die Notwendigkeit eines allgemeinen bürgerlichen Gesetzbuchs für Deutschland" forderte. Die geistesgeschichtliche Grundlage des Kodifikationspostulates war jedoch älter: Sie entstammt dem aufgeklärten Rationalismus und seiner Naturrechtslehre. Wenngleich es in nahezu jeder Rechtskultur zu einer

Auseinandersetzung mit der Kodifikationsidee kommt, war doch die Vernunftrechtslehre des 18. Jh mehr als jede andere juristische Konzeption zur Propagierung des Kodifikationsgedankens prädestiniert. Sobald man nämlich annimmt, dass es möglich sei, durch rationale Operationen Recht zu erkennen, liegt es auch nahe, für systematische Aufzeichnungen dieses Rechts die Gesetzesform anzustreben. Dieser Optimismus der Vernunft führte zu den drei sog Naturrechts- oder Vernunftrechtskodifikationen 1792 zum Allgemeinen Landrecht für die Preussischen Staaten, 1804 zum Code civil und 1811 zum österreichischen Allgemeinen Bürgerlichen Gesetzbuch. Sie waren das Hauptobjekt der Kritik am Kodifikationsgedanken, die der einflussreiche Jurist übte, der noch im Jahre 1814 der Denkschrift von THIBAUT entgegentrat und ein Gesetzbuch für Deutschland für nahezu ein Jahrhundert verhindert hat: FRIEDRICH CARL VON SAVIGNY (1779–1861). In der Streitschrift[10] „Vom Beruf unserer Zeit für Gesetzgebung und Rechtswissenschaft" verneinte er nicht nur die Legitimation seiner Zeit zur Kodifikation, sondern stellte Legislative und Kodifikation mit dem Konzept der von ihm begründeten **historischen Schule der Rechtswissenschaft** grundsätzlich in Frage. Obwohl er Mitglied und später sogar Präsident des preussischen Staatsrates war, hat er nie Vorlesungen über das damals geltende Allg Landrecht gehalten. Das Gesetz war, jedenfalls solange die Materialien nicht veröffentlicht wurden, kein Gegenstand wissenschaftlicher Darstellung. Die *historische Schule*, der juristische Niederschlag romantischer Gesinnung, begriff das Recht als Emanation des Volksgeistes. Dieser wirkt in den geschichtlichen Kräften, durch welche die Rechtskultur mit der Gesamtkultur gestaltet wird. Die Kodifikation des bürgerlichen Rechts ist später in erster Linie aus dem Streben erwachsen, die nationale Einigung des jungen Bundesstaates zu festigen. Auch in Deutschland, wie in anderen Staaten des 19 Jhs, erscheint der nationale Code als unverzichtbares Element des *Nationalstaates*. Es war vor allem der Deutsche Juristentag, der nach dem Scheitern der Revolution von 1848/49 die Forderung nach Rechtseinheit aufgriff. Die Einladung zum 1. Deutschen Juristentag 1860 gibt als „leitendes Motiv" der Einberufung an: „Die Einheit Deutschlands auf dem Gebiete des Rechts nach Kräften fördern zu helfen." Auf den folgenden Tagungen des Juristentages wurde immer wieder die Notwendigkeit betont, die Einheit auch im Bereich des bürgerlichen Rechtes herzustellen.

7. Rechtspolitische Argumente für eine Kodifikation

11 Gegenüber dem Motiv der Rechtseinheit sind spezifisch rechtspolitische Gesichtspunkte in der Argumentation für die Kodifikation eher zurückgetreten. In Betracht kommt hier in erster Linie die Überwindung der praktischen Schwierigkeiten, die durch die *Rechtszersplitterung* im Deutschland des 19. Jhs entstanden war. Es bestanden *drei größere Rechtsgebiete:* das Gebiet des *preußischen Allgemeinen Landrechts,* das des *französischen Rechts* und das des *gemeinen Rechts.* Das preußische Allgemeine Landrecht galt im Wesentlichen in den östlichen Provinzen der Monarchie, aber auch in Teilen von Westfalen, das französische Recht im Rheinland und in einer anpassenden Übersetzung als badisches Landrecht in Baden, das gemeine römische Recht in den Ländern zwischen diesen beiden Gebieten. Die *Rechtszersplitterung* wurde jedoch dadurch vergrößert, dass das gemeine Recht nur subsidiäre Geltung besaß, dass ihm daher *zahlreiche lokale Statuten* oder *Gewohnheitsrechte* vorgingen. Diese lokalen

---

[10] S auch HONSELL/MAYER-MALY, Rechtswissenschaft (7. Aufl 2017) 97 f. Die Texte der Schriften von THIBAU und SAVIGNY findet man ua bei STERN, THIBAUT und SAVIGNY (1914/1959), neu publiziert von HATTENHAUER (1973).

Ordnungen betrafen vor allem das *Ehegüter-* und das *Erbrecht*. Die Handhabung des komplizierten Rechtszustandes bereitete in der *Praxis* außerordentliche Schwierigkeiten. Für die Parteien spielte das interlokale Privatrecht eine ganz unverhältnismäßig große Rolle, und da, wo der Wohnsitz maßgebend war – etwa bei der Bestimmung des Güterstandes der erste eheliche Wohnsitz –, hing die Feststellung des im Einzelfall geltenden Rechts oft von Umständen ab, die die Parteien nur als zufällig empfinden konnten. Auch musste sich die Undurchsichtigkeit der Verhältnisse insbesondere im ehelichen Güterrecht für Dritte nachteilig auswirken. Im Ganzen treten diese Schwierigkeiten aber in der Diskussion der Fachleute hervor, sie spielen insbesondere in der Darstellung der Redaktoren eine erhebliche Rolle. Dagegen kommt ihnen in der politischen Diskussion um die Kodifikation nur eine sekundäre Rolle zu.

Ähnliches lässt sich von dem Gedanken *der sozialen Reform* sagen, der ursprünglich mit der Idee der Kodifikation verknüpft war. Dabei hatte es sich freilich darum gehandelt, die Gedanken von Freiheit, Gleichheit und freiem Eigentum gegenüber der ständischen Gesellschaftsordnung des Ancien Régime durchzusetzen und rechtsstaatliche Verhältnisse zu schaffen. Man erwartete von der Kodifikation vor allem *Klarheit* des Rechts, der einzelne Bürger sollte imstande sein, die Grenzen seiner Freiheitssphäre klar zu erkennen. Später traten jedoch solche Gedanken stärker zurück. Inzwischen hatte sich der Inhalt des Begriffs „soziale Reform" gewandelt; jetzt verstand man darunter in erster Linie die Lösung der „sozialen Frage", die durch die Entstehung der Industriearbeiterschaft entstanden war. Dieses Problem ist zwar bei den Verhandlungen um das BGB als Frage der Zeit gegenwärtig gewesen; es ist jedoch vielfach sowohl von Fachleuten wie von Politikern betont worden, es handle sich darum, die Einheit des Rechtes herzustellen, nicht aber darum, soziale Reformen durchzuführen. Für die Opposition, die *Sozialdemokratie*, war das Fehlen von sozialreformerischen Impulsen ein Grund für die Ablehnung der Kodifikation.

8. Kritik an der Kodifikation – das freie Juristenrecht

In der Gegenwart ist gelegentlich bei deutschen Juristen eine gewisse Skepsis – nicht nur gegenüber dem BGB, sondern gegenüber der Kodifikation überhaupt – bemerkbar. Dem *freien Juristenrecht* wird der Vorzug gegeben. Diese Kritik übersieht zunächst, dass ohne die Kodifikation die Rechtszersplitterung in Deutschland nicht hätte beseitigt werden können. Das hat man im 19. Jh richtig gesehen. Auch muss die Frage gestellt werden, ob die Kodifikation in dem Zeitalter der Massenprozesse, einer ausgedehnten Bürokratie und Gerichtsorganisation nicht doch die angemessene Rechtsform ist; die Kodifikationsbestrebungen im Bereich des Verwaltungs- und Sozialrechts deuten jedenfalls in diese Richtung.[11] Allerdings sind die Unterschiede nicht zu übersehen: Öffentlich-rechtlichen Kodifikationen fehlt eine vergleichbare Dogmatik und eine Theorie der Kodifikation.[12]

---

[11] Verwaltungsverfahrensgesetz (VwVfG) vom 25.5.1976 (BGBl I 1253) und Sozialgesetzbuch (SGB) – Allgemeiner Teil – vom 11.12.1975 (BGBl I 3015) und Gemeinsame Vorschriften für die Sozialversicherung vom 23.12.1976 (BGBl I 3845).

[12] Vgl STAUDINGER/HONSELL (2018) Einl 73 zum BGB mwH.

II. Der Gang der Gesetzgebungsarbeiten[13]

1. Der Plan der Vorkommission

14 Der Verfassungsänderung waren Verhandlungen zwischen den süddeutschen Regierungen und Preußen vorangegangen, in denen festgelegt worden war, dass der Kodifikation nicht etwa – wie oft in der Zeit des Deutschen Bundes – ein in Preußen ausgearbeiteter Entwurf zugrunde gelegt, die Arbeiten vielmehr auf die Bundesstaaten verteilt werden sollten. Der vom Bundesrat berufenen Kommission gehörten der Handelsrechtler GOLDSCHMIDT (damals Reichsoberhandelsgerichtsrat), der Obertribunalsdirektor vKÜBEL, Stuttgart, der Präsident des preußischen Appellationsgerichtes in Paderborn, MEYER, der Präsident des bayerischen Oberappellationsgerichtes in München, vNEUMAYR, und der Präsident des sächsischen Oberappellationsgerichtes, vWEBER, an. Präsident MEYER wurde, da er erkrankte, durch den damaligen Präsidenten des preußischen Appellationsgerichtes in Halberstadt, den späteren Staatssekretär im Reichsjustizamt, vSCHELLING, ersetzt. Diese sog Vorkommission erstattete im April 1874 einen Bericht,[14] der für das Verständnis des BGB von außerordentlicher Bedeutung ist. Er enthält wichtige Vorentscheidungen. Die Vorkommission formulierte die Aufgabe der Herstellung der *Rechtseinheit*. Sie diskutierte die Frage, ob man sich an eine der vorhandenen Kodifikationen oder Entwürfe anlehnen sollte. Die einzige ernstliche Erörterung in diesem Zusammenhang galt dem Code civil. Die Vorkommission empfahl jedoch schließlich, von den Grundsätzen des gemeinen deutschen Rechts auszugehen. Der Bericht legte ferner die Materien fest, welche in der Kodifikation behandelt werden sollten. Ausgeschlossen wurde das Handelsrecht und damit auch das Verlags- und Versicherungsrecht; ebenso das Wasserrecht und das Forstrecht, mit Rücksicht auf die hier unvermeidlich eingreifenden polizeirechtlichen Normen. Aus dem gleichen Grunde verzichtete man auf die Einbeziehung des Gesinderechts, das in den späteren Beratungen des Reichstages eine erhebliche Rolle spielte. Die Kommission gab jedoch zu erwägen, ob nicht für alle diese Materien gewisse gemeinsame privatrechtliche Prinzipien herausgearbeitet werden könnten. Im Immobiliarrecht wollte man von einem System des freien Eigentums ausgehen und deswegen alle Institutionen ausschließen, welche mit der Grundverfassung des Ancien Régime zusammenhingen. Die Vorkommission empfahl dem Gesetzbuch das *System* des *gemeinen römischen Zivilrechts* zugrunde zu legen. Dies hatte seit seiner Rezeption im Mittelalter als ratio scripta den unvergleichlichen Rang der Zivilrechtsdogmatik gewährleistet.

15 Was die Gesetzgebungsarbeiten anlangt, so glaubte die Vorkommission, dass ein einzelner Redaktor durch die Aufgabe überfordert sei und schlug die Einsetzung einer Kommission aus Wissenschaft und Praxis vor. Sie wollte jedoch insoweit einen Mittelweg gehen, als sie empfahl, für die einzelnen Teile des Gesetzbuches Redaktoren zu ernennen, welche, nachdem die Kommission gewisse grundlegende Entscheidungen getroffen hatte, die einzelnen Teile des Gesetzes ausarbeiten sollten. Erst über diese Entwürfe war dann eine gemeinsame Beratung durch die Kommission vorgesehen. Der so erarbeitete Entwurf sollte dann veröffentlicht und eine Zeit lang der öffentlichen Diskussion unterbreitet werden. Danach empfahl man eine zweite Lesung, wel-

---

[13] Vgl die Literaturhinweise bei STAUDINGER/HONSELL (2018) Einl 74 zum BGB.

[14] Vgl STAUDINGER/HONSELL (2018) Einl 74 zum BGB Fn 87.

che zur Ausarbeitung eines Projektes führen sollte, das den verbündeten Regierungen vorgelegt werden konnte. Entsprechend diesen Vorschlägen ist verfahren worden.

2. Die 1. Kommission

Im Juni 1874 wurde die 1. Kommission eingesetzt. Sie war überwiegend aus Praktikern, Richtern und Ministerialbeamten zusammengesetzt, die Wissenschaft war durch zwei führende Gelehrte vertreten, welche den beiden Zweigen des damaligen gemeinen Rechts angehörten, Bernhard WINDSCHEID für das Pandektenrecht, ROTH für das deutsche Privatrecht. Gleichzeitig hatte man die wichtigsten damaligen Rechtsgebiete berücksichtigt, nämlich das gemeine, das preußische, das französisch-badische, das bayerische und das sächsische Recht. Man darf aber vermuten, dass für die Art der Zusammensetzung auch *föderalistische Gesichtspunkte* maßgebend gewesen sind.

Zu Redaktoren berief man für den *allgemeinen Teil* den Ministerialrat Dr GEBHARD, für das *Schuldrecht* den württembergischen Senatspräsidenten Dr vKÜBEL, für das *Sachenrecht* den preußischen Obertribunalsrat JOHOW, für das *Familienrecht* den damaligen Appellationsgerichtsrat in Celle, Dr PLANCK, und für das *Erbrecht* den bayerischen Ministerialrat, späteren Oberlandesgerichtspräsidenten in Bamberg, vSCHMITT. Jedem Redaktor wurde ein jüngerer Jurist als Hilfskraft zugeordnet. Alle Redaktoren bezogen Wohnung in Berlin.

Die Kommission hielt noch im September 1874 ihre ersten Sitzungen ab, auf denen der Arbeitsplan festgestellt wurde und eine Reihe von grundlegenden Beschlüssen, ua über eine nähere Instruktion für den Redaktor des allgemeinen Teils, gefasst wurden. Dann begann die Arbeit der Redaktoren. Sie leisteten vor allem die ungeheure Arbeit der Sammlung und Sichtung des *geltenden Rechts,* die EUGEN HUBER für das schweizerische ZGB in seinem monumentalen Werk „System und Geschichte des schweizerischen Privatrechts" (1886–1893) erbracht hatte. 1879 waren der Entwurf des Erbrechts, 1880 diejenigen von Sachenrecht und Familienrecht, und 1881 des allgemeinen Teils fertig. Für das Schuldrecht griff man, soweit der Entwurf 1881 wegen Erkrankung vKÜBELS noch nicht fertiggestellt war, auf den „Dresdner Entwurf eines allgemeinen dt Gesetzes über die Schuldverhältnisse" (1866) zurück. Dieser war 1866 publiziert worden,[15] aber – anders als das Allgemeine Deutsche Handelsgesetzbuch (ADHGB) – infolge des Zusammenbruchs des Deutschen Bundes durch den Krieg zwischen Österreich und Preußen nicht mehr Gesetz geworden. Es war damals der modernste Entwurf und enthielt eine gelungene und relativ originalgetreue Kodifizierung des römisch-gemeinen Rechts. Er berücksichtigte auch die Naturrechtskodifikationen Code civil und ABGB sowie die neueren Privatrechtsgesetze, wie insbesondere das sächsische BGB, das bayerische BGB und das Zürcher Privatrechtliche Gesetzbuch. Obwohl der Dresdner Entwurf durch die Gründung des Deutschen Reiches im Jahre 1871 obsolet geworden war, hatte er also maßgeblichen Einfluss auf das BGB. Hieraus erklärt sich auch die enge Verwandtschaft von BGB und Schweizer Obligationenrecht, denn auch diesem lag der Dresdner Entwurf zugrunde. Walther MUNZINGER der Berner Professor und Schöpfer des Gesetzbuchs hat sich trotz seiner professionellen

---

[15] FRANCKE (Hrsg), Entwurf eines allgemeinen dt. Gesetzes über die Schuldverhältnisse (Dresden 1866).

Hauptbeschäftigung mit dem Code civil ganz überwiegend am deutschen Pandektenrecht orientiert und ebenfalls den Dresdner Entwurf als Vorlage gewählt.

BERNHARD WINDSCHEID (1817–1892), neben DERNBURG (1829–1907) der vielleicht prominenteste Vertreter der Pandektistik, gehörte der 1. Kommission bis 1883 an und hatte maßgeblichen Einfluss, auch durch sein dreibändiges Lehrbuch des Pandektenrechts. Die auf Abstraktionen beruhenden dogmatischen Figuren und Abgrenzungen, welche die Pandektisten entwickelt hatten und die von ihnen präzisierte Rechtsfiguren gelangten ins BGB. Beispiele sind die Trennung von actio und Anspruch (WINDSCHEID 1856) oder die Abstraktheit der Vollmacht und ihre Trennung vom Auftrag. In Abwendung von der historischen Rechtsschule befasste sich die Pandektistik nicht mehr mit dem historischen römischen Recht, sondern nur mit seiner heutigen Relevanz und praktischen Bedeutung. Man fühlte sich einer abstrakten Dogmatik verpflichtet und meinte, dass „ethische, politische oder volkswirtschaftliche Erwägungen nicht Sache des Juristen als solchen sind" (WINDSCHEID, Ges Reden u Abhandl [1904] 101). Aus den Beratungen der Kommission in den Jahren 1881–1887 ging der erste Entwurf (E I) hervor, dem Motive beigegeben waren, welche jedoch nicht von der Kommission selbst autorisiert, sondern aufgrund der von den Redaktoren für ihre Teilentwürfe ausgearbeiteten Begründungen und den Protokollen der Kommission von Hilfsarbeitern hergestellt worden waren. Gegenüber den Teilentwürfen enthielt der E I zahlreiche Abstraktionen, die mit einer Loslösung vom römischen Recht verbunden waren, die nicht selten zu falschen Verallgemeinerungen führte[16].

3. Die öffentliche Diskussion um den I. Entwurf

17 Der Text des Entwurfs I und die Motive wurden gemäß Bundesratsbeschluss vom 31.1. 1888 publiziert und damit der öffentlichen Kritik unterbreitet. Zahlreiche Stellungnahmen erschienen. Die große *Mehrheit* hielt den Entwurf jedenfalls als Grundlage für weitere Arbeiten *geeignet* und beschränkte sich auf einzelne Änderungsvorschläge. Grundsätzlich *ablehnend* haben sich vor allem vGIERKE, BÄHR, DERNBURG und vMENGER geäußert.[17] Die Gründe waren sehr verschieden. BÄHR war ein grundsätzlicher Gegner einer Kodifikation überhaupt. vMENGER kritisierte den Entwurf, weil er weder im Ehegüterrecht noch vor allem im Vertragsrecht auf die Interessen der vermögenslosen Schichten Rücksicht nahm; er forderte insbesondere eine Regelung des Arbeitsvertrages durch zwingende Vorschriften zum Schutz von Persönlichkeit und Gesundheit der Arbeiter. DERNBURG hätte das preußische Recht als Grundlage gewünscht – er führte später (1895) darüber sogar eine Debatte im preußischen Herrenhaus herbei. vGIERKE schließlich kritisierte den Entwurf vom Standpunkt seines Ideals eines „Deutschen Rechts". In der Form hätte er sich eine Art Rechtskatechismus gewünscht.[18] In der Sache stellte er eine Reihe von rechtspolitischen Forderungen auf, zB forderte er einen allgemeinen Teil des Korporationsrechts, einen besseren Schutz der immateriellen Persönlichkeitsrechte, eine Berücksichtigung der ständischen Unterschiede, der Einheit des Grundbesitzes, wie des deutschen Hauses und der ehelichen Muntgewalt im Familien- und Eherecht, bekämpfte die Mobilisierung der Rechte an

---

[16] Beispiele bei HONSELL, in: FS Canaris (2017) 3 ff, 17 ff.
[17] Vgl die Literaturhinweise bei STAUDINGER/ HONSELL (2018) Einl 80 zum BGB Fn 91.
[18] Vgl hierzu die Antikritik von ZITELMANN, Die Rechtsgeschäfte im Entwurf eines Bürgerlichen Gesetzbuches für das Deutsche Reich, 1. Teil (1889) 1 ff; auch PLANCK AcP 75 (1889) 419.

Grundstücken und die mangelnde soziale Einstellung des Entwurfs, insbesondere die unpersönliche Auffassung des Dienstvertrages. Berühmt geworden ist in diesem Zusammenhang der Ausspruch, es fehle dem Entwurf „ein Tropfen sozialistischen Öles". Im Ganzen verknüpfte vGIERKE in seiner Kritik – rückblickend betrachtet – in eigenartiger Weise fortschrittliche und stark sozial-konservative Forderungen, die er alle aus der gemeinsamen Quelle des deutschen Rechts ableitete.

Auch der **Gegensatz zwischen römischem und deutschem Recht** hat in der öffentlichen Diskussion, sogar noch im Parlament, eine Rolle gespielt, die dem heutigen Betrachter schwer verständlich ist; er wird eher den utilitaristischen Standpunkt einnehmen, den E I BEKKER eingenommen hat:

„Germanisten pflegen eine gewisse herzliche Zuneigung für allerlei dem älteren deutschen Rechte entstammende Gestaltungen, wie gesamte Hand, Muntschaft, und Sätze, wie Hand soll Hand wahren, Kauf bricht Miete nicht, und dergleichen mehr zu empfinden. Der Romanist unserer Tage steht solchen Stücken des germanischen Rechts, und den entsprechenden des römischen, mit vollkommener Gleichgültigkeit gegenüber. Er fordert vom Inhalt des Rechts überall nur das Eine: dass er den gegebenen Verhältnissen, die er beherrschen soll, angemessen sei, und nützlich auf sie zu wirken verspreche."[19] Die Ergebnisse der Kritik fasste das Reichsjustizamt in einer sechs Bände umfassenden Darstellung zusammen.

4. Die 2. Kommission

In der Folge trat eine gewisse Periode der Ungewissheit hinsichtlich der Fortführung der Gesetzgebungsarbeiten ein. Es scheint, dass dann noch einmal MIQUEL – damals Oberbürgermeister von Frankfurt – eingegriffen hat; auf sein Betreiben nahm das Reichsjustizamt das Verfahren wieder auf. Am 4.12.1890 beschloss der Bundesrat, eine neue Kommission zu berufen. Sie hatte elf ständige und dreizehn nichtständige Mitglieder. Wieder wurden Referenten für die einzelnen Teile des Entwurfs bestellt. Zum *Generalreferenten* wurde GOTTLIEB PLANCK berufen. Den Vorsitz führte zunächst der jeweilige Leiter des Reichsjustizamtes. Von großem Einfluss ist neben PLANCK das bayerische Mitglied vJACUBEZKY gewesen. Die Kommission hatte für ihr Vorgehen keine bestimmten Weisungen erhalten; sie hat auch selbst in dieser Hinsicht keine Grundsatzbeschlüsse gefasst, nahm vielmehr den Entwurf paragraphenweise durch.[20] 1895 schloss die Kommission ihre Arbeiten ab; am 22.10.1895 wurde der endgültige redigierte Entwurf II dem Reichskanzler überreicht.

5. Die Behandlung in den legislativen Körperschaften

Hatte die Beratung in den Fachkommissionen sehr lange gedauert, so passierte der Entwurf die politischen Instanzen recht zügig. Der Bundesrat ließ den Entwurf sogleich in seinem *Justizausschuss* beraten, wobei die Berichterstattung einzelnen Landesvertretern übertragen wurde.[21] Daraus ging der Entwurf III hervor, den der Reichs-

---

[19] BEKKER, System und Sprache des Entwurfs eines bürgerlichen Gesetzbuches (1888) 62 ff.
[20] Vgl STAUDINGER/HONSELL (2018) Einl 84 zum BGB mwH.
[21] Der allgemeine Teil ging an Hessen, Buch II an Berlin, III an Württemberg, IV wurde an Sachsen vergeben, V an Bayern, und Buch VI, enthaltend das Internationale Privatrecht sowie das Einführungsgesetz, wurde von Lübeck referiert.

kanzler im Januar 1896 mit einer Denkschrift dem Reichstag vorlegte. In den Debatten des Reichstages spielten vor allem drei Fragen eine Rolle: die Gestaltung des Vereinsrechts,[22] die obligatorische Zivilehe und interessanterweise schon damals der Schutz des Schwächeren. Zu diesen Fragen hat auch PLANCK als Regierungskommissar eingehend Stellung genommen. Der „Kathedersozialist" ANTON vMENGER,[23] monierte das Fehlen eines sozialen Mindestschutzes und der Germanist OTTO vGIERKE,[24] das Fehlen eines „Tropfens sozialistischen Öles". Im *Vereinsrecht* des Entwurfs trat die Tendenz der Regierungen deutlich hervor, eine gewisse *politische Kontrolle* auszuüben. Liberale und Katholiken konnten diese Regelung nur widerwillig annehmen. Die *Zivilehe* musste das Zentrum ablehnen. Es hat sich nur schwer zur Annahme dieser Teile des Entwurfs durchgerungen. Der *Schutz der wirtschaftlich Schwächeren* wurde von den Sozialdemokraten in die Debatte eingebracht, die Verteidiger des Entwurfs verwiesen darauf, dass er eine Reihe zwingender Bestimmungen zum Schutz der Schwächeren enthalte.[25] Im Ganzen verdient die Debatte, insbesondere bei der ersten Lesung, nicht die herablassende Kritik, die sie gelegentlich erfahren hat. Auch die Kommissionsberatungen waren nicht bedeutungslos; zB wurde eine so bedeutsame Einrichtung wie das holographe Testament erst jetzt in den Entwurf eingefügt.

6. Die Schöpfer des BGB

21 Überblickt man nun die Entstehungsgeschichte im Einzelnen, so ist man überrascht zu sehen, dass es eigentlich eine zahlenmäßig kleine Gruppe liberaler Juristen aus verschiedenen Schichten des Bürgertums gewesen ist, die das Werk ermöglicht hat; dabei lag die Führung zunächst bei einigen Juristen, die als Abgeordnete in den ersten Reichsdeutschen Parlamenten gesessen haben. Der Kommunalpolitiker MIQUEL, zunächst Oberbürgermeister von Osnabrück, dann von Frankfurt, und der Rechtsanwalt LASKER haben durch ihre jahrelang wiederholten Anträge die verfassungsmäßigen Grundlagen für die Kodifikation geschaffen; MIQUEL hat dann später noch einmal entscheidend eingegriffen, als nach der scharfen Kritik am E I der Fortgang der Gesetzgebungsarbeiten ins Stocken zu geraten drohte. Der Verwaltungsrechtler RUDOLF vGNEIST hat die Anträge von MIQUEL und LASKER wirkungsvoll unterstützt. Der universale Rechtshistoriker, Vorkämpfer eines deutschen Zentralgerichts, dann selbst Richter am Reichsoberhandelsgericht und schließlich Professor in Berlin, LEVIN GOLDSCHMIDT, hat in der Vorkommission den Plan der Arbeit entworfen. Der Professor vCUNY und der Richter SPAHN haben als Parlamentarier das Projekt 1896 durch den Reichstag gesteuert. Vor allem ist aber hier der Richter GOTTLIEB PLANCK zu erwähnen, der zuerst als Abgeordneter in den ersten Reichstagen für das Projekt tätig geworden ist, dann als Mitglied der 1. Kommission den Entwurf des Familienrechts ausgearbeitet hat, in der 2. Kommission Generalberichterstatter gewesen ist und schließlich als Regierungskommissar in den Beratungen des Reichstages von 1896 das grundlegende, heute noch lesenswerte Referat über den Entwurf gehalten hat.

---

[22] Vgl die Literaturhinweise bei STAUDINGER/HONSELL (2018) Einl 87 zum BGB Fn 96.
[23] Das Bürgerliche Gesetzbuch und die besitzlosen Klassen (1890).
[24] Die soziale Aufgabe des Privatrechts (1889, Nachdruck 1948).
[25] Zur Bedeutung des Schutzes des Schwächeren im heutigen Privatrecht vgl statt vieler WEITNAUER, Der Schutz des Schwächeren im Zivilrecht (1975); BYDLINSKI, Die Suche nach der Mitte als Daueraufgabe des Privatrechts, AcP 204 (2004) 309 ff; REPGEN, Die soziale Aufgabe des Privatrechts (2001) 501 ff u passim; zuletzt E vHIPPEL, Kampfplätze der Gerechtigkeit (2009) 39 ff mwH.

7. Die Materialien

Die Materialien, die aus den Gesetzgebungsarbeiten hervorgegangen sind, sind lange Zeit nicht vollständig publiziert worden. In gedruckter Form lagen die Motive der 1. und die Protokolle der 2. Kommission vor. Wichtige Teile, so die Entwürfe der Redaktoren und ihre Begründungen, waren indes nur als Manuskripte für den Gebrauch der 1. Kommission hektographiert und nur in wenigen Bibliotheken vorhanden, andere überhaupt nicht veröffentlicht. Die üblicherweise benutzte Sammlung von Mugdan „Die gesamten Materialien zum Bürgerlichen Gesetzbuch für das Deutsche Reich" enthielt nur die seinerzeit bereits publizierten Materialien. Die damals nicht veröffentlichten Materialien haben HORST HEINRICH JAKOBS und WERNER SCHUBERT herausgegeben.[26]

8. Inkrafttreten. Einfluss auf andere Länder

Das Gesetz wurde am 24.8.1896 publiziert und trat am 1.1.1900 in Kraft. Die lange Zeit zwischen Publikation und Inkrafttreten des Gesetzes *(Legisvakanz)* von $3^{1}/_{2}$ Jahren diente seiner Einführung. Die Bürger sollten Gelegenheit haben, sich mit dem Gesetz vertraut zu machen. Die Gesetzeskenntnis war offenbar damals – anders als heute – ein ernsthaftes Anliegen. Die Bürger hatten hohe Erwartungen und anfangs erwarben viele, auch einfache Leute, das BGB, ganz so, wie man eine Bibel besaß oder als Katholik auch einen Katechismus (den „Canisius"). Infolge der streng technischen und abstrakten Sprache des BGB (vgl Rn 27) war es freilich für den Laien mehr oder weniger unverständlich.

Das BGB hatte Einfluss auf das österreichische ABGB, das in drei Teilnovellen (1914–1916) angeglichen wurde. Eine engere Anlehnung findet man im griechischen Zivilgesetzbuch von 1940 (in Kraft 1946). Rezipiert wurde das BGB zB in Japan und tlw in Brasilien und Peru. Auch in China hatte es Einfluss, wie zuvor schon der Dresdner Entwurf (Weiteres bei WIEACKER, Privatrechtsgeschichte der Neuzeit [1967] 484 ff).

III. Grundlagen und Prinzipien des BGB

1. Überblick über Probleme der privatrechtlichen Gesetzgebung im 19. Jahrhundert

Es gibt einen *Grundbestand an Ordnungsproblemen*, der in jeder Privatrechtsordnung auftaucht, wie die Ordnung des Vertragswesens, des Eigentums an beweglichen und unbeweglichen Sachen, der Sicherungsrechte, der Familie und der Erbfolge usw. Aber in diesem Rahmen gibt es für jede Zeit besondere Fragen, und gerade im 19. Jh hatten sich viele *Probleme des Privatrechts* neu gestellt, waren für sie auch neue Lösungen gefunden worden, auf welche die Verfasser der Kodifikation nun zurückgreifen konnten bzw unter denen sie eine Auswahl zu treffen hatten.

Die liberale Gesetzgebung hatte sich zum Ziel gesetzt, eine Rechtsordnung zu schaffen, in der *Vertragsfreiheit* und *freies Eigentum*, insbesondere freies Grundeigentum,

---

[26] Das Programm hat SCHUBERT AcP 175 (1975) 426–451 veröffentlicht. JAKOBS/SCHUBERT (Hrsg), Die Beratung des Bürgerlichen Gesetzbuches in systematischer Zusammenstellung der unveröffentlichten Quellen, 13 Bde (1978 ff).

bestand.[27] Das bedeutete negativ die Auflösung der alten gebundenen Grundverfassung mit den zahlreichen Bindungen nicht nur innerhalb der Grundherrschaft in der Beziehung von Gutsherr und Bauer, sondern auch im Verhältnis des einzelnen Bauern zur Dorfgemeinschaft (Flurzwang, Rechte an der gemeinen Mark und Ähnliches). An deren Stelle musste positiv eine Rechtsordnung für freie Grundeigentümer treten. Zu den politischen Forderungen des Liberalismus gehörte ferner eine einheitliche und freiere Gestaltung des *Vereinsrechtes*.

26 Die Marktwirtschaft und die einsetzende Industrialisierung verlangte zunächst Institutionen, die außerhalb des engeren Bereichs des bürgerlichen Rechts lagen, so vor allem neue Formen des Zusammenschlusses, wie etwa die Aktiengesellschaft oder die Genossenschaften, neue Formen des immateriellen Eigentums, wie etwa Patente, Zeichen- und Markenrechte usw. Sie forderte aber auch ein flexibles, der jeweiligen Entwicklung leicht anzupassendes Verkehrsrecht. Dies musste sich vor allem auf das Vertragsrecht und das Mobiliarsachenrecht sowie das Recht der unerlaubten Handlungen auswirken. Es berührte also einen zentralen Teil des privaten Vermögensrechtes.

2. Charakter des BGB

27 Das BGB ist ein Juristen-Gesetzbuch. Seine **Sprache** ist **technisch**, häufig sehr **abstrakt**, aber genau und präzise. Die Präzision führt manchmal zu Unverständlichkeit, zB in dem berüchtigten eine doppelte Verneinung enthaltenden § 164 Abs 2 BGB: „Tritt der Wille, in fremdem Namen zu handeln, nicht erkennbar hervor, so kommt der Mangel des Willens, in eigenem Namen zu handeln, nicht in Betracht." Einfacher und aussagekräftiger demgegenüber Art 32 Abs 2 OR: „Hat der Vertreter bei dem Vertragsabschlusse sich nicht als solcher zu erkennen gegeben, so wird der Vertretene nur dann unmittelbar berechtigt und verpflichtet, wenn der andere aus den Umständen auf das Vertretungsverhältnis schliessen musste, oder wenn es ihm gleichgültig war, mit wem er den Vertrag schliesse."

Die Kodifikation folgt – mit einer Umstellung in der Reihenfolge der Teile – dem sog **Pandektensystem** (Allgemeiner Teil, Schuldrecht, Sachenrecht, Familienrecht und Erbrecht), das seit der *historischen Rechtsschule* in der Privatrechtswissenschaft verwendet wurde. Den Gegensatz hierzu bildete das *Institutionensystem* (res, personae, actiones – Sachen, Personen, Gemeinsame Bestimmungen), dem das öst. ABGB und der frz. Code civil folgen. Dies impliziert einen uns fremdartigen Begriff des Sachenrechts, der auch das Obligationen- und Erbrecht umfasst. Unterschiedlich ist auch der Sachbegriff, der – anders als im BGB – nicht auf körperliche Gegenstände beschränkt ist, sondern auch unkörperliche, nämlich Rechte, umfasst.

28 Die leitenden Grundgedanken waren im Wesentlichen die folgenden:

Es sollte ein flexibles und modernes Vermögensrecht geschaffen werden. Dieser Gesichtspunkt hat vor allem im **Vertragsrecht** und im **Mobiliarsachenrecht** Ausdruck gefunden. Dem Gedanken des Verkehrsschutzes sollte Rechnung getragen werden. Als Beispiel sei die Regelung der Stellvertretung erwähnt.

---

[27] Vgl STAUDINGER/HONSELL (2018) Einl 34 zum BGB.

Im **Immobiliarsachenrecht** sollten klare, feste Regeln und ein sorgfältig geregeltes *Grundbuch* Klarheit und Rechtssicherheit gewährleisten; hier wurden infolgedessen der privatrechtlichen Gestaltungsfreiheit Grenzen gezogen und *Typenzwang* eingeführt.

Im **Familienrecht** schuf man eine der Form nach staatliche, dem Inhalt nach aber stark von christlichen Traditionen geprägte Ordnung. Die Familie war noch patriarchalisch aufgebaut, aber die Rechtsstellung der Frau verbessert und im Verhältnis von Eltern und Kindern wurde die Verpflichtung der Eltern gegenüber den Kindern betont.

Im **Erbrecht** übernahm man das überkommene Prinzip der *Universalsukzession* (Gesamtnachfolge) und die Familienerbfolge als Grundlage des gesetzlichen Erbrechts neben weitreichender *Testierfreiheit,* die nur durch *Pflichtteilsrechte* der nächsten Angehörigen beschränkt war. In der Frage der Nachlassbindung fand man einen Kompromiss, der eine Bindung in gewissen zeitlichen Grenzen ermöglichte.

3. Die Generalklauseln

Eine besondere Rolle haben in der Anwendung der Kodifikation die Generalklauseln gespielt, die §§ 138, 157, 226, 242, 826 BGB. Sie hat sich allerdings anders gestaltet, als es den Vorstellungen des Gesetzgebers entsprach.[28] Das Schikaneverbot von § 226, dem man seinerzeit große Bedeutung zugeschrieben hatte, ist im Wesentlichen lettre morte geblieben, während § 242, der seinem Wortlaut nach nur die Art und Weise der Leistung betrifft, sogleich wieder zu dem allgemeinen Rechtsprinzip entwickelt wurde, das es zuvor seit dem römischen Recht Jahrhundert lang gewesen war. Das (wichtigste) Prinzip von **Treu und Glaube**n betrifft den Inhalt und die Auslegung von Verträge (ebenso Art 2 ZGB). Es ist heute ein das ganze Rechtsleben beherrschender Grundsatz (BGHZ 85, 48), der auf die bona fides des römischen Rechts zurückgeht. Grammatikalisch handelt es sich um ein Hendiadyoin, bei dem zwei ähnliche Begriffe zu *einem* neuen zusammengefasst werden (wie Wind und Wetter, Haus und Hof). In fides steckt griechisch pistis (Vertrauen). Auch Glauben ist zu verstehen iSv Vertrauen. Vertrauen und Redlichkeit sind die wichtigsten Eigenschaften von und Anforderungen an Personen, die einen Vertrag schließen.

Neben das Gebot des Handelns nach Treu und Glauben tritt das Verbot des widersprüchlichen Verhaltens insbes der **unzulässigen Rechtsausübung** (der alten *exceptio doli generalis* – der Einwendung gegenwärtiger Arglist) durch Erhebung einer nur nach formalem Recht begründeten, aber materiell unbegründeten Klage. Dieser Aspekt fehlt in § 242, Art 2 Abs 1 u 2 ZGB enthält beide. Die *Einzelfallgerechtigkeit,* die oft in Konflikt gerät mit dem formellen Recht und dem Argument der *Rechtssicherheit,* soll letztlich die Oberhand behalten, und der Missbrauch formaler Rechtspositionen[29] unzulässig sein.

---

[28] Vgl J Schroeder, Zivilrechtliche Generalklauseln in der Methodendiskussion des frühen 20. Jahrhunderts, in: FS Holzhauer (2005) 265 ff.
[29] In der Antike prägte man dafür den scheinbar paradoxen Satz Summum ius – summa iniuria – das höchste Recht ist das höchste Unrecht (Cicero De off I 33); dazu Kant, Metaphysische Anfangsgründe der Rechtslehre Akademieausgabe VI 234, 235; ausführlich Stroux, Summum ius, summa iniuria (1949); s auch unten Rn 67 Fn 249; ferner Esser in: Summum ius, summa iniuria, Ringvorlesung der Tübinger Juristenfakultät (1963) 1 ff. Der Rückgriff auf die unzulässige Rechtsausübung kann ein Stück weit durch teleologische Reduktion vermieden werden, doch sind nach im-

Eine weitere Generalklausel sind die **„guten Sitten"** (§ 138, 826 BGB; s auch § 879 Abs 1, 1295 Abs 2 ABGB und Art 20 Abs 1, 41 Abs 2 OR). Das Reichsgericht definierte sie als das, was dem *„Anstandsgefühl aller billig und gerecht Denkenden"* entspricht (RGZ 48, 114, 124; s auch BGHZ 10, 228, 232); ebenso das Schweizer Bundesgericht (BGE 94 II 5, 16) und ähnlich der öster OGH (JBl 1954, 436), der statt von Anstands- von Rechtsgefühl spricht. Dabei wird freilich kein ethisch vorbildliches Verhalten vorausgesetzt. Vielmehr genügt es, wenn das Handeln einem *ethischen Minimum* genügt, nicht sittenwidrig ist (näher HONSELL/MAYER-MALY, Rechtswissenschaft [7. Aufl 2018] 16 f). Auch der Begriff der „guten Sitten" entstammt dem römischen Recht (boni mores).

Die geschichtliche Erfahrung lehrt, dass keine entwickelte Rechtskultur möglich ist, ohne dass dem Richter neben den ausgeformten Rechtssätzen ein unmittelbarer Rückgriff auf bestimmte Aspekte der Gerechtigkeit eröffnet wird. Anderersetis ist mit den Generalklauseln eine Beeinträchtigung der Rechtssicherheit verbunden. Man hat deshalb vor einer „Flucht in die Generalklauseln"[30] gewarnt.

IV. Die Entwicklung des BGB

1. Veränderungen im Vertragsrecht

30 Die Geschichte des BGB bestätigt die Erfahrung, dass bedeutende Kodifikationen die Rechtsprechung in die Lage versetzen, für die sich ständig verändernden Lebensverhältnisse angemessene Lösungen zu finden, ohne dass es des Einschreitens des Gesetzgebers bedarf, dass ein solches Eingreifen aber dann notwendig wird, wenn sich die grundlegenden Wertvorstellungen ändern, auf denen die Kodifikation ursprünglich beruht hat. Im Falle des BGB bedeutet dies, dass neben einer völligen Umgestaltung des Familienrechts (dazu unten Rn 34) vor allem im Vertrags- und Vermögensrecht einschneidende Eingriffe zu verzeichnen sind. Es sind dies namentlich asymmetrische Regelungen, Informationspflichten und Widerrufsrechte des *Verbraucherschutzes*, die zum Teil durch das *Schuldrechtsmodernisierungsgesetz* (Rn 35 ff) umgesetzt wurden sowie die Antidiskriminierungsvorschriften des *Allgemeinen Gleichbehandlungsgesetzes*. Zahlreiche weitere Neuerungen des *Europarechts* sind tlw undurchdacht und beeinträchtigen die Privatautonomie in unvernünftiger Weise (Rn 40 ff).

31 Von diesen Neuerungen abgesehen sind die zentralen Elemente der Privatautonomie, die private Verfügungsgewalt über Wirtschaftsgüter und die Vertragsfreiheit, im Grundsatz unangetastet geblieben. Die durch die staatliche Intervention bedingten Beschränkungen äußerten sich rechtlich in Verboten öffentlichen Rechts oder dem Erfordernis öffentlich-rechtlicher Genehmigungen für private Geschäfte. Gerade weil es sich um eine Einengung des privaten Handlungsspielraums durch das öffentliche Recht handelte, waren Eingriffe in das Privatrecht selbst meist nicht nötig. Eine Ausnahme machte vor allem das **Arbeitsrecht**, das der modernen Industriegesellschaft

---

mer noch hL Form- und Fristvorschriften hiervon ausgenommen; näher HONSELL/MAYER-MALY Rechtswissenschaft (7. Aufl 2018) 17 f.
[30] So HEDEMANN, Die Flucht in die Generalklauseln. Eine Gefahr für Recht und Staat (1933), der 20 Jahre zuvor noch von einem „königlichen Paragraphen" gesprochen hatte, ders, in: Werden und Wachsen im Bürgerlichen Recht (1913) 9 und 40 f. Ähnlich ders, in: Fortschritte des Zivilrechts im 19. Jahrhundert, Bd 1 (1910) 127 f.

angepasst werden und einen angemessenen Schutz der sozial schwächeren Arbeitnehmer gewährleisten musste. Es ist nur noch zum Teil im Dienstvertragsrecht des BGB geregelt (§§ 611 ff). Neu eingefügt ist eine Legaldefinition des Arbeitsvertrages (§ 611a BGB). Im Bereich der **Wohnungsmiete** blieb das im Ersten Weltkrieg eingeführte Mietnotrecht im Prinzip in Geltung und wurde auch nach dem Ende der Wohnungsnot in der Bundesrepublik nicht beseitigt. Mit dem 1. WKSchG v 25.11.1971 und dem Mietrechtsverbesserungsgesetz v 21.11.1971 wurde das Mietnotrecht zum Dauerrecht.[31] Die wesentlichen Vorschriften finden sich in den §§ 533 ff. Dass das Mietwohnungsrecht nicht in die Privatautonomie zurückgeführt wurde, sondern im Wesentlichen öffentliches Recht in dem Sinne geblieben ist, als alles zwingende Recht öffentliches Recht ist, lag weniger an Fehlfunktionen des Marktes als daran, dass beide großen Parteien „ihre Mieter" entdeckt hatten. Heute hingegen sind in den Ballungsräumen, auch verursacht durch die Zinspolitik der EZB, die Wohnungspreise wieder stark angestiegen und bezahlbarer Wohnraum ist zu knapp geworden. Gesetzliche Vorschriften zur Begrenzung des Mietzinsanstiegs haben die Erwartungen nicht erfüllt. Ein weiterer Bereich, der Änderungen des Privatrechts notwendig machte, sind die **Allgemeinen Geschäftsbedingungen (AGB)** mit denen Unternehmer, die eine Vielzahl gleichartiger Geschäfte abschließen, das abdingbare Recht in ihrem Sinne ändern. Die notwendige AGB-Kontrolle und Korrektur führt zu einer Vermehrung zwingenden Rechts. Die Vorschriften sind heute ins BGB integriert (§§ 305–310 BGB).

Im **übrigen Vertragsrecht** hat sich das Gesetz als elastisch genug erwiesen, um den veränderten Verhältnissen Rechnung zu tragen und den zahlreichen Neubildungen des Geschäftslebens Raum zur Entfaltung zu geben. Nach dem Krieg sind zB aus dem amerikanischen Recht neue Vertragsformen wie *Leasing, Franchising* oder *Factoring* aufgenommen worden. Dabei erlaubten die Prinzipien des allgemeinen Vertragsrechts, einschließlich der im allgemeinen Teil normierten Regeln über die Rechtsgeschäfte der Judikatur, diejenigen Regeln abzuleiten, die für eine Ordnung dieser neuen Lebensverhältnisse notwendig waren. Es zeigte sich ferner, dass die Kodifikation genügend allgemeine Regeln enthielt, wie die §§ 157, 242 und 826 BGB, um unbillige Ergebnisse und Härten, die sich allenfalls aus einer konsequenten Anwendung der gesetzlichen Bestimmungen ergeben konnten, zu vermeiden oder zu mildern.

Informationstechnik (IT), Computer, Internet und Mobiltelefon haben zu einem sensationellen technischen Fortschritt, zu epochaler Veränderung unserer Lebensverhältnisse namentlich im Bereich der Kommunikation geführt. Die **Digitalisierung** ist aus dem modernen Wirtschaftsverkehr, aus Staat und Verwaltung nicht mehr wegzudenken und hat die Globalisierung enorm beschleunigt. Es gibt zahlreiche Handbücher und Zeitschriften, die sich mit Informationstechnik und Recht befassen.[32] Hier interessiert nur, inwieweit sie das Recht und insbes das Privatrecht verändert hat. Die abstrakten Regeln des BGB erweisen sich auch hier als erstaunlich anpassungsfähig. Zusätzliche Vorschriften hat der Gesetzgeber etwa mit der Regelung über den elektronischen Rechtsverkehr in § 312i und j BGB erlassen. Stark im Vordringen sind

---

[31] Näher HONSELL, Privatautonomie und Wohnungsmiete, AcP 186 (1986) 115 ff.
[32] Literatur (Auswahl): KÖHLER/FETZER, Recht des Internet (2016); SPINDLER/SCHUSTER, IT-Recht – Recht der elektronischen Medien (3. Aufl 2015); JAHNEL/MADER/STAUDENEGGER (Hrsg), IT-Recht (3. Aufl 2012); Zeitschriften (Auswahl): Computer und Recht (CR), Köln, CR-online.de; JurPC, Saarbrücken, jurpc.de; Multimedia und Recht (MMR), München; Kommunikation und Recht (K&R), Heidelberg.

Vertragsabschlüsse insbes von Kaufverträgen, aber auch Dienstleistungen (usw) im **Internet**. Die *Automation* ist im *elektronischen Geschäftsverkehr* soweit fortgeschritten, dass auf der Verkäuferseite idR die Annahme von Angeboten der Käufer durch den Computer automatisch erfolgt. Schon in den Frühzeiten des Internethandels ist die Frage aufgetaucht, ob der Kunde Anspruch hat, wenn die auf *einer Website angebotene Ware* nicht vorrätig oder falsch ausgezeichnet ist (usw). Einer der ersten und spektakulärsten Fälle traf die britische Handelsgruppe Argos, die auf ihrer Website infolge eines Softwarefehlers ein Sony Fernsehgerät statt für £ 299.99 für £ 3 angeboten hatte. Lässt man die Frage der Irrtumsanfechtung beiseite, so lautet die richtige Lösung, dass kein bindendes Angebot vorliegt, denn die Verkäuferin konnte nicht wissen, wie groß die Nachfrage sein würde und ob sie diese vollständig befriedigen könnte. Nicht anders als bei „Angeboten" in der Werbung handelt es sich nur um eine invitatio ad offerendum (Einladung zur Angebotsabgabe). Das erste Angebot geht also vom Kunden aus und die Annahme vom Verkäufer[33]. Bei Fehlern in der invitatio ad offerendum ist also noch kein Vertrag zustande gekommen.

Problematisch ist bei Geschäftsabschlüssen durch einfachen Klick, zB der Einbezug von AGB, der dadurch erfolgt, dass es nicht zum Vertragsschluss kommt, solange man nicht durch Einfügen eines Häkchens in ein Kästchen auf der Website, die Kenntnisnahme von den *AGB* bestätigt hat. Der Kunde, der sich bis hierher durchgeklickt hat, will aber kaufen und akzeptiert ungelesen Alles. Eine tatsächliche Kenntnisnahme ist damit also in den seltensten Fällen verbunden. Gleichwohl wird man – soweit es sich nicht um ungewöhnliche Klauseln handelt (§ 305c BGB) – eine wirksame Einbeziehung annehmen müssen, wenn eine zumutbare Kenntnisnahme der AGB möglich war. Der bei Vertragsschluss durch einfachen Klick fehlende Übereilungsschutz wird durch das *Widerrufsrecht* gemäß § 355 BGB kompensiert, das auf der Verbraucherrechte-Richtlinie beruht. Andererseits führt das Widerrufsrecht zu einer Aushöhlung des Satzes pacta sunt servanda und namentlich bei Bekleidung zu Retourenquoten von bis zu 40 %, die volkswirtschaftlich unsinnig sind und zu einer weiteren Anspannung bei den ohnedies überlasteten Paketdiensten führen. Weitere Probleme ergeben sich aus der Vertragsgestaltung mit Computern zB bei unterschiedlichen und ständig wechselnden Preisen wie sie im Flugverkehr üblich geworden sind. Das man dies zulässt, ist unter den Aspekten des Wettbewerbs und des Konsumentenschutzes wegen fehlender Preistransparenz bedenklich. Übertrieben ist es auch, wenn die Schweizer Bundesbahn sogar für verschiedene Tageszeiten und Strecken je nach Nachfrage unterschiedliche Preise verlangt. Ein öffentliches Transportunternehmen sollte nicht derart pseudonachfrageorientiert agieren. Weder fahren die Leute in die entgegengesetzte Richtung, nur weil es dorthin billiger ist, noch können sie im Berufsverkehr billigere Zeiten wählen. Schwierigkeiten bereitet der Judikatur die richtige Einordnung von *Online-Aktionen* wie bei Ebay, Ricardo usw. Sie sieht in dem Angebot des Auktionsobjektes keine invitatio ad offerendum, sondern eine vorweg erklärte Annahme des Höchstgebotes (BGHZ 149, 129 ff). Diese unnötige Konstruktion beruht darauf, dass man glaubt mangels Zuschlags eine Annahme konstruieren zu müssen. Dies ist jedoch unnötig, denn bei einer zeitlich exakt limitierten Auktion braucht man keinen Aukti-

---

[33] Schwierigkeiten bestehen nur in der Schweiz, wo Art 7 Abs 3 OR (unsinniger Weise) bestimmt, dass die Auslage von Waren mit Preisangabe idR als (bindendes) Angebot gilt. Das war angeblich eine Konzession an das französische Recht. – Auch dort, wo, wie bei Software, das Produkt unbegrenzt zur Verfügung steht, weil es einfach heruntergeladen werden kann, besteht kein Bedürfnis nach einem bindenden Angebot des Verkäufers.

onshammer. Der Zuschlag ergeht automatisch an das bei Ende der Auktion bestehende Höchstgebot. Die Konsequenzen der unnötigen Konstruktion sind beträchtlich: Zum einen hält die Rsp mangels Vorbehalts auch Versteigerungsangebote mit einem, Startpreis von 1 EUR für bindend, zum anderen erklärt der BGH den Vertrag für widerruflich, obwohl § 312g Nr 10 Auktionen ausdrücklich vom Widerrufsrecht ausnimmt; denn Online-Auktionen seien mangels Zuschlags keine Versteigerungen im Rechtssinne (BGH NJW 2005, 53 ff; ablehnend HONSELL, in: FS Huber [2006] 355 ff). Eine Auktion bei der man risikolos mitbietet und das Höchstgebot abgibt, weil man danach frei widerrufen kann, ist aber eine per se sinnlose Veranstaltung.

Verträge können heute nach § 126a BGB in **elektronischer Form** geschlossenen werden. Das ist ein Sonderfall der *Schriftform*. Dabei muss das elektronische Dokument eine „Signatur" gemäß einem aufgrund verschiedener RL erlassenen SignaturG enthalten. Neu eingeführt wurde eine sog einfache *„Textform"* (§ 126b BGB), das ist eine Erklärung ohne Unterschrift auf einem dauerhaften Datenträger. Sie eignet sich nicht für den Vertragsschluss, aber – soweit gesetzlich vorgesehen – für die Abgabe sonstiger Erklärungen, zB zur Erfüllung von Informationspflichten (zB § 477 Abs 2, § 556 Abs 2 BGB). Via Internet, **Email** oder **SMS** können ohne Signatur alle formfreien Verträge abgeschlossen werden. Der *Zugang von Erklärungen* (§ 130 BGB) mittels Email oder SMS ist mit Eingang wirksam, wenn dieser zu einer Zeit erfolgt, zu der gewöhnlich mit einer Kenntnisnahme gerechnet werden kann. **Automatisierte Entscheidungen** im Steuer- und Sozialversicherungswesen könnten mit der Verbesserung der Computer-Software auch Gerichte entlasten und Prozesse vereinfachen[34]. Zahlungsbefehle und Eingaben beim Grundbuch oder Handelsgericht erfolgen heute online. Der Richter kann für sein Urteil Datenbanken nutzen, welche die Gesetze, Judikatur und Literatur enthalten. Bis zu einem gewissen Grade kann er auch auf Textbausteine zurückgreifen. So wird eine Automatisierung für einfache, typisierte Fälle des täglichen Lebens, insbes für Bescheid im Steuer- oder Sozialrecht und Beschlüsse im Bereich des FamFG, denkbar. Darüber hinaus bleibt sie vermutlich Utopie, auch wenn die Forschung an Algorithmen und künstlicher Intelligenz erstaunliche Fortschritte macht.

Das aus Gründen der Rechtssicherheit relativ starr angelegte **Deliktsrecht** konnte ebenfalls durch Auslegung, insbesondere des § 823 BGB und durch neue absolute Rechte, wie das Recht am eingerichteten und ausgeübten Gewerbebetrieb oder das Allgemeine Persönlichkeitsrecht, allmählich ausgebaut werden. Ähnliches lässt sich vom rechtsgeschäftlichen Teil des **Erbrechts** sagen. Demgegenüber war das eher statische Sachenrecht weniger Änderungen unterworfen. Im **Immobiliarsachenrecht** hatte das Gesetz, aufbauend auf Erfahrungen, die in einem fast ein Jahrhundert währenden gesetzgeberischen Experimentieren gewonnen waren, eine solche technische Präzision der Regeln erreicht und ein so widerspruchsloses System formellen und materiellen Rechts aufbauen können, dass, nachdem das Grundbuch einmal angelegt war, wesentliche gesetzgeberische Eingriffe nicht erforderlich waren.

---

[34] Zum Problemfeld KILIAN, Juristische Entscheidung und elektronische Datenverarbeitung (1974); WIEACKER, Rechtsgewinnung durch elektronische Datenverarbeitung in: FS von Caemmerer (1978) 45 ff; H KÖHLER, Die Problematik automatisierter Rechtsvorgänge, insbesondere von Willenserklärungen, AcP 182 (1982) 126 ff.

2. Umgestaltung des Familienrechts

34 Völlig umgestaltet wurde das Familienrecht. Hier hat sich im Laufe eines Jhs eine grundsätzliche *Änderung der maßgebenden Wertvorstellungen* vollzogen. Die Verfasser des BGB waren im Prinzip von der *christlichen* Vorstellung der Ehe als einer sozialen Institution ausgegangen, sie sahen hierbei einen *patriarchalischen* Aufbau der Ehe als natürlich an und folgerten daraus, dass der Mann das natürliche Haupt der Familie sein müsse und dass ihm eine fürsorgliche Autorität über die Kinder zustünde. Auf christlich-protestantischen Anschauungen beruhte das Scheidungsrecht des BGB. Schließlich war die erhebliche Schlechterstellung der unehelichen Kinder im Verhältnis zu den ehelichen auch im Zusammenhang mit der Vorstellung von der besonderen Würde der Ehe als Institution verknüpft. Alle diese Vorstellungen haben sich grundlegend gewandelt und werden heute allenfalls von einer Minderheit vertreten. Zunächst hatte der *Nationalsozialismus* gerade in das Familienrecht seine Ideologie von der Bedeutung der Rasse und der Eugenik und seine Vorstellung vom Wesen der Ehe einzuführen versucht. Diese haben das Ehegesetz 1938 wesentlich beeinflusst. Mit dem Zusammenbruch des nationalsozialistischen Reiches im Jahre 1945 verschwanden diese Bestimmungen wieder. In der Folgezeit wurde das Recht der Eheschließung durch das Gesetz Nr 60 des Alliierten Kontrollrates über die Ehe vom 20.2.1946 geregelt, welches in Teilen bis 1998 galt. Erst seitdem ist das Recht der Eheschließung wieder im BGB geregelt.

35 Seit der zweiten Hälfte des 20. Jhs haben sich die dem Familienrecht des BGB zugrunde liegenden Anschauungen vollständig geändert. Es wurde durch zahlreiche und tiefgreifende Veränderungen liberalisiert.[35] Am deutlichsten wurde diese Tendenz zuletzt bei der Anerkennung **gleichgeschlechtlicher Partnerschaften**. Das Lebenspartnerschaftsgesetz (LPartG v 16.2.2001 [BGBl I 266]), entbehrte allerdings zunächst noch etlicher „Privilegien" der Ehe. Das BVerfG hatte dann in mehreren Entscheidungen diese angeblichen „Diskriminierungen" der **„Homo-Ehe"** beseitigt, so bei der Hinterbliebenenversorgung, der Erbschaftssteuer, dem Familienzuschlag für Beamte (usw), insbes aber beim Steuersplitting (BVerfG 7.5.2013 – 2 BvR 909/06, NJW 2013, 2257 m abw Votum v Landau und Kessal-Wulf) und der sukzessiven Adoption (BVerfG 19.2.2013 – 1 BvR 3247/09). Obwohl der Unterschied zwischen der Ehe und einer gleichgeschlechtlichen Verbindung auf der Hand liegt und deshalb von einer unvernünftigen Ungleichbehandlung nicht die Rede sein konnte, wurde der besondere Schutz der Ehe, den Art 6 Abs 1 GG verlangt, immer mehr abgebaut (dazu Rüthers, Die heimliche Revolution 115 ff mwN). Es ist kein Verstoß gegen Gleichbehandlung und political correctness, wenn man auf den natürlichen Umstand abstellt, dass nur aus der Ehe von Mann und Frau Kinder hervorgehen können. Antidiskriminierung und besonderer staatlicher Schutz sind zweierlei und es bleibt richtig, dass die Ehe und die auf sie gegründete Familie das Fundament der Gesellschaft und des Staates sind. Das ist der Grund für den besonderen Schutz und deshalb liegt darin auch keine Ungleichbehandlung oder Diskriminierung wegen der sexuellen Orientierung von Lesben oder Schwulen. Was zuletzt an Gleichstellung noch gefehlt hatte, war nur das gemeinsame Adoptionsrecht und die Öffnung der Institution, also Heirat auf dem Standesamt. Der Gesetzgeber hat im Juni 2017 in einem überstürzten Verfahren ohne Änderung des Grundgesetzes die völlige Gleichstellung und die Öffnung der **„Ehe für alle"** beschlos-

---

[35] Vgl Staudinger/Honsell (2018) Einl 107 zum BGB.

sen. Damit ist das LPartG gegenstandslos geworden. Dass freilich die „Ehe für alle" ohne Änderung von Art 6 Abs 1 GG neuer Verfassungsinhalt sein soll, ist nicht überzeugend. Der klare subjektiv-historische Sinn von Ehe- und Familie iSd GG kann nicht in einen neuen Begriff der Ehe (für alle) uminterpretiert werden und das Ende einer Normgeltung geschieht nicht allein durch Zeitgeist und Meinungswandel. Auch die neue, einfachgesetzliche Definition § 1353 Abs 1 S 1 BGB nF (Gesetz vom 20.7.2017 [BGBl I Z 787]: „Die Ehe wird von zwei Personen verschiedenen oder gleichen Geschlechts auf Lebenszeit geschlossen") reicht dafür nicht aus. Die Notwendigkeit einer verfassungsändernden Mehrheit verschwindet nicht einfach durch Neudefinition eines Begriffs. Das wäre eine Übertreibung des Prinzips der living constitution und widerspräche vor allem dem Erfordernis einer formellen Verfassungsänderung (Art 79 Abs 1 GG) und der verfassungsändernden Zweidrittelmehrheit (Art 79 Abs 2 GG). Art 6 Abs 1 GG verpflichtet den Staat zu einer Vorrangstellung der Ehe und enthält ein „Abstandsgebot" zur gleichgeschlechtlichen Partnerschaft. Auch das BVerfG kann diesen Unterschied nicht völlig einebnen, denn zu einer Verfassungsänderung ist es nicht befugt.

Das **Steuersplitting** sollte man abschaffen oder auf Familien mit Kindern beschränken, statt es auszuweiten und auf gleichgeschlechtliche Paare zu erstrecken. *Leihmutterschaft* und *Eizellenspende*[36] sind nach wie vor verboten. Namentlich schwule Paare suchen deshalb Leihmütter im Ausland. Doch wird dieses Verbot wohl als nächstes fallen. *In Vitro-Fertilisation* und Samenspende sind im EmbryonenschutzG geregelt.

Die **Ehe** ist nach wie vor die einzige staatlich anerkannte Lebensgemeinschaft heterosexueller Paare. Eine alternative, lockerere Form der Partnerschaft ist leider nicht vorgesehen. Auch das **Scheidungsrecht** ist nicht wirklich liberalisiert. Richtig wäre es, mit einem gewissen Übereilungsschutz die Ehe dort zu scheiden, wo sie geschlossen wurde: vor dem Standesbeamten. Dieses sog Konträraktsprinzip galt schon im römischen Recht. Die gerichtliche Scheidung ist anachronistisch und die Gerichte sind damit überfordert.

Bereits im Jahre 1974 wurde die **Volljährigkeit** auf 18 Jahre herabgesetzt. Eine erleichterte **Vaterschaftsanfechtung** ist in den §§ 1600 BGB und im FamFG geregelt. Hierbei ist zulasten des anfechtenden Vaters der Untersuchungsgrundsatz eingeschränkt. Heimliche DNA-Tests sind nicht verwertbar (BVerfGE 117, 202); deshalb wurde mit § 1598a ein Anspruch auf Einwilligung in den Test geschaffen. Neben dem **Vaterschaftsfeststellungsverfahren** nach § 1600d BGB ermöglicht § 1598a BGB eine Abstammungsklärung innerhalb der rechtlichen Familie. Aus der Vorschrift lässt sich aber nach ganz hL kein Anspruch auf isolierte Abstammungsklärung gegenüber einem mutmaßlich leiblichen, aber nicht rechtlichen Vater herleiten (BVerfG 1 BvR 3309/13). Ein geplantes sog „**KuckuckskindG**" soll dem Scheinvater die Durchsetzung der Ansprüche gegen den biologischen Vater erleichtern. Problematisch bleibt dabei die Verpflichtung der Mutter zur Nennung des Erzeugers. Die Rückforderung der Unterhaltsansprüche soll auf zwei Jahre beschränkt werden. **Kinder** haben ein **Recht auf Kenntnis der eigenen Abstammung**, das aus dem allgemeinen Persönlichkeitsrecht (Art 2 Abs 1 iVm Art 1 Abs 1 GG) resultiert. Ab 1.7.2018 gilt jedoch ein neuer

---

[36] Das gilt auch für die Implantation eines Zellkerns der Mutter in eine gespendete Eizelle, die dann der Mutter wieder eingesetzt wird – ein Verfahren zur Ausschaltung von Erbkrankheiten.

§ 1600d Abs 4 BGB, der unter den dort genannten Voraussetzungen die Vaterschaftsfeststellung eines Samenspenders ausschließt.

V. Das Schuldrechtsmodernisierungsgesetz

1. Charakter

36 Im Jahre 1984 hatte der damalige Justizminister Engelhard eine Kommission für die Überarbeitung des Schuldrechts eingesetzt. Diese Kommission hat ihre Arbeit 1991 abgeschlossen und einen Bericht vorgelegt. Die Vorschläge der Kommission sind aber zunächst nicht weiterverfolgt worden. Erst fast ein Jahrzehnt später hat man die Umsetzung der EU-Richtlinie über den Verbrauchsgüterkauf zum Anlass genommen, die alten Vorschläge, namentlich zur Verjährung und zu den Leistungsstörungen, wieder aufzugreifen. Die umfassende Novellierung bezeichnet der Gesetzgeber euphemistisch als „Schuldrechtsmodernisierung". Das Schadensersatzrecht wurde einer Teilrevision unterzogen durch das 2. Gesetz zur Änderung schadensersatzrechtlicher Vorschriften, in Kraft seit 1.8.2002[37].

Das Schuldrechtsmodernisierungsgesetz,[38] das zum 1.1.2002 in Kraft getreten ist, bringt die tiefgreifendsten Änderungen des Deutschen Bürgerlichen Gesetzbuchs in seiner über 100-jährigen Geschichte. Der Gesetzgeber hat die wissenschaftliche Diskussion weitgehend ignoriert und das Gesetz in großer Eile „durchgepaukt". Es ist zu befürchten, dass das Ministerium mit seiner „Bastelarbeit"[39] das BGB in eine „Dauerbaustelle" verwandelt hat, denn bei der heutigen gesetzgeberischen Sorgfalt und Qualität ist meist die letzte Novelle nur wegen der vorletzten notwendig. Schon MONTESQUIEU[40] hat davor gewarnt, dass eine schlechte Gesetzgebung stets neue Gesetze nach sich zieht. Auch der um sich greifende Perfektionismus und Pointillismus, der die Normierung immer neuer Details erstrebt, macht eine dauernde Anpassung und Korrektur der Gesetze notwendig. Viele der Neuerungen, die sich mehr oder weniger eng an die umzusetzenden EG-Richtlinien anlehnen, sind in schlechtem und schwer verständlichem Stil geschrieben,[41] überlang und unklar. § 309 BGB zB, der die erhellende Überschrift trägt „Klauselverbote ohne Wertungsmöglichkeit",[42] erstreckt sich in der Gesetzessammlung „Schönfelder" über nicht weniger als vier Seiten. Auch wer von Jurisprudenz keine Ahnung hat erkennt die neu eingefügten Paragraphen leicht an ihrer unklaren Sprache, die deutlich zu dem klaren und präzisen Stil des BGB kontrastiert, an überlangen Sätzen, wortreichen und doch unvollständigen Definitionen, sinnloser Anhäufung von Adjektiven usw[43].

---

[37] Vgl etwa WAGNER NJW 2002, 2049.
[38] Vgl die Literaturhinweise bei STAUDINGER/HONSELL (2018) Einl 109 zum BGB.
[39] Der Spiegel Nr 4 (2002) 31.
[40] CAHIERS (Nachdruck 1941) 119 f: „Une mauvaise loi oblige toujours le législateur à en faire beaucoup d'autres souvent très mauvaises aussi, pour en éviter les mauvais effets ou du moins pour remplir l'objet de la première."
[41] ZÖLLNER, Das neue Verjährungsrecht im deutschen BGB – Kritik eines verfehlten Regelungssystems, in: FS Honsell (2002) 153, 164 Fn 39: „Die heiße Nadel des Gesetzgebers wird an seinem scheußlichen Deutsch deutlich."
[42] Der stammt allerdings schon aus dem AGBG.
[43] STAUDINGER/HONSELL (2018) Einl 109 zum BGB.

A. Einleitung zum BGB

2. Inhalt der Neuregelung

Kernpunkt der Reform sind neue Vorschriften über die *Verjährung* in § 194 ff, das *Leistungsstörungsrecht* in §§ 275 ff sowie die *Rechts- und Sachmängelhaftung* in §§ 434 ff und 633 ff BGB. Des Weiteren wurden einige Spezialgesetze ins BGB integriert, zB das *AGBG, HWiG, VerbrKrG, FernAbsG*. Schließlich wurden wichtige, in Lehre und Rechtsprechung entwickelte allgemeine Rechtsgrundsätze kodifiziert: Die *positive Vertragsverletzung*[44], die *culpa in contrahendo*, der *Vertrag mit Schutzwirkung für Dritte*[45], die *Störung der Geschäftsgrundlage* (§ 313 BGB) und die *Kündigung* von Dauerschuldverhältnissen *aus wichtigem Grund* (§ 314 BGB) Endlich wurden die Paragraphen des BGB neu mit *amtlichen Überschriften* versehen, die zum Gesetzestext gehören und zur Interpretation herangezogen werden können.

Die Neuregelung des Rechts der **Leistungsstörungen** ist der am ehesten gelungene Teil der Reform. Geschaffen wurde ein einheitliches Leistungsstörungsrecht unter Aufgabe des mehr als 2000 Jahre alten ädilizischen Sachmängelrechts. Die aus dem römischen Recht stammende Unterscheidung zwischen Nichterfüllung und Gewährleistung war ein historisches Zufallsprodukt, das darauf beruhte, dass für den Kauf im Allgemeinen der Prätor, für bestimmte Fälle des Marktkaufes hingegen die kurulischen Ädilen zuständig waren.[46] Die Komplikationen, die sich aus diesem Nebeneinander ergaben, haben im Laufe der Jahrhunderte nicht wenig Kopfzerbrechen bereitet. Der Gewinn der Reform besteht vor allem im Wegfall der Abgrenzungsschwierigkeiten und Streitfragen, deren Beseitigung aber bei der Verjährung nicht gelungen ist. Das alte *impossibilium nulla obligatio* – etwas Unmögliches kann nicht Gegenstand einer Obligation sein, gilt nicht mehr. In der Sache ändert sich nichts, denn auch nach dem neuen § 311a Abs 2 S 2 BGB haftet der Schuldner nicht, wenn er die Unmöglichkeit nicht kannte und die Unkenntnis nicht zu vertreten hat. Bei den Leistungsstörungen ist die Pflichtverletzung als Zentralbegriff in § 280 nach dem Vorbild des Wiener Kaufrechts normiert, die einzelnen Tatbestände – Nichterfüllung, Verzug und Schlechtleistung (pVV) – in § 281 BGB[47]. Eine Pflichtverletzung berechtigt zum Rücktritt und/oder Schadensersatz. Dieser kann „statt der Leistung" (früher Schadensersatz wegen Nichterfüllung) verlangt werden oder als bloßer Verzugsschaden „neben der Leistung"[48]. Bei mangelhafter oder verspäteter Leistung muss der Gläubiger dem Schuldner grundsätzlich eine angemessene Frist zur Erfüllung setzen. Im Gegensatz zu früher ist eine Ablehnungsandrohung entbehrlich. Nach fruchtlosem Ablauf der Frist kann der Gläubiger anstelle der Erfüllung Schadensersatz nach §§ 280, 281 BGB geltend machen und/oder Rücktritt nach §§ 323, 324 BGB. Die alte Rücktrittsfalle des § 326 aF (kein Schadensersatz nach Erklärung des Rücktritts) ist beseitigt (§ 325 BGB). Verfehlt ist die Rücktrittsregelung von § 346 Abs 3 S 1 Nr 3 BGB, die den Rücktrittsberechtigten bei dem die Sache untergegangen ist, bei Beachtung der eigenüblichen Sorgfalt sogar von der Haftung für Fahrlässigkeit freistellt, anstatt ihm die Gefahr aufzuerlegen. Er trägt also weder die Gefahr des Untergangs noch haftet er für fahrlässig herbeigeführ-

---

[44] §§ 280 ff BGB iVm § 241 Abs 2 BGB.
[45] § 311 Abs 2 BGB iVm § 241 Abs 2 BGB.
[46] Dazu näher HONSELL, Von den ädilizischen Rechtsbehelfen zum modernen Sachmängelrecht, in: GS Kunkel (1984) 53.
[47] Zu den Streitfragen und Unklarheiten, die aus der Zusammenfassung der verschiedenen

Fälle von Leistungsstörungen unter dem neuen gesetzlichen Sammelbegriff der Pflichtverletzung in § 280 BGB entstanden sind s MünchKommBGB/ERNST § 280 Rn 10 ff, 18 f).
[48] Zu Problemen der Schadensberechnung GSELL, in: 2. FS Canaris (2017) 451 ff.

ten Untergang, kann aber den Kaufpreis zurückfordern, obgleich die Sache in seiner Sphäre oder gar durch sein Verschulden untergegangen ist. Das ist ungereimt[49].

3. Das neue Verjährungsrecht

39 Das neue Verjährungsrecht ist paradigmatisch für eine undurchdachte und verfehlte Regelung[50]. Hier gab es eigentlich nur zwei Desiderata an den Reformgesetzgeber: Die Regelverjährung von § 195 aF war mit 30 Jahren zu lang. Die Verjährung im Sachmängelrecht war mit 6 Monaten (§ 477 BGB) zu kurz. Das BMJ[51] und die Justizministerin[52] haben als Reformziel die *Vereinfachung* des Verjährungsrechts ausgegeben. Dieses Ziel wurde verfehlt. Der Gesetzgeber war so auf den Gedanken fixiert, die Abgrenzungsschwierigkeiten zwischen Sachmängelansprüchen und Schadenersatzansprüchen aus positiver Vertragsverletzung zu beseitigen, dass er zunächst sogar auf die absurde Idee verfiel, die Regelverjährung von dreißig auf drei Jahre zu verkürzen und den Sachmängelanspruch von sechs Monaten auf drei Jahre zu erhöhen. Drei Jahre Regelverjährung sind aber viel zu kurz. Umgekehrt sind drei Jahre Gewährleistung zu lang[53]. Der Gesetzgeber hat dann eine andere Regelung gewählt, die erhebliche Unklarheiten und neue Abgrenzungsprobleme verursacht. Sachmängelansprüche verjähren jetzt gemäß § 438 Abs 1 Nr 3 BGB in zwei Jahren. Die Regelverjährung bleibt zwar nominell bei drei Jahren (§ 195 BGB), die Frist beginnt jedoch erst bei Kenntnis oder grobfahrlässiger Unkenntnis vom Anspruch. Die dreijährige Frist des § 195 BGB ist also eine sog relative Frist, die erst zu laufen beginnt, wenn der Anspruchsberechtigte Kenntnis der anspruchsbegründenden Umstände und der Person des Schuldners hat oder wenn die Unkenntnis auf grober Fahrlässigkeit beruht. Ohne Rücksicht auf diese Kenntnis gilt eine absolute Frist von zehn Jahren und in den Fällen von § 197 und 199 Abs 2 BGB von dreißig Jahren[54]. Die Neuregelung, die teilweise auf Vorschlägen von PETERS und ZIMMERMANN[55], zurückgeht, ist ein Lehrstück, wie man eine einfache Sache völlig verwirren kann. Inhaltlich ist die generelle Einführung relativer Fristen nur im Deliktsrecht sinnvoll. Nur hier kann man sagen, dass der Schuldner in zumutbarer Weise erst tätig werden kann, wenn er Kenntnis hat vom Schaden und vom Schädiger. Nur hier gilt auch die Überlegung, dass alsbald Klarheit darüber bestehen soll, ob der Geschädigte einen Anspruch geltend machen will. Bei vertraglichen Erfüllungsansprüchen oder gesetzlichen Rückgewähransprüchen macht die relative Frist keinen Sinn, sondern führt nur zu Streit und Unklarheit. Das alte BGB trug dem Rechnung, indem es eine relative Frist nur im Deliktsrecht kannte (§ 852 Abs 1 aF). Der Gesetzgeber hat sich die Frage, wann zB ein Kondiktionsgläubiger Kenntnis vom Bereicherungsanspruch hat, offenbar nicht hinreichend überlegt. Genügt Kenntnis eines Nichtigkeitsgrundes? Ist ein Rechtsirrtum beachtlich? Die hL lehnt das ab.[56] Ist aber ein Rechtsirrtum auch grobfahrlässig? Das wird man jedenfalls verneinen

---

[49] Dazu HONSELL, Gefahrtragung und Haftungsprivileg nach § 346 Abs 3 BGB; FS Picker [2010] mwNw. Merkwürdigerweise blieb dieser Fehler bislang unbeachtet.
[50] Vgl etwa HONSELL, Einige Bemerkungen zum Diskussionsentwurf eines Schuldrechtsmodernisierungsgesetzes, JZ 2001, 18; ders, „Schuldrechtsmodernisierung" in Deutschland, in: FS Druey (2002) 177 und ZÖLLNER, in: FS Honsell (2002) 153, 163 ff.
[51] BT-Drucks 14/6040, 104 f aF.
[52] DÄUBLER-GMELIN NJW 2001, 2281, 2282.
[53] Vgl HONSELL JZ 2001 mwNw.
[54] Die Regelung ist ausgesprochen verwirrend. Vor allem versteht man nicht, warum die dreißigjährige Frist teilw in § 197 BGB und teilw in § 199 Abs 2 BGB geregelt ist.
[55] JZ 2000, 853 ff, vgl auch ZIMMERMANN/LEENEN/MANSEL/ERNST JZ 2001, 684.
[56] MANSEL/BUDZIEKIEWICZ, Das neue Verjährungsrecht (2002) § 3 Rn 125.

A. Einleitung zum BGB

müssen. Der Nachteil der relativen Frist besteht darin, dass der Verjährungsbeginn ganz unsicher ist. Es eröffnet sich ein großes Feld von Streitigkeiten. Die Verjährung, die aber dem Rechtsfrieden dient, soll Rechtsklarheit schaffen und nicht Rechtsunsicherheit (näher HONSELL, Das Konzept doppelter Verjährungsfristen im BGB, in: FS Magnus [2015] 37 ff). Neu ist schließlich die Ausweitung der „Silvesterverjährung" auf alle Fälle der dreijährigen Regelverjährung (§ 199 Abs 1 BGB).

Es gibt noch andere Ungereimtheiten im Verjährungsrecht, die nicht alle aufgezählt werden können.[57] Hier nur ein weiteres Beispiel: Die dreißigjährige Verjährung der Vindikation gemäß § 197 Abs 1 Nr 1 BGB ist verfehlt. Richtiger Ansicht nach verjährt die Vindikation so wenig wie das Eigentum. Sie entfällt jedoch mit Ersitzung des Eigentums durch einen Dritten (§ 937 BGB). Der Gesetzgeber, der die gemeinsamen Wurzeln von Extinktiv- und Aquisitiv-Verjährung nicht mehr kennt, hat diesen Zusammenhang übersehen. In Deutschland bewirkt die Verjährung der Vindikation, die von der hL schon vor der Schuldrechtsmodernisierung bejaht wurde, dass auch der bösgläubige Dieb oder der Erwerber arisierten Gutes die Sache nach Eintritt der Verjährung behalten darf, obwohl er nicht Eigentümer geworden ist, weil Ersitzung nach § 937 Abs 2 Gutgläubigkeit voraussetzt. Das ist in der Sache problematisch, aber auch vom Standpunkt der Dogmatik, denn es führt zu einem dauernden Auseinanderfallen von Besitz und Eigentum. Die meisten anderen Länder kennen diese Lösung nicht und schon die römischen Zwölf Tafeln (um 450 v Chr) haben die Ersitzung einer gestohlenen Sache abgelehnt. Aber den Gesetzgeber interessiert sich weder für Rechtsvergleichung noch für Rechtsgeschichte.

VI. Internationales Privatrecht

Das Internationale Privatrecht[58] (IPR) ist entgegen seinem Namen kein international anwendbares Privatrecht, sondern ein nationales **Kollisionsrecht**, nach dem bei Sachverhalten mit Auslandsberührung das anwendbare Recht bestimmt wird. So kann zB fraglich sein, nach welchem Recht ein Deutscher und eine Italienerin verheiratet sind, die in Österreich geheiratet haben und in England leben. Oder welches Recht zur Anwendung kommt, bei einem Verkehrsunfall zwischen einem Franzosen und einem Spanier in Deutschland[59].

Die Bedeutung des IPR ist in den letzten Jahrzehnten durch die Mobilisierung des Publikums und die Globalisierung erheblich gewachsen. Dies spiegelt sich wider in Ehen von Ausländern, Investitionen im Ausland und in vermehrten Käufen im Ausland, auch über das Internet.

Während herkömmlich die einzelnen Staaten ihr je eigenes Kollisionsrecht hatten, gibt es inzwischen namentlich in der EU Ansätze eines einheitlichen Kollisionsrechts. Das

---

[57] Vgl etwa HONSELL, in: FS Druey (2002) 177, 180 ff; ARMBRÜSTER, in: FS H P Westermann (2008) 53 ff.
[58] Dazu etwa A JUNKER, Internationales Privatrecht (2. Aufl 2016); RAUSCHER, Internationales Privatrecht (5. Aufl 2017); v HOFFMANN/THORN, Internationales Privatrecht (10. Aufl 2016); KROPHOLLER, Internationales Privatrecht (6. Aufl 2006); KEGEL/SCHURIG, Internationales Privatrecht (9. Aufl 2004). KOCH/MAGNUS/WINKLER VON MOHRENFELS, IPR und Rechtsvergleichung (4. Aufl 2010); MünchKomm IPR I u II Bd 10 u 11 (6. Aufl 2015).
[59] Nach den europäischen Regelungen unterliegt ein Auslandsunfall idR dem dort geltenden nationalen Recht (3. u 4. Kfz-Haftpfl- RL, Art 4 Abs 1 Rom II VO).

IPR der EU ist in den sog Rom-Verordnungen enthalten, durch welche die entsprechenden Regeln des **EGBGB** ersetzt wurden. Von diesen sind bisher die Rom I-VO (vertragliche Schuldverhältnisse), Rom II-VO (außervertragliche Schuldverhältnisse) Rom III-VO (Scheidung von Ehen) und Rom IV-VO (Erbrecht) in Kraft getreten. Geplant sind ferner eine Rom V- u VI-VO (Ehegüterrecht und Unterhaltsrecht).

Während das Kollisionsrecht bestimmt, welches Recht anwendbar ist, ergibt sich die Vorfrage nach dem einschlägigen Kollisionsrecht aus dem jeweiligen *Forum*. Ist ein Fall vor einem deutschen Gericht anhängig, so ist das deutsche Kollisionsrecht der allein in Betracht kommende Ausgangspunkt. Heranzuziehen ist also das deutsche IPR (EGBGB), bzw die entsprechende Rom-VO der EU.

Vom Kollisionsrecht zu unterscheiden ist das Internationale Verfahrensrecht, nach dem sich bestimmt, wo man einen Schuldner verklagen kann (dazu sogleich).

Die Kollisionsnormen bestimmen das anwendbare Recht für einen bestimmten Lebensbereich. Man nennt dies auch **Statut**. So bilden zB die Vorschriften, welche die Lebensverhältnisse einer Person regeln (Personenstands-, Familien- und Erbrecht) das *Personalstatut*. Anknüpfungspunkt war hierfür früher meist die Staatsangehörigkeit, heute ist es der **gewöhnliche Aufenthalt**. Auf den *Nachlass* eines in Deutschland lebenden Italieners findet nach Art 2 Rom IV-VO (grundsätzlich) deutsches Recht Anwendung. Im Gegensatz zum bisherigen Recht ist also auch hier nicht mehr die Staatsangehörigkeit des Erblassers maßgeblich, sondern sein letzter gewöhnlicher Aufenthalt.

Auch im *Vertragsrecht* ist regelmäßig der gewöhnliche Aufenthalt einer der Parteien maßgeblich. So richten sich Verbraucherverträge nach dem Recht des Staats, in dem der Verbraucher seinen gewöhnlichen Aufenthalt hat (näher Art 6 Abs 1 Rom I-VO[60]), sonstige Kaufverträge nach dem Recht des Verkäufers (Art 4 Abs 1 a Rom I-VO). Ansonsten ist die charakteristische Leistung (Art 4 Abs 2) bzw die engste Beziehung (Art 4 Abs 4) maßgeblich.

39b Vom IPR und vom anwendbaren materiellen Recht zu unterscheiden, ist die Frage der **gerichtlichen Zuständigkeit**, dh, wo man einen Schuldner verklagen kann. Das ist eine Frage des **Internationalen Zivilverfahrensrechts**, für die es keine generelle internationale Regelung gibt, sondern nur völkerrechtliche Abkommen (dazu unten) und einseitige, nationale Lösungen. Anknüpfung für das richtige Forum ist wiederum meist der Wohnsitz oder gewöhnliche Aufenthalt des Beklagten (actor sequitur forum rei – Der Kläger folgt dem Gerichtsstand des Beklagten). Da mit ihm regelmäßig auch das Kollisionsrecht der lex fori zum Zuge kommt, dient dies dem Schutz des Beklagten am

---

[60] Ein Musterbeispiel einer umständlichen, undurchsichtigen und unklaren Formulierung für Verbraucherverträge enthält Art 6 Abs 2 Rom I VO. Nachdem Abs 1 die Voraussetzungen normiert unter denen bei Verbraucherverträgen das Recht des gewöhnlichen Aufenthalts gilt, will Abs 2 die Frage regeln, inwieweit durch Rechtswahl davon abgewichen kann. Die Vorschrift lautet: „(2) Ungeachtet des Absatzes 1 können die Parteien das auf einen Vertrag, der die Anforderungen des Absatzes 1 erfüllt, anzuwendende Recht nach Artikel 3 wählen. Die Rechtswahl darf jedoch nicht dazu führen, dass dem Verbraucher der Schutz entzogen wird, der ihm durch diejenigen Bestimmungen gewährt wird, von denen nach dem Recht, das nach Absatz 1 mangels einer Rechtswahl anzuwenden wäre, nicht durch Vereinbarung abgewichen werden darf." Soll heißen: Von dem nach Abs 1 geltenden Recht kann zum Nachteil des Verbrauchers durch Rechtswahl nicht abgewichen werden.

A. Einleitung zum BGB   39b

besten. Es gibt aber auch weniger sachgerechte Anknüpfungen, wie das Vermögen oder (zB in den USA) das sog „Doing business" (uä), wonach es für ein Forum in dem (gewünschten) Staat zB schon reicht, dass der Beklagte Geschäfte in dem Land getätigt hat. Man begnügt sich mit „minimal contacts" und lässt so ein absurdes forum shopping zu, die Begründung von Gerichtsständen in den USA, mit dem Ziel Anschluss an überzogenen Schadensersatz und exzessive punitive damages zu gewinnen[61]. So haben zB die Anwälte der Angehörigen der Opfer des Condor-Absturzes in den französischen Seealpen damit argumentiert, dass der geisteskranke Pilot einen Teil seiner Ausbildung in den USA absolviert hat. Ein solcher Missbrauch sollte nicht einmal für die Begründung eines anderen Prozessrechts funktionieren, geschweige denn für die Anwendung eines bestimmten materiellen Rechts, wie das verfehlte US-amerikanische Schadensersatzrecht; denn dazwischen geschaltet ist das IPR, dass bei Delikten zum forum loci delicti führt. MaW: Selbst, wenn man zum US-amerikanischen IPR gelangt, kann nicht einfach US-amerikanisches materielles Recht angewandt werden. In praxi kümmern sich US-amerikanische Gerichte allerdings oft nicht um das IPR, sondern wenden einfach das ihnen allein bekannte eigene Recht an.

Das für uns wichtigste völkerrechtliche Abkommen über Fragen der **gerichtlichen Zuständigkeit** ist die Verordnung Nr 1215/2012 des Europäischen Parlaments und des Rates vom 12. Dezember 2012 über die gerichtliche Zuständigkeit und die Anerkennung und Vollstreckung von Entscheidungen in Zivil- und Handelssachen (**EuGVO**, auch **Brüssel Ia VO**). Das analoge Abkommen für die Länder des EWR ist das **Lugano-Ü**. Nach Art 4 EuGVO sind Personen, die ihren Wohnsitz in einem Mitgliedstaat der EU haben, ohne Rücksicht auf ihre Staatsangehörigkeit in diesem Staat zu verklagen. Ausnahmen bilden die besonderen Zuständigkeiten der Art 7 ff (Abschnitte 2–7).

Die Besonderheiten des IPR können hier nicht im Detail dargestellt werden. Beträchtliche Komplikationen entstehen daraus, dass angenommen wird, dass die Verweisungen nicht nur die Sachnormen, sondern auch die Kollisionsnormen (Verweisungsnormen) erfassen[62]. Das kann zu **Rück-** und **Weiterverweisungen** führen (double renvoi).

Weitere Schwierigkeiten bietet das Problem der **Qualifikation**[63]. So kann zB strittig sein, ob die Frage der Testierfähigkeit unter den kollisionsrechtlichen Tatbestand der Handlungsfähigkeit oder des Erbrechts zu subsumieren ist[64].

Ein wichtiger Grundsatz des IPR ist der Vorbehalt des **Ordre public** (eigentlich frz für öffentliche Ordnung). Darunter versteht man die wesentlichen Wertvorstellungen, wie

---

[61] Zu den die Kläger begünstigenden Eigentümlichkeiten des US-amerikanischen Prozess- und Haftpflichtrechts s HONSELL, US-amerikanische Rechtskultur, in: FS Zäch (1999) 39.
[62] Vgl etwa Art 4 EGBGB Rück- und Weiterverweisung, Rechtsspaltung.
(1) Wird auf das Recht eines anderen Staates verwiesen, so ist auch dessen Internationales Privatrecht anzuwenden, sofern dies nicht dem Sinn der Verweisung widerspricht. Verweist das Recht des anderen Staates auf deutsches Recht zurück, so sind die deutschen Sachvorschriften anzuwenden.
(2) Soweit die Parteien das Recht eines Staates wählen können, können sie nur auf die Sachvorschriften verweisen
[63] Grundlegend dazu ERNST RABEL, Das Problem der Qualifikation, RabelsZ 5 (1931) 241 ff; aus neuerer Zeit KROPHOLLER, IPR (6. Aufl 2006) 113 ff; H WEBER, Die Theorie der Qualifikation (1986).
[64] Näher ST WAGNER, Die Testierfähigkeit im IPR (1996).

sie etwa im Prinzip von Treu und Glauben oder im Verbot sitten- oder gesetzwidrigen Handelns niedergelegt sind.

Man unterscheidet den kollisionsrechtlichen und den anerkennungsrechtlichen Ordre public.

Der *kollisionsrechtliche Ordre public* bedeutet, dass *ausländisches Recht* ausnahmsweise dann nicht anzuwenden ist, wenn es wesentlichen Grundsätzen des inländischen Rechts widerspricht. (Art 6 EGBGB und Art 21 Rom I-VO). So kann statt des ausländischen Rechts eine zwingende innerstaatliche Norm anzuwenden sein.

Der *anerkennungsrechtliche Ordre public* besagt, dass ausländische Entscheidungen ausnahmsweise nicht anerkannt bzw für vollstreckbar erklärt werden, wenn dies mit wesentlichen Grundsätzen des inländischen Rechts im Widerspruch steht (§ 328 Abs 1 Nr 4[65] ZPO, Art 45 Abs 1 lit a EuGVO).

So hat etwa BGHZ 118, 312 zu Recht angenommen, dass punitive damages gegen den deutschen Ordre public verstoßen und deshalb solche Urteile in Deutschland nicht vollstreckt werden können. Das gilt aber ebenso für den kollisionsrechtlichen Vorbehalt, weshalb auch ein deutsches Gericht punitive damages nicht zuerkennen darf, wenn US-amerikanisches Recht berufen ist. Der Grund dafür liegt darin, dass nach deutschem Privatrecht das Schadensersatzrecht ausschließlich dem Zweck dient, den Schaden des Geschädigten auszugleichen. Er soll durch den Schaden nicht ärmer, aber natürlich auch nicht reicher werden. Der Schadensfall soll nicht zum Glücksfall werden. Vor allem aber dient das Schadensersatzrecht nicht der Bestrafung des Täters. Hierfür ist das Strafrecht zuständig, dass nur eingreift, wenn ein Straftatbestand verwirklicht ist. Das ist bei einer fahrlässigen Schädigung des Vermögens nicht der Fall. Eine Vereinfachung der gesetzlichen Ordnung ergibt sich im Vertragsrecht aus der Möglichkeit der **Rechtswahl**[66], welche bei Verträgen mit Auslandsbeziehung (allerdings nur im Rahmen des Ordre public) überall anerkannt wird (zB Art 3 Rom I-VO).

Das IPR (einschließlich etwaiger Staatsverträge) ist von den Gerichten von Amts wegen zu beachten. Der Grundsatz, dass der Richter das Recht kennen muss *(iura novit curia)*, gilt aber nicht für das ausländische Recht. Verweist das IPR auf ausländisches Recht, so ist dies allerdings vom Richter nach § 293 ZPO zu ermitteln. Dazu holt er idR ein Gutachten ein, zB eines Instituts für ausländisches Recht und Rechtsvergleichung.

VII. Europarecht

1. Organisation und Rechtsvorschriften der EU

40 In den letzten Jahrzehnten hat das **Recht der Europäischen Union** (bis 30. 11. 2009: Europäische Gemeinschaft EG) für die Entwicklung des Privatrechts stark an Bedeu-

---

[65] Die Vorschrift lautet: [...] „wenn die Anerkennung des Urteils zu einem Ergebnis führt, das mit wesentlichen Grundsätzen des deutschen Rechts offensichtlich unvereinbar ist, insbesondere wenn die Anerkennung mit den Grundrechten unvereinbar ist

[66] Dazu VERSCHRAEGEN (Hrsg), Rechtswahl (2010).

tung gewonnen.[67] In die falsche Richtung ging die Fortentwicklung der EU von einem vertraglichen Zusammenschluss (BVerfGE 89, 155 – Maastricht: Staatenverbund) zu einem eigenständigen **Völkerrechtssubjekt**, einer Juristischen Person (Art 47 EUV) mit eigenen Rechten und Pflichten. Ungeachtet des klaren Charakters eines lediglich vertraglichen Zusammenschlusses schuf man ein Parlament, das zunächst keine nennenswerten Aufgaben und Befugnisse besaß und von den Mitgliedstaaten meist mit unbedeutenden (Alt-)Politikern beschickt wurde. Das Gremium wurde 1979 erstmals von den Bürgern der damals neun Mitgliedstaaten direkt gewählt. Auch wenn das allgemein als Demokratisierung verstanden wurde, war die Schaffung eines Parlaments verfehlt, weil der richtige Weg der demokratischen Entscheidung allein über die nationalen Parlamente führt, die für die Ratifizierung völkerrechtlicher Verträge zuständig sind. Auch lässt sich die unterschiedliche Größe der Mitgliedstaaten im **Europa-Parlament** nicht richtig abbilden. Die kleinsten Länder (zB Malta) entsenden mindestens sechs, die größten (zB Deutschland) höchstens 96 Abgeordnete. Ein Malteser hat so das 16-fache Stimmgewicht eines Deutschen. Der **Rat** der Europäischen Union[68] wird häufig nur als Rat oder **Ministerrat** bezeichnet und besteht aus jeweils einem Vertreter jedes Mitgliedslandes. Dieser agiert für die Regierung seines Landes und übt das Stimmrecht aus. Entsandt wird der je nach Regelungsgegenstand zuständige Minister. Im ordentlichen Gesetzgebungsverfahren tragen das Europäische Parlament und der Rat den Rechtsakt gemeinsam (Rechtsakt „des Europäischen Parlaments und des Rates"). Man spricht von einem „Zweikammersystem"; das Parlament ist gleichsam die Bürgerkammer, der Rat die Staatenkammer. Der Rat beschließt je nach dem Gegenstand über die von der Kommission vorgeschlagenen Richtlinien oder Verordnungen, einstimmig, mit qualifizierter oder einfacher Mehrheit[69], das Europäische Parlament mit der Mehrheit der abgegebenen Stimmen. Auch hier ist problematisch, dass das gleiche Stimmgewicht der einzelnen Staaten ihre unterschiedliche Größe nicht abbildet. Die Europäische **Kommission**[70] ist das **Exekutivorgan** der EU und hat außerdem die **alleinige Gesetzesinitiative**. Sie besteht heute aus dem Präsidenten und 27 Kommissaren, denen entsprechende Generaldirektionen zugeordnet sind. Diese Größe orientiert sich nicht an Zahl und Umfang der Aufgaben, sondern wiederum allein an der Anzahl der Mitgliedstaaten. Sie hat zu einer überbordenden Gesetzesproduktion geführt, die vielfach über die vertraglichen Kompetenzen der EU hinausgeht.

Das **primäre Gemeinschaftsrecht** hat, obwohl ursprünglich (nur) ein völkerrechtlicher Vertrag seit EuGH (EuGH 15.7.1964 – C-6/64 *Costa v E.N.E.L*, Slg 1964, 1254; EuGH 9.3.1978 – C-106/77 *Simmenthal*, Slg 1978, 629, 2) unmittelbar geltende Wirkung und Vorrang vor nationalem Recht. Es besteht aus dem Vertrag über die Gründung der EU

---

[67] Vgl GEBAUER/WIEDMANN (Hrsg), Zivilrecht unter Europäischem Einfluss (2. Aufl 2010); LANGENBUCHER ua (Hrsg), Europarechtliche Bezüge des Privatrechts (3. Aufl 2013); BASEDOW/HOPT/ZIMMERMANN (Hrsg), Handwörterbuch des Europäischen Privatrechts (2009); BASEDOW, Das BGB im künftigen Europäischen Privatrecht, AcP 200 (2000) 445, 450 ff; HERRESTHAL, Grundrechtscharta und Privatrecht, ZEuP 2014, 238.
[68] Art 16 EUV; Art 237 ff AEUV.
[69] Qualifizierte Mehrheit ist erforderlich, soweit nichts anderes bestimmt ist. Sie verlangt nach Art 16 Abs 4 EUV mindestens 15 Mitglieder, die zusammen 65 % der Bevölkerung repräsentieren. Eine Regelung, welche den kleineren Ländern immer noch überproportionales Gewicht verleiht und eine Kombination aus kleineren (Zahl) und größeren (Bevölkerung) Mitgliedstaaten erfordert.
[70] Art 17 EUV; Art 244 AEUV; in den Verträgen: „Kommission"; die Kommission bezeichnet sich aber als „Europäische Kommission".

(EUV) und die Arbeitsweise der EU (AEUV)[71] sowie der Grundrechte-Charta der EU, die zusammen den Lissaboner Vertrag ausmachen. Hinzukommt das **sekundäre Gemeinschaftsrecht**. Das sind *Verordnungen* und – für das Privatrecht besonders bedeutsam – *Richtlinien* (Art 288 AEUV= ex-Artikel 249 EGV). Durch sie werden die Mitgliedsländer verpflichtet, ihr Recht den europäischen Vorgaben anzupassen (sog *Umsetzung)*. Die Schwerpunkte dieser Angleichung des Privatrechts liegen im Arbeits-, Versicherungs- und Gesellschaftsrecht und namentlich im Schuldrecht, insbes im Verbraucherrecht (Art 169 AEUV [= ex-Art 153 EGV]). Hierher gehören zB die Verbraucherkreditrichtlinien, die Time-Sharing-Richtlinie, die Überweisungsrichtlinie, die Produkthaftungsrichtlinie, die Haustürrichtlinie, die Fernabsatzrichtlinie, die Verbrauchsgüterkaufrichtlinie sowie die luftrechtlichen Verordnungen zur Überbuchung von Linienflügen und zur Haftung für Personenschäden von Passagieren[72]. Die Europäische Gemeinschaft erlässt oft Richtlinien ohne hierfür eine Kompetenz zu besitzen[73]. Sowohl die Kompetenz für Harmonisierungsrichtlinien nach Art 114 AEUV (= ex-Art 95 EGV) und 116 AEUV (= ex-Art 96 EGV), als auch die Kompetenzartikel zu den Grundfreiheiten werden in einer Weise ausgeweitet, die auch durch eine extrem extensive Auslegung nicht mehr gerechtfertigt werden kann. Krasse Beispiele von Kompetenzanmaßung sind die golden share-Urteile[74], insbesondere die Aufhebung des VW-Gesetzes[75] wegen Verstoßes gegen die Kapitalverkehrsfreiheit (sic!) des Art 63 Abs 1 AEUV (= ex-Art 56 EGV). Das VW-Gesetz räumte dem Bund und dem Land Niedersachsen eine Vorrangstellung im Aufsichtsrat ein und beschränkte das Stimmrecht unabhängig vom Aktienbesitz auf 20 %. Art 63 Abs 1 AEUV regelt nur die Liberalisierung des Devisenverkehrs, verbietet Beschränkungen des Kapital- und Zahlungsverkehrs und hat mit der Zulässigkeit von Stimmrechtsbeschränkungen im Aktienrecht nicht das Geringste zu tun. Auch die Prinzipien des Art 5 EGV (beschränkte Einzelermächtigung, Subsidiarität und Verhältnismäßigkeit) werden notorisch nicht beachtet[76]. Der EG-Gesetzgeber achtet auch nicht auf Präzision, was zu einer allmählichen Kontamination der Privatrechtsdogmatik führt. Das zeigen schlecht formulierte, oft seitenlange Vorschriften, ungenaue Begriffe, unsinnige Häufung von synonymen Adjektiven usw. Die Verbrauchsgüterkauf-RL[77] zB heißt wirklich so, obwohl sie nicht den Verkauf von Verbrauchsgütern regelt, sondern den Verbraucherkauf. Die Integration der EG-RL ins BGB hat dieses mit langatmigen, schwer verständlichen und – so MEDICUS[78] – „grässlich kasuistischen und besonders änderungsanfälligen Normen" befrachtet. Das Bild dominieren unzählige, überlange[79] und kleinteilige Gesetze, in denen alles geregelt wird, zB mehr als 77(!) völlig unnötige Verordnungen und Richtlinien über Traktoren mit sperrigen Titel wie „Richtlinie 78/

---

[71] Der Vertrag über die Arbeitsweise der Europäischen Union, in Kraft seit 1.12.2009, kons Fassung ABl 2008 C 115/47, bildet zusammen mit dem Vertrag über die Europäische Union (EUV) und der EU Grundrechte-Charta den Lissaboner Vertrag ABl 2007/306C/01.

[72] Vgl zum ganzen STAUDINGER/HONSELL (2018) Einl 112 zum BGB.

[73] HONSELL, Die Erosion des Privatrechts durch das Europarecht, ZIP 2008, 621 ff; HONSELL, in: HARRER/GRUBER (Hrsg), Europäische Rechtskultur, Symposium Honsell (2009) VI ff.

[74] Dazu G H ROTH, in: Symp Honsell (2009) 67 ff.

[75] EuGH 23.10.2007 – C-112/2005; s aber auch EuGH 22.10.2013 – C-95/2012, eine Entscheidung, in der das geänderte VW-Gesetz bestätigt wurde.

[76] Näher HONSELL ZIP 2008, 621 ff.

[77] 1999/44/EG vom 25.5.1999, ABl 1999 L 171 vom 7.7.1999, 12–16.

[78] Bürgerliches Recht (21. Aufl 2007) Rn 325.

[79] „Normtextlänge durch Redundanzen, Abstraktheitskaskaden und Mehrfachregelungen sowohl innerhalb eines Textes als auch durch die Existenz verschiedener benachbarter und sich überlappender Richtlinien" beobachtet MÜLLER-GRAFF, in: Symp Honsell (2009) 9.

764/EWG des Rates vom 25. Juli 1978 zur Angleichung der Rechtsvorschriften der Mitgliedstaaten über den Führersitz von land- oder forstwirtschaftlichen Zugmaschinen auf Rädern." Hier wird alles zwingend geregelt, sogar die Größe der mittig (warum eigentlich?) anzubringenden Sitze, die sich dann prompt als zu klein erwiesen. Alles wird definiert, zB „Führersitz ist der einer einzigen Person Platz bietende Sitz, der für den Führer bestimmt ist, wenn dieser die Zugmaschine führt. Sitzfläche ist die nahezu horizontale Fläche des Sitzes, die die sitzende Haltung des Führers ermöglicht" usw. Zu der RL wurden über die Jahre 11 konsolidierte Fassungen notwendig. Die Beispiele solcher und ähnlicher Absurditäten lassen sich beliebig vermehren. Der Gesetzgeber verfällt einem ins Lächerliche führenden Drang alles zu definieren. Während einerseits viele Regelungen zu kasuistisch sind, häufen sich in anderen Bereichen Generalklauseln und unbestimmte Rechtsbegriffe. Der EU-Gesetzgeber erfindet die Welt permanent neu und beschreibt sie ebenso wortreich wie unbeholfen. So als würden die Dinge erst existent, wenn sie in EG-Normen erfasst sind: Quod non est in lege non est in mundo[80]. Die Amtsblätter werden mit schwer verständlichen, unnötig komplizierten und überflüssigen Details gefüllt. Die bürokratische Gesetzesflut stellt eine erhebliche Belastung und Gängelung der Wirtschaft dar und verursacht enorme Kosten. Sie produziert tausende Normierungs- und Zulassungsvorschriften, was zB dazu führt, dass alteingeführte, wichtige Medikamente nicht mehr hergestellt werden können. Von Deregulierung wird seit Jahren geredet, ohne dass etwas Nennenswertes geschieht. In einer Art Alibi-Deregulierung wurde allerdings die berüchtigte Gurken-Krümmungs-VO EG 1677/88 abgeschafft, nach der Gurken der Sorte „Cucumis sativus L. […] gut geformt und praktisch gerade sein" mussten „(maximale Krümmung 10 mm auf 10 cm)". Die EU verbietet vorschnell Glühbirnen, ist aber auch in Jahrzehnten nicht in der Lage für einen einheitlichen EU-Stecker zu sorgen. Sie verbietet zum Zwecke des Stromsparens Staubsauger mit mehr als 1600 und seit 2017 sogar mit mehr als 900 Watt (EU VO 666/2013). Dass man mit schwächeren Geräten mehr Zeit benötigt und deshalb am Ende genauso viel Strom verbraucht, hat sich offenbar nicht herumgesprochen. Ein Verbot von Wasserkochern und anderen Geräten wurde nicht mehr realisiert.

Ein weiterer formeller Einwand geht dahin, dass die detailfixierte *Brüsseler Bürokratie* permanent den *Charakter der Richtlinie verkennt*, welche sich auf Grundsatz- und Rahmenregelungen beschränken müsste. Stattdessen findet man fast immer minutiöse Detailvorschriften, die diesen Rahmen sprengen und dem nationalen Gesetzgeber keinen Spielraum lassen[81]. Anstatt sich gegen die *Kompetenzüberschreitung* durch Brüssel zur Wehr zu setzen, was mittels befristeter Anfechtungsklage möglich gewesen wäre, integriert der deutsche Gesetzgeber die undurchdachten und meist in schlechter und schwer verständlicher Sprache verfassten Richtlinien ins BGB.[82] Inzwischen hat die Europäische Kommission eine neue *horizontale Verbraucherrechte-Richtlinie* (2011/83/EU v 25.10.2011) vorgelegt, welche die Haustürwiderrufs-Richtlinie (85/

---

[80] Das Original lautet: Quod non est in actis non est in mundo – was nicht in den Akten steht, existiert (für den Richter) nicht (Verhandlungsmaxime).

[81] Das wurde oft kritisiert; s zuletzt STÜRNER, Markt und Wettbewerb über alles? (2007) 194; PROKOPF, Das gemeinschaftsrechtliche Rechtsinstrument der Richtlinie (2007) 66 ff passim mwNw.

[82] Krit dazu auch A JUNKER, Vom Bürgerlichen zum kleinbürgerlichen Gesetzbuch – der Richtlinienvorschlag über den Verbrauchsgüterkauf, DZWiR 1997, 271, 281; ZÖLLNER, Regelungsspielräume im Schuldvertragsrecht, AcP 196 (1996) 1, 4; ders, in: GS Mayer-Maly (2011) 599, 602.

577/EWG) und die Fernabsatz-Richtlinie (97/7/EG) aufhebt und die Richtlinie über missbräuchliche Vertragsklauseln (93/13/EWG) sowie die Verbrauchsgüterkauf-Richtlinie (1999/44/EG) ändert und eine europaweit einheitliche, nicht abänderbare Regelung unter der verharmlosenden Bezeichnung ‚Vollharmonisierung' und ‚Horizontalrichtlinie' (dh mit unmittelbarer Drittwirkung) eingeführt hat, die das Wesen der Richtlinie verkennt und von den EU-Verträgen nicht gedeckt ist (zu ihrer Umsetzung s WENDEHORST ZEUP 2011, 23 ff). *Ständige Änderungen*, konzeptloses, systemfreies „Herumdoktern" am Normenbestand findet sich auch bei anderen Richtlinien, zB wurde die Wertpapierdienstleistung-RL 1993 (1993/22/EWG) ersetzt durch die Finanzmarkt-RL – MiFID (2004/39/EG) und die Verbraucherkredit-RL 1986 (1987/102/EWG) durch die von 2008 (2008/48 EG). Es liegt auf der Hand, dass eine derart *kurzlebige Gesetzgebung* zur Erosion der europäischen Rechtskultur führt, deren Fundament Beständigkeit und Vertrauen der Bürger auf bestehende Regelungen sein müsste.

Last not least lassen die Regulierungen oft auch ein *ethisches Minimum* vermissen. Die Liste der Negativbeispiele reicht von menschenrechtswidrigen Praktiken der Frontex im Mittelmeer[83], über das Auseinanderreißen von Asylfamilien durch Abschiebung und Verweigerung des Familiennachzugs, bis hin zur sog „Herodesprämie" für die Tötung neugeborener Kälber.

41 Die EU produziert eine unüberschaubare **Gesetzesflut**. Das wöchentlich drei bis viermal erscheinende Amtsblatt L, in dem die Rechtsvorschriften der EG publiziert werden, umfasst inzwischen hunderttausende Seiten von überlangen, oft schwer verständlichen und extrem änderungsanfälligen Gesetzestexten. Die Änderung der Änderung der Änderung. Oft ist es die vorletzte Novelle, welche die letzte erst notwendig macht. Nicht selten wird ein ganzer Erlass wegen Fehlerhaftigkeit einfach ein zweites Mal publiziert. Dem Leser wird nicht mal mehr mitgeteilt, was falsch war. Wer es schon gelesen hat, ist der Dumme, und muss das Ganze noch mal lesen. Die Umsetzung von Richtlinien wirft zahlreiche Probleme für den nationalen Gesetzgeber und den Rechtsanwender auf (va bei Kollision mit nationalen Wertungsmodellen). Sie erfolgt in Nebengesetzen, zB im ProdHaftG, zunehmend aber durch Integrierung ins BGB. So wurden etwa das Vertragsrecht des BGB durch Informationspflichten und Widerrufsrecht tiefgreifend umgestaltet. Integriert wurden Verbraucherrecht, Schutz vor missbräuchlichen Klauseln, das Recht des Zahlungsverkehrs, der Kreditverträge, das Reiserecht ua. Man erkennt die Einschübe leicht an den vielen Paragraphen mit Buchstaben, an langen Sätzen, unklaren Begriffen und schlechtem Deutsch.

2. Der Verbraucherschutz im Besonderen

42 Zum Verbraucherschutz eingehend GSELL, unten L. Die Übernahme des EG-Verbraucherschutzes ins BGB hat nicht wenig zur Verschlechterung der Gesetzesqualität beigetragen. Die EU-Kommission hat den punktuellen Ansatz des Verbraucherschut-

---

[83] S KLEPP, Europa zwischen Grenzkontrolle und Flüchtlingsschutz (2011) 261 ff. Fischer, die dem naturrechtlichen Gebot folgend, Schiffbrüchige gerettet hatten, wurden als Schlepper angeklagt. Ebenso erging es den Leuten von der Cap Anamur; dazu (aus der Sicht des Leiters der Hilfsorganisation) BIERDEL, Ende einer Rettungsfahrt: Das Flüchtlingsdrama der Cap Anamur (2006). Die Behinderung privater Rettungsorganisationen und ihre Verfolgung als Schlepper hält an.

A. Einleitung zum BGB

zes, der eine Wahlkampferfindung des US-Präsidenten Kennedy war,[84] im Vertragsrecht in zahlreichen Richtlinien verwirklicht, was auf eine weitgehende Regulierung unter Aufgabe der Privatautonomie hinausläuft. Der Schutz besteht in einer beträchtlichen Ausweitung von *Informationspflichten*, deren Nichteinhaltung meist mit Nichtigkeit sanktioniert ist,[85] in einer Einschränkung des Prinzips *pacta sunt servanda* durch *Widerrufsrechte*[86] und in einer Vermehrung *zwingender Vorschriften* zum Schutz des Konsumenten. Verbraucher ist nach § 13 BGB jede natürliche Person, die ein Rechtsgeschäft zu Zwecken abschließt, die überwiegend weder ihren gewerblichen noch ihren beruflichen Zwecken zugerechnet werden können. Das Verbraucherrecht schützt nicht den Schwächeren, sondern generell alle Verbraucher, aber nur diese, den erfahrenen Manager, der sich privat einen Wagen kauft, ebenso wie den unerfahrenen Landarbeiter. Kauft aber der Meister eines kleinen Gewerbebetriebes den Wagen für seine Werkstatt, erhält er keinen Schutz. Die problematische Anknüpfung an die „Rolle" des Konsumenten, die kein geeigneter Anknüpfungspunkt ist, wurde viel zu wenig diskutiert. Schlagwörter aus der politischen Diskussion eignen sich wenig für die Gesetzgebung. Entgegen dem Namen handelt es sich auch nicht um Konsumgüter. Durch die viel zu weite Definition des Verbraucherbegriffs sind praktisch alle Geschäfte, die nicht Business-to-business (B2B) sind (also B2C oder C2C) Verbrauchergeschäfte, also auch der Erwerb von Liegenschaften, Kunstwerken usw, sofern er nicht beruflichen Zwecken dient. Geschützt wird also auch der erfahrene Kunstsammler, der bei einem Trödler kauft[87]. In der Verbrauchsgüterkauf-Richtlinie[88] (1999/44/EG), die alle Vorschriften zugunsten des Käufers für zwingend erklärt, findet man wenig überzeugende Details, wie ein Verbot des Gewährleistungsausschlusses beim Verkauf gebrauchter Sachen, der früher geradezu als Gebot wirtschaftlicher Vernunft galt.[89] Eine seltsame Neuerung ist die Unterstellung des Identitätsaliud unter das Sachmängelrecht (§ 434 Abs 3 BGB) usw. Was sollen Rücktritt oder gar Minderung, wenn der Verkäufer eines Pferdes versehentlich eine Kuh liefert? Nach richtiger Lösung ist nicht erfüllt und der Kaufanspruch auf Lieferung des Pferdes besteht fort.

Die auf Grund der **Verbraucherkreditrichtlinie 2008/48 EG** erlassenen Vorschriften statuieren umfangreiche Informationsangaben und Vorschriften über den Vertragsinhalt, bei deren Fehlen § 494 BGB Nichtigkeit bzw Zinsreduktion anordnet. Festgehalten haben EU und Gesetzgeber auch an der Formel des effektiven Jahreszinses (Art 19 und Anh I), der eine transparente Angabe der Zinsbelastung gewährleisten soll. Sie ist 1986 von der EU eingeführt, aber trotz der Sanktion seither noch von keiner Bank verwendet worden, weil sie unpraktisch und viel zu kompliziert ist[90]. Überwiegend verwendet wird die sog Uniform-Methode[91]. Ein im Ergebnis fataler und die Privatautonomie einschnürender „Schutz" wird den Bürgern auch beim Haus- oder Wohnungserwerb zuteil. Mit der **Immobilienkredit-RL** 2014/17 EU (in Deutschland eingeführt durch das Bundesgesetz über die Umsetzung der Wohnimmobilienkredit-RL v 11.3.2016, BGBl I 396) wird der Punkt erreicht, an dem der angebliche Schutz vor Selbstschädigung in eine unzulässige Beschränkung der Privatautonomie umschlägt

---

[84] „We are all consumers."
[85] § 312a BGB; §§ 246–248 EGBGB; zur Sanktion etwa §§ 492, 494 BGB.
[86] ZB § 355 BGB.
[87] Nach § 474 BGB ist Verbrauchsgüterkauf der Kauf einer beweglichen Sache durch einen Verbraucher (§ 13 BGB) als Käufer von einem Unternehmer (§ 14 BGB) als Verkäufer.

[88] Sie heißt wirklich so, obwohl es nicht um Verbrauchsgüterkauf geht, sondern um den Verbraucherkauf.
[89] So BGH NJW 1978, 261 mwNw.
[90] Vgl die seitenlangen Angaben in der Anlage zu § 6 PreisANgVO (zuletzt BGBl I 2016, 439).
[91] Effektivzins = (Kreditkosten x 2400): (Nettodarlehen x (Laufzeit + 1).

und Wohltat Plage wird: Die viele Seiten langen Informations- und Prüfungspflichten (usw) der Banken zu dem in §§ 491 ff BGB neu eingeführten „Immobiliar-Verbraucherdarlehensvertrag" (ein zur Regulierung passendes Wortungetüm) führen dazu, dass diese Hypotheken-kredite ohne Endfälligkeit oder mit einer längeren, die statistische Lebenserwartung übersteigenden Tilgungsdauer nicht mehr gewähren[92]. Denn das Gesetz geht davon aus, dass der aufgenommene Betrag vom Schuldner idR selbst getilgt werden muss. Die Bank darf nach §§ 505a Abs 1 BGB und 505b Abs 2 BGB den Vertrag nur abschließen, wenn keine erheblichen Zweifel bestehen, dass der Kreditnehmer seiner Verpflichtung wahrscheinlich nachkommen wird. Weshalb man seine Immobilie nicht mehr frei und ohne festen Tilgungsplan mit einem Kredit sollte belasten können, ist unerfindlich. Das ist quasi eine Entmündigung und eine Beschränkung des Eigentums, jedenfalls aber eine Diskriminierung wegen des Alters. Ältere Leute mit geringer Rente können sich nicht mal mehr eine Renovierung ihres Hauses leisten, wenn der nötige Kredit nicht aus ihrer Rente getilgt werden kann, auch wenn das Haus ohne weiteres belastet werden könnte. Auch Jüngere mit geringerem Einkommen werden durch dieses Gesetz insbes im Hinblick auf die gestiegenen Preise vom Hypothekenmarkt praktisch ausgeschlossen. Eine unsinnige Beschränkung der Privatautonomie und Bevormundung unter dem Vorwand des Konsumentenschutzes, mit dem dies alles nicht das Geringste zu tun hat. Das sind wiederum Beispiele lebensfremder und unausgegorener Regulierungen mit enormem Störpotenzial. Das Gesetz schließt Durchschnittsverdiener oder Rentner von Immobilienerwerb aus und man schätzt, dass dieser um ca 50 % zurückgehen wird. Das verringert vielleicht die durch die easy money-Politik der EZB verursachte Immobilienblase in den Großstädten ein wenig, was aber nicht der Sinn der Sache ist. Das Gesetz trägt dazu bei, dass die Reichen immer reicher und die Armen immer ärmer werden. Wieder zeigt sich, wie leicht eine unüberlegte Gesetzgebung ihr Ziel verfehlt.

Neben den materiellen Einwänden gegen diese Neuerungen besteht auch ein formeller: Die EU hat im Bereich des **Konsumentenschutzes** in Wahrheit **keine Richtlinien-Kompetenz**. Zwar strebt die Gemeinschaft nach Art 169 AEUV (= ex-Art 153 EGV). für den Verbraucherschutz ein „hohes Schutzniveau" an. Dies kann sie durch allerlei Maßnahmen und auch durch Verordnungen erreichen. Eine Richtlinienkompetenz nach Art 114 und 116 AEUV hat sie hingegen nur, wenn die unterschiedlichen nationalen Rechtsvorschriften zu Hindernissen für den Handel oder zu (nicht nur geringfügigen) Wettbewerbsverzerrungen am Binnenmarkt führen. Beides ist beim Konsumentenschutz nicht der Fall.

3. Die Rolle des EuGH

43 An dem Befund der *Ausuferung* des *Europarechts* und seiner *qualitativen Verschlechterung* hat auch die Judikatur des EuGH erheblichen Anteil.[93] Das Gericht, das sich zu Zeiten des Abbaus nichttarifärer Handelshemmnisse mit Entscheidungen wie *Cassis de Dijon*[94] verdienstvoll als Motor der Integration im Bereich der Warenverkehrsfrei-

---

[92] Die Bank verliert nämlich nach § 505 Abs 2 BGB ihre Ansprüche, wenn sie die Kreditfähigkeit des Hypothekenschuldners nicht sorgfältig geprüft hat. Sie muss sicherstellen, dass er die übernommenen Verbindlichkeiten tilgen kann.

[93] Näher HONSELL, Die Erosion des Privatrechts durch das Europarecht, ZIP 2008, 621 ff; G H ROTH, in: HARRER/GRUBER (Hrsg), Europäische Rechtskultur, Symposium Honsell (2009) 67 ff; s auch G H ROTH, Meinungsfreiheit und political correctness im Europarecht (2017), https://papers.ssrn.com/Sol3/papers.cfm?abstract_id=2962985

A. Einleitung zum BGB

heit betätigt hat, spielt heute die ihm nicht zustehende Rolle eines *gouvernement des juges*, das quasi Allzuständigkeit besitzt. Wie die nationalen Gerichte hat der EuGH die Befugnis zur Rechtsfortbildung (zur Rechtsfortbildung im Unionsrecht s die gleichnamige Schrift von GROSCHE [2011]). Dies ist indes kein Freibrief für Überdehnung der Grundfreiheiten,[95] Ausweitung der Richtlinien und Beschneidung der Gesetzgebungskompetenz der Mitgliedstaaten. In der Rsp des EuGH häufen sich Auswüchse und Pannen und endlich werden auch kritische Stimmen laut. So hat der ehemalige Bundespräsident und Präsident des BVerfG HERZOG[96] beklagt, dass der EuGH zentrale Grundsätze der abendländischen richterlichen Rechtsauslegung bewusst und systematisch ignoriere. Kritisch hat sich auch die Bundesjustizministerin Zypries[97] vor dem Deutschen Juristentag 2008 geäußert. Für die zahlreichen Auswüchse und Fehlentscheidungen in der Judikatur des EuGH mögen wenige Beispiele genügen: Das Verbot der Altersdiskriminierung (RL 2000/78 EG, § 10 AGG) ist, wie schon die Erwägungsgründe mit ihren Ausnahmen zeigen, völlig unklar. Unverständlich ist jedenfalls, dass der EuGH im Fall *Mangold*[98] die Befristungsmöglichkeit von Arbeitsverträgen für Beschäftigte ab 52 Jahren,[99] die der Erleichterung der Wiedereinstellung älterer Arbeitnehmer diente, als Diskriminierung verboten hat, obwohl Erwägungsgrund 25 S 2 der RL altersbedingte Ungleichbehandlungen aus beschäftigungspolitischen Gründen ausdrücklich zulässt. Daneben hat das Urteil vor allem wegen der Erfindung einer horizontalen Vorwirkung von Richtlinien und der Schaffung eines neuen Grundrechts einen Sturm der Kritik ausgelöst.[100]

Eine ältere Fehlentscheidung im Arbeitsrecht war der Fall Paletta, in dem eine Gastarbeiterfamilie mit Hilfe ärztlicher Atteste ihren Heimaturlaub um einige Wochen verlängert hatte und dies über mehrere Jahre hinweg immer wieder. Der EuGH[101]

---

[94] EuGH 20.2.1979 – 120/78.
[95] S dazu ROTH, Fn 93; HILLGRUBER JZ 2011, 861, 871 spricht von einem „großen europäischen Grundrechte-Einheitsbrei, der in Straßburg angerührt und in Karlsruhe ausgelöffelt wird".
[96] HERZOG/GERKEN, Stoppt den Europäischen Gerichtshof, FAZ v 8.9.2008 Nr 210 S 8.
[97] FAZ v 23.9.2008, 6; s auch HERRESTHAL, Grundrechte-Charta und Privatrecht, ZEuP 2014, 238, 245 f.
[98] EuGH C-144/04 – *Mangold* Slg 2005, I-9981 = EuZW 2006, 17 (REICH); NZA 2005, 1345 = RdA 2007, 169 (KURAS) = ZAS 2006, 236 (URLESBERGER) = NJW 2005, 3695 = ZIP 2005, 2171. Es handelte sich um einen fiktiven, von einem Münchener Anwalt provozierten Rechtsstreit, der einen älteren Arbeitnehmer eingestellt und gegen sich hatte klagen lassen. BAGE 118, 76, 87 = BB 2006, 1858 = Betrieb 2006, 1162 = NZA 2006, 1162, 1167 – Honeywell) hat in einem Parallelfall das Urteil akzeptiert und sogar eine Vorlage verfügt (BAG 11.10.2008 – 7 AZR 253/07), welche die EG-Kompatibilität von § 14 Abs 3 S 1 aF TzBfG betrifft (Zulässigkeit der Befristung ab 58 Jahren). BVerfGE 126, 286 (BVerfG 6.7.

2010 – 2 BvR 2661/06) hat leider eine Kompetenzüberschreitung des EuGH und einen „ausbrechenden Rechtsakt" verneint und die Verfassungsbeschwerde gegen die Entscheidung des BAG in der Rechtssache Honeywell zurückgewiesen.
[99] § 14 Abs 3 S 4 TzBfG aF.
[100] S die bei EGGER (in: ROTH/HILPOLD [Hrsg], Der EuGH und die Souveränität der Mitgliedstaaten [2008] 55, 71 ff Rn 81) genannten zahlreichen kritischen Stimmen; etwa BAUER, Ein Stück aus dem Tollhaus: Altersbefristung und EuGH, NZA 2005, 800; GERKEN/RIEBLE/ROTH/STEIN/STREINZ, „Mangold" als ausbrechender Rechtsakt (2009) 1, 17 ff, wo insbes die horizontale Vorwirkung der RL gerügt wird, deren Umsetzungsfrist noch gar nicht abgelaufen war sowie die Erfindung eines Grundrechts des Verbots der Altersdiskriminierung lange bevor die Grundrechtscharta mit dem Antidiskriminierungsartikel 21 in Kraft getreten war; EVERLING, in: FS Lutter (2000) 31 verteidigt den EuGH gegen jede Kritik, die er mangels sachlicher Argumente kurzer Hand für „verständnislos, maßlos und besserwisserisch" erklärt.
[101] EuGH NJW 1992, 2687; dazu etwa JUNKER NJW 1994, 2527.

hielt es für unstatthaft, die ärztlichen Atteste anzuzweifeln und verurteilte den Arbeitgeber zur Lohnfortzahlung. Berüchtigt war auch EuGH EuZW 1994, 374 – *Christel Schmidt*: Die war bei einer Sparkasse als einzige Reinigungskraft (teilzeit-) beschäftigt. Als die Sparkasse nach einem Umbau neu eine Reinigungsfirma mit den Arbeiten betraute, entschied der EuGH, die Reinigungsfirma müsse die Frau übernehmen, da es sich bei der Reinigung quasi um einen Betriebsteil und somit um einen Betriebsübergang iSv Art 1 Abs 1RL 77/187/EWG (umgesetzt in § 613a BGB) handle.[102] Ein seltsames Beispiel von Kompetenzanmaßung sind die schon erwähnten *golden share – Urteile* und die Aufhebung des VW-Gesetzes (EuGH 23. 10. 2007 – C 112/2005) wegen Verstoßes gegen die Kapitalverkehrsfreiheit des Art 63 Abs 1 AEUV (=ex-Art 56 Abs 1 EGV, oben Rn 40). Ein prominenter Fall kompetenzwidriger Aushebelung nationalen Rechts und ein Beispiel gerichtlich autorisierter Gesetzesumgehung ist die Rechtsprechung zur Niederlassungsfreiheit im Gesellschaftsrecht.[103] Seit den Urteilen Centros, Überseering und Inspire[104] kann jedermann mit einer englischen Limited Company Geschäfte in Deutschland betreiben. Damit können alle Vorschriften des deutschen GmbH-Rechts über Mindestkapital, Kapitalerhaltung und Gläubigerschutz umgangen werden. Verbotene Gesetzesumgehung wird zur vom EuGH garantierten Wahlfreiheit. Das hat mit der Gewährleistung von Niederlassungsfreiheit (Art 49 = ex-Art 43 u Art 54 AEUV= ex-48 EGV) nichts mehr zu tun. Denn diese deckt nicht die Zulassung bloßer Scheingesellschaften ohne wirtschaftliche Aktivitäten.[105]

Drei weitere Beispiele zeigen eine erstaunliche Unkenntnis *elementarer Prinzipien des Zivilrechts*, wie *Treu und Glauben* oder *höhere Gewalt*. EuGH (C-404/06 *Quelle*),[106] erklärt das bei Rückgabe einer mangelhaften Kaufsache vom Käufer zu zahlende Nutzungsentgelt (nach § 439 Abs 4 BGB, § 346 Abs 1, Abs 2 Nr 1 BGB) für EG-widrig. In diesem Fall hatte eine Frau einen Backofen in Kenntnis des Mangels anderthalb Jahre benutzt und dann wegen Emailschäden zurückgegeben. Es leuchtet ohne weiteres ein, dass die Frau den Backofen nicht anderthalb Jahre unentgeltlich benutzen kann. Der Wertsatz für die Nutzung bis zur Rückgabe ist indes nach Auffassung des EuGH mit Art 3 der europäischen Verbrauchsgüterkauf-RL unvereinbar. Diese Vorschrift sagt aber nur, dass die Rückabwicklung unentgeltlich, dh kostenlos erfolgen muss. Das betrifft nur die Kosten des Rücktransports und schließt ein Nutzungsentgelt nicht aus. Das Urteil steht auch in Widerspruch zu Erwägungsgrund 15 der RL, wo bestimmt ist, dass die Mitgliedstaaten einen Ersatz für die Benutzung vorsehen können[107]. Dessen ungeachtet hat der Gesetzgeber dem in § 475 Abs 3 BGB Rechnung

---

[102] Zurecht abl die hL, zB PALANDT/WEIDENKAFF § 613a Rn 10; MünchKommBGB/MÜLLER-GLÖGE § 613a Rn 30 u 49; KAISER NZA 2000, 1144.

[103] Aus der unübersehbaren Lit s statt aller ZÖLLNER GmbHR 2006, 1; kritisch auch GRIGOLEIT, in: NEUNER, Grundrechte und Privatrecht aus rechtsvergleichender Sicht (2007) 266 ff; ferner RÜFFLER, Erosion des Gesellschaftsrechts durch das Europarecht, Symp Honsell 85 ff; G H ROTH, Vorgaben der Niederlassungsfreiheit für das Kapitalgesellschaftsrecht (2010); EIDENMÜLLER ZGR 2007, 168, sowie die Sammelwerke hrsgg v EIDENMÜLLER, Ausländische Kapitalgesellschaften im deutschen Recht (2004) und LUTTER, Europäische Auslandsgesellschaften in Deutschland (2005).

[104] EuGH 9. 3. 1999 – C-212/97; EuGH 5. 11. 2002 – C-208/00; EuGH 30. 9. 2003 – C-167/01; einschränkend C-196/04.

[105] S statt aller ZÖLLNER GmbHR 2006, 1 ff; kritisch auch GRIGOLEIT, in: NEUNER, Grundrechte und Privatrecht aus rechtsvergleichender Sicht (2007) 266; s ferner EIDENMÜLLER ZGR 2007, 168.

[106] EuGH 17. 4. 2008 – C-404/06 *Quelle*; s dazu auch BGHZ 179, 27.

[107] In Rn 39 meint der EuGH, die Nutzungserstattung werde nur bei Vertragsauflösung geschuldet, nicht bei Ersatzlieferung. Trotz der zu engen Formulierung der Erw 15 ist dies nicht

A. Einleitung zum BGB

getragen, der (neu) bestimmt, dass (allerdings nur im Fall der Nacherfüllung nicht beim Rücktritt) Nutzungen beim Verbrauchsgüterkauf nicht herauszugeben sind (näher MK-LORENZ § 474 Rn 46 ff). Wer ein Auto kauft und wegen eines Mangels kurz vor Ablauf der 2-jährigen Gewährleistungsfrist ein neues verlangt, fährt künftig zwei Jahre kostenlos. EuGH C-65/09 u C-87/09 *Weber u Putz* erklärt § 439 Abs 3 BGB für richtlinienwidrig, wonach der Verkäufer die verschuldensunabhängige Nacherfüllung (Nachbesserung) wegen unverhältnismäßiger Kosten verweigern kann. Zulässig, sei es lediglich, die Kostenerstattung auf einen verhältnismäßigen Betrag zu beschränken. (Ausbau und Wiedereinbau von Fliesen wegen Farbabweichungen). Zur gesetzlichen Neuregelung und zu den Versuchen des BGH diese oberflächliche EuGH-Rechtsprechung durch „richtlinienkonforme Rechtsfortbildung" umzusetzen s Rn 70. Für die Abschaffung der höheren Gewalt bei der Schadensersatzpflicht der Bahn wegen Verspätung steht EuGH C 509/11: künftig muss auch bei Unwetter oder anderen Naturkatastrophen gezahlt werden.[108] Im Flugverkehr ist nach der Fluggast-VO (EG) Nr 261/2004 die höhere Gewalt noch anerkannt (vgl Art 7 Fluggast-VO [EG] Nr 261/2004 „außergewöhnliche Umstände"). Der EU-Konsumentenschutz führt so zu einer Erosion des Privatrechts, ein Rechtsgebiet für das die EU keine Kompetenz besitzt. Es ist misslich, wenn für gleiche Sachverhalte innerhalb und außerhalb des Konsumentenschutzes verschiedene Regeln gelten, ohne dass sich hierfür ein vernünftiger Grund angeben ließe.

Weitschweifigkeit, mangelnde Präzision und fehlende Dogmatik sowie die Nichtbeachtung wichtiger Grundprinzipien des Privatrechts kennzeichnen die Urteile des EuGH, der offenbar mehr mit Beamten des öffentlichen Rechts und der internationalen Verwaltung aus Ländern sehr verschiedener Rechtskulturen besetzt ist als mit qualifizierten Richterpersönlichkeiten des Privatrechts.

Als Fazit bleibt die Feststellung, dass eine geradezu abenteuerliche *Überdehnung der Grundfreiheiten*, eine *Überschreitung der Richtlinienkompetenz* und eine *Strapazierung der Binnenmarktidee* unter *Ignorierung* der seit Edinburgh primärrechtlich verankerten Prinzipien der *begrenzten Einzelermächtigung* und der *Subsidiarität* die Hauptvehikel einer kompetenzwidrigen Ausweitung des Europarechts geworden sind, gegen die der EuGH nicht einschreitet.

4. Der Euro

Ein historischer Fehler war die Einführung einer einheitlichen *europäischen Währung* (des Euro) für einen lockeren Staatenverbund (mit ganz unterschiedlicher Wirtschafts-, Steuer-, und Sozialpolitik und mit grundverschiedener Inflationsmentalität) und die dadurch angestoßene übermäßige Kreditaufnahme der Mitgliedsstaaten. Das Vertrauen auf die disziplinierende Wirkung von Strafen für die Nichteinhaltung von Defizitkriterien (Staatsverschuldung nicht mehr als 60 % des BIP, Nettoneuverschuldung nicht mehr als 3 %) im Maastrichtvertrag und im sog Sixpack von 2011[109] hat sich

43a

---

nachvollziehbar, denn es fehlt jeder innere Grund für eine solche Einschränkung.
[108] Die Richter hielten sich einfach an den Wortlaut der VO, in dem die selbstverständliche Ausnahme für höhere Gewalt nicht vorgesehen ist. – Auch der Umstand, dass diese Art von Geschenken am Ende (über den Preis) immer der Verbraucher bezahlt, ist nicht ins Blickfeld der Richter geraten.
[109] VOen 1173–1177/2011 RL 2011/85 betreffend die haushalts- und wirtschaftspolitische Überwachung der Mitgliedstaaten. Art 6 VO 1173/2011 sieht bei übermäßigem Defizit eine Geldbuße von 0,2 % des jeweiligen BIP(!) vor.

als falsch erwiesen. Die Idee, man könne einen defizitären Staat mit Schulden in Milliarden- oder Billionenhöhe durch Strafen in Milliardenhöhe auf den rechten Weg zurückbringen, ist weltfremd. Das Ergebnis ist nur, dass er noch mehr Schulden hat und das Geld für die Strafen ist trotzdem nicht vorhanden. Auch beeinträchtigt es das Zusammengehörigkeitsgefühl und belastet die Zusammenarbeit, wenn eine Mehrheit der Mitgliedsstaaten die Bestrafung der „Defizitsünder" beschließt.

Eine zweifelhafte Rolle spielte die **EZB** mit **Anleihe-Käufen** in Höhe von 80 bzw zuletzt 30 Milliarden EUR monatlich **am Sekundärmarkt**, ein Programm, das bis September 2018 fortgesetzt werden soll und ein Volumen von 2,55 Billionen EUR hat (zu dem dieses Programm betreffenden erneuten Vorlagebeschluss des BVerfG s unten). Auch wenn Art 123 AEUV (ex-Art 101 EGV) nur den unmittelbaren Erwerb von Schuldtiteln verbietet, bleibt dies eine simple Umgehung des Verbotes durch vorgeschobene Banken, denn jede Bank leiht überschuldeten Staaten Geld, wenn sie weiß, dass ihr die Anleihen von der EZB im Rahmen festgelegter Programme sogleich wieder abgekauft werden. Die Kosten und Risiken dieser Umgehung sind freilich weit höher als die der verbotenen Staatsfinanzierung. Auch führt diese Praxis entgegen Art 125 AEUV de facto zu einer Vergemeinschaftung von Schulden. Diese Politik wäre nicht möglich ohne den verfehlten Abstimmungsmodus im EZB-Rat, in dem alle 28 Mitglieder die gleiche Stimme haben, anstatt das Stimmgewicht in Relation zu den Kapitalanteilen zu bemessen (es gilt also: jedem das Gleiche, statt jedem das Seine, vgl Rn 47). Die behauptete geldpolitische Notwendigkeit zur Bekämpfung einer *angeblichen Deflation* ist nur ein Feigenblatt, mit dem die wahre Motivation der Aktion nicht verdeckt werden kann. Diese besteht in einer vertragswidrigen Staatsfinanzierung, in der Schuldenerleichterung durch **Null**- oder gar **Negativzinsen** und in einer **Schuldentilgung durch Inflation**. Zinsen sind aber in der Volkswirtschaft unverzichtbar. Sie regulieren den Ausgleich von Sparen und Investieren im Rahmen der volkswirtschaftlichen Gesamtrechnung. Ihre Abschaffung für nahezu ein Jahrzehnt hat die Sparer enteignet, die Altersvorsorge erschwert, die Schere zwischen Arm und Reich noch weiter geöffnet, und die Geschäftsmodelle von Banken und Versicherungen zerstört, ohne dass der von der EZB verfolgte Zweck auch nur annähernd erreicht worden wäre. Auch führte das Leerkaufen des Anleihemarktes und die Nullzinspolitik zu einer Preisexplosion insbes. auf dem Immobilien- und Aktienmarkt. Fraglos hat der Präsident der EZB durch ein klares Statement im Jahre 2012 (man werde zur Verteidigung des Euro tun, was immer es koste, „whatever it takes") damals die Spekulationen gegen den Euro beendet. Unterdessen haben jedoch die Maßnahmen zur Rettung der fehlerhaften Währung ein unvertretbares Ausmaß erreicht, ohne dass die gewünschte Wirkung eingetreten wäre. Vielmehr droht die ständige Erhöhung der Dosis den Patienten umzubringen. Durch die Abschaffung des Zinses wurde der Schuldendienst der BRD im Zeitraum von 2008 bis 2015 um 122 Mrd EUR entlastet. Getilgt wurde trotzdem nichts. Das Finanzverhalten erinnert an das alte Bonmot von Schumpeter, eher lege sich ein Hund einen Wurstvorrat an als eine demokratische Regierung eine Budgetreserve. Es geht aber nicht um eine Budgetreserve, sondern um die wenigstens teil- oder andeutungsweise Tilgung eines riesigen Schuldenberges der öffentlichen Hand in Deutschland von über 2 Billionen Euro. Immerhin wurde in einem ausgeglichenen Haushalt („schwarze Null") die Nettoneuverschuldung des Bundes seit einigen Jahren ausgesetzt. Die 2,55 Billionen „easy money" der EZB haben die oh-

---

Zum überbordenden Straf- und Sanktionsdenken in der EU s Rn 46.

A. Einleitung zum BGB   43a

nedies schon bedenkliche Geldschwemme weiter vergrößert, sind aber kaum in Investitionen geflossen, sondern haben vor allem die *Vermögenspreise* am Aktien- und Grundstücksmarkt enorm aufgebläht. Die Staatsverschuldung ist seither vielerorts weiter gestiegen. Sie beträgt in mehreren Mitgliedstaaten inzwischen 100% des BIP und mehr (zB 181% in Griechenland, 133% in Italien, 99% in Spanien und 97% in Frankreich). Man hat also weder die Umschuldung in praktisch kostenlose Kredite, noch die Inflation genutzt, um Schulden abzubauen. Die Geldpolitik der EZB, deren Ziel es war, den zu hoch verschuldeten Staaten Zeit zu kaufen, hat zu einer Verschleppung der Reformen geführt und die Unabhängigkeit der EZB hat sich zu einer schweren Hypothek entwickelt. Remedur von politischer Seite ist nicht in Sicht. Das Merkel'sche Mantra „scheitert der Euro, dann scheitert Europa" ist übertrieben und kann ein „weiter so" nicht rechtfertigen. Der Euro hat die Gemeinschaft gespalten und mögliche Austritte sollten nicht tabuisiert werden. Denn die *Wiedergewinnung der Wettbewerbsfähigkeit* kann in einigen Ländern nur durch *Abwertung* erfolgen, die ihnen im Euro nicht möglich ist.

Hilfe gegen Kompetenzübergriffe der EZB könnte vom **Bundesverfassungsgericht** kommen. Das Gericht hat stets am Vorrang des Verfassungsrechts und seiner Kognitionsbefugnis festgehalten, aber erklärt, dass es von ihr keinen Gebrauch mache, solange die Rsp des EuGH im Wesentlichen denselben Schutz der Grundrechte gewährleistet wie es selbst (sog Solange-Rspr)[110]. Vorbehalten hat es sich eine sog „Identitätskontrolle" im Hinblick auf den unantastbaren Kerngehalt der Art 1 und 20 GG sowie eine Kontrolle sog „ausbrechender Rechtsakte" (ultra vires-Kontrolle), die vorliegen, wenn das Handeln der EU offensichtlich kompetenzwidrig ist und zu einer strukturell bedeutsamen Verschiebung zulasten der Mitgliedstaaten führt[111]. Im Urteil v 18.3. 2014 (2 BvR 1390 ua = BVerfGE 135, 317 ff *ESM-Vertrag*) hat das Gericht den sog **Europäischen Stabilitätsmechanismus** (ESM) in seiner für Europafragen typisch gewordenen Ja-aber-Rsp grundsätzlich gebilligt[112]. Der ESM verstößt jedoch gegen die Nichtbeistands-Klausel in Art 125 Abs 1 S 2 AEUV = ex-Art 103 EGV (auch no-bailout-clause, zuerst im Vertrag von Maastricht normiert und seither mehrfach wiederholt und bestätigt), die jede Haftung der Europäischen Union sowie der Mitgliedstaaten für Verbindlichkeiten anderer Staaten ausschließt. Angesichts der klaren Vertragslage kann man schwerlich mit einer freiwilligen, außervertraglichen Hilfe (von mehreren hundert Milliarden Euro) argumentieren. Allenfalls der Grundsatz „Not kennt kein Gebot" (necessitas non habet legem) lässt sich anführen. Im OMT-Beschluss v 14.1.2014 (2 BvR 2728/13 ua = BVerfGE 134, 366 ff; dazu zuletzt L Naujoks, Das Verhältnis zwischen BVerfG und EuGH [2016] 33 ff, 51 ff;

---

[110] Zu den Einzelheiten s BVerfGE 37, 271 ff – *Solange I*; 73, 339 ff – *Solange II*; 89, 155 ff – *Maastricht*; 123, 267 – *Lissabon*; dazu zB P Huber, Bewahrung und Veränderung der Verfassungsstrukturen, AöR 141 (2016) 117, 124 ff.
[111] BVerfGE 126, 286 *Mangold/Honeywell*.
[112] Selbstverständlich hält sich das Gericht auch in diffizilen Währungsfragen für kompetent. Sogar die verfassungsändernde Zweidrittelmehrheit konnte das angegriffene Gesetz nicht gerichtsfest machen, weil mit der Haushaltsautonomie des Parlaments angeblich auch das unabänderliche *Demokratieprinzip* tangiert sei

(Art 79 Abs 3 iVm Art 20 GG; dazu schon BVerfGE 89, 155 *Maastricht*; 123, 367 *Lissabon*; 134, 366 *OMT-Beschluss*. Näher zu den Kompetenzüberschreitungen des BVerfG Rn 67 ff). Kritisiert werden diese Entscheidungen auch unter dem Aspekt, dass sie eine von der Verfassung nicht vorgesehene Popularklage eingeführt haben; s etwa Tomuschat, Die Europäische Union unter Aufsicht des BVerfG, EuGRZ 1993, 489, 491; s auch das Sondervotum von Gerhardt BVerfGE 134, 366 Rn 137 ff; dagegen P Huber Fn 110 117, 128 f).

S SIMON, Grenzen des BVerfG im Europäischen Integrationsprozess [2016] 54 ff, 96 ff) hatte das BVerfG angekündigt, dass es die ultra vires-Doktrin anzuwenden erwäge, wenn der EuGH das Ankaufprogramm der EZB (OMT – Outright Monetary Transactions) nicht europarechtskonform begrenze. Die Frage war ua, ob es mit dem Verbot der monetären Staatsfinanzierung des Art 123 AEUV vereinbar sei. Nachdem der EuGH mit Urteil v 16.6.2015 – C62/14 das Programm jedoch gebilligt hatte, hat das BVerfG in einer Entscheidung v 21.6.2016 (BVerfGE 142, 123 ff) wieder einmal eingelenkt und das Programm ebenfalls unter bestimmten Bedingungen für verfassungskonform erklärt. Dabei hat es die ultra vires-Kontrolle praktisch aufgegeben, denn es hat dem EuGH bei Kompetenzentscheidungen eine „Fehlertoleranz" eingeräumt, die „erst bei einer offensichtlich schlechterdings nicht mehr nachvollziehbaren und daher objektiv willkürlichen Auslegung der Verträge" erreicht sei (BVerfGE 142, 123 ff Rn 149; krit MURSWIEK, Die Ultra-vires-Kontrolle im Kontext der Integrationskontrolle, Europäische Grundrechte-Zeitschrift [EuGRZ] 2017, 327 ff). Nun hat jedoch das BVerfG in einer erneuten Vorlage an den EuGH betreffend das Anleihe-Ankaufprogramm der EZB die Auffassung vertreten, es sprächen gewichtige Gründe dafür, dass dieses gegen das Verbot monetärer Haushaltsfinanzierung verstößt (BvR 859/15 ua v 18.7.2017). Die OMT-Entscheidungen betrafen ein Programm, das bislang gar nicht umgesetzt worden ist. Die heutige, weit gravierendere Praxis der EZB besteht im Ankauf von Staatsanleihen der Mitgliedsländer auf dem Sekundärmarkt (vgl oben). Auf diese bezieht sich ein erneuter Vorlage-Beschluss an den EuGH, in dem das BVerfG endlich Ernst zu machen scheint. Nach Auffassung des BVerfG sprechen gewichtige Gründe dafür, dass das Anleihenkaufprogramm gegen das Verbot monetärer Haushaltsfinanzierung verstößt (BvR 859/15 ua v 18.7.2017).

5. Ausblick

Die Präambel des **AEUV** spricht vom „festen Willen, die Grundlagen für einen **immer engeren Zusammenschluss** der europäischen Völker zu schaffen". Dieses Konzept ist problematisch und stößt heute auf eine verbreitete Skepsis, die ua zum Austritt Großbritanniens („Brexit") geführt hat. Statt einer ständigen Vertiefung und *Integration* bedarf die EU einer grundlegenden *Reform*. Eine zunehmende Renationalisierung und ein Auseinandertriften der Mitgliedsstaaten in Ost- und Südgruppen („Visegrád-Gruppe", „olive belt") treffen auf eine fehlerhaft konstruierte und reformunfähige EU. Die Kritik betrifft nicht die **Europäische Idee**, sondern ihre mangelhafte Umsetzung (vgl statt vieler TH SCHMID, Europa ist tot, es lebe Europa! [2016]). Ein gangbarer Weg wäre ein lockerer Staatenverbund, der mehr auf eine gemeinsame Außen-, Sicherheits- und Verteidigungspolitik fokussiert und von dessen Notwendigkeit auch das Publikum überzeugt wird. Wie es aussieht führt die gegenwärtige Eurokrise im Gegenteil dazu, auf dem bisherigen Weg sogar noch fortzuschreiten und die EU weiter zu vertiefen, anstatt sie zu reformieren. Wenig optimistisch stimmt auch die mangelnde Solidarität der Mitgliedstaaten in der **Flüchtlingskrise**. Die Bereitschaft, im Rahmen von Kontingentlösungen Flüchtlinge aufzunehmen, ist marginal. Eine Änderung des sog *Dublin-Prinzips*, wonach die Erstaufnahmestaaten die Flüchtlinge behalten müssen (eine Regelung die aus der UN-Flüchtlingskonvention übernommen wurde und die namentlich Italien und Griechenland ganz einseitig belastet), erscheint nicht durchsetzbar. Der EuGH (C-490/16 u C-646/16) hält am Dublin-Prinzip fest. – Auch wenn die Schwierigkeiten wachsen, ist die Behauptung, Europa oder gar der Euro sei eine Frage von Krieg und Frieden (so zB Kohl, Merkel), übertrieben. In der modernen Welt sind die Völker Europas soweit zusammengewachsen, dass ein europäischer Krieg

A. Einleitung zum BGB

ganz unwahrscheinlich, ja ausgeschlossen ist. Ungeachtet der notwendigen Kritik an vielen Mängeln der Verträge und den Fehlleistungen der Brüsseler Bürokratie bleibt der Zusammenschluss der europäischen Staaten, der Wegfall der Grenzen und die Verkehrs- und Reisefreiheit ein verteidigenswerter Besitzstand. Ob dies freilich in einer Zeit der Renationalisierung und des Erwachens neuer Egoismen Bestand hat, muss die Zukunft zeigen. Nicht hilfreich ist auch die fortschreitende Globalisierung, in der die USA ihre Führungsrolle durch die Beschädigung kardinaler Werte und Tugenden, wie Gerechtigkeit, Maß und Mitmenschlichkeit, zunehmend verspielen.

VIII. Die Zukunft des Privatrechts und des BGB

1. Das Privatrecht auf dem Rückzug

Das Privatrecht ist heute – abgesehen von Unsicherheiten in der Methodenlehre[113] – **44** von mehreren Seiten einer Erosion ausgesetzt.[114] Neben den Zentrifugalkräften, die alsbald auf jede Kodifikation durch Judikatur und Wissenschaft einwirken, resultiert eine Verschlechterung aus einer wachsenden Zahl rechtspolitisch fragwürdiger und legistisch mangelhafter Gesetze. Die Gesetzesflut wurde zu allen Zeiten beklagt; das hat ihr Anschwellen nicht verhindert. Von MONTESQIEU[115] stammt der nur scheinbar tautologe Satz „Wenn es nicht notwendig ist, ein Gesetz zu erlassen, dann ist es notwendig, kein Gesetz zu erlassen" und von TACITUS[116] ist das Verdikt überliefert: „corruptissima res publica plurrimae leges" – je verdorbener der Staat umso mehr Gesetze. SAVIGNY sah eine Gefahr für das Recht durch die Gesetzgebung: „Was dagegen in der Tat das Recht um alles feste Bestehen bringt, ist gerade die Liebhaberei zum Gesetzgeben".[117] Im Idealstaat des THOMAS MORUS,[118] Utopia, findet sich der Satz: *Leges habent perquam paucas [...] ipsi vero censent iniquissimum ullos homines his obligari legibus, quae numerosiores sint quam ut perlegi queant, aut obscuriores, quam ut a quovis possint intellegi* – Sie haben ganz wenige Gesetze und halten es selbst für höchst unbillig irgendwelche Menschen durch Gesetze zu binden, die zu zahlreich sind als dass man sie lesen könnte oder zu dunkel als dass sie von jedem verstanden werden könnten. Es ist ein Übermaß an staatlicher Reglementierung festzustellen. Niemand wird einer Rückkehr zum Nachtwächterstaat oder zu einer Laissez-faire-Politik das Wort reden, doch ist es notwendig, dass sich der Staat wieder mehr auf seine Kernaufgaben besinnt und die moderne Zivilgesellschaft nicht unnötig behindert. Mit der steigenden Zahl der Gesetze ist ein beunruhigender Qualitätsverlust verbunden. Der Gesetzgeber überzieht das Privatrecht zunehmend mit Vorschriften, die kurzlebigen Moden entspringen, eine gewisse Beliebigkeit verraten, selten hinreichend durchdacht, aber langatmig und oft schwer verständlich sind. So stellt sich die Frage nach der Zukunft der Privatautonomie im regelungshypertrophen, lenkungsgläubigen und steuerungsorientierten Umfeld des modernen Staates. Dabei wird die Trennung von Privatrecht auf der einen und öffentlichem Recht und Strafrecht auf der anderen Seite mehr und mehr ignoriert, indem das Privatrecht mit systemfremden Elementen angereichert wird. Es gibt zahlreiche Abgrenzungsversuche zwischen privatem und öffent-

---

[113] Vgl RÜTHERS JZ 2006, 53 ff.
[114] S zur Kritik an der Gesetzgebung auch KURZKA, Im Paragrafenrausch. Überregulierung in Deutschland – Fakten, Ursachen, Auswege (2005); KARPEN, Gesetzgebungslehre – neu evaluiert (2006).
[115] De l'Esprit des lois (Genf 1748).
[116] Annales 3, 27.
[117] SAVIGNY, Vermischte Schriften (1850) 170, in einer Rezension von GÖRNER, Über Gesetzgebung.
[118] De optimo statu reipublicae deque nova insula Utopia C. X (Frankfurt/Leipzig 1689, Nachdruck Frankfurt 1963).

lichem Recht. Eine der ältesten, heute vergessenen, geht auf den römischen Juristen PAPINIAN zurück: Danach ist alles ius cogens, öffentliches Recht,[119] auch wenn es in Privatrechtsgesetzen enthalten ist. Der Grund ist einfach: Zwingendes Recht kann von den Bürgern nicht abgeändert werden. Es unterliegt nicht der Privatautonomie. Die Zunahme öffentlichen Rechts im Privatrecht ist auch deshalb bedauerlich, weil sie mit einem Verlust an dogmatischem Niveau verbunden ist. Es geht aber nicht um Eleganz oder um die Erhaltung eines dogmatisch hoch entwickelten Systems. Es geht vielmehr um die schrittweise Einschränkung der Privatautonomie, der Bürgerfreiheit. Es ist oft nur die Mode eines Zeitgeistes[120], der vorgeblich an political correctness orientiert ist.[121] Gegen ihn und einen unkritischen Dogmatismus helfen nur eine rechtsethische Orientierung der Juristen, eine rechtshistorische, rechtsvergleichende und interdisziplinäre Bildung sowie ein teleologisches Gesetzesverständnis statt eines blinden Gesetzesgehorsams.

45 Die **Privatautonomie** beruht auf dem Grundgedanken, dass der beste Garant für eine prosperierende Gesellschaft das natürliche Streben des Individuums nach Glück und Wohlstand ist *(pursuit of happiness)*. Dieser Gedanke findet sich schon in dem grundlegenden Werk von ADAM SMITH, An Inquiry into the Nature and Causes of the Wealth of Nations (1776). Natürlich kann man fragen, wie aus dem Egoismus der Individuen ein harmonisches Ganzes entstehen soll. Nach ADAM SMITH wird der Markt von einer „unsichtbaren Hand" (invisible hand) geordnet. Das freie Spiel der Kräfte von Angebot und Nachfrage führt nach diesem Modell im freien Wettbewerb zu einer optimalen Güterversorgung und einem ausgeglichenen Markt. Diese klassische Theorie des Wirtschaftsliberalismus hat im 19. Jh zur Ablehnung jeglicher staatlichen Intervention oder Regulierung geführt. Das berühmte Schlagwort „laissez faire, laissez passer, le monde va de lui même" oder der Begriff vom Nachtwächterstaat, der nur für die innere und äußere Sicherheit sorgt,[122] kennzeichnen diese Bestrebungen, welche später im sog Manchester-Liberalismus gipfelten. Staatliche Intervention steht unter einem potentiellen Missbrauchsverdacht. Andererseits kritisierte man schon früh die „soziale Blindheit" des Marktes und erkannte, dass ein Eingreifen des Staates zum Schutze sozial schwächerer Individuen notwendig ist. Als um die Jahrhundertwende das deutsche BGB entstand, kritisierte man das Fehlen eines Mindestschutzes für die sozial Schwachen.[123] Soziale Probleme können mit dem formalen Gleichheitsbegriff des Liberalismus nicht gelöst werden. In der Industriegesellschaft des 20. Jhs rückten die sozial notwendigen Korrekturen in den Vordergrund, vor allem die Reformen des Arbeits- und Mietrechts. Der Gesetzgeber gewährleistet den Schutz der sozial Schwächeren hauptsächlich durch die Normierung zwingenden Rechts, wie wir es eben im Arbeits-, Mietrecht oder im Konsumentenschutzrecht finden, dort allerdings weit weniger berechtigt. Der Gesetzgeber hat sich nicht nur des Schutzes der sozial Schwächeren angenommen, sondern auch zahllose Regelungen zur Ordnung des Wettbe-

---

[119] Vgl PAPINIAN D 2, 14, 38: Ius publicum privatorum pactis mutari non potest – Öffentliches Recht kann durch Vereinbarung der Privaten nicht geändert werden.
[120] Dazu K SCHMIDT, Intellektuelle Moden und Zeitgeistabhängigkeit in Recht und Rechtswissenschaft, in: GS Mayer-Maly (2011) 423 ff, mit vielen Beispielen aus Geschichte und Gegenwart; s auch G H ROTH, Meinungsfreiheit und political correctness im Europarecht (2017), https://papers.ssrn.com/Sol3/papers.cfm?abstract_id=2962985 15.8.2017.
[121] S ADOMEIT, Political Correctness – jetzt Rechtspflicht!, NJW 2006, 2169.
[122] Vgl die Nachweise bei STAUDINGER/HONSELL (2018) Einl 113 zum BGB.
[123] vMENGER, Das bürgerliche Gesetzbuch und die besitzlosen Volksklassen (1890), vgl oben Rn 23 u Rn 26.

werbs erlassen. Der Neo- oder Ordo-Liberalismus bejaht eine staatliche Wirtschaftsverfassung, deren Kern eine Wettbewerbsordnung ist. Das Spannungsverhältnis zwischen Freiheit des Individuums und staatlicher Regulierung ist aus der „sozialen Marktwirtschaft" nicht wegzudenken. Allerdings hat in den letzten Jahrzehnten die Regulierung, sowohl national als insbesondere in der EU, hypertrophe Ausmaße angenommen. Das Privatrecht wird zunehmend durch zwingendes, öffentliches Recht verdrängt und man muss fragen, ob der Spruch GUSTAV BOEHMERS (Die Grundlagen der Bürgerlichen Rechtsordnung 1952, Vorwort) „Öffentliches Recht vergeht – Privatrecht besteht" nicht längst ins Gegenteil verkehrt ist. Die Deregulierungsdebatte hat nichts gebracht. Man spricht jetzt wieder von Reregulierung, und die Bürokratisierung schreitet unaufhaltsam fort. Das Privatrecht befindet sich heute auf dem Rückzug und man kann nur hoffen, dass das Pendel eines Tages wieder zurückschwingt. Ein Bereich in dem Regulierung nötig ist, sind allerdings die Finanzmärkte. Dies hat in der globalen Entwicklung des letzten Jahrzehnts insbesondere die Finanzkrise gezeigt. Der „Kasinokapitalismus" der Finanzmärkte für Derivate, auf denen man Wetten über die künftigen Preise von Waren oder Rohstoffen und auf die Kurse von Aktien, Anleihen, Schulden, Währungen, Indices (usw) abschließen und mit sog Futures handeln kann, bedarf in der Tat einer internationalen Reglementierung, die freilich immer noch von den USA und Großbritannien blockiert wird. Das spricht indes nicht gegen die grundsätzliche Notwendigkeit einer Deregulierung.

2. Die Renaissance des Strafgedankens im Privatrecht

Eine Abkehr vom Privatrecht ergibt sich schließlich auch aus der Übernahme generalpräventiver Vorstellungen,[124] wie man sie aus den USA kennt (man denke an den Strafschadensersatz der punitive damages[125]), die aber auch in der EU Mode geworden sind. Nur beispielhaft sind zu nennen die Antidiskriminierungsrichtlinien 2000/43/EG und 2000/78/EG, die in Erwägungsgrund 26 und 35 „wirksame, verhältnismäßige und abschreckende Sanktionen" verlangen; ferner 2000/35 EG v 29.6.2000 (geändert durch RL EU 2011/7) zur Bekämpfung des Zahlungsverzuges im Geschäftsverkehr (umgesetzt durch das Gesetz zur Beschleunigung fälliger Zahlungen), wo es in Erwägungsgrund 16 heißt: „Zahlungsverzug stellt einen Vertragsbruch dar, der für die Schuldner in den meisten Mitgliedstaaten durch niedrige Verzugszinsen und/oder langsame Beitreibungsverfahren finanzielle Vorteile bringt. Ein durchgreifender Wandel, der auch

---

[124] Krit etwa HONSELL, Der Strafgedanke im Zivilrecht – ein juristischer Atavismus, in: FS HP Westermann (2008) 315 ff; BYDLINSKI, Die Suche nach der Mitte als Daueraufgabe des Privatrechts, AcP 204 (2004) 309 ff, 343 ff; dafür etwa EBERT, Pönale Elemente im Privatrecht (2004); HORTER, Der Strafgedanke im Bürgerlichen Recht (2004); C SCHÄFER, Strafe und Prävention im Bürgerlichen Recht, AcP 202 (2002) 397 ff, jeweils mwNw. Zu den punitive damages etwa BROCKMEIER, Punitive damages, multiple damages und deutscher ordre public (1999); P MÜLLER, Punitive damages und deutsches Schadensersatzrecht (2000).

[125] Näher HONSELL, Amerikanische Rechtskultur, in: FS Zäch (1999) 399 f. Die irrationale Vervielfachung meist willkürlich angenommener Schadensbeträge in den sog bad faith trials, wird begünstigt durch das Jury-System, das Erfolgshonorar (contingency fee), die Popularklagen (class actions), unfaire fact fishing expeditions in aufwändigen pretrial-Verfahren und hohe Anwaltskosten, auf denen der Beklagte auch bei Obsiegen sitzen bleibt, weil es keine Kostenerstattung gibt. Weithin unbekannt ist auch das sog „german principle of proportionality". In State Farm Mutual Automobile Insurance Co v Campbell, 538 US 408 (2003) begrenzte der Supreme Court die punitive damages auf einen einstelligen Multiplikator „single digit multiplier", nachdem zuvor selbst das 500-fache noch für angemessen gehalten worden war, ist es jetzt das Neunfache, inklusive des Schadens also das Zehnfache.

eine Entschädigung der Gläubiger für die ihnen entstandenen Kosten vorsieht, ist erforderlich, um diese Entwicklung umzukehren und um sicherzustellen, dass die Folgen des Zahlungsverzugs von der Überschreitung der Zahlungsfristen abschrecken." Bekanntlich ordnet § 288 BGB deshalb an, dass der Verzugszins 5% über dem Basiszinssatz liegt und, wenn kein Verbraucher beteiligt ist, sogar 9% darüber. Je nach dem jeweiligen Basiszinssatz sind Verzugszinsen von 10% und mehr die Regel. Zwar ist die Flexibilisierung des Verzugszinses richtig, doch ist der Zins viel zu hoch und kontrastiert vor allem dramatisch mit dem Nullzins der EZB. Die notwendige Korrektur wird seit Jahren verschleppt. Im Übrigen war eine höhere Zinsforderung bei Nachweis eines Schadens schon bisher möglich. Jetzt muss man nicht mehr mit höheren Deckungskosten oder Anlagezinsen argumentieren, sondern erhält den erhöhten Zins quasi als Strafschadensersatz. Der Schuldner zahlt die 9% + x aus präventiven Gründen, also als Strafe. Hier zeigt sich primitives Sanktionsdenken, das zu einer willkürlichen Belastung der einen Partei zugunsten der anderen führt. Da man bei keiner Anlageform Zinsen von 10% und mehr erzielt, kann einem nichts Besseres passieren, als ein (solventer) Schuldner im Verzug. Was der Gesetzgeber offenbar völlig übersehen hat, ist die Tatsache, dass längst nicht jeder Schuldner, der nicht zahlt, dies in vertragswidriger Absicht tut. Der häufigste Fall ist der, dass er sich in Zahlungsschwierigkeiten befindet. Nicht selten ist es aber auch so, dass die Parteien über die Berechtigung der Forderung verschiedener Auffassung sind und deshalb eine gerichtliche Klärung herbeiführen müssen. Hier wachsen während des Prozesses oft Verzugszinsen in Höhe von 30% und mehr an, was eine echte Erschwerung der Rechtsverfolgung für den Schuldner darstellt. Seit einem Reichsdeputationsabschied aus dem Jahre 1600 betrug der Verzugszins 5%, wobei – wie gesagt – eine höhere Schadensersatzforderung immer möglich war. Was vierhundert Jahre richtig war, wird mit dem unbedachten Federstrich eines voreiligen und uninformierten Gesetzgebers beiseite gewischt. Andere Beispielsfälle[126] für Sanktionsdenken der EU sind die Entschädigung wegen Diskriminierung des Geschlechts bei der Stellenbewerbung.[127] Der Strafgedanke liegt schließlich auch § 241a zugrunde, wonach es bei unbestellter Zusendung von Waren keinen Herausgabeanspruch gegen den Empfänger gibt.[128] Auch wenn der Strafgedanke unter dem Begriff der Lenkungs- oder Steuerungsfunktion meist relativ harmlos und pseudo-ökonomisch daherkommt, ist er für das Zivilrecht abzulehnen. Die Renaissance von Strafe oder Prävention ist hier jedenfalls kein Zeichen von Rechtskultur, denn sie verletzt die Privatautonomie, insbesondere das Ausgleichs- und Verhältnismäßigkeitsprinzip[129]

---

[126] Vgl auch noch § 661a BGB (Gewinnzusagen): Wer den Eindruck erweckt, dass der Verbraucher einen Preis gewonnen hat, muss diesen auch leisten.

[127] Gleichbehandlungsrichtlinie 1976/207/EG.

[128] Die Begründung des Regierungsentwurfs (BT-Drucks 14/2658, 46) rechtfertigt dies ausdrücklich mit dem Sanktionsgedanken.

[129] Manche sehen indes gerade darin den Vorteil der Generalprävention als ratio legis zivilrechtlicher Vorschriften (in concreto des § 817 S 2 BGB), dass bei ihr – anders als im Strafrecht – das Verhältnismäßigkeitsprinzip nicht berücksichtigt werden müsse, sondern nur ein Übermaßverbot. Das ist abzulehnen: Wenn das Strafrecht Verhältnismäßigkeit verlangt, kann man im Recht der Ordnungswidrigkeiten nicht darauf verzichten; ebenso wenig im Zivilrecht. Wäre es anders, so müsste der Gesetzgeber Sanktionen nur aus dem Strafrecht ausgliedern und schon wäre er nicht mehr an das Prinzip der Verhältnismäßigkeit gebunden (vgl Honsell, § 817 S 2 – eine „Drehkrankheit des Rechtsempfindens"?, in: Rechtsgeschichte und Privatrechtsdogmatik [FS Seiler 1999] 473 ff). – Im Übrigen muss man leider feststellen, dass der Gesetzgeber bei Schaffung und Verschärfung von Straftatbeständen die Verhältnismäßigkeit schon längst aus dem Auge verloren hat; so hat die CDU unlängst eine Strafverschärfung für Einbruchsdiebstahl verlangt, der gemäß § 243 StGB schon jetzt mit Strafen v 3 Monaten bis 10 Jahren geahndet wird. Am Übelsten ist die Anhäufung von Strafen im Wirtschaftsrecht,

A. Einleitung zum BGB

und hat etwas Willkürliches, ja Irrationales. Die Verhältnismäßigkeit – das in den USA erst allmählich wahrgenommene „german principle" – ist ein elementares Prinzip unserer Rechtsordnung. Ein anderes, noch weit größeres Einfallstor des US-amerikanischen Strafidee ist das Europäische Kartellrecht.[130] Die Kommission verhängt Bußen ohne jedes Maß wegen Verstößen gegen Europäisches Wettbewerbsrecht. So hat zB Microsoft in mehreren Verfahren bislang 1,68 Mrd EUR bezahlt und wird schon wieder mit einer neuen Klage bedroht. Es waren relative Kleinigkeiten, wie unterschiedlichen Preise für Musikdownloads, Verkauf eines Internetbrowsers (dem Internet Explorer) zusammen mit einem Mediaplayer, überhöhte Lizenzgebühren für Informationen über das Betriebssystem Windows. Google soll eine Buße von 2,4 Mrd EUR zahlen. Gegen europäische LKW-Hersteller wurde eine „Rekordbuße" von 2,93 Mrd Euro verhängt. Die Fa MAN blieb als „Kronzeuge"[131] strafffrei. Die Höhe der Strafe wurde mit der Wichtigkeit marktgerechter LKW- und Transportpreise begründet. Auf die naheliegende Idee, dass die exorbitanten Strafen, die LKW-Preise vielleicht noch weiter in die Höhe treiben, ist offenbar keiner der Verantwortlichen gekommen. In den letzten Jahren haben die Bußen einen Quantensprung gemacht und bewegen sich oft in dreistelliger Millionenhöhe. Die Liste der Verurteilten ist lang und liest sich wie ein who is who der Industrie. Nur selten wird aber gefragt, ob vielleicht an den Kartellstraftatbeständen irgendwas nicht stimmt. Die zentralen Vorschriften des EG-Wettbewerbsrecht, Art 101 AEUV (=ex-Art 81 EGV) und Art 106 AEUV (=ex-Art 86 EGV), enthalten die äußerst vagen und unbestimmten Tatbestände des Verbots wettbewerbsbeschränkender Vereinbarungen und Verhaltensweisen und des Missbrauchs von Marktmacht, die rechtsstaatlichen Anforderungen nicht genügen.[132] Inzwischen kassiert die Kommission unter diesem Titel jährlich mehrere Milliarden EUR ohne eine Rechtsgrundlage,[133] die rechtsstaatlichen Minimalerfordernissen genügt. Ein Gravamen ist die völlig überzogene Maximalhöhe der Geldbuße von 10% des Jahresumsatzes[134] (§ 23 Abs 2 lit a VO 1/2003), der eine unpassende Referenzgröße ist und insbes mit Gewinnabschöpfung nichts zu tun hat. Sachgerecht müsste man auf den Gewinn abstellen. Der Umsatz wurde offenbar nur gewählt, um möglichst hohe Bußen zu erzielen. Der entscheidende Einwand ist jedoch das Fehlen einer Strafkompetenz und der Verstoß gegen den Grundsatz nulla poena sine lege certa et clara (Art 49 Abs 1 EU Grundrechte-Charta, Art 7 Abs 1 EMRK, 103 Abs 2 GG). Der EG-Gesetzgeber glaubt dies damit lösen zu können, dass er in Art 23 Abs 5 VO 1/2003 einfach behauptet, dass es keine Strafe sei.[135] Diese nicht einmal als Fiktion formulierte Aussage, erinnert an den Mönch der freitags einen Kapaun aß, nachdem er ihn zuvor mit den Worten gesegnet hatte: ego te baptizo carpem (ich taufe dich Karpfen).

---

von der das ständig anschwellende vierbändige Loseblattwerk von *Erbs/Kohlhaas/Ambs*, Strafrechtliche Nebengesetze (215. Ergänzungslieferung 2017) Zeugnis ablegt, das, mehr als 400 solcher Gesetze enthält; näher *Honsell/Mayer-Maly* 187.
[130] Ohne Kritik dazu G WAGNER, Schadensersatz bei Kartelldelikten, German Working Papers in Law and Economics Vol 2007, Paper 18, https://core.ac.uk/download/pdf/6541030.pdf (30.6.2016).

[131] Das ist die verharmlosende Bezeichnung für denjenigen, der das Kartell verrät.
[132] S statt aller RITTNER, Das Kartellverbot des Art 81 EGV in teleologischer Reduktion, in: FS Huber (2006) 1095, 1114.
[133] 2007 waren es mehr als 3 Mrd EUR.
[134] Wie überzogen das ist, kann man daran sehen, dass die durchschnittliche Bruttoumsatzrendite mittlerer und großer deutscher Unternehmen ca 3–5% beträgt.
[135] Ebenso EuG T-83/91 *Tetra Pak* Rn 235, Slg 1994 II 755; krit HONSELL ZIP 2008, 621.

Unnötig, ja schädlich sind auch europäische und deutsche Bestrebungen nach US-amerikanischem Vorbild über die ohnehin nach §§ 30, 130 OWiG bestehenden Bußen hinaus **Unternehmensstrafen** wegen Verfehlungen von Organen oder gar Mitarbeitern zu verhängen. Das US Justizministerium hat nach Angaben des Wallstreet Journals zB allein in der *Bankenkrise* unter diesem Titel schon 110 Mrd USD eingenommen. Die Deutsche Bank bezahlte 7,2 Mrd USD. Ihre Lage verschlechterte sich dadurch, dass das US-Justizministerium zunächst monatelang 14 Mrd verlangt hatte, was Hedgefonds dazu veranlasste, gegen die Bank zu spekulieren. Von den 7,2 Mrd kassierte schließlich 3,2 Mrd das Justizministerium, 4 Mrd erhalten „geschädigte" (ehemalige) Hausbesitzer, obwohl der inkriminierte Verkauf von CDO's (Collateralized Debt Obligations) durch die Deutsche Bank überwiegend an ausländische Banken mit der leichtfertigen Kreditvergabe an Hauskäufer, die sich das nicht leisten konnten, nichts zu tun hatte. Grundstücksbeleihungen mit 120 % und mehr ohne Rücksicht auf die Schuldentragfähigkeit waren ein US-amerikanisches Phänomen, das möglich war, weil es dort keine persönliche Haftung der Schuldner gibt und man die Forderungen sogleich als CDO's weiterverkauft hatte. Das waren (zu Unrecht triple A geratete) forderungsbesicherte Wertpapiere (Asset Backed Securities), in denen normale mit schlechten Risiken gemischt waren und die in der Bankenkrise mehr oder weniger wertlos wurden. Fehlerhaftes Rating ist in den USA absurder Weise durch die Meinungsfreiheit gedeckt. Am weltweiten Verkauf solcher dubiosen Papiere hatte sich die Deutsche Bank beteiligt und als die Krise absehbar war mittels CDS (Credit Default Swaps) gegen diese Papiere gewettet und so das eigene Risiko abgesichert. In erstaunlicher Widersprüchlichkeit und Scheinheiligkeit hat die US-Administration ausgeblendet, dass auch sie unter G W Bush an der Hypothekenkrise durch Zulassung der dubiosen Kreditpraxis und Förderung von Krediten an einkommensschwache Bevölkerungsteile wesentlich beteiligt war. Belangt wurden diejenigen, die – wie die Deutsche Bank – diese „Subprime-Kredite" als CDO's gebündelt weitergereicht hatten. Von einer Entschädigung ausländischer Banken, die diese Papiere großen Teils erworben haben, hat man nichts gehört. Ähnlich ist es im Abgasskandal, wo Volkswagen sich auf Strafzahlungen von mehr als 20 Mrd USD „geeinigt" hat, ua als Schadensersatz für Autokäufer, die gar keinen Schaden erlitten hatten. Man fragt sich, was noch alles passieren muss, bis sich die Unternehmen aus einem Markt mit solchen „Spielregeln" zurückziehen. Leider breitet sich dieser Rechtsverfall auch in der EU und sogar in Deutschland aus, wo allen Ernstes über ein **Unternehmensstrafrecht** und Sammelklagen (class actions) nach US-Vorbild diskutiert[136] und in der Dieselaffäre beklagt wird, dass deutsche Autokäufer keine Entschädigung erhalten[137].

---

[136] Dazu zuletzt G WAGNER ZRG 2016 112 ff; s auch die Stellungnahme 9/2013 der Bundesrechtsanwaltskammer; WESS, Verbandsverantwortlichkeit – Anspruch und Wirklichkeit, ÖZW 2015, 131 ff; ferner IGNOR, Wahrheit und Gerechtigkeit als Ziel des Strafverfahrens in Geschichte und Gegenwart, in: MÜSSIG, Ungerechtes Recht (2013) 1 ff.

[137] Ein Schaden entsteht aber den Käufern erst, wenn Fahrverbote oder ein Entzug der Zulassung verhängt werden oder bei einem daraus resultierenden Preisverfall von Dieselautos. Diese Schäden sind aber kaum mehr den Autoherstellern zuzurechnen, denn sie beruhen auf überzogenen Maßnahmen der öffentlichen Hand. – Zu denken gibt insbes, dass der Grenzwert für Stickoxyde am Arbeitsplatz mit 950 Mikrogramm mehr als 20 mal höher sein darf als auf der Straße, wo er nur 40 Mikrogramm beträgt, https://www.umweltbundesamt.de/themen/unterschied-zwischen-aussenluft, 2.2.2018. Geht man davon aus, dass 950 µg in geschlossenen Räumen nicht gesundheitsschädlich sind, so erscheinen die behaupteten Schäden durch Dieselabgase im Freien schon ab 40 µg stark übertrieben und darauf beruhende Fahrverbote zweifelhaft. Doch „political correctness" verbietet offenbar diese Argumente.

Die Pervertierung des Strafgedankens zeigt sich besonders krass bei der Sanktion gegen Mitgliedsstaaten wegen eines „übermäßigen makroökonomischen Ungleichgewichts" nach Art 3 Abs 5 der VO 1174/2011[138], die keinerlei Verschulden voraussetzt und sogar wegen eines mehrjährigen Leistungsbilanzüberschusses eine Geldbuße in Höhe von 0,2 % des jeweiligen BIPs vorsieht, eine Strafe die einige gern gegen Deutschland verhängen würden, dessen Leistungsbilanzüberschuss 2016 310 Mrd EUR betrug. Leistungsbilanzüberschüsse mit Strafen zu sanktionieren entspringt einer fatalen Fehleinschätzung ihrer Ursachen und Remedien. Hier ist insbes die easy money-Politik der EZB zu nennen, die zu einem starken Anstieg deutscher Exporte geführt hat. Ehe man Strafen verhängt, sollte man diese fatalen Markteingriffe einstellen. Auch fragt man sich, wo der deutsche Vertreter war, als der Sixpack im Rat durchgewunken wurde.

3. Diskriminierungsverbote im Privatrecht

Gegen die Privatautonomie gerichtet ist namentlich die modische, vorgeblicher „political correctness" entspringende Forderung nach Antidiskriminierung im Privatrecht[139]. Das Gebot der Gleichbehandlung (Art 3 GG[140]) oder – negativ formuliert – das Diskriminierungsverbot richtet sich primär an den Staat, nicht an die Bürger. Nach ARISTOTELES[141] gehört die iustitia distributiva, die verteilende Gerechtigkeit, zum öffentlichen Recht. Verteilt wird nicht an alle gleich, sondern nach Würdigkeit. Bei der Verteilung, z.B. von Flöten, ist nicht Schönheit oder Geburt (Adel) maßgeblich, sondern Kunstfertigkeit im Flötenspiel.[142] Schon gar nicht soll der Staat Flöten an alle verteilen, denn geboten ist nicht eine simple Gleichbehandlung, sondern eine vernünftige Differenzierung (reasonable discrimination). Suum cuique tribuere (Ulpian Dig 1,1,10 pr) heißt jedem das Seine zuteilen und nicht jedem das Gleiche. Diese selbstverständlichen Grundsätze werden heute nicht selten missachtet. Wie leicht gerade bei der Konkretisierung des Gleichheitssatzes die ratio distinguendi verloren geht, zeigt ein Beschluss des BVerfG v 19. Juli 2016 (Az: 2 BvR 470/08) in dem festgestellt wird, dass eine Preisermäßigung für Einheimische im Hallenbad einer Gemeinde gegen den Gleichheitssatz verstößt (Diskriminierung der benachbarten Österreicher in der Watzmann-Therme in Berchtesgaden). Dass Leistungen der Daseinsvorsorge an eigene Gemeindebürger, die dort die Steuern zahlen, günstiger abgegeben werden, reicht nach Meinung des BVerfG für eine differenzierende Preisgestaltung nicht aus. Nur wenn die Gemeinde das Ziel verfolge, knappe Ressourcen auf den eigenen Aufgabenbereich zu beschränken, Gemeindeangehörigen einen Ausgleich für besondere Belastungen zu gewähren oder Auswärtige für einen erhöhten Aufwand in Anspruch zu nehmen (usw), könne dies mit Art 3 Abs 1 GG vereinbar sein. Das Bad der Beklagten sei jedoch auf Überregionalität angelegt, solle Auswärtige ansprechen und gerade nicht kommunale Aufgaben im engeren Sinne erfüllen. Daher müssten auch Gemein-

---

[138] Zum sog Sixpack, mit dem insbesondere die Defizitregeln modifiziert und präzisiert wurden s auch Rn 43a Fn 109.
[139] Krit PICKER, Antidiskriminierungsgesetz – Der Anfang vom Ende der Privatautonomie?, JZ 2002, 880 ff; ders, Antidiskriminierung als Zivilrechtsprogramm?, JZ 2003, 540 ff; ADOMEIT, Political Correctness – jetzt Rechtspflicht?, NJW 2006, 2169; SÄCKER, Vernunft statt Freiheit – Die Tugendrepublik der neuen Jakobiner, ZRP 2002, 286; zuletzt SPRAFKE, Diskriminierungsschutz durch Kontrahierungszwang (2013).
[140] „Alle Menschen sind vor dem Gesetz gleich."
[141] 1130 b ff, 1138 a, b.
[142] ARISTOTELES Politik 3, 12; dazu CANARIS, Die Bedeutung, der iustitia distributiva im deutschen Vertragsrecht (1997) 19 ff.

defremde gleichbehandelt werden und die gleichen Vergünstigungen erhalten. Ein Rabatt für Einheimische macht aber nur Sinn, wenn auch auswärtige Besucher kommen. Ein anderes Beispiel ungerechtfertigter, ja unsinniger Gleichbehandlung ist das Kindergeld für alle, eine teure populistische Maßnahme, die gleichzeitig verhindert, dass die wirklich Bedürftigen angemessen unterstützt werden. Der Staat soll nach Bedürftigkeit verteilen und Lasten, namentlich Steuern, nach Leistungsfähigkeit auferlegen, was sich im progressiven Tarif der Einkommenssteuer widerspiegelt. Das ist die andere Seite der iustitia distributiva, zu der auch die Verteilung von Lasten gehört. Im Zivilrecht dagegen gilt für „Austauschverhältnisse" wie Vertrag und Delikt, nicht die iustitia distributiva, sondern die *iustitia correctiva*.[143] Sie ist nicht proportional, dh es wird nicht nach Würdigkeit verteilt und es besteht – von dem sogleich zu besprechenden modischen Diskriminierungsverboten abgesehen – auch keine Pflicht zur Gleichbehandlung, vielmehr herrscht unter Privaten, wenn man so will, Willkür. Das war in der deutschen Rechtsgeschichte überhaupt das Wort für den Vertrag. Nur bei krassen Abweichungen von der Mesotes, der rechten Mitte[144] zwischen einem Zuviel und einem Zuwenig,[145] soll der Richter korrigierend eingreifen; das gilt zB in Wucherfällen (§ 138 Abs 2 BGB). Der statt der iustitia correctiva häufig genannte Begriff der *iustitia commutativa*, der austauschenden Gerechtigkeit, stammt nicht von Aristoteles, sondern geht auf eine falsche Übersetzung des Thomas von Aquin[146] zurück, der die klare Abgrenzung des Aristoteles verwischt und eine Theorie vom *iustum pretium*,[147] dem gerechten Preis, begründet hat, die sich weder im Recht noch in der Ökonomie je durchgesetzt hat[148]. Aristoteles nennt die verteilende Gerechtigkeit proportional, im Gegensatz zur korrigierenden, bei der die Gleichbehandlung verlangt, dass ohne Ansehen der Person entschieden wird (weshalb Justitia eine Augenbinde trägt).

Politisch legitim und weitgehend verwirklicht ist die Forderung nach *Gleichbehandlung von Mann und Frau* im Arbeitsrecht. Unsinnig ist es jedoch, wenn eine angebliche Diskriminierung bei der Stellenbewerbung durch Verwendung des generischen Maskulinums im Ausschreibungstext nach § 15 des *Allgemeinen Gleichbehandlungsgesetzes (AGG* dazu eingehend HARTMANN unten B) mit drei Monatsgehältern entschädigt wird. So hat das OLG Karlsruhe einer Rechtsanwältin, die sich zum Schein erfolglos auf die Stelle eines „Geschäftsführers" beworben hatte, 13.000 EUR zugesprochen.[149] Drei Monatsgehälter bekommt man selbst dann, wenn man auch bei diskriminierungsfreier Auswahl nicht angestellt worden wäre. Die Diskriminierung muss also nicht kausal gewesen sein. Eine Entscheidung des EuGH[150] verlangt jetzt sogar von den

---

[143] S HONSELL, Iustitia distributiva – iustitia commutativa, in: FS Mayer-Maly (2002) 287 ff; gegen CANARIS und die hL, welchen die iustitia commutativa (dazu sogleich im Text) den Blick auf die aristotelische Einteilung (iust distributiva und correctiva) und ihre Unterschiede verstellt. Zum Thema zuletzt AUER, Der privatrechtliche Diskurs der Moderne (2014) 70 f.
[144] Dazu auch BYDLINSKI, Die Suche nach der Mitte als Daueraufgabe des Privatrechts, AcP 204 (2004) 309, 310.
[145] Nikomaschische Ethik 1106 a–b u passim; speziell für die Gerechtigkeit 1131.
[146] Summa theologica II–II q 61,1. videtur quod inconvenienter ponantur duae species justitiae,

justitia distributiva et commutativa. – Aristoteles spricht aber nicht von Austauschgerechtigkeit, sondern von korrigierender Gerechtigkeit bei den Austauschverhältnissen (δέικαιον διορθωτικῆν ἂιν τοις συναλλάιγμασι), womit Vertrag und Delikt gemeint sind.
[147] Summa theologica II–II q 77.
[148] Diese Zusammenhänge verkennt auch ST ARNOLD, Vertrag und Verteilung: Die Bedeutung, der iustitia distributiva im Vertragsrecht (2014) 34.
[149] Urt v 16.9.2011 olg-karlsruhe.de/servlet/PB/menu/1271335/index.html?ROOT=1180141.
[150] C-236/09.

A. Einleitung zum BGB 47

Versicherungen geschlechtsneutrale Verträge. Es ist aber nicht einzusehen, warum im Hinblick auf die höhere Lebenserwartung die Prämien einer Pensionsversicherung für Frauen nicht höher sein dürfen als für Männer und umgekehrt bei der Risikolebensversicherung niedriger. Auch die Krankenversicherer müssen in Zukunft Unisextarife einführen, obwohl die Krankenkosten für Frauen erheblich höher sind, weil Frauen älter werden als Männer und weil die Krankenversicherung in vielen Ländern auch für die Kosten von Geburt und Mutterschaft aufkommt.[151] Die Gretchenfrage, die sich der EuGH nicht stellt, lautet in diesem Kontext, ob auch eine *„reasonable discrimination"* verboten sein kann. In Wahrheit kann man nämlich nicht bei dem formalen Gleichheitsbegriff des EuGH stehen bleiben, sondern muss rational begründete Unterscheidungen zulassen. Qui bene distinguit bene iudicat – Wer gut unterscheidet, urteilt gut. Nur so ist „materielle Gleichbehandlung" nach einer einheitlichen ratio gewährleistet. Zwischen der Versicherungsleistung und der Prämie besteht eine Relation, welche die Höhe des Risikos reflektiert. Fragen kann man allerdings, wie weit die Fragmentierung der Versicherungsgemeinschaft in einzelne Gruppen gehen soll, zB wenn Männer eine höhere Kfz-Prämie bezahlen müssen, weil Frauen vorsichtiger Auto fahren, oder Raucher eine höhere Krankenversicherung, Risikosportler eine höhere Unfall- und Krankenversicherung usw; denn eine Grundidee der Versicherung ist es, dass hohe Risiken, die wenige treffen, durch Verteilung auf viele Versicherte tragbar werden. Wie weit dann gleichwohl differenziert werden soll, ist eine andere Frage. Jedenfalls kann man nicht in jeder Differenzierung eine verbotene Diskriminierung sehen. Der EuGH geht auf all dies nicht ein, sondern konstatiert schlicht, dass die bislang zulässigen Ausnahmen[152] für Versicherungen der Verwirklichung des EU-Ziels der Gleichbehandlung von Frauen und Männern zuwiderliefen und daher nach Ablauf einer angemessenen Übergangszeit (Ende 2012) ungültig seien.[153] Wegen einer in Brüssel ausgebrüteten, weitgehend sinnfreien politischen Idee mussten also in 27 Ländern zahllose Vorschriften geändert und Verträge und Tarife neu gestaltet werden. Das Ergebnis waren gestiegene Prämien. Als nächstes kommt Luxemburg vielleicht auf die Idee, Mädchenpensionate für Jungen und Damen-Saunen für Herren zu öffnen und den Friseuren unterschiedliche Preise für den Damen- und Herrenhaarschnitt[154] zu verbieten. Difficile satiram non scribere. Was der EuGH mit seiner formalistischen Betrachtung nicht sieht, ist die durch seine Rsp verursachte Verletzung der Privatautonomie, die unstreitig ebenfalls Grundrechtsschutz genießt.

Die EU hat weitere Diskriminierungsverbote erlassen: Wegen *Rasse* oder *ethnischer Herkunft*,[155] wegen der *Religion* oder *Weltanschauung,* einer *Behinderung*, des *Alters* oder der *sexuellen Ausrichtung*.[156] Antidiskriminierung auf diesen Gebieten ist ein

---

[151] § 20 Abs 2 S 2 AGG verbietet unterschiedliche Prämien in der Krankenversicherung aus diesen Gründen.
[152] Vgl EG-RL 2004/113/EG zB § 19 Abs 1 Ziff 2 AGG.
[153] EuGH C-236/09.
[154] Dazu RATH/RÜTZ, Ende der Ladies Night, der Ü 30 Parties und der Partnervermittlung im Internet? – Risiken und Nebenwirkungen des allgemeinen zivilrechtlichen Diskriminierungsverbots der §§ 19, 20 AGG, NJW 2007, 1498.
[155] In privaten Rechtsbeziehungen, vgl RL 2000/43/EG des Rates v 29.6.2000, ABlEG Nr L 180 v 19.7.2000, 22. – Der Begriff „Ossi" fällt nicht unter „ethnische Herkunft", so dass seine Nichteinstellung keine Diskriminierung iSd AGG ist. (Arbeitsgericht Stuttgart, Az. 17 Ca 8907/09).
[156] Beschränkt auf das Arbeitsrecht: RL 2000/78/EG des Rates v 27.11.2000, ABlEG Nr L 303 v 2.12.2000, 16; RL 2002/73/EG des Europäischen Parlaments und des Rates v 23.9.2002, ABlEG Nr L 269 v 5.10.2002, 15. Zum europ Antidiskriminierungsrecht s zuletzt SCHULZE (Hrsg), Non-discrimination in European Private Law (2011).

Kind der Ethik und der Toleranz. Staatlich verordnet und kontrolliert führt sie zu Übertreibung und Intoleranz, zu einem Verlust an Privatautonomie und zur Notwendigkeit umfassender Regulierungen. Am weitesten geht das zivilrechtliche Gleichbehandlungsgebot von § 1 und 19 des Allgemeinen Gleichbehandlungsgesetzes (AGG).[157] Danach ist bei allen Geschäften, die „typischerweise ohne Ansehen der Person zu vergleichbaren Bedingungen in einer Vielzahl von Fällen zustande kommen" (sog Massengeschäften) eine Benachteiligung wegen Rasse, Herkunft, Religion, Geschlecht, Alter, Behinderung oder sexueller Orientierung verboten. Dies ist bislang die am weitesten gehende Einschränkung der früher selbstverständlichen Partnerwahlfreiheit. Das öffentlich verordnete Gutmenschentum hat merkwürdige Ausnahmen: Bei Mietverträgen ist Diskriminierung erst verboten, wenn der Vermieter mehr als 50 Wohnungen hat (so § 19 Abs 5 AGG). Ist man der Meinung, dass Diskriminierung im Mietrecht unzulässig ist, so kann es schwerlich von der Zahl der Wohnungen abhängen. Deutlicher kann man die Beliebigkeit des Verbots nicht zum Ausdruck bringen. Die Neuregelung ersetzt die Privatautonomie durch staatlichen Interventionismus. Sie führt zu unehrlichen Begründungen und vermehrt die Zahl der Prozesse. Es kommt zum sog AGG-Hopping, bei dem sich Personen nur zur Erlangung von Schadensersatz zum Schein auf Stellenausschreibungen mit nicht geschlechtsneutralem Text bewerben. Wer zum Beispiel in einem Inserat „Mitarbeiter für unser junges Team" sucht, hat schon 2 Diskriminierungen begangen, nämlich nach Geschlecht und Alter. Besonders bedenklich ist die Beweislastregel, wonach die Diskriminierung vermutet wird und vom Anbieter zu widerlegen ist.[158] Auch das Verbot der Altersdiskriminierung (RL 2000/78 EG, § 10 AGG) ist, wie schon die Erwägungsgründe mit ihren Ausnahmen zeigen, völlig unklar (krit auch MAGER, in: FS Säcker [2011] 1075 ff). Es gibt zahlreiche notwendige Altersgrenzen im Recht von der Volljährigkeit bis zur Pensionierung. Unverständlich ist jedenfalls, dass der EuGH im Fall *Mangold*[159] die Befristungsmöglichkeit von Arbeitsverträgen für Beschäftigte ab 52 Jahren,[160] die der Erleichterung der Anstellung älterer Arbeitnehmer dienen sollte, als Diskriminierung verbietet. Zur angeblichen Diskriminierung der Homo-Ehe oben Rn 35.

4. Europäisches Zivilgesetzbuch

48 Die Zukunft des BGB hängt schließlich maßgeblich von der Frage ab, ob sich ein Europäisches Zivilgesetzbuch verwirklichen lässt. Ein solches Projekt zählt nicht nach Jahren, sondern nach Jahrzehnten. Im Vordergrund der Überlegungen steht ein Europäisches Vertrags- und Haftungsrecht. Zum Vertragsrecht gab es Entwürfe der sog Lando-Kommission[161] und der Pavia-Gruppe.[162] An einem neuen Haftpflichtrecht arbeitete die Tilburg-Gruppe. Über das Pro und Contra eines Europäischen Zivilgesetzbuches soll hier nicht gesprochen werden. Die Europäische Gemeinschaft hat mehrfach Beschlüsse über eine Europäische Zivilrechtskodifikation gefasst. Zunächst favorisierte sie das scheinbar bescheidenere Projekt eines *Common Frame of Reference* zu dem die sog Acquis- und die Study-Group einen gemeinsamen Entwurf[163] vorgelegt

---

[157] AGG BGBl 2006/43 v 18.8.2006.
[158] § 22 AGG: Wenn im Streitfall die eine Partei Indizien beweist, die eine Benachteiligung wegen eines in § 1 genannten Grundes vermuten lassen, trägt die andere Partei die Beweislast dafür, dass kein Verstoß gegen die Bestimmungen zum Schutz vor Benachteiligung vorgelegen hat.
[159] Oben Rn 43 Fn 98.
[160] § 14 Abs 3 S 4 dtTzBfG aF.
[161] Vgl LANDO/BEALE (Hrsg), Principles of European Contract Law Parts I and II (2000).
[162] Academy of European Private Lawyers, European Contract Code-Preliminary Draft (2001).
[163] Principles, Definitions and Model Rules of

haben. Dieser ist in Wahrheit keine „toolbox", sondern eine Kodifikation des Vertrags- und Deliktsrechts, deren Text gelegentlich zu stark den angelsächsischen Vertrags- bzw Gesetzesstil annimmt (zB mit allgemeinen Definitionen oder kasuistischen Kauteln) und in deren Zentrum der Konsumentenschutz steht (mit Informationspflichten, Widerrufsrechten, Diskriminierungsverboten usw). Die Integration des privatrechtlichen Aquis communautaire, ebenso wie die Lokalisierung des Projekts bei der Generaldirektion für Gesundheit und Verbraucher zeigen eine frappante Fehleinschätzung der Bedeutung und Tragweite eines Europäischen Zivilgesetzbuchs. Inzwischen gab es einen weiteren Vorschlag: Den Entwurf einer *Verordnung über ein optionales Europäisches Kaufrecht (Common European Sales Law)*[164] für grenzüberschreitende Geschäfte, der überwiegend auf Kritik gestoßen und Ende 2015 von der Kommission zurückgezogen worden ist.[165] Kein ernsthaftes Desideratum ist ein Europäisches Verbraucherrecht. Hingegen böte ein Europäisches Zivilgesetzbuch im Hinblick auf die gemeinsamen Wurzeln im Europäischen ius commune die Chance für die Erhaltung des dogmatischen Niveaus der Europäischen Zivilrechtsordnungen, welches die fragmentarischen und pointillistischen, unsystematischen und konzeptionslosen EG-Richtlinien zum Privatrecht[166] leider völlig vermissen lassen. Sie verzetteln sich in kleinteiligen bürokratischen Regelungen, die bei den Betroffenen Frustration erzeugen und weit davon entfernt sind, die Anfänge eines europäischen Rechtsbewusstseins zu bilden. Man muss unserer Zeit den *Beruf*[167] zur Gesetzgebung leider absprechen, von der Kraft zu großen Kodifikationen ganz zu schweigen. Voraussetzung für ein Europäisches ZGB wäre ein back to the roots, eine Bestandsaufnahme der integrativen Gemeinsamkeiten des droit privé Romain. Gemeinsame Wurzeln gibt es nicht nur in Kontinentaleuropa, sondern auch im englischen common law, das, wenn auch in geringerem Maße, ebenfalls vom ius commune geprägt ist.[168] Ohne eine integrierte Rechtsgeschichte und Rechtsvergleichung kann man das gewachsene heutige Europäische Recht nicht verstehen, denn die Daseinswurzel dieses Rechts liegt in seiner Geschichte. Hingegen ergibt der Acquis communautaire (der gemeinschaftliche Rechtsbestand der EU, den alle Mitgliedstaaten übernehmen müssen) nicht mehr als eine öde positivistische Gesetzeskunde, aus der sich keine überzeugende Dogmatik gewinnen

---

European Private Law, Draft Common Frame of Reference (DCFR) 2008; darauf kann hier nicht näher eingegangen werden; krit etwa EIDENMÜLLER/FAUST/GRIGOLEIT/JANSEN/WAGNER/ZIMMERMANN JZ 2008, 529; W ERNST, Der ‚Common Frame of Reference' aus juristischer Sicht, ders, Europäisches Vertragsrecht – Entwürfe, Kritik, Perspektiven, AcP 208 (2008) 248 ff = Symp Honsell (2009) 109 ff; MEYER-PRITZL, Formalismus und Finalismus im Europäischen Privatrecht, in: FS Behrends (2008) 391 ff.
[164] 11.10.2011 KOM (2011) 635 endgültig, abrufbar unter: http://ec.europa.eu/justice/newsroom/news/20111011_en.htm.
[165] Zur Kritik s etwa die Beiträge in REMIEN/HERRLER/LIMMER (Hrsg) Gemeinsames Europäisches Kaufrecht für die EU? (2012); zur fehlenden Kompetenz GRIGOLEIT ebda 75 ff; krit auch EIDENMÜLLER/JANSEN/KIENINGER/WAGNER/ZIMMERMANN JZ 2012, 269 ff; ferner die Beiträge auf der Sondertagung der Zivilrechtslehrervereinigung, AcP 212 (2012) 467 ff; s noch SCHULTE-NÖLKE/ZOLL/JANSEN/SCHULZE (Hrsg) Der Entwurf für ein optionales europäisches Kaufrecht (2012) und WENDEHORST/ZÖCHLING-JUD (Hrsg), Am Vorabend eines gemeinsamen europäischen Kaufrechts (2011). Ende 2014 hat die Kommission angekündigt, das CESL zurückzuziehen (Mitteilung der Kommission an das Europäische Parlament, den Rat, den Europäischen Wirtschafts- und Sozialausschuss und den Ausschuss der Regionen KOM (2014) 910 final, Annex 2, Nr 60).
[166] W ERNST (s Fn 163) nennt sie einen „Flickenteppich inselhafter Einzelregelungen, die einer systematischen Abstimmung weitgehend entbehren."
[167] S SAVIGNY, Vom Beruf unserer Zeit für Gesetzgebung und Rechtswissenschaft (1814).
[168] Vgl ZIMMERMANN JZ 1992, 8, 15 mwNw; STEIN Rechtshist Journal 1993, 274 f.

lässt. Die Aufgabe, das droit privé Romain für einen Europäischen Zivilkodex fruchtbar zu machen ist allerdings kaum in Angriff genommen worden und ist von der derzeitigen Wissenschaft, die keine Synthese aus Rechtsgeschichte und Rechtsvergleichung leistet, auch nicht zu erwarten.

IX. Gesetzesauslegung

1. Gesetzesanwendung. Subsumtion des Falles unter die Norm

49 Rechtstheorie und Rechtsdogmatik haben eine Lehre von der Rechtsanwendung entwickelt: Die juristische Methodenlehre.[169] Rechtsanwendung im kontinentaleuropäischen Gesetzesrecht *(codified law)* ist nach hL **Subsumtion** des Falles unter eine Norm, was idR eine Auslegung derselben notwendig macht. Der einfachste Schluss, die nach immer noch herrschender Auffassung stets und überall anwendbare Grundfigur der juristischen Argumentation, ist der *Subsumtionsschluss*[170] *(Syllogismus)* in der Form des Modus Barbara mit Obersatz, Untersatz und Conclusio: Alle Menschen sind sterblich – Sokrates ist ein Mensch – Sokrates ist sterblich. Die Beliebtheit dieser Figur beruht auf ihrer Einfachheit und dem logischen Glanz, den sie ausstrahlt. Suggeriert sie doch eine wertungsfreie Gesetzesanwendung, die man auch einem Subsumtionsautomaten überlassen könnte. Der *deduktive Schluss* vom Allgemeinen zum Besonderen liefert, sofern nur die Prämissen stimmen, zwingend und sicher richtige Ergebnisse (zum unsicheren induktiven Schluss unten Rn 61). Ihn verwendet der Montesquieu'sche Richter, der nur la bouche de la loi sein soll (unten Rn 74). Dieser deduktive Schluss reicht freilich nicht weit. Er funktioniert nur bei dem einfachen dictum de omni oder de nihil, einer Aussage über Alles oder Nichts. Nicht verallgemeinerungsfähige Sätze wie zB *einige Menschen* […] kommen als Obersätze nicht in Betracht. Die Sicherheit des Schlusses beruht auf dem axiomatischen Charakter des Obersatzes und der einfachen Subsumierbarkeit, der beiden in Ober- und Untersatz identischen Begriffe (im Beispiel der Begriff *Menschen)*. In Wahrheit sind aber Anwendungsbereich und Aussagegehalt solch trivialer deduktiver Schlüsse gering. Die Frage zB bei § 242 StGB, wer ein Dieb und was genau Diebstahl ist, steht ganz im Vordergrund und die Aussage, dass alle Diebe bestraft werden und X ein Dieb und deshalb zu bestrafen ist, tritt dahinter völlig zurück. Entscheidend ist also die Konkretisierung der Prämissen durch **Auslegung** des Obersatzes, der die einzelnen **Tatbestandselemente des Gesetzes** enthält, und durch Herausarbeitung des den Untersatz bildenden Rechtsfalles, dh Festlegung seiner rechtlich relevanten Elemente. Das Vergleichen dieser Elemente mit den Tatbestandselementen des Gesetzes und die Überprüfung ihrer Übereinstimmung sind die wesentlichen Tätigkeiten, die dem induktiven Schluss beim Fallvergleich im angelsächsischen case law (vgl auch unten Rn 75) nicht unähnlich sind. Hat man diese Schritte erledigt, hat die Subsumtion nur noch eine Art Kontrollfunktion, ähnlich wie bei einer Rechenprobe. Daher ist es kein Zufall, dass der Syllogismus meist in

---

[169] Vgl die Literaturhinweise bei STAUDINGER/HONSELL (2018) Einl 117 ff zum BGB; ZIPPELIUS, Juristische Methodenlehre (10. Aufl 2006); RÜTHERS/FISCHER/BIRK, Rechtstheorie. Mit Jur Methodenlehre (6. Aufl 2011); KRAMER, Juristische Methodenlehre (5. Aufl 2016); SCHWINTOWSKI, Juristische Methodenlehre (2005); GABRIEL/GRÖSCHNER (Hrsg), Subsumtion (2012); BUNG, Subsumtion und Interpretation (2004);

HASSEMER, Juristische Methodenlehre und richterliche Pragmatik, Rechtstheorie 2008, 1 ff; HORN, Einführung in die Rechtswissenschaft und Rechtsphilosophie (5. Aufl 2011); VOGENAUER, Die Auslegung von Gesetzen in England und auf dem Kontinent I/II (2001).

[170] S dazu insbes den Sammelband Subsumtion v GABRIEL/GRÖSCHNER (hrsgg 2012); BUNG, Subsumtion und Interpretation (2004).

verkürzter Form *(Syllogismus truncatus)* als *enthymematischer Schluss* unter Auslassung bekannter Prämissen vorkommt[171]. Im Übrigen ist anerkannt, dass es sich bei diesem sog Justizsyllogismus um ein Überbleibsel des Gesetzespositivismus handelt[172].

2. Wortlaut und Sinn

Die juristische Methode besteht im Wesentlichen in einer Auslegungslehre. Auslegung ist ein hermeneutischer Prozess, der den Sinn eines Textes erschließt. Der Begriff **Hermeneutik** leitet sich ab von Hermes, dem Götterboten (dem Gott von Handel und Gewinn, der Kaufleute und der Diebe), der den Menschen die göttlichen Gesetze erklärte und der niemals um eine Ausrede verlegen war. Jede Interpretation ist Verstehen, Sinnermittlung. Ihre Objekte sind in der Jurisprudenz, wie auch in den Geisteswissenschaften und der Religion meistens Texte. Interpretieren kann man aber auch Kunstwerke; Gedichte oder Musikstücke. In der Jurisprudenz sind Gesetze und Verträge Gegenstand der Auslegung.

Eine Besonderheit der **juristischen Interpretation** ergibt sich aus ihren **rhetorischen Wurzeln**[173]. Denn in der Rhetorik geht es anders als in der Hermeneutik nicht um richtiges Verstehen, sondern um überzeugende Begründung. Sie war, wenn man so will, nicht Erkenntnis-, sondern Argumentationstheorie. Die Herkunft der Auslegungslehre aus der rhetorischen Statuslehre ist weithin in Vergessenheit geraten. Der Zusammenhang zwischen Auslegung und (antiker) Rhetorik ist für den modernen Betrachter eher überraschend. Die Rhetorik, deren zentraler Gegenstand Gerichtsreden und politische Reden waren, hatte ihre Blüte in Griechenland im 5. und 4. Jh vChr. Protagoras, Gorgias, Demosthenes, Isokrates ua haben sie gelehrt. Protagoras hat als erster formuliert, dass jede Sache zwei Seiten hat und dass es zu jedem Problem zwei einander entgegengesetzte Standpunkte gibt. Diogenes Laertius, Leben und Lehren berühmter Philosophen IX 51: Καὶ πρῶτος ἔφη δύο λόγους εἶναι περὶ παντὸς πράγματος ἀντικειμένους ἀλλήλοις – Kai protos ephe dyo logous einai peri pantos pragmatos antikeimenous allelois. Dieser *dialektische Antagonismus*[174] manifestiert sich namentlich bei der Auslegung von Gesetzestexten in Gerichtsprozessen, aber auch in den politischen Auseinandersetzungen von Parteien zu allen Zeiten (in Rom den Plebejern und Patriziern, in Byzanz den Grünen und Blauen, heute den Demokraten und Republikanern, Rechten und Linken, Liberalen und Sozialisten, Konservativen und Progressiven usw). Die Rhetorik stellt beiden Parteien Argumente zur Verfügung. Das erklärt, weshalb es bei den Auslegungsregeln stets *Gegensatzpaare* gibt. Insbesondere

---

[171] Vgl vSchlieffen, Das Enthymemon (2012); dies JZ 2011, 109 ff; dazu D Simon JZ 2011, 697 ff.
[172] Vgl etwa Bung, Subsumtion und Interpretation (2004) 14, 37 ff mwNw; Honsell/Mayer-Maly 83 ff; U Neumann, in: Brugger/Neumann/Kirste, Rechtsphilosophie im 21. Jahrhundert (2008) 241.
[173] Zum Folgenden Honsell, Die rhetorischen Wurzeln der juristischen Auslegung, ZfPW 2016, 107 ff; Wesel, Rhetorische Statuslehre 30 ff u passim.
[174] So ist vielleicht auch Augustinus, Soliloquia (Selbstgespräche) II 18, 4 zu verstehen: Haec omnia inde in quibusdam vera, unde in quibusdam falsa sunt – Das alles ist von da aus in gewisser Weise wahr, von wo aus es sozusagen falsch ist. Mit der différance Derridas ist das nur äußerlich verwandt, denn es geht um die Beurteilung entgegengesetzter Positionen, um gegensätzliche Standpunkte (wahr/falsch, gerecht/ungerecht), nicht aber um Ersetzung konträrer Begriffe durch die zwischen ihnen bestehende Differenz. Dieser These näher kommt die Vorstellung einer Aufhebung der Gegensätze in einer coincidentia oppositorum bei Nicolaus Cusanus *(De coniecturis* II 1 2).

der die Gesetzesauslegung seit jeher beherrschende Gegensatz von **Wortlaut** und **Sinn** spielte in der Rhetorik eine Rolle; beim Rechtsgeschäft die mögliche Divergenz zwischen *Wille* und *Erklärung*. In der griechischen Rhetorik lautete das Gegensatzpaar ῥητὸν – διvοια in Rom scriptum – sententia oder verba – voluntas. Das war der wohl wichtigste Status gegenläufiger Argumente.

Um Wortlaut des Testaments oder Wille des Testators ging es in einem berühmten Testamentsprozess der römischen Antike, der *causa Curiana*[175] (92 v Chr). Der Erblasser, ein gewisser Coponius hatte für den Fall, dass ihm ein Sohn geboren würde und dieser vor erreichter Mündigkeit sterben sollte (was wegen der hohen Kindersterblichkeit oft vorkam), den Curius zum Nacherben eingesetzt. An den Fall, dass er überhaupt keinen Sohn haben könnte, hatte er nicht gedacht. Als er kinderlos starb, entstand Streit zwischen den gesetzlichen Erben und dem testamentarischen Nacherben Curius. Quintus Mucius Scaevola (pontifex) vertrat die gesetzlichen Erben berief sich auf den Wortlaut des Testaments, das klar den Curius nur als Nacherben eines Sohnes benannte. Hingegen vertrat Crassus, der berühmteste Redner seiner Zeit, zugunsten des Curius erfolgreich den Standpunkt, dass es nicht auf den Wortlaut des Testaments ankomme, sondern auf den Willen des Erblassers, der unzweifelhaft den Ersatzerben auch für den Fall berufen wissen wollte, dass ihm kein Sohn geboren würde. Noch heute gilt deshalb in den meisten europäischen Rechtsordnungen der Satz, dass die Einsetzung eines Nacherben zugleich diejenige als Ersatzerbe enthält (vgl zB § 608 ABGB, § 2102 BGB, Art 492 Abs 3 ZGB). Zu Unrecht sah man in dem Fall einen Durchbruch zugunsten des Willens. Beim förmlichen Testament gilt noch heute, dass der Wille im Testament irgendwie zum Ausdruck gekommen sein muss (Andeutungstheorie) und die Regel falsa demonstratio non nocet kommt nicht zur Anwendung. Wie man eine Restriktion der Formvorschriften bei Entfallen des Zwecks nicht zulässt (unten Rn 64a), gelangt hier der Wille nicht gegen den Wortlaut zum Durchbruch.

a) Die **sens-clair-Regel** *(in claris non fit interpretatio – Eindeutigkeitsregel)*[176] welche die Auslegung bei klarem Wortlaut verbietet, richtet sich vor allem gegen Wortverdrehung und Advokatenrabulistik. Sie ist ein rhetorischer Topos, dessen Gegenstück lautet, dass es nicht auf den Wortlaut, sondern auf den Sinn (bei Verträgen: Willen) ankommt (s auch D 50,16,219). Eine *sola scriptura*-Doktrin, wie sie MARTIN LUTHER für die Bibelauslegung vertreten hat, wäre in der Jurisprudenz eine methodisch falsche Forderung, die der naiven Wortgläubigkeit des Laien entspringt. Das Gegenstück ist für die Vertragsauslegung in § 133 BGB verankert, der besagt, dass man nicht am Wortlaut haften, sondern den wirklichen Willen erforschen soll. Auch das ist aber nur ein rhetorischer Topos. In Art 18 schwOR wird mit der Parömie *falsa demonstratio*

---

[175] Cicero, de inventione 2, 122 und de oratore 1, 180; s dazu MUNZINGER, Causa Curiana vor dem römischen Centumvirialgericht und die testamentarische Substitution (1855); MANTHE/UNGERN-STERNBERG, Große Prozesse der römischen Antike (1997) 74 ff; BABUSIAUX, Römisches Erbrecht (2015) 298 mwLit; FARGNOLI/FASEL (Hrsg), Eugen Huber Reihe Bd 9, 34 ff.
[176] Ähnlich schon D 32,25,1: Cum in verbis nulla ambiguitas est, non debet admitti voluntatis quaestio – Wenn der Wortlaut nicht doppeldeutig ist, darf die Frage nach dem Willen nicht zugelassen werden; zu der Maxime SCHOTT, in: J SCHRÖDER, Theorie der Interpretation vom Humanismus bis zur Romantik (2001) 155 ff; ferner J SCHRÖDER, Recht als Wissenschaft. Geschichte der juristischen Methodenlehre in der Neuzeit 1500–1933 (2. Aufl 2012) 50 ff, 132 ff u öfter; dort (121 ff) auch zum Verschwinden von und Rhetorik in der Aufklärung; VOGENAUER, in: HKK-BGB §§ 133, 157 Rn 75 ff; zur Herkunft der Auslegungslehre aus der Rhetorik des klassischen Altertums HONSELL ZfPW 2016, 107 ff.

A. Einleitung zum BGB

non nocet (eine falsche Bezeichnung schadet nicht) dasselbe gesagt. Hierher gehört auch der alte, vom Apostel PAULUS überlieferte Satz „der *Buchstabe* tötet, aber der *Geist* macht lebendig" (Korinther 3, 6; ähnlich Jes. 32, 16: „Das Recht wohnt in der Wüste, aber die Gerechtigkeit weilt in den Gärten). Auch im angelsächsischen Recht galt lange Zeit als *golden rule:*"[177] In construing statutes and all written instruments, the grammatical and ordinary sense of the words is to be adhered to, unless that would lead to some absurdity, or some repugnance or inconsistence with the rest of the instrument, in which case the grammatical and ordinary sense of the words may be modified, so as to avoid that absurdity and inconsistency, but no further. Die enge Wortauslegung hängt damit zusammen, dass es, ähnlich wie im römischen Recht, traditionell viel weniger Gesetze gab als im kontinentaleuropäischen Recht, und dass auch wegen der freiheitsbeschränkenden Wirkung der Gesetze lange Zeit eine strikte Buchstabenauslegung begünstigt wurde. Dies hat man in der zweiten Hälfte des vorigen Jhs überwunden.[178] Das geschah nicht zuletzt auch unter dem Einfluss des EU-Rechts, das eine freiere Auslegung notwendig gemacht hat. Eine ähnliche Entwicklung ist auch in den USA zu beobachten. Gleichwohl ist nicht zu verkennen, dass die Auslegung im angelsächsischen Recht und namentlich in den USA immer noch weit enger ist und mehr zu einem Haften am Buchstaben tendiert als in den meisten Ländern des europäischen Kontinents (s zB *Scalia* unten Fn 198). Deswegen hat dort auch die Gesetzesumgehung (das Auffinden von Schlupflöchern) viel größere Möglichkeiten.

b) **Wortlaut** und **Auslegung** bedingen einander, stehen in einem dialektischen Verhältnis. In der *antiken Rhetorik* hatten also *Wortlaut* und *Sinn* die Bedeutung von gegensätzlichen Auslegungstopoi, unter denen der Redner wählen konnte. Es gab Topoi für und gegen den Wortlaut und vice versa für und gegen den Sinn, je nachdem was für den eigenen Standpunkt günstig war.[179] Eine Prävalenz des Sinns vor dem Wortlaut kam in dem berühmten Satz des CELSUS[180] zum Ausdruck: scire leges non hoc est verba earum tenere, sed vim ac potestatem – die Gesetze kennen heißt nicht an ihren Worten zu haften, sondern ihre Bedeutung und ihren Sinn zu verstehen.[181] Auch dieser Satz war allerdings keine Maxime juristischer Auslegungskunst mit alleinigem Geltungsanspruch, wie wir ihn heute immer noch missverstehen, sondern nur ein rhetorischer Topos gegen eine zu enge Wortauslegung. Wie etwa die Gegenposition argumentierte, kann man bei CICERO, de inventione 2, 127 f nachlesen: Iudicem legi parere, non interpretari legem oportere […] eos qui iudicent certum quod sequantur nihil habiturus, si semel ab scripto recedere consueverint – Der Richter soll das Gesetz

---

[177] ZB Grey v Pearson, *6 ER* 60, 1857; VOGENAUER 855 ff.
[178] Lord DENNING in einer Entscheidung des Court of Appeal Corocraft Ltd v Pan American Airways Inc, 1969, 1 Q B 616 ff: „It is the age-old conflict which exists between the most eminent judges whether to give the words a literal or liberal interpretation. I take my stand on a liberal interpretation, remembering that the letter killeth, but the Spirit gives life" (vgl dazu PAULUS, Kor 3, 6); ferner Lord GRIFFITH in House of Lords, Pepper v Hart, I All ER 42 ff, 50: „The days have long passed when the courts adopted a strict constructionist view of interpretation which required them to adopt the litteral meaning of the language. The courts now adopt a purposive approach which seeks to give effects to the true purpose of legislation."
[179] S etwa HONSELL, Die rhetorischen Wurzeln der juristischen Auslegungslehre, ZfPW 2016, 107 ff.
[180] D 1, 3, 17.
[181] Eine ganz ähnliche Formulierung finden wir in einem antiken Rhetoriklehrbuch, Quintilian Deklamationes Mai. 331: multo ergo invenientur frequenter, quae legum verbis non teneantur, sed ipsa vi ac potestate teneantur.

befolgen und nicht interpretieren [...] die Richter hätten künftig keinen sicheren Halt mehr, wenn man sich einmal daran gewöhnt habe, vom Geschriebenen abzuweichen. Die Partei, die sich auf den Wortlaut des Gesetzes berief, beschwor die Heiligkeit der Gesetze. Die andere, die den Wortlaut gegen sich hatte, betonte den Sinn und argumentierte mit der notwendigen Lückenhaftigkeit des Gesetzes, der Billigkeit usw. Damals wie heute galt vielleicht, dass die Position desjenigen, der sich auf den Wortlaut des Gesetzes berufen konnte, günstiger war und leichter zu verteidigen. Die Entscheidung für den Wortlaut des Gesetzes, welcher die Rechtssicherheit verkörpert, oder den Sinn des Gesetzes, der die Einzelfallgerechtigkeit repräsentiert, hing also ganz vom jeweiligen Standpunkt ab. Hierzu entwickelte die antike Rhetorik einen Katalog ausgefeilter Argumente. Es ging um die Kunst des in utramque partem Argumentierens (für beide Seiten zu argumentieren), mit dem vom Protagoras (überspitzt formulierten) Ziel, die schwächere Sache zur stärkeren zu machen.[182] Angeblich weil er diese Kunst unterrichtet hat, wurde Sokrates wegen Verführung der Jugend zum Tod verurteilt (Platon, Apologie). Die rhetorischen Topoi sind *gegenläufige Argumente*. Deshalb lässt sich auch in der modernen Methodenlehre die Frage nicht generell beantworten, ob und wann die Rechtsanwendung mehr zum Wortlaut oder mehr zum Sinn tendiert. Das gilt namentlich für die scheinbar absolut gültige Maxime in claris non fit interpretatio (Eindeutigkeitsregel) und die entgegengesetzte Anweisung den Sinn zu ermitteln und nicht am Buchstaben zu haften. Es gilt weiter für die Frage, ob man auf die objektive ratio legis abstellen soll oder auf die Absicht des (historischen) Gesetzgebers; ob eine Analogie angezeigt ist oder ein argumentum e contrario. Auch eine gewisse Beliebigkeit in der Heranziehung der einzelnen Auslegungselemente erklärt sich aus ihrer rhetorischen Herkunft und ihrer Funktion, für Position und Gegenposition Argumente verfügbar zu machen (usw) Aus dieser Funktion lässt sich aber nicht folgern, dass sie „jedem Inhalt dienstbar" gemacht werden könne.[183]

Für den Nutzen dieser **rhetorischen Technik**, die eine Parallele in der aus *These* und *Antithese* gewonnenen *Synthese* hat, spricht noch heute, dass es in der Jurisprudenz oft weniger um Wahrheiten geht, als um *überzeugende Argumente*. Der rhetorische Ursprung der Auslegungsregeln nährt allerdings eine gewisse Skepsis gegenüber der juristischen Methodenlehre. Zu weit geht freilich die These von AMSTUTZ und NIGGLI,[184] die in einer Überzeichnung des WITTGENSTEIN'schen Skeptizismus und unter dem Einfluss von LUHMANN und DERRIDA meinen, der Sinn eines Satzes erschließe sich überhaupt nur und erst durch den Gebrauch und ebenso der des Gesetzes erst durch Anwendung auf einen Sachverhalt und die deshalb eine vorgegebene Bedeutung des Gesetzestextes und sogar eine Bindung des Richters an das Gesetz verneinen und Methodenlehre als für die Rechtsfindung unbrauchbare bloße Rhetorik abtun. Auch wenn es zutrifft, dass das *Vorverständnis*[185] eine Rolle spielt und dass es auf den Kontext und die Umstände ankommt, schüttet diese These das Kind doch mit dem Bade aus, indem sie den Regelcharakter und den relativ weiten Bereich einer einfachen

---

[182] PROTAGORAS bei ARISTOTELES, Rhet. 24, 1402a, 23; vgl DIELS/KRANZ, Fragmente der Vorsokratiker II 260.
[183] So aber OGOREK, in: FS Hassemer (2010) 170, die den weiten Bereich der Anwendung klaren Rechts verkennt.
[184] ZB Recht und Wittgenstein III, in: FS Walter (2004) 9, 19, 30 ff; kritisch dazu HONSELL ZfPW 2016, 107 ff; ebenso KRAMER, Methodenlehre (4. Aufl 2013) 335 ff. – Zur Sprachtheorie WITTGENSTEINS s dessen Philosophische Untersuchungen, Werksausgabe, Bd 1 (1953); dazu BINZ, Gesetzesbindung: Aus der Perspektive der Spätphilosophie Ludwig Wittgensteins (2008) 37 ff.
[185] Dazu ESSER, Vorverständnis und Methodenwahl in der Rechtsfindung (1970).

A. Einleitung zum BGB

Anwendung klaren Rechts verkennt. In Wahrheit tun rhetorische Herkunft und inhaltliche Dialektik der juristischen Auslegung keinen Abbruch. Man muss nur *Funktion* und *Ambivalenz* der *Auslegungsregeln* beachten.

Unter rhetorischem Aspekt ist Gesetzesauslegung eine Begründungskunst[186], die zu überzeugenden Ergebnissen führen soll, aber keine Methode der Erkenntnis richtigen Rechts sein will. Dies läuft auf eine Argumentationstheorie hinaus, wie sie ähnlich auch heute wieder vertreten wird[187]. Die Hermeneutik als Lehre vom Verstehen zielt auf wahre Erkenntnis. Die Methodenlehre soll der Auslegung den Weg zur richtigen Lösung weisen. Ziel der Rhetorik hingegen ist nicht zuerst richtiges Verstehen, sondern überzeugende Begründung. Sie gehört nicht in den *Entdeckungs-*, sondern in den *Begründungszusammenhang* und sie ist nicht *Erkenntnis-*, sondern *Argumentationstheorie*.

Der Abstand zwischen Überzeugung und Gewinnung richtiger Erkenntnisse ist freilich geringer als es zunächst den Anschein hat. Denn auch durch einen geordneten Diskurs von Argument und Gegenargument kommt man der Wahrheit näher und absolute Wahrheiten sind in der Jurisprudenz ohnedies selten.

Die Frage ist, welchen Anteil *kognitive* und *dezisive Elemente* an der Auslegung haben, die beide in juristischen Entscheidungen zusammentreffen[188]. Berücksichtigt man, dass sie in Bezug auf die Auslegung verschiedene Fragestellungen betreffen, so lassen sich dezisive Argumentation und kognitive Auslegung durchaus miteinander vereinbaren. Im Bereich der Kognition liegen je für sich die vier herkömmlichen Auslegungselemente, die objektive und die subjektive Auslegung, also die Frage, was ein Text objektiv bedeutet und wie ihn der Autor verstanden hat, ob Widersprüche zu anderen Textstellen bestehen usw. Um Dezision geht es hingegen bei der Frage, welchem von mehreren Auslegungselementen man den Vorrang einräumt, ob man den Text objektiv oder subjektiv auslegen will, für Analogie plädiert oder für ein argumentum e contrario, ob man eher zur Rechtssicherheit tendiert oder zur Einzelfallgerechtigkeit. Immerhin lässt sich sagen, dass der Zweck im Grundsatz über dem Wortlaut steht und dass sachlich einleuchtende Differenzierungen nicht gedankenlos unbedachten Verallgemeinerungen des Gesetzes geopfert werden dürfen. Doch hat sich diese Sicht, namentlich in der öffentlichen Verwaltung noch längst nicht durchgesetzt. Je konkreter eine Norm ist, umso eher lassen sich Inhalt und Zweck ohne Dezision ermitteln. Um-

---

[186] Zum Folgenden HONSELL ZfPW 2016, 107 ff.
[187] S etwa ALEXY, Theorie der juristischen Argumentation (8. Aufl 1983); CHRISTENSEN/KUDLICH, Theorie richterlichen Begründens (2001); U NEUMANN, Jur Argumentationslehre (1986) 1 ff mwNw; ders, Theorie der juristischen Argumentation, in: BRUGGER/NEUMANN/KIRSTE (Hrsg), Rechtsphilosophie im 21. Jahrhundert (2008) 233 ff, mit dem Hinweis (239 ff mwNw), dass es in der Rhetorik im hier verstandenen Sinne nicht um Überredung, sondern um Überzeugung geht.
[188] A MERKL, Das doppelte Rechtsantlitz. Eine Betrachtung aus der Erkenntnistheorie des Rechtes, JBl 1918, 425 ff, 444 ff, 463 ff; weniger schön ist die Wortprägung „Janusköpfigkeit". Aus neuerer Zeit zu der Problematik etwa U NEUMANN (Wahrheit statt Autorität, in: Recht verhandeln, hrsgg v LERCH iA der Berlin-Brandenburgischen Ak d Wiss 2005) 370, 383 f mit dem Hinweis, dass es auch dort, wo der Bereich der Kognition überschritten ist, nicht um „pure Dezision", sondern um begründetes Entscheiden geht. S ferner GRIMM, Zum Verhältnis von Interpretationslehre, Verfassungsgerichtsbarkeit und Demokratieprinzip bei KELSEN, in: Ideologiekritik und Demokratietheorie bei Hans Kelsen (Hrsg KRAWIETZ/TOPITSCH/KOLLER) (= Rechtstheorie Beiheft 4, 1982) 149, 151 f.

gekehrt wird Kognition erschwert und Dezision rückt in den Vordergrund, je abstrakter und unbestimmter eine Norm ist. Soweit es sich nicht mehr um Kognition, sondern um Dezision handelt, schwindet die angestrebte Legitimität, die aus dem Gesetzesauftrag hergeleitet wird.

52 c) Jede **Auslegung beginnt** beim **Wortlaut**. Bei ihm bleibt es, wenn keine Unklarheit oder Mehrdeutigkeit besteht. Die ratio legis hat aber Vorrang, wenn Wortlaut und Sinn (Zweck) nicht übereinstimmen. Fälle der Rechtsanwendung, die allein nach dem Wortlaut entschieden werden können, die maW so klar sind, dass man auf die Sinnfrage verzichten kann, sind nicht so häufig wie der Laie gemeinhin annimmt. Fragt man nach den Gründen, so ist zuerst die *Ungenauigkeit der Sprache* zu nennen.[189] Abhilfe sucht man in einer präzisen, technischen Sprache, die freilich häufig Unverständlichkeit für Nichtjuristen bedeutet (zur technischen Sprache des BGB oben Rn 27). Die oft erhobene Forderung, Gesetze müssten klar und verständlich sein (so zB § 307 BGB für Allgemeine Geschäftsbedingungen) gleicht nicht selten der Quadratur des Kreises, weil sich Einfachheit und Exaktheit bis zu einem gewissen Grade gegenseitig ausschließen. Wenn der Text präzise ist, ist er oft nicht mehr verständlich, wenn er verständlich ist, nicht mehr präzise. Weiter gibt es unbestimmte, *unklare* oder *mehrdeutige Begriffe*; zB kann unklar sein, ab welcher Zahl von Bäumen man von einem Wald sprechen kann, bei welcher Lautstärke Lärm beginnt usw. Wir finden in Gesetzen *deskriptive Begriffe*, deren Bedeutung bei Unklarheit nach dem (gewöhnlichen) Sprachgebrauch empirisch ermittelt werden muss, aber auch *normative*, die vom Richter eine Wertung verlangen, zB der wichtige Grund für eine Kündigung oder das auffällige Missverhältnis in § 138 Abs 2 BGB. Eine Wertung verlangen insbes auch die *Generalklauseln* von § 242 BGB (Treu und Glauben) oder § 138 Abs 1 (Sittenwidrigkeit). Aber auch wenn der Wortlaut eindeutig ist, – und das ist der weit häufigere Fall – kommt man bei der Rechtsanwendung oft nicht ohne Rückgriff auf die ratio legis aus, wenn der Gesetzgeber – wie meistens – mit seiner Formulierung nicht alle Fälle richtig erfasst hat. Denn auch die noch so sorgfältige und weitsichtige menschliche Voraussicht kann nicht alle Fälle vorhersehen, die das Leben bringt. So hat man zB bei der Schaffung des BGB das Problem der großen Inflation nicht bedacht. Aber auch, wenn der zu regelnde Fall einfach und übersichtlich ist, kann die richtige Formulierung schwierig sein. Dafür ein Beispiel: Das Verbot „Betreten des Rasens verboten" ist sprachlich an sich eindeutig. Die einfache, vom Rechtsanwender zu entscheidende Frage, ob auch das Befahren darunter fällt, ist nach dem Wortlaut klar zu verneinen, nach dem Sinn (Auslegung) hingegen ohne weiteres zu bejahen. Das englische *keep off the grass* vermeidet diese Unklarheit. Spricht das Gesetz nur von Bürgern, so könnte zweifelhaft sein, ob darunter auch die Bürgerinnen fallen.[190] Gleichwohl fordert und gestattet die ratio legis und das Gleichbehandlungsgebot von Art 3 GG diese Auslegung. Ein Beispiel aus dem römischen Recht ist der Begriff des Vierfüßlers (quadru-

---

[189] Dazu etwa WESEL, Fast Alles was Recht ist – Jura für Nicht-Juristen (9. Aufl 2014) 3 ff.

[190] Jedenfalls seit in der Genderbewegung das generische Verständnis des Maskulinums verloren gegangen ist, sind wir wieder genötigt, beide Formen umständlich mitzuschleppen. Jahrhunderte war das filius filiave der Zwölf Tafeln entbehrlich. Jetzt ist es wieder da. Noch weitergehend führen etwa die Statuten der Uni Leipzig nur weibliche Berufsbezeichnungen, so dass männliche Professoren jetzt mit Herr Professorin anzusprechen sind. Inzwischen rudert man zurück: Das „generische Femininum" werde nur in der Grundordnung verwendet, nicht im Alltag. Dazu, zur Vorständin (die es schon in den Duden geschafft hat) oder Mitgliederin (die unsinnig ist, weil Mitglied Neutrum ist) und zum gesetzgeberischen Eifer bei diesen „Reformen" erübrigt sich ein weiterer Kommentar.

A. Einleitung zum BGB

pes) in der Tierhalterhaftung der Zwölftafeln, den man auf Zwei- und Mehrfüßler erstreckt hat, so dass das Gesetz zB auch auf den Vogel Strauß anwendbar war.[191] Dass man, je weniger die Definition die einschlägigen Fälle trifft, die vom Zweck der Regelung erfasst werden sollen, umso eher auf die Analogie zurückgreifen muss (vgl auch das Beispiel Rn 54 und die Abgrenzung in Rn 62), hat schon die antike Rhetorik erkannt.[192]

3. Interpretationskanon

Seit dem älteren gemeinen Recht wird zwischen grammatischer und logischer Auslegung unterschieden.[193] Der Interpretationskanon von **vier Elementen** oder Kriterien der *Auslegung* geht auf SAVIGNY[194] zurück: Das grammatische, das logische, das historische und das systematische. Heute wird **grammatikalisch**, **teleologisch** (im Anschluss an JHERING), **historisch** und **systematisch** ausgelegt.[195] Als weiteres Element ist die *rechtsvergleichende* Auslegung anerkannt. Eine besondere Bedeutung hat die *verfassungskonforme* und die *richtlinienkonforme* Auslegung (vgl dazu unten Rn 69 u 70). **53**

a) Das *grammatische Element* hat das Wort zum Gegenstand und seine Bedeutung nach dem jeweiligen Sprachgebrauch, aber auch die Syntax.[196] ZB hat BGH JZ 1961, 494 in einem Fall, in dem der Nachbar nach dem Grundstückskaufvertrag zwar nah an die Grenze bauen, aber keine Fenster in der Wand haben durfte, entschieden, dass Glasbausteine iSd allg Sprachgebrauchs Fenster seien (zweifelhaft). Man darf sich allerdings nicht auf den Begriff beschränken, sondern muss den Zweck der Regelung einbeziehen. Bezweckt sie, dass man das Nachbargrundstück durch die Fenster nicht **54**

---

[191] Dazu HONSELL, in: FS Kramer (2004) 193 f.
[192] Qintilian inst. or. 7. 8. 2 nam saepe, si finitio infirma est, in syllogismum delabitur. sit enim lex: venefica capite puniatur. saepe se verberanti marito uxore amatorium dedit, eundem repudiavit: per propinquos rogata ut rediret non esset reversa: suspendit se maritus. mulier venefica rea est. fortissima est actio dicentis amatorium venenum esse: id erit finitio, quod si parum valebit fiet syllogismus, ad quem velut remissa priore contentione veniemus: an proinde puniri debeat, ac si virum veneno necasset? – Denn häufig, wenn die Definition schwach ist, gelangt man zur Analogie. Nimm zB ein Gesetz an, dass die Giftmischerin mit dem Tode bestraft werden soll. Eine Frau, die von ihrem Mann häufig geschlagen worden war, gab ihm einen Liebestrank und verließ ihn. Sie kehrte auch auf mehrfache Bitten der Verwandten nicht zurück. Der Mann erhängte sich. Die Frau wurde wegen Giftmischerei angeklagt. Das Argument dessen der sagt, ein Liebestrank sei Gift, ist stark. Hält man es für weniger stark, gelangt man zur Analogie, gleichsam wie nach einem aufgegebenen Wettstreit, man sagt dann, dass sie so zu bestrafen sei, wie wenn sie den Mann mit Gift getötet hätte. – Das Beispiel lebt vom Aberglauben an die Wirkung eines Liebestrankes. Davon abgesehen würde heute eine Bestrafung auch am Analogieverbot scheitern.
[193] Vgl COING, Europäisches Privatrecht, Bd 2 (1989) 254.
[194] System des heutigen Römischen Rechts, Bd 1 (1840) 212 ff. Zu SAVIGNYS Lehre vgl SAVIGNY, System des heutigen römischen Rechts I (1840) 206 ff, 213; dazu J SCHRÖDER, Recht als Wissenschaft (2. Aufl 2012) 212 ff; U HUBER JZ 2003, 1 ff; MORLOK, Die vier Auslegungsmethoden – was sonst?, in: GABRIEL/GRÖSCHNER, Subsumtion (2012) 179 ff; HONSELL, Die rhetorischen Wurzeln der juristischen Auslegung, ZfPW 2016, 107 ff; ferner MEDER, Missverstehen und Verstehen. Savignys Grundlegung der juristischen Hermeneutik (2004).
[195] Kritisch zur heutigen Auslegungsmethode HERZBERG JuS 2005, 1 ff.
[196] Zur Bedeutung und den Grundsätzen der Gesetzessprache FLEINER, Simplicitas Legum Amica. Einige Überlegungen zur Gesetzessprache, in: Liber Amicorum für Peter Häberle (2004) 145 ff. Übertrieben kritisch gegenüber dem Gesetzeswortlaut vor dem Hintergrund der Sprachphilosophie AMSTUTZ/NIGGLI, Recht und Wittgenstein III, in: FS Walter (2005) 9 ff; vgl auch oben im Text.

einsehen kann, so werden undurchsichtige Glasbausteine von dem Verbot nach der ratio legis auch per analogiam nicht erfasst (oben Rn 52 aE).

Der Wortlaut ist Ausgangspunkt wie Grenze der Auslegung (sog Wortlautgrenze).[197] Er markiert vor allem die Grenze zwischen Auslegung und Analogie (unten Rn 62).

55 b) Die **historische Auslegung**, wie man sie heute versteht, fragt nach dem Willen des Gesetzgebers. Das wirft die Frage auf, auf wessen subjektiven Willen es dann ankommen soll. Der Text stammt in der Regel aus einem Ministerium aus der Feder eines Referenten oder einer Kommission. Ein einheitlicher Wille der Abgeordneten als einer Personenvielzahl lässt sich nicht ermitteln. Heranziehen kann man aber die Gesetzesmaterialien, amtliche Begründungen und Motive, erläuternde Bemerkungen und namentlich die Parlaments- und Kommissionsprotokolle. Freilich muss sich aus ihnen die Auffassung des Gesetzgebers zweifelsfrei ergeben. Stellungnahmen einzelner Abgeordneter in kontroverser Diskussion genügen nicht.[198] Die Verwendung dieser sog Gesetzesmaterialien usw wurde in Kontinentaleuropa nach anfänglichen Zweifeln allgemein zugelassen. Auch im angelsächsischen Recht hat man den Grundsatz, dass Parlamentsprotokolle (der „Hansard") nicht herangezogen werden dürfen *(exclusionary r*ule), inzwischen aufgegeben.[199] Dem historischen Element kommt umso mehr Gewicht zu, je jünger eine Vorschrift ist.

Neben dem Willen des Gesetzgebers kann für das BGB im Rahmen einer objektivhistorischen Auslegung auch das römisch-gemeine Recht herangezogen werden, weil der Gesetzgeber weithin nur dieses kodifizieren wollte.[200]

56 c) Die **logisch-systematische Auslegung** geht von der Grundeinsicht aus, dass der einzelne *Rechtssatz* nicht isoliert ausgelegt werden darf, sondern im Gesamtzusammenhang des Gesetzes zu verstehen ist. Dieser Topos reicht bis ins römische Recht

---

[197] Zur Bedeutung der Wortlautgrenze KLATT, Theorie der Wortlautgrenze. Semantische Normativität in der juristischen Argumentation (2004) 19 ff; PÖTTERS/CHRISTENSEN, Richtlinienkonforme Rechtsfortbildung und Wortlautgrenze, JZ 2011, 387 ff.
[198] Ausführlich KRAMER, Methodenlehre 125 ff.
[199] Dazu House of Lords, Pepper v Hart, I All ER 42 ff; VOGENAUER (s Fn 169) 967 ff; KRAMER, in: ASSMANN ua (hrsgg 2001), Unterschiedliche Rechtskulturen – Konvergenz des Rechtsdenkens 31 ff, 35. In den USA wird eine solche „legal history" noch heute von einer Richtung des Textualism oder Originalism zu Unrecht abgelehnt; s etwa SCALIA, A Matter of Interpretation: Federal Courts and the Law (Princeton University Press 1997) 4 ff, 23 ff, 37 ff, 41 ff, der allerdings gegen einen evolutionism und eine flexible, living constitution („a ‚morphing' document that means, from age to age, what it ought to mean") plädiert und für ein entstehungszeitliches Verständnis der Verfassung. Gegen SCALIA DWORKIN (im selben Band 115 ff); s auch MANNING, Textualism and Legislative Intent, Virginia Law Review 91 (2005) 419 ff.
[200] Dazu TH HONSELL, Das rechtshistorische Argument (1982); zuletzt BALDUS, in: BALDUS/THEISEN/VOGEL (Hrsg), „Gesetzgeber" und Rechtsanwendung (2013) 1 ff; weiter HONSELL, Die Bedeutung des römischen Rechts für die moderne Zivilrechtsdogmatik, in: FS Hattenhauer (2003) 245; ders, Das rechtshistorische Argument in der modernen Zivilrechtsdogmatik, Akten des 26. Deutschen Rechtshistorikertages, 1987, 299; ders, Die Rechtsgeschichte und ihre Bedeutung für die Privatrechtsdogmatik, in: 2. FS Canaris (2017) 3 ff; ZIMMERMANN, Gemeines Recht heute: Das Kreuz des Südens, in: FS Hattenhauer (2003) 601 mwNw; ders, Europa und das römische Recht, AcP 202 (2002) 243; zum historischen Argument s noch JANSEN ZNR 2005, 202 ff; HAFERKAMP ZNR 2008, 273 ff; GRIGOLEIT ZNR 2008, 259 ff, LOOSCHELDERS ZNR 2008, 282 ff; SCHWINTOWSKI ZNR 2008, 289 ff.

zurück. CELSUS D 1, 3, 24 Incivile est nisi tota lege perspecta una aliqua particula eius proposita iudicare vel respondere – Es verstößt gegen das Zivilrecht, zu urteilen oder zu gutachten, wenn man nicht das ganze Gesetz gelesen hat, sondern nur einen Artikel vor Augen hat. Das systematische Element bezieht sich auf den „inneren Zusammenhang", welcher alle Rechtsinstitute und Rechtsregeln zu einer widerspruchsfreien Einheit verknüpft.[201] Diese Aussage bezog sich auf das römisch-gemeine Recht, welches zwar wenig äußere Ordnung hatte aber ein inneres dogmatisches System. Eine äußere Ordnung ist im Usus modernus und in der Pandektistik entstanden. Dieses System findet sich noch im BGB. Heute geht es weithin wieder verloren, sei es durch eine ausufernde Judikatur und Literatur mit (zu) kleinteiligen und spitzfindigen Differenzierungen, sei es durch eine aufgepfropfte qualitativ minderwertige Gesetzgebung, wobei nicht nur die Hyperaktivität der nationalen Gesetzgebung mit ihrer oft unüberlegten, ja „chaotischen" Produktion unzähliger Gesetze, sondern insbes das überbordende Europarecht geradezu eine Verheerung der Dogmatik mit sich bringt.[202] Innerhalb einzelner Gesetze kann das systematische Argument weiterhin verwendet werden, weil anzunehmen ist, dass sich der Gesetzgeber jedenfalls in ein und demselben Gesetz nicht widersprechen wollte.

Zum systematischen Argument stellen heute einige die *grammatisch-logische Auslegung*.[203] Richtig gehört das logische Element zum systematischen[204]. Das **logische Element** erschöpft sich nicht in den bekannten Schlussfiguren, zu denen neben dem Subsumtionsschluss auch das argumentum a fortiori („Erst-recht-Schluss"), der Größenschluss (a minore ad maius, a maiore ad minus), die deductio ad absurdum[205] und das argumentum e contrario oder e silentio zählen. Auch der (umstrittene) Satz, dass Ausnahmevorschriften eng auszulegen sind (singularia non sunt extendenda), gehört dazu. Die Eignung der Logik zur Rechtsfindung wird heute kritisch beurteilt.[206] Das systematische Element verlangt Beachtung des Kontextes und eine widerspruchsfreie Interpretation. Andernfalls entsteht Chaos; denn eine Norm kann nicht zugleich gelten und nicht gelten[207]. Die juristische Logik besteht in der Hauptsache in der Vermeidung von Widersprüchen und der Beobachtung innerer Folgerichtigkeit. Denn die Rechtsnormen sind nicht isoliert, sondern idealiter als Teil der Gesamtrechtsordnung zu betrachten, als ein tendenziell konsistentes und durchdachtes Gefüge von Normen, ohne Widersprüche und Überschneidungen. Wertungswidersprüche werden im Rahmen der systematischen Auslegung ausgeräumt. Die systematische Auslegung beschränkt sich nicht auf die Anwendung eines Paragrafen oder Gesetzes, sondern bezieht alle zusam-

---

[201] SAVIGNY, System des heutigen Römischen Rechts, Bd 1 (1840) 213.
[202] Zur Erosion des Systems im heutigen Recht s etwa die Beiträge von W ERNST, FLEISCHER und REIMANN in: ENGEL/SCHÖN (Hrsg), Das Proprium der Rechtswissenschaft (2007) 3 ff, 50 ff, 87 ff; ferner HONSELL, Die Erosion des Privatrechts durch das Europarecht ZIP 2008, 621 ff; ders, Die Einheit der Rechtsordnung, in: Jahrbuch Junger Zivilrechtswissenschaftler (2008) – Die Einheit des Privatrechts 2009, 11 ff; zu Überlappungen und Überschneidungen s MÜLLER-GRAFF, in: Symp Honsell (2009) 1 ff, 6 ff; HÖNNIGE/KNEIP/LORENZ (Hrsg), Verfassungswandel im Mehrebenensystem (2011).

[203] Manche nennen sie auch sprachlich-grammatikalische; zB KRAMER Methodenlehre 61.
[204] SAVIGNY (s Fn 201) 227; BYDLINSKI, Methodenlehre (2. Aufl 1991) 442.
[205] Dazu DIEDERICHSEN, in: FS Larenz (1973) 155.
[206] Vgl BAUFELD ARSP Beiheft 103 (2005) 183 ff; kritisch zum Subsumtionsparadigma, BUNG, Subsumtion und Interpretation (2004) 14 ff mwNw.
[207] Vgl auch die scholastische Erkenntnis ex falso (excontradictione) quodlibet sequitur – Aus widersprüchlichen Prämissen kann man beliebige Schlüsse ziehen.

menhängenden Normenkomplexe ein, sodass es nicht zu Inkonsistenzen kommt.[208] Wertungswidersprüche und Antinomien sind zu vermeiden. Widersprüche von Gesetzen beseitigt man mit dem Satz von der lex posterior (derogat legi priori, s auch Art 15 Codice civile, Art 2 span Código civil) oder der lex specialis (derogat legi generali). Ein weiteres zur logisch-systematischen Auslegung gehörendes Argument ist der Satz, dass Ausnahmebestimmungen nicht extensiv ausgelegt werden dürfen (singularia non sunt extendenda). Die auf zwei Papinian-Stellen (D 40, 5, 23, 3 und D 41, 2, 44, 1) zurückgehenden Parömie beruht auf dem Gedanken, dass bei extensiver Auslegung (oder gar analoger Anwendung) von Ausnahmevorschriften das Regel-Ausnahme-Verhältnis umgekehrt würde. Die Regel findet sich auch in Art 14 Codice Civile, Art 4 Abs 2 span Código civil und Art 11 portug Código civil. Sie ist allerdings zu abstrakt und absolut formuliert. Sinn und Zweck eines Gesetzes können dazu führen, auch eine Regelung, die sich als Ausnahme von einer allgemeinen Regel darstellt, erweiternd oder sogar analog anzuwenden.[209] Richtig ist nur, dass namentlich die Judikatur die Tendenz hat, eine kasuistisch-enumerative Aufzählung von Ausnahmen für abschließend zu halten. Auch bei der Aufzählung von Begriffen oder Tatbeständen im Gesetz ist zu fragen, ob diese nach dem sog Enumerationsprinzip abschließend (taxativ) aufgezählt oder nur beispielhaft („insbesondere […]") genannt sind. Abschließend sind zB die in Art 1–19 genannten Grundrechte.[210] Dagegen enthält etwa die RL 93/13 EWG über missbräuchliche Vertragsklauseln in Verbraucherverträgen im Anhang nur eine beispielhafte Aufzählung unfairer Klauseln, welche von den Gerichten erweitert werden kann.

Hierher gehört auch das Problem von Negativlisten. ZB ist es gefährlich, was man oft in US Unternehmenskaufverträgen lesen kann, dass alle Eigenschaften des Unternehmens als garantiert gelten, die nicht in einem Annex ausdrücklich ausgeschlossen sind. Es liegt auf der Hand, dass das ein für den Verkäufer gefährlicher Schuss ins Dunkle ist. Richtig ist allein, für jeden relevanten und reflektierten Punkt eine ausdrücklich Zusicherung zu verlangen und alles andere als nicht zugesichert zu qualifizieren. Nur so wissen die Parteien, was sie wirklich vereinbart haben.

Am stärksten tritt die Tendenz in der am Wort haftenden Gesetzesauslegung, die alles abweist, was nicht ausdrücklich im Gesetz steht, in England hervor, wo der Satz gilt *expressio unius est exclusio alterius* – die Nennung des einen ist der Ausschluss des anderen. Auch diese Maxime schließt extensive Auslegung und Analogie aus. Zur Wortauslegung im angelsächsischen Recht s Rn 50.

57 d) Teleologische Auslegung nach der *ratio legis* (dazu schon Rn 52) bedeutet, eine Norm so zu interpretieren, dass sie ihrem Sinn und Zweck am besten gerecht wird. Die

---

[208] HONSELL, Einheit 27 f.
[209] LARENZ, Methodenlehre 340; M WÜRDINGER, Die Analogiefähigkeit von Normen. Eine methodologische Untersuchung über Ausnahmevorschriften und deklaratorische Normen, AcP 206 (2006) 946–979; MAYER-MALY, (in: STRACK [Hrsg], Rangordnungen von Normen innerhalb des Gesetzes [1995] 123 ff), stellt rhetorisch die Frage, ob auch Unterausnahmen restriktiv zu interpretieren seien. Dies müssen natürlich auch die Anhänger der Regel verneinen, denn die Unterausnahme ist eine Rückkehr zur Regel.
[210] Was freilich das Bundesverfassungsgericht nicht daran gehindert hat, neue zu erfinden, zB das Grundrecht auf informationelle Selbstbestimmung (BVerfGE 65, 1 ff – Volkszählungsurteil); s heute auch Art 8 Eur Grundrechte-Charta. Ferner das Grundrecht auf Gewährleistung der Vertraulichkeit und Integrität informationstechnischer Systeme, BVerfGE 120, 274 ff.

ratio legis kann bestimmt werden *subjektiv* nach den Ansichten des historischen Gesetzgebers oder *objektiv* aus allgemeinen Zweck- und Gerechtigkeitserwägungen. Dieses Element war SAVIGNY (Syst I 220) suspekt: „Ungleich bedenklicher, und nur mit großer Vorsicht zulässig, ist der Gebrauch des Gesetzesgrundes zur Auslegung des Gesetzes"[211]. Mit diesem Vorbehalt gegen den Gesetzesgrund, der mit dem Gesetzeszweck identisch ist, sollte nicht die Zulässigkeit der **Analogie** (dazu Rn 61 ff) in Zweifel gezogen werden, die nach SAVIGNY nicht zur Auslegung gehört, sondern zur Rechtsfortbildung[212]. Vielmehr gilt die Skepsis der Gesetzeskorrektur durch **teleologische Restriktion**, die, wie in der antiken Rhetorik[213], in Syst I § 46 getrennt betrachtet wird. Den teleologischen Aspekt der Analogie erörtert SAVIGNY nicht. Die Analogie wird nicht aus dem Zweck des lückenhaften Gesetzes begründet, sondern „das positive Recht wird aus sich selbst ergänzt, indem wir in demselben eine organisch bildende Kraft annehmen". Heute spielt die ratio legis in der gesamten Gesetzesauslegung die zentrale Rolle. Allerdings muss der Zweck der Regelung stets sorgfältig ermittelt werden, sei es als Absicht des Gesetzgebers, sei es als objektiv-teleologischer Grund der Norm (Rn 60).

e) Die **rechtsvergleichende Auslegung**[214] orientiert sich an aktuellen Rechtsquellen des Auslandes. Die gleiche oder die abweichende Lösung eines Rechtsproblems in einer ausländischen Rechtsordnung kann ein wichtiger Argumentationstopos sein. Ihre Bedeutung steigt mit der Harmonisierung und Vereinheitlichung des nationalen Rechts.

f) Eine **Rangordnung** der Auslegungskriterien besteht heute ebenso wenig wie zu SAVIGNYS Zeit.[215] SAVIGNY[216] sagt treffend, es handle sich nicht um Arten der Auslegung, unter denen man nach Geschmack und Belieben wählen könne, sondern um „verschiedene Tätigkeiten, die vereinigt wirken müssen, wenn die Auslegung gelingen soll". Problematisch, weil Beliebigkeit suggerierend, ist der sog „Methodenpluralismus" des Schweizer Bundesgerichts.[217] Richtig ist, dass oft mehrere Elemente vorliegen, die meist in Widerstreit stehen oder ambivalent sind und dass es eine allgemein anerkannte Reihenfolge oder Hierarchie nicht gibt. Zu beginnen ist aber mit dem Wortlaut und seinem Sinn nach allgemeinem Sprachgebrauch. Kein Interpretationstopos sollte a priori vernachlässigt werden. Das stärkste Gewicht kommt nach nunmehr allgemeiner Überzeugung dem teleologischen Argument zu (dem Zweck der Regelung).

4. Objektive und subjektive Auslegung

Während sich die subjektive, entstehungszeitliche Auslegung an den Intentionen der Gesetzesverfasser orientiert, stellt die objektive, geltungszeitliche Auslegung das allgemein zeitgenössische, jedermann zugängliche Verständnis in den Vordergrund. Die

---

[211] Dazu HONSELL ZfPW 2016, 107 ff; tlw abweichend die Voraufl.
[212] Syst I 290 ff.
[213] SAVIGNY bleibt damit ganz in der Tradition der antiken Rhetorik, in der nur die teleologische Restriktion zum status verba – voluntas gehörte, nicht aber die Analogie (ratiocinatio), die als gesondertes Phänomen betrachtet wurde, vgl HONSELL ZfPW 2016, 107, 115.

[214] Vgl dazu HP WALTER ZSR 2007 I 259 ff.
[215] Vgl etwa BYDLINSKI, Methodenlehre 423 ff.
[216] S Fn 201 215.
[217] Dazu HP WALTER recht 1999, 157 ff; kritisch zu diesem Beliebigkeit suggerierenden Begriff BIAGGINI, „Ratio legis" und richterliche Fortbildung, in: „Ratio legis" Kolloquium der Jur Fak der Univ Basel (2001) 67 f; KRAMER 127 ff.

subjektive Auslegung deckt sich teilweise mit der *historischen*, die **objektive** mit der (objektiv) *teleologischen*.[218] Auch dieser Gegensatz ist ambivalent. Es gibt Fälle, in denen dem Gesetz (oder der Gesamtrechtsordnung) ein neuer objektiver Sinn entnommen wird, der vom subjektiven Willen des Gesetzgebers abweicht. Da das Gesetz heute angewandt wird, kann es nicht genügen, stets bei einer ursprünglichen Bedeutung einer Norm stehen zu bleiben. Die Frage nach dem ihr gegenwärtig innewohnenden Sinn ist unerlässlich. Eine Versteinerung historischer Aussagen, wie man sie oft bei religiösen Texten findet, ist in der Jurisprudenz nicht angebracht. Neben dem historischen steht der hypothetische Gesetzgeber. RADBRUCH[219] hat diesen Gedanken mit der etwas überpointierten Formulierung ausgedrückt, das Gesetz könne klüger sein als seine Verfasser. Es ist ein überspitztes Bonmot mit einem wahren Kern,[220] das „[nur die Tatsache] eskamotiert, dass der Richter klüger sein muss als das Gesetz und Fragen beantworten muss, auf die dieses keine Antworten gegeben hat".[221] Wenn auch der Text selbst nicht klüger sein kann, ist doch unstreitig, dass der Richter vom Willen des Gesetzgebers (sofern sich dieser überhaupt ermitteln lässt) abweichen kann, wenn sich die Verhältnisse oder die Rechtsanschauungen geändert haben und daher eine andere mögliche Interpretation des Textes „klüger" erscheint. Dann ist er auch an die Wortlautgrenze nicht gebunden. Häufiger ist aber der Fall, dass die ratio legis im Gesetzestext nur unvollkommen zum Ausdruck kommt. Die regelnde Voraussicht des Gesetzgebers bleibt stets und notwendig hinter der Vielfalt des Lebens zurück, denn menschliche Voraussicht ist begrenzt. Auch ein sorgfältiger Gesetzgeber kann nicht alle Varianten und Nuancen der zu regelnden Sachverhalte überblicken und so entstehen zwangsläufig lückenhafte Regelungen und das Leben bringt Fälle hervor, an die der Gesetzgeber nicht oder so nicht gedacht hat. Hier kommt dem Richter die Aufgabe zu, diese neuen Fälle nach der (objektiv-teleologisch zu ermittelnden) ratio legis zu lösen. Im Übrigen ist auch der rhetorisch-dialektische Charakter der Auslegungsmaximen zu beachten, die immer in Gegensatzpaaren auftreten, indem sie zB entweder

---

[218] J SCHRÖDER, Rechtsbegriff und Auslegungsgrundsätze im frühen 20. Jahrhundert: Anmerkungen zum Streit zwischen „objektiver" und „subjektiver" Interpretationstheorie, in: FS Eisenhardt (2007) 125 ff; M WÜRDINGER, Subjektive oder objektive Theorie? – Das historische Argument in der Rechtsdogmatik und Rechtspraxis, Rechtskultur 2 (2013) 79 ff; KRAMER, Methodenlehre 132 ff. – Ein prominenter Vertreter der subjektiven Theorie ist neuerdings RÜTHERS JZ 2006, 53, 56 ff und JZ 2011, 593 ff.
[219] Rechtsphilosophie (1999) 107.
[220] Krit zuletzt vor allem RÜTHERS JZ 2011, 593, 600 mwNw und ders ZfPW 2016, 383, der den harmlosen Satz „schillernde Rhetorik" nennt und ein Missbrauchspotenzial erkennen will. Den Gedanken verteidigt CANARIS JZ 2011, 879 ff; s auch HEBEISEN, Recht und Staat als Objektivationen des Geistes (2004) 170; MEDER, Mißverstehen und Verstehen (2004) 107; alle mit Hinweis auf KANT (Kritik der reinen Vernunft, Akademieausgabe B 370) es sei möglich, „ihn [sc den Verfasser] sogar besser zu verstehen als er sich selbst verstand". Natürlich kann ein Gesetz nicht klüger sein als seine Verfasser, aber der Interpret kann es weiterdenken und fortentwickeln. Allerdings kann der Satz nicht camouflieren, dass es in Wahrheit der Interpret ist, der seine Gesetzesinterpretation für klüger hält. Soweit er indes mit seinem Argument in der Diskussion zu überzeugen vermag, und das ist ja die Aufgabe der Rhetorik, ist dagegen nichts einzuwenden. Dass der Satz den Zweck habe, die „gesetzesübersteigende Auslegung" zu verdecken und das Richterrecht als Gesetzesrecht erscheinen zu lassen, ist überinterpretiert. Es ist anerkannt, dass man (extensive) Auslegung und richterliche Rechtsfortbildung in der Form der Analogie nicht exakt voneinander trennen kann und die Berechtigung einer objektiv teleologischen Interpretation lässt sich jedenfalls nicht bestreiten. Das tun auch die Vertreter der subjektiven Auslegung heute überwiegend nicht mehr.
[221] SÄCKER ARSP 58 (1972) 215, 216.

den Wortlaut oder den Willen betonen, die Analogie oder das argumentum e contrario (usw) was dem Interpreten eine Wahlmöglichkeit eröffnet.[222]

Die Auslegung rechtsgeschäftlicher Regelungen ist stärker an subjektiven, die von allgemein verbindlichen Vorschriften stärker an objektiven Gesichtspunkten orientiert. Doch trägt schon die Lehre vom *Empfängerhorizont*[223] objektive Elemente in die Auslegung von Rechtsgeschäften hinein, während die historische, aber auch die teleologische Interpretation subjektive Elemente bei der Auslegung von Normen zur Geltung bringt. Zu weit ginge es allerdings, wollte man der Empfehlung von LARENZ[224] folgen und alle Rechtsgeschäfte oder wenigstens alle Verträge normativ interpretieren. Schwierigkeiten bereitet die Auslegung von Kollektivverträgen mit normativer Wirkung, wie sie den *Gesamtarbeitsverträgen* zukommt. Nach vorherrschender Ansicht sind deren normativ wirkende Bestimmungen wie Gesetze zu interpretieren. Es sollte aber die vertragliche Komponente solcher Regelungen nicht völlig ausgeblendet werden. So können zB die Vertragsverhandlungen zur Interpretation herangezogen werden. Die Grundsätze der Gesetzesinterpretation können auch bei *Gesellschaftsstatuten* in Betracht kommen. Allerdings ist diese Frage kontrovers.

5. Auslegung und Analogie, teleologische Restriktion

a) Das Verhältnis zwischen **Auslegung** und **Analogie** gehört zu den Grundproblemen der Methodenlehre.[225] Analogie ist die Übertragung eines gesetzlich geregelten Tatbestandes auf einen vom Gesetz nicht geregelten, aber im Wesentlichen ähnlichen Tatbestand. Sie ist ein **induktiver Schluss** vom Besonderen zum Allgemeinen, der anders als die Deduktion (oben Rn 49) nicht sicher, sondern nur wahrscheinlich ist. Nach der herrschenden Doktrin setzt eine Analogie voraus, dass ein Gesetz nach der gesetzgeberischen Regelungsabsicht eine planwidrige Unvollständigkeit enthält.[226] Bei Gleichheit von Interessenlage und Normzweck werden solche **Lücken** durch Analogie ausgefüllt. Stets ist allerdings sorgfältig zu prüfen, ob wirklich eine planwidrige Lücke vorliegt. Regelt das Gesetz einen bestimmten Fall und einen anderen nicht, so wird oft eine planvolle Lücke vorliegen, dh das Gesetz will diesen Fall gerade nicht regeln. Der Positivismus hat überhaupt keine Lücken und keine Lückenschließung durch Analogie anerkannt, sondern alle nicht geregelten Fälle abgewiesen (sog Lehre vom negativen Satz, näher dazu unten b).

Die **extensive (ausdehnende) Auslegung** erstreckt eine Norm auch auf Fälle, die nicht mehr vom Begriffskern erfasst werden, sondern nur noch im Randbereich eines Begriffes liegen. Der gesetzliche Tatbestand wird hier weit ausgelegt. Um Analogie handelt es sich hingegen, wenn der Fall nach gewöhnlichem Sprachgebrauch überhaupt nicht mehr unter den Gesetzesbegriff subsumiert werden kann.

---

[222] Ausführlich HONSELL, Die rhetorischen Wurzeln der juristischen Auslegung, ZfPW 2016, 107 ff.
[223] Der Begriff stammt von HECK AcP 112 (1914) 43.
[224] AT des deutschen bürgerlichen Rechts (1967) § 18 II.
[225] Vgl zu historischen Aspekten dieser Problematik HÖLTL, Die Lückenfüllung der klassisch-europäischen Kodifikationen. Zur Analogie im ALR, Code Civil und ABGB (2005); BALDUS, Auslegung und Analogie im 19. Jahrhundert, in: RIESENHUBER (Hrsg), Europäische Methodenlehre. Ein Handbuch für Ausbildung und Praxis (2006) 32 ff.
[226] Vgl LARENZ, Methodenlehre der Rechtswissenschaften (6. Aufl 1991) 370 ff, insb 373.

Die *Grenze* zwischen extensiver *Auslegung* und *Analogie* bildet der *mögliche Wortsinn*.[227] Jeder Begriff hat einen Kern, einen Hof und einen äußeren Kreis, der die Grenze des Wortsinns markiert. Dies zeigt das folgende Drei-Bereiche-Modell:

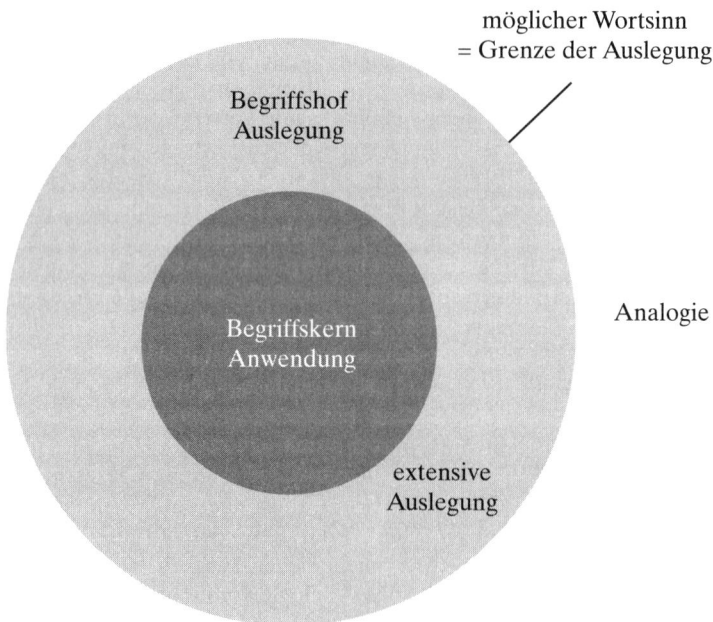

An dieser Betrachtung sollte man festhalten, wenngleich die **Grenze des möglichen Wortsinns** (zwischen extensiver Auslegung und Analogie) fließend und meist nicht so klar zu ziehen ist, wie es die Grafik suggeriert. So kann man zB fragen, ob unter den Begriff Schüler auch Berufsschüler fallen oder gar Hochschüler, ob unter Eltern auch die Großeltern zu verstehen sind, ob eine Seilbahn unter den Begriff der Eisenbahn subsumiert werden kann usw. Liegt der zu subsumierende Begriff noch im Bereich des möglichen Wortsinns, handelt es sich um extensive Auslegung. Liegt er außerhalb, ist der Fall jedoch ähnlich und trifft die ratio legis (der Gesetzeszweck) auf ihn genauso zu, dann geht es um Analogie. In unserem Beispiel wird man für den Berufsschüler eine extensive Auslegung bejahen können. Dagegen ist mit den Studenten (Hochschülern) oder gar mit dem Kursteilnehmer einer Volkshochschule die Grenze des möglichen Wortsinns und damit zur Analogie wohl überschritten. Seilbahnen sind nach gewöhnlichem Sprachgebrauch keine Eisenbahnen. Im Wege der Analogie könnte man aber die Gefährdungshaftung des Eisenbahngesetzes auf Seilbahnen erstrecken (Rn 52 aE). Doch nimmt die hL hier irrig an, dass Tatbestände der Gefährdungshaftung wegen des angeblich elementaren Verschuldensprinzips – ähnlich dem strafrechtlichen Analogieverbot – einer Analogie nicht zugänglich seien.[228] Im Zivilrecht ist die Analogie generell zulässig, sofern ihre Voraussetzungen vorliegen.

---

[227] Vgl RÜTHERS/HÖPFNER JZ 2005, 21 ff; KLATT, Theorie der Wortlautgrenze (2004) 19 ff, der von Wortlautgrenze spricht.

[228] Dagegen etwa HONSELL, Die Reform der Gefährdungshaftung, ZSR 1997, 297 ff.

Im **Strafrecht** dagegen gilt der Satz **nulla poena sine lege clara, certa et praevia** – keine Strafe ohne klares, bestimmtes und vorausgehendes Gesetz, Art 103 Abs 2 GG, Art 7 Abs 2 EMRK, Art 49 Abs 1 EU Grundrechte-Charta. Daraus wird abgeleitet, dass die **Analogie** zum Nachteil des Täters **(in malam partem)** im Besonderen Strafrecht verboten ist. Jetzt wird die Abgrenzung wichtig. Ein altes Beispiel aus dem Strafrecht ist der Stromdiebstahl; weil Strom keine körperliche Sache ist, hielt man den Tatbestand der Entziehung elektrischer Energie für nötig[229].

Zur Vermeidung von Strafbarkeitslücken nimmt man Zuflucht zu einer weiten Auslegung, die in Wahrheit gelegentlich schon Analogie ist. So sah man etwa in Salzsäure eine Waffe[230] oder in einem Damenschuh mit Bleistiftabsatz ein gefährliches Werkzeug iSv § 224 Abs 1 Nr 2 StGB (gefährliche Körperverletzung), obwohl diese Subsumtion, dem gewöhnlichen Sprachgebrauch zuwiderläuft. Doch scheint dies vertretbar, weil der Unrechtsgehalt der gleiche und die Grenze zwischen Analogie und extensiver Auslegung fließend und nicht klar zu ziehen ist. Der Schweizer Tatbestand der gefährlichen Körperverletzung vermeidet dieses Problem, in dem er statt Werkzeug einfach den allgemeineren Begriff „Gegenstand" verwendet (Art 123 Nr 2 StGB). Das Betäubungsmittelgesetz spricht von Pflanzen. Erfasst es damit auch halluzinogene Pilze? Der BGH hat das bejaht[231], obwohl Pilze nicht zu den Pflanzen zählen. Man ist an die Bemerkung Quintilians erinnert: si finitio infirma est, in syllogismum delabitur (oben Fn 192). Die Schwächen der Definition (des gesetzlichen Tatbestands) führen zur Analogie. Rechtstaatlich hat das Analogieverbot einen hohen Stellenwert. Im Dritten Reich hatte man es abgeschafft und durch eine Bestrafung nach „gesundem Volksempfinden" ersetzt (§ 2 S 1 RStGB 1935: „Bestraft wird, wer eine Tat begeht, die das Gesetz für strafbar erklärt oder die nach dem Grundgedanken eines Strafgesetzes und nach gesundem Volksempfinden Bestrafung verdient").

Auslegung und Analogie sind unverzichtbar, weil (gesetzliche) Begriffe häufig unscharfe Grenzen haben oder weil der Gesetzgeber an benachbarte Fälle oft nicht gedacht hat (vgl auch oben Rn 52). Eine ausdehnende Auslegung soll nach immer noch vorherrschender Ansicht nicht zulässig sein, wenn es sich um eine Ausnahmebestimmung handelt.[232] Dies sagt die auf zwei Papinian-Stellen[233] zurückgehende Parömie **singularia non sunt extendenda**, wonach Ausnahmevorschriften nicht ausgedehnt werden dürfen, dh eng auszulegen sind. Dieser Grundsatz ist (zusammen mit dem strafrechtlichen Analogieverbot) in Art 14 Codice civile it normiert. Er gilt jedoch nicht, wenn der scheinbaren Ausnahmevorschrift ein auf Verallgemeinerung angelegtes Prinzip zugrunde liegt. Vom Standpunkt der Logik kann man statt einer Analogie stets auch einen **Umkehrschluss (argumentum e contrario)** annehmen. Beide Schlüsse sind – rein formal betrachtet – gleichwertig. In praxi sind jedoch extensive Auslegung

---

[229] So in Deutschland, Österreich und der Schweiz (§ 248c StGB, § 132 öStGB, Art 142 chStGB).
[230] BGHSt 1, 3.
[231] In § 2 BTMG und der zugehörigen Anlage 1 war zunächst nur von Pflanzen und Pflanzenteilen die Rede. Da Pilze eine eigene botanische Spezies sind (die Wissenschaft unterscheidet flora, fauna, fungi), hat der Gesetzgeber die alte Aufzählung in Anlage 1 durch den Begriff „Organismen" ersetzt. Freilich wich nun die Definition in der Anlage vom Wortlaut des § 2 BTMG ab. Nach BGH 25.10.2006 – 1 StR 384/06 ändert der biologisch richtige Einwand „Pilze sind keine Pflanzen" nichts daran, dass Pilze im allgemeinen Sprachgebrauch sehr wohl zu den Pflanzen gerechnet würden. Man kaufe Pilze auch beim Obst- und Gemüsehändler (zweifelhaft).
[232] Ablehnend M WÜRDINGER AcP 206 (2006) 946, 956 ff.
[233] D 40, 5, 23, 3 und D 41, 2, 44, 1.

und Analogie häufiger als restriktive Interpretation und Umkehrschluss (argumentum e contrario).

64 b) Das Gegenstück zur extensiven Interpretation/Analogie liegt vor, wenn der in einer Bestimmung enthaltene Rechtsgedanke weniger weit reicht als der Text. Die dann gebotene **einschränkende Auslegung** hat wiederum nur eine fließende Grenze zur **teleologischen Restriktion**. Allerdings darf die teleologische Reduktion nur zur Rückführung des Normtextes auf die ratio legis, nicht aber zur Nichtanwendung unwillkommener Regelungen eingesetzt werden. Hierzu ist sie ebenso ungeeignet, wie die insgesamt verunglückte Lehre von den *unechten Lücken*. Bedenklich wäre es nämlich, zunächst eine teleologische Restriktion einer unwillkommenen Regelung zu unternehmen, um dann eine Lücke zu konstatieren und diese durch analoge Heranziehung einer willkommenen Regelung zu schließen. Der unwillkommenen Regelung ist, solange sie nicht gegen fundamentale Rechtsgrundsätze verstößt, im gewaltenteilenden Rechtsstaat nur mit dem Instrument rechtspolitischer Kritik beizukommen. Richtig ist auch, dass sich der Rechtsanwender über einen klaren Wortlaut nur dann hinwegsetzen darf, wenn eine abweichende ratio legis hinreichend begründbar ist.

64a Form- oder **Fristvorschriften** sind als sog „strikte Ordnungsvorschriften" nach noch hL einer *teleologischen Reduktion* nicht zugänglich[234]. Sie sind also anzuwenden, einerlei, ob der Formzweck in concreto tangiert ist, zB, auch wenn keine Beweisunklarheit oder Übereilungsgefahr besteht. PHILIPP HECK[235] hat in diesem Zusammenhang plastisch aber übertreibend von einer „Triebsandgefahr" gesprochen, die jedes Abweichen von Formvorschriften hervorrufe. Heute würde man das Dammbruchargument oder slippery slope-Phänomen nennen. Ein maschinenschriftliches Testament ist also unwirksam, auch wenn keinerlei Beweisunklarheiten bestehen und es unzweifelhaft vom Erblasser herrührt[236]. Die Strenge des formalen Rechts kommt zur Anwendung, auch wenn das der Einzelfallgerechtigkeit zuwiderläuft. Wer eine Berufungsschrift erst am letzten Tag der Frist nach 24h in den Gerichtsbriefkasten einwirft, hat die Frist versäumt und den Prozess verloren. Die Rechtssicherheit und Rechtsklarheit hat insoweit Vorrang vor der Billigkeit des Einzelfalles. Dient etwa eine Formvorschrift dem Schutz vor Übereilung, so gilt dies auch dann, wenn die Partei, die sich auf Nichtigkeit beruft, geschäftserfahren ist und keinen Schutz vor Übereilung braucht[237].

Bei Fristversäumnis gibt es eine Wiedereinsetzung in den vorigen Stand nur in engen Grenzen. Die sollte großzügiger gehandhabt werden. Fraglich ist auch, ob zB die

---

[234] Anders jetzt der Entwurf eines Allg Teils des Schweizer OR, Art 27 OR 2020 EMMENEGGER/KURZBEIN, in: HUGUENIN/HILTY, OR 2020 (1913) 90 ff für die Form. Danach entscheidet der Formzweck über die Ungültigkeit und darüber, wer sich darauf berufen darf; zu der Frage eingehend HONSELL, Teleologische Reduktion versus Rechtsmissbrauch, in: 1. FS Mayer-Maly (1996) 369 ff.

[235] Gesetzesauslegung, AcP 112 (1914) 1, 182; s auch BOEHMER, Grundlagen der Bürgerlichen Rechtsordnung II 2 (1952) 72 ff; CANARIS, Lücken 292; J SCHRÖDER Recht als Wissenschaft 387.

[236] Näher HONSELL 369 ff, dort auch zur Alternative von teleologischer Restriktion der Norm und Rechtsmissbrauch.

[237] Ähnlich findet beim Verbot des Insichgeschäfts nach § 181 BGB eine teleologische Restriktion nicht schon statt, wenn im individuellen Fall kein Interessenkonflikt vorliegt, sondern nur, wenn auch die bloße Gefahr eines Interessenkonflikts generell ausgeschlossen ist, wie etwa bei der Schenkung, die lediglich einen rechtlichen Vorteil bringt (zB BGHZ 59, 236, 240; HONSELL, Das Insichgeschäft nach § 181 BGB: Grundfragen und Anwendungsbereich, JA 1977, 55 ff).

Formstrenge des eigenhändigen Testaments für alle Zeiten so bestehen bleiben muss. Immerhin konnte man beobachten, dass in Deutschland und der Schweiz die früher zwingende Datumsangabe von Ort und Zeit trotz der „Triebsandgefahr" entfallen ist[238] und das könnte eines Tages auch für das holographe Testament gelten.

Für ein zu weit greifendes Gesetz, das Fälle erfasst, die es nach seinem Zweck (telos) nicht regeln will, ist schon der Ausdruck Lücke verfehlt, denn das Gesetz enthält gerade keine Lücke.[239] Namentlich ZITELMANN[240] hat diesen **Lückenbegriff** in Auseinandersetzung mit der positivistischen Theorie der Begriffsjurisprudenz[241] verwendet, welche davon ausging, dass ein auch noch so lückenhaftes Gesetz keine Lücken hat, weil eben jeder Anspruch, den das Gesetz nicht kennt, abzuweisen ist und umgekehrt eine Ausnahme, die das Gesetz nicht macht, nicht anzuerkennen ist (sog negativer Satz). In der antiken Rhetorik gab es auch für die teleologische Interpretation zwei gegensätzliche Topoi. War der Wortlaut des Gesetzes für den Parteistandpunkt günstig, sagte man: *lege non distinguente nec nostrum est distinguere* – Wo das Gesetz nicht unterscheidet, sollen auch wir nicht unterscheiden. Das Argument der Gegenposition lautete: *cessante ratione cessat lex ipsa* – Mit dem Zweck entfällt das Gesetz selbst. Beide Sätze können in dieser Verallgemeinerung heute keine Geltung mehr beanspruchen. Anerkannt ist aber die Notwendigkeit und Legitimität der teleologischen Auslegung und Rechtsfortbildung. 65

c)   Mit Hilfe der **Analogie** löst man auch das Problem der **Gesetzesumgehung**. Sie liegt vor, wenn der Tatbestand eines an sich einschlägigen belastenden Gesetzes, zB eines Verbotes durch die Parteien künstlich und scheinbar vermieden wird, das Gleiche gilt für die Gesetzeserschleichung, bei der ein an sich nicht anwendbarer begünstigender, Gesetzestatbestand durch die Parteien herbeigeführt wird.[242] Die ältere Lehre verlangte eine *Umgehungsabsicht*. Heute lässt man den objektiven Verstoß gegen die ratio legis genügen. 66

6. Bundesverfassungsgericht, Grundrechte und Privatrecht, verfassungskonforme Auslegung

Das nach dem Vorbild des US-amerikanischen Supreme Court gebildete Bundesverfassungsgericht hat im Rahmen der **Normenkontrolle** und der **Verfassungsbeschwerde** die **Grundrechte** für die junge Demokratie der BRD in vielen Entscheidungen fruchtbar gemacht und in den politischen Auseinandersetzungen den Weg gewiesen. Es hat dabei allerdings, weithin unbemerkt, seine Kompetenzen überschritten. Es ging alsbald über die ihm ursprünglich zugedachte Rolle als Hüter der Verfassung[243] weit hinaus 67

---

[238] Vgl § 2247 BGB, Art 505, 520a ZGB; § 578 ABGB war schon immer nur eine Sollvorschrift). Angeblich sagt eine neuere Statistik, dass 80% aller privatschriftlichen Testamente entweder wegen Form- oder wegen Inhaltsmängeln unwirksam seien.
[239] KRAMER Beiheft 15 zur ZSR 1993, 72; HONSELL, in: FS Mayer-Maly (1996) 369, 374 ff.
[240] Lücken im Recht (1903) 19, 23 ff.
[241] Vgl statt aller BERGBOHM, Jurisprudenz und Rechtsphilosophie I (1892) 372 ff.
[242] Dazu BENECKE, Gesetzesumgehung im Zivilrecht. Lehre und praktischer Fall im Allgemeinen und Internationalen Privatrecht (2004); TEICHMANN, Die Gesetzesumgehung (1961); J SCHRÖDER, Gesetzesauslegung und Gesetzesumgehung: Das Umgehungsgeschäft in der rechtswissenschaftlichen Doktrin von der Spätaufklärung bis zum Nationalsozialismus (1985).
[243] Die gleichnamige Monographie von C SCHMIDT (1931) 117, 128 dachte diese Rolle dem Reichspräsidenten zu; dagegen KELSEN, Wer soll Hüter der Verfassung sein? (1931) 12 ff. Ein kritischer Sammelband, hrsgg v GUGGEN-

und schwang sich in einer die Gewaltenteilung außer Acht lassenden Weise zu ihrem Herren auf, so dass man heute die alte Frage Juvenals (Satyrae VI 347 f) wieder stellen muss: *Quis custodiet ipsos custodes?* (Wer überwacht die Wächter?). Das Vehikel dieser Ausweitung war und ist eine **Grundrechtskonkretisierung**, deren Maßstäbe nicht aus der Verfassung kommen. Um diese Fehlentwicklung, von der auch das Privatrecht betroffen ist, näher darzulegen, ist etwas weiter auszuholen.[244]

Die Beanspruchung von Entscheidungsmacht über nahezu alle Rechtsfragen im Staat hat alsbald Widerspruch hervorgerufen. Bekannt ist etwa der Ausspruch Konrad Adenauers „Dat ham wa uns so nich vorjestellt" (zu BVerfGE 2, 79 – Plenargutachten Heuß zum Vertrag über die Europäische Verteidigungsgemeinschaft – EVG). Die Kritik ist verhallt und das Bundesverfassungsgericht hat heute eine Macht, die weltweit einmalig ist[245] und weit in die politischen Entscheidungen von Regierung und Parlament, in die Verwaltungsrechtsprechung, ja selbst in die ordentliche Gerichtsbarkeit der Zivil- und Strafjustiz hineinreicht. BÖCKENFÖRDE[246] hat „einen gleitenden Übergang vom parlamentarischen Gesetzgebungsstaat zum verfassungsgerichtlichen Jurisdiktionsstaat" beobachtet. Es ist keine Übertreibung, wenn wir heute feststellen müssen, dass die Bundesrepublik unter einem *gouvernement des juges* steht. Das Verfassungsrecht ist überwiegend nicht im Grundgesetz geregelt, sondern in 144 Bänden (Stand Ende 2017) Entscheidungen des Bundesverfassungsgerichts. Das Gericht hat Prinzipien und Maßstäbe, die sich in der Verfassung nicht oder doch nur in sehr vagen Ansätzen finden, selbst entwickelt und vorgegeben. Es hat die Verfassung damit „angereichert" und sich so de facto selbst eine Kompetenz-Kompetenz geschaffen[247] und wie selbstverständlich auch das Recht auf Verfassungsfortbildung postuliert,[248] bis hin zur Erfindung neuer Grundrechte. Aus allgemeinen und mehr oder weniger inhaltsarmen plakativen und programmatischen Sätzen wurden sehr spezielle Details zur Entscheidung von Einzelfällen herausgelesen. Das methodische Verfahren ist das der „JHERING'schen Interpretationspresse" *erst hinein und dann heraus,* das in Scherz und Ernst in der Jurisprudenz[249] karikiert wird und über das GOETHE in den zahmen Xenien (II) gespottet hat: „Im Auslegen seid frisch und munter! Legt ihr's nicht aus so legt was unter." Das Misstrauen gegen juristische Auslegungskünste ist ein alter Topos.[250] Das Bundesverfassungsgericht treibt sie auf die Spitze. Daher verwundert es,

---

BERGER/WÜRTENBERGER, trägt den Titel: Hüter der Verfassung oder Lenker der Politik? – Das Bundesverfassungsgericht im Widerstreit. Das Bundesverfassungsgericht hat sich selbst des Öfteren als Hüter der Verfassung bezeichnet, vgl BVerfGE 1, 184, 195 ff; 6, 300, 304; 40, 88, 93 u öfter.

[244] Vgl zum Folgenden HONSELL ZIP 2009, 1689 ff; ders, Die Einheit der Rechtsordnung, Veröffentlichung junger Zivilrechtler (2009) 11 ff; ders, in: FS Bucher (2009) 275 ff.

[245] Vgl zB KNIES, Auf dem Wege in den „verfassungsgerichtlichen Jurisdiktionsstaat"?, in: FS Stern (1997) 1155, 1160 mwNw; WESEL, Der Gang nach Karlsruhe (2004).

[246] Zur Lage der Grundrechtsdogmatik nach 40 Jahren Grundgesetz (1989) 61 f.

[247] SCHAICH/KORIOTH, Das Bundesverfassungsgericht (6. Aufl 2004) Rn 14 ff; LEPSIUS (Die maßstabsetzende Gewalt, in: JESTAEDT/LEPSIUS/MÖLLER/SCHÖNBERGER, Das entgrenzte Gericht [2011] 161 ff, 174 ff) sieht darin richtig ein Vehikel zur Kompetenzausweitung, das er aber offenbar für legitim hält.

[248] S etwa BVerfGE 108, 282, 295=JZ 2003, 1164 m Anm KÄSTNER; kritisch HILLGRUBER, Ohne rechtes Maß? Eine Kritik der Rechtsprechung des BVerfG nach 60 Jahren, JZ 2011, 861 ff, 863, der zu Recht darauf hinweist, dass sich eine solche Kompetenz weder aus dem GG noch aus dem BVerfGG ergibt; s auch die Kritik bei RÜTHERS, Die heimliche Revolution – vom Rechtsstaat zum Richterstaat (2. Aufl 2014).

[249] (4. Aufl 1891) 247 ff.

[250] Das kommt in mehreren Parömien zum Ausdruck: „gute Juristen – böse Christen" (LUTHER); „Summum ius – summa iniuria"

A. Einleitung zum BGB

dass dies kaum kritisiert wird[251] und dass das Gericht im Volk auf eine Akzeptanz stößt, die alle anderen Verfassungsinstitutionen in den Schatten stellt[252]. Die Gründe dafür können hier nicht analysiert werden. Das Volk durchschaut die Auslegungskünste nicht und will eine Art Ersatzkaiser. Selbst gebildete Laien glauben allen Ernstes, dass die Richter „ihre Urteile nach dem Buchstaben (bzw Wortlaut) des Grundgesetzes fällen" (so etwa N FRIED, Südt Zeitung v 8. 9. 2012, S 4; AMANN ua, Spiegel 2014 Nr 11, 20); das ist eines der größten Märchen und gröbsten Missverständnisse unserer Republik. Denn in der Verfassung steht zu all den politischen Entscheidungen des Gerichts nicht nur kein Wort, es lässt sich meist nicht einmal eine gedankliche Verbindung zwischen dem Sinn und Zweck der Verfassung und den Entscheidungen des Gerichts herstellen, denn diese können (auch in einem weitesten Sinne) nicht aus der Verfassung hergeleitet werden, sondern entspringen politischen Vorstellungen der Richter. Es ist nicht auszuschließen, dass die Politikverdrossenheit und das schlechte Ansehen des Parlaments („politisch Lied, gar garstig Lied", GOETHE, Faust [hrsgg v TRUNZ, 1986] 68) durch die Judikatur des Bundesverfassungsgerichts und den häufigen und zur Normalität gewordenen Vorwurf der Verfassungswidrigkeit von Gesetzen noch verstärkt wird.

Die Vorstellung vom Grundgesetz als „Spitze der Pyramide der Rechtsordnung"[253] oder als „Dach über dem sonstigen Recht"[254] hat die Übertreibungen der Verfassungsrechtsprechung begünstigt.

Zwar ist gegen die Lehre vom *Stufenbau*[255] *der Normen* und einem Delegations- und Bedingungszusammenhang: Verfassung – Gesetz – Verordnung – Verwaltungsakt/Urteil ebensowenig einzuwenden wie gegen die Forderung, alle Rechtsfragen im Lichte der Verfassung zu sehen. Doch darf dies nicht dazu verleiten, in die Verfassung Dinge

---

(römisches Sprichwort); vgl auch oben Rn 29 Fn 30; Rn 50, 51.
[251] Es gibt jedoch auch kritische Stimmen; bei den Staatsrechtslehrern gehören dazu etwa FORSTHOFF, Rechtsstaat im Wandel (2. Aufl 1976) 175, 190 f; BETTERMANN, Hypertrophie der Grundrechte (1984); DREIER, Gilt das Grundgesetz ewig? (2008) 98 ff, der eine wachsende „Sakralisierung" des GG beobachtet; GRIMM, Die Zukunft der Verfassung (1991) 221 ff; WÜRTENBERGER, Zur Legitimität des Verfassungsrichterrechts, in: GUGGENBERGER/ WÜRTENBERGER, Hüter der Verfassung oder Lenker der Politik – Das Bundesverfassungsgericht im Widerstreit 57, 69; JESTEDT, Grundrechtsentfaltung im Gesetz (1999); SCHLINK, Freiheit durch Eingriffsabwehr – Rekonstruktion der klassischen Grundrechtsfunktion, EuGRZ 1984, 457; ISENSEE, Bundesverfassungsgericht quo vadis?, JZ 1996, 1085; HESSE, in: FS Hans Huber (1981) 261, 270; ders, Verfassungsrechtsprechung im geschichtlichen Wandel, JZ 1995, 265; BÖCKENFÖRDE; Schutzbereich, Eingriff, verfassungsimmanente Schranken, Der Staat 2003, 165; ders NJW 1974, 1529 u öfter; SCHENKE, Methodenlehre und Grundgesetz, in: DREIER (Hrsg), Macht und Ohnmacht des Grundgesetzes (2009) 51 ff, 67 ff, zuletzt HILLGRUBER (Fn 248) JZ 2011, 861 ff.
[252] S dazu VORLÄNDER/BRODOCZ, Das Vertrauen in das BVerfG, Ergebnisse einer repräsentativen Bevölkerungsumfrage, in: VORLÄNDER, Die Deutungsmacht der Verfassungsgerichtsbarkeit [2006] 259 ff; ferner die Umfrageergebnisse bei VOSSKUHLE, in: HILLGRUBER/WALDHOFF (Hrsg), 60 Jahre Bonner Grundgesetz (2010) 97 Fn 1. Das demoskopische Institut Allensbach hat ermittelt, dass der „Vertrauenswert" des Bundesverfassungsgerichts mit 75 % fast doppelt so hoch ist wie der des Parlaments mit 39 %.
[253] Gegen diese These F MÜLLER, Die Einheit der Verfassung (1979) 106.
[254] CLEMENS, Das BVerfG im Rechts- und Verfassungsstaat, Das Ansehen des BVerfG und die Verfassung, in: Das Bundesverfassungsgericht – Ein Gericht im Schnittpunkt von Recht und Politik, hrsgg v PIAZOLO (1995) 16, 19.
[255] ADOLF JULIUS MERKL, Prolegomena einer Theorie des rechtlichen Stufenbaus, in: FS Kelsen (1931) 252 ff.

hineinzulesen, die nicht drinstehen. Im Übrigen unterscheidet sich die Verfassung vom sonstigen positiven Recht nur durch erschwerte Abänderbarkeit und durch einen Vorrang[256], der allerdings, wie für die Grundrechte in Art 1 Abs 3 des deutschen Grundgesetzes, ausdrücklich angeordnet sein muss. Verfassungen enthalten Normen von ganz unterschiedlicher Dignität. Regelungen, wie zB die Freifahrt der Abgeordneten im deutschen Grundgesetz (Art 48 Abs 3 GG), das Absinth- oder das Jesuitenverbot in der alten Schweizer Verfassung oder die Beschreibung des Bundesadlers[257] in der österreichischen Verfassung („einköpfig, golden gewaffnet, rot bezungt") könnten auch einfachgesetzlich geregelt sein und haben offensichtlich nicht denselben Stellenwert wie die Würde des Menschen und die Grundrechte oder das Demokratie- und das Rechtsstaatsprinzip. Die Normenhierarchie steigert sich zur deductio ad absurdum, wenn man das Europarecht in die Pyramide einzeichnet, dem ja Vorrang sogar vor den nationalen Verfassungen eingeräumt wird. Obersten Rang haben dann pointilistische und fragmentarische EG-Richtlinien zum Konsumentenschutz oder VOen zum Kartellrecht, die sich als oberste Grundsätze oder Begriffe für das sonstige Recht überhaupt nicht eignen und eine planmäßige Einheit und Ordnung auch nicht im Ansatz erkennen lassen.

Die Zauberformel zur Machtausweitung des Bundesverfassungsgerichts hieß **Konkretisierung der Wertordnung** des Grundgesetzes. Die **Grundrechte** sind jedoch größtenteils **abstrakt, vage** und **unbestimmt**. Dies gilt namentlich für die Menschenwürde (Art 1 Abs 1 GG), die Handlungsfreiheit (Art 2 GG) oder die Gleichbehandlung (Art 3 GG). Selbst wenn die Abstraktionsstufe weniger hoch ist, wie etwa bei der Meinungs- oder Kunstfreiheit, bei der Berufsfreiheit (Art 5, 12 GG) oder beim Eigentumsschutz (Art 14 GG),[258] lässt sich den Grundrechten jenseits ihrer Funktion als Abwehrrechte gegenüber dem Staat wenig entnehmen. Die Formeln sind kurz und pathetisch und eignen sich wegen ihrer Abstraktionshöhe und ihres deklamatorischen und programmatischen Charakters[259] nur wenig zur Anwendung auf Einzelfälle. Auch die Verfassungsaussage, dass es sich um bindendes und unmittelbar geltendes Recht handelt (Art 1 Abs 3 GG), ändert nichts an dem geringen Normgehalt. Anders als die meisten einfachen Gesetze sind die Grundrechte idR keine subsumtionsfähigen Normen mit Tatbestand und Rechtsfolge. Ihre sog Auslegung gibt für die Lösung von Einzelfällen nichts her, was nicht zuvor in sie hineingelegt worden ist. Die Verfassungsrichter füllen diese Leere mit ihren eigenen Werturteilen und geben diese dann als in der Verfassung angelegte und aus ihr entwickelte Grundsätze aus.[260] Solange das Gericht behauptet, wenigstens im weitesten Sinne auszulegen, was es tut, um Anschluss an die Autorität der Verfassung zu gewinnen und sich vorgeblich im Rahmen seiner legitimen Aufgabe zu halten, gilt zwingend die alte hermeneutische Maxime *sensus non est inferendus, sed efferendus*[261] (die Bedeutung ist nicht in den Text hineinzulegen, sondern aus ihm zu

---

[256] Dazu etwa STARCK, Rangordnung der Gesetze (1995) 29 ff; RUFFERT, Der Vorrang der Verfassung (2001) 7 ff u passim.

[257] Art 8a Abs 2 B-VG.

[258] Konkreter ausgestaltet sind etwa Ehe und Familie (Art 6 GG), die Vereinsfreiheit (Art 9 GG), die Unverletzlichkeit der Wohnung (Art 13 GG) oder das freilich bis zur Unkenntlichkeit beschränkte Asylrecht (Art 16a GG), das seinen Charakter als Grundrecht weitgehend eingebüßt hat.

[259] Näher etwa BETHGE, Aktuelle Probleme der Grundrechtsdogmatik, Der Staat 24 (1985) 351, 359 ff.

[260] Dazu statt vieler DIEDERICHSEN, Rangordnung 90 ff; GROSSFELD, Götterdämmerung?, NJW 1995, 1719 ff; krit auch ISENSEE, in: FS Großfeld (1999) 485 ff.

[261] Dazu BETTI, Zur Grundlegung einer allg Auslegungslehre (1988) 21. Gegen diese Satz verstößt auch MARQUARD, Abschied vom Prinzipiellen (1981) 117 mit der nicht ernst gemein-

entnehmen). Andernfalls findet die notwendige Rückbindung an den legitimierenden Verfassungstext nicht statt. Zwar ist richtig, dass die geschriebene Verfassung durch eine im weitesten Sinne verstandene Auslegung und Analogie unter Einbeziehung der Verfassungswirklichkeit und des Umfeldes zu ergänzen ist. Der Interpret hat also einen sehr weiten Spielraum. Werden indes auch diese Grenzen überschritten, ist die Rückkoppelung an die Verfassung verloren und das Urteil gibt nur noch die politische Auffassung des Richters wieder. Vor einer Verfassungsgerichtsbarkeit auf der Grundlage abstrakter Grundrechte hatte deshalb bereits KELSEN, der Begründer der modernen Verfassungsgerichtsbarkeit, gewarnt.[262] Die hL, die diese methodischen Einwände kaum diskutiert, folgt dem Bundesverfassungsgericht idR kritiklos und geht mehrheitlich davon aus, dass die Konkretisierung der Wertordnung legitim und notwendig sei, weil die Verfassung keine klaren Vorgaben enthalte. Wer argumentiert, es sei Kern der verfassungsgerichtlichen Aufgabe, auszuloten, was das Verfassungsgericht sagen kann und was nicht, hat die Kompetenz-Kompetenz bereits akzeptiert und das Thema probandum vorweggenommen (so HIPP, Spiegel 20/2017 in einer unverständlichen Kritik am Bundestagspräsidenten LAMMERT, der in der FAZ v 10.5.2017 zurecht die Einengung der politischen Gestaltungsräume des Gesetzgebers durch das BVerfG kritisiert hatte). Oft wird behauptet, das Bundesverfassungsgericht habe die Gratwanderung zwischen Recht und Politik im Allgemeinen gut bewältigt.[263] Die richtige Alternative, sich auf die Fragen zu beschränken die eine im Text der Verfassung und ihrem Umfeld verifizierbare Antwort zulassen und die Entscheidung politischer Fragen als nicht justiziabel der Politik zu überlassen, erwägt die hL genauso wenig wie das

---

ten oder ernst zu nehmenden These „Hermeneutik (sei) die Kunst aus einem Text herauszukriegen, was nicht drinsteht, wozu – wenn man doch den Text hat – brauchte man sie sonst?"; krit RÜTHERS, Die heimliche Revolution 10 f.

[262] KELSEN, Wer soll Hüter der Verfassung sein? (1931) 24: „Wünscht man die Macht der Gerichte und damit den politischen Charakter ihrer Funktion zu restringieren" – eine Tendenz, die bei der konstitutionellen Monarchie besonders hervortritt –, die aber auch in der demokratischen Republik zu beobachten ist, dann muss der Spielraum freien Ermessens, den die Gesetze ihrer Anwendung einräumen, möglichst eng gezogen sein. Dann dürfen die einem Verfassungsgericht zur Anwendung stehenden Verfassungsnormen, insbesondere jene, mit denen der Inhalt künftiger Gesetze bestimmt wird, wie die Bestimmungen über die Grundrechte und dergleichen nicht zu allgemein gefasst sein, nicht mit vagen Schlagworten, wie „Freiheit", „Gleichheit", „Gerechtigkeit" usw operieren. Andernfalls besteht die Gefahr einer von der Verfassung nicht intendierten und politisch höchst unangebrachten Machtverschiebung vom Parlament zu einer außerhalb desselben stehenden Instanz, „die zum Exponenten ganz anderer politischer Kräfte werden kann, als jene, die im Parlament zum Ausdruck kommen." –

Für KELSEN war eine Verfassungsgerichtsbarkeit, welche die Grenzen der Jurisdiktion missachtet und politische Entscheidungen trifft, undenkbar. Er war auch der Aufnahme allgemeiner und abstrakter Grundsätze und jeglicher Verfassungslyrik abhold. So ist das österreichische B-VG ein nüchterner, spröder Text ohne große Worte. Angeblich beanstandete KELSEN bei den Verfassungsarbeiten sogar den Art 1 S 1 B-VG („Österreich ist eine demokratische Republik") wegen seines programmatischen Charakters, worauf RENNER geantwortet haben soll: „Herr Professor, Sie haben Recht, aber irgend etwas Schönes soll doch auch in der Verfassung stehen". Die Geschichte erzählt R WALTER in der Wiener Zeitung, online www.wienerzeitung.at/linkmap/personen/kelsen.htm, zuletzt gesehen am 14.8.2008.

[263] So etwa SCHOLZ, Das Bundesverfassungsgericht: Hüter der Verfassung oder Ersatzgesetzgeber?, ApuZ B 16/99, 3, 4; ähnlich WESEL 359 u passim; mehr oder weniger unkritisch sind überwiegend auch die Beiträge in BADURA/DREIER (Hrsg), 50 Jahre Bundesverfassungsgericht (2001); HÄBERLE (Hrsg), 60 Jahre deutsches Grundgesetz (2011) und VESTING/KORIOTH (Hrsg), Der Eigenwert des Verfassungsrechts (2011); HILLGRUBER/WALDHOFF, 60 Jahre Bonner Grundgesetz – eine geglückte Verfassung? (2011).

Bundesverfassungsgericht selbst.[264] Seine Mitglieder räumen ganz offen ein, Politik zu machen (vgl auch oben Rn 112e). So heißt es zB bei HASSEMER[265] „der Vorwurf, das Gericht mache Politik, ist alt, iterativ und im Wesentlichen zutreffend". Diese Vorwärtsverteidigung verkennt, dass eine Fehlentwicklung nicht dadurch akzeptabel wird, dass man sie offen zugibt oder der Kritik Wiederholung vorhält. Der Präsident des BVerfG, VOSSKUHLE, hat im Spiegel (47/2015) den zu Unrecht usurpierten Gestaltungsanspruch so begründet: „Das Bundesverfassungsgericht (aber steht) nicht selten vor Aufgaben, die eher mit dem Bau eines Hauses auf offener Wiese zu vergleichen sind. Die Konkretisierung der meistens sehr knapp und offen gefassten Aussagen des Grundgesetzes stellt eine besondere Herausforderung dar. Da kann man über vieles streiten." Um im Bild zu bleiben: Es fehlt vor allem der Bauplan für das Haus, dessen Erstellung Sache des Gesetzgebers und nicht des Gerichts ist. Der Gesetzgeber nimmt seine „Desavouierung dankend an, indem die normverwerfende Entscheidung des BVerfG als wegweisend kommentiert wird. Ein unwürdiges Schauspiel, das sich mit schöner Regelmäßigkeit wiederholt" (HILLGRUBER JZ 2011, 861, 863).[266] Nach W SCHÖN[267] „gehört es zu den Todsünden der Rechtswissenschaft Rechtspolitik als Rechtsinterpretation zu kaschieren". Die Rsp des Bundesverfassungsgerichts verstößt gegen das Postulat der Methodenehrlichkeit, das verlangt, dass nicht als kognitiver Akt ausgegeben wird, was mangels Anhaltspunkten in der Verfassung bloß *dezisionistisches* und *volitives politisches Handeln* ist, dem die demokratische Legitimation fehlt.

---

[264] An kritischen Stimmen sind zu nennen: HILLGRUBER, Ohne rechtes Maß? Eine Kritik der Rechtsprechung des BVerfG nach 60 Jahren, JZ 2011, 861 ff; HONSELL, Wächter oder Herrscher – Das Bundesverfassungsgericht zwischen Recht und Politik; RÜTHERS, Die heimliche Revolution (2014) 29 ff, 175 ff u passim; ferner ders JZ 2002, 365 ff; DIEDERICHSEN, Das Bundesverfassungsgericht als oberstes Zivilgericht, AcP 198 (1998) 171 ff; DEPPENHEUER, Die Methoden der Verfassungsinterpretation, in: FS Kriele (München 1997) 457 ff; GROSSFELD, Götterdämmerung?, Zur Stellung des Verfassungsgerichts, NJW 1995, 1719 ff; HESSE, Grenzen der Verfassungsgerichtsbarkeit, in: FS H Huber (1981) 261 ff; ISENSEE, Bundesverfassungsgericht – quo vadis?, JZ 1996, 1085 ff; MÖLLERS, Wandel der Grundrechtsjudikatur, NJW 2005, 1973 ff; OSSENBÜHL, in: Verfassungsgerichtsbarkeit und Gesetzgebung, Symposion Lerche (hrsgg v BADURA/SCHOLZ (München 1998) 49 ff, 55 ff; SCHULZE-FIELITZ, Das Bundesverfassungsgericht in der Krise des Zeitgeists, AöR 1997, 1 ff; VOLKMANN, Veränderungen der Grundrechtsdogmatik, JZ 2005, 261 ff; s zuletzt JESTEDT/LEPSIUS/MÖLLERS/SCHÖNBERGER, Das entgrenzte Gericht – Eine kritische Bilanz nach sechzig Jahren Bundesverfassungsgericht (2011).

[265] Erscheinungsformen des modernen Rechts [2007] 82; s auch ders, Politik aus Karlsruhe?, JZ 2008, 1 ff.

[266] Auch angesichts der 60-Jahrfeier des Bundesverfassungsgerichts überwiegen kritiklose Ovationen, zB in dem Sammelband von STOLLEIS (Hrsg), Herzkammern der Republik – Die Deutschen und das BVerfG (2011) (womit offenbar die beiden Senate gemeint sind). Dort nennt etwa PRANTL 168 f, 177 – difficile satiram non scribere – Karlsruhe einen Gnadenort, der mit Altötting (sic!) vergleichbar sei, spricht vom Wunder von Karlsruhe, das so etwas sei wie das Hambach unserer Zeit, vom Mekka der Verfassungsgerichte (usw); unkritisch auch LAMPRECHT, Ich gehe bis nach Karlsruhe – eine Geschichte des Bundesverfassungsgerichts, Hamburg 2011; eine Kritik der Kompetenzüberschreitung durch das Gericht, die allerdings auf die zentralen, hier kritisierten Punkte nicht eingeht, findet sich bei JESTEDT/LEPSIUS/MÖLLERS/SCHÖNBERGER, Das entgrenzte Gericht – Eine kritische Bilanz nach sechzig Jahren Bundesverfassungsgericht (2011); SCHULZE-FIELITZ, Die Schattenseiten des Grundgesetzes in: DREIER (Hrsg), Macht und Ohnmacht des Grundgesetzes, 60 Jahre Grundgesetz (2009) 9 ff, 21 ff ua; HORNUNG Grundrechtsinnovationen (2015) 395 ff.

[267] In ENGEL/SCHÖN, Das Proprium der Rechtswissenschaft (2007) 320, die Feststellung wird dort ganz allgemein getroffen und nicht auf die Rspr des BVerfG bezogen.

A. Einleitung zum BGB											67

Man kann aus Programmsätzen nur wenig ableiten, aber man kann sie mit politischen Inhalten ausfüllen. Die politische Anreicherung der Grundrechte durch das Parlament ist legitim, ein vorgeblicher Erkenntnisgewinn des Bundesverfassungsgerichts ist illegitim. Was fehlt, ist eine Rückbesinnung auf die notwendige Trennung von *Handlungsmaßstab* und *Kontrollmaßstab*,[268] der erste ist weit, der zweite eng.

Die ausufernde Rechtsprechung entnimmt den überwiegend deklamatorischen bzw. programmatischen Grundrechten wie Eigentums-, Meinungs- oder Religionsfreiheit, sowie den ideologie-gesteuerten, generalklauselartigen Maximen wie Freiheit, Gleichheit oder Gerechtigkeit (usw) im Wege der **„Konkretisierung einer Wertordnung"** Details, die darin nicht enthalten sind, sondern vom Gericht erst hineininterpretiert werden. Die Behauptung, die richterlichen Wertungen seien bereits im Grundgesetz enthalten und würden vom Gericht in einem kognitiven Prozess nur erkannt, verschleiert, dass das Gericht in Wahrheit politische Entscheidungen trifft, die in einer Demokratie dem Parlament vorbehalten sind. „Als normgemäß können nur solche Hypostasierungen gelten, die im Wortlaut der zu interpretierenden Norm eine Rechtfertigung finden"[269]. So sind zB der den Schwangerschaftsabbruch rechtfertigende *Beratungsschein* oder das unzulässig Rauchverbot in *Einraumkneipen* unter 75 Quadratmetern[270]

---

[268] Zu der Unterscheidung s BRYDE, Verfassungsentwicklung (1988) 306 f; JESTEDT, Grundrechtsentfaltung im Gesetz (1999) 186 ff mwNw; RAABE, Grundrechte und Erkenntnis (1998) 147 ff.

[269] FORSTHOFF, Die Umbildung des Verfassungsgesetzes, in Rechtsstaat im Wandel (1964) 147, 152.

[270] Das sind beliebig herausgegriffene Beispiele: Nach BVerfGE 88, 203 ff ist heute nicht mehr die Abtreibung strafbar, sondern das Fehlen eines Beratungsscheins. Es ist nicht begründbar, dass die Menschenwürde des Fötus (bei sonstiger Schutzlosigkeit) nur beim Fehlen eines Beratungsscheines durch Strafbarkeit der Abtreibung geschützt werden müsste. Man kann dies nicht als Inhalt der Verfassung ausgegeben, der vom Gericht nur erkannt wird. Art 1 Abs 1 GG hat keine konkreten Inhalte dieser Art. Die Menschenwürde und das Recht auf Leben sind in Reaktion auf die Naziverbrechen in die Verfassung aufgenommen worden. Für die Frage, ob ein Fötus durch Strafrecht geschützt werden muss, lässt sich ihnen nichts entnehmen, schon gar nicht, dass man den Fötus von Verfassungs wegen grundsätzlich schutzlos lässt, aber durch Bestrafung von Frauen schützen muss, die es versäumt haben, sich beraten zu lassen. So hat denn auch der Europäische Menschenrechtsgerichtshof (EGMR Nr 53924/00) die Einbeziehung des ungeborenen Lebens in den Schutz des Art 2 Abs 1 S 1 EMRK abgelehnt und in den meisten Ländern Europas gilt die Fristenregelung (näher HONSELL ZIP 2009, 1689 ff). Ein weiteres, krasses Beispiel ist die Entscheidung zum Rauchverbot (BVerfG 1 BvR 3262/07 v 30.7.2008): Aus der Berufsfreiheit des Art 12 GG soll sich ergeben, dass das Rauchen auch in Einraumkneipen mit weniger als 75 Quadratmetern erlaubt werden muss, in denen keine zubereiteten Speisen angeboten werden und zu denen Personen unter 18 Jahren keinen Zutritt haben. Es ist nicht nachvollziehbar, wie man diese Details aus einer Konkretisierung von Art 12 GG gewinnen will. Die Feststellungen des Gerichts sind keine Konkretisierung eines Abstractum, das in Art 12 GG bereits irgendwie angelegt ist. Auch hier müsste aber doch die Grundidee wenigstens angedeutet sein, so dass es in rational nachvollziehbarer Weise aus dem abstrakten Text und seiner ratio für den konkreten Fall erschlossen werden könnte. Andernfalls handelt es sich nicht mehr um Erkenntnis sondern um Dezision, nicht mehr um Begründung eines Urteils aus der Verfassung, sondern um Proklamation eines politischen Willens. Und in der Tat kann solche Vorgaben legitimer Weise nur ein Gesetzgeber machen. Diese und viele andere Beispiele zeigen, dass mit den allgemeinen Begriffen Würde des Menschen oder freie Persönlichkeitsentfaltung, Kunst- und Lehrfreiheit (usw.) eine beliebige und grenzenlose Auslegung betrieben wird. Die Anfänge dieser Fehlentwicklung gehen zurück auf das Lüth-Urteil (BVerfGE 7, 198, 205), das aus den Grundrechten eine auf alle Bereiche des Rechts ausstrahlende Wertordnung gemacht hat. So bestechend der Gedanke ist, die ganze Rechtsordnung mit dem Geist der Grundrechte zu durchdringen, so klar sind die Grenzen dieser

„**normfremde Hypostasierungen**" der Grundrechte der Art 1 und 2 bzw Art 12, für die sich in diesen Normen nicht die geringsten Anhaltpunkte finden.

Soweit es sich eindeutig um politische Dezision ohne Rückkoppelung an die Verfassung handelt, ist es nicht angängig, politische Meinungen und Richtigkeitsvorstellungen von 8 Richtern über die von 709 Abgeordneten zu stellen. Gerade weil das Gericht in Verfassungsfragen ein Letztentscheidungsrecht hat, ist eine sorgfältige Abgrenzung von Politikfragen nötig. Auch eine richterliche Rechtsfortbildung ist im Normenkontrollverfahren nicht anzuerkennen, denn bei der Fallentscheidung ist der Richter gezwungen eine materiell gerechte Entscheidung zu treffen. Deshalb ist er an Gesetz und *Recht* gebunden (Art 20 Abs 3 GG, vgl Rn 76). Hingegen besteht bei der Normenkontrolle kein solcher Entscheidungszwang und der Richter kann darauf verweisen, dass sich aus der Verfassung nichts ergibt und die Klage mangels Verfassungsverstoßes abweisen. Die Politik im Gewande der Rechtsprechung führt gleichermaßen zu einer Jurifizierung der Politik wie zu einer Politisierung der Justiz, was beiden nicht guttut und gegen die Gewaltenteilung und das Demokratieprinzip verstößt. Nach der Statistik des BVerfG beläuft sich die Zahl der seit 1951 ganz oder tlw beanstandeten Gesetze (Bundes- und Landesrecht) auf 714. Bezogen auf die Gesamtzahl abstrakter und konkreter Normenkontrollverfahren von 3736 sind das ca 19 % Nach der Statistik des Bundesverfassungsgerichts beläuft sich die Zahl der seit 1951 ganz oder tlw beanstandeten Gesetze (Bundes- und Landesrecht) auf 714. Bezogen auf die Gesamtzahl abstrakter und konkreter Normenkontrollverfahren von 3736 sind das ca 19 % (näher STAUDINGER/HONSELL [2018] Rn 190). Der einstmals gravierende Vorwurf der Verfassungswidrigkeit hat heute jede Schärfe verloren. Die Gesetze gelten quasi erst nach Approbation durch das BVerfG. Das Gericht müsste die Grenzüberschreitungen unterlassen und könnte sowohl bei der „Auslegung" der Verfassung Zurückhaltung üben als auch in Grenzfragen von Recht und Politik auf die Entscheidung politischer Fragen verzichten und die Verfassungswidrigkeit des Gesetzes im Zweifel verneinen. Allerdings gibt es keine klare Grenze zwischen Recht und Politik. Lediglich die *Reine Rechtslehre* KELSENS[271] leistet diese Trennung, allerdings um den nicht akzeptablen Preis positivistischen Verzichts auf materiale Gerechtigkeit und inhaltliche Vernünftigkeit. Der Umstand, dass die Grenze zwischen Verfassungsauslegung und Politik fließend ist, bedeutet indes nicht, dass man sie nicht beachten müsste oder könnte: Je mehr es sich um Politik handelt, umso größer sollte die Zurückhaltung sein. Wenn das

---

Methode, wenn man sich den ableitbaren Grundrechtsgehalt vor Augen hält. Auch wird die Verfassung entwertet, wenn man selbst noch die kleinsten praktischen Rechtsfragen aus ihr ableitet, wie dies seit dem Elfes-Urteil (BVerfGE 6, 32) geschieht, das aus der freien Persönlichkeitsentfaltung des Art 2 Abs 1 GG eine allgemeine Handlungsfreiheit gemacht hat. Mit dem Instrumentarium des Bundesverfassungsgerichts kann man nahezu jede Rechtsfrage zur Verfassungsfrage machen. Seither befasst sich das Gericht zB mit dem Grundrecht auf „Reiten im Wald" (BVerfGE 80, 137) oder „Taubenfüttern" (BVerfGE 54, 173), um nur zwei Beispiele zu nennen. Zu Recht hat man von einer Banalisierung der Grundrechte gesprochen (näher STAUDINGER/HONSELL (2018) Einl 193 zum BGB). Das BVerfG (1 BuR 1318/07) weiß zB auch, dass der Begriff „Dummschwätzer" nicht notwendig ehrverletzend ist. Er könne als „sprachlich pointierte Bewertung" auch der Auseinandersetzung in der Sache dienen. Ganz abgesehen davon, dass dies ein Fall für eine alimine-Abweisung gewesen wäre – muss wirklich das Bundesverfassungsgericht den Fachgerichten diese zweifelhafte Nachhilfe in Sachen Beleidigung erteilen und hat das noch etwas mit Meinungsfreiheit zu tun?

[271] Die Reine Rechtslehre (1931, 2. Aufl 1964) wurde in Auseinandersetzung mit der Freirechtsschule EUGEN EHRLICHS entwickelt, näher HONSELL, Recht und Rechtswissenschaft in Österreich, hrsgg v BERKA/MAGERL (2006) 37 ff.

Gericht diesen Grundsatz beachtete, wäre gegen ein so begrenztes Letztentscheidungsrecht des Bundesverfassungsgerichts nichts einzuwenden. Man könnte dann mit Lord Denning[272] sagen: *Someone must be trusted, let it be the judges.* Dieses Vertrauen verpflichtet zu einer Rückbesinnung auf den iudicial self-restraint und die political question-Theorie, Maximen, die der US-amerikanische Supreme Court entwickelt, zuletzt aber zunehmend außer Acht gelassen hat.

Es gibt zahlreiche Beispiele für eine **Überschreitung der kognitiven Grenze** durch das BVerfG. Hierher gehört im Steuerrecht, die Herleitung des sog *Halbteilungsgrundsatzes*[273] aus Art 14 Abs 2 S 2 GG, dem auf den Germanisten Konrad Beyerle zurückgehenden programmatischen Satz: „Eigentum verpflichtet. Sein Gebrauch soll zugleich dem gemeinen Besten dienen". Das geht so: „[…] Nach Art 14 Abs 2 GG dient der Eigentumsgebrauch *zugleich* [Hervorhebung hinzugefügt] dem privaten Nutzen und dem Wohl der Allgemeinheit. Deshalb ist der Vermögensertrag einerseits für die steuerliche Gemeinlast zugänglich, andererseits muss dem Berechtigten ein privater Ertragsnutzen verbleiben. Die Vermögensteuer darf deshalb zu den übrigen Steuern auf den Ertrag nur hinzutreten, soweit die steuerliche Gesamtbelastung des Sollertrages bei typisierender Betrachtung von Einnahmen, abziehbaren Aufwendungen und sonstigen Entlastungen in der Nähe einer hälftigen Teilung zwischen privater und öffentlicher Hand verbleibt." Diese Beweisführung ist falsch. Das Wort *zugleich* ist eine Konjunktion, es bedeutet „*auch*", „*gleichzeitig*", und nicht: „*zu gleichen Teilen*". Aus ihm lässt sich die Halbteilung nicht herleiten,[274] so verdienstvoll es an sich ist, wenn das Bundesverfassungsgericht die grammatische Interpretation anwendet und sich an den Wortlaut hält. Während das Urteil zum Halbteilungsgrundsatz etwas aus dem Grundgesetz herausgelesen hat, was nicht drinsteht, setzte sich BVerfGE 69, 1 über den klaren Wortlaut der Verfassung hinweg, als es dem ZivildienstG Verfassungsmässigkeit bescheinigte, das einen 20-monatigen Ersatzdienst vorsah, obgleich der Wehrdienst nur 15 Monate betrug und Art 12a Abs 2 S 2 GG mit seltener Klarheit bestimmt, dass die Dauer des Ersatzdienstes die Dauer des Wehrdienstes nicht übersteigen darf (dazu LAMPRECHT, Ich gehe bis nach Karlsruhe [1911] 186 f). Ein weiteres Beispiel einer semantischen Auslegung ist BVerfG 92, 1, 6 – Sitzblockade II.[275] Mit diesem Beschluss wurde eine st Rsp des BGH[276] aufgehoben, wonach auch eine *Sitzblockade* Gewalt iSv § 240 Abs 1 StGB darstellen und als Nötigung qualifiziert werden kann. Eine solche erweiternde Auslegung des Gewaltbegriffs in § 240 Abs 1 StGB verstößt nach Meinung des Bundesverfassungsgerichts gegen das Analogieverbot von Art 103 Abs 2 GG. Diese Entscheidung ist auf einhellige Kritik gestoßen.[277] Es ist nicht ohne Ironie, wenn ausgerechnet das Bundesverfassungsgericht, das selbst permanent die vagesten und unbestimmtesten Tatbestände „konkretisiert" den BGH über die richtige Grenzziehung zwischen extensiver Auslegung und Analogie belehrt und dabei der Auslegung so enge Grenzen zieht. In der Sache ist es verfehlt, das Demonstrationsrecht mit dem Recht auf Sitzblockaden anzureichern. Was das Urteil

---

[272] What Next in the Law (1982) 330.
[273] BVerfGE 93, 121, 138 – Einheitswert II; wieder einkassiert von BVerfGE 115, 97 – Halbteilungsgrundsatz = NJW 2006, 1191 (nicht tragender Grund, sondern nur obiter dictum).
[274] Dazu SENDLER, Der Halbteilungsgrundsatz und die Etymologie, NJW 2000, 483, 2481 f; LIST NJW 2000, 1840.
[275] In BVerfGE 73, 206, 256 (Sitzblockade I) war der Entscheid noch 4:4 ausgegangen und die Verfassungsbeschwerde abgewiesen worden.
[276] BGHSt 23, 46.
[277] Vgl etwa SCHROEDER JuS 1995, 875, 878; KREY JR 1995, 265. – Immerhin bejaht BVerfGE 104, 92, 9 (Sitzblockade III) Gewalt, wenn sich die Demonstranten anketten („Errichten einer physischen Barriere").

in der Praxis der Polizeiarbeit bedeutet, kann man zB an den Demonstrationen gegen die Castortransporte sehen, die für die Polizei eine Provokation und eine Zumutung sind, ganz zu schweigen von den enormen Kosten riesiger Polizeiaufgebote, die zum Wegtragen der (gewaltfreien?) Blockierer notwendig sind. Dass diese Judikatur in die Irre führt, zeigt die sich anschließende Sophisterei über psychische und physische Gewalt. BGHSt 41, 182 ff. hat entschieden, dass die psychische Gewalt gegen das erste Fahrzeug bei einer Sitzblockade auf der Autobahn nach der Rsp des BVerfG für eine Strafbarkeit nach § 240 StGB nicht ausreiche, wohl aber die mittelbare physische Gewalt gegen die weiteren Fahrzeuge, die ja durch Fahrzeuge vor ihnen am Weiterfahren gehindert werden. BVerfG BvR 388/05 hat diese sog „Zweite Reihe Rechtsprechung" gebilligt. Andere Entscheidung des Bundesverfassungsgerichts weichen den Grundsatz der lex certa et clara von Art 103 Abs 2 auf, indem sie an die Bestimmtheit nur ganz geringe Anforderungen stellen und zB § 266 Abs 1 StGB (Untreue) für verfassungsgemäß erklären (BVerfG 23.6.2010 – 2 BvR 2559/08, 2 BvR 105/09, 2 BvR 491/09). Der weite Treubruchtatbestand des § 266 Abs 1 StGB wurde in Deutschland 1933 von den Nazis eingeführt. Zuvor waren Einzelfälle enumerativ aufgezählt („Vormünder, Kuratoren,..." usw). Fataler Weise hat man ihn nach dem Krieg nicht wieder abgeschafft. Das Problematische an der Norm ist, dass sie auf jede Tatbestandsbeschreibung verzichtet und mit der sog Vermögensbetreuungspflicht ein Blankett enthält, das auf außerstrafrechtliche Normen verweist. Damit wird quasi die Verletzung des Prinzips von Treu und Glauben (§ 242 BGB) zum Straftatbestand gemacht. Erschreckend kommt hinzu, dass der Strafrahmen der gleiche ist wie bei den Bereicherungsdelikten (zB Betrug, Diebstahl), eine Bereicherung aber gar nicht vorzuliegen braucht. Im Ergebnis macht eine Vermögensschädigung strafbar, die im Zivilrecht im Grundsatz nicht einmal schadensersatzpflichtig macht. Das Regelungskonzept des Gesetzgebers in § 266 Abs 1 StGB – so das BVerfG – habe zwar im Interesse eines wirksamen und umfassenden Vermögensschutzes zu einer sehr weit gefassten und verhältnismäßig unscharfen Strafvorschrift geführt. Die Norm lasse aber eine konkretisierende Auslegung zu, welche die Rechtsprechung in langjähriger Praxis umgesetzt und die sich in ihrer tatbestandsbegrenzenden Funktion grundsätzlich als tragfähig erwiesen habe. Das ist ein klassischer Zirkelschluss (ein Hysteron-Proteron), denn Art 103 Abs 2 GG verlangt gerade, dass die Norm selbst hinreichend determiniert ist, weshalb es nicht genügt, dass sie im Wege einer richterlichen Auslegung konkretisiert werden kann, welche die Maßstäbe von woanders hernimmt und die noch vager ist als eine Analogie (näher Honsell, in: FS Roth [2011] 277 ff).

Die überzogene **Praxis** der „**Grundrechtskonkretisierung**" legt es an sich nahe, die Lehre von der Ausstrahlung der Grundrechte, die nicht nur im Privatrecht zu „Strahlenschäden"[278] führt, ganz aufzugeben und die Grundrechte – soweit es um den Kontrollmaßstab des BVerfG geht – wieder als bloße Abwehrrechte zu verstehen, so wie das jahrhundertelang richtig war. Dies ist noch wichtiger, seit der Vertrag von Lissabon mit seinem Grundrechtskatalog in Kraft getreten ist. Jetzt kommen wir womöglich vom Regen in die Traufe, weil die Rechtsprechungskultur des EuGH politisch noch prekärer ist als die des Bundesverfassungsgerichts. Freilich darf man sich keine Illusionen machen. Eine solche Umkehr ist nicht zu erwarten.

---

[278] So Isensee, Bundesverfassungsgericht – quo vadis? in: Fikentscher ua, Wertewandel – Rechtswandel (1997) 93 ff, 107.

Zum Verhältnis von **Privatrecht und Verfassung** hat sich eine eigene Theorie entwi- **68a** ckelt, nach der die Grundrechte auf das Zivilrecht ausstrahlen. Nach herrschender Lehre spielen die Grundrechte im Privatrecht mittelbar eine Rolle. Sie sind nämlich zur Konkretisierung der Generalklauseln heranzuziehen. Die These von der *mittelbaren Drittwirkung* der Grundrechte über die Generalklauseln stammt der Sache nach von Bosch/Habscheid[279] und ist später von Dürig[280] aufgegriffen und ausgebaut worden. In neuerer Zeit wurde dieser Ansatz in der Rechtsprechung des Bundesverfassungsgerichts durch die Theorie von den staatlichen Schutzpflichten ganz erheblich erweitert.[281] Die Abkehr von der *negatorischen Grundrechtskonzeption* (Grundrechte bieten Schutz vor Eingriffen des Staates), die Lehre vom *objektiven Gehalt* der Grundrechte, die Theorie von den *Schutzpflichten*, von den *Teilhabe- und Gewährleistungsrechten* (usw) führte zu einer die Gewaltenteilung sprengenden Machtakkumulation bei der Verfassungsgerichtsbarkeit unter Einengung des politischen Spielraums von Legislative, Exekutive und Judikative. Dies alles geschah unter dem mehr oder weniger verhüllenden Prätext der Grundrechtsauslegung.

Schon die Terminologie mit ihren Bildern und Metaphern wie *verdichten, ausstrahlen* usw zeigt das Fehlen einer Dogmatik. Der Richter habe kraft Verfassungsgebots zu prüfen, ob von der Anwendung der zivilrechtlichen Vorschriften im Einzelfall Grundrechte berührt werden. Sei dies der Fall, so habe er diese Vorschriften im Lichte der Grundrechte auszulegen und anzuwenden.[282] Verlangt wird weiter, dass die Gerichte die „Bedeutung und Tragweite der von ihren Entscheidungen berührten Grundrechte interpretationsleitend berücksichtigen" und eine „Abwägung zwischen den widerstreitenden grundrechtlichen Schutzgütern" vornehmen.[283] Eine Verletzung der Grundrechte (dh ihrer Ausstrahlungswirkung) liege vor, wenn die Erwägungen „Auslegungsfehler erkennen lassen, die auf einer grundsätzlich unrichtigen Auffassung von der

---

[279] Vertragspflicht und Gewissenskonflikt, JZ 1954, 213 ff.
[280] Grundrechte und Zivilrechtsprechung, in: FS Nawiasky (1956), 157 ff.
[281] S zB BVerfG 39, 1 u 88, 203 – Abtreibung I u II; Vosskuhle (in: Hillgruber/Waldhoff, 60 Jahre Bonner Grundgesetz) nennt die „grundrechtliche Begründung staatlicher Schutzpflichten die wahrscheinlich prominenteste Ausprägung der objektiven Grundrechtsdimension und echten Exportschlager". Aus der kaum mehr überschaubaren Lit zum Verhältnis von Grundrechten u Privatrecht s etwa Canaris, Grundrechte und Privatrecht, AcP 184 (1984) 201 ff; ders, Grundrechte und Privatrecht 1999; Cremer, Freiheitsgrundrechte (2003); Floren, Grundrechtsdogmatik im Vertragsrecht (1999); Hager, Grundrechte im Privatrecht, JZ 1994, 373 ff; Diederichsen, Das Bundesverfassungsgericht als oberstes Zivilgericht, AcP 198 (1998) 171 ff; ders, Die Selbstbehauptung des Privatrechts gegenüber dem Grundgesetz, Jura 1997, 57 ff; ders, Die Rangverhältnisse zwischen den Grundrechten und dem Privatrecht, in: Rangordnung der Gesetze, hrsgg v Starck (1995); Isensee, Vertragsfreiheit im Griff der Grundrechte, in: FS Großfeld (1999) 485 ff; Lerche, Grundrechtswirkungen im Privatrecht, Einheit der Rechtsordnung und materielle Verfassung, in: FS Odersky (1996) 215 ff; Medicus; Der Grundsatz der Verhältnismäßigkeit im Privatrecht, AcP 192 (1992) 35, 43 ff; K Schmidt, Einheit der Rechtsordnung – Realität? Aufgabe? Illusion?, in: Vielfalt des Rechts – Einheit der Rechtsordnung?, Hamburger Ringvorlesung 1994, 9, 18 f; Neuner, Privatrecht und Sozialstaat (1998); ders, Das BGB unter dem Grundgesetz, in: Diederichsen/Sellert (Hrsg), Das BGB im Wandel der Epochen (2002) 131 ff; Ruffert, Vorrang der Verfassung und Eigenständigkeit des Privatrechts – Eine verfassungsrechtliche Untersuchung zur Privatrechtswirkung des Grundgesetzes (2001); Singer Vertragsfreiheit, Grundrecht und der Schutz des Menschen vor sich selbst, JZ 1995, 1133 ff; Zöllner, Regelungsspielräume im Schuldvertragsrecht, AcP 196 (1996) 1 ff; ders, Die Privatrechtsgesellschaft im Gesetzes- und Richterstaat (1996).
[282] S etwa BVerfGE 84, 192, 194; BVerfGE 73, 261, 269; 103, 89, 100.
[283] BVerfGE 112, 332, 358; 114, 339, 348.

Bedeutung eines Grundrechts, insbes vom Umfang seines Schutzbereichs, beruhen und auch in ihrer materiellen Bedeutung für den konkreten Rechtsfall von einigem Gewicht[284] sind."[285] Spezifisches Verfassungsrecht sei nicht schon dann verletzt, wenn eine Entscheidung am einfachen Recht gemessen objektiv fehlerhaft sei, der Fehler müsse gerade in der Nichtbeachtung von Grundrechten liegen. BÖCKENFÖRDE[286] hat diese Einschränkungsversuche ein Arkanum des Gerichts genannt. Es sind nur Floskeln, die verschleiern, dass das Gericht nach Gutdünken entscheidet, ohne nachprüfbare Maßstäbe, die namentlich die Grundrechte in den meisten Fällen nicht hergeben. Dies wird als „flexibles, vom Gericht selbst steuerbares Prüfungsprogramm" gelobt[287] oder als von ihm gepflegter „Quellcode".[288] Namentlich Verfassungsrechtler sehen darüber hinausgehend die juristische Methode heute als Verfassungsfrage und sprechen von einer „*Konstitutionalisierung der Methodenlehre*"[289], die in einer „Konkretisierungs-, Diskurs- und Abwägungsjurisprudenz" bestehen und als neue Verfassungsdogmatik gar an die Stelle der alten Methodenlehre treten soll. Diese Lehre verkennt die historischen Wurzeln der juristischen Dogmatik und Methodenlehre im römisch-gemeinen (Zivil-)Recht, von wo aus sie in der zweiten Hälfte des 19. Jahrhunderts von OTTO MAYER, PAUL LABAND ua auf das öffentliche Recht übertragen worden ist. Im Übrigen bleibt sie auch dann unzutreffend, wenn man mit der Theorie vom Stufenbau der Rechtsordnung[290] alles Recht auf die Verfassung gründet. Die Methodenlehre enthält

---

[284] Zur sog HECK'schen Formel s HERZOG, Das Bundesverfassungsgericht und die Anwendung einfachen Gesetzesrechts, in: FS Dürig (1990) 431, 433.
[285] BVerfGE 18, 85, 92 f; 81, 242, 253; 101, 361, 388; 102, 347, 362; 103, 89, 100.
[286] Grundrechte als Grundsatznormen – Zur gegenwärtigen Lage der Grundrechtsdogmatik, in: ders, Staat, Verfassung, Demokratie (1991) 159, 169; (antikritisch DREIER, Dimensionen der Grundrechte. Von der Wertordnungsjudikatur zu den objektiv-rechtlichen Grundrechtsgehalten [1993] 53 ff); krit auch PAPIER, „Spezifisches Verfassungsrecht" und „einfaches Recht" als Argumentationsformeln des Bundesverfassungsgerichts in: STARCK (Hrsg), Bundesverfassungsgericht und Grundgesetz I (1976) 432, 450; OSSENBÜHL, Verfassungsgerichtsbarkeit und Fachgerichtsbarkeit, FS Ipsen (1977) 129, 130; MANGOLD/KLEIN/VOSSKUHLE, Komm GG (4. Aufl 2001) Art 93 Rn 55; GROSSFELD, Götterdämmerung? Zur Stellung des BVerfG NJW 1995, 1719, 1722; RÜTHERS JZ 2002, 365; STARCK, Verfassungsgerichtsbarkeit und Fachgerichte; JZ 1996, 1033, 1034 ff; ders, Das BVerfG in der Verfassungsordnung und im politischen Prozess, in: BADURA/DREIER (Hrsg), in: FS 50 Jahre Bundesverfassungsgericht (2001) 1, 13 f.
[287] So KORIOTH, Bundesverfassungsgericht und Rechtsprechung („Fachgerichte") in: Badura/Dreier (Hrsg), 50 Jahre Bundesverfassungsgericht (2001) 55, 65.
[288] Nach VOSSKUHLE (Stabilität, Zukunftsorientiertheit und Vielfaltssicherung – Die Pflege des verfassungsrechtlichen „Quellcodes" durch das Bundesverfassungsgericht, in: HILLGRUBER/WALDHOFF, 60 Jahre Bonner Grundgesetz – eine geglückte Verfassung? [2010] 97 ff) kommt dem BVerfG bei Bewahrung und Fortschreibung dieses „Quellcodes" eine tragende Rolle zu. Die falsche Metapher vom Quellcode suggeriert Nachprüfbarkeit, die gerade fehlt. Das einzige was an dem Bild stimmt, ist das Arkanum: Typisch für Quellcodes ist ihre secret source. – Eine von der Verfassung und irgendeiner Methode gänzlich losgelöste Argumentation lobt O LEMBCKE (in : Gabriel/Gröschner [Hrsg 2012] Subsumtion 73): Die Verfassungsrichter versuchten, den Entscheidungsprozess offen zu gestalten, um Umstände zu berücksichtigen, die dazu beitragen können, der Entscheidung „exemplarische Gültigkeit" zu verleihen (?).
[289] ZB JESTEDT in: ENGEL/SCHÖN, Das Proprium der Rechtswissenschaft (2007) 241 ff, 251 ff; 258 f; RÜTHERS, Rechtstheorie (2009) 272; abschwächend KRAMER, Methodenlehre 44 Fn 37 mwNw 46 f; kritisch differenzierend auch SCHENKE, Methodenlehre und Grundgesetz, in: DREIER (Hrsg), Macht und Ohnmacht des Grundgesetzes (2009) 51 ff, 67 ff; vgl auch die Diskussion auf der Zivilrechtslehrertagung in Würzburg 2013, AcP 214 (2014) 183 f; 93 ff.
[290] Grundlegend ADOLF JULIUS MERKL, Prolegomena einer Theorie des rechtlichen Stufenbaus, in: FS Kelsen (1931) 252 ff. Aus neuerer Zeit statt aller JESTEDT (s Fn 289).

A. Einleitung zum BGB **68a**

vorpositive Grundsätze, die unabhängig von einer etwaigen positiven Normierung bestehen, wie etwa das (Nicht-)Widerspruchsprinzip oder das Analogiegebot usw (s auch Rn 68b), die nicht erst aus dem Rechtsstaatsprinzip oder dem Gleichbehandlungsgebot erklärt werden können oder sollten, sondern schlichte Gebote bzw Figuren der allgemeinen Logik sind. Schon daraus ist ersichtlich, dass sie ihre Existenz nicht einer Verfassung verdanken. Das Bundesverfassungsgericht glaubt freilich, den Grundsatz der Widerspruchsfreiheit aus der Verfassung ableiten zu müssen, genauer aus dem Rechtsstaatsprinzip.[291] Danach soll bei Wertungswidersprüchen eine der beiden Normen nichtig sein. Der frühere Präsident des Bundesverwaltungsgerichts SENDLER[292] hat diese Argumentation eine „Reise nach Absurdistan" genannt. Das *Nichtwiderspruchsprinzip* ist ein Axiom der Logik und als solches ein vorpositives Prinzip, das seine Geltung nicht erst aus der Verfassung oder aus der Bestätigung durch das Bundesverfassungsgericht erhält. Echte Normwidersprüche müssen aufgelöst werden, einerlei, ob sich dafür in der Verfassung etwas Passendes findet oder nicht.

Von einer Grundrechtsdogmatik oder Verfassungstheorie, die diesen Namen verdient und für einigermaßen nachprüfbare und vorhersehbare Ergebnisse steht, sind diese Erklärungsversuche weit entfernt, auch wenn man in Betracht zieht, dass der Begriff der Dogmatik im Verfassungsrecht in einem viel weiteren und vageren Sinn verwendet wird als in der allgemeinen Methodenlehre[293] (s auch Rn 68b).

Zum Thema **Grundrechte im Privatrecht** existiert inzwischen eine lange Liste von Einzelfällen, die das Bundesverfassungsgericht auf dieser Basis als „Superrevisionsinstanz" und „oberstes Amtsgericht"[294] entschieden hat, von der Parabolantenne[295] des türkischen Mieters über das verfassungsrechtliche Eigentum des Mieters an der Mietsache (sic!)[296] und das Recht des behinderten Mieters auf den Einbau eines Treppenlifts auch in einem Mehrparteienmietshaus,[297] das sogar ins BGB Eingang gefunden

---

[291] BVerfGE 98, 83, 97; BVerfGE 98, 106, 1 18 f.
[292] Grundrecht auf Widerspruchsfreiheit der Rechtsordnung? – Eine Reise nach Absurdistan, NJW 1998, 2875; kritisch auch FISCHER JuS 1998, 1096, KONRAD DÖV 1999, 12, 15 ff; zustimmend hingegen SODAN JZ 1999, 864; BOTHE NJW 1998, 2333. Gegen die Ableitung der Einheit der Rechtsordnung aus der Verfassung auch FELIX, Die Einheit der Rechtsordnung (1998) 168 ff, 187 f u 401.
[293] Weitere Beispiele für diesen vagen und konturlosen verfassungsrechtlichen Dogmatik- und Theoriebegriff finden sich in den Sammelbänden Verfassungstheorie (hrsgg v DEPENHEUER/GRABENWARTER [2010]), namentlich die Beiträge von JESTAEDT (Verfassungstheorie als Disziplin, 4 ff), HILLGRUBER (Verfassungsinterpretation 505 ff), KAHL (Grundrechte 772 ff), KEMPEN (Verfassung und Politik 929 ff) und bei JESTAEDT/LEPSIUS/MÖLLER/SCHÖNBERGER (Das entgrenzte Gericht, [2011]); ferner, in: HILLGRUBER/WALDHOFF (Hrsg), 60 Jahre Bonner Grundgesetz (2010); krit differenzierend zur Rsp des BVerfG SCHENKE (Methodenlehre und Grundgesetz, in: DREIER [Hrsg] Macht und Ohnmacht des Grundgesetzes [2009] 51 ff, 67 ff), der die Nachteile der „Konstitutionalisierung der Methodenlehre" in ihrer Isolierung von den Nachbardisziplinen und der Verengung auf das öffentliche Recht sieht.
[294] ROBBERS NJW 1998, 935 ff; s auch OSSENBÜHL, in: FS Hoppe (1996) 52: „entscheidet das Bundesverfassungsgericht wie ein Amtsrichter, beispielsweise im Ehrenschutz, im Mietrecht und zuletzt im Arbeitsrecht".
[295] BVerfG NJW 1993, 1252.
[296] BVerfGE 89, 1 (u öfter): „Das Besitzrecht des Mieters an der gemieteten Wohnung ist Eigentum im Sinne von Art 14 Abs 1 S 1."; ein kurioser Beitrag zur Einheit der Rechtsordnung. Seit 2000 Jahren waren Eigentum und Besitz getrennt: Ulpian D 41,2,12,1: nihil commune habet proprietas cum possessione.
[297] BVerfG BvR 1460/99 NJW 2000, 2658, dies, obwohl der Mieter die Wohnung in Kenntnis des Umstands gemietet hatte, dass der Einbau eines Treppenlifts mit Rücksicht auf die übrigen Mieter nicht möglich sei und erklärt hatte, dass er keinen Lift benötige.

hat (s die sog Barrierefreiheit in § 554a Abs 1 BGB), bis zur Zeugenentschädigung eines Studenten ohne Verdienstausfall[298] oder zur Verfassungswidrigkeit des (ausnahmslosen) Verbots von Erfolgshonoraren wegen Verstoßes gegen die Berufsfreiheit(!).[299] Das auch in anderen Ländern geltende Verbot des Erfolgshonorars[300] geht auf das Römische Recht zurück,[301] in dem der Klagenkauf verboten war. Die ratio dieses Verbots liegt auf der Hand: Der Mandant kann das Prozessrisiko und damit den Wert seiner Forderung meist nicht einschätzen und soll vor Übervorteilung geschützt werden.

68b Die vom BVerfG praktizierte *Abwägung*[302] *einander widerstreitender Grundrechte* oder *Verfassungsprinzipien* ist für Zivilsachen keine adäquate Methode. Sie höhlt die traditionelle Zivilrechtsdogmatik aus und führt zu einer nicht unbeträchtlichen Rechtsunsicherheit (MEDICUS AcP 192, 58 ff). Sie hat ähnliche Schwächen wie das von WILBURG[303] entwickelte *bewegliche System*, das – eine Art juristisches *Sandhaufentheorem* – auf das Zusammenspiel verschiedener Elemente unterschiedlichen Gewichts abstellt. Im Zivilrecht, in dem meist klare Tatbestände vorliegen, ist der Nutzen solcher Theoreme sehr begrenzt. An die Stelle klarer, subsumtionsfähiger Tatbestände treten widerstreitende Prinzipien, die gegeneinander abgewogen werden sollen, wie etwa Meinungsfreiheit gegen Persönlichkeitsschutz oder Eigentumsgarantie, Menschenwürde gegen Handlungsfreiheit (usw), ohne dass dafür konkrete, nachprüfbare Maßstäbe in der Verfassung zur Verfügung stünden. Man tauscht eine klare und präzise Dogmatik gegen ein System vager Prinzipien. Ohne Maßstäbe hat das bloße Abwägen kollidierender Grundrechte keinen nachprüfbaren Begründungswert. Es ist wie „Wägen ohne Waage".[304] Übrig bleibt nur der politische Wille. Die auf diese Weise gewonnenen Entscheidungen sind durchweg begründungsärmer und weniger überzeugend als die auf Subsumtion oder Analogie beruhenden Urteile der Fachgerichte. Die Voraussetzungen für das Urteil der Verfassungswidrigkeit bleiben unklar. Ein Beispiel für Abwägung im Spannungsverhältnis zwischen Meinungsfreiheit und Eigentumsgarantie

---

[298] BVerfGE 49, 280.
[299] BVerfGE 117, 163: „Das Verbot anwaltlicher Erfolgshonorare einschließlich des Verbotes der ‚quota litis' (§ 49 b Abs 2 BRAO aF, § 49 b Abs 2 Satz 1 BRAO) ist mit Art 12 Abs 1 GG insoweit nicht vereinbar, als es keine Ausnahme für den Fall zulässt, dass der Rechtsanwalt mit der Vereinbarung einer erfolgsbasierten Vergütung besonderen Umständen in der Person des Auftraggebers Rechnung trägt, die diesen sonst davon abhielten, seine Rechte zu verfolgen". Diese Vorgaben wurden in den neuen § 4a Abs 1 RVG übernommen.
[300] Vgl zB § 879 Ziff 2 ABGB: Die US-amerikanische contingency fee ist allerdings überall auf dem Vormarsch.
[301] Ulp D 17,1,6,7; Papinian eod 7; s KUNKEL/HONSELL, Röm Recht (1987) 337 Fn 23.
[302] Zur Abwägung s etwa OSSENBÜHL, Abwägung im Verfassungsrecht in: ERBGUTH/EBBECKE ua (Hrsg), Abwägung im Recht, Symp Hoppe (1996) 25, 33 f; LEISNER, Der Abwägungsstaat – Verhältnismäßigkeit als Gerechtigkeit? (1997); LERCHE, Übermaß und Verfassungsrecht (1961); ders, Stil und Methode der verfassungsrechtlichen Entscheidungspraxis, in: BADURA/DREIER, (Hrsg, 50 Jahre Bundesverfassungsgericht (2001) 334, 349 ff; SCHLINK, Abwägung im Verfassungsrecht (1976); STERN, Staatsrecht III/2 (1994) 814 ff; ALEXY, Theorie der Grundrechte (3. Aufl 1996) 143 ff; LEISNER, Der Abwägungsstaat. Verhältnismäßigkeit als Gerechtigkeit? (1997); DREIER, Dimensionen der Grundrechte. Von der Wertordnungsjudikatur zu den objektivrechtlichen Grundlagen (1993); zuletzt RÜCKERT, Abwägung, JZ 2011, 913 ff.
[303] Entwicklung eines beweglichen Systems im bürgerlichen Recht, Rektoratsrede (Graz 1951); dazu etwa MICHAEL, Der allgemeine Gleichheitssatz als Methodennorm komparativer Systeme (1997).
[304] So KOPPENSTEINER, Marktbezogene Unlauterkeit und Missbrauch von Marktmacht, WRP 2007, 475, 479 – zur Interessenabwägung.

A. Einleitung zum BGB 68b

sah das Bundesverfassungsgericht[305] in einem Fall, in dem ein Mieter ein Wahlplakat seiner politischen Partei an der Außenwand des Mietshauses angebracht hatte. Indessen lag hier gar kein Spannungsverhältnis vor, denn die Meinungsfreiheit gibt grundsätzlich kein Recht zur Inanspruchnahme fremden Eigentums. Dasselbe gilt für die Kunstfreiheit. Man denke an die Graffiti des Sprayers Nägeli, die auch dann eine Sachbeschädigung bleiben, wenn man sie für Kunst halten wollte. Dass eine Collage, die das Urinieren auf die Fahne darstellt, trotz Strafbarkeit des Verunglimpfens von Staatssymbolen (§ 90a StGB) durch die Kunstfreiheit des Art 5 Abs 3 S 1 GG gedeckt sein soll, (BVerfGE 81, 278), ist nicht nachvollziehbar. Die Abwägung zwischen Eigentum und Meinungs- bzw Informationsfreiheit erfolgt zugunsten der Parabolantenne des türkischen Mieters.[306] Anstatt Inhalt und Grenzen des sozialen Mietrechts – wie in Art 14 Abs 1 GG vorgesehen – dem Gesetzgeber und den Gerichten zu überlassen, erfindet das Bundesverfassungsgericht[307] ein Eigentum des Mieters iSv Art 14 GG und wägt es gegen das Eigentum des Vermieters ab. Das ganze Mietrecht wird so zum Gegenstand der verfassungsrechtlichen Überprüfung des Spannungsverhältnisses zwischen zwei Eigentumspositionen. Das Bundesverfassungsgericht ist seither auch oberstes Mietgericht.[308] So entschied es, dass eine Kündigung des Vermieters, dem mehrfach vertragswidrig die Besichtigung der heruntergekommenen Wohnung verweigert worden war, nach Art 14 und Art 13 unwirksam sei.[309] Wenig überzeugend ist schließlich auch die *Handelsvertreter*-Entscheidung.[310] Dort hatten die Parteien entsprechend der damaligen Fassung v § 90a Abs 2 Nr 2 HGB für den Fall einer Kündigung aus einem vom Handelsvertreter verschuldeten wichtigen Grund ein Wettbewerbsverbot ohne Karenzentschädigung vereinbart. Der Handelsvertreter war in allen Instanzen unterlegen. Das Bundesverfassungsgericht hob die Entscheidung auf. § 90a Abs 2 Nr 2 HGB sei mit der Gewährleistung der Berufsfreiheit in Art 12 Abs 1 GG unvereinbar. Art 12 Abs 1 GG könne gebieten, dass der Gesetzgeber im Zivilrecht Vorkehrungen zum Schutz der Berufsfreiheit gegen vertragliche Beschränkungen schaffe, namentlich wenn es an einem annähernden Kräftegleichgewicht der Beteiligten fehle. Nach der *Bürgschafts*-Entscheidung (BVerfGE 89, 214 = NJW 1994, 36)[311] müssen die Zivilgerichte bei der Anwendung der Generalklauseln der §§ 138 u 242 BGB die grundrechtliche Gewährleistung der Privatautonomie in Art 2 Abs 1 GG beachten. Insbesondere resultiere hieraus die „Pflicht zu einer Inhaltskontrolle von Verträgen, die einen der beiden Vertragspartner ungewöhnlich stark belasten und das Ergebnis strukturell ungleicher Verhandlungsstärke sind". Sei der Inhalt des Vertrages für eine Seite ungewöhnlich belastend und als Interessenausgleich offensichtlich unangemessen, so dürften sich die Gerichte nicht mit der Feststellung begnügen „Vertrag ist Vertrag". Sie müssten vielmehr klären, ob die Regelung eine Folge strukturell ungleicher Verhandlungsstärke ist, und gegebenenfalls im Rahmen der Generalklauseln des geltenden Zivilrechts korrigierend eingreifen. Die Bürgschafts-Entscheidung ist nicht im Ergeb-

---

[305] BVerfGE 7, 230, 234 ff.
[306] BVerfG NJW 1993, 1252.
[307] BVerfGE 89, 1.
[308] S auch OSSENBÜHL, in: FS Hoppe 25, 31.
[309] BVerfG, 1 BvR 2285/03 vom 16.1.2004 – auch die Heranziehung des Art 13 GG, der die Privatsphäre der Wohnung vor widerrechtlichem Eindringen schützt, zur Beurteilung eines Mietverhältnisses ist verfehlt.
[310] BVerfG 81, 242, 260, 262 f = NJW 1990, 1489 = ZIP 1990, 573 = JZ 1990, 691 mAnm WIE-DEMANN; krit MEDICUS AcP 192, 41 f; DIEDERICHSEN AcP 198, 249 f; HILLGRUBER AcP 191 (1991) 69.
[311] Vgl HONSELL NJW 1994, 565; krit auch ZÖLLNER AcP 196 (1996) 1, 15 ff mwNw und DIEDERICHSEN, Das Bundesverfassungsgericht als oberstes Zivilgericht, AcP 198 (1998) 171 ff; s ferner FASTRICH, Richterliche Inhaltskontrolle im Privatrecht (1992); PREIS, Grundfragen der Vertragsgestaltung im Arbeitsrecht (1993).

nis, sondern nur in der Begründung zu beanstanden. Anstatt auf die Ungleichgewichtslage hätte man besser auf die unzulässig eingeschränkte Handlungsfreiheit (von bürgenden Kindern oder Ehefrauen) und den knebelnden Charakter solcher Vereinbarungen abgestellt (HONSELL NJW 1994, 565 ff).

Zum Verfassungsprinzip ist auch das Prinzip der **Verhältnismäßigkeit** (auch **Übermaßverbot**) avanciert (vgl schon oben Rn 46). Den Verfassungsrechtlern gilt es heute als „wichtigstes Element der verfassungsgerichtlichen Kontrolle von Gesetzgebung, Verwaltung und Rechtsprechung"[312]. Das verwundert, denn es handelt sich nicht um einen spezifisch verfassungsrechtlichen Grundsatz. Die *Verhältnismäßigkeit* hat im einfachen Recht seit jeher eine große Rolle gespielt, wie zB bei der Strafe, die schuldangemessen sein muss oder bei der Notwehr, die nicht über das zur Abwehr einer gegenwärtigen Gefahr Erforderliche hinausgehen darf, bei der Servitut, die schonend ausgeübt werden muss (usw). Ähnliches gilt für das oft berufene Prinzip der Folgerichtigkeit oder **Widerspruchsfreiheit**; das sind Grundforderung jeder Methodenlehre, die sich allenfalls indirekt auf Art 3 GG stützen lassen.

Im *Parteiverfahren* vor den *Zivilgerichten* ist ein Grundrechtsschutz in der Regel nicht notwendig, weil zwei Grundrechtsträger einander in *Waffengleichheit* gegenüberstehen und das Gericht auf die Gewährleistung von Einzelfallgerechtigkeit und Rechtssicherheit achtet. Von den *Verfahrensgrundrechten*, namentlich dem rechtlichen Gehör (Art 103 Abs 1 GG) abgesehen, bedarf es also keines besonderen Verfassungsschutzes. Der Grundrechtsschutz im Privatrecht ist auch deshalb zweifelhaft, weil es dort – MEDICUS (ACP 192 [1992] 57) hat auf diese einfache Erkenntnis hingewiesen – „nichts zu verschenken gibt, [das Privatrecht] kann dem einen nur geben, was es dem anderen nimmt."

Entsprechend ihrem negatorischen Charakter, der sich gegen staatliche Eingriffe richtet, verlangen die Grundrechte soweit sie einen konkretisierbaren Gehalt haben, im Bereich hoheitlichen staatlichen Handelns Beachtung. Auch für das öffentliche Wirtschaftsrecht kann dies tlw zutreffen, doch ist dies nicht unser Thema. Anders ist dies im *Privatrecht*. An das autonome Handeln der Privatrechtssubjekte können nicht dieselben Maßstäbe angelegt werden wie an staatliches Handeln im öffentlichen Recht. Wenn ein Privater seine Glaubensgemeinschaft fördert und andere Religionsgemeinschaften dabei leer ausgehen, liegt darin weder ein Verstoß gegen die Religionsfreiheit (Art 4 GG) noch gegen das *Diskriminierungsverbot* von Art 3 Abs 3 GG. Das Bundesverfassungsgericht hat im Hohenzollernbeschluss[313] die Abwägung zwischen *Testier-*

---

[312] VOSSKUHLE, in: HILLGRUBER/WALDHOFF, 60 Jahre Bonner Grundgesetz – eine geglückte Verfassung? (2010) unter Hinweis auf SCHLINK, Der Grundsatz der Verhältnismäßigkeit, in: BADURA/DREIER, FS 50 Jahre BVerfG II (2001) 445 ff; LERCHE Übermaß und Verfassungsrecht (2. Aufl 1999); ebenso LEPSIUS (Fn 247): „In der Herausarbeitung dieses relationalen Maßstabes liegt die vielleicht größte Leistung des BVerfG." Kritisch zur Herleitung der Verhältnismäßigkeit als grundrechtlichem Verfassungsprinzip MEDICUS AcP 192 [1992] 35, 54; zur Verhältnismäßigkeit im Privatrecht s ferner M STÜRNER, Der Grundsatz der Verhältnismäßigkeit im Schuldvertragsrecht – Zur Dogmatik einer privatrechtsimmanenten Begrenzung von vertraglichen Rechten und Pflichten (2010) für eine verfassungsrechtliche Herleitung H HANAU, Der Grundsatz der Verhältnismäßigkeit als Schranke privater Gestaltungsmacht (2004) mwNw.

[313] BVerfG 1 BvR 2248/01 v 22.3.2004 = FamRZ 2004, 768 – Familienfideikommiss, Ebenbürtigkeitsklausel; s dazu die Kritik v GUTMANN NJW 2004, 234: „Die Aussicht, Erbe zu werden ist eine *nuda spes*. Jenseits des

freiheit des Erblassers und *Eheschließungsfreiheit* des Erben zugunsten der letzteren vorgenommen: Zwar umfasse die Testierfreiheit auch die Freiheit, die Vermögensnachfolge nicht an den allgemeinen gesellschaftlichen Überzeugungen oder den Anschauungen der Mehrheit ausrichten zu müssen. Der durch Art 14 Abs 1 S 1 GG geschützten Testierfreiheit stehe aber das Grundrecht aus Art 6 Abs 1 GG gegenüber. Deshalb hat es die *Ebenbürtigkeitsklausel* in der Hausverfassung der Hohenzollern, die Primogenitur und Enterbung bei nicht standesgemäßer Heirat (Mesalliance) vorsah, wegen mittelbarer Beeinträchtigung der Eheschließungsfreiheit (Art 6 Abs 1 GG) und daraus abgeleiteter Sittenwidrigkeit für nichtig erklärt.

Das Gebot der *Gleichbehandlung* gilt im *Privatrecht* grundsätzlich nur soweit es durch (einfaches) Gesetz vorgesehen ist. Das über europarechtliche Vorgaben noch hinausgehende AGG (oben Rn 47) gilt weitgehend als gesetzgeberische Fehlleistung[314]. Es ist die merkwürdige Blüte eines Zeitgeistes[315], der auf (angebliche) political correctness fixiert ist[316]. Zunächst muss aus dem Privatrecht selbst ermittelt werden, auf welchen Wertentscheidungen die privatrechtlichen Normen beruhen und wie diesen Werten in der Privatrechtsordnung Rechnung getragen ist.[317] Hinter den oft technisch wirkenden Normen des Privatrechts stehen grundlegende Wertvorstellungen, wie Handlungsfreiheit, Vertragsfreiheit, persönliche Verantwortung, Rechtssicherheit, Vertrauensschutz, Vertragstreue, Verhältnismäßigkeit usw. Die *Privatautonomie* selbst enthält in überkommenen Dogmen eine Vielzahl von Wertungen, die man auch grundrechtlich begründen kann, ohne dass dies freilich einen zusätzlichen Erkenntnisgewinn oder eine bessere Rechtsqualität brächte. Die Ausstrahlungswirkung der Grundrechte, ihre angeblich von Verfassungs wegen gebotene Implementierung in das Privatrecht führen zu einer Erosion der Privatautonomie, zu einer Vermehrung zwingenden Rechts und vor allen zur Ersetzung einer hochdifferenzierten Dogmatik durch Abwägungen, die ihre Begründungsarmut nicht verbergen können. Während die Bemühungen des Bundesverfassungsgerichts im Privatrecht nicht zu einer signifikanten Vermehrung von Gerechtigkeit oder Rechtssicherheit führen, verursachen sie häufig eine nicht unbedeutende Verschlechterung juristischer Argumentation.

Pflichtteilsrechts hat eine letztwillige Zuwendung den Charakter einer Schenkung, auf die niemand – auch nicht der nächste Familienangehörige – einen rechtlichen Anspruch hat. Jede Bedingung, die der Erblasser mit einer Erbeinsetzung verknüpft, ist deshalb nur die Beschränkung einer überobligaten Zuwendung, aber keine Einschränkung dessen, was der Bedachte vor der Zuwendung schon hatte oder rechtlich erwarten durfte. Der unter einer Bedingung eingesetzte Erbe kann durch ein bestimmtes Verhalten etwas gewinnen, was er sonst nicht fordern könnte; er kann hingegen nicht etwas ‚verlieren', was ihm in irgendeiner rechtlich fassbaren Weise bereits zustünde. Handlungstheoretisch stellt eine mit einer Potestativbedingung verknüpfte, über den Pflichtteil hinausgehende Erbeinsetzung notwendigerweise und immer ein *Angebot* an den Erbprätendenten dar. Es ist rechtstheoretisch

schlechthin ausgeschlossen, mit einem Angebot, das einer Person unterbreitet wird, in deren Freiheitsrechte einzugreifen". S dazu noch vSCHRENCK-NOTZING, Unerlaubte Bedingungen in letztwilligen Verfügungen (2009).

[314] Vgl etwa HONSELL ZIP 2008, 621, 625; ISENSEE (Hrsg), Vertragsfreiheit und Diskriminierung (2007); PICKER, Antidiskriminierungsprogramme im freiheitlichen Privatrecht, Karlsruher Forum 2004, 7; krit auch ADOMEIT/MOHR, Komm AGG (2007) passim; s auch einige Beiträge in FS Adomeit 2007

[315] S K SCHMIDT, Intellektuelle Moden und Zeitgeistabhängigkeit in Recht und Rechtswissenschaft, in: GS Mayer-Maly (2011) 423 ff.

[316] ADOMEIT, Political Correctness – jetzt Rechtspflicht!, NJW 2006, 2169.

[317] Eingehend dazu DIEDERICHSEN, AcP 198 (1998) 171, 230 ff.

68c Werfen wir zum Schluss einen Blick auf die Nachbarländer. In der **Schweiz** hat das Bundesgericht zwar keine normverwerfende Kompetenz, kann also Gesetze nicht aufheben, aber gleichwohl aussprechen, dass eine Norm verfassungswidrig ist, ein Verdikt, das vom Parlament nicht ignoriert wird. Das gilt als Ausdruck einer stärkeren Gewichtung des Demokratieprinzips gegenüber dem Rechtsstaatsprinzip: Die vom Volk angenommenen Gesetze sollen nicht durch ein Gericht außer Kraft gesetzt werden können. Nur das Volk (nicht das Parlament) kann auch die Verfassung ändern. Seit der Verfassungsreform 1999 ist die Drittwirkung der Grundrechte verfassungsrechtlich verankert. Nach Art 35 Abs 1 BV müssen sie in der ganzen Rechtsordnung zur Geltung kommen und nach Abs 3 haben die Behörden dafür zu sorgen, dass die Grundrechte, soweit sie sich dazu eignen, auch unter Privaten wirksam werden. Bislang hat man aber noch nicht erkannt, was für ein gefährliches Potenzial in dieser harmlos klingenden Norm steckt. Immerhin kann man aber davon ausgehen, dass das Schweizer Bundesgericht im Gegensatz zum deutschen Bundesverfassungsgericht den judicial self-restraint und die political-question-Doktrin beachten wird. Eine Kompetenzanmaßung ähnlich der des Bundesverfassungsgerichts wäre in der demokratischen Schweiz nicht denkbar.

Eine Mittelstellung nimmt **Österreich** ein, wo es zwar eine ähnliche Verfassungsberichtsbarkeit gibt wie in Deutschland, der Verfassungsgerichtshof aber ebenfalls deutlich zurückhaltender ist. Beispiele sind etwa Urteile zur Schwangerschaftsunterbrechung oder zum Hochschulrecht, in denen das Gericht – bei gleicher verfassungsrechtlicher Ausgangslage – eine Verfassungswidrigkeit der Gesetze verneint hat[318]. Zu weit in die entgegengesetzte Richtung führte allerdings die sog „Versteinerungstheorie"[319] des VfGH, der zufolge Kompetenzartikel, Organisationsvorschriften oder auch Grundrechte in den (engen) Grenzen ihres historischen Kontexts auszulegen waren. Das öst. Staatsgrundgesetz zB stammt aus dem Jahre 1867(!). Heute gilt die Versteinerungstheorie nur noch für die Kompetenzartikel[320]. Eine österreichische Besonderheit sind über alle Gesetze verstreute mit 2/3 Mehrheit beschlossene Verfassungsbestimmungen (außerhalb der Verfassungsurkunde des B-VG), die dazu dienen, zweifelhafte Regelungen gegen Eingriffe des Verfassungsgerichts zu immunisieren, sie quasi gerichtsfest zu machen.

69 Das Privatrecht ist Bestandteil der Gesamtrechtsordnung. Deshalb besteht das Gebot der **verfassungskonformen Interpretation**[321] auch im Privatrecht. Dies gilt freilich nur im

---

[318] VfSlg 8136/1977 – UOG 1975 nicht verfassungswidrig; VfSlg 7400/1975 Fristenlösung nicht verfassungswidrig. Dagegen BVerfGE 35, 79 (Hochschulgremien ohne Mehrheit für Professoren verfassungswidrig) und BVerfGE 39, 1 und 88, 203 (Fristenlösung verfassungswidrig).
[319] Vgl dazu etwa Korinek, Grundrechte und Verfassungsgerichtsbarkeit (2000) 186 mit Fn 150. Ähnliche Thesen vertritt die Richtung des Textualism oder Originalism in den USA oben Fn 199.
[320] ZB Berka, Verfassungsrecht (5. Aufl 2014) Rn 429 ff.
[321] Bettermann, Die verfassungskonforme Auslegung – Grenzen und Gefahren (1986); Bogs, Die verfassungskonforme Auslegung von Gesetzen (1996); Vosskuhle, Theorie und Praxis der verfassungskonformen Auslegung von Gesetzen durch Fachgerichte – Kritische Bestandsaufnahme und Versuch einer Neubestimmung, AöR, 125 (2000) 177 ff; Wank, Richterliche Rechtsfortbildung im Verfassungsrecht, ZGR 1988, 314 ff; Zippelius, Verfassungskonforme Auslegung von Gesetzen, in: FS BVerfG (1976) 108 ff. Aus der Jud des BVerfG s zuerst BVerfGE 2, 266, 282; 87, 114; zuletzt BVerfG, 1 BvR 2269/07 v16.6.2009; wNw bei Säcker Rn 132 Fn 335; grundsätzlich krit U Lembcke, Einheit aus Erkenntnis? – Die Unzulässigkeit der verfassungskonformen Gesetzesauslegung als Methode der Normkompatibilisierung durch Interpretation (2009).

Rahmen einer legitimen Auslegung und ändert nichts an der vorstehend geäußerten Kritik der uferlosen Ausweitung der Grundrechtsinterpretation. Bei mehreren Auslegungsmöglichkeiten gilt diejenige, die der Verfassung besser entspricht.[322] Die verfassungskonforme Auslegung hat Vorrang vor der Nichtigkeit. Eine Vorlage nach Art 100 Abs 1 GG kommt erst in Betracht, wenn eine verfassungskonforme Auslegung nicht möglich ist.[323] Von der Absicht des Gesetzgebers soll das Maximum dessen aufrechterhalten werden, was nach der Verfassung aufrechterhalten werden kann.[324] Durch den Wortlaut, die Entstehungsgeschichte und den Gesetzeszweck der Norm werden ihrer verfassungskonformen Auslegung Grenzen gezogen. „Ein Normverständnis, das in Widerspruch zu dem klar erkennbar geäußerten Willen des Gesetzgebers treten würde, kann auch im Wege verfassungskonformer Auslegung nicht begründet werden."[325] „Eine verfassungskonforme Auslegung darf den normativen Gehalt der auszulegenden Vorschrift daher nicht grundlegend neu bestimmen, das gesetzgeberische Ziel darf nicht in einem wesentlichen Punkt verfehlt oder verfälscht werden."[326]

7. Richtlinienkonforme Auslegung (Europarecht)

Die sog *richtlinienkonforme Auslegung* stellt einen besonderen Aspekt der *Europäisierung der Methodenlehre* dar.[327] Mangels unmittelbarer Geltung von Richtlinien

---

[322] BVerfGE 8, 210, 221; 88, 144, 166; 95, 64, 93.
[323] BVerfG 85, 329, 333; 86, 71, 77 wNw bei VOSSKUHLE 199 f.
[324] BVerfGE 9, 194, 200; 69, 1, 55; 86, 288, 320.
[325] BVerfGE 98, 17, 45; 101, 54, 85 f; 112, 164, 182 f; 118, 212; 234; 119, 247, 274.
[326] BVerfGE 8, 71, 78 f; 34, 165, 200; 45, 393, 400; 54, 277, 299 f; 119, 247, 274.
[327] Allg zu Fragen der europäischen Methodenlehre s etwa RIESENHUBER (Hrsg), Europäische Methodenlehre. Handbuch für Ausbildung und Praxis (2. Aufl 2010); VOGENAUER, Eine gemeineuropäische Methodenlehre des Rechts – Plädoyer und Programm, ZEuP 2005, 234 ff; LANGENBUCHER, Europarechtliche Methodenlehre, in: LANGENBUCHER (Hrsg), Europarechtliche Bezüge des Privatrechts (2005) 25 ff; s ferner CANARIS, Gemeinsamkeiten zwischen verfassungs- und richtlinienkonformer Rechtsfindung, in: FS Reiner Schmidt (2006) 41 ff; ADRIAN, Grundprobleme einer juristischen (gemeinschaftsrechtlichen) Methodenlehre (2009) 29 ff, 99 ff; ders, Rechtstheorie 41 (2010) 521 ff; BALDUS/VOGEL, Gedanken zu einer europäischen Auslegungslehre: grammatikalisches und historisches Element, in: WALLERATH (Hrsg), in: Festschrift für Peter Krause (2006) 237 ff; BUERSTEDDE, Juristische Methodik des Europäischen Gemeinschaftsrechts (2006); CALLIESS, Grundlagen, Grenzen und Perspektiven europäischen Richterrechts, NJW 2005, 929 ff; DEDERICHS, Die Methodik des EuGH. Häufigkeit und Bedeutung methodischer Argumente in den Begründungen des Gerichtshofes der Europäischen Gemeinschaften (2004); DREXL, Die gemeinschaftsrechtliche Pflicht zur einheitlichen richtlinienkonformen Auslegung hybrider Rechtsnormen und deren Grenzen, in: LORENZ ua (Hrsg), FS für Andreas Heldrich (2005) 67 ff; U GRUBER, Methoden des internationalen Einheitsrechts, (2004); HERRESTHAL, Rechtsfortbildung im europarechtlichen Bezugsrahmen. Methoden, Kompetenzen, Grenzen dargestellt am Beispiel des Privatrechts (2006); T JÄGER, Überschießende Richtlinienumsetzung im Privatrecht. Zugleich ein Beitrag zur Dogmatik der Mindestharmonisierung, der richtlinienorientierten Auslegung und des Vorabentscheidungsverfahrens (2006); JANSEN, Theoriebildung in der europäischen Privatrechtsdogmatik, ARSP Beiheft 104 (2005) 29–54; JOERGES, Europäisierung als Prozess: Überlegungen zur Vergemeinschaftung des Privatrechts, in: FS Heldrich (2005), 205 ff; KOCH, Die Einheit der nationalen Rechtsordnung und die europäische Privatrechtsangleichung, JZ 2006, 277 ff; KÖRBER, Grundfreiheiten und Privatrecht (2004); MELIN, Gesetzesauslegung in den USA und in Deutschland. Historische Entwicklung, moderne Methodendiskussion und die Auswirkungen von Divergenzen für das internationale Einheitskaufrecht (CISG) (2005); PÖTTERS/CHRISTENSEN, Richtlinienkonforme Rechtsfortbildung und Wortlautgrenze, JZ 2011, 387 ff; HP WALTER, Das rechtsvergleichende Element – Zur Auslegung vereinheitlichten, harmonisierten und rezipierten Rechts, ZSR 2007 I 259 ff. – Die Besonderheiten der auto-

aber im Hinblick auf die Vorlagepflicht nationaler Gerichte wird ein **interpretatorischer Vorrang** gegenüber den bestehenden Auslegungsgrundsätzen angenommen, der sich bis zur Grenze eines contra legem judizierens grundsätzlich ohne weitere Abwägung durchsetzen soll (CANARIS, in: FS Bydlinski [2002] 47, 58 ff, 64 f, 68 ff; MünchKomm/SÄCKER Einl 146 ff, 224 ff mwNw: s auch GSELL L. Rn 10). Das geht wohl über das Ziel hinaus. Umgesetzte RL sind nationales Recht europäischen Ursprungs. Anzuwenden ist die europaweit ohnedies weitgehend homogene Methodenlehre mit der Maßgabe der autonomen Auslegung und Beachtung des effet utile, welche Einheitlichkeit der Anwendung und Erfolg der Regelung gewährleisten. Das nationale Recht muss nach Maßgabe der Richtlinien ausgelegt werden.[328] Unter mehreren Auslegungsalternativen, die das nationale Recht eröffnet, ist die (oder eine) richtlinienkonforme zu wählen. Richtlinienkonform auszulegen ist eine nationale Vorschrift nach Ablauf der Umsetzungsfrist (weitergehend die Judikatur des EuGH, der in einigen Fällen auch eine Anwendbarkeit ohne Umsetzung bejaht, vgl zB oben Rn 43). Davon erfasst wird das nationale Privatrecht, durch das eine Richtlinie umgesetzt wurde (unstr) und auch darüber hinaus das Privatrecht, das auf einer autonomen Entscheidung des nationalen Gesetzgebers außerhalb des Anwendungsbereichs einer europäischen Richtlinie beruht (str).[329] Bedeutung hat die richtlinienkonforme Auslegung vor allem deshalb, weil Richtlinien keine unmittelbare Geltung haben. In letzter Zeit hat sich indes eine starke Tendenz zur Einführung direkt geltender sog horizontaler RL entwickelt.

Der BGH bejaht im Zuge des Versuchs fehlerhafte EuGH-Urteile (Rn 43 aE) umzusetzen auch eine sog „**richtlinienkonforme Rechtsfortbildung**". So hat BGHZ 179, 27 eine teleologische Restriktion dahin angenommen, dass der von §§ 474, 439 aF BGB in Verweisung genommene Nutzungsersatz gemäß § 346–348 BGB beim Verbrauchsgüterkauf nicht gilt (allerdings nur wenn Nachlieferung verlangt wird, nicht beim Rücktritt). Das ist in Wahrheit eine *Rechtsfortbildung contra legem*, denn bislang stand das Gegenteil im Gesetz. Krit auch GSELL unter L. Rn 10 u ZJS online.com: methodisch „fragwürdiger Kurs einer wortlautübersteigenden Rechtsfortbildung". Inzwischen hat der Gesetzgeber die Frage in § 475 Abs 3 BGB iSv EuGH C 404/06 – Quelle geregelt. Auch das Problem der Aus- und Einbaukosten bei Nacherfüllung (vgl EuGH EuGH C-65/09 u C-87/09 – Weber u Putz, BGHZ 192, 148) ist mit erheblichen Eingriffen in das Kaufrecht geregelt durch das Gesetz zur Reform des Bauvertragsrechts zur Änderung der kaufrechtlichen Mängelhaftung usw vom 28. 4. 2017, BGBl I 969 in Kraft seit 1. 1. 2018; dazu FAUST ZfPW 2017, 250.

---

nomen Interpretation und die Problematik der Umsetzung von Richtlinien rechtfertigen es nicht, von einer eigenständigen europäischen Methodenlehre zu sprechen. Für eine Begrenzung auch VOGENAUER ZEuP 2005, 234, 262 f.
[328] Dies ist st Rspr des EuGH (seit EuGH v 10. 4. 1984 – Rs 14/83 *von Colsen* = NJW 1984, 2021). Der Europäische Gerichtshof räumt der Richtlinienkonformität allerdings keinen absoluten Vorrang vor der Gesamtheit der nationalen Auslegungsmethoden ein, sondern verlangt lediglich, dass das nationale Gericht den Beurteilungsspielraum ausschöpft, den ihm das nationale Recht gibt. Die Verpflichtung zur richtlinienkonformen Auslegung folgt aus Art 4 Abs 3 EUV (ex-Art 10 EGV) u Art 288 Abs 3 AEUV (ex-Art 249 Abs 3 EGV).
[329] S JÄGER/DREXL (beide Fn 326) 67 ff; HABERSACK/MAYER, Die Problematik der überschießenden Umsetzung, in: RIESENHUBER (Hrsg), Europäische Methodenlehre. Handbuch für Ausbildung und Praxis (2006) 334 ff mwNw.

8. Economic analysis of law

Die aus den USA stammende ökonomische Schulrichtung der economic analysis of law[330] will Rechtsfragen nach ökonomischen Theorien lösen, indem auf Grundlage dieser Theorien das Gesetz ausgelegt und fortgebildet wird.[331] Neben der Rechtsanwendung soll die ökonomische Analyse des Rechts der Gesetzgebungslehre dienen. Richtig ist, dass auch die Jurisprudenz ohne *Folgenanalyse* und *Effizienzkontrolle* nicht auskommt, an der sich eine zukünftige Gesetzgebung orientieren kann.[332] Als ein Topos oder eine Argumentationsform (unter vielen) ist die ökonomische Analyse des Rechts auch grundsätzlich zu akzeptieren.[333] Die economic analysis of law will aber mehr. Ausgehend von der wohlfahrtstheoretischen Maximierung des Volksvermögens nach der sog *Pareto-Effizienz*, welche vorliegt, wenn durch eine Umverteilung niemand mehr besser gestellt werden kann, ohne dass gleichzeitig jemand anderer schlechter gestellt wird, postuliert diese Lehre auch für Verträge Nutzenmaximierung für beide Parteien. Fragwürdig ist indes schon die Prämisse des vollständig informierten homo oeconomicus, des resourceful, evaluating, maximizing man (REMM), der jede Entscheidung unter dem Aspekt der Opportunitätskosten und der Grenzkosten trifft, sich mit seinem Geld von den angebotenen Gütern maW nur diejenigen kauft, die ihm den meisten Nutzen bringen. Das sind Annahmen, die nur im Modell zutreffen. Ein weiterer Einwand gegen die economic analysis of law ist ihr universeller Anspruch und die Absolutsetzung des Effizienzkriteriums. In der Jurisprudenz hat die Gerechtigkeit den höchsten Stellenwert, sie kommt vor der Effizienz.[334] Zwar ist Pareto-Effizienz gegenüber der Verteilungsgerechtigkeit neutral. Sie führt nicht notwendig zu ungerechten Ergebnissen, begünstigt aber auch eine gerechte Verteilung nicht. Markteffizienz und soziale Gerechtigkeit zu vereinigen ist das Ziel der sozialen Marktwirtschaft.

X. Richterrecht

1. Definition des Richterrechts

Unter Richterrecht sind alle in *Gerichtsentscheidungen* ausdrücklich oder implizit enthaltenen Regeln und Rechtssätze zu verstehen, die nicht bloß in der Wiederholung von generell-abstrakten Vorschriften bestehen, die der Rechtsanwendung vorgegeben sind.[335]

---

[330] POSNER, Economic Analysis of Law (6. Aufl 2003); EIDENMÜLLER, Effizienz als Rechtsprinzip – Möglichkeiten und Grenzen der ökonomischen Analyse des Rechts (4. Aufl 2015); weitere Lit bei STAUDINGER/HONSELL (2018) Einl 199 zum BGB.

[331] Vgl KIRCHNER, Die ökonomische Theorie, in: RIESENHUBER (Hrsg), Europäische Methodenlehre. Ein Handbuch für Ausbildung und Praxis (2006) 93 ff; FRANCK, Zum Nutzen der ökonomischen Theorie für das Europäische Privatrecht, in: RIESENHUBER (Hrsg), Europäische Methodenlehre 120 ff.

[332] S EIDENMÜLLER 13.

[333] Vgl LIETH, Die ökonomische Analyse des Rechts im Spiegelbild klassischer Argumentationsrestriktionen des Rechts und seiner Methodenlehre (2007).

[334] Vgl dazu MATHIS, Effizienz statt Gerechtigkeit? (2004); ROTH/KINDLER, The Spirit of Corporate Law (2013) V (Vorwort).

[335] Vgl DIEDRICH, Präjudizien im Zivilrecht (2004); STAUDINGER/HONSELL (2018) Einl 218 zum BGB mit Hinweis auf BYDLINSKI, Richterrecht über Richterrecht, in: FG 50 Jahre Bundesgerichtshof Bd 1 (2000) 7. – Umfangreiche Lit zum Richterrecht bei STAUDINGER/HONSELL Rn 201 u 114; s bes ESSER, Grundsatz und Norm in der richterlichen Rechtsfortbildung (1956); RÜTHERS, Die heimliche Revolution vom Rechtsstaat zum Richterstaat (2. Aufl 2014); KRAMER, Jur Methodenlehre 191 ff, 249 ff.

Zum Richterrecht gehören zunächst Rechtssätze, die mit der traditionellen Methode der Auslegung durch Analogie, durch restriktive oder extensive Auslegung (usw) gewonnen worden sind (oben Rn 52, 61 ff). Ferner Sätze, welche Generalklauseln des Gesetzes oder allgemeine Prinzipien, wie die natürlichen Rechtsgrundsätze (usw) konkretisieren. Endlich sind zum Richterrecht auch solche Sätze zu zählen, die zweifelhafte, manchmal sogar bewusst offen gelassene Fragen des Gesetzesrechtes in einem bestimmten Sinne entscheiden. Die gesamte Privatrechtsdogmatik beruht nur zum Teil auf Gesetzesrecht. Der größere Teil ist Richterrecht.

Ganz ähnlich wie der Richter konnte der römische Praetor zur Anwendung, Ergänzung oder Korrektur des ius civile tätig werden: Papinian Dig 1,1,7,1: ius prætorium est quod prætores introduxerunt adiuvandi vel supplendi vel corrigendi iuris civilis gratia propter utilitatem publicam – prätorisches Recht ist das Recht, das die Prätoren zum öffentlichen Nutzen eingefügt haben, zur Anwendung, Ergänzung oder Korrektur des Zivilrechts. Dem entspricht die Rsp secundum, praeter oder contra legem. Einige verwenden heute eine Zweiteilung und unterscheiden gesetzesimmanentes und gesetzesübersteigendes Richterrecht (zB LARENZ/CANARIS, Methodenlehre 187 f; KRAMER, Methodenlehre 193 f).

2. Das Verhältnis von Gesetz und Richter

73 Das **Richterrecht** verändert in einem allmählichen Prozess das im Gesetz niedergelegte Recht. Diese Erscheinung lässt sich bei allen großen Kodifikationen der Neuzeit beobachten.[336] Das Recht des BGB ist heute nicht mehr mit dem des Jahres 1900 identisch – auch dort, wo der Gesetzgeber nicht eingegriffen hat. Die materielle Quelle dieser Rechtsfortbildung ist die Diskussion von Einzelproblemen in der Judikatur und in der Rechtswissenschaft. Die formelle Quelle aber ist die Rechtsprechung; ständig konfrontiert mit neuen Fallgestaltungen, bildet sie neue Rechtssätze, wo Lücken im Gesetz sie erfordern, und legt sie ihren Entscheidungen zugrunde. So wächst das neue Recht als Fallrecht um das kodifizierte Recht herum: Es entsteht als Richterrecht. Das gilt trotz Verschiedenheit der Methoden nicht nur im civil law, sondern auch im common law. Wo das Richterrecht eine noch weit größere Rolle spielt (Rn 75 aE).

74 Die **Aufklärung** hatte grundsätzlich den Standpunkt einer **strikten Bindung des Richters an den Buchstaben des Gesetzes** vertreten. Der Richter sollte nur *la bouche de la loi* sein, die rechtsprechende Gewalt *en quelque façon nulle*.[337] Zweifelsfragen wurden durch einen *référé législatif* mit *authentischer Interpretation* durch den Gesetzgeber entschieden.[338] Das Gesetz wurde am besten durch ein *Kommentierverbot* geschützt, wie es schon Justinian (Const Tanta 21; Deo auctore 12) erlassen hatte. Die authentische Interpretation durch den Gesetzgeber beruhte auf einer *strengen Auffassung* der Lehre von der *Gewaltenteilung*. Rechtsprechung und Rechtsetzung durften nicht in einer Hand liegen, sollte die Freiheit des Bürgers nicht gefährdet sein. Das Gesetz, nicht der Richter, sollte herrschen.[339] Freilich lag darin eine krasse Fehleinschätzung der Möglichkeiten einer vorausschauenden Gesetzgebung (vgl Rn 60) und eine Über-

---

[336] Vgl zum österreichischen Recht SCHRAMM, Rechtstheorie 36 (2005) 185 ff.
[337] MONTESQUIEU, L'Esprit des Lois, 1748, IX 6; zur Entwicklung im 19. Jh OGOREK, Richterkönig oder Subsumtionsautomat, (1986, 2008).
[338] Dazu zuletzt MIERSCH, Der sog référé législatif (2000).
[339] Vgl MONTESQUIEU, De l'Esprit des Lois, Buch IX 6.

schätzung der Subsumtion. Auch die Rechtstheorie der *historischen Schule,* insbesondere SAVIGNYS, war hinsichtlich der Befugnis des Richters, das Gesetz fortzubilden oder auch nur weit auszulegen, eher zurückhaltend, obwohl sie an sich richterfreundlich war. Nur mit großer Vorsicht wollte SAVIGNY eine teleologische, auf den Zweck des Gesetzes abstellende Auslegung zulassen.[340] Auch die für die Wende vom 19. zum 20. Jh oft vertretene Ansicht, es hätte ein strenger Positivismus und das Dogma von der Lückenlosigkeit der Gesetze geherrscht, dürfte kaum zutreffend sein, wenngleich die Gesetzesbindung strenger war als heute. Bald nach Inkrafttreten des BGB setzte eine lebhafte, alle bisherigen herrschenden Meinungen in Frage stellende Diskussion über das Verhältnis von Richter und Gesetz ein, die als *Freirechtsbewegung* bekannt geworden ist. Der Ausdruck Freirecht sollte im Gegensatz zum staatlichen Recht alle diejenigen Rechtssätze bezeichnen, die auf der Grundlage der im Volke vorhandenen Rechtsüberzeugung von Rechtswissenschaft und Richter formuliert wurden. KANTOROWICZ hat in seiner unter dem Pseudonym GNAEUS FLAVIUS publizierten Flugschrift „Der Kampf um die Rechtswissenschaft" (1906) das Verhältnis des Freirechts in diesem Sinne zum staatlichen Recht mit der freien Religiosität im Gegensatz zur dogmengebundenen kirchlichen Religiosität verglichen. Das Bekenntnis zum Freirecht sollte danach nicht die vollständige Leugnung jeglicher Bindung des Richters gegenüber dem Gesetz zum Inhalt haben, wohl aber hat man die Lehre, dass die in Gesetzen niedergelegte Rechtsordnung, dass also insbesondere auch die Kodifikation vollständig und lückenlos sei, bekämpft. Vielmehr versuchte man nachzuweisen, dass auch eine sorgfältige Kodifikation, wie das BGB, vielerlei Lücken enthielt. Diese Lücken aber sollten nicht mit der Scheinlogik der traditionellen juristischen Auslegungsmethoden aus dem Gesetz, sondern vielmehr durch die freie Entscheidung des Richters gefüllt werden. Die *rechtsschöpferische Funktion des Richters* wurde in den Mittelpunkt gestellt. Wie häufig in solchen Diskussionen, endete der Streit ohne ein Ergebnis, dem alle zugestimmt hätten. Die Meinung der meisten aber lief wohl auf die Formel hinaus, die EUGEN HUBER für die *richterliche Rechtsfortbildung modo legislatoris* in *Art 1 ZGB* gefunden hatte:[341]

„Das Gesetz findet auf alle Rechtsfragen Anwendung, für die es nach Wortlaut oder Auslegung eine Bestimmung enthält. Kann dem Gesetz keine Vorschrift entnommen werden, so soll der Richter nach Gewohnheitsrecht und, wo auch ein solches fehlt, nach der Regel entscheiden, die er als Gesetzgeber aufstellen würde. Er folgt dabei bewährter Lehre und Überlieferung."

Die **Lockerung der Gesetzesbindung** im Zuge der Zurückdrängung des Positivismus 75 ging einher mit einer Tendenz zum *Problemdenken* gegenüber dem *Systemdenken*,[342] zum *Typus*[343] statt zum *Begriff*. Insofern ist heute auch eine gewisse Konvergenz zwischen Angelsächsischem case law und kontinental-europäischem codified law[344], zwischen common law und civil law zu beobachten (oben Rn 49). Der **Fallvergleich im case law** bleibt freilich konkret. Die Aufgabe ist es dort durch reasoning from case to case

---

[340] Das galt aber nur für die Restriktion, nicht für die Analogie; vgl oben Rn 57.
[341] S zu dieser angeblich auf SOLON zurückgehenden klugen Anweisung HONSELL, in: Basler Komm (5. Aufl 2014) Art 1 N 34 ff und HUWILER, Beiheft 16 ZSR 1994, 57, 75 ff mit eingehender Darstellung der Entstehungsgeschichte und wNw.

[342] Dazu NICOLAI HARTMANN, Der philosophische Gedanke und seine Geschichte (1955); VIEHWEG, Topik und Jurisprudenz (1953).
[343] LEENEN, Typus und Rechtsfindung (1971).
[344] Vgl dazu auch ESSER, Grundsatz und Norm in der richterlichen Fortbildung des Privatrechts (1956, Nachdruck 1990).

den Unterschied der Fälle herauszuarbeiten und die Frage zu beantworten, ob er relevant ist iSe ratio distinguendi. Was die Methode anlangt, so geht es nicht um ein Entweder-oder, sondern um ein Sowohl-als-auch in richtiger Mischung. Neben den Begriff tritt die Anschauung. In Abwandlung eines Zitates von Kant kann man sagen: Begriffe ohne Anschauung sind leer – Anschauung ohne Begriff ist blind.[345]

76 Das Grundgesetz wiederholt zwar in **Art 97 Abs 1 GG** die alte Formel, dass der Richter nur dem Gesetz unterworfen ist. Es erklärt aber andererseits in **Art 20 Abs 3 GG**, dass die rechtsprechende Gewalt an „*Gesetz und Recht*" gebunden ist. Diese Formel bedeutet nach herrschender Auffassung, dass die rechtsprechende Gewalt nicht nur formell gesetzmäßig verfahren muss, dass ihre Entscheidungen nicht nur in Gesetzen im formellen Sinne eine Grundlage haben müssen, sondern auch, dass das Gesetz und seine Anwendung der *Idee eines materiell gerechten, richtigen Rechtes* entsprechen muss. Heute nimmt die herrschende Verfassungslehre zutreffend an, dass eine Vermutung besteht, „dass die materielle Gerechtigkeit durch das förmliche Gesetz und seine Anwendung auch realisiert wird"[346]. Der Hinweis auf das Recht zielt auf das überpositive Naturrecht, das zwar abstrakt schwer fassbar ist, aber in Fällen seiner konkreten Verletzung immer erkennbar[347]. Dass der Richter an Gesetz *und Recht* gebunden ist, beruht auf den Erfahrungen mit dem Legalunrecht des Dritten Reiches, in dem bei Wahrung formeller Gesetzmäßigkeit zahlreiche Verbrechen in Gesetzesform angeordnet wurden. Das zeitlose Thema des Naturrechts wurde in Deutschland nach dem Zusammenbruch des nationalsozialistischen Terrorregimes wieder lebhaft diskutiert. Es ging um die Frage, ob man auch ungerechte Gesetze befolgen muss. Die Antwort fand man in der heute vielleicht eher zu engen sog RADBRUCH'schen *Formel*:[348] „Der Konflikt zwischen der Gerechtigkeit und der Rechtssicherheit dürfte dahin zu lösen sein, dass das positive, durch Satzung und Macht gesicherte Recht auch dann den Vorrang hat, wenn es inhaltlich ungerecht und unzweckmässig ist, es sei denn, dass der Widerspruch des positiven Gesetzes zur Gerechtigkeit ein so unerträgliches Maß erreicht, dass das Gesetz als unrichtiges Recht der Gerechtigkeit zu weichen hat." Ähnliche Formulierungen haben die Gerichte in den Mauerschützen-Fällen verwendet, in denen man den angeklagten Grenzsoldaten der DDR die Berufung auf einen Befehlsnotstand versagt hat[349].

77 Wenn die Formel von der **Bindung des Richters an Gesetz und Recht** einen Hinweis auf die materielle Gerechtigkeit enthält, so kann sie in der Tat zur Rechtfertigung des

---

[345] Das Originalzitat lautete: „Gedanken ohne Inhalt sind leer, Anschauungen ohne Begriffe sind blind," KANT, Ausgabe der preußischen Akademie 1990 ff, **AA** III, 75.

[346] Zum Vorhergehenden MAUNZ/DÜRIG/GRZESZICK, Grundgesetz-Kommentar Art 20 GG VI Rn 88, 148.

[347] Vgl HONSELL, Naturrecht und Positivismus im Spiegel der Geschichte, in: FS Koppensteiner (2001) 593 ff.

[348] Gesetzliches Unrecht und übergesetzliches Recht, Süddeutsche Juristenzeitung 1946, 105 ff. In seiner Rechtsphilosophie² (1932, Nachdruck 2003) 85 hatte RADBRUCH noch geschrieben: „Wir verachten den Pfarrer, der gegen seine Überzeugung predigt, aber wir verehren den Richter, der sich durch sein widerstrebendes Rechtsgefühl in seiner Rechtstreue nicht beirren lässt".

[349] BGHSt 39, 1 ff (Mauerschützen I): „Ein zur Tatzeit angenommener Rechtfertigungsgrund kann [...] nur dann wegen Verstoßes gegen höherrangiges Recht unbeachtet bleiben, wenn in ihm ein offensichtlich grober Verstoß gegen Grundgedanken der Gerechtigkeit und Menschlichkeit zum Ausdruck kommt; der Verstoß muß so schwer wiegen, dass er die allen Völkern gemeinsamen, auf Wert und Würde des Menschen bezogenen Rechtsüberzeugungen verletzt (BGHSt 2, 234, 239)".

Satzes herangezogen werden, dass der Richter zur gerechten Anwendung des positiven Gesetzes verpflichtet ist und damit auch zur **Lückenausfüllung und Rechtsfortbildung** ermächtigt. BVerfGE 34, 269, 287 hat Art 20 Abs 3 GG in diesem Sinne interpretiert. Ausdrücklich anerkannt ist die Befugnis des Richters zur Fortbildung des Rechtes in § 132 Abs 4 GVG: „Der erkennende Senat kann in einer Frage von grundsätzlicher Bedeutung die Entscheidung des Großen Senats herbeiführen, wenn das nach seiner Auffassung zur Fortbildung des Rechts oder zur Sicherung einer einheitlichen Rechtsprechung erforderlich ist."

Die Rechtsstellung, die dem Richter zukommt, lässt sich folgendermaßen bestimmen: Der Richter ist dem positiven Gesetz unterworfen; er soll aber in der Entscheidung des einzelnen Falles und der Anwendung des Gesetzes zugleich die *materielle Gerechtigkeit* und die *Widerspruchsfreiheit der Rechtsordnung* verwirklichen. Diese verlangt, dass gleiche Fälle gleich entschieden und sachgerechte Differenzierungen für angrenzende Fallgruppen unter einer entsprechenden Regelbildung herausgearbeitet werden.[350] Die Stellung des Richters ist nicht die der ungebundenen Freiheit. Er ist gebunden, aber er ist nicht nur an das Gesetz, sondern auch an das Recht gebunden, soll dieses freilich durch jenes suchen. Die Worte, welche am Gebäude des amerikanischen Supreme Court eingemeißelt sind, geben die Anforderungen, die auch an den deutschen Richter gestellt werden, schlagwortartig wieder: Equal Justice under Law.

BVerfGE 128, 193 Rn 52 f (Beschluss v 25. Januar 2011, 1 BvR 918/10 = NJW 2011, 836 mAnm RIEBLE 819 und RÜTHERS 1856) hat die **Zulässigkeit richterlicher Rechtsfortbildung** bejaht und ihre Grenzen folgendermaßen umschrieben:

„Richterliche Rechtsfortbildung darf nicht dazu führen, dass der Richter seine eigene materielle Gerechtigkeitsvorstellung an die Stelle derjenigen des Gesetzgebers setzt (vgl BVerfGE 82, 6, 12; BVerfGK 8, 10, 14). Diese Verfassungsgrundsätze verbieten es dem Richter allerdings nicht, das Recht fortzuentwickeln. Angesichts des beschleunigten Wandels der gesellschaftlichen Verhältnisse und der begrenzten Reaktionsmöglichkeiten des Gesetzgebers sowie der offenen Formulierung zahlreicher Normen gehört die Anpassung des geltenden Rechts an veränderte Verhältnisse zu den Aufgaben der Dritten Gewalt (vgl BVerfGE 49, 304, 318; 82, 6,12; 96, 375, 394; 122, 248, 267). Der Aufgabe und Befugnis zur ‚schöpferischen Rechtsfindung und Rechtsfortbildung' sind mit Rücksicht auf den aus Gründen der Rechtsstaatlichkeit unverzichtbaren Grundsatz der Gesetzesbindung der Rechtsprechung jedoch Grenzen gesetzt (vgl BVerfGE 34, 269, 288; 49, 304, 318; 57, 220, 248; 74, 129,152). Der Richter darf sich nicht dem vom Gesetzgeber festgelegten Sinn und Zweck des Gesetzes entziehen. Er muss die gesetzgeberische Grundentscheidung respektieren und den Willen des Gesetzgebers unter gewandelten Bedingungen möglichst zuverlässig zur Geltung bringen. Er hat hierbei den anerkannten Methoden der Gesetzesauslegung zu folgen (vgl BVerfGE 84, 212, 226; 96, 375, 395)".

Richterliche Rechtsfortbildung schließt allerdings eine *Verfassungsfortbildung* in dem heute vom BVerfG praktizierten Umfang nicht ein, s Rn 68.

---

[350] S auch NEUMANN/KAUFMANN/HASSEMER, Rechtsphilosophie u Rechtstheorie der Gegenwart (8. Aufl 2011) 333, 335.

XI. Gewohnheitsrecht und Verkehrssitte

1. Gewohnheitsrecht

78 Unter dem Begriff Gewohnheitsrecht[351] fasst die allgemeine Rechtslehre *Rechtsregeln* zusammen, die *nicht* von einem *Gesetzgeber* statuiert sind, bei denen vielmehr die *Überzeugung* der Mitglieder der Rechtsgemeinschaft von ihrer Geltung unmittelbar in deren *Verhalten* (Übung, Gewohnheit) zum Ausdruck kommt. Die *Übung* definierte REGELSBERGER als „die längere Zeit hindurch fortgesetzte gleichförmige Betätigung einer Norm".[352]

79 Nach **romanistischer Tradition** hat Gewohnheitsrecht drei Voraussetzungen: *longa consuetudo* (lange Gewohnheit), *consensus omnium* (allgemeine Überzeugung), *opinio necessitatis* (die Vorstellung, dass es sich um bindendes Recht handelt). Das BGB hat die Bildung von Gewohnheitsrecht nicht verboten. Anders als in Österreich (§ 10 ABGB) oder in der Schweiz (Art 1 Abs 3 ZGB) erwähnt das BGB das Gewohnheitsrecht aber nicht. Die herrschende Lehre nimmt an, dass es als Rechtsquelle neben dem Gesetz in Betracht kommt. Hierbei wird aber häufig auch das Richterrecht als Gewohnheitsrecht qualifiziert.[353] Auch die Rechtsprechung operiert zum mindesten mit dem Gedanken, dass ständige Rechtsprechung *(Gerichtsgebrauch, usus fori)* in Gewohnheitsrecht übergehen könne.[354] Diese Einordnung erscheint nicht vertretbar; das Richterrecht ist ein Phänomen anderer Art. Selbst wenn eine Entscheidung Zustimmung in der Wissenschaft findet, und wenn sie – was angesichts der Verbandsorganisation weiter Teile der Wirtschaft sehr schnell geschehen kann – von der Kautelarjurisprudenz in allgemeinen Geschäftsbedingungen aufgenommen wird, bleibt das Richterrecht etwas anderes als ein vom Volke selbst geübtes Recht. Es fehlt die Konstituante des consensus omnium. Scheidet man aber das Richterrecht aus, so bleibt für das Gewohnheitsrecht in modernen Lebensverhältnissen praktisch nichts übrig; denn die Lebensverhältnisse in der demokratisch verfassten Industriegesellschaft sind zu komplex, als dass sie sich für einen consensus omnium eignen würden. Die Übung muss von einer Rechtsüberzeugung der beteiligten Rechtsgenossen getragen sein, dh diese müssen von der Verbindlichkeit der Regelung überzeugt sein (opinio iuris oder necessitatis). Auch wenn man an diese antiquierten Erfordernisse keine zu hohen Anforderungen stellt, wird man kaum Beispiele für Gewohnheitsrecht finden. Gewohnheitsrecht ist für das Privatrecht von geringer Bedeutung. Es finden sich nur wenige Fälle, in denen Gewohnheitsrecht angenommen wird, und auch diese erfüllen zumeist die Kriterien nicht. Gewohnheitsrechtliche Geltung wird etwa dem Nominalismusprinzip bei der Geldsummenschuld zuerkannt.[355] Dies bedeutet, dass eine Geldsummenschuld ohne Rücksicht auf eine zwischenzeitliche Geldentwertung zum Nennwert zu tilgen ist.[356] Als weiteres Beispiel für Gewohnheitsrecht wird die Treuhand

---

[351] S PUCHTA, Das Gewohnheitsrecht 2 Bde (1828/37); BRIE, Die Lehre vom Gewohnheitsrecht (1899); FLUME, Gewohnheitsrecht und Römisches Recht (1975); tlw von der hL abweichend FRÜHAUF, Zur Legitimation von Gewohnheitsrecht im Zivilrecht unter besonderer Berücksichtigung des Richterrechts (2006).

[352] REGELSBERGER, Pandekten, 1. Bd (1893) 94; vgl STAUDINGER/HONSELL (2018) Einl 239 zum BGB.

[353] Vgl STAUDINGER/HONSELL (2018) Einl 241 zum BGB mwH.

[354] Vgl BGHZ 36, 219, 220 f, 224 ff; richtig dagegen BVerfGE 122, 348 ff, Rn 62 f.

[355] ZB von HECK AcP 122 (1924), 205.

[356] Näher HONSELL, Vier Rechtsfragen des Geldes, in: FS Canaris (2007) 461 ff, 466 ff; das Nominalismusprinzip (Euro = Euro) gilt allerdings nicht bei Hyperinflation; hier ist eine Anpassung nach den Grundsätzen des Wegfalls

genannt.[357] Ist der Anwendungsbereich von Gewohnheitsrecht lokal begrenzt, so spricht man von *Observanzen*.

2. Verkehrssitte

Im *geschäftlichen Verkehr* bilden sich häufig spezifische Formen der Abwicklung von Geschäften heraus. Sie erfassen auch die Bedeutung der bei dem Abschluss solcher Geschäfte üblichen Ausdrücke, Formeln und Verhaltensweisen. Diese Gebräuche bezeichnet man als *Verkehrssitte*, im Handelsverkehr auch als *Handelsbrauch*. Sie haben nicht den Charakter von Rechtsvorschriften. Zur Qualifikation als Gewohnheitsrecht fehlt der consensus omnium. Sie sind aber bei der Auslegung von Verträgen (§ 157) und der Bestimmung der Leistung (§ 242 BGB) zu berücksichtigen und können insbesondere auch zur *ergänzenden Vertragsauslegung* herangezogen werden. Die *Incoterms* (International Commercial Terms – Internationale Handelsklauseln) und die ERA (Regeln und Gebräuche für Dokumenten-Akkreditive) der Internationalen Handelskammer (ICC) sind Klauseln, die in internationalen Handelsverträgen verwendet werden. Sie sind AGB, die vereinbart werden müssen.

---

der Geschäftsgrundlage möglich (vgl § 313 BGB).
[357] BYDLINSKI, System und Prinzipien des Privatrechts (1996) 350 mit Nw auch zum dt Recht Fn 373.

B. Allgemeines Gleichbehandlungsgesetz (AGG)

Felix Hartmann

Systematische Übersicht

I.	**Grundlagen**	
1.	Überblick	1
2.	Europarechtlicher Hintergrund	3
3.	Diskriminierungsschutz als Aufgabe des Privatrechts	5
II.	**Benachteiligung wegen eines verbotenen Differenzierungsmerkmals**	9
III.	**Formen der Benachteiligung**	13
1.	Unmittelbare Benachteiligung	14
2.	Mittelbare Benachteiligung	17
3.	Belästigung und sexuelle Belästigung	21
IV.	**Arbeitsrechtlicher Diskriminierungsschutz**	
1.	Anwendungsbereich	24
a)	Sachlicher Anwendungsbereich	24
b)	Persönlicher Anwendungsbereich	26
2.	Arbeitsrechtliches Benachteiligungsverbot und Rechtfertigungsgründe	30
a)	Benachteiligungsverbot	30
b)	Allgemeine Rechtfertigungsgründe	31
c)	Spezielle Rechtfertigungsgründe	35
3.	Rechtsfolgen von Verstößen gegen das Benachteiligungsverbot	39
a)	Schutzansprüche	39
b)	Unwirksamkeit benachteiligender Vereinbarungen	51
c)	Sonstige Rechtsfolgen	52
V.	**Zivilrechtlicher Diskriminierungsschutz**	
1.	Anwendungsbereich	54
a)	Sachlicher Anwendungsbereich	55
b)	Persönlicher Anwendungsbereich	63
2.	Zivilrechtliches Benachteiligungsverbot und Rechtfertigungsgründe	64
a)	Benachteiligungsverbot	64
b)	Rechtfertigung wegen eines sachlichen Grundes	65
c)	Spezielle Rechtfertigungsgründe	68
3.	Rechtsfolgen von Verstößen gegen das Benachteiligungsverbot	70
a)	Schutzansprüche	70
b)	Geltendmachung der Schutzansprüche	80
c)	Unwirksamkeit abweichender Vereinbarungen	81
VI.	**Fragen der Rechtsdurchsetzung**	
1.	Darlegungs- und Beweislast	82
2.	Auskunftsanspruch	85

I. Grundlagen

1. Überblick

Im Jahr 2006 ist das Allgemeine Gleichbehandlungsgesetz (AGG) in Kraft getreten. **1** Nach § 1 AGG bezweckt die Regelung, Benachteiligungen wegen bestimmter personenbezogener Merkmale zu verhindern oder zu beseitigen. Darin spiegelt sich die Tendenz zu einem immer ausdifferenzierten Schutz vor Diskriminierungen durch Private wider. Bei den Benachteiligungsverboten des AGG handelt es sich um eine lehrreiche Materie, die unweigerlich zentrale Grundfragen wie das **Verhältnis von Freiheit und Gleichheit** berührt und den privatrechtlichen Diskurs damit schon von ihrem Gegenstand her vor besondere Herausforderungen stellt.

2 Praktische Bedeutung entfaltet das AGG vor allem auf dem Gebiet des Arbeitsrechts. Dem **Schutz der Beschäftigten vor Benachteiligung** ist ein vergleichsweise ausführlicher Gesetzesabschnitt gewidmet (§§ 6 bis 18 AGG). Neben dem in § 7 AGG geregelten Benachteiligungsverbot ist von besonderer Bedeutung die Haftungsnorm des § 15 AGG. Der deutlich knapper gefasste Abschnitt über den **Schutz vor Benachteiligung im Zivilrechtsverkehr** (§§ 19 bis 21 AGG) bezieht sich von vornherein nur auf bestimmte Verträge. Für die arbeits- und zivilrechtlichen Diskriminierungsverbote grundsätzlich gleichermaßen bedeutsam sind die im Allgemeinen Teil des Gesetzes (§§ 1 bis 5 AGG) enthaltenen Regelungen sowie die praktisch besonders relevante Vorschrift über die Beweislast in § 22 AGG. Die folgende Darstellung beschränkt sich auf diejenigen Teile des AGG, die typischerweise in der zivil- und arbeitsrechtlichen Fallbearbeitung relevant werden.[1]

2. Europarechtlicher Hintergrund

3 Gleichbehandlungspflichten Privater wurden keineswegs nur für das Arbeitsrecht, sondern auch für das allgemeine Zivilrecht schon Jahrzehnte vor den ersten Richtlinienvorgaben diskutiert.[2] Dennoch hat sich als treibende Kraft für die Entwicklung des deutschen Antidiskriminierungsrechts der Einfluss des Europarechts erwiesen. Dies belegt bereits die Tatsache, dass der Gesetzgeber mit dem AGG nicht weniger als **vier Richtlinien** umsetzte:[3] die Antirassismus-RL 2000/43/EG[4], die Gleichbehandlungs-Rahmen-RL 2000/78/EG[5], die inzwischen ersetzte[6] „Gender"-RL 2002/73/EG[7] und die RL 2004/113/EG zur Gleichstellung der Geschlechter auch außerhalb der Arbeitswelt[8].

4 Aus dem unionsrechtlichen Hintergrund des AGG folgen die für Regelungen im europäischen Mehrebenensystem typischen **methodischen Herausforderungen** wie etwa die Notwendigkeit einer richtlinienkonformen Interpretation des nationalen Rechts.[9]

---

[1] Keine Berücksichtigung finden deshalb etwa die Vorschriften über die soziale Verantwortung der am Arbeitsleben Beteiligten (§ 17 AGG), die Benachteiligung bei der Verbandsmitgliedschaft (§ 18 AGG), die Antidiskriminierungsstelle des Bundes (§§ 25–30 AGG) und die Rolle von Antidiskriminierungsverbänden (§ 23 AGG).
[2] Näher GRÜNBERGER, Personale Gleichheit (2013) 222 ff; für das Arbeitsrecht auch BADER, Arbeitsrechtlicher Diskriminierungsschutz als Privatrecht (2012) 54 ff.
[3] BT-Drucks 16/1780, 20.
[4] RL 2000/43/EG des Rates v 29.6.2000 zur Anwendung des Gleichbehandlungsgrundsatzes ohne Unterschied der Rasse oder der ethnischen Herkunft (ABl EG L 180/22 v 19.7.2000).
[5] RL 2000/78/EG des Rates v 27.11.2000 zur Festlegung eines allgemeinen Rahmens für die Verwirklichung der Gleichbehandlung in Beschäftigung und Beruf (ABl EG L 303/16 v 2.12.2000).
[6] Vgl RL 2006/54/EG des Europäischen Parlaments und des Rates v 5.7.2006 zur Verwirklichung des Grundsatzes der Chancengleichheit und Gleichbehandlung von Männern und Frauen in Arbeits- und Beschäftigungsfragen (Neufassung) (ABl EG L 204/23 v 26.7.2002).
[7] RL 2002/73/EG des Europäischen Parlaments und des Rates v 23.9.2002 zur Änderung der Richtlinie 76/207/EWG des Rates zur Verwirklichung des Grundsatzes der Gleichbehandlung von Männern und Frauen hinsichtlich des Zugangs zur Beschäftigung, zur Berufsbildung und zum beruflichen Aufstieg sowie in Bezug auf die Arbeitsbedingungen (ABl EG L 269/15 v 5.10.2002).
[8] RL 2004/113/EG des Rates v 13.12.2004 zur Verwirklichung des Grundsatzes der Gleichbehandlung von Frauen und Männern beim Zugang zu und bei der Versorgung mit Gütern und Dienstleistungen (ABl EG L 157/24 v 9.6.2006).
[9] Hierzu mit Blick auf das Antidiskriminierungsrecht BAUER/KRIEGER, AGG (4. Aufl 2015) Einl Rn 45 ff.

Weil der deutsche Gesetzgeber die Richtlinienvorgaben mit dem AGG in mancher Hinsicht überschießend umgesetzt hat, stellt sich auch die Frage nach einer möglichen „gespaltenen" Auslegung.[10] Eine zentrale Rolle für die künftige Entwicklung könnte zudem der EU-Grundrechtsschutz spielen. Art 21 GRCh zählt Diskriminierungsmerkmale auf, die über das existierende Richtlinienrecht hinausgehen und darüber hinaus auch nicht abschließend sind („insbesondere"). Zwar wird eine horizontale Drittwirkung, also die unmittelbare Geltung zwischen Privaten, bislang abgelehnt.[11] In der EuGH-Rspr zeigt sich allerdings jedenfalls für den Bereich der Altersdiskriminierung die Tendenz, dem Richtlinienrecht als Ausformung des Grundrechtsschutzes iE eine Horizontalwirkung zuzubilligen.[12]

3. Diskriminierungsschutz als Aufgabe des Privatrechts

Die Umsetzung der europäischen Gleichbehandlungsrichtlinien hat in der deutschen Rechtswissenschaft tiefe Gräben aufgerissen: Kritiker des Diskriminierungsschutzes hörten schon „die Totenglocke des Privatrechts" läuten[13] oder erblickten am Horizont eine „Tugendrepublik der neuen Jakobiner"[14]. Umgekehrt sahen sie sich von den Befürwortern in die Nähe von „Faschisten" gerückt, die für ihr „Recht auf Diskriminierung" einträten.[15] Inzwischen haben sich die Wogen deutlich geglättet. Auch die zu Beginn häufig vorgetragenen verfassungsrechtlichen Bedenken[16] werden kaum noch erhoben.[17] Geblieben sind aber die **Kontroversen über die dogmatische Einordnung**. Dies beginnt schon beim überwiegend bejahten privatrechtlichen Charakter des Gesetzes.[18] Eng damit verbunden ist die Frage nach der vom AGG verfolgten Programmatik, auf die sich die meisten dogmatischen Einzelprobleme zurückführen lassen.[19]

Für Diskriminierungsverbote zwischen Privaten auf der Grundlage des AGG kommen **verschiedene Grundkonzeptionen** in Betracht.[20] Weitgehend in gewohnten Bahnen bewegt sich eine erste mögliche Deutung, nach der das Gesetz dem Persönlichkeits-

---

[10] Für einheitliche Auslegung Grünberger, Gleichheit 538; zumindest gegen differenzierende Auslegung übernommener Richtlinienbegriffe Schiek, in: dies (Hrsg), Allgemeines Gleichbehandlungsgesetz (AGG) (2007) Einl Rn 81.
[11] Höpfner ZfA 2010, 449, 465 f; Mohr, in: Franzen/Gallner/Oetker (Hrsg), Kommentar zum europäischen Arbeitsrecht (2. Aufl 2018) Art 21 GRC Rn 119.
[12] Vgl insbes EuGH 19.10.2010 – C-555/07 *Kücükdeveci* Rn 20 f, 50 f, NJW 2010, 427 sowie bereits vor Inkrafttreten des Art 21 GRCh EuGH 22.11.2005 – C-144/04 *Mangold* Rn 72 ff, NJW 2005, 3695; krit gegenüber Verallgemeinerungen Höpfner ZfA 2010, 449, 469 ff; Franzen/Gallner/Oetker/Mohr Art 21 GRC Rn 120.
[13] Repgen, in: Isensee (Hrsg), Vertragsfreiheit und Diskriminierung (2007) 11.
[14] Säcker ZRP 2002, 286.
[15] Formulierung von Baer ZRP 2002, 290, 292 Fn 23, was Säcker (BB-Special 2004, 16, 19) auf sich bezieht.
[16] Isensee, in: ders (Hrsg), Vertragsfreiheit 239, 270 ff; Picker ZfA 2005, 167, 179 f; Säcker ZRP 2002, 286, 288.
[17] AA möglicherweise aber Staudinger/Richardi/Fischinger (2016) § 611 Rn 422.
[18] Vgl für eine entsprechende Lesart etwa Lobinger AcP 216 (2016) 28, 80 ff; aA S Blanke/Graue, in: Däubler/Bertzbach (Hrsg), Allgemeines Gleichbehandlungsgesetz (3. Aufl 2013) Einl Rn 220.
[19] Zur Relevanz für die Einzelfragen Lobinger AcP 216 (2016) 28, 94; vgl auch Bauer/Krieger AGG Einl Rn 32c; Schiek/Schiek AGG Einl Rn 41.
[20] Vgl die Systematisierung bei Lobinger, in: Isensee (Hrsg), Vertragsfreiheit 99, 119 ff; dems AcP 216 (2016) 28, 82 ff; Repgen, in: Isensee (Hrsg), Vertragsfreiheit 11, 77 ff.

rechtsschutz dient.[21] Eine Herausforderung für diese Lesart liegt in der Abgrenzung zwischen Integritätsschutz und einer hiervon nach herkömmlichem Verständnis nicht mehr umfassten Rechtskreiserweiterung durch chancengleiche Teilhabe.[22] Zweitens könnte das AGG umgekehrt gerade als Ausdruck solcher verteilungspolitischer Gerechtigkeitsbestrebungen erfasst werden.[23] Als durchaus verwandter dritter Ansatz ist eine Lehre zu erwähnen, nach der im Privatrecht dem Prinzip der personalen Freiheit ein grundsätzlich gleichrangiges Prinzip der personalen Gleichheit zur Seite steht.[24] Viertens könnte sich hinter dem gesetzgeberischen Konzept „der Versuch eines gesellschaftlichen Erziehungsprogramms" verbergen.[25] So hat sich inzwischen eine Strömung etabliert, die Verhaltenssteuerung durch Privatrecht jenseits des Schutzes privatnütziger Rechtspositionen befürwortet und hierfür gerade im Antidiskriminierungsrecht einen Anwendungsfall sieht.[26]

7 Keine der genannten Grundkonzeptionen kann für sich in Anspruch nehmen, das AGG in allen Einzelheiten zu erklären.[27] Dies ist schon der Tatsache geschuldet, dass weder der europäische noch der nationale Gesetzgeber eine hinreichend klare Vorstellung über die Ausrichtung des Diskriminierungsschutzes ausgebildet hat.[28] Auch werden die Unterschiede zwischen den geschilderten Positionen in den teils sehr zugespitzten Diskussionen nicht selten überzeichnet. Das gilt insbs für das **Verhältnis von Freiheit und Gleichheit**: Diese Grundwerte bilden selbst bei einer am Ideal der Privatautonomie orientierten formal-liberalen Annäherung schon deshalb keine scharfen Gegensätze, weil erst die gegenseitige Achtung als Gleiche die Begegnung als Freie ermöglicht.[29] Damit ist aber nicht gesagt, dass auch weitergehende Gleichbehandlungsgebote etwa mit verteilungspolitischer Zielsetzung genuin privatrechtlich zu erfassen wären. Nach herkömmlicher und überzeugender Sichtweise sind solche Umverteilungen vielmehr die Domäne des Öffentlichen Rechts, das für die Grenzen solchermaßen motivierten Staatshandelns auch die einschlägigen Maßstäbe bereithält.[30]

8 Am schlüssigsten lassen sich die Benachteiligungsverbote des AGG deshalb als **Konkretisierung des Persönlichkeitsrechtsschutzes** erfassen. Daraus folgt als Voraussetzung die Herabwürdigung der benachteiligten Person durch eine „mit Allgemeingültigkeits-

---

[21] ARMBRÜSTER NJW 2007, 1494, 1497; BADER, Diskriminierungsschutz 125 ff; R LEHNER, Zivilrechtlicher Diskriminierungsschutz und Grundrechte (2013) 220 ff; LOBINGER AcP 216 (2016) 28, 84 ff; offenbar auch BAG 19.12. 2013 – 6 AZR 190/12 Rn 40, BAGE 147, 60; krit GRÜNBERGER, Gleichheit 550 ff.
[22] Näher dazu BADER, Diskriminierungsschutz 179 ff.
[23] Zum allgemein-zivilrechtlichen Diskriminierungsschutz als Ausdruck der *iustitia distributiva* ST ARNOLD, Vertrag und Verteilung (2014) 379 ff; MünchKommBGB/THÜSING Einl AGG Rn 61; krit mit Blick auf das Arbeitsrecht STAUDINGER/RICHARDI/FISCHINGER (2016) § 611 Rn 423.
[24] GRÜNBERGER, Gleichheit 749 ff; vgl auch RENNER KritV 2010, 161, 163.
[25] So ArbG Berlin 28.3.2012 – 55 Ca 2426/12,

NZA-RR 2012, 627, 630. Eine solche Zielsetzung legte auch die frühe rechtspolitische Kritik an der Antidiskriminierungsgesetzgebung zugrunde; vgl ADOMEIT NJW 2006, 2169, 2170 f; PICKER ZfA 2005, 167, 168; SÄCKER ZRP 2002, 286 ff.
[26] So – trotz eigener rechtspolitischer Kritik am Ziel der angenommenen Verhaltenssteuerung – WAGNER AcP 206 (2006) 352, 398 ff.
[27] In der Diskussion häufig nicht beachtet wird, dass dieser Anspruch auch keineswegs durchgängig erhoben wird; vgl RENNER KritV 2010, 161, 164 zu verteilungspolitischen Deutungen.
[28] Vgl auch LOBINGER AcP 216 (2016) 28, 89.
[29] Vgl RENNER KritV 2010, 161, 162 f.
[30] Dazu im vorliegenden Zusammenhang LOBINGER AcP 216 (2016) 28, 87 ff; PICKER JZ 2003, 540, 543; vgl für die Gegenposition GRÜNBERGER, Gleichheit 975 ff.

anspruch erhobene Aussage über deren ‚objektiven' Wert".[31] Für ein solches integritätsschützendes Verständnis spricht zunächst, dass sich das Antidiskriminierungsrecht auf Konstellationen konzentriert, in denen das Persönlichkeitsrecht besonders verletzungsanfällig erscheint: etwa auf den Bereich abhängiger Beschäftigung (§§ 7 ff AGG), deren Relevanz für die freie Entfaltung der Persönlichkeit auf der Hand liegt,[32] oder auf Massengeschäfte (§ 19 Abs 1 Nr 1 AGG), bei denen die Differenzierung nach persönlichen Merkmalen regelmäßig unterbleibt und gerade deshalb besonders verletzend wirkt[33]. Gegen verteilungspolitisch orientierte Erklärungsansätze spricht vor allem, dass die Indienstnahme des Privatrechts für distributive Zwecke letztlich darauf hinausliefe, Einzelnen ein gleichheitswidriges Sonderopfer abzuverlangen, obwohl sie keine spezifische Verantwortlichkeit für die bestehenden Teilhabedefizite bestimmter Gruppen trifft.[34] Auch die Regelungsstruktur des AGG gibt bei näherem Hinsehen für eine distributive Zwecksetzung nichts her. So bezieht sich das zivilrechtliche Benachteiligungsverbot nur auf bereits vorhandene Marktangebote (vgl § 2 Abs 1 Nr 8 iVm § 19 AGG), verlangt aber keinen diskriminierungsfreien Einsatz bestehender Ressourcen im Rahmen solcher Angebote.[35] Die Ausgestaltung der Haftungsvoraussetzungen und -folgen deutet in dieselbe Richtung: So lässt sich die Einbeziehung von Benachteiligungsformen wie der (sexuellen) Belästigung (§ 3 Abs 3, Abs 4 AGG) jedenfalls nicht mit verteilungspolitischen Zwecken vereinbaren.[36] Außerdem läge mit einer solchen Zielsetzung ein Kontrahierungszwang nahe, der aber jedenfalls für das Arbeitsrecht ausdrücklich ausgeschlossen ist (§ 15 Abs 6 AGG).[37]

II. Benachteiligung wegen eines verbotenen Differenzierungsmerkmals

Entgegen seinem Titel enthält das AGG kein allgemeines Gleichbehandlungsgebot.[38] Dies beginnt bereits bei den verbotenen Differenzierungsmerkmalen, deren Aufzählung in § 1 AGG als abschließend gilt[39]. Die zugrunde liegende Auswahl ist freilich ihrerseits als diskriminierend bezeichnet worden[40] und könnte überdies auch Zweifeln an einem persönlichkeitsrechtsorientierten Verständnis des Antidiskriminierungsrechts Vorschub leisten[41]. Letztlich ist eine **Beschränkung der Merkmale** aber selbst mit einem solchen Ausgangspunkt unvermeidbar und auch verfassungsrechtlich nicht zu beanstanden, wenn sie – etwa auf der Grundlage historischer Erfahrungen – sachlich begründbar ist.[42]

---

[31] LOBINGER EuZA 2009, 365, 380.
[32] BADER, Diskriminierungsschutz 110 f, 141 ff.
[33] BADER, Diskriminierungsschutz 140; LOBINGER AcP 216 (2016) 28, 90 f.
[34] LOBINGER, in: ISENSEE (Hrsg), Vertragsfreiheit 99, 156 ff; dagegen R LEHNER, Diskriminierungsschutz 339, dessen Argument, dass alle Marktteilnehmer den Benachteiligungsverboten unterlägen, an der Frage vorbeizielt, weshalb die Akteure eines bestimmten Marktes weitergehend verantwortlich sein sollten als jedes andere Mitglied des Gemeinwesens.
[35] Hierzu LOBINGER AcP 216 (2016) 28, 91 mit dem Beispiel, dass eine Berliner Sprachschule nicht verpflichtet werden kann, anstatt des schwach nachgefragten Kurses „Hochdeutsch für Schwaben" einen integrationspolitisch wünschenswerten Kurs „Deutsch für Ausländer" anzubieten; offenbar missverstanden von ERMAN/BELLING/RIESENHUBER § 2 AGG Rn 26.
[36] LOBINGER AcP 216 (2016) 28, 90.
[37] LOBINGER AcP 216 (2016) 28, 91.
[38] STAUDINGER/RICHARDI/FISCHINGER (2016) § 611 Rn 422; SCHLEUSENER, in: ders/SUCKOW/VOIGT, AGG (4. Aufl 2013) § 1 Rn 38.
[39] MünchKommBGB/THÜSING § 1 AGG Rn 92.
[40] D SCHWAB DNotZ 2006, 649, 671 f.
[41] Vgl für eine entsprechende Argumentation bereits HERRMANN ZfA 1996, 19, 52 (noch zu § 611a BGB aF).
[42] BADER, Diskriminierungsschutz 157 ff.

10 § 1 AGG nennt zunächst Benachteiligungen „**aus Gründen der Rasse oder wegen der ethnischen Herkunft**". Mit dieser differenzierenden Formulierung wollte der Gesetzgeber dem Missverständnis vorbeugen, er akzeptiere die Existenz verschiedener menschlicher Rassen.[43] Freilich setzt aber jede Subsumtion unter das Rassemerkmal ihrerseits ein rassistisches Vorverständnis voraus,[44] weshalb es vorzugswürdig erscheint, stets auf die Ethnie abzustellen. Nach welchen Kriterien Ethnien voneinander abgrenzbar sind, ist allerdings recht ungeklärt. Genannt werden Brauchtum, Herkunft, äußeres Erscheinungsbild, Sprache und Religion.[45] Umstritten ist etwa, ob Ost- und Westdeutsche in diesem Sinn abgrenzbare Bevölkerungsgruppen darstellen.[46] Mit dem **Geschlecht** ist die objektive Zuordnung eines Menschen zum weiblichen oder männlichen Geschlecht gemeint,[47] während die **sexuelle Identität** insbes sexuelle Ausrichtungen und Neigungen betreffen soll.[48] Die bislang wenig konturierten Begriffe **Religion** und **Weltanschauung** müssen schon deshalb getrennt betrachtet werden, weil sich das zivilrechtliche Benachteiligungsverbot nach § 19 Abs 1 AGG zwar auf die Religion, nicht aber auf die Weltanschauung erstreckt. Als Kennzeichen einer Religion gilt die Transzendenz, also die Überschreitung der sinnlich wahrnehmbaren Lebensweltlichkeit, während die Weltanschauung immanent bleibt, sich also auf innerweltliche Bezüge beschränkt.[49] Die politische Anschauung ist nach ganz überwiegender Auffassung nicht umfasst.[50] Der Begriff der **Behinderung** folgt nach der Vorstellung des Gesetzgebers dem nationalen Sozialrecht.[51] Jedoch wird man jedenfalls im Anwendungsbereich der Richtlinien mit dem BAG kumulativ das seinerseits vom UN-Übereinkommen über die Rechte von Menschen mit Behinderungen[52] geprägte unionsrechtliche Begriffsverständnis heranziehen müssen.[53] Das praktisch besonders relevante Merkmal des **Alters** bezieht sich nach allgemeiner Auffassung auf Benachteiligungen nicht nur älterer, sondern auch jüngerer Menschen.[54]

---

[43] BT-Drucks 16/1780, 30 f.
[44] GRÜNBERGER, Gleichheit 563; ERMAN/ARMBRÜSTER § 1 AGG Rn 3; HEY, in: ders/FORST (Hrsg), AGG (2. Aufl 2015) § 1 Rn 6.
[45] HEY/FORST/HEY § 1 AGG Rn 14; ähnlich SCHLEUSENER/SUCKOW/VOIGT/SCHLEUSENER § 1 AGG Rn 42.
[46] Dafür BAUER/KRIEGER § 1 AGG Rn 23; STAUDINGER/RICHARDI/FISCHINGER (2016) § 611 Rn 460; dagegen MünchKommBGB/THÜSING § 1 AGG Rn 56. Abl auch ArbG Stuttgart 15.4.2010 – 17 Ca 8907/09, NZA-RR 2010, 344, 345 für den Vermerk „(-) Ossi" auf den Bewerbungsunterlagen einer aus der ehemaligen DDR stammenden Bewerberin; hierzu differenzierende Betrachtung bei HEY/FORST/HEY § 1 AGG Rn 15. GREINER (DB 2010, 1940, 1941 f) nimmt hier einen Fall des § 7 Abs 1 HS 2 AGG an; zu Recht krit BADER, Diskriminierungsschutz 274 ff.
[47] Unter Hinweis auf den Willen des Richtlinien- und Gesetzgebers für das tradierte biologische Begriffsverständnis etwa ERMAN/ARMBRÜSTER § 1 AGG Rn 7; für eine Abkehr von der dichotomen Unterscheidung zwischen Weiblichkeit und Männlichkeit hingegen GRÜNBERGER, Gleichheit 572.
[48] Zur strittigen Einordnung von Trans- und Intersexualität MünchKommBGB/THÜSING § 1 AGG Rn 57; GRÜNBERGER, Gleichheit 572 (Geschlecht) einerseits, BAUER/KRIEGER § 1 AGG Rn 25, 49 (sexuelle Identität) andererseits; zur Transexualität BAG 17.12.2015 – 8 AZR 421/14 Rn 30 f, NZA 2016, 888 (beide Gründe relevant).
[49] So mit Blick auf das AGG DÄUBLER/BERTZBACH/DÄUBLER § 1 AGG Rn 58; KAMANABROU, Arbeitsrecht (2017) Rn 943; krit GRÜNBERGER, Gleichheit 582.
[50] BGH 9.3.2012 – V ZR 115/11 Rn 9, NJW 2012, 1725 unter Hinweis auf BT-Drucks 16/2022, 13; RIEBLE RdA 2012, 241, 244.
[51] BT-Drucks 16/1780, 31.
[52] Übereinkommen der Vereinten Nationen über die Rechte von Menschen mit Behinderungen v 13.12.2006, UN-Dokument A/RES/61/106; genehmigt durch Beschluss 2010/48/EG des Rates v 26.11.2009 (ABl EG L 23/35 v 27.1.2010); dazu EuGH 11.4.2013 – C-335/11 und C-337/11 *HK Danmark* Rn 28 ff, NJW 2013, 553.
[53] BAG 19.12.2013 – 6 AZR 190/12 Rn 63 ff, BAGE 147, 60; zust STAUDINGER/RICHARDI/FISCHINGER (2016) § 611 Rn 462.
[54] KAMANABROU, Arbeitsrecht Rn 948; STAU-

Nicht nur von theoretischer Bedeutung sind Fälle, in denen jemand als Träger mehrerer Merkmale diskriminiert wird. § 4 AGG hält hierzu eine rudimentäre Regelung bereit, wonach die Rechtfertigung für jedes Merkmal gesondert zu prüfen ist. Bei uneinheitlicher Terminologie werden bis zu drei Konstellationen einer **mehrdimensionalen Diskriminierung** unterschieden:[55] Unproblematisch sind Fälle, in denen Ungleichbehandlungen wegen verschiedener Merkmale nebeneinander auftreten und einer isolierten Betrachtung zugänglich sind. Weiterhin können sich Diskriminierungsgründe gegenseitig verstärken. Am schwierigsten ist die Kategorie der sog intersektionellen Diskriminierung, bei der sich das Potential für Benachteiligung gerade aus dem Zusammentreffen verschiedener Merkmale ergibt. Ein Beispiel hierfür ist ein Kopftuchverbot, das muslimische Frauen in ihrer Identität als Muslimas betrifft.[56] Nach Auffassung des EuGH gibt es allerdings „keine neue, aus der Kombination mehrerer […] Gründe […] resultierende Diskriminierungskategorie […], die sich dann feststellen ließe, wenn eine Diskriminierung wegen dieser Gründe, einzeln betrachtet, nicht nachgewiesen ist".[57]

11

Von einer **assoziierten Diskriminierung** spricht man, wenn jemand wegen eines Merkmals benachteiligt wird, das nicht er selbst, sondern eine ihm nahestehende Person aufweist. Zu einem Fall, in dem eine Arbeitnehmerin wegen der Behinderung ihres Kindes benachteiligt wurde, hat der EuGH entschieden, dass das einschlägige Diskriminierungsverbot nicht auf Personen beschränkt sei, die selbst behindert sind. Dabei argumentierte er vor allem mit dem Wortlaut ua des Art 1 RL 2000/78/EG („wegen […] einer Behinderung") und dem *effet-utile*-Grundsatz.[58] Allerdings handelt es sich um ein allgemeines Problem, das nicht auf das Behinderungsmerkmal oder den Anwendungsbereich einzelner Richtlinien beschränkt ist. Auch lässt die Argumentation des EuGH nicht klar erkennen, ob es um eine Diskriminierung der Mutter oder des Kindes geht.[59] Bei privatrechtskonformer Deutung des Antidiskriminierungsrechts kann es, wenn die Mutter Anspruchsinhaberin sein soll, nur um eine Verletzung ihrer Rechte gehen.[60] Eine solche Rechtsverletzung wird man nur unter der Voraussetzung einer gewissen Nähebeziehung zum Merkmalsträger annehmen können. Welche Anforderungen an diese Verbindung zu stellen sind,[61] ist bislang allerdings ungeklärt. In der EuGH-Rspr zeigen sich Tendenzen, auf eine Nähebeziehung fast vollständig zu verzichten,[62] was jedenfalls mit einem privatrechtsorientierten Verständnis des Antidiskriminierungsrechts konfligiert.

12

DINGER/RICHARDI/FISCHINGER (2016) § 611 Rn 466; MünchKommBGB/THÜSING § 1 AGG Rn 86.

[55] Systematisierung in Anlehnung an Beck-OGK/BLOCK (1.11.2017) § 4 AGG Rn 6, 6.1; GRÜNBERGER, Gleichheit 595 ff.

[56] GRÜNBERGER, Gleichheit 598; zum Ganzen auch SCHIEK/SCHIEK § 4 AGG Rn 10 ff.

[57] EuGH 24.11.2016 – C-443/15 *Parris* Rn 80, NZA 2017, 433; weitergehend GA KOKOTT, Schlussantrag 30.6.2016 – C-443/15 *Parris* Rn 147 ff; näher zu dieser Rechtssache SCHIEK EuZA 2017, 407.

[58] EuGH 17.7.2008 – C-303/06 *Coleman* Rn 38, 48 ff, NZA 2008, 932.

[59] Krit deshalb SUTSCHET EuZA 2009, 245, 247 ff.

[60] Eingehend BADER, Diskriminierungsschutz 268 ff.

[61] Familiäre Bindungen sollen nach überwiegender Auffassung nicht erforderlich sein und lediglich eine Indizwirkung vermitteln; s BADER, Diskriminierungsschutz 272; BAYREUTHER NZA 2008, 986, 987; weitergehend SUTSCHET EuZA 2009, 245, 252 f, der eine Nähebeziehung für entbehrlich hält.

[62] Vgl EuGH 16.7.2015 – C-83/14 *CHEZ Razpredelenie Bulgaria AD* Rn 55 ff. Die Klägerin des Ausgangsfalls wandte sich gegen eine diskriminierende Praxis eines Stromversorgers in mehrheitlich von Roma bewohnten Stadtvierteln, ohne sich allerdings selbst als Roma zu identifizieren.

III. Formen der Benachteiligung

13 § 3 AGG enthält Begriffsdefinitionen zu verbotenen Verhaltensweisen, die unter dem **Oberbegriff der Benachteiligung** zusammengefasst sind. Anders als in den Richtlinien ist nicht von „Diskriminierungen" die Rede. Mit dieser – allerdings nicht konsequent durchgehaltenen – Terminologie wollte der deutsche Gesetzgeber deutlich machen, dass es auch gerechtfertigte Ungleichbehandlungen gibt.[63] Im Übrigen haben sich die Gesetzesverfasser recht eng an den Richtlinienvorgaben orientiert und die Möglichkeit einer Anpassung an die Dogmatik des deutschen Haftungsrechts weitgehend ungenutzt gelassen.[64] Zentral ist die Unterscheidung zwischen unmittelbaren (§ 3 Abs 1 AGG) und mittelbaren Benachteiligungen (§ 3 Abs 2 AGG). Die Belästigung (§ 3 Abs 3 AGG) und die sexuelle Belästigung (§ 3 Abs 4 AGG) sind zwar sprachlich ebenfalls als Benachteiligungen erfasst, setzen aber eine zumindest bezweckte Würdeverletzung voraus.

1. Unmittelbare Benachteiligung

14 Nach § 3 Abs 1 S 1 AGG erfordert eine unmittelbare Benachteiligung zunächst eine **weniger günstige Behandlung**. Es genügt also nicht, dass eine Person lediglich anders behandelt wird. Sie muss vielmehr dadurch zurückgesetzt werden, dass sie eine nach objektiven Maßstäben schlechtere Behandlung erfährt.[65] Den **Vergleichsmaßstab** bildet die gegenwärtige, vergangene oder hypothetische Behandlung einer anderen Person („erfährt, erfahren hat oder erfahren würde"). Dieser realen oder fiktiven anderen Person fehlt das Merkmal, an das die Benachteiligung anknüpft.[66] Die Schlechterstellung muss schließlich **wegen eines in § 1 AGG genannten Merkmals** erfolgen. Für die danach erforderliche Kausalität reicht es aus, wenn die verbotene Differenzierung Teil eines Motivbündels ist.[67]

15 In § 3 Abs 1 S 2 AGG wollte der Gesetzgeber mit Blick auf die einschlägige EuGH-Rspr klarstellen, dass die weniger günstige Behandlung einer Frau wegen **Schwangerschaft** oder **Mutterschaft** eine unmittelbare Benachteiligung begründet.[68] Nach einer Auffassung handelt es sich um eine nicht analogiefähige Ausnahmeregelung,[69] nach anderer Ansicht hingegen um eine Ausprägung des allgemeinen Gedankens, dass die Benachteiligung wegen eines Grundes, der mit einem Merkmal nach § 1 AGG in untrennbarem Zusammenhang steht, eine unmittelbare Benachteiligung wegen dieses Merkmals darstellt[70].

16 Nimmt der Diskriminierende irrig die Existenz eines verpönten Merkmals an, liegt nach verbreiteter Terminologie eine **„Putativdiskriminierung"** vor.[71] Obwohl es sich

---

[63] BT-Drucks 16/1780, 30.
[64] Krit deshalb BAUER/KRIEGER § 3 AGG Rn 4.
[65] BAUER/KRIEGER § 3 AGG Rn 7 f.
[66] BAUER/KRIEGER § 3 AGG Rn 11.
[67] Eingehend BAG 26.6.2014 – 8 AZR 547/13 Rn 32 ff, AP Nr 22 zu § 10 AGG.
[68] BT-Drucks 16/1780, 32 unter Hinweis auf EuGH 8.11.1990 – C-177/88 *Dekker*, NJW 1991, 628.
[69] WENDELING-SCHRÖDER, in: STEIN/WENDELING-SCHRÖDER, Allgemeines Gleichbehandlungsgesetz (2008) § 3 Rn 11; in der Tendenz auch MünchKommBGB/THÜSING § 3 AGG Rn 14.
[70] BAUER/KRIEGER § 1 AGG Rn 55 ff, § 3 Rn 19.
[71] So – im Anschluss an ADOMEIT/MOHR NZA 2007, 179, 181 – etwa BAUER/KRIEGER § 7 AGG Rn 10; vgl auch BeckOGK/BENECKE (1.11.2017) § 7 AGG Rn 30.

B. Allgemeines Gleichbehandlungsgesetz (AGG)

dabei um ein allgemeines Problem handelt,[72] hat es der Gesetzgeber nur für das Arbeitsrecht geregelt: Nach § 7 Abs 1 HS 2 AGG ist ein solcher Irrtum unbeachtlich.[73] Überwiegend wird für den zivilrechtlichen Diskriminierungsschutz kein Gegenschluss, sondern eine Analogie befürwortet.[74] Die genannte Vorschrift erfährt unterschiedliche Deutungen, in denen sich die jeweiligen Grundauffassungen zum Antidiskriminierungsrecht widerspiegeln. Sieht man das vom AGG adressierte Problem unter gleichheitsrechtlichem Blickwinkel in der Zuordnung zu hierarchisch geordneten sozialen Gruppen anhand bestimmter Merkmale, ist unerheblich, ob diese Merkmale tatsächlich vorliegen oder nicht.[75] Bei einem am Schutz des Persönlichkeitsrechts orientierten Verständnis mag § 7 Abs 1 HS 2 AGG auf den ersten Blick als Ausprägung eines „Gesinnungszivilrechts"[76] erscheinen. Jedoch muss auch derjenige, dem etwa aufgrund seines äußeren Erscheinungsbilds[77] fälschlicherweise ein bestimmtes Merkmal zugeschrieben wird, die Erfahrung machen, dass ihm wegen dieses vermeintlichen Merkmals die Achtung versagt wird.[78] Unabhängig von diesen Kontroversen liegt die in der Praxis kaum verzichtbare Hauptbedeutung des § 7 Abs 1 HS 2 AGG darin, dem Diskriminierungskläger den Beweisantritt zu Merkmalen wie seiner sexuellen Identität zu ersparen.[79]

2. Mittelbare Benachteiligung

Die von § 3 Abs 2 AGG definierte mittelbare Benachteiligung betrifft die Situation, dass eine **scheinbar neutrale Differenzierung** eine Benachteiligung wegen eines in § 1 AGG genannten Merkmals herbeiführt. Die tatbestandlich vorausgesetzte besondere Betroffenheit erfordert grundsätzlich den Nachweis, dass eine Gruppe von Merkmalsträgern prozentual stärker durch eine Regelung belastet wird. Es soll allerdings genügen, wenn sich dies aus einer wertenden, typisierenden Betrachtung ergibt. Ein statistischer Nachweis sei zulässig, aber nicht erforderlich.[80] Im Gegensatz zur unmittelbaren Benachteiligung nach § 3 Abs 1 AGG ist die mangelnde **Rechtfertigung** bei § 3 Abs 2 AGG bereits **Tatbestandsmerkmal**. Die Rechtfertigung setzt die Verfolgung (irgend)eines rechtmäßigen Ziels voraus und steht unter dem Vorbehalt einer verhältnismäßigen Zweck-Mittel-Relation.

17

---

[72] Zutreffend Däubler/Bertzbach/Däubler § 1 AGG Rn 96.
[73] Lediglich klarstellende Bedeutung messen der Vorschrift bei Kamanabrou, Arbeitsrecht Rn 965; Wendeling-Schröder/Stein/Wendeling-Schröder § 7 AGG Rn 12.
[74] So zumindest iE übereinstimmen etwa Adomeit/Mohr, Allgemeines Gleichbehandlungsgesetz (AGG) (2. Aufl 2011) § 1 Rn 176; Bauer/Krieger § 19 AGG Rn 4a; Grünberger, Gleichheit 624; aA Palandt/Ellenberger § 1 AGG Rn 1.
[75] BeckOGK/Block (1.11.2017) § 1 AGG Rn 61.
[76] So Greiner DB 2010, 1940, 1941, der sich für den Begriff auf Adomeit NJW 2006, 2169, 2171 stützt.
[77] Vgl BT-Drucks 16/1780, 34.

[78] Erman/Belling/Riesenhuber § 7 AGG Rn 8; vgl auch Bader, Diskriminierungsschutz 273 ff mit zutreffender Kritik an der strafrechtlich gefärbten Terminologie des BAG, das irreführend von einem „Versuch am untauglichen Objekt" spricht; s BAG 17.12.2009 – 8 AZR 670/08 Rn 14, NZA 2010, 383; ebenso Bauer/Krieger § 7 AGG Rn 11; Schleusener/Suckow/Voigt/Schleusener § 7 AGG Rn 3.
[79] Zu dieser Funktion Bader, Diskriminierungsschutz 274; Bauer/Krieger § 7 AGG Rn 12; BeckOGK/Benecke (1.11.2017) § 7 AGG Rn 31; MünchKommBGB/Thüsing § 7 AGG Rn 8.
[80] BAG 27.1.2011 – 6 AZR 526/09 Rn 27, BAGE 137, 80; Bauer/Krieger § 3 AGG Rn 25, 26a; Schleusener/Suckow/Voigt/Schleusener § 3 AGG Rn 77 ff.

18 Die Diskussion über mittelbare Benachteiligungen ist in besonderer Weise durch den Grundkonflikt über die zutreffende dogmatische Einordnung des Antidiskriminierungsrechts überlagert. Dies zeigt bereits die große Bandbreite der Deutungen: Die am Schutz des Persönlichkeitsrechts orientierten Auffassungen befürworten eine restriktive Auslegung des § 3 Abs 2 AGG. Die Figur der mittelbaren Benachteiligung begründet danach lediglich ein **Umgehungsverbot**: Die verbotene unmittelbare Diskriminierung soll nicht durch vordergründig neutrale Differenzierungsmerkmale verschleiert werden können.[81] Für diese Deutung spricht bereits der Wortlaut des § 3 Abs 2 AGG („dem Anschein nach").[82] Damit § 3 Abs 2 AGG nicht iE zur Ausweitung der nach § 1 AGG erfassten Merkmale führt, wird teilweise eine „konkrete merkmalsspezifische Tendenz" des jeweiligen Verhaltens verlangt.[83] Im diametralen Gegensatz hierzu steht eine Auffassung, die in der **Erweiterung der verpönten Merkmale** gerade die Aufgabe des Schutzes vor mittelbaren Benachteiligungen sieht.[84] Es solle verhindert werden, dass strukturelle Nachteile bestimmter Gruppen von anderen Marktakteuren perpetuiert würden.[85] Für diese Nachteile lasse sich anders als bei präferenzbedingten Diskriminierungen kein unmittelbar Verantwortlicher benennen, weshalb der Einzelne als Mitglied der Gesellschaft haften müsse. Die tatbestandliche Rechtfertigungsmöglichkeit wird damit erklärt, dass dem Handelnden „nicht die Verantwortung für die systemische Diskriminierung in der Gesellschaft insgesamt aufgebürdet" werden solle.[86] Zu klären wäre aber zunächst einmal, weshalb dies auch nur teilweise der Fall sein sollte. Den weiten Rechtfertigungstatbestand kann die am Schutz des Persönlichkeitsrechts orientierte Auffassung schlüssiger erklären: Wenn für die Rechtfertigung die Verfolgung eines jeden rechtmäßigen Ziels mit verhältnismäßigen Mitteln ausreicht, lässt sich dies als Parallele zur umfassenden Interessenabwägung mit der Handlungsfreiheit des Eingreifers deuten, wie sie zur Feststellung einer Persönlichkeitsrechtsverletzung gefordert wird.[87]

19 Mitunter sorgt die **Abgrenzung zur unmittelbaren Diskriminierung** für Schwierigkeiten. Dies veranschaulicht etwa die Diskussion über Kopftuchverbote am Arbeitsplatz. Nach Auffassung des EuGH liegt lediglich eine mittelbare Diskriminierung vor, wenn das Verbot auf einer „internen Regel" beruht, die sich „allgemein und undifferenziert" „auf das Tragen sichtbarer Zeichen politischer, philosophischer oder religiöser Überzeugungen" bezieht.[88] Wenn neben religiösen auch andere Zeichen verboten werden, lässt sich aber durchaus sagen, dass das Tragen religiöser Symbole als solches und damit unmittelbar betroffen ist.[89]

---

[81] BAUER/KRIEGER § 3 AGG Rn 20; LOBINGER AcP 216 (2016) 28, 95; ähnlich bereits WIEDEMANN/THÜSING NZA 2002, 1234, 1236 zu Art 2 RL 2000/78/EG; unklar MünchKommBGB/THÜSING § 3 AGG Rn 24 ff.
[82] LOBINGER AcP 216 (2016) 28, 95.
[83] So LOBINGER AcP 216 (2016) 28, 95 f, der als Beispiel Diskriminierungen von Teilzeitbeschäftigten anführt: Der Verstoß gegen das spezifische Diskriminierungsverbot des § 4 Abs 1 TzBfG genügt danach für sich genommen noch nicht, um die Rechtsfolgen des AGG auszulösen, auch wenn mehr Frauen als Männer betroffen sind. Dies sei erst bei Hinzutreten einer geschlechtsspezifischen Tendenz der Fall.
[84] GRÜNBERGER, Gleichheit 657 ff, insbes 661; ähnlich BeckOGK/BLOCK (1.11.2017) § 3 AGG Rn 63 ff.
[85] GRÜNBERGER, Gleichheit 660.
[86] GRÜNBERGER, Gleichheit 661.
[87] BADER, Diskriminierungsschutz 152 f; vgl auch LOBINGER AcP 216 (2016) 28, 95.
[88] EuGH 14.3.2017 – C-157/15 *Achbita* Rn 30 ff, NZA 2017, 373; vgl auch EuGH 14.3.2017 – C-188/15 *Bougnaoui* Rn 31, NJW 2017, 1089; zu beiden Entscheidungen BERKA EuZA 2017, 465.
[89] Vgl auch SAGAN EuZW 2017, 457, 459.

Umstritten ist, ob auch die **Minderheit** innerhalb einer benachteiligten Gruppe von 20
einer verbotenen Benachteiligung betroffen sein kann. Werden etwa Alleinerziehende
benachteiligt, trifft dies statistisch weitaus mehr Frauen,[90] so dass eine mittelbare Diskriminierung wegen des Geschlechts vorliegt. Ein alleinerziehender Vater mag von der
Regelung zwar ebenso hart betroffen sein, weshalb es nicht erst an einem immateriellen Schaden fehlt.[91] Jedoch ist in einem solchen Fall bereits keine Rechtsverletzung
erkennbar, die kausal auf einer Benachteiligung wegen eines verpönten Merkmals
beruhen würde.[92]

3. Belästigung und sexuelle Belästigung

Die **dogmatische Einordnung** der in § 3 Abs 3 und Abs 4 AGG geregelten (sexuellen) 21
Belästigung ist umstritten. Nach wohl überwiegender Auffassung[93] ist gerade hier der
Integritätsschutz des Persönlichkeitsrechts betroffen. Dafür spricht, dass das Gesetz
jeweils eine bewirkte oder zumindest bezweckte Verletzung der Würde des oder der
Betroffenen voraussetzt. Teilweise erfahren die Belästigungstatbestände aber auch
eine gleichbehandlungsrechtliche Einordnung: Entscheidend ist danach, dass sich in
der Belästigung die Konstruktion sozialer Hierarchien perpetuiert.[94] Als zentrales Argument führen die Vertreter dieser Sichtweise den Charakter des *(sexual) harrassment*
als *legal transplant* aus dem US-amerikanischen Nichtdiskriminierungsrecht an.[95] Damit ist freilich nicht gesagt, dass die dortige Einordnung unbesehen für das europäische
und das deutsche Recht Geltung beanspruchen kann.

Diese dogmatischen Auseinandersetzungen haben durchaus **praktische Konsequenzen**: 22
Wenn es auf soziale Hierarchien in der Gesellschaft ankommen soll, könnte bei einer
geschlechterspezifischen Auslegung die sexuelle Belästigung unter Personen gleichen
Geschlechts möglicherweise nur noch als Benachteiligung wegen der sexuellen Orientierung erfasst werden.[96] Legt man den Fokus nicht auf eine Persönlichkeitsrechtsoder Würdeverletzung, sondern auf den sozialen Kontext, würde es umgekehrt für
eine solche Belästigung ausreichen, wenn ein bekanntermaßen heterosexueller Mann
mit homosexuellen Stereotypen „aufgezogen" wird.[97]

Bei einem Vergleich des § 3 Abs 3 und des Abs 4 AGG fällt auf, dass das Merkmal der 23
Schaffung eines von Einschüchterungen, Anfeindungen, Erniedrigungen, Entwürdigungen oder Beleidigungen gekennzeichneten Umfelds nur bei der allgemeinen Belästigung, nicht aber bei der sexuellen Belästigung zwingende Tatbestandsvorausset-

---

[90] Vgl Statistisches Bundesamt, Haushalte und Familien, Ergebnisse im Mikrozensus, Fachserie 1 Reihe 3, 2016, 134.
[91] So aber MünchKommBGB/THÜSING § 15 AGG Rn 6.
[92] Zutreffend BADER, Diskriminierungsschutz 264.
[93] BADER, Diskriminierungsschutz 303; LOBINGER AcP 216 (2016) 28, 90; vgl auch MünchKommBGB/THÜSING § 3 AGG Rn 52 ff, der das AGG im Übrigen auf ein Gleichheitsschutzkonzept stützt und die Einbeziehung der (sexuellen) Belästigung deshalb als „systemwidrig" ansieht.

[94] GRÜNBERGER, Gleichheit 667 ff; ähnlich BeckOGK/BLOCK (1.11.2017) § 3 AGG Rn 105.
[95] GRÜNBERGER, Gleichheit 667; ähnlich BeckOGK/BLOCK (1.11.2017) § 3 AGG Rn 106, 106.1; vgl auch SCHIEK/SCHIEK § 3 AGG Rn 56 ff.
[96] So GRÜNBERGER, Gleichheit 668; überschießende Kritik bei LOBINGER AcP 216 (2016) 28, 90 Fn 219.
[97] GRÜNBERGER, Gleichheit 668 f unter Hinweis auf *English v Thomas Sanderson Ltd* [2008] EWCA Civ 1421 (CA).

zung ist. Dies hat zur Folge, dass auch **einmalige sexuell bestimmte Verhaltensweisen** den Tatbestand des § 3 Abs 4 AGG erfüllen können.[98] Für das „Bewirken" einer Würdeverletzung soll der bloße Eintritt der Belästigung ausreichen; auf die Absichten und Vorstellung der handelnden Person kommt es nach Auffassung des BAG nicht an.[99]

IV. Arbeitsrechtlicher Diskriminierungsschutz

1. Anwendungsbereich

a) Sachlicher Anwendungsbereich

24 Der sachliche Anwendungsbereich des arbeitsrechtlichen Diskriminierungsschutzes ergibt sich im Wesentlichen aus **§ 2 Abs 1 Nr 1 bis 4 AGG**.[100] Der praktische Hauptanwendungsfall für den Zugang zu unselbstständiger Erwerbstätigkeit iSd § 2 Abs 1 Nr 1 AGG liegt in der Begründung eines Arbeitsverhältnisses. Zu den Ausübungsbedingungen iSd § 2 Abs 1 Nr 2 AGG gehört auch die Beendigung von Beschäftigungsverhältnissen.

25 Nach § 2 Abs 4 AGG soll für **diskriminierende Kündigungen** allerdings ausschließlich das Kündigungsschutzrecht gelten. Diese Vorschrift wird nahezu allgemein als unionsrechtswidrig angesehen, weil sich die einschlägigen Richtlinien auch auf Entlassungsbedingungen erstrecken.[101] Das BAG hält eine richtlinienkonforme Auslegung des § 2 Abs 4 AGG für möglich: Die Diskriminierungsverbote des AGG seien als Konkretisierungen der Sozialwidrigkeit iSd § 1 KSchG auch beim Kündigungsschutz zu beachten.[102] Dieser pragmatische Ansatz ließe sich noch dadurch erweitern, dass die Diskriminierungsverbote außerhalb des KSchG im Rahmen der §§ 134, 138, 242 BGB berücksichtigt werden.[103] Das BAG hält außerdem, was freilich methodische Fragen aufwirft, bei diskriminierenden Kündigungen einen Entschädigungsanspruch nach § 15 Abs 2 AGG für möglich.[104] Selbst wenn damit in der Summe ein materiell hinreichender Schutz erreicht wäre,[105] erschiene schon zweifelhaft, ob dem unionsrechtlichen Transparenzgebot[106] Genüge getan ist.[107]

---

[98] BAG 9.6.2011 – 2 AZR 323/10 Rn 18, NZA 2012, 1342. Der Gesetzgeber (BT-Drucks 16/1780, 33) geht weitergehend davon aus, dass auch § 3 Abs 3 AGG einen Schutz vor einmaligen Verhaltensweisen gewährt; zu Recht zurückhaltend ERMAN/ARMBRÜSTER § 3 AGG Rn 23.

[99] BAG 9.6.2011 – 2 AZR 323/10 Rn 19, NZA 2012, 1342 (zu § 3 Abs 4 AGG).

[100] Erfasst ist von § 2 Abs 1 Nr 1 AGG aber auch die selbstständige Erwerbstätigkeit; zu den damit verbundenen Abgrenzungsfragen BAUER/KRIEGER § 2 AGG Rn 16.

[101] Vgl insbes Art 3 Abs 1 lit c RL 2000/43/EG und Art 3 Abs 1 lit c RL 2000/78/EG; s nur MEINEL/HEYN/HERMS, Allgemeines Gleichbehandlungsgesetz (2. Aufl 2010) § 2 Rn 62 f; MünchKommBGB/THÜSING § 2 AGG Rn 17 ff sowie DÄUBLER/BERTZBACH/DÄUBLER § 2 AGG Rn 260 ff, der zusätzlich auf den Verstoß gegen Art 21 GRCh hinweist.

[102] BAG 6.11.2008 – 2 AZR 523/07 Rn 34 ff, BAGE 128, 238; zust ADOMEIT/MOHR NJW 2009, 2255, 2256.

[103] Für Nichtigkeit der Kündigung gem § 134 BGB iVm § 7 Abs 1, §§ 1, 3 AGG etwa KAMANABROU, Arbeitsrecht Rn 1275.

[104] BAG 19.12.2013 – 6 AZR 190/12 Rn 36 ff, BAGE 147, 60; vgl bereits die Andeutung in BAG 22.10.2009 – 8 AZR 642/08 Rn 16, NZA 2010, 280; nur iE zust BeckOGK/BLOCK (1.11.2017) § 2 AGG Rn 86, 86.1; krit GÜNTHER/FREY NZA 2014, 584, 589.

[105] Verneinend DÄUBLER/BERTZBACH/DÄUBLER § 2 AGG Rn 262a, 265.

[106] Vgl etwa EuGH 18.10.2001 – C-354/99 *Kommission/Irland* Rn 27.

[107] DÄUBLER/BERTZBACH/DÄUBLER § 2 AGG Rn 262a, 265; MünchKommBGB/THÜSING § 2 AGG Rn 24.

b) Persönlicher Anwendungsbereich

§ 6 AGG betrifft nach seiner Überschrift den persönlichen Anwendungsbereich der 26 Vorschriften zum Schutz der Beschäftigten vor Benachteiligung, enthält im Wesentlichen allerdings nur Begriffsdefinitionen. Die Folgevorschriften nehmen darauf zwar Bezug. Insbes ist aber die personelle Reichweite des Benachteiligungsverbots gem § 7 Abs 1 AGG nicht auf die definierten Begriffe beschränkt (näher unten Rn 30).

Mit der Kategorie der **Beschäftigten** iSd § 6 Abs 1 AGG geht der Gesetzgeber erheblich 27 über die Grenzen des Arbeitnehmerbegriffs hinaus und bezieht weitere Personen mit vergleichbarem Schutzbedürfnis ein, und zwar zu ihrer Berufsausbildung Beschäftigte, arbeitnehmerähnliche Personen und Heimarbeiter.[108] Auch in zeitlicher Hinsicht ist der Schutz erweitert: § 6 Abs 1 S 2 AGG erfasst Bewerber und Personen, deren Beschäftigungsverhältnis wie im Fall von Betriebsrentnern schon beendet ist.

Vieldiskutiert ist die rechtliche Behandlung von „**AGG-Hoppern**". So werden profes- 28 sionelle Diskriminierungskläger bezeichnet, die sich typischerweise auf eine unter Verstoß gegen § 11 AGG ausgeschriebene Stelle bewerben und dabei das Ziel verfolgen, nach Ablehnung eine Entschädigung geltend zu machen. Obwohl dies allenfalls bei einer persönlichkeitsrechtsorientierten Auslegung zwingend erscheint, wird ein Anspruch iE ganz überwiegend verneint.[109] Das BAG hat in einigen Entscheidungen bereits die Bewerbereigenschaft iSd § 6 Abs 1 S 2 AGG abgelehnt, wenn es an der objektiven Eignung und/oder dem subjektiv ernsthaften Bemühen um ein Beschäftigungsverhältnis fehlte.[110] Inzwischen vertritt das BAG aber einen formalen Bewerberbegriff und löst das Problem wie auch schon in einzelnen früheren Entscheidungen[111] über den Einwand des Rechtsmissbrauchs.[112] Der EuGH hat diesen Weg ebenfalls in einer neueren Entscheidung angeführt,[113] daneben aber auch eine tatbestandliche Lösung entwickelt: Die einschlägigen Richtlinien reagierten nicht auf jegliche Ungleichbehandlung, sondern bezweckten vielmehr einen kontextabhängigen, situationsbezogenen „Schutz gegen bestimmte Diskriminierungen".[114] Eine solche tatbestandliche Lösung erscheint überzeugender, weil es bereits an einer Persönlichkeitsrechtsrelevanz fehlt.[115]

Für Selbstständige und **Organmitglieder** beschränkt § 6 Abs 3 AGG den Geltungsbe- 29 reich auf den Zugang zur Erwerbstätigkeit und den beruflichen Aufstieg. Probleme wirft diese Regelung besonders mit Blick auf GmbH-Geschäftsführer und andere Mitglieder gesellschaftsrechtlicher Leitungsorgane auf. Das Unionsrecht tendiert je nach Fallgestaltung zur Annahme der Arbeitnehmereigenschaft. Der EuGH hat in anderen Zusammenhängen das insoweit vorausgesetzte Unterordnungsverhältnis bereits aus gesellschaftsrechtlichen Abhängigkeiten wie der Weisungsunterworfenheit gegenüber

---

[108] Krit gegenüber dem variierenden Beschäftigtenbegriff in der neueren Gesetzgebung Richardi NZA 2010, 1101 ff; verteidigend Forst RdA 2014, 157, 163 f.
[109] AA Ebert, Pönale Elemente im deutschen Zivilrecht (2004) 356 ff (zu § 611a BGB aF).
[110] S etwa BAG 12.11.1998 – 8 AZR 365/97, NZA 1999, 371, 373 (zu § 611a BGB aF); BAG 17.12.2009 – 8 AZR 670/08 Rn 16, NZA 2010, 383.
[111] Zuletzt etwa BAG 22.8.2013 – 8 AZR 563/12 Rn 29, NZA 2014, 82.
[112] BAG 11.8.2016 – 8 AZR 4/15 Rn 38, 43 ff, NZA 2017, 310.
[113] EuGH 28.7.2016 – C-423/15 *Kratzer* Rn 37 ff, NZA 2016, 1014.
[114] EuGH 28.7.2016 – C-423/15 *Kratzer* Rn 35, NZA 2016, 1014; dazu Benecke EuZA 2017, 47.
[115] So auch Bader, Diskriminierungsschutz 258 f mit Erwägungen zur Beweislastverteilung.

der Gesellschafterversammlung gefolgert.[116] Obwohl das deutsche Recht herkömmlich zwischen der gesellschaftsrechtlichen Bestellung und der dienstvertraglichen Anstellung unterscheidet,[117] hat der BGH den Diskriminierungsschutz über § 6 Abs 3 AGG auch auf die Bestellung zum Geschäftsführer erstreckt.[118] Ob diese Vorschrift dergestalt unionsrechtskonform ausgelegt werden kann, dass dem genannten Personenkreis der volle Diskriminierungsschutz wie für Beschäftigte nach § 6 Abs 1 Nr 1 AGG zukommt, ist aber noch ungeklärt.[119]

2. Arbeitsrechtliches Benachteiligungsverbot und Rechtfertigungsgründe

a) Benachteiligungsverbot

30 § 7 Abs 1 AGG enthält das Verbot der Benachteiligung in Beschäftigung und Beruf wegen eines nach § 1 AGG verpönten Merkmals und gilt als **„arbeitsrechtliche Grundnorm des AGG"**[120]. Trotz ihrer zentralen Bedeutung enthält die Vorschrift aufgrund ihrer Verweisungstechnik letztlich keine eigenen Voraussetzungen. Auch die Rechtsfolgen einer verbotenen Diskriminierung ergeben sich aus anderen Regelungen. Das Benachteiligungsverbot richtet sich, wie der weite Wortlaut des § 7 Abs 1 AGG und der erklärte Wille des Gesetzgebers[121] zeigen, nicht nur gegen den Arbeitgeber, sondern auch gegen Arbeitskollegen und Dritte, iE also gegen jedermann.[122] Bei privatrechtsnaher Deutung konkretisiert folglich § 7 Abs 1 AGG das **Persönlichkeitsrecht als absolutes Recht**.[123] Dem steht nicht entgegen, dass in vielen, wenn auch keineswegs in allen Fällen ein (vor-)vertragliches Schuldverhältnis vorliegen dürfte. Ebenfalls nicht gegen die genannte Einordnung spricht, dass **§ 7 Abs 3 AGG** die Benachteiligung als Verletzung vertraglicher Pflichten qualifiziert. Diese in mehrerer Hinsicht misslungene und schwer verständliche Vorschrift soll, wie aus der Gesetzesbegründung[124] hervorgeht, letztlich nur den Regress des Arbeitgebers gegenüber benachteiligenden Arbeitnehmern ermöglichen.[125]

b) Allgemeine Rechtfertigungsgründe
aa) Rechtfertigung wegen beruflicher Anforderungen

31 § 8 Abs 1 AGG enthält den **allgemeinen Rechtfertigungsgrund** für Ungleichbehandlungen in Beschäftigung und Beruf. Umstritten ist, ob sich die Vorschrift nur auf unmittelbare[126] oder auch auf mittelbare Benachteiligungen[127] bezieht. Für die erstgenannte Auffassung spricht schon, dass die mangelnde Rechtfertigung nach § 3 Abs 2 AGG Tatbestandsmerkmal einer mittelbaren Benachteiligung ist und die Sachgründe anders

---

[116] EuGH 11.11.2010 – C-232/09 *Danosa* Rn 47 ff, NZA 2011, 143 zum Mutterschutz; vgl auch EuGH 9.7.2015 – C-229/14 *Balkaya* Rn 38 ff, NZA 2015, 861 zum Recht der Massenentlassung und EuGH 10.9.2015 – C-47/14 *Holterman Ferho Exploitatie ua* Rn 40 ff, NZA 2016, 183 zum internationalen Arbeitsprozessrecht.
[117] Sog Trennungstheorie; vgl BGH 26.6.1995 – II ZR 109/94, NJW 1995, 2850; BAG 25.10.2007 – 6 AZR 1045/06 Rn 15, NZA 2008, 168.
[118] BGH 23.4.2012 – II ZR 163/10 Rn 19, BGHZ 193, 110; zust BeckOGK/BENECKE (1.11.2017) § 6 AGG Rn 83; krit BAUER/ARNOLD NZG 2012, 921, 922.
[119] Dafür ESSER/BALUCH NZG 2007, 321, 324; PREIS/SAGAN ZGR 2013, 26, 57, 59 ff; dagegen BAUER/KRIEGER § 6 AGG Rn 35a.
[120] ANNUSS BB 2006, 1629.
[121] BT-Drucks 16/1780, 34.
[122] BAUER/KRIEGER § 7 AGG Rn 6; BeckOGK/BENECKE (1.11.2017) § 7 AGG Rn 13; HEY/FORST/HEY § 7 AGG Rn 5.
[123] BADER, Diskriminierungsschutz 171 f.
[124] BT-Drucks 16/1780, 34.
[125] BADER, Diskriminierungsschutz 175 f mwNw.
[126] So SCHLEUSENER/SUCKOW/VOIGT/SCHLEUSENER § 8 AGG Rn 2; MünchKommBGB/THÜSING § 8 AGG Rn 1.
[127] So DÄUBLER/BERTZBACH/BRORS § 8 AGG Rn 2.

als in § 8 Abs 1 AGG nicht beschränkt sind. Unabhängig von diesem Streit wird, weil die Rechtfertigung (sexueller) Belästigungen regelmäßig ausscheidet, die unmittelbare Diskriminierung jedenfalls „Hauptanwendungsbereich" des § 8 Abs 1 AGG sein.[128]

Der Wortlaut des allgemeinen Rechtfertigungstatbestands erscheint wenig geglückt. So trennt er im Gegensatz zum Richtlinienrecht[129] nicht zwischen dem verpönten Merkmal als solchem und der auf dieses Merkmal bezogenen Differenzierung.[130] Die zentrale Voraussetzung des § 8 Abs 1 AGG ist die **berufliche Anforderung**. Die unternehmerische Entscheidung des Arbeitgebers, im Rahmen seines Organisationskonzepts das Anforderungsprofil des jeweiligen Arbeitsplatzes festzulegen, ist vom Schutzbereich des Art 12 Abs 1 GG umfasst.[131] Begrenzt wird die Entscheidungsfreiheit des Arbeitgebers zunächst dadurch, dass das Anforderungsprofil einem **rechtmäßigen Zweck** dienen muss. Überwiegend wird dies im Sinne einer Willkürkontrolle verstanden.[132] Einen sachlichen Grund für die Differenzierung nach einem verpönten Merkmal kann die berufliche Anforderung nur bilden, wenn sie **entscheidend** ist. Dies ist nur gegeben, wenn die eigentliche Aufgabe ohne die betreffende Anforderung nicht erfüllt werden kann.[133] Mit dem Erfordernis der **Angemessenheit** weist § 8 Abs 1 AGG nach allgemeiner Einschätzung auf die Notwendigkeit einer Abwägungsentscheidung hin.[134] Ebenfalls in diese Richtung deutet das Kriterium, dass es sich um eine **wesentliche** berufliche Anforderung handelt.[135] Wenn die Anforderung mit Blick auf den verfolgten unternehmerischen Zweck für das jeweilige Berufsbild prägend sein muss,[136] bleibt eine gewisse Erheblichkeitsschwelle[137] für die Rechtfertigung gewahrt.

32

Besonders umstritten sind Fälle, in denen der Arbeitgeber sein Anforderungsprofil an **Kundenerwartungen oder -präferenzen** ausrichtet. Der EuGH hat eine darauf gestützte Rechtfertigung bislang zumindest nicht ausdrücklich erwogen.[138] In der deutschen Diskussion wird der Motivlage beim Benachteiligenden mitunter keinerlei Bedeutung zugebilligt.[139] Teilweise lässt man immerhin eine Ausnahme für den Fall zu, dass die Missachtung der Kundenwünsche auf Dauer existenzgefährdende Auswirkungen hät-

33

---

[128] BT-Drucks 16/1780, 35.
[129] Vgl nur Art 4 Abs 1 RL 2000/78/EG („im Zusammenhang mit einem der [...] Diskriminierungsgründe").
[130] Krit Hey/Forst/Lindemann § 8 AGG Rn 9; verteidigend Bauer/Krieger § 8 AGG Rn 2.
[131] Bauer/Krieger § 8 AGG Rn 16; BeckOGK/Benecke (1.11.2017) § 8 AGG Rn 11; vgl auch BAG 18.3.2010 – 8 AZR 77/09 Rn 26, NZA 2010, 872.
[132] Bauer/Krieger § 8 AGG Rn 18; BeckOGK/Benecke (1.11.2017) § 8 AGG Rn 21; aA Schlachter, in: Müller-Glöge/Preis/Schmidt (Hrsg), Erfurter Kommentar zum Arbeitsrecht (17. Aufl 2017) § 8 AGG Rn 8, die der Rechtmäßigkeit des Zwecks neben der Wesentlichkeit der beruflichen Anforderung keine eigenständige Bedeutung beimisst.
[133] Thüsing RdA 2001, 319, 321 spricht insoweit in Anlehnung an die in den USA verbreitete Terminologie von „*essence of the business*", die mit Blick auf das Geschlecht etwa bei einer Oben-ohne-Tänzerin betroffen sei, nicht aber bei einer Stewardess, deren Aufgaben ebenso gut von einem Steward erfüllt werden könnten (zum Problem der Kundenerwartungen s unten Rn 33).
[134] BeckOGK/Benecke (1.11.2017) § 8 AGG Rn 22 ff; ErfK/Schlachter § 8 AGG Rn 8; zum Erfordernis einer Verhältnismäßigkeitsprüfung bereits BT-Drucks 16/1780, 35.
[135] Vgl auch die Einordnung bei BeckOGK/Benecke (1.11.2017) § 8 AGG Rn 15.
[136] BAG 18.3.2010 – 8 AZR 77/09 Rn 26, NZA 2010, 872; Bauer/Krieger § 8 AGG Rn 21.
[137] MünchKommBGB/Thüsing § 8 AGG Rn 9.
[138] EuGH 10.7.2008 – C-54/07 *Feryn*, NZA 2008, 929 und dazu Lobinger EuZA 2009, 365, 371 ff; EuGH 14.3.2017 – C-157/15 *Achbita*, NZA 2017, 373.
[139] Schiek/Schiek § 3 AGG Rn 15 f.

te.¹⁴⁰ Am verbreitetsten ist als Unterscheidungskriterium, ob die Kunden – gemessen an den Wertungen des AGG – ihrerseits diskriminierend agieren.¹⁴¹ Aufschluss verspricht auch hier eine an der Zielsetzung des Diskriminierungsschutzes orientierte Betrachtung. Ein moralpädagogischer Erziehungszweck müsste für die Beachtlichkeit von Kundenwünschen sprechen, weil der Benachteiligende keinen eigenen, sondern „nur" fremden Präferenzen folgt.¹⁴² In der Konsequenz einer verteilungspolitischen Funktion läge es hingegen, die Gleichbehandlung auch gegen die Erwartungen des Marktes durchzusetzen.¹⁴³ Bei einer integritätsschützenden Konzeption kommt es darauf an, ob die Kundenwünsche ihrerseits einen persönlichkeitsrechtsverletzenden Gehalt aufweisen.¹⁴⁴ Dies wird häufig und zu Recht verneint, wenn der oder die Beschäftigte im persönlichen Lebensbereich der Kundschaft tätig werden soll.¹⁴⁵ Zweifelhaft erscheint hingegen, ob es ausreicht, wenn sich Jugendliche als Zielgruppe „trendorientierte[r] Mode" „von älterem Personal nicht angesprochen" fühlen.¹⁴⁶ Problematisch bleiben die Fälle der sog **authentizitätsbezogenen Kundenwünsche**. So ist fraglich, ob man es als harmlose „Klischeevorstellungen" abtun kann, wenn etwa die Gäste eines Chinarestaurants chinesisches (wohl eher: „chinesisch" aussehendes) Bedienungspersonal erwarten.¹⁴⁷ Für eine Rechtfertigung lässt sich anführen, dass Bewerber anderer Ethnien hier nicht bereits dadurch herabgewürdigt werden, dass sie aus einem zuvor nach anderen Kriterien festgelegten Kreis von Personen willkürlich ausgegrenzt werden. Bedenkenswert erscheint aber, ob ein solchermaßen folkloristisches Betriebskonzept nicht seinerseits persönlichkeitsrechtsrelevant ist,¹⁴⁸ weil es die Beschäftigten auf ihre ethnische Herkunft reduziert, ohne dass dies von der „eigentlichen" Arbeitsleistung gefordert wäre. Worin diese besteht, bestimmt sich allerdings in der Regel nach einer unternehmerischen Entscheidung,¹⁴⁹ die damit letztlich zum Gegenstand der Kontrolle wird.

bb) Rechtfertigung positiver Maßnahmen

34 § 5 AGG regelt die Rechtfertigung unterschiedlicher Behandlungen, wenn bestehende Nachteile verhindert oder ausgeglichen werden sollen. Sie betrifft damit die Thematik, die in den Vereinigten Staaten unter dem Stichwort *affirmative action* diskutiert

---

¹⁴⁰ ANNUSS BB 2006, 1629, 1633; SCHLEUSENER/SUCKOW/VOIGT/SCHLEUSENER § 8 AGG Rn 16.
¹⁴¹ BAG 18.3.2010 – 8 AZR 77/09 Rn 36, NZA 2010, 872; MünchKommBGB/THÜSING § 8 AGG Rn 19; besonders präzise KRAUSE, in: FS Adomeit (2008) 377, 387, der als tatbestandlichen Anknüpfungspunkt in § 8 Abs 1 AGG die Rechtmäßigkeit des Zwecks vorschlägt.
¹⁴² Vgl LOBINGER EuZA 2009, 365, 375 f.
¹⁴³ Vgl LOBINGER EuZA 2009, 365, 376 ff.
¹⁴⁴ LOBINGER EuZA 2009, 365, 378 ff; krit SAGAN EuZW 2017, 457, 458, der keinen normativen Maßstab für die Bewertung von Kundenwünschen erkennen kann.
¹⁴⁵ LOBINGER EuZA 2009, 365, 380; iE ähnlich KRAUSE, in: FS Adomeit (2008) 377, 388 f.
¹⁴⁶ So aber KAMANABROU, Arbeitsrecht Rn 969; weitergehend noch vHOYNINGEN-HUENE, in: FS Birk (2008) 217, 223, wonach der Arbeitgeber ein Empfangsfoyer „mit jungen, dynamischen Mitarbeitern" besetzen darf, weil dies „ein anderes Bild von dem Unternehmen [zeichnet] als die Besetzung mit älteren Arbeitnehmern"; insoweit **aA** auch KAMANABROU, Arbeitsrecht Rn 970.
¹⁴⁷ So aber LOBINGER EuZA 2009, 365, 381. Einen ganz anderen Ansatz verfolgt MünchKommBGB/THÜSING § 8 AGG Rn 20, wenn er in diesen Fällen lediglich eine hinnehmbare „Markttrennung" (zB in Märkte für chinesische, spanische und französische Kellner) erkennt. Dies wäre aber allenfalls bei Gleichwertigkeit der Märkte unproblematisch; zutreffend LOBINGER EuZA 2009, 365, 373 f.
¹⁴⁸ Auf anderer Grundlage iE gegen eine Rechtfertigung DÄUBLER/BERTZBACH/BRORS § 8 AGG Rn 17; NOVARA NZA 2015, 142, 146.
¹⁴⁹ Vgl ERMAN/BELLING/RIESENHUBER § 8 AGG Rn 7.

wird.¹⁵⁰ Obwohl § 5 AGG sowohl für den arbeitsrechtlichen als auch für den zivilrechtlichen Diskriminierungsschutz gilt, entfaltet die Vorschrift praktische Bedeutung vor allem beim Schutz der Beschäftigten (vgl aber unten Rn 69).¹⁵¹ Bei den umstrittenen Geschlechterquoten zeigt sich beispielhaft die Bedeutung, welche der EuGH der Verhältnismäßigkeitsprüfung beimisst: So ist die Bevorzugung des unterrepräsentierten Geschlechts durch starre Quoten ohne Rücksicht auf die Qualifikation nicht möglich.¹⁵² Positive Maßnahmen bleiben unabhängig davon aber in doppelter Hinsicht problematisch: Zum einen hat der europäische Gesetzgeber nicht Privaten, sondern nur den Mitgliedstaaten das Recht zur „umgekehrten Diskriminierung" eingeräumt.¹⁵³ Zum anderen sieht Art 3 Abs 2 S 2 GG positive Maßnahmen auch insoweit nur für die Gleichstellung von Männern und Frauen vor.¹⁵⁴

c)   Spezielle Rechtfertigungsgründe
aa)   Ungleichbehandlung wegen der Religion oder Weltanschauung
§ 9 Abs 1 AGG enthält einen speziellen Rechtfertigungsgrund für **Religionsgemein-   35 schaften**, ihnen zugeordnete Einrichtungen und Weltanschauungsgemeinschaften. Mit dieser Vorschrift reagiert der Gesetzgeber auf das Selbstbestimmungsrecht der Religionsgemeinschaften (Art 140 GG iVm Art 136 ff WRV).¹⁵⁵ Die begrenzte praktische Bedeutung des § 9 Abs 1 AGG ergibt sich daraus, dass die Vorschrift eine zusätzliche Rechtfertigungsmöglichkeit für Ungleichbehandlungen nur wegen der Religion oder Weltanschauung bietet, nicht aber wegen anderer Merkmale.¹⁵⁶ Eine bestimmte Religionszugehörigkeit kann nach einer verbreiteten Differenzierung nur bei „verkündungsnaher" Tätigkeit gefordert werden, während die Rechtfertigung bei „verkündigungsfernen" Aufgaben regelmäßig ausscheiden soll.¹⁵⁷ Der Wortlaut des § 9 Abs 1 AGG stellt der Art der Tätigkeit allerdings als alternatives Kriterium („oder") das Selbstbestimmungsrecht der Religionsgemeinschaften zur Seite. Deshalb wird vertreten, dass kirchliche Arbeitgeber auch weiterhin für jegliche Tätigkeit die Religionszugehörigkeit als Anforderung festlegen könnten¹⁵⁸. Weil Art 4 Abs 2 RL 2000/78/EG enger formuliert ist, bestehen gegen diese Auffassung und allgemein gegen die **Unionsrechtskonformität** des § 9 Abs 1 AGG allerdings Bedenken.¹⁵⁹ Im März 2016 hat das BAG dem EuGH hierzu einen Fragenkatalog vorgelegt.¹⁶⁰ In einem weiteren Vorabentscheidungsersuchen des BAG vom Juli 2016 geht es zusätzlich um das in § 9 Abs 2 AGG geregelte Gebot loyalen und aufrichtigen Verhaltens.¹⁶¹

---

¹⁵⁰ Zu dieser Parallele auch BAUER/KRIEGER § 5 AGG Rn 3.
¹⁵¹ WENDELING-SCHRÖDER/STEIN/STEIN § 5 AGG Rn 5.
¹⁵² Vgl etwa EuGH 6.7.2000 – C-407/98 *Abrahamsson* Rn 55, NJW 2000, 2653.
¹⁵³ Vgl Art 5 RL 2000/43/EG, Art 7 Abs 1 RL 2000/78/EG, Art 6 RL 2004/113/EG, Art 3 RL 2006/54/EG. Von Unionsrechtswidrigkeit des § 5 AGG gehen aus ErfK/SCHLACHTER § 5 AGG Rn 2; ANNUSS BB 2006, 1629, 1634; **aA** BAUER/ KRIEGER § 5 AGG Rn 3; SCHIEK/SCHIEK § 5 AGG Rn 11.
¹⁵⁴ Hierzu näher WENDELING-SCHRÖDER/ STEIN/STEIN § 5 AGG Rn 8.
¹⁵⁵ BT-Drucks 16/1780, 35.
¹⁵⁶ So ist etwa der Ausschluss der Frauenordination in der katholischen Kirche an § 8 Abs 1 AGG zu messen; vgl BAUER/KRIEGER § 9 AGG Rn 11.
¹⁵⁷ BAUER/KRIEGER § 9 AGG Rn 14 f; vgl auch SCHIEK/M SCHMIDT § 9 AGG Rn 13.
¹⁵⁸ Besonders weitgehend JOUSSEN NZA 2008, 675, 677 ff.
¹⁵⁹ ArbG Hamburg 4.12.2007 – 20 Ca 105/07, ArbuR 2008, 109; ErfK/SCHLACHTER § 9 AGG Rn 3; offen gelassen in BAG 25.4.2013 – 2 AZR 579/12 Rn 44 ff, BAGE 145, 90.
¹⁶⁰ BAG 17.3.2016 – 8 AZR 501/14 (A), BAGE 154, 285; beim EuGH anhängig unter C-414/16.
¹⁶¹ BAG 28.7.2016 – 2 AZR 746/14 (A), BAGE 156, 23; beim EuGH anhängig unter C-68/17 (Kündigung eines Chefarztes in einem katholischen Krankenhaus wegen Wiederverheiratung nach Scheidung).

bb) Ungleichbehandlung wegen des Alters

36 § 10 AGG erweitert die Rechtfertigungsmöglichkeiten für unterschiedliche Behandlungen wegen des **Alters**. In den Sätzen 1 und 2 findet sich eine allgemeine Regelung, die zu einer umfassenden Verhältnismäßigkeitsprüfung auffordert; Satz 3 enthält einen Katalog von Regelbeispielen für zulässige Altersdiskriminierungen. Der deutsche Gesetzgeber hat sich weitgehend auf eine Übernahme des Art 6 RL 2000/78/EG beschränkt, weil es ihm angesichts der „komplexe[n] Zusammenhänge" als „nicht möglich" erschien, „eine allgemein gültige Lösung" zu entwickeln.[162]

37 Bei der **Verhältnismäßigkeitsprüfung** nach § 10 S 1 und 2 AGG ist bereits umstritten, welche Zwecke als „legitimes Ziel" in Betracht kommen. Die in Art 6 Abs 1 RL 2000/78/EG betonten Bereiche Beschäftigungspolitik, Arbeitsmarkt und berufliche Bildung werden im Wortlaut der deutschen Regelung nicht ausdrücklich genannt. Nach der Gesetzesbegründung sind neben solchen Allgemeininteressen auch Interessen einzelner Unternehmer von potentieller Relevanz.[163] Allerdings steht der EuGH einer Rechtfertigung auf der Grundlage rein individueller Ziele ablehnend gegenüber.[164]

38 Bei den ersten vier **Regelbeispielen** des § 10 S 3 AGG handelt es sich um wörtliche Übernahmen aus Art 6 RL 2000/78/EG, bei den beiden letzten um Schöpfungen des deutschen Gesetzgebers. Nach allgemeiner Auffassung ist eine Verhältnismäßigkeitsprüfung auch dann erforderlich, wenn eines der Regelbeispiele erfüllt ist.[165] Ob in diesem Fall die Verhältnismäßigkeit im Einzelfall „indiziert" ist oder nicht,[166] ist daher eine Streitfrage von eher theoretischer Bedeutung.

3. Rechtsfolgen von Verstößen gegen das Benachteiligungsverbot

a) Schutzansprüche
aa) Schadensersatzrechtlicher Schutz
(1) Funktion der Haftung nach § 15 AGG und ersatzfähige Schäden

39 Die **zentrale Haftungsnorm** bei Verstößen gegen das arbeitsrechtliche Benachteiligungsverbot findet sich in § 15 AGG. In Abs 2 sieht die Vorschrift den Ersatz immaterieller Schäden vor, weshalb Abs 1 im Umkehrschluss[167] materielle Schäden betrifft. Die Voraussetzungen und Rechtsfolgen der Schadensersatzhaftung sind in vieler Hinsicht umstritten, was einmal mehr auf die mangelnde Klärung von Grundlagenfragen hinweist. Überlagert ist die Diskussion von den Richtlinienvorgaben, wonach die mitgliedstaatlichen Regelungen über Sanktionen „wirksam, verhältnismäßig und abschreckend" sein müssen, wobei Schadensersatzansprüche außer bei Geschlechtsdiskriminierungen (Art 18 RL 2006/54/EG) grundsätzlich nicht zwingend erforderlich sind, sondern nur vorgesehen werden „können" (Art 15 S 2 RL 2000/43/EG, Art 17 S 2 RL 2000/78/EG sowie auch Art 25 S 2 RL 2006/54/EG).

40 Wenig geklärt ist die Frage, welche **materiellen Schäden** nach § 15 Abs 1 AGG ersatzfähig sind. Nach hM hat bei benachteiligender Stellenbesetzung der bestqualifizierte

---

[162] BT-Drucks 16/1780, 36.
[163] BT-Drucks 16/1780, 36; vgl auch BAG 6.11.2008 – 2 AZR 523/07 Rn 53, BAGE 128, 238.
[164] EuGH 5.3.2009 – C-388/07 *Age Concern* Rn 46, NZA 2009, 305; vgl auch EuGH 13.9.2001 – C-447/09 *Prigge* Rn 80 f, NZA 2011, 1039.
[165] BAUER/KRIEGER § 10 AGG Rn 12, 25; BeckOGK/BENECKE (1.11.2017) § 10 AGG Rn 56; SCHIEK/M SCHMIDT § 10 AGG Rn 11.
[166] Bejahend BAUER/KRIEGER § 10 AGG Rn 25; abl SCHLEUSENER/SUCKOW/VOIGT/VOIGT § 10 AGG Rn 11.
[167] Vgl ErfK/SCHLACHTER § 15 AGG Rn 4.

Bewerber einen auf das positive Interesse gerichteten Anspruch,[168] wobei der Gehaltsschaden häufig unter dem Gesichtspunkt des rechtmäßigen Alternativverhaltens auf den Zeitraum bis zur ersten Möglichkeit zur (diskriminierungsfreien!)[169] Kündigung beschränkt wird[170]. Zusätzlich soll nach mancher Ansicht den übrigen benachteiligten Bewerbern das negative Interesse ersetzt werden.[171] Vertreten wird schließlich auch eine generelle Begrenzung auf das negative Interesse.[172] Bei privatrechtskonformer Deutung des § 15 Abs 1 AGG erscheint eine „Erfüllungshaftung" nur schwerlich begründbar: Der Vergleich mit der Haftung auf das positive Interesse bei schuldhaftem Abbruch von Vertragsverhandlungen[173] oder fehlerhafter Auftragsvergabe[174] nach cic-Grundsätzen stützt sich auf eine ihrerseits zu Recht umstrittene Figur[175]. Auch der **Ausschluss des Kontrahierungszwangs nach § 15 Abs 6 AGG**[176] ist für die Frage letztlich unergiebig:[177] Die Vorschrift setzt nicht zwingend eine grundsätzliche Entscheidung für den Ersatz des positiven Interesses voraus,[178] sondern kann vielmehr auch als klarstellende Bestätigung der Beschränkung auf das negative Interesse gelesen werden[179]. Mit diesem Verständnis verbleibt für § 15 Abs 1 AGG nur eine sehr geringe praktische Bedeutung. Nicht einmal die häufig genannten Bewerbungskosten sind ohne Weiteres ersatzfähig, weil sie auch bei diskriminierungsfreier Auswahl entstanden wären.[180]

Aus praktischer Sicht wesentlich relevanter ist § 15 Abs 2 AGG als Regelung zum Ersatz **immaterieller Schäden**. In den Diskussionen über die Einordnung dieser Vorschrift spiegelt sich die Debatte über den Zweck des Antidiskriminierungsrechts insgesamt wider: Nach vielfach vertretener Auffassung verfolgt der Gesetzgeber mit § 15 **41**

---

[168] STAUDINGER/RICHARDI/FISCHINGER (2016) § 611 Rn 484; DÄUBLER/BERTZBACH/DEINERT § 15 AGG Rn 39 ff; ErfK/SCHLACHTER § 15 AGG Rn 4; ANNUSS BB 2006, 1629, 1634; STOFFELS RdA 2009, 204, 212. Nach WAGNER/POTSCH (JZ 2006, 1085, 1095 ff) muss der diskriminierende Arbeitgeber den „Erwartungswert der entgangenen Chance" auf Einstellung ersetzen, was einem an die Erfolgswahrscheinlichkeit angepassten Bruchteil des positiven Interesses in Form der branchentypischen Abfindung entsprechen soll; vgl bereits WAGNER AcP 206 (2006) 352, 403.
[169] Vgl ERMAN/BELLING/RIESENHUBER § 15 AGG Rn 9.
[170] ANNUSS BB 2006, 1629, 1634; STOFFELS RdA 2009, 204, 212 f; **aA** STAUDINGER/RICHARDI/FISCHINGER (2016) § 611 Rn 484 (§ 242 BGB); ErfK/SCHLACHTER § 15 AGG Rn 4 (§ 628 Abs 2 BGB analog); zu weiteren Lösungen im Überblick BADER, Diskriminierungsschutz 192 ff.
[171] ADOMEIT/MOHR § 15 AGG Rn 34; DÄUBLER/BERTZBACH/DEINERT § 15 AGG Rn 37.
[172] BADER, Diskriminierungsschutz 194 ff; MEINEL/HEYN/HERMS § 15 AGG Rn 41 ff; WENDELING-SCHRÖDER/STEIN/STEIN § 15 AGG Rn 20 ff.
[173] KANDLER, Sanktionsregelungen für Verstöße gegen die EG-Gleichbehandlungsrichtlinie (76/207/EWG) im deutschen Recht (2003) 118 ff.
[174] STOFFELS RdA 2009, 204, 212.
[175] Zur Kritik an der cic-Haftung auf das positive Interesse nur STAUDINGER/LÖWISCH/FELDMANN (2013) § 311 Rn 159.
[176] Zum Zweck der Vorschrift näher HARTMANN, in: FS vHoyningen-Huene (2014) 123, 134.
[177] Zum Folgenden BADER, Diskriminierungsschutz 195 f; WENDELING-SCHRÖDER/STEIN/STEIN § 15 AGG Rn 20.
[178] So aber STOFFELS RdA 2009, 204, 212; vgl auch BAUER/KRIEGER § 15 AGG Rn 24.
[179] In diesem Sinn BADER, Diskriminierungsschutz 196; WENDELING-SCHRÖDER/STEIN/STEIN § 15 AGG Rn 20.
[180] MEINEL/HEYN/HERMS § 15 AGG Rn 39; STOFFELS RdA 2009, 204, 212 mit Fn 117; **aA** ADOMEIT/MOHR § 15 AGG Rn 34; DÄUBLER/BERTZBACH/DEINERT § 15 AGG Rn 37; WENDELING-SCHRÖDER/STEIN/STEIN § 15 AGG Rn 22; krit BADER, Diskriminierungsschutz 207.

Abs 2 AGG einen präventiven[181] oder sogar pönalen[182] Entschädigungszweck. Während eine Zivilstrafe als Haftung für vermutetes Verschulden oder gar ohne Verschuldenserfordernis verfassungsrechtlich kaum haltbar wäre,[183] scheint der Ansatz einer „Prävention durch Schadensausgleich"[184] auf den ersten Blick insofern überzeugend, als die Richtlinien eine abschreckende Wirkung verlangen. Weiterhin folgt eine solche Sichtweise der Tendenz, dem deutschen Zivilrecht eine verhaltenssteuernde Wirkung beizumessen.[185] Jedoch spricht nach wie vor viel für die herkömmliche Sichtweise, nach der speziell das Schadensrecht einen Ausgleichszweck verfolgt[186] und die Prävention allenfalls ein „erwünschtes Nebenprodukt"[187] darstellt.[188] § 15 Abs 2 AGG ist schlüssig als Vorschrift zum schadensersatzrechtlichen Schutz des durch § 7 Abs 1 AGG konkretisierten Persönlichkeitsrechts zu erfassen.[189] Würde man den Präventionszweck und den Ausgleichsgedanken auf eine Stufe stellen,[190] wäre es kaum zu erklären, weshalb der Gesetzgeber auf eine überkompensatorische Entschädigung verzichtet hat.[191]

42 Orientiert man sich bei § 15 Abs 2 AGG am immateriellen Schaden, bleibt als Problem die **Bemessung der Entschädigungshöhe**. Der Gesetzgeber bestimmt in § 15 Abs 2 S 2 AGG als Maximalbetrag drei Monatsgehälter bei der Benachteiligung von Bewerberinnen und Bewerbern, die auch bei benachteiligungsfreier Auswahl nicht eingestellt worden wären. Gleichwohl ist strittig, ob und ggf in welchen Fällen die Lohnhöhe als Bemessungsgrundlage taugt. Während sich das BAG bei diskriminierenden Kündigungen und Nichteinstellungen am Bruttomonatsentgelt orientiert,[192] wird von vielen Stimmen nachvollziehbar in Zweifel gezogen, ob sich der immaterielle Schaden etwa eines wegen der ethnischen Herkunft benachteiligten türkischen Mechanikers von demjenigen eines türkischen Ingenieurs unterscheidet.[193] Hingegen wird das Maß der erlittenen Kränkung durchaus mit der Einstellungswahrscheinlichkeit und mit dem Verschuldensgrad zusammenhängen.[194]

(2) Haftungsvoraussetzungen nach § 15 AGG

43 Im **Verstoß gegen das Benachteiligungsverbot** des § 7 Abs 1 AGG liegt die zentrale Voraussetzung der Haftung nach § 15 AGG. Die erforderliche Rechtsverletzung ist nur anzunehmen, wenn die unterschiedliche Behandlung nicht gerechtfertigt ist (§§ 8–10 AGG). § 15 Abs 1 AGG nennt als Haftenden nur den Arbeitgeber, weshalb eine **Eigenhaftung Dritter**, etwa eines Personaldienstleisters, nur nach § 823 Abs 1 BGB

---

[181] DÄUBLER/BERTZBACH/DEINERT § 15 AGG Rn 13 ff; JACOBS RdA 2009, 193, 194; SCHIEK/KOCHER § 15 AGG Rn 38; STOFFELS RdA 2009, 203, 206.
[182] Hk-BGB/EBERT § 15 AGG Rn 2; ausführlicher EBERT, Pönale Elemente 353 ff (zu § 611a BGB aF).
[183] Vgl BADER, Diskriminierungsschutz 213.
[184] JACOBS RdA 2009, 193, 194; STOFFELS RdA 2009, 203, 206; WAGNER AcP 206 (2006) 352, 402.
[185] Repräsentativ WAGNER AcP 206 (2006) 352, 363 f.
[186] Statt vieler LANGE/SCHIEMANN, Schadensersatz (3. Aufl 2003) Einl III 2 d.
[187] LARENZ, Lehrbuch des Schuldrechts, Band I: Allgemeiner Teil (14. Aufl 1987) § 27 I.
[188] So im vorliegenden Zusammenhang auch BADER, Diskriminierungsschutz 216 f.
[189] Eingehend BADER, Diskriminierungsschutz 223 ff; allgemein zum Zusammenhang zwischen der Zuweisung sog Substanzrechte und deren Sicherung durch sog Schutzrechte PICKER, in: FS Lange (1992) 625, 680 ff.
[190] So etwa WAGNER/POTSCH JZ 2006, 1085, 1088.
[191] BADER, Diskriminierungsschutz 216 f.
[192] BAG 22.1.2009 – 8 AZR 906/07 Rn 84, BAGE 129, 181 unter fragwürdigem Hinweis auf die Abfindungshöhe nach § 10 KSchG.
[193] So KAMANABROU ZfA 2006, 327, 338; vgl auch BAUER/KRIEGER § 15 AGG Rn 36.
[194] BADER, Diskriminierungsschutz 233 ff, 236 ff (dort auch zu weiteren Kriterien).

(allgemeines Persönlichkeitsrecht) oder nach § 823 Abs 2 BGB iVm § 7 Abs 1 AGG[195] in Betracht kommt.[196] Das BAG bejaht zudem, ohne allerdings die Grundlage deutlich erkennen zu lassen, eine umfassende **Zurechnung von Drittverhalten** zulasten des Arbeitgebers.[197] Teilweise stützt man sich in der Literatur insoweit auf § 278 BGB. Mitunter wird dabei jeder beliebige Kollege als tauglicher Erfüllungsgehilfe gesehen, mit Blick auf den relevanten Pflichtenkreis überwiegend aber nur Führungskräfte mit personalbezogenen Aufgaben.[198] Jedenfalls setzt § 278 BGB aber ein (vor-)vertragliches Schuldverhältnis voraus, was trotz § 7 Abs 3 AGG keineswegs regelmäßig anzunehmen ist[199]. Im Übrigen kommt § 831 BGB analog in Betracht,[200] wobei allerdings an die Exkulpation im Lichte der Pflichten des Arbeitgebers zum Schutz vor Benachteiligungen (§ 12 AGG) hohe Anforderungen zu stellen sind[201]. Teilweise wird in der Literatur an die Verletzung dieser Organisationspflichten eine Haftung nach § 15 Abs 1, Abs 2 AGG geknüpft,[202] obwohl danach ausdrücklich ein Verstoß gegen das Benachteiligungsverbot des § 7 Abs 1 AGG erforderlich ist[203]. Nach § 3 Abs 5 AGG stellt die Anweisung zur Benachteiligung einer Person ihrerseits eine Benachteiligung dar.[204]

Zu den meistdiskutierten Haftungsvoraussetzungen gehört das **Vertretenmüssen**, das in § 15 Abs 1 S 2 AGG nach dem Vorbild des § 280 Abs 1 S 2 BGB geregelt ist. Bereits für den Ersatz des materiellen Schadens nach § 15 Abs 1 AGG lehnt die ganz überwiegende Auffassung ein solches Verschuldenserfordernis gleichwohl als unionsrechtswidrig ab, weil es dem Erfordernis einer wirksamen und abschreckenden Sanktion nicht entspreche.[205] Ähnlichen Bedenken begegnet die in § 15 Abs 3 AGG geregelte Haftungsmilderung für den Fall, dass der Arbeitgeber kollektivrechtliche Vereinbarungen anwendet.[206] Hält man eine europarechtskonforme Auslegung des § 15 Abs 1 S 2 AGG nicht für möglich,[207] stellt sich die ungeklärte Folgefrage, ob die Vorschrift auch gegenüber privaten Arbeitgebern mit Blick darauf unangewendet bleiben kann,

44

---

[195] Zum Schutzgesetzcharakter des § 7 Abs 1 AGG BADER, Diskriminierungsschutz 298 ff; **aA** ADOMEIT/MOHR § 15 AGG Rn 146.
[196] **AA** mit Blick auf § 15 Abs 2 AGG, der den Arbeitgeber nicht erwähnt, DILLER NZA 2007, 649, 650 ff; krit DÄUBLER/BERTZBACH/DEINERT § 15 AGG Rn 45.
[197] BAG 5.2.2004 – 8 AZR 112/03, NZA 2004, 540, 544.
[198] Im ersteren Sinne BeckOK ArbR/ROLOFF (1.12.2017) § 3 AGG Rn 37 unter Hinweis auf die Pflicht des Arbeitgebers, den Arbeitnehmer nach § 12 Abs 4 AGG vor Diskriminierungen zu schützen; im zweiteren Sinne ADOMEIT/MOHR § 3 AGG Rn 276; ERMAN/BELLING/RIESENHUBER § 15 AGG Rn 4; STOFFELS RdA 2009, 204, 208.
[199] Zur Bedeutung des § 7 Abs 3 AGG bereits oben Rn 30; gegen jede Anwendung des § 278 BGB D SCHWAB DNotZ 2006, 649, 666.
[200] ADOMEIT/MOHR NJW 2007, 2522, 2524; BADER, Diskriminierungsschutz 292 ff; D SCHWAB DNotZ 2006, 649, 666.
[201] BADER, Diskriminierungsschutz 293.
[202] BAUER/KRIEGER § 12 AGG Rn 5, § 15 AGG Rn 17; SCHIEK/KOCHER § 15 AGG Rn 22; STOFFELS RdA 2009, 204, 207.
[203] Krit daher SCHLEUSENER/SUCKOW/VOIGT/SUCKOW § 12 AGG Rn 56 (zu § 15 Abs 1 AGG); SCHLEUSENER/SUCKOW/VOIGT/VOIGT § 15 AGG Rn 46 (zu § 15 Abs 2 AGG); vgl auch ANNUSS BB 2006, 1629, 1635.
[204] S dazu, dass § 3 Abs 5 AGG ungeachtet des Regelbeispiels in S 2 auch im allgemeinen Zivilrecht anwendbar ist, ERMAN/ARMBRÜSTER § 3 AGG Rn 25.
[205] DÄUBLER/BERTZBACH/DEINERT § 15 AGG Rn 30; MünchKommBGB/THÜSING § 15 AGG Rn 24; STOFFELS RdA 2009, 204, 210; aA BAUER/KRIEGER § 15 AGG Rn 15.
[206] Eingehend zum Streitstand BeckOGK/BENECKE (1.11.2017) § 15 AGG Rn 75 ff. Zur Ratio der Vorschrift, die sich auf die „Richtigkeitsgewähr" von Kollektivvereinbarungen stützt, vgl BT-Drucks 16/1780, 38.
[207] MünchKommBGB/THÜSING § 15 AGG Rn 24; STOFFELS RdA 2009, 204, 210.

dass das Diskriminierungsverbot nach Art 21 GRCh Primärrechtsrang genießt.[208] Eindeutiger ist das Meinungsbild für den Ersatz des immateriellen Schadens nach § 15 Abs 2 AGG, bei dem nach nahezu allgM ein Vertretenmüssen entbehrlich sein soll.[209] Teilweise fußt dies auf der Annahme, dass § 15 Abs 2 AGG eine eigenständige Anspruchsgrundlage und daher aus systematischen Gründen unabhängig von der Voraussetzung des § 15 Abs 1 S 2 AGG sei.[210] Häufiger noch wird das Ergebnis aus einer unionsrechtskonformen Auslegung der Vorschrift hergeleitet.[211] Beide Begründungsstränge erscheinen bei näherem Hinsehen nicht zwingend: Obwohl die Gesetzesbegründung von Verschuldensunabhängigkeit ausgeht,[212] wurde mit § 15 Abs 2 AGG eine Vorschrift geschaffen, die nach Wortlaut und systematischer Stellung eher den Charakter einer Rechtsfolgennorm trägt.[213] Auch erscheint durchaus fraglich, ob die unionsrechtlichen Vorgaben einer Haftung für vermutetes Verschulden überhaupt entgegenstehen.[214] In der Praxis spielt die Frage allerdings nur selten eine Rolle, weil ein Verschulden wenigstens in Form von Fahrlässigkeit regelmäßig gegeben ist.

45 Ansprüche nach § 15 Abs 1 und Abs 2 AGG müssen innerhalb der materiell-rechtlichen **Ausschlussfrist** von zwei Monaten nach § 15 Abs 4 AGG schriftlich geltend gemacht werden. Für den Fristbeginn trifft § 15 Abs 4 S 2 AGG eine differenzierte Regelung: Grundsätzlich soll es ähnlich wie bei § 199 Abs 1 Nr 2 BGB auf die Kenntnis der anspruchsbegründenden Tatsachen ankommen, im Fall einer Bewerbung oder eines beruflichen Aufstiegs hingegen lediglich auf den Zugang der Ablehnung. Der EuGH hat die kurze Frist zwar grundsätzlich gebilligt.[215] Jedoch wird § 15 Abs 4 S 2 AGG in richtlinienkonformer Auslegung so gelesen, dass es in allen Fällen auf die Kenntnis des Beschäftigten von der Benachteiligung ankommen soll.[216] Als rechtsgeschäftsähnliche Handlung unterliegt die „schriftliche" Geltendmachung nicht § 126 BGB. Das BAG wendet diese Vorschrift mit Blick auf die Formzwecke auch nicht analog an, sondern lässt Textform iSd § 126b BGB genügen.[217] An die Geltendma-

---

[208] In diesem Sinne DÄUBLER/BERTZBACH/DEINERT § 15 AGG Rn 30; SCHIEK/KOCHER § 15 AGG Rn 20; gegen Unanwendbarkeit ERMAN/BELLING/RIESENHUBER § 15 AGG Rn 2; STOFFELS RdA 2009, 204, 210 f.
[209] Krit aber MünchKommBGB/THÜSING § 15 AGG Rn 5, der freilich von Unionsrechtswidrigkeit ausgeht.
[210] DÄUBLER/BERTZBACH/DEINERT § 15 AGG Rn 58; WENDELING-SCHRÖDER/STEIN/STEIN § 15 AGG Rn 30; JACOBS RdA 2009, 193, 196; vgl auch BAG 22.1.2009 – 8 AZR 906/07 Rn 67, BAGE 129, 181.
[211] BAG 22.1.2009 – 8 AZR 906/07 Rn 66, BAGE 129, 181; BAUER/KRIEGER § 15 AGG Rn 32; HEY/FORST/FORST § 15 AGG Rn 94.
[212] BT-Drucks 16/1780, 38; zu den Hintergründen der Divergenz MünchKommBGB/THÜSING § 15 AGG Rn 5.
[213] Vgl auch ADOMEIT/MOHR § 15 AGG Rn 49; BAUER/KRIEGER § 15 AGG Rn 31; MEINEL/HEYN/HERMS § 15 AGG Rn 54.
[214] Dagegen mit Blick auf § 15 Abs 1 und Abs 2 AGG BADER, Diskriminierungsschutz 327 ff, 333 ff, in eingehender Auseinandersetzung mit den Richtlinienvorgaben und den Entscheidungen EuGH 8.11.1990 – C-177/88 Dekker, NJW 1991, 628; EuGH 22.4.1997 – C-180/95 Draehmpaehl, NJW 1997, 1839.
[215] EuGH 8.7.2010 – C-246/09 Bulicke, NZA 2010, 869; vgl auch BAG 18.5.2017 – 8 AZR 74/16 Rn 32 ff, NZA 2017, 1530.
[216] BAG 15.3.2012 – 8 AZR 37/11 Rn 56 ff, BAGE 141, 48 unter Hinweis auf den Willen des Gesetzgebers; aA BeckOGK/BENECKE (1.11.2017) § 15 AGG Rn 87, die zwar eine Auslegung der Zugangsvoraussetzung iS einer tatsächlichen Kenntnisnahme für möglich hält, aber mit Blick auf Wortlaut und Systematik des Gesetzes nur auf der Kenntnis von der Ablehnung als solcher, nicht hingegen von der Benachteiligung abstellt. Zum Fristbeginn bei Belästigungen iSd § 3 Abs 3 AGG BAG 18.5.2017 – 8 AZR 74/16 Rn 95 ff, NZA 2017, 1530.
[217] BAG 19.8.2010 – 8 AZR 530/09 Rn 42 ff, NZA 2010, 1412; aA ANNUSS BB 2006, 1629, 1635.

chung schließt sich nach § 61b Abs 1 ArbGG jedenfalls für Entschädigungsansprüche nach § 15 Abs 2 AGG noch eine dreimonatige Klagefrist an.[218]

(3) Ansprüche außerhalb des AGG

Nach **§ 15 Abs 5 AGG** bleiben Ansprüche aus anderen Rechtsvorschriften unberührt. **46** Dennoch ist das Verhältnis zu anderen Anspruchsgrundlagen recht ungeklärt. Das BAG erkennt jedenfalls in § 15 Abs 1 AGG einen vertraglichen Schadensersatzanspruch und hält die Vorschrift daher für speziell gegenüber § 280 Abs 1, § 241 Abs 2 BGB, § 7 Abs 3 AGG (iVm § 311 Abs 2 BGB).[219] Zusätzlich wird meist auch § 15 Abs 2 AGG eine verdrängende Wirkung zugebilligt, was den Ersatz des immateriellen Schadens anbelangt.[220] Deliktsrechtliche Anspruchsgrundlagen sollen nach überwiegender Auffassung hingegen auch für die Haftung des Arbeitgebers anwendbar bleiben.[221] Erkennt man im Diskriminierungsverbot des § 7 Abs 1 AGG die Ausprägung eines absoluten Rechts, spricht mehr dafür, § 15 AGG als spezielle deliktsrechtliche Vorschrift einzuordnen.[222] Im praktischen Ergebnis kommt es freilich vor allem auf die überwiegend bejahte Frage an, ob sich die Beschränkungen des § 15 Abs 3 und Abs 4 AGG entgegen dem Wortlaut auch auf konkurrierende Ansprüche erstrecken.[223]

bb) Bereicherungsrechtlicher Schutz

Funktional bereicherungsrechtliche Ansprüche sind im AGG **nicht ausdrücklich vor- 47 gesehen**. Insbes in den Fällen unberechtigter Kundenerwartungen (dazu bereits Rn 33) ist eine bereicherungsrechtliche Abschöpfung zumindest von theoretischer Relevanz: Zu denken ist etwa an den Fall, dass ein Gastwirt einen Kellner wegen dessen ethnischer Herkunft nicht einstellt und deshalb einen Mehrgewinn durch einen fremdenfeindlich eingestellten Stammtisch erzielt.[224] Begründet das Benachteiligungsverbot des § 7 Abs 1 AGG eine Konkretisierung des allgemeinen Persönlichkeitsrechts (oben Rn 8), ist es konsequent, dieser Rechtsposition wie jeder anderen einen „Rundumschutz" zukommen zu lassen und sie folglich grundsätzlich auch bereicherungsrechtlich abzusichern.[225]

Damit ist freilich nicht gesagt, dass der Benachteiligte Konditionsansprüche geltend **48** machen kann. Denn dies würde nach ganz überwiegender Auffassung zunächst voraussetzen, dass es sich um eine **disponible Rechtsposition** handelt.[226] Daran mag man

---

[218] Über den Wortlaut des § 61b Abs 1 ArbGG hinaus für eine Erstreckung auch auf Schadensersatzansprüche gem § 15 Abs 1 AGG etwa ERMAN/BELLING/RIESENHUBER § 15 AGG Rn 26; JACOBS RdA 2009, 193, 202; **aA** BAG 20.6.2013 – 8 AZR 482/12 Rn 32, NZA 2014, 21; ErfK/KOCH § 61b ArbGG Rn 2.
[219] BAG 21.6.2012 – 8 AZR 188/11 Rn 40 ff, BAGE 142, 143; zust ErfK/SCHLACHTER § 15 AGG Rn 20; abl BAUER/KRIEGER § 15 AGG Rn 65.
[220] WENDELING-SCHRÖDER/STEIN/STEIN § 15 AGG Rn 88; STOFFELS RdA 2009, 204, 214; WALKER NZA 2009, 4, 10 f.
[221] BAUER/KRIEGER § 15 AGG Rn 66; ErfK/SCHLACHTER § 15 AGG Rn 20; für eine umfassende Verdrängungswirkung des § 15 AGG HEY/FORST/FORST § 15 AGG Rn 158 ff.

[222] BADER, Diskriminierungsschutz 346.
[223] Bejahend BAUER/KRIEGER § 15 AGG Rn 67; für § 15 Abs 4 AGG auch BAG 21.6.2012 – 8 AZR 188/11 Rn 50 f, BAGE 142, 143.
[224] Vgl die Beispiele bei BADER, Diskriminierungsschutz 349 f; LOBINGER AcP 216 (2016) 28, 98 f.
[225] Zum Zusammenhang zwischen der Zuweisung subjektiver Rechtspositionen als den Schutzobjekten und einem ausdifferenzierten System verschiedener Ansprüche zur Sicherung dieser rechtlichen Zuordnungsentscheidung PICKER AcP 183 (1983) 369, 511 ff; vgl ferner HARTMANN, Der Anspruch auf das stellvertretende commodum (2007) 23 f.
[226] Zur Bedeutung der Dispositionsbefugnis für den Bereicherungsrechtsschutz vgl BGH 26.10. 2006 – I ZR 182/04 Rn 12, BGHZ 169, 340.

zweifeln, weil der Benachteiligte stets als Mitglied einer Gruppe von Merkmalsträgern betroffen ist, also ein Drittbezug besteht.[227] Auf Grundlage der hM wäre für einen Anspruch aus § 812 Abs 1 S 1 Var 2 BGB zudem der Eingriff in den **Zuweisungsgehalt** eines Rechts erforderlich.[228] Unabhängig von der Berechtigung dieses Kriteriums[229] erscheint jedenfalls regelmäßig undenkbar, dass der Benachteiligte seine Rechtsposition hätte vermarkten können.[230]

cc) Negatorischer Schutz

49 Negatorische Ansprüche sind nur im zivilrechtlichen Teil des AGG ausdrücklich geregelt (§ 21 Abs 1 AGG). Der Gesetzgeber hält aber, wie aus der Begründung zu § 15 Abs 5 AGG hervorgeht,[231] Unterlassungsansprüche aus § 1004 BGB auch mit Blick auf den arbeitsrechtlichen Diskriminierungsschutz für möglich. Gründet man das Benachteiligungsverbot nach § 7 Abs 1 AGG auf eine Konkretisierung des allgemeinen Persönlichkeitsrechts, kann sich der negatorische Schutz nicht auf letzteres beschränken.[232] Vielmehr muss auch eine Verletzung des arbeitsrechtlichen Benachteiligungsverbots genügen, wobei letztlich nicht entscheidend ist, ob man insoweit eine **Analogie zu § 21 Abs 1 AGG oder zu § 1004 BGB** bildet.[233]

50 Der **(vorbeugende) Unterlassungsanspruch** dient etwa im Fall einer drohenden Einstellungsdiskriminierung dazu, eine benachteiligungsfreie Auswahl zu gewährleisten.[234] Als Folge eines **Beseitigungsanspruchs** kann es nach nahezu allgM nicht zu einem **Kontrahierungszwang** kommen.[235] Für dieses Ergebnis braucht man indes nicht das Verbot des Kontrahierungszwangs gem § 15 Abs 6 AGG auf den negatorischen Anspruch zu übertragen. Die relevante Beeinträchtigung liegt nicht in der Verweigerung des Vertragsschlusses als solcher, sondern in der Zurückweisung wegen des jeweiligen Merkmals. Diese Störung lässt sich nicht mittels zwangsweisen Vertragsschlusses beseitigen.[236] Auch bei diskriminierenden Vergütungsordnungen werden Beseitigungsansprüche diskutiert. IE bejaht die hM insoweit eine „**Anpassung nach oben**", also eine Besserstellung der benachteiligten Beschäftigten. Die Diskussion behandelt dabei allerdings überwiegend nicht den negatorischen Anspruch, sondern die Rechtsfolge der Unwirksamkeitsregelung des § 7 Abs 2 AGG. In dieser Vorschrift eine Anspruchsgrundlage zu sehen,[237] ist fragwürdig. Auch in der Sache erscheint eine generelle „Anpassung nach oben" verfehlt.[238] Problematisch ist bereits, dass sich manche Fallgestal-

---

[227] BADER, Diskriminierungsschutz 379 ff, der als „Notbehelf" § 687 Abs 2 BGB erwägt; insoweit krit BeckOGK/HARTMANN (1.12.2017) § 687 BGB Rn 47; LOBINGER AcP 216 (2016) 28, 100 f mit Fn 254.
[228] Allgemein zu diesem Erfordernis KOPPENSTEINER/KRAMER, Ungerechtfertigte Bereicherung (2. Aufl 1988) 79 ff.
[229] Gegen die Vorstellung, es gebe Rechtspositionen mit und ohne Zuweisungsgehalt, HARTMANN, commodum 17 f mwNw.
[230] LOBINGER AcP 216 (2016) 28, 99 f.
[231] BT-Drucks 16/1780, 38.
[232] So aber BAUER/KRIEGER § 15 AGG Rn 66; MünchKommBGB/THÜSING § 15 AGG Rn 53.
[233] Ebenso BADER, Diskriminierungsschutz 388; vgl für einen negatorischen Schutz ferner DÄUBLER/BERTZBACH/DEINERT § 15 AGG Rn 125; ErfK/SCHLACHTER § 1 AGG Rn 2; WIEDEMANN NZA 2007, 950, 953.
[234] Zu den Anforderungen an die Darlegung einer bevorstehenden Benachteiligung BADER, Diskriminierungsschutz 392 ff.
[235] DÄUBLER/BERTZBACH/DEINERT § 15 AGG Rn 131; MEINEL/HEYN/HERMS § 15 AGG Rn 97; aA wohl SCHIEK/KOCHER § 15 AGG Rn 71, die § 15 Abs 6 AGG lediglich auf § 15 Abs 1 AGG bezieht.
[236] Vgl LOBINGER AcP 216 (2016) 28, 96 f; ähnlich BADER, Diskriminierungsschutz 397; aA GRÜNBERGER, Gleichheit 730.
[237] So SCHLEUSENER/SUCKOW/VOIGT/SCHLEUSENER § 7 AGG Rn 47; iE grds auch MünchKommBGB/THÜSING § 7 AGG Rn 13 ff.
[238] Abl auch BAUER/KRIEGER § 7 AGG Rn 26 ff; BADER, Diskriminierungsschutz 404 ff.

tungen nicht auf den Gegensatz von „oben" und „unten" reduzieren lassen.²³⁹ Wenngleich EuGH²⁴⁰ und BAG²⁴¹ mitunter einen Anspruch auf die besseren Bedingungen bejaht haben, bleibt festzuhalten, dass eine Ungleichbehandlung grundsätzlich auch durch eine „Anpassung nach unten" beendet werden kann. Dies deckt sich mit dem Charakteristikum der negatorischen Haftung, dass es Sache des Störers ist, in welcher Weise er die Störung beseitigt.²⁴² Eine „Anpassung nach unten" wird vielfach freilich bereits deshalb nicht in Betracht kommen, weil der Arbeitgeber den anderen Beschäftigten gegenüber individual- oder tarifvertraglich gebunden ist.

b) Unwirksamkeit benachteiligender Vereinbarungen

Eine weitere Rechtsfolge eines Verstoßes gegen das Benachteiligungsverbot findet sich in **§ 7 Abs 2 AGG**. Die dort geregelte Unwirksamkeit benachteiligender Vereinbarungen wird überwiegend als Selbstverständlichkeit gesehen, die sich schon aus § 134 BGB iVm § 7 Abs 1 AGG ergebe.²⁴³ Indes wird diese Rechtsfolge dem von den zugrunde liegenden Richtlinien verfolgten Schutzzweck regelmäßig nur entsprechen, wenn die betreffende Vereinbarung nicht nur Ausdruck einer (vorgelagerten) Diskriminierung ist, sondern die benachteiligende Differenzierung selbst vornimmt. Andernfalls verlöre der Benachteiligte selbst noch den Anspruch auf die schlechteren Bedingungen. Im praktischen Ergebnis betrifft § 7 Abs 2 AGG deshalb richtigerweise vor allem abstrakt differenzierende Regelungen in Kollektivverträgen.²⁴⁴ Die Vorschrift sagt nichts darüber aus, ob eine Benachteiligung nur durch „Anpassung nach oben" oder auch durch „Anpassung nach unten" zu beseitigen ist.²⁴⁵ Diese Frage betrifft vielmehr die Reichweite des negatorischen Schutzes (dazu Rn 50).

51

c) Sonstige Rechtsfolgen

§ 13 AGG normiert ein **Beschwerderecht** von Beschäftigten, die sich im Zusammenhang mit ihrem Beschäftigungsverhältnis diskriminiert fühlen. Die Beschwerde kann gegenüber einer vom Arbeitgeber bestimmten Stelle erhoben werden. Bestehende Beschwerdemöglichkeiten, insbes gegenüber dem Betriebsrat (§ 85 BetrVG), bleiben gem § 13 Abs 2 AGG unberührt.

52

An die Verletzung der Organisationspflichten des Arbeitgebers aus § 12 Abs 3 und Abs 4 AGG knüpft in Fällen der Belästigung und der sexuellen Belästigung das **Leistungsverweigerungsrecht** nach § 14 AGG an. Dass das Zurückbehaltungsrecht aus § 273 BGB nach § 14 S 2 AGG unberührt bleibt, erklärt sich aus den unterschiedlichen Zwecken: Bei § 14 AGG geht es nicht primär um einen Erfüllungszwang, sondern um den Beschäftigtenschutz.²⁴⁶

53

---

²³⁹ Krebber EuZA 2009, 200, 206 ff.
²⁴⁰ ZB EuGH 7.2.1991 – C-184/89 *Nimz* Rn 16 ff, NVwZ 1991, 461.
²⁴¹ ZB BAG 15.9.2009 – 3 AZR 294/09 Rn 27, NZA 2010, 216.
²⁴² Allgemein Staudinger/Gursky (2012) § 1004 Rn 147; im vorliegenden Zusammenhang Bader, Diskriminierungsschutz 400, 402, 405.
²⁴³ Für einen deklaratorischen Charakter der Vorschrift Bauer/Krieger § 7 AGG Rn 20; Hey/Forst/Hey § 7 AGG Rn 126; ErfK/Schlachter § 7 AGG Rn 6; vgl auch BT-Drucks 16/1780, 34.
²⁴⁴ Ausführlich Hartmann, in: FS vHoyningen-Huene (2014) 123, 131 ff; **aA** Bauer/Krieger § 7 AGG Rn 21; Hey/Forst/Hey § 7 AGG Rn 127; ErfK/Schlachter § 7 AGG Rn 6; vgl auch BT-Drucks 16/1780, 34.
²⁴⁵ **AA** Schleusener/Suckow/Voigt/Schleusener § 7 AGG Rn 47, wonach § 7 Abs 2 AGG sogar eine Anspruchsgrundlage sein soll.
²⁴⁶ BT-Drucks 16/1780, 37.

V. Zivilrechtlicher Diskriminierungsschutz

1. Anwendungsbereich

54 Die **tatbestandliche Reichweite** des zivilrechtlichen Diskriminierungsschutzes wird anders als im arbeitsrechtlichen Abschnitt des AGG nicht durch zusätzliche Vorschriften zum „Anwendungsbereich" festgelegt. Neben § 2 Abs 1 Nr 5 bis 8 AGG sind für die Reichweite in sachlicher wie persönlicher Hinsicht die Regelungen des § 19 AGG maßgeblich.

a) Sachlicher Anwendungsbereich

55 Das AGG enthält für den Zivilrechtsverkehr kein umfassendes Benachteiligungsverbot, sondern bietet nur für bestimmte Vertragstypen einen zudem nach einzelnen Diskriminierungsmerkmalen **abgestuften Schutz**, den der Gesetzgeber mit dem Schutz von Privatautonomie und Vertragsfreiheit begründet[247]. Die Umsetzung geht teilweise über die Richtlinienvorgaben hinaus, insbes mit Blick auf die Merkmale Religion, Alter, Behinderung und sexuelle Identität.[248] Zugleich werden aber auch Umsetzungsdefizite diskutiert, die vor allem die Antirassismus-RL 2000/43/EG und die Gleichbehandlungs-RL 2004/113/EG betreffen.[249]

56 **§ 19 Abs 1 AGG** regelt die Begründung, Durchführung und Beendigung von Massengeschäften und gleichgestellten Schuldverhältnissen sowie Privatversicherungsverträgen und nennt dabei alle in § 1 AGG aufgeführten Merkmale mit Ausnahme der Weltanschauung[250]. **§ 19 Abs 2 AGG** erweitert den Diskriminierungsschutz auch auf andere zivilrechtliche Schuldverhältnisse iSd § 2 Abs 1 Nr 5 bis 8 AGG, allerdings nur bezogen auf die Merkmale der Rasse und der ethnischen Herkunft. Neben einer Bereichsausnahme für das Erb- und Familienrecht (§ 19 Abs 4 AGG) findet sich auch eine Ausnahme für Verträge, bei denen ein besonderes Nähe- oder Vertrauensverhältnis begründet wird (§ 19 Abs 5 AGG).

aa) Massengeschäfte und gleichgestellte Geschäfte

57 **Massengeschäfte** sind in § 19 Abs 1 Nr 1 Var 1 AGG legaldefiniert. Was die „Vielzahl von Fällen" anbelangt, wird teilweise eine Orientierung an dem in § 19 Abs 5 S 3 AGG enthaltenen Schwellenwert (Vermietung von 50 Wohnungen) empfohlen.[251] Insbes beim Merkmal „typischerweise ohne Ansehen der Person" zeigen sich erneut die Grundkontroversen über die Funktion des Diskriminierungsschutzes. Nach Vorstellung des Gesetzgebers wird ein Geschäft auf diese Weise geschlossen, wenn „die in § 1 [AGG] genannten Merkmale typischerweise keine Rolle spielen".[252] Nicht erfasst wä-

---

[247] Vgl BT-Drucks 16/1780, 40.
[248] Im Überblick MünchKommBGB/THÜSING Vor § 19 AGG Rn 5 ff.
[249] Im Überblick MünchKommBGB/THÜSING Vor § 19 AGG Rn 9 ff.
[250] Wegen der Befürchtung, es könnten „Anhänger rechtsradikalen Gedankenguts aufgrund der Vorschrift versuchen, sich Zugang zu Geschäften zu verschaffen, die ihnen aus anerkennenswerten Gründen verweigert wurden" (BT-Drucks 16/2022, 13), wurde das Merkmal der Weltanschauung gestrichen; verfassungsrechtliche Bedenken hiergegen mit Blick auf Art 4 GG bei DÄUBLER/BERTZBACH/FRANKE/SCHLICHTMANN § 19 AGG Rn 17; WENDELING-SCHRÖDER/STEIN/WENDELING-SCHRÖDER Vorbemerkungen zu §§ 19–21 AGG Rn 4.
[251] BAUER/KRIEGER § 19 AGG Rn 7, 22; aA ADOMEIT/MOHR § 2 AGG Rn 159; ERMAN/ARMBRÜSTER § 19 AGG Rn 15; SCHIEK/SCHIEK § 19 AGG Rn 10 (Orientierung an § 305 Abs 1 S 1 BGB).
[252] BT-Drucks 16/1780, 41.

ren damit branchenübliche Diskriminierungen, weshalb teilweise eine von § 1 AGG abstrahierende Sichtweise vorgeschlagen wird.[253] Weitergehend ignorieren manche Stimmen das Merkmal „typischerweise ohne Ansehen der Person" vollständig, um den Schutz gegen eine eingebürgerte Diskriminierungspraxis nicht zu gefährden.[254] Erkennt man auch im zivilrechtlichen Benachteiligungsverbot die Ausprägung eines konkretisierten Persönlichkeitsrechtsschutzes (dazu oben Rn 8), gewinnt das Merkmal hingegen eine eigenständige Bedeutung: Eine Ungleichbehandlung wirkt gerade dann besonders verletzend, wenn der Charakter des Geschäfts erwarten lässt, dass es mit jedem zahlungsfähigen und -willigen Interessenten zustande kommen werde.[255]

§ 19 Abs 1 Nr 1 Var 2 AGG enthält einen wenig konturierten Auffangtatbestand:[256] So genügt es bei den Massengeschäften **gleichgestellten Schuldverhältnissen**, wenn das Ansehen der Person „nachrangige Bedeutung", aber eben doch eine gewisse Relevanz hat und wenn der Anbieter eine Vielzahl solcher Verträge schließt. Der Gesetzgeber hatte hier den Fall vor Augen, dass ein großer Wohnungsanbieter zahlreiche Vermietungen vornimmt.[257]

58

Die Voraussetzungen des **§ 2 Abs 1 Nr 5 bis 8 AGG** sind, wie schon ihre Stellung im Allgemeinen Teil des AGG zeigt, auch bei Massengeschäften und ihnen gleichgestellten Geschäften zu prüfen. Daran ändert nichts, dass § 19 Abs 1 AGG anders als § 19 Abs 2 AGG keinen ausdrücklichen Bezug auf die Vorschriften über den Anwendungsbereich im Allgemeinen Teil des AGG nimmt.[258] Die praktisch wichtigsten Fälle sind durch § 2 Abs 1 Nr 8 AGG gedeckt (dazu näher unten Rn 62).

59

bb) Verträge über private Versicherungen

Verträge über private Versicherungen würden jedenfalls dann nicht den Begriff des Massengeschäfts erfüllen, wenn eine **individuelle Risikoprüfung** erfolgt. Deshalb hat der Gesetzgeber mit § 19 Abs 1 Nr 2 AGG einen Spezialtatbestand geschaffen.[259] Diese Entscheidung wird in nachvollziehbarer Weise rechtspolitisch kritisiert. Die Bedenken beziehen sich nicht nur auf die zentrale Bedeutung einer individuellen Risikobewertung, sondern auch darauf, dass die durchaus vergleichbaren Kreditgeschäfte aus dem zivilrechtlichen Diskriminierungsschutz ausgeklammert sind.[260] Immerhin bestehen aber gem § 20 Abs 2 AGG erweiterte Rechtfertigungsmöglichkeiten (dazu näher unten Rn 68).

60

---

[253] MünchKommBGB/Thüsing § 19 AGG Rn 15, 17; vgl auch Maier-Reimer NJW 2006, 2577, 2579. Das Problem ist auch nicht dadurch behoben, dass es gem BT-Drucks 16/1780, 41 nach einer „allgemeinen, typisierenden Betrachtungsweise" unerheblich sein soll, ob der Unternehmer „im Einzelfall" von vornherein nach Merkmalen gem § 1 AGG differenziert.
[254] Grünberger, Gleichheit 609 ff; vgl auch Schiek/Schiek § 19 AGG Rn 12.
[255] Erman/Armbrüster § 19 AGG Rn 16; Lobinger AcP 216 (2016) 28, 90 f.
[256] Vgl auch MünchKommBGB/Thüsing § 19 AGG Rn 38 ff.
[257] BT-Drucks 16/1780, 42.
[258] BeckOGK/Gross (1.11.2017) § 19 AGG Rn 22; MünchKommBGB/Thüsing § 19 AGG Rn 4 ff; vgl auch LG Köln 13.11.2015 – 10 S 137/14, NJW 2016, 510 f; aA offenbar Schmidt-Räntsch NZM 2007, 6, 9.
[259] Zum Charakter des § 19 Abs 1 Nr 2 AGG als *lex specialis* Adomeit/Mohr § 2 AGG Rn 175; vgl auch BT-Drucks 16/1780, 42.
[260] Bauer/Krieger § 19 AGG Rn 11; Erman/Armbrüster § 19 AGG Rn 21; aA Grünberger, Gleichheit 614 f, der Bankdienstleistungen von § 19 Abs 1 Nr 1 AGG erfasst sieht.

cc) Andere zivilrechtliche Schuldverhältnisse

61 Mit § 19 Abs 2 AGG erstreckt der Gesetzgeber in Erfüllung der europarechtlichen Vorgaben[261] den Schutz gegen **Benachteiligungen wegen der Rasse oder der ethnischen Herkunft** auf sämtliche zivilrechtliche Schuldverhältnisse iSd § 2 Abs 1 Nr 5 bis 8 AGG. Insoweit kommt es also nicht darauf an, ob es sich um Massengeschäfte oder gleichgestellte Geschäfte iSd § 19 Abs 1 Nr 1 AGG handelt.

62 Die Reichweite des Diskriminierungsschutzes bestimmt sich nicht zuletzt nach dem Verständnis des **§ 2 Abs 1 Nr 8 AGG**. Die Vorschrift betrifft „den Zugang zu und die Versorgung mit Gütern und Dienstleistungen, die der Öffentlichkeit zur Verfügung stehen". Wenn es die Gesetzesbegründung genügen lässt, dass „ein Angebot [...] öffentlich gemacht wird",[262] liegt darin ein gewisser Widerspruch zum Wortlaut der Vorschrift.[263] Bei einem so weiten Verständnis des Öffentlichkeitsmerkmals lassen sich im Zusammenhang mit der Benachteiligung wegen der Rasse oder der ethnischen Herkunft auch einmalige Geschäfte einer Privatperson subsumieren. Dies betrifft etwa den Fall, dass jemand den Verkauf seines per Kleinanzeige annoncierten Gebrauchtwagens unter Hinweis darauf verweigert, dass er generell keine Geschäfte mit Ausländern tätige. Nach der engeren Gegenauffassung muss es sich um ein Angebot handeln, das je nach Nachfrage zu einer potentiellen Vielzahl von Vertragsabschlüssen führen kann.[264] Die Auffassung des Gesetzgebers entspricht aber wohl dem Verständnis der insoweit wörtlich übereinstimmenden Richtlinienvorgabe.[265]

b) Persönlicher Anwendungsbereich

63 Anders als der arbeitsrechtliche Teil des AGG enthält der Abschnitt über den Schutz vor Benachteiligung im Zivilrechtsverkehr **keine ausdrückliche Regelung** zum persönlichen Anwendungsbereich. Dessen Umfang ergibt sich daher lediglich mittelbar aus dem sachlichen Anwendungsbereich. Nach Einschätzung des Gesetzgebers betrifft das zivilrechtliche Benachteiligungsverbot in der Regel Unternehmer iSd § 14 BGB.[266] In welchem Umfang dem Benachteiligungsverbot auch **Privatpersonen** unterliegen, bestimmt sich insbes nach der Auslegung des § 2 Abs 1 Nr 8 AGG und des § 19 Abs 1 Nr 1 Var 1 AGG. Es wird behauptet, dass nach dem Gesetzeswortlaut selbst der regelmäßige Brötchenkauf eines Verbrauchers als Massengeschäft erfasst sei.[267] Jedoch dürfte die wiederholte Entscheidung für eine bestimmte Bäckerei auch bei Existenz gleichwertiger Alternativen nicht rechtfertigungsbedürftig sein, sondern bereits tatbestandlich ausscheiden.[268] Denn für den Inhaber der übergangenen Bäckerei geht es anders als für seine Kundschaft nicht um den Zugang zu und die Versorgung mit Gütern iSd § 2 Abs 1 Nr 8 AGG. Dies entspricht iE auch der Vorstellung des Gesetzgebers, der jedenfalls im Zusammenhang mit Massengeschäften von der „Anbieterseite" und „nachfragenden Kunden" spricht.[269] Die Reichweite des Benachteiligungsver-

---

[261] Vgl Art 3 Abs 1 lit e bis h RL 2000/43/EG.
[262] Vgl BT-Drucks 16/1780, 32.
[263] MünchKommBGB/THÜSING § 19 AGG Rn 66, 69.
[264] MünchKommBGB/THÜSING § 19 AGG Rn 66 ff; MAIER-REIMER NJW 2006, 2577, 2580.
[265] Vgl Art 3 Abs 1 lit h RL 2000/43/EG; für jedenfalls richtlinienkonforme Auslegung ERMAN/BELLING/RIESENHUBER § 2 AGG Rn 27; vgl außerdem DÄUBLER/BERTZBACH/FRANKE § 2 AGG Rn 58.

[266] BT-Drucks 16/1780, 41.
[267] Vgl – allerdings jeweils iE abl – MünchKommBGB/THÜSING § 19 AGG Rn 123; BeckOGK/GROSS (1.11.2017) § 19 AGG Rn 56.
[268] IE auch WENDELING-SCHRÖDER/STEIN/WENDELING-SCHRÖDER § 19 AGG Rn 9.
[269] BT-Drucks 16/1780, 41; abw ADOMEIT/MOHR § 19 AGG Rn 25, wonach bei einem gegenseitigen Vertrag jeder Vertragspartner „Anbieter" seiner Leistung sein soll.

bots gegenüber Privatpersonen im Zusammenhang mit den Merkmalen der Rasse und der ethnischen Herkunft (§ 19 Abs 2 AGG) bestimmt sich ebenfalls maßgeblich nach dem Verständnis des § 2 Abs 1 Nr 8 AGG (zum Merkmal „der Öffentlichkeit zur Verfügung stehen" schon oben Rn 62).

2. Zivilrechtliches Benachteiligungsverbot und Rechtfertigungsgründe

a) Benachteiligungsverbot

Das zivilrechtliche Benachteiligungsverbot in seinen verschiedenen Ausprägungen **konkretisiert** bei privatrechtskonformer Deutung das **allgemeine Persönlichkeitsrecht** für bestimmte Bereiche des Zivilrechtsverkehrs. Während sich das arbeitsrechtliche Benachteiligungsverbot gem § 7 Abs 1 AGG gegen jedermann richtet (oben Rn 30), soll § 19 AGG nur das Verhältnis derer betreffen, die Partner des in der Vorschrift genannten zivilrechtlichen Schuldverhältnisses sind oder geworden wären.[270] Zwar wird zwischen diesen Personen in vielen Fällen ein (vor-)vertragliches Schuldverhältnis bestehen. Bei weiter Auslegung des Merkmals „Begründung" von zivilrechtlichen Schuldverhältnissen dürften die Voraussetzungen des § 311 Abs 2 BGB jedoch nicht durchweg erfüllt sein.[271] Allein deshalb ist die Konkretisierung des allgemeinen Persönlichkeitsrechts durch § 19 AGG nicht auf den (vor-)vertraglichen Bereich beschränkt.

b) Rechtfertigung wegen eines sachlichen Grundes

Nach **§ 20 Abs 1 AGG** ist eine unterschiedliche Behandlung wegen der Religion, einer Behinderung, des Alters, der sexuellen Identität oder des Geschlechts gerechtfertigt, wenn ein sachlicher Grund vorliegt.[272] Nicht genannt sind die Merkmale der Rasse und der ethnischen Herkunft, weil die Antirassismus-RL 2000/43/EG keine Rechtfertigung vorsieht.[273] Ähnlich wie § 10 AGG enthält § 20 Abs 1 AGG eine **Generalklausel** (Satz 1) und einen Katalog nicht abschließender **Regelbeispiele** (Satz 2), die zugleich als „Richtschnur für die Auslegung des Grundtatbestandes"[274] fungieren.

Die Rechtfertigung wegen eines sachlichen Grundes hat der Gesetzgeber mit Blick darauf vorgesehen, dass manche Differenzierung nicht sozial verwerflich, sondern im Gegenteil sogar erwünscht sei. Erforderlich sei eine Abwägung im Einzelfall nach den Grundsätzen von Treu und Glauben.[275] Umstritten ist, ob die Rechtfertigung unter dem Vorbehalt der **Verhältnismäßigkeit** steht. Dagegen lässt sich als systematisches Argument anführen, dass ein derartiges Erfordernis in § 20 Abs 1 S 1 AGG anders als in § 3 Abs 2, § 8 Abs 1 und § 10 S 2 AGG nicht erwähnt ist.[276] Die überwiegende Auffassung hält aber eine unionsrechtskonforme Auslegung für erforderlich, weil die

---

[270] In diesem Sinne etwa MünchKommBGB/Thüsing § 19 AGG Rn 123 ff; vgl zu § 21 AGG auch OLG München 12.3.2014 – 15 U 2395/13 Rn 100 (juris).
[271] Vgl BeckOGK/Gross (1.11.2017) § 19 AGG Rn 24 f; MünchKommBGB/Thüsing § 19 AGG Rn 135.
[272] Die Einordnung als Rechtfertigungsgrund ergibt sich ungeachtet des unklaren Gesetzeswortlauts aus dem Willen der Gesetzesverfasser; vgl BT-Drucks 16/1780, 43 (zu § 20 AGG insgesamt).
[273] BT-Drucks 16/1780, 43.
[274] BT-Drucks 16/1780, 43.
[275] BT-Drucks 16/1780, 43 unter Hinweis auf Art 4 Abs 5 RL 2004/113/EG.
[276] Adomeit/Mohr § 20 AGG Rn 3, 20; Bauer/Krieger § 20 AGG Rn 6.

zugrunde liegenden Richtlinien eine Verhältnismäßigkeitsprüfung voraussetzen.[277] Jedoch würde das Erfordernis einer umfassenden Güterabwägung bedeuten, „das Willkürmoment der Privatautonomie vollständig durch strengste Rationalitätsanforderungen zu ersetzen".[278]

67 Das erste der in § 20 Abs 1 S 2 AGG genannten **Regelbeispiele** dient der Gefahrvermeidung, der Schadensverhütung und ähnlichen Zwecken (Nr 1) und soll die Einhaltung von Verkehrssicherungspflichten ermöglichen.[279] Dabei sollen gewisse Standardisierungen erlaubt sein: So kann etwa für den Zugang zu risikobehafteten Sportaktivitäten ein bestimmtes Mindestalter festgelegt werden.[280] Was den Schutz der Intimsphäre und der persönlichen Sicherheit (Nr 2) anbelangt, wird eine objektive Gefahrenbeurteilung zugrunde gelegt.[281] Eines Gefahrennachweises in der konkreten Situation soll es aber nicht bedürfen, weshalb zB Frauenparkplätze in Parkhäusern bereits deshalb zulässig sein sollen, weil Frauen häufiger Opfer von Sexualstraftaten werden.[282] Recht problematisch erscheint das Regelbeispiel, dass besondere Vorteile gewährt werden und ein Interesse an der Durchsetzung der Gleichbehandlung fehlt (Nr 3). Der Gesetzgeber denkt hier etwa an Rabatte für Studierende und betont den Umstand, dass der Anbieter eher auf jegliche Vergünstigung verzichten würde, als sie auf sämtliche Kunden zu erstrecken.[283] Allerdings bedingt der Vorteil des einen meist einen Nachteil des anderen.[284] Durchaus diskussionswürdig erscheint es etwa, ob die Beschränkung einer kostenlosen Mitgliedschaft bei einer Online-Partnerschaftsbörse auf Frauen unter Hinweis darauf zu rechtfertigen ist, dass ein ausgewogenes Geschlechterverhältnis auch den zahlenden männlichen Mitgliedern zugutekommt.[285] Eher lassen sich die Fälle der Nr 3 unter dem Gesichtspunkt zusammenfassen, dass es sich um kaum persönlichkeitsrechtsrelevante Bagatelldiskriminierungen handelt.[286] Das Regelbeispiel zur Religionsfreiheit und zum Selbstbestimmungsrecht der Religionsgemeinschaften (Nr 4) reagiert auf die Grundrechtsgewährleistungen in Art 4 Abs 1 GG und Art 140 GG iVm Art 137 Abs 3 WRV.[287]

c) Spezielle Rechtfertigungsgründe
aa) Ungleichbehandlung bei privatrechtlichen Versicherungsverträgen

68 § 20 Abs 2 AGG regelt besondere Rechtfertigungsgründe für privatrechtliche Versicherungsverträge iSd § 19 Abs 1 Nr 2 AGG. Eine Ungleichbehandlung wegen der Rasse oder der ethnischen Herkunft ist auch insoweit schlechthin unzulässig. Dies gilt nach einer Gesetzesänderung[288] infolge der Rspr des EuGH zu sog „**Unisex-Tarifen**"[289]

---

[277] So unter Hinweis auf Art 4 Abs 5 RL 2004/113/EG und Art 6 Abs 1 RL 2000/78/EG WENDELING-SCHRÖDER/STEIN/WENDELING-SCHRÖDER § 20 AGG Rn 6; vgl außerdem ERMAN/ARMBRÜSTER § 20 AGG Rn 4; BeckOGK/GROSS (1.11.2017) § 20 AGG Rn 23 f; MünchKommBGB/THÜSING § 20 AGG Rn 11.
[278] R LEHNER, Diskriminierungsschutz 391.
[279] BT-Drucks 16/1780, 43.
[280] BT-Drucks 16/1780, 43; vgl auch ERMAN/ARMBRÜSTER § 20 AGG Rn 7.
[281] BAUER/KRIEGER § 20 AGG Rn 8.
[282] Vgl BT-Drucks 16/1780, 44; LAG RhPf 29.9.2011 – 10 Sa 314/11 Rn 33 (juris).
[283] BT-Drucks 16/1780, 44.

[284] So im Ansatz auch BT-Drucks 16/1780, 44.
[285] So AG Gießen 29.5.2011 – 47 C 12/11 Rn 11, openJur 2011, 98612; BAUER/KRIEGER § 20 AGG Rn 9; RATH/RÜTZ NJW 2007, 1498, 1499; aus europarechtlichen Gründen gegen jede „Konditionendiskriminierung" SCHIEK/SCHIEK § 20 AGG Rn 6.
[286] R LEHNER, Diskriminierungsschutz 395.
[287] BT-Drucks 16/1780, 44.
[288] Streichung des § 20 Abs 1 S 1 AGG aF durch Art 8 Gesetz vom 3.4.2013, BGBl 2003 I 615.
[289] EuGH 1.3.2011 – C-236/09 *Test-Achats* Rn 29 ff, NJW 2011, 907 zu Art 5 Abs 2 RL 2004/113/EG.

B. Allgemeines Gleichbehandlungsgesetz (AGG)

mittlerweile auch für das Merkmal des Geschlechts.[290] Deshalb ermöglicht der verbliebene § 20 Abs 2 S 1 AGG, wonach Kosten im Zusammenhang mit Schwangerschaft und Mutterschaft nicht zu unterschiedlichen Prämien oder Leistungen führen dürfen, keinen Umkehrschluss für andere Fälle der Geschlechtsdiskriminierung.[291] Für die übrigen Merkmale erlaubt § 20 Abs 2 S 2 AGG eine Differenzierung nach **anerkannten Prinzipien risikoadäquater Kalkulation**.[292]

bb) Ungleichbehandlung bei der Vermietung von Wohnraum

§ 19 Abs 3 AGG enthält nach hM ungeachtet der systematischen Stellung einen Rechtfertigungsgrund[293] für die Vermietung von Wohnraum und stützt sich auf stadtentwicklungs- und wohnraumpolitische Aspekte. Die **Unionsrechtskonformität** der Vorschrift ist problematisch, soweit sie sich auf die Merkmale der Rasse und der ethnischen Herkunft bezieht, weil die Antirassismus-RL 2000/43/EG keine Rechtfertigungsmöglichkeit vorsieht. Möglicherweise sind Quotenregelungen für ethnische Gruppen aber als positive Maßnahmen iSd § 5 AGG zulässig.[294]

3. Rechtsfolgen von Verstößen gegen das Benachteiligungsverbot

a) Schutzansprüche
aa) Negatorischer Schutz

Anders als im arbeitsrechtlichen Teil des AGG sind negatorische Ansprüche für Verstöße gegen das zivilrechtliche Benachteiligungsverbot ausdrücklich geregelt. Die erforderliche Rechtsverletzung setzt auch insoweit voraus, dass die Benachteiligung nicht gerechtfertigt ist. Über die Rechtsfolgen des **Beseitigungsanspruchs (§ 21 Abs 1 S 1 AGG)** herrscht einige Verwirrung. In der Literatur wird teilweise angenommen, die Beseitigung der Beeinträchtigung erfolge im Wege der „Naturalrestitution", weshalb der Benachteiligte so zu stellen sei, wie er ohne die verbotene Benachteiligung gestanden hätte.[295] Jedoch sind auch im Antidiskriminierungsrecht negatorische und schadensersatzrechtliche Ansprüche strikt voneinander zu trennen. Wie § 1004 Abs 1 S 1 BGB[296] zielt § 21 Abs 1 S 1 AGG auf die Beseitigung einer fortdauernden Störung. Weil die relevante Beeinträchtigung nicht in der Vorenthaltung des Vertragsschlusses als solcher besteht (dazu bereits oben Rn 50), ist entgegen der hM ein **Kontrahierungszwang** als Rechtsfolge eines Beseitigungsanspruchs abzulehnen.[297] Weil sich dieses Ergebnis bereits aus der spezifischen Funktion der negatorischen Haftung ergibt, ist jedenfalls insoweit unergiebig, dass sich in § 21 Abs 1 AGG kein Pendant zum Aus-

---

[290] Zur umstrittenen Unionsrechtskonformität des Vertrauensschutzes gem § 33 Abs 5 AGG ERMAN/ARMBRÜSTER § 20 AGG Rn 16 einerseits, PURNHAGEN NJW 2013, 113, 114 f andererseits.
[291] ERMAN/ARMBRÜSTER § 20 AGG Rn 17.
[292] Näher dazu ERMAN/ARMBRÜSTER § 20 AGG Rn 18.
[293] ADOMEIT/MOHR § 19 AGG Rn 44; BAUER/KRIEGER § 19 AGG Rn 14; HEY/FORST/WEIMANN § 19 AGG Rn 141 f; **aA** ERMAN/ARMBRÜSTER § 19 AGG Rn 26: Tatbestandsausschluss.
[294] Vgl MünchKommBGB/THÜSING § 19 AGG Rn 85; WENDELING-SCHRÖDER/STEIN/WENDELING-SCHRÖDER § 19 AGG Rn 28.
[295] BAUER/KRIEGER § 21 AGG Rn 6.
[296] Zur Ordnungsfunktion des § 1004 Abs 1 S 1 BGB aus Sicht der sog Rechtsusurpationslehre STAUDINGER/GURSKY (2012) § 1004 Rn 2 ff; zur Sichtweise der hM repräsentativ BeckOK/FRITZSCHE (15.6.2017) § 1004 BGB Rn 34.
[297] Zutreffend BADER, Diskriminierungsschutz 396 ff; LOBINGER AcP 216 (2016) 28, 96 f; vgl auch ARMBRÜSTER NJW 2007, 1494, 1497; **aA** etwa BAUER/KRIEGER § 21 AGG Rn 6; MünchKommBGB/THÜSING § 21 AGG Rn 17 ff; WAGNER/POTSCH JZ 2006, 1085, 1098.

schluss des Kontrahierungszwangs im Arbeitsrecht (§ 15 Abs 6 AGG) findet (näher zum Kontrahierungszwang unten Rn 74).[298]

71 Wie im Arbeitsrecht dient der **(vorbeugende) Unterlassungsanspruch (§ 21 Abs 1 S 2 AGG)** der Abwehr einer bevorstehenden Beeinträchtigung durch eine Benachteiligung.[299] Wie bei § 1004 Abs 1 S 2 BGB ist es entgegen dem insoweit übereinstimmenden Wortlaut nicht erforderlich, dass es bereits zu einer Beeinträchtigung gekommen ist.[300]

bb) **Schadensersatzrechtlicher Schutz**

72 Das zivilrechtliche Pendant zu § 15 Abs 1 und Abs 2 AGG findet sich in § 21 Abs 2 AGG. Zahlreiche Fragen stellen sich hier in vergleichbarer Weise wie im Arbeitsrecht, werden allerdings für das Zivilrecht weniger intensiv diskutiert.

(1) **Funktion der Haftung nach § 21 Abs 2 AGG und ersatzfähige Schäden**

73 § 21 Abs 2 S 3 AGG betrifft die Entschädigung wegen **Nichtvermögensschäden**. Dies erlaubt – ähnlich wie im Verhältnis von § 15 Abs 1 und Abs 2 AGG – den Umkehrschluss, dass § 21 Abs 2 S 1 AGG ausschließlich den Ersatz von **Vermögensschäden** regelt.

74 Was als **materieller Schaden** ersatzfähig ist, wird selten genauer erörtert. Nach überwiegender Auffassung soll der Gläubiger nach §§ 249 ff BGB so gestellt werden, wie er stünde, wenn der Verstoß gegen das Benachteiligungsverbot unterblieben wäre.[301] Neben dem positiven Interesse einschließlich eines entgangenen Gewinns (§ 252 BGB) soll auch das negative Interesse ersatzfähig sein.[302] Eine generelle Beschränkung des Anspruchs auf das negative Interesse wird anders als für § 15 Abs 1 AGG (dazu oben Rn 40) bislang wohl nicht erwogen, obwohl die entsprechenden Argumente keineswegs arbeitsrechtsspezifisch sind. Ob es im Rahmen des materiellen Schadensersatzes zu einem **Kontrahierungszwang** kommen kann, ist umstritten. Einige Befürworter eines solchen Abschlussanspruchs stützen sich nicht auf den negatorischen Beseitigungsanspruch, sondern stattdessen auf die Naturalrestitution gem § 21 Abs 2 S 1 AGG iVm § 249 Abs 1 S 1 BGB. Als Hauptargument dient wiederum der Umkehrschluss zum Verbot des Kontrahierungszwangs im Arbeitsrecht nach § 15 Abs 6 AGG.[303] Die Gegenauffassung führt neben der Entstehungsgeschichte[304] nicht zuletzt verfassungsrechtliche Bedenken mit Blick auf die negative Vertragsfreiheit[305] an. Die Ableitung eines Kontrahierungszwangs aus dem AGG überzeugt aber bereits aus privatrechtsdogmatischen Gründen nicht: Der auf der Rechtsverletzung beruhende Schaden liegt nicht im entgangenen Vertragsschluss als solchem, sondern in der Verletzung des konkreti-

---

[298] AA Bauer/Krieger § 21 AGG Rn 6; MünchKommBGB/Thüsing § 21 AGG Rn 18; Wagner/Potsch JZ 2006, 1085, 1098.
[299] Näher Erman/Armbrüster § 21 AGG Rn 6 f.
[300] Bauer/Krieger § 21 AGG Rn 5; Wendeling-Schröder/Stein/Wendeling-Schröder § 21 AGG Rn 11; zu § 1004 Abs 1 S 2 BGB BGH 17.9.2004 – V ZR 230/04, BGHZ 160, 232, 236.
[301] Erman/Armbrüster § 21 AGG Rn 9; MünchKommBGB/Thüsing § 21 AGG Rn 54 ff; vgl auch BeckOGK/Gross (1.11.2017) § 21 AGG Rn 52 f.
[302] MünchKommBGB/Thüsing § 21 AGG Rn 55 f.
[303] Maier-Reimer NJW 2006, 2577, 2582; Rolfs NJW 2007, 1489, 1493.
[304] Schürnbrand BKR 2007, 305, 310 f.
[305] Armbrüster NJW 2007, 1494, 1495 f; Hey/Forst/Kremer § 21 AGG Rn 236 ff.

sierten Persönlichkeitsrechts.[306] Ein Kontrahierungszwang lässt sich unter Umständen gleichwohl nach allgemeinen Grundsätzen gem § 826 BGB unter der Voraussetzung bejahen, dass der Benachteiligte andernfalls keinen Zugang zu einem existentiell bedeutsamen Gut hätte.[307] Mit dem Antidiskriminierungsrecht des AGG hat dies aber im engeren Sinne nichts mehr zu tun.[308]

Der Ersatz des **immateriellen Schadens** gem § 21 Abs 2 S 3 AGG bezweckt nach der Vorstellung des Gesetzgebers in erster Linie die Genugtuung und soll sich an den Rechtsprechungsgrundsätzen zur Geldentschädigung bei Verletzung des allgemeinen Persönlichkeitsrechts orientieren.[309] Danach werden nur schwerwiegende und anderweitig nicht auszugleichende Persönlichkeitsrechtsverletzungen kompensiert.[310] Verbreitet wird allerdings gleichwohl für § 21 Abs 2 S 3 AGG eine geringere Schwelle befürwortet:[311] Teils stützt man sich dabei auf die Notwendigkeit einer richtlinienkonformen Interpretation,[312] teils auf den regelmäßig (vor-)vertraglichen Charakter der zugrunde liegenden Beziehungen und ein deshalb größeres Gewicht von Persönlichkeitsverletzungen[313]. Gegen eine volle Kompensation eines jeden immateriellen Schadens ist schon deshalb nichts einzuwenden, weil mit dem Verstoß gegen das zivilrechtliche Benachteiligungsverbot die Verletzung des durch das AGG konkretisierten Persönlichkeitsrechts zweifelsfrei feststeht.

(2) Haftungsvoraussetzungen
Die zentrale Haftungsvoraussetzung liegt im **Verstoß gegen das zivilrechtliche Benachteiligungsverbot**. Die erforderliche Rechtsverletzung ist nur gegeben, wenn eine Rechtfertigung ausscheidet. Die Zurechnung von Drittverhalten wird wie im Rahmen von § 7 Abs 1 iVm § 15 AGG verbreitet auf § 278 BGB[314], daneben auch auf §§ 31, 831 BGB analog gestützt.[315] Die Haftung für Erfüllungsgehilfen setzt wie sonst die Existenz eines zumindest vorvertraglichen Schuldverhältnisses voraus (dazu oben Rn 43).

Umstritten ist die Bedeutung des **Vertretenmüssens** (§ 21 Abs 2 S 2 AGG). Anders als bei § 15 Abs 1 AGG wird diese Voraussetzung beim zivilrechtlichen Benachteiligungsverbot für den Ersatz des **materiellen Schadens** überwiegend akzeptiert. Insbes sei die EuGH-Rspr zum Arbeitsrecht nicht auf das allgemeine Zivilrecht übertragbar.[316] Eine entsprechende Differenzierung ist in der RL 2000/43/EG und der RL 2004/113/EG

---

[306] Armbrüster NJW 2007, 1494, 1497; Lobinger AcP 216 (2016) 28, 97; aus verfassungsrechtlicher Sicht iE ähnlich R Lehner, Diskriminierungsschutz 403 ff.
[307] Dazu BeckOGK/Spindler (1.9.2017) § 826 BGB Rn 102 mwNw.
[308] Zutreffend Lobinger AcP 216 (2016) 28, 97 f; vgl auch MünchKommBGB/Wagner § 826 BGB Rn 202, der einen Gleichlauf zwischen der Sittenwidrigkeit bei § 826 BGB und dem AGG-Verstoß erkennt.
[309] BT-Drucks 16/1780, 46. Unerwähnt bleibt der in der Rspr etablierte Präventionsgedanke; vgl BGH 15.11.1994 – VI ZR 56/94, BGHZ 128, 1, 14 ff.
[310] S etwa BGH 17.12.2013 – VI ZR 211/12 Rn 38, BGHZ 199, 237; aus verfassungsrechtlicher Sicht nicht beanstandet, zuletzt BVerfG 2.4.2017 – 1 BvR 2194/15 Rn 10, NJW-RR 2017, 879.
[311] AA Hey/Forst/Kremer § 21 AGG Rn 89; MünchKommBGB/Thüsing § 21 AGG Rn 60 f.
[312] OLG Hamm 12.1.2011 – 20 U 102/10, NJW-RR 2011, 762, 764 unter Hinweis auf Art 17 S 2 RL 2000/43/EG, Art 14 S 2 RL 2004/113/EG; vgl auch Palandt/Grüneberg § 21 AGG Rn 6.
[313] Erman/Armbrüster § 21 AGG Rn 14; Wendeling-Schröder/Stein/Wendeling-Schröder § 21 AGG Rn 23.
[314] Wendeling-Schröder/Stein/Wendeling-Schröder § 21 AGG Rn 20.
[315] Hey/Forst/Weimann § 19 AGG Rn 14.
[316] Erman/Armbrüster § 21 AGG Rn 8; Hey/Forst/Kremer § 21 AGG Rn 51 ff.

aber nicht enthalten.³¹⁷ Dass § 21 AGG bereits eine verschuldensunabhängige negatorische Haftung und einen möglicherweise ebenfalls verschuldensunabhängigen Entschädigungsanspruch vorsieht, kann den Unterschied zum Arbeitsrecht ebenfalls nicht plausibel machen.³¹⁸ Denn die Situation ist vergleichbar, wenn man eine negatorische Haftung auch im Arbeitsrecht anerkennt (dazu oben Rn 49 f). Vielmehr ist für das Zivilrecht nicht anders als für das Arbeitsrecht zu klären, ob die Richtlinienvorgaben einer Haftung für vermutetes Verschulden überhaupt entgegenstehen.³¹⁹ Was den Ersatz **immaterieller Schäden** anbelangt, ist umstritten, ob sich § 21 Abs 2 S 2 AGG systematisch auf § 21 Abs 2 S 3 AGG bezieht. Ähnlich wie für das Verhältnis zwischen § 15 Abs 1 S 2 und Abs 2 AGG (dazu oben Rn 44) wird dies teilweise abgelehnt.³²⁰ Andere Stimmen beziehen das Erfordernis des Vertretenmüssens zwar im Ausgangspunkt durchaus auf den Ersatz immaterieller Schäden, sehen die entsprechende Regelung aber im Konflikt mit den Richtlinienvorgaben.³²¹ Anders als bei § 15 Abs 2 AGG verlangt die wohl hM im Zivilrecht allerdings auch für den Ersatz immaterieller Schäden ein Vertretenmüssen.³²²

(3) Ansprüche außerhalb des AGG

78 Nach § 21 Abs 3 AGG bleiben **Ansprüche aus unerlaubter Handlung** unberührt. Zu denken ist zum einen an einen Anspruch aus § 823 Abs 1 BGB wegen Verletzung des allgemeinen Persönlichkeitsrechts. Praktische Bedeutung dürfte diesem Anspruch neben § 21 Abs 2 AGG aber ebenso wie einem etwaigen Anspruch aus § 823 Abs 2 BGB iVm § 19 AGG³²³ nur dann zukommen, wenn man die Ausschlussfrist des § 21 Abs 5 AGG (dazu näher unten Rn 80) nicht auf das Deliktsrecht erstreckt. Während Ansprüche aus **§ 280 Abs 1, § 241 Abs 2 (iVm § 311 Abs 2) BGB** nach der Rspr von § 15 AGG wegen Spezialität verdrängt werden (dazu oben Rn 46), treten sie nach wohl allgM im Zivilrecht in Anspruchskonkurrenz neben § 21 Abs 2 AGG.³²⁴ Diese Diskrepanz lässt sich jedenfalls nicht damit erklären, dass § 15 AGG eine vertragliche und § 21 Abs 2 AGG eine gesetzliche Haftung betreffe (näher oben Rn 64).³²⁵

cc) Bereicherungsrechtlicher Schutz

79 Für das zivilrechtliche Diskriminierungsverbot wird anders als für das Arbeitsrecht **bislang nicht diskutiert**, ob auch ein bereicherungsrechtlicher Schutz besteht. Wie beim Diskriminierungsverbot gegenüber Beschäftigten (dazu oben Rn 47 f) wird man einen Konditionsschutz des durch das AGG konkretisierten Persönlichkeitsrechts nicht von

---

³¹⁷ BeckOGK/Gross (1.11.2017) § 21 AGG Rn 48; MünchKommBGB/Thüsing § 21 AGG Rn 47.
³¹⁸ Vgl aber Schiek/Schiek § 21 AGG Rn 22; zu § 21 Abs 1 AGG Wagner/Potsch JZ 2007, 1085, 1099; zu § 21 Abs 2 S 3 AGG Bauer/Krieger § 22 AGG Rn 10.
³¹⁹ Dies verneint für das Arbeitsrecht Bader, Diskriminierungsschutz 327 ff, 333 ff.
³²⁰ Däubler/Bertzbach/Deinert § 21 AGG Rn 57; vgl auch BT-Drucks 16/1780, 46: Anspruch „nach § 21 Abs 2 Satz 1 und 3 [AGG]".
³²¹ Für unionsrechtskonforme Auslegung Bauer/Krieger § 21 AGG Rn 12; undeutlich MünchKommBGB/Thüsing § 21 AGG Rn 45 ff.
³²² Erman/Armbrüster § 21 AGG Rn 13; Palandt/Grüneberg § 21 AGG Rn 6; Hey/Forst/Kremer § 21 AGG Rn 68 ff; Wendeling-Schröder/Stein/Wendeling-Schröder § 21 AGG Rn 22; vgl auch AG Bremen 20.1. 2011 – 25 C 278/10, NJW-RR 2011, 675, 676.
³²³ Gegen den Schutzgesetzcharakter des § 19 AGG Erman/Armbrüster § 21 AGG Rn 22; MünchKommBGB/Thüsing § 21 AGG Rn 77; dafür Schiek/Schiek § 21 AGG Rn 25; Wendeling-Schröder/Stein/Wendeling-Schröder § 21 AGG Rn 25.
³²⁴ Erman/Armbrüster § 21 AGG Rn 23; Hey/Forst/Kremer § 21 AGG Rn 102; MünchKommBGB/Thüsing § 22 AGG Rn 80; unklar Schmidt-Räntsch NZM 2007, 6, 13.
³²⁵ So aber BeckOGK/Gross (1.11.2017) § 21 AGG Rn 88.

vornherein ausschließen können. Gegen die Disponibilität und Vermarktbarkeit dieser Rechtsposition bestehen aber im allgemeinen Zivilrecht vergleichbare Bedenken.

b) Geltendmachung der Schutzansprüche

§ 21 Abs 5 AGG regelt eine **Ausschlussfrist** und bildet damit eine Parallelvorschrift zu § 15 Abs 4 AGG.[326] Anders als ihr arbeitsrechtliches Pendant verlangt die zivilrechtliche Norm keine schriftliche Geltendmachung. Unklar ist, wann die Zwei-Monats-Frist zu laufen beginnt.[327] Statt auf die Anspruchsentstehung[328] wird vielfach wie bei § 15 Abs 4 AGG (dazu oben Rn 45) auf die Kenntnis von der Benachteiligung abgestellt, um unionsrechtlichen Effektivitätsvorgaben zu genügen.[329] Allerdings dürfte die Europarechtskonformität bereits durch die Regelung zur unverschuldeten Fristversäumnis in § 21 Abs 5 S 2 AGG gewahrt sein.[330] Von größerer Bedeutung ist die Frage nach dem Anwendungsbereich der Ausschlussfrist. Die Beschränkung auf Ansprüche nach § 21 Abs 1 und Abs 2 AGG wird überwiegend mit dem Argument akzeptiert, dass der Gesetzgeber den Benachteiligten mit dem AGG nicht habe schlechter stellen wollen.[331]

80

c) Unwirksamkeit abweichender Vereinbarungen

Nach **§ 21 Abs 4 AGG** kann sich der Benachteiligende nicht auf eine Vereinbarung berufen, die von dem Benachteiligungsverbot abweicht. Die gegenüber § 7 Abs 2 AGG verschiedene Formulierung soll mit Blick auf § 139 BGB klarstellen, dass der Vertrag im Übrigen wirksam bleibt.[332] Nicht erfasst werden einseitige Rechtsgeschäfte, die nach § 134 BGB iVm § 19 AGG nichtig sein können.[333] Unabhängig davon, ob man auch im Übrigen die Nichtigkeit aus § 134 BGB herleitet oder § 21 Abs 4 AGG heranzieht,[334] wird jeweils zu überprüfen sein, ob die angenommene Rechtsfolge nicht dem Schutz des Benachteiligten zuwiderläuft. Ungeachtet der systematischen Stellung des § 21 Abs 4 AGG liegt es nicht nahe, aus der Vorschrift abzuleiten, dass die Rechtsfolgen eines Verstoßes gegen das Benachteiligungsverbot unabdingbar sind.[335] Dies ergibt sich bereits aus § 31 AGG.

81

---

[326] Vgl auch BT-Drucks 16/1780, 47.
[327] Die Gesetzesmaterialien sind widersprüchlich: vgl einerseits BT-Drucks 16/1780, 47 („Entstehung des Anspruchs"), andererseits BT-Drucks 16/2022, 13 („mit [...] Kenntnis von dem Verstoß").
[328] Dafür MünchKommBGB/Thüsing § 21 AGG Rn 66.
[329] Dafür BeckOGK/Gross (1.11.2017) § 21 AGG Rn 82.
[330] MünchKommBGB/Thüsing § 21 AGG Rn 66; für Unionsrechtskonformität iE auch OLG Hamm 12.1.2011 – 20 U 102/10, NJW-RR 2011, 762, 764.
[331] Erman/Armbrüster § 21 AGG Rn 23, 30; auf den klaren Wortlaut des § 21 Abs 5 S 1 AGG stellt ab MünchKommBGB/Thüsing § 21 AGG Rn 70; aA Bauer/Krieger § 21 AGG Rn 16. Zur Frage der Anwendbarkeit des § 21 Abs 5 AGG auf Unterlassungsansprüche gem § 21 Abs 1 S 2 AGG Hey/Forst/Kremer § 21 AGG Rn 162 ff mwNw.
[332] BT-Drucks 16/1780, 47.
[333] BT-Drucks 16/1780, 47.
[334] Im ersten Sinne MünchKommBGB/Thüsing § 21 AGG Rn 82, im zweiten Sinne Erman/Armbrüster § 21 AGG Rn 28.
[335] So aber Erman/Armbrüster § 21 AGG Rn 25; vgl auch Bauer/Krieger § 21 AGG Rn 15, die darin offenbar sogar den einzigen Sinn des § 21 Abs 4 AGG erkennen.

VI. Fragen der Rechtsdurchsetzung

1. Darlegungs- und Beweislast

82 Die praktische Reichweite des Antidiskriminierungsrechts hängt entscheidend von der Verteilung der Darlegungs- und Beweislast ab. **§ 22 AGG** trifft eine **zweistufige Regelung**, die im deutschen Recht ohne Vorbild ist[336]. In einem ersten Schritt muss danach der Anspruchsteller Indizien beweisen, die eine Benachteiligung wegen eines in § 1 AGG genannten Grundes vermuten lassen. In einem zweiten Schritt trägt dann der Anspruchsgegner die Beweislast dafür, dass kein Verstoß gegen das Benachteiligungsverbot vorliegt.[337] § 22 AGG findet nach überwiegender Auffassung nur auf Ansprüche aus dem AGG Anwendung.[338]

83 Was zunächst den **Beweis der Indizien** für eine Benachteiligung wegen eines in § 1 AGG genannten Grundes anbelangt, sorgen Wortlaut und Entstehungsgeschichte des § 22 AGG für einige Verwirrung: Ursprünglich sollte die Regelung in Übereinstimmung mit den Richtlinienvorgaben[339] und der Vorgängervorschrift des § 611a Abs 1 S 3 BGB aF die Glaubhaftmachung von Tatsachen voraussetzen, die eine Benachteiligung wegen eines verpönten Merkmals vermuten lassen.[340] Der Gesetzgeber wollte den Begriff der Glaubhaftmachung aber vermeiden, weil anders als bei § 294 ZPO nur das Beweismaß geregelt werden sollte, nicht aber die Beweismittel.[341] Bereits zu § 611a Abs 1 S 3 BGB aF entsprach es freilich ohnehin der hM, dass der Anspruchsteller für die objektive Benachteiligung[342] und die „Hilfstatsachen"[343] den Vollbeweis erbringen musste. Auch insoweit soll der Anspruchsteller nach einer Auffassung nun aber in den Genuss des abgesenkten Beweismaßes kommen, was aus einer unionsrechtskonformen Auslegung des § 22 AGG hergeleitet wird.[344] Jedoch reagieren auch die europäischen Vorschriften lediglich auf den Umstand, dass der Anspruchsteller regelmäßig Schwierigkeiten hat, die **innere Tatsache des Kausalitätszusammenhangs** zwischen der Benachteiligung und dem jeweiligen Merkmal zu beweisen.[345] IE muss der Anspruchsteller also die objektive Benachteiligung sowie solche Tatsachen voll beweisen, welche die haftungsbegründende[346] Kausalität zwischen Benachteiligung

---

[336] Vgl Prütting, Gegenwartsprobleme der Beweislast (1983) 336 (zu § 611a Abs 1 S 3 BGB aF).
[337] § 22 AGG regelt mittelbar auch die Darlegungslast; vgl BAG 26.9.2013 – 8 AZR 650/12 Rn 26, NZA 2014, 258.
[338] Bauer/Krieger § 22 AGG Rn 5; Hey/Forst/Kremer § 22 AGG Rn 108; Windel RdA 2007, 1, 8; aA MünchKommBGB/Thüsing § 22 AGG Rn 5; Schleusener/Suckow/Voigt/Voigt § 22 AGG Rn 9.
[339] Vgl Art 8 RL 2000/43/EG; Art 10 RL 2000/78/EG, Art 9 RL 2004/113/EG, Art 19 RL 2006/54/EG; vgl bereits Art 4 RL 97/80/EG des Rates v 15. Dezember 1997 über die Beweislast bei Diskriminierung aufgrund des Geschlechts (ABl 1998 L14/6).
[340] § 22 des Entwurfs eines Gesetzes zur Umsetzung europäischer Antidiskriminierungsrichtlinien (ADG-E); vgl BT-Drucks 15/4538, 9.
[341] Eine inhaltliche Änderung sollte damit nicht verbunden sein; BT-Drucks 16/2022, 13; krit etwa A Stein NZA 2016, 849, 851: „Verschlimmbesserung".
[342] Soergel/Raab (12. Aufl 1998) § 611a Rn 77; Prütting, Beweislast 336.
[343] BAG 5.2.2004 – 8 AZR 112/03, BAGE 109, 265, 273 f.
[344] Schleusener/Suckow/Voigt/Voigt § 22 AGG Rn 39 ff; Windel RdA 2007, 1, 2; zweifelnd gegenüber der Auslegungsfähigkeit A Stein NZA 2016, 849, 852.
[345] BeckOGK/Benecke (1.11.2017) § 22 AGG Rn 15; Hey/Forst/Kremer § 22 AGG Rn 13 ff.
[346] Auf die haftungsausfüllende Kausalität bezieht sich § 22 AGG nicht; vgl BAG 26.1.2017 – 8 AZR 736/15 Rn 48, NZA 2017, 854.

und Merkmal als überwiegend wahrscheinlich[347] erscheinen lassen.[348] Als eine solche Hilfstatsache kommt in Einstellungsfällen etwa der Verstoß gegen das Gebot zur diskriminierungsfreien Ausschreibung (§ 11 AGG) in Betracht.[349] Ob das erforderliche Beweismaß mit den vorgetragenen und ggf bewiesenen Hilfstatsachen erreicht ist, unterliegt der freien Beweiswürdigung durch das Gericht (§ 286 ZPO).[350] Dies gilt insbes auch für die besonders strittigen Fälle der Heranziehung von Statistiken und sog „Testing-Verfahren", also den gezielten Einsatz von Vergleichspersonen, die das jeweilige Merkmal nicht aufweisen.[351]

Ist dem Anspruchsteller die Beweislastumkehr gelungen, kommt es auf den **Gegenbeweis des Anspruchsgegners** an. Diesem obliegt der sog Vollbeweis, dass ausschließlich andere als die in § 1 AGG genannten Gründe zu einer weniger günstigen Behandlung geführt haben.[352] Dieser Beweis misslingt in der Praxis regelmäßig, weil die negative Tatsache, dass eine Entscheidung nicht auf einem bestimmten Motiv beruht hat, kaum zu belegen ist.[353] Im Übrigen akzeptiert die Rspr „nachgeschobene" Begründungen für die Benachteiligung nur unter besonderen Umständen.[354] Aus diesem Grund wird etwa Arbeitgebern angeraten, die Gründe für eine Bewerberauswahl stichwortartig zu dokumentieren.[355]

2. Auskunftsanspruch

Ein allgemeiner Auskunftsanspruch gegen einen potentiell Benachteiligenden besteht nach überwiegender Auffassung nicht.[356] Auch der EuGH hat einen solchen Anspruch ohne nähere Begründung abgelehnt, zugleich allerdings eine in ihrer Reichweite nur vage umrissene **Auskunftsobliegenheit** geschaffen: Es könne nicht ausgeschlossen werden, dass die Verweigerung jeglichen Zugangs zu Informationen im Rahmen der Beweiswürdigung verwertbar sei.[357] Das grundsätzliche Problem von Informationsansprüchen zur Rechtsdurchsetzung, dass nämlich die Existenz der betreffenden Rechtsposition gerade nicht feststeht,[358] wird in der bisherigen Diskussion nicht adressiert. Sieht man die gestufte Beweislastverteilung in den Richtlinien und im deutschen Recht als abschließende Regelung an, spricht allerdings in der Tat einiges dafür, einen Aus-

---

[347] Bloße Möglichkeit genügt nicht; vgl BAG 26.1.2017 – 8 AZR 736/15 Rn 30, NZA 2017, 854.
[348] BAUER/KRIEGER § 22 AGG Rn 6; ErfK/SCHLACHTER § 22 AGG Rn 2; GROBYS NZA 2006, 898, 900; zu den Hilfstatsachen auch BAG 17.12.2009 – 8 AZR 670/08 Rn 19, NZA 2010, 383; aA zur objektiven Benachteiligung LAG Baden-Württemberg 1.2.2011 – 22 Sa 67/10, NZA-RR 2011, 237, 238 ff.
[349] BAG 24.1.2013 – 8 AZR 429/11 Rn 41, NZA 2013, 498.
[350] BeckOGK/BENECKE (1.11.2017) § 22 AGG Rn 25; WINDEL RdA 2007, 1, 6.
[351] Hierzu näher BAUER/KRIEGER § 22 AGG Rn 11; BeckOGK/BENECKE (1.11.2017) § 22 AGG Rn 27 ff; vgl auch BT-Drucks 16/1780, 47.
[352] BAG 26.1.2017 – 8 AZR 736/15 Rn 28, NZA 2017, 854; BeckOGK/BENECKE (1.11. 2017) § 22 AGG Rn 51.
[353] R LEHNER, Diskriminierungsschutz 348 ff.
[354] Vgl noch zu § 611a BGB aF BAG 5.2.2004 – 8 AZR 112/03, BAGE 109, 265, 276 f.
[355] MÜCKL BB 2008, 1842, 1843.
[356] ERMAN/ARMBRÜSTER § 22 AGG Rn 2; für Personalentscheidungen BAG 20.5.2010 – 8 AZR 287/08 (A) Rn 24 ff, NZA 2010, 1006; BAG 25.4.2013 – 8 AZR 287/08 Rn 56, NJOZ 2013, 1699; aA DÄUBLER/BERTZBACH/BERTZBACH § 22 AGG Rn 28a.
[357] EuGH 19.4.2012 – C-415/10 *Meister* Rn 39 ff, 44, NJW 2012, 2497; zust MünchKommBGB/THÜSING § 22 AGG Rn 8.
[358] HOFFMANN, Zession und Rechtszuweisung (2012) 140 f.

kunftsanspruch schlechthin abzulehnen.[359] Dann aber stellt sich die Frage, ob dies nicht auch gegen die vom EuGH für möglich gehaltene Auskunftsobliegenheit sprechen müsste. Denn jedenfalls faktisch wird das erforderliche Beweismaß auf diese Weise unter die Schwelle der überwiegenden Wahrscheinlichkeit gesenkt.[360]

---

[359] THÜSING/STIEBERT EuZW 2012, 464, 465; aA SCHLEUSENER/SUCKOW/VOIGT/VOIGT § 22 AGG Rn 44, der erwägt, Auskunftsansprüche „im Einzelfall aus allgemeinen Rechtsgrundsätzen" herzuleiten.

[360] CH PICKER NZA 2012, 641, 643.

C. Das Rechtsgeschäft

Gottfried Schiemann

Systematische Übersicht

I.	Einleitung: Funktion und Bedeutung des Rechtsgeschäfts	1
II.	Rechtsgeschäft und Willenserklärung	6
1.	Regelungen durch und ohne Rechtsgeschäft	7
a)	Gefälligkeiten	8
b)	Rechte und Pflichten aus dem Gesetz	10
c)	Geschäftsähnliche Handlungen	11
d)	Einwilligung in ärztliche Behandlungen	13
e)	Arten von Rechtsgeschäften	15
f)	Das Abstraktionsprinzip	16
2.	Einzelne Voraussetzungen der Willenserklärung	18
a)	Die Erklärung	18
b)	Schweigen als Willenserklärung?	19
c)	„Fehlerhafte Verträge"	20
d)	Der Tatbestand der Willenserklärung	26
e)	Abgabe	28
f)	Zwischen Abgabe und Zugang	29
g)	Zugang	30
h)	Der Widerruf nach § 130 Abs 1	40
3.	Die Auslegung von Rechtsgeschäften	41
a)	Gegenstand der Auslegung	41
b)	Arten der Auslegung	45
c)	Der objektive Empfängerhorizont	52
d)	Auslegungsregeln und -grundsätze	54
e)	Ergebnis der Auslegung	59
4.	Der Vertrag	60
a)	Grundlagen	60
b)	Der Antrag	65
c)	Bindungswirkung und Erlöschen des Antrages	69
d)	Besonderheiten der Annahme	79
e)	Konsens und Dissens	83
f)	Die Festlegung des Vertragsinhalts durch ein kaufmännisches Bestätigungsschreiben	88
5.	Bedingung und Befristung	93
a)	Rechtsgeschäfte unter ungewissen Umständen	93
b)	Arten und Zulässigkeitsschranken der Bedingung	95
c)	Bedingungseintritt und Schutz des bedingt Berechtigten	103
d)	Befristung	108
III.	Wirksamkeitshindernisse bei Rechtsgeschäften	
1.	Mängel der Geschäftsfähigkeit	111
a)	Geschäftsunfähigkeit	111
b)	Unwirksame Rechtsgeschäfte beschränkt Geschäftsfähiger	117
c)	Rechtsgeschäfte mit Zustimmung der gesetzlichen Vertreter	129
2.	Formmängel	140
a)	Formfreiheit und Formzwang	140
b)	Formarten und -zwecke	145
c)	Die Nichtigkeitsfolge und deren Korrektur	156
3.	Gesetz- und Sittenwidrigkeit	164
a)	Verstoß gegen gesetzliche Verbote	164
b)	Verstoß gegen Verfügungsverbote	171
c)	Verstoß gegen Grundwerte und moralische Mindestanforderungen	174
4.	Willensmängel	180
a)	Anfechtbarkeit	180
b)	Irrtum als Anfechtungsgrund	185
c)	Täuschung und Drohung	194
d)	Andere Willensmängel	199
IV.	Beteiligung Dritter am Zustandekommen des Rechtsgeschäfts	
1.	Stellvertretung	203
a)	Grundlagen der rechtsgeschäftlichen Vertretung	203

b)	Die rechtsgeschäftliche Vertretungsmacht	209	a) Anwendungsbereich	233
c)	Die Rechtsscheinvollmacht	215	b) Einwilligung und Genehmigung	234
d)	Grenzen der Vertretungsmacht	218	c) Zustimmung zu Verfügungen Nichtberechtigter	237
e)	Die Stellung des Vertreters ohne Vertretungsmacht	225	**V. Das Rechtsgeschäft im europäischen Kontext**	240
f)	Die Wissenszurechnung	229		
2.	Zustimmung	233		

I. Einleitung: Funktion und Bedeutung des Rechtsgeschäfts

1 Die Regelung des Rechtsgeschäfts ist – gemeinsam allenfalls mit derjenigen des Eigentums – das Herzstück des geltenden bürgerlichen Rechts. Das Rechtsgeschäft ist das wichtigste Instrument des Individuums für die Betätigung seiner Handlungsfreiheit, genauer: der **Privatautonomie** als des Prinzips „der Selbstgestaltung der Rechtsverhältnisse durch den Einzelnen nach seinem Willen".[1] Die Privatautonomie selbst ist im BGB nicht definiert. Sie wird vielmehr in den Regelungen über Rechtsgeschäfte vorausgesetzt. Ihre zentrale Grundlage bilden Art 2 Abs 1 GG zur Vertrags- und 14 Abs 1 GG zur Eigentums- und Testierfreiheit. Zudem ist die Eheschließungsfreiheit nach Art 6 Abs 1 GG gewährleistet.

2 Der Blick auf die verschiedenen Anwendungsfelder der Privatautonomie zeigt bereits, dass es zwei Arten von Rechtsgeschäften gibt: **zweiseitige** (= Verträge) und **einseitige** (zB Testamente). Davon ist der Vertrag für das Funktionieren einer „Privatrechtsgesellschaft" besonders wichtig: Nur durch Verträge können Marktbeziehungen zwischen Individuen hergestellt werden. Die Leistungsfähigkeit des Marktes als Institution für eine möglichst rationale Wertschöpfung und Güterverteilung steht und fällt mit einem funktionstüchtigen Vertragsrecht.[2] Zur Steuerung privater Bedürfnisse durch den Markt gehört dabei auch die Möglichkeit einer „negativen Vertragsfreiheit", eines Gebrauchs der Privatautonomie in Gestalt eines „einfacheren Lebens".[3]

3 Freilich befindet sich die Freiheit Rechtsgeschäfte vorzunehmen in einem vielgestaltigen Spannungsverhältnis zu **materiellen Gerechtigkeitsanforderungen** durch Gesetz und Rechtsprechung. So sind Verträge regelmäßig zwar mangels besonderer Vorschriften formfrei. ZB die Ehe muss jedoch von den Brautleuten persönlich vor dem Standesbeamten geschlossen werden (§ 1310 Abs 1 S 1 BGB). Dies beruht vor allem auf dem öffentlichen Interesse an der Ernsthaftigkeit und Sicherheit bei der Begründung des „Status", verheiratet zu sein. Ein anderes Formgebot enthält § 311 b Abs 1 BGB: Demnach müssen die Verpflichtungen zu Erwerb und Veräußerung eines Grundstücks notariell beurkundet werden. Dieser Formzwang besteht vor allem zum Schutze der Beteiligten, die ein so gewichtiges Rechtsgeschäft nur nach reiflicher Überlegung und fachgerechter Beratung abschließen sollen. Ein anderes Schutzinstrument des Gesetzes ist die Einräumung eines Widerrufsrechts zugunsten von Verbrauchern, um diese vor der endgültigen Bindung an einen Vertrag zu bewahren, der typischerweise in

---

[1] FLUME, Allgemeiner Teil des Bürgerlichen Rechts II: Das Rechtsgeschäft (3. Aufl 1979; Nachdr 1992) § 1, 1 (S 2).

[2] RÜTHERS/STADLER, Allgemeiner Teil des BGB (18. Aufl 2014) § 3 Rn 5.

[3] MEDICUS/PETERSEN, Allgemeiner Teil des BGB (11. Aufl 2016) Rn 183.

einer Ungleichgewichtslage zwischen Verbraucher und Unternehmer zustande kommt (genauer unten GSELL, in: STAUDINGER/Eckpfeiler L. Rn 1 ff). Allgemein können Verträge nach einer Inhaltskontrolle durch ein Gericht ganz oder teilweise für unwirksam erklärt werden, wenn sie gegen Gesetze oder die guten Sitten verstoßen oder unter Verwendung vorformulierter Texte (insbesondere Allgemeiner Geschäftsbedingungen), die vom dispositiven Gesetzesrecht abweichen, zustande gekommen sind.

Ein weiterer Schritt zur „Materialisierung" des Vertragsrechts durch inhaltliche Anforderungen an Rechtsgeschäfte ergibt sich aus dem **Allgemeinen Gleichbehandlungsgesetz (AGG)**. Nach einer Richtlinie der EU[4] hat der deutsche Gesetzgeber Vorkehrungen gegen Diskriminierungen wegen Rasse oder ethnischer Herkunft auch in privaten Rechtsbeziehungen treffen müssen. Hinzu kam eine Richtlinie gegen die Diskriminierung wegen des Geschlechts.[5] Darüber hinaus verbieten Richtlinien für das Arbeitsrecht Diskriminierungen wegen der Religion oder Weltanschauung, einer Behinderung, des Alters oder der sexuellen Ausrichtung.[6] (Zu alledem und zur Ausdehnung der Diskriminierungsverbote über die Richtlinien hinaus durch den deutschen Gesetzgeber oben HARTMANN, in: STAUDINGER/Eckpfeiler B. Rn 1 ff). 4

Als Beschränkung der Privatautonomie ist auch die Zurechnung von Verhaltensweisen zu bewerten, die nicht von einem entsprechenden Gestaltungswillen getragen sind, vom Recht aber **zum Schutz des anderen Teils** trotzdem **wie Rechtsgeschäfte** behandelt werden. Beispiele hierfür sind die in st Rspr als wirksame Einräumung einer Vertretungsmacht behandelte Anscheinsvollmacht und die Gleichstellung einer Erklärung ohne Erklärungsbewusstsein mit einem anfechtbaren Rechtsgeschäft. Aber selbst dort, wo die Rechtsordnung nicht so weit geht, den bloß scheinbar rechtsgeschäftlich Handelnden am Schein seiner Erklärung festzuhalten, verlangt sie von ihm im geschäftlichen Kontakt zu anderen Rücksicht auf deren schützenswerte Interessen. Vernachlässigt er sie schuldhaft, kann er einem Schadensersatzanspruch aus §§ 311 Abs 2, 241 Abs 2, 280 Abs 1 BGB (culpa in contrahendo) ausgesetzt sein. 5

II. Rechtsgeschäft und Willenserklärung

Das BGB ordnet die Individualbeziehungen primär auf der **höchsten Abstraktionsstufe** der von den Parteien selbst gewollten, regelnden Gestaltung: Leitbegriff des Gesetzes ist die Willenserklärung als Bestandteil der Verträge ebenso wie als Synonym für einseitige Rechtsgeschäfte. Das deutsche Recht ist hiermit genauer, aber auch doktrinärer als die meisten ausländischen Rechte, die entsprechend der praktischen Relevanz vom Vertrag als zentraler Kategorie ausgehen. Für Willenserklärungen im Allgemeinen regelt das BGB die Geschäftsfähigkeit als Voraussetzung, eine wirksame Erklärung überhaupt abgeben zu können, den Irrtum und die Störungen im Willen des Erklärenden, die Form der Erklärung, ihre volle Wirksamkeit durch den Zugang, die Auslegung, Unwirksamkeitsgründe und schließlich – nach einigen Regelungen für Verträge – Bedingung und Befristung sowie die Mitwirkung Dritter bei der Willenserklärung (Erklärungen mit Vertretungsmacht und mit Zustimmung des Berechtigten). 6

---

[4] RL 2000/43/EG des Rates v 29.6.2000, ABlEG Nr L 180 v 19.7.2000, 22.
[5] RL 2004/113/EG des Rates v 13.12.2004, ABlEG Nr L 373/37 v 21.12.2004, 37.
[6] RL 2000/78/EG des Rates v 27.11.2000, ABlEG Nr L 303 v 2.12.2000, 16; RL 2002/73/EG des Europäischen Parlaments und des Rates v 23.9.2002, ABlEG Nr L 269 v 5.10.2002, 15.

1. Regelungen durch und ohne Rechtsgeschäft

7 Bevor auf die Einzelheiten der gesetzlichen Regelung und ihre Lücken eingegangen werden kann, ist zu klären und abzugrenzen, wann überhaupt eine **rechtliche Regelung** gewollt ist, und ferner, wann das Gesetz oder die Rechtsordnung Rechtsfolgen an (mehr oder weniger bewusstes) menschliches Verhalten knüpft, ganz ohne dass es auf den Willen des Handelnden ankommt.

a) Gefälligkeiten

8 Der Wille zur Begründung rechtlich erheblicher Wirkungen fehlt nach hM, wenn bei Gefälligkeiten der Leistende nicht „den Willen hat, dass seinem Handeln rechtsgeschäftliche Geltung zukommen solle",[7] und der Empfänger die Leistung nicht im Sinne der Betätigung eines **Rechtsbindungswillens** des Leistenden verstanden hat. Der Kritik hieran[8] ist zuzugeben, dass die Gefahr groß ist, einen solchen Rechtsbindungswillen selbst dann zu konstruieren, wenn die Parteien überhaupt nicht – auch nicht als „Parallelwertung in der Laiensphäre" – an eine rechtliche Verbindlichkeit gedacht haben. Oft wird freilich jemand in fremdem Interesse tätig, ohne sich verpflichten zu wollen, erwartet aber, wenn er dabei den Partner dieses Verhältnisses schädigt, nur eingeschränkt zu haften. Für eine derartige Beschränkung wäre auf den ersten Blick eine verbindliche Abrede über den (teilweisen) Haftungsverzicht – also ein entsprechender Rechtsbindungswille gerade der anderen Seite – Voraussetzung. Fehlt – wie typischerweise – ein solcher Wille, erscheint dennoch allein eine **Haftungsmilderung** gerecht. Diese muss sich dann aus einer Analogieerwägung ergeben: Wenn (sogar) bei echten, mit Rechtsbindungswillen abgeschlossenen Gefälligkeitsverträgen eine Haftungsmilderung nach §§ 521, 599, 690 BGB gilt, muss dies bei beiderseits gewollten persönlichen Kontakten, die nicht einmal die Ebene vertraglicher Bindung erreichen, erst recht gelten.[9] Zweifelhaft ist diese Begründung einer Haftungsmilderung nur bei Tätigkeiten für andere, die als Erfüllung eines Auftrags zu qualifizieren wären, wenn ein Vertrag vorläge. Denn im Auftragsrecht ist keine Haftungsmilderung vorgesehen. Erwägenswert erscheint für solche Fälle eine Analogie zu § 708 BGB. Die Rspr[10] neigt stattdessen zur Annahme einer „stillschweigenden" Vereinbarung der Haftungsbeschränkung, wählt damit aber wieder den zweifelhaften Weg einer Willensfiktion.

9 An der Diskussion um die Sachfrage der Haftungsbegrenzung zeigt sich, dass die Konstruktion eines Rechtsbindungswillens nicht unbedingt das leistet, wofür sie vorgeschlagen wird. Für andere Fragen, die aber praktisch nicht sehr bedeutsam sind, mag die Kategorie des Rechtsbindungswillens nützlich oder sogar unverzichtbar sein, etwa bei der Annahme eines Behaltensgrundes für den Empfänger einer Leistung, um einen Kondiktionsanspruch zu vermeiden.[11]

b) Rechte und Pflichten aus dem Gesetz

10 Obwohl die Rechtsfolgen eines Rechtsgeschäfts im Wesentlichen davon abhängen, dass sie von demjenigen, der eine Erklärung abgibt, gewollt sind, ergeben sich **Rechte und Pflichten** der Partner eines Rechtsgeschäfts daneben auch **unmittelbar aus dem Gesetz**. So treffen den Schuldner aus einem Vertrag zB nach § 241 Abs 2 BGB Schutz-

---

[7] BGHZ 21, 102, 106.
[8] Insbesondere FLUME (Fn 1) § 7, 5–7 (S 68 ff).
[9] STAUDINGER/BORK (2015) Vorbem 86 zu §§ 145 ff mwNw.
[10] OLG Frankfurt NJW 1998, 1232; OLG Hamm NJW-RR 2001, 455.
[11] STAUDINGER/BORK (2015) Vorbem 80 zu §§ 145 ff.

pflichten gegenüber dem Vertragsgläubiger. Ohne den Willen zu einem Rechtsgeschäft würden solche Pflichten im Einzelfall nicht gelten. Liegt das Rechtsgeschäft vor, ergeben sich die Pflichten aber nicht, weil sie gewollt sind, sondern weil die Rechtsordnung selbst sie vorsieht.

Im Gegensatz zu solchen gesetzlichen Folgen privater Willensbindung stehen diejenigen Rechtsfolgen, die das Gesetz anordnet, **ohne** dass überhaupt eine **Willensäußerung** dafür Voraussetzung ist. So ist Merkmal einer unerlaubten Handlung ein bestimmtes tatsächliches Verhalten, zB die unachtsame Verletzung einer Vorfahrtsregel. Wenn dieses Verhalten dazu geführt hat, dass das Kfz eines anderen beschädigt worden ist, muss der Verletzer kraft Gesetzes (§ 823 Abs 1 und 2 BGB) den Schaden ersetzen. Für solche Realakte gelten die Vorschriften über Rechtsgeschäfte nicht. Dies schließt freilich nicht aus, dass auch für die Rechtsfolgen von Realakten der Wille des Handelnden Bedeutung haben kann, zB beim Erwerb des Besitzes durch Begründung der tatsächlichen Herrschaft über eine Sache. Auf diesen Willen finden jedoch die Vorschriften über Rechtsgeschäfte, zB die Geschäftsfähigkeit, keine Anwendung. Deshalb kann auch ein vierjähriges Kind Besitz erwerben.

c) Geschäftsähnliche Handlungen

Die Dogmatik hat zwischen den Realakten und den Rechtsgeschäften eine zusätzliche Kategorie entwickelt: die geschäftsähnliche Handlung.[12] Sie hat mit den Realakten gemeinsam, dass die Rechtsfolge durch das Gesetz unabhängig von einem vom Handelnden gerade darauf gerichteten Willen angeordnet wird. Wie bei Rechtsgeschäften liegt bei den geschäftsähnlichen Handlungen aber eine **Erklärung**, also ein willentliches Verhalten vor. Meist ist der Wille des Handelnden freilich gar nicht Inhalt der Erklärung, sondern nur deren Motiv. Besonders wichtige Anwendungsfälle für diese Kategorie sind Mahnungen (§ 286 Abs 1 BGB) und Fristsetzungen (§§ 281 Abs 1, 323 Abs 1 BGB). Sie begründen eine neue Rechtslage: Schuldnerverzug oder die Befugnis des Gläubigers, Schadensersatz zu verlangen oder den Rücktritt zu erklären. Die Erklärung selbst erschöpft sich aber darin, die Voraussetzung für Rechtsfolgen nach Wahl des Berechtigten zu schaffen. Dieselbe Rechtsfolge kann (muss freilich nicht) auch ohne die geschäftsähnliche Handlung eintreten: Der Mahnung bedarf es in den Fällen des § 286 Abs 2 BGB ebenso wenig wie der Fristsetzung in den Fällen der §§ 281 Abs 2, 282, 283, 323 Abs 2, 326 BGB. Die geschäftsähnliche Handlung ist hier somit hinreichende, aber nicht notwendige Bedingung der Rechtsfolge. Rechtsgeschäfte hingegen zeichnen sich gerade dadurch aus, dass sie immer notwendige Bedingung der gewollten Rechtsfolgen sind.

Mangels gesetzlicher Regelungen für die allgemeinen Voraussetzungen der geschäftsähnlichen Handlungen stellt sich die Frage, ob die **Vorschriften über Rechtsgeschäfte** insoweit auf sie **analog** anzuwenden sind. Da die Handlungen immerhin eine bewusste Entscheidung des Erklärenden für eine rechtlich relevante Erklärung voraussetzen, passen die Vorschriften über die Geschäftsfähigkeit. Auch die Stellvertretungsregeln[13] und die maßgeblichen Gesichtspunkte für die Auslegung von Willenserklärungen[14] werden mit Recht auf geschäftsähnliche Handlungen angewendet. Nur eine differenzierende Lösung ist hingegen für die Anfechtung angemessen: Bei Erklärungen wie

---

[12] STAUDINGER/SINGER (2016) Vorbem 2 zu §§ 116 ff mwNw.

[13] BGH NJW 1983, 1542; **aA** BAG NJW 2003, 236.

[14] BGHZ 47, 352, 357.

Mahnung oder Fristsetzung fehlt schon das praktische Bedürfnis für eine Anfechtbarkeit.[15] Eine Tilgungsbestimmung nach § 366 Abs 1 BGB ist hingegen nach Rspr des BGH[16] wenigstens in entsprechender Anwendung des § 119 BGB anfechtbar.

d) Einwilligung in ärztliche Behandlungen

13 Gleichfalls nicht als Rechtsgeschäft im vollen Sinne ist die Einwilligung in eine ärztliche Behandlung (§ 630d BGB) oder in eine (sonstige) Rechts- oder Rechtsgutsverletzung einzuordnen. Anders als die Einwilligung zu einem Rechtsgeschäft nach § 183 BGB bezieht sich dieses Einverständnis auf die Vornahme einer tatsächlichen Handlung im eigenen Rechtskreis. Sie ist Mitwirkung des Gläubigers in einem (Arzt-)Vertrag oder Rechtfertigung für eine sonst widerrechtliche Tatbestandsverwirklichung. Im bei weitem wichtigsten Anwendungsbereich der ärztlichen Behandlung ist die Einwilligung **Ausdruck des Selbstbestimmungsrechts** des Patienten über seinen Körper. Daher ist sie abhängig von einer vorangegangenen Aufklärung über die Notwendigkeit und die (Neben-)Wirkungen eines Eingriffs (§ 630e BGB). Daher kommt es für die Wirksamkeit der Einwilligung nicht auf eine abstrakt nach bestimmtem Alter festgelegte Geschäftsfähigkeit an, sondern darauf, ob der Patient durch die Aufklärung die Einsicht in die Tragweite seines Einverständnisses gewonnen hat (oder wenigstens unter normalen Umständen gewinnen konnte).

14 Ein Eingriff in die körperliche Integrität eines Minderjährigen betrifft aber regelmäßig auch die **Personensorge** der Eltern nach § 1631 BGB. Daher ist zusätzlich zur Einwilligung des beschränkt Geschäftsfähigen diejenige der Sorgeberechtigten erforderlich.[17] Fehlt dem unmittelbar Betroffenen die notwendige Einsicht für die Erteilung einer Genehmigung, entscheiden die Sorgeberechtigten allein. Steht der Betroffene unter Betreuung und kann (zB als Komapatient) nicht selbst einwilligen, trifft § 1904 BGB die Sonderregelung, dass die Einwilligung des Betreuers, zu der dieser nach §§ 1896, 1901 Abs 1 BGB im Rahmen der Gesundheitsbetreuung berechtigt ist, idR der Genehmigung des Betreuungsgerichts bedarf. In gewissem Umfang kann allerdings für den Fall der Betreuungsbedürftigkeit durch Vorsorgevollmacht[18] und Betreuungs- oder Patientenverfügung (§ 1901a BGB) auf rechtsgeschäftlichem Wege vorweg eine Regelung bis hin zum Verlangen nach Sterbehilfe durch Behandlungsabbruch vom unmittelbar Betroffenen vorgenommen werden.

e) Arten von Rechtsgeschäften

15 Innerhalb der Rechtsgeschäfte selbst sind einige **Unterscheidungen** nach ihrer Wirkung und Funktionsweise gebräuchlich und sinnvoll.

Aus der Gegenüberstellung von einseitigen Willenserklärungen und Verträgen (oben Rn 2) hat sich bereits eine erste derartige Unterscheidung ergeben. Verträge ihrerseits sind nur die wichtigste Gruppe mehrseitiger Rechtsgeschäfte. Ihnen sind ferner die **Beschlüsse** zuzuordnen, durch die Personenvereinigungen ihren Willen bilden. Beschlüsse kommen durch gleichgerichtete Willenserklärungen zustande, die auch diejenigen Mitglieder des Abstimmungskörpers binden, die ihnen nicht zugestimmt haben.

---

[15] STAUDINGER/SINGER (2016) § 119 Rn 106 mwNw.
[16] BGHZ 106, 163, 166 und dazu STAUDINGER/OLZEN (2015) § 366 Rn 34.
[17] BGHZ 105, 45.
[18] Vgl nur PALANDT/GÖTZ Vorbem 4 ff zu § 1896.

Schon im Allgemeinen Teil des BGB kommen in §§ 135–137, 185 BGB **Verfügungen** vor. Was darunter zu verstehen ist, definiert das Gesetz ebenso wenig wie die Willenserklärung oder das Rechtsgeschäft. Im Gegensatz zu den Verpflichtungsgeschäften, die Ansprüche auf Leistungen und einen rechtlichen Grund zum Behalten empfangener Leistungen begründen, sind Verfügungen Rechtsgeschäfte, durch die unmittelbar ein Recht übertragen, aufgehoben, belastet oder inhaltlich verändert wird. Dazu gehören die Übereignungen des Sachenrechts (§§ 873, 925 und 929 ff BGB), die Einräumung dinglicher Sicherheiten (zB einer Briefgrundschuld nach §§ 1192 Abs 1, 1115 ff BGB) und die Abtretung (Zession, §§ 398 ff BGB). Die wichtigsten Merkmale der Verfügung sind: ihre Bestimmtheit (oder wenigstens Bestimmbarkeit), die im Sachenrecht durch ein Publizitätsmittel (Eintragung im Grundbuch, Übergabe des Besitzes einer beweglichen Sache) kundbar gemacht wird, und die Zuständigkeit (Berechtigung, idR als Inhaber des Rechts oder der Forderung) dafür, die Verfügung vorzunehmen. Fehlt die Zuständigkeit, kann die Verfügung dennoch wirksam sein mit Zustimmung, insbesondere Genehmigung des Zuständigen.

f) Das Abstraktionsprinzip

Verfügungen sind regelmäßig abstrakt. Darunter ist zu verstehen, dass ihre unmittelbare Wirkung unabhängig davon eintritt, ob der rechtsgeschäftliche Erwerb auch **bereicherungsrechtlich** Bestand hat: Fehlt für die Verfügung ein rechtlicher Grund, kann der Verfügende vom Empfänger nach § 812 BGB verlangen, dass dieser an ihn zurückverfügt. Der rechtliche Grund (causa) wird im Allgemeinen von einem schuldrechtlichen Verpflichtungsgeschäft, zB einem Kaufvertrag, geschaffen. Gelegentlich, zB bei der Handschenkung (§ 516 Abs 1 BGB), ist der Rechtsgrund kein Verpflichtungsgeschäft, sondern eine reine Kausalabrede.[19] Aber auch dann richtet sich die Wirksamkeit der Verfügung allein nach Sachenrecht oder Zessionsrecht. Das Fehlen der causa begründet nur einen Anspruch, keinen automatischen „Rückfall" des Rechts, das Gegenstand der Verfügung war. Wieder von anderer Art ist die wichtigste **„letztwillige" Verfügung**: das Testament. Auch diese Verfügung führt, wenn sie eine Erbeinsetzung enthält, unmittelbar (mit „dinglicher" Wirkung) beim Tod des Erblassers nach § 1922 BGB zur Übertragung des Nachlasses auf den oder die Erben. Dies geschieht aber ohne jede causa. Die letztwillige Verfügung ist gleichsam endgültig sich selbst genug.

Das Abstraktionsprinzip ist bei einem Nebeneinander von Verpflichtungsgeschäft (zB Kaufvertrag) und Verfügung (Übereignung) nicht immer gültig. Vielmehr kann **Fehleridentität** bei beiden Geschäften vorliegen. So ist es schon kraft Gesetzes bei § 138 Abs 2 BGB: Nach dem Wortlaut ist unwirksam nicht nur, sich wucherische Leistungen versprechen, sondern auch, sie sich gewähren zu lassen. Derselbe Unwirksamkeitsgrund gilt hiernach für Verpflichtungs- und Verfügungsgeschäft. Ebenso können Mängel der Geschäftsfähigkeit beide Geschäfte betreffen. Das Abstraktionsprinzip wirkt sich hier aber dann aus, wenn zB eine Sache aufgrund eines Kaufvertrages an einen minderjährigen Käufer übereignet wird: Der Eigentumserwerb ist dann als ausschließlich rechtlich vorteilhafte Verfügung zugunsten des Minderjährigen nach § 107 BGB wirksam, der zugrunde liegende Kaufvertrag wegen der Verpflichtung des Minderjährigen zur Kaufpreiszahlung aus § 433 Abs 2 BGB unwirksam. Ähnliches ist bei den Anfechtungsgründen des § 123 Abs 1 BGB (arglistige Täuschung und widerrechtliche Drohung) festzustellen: Soweit derjenige, der sich zB aufgrund einer Täuschung verpflichtet hat, zu deren Erfüllung verfügt, betrifft die Täuschung beide Geschäfte. Das

---

[19] MEDICUS/PETERSEN (Fn 3) Rn 216.

Erfüllungsgeschäft des Täuschenden bleibt hingegen wegen seiner Abstraktheit unanfechtbar. Schließlich können die Parteien einer Geschäftsbeziehung von sich aus vom Abstraktionsprinzip abweichen, indem sie die Wirksamkeit des Verpflichtungsgeschäftes zur Bedingung der Verfügung bestimmen. Ein solches Vorgehen entspricht der Privatautonomie, soweit es nicht wegen des vorrangigen Verkehrsschutzes vom Gesetz selbst verhindert wird, wie bei § 925 Abs 2 BGB für die Auflassung von Grundstücken. Derselbe Gesichtspunkt gebietet große Zurückhaltung gegenüber der Annahme einer bloß „stillschweigenden", durch ergänzende Auslegung begründeten Bedingung zur Herstellung der Geschäftseinheit.[20]

2. Einzelne Voraussetzungen der Willenserklärung

a) Die Erklärung

18 Die **Willenserklärung** als notwendiger Bestandteil und in der Gesetzesterminologie teilweise auch als Synonym des Rechtsgeschäfts setzt ihrem Begriffe nach stets eine Erklärung voraus. Diese braucht allerdings **nicht ausdrücklich** zu sein. Vielmehr genügt, soweit nicht eine Form oder wenigstens Ausdrücklichkeit vorgeschrieben ist, irgendein Zeichen mit rechtsgeschäftlicher Bedeutung, zB der Einwurf einer Münze in einen Warenautomaten (mit der Bedeutung der Vertragsannahme[21]). Vielfach wird in diesem Zusammenhang von einer „stillschweigenden Willenserklärung" gesprochen, jedoch zu Unrecht, da das vom „Erklärenden" an den Tag gelegte Verhalten gerade kein bloßes Schweigen, sondern durchaus beredt ist. Die Bedeutung des Verhaltens als rechtsgeschäftliche Erklärung ergibt sich meistens aus der Verkehrssitte. Ist der Sinn nicht ohnehin evident, kann er durch Auslegung ermittelt werden. Dies bereitet meistens keine Schwierigkeit, weil sich die Beteiligten in der großen Mehrzahl der Fälle folgerichtig und redlich verhalten.[22] Zurückhaltung übt die Rspr aber mit Recht gegenüber der Auslegung des konkludenten Verhaltens in bestimmten Fällen: Bei Annahmeerklärungen nach § 151 BGB, bei Genehmigungen und Bestätigungen und beim Widerruf einer Vollmacht genügt ein Verhalten, das der Geschäftsgegner als Erklärung mit solchem Rechtsfolgewillen verstehen durfte, nicht. Vielmehr ist mindestens das Bewusstsein des Handelnden erforderlich, dass er möglicherweise durch sein Handeln einen rechtsgeschäftlichen Willen zum Ausdruck bringt.[23] Darin liegt eine Einschränkung der sonst geltenden Grundsätze für Erklärungen ohne Erklärungsbewusstsein: Sie werden wie anfechtbare, also zunächst vorläufig und nach Ablauf der Frist des § 121 endgültig wirksame Erklärungen behandelt (unten Rn 202).

b) Schweigen als Willenserklärung?

19 Über die Anerkennung konkludenten Verhaltens als Willenserklärung hinaus wird in gewissem Umfang sogar Schweigen mit den **Rechtsfolgen einer Willenserklärung** versehen. Dies ist gesetzlich vorgesehen für das Schweigen eines Kaufmanns auf einen Vertragsantrag nach § 362 Abs 1 HGB und dasjenige eines Zuwendungsempfängers, dem der Schenker eine Frist zur Erklärung über die Annahme gesetzt hat, nach § 516 Abs 2 S 2 BGB. Als Willenserklärung gilt Schweigen ferner nach § 416 Abs 1 S 2 BGB mit der Wirkung einer Genehmigung der Schuldübernahme und nach § 545 BGB mit der Verlängerung des Mietvertrages. Für den Sonderfall des kaufmännischen Bestäti-

---

[20] MEDICUS/PETERSEN (Fn 3) Rn 239 mwNw.
[21] HM, aA MEDICUS/PETERSEN (Fn 3) Rn 362.
[22] STAUDINGER/SINGER (2016) Vorbem 54 zu § 116.
[23] Vgl hier nur BGHZ 2, 150; 111, 97; BGH NJW 1995, 953.

gungsschreibens schließlich hat sich ein gewohnheitsrechtlicher Rechtssatz herausgebildet, demzufolge bei Schweigen des Empfängers der Vertragsinhalt unter bestimmten Voraussetzungen durch das Bestätigungsschreiben festgelegt wird (dazu unten Rn 88 ff). Im Übrigen kann allein durch Schweigen **keine rechtsgeschäftliche Regelung** begründet werden. Allerdings kann das Schweigen eine Pflichtverletzung im Rahmen des vorvertraglichen Schutzpflichtverhältnisses (§§ 311 Abs 2, 241 Abs 2 BGB und für einen Spezialfall § 663 BGB) sein, wenn der Schweigende von Rechts wegen sich hätte äußern müssen. Dies hat aber gerade nicht die Wirkungen einer gültigen Erklärung, sondern begründet einen Anspruch des anderen auf Schadensersatz nach § 280 Abs 1 BGB. Und das Schweigen auf eine unbestellte Zusendung nach § 241a BGB begründet nicht einmal eine Schutzpflicht (zum Vertragsschluss bei § 241a BGB unten Rn 68).

c) „Fehlerhafte Verträge"
Als weiterer Fall eines Rechtsgeschäfts ohne Willenserklärung[24] ist über lange Zeit der **20** „faktische Vertrag" erörtert worden.[25] Im ersten Jahrzehnt seiner Rspr hat sich der BGH[26] im Anschluss an HAUPT[27] für die Möglichkeit einer Begründung von Verträgen durch „sozialtypisches Verhalten" ausgesprochen. Dies geschah insbesondere zur Konstruktion einer Vertragsbeziehung bei der massenhaften Inanspruchnahme öffentlich angebotener Leistungen, aber auch bei der formlosen Hoferbenbestimmung. Noch vor wenigen Jahren konnte man diese Rechtsprechungslinie für „folgenlos verrauscht" halten.[28] Inzwischen greift der BGH in den Fällen der alltäglichen Leistungen doch wieder auf das sozialtypische Verhalten zurück.[29] Ohne diesen überflüssigen Ausdruck wird man meist mit einer genauen Auslegung des Parteiverhaltens weiter kommen: Wer die Leistung in Anspruch nimmt, erklärt damit konkludent einen Antrag zum Abschluss des entsprechenden Vertrages, der dann durch die Gewährung der Leistung (zB die Beförderung in einem Massenverkehrsmittel) zustande kommt. Erklärt der Leistungsempfänger, er wolle seinerseits aber nicht bezahlen, handelt es sich dabei entweder um einen unbeachtlichen Vorbehalt (protestatio facto contraria)[30] oder um ein Bestreiten nicht des Vertrages, sondern allein der Vergütungspflicht. In letzterem Fall scheitert der Vertrag nicht am Dissens über den Preis als essentiale negotii, weil dieser gar nicht Gegenstand der Erklärung des Kunden ist, sondern Inhalt der Tarifbestimmung des Leistungsanbieters. Für sie gilt: take it or leave it.

Aus der wiedergegebenen Einordnung folgt, dass der vertragliche Anspruch gegen- **21** über einem nicht (voll) Geschäftsfähigen uU scheitert. Dann steht dem Leistungsanbieter nur ein **Bereicherungsanspruch** zu.[31] Für die „erhöhten Beförderungsentgelte" im Verkehrsrecht gilt möglicherweise etwas anderes, weil sie gar nicht auf Vertrag beruhen, sondern auf gesetzlichen Vorschriften. Ob diese von einer ausreichenden Ermächtigungsgrundlage für den Eingriff in den Minderjährigenschutz gedeckt sind, ist aber zweifelhaft.[32]

---

[24] So die Überschrift bei MEDICUS/PETERSEN (Fn 3) vor Rn 244.
[25] Ausführlich dazu STAUDINGER/DILCHER[12] Einl 27 f zu §§ 104 ff.
[26] BGHZ 21, 319; 23, 175; 23, 249.
[27] Über faktische Vertragsverhältnisse (1941).
[28] So MEDICUS, Allgemeiner Teil des BGB (10. Aufl 2010) Rn 248.
[29] BGHZ 202, 17 Rz 10; BGHZ 202, 158 Rz 12.

Ähnl für das Verweilen in einem Krankenhaus BGH NJW 2000, 3429.
[30] BGH NJW 2000, 3429; STAUDINGER/BORK (2015) Vorbem 39 zu §§ 145 ff.
[31] WOLF/NEUNER, Allgemeiner Teil des Bürgerlichen Rechts (11. Aufl 2016) § 37 Rn 47.
[32] Dafür allerdings OVG Bremen NJW 1998, 3583.

22 Auch wenn die Lehre vom „faktischen Vertrag" oder von Vertragswirkungen aus „sozialtypischem Verhalten" nicht vertretbar erscheint, verweist sie doch auf eine charakteristische Schwäche des geltenden Gesetzesrechts: Werden Leistungen ohne gültige vertragliche Grundlage erbracht, bleibt nach dem System des Gesetzes nur eine Rückabwicklung nach Bereicherungsrecht. Sie wirkt uU weit in die Vergangenheit zurück, wenn etwa erst neun Jahre nach der Leistungserbringung die Fehlerhaftigkeit des Rechtsgeschäfts offenbar wird. Denn der Anspruch auf Rückabwicklung verjährt in solchen Fällen nach § 199 Abs 4 BGB erst in zehn Jahren. Der **Rang der Privatautonomie** als konstituierendes Prinzips des bürgerlichen Rechts verbietet es jedoch, bei einfachen Leistungsbeziehungen der geschilderten Art von der Erforderlichkeit des Vertrages für vertragsrechtliche Folgen abzusehen.

23 Bei gescheiterten Verträgen zur Begründung von **Dauerschuldverhältnissen** lässt sich die rein bereicherungsrechtliche Lösung aber praktisch schlechthin nicht mehr durchführen. Relevant ist dies insbesondere bei Arbeits- und Gesellschaftsverhältnissen. Freilich liegt die angemessene Abhilfe auch hier nicht in der Annahme eines „faktischen Vertrages": Zwar lebt dieser Terminus bis zur Gegenwart in der Rspr des BAG[33] fort. Aber angewandt wird er auf das Arbeitsverhältnis nicht, etwa, weil es kraft Eingliederung des Arbeitnehmers in den Betrieb bestehe. Vielmehr sind die Partner des Arbeitsverhältnisses in heutiger Sicht nur dann schutzwürdig, wenn sie wenigstens rein tatsächlich einen Vertrag geschlossen zu haben scheinen. Nicht der fehlende Vertrag wird also durch die Annahme eines „fehlerhaften Arbeitsverhältnisses" ersetzt, sondern allein der mangelhafte Vertrag.

24 Die dogmatischen Grundlagen des **fehlerhaften Arbeitsverhältnisses** und der **fehlerhaften Gesellschaft** sind bis heute nicht so weit geklärt, dass von einer genau strukturierten, einheitlichen Rechtsfigur gesprochen werden kann.[34] Die Anknüpfung an den fehlerhaften Vertrag statt an die bloße Faktizität der Betriebszugehörigkeit oder des Bestehens einer Organisation ermöglicht jedenfalls die Methode, von den besonderen Unwirksamkeitsgründen wie §§ 134, 138 BGB und insbesondere § 142 BGB für tatsächlich vorgenommene Rechtsgeschäfte auszugehen und deren Rechtsfolgen durch eine „teleologische Reduktion" zu berichtigen.[35] Die Berichtigung besteht beim Arbeits- wie beim Gesellschaftsverhältnis darin, dass der Mangel der vertraglichen Grundlage nach dem praktischen Vollzug des „Vertrages" nicht mit Rückwirkung (ex tunc), sondern nur wie eine Kündigung aus wichtigem Grund oder (bei der OHG) mit Hilfe einer Auflösungsklage[36] mit Wirkung für die Zukunft (ex nunc) geltend gemacht werden kann.

25 In einigen Fällen muss es hinsichtlich bestimmter Betroffener (und gegebenenfalls auf diese beschränkt) dennoch bei den Rechtsfolgen nach Bereicherungsrecht bleiben. Dies gebietet der Vorrang des **Schutzes nicht voll Geschäftsfähiger**, für den ohne die Mitwirkung des gesetzlichen Vertreters oder des Familiengerichts keine vertragsähnlichen Verpflichtungen entstehen dürfen.[37] Ähnliches gilt für das Opfer einer arglistigen Täuschung, einer widerrechtlichen Drohung oder einer sittenwidrigen Übervor-

---

[33] NJW 2000, 1438.
[34] WINDBICHLER, Gesellschaftsrecht (23. Aufl 2013) § 12 Rn 11. Vgl aber immerhin C SCHÄFER, Die Lehre vom fehlerhaften Verband (2002).
[35] Vgl nur REICHOLD, Arbeitsrecht (5. Aufl 2016) § 7 Rn 54.
[36] RGZ 165, 193.
[37] BGH NJW 1992, 1503.

teilung.[38] Alle diese besonders geschützten Personen können sich zu ihren Gunsten aber auf die Grundsätze über den „fehlerhaften Vertrag" berufen.

d) Der Tatbestand der Willenserklärung

Hinsichtlich der Voraussetzungen für die Wirksamkeit einer Willenserklärung kann man **äußere und innere** (subjektive) **Elemente** unterscheiden. Die äußeren Elemente betreffen das Erscheinungsbild der Erklärung (die „Form" im weitesten, gleichsam philosophischen Sinne), die subjektiven ihren Inhalt. Letztere sind vom Gesetz teilweise durch die Regelung der Anfechtung und anderer Willensmängel (§§ 116 ff BGB) erfasst. Sie werden daher zweckmäßigerweise insgesamt im Zusammenhang mit der Anfechtung erörtert (unten Rn 180 ff).

Damit der objektive Tatbestand der Willenserklärung erfüllt ist, muss die Erklärung abgegeben und – soweit erforderlich – zugegangen sein. Die dafür regelungsbedürftigen Fragen werden vom BGB nur zum Teil beantwortet. In §§ 130–132 BGB werden nur solche Erklärungen erfasst, die **einem anderen gegenüber** abzugeben, also **empfangsbedürftig** sind. Es gibt aber auch nicht empfangsbedürftige Erklärungen, vor allem das Testament. Hingegen gelten die Regeln für empfangsbedürftige Erklärungen auch für solche, die einer Behörde gegenüber abzugeben sind, wie die Ausschlagung einer Erbschaft oder die Anfechtung eines Testaments (§ 130 Abs 3 BGB). Das Gesetz selbst spricht in § 130 Abs 1 BGB von abgegebenen Erklärungen, gibt aber nicht an, wann eine Abgabe vorliegt. Da dem Gesetz die Unterscheidung von empfangsbedürftigen und nicht empfangsbedürftigen Erklärungen zugrunde liegt, ist auch hinsichtlich der Abgabe zwischen beiden Erklärungsarten zu unterscheiden.

e) Abgabe

Nicht empfangsbedürftige Erklärungen sind abgegeben, wenn der Erklärungsvorgang abgeschlossen ist: Der Erklärende muss gesprochen oder (zB das Testament) geschrieben haben. Bei empfangsbedürftigen Erklärungen bestimmt die Empfangsbedürftigkeit selbst bereits die Abgabe: Die Erklärung muss gerade zum Adressaten gesprochen oder an ihn abgeschickt (oder als E-Mail gesendet) worden sein. Schon der historische Gesetzgeber[39] hat den Fall behandelt (allerdings nicht ausdrücklich geregelt), dass die Erklärung vor ihrer Abgabe **„abhanden kommt"**. Wenn zB ein Brief mit einem Vertragsantrag absichtlich über Nacht auf dem Schreibtisch liegen bleibt, von der Sekretärin oder dem Ehepartner aber aufgrund der Einschätzung, es handle sich um ein Versehen, zur Post gegeben wird, fehlt die bewusste Entäußerung durch den Erklärenden – eben: die Abgabe. Obwohl somit der äußere Tatbestand der Erklärung noch gar nicht erfüllt ist, muss der Empfänger in seinem Vertrauen in die Wirksamkeit der Erklärung geschützt werden. Der Erklärende kennt zwar die rechtliche Bedeutung des von ihm Erklärten, will es aber gerade noch nicht „als Willenserklärung". Deshalb ist er in einer vergleichbaren Lage wie der Erklärende, der sich des rechtsgeschäftlichen Charakters seiner Erklärung überhaupt nicht bewusst ist.[40] Die abhanden gekommene Erklärung ist also wie eine Erklärung ohne Erklärungsbewusstsein zu behandeln (unten Rn 202).

---

[38] Vgl BGHZ 55, 9; 63, 345; 148, 201.
[39] Mot I, 157.
[40] MEDICUS/PETERSEN (Fn 3) Rn 266.

f) Zwischen Abgabe und Zugang

29 Bei empfangsbedürftigen Willenserklärungen unter Abwesenden kann nach der Abgabe einige Zeit vergehen, ehe die Erklärung durch den Zugang voll wirksam wird. Stirbt der Erklärende oder wird er geschäftsunfähig oder wegen Betreuungsbedürftigkeit unter Einwilligungsvorbehalt gestellt, nachdem er die Erklärung abgegeben hat, aber bevor sie zugegangen ist, hindert dies das Wirksamwerden der Erklärung nach § 130 Abs 2 BGB nicht. Mit der Änderung beim Erklärenden geht das **Widerrufsrecht** nach § 130 Abs 1 S 2 BGB auf die Erben, gesetzlichen Vertreter oder Betreuer über. Machen sie davon keinen oder nicht rechtzeitigen Gebrauch, wird die Erklärung bindend. Um den Widerruf durch die Erben zu verhindern, ist in der Kautelarpraxis der Banken ein Widerrufsverzicht des Erblassers verbreitet.[41] Dafür fehlt aber jede dogmatisch-konstruktive Grundlage.[42] Im Übrigen geht § 130 Abs 2 BGB nach hM generell § 2301 BGB vor, sodass die Wirksamkeit selbst dann noch nach dem Tode eintritt, wenn die Erklärung von vornherein – etwa durch Einschaltung eines Boten – so geplant ist, dass sie erst zu diesem Zeitpunkt wirksam werden kann.

g) Zugang

30 Voll wirksam und zugleich unwiderruflich wird die Erklärung mit dem Zugang. Geregelt ist auch dies nur für die empfangsbedürftige Erklärung unter Abwesenden. Was hierbei allgemein unter „Zugang" zu verstehen ist, wird wiederum gesetzlich **nicht allgemein definiert**. Für den elektronischen Geschäftsverkehr sieht § 312e Abs 1 S 2 BGB vor, dass der Zugang erfolgt, wenn der Empfänger unter gewöhnlichen Umständen die Erklärung abrufen kann. Mit dieser Formulierung greift der Gesetzgeber die schon früher gängige Definition auf, wonach die Erklärung so in den Machtbereich des Empfängers gelangt sein müsse, dass bei Annahme gewöhnlicher Verhältnisse **damit zu rechnen** sei, er könne von der Erklärung **Kenntnis nehmen**.[43] Neben dem Zugang überhaupt klärt diese Begriffsbestimmung zugleich deren Zeitpunkt und somit das Kriterium für die Rechtzeitigkeit eines etwaigen Widerrufs nach § 130 Abs 1 S 2 BGB. Ist freilich die Kenntnisnahme tatsächlich früher erfolgt, als nach dem gewöhnlichen Verlauf der Übermittlung zu erwarten war, ist der Zugang zum Zeitpunkt der Kenntnisnahme erfolgt: Sie ist „das Idealziel" des Zuganges.[44] Nur für die Fälle, in denen die Kenntnisnahme verzögert, gestört oder deren Zeitpunkt streitig ist, bedarf es der komplizierten Zugangsdefinition.

31 Am leichtesten nachzuvollziehen ist das Merkmal „Gelangen in den Herrschaftsbereich" für **Schriftstücke**: Werden sie in den Briefkasten des Empfängers geworfen, in sein Postfach eingelegt oder unter seiner Wohnungstür hindurch geschoben, sind sie zugegangen. Ein Fax ist in den Herrschaftsbereich des Adressaten gelangt, wenn es auf dem Empfangsgerät ausgedruckt oder gespeichert worden ist. Die Erklärung mit **E-Mail** gelangt auf ähnliche Weise in den Machtbereich des Empfängers: Der Rechner des Diensteanbieters, von dem sich der Adressat die Nachricht herunterladen kann, hat die Funktion eines elektronischen „Postfachs".[45] Da der Adressat mit seinem Passwort darüber verfügen kann, sobald die Nachricht gespeichert ist, befindet sie sich von da an in seinem Machtbereich.

---

[41] STAUDINGER/SINGER/BENEDICT (2016) § 130 Rn 107 mwNw.
[42] FUCHS AcP 196 (1996) 313, 367 ff.
[43] ZB BGHZ 67, 271, 275.
[44] MEDICUS/PETERSEN (Fn 3) Rn 276.
[45] RÜTHERS/STADLER (Fn 2) § 17 Rn 45.

Für ein **Einschreiben zur Übergabe** ist zu differenzieren: Die Benachrichtigung durch 32
den Zusteller im Briefkasten genügt nicht, weil der Empfänger dann noch nicht das
zuzustellende Schriftstück selbst zur Kenntnis nehmen kann. Wird ihm „per Postfach"
zugestellt, genügt hingegen die Deponierung im Postfach wie bei einfachen Briefen.

Ersetzt werden kann der Briefkasten des Empfängers durch einen tauglichen **Emp-** 33
fangsboten. Dies sind die Mitglieder des Haushalts, bei Kindern allerdings erst ab etwa
12 Jahren, für größere Organisationen diejenigen, die nach der Arbeitsteilung in der
Organisation als zuständig für die Entgegennahme angesehen werden können. Ist der
Bote in diesem Sinne nicht tauglich, ist er Erklärungsbote, sodass die Erklärung durch
diesen erst noch in den Machtbereich des Empfängers geleitet werden muss.

Nicht zu jeder Zeit kann der Empfänger mit dem Eintreffen der Erklärung in seinem 34
Machtbereich sogleich von ihr Kenntnis nehmen. Die Definition des Zugangs stellt
aber auch gar nicht auf die wirkliche Kenntnisnahme ab, sondern auf den Zeitpunkt,
zu dem unter gewöhnlichen Umständen damit zu rechnen ist, dass der Empfänger
Kenntnis nimmt. Dies ist zumal für fristwahrende Erklärungen wie Kündigungen
von zentraler Bedeutung. Praktisch wird die Definition vor allem in Fällen der Zugangsverzögerung oder -vereitelung durch den Empfänger,[46] zB bei Umzug oder Urlaub. Solche Umstände fallen eher in den Risikobereich des Empfängers als des Erklärenden. Aber der Hinweis auf die „gewöhnlichen Umstände" gibt auch einen Fin-
gerzeig auf einen Risikogesichtspunkt zu Lasten des Erklärenden. Deshalb darf er
nicht erwarten, dass ein Brief, den er abends um 22.00 Uhr persönlich in den Briefkasten des Adressaten wirft, von diesem noch vor Mitternacht in Empfang genommen
wird. Zugegangen ist der Brief vielmehr am nächsten Tag zu der Zeit, zu der erwartet
werden kann, dass der Adressat den Briefkasten leert. Entsprechendes gilt für den
Inhaber eines E-Mail-Anschlusses: Zwar darf der Absender damit rechnen, dass der
Adressat seine Mails täglich abruft, aber nicht damit, dass dies noch am Abend geschieht. Sendet er nicht gerade nachts, ist der Empfangstermin, von dem er ausgehen
darf, der nächste Kalendertag. Zwar wird man vielleicht nicht schon sagen können,
dass dies dem „gewöhnlichen" Verlauf entspreche; als gewöhnlich ist aber auch anzusehen, was der gesunde Menschenverstand sagt. Nach dieser Maxime sollte man
ferner zB den Fall beurteilen, dass der Arbeitgeber einem Arbeitnehmer in der Urlaubszeit kündigt: Dass der Arbeitnehmer Urlaub genommen hat, ist dem Arbeitgeber
ja bekannt. Damit, dass der Adressat, wenn er unangemeldet von der Arbeit weg
bleibt, für einige Tage verreist ist, braucht er aber nicht zu rechnen. Daher ist die
Kündigung in dieser Fallvariante zu dem Zeitpunkt zugegangen, zu dem der Adressat
Kenntnis genommen hätte, wenn er nicht verreist wäre.[47]

Ein weiteres Problem der Kenntnisnahmemöglichkeit ist das **Sprachrisiko**: Die Kün- 35
digung gegenüber einem ausländischen Mieter ist noch nicht zum Zeitpunkt der sonst
„gewöhnlichen" Kenntnisnahme zugegangen, wenn der Vermieter weiß oder damit
rechnen muss, dass der Empfänger sich zunächst eine Übersetzung verschaffen muss.[48]
Will er die dadurch verursachte Verspätung des Zugangs vermeiden, kann der Vermieter seinerseits die Erklärung in die Sprache des Adressaten übersetzen lassen und

---

[46] BREHM, Allgemeiner Teil des BGB (6. Aufl 2008) Rn 176 weist darauf hin, dass streng genommen bei der Zugangsvereitelung schon die Möglichkeit der Kenntnisnahme verhindert wurde.
[47] BAG NJW 1993, 1093.
[48] RÜTHERS/STADLER (Fn 2) § 17 Rn 50.

ein Schreiben in der Muttersprache des Mieters in dessen „Herrschaftsbereich" befördern. Dann gelten wieder die allgemeinen Grundsätze über die Kenntnisnahme.

36 Im BGB ist nicht nur der Zugang der Willenserklärung gegenüber einem Anwesenden ungeregelt geblieben, sondern durch die Gleichstellung mit ihr beim Vertragsantrag gemäß § 147 Abs 1 S 2 BGB auch die **telefonische Erklärung** sowie diejenige mittels einer sonstigen technischen Einrichtung von Person zu Person. Hierbei ist etwa an Erklärungen in einer Videokonferenz oder mit Internet-Chats gedacht.[49] Charakteristisch für die Erklärung über diese Medien ist deren Mündlichkeit und hiermit zusammenhängend die Möglichkeit des Empfängers zur Rückfrage. Erklärungen unter Anwesenden können aber auch in verkörperter Form, etwa durch Übergabe einer Bürgschaftsurkunde, erfolgen. Dann tritt der Zugang erst ein, wenn der Empfänger das Schriftstück so erhalten hat, dass er darüber verfügen kann.[50] „Vorzeigen" genügt nicht.

37 Für **mündliche Erklärungen** gilt nach allgM die „Vernehmungstheorie". Wie der Begriff sagt, muss der Empfänger die Erklärung also nur akustisch verstanden haben. Dann trägt bei solchen Erklärungen zB regelmäßig der Empfänger das Sprachrisiko: Auch bei mündlichen Erklärungen ist nach dem Vorbild der Interessenabwägung in § 130 BGB auf die Verkehrssicherheit Rücksicht zu nehmen. Deshalb braucht der Erklärende nicht mit ungewöhnlichen und nicht erkennbaren Verständnisschwierigkeiten des Erklärungsempfängers zu rechnen. Liegen solche Zugangshindernisse vor, muss der Adressat sie zu erkennen geben, was er im unmittelbaren Kontakt mit dem Erklärenden ja ohne Weiteres kann. Unterlässt er es trotzdem, gilt die Erklärung als zugegangen.[51]

38 Überhaupt **keines Zugangs** bedarf im Umkehrschluss aus § 130 Abs 1 S 1 BGB wie schon nach der Natur der Sache die **nicht** empfangsbedürftige Willenserklärung. Sie wird sofort **mit der Abgabe** wirksam, es sei denn, das Gesetz selbst macht die Geltung noch von weiteren Merkmalen abhängig, wie beim Testament, das erst mit dem Tode des Erklärenden in Kraft tritt und bis dahin nach §§ 2253 ff BGB jederzeit widerrufen werden kann.

39 Insgesamt erweist sich das Zugangsproblem bei Willenserklärungen als ein Lehrstück differenzierter **Interessenabwägungen**. Mit der Entscheidung für die schon vor dem BGB vertretene Empfangstheorie zur Behandlung der Erklärungen unter Abwesenden hat der Gesetzgeber die erforderlichen Erwägungen vorgezeichnet.[52] Nur hat er es bei der Endfassung des Gesetzes nicht mehr für nötig gehalten, dem auch durch den Wortlaut hinlänglich Ausdruck zu geben. Zunächst tragen Erklärender und Empfänger das Risiko für ihre jeweilige Sphäre. Zusätzlich wird dem Erklärenden das Transportrisiko auferlegt. Dies ist angemessen, weil er ja der „aktive Teil" bei dem Erklärungsvorgang ist. Die Mitverantwortung des Empfängers für die Ermöglichung des Zuganges ergibt sich einfach aus der Tatsache, dass er gleichfalls am Geschäftsleben teilnimmt und obendrein seinerseits bei nächster Gelegenheit in der Rolle als Erklärender auftreten kann, der dann selbst daran interessiert ist, dass „sein" Empfänger den Zu-

---

[49] Begründung zur Neufassung des § 147 nach dem FormanpassungsG v 13.7.2001, BT-Drucks 14/4987, 21.
[50] RGZ 61, 414.
[51] Grundlegend JOHN AcP 184 (1984) 385, 393 ff.
[52] Dazu MEDICUS/PETERSEN (Fn 3) Rn 272 f mwNw.

C. Das Rechtsgeschäft

gang ermöglicht. Diese Erwägung nimmt den Empfänger nicht so weit in die Pflicht, dass seiner Sphäre das „Ob" des Zuganges zuzuordnen ist, sehr wohl aber das „Wie" und „Wo" seiner Empfangsbereitschaft.[53]

h) Der Widerruf nach § 130 Abs 1

Da der Erklärende das **Risiko des Transports** seiner Erklärung trägt, ist es nur konsequent, dass das Gesetz ihm bis zum Zugang nach § 130 Abs 1 S 2 BGB auch den **Widerruf ermöglicht**. Dieser muss spätestens gleichzeitig mit dem Zugang der zu widerrufenden Erklärung zugehen. Hierbei bleibt es nach dem klaren Wortlaut des Gesetzes auch dann, wenn der Adressat den Widerruf zwar nach dem Zugang, wie er sich aus der obigen Interessenabwägung ergibt, aber vor der tatsächlichen Kenntnisnahme vom Adressaten erfährt. Denn die Gebundenheit des Erklärenden ist, zB wenn es sich um einen Vertragsantrag handelt, ein Vorteil für den Adressaten, der ihm nicht ohne zwingenden Grund aus der Hand geschlagen werden sollte.[54]

3. Die Auslegung von Rechtsgeschäften

a) Gegenstand der Auslegung

Nicht immer versteht sich von selbst, dass eine menschliche Äußerung oder Verhaltensweise **als Erklärung** mit einem geschäftlichen Inhalt **gemeint** ist, und selbst wenn der Charakter als Willenserklärung unbezweifelbar ist, bleibt häufig der **genaue Inhalt** der abgegebenen Erklärung deutbar oder lückenhaft. Beide Problembereiche sind mit Hilfe der Auslegung zu bewältigen. Dabei legt der Wortlaut der allgemeinsten Vorschrift über die Auslegung von Willenserklärungen, § 133 BGB, nahe, dass die Auslegung der Ermittlung des Willens dient. Dies passt auch zu den Grundlagen des privaten Rechtsgeschäfts, weil die Willenserklärung als Instrument der Privatautonomie den individuellen Willen verwirklichen soll. Da aber der Wille, um im Rechtsleben relevant werden zu können, in irgendeiner Weise nach außen gedrungen, also „erklärt" worden sein muss, kann der bloße Wille weder Gegenstand, noch auch nur Ziel der Auslegung sein. Wer nur etwas will, darüber aber keine Erklärung abgibt, kann nicht erwarten, dass die Rechtsgemeinschaft seinen Willen beachtet. Selbst wenn die Erklärung nicht empfangsbedürftig ist, tritt sie nicht gänzlich hinter den Willen als dem Motor des rechtsgeschäftlichen Geschehens zurück: Auch Testamente müssen aus gutem Grunde „erklärt" werden und bedürfen zur Sicherung dieses Vorganges sogar einer Form (§ 2231 BGB). Deshalb muss ein Wille, der nicht wenigstens irgendwie erklärt worden ist, unbeachtet bleiben, und wenn das Testament nicht vom Willen gedeckt ist, der Erblasser es in Wahrheit also gar nicht will, tritt dieser unerklärte Vorbehalt eines anderen Willens nach § 116 S 1 BGB hinter dem Erklärten zurück.[55]

Gegenstand der Auslegung ist also die Erklärung oder das Verhalten, das als Erklärung gedeutet werden könnte. Wenn Zweifel bestehen, ob ein Verhalten als Erklärung zu verstehen oder was mit einer Erklärung gemeint ist, muss der **Sinn** der Erklärung **durch Auslegung** bestimmt werden. Dabei ist – entgegen dem Wortlaut des § 133 BGB – nicht einseitig der Wille des Erklärenden zur Geltung zu bringen; sondern mit Blick auf die **Interessen von Empfängern oder Begünstigten** wie auch auf die Institution einer

---

[53] STAUDINGER/SINGER/BENEDICT (2016) § 130 Rn 53.
[54] MEDICUS/PETERSEN (Fn 3) Rn 300.
[55] STAUDINGER/SINGER (2016) § 133 Rn 1.

sachgerechten Kommunikation der Teilnehmer am rechtsgeschäftlichen Verkehr ist der rechtlich maßgebliche Sinn der Erklärung zu ermitteln.[56]

43 Allerdings besteht nach der gesetzlichen Regelung ein Spannungsverhältnis zwischen diesem objektiven Auslegungsmaßstab und einer rein subjektiven, am wirklichen Willen des Erklärenden ausgerichteten Auslegung. Denn die objektiven Standards von Treu und Glauben und Verkehrssitte sind in § 157 BGB nur **für Verträge** angeführt, während § 133 BGB **für alle Willenserklärungen** die Orientierung am wirklichen Willen verlangt. Die hM versucht, den Widerspruch zwischen beiden Vorschriften dadurch aufzulösen, dass sie § 157 BGB über seinen Wortlaut hinaus auf alle empfangsbedürftigen Erklärungen anwendet, § 133 BGB hingegen nur bei nicht empfangsbedürftigen Erklärungen für relevant hält. Aber auch diese vom Gesetz abweichende systematische Zuordnung wird den von Lehre und Rspr tatsächlich ständig vorgenommenen Auslegungen nicht gerecht. Insbesondere ist bei einem vom objektiven Sinn abweichenden gemeinsamen Willen beider Parteien auch für Verträge der wirkliche Wille maßgeblich. Dafür beruft man sich historisch zutreffend auf die alte Parömie **„falsa demonstratio non nocet"**. Im Gesetz selbst sagt § 133 BGB ohne Weiteres dasselbe. Daher wäre es unrichtig, § 133 BGB auf Verträge überhaupt nicht anzuwenden. Andererseits sieht das Gesetz für Testamente aus gutem Grund einen Formzwang vor. Daher kann das Erklärte wegen des davon abweichend Gewollten nicht schlechthin beiseite geschoben werden. Insofern weist auch die Auslegung von Testamenten über § 133 BGB hinaus. Dem versucht die Rspr,[57] gefolgt von gewichtigen Stimmen in der Literatur,[58] durch die **Andeutungstheorie** gerecht zu werden. Aus ihr ergibt sich, dass die Auslegung durch die Einhaltung der Form begrenzt wird: Zwar können zum „richtigen" Verständnis des wirklichen Willens auch alle Umstände außerhalb der Urkunde herangezogen werden. Wenn aber der so ermittelte Sinn mit dem Text der Urkunde in keiner Weise mehr zu vereinbaren ist, muss die rechtliche Anerkennung dieses Ergebnisses am Mangel der Form scheitern. Sinn des Formgebotes jedenfalls für Testamente[59] ist es, durch die Beurkundung mit einer gewissen Sicherheit nicht nur festzuhalten, dass der Erblasser ein Testament errichten wollte, sondern auch, welchen Inhalt es haben soll. Wenn er dabei einen eigenen oder gar falschen Sprachgebrauch hat, liegt der Inhalt trotzdem fest, vorausgesetzt, dass sich der Erblasser in „seiner", in den Text aufgenommenen Sprache verständlich gemacht hat. Dies kann sich und wird sich sogar regelmäßig aus Umständen außerhalb der Urkunde ergeben.

44 Die Ermittlung des **wirklichen Willens** nach § 133 BGB ist demnach bei genauerer Betrachtung durchaus **allgemein Gegenstand** der Auslegung von Rechtsgeschäften. Die **Geltung** des wirklichen Willens ist **aber begrenzt**: Bei formgebundenen Erklärungen bedarf er der Form; bei empfangsbedürftigen Willenserklärungen wird er durch einen normativen, an der Auslegung nach § 157 BGB orientierten Sinn verdrängt, wenn der Empfänger den wirklichen Willen nicht verstanden hat und nicht zu verstehen brauchte. Die hM verfährt freilich anders, ohne sich im Ergebnis von der hier wiedergegebenen Sicht zu unterscheiden: Sie geht von zwei unterschiedlichen Syste-

---

[56] STAUDINGER/SINGER (2016) § 133 Rn 2 mwNw.
[57] Insbesondere BGHZ 80, 242; 80, 251.
[58] STAUDINGER/OTTE (2013) Vorbem 28 ff zu §§ 2064 ff; MünchKomm/LEIPOLD § 2084 Rn 14 ff; LANGE/KUCHINKE, Lehrbuch des Erbrechts (5. Aufl 2001) § 34 III 2a S 732; SCHLÜTER/RÖTHEL, Erbrecht (17. Aufl 2015) § 19 Rn 6. Zur **Gegenansicht** STAUDINGER/SINGER (2016) § 133 Rn 37 mwNw.
[59] Zu Einschränkungen bei anderen Formvorschriften MEDICUS/PETERSEN (Fn 3) Rn 331.

men für empfangsbedürftige Willenserklärungen (nach § 157 BGB) und für nicht empfangsbedürftige Willenserklärungen (nach § 133 BGB) aus, berichtigt die so gewonnenen Ergebnisse dann aber durch die Falsa demonstratio-Regel einerseits und durch die „Andeutungstheorie" andererseits.[60]

b) Arten der Auslegung
Da Gegenstand der Auslegung nicht der Wille, sondern die Erklärung ist, bilden die in der Erklärung verwendeten Zeichen und bei sprachlich gefassten Erklärungen der **Wortlaut** den Ausgangspunkt der Auslegung. Mit der Auslegung sollen Zeichen und Worte verstanden werden. Dies zu erreichen, ist Ziel der erläuternden Auslegung. Sie ist auch dann vorzunehmen, wenn ein vermeintlich eindeutiger Wortlaut vorliegt. Denn gerade aus der Auslegung ergibt sich das Urteil der Eindeutigkeit. Eindeutig ist regelmäßig zB der Wortlaut in den Fällen, auf die der Falsa demonstratio-Grundsatz Anwendung findet. Trotz der „Eindeutigkeit" wird dann aber der vom Wortlaut abweichende wirkliche Wille zugrunde gelegt. **45**

Bei Erklärungen, die in Worte gefasst sind, kommt es demnach entscheidend auf den **jeweiligen Gebrauch** an.[61] Dies muss nicht der allgemeine Sprachgebrauch sein. Kaufleute oder Experten können die Terminologie ihres Verkehrskreises verwenden, wenn der Adressat dem selben Verkehrskreis angehört oder in den Vertragsverhandlungen deutlich geworden ist, dass auch der Erklärungsgegner aus dem Kreis der Laien den Sinn der Fachsprache ausreichend beherrscht. Relevant ist diese Überlegung auch bei der Verwendung juristischer Fachausdrücke. Ist der Erklärungsempfänger Jurist oder mit Rechtsfragen ersichtlich vertraut, sind sie in dem Sinne zu verstehen, den Rspr und hL ihr beilegen. Freilich wird man von Laien gegenüber dem juristischen Sprachgebrauch eine stärkere Obliegenheit, sich selbst über den Sinn zu informieren, annehmen können als zB gegenüber der Sprache der Mediziner. Denn durch die Entgegennahme eines Rechtsgeschäfts nimmt er gerade auch am Rechtsverkehr (und nicht zB an einem medizinischen Gespräch) teil.[62] **46**

Wohl die wichtigsten Hinweise auf den Erklärungssinn ergeben sich aus den **Begleitumständen** der Erklärung.[63] Zu ihnen gehören vor allem die Verhandlungen, der Briefwechsel, die vorbereitenden Informationen bis hin zur „Aufforderung zum Angebot" (invitatio ad offerendum) und frühere Rechtsgeschäfte zwischen denselben Parteien. Deutlich wird die Rolle des Kontextes für die Auslegung auch im Schulfall der „Trierer Weinversteigerung": Das Heben der Hand kann unter Spaziergängern oder bei einer Geselligkeit ohne Weiteres als Begrüßung außerhalb jeder rechtsgeschäftlichen Bedeutung verstanden werden, auf einer Versteigerung hingegen als rechtlich bindendes Gebot. **47**

An der Grenze zwischen erläuternder und „ergänzender" Auslegung ist der zunächst trivial erscheinende Umstand angesiedelt, dass mit jedem Rechtsgeschäft bestimmte Zwecke und Interessen verfolgt und dass erfahrungsgemäß rechtsgeschäftliche Erklärungen gerade deshalb abgegeben werden.[64] Daher sind Erklärungen im Zweifel so **48**

---

[60] So auch im Wesentlichen STAUDINGER/SINGER (2016) § 133 Rn 3 ff – freilich unter Ablehnung der Andeutungstheorie Rn 32, 37 f.
[61] Einzelheiten bei STAUDINGER/SINGER (2016) § 133 Rn 45.
[62] STAUDINGER/SINGER (2016) § 133 Rn 46.
[63] So etwa BGH NJW 2003, 1317; BAG NJW-RR 2000, 1002.
[64] STAUDINGER/SINGER (2016) § 133 Rn 52 mwNw.

auszulegen, wie es der beiderseitigen **Interessenlage** am besten entspricht.[65] Ein Unterfall davon ist zB die risikogerechte Auslegung:[66] Der Erwerber eines Mietshauses hat typischerweise ein doppeltes Risiko, nämlich einzelne Einheiten überhaupt nicht vermieten zu können, aber auch Ausfälle dadurch, dass Mieter nicht zahlen. Hat der Verkäufer des Hauses eine „Vermietungsgarantie" übernommen, ist dies bei risikogerechter Auslegung nicht nur als Garantie dafür zu verstehen, dass Mietverträge abgeschlossen werden, sondern auch dafür, dass sie Mieterträge bringen.[67]

49 Oft lässt sich durch „Erläuterung" eines Wortlauts oder eines Verhaltens keine vollständige Erklärung ans Licht bringen. Wenn der Erklärende oder beide Parteien eines Vertrages ihren Willen **lückenhaft** ausdrücken, kann dies verschiedene Gründe haben: Entweder sind sie sich nicht darüber im klaren, dass sie mehr hätten regeln müssen, oder sie verlassen sich darauf, dass der ungeregelte Punkt für sie nicht relevant ist oder wird, oder sie vertrauen schließlich darauf, dass die „Reserveregeln" des **dispositiven Rechts** zur Vervollständigung ihres Regelungsprogramms genügen. Die wichtigste Aufgabe der Auslegung ist dabei, festzustellen, ob überhaupt eine Lücke besteht oder ob unter Heranziehung der Umstände eine „erläuternde" Auslegung vorgenommen werden kann, mit deren Hilfe die scheinbare Lücke nach dem Willen des Erklärenden trotz der formalen Unvollständigkeit der Erklärung selbst geschlossen werden kann.

50 Für den Fall, dass hiernach eine „echte" Lücke vorliegt, wird vielfach gelehrt, dass die Vervollständigung primär aus dem dispositiven Gesetzesrecht vorzunehmen sei.[68] Ein solcher Grundsatz würde aber den **Vorrang der Privatautonomie** missachten. Denn nicht notwendigerweise geht der Wille der Erklärenden dahin, ihre Erklärungen bei Lückenhaftigkeit durch das dispositive Gesetzesrecht zu vervollständigen. Zwar hat ihre Gestaltungskraft nicht ausgereicht, um eine positive Regelung zur Ausfüllung der Lücke zu treffen. Aber dies schließt nicht aus, dass sie jedenfalls eine negative Regelung zum Ausschluss des Gesetzesrechts im Sinne hatten. Darüber hinaus kann der Zweck der getroffenen Regelung auch ohne einen solchen negativen Geltungswillen dafür sprechen, dass die Absichten des Erklärenden durch eine Auslegung nach dem Telos der ganzen Erklärung besser verwirklicht werden können als durch die Anwendung des Gesetzesrechts.[69] Besonders deutlich wird dies bei atypischen oder typengemischten Verträgen. Dort ist es schon schwer oder von vornherein unmöglich, eine einschlägige Gesetzesnorm überhaupt zu finden. Vor allem aber haben die Parteien durch ihren Entschluss zu einem vom Gesetz abweichenden Typus des Vertrages hinlänglich zum Ausdruck gebracht, dass sie für ihre geschäftliche Beziehung eine andere Ordnung als das Gesetz vor Augen haben. Dann ist diese privatautonom gewählte Ordnung als Leitbild für die Weiterentwicklung der zwischen den Parteien nötigen Ordnung besser geeignet als das dispositive Gesetz.

---

[65] ZB BGH NJW 2002, 747; 2003, 2235.
[66] So noch LARENZ/WOLF, Allgemeiner Teil des Bürgerlichen Rechts (9. Aufl 2004) § 28 Rn 44, nicht übernommen von NEUNER (Fn 31) § 35 Rn 13, 14.
[67] BGH NJW 2003, 2235.
[68] BGHZ 40, 91, 103; 90, 69, 75; STAUDINGER/ROTH (2015) § 157 Rn 23 mwNw.

[69] Grundlegend LARENZ NJW 1963, 737 ff; krit dazu jetzt aber WOLF/NEUNER (Fn 31) § 35 Rn 68 ff. Generell für den Vorrang der privatautonomen Gestaltung vor der Anwendung des dispositiven Gesetzesrechts bei der ergänzenden Testamentsauslegung STAUDINGER/OTTE (2013) Vorbem 81 zu §§ 2064 ff; MünchKomm/LEIPOLD § 2084 Rn 76.

Der konkrete Vertrag oder die konkrete einseitige Willenserklärung wird so zu einem **51** vom Urheber gelösten Sinnganzen,[70] das genau so wie das Gesetz bei **objektiv-teleologischer Auslegung** systematisch und nach den vernünftigen Zwecken der Regelung über den empirischen Willen der Erklärenden hinaus weiter entwickelt werden kann. Eher vernebelnd ist der hierfür gebräuchliche Begriff des „hypothetischen Parteiwillens". Denn er legt den Eindruck nahe, bei der ergänzenden Auslegung müsse der maßgebliche Sinn empirisch aus dem Willen des Erklärenden ermittelt werden.[71] Gerade dies ist aber unmöglich und würde den hypothetischen Willen zu einer Fiktion machen.[72] In Wahrheit hat die Analogiebildung zur Füllung von Lücken in der privaten Willenserklärung mit dem Willen des Erklärenden ebenso wenig zu tun wie die analoge Anwendung des Gesetzes mit dem Willen des historischen Gesetzgebers. Beides ist – auch bei richtiger prozessualer Betrachtung[73] – juristische Bewertung und nicht Tatsachenfeststellung.

c) Der objektive Empfängerhorizont

Bei empfangsbedürftigen Willenserklärungen ist von entscheidender Bedeutung für **52** die Auslegung, dass die Erklärungen **für einen Adressaten** bestimmt sind, der sie verstehen soll. Daher sind diese Erklärungen ja nur wirksam, wenn der Empfänger die Möglichkeit der Kenntnisnahme hatte (oben Rn 30 ff). Kenntnisnahme ist aber nicht nur physische Verfügbarkeit der Erklärung, sondern auch Begreifen der darin enthaltenen „Botschaft". Darauf muss die Auslegung bedacht sein, und deshalb erfolgt sie aus dem Verständnishorizont des Empfängers. So wie dieser eine gewisse Verantwortung dafür trägt, dass der Zugang bei ihm möglich ist, muss er aus denselben Gründen auch für den Inhalt Verständnisbereitschaft haben. Ihm ist also von Rechts wegen eine gewisse intellektuelle Anstrengung zuzumuten, damit er die Erklärung richtig aufnimmt. Deshalb ist die Auslegungsperspektive nicht von dem tatsächlichen Empfänger her, wie er sich gerade verhält, zu wählen, sondern von einem **redlichen und vernünftigen Empfänger** her. Den Empfänger trifft nach hM[74] eine **Auslegungssorgfalt**. Verschließt er sich dem Verständnis der Erklärung, das jeder objektive und redliche Dritte von der Erklärung hätte, ist er nicht schutzwürdig. Dies bringt der Grundsatz zum Ausdruck, dass sich die Auslegung eines Verhaltens oder einer Äußerung als Willenserklärung wie auch die Sinnermittlung der Erklärung selbst nach einem objektiven Empfängerhorizont bestimmt. Hat der Empfänger freilich sowieso verstanden, was der Erklärende will, gilt dieser Wille – wie oben (Rn 43) entwickelt – nach § 133 BGB. Das Problem einer Auslegung und somit des dafür relevanten Verständnishorizontes gelangt dann gar nicht erst in den Blick.

Da der „objektive Empfängerhorizont" gerade dann zum Maßstab wird, wenn der **53** Empfänger die Erklärung nicht richtig verstanden hat, darf sich dieser als redlicher Teilnehmer am Geschäftsleben auf das objektive Verständnis auch in anderen Fällen nicht berufen, in denen er das **Verständnis des wirklichen Willens** hat oder als objektiver

---

[70] Mit einem der römischen Rechtskultur entlehnten Begriff könnte man sagen: Das Rechtsgeschäft wird zu einer lex contractus.
[71] In dieser Richtung allerdings – unter Heranziehung des Dispositionsbegriffs der analytischen Philosophie – STAUDINGER/OTTE (2013) Vorbem 78 ff zu §§ 2064 ff.
[72] So die Charakterisierung des hypothetischen Willens ua bei LARENZ, Die Methode der Auslegung der Rechtsgeschäfte (1930) 103.
[73] STAUDINGER/ROTH (2015) § 157 Rn 51 ff mwNw auch zur insoweit wenig konsequenten Rspr.
[74] WOLF/NEUNER (Fn 31) § 35 Rn 17; MEDICUS/PETERSEN (Fn 3) Rn 323; vgl auch STAUDINGER/SINGER (2016) § 133 Rn 18 f.

Empfänger haben müsste. Liegt wie in dem bekannten Jhering'schen Schulfall[75] eine falsche Speisekarte im Restaurant aus, sodass der Gast mit der konkreten Vorstellung eines billigeren Preises seine Bestellung aufgibt, braucht der wirkliche Wille des Gastes bei seiner Bestellung nicht hinter Schutzinteressen des „objektiven" Empfängers zurückzutreten. Denn die der eigenen Sphäre des Empfängers zuzurechnende Speisekarte hat den Willen des Erklärenden offensichtlich bestimmt. Die Unkenntnis des Adressaten von der falschen Speisekarte führt freilich dazu, dass er sich bei seiner eigenen Annahmeerklärung irrt. Er kann daher den zum billigeren Preis abgeschlossenen Vertrag nach § 119 Abs 1 BGB anfechten.

d) Auslegungsregeln und -grundsätze

54 Im BGB finden sich allenthalben Vorschriften, die einem Rechtsgeschäft eine bestimmte Bedeutung für den Fall beilegen, dass die Auslegung kein eindeutiges Ergebnis bringt. Dann sagt das Gesetz, was **„im Zweifel"** gelten soll. Nicht immer hat sich die Praxis an solche gesetzlichen Vorgaben gehalten. So kann man die Vermutung der Totalnichtigkeit nach **§ 139 BGB** als eine Regel für die Auslegung von Rechtsgeschäften[76] und, da **§ 2085 BGB** für Testamente die umgekehrte Regel aufstellt, insbesondere von Verträgen verstehen. Die Kautelarpraxis vermeidet die Anwendung der Vorschrift von vornherein durch die routinemäßige Verwendung der **salvatorischen Klausel** (Erhaltungs- und Ersetzungsklauseln[77]). Für Verträge mit AGB und zwischen Unternehmern und Verbrauchern sieht schon das Gesetz nach §§ 306 Abs 1, 310 Abs 3 BGB die Restwirksamkeit und somit das Gegenteil von § 139 BGB vor. Bei der „ergänzenden" Vertragsauslegung schließlich hat sich längst eine so weitgehend am Vernünftigen und Sachgerechten orientierte Handhabung der Verträge etabliert, dass von der „Regel" des § 139 BGB kaum etwas übrig geblieben ist. Eher wird wieder die vor dem BGB im Gemeinen Recht geltende umgekehrte Regel angewandt: „utile per inutile non vitiatur".[78]

55 Besonders zahlreich sind gesetzliche Auslegungsregeln im Erbrecht. Teilweise wird dabei bis heute unterschieden zwischen Auslegungsregeln und Ergänzungsregeln. Da aber auch letztwillige Verfügungen der ergänzenden Auslegung zugänglich sind, ist eine solche Differenzierung obsolet.[79] Sinnvoll erscheint hingegen die Gegenüberstellung von (materialen) Auslegungsregeln und dispositivem Gesetzesrecht.[80] Eine scharfe Trennlinie zwischen beiden Typen von Vorschriften besteht freilich nicht. Idealtypisch kann man den Regelungswillen folgendermaßen umschreiben:[81] Materiale Auslegungsvorschriften füllen Lücken, wenn eine **rechtsgeschäftliche Regelung gewollt** war, ihr **Inhalt aber unklar** geblieben ist. Dispositives Gesetzesrecht gilt hingegen, wenn **gar keine** rechtsgeschäftliche Regelung gewollt war oder die getroffene Regelung unwirksam ist. Die Auslegungsregeln sind zugleich für die Behauptungs- und Beweislast maßgeblich: Wer einen von der Regel abweichenden Erklärungsinhalt behauptet, muss dies substantiiert darlegen und im Bestreitensfall beweisen.

---

[75] Dazu STAUDINGER/SINGER (2016) § 133 Rn 20 mwNw.
[76] HM, vgl STAUDINGER/ROTH (2015) § 139 Rn 2 mwNw, der aber die Gegenansicht vertritt.
[77] STAUDINGER/ROTH (2015) § 139 Rn 22 mwNw.
[78] Vgl insbesondere SEILER, in: FS Kaser (1976) 127, 144 ff.
[79] STAUDINGER/OTTE (2013) Vorbem 98 zu §§ 2064 ff.
[80] WOLF/NEUNER (Fn 31) § 35 Rn 52 ff, 60; MEDICUS/PETERSEN (oben Fn 3) Rn 341 f.
[81] Vgl WOLF/NEUNER (Fn 31) § 35 Rn 60.

C. Das Rechtsgeschäft

Neben den gesetzlichen bestehen gewohnheits- und richterrechtliche **Auslegungsmaximen**. Vor allem für das Vermächtnisrecht und das förmliche Versprechen der Stipulation haben bereits die römischen Juristen besondere Regeln für die Auslegung privater Erklärungen entwickelt. Sie werden teilweise bis heute als Merksätze der Dogmatik verwendet. Als einer der wichtigsten wird vielfach der falsa demonstratio-Grundsatz genannt. Wie oben (Rn 43) entwickelt, handelt es sich jedoch nicht um eine selbständige Auslegungsregel, sondern um einen zentralen Inhalt dessen, was in § 133 BGB niedergelegt ist. Ähnlich traditionsreich wie die falsa demonstratio-Regel ist die Unklarheitenregel (ambiguitas contra stipulatorem). Sie gilt heute nach § 305c Abs 2 BGB ausdrücklich für AGB und Verbraucherverträge. Ihre Anwendung auf andere Verträge ist umstritten.[82] Mit Recht wird gegen sie ins Feld geführt, dass auch den Erklärungsempfänger eine Auslegungssorgfalt trifft.[83] Deshalb muss der Empfänger die Erklärung zurückweisen, wenn sie unklar ist, und kann sich nicht auf eine für ihn günstige Auslegungsalternative verlassen. Stützt er seine eigene Gegenerklärung (insbesondere die Vertragsannahme) auf sein einseitig günstigeres Verständnis der Ausgangserklärung, geht er das Risiko eines Dissenses ein.[84] Macht er sein eigenes Verständnis nicht hinlänglich deutlich, korrespondiert seine Erklärung mit derjenigen des Partners und er muss anfechten mit der Folge des Schadensersatzes nach § 122 BGB.[85]

Ebenso wie die Unklarheit der Erklärung – soweit die entsprechende Regel überhaupt anwendbar ist – geht die **protestatio facto contraria** nach verbreiteter Ansicht[86] zu Lasten des Erklärenden: Wer sich konkludent in eindeutigem Sinne verhält, kann dessen Wirkung nicht ohne Weiteres durch eine verbale Gegenerklärung aus der Welt schaffen.[87] Hiergegen wird aber mit Recht eingewandt, dass die Autonomie des Erklärenden durchaus die Beachtung der ausdrücklichen Widerspruchserklärung erfordern kann.[88] So ist ua anerkannt, dass durch einen Vorbehalt bei der Erbringung einer Leistung durch Rechtsgeschäft (zB Übereignung nach § 929 BGB) die gesetzliche Rechtsfolge des § 814 BGB vermieden werden kann. Auch die Rspr zur sog „Erlass-Falle" erkennt den ausdrücklichen Vorbehalt gegenüber dem äußeren Schein einer Annahmeerklärung an.[89] Freilich bedarf der Vorbehalt selbst genauer Auslegung: Er bezieht sich nicht immer auf den Vertragsschluss überhaupt, sondern nur auf einzelne Rechtsfolgen, zB die Vergütungspflicht, die sich aber bereits aus §§ 612, 632 BGB ergeben kann.[90] Dann behält sich derjenige, der die protestatio erklärt, gar nicht den Vertragsschluss vor, sondern den – auch prozessualen – Streit über den genauen Inhalt des abgeschlossenen Vertrages. Der Austragung eines solchen Streites steht nicht die anerkenntnisähnliche Wirkung des vorbehaltlosen Vertrages entgegen.

Eine andere praktisch wichtige Auslegungsregel bezieht sich auf Erklärungen, die urkundlich festgehalten sind. Dann ist nicht nur für den Prozess, sondern auch als materielle Regel davon auszugehen, dass im Allgemeinen nur diejenigen Vereinbarungen oder Anordnungen gelten sollen, die **in die Urkunde aufgenommen** worden sind. Durch den Beweis eines abweichenden Geschäftswillens kann diese Vermutung

---

[82] Dafür zB LARENZ/WOLF (Fn 66) § 28 Rn 56; dagegen zB STAUDINGER/SINGER (2015) § 133 Rn 63 mwNw und jetzt WOLF/NEUNER (Fn 31) § 35 Rn 54.
[83] Vgl oben Fn 74.
[84] STAUDINGER/SINGER (2015) § 133 Rn 63.
[85] STAUDINGER/SINGER (2015) § 133 Rn 22.
[86] BGH NJW 2000, 3429; LARENZ/WOLF (Fn 66) § 28 Rn 39, § 30 Rn 28 mwNw; krit jetzt WOLF/NEUNER (Fn 31) § 37 Rn 47 m Fn 117.
[87] Vgl schon oben Rn 20.
[88] STAUDINGER/SINGER (2015) § 133 Rn 60 mwNw.
[89] BVerfG NJW 2001, 1200; BGHZ 111, 97, 102 f.
[90] MEDICUS/PETERSEN (Fn 3) Rn 250.

wenigstens für Privaturkunden allerdings widerlegt werden. Für gesetzliche Formgebote gilt hingegen der Grundsatz der Gesamtbeurkundung.[91] Nicht beurkundete Abreden sind hiernach – abgesehen von der Heilungsmöglichkeit, zB nach § 311b Abs 1 S 2 BGB – unwirksam.

e) Ergebnis der Auslegung

59 Bleibt die Willenserklärung nach der Auslegung in zentralen Regelungspunkten unklar oder unvollständig, fehlt ihr die **notwendige Bestimmtheit** und/oder Eindeutigkeit. Dann ist sie nichtig.[92] Allerdings kann die Abgabe einer unwirksamen Erklärung gegen das vorvertragliche Vertrauensverhältnis aufgrund der Verhandlungen verstoßen. Dann kann der Urheber der nichtigen Erklärung schadensersatzpflichtig nach §§ 311 Abs 2 Nr 1, 241 Abs 2, 280 Abs 1 BGB sein. Eine wirksame Erklärung ergibt sich daraus aber nicht.

Das positive Ergebnis einer Auslegung kann wegen deren normativen Gehalts vom wirklichen Willen des Erklärenden abweichen. Dann befindet sich der Erklärende im **Irrtum** über seine Erklärung. Er kann anfechten nach § 119 Abs 1 BGB, muss aber uU Schadensersatz nach § 122 BGB an den vertrauenden Erklärungsempfänger leisten. Zugleich ergibt sich aus dem Gesagten zwingend der Grundsatz: Auslegung geht vor Anfechtung.

4. Der Vertrag

a) Grundlagen

60 Wenn sich **mindestens zwei Personen durch Willenserklärungen** darauf verständigen, eine gemeinsame Angelegenheit rechtlich verbindlich zu regeln, schließen sie einen Vertrag. Er kann schuldrechtlich oder sachenrechtlich, familien- oder erbrechtlich, gesellschaftsrechtlich oder völkerrechtlich sein oder irgendeinem anderen Lebensgebiet angehören, in dem Rechtsbeziehungen einvernehmlich (und nicht einseitig oder durch Beschluss) gestaltet werden können. Der Vertrag kann (zB zur Gründung einer Gesellschaft) von vornherein durch mehr als zwei Personen abgeschlossen werden; er kann auch die Interessen weiterer Personen (zB als Vertrag zugunsten Dritter oder mit Schutzwirkung für Dritte) berühren. Zu seiner Gestaltung kann ein enger rechtlicher Rahmen vorgegeben sein (zB im Familienrecht) oder sie kann der Freiheit der Beteiligten bis zur Grenze der allgemeinen Gesetze (§ 134 BGB) und der Sittenwidrigkeit (§ 138 BGB) überlassen bleiben (zB bei atypischen Verträgen des Schuldrechts ohne Verbraucherschutzsituation).

61 Die Regelung des Vertrages im Allgemeinen Teil des BGB sieht von den **Inhalten** (abgesehen von den Grenzen in §§ 134, 138 BGB) gänzlich ab und betrifft **allein das Zustandekommen** des Rechtsgeschäfts. Dabei wird die wichtigste allgemeine Voraussetzung des Vertrages vom Gesetz nicht einmal erwähnt: die Übereinstimmung des Willens der Beteiligten, ihr Konsens. Geregelt sind in §§ 150 Abs 2, 154, 155 BGB nur einige Fälle, in denen keine (volle) Einigkeit besteht. Demnach lässt das Fehlen der Einigung teils (in §§ 150 Abs 2, 154 BGB) den Vertragsschluss scheitern, teils (nach § 155 BGB) lässt dies den Vertragsschluss unberührt.

---

[91] STAUDINGER/HERTEL (2012) § 125 Rn 58; WOLF/NEUNER (Fn 31) § 44 Rn 20.

[92] STAUDINGER/SINGER (2016) § 133 Rn 23.

Aber nicht einmal der hiernach bestehende Eindruck, dass wenigstens im Regelfall nur **62** bei übereinstimmendem Willen der Beteiligten ein Vertrag zustande kommt, wird der rechtlichen Bedeutung des Willens für den Vertrag ganz gerecht. Denn wie zur Auslegung der Rechtsgeschäfte dargestellt (oben Rn 42 f), kommt es im Konfliktfall meistens nicht auf die Einigkeit im Willen an, sondern darauf, dass die Erklärungen, so wie sie **von Rechts wegen** zu verstehen sind, zueinander passen. Der Antrag insbesondere, der als „erster Schritt" vielfach den ganzen Vertragskonsens bestimmt, ist notwendigerweise empfangsbedürftige Willenserklärung und daher aus dem „objektiven Empfängerhorizont" und nicht nach dem zugrunde liegenden wirklichen Willen zu verstehen (oben Rn 52).

Auch die wichtigste Wirkung des Vertrages wird in seiner Regelung durch das BGB **63** nur vorausgesetzt: die **Bindung der Parteien** an „ihren" Vertrag. Allenfalls könnte man sagen: Da nach § 145 schon der Vertragsantrag regelmäßig bindend ist, muss es der ganze Vertrag erst recht sein. Aber die Begründung der Vertragsbindung aus der Gebundenheit an den Antrag greift schon deshalb zu kurz, weil keineswegs jeder Vertrag durch Antrag und Annahme zustande kommt. Gerade besonders wichtige und umfangreiche Verträge werden zunächst eingehend ohne konkreten „Antrag" beraten und bis zur Unterschriftsreife verhandelt. Hat man sich dann auf alle einzelnen Bedingungen für die Vertragsurkunde geeinigt, setzen die Parteien ihre Unterschrift darunter, ohne dass man diese als „Antrag" und „Annahme" auseinander halten könnte.[93] Die wirkliche Grundlage der Gebundenheit an den Vertrag ergibt sich aus der Funktion des Vertrages selbst als privatautonomes Instrument zur gesellschaftlichen und wirtschaftlichen Gestaltung und somit zur Verbindlichkeit. Dies ist seit dem spätmittelalterlichen Kirchenrecht und im Vernunftrecht der frühen Neuzeit zusammengefasst worden in der schlichten Sentenz pacta sunt servanda.[94]

Eine wichtige **Durchbrechung der Vertragsbindung** hat das moderne Verbraucherrecht **64** gebracht (dazu umfassend unten GSELL, in: STAUDINGER/Eckpfeiler L. Rn 1 ff.): Durch das nach § 355 Abs 1 S 2 BGB freilich eng befristete Widerrufsrecht für einige typische Verbrauchergeschäfte (zB Fernabsatzgeschäfte, § 312d BGB, und Verbraucherkreditverträge, § 495 BGB) ist dem Verbraucher ein Reurecht eingeräumt worden. Ohne eine Begründung kann er sich vom verbindlich abgeschlossenen Schuldvertrag lösen.

b) Der Antrag

Die gesetzliche Regelung des Vertragsschlusses beginnt mit dem „Antrag" (§ 145 **65** BGB). Im Alltagssprachgebrauch wird dafür eher der Begriff Angebot verwendet, der aber im BGB an anderer Stelle, bei der Regelung des Annahmeverzuges im Schuldrecht (§§ 293 ff BGB) vorkommt. Ausgespart hat der Gesetzgeber die „Vorgeschichte" des Antrages. Sie wird rechtlich bestimmt durch die nicht immer einfache **Abgrenzung** zwischen Antrag und **(bloßer) Aufforderung**, einen Antrag zu machen (invitatio ad offerendum). Während derjenige, der einen Antrag erklärt hat, nach § 145 BGB an ihn gebunden ist, hat die Aufforderung noch keine Bindungswirkung. Der nach einer Aufforderung erfolgte Antrag kann also vom Auffordernden ohne Weiteres abgelehnt werden.

---

[93] Dazu vor allem LEENEN AcP 188 (1988) 381 ff.
[94] Dazu im Überblick COING, Europäisches Privatrecht 1500 bis 1800, Bd I: Älteres Gemeines Recht (1985) 399 ff, 407 f.

66 Ob Antrag oder Aufforderung vorliegt, ist **durch Auslegung** nach den allgemein dafür geltenden Kriterien zu ermitteln. Da der Antrag nach § 145 BGB einem anderen gegenüber zu erklären, also empfangsbedürftige Willenserklärung ist, muss der Bindungswille aus dem objektiven Empfängerhorizont beurteilt werden.[95] Die Abgrenzung zwischen Aufforderung und Antrag war lange Zeit überwiegend von didaktischem oder akademischem Interesse. Dies hat sich durch die große Verbreitung der Internetauktion („ebay") geändert. Bei ihr handelt es sich nicht um eine Versteigerung iSd § 156 BGB. Dort ist das Gebot der Antrag und der Zuschlag die Annahme. Vielmehr erklärt der Verkäufer und Auktions-Einlieferer nach den ebay-AGB bei der Freischaltung für die „Auktion" bereits bindend, dass er das höchste, wirksam abgegebene Kaufangebot „annehmen" werde. Hiermit hat er unmissverständlich zum Ausdruck gebracht, dass er sich von Beginn der Freischaltung an rechtlich gebunden fühlt. Er will also nicht bloß die Bieter zur Abgabe von Anträgen auffordern, sondern selbst einen Antrag an denjenigen richten, der das höchste Gebot abgeben wird.[96] Ein solcher Antrag an eine noch ungewisse Person (ad incertam personam) ist zulässig. Speziell für die ebay-Auktion sehen die AGB aber unter besonderen Umständen, wie nach § 145 BGB möglich, einen Widerruf des Angebots vor.[97] Regelmäßig ist eine Anpreisung von Verkaufs- oder Dienstleistungsangeboten auf einer Web-Site jedoch als Aufforderung zu einem Antrag anzusehen.[98] Denn der Urheber der Internet-Angaben will erkennbar vor dem Vertragsschluss noch die Leistungsfähigkeit des Bestellers und die eigene Lieferfähigkeit überprüfen.

67 Eine lebhafte Diskussion hat sich ferner um ausgelegte **Waren im Schaufenster** oder im Selbstbedienungsladen entsponnen. Die Interessenlage ist auch in solchen Fällen dadurch gekennzeichnet, dass sich der Verkäufer oder Dienstleister vorbehalten möchte, Kreditwürdigkeit des potenziellen Kunden und eigene Erfüllungsmöglichkeit zu prüfen.[99] Die wohl hM differenziert jedoch: Bei Auslagen im Schaufenster soll eine invitatio vorliegen,[100] beim Warenangebot im Selbstbedienungsladen hingegen ein bindender Antrag.[101] Letzteres leuchtet nach der Interessenlage ein: Da die Ware im Zeitpunkt, zu dem der Kunde sie aus dem Regal nimmt, vorrätig ist, besteht keine Erschöpfungsgefahr, und bezahlt wird im Selbstbedienungsladen bar oder mit Geld- oder EC-Karte, sodass eine Kreditwürdigkeitsprüfung nicht zur Diskussion steht.

68 Einen Sonderfall bildet die **unbestellte Zusendung** von Waren oder Erbringung von Dienstleistungen. Sie ist zwar regelmäßig als Antrag zum Abschluss eines Kauf- oder Dienstleistungsvertrages anzusehen. Der Empfänger kann den Antrag nach § 151 BGB durch Benutzung oder Verbrauch und erst recht durch Bezahlung annehmen. Ist der Versender oder Dienstleister jedoch Unternehmer nach § 14 BGB, der Empfänger Verbraucher nach § 13 BGB, scheint sich aus § 241a Abs 1 BGB zu ergeben,

---

[95] STAUDINGER/BORK (2015) § 145 Rn 4.
[96] BGHZ 149, 129 ließ die genaue Einordnung als Antrag oder „vorweggenommene" Annahme offen, vgl dazu STAUDINGER/BORK (2015) § 156 Rn 10a mwNw. Nach den ebay-AGB gibt der Verkäufer ein Verkaufsangebot ab, vgl BGH NJW 2014, 1292 Rn 19 und dazu PALANDT/ELLENBERGER § 156 Rn 3.
[97] Dazu und zu den Ansprüchen bei vorzeitigem Abbruch der Auktion BGH NJW 2011, 2643; 2015, 548; 2015, 1009; MEDICUS/PETERSEN (Fn 3) Rn 361.
[98] RÜTHERS/STADLER (Fn 2) § 19 Rn 5, 5a; STAUDINGER/BORK (2015) § 145 Rn 9.
[99] RÜTHERS/STADLER (Fn 2) § 19 Rn 5.
[100] BGH NJW 1980, 1388; WOLF/NEUNER (Fn 31) § 37 Rn 7; aA KÖNDGEN, Selbstbindung ohne Vertrag (1981) 291 ff.
[101] STAUDINGER/BORK (2015) § 145 Rn 7; MEDICUS/PETERSEN (Fn 3) Rn 363; aA RÜTHERS/STADLER (Fn 2) § 19 Rn 5.

dass kein Anspruch des Unternehmers begründet wird, ein Vertrag also nicht zustande kommen kann. Ein so weitgehender Eingriff in die Privatautonomie dürfte aber kaum mit der Vorschrift beabsichtigt sein. Andererseits differenziert § 241a BGB zwischen Ansprüchen schlechthin in Abs 1 und gesetzlichen Ansprüchen in Abs 2. Demnach werden vertragliche Ansprüche wenigstens in gewissem Umfang von § 241a Abs 1 BGB erfasst. Dem Verbraucher muss seine Privatautonomie nicht bevormundend ganz entzogen werden, sodass es ihm frei steht, durch ausdrückliche Annahme oder durch die Zahlung des Preises einen Vertrag zustande zu bringen. Eine Vertragsannahme durch Ingebrauchnahme oder Verbrauch allein wird jedoch durch § 241a Abs 1 BGB ausgeschlossen.[102] (Genauer zu den Problemen des § 241a BGB GSELL, in: STAUDINGER/Eckpfeiler L. Rn 36 ff).

c) Bindungswirkung und Erlöschen des Antrages

69 Die **Bindungswirkung** des Vertrages nach dem Grundsatz pacta sunt servanda ist nach § 145 BGB regelmäßig noch weiter **vorverlegt** auf den (zugegangenen) Antrag. Das Gesetz entspricht damit den Verkehrsbedürfnissen.[103] Die Regelung ist dem Antragenden zumutbar angesichts der relativ kurzen Fristen nach §§ 147 f BGB. Vor allem, wenn der „Antragende" eine Annahmefrist setzt, die länger ist, als nach § 147 Abs 2 BGB vorgesehen, kann die Bindung den Antragenden in Schwierigkeiten bringen. Der Empfänger des Antrags erhält durch die befristete Bindung die Möglichkeit, auf Kosten des Antragenden zu spekulieren.[104] Haben sich jedoch die maßgeblichen Umstände auch für den Antragsempfänger unvorhersehbar geändert, fragt es sich, ob die Aufrechterhaltung der Bindung für den Antragenden zumutbar ist. Allgemein wird angenommen, dass jedenfalls unter den Voraussetzungen, unter denen sich der Antragende, wenn der Vertrag bereits geschlossen wäre, auf Änderung oder Wegfall der Geschäftsgrundlage berufen könnte (§ 313 BGB), ein Widerruf des Antrages möglich ist.[105] Eine noch freiere Widerruflichkeit, weil die Bindung an den Antrag weniger stark sei als die Bindung an den Vertrag,[106] ist nicht anzuerkennen. Diese Begründung findet weder rechtstheoretisch noch gesetzlich eine Grundlage. Die Bindung an den Antrag wie an den abgeschlossenen Vertrag beruht auf dem rechtsgeschäftlichen Willen. Alles, was von der Seite des Antragenden für den Vertrag zu tun ist, ist mit dem Antrag getan. Wenn es nach dem Antrag zum Vertrag kommt, ändert sich der gestaltende Wille des Antragenden nicht mehr. Daher dürfte es allein angemessen sein, eine Änderung der Verhältnisse während der Bindungszeit des Antrages nach denselben Grundsätzen zu behandeln wie nach dessen Annahme durch den anderen Teil.[107]

70 Der Antragende kann von vornherein gemäß § 145 BGB aE seine **Gebundenheit** an den Antrag durch besondere Erklärung bis zum Zugang **ausschließen**. Dafür sind im kaufmännischen Verkehr neben „Widerruf vorbehalten" verschiedene Klauseln gebräuchlich wie „ohne Obligo", „freibleibend", „Zwischenverkauf vorbehalten", „Selbstbelieferung vorbehalten", „Preis freibleibend". Ob mit solchen Formulierungen wirklich ein Ausschluss der Gebundenheit, eine bloße Aufforderung zum Antrag durch

---

[102] PALANDT/GRÜNEBERG § 241a Rn 6; LOOSCHELDERS, Schuldrecht Allgemeiner Teil (14. Aufl 2016) Rn 105; **aA** (Grundsätze des § 151 BGB werden überhaupt nicht berührt) LARENZ/WOLF (Fn 66) § 29 Rn 68; iE ebenso WOLF/NEUNER (Fn 31) § 37 Rn 66.
[103] STAUDINGER/BORK (2015) § 145 Rn 20.
[104] MEDICUS/PETERSEN (Fn 3) Rn 368 unter Hinweis auf Motive I 166.
[105] OLG Düsseldorf OLGZ 1991, 88 und dazu STAUDINGER/BORK (2015) § 145 Rn 22.
[106] WOLF/NEUNER (Fn 31) § 37 Rn 13.
[107] Ebenso iE MEDICUS/PETERSEN (oben Fn 3) Rn 369; ähnlich PALANDT/ELLENBERGER § 145 Rn 3.

die andere Seite oder eine Beschränkung der Pflichten aus dem abzuschließenden Vertrag oder eine einseitige Bestimmungsbefugnis des vertraglichen Pflicht- und Leistungsinhalts gemeint ist, muss durch Auslegung ermittelt werden.[108] Im Übrigen endet die Bindung innerhalb einer im Antrag selbst (§ 148 BGB) oder hilfsweise durch das Gesetz (§ 147 BGB) bestimmten Frist. Dabei beschränkt § 308 Nr 1 BGB die Befugnis zur Fristbestimmung durch den Annehmenden in AGB: Die Frist muss angemessen kurz und hinreichend bestimmt sein.

71 Für die gesetzliche **Bindungsfrist** unterscheidet § 147 BGB zwischen dem Antrag unter Anwesenden und unter Abwesenden. Nach § 147 Abs 1 BGB muss der Antrag unter Anwesenden und durch Telefon oder eine sonstige technische Einrichtung (§ 147 Abs 1 S 2 BGB vgl dazu oben Rn 37) sofort, also ohne (auch schuldloses)[109] Zögern angenommen werden. Eine einvernehmliche Unterbrechung der Telefonverbindung führt zum Erlöschen des Antrags, geht also zu Lasten des Empfängers.[110] Nach dem Rechtsgedanken des § 162 gilt dies aber nicht, wenn der Antragende selbst die Unterbrechung herbeiführt und der Empfänger des Antrags auf anderem Wege unverzüglich die Annahme erklärt.[111] Umstritten ist die Rechtsfolge einer Telefonunterbrechung ohne Zutun einer der beiden Parteien: Teils wird das Risiko der Funktionsfähigkeit des Kommunikationsmediums (außer Telefon auch Videokonferenz und Chat) dem Empfänger zugewiesen,[112] teils wird diesem in Analogie zu § 149 BGB[113] oder aufgrund (entsprechender) Anwendung des § 147 Abs 2 BGB[114] die Möglichkeit eingeräumt, nach sofortiger Wiederherstellung der Verbindung die Annahme zu erklären. Ist der Antrag erst einmal zugegangen, wird man im Zweifel eher zugunsten des Empfängers entscheiden, dem regelmäßig dadurch bereits eine Rechtsposition zugewachsen ist.

72 Für die Erklärung unter Abwesenden sieht § 147 Abs 2 BGB vor, dass die Bindung an den Antrag so lange andauert, bis der Antragende den Eingang der Antwort unter regelmäßigen Umständen erwarten darf. Der Antragende muss also die **Transportzeiten** für seine eigene Erklärung und die Antwort sowie eine angemessene **Überlegungsfrist** für den Empfänger zwischen Zugang des Antrags und Absendung der Annahme abwarten, ehe sein Antrag erlischt. Zwei dieser Teil-Zeiten kann er durch die Art seiner Antragsübermittlung beeinflussen: Wählt er zur Übermittlung zB E-Mail, darf er erwarten, dass der Empfänger auf demselben Wege antwortet.[115] Weiß der Antragende oder muss er damit rechnen, dass bei der empfangenden juristischen Person Organe über die Annahme entscheiden müssen, die nicht täglich zusammentreten, muss er die nächste ordentliche Sitzung des Organs abwarten. Auch andere dem Antragenden bekannte Umstände beim Empfänger, die dort zu einer Verzögerung führen können, wie Urlaub oder Krankheit, muss der Antragende als Verlängerung der Bindungsfrist hinnehmen.[116]

73 Angesichts der trotz ihrer Befristung weitreichenden Bindung des Antragenden fragt sich, ob der Empfänger die Rechtsposition, die ihm der Antrag verschafft, **auf Dritte**

---

[108] Überblick über die Möglichkeiten bei STAUDINGER/BORK (2015) § 145 Rn 27 ff.
[109] STAUDINGER/BORK (2015) § 147 Rn 5.
[110] RGZ 104, 235.
[111] MünchKomm/BUSCHE § 147 Rn 27 mwNw.
[112] FLUME (Fn 1) § 35 I 2 (S 638); MEDICUS/PETERSEN (Fn 3) Rn 371.
[113] MünchKomm/BUSCHE § 147 Rn 27; RÜTHERS/STADLER (Fn 2) § 19 Rn 16.
[114] STAUDINGER/BORK (2015) § 147 Rn 6.
[115] RÜTHERS/STADLER (Fn 2) § 19 Rn 17.
[116] STAUDINGER/BORK (2015) § 147 Rn 12; vgl auch die Beispiele Rn 15.

C. Das Rechtsgeschäft

übertragen kann. Dies lässt sich nicht generell bejahen oder verneinen. Eine rechtsgeschäftliche Übertragung unter Lebenden wäre nach §§ 413, 398 BGB zulässig. Sie müsste aber nach dem Rechtsgedanken des § 399 BGB auch mit dem Willen des Antragenden vereinbar sein.[117] Ob dies der Fall ist, muss durch Auslegung im Einzelfall ermittelt werden.[118] Typischerweise kommt es dem Antragenden auf die Zuverlässigkeit und Leistungsfähigkeit seines Vertragspartners an. Im Zweifel ist daher die Rechtsposition des Antragsempfängers unübertragbar. Dieselbe Erwägung ist auch für die Frage der Vererblichkeit maßgeblich.[119] Stirbt allerdings der Empfänger, nachdem er bereits die Annahmeerklärung abgegeben hat, bleibt sie nach § 130 Abs 2 BGB wirksam und der Vertrag kommt mit den Erben zustande.

Kein Hindernis für die Annahmefähigkeit des Antrages bildet der Umstand, dass nicht der Empfänger, sondern **der Antragende** nach Abgabe seiner Erklärung **stirbt oder geschäftsunfähig** wird: So wie der Antrag nach § 130 Abs 2 BGB in einem solchen Fall noch zugehen kann, darf ihn der Empfänger nach § 153 BGB noch annehmen. Ausdrücklich oder durch Auslegung kann sich aber ein anderer Wille des Antragenden ergeben. Hat in einem solchen Fall der Empfänger bereits Vermögensdispositionen getroffen, soll ihm nach einer Ansicht[120] ein Anspruch auf Ersatz des Vertrauensschadens analog § 122 BGB zustehen, jedoch kaum mit Recht: Nach dem vom Antragenden geäußerten oder dem gerade aus der Empfängerperspektive erkennbaren Willen ist der Antrag personenbezogen. Darauf kann und muss sich der Empfänger einstellen. Besonders deutlich wird dies beim Eintritt der Geschäftsunfähigkeit: Der Geschäftsunfähige wird von der Rechtsordnung generell besonders geschützt. Dazu passt nicht, den Eintritt der Geschäftsunfähigkeit als ersatzbegründenden Umstand zu werten. Für eine Differenzierung der Rechtsfolgen zwischen Geschäftsunfähigkeit und Tod bei § 153 BGB besteht gesetzlich aber schlechthin kein Anhaltspunkt.[121] **74**

Versäumt der Empfänger die Annahme innerhalb der vom Antragenden nach § 148 BGB oder vom Gesetz nach § 147 BGB gesetzten Frist, **erlischt** nach § 146 BGB der Antrag. Dasselbe gilt bei Ablehnung: Ist sie erklärt, kann es sich der Empfänger nicht noch anders überlegen. Nach Zugang der Ablehnungserklärung kommt es auf die Bindungsfrist nicht mehr an. **75**

Nicht immer hat es der Empfänger in der Hand, dass seine Annahmeerklärung rechtzeitig innerhalb der Bindungsfrist den Antragenden erreicht. Für diesen Fall trifft § 149 BGB Vorsorge: Hat der Antragsempfänger die „verkörperte" Annahme (in Brief-, Fax- oder E-Mail-Form) so rechtzeitig abgesandt, dass sie unter gewöhnlichen Umständen innerhalb der Bindungsfrist beim Antragenden zugegangen wäre, geht sie aber (aus Gründen, die nicht der Sphäre des Annehmenden angehören[122]) später zu und musste der Antragende dies erkennen, **gilt** die Annahmeerklärung als **rechtzeitig** zugegangen. Will der Antragende den Eintritt der Fiktion vermeiden, muss er dem Annehmenden die Verspätung unverzüglich, also ohne schuldhaftes Zögern (§ 121 BGB) anzeigen. Nur durch die Anzeige kann demnach der Antrag noch erlöschen. **76**

---

[117] MEDICUS/PETERSEN (Fn 3) Rn 379.
[118] STAUDINGER/BORK (2015) § 145 Rn 35 mwNw.
[119] STAUDINGER/BORK (2015) § 153 Rn 11 mwNw.
[120] RÜTHERS/STADLER (oben Fn 2) § 19 Rn 29.
[121] Einschränkend zur Schadensersatzpflicht auch STAUDINGER/BORK (2015) § 153 Rn 8. Wie hier im Ergebnis MünchKomm/BUSCHE § 153 Rn 4.
[122] Vgl MEDICUS/PETERSEN (Fn 3) Rn 374.

77 Ist die Bindungsfrist abgelaufen, nimmt der Erklärungsempfänger aber trotzdem den Antrag noch an, **kehren sich** die bisherigen **Rollen um**: Aus der Annahme wird gemäß § 150 Abs 1 BGB ein neuer Antrag, für den die Vorschriften über Bindungswirkung und Erlöschen gelten. Der erste Antragende hat es nun in der Hand, ob er noch annehmen will.

78 Dasselbe gilt nach **§ 150 Abs 2 BGB**, wenn die Annahmeerklärung dem Antrag nicht voll entspricht. Eine volle Entsprechung liegt nur vor, wenn der Annehmende dem Antrag uneingeschränkt und bedingungslos zustimmt.[123] Freilich bedürfen Antrag und Annahme der Auslegung, ob durch die modifizierte Annahme vielleicht doch ein Vertrag zustande kommen kann. Verlangt der Annehmende zB eine größere Menge der im Antrag angebotenen Gattungssachen, kann ein Vertrag über die angebotene Menge als „Minus" der Annahme zustande gekommen sein. Erwartet der Annehmende für die größere Menge einen Rabatt, ist jedoch § 150 Abs 2 BGB gegeben.[124]

d) Besonderheiten der Annahme

79 Die Annahme ist eine Zustimmung zum Vertragsantrag, den der Antragsempfänger im Allgemeinen völlig frei erklären kann. Ausnahmsweise besteht eine Pflicht zur Annahme. Sie kann sich insbesondere aus einem **Kontrahierungszwang** ergeben. Er ist in vielen spezialgesetzlichen Einzelvorschriften niedergelegt,[125] darunter für den Marktzugang durch Benutzung von Infrastruktur gegenüber marktbeherrschenden Unternehmen § 19 Abs 4 Nr 4 GWB. Ferner wird ein „mittelbarer" Kontrahierungszwang aus dem kartellrechtlichen Diskriminierungsverbot (§ 20 Abs 2 GWB) hergeleitet. Nach § 33 GWB besteht ein Unterlassungsanspruch gegen ein diskriminierendes marktbeherrschendes Unternehmen. Dieser Unterlassungsanspruch kann nicht anders verwirklicht werden als durch den Abschluss des zunächst verweigerten Vertrages. Des „Umweges" über die Naturalrestitution nach § 249 Abs 1 BGB für einen Schadensersatzanspruch aus § 826 BGB bedarf es heute nicht mehr.[126] Er führt zudem teilweise in die Irre, weil der Unterlassungsanspruch kein Verschulden des Diskriminierenden voraussetzt. Ob daneben ein selbständiger Kontrahierungszwang nach § 826 BGB heute noch in Betracht kommt, ist zweifelhaft. Der BGH hat die Frage mehrfach offengelassen.[127] Viele früher problematische Fälle sind inzwischen durch die Grundrechtsbindung im Verwaltungsprivatrecht entschieden.[128] Das AGG sieht nicht ausdrücklich einen Kontrahierungszwang vor, sondern neben dem Ersatz des (auch immateriellen) Schadens (§§ 15, 21 Abs 2 AGG) wegen der Vertragsverweigerung Beseitigung und Unterlassung. Daraus kann sich freilich in besonderen Fällen (oben Rn 4) eine Abschlusspflicht ergeben.

80 Eine andere Annahmepflicht kann sich aus einem **Vorvertrag** ergeben. In ihm verpflichten sich die Parteien kraft der Vertragsfreiheit, zu einem späteren Zeitpunkt einen Hauptvertrag mit einem wenigstens bestimmbaren Inhalt[129] abzuschließen. Wäre es möglich, den Gegenstand des Hauptvertrages schon genau zu bestimmen, hätte der Vorvertrag allerdings kaum Sinn.[130] Vielmehr könnte man dann gleich den Hauptver-

---

[123] RÜTHERS/STADLER (Fn 2) § 19 Rn 26.
[124] Vgl MEDICUS/PETERSEN (Fn 3) Rn 381.
[125] Überblick bei STAUDINGER/BORK (2015) Vorbem 17 zu §§ 145 ff.
[126] STAUDINGER/BORK (2015) Vorbem 20 zu §§ 145 ff mwNw.
[127] BGH NJW 1990, 761; ZIP 1994, 1274.
[128] Vgl aus neuerer Zeit den Sparkassenfall BGH NJW 2003, 1658.
[129] STAUDINGER/BORK (2015) Vorbem 57 zu §§ 145 ff mwNw.
[130] Vgl WOLF/NEUNER (Fn 31) § 36 Rn 2 mwNw.

trag – etwa mit einer Zeitbestimmung für die Leistungen – abschließen. Zur Bestimmbarkeit gehört, dass die wesentlichen Vertragspunkte (essentialia negotii) wie Gegenstand der Sachleistung und Preis zum Zeitpunkt des Abschlusses des Hauptvertrages ohne Weiteres aus dem Vorvertrag – verbunden zB mit bestimmten Indizes – entnommen werden können. Liegt ein solcher Vorvertrag vor, ergibt sich aus ihm die gerichtlich erzwingbare Verpflichtung, die Erklärungen zum Abschluss eines schuldrechtlichen Hauptvertrages abzugeben.

Die wichtigste Sondervorschrift für die Annahme des Vertragsantrages ist § **151 BGB**. **81** Da nach § 150 Abs 2 BGB die Annahme ohnehin nur durch ein uneingeschränktes „Ja" möglich ist, liegt es nahe, für diese Erklärung nicht den Zugang zu verlangen: Der potenzielle Empfänger einer Annahmeerklärung kennt den rechtlichen Inhalt der Erklärung. Weicht die Erklärung von dieser Vorstellung ab, muss sie – als neuer Antrag – allerdings dem Empfänger zugehen. Bei uneingeschränkter Zustimmung zum Antrag hingegen kann der Antragende auf den Zugang der Annahme verzichten, und § 151 BGB lässt es darüber hinaus genügen, wenn der Zugang der Annahme nach der Verkehrssitte nicht zu erwarten ist. Voraussetzung einer wirksamen Annahme ist allerdings immer eine „Erklärung" im Rechtssinne, also ein konkludent betätigter, nach außen in Erscheinung getretener Annahmewille.[131] Das Fehlen der Empfangsbedürftigkeit bedeutet nicht, dass die Erklärung allein nach dem Willen des Annehmenden auszulegen ist. An die Stelle eines „objektiven Empfängers" tritt hier vielmehr ein „objektiver Dritter", aus dessen Perspektive das Annahmeverhalten zu verstehen ist. Abweichend von den Regeln, die beim Fehlen eines „Erklärungsbewusstseins" angewandt werden,[132] verlangt die Rspr aber, dass der Annahmewille wirklich vorhanden ist.[133] Freilich trägt der „scheinbar" Annehmende die Beweislast dafür, dass ihm der entsprechende Wille fehlte.

Eine ausdrückliche Vertragsannahme ist typischerweise die „**Auftragsbestätigung**".[134] **82** Weicht sie vom Antrag ab, fällt sie unter § 150 Abs 2 BGB, bedeutet also eine Ablehnung mit neuem Antrag. In einem solchen Fall gelangt die Einigung zwischen den Parteien nicht durch Schweigen des Empfängers der „Bestätigung" zum Abschluss (vgl unten Rn 88 ff zum kaufmännischen Bestätigungsschreiben). Der Empfänger muss den neuen Antrag vielmehr ausdrücklich oder konkludent annehmen.

e) Konsens und Dissens

Wenn sich Antrag und Annahme entsprechen, ist der Vertrag zustande gekommen. **83** Das **Erfordernis des Konsenses** ist nicht ausdrücklich gesetzlich niedergelegt, ergibt sich aber ua indirekt aus § 150 Abs 2 BGB, versteht sich im Übrigen von selbst.

Fraglich ist allein der **Umfang**, den der Konsens haben muss, damit der Vertrag zu- **84** stande kommt. Denn schon bei der Auslegung war darauf hinzuweisen, dass Lücken in der privatautonomen Gestaltung durch das dispositive Gesetzesrecht geschlossen werden können (oben Rn 50). Um überhaupt feststellen zu können, welcher gesetzliche Vertragstyp mit seinen dispositiven Regeln einschlägig ist, müssen sich die Parteien aber auf ein Minimum geeinigt haben: die sog essentialia negotii. Dies sind die kon-

---

[131] HM, STAUDINGER/BORK (2015) § 151 Rn 15 mwNw.
[132] Insbesondere BGHZ 91, 324 und dazu unten Rn 202.
[133] BGH NJW-RR 1986, 415. Ebenso noch LARENZ/WOLF (Fn 66) § 30 Rn 16; aA STAUDINGER/BORK (2015) § 151 Rn 16.
[134] PALANDT/ELLENBERGER § 147 Rn 12.

kreten Vertragspartner (als Person und als Träger einer vertraglichen „Rolle", zB als Verkäufer), die Hauptleistung gegenständlicher Art (Rechtsübertragung, zB Kauf oder Dienstleistung) und der Preis, wenn nicht ein unentgeltlicher Vertrag abgeschlossen werden soll. Möglich sind freilich sogar für die essentialia Ersatzlösungen. So sehen §§ 612, 632 BGB vor, dass mangels vertraglicher Vereinbarung das übliche Entgelt geschuldet wird. Und statt die Leistungen im Vertrag konkret zu bestimmen, können die Parteien auch einseitige Leistungsbestimmungsrechte nach §§ 315 ff BGB vereinbaren.

85 Liegt hiernach keine Einigung vor, ist der Vertrag wegen Dissenses nicht zustande gekommen. Vor der Feststellung eines Dissenses ist jedoch stets zu prüfen, ob die auf den ersten Blick nicht zueinander passenden Erklärungen durch **Auslegung** aufeinander abgestimmt werden können. Dieser Gedankenschritt **hat Vorrang**, weil die Parteien gar nicht in Kontakt miteinander getreten wären, wenn sie nicht beide in erster Linie an einem wirksamen Vertrag interessiert wären. Es gibt also eine Vernunftregel, entgegen der Wertung des § 139 BGB einer den Vertragsschluss fördernden Auslegung den Vorzug zu geben. Diese Regel findet ihren Ausdruck vor allem im – jedenfalls für Individualverträge geltenden – Gebot der geltungserhaltenden Reduktion.[135] Lässt sich das Ergebnis, dass ein Dissens vorliege, dennoch nicht vermeiden, trifft vielfach eine Seite der Verhandlungspartner ein Verschulden daran. Dann steht dem anderen Teil ein Schadensersatzanspruch nach §§ 311 Abs 2 Nr 1, 280 Abs 1 BGB zu, uU gemindert durch ein Mitverschulden des Geschädigten. Inhalt des Anspruchs ist der Ersatz des Vertrauensschadens.[136]

86 Außer dem „**logischen Dissens**"[137] bei fehlender Einigkeit über die Hauptpunkte kann sich dieselbe Rechtsfolge daraus ergeben, dass die Parteien selbst kraft ihrer Privatautonomie bestimmt haben, worüber sie sich einigen wollen, und über solche Punkte keine Einigung erzielt wurde. Davon handeln §§ 154, 155 BGB. Dabei spricht auch § 154 Abs 1 S 1 BGB wieder weitgehend Selbstverständliches aus. Erklärt eine Partei, dass sie einen Punkt in den Vertrag aufnehmen will, und weigert sich die andere Partei, dies zu konzedieren, ist der Vertrag eben nicht zustande gekommen. Nur auf den ersten Blick verwundert, dass dies bloß „im Zweifel" gelten soll. Aber die Parteien können – auch konkludent – das Verhandlungsstadium, in dem ein Dissens zu konstatieren war, hinter sich lassen und zB den Vertrag ausführen. Dann ist der Punkt des Dissenses offenbar doch nicht so wichtig, dass mit seiner Aufnahme der ganze Vertrag stehen oder fallen sollte.[138] Verbleibende Lücken sind durch die ergänzende Auslegung oder das dispositive Gesetzesrecht zu füllen.[139] Nur klarstellend sieht § 154 Abs 1 S 2 BGB vor, dass die schriftliche Punktation des unvollständigen Verhandlungsergebnisses die Vermutung des § 154 Abs 1 S 1 BGB noch nicht widerlegt.

87 Trotz des Wunsches einer Partei, eine Regelung über einen Nebenpunkt zu erzielen, kann der Vertrag insgesamt „aus Versehen" (uU auch nur einer Seite[140]) dennoch abgeschlossen werden. Dann kommt es nach § **155 BGB** darauf an, ob sich die Parteien

---

[135] Vgl insbesondere STAUDINGER/ROTH (2015) § 139 Rn 3 mwNw.
[136] STAUDINGER/BORK (2015) § 155 Rn 17 mwNw auch zur Gegenansicht.
[137] DIEDERICHSEN, in: FS 125 Jahre Juristische Gesellschaft Berlin (1984) 81.
[138] Vgl BGH NJW 1983, 1727.
[139] MEDICUS/PETERSEN (Fn 3) Rn 434.
[140] STAUDINGER/BORK (2015) § 154 Rn 2, § 155 Rn 1.

auch ohne die Einigung über den fraglichen Punkt zum Vertragsschluss entschlossen hätten. Da äußerlich ein Vertrag vorliegt, erscheint im Nachhinein die Einschätzung begründet, dass der fragliche Punkt derjenigen Partei, die ihn in die Verhandlungen eingeführt hat, letztlich doch nicht so wichtig war. Dies muss allerdings nach der Formulierung des § 155 BGB diejenige Seite beweisen, die sich auf die Wirksamkeit des Vertrages beruft.[141]

f) Die Festlegung des Vertragsinhalts durch ein kaufmännisches Bestätigungsschreiben

Wenn die Parteien im Wesentlichen zu Ende verhandelt haben, kommt es vielfach bereits zum **mündlichen Vertragsabschluss**, obwohl der Inhalt der beabsichtigten Einigung nicht vollständig festliegt oder doch mindestens nicht so protokolliert ist, dass keine Zweifel an ihm aufkommen können. Dann ist es sinnvoll, den Vertrag im Einzelnen nochmals in einem „Bestätigungsschreiben" festzuhalten. Dazu gilt der gewohnheitsrechtliche Rechtssatz, dass der Inhalt des Bestätigungsschreibens den Vertragsinhalt wiedergibt, wenn dessen Empfänger nicht **unverzüglich widerspricht**.[142] **88**

Dieser Rechtssatz gilt aber nur unter zusätzlichen Voraussetzungen. Zunächst müssen die Vertragsverhandlungen im Ganzen oder doch wenigstens im Wesentlichen abgeschlossen sein. Eine „**Auftragsbestätigung**" erfüllt die Voraussetzungen des Bestätigungsschreibens daher **nicht**. Denn ihr ist nur der einseitige Antrag vorausgegangen, nicht die Verhandlung zwischen beiden Seiten. Die Auftragsbestätigung gibt den Vertragsinhalt daher nur zutreffend wieder, wenn sie mit dem Antrag übereinstimmt. Andernfalls gilt sie nach § 150 Abs 2 BGB als neuer Antrag.[143] **89**

Ferner muss das Bestätigungsschreiben in engem **zeitlichen Zusammenhang** mit den Verhandlungen verfasst und der anderen Seite zugegangen sein. Wie lange diese Frist zu bemessen ist, kann nur nach den Umständen entschieden werden: Bei umfangreichen Schreiben und Vereinbarungen ist sie länger als bei übersichtlichen Verhältnissen. Verbindlich kann der Text des Bestätigungsschreibens nur werden, wenn er dem entspricht, was der Empfänger vernünftigerweise **nach Treu und Glauben erwarten** darf. Insbesondere wird die nachträgliche Einbeziehung seiner AGB durch den Verfasser des Schreibens als unwesentliche Abweichung angesehen, es sei denn dass die AGB unübliche oder unzumutbare Bedingungen enthalten.[144] Wegen der einschneidenden Wirkung des Schweigens muss das Schreiben deutlich erkennen lassen, dass es ein Bestätigungsschreiben sein soll.[145] **90**

Anwendbar ist der Rechtssatz über das Bestätigungsschreiben jedenfalls auf Kaufleute. Im kaufmännischen Verkehr hat sich das Bestätigungsschreiben entwickelt, und daher wird es auch noch immer als „kaufmännisches" bezeichnet. Der **persönliche Anwendungsbereich** ist jedoch weiter. Als Absender wie als Empfänger kommen alle Unternehmer in Betracht, die in größerem Umfang am Marktgeschehen teilnehmen, wenn das Schreiben den Bereich ihrer Unternehmertätigkeit betrifft.[146] Allerdings **91**

---

[141] PALANDT/ELLENBERGER § 155 Rn 5.
[142] Grundlegend schon RGZ 54, 176, 180.
[143] BGHZ 61, 282, 285; WOLF/NEUNER (Fn 31) § 37 Rn 50.
[144] WOLF/NEUNER (Fn 31) § 37 Rn 53; PALANDT/ELLENBERGER § 147 Rn 16 mwNw. Gegen die Anerkennung eines – in Grenzen – „konstitutiven" Bestätigungsschreibens überhaupt MEDICUS/PETERSEN (Fn 3) Rn 443.
[145] BGH NJW 1972, 820.
[146] PALANDT/ELLENBERGER § 147 Rn 9, 10 mwNw.

kann der Personenkreis nicht unbesehen mit den Unternehmern nach § 14 BGB gleichgesetzt werden, deren Begriff für den Verbraucherschutz und nicht für den Rechtsverkehr unter Selbständigen festgelegt worden ist. Dies ist relevant für einige Freiberufler wie Ärzte und Zahnärzte. Für sie gilt der Rechtssatz nicht. Architekten, Rechtsanwälte und Tierärzte sind beruflich hingegen so sehr „marktbezogen" tätig, dass eine unterschiedliche Behandlung gegenüber Kaufleuten nicht gerechtfertigt erscheint.[147]

92 Die rechtsgeschäftliche Wirkung des Schweigens auf ein Bestätigungsschreiben führt zu der Frage, in welcher Weise die allgemeinen **Vorschriften über Rechtsgeschäfte** darauf anzuwenden sind. Zweifelsfrei zu bejahen ist dies für die Geschäftsfähigkeit wegen des besonderen Schutzes für Geschäftsunfähige und beschränkt Geschäftsfähige. Ausgeschlossen sein muss die Anfechtung wegen eines Irrtums des Empfängers über die Bedeutung seines Schweigens. Andernfalls könnte das Schreiben seine Funktion nicht erfüllen, die Geschäftsbeziehung von Unsicherheiten über den Vertragsinhalt möglichst frei zu halten. Dogmatisch ist dieser Anfechtungsausschluss gerechtfertigt, weil es sich um einen Irrtum über die Rechtsfolgen des Schweigens handelt, Rechtsfolgeirrtümer aber auch sonst von der Anfechtung ausgeschlossen sind.[148] Das Schweigen ersetzt aber nur eine annehmende oder zustimmende Willenserklärung. Deshalb kann sie keine größere Bindungswirkung entfalten als eine ausdrückliche Erklärung dieses Inhalts. Bei Missverständnissen hinsichtlich des Inhalts des Schreibens muss daher die unverzügliche (§ 121 BGB) Anfechtung nach § 119 Abs 1 BGB zulässig sein.[149]

5. Bedingung und Befristung

a) Rechtsgeschäfte unter ungewissen Umständen

93 Nicht immer steht zur Zeit der Vornahme eines Rechtsgeschäftes bereits fest, unter welchen künftigen Umständen das Geschäft überhaupt zur Wirkung kommen wird. Besonders deutlich wird dies bei letztwilligen Verfügungen, deren Wirkung oft erst nach Jahrzehnten eintritt: Ein Erblasser möchte zB seine Ehefrau zur Erbin einsetzen, im Falle ihrer Wiederverheiratung nach seinem Tod aber eine andere Regelung gelten lassen. Das hier zutage getretene **Interesse** des Erblassers **an einer flexiblen Gestaltung** kann jedenfalls nach hM[150] durch eine auflösende Bedingung für die Erbeinsetzung gewahrt werden.

94 Vielfach werden Abweichungen der Wirklichkeit von dem bei Vornahme des Rechtsgeschäfts erwarteten Verlauf allerdings gerade nicht in die rechtsgeschäftliche Gestaltung aufgenommen. Dann kommt – wiederum vor allem im Erbrecht, weil dort nach § 2078 Abs 2 BGB auch Motivirrtümer relevant sind – uU eine **Anfechtung wegen Irrtums** in Betracht. Auch Leistungsstörungs- und Gewährleistungsrecht des Schuldrechts reagieren weithin auf Abweichungen der Wirklichkeit von den beim Rechtsgeschäft vorausgesetzten Vorstellungen.[151] Ebenfalls schuldrechtlich geregelt sind die Fälle, in denen sich die Verhältnisse im Verlauf der Abwicklung des Geschäfts, uU erst

---

[147] Für einen Ausschluss der Freiberufler generell aber noch LARENZ/WOLF (Fn 66) § 30 Rn 38.
[148] MEDICUS/PETERSEN (Fn 3) Rn 442.
[149] WOLF/NEUNER (Fn 31) § 37 Rn 56 mwNw.

[150] Bedenken gegenüber „Wiederverheiratungsklauseln" bei STAUDINGER/OTTE (2013) § 2074 Rn 58 ff; dort Rn 58 auch Nw zur ganz hM.
[151] Vgl nur MEDICUS/PETERSEN (Fn 3) Rn 823.

nach langer Zeit, ändern, die Parteien an solche Änderungen aber gerade nicht gedacht haben. Dann besteht nach § 313 Abs 1 BGB unter den dort aufgeführten Voraussetzungen ein Anspruch auf **Anpassung des Vertrages** oder, wenn die Anpassung unmöglich oder unzumutbar ist, nach § 313 Abs 3 BGB ein Rücktrittsrecht. Dem wird in § 313 Abs 2 BGB der gemeinsame Irrtum über die wesentlichen Vertragsgrundlagen gleichgestellt.

b) Arten und Zulässigkeitsschranken der Bedingung

Wenn der oder die Urheber eines Rechtsgeschäftes **zukünftige ungewisse Ereignisse** in ihrem Rechtsgeschäft **berücksichtigen** wollen, können sie es zur Bedingung des Rechtsgeschäfts machen. Tritt die Bedingung ein, ändert sich die Regelung in dem Rechtsgeschäft unmittelbar (zB die Erbeinsetzung erlischt, das Eigentum an der schon übergebenen Sache geht über). Im Unterschied zum Wegfall oder zur Änderung der Geschäftsgrundlage muss das Rechtsgeschäft also nicht erst durch Anpassung oder Rücktritt umgestaltet werden.

Nach § 158 BGB ist zwischen **aufschiebenden** und **auflösenden** Bedingungen zu unterscheiden: Ein Rechtsgeschäft unter aufschiebender Bedingung wirkt erst ab Bedingungseintritt (§ 158 Abs 1 BGB). Nach der Vermutung des § 449 Abs 1 BGB geht zB das Eigentum an der verkauften und übergebenen Sache erst mit vollständiger Zahlung des Kaufpreises über. Der Kaufvertrag ist in diesem Fall unbedingt, die Übereignung nach § 929 BGB aufschiebend bedingt. Ein Rechtsgeschäft unter auflösender Bedingung wirkt sofort oder – beim Testament – vom Zeitpunkt der allgemeinen Geltung ab, aber es wirkt nur bis zum Eintritt der Bedingung (§ 158 Abs 2 BGB). Welche Bedingungsart gewollt ist, muss erforderlichenfalls durch Auslegung ermittelt werden. Möglich ist auch, dass ein Ereignis zugleich aufschiebende und auflösende Bedingung ist. So lässt sich die auflösende Bedingung der Erbeinsetzung der Ehefrau zugleich als aufschiebende Bedingung der Einsetzung der Kinder des Erblassers gestalten.[152]

Die erwähnten Beispiele der Wiederverheiratung und der Kaufpreiszahlung betreffen Ereignisse, die **in das Belieben** des überlebenden Ehegatten oder des Käufers gestellt sind. Solche Potestativbedingungen sind grundsätzlich zulässig, sollten aber abgegrenzt werden von „Bedingungen", die darauf hinauslaufen, dass die Geltung des Geschäftes selbst (und nicht nur seine Rechtswirkungen) vom Wollen des Partners abhängt. Denn in derartigen Fällen ist der Vertrag noch gar nicht zustande gekommen.[153] Keine echte Bedingung liegt ferner vor, wenn das Ereignis weder ein künftiges noch ein objektiv ungewisses ist. Für die Parteien eines Rechtsgeschäfts besteht freilich das Bedürfnis, auch solche nur subjektiv ungewisse Ereignisse in ihre Gestaltung aufzunehmen. Sinnvollerweise werden daher die §§ 158 ff BGB von der hM analog angewendet.[154] Nicht einmal eine analoge Anwendung des Bedingungsrechts kommt hingegen für Rechtsbedingungen in Frage: Vom Recht sind die privaten Rechtsgeschäfte ohnehin abhängig, wenn die Parteien nicht kraft ihrer Autonomie etwas anderes bestimmen. Machen sie ihr Rechtsgeschäft von einer **Rechtsbedingung** abhängig, gestalten sie es gerade nicht selbst, sondern unterwerfen sich den rechtlichen Vorschriften. Soweit die recht-

---

[152] Was auch nach der Meinung OTTES (oben Fn 150) insgesamt zulässig ist.
[153] STAUDINGER/BORK (2015) Vorbem 18 zu §§ 158 ff und Nw Vorbem 17, auch zur abweichenden Rspr.
[154] STAUDINGER/BORK (2015) Vorbem 29 zu §§ 158 ff mwNw.

lichen Vorschriften (zB § 107 BGB) ein Schwebeverhältnis bis zum Vorliegen einer vorgeschriebenen Voraussetzung (zB der Genehmigung des gesetzlichen Vertreters) vorsehen, ergibt sich dies stets aus dem Gesetz und hat die gesetzlichen Folgen (wie die Rückwirkung nach § 184 BGB), nicht die Folgen der §§ 160 ff BGB aus dem Bedingungsrecht.[155]

98 Aus Gründen der Rechtssicherheit sind manche wichtigen Rechtsgeschäfte **bedingungsfeindlich**. Dann sieht das Gesetz selbst vor, dass die Vornahme des Geschäfts unter einer Bedingung unzulässig ist. Dies gilt zB für die Eheschließung nach § 1311 S 2 BGB und für die Auflassung eines Grundstücks nach § 925 Abs 2 BGB. Weitere wichtige Fälle bedingungsfeindlicher Geschäfte sind das Vaterschaftsanerkenntnis (§ 1594 Abs 3 BGB), die Einwilligung des Kindes, der Eltern und des Ehegatten zur Adoption (§ 1750 Abs 2 BGB) und die Annahme oder Ausschlagung einer Erbschaft (§ 1947 BGB). Über den unmittelbaren Wortlaut hinaus bedeutsam ist das Bedingungsverbot des § 388 S 2 BGB. Es betrifft nicht nur die dort geregelte Aufrechnungserklärung, sondern die Ausübung von Gestaltungsrechten überhaupt. Daher sind auch zB Anfechtung, Genehmigung, Widerruf und Rücktritt bedingungsfeindlich.

99 Die Unzulässigkeit von Bedingungen gilt für Gestaltungserklärungen aber nicht ausnahmslos. Dem Erklärungsempfänger soll ja nur **keine Ungewissheit zugemutet** werden. Hängt die Ungewissheit aber nur von ihm selbst ab, wie bei Potestativbedingungen, braucht er vor der Ungewissheit nicht geschützt zu werden.[156] Dies gilt vor allem für die Änderungskündigung: Ihre Wirksamkeit hängt allein davon ab, ob sich der Kündigungsempfänger mit der gleichzeitig angebotenen Vertragsänderung einverstanden erklärt.[157]

100 Außer bei bedingungsfeindlichen Geschäften können Bedingungen unzulässig sein, wenn durch sie **allgemeine Verbotsnormen** berührt werden. Besonders relevant ist dies für Bedingungen im Erbrecht. So sollen bestimmte Bedingungen in Testamenten nach der Intention des Erblassers wie Verfügungsverbote wirken, zB die auflösende Bedingung der Erbeinsetzung für den Fall, dass der Erbe das Nachlassgrundstück veräußert. Teilweise werden solche Bedingungen wegen Verstoßes gegen § 137 S 1 BGB für unwirksam gehalten.[158] Dies trifft jedoch nicht zu. Denn die Bedingung führt gar nicht zur Unwirksamkeit der Verfügung über das Grundstück, sondern zum Erlöschen der Erbenstellung. Dadurch wird der zunächst eingesetzte Erbe aber nicht rückwirkend zum Nichtberechtigten.[159]

101 Unzulässig sind hingegen eine Reihe anderer Testamentsklauseln, zB Bedingungen, die unverhältnismäßig auf **höchstpersönliche Entscheidungen** des Bedachten einwirken wollen (Zölibatsklauseln, Religionsklauseln, Klauseln mit übermäßiger Einschränkung der persönlichen oder wirtschaftlichen Freiheit[160]). Auch Verwirkungs- und Pflichtteilsklauseln können unwirksam sein, wenn sie nicht einem legitimen Vermögensverteilungs- und Familienerhaltungsinteresse entspringen, sondern der Lust zu schikanieren.[161] Generell können Bedingungen unter denselben Voraussetzungen wie Rechts-

---

[155] Vgl RGZ 144, 71; BGH ZIP 2000, 1007.
[156] BGHZ 97, 264.
[157] STAUDINGER/BORK (2015) Vorbem 41 zu §§ 158 ff.
[158] FLUME (Fn 1) § 17, 7 (S 363).
[159] STAUDINGER/OTTE (2013) § 2074 Rn 24.
[160] STAUDINGER/OTTE (2013) § 2074 Rn 34 ff mwNw.
[161] Vgl STAUDINGER/OTTE (2013) § 2074 Rn 43.

geschäfte im ganzen nach §§ 134, 138 BGB wegen Gesetzes- oder Sittenverstoßes unwirksam sein.

102 Die **Unzulässigkeit** der Bedingungen zieht **keine einheitlichen Rechtsfolgen** nach sich. Nach dem Gesetz selbst ist teilweise das Geschäft überhaupt nichtig, so nach § 925 Abs 2 BGB die bedingte Auflassung und nach § 1311 S 2 BGB die bedingte Eheschließung, deren Unwirksamkeit freilich nach §§ 1313, 1314 Abs 1 BGB durch Eheaufhebungsklage geltend gemacht werden muss. Bei unzulässigen Testamentsbedingungen wird man differenzieren müssen: Je nach dem Ergebnis einer ergänzenden Auslegung wird man die Verfügung im Übrigen entweder aufrechterhalten oder ganz verwerfen müssen.[162] Die wohl hM,[163] die gleichsam zur Strafe für den Erblasser die Verfügung unbedingt aufrechterhalten will, schießt über das Ziel hinaus, weil sie dem Erblasser eine Gestaltung aufzwingt, die dieser möglicherweise nie gewollt hätte.[164] Wegen des favor testamenti (§ 2084 BGB) unterscheiden sich die Ergebnisse beider Auffassungen aber weniger, als man zunächst annehmen könnte.

c) Bedingungseintritt und Schutz des bedingt Berechtigten

103 Mit dem Bedingungseintritt **ändert** sich die Rechtslage **unmittelbar** ohne weitere Rechtsakte oder Erklärungen. Der Eintritt der aufschiebenden Bedingungen lässt die Wirkungen des Rechtsgeschäftes entstehen. Der Eintritt der auflösenden Bedingung lässt sie erlöschen. Bei aufschiebend bedingter Übereignung nach § 929 BGB wird der bedingt Berechtigte Eigentümer, bei auflösend bedingter Übereignung fällt das Eigentum an den Veräußerer zurück, sodass er sogleich den Herausgabeanspruch aus § 985 BGB hat. Die Bedingungswirkungen treten mit Wirkung für die Zukunft (ex nunc) ein. Eine Rückwirkung (ex tunc) ist gesetzlich nicht vorgesehen. Wird sie vereinbart, hat dies nach § 159 BGB nur schuldrechtliche Wirkung. Steht fest, dass die Bedingung nicht mehr eintreten kann, bleibt bei aufschiebender Bedingung das Rechtsgeschäft wirkungslos, bei auflösender Bedingung endgültig wirksam.

104 Unter besonderen Voraussetzungen sieht § **162 BGB** die Fiktion sowohl des Bedingungseintritts als auch des endgültigen Bedingungsausfalls vor: Verhindert diejenige Seite des Rechtsgeschäfts, für die der Bedingungseintritt nachteilig wäre, treuwidrig den Bedingungseintritt, gilt dies nach § 162 Abs 1 BGB als Bedingungseintritt. Umgekehrt gilt, wenn die Seite, für die der Bedingungseintritt günstig wäre, treuwidrig den Bedingungseintritt herbeiführt, die Bedingung nach § 162 Abs 2 BGB als endgültig ausgefallen.

105 Während des **Schwebeverhältnisses** bis zum Bedingungseintritt wird der bedingt Berechtigte gesetzlich geschützt. Schon nach allgemeinem Schuldrecht macht sich der erst mit Eintritt der aufschiebenden Bedingung zur Leistung Verpflichtete nach §§ 280 ff BGB schadensersatzpflichtig, wenn er aus seinem Verschulden vor Bedingungseintritt die Leistung nicht oder nicht vertragsgerecht erbringen kann. Die Gewährleistungspflichten bestehen ohnehin aufgrund anderer Merkmale (zB Übergabe beim Kauf nach § 446 BGB) als dem Bedingungseintritt. Auch die Vereitelung oder Beeinträchtigung der Rückgabepflicht des auflösend Berechtigten ist Vertragsverletzung nach §§ 280 ff BGB. Darüber hinaus begründet § 160 BGB einen Schadensersatz-

---

[162] STAUDINGER/OTTE (2013) § 2074 Rn 77.
[163] MünchKomm/WESTERMANN § 158 Rn 46 mwNw.
[164] STAUDINGER/OTTE (2013) § 2074 Rn 76; SOERGEL/LORITZ § 2074 Rn 33.

anspruch des Berechtigten aus der bedingten Verfügung, also bei der bedingten Übereignung desjenigen, der durch Bedingungseintritt (bei auflösender Bedingung: wieder) Eigentümer wird.

106 Von besonderer Bedeutung für den aus einer bedingten Verfügung Berechtigten ist dessen **Schutz vor Zwischenverfügungen** nach § 161 BGB. Da der Bedingungseintritt nicht zurückwirkt, sind die Verfügungen des während der Schwebezeit Berechtigten wirksam. Tritt aber die Bedingung ein, werden diese Verfügungen unwirksam, soweit sie den Rechtserwerb des bedingt Berechtigten verhindern oder beeinträchtigen, und zwar nicht nur im Verhältnis zum bedingt Berechtigten, sondern gegenüber Jedermann („absolut"). Da das Gesetz zB nach §§ 932 ff BGB einen gutgläubigen Erwerb zu Lasten bisheriger Berechtigter ermöglicht, ist es nur konsequent, dass das Gesetz Dritterwerber auch in ihrem guten Glauben gegenüber der unbedingten Rechtsposition des Veräußerers schützt (§ 161 Abs 3 BGB). Im wichtigsten Fall der aufschiebend bedingten Übereignung beweglicher Sachen wird dies jedoch selten praktisch. Denn typischerweise erhält der bedingt Berechtigte sogleich mit der bedingten Einigung über den Eigentumsübergang den unmittelbaren Besitz an der Sache. Dann ist der redliche Erwerb Dritter nach §§ 933, 934 BGB dadurch ausgeschlossen, dass der Dritte nicht den unmittelbaren Besitz erhält.

107 Aus dieser Erwerbssicherheit des bedingt Berechtigten, der auch unmittelbarer Besitzer ist, hat man schon vor über achtzig Jahren den Schluss gezogen, dass der Erwerber unter aufschiebender Bedingung ein **Anwartschaftsrecht** als „wesensgleiches Minus" zum Eigentum hat.[165] Einen geringeren Schutz genießt bei rechtspraktischer Betrachtung der Eigentümer, der sein Recht unter auflösender Bedingung übertragen und dem bedingt Berechtigten Besitz eingeräumt hat. Denn er ist viel eher der Gefahr des Rechtsverlustes durch Eigentumserwerb Dritter nach §§ 161 Abs 3, 932 BGB ausgesetzt. Dennoch spricht die hM auch dem aus der auflösenden Bedingung Berechtigten ein Anwartschaftsrecht zu, weil zu dessen Begründung allein darauf abgestellt wird, dass sich der Rechtserwerb ohne weiteres Zutun von selbst mit dem Bedingungseintritt verwirklicht und gegenüber Zwischenverfügungen wenigstens grundsätzlich nach § 161 BGB gesichert ist.[166] Andererseits wird das Anwartschaftsrecht in der Literatur teilweise grundsätzlich in Frage gestellt,[167] ohne dass freilich die wichtigsten Folgerungen der hM dadurch aufgegeben werden. In der Regel vereinfacht die Annahme eines dinglichen Rechts die Begründungen für den umfassenden Rechtsschutz, auch nach Delikts- und Bereicherungsrecht, und die Übertragung der Rechtsposition des bedingt Berechtigten. Freilich stößt die bildhafte Terminologie an Grenzen, wenn etwa ein Schadensersatzanspruch wegen Sachbeschädigung zwischen Anwartschaftsberechtigtem und Eigentümer aufgeteilt werden soll oder die Zwangsvollstreckung nach hM durch Sachpfändung allein nicht zum Ziel kommt und daher durch eine zusätzliche Rechtspfändung ergänzt werden muss.[168]

---

[165] SCHWISTER JW 1933, 1762; seitdem etwa BGHZ 20, 88, 93 ff; 83, 395.
[166] STAUDINGER/BORK (2015) Vorbem 55 zu §§ 158 ff; WOLF/NEUNER (Fn 31) § 52 Rn 30, § 20 Rn 47.
[167] KUPISCH JZ 1976, 417 ff; MAROTZKE, Das Anwartschaftsrecht – ein Beispiel sinnvoller Rechtsfortbildung? (1977), insbesondere 134 ff; vgl auch die Nw zur Diskussion bei STAUDINGER/BORK (2015) Vorbem 62 zu §§ 158 ff; STAUDINGER/BECKMANN (2014) § 449 Rn 75 ff.
[168] Dazu STAUDINGER/BORK (2015) Vorbem 75 zu §§ 158 ff mwNw.

d) Befristung

Nach § 163 BGB ist die Befristung der Bedingung weitgehend gleichgestellt. Die Befristung unterscheidet sich von der Bedingung durch die **Art der Ungewissheit**: Während bei der Bedingung sowohl das Ob (immer) als auch das Wann (vielfach) ungewiss sind, steht bei der Befristung das Ob fest, während das Wann gewiss (bei festem Termin) oder ungewiss (zB bei Tod) sein kann. Entscheidend für die weitgehende Gleichstellung ist jedoch, dass bei beiden Gestaltungen eine mehr oder weniger lange Schwebezeit besteht, an deren Ende eine schon zu Beginn festgelegte Rechtsfolge unmittelbar eintritt. Im Einzelnen entspricht dabei ein Anfangstermin der aufschiebenden, ein Endtermin der auflösenden Bedingung. **108**

Durch Auslegung muss uU festgestellt werden, ob Ansprüche aufgrund eines Rechtsgeschäftes befristet oder **betagt (erst später fällig)** sind. Die Unterscheidung ist vor allem für eine etwaige Rückforderung aus ungerechtfertigter Bereicherung wichtig: Eine betagte Forderung kann nach § 271 Abs 2 BGB im Zweifel vor Fälligkeit erfüllt und dann nach § 813 Abs 2 BGB nicht zurückgefordert werden. Anders die befristete Forderung: Sie ist vor Ablauf der Frist noch gar nicht entstanden. Das dennoch Geleistete kann daher herausverlangt werden.[169] **109**

Besondere Probleme bereiten **Befristungen bei Dauerschuldverhältnissen** mit schutzbedürftigen Vertragspartnern wie Arbeitnehmern oder Wohnungsmietern. Denn durch das Mittel der Befristung kann dort die ordentliche Kündigung ausgeschaltet werden, die besonderen Schutzvorschriften unterliegt. Im Mietrecht hat der Gesetzgeber daraus die Konsequenz gezogen und den „Zeitmietvertrag" in § 575 BGB an enge Voraussetzungen geknüpft, von denen nach Abs 4 nicht zum Nachteil des Mieters abgewichen werden kann. Für Arbeitsverhältnisse hat die EU die Richtlinie 99/70/EG[170] erlassen, die durch das Teilzeit- und Befristungsgesetz mit Wirkung ab 1.1.2001 in deutsches Recht umgesetzt worden ist.[171] Dadurch ist eine lange, dogmatisch oft problematische Rechtsprechung des BAG zur Zulässigkeit von Befristungen obsolet geworden.[172] **110**

III. Wirksamkeitshindernisse bei Rechtsgeschäften

1. Mängel der Geschäftsfähigkeit

a) Geschäftsunfähigkeit

Ausgangspunkt für die gesetzliche Regelung der Rechtsgeschäfte ist die Annahme, dass die Bürger im Allgemeinen ihre Angelegenheiten **selbst gestalten** können und daher auch fähig sind, Rechtsgeschäfte selbst vorzunehmen. Voraussetzung dafür ist jedoch, dass die Fähigkeit, einen vernünftigen Willen zu bilden, beim Einzelnen vorhanden ist. Sie fehlt bei Geschäftsunfähigen. Ein Rechtsgeschäft, das solche Personen vornehmen, ist unwirksam (§ 105 Abs 1 BGB). **111**

Für den Rechtsverkehr wäre es unerträglich und es wäre auch praktisch kaum durchführbar, wenn man diese Voraussetzung immer individuell feststellen müsste. Die **112**

---

[169] MEDICUS/PETERSEN (oben Fn 3) Rn 845; zu weiteren Unterschieden STAUDINGER/BORK (2015) § 163 Rn 2.
[170] ABlEG v 10.7.1999 Nr L 175/43.
[171] Dazu die Kommentierung bei STAUDINGER/PREIS (2016) § 620 Rn 16 ff, dort Rn 275 ff auch weitere Spezialvorschriften.
[172] Vgl STAUDINGER/PREIS (2016) § 620 Rn 9 ff.

wichtigste Regelung über die Geschäftsfähigkeit wählt daher schematisch die **Altersgrenze** des vollendeten siebten Lebensjahres (§ 104 Nr 1 BGB).

113 Aber auch Personen, die diesem frühen Kindesalter entwachsen sind, kann die für rechtsgeschäftliches Handeln **nötige Willens- und Einsichtsfähigkeit** auf Dauer oder für eine gewisse Zeit fehlen. Sie vom rechtsgeschäftlichen Verkehr auszuschließen, bedeutet einen erheblichen Eingriff in ihre individuelle Freiheit. Deshalb hat sich der Gesetzgeber bemüht, für solche Personen eine möglichst schonende und verhältnismäßige Regelung zu finden. Zu ihr gehört zunächst, dass die Geschäftsfähigkeit für ältere Kinder und Jugendliche bis zum achtzehnten Geburtstag generell beschränkt (aber nicht ausgeschlossen) ist. Sodann kann für Erwachsene durch das Betreuungsgericht ein Betreuer bestellt werden, der nach § 1902 BGB Vertretungsmacht für den Betreuten hat. Die Geschäftsfähigkeit des Betreuten selbst wird dadurch nicht ausgeschlossen oder gemindert, sodass der Betreuer und der Betreute jeweils Rechtsgeschäfte vornehmen können. Möglich sind hiernach sogar doppelte und widersprüchliche Rechtsgeschäfte in derselben Angelegenheit. Sie werden vermieden, wenn das Betreuungsgericht einen Einwilligungsvorbehalt nach § 1903 Abs 1 S 1 BGB anordnet, was zur Abwendung erheblicher Gefahren für Person oder Vermögen des Betreuten zulässig ist. Dann gelten nach § 1903 Abs 1 S 2 BGB wesentliche Teile des Minderjährigenrechts, und in § 1903 Abs 1 S 1 BGB ist eine einwilligungsfreie geschäftliche Aktivität des Betreuten nach dem Muster des § 107 BGB für Minderjährige ermöglicht, wenn nämlich das Rechtsgeschäft für den Betreuten lediglich rechtlich vorteilhaft ist.

114 Unabhängig von der Anordnung einer Betreuung kann einem Erwachsenen **aus medizinischen Gründen** die Fähigkeit zum rechtsgeschäftlichen Handeln ganz fehlen. Dies bestimmt § 104 Nr 2 BGB bei einer nicht nur vorübergehenden krankhaften Störung der Geistestätigkeit, durch die die Fähigkeit der Person zur freien Willensbestimmung ausgeschlossen ist. Aber selbst ein solcher Geschäftsunfähiger kann nach § 105a S 1 BGB aufgrund eines von ihm geschlossenen Vertrages empfangene Leistungen behalten und etwa erbrachte Gegenleistungen nicht zurückverlangen. Die Formulierung der Vorschrift ist undeutlich. In den Worten „in Ansehung" kommt aber zum Ausdruck, dass ein solcher Vertrag des Geschäftsunfähigen als Rechtsgrund (oder Ausschluss des Bereicherungsanspruchs) für die erbrachten Leistungen anzusehen ist. Vertragliche Ansprüche werden somit nicht begründet.[173] Es muss sich um ein Alltagsgeschäft (zB Einkauf im Supermarkt) handeln, das mit geringen Mitteln bewirkt worden ist und keine erhebliche Gefahr für Person oder Vermögen (die etwa bei Alkoholkranken oder beim Erwerb von Feuerwerkskörpern vor Silvester denkbar ist)[174] mit sich bringt.

115 Da § 104 Nr 2 BGB auf einem konkreten Krankheitsbild des Betroffenen beruht, sind auch im individuellen Krankheitsverlauf vorkommende **positive Abweichungen** zu berücksichtigen. Während der Phasen solcher lucida intervalla (lichter Augenblicke) ist der sonst Geschäftsunfähige dann (wieder) unbeschränkt geschäftsfähig. Im umgekehrten Fall kann trotz generell vorliegender Geschäftsfähigkeit für eine Zeit dennoch die Fähigkeit zu vernünftigem geschäftlichen Handeln ausgeschlossen sein, zB bei zeitweiliger Bewusstlosigkeit, Alkoholrausch oder Drogenkonsum. Für solche Störungen sieht § 105 Abs 2 BGB die Nichtigkeit von Willenserklärungen vor, die der von dem zeitweiligen Krankheitszustand Betroffene abgibt. Die Geschäftsfähigkeit als eine

---

[173] STAUDINGER/KLUMPP (2016) § 105a Rn 41 mwNw.

[174] STAUDINGER/KLUMPP (2016) § 105a Rn 37 ff mwNw.

persönliche Eigenschaft von gewisser Dauer wird bei Personen, deren Erklärungen nach § 105 Abs 2 BGB nichtig sind, nicht ausgeschlossen. Diese Differenzierung gegenüber Geschäftsunfähigen ist nach § 131 BGB relevant für den Zugang verkörperter Willenserklärungen: Der zeitweilig Gestörte bleibt empfangsfähig; der Geschäftsunfähige ist zur Entgegennahme von Willenserklärungen hingegen nicht zuständig.

Anstelle des Geschäftsunfähigen muss dessen **gesetzlicher Vertreter** rechtsgeschäftlich handeln. Für Minderjährige sind dies die Eltern oder Vormünder, für Volljährige ist es der Betreuer. In Fällen der Geschäftsunfähigkeit nehmen sie die Geschäftstätigkeit anstelle der Betroffenen wahr. In Fällen von Beschränkungen der Geschäftsfähigkeit können sie sowohl anstelle der Betroffenen als auch zu deren Unterstützung durch Einwilligung oder Genehmigung tätig werden. Daneben bleibt in gewissem Umfang der Betroffene selbst für Geschäfte zuständig.

b)   Unwirksame Rechtsgeschäfte beschränkt Geschäftsfähiger
Nach § 106 BGB ist ein **Minderjähriger**, also noch nicht 18-Jähriger (§ 7 BGB), ab einem Alter von **sieben Jahren** beschränkt geschäftsfähig. Dies bedeutet, dass er zwar Rechtsgeschäfte vornehmen kann, dass deren Wirksamkeit aber im Allgemeinen nach §§ 107, 108 BGB von der Einwilligung oder Genehmigung des gesetzlichen Vertreters abhängt. Ohne Mitwirkung des gesetzlichen Vertreters wirksam sind nur Verträge, die dem Minderjährigen keinen rechtlichen Nachteil (nach dem Gesetzeswortlaut sogar: lediglich rechtlichen Vorteil) bringen.

Einseitige Willenserklärungen wie Kündigung oder Anfechtung sind nach § 111 BGB überhaupt nur mit vorheriger Einwilligung wirksam. Diese Regelung entspricht dem Grundsatz, dass einseitige Rechtsgeschäfte unter Lebenden in der Regel kein Schwebeverhältnis zwischen Wirksamkeit und Unwirksamkeit vertragen (vgl zur Bedingungsfeindlichkeit der Gestaltungserklärungen bereits oben Rn 98): Der Geschäftsgegner soll wissen, woran er mit der Erklärung ist. Diese Interessenlage ist auch Grund für die Regelung in § 111 S 2 BGB, wonach der Empfänger einer einseitigen empfangsbedürftigen Willenserklärung sogar die mit Einwilligung des gesetzlichen Vertreters abgegebene Erklärung unverzüglich zurückweisen kann, wenn ihm nicht der Minderjährige die Einwilligung durch Vorlage einer Urkunde nachweist oder der gesetzliche Vertreter selbst die Einwilligung mitgeteilt hat.

Genehmigt der gesetzliche Vertreter das nach § 111 BGB endgültig unwirksame Rechtsgeschäft, ist freilich eine **umdeutende Auslegung** zu erwägen: Die Erklärung des gesetzlichen Vertreters kann als dessen eigene einseitige Willenserklärung zu verstehen sein, für die er als gesetzlicher Vertreter zuständig ist.[175] Dann ist das Rechtsgeschäft wirksam.

Grund für die weitgehende Unwirksamkeit der vom Minderjährigen allein vorgenommenen Rechtsgeschäfte ist der **Schutz vor den nachteiligen Folgen der vertraglichen Bindung**. Daraus erklärt sich zugleich die in § 107 BGB geregelte Ausnahme, bei der das Rechtsgeschäft des Minderjährigen auch ohne Zustimmung des gesetzlichen Vertreters wirksam ist. Freilich ist der Schutzgedanke im Wortlaut nicht richtig zum Ausdruck gekommen. Denn schutzbedürftig ist der Minderjährige nur bei rechtlich nachteiligen Geschäften. Bringt das Rechtsgeschäft dem Minderjährigen weder Vorteile

---
[175] MEDICUS/PETERSEN (Fn 3) Rn 570.

noch Nachteile (sog neutrales Geschäft), braucht er nicht geschützt zu werden. Dies hat auch im Gesetz dadurch seinen Niederschlag gefunden, dass der Minderjährige nach § 165 BGB ohne Mitwirkung des gesetzlichen Vertreters als Stellvertreter tätig werden kann. Denn das mit Vertretungsmacht vorgenommene Rechtsgeschäft verpflichtet nur den Vertretenen, nicht den Vertreter selbst; und in dem Fall, in dem die Vertretungsmacht fehlt, unterliegt der Minderjährige als Vertreter nach § 179 Abs 3 S 2 BGB keiner Haftung.

121 Entscheidende Frage beim Umgang mit § 107 ist, was unter einem rechtlichen Vorteil und – entsprechend der berichtigenden Auslegung – unter einem **rechtlichen Nachteil** zu verstehen ist. Klar ist nach der Formulierung des Gesetzes, dass ein bloß wirtschaftlicher Nachteil für die Unwirksamkeit nicht genügt. Umgekehrt kann ein wirtschaftlicher Vorteil (zB ein außerordentlich günstiger Preis) den rechtlichen Nachteil (nämlich die aus § 433 Abs 2 BGB sich ergebende Pflicht, den Preis zu bezahlen) nicht beseitigen. Jede Verpflichtung zu Lasten des Minderjährigen aus dem Rechtsgeschäft begründet (schwebende) Unwirksamkeit. Gegenseitige Verträge kann der Minderjährige nur unter Mitwirkung seiner gesetzlichen Vertreter abschließen. Aber auch viele Nebenpflichten des Minderjährigen aus dem Vertrag werden von der hM als rechtlicher Nachteil angesehen, zB die Rückgabepflicht des Entleihers nach § 604 BGB[176] oder die Pflicht des Auftraggebers zum Aufwendungsersatz nach § 670 BGB.[177]

122 Oft sind die Pflichten eines Vertragsgläubigers oder Erwerbers nicht aus dem Vertrag selbst abzuleiten. So kann der Empfänger eines Schenkungsversprechens in Annahmeverzug geraten und dann zum Ersatz der Aufwendungen für Verwahrung und Erhaltung des Schenkungsgegenstandes nach § 304 BGB verpflichtet sein.[178] Oder der Beschenkte aus einer Grundstücksübertragung muss die Verkehrssicherungspflichten nach §§ 836, 823 Abs 1 BGB erfüllen, die vor der Schenkung abgeschlossenen Mietverträge nach § 566 BGB weiter führen und für die Schenkungs- und Grunderwerbssteuer (mit-)haften. Ob solche Nachteile zu berücksichtigen sind – also die Unwirksamkeit des Rechtsgeschäftes ohne Mitwirkung der gesetzlichen Vertreter, uU sogar zusätzlich eines Pflegers oder des Familiengerichts begründen – ist sehr umstritten,[179] und ein überzeugendes **Abgrenzungskriterium zwischen relevanten und irrelevanten Nachteilen** ist bis heute nicht gefunden worden. Am häufigsten wird zwischen „unmittelbaren" (aus dem Rechtsgeschäft selbst sich ergebenden) und „mittelbaren" Nachteilen unterschieden. Das Kriterium der Unmittelbarkeit ist aber immer undeutlich.[180]

123 Ausgangspunkt aller Bemühungen um die „richtige" Bestimmung des rechtlichen Vor- und Nachteils muss der **Minderjährigenschutz** als Zweck des § 107 BGB wie des ganzen Rechts der beschränkten Geschäftsfähigkeit sein. Dieser Gesetzeszweck allein genügt zur Auslegung aber nicht. Denn konsequent angewandt würde er zB dazu führen, dass nicht einmal die Annahme eines Schenkungsversprechens als lediglich rechtlich vorteilhaft angesehen werden kann, weil sie wie jeder Vertragsschluss mit der Begründung von Nebenpflichten verbunden ist, für deren Verletzung nach § 280 Abs 1 BGB zu

---

[176] MünchKomm/SCHMITT § 107 Rn 36; STAUDINGER/KLUMPP (2016) § 107 Rn 27.
[177] STAUDINGER/KLUMPP (2016) § 107 Rn 27; MEDICUS/PETERSEN (Fn 3) Rn 562, 563.
[178] Beispiel von STAUDINGER/KLUMPP (2016) § 107 Rn 10.
[179] Überblick bei STAUDINGER/KLUMPP (2016) § 107 Rn 14 ff.
[180] Vgl WEYERS JZ 1991, 999; MEDICUS/PETERSEN (Fn 3) Rn 563.

haften ist.[181] Einen Ausschluss von jeder selbständigen Beteiligung am rechtsgeschäftlichen Verkehr will § 107 BGB aber gerade nicht. Vielmehr besteht ein Spannungsverhältnis zwischen dem Ziel, schon den Minderjährigen an die **Ausübung des Selbstbestimmungsrechts** zu gewöhnen, und dem Ziel, ihn vor den Gefahren des geschäftlichen Verkehrs zu schützen. Offenbar kann die Aufgabe einer Abwägung zwischen diesen kollidierenden Zielen nicht formelhaft, sondern nur durch sachgerechte Fallgruppenbildung bewältigt werden.

Weithin anerkannt als lediglich rechtlich vorteilhaft sind die **Annahme einer Schenkung** und der **Erwerb von Rechten**. Die erwähnten Nebenpflichten des Beschenkten fallen so gering ins Gewicht, dass sie vernachlässigt werden können.[182] Dasselbe gilt für die Rückgabepflichten bei Widerruf nach § 528 BGB. Denn für die Rückgabe gilt gemäß § 531 Abs 2 BGB die Beschränkung nach § 818 Abs 3 BGB auf die vorhandene Bereicherung. Daher kann der Beschenkte nach der Rückgabe nicht schlechter stehen als vor der Schenkung. Anderes gilt für die Schenkung unter Auflage: Die Auflage begründet nach § 525 BGB einen Anspruch gegen den Beschenkten persönlich. Davor muss der Minderjährige geschützt werden.[183] Die Stellung als Vermächtnisnehmer oder Erbe fällt dem Begünstigten auch ohne eigenes Zutun an. Der Verlust des Ausschlagungsrechts durch eine Annahme nach §§ 1943, 2180 BGB sollte nicht als rechtlicher Nachteil bewertet werden. Denn mit der Stellung als Vermächtnisnehmer ist keine persönliche Haftung verbunden und die Wirkung der Annahme einer Erbschaft kann ohne ein Rechtsgeschäft auch durch den Ablauf der Frist des § 1944 BGB eintreten. Die Folgen des § 1967 BGB treffen den Minderjährigen nur beschränkt, weil sich seine persönliche Haftung nach § 1629a Abs 1 BGB richtet.[184]

Der vorteilhafte Charakter eines Rechtserwerbs wird nicht dadurch ausgeschlossen, dass das übertragene **Recht mit Beschränkungen** übergeht, die sich uU der Schenker selbst vorbehält, zB einem Nießbrauch oder einem Wohnrecht. Eine persönliche Verpflichtung des Minderjährigen entsteht aus solchen Belastungen nicht, und der „Saldo" aus dem Bruttowert des Geschenks und dem Wert der Belastung ist in der Regel immer noch ein positiver Vermögenswert.[185] Anders steht es, wenn der rechtsgeschäftliche Rechtsübergang zu eigenen Verpflichtungen des Minderjährigen führt wie bei § 566 BGB („Kauf bricht nicht Miete"). Ein Erwerb, durch den der Minderjährige auf diesem Wege Vermieter wird, bedarf der Zustimmung der gesetzlichen Vertreter.[186] Wenn sich der Erwerb im Übergang des Rechts auf den Minderjährigen erschöpft und daher lediglich rechtlich vorteilhaft ist, kann sich das Abstraktionsprinzip voll auswirken. Wenn zB der Minderjährige ohne Zustimmung etwas kauft, ist der Kaufvertrag nichtig, die Übereignung der gekauften Sache nach § 107 BGB hingegen wirksam. Keinen „rechtlichen Nachteil" bildet es, dass der Minderjährige den empfangenen Gegenstand nicht behalten darf, sondern nach § 812 BGB herausgeben muss.

---

[181] WOLF/NEUNER (Fn 31) § 34 Rn 25.
[182] STAUDINGER/KLUMPP (2016) § 107 Rn 14, 38 mwNw.
[183] STAUDINGER/KLUMPP (2016) § 107 Rn 39 mwNw.
[184] AA die wohl hM: RÜTHERS/STADLER (oben Fn 2) § 23 Rn 15; STAUDINGER/KLUMPP (2016) § 107 Rn 73 mwNw, allerdings ohne Auseinandersetzung mit dem MinderjährigenhaftungsbeschränkungsG.
[185] RÜTHERS/STADLER (oben Fn 2) § 23 Rn 12; eingehende Nw sowohl zur Übernahme mit bestehender Belastung als auch zum Vorbehalt des beschränkten Rechts bei Übertragung STAUDINGER/KLUMPP (2016) § 107 Rn 46ff.
[186] STAUDINGER/KLUMPP (2016) § 107 Rn 52 mwNw.

Diese Pflicht ist ja nach § 818 Abs 3 BGB auf den empfangenen Gegenstand beschränkt und begründet keine darüber hinausgehende persönliche Verbindlichkeit.

126 Als besonders problematisch hat sich die Schenkung von **Wohneigentum** an einen Minderjährigen erwiesen. Denn mit dem Erwerb der Wohnung ist die Mitgliedschaft in der Wohnungseigentümergemeinschaft mit ihren Pflichten, zB zur Zahlung des „Wohngeldes", verbunden. Solche Verpflichtungen wiegen kaum geringer als diejenigen aus der Vermietung des geschenkten Objekts. Daher muss der Erwerb der Wohnung als nachteiliges Geschäft bewertet werden. Freilich wird dadurch das Geschäft doppelt erschwert. Denn wenn ein Elternteil die Schenkung vornimmt, sind die Eltern beide als gesetzliche Vertreter nach §§ 181, 1795 BGB daran gehindert, das Kind beim Erwerb zu vertreten. Stattdessen muss ein **Ergänzungspfleger** nach § 1909 BGB durch das Familiengericht bestellt werden, der dann nach §§ 1915 Abs 1, 1793 Abs 1 BGB den Minderjährigen vertreten kann. Darüber lässt sich auch nicht mit einer berichtigenden Reduktion des § 181 BGB hinweg helfen, indem man diese Vorschrift auf Rechtsgeschäfte nicht anwendet, die für den Vertretenen lediglich vorteilhaft sind. Denn der Grund für die Komplikation ist ja gerade, dass die Zugehörigkeit zur Eigentümergemeinschaft (oder zB die Entstehung der Vermieterstellung nach § 566 BGB) das Rechtsgeschäft nicht nur rechtlich vorteilhaft erscheinen lässt. Dem Abstraktionsprinzip würde es allerdings am ehesten entsprechen, diesen Nachteil allein dem dinglichen Vollzugsgeschäft zuzuordnen. Das Schenkungsversprechen nach § 518 Abs 1 BGB wäre dann als lediglich vorteilhaft zu bewerten. Daraus würde sich ergeben, dass der schenkende Elternteil beim Vollzug des dinglichen Geschäfts von der Beschränkung des § 181 befreit wäre, weil er nur eine Verbindlichkeit erfüllen würde.[187] Dem ist der BGH[188] zeitweilig mit einer „Gesamtbetrachtung" von schuld- und sachenrechtlichem Geschäft entgegengetreten. Aber auch, seitdem der BGH[189] zu der vom Abstraktionsprinzip vorgezeichneten „Einzelbetrachtung" zurückgekehrt ist, muss die Entscheidung bei richtiger Bewertung des Verpflichtungsgeschäftes genauso ausfallen: Wenn das Verpflichtungsgeschäft nur durch eine Verfügung vollzogen werden kann, von der von vornherein fest steht, dass sie mit einem rechtlichen Nachteil verbunden ist, ist der Nachteil eine (Neben-)Folge des Verpflichtungsgeschäfts selbst. Auch zB die Belastung mit einer Verpflichtung zur Zahlung des Kaufpreises ist nicht allein deshalb nachteilig, weil die Verpflichtung als solche den Minderjährigen belastet, sondern weil die Erfüllung der Verpflichtung zu einem Rechtsverlust führt.[190]

127 Ein weiteres Problem möglichen Rechtsverlusts des Minderjährigen stellt sich bei der **Annahme von Leistungen**, die ihm aus einem wirksamen Rechtsgrund zustehen. Zwar ist das zur Erfüllung uU erforderliche Verfügungsgeschäft wirksam. Ob die Rechtswirkung des § 362 Abs 1 BGB, also das Erlöschen der Verpflichtung, damit verbunden ist, bedarf aber gesonderter Betrachtung. Wird an den Minderjährigen ohne Wissen der gesetzlichen Vertreter geleistet, besteht die Gefahr, dass der Minderjährige die Leistung eigenmächtig zu seinem wirtschaftlichen Nachteil verbraucht.[191] Deshalb ist der Schutz durch § 107 BGB über den Anwendungsbereich dieser Vorschrift hinaus auf die Annahme der Erfüllung auszudehnen. Dies geschieht jedenfalls im Ergebnis

---

[187] Vgl MEDICUS/PETERSEN (Fn 3) Rn 565 mwNw.
[188] BGHZ 78, 28, 34 f.
[189] BGHZ 161, 170, 173 f; BGHZ 187, 119 Rn 6, dort Rn 16 auch zu § 1909 BGB.
[190] Im Ergebnis übereinstimmend, aber mit abweichender Begründung STAUDINGER/KNOTHE (2011) § 107 Rn 31.
[191] MEDICUS/PETERSEN (Fn 3) Rn 566.

durch die hM mit Hilfe der Kategorie der „Empfangszuständigkeit". Sie kommt dem gesetzlichen Vertreter zu, sodass er der Leistung an den Minderjährigen zustimmen oder sie selbst entgegennehmen muss.[192]

Zum rechtlich **„neutralen" Geschäft** wird insbesondere diskutiert, ob redliche Dritte von einem Minderjährigen, der gar nicht Inhaber des veräußerten Rechts ist, ohne Mitwirkung des gesetzlichen Vertreters erwerben können. Denn wenn der Minderjährige, wie es dem guten Glauben des Dritten entspricht, selbst Rechtsinhaber wäre, würde der Erwerb an § 107 BGB scheitern.[193] Freilich wirkt § 107 BGB gerade unabhängig von der Redlichkeit des Geschäftspartners. Darin liegt eine erhebliche Beeinträchtigung der Verkehrssicherheit. Sie ist berechtigt zum Schutz des Minderjährigen, wäre aber „unverdientes Glück" für den alten Rechtsinhaber. In der Abwägung zwischen dem Verkehrsschutzinteresse und dem Eigentümerinteresse hat der Gesetzgeber dem Verkehrsschutz Vorrang eingeräumt, ohne für den hier zu erörternden Fall eine erkennbare Lücke zu lassen.[194] Freilich liegt beim Erwerb von einem offensichtlich oder auch nur sehr wahrscheinlich Minderjährigen eine Nachforschungspflicht des Erwerbers überaus nahe. Verschließt der Erwerber gegenüber diesem Anlass zum Misstrauen lieber die Augen, verhält er sich grob fahrlässig – nicht gegenüber dem Minderjährigen, sondern gegenüber der Rechtslage überhaupt und somit auch gegenüber dem Rechtsinhaber. 128

c) Rechtsgeschäfte mit Zustimmung der gesetzlichen Vertreter

Von Anfang an wirksam sind die von Minderjährigen vorgenommenen einseitigen oder mehrseitigen, rechtlich vorteilhaften oder nachteiligen Rechtsgeschäfte, wenn der oder die gesetzlichen Vertreter zu dem Rechtsgeschäft ihre **Einwilligung**, also die vorherige Zustimmung, § 183 BGB, erteilt haben. Bis zur Vornahme des zustimmungsbedürftigen Rechtsgeschäfts kann die Einwilligung allerdings widerrufen werden, § 183 S 1 BGB. Im Übrigen hängt die Wirkung der Einwilligung davon ab, in welcher Weise, insbesondere mit welchem Umfang sie erklärt worden ist. 129

Wohl der Regelfall ist die **Einzeleinwilligung** zu einem konkreten Rechtsgeschäft, zB zum Kauf eines bestimmten Gegenstands. Aus den pädagogischen Gründen, die (auch) hinter dem Minderjährigenschutz stehen, ist eine solche Einwilligung eng auszulegen, umfasst also nicht Ersatzgeschäfte (zB Motorroller statt Fahrrad[195]) und nicht einmal ohne weiteres Hilfs- und Folgegeschäfte bei planwidriger Vertragsabwicklung, zB den Rücktritt aufgrund fehlgeschlagener Nacherfüllung nach §§ 323 oder 326 BGB. Denn durch den Rücktritt entstehen die Pflichten aus §§ 346 ff BGB, die den Minderjährigen erheblich belasten können. 130

Möglich ist auch eine Einwilligung **für alle Rechtsgeschäfte**, die ein bestimmter Lebensbereich mit sich bringt **(beschränkter Generalkonsens)**. Zwei Fälle eines solchen Konsenses sind in §§ 112, 113 BGB auf besondere Weise geregelt: Im Anwendungsbereich beider Vorschriften erhält der Minderjährige nicht nur die Möglichkeit, neben der Befugnis der gesetzlichen Vertreter selbständig zu handeln; vielmehr erhält er eine 131

---

[192] STAUDINGER/KLUMPP (2016) § 107 Rn 80 ff mwNw.
[193] Gegen den redlichen Erwerb daher MEDICUS/PETERSEN (Fn 3) Rn 568.
[194] Für Anerkennung der Möglichkeit des redlichen Erwerbs WOLF/NEUNER (Fn 31) § 34 Rn 34; STAUDINGER/KLUMPP (2016) § 107 Rn 79; VOLSHAUSEN AcP 189 (1989) 223, 234 ff.
[195] Beispiel von RÜTHERS/STADLER (Fn 2) § 23 Rn 23.

sachlich begrenzte (Teil-)Geschäftsfähigkeit, neben der die gesetzlichen Vertreter keine Mitwirkungsrechte haben.[196] Allerdings können die gesetzlichen Vertreter ihre Generaleinwilligung nach § 113 Abs 2 BGB allein und nach § 112 Abs 2 BGB mit Genehmigung des Familiengerichts zurücknehmen. Angesichts des auf 18 Jahre herabgesetzten Volljährigkeitsalters und des spürbar höheren Alters bei Abschluss der schulischen Ausbildung ist die praktische Bedeutung beider Generalermächtigungen heute deutlich geringer als in den ersten zwei Dritteln des 20. Jahrhunderts. Die geringe praktische Relevanz ergibt sich zusätzlich daraus, dass Ausbildungsverträge, insbesondere nach dem BerufsausbildungsG, nicht unter § 113 BGB fallen.[197] Dies folgt schon aus dem Wortlaut der Vorschrift, weil bei solchen Verträgen „Dienst und Arbeit" nicht im Vordergrund stehen. Der Wortlaut des § 112 BGB andererseits ist relativ weit: Das dort genannte „Erwerbsgeschäft" beschränkt sich nicht auf gewerbliche Tätigkeiten. Auch der minderjährige Sportprofi oder Popstar fällt darunter.

132 Zu den von der **Generalermächtigung der §§ 112, 113 BGB** gedeckten Rechtsgeschäften gehört alles, was eine selbständige Erwerbstätigkeit oder ein Arbeitsverhältnis von der Art, zu der die gesetzlichen Vertreter den Minderjährigen ermächtigt haben, typischerweise mit sich bringt. So wird man den jugendlichen Popstar für befugt halten können, Werbeverträge abzuschließen. Gerade § 112 BGB enthält allerdings eine wichtige Grenze in Abs 1 S 2: ZB die Aufnahme eines Kredits oder der Abschluss eines Gesellschaftsvertrages bedürfen nach §§ 1643, 1822 Nr 3, 8 BGB der Genehmigung des Familiengerichts. Standardfälle zu § 113 BGB sind der Mietvertrag über eine Wohnung am Arbeitsort, die Eröffnung eines Lohn- oder Gehaltskontos und der Beitritt zur Gewerkschaft.[198] Wie die Eingehung ist seit Alters her auch die Kündigung des Arbeitsverhältnisses nach § 113 BGB beurteilt worden,[199] was freilich vor allem in Zeiten hoher Arbeitslosigkeit nicht ganz zweifelsfrei ist.

133 Ein weiterer Einwilligungstatbestand ist **§ 110 BGB**. Dessen dogmatische Einordnung ist allerdings umstritten.[200] Relevant ist dieser Streit am ehesten für Folgegeschäfte: Da die Vorschrift nur Verträge nennt, liegt es nahe, einseitige Rechtsgeschäfte wie Rücktrittserklärungen bei der Abwicklung des Vertragsverhältnisses nicht darunter zu subsumieren.[201] Betrachtet man § 110 BGB bloß als einen **speziellen Tatbestand der Einwilligung** nach § 107 BGB, liegt es mindestens näher, auch für die Rücktrittserklärung die Voraussetzungen des § 110 BGB beim Vertragsschluss genügen zu lassen.

134 Der „Taschengeldparagraph" § 110 BGB **wirkt wie eine Einwilligung** in die erfassten Verträge. Voraussetzung dieser Wirkung ist jedoch, dass der Vertrag vom Minderjährigen mit den ihm überlassenen Mitteln erfüllt worden ist. Kreditgeschäfte sind also von vornherein aus § 110 BGB ausgenommen. Die Wirksamkeit eines vom Minderjährigen abgeschlossenen Teilzahlungsvertrages bleibt in der Schwebe, bis er die letzte Rate bezahlt hat.[202] Entscheidend für die Zustimmungswirkung ist die Bewirkung der Vertragsleistung mit Mitteln, die dem Minderjährigen zu diesem Zweck oder zur freien

---

[196] MEDICUS/PETERSEN (oben Fn 3) Rn 583; WOLF/NEUNER (Fn 31) § 34 Rn 61.
[197] Ganz hM, vgl STAUDINGER/KLUMPP (2016) § 113 Rn 15 mwNw.
[198] STAUDINGER/KLUMPP (2016) § 113 Rn 31, 32 mwNw.
[199] STAUDINGER/KLUMPP (2016) § 113 Rn 37 mwNw.
[200] Vgl STAUDINGER/KLUMPP (2016) § 110 Rn 7 ff mwNw.
[201] Vgl LARENZ/WOLF (Fn 66) § 25 Rn 41.
[202] MEDICUS/PETERSEN (Fn 3) Rn 580; RÜTHERS/STADLER (oben Fn 2) § 23 Rn 25; STAUDINGER/KLUMPP (2016) § 110 Rn 16 mwNw.

Verfügung überlassen worden sind. Dies muss nicht von den sorgeberechtigten Eltern geschehen sein; auch die Überlassung durch Dritte ist in § 110 BGB genannt. Gedacht ist bei der Mittelüberlassung nicht nur an ein Taschengeld, wie die gängige Bezeichnung als „Taschengeldparagraph" vermuten lässt. Erfasst wird jedes Einkommen, das der Minderjährige mit Erlaubnis seiner gesetzlichen Vertreter für sich behalten darf. Dabei kann es sich auch um mehrere zusammengesparte Einzelbeträge handeln. Die gesetzlichen Vertreter haben trotz der Freiheit des Minderjährigen bei der Verwendung seiner Mittel mehr oder weniger konkrete Vorstellungen, wofür der Minderjährige das Geld verwendet, und vor allem, wofür er es nicht verwenden soll. Erfolgt eine Ausgabe zu atypischen, von den gesetzlichen Vertretern nicht erwarteten und nicht gewünschten Zwecken oder hat der gesetzliche Vertreter sogar die Verwendung zu diesem Zweck ausdrücklich untersagt, geht eine solche **Zweckbestimmung** der in § 110 BGB niedergelegten Regel vor. Wenn sie wollen, können die gesetzlichen Vertreter jederzeit in das Bestimmungsrecht des Minderjährigen eingreifen. Dabei brauchen die Zweckbestimmung und ihre Begrenzung oder Rücknahme nicht ausdrücklich zu erfolgen. Sie können sich aus den Umständen und aus vernünftigen Erziehungsmaximen ergeben.[203]

Fehlt eine generelle oder spezielle Einwilligung der geschilderten Art und bringt das Rechtsgeschäft dem beschränkt Geschäftsfähigen rechtlichen Nachteil, sind Verträge schwebend unwirksam, bis nach § 108 BGB die **Genehmigung** erteilt oder verweigert wird. Im ersten Fall ist der Vertrag von Anfang an wirksam, weil die Genehmigung nach § 184 BGB auf den Zeitpunkt des Vertragsschlusses zurückwirkt. Im zweiten Fall wandelt sich die schwebende in eine endgültige Unwirksamkeit. Rechtliche Wirkungen kann dann der Vertrag zu keinem Zeitpunkt haben. Ausnahmsweise kann der bei Vertragsschluss beschränkt Geschäftsfähige nach § 108 Abs 3 BGB selbst genehmigen, wenn er inzwischen volljährig und unbeschränkt geschäftsfähig geworden ist. Aber auch dann tritt die Wirksamkeit des Vertrages nicht ohne Weiteres ein, sondern mit dem Recht zur Genehmigung hat der nunmehr für den Vertragsschluss allein Zuständige eine neue Entscheidungs- und Überlegungsbefugnis. Vielfach erfolgt die Genehmigung schon dadurch, dass der volljährig Gewordene das Verhältnis einfach fortsetzt, also Leistungen aus dem Vertrag (weiter) entgegennimmt oder seinerseits erbringt. Denn die Genehmigung bedarf keiner Form (§ 182 Abs 2 BGB), kann also auch konkludent erfolgen. Allerdings wird man verlangen müssen, dass der nunmehr Volljährige die Möglichkeit der Erteilung oder Verweigerung der Genehmigung gekannt hat oder wenigstens hätte erkennen müssen.[204] 135

Schon bei der Einwilligung, mehr noch aber bei schwebender Unwirksamkeit mit der Möglichkeit der Genehmigung muss der **Geschäftspartner** vor unzumutbarer Unsicherheit geschützt werden. Das allgemeine Zustimmungsrecht wird diesem Interesse nicht gerecht. Dies zeigt sich zB, wenn die dem Geschäftspartner zur Kenntnis gelangte Einwilligung nach § 183 S 2 BGB gegenüber dem Minderjährigen widerrufen wird, bevor dieser das Rechtsgeschäft vornimmt. In einem solchen Fall kann das berechtigte Interesse des Geschäftspartners nur dadurch gewahrt werden, dass man die Regelun- 136

---

[203] Vgl STAUDINGER/KLUMPP (2016) § 110 Rn 28, 29.
[204] STAUDINGER/KNOTHE (2011) § 108 Rn 20 mwNw; vgl aber auch unten Rn 202 zur konkludenten Erklärung ohne Erklärungsbewusstsein.

gen für den Rechtsschein einer erteilten Vollmacht in §§ 170, 173 BGB analog auf die Einwilligung anwendet.[205]

137 **Für das Schwebeverhältnis** nach Vertragsschluss treffen §§ 108, 109 BGB **Sonderregeln** zugunsten des Geschäftspartners, damit er den Klärungsprozess hinsichtlich der Erteilung oder Verweigerung der Genehmigung beschleunigen kann: Nach § 108 Abs 2 BGB kann der Vertragspartner des Minderjährigen den gesetzlichen Vertreter zur Erklärung über die Genehmigung auffordern. Dann kann sich der gesetzliche Vertreter, der die Zustimmung schon erteilt hatte, seine Entscheidung noch einmal überlegen und neu entscheiden. Er kann aber auch nichts tun. Nach dem Wortlaut des § 108 Abs 2 S 2 BGB gilt dann die Genehmigung nach zwei Wochen seit dem Zugang der Aufforderung als verweigert. Für die Einwilligung sieht das Gesetz keine entsprechende Klärung vor. Systematisch ist dies gerechtfertigt. Denn ein Schwebeverhältnis ist bei Vorliegen einer Einwilligung gar nicht entstanden. Dies ist dem Geschäftspartner aber unbekannt. Er kann also in die Lage kommen, den Vertrag für unwirksam zu halten, weil die Frist des § 108 Abs 2 S 2 BGB abgelaufen ist, obwohl er wegen der vorher erteilten Einwilligung wirksam ist. Man wird darin schwerlich eine Lücke des Gesetzes sehen können, weil die Regelung für das einseitige Rechtsgeschäft in § 111 S 2 BGB zeigt, dass sich der Gesetzgeber des Problems durchaus bewusst angenommen hat – nur eben beschränkt auf einseitige Rechtsgeschäfte. Der Gesetzgeber hat also gewollt, dass der Vertrag im geschilderten Fall wirksam ist und der Geschäftspartner darüber in Ungewissheit bleibt.[206] Das Ergebnis wird aber gemildert durch die Tatsache, dass der gesetzliche Vertreter eine Aufklärungspflicht gegenüber dem Geschäftspartner aus § 311 Abs 2 Nr 1 und 2 BGB über das Bestehen der Einwilligung hat. Entsteht aus der schuldhaften Verletzung dieser Pflicht dem Geschäftspartner ein Schaden, haftet dafür der Minderjährige nach §§ 280 Abs 1, 278 BGB wegen eines Verschuldens seines gesetzlichen Vertreters.[207] Die Gründe, die sonst einer Haftung des Minderjährigen aus vorvertraglichem Vertrauensverhältnis entgegenstehen,[208] gelten hier nicht, weil es nicht um sein eigenes Verschulden, sondern dasjenige seines gesetzlichen Vertreters geht.

138 Eine **zusätzliche Möglichkeit** der Klärung bietet dem Geschäftspartner **§ 109 BGB**, allerdings wieder nicht für den Fall, dass eine Einwilligung wirklich vorliegt und der Geschäftspartner von ihr nichts weiß. Solange ein Schwebeverhältnis besteht, kann der Geschäftspartner nach § 109 Abs 1 BGB den Vertrag widerrufen. Ist die Genehmigung gegenüber dem Minderjährigen schon erteilt worden, ist der gegenüber dem Vertreter erklärte Widerruf als Aufforderung nach § 108 Abs 2 S 1 BGB zu verstehen. Dann lebt das Schwebeverhältnis wieder auf und der Geschäftspartner kann (erneut) widerrufen.[209] Der Widerruf gegenüber dem Minderjährigen geht nach schon erteilter Genehmigung allerdings ins Leere. Voraussetzung des Widerrufsrechts nach § 109 BGB ist, wie sich aus § 109 Abs 2 BGB ergibt, entweder Unkenntnis des Geschäftspartners von der Minderjährigkeit oder Vorspiegelung einer Einwilligung durch den Minderjährigen.

---

[205] MEDICUS/PETERSEN (Fn 3) Rn 576 im Anschluss an CANARIS, Die Vertrauenshaftung im deutschen Privatrecht (1971) 70 f.
[206] Vgl auch die ausdrückliche Stellungnahme gegen eine Klärungsmöglichkeit in Prot II 29 f.
[207] STAUDINGER/KLUMPP (2016) § 108 Rn 46 mwNw.
[208] WOLF/NEUNER (Fn 31) § 34 Rn 71 f; MEDICUS/PETERSEN (Fn 3) Rn 553.
[209] STAUDINGER/KLUMPPP (2016) § 109 Rn 12.

Ein besonderes Problem ergibt sich, wenn der gesetzliche Vertreter bei der Erteilung **139** der Genehmigung einem **Irrtum** unterlag. Dann kommt eine Anfechtung in Betracht, falls der Irrtum der Zustimmung selbst anhaftet, nicht bloß dem genehmigten Hauptgeschäft.[210] Allerdings können auch falsche Vorstellungen über das Hauptgeschäft den Inhalt der Genehmigungserklärung bestimmen. Eine Anfechtung nach § 119 Abs 1 BGB ist dann denkbar. Fraglich ist jedoch, wem gegenüber die Anfechtung erklärt werden soll. Ähnlich wie bei der Anfechtung einer Vollmacht führt die erfolgreiche Anfechtung letztlich zur Unwirksamkeit des Hauptgeschäfts. Dies legt den Gedanken nahe, als Adressaten auf alle Fälle den Partner des Hauptgeschäfts vorzusehen.[211] Freilich fehlt eine entsprechende Vorschrift. Der Vorteil für den Geschäftspartner aus einer Anfechtungserklärung ihm gegenüber könnte in einem Anspruch gegen den gesetzlichen Vertreter aus § 122 BGB liegen. Aber gerade bei Fällen mit Minderjährigen trägt der Geschäftspartner ohnehin das Risiko, dass die Genehmigung nicht erteilt wird. Trifft den gesetzlichen Vertreter ein Verschulden an seinem Irrtum, kommt ein Schadensersatzanspruch des Geschäftspartners nach §§ 311 Abs 2, 278 BGB gegen den Minderjährigen in Betracht.

2. Formmängel

a) Formfreiheit und Formzwang

Im Privatrecht herrscht **Formfreiheit**.[212] Aber diese Regel hat Ausnahmen sowohl auf- **140** grund der allgemeinen Vertragsfreiheit selbst als auch aufgrund besonderer gesetzlicher Anordnungen. Wird gegen sie verstoßen, ist das Rechtsgeschäft nach § 125 S 1 BGB nichtig, was bei vereinbarter Form nach § 125 S 2 BGB nur im Zweifel gilt.

Die **gesetzlichen Formgebote** sind ungeachtet ihres systematischen Ausnahmecharak- **141** ters überaus zahlreich und betreffen gerade wichtige Rechtsgeschäfte wie die Gründung einer GmbH (§ 2 GmbHG) oder einer AG (§ 23 AktG), auch die Übertragung eines GmbH-Anteils (§ 15 Abs 3 und 4 GmbHG), ferner die Errichtung eines Testaments (§ 2231 BGB) oder Erbvertrages (§ 2276 BGB), die Eheschließung (§ 1310 Abs 1 S 1 BGB) und den Ehevertrag (§ 1410 BGB), den Vertrag über die Verpflichtung zur Übertragung oder zum Erwerb eines Grundstücks (§ 311b Abs 1 BGB) und dessen Vollzug durch Auflassung (§ 925 BGB) und viele weitere Rechtsgeschäfte.[213] Im Gegensatz dazu sind die Regelungen für einzelne Rechtsgeschäfte im Allgemeinen Teil des BGB durch Befreiungen vom Formzwang gekennzeichnet, so für die Bestätigung des anfechtbaren Rechtsgeschäfts (§ 144 Abs 2 BGB), für die Vollmacht (§ 167 Abs 2 BGB) und die Zustimmung (§ 182 Abs 2 BGB), hingegen nicht für die Bestätigung des nichtigen Rechtsgeschäfts. Dort bleibt es nach § 141 Abs 1 BGB beim (wiederholten) Formgebot auch für das bestätigende Rechtsgeschäft.

Im Schuldrecht als Kerngebiet der Vertragsfreiheit konzentrieren sich die gesetzlichen **142** Formgebote allerdings auf wenige Bereiche wie Grundstücksverträge, Schenkungsversprechen (§ 518 Abs 1 BGB), Bürgschaft (§ 766 BGB) und – dort dann mit vielen Einzelvorschriften – das Verbraucherschutzrecht. **Sehr umfangreiche Verträge** wie die Errichtung riesiger Baukomplexe zum Gesamtpreis von mehreren Milliarden Euro oder Unternehmenskäufe in anderer Gestalt als Grundstücks- oder GmbH-Anteils-

---

[210] BGHZ 111, 339; 137, 255.
[211] MEDICUS/PETERSEN (Fn 3) Rn 575.
[212] MEDICUS/PETERSEN (Fn 3) Rn 609.

[213] Überblick bei STAUDINGER/HERTEL (2017) BeurkG Rn 43 ff; § 129 Rn 5 ff; § 126 Rn 18 ff; 126b Rn 11 ff.

käufe sind hiernach von Gesetzes wegen **formfrei**. Schon zur Sicherung des Beweises, aber auch um sich Gewissheit zu verschaffen, dass man in allen Punkten Einigkeit erzielt hat, wird für umfangreiche Verträge mindestens die Schriftform typischerweise vereinbart. Alle in §§ 126 ff BGB geregelten Formen können auch freiwillig von den Parteien gewählt werden. Zusätzlich werden bestimmte Vertragserklärungen wie Kündigung oder Rücktritt vielfach an die nicht im Gesetz aufgeführte Form des eingeschriebenen Briefes gebunden.[214] § 309 Nr 13 BGB verbietet allerdings, strengere Formen als die einfache Schriftform in AGB nach § 305 Abs 1 S 1 BGB oder gegenüber Verbrauchern von seiten eines Unternehmers in vorformulierten Bedingungen eines Individualvertrages nach § 310 Abs 3 Nr 2 BGB vorzuschreiben.

143 Bei **Vereinbarung einer Form** gelten nach § 127 Abs 1 BGB zwar im Zweifel die bei der gesetzlichen Form maßgeblichen Regeln der §§ 126–126b BGB. Mangels anderer Bestimmungen durch die Parteien genügt aber nach § 127 Abs 2 BGB zur Wahrung der Schriftform die telekommunikative Übermittlung (zB durch Fax) und für einen Vertrag der Austausch von Briefen; es ist also keine gemeinsame Urkunde erforderlich. Ferner genügt nach § 127 Abs 3 BGB bei vereinbarter elektronischer Form jede elektronische Signatur sowohl für die einseitige Erklärung, als auch für den elektronischen Austausch von Antrag und Annahme. Der nach beiden Absätzen eingeräumte Anspruch auf nachträgliche Errichtung einer Urkunde oder der Anspruch nach Abs 3 S 2 auf eine qualifizierte elektronische Signatur führt nicht erst den wirksamen Vertragsschluss herbei; sondern die entsprechende Urkunde oder Signatur bildet nur eine nachträgliche Beweisgrundlage.[215]

144 Wird die vereinbarte Form nicht eingehalten, kann dies **statt** der in § 125 S 2 BGB vorgesehenen **Nichtigkeit** nach dem Willen der Parteien auch eine **andere Rechtsfolge** haben. Eine Vermutung dazu enthält § 154 Abs 2 BGB: Ist eine Beurkundung des Vertrages vereinbart worden, gilt der Vertrag vor der Beurkundung noch gar nicht als abgeschlossen, kann also streng genommen auch noch nicht „nichtig" sein. Dies ist aber nur eine Frage der Terminologie.[216] Bedeutsamer ist das Verhältnis der Privatautonomie zur Aufrechterhaltung der Formvereinbarung: Der vollen Herrschaft der Parteien über die Gestaltung des Vertrages entspricht es, dass die Formvereinbarung nachträglich aufgehoben werden kann. Soweit keine Form für diese Änderung vorgeschrieben ist, kann die Formvereinbarung demnach offenbar auch konkludent, insbesondere also durch eine formlose materielle Vertragsänderung oder Vertragsaufhebung beseitigt werden.[217] Die Rechtsprechung geht sogar noch weiter und lässt die konkludente Aufhebung einer Klausel zu, die ausdrücklich wenigstens die Aufhebung der Formvereinbarung an die Form bindet.[218] Dies steht im Gegensatz zum internationalen Handelsbrauch. Dort ist die „no oral modification"-Klausel üblich,[219] und diese ist auch in Art 29 Abs 2 S 1 CISG für das internationale Kaufrecht kodifiziert worden. Die Regelung des CISG erscheint gegenüber der deutschen Rechtsprechung vorzugswürdig. Die völlig freie Änderbarkeit von Formvereinbarungen ist nicht konsequente Anwendung der Privatautonomie, sondern eher ihr Gegenteil.[220] So wie die

---

[214] Vgl STAUDINGER/HERTEL (2017) § 125 Rn 121, 127.
[215] STAUDINGER/HERTEL (2017) § 127 Rn 54, 80.
[216] Vgl MEDICUS/PETERSEN (Fn 3) Rn 640.
[217] BGH NJW 1962, 1908; 1968, 33; 1975, 1653; vgl auch STAUDINGER/HERTEL (2017) § 127 Rn 59 ff mwNw.
[218] KG-Report 2001, 237.
[219] Vgl STAUDINGER/MAGNUS (2013) Art 29 CISG Rn 12 mwNw.
[220] Ebenso MEDICUS/PETERSEN (Fn 3) Rn 643.

Autonomie erst dadurch zu voller Geltung gelangt, dass die Freiheit der Entscheidung in die Bindung an das Entschiedene mündet (pacta sunt servanda), ist auch spezieller die Selbstbindung an ein Formgebot Ausdruck des verantwortlichen Gebrauchs von Freiheit, nicht des Spiels mit Beliebigkeit. Deshalb sind Klauseln anzuerkennen, die eine Aufhebung oder Änderung des Formgebots selbst von der Einhaltung einer Form abhängig machen.[221] Wegen der verfehlten Rechtsprechung sind rechtsgeschäftliche Formgebote in der Praxis wenig relevant.[222]

b) Formarten und -zwecke

145 In §§ 126–129 BGB sind recht unterschiedliche gesetzliche Formen vorgesehen. Die verbreitetste Form ist die **Schriftform** nach § 126 BGB. Ihre Einhaltung verlangt einen schriftlich niedergelegten Text mit einer eigenhändigen Unterschrift. Der Text des Rechtsgeschäfts selbst kann demnach (und wird in aller Regel) auch maschinenschriftlich niedergelegt sein. Eigenhändigkeit der Unterschrift bedeutet, dass sie handschriftlich erfolgt. Dabei ist eine sog Schreibhilfe zulässig, wenn der Unterzeichner zB krankheitshalber nicht völlig selbständig unterschreiben kann. Die Unterschrift mit fremder Hilfe muss aber vom Willen des für die Unterschrift eigentlich „Zuständigen" getragen sein.[223] Ein Unterschriftsstempel oder -faksimile genügt nicht. Deshalb ist auch ein Telefax für die gesetzliche Schriftform, zB nach § 766 BGB, ungeeignet.[224]

146 Neben der Eigenhändigkeit ist der Name das Erkennungszeichen der **Unterschrift**. Darunter ist der Nachname zu verstehen, bei Kaufleuten auch die Firma (§ 17 HGB). Ein Kürzel (Paraphe) genügt nicht, wenn es nicht wenigstens einige Buchstaben und ein Schriftbild von individuellem Charakter erkennen lässt.[225] Der Stellvertreter unterzeichnet – da er eine eigene Erklärung abgibt, die nur für einen anderen wirkt – mit seinem eigenen Namen, wobei allerdings aus der Urkunde ersichtlich sein muss, für wen die Unterschrift gilt und in welcher Funktion der Unterzeichnende handelt.[226] Zugelassen wird auch die Unterschrift mit dem Namen des Vertretenen.[227] Die Unterschrift durch Handzeichen genügt nach § 126 Abs 1 BGB, wenn sie vor einem Notar geleistet und von diesem beglaubigt wird.

147 Möglich ist nach § 126 Abs 1 BGB auch eine **Blankounterschrift**, da das Gesetz nichts zum Zeitpunkt der Unterschrift vorsieht.[228] Die Warnfunktion der Bürgschaftsform erfordert allerdings, dass der Bürge selbst in jedem Fall wissen muss, was er unterschreibt. Dafür genügt das Blankett nicht.[229] Im Übrigen ist bei abredewidriger Ausfüllung die Schriftform zwar nicht eingehalten; gegenüber Dritten wird das Schriftstück nach Rechtsscheingrundsätzen aber wie eine Vollmachtsurkunde nach § 172 Abs 2 BGB als wirksam behandelt.[230] Im Gegensatz zum Zeitpunkt legt das Gesetz mit dem Ausdruck „Unterschrift" den Ort der Kennzeichnung durch den Namen fest: Eine „Oberschrift" genügt nicht, was der BGH gegenüber zeitweilig gebrauchten

---

[221] Ebenso iE – zu Unrecht auf Kaufleute beschränkt – BGHZ 66, 378. Wie hier WOLF/NEUNER (Fn 31) § 44 Rn 85 mwNw Fn 139 ff. Weitergehend – für Unabänderbarkeit der Formvereinbarung überhaupt – MünchKomm/EINSELE § 125 Rn 70.
[222] STAUDINGER/HERTEL (2017) § 125 Rn 127.
[223] BGH NJW 1981, 1900, 1901.
[224] BGHZ 121, 224, 229; BGH NJW 1997, 3169.
[225] BGH NJW 1997, 3380; 2005, 3775 und dazu STAUDINGER/HERTEL (2017) § 126 Rn 143 ff mwNw.
[226] BGH NJW 1995, 43.
[227] BGHZ 45, 193, 195 und dazu STAUDINGER/HERTEL (2017) § 126 Rn 149 mwNw und berechtigter Kritik.
[228] BGHZ 22, 128, 132.
[229] BGHZ 132, 119.
[230] BGH NJW 1991, 487.

Überweisungsformularen ausdrücklich feststellen musste.²³¹ Sinn der Unterschrift im Wortsinne ist die Erfüllung einer Abschluss- und Echtheitsfunktion:²³² Was darunter steht, ist unverbindlich, und was darüber steht, kann mindestens eher als Erklärung angesehen werden, die wirklich vom Unterzeichner stammt, als wenn die Signierung irgendwo, zB auf einem Deckblatt, erfolgt.

148 Für Verträge, die insgesamt (und nicht nur die Erklärung einer Seite wie zB des Bürgen nach § 766 BGB) der Schriftform bedürfen, sieht § 126 Abs 2 BGB die Unterschrift beider Parteien **auf derselben Urkunde** vor. Jeweils unterschriebene Urkunden mit dem Antrag und der Annahme genügen demnach nicht. Die Parteien des Vertrages können aber jeweils eigene Exemplare eines gleichlautenden Vertragstextes haben. Dann genügt nach § 126 Abs 2 S 2 BGB, dass die Urkunde im Besitz der einen Partei die Unterschrift der anderen trägt. Werden über einen Vertrag verschiedene Urkunden zu verschiedenen Teilen des Geschäftes errichtet, zB eine Haupturkunde und Anlagen, muss auch bei bloßer Schriftform²³³ die Einheit des Geschäftes durch eine Einheit der Urkunde gewährleistet sein. Dazu ist eine körperliche Verbindung der einzelnen Blätter nicht erforderlich.²³⁴ Stattdessen genügt, dass die Bezugnahme eindeutig und etwa durch eine Paraphierung jedes einzelnen Schriftstücks gesichert ist.²³⁵

149 Nach § 126a BGB kann die gesetzliche Schriftform in weitem Umfang durch eine **elektronische Form** ersetzt werden. Möglich ist dies, wenn der Empfänger der Erklärung sein Einverständnis mit der elektronischen Form gegeben hat. Dafür genügt schlüssiges Verhalten, zB durch die Angabe der E-Mail-Adresse auf dem Geschäftsbogen. Herzstück der Einführung einer elektronischen Form war die Möglichkeit einer elektronischen Signatur als Äquivalent für die eigenhändige Unterschrift. Selbst eine eingescannte Unterschrift ist einer Unterschrift nach § 126 BGB nicht gleichwertig. Denn sie hat nicht mehr Authentizität als die Unterschrift auf einem Fax. Deshalb hat man eine „qualifizierte Signatur" entwickelt. Sie beruht auf zwei elektronischen Schlüsseln, dem Signaturschlüssel oder private key und dem Signaturprüfschlüssel oder public key. Der Signaturschlüssel wird vom Signierenden zB mit PIN oder Passwort aktiviert. Mit dem Schlüssel wird dann aus dem zu signierenden Text ein „Hashwert" errechnet, der wie ein ganz und gar individueller „elektronischer Fingerabdruck" wirkt. Dieser Wert kann mit dem Signaturprüfschlüssel beim Erwerber entschlüsselt werden.²³⁶ Die so hergestellte Signatur erfüllt die Abschlussfunktion der Unterschrift, weil der Hashwert erst errechnet wird, wenn die Urkunde fertig ist. Zugleich gewährleistet dieser Wert die Herkunft von einer bestimmten Person, sodass die Signatur bei sorgfältiger Handhabung die Echtheits- und Identifizierungsfunktion insgesamt wohl sogar eher besser erfüllt als die eigenhändige Unterschrift. Problematisch ist jedoch bei (zu) geringer Sorgfalt in der Geheimhaltung, ob die Verschlüsselung wirklich jeweils vom berechtigten Schlüsselinhaber vorgenommen worden ist. Dafür hat das Gesetz in § 371a Abs 1 ZPO eine Beweisregel im Sinne eines Anscheinsbeweises aufgestellt. Für eine Reihe von Erklärungen ist die elektronische Form mit qualifizierter Signatur vom Gesetz selbst für unanwendbar erklärt worden, wie beim Verbraucherkreditvertrag (§ 492 Abs 1 S 2 BGB), der Kündigung des Arbeitsverhält-

---

[231] BGHZ 113, 48.
[232] RÜTHERS/STADLER (Fn 2) § 24 Rn 12.
[233] Zu den sehr strengen Anforderungen bei notariellen Verträgen BGHZ 40, 255.
[234] BGHZ 136, 357.
[235] BGH-Report 2002, 225.
[236] Zu den Einzelheiten ROSSNAGEL NJW 1998, 3312. Eingängige Zusammenfassung bei RÜTHERS/STADLER (Fn 2) § 24 Rn 17.

nisses (§ 623 BGB aE) und der Vertragserklärung des Bürgen (§ 766 S 2 BGB). Dies beruht darauf, dass der Gesetzgeber die Warnfunktion der elektronischen Signatur als unzureichend angesehen hat.[237] Bei Vertragsurkunden können die Parteien ihre qualifizierte elektronische Signatur beide an einem einheitlichen Dokument anbringen.[238]

In einer Reihe von Fällen, in denen das Gesetz zunächst eine schriftliche Information verlangt hat, zB die Belehrung des Verbrauchers über sein Widerrufsrecht nach § 355 Abs 1 S 2 BGB oder beim Fernabsatzvertrag nach § 312c Abs 2 BGB,[239] genügt heute die „**Textform**". Sie kann weiterhin schriftlich abgefasst sein, aber nach § 126b auch in anderer, zur dauerhaften Wiedergabe in Schriftzeichen geeigneter Form. Es genügt also, dass sich der Empfänger die Information auf seinen PC holen und ausdrucken lassen kann. Eine eigenhändige Unterschrift oder eine Signatur ist nicht erforderlich. **150**

Nur eine Modifikation der Schriftform ist die **öffentliche Beglaubigung** nach § 129 BGB iVm §§ 39 ff BeurkG durch einen Notar. In solchen Fällen liegt eine privatschriftliche Urkunde vor. Die Authentizität der Unterschrift wird aber vom Notar bestätigt, weil die vom Notar identifizierte Person vor ihm die Unterschrift geleistet hat. **151**

Die aufwendigste und strengste Form ist die **notarielle Beurkundung** nach § 128 BGB, wie sie etwa für schuldrechtliche Grundstücksverträge (§ 311b Abs 1 BGB) und die Auflassung (§ 925 Abs 1 BGB) vorgesehen ist. Die Einzelheiten sind im BeurkG geregelt.[240] Dort finden sich in §§ 17–21 BeurkG insbesondere Vorschriften über die Belehrungspflichten des Notars.[241] Nach § 127a BGB steht der vor einem Gericht geschlossene Vergleich der notariellen Beurkundung gleich. Die Verletzung der Belehrungspflicht durch den Notar mit der Folge der Notarhaftung nach § 19 BNotO findet hier ihre Entsprechung am ehesten in der Beratungspflicht des Anwalts mit vergleichbarer Haftungsfolge bei deren Verletzung. **152**

Die insgesamt vielfältigen Arten der gesetzlichen Formen haben **verschiedene Zwecke**, die nicht allgemein aus der konkreten Form, sondern aus der jeweiligen Formvorschrift zu entnehmen sind. Diese ist insbesondere historisch, systematisch und teleologisch auszulegen. Ein besonders naheliegendes Indiz für den Formzweck ist dabei die zB in § 311b Abs 1 S 2 BGB und § 518 Abs 2 BGB vorgesehene Möglichkeit, den Formmangel durch Erfüllung des formlosen Geschäftes zu überwinden. Offenbar soll sich der Grundstücksveräußerer oder -erwerber ebenso wie der Schenker erst überlegen und sich zu diesem Zweck auch warnen lassen, dass er beim Grundstücksgeschäft uU wirtschaftlich sehr umfangreiche Verpflichtungen eingeht und als Schenker einen Vermögensgegenstand ohne Gegenleistung aufgibt. Ist aber erst einmal das Grundstück übereignet worden, hat sich der Veräußerer die Sache schon durch die Erklärung der wiederum formbedürftigen Auflassung und deren Vollzug beim Grundbuchamt hinlänglich überlegen können, und der Erwerber hat mit dem Grundstückseigentum jedenfalls eine verhältnismäßig wertbeständige Rechtsposition, für die „sein Geld" gut angelegt ist oder für die er auch verhältnismäßig leicht sicherungsfähigen Kredit erhält. **153**

---

[237] Zu der durchaus mit der eigenhändigen Unterschrift vergleichbaren Warnfunktion der Benutzung von Passwort oder PIN aber RÜTHERS/STADLER (Fn 2) § 24 Rn 18.
[238] WOLF/NEUNER (Fn 31) § 44 Rn 41.
[239] Zu weiteren Fällen STAUDINGER/HERTEL (2017) § 126b Rn 18 ff.
[240] Vgl dazu die ausführliche Kommentierung von STAUDINGER/HERTEL (2017) BeurkG Rn 1 ff.
[241] Dazu STAUDINGER/HERTEL (2017) BeurkG Rn 446 ff.

Der Schenker, der das unwirksame Schenkungsversprechen vollzieht, braucht nicht mehr gewarnt zu werden, weil er ja „sieht", was er tut (und sich nicht nur für ihn selbst relativ abstrakt dazu verpflichtet, später etwas zu tun, was ihn dann vielleicht reut). Aber selbst der Zweck solcher Heilungsmöglichkeiten ist umstritten.[242] Dies erschwert den Rückschluss auf die Zwecke der Form selbst.

154 Die wohl wichtigste und jedenfalls allgemeinste Funktion der Formvorschriften ist die Wahrung der **Rechtssicherheit**. Sie wirkt sich praktisch vor allem als Beweisfunktion aus. Aber im Zusammenhang mit Grundstücken und dem Grundbuchverkehr wie auch bei anderen eintragungsbedürftigen Geschäften, zB der Eintragung der GmbH-Gründung nach § 9c GmbHG, tritt daneben das allgemeine Interesse an der Richtigkeit der Register, die durch eine möglichst sichere Form der zugrunde liegenden Rechtsgeschäfte gefördert wird. Teilweise[243] wird der zuletzt genannte Gesichtspunkt auch als Ausdruck einer selbständigen Kontrollfunktion gesehen, die dann ähnlich etwa für familienrechtliche Statusgeschäfte (Eheschließung, Vaterschaftsanerkenntnis, Adoption) anzunehmen ist.

155 Weitere, nicht immer klar voneinander zu trennende Funktionen vieler Formvorschriften sind die Vermittlung von **Information** (Aufklärung), Beratung, Warnung und **Schutz vor Übereilung**. Die Informationsfunktion hat eine doppelte Richtung: Bei notariellen Urkunden, in sehr viel geringerem Maße auch bei Beglaubigungen[244] werden die Erklärenden von dritter Seite, nämlich dem Notar, über Inhalt und Bedeutung ihrer Erklärung oder doch wenigstens ihrer Unterschrift unterrichtet. Daneben besteht eine Informationsfunktion aber auch darin, dass die Erklärenden selbst jederzeit aus der Urkunde ihre Rechte und Pflichten entnehmen können.[245] Dies ist vor allem bei umfangreichen Vereinbarungen und Rechtsverhältnissen von langer Dauer bedeutsam. Bei der notariellen Beurkundung kann durch Aufklärung und Beratung gewährleistet werden, dass das Rechtsgeschäft nicht rechtlich fehlerhaft oder bedenklich ist oder Lücken aufweist. Warnung und Schutz vor Übereilung stehen im Vordergrund der Formzwecke bei Rechtsgeschäften über besonders wichtige Vermögensgegenstände (Grundstücke, das gesamte Vermögen) oder besonders weitreichende Verpflichtungen (Bürgschaft) oder jedenfalls für den geschützten Personenkreis besonders schwer durchschaubaren Vertragsverhältnissen (Verbraucherdarlehen). Nach den verschiedenen Formzwecken richtet sich auch die Art der vorgeschriebenen Form. So genügt für die Bürgschaft wegen der Warnungs- und Übereilungsschutzfunktion (nach Meinung des historischen Gesetzgebers[246]) die Schriftform, während Grundstücksgeschäfte wegen der Kontrollfunktion notarieller Beurkundung bedürfen.

c) Die Nichtigkeitsfolge und deren Korrektur

156 Neben der allgemein angeordneten Nichtigkeit nach **§ 125 S 1 BGB** bei Verstößen gegen die gesetzlichen Formgebote gibt es eine Reihe von Sondervorschriften mit abweichenden Rechtsfolgen. Bereits erwähnt worden sind (oben zur Fn 242) die **Heilungsmöglichkeiten** bei Grundstücksverträgen (§ 311b Abs 1 S 2 BGB) und Schen-

---

[242] Vgl nur JAUERNIG/STADLER § 311b Rn 36 mwNw.
[243] WOLF/NEUNER (Fn 31) § 44 Rn 15; RÜTHERS/STADLER (Fn 2) § 24 Rn 6.
[244] Dazu STAUDINGER/HERTEL (2017) § 129 Rn 82 ff.
[245] WOLF/NEUNER (Fn 31) § 44 Rn 7.
[246] Vgl STAUDINGER/HORN (2013) § 766 Rn 1 mwNw; allgemein zu den Formzwecken auch Mot I 179 f.

kungsversprechen (§ 518 Abs 2 BGB). Ähnliches sieht § 766 S 3 BGB für die Bürgschaft vor, wenn der Bürge den Gläubiger befriedigt, § 1310 Abs 3 Nr 1–3 BGB für die Ehe, wenn die formunwirksame Verbindung zehn Jahre bestanden hat, oder § 15 Abs 4 S 2 GmbHG für den Gesellschaftsanteil, wenn die Übertragung nach §§ 398, 413 BGB wirksam vorgenommen worden ist.[247]

Fraglich ist, ob diese Heilungsvorschriften analog auf solche Formvorschriften angewandt werden können, für die **keine Heilungsmöglichkeit** vorgesehen ist. Dabei ist von vornherein große Vorsicht geboten. Denn nach dem gesetzlichen System und nach der Absicht des historischen Gesetzgebers ist die Nichtigkeit die Regel, die Heilung die Ausnahme.[248] Mit Recht wird daher zB eine Heilungsmöglichkeit für den Vertrag über das gesamte Vermögen nach § 311b Abs 3 BGB allgemein verneint.[249] Eine verbreitete Literaturansicht lässt allerdings Analogien zu einzelnen Heilungsvorschriften zu, wenn keine Interessen der Allgemeinheit oder Dritter entgegenstehen.[250] So war vorgeschlagen worden, die für Verbraucherkreditverträge (§ 494 Abs 2 BGB) und Teilzahlungsgeschäfte (§ 502 Abs 3 S 2 BGB) geltenden modifizierten Heilungsvorschriften für Finanzierungsleasingverträge analog heranzuziehen, obwohl in § 500 BGB aF darauf ausdrücklich „lediglich" andere Vorschriften, darunter das Formgebot für Verbraucherdarlehen (§ 492 Abs 1 BGB), für anwendbar erklärt worden waren.[251] Mit der Verweisung von § 506 Abs 2, Abs 1 BGB auf § 494 BGB insgesamt gilt nunmehr auch dessen Heilungsmöglichkeit. **157**

Die Rspr hat den von Formnichtigkeit betroffenen, besonders schutzbedürftigen Parteien eines Rechtsgeschäfts aber auf anderem Wege zu helfen versucht: dadurch, dass sie in Einzelfällen dem „stärkeren" Teil die **Berufung auf den Formmangel** nach Treu und Glauben (§ 242 BGB) **verwehrt** hat. Dieser Weg wird beschritten, wenn die Formnichtigkeit trotz der bestehenden Ansprüche aus § 812 BGB und auch aus § 826 BGB sowie § 311 Abs 2 BGB zu einem „schlechthin untragbaren Ergebnis" führen würde.[252] Ein solches Ergebnis soll vorliegen etwa bei Existenzgefährdung des einen und besonders schwerer Treuepflichtverletzung des anderen Teils.[253] Die Existenzgefährdung des einen Teils kann sich dabei insbesondere daraus ergeben, dass der andere Teil inzwischen insolvent geworden ist. **158**

Die von der Rspr gewählte Begründung ist mit Recht kritisiert worden.[254] Das schlechthin untragbare Ergebnis ist ein reines **Billigkeitsargument**, das die Gefahr willkürlicher und unvorhersehbarer Entscheidungen mit sich bringt. Vorzugswürdig ist daher der Weg der Literatur, durch Unterscheidung nach Fallgruppen eine genauere Interessenabwägung zu erreichen. **159**

Der Rspr am nächsten kommen die Ergebnisse zur Fallgruppe **arglistiger Täuschung** der einen durch die andere Seite über das Formerfordernis. Mit der Täuschung will der **160**

---

[247] Weitere Heilungsvorschriften des Gesellschafts- und Wirtschaftsrechts bei STAUDINGER/HERTEL (2017) § 125 Rn 106.
[248] BGH NJW 2002, 2560; STAUDINGER/HERTEL (2012) § 125 Rn 108; ähnlich MEDICUS/PETERSEN (Fn 3) Rn 635.
[249] RGZ 76, 3; RÜTHERS/STADLER (Fn 2) § 24 Rn 29.
[250] WOLF/NEUNER (Fn 31) § 44 Rn 60 mwNw Fn 101.
[251] LARENZ/WOLF (Fn 66) § 27 Rn 20 mwNw Fn 15.
[252] OGHZ 1, 217.
[253] BGHZ 85, 315, 319.
[254] WOLF/NEUNER (Fn 31) § 44 Rn 63 mwNw Fn 111; MEDICUS/PETERSEN (Fn 3) Rn 630 mwNw.

Täuschende erreichen, dass er an den Vertrag nicht gebunden ist. Würde man § 125 S 1 BGB anwenden, bekäme der Täuschende somit genau die Rechtsfolge, die er mit der Täuschung erreichen wollte. Niemand darf jedoch aus seinem eigenen arglistigen Handeln einen rechtlichen Vorteil ziehen. Deshalb ist hier dem Getäuschten nach seiner Wahl ein Schadensersatzanspruch nach §§ 826, 311 Abs 2 BGB auf das negative Interesse oder ein Erfüllungsanspruch (gegen die versprochene Gegenleistung) zu gewähren.[255]

161 Dieser Fallgruppe gleich zu stellen sind Fälle, in denen die eine Seite (zB ein Wohnungsbauunternehmen) gegenüber der anderen eine **Betreuungspflicht** mit dem Inhalt übernommen hat, gerade auch für die Einhaltung der Form zu sorgen.[256] Sehr zweifelhaft ist hingegen die Behandlung der Konstellation, dass die eine Seite ihre geschäftliche Erfahrenheit und Überlegenheit oder ein Abhängigkeitsverhältnis der anderen Seite von ihr ausnutzt und diese dadurch daran hindert, auf der Einhaltung der Form zu bestehen. Die Rspr[257] und ein Teil der Literatur[258] verwehren dem Überlegenen die Berufung auf den Formmangel. Dem wird jedoch zu Recht entgegen gehalten, dass auch sonst jemand, der seine Interessen in den Vertragsverhandlungen nicht durchsetzen kann (oder will), im Nachhinein kein Recht darauf hat, so zu stehen, als hätte er besser oder machtvoller verhandelt.[259] Gerade bei dieser Fallgestaltung besteht sonst die große Gefahr einer reinen Billigkeitsrechtsprechung.

162 Leichter zu entscheiden sind die Fälle, in denen sich die Parteien aus anderen, möglicherweise von einer Seite erfolgreich in die Verhandlung eingeführten Gründen **bewusst** über das Formgebot **hinwegsetzen**.[260] Leichtgläubigkeit und mangelhafte Wahrnehmung der eigenen Interessen führen nicht zu gesteigerter Schutzbedürftigkeit. Wer sich über Rechtsvorschriften hinweg setzt, verdient nicht den Schutz des Vertrauens in den anderen Teil, wenn dieser sich später auf das Recht beruft.[261]

163 In anderen Fällen, in denen die Beurkundung aus Versehen der einen und Leichtgläubigkeit oder sogar Gleichgültigkeit der anderen Seite unterbleibt, sind keine so gewichtigen Schutzinteressen erkennbar, dass ihretwegen das gesetzliche System der Nichtigkeitsfolge aus den Angeln gehoben werden müsste. Vielmehr bleibt dem benachteiligten Verhandlungspartner ein Anspruch aus **§ 311 Abs 2 BGB** auf Ersatz seines **Vertrauensschadens**.[262] – Zu erwägen bleibt immer auch ob das wegen Formmangels unwirksame Rechtsgeschäft nach § 140 BGB **umgedeutet** werden kann in ein formlos wirksames Geschäft (zB eine nichtige Bürgschaft in einen formfreien Schuldbeitritt).

---

[255] HM: STAUDINGER/HERTEL (2017) § 125 Rn 112 mwNw; WOLF/NEUNER (Fn 31) § 44 Rn 66; MEDICUS/PETERSEN (Fn 3) Rn 631; RÜTHERS/STADLER (Fn 2) § 24 Rn 25.
[256] BGHZ 16, 334; 45, 179; BGH NJW 1972, 1189; WOLF/NEUNER (Fn 31) § 44 Rn 70 f; MEDICUS/PETERSEN (Fn 3) Rn 634.
[257] ZB BGHZ 48, 396.
[258] WOLF/NEUNER (Fn 31) § 44 Rn 68 f.
[259] Vgl MEDICUS/PETERSEN (Fn 3) Rn 632.
[260] So im „Edelmann-Fall", RGZ 117, 121.
[261] RÜTHERS/STADLER (Fn 2) § 24 Rn 26.
[262] MEDICUS/PETERSEN (Fn 3) Rn 633; stärker ergebnisorientiert WOLF/NEUNER (Fn 31) § 44 Rn 76.

3. Gesetz- und Sittenwidrigkeit

a) Verstoß gegen gesetzliche Verbote

Wenn ein Rechtsgeschäft von einem Geschäftsfähigen in der vorgesehenen Form vorgenommen worden ist, wird es **idR von der Rechtsordnung anerkannt**. Zur Privatautonomie gehört es, dass der Inhalt der Rechtsgeschäfte von den Privatpersonen selbst bestimmt wird. Aber auch das Privatrecht ist ein Teil der Gesamtrechtsordnung und beruht wie diese auf einer sittlichen Grundlage. Daher wäre es widersprüchlich, Rechtsgeschäfte hinzunehmen, deren Inhalt gegen zwingende Verbote oder gegen die elementare Sittlichkeit verstößt.

§ 134 BGB, die Vorschrift über verbotswidrige Rechtsgeschäfte, trifft selbst keine Aussage über irgendwelche gesetzlich verbotenen Inhalte. Dies bleibt den **speziellen Gesetzen** überlassen. Solche Gesetze sind freilich über die ganze Rechtsordnung verbreitet und überaus zahlreich.[263] Ihre Zahl wird noch dadurch erhöht, dass Gesetze iSd § 134 BGB gemäß Art 2 EGBGB alle Rechtsnormen sind, also auch zB Verordnungen. Andererseits bedürfen viele Verbotsnormen gar nicht der Rechtsfolge des § 134 BGB, weil sie selbst als leges perfectae die Nichtigkeit von Rechtsgeschäften anordnen. Wo aber Normen bestimmte Verhaltensweisen nur überhaupt oder mit straf- oder öffentlich-rechtlichen Sanktionen verbieten, können Rechtsgeschäfte, die als ein solches Verhalten anzusehen sind, nach § 134 BGB nichtig sein. Um dies festzustellen, müssen die Verbotsnormen ausgelegt werden.

Fraglich ist, wie die Formulierung des § 134 BGB zu verstehen ist, dass die Nichtigkeit vorliegt, wenn sich nicht aus dem (Verbots-)Gesetz ein anderes ergibt. Da maßgebliches Auslegungskriterium hierbei der **Zweck des Verbotsgesetzes** ist, enthält § 134 somit einen Normzweckvorbehalt.[264] Er könnte die Frage, ob überhaupt und in welcher Weise die Nichtigkeitsfolge gelten soll, ausschließlich der speziellen Verbotsnorm überlassen wollen.[265] Die Formulierung des § 134 BGB spricht jedoch eher dafür, dass die Nichtigkeit des Rechtsgeschäfts im allgemeinen Zivilrecht wenigstens bei verbleibenden Auslegungszweifeln über das Spezialgesetz die Regel sein soll.[266]

Nichtigkeit eines Rechtsgeschäfts als Ergebnis der Auslegung eines Verbotsgesetzes kommt in erster Linie in Betracht, wenn der **Inhalt des Rechtsgeschäftes** dem Gesetz widerspricht. Dies ist insbesondere der Fall, wenn die Erfüllung des Rechtsgeschäfts einen gesetzwidrigen Zustand herbeiführen würde, zB ein Kartell oder andere Wettbewerbsbeschränkungen[267] oder die Verletzung der ärztlichen oder anwaltlichen Schweigepflicht.[268] Grund für die Nichtigkeit kann aber auch schon die Vornahme eines Rechtsgeschäfts sein. Zu dieser Fallgruppe dürfte die Darlehensvermittlung im Reisegewerbe nach § 56 Abs 1 Nr 6 GewO gehören: Weder Darlehens- noch Darlehensvermittlungsverträge sind, wenn sie nicht als geradezu wucherisch beurteilt wer-

---

[263] Ausführlicher Katalog von Verbotsgesetzen bei STAUDINGER/SACK/SEIBL (2017) § 134 Rn 195 ff.
[264] STAUDINGER/SACK/SEIBL (2017) § 134 Rn 57.
[265] So insbesondere FLUME (Fn 1) § 17, 1, S 341.
[266] In diesem Sinne ausführlich CANARIS, Gesetzliches Verbot und Rechtsgeschäft (1983) 14 ff, 43 f; ebenso STAUDINGER/SACK/SEIBL (2017) § 134 Rn 58 mwNw, dort Rn 61 mwNw auch zur unklaren Haltung der Rspr.
[267] STAUDINGER/SACK/SEIBL (2017) § 134 Rn 248 mwNw; WOLF/NEUNER (Fn 31) § 45 Rn 11.
[268] BGHZ 115, 123, 129 f; BGH NJW 2001, 2462; STAUDINGER/SACK/SEIBL (2017) § 134 Rn 1, 292 mwNw.

den müssen, ihres Inhalts wegen zu beanstanden. Die Vermittlung im Reisegewerbe ist für den Kunden aber dadurch besonders gefährlich, dass er vielfach trotz der schriftlichen Information nach § 655b BGB erst nach Ablauf der Widerrufsfrist nach §§ 312 Abs 1, 355 BGB überhaupt feststellen kann, welche überflüssigen Kosten ihm durch die Vermittlung entstehen.[269] Daher erscheint nicht nur das Verbot der Vermittlung im Reisegewerbe nach wie vor rechtspolitisch gerechtfertigt, sondern solange dieses Verbot besteht, kann es seine Schutzfunktion auch nur erfüllen, wenn die trotzdem abgeschlossenen Vermittlungen nichtig sind und dadurch dem Kunden die Rückforderung der Vermittlungsprovision ermöglichen.[270]

168 Von der Inhaltsnichtigkeit unterscheiden kann man die Nichtigkeit des Rechtsgeschäfts **aufgrund des** mit ihm verfolgten **Zweckes**.[271] So haben Werkverträge über erlaubte Werkleistungen zB am Bau einen rechtlich unbedenklichen Inhalt, werden aber zu „Kandidaten" für § 134 BGB, wenn sie mit dem Zweck abgeschlossen werden, die Leistungen in Schwarzarbeit zu erbringen. Schwarzarbeit ist insgesamt gesehen ein besonders gemeinschaftsschädlicher Sachverhalt. Deshalb ist der Bedarf nach einer Bekämpfung durch präventive Mittel besonders groß. Dafür ist die Nichtigkeitsfolge des § 134 BGB geeignet. Sie wird abgesichert dadurch, dass auch Bereicherungsansprüche des schwarzarbeitenden Unternehmers gegen den Besteller nach § 817 S 2 BGB ausgeschlossen sind. Hat der Auftraggeber gleichfalls bewusst gegen das Gesetz verstoßen, trifft ihn die Nichtigkeitssanktion in entsprechender Weise.[272] Durch das Risiko, ohne alle Ansprüche da zu stehen, sollen ja gerade beide Parteien daran gehindert werden, einen solchen Vertrag überhaupt abzuschließen.[273]

169 Als weitere Gesichtspunkte zur Ermittlung des Sanktionszwecks werden die **Umstände des Vertragsschlusses** genannt. Als Beispiel kommt der Abschluss eines Kaufvertrages unter Verstoß gegen die Ladenschluss- oder Ladenöffnungsgesetze oder die Bestimmungen über die polizeiliche Sperrstunde in Betracht.[274] Die Missbilligung durch diese Vorschriften erfordert es jedoch nicht, die unter Verstoß gegen sie zustande gekommenen Verträge als unwirksam zu behandeln. Insbesondere besteht weder ein Anlass, den Käufer aus solchen Verträgen zur Rückgewähr oder zum Wertersatz nach § 812 BGB zu zwingen, noch etwa, ihn dadurch zu begünstigen, dass er den gekauften Gegenstand behalten und die eigene Gegenleistung zurückfordern kann. Hier würde die Nichtigkeit nicht passen. Deshalb bleibt es bei den verwaltungsrechtlich verankerten, einseitigen Sanktionen gegenüber dem Ladeninhaber oder Gastwirt. Das mit dem Umstand der Nacht- oder Feiertagszeit begründete Verhaltensverbot bleibt „relativ", also ohne zivilrechtliche Auswirkungen.

170 Soweit Rechtsgeschäfte hiernach nichtig sein sollen, stellt sich nach kaum noch vertretener Auffassung[275] die Frage, ob auch **Umgehungsgeschäfte** von dem Verbot erfasst

---

[269] AA jetzt STAUDINGER/SACK/SEIBL (2017) § 134 Rn 238 (hL).
[270] So im Ergebnis auch BGH NJW 1999, 1636; PALANDT/ELLENBERGER § 134 Rn 10.
[271] WOLF/NEUNER (Fn 31) § 45 Rn 14 f.
[272] Durch den schwammigen Rückgriff auf Treu und Glauben zugunsten des Auftraggebers relativiert für eine Preisgarantie des Unternehmers und ein darauf gestütztes Freistellungsverlangen des Auftraggebers wegen nachträglicher Zahlungsansprüche Dritter allerdings durch BGHZ 85, 39; ähnlich BGHZ 111, 308.
[273] So jetzt BGHZ 198, 141 und zuvor schon die hL: RÜTHERS/STADLER (Fn 2) § 26 Rn 9; MEDICUS/PETERSEN (Fn 3) Rn 651; STAUDINGER/SACK/SEIBL (2017) § 134 Rn 281 mwNw.
[274] RÜTHERS/STADLER (Fn 2) § 26 Rn 5.
[275] Vgl MünchKomm/ARMBRÜSTER § 134 Rn 13 ff gegen frühere Auflagen dieses Kommentars.

werden. Vor allem im Verbraucherschutzrecht sehen vielfach besondere Vorschriften ausdrücklich die Nichtigkeit von „Umgehungsgeschäften" vor. Daraus kann aber weder ein allgemeiner „Umgehungsgesichtspunkt" entnommen werden, noch der Umkehrschluss, dass außerhalb des Anwendungsbereiches dieser Spezialvorschriften Umgehungsgeschäfte generell zulässig seien. Nach richtiger Auffassung besteht vielmehr keine selbständige methodische Kategorie des Umgehungsgeschäfts. Da die Nichtigkeitsfolge selbst erst das Ergebnis einer Auslegung der Verbotsnorm ist, hängt der Umfang des Anwendungsbereichs – einschließlich etwaiger „Umgehungen" – ebenfalls allein von der Auslegung ab.[276]

b) Verstoß gegen Verfügungsverbote

171 In der Systematik des Gesetzes bilden **„Veräußerungsverbote"** eine besondere Art gesetzlicher Vorschriften oder behördlicher Akte mit der Nichtigkeitsfolge. Sie sind nicht schon ohne Weiteres in § 134 BGB enthalten, weil sie nicht den Schutz öffentlicher Interessen bezwecken, sondern nur den Schutz bestimmter Personen, deren Vermögensrechte bewahrt werden sollen. Deshalb ordnen §§ 135 f BGB auch nicht die Unwirksamkeit schlechthin an, sondern nur die „relative" Unwirksamkeit im Verhältnis zu den geschützten Personen. Dafür bezieht § 136 BGB Verbote ein, die nicht (unmittelbar) gesetzlich geregelt sind, sondern von einer Behörde oder insbesondere (zB in einer einstweiligen Verfügung) von einem Gericht bestimmt werden. Freilich können die Wirkungen der §§ 135, 136 BGB durch den guten Glauben eines Dritterwerbers, dass der Veräußerer unbeschränkt verfügungsbefugt ist, überwunden werden.

172 Nicht von §§ 135, 136 BGB erfasst werden die (seltenen) „absoluten" Veräußerungsverbote, ebenso wenig die (zahlreichen) **Beschränkungen der Verfügungsbefugnis**. Zutreffend wird darauf hingewiesen, dass durch Letztere nicht Sanktionen für den Verstoß gegen ein rechtliches „Dürfen" angeordnet werden, sondern dass sie den Betroffenen ihr rechtliches „Können" nehmen oder beschränken.[277] Dies hat seinen Grund zum Teil in der unterschiedlichen Wirkungsweise von Verpflichtungs- und Verfügungsgeschäften: Verpflichten können sich alle Geschäftsfähigen; verfügen können in der Regel nur diejenigen, die eine Verfügungsbefugnis – wie der Eigentümer über sein Eigentum – haben. Verfügungsverbote oder -beschränkungen betreffen daher streng genommen die rechtliche Fähigkeit der Verfügenden zur Vornahme der Verfügung. Dem entspricht auf der Erwerberseite die mangelnde Fähigkeit, aus Verfügung ein Recht zu erhalten. Auch solche Erwerbsverbote sind in §§ 135, 136 BGB nicht geregelt, sondern ergeben sich aus der Notwendigkeit effektiver Maßnahmen des einstweiligen Rechtsschutzes (§§ 935, 938 ZPO).

173 Zur Sicherung der Verkehrsfähigkeit der Verfügungsobjekte bestimmt **§ 137 S 1 BGB**, dass durch Rechtsgeschäft die Verfügungsbefugnis nicht ausgeschlossen oder beschränkt werden kann. ZB die Veräußerung von Treugut durch den Treuhänder ist daher wirksam. Allerdings besteht für Forderungen nach § 399 HS 2 BGB eine Ausnahme, und schuldrechtlich kann der Verfügende durchaus mit der Verfügung eine Vertragsverletzung begehen, die ihn zum Schadensersatz verpflichtet.

---

[276] MEDICUS/PETERSEN (Fn 3) Rn 660 im Anschluss an FLUME (Fn 1) § 17, 5, S 350.

[277] Siehe hier nur RÜTHERS/STADLER (Fn 2) § 26 Rn 20.

c) Verstoß gegen Grundwerte und moralische Mindestanforderungen

174 Gerade eine Rechtsordnung, die zur Verwirklichung des individuellen wie des allgemeinen Wohls auf die selbstbestimmte Regelung der Rechtsbeziehungen durch Vertrag und einseitige Rechtsgeschäfte abstellt, kann nicht darauf verzichten, dem Richter die Möglichkeit einzuräumen, bei **krassem Fehlgebrauch der Privatautonomie** privatrechtliche Gestaltungen als unwirksam zu behandeln. § 138 BGB hat dafür den Weg einer Generalklausel gewählt. Der dort verwendete Begriff der Sittenwidrigkeit war von Anfang an nur schwer mit einem klar umrissenen juristischen Inhalt zu füllen.[278] Mit der Ausbreitung des „Wertepluralismus" in der Gesellschaft ist dies vollends unmöglich geworden. Die bis heute gebräuchliche Formel, dass sittenwidrig sei, was dem „Anstandsgefühl aller billig und gerecht Denkenden" widerspreche,[279] ist schon deshalb irreführend, weil sie wörtlich genommen die erforderliche Wertung durch bloßes Gefühl zu ersetzen scheint.[280] Zudem ist es im allgemeinen Privatrecht weder sinnvoll noch überhaupt möglich, zB durch Meinungsumfragen die Einschätzung „aller" zu ermitteln. Eher kommt es auf die Einstellung der zur Rechtsfortbildung zuständigen, besonders erfahrenen hohen Richter an.[281] Die Entwicklung der richterlichen Normausfüllung unter dem Nationalsozialismus bietet freilich warnende Beispiele für den Missbrauch dieser Richtermacht zugunsten herrschender Ideologien.[282] Ihm ist am ehesten gegenzusteuern durch eine Orientierung an der „objektiven Werteordnung" der geltenden Grundrechte und an den zu § 138 BGB entschiedenen Fallgruppen, die aber nicht als ein für alle mal feststehend betrachtet werden können, wie etwa der Wandel in der Einstellung zur Verknüpfung des sexuellen Bereichs mit (entgeltlichen) Rechtsgeschäften zeigt:[283] Während früher jeglicher Vertrag über sexuelle Handlungen als sittenwidrig galt und die Rspr sogar die testamentarische Erbeinsetzung einer langjährigen Lebenspartnerin verwarf, weil die Vermutung dafür spreche, dass dies ausschließlich zur „Belohnung für sexuelle Hingabe" erfolge,[284] hat zunächst der BGH seine Rspr zum „Geliebtentestament" liberalisiert[285] und hat schließlich der Gesetzgeber im ProstG v 20.12.2001 sogar den Anspruch auf die Gegenleistung für sexuelle Handlungen legalisiert.[286] Freilich ist damit nicht der darauf gerichtete Vertrag schlechthin vom Makel der Sittenwidrigkeit befreit. Dies zeigt sich daran, dass es auch weiterhin keinen Anspruch auf die sexuellen Handlungen gibt. Das ProstG hat aber die Rechtsfolgen der Sittenwidrigkeit bei Verträgen über sexuelle Handlungen sinnvoll beschränkt und deshalb die Entgeltzusage von § 138 BGB ausgenommen.[287]

175 Hinsichtlich der **Geltung von Grundrechten** für private Rechtsgeschäfte ist Jahrzehnte lang von der hM § 138 BGB neben § 242 BGB als Einfallstor einer „mittelbaren Drittwirkung" verstanden worden. Seit der spektakulären Bürgschafts-Entscheidung des BVerfG v 19.10.1993[288] ist aber eher von einer unmittelbaren Wirkung der objektiven

---

[278] Vgl schon Mot II 125.
[279] Vgl bereits RGZ 48, 114, 124; 80, 219, 221; vgl auch STAUDINGER/SACK/FISCHINGER (2017) § 138 Rn 57 mwNw.
[280] MEDICUS/PETERSEN (Fn 3) Rn 682.
[281] STAUDINGER/SACK/FISCHINGER (2017) § 138 Rn 60 mwNw.
[282] Vgl RGZ 150, 1; RG Deutsches Recht 1943, 610 und dazu RÜTHERS/STADLER (Fn 2) § 26 Rn 29.
[283] Vgl nur RÜTHERS/STADLER (Fn 2) § 26

Rn 37 und eingehend STAUDINGER/SACK/FISCHINGER (2017) § 138 Rn 572, 573 ff.
[284] BGH NJW 1964, 764.
[285] BGHZ 53, 369.
[286] Zu den Folgen für das Testamentsrecht zutreffend STAUDINGER/SACK/FISCHINGER (2017) § 138 Rn 693 ff.
[287] Weitergehend (Vertrag insgesamt nicht mehr sittenwidrig) die hM, BGH NJW 2006, 3490; STAUDINGER/FISCHINGER (2017) § 1 ProstG Rn 12 ff.
[288] BVerfGE 89, 214 = NJW 1994, 36.

Wertordnung, die in den Grundrechten ihren Ausdruck gefunden hat, auf die Interpretation der „guten Sitten" auszugehen.[289] Sie führt zu einer weitreichenden Inhaltskontrolle von Verträgen und anderen Rechtsgeschäften am Maßstab der Verfassung.[290] Freilich stoßen im Privatrecht typischerweise Grundrechte verschiedener Beteiligter aufeinander, zB die Testierfreiheit des Erblassers (Art 2 Abs 1, 14 Abs 1 BGB) und die Eheschließungsfreiheit eines Enterbten (Art 6 Abs 1 GG). Keines dieser Grundrechte hat a priori den Vorrang vor einem anderen. Die Grundrechte bedürfen daher selbst eines Ausgleichs durch Abwägung unter ihnen.

Trotz der Notwendigkeit, die Konkretisierung der Sittenwidrigkeitsformel durch Fallgruppenbildung zu erreichen, gibt es einige **allgemeine Gesichtspunkte** zur Wirkungsweise des § 138 Abs 1 BGB. So lässt sich ein Stufenverhältnis der Beurteilung feststellen: Zunächst kann schon der Inhalt des Rechtsgeschäftes selbst ohne Rücksicht auf irgendwelche Begleitumstände sittenwidrig sein,[291] zB die Selbst-Knebelung eines Vertragspartners.[292] Wenn aber der Inhalt des Rechtsgeschäfts für sich genommen unbedenklich wäre, kann das Rechtsgeschäft trotzdem nach den Motiven und Zwecken eines oder beider Beteiligten sittenwidrig sein. So ist ein Verzicht auf Unterhalt nach der Scheidung zulässig, nicht aber, wenn dadurch ein Anspruch auf Sozialhilfe (oder Grundsicherung) begründet werden soll.[293] Ein Bewusstsein der Sittenwidrigkeit ist nicht Voraussetzung für die Unwirksamkeit: Wer sittlich so „abgebrüht" ist, dass er die Sittenwidrigkeit gar nicht merkt, soll nicht privilegiert werden. Wenn die Sittenwidrigkeit freilich erst durch das Motiv des Rechtsgeschäfts (zB die von der Rspr früher öfter herangezogene „Belohnung für die geschlechtliche Hingabe") zu begründen ist, muss der sittenwidrig Handelnde die Umstände kennen; sonst kann er ein solches Motiv gar nicht haben. Schließlich ergibt sich aus dem Erfordernis eindeutiger Rechtsfolgen des Rechtsgeschäftes, dass in der Regel der Zeitpunkt der Vornahme des Rechtsgeschäfts für die Beurteilung seiner Sittenwidrigkeit maßgeblich ist. Einzeltestamente sind jedoch bis zum Zeitpunkt ihrer Wirkung beim Tode des Erblassers jederzeit widerruflich, sodass für sie die Rechtslage so beurteilt werden kann, als wären sie erst unmittelbar vor dem Tode errichtet worden.[294]

Unter den entschiedenen **Fallgruppen** haben folgende Konstellationen besondere Bedeutung erlangt: Verträge, die zu wirtschaftlicher oder persönlicher Bewegungsunfähigkeit oder übermäßigen Beschränkungen der Bewegungsfreiheit (Knebelung) führen, sind unwirksam.[295] Dazu gehören der Sache nach auch Bürgschaften und andere persönliche Sicherheiten von nahen Angehörigen oder sonst Abhängigen, die den Sicherungsgeber finanziell krass überfordern.[296] Eine weitere Fallgruppe bildet die rücksichtslose Gefährdung anderer Gläubiger durch Verschaffung übermäßiger Sicherheiten und Verleitung des Schuldners zur Kredittäuschung und zum Bruch bestehen-

---

[289] Vgl etwa BVerfG NJW 2004, 2008 zur Eheschließungsfreiheit nach Art 6 Abs 1 GG im Fall „Hohenzollern".
[290] Zur Kritik vgl nur DIEDERICHSEN AcP 198 (1998) 171 ff und STAUDINGER/HONSELL (2004) Einl 197 zum BGB, abgeschwächt in der Bearbeitung 2013 Rn 197 mwNw Fn 286.
[291] BGHZ 94, 268, 272.
[292] WOLF/NEUNER (Fn 31) § 46 Rn 30 ff.
[293] BGHZ 86, 82; vgl aber BGH NJW 2011, 1586: keine Sittenwidrigkeit des Pflichtteilsverzichts eines behinderten Sozialhilfeempfängers.
[294] MEDICUS/PETERSEN (Fn 3) Rn 692.
[295] Vgl nur WOLF/NEUNER (Fn 31) § 46 Rn 32 ff.
[296] So die Einordnung bei RÜTHERS/STADLER (Fn 2) § 26 Rn 35 mwNw.

der Verträge,[297] was auch selbständig Sittenwidrigkeit begründen kann.[298] Breiten Raum in der Rspr nehmen schließlich Rechtsgeschäfte ein, die höchstpersönliche Handlungen und Leistungen kommerzialisieren. Hierzu gehören neben den bereits erwähnten Verträgen zur Prostitution[299] zB Bordellverträge, wenn in dem zu erwerbenden oder zu pachtenden Objekt die Prostituierten in wirtschaftlicher oder persönlicher Abhängigkeit gehalten werden oder die Prostitution durch andere Maßnahmen iSd § 180a StGB gefördert werden soll.[300] Auch Verträge über die Pflicht zur Empfängnisverhütung (gegenüber einem Arbeitgeber, aber auch gegenüber dem Partner) sind ebenfalls unwirksam.[301,302]

178 Einen Sonderfall nimmt das Gesetz selbst in § 138 Abs 2 BGB mit dem **Wucher** auf. Er liegt vor, wenn zwischen Leistung und Gegenleistung ein auffälliges Missverhältnis besteht und der Wucherer die Zwangslage, das mangelnde Urteilsvermögen oder die Willensschwäche des Bewucherten ausnutzt. Ein Missverhältnis der Leistungen ist nur möglich bei gegenseitigen Verträgen. Schenkungen, aber auch Bürgschaften scheiden daher für § 138 Abs 2 BGB von vornherein aus, können aber – wie gezeigt[303] – unter § 138 Abs 1 BGB fallen. Das Gleiche gilt, wenn das Missverhältnis der Leistungen geringer ist als beim Wucher und/oder der Geschäftspartner ohne vorsätzliche „Ausbeutung" wenigstens leichtfertig aus der schwächeren Position der anderen Partei Vorteil zieht.[304] Solche Sachverhalte sind allerdings typischerweise heute von Spezialvorschriften erfasst, zB Verbraucherdarlehensverträge nach §§ 491 ff BGB. Immer setzt Wucher selbst wie auch ein wucherähnlicher Sachverhalt nach § 138 Abs 1 BGB aber eine subjektive Sachverhaltsseite voraus.[305] Eine bloß objektive krasse Abweichung genügt – anders als bei der laesio enormis des gemeinen Rechts – nicht. Liegt Wucher im engeren Sinne des § 138 Abs 2 BGB vor, ist nicht nur das Verpflichtungsgeschäft, sondern nach der Formulierung „gewähren lässt" auch das Verfügungsgeschäft unwirksam.

179 Den Leistungen auf ein unter § 138 Abs 1 BGB fallendes Rechtsgeschäft und der Leistung des Wucherers nach § 138 Abs 2 BGB fehlt wegen der Nichtigkeitsfolge dieser Vorschriften ein Rechtsgrund. Dennoch können sie nach **§ 817 S 2 BGB** nicht zurückgefordert werden. Diese Rechtsfolge muss freilich genau auf den Leistungstatbestand bezogen werden, für den die wucherische oder sonst sittenwidrig versprochene Gegenleistung geschuldet sein sollte. Deshalb ist etwa bei einem Wucherdarlehen nach § 488 Abs 1 S 2 BGB dem Wucherer nur die Forderung von Zinsen, nicht die Erstattung der Darlehenssumme bei Fälligkeit versagt.[306]

---

[297] STAUDINGER/SACK/FISCHINGER (2017) § 138 Rn 377 ff, 477 ff mwNw.
[298] BGH NJW 1992, 2152 und dazu RÜTHERS/STADLER (Fn 2) § 26 Rn 39.
[299] Vgl oben bei und nach Fn 286.
[300] Eingehend zum – nach dem ProstG regelmäßig zulässigen – Bordellvertrag und den Grenzen seiner rechtlichen Anerkennung STAUDINGER/FISCHINGER (2017) § 1 ProstG Rn 50 ff.
[301] BGH NJW 1986, 2043; LAG Hamm DB 1969, 2353.
[302] Vgl auch den umfassenden Überblick über die Kasuistik bei STAUDINGER/SACK/FISCHINGER (2017) § 138 Rn 306 ff, 329 ff.
[303] Bei Fn 288.
[304] STAUDINGER/SACK/FISCHINGER (2017) § 138 Rn 306 ff mwNw.
[305] Vgl aber zu einer – angeblichen – Vermutung für das Vorliegen der subjektiven Voraussetzungen bei einem besonders groben Missverhältnis der Leistungen zB BGHZ 146, 298; ausführlich STAUDINGER/SACK/FISCHINGER (2017) § 138 Rn 317 ff mwNw sowie FINKENAUER, in: FS HP WESTERMANN (2008) 183 ff.
[306] BGHZ 99, 333.

4. Willensmängel

a) Anfechtbarkeit

180 Nicht immer ist ein mangelhaftes Rechtsgeschäft per se unwirksam. Vor allem im Interesse der Rechtssicherheit, aber auch zur Erweiterung der Gestaltungsmöglichkeiten beim Umgang mit Rechtsgeschäften hat sich der Gesetzgeber des BGB von der Tradition abgewendet, dass auch Willensmängel generell zur Unwirksamkeit einer Willenserklärung führen. Für eine Reihe von Fällen sieht das Gesetz stattdessen die **Wirksamkeit** der Erklärung **bis zu einer** etwaigen **Anfechtung** durch den Erklärenden vor. Durch die Rspr und einen Teil der Lehre ist das auf weitere Willensmängel ausgedehnt worden (dazu unten Rn 199 ff und oben Rn 28). Allerdings gewährt das Gesetz die Möglichkeit der Anfechtung nur für ganz bestimmte Irrtümer, und der Anwendungsbereich der Irrtumsvorschriften ist teilweise aus Konkurrenzgründen zusätzlich eingeschränkt worden. In allen sonstigen Irrtumsfällen ist die Erklärung definitiv wirksam.

181 Macht der Erklärende oder – bei der Anfechtung im Erbrecht – der sonstige Berechtigte von seinem **Gestaltungsrecht der Anfechtung** Gebrauch, ist die Erklärung nach § 142 Abs 1 BGB von Anfang an nichtig. Bei der Anfechtung wegen Irrtums, beim Willensmangel des § 118 BGB und in den ungeregelten, aber gleich zu stellenden Fällen muss der Anfechtende jedoch nach § 122 BGB für die Folgen Schadensersatz leisten, die beim Erklärungsgegner durch sein (unverschuldetes) Vertrauen in die Wirksamkeit der Erklärung entstanden sind. Diese Schadensersatzpflicht ist wiederum durch den Gedanken beschränkt, dass der Anfechtungsgegner nach der Anfechtung nicht besser stehen soll, als wenn die Erklärung wirksam bliebe. Deshalb kann er das „negative Interesse" nur bis zur Höhe des „positiven Interesses" (Schadensersatz statt der Leistung) verlangen.

182 Gegenstand der Anfechtung ist die Erklärung, wie sie aus normativen Gründen (also zB wegen der Auslegung aus dem objektiven Empfängerhorizont, oben Rn 52) bis zu einer etwaigen Anfechtung gilt. Gedanklich sind daher vor einer möglichen Anfechtung stets alle **Auslegungsmöglichkeiten** auszuschöpfen. Aber selbst wenn hiernach ein Irrtum vorliegt, soll die Anfechtung ihrem Zwecke nach nur dazu führen, dass sich der Erklärende gerade von den Irrtumsfolgen befreien kann. Ein Reurecht gewährt sie nicht. Ist der Erklärungsgegner mit dem wirklich gewollten Inhalt im Nachhinein einverstanden, muss sich der Erklärende an seinem wirklichen Willen festhalten lassen.[307] Es gilt also dasselbe wie nach der falsa demonstratio-Regel (oben Rn 43), wenn der Erklärungsgegner den Irrtum sogleich erkennt oder teilt. Ist die Erklärung (möglicherweise) ohnehin nichtig, hindert dies die Anfechtung nicht.[308]

183 Die **Erklärung der Anfechtung** ist eine empfangsbedürftige Willenserklärung. Sie bedarf keiner Form, muss aber dem Empfänger mit dem Inhalt, an der Ausgangserklärung nicht festhalten zu wollen, verständlich sein. Sie muss in den Fällen der §§ 119, 120 BGB unverzüglich (ohne schuldhaftes Zögern) erfolgen (§ 121 BGB), in den Fällen des § 123 BGB (Täuschung und Drohung) innerhalb eines Jahres von Kenntnis des Anfechtungsgrundes an (§ 124 BGB). Nach § 143 BGB ist die Anfechtung einer Vertragserklärung an den Vertragspartner, diejenige einer einseitigen empfangsbedürfti-

---

[307] BGH NJW 2008, 2702, 2704; STAUDINGER/SINGER (2016) § 119 Rn 103 mwNw.

[308] Ausführlich dazu MEDICUS/PETERSEN (Fn 3) Rn 728 ff mwNw.

gen Willenserklärung an den Empfänger, bei anderen Erklärungen an denjenigen zu richten, der aus dem Rechtsgeschäft einen unmittelbaren Vorteil erlangt hat. Für Anfechtungen in einzelnen Bereichen gelten Sondervorschriften; so ist die Testamentsanfechtung idR gegenüber dem Nachlassgericht zu erklären, § 2081 BGB, die Anfechtung des Erbvertrages obendrein in notarieller Form, § 2282 BGB.

184 **Ausgeschlossen** ist die Anfechtung, wenn der Anfechtungsberechtigte das Rechtsgeschäft in Kenntnis der Anfechtbarkeit **bestätigt**, § 144 BGB. Verdrängt wird die Anfechtung nach § 119 Abs 2 BGB weitgehend von den Gewährleistungsvorschriften des besonderen Schuldrechts, die Anfechtung von Gesellschafts- und Arbeitsverträgen von der Kündigung aus wichtigem Grund (oben Rn 24). Wirkungslos bleibt schließlich die Anfechtung eines dinglichen Rechtsgeschäfts wie der Einigung über den Eigentumsübergang, wenn inzwischen ein Dritter vom Erstempfänger erworben hat: Nach § 142 Abs 2 BGB finden die Vorschriften über den redlichen Erwerb (§§ 892, 932 ff BGB) auch hinsichtlich der Anfechtungswirkungen Anwendung.

b) Irrtum als Anfechtungsgrund

185 Der Regelung des Irrtums im BGB liegt ein „Mehrphasenmodell" der Willenserklärung zugrunde:[309] Bevor es zur Erklärung selbst kommt, bildet sich der Wille aufgrund bestimmter **Motive**. Irrt sich der Erklärende in dieser Motivationsphase, wird ein solcher Irrtum von der gesetzlichen Regelung in §§ 119 f BGB idR nicht anerkannt. Nur der Eigenschaftsirrtum nach § 119 Abs 2 BGB geht schon auf die Willensbildung vor der eigentlichen Erklärung zurück. Außerdem erkennt das Gesetz im Erbrecht (§§ 1949 Abs 1, 2078 f, 2281 BGB) den Motivirrtum an, und wer täuscht oder droht, wird sogar typischerweise die Motivlage des Erklärenden verfälschen; deshalb genügt ein Motivirrtum bei § 123 BGB.

186 Ist der Wille gebildet, bedarf er der **Worte und Zeichen** zur Erklärung. Sie müssen richtig **gewählt** werden. Misslingt dies, liegt ein nach § 119 Abs 1, 1. Alt BGB relevanter Inhaltsirrtum vor. Einer solchen falschen Bezeichnung steht es mindestens nahe, wenn der Erklärende eine ganz bestimmte Person oder Sache meint, versehentlich aber eine andere nennt oder auch nur nimmt (zB der Käufer im Supermarkt greift nach der „falschen" Ware[310]). Ein solcher Identitätsirrtum berechtigt gleichfalls zur Anfechtung nach § 119 Abs 1, 1. Alt BGB. Das Gleiche gilt, wenn der Erklärende sich in der Bezeichnung der von ihm gewollten Geschäftsart (zB Verkauf statt Schenkung) irrt.[311]

187 Nach der Wahl der Erklärungszeichen müssen diese **richtig ausgesprochen oder niedergeschrieben** werden. Verspricht oder verschreibt sich der Erklärende hierbei, liegt ein relevanter Erklärungsirrtum nach § 119 Abs 1, 2. Alt BGB vor. Dem steht nach § 120 BGB gleich, wenn die Verfälschung der Erklärung nicht vom Erklärenden selbst, sondern bei der Übermittlung durch einen Erklärungsboten unbewusst herbeigeführt wird. Geht der Fehler auf einen Empfangsboten zurück, ist die Erklärung mit richtigem Inhalt zugegangen. UU irrt sich dann aber der Empfänger bei seiner Antwort über den Inhalt dessen, was er objektiv erklärt („Empfängerirrtum"[312]). Verfälscht der Erklärungsbote die Erklärung bewusst, handelt er als Bote ohne Botenmacht. Dafür

---

[309] Vgl insbes MEDICUS/PETERSEN (Fn 3) Rn 738 ff.
[310] MEDICUS/PETERSEN (oben Fn 3) Rn 763.
[311] RÜTHERS/STADLER (Fn 2) § 25 Rn 34.
[312] MEDICUS/PETERSEN (Fn 3) Rn 749.

passt § 120 BGB nicht unmittelbar. Mangels eigener Vorschrift sind nach freilich umstrittener Ansicht[313] §§ 177 ff BGB für den Vertreter ohne Vertretungsmacht analog anzuwenden.

Fraglich ist, ob Irrtümer aus dem Motivbereich dadurch relevant werden, dass der Erklärende sie **als Inhalt** der Erklärung selbst **mitteilt**. Dies spielt ua eine Rolle beim Rechtsfolgenirrtum: Macht sich der Erklärende falsche Vorstellungen von den **Rechtsfolgen** seiner Erklärung, weil er das Gesetz oder zB den gewohnheitsrechtlichen Satz über das Schweigen auf ein Bestätigungsschreiben nicht kennt, irrt er sich in seiner Motivation. Die Anfechtung ist ausgeschlossen. Will hingegen jemand, dass die wesentlichen Bestandteile einer Sache mit verkauft sein sollen, nennt sie jedoch fälschlich das „Zubehör", soll diese Benennung mit einem unrichtigen Rechtsbegriff als Inhaltsirrtum zur Anfechtung berechtigen.[314] Dies hat freilich die unschöne Konsequenz, dass sich der Erklärende umso eher Anfechtungsmöglichkeiten schafft, je geschwätziger er seine Erklärung durch die Mitteilung der Motive „anreichert".[315] Freilich handelt es sich hierbei wohl nur um Lehrbuchbeispiele: Wer schon einen juristischen Terminus gebraucht, wird nur schwer beweisen können, dass er darunter etwas anderes verstand. Hinter diesem empirischen Befund sollte jedoch eine materiell-rechtliche Einsicht stehen: Wer sich bewusst der juristischen Terminologie bedient oder auf anerkannte Rechtsfolgen beruft, bringt damit regelmäßig zum Ausdruck, dass er die Rechtsfolgen seiner Erklärung nicht gänzlich „autonom", allein nach seinen eigenen Rechtsfolgenvorstellungen bestimmen möchte, sondern „heteronom", nach dem Recht.[316] Der Irrtum über die Bedeutung einer solchen Verweisung auf einen normativen Kontext gehört zur Willensbildung, nicht zur Erklärung selbst. **188**

Die andere Fallgruppe „mitgeteilter Motivirrtümer" betrifft die in die Erklärung aufgenommene **Kalkulation des Preises**. Ihre Zuordnung zum Inhaltsirrtum beruht jedoch auf einer verfehlten und heute überholten Rspr des RG.[317] Typischerweise bleibt der Kalkulationsirrtum allein im Motivationsbereich, wenn der Erklärende nur das Kalkulationsergebnis mitteilt. Dies gilt selbst dann, wenn der Erklärungsempfänger den zugrunde liegenden Irrtum erkennt und dennoch in das „Schnäppchen" einschlägt. Nur wenn wegen besonderer Umstände der Empfänger erkennt, dass der Erklärende versehentlich ein ruinöses Angebot unterbreitet, kann der Empfänger aus §§ 241 Abs 2, 311 Abs 2 BGB verpflichtet sein, den Erklärenden auf seinen Irrtum hinzuweisen und, wenn er dies unterlässt, von seiner Verpflichtung zu befreien.[318] Beim „offenen Kalkulationsirrtum", wenn also die mitgeteilte Kalkulation zum rechnerischen Ergebnis nicht passt, liegt ein reines Auslegungsproblem vor: Insbesondere bei laufender Geschäftsbeziehung oder mindestens wiederholten Geschäften zwischen denselben Personen wird vielfach der Erklärungsempfänger ohne Weiteres verstehen, welcher Preis gelten soll, zB bei Waren in bestimmten Einheiten der Einzelpreis und nicht der fehlerhaft errechnete Gesamtpreis. Wenn sich nicht ermitteln lässt, welcher der einander widersprechenden Preise maßgeblich sein soll, gilt wie auch sonst bei wider- **189**

---

[313] Offengelassen von BGH NJW 2008, 2702; wie hier PALANDT/ELLENBERGER vor § 164 Rn 11; WOLF/NEUNER (Fn 31) § 51 Rn 20; RÜTHERS/STADLER (Fn 2) § 25 Rn 55; aA MEDICUS/PETERSEN (Fn 3) Rn 748 mwNw.
[314] WOLF/NEUNER (Fn 31) § 41 Rn 88.
[315] RÜTHERS/STADLER (Fn 2) § 25 Rn 37; ME-DICUS/PETERSEN (Fn 3) Rn 751, vgl auch Rn 758 zum Kalkulationsirrtum.
[316] Vgl zur Gegenüberstellung autonomer und heteronomer Rechtsfolgen STAUDINGER/SINGER (2016) § 119 Rn 67.
[317] RGZ 64, 266, 268; 162, 198, 201.
[318] Vgl zur öffentlichen Hand als Erklärungsempfänger BGHZ 139, 177.

sprüchlichen Erklärungen, dass eine gültige Gesamterklärung gar nicht abgegeben wurde („Perplexität"[319]). Ausnahmsweise kann die Kalkulation, wenn sie zB von einem Dritten stammt, zur Geschäftsgrundlage des Vertrages geworden sein. Erweist sich in einem solchen Fall die Kalkulation als fehlerhaft, kann wegen des gemeinsamen Irrtums nach § 313 Abs 2 BGB Anpassung des Vertrages verlangt werden.[320]

190 Als **besonders problematisch** hat sich der Tatbestand des Irrtums nach **§ 119 Abs 2 BGB** erwiesen. Wenn sich der Erklärende über eine verkehrswesentliche Eigenschaft einer Sache oder Person irrt, auf die sich die Erklärung bezieht, dann irrt er sich nicht über den Erklärungsvorgang selbst, sondern schon bei der Willensbildung, die ihn zu seiner Erklärung veranlasst hat. § 119 Abs 2 BGB gehört also in diejenige Phase des gesamten Vorganges zur Entstehung des Rechtsgeschäftes, die der Gesetzgeber im Allgemeinen aus nachvollziehbaren Erwägungen des Verkehrsschutzes gerade aus dem Bereich möglicher Anfechtungsgründe heraushalten wollte. Eine überzeugende Begründung für diese Ausnahmeregelung ist schon dem historischen Gesetzgeber nicht gelungen.[321] Heute herrscht daher die Auffassung vor, dass die Vorschrift möglichst eng interpretiert werden müsse. Dies geschieht jedoch auf verschiedenen Wegen: Die Rspr versucht die Beschränkung des Anwendungsbereichs durch die Definition der Eigenschaft.[322] Wichtige Stimmen in der Literatur hingegen stellen – genau wie beim Gewährleistungsrecht – darauf ab, welche Beschaffenheit nach dem Rechtsgeschäft vorliegen soll und ob die tatsächliche Beschaffenheit hiervon abweicht.[323] Daraus ergibt sich zugleich regelmäßig der Vorrang des Gewährleistungs- und Leistungsstörungsrechts vor § 119 Abs 2 BGB.[324] Dieser Vorrang ist aus pragmatischen Gründen auch nach der hM gegeben: Die Fristen des Gewährleistungsrechts würden unterlaufen, wenn man neben ihnen Raum für die Anfechtung mit ihrem nach § 121 BGB möglicherweise späteren Fristbeginn ließe. Zudem ergäbe sich ein Widerspruch zwischen dem Anfechtungsrecht bei grob fahrlässigem Irrtum und dem Ausschluss des Gewährleistungsrechts bei grob fahrlässiger Verkennung des Mangels.[325] Zugunsten des Verkäufers sowie vor der Anwendbarkeit des Gewährleistungsrechts (beim Kauf: dem Gefahrübergang) auch zugunsten des Käufers bleibt demnach allerdings Raum für § 119 Abs 2 BGB.

191 Als Eigenschaften der Sache oder des sonstigen Geschäftsgegenstandes (der einer Sache gleichzustellen ist) kommen alle **wertbildenden Faktoren** in Betracht, nicht jedoch der Wert oder Preis selbst. Denn dieser ist nicht Eigenschaft „der Sache", sondern Maßstab ihrer Einschätzung am Markt. Auch das Eigentum an einer Sache ist kein „wertbildender Faktor" und daher keine Eigenschaft iSd § 119 Abs 2 BGB. Als Sacheigenschaften kommen aber nicht nur Merkmale der natürlichen Beschaffenheit in Frage, sondern auch andere Verhältnisse (zB die Marktgängigkeit einer Ware). Ähnlich sind auch die relevanten Eigenschaften der Person nicht auf körperliche, geistige und ethische Merkmale der Person selbst beschränkt, sondern umfassen auch solche Umstände wie die Kreditwürdigkeit oder die Solvenz. Verkehrswesentlich sind die Eigenschaften jedenfalls dann, wenn sie für das konkrete Rechtsgeschäft wesent-

---

[319] MEDICUS/PETERSEN (Fn 3) Rn 759.
[320] Vgl RÜTHERS/STADLER (Fn 2) § 25 Rn 43.
[321] Vgl STAUDINGER/SINGER (2016) § 119 Rn 79 mwNw.
[322] ZB BGHZ 70, 47, 48; 88, 240, 245.
[323] Vor allem FLUME (Fn 1) § 24, 2, S 477; kritisch zB STAUDINGER/SINGER (2016) § 119 Rn 81.
[324] So iE auch STAUDINGER/SINGER (2016) § 119 Rn 85 f.
[325] Vgl nur RÜTHERS/STADLER (Fn 2) § 25 Rn 70.

lich sind. Dies ergibt sich bei einem Vertrag aus den Vereinbarungen der Parteien, sind solche nicht vorhanden, aus der Üblichkeit bei Geschäften der fraglichen Art.[326]

192 Für alle Anfechtungsgründe der §§ 119, 120 BGB verlangt das Gesetz eine „**vernünftige**" **Kausalität** des Irrtums für das Rechtsgeschäft. Erscheint der Irrtum bei „verständiger Würdigung" in diesem Sinne irrelevant, scheidet die Anfechtung aus. Maßgeblich hierfür ist vor allem, ob der Irrtum einen wirtschaftlichen Nachteil bewirkt. Aber auch zB bei gleichwertigen Eigenschaften können anerkennungswürdige Affektionsinteressen einen „verständigen" Beurteiler zu der Einschätzung bringen, dass der Irrtum für den Erklärenden objektiv relevant ist.[327]

193 Zu beachten hat der Anfechtungswillige für seine Erklärung nach § 143 BGB die **Frist** des § 121 BGB. Sie ist Ausschlussfrist und beträgt nur die Zeit von der Kenntnis des Anfechtungsgrundes bis zu einer unverzüglichen (nicht schuldhaft verzögerten) Reaktion. Ohne Rücksicht auf die Kenntnis ist die Anfechtung nach § 121 Abs 2 BGB in zehn Jahren seit Abgabe der anzufechtenden Erklärung verfristet.

c) Täuschung und Drohung

194 Während in den Fällen der §§ 119 f BGB der planmäßige Ablauf von Bildung und Erklärung des Willens durch Vorgänge gestört ist, die ausschließlich oder vorwiegend der Sphäre des Erklärenden selbst angehören, betrifft § 123 BGB Verfälschungen, die von anderer Seite durch ein **missbilligenswertes Verhalten** hervorgerufen worden sind. In solchen Fällen den Erklärenden unbedingt an seiner Äußerung festzuhalten, wäre unerträglich. Mit dem **Recht zur Anfechtung** hat er es allerdings auch in der Hand, die von ihm abgegebene Erklärung aufrecht zu erhalten. Dadurch wird seine **Gestaltungsfreiheit** gegenüber einer gesetzlichen Nichtigkeitsanordnung **erweitert**. In krassen Fällen, vor allem solchen der Drohung, liegt allerdings zugleich Nichtigkeit nach § 138 Abs 1 BGB vor.[328] Die weit größere praktische Bedeutung von beiden Tatbeständen des § 123 BGB hat dabei die Täuschung. Auch dieser Tatbestand wird jedoch vielfach überlagert durch die Anwendung der §§ 311 Abs 2, 280 Abs 1 BGB, die statt Arglist einfaches Verschulden voraussetzen, das zudem nach § 280 Abs 1 S 2 BGB vermutet wird. Um krasse Wertungswidersprüche zwischen dem nach § 249 Abs 1 BGB auf Aufhebung des Vertrages gerichteten Anspruch aus § 311 Abs 2 BGB und dem Anfechtungsrecht nach § 123 Abs 1, 1. Alt BGB zu vermeiden, wird man die Ausschlussfrist des § 124 analog auf den Anspruch aus § 311 Abs 2 BGB anwenden müssen.[329] Andere Versuche, das Konkurrenzproblem zu lösen, sind unbefriedigend geblieben.[330]

195 **Täuschung** ist ein bewusstes Verhalten, durch das beim Getäuschten eine unrichtige Vorstellung über Tatsachen oder andere objektiv nachprüfbare Umstände hervorgerufen oder aufrechterhalten wird.[331] Sie kann durch positives Tun begangen werden oder durch Unterlassen, wenn eine Aufklärungspflicht besteht. Wann eine solche Pflicht anzunehmen ist, lässt sich nicht generell sagen. Auch und gerade in der Informationsgesellschaft sind Wissensvorsprünge ein legitimes Mittel, um sich einen Vorteil zu ver-

---

[326] Zahlreiche Beispiele bei STAUDINGER/SINGER (2016) § 119 Rn 90 ff.
[327] Vgl STAUDINGER/SINGER (2016) § 119 Rn 101 mwNw.
[328] Vgl BGH NJW 1988, 902; 1995, 1425.
[329] STAUDINGER/SINGER/vFINCKENSTEIN (2016) § 123 Rn 104 mwNw.
[330] Vgl nur BGH NJW 1998, 302; NJW-RR 2002, 308 mit dem Erfordernis eines Vermögensschadens bei § 311 Abs 2. Krit dazu mit Recht STAUDINGER/SINGER (2016) § 119 Rn 57 f.
[331] Ähnliche Definition bei RÜTHERS/STADLER (Fn 2) § 25 Rn 75.

schaffen.³³² Besteht aber ein besonderes Vertrauensverhältnis des Informierten zum Erklärenden oder ist dieser ersichtlich unerfahren, während der andere wenigstens auch wegen seiner überlegenen Sachkunde als Partner in Betracht gezogen worden ist, wird man nach Treu und Glauben und der Verkehrsauffassung eine Aufklärungspflicht bejahen müssen. Wer zulässige Fragen stellt, darf richtige und vollständige Antworten erwarten.³³³ Täuschung auf unzulässiges Fragen ist nicht widerrechtlich.³³⁴

196 Die **Arglist** ist ein überflüssiges Merkmal, da sie iSd (wenigstens bedingten) Vorsatzes verstanden wird, schon die Täuschung aber bewusstes Verhalten voraussetzt. Es liegt auch vor, wenn Kenntnis „ins Blaue hinein" behauptet wird, wo in Wahrheit keine Kenntnis vorhanden ist.³³⁵ Welche Motive und Absichten der Täuschende verfolgt, ist unerheblich. Die Täuschung muss aber den Getäuschten zu seiner Erklärung „bestimmt" haben. Dafür genügt jede Art der Kausalität. Ein „verständiges" Verhalten des Getäuschten ähnlich der Voraussetzung des § 119 Abs 1 BGB ist nicht erforderlich.

197 Nach § 123 Abs 2 BGB begründet bei empfangsbedürftigen Willenserklärungen die Täuschung **durch einen Dritten** nur dann die Anfechtung, wenn der Erklärungsgegner sie kannte oder kennen musste (fahrlässig nicht kannte). Auf dieses Merkmal kommt es aber nicht an, wenn der Täuschende „im Lager" des Erklärungsempfängers steht, zB der Stellvertreter, der Versicherungsagent oder andere Vertrauenspersonen des Erklärungsempfängers.³³⁶

198 Die andere Alternative des § 123 BGB ist die **widerrechtliche Drohung**. Eine Drohung liegt vor, wenn ein Übel in Aussicht gestellt wird, auf dessen Eintritt der Drohende Einfluss hat oder zu haben vorgibt.³³⁷ Eine Warnung ist ebenso wenig Drohung wie das Verlangen einer Erklärung als Bedingung zur Befreiung aus einer Notlage.³³⁸ Widerrechtlich ist die Drohung, wenn entweder das angedrohte Übel oder der mit dem Rechtsgeschäft verfolgte Zweck oder gerade die Verknüpfung des Übels mit dem erstrebten Zweck (Zweck-Mittel-Relation) rechtswidrig ist. Die Feststellung, ob das Mittel oder der Zweck rechtswidrig ist, macht idR keine Schwierigkeiten: Was die Rechtsordnung, insbesondere das Strafrecht, verbietet, ist kein erlaubtes Mittel zur Herbeiführung von Willenserklärungen, und wenn der mit der Erklärung herbeigeführte Erfolg rechtlich missbilligt wird, gilt dasselbe. Einen eindeutigen Maßstab dafür, dass der Einsatz eines erlaubten Mittels für einen erlaubten Erfolg rechtswidrig ist, gibt es hingegen nicht. Die Rspr verweist dafür sehr allgemein auf Treu und Glauben und eine umfassende Würdigung aller Fallumstände.³³⁹ Eine Konkretisierung ist daher nur durch Fallgruppenbildung zu erreichen.³⁴⁰ Keine Rolle sollte dabei – entgegen der Rspr³⁴¹ – Kenntnis oder schuldhafte Unkenntnis der Rechtswidrigkeitsmerkmale im konkreten Fall spielen: Die Entschließungsfreiheit des Erklärenden ist durch objektive Rechtswidrigkeit beeinträchtigt, nicht durch das Bewusstsein des Drohenden.³⁴²

---

³³² Vgl nur BGH NJW-RR 1998, 1406.
³³³ Ausführlich zu den Aufklärungspflichten mit Fallgruppen STAUDINGER/SINGER/vFINCKENSTEIN (2016) § 123 Rn 10 ff mwNw.
³³⁴ Auch dazu – insbesondere für das Arbeitsrecht – STAUDINGER/SINGER/vFINCKENSTEIN (2016) § 123 Rn 31 ff mwNw.
³³⁵ BGH NJW 1981, 1441.
³³⁶ Überblick bei MEDICUS/PETERSEN (Fn 3) Rn 801–803; Einzelfälle bei STAUDINGER/SIN-GER/vFINCKENSTEIN (2016) § 123 Rn 51 ff mwNw.
³³⁷ BGH NJW 1988, 2599; NJW-RR 1996, 1281.
³³⁸ STAUDINGER/SINGER/vFINCKENSTEIN (2016) § 123 Rn 70 mwNw.
³³⁹ Vgl nur BGHZ 25, 217, 220.
³⁴⁰ Vgl STAUDINGER/SINGER/vFINCKENSTEIN (2016) § 123 Rn 78 ff.
³⁴¹ BGHZ 25, 217, 224 f.

d) Andere Willensmängel

199 Nicht erst durch Anfechtung unwirksam, teilweise aber auch wirksam ohne Anfechtungsmöglichkeit sind einige – praktisch nicht sehr bedeutsame – Rechtsgeschäftstypen, die das Gesetz in §§ **116–118 BGB** regelt und bei denen der Erklärende weiß, dass seine Erklärung im Rechtsverkehr als Rechtsgeschäft aufzufassen ist, die Erklärung als eine rechtsgeschäftliche aber gar nicht will.

200 Eine Selbstverständlichkeit ordnet § 116 S 1 BGB an: Wer **insgeheim nicht will**, dass das von ihm Erklärte gilt (Mentalreservation), verdient keinen Schutz; seine Erklärung ist wirksam. Ähnlich der falsa demonstratio-Regel (oben Rn 43) sieht aber § 116 S 2 BGB vor, dass der wahre Wille des Erklärenden maßgeblich ist, wenn ihn der Erklärungsempfänger erkannt hat. Erst recht gilt dies, wenn das Rechtsgeschäft mit Einverständnis des anderen Teils nur zum Schein vorgenommen worden ist, § 117 Abs 1 BGB. Vom Scheingeschäft sind solche Rechtsgeschäfte zu unterscheiden, die durchaus ernsthaft gewollt sind, deren Wirkungen aber nicht den rechtsgeschäftlich Handelnden, sondern einen anderen materiell Interessierten treffen sollen, wie das „Strohmanngeschäft" und der Vertrag mit einem Treuhänder. Sie gehören zu den Fällen der gesetzlich nicht allgemein geregelten mittelbaren Stellvertretung. Liegt wirklich ein nichtiges Scheingeschäft vor, kann dadurch ein anderes, „dissimuliertes" Geschäft verdeckt werden. Letzteres ist dann nach § 117 Abs 2 BGB wirksam, soweit es nicht aus anderen Gründen, zB mangels Form des § 311b Abs 1 BGB, unwirksam ist.

201 Mehr theoretisch interessant als praktisch wichtig ist der in § 118 BGB geregelte „**gute Scherz**": Erfolgt die – wie bei § 116 S 1 BGB – ohne rechtlichen Bindungswillen abgegebene Erklärung von vornherein in der Erwartung, sie werde als Scherz erkannt, ist sie nichtig. Der Erklärende ist aber wegen des von ihm hervorgerufenen Scheins einer ernstlichen Erklärung nach § 122 BGB zum Schadensersatz verpflichtet.

202 Eng hiermit verwandt sind die Fälle, in denen der Erklärende schon gar nicht merkt, dass er den Eindruck einer Willenserklärung hervorrufen könnte. Ihm fehlt nicht nur der Bindungswille, sondern das **„Erklärungsbewusstsein"**. Erklärungen mit diesem Mangel sind gesetzlich nicht geregelt. Vergleicht man sie mit irrtümlichen Erklärungen, die zur Anfechtbarkeit führen, einerseits und den nichtigen Scherzerklärungen andererseits, liegt der Schluss nahe, dass die Erklärung ohne Erklärungsbewusstsein erst recht nichtig sein müsse, weil sie von einer „vollständigen" Willenserklärung noch weiter entfernt sei als die Scherzerklärung. Dann könnte man darüber streiten, ob der nur scheinbar Erklärende für den von ihm veranlassten Rechtsschein analog §§ 118, 122 BGB oder nur bei Verschulden nach §§ 280 Abs 1, 311 Abs 2 BGB hafte. Die Rspr hat sich dennoch für die analoge Anwendung der Anfechtung nach § 119 Abs 1 BGB entschieden, wenn der Erklärende bei Anwendung der im Verkehr erforderlichen Sorgfalt den Eindruck einer Willenserklärung hätte erkennen und vermeiden können.[343] Dies bedeutet, dass der Rechtsverkehr in stärkerem Maße geschützt wird als bei § 118 BGB; denn nach Ablauf der Ausschlussfrist nach § 121 BGB ist dann die Erklärung definitiv wirksam. Eine dogmatisch überzeugende Begründung für die von der Rspr und der hL[344] vorgenommene Differenzierung gegenüber § 118 BGB steht

---

[342] STAUDINGER/SINGER/vFINCKENSTEIN (2016) § 123 Rn 86.
[343] BGHZ 91, 324.
[344] MEDICUS/PETERSEN (Fn 3) Rn 607; RÜTHERS/STADLER (Fn 2) § 17 Rn 9 ff; vgl auch die Nw bei STAUDINGER/SINGER (2016) Vorbem 34 ff zu §§ 116 ff. Krit aber insbesondere CANARIS, in: FS 50 Jahre BGH (2000) 129, 140 ff;

noch aus. Man muss die „Anfechtungslösung" deshalb wohl damit erklären, dass § 118 BGB selbst in der Sicht der hM einen eher skurrilen Ausnahmefall betrifft und dass der historische Gesetzgeber diesen noch ohne ausreichende Rücksicht auf die Verkehrsbedürfnisse geregelt hat.[345] Die Rspr hat die Anforderungen an den Erklärenden noch weiter verschärft, indem sie auch bei bloß konkludentem Verhalten ohne Erklärungsbewusstsein dieselben Grundsätze anwendet.[346]

IV. Beteiligung Dritter am Zustandekommen des Rechtsgeschäfts

1. Stellvertretung

a) Grundlagen der rechtsgeschäftlichen Vertretung

203 In einer arbeitsteiligen Gesellschaft und Wirtschaft besteht das unabweisbare Bedürfnis, **durch andere** rechtsgeschäftlich zu handeln. Juristische Personen können überhaupt nicht anders als durch Stellvertreter am rechtsgeschäftlichen Verkehr teilnehmen. Ihre geschäftsführenden Organe haben daher Vertretungsmacht. Aber auch sonst werden Verträge allenthalten durch Vertreter abgeschlossen, andere Rechtsgeschäfte von ihnen vorgenommen.

204 In § 164 BGB unterscheidet das BGB den aktiven und den passiven Stellvertreter: Der aktive Stellvertreter nach § 164 Abs 1 BGB gibt eine **eigene Willenserklärung** ab, die aber für und gegen den Vertretenen wirkt; der passive Stellvertreter nach § 164 Abs 3 BGB nimmt eine Erklärung entgegen, die dann ebenfalls unmittelbare Rechtswirkungen beim Vertretenen hat. Praktisch ist der Empfangsvertreter oft kaum von einem Empfangsboten, der nur „technisch" die Erklärung für den eigentlichen Geschäftspartner entgegen nimmt, zu unterscheiden. Voraussetzung der Wirkung für einen andern ist, dass der Vertreter ausdrücklich oder konkludent (vgl § 164 Abs 1 S 2 BGB) **in dessen Namen** auftritt, das Handeln als Vertreter also offen legt. Damit der andere verpflichtet und berechtigt wird, muss der Handelnde Vertretungsmacht haben. Andernfalls muss sein Handeln erst noch vom zu Vertretenen genehmigt werden (§ 177 BGB), oder der Handelnde haftet selbst (§ 179 BGB).

205 In §§ 164 ff BGB nicht geregelt ist die **gesetzliche Vertretung**, zB der Eltern für ihre minderjährigen Kinder nach § 1629 Abs 1 BGB oder der Organe juristischer Personen. Durch ausdrückliche Erwähnung (zB § 181 in § 1795 Abs 2 BGB) oder sinngemäß gelten die §§ 164 ff BGB aber – abgesehen von der rechtsgeschäftlichen Begründung der Vertretungsmacht – auch für die gesetzlichen Vertreter. Überhaupt nicht anwendbar sind §§ 164 ff BGB auf Fälle, in denen der Handelnde in eigenem Namen auftritt. Geschieht dies für fremde Rechnung, liegt eine mittelbare Stellvertretung oder zB ein Treuhandverhältnis vor. Anders als nach § 164 Abs 1 BGB treten die Rechtswirkungen des Geschäfts in solchen Fällen unmittelbar nur beim Handelnden auf. Zur Begründung der Rechtsstellung des eigentlichen Geschäftsherrn bedarf es einer Rechtsübertragung durch Abtretung oder Übereignung mit der Folge eines „Durchgangserwerbs" beim Handelnden wenigstens für die Dauer einer „juristischen Sekunde". ZB gesetz-

---

STAUDINGER/SINGER (2016) Vorbem 37 ff zu §§ 116 ff mwNw; LOBINGER, Rechtsgeschäftliche Verpflichtung und autonome Bindung (1999), 172 ff.

[345] In diesem Sinne insbes LARENZ/WOLF (Fn 66) § 35 Rn 13.
[346] BGHZ 109, 171; zum Schweigen ohne Erklärungsbewusstsein BGH NJW 2002, 3629.

liche Pfandrechte an den Vermögensgegenständen der Zwischenperson ergreifen daher auch die für einen anderen erworbenen Sachen.

Einige Rechtsgeschäfte können nicht durch Vertreter vorgenommen werden, weil sie **höchstpersönlicher Natur** sind, zB die Errichtung letztwilliger Verfügungen (§§ 2064, 2274 BGB) oder die Eheschließung.[347] Andererseits gelten §§ 164 ff BGB ausschließlich für Rechtsgeschäfte, nicht für andere Handlungen und Verhaltensweisen. Dafür bestehen aber vielfach besondere Zurechnungsnormen wie §§ 278, 831 BGB hinsichtlich fremden Verschuldens oder fremder rechtswidriger Schädigung oder § 855 BGB hinsichtlich des Besitzes. Sie können im Einzelfall mit den Vertretungsvorschriften gemeinsam relevant werden, zB bei Verletzung vorvertraglicher Pflichten durch den Vertreter: Für den Vertragsabschluss gilt dann § 164 Abs 1 BGB, für den Schadensersatz wegen Pflichtverletzung gelten §§ 311 Abs 2, 280 Abs 1, 278 BGB.

206

Das Handeln des Vertreters im Namen des Vertretenen muss **offenkundig** sein. Andernfalls verpflichtet der Handelnde sich selbst. Nach § 164 Abs 2 BGB kann er sein Rechtsgeschäft auch nicht mit der Begründung anfechten, dass er es eigentlich für einen anderen habe vornehmen wollen. Als Ausnahme vom Offenkundigkeitsprinzip sind vor allem zwei Fallgruppen anerkannt: Zum einen bedarf es keiner Offenlegung, wer genau Träger eines Unternehmens ist, wenn ersichtlich für „das Unternehmen" und somit für dessen Inhaber gehandelt werden soll,[348] vorausgesetzt, dass es einen Unternehmensträger wirklich gibt.[349] Die andere Ausnahme ist eher ein theoretischer Nachvollzug problemloser Alltagspraxis: das sog Geschäft für den, den es angeht. Diese Fallgruppe knüpft an die Tatsache an, dass bei Bargeschäften des täglichen Lebens regelmäßig nicht danach gefragt wird, ob der Handelnde für sich selbst oder einen anderen tätig wird. Der Geschäftspartner hat wegen der Barzahlung auch gar kein Interesse daran. Nach hM soll dann nicht nur das Verpflichtungsgeschäft, sondern auch zB die Übereignung der gekauften Ware unmittelbar (ohne Durchgangserwerb) an den, den das Geschäft „angeht", erfolgen.[350]

207

Als Problem der Offenlegung lassen sich auch die Fälle des Handelns **unter fremdem Namen** und unter **falscher Namensangabe** verstehen. Bei der Verwendung eines fremden Namens zur Täuschung des Geschäftspartners bloß über die eigene Identität liegt ohne Weiteres ein Geschäft zwischen dem Handelnden selbst und dem Partner vor: Der Name ist für diesen „Schall und Rauch". Masst sich der Handelnde hingegen eine ganz bestimmte fremde Identität an, ist er so anzusehen, als hätte er den wahren Namensträger vertreten, ohne von ihm bevollmächtigt zu sein. Dann haftet der Handelnde jedenfalls selbst wie nach § 179 BGB, und der Namensträger hat es in der Hand, das Geschäft durch Genehmigung nach § 177 BGB analog an sich zu ziehen.[351]

208

b) Die rechtsgeschäftliche Vertretungsmacht

Die rechtsgeschäftliche Begründung der Vertretungsmacht erfolgt nach § 166 Abs 2 BGB durch die **Vollmacht**. Sie ist ein selbständiges, „abstraktes" einseitiges Rechts-

209

---

[347] Weitere Beispiele: STAUDINGER/SCHILKEN (2014) Vorbem 40 zu §§ 164 ff.
[348] ZB BGHZ 92, 259, 268; BGH NJW 1998, 2897; 2000, 2984.
[349] STAUDINGER/SCHILKEN (2014) § 164 Rn 1 mwNw.
[350] STAUDINGER/WIEGAND (2016) § 929 Rn 39; STAUDINGER/SCHILKEN (2014) Vorbem 51 ff zu §§ 164 ff mwNw.
[351] BGHZ 45, 193; MEDICUS/PETERSEN (Fn 3) Rn 908 mwNw (auch zu BGHZ 189, 346: Nennung des ebay-Kontos eines andern); RÜTHERS/STADLER (Fn 2) § 30 Rn 9.

geschäft mit keinem anderen Inhalt als eben dem, Vertretungsmacht einzuräumen. Das traditionelle und auch im Ausland gebräuchliche Regelungsmodell, die Vertretung als „Außenseite" des Auftrages oder eines ähnlichen Verhältnisses zu erfassen, ist vom BGB aufgegeben worden. Die schuldrechtliche Beziehung zwischen Vertretenem und Vertreter betrifft zunächst nur das Innenverhältnis, während der Geschäftspartner sich ausschließlich an der Vollmacht zu orientieren braucht.

210 § 167 Abs 1 BGB unterscheidet die **Innenvollmacht**, die der Vollmachtgeber dem Vertreter erteilt, und die **Außenvollmacht** durch Erklärung gegenüber dem künftigen Geschäftspartner. Wie sich aus §§ 171, 172 BGB ergibt, geht das Gesetz selbst noch von einer dritten Vollmachtsart aus: der nach außen **mitgeteilten Innenvollmacht**. Die Vollmachtserklärung kann ausdrücklich oder auch konkludent erfolgen. Einem Formgebot unterliegt sie nach § 167 Abs 2 BGB nicht. Allerdings darf durch die Formfreiheit nicht der Schutzzweck von Formvorschriften für andere Rechtsgeschäfte umgangen werden. Deshalb muss zB der Formzwang für Grundstücksgeschäfte nach § 311b Abs 1 S 1 BGB[352] und für Bürgschaften nach § 766 S 1 BGB[353] teleologisch jedenfalls auf die unwiderrufliche Vollmacht zur Vornahme solcher Geschäfte erstreckt werden, weil der Vertretene die Entscheidung, die er in einer vorgeschriebenen Form treffen soll, definitiv bereits durch die Erteilung der Vollmacht fällt.[354]

211 Wie die Erteilung der Vollmacht überhaupt steht auch die Bestimmung ihres Inhalts weitgehend im Belieben des Vertretenen. Unzulässig ist allerdings nach hM eine **„verdrängende" (General-)Vollmacht**.[355] Sie wäre nicht mehr Ausübung der Selbstbestimmung, sondern deren Aufgabe. Eine einfache, die eigenen geschäftlichen Befugnisse des Vollmachtgebers nicht aufhebende Generalvollmacht ist hingegen zulässig. In bestimmten Bereichen, zB für die Prokura (§§ 48 ff HGB) und die Prozessvertretung (§§ 80 ff ZPO) ist der Inhalt der Vollmacht gesetzlich festgelegt. Auch die Handlungsvollmacht ist gesetzlich umschrieben (§§ 54 f HGB). Sonst aber ist der Inhalt der Vollmacht in erster Linie durch Auslegung zu ermitteln, wofür die allgemeinen Regeln (oben Rn 41 ff) gelten.

212 Zulässig und bei Grenzen der Vertretungsmacht wie nach § 181 BGB teilweise auch erforderlich ist die Erteilung einer **Untervollmacht** durch den Vertreter. Regelmäßig ersetzt die Untervollmacht die eigene Vertreterstellung des Hauptbevollmächtigten nicht. Dennoch vertritt der Untervertreter im Allgemeinen den Vertretenen, der daher die Untervollmacht auch selbständig nach § 168 S 2 BGB widerrufen kann. Probleme ergeben sich aber, wenn der Hauptvertreter zwar wirksam die Untervollmacht erteilt hat, selbst aber ohne Vertretungsmacht handelt. Tritt in einem solchen Fall der Unterbevollmächtigte im Namen des Vertretenen auf, haftet er als Vertreter ohne Vertretungsmacht nach § 179 BGB. Legt er offen, dass er in Vollmacht für den Hauptvertreter handele und dieser Vertreter des Vertretenen sei, ist für den Geschäftspartner zu erkennen, dass sowohl die Untervollmacht als auch die Hauptvollmacht gestört sein können. Daher ist ihm zuzumuten, sich nach § 179 BGB an den Hauptvertreter und nicht an den Untervertreter zu wenden, wenn die Untervollmacht wirksam erteilt

---

[352] BGHZ 89, 41.
[353] BGHZ 132, 119.
[354] Diese Einschränkung der Formfreiheit betrachtet MEDICUS/PETERSEN (oben Fn 3) Rn 929 bereits als Gewohnheitsrecht.

[355] LARENZ/WOLF (Fn 66) § 47 Rn 13 mwNw Fn 12; vgl auch WOLF/NEUNER (Fn 31) § 50 Rn 40.

wurde und die Hauptvollmacht das abgeschlossene Geschäft nicht deckt. Dies bedeutet aber – entgegen dem BGH[356] – nicht, dass bei wirksamen Vollmachten die Rechtsfolgen des Handelns des Untervertreters „gleichsam durch den Hauptvertreter hindurch" den Geschäftsherrn träfen. Ist die Vollmachtskette nicht unterbrochen, vertritt der Unterbevollmächtigte den Geschäftsherrn unmittelbar.[357]

Die **Vollmacht erlischt**, wenn sie befristet oder auflösend bedingt erteilt ist, mit Ablauf **213** der Frist oder Eintritt der Bedingung. Ist sie für ein bestimmtes Geschäft gegeben worden, endet sie nach dem Abschluss des Hauptgeschäftes oder mit dem Scheitern der Vertragsverhandlungen. Ist das Ende der Vollmacht nicht in solcher Weise ersichtlich, richtet sich ihr Erlöschen nach § 168 BGB. Maßgeblich ist demnach – in Durchbrechung des Abstraktionsprinzips – zunächst das zugrunde liegende Rechtsverhältnis, also die Innenbeziehung zwischen Vollmachtgeber und Vertreter. Handelt es sich hierbei zB um einen Dienstvertrag, erlischt mit dessen Kündigung auch die Vollmacht. Ist die Vollmacht mit einem Auftrag verbunden, erlischt dieser und dadurch auch die Vollmacht mit dem Tod des Beauftragten. Der Tod des Auftraggebers beendet nach § 672 BGB im Zweifel den Auftrag hingegen nicht. Dies ist von großer Bedeutung für die häufige Vollmacht über den Tod hinaus. Zusätzlich sieht § 168 S 2 BGB die Möglichkeit des Widerrufs der Vollmacht selbst durch empfangsbedürftige Willenserklärung gegenüber dem Bevollmächtigten oder dem Dritten (§ 168 S 3 BGB) vor. Allerdings ist diese Vorschrift dispositiv. Hat der Geschäftsherr die Vollmacht unwiderruflich erteilt oder ergibt sich die Unwiderruflichkeit schon aus dem Zweck der Vollmacht oder dem Interesse des Vertreters,[358] kann die Vollmacht aus wichtigem Grund widerrufen werden.[359] Dies lässt sich zwar nicht aus § 314 BGB entnehmen, da die Vollmacht gerade kein Schuldverhältnis ist, ergibt sich aber wie beim Verbot der „verdrängenden" Vollmacht[360] aus der Notwendigkeit, den Kern des Selbstbestimmungsrechts des Geschäftsherrn zu erhalten.[361]

Besondere Probleme, die allerdings offenbar selten gerichtspraktisch werden, bringt **214** die **Anfechtung einer Vollmacht** mit sich. Da die Vollmacht empfangsbedürftige Willenserklärung ist und Vorschriften zum Ausschluss der Anfechtung nicht bestehen, ist die Anfechtung jedenfalls überhaupt zuzulassen. Durch die Rückwirkung der Anfechtungserklärung nach § 142 Abs 1 BGB wird dann der Bevollmächtigte zum Vertreter ohne Vertretungsmacht. Hat der Geschäftsherr beim Partner des schon abgeschlossenen Hauptgeschäfts einen Rechtsscheintatbestand der §§ 170–172 BGB begründet, könnte man die Anfechtung freilich für ausgeschlossen halten.[362] Dadurch würde der Geschäftspartner jedoch besser gestellt, als er stünde, wenn er unmittelbar mit dem Geschäftsherrn abgeschlossen hätte. Denn auch in diesem Falle müsste er immer mit der Möglichkeit einer Anfechtung rechnen.[363] Dann würde ihm allerdings der Geschäftsherr wenigstens unmittelbar nach § 122 BGB auf Ersatz des Vertrauensschadens haften. Bei streng „konstruktivem" Vorgehen müsste sich der Geschäftspartner hingegen nach § 179 BGB an den Vertreter halten, und dieser könnte dann nach § 122 BGB vom Geschäftsherrn Freistellung verlangen.[364] Dann trüge der Dritte das Insol-

---

[356] BGHZ 32, 250, 254.
[357] STAUDINGER/SCHILKEN (2014) § 167 Rn 62 mwNw, auch zu Stimmen, die der Rspr folgen.
[358] Zu dieser Möglichkeit BGH NJW 1991, 439.
[359] BGHZ 110, 363, 367.
[360] Bei Fn 355.
[361] Vgl insbesondere WOLF/NEUNER (Fn 31) § 50 Rn 43; zahlreiche Nachw zur ganz hM und zur vereinzelten Krit bei STAUDINGER/SCHILKEN (2014) § 168 Rn 14.
[362] PALANDT/ELLENBERGER § 167 Rn 3.
[363] WOLF/NEUNER (oben Fn 31) § 50 Rn 25.
[364] So in der Tat auch nach Gebrauch der Vollmacht BORK, Allgemeiner Teil des Bürger-

venzrisiko hinsichtlich des Vertreters, obwohl er durch den Abschluss des Vertrages für den Geschäftsherrn zu diesem Zeitpunkt mit Recht darauf vertraut hat, dass das Geschäft selbst mit Willen des Geschäftsherrn zustande gekommen ist. Nach betätigter Innenvollmacht ist daher der Geschäftspartner wie bei einer Außenvollmacht, bei der sich dies von selbst versteht, unmittelbar der Anfechtungsgegner und dieser dafür Inhaber eines Anspruchs aus § 122 BGB gegen den Geschäftsherrn.[365] Auch bei den Wissenserklärungen nach §§ 171 f BGB ist so zu verfahren. Andernfalls hätten diese Erklärungen eine größere Bestandskraft als die Außenvollmacht.[366]

c) Die Rechtsscheinvollmacht

215 Der redliche Geschäftspartner eines Vertreters (vgl § 173 BGB) wird nach §§ 170–172 BGB in seinem **Vertrauen auf den Bestand einer Vollmacht** geschützt, auch wenn sie tatsächlich schon erloschen ist. Nach § 170 BGB gilt dies zunächst für die Außenvollmacht: Obwohl sie nach §§ 168 S 3, 167 Abs 1 BGB auch gegenüber dem Vertreter widerrufen werden kann, bleibt sie dem Geschäftspartner gegenüber in Kraft, bis ihm das Erlöschen vom Vollmachtgeber mitgeteilt wird. Nach § 171 BGB gilt Entsprechendes für die mitgeteilte oder öffentlich bekannt gemachte (Innen-)Vollmacht: Mitteilung und Bekanntmachung begründen den Rechtsschein einer Vollmacht; und dieser bleibt bestehen, bis der Widerruf gegenüber dem Mitteilungsempfänger oder bei der Bekanntmachung wiederum durch öffentliche Bekanntmachung erklärt wird. Nach § 172 BGB schließlich kann sich der Geschäftspartner so lange auf den Rechtsschein einer vom Geschäftsherrn dem Vertreter ausgehändigten und von diesem dem Geschäftspartner vorgelegten Vollmachtsurkunde berufen, bis der Geschäftsherr sie vom Vertreter zurück erhält oder nach § 176 BGB für kraftlos hat erklären lassen. Da der Geschäftspartner beim Vorliegen der Rechtsscheintatbestände der §§ 170 ff BGB genauso wenig erkennen kann, dass die Vollmacht nie bestand wie dass sie erloschen ist, müssen §§ 170–173 BGB auch bei Unwirksamkeit der Vollmacht von Anfang an angewendet werden.[367]

216 Die in §§ 170 ff BGB erfassten Tatbestände sind jedoch nicht die einzigen möglichen **Grundlagen eines Rechtsscheins** für das Bestehen von Vollmachten. Schon das Handeln eines (Schein-)Vertreters für einen anderen erweckt beim Geschäftspartner unter normalen Umständen den Eindruck, der Handelnde habe Vollmacht. Dieser Rechtsschein unterscheidet sich aber dadurch von §§ 171 ff BGB, dass der Geschäftsherr ihn nicht notwendigerweise veranlasst hat. Der als Vertreter Handelnde kann ganz eigenmächtig auftreten. Dann weisen §§ 177 ff BGB das Risiko des Vertrauens in die Wirksamkeit der Vollmacht dem Geschäftsgegner zu: Er muss sich, falls der Geschäftsherr nicht genehmigt, an den Vertreter selbst halten. Kennt hingegen der scheinbar Vertretene das Verhalten des Schein-Vertreters und verhindert es schuldhaft nicht, ist dem Vertretenen der Rechtsschein einer Vollmacht zuzurechnen. Dann ist das Vertrauen des Geschäftspartners zu Lasten des Vertretenen also gerechtfertigt. Manche sehen im Verhalten des Vertretenen eine konkludente Vollmachtserteilung,[368] andere einen der Kundgabe oder Mitteilung nach §§ 171 f BGB vergleichbaren Tatbestand.[369] Heute

---

lichen Rechts (4. Aufl 2016) Rn 1479; ähnlich STAUDINGER/SCHILKEN (2014) § 167 Rn 82, 82a.
[365] RÜTHERS/STADLER (oben Fn 2) § 30 Rn 31 mwNw Fn 29.
[366] MEDICUS/PETERSEN (Fn 3) Rn 947.
[367] BGH NJW 2000, 2270; 2004, 64; LARENZ/WOLF (Fn 66) § 48 Rn 6; PALANDT/ELLENBERGER § 173 Rn 1; RÜTHERS/STADLER (Fn 2) § 30 Rn 39.
[368] Vgl STAUDINGER/SCHILKEN (2014) § 167 Rn 29a mwNw.
[369] MEDICUS/PETERSEN (Fn 3) Rn 930; WOLF/NEUNER (Fn 31) § 50 Rn 89.

unbestritten hat das Verhalten des Vertretenen jedenfalls dieselbe Wirkung gegenüber dem iSd § 173 BGB redlichen Geschäftspartner wie eine Vollmacht. Da aber eine solche **Duldungsvollmacht** mindestens auf einer geschäftsähnlichen Handlung beruht, kann sie nur Geschäftsfähigen zugerechnet werden.[370] Eine Anfechtung wegen Irrtums über die Rechtsfolgen der „Duldung" ist ausgeschlossen.[371]

Von der Rspr anerkannt[372], aber in der Literatur seit langem heftig bestritten[373] ist die Erstreckung der Vollmachtswirkungen auch noch auf den Sachverhalt, in dem der scheinbar Vertretene das Verhalten des Vertreters nicht einmal kannte, sondern nur bei Anwendung pflichtgemäßer Sorgfalt hätte erkennen und verhindern können. Problematisch erscheint daran insbesondere, dass an eine Pflichtverletzung des (scheinbar) Vertretenen eine rechtsgeschäftliche Wirkung geknüpft wird. Allerdings enthält – wie erwähnt – auch die Duldungsvollmacht ein Moment des Verschuldens beim Vertretenen. Dort aber beherrscht der Vertretene durch seine Kenntnis potenziell den Ablauf des Geschehens und macht nur von seiner „Herrschaft" (schuldhaft) keinen Gebrauch. Bei der bloßen **„Anscheinsvollmacht"** hingegen kann von solcher „Herrschaft" schon deshalb keine Rede sein, weil der (scheinbar) Vertretene seine Möglichkeit zur Herrschaftsausübung gar nicht kennt. Deshalb liegt in den Fällen, die nach hM eine Anscheinsvollmacht und somit eine Erfüllungshaftung des Vertretenen begründen, eine Haftung auf Ersatz des Vertrauensschadens nach § 311 Abs 2, 241 Abs 2, 280 Abs 1 BGB näher. Nur im Handelsrecht, wo die Anscheinsvollmacht zunächst entwickelt worden war,[374] erscheint mit Rücksicht auf die höheren Anforderungen an die kaufmännische Sorgfalt, die Anerkennung des Schweigens als Äquivalent zu rechtsgeschäftlichem Verhalten und die einzelnen Spezialregelungen der Vertretungsmacht die Anerkennung einer Anscheinsvollmacht gerechtfertigt.[375] Im Versicherungsrecht, wo bis zur VVG-Reform 2008 von einer „gewohnheitsrechtlichen Erfüllungshaftung" gesprochen wurde, ist hingegen nach neuem Recht für eine Erfüllungshaftung kraft Anscheinsvollmacht kein Raum mehr.[376] Erkennt man mit der hM generell die Anscheinsvollmacht an, gilt wie für die Duldungsvollmacht, dass sie nur zu Lasten Geschäftsfähiger anzuwenden ist und dass eine Anfechtung wegen eines Irrtums über die Bedeutung der Zurechnung als Vollmacht ausscheidet.[377]

d) Grenzen der Vertretungsmacht
Zum Schutz des Vertretenen ist die Vertretungsmacht in einigen Fällen kraft Gesetzes oder Gewohnheitsrechts beschränkt. Grundgedanke dieser Regeln ist die **Vermeidung des Missbrauchs** der Vertretungsmacht durch den Vertreter.

Die wichtigste Beschränkung ergibt sich aus dem **Verbot des Insichgeschäftes** nach § 181 BGB, wobei die Formulierung der Vorschrift nicht auf die Wahrung der Interessen des Vertretenen, sondern auf die mangelnde Sicherheit im rechtsgeschäftlichen Verkehr hinweist: Weil der Vertreter ohne die Vorschrift auf beiden Seiten des Rechtsgeschäftes auftreten könnte, wäre vielfach gar nicht zu erkennen, dass es um ein

---

[370] WOLF/NEUNER (Fn 31) § 50 Rn 88.
[371] RÜTHERS/STADLER (Fn 2) § 30 Rn 43.
[372] RGZ 162, 129; BGHZ 5, 111; 65, 13; BGH NJW 1998, 1854.
[373] CANARIS, Die Vertrauenshaftung im deutschen Privatrecht (1971) 48 ff, 191 ff; MEDICUS/PETERSEN (Fn 3) Rn 970 f; STAUDINGER/SCHILKEN (2014) § 167 Rn 31 mwNw.
[374] RGZ 162, 129, 148.
[375] MEDICUS/PETERSEN (Fn 3) Rn 972 mwNw.
[376] WANDT, Versicherungsrecht (6. Aufl 2016) Rn 432 mwNw; ARMBRÜSTER, Privatversicherungsrecht (2013) Rn 778 ff; aA BRUNS, Privatversicherungsrecht (2015) § 12 Rn 14.
[377] So konsequent RÜTHERS/STADLER (Fn 2) § 30 Rn 46.

Rechtsgeschäft mit zwei oder mehr Beteiligten geht. Konsequenterweise unterscheidet § 181 zwei Fälle: das rechtsgeschäftliche Handeln als Vertreter und für sich selbst („Selbstkontrahieren") sowie die gleichzeitige Vertretung verschiedener Parteien auf verschiedenen Seiten des Rechtsgeschäftes („Mehrvertretung").

220 Schon nach dem Wortlaut des § 181 BGB kann der Vertreter von den Beschränkungen durch diese Vorschrift **befreit** werden. Vor allem bei gesellschaftsrechtlichen Vertretungen ist diese Gestattung nahezu die Regel. Ferner kann der Vertreter Geschäfte zur Erfüllung einer Verbindlichkeit (zB der Testamentsvollstrecker die Übereignung des ihm selbst vom Erblasser vermachten Gegenstandes) vornehmen. In beiden Fällen wird die Interessenkollision vermieden: entweder weil der Geschäftsherr es so, wie es geschieht, will, oder weil über den Ausgleich der Interessen schon bei der schuldrechtlichen Begründung der Verpflichtung entschieden worden ist.

221 Seit längerer Zeit ist anerkannt, dass der **Wortlaut** des § 181 BGB **zu weit** ist: Die formale Anknüpfung an die beiden verbotenen Gestaltungen lässt auch ganz unbedenkliche Geschäfte scheitern, zB die Schenkung einer Mutter und gesetzlichen Vertreterin an ihr geschäftsunfähiges 6-jähriges Kind. Die Ausgestaltung des Gesetzes lässt es jedoch nicht zu, stets auf das Vorliegen einer Interessenkollision im Einzelfall abzustellen. Der Vorteil der formalen Anknüpfung liegt in der größeren Sicherheit der Rechtsanwendung. Daher soll auch eine Durchbrechung des Wortlauts nur für klar definierte Fallgruppen stattfinden. Dies ist anerkannt für Rechtsgeschäfte, die dem Vertretenen **lediglich rechtlichen Vorteil** bringen.[378] Umgekehrt ist in einer weiteren Fallgruppe ein Verstoß gegen § 181 BGB wegen der typischerweise bestehenden Interessenkollision anzunehmen, obwohl der Wortlaut der Vorschrift nicht erfüllt ist, wenn nämlich der Vertreter seinen eigenen doppelten „Auftritt" vermeidet, indem er einen Untervertreter bestellt.[379] Sonst aber ist das Kriterium der (möglichen) Interessenkollision zu unbestimmt, um mit ihm generell den Anwendungsbereich des § 181 BGB zu erweitern.[380]

222 Liegt nach alledem § 181 BGB vor, handelt der Vertreter **ohne Vertretungsmacht**, sodass nach §§ 177 f BGB der Vertretene über die Gültigkeit von Verträgen entscheiden kann und muss.[381] Einseitige Erklärungen sind nach § 180 S 1 BGB nichtig.

223 Der Gedanke des Missbrauchs der Vertretungsmacht hat aber noch an anderen Stellen der geltenden Rechtsordnung seinen Niederschlag gefunden. So enthält das **Familienrecht** zum Schutz von Kindern, Mündeln und Betreuten eine Fülle von Vertretungsbeschränkungen, zB §§ 1629 Abs 2 S 1, 1795, 1643, 1821, 1822, 1908i BGB. Ferner verstoßen Geschäfte, die ein Vertreter unter offensichtlichem Missbrauch seiner Stellung und vielfach unter Verwirklichung des Straftatbestandes der Untreue mit einem eingeweihten Dritten zum Schaden des Vertretenen vornimmt (sog **Kollusion**), wegen ihres sittenwidrigen Charakters gegen § 138 Abs 1 BGB.

224 Fraglich ist, wie weit sich unterhalb der Schwelle der Kollusion aus dem **Missbrauch der Vertretungsmacht** Einschränkungen der Wirksamkeit des Vertreterhandelns ergeben. Auch wenn das Geschäft mit dem Dritten nicht unwirksam ist, kann doch die Aus-

---

[378] BGHZ 59, 236; 94, 232.
[379] BGH NJW 1991, 691; STAUDINGER/SCHILKEN (2014) § 181 Rn 35, 36 mwNw.
[380] Siehe nur MEDICUS/PETERSEN (Fn 3) Rn 963.
[381] BGHZ 65, 123, 125; BGH NJW 1995, 727.

übung der Rechte aus dem Vertrag durch den Dritten nach § 242 BGB als Verstoß gegen Treu und Glauben bewertet werden. Dies setzt aber jedenfalls eine erheblich treuwidrige Verhaltensweise beim Dritten voraus. Bloßes Kennenmüssen des Missbrauchs der Vertretungsmacht genügt dafür nicht. War ihm dieser jedoch bekannt oder war der Missbrauch so evident, dass er sich dem Dritten geradezu aufdrängen musste, kann dieser sich auf die Gültigkeit des Vertrages nicht berufen.[382]

e) Die Stellung des Vertreters ohne Vertretungsmacht

Fehlt dem Vertreter die Vertretungsmacht, kommt ein Rechtsgeschäft (zunächst) nicht zustande: mit dem Vertretenen nicht nach § 164 Abs 1 BGB, mit dem Vertreter selbst nicht, weil er ja offenkundig (oben Rn 207) nicht für sich selbst gehandelt hat, sondern für einen anderen. Das Gesetz lässt es dabei aber nicht bewenden. Nur **einseitige Rechtsgeschäfte** ohne Vertretungsmacht sind regelmäßig **nichtig**, § 180 S 1 BGB. Davon gelten aber drei Ausnahmen: wenn der Vertreter seine Vertretungsmacht behauptet und der Vertragsgegner sie nicht beanstandet, wenn dieser mit dem Handeln ohne Vertretungsmacht einverstanden war (beides § 180 S 2 BGB) oder bei passiver Vertretung, wenn der Vertreter mit der Vornahme des Geschäftes ihm gegenüber einverstanden war (§ 180 S 3 BGB). In diesen drei Fällen kann der Vertretene das Rechtsgeschäft noch nach § 177 Abs 1 BGB genehmigen. Ein solches **Schwebeverhältnis** besteht auch – ähnlich wie bei rechtlich nachteilhaften Verträgen Minderjähriger (oben Rn 121 ff) – **bei Verträgen** des vollmachtlosen Vertreters. Der Schwebezustand wird beendet durch die Genehmigung des Vertretenen. Sie wirkt nach § 184 Abs 1 BGB auf den Zeitpunkt des Vertragsschlusses zurück. Ihre Erteilung ist nach § 182 Abs 2 BGB formfrei, kann daher auch konkludent (zB durch Bewirken oder Inanspruchnahme vertraglicher Leistungen) erfolgen. Vor der Genehmigung kann der Geschäftspartner das Rechtsgeschäft mit endgültiger Wirkung widerrufen, § 178 BGB. Für größere Klarheit über die Verhältnisse kann er nach § 177 Abs 2 BGB den Vertretenen zur Erklärung über die Genehmigung auffordern mit der Folge, dass diese Erklärung entgegen der allgemeinen Regel des § 182 Abs 1 BGB nur noch ihm gegenüber möglich ist. 225

Die praktisch wichtigste Folge des Handelns ohne Vertretungsmacht tritt ein, wenn der Vertretene nicht genehmigt, sodass das Geschäft endgültig unwirksam ist. Dann kommt eine **Haftung des Vertreters** selbst nach § 179 BGB in Betracht. Davon betrifft Abs 2 den Fall, dass der Vertreter den Mangel der Vertretungsmacht nicht gekannt hat. Daraus ist zu entnehmen, dass ihm der Mangel bekannt sein muss, wenn Abs 1 eingreifen soll. Nach dieser Vorschrift hat der Geschäftspartner die Wahl zwischen Erfüllung und Schadensersatz statt der Leistung. Wählt er Erfüllung, wird der Vertreter nicht etwa Vertragspartner.[383] Er hat dann aber wie ein wirklicher Vertragspartner das Leistungsverweigerungsrecht aus § 320 BGB und, wenn er seinerseits erfüllt hat, einen Anspruch auf die Gegenleistung.[384] 226

Im Gegensatz hierzu haftet der Vertreter ohne Vertretungsmacht **bei Unkenntnis** des Mangels nach § 179 Abs 2 BGB auf Ersatz des Vertrauensschadens, höchstens bis zum Betrag des positiven Interesses (Schadensersatz statt der Leistung). Ist der Vertreter ohne Vertretungsmacht beschränkt geschäftsfähig, haftet er in Konsequenz der „Neu- 227

---

[382] BGH NJW 1988, 3012; 1999, 2883; 2002, 1497; WOLF/NEUNER (Fn 31) § 49 Rn 105.
[383] Wohl unbestritten, vgl STAUDINGER/SCHILKEN (2014) § 179 Rn 14 mwNw.
[384] STAUDINGER/SCHILKEN (2014) § 179 Rn 15 mwNw; MEDICUS/PETERSEN (Fn 3) Rn 986.

tralität" seines Vertreterhandelns hinsichtlich rechtlicher Vor- und Nachteile (oben Rn 120, 128) nur, wenn er mit Zustimmung seiner gesetzlichen Vertreter tätig geworden ist.

228 Soweit hiermit eine Haftung des Vertreters in Frage kommt, ist sie – wie die Haftung des Anfechtenden nach § 122 Abs 2 BGB – ausgeschlossen, wenn der Dritte den Mangel der Vertretungsmacht **kannte oder hätte kennen müssen**. Freilich fällt es in den Verantwortungsbereich des Vertreters, für Klarheit über seine Vertretungsmacht zu sorgen. Deshalb kann man beim Dritten nicht schon wegen einfacher Fahrlässigkeit die Haftung wegfallen lassen. Vielmehr passt der Haftungsausschluss nur, wenn der Dritte nach den Umständen sehr ernste Zweifel an der Vertretungsmacht haben musste. Eine Nachforschungspflicht trifft den Dritten im Allgemeinen nicht.[385] Andererseits würde sich der Dritte widersprüchlich verhalten, wenn er den Vertrag nach § 178 BGB widerruft und dann nach § 179 BGB Ansprüche stellen würde. Daher ist ihm in solchen Fällen die Berufung auf § 179 BGB versagt.[386] Im Übrigen aber handelt es sich bei der Haftung aus § 179 Abs 1 und 2 BGB um eine Garantiehaftung, sodass eine Einschränkung für Fälle, in denen der Mangel der Vertretungsmacht außerhalb jeder Erkenntnis- und Beurteilungsmöglichkeit des Vertreters lag,[387] nicht angebracht erscheint.[388]

f) Die Wissenszurechnung

229 Da der Vertreter eine eigene Erklärung, wenn auch mit Wirkung für den Vertretenen, abgibt, ist es nur konsequent, dass § 166 Abs 1 BGB bestimmt, für subjektive Voraussetzungen wie Irrtümer oder guten Glauben komme es **auf den Vertreter** an, nicht auf den Vertretenen. Besonders leuchtet diese Regelung für gesetzliche Vertreter von juristischen Personen oder Geschäftsunfähigen ein: Diese können selbst weder einen rechtsgeschäftlich erheblichen Willen noch entsprechende Kenntnis haben.[389]

230 Allerdings stellt § 166 Abs 2 BGB für die Relevanz von Kenntnis oder (fahrlässiger) Unkenntnis trotzdem auf den Vertretenen ab, wenn dieser dem Vertreter **bestimmte Weisungen** erteilt hat. Denn dem Vertretenen soll nicht die Möglichkeit gegeben werden, zB zur „Umgehung" seines eigenen bösen Glaubens einen redlichen Vertreter „vorzuschieben". Dieser Gedanke passt auch dann, wenn der Vertretene den Vertreter gar nicht wirklich mit Weisungen vorgeschoben hat, sondern von dem Geschäft des Vertreters weiß und nicht eingreift, obwohl er es könnte.[390]

231 Bei wörtlicher Anwendung des § 166 Abs 1 BGB kommt es immer nur auf die subjektiven Voraussetzungen beim konkret handelnden Vertreter an. Dies erscheint zu eng, wenn der Vertretene eine **komplexe Organisation** mit vielen verschiedenen „Wissensträgern" unterhält. Ähnlich wie bei § 166 Abs 2 BGB könnte sich der Vertretene durch Aufspaltung von Zuständigkeiten künstlich redlicher erscheinen lassen. Daher muss sich eine größere Organisation auch das durch verschiedene vertretungsberechtigte Mitglieder angesammelte „Gedächtniswissen"[391] zurechnen lassen. Der BGH hat dies allerdings auf das „Aktenwissen" beschränkt:[392] Was nicht aufgezeichnet wird, ist

---

[385] BGHZ 147, 381, 385; BGH NJW 2000, 1407; STAUDINGER/SCHILKEN (2014) § 179 Rn 19 mwNw.
[386] RÜTHERS/STADLER (Fn 2) § 32 Rn 9.
[387] FLUME (Fn 1) § 47, 3c, S 807 f; CANARIS (Fn 373) 535.
[388] STAUDINGER/SCHILKEN (2014) § 179 Rn 17; MEDICUS/PETERSEN (Fn 3) Rn 994.
[389] MEDICUS/PETERSEN (Fn 3) Rn 899.
[390] BGHZ 50, 364, 368.
[391] MEDICUS/PETERSEN (Fn 3) Rn 904c.
[392] BGHZ 109, 327, 331; 132, 30; 135, 202; BGH NJW 1995, 2159; 1996, 1205.

C. Das Rechtsgeschäft

gewissermaßen nicht ins Gedächtnis der Organisation selbst gedrungen. Hiermit ist aber jedenfalls bereits deutlich, dass es für die „Wissenszurechnung" nicht allein auf die subjektiven Voraussetzungen, insbesondere die Kenntnis von rechtsgeschäftlich tätigen Vertretern ankommen kann. In analoger Anwendung gilt § 166 Abs 1 BGB auch für solche Personen, die zwar in ihrer Funktion (und nicht nur „rein privat"), aber nicht gerade als Vertreter Wissen erlangt haben.[393] Diese Konstellation ist zB typisch für den Versicherungsagenten, der im Allgemeinen den Versicherungsvertrag nicht für den Versicherer abschließt, auf die Verhandlungen mit dem Versicherungsnehmer aber entscheidenden Einfluss nimmt und dessen Mitteilungen und Anzeigen empfängt.

In der geschilderten **„Akkumulation" von Wissen** innerhalb komplexer Organisationen ist die Möglichkeit enthalten, dass für ein Rechtsgeschäft relevantes Wissen mosaikartig aus dem Einzelwissen mehrerer Mitarbeiter zusammengesetzt werden kann. Aus der Wissenszurechnung wird dann eine **„Wissenszusammenrechnung".**[394] Sie ist die notwendige rechtliche Reaktion auf die organisationsbedingte „Wissensaufspaltung".[395] Fraglich ist allerdings, ob es dem Träger der Organisation zugute kommen soll, wenn der interne Informationsfluss unzureichend organisiert ist, sodass Wissen „verloren geht" oder gar nicht erst aufgenommen wird[396] oder dass vorhandenes Wissen im relevanten Zusammenhang nicht abgerufen wird. Zu berücksichtigen ist dabei, dass der interne Informationsfluss auch aus legitimen Schweige- und Geheimhaltungspflichten gehemmt sein kann.[397] 232

2. Zustimmung

a) Anwendungsbereich

Bei Verträgen beschränkt Geschäftsfähiger, die diesen rechtlich nachteilig sind (vgl § 107 BGB), oder von Vertretern ohne Vertretungsmacht (§ 177 BGB) hängt die **Wirksamkeit des Rechtsgeschäftes** von der Zustimmung Dritter – hier des Vertretenen, dort der gesetzlichen Vertreter – ab. Die Gründe für die Zustimmungspflicht sind sehr verschieden: beim vollmachtlosen Vertreter die Zuständigkeit des Vertretenen für sein eigenes, für und gegen ihn wirkendes Geschäft, beim beschränkt Geschäftsfähigen dessen Schutz vor Rechtsverlusten oder Verpflichtungen. Dieses Schutzinteresse kann so schwer wiegen, dass die gesetzlichen Vertreter ihrerseits weiterer Genehmigungen durch das Familiengericht bedürfen (vgl §§ 1643, 1821, 1822 BGB). Andere Zustimmungspflichten dienen dem Schutz von Personen, die am Rechtsgeschäft selbst nicht beteiligt sind, zB bei Rechtsgeschäften von Ehegatten im gesetzlichen Güterstand über Gegenstände, die im Wesentlichen ihr ganzes Vermögen bilden, nach § 1365, oder die zum gemeinsamen Haushalt gehören, nach § 1369 BGB. Eine weitere wesentliche Bedeutung der Zustimmung zu fremden Rechtsgeschäften liegt in der Möglichkeit, jemand anderen zu Verfügungen im eigenen Namen zu ermächtigen, also Wirkungen wie eine Stellvertretung zu erreichen, ohne die materielle Zuständigkeit eines anderen aufdecken zu müssen. 233

---

[393] BGHZ 106, 163, 167; 117, 104, 106.
[394] WOLF/NEUNER (Fn 31) § 49 Rn 81 ff.
[395] KÖHLER, BGB Allgemeiner Teil (40. Aufl 2016) § 11 Rn 54.
[396] Gegen Wissenszurechnung in solchen Fällen BGH NJW 1996, 1205.
[397] Vgl BGH NJW 1999, 284; WOLF/NEUNER (Fn 31) § 49 Rn 83.

b) Einwilligung und Genehmigung

234 Die Zustimmung kann als Einwilligung (§ 183 S 1 BGB) **vor und** als Genehmigung (§ 184 Abs 1 BGB) **nach dem Rechtsgeschäft**, dem zugestimmt werden soll, erklärt werden. Einseitige Rechtsgeschäfte können nur mit Einwilligung vorgenommen werden. Dies ist ua in §§ 111, 180 BGB ausdrücklich vorgesehen und gilt allgemein, weil einseitige Erklärungen kein Schwebeverhältnis zwischen Wirksamkeit und Unwirksamkeit vertragen. Anders ist es, wenn der Erklärungsempfänger mit der Ungewissheit der Rechtswirkung einverstanden ist, § 180 S 2 BGB. Aber selbst wenn die Einwilligung vorliegt, hat der Empfänger wegen seines Interesses an rechtsgeschäftlicher Sicherheit die Möglichkeit, die Erklärung zurück zu weisen, falls ihm der Erklärende die Einwilligung nicht in schriftlicher Form vorlegt und der Empfänger die Erklärung deshalb zurückweist, §§ 182 Abs 3, 111 S 2 BGB, es sei denn, der Zustimmungsberechtigte hat den Empfänger selbst über die Einwilligung informiert. Der Einwilligende hat bei allen zustimmungspflichtigen Geschäften regelmäßig das Recht, seine Einwilligung durch einseitige empfangsbedürftige Erklärung gegenüber jeder Partei des Hauptgeschäftes zu **widerrufen**. Die Einwilligung kann allerdings auch von vornherein unwiderruflich erklärt werden.[398] Auch gesetzlich ist sie in einigen Fällen unwiderruflich.[399] Ist die Einwilligung wirksam widerrufen und nimmt der Zustimmungspflichtige dennoch das Rechtsgeschäft vor, hängt dessen Wirksamkeit von der Genehmigung ab. Sie ist durch den Widerruf der Einwilligung nicht etwa ausgeschlossen.[400] Ist die Einwilligung dem Geschäftspartner gegenüber erklärt oder in einer anderen Art wie eine Vollmacht nach §§ 170 ff BGB bekannt gemacht worden, erscheint der Dritte nicht weniger schutzwürdig als bei einer Vollmacht. §§ 170–173 BGB sind daher entsprechend anzuwenden.[401]

235 Beide Arten der Zustimmungen sind **einseitige empfangsbedürftige Willenserklärungen**, für die daher alle allgemeinen Vorschriften über solche Willenserklärungen gelten. Empfänger können beide Parteien des Hauptgeschäftes sein, § 182 Abs 1 BGB. Wie die Vollmacht ist die Zustimmung formfrei, § 182 Abs 2 BGB, kann also auch konkludent erklärt werden, wobei die hL voraussetzt, dass sich der Zustimmungsberechtigte seiner Berechtigung bewusst war oder wenigstens mit ihr rechnen konnte.[402] Der BGH ist allerdings gerade für die Genehmigung hiervon abgegangen und hat sogar ein Verhalten ohne Erklärungsbewusstsein (oben Rn 202) als Zustimmungserklärung zugerechnet.[403] Der Unterschied beider Auffassungen ist aber geringer, als es auf den ersten Blick scheint. Denn auch die Meinung, die ein Bewusstsein vom Zustimmungserfordernis verlangt, lässt im Allgemeinen eine Zurechnung nach dem Muster der Duldungs-, teilweise sogar der Anscheinsvollmacht zu (oben Rn 215 ff).[404]

236 Die **Genehmigung** und ihre Verweigerung sind im Gegensatz zur Einwilligung **unwiderruflich**. Auch diese Erklärungen können aber angefochten werden, und eine Genehmigung, nachdem sie schon einmal verweigert war, kann als Antrag zur Bestätigung nach § 141 BGB zu verstehen sein. Die Beendigung des Schwebeverhältnisses

---

[398] Staudinger/Gursky (2014) § 183 Rn 14 mwNw.
[399] Wichtige Fälle bei Staudinger/Gursky (2014) § 183 Rn 15.
[400] Rüthers/Stadler (Fn 2) § 28 Rn 7.
[401] AllgM, vgl nur Palandt/Ellenberger, § 183 Rn 2; Staudinger/Gursky (2014) § 182 Rn 20; Wolf/Neuner (Fn 31) § 54 Rn 12.
[402] Umfangreiche Nachw bei Staudinger/Gursky (2014) § 182 Rn 17.
[403] BGHZ 109, 171, 177; 128, 41, 49; BGH NJW 2002, 2325.
[404] Vgl Staudinger/Gursky (2014) § 182 Rn 21.

durch die Genehmigung wirkt nach § 184 Abs 1 BGB auf den Zeitpunkt des Vertragsschlusses zurück. Der Genehmigende muss allerdings bei Verfügungen zum Zeitpunkt seiner Erklärung noch verfügungsbefugt sein, § 184 Abs 2 BGB.

c) Zustimmung zu Verfügungen Nichtberechtigter

Wie grundsätzlich zu allen Rechtsgeschäften ist die Zustimmung auch zu Verfügungen (oben Rn 15) möglich. Dies bedeutet, dass jemand, der nicht selbst Inhaber eines Rechts ist, nach außen wie der Inhaber **mit** dessen **Ermächtigung** (statt in fremdem Namen mit dessen Vollmacht) verfügen kann. Liegt die Ermächtigung bei Vornahme der Verfügung (noch) nicht vor, entsteht wie bei Verpflichtungsverträgen ein Schwebeverhältnis, das durch Genehmigung (§ 185 Abs 2 S 1 BGB) mit der Rückwirkung nach § 184 Abs 1 BGB beendet werden kann. Beide Gestaltungen sind in der Praxis sehr häufig. So erteilt zB der Verkäufer, der einem gewerblich tätigen Käufer unter Eigentumsvorbehalt liefert, diesem typischerweise die Einwilligung zur Weiterveräußerung im ordentlichen Geschäftsbetrieb gegen Abtretung des Anspruchs auf die Gegenleistung; und der Eigentümer, dessen Sache abhanden gekommen oder gestohlen worden ist, der den Verbleib der Sache aber nur bis zu einem bestimmten Verkäufer rekonstruieren kann, hat es in der Hand, dessen Verfügung zu genehmigen und sich dadurch einen Anspruch auf die Gegenleistung, die dieser erhalten hat, nach § 816 Abs 1 S 1 BGB zu verschaffen. **237**

§ 185 Abs 2 S 1 BGB lässt Verfügungen eines Nichtberechtigten noch in zwei weiteren Fällen für die Zukunft (ex nunc) wirksam werden: wenn der Verfügende **selbst** den Gegenstand **erwirbt**, also nachträglich Berechtigter wird, und wenn der Berechtigte **unbeschränkt haftender Erbe** des Verfügenden wird. Trotz der fehlenden Rückwirkung ist die zeitliche Reihenfolge für den Eintritt der Wirksamkeit nach § 185 Abs 2 S 2 BGB bedeutsam: Hat der Nichtberechtigte mehrere Verfügungen getroffen, wird im Zeitpunkt der „Konvaleszenz" nach S 1 nur die früheste wirksam. Durch die Fälle 2 und 3 von § 185 Abs 2 S 1 BGB verliert der Verfügende oder dessen Erbe kraft Gesetzes seine Rechtsstellung, ohne selbst nochmals darüber entscheiden zu können. Dies könnte formalistisch erscheinen, wenn der Verfügende zum Zeitpunkt der Konvaleszenz schuldrechtlich gar nicht mehr zur Verfügung verpflichtet ist. Die hM differenziert: Beim Fall des späteren Rechtserwerbs soll es beim Abstraktionsprinzip bleiben;[405] beim Fall der Beerbung durch den Berechtigten soll das etwaige Fehlen eines Rechtsgrundes durchschlagen,[406] das Wirksamwerden der Verfügung also hindern. Der historische Gesetzgeber hat jedoch beide Fälle gleich behandeln und dadurch die Sicherheit der Verfügungswirkungen stärken wollen. Davon abzugehen, besteht angesichts des Gesetzeswortlauts kaum ein Ansatzpunkt.[407] **238**

Anders als § 184 Abs 2 BGB erwähnt § 185 BGB nicht **Maßnahmen der Zwangsvollstreckung**. Nach hM wird wiederum differenziert: Erwirbt der Schuldner nach Sachpfändung den Gegenstand, soll die Pfändung konvaleszieren, erwirbt er nach Pfändung einer schuldnerfremden Forderung die Forderung, soll die Konvaleszenz unmöglich sein.[408] Dies wirkt gekünstelt und auf der Analogiebasis des § 184 Abs 2 BGB schwer **239**

---

[405] MEDICUS/PETERSEN (Fn 3) Rn 1031, insbesondere gegen HAGEN AcP 167 (1967) 481, 499 ff.
[406] So noch LARENZ/WOLF (Fn 66) § 51 Rn 30; **aA** jetzt WOLF/NEUNER (Fn 31) § 54 Rn 39.
[407] STAUDINGER/GURSKY (2014) § 185 Rn 79.
[408] STAUDINGER/GURSKY (2014) § 185 Rn 91/92 mwNw.

nachvollziehbar, da dort gerade nicht zwischen Sachen und Forderungen unterschieden wird.[409]

V. Das Rechtsgeschäft im europäischen Kontext

240 Das allgemeine Vertragsrecht ist auch Gegenstand der Diskussion über die Vereinheitlichung des Privatrechts in Europa. Die zahlreichen **Richtlinien zum Verbraucherschutz** haben zwar die Anwendung des allgemeinen Vertragsrechts auf schuldrechtliche Verträge vielfach modifiziert. Insbesondere enthalten die Widerrufsrechte für Verbraucher eine gewisse Relativierung der Vertragsbindung (oben Rn 64). Ferner hat das Antidiskriminierungsrecht zu signifikanten Beschränkungen der Wahl des privaten Vertragspartners geführt (oben Rn 4). Die übrigen allgemeinen Grundsätze und die technische Ausgestaltung des Vertragsrechts im Allgemeinen Teil des BGB sind aber bisher vom geltenden europäischen Recht unberührt geblieben.

241 Eine vollständige Regelung des allgemeinen Vertragsrechts enthalten die Principles of European Contract Law.[410] Sie sind aber nur das Ergebnis von Beratungen einer privaten Wissenschaftlergruppe. Auch der „Draft Common Frame of Reference" (Entwurf eines europäischen **Referenzrahmens**) enthält nicht mehr als eine Zusammenfassung in Europa geltender Vertragsregeln ohne Gesetzeskraft.[411] An ihm hat sich eine lebhafte wissenschaftliche und rechtspolitische Diskussion entzündet. Aus dem Referenzrahmen einen Entwurf für ein europäisches Vertragsrecht – womöglich für eine Richtlinie mit dem Auftrag zur Vollharmonisierung – zu entwickeln, wäre gegenwärtig und in nächster Zukunft jedenfalls verfrüht.

---

[409] IE ebenso MEDICUS/PETERSEN (Fn 3) Rn 1034 mwNw.
[410] Vgl LANDO/BEALE (Hrsg), Principles of European Contract Law Parts I and II (2000); LANDO/CLIVE/PRÜM/ZIMMERMANN (Hrsg), Principles of European Contract Law Part III (2003).
[411] Principles, Definitions and Model Rules of European Private Law Draft Common Frame of Reference (DCFR), Outline Edition (2009), und hierzu nur SCHULTE-NÖLKE NJW 2009, 2161 ff.

D. Der Inhalt des Schuldverhältnisses
Ivo Bach

Systematische Übersicht

I. **Das Schuldverhältnis und die Schuldpflichten**
1. Die Schuldpflichten — 1
a) Die Unterscheidung zwischen Leistungspflichten und Schutzpflichten — 1
b) Die Leistungspflichten (Äquivalenzpflichten) — 2
c) Die Schutzpflichten (Integritätspflichten) — 3
d) Die Obliegenheit — 7
2. Die Arten von Schuldverhältnissen — 8
a) Das gesetzliche Schuldverhältnis — 9
b) Das rechtsgeschäftliche Schuldverhältnis — 13
aa) Das zweiseitig begründete (= vertragliche) Schuldverhältnis — 14
aaa) Der zweiseitig verpflichtende Vertrag — 15
α) Der gegenseitige Vertrag — 16
β) Der unvollkommen zweiseitig verpflichtende Vertrag — 19
bbb) Der einseitig verpflichtende Vertrag — 21
bb) Das einseitig begründete Schuldverhältnis — 22
cc) Die Abgrenzung zum Gefälligkeitsverhältnis — 23
dd) Die unbestellte Leistung (§ 241a) — 24
c) Das vor-rechtsgeschäftliche Schuldverhältnis (culpa in contrahendo) — 27
3. Der Vertrag zugunsten Dritter — 28
a) Allgemeines — 28
b) Die einzelnen Rechtsverhältnisse — 30
c) Die Rechte und Pflichten der Beteiligten — 34
aa) Die Rechte von Versprechensempfänger und Drittem — 34
bb) Die Rechte des Versprechenden — 39
d) Verfügungen zugunsten Dritter — 42
e) Verträge zugunsten Dritter auf den Todesfall — 43

II. **Der Grundsatz von Treu und Glauben** — 44
1. Die inhaltliche Bestimmung — 45
a) Die grundgesetzlichen Wertungen — 46
b) Die einfachgesetzlichen Wertungen — 47
c) Die kollektiven Wertvorstellungen (öffentliche Ordnung) — 48
2. Die Funktionen von Treu und Glauben — 49
a) Die regulierende Funktion (Konkretisierung von Pflichten) — 50
b) Die Ergänzungsfunktion (Begründung von Pflichten) — 52
c) Die Schrankenfunktion — 54
d) Die Korrektur von Vertragsinhalten und Rechtsnormen — 56
3. Fallgruppen — 58
a) Ergänzungsfunktion — 59
aa) Die Leistungstreuepflicht — 60
bb) Die Mitwirkungspflicht — 63
cc) Die allgemeine Schutzpflicht — 64
aaa) Das Schutzobjekt — 64
bbb) Sachlicher und zeitlicher Geltungsbereich — 66
ccc) Rechtsfolge der Verletzung — 68
dd) Die Aufklärungspflicht — 69
b) Schrankenfunktion — 73
aa) Rechtsmissbrauch — 74
bb) Unredliches Vorverhalten — 79
cc) Widersprüchliches Verhalten — 85
dd) Verwirkung — 88
aaa) Zeitmoment — 90
bbb) Umstandsmoment seitens des Berechtigten — 92
ccc) Umstandsmoment seitens des Verpflichteten — 94
ddd) Ausschluss der Verwirkung — 97
c) Regulierende Funktion — 98
d) Kontroll- und Korrekturfunktion — 100
aa) Korrektur vertraglicher Vereinbarungen — 101
bb) Korrektur gesetzlicher Vorschriften — 102

III.	Der Leistungsgegenstand	104	e)	Wertsicherungsklauseln	131
1.	Die Gattungsschuld	105	3.	Die Wahlschuld	133
a)	Begriff	105	4.	Besondere Leistungsgegenstände	140
b)	Inhalt	106			
c)	Sachleistungsgefahr und Beschaffungsrisiko	108	IV.	Modalitäten der Leistung	
			1.	Die Teilleistung	141
aa)	Untergang der Gattung oder des Vorrats	108	a)	Gesetzliche Ausnahmen	142
			b)	Vertragliche Ausnahmen	143
bb)	Übergang der Sachleistungsgefahr durch Konkretisierung	111	c)	Ausnahmen aufgrund von Treu und Glauben	144
aaa)	Lieferungs- versus modifizierte Ausscheidungstheorie	111	2.	Die Leistung durch Dritte	146
			a)	Grundsatz (§ 267)	146
bbb)	Konkretisierung bei mangelhaften Sachen	116	b)	Das Ablösungsrecht des Dritten (§ 268)	151
ccc)	„Widerruf" der Konkretisierung	118	3.	Der Leistungsort	152
cc)	Sachleistungsgefahr und Gläubigerverzug	120	4.	Die Leistungszeit	161
2.	Die Geldschuld	123	V.	Das allgemeine Zurückbehaltungsrecht	
a)	Allgemeines	123			
b)	Erfüllung	126	1.	Voraussetzungen	165
c)	Mangelnde finanzielle Leistungsfähigkeit	128	2.	Rechtsfolgen	168
d)	Zinsen	129			

I. Das Schuldverhältnis und die Schuldpflichten

1. Die Schuldpflichten

a) Die Unterscheidung zwischen Leistungspflichten und Schutzpflichten

1 Unter einem Schuldverhältnis versteht man eine rechtliche Sonderverbindung zwischen zwei oder mehr Personen, durch die Rechte und Pflichten begründet werden. Das Schuldverhältnis wirkt demnach nur relativ zwischen den Parteien, nicht jedoch absolut, dh auch gegenüber Dritten. Nur ausnahmsweise kann ein Schuldverhältnis auch dritte Parteien berühren, jedoch nur zu deren Gunsten, so etwa beim Vertrag zugunsten Dritter oder beim Vertrag mit Schutzwirkungen zugunsten Dritter (dazu unten Rn 28 ff).

Hinsichtlich der aus einem Schuldverhältnis resultierenden Pflichten einer Partei ist zwischen Leistungspflichten und Schutzpflichten zu differenzieren. Diese Zweiteilung des Pflichtengefüges ergibt sich aus § 241 BGB, dessen Abs 1 die Leistungspflicht beinhaltet, während Abs 2 die Schutzpflichten normiert. Konkrete Konsequenzen aus der Zweiteilung ergeben sich beispielsweise bei den Schadensersatzansprüchen: Während ein Anspruch auf Schadensersatz statt der Leistung wegen einer Leistungspflichtverletzung über §§ 280 Abs 1, 3, 281 BGB grundsätzlich eine Nachfristsetzung erfordert, kommt es bei der Verletzung von Nebenpflichten gem §§ 280 Abs 1, 3, 282 BGB auf die Unzumutbarkeit eines Festhaltens am Schuldverhältnis an.

D. Der Inhalt des Schuldverhältnisses

b) Die Leistungspflichten (Äquivalenzpflichten)

Leistungspflichten zielen auf die Wahrung des Äquivalenzinteresses der anderen Partei, also deren Interesse an dem vertraglich vereinbarten Leistungserfolg. Dieses Interesse wird nicht immer durch den bloßen Vollzug der vertraglich (oder gesetzlich) explizit geschuldeten Handlung – wie etwa der Übergabe und Übereignung beim Kauf (§ 433 Abs 1 S 1 BGB) – vollständig befriedigt. Vielmehr treffen den Schuldner mitunter flankierende Pflichten, etwa dahingehend, die Hauptleistung vorzubereiten, zu unterstützen und ihren Erfolg zu sichern und zu erhalten (wie beispielsweise die Leistungstreuepflicht). So kann etwa beim Kauf einer Sache eine Pflicht für den Verkäufer bestehen, den Käufer in der Nutzung der Sache anzuleiten. Häufig wird daher zwischen Haupt- und Nebenleistungspflichten unterschieden.[1] Diese Unterscheidung hat allerdings seit der Schuldrechtsreform keine praktische Bedeutung mehr, da das neue Leistungsstörungsrecht nicht mehr zwischen Haupt- und Nebenleistungspflicht unterscheidet. Eine Differenzierung findet nur noch zwischen Leistungspflicht (§§ 281, 283, § 323 BGB) und Schutzpflicht (§ 282, § 324 BGB) statt.

c) Die Schutzpflichten (Integritätspflichten)

Im Gegensatz zu den Leistungspflichten dienen die Schutzpflichten der Wahrung des Integritätsinteresses der anderen Partei, also der Erhaltung des status quo. Die Parteien haben sich mithin stets so zu verhalten, dass die bereits existierenden Rechtsgüter der jeweils anderen Partei nicht beeinträchtigt werden. Anders als die Vorschrift des § 823 Abs 1 BGB erfassen die Schutzpflichten des Schuldverhältnisses nicht nur absolute Rechte. Geschützt ist also auch das Vermögen als solches.

Schutzpflichten bestehen nicht etwa ausschließlich in der Zeit zwischen Vertragsschluss und Leistung. Da die allgemeine Schutzpflicht eine gesteigerte Gefährdung der Rechtsgüter der am Schuldverhältnis beteiligten Parteien auszugleichen sucht, muss sie so lange gelten, wie die erhöhten Einwirkungsmöglichkeiten seitens der anderen Partei bestehen. § 311 Abs 2 BGB normiert daher, dass bereits im vorvertraglichen Stadium, sogar schon mit der bloßen Anbahnung eines geschäftlichen Kontaktes, Schutzpflichten zwischen den Parteien bestehen.[2] Dies gilt selbst dann, wenn letztlich gar kein Vertrag geschlossen wird.

Korrelierend gelten Schutzpflichten auch noch über den Zeitpunkt der Leistung hinaus, solange die Rechtsgüter einer Partei den Einwirkungen durch die andere Partei ausgesetzt sind. Nachvertragliche Schutzpflichten sind idR Aufklärungs-, Mitteilungs-, Warn-, Obhuts- und Sorgfaltspflichten.[3]

Selbst bei einem bloßen Gefälligkeitsverhältnis können Schutzpflichten entstehen. Ein Gefälligkeitsverhältnis zeichnet sich zwar an sich dadurch aus, dass grundsätzlich gerade keine Pflichten begründet werden. Dennoch wird angenommen, dass unter Umständen Schutzpflichten aus Gefälligkeitsverhältnissen hergeleitet werden können (dazu unten Rn 23).

---

[1] Vgl etwa MünchKomm/BACHMANN (7. Aufl 2016) § 241 Rn 29 ff.

[2] ERMAN/BÖTTCHER/HOHLOCH (14. Aufl 2014) § 242 Rn 87; JAUERNIG/MANSEL (16. Aufl 2015) § 242 Rn 24.

[3] Vgl JAUERNIG/MANSEL (16. Aufl 2015) § 242 Rn 31.

d) Die Obliegenheit

7 Von der Pflicht im – hier gebrauchten – technischen Sinne ist die Obliegenheit abzugrenzen. Während bei einer Pflicht als Kehrseite der Medaille stets ein Anspruch des Gläubigers besteht, der – grundsätzlich – einklagbar ist und dessen Nichterfüllung Schadensersatzansprüche nach sich ziehen kann, handelt es sich bei der Obliegenheit um ein Rechtsgebot, das der „Schuldner" im eigenen Interesse zu erfüllen hat. Tut er es nicht, so kann das für ihn zwar zu rechtlichen Nachteilen führen, nicht jedoch zu einer Schadensersatz- oder gar Erfüllungshaftung. Ein Beispiel hierfür bietet die Schadensminderungsobliegenheit des § 254 Abs 2 BGB.[4] Soweit der Ersatzberechtigte dieser Obliegenheit nicht nachkommt, verliert er seinen Schadensersatzanspruch; der Schadensersatzschuldner kann jedoch nicht auf Erfüllung (= Schadensminderung) klagen.

2. Die Arten von Schuldverhältnissen

8 Schuldverhältnisse kann man nach unterschiedlichen Kriterien kategorisieren, etwa nach ihrer Dauer, nach der Art der geschuldeten Leistung, nach der Art der begründeten Pflichten oder nach der Art der Beteiligung an dem das Schuldverhältnis begründenden Tatbestand.[5] Weit verbreitet ist es, anhand der Entstehungsgründe des Schuldverhältnisses zu differenzieren: Schuldverhältnisse können kraft Gesetzes oder durch Rechtsgeschäft entstehen. Zwischen diesen beiden Entstehungsarten sind das Schuldverhältnis aus vor-rechtsgeschäftlichem Kontakt sowie das Schuldverhältnis aus dem – umstrittenen – Institut des faktischen Vertrages anzusiedeln.

a) Das gesetzliche Schuldverhältnis

9 Gesetzliche Schuldverhältnisse entstehen, wenn ein gesetzlicher Tatbestand erfüllt ist, ohne dass es eines autonomen, auf die Herbeiführung einer bestimmten Rechtsfolge gerichteten Willens bedarf.

10 Im Besonderen Schuldrecht finden sich sechs verschiedene Arten gesetzlicher Schuldverhältnisse: die Geschäftsführung ohne Auftrag (§§ 677 ff BGB), die Gastwirthaftung (§§ 701 ff BGB), die Bruchteilsgemeinschaft (§§ 741 ff BGB), die Pflicht zur Vorlegung von Sachen (§§ 809 ff BGB), die ungerechtfertigte Bereicherung (§§ 812 ff BGB) und die unerlaubte Handlung (§§ 823 ff BGB).

11 Aber auch außerhalb des Schuldrechts sind gesetzliche Schuldverhältnisse, wenn auch nur vereinzelt, vorgesehen. So stellt das EBV (§§ 985 ff BGB) ebenso ein Schuldverhältnis dar wie das Eltern-Kind-Verhältnis (§§ 1616 ff BGB).

12 Liegen die in den genannten Vorschriften normierten Tatbestandsmerkmale vor, so entsteht grundsätzlich ipso iure das entsprechende Schuldverhältnis. Allerdings können die Parteien die Tatbestandsvoraussetzungen vertraglich ausschließen oder modifizieren, beispielsweise indem sie Haftungserleichterungen vereinbaren.

---

[4] Dass zumeist von einer Schadensminderungs*pflicht* gesprochen wird, zeigt, dass in der juristischen Terminologie nicht immer trennscharf zwischen Pflicht und Obliegenheit differenziert wird.

[5] Vgl zu den verschiedenen Abgrenzungsmöglichkeiten eingehend STAUDINGER/OLZEN (2015) § 241 Rn 46 ff.

D. Der Inhalt des Schuldverhältnisses   13–18

b) Das rechtsgeschäftliche Schuldverhältnis

Gem § 311 Abs 1 BGB ist zur Begründung eines rechtsgeschäftlichen Schuldverhält- 13
nisses grundsätzlich ein Vertrag notwendig; rechtsgeschäftliche Schuldverhältnisse
werden demnach grundsätzlich zwei- bzw mehrseitig[6] begründet. Zwar kann ein
Schuldverhältnis auch durch einseitiges Rechtsgeschäft begründet werden, gem § 311
Abs 1 BGB jedoch nur in den gesetzlich vorgesehenen Ausnahmefällen, wie zB der
Auslobung. Grundsätzlich muss also die Freiheit der einen Partei, ein Schuldverhältnis
eingehen zu können, hinter der Freiheit der anderen Partei, keines eingehen zu müssen, zurückstehen. Prinzipiell soll niemand ohne sein Zutun Gläubiger oder gar
Schuldner eines Schuldverhältnisses werden müssen.[7] Mit dem Schuldverhältnis ver-
hält es sich (in der Regel) also wie mit der Ehe: Ohne Partner geht es nicht.

aa) Das zweiseitig begründete (= vertragliche) Schuldverhältnis

Ein rechtsgeschäftliches Schuldverhältnis wird in der Regel durch einen Vertrag zwi- 14
schen zwei Parteien begründet, also durch ein zweiseitiges Rechtsgeschäft, das durch
zwei korrespondierende Willenserklärungen (Angebot und Annahme) entsteht. Innerhalb der Fallgruppe der vertraglichen Schuldverhältnisse lässt sich weiter danach differenzieren, ob beide Parteien Verpflichtungen eingehen (zweiseitig verpflichtender
Vertrag) oder nur eine von ihnen (einseitig verpflichtender Vertrag).

aaa) Der zweiseitig verpflichtende Vertrag. Regelmäßig enthält ein zweiseitig begrün- 15
deter Vertrag auch für beide beteiligten Parteien Leistungspflichten. Zwei Arten von
Verträgen sind hier zu unterscheiden: der gegenseitige Vertrag (Rn 16) und der unvollkommen zweiseitig verpflichtende Vertrag (Rn 19).

α) **Der gegenseitige Vertrag.** Die weitaus meisten Verträge sind gegenseitiger (sy- 16
nallagmatischer) Natur. Hierbei handelt es sich um Verträge, in denen sich die Parteien zum *Austausch* von Leistungen verpflichten, in denen also die Leistung der einen
Partei durch eine äquivalente Gegenleistung der anderen Partei abgegolten wird.
Zweck der eigenen Leistung ist der Erhalt der Gegenleistung („do ut des"). Aus der
synallagmatischen Verbindung der Leistungen resultiert etwa, dass bei Entfallen der
Leistungspflicht einer Partei grundsätzlich auch die entsprechende Gegenleistungspflicht der anderen Partei entfällt bzw beseitigt werden kann; dies wird insbesondere
durch die §§ 320 ff BGB sichergestellt.

Die meisten Geschäfte des täglichen Lebens stellen gegenseitige Verträge dar: Der 17
Verkäufer liefert, um vom Käufer den Kaufpreis zu erhalten; der Vermieter überlässt
die Sache gegen Erhalt des Mietzinses etc.

Eine Besonderheit stellen Versicherungs- und Lotterieverträge dar. Bei diesen Ver- 18
trägen steht jeweils eine der beiden Leistungen unter einer Bedingung. So muss die
Versicherungssumme nur bedingt durch einen Versicherungsfall ausbezahlt werden.
Entsprechendes gilt für den Lotteriegewinn. Dennoch handelt es sich auch hierbei

---

[6] Zweiseitige und mehrseitige Schuldverhältnisse werden grundsätzlich gleichbehandelt. Ist
im Folgenden also von Zweiseitigkeit die Rede,
so gilt dies exemplarisch auch für die Mehrsei-
tigkeit.

[7] FIKENTSCHER/HEINEMANN, Schuldrecht
(11. Aufl 2017) Rn 28; E SCHMIDT, Das Schuldverhältnis (2004) Rn 66.

um gegenseitige Verträge. Gegenleistung für den Beitrag bzw Einsatz ist jeweils die Verschaffung einer Anwartschaft (im untechnischen Sinne) auf die Leistung.[8]

19 β) Der unvollkommen zweiseitig verpflichtende Vertrag. Ein gegenseitiger Vertrag liegt nicht vor, wenn zwar beide Parteien Pflichten treffen, diese Pflichten jedoch nicht im do-ut-des-Verhältnis zueinander stehen. Dies ist etwa bei der Leihe der Fall. Hier trifft zunächst den Verleiher die Pflicht zur Übergabe der Leihsache (§ 598 BGB) und später den Entleiher die Pflicht zu deren Rückgabe (§ 604 BGB). Diese beiden Pflichten sind jedoch nicht synallagmatisch miteinander verknüpft. Der Verleiher gibt die Sache nicht deshalb heraus, um sie später zurückzubekommen. Man spricht hier von einem unvollkommen zweiseitig verpflichtenden Vertrag.

20 Besonderheiten ergeben sich beim – unentgeltlichen – Auftrag. Hier trifft grundsätzlich nur den Beauftragten eine Leistungspflicht. Allerdings kann den Auftraggeber im Einzelfall eine Pflicht zum Aufwendungsersatz nach § 670 BGB treffen. Auch hier erfolgt die Auftragsleistung nicht des Aufwendungsersatzes wegen. Hinzu kommt, dass ein Aufwendungsersatz überhaupt nur dann zu leisten ist, wenn Aufwendungen tatsächlich angefallen sind. Man spricht insofern von einem *zufällig zweiseitig verpflichtenden Vertrag*.

21 bbb) Der einseitig verpflichtende Vertrag.[9] Von einem zweiseitig verpflichtenden Vertrag spricht man also bereits dann, wenn beide Parteien eine Pflicht treffen *kann*. Dagegen liegen einseitig verpflichtende Verträge lediglich in solchen Fällen vor, in denen *mit Gewissheit* nur eine der Parteien eine Leistungspflicht übernimmt, wie etwa bei der Bürgschaft.[10]

bb) Das einseitig begründete Schuldverhältnis

22 Neben dem Regelfall der vertraglichen (also zwei- oder mehrseitigen) Begründung von rechtsgeschäftlichen Schuldverhältnissen besteht in gesetzlich vorgesehenen Ausnahmefällen die Möglichkeit der einseitigen Begründung eines Schuldverhältnisses. Eine solche Ausnahme stellt beispielsweise die Auslobung dar, die in § 657 normiert ist. Die Auslobung zeichnet sich dadurch aus, dass der Auslobende sich einseitig zu einer Leistung verpflichtet, falls ein anderer – ohne dazu verpflichtet zu sein – eine bestimmte Leistung erbringt. Der Anspruch des anderen auf die ausgelobte Leistung entsteht unabhängig davon, ob dieser gehandelt hat, um damit die Auslobung anzunehmen und zu erfüllen, oder ob ihm dieses Ergebnis unwichtig oder gar unbekannt war. Sind etwa 500 Euro für das Zurückbringen einer entlaufenen Katze ausgelobt und bringt ein Nachbar sie – ohne von der Auslobung zu wissen – aus nachbarschaftlicher Hilfsbereitschaft zurück, so entsteht dennoch ein Schuldverhältnis, das dem Nachbarn einen Anspruch auf die Belohnung iHv 500 Euro gewährt. Neben der Auslobung sind im BGB das Stiftungsgeschäft (§§ 81 ff BGB) und das Vermächtnis (§§ 2147 ff BGB) als einseitig begründete Schuldverhältnisse vorgesehen, beim Vermächtnis mit der Folge, dass letztlich ein Dritter – der Erbe – zur Leistung verpflichtet ist.

---

[8] Vgl LARENZ, Schuldrecht I (14. Aufl 1987) 204.
[9] Der einseitig *verpflichtende* Vertrag ist nicht zu verwechseln mit dem einseitig *begründeten* Rechtsgeschäft: Letzteres ist gerade kein Vertrag; Näheres dazu sogleich unter Rn 22.
[10] STAUDINGER/HORN (2013) Vorbem 5f zu §§ 765–778.

D. Der Inhalt des Schuldverhältnisses

Dagegen handelt es sich bei dem Rückgewährschuldverhältnis des § 346 Abs 1 nicht um ein einseitig begründetes Schuldverhältnis. Vielmehr bleibt das ursprüngliche, durch Vertrag begründete Austauschschuldverhältnis bestehen und wird durch die Ausübung des Rücktrittsrechts lediglich – wenn auch im Ergebnis stark – modifiziert. Entsprechendes gilt für sämtliche Gestaltungsrechte. Auch Kündigung, Widerruf, Minderung, Aufrechnung sowie die Wahl- und Bestimmungsrechte (zB der §§ 262 ff und 315 ff BGB) begründen keine eigenen neuen Schuldverhältnisse, sondern ändern lediglich bereits vorhandene.[11]

cc) Die Abgrenzung zum Gefälligkeitsverhältnis
Kein Schuld-, sondern ein bloßes Gefälligkeitsverhältnis liegt vor, wenn die Parteien sich rechtlich nicht zu einer Leistung verpflichten, sondern mit ihrer Erklärung lediglich ankündigen, freiwillig eine bestimmte Leistung erbringen zu wollen.[12] Es fehlt hier am Rechtsbindungswillen. Auf die derart versprochene Gefälligkeit besteht kein Anspruch der anderen Partei. Wer einen Freund zum Essen einlädt, begründet beispielsweise in der Regel nur ein Gefälligkeitsverhältnis: Die Einladung soll lediglich gesellschaftlich, nicht aber rechtlich bindend sein. Der Freund kann das Essen nicht einklagen. Ebenso begründet eine Nicht- oder Schlechtleistung grundsätzlich keine Schadensersatzansprüche.

23

Allerdings kann im Einzelfall gewollt sein, dass auch bei Gefälligkeiten jedenfalls Schutzpflichten bestehen, deren Verletzung Schadensersatzansprüche begründen kann. Diese sind ausschließlich auf den Ersatz des Integritätsinteresses gerichtet. Bei einer solchen Konstellation spricht man von Gefälligkeitsverhältnissen geschäftsähnlicher Art. In dem bekanntesten Beispiel aus der Rechtsprechung nahm der BGH an, dass ein Unternehmer, der einem befreundeten Unternehmer einen Lkw-Fahrer aus Gefälligkeit „leiht", zu sorgfältiger Auswahl des Fahrers verpflichtet ist. Er ist zum Schadensersatz verpflichtet, wenn ein schlecht ausgewählter Lkw-Fahrer Rechtsgüter des „Entleihers" beschädigt.[13]

Die Abgrenzung von Gefälligkeits- und Schuldverhältnis kann im Einzelfall[14] Schwierigkeiten bereiten. Kein taugliches Abgrenzungskriterium ist die Unentgeltlichkeit der angebotenen Leistung, da das Gesetz auch unentgeltliche Schuldverhältnisse kennt – etwa die Schenkung, die Leihe, den Auftrag oder die unentgeltliche Verwahrung. Abzustellen ist vielmehr darauf, ob die Leistung für die empfangende Partei – erkennbar – von einem solchen Interesse ist, dass sie einen Anspruch auf Einforderung der Leistung haben will. Soll eine Person von einer anderen in deren Pkw mitgenommen werden, so wird ein echtes Schuldverhältnis etwa dann vorliegen, wenn der Mitgenommene – für den Mitnehmenden erkennbar – auf die Mitnahme angewiesen ist, weil er beispielsweise einen wichtigen Termin erreichen muss. In diesem Fall ist die Vereinbarung der Mitnahme als Auftrag und damit als Schuldverhältnis zu qualifizieren und nicht nur als bloßes Gefälligkeitsverhältnis.

---

[11] MEDICUS/LORENZ, Schuldrecht I (21. Aufl 2015) Rn 58.
[12] Vgl zur Abgrenzung Schuldverhältnis – Gefälligkeitsverhältnis STAUDINGER/OLZEN (2015) § 241 Rn 71 ff.
[13] BGH 22.6.1956 – I ZR 198/54, BGHZ 21, 102, 107. Daneben kommen selbstverständlich außervertragliche Schadensersatzansprüche (zB aus unerlaubter Handlung) in Betracht.
[14] Eine Auflistung und Einordnung von zahlreichen Einzelfällen findet sich in STAUDINGER/OLZEN (2015) § 241 Rn 87.

dd) Die unbestellte Leistung (§ 241a)

24 Problematisch ist im Hinblick auf die Entstehung eines Schuldverhältnisses die Vorschrift des § 241a BGB, wonach durch die Lieferung unbestellter Sachen bzw die Erbringung unbestellter sonstiger Leistungen durch einen Unternehmer an einen Verbraucher keinerlei Ansprüche begründet werden. § 241a BGB wird überwiegend in der Weise gedeutet, dass er eine Ausnahme von der Regelung des § 151 BGB darstellt, der zufolge eine konkludente Annahmeerklärung unter Umständen auch ohne Zugang wirksam ist.[15] Die bloße Ingebrauchnahme unbestellt gelieferter Sachen kann nach diesem Verständnis nicht wirksam die Annahme eines Vertragsangebotes begründen, weil die hierin zu sehende Annahmeerklärung dem Verkäufer nicht zugeht und die Ausnahmeregel des § 151 BGB durch § 241a BGB ausgeschlossen ist.

25 Diese Deutung des § 241a BGB ist jedoch deshalb unzureichend, weil sie einen Vertragsschluss in den Fällen nicht verhindert, in denen die Annahmeerklärung dem Verkäufer – sei es zufällig oder nicht – doch einmal zugeht.[16] § 241a BGB kann daher, will man den Empfänger unbestellter Waren so umfassend schützen, wie es der Wortlaut andeutet, nur so interpretiert werden, dass der Ge- oder Verbrauch einer Sache schon nicht als konkludente Willenserklärung aufgefasst werden darf oder dass eine konkludente Annahme in Fällen unbestellt zugesandter Sachen generell unwirksam ist.[17]

26 Ansprüche des Empfängers gegen den Versender wegen Verletzung seines Integritätsinteresses (etwa in Form von Eigentumsschäden, die durch die Mangelhaftigkeit der Sache entstehen) bleiben von § 241a BGB selbstverständlich unberührt. Der Versender kann zB aus culpa in contrahendo haften.[18]

c) Das vor-rechtsgeschäftliche Schuldverhältnis (culpa in contrahendo)

27 Gem § 311 Abs 2 BGB entsteht ein Schuldverhältnis zwischen zwei (oder mehr) Parteien bereits durch Aufnahme von Vertragsverhandlungen (Nr 1), Anbahnung eines Vertrages (Nr 2) oder ähnliche geschäftliche Kontakte (Nr 3). Das Schuldverhältnis wird also nicht durch ein Rechtsgeschäft begründet. Das vor-rechtsgeschäftliche Schuldverhältnis begründet keine primären Leistungspflichten. Vielmehr entstehen den Parteien lediglich Nebenpflichten gem § 241 Abs 2 BGB, insbesondere allgemeine Schutzpflichten und Aufklärungspflichten.[19] Die Verletzung dieser Nebenpflichten kann Schadensersatzansprüche aus § 280 Abs 1 BGB begründen *(culpa in contrahendo)*.

---

[15] Vgl JAUERNIG/MANSEL (16. Aufl 2015) § 241a Rn 5; PALANDT/GRÜNEBERG (76. Aufl 2017) § 241a Rn 6.

[16] Bsp: Die unbestellt zugesandte Autoantenne montiert der Empfänger auf sein Wagendach. Dies sieht der Versender bei einer Kontrollfahrt durch den mit Zusendungen bedachten Straßenzug.

[17] In diesem Sinne auch MünchKomm/FINKENAUER (7. Aufl 2016) § 241a Rn 15: Erforderlich sei ein über die Nutzung oder Verfügung hinausgehendes Verhalten, wie die Zahlung des Preises.

[18] Daneben können selbstverständlich gesetzliche Ansprüche bestehen, etwa aus unerlaubter Handlung.

[19] Daneben besteht noch ein Verbot des grundlosen Abbruchs von Vertragsverhandlungen sowie des Herbeiführens unwirksamer Verträge. Allerdings sind diese Verbote äußerst restriktiv zu handhaben, damit sie nicht auf einen faktischen Kontrahierungszwang hinauslaufen.

D. Der Inhalt des Schuldverhältnisses   28–30

3. Der Vertrag zugunsten Dritter

a) Allgemeines

Der (echte) Vertrag zugunsten Dritter (VzD) ist kein eigener Vertragstyp wie zB der **28** Kaufvertrag, sondern eine Gestaltungsform von Verträgen. Kennzeichnend für ihn ist, dass ein nicht am Vertrag beteiligter Dritter einen eigenen, selbständigen Anspruch auf eine bestimmte Leistung erhält. Das unterscheidet ihn erstens vom unechten VzD, bei dem der Dritte zwar die Leistung als solche, aber keinen rechtlichen Anspruch auf sie erhalten soll, und zweitens vom Vertrag mit Schutzwirkungen zugunsten Dritter, bei dem keine Leistungspflicht nach § 241 Abs 1 BGB, sondern nur Schutzpflichten nach Abs 2 entstehen (näher dazu VIEWEG, in: STAUDINGER/Eckpfeiler J. Rn 80 ff). Die Abgrenzung erfolgt – falls es an einer ausdrücklichen Festlegung durch die Vertragsparteien fehlt – durch Auslegung anhand der Umstände des Einzelfalls, insbesondere des Vertragszwecks (§ 328 Abs 2 BGB). Für bestimmte Fälle stellen die §§ 329, 330 BGB sowie § 159 VVG abstrakte Auslegungsregeln auf.

Abzugrenzen ist der VzD – drittens – von einem Vertragsschluss im Wege der Stell- **29** vertretung, also von Fällen, in denen der Dritte selbst Vertragspartei wird und dementsprechend nicht nur Rechte aus dem Vertrag ableiten kann, sondern auch Pflichten eingeht. Auch hier ist im Wege der Auslegung zu ermitteln, was gewollt ist. Werden Eltern für ihre Kinder tätig, geht der BGH regelmäßig von einem VzD aus: Zum einen wollen die Eltern unterstelltermaßen nur Rechte für ihr Kind begründen, nicht aber auch Pflichten. Zum anderen ist auch der anderen Partei regelmäßig daran gelegen, nicht das Kind, sondern die Eltern als – zahlungskräftige – Vertragspartner zu haben.[20] Werden demgegenüber Erwachsene füreinander tätig (etwa dann, wenn jemand eine Reise für sich und einen anderen bucht), so ist grundsätzlich kein VzD, sondern eine Stellvertretung naheliegend: Ohne besondere Anhaltspunkte kann nicht davon ausgegangen werden, dass ein Erwachsener einem anderen Erwachsenen die Rechte aus einem Vertrag verschaffen, aber selbst mit den Verpflichtungen belastet sein möchte.[21] Etwas anderes gilt freilich wiederum dann, wenn die Erwachsenen miteinander verheiratet oder (eng) miteinander verwandt sind. Dann kann ein VzD naheliegender sein als eine Stellvertretung.

b) Die einzelnen Rechtsverhältnisse

Beim VzD bestehen folgende Rechtsverhältnisse:

Zwischen dem Gläubiger („Versprechensempfänger") und dem leistungserbringenden **30** Schuldner („Versprechender") besteht das **Deckungsverhältnis**. Es bestimmt, ob und unter welchen Umständen dem Dritten ein eigener Leistungsanspruch zustehen und wie dieser inhaltlich ausgestaltet sein soll.[22] Insbesondere können sich die beiden Parteien gem § 328 Abs 2 BGB die Befugnis vorbehalten, das Recht des Dritten nachträglich zu ändern oder gar aufzuheben. Ob ein solcher Vorbehalt vereinbart ist oder

---

[20] BGH 26.5.2010 – Xa ZR 124/09, NJW 2010, 2950, 2951 m Anm TONNER.
[21] BGH 6.4.1987 – VII ZR 104/76, MDR 1978, 1016; BGH 26.5.2010 – Xa ZR 124/09, NJW 2010, 2950, 2951 m Anm TONNER.

[22] STAUDINGER/KLUMPP (2015) § 328 Rn 11; LOOSCHELDERS, Schuldrecht AT (13. Aufl 2015) Rn 1136.

nicht, muss stets im Wege der Vertragsauslegung anhand der Umstände des Einzelfalls ermittelt werden.[23]

31 Zwischen dem Gläubiger und dem begünstigten Dritten besteht das **Valutaverhältnis**. Es dient zwischen diesen beiden Personen als Behaltensgrund. Fehlt es oder ist es unwirksam, kann der Gläubiger vom Dritten den Leistungsgegenstand kondizieren.

32 Zwischen dem Schuldner und dem Dritten besteht das vertragsähnliche **Vollzugsverhältnis** (auch **Zuwendungsverhältnis** genannt). Es entsteht ohne Zustimmung des Dritten; nicht einmal Kenntnis des Dritten ist erforderlich.[24] Dies ist insofern gerechtfertigt als der Dritte durch den Vertrag zunächst einmal nur berechtigt, nicht aber verpflichtet wird. Dennoch gesteht ihm § 333 BGB die Möglichkeit zu, sein Recht – mit Wirkung ex tunc – zurückzuweisen. Akzeptiert der Dritte sein Recht ausdrücklich oder konkludent, liegt darin regelmäßig ein Verzicht auf das Zurückweisungsrecht.[25]

33 Nach einhelliger Ansicht können aus dem Vollzugsverhältnis gegenseitige Rücksichtnahmepflichten nach § 241 Abs 2 BGB resultieren. Voraussetzung dafür, dass den Dritten derartige Rücksichtnahmepflichten treffen, ist freilich seine Zustimmung zum VzD (Verbot des Vertrags zulasten Dritter). Dieses Zustimmungserfordernis wird durch § 333 BGB ausreichend sichergestellt: Macht der Dritte von seinem Zurückweisungsrecht Gebrauch, entfallen (rückwirkend) sämtliche Rücksichtnahmepflichten.

c) Die Rechte und Pflichten der Beteiligten

aa) Die Rechte von Versprechensempfänger und Drittem

34 Die Drei-Personen-Konstellation führt zu der Frage, wer welche Rechte gegen wen geltend machen darf. Auch hier gilt, dass die Parteien diese Frage im Vertrag selbst beantworten können, es aber selten tun. Versäumen sie es, ist der Vertrag anhand der Umstände des Einzelfalls auszulegen.[26] Scheitert auch dies, etwa weil sich keine brauchbaren Anhaltspunkte ergeben, gelten folgende Faustregeln.

35 Der Dritte kann vom Versprechenden Leistung an sich selbst verlangen. Der Anspruch entsteht unmittelbar beim Dritten selbst; es findet also kein abgeleiteter Erwerb vom Gläubiger statt. Dennoch kann der Versprechende dem Dritten Einwendungen aus dem Vertragsverhältnis zum Versprechensempfänger entgegenhalten (§ 334 BGB), wie beispielsweise die Einrede des nicht erfüllten Vertrags aus § 320 BGB. Zu prüfen ist jedoch stets, ob der Einwendungsdurchgriff des § 334 BGB per Vereinbarung im Deckungsverhältnis (also zwischen Versprechendem und Versprechensempfänger) wirksam abbedungen wurde.[27]

36 Der Versprechensempfänger kann zwar nicht Leistung an sich selbst verlangen, wohl aber Leistung an den Dritten (§ 335 BGB). Praktisch bedeutet das: Er kann den Ver-

---

[23] Vgl (einen Vorbehalt im konkreten Fall ablehnend) BGH 15.1.1986 – IVa ZR 46/84, NJW 1986, 1165, 1166.
[24] STAUDINGER/JAGMANN (2015) § 333 Rn 1.
[25] RG 11.11.1927 – II 102/27, RGZ 119, 1,3; STAUDINGER/JAGMANN (2015) § 333 Rn 10; MünchKomm/GOTTWALD (7. Aufl 2016) § 328 Rn 266; ERMAN/WESTERMANN (14. Aufl 2014) § 333 Rn 2; PALANDT/GRÜNEBERG (76. Aufl 2017) § 333 Rn 2.
[26] Siehe etwa BGH 17.1.1985 – VII ZR 63/84, BGHZ 93, 271 = NJW 1985, 1457.
[27] Vgl etwa BGH 17.1.1985 – VII ZR 63/84, NJW 1985, 1457.

D. Der Inhalt des Schuldverhältnisses

sprechenden aus eigenem Recht verklagen, tritt im Prozess also nicht etwa als Prozessstandschafter des Dritten auf.

Leistet der Versprechende nicht vertragsgemäß, können grundsätzlich sowohl der Dritte[28] als auch der Versprechensempfänger[29] **Rechtsbehelfe wegen Nicht- oder Schlechtleistung** geltend machen. Allerdings bestehen verschiedene Einschränkungen. So ist es dem Dritten nach hM verwehrt, solche Rechtsbehelfe zu ergreifen, die den Bestand des Vertrags betreffen (Rücktritt, Schadensersatz statt der Leistung); Herr des Synallagmas sei – vorbehaltlich einer anderweitigen Vereinbarung im Deckungsverhältnis – ausschließlich der Versprechensempfänger.[30] Die Gegenansicht lehnt diese Beschränkung unter Hinweis darauf ab, der Dritte sei Inhaber der Forderung geworden und müsse dementsprechend auch selbst über deren Bestand verfügen können.[31] Den Versprechensempfänger trifft dann eine Einschränkung, wenn der Dritte das Recht unwiderruflich erworben hat, wenn im Deckungsverhältnis also kein Aufhebungsvorbehalt vereinbart wurde. Will der Versprechensempfänger in solch einem Fall Rechtsbehelfe ergreifen, die den Bestand des Leistungsrechts berühren, bedarf er hierzu der Zustimmung des Dritten.[32] 37

Das Recht zur **Anfechtung** wegen Irrtums oder Täuschung steht nur dem Versprechensempfänger, nicht aber auch dem Dritten zu; entsprechendes gilt für das **Widerrufsrecht** aus § 355 BGB. Beide Gestaltungsrechte bedürfen nicht der Zustimmung des Dritten – gleichgültig, ob sich die Parteien des Deckungsverhältnisses eine Aufhebung des Rechts vorbehalten haben. Schutzgut des Anfechtungs- und des Widerrufsrechts ist die Willensfreiheit des Versprechensempfängers. Ist sie verletzt, fehlt von vornherein die Basis für sämtliche Rechte des Dritten.[33] 38

bb) Die Rechte des Versprechenden

Grundsätzlich richten sich die Rechte des Versprechenden ausschließlich gegen den Versprechensempfänger: Nur von ihm kann er die Gegenleistung verlangen und nur ihm gegenüber kann er dementsprechend auch Rechtsbehelfe ergreifen, die an eine Verletzung der Gegenleistungspflicht anknüpfen. 39

Kommt der Dritte mit der Annahme der ihm gebührenden Leistung in Verzug oder verletzt er bei der Annahme die Rechtsgüter des Versprechenden, kann der Versprechende unter Umständen sowohl vom Versprechensempfänger als auch vom Dritten Ersatz verlangen.[34] 40

Für die Haftung des Versprechensempfängers gilt dabei, dass ihm Verhalten und Verschulden des Dritten nach § 278 BGB zuzurechnen sind. Für die Haftung des Dritten 41

---

[28] BGH 26.5.2010 – Xa ZR 124/09, NJW 2010, 2950 Rn 15.
[29] STAUDINGER/KLUMPP (2015) § 328 Rn 79.
[30] STAUDINGER/KLUMPP (2015) § 328 Rn 79; PALANDT/GRÜNEBERG (76. Aufl 2017) § 328 Rn 6; MünchKomm/GOTTWALD (7. Auf 2016) § 335 Rn 10; GERNHUBER, Das Schuldverhältnis (1989) 499 f; LARENZ, Schuldrecht I (14. Aufl 1987) S 223.
[31] SOERGEL/HADDING (13. Aufl 2010) § 328 Rn 45 ff; MünchKomm/GOTTWALD (7. Aufl 2016) § 335 Rn 10.
[32] RG 2.2.1921 – V 354/20, RGZ 101, 275, 276 f; JAUERNIG/STADLER (16. Aufl 2015) § 328 Rn 17; aA STAUDINGER/KLUMPP (2015) § 328 Rn 80.
[33] STAUDINGER/ROTH (2015) § 143 Rn 19; MünchKomm/GOTTWALD (7. Aufl 2016) § 335 Rn 7; NomosKomm/PREUSS (3. Aufl 2016), § 328 Rn 18.
[34] STAUDINGER/KLUMPP (2015) § 328 Rn 81.

gilt, dass sie nur dann in Betracht kommt, wenn der Dritte seine Rechte aus dem VzD (ausdrücklich oder konkludent) angenommen hat bzw zumindest nicht zurückgewiesen hat; ohne sein Zutun können keine haftungsbegründenden Rechtspositionen entstehen (siehe oben Rn 32).

Bei Mängeln im Deckungsverhältnis gilt grundsätzlich, dass die bereicherungsrechtliche Rückabwicklung in den jeweiligen Vertragsverhältnissen, also in Deckungs- und Valutaverhältnis, stattfindet.[35] In Ausnahmefällen bestehen jedoch Herausgabeansprüche direkt gegen den Dritten, vgl dazu KLINCK, in: STAUDINGER/Eckpfeiler T. Rn 72 ff.

d) Verfügungen zugunsten Dritter

42 Die §§ 328 ff BGB beziehen sich unmittelbar nur auf Verpflichtungsgeschäfte. Ob und inwieweit sie auf Verfügungen analog angewandt werden können, ist umstritten. Die Rechtsprechung lehnt dies kategorisch ab.[36] Einzig bei der Vormerkung wird die Bewilligung zugunsten eines Dritten zugelassen.[37] In der Literatur stößt die restriktive Haltung der Rechtsprechung teilweise auf Zustimmung.[38] Eine starke Mindermeinung spricht sich jedoch grundsätzlich für eine analoge Anwendung der §§ 328 ff BGB auf Verfügungsgeschäfte aus.[39] Allerdings werden verschiedene Einschränkungen gemacht. So sei eine Auflassung zugunsten Dritter wegen § 925 Abs 2 BGB (Bedingungsfeindlichkeit der Auflassung) ausgeschlossen, da das Zurückweisungsrecht aus § 333 BGB einen Schwebezustand herstelle, der einer auflösenden Bedingung ähnlich sei. Bisweilen wird ferner gefordert, der Publizitätsgrundsatz des Sachenrechts dürfe nicht unterlaufen werden, weswegen der jeweils erforderliche Publizitätsakt unmittelbar durch bzw an den Dritten erfolgen müsse (zB Übergabe der Sache).[40] Diese Einschränkung macht das Konstrukt einer Verfügung zugunsten Dritter freilich weitgehend nutzlos;[41] sie scheint jedoch vor dem Hintergrund der Möglichkeit eines Geheißerwerbs ohnehin nicht völlig überzeugend. Weitgehende Einigkeit besteht in der Literatur dahingehend, dass jedenfalls eine schuldrechtliche Verfügung zugunsten Dritter möglich sein muss, vor allem also die Abtretung einer Forderung unmittelbar an den Dritten.[42] Es sei nicht nachvollziehbar, warum die Begründung eines neuen Rechts zugunsten des Dritten zulässig sein soll, die Übertragung eines bestehenden Rechts auf ihn dagegen nicht.[43]

e) Verträge zugunsten Dritter auf den Todesfall

43 Zum VzD auf den Todesfall vgl MEYER-PRITZL, in: STAUDINGER/Eckpfeiler Y. Rn 80 ff.

---

[35] STAUDINGER/LORENZ (2007) § 812 Rn 37.
[36] BGH 29.1.1964 – V ZR 209/61, BGHZ 41, 95, 96 = WM 1964, 348.
[37] BGH 22.12.1989 – V ZR 8/81, NJW 1983, 1543, 1544.
[38] STAUDINGER/KLUMPP (2015) Vorbem 35 zu § 328; SOERGEL/HADDING (13. Aufl 2010) § 328 Rn 115; GERNHUBER, Schuldverhältnis (1989) 473 f.
[39] LARENZ, Schuldrecht I (14. Aufl 1987) 232; ESSER/SCHMIDT, Schuldrecht I AT Bd 2 (8. Aufl 2000) 299.
[40] LARENZ, Schuldrecht I (14. Aufl 1987) 232.
[41] MünchKomm/GOTTWALD (7. Aufl 2016) § 328 Rn 278.
[42] MünchKomm/GOTTWALD (7. Aufl 2016) § 328 Rn 269; skeptisch hinsichtlich der praktischen Notwendigkeit STAUDINGER/KLUMPP (2015) 328 Rn 47 ff.
[43] MünchKomm/GOTTWALD (7. Aufl 2016) § 328 Rn 269.

D. Der Inhalt des Schuldverhältnisses

II. Der Grundsatz von Treu und Glauben

Der BGB-Gesetzgeber hat das Prinzip von Treu und Glauben in § 242 BGB – unmittelbar im Anschluss an die Definition des Schuldverhältnisses – den übrigen Regeln des Schuldrechts vorangestellt. Bereits diese exponierte Stellung verdeutlicht die zentrale Bedeutung, die der Vorschrift im System des Schuldrechts zukommt. **44**

1. Die inhaltliche Bestimmung

Der Grundsatz von Treu und Glauben ist ein unbestimmter Rechtsbegriff mit all seinen Stärken und Schwächen: Einerseits benötigt ein Zivilgesetzbuch unbestimmte Rechtsbegriffe, um flexibel auf neue oder unvorhergesehene Situationen reagieren zu können. Andererseits birgt jeder unbestimmte Rechtsbegriff die Gefahr, dass eine Regelung an Klarheit, Vorhersehbarkeit und damit an Rechtssicherheit verliert. Daher ist es von grundlegender Bedeutung, Richtlinien bzw objektive Kriterien für die Auslegung und Anwendung eines unbestimmten Rechtsbegriffes zu finden. Diese Kriterien sind der gesamten Rechtsordnung zu entnehmen. In Betracht kommen insbesondere grundgesetzliche Wertungen, einfachgesetzliche Wertungen und kollektive Wertvorstellungen. **45**

a) Die grundgesetzlichen Wertungen

Grundgesetzliche Wertungen und das Prinzip von Treu und Glauben stehen in einer symbiotischen Beziehung zueinander. So ist der Terminus von Treu und Glauben (neben demjenigen der Sittenwidrigkeit) das wohl meistfrequentierte Einfallstor der grundgesetzlichen Werteordnung in das Zivilrecht.[44] Umgekehrt muss das Grundgesetz als wichtigste Konkretisierung von Treu und Glauben angesehen werden. Beispiele hierfür sind etwa die Auswirkungen des allgemeinen Persönlichkeitsrechts auf das Verhältnis von Arbeitgeber und Arbeitnehmer[45] sowie die in der „Schuldenturmentscheidung" des BVerfG[46] aufgrund von Art 2 Abs 1 GG geforderte Korrektur solcher Verträge, die als Folge eines „strukturellen Ungleichgewichts" im Hinblick auf die Machtstellung der Parteien eine Partei benachteiligen. **46**

b) Die einfachgesetzlichen Wertungen

Neben den grundgesetzlichen Wertungen lassen sich auch die Wertungen des einfachen Rechts zur Auslegung von Treu und Glauben heranziehen.[47] So hat der BGH[48] aus der Wertung des § 251 Abs 2 S 2 BGB (und des § 633 Abs 2 S 3 aF) eine allgemeine Opfergrenze hergeleitet: Muss der Verpflichtete zur Erfüllung seiner Schuld Aufwendungen machen, die jenseits dieser Opfergrenze liegen, so ist die Geltendmachung der Forderung als treuwidrig anzusehen. **47**

---

[44] Nach der von der ganz hM vertretenen Theorie der mittelbaren Drittwirkung der Grundrechte, vgl nur BVerfG 15.1.1958 – 1 BvR 400/51, BVerfGE 7, 198; vgl kritisch zur Funktion der Grundrechte als Werteordnung für das Zivilrecht SCHAPP, Grundrechte als Wertordnung, JZ 1998, 913 ff.

[45] Vgl etwa BAG 27.11.1985 – 5 AZR 101/84, NZA 1986, 227, 228.

[46] BVerfG 19.10.1993 – 1 BvR 567/89/ 1 BvR 1044/89, BVerfGE 89, 214.

[47] Vgl SCHLECHTRIEM/SCHMIDT-KESSEL, Schuldrecht AT (6. Aufl 2005) Rn 155 ff.

[48] BGH 2.10.1987 – V ZR 140/86, NJW 1988, 699 f.

c) Die kollektiven Wertvorstellungen (öffentliche Ordnung)

48 Häufig wird man sich bei der Konkretisierung von Treu und Glauben weder auf grundgesetzliche noch auf einfachgesetzliche Wertungen stützen können. In diesen Fällen muss der Richter ethisch-moralische Wertvorstellungen heranziehen, die der Gesetzgeber – aus gutem Grund – nicht kodifiziert hat. Solche Wertvorstellungen unterliegen einer mitunter sehr dynamischen Veränderlichkeit und sind daher der Positivierung nahezu unzugänglich. Allerdings muss es an dieser Stelle Aufgabe des entscheidenden Richters sein, nicht seine eigene subjektive Wertvorstellung zum Maßstab zu nehmen, sondern auf von der Gesellschaft anerkannte objektive Werte zurückzugreifen.[49]

2. Die Funktionen von Treu und Glauben

49 Heute sind im Wesentlichen vier Funktionen des Grundsatzes von Treu und Glauben zu unterscheiden,[50] nämlich die Ergänzungsfunktion, die regulierende Funktion, die Schrankenfunktion und die Korrekturfunktion.

a) Die regulierende Funktion (Konkretisierung von Pflichten)

50 Nach dem Wortlaut des § 242 BGB beschränkt sich der Grundsatz von Treu und Glauben auf die Funktion, festgelegte Leistungsmodalitäten zu regulieren: Der Schuldner hat seine Leistung so zu bewirken, wie Treu und Glauben es erfordern. In dieser die Art und Weise der Leistung konkretisierenden und damit die gesetzlichen Einzelbestimmungen der §§ 243 ff BGB ergänzenden Funktion[51] liegt also der eigentliche Anwendungsbereich des Treu-und-Glauben-Grundsatzes im BGB.

51 Ein Beispiel für die regulierende Funktion des Grundsatzes von Treu und Glauben bietet die Geldschuld, die im BGB nur fragmentarisch geregelt ist.[52] Ungeregelt war beispielsweise früher, inwieweit der Gläubiger Kleingeld zur Erfüllung einer Forderung annehmen muss. Eine entsprechende Pflicht des Gläubigers zur Annahme wurde von der Rechtsprechung in bestimmten Grenzen unter Bezugnahme auf Treu und Glauben bejaht.[53] Ein weiteres Beispiel ist das Verbot der Leistung zur Unzeit oder am unpassenden Ort, das sich mangels expliziter Regelung im BGB auf Treu und Glauben stützen lässt.[54]

b) Die Ergänzungsfunktion (Begründung von Pflichten)

52 Demgegenüber war die ursprüngliche, schon im Römischen Recht praktizierte Funktion des Treu-und-Glauben-Grundsatzes die Begründung von Pflichten.[55] Bereits im 3. Jahrhundert v Chr wurden Klagen aus nicht geregelten Schuldverhältnissen (wie

---

[49] GERNHUBER, § 242 – Funktionen und Tatbestände, JuS 1983, 764, formuliert, dass zur Bestimmung von Treu und Glauben nur „reale, in der sozialen Wirklichkeit akzeptierte Normalmaßstäbe korrekten sozialen Verhaltens" in Betracht kommen, „die für das handelnde Subjekt die Qualität des Vorbildlichen haben und denen zu folgen er verpflichtet ist".
[50] Zu den weiteren Modellen der Funktionsbeschreibung des § 242 BGB vgl STAUDINGER/LOOSCHELDERS/OLZEN (2015) § 242 Rn 172 ff.
[51] PALANDT/GRÜNEBERG (76. Aufl 2017) § 242 Rn 15, 22.

[52] Siehe hierzu unten Rn 103 ff.
[53] Vgl ERMAN/BÖTTCHER/HOHLOCH (14. Aufl 2014) § 242 Rn 63. Heute findet sich eine ausdrückliche Regelung in Art 11 S 3 Euro-EinführungsVO: 50 Münzen pro Zahlung.
[54] GERNHUBER, § 242 – Funktionen und Tatbestände, JuS 1983, 764, 766.
[55] GERNHUBER, § 242 – Funktionen und Tatbestände, JuS 1983, 764, 765 f; vgl ausführlich zur rechtsgeschichtlichen Entwicklung von Treu und Glauben STAUDINGER/LOOSCHELDERS/OLZEN (2015) § 242 Rn 1 ff.

D. Der Inhalt des Schuldverhältnisses

zunächst beispielsweise auch Kauf, Miete, etc) auf der Basis der *bona fides* begründet. Die römischen Prätoren suchten auf diese Weise die lückenhaften damaligen Gesetze zu schließen: Existierte eine *lex* nicht, so konnte ein nach allgemeinem Rechtsempfinden gegebener Anspruch mittels der *bonae fidei iudicia* zugesprochen werden.[56] Neben das geschriebene strenge Recht *(iudicia stricti iuris)* trat mit dem *bona-fides*-Grundsatz ein variables Instrument des ungeschriebenen Rechts.

Diese Rechtstradition fortführend wird über den Wortlaut hinaus § 242 BGB auch heute noch zur Begründung von Pflichten herangezogen, um Lücken in vertraglichen Vereinbarungen oder gesetzlichen Regelungskomplexen zu schließen.[57] Wegen der vergleichsweise detaillierten Leistungsbeschreibung im BGB liegt der Schwerpunkt der Ergänzungsfunktion inzwischen jedoch nicht mehr auf der Begründung von (Neben-)Leistungspflichten, sondern auf der Begründung bzw – angesichts der Benennung der Rücksichtnahmepflicht in § 241 Abs 2 BGB – der Bestimmung von Inhalt und Grenzen[58] von Schutzpflichten.

c) Die Schrankenfunktion

Die in der Praxis heute wohl häufigste Funktion des § 242 BGB ist die Beschränkung einer im Grunde gegebenen Rechtsposition, deren uneingeschränkte Durchsetzung das Gebot von Treu und Glauben verletzen würde. Der Grundsatz von Treu und Glauben dient in dieser Funktion der Abwehr unzulässiger Rechtsausübung. Unterfälle sind das Verbot des Rechtsmissbrauchs, das Verbot widersprüchlichen Verhaltens und die Verwirkung.

Zu beachten ist, dass sich nach ganz hM[59] die Beschränkung der einzelnen Ansprüche nicht „von außen" über die jeweiligen subjektiven Rechte stülpt, sondern dass jedes subjektive Recht unter dem Vorbehalt der Ausübung nach Treu und Glauben steht: Die Beschränkung der Rechtsausübung in Fällen des Rechtsmissbrauchs ist einem jeden Recht immanent (sog Immanenz- oder Innentheorie). Diese Einordnung der Beschränkung führt zu der prozessual wichtigen Konsequenz, dass es sich bei den Schranken nach § 242 BGB grundsätzlich um von Amts wegen zu beachtende rechtshindernde Einwendungen handelt.[60]

d) Die Korrektur von Vertragsinhalten und Rechtsnormen

Ursprünglich diente § 242 BGB – wie dargelegt – in erster Linie dazu, Lücken im Gesetz zu füllen. Schon bald streifte das Reichsgericht allerdings der Vorschrift des § 242 BGB das Korsett der Subsidiarität ab und nutzte den Grundsatz von Treu und Glauben dazu, bestehendes Recht unangewendet zu lassen.[61] § 242 BGB übernahm damit in der gerichtlichen Praxis mehr und mehr die Rolle eines den übrigen Vor-

---

[56] STAUDINGER/LOOSCHELDERS/OLZEN (2015) § 242 Rn 8.
[57] Eine Abgrenzung dieser Funktion der Begründung von Leistungspflichten von derjenigen der Regulierung von Leistungsmodalitäten (Rn 50, 98 f) wird allerdings häufig nur schwer gelingen, da die Unterschiede oft marginal sind.
[58] PALANDT/GRÜNEBERG (76. Aufl 2017) § 242 Rn 15, 23.
[59] PALANDT/GRÜNEBERG (76. Aufl 2017) § 242 Rn 38; MünchKomm/SCHUBERT (7. Aufl 2016) § 242 Rn 84 jeweils mwNw.
[60] JAUERNIG/MANSEL (16. Aufl 2015) § 242 Rn 36.
[61] Vgl MEDICUS/LORENZ, Schuldrecht I (21. Aufl 2015) Rn 129 f. So hat das Reichsgericht in der Zeit der großen Inflation, also zwischen 1919 und 1923, die gesetzliche Regel „Mark gleich Mark" gestützt auf Treu und Glauben durchbrochen, vgl RGZ 107, 78, 91 f.

schriften übergeordneten Prinzips zur Herstellung von Gerechtigkeit[62] und diente als Mittel der rechtsethischen Durchbrechung des positiven Gesetzesrechts.[63]

57 Inzwischen dient § 242 BGB häufig der Kontrolle und anschließenden Korrektur solcher Ergebnisse, die als ungerecht empfunden werden, gleich ob diese Ergebnisse auf vertraglichen Vereinbarungen oder gesetzlichen Vorschriften basieren.

3. Fallgruppen

58 Im Laufe der Zeit hat sich ein nahezu unüberschaubares Geflecht judikativer Anwendungsfälle des § 242 BGB ergeben. Sie vollständig zu systematisieren ist kaum möglich. Einige dieser Fälle sollen im Folgenden dargestellt werden, und zwar systematisiert in Fallgruppen nach den eben geschilderten vier Funktionen des Grundsatzes von Treu und Glauben.

a) Ergänzungsfunktion

59 Wie dargelegt, diente bereits das römisch-rechtliche Prinzip der *bona fides* nach kurzer Zeit in erster Linie dazu, die positivierten Hauptpflichten eines Schuldverhältnisses um einen Katalog weiterer Nebenpflichten zu ergänzen.[64] Heute finden auch solche Pflichten zwar vereinzelt ihre Grundlage in vertraglichen Vereinbarungen oder gesetzlichen Normen (zB §§ 368, 402, 444, 618, 666 BGB), doch entstehen sie meist durch richterliche Rechtsfortbildung, die sich auf § 242 BGB stützt. So wurde etwa aus § 242 BGB abgeleitet, dass der Schuldner den Leistungserfolg vorzubereiten, herbeizuführen und zu sichern hat (Leistungstreuepflicht) und dabei Gefährdungen der Rechtsgüter des Gläubigers vermeiden muss (Schutzpflichten).[65] Da diese Handlungsanweisung an den Schuldner nur unwesentlich konkreter ist als der Wortlaut des § 242 BGB selbst, hat die Rechtsprechung im Laufe der Zeit einzelne konkrete Pflichten explizit herausgebildet. Einige dieser Pflichten sollen im Folgenden kurz erörtert werden.

aa) Die Leistungstreuepflicht

60 Kurz umrissen bedeutet die Leistungstreuepflicht, dass beide (bzw alle) Parteien alles zu tun haben, um den Leistungserfolg herbeizuführen und zu sichern, und alles zu unterlassen haben, was den Leistungserfolg gefährdet oder verhindert. Für den Schuldner folgt daraus, dass er bis zur Bewirkung der Leistung den Leistungsgegenstand pfleglich zu behandeln und vor schädigenden Einwirkungen zu schützen hat (Erhaltungs- und Obhutspflichten), und zwar selbst dann, wenn sich der Gläubiger im Verzug der Annahme befindet.[66] So hat er Waren, die nicht ausgeliefert werden können, sicher einzulagern. Auch hat er darauf zu achten, dass die Ware beim Transport nicht beschädigt werden kann.[67] Nach der Erfüllung hat er alles zu unterlassen, was dem Gläubiger die Vorteile des Rechtsgeschäftes nimmt (Sicherungspflicht bzgl des Leistungserfolges).[68]

---

[62] Vgl etwa BGH 23.9.1982 – VII ZR 183/80, BGHZ 85, 39, 48.
[63] WIEACKER, Zur rechtstheoretischen Präzisierung des § 242 BGB (1956) 36.
[64] Siehe oben Rn 52.
[65] Vgl oben Rn 3.
[66] RG 5.7.1924 – I 547/23, RGZ 108, 341, 343; PALANDT/GRÜNEBERG (76. Aufl 2017) § 242 Rn 28.
[67] LG Frankfurt aM 18.2.1986 – 2/16 S 191/85, NJW-RR 1986, 966, 967; PALANDT/GRÜNEBERG (76. Aufl 2017) § 242 Rn 28.
[68] RG 5.10.1939 – V 87/39, RGZ 161, 330, 338 f; BGH, 14.12.1954, I ZR 65/53, BGHZ 16, 4, 10. Hieraus kann uU beim Verkauf eines Unternehmens ein – zumindest befristetes – Wettbewerbsverbot resultieren, vgl RG 31.5.1927 – Rep. II. 517/26, RGZ 117, 176, 179 f.

D. Der Inhalt des Schuldverhältnisses

Aber auch für den Gläubiger gilt die Leistungstreuepflicht, insbesondere in Form des **61** Verbotes der Vertragsuntreue: So darf sich der Gläubiger nicht grundlos vom Vertrag lossagen oder die Erfüllung durch den Schuldner behindern.[69] Der Vermieter etwa verletzt seine Leistungstreuepflicht, wenn er wegen eines in Wirklichkeit nicht bestehenden Eigenbedarfs kündigt.[70]

Schließlich gehören hierher auch sonstige (nachvertragliche) Unterstützungs- und **62** Rücksichtnahmepflichten, die der Sicherung der Hauptleistung dienen, so beispielsweise die Verschaffung von Unterlagen/Ausstellung von Bescheinigungen für die Kreditmittelbeschaffung oder für die Regelungen steuerlicher Angelegenheiten seitens des Vertragspartners[71] oder ein über die gesetzlichen Regelungen hinausgehendes Wettbewerbsverbot für Arbeitnehmer und Handelsvertreter.[72]

bb) Die Mitwirkungspflicht

Das positive Korrelat zum Verbot der Vertragsuntreue bildet die regelmäßig selbstän- **63** dig einklagbare[73] Mitwirkungspflicht. Dem Gläubiger ist es nicht nur verboten, die Leistungserbringung durch den Schuldner zu behindern.[74] Vielmehr ist er darüber hinaus sogar verpflichtet, bestehende Leistungshindernisse zu beseitigen und die Voraussetzungen einer reibungslosen Leistungserbringung zu schaffen, selbst wenn dies formal betrachtet in den Aufgabenbereich des Schuldners fiele. In der Praxis erhält die Mitwirkungspflicht am häufigsten dort Bedeutung, wo ein Rechtsgeschäft einer behördlichen Genehmigung bedarf. In einem solchen Fall kann der Gläubiger verpflichtet sein, die betreffende Genehmigung zu beantragen.[75] Ist bereits das Verpflichtungsgeschäft genehmigungsbedürftig, so sind Gläubiger wie Schuldner verpflichtet, nach besten Kräften die Genehmigung herbeizuführen.[76]

cc) Die allgemeine Schutzpflicht
aaa) Das Schutzobjekt. Während die bisher erörterten Pflichten dazu dienen, den **64** Leistungserfolg zu ermöglichen oder zu sichern, also das Äquivalenzinteresse der anderen Partei zu schützen, hat die allgemeine Schutzpflicht den *Schutz des Integritätsinteresses* zum Ziel.[77] Inhalt der allgemeinen Schutzpflicht ist es also, dafür Sorge zu tragen, dass Leben, Gesundheit, Eigentum, Vermögen und andere Rechtsgüter der jeweils anderen Partei nicht beeinträchtigt werden.[78]

Die Ansicht, dass durch die allgemeine Schutzpflicht auch das Äquivalenzinteresse **65** geschützt wird,[79] ist abzulehnen. Zwar ist es richtig, dass die Pflicht der Kfz-Werkstatt zur Sicherung des überlassenen Kfz im Ergebnis auch dem Erhalt der Reparaturleis-

---

[69] PALANDT/GRÜNEBERG (76. Aufl 2017) § 242 Rn 30.
[70] AG Saarlouis 27.10.1993 – 24b C 893/91, WuM 1995, 173, 173.
[71] PALANDT/GRÜNEBERG (76. Aufl 2017) § 242 Rn 31.
[72] ERMAN/BÖTTCHER/HOHLOCH (14. Aufl 2014) § 242 Rn 72.
[73] PALANDT/GRÜNEBERG (76. Aufl 2017) § 242 Rn 32; ERMAN/BÖTTCHER/HOHLOCH (14. Aufl 2014) § 242 Rn 82; JAUERNIG/MANSEL (16. Aufl 2015) § 242 Rn 23.
[74] Vgl ERMAN/BÖTTCHER/HOHLOCH (14. Aufl 2014) § 242 Rn 77; JAUERNIG/MANSEL (16. Aufl 2015) § 242 Rn 27.
[75] RG 22.1.1927 – V 191/26, RGZ 115, 35, 38; RG 22.12.1927 – VI 183/27, RGZ 119, 332, 334.
[76] STAUDINGER/LOOSCHELDERS/OLZEN (2015) § 242 Rn 639 f.
[77] Siehe dazu oben Rn 3 ff.
[78] BGH 10.3.1983 – III ZR 169/81, NJW 1983, 2813, 2814.
[79] PALANDT/GRÜNEBERG (76. Aufl 2017) § 242 Rn 35.

tung und damit dem Äquivalenzinteresse dient.⁸⁰ Doch folgt daraus nicht, dass die allgemeine Schutzpflicht dem Schutz des Äquivalenzinteresses dient. Vielmehr ist die Pflicht zur Diebstahlsicherung zufällig das Resultat zweier verschiedener Nebenpflichten: Zum einen trifft den Werkstattinhaber eine Schutzpflicht hinsichtlich des Eigentums an dem Kfz, zum anderen trifft ihn hinsichtlich seiner Reparaturleistung eine Leistungstreuepflicht. Beide Pflichten führen dazu, dass Vorkehrungen gegen Diebstahl zu treffen sind.

66 **bbb) Sachlicher und zeitlicher Geltungsbereich.** Schutzpflichten können selbst dann entstehen, wenn von Beginn an nicht beabsichtigt ist, ein Schuldverhältnis einzugehen, sondern lediglich ein Gefälligkeitsverhältnis angestrebt wird. Ein Gefälligkeitsverhältnis zeichnet sich dadurch aus, dass grundsätzlich gerade keine Pflichten begründet werden. Dennoch wird angenommen, dass unter Umständen Schutzpflichten aus Gefälligkeitsverhältnissen hergeleitet werden können. Man spricht dann von einem Gefälligkeitsverhältnis rechtsgeschäftlicher Art.⁸¹

67 Auch bestehen allgemeine Schutzpflichten nicht etwa ausschließlich in der Zeit zwischen Vertragsschluss und Leistung, sondern so lange, wie die Rechtsgüter der am Schuldverhältnis beteiligten Parteien einer gesteigerten Gefährdung unterliegen – also einerseits bereits vor Vertragsschluss, andererseits auch noch nach Erfüllung der vertraglichen Leistungspflichten (siehe bereits oben Rn 4 f). Im Beispiel der Kfz-Werkstatt bedeutet dies, dass der Werkstattinhaber einerseits dafür zu sorgen hat, dass der Kunde sein Fahrzeug ungefährdet auf dem Werkstattgelände abstellen kann, auch wenn dieser sich entschließen sollte, eine Reparatur doch nicht durchführen zu lassen. Andererseits muss er auch nach der Reparatur, so lange bis der Kunde das Werkstattgelände verlassen hat, für dessen Sicherheit sorgen.

68 **ccc) Rechtsfolge der Verletzung.** Die Verletzung der allgemeinen Schutzpflicht kann, weil die Pflicht aus einem Schuldverhältnis (zumeist einem Vertrag, ggf auch aus vorvertraglichen Schuldverhältnissen, vgl § 311 BGB) resultiert, eine vertragliche Schadensersatzhaftung nach sich ziehen. Bei der Verletzung der allgemeinen Schutzpflicht handelt es sich mithin um eine Pflichtverletzung iSd § 280 Abs 1 BGB. Dies hat zur Folge, dass der Geschädigte in den Genuss der Vorteile der vertraglichen Haftung (zB Zurechnung des Verschuldens eines Erfüllungsgehilfen nach § 278 BGB) gelangt.

dd) Die Aufklärungspflicht

69 Nach Treu und Glauben ist jede Partei verpflichtet, die andere über solche Umstände aufzuklären, die für das Zustandekommen des Vertrages oder für seine ordnungsgemäße Durchführung von entscheidender Bedeutung sind.

70 Zwar besteht grundsätzlich keine Pflicht der Vertragsparteien, die andere über Nachteile des Vertrages aufzuklären; vielmehr hat jede Partei das Risiko, das mit einem Vertrag regelmäßig eingegangen wird, selbst zu tragen und daher keinerlei Ansprüche auf diesbezügliche Hinweise der anderen Partei.⁸² Allerdings kann sich im Einzelfall aus Treu und Glauben etwas anderes ergeben, etwa aufgrund einer langen Vertrags-

---

⁸⁰ Dieses Beispiel führte PALANDT/HEINRICHS noch in der 64. Aufl 2005, § 242 Rn 35 an.
⁸¹ Siehe hierzu oben Rn 24.
⁸² Je risikoreicher ein Geschäft ist, desto geringer ist der Umfang der Aufklärungspflicht. Das Risiko darf dabei jedoch nicht verschleiert werden, vgl JAUERNIG/MANSEL (16. Aufl 2015) § 242 Rn 19.

D. Der Inhalt des Schuldverhältnisses

bindung (Dauerschuldverhältnis) oder bei personenrechtlichem Einschlag des Schuldverhältnisses (Arbeitsverhältnis). Auch die besondere Sachkunde der einen Partei[83] oder die besondere Unerfahrenheit der anderen[84] können eine derartige Auskunftspflicht nach Treu und Glauben begründen. Eine Aufklärungspflicht besteht im Grundsatz dann, wenn die andere Partei die Aufklärung nach allgemeiner Verkehrsanschauung redlicherweise erwarten darf.[85]

So sind Genehmigungserfordernisse oder Erfüllungshindernisse der diesbezüglich unwissenden Partei mitzuteilen.[86] Gleiches gilt für Gefahren, die vom Leistungsgegenstand ausgehen können.[87] 71

Die Aufklärungspflicht kann folglich sowohl das Äquivalenz- als auch das Integritätsinteresse schützen. Je nach Zweck im konkreten Fall ist sie also entweder als Unterfall der Leistungstreuepflicht oder aber als Schutzpflicht zu betrachten. 72

b) Schrankenfunktion
Wie oben dargelegt, ist jedem Recht, jeder Rechtsstellung und jeder Rechtsnorm eine Beschränkung dahingehend immanent, dass sie nicht wider Treu und Glauben geltend gemacht werden können.[88] Wird ein Recht dennoch geltend gemacht, so liegt hierin eine Überschreitung der eigenen Rechtsposition, die gemeinhin als unzulässige Rechtsausübung bezeichnet wird. Diese Fallgruppe ist aus dem römisch-rechtlichen Institut der *exceptio doli* (Arglisteinrede) hervorgegangen.[89] Sie ist nicht verschuldensabhängig; vielmehr entscheidet allein das Vorliegen objektiver Kriterien über Zulässigkeit oder Unzulässigkeit der Rechtsausübung, insbesondere eine umfassende Interessenabwägung.[90] Im Wesentlichen sind die nachfolgend aufgeführten Unterfallgruppen der unzulässigen Rechtsausübung zu unterscheiden. 73

aa) Rechtsmissbrauch
Die Ausübung eines an sich bestehenden Rechts kann im Einzelfall unzulässig sein, weil sich seine Geltendmachung als schikanöses Ausnutzen einer formalen Rechtsposition darstellt und die Zubilligung des Anspruchs im Einzelfall ein dem allgemeinen Gerechtigkeitsempfinden zuwiderlaufendes Ergebnis darstellt. Dies ist im Rahmen einer Abwägung der widerstreitenden Interessen zu ermitteln: Überwiegen hier die Interessen der in Anspruch genommenen Partei gegenüber den Interessen des Anspruchstellers deutlich, so ist die Rechtsausübung als missbräuchlich anzusehen. 74

Rechtsmissbrauch kann vorliegen, wenn die Rechtsausübung keinem sachlichen Eigeninteresse dient, sondern sich als nutzlos darstellt oder lediglich als Vorwand für rechtsfremde, möglicherweise sogar unlautere Zwecke genutzt wird. Hier sind bei- 75

---

[83] Vgl beispielsweise BGH 20.11.1997 – IX ZR 62/97, NJW 1998, 1221, 1222 f zu den Beratungspflichten eines Steuerberaters.
[84] Vgl BGH 7.10.1991 – II ZR 194/90, NJW 1992, 300, 302.
[85] PALANDT/GRÜNEBERG (76. Aufl 2017) § 242 Rn 37. Selbst dort, wo eine Aufklärungspflicht nicht besteht, ist allerdings die positive Falschinformation verboten, vgl JAUERNIG/MANSEL (16. Aufl 2015) § 242 Rn 19.
[86] JAUERNIG/MANSEL (16. Aufl 2015) § 242 Rn 19. Hier zeigt sich, dass eine trennscharfe Abgrenzung etwa zur Leistungstreuepflicht (oben Rn 60) nahezu unmöglich ist.
[87] Etwa BGH NJW-RR 1993, 26, 26 f.
[88] Sog Immanenz- oder Innentheorie, vgl oben Rn 55.
[89] MünchKomm/SCHUBERT (7. Aufl 2016) § 242 Rn 209.
[90] PALANDT/GRÜNEBERG (76. Aufl 2017) § 242 Rn 39; differenzierend MünchKomm/SCHUBERT (7. Aufl 2016) § 242 Rn 206 ff.

spielsweise zahlreiche „Schikanen" im Rahmen von nachbarlichen Streitigkeiten anzusiedeln.[91] Ein weiterer Unterfall des Rechtsmissbrauchs ist die Forderung einer Leistung, die dem Schuldner – aus einem anderen Rechtsgrund – alsbald zurückzugewähren ist *(dolo agit, qui petit, quod statim rediturus est)*. Die Rechtsprechung wendet den dolo-agit-Einwand[92] beispielsweise an, wenn der Eigentümer eine Sache vom Anwartschaftsberechtigten herausverlangt, der alsbald Eigentümer werden wird.[93]

76 Eine Ausnahme von der *dolo-agit*-Regel stellt die Vorschrift des § 863 BGB dar, derzufolge eine durch verbotene Eigenmacht erlangte Sache auch dann herausgegeben werden muss, wenn dem eigenmächtig Handelnden ein anderweitiges Besitzrecht zusteht. Hintergrund dieser Vorschrift ist, dass für den Besitzberechtigten kein unerwünschter Anreiz zur illegalen Selbsthilfe geschaffen werden soll, wie er bestünde, wenn er die eigenmächtig erlangte Sache aufgrund seines Besitzrechts behalten dürfte.

77 Selbst wenn seitens des Gläubigers ein anerkennenswertes Interesse an der Leistung besteht, kann die Geltendmachung des Anspruchs wegen Rechtsmissbrauchs unzulässig sein, sofern überwiegende schutzwürdige Interessen des Schuldners betroffen sind. Dabei sind an das Überwiegen der Interessen hohe Anforderungen zu stellen. Die Durchsetzung eines Rechts ist nicht schon deshalb rechtsmissbräuchlich, weil sie den Schuldner hart trifft; ein Verbot bloß *unbilliger* Rechtsausübung besteht gerade nicht.[94] Vielmehr muss die Rechtsausübung im Einzelfall in eklatantem Widerspruch zum allgemeinen Gerechtigkeitsempfinden stehen. Der Hauptanwendungsbereich dieser Fallgruppe liegt im Bürgschaftsrecht. So darf etwa im Falle der Ehegatten-Bürgschaft der bürgende, selbst aber vermögenslose Ehegatte, der die Bürgschaft lediglich übernommen hat, um den Kreditgeber gegen die drohende Gefahr der Vermögensverlagerung auf den bürgenden Ehegatten abzusichern, nicht zweckwidrig in Anspruch genommen werden, also etwa dann nicht, wenn eine Vermögensverschiebung auf diesen Ehegatten nicht erfolgt ist.[95]

78 Rechtsmissbräuchlich ist darüber hinaus eine Rechtsausübung, die im Sinne des Übermaßverbotes als unverhältnismäßig anzusehen ist. Dies ist etwa dann anzunehmen, wenn eine Rechtsfolge, die an ein Fehlverhalten einer Partei anknüpft, in krassem Missverhältnis zu der geringen Schwere des Fehlverhaltens steht.[96] Von einem solchen Missverhältnis kann etwa auszugehen sein, wenn eine geringfügige Überschreitung einer Zahlungsfrist, die für den Gläubiger ohne Nachteil geblieben ist, zum Anlass genommen wird, eine exorbitant hohe Vertragsstrafe zu fordern.[97]

---

[91] Vgl dazu im Einzelnen näher MünchKomm/SCHUBERT (7. Aufl 2016) § 242 Rn 2474.
[92] Streng genommen ist die Bezeichnung als Einrede nach der oben dargelegten Immanenztheorie und der daraus resultierenden Pflicht der gerichtlichen Beachtung von Amts wegen unrichtig. Treffender ist die Einordnung als dolo-agit-Einwendung.
[93] BGH 21.5.1953 – IV ZR 192/52, BGHZ 10, 69, 75.
[94] BGH 18.11.1955 – I ZR 176/53, BGHZ 19, 72, 75; JAUERNIG/MANSEL (16. Aufl 2015) § 242 Rn 41; MünchKomm/SCHUBERT (7. Aufl 2016) § 242 Rn 208, 484.
[95] BGH 23.1.1997 – IX ZR 69/96, BGHZ 134, 325, 330.
[96] BGH 8.7.1983 – V ZR 53/82, BGHZ 88, 91, 95; PALANDT/GRÜNEBERG (76. Aufl 2017) § 242 Rn 53; aA BUSS, De minimis non curat lex, NJW 1998, 337, 343, demzufolge das Vorliegen eines krassen Missverhältnisses in Fällen der Geringfügigkeit des Fehlverhaltens entbehrlich ist.
[97] Vgl BGH 19.9.1985 – III ZR 213/83, BGHZ 95, 362, 374.

bb) Unredliches Vorverhalten

Nach Treu und Glauben darf der Inhaber eines an sich bestehenden Rechts dieses **79** Recht nicht ausüben, wenn es aufgrund eines unredlichen – also gesetz-, sitten- oder vertragswidrigen – Vorverhaltens des Berechtigten begründet oder aufrechterhalten worden ist: „Niemand darf aus seinem eigenen unredlichen Verhalten rechtliche Vorteile ziehen".[98] Dieser Grundsatz galt bereits im Römischen Recht *(nemo auditur propriam turpitudinem suam allegans)* und ist auch im angloamerikanischen Recht als *„unclean hands objection"* bekannt.[99]

Gesetzlichen Niederschlag findet dieser Grundsatz etwa in § 162 BGB: Danach wird **80** der Bedingungseintritt fingiert, wenn er von der Partei, zu deren Nachteil er gereicht, wider Treu und Glauben verhindert wurde (Abs 1); umgekehrt gilt der Bedingungseintritt als nicht erfolgt, wenn er treuwidrig herbeigeführt wurde (Abs 2).

Beispiele für die auf § 242 BGB gestützte Anwendung des Einwands des unredlichen **81** Vorverhaltens gibt es viele: So darf der Inhaber eines vertraglichen Anspruchs diesen unter Umständen nicht geltend machen, wenn der Vertrag auf missbilligenswerte Weise geschlossen wurde. Hat eine Partei die andere etwa durch arglistige Täuschung zum Vertragsschluss verleitet, so kann ihr uU die Geltendmachung des vertraglichen Anspruchs selbst dann verwehrt sein, wenn die andere Partei den Vertrag nicht innerhalb der Frist des § 124 BGB angefochten hat.[100]

Nicht anders zu beurteilen ist die Situation, in der das geltend gemachte Recht auf **82** einer gesetzlichen Regelung beruht. Hat der Berechtigte die Voraussetzungen für die Entstehung dieses Rechts unredlich herbeigeführt, steht einer Geltendmachung die Einwendung von Treu und Glauben entgegen. So kann es beispielsweise einem Vermieter verwehrt sein, wegen Eigenbedarfs zu kündigen, wenn er den Eigenbedarf dadurch herbeigeführt hat, dass er eine Alternativwohnung vermietet hat.[101]

Der Einwand unredlichen Vorverhaltens ist nicht nur auf die unredliche Begründung **83** eines Rechts beschränkt, sondern erfasst auch die unredliche Aufrechterhaltung. Hat beispielsweise ein Mieter den Zugang einer an ihn gerichteten Kündigung verhindert, so muss er sich so behandeln lassen, als sei die Kündigung ordnungsgemäß zugegangen.[102]

Ebenfalls unter die Fallgruppe des unredlichen Vorverhaltens ist der sog *tu-quoque-* **84** Einwand zu subsumieren. Dieser Einwand kann einer Partei dann zustehen, wenn der Vertragspartner Rechte geltend macht, obwohl er sich selbst vertragsuntreu verhalten hat. Zwar gibt es keinen allgemeinen Grundsatz dergestalt, dass nur demjenigen Rechte zustehen, der sich selbst rechtstreu verhält.[103] Die Regelungen des BGB, etwa

---

[98] Vgl nur BGH 21.3.1985 – VII ZR 192/83, BGHZ 94, 125, 131; BGH 9.11.1978 – VII ZR 17/76, BGHZ 72, 316, 322.
[99] PALANDT/GRÜNEBERG (76. Aufl 2017) § 242 Rn 43.
[100] Vgl JAUERNIG/MANSEL (16. Aufl 2015) § 124 Rn 2 (allerdings nur, wenn das Verhalten eine unerlaubte Handlung [§§ 823, 826, 853 BGB] darstellt oder besondere Umstände hinzutreten). Der BGH hat eine Anwendung von § 242 BGB in diesem Fall einerseits in BGH 11.7. 1968 – II ZR 157/65, NJW 1969, 604, 605 verneint, anderseits in BGH 11.5.1979 – V ZR 75/ 78, NJW 1979, 1983, 1983 f bejaht.
[101] Vgl zB LG Münster 8.3.1991 – 10 S 161/89, NJW-RR 1991, 846; differenzierend PALANDT/ WEIDENKAFF (76. Aufl 2017) § 573 Rn 24.
[102] BGH 26.11.1997 – VIII ZR 22/97, BGHZ 137, 205, 209.
[103] BGH 8.11.1999 – II ZR 197/98, NJW 2000,

zum Zurückbehaltungsrecht (§§ 273, 320, 1000 S 1 BGB), zeigen vielmehr, dass grundsätzlich jede Partei trotz eines Fehlverhaltens der anderen Partei zur Leistung verpflichtet bleibt und lediglich an der Durchsetzung des entsprechenden Anspruchs gehindert ist. Der *tu-quoque*-Einwand ist jedoch in solchen Fällen anzuerkennen, in denen sich die andere Partei entweder krass vertragsuntreu verhalten hat oder sehr weitreichende Rechte ausübt. Ein Beispiel hierfür ist der Fall, in dem sich eine Partei zunächst rechtsgrundlos vom Vertrag lossagt und in der Folge wegen Leistungsverzögerung der Gegenseite vom Vertrag zurücktreten will.[104] In besonders schweren Fällen kann die eigene Vertragsuntreue sogar zum dauerhaften Verlust eines an sich wiederkehrenden Anspruchs führen (sog Verwirkung durch Treueverstoß). Die Rechtsprechung hält einen solchen Fall etwa für möglich, wenn ein Unterhaltsberechtigter eigene Einkünfte verschweigt, die seinen Anspruch in der Vergangenheit gemindert hätten.[105]

cc) Widersprüchliches Verhalten

85 Die Fallgruppe des widersprüchlichen Verhaltens *(venire contra factum proprium)* unterscheidet sich von den soeben erörterten Fällen des unredlichen Vorverhaltens dadurch, dass das Vorverhalten als solches nicht zu beanstanden ist.[106] Der Verstoß gegen Treu und Glauben resultiert vielmehr erst aus einem *Vergleich* des früheren mit dem jetzigen Verhalten: Die Rechtsausübung kann unzulässig sein, wenn sich der Handelnde in Widerspruch zu seinem Vorverhalten setzt. Allerdings ist auch hier bei der Annahme eines Verstoßes gegen Treu und Glauben Zurückhaltung geboten. Nicht jeder Widerspruch ist treuwidrig. Vielmehr steht es einer Partei grundsätzlich frei, ihre (Rechts-)Ansicht jederzeit zu ändern.[107] In der Regel darf sich eine Partei daher etwa auf die Nichtigkeit einer von ihr abgegebenen Willenserklärung berufen.[108] Widersprüchliches Verhalten stellt erst unter Hinzutreten weiterer Umstände, die das Verhalten als treuwidrig erscheinen lassen, eine unzulässige Rechtsausübung dar.

86 Insbesondere der Bruch eines durch das Vorverhalten geschaffenen Vertrauenstatbestandes kann in diesem Sinne die Treuwidrigkeit des Verhaltens begründen. Durfte eine Partei also aufgrund eines entsprechenden Verhaltens der anderen Partei auf eine bestimmte Rechtslage vertrauen, so kann ihr gegen ein widersprüchliches Verhalten der anderen Partei der Einwand des *venire contra factum proprium* zustehen.[109] Zur Schaffung eines Vertrauenstatbestandes kann es bereits genügen, wenn der Berechtigte durch sein Verhalten den Eindruck erweckt, er werde sein Recht (noch) nicht ausüben.[110] Als Beispiel sei hier ein Fall genannt, in dem der Verkäufer den Käufer zur Annahme gewisser Vertragsklauseln mit dem Hinweis überzeugt hatte, diese seien „bloße Formsache"; „wenn es darauf ankomme, werde er schon nicht so sein". Hier

---

505, 506; BGH 15.11.2006 – VIII ZR 166/06, 2007, 504; PALANDT/GRÜNEBERG (76. Aufl 2017) § 242 Rn 46.
[104] BGH 13.11.1998 – V ZR 386/97, NJW 1999, 352, 353.
[105] OLG Schleswig 13.1.1987 – 8 UF 279/85, NJW-RR 1987, 1481, 1482.
[106] Vgl dazu auch DETTE, Venire contra factum proprium nulli conceditur (1985) 39, der kritisch zur Bezeichnung dieser Fallgruppe (als „widersprüchliches Verhalten") Stellung nimmt.
[107] BGH 5.6.1997 – X ZR 73/95, NJW 1997, 3377, 3379; PALANDT/GRÜNEBERG (76. Aufl 2017) § 242 Rn 55.
[108] BGH 7.4.1983 – IX ZR 24/82, BGHZ 87, 169, 177; BGH 5.6.1997 – X ZR 73/95, NJW 1997, 3377, 3379.
[109] Dies gilt auch dann, wenn sie keine weiterwirkenden Dispositionen getroffen hat, vgl ERMAN/BÖTTCHER/HOHLOCH (14. Aufl 2014) § 242 Rn 106.
[110] BGH 22.5.1985 – IVa ZR 153/83, BGHZ 94, 344, 351 f; JAUERNIG/MANSEL (16. Aufl 2015) § 242 Rn 50.

D. Der Inhalt des Schuldverhältnisses   87–89

stufte die Rechtsprechung ein Berufen auf die betreffenden Klauseln als treuwidrig ein.[111] Ein weiteres Beispiel ist der Fall, dass der Schuldner den Gläubiger davon abhält, einen Anspruch gerichtlich geltend zu machen, um dessen Verjährung herbeizuführen.[112]

Auch ohne ein besonderes Vertrauensverhältnis kann ein *venire contra factum proprium* vorliegen, wenn sich der Berechtigte in einem unlösbaren Selbstwiderspruch befindet. Ein solcher liegt vor, wenn er sich in derselben Sache je nach Günstigkeit einmal auf das Vorliegen eines Umstandes beruft und einmal auf dessen Nicht-Vorliegen. Macht eine Partei beispielsweise im Schiedsverfahren geltend, die Schiedsvereinbarung sei unwirksam und das Schiedsgericht daher unzuständig, so ist ihr im anschließenden ordentlichen Gerichtsverfahren die Erhebung der Schiedseinrede versagt.[113]   87

Ausfluss des Verbots des *venire contra factum proprium* ist auch die (freilich äußerst umstrittene[114]) Unbeachtlichkeit der sog *protestatio facto contraria*: Die Erklärung, ein Vertrag solle nicht zustande kommen, ist dann unbeachtlich, wenn gleichzeitig die entsprechende Leistung aus dem Vertrag in Anspruch genommen wird (dazu bereits Kap C. Rn 20 und 57).[115] Wer also in einen Bus einsteigt, kann einen Vertragsschluss nicht dadurch verhindern, dass er erklärt, er werde das Beförderungsentgelt nicht zahlen. Allerdings muss das Verhalten des Erklärenden nach allgemeiner Verkehrsanschauung als Annahme oder Angebot zu werten sein.[116] Wer ein Schwimmbad durch ein Loch im Zaun betritt, schließt daher ebenso wenig einen Nutzungsvertrag ab, wie mit einem Einbrecher ein Kaufvertrag über die gestohlene Ware zustande kommt.

dd) Verwirkung

Streng genommen handelt es sich auch bei der Verwirkung um einen Unterfall des widersprüchlichen Verhaltens. Allerdings hat sich die Verwirkung im Laufe der Zeit so weit verselbstständigt, dass es gerechtfertigt erscheint, sie als eigene Fallgruppe zu behandeln.   88

Die Verwirkung führt zu einer inhaltlichen Begrenzung des geltend gemachten Rechts in Form einer von Amts wegen zu prüfenden rechtsvernichtenden Einwendung.[117] Sinn und Zweck der Verwirkung ist es, die „illoyal verspätete Geltendmachung von Rechten" auszuschließen.[118] Aus der Formulierung „*illoyal* verspätet" wird deutlich, dass   89

---

[111] BGH 23. 4. 1969 – IV ZR 780/68, NJW 1969, 1625 f; ähnlich OLG München 13. 3. 1991 – 7 U 3096/90, NJW-RR 1992, 1037, 1038.
[112] BGH 3. 2. 1953 – I ZR 61/52, BGHZ 9, 1, 5 f; vgl JAUERNIG/MANSEL (16. Aufl 2015) § 242 Rn 51.
[113] BGH 20. 5. 1968 – VII ZR 80/67, BGHZ 50, 191 ff; dasselbe gilt für den umgekehrten Fall, dass erst vor dem ordentlichen Gericht Schiedseinrede erhoben wird, um sodann vor dem Schiedsgericht dessen Zuständigkeit zu bestreiten, BGH 2. 4. 1987 – III ZR 76/86, NJW-RR 1987, 1194, 1195.
[114] Strikt ablehnend etwa STAUDINGER/SINGER (2017) § 133 Rn 60; krit auch TEICHMANN, in: FS Michaelis (1970) 295 ff; SCHIEMANN, in: STAUDINGER/Eckpfeiler C. Rn 57.
[115] Aus der Rechtsprechung etwa BGH 16. 12. 1964 – VIII ZR 51/63, NJW 1965, 387, 388; BGH 9. 5. 2000 – VI ZR 173/99, NJW 2000, 3429, 3431; vgl ferner BGH 22. 7. 2014 – VIII ZR 313/13, NJW 2014, 3150.
[116] Vgl LG Berlin 16. 10. 1972 – 52 S 70/72, JZ 1973, 217, 217 f.
[117] MünchKomm/SCHUBERT (7. Aufl 2016) § 242 Rn 373; PALANDT/GRÜNEBERG (76. Aufl 2017) § 242 Rn 96; JAUERNIG/MANSEL (16. Aufl 2015) § 242 Rn 63; **aA** noch MünchKomm/ROTH (5. Aufl 2007) § 242 Rn 314.
[118] BGH 27. 6. 1957 – II ZR 15/56, BGHZ 25, 47, 51.

Zeitablauf allein eine Verwirkung nicht zu begründen vermag. Dies ergibt sich bereits daraus, dass ansonsten die gesetzlich normierten Regelungen zur Verjährung unterlaufen würden. Zur Verwirkung eines Rechts müssen neben das „Zeitmoment" zwei – nur restriktiv anzuerkennende – „Umstandsmomente" treten.[119] Ein Recht ist demnach dann verwirkt, wenn es der Berechtigte über einen längeren Zeitraum und trotz Möglichkeit nicht ausgeübt hat (Zeitmoment), das Verhalten des Berechtigten objektiv den Anschein erweckt, er werde auch in Zukunft sein Recht nicht ausüben (Umstandsmoment seitens des Berechtigten) und der Verpflichtete sich auf diese Situation bereits eingerichtet hat (Umstandsmoment seitens des Verpflichteten). Die einzelnen Voraussetzungen stehen, was ihre Intensität anbelangt, in gegenseitiger Wechselwirkung. Je stärker beispielsweise die Schutzwürdigkeit des Verpflichteten ist, desto geringere Anforderungen sind an das Zeitmoment und das Umstandsmoment seitens des Berechtigten zu stellen.

90 **aaa) Zeitmoment.** Die Dauer des zur Verwirkung notwendigen Zeitablaufs lässt sich nicht generell-abstrakt festlegen. Vielmehr kommt es auf die Umstände des jeweiligen Einzelfalls an (Art und Bedeutung des Anspruchs, Intensität des Vertrauenstatbestands, Grad der Schutzbedürftigkeit),[120] wobei insbesondere die Verjährungsfrist in die Beurteilung einzubeziehen ist. Verjährt ein Anspruch nach einer kurzen Frist (etwa nach sechs Monaten oder einem Jahr), so ist für eine Verwirkung im Allgemeinen kein Raum, da innerhalb dieser Zeit in der Regel noch mit der Geltendmachung des Anspruchs gerechnet werden muss.[121] Umgekehrt kann ein Anspruch auch schon vor dem Ablauf der Verjährungsfrist verwirkt worden sein, wenn nämlich der Berechtigte „ungebührlich lange Zeit" verstreichen lässt, bis er den Anspruch geltend macht.[122]

91 Das Zeitmoment grenzt die hier behandelte „echte" Verwirkung – nämlich diejenige, die sich auf die illoyal verspätete Geltendmachung eines Rechts gründet – von dem Rechtsverlust wegen Treueverstoßes ab, der häufig untechnisch ebenfalls als Verwirkung bezeichnet wird. Unter diese Fallgruppe sind Situationen zu subsumieren, in denen dem Berechtigten wegen schweren Fehlverhaltens sein Recht aberkannt wird. Im BGB kommt die „Verwirkung" wegen Treueverstoßes etwa in den §§ 654, 971 Abs 2, 1579 Nr 3, 5, 6 und 7, 1611 Abs 1, 2333 und 2339 BGB zum Ausdruck. Bei dem Institut der Verwirkung durch Treueverstoß handelt es sich im Grunde nicht um eine besondere Form der Verwirkung, sondern vielmehr um einen Unterfall des unredlichen Vorverhaltens.

92 **bbb) Umstandsmoment seitens des Berechtigten.** Der Berechtigte muss während der gesamten Zeit untätig bleiben. Gibt er in irgendeiner Weise – etwa indem er den Verpflichteten zur Leistung auffordert – zu erkennen, dass er auf seinem Recht beharrt, so tritt keine Verwirkung ein. Das Verhalten des Berechtigten muss dabei objektiv den Eindruck erwecken, dass er auch in Zukunft das Recht nicht geltend machen werde. Dieser Eindruck muss dem Berechtigten zurechenbar sein. Dies setzt in

---

[119] MünchKomm/SCHUBERT (7. Aufl 2016) § 242 Rn 373.
[120] Vgl BGH 27.6.1957 – II ZR 15/56, BGHZ 25, 47, 17; PALANDT/GRÜNEBERG (76. Aufl 2017) § 242 Rn 93.
[121] LARENZ, Schuldrecht I (14. Aufl 1987) 134.
[122] Vgl BGH 12.5.1959 – VIII ZR 43/58, NJW 1959, 1629, 1629. Bei dem verwirkten Anspruch handelte es sich um einen Verwendungsersatzanspruch des Mieters nach § 558 aF, der zwar bereits innerhalb von sechs Monaten verjährte, diese Verjährungsfrist aber erst nach dem Ende des Mietverhältnisses begann.

D. Der Inhalt des Schuldverhältnisses 93–97

der Regel voraus, dass der Berechtigte sein Recht kannte oder fahrlässig nicht kannte.[123]

Die Abgrenzung der Verwirkung vom Verzicht kann im Einzelfall Schwierigkeiten bereiten. Grundsätzlich setzt der Verzicht eine Willenserklärung des Berechtigten voraus, muss daher grundsätzlich von dessen Willen getragen sein. Demgegenüber tritt Verwirkung unabhängig vom Willen des Berechtigten, ja sogar unabhängig von positiver Kenntnis über das Bestehen des Rechts ein.[124] Diese Unterscheidung wird allerdings durch die Lehre vom potenziellen Erklärungsbewusstsein stark aufgeweicht. Wesentlicher Unterschied dürfte daher sein, dass bei der Verwirkung der Zeitablauf im Vordergrund steht, während der Verzicht auf einer einmaligen – wenn auch konkludenten – Willensäußerung beruht. 93

ccc) Umstandsmoment seitens des Verpflichteten. Darüber hinaus muss sich der Verpflichtete – berechtigterweise – darauf eingestellt haben, dass der Berechtigte sein Recht auch in Zukunft nicht ausüben werde, und zwar in einer Weise, dass die Leistung für den Verpflichteten nicht mehr zumutbar ist.[125] Der Verpflichtete muss mit anderen Worten schutzwürdig sein. 94

Eine solche Schutzwürdigkeit ist insbesondere dann zu bejahen, wenn der Verpflichtete bereits Vermögensdispositionen getroffen hat, weil er berechtigterweise glaubte, das Recht werde nicht mehr ausgeübt werden.[126] Je höher der Betrag und je länger der Zeitraum der Nichtgeltendmachung, desto eher kann auf den Nachweis einer konkreten Vermögensdisposition verzichtet werden. Insbesondere im Falle von wiederkehrenden Leistungen, beispielsweise Unterhaltsforderungen, kann bereits das Fortführen des bisherigen Lebensstandards durch den Dauerverpflichteten als ausreichende Disposition anzusehen sein, wenn dieser durch die nunmehrige Geltendmachung sämtlicher aufgelaufener Beträge in wirtschaftliche Not gerät, während er bei leistungsperiodengemäßer Anspruchstellung seine Lebensführung entsprechend herabgesetzt hätte.[127] 95

Nicht schutzwürdig ist der Verpflichtete allerdings, wenn ihm selbst unredliches Verhalten zum Vorwurf zu machen ist, beispielsweise weil er die frühzeitige Geltendmachung des Rechts durch List verhindert hat. Insofern liegt ein „unredliches Vorverhalten"[128] vor, das die Verwirkung ausschließt. 96

ddd) Ausschluss der Verwirkung. Eine Verwirkung ist ausgeschlossen, soweit ihr überwiegende öffentliche Interessen entgegenstehen. Zu nennen ist hier insbesondere die grundrechtlich garantierte Gewährleistung von Rechtsschutz: Bestimmte Klagerechte können daher nicht verwirkt werden.[129] 97

---

[123] BGH 26.5.1988 – I ZR 227/86, NJW 1988, 2469, 2471.
[124] MünchKomm/SCHUBERT (7. Aufl 2016) § 242 Rn 387.
[125] Der BGH spricht diesbezüglich davon, auch das Verhalten des Verpflichteten sei unter dem Gesichtspunkt von Treu und Glauben zu beurteilen. BGH 27.6.1957 – II ZR 15/56, BGHZ 25, 47, 52; ebenso BAG 25.4.2001 – 5 AZR 497/99, NJW 2001, 2907, 2908 sowie BVerwG 18.12. 1989 – 4 NB 14.89, NVwZ 1990, 554, 555.
[126] BGH 29.2.1984 – VIII ZR 310/82, NJW 1984, 1684, 1684.
[127] BGH 13.1.1988 – IVb ZR 7/87, BGHZ 103, 62, 71.
[128] BGH 27.6.1957 – II ZR 15/56, BGHZ 25, 47, 52 f.
[129] PALANDT/GRÜNEBERG (76. Aufl 2017) § 242

c) Regulierende Funktion

98 Gesetzliche wie vertragliche Regelungen bezüglich der Art und Weise der Leistung weisen häufig Lücken auf, die dann nach dem Grundsatz von Treu und Glauben zu füllen sind. Der Schuldner hat sich demnach bei der Erfüllung seiner Pflichten nicht nur an den Buchstaben von Gesetz und Vertrag, sondern auch an Sinn und Zweck des Schuldverhältnisses zu orientieren.

99 Wegen der starken Einzelfallbezogenheit der regulierenden Funktion lassen sich Fallgruppen praktisch nicht bilden. Beispiele für Anwendungsfälle sind die bereits erwähnten Verbote der Leistung zur Unzeit und des Zahlens großer Beträge in kleiner Münze.

d) Kontroll- und Korrekturfunktion

100 Bei der Kontroll- und Korrekturfunktion ist zwischen der Korrektur vertraglicher Vereinbarungen und der Korrektur gesetzlicher Vorschriften zu unterscheiden.

aa) Korrektur vertraglicher Vereinbarungen

101 Die Rechtsprechung ist bei der Korrektur von Parteivereinbarungen zu Recht äußerst restriktiv. Auch ungerechte Fallgestaltungen, die aus einer ungleichen Machtposition der Parteien resultieren, sind unter dem Gesichtspunkt von Treu und Glauben grundsätzlich nicht zu beanstanden.[130] Eine Korrektur erfolgt hier in der Regel über andere Vorschriften, etwa §§ 138, 313 BGB oder die AGB-Vorschriften der §§ 305 ff BGB.

bb) Korrektur gesetzlicher Vorschriften

102 In engen Grenzen wendet die Rechtsprechung § 242 BGB zur Korrektur von unbilligen Ergebnissen an, die sich aus der Anwendung gesetzlicher Regeln ergeben. Neben dem Beispiel der Pflicht zur Annahme von Teilleistungen entgegen der Regelung des § 266 BGB bietet die Kasuistik zur Korrektur der Formvorschrift des § 125 BGB ein gutes Beispiel:[131] Nach Treu und Glauben ist ein Vertrag trotz Nichteinhaltung der vorgeschriebenen Form etwa dann wirksam, wenn eine Partei die Einhaltung der Formvorschriften arglistig verhindert hat, um sich später auf die daraus resultierende Unwirksamkeit des Vertrages berufen zu können.[132]

103 Diese Konstellationen sind nicht etwa der Fallgruppe des unredlichen Vorverhaltens und damit der Schrankenfunktion des § 242 BGB zuzuordnen. Die Nichteinhaltung der Formvorschrift des § 125 BGB stellt kein Gegenrecht einer Partei dar, auf welches sich zu berufen ihr nach § 242 BGB verwehrt werden könnte. Vielmehr bildet die Einhaltung der vorgeschriebenen Form eine von Amts wegen zu prüfende und vom Anspruchsteller zu beweisende Wirksamkeitsvoraussetzung eines vertraglichen Anspruchs. Die Einhaltung der Form im Einzelfall für unbeachtlich zu erklären, stellt daher qualitativ eine inhaltliche Korrektur des § 125 BGB dar.[133]

Rn 89; siehe aber auch STAUDINGER/LOOSCHELDERS/OLZEN (2015) § 242 Rn 1120.
[130] Vgl GERNHUBER, § 242 – Funktionen und Tatbestände, JuS 1983, 764, 767.
[131] Vgl hierzu ausführlich MünchKomm/EINSELE (7. Aufl 2016) § 125 Rn 57 ff.
[132] Vgl nur BGH 2.5.1996 – III ZR 50/95, NJW 1996, 1960, 1960 f.
[133] Ebenso LARENZ, Schuldrecht I (14. Aufl 1987) 146; GERNHUBER, § 242 – Funktionen und Tatbestände, JuS 1983, 764, 767 mwNw.

D. Der Inhalt des Schuldverhältnisses 104–108

III. Der Leistungsgegenstand

Das BGB enthält in den §§ 243 ff BGB punktuelle Regelungen über den Leistungs- 104
gegenstand. Im Folgenden werden die Gattungsschuld, die Geldschuld, die Wahlschuld
und die besonderen Leistungsgegenstände der §§ 256–261 BGB behandelt.

1. Die Gattungsschuld

a) Begriff

Der Inhalt eines rechtsgeschäftlichen Schuldverhältnisses kann auf zweierlei Art und 105
Weise vereinbart werden. Zum einen können sich die Parteien auf einen genau bestimmten Leistungsgegenstand festlegen, etwa auf die Übereignung und Übergabe einer bestimmten, einzeln ausgewählten Kaufsache oder auf die Überlassung eines bestimmten Mietobjektes. Bei einer solchen Vereinbarung, die jeweils die geschuldete Leistung genau definiert, handelt es sich um die Vereinbarung einer Stückschuld (bzw Speziesschuld). Bei der sog Gattungsschuld (bzw Genusschuld) hingegen wird lediglich die Gattung des geschuldeten Gegenstandes mehr oder weniger detailliert festgelegt. Dem Schuldner obliegt es dann, aus der bezeichneten Gattung einen Gegenstand auszusondern und diesen an den Gläubiger zu leisten.[134] Naturgemäß wird die Vereinbarung einer Gattungsschuld zumeist vertretbare Gegenstände (vgl § 91 BGB) betreffen. Allerdings ist es denkbar, wenn auch praktisch selten, eine Gattungsschuld über unvertretbare Gegenstände zu vereinbaren (geschuldet wird etwa ein Bild aus der blauen Periode Picassos oder die Überlassung eines Stellplatzes auf einem bestimmten Parkplatz).[135]

b) Inhalt

Zu erfüllen ist eine Gattungsschuld gem § 243 Abs 1 BGB derart, dass aus der betref- 106
fenden Gattung Gegenstände mittlerer Art und Güte geleistet werden. Wie ein solcher „durchschnittlicher" Gegenstand beschaffen sein muss, richtet sich nach der genauen Gattungsbezeichnung: Bezieht sich die Vereinbarung schlicht auf Kartoffeln, so ist die durchschnittliche Kartoffelgüte niedriger anzusetzen, als wenn sich die Parteien über Kartoffeln der Güteklasse A geeinigt haben.

An der durchschnittlichen Art und Güte fehlt es idR, wenn die vom Schuldner gelie- 107
ferten Sachen Mängel aufweisen. In diesem Fall kann der Gläubiger die Sachen entweder zurückweisen und Lieferung mangelfreier Sachen verlangen (§§ 320, 433 BGB) oder sie zunächst annehmen und sodann seine Mängelgewährleistungsrechte geltend machen (§§ 434, 437 ff BGB).[136]

c) Sachleistungsgefahr und Beschaffungsrisiko
aa) Untergang der Gattung oder des Vorrats

Charakteristische Besonderheiten weist die Gattungsschuld bei der Frage nach den 108
Folgen des Untergangs der Sache auf, also bei der Frage der Sachleistungsgefahr.
Während bei der Stückschuld der Schuldner mit dem Untergang der Sache von seiner

---

[134] Allerdings kann vertraglich festgelegt werden, dass die Auswahl des konkreten Leistungsstückes dem Gläubiger zustehen soll; STAUDINGER/SCHIEMANN (2015) § 243 Rn 6.
[135] STAUDINGER/SCHIEMANN (2015) § 243 Rn 8;
MünchKomm/EMMERICH (7. Aufl 2016) § 243 Rn 6.
[136] MünchKomm/EMMERICH (7. Aufl 2016) § 243 Rn 20.

Leistungspflicht gem § 275 Abs 1 BGB wegen Unmöglichkeit frei wird, bleibt er bei der Gattungsschuld zur Leistung verpflichtet, solange es noch Sachen aus der geschuldeten Gattung gibt. Den Schuldner trifft also das Beschaffungsrisiko; er ist erst dann von seiner Leistungspflicht befreit, wenn es überhaupt keine Gegenstände aus der geschuldeten Gattung mehr gibt.

109 Dieses Beschaffungsrisiko kann durch Vereinbarung darauf beschränkt sein, dass der Schuldner es nur hinsichtlich eines Teiles der gesamten Gattung zu tragen hat, zumeist bzgl seines Vorrates oder seiner Eigenproduktion. Eine solche Konstellation bezeichnet man als „beschränkte Gattungsschuld" oder „Vorratsschuld". Dogmatisch betrachtet liegt hier eine engere Definition der geschuldeten Gattung vor: Zur Gattung gehören lediglich die entsprechenden Gegenstände im Vorrat des Schuldners. Mit dem Untergang des Vorrates des Schuldners geht folglich die gesamte Gattung unter, sodass § 275 Abs 1 BGB unmittelbar greift.

110 Ob eine vereinbarte Gattung sämtliche Gegenstände gleicher Art oder nur diejenigen im Vorrat des Schuldners umfasst, muss durch Auslegung des Vertrages ermittelt werden. Häufig wird es so sein, dass sich ein Hersteller lediglich zur Lieferung der von ihm erzeugten Produkte verpflichten will.[137]

bb) Übergang der Sachleistungsgefahr durch Konkretisierung

111 **aaa) Lieferungs- versus modifizierte Ausscheidungstheorie.** Unabhängig vom Umfang der Gattung geht die Sachleistungsgefahr gem § 243 Abs 2 BGB in dem Zeitpunkt auf den Gläubiger über, in dem der Schuldner das zur Leistung einer Sache seinerseits Erforderliche getan hat. In diesem Moment konkretisiert sich die Leistungsverpflichtung auf eben jene Sache. Die Gattungsschuld wird gewissermaßen zur Stückschuld. Geht die ausgesonderte Sache später unter, wird der Schuldner nach § 275 Abs 1 von der Leistungspflicht frei.

112 Umstritten ist, wann der Schuldner iSd § 243 Abs 2 BGB alles seinerseits Erforderliche getan hat. Nach der sog **Lieferungstheorie**[138] ist hierfür stets eine Übergabe an den Käufer notwendig. Hierzu sei der Verkäufer nämlich nach § 433 Abs 1 S 1 BGB verpflichtet; erst mit Übergabe (ergänze: und dem Angebot zur Einigung über den Eigentumsübergang) der Kaufsache habe er alles seinerseits Erforderliche getan. Herrschend ist heute hingegen wohl die sog **modifizierte Ausscheidungstheorie**.[139] Danach soll es bei einer Holschuld genügen, wenn der Verkäufer – seine Leistungsberechtigung vorausgesetzt – ein Exemplar aus der Gattung aussondert, es für den Käufer bereitstellt und diesen über die Bereitstellung informiert.[140] Bei der Bringschuld müsse

---

[137] MünchKomm/EMMERICH (7. Aufl 2016) § 243 Rn 12.
[138] Grundlegend (zum Gemeinen Recht) VON JHERING, JherJb 4 (1861) 366; zum BGB VON CAEMMERER, JZ 1951, 740, 743 ff; ERNST, in: GS Knobbe-Keuk, 49 ff; FAUST, in: HUBER/FAUST, Kap 2 Rn 18 ff; U HUBER, in: FS Ballerstedt (1975) 329 ff; KOLLER, Die Risikozurechnung bei Vertragsstörungen in Austauschverträgen (1979) 134 ff; HAGER, Die Gefahrtragung beim Kauf, 225 ff; BACH, Leistungshindernisse, 642 ff.
[139] Grundlegend THÖL, Handelsrecht I (3. Aufl 1854), 310 ff; STAUDINGER/SCHIEMANN (2015) § 243 Rn 37; ERMAN/WESTERMANN (14. Aufl 2014) § 243 Rn 15; BeckOK BGB/SUTSCHET (15.6.2017) § 243 Rn 16; MünchKomm/EMMERICH (7. Aufl 2016) § 243 Rn 29; PALANDT/GRÜNEBERG (76. Aufl 2017) § 243 Rn 5; GERNHUBER, Schuldverhältnis (1989) 238 f; LARENZ, Schuldrecht I (14. Aufl 1987) 153 Fn 5; CANARIS JuS 2007, 793, 795.
[140] Jedoch muss dem Gläubiger eine angemessene Frist zur Abholung zugebilligt werden; vgl PALANDT/GRÜNEBERG (76. Aufl 2017) § 243

der Verkäufer dem Käufer ein ausgesondertes Exemplar der Gattung an dessen Wohnsitz tatsächlich anbieten; bei der Schickschuld bedürfe es der Übergabe an die Transportperson.

Die praktischen Unterschiede zwischen den beiden Theorien sind marginal. Weil nach ganz hM neben § 243 Abs 2 BGB auch § 300 Abs 2 BGB einen Übergang der Leistungsgefahr anordnet, wirkt sich der Meinungsstreit nur in solchen Szenarien aus, in denen ein Annahmeverzug scheitert. Dies ist vor allem der Fall, wenn eine Leistungszeit nicht bestimmt und der Käufer vorübergehend an der Annahme gehindert ist: Hier gerät der Käufer wegen § 299 BGB nicht in Annahmeverzug. Gerade das Beispiel des § 299 BGB wird von Vertretern der Lieferungstheorie als Argument für ihre Ansicht angeführt: Der Gedanke, der § 299 BGB zugrunde liegt – nämlich dass der Gläubiger bei nicht festgelegter Leistungszeit vor plötzlichen Leistungen geschützt werden müsse –, greift in gleicher Weise für die Frage des Übergangs der Leistungsgefahr durch Konkretisierung. Es wäre unbillig, wenn in Fällen des § 299 BGB die Leistungsgefahr auf den Gläubiger übergehe. **113**

Neben diesem teleologisch-systematischen streitet auch ein historisches Argument für die Lieferungstheorie: Sie entspricht dem erklärten Willen des historischen Gesetzgebers; er fasste die neu geschaffene Regelung im damaligen § 214 Abs 1 aF (= § 243 Abs 2 BGB nF) ausdrücklich als gesetzgeberische Entscheidung zugunsten der Lieferungstheorie auf.[141] Konkretisierung sollte grundsätzlich erst mit Übergabe eintreten. Eine Ausnahme von diesem Grundsatz sollte (nur) dann gelten, wenn das Gesetz einen früheren Zeitpunkt für den Übergang der *Preis*gefahr anordnet, also in zwei Fällen: wenn die Parteien eine Schickschuld vereinbart haben und wenn der Gläubiger in Annahmeverzug gerät. Bemerkenswert ist in diesem Zusammenhang, dass der Gesetzgeber § 300 Abs 2 BGB nicht als Regelung zur Leistungs-, sondern ausdrücklich als Regelung zur Preisgefahr verstand (dazu unten Rn 121). **114**

Dieses ursprünglich beabsichtigte Regelungssystem erscheint nach wie vor dogmatisch vorzugswürdig und rechtspolitisch angemessen. **115**

bbb) Konkretisierung bei mangelhaften Sachen. § 243 Abs 2 BGB setzt für die Konkretisierung voraus, dass es sich um Gegenstände mittlerer Art und Güte handelt. Nach hM kann es daher nicht zu einer Konkretisierung auf solche Sachen kommen, die mit einem Sach- oder Rechtsmangel behaftet sind.[142] Allerdings hat dies nur dann Auswirkungen, wenn man der modifizierten Ausscheidungstheorie folgt, wenn man also eine Konkretisierung vor Übergang der Preisgefahr für möglich hält. Denn mit Übergang der Preisgefahr wird der ursprüngliche Leistungsanspruch ohnehin durch einen Nacherfüllungsanspruch ersetzt.[143] **116**

Die Frage ist praktisch von geringer Bedeutung, weil Voraussetzungen und Folgen der mangelhaften Lieferung im Gesetz detailliert geregelt sind und nicht unmittelbar vom **117**

Rn 5; STAUDINGER/SCHIEMANN (2015) § 243 Rn 36 f mwNw auch zur Gegenansicht.
[141] Motive II, S 12; dazu ausführlich BACH, Leistungshindernisse 642 f.
[142] MünchKomm/EMMERICH (7. Aufl 2016) § 243 Rn 20; PALANDT/GRÜNEBERG (76. Aufl 2017) § 243 Rn 6; OECHSLER, Vertragliche Schuldverhältnisse Rn 89; vgl auch BGH 9.6. 1999 – VIII ZR 149/98, NJW 1999, 2884 (allerdings zur Frage des Verzugs nach altem Schuldrecht).
[143] So jedenfalls die hM; vgl zum Meinungsstreit unten KAISER, in: STAUDINGER/Eckpfeiler I. Rn 18 ff (die freilich der Gegenansicht folgt).

Eintritt der Konkretisierung abhängen. Dennoch ist es zumindest für das Verständnis der Regeln hilfreich, sie zu beantworten. Man wird danach unterscheiden müssen, wie der Käufer reagiert:

118 ccc) **„Widerruf" der Konkretisierung.** Umstritten ist, inwieweit eine Konkretisierung für den Schuldner **bindend** ist. Das Problem stellt sich dann, wenn der Schuldner bei Untergang der ausgesonderten Sache die Leistung mit einem anderen Gegenstand der Gattung erbringen möchte, etwa weil er ein günstiges Geschäft abgeschlossen hat. An sich wird der Schuldner in diesem Fall gem §§ 275 Abs 1, 243 Abs 2 BGB von der Leistungspflicht frei und verliert mithin seinerseits gem § 326 Abs 1 BGB den Anspruch auf die Gegenleistung. Dieses Ergebnis ließe sich nur vermeiden, wenn man dem Schuldner gestattete, die bereits erfolgte Konkretisierung zu widerrufen und damit seine Schuld wieder auf die gesamte geschuldete Gattung auszudehnen, sodass kein Fall des § 275 BGB vorläge.

119 Die hierzu vertretenen Meinungen sind im Ausgangspunkt gegensätzlich, treffen sich jedoch im praktischen Ergebnis weitgehend. Während eine Ansicht[144] die Konkretisierung als Instrument begreift, das dem Schuldner lediglich zum Vorteil gereichen soll, und ihm deshalb eine Rückgängigmachung der Konkretisierung gestattet, stellt die Konkretisierung nach der Gegenmeinung[145] eine objektive Regelung dar, über die der Schuldner allein nicht disponieren kann. Beide Ansichten sehen jedoch weitreichende Ausnahmen von ihrer jeweiligen Ausgangsposition vor. Nach der ersten Ansicht ist eine Bindungswirkung nach Treu und Glauben dann zu bejahen, wenn ansonsten dem Gläubiger unzumutbare Nachteile drohen würden. Nach der Gegenmeinung entfällt die Bindungswirkung, wenn dies für den Gläubiger nicht mit unzumutbaren Nachteilen verbunden ist. Beide Ansichten treffen also ihre Entscheidung für den Einzelfall zwar von einem unterschiedlichen Ausgangspunkt, aber dennoch nach denselben Kriterien, nämlich im Wesentlichen anhand der Zumutbarkeit für den Gläubiger.

cc) **Sachleistungsgefahr und Gläubigerverzug**

120 § 300 Abs 2 BGB ordnet an, dass die Gefahr mit dem Zeitpunkt auf den Gläubiger übergeht, in dem er in Verzug der Annahme gerät. Die ganz hM versteht dies als Regelung zur Leistungsgefahr. So verstanden hat die Vorschrift freilich praktisch keinen eigenen Anwendungsbereich: Es liegt stets bereits eine Konkretisierung nach § 243 Abs 2 BGB vor (vorausgesetzt freilich, man folgt diesbezüglich der herrschenden modifizierten Ausscheidungstheorie).[146]

121 Allerdings soll § 300 Abs 2 BGB nach dem – wiederum eindeutigen – Willen des historischen Gesetzgebers[147] ohnehin nicht die Leistungs-, sondern vielmehr die Preisgefahr regeln.[148] Dieser Wille kommt auch klar im Wortlaut der Vorschrift zum Aus-

---

[144] JAUERNIG/BERGER (16. Aufl 2015) § 243 Rn 11; MEDICUS/LORENZ, Schuldrecht I (21. Aufl 2015) Rn 199 aE.
[145] In diese Richtung ERMAN/WESTERMANN (14. Aufl 2014) § 243 Rn 18; differenzierend MünchKomm/EMMERICH (7. Aufl 2016) § 243 Rn 31 f.
[146] PALANDT/GRÜNEBERG (76. Aufl 2017) § 300 Rn 3 und 5.

[147] Motive II, 12; dazu ausführlich BACH, Leistungshindernisse 643.
[148] Die heutige Auslegung als Regelung der Leistungsgefahr beruht wohl auf einer Verkürzung des Gesetzgeberwillens: Mittelbar wollte der Gesetzgeber in der Tat die Konkretisierung einer Gattungsschuld auf eine bestimmte Sache regeln. Weil er in § 243 Abs 2 BGB diese Konkretisierung aber an den Übergang der Preis-

D. Der Inhalt des Schuldverhältnisses   122–126

druck. Das Gesetz spricht vom Übergang der Gefahr, verwendet also exakt dieselbe Terminologie wie in den §§ 446, 447 und 644 BGB. Warum der Begriff dort die Preisgefahr, hier hingegen die Leistungsgefahr meinen soll, ist nicht erklärbar.[149] Hinzu kommt, dass das Gesetz selbst das Institut der Leistungsgefahr überhaupt nicht kennt. In § 243 Abs 2 BGB jedenfalls ist davon keine Rede.

Richtigerweise berührt § 300 Abs 2 BGB die Leistungsgefahr also nur mittelbar, nämlich insofern, als der dort angeordnete Übergang der Preisgefahr dazu führt, dass Konkretisierung nach § 243 Abs 2 BGB eintritt (siehe oben Rn 111 ff) **122**

2. Die Geldschuld

a) Allgemeines
Die Geldschuld bildet – rein praktisch betrachtet – den wichtigsten, weil häufigsten, **123** Schuldtypus des BGB: Nahezu jeder gegenseitige Vertrag beinhaltet die Geldschuld als synallagmatische Gegenleistungspflicht. Regelungen zur Geldschuld finden sich in den §§ 244–248 BGB und in § 270 BGB.

Die Geldschuld wird überwiegend – in Abgrenzung zur Sachschuld – als Wert(ver- **124** schaffungs)schuld verstanden.[150] Zwar wird bisweilen die Ansicht vertreten, auch bei der Geldschuld handele es sich letztlich um eine Form der Gattungsschuld,[151] doch ist diese Qualifizierung wenig überzeugend. Die Besonderheiten der Gattungsschuld finden bei der Geldschuld gerade kein Korrelat. Weder ist Geld mittlerer Art und Güte geschuldet, noch macht es Sinn, den Übergang der Sachleistungsgefahr an die Konkretisierung von Geldzeichen oder gar an die Vereinbarung einer Vorratsschuld zu knüpfen.

Allerdings soll § 300 Abs 2 BGB auf die Geldschuld analog anwendbar sein: Gerät der **125** Gläubiger mit der Annahme der Zahlung in Verzug, so komme es zu einer Konkretisierung der Geldschuld auf die angebotenen Geldzeichen. Gingen diese dann unter, greife § 275 BGB.[152]

b) Erfüllung
Als Regelfall der Erfüllung von Geldschulden betrachtet das BGB die Übereignung **126** von Geldzeichen nach § 929 BGB, also die Barzahlung. Welche Geldzeichen der Schuldner hierbei genau übereignet, steht regelmäßig in seinem Ermessen. So kann er grundsätzlich eine Zahlungsverpflichtung von 100 Euro sowohl durch Übereignung

---

gefahr koppelte, musste er für Fälle des Annahmeverzugs eine entsprechende Regelung zur Preisgefahr treffen; hierzu dient § 300 Abs 2 BGB: Er regelt unmittelbar also die Preisgefahr, um mittelbar die Voraussetzungen einer Konkretisierung zu schaffen. Siehe hierzu ausführlich U Huber, in: FS Ballerstedt (1975) 337 ff; **aA** (allerdings unter Berufung auf U Huber) Hager, Die Gefahrtragung beim Kauf 227 Fn 7.
[149] Auch das Reichsgericht ging wie selbstverständlich davon aus, dass § 300 Abs 2 BGB die Preisgefahr betrifft; vgl etwa RG 29.3.1904 – II 372/03, RGZ 57, 402, 403 f.
[150] Vgl Jauernig/Berger (16. Aufl 2015) § 245 Rn 6; Palandt/Grüneberg (76. Aufl 2017) § 245 Rn 12.
[151] So beispielsweise Fikentscher/Heinemann, Schuldrecht (11. Aufl 2017) Rn 259: „Gattungsschulden besonderer Art".
[152] Staudinger/Feldmann (2014) § 300 Rn 19; BeckOGK/Dötterl (15.5.2017) § 300 Rn 26.

eines 100-Euro-Scheines als auch durch die Hingabe von zehn 10-Euro-Scheinen begleichen.[153] Die Geldschuld steht insofern der Wahlschuld[154] nahe.

127 In der Praxis bedeutender als die Barzahlung ist die Zahlung durch Buchgeld (Überweisung, Lastschrift, Kreditkarte etc).[155] Zu Einzelheiten (zB zu der Frage ob eine Zahlung mit Buchgeld als Erfüllung iSd § 362 Abs 1 BGB anzusehen ist oder ob sie an Erfüllungs statt iSd § 364 Abs 1 BGB geschieht) siehe unten LUGANI, in: STAUDINGER/ Eckpfeiler G. Rn 44.

c) Mangelnde finanzielle Leistungsfähigkeit

128 Unabhängig von der Zahlungsart stellt sich die Frage, welche Konsequenzen die Illiquidität des Schuldners für das Schicksal der Geldforderung hat. Im Ergebnis herrscht insoweit Einigkeit, als ein Erlöschen der Verpflichtung wegen Unmöglichkeit nach § 275 Abs 1 BGB ausscheidet.[156] Zur Begründung wird zum einen darauf verwiesen, dass die Folgen mangelnder Zahlungsfähigkeit abschließend durch das Insolvenzrecht geregelt seien; für eine Anwendung von § 275 BGB sie daneben kein Raum. Zum anderen wird angeführt, den Schuldner treffe hinsichtlich des Gelds ein Beschaffungsrisiko iSd § 276 Abs 1 HS 2 BGB, sodass er seine mangelnde finanzielle Leistungsfähigkeit stets zu vertreten habe („Geld muss man haben"). Letzteres hat zwar – anders als früher[157] – keine unmittelbare Auswirkung auf die Frage des Erlöschens der Leistungspflicht nach § 275 BGB, sondern begründet lediglich eine Schadensersatzhaftung. Allerdings richtet sich dieser Schadensersatzanspruch wiederum auf Geld, sodass es lediglich zum Austausch der ursprünglichen durch eine neue Geldschuld (in gleicher Höhe) käme.

d) Zinsen

129 Geldschulden sind grundsätzlich nicht zu verzinsen. Allerdings kann sich sowohl aus vertraglicher Abrede als auch aus einzelnen gesetzlichen Vorschriften ein anderes ergeben. So schreibt das Gesetz eine Verzinsung etwa im Falle des Schuldnerverzugs (§ 288 Abs 1 S 1 BGB), der Rechtshängigkeit (§ 291 S 1 BGB) und der eigennützigen Verwendung fremden bzw fremdnützig zu verwendenden Geldes (§§ 668, 698 BGB) vor. Ist keine Zinshöhe vereinbart oder in der gesetzlichen Regelung vorgesehen, so gilt nach § 246 BGB eine Zinshöhe von 4 %. Allerdings gilt für die beiden wichtigsten Fälle – Verzug und Rechtshängigkeit – die Sonderregelung des § 288 Abs 1 S 2 BGB und damit ein Zinssatz iHv 5 % über dem jeweiligen Basiszinssatz (§ 247 BGB).

130 Zinsen können grundsätzlich nur auf das verzinsliche Kapital, nicht jedoch auch auf bereits fällige Zinsen erhoben werden; eine dahingehende im Voraus getroffene Vereinbarung ist gem § 248 Abs 1 BGB nichtig (Verbot von Zinseszinsen).[158]

---

[153] Eine Grenze findet sich jedoch beispielsweise in Art 11 S 3 Euro-EinführungsVO: Mehr als 50 Münzen pro Zahlung muss der Gläubiger nicht annehmen.
[154] §§ 262 ff BGB; vgl unten Rn 133.
[155] Vgl zum Ganzen STAUDINGER/OLZEN (2016) Vorbem 20 ff zu §§ 362 ff.
[156] Vgl etwa BGH 28.2.1989 – IX ZR 130/88, NJW 1989, 1276, 1278; MEDICUS, „Geld muss man haben" Unvermögen und Schuldnerverzug bei Geldmangel, AcP 188 (1988) 489; Münch-

Komm/GRUNDMANN (7. Aufl 2016) § 245 Rn 21 und § 276 Rn 180; BeckOGK/RIEHM (1.8.2017) § 275 Rn 29 ff.
[157] Vgl zur Problematik der zu vertretenden Unmöglichkeit nach altem Recht SUTSCHET, Garantiehaftung und Verschuldenshaftung im gegenseitigen Vertrag, 6 ff; STOLL, in: FS Lorenz (2001) 288 f.
[158] Ebenso dürfen die Zinsschulden nicht dem verzinslichen Kapital zugeschlagen werden; dies stellt eine unzulässige Umgehung dar.

D. Der Inhalt des Schuldverhältnisses

e) Wertsicherungsklauseln

131 Ist der Inhalt einer Schuld eine bestimmte Geldsumme (sog Geldsummenschuld),[159] besteht die Gefahr, dass die Geldentwertung (Inflation) den Wert der Schuld verringert. Ein geeignetes Mittel, um dieses Risiko zu vermeiden, sind Klauseln, die den Preis einer Sache an einen von der Sache unabhängigen Geldwertindex koppeln. Allerdings sind derartige Wertsicherungsklauseln gem § 1 PrKlG[160] grundsätzlich unzulässig, und nur unter bestimmten Voraussetzungen ausnahmsweise erlaubt, bei bestimmten langfristigen Verträgen (§ 3 PrKlG). Für Mietverträge ordnet § 557b BGB ausdrücklich an, dass eine Kopplung des Mietzinses an den vom Statistischen Bundesamt ermittelten Preisindex zulässig ist (sog Indexmiete). Vom Verbot des § 1 PrKlG von vornherein nicht umfasst ist eine Kopplung an die Preisentwicklung für „vergleichbare" Güter bzw Leistungen. Freilich unterliegt auch eine nach dem PrKlG an sich zulässige Wertsicherungsklausel der AGB-Kontrolle.[161]

132 Bei einem Vertrag mit langer Laufzeit kommt auch ohne eine Wertsicherungsklausel bei starker Inflation eine Vertragsanpassung wegen Äquivalenzstörung nach § 313 Abs 1 BGB (Wegfall der Geschäftsgrundlage) in Betracht.[162]

3. Die Wahlschuld

133 Die Wahlschuld (§§ 262 ff BGB) ist dadurch gekennzeichnet, dass sich das Schuldverhältnis auf mehrere – unter Umständen völlig unterschiedliche – Gegenstände bezieht, Erfüllung jedoch bereits durch Bewirken der Leistung einer dieser Gegenstände eintreten soll. Während das Gesetz in § 262 BGB vorsieht, dass das Wahlrecht im Zweifel dem Schuldner zustehen soll, wird in der Praxis durch Vereinbarung zumeist ein Wahlrecht des Gläubigers begründet. Die Wahl erfolgt durch Erklärung gegenüber der anderen Partei (§ 263 Abs 1 BGB) und bewirkt, dass die gewählte Leistung als ex tunc geschuldet gilt (§ 263 Abs 2 BGB).

134 Ist eine der Leistungen von Anfang an unmöglich oder wird sie später unmöglich, so beschränkt sich das Schuldverhältnis auf die übrigen Leistungen. Diese Beschränkung erfolgt jedoch dann nicht, wenn die Leistung infolge eines Umstands unmöglich wird, den der nicht wahlberechtigte Teil zu vertreten hat (§ 265 BGB).

135 Die Wahlschuld ist von der elektiven Konkurrenz abzugrenzen. Elektive Konkurrenz setzt voraus, dass einem Gläubiger mehrere Ansprüche oder Gestaltungsrechte zustehen und dass die Ausübung eines dieser Ansprüche oder Rechte die übrigen zum Erlöschen bringt. Insoweit besteht Übereinstimmung mit der Wahlschuld. Der Unterschied zur Wahlschuld besteht darin, dass der Gläubiger einer Wahlschuld an seine

---

[159] Eine andere Art der Geldschuld ist die sog Geldwertschuld, bei der nicht ein bestimmter Nennbetrag, sondern eine aufgrund anderer Faktoren zu ermittelnde Geldsumme geschuldet ist, vgl JAUERNIG/BERGER (16. Aufl 2015) § 245 Rn 11. Ein Beispiel dafür ist die Unterhaltsverpflichtung.
[160] Gesetz über das Verbot der Verwendung von Preisklauseln bei der Bestimmung von Geldschulden (Preisklauselgesetz) vom 7.9.2007; vgl hierzu KIRCHHOFF, Das Verbot von Wertsicherungsklauseln im neuen Preisklauselgesetz, DNotZ 2007, 913.
[161] Vgl etwa BGH 1.2.1984 – VIII ZR 54/83, BGHZ 90, 69 (Tagespreisklausel beim Kfz-Kauf).
[162] Vgl etwa BGH 24.3.2010 – VIII ZR 160/09, NJW 2010, 1663; BGH 27.10.2004 – XII ZR 175/02, NJW-RR 2005, 236; BGH 8.5.2002 – XII ZR 8/00, NJW 2002, 2384; BGH 14.10.1992 – VIII ZR 91/91, NJW 1993, 259.

einmal getroffene Wahl gebunden ist; die Ausübung der Wahlbefugnis erfolgt in Form einer unwiderruflichen Gestaltungserklärung. Dagegen führt die elektive Konkurrenz nicht automatisch dazu, dass der Wahlberechtigte an die einmal getroffene Wahl gebunden ist. Die Frage der Bindungswirkung hängt vielmehr von der Ausgestaltung der einzelnen zur Wahl stehenden Rechte ab: Handelt es sich bei diesen nicht um Gestaltungsrechte, ist der Gläubiger grundsätzlich nicht gebunden; Grenzen ergeben sich allerdings aus Treu und Glauben.

136 Die Wahlschuld ist ferner von der Ersetzungsbefugnis abzugrenzen. Diese ist – insoweit vergleichbar mit der Wahlschuld – ein Instrument, das einer Seite die Wahl zwischen verschiedenen Leistungsalternativen lässt. Sie kann sowohl dem Gläubiger (zB § 249 Abs 2 BGB) als auch dem Schuldner (zB § 251 Abs 2 S 1 BGB) zustehen.

137 Anders als die Wahlschuld konkretisiert sich die Schuld jedoch nicht erst mit Ausübung des Ersetzungsrechts. Vielmehr steht von Beginn an eine der Leistungsalternativen als zu erbringende Leistung fest. Diese kann dann durch Ausübung der Ersetzungsbefugnis gegen eine andere Leistung ausgetauscht werden. Es stehen mithin zu keinem Zeitpunkt mehrere Leistungsalternativen gleichberechtigt im Raum.[163]

138 Die augenfälligsten Konsequenzen zeitigt dieser Unterschied im Falle der Unmöglichkeit: Wird die ursprünglich geschuldete Leistung vor Ausübung der Ersetzungsbefugnis unmöglich, befreit dies den Schuldner auch in Bezug auf die möglichen Ersatzleistungen von seiner Leistungspflicht. Mit Unmöglichkeit der ursprünglichen Leistungspflicht besteht keine Leistungspflicht mehr, die ersetzt werden könnte. Etwas anderes gilt jedoch, wenn der Schuldner die Unmöglichkeit zu vertreten hat und deshalb zum Schadensersatz verpflichtet ist. In diesem Fall erstreckt sich die Ersetzungsbefugnis auf die Schadensersatzforderung.[164]

139 Umstritten ist, inwieweit die Ausübung der Ersetzungsbefugnis Bindungswirkung entfaltet. Ein Teil der Lehre sieht die Ausübung der Ersetzungsbefugnis jedenfalls solange als frei widerrufbar an, wie der Vertragspartner keine Dispositionen getroffen hat.[165] Die Gegenmeinung sieht den Ausübungsberechtigten dagegen an seine Wahl gebunden.[166]

4. Besondere Leistungsgegenstände

140 In den §§ 256–261 BGB finden sich Regelungen zu besonderen Leistungsgegenständen: zum Aufwendungsersatz (§§ 256 f BGB), zum Wegnahmerecht (§ 258 BGB) sowie zum Rechenschafts- und Auskunftsrecht (§§ 259–261 BGB). Allerdings begründen die genannten Vorschriften nicht etwa selbst die genannten Rechte oder Ansprüche, sondern treffen lediglich Regelungen zu Einzelfragen für den Fall, dass ein solches Recht oder ein solcher Anspruch besteht.

---

[163] STAUDINGER/BITTNER (2014) § 262 Rn 11 ff.
[164] STAUDINGER/BITTNER (2014) § 265 Rn 14.
[165] MünchKomm/KRÜGER (7. Aufl 2016) § 263 Rn 10.
[166] Vgl MEDICUS/LORENZ, Schuldrecht I (21. Aufl 2015) Rn 203 (**aA** noch 19. Aufl 2010); SCHLECHTRIEM, Schuldrecht AT (6. Aufl 2005) Rn 230.

IV. Modalitäten der Leistung

1. Die Teilleistung

Nach § 266 BGB ist der Schuldner „zu Teilleistungen nicht berechtigt".[167] Der Gläubiger braucht eine solche also nicht anzunehmen und gerät durch die Zurückweisung nicht in Annahmeverzug. Sinn und Zweck dieser Regelung ist es, den Gläubiger vor den Nachteilen und Unannehmlichkeiten zu schützen, die ihm durch die wiederholte Ratenleistung entstehen. Allerdings ergeben sich aus kollidierenden gesetzlichen Grundsätzen, aus vertraglichen Vereinbarungen und aus dem Grundsatz von Treu und Glauben Ausnahmen von dem Verbot der Teilleistung.

a) Gesetzliche Ausnahmen

Die wichtigste gesetzliche Ausnahme folgt aus dem Recht des Schuldners, mit einer ihm zustehenden Forderung aufzurechnen. Hier muss es dem Schuldner gestattet sein, auch mit einer niedrigeren Forderung als der Hauptforderung aufzurechnen; sein Recht wäre ansonsten nahezu wertlos.[168] Ausdrücklich statuieren ferner beispielsweise §§ 497 Abs 3 S 2, 551 Abs 2 BGB, § 34 Abs 2 ScheckG, § 39 WG, § 757 Abs 1 ZPO Ausnahmen von der Regelung des § 266 BGB.

b) Vertragliche Ausnahmen

Das Teilleistungsverbot kann vertraglich abbedungen werden, etwa durch die Vereinbarung einer Ratenzahlung. Auch gibt es Fälle, in denen von einem konkludenten Verzicht auf die Gesamtlieferung ausgegangen werden muss. Dies ist beispielsweise dann der Fall, wenn nach Art oder Menge des Leistungsgegenstandes eine Gesamtlieferung nicht zu erwarten ist,[169] etwa weil hierfür die Transportkapazität des Schuldners ersichtlich nicht ausreicht (das bestellte Öl kann wegen der Menge nur verteilt auf mehrere Tanklastwagen transportiert werden).

c) Ausnahmen aufgrund von Treu und Glauben

Ausnahmen vom Verbot der Teilleistung können sich schließlich aus dem Grundsatz von Treu und Glauben (§ 242 BGB) ergeben: Der Gläubiger ist nicht zur Ablehnung einer Teilleistung berechtigt, wenn ihm eine Annahme unter Abwägung der gegenläufigen Interessen im Einzelfall zuzumuten ist.[170] So kann ein Schuldner, der zur vollständigen Leistung finanziell nicht in der Lage ist, zur Teilleistung berechtigt sein: Dem Schuldner muss es möglich sein, eine drohende Zwangsvollstreckung – jedenfalls teilweise – durch Leistung abzuwenden.[171]

---

[167] Die Formulierung des § 266 BGB birgt den Umkehrschluss, dass es dem Gläubiger grundsätzlich nicht verwehrt ist, eine Teilleistung zu verlangen und einzuklagen (allgM, vgl BGH WM 1978, 192, 193; STAUDINGER/BITTNER [2014] § 266 Rn 36). Letzteres kann uU im Hinblick auf die niedrigeren Prozesskosten opportun sein. Diese Ungleichbehandlung ist dadurch gerechtfertigt, dass es der Schuldner – anders als der Gläubiger – in der Hand hat, sich durch vollständige Erfüllung gegen die wiederholte Teilforderung zur Wehr zu setzen.

[168] PALANDT/GRÜNEBERG (76. Aufl 2017) § 266 Rn 6.

[169] Vgl auch STAUDINGER/BITTNER (2014) § 266 Rn 20.

[170] St Rspr, vgl nur BGH 28.4.1954 – VI ZR 38/53, VersR 1954, 297, 298 f; s ferner STAUDINGER/BITTNER (2014) § 266 Rn 30.

[171] Vgl STAUDINGER/BITTNER (2014) § 266 Rn 24.

145 Ein weiterer Ausnahmefall ergibt sich bei streitiger Anspruchshöhe. Hier ist der Schuldner zur Teilleistung des unstreitigen Anteils berechtigt, wenn nur ein zum gesamten Anspruch relativ geringer Spitzenbetrag (Höhe einzelfallabhängig) streitig ist oder der Schuldner davon ausgehen durfte, mit seiner Leistung vollständig zu erfüllen.[172]

2. Die Leistung durch Dritte

a) Grundsatz (§ 267)

146 Eine geschuldete Leistung kann gem § 267 Abs 1 BGB grundsätzlich auch von einem Dritten erbracht werden. Etwas anderes gilt nur dann, wenn eine Leistung in persona vereinbart ist, wenn also nach dem Vertrag gerade doch die Person des Leistenden von Bedeutung ist. In Person zu leisten haben zB grundsätzlich der Dienstverpflichtete (Arbeitnehmer, Arzt), der Auftragnehmer, der Verwahrer und der Schuldner einer Unterlassungspflicht.

147 Weder der Schuldner allein (Abs 1 S 2) noch der Gläubiger allein (Abs 2) können der Leistung durch den Dritten **widersprechen**. Widerspricht der Schuldner, verhindert dies nicht, dass durch die Leistung des Dritten Erfüllung eintritt und die Verpflichtung des Schuldners gegenüber dem Gläubiger erlischt (aber dafür regelmäßig Rückgriffsansprüche des Dritten gegen den Schuldner entstehen). Widerspricht der Gläubiger so hat er zwar die praktische Möglichkeit eine Erfüllung dadurch zu verhindern, dass er die Leistung nicht annimmt. Er geriete hierdurch jedoch in Annahmeverzug. Nur der „**doppelte Widerspruch**" durch Schuldner und Gläubiger gemeinsam steht der Leistung durch einen Dritten entgegen.

148 **Begrifflich** ist freilich erst dann von einer Leistung durch einen Dritten auszugehen, wenn dieser statt des Schuldners aus eigenem Antrieb leistet. Die Norm umfasst mithin nicht Konstellationen, in denen sich der Schuldner zur eigenen Leistung lediglich einer Hilfsperson bedient.[173] Der Dritte muss mit der Leistung ferner eine fremde Schuld tilgen wollen; § 267 BGB ist unanwendbar, wenn der Dritte mit der Leistung eigene Zwecke verfolgt.[174] Ob das eine oder das andere der Fall ist, kann unter Umständen schwierig zu beurteilen sein, etwa wenn der Dritte selbst Schuldner des Gläubigers ist, sei es aus einem unabhängigen Schuldverhältnis, sei es als Sicherungsgeber. Notwendig ist daher, dass der Dritte seine Leistung mit einer (auf die Forderung gegen den eigentlichen Schuldner bezogenen) Tilgungsbestimmung versieht, die sich allerdings auch konkludent aus den Umständen ergeben kann

149 Die Möglichkeit, dass ein Dritter statt des Schuldners die geschuldete Leistung erbringt, birgt sowohl für den Schuldner als auch für den Gläubiger gewisse Nachteile. Für den Schuldner besteht dieser Nachteil darin, dass er Rückgriffsansprüchen eines neuen Gläubigers, nämlich des Dritten, ausgesetzt ist (§§ 683, 670 BGB oder §§ 684, 812 Abs 1 S 1 Alt 2 BGB). Allerdings entspricht es den Wertungen des BGB, dass der

---

[172] BGH 28.4.1954 – VI ZR 38/53, VersR 1954, 297, 299; OLG Düsseldorf 25.2.1965 – 1 U 243/64, NJW 1965, 1763, 1764; OLG Schleswig 14.4.1983 – 8 WF 228/80, FamRZ 1984, 187, 187f; OLG Bremen 15.3.1989 – 4 WF 14/89 (b), NJW-RR 1990, 6, 7; **aA** ROTHER, Zur Zulässigkeit von Teilleistungen, NJW 1965, 1749, 1751.

[173] BEUTHIEN, Zuwendender und Leistender, JZ 1968, 323, 326; **aA** GERNHUBER, Die Erfüllung und ihre Surrogate (2. Aufl 1994) § 21 I 4.
[174] STAUDINGER/BITTNER (2014) § 267 Rn 6; SEIBERT, Erfüllung und Konvaleszenz, JZ 1981, 380, 383.

Schuldner dies hinnehmen muss. Das zeigt der Vergleich mit der Abtretung. Auch hier kommt es für eine Übertragung des Anspruchs vom Gläubiger auf einen Dritten nicht auf die Zustimmung des Schuldners an.[175] Die zur Abtretung normierten Schuldnerschutzvorschriften (§§ 404, 406 und 407 BGB) sollen nach ganz hM analog auf den Rückgriffsanspruch des leistenden Dritten analog anzuwenden sein.[176] Oftmals dürfte in den betreffenden Fällen ein Rückgriffsanspruch aber ohnehin bereits mangels Bereicherung ausscheiden.[177]

Für den Gläubiger besteht der Nachteil darin, dass er unter Umständen einen neuen Schuldner bekommt, nämlich dann, wenn die Leistung des Dritten mangelhaft war. In diesem Fall scheitert eine Schadensersatzhaftung des Schuldners an dessen fehlendem Verschulden. Der Schuldner selbst hat nicht gehandelt, und das Verhalten des Dritten kann ihm nicht zugerechnet werden, da der Dritte gerade nicht als Erfüllungsgehilfe des Schuldners iSd § 278 BGB handelt.[178] Der Gläubiger ist folglich auf Schadensersatzansprüche gegen den ihm möglicherweise unbekannten Dritten angewiesen. Diesbezüglich ist davon auszugehen, dass die Leistung des Dritten einen „geschäftsähnlichen Kontakt" iSd § 311 Abs 2 Nr 3 BGB begründet, sodass zwischen ihm und dem Gläubiger ein Schuldverhältnis mit den Pflichten aus § 241 Abs 2 BGB (insb Schutz- und Aufklärungspflichten) entsteht. Ein echtes Vertragsverhältnis besteht jedoch nicht, sodass der Schadensersatzanspruch gegen den Dritten stets nur das Integritätsinteresse, nicht aber auch das Erfüllungsinteresse abdeckt.[179] Die übrigen Mängelgewährleistungsrechte (Nacherfüllungsanspruch, Minderungs- und Rücktrittsrecht) richten sich jedoch auch im Fall der Leistung durch einen Dritten gegen den Schuldner (und nicht gegen den Dritten). Durch die mangelhafte Leistung des Dritten tritt keine Erfüllung ein; vielmehr gilt auch hier, dass sich der ursprüngliche Erfüllungsanspruch in einen Anspruch auf Nacherfüllung wandelt. Erbringt der Schuldner die Nacherfüllung mangelhaft, verspätet oder gar nicht, kann dies selbstverständlich eine (eigene) Schadensersatzhaftung gegenüber dem Gläubiger begründen.

b) Das Ablösungsrecht des Dritten (§ 268)

In einigen Fällen steht dem Dritten ein Ablösungsrecht zu. Dies gilt insbesondere dann, wenn ihm durch eine vom Gläubiger gegen den Schuldner betriebene Zwangsvollstreckung ein Rechts- oder Besitzverlust droht (§ 268 Abs 1 BGB). Weitere spezielle Ablösungsrechte sieht das Gesetz beispielsweise für den Eigentümer eines hypothekenbelasteten Grundstücks (§ 1142 Abs 1 BGB) sowie für den Verpfänder einer beweglichen Sache (§ 1223 Abs 2 BGB) vor. Das Ablösungsrecht bewirkt, dass der Dritte den Gläubiger selbst dann befriedigen darf, wenn der Schuldner widersprochen und der Gläubiger daraufhin die Leistung abgelehnt hat. Ferner geht die zwischen Gläubiger und Schuldner bestehende Forderung im Wege der Legalzession auf den Dritten über (§ 268 Abs 3 BGB). Grund für diese bevorzugte Behandlung des Dritten durch das Ablösungsrecht ist dessen erhöhte Schutzbedürftigkeit aufgrund der Gefahr für eigene Rechtsgüter.

---

[175] Vgl MEDICUS/PETERSEN, Bürgerliches Recht (25. Aufl 2015) Rn 952.
[176] WENDEHORST, Jura 2004, 505, 511; NomosKomm/SCHWAB § 267 Rn 28.
[177] Vgl etwa BGH 18.7.2000 – X ZR 62/98, NJW 2000, 3492, 3494.
[178] MEDICUS/LORENZ, Schuldrecht I (21. Aufl 2015) Rn 154; zur Abgrenzung zwischen „Drittem" und Erfüllungsgehilfen vgl STAUDINGER/BITTNER (2014) § 267 Rn 5.
[179] Früher wurden daher teilweise eine korrigierende Auslegung der Vorschrift bzgl der Haftungsfolgen vorgeschlagen; GERNHUBER, Die Erfüllung und ihre Surrogate (2. Aufl 1994) § 21 I 4; RIEBLE, Die schlechte Drittleistung, JZ 1989, 830, 832 ff.

3. Der Leistungsort

152 Leistungsort ist der Ort, an dem der Schuldner die ihm obliegende Leistungs*handlung* vorzunehmen hat. Das BGB verwendet insofern die Begriffe Leistungsort und Erfüllungsort synonym.[180] Dagegen wird der Ort, an dem tatsächlich die Erfüllung iSd § 362 BGB eintritt – zB der Eigentums- und Besitzerwerb beim Kauf –, als Erfolgsort bezeichnet.

153 Bedeutung hat die Bestimmung des Leistungsortes einerseits für die Beurteilung der Vertragsmäßigkeit der Leistung und deren Rechtzeitigkeit, andererseits für die Verteilung von Sachleistungs- und Preisgefahr. Prozessual spielt der Leistungsort (Erfüllungsort) für die Zuständigkeit nach § 29 ZPO eine wichtige Rolle.[181]

154 Wo der Leistungsort zu lokalisieren ist, hängt davon ab, welche Schuldart die Parteien vereinbart haben: Bei der Holschuld liegen sowohl Leistungs- als auch Erfolgsort beim Schuldner;[182] bei der Bringschuld sind Leistungs- und Erfolgsort beim Gläubiger – oder an einem anderen vereinbarten Lieferort – anzusiedeln.[183] Bei der Schickschuld fallen Leistungs- und Erfolgsort auseinander. Pflicht des Schuldners ist es, die Sache an einen Transporteur zu übergeben; letzterer liefert die Sache an den Wohnort des Gläubigers. Daraus folgt, dass der Schuldner die Leistungshandlung vollzogen hat, sobald er die Sache dem Transporteur übergeben hat. Da dies regelmäßig am Wohnort des Schuldners geschieht, ist der Leistungsort idR dort anzusiedeln.[184] Der Erfolgsort hingegen liegt regelmäßig an einem anderen Ort. Die Erfüllung eines Kaufvertrages tritt dort ein, wo der Käufer Eigentum und Besitz an der Kaufsache erlangt. Dies geschieht bei der transportierten Ware erst mit der Übergabe am Wohnort des Schuldners; der Erfolgsort liegt folglich dort.

155 Welcher dieser Schuldtypen vorliegt, bestimmt sich in erster Linie nach der vertraglichen Vereinbarung der Parteien. Daneben kann sich der Leistungsort aus den Umständen – insbesondere aus der Natur des Schuldverhältnisses – ergeben. Soll ein Werkunternehmer beispielsweise ein Haus errichten, so ist ein anderer Leistungsort als das zu bebauende Grundstück nicht denkbar. Der BGH nutzt diese offene Formulierung als Eingangstür für europarechtliche Wertungen. So verlangt etwa die Verbrauchsgüterkaufrichtlinie, dass die Nacherfüllung für den Käufer (unentgeltlich und) ohne erhebliche Unannehmlichkeiten zu erfolgen hat. Immer dann, wenn ein Rücktransport der Kaufsache zum Verkäufer erhebliche Unannehmlichkeiten für den Käufer mit sich brächte, muss daher der Erfüllungsort der Nacherfüllung beim Käufer angesiedelt werden.[185] Siehe zum Erfüllungsort bei der Nacherfüllung ausführlich KAISER, in: STAUDINGER/Eckpfeiler J. Rn 56 ff.

---

[180] STAUDINGER/BITTNER (2014) § 269 Rn 2; SCHLECHTRIEM, Schuldrecht AT (6. Aufl 2005) Rn 204.
[181] Hierzu näher STAUDINGER/BITTNER (2014) § 269 Rn 58.
[182] Auch kommt es für die Beurteilung der Rechtzeitigkeit der Leistung ausschließlich auf das Bereitstellen der Sachen beim Schuldner – und die Benachrichtigung des Gläubigers – an.
[183] Die Rechtzeitigkeit der Leistung beurteilt sich folglich ebenfalls nach der Ankunft der Sache beim Gläubiger.
[184] Für Verzögerungen während des Transports ist der Schuldner also nicht zur Verantwortung zu ziehen. Mit der Übergabe an den Transporteur hat er – rechtzeitig – geleistet, MEDICUS/LORENZ, Schuldrecht I (21. Aufl 2015) Rn 163.
[185] Grundlegend BGH 13.4.2011 – VIII ZR 220/10, NJW 2011, 2278 (Faltanhänger) Rn 35 ff (der im konkreten Fall jedoch nicht von erheblichen Unannehmlichkeiten ausgeht).

D. Der Inhalt des Schuldverhältnisses

Für den Fall, dass eine Parteivereinbarung nicht existiert oder mehrdeutig ist und die **156** Natur des Schuldverhältnisses keinen zwingenden Leistungsort ergibt, trifft § 269 BGB ergänzende Regelungen: Nach Abs 1 ist Leistungsort grundsätzlich der Wohnsitz des Schuldners. Dies gilt nach Abs 3 selbst dann, wenn der Schuldner vertraglich die Versandkosten übernommen hat; der Schuldner ist lediglich zum Versand verpflichtet, sodass von einer Schickschuld auszugehen ist.

Besonderheiten ergeben sich bei der Geldschuld: Gem § 270 Abs 1 BGB ist Geld vom **157** Schuldner auf seine Gefahr und Kosten an den Wohnsitz des Gläubigers zu übermitteln. Die Leistungsgefahr trägt folglich, anders als bei der Schickschuld, der Schuldner. Weil diese Regelung jedoch ausweislich § 270 Abs 4 BGB die Vorschriften über den Leistungsort unberührt lässt, der Leistungsort also mangels abweichender Vereinbarung beim Schuldner zu lokalisieren ist, konstituiert § 270 BGB nach bislang hM[186] nicht etwa eine Bringschuld, sondern lediglich eine Schickschuld, bei der der Transport ausnahmsweise auf Gefahr des Schuldners erfolgt (sog qualifizierte Schickschuld). Diese Einordnung hat zur Konsequenz, dass es für die Rechtzeitigkeit der Leistung auf die Vornahme der Leistungshandlung am Wohnsitz des Schuldners ankommt und nicht etwa auf den Erfolgseintritt beim Gläubiger. Ist zB Zahlung durch Überweisung vereinbart, kam es nach bisher hM auf den Zeitpunkt an, zu dem der Überweisungsauftrag bei der Bank eingeht (vorausgesetzt auf dem Konto besteht Deckung).[187]

Die – bislang in der Minderheit befindliche – Gegenansicht[188] sieht die Geldschuld **158** demgegenüber als qualifizierte Bringschuld an. Für die Rechtzeitigkeit der Geldzahlung sei der Erfolgseintritt beim Gläubiger entscheidend. Die „Qualifikation" durch den Verweis in Abs 4 erschöpfe sich darin, dass für den Gerichtsstand des Erfüllungsorts (§ 29 ZPO) auf den Wohnsitz des Schuldners abzustellen sei.

Der EuGH[189] hat mit einer Entscheidung zur Zahlungsverzugsrichtlinie kürzlich neuen **159** Wind in diesen längst ausgestanden geglaubten Meinungsstreit gebracht, indem er entschied, dass „die Zahlung des Schuldners [...] als verspätet angesehen wird, wenn der Gläubiger nicht rechtzeitig über den geschuldeten Betrag verfügt". Und weiter: „Bei einer durch Banküberweisung abgewickelten Zahlung versetzt aber nur die Gutschrift des geschuldeten Betrags auf dem Konto des Gläubigers diesen in die Lage, über diesen Betrag zu verfügen."

Jedenfalls im Anwendungsbereich der Richtlinie (also im Geschäftsverkehr) muss da- **160** her nun in richtlinienkonformer Auslegung der Mindermeinung gefolgt werden. Forderungen aus der Literatur, diese Auslegung aus Gründen der Rechtsklarheit auch auf alle übrigen Fallgestaltungen zu übertragen und die Geldschuld folglich generell als (qualifizierte) Bringschuld einzuordnen,[190] hat der BGH jedoch eine Absage erteilt.[191] Bei der Umsetzung der neugefassten Zahlungsrichtlinie (sechs Jahre nach dem

---

[186] BGH 7.10.1965 – II ZR 120/63, BGHZ 44, 178, 179; SOERGEL/WOLF (12. Aufl 1990) § 270 Rn 1; MünchKomm/KRÜGER (7. Aufl 2016) § 270 Rn 1 f; BeckOK-BGB/LORENZ (1.2.2017) § 270 Rn 1, 16.
[187] MünchKomm/KRÜGER (7. Aufl 2016) § 270 Rn 2, 16 f; BeckOK-BGB/LORENZ (1.2.2017), § 270 Rn 16; SCHWAB NJW 2011, 2833.
[188] STAUDINGER/BITTNER (2014) § 270 Rn 3;

SOERGEL/FORSTER (13. Aufl 2014) § 270 Rn 1; GSELL GPR 2008, 165, 169; HERRESTHAL ZGS 2007, 48; HILBIG JZ 2008, 993.
[189] EuGH 3.4.2008 – Rs C 306/06 (01051 Telecom), Slg 2008 I-1939.
[190] GSELL GPR 2008, 165, 170; HILBIG JZ 2008, 991, 993; SCHROETER EWiR 2006, 745, 746.
[191] BGH 5.10.2016 – VIII ZR 222/15, NZM 2017, 120 (parallel BeckRS 2016, 21387).

EuGH-Urteil) habe der Gesetzgeber nicht erkennen lassen, dass eine derart überschießende Umsetzung der Richtlinie gewollt ist. Vielmehr habe er deutlich gemacht, dass die strengen Regeln der Richtlinie nicht für Verbraucher gelten sollten.[192]

4. Die Leistungszeit

161 Wie der Leistungsort ist auch die Leistungszeit in § 271 BGB nur subsidiär für den Fall geregelt, dass die Parteien keine Vereinbarung getroffen haben. Dabei ist innerhalb des Begriffs der Leistungszeit zwischen zwei verschiedenen Zeitpunkten zu differenzieren, nämlich dem Zeitpunkt, ab welchem der Gläubiger die Leistung verlangen kann (Fälligkeit), und dem Zeitpunkt, ab welchem der Schuldner seinerseits berechtigt ist, die Leistung zu erbringen (Erfüllbarkeit). Für beide Aspekte bestimmt § 271 Abs 1 BGB, dass sie mangels anderweitiger Vereinbarung unmittelbar mit Vertragsschluss eintreten. Der Gläubiger darf die Leistung also sofort verlangen, der Schuldner sie sofort erbringen.

162 § 271 Abs 2 BGB stellt eine widerlegliche Vermutung dahingehend auf, dass eine vereinbarte Leistungszeit sich lediglich auf die Fälligkeit, nicht aber auf die Erfüllbarkeit bezieht. Dies hat zur Folge, dass in den meisten Fällen einer Vereinbarung über die Leistungszeit der Schuldner zwar erst zu dem vereinbarten Termin leisten muss, jedoch sofort leisten darf.

163 Wie bei der Bestimmung des Leistungsortes kann sich eine Verschiebung des Leistungszeitpunktes, insbesondere der Fälligkeit, auch aus den Umständen ergeben. Kann beispielsweise ein Käufer den genauen Kaufpreis vor Erhalt der Rechnung nicht selbst ermitteln, so tritt Fälligkeit erst mit diesem Zeitpunkt ein.[193] Mitunter ist die Leistungszeit bei Vertragsschluss nicht zu ermitteln, weil sie durch die Ausübung eines Kündigungsrechts bedingt ist (wie etwa die Rückzahlungspflicht beim Darlehen). Steht hierbei ein Kündigungsrecht nur dem Gläubiger zu, so zeitigt es lediglich Auswirkungen auf die Fälligkeit der Leistung; steht dagegen auch dem Schuldner ein Kündigungsrecht zu, ist auch der Zeitpunkt der Erfüllbarkeit als bis zur Kündigung aufgeschoben anzusehen.[194]

164 Fraglich ist, ob der Schuldner, wenn er vor Fälligkeit leistet, den finanziellen Nutzen in Form der ersparten Zinsen für sich verbuchen darf. Hier ist zu unterscheiden: Handelt es sich um eine verzinsliche Schuld, so ist der Schuldner mit Erfüllung der Schuld von den Zinsen befreit, die später angefallen wären (allerdings wird in Fällen der verzinslichen Schuld häufig auch der Zeitpunkt der Erfüllbarkeit vertraglich vereinbart sein). Liegt dagegen eine unverzinsliche Schuld vor, fallen die Vorteile dem Gläubiger zu. Der Schuldner darf weder Zwischenzinsen vom Gläubiger herausverlangen noch von seiner Leistung abziehen (§ 272 BGB).[195] Auch darf er eine vor Fälligkeit bewirkte Leistung nicht als rechtsgrundlos geleistet kondizieren (vgl § 813 Abs 2 BGB).

---

[192] Vgl Gesetzentwurf der Bundesregierung (Entwurf eines Gesetzes zur Bekämpfung von Zahlungsverzug im Geschäftsverkehr), BT-Drucks 18/1309, 13.
[193] Weitere Beispiele bei MünchKomm/KRÜGER (7. Aufl 2016) § 271 Rn 30.
[194] LARENZ, Schuldrecht I (14. Aufl 1987) 198.
[195] MEDICUS/LORENZ, Schuldrecht I (21. Aufl 2015) Rn 170; LARENZ, Schuldrecht I (14. Aufl 1987) 199.

V. Das allgemeine Zurückbehaltungsrecht

1. Voraussetzungen

§ 273 Abs 1 BGB gewährt dem Schuldner, der seinerseits einen fälligen Gegenanspruch gegen den Gläubiger hat, eine Einrede gegen den Anspruch des Gläubigers: Der Schuldner kann die Leistung verweigern, bis der Gläubiger seinerseits die dem Schuldner gebührende Leistung bewirkt hat (Erfordernis der Gegenseitigkeit). Dabei muss die dem Schuldner gebührende Leistung demselben rechtlichen Verhältnis entstammen wie der gegen den Schuldner erhobene Anspruch (Erfordernis der Konnexität). Die hM legt dieses Erfordernis weit aus. Es ist nicht erforderlich, dass sich die Forderungen synallagmatisch gegenüberstehen. Ein enger rechtlicher oder wirtschaftlicher Zusammenhang genügt: Dies ist beispielsweise bei einer wirtschaftlichen Dauerbeziehung der Fall.[196] Die Rechtsprechung hilft sich in Grenzfällen mit dem Grundsatz von Treu und Glauben, stellt also die Frage, ob es treuwidrig erschiene, den einen Anspruch ohne Rücksicht auf den anderen durchsetzen zu wollen.[197]

Der Gegenanspruch des Schuldners muss fällig und durchsetzbar sein. Dabei genügt es, wenn die Fälligkeit gleichzeitig mit dem Anspruch des Gläubigers eintritt oder mit Erfüllung dieses Anspruchs entstünde.[198] Durchsetzbarkeit bedeutet, dass dem Anspruch des Schuldners keine Einreden entgegenstehen dürfen. Allerdings schadet eine inzwischen eingetretene Verjährung nicht, wenn sich die Forderungen zu einem früheren Zeitpunkt unverjährt gegenüberstanden (§ 215 BGB). Der Gläubiger kann die Ausübung des Zurückbehaltungsrechts durch Sicherheitsleistung abwenden (§ 273 Abs 3 BGB).

Zu beachten ist, dass das Zurückbehaltungsrecht hinter der Aufrechnung zurücktritt. Kann der Schuldner also mit seiner Forderung aufrechnen, so steht ihm ein Zurückbehaltungsrecht nicht mehr zu; eine Leistungsverweigerung ist in diesem Fall regelmäßig als Aufrechnung zu interpretieren.[199]

2. Rechtsfolgen

Liegen die Voraussetzungen des Zurückbehaltungsrechts vor und hat der Schuldner die Einrede erhoben, so hat dies nicht die Abweisung der Klage zur Folge, sondern führt lediglich dazu, dass der Schuldner zur Leistung Zug-um-Zug verurteilt wird (§ 274 BGB). Dies hat Folgen für die Vollstreckung: Der Gläubiger kann so lange nicht vollstrecken, wie er nicht seinerseits in Annahmeverzug begründender Weise die ihm obliegende Leistung angeboten hat (§ 756 Abs 1 ZPO). Vgl ferner die Regelungen der §§ 765 und 894 Abs 1 S 2 ZPO.

Handelt es sich um einen Fall des handelsrechtlichen Zurückbehaltungsrechts, wie es in § 371 Abs 1 S 1 HGB für Kaufleute vorgesehen ist, so steht dem Gläubiger ein

---

[196] St Rspr; vgl aber auch BGH 13.7.1970 – VII ZR 176/68, BGHZ 54, 244, 250.
[197] Vgl BGH 27.9.1984 – IX ZR 53/83, NJW 1985, 189, 190; s auch STAUDINGER/BITTNER (2014) § 273 Rn 38.
[198] STAUDINGER/BITTNER (2014) § 273 Rn 26.
[199] BGH 1.10.1999 – V ZR 162/98, NJW 2000, 278, 279; RG 30.9.1913 – Rep. III. 233/13, RGZ 83, 138, 140; STAUDINGER/BITTNER (2014) § 273 Rn 105; STAUDINGER/GURSKY (2016) § 388 Rn 13 f.

Befriedigungsrecht aus dem zurückbehaltenen Gegenstand zu. § 273 BGB beinhaltet ein solches Befriedigungsrecht hingegen nicht.

E. Allgemeine Geschäftsbedingungen

Matthias Wendland

Systematische Übersicht

I.	**Grundlagen**	
1.	Problemstellung	1
2.	Entwicklung des AGB-Rechts	6
3.	Strukturen des geltenden Rechts	10
a)	Nationales Recht und Unionsrecht	10
b)	Ausnahmen und Modifikationen des AGB-Rechts	13
aa)	Bereichsausnahmen	13
bb)	Bereichsmodifikationen im Arbeitsrecht	14
cc)	Personenbezogene Modifikationen	18
(1)	Unternehmer und juristische Personen des öffentlichen Rechts	18
(2)	Verbraucher	19
c)	Verfahrensrecht	20
II.	**Materielles AGB-Recht**	
1.	Gegenstand der Kontrolle: AGB-Begriff	22
2.	Die vertragliche Einbeziehung von AGB	27
a)	Regelfall, § 305 Abs 2, 3	27
b)	Erleichterte Einbeziehung	30
aa)	Beförderungsverträge	31
bb)	Unternehmerischer Verkehr	32
cc)	Arbeitsverträge	33
c)	Einbeziehungssperren	34
aa)	Überraschende Klauseln, § 305c Abs 1	34
bb)	Vorrang einer Individualabrede, § 305b	35
3.	Auslegung von AGB	37
4.	Inhaltskontrolle	41
a)	Grundkonzeption	41
b)	Besondere Klauselverbote, §§ 308, 309	43
c)	Generalklausel, § 307	46
aa)	Struktur und Funktion	46
bb)	Das dispositive Recht als Gerechtigkeitsmaßstab, § 307 Abs 2 Nr 1	48
cc)	Die konkrete Vertragsordnung als Gerechtigkeitsmaßstab, § 307 Abs 2 Nr 2	52
dd)	Die offene Generalklausel, § 307 Abs 1	59
d)	Reichweite und Grenzen der Inhaltskontrolle, § 307 Abs 3	60
aa)	Grundgedanke	60
bb)	Rechtsdeklaratorische Klauseln	61
cc)	Leistung und Gegenleistung	63
e)	Insbesondere: Das Transparenzgebot	66
aa)	Grundgedanke	66
bb)	Einzelheiten	68
5.	Rechtsfolgen der Nichteinbeziehung oder Unwirksamkeit von AGB, § 306	69
a)	Grundsatz	69
b)	Der Inhalt des Restvertrags	70
c)	Nebenfolgen der Unwirksamkeit	75
6.	Internationale und europarechtliche Aspekte	76
a)	Internationales Einheitsrecht	76
b)	Internationales Privat- und Prozessrecht	77
c)	Europäisches Unionsrecht	78
aa)	Rechtsangleichung	78
bb)	Rechtsvereinheitlichung	79
cc)	Europäische Standard-AGB	81
d)	Rechtsvergleichung	82

I. Grundlagen

1. Problemstellung

1 Das **Vertragsmodell des BGB** von 1896 geht vom **individuell ausgehandelten Vertrag** als Normalfall aus. Dabei sollten nach der Vorstellung des historischen Gesetzgebers formal gleiche, umfassend informierte, selbstbestimmungsfähige und selbstverantwortliche Parteien in einer Weise in Vertragsverhandlungen eintreten, dass sich im freien Spiel der Kräfte und durch das „Abschleifen"[1] der gegenseitigen Interessen gleichsam auf natürliche Weise ein angemessener Interessenausgleich als Inhalt des geschlossenen Vertrages einstellt. Dabei konnte davon ausgegangen werden, dass jede Vertragspartei nur so viel Zugeständnisse und Einbußen an eigenen Interessen akzeptiert, wie dem erhoffte Vorteile aus dem Geschäft gegenüberstehen, so dass am Ende ein ausgewogener Ausgleich der jeweiligen Interessen der Parteien zu erwarten ist. SCHMIDT-RIMPLER hat hierfür später den Begriff der **„vertraglichen Richtigkeitsgewähr"** geprägt.[2] Folgerichtig konnte nach diesem Ansatz das staatliche Recht auf eine materielle Inhaltskontrolle (im Sinne einer Gerechtigkeitskontrolle) verzichten und brauchte nur äußerste Grenzen privatautonomer Gestaltungsfreiheit abzustecken (insbesondere §§ 134 BGB [Gesetz], 138 BGB [gute Sitten]). Darüber hinausgehende Detailregelungen einzelner Vertragstypen (Kauf, Werkvertrag etc) verstehen sich grundsätzlich nur als Modell eines fairen Interessenausgleichs, das gilt, sofern die Vertragsparteien nichts anderes bestimmt haben („dispositives Recht").

1a Die letztlich der Euphorie des Zeitalters der Industrialisierung in der Hochzeit des Liberalismus geschuldete Idealvorstellung, dass die als gegeben vorausgesetzte Gleichheit der Parteien und das natürliche Streben nach Verwirklichung der eigenen Interessen letztlich als Garanten materiell gerechter Verträge genügen, entsprach freilich schon damals nicht der Realität. Zwar war die dem Vertragsmodell SCHMIDT-RIMPLERS zugrunde liegende Einsicht durchaus richtig, dass – entsprechend der Maxime „volenti non fit iniuria"[3] – tatsächliche Vertragsfreiheit im Verhandlungsprozess typischerweise zur Verwirklichung materieller Vertragsgerechtigkeit führt. Allerdings beruhte die Annahme, dass sich die Parteien im Normalfall paritätisch gegenüberstehen auf einer idealisierenden und damit letztlich fiktiven Vorstellung, die schon damals in der Realität keine Grundlage fand.[4] Tatsächlich bilden Machtungleichgewichte zwischen den Parteien nicht die Ausnahme, sondern die Regel. Dass das damit verbundene **Versagen der Richtigkeitsgewähr** Kernprinzipien des Privatrechts – wie etwa die Gewährleistung der Privatautonomie – gefährdet, hat das BVerfG in seiner Bürgschaftsentscheidung schon früh herausgearbeitet: „Hat einer der Vertragsteile ein so starkes Übergewicht, daß er vertragliche Regelungen faktisch einseitig setzen kann, bewirkt dies für den anderen Vertragsteil **Fremdbestimmung**. Wo es an einem annähernden Kräftegleichgewicht der Beteiligten fehlt, ist mit den Mitteln des Vertragsrechts allein kein sachgerechter Ausgleich der Interessen zu gewährleisten."[5] Denn die Schöpfer des BGB, so das BVerfG, „gingen zwar, auch wenn sie verschiedene Schutz-

---

[1] So plastisch SCHMIDT-RIMPLER AcP 147 (1941) 130, 162 Fn 41.
[2] SCHMIDT-RIMPLER AcP 147 (1941) 130 ff; ders, in: FS Raiser (1974) 3 ff.
[3] „Dem Einwilligenden geschieht kein Unrecht." Im 19. Jahrhundert durch Umformulierung eines Fragments aus dem Ediktskommentar des ULPIAN (Dig 47.10.1.5 [Ulpianus 56 ad ed]) gebildete Maxime, vgl hierzu näher OHLY, Volenti non fit iniuria (2002) 25.
[4] Vgl nur vGIERKE, Die soziale Aufgabe des Privatrechts (1889) 28 f.
[5] BVerfG NJW 1994, 36, 38 (Bürgschaft I).

normen für den im Rechtsverkehr Schwächeren geschaffen haben, von einem Modell formal gleicher Teilnehmer am Privatrechtsverkehr aus, aber schon das Reichsgericht hat diese Betrachtungsweise aufgegeben und ‚in eine materiale Ethik sozialer Verantwortung zurückverwandelt'. Heute besteht weitgehende Einigkeit darüber, daß die Vertragsfreiheit nur im Falle eines annähernd **ausgewogenen Kräfteverhältnisses** der Partner als Mittel eines angemessenen Interessenausgleichs taugt und daß der Ausgleich gestörter Vertragsparität zu den Hauptaufgaben des geltenden Zivilrechts gehört ... Im Sinne dieser Aufgabe lassen sich große Teile des Bürgerlichen Gesetzbuchs deuten"[6].

Damit hatte das BVerfG eine Dimension der Privatautonomie herausgearbeitet, die für die weitere Entwicklung des AGB-Rechts von zentraler Bedeutung werden sollte: Den Schutz der **materiellen Vertragsfreiheit**[7] als der den Parteien tatsächlich zukommenden vertraglichen Gestaltungsmacht. Nicht mehr die bloß formale Stellung als Partei, nicht die hypothetische Freiheit „auf dem Papier", sondern die tatsächliche Rechtsgestaltungsmacht in der Realität der konkreten Vertragsschlusssituation ist damit für die Beurteilung der Frage maßgeblich, ob die Voraussetzungen für eine Richtigkeitsgewähr des Vertragsmechanismus überhaupt bestehen. Ist dies nicht der Fall, so ist die Privatrechtsordnung zum Schutz der Privatautonomie wie auch der Vertragsgerechtigkeit – innerhalb bestimmter Grenzen – zur Vertragskorrektur berufen. Diese erfolgt typischerweise auf der Rechtsfolgenseite am Maßstab der **Vertragsgerechtigkeit** und damit des **angemessenen Interessenausgleichs** als **Vertragszweck**. Denn erweist sich ein Vertrag für eine Seite als derart benachteiligend, dass der mit ihm verfolgte Zweck einer angemessenen Interessenverwirklichung leer zu laufen droht, so muss sich geradezu die Frage aufdrängen, unter welchen Voraussetzungen ein solcher Vertrag überhaupt zustande gekommen ist und inwieweit er von einem tatsächlich freien Willen beider Parteien getragen wird.[8] Denn der Wille zu einer bewussten Selbstschädigung durch Vertrag im Wege der frei verantwortlichen Zustimmung zu einseitig benachteiligen Klauseln kann dem Kunden nicht unterstellt werden. Die Einsicht, dass ein auf der Anerkennung einer lediglich formalen Vertragsfreiheit basierendes Vertragsmodell nicht funktioniert, nicht funktionieren kann, ist indes schon lange vor Inkrafttreten des AGBG 1977 gewachsen[9] und hat bereits kurz nach Inkrafttreten des BGB zu einer weitreichenden Korrektur im Rahmen der Novellengesetzgebung sowie der Rechtsprechung des RG geführt.[10]

1b

Mit dem Aufkommen des **industrialisierten Massenverkehrs** ab dem 19., vor allem aber im 20. Jahrhundert stellte sich nun ein weiteres Problem. Das idealtypische Vertragsmodell des BGB, das nach wie vor vom individuell ausgehandelten Vertrag als Regelfall ausgeht, wurde nun mit einer Vertragspraxis konfrontiert, die auch äußerlich durch standardisierte Vertragsbedingungen geprägt war, die vom Verwender für eine Vielzahl gleichförmiger Abschlüsse im Voraus konzipiert und den Kunden ohne Möglichkeit der gestaltenden Einflussnahme gestellt wurden. Für eine solche Praxis sprachen (und sprechen) durchaus Gründe praktischer Vernunft: Dem massenhaft-gleichförmi-

2

---

6 BVerfG NJW 1994, 36, 38 f (Bürgschaft I).
7 Vgl hierzu die weiteren Nw unten Fn 191.
8 So ausdrücklich BVerfG NJW 1994, 36, 38 f (Bürgschaft I).
9 Zu den historischen Wurzeln der Inhaltskontrolle von AGB im 19. Jahrhundert vgl nur

HELLWEGE, AGB und Rechtsgeschäftslehre (2010) 5 ff, 11, 21 ff, 199, 203, 333; HKK/HELLWEGE §§ 305–310 (II) Rn 3 ff, 24 ff, 29 ff; POHLHAUSEN, AGB im 19. Jahrhundert (1978) 14 ff.
10 Näher hierzu WIEACKER, Privatrechtsgeschichte der Neuzeit (2. Aufl 1967) 479 ff.

gen Vorgang entsprechen gleichförmige Strukturen und Inhalte der Verträge. Dem Verwender wird nicht nur immer wieder erneutes Aushandeln bei gleicher Interessenkonstellation erspart, vielmehr erleichtern gleichgeschaltete Vertragsbedingungen auch die Risikokalkulation sowie die Organisation der Vertragsdurchführung und -durchsetzung. Im fast explosionsartig zunehmenden Internethandel sind Alternativen gar nicht denkbar, Raum für „Verhandlungen" besteht nicht. Man bezeichnet dies üblicherweise als legitimes **Rationalisierungsinteresse** des Unternehmers.[11] Dem entspricht – für beide Seiten – eine **Entlastungsfunktion** vorformulierter Vertragsbedingungen, die sich vor allem bei Verträgen auswirkt, bei denen dispositives Gesetzesrecht nicht zur Verfügung steht: Auch dort können sich bei Zugrundelegung von AGB die individuellen Überlegungen auf die essentialia negotii beschränken.[12] Gleichzeitig erweisen sich AGB damit auch als effektives Instrument, im Sinne eines „selbstgeschaffenen Rechts der Wirtschaft"[13] neue, gesetzlich nicht geregelte Vertragstypen (zum Beispiel Leasing, Kreditkartenvertrag, Sicherungsvertrag) zu konturieren und ihnen übergreifende normative Strukturen zu verleihen **(Typisierungsfunktion)**.[14]

3 Diesen anerkennenswerten Vorteilen von AGB stehen allerdings auch **Gefahren** gegenüber, vor allem die Gefahr, dass die einseitige Vorformulierung der Vertragsbedingungen dazu ausgenutzt wird, an die Stelle des vom dispositiven Recht geschaffenen fairen Interessenausgleichs beider Seiten die einseitige Interessendurchsetzung nur einer Seite zu setzen – durch breitflächige **Risikoverlagerung** auf den Kunden oder Verunklarung der Rechtslage, die den Kunden von sachgerechter Interessenwahrung abhält.[15] Eine effektive „Gegenwehr" des Kunden gegen solche Bedingungen findet situationsbedingt in der Regel nicht statt – der Aufwand an Zeit und Kosten stünde regelmäßig in keinem Verhältnis zum Wert der Transaktion, zur Wahrscheinlichkeit des Eintritts von Konfliktsituationen und zu den Chancen, eine Änderung der AGB zu erreichen.[16] Unabhängig von seinen wirtschaftlichen Ressourcen, von seinen intellektuellen Fähigkeiten, von seinem Verhandlungsgeschick und seinem Durchsetzungsvermögen[17] ist der mit AGB konfrontierte Kunde aufgrund der bestehenden **Informations-** und damit auch **Transaktionskostenasymmetrie** dem Verwender typischerweise **situativ unterlegen**.[18]

Die dogmatischen Konsequenzen sind dramatisch: Die **Vertragsgestaltungsfreiheit** – eigentlich Kernelement der vom BGB vorausgesetzten Privatautonomie – ist für den Kunden auf Null reduziert. Er hat auf die Gestaltung der Vertragsbedingungen, mit denen er im Sinne einer „take it or leave it"-Entscheidung konfrontiert wird, keinerlei

---

[11] Vgl HECK AcP 92 (1902) 455; RAISER, Allgemeine Geschäftsbedingungen (1935) 19 ff; KÖTZ, GutA 50. DJT (1974) Bd 1, A 23 ff; STAUDINGER/COESTER § 307 Rn 156.

[12] Ähnlich, nur aus anderer Sicht, die häufig betonte „Lückenfüllungsfunktion" von AGB, vgl LOCHER, Recht der AGB (3. Aufl 1997) 6; STOFFELS, AGB-Recht (3. Aufl 2015) Rn 71.

[13] So – mit durchaus kritischer Tendenz – zuerst GROSSMANN-DOERTH, Selbstgeschaffenes Recht der Wirtschaft und staatliches Recht (1933).

[14] Vgl PFEIFFER, in: WOLF/LINDACHER/PFEIFFER Rn 2.

[15] Vgl die Entwurfsbegründung zum AGB-Gesetz, BT-Drucks 7/3919, 9. Zur Intransparenz s noch unten Rn 66.

[16] Vgl STAUDINGER/COESTER § 307 Rn 283 ff, 320 ff; LEUSCHNER AcP 207 (2007) 491, 494 ff, 524 f mwNw; aus rechtsökonomischer Sicht LEYENS/SCHÄFER AcP 210 (2010) 771, 782 ff.

[17] Zur grundsätzlichen Unbeachtlichkeit eines Machtungleichgewichts für die Inhaltskontrolle vgl näher unten Rn 25c sowie die Nw bei Fn 170.

[18] Zur situativen Unterlegenheit des Kunden eingehend STOFFELS, AGB-Recht (3. Aufl 2015) Rn 89.

E. Allgemeine Geschäftsbedingungen

Einfluss. Ihm bleibt lediglich die Möglichkeit, durch Ausübung seiner **negativen Vertragsabschlussfreiheit** auf einen Vertragsschluss zu verzichten und mit Alternativanbietern zu kontrahieren. Allerdings ist auch das Ausweichen auf alternative Vertragspartner für den Kunden in der Regel keine sinnvolle Option. Denn da schon die Kenntnisnahme der AGB und erst Recht ihre rechtliche Bewertung mit unverhältnismäßig hohem Aufwand verbunden ist, scheiden die Vertragsbedingungen als marktsteuerndes Kriterium aus. Die Fokussierung auf Preis und Qualität als Inhalt der Hauptleistungspflichten führt stattdessen zu einem **Versagen des Konditionenmarktes**[19] und einer fortlaufenden Verschlechterung der Konditionen zulasten der Kunden im Wege adverser Selektion („race to the bottom").[20] Die Tatsache, dass dem Kunden jegliche Möglichkeit der tatsächlichen Ausübung seiner Vertragsgestaltungsfreiheit genommen ist, hat zur Folge, dass sich der Verwender mit seinen den Kunden einseitig benachteiligenden Vertragsbedingungen am Ende durchzusetzen vermag. Der Verlust an effektiver vertraglicher Gestaltungsmacht zulasten des Kunden führt damit unmittelbar zu einer Beeinträchtigung der Vertragsgerechtigkeit des vom Verwender zu seinen Konditionen diktierten, vom Kunden mangels Alternativen meist nur zähneknirschend akzeptierten „Vertrages". Mit dem vom BGB vorausgesetzten Modell eines vom freien Konsens beider Parteien getragenen und inhaltlich konsentierten Vertrages hat eine solche Einigung nur noch wenig zu tun. Mit den vom Kunden inhaltlich nicht mitgestaltenden AGB liegt nun eine Vereinbarung vor, die mit Ludwig Raiser nur noch Ausdruck einer lediglich „verdünnten Freiheit"[21] ist.

Die **Usurpation der Vertragsautonomie**, die konzeptionell beiden Vertragsparteien gemeinsam zugewiesen ist, nur durch eine Seite entzieht der die Kontrollfreiheit von Verträgen legitimierenden „materialen Richtigkeitsgewähr" die Grundlage. Sie rechtfertigt nicht nur eine Vorverlagerung der staatlichen Inhaltskontrolle hin zum Maßstab der „Angemessenheit" (§§ 307–309 BGB), sondern auch eine Risikozuweisung für korrekte und klare Klauselgestaltung an den AGB-Verwender (§§ 305 Abs 2, 305c Abs 1 und 2, 306 Abs 1, 2, 306a, 307 Abs 1 S 2, Abs 3 S 2 BGB). Entsprechend sieht die hL[22] im Einklang mit der Rechtsprechung im Schutz vor einseitig benachteiligenden Vertragsbedingungen aufgrund des Missbrauchs der Vertragsfreiheit durch einseitige Inanspruchnahme der Vertragsgestaltungsmacht seitens des Verwenders den maßgeblichen **Schutzzweck** der AGB-rechtlichen Inhaltskontrolle.[23] Nach der in der Rechtsprechung entwickelten Formel hat die AGB-Kontrolle damit den Zweck, „zum Ausgleich ungleicher Verhandlungspositionen und damit zur Sicherung der Vertragsfreiheit Schutz und Abwehr gegen die Inanspruchnahme einseitiger Gestaltungsmacht

---

[19] Auf das Problem des Marktversagens wurde schon früh hingewiesen, vgl nur Brandner JZ 1973, 613, 615; Rehbinder, AGB und die Kontrolle ihres Inhalts (1972) 7 f; vHippel BB 1973, 993, 993 f; Kliege, Rechtsprobleme der AGB (1966) 27 f. Zur aktuellen Diskussion vgl nur Stoffels, AGB-Recht (3. Aufl 2015) Rn 85 ff.

[20] Zum dem in den Wirtschaftswissenschaften unter dem Stichwort des „Zitronenmarktes" bekannten Phänomen näher Akerlof 84 Q J Econ 488, 489 ff (1970).

[21] Raiser, in: FS 100 Jahre DJT (1960) 101, 126.

[22] Vgl nur Stoffels, AGB-Recht (3. Aufl 2015) Rn 89; Palandt/Grüneberg Überbl Vor § 305 Rn 8; Pfeiffer, in: Wolf/Lindacher/Pfeiffer § 305 Rn 3; Ulmer/Habersack, in: Ulmer/Brandner/Hensen Einl Rn 48; Staudinger/Coester (2013) § 307 Rn 2.

[23] Weitere Schutzwecke, wie etwa die Korrektur eines Marktversagens, treten hinter den insoweit maßgeblichen vertragstheoretischen Schutzzweck zurück. Zum Ganzen Stoffels, AGB-Recht (3. Aufl 2015) Rn 88 ff.

durch den Verwender zu gewährleisten"[24]. Die Inhaltskontrolle fungiert damit als Garant für die Gewährleistung der die Privatrechtsordnung überhaupt erst konstituierenden Privatautonomie, die im Vertragsverhältnis beiden Parteien gleichermaßen und nicht lediglich dem Verwender allein zusteht. Sie stellt keine Beschränkung der Privatautonomie des Verwenders dar, sondern dient der effektiven Begrenzung ihres Missbrauchs. Den bisweilen beklagten „Abschied von der Privatautonomie" hat bereits der Verwender selbst herbeigeführt, indem er den Kunden zum eigenen Vorteil und auf dessen Kosten an der Ausübung der ihm eigentlich zustehenden Vertragsgestaltungsfreiheit effektiv hindert und diese für seinen Vertragspartner zu einer bloßen **Fiktion** werden lässt.

5   Die gesetzlich angeordnete AGB-Kontrolle durch die Gerichte erweist sich damit als Teilantwort auf ein übergreifendes Problem des Privatrechts: die Reaktion auf **Funktionsstörungen des Vertragsmechanismus**. Das deutsche AGB-Recht ist zugeschnitten auf die spezifische Ungleichgewichtslage, die sich durch die Oktroyierung vorformulierter Vertragsbedingungen ergibt – prinzipiell ohne Ansehung des sonstigen Verhältnisses der Parteien.[25] Daneben stehen andere, zum Teil noch in der Entwicklung befindliche Ansätze für andersartige Funktionsstörungen, insbesondere durch „strukturelle Machtungleichheit" bei Vertragsschluss.[26] Das AGB-Recht trägt den typischerweise vorhandenen Machtverhältnissen durch bereichsspezifische Modifikationen Rechnung (dazu unten Rn 13).

2.   Entwicklung des AGB-Rechts

6   Schon vor dem Zweiten Weltkrieg gab es beachtliche Versuche, das Problem der AGB zu analysieren und dogmatisch zu bewältigen – zu nennen sind hier vor allem die Monographien von GROSSMANN-DOERTH (1933) und LUDWIG RAISER (1935).[27] In den ersten Jahrzehnten der Bundesrepublik Deutschland haben die Gerichte mangels einer gesetzlichen Grundlage versucht, auf der Basis allgemeiner Vorschriften (insbesondere §§ 138, 242, 315 BGB) oder Rechtsgedanken (zum Beispiel des Monopolmissbrauchs) Kontrollansätze zu begründen und auszubauen.[28] In reicher Kasuistik bildeten sich Prinzipien und Strukturen heraus, die der BGH in einer Entscheidung von 1974 zusammenfasste.[29] Damit war der Grund gelegt für eine Konsolidierung, aber auch Weiterentwicklung durch den Gesetzgeber, der nach umfangreichen Vorarbeiten[30] zum 1.4.1977 mit dem **AGB-Gesetz** erstmalig einen positivrechtlich gesicherten

---

[24] BGH NJW 2010, 1277, 1278. Ähnlich BGH NJW 2010, 1131, 1132; 1997, 2043, 2044; 1995, 2034, 2035 sowie bereits vor Inkrafttreten des AGBG BGH NJW 1974, 2825.
[25] BGH NJW 2010, 1131 Rn 12, 18. Vgl aber unten Rn 14, 18.
[26] Vgl dazu BVerfG NJW 1990, 1469 (Handelsvertreter); 1994, 36 (Angehörigenbürgschaft); 2001, 957 und 2248 (Eheverträge; dazu auch BGH FamRZ 2004, 601); besondere Ausprägungen der Korrekturansätze finden sich in Bereichen wie Arbeitsrecht, Mietrecht oder allgemeinem Verbraucherschutzrecht; zum Verhältnis dieser Ansätze zur AGB-Kontrolle s STAUDINGER/COESTER § 307 Rn 6 f; integrierend BVerfG NZA 2007, 85, 86 f; BAG NZA 2007,

853, 854. Zur Dogmatik der Inhaltskontrolle vgl HELLWEGE JZ 2015, 1130 ff, der im Regelungsgefüge der §§ 307–309 BGB systematisch zwei Formen der Inhaltskontrolle erkennt.
[27] Zu GROSSMANN-DOERTH, Selbstgeschaffenes Recht der Wirtschaft und staatliches Recht (1933); zu RAISER, Allgemeine Geschäftsbedingungen (1935) (unveränderter Nachdruck 1961).
[28] Teilweise in Anknüpfung an die Rechtsprechung schon des RG, RGZ 62, 266; 99, 109; 102, 397; 103, 83; 168, 329.
[29] BGHZ 63, 256; s im Einzelnen die Darstellung bei STAUDINGER/COESTER (2013) Vor bem 3 f zu §§ 307–309.

E. Allgemeine Geschäftsbedingungen

Boden für die gerichtliche AGB-Kontrolle bereitstellte. Die klare strukturelle Unterscheidung von Einbeziehungskontrolle, Inhaltskontrolle und Verfahrensfragen durch das AGBG prägt bis heute das geltende deutsche AGB-Recht. Auch auf der neuen gesetzlichen Grundlage bildete sich rasch wieder eine umfangreiche, konkretisierende und verfeinernde Rechtsprechung, deren rechtspolitische Einschätzung durchaus umstritten ist[31] – ein bis heute fortdauernder Prozess der Konkretisierung und Weiterentwicklung des AGB-Rechts anhand immer neuer Konfliktfälle aus der Praxis.

Neue Impulse brachte die **EG-RL 93/13/EWG über missbräuchliche Klauseln in Verbraucherverträgen** vom 5.4.1993 **(Klausel-RL)**, deren Umsetzung der deutsche Gesetzgeber durch wenige Zusätze und Modifikationen im Rahmen des AGB-Gesetzes vollzog (§§ 12, 24a AGBG).[32] **7**

Das **SchuldModG 2002** löste schließlich das AGBG auf und integrierte dessen materiellen Regelungen in das **BGB (§§ 305–310 BGB)**,[33] während die verfahrensrechtlichen Regelungen (zusammen mit verbraucherrechtlichen Verbandsklagen) in das **Unterlassungsklagengesetz (UKlaG)** eingestellt wurden. Dieser gesetzessystematischen Veränderung steht jedoch eine weitgehende Kontinuität der sachlichen Substanz des AGB-Rechts gegenüber – lediglich in Einzelpunkten erfolgten Klarstellungen oder Anpassungen an das neue Schuldrecht; eine wichtige sachliche Änderung betraf die Erstreckung der AGB-Kontrolle auf das (zuvor ausgeklammerte) Arbeitsrecht (§ 310 Abs 4 BGB).[34] Der mittelbare Einfluss der Schuldrechtsmodernisierung auf die Beurteilung von AGB-Klauseln, insbesondere über die Leitbildfunktion des dispositiven Gesetzesrechts gemäß § 307 Abs 2 Nr 1 BGB (unten Rn 48), ist allerdings erheblich. **8**

Insgesamt kann die **Bedeutung des AGB-Rechts** gar nicht überschätzt werden – sowohl im Recht wie im Wirtschaftsleben. Das AGB-Recht erweist sich – eher sogar zunehmend – als **das** Steuerungsinstrument in einer auf Massenkonsum, Rationalisierung und Anonymisierung (Online-Wirtschaft) sowie Gewinnmaximierung ausgerichteten Gesellschaft. Als Garant gefährdeter Vertragsgerechtigkeit überwölbt das AGB-Recht quasi als „Überrecht" das gesamte Vertragsrecht.[35] Die Grundstruktur und Organisation der Rechtskontrolle von AGB hat der Gesetzgeber bereitgestellt; die Umsetzung und Feinjustierung muss – als Daueraufgabe – die Rechtsprechung leisten.[36] **9**

---

30 Dazu ausführlich STAUDINGER/SCHLOSSER (2013) Vorbem 5 ff zu §§ 305 ff.
31 Vgl STAUDINGER/COESTER (2013) Vorbem 5 f zu §§ 307–309 mwNw.
32 Zur Umsetzungsdiskussion STAUDINGER/ SCHLOSSER (2013) § 310 Rn 34 ff; zum Einfluss des Unionsrechts s noch unten Rn 10.
33 Zum Streit um die Integration als solche s BT-Drucks 14/6040, 92, 97; ULMER JZ 2001, 491 ff; STOFFELS, AGB-Recht (3. Aufl 2015) Rn 52 ff; zur gesetzessystematischen Verortung im allgemeinen Schuldrecht krit WOLFF/PFEIFFER ZRP 2001, 303 ff; STOFFELS, AGB-Recht (3. Aufl 2015) Rn 60; verteidigend BT-Drucks 14/6040, 149.
34 Dazu unten Rn 14.
35 vWESTPHALEN NJW 2009, 2355, 2362.
36 Prüfungsschema für die Fallbearbeitung bei STOFFELS, AGB-RECHT (3. Aufl 2015) 505 f. Gesamtüberblick über die bisherige Entwicklung und aktuelle Fragestellungen: PFEIFFER NJW 2017, 913 ff. sowie mit Blick auf die Klausel-RL vWESTPHALEN NJW 2013, 961 ff; kompakte Kurzdarstellung des AGB-Rechts bei LORENZ/GÄRTNER JuS 2013, 199 ff.

3. Strukturen des geltenden Rechts

a) Nationales Recht und Unionsrecht

10 Der Schutz vor missbräuchlichen AGB ist seit Inkrafttreten der **Klausel-RL** 1993 Gegenstand binnenmarktfinaler **Rechtsangleichung** und Teil des **europäischen Verbraucherschutzregimes**. Damit wird auch das nationale AGB-Recht zunehmend unionsrechtlich überformt, wobei insbesondere der Rechtsprechung des EuGH eine zentrale Bedeutung zukommt. Allerdings ist der Einfluss des EuGH auf das nationale Recht, je nach betroffenem Teilbereich des AGB-Rechts – Missbrauchs[37]- und Transparenzkontrolle[38], prozessuale Durchsetzung[39], Rechtsfolgenregime[40] – unterschiedlich stark ausgeprägt.

Systematisch ähnelt die Klausel-RL[41] in zentralen Punkten dem deutschen AGB-Recht (Definition der AGB; Strukturen der Inhaltskontrolle; Verbandsklage), allerdings ist sie konzeptionell auf Verträge zwischen Unternehmer und Verbraucher („Verbraucherverträge") beschränkt (Art 1, 2 Klausel-RL). Da das deutsche AGB-Recht eine solche Beschränkung nicht kennt (vgl § 310 Abs 1 BGB), mussten für Verbraucherverträge richtlinienkonforme Sonderregeln vorgesehen werden (§ 310 Abs 3 BGB). Aber auch dort, wo die RL ähnliche Regeln wie das deutsche Recht enthält, sind doch die Begriffe anders: So spricht die RL von „missbräuchlichen Vertragsklauseln", das heißt solchen, die ein „erhebliches und ungerechtfertigtes Missverhältnis" der gegenseitigen Rechte und Pflichten verursachen (Art 3 Abs 1 Klausel-RL), während Zentralbegriff des deutschen AGB-Rechts die „unangemessene Benachteiligung" ist, § 307 Abs 1 S 1 BGB. Da Begriffe des Unionsrechts grundsätzlich autonom auszulegen sind, mit letztmaßgeblicher Interpretationskompetenz des EuGH, kann nicht ausgeschlossen werden, dass auch – trotz ähnlicher Grundkonzeption – die Inhalte von Unionsrecht und nationalem Recht voneinander abweichen.[42] Nach der Lehre vom **„Vorrang des Unionsrechts"** bleibt die RL damit für den Bereich der Verbraucherverträge, trotz bzw ungeachtet ihrer Umsetzung in das deutsche Recht, die ausschlaggebende Rechtsquelle, die vor allem über das Gebot der **richtlinienkonformen Auslegung** des (gesamten) nationalen Rechts auf die innerstaatliche Rechtsordnung ausstrahlt.[43] Da die RL nur Mindeststandards für den Verbraucherschutz setzt, bleibt es den nationalen Gesetzgebern jedoch gem Art 8 Klausel-RL unbenommen, strengere Schutzvorschriften zugunsten der Verbraucher zu erlassen.[44] Das Vorhaben der EU, auch die Klausel-RL in einer übergreifenden, auf Vollharmonisierung zielenden Verbraucherrechte-RL aufgehen zu lassen[45], ist nicht realisiert worden: Die Verbraucherrechte-RL vom 25.10.2011[46] lässt das Kontrollsystem der Klausel-RL unberührt.

11 Die Rechtsprechung des EuGH zur Auslegung der Klausel-RL hat – nach anfänglichen Schwierigkeiten und einer durchaus **wechselhaften Entwicklung** – mittlerweile

---

[37] Näher hierzu unten Rn 11a–b.
[38] Näher hierzu unten Rn 11c.
[39] Näher hierzu unten Rn 12.
[40] Näher hierzu unten Rn 12a.
[41] RL 93/13/EWG des Rates vom 5.4.1993 über mißbräuchliche Klauseln in Verbraucherverträgen, ABl 1993 L 95, 29.
[42] Näher STAUDINGER/COESTER (2013) Vorbem 7 zu §§ 307–309.
[43] Näher mwNw STAUDINGER/COESTER (2013) § 307 Rn 78 ff – auch zur Streitfrage, ob das AGB-Recht auch *außerhalb* der Verbraucherverträge richtlinienkonform auszulegen ist.
[44] EuGH NJW 2010, 2265 („Ausbanc").
[45] Vorschlag für eine RL des Europäischen Parlaments und des Rates über Rechte der Verbraucher, KOM(2008) 614.
[46] RL 2011/83/EU des Europäischen Parlaments und des Rates v 25.10.2011 über die Rechte der Verbraucher, ABl 2011 L 304, 64.

E. Allgemeine Geschäftsbedingungen

zu einer weitreichenden **Teilharmonisierung des AGB-**Rechts geführt.[47] Thematisch betrifft sie vor allem drei Bereiche, in denen der EuGH von der ihm zugewiesenen Auslegungs- und Konkretisierungskompetenz – freilich in höchst unterschiedlichem Umfang – Gebrauch macht: die Missbrauchs- und Transparenzkontrolle, die prozessuale Durchsetzung der Klauselkontrolle und das Rechtsfolgenregime (insbesondere das Verbot geltungserhaltender Reduktion).

Vor allem im Bereich der **Missbrauchskontrolle** hat der EuGH – nach anfänglich forscher Inanspruchnahme seiner Auslegungskompetenz und einer darauf folgenden Phase der Zurückhaltung – erst in jüngerer Zeit von seiner Zuständigkeit zur Konkretisierung der materiellen Maßstäbe der Missbrauchskontrolle in weiterem Umfang Gebrauch gemacht.[48] Die Ursache für den nicht ganz geradlinigen Weg, den sich der EuGH erst tastend erschlossen hat, liegt in der Natur der AGB-rechtlichen Inhaltskontrolle, die mit dem Missbrauchstatbestand der Generalklausel des Art 3 Abs 1 Klausel-RL der Auslegung unbestimmter Rechtsbegriffe und damit des Rückgriffs auf das nationale dispositive Recht als Vergleichsmaßstab bedarf. Bereits kurz nach Inkrafttreten der Klausel-RL war daher befürchtet worden, dass der EuGH in Überschreitung seiner Kompetenzen in die Anwendung nationalen Rechts eintreten und die Funktion einer Superrevisionsinstanz im Bereich des AGB-Rechts übernehmen könnte.[49]

Tatsächlich hatte sich der EuGH nach einem bemerkenswerten Auftakt in seiner ersten Entscheidung zur Klausel-RL („Océano")[50], in der er eine Gerichtsstandsklausel „als mißbräuchlich im Sinne des Artikels 3 der Richtlinie"[51] ansah und damit offenbar in eine materielle Inhaltskontrolle eingetreten war, bereits in der darauf folgenden Vorlageentscheidung („Freiburger Kommunalbauten") einer **Konkretisierung** des Missbrauchstatbestandes geradezu verweigert.[52] Denn zwar sei er im Rahmen der ihm zugewiesenen Kompetenzen zur Auslegung der für die Definition des Missbrauchstatbestandes verwendeten allgemeinen Kriterien zuständig.[53] Da die Feststellung der Missbräuchlichkeit der Klausel nach Art 4 Abs 1 Klausel-RL aber die Beurteilung der Umstände des Vertragsschlusses und die Würdigung der mit dieser Klausel verbundenen Vor- und Nachteile im Rahmen des auf den Vertrag anwendbaren nationalen Rechts erfordere, könne er sich jedoch nicht zur Anwendung dieser allgemeinen Kriterien auf eine bestimmte Klausel äußern.[54] Diese auf den ersten Blick nachvollziehbare Rechtsprechung war allerdings insoweit problematisch, als der EuGH auch der selbstauferlegten Aufgabe der Konkretisierung abstrakter Kriterien für die Beurteilung der Missbräuchlichkeit einer Klausel keineswegs nachkam. Erst mit den Entscheidungen „Aziz"[55] und „RWE"[56] erfolgte der entscheidende Durchbruch hin zu einer aktiven Beteiligung des EuGH an der **Herausbildung materieller** Kriterien zur

---

[47] So auch Pfeiffer NJW 2017, 913, 914; Stempel ZEuP 2017, 102, 123 f, 125.
[48] Zur Entwicklung eingehend Pfeiffer NJW 2017, 913, 914; Stempel ZEuP 2017, 102, 105 ff.
[49] Vgl nur Canaris EuZW 1994, 417. Hierzu auch Heinrichs NJW 1996, 2190 ff; Roth JZ 1999, 529 ff.
[50] EuGH NJW 2000, 2571 („Océano Grupo").
[51] EuGH NJW 2000, 2571 Rn 24 („Océano Grupo"). Vgl hierzu auch die Deutung der Entscheidung durch den EuGH selbst in NJW 2004, 1647 Rn 23 („Freiburger Kommunalbauten").
[52] EuGH NJW 2004, 1647 Rn 22, 25 („Freiburger Kommunalbauten").
[53] EuGH NJW 2004, 1647 Rn 22 („Freiburger Kommunalbauten").
[54] EuGH NJW 2004, 1647 Rn 23 („Freiburger Kommunalbauten").
[55] EuGH EuZW 2013, 464 („Aziz").
[56] EuGH NJW 2013, 2253 („RWE").

Konkretisierung des Missbräuchlichkeitsmaßstabs, der sich in vorangegangenen Entscheidungen bereits angekündigt hatte.[57] In den darauf folgenden Entscheidungen hat der Gerichtshof die seine Auslegungskompetenz bestimmenden Grundsätze weiter konkretisiert.

11b Danach ist in dem Vorlageverfahren nach Art 267 AEUV, das auf einer klaren **Aufgabentrennung** zwischen den nationalen Gerichten und dem EuGH beruht, allein das nationale Gericht für die Feststellung und Beurteilung des Sachverhalts des Ausgangsrechtsstreits sowie die Auslegung und Anwendung des nationalen Rechts zuständig.[58] Die Zuständigkeit des EuGH erstreckt sich dagegen allein auf die Auslegung des Begriffs „missbräuchliche Klausel" in Art 3 Abs 1 Klausel-RL und in ihrem Anhang sowie auf die Herleitung **allgemeiner Kriterien**, die das nationale Gericht bei der Prüfung einer Vertragsklausel im Hinblick auf die Bestimmungen der RL anwenden kann oder muss.[59] Der Gerichtshof muss sich darauf beschränken, dem nationalen Gericht Hinweise an die Hand zu geben, die dieses bei der Beurteilung der Missbräuchlichkeit der betreffenden Klausel zu beachten hat.[60] Es ist Sache des nationalen Gerichts, unter Berücksichtigung dieser Kriterien über die konkrete Bewertung einer bestimmten Vertragsklausel anhand der **Umstände des Einzelfalls** zu entscheiden.[61]

Für die Beurteilung der Frage, ob eine Klausel ein erhebliches und ungerechtfertigtes Missverhältnis der vertraglichen Rechte und Pflichten der Parteien zulasten des Verbrauchers verursacht, ist ein Vergleich mit den **dispositiven Vorschriften** des nationalen Rechts erforderlich.[62] Hierbei ist die Rechtslage des Verbrauchers vor dem Hintergrund der Mittel zu untersuchen, die ihm das nationale Recht zur Verfügung stellt, um der Verwendung missbräuchlicher Klauseln zu begegnen.[63] Sehr weitreichend sind sodann die Maßstäbe, die das Gericht für die Beurteilung der Frage entwickelt hat, unter welchen Umständen ein solches Missverhältnis „entgegen dem Gebot von Treu und Glauben" verursacht wird. Hier hat das nationale Gericht insbesondere zu prüfen, ob der Verwender „bei loyalem und billigem Verhalten gegenüber dem Verbraucher vernünftigerweise erwarten durfte, dass der Verbraucher sich nach **individuellen Verhandlungen** auf eine solche Klausel einlässt"[64]. Die Missbräuchlichkeit einer Klausel ist darüber hinaus gem Art 4 Abs 1 Klausel-RL unter Berücksichtigung der Art der vertragsgegenständlichen Güter oder Dienstleistungen, und aller den Vertragsabschluss begleitenden Umstände zum **Zeitpunkt des Vertragsabschlusses** zu beurteilen.[65] In der Folge hat das Gericht die entwickelten Grundsätze etwa auf Fremdwährungs[66]-, Rück-

---

[57] EuGH NJW 2013, 2579 Rn 55 ff („Jahani"); RIW 2012, 483 Rn 22 („Invitel"); Slg 2010, I-11557 Rn 55 ff, 64 ff („Pohotovost'"); EuZW 2011, 27 Rn 43 f, 45 ff („Pénzügyi Lízing").
[58] EuGH 20.9.2017 – C-186/16 juris Rn 19 („Românească").
[59] EuGH 20.9.2017 – C-186/16 juris Rn 22 („Românească"); EuZW 2017, 488 Rn 57 („Banco Primus"). Ebenso schon EuGH EuZW 2013, 464 Rn 66 („Aziz"); RIW 2012, 483 Rn 22 („Invitel").
[60] EuGH EuZW 2017, 488 Rn 57 („Banco Primus"); EuZW 2013, 464 Rn 66 („Aziz").
[61] EuGH EuZW 2017, 488 Rn 57 („Banco Primus").
[62] EuGH EuZW 2017, 488 Rn 59 („Banco Primus"). Ebenso schon EuGH VersRAI 2014, 34 Rn 21 („Constructora Principado"); EuZW 2013, 464 Rn 66 („Aziz").
[63] EuGH EuZW 2017, 488 Rn 59 („Banco Primus"). Ebenso EuGH EuZW 2013, 464 Rn 66 („Aziz"). Aufgrund der Kollision dieser Vorgabe mit dem Harmonisierungsziel der RL insoweit krit STEMPEL ZEuP 2017, 102, 113.
[64] EuGH 20.9.2017 – C-186/16 juris Rn 57 („Românească"). Ebenso EuGH EuZW 2017, 488 Rn 60 („Banco Primus") und grundlegend EuZW 2013, 464 Rn 69 („Aziz").
[65] EuGH EuZW 2017, 488 Rn 60 („Banco Primus"); NJW 2009, 2367 („Pannon").
[66] EuGH 20.9.2017 – C-186/16 juris Rn 52 ff („Românească").

E. Allgemeine Geschäftsbedingungen

zahlungs-[67] und Fälligkeitsklauseln[68] in Kreditverträgen[69], Zinsberechnungs-[70], Mindestzins-[71] und Verzugszinsklauseln[72], Rechtswahl-[73] und Schiedsgerichtsklauseln[74], Kostenklauseln in Immobilienkaufverträgen[75], Vertragsstrafeklauseln in Wohnraummietverträgen[76] sowie Preisanpassungsklauseln in Erdgaslieferungsverträgen[77] angewendet. Trotz dieser bemerkenswerten Entwicklung legt das Gericht auch in den jüngsten Entscheidungen mit Nachdruck Wert auf die Feststellung, dass die Auslegung und Anwendung der von ihm entwickelten allgemeinen Kriterien auf den Ausgangsrechtsstreit Sache der nationalen Gerichte bleibt.[78]

Die **Transparenzkontrolle** bildet als Kehrseite der Missbrauchskontrolle den zweiten zentralen Ankerpunkt des AGB-rechtlichen Schutzkonzeptes der Klausel-RL. Aufgrund der geringeren Relevanz nationaler Rechtsvorschriften – ein Vergleich mit den dispositiven Vorschriften des nationalen Rechts ist nicht erforderlich – macht der EuGH hier in weitaus größerem Umfang und mit starker Hand von seiner Auslegungs- und Konkretisierungszuständigkeit Gebrauch.[79] Transparenz- und Missbrauchskontrolle sind dabei geradezu untrennbar miteinander verknüpft. Intransparenz erweist sich damit als „gesondert normiertes Kriterium der Missbräuchlichkeit"[80]. So hat der EuGH etwa in der Entscheidung „Invitel" klargestellt, dass es „im Kontext der Beurteilung der Missbräuchlichkeit im Sinne von Art 3 der Richtlinie von wesentlicher Bedeutung [sei], dass der Verbraucher anhand klarer und verständlicher Kriterien die Änderungen der AGB in Bezug auf die mit der zu erbringenden Dienstleistung verbundenen Kosten vorhersehen kann."[81] Aufgrund der Informationsasymmetrie zwischen Unternehmer und Verbraucher sei das Transparenzgebot des Art 4 Abs 2 Klausel-RL daher nicht lediglich formal und grammatikalisch, sondern vielmehr umfassend zu verstehen.[82] Der Vertrag müsse daher auch die konkrete Funktionsweise des Verfahrens, auf das die Klausel Bezug nimmt, in transparenter Weise darstellen, damit der Verbraucher die sich für ihn daraus ergebenden wirtschaftlichen Folgen auf der Grundlage präziser und nachvollziehbarer Kriterien einschätzen kann.[83]

---

[67] EuGH EuZW 2016, 474 Rn 81 ff, 92 ff („Finway").
[68] EuGH EuZW 2013, 464 Rn 65 ff, 72 („Aziz").
[69] EuGH 9.7.2015 – C-348/14 juris Rn 54 ff („Bucura").
[70] EuGH 8.7.2015 – C-90/14 juris Rn 31 ff („Cajatres"); EuGH 11.6.2015 – C-602/13 juris Rn 32 ff („Vizcaya Argentaria"); 21.1.2015 – C-482/13 juris Rn 27 ff („Unicaja Banco").
[71] EuGH EuZW 2017, 148 Rn 51 ff („Naranjo" – große Kammer).
[72] EuGH EWS 2013, 481 Rn 61 ff, 70 („Banco Popular").
[73] EuGH NJW 2016, 2727 Rn 65 ff (Amazon).
[74] EuGH 3.4.2014 – C-342/13 juris Rn 23 ff, 30 ff („OTP Bank").
[75] EuGH VersRAI 2014, 34 Rn 18 ff, 30 („Constructora Principado").
[76] EuGH NJW 2013, 2579 Rn 55 ff („Jahani").
[77] EuGH NJW 2013, 2253 Rn 40 ff, 55 („RWE").
[78] EuGH 20.9.2017 – C-186/16 juris Rn 19 ff („Românească"); EuZW 2017, 488 Rn 29 („Banco Primus"); EuZW 2013, 464 Rn 34 („Aziz").
[79] Vgl nur EuGH NJW 2016, 2727 Rn 65 ff (Amazon).
[80] Schlussanträge der Generalanwältin Verica Trstenjak v 13.9.2012, Rn 62 f im Verfahren EuGH NJW 2013, 2253 („RWE"). Zustimmend STEMPEL ZEuP 2017, 102, 113; FORNASIER ZEuP 2014, 410, 420.
[81] EuGH RIW 2012, 483 Rn 28 („Invitel").
[82] EuGH 20.9.2017 – C-186/16 juris Rn 44 („Românească"); EuZW 2014, 506 Rn 71, 72 („Káslerné Rábai"); EuGH 9.7.2015 – C-348/14 juris Rn 52 („Bucura").
[83] EuGH 20.9.2017 – C-186/16 juris Rn 45 („Românească"); EuZW 2014, 506 Rn 75 („Káslerné Rábai").

11d Zugleich bemüht sich das Gericht um die Herausbildung unionsautonomer Maßstäbe für die Auslegung zentraler unbestimmter Rechtsbegriffe der Klausel-RL. So müssten etwa die Begriffe des „Hauptgegenstandes des Vertrags" und der „Angemessenheit zwischen dem Preis bzw dem Entgelt und den Dienstleistungen bzw den Gütern, die die Gegenleistung darstellen" in Art 4 Abs 2 Klausel-RL „grundsätzlich in der gesamten Europäischen Union eine **autonome und einheitliche Auslegung** erhalten, die unter Berücksichtigung des Kontexts der Bestimmung und des mit der fraglichen Regelung verfolgten Ziels gefunden werden muss"[84]. Allerdings kann sich das Bemühen um eine einheitliche unionsautonome Auslegung nur auf solche Vorschriften der Klausel-RL – wie etwa das Transparenzgebot des Art 4 Abs 2 Klausel-RL – beziehen, die einer autonomen Auslegung überhaupt zugänglich sind. Entsprechend hat der EuGH mit Blick auf die Konkretisierung des Missbrauchstatbestandes des Art 3 Abs 1 Klausel-RL und die zentrale Bedeutung des dispositiven Rechts als Vergleichsmaßstab den nationalen Gerichten die zentrale Konkretisierungskompetenz zugewiesen.[85] Soweit der EuGH an der Konkretisierungsaufgabe durch das Herausarbeiten allgemeiner Kriterien im Bereich der Missbrauchskontrolle mitwirkt, bewegt sich die Herausbildung eines unionsautonomen Auslegungsmaßstabs auf einem weitgehend hohen Abstraktionsniveau. Größere Bedeutung für die Herausbildung unionsautonomer Maßstäbe im Bereich der Missbrauchskontrolle kommt dagegen dem RL-Anhang zu.[86]

12 Besonderes Gewicht legt der Gerichtshof schließlich auf die Frage der **prozessualen Durchsetzung** der Klauselkontrolle, zu der mittlerweile eine umfangreiche und äußerst differenzierte Judikatur vorliegt. Energisch betont und verteidigt der EuGH hier die uneingeschränkte Prüfungspflicht der nationalen Gerichte darauf hin, ob eine entscheidungserhebliche AGB-Klausel im Einzelfall „missbräuchlich" im Sinne der Klausel-RL ist. Der Verbraucherschutz gehöre zu den unverzichtbaren Bausteinen der Gemeinschaftsaufgaben (und damit auch der nationalen Rechtsordnungen), so dass jede die richterliche Prüfungskompetenz einschränkende (Verfahrens-)Regel unwirksam sei.[87] Deshalb bestehe eine richterliche Prüfungs- und gegebenenfalls Verwerfungspflicht **von Amts wegen,** ohne Rücksicht auf vorherige Rüge oder gesonderte Anfechtung durch den Verbraucher.[88] Nur ausdrücklicher Widerspruch des Verbrauchers gegen eine Klauselkontrolle mache diese entbehrlich – was aber einen entsprechenden ausdrücklichen Hinweis des Gerichts auf die mögliche Unwirksamkeit voraussetze; rügelose Einlassung zur Sache genüge insoweit nicht.[89] Konsequenterweise muss die Wirksamkeit von AGB auch im Rahmen von Mahnverfahren geprüft werden, selbst wenn das nationale Recht hier eine Prüfung der Begründetheit des Anspruchs nicht vorsieht.[90] Auch können **Schiedsklauseln** die Prüfungskompetenz der staatlichen Gerichte nicht einschränken, selbst wenn nach den staatlichen Regelungen über das Schiedsverfahren die Unwirksamkeit der Schiedsklausel nur im und zu Beginn des

---

[84] EuGH 20.9.2017 – C-186/16 juris Rn 34 („Rômâneascâ"). Ebenso bereits EuGH 26.2. 2015 – C-143/13 juris Rn 50 („Matei"); NJW 2014, 2335 Rn 37 f („Káslerné Rábai").
[85] S hierzu die Nw unten Fn 78. Krit gegenüber einer autonomen Auslegung des Art 3 Abs 1 Klausel-RL daher STOFFELS, AGB-Recht (3. Aufl 2015) Rn 476.
[86] EuGH NJW 2013, 2579 Rn 55 („Jahani"). Hierzu STEMPEL ZEuP 2017, 102, 109, 111.

[87] EuGH NJW 2007, 135 („Mostaza Claro") Rn 35, 37.
[88] EuGH NJW 2000, 2571 („Océano Grupo") Rn 22; NJW 2003, 275 Rn 34 („Cofidis"); 2007, 135 Rn 29 („Mostaza Claro"); 2009, 2367 Rn 32 („Pannon"); bestätigt in EuGH NJW 2013, 987 Rn 36 („Banif Plus Bank").
[89] EuGH NJW 2009, 2367 Rn 32, 35 („Pannon").
[90] EuGH NJW 2012, 2257 Rn 43, 52 ff („Banco Espanol").

E. Allgemeine Geschäftsbedingungen

Schiedsverfahrens geltend gemacht werden kann. Diese Einschränkung der gerichtlichen Schutzfunktion zugunsten von Verbrauchern akzeptiert der EuGH nicht: Auch der Verbraucher, der im Schiedsverfahren die Unwirksamkeit der Schiedsklausel nicht gerügt hat, kann später vor staatlichen Gerichten die Unwirksamkeit der Schiedsklausel (und damit auch des ergangenen Schiedsspruchs) geltend machen.[91] Das gilt jedoch dann nicht mehr, wenn der Kunde sich gar nicht auf das Schiedsverfahren eingelassen hat. Allerdings muss das staatliche Gericht selbst dann die Unwirksamkeit der Schiedsklausel noch im Rahmen der Vollstreckbarkeitserklärung prüfen, wenn ihm das nationale Recht in internen Fällen dazu auch nur die Möglichkeit einräumt.[92]

Im Bereich des Rechtsfolgenregimes hält der EuGH eine **geltungserhaltende Reduktion**[93] unwirksamer Klauseln für unvereinbar mit Art 6 Abs 1 Klausel-RL. Das nationale Gericht ist daher nicht befugt, den Inhalt missbräuchlicher Klauseln abzuändern, da sonst der mit der Nichtanwendung dieser Klauseln verbundene Abschreckungseffekt gegenüber dem Unternehmer beseitigt würde.[94] Allerdings sind rechtsgrundlos geleistete Beträge vollumfänglich zu restituieren, um den Abschreckungseffekt und damit auch die Effektivität der Richtlinie zu gewährleisten.[95] Inwieweit die jüngste Rechtsprechung des BGH zur ergänzenden Vertragsauslegung im Bereich der Inhaltskontrolle von Preisanpassungsklauseln[96] und hier insbesondere die von ihm entwickelte Dreijahreslösung[97] vor dem Hintergrund der Judikatur des EuGH Bestand haben kann, ist fraglich und wäre im Rahmen einer Vorlage an den Gerichtshof zu klären.[98]

b) Ausnahmen und Modifikationen des AGB-Rechts
aa) Bereichsausnahmen

Von der AGB-Kontrolle sind generell ausgenommen Rechtsgeschäfte auf dem Gebiet des Familien- und Erbrechts (§ 310 Abs 4 S 1 BGB): Im Erbrecht sind Verträge ohnehin selten, AGB werden in beiden Gebieten kaum eingesetzt, und überdies passen die am Schuldrecht orientierten Regelungen des AGB-Rechts nicht. Ausgenommen ist auch das Gesellschaftsrecht (§ 310 Abs 4 S 1 BGB), weil die Klauselverbote eher auf Austausch- denn auf Kooperationsverhältnisse zugeschnitten sind.[99] Soweit sich auf den ausgenommenen Gebieten im Einzelfall doch einmal ein AGB-typisches Schutzbedürfnis ergeben sollte, kann die Lücke mit einer auf § 242 BGB gestützten Kontrolle geschlossen werden, wie sie der BGH vor Erlass des AGBG praktiziert hatte. Generell ausgenommen von der AGB-Kontrolle sind schließlich Bereiche, in denen der Kundenschutz schon gesetzlich geregelt ist, wie bei Normalkunden bei Fernwärmeverträgen durch die AVBFernwärmeVO.[100]

---

[91] EuGH NJW 2007, 135 Rn 30 ff („Mostaza Claro"). Zum heftigen Streit über diese EuGH-Rechtsprechung siehe – jeweils mwNw – COESTER-WALTJEN, in: FS Siehr (2010) 595 ff; HILBIG SchiedsVZ 2010, 74 ff.
[92] EuGH SchiedsVZ 2010, 110 Rn 47, 53, 54 („Asturcom"). Zu Schiedsklauseln HAU, in: WOLF/LINDACHER/PFEIFFER, Klauseln Rn 51 ff.
[93] Hierzu näher unten Rn 74.
[94] EuGH EuZW 2017, 148 Rn 60 („Naranjo" – große Kammer); BB 2015, 257 Rn 31 („Unicaja Banco").
[95] EuGH EuZW 2017, 148 Rn 62 f („Naranjo" – große Kammer).
[96] BGH NJW 2017, 320 Rn 19 ff, 22 ff; NJW 2013, 991 Rn 24 ff, 30 ff; EnWZ 2013, 225 Rn 22 ff, 28 ff; NJW 2012, 1865 Rn 23 f.
[97] BGH NJW 2017, 320 Rn 19 ff, 22 ff („Dreijahreslösung").
[98] Hierzu sowie zur Vorlagepflicht des BGH eingehend unten Rn 74 sowie insb Fn 352.
[99] BT-Drucks 7/3919, 14. Zur Abgrenzung im Einzelnen s STAUDINGER/SCHLOSSER (2013) § 310 Rn 73 ff; STOFFELS, AGB-Recht (3. Aufl 2015) Rn 158 ff.
[100] Dazu iE BGH NJW 2011, 2501 Rn 25 ff.

bb) Bereichsmodifikationen im Arbeitsrecht

14 Die frühere Bereichsausnahme auch für das Arbeitsrecht ist im Rahmen des SchModG durch eine teilweise Einbeziehung – bei gleichzeitiger Modifikation – ersetzt worden (§ 310 Abs 4 BGB). Arbeitsrechtliche *Kollektivverträge* bleiben demnach weiterhin kontrollfrei (§ 310 Abs 4 S 1 BGB): Hier herrschen in aller Regel paritätische Machtverhältnisse, außerdem gelten sie für die Arbeitnehmer nicht kraft Vereinbarung, sondern normativ. *Individualarbeitsverträge* sind hingegen grundsätzlich der AGB-Kontrolle unterworfen (§ 310 Abs 4 S 2 BGB), diese verdrängt fortan die richterrechtlich entwickelte, spezifisch „arbeitsrechtliche Inhaltskontrolle" auf der Grundlage von §§ 138, 242 oder 315 BGB.[101]

15 Allerdings gelten einige Einschränkungen: (1) Eine Einbeziehungskontrolle gemäß § 305 Abs 2, 3 BGB[102] findet nicht statt (§ 310 Abs 4 S 2 HS 2 BGB). (2) Nicht alle besonderen Klauselverbote (§§ 308, 309 BGB) passen thematisch für das Arbeitsrecht, einige nur teilweise.[103] (3) Soweit individualrechtlich auf einschlägige Kollektivverträge, insbesondere Tarifverträge Bezug genommen wird, werden diese damit nicht mittelbar nun doch der Inhaltskontrolle unterworfen: Sie bleiben wie Rechtsnormen, auf die deklaratorisch verwiesen wird, kontrollfrei (§§ 310 Abs 4 S 3 mit 307 Abs 3 S 1 BGB).[104] (4) Schließlich steht die AGB-Kontrolle von Arbeitsverträgen unter dem generellen Vorbehalt, dass „die im Arbeitsrecht geltenden Besonderheiten" eine vom allgemeinen Zivilrecht abweichende Klauselbeurteilung gebieten.[105]

16 Seitdem anerkannt ist, dass im deutschen Recht Arbeitnehmer als solche gleichzeitig auch „Verbraucher" iSv § 13 BGB sind, hat die AGB-Kontrolle schließlich nicht nur die arbeitsrechtlichen Besonderheiten, sondern auch die Sonderregeln für Verbraucherverträge in § 312 Abs 3 BGB zu beachten (unten Rn 19).

17 Der Vorbehalt der „arbeitsrechtlichen Besonderheiten" in § 310 Abs 4 S 2 ist von den Arbeitsgerichten nicht, wie zunächst befürchtet, zur Flucht aus dem bislang vom BGH

---

[101] Zu den früheren Ansätzen des BAG im Einzelnen vgl FASTRICH, Richterliche Inhaltskontrolle im Privatrecht (1992) 159 ff, 166 ff; PREIS, Grundfragen der Vertragsgestaltung im Arbeitsrecht (1993) 151 ff; KONZEN, in: FS Hadding (2004) 145, 149 ff. Zur AGB-Kontrolle durch das BAG vgl die kritischen Würdigungen bei COESTER, in: FS Löwisch (2007) 57 ff; LÖWISCH, in: FS Canaris I (2007) 1403 ff; grundlegende aktuelle Würdigung bei FUCHS/BIEDER in: ULMER/BRANDNER/HENSEN Anh. § 310 Rn 1 ff; STÖHR ZfA 2013, 213; STOFFELS ZfA 2009, 862 ff; ders, in: WOLF/LINDACHER/PFEIFFER § 310 „ArbR" Rn 79 ff.
[102] Dazu Rn 27.
[103] Keine Anwendung finden daher § 308 Nr 3, 8 BGB. Für § 309 Nr 1, 6, 8b, 9, 11 BGB wird im Arbeitsrecht kaum Raum bleiben. Zur Unanwendbarkeit von § 309 Nr 6 BGB auf arbeitsvertragliche Vertragsstrafeabreden s NZA 2016, 945 Rn 11. Vgl auch BAG NZA 2004, 727 Rn 20 ff.
[104] Die bloß faktische Anlehnung an einen TV (BAG NJW 2007, 2279) genügt für die Kontrollfreiheit allerdings ebenso wenig wie die Bezugnahme auf einen branchenfremden TV oder einzelne tarifvertragliche Regelungen (BAG NZA-RR 2009, 593 Rn 29). Zur stets möglichen Transparenzkontrolle gemäß § 307 Abs 3 S 2 BGB vgl unten Rn 66 sowie STAUDINGER/COESTER (2013) § 307 Rn 309; einschränkend allerdings BAG NZA 2007, 1049, 1051. Betriebsvereinbarungen unterliegen entgegen der älteren Rechtsprechung nicht mehr einer allgemeinen Billigkeitskontrolle, sondern lediglich einer Rechtskontrolle, insbes gem § 75 BetrVG, s BAG NZA 2006, 563 Rn 26; ErfK/PREIS § 310 Rn 9. Eingehend hierzu PREIS/ULBER RdA 2013, 211 ff.
[105] Umfassende Darstellung der einzelnen arbeitsvertraglichen Klauseln bei Erfurter Kommentar/PREIS (17. Aufl 2017) § 310 Rn 51 ff.

geprägten AGB-Recht missbraucht worden;[106] vielmehr hat sich das BAG mit einer Flut von arbeitsrechtlichen AGB-Entscheidungen als gleichrangiger Mitgestalter des AGB-Rechts neben dem BGH etabliert.[107]

cc) Personenbezogene Modifikationen
(1) Unternehmer und juristische Personen des öffentlichen Rechts
Stehen auf der Kundenseite Unternehmer (Begriff: § 14 BGB) oder juristische Personen oder Sondervermögen des öffentlichen Rechts, so liegt zwar keine strukturelle Machtungleichheit vor, es bleibt aber die situationsspezifische Unterlegenheit dessen, der mit AGB konfrontiert wird. Das Gesetz schließt die AGB-Kontrolle deshalb nicht völlig aus, reduziert sie aber merklich (§ 310 Abs 1 BGB). Nicht anwendbar sind die strengen Einbeziehungsvoraussetzungen des § 305 Abs 2, 3 BGB sowie die besonderen Klauselverbote der §§ 308, 309 BGB, wohl aber bleibt die Inhaltskontrolle anhand der Generalklausel des § 307 BGB. Dabei können durchaus Wertungen der §§ 308, 309 BGB berücksichtigt werden (§ 310 Abs 1 S 2 HS 1 BGB) – ein Verstoß gegen diese Vorschriften *indiziert* nach Auffassung des BGH sogar die Unangemessenheit gem § 307 BGB auch im unternehmerischen Geschäftsverkehr.[108] Abweichungen können im Hinblick auf die im Handelsverkehr geltenden Gewohnheiten und Gebräuche gerechtfertigt sein (§ 310 Abs 1 S 2 HS 2 BGB), müssen aber als Ausnahme gerechtfertigt werden.[109] Angesichts der zu Recht strengen Klauselkontrolle des BGH auch im Unternehmensverkehr wird derzeit über eine generelle Lockerung der Rechtskontrolle in diesem Bereich debattiert, wenngleich die Debatte mittlerweile deutlich an Schärfe verloren hat.[110] Vermehrt wird daher für eine Lösung auf der Grundlage des geltenden Rechts plädiert und Korrekturbedarf eher in der stärkeren Berücksichtigung der Besonderheiten des unternehmerischen Geschäftsverkehrs durch die Rechtsprechung gesehen.[111] Angesichts der erheblichen verfassungsrechtlichen und dogmatischen Konsequenzen ist eine Absenkung des Schutzniveaus der Inhaltskontrolle auch im Rechtsverkehr zwischen Unternehmern nicht angezeigt.[112] Ob hierfür überhaupt ein über Sonderfälle hinausgehendes praktisches Bedürfnis besteht, ist fraglich. Den Besonderheiten des b2b-Verkehrs kann im Rahmen der – bereits jetzt durchaus differenzierten – Anwendung des § 310 Abs 1 S 2 HS 2 BGB durch die Rechtsprechung Rechnung getragen werden.[113]

18

(2) Verbraucher
Das AGBG verstand sich ursprünglich nicht als verbraucherspezifisches Schutzgesetz; die Klausel-RL (oben Rn 7, 10) zwang den deutschen Gesetzgeber jedoch zur Aufnahme einiger Sonderregelungen für den Vertrag zwischen Unternehmer und Verbraucher (§ 310 Abs 3 BGB; zum Verbraucherbegriff § 13 BGB). Als „Verbraucher" in diesem Sinne gilt nach inzwischen gefestigter Rechtsprechung auch der Arbeitneh-

19

---

[106] Stoffels ZfA 2009, 862, 864 f.
[107] Zur wechselseitigen Befruchtung einerseits BAG NZA 2004, 727, 734; andererseits BGH NJW 2010, 57, 57 ff.
[108] Krit insoweit Schmidt NJW 2011, 3329 ff; Leuschner JZ 2010, 875 ff.
[109] BGH NJW 2007, 3775 (zum völligen Haftungsausschluss). Die Bedeutung der unterschiedlichen Wortwahl bei Besonderheiten des Handelsverkehrs (§ 310 Abs 1 S 2 HS 2 BGB) und des Arbeitsrechts (§ 310 Abs 4 S 2 HS 1 BGB) ist umstritten, vgl Coester Jura 2005, 251, 256 mwNw.
[110] Vgl hierzu eingehend unten Rn 25b-d mwNw.
[111] Kaeding BB 2016, 450, 455; Maier-Reimer/Niemeyer NJW 2015, 1713, 1713 ff.
[112] Näher hierzu unten Rn 25c und 25d mwNw.
[113] Näher hierzu unten Rn 25e mwNw.

mer bei Abschluss des Arbeitsvertrages (vgl oben Rn 14, 16).[114] Mit Ausweitungen des AGB-Begriffs wird die Reichweite der gerichtlichen Kontrolle ausgedehnt (§ 310 Abs 3 Nr 1, 2 BGB; dazu Rn 26) und die konkrete Vertragsabschlusssituation in die Bewertung der Klausel miteinbezogen (§ 310 Abs 3 Nr 2 BGB).[115] Nur als Sonderkunden bei Energieversorgungsverträgen werden Verbraucher den Unternehmern im Wesentlichen gleichgestellt (§ 310 Abs 2 BGB).

Über diese materiellrechtlichen Sonderregelungen hinaus wird der Verbraucherschutz auch verfahrensrechtlich durch Zulassung der Verbandsklage (unten Rn 20) gefördert sowie internationalprivatrechtlich verstärkt durchgesetzt (Art 6 Abs 2 Rom I-VO; Art 46b EGBGB).[116]

c) Verfahrensrecht

20 Über die Wirksamkeit von AGB-Klauseln kann von den Gerichten inzident im Rahmen von Rechtsstreitigkeiten entschieden werden, die Verwender und Kunde gegeneinander führen **(Individualprozess)**. Die Rechtskraft des Urteils in diesem Verfahren beschränkt sich auf die Prozessparteien; in späteren Verfahren mit anderen Parteien muss dieselbe Klausel erneut beurteilt werden. Um eine effektivere Bekämpfung unangemessener Klauseln im Rechtsverkehr zu ermöglichen, hat der Gesetzgeber daneben die **Verbandsklage** zugelassen (§ 1 UKlaG).[117] Sie ist gegen den Verwender oder Empfehler von AGB gerichtet und kann von „qualifizierten Einrichtungen", das heißt insbesondere von Verbraucherschutzverbänden oder Wettbewerbsverbänden, erhoben werden (Einzelheiten in §§ 3, 4 UKlaG). In der Praxis geht der Klageerhebung regelmäßig eine mit einem Angebot zum Abschluss eines Unterlassungsvertrages verbundene *Abmahnung* durch den Verband voraus.[118] Gegenstand der Klage ist ein Anspruch des Verbandes auf Unterlassung des Gebrauchs unwirksamer Klauseln (bei Empfehlern: auf Widerruf der Empfehlung). Zentrale Grundlage der Klauselprüfung sind dabei die §§ 307–309 BGB; es genügt aber auch eine Unwirksamkeit aufgrund anderer Vorschriften, etwa §§ 134, 138 BGB.[119] Im Verbandsverfahren wird die beanstandete Klausel abstrakt, ohne Ansehung eines konkreten Anwendungsfalles geprüft;[120] hierbei wird die kundenfeindlichste Auslegungsmöglichkeit zugrunde gelegt (unten Rn 39). Das stattgebende Urteil äußert Rechtskraft zugunsten *aller* Vertragspartner des Verwenders, dh diese können sich in späteren Prozessen auf die festgestellte Unwirksamkeit der Klausel berufen (§ 11 UKlaG).[121] Um die Breitenwirkung des Urteils zu fördern, kann dem klagenden Verband gestattet werden, die Urteilsformel (auf Kosten des Beklagten) zu veröffentlichen (§ 7 UKlaG). Im Übrigen wird

---

[114] BAG NZA 2006, 423; 2005, 1111; BVerfG NZA 2007, 85.
[115] Zur Bedeutung dieser Regelung näher STAUDINGER/SCHLOSSER (2013) § 310 Rn 69 ff; STOFFELS, AGB-Recht (3. Aufl 2015) Rn 363; s unten Rn 38.
[116] Vormals Art 29, 29a EGBGB. Zu Art 46b EGBGB s Kommentierung bei PALANDT/THORN; s auch unten Rn 77.
[117] Vgl auch Art 7 II, III EG-RL 23/13/EWG sowie die UKla-RL 98/27/EG, ABl EG Nr L 166, 10; STOFFELS, AGB-Recht (3. Aufl 2015) Rn 1213 ff. Zu den erweiterten Möglichkeiten der 2016 eingeführten „Datenschutzverbandsklage" HALFMEIER NJW 2016, 1126 ff.
[118] Einzelheiten, auch zur Kostentragungspflicht, bei STAUDINGER/SCHLOSSER § 1 UKlaG Rn 37 ff; STOFFELS, AGB-Recht (3. Aufl 2015) Rn 1262 ff. Missbräuche soll der 2016 neu eingefügte § 2b UKlaG verhindern. Zur Möglichkeit der kostenfreien „Vor-Abmahnung" durch schriftlichen Hinweis BT-Drucks 18/6916, 8.
[119] STAUDINGER/SCHLOSSER § 1 UKlaG Rn 18; STAUDINGER/COESTER (2013) § 307 Rn 232.
[120] BGH NJW 1999, 2279, 2282.
[121] Näher STAUDINGER/SCHLOSSER (2013) § 11 UKlaG Rn 4.

dem Beklagten schon vom Gericht geboten, die künftige Verwendung (bzw Empfehlung) der Klausel zu unterlassen (Einzelheiten § 9 UKlaG; Erzwingung gemäß § 890 ZPO).

Das Wirken der Verbände ist differenziert zu bewerten. Im unternehmerischen Geschäftsverkehr hat die Verbandsklage mangels einer nennenswerten Zahl an Verbandsprozessen bislang keine größere Breitenwirkung entfalten können.[122] Deutlich besser, wenngleich nicht ohne Defizite, stellt sich die Situation im Verbraucherbereich dar. Hier konnte aufgrund einer hohen Anzahl an Verbandsklagen durchaus eine gewisse Breitenwirkung erzielt werden.[123] Sicherlich hat die Verbandsklage hier wesentlich dazu beigetragen, den Gebrauch unangemessener Klauseln im Rechtsverkehr zurückzudrängen. Allerdings beschränken sich die Verbandsaktivitäten im Wesentlichen auf einzelne Verbände, die mit ihren Klagen darüber hinaus auch nur einen Teil der missbräuchlichen Klauseln erfassen.[124] Das größte Hindernis für eine effektive Ausschöpfung des bislang nur zu einem Bruchteil genutzten Potenzials des Instruments der Verbandsklage bildet die unzureichende finanzielle Ausstattung der Verbraucherverbände.[125] Hier bedarf es dringend der Nachbesserung, um eine ausreichende Finanzierung zu gewährleisten. Wenig stimmig erscheint schließlich die Entscheidung des Gesetzgebers, für die neu eröffnete Inhaltskontrolle von *Arbeitsverträgen* (oben Rn 14) die Verbandsklage (zum Beispiel durch Gewerkschaften) auszuschließen (§ 15 UKlaG).[126]

II. Materielles AGB-Recht

1. Gegenstand der Kontrolle: AGB-Begriff

Der Begriff von (kontrollbedürftigen) AGB wird in § 305 Abs 1 BGB in Abgrenzung zum Gegenpol, dem ausgehandelten Individualvertrag, festgelegt. Wesentliche Elemente des AGB-Begriffs sind demnach (1) die Vorformulierung von Vertragsbedingungen (2) für eine Vielzahl von Verträgen und (3) das „Stellen" dieser Bedingungen bei Abschluss des konkreten Vertrags (im Gegensatz zum „Aushandeln" beim Individualvertrag). Bezugspunkt dieser Begriffsprüfung ist nicht notwendig ein Vertrag in seiner Gesamtheit (zum Beispiel Formularvertrag), es genügt, wenn eine einzelne, in einen Individualvertrag eingebettete Klausel die Voraussetzungen des § 305 Abs 1 S 1, 2 BGB erfüllt.[127]

Die Art der **Vorformulierung** ist gleichgültig (separates Klauselwerk, Formularvertrag), nicht einmal stoffliche Fixierung (Schriftlichkeit) oder eigenhändige Gestaltung werden heute gefordert.[128] Entscheidend ist allein, dass die Vertragsbedingung zeitlich vor

---

[122] Pfeiffer NJW 2017, 913, 916; Stoffels, AGB-Recht (3. Aufl 2015) Rn 1222; Ulmer/Habersack, in: Ulmer/Brandner/Hensen Einl BGB Rn 82.
[123] Stoffels, AGB-Recht (3. Aufl 2015) Rn 1222; Ulmer/Habersack, in: Ulmer/Brandner/Hensen Einl BGB Rn 84.
[124] Ulmer/Habersack, in: Ulmer/Brandner/Hensen Einl BGB Rn 84.
[125] Ebenso Stoffels, AGB-Recht (3. Aufl 2015) Rn 1223.
[126] Rechtfertigend BT-Drucks 14/7052, 189; Stoffels, AGB-Recht (3. Aufl 2015) Rn 1217.
[127] BGH NJW 1999, 2600 f (Vertragsstrafe).
[128] BGH NJW 1988, 410; 2001, 2635, 2636 (sogar stillschweigende, allen Verträgen immanente Abrede); 2002, 2388, 2389 (regelmäßige Übernahme aus dem Gedächtnis); Staudinger/Schlosser (2013) § 305 Rn 22; Staudinger/Coester (2013) § 307 Rn 188.

dem Vertragsabschluss fertig formuliert vorliegt, um in zukünftige Verträge einbezogen zu werden.[129] Vor dem sich hieraus ergebenden Vorteil der vorausschauenden Interessenwahrung des Verwenders soll der Kunde geschützt werden. Für die Annahme der Vorformulierung ist es daher ausreichend, wenn die Vertragsbedingung elektronisch[130] (Internet, Datenbank, sonstige Datenträger) oder im Kopf des Verwenders oder seiner Abschlussgehilfen[131] (Anwalt, Notar, Angestellte) gespeichert ist. Auch die Verwendung von Textbausteinen und Musterbedingungen, die von beliebigen Dritten entworfen und einem größeren Interessentenkreis zur Verfügung gestellt werden (zB durch Vertragsmuster im Internet, Formularbücher, elektronische Datenbanken), lässt das Merkmal der Vorformulierung nicht entfallen.[132] Der Text muss auch nicht wortidentisch sein. Die Verwendung eines aus unterschiedlichen Textbausteinen zusammengesetzten Textes genügt, soweit im Wesentlichen inhaltliche Gleichartigkeit gegeben ist.[133]

Dies zeigt, dass der rechtspolitische Schwerpunkt des AGB-Begriffs nicht hier, sondern beim einseitigen „Stellen" der Bedingung liegt. Auch das Element der **Vertragsbedingung** wird weit ausgelegt, es umfasst auch die vorvertragliche Phase und einseitige Erklärungen des Kunden.[134]

24 Hinsichtlich der „**Vielzahl von Verträgen**" (mindestens drei[135]) muss nur eine entsprechende *Absicht* des Verwenders zum Zeitpunkt des Vertragsschlusses vorliegen. Bestand sie, sind schon bei der ersten Verwendung „AGB" gegeben.[136] Die Absicht mehrfacher Verwendung gegenüber demselben Vertragspartner genügt.[137] Dass die Vertragsbedingungen in einer „unbestimmten" Vielzahl von Verträgen Verwendung finden sollen, ist nicht erforderlich.[138] Wie das Merkmal der Vorformulierung knüpft die Mehrfachverwendungsabsicht an den mit einer besonders sorgfältigen und vorausschauenden Interessenwahrung verbundenen Vorteil auf Verwenderseite an. Daher ist es bei Bestehen der Absicht mehrfacher Verwendung der Vertragsbedingungen unerheblich, ob diese auch tatsächlich in mehrere Verträge einbezogen worden sind.[139] Umgekehrt wird bei lediglich objektiver Mehrfachverwendung eine entsprechende Absicht vermutet.[140] Das Gleiche gilt bei weitgehend allgemein und abstrakt gehalte-

---

[129] STOFFELS, AGB-Recht (3. Aufl 2015) Rn 119; MünchKomm/BASEDOW § 305 Rn 13. Ungenau daher BGH NJW 1998, 2600, 2600, der die Kriterien der Vorformulierung und der Mehrfachverwendungsabsicht miteinander vermengt.
[130] Ebenso STOFFELS, AGB-Recht (3. Aufl 2015) Rn 119; MünchKomm/BASEDOW § 305 Rn 13.
[131] BGH NJW-RR 2014, 1133, 1134; NJW 1999, 2180, 2181.
[132] BGH NJW 1999, 418, 419 (Formularbuch); STOFFELS, AGB-Recht (3. Aufl 2015) Rn 121.
[133] OLG Düsseldorf NZG 1998, 353, 353 („massenhafte Verwendung eines inhaltlich gleichbleibenden Regelungsmodells").
[134] BGH NJW 2011, 139 Rn 11 ff; STAUDINGER/ SCHLOSSER (2013) § 305 Rn 8; einseitige Erklärungen des Verwenders sind hingegen grundsätzlich frei möglich, solange sie nicht auch das Schutzinteresse des Kunden berühren, BGH NJW 1999, 1633, 1635; 1999, 2279, 2283 (in beiden Fällen Empfangsvollmacht); BGH NJW 2007, 2914 Rn 14 (Eigentumsvorbehalt).
[135] St Rspr vgl BGH 2004, 1454 Rn 18; NJW 1998, 2286 Rn 19.
[136] Zum umgekehrten Fall BGH NJW 1997, 135. Vgl BGH ZIP 2004, 315, 316 (Kundenverschiedenheit nicht erforderlich).
[137] BGH NJW 2004, 1454 Rn 18.
[138] BGH NJW 2002, 2470 Rn 26; STAUDINGER/ SCHLOSSER (2013) § 305 Rn 20; STOFFELS, AGB-Recht (3. Aufl 2015) Rn 128.
[139] Ebenso STOFFELS, AGB-Recht (3. Aufl 2015) Rn 127.
[140] BGH NJW 1997, 135 Rn 8; MünchKomm/ BASEDOW § 305 Rn 18; STOFFELS, AGB-Recht (3. Aufl 2015) Rn 127.

E. Allgemeine Geschäftsbedingungen

nen Vertragsbedingungen. Hier kann sich aus Inhalt und Gestaltung der Klauseln ein widerlegbarer Anschein der Mehrfachverwendungsabsicht ergeben.[141]

Übernimmt eine Partei Vertragsbedingungen, die von Dritten für die mehrfache Verwendung vorformuliert worden sind (zB aus dem Internet, Formularbüchern, elektronischen Datenbanken), so liegt das Vielzahl-Kriterium selbst dann vor, wenn die Partei selbst die Klauseln nur in einem Einzelfall verwenden will.[142] Hiervon ist insbesondere auch dann auszugehen, wenn ein Anwalt von ihm selbst entworfene und zur mehrfachen Verwendung bestimmte Muster-Vertragsbedingungen einem Vertragstext zugrunde legt, der bei einem bestimmten Mandanten nur im Einzelfall und erstmalig verwendet werden soll.[143]

Das „**Stellen**" ist dann zu bejahen, wenn eine Partei die vorformulierten Vertragsbedingungen in die Verhandlungen einbringt und ihre Einbeziehung zum Vertragsabschluss verlangt.[144] In der damit zum Ausdruck kommenden Einseitigkeit der Auferlegung liegt nach der Auffassung des Gesetzgebers „der innere Grund und Ansatzpunkt für die rechtliche Sonderbehandlung von AGB gegenüber Individualabreden"[145]. Auf das Bestehen eines Ungleichgewichts zwischen den Parteien hinsichtlich der vertraglichen Durchsetzungsmacht kommt es dabei nicht an.[146] Das Merkmal des Stellens von AGB beantwortet die Frage, wem die vorformulierten Vertragsbedingungen als Ausdruck einseitiger Inanspruchnahme von Vertragsgestaltungsmacht zuzurechnen sind und dient damit zugleich auch der Bestimmung der Person des Verwenders.[147]

25

Werden dem Kunden in einem Formular mehrere Wahlmöglichkeiten zur Verfügung gestellt (zB Länge der Vertragslaufzeit, Selbstbehalt bei Versicherungen), so begründet dies noch keine autonome Gestaltungsfreiheit. Das Gleiche gilt für die Möglichkeit individueller Ausfüllung unselbständiger Vertragsergänzungen[148] oder die Aufforderung zu Änderungen oder Streichungen[149]. An einem einseitigen „Stellen" fehlt es erst dann, wenn sich die Einbeziehung der Vertragsbedingungen als Ergebnis einer freien Entscheidung desjenigen darstellt, der mit dem Verwendungsvorschlag konfrontiert wird. Hiervon ist insbesondere dann auszugehen, wenn diese Vertragspartei Gelegenheit erhält, alternativ eigene Textvorschläge mit der effektiven Möglichkeit ihrer Durchsetzung in die Verhandlungen einzubringen.[150]

Die Bedingungen müssen schließlich von einer Vertragspartei gestellt werden. Werden vorformulierte Klauseln von einem neutralen Dritten – etwa einem Notar, der in keiner besonderen Geschäftsbeziehung zum Verwender steht – in die Vertragsverhandlungen eingebracht, so scheidet ein Stellen von AGB seitens der Parteien grund-

---

[141] St Rspr BGH NJW 2017, 265 Rn 30; NJW 2004, 502 Rn 24 f.
[142] BGH NJW-RR 2017, 137 Rn 11; NJW 2010, 1131 Rn 10; Stoffels, AGB-Recht (3. Aufl 2015) Rn 127.
[143] Zu Anwalts-AGB als „Verwendungsfalle" vWestphalen NJW 2017, 2237, 2237.
[144] BGH NJW 2016, 1230 Rn 24; NJW 2010, 1131 Rn 11.
[145] RegE zum AGBG, BT-Drucks 7/3919, 15. Vgl hierzu BGH NJW 2010, 1131 Rn 12.
[146] BGH NJW 2010, 1131 Rn 12.
[147] BGH NJW 2010, 1131 Rn 10 f.
[148] BGH NJW 2010, 3431 Rn 15, 16 (maschinenschriftliche Einsetzung im Formularvertrag).
[149] BGH NJW 2016, 1230 Rn 30; NJW 1987, 2011 Rn 10.
[150] BGH NJW 2016, 1230 Rn 25; NJW 2010, 1131 Rn 18.

sätzlich aus.[151] Etwas anderes gilt nur dann, wenn sich eine der Parteien die Einbeziehung der Klauseln zurechnen lassen muss, etwa weil sie die Vertragsbedingungen dem Dritten benannt[152], zur Verfügung gestellt[153] oder diesen mit der Vorformulierung beauftragt hat[154]. Werden die vorformulierten Vertragsbedingungen einvernehmlich vereinbart oder verlangen beide Vertragsparteien unabhängig voneinander die Einbeziehung branchenüblicher, ausgewogener Klauseln (zB VOB), scheidet ein Stellen iSv § 305 Abs 1 S 1 BGB mangels einseitiger Inanspruchnahme der Vertragsgestaltungsfreiheit aus.[155] In diesem Fall ist keine der Parteien Verwender isd § 305 Abs 1 S 1 BGB.[156]

25a Nach § 305 Abs 1 S 3 BGB liegen keine AGB vor, soweit die vorformulierten Vertragsbedingungen im Einzelnen „**ausgehandelt**" sind. Dieses Merkmal, dem nicht nur lediglich klarstellende, sondern auch die Legaldefinition des § 305 Abs 1 S 3 BGB beschränkende Bedeutung zukommt,[157] dient der weiteren Abgrenzung des Anwendungsbereiches des AGB-Rechts gegenüber Individualvereinbarungen und enthält darüber hinaus eine Beweislastregelung. „Aushandeln" erfordert nach der Rechtsprechung des BGH mehr als bloßes Verhandeln.[158] Die Rechtsprechung legt an das Vorliegen eines Aushandelns zu Recht einen strengen Maßstab an. Der Verwender muss den in seinen AGB enthaltenen gesetzesfremden Kerngehalt – den wesentlichen Inhalt der die gesetzliche Regelung ändernden oder ergänzenden Bestimmungen – **ernsthaft zur Disposition stellen** und dem Verhandlungspartner Gestaltungsfreiheit zur Wahrung eigener Interessen einräumen.[159] Hierzu muss die andere Partei die effektive Möglichkeit erhalten, die rechtliche Ausgestaltung der Vertragsbedingungen zu beeinflussen. Eine solche effektive Gestaltungsfreiheit auf Seiten des Kunden setzt voraus, dass sich der Verwender deutlich und ernsthaft zur gewünschten Änderung einzelner Klauseln bereit erklärt. Eine lediglich allgemein geäußerte Bereitschaft des Verwenders, belastende Klauseln auf Anforderung des Kunden abzuändern[160] oder die Erklärung, dass er dem Kunden die Unterzeichnung entsprechender Vertragsbedingungen „freistelle"[161], genügt hierfür nicht. Darüber hinaus genügt es für die Annahme eines „Aushandelns" nicht, dass die nachteilige Wirkung einer Vertragsbestimmung im Zuge von Verhandlungen zwar abgeschwächt, der gesetzesfremde Kerngehalt der Klausel vom Verwender jedoch nicht ernsthaft zur Disposition gestellt wird, sondern in seiner abgeänderten Form erhalten bleibt.[162]

---

[151] BGH NJW 2017, 1540 Rn 11; NJW-RR 2013, 1028 Rn 17.
[152] BGH NJW 1990, 576 Rn 11.
[153] BGH NJW 1988, 558 Rn 17.
[154] BGH NJW 2017, 1540 Rn 11; NJW-RR 2013, 1028 Rn 17.
[155] BGH NJW 2010, 1131 Rn 21; Stoffels, AGB-Recht (3. Aufl 2015) Rn 144.
[156] Ebenso Ulmer/Habersack, in: Ulmer/Brandner/Hensen § 305 Rn 29. Hierzu BGH NJW 2010, 1131 Rn 21; aA Staudinger/Schlosser (2013) § 310 Rn 31 (beide Parteien sind Verwender).
[157] So die hM, vgl BGH NJW 1977, 624, 624 ff; Stoffels, AGB-Recht (3. Aufl 2015) Rn 147; Staudinger/Schlosser (2013) § 305 Rn 36; aA MünchKomm/Basedow § 305 Rn 34. Allerdings verbleibt für eine eigenständige Bedeutung der Regelung nur ein denkbar schmaler Anwendungsbereich.
[158] St Rspr vgl BGH BB 2017, 2066, 2066 f; NZM 2016, 408, 408; NJW 2014, 1725, 1727.
[159] St Rspr BGH BB 2017, 2066, 2066 f; NJW 2015, 3025, 3028.
[160] BGH BB 2017, 2066, 2066 f.
[161] BGH 22.7.2016 – V ZR 144/15 juris Rn 4; BGH NJW 2005, 2543, 2544.
[162] BGH NZM 2016, 408 Rn 26. Krit hierzu vWestphalen NJW 2017, 2237, 2238; vWestphalen NJW 2016, 2228, 2229; Meier-Reimer NJW 2017, 1, 4 f; Kappus NZM 2016, 408, 408.

E. Allgemeine Geschäftsbedingungen   25a

Das „Aushandeln" iSd § 305 Abs 1 S 3 BGB schlägt sich in der Regel in der **Änderung** des vorformulierten Textes nieder.[163] Allerdings kann nach bisheriger Rechtsprechung eine Individualvereinbarung ausnahmsweise auch dann vorliegen, wenn eine Vertragsbedingung zwar unverändert bleibt, der Kunde aber nach gründlicher Erörterung von ihrer Sachgerechtigkeit überzeugt wird und ihr zustimmt.[164] Dies setzt jedoch voraus, dass der Verwender die Regelung tatsächlich zur Disposition stellt, also zur Abänderung seiner Klauseln bereit war und dies dem Kunden auch bewusst gewesen ist.[165] Eine vorformulierte Vertragsbedingung kann auch dann ausgehandelt sein, wenn sie dem Kunden als eine von mehreren **Alternativen** angeboten wird, zwischen denen dieser die Wahl hat.[166] Allerdings ist hierfür erforderlich, dass er durch die Auswahlmöglichkeit den Gehalt der Regelung mitgestalten kann und die Wahlfreiheit nicht durch Einflussnahme des Verwenders, sei es durch die Gestaltung des Formulars, sei es in anderer Weise, überlagert wird.[167] Wird eine Vertragsbedingung nach Vertragsschluss geändert, so kann von einem „Aushandeln" iSd § 305 Abs 1 S 3 BGB nur dann ausgegangen werden, wenn die nachträgliche Änderung der Regelung in einer Weise erfolgt, die es rechtfertigt, diese wie eine von vornherein getroffene Individualvereinbarung zu behandeln.[168] Das ist jedenfalls dann nicht der Fall, wenn der Verwender dem Kunden nach Vertragsschluss keine Gestaltungsfreiheit eingeräumt, den gesetzesfremden Kerngehalt der Klausel nicht zur Disposition gestellt und die Änderung lediglich zu einer Abschwächung der nachteiligen Wirkungen der Klausel geführt hat.[169]

Für die Auslegung des Merkmals des „Aushandelns" ist das Bestehen eines intellektuellen oder wirtschaftlichen **Machtungleichgewichtes** zwischen den Parteien ebenso unbeachtlich[170] wie das Vorhandensein besonderer juristischer Kenntnisse[171] auf Seiten des Kunden. Denn weder juristischer Sachverstand noch die Tatsache, dass sich die Parteien jedenfalls formal auf „Augenhöhe" begegnen, lassen die situative Unterlegenheit des Kunden entfallen. Sie vermögen diesem auch nicht die erforderliche tatsächliche Vertragsgestaltungsfreiheit zu verschaffen, wenn sich der Verwender auf eine Abänderung seiner Klauseln nicht einlässt und diese in ihrem gesetzesfremden Kerngehalt nicht zur Disposition stellt. Ebenso unbeachtlich sind Erläuterungen der vorformulierten Klauseln[172], die formularmäßige Aufforderung zu Änderungen oder

---

[163] St Rspr BGH BB 2017, 2066, 2066; NJW 2015, 3025, 3026; NJW 2013, 856, 856.
[164] BGH NJW 2015, 3025, 3026; NJW 2013, 856, 856; NJW 2000, 1110, 1112.
[165] BGH 2013, 856, 856, 2000, 110 111 f. Ob diese von der Rechtsprechung lediglich qua *obiter dictum* eröffnete Möglichkeit in der Judikatur des BGH noch aufrechterhalten wird, ist mit Blick auf jüngste Entscheidungen – va BB 2017, 2066, 2066 f – indes fraglich. Ebenso vWESTPHALEN BB 2017, 2051, 2052.
[166] BGH NJW 2017, 2346, 2346 f; NJW 2008, 987, 989; NJW 2003, 1313, 1314.
[167] BGH NJW 2008, 987, 989.
[168] BGH NJW 2015, 1952, 1953; NJW 2013, 1431, 1432.
[169] BGH NJW 2013, 1431, 1432.
[170] BGH NJW 2010, 1131, 1131 f; NJW 2003, 1805, 1807; ULMER/HABERSACK, in: ULMER/BRANDNER/HENSEN § 305 Rn 52 mwNw; aA PALANDT/GRÜNEBERG § 305 Rn 20. Hiervon zu unterscheiden ist die nach § 310 Abs 3 Nr 3 BGB gebotene Berücksichtigung der den Vertragsschluss begleitenden Umstände bei der Beurteilung der unangemessenen Benachteiligung nach § 307 Abs 1, 2 BGB. In diesem Sinne wird auch BGH NJW 2015, 3025, 3026 zu verstehen sein, der auf BGH NJW 2015, 665, 670 Bezug nimmt.
[171] So für den Fall, dass vorformulierte Klauseln gegenüber einem juristisch ausgebildeten Kunden – hier einem Richter – verwendet werden BGH NJW 2013, 1668, 1669. Ebenso MünchKomm/BASEDOW § 305 Rn 36.
[172] AllgM, vgl nur BGH NJW 2000, 1110, 1111; NJW 1992, 2759, 2760.

Streichungen[173] und erst recht die Erklärung, dass die Vertragsbedingung im Einzelnen ausgehandelt sei[174].

25b Die von der Rechtsprechung entwickelten Grundsätze zur Auslegung des AGB-Begriffs nach § 305 Abs 1 finden uneingeschränkt auch im **unternehmerischen Geschäftsverkehr** Anwendung.[175] Auch mit Blick auf das „Aushandeln" iSd § 305 Abs 1 S 3 BGB ergeben sich keine geringeren Anforderungen.[176] Ein Teil des Schrifttums, der 69. DJT[177] sowie eine im Auftrag des BMJV erstellte Studie[178] fordern gleichwohl unter Verweis auf die Privatautonomie der Parteien, die gebotene unternehmerische Flexibilität sowie das Fehlen eines Machtungleichgewichtes im b2b-Verkehr seit längerem eine Absenkung der Anforderungen an das „Aushandeln" im Verkehr zwischen Unternehmern.[179] Die vorgelegten Reformvorschläge sind dabei vielfältig: Neben einer Absenkung der Anforderung an das „Aushandeln" („Verhandeln" statt „Aushandeln"[180], fingierte Zustimmung bei unveränderter Übernahme von Vertragsbedingungen[181], Indizienkatalog für das Vorliegen eines „Aushandelns"[182]) wird insbesondere eine pauschalierende vertragswertabhängige Bereichsausnahme gefordert, wobei als Schwellenwert etwa Werte von 500.000,[183] 1 Million[184] oder sogar drei Millionen Euro[185] vorgeschlagen worden sind oder ganz auf die Festlegung eines konkreten Schwellenwertes verzichtet wird.[186] Teilweise wird mit Blick auf den Maßstab der Inhaltskontrolle für § 310 Abs 1 S 2 HS 2 BGB de lege ferenda die Berücksichtigung einer pau-

---

[173] BGH NJW 1987, 2011, 2011.
[174] BGH NJW 2014, 1725, 1727; NJW 1977, 432, 432. Hierzu RIEHM JuS 2014, 74 ff.
[175] BGH BB 2017, 2066, 2067; NJW 2000, 1110, 1111 f; STOFFELS, AGB-Recht (3. Aufl 2015) Rn 148b.
[176] So ausdrücklich BGH BB 2017, 2066, 2067. Vgl auch BGH NZM 2016, 408, 408; NJW 2014, 1725, 1727. Ebenso PALANDT/GRÜNEBERG § 305 Rn 22; STOFFELS, AGB-Recht (3. Aufl 2015) Rn 148b.
[177] Verhandlungen des 69. DJT München 2012, Band II/1 (2013) I 90.
[178] LEUSCHNER, AGB-Rechte für Verträge zwischen Unternehmen – Unter besonderer Berücksichtigung von Haftungsbeschränkungen, Abschlussbericht vom 30.9.2014, 287 ff; s auch LEUSCHNER ZIP 2015, 1045 ff; vWESTPHALEN ZIP 2015, 1316 ff; LEUSCHNER ZIP 2015, 1326 ff.
[179] LEUSCHNER ZIP 2015 1045, 1045 ff; AXER, Rechtfertigung und Reichweite der AGB-Kontrolle im unternehmerischen Geschäftsverkehr (2012) 277; KAUFHOLD BB 2012, 1235, 1241; KIENINGER AnwBl 2012, 301, 307; BERGER NJW 2010, 465, 467; MIETHANER NJW 2010, 3121, 3127; WACKERBARTH AcP 200 (2000) 45, 82 ff; aA KAEDING BB 2016, 450, 455; ULMER/HABERSACK, in: ULMER/BRANDNER/HENSEN Einl BGB Rn 50; STOFFELS, AGB-Recht (3. Aufl 2015) Rn 148b; vWESTPHALEN ZIP 2015, 1316, 1316 ff; FUCHS, in: FS Blaurock (2013) 91, 94 f; SCHÄFER BB 2012, 1231, 1234; SCHMIDT-KESSEL AnwBl 2012, 308, 311; vWESTPHALEN ZIP 2010 1110, 1113 ff; FASTRICH, Richterliche Inhaltskontrolle im Privatrecht (1992) 273. Mittlerweile hat die Diskussion deutlich an Schärfe verloren, so dass nunmehr vor allem eine Anpassung der Rechtsprechung gefordert wird, s KAEDING BB 2016, 450, 455; MAIER-REIMER NJW 2017, 1, 6; MÜLLER NZM 2016, 185, 192.
[180] AXER, Rechtfertigung und Reichweite der AGB-Kontrolle im unternehmerischen Geschäftsverkehr (2012) 277; KAUFHOLD BB 2012, 1235, 1241; KIENINGER AnwBl 2012, 301, 307; BERGER NJW 2010, 465, 467; MIETHANER NJW 2010, 3121, 3127; aA FUCHS, in: FS Blaurock (2013) 91, 94 f; SCHÄFER BB 2012, 1231, 1234; SCHMIDT-KESSEL AnwBl 2012, 308, 311; vWESTPHALEN ZIP 2010, 1110, 1113 ff; FASTRICH, Richterliche Inhaltskontrolle im Privatrecht (1992) 273.
[181] Deutscher Anwaltverein, AnwBl 2012, 402, 402.
[182] MÜLLER/GRIEBELER/PFEIL BB 2009, 2658, 2662.
[183] BECKER JZ 2010, 1098, 1105 f.
[184] MÜLLER BB 2013, 1355, 1357; LEUSCHNER JZ 2010, 875, 884; MIETHANER NJW 2010, 3121, 3127; MÜLLER/GRIEBELER/PFEIL BB 2009, 2658, 2662; LEUSCHNER AcP 207 (2007) 491, 524 f.
[185] PFEIFFER ZGS 2004, 401, 401.
[186] LEYENS/SCHÄFER AcP 210 (2010) 771, 792 ff, 803 (Schwellenwert von 550.000 Euro vermutlich zu niedrig).

schal unterstellten geringeren Schutzbedürftigkeit unternehmerischer Kunden[187], der Verzicht auf die Indizwirkung der Klauselverbote[188] sowie die Verpflichtung zur Berücksichtigung der sachlichen Besonderheiten des unternehmerischen Geschäftsverkehrs[189] vorgeschlagen.

Rechtsprechung und **Gesetzgebung** sind entsprechenden Forderungen nach einer Absenkung des Schutzniveaus der ABG-Kontrolle im b2b-Verkehr zu Recht nicht gefolgt. Die vorgeschlagenen Ansätze einer weitreichenden Liberalisierung des AGB-Rechts im unternehmerischen Geschäftsverkehr begegnen durchgreifenden dogmatischen und verfassungsrechtlichen Bedenken. Der Schutzzweck der AGB-rechtlichen Inhaltskontrolle, der darin besteht, „die einseitige Ausnutzung der Vertragsgestaltungsfreiheit durch eine Vertragspartei zu verhindern"[190], muss mit Blick auf den verfassungsrechtlich gebotenen Schutz der materiellen Vertragsgestaltungsfreiheit[191] der mit AGB konfrontierten Kunden auch im unternehmerischen Geschäftsverkehr gelten. Die mit der Verwendung von AGB typischerweise einhergehende Reduzierung der Vertragsgestaltungsfreiheit des Kunden auf Null resultiert in einem funktionellen Versagen der Richtigkeitsgewähr des Vertragsmechanismus[192] mit der Folge, dass die Schaffung von Vertragsgerechtigkeit, ein angemessener Interessenausgleich und damit die Verwirklichung des Vertragszwecks nicht mehr gewährleistet sind.[193] Diese Mechanismen sind vom Status des Kunden als Unternehmer und Verbraucher im Grundsatz völlig unabhängig. Der unternehmerische Kunde ist – wovon auch der Gesetzgeber im Rahmen der Umsetzung[194] der Zahlungsverzugs-RL[195] mit Blick auf die verschärften Anforderungen des 2014 neu eingefügten § 308 Nr 1a BGB ausgeht – AGB in der 25c

---

[187] Axer, Rechtfertigung und Reichweite der AGB-Kontrolle im unternehmerischen Geschäftsverkehr (2012) 281; Berger NJW 2010, 465, 469.
[188] Deutscher Anwaltverein AnwBl 2012, 402, 402 (ersatzlose Streichung des § 310 Abs 1 S 2 HS 1 BGB).
[189] Axer, Rechtfertigung und Reichweite der AGB-Kontrolle im unternehmerischen Geschäftsverkehr (2012) 281; Berger NJW 2010, 465, 469; Müller/Griebeler/Pfeil BB 2009, 2658, 2658.
[190] So BGH NJW 1994, 2825, 2826. Vgl auch BGH NJW 2017, 2346, 2346; Stoffels, AGB-Recht (3. Aufl 2015) Rn 89; Ulmer/Habersack, in: Ulmer/Brandner/Hensen Einl BGB Rn 74 ff.
[191] BVerfG NJW 2005, 1036, 1037 (Zahnarzthonorar). Zur verfassungsrechtlichen Ausgangslage Stoffels, AGB-Recht (3. Aufl 2015) Rn 76 ff. Zum verfassungsrechtlichen Schutz der materiellen Vertragsfreiheit grundlegend BVerfG NJW 1990, 1469, 1470 (Handelsvertreter) und NJW 1994, 36, 38 f (Bürgschaft I). Vgl hierzu auch BVerfG NJW 2011, 1339, 1341 (Preisanpassungsklausel); NJW 2007, 286, 287 f (Arbeit auf Abruf); JZ 2007, 576, 577 (Schweigepflichtentbindung); VersR 2006, 961, 962 f. (Unfallversicherungsprämie); NJW 2005, 2376, 2377 (Überschussbeteiligung); NJW 2001, 957, 958 ff (Unterhaltsverzichtsvertrag).
[192] Stoffels, AGB-Recht (3. Aufl 2015) Rn 82; Staudinger/Coester (2013) § 307 Rn 5, 95, 179; Lieb AcP 178 (1978) 196, 206; Fastrich, Richterliche Inhaltskontrolle im Privatrecht (1992) 79 ff. Grundsätzlich zur Theorie der Richtigkeitsgewähr des Vertragsmechanismus Schmidt-Rimpler AcP 147 (1941) 130, 149; Schmidt-Rimpler, in: FS Raiser (1974) 3, 5 ff. Vgl oben Rn 1.
[193] Vgl nur die Begründung des RegE zum AGBG, BT-Drucks 7/3919, 9: „Die im BGB vorausgesetzte Funktion der Vertragsfreiheit, durch freies Aushandeln der Vertragsbedingungen zwischen Partnern mit annähernd gleichwertiger Ausgangsposition Vertragsgerechtigkeit zu schaffen, ist dort empfindlich gestört, wo die Vertragsfreiheit für das einseitige Diktat unbilliger oder gar missbräuchlicher AGB in Anspruch genommen wird."
[194] BGBl 2014 I 1218 (Gesetz zur Bekämpfung von Zahlungsverzug im Geschäftsverkehr) sowie BT-Drucks 18/1309. Hierzu Pfeiffer BB 2013, 323 ff; vWesthalen BB 2013, 515 ff.
[195] RL 2011/7/EU zur Bekämpfung von Zahlungsverzug im Geschäftsverkehr (Neufassung) v 16.2.2011, ABl 2011 L 48, 1.

Regel ebenso schutzlos ausgeliefert wie der Verbraucher und grundsätzlich in gleicher Weise schutzbedürftig.[196]

25d Auf die **situative Unterlegenheit** des Verwendungsgegners hat seine Stellung als Unternehmer keinen Einfluss, da auch ihm die eingehende Kenntnisnahme der Klauseln nicht erspart bleibt. Weder höhere geschäftliche Gewandtheit noch Branchenkenntnis oder unternehmerische Erfahrung vermögen an der Tatsache etwas zu ändern, dass der mit einer eingehenden Kenntnisnahme und der rechtlichen Beurteilung der AGB verbundene Aufwand an Zeit, Mühe und Kosten auch für den unternehmerischen Kunden regelmäßig außer Verhältnis zum Vertragswert steht.[197] Darüber hinaus ist die den Reformvorschlägen implizit zugrunde liegende Annahme, dass sich der unternehmerische Verwendungsgegner gegenüber dem Verwender typischerweise durchzusetzen und seine Vertragsgestaltungsfreiheit ebenso wie dieser ohne weiteres in Anspruch zu nehmen vermag, mit der Lebenswirklichkeit kaum vereinbar. Dies gilt umso mehr, als auch im unternehmerischen Geschäftsverkehr erhebliche Machtungleichgewichte bestehen. Vor allem die den Rechtsverkehr zu 99,7 % prägenden[198] kleinen und mittleren Unternehmen (KMU) sind mit Blick auf ihre Durchsetzungsstärke in ähnlicher Weise wie der Verbraucher des besonderen Schutzes bedürftig. Für eine Reform des AGB-Rechts, die eine – vom AGB-Gesetzgeber aus guten Gründen vermiedene – Normspaltung zur Folge hätte, besteht daher kein Anlass. Andernfalls würde sich die gesetzliche Regelung am Ausnahme- und nicht am Regelfall orientieren.

25e **Sonderfälle** positiver Transaktionskosten-Vertragswert-Relation – etwa M&A-Transaktionen oder Rechtsgeschäfte im Bereich des Kraftwerks- und Anlagenbaus – lassen sich bereits auf der Grundlage des geltenden Rechts bewältigen.[199] Den Besonderheiten des unternehmerischen Geschäftsverkehrs trägt die Rechtsprechung darüber hinaus durch Rückgriff auf die Vorschrift des § 310 Abs 1 S 2 HS 2 BGB Rechnung, die sie faktisch im Sinne eines beschränkten Differenzierungsgebotes deutet und dabei bloße Branchenüblichkeit genügen lässt.[200] Schließlich ist mit Blick auf die Rechtswirklichkeit nicht ersichtlich, dass das seit nunmehr 1976 geltende AGB-Recht den Rechtsverkehr in gravierender Weise behindert oder bestimmte Rechtsgeschäfte verunmöglicht.[201] Die Judikatur zeigt im Gegenteil eindrücklich die Notwendigkeit des

---

[196] So ausdrücklich auch BGH BB 2017, 2058 Rn 66 („Danach sind im Hinblick auf die im Streit stehende Klausel Unternehmer nicht weniger schutzwürdig als Verbraucher.") und BGH BB 2017, 2066 Rn 69 („Diese Argumentation übersieht, dass der Schutzzweck des § 307 BGB, die Inanspruchnahme einseitiger Gestaltungsmacht zu begrenzen, auch zugunsten eines – informierten und erfahrenen – Unternehmers gilt.").
[197] Zu Recht hat daher Rechtsprechung eine geringere Schutzbedürftigkeit der Unternehmer gegenüber Verbrauchern verneint, vgl etwa zuletzt BGH BB 2017, 2058 Rn 61 ff, 66 ff; BB 2017, 2066 Rn 67 ff, 72 ff.
[198] So gehören von den in Deutschland umsatzsteuerpflichtigen Unternehmen 99,7 % zu den KMU (unter 500 Beschäftigte, unter 50 Millionen Euro Umsatz pro Jahr), 87,8 % sogar zu den kleinen Unternehmen (bis 9 Beschäftigte, bis 1 Million Euro Umsatz pro Jahr), GÜNTERBERG, Unternehmensgrößenstatistik (2012) 11.
[199] So überzeugend KAEDING BB 2016, 450, 455; MAIER-REIMER/NIEMEYER NJW 2015, 1713, 1713 ff.
[200] Vgl nur BGH NJW 2017, 1301, 1304 (Leasingvertrag); NJW-RR 1996, 783, 785 (Anlagenbau); NJW-RR 1997, 1253, 1255 (Seefrachtvertrag); NJW 1988, 1785, 1786 ff (Werkwertvertrag). Allerdings steht die Verkehrs- oder Branchenüblichkeit einer Klausel der Feststellung ihrer Unangemessenheit nicht entgegen, BGH NJW 2017, 1301, 1304 (Leasingvertrag).
[201] Dagegen spricht auch nicht die Tatsache, dass vor allem großvolumige Transaktionen verbreitet der Schiedsgerichtsbarkeit unterstellt werden. Zur Unterschätzung des Anwendungs-

Schutzes auch unternehmerischer Klauselgegner auf.[202] Insbesondere stellt die AGB-rechtliche Inhaltskontrolle keine Gefährdung der Privatautonomie der Parteien dar. Denn die Gewährleistung der Vertragsgestaltungsfreiheit gilt grundsätzlich für beide Parteien, nicht allein für die Verwenderseite. Ist die Vertragsgestaltungsfreiheit einer Partei – wie hier des unternehmerischen Kunden – auf Null reduziert, so bedarf es zur Vermeidung vertraglicher Fremdbestimmung der Korrektur durch richterliche Inhaltskontrolle. Dass die Kontrollfreiheit vertraglicher Klauseln in der Rechtspraxis mittlerweile die Ausnahme darstellt und vom gesetzlichen Leitbild abweichende Regelungen von der Rechtsprechung vermehrt als unangemessen benachteiligend verworfen werden, ist dabei keineswegs Folge einer hypertrophen Überdehnung des Anwendungsbereiches des AGB-Rechts oder einer übermäßigen Verschärfung der Kontrollmaßstäbe. Sie ist vielmehr notwendige Konsequenz der Allgegenwart vorformulierter Vertragsbedingungen und der damit verbundenen „verdünnten Freiheit"[203] auf Seiten der mit ihnen konfrontierten Kunden. Zum Schutz der sich hieraus ergebenden Gefahren für die Gewährleistung tatsächlicher Vertragsgestaltungsfreiheit wird der Inhaltskontrolle von AGB in Zukunft sogar wachsende Bedeutung zukommen müssen.

Im **Verbrauchervertrag** werden (in Vollzug der EG-RL 93/13/EWG) den AGB gemäß **26** § 305 Abs 1 BGB erweiterte Vertragsvarianten gleichgestellt, obwohl sie eigentlich den AGB-Begriff sprengen: So werden auch (vorformulierte und gestellte[204]) „Einmal-Bedingungen" des Unternehmers der Inhaltskontrolle unterworfen (§ 310 Abs 3 Nr 2 BGB), und auch „Dritt-Bedingungen", etwa vom Notar oder Anwalt vorgeschlagene Klauseln, werden als vom Unternehmer „gestellt" fingiert, solange es nicht gerade der Verbraucher war, der die Einbeziehung der Klausel verlangt hat (§ 310 Abs 3 Nr 1 BGB).[205] Auch diese Sonderregelungen machen deutlich, dass die entscheidende Grundlage und Rechtfertigung staatlicher Kontrolle die Funktionsstörung des Vertragsmechanismus ist, die in der Konfrontation mit „fertigen" Bedingungen anstelle des offenen Aushandelns der Vertragsbedingungen liegt (vgl oben Rn 1).

2. Die vertragliche Einbeziehung von AGB

a) Regelfall, § 305 Abs 2, 3

Trotz ihrer häufig normgleichen Gestaltung und ihres generellen Regelungsanspruchs **27** haben AGB aus sich heraus keine normative Kraft, sie sind nicht eine „fertig bereitliegende Rechtsordnung",[206] sondern – wie das Gesetz selbst formuliert – „Vertragsbedingungen" (§ 305 Abs 1 S 1 BGB), die eine private Partei entworfen hat und die nur über den Einbeziehungskonsens beider Parteien zur geltenden „Vertragsordnung" werden können.[207] Die Regelanforderungen an diese vertragliche Einbeziehungsver-

---

bereichs der AGB-Kontrolle und seiner materiellen Maßstäbe durch die Parteien LEUSCHNER NJW 2016, 1222 ff.
[202] Vgl nur zuletzt BGH BB 2017, 2066, 2066 f.
[203] RAISER, in: FS 100 Jahre DJT (1960) 101, 126.
[204] Beweislast insoweit beim Verbraucher, BGH NJW 2008, 2250 Rn 15 ff.
[205] Einzelheiten bei STAUDINGER/SCHLOSSER (2013) § 310 Rn 55. Zum Vorrang der Individualabrede gem § 305b BGB auch für vorfor-

mulierte Einmalbedingungen in Verbraucherverträgen iSd § 310 Abs 3 Nr 2 BGB; vgl BAG NZA 2017, 58 Rn 34 ff.
[206] So eine gängige, gelegentlich auch von der Rechtsprechung verwendete Formel, vgl BGH NJW-RR 1997, 1253, 1255; NJW 1995, 3117, 3118 für kollektiv ausgehandelte AGB wie die ADSp.
[207] Zum Streit zwischen Normentheorie und Vertragstheorie vgl STOFFELS, AGB-Recht (3. Aufl 2015) Rn 100 ff mwNw.

einbarung legt das Gesetz in § 305 Abs 2, 3 BGB fest, sieht allerdings erleichterte Einbeziehungsmöglichkeiten in Sonderbereichen vor (Rn 30).

28 Mit dem Erfordernis eines ausdrücklichen Hinweises auf die AGB vor Vertragsschluss und der Ermöglichung zumutbarer Kenntnisnahme durch den Kunden (§ 305 Abs 2 Nr 1, 2 BGB) will das Gesetz verhindern, dass diesem die AGB „untergeschoben" werden.[208] Konkludente Einbeziehungen sind ebenso ausgeschlossen wie nachträgliche Verweise auf die verwendeten AGB, etwa erst bei Rechnungsstellung. Allerdings erlaubt das Gesetz Rahmenvereinbarungen zwischen den Parteien, die dann eine Einzeleinbeziehung bei jedem neuen Geschäft ersparen (§ 305 Abs 3 BGB).[209] Die Erfüllung dieser Voraussetzungen und das zusätzlich notwendige Einverständnis des Kunden (das in der Regel im widerspruchslosen Geschäftsabschluss trotz AGB-Hinweises liegt) können nicht ihrerseits durch AGB-Klausel „festgestellt" werden, dies wäre ein circulus vitiosus (unwirksam gemäß § 309 Nr 12b BGB).[210]

29 Besondere Einbeziehungs- und Geltungsprobleme stellen sich bei wechselseitigem Verweis auf die jeweils eigenen AGB (AGB-Konkurrenz; kollidierende AGB).[211]

b) Erleichterte Einbeziehung
30 Die Obliegenheiten des Verwenders zum ausdrücklichen Hinweis und zur Zugänglichmachung seiner AGB gemäß § 305 Abs 2 Nr 1 und 2 BGB bestehen für bestimmte Bereiche nicht – das *Einverständnis* des Kunden nach allgemeinen Regeln der Rechtsgeschäftslehre bleibt jedoch stets unverzichtbar.

31 aa) Dies gilt zum einen für bestimmte **Beförderungsverträge, Post- und Telekommunikationsdienstleistungen**, § 305a BGB. Gemeinsamer Hintergrund der Erleichterung ist, dass die Anforderungen des § 305 Abs 2 Nr 1, 2 BGB hier umständebedingt kaum zu erfüllen sind.

32 bb) Auf der größeren Geschäftserfahrung und den Gebräuchen des Handelsverkehrs beruht die Absenkung der Einbeziehungsvoraussetzungen im **Verkehr zwischen Unternehmern**, § 310 Abs 3 S 1 BGB (gleichgestellt öffentlich-rechtliche juristische Personen, vgl oben Rn 18). Der (trotz des Gesetzeswortlauts stets notwendige) Einbeziehungskonsens unterliegt nicht § 305 BGB, sondern den allgemeinen Vorschriften über Rechtsgeschäfte, §§ 145 ff BGB. Die Einbeziehung kann auch konkludent erfolgen,

---

[208] Näher STOFFELS, AGB-Recht (3. Aufl 2015) Rn 267 ff; SCHMIDT NJW 2011, 1633 ff; zur Umsetzung dieser Voraussetzungen bei Internet-Geschäften s EuGH K & R 2015, 471; BGH NJW 2006, 2976; JANAL NJW 2016, 3201 ff (M-Commerce); BUCHMANN K&R 2015, 474 ff; SCHMIDT NJW 2011, 1633 ff; STAUDINGER/SCHLOSSER (2013) § 305 Rn 151; ULMER/HABERSACK, in: ULMER/BRANDNER/HENSEN § 305 Rn 135a ff, 149a; MünchKomm/BASEDOW § 305 Rn 46 ff. Zu den Einzelheiten der Judikatur s die jährlichen Übersichten von NIEBLING, zuletzt MDR 2017, 684 ff.

[209] Nähere Einzelheiten bei STAUDINGER/SCHLOSSER § 305 Rn 178 ff; MünchKomm/BA-

SEDOW § 305 Rn 86 f. Keine Rahmenvereinbarung idS ist die vertragliche Regelung zweier Parteien (Investmentfond/Wirtschaftsprüfer) mit Geltungsanspruch gegenüber Dritten (Anleger), BGH NJW 2010, 1277 Rn 12 ff.

[210] Zu derartigen Bestätigungs- und Einbeziehungsklauseln vgl BGH NJW 1990, 761, 765; 1996, 1819.

[211] Hierzu BGH NJW-RR 2001, 484; vgl STAUDINGER/SCHLOSSER § 305 Rn 205 ff; MünchKomm/BASEDOW § 305 Rn 98 ff; STOFFELS, AGB-Recht (3. Aufl 2015) Rn 313 ff; RÖDL AcP 215 (2015) 683 ff; DUTTA ZVglRWiss 104 (2005) 461 ff; KRÖLL/HENNECKE RIW 2001, 736 ff.

insbesondere bei laufenden Geschäftsbeziehungen oder Handelsüblichkeit[212] oder auch nachträglich, etwa nach den Grundsätzen des „Schweigens auf kaufmännisches Bestätigungsschreiben".[213] Allerdings setzt eine Einbeziehung durch schlüssiges Verhalten voraus, dass der Verwender erkennbar auf die von ihm gestellten AGB verweist und der unternehmerische Kunde ihrer Geltung nicht widerspricht.[214]

cc) Die gleiche Absenkung ist auch für die Einbeziehung von AGB in **Arbeitsverträge** angeordnet, § 310 Abs 4 S 2 HS 2 BGB. Der Verweis der Gesetzesbegründung auf das arbeitsrechtliche Nachweisgesetz trägt diese Sonderregelung allerdings nicht.[215] **33**

c) **Einbeziehungssperren**
aa) **Überraschende Klauseln, § 305c Abs 1**
Auch vorhandener Einbeziehungskonsens des Kunden vermag den Regelungsinhalt von AGB nicht gleichermaßen zu rechtfertigen wie bei Individualverträgen. Häufig lesen oder verstehen die Kunden AGB nicht und akzeptieren sie im Vertrauen, dass diese nur „das Übliche" enthalten. Damit ist auch die Reichweite ihres Einverständnisses bezeichnet; gleichzeitig erscheint es als treuwidrig, wenn der AGB-Verwender die Situation ausnutzt, um dem Kunden ungewöhnliche, nicht zu erwartende Klauseln unterzuschieben. Das Gesetz klammert demgemäß überraschende AGB-Klauseln von der (nur pauschal konsentierten) Einbeziehung aus, § 305c Abs 1 BGB. Danach werden Bestimmungen in AGB, die nach den Umständen, insbesondere nach dem äußeren Erscheinungsbild des Vertrages, so ungewöhnlich sind, dass der Vertragspartner des Verwenders mit ihnen nicht zu rechnen braucht, nicht Vertragsbestandteil. Das Wesensmerkmal überraschender Klauseln liegt damit in dem ihnen innewohnenden Überrumpelungs- oder Übertölpelungseffekt.[216] Tatbestandlich setzt die Vorschrift ein Zweifaches voraus: Es muss sich um eine – aufgrund ihrer Unvereinbarkeit mit dem gesetzlichen Leitbild des Vertrages[217], einer erheblichen Abweichung vom dispositiven Recht[218] oder einem Widerspruch zum Verlauf der Vertragsverhandlungen[219] – objektiv ungewöhnliche Vertragsbedingung handeln, die darüber hinaus für den Kunden subjektiv überraschend ist, dh mit der er nicht zu rechnen braucht.[220] Die „Ungewöhnlichkeit" einer Klausel ist dogmatisch von ihrer inhaltlichen Unangemessenheit zu unterscheiden, das Überraschungselement ist im Ansatz „inhaltsneutral": Es kann sich auch aus der bloßen Textgestaltung der AGB ergeben.[221] Insoweit erweist sich § 305c Abs 1 BGB als Teilaspekt des übergreifenden Transparenzgebots von AGB (unten Rn 66). Darüber hinaus besteht aber auch eine unauflösbare hermeneutische Verknüpfung mit der inhaltlichen Beurteilung – das Unangemessene überrascht eher als das Angemessene, und ab einer gewissen Toleranzgrenze greift die Sperrwirkung des **34**

---

[212] Vgl OLG Dresden NJW-RR 1999, 846, 847.
[213] Zum Ganzen SCHMIDT NJW 2011, 3329, 3331 ff.
[214] BGH NJW-RR 2003, 754, 755; NJW 1992, 1232, 1232.
[215] Vgl BT-Drucks 14/6857, 54; zur Kritik RICHARDI NZA 2002, 1057, 1059. Zu arbeitsrechtlichen Besonderheiten bei der Einbeziehung FUCHS/BIEDER, in: ULMER/BRANDNER/HENSEN Anh § 310 Rn 18 ff; STOFFELS, in: WOLF/LINDACHER/PFEIFFER Anh zu § 310 (ArbR) Rn 43.

[216] NJW-RR 2017, 501, 502; NJW 2010, 294, 295.
[217] BGH NJW 1993, 779, 780.
[218] BGH NJW-RR 2014, 937, 938; NJW 2002, 3627, 3627 f.
[219] MünchKomm/BASEDOW § 305c Rn 6.
[220] BGH NJW 2013, 1803, 1804.
[221] Zu an ungewöhnlicher Stelle „versteckten" Klauseln vgl BGH NJW 2010, 671 Rn 16; 2010, 3152 Rn 27; zum überraschenden Inhalt BGH NJW 2010, 671 Rn 9 ff; NJW 2010, 294 Rn 13 ff; vgl STAUDINGER/SCHLOSSER § 305c Rn 12, 30 f.

§ 305c Abs 1 BGB ein – etwa bei der Aufdrängung weiterer, vertragsfremder Verpflichtungen[222] oder der erheblichen Ausweitung des Sicherungszwecks bei Bürgschaften.[223]

bb) Vorrang einer Individualabrede, § 305b

35 Trotz der Verwendung von AGB treffen die Parteien häufig auch Individualabreden, deren Inhalt mit dem der AGB nicht immer kompatibel ist. Sind sie sich dessen ausnahmsweise bewusst, gehen sie wie selbstverständlich vom Vorrang des individuell Vereinbarten aus; ist ihnen – wie zumeist – der Regelungswiderspruch nicht bewusst, löst ihn das Gesetz in § 305b BGB in entsprechendem Sinne auf: Die Individualabrede setzt sich als „lex specialis" gegenüber der vorformulierten generellen Aussage durch.[224]

36 Der Verwender kann die Verbindlichkeit mündlicher Individualabreden grundsätzlich auch nicht durch eine „Schriftformklausel" in seinen AGB abwehren: Gegenüber mündlichen Abreden *bei* Vertragsschluss wirkt eine Schriftformklausel entweder überraschend (§ 305c Abs 1 BGB)[225] oder erscheint als unangemessene Benachteiligung, wenn sie den Kunden von der Durchsetzung seiner Rechte abzuhalten geeignet ist.[226] Der Verwender kann allerdings das Handeln seiner Vertreter durch einseitige (aber deutliche!) Erklärung in den AGB auf *schriftliche* Abreden generell beschränken.[227] In mündlichen Vereinbarungen *nach* Vertragsschluss, die in Widerspruch zu AGB-Regelungen stehen, sieht die Rechtsprechung eine Vertragsänderung, die auch eine ursprüngliche Schriftformklausel mit umfasst – diese also aufhebt.[228] Dem versucht die Kautelarpraxis durch „doppelte" und „qualifizierte" Schriftformklauseln entgegenzuwirken, die auch die Änderung der originären Schriftformvereinbarung erfassen sollen. Nach jüngerer Rechtsprechung des BGH sind derartige Klauseln allerdings wegen des Vorrangs der Individualvereinbarung nach § 305b BGB wirkungslos.[229]

3. Auslegung von AGB

37 Der inhaltlichen Angemessenheitsprüfung einer AGB-Klausel (unten Rn 41 ff) ist die *Feststellung* ihres Inhalts logisch vorgeschaltet – dies ist eine Frage der **Auslegung**. Nicht immer sind beide gedanklichen Schritte klar unterschieden worden; insbesondere vor Erlass des AGBG hatte die Rechtsprechung gelegentlich versucht, Kundenschutz durch kundenfreundliche Interpretationen zu verwirklichen.[230] Seit der offenen

---

[222] BT-Drucks 7/3919, 19 (Kaffeebezug bei Kauf einer Kaffeemaschine); vgl auch BGH ZIP 2004, 414, 417 (Verkürzung der Rechte aus dem schon bestehenden Vertragsverhältnis in neuem Vertrag).
[223] BGH NJW 2002, 2710 f (Grundschuld); NJW 1994, 2145 (Bürgschaft).
[224] Zum dogmatischen Normverständnis STAUDINGER/SCHLOSSER § 305b Rn 11; STOFFELS, AGB-Recht (3. Aufl 2015) Rn 346; ZOLLER JZ 1991, 850 ff.
[225] STAUDINGER/SCHLOSSER (2013) § 305b Rn 39 ff, 42.
[226] BGH NJW 2001, 292 f; NJW 2006, 138 f; ULMER/SCHÄFER, in: ULMER/BRANDNER/HENSEN § 305b Rn 2a, 32 sowie H SCHMIDT ebenda Anh § 310 „Schriftformklauseln".
[227] STAUDINGER/SCHLOSSER (2013) § 305b Rn 45 ff; ULMER/SCHÄFER, in: ULMER/BRANDNER/HENSEN § 305b Rn 2a, 35.
[228] BGH NJW 1985, 320, 333; BAG NJW 2009, 316 Rn 17.
[229] BGH NJW 2017, 1017, 1018; KG Berlin MDR 2016, 819, 819 f; aA OLG München ZMR 2016, 945, 945. Vgl auch BLOCHING/ORTLOFF NJW 2009, 3393 ff mwNw.
[230] Vgl KÖTZ, GutA 50. DJT (1974) A 1 48 f; FASTRICH, Richterliche Inhaltskontrolle im Privatrecht (1992) 22.

E. Allgemeine Geschäftsbedingungen

Zulassung der Inhaltskontrolle (§§ 307–309 BGB) besteht jedoch kein Bedarf mehr für solche methodischen Grenzüberschreitungen.[231]

Als generalisierend vorformulierte Vertragsbedingungen können AGB nicht ohne weiteres den allgemeinen bürgerlich-rechtlichen Auslegungsgrundsätzen (§§ 133, 157 BGB: „wirklicher Wille aus Sicht des objektiven Empfängerhorizonts") unterstellt werden. Vielmehr gilt eine objektive, auf das Verständnis des Durchschnittskunden bzw der an solchen Geschäften typischerweise beteiligten Geschäftskreise abstellende Auslegung, die grundsätzlich vom Einzelfall abstrahiert.[232] Im Individualprozess setzt sich ein im Einzelfall übereinstimmendes Klauselverständnis der Parteien nach dem Grundgedanken des § 305b BGB[233] aber ebenso durch wie eine im Einzelfall vom Verwender dem Kunden nahe gelegte Interpretation.[234] Damit wird auch eine Gleichschaltung der Auslegung von AGB im Allgemeinen und bei Verbraucherverträgen erreicht: Aus § 310 Abs 3 Nr 3 BGB ergibt sich die Beachtlichkeit der konkreten Vertragsumstände nicht nur im Rahmen der Inhaltskontrolle, sondern sinngemäß auch schon bei der Auslegung.[235] **38**

Bleiben nach Ausschöpfung aller Auslegungsmöglichkeiten noch Unklarheiten, dh mindestens zwei vertretbare Klauselverständnisse, offen,[236] so hilft das Gesetz mit der **Auslegungsregel des § 305c Abs 2 BGB**:[237] Zweifel gehen „zulasten des Verwenders", der ja die Formulierungsverantwortung allein trägt (oben Rn 1). Was das konkret bedeutet, richtet sich nach der Art des Prozesses: Im Verbandsverfahren ist die Klausel in ihrem kundenfeindlichsten Verständnis auf ihre Angemessenheit zu überprüfen (gegebenenfalls zu verwerfen).[238] Im Individualprozess gilt das Gleiche, wenn man so zur Unwirksamkeit der Klausel gelangt.[239] Hielte die Klausel hingegen in allen Auslegungsvarianten der Inhaltskontrolle stand, so ist gemäß § 305c Abs 2 BGB die kundenfreundlichste Variante zugrunde zu legen.[240] **39**

Bei Verbraucherverträgen ist darüber hinaus der unionsrechtliche Grundsatz der **richtlinienkonformen Auslegung** zu beachten (oben Rn 10). **40**

---

[231] Deutlich BGH NJW 1999, 1108; 1999, 1633, 1634.
[232] BGH ZfIR 2004, 667; NJW 2001, 2165, 2166; MünchKomm/Basedow § 305c Rn 22 ff.
[233] BGH NJW 2002, 2102, 2103; man könnte auch die „falsa demonstratio"-Regel bemühen, vgl Stoffels, AGB-Recht (3. Aufl 2015) Rn 370.
[234] Staudinger/Schlosser (2013) § 305c Rn 130; anders Stoffels, AGB-Recht (3. Aufl 2015) Rn 362 f.
[235] Staudinger/Schlosser (2013) § 305c Rn 130.
[236] Zu dieser Subsidiärfunktion der Unklarheitenregel des § 305c Abs 2 BGB deutlich BGH NJW 1997, 3434, 3435; 2002, 2102, 2103; 2002, 3232, 3233.

[237] Vgl entsprechend Art 5 S 2 EG-RL 93/13/EWG.
[238] Zu den Grenzen kundenfeindlichster Auslegung BGH NJW 2011, 2122 Rn 10.
[239] BGH NJW 2017, 1596, 1599 (Rechtzeitigkeit der Mietzahlung im Überweisungsverkehr); NJW 2013, 291 Rn 25 ff; NJW 2010, 3708 Rn 21 (Unternehmervertrag); NJW 2010, 2877 (volle revisionsrechtliche Überprüfbarkeit). Zur Lückenfüllung unten Rn 70 ff.
[240] BGH NJW-RR 2014, 215, 216 (Schadensersatz wegen Verlustes von Transportgut); NJW 2010, 2041 Rn 26 ff (Unterwerfung unter die Zwangsvollstreckung bei Sicherungsgrundschuld). Näheres bei Staudinger/Schlosser § 305c Rn 108, mit gleichzeitiger Kritik.

4. Inhaltskontrolle

a) Grundkonzeption

41 Dem bei Verwendung von AGB drohenden Versagen des Marktmechanismus, das heißt der durch Aushandeln tendenziell erreichten vertraglichen Richtigkeitsgewähr (oben Rn 1), sucht das AGB-Recht vor allem auf zwei Wegen entgegenzuwirken: *einerseits* durch Verbesserung der Voraussetzungen für eigenverantwortliche Interessenwahrung (Transparenz bei Einbeziehung, §§ 305 Abs 2, 3, 305c Abs 1 BGB, und bei der Klauselgestaltung, §§ 305c Abs 2, 307 Abs 1 S 2, Abs 3 S 2 BGB (dazu Rn 60) sowie Sicherung des individuell Vereinbarten, § 305b BGB), *andererseits* durch unmittelbare staatliche Intervention im Sinne einer gerechtigkeitsorientierten Inhaltskontrolle von AGB-Klauseln (§§ 307–309 BGB). Neben die *Marktstärkung* tritt damit offen die (teilweise) *Marktersetzung* im Konditionenwettbewerb, weil erstere sich als nicht ausreichend erwiesen hat, den Gefahren der AGB-Verwendung (Rn 3) zu wehren. Allerdings stehen Ermunterung zum Selbstschutz und materieller Fremdschutz durch Gesetz und Gerichte in einem inneren Spannungsverhältnis, das die rechtspolitischen Eckpositionen in der AGB-Diskussion kennzeichnet: Der Anreiz zum Selbstschutz schwindet proportional mit dem Ausbau des staatlichen Fremdschutzes.[241]

42 Die Inhaltskontrolle besteht darin, dass die **staatliche Interventionsschwelle** in Verträge von den allgemeinen, durch §§ 134, 138 und 242 BGB markierten Außengrenzen **vorverlagert** wird auf die sachliche **„Unangemessenheit"** einer AGB-Regelung. Dieser in § 307 Abs 1 BGB festgelegte Kontrollmaßstab wird vom Gesetz in mehreren Schichten konkretisiert, die dem Grundprinzip in § 307 Abs 1 BGB vorgelagert sind, es aber nicht verdrängen: In § 309 BGB werden Klauseln deskriptiv bezeichnet und aufgelistet, die ohne weiteres als unangemessen anzusehen sind (sogenannter „schwarzer Bereich"). Der Katalog des § 308 BGB enthält „verdächtige" Klauseln sowie jeweils das Wertungskriterium, anhand dessen die Gerichte das Verdikt der Unangemessenheit auszurichten haben (sogenannter „grauer Bereich"). Noch allgemeiner knüpft § 307 Abs 2 BGB nicht näher an einzelne Klauselbeispiele an, sondern beschreibt zwei Standardfälle der Unangemessenheit: die Unvereinbarkeit einer Klausel mit Grundgedanken des dispositiven Rechts, soweit solches vorhanden ist (Nr 1); im Übrigen die Gefährdung des Vertragszwecks durch Einschränkung der Kundenrechte (Nr 2). Auch wenn aus diesen konkretisierenden Normen die Unangemessenheit einer Klausel noch nicht folgt, kann sie doch noch subsidiär aus der allgemeinen Generalklausel des § 307 Abs 1 BGB begründet werden.[242] Aber auch hier, trotz der Offenheit des Begriffs der „Unangemessenheit", bleibt die Inhaltskontrolle eine **Rechtskontrolle** (im Gegensatz zur Billigkeitskontrolle etwa nach § 315 Abs 3 S 2 BGB).[243] Als solche ist sie von den Gerichten **von Amts wegen** vorzunehmen, einer Berufung des Kunden auf die Unwirksamkeit bedarf es nicht.[244]

Folge der festgestellten Unangemessenheit einer AGB-Regelung ist ohne weiteres deren **Unwirksamkeit** (näher unten Rn 69).

---

[241] Näher STAUDINGER/COESTER § 307 Rn 5.
[242] BGH NJW 2002, 673, 674; 2001, 292, 293; Einzelheiten bei STAUDINGER/COESTER (2013) § 307 Rn 8 ff, 222 ff.
[243] STOFFELS, AGB-Recht (3. Aufl 2015) Rn 460 f mwNw; zum Verhältnis von Rechts- und Billigkeitskontrolle bei AGB STAUDINGER/COESTER (2013) § 307 Rn 40 ff.
[244] Bei Verbraucherverträgen ist dies europarechtlich vorgegeben, s oben Rn 12; auch eine „Verwirkung" durch langfristige Nichtbeanstandung der AGB scheidet aus, BGH NJW 2008, 2254 Rn 23.

b) Besondere Klauselverbote, §§ 308, 309

Die Kataloge der §§ 308, 309 BGB können als die zu Gesetzesform geronnenen Erfahrungen mit der bisherigen Klauselpraxis betrachtet werden. Auch wenn die Praxis nach Erlass der Verbote diese zu meiden sucht, kommen doch immer wieder Verstöße auch gegen die besonderen Verbote vor.[245] Die vorderste Front des rechtspolitischen Kampfes um das klauselmäßig noch Vereinbarungsfähige verläuft allerdings außerhalb der §§ 308, 309 BGB, Arena ist vor allem die Generalklausel des § 307 BGB. **43**

Ergibt sich bei § 309 BGB die Unwirksamkeit ohne weiteres aus der Subsumtion einer Klausel unter eines der aufgeführten Verbote,[246] muss bei § 308 BGB das Unangemessenheitsverdikt noch durch einen spezifischen Wertungsakt des Gerichts vervollständigt werden, der in Konkretisierung eines der aufgeführten unbestimmten Rechtsbegriffe besteht („unangemessen lange" oder „hoch", „zumutbar", „ohne sachlich gerechtfertigten Grund" etc). Für Einzelheiten muss auf die Kommentare verwiesen werden.[247] **44**

Die Technik der beispielhaften Verdeutlichung des allgemeinen Verbots missbräuchlicher Klauseln findet sich auch in der **EG-RL 93/13/EWG** (oben Rn 10) in einem „Anhang". Allerdings hat der dortige Katalog nur Hinweischarakter und indizielle Bedeutung, ausschlaggebend bleibt allein die Gesamtbewertung des nationalen Gerichts.[248] Der – 2014 von der Kommission wieder zurückgezogene – Verordnungsentwurf für ein Gemeinsames Europäisches Kaufrecht (Rn 80) hatte für Verträge zwischen Verbrauchern und Unternehmern den Dualismus der Kataloge der §§ 308, 309 BGB übernommen.[249] **45**

c) Generalklausel, § 307
aa) Struktur und Funktion

Die Generalklausel des § 307 Abs 1 BGB muss aus ihrer gesetzessystematischen Einbettung in die vorgelagerten Konkretisierungen der §§ 309, 308 und 307 Abs 2 BGB heraus verstanden werden. Insofern statuiert sie einerseits die aller Inhaltskontrolle zugrunde liegende **Leitidee** und stellt gleichzeitig ein **subsidiäres Auffangnetz** bereit, mit der unangemessene Klauseln erfasst werden können, die dem Raster der genannten Konkretisierungen entgangen sind. Für den unternehmerischen Verkehr übernimmt § 307 BGB weitgehend die Funktion, die nicht unmittelbar anwendbaren besonderen Klauselverbote der §§ 309, 308 BGB in einer dem Handelsverkehr angemes- **46**

---

[245] Vgl die jährlichen Berichte zum AGB-Recht in der NJW von vWestphalen, zuletzt NJW 2017, 2237 ff sowie in der MDR von Niebling, zuletzt MDR 2017, 684 ff (Einbeziehung, Inhaltskontrolle und Rechtsfolgen) und MDR 2017, 742 ff (einzelne Vertragstypen und -klauseln).

[246] Anders jedoch generell bei Arbeitsverträgen, wo die Unwirksamkeit unter dem generellen Vorbehalt „arbeitsrechtlicher Besonderheiten" steht, § 310 Abs 4 S 2 BGB; dazu BT-Drucks 13/6857, 53. Dies gilt insbes bei „Altverträgen" (vor 1.1.2002), BAG NZA 2005, 465, 468 f.

[247] Vgl insb Staudinger/Coester-Waltjen (2013); Ulmer/Brandner/Hensen; Wolf/Lindacher/Pfeiffer; MünchKomm/Wurmnest und Palandt/Grüneberg.

[248] EuGH RIW 2013, 374 Rn 70 („Mohamed Aziz"); RIW 2012, 483 Rn 25 („Invitel"); s oben Rn 11.

[249] So Art 84 (per se unfaire Vertragsbestimmungen), Art 85 (Vermutung der Unfairness) GEK-VO-E, näher hierzu unten Rn 80. Für den unternehmerischen Geschäftsverkehr wurde auf entsprechende Klauselkataloge verzichtet. Anders dagegen noch das Konzept des Art II- 9:410 DCFR (unten Rn 79), der einen einheitlichen Katalog (mit Vermutungswirkung) vorsah. Zustimmend Leyens/Schäfer, Art 210 (2010) 771, 796.

senen Weise zur Wirkung zu bringen (§ 310 Abs 1 BGB). Die hier ausdrücklich angeordnete Ausstrahlungswirkung der besonderen Klauselverbote auf die Konkretisierung der Generalklausel im Einzelfall gilt aber auch generell. So bezeichnen die Kataloge der §§ 308, 309 BGB nicht nur das Verbotene, sondern idR gleichzeitig auch die Grenze des Noch-Erlaubten. Diese Grenze darf durch eine freie Abwägung im Rahmen des § 307 BGB nicht konterkariert werden: Bleibt zum Beispiel nach § 309 Nr 9b BGB eine Vertragsverlängerungsklausel von unter einem Jahr beanstandungsfrei, so kann sie – in Ermangelung zusätzlicher Umstände – auch nicht nach § 307 BGB für unangemessen erklärt werden.[250] Etwas anders kann aber gelten, wenn die Regelwertung der §§ 308 oder 309 BGB auf den konkreten Vertragstyp nicht passt (obwohl sie ihn generell miterfasst) – dann bietet § 307 BGB die angemessene Korrekturmöglichkeit.[251] Es ist eine offene und schwierige Interpretationsfrage, ob eine Bestimmung der §§ 308, 309 BGB nur verbietet oder – in vorgenanntem Sinne – auch eine positive Gestaltung gestattet.[252]

47 Noch schwieriger zu beurteilen und umstritten ist das Verhältnis der Generalklausel in § 307 Abs 1 BGB zu den Konkretisierungen in Abs 2. Aus der einleitenden Formulierung in Abs 2 „im Zweifel" wird zum Teil gefolgert, die Erfüllung eines der in Nr 1 oder Nr 2 umschriebenen Tatbestände *indiziere* nur die Unangemessenheit einer Klausel und kehre damit die Darlegungs- und Beweislast zu Lasten des Verwenders um, die endgültige Klauselbewertung erfolge aber erst im Rahmen der Gesamtabwägung nach Abs 1. Abs 2 hätte dann nur die Funktion einer unselbständigen Hilfsnorm für Abs 1.[253] Die Gegenansicht betrachtet die beiden Alternativen des Abs 2 hingegen als selbständige, in sich abgeschlossene Tatbestände, die ohne weiteres zur Rechtsfolge der Unangemessenheit und damit Unwirksamkeit führen können.[254] Die Gesetzesformulierung „im Zweifel" erweist sich dabei zwar als letztlich bedeutungslos.[255] Andererseits will die erste Auffassung nicht recht überzeugen, wenn sie eine Klausel, die „mit wesentlichen Grundgedanken" einer verdrängten gesetzlichen Regelung „nicht zu vereinbaren ist" (§ 307 Abs 2 Nr 1 BGB), noch einer separaten Angemessenheitsprüfung unterzieht; erst recht problematisch erscheint dies bei Nr 2, nachdem der vertragszweckgefährdende Charakter einer Klausel festgestellt worden ist – Fälle, in denen eine Klausel gleichwohl angemessen erscheint, sind kaum vorstellbar.

In der Rechtspraxis spielen diese rechtsdogmatischen und -theoretischen Überlegungen allerdings kaum eine Rolle, die Gerichte berufen sich für die Unangemessenheit einer AGB-Klausel oft nur pauschal auf „§ 307 BGB" (früher: § 9 AGBG) oder „§ 307 Abs 1 BGB" ohne weitere Differenzierung.[256] Im Folgenden werden jedenfalls zu-

---

[250] BGH NJW 1997, 739, 740 (Fitnessstudio-Vertrag); vgl auch BGHZ 100, 373, 379 (Zeitungs-Abonnement).
[251] Vgl STAUDINGER/COESTER-WALTJEN (2013) § 309 Nr 9 Rn 2, 5, 9, 11 und öfter.
[252] STAUDINGER/COESTER (2013) § 307 Rn 302 ff.
[253] So pointiert CANARIS, in: FS Ulmer (2003) 1073, 1075 ff. Zuvor schon BECKER, Auslegung des § 9 Abs 2 AGBG (1986) 55 ff. Jetzt wohl auch BGH NJW 2009, 3570 Rn 14, 16.
[254] STAUDINGER/COESTER (2013) § 307 Rn 222 ff, 226; zustimmend STOFFELS,

AGB-Recht (3. Aufl 2015) Rn 500. Vermittelnd zwischen beiden Auffassungen FUCHS, in: ULMER/BRANDNER/HENSEN § 307 Rn 193 ff.
[255] Ebenso STOFFELS, AGB-Recht (3. Aufl 2015) Rn 500 sowie bereits SCHMIDT-SALZER, AGBG (2. Aufl 1977) Rn F 46; STAUDINGER/COESTER (12. Aufl 1980) § 9 AGBG Rn 19. Krit dazu insbes CANARIS, in: FS Ulmer (2003) 1073, 1075 ff; FUCHS in: ULMER/BRANDNER/HENSEN § 307 Rn 196.
[256] ZB BGH BB 2017, 2254 Rn 13 f, 17 f, 19 f, 22; NJW 2010, 1275 Rn 10 ff. Erfreulicherweise präziser dagegen BGH NJW 2014, 922 Rn 18.

nächst die beiden Konkretisierungen der Generalklausel in § 307 Abs 2 BGB vorgestellt.

bb) Das dispositive Recht als Gerechtigkeitsmaßstab, § 307 Abs 2 Nr 1
Den wohl wichtigsten und effektivsten Kontrollmaßstab für AGB-Klauseln stellt § 307 Abs 2 Nr 1 BGB bereit: Weicht eine Klausel vom dispositiven Recht ab, das sonst für das Vertragsverhältnis gegolten hätte, so erkennt das Gesetz den „wesentlichen Grundgedanken" der abbedungenen Regelungen eine **Leitbildfunktion** für einen gerechten Interessenausgleich zu – ein Gedanke, der schon auf LUDWIG RAISER zurückgeht.[257] Erweist sich die AGB-Klausel mit diesem Gerechtigkeitsmodell als unvereinbar, ist sie unangemessen und unwirksam. Die Dispositivität des Gesetzes gilt also nur für Individualverträge in vollem Umfang, für AGB hingegen nur in Randbereichen – der „Gerechtigkeitskern" ist AGB-fest. 48

Die Anwendung von § 307 Abs 2 Nr 1 BGB fordert also in einem ersten Schritt die Feststellung, dass ohne die AGB-Klausel eine gesetzliche Regelung gegolten hätte und mit welchem Inhalt.[258] Dabei kommt nicht nur positives Recht in Betracht, auch ungeschriebene Rechtsgrundsätze oder verfestigtes Richterrecht können den Maßstab vorgeben.[259] In einem zweiten Schritt ist sodann in einem *Rechtslagenvergleich* die „Abweichung" der Klausel vom verdrängten dispositiven Recht festzustellen. 49

Nach dieser rechtlichen Bestandsaufnahme schließt sich die eigentliche und entscheidende *Wertung* an: die „Unvereinbarkeit" der Klausel mit dem verdrängten Gerechtigkeitsmodell. Dass es nur auf dessen Kern, auf seinen wesentlichen Gerechtigkeitsgehalt ankommt, ergibt sich aus der gesetzlichen Verbindung der „Unvereinbarkeit" mit „wesentlichen Grundgedanken".[260] Erforderlich ist eine erhebliche Schlechterstellung des Kunden im Vergleich zur gesetzlichen Rechtslage;[261] abweichende, aber im Wesentlichen gleichwertige Modelle der Lasten- und Risikoverteilung sind auch durch AGB ohne weiteres regelbar.[262] Gleichwertigkeit kann dabei auch dadurch erreicht werden, dass eine punktuelle Schlechterstellung des Kunden durch anderweitige Vorteile kompensiert wird – etwa durch Einräumung eines Remissionsrechts, wenn zunächst der Verkäufer die Menge der zu liefernden Ware bestimmen darf.[263] Umgekehrt kann das Zusammenwirken mehrerer belastender, aber gerade noch haltbarer Klauseln insgesamt zu Unwirksamkeit aller betreffenden Klauseln führen („Summierung").[264] 50

---

[257] RAISER Allgemeine Geschäftsbedingungen (1935) 293 f. Grundlegende Übernahme durch die Rechtsprechung schon in BGHZ 41, 151, 154.
[258] Zur Qualifizierung von Internet-Verträgen BGH NJW 2010, 1449 Rn 15 ff.
[259] Im Einzelnen STAUDINGER/COESTER (2013) § 307 Rn 231 ff.
[260] Vgl BT-Drucks 7/5426, 6.
[261] ZB BGH NJW 2017, 2538 Rn 33 ff (Kontogebühr in der Darlehensphase des Bausparvertrages); NJW 2008, 2254 Rn 18 ff (Mietreduktion trotz Gebrauchsstörung nur bei Vorsatz oder grober Fahrlässigkeit des Vermieters – also volle Zahlungspflicht des Mieters trotz fehlender Nutzungsmöglichkeit).
[262] STAUDINGER/COESTER (2013) § 307 Rn 257, 258.
[263] BGH NJW 2017, 325 Rn 22 ff (Sonderkündigungsrecht bei Energieliefervertrag); 1982, 644, 645 f (Zeitschriftenvertrieb); zu den Grenzen der Kompensierbarkeit BGH NJW 2017, 325 Rn 22 ff; 2010, 993 Rn 33.
[264] BGH NJW 2014, 3642 Rn 27; 2011, 2125 Rn 16; 2011, 2195 Rn 29.

51 Ergibt der Rechtslagenvergleich hingegen eine erhebliche Schlechterstellung des Kunden, so bleibt nur die Frage nach legitimierenden Abweichungsinteressen des Verwenders.[265] Diese können sich aus einer besonderen Interessenlage bei der konkreten Vertragsgestaltung ergeben, etwa im Verkehr unter Unternehmern.[266] Beachtlich, wenngleich weniger gewichtig ist auch ein allgemeines Rationalisierungsinteresse des Verwenders, insbesondere bei massenhaften Geschäften,[267] oder der Umstand, dass entsprechende Klauseln im Rechtsverkehr üblich geworden sind.[268] Ist die „Unvereinbarkeit" mit dem gesetzlichen Gerechtigkeitsmodell im Sinne von § 307 Abs 2 Nr 1 BGB festgestellt, so folgt daraus ohne weiteres die Unwirksamkeit der AGB-Klausel – eines Rückgriffs auf Abs 1 (und einer nochmaligen Gesamtabwägung in dessen Rahmen) bedarf es nicht.[269]

cc) Die konkrete Vertragsordnung als Gerechtigkeitsmaßstab, § 307 Abs 2 Nr 2

52 Das Regelungsanliegen des § 307 Abs 2 Nr 1 BGB, dh die Sicherung der Grundelemente der Vertragsgerechtigkeit, wie sie im dispositiven Gesetzesrecht konkretisiert worden ist, liegt auch der Nr 2 dieser Vorschrift zugrunde. Nur zielt Nr 2 auf Situationen, in denen gesetzliche Modelle der Vertragsgerechtigkeit fehlen, was insbesondere bei **neuartigen oder atypischen Verträgen** der Fall ist. Der Maßstab eines gerechten Interessenausgleichs liegt deshalb nicht – extern vorformuliert – bereit, sondern muss erst aus der „Natur des Vertrags" gewonnen werden, gewissermaßen als vertragsimmanente, die konkreten Individualinteressen übersteigende Ordnung. Rechte- oder Pflichtenbeschränkungen in AGB, die den vertraglichen Interessenausgleich in seiner Grundkonzeption gefährden, werden in Nr 2 für unwirksam erklärt.

53 In Nr 2 steckt aber noch ein weiterer, nicht auf atypische Verträge beschränkter Gedanke. Wer sich mit einem Vertragspartner auf ein Austauschprogramm geeinigt hat, darf nicht durch vorformulierte Klauseln den grundsätzlichen Erfolg dieses Programms konterkarieren – Nr 2 enthält ein **Aushöhlungsverbot** für übernommene zentrale Vertragspflichten. Insofern konkretisiert die Nr 2 einen spezifischen Aspekt der „Unangemessenheit" im Sinne von § 307 Abs 1 S 1 BGB, sie ist letztlich Ausdruck des *Verbots widersprüchlichen Verhaltens* (venire contra factum proprium)[270] oder auch des Vorrangs individueller Versprechen vor formularmäßiger Einschränkung (§ 305b BGB).[271]

54 Für das Prüfungsprogramm des § 307 Abs 2 Nr 2 BGB ist demgemäß zu differenzieren: Für gesetzlich nicht geregelte Verträge ist zunächst die „Natur des Vertrages", dh die vertragsimmanente Ordnungsidee, zu ermitteln; sodann – wie auch bei normierten Vertragstypen – ist die „Wesentlichkeit" der von einer Klausel betroffenen Rechte oder Pflichten zu überprüfen sowie auch ihre „Einschränkung" durch die Klausel;

---

[265] Nach CANARIS, in: FS Ulmer (2003) 1073, 1077 ff sind diese Interessen erst im Rahmen einer Gesamtabwägung gemäß § 307 Abs 1 BGB zu prüfen.
[266] Vgl BGH WM 1990, 1410 (Bürgschaft auf erstes Anfordern zwischen Kreditinstituten); vgl aber BGH ZIP 2004, 1004, 1005 f (unwirksam im Verkehr mit öffentlicher Hand).
[267] Vgl BGH NJW 2001, 2635, 2637 f (ersatzloser Verfall von Telefonkarten).
[268] BGH NJW 1973, 991; 1982, 644, 645; anders aber der BGH zur Überwälzung der Schönheitsreparaturen bei der Wohnungsmiete, NJW 2007, 3776, 3777; 1998, 3114, 3115 (nicht akzeptabel allerdings eine unbedingte Endrenovierungspflicht).
[269] Vgl oben Rn 47.
[270] BGH NJW 1985, 1165 f; 1982, 1694, 1695; LIEB DB 1988, 953; besonders nachdrücklich STOFFELS, AGB-Recht (3. Aufl 2015) Rn 523 ff.
[271] Vgl STAUDINGER/COESTER (2013) § 307 Rn 272.

E. Allgemeine Geschäftsbedingungen

schließlich ist im Rahmen einer Gesamtabwägung zu fragen, ob die Einschränkung eine „Vertragszweckgefährdung" zur Folge hat.[272]

Über die „**Natur des Vertrages**" müssen vorab Vorstellungen bestehen, damit über den Stellenwert einzelner Rechte und Pflichten geurteilt werden kann. Der konkrete Vertrag der Parteien im Individualprozess ist dabei Ausgangspunkt der Überlegungen, nicht aber schon das Ziel der Analyse: Die „Natur" des Vertrags verweist auf einen hinter dem konkreten Vertrag stehenden **Idealtypus** („der" unechte Factoringvertrag, „der" Sicherungsvertrag bei einer Sicherungsübereignung an eine Bank), in dem die gegensätzlichen Interessen der Marktparteien einen fairen, sinnvollen Ausgleich finden. Ein solcher Idealtypus kann auch bei völlig neuen, erstmalig vor Gericht kommenden Verträgen gedacht werden. Seine Strukturen werden zunächst tastend, vor allem falsifizierend konkretisiert;[273] haben sie sich in jahrzehntelanger Rechtsprechung zu ausdifferenzierten, anerkannten Regeln verdichtet, die dispositivem Gesetzesrecht funktional entsprechen, können sie sogar zum Gerechtigkeitsmodell iSv § 307 Abs 2 Nr 1 BGB werden.[274] 55

Bei der sodann zu ermittelnden „**Wesentlichkeit**" der betroffenen Rechte oder Pflichten stehen vor allem die **zentralen Leistungs- und Schutzerwartungen** des Kunden im Mittelpunkt, wie sie vom grundsätzlichen Leistungsversprechen des Verwenders geweckt worden sind.[275] Die Unterscheidung vertraglicher Haupt- und Nebenpflichten ist mit der „Wesentlichkeit" nicht identisch, hat aber immerhin Indizwert. Ob der von der Rechtsprechung gelegentlich bevorzugte Begriff der „Kardinalpflichten"[276] heuristischen Wert hat oder nur (bekräftigend) das Ergebnis der Wertung bezeichnet, ist umstritten.[277] 56

Die anschließend festzustellende „**Einschränkung**" der Rechte entspricht funktional der Abweichungsprüfung gemäß § 307 Abs 2 S 1 BGB: Sie ist in einem „Rechtslagenvergleich" zu ermitteln.[278] 57

Die Einschränkung muss schließlich zu einer „**Vertragszweckgefährdung**" führen – hier ist der Platz für eine umfassende Interessenabwägung, in der die Schwere der Rechtseinschränkung ebenso eine Rolle spielt wie ihre Folgen für die Vertragsinteressen des Kunden. Eine Aushöhlung seiner zentralen Leistungserwartungen führt zur Unwirksamkeit.[279] Hierzu gehören auch berechtigte Erwartungen des Kunden über die Grenzen seiner Leistungspflicht.[280] Bei der Abwägung können auch kompensierende Pflich- 58

---

[272] Zu diesem Aufbau deutlich zuletzt BGH NJW 2002, 673, 675 f; andere Schwerpunktsetzung bei STOFFELS, AGB-Recht (3. Aufl 2015) Rn 528 ff, 546 f.
[273] Vgl FASTRICH, Richterliche Inhaltskontrolle im Privatrecht (1992) 286 f. Für Beispiele aus der Judikatur vgl nur BGH NJW 2017, 1301 Rn 17 (Leistungsort für die Rückgabe des Leasinggegenstands); NJW 2007, 1949 Rn 19 (Konstellation eines „unechten Factoring").
[274] STAUDINGER/COESTER (2013) § 307 Rn 266 („Hinüberwachsen" von Nr 2 in Nr 1); ablehnend STOFFELS, AGB-Recht (3. Aufl 2015) Rn 514.
[275] OECHSLER, Gerechtigkeit im modernen Austauschvertrag (1997) 320 f.
[276] Vgl zB BGH NJW 2002, 673, 674.
[277] Vgl STAUDINGER/COESTER (2013) § 307 Rn 275, 276; skeptisch der BGH selbst, NJW 2016, 2101 Rn 34; NJW-RR 2005, 1496 Rn 85.
[278] Vgl oben Rn 49.
[279] BGH NJW 2017, 2831 Rn 15; 2012, 3023 Rn 18. Zum Beispiel Kaltlagerung von Tiefkühlkost, BGH NJW 1984, 1350 Rn 16 f.
[280] Verletzt durch Haftungserweiterungen bei Höchstbetragsbürgschaft, BGH NJW 2002, 3167, 3168 f.

ten des Verwenders zu beachten sein oder die Frage, welche Partei eher die Möglichkeit hat, ein Risiko zu versichern.[281]

dd) Die offene Generalklausel, § 307 Abs 1

59 Betrachtet man § 307 Abs 2 BGB als in sich geschlossene Tatbestände, für die es keiner abschließenden Gesamtabwägung nach Abs 1 bedarf,[282] so bleibt für die offene Generalklausel des Abs 1 als Anspruchsgrundlage nur die Funktion eines subsidiären Auffangnetzes. Dies ist sachgerecht, da konkretere Entscheidungsgrundlagen vorzuziehen sind. Immerhin bezeichnet Abs 1 aber – neben seiner Auffangfunktion – den maßgeblichen Richtpunkt und die Interventionsschwelle der gesamten AGB-rechtlichen Inhaltskontrolle; die hier zu entwickelnden Einzelkriterien bei der Angemessenheitsprüfung und ihr Verhältnis zu einander strahlen auf die vorgelagerten Konkretisierungen der §§ 307 Abs 2 bis 309 BGB aus.[283]

d) Reichweite und Grenzen der Inhaltskontrolle, § 307 Abs 3
aa) Grundgedanke

60 Die Inhaltskontrolle nach §§ 307–309 BGB will den Kunden vor einer einseitigen Verschlechterung seiner Rechtslage schützen. Dieser Normzweck kann von vornherein nur erreicht werden, wenn es eine solche „Rechtslage" außerhalb der AGB-Klausel überhaupt gibt und wenn von ihr abgewichen wird. § 307 Abs 3 S 1 BGB stellt dies klar, ohne allerdings die wesentlichen Grenzen zwischen kontrollfähigem und -freiem Bereich einigermaßen greifbar zu konkretisieren (zur stets möglichen Transparenzkontrolle gemäß § 307 Abs 3 S 2 BGB siehe unten Rn 66). Im Rahmen der Schuldrechtsreform war eine präzisierende Fassung des Gesetzes erwogen, letztlich aber fallen gelassen worden.[284] Immerhin steuert Art 4 Abs 2 Klausel-RL (wenngleich unmittelbar nur für den Verbrauchervertrag) eine wesentliche Konkretisierungshilfe bei. Jedenfalls besteht im Grundsatz Einigkeit darüber, dass der materiellen Inhaltskontrolle zwei Bereiche nicht unterworfen sind: die lediglich *rechtswiederholenden (rechtsdeklaratorischen) Klauseln* und die das *Preis-/Leistungsverhältnis* definierenden Klauseln.[285] Über die Abgrenzung im Einzelnen herrscht jedoch nach wie vor große Unsicherheit.

bb) Rechtsdeklaratorische Klauseln

61 Rechtsdeklaratorische Klauseln sind nicht nur deshalb kontrollfrei, weil durch sie der Kunde nicht gegenüber dem sonst geltenden Recht benachteiligt wird; vielmehr fehlt es auch an der Kompetenz der Gerichte, das lediglich in Bezug genommene geltende Recht auf seine Angemessenheit zu überprüfen, und an Maßstäben für eine solche Kontrolle.[286] „Recht" in diesem Sinne sind auch arbeitsrechtliche Kollektivverträge,

---

[281] BGH NJW 2002, 673, 675 f (Schäden an Möbeln des Mieters durch Wohnungsmängel).
[282] Oben Rn 47.
[283] Überblickartige Darstellung dieser „allgemeinen Lehren" der Angemessenheitsprüfung bei STAUDINGER/COESTER (2013) § 307 Rn 107 ff. Zur umgekehrten Ausstrahlung der gesetzlichen Konkretisierungen auf die Generalklausel s oben Rn 46 – es findet also eine wechselseitige Beeinflussung statt.
[284] Krit STOFFELS JZ 2001, 843, 849 mit Wiedergabe des Entwurfswortlauts.
[285] BGH ZIP 2017, 1704 Rn 20; NJW-RR 2016, 1387 Rn 12. Zu Ersterem BT-Drucks 7/3919, 22; BGH NJW 2002, 1950 Rn 13 ff; 2001, 2012, 2013 sowie Nachweise bei STAUDINGER/COESTER (2013) § 307 Rn 289 f; zu Zweiterem BGH NJW-RR 2016, 1387 Rn 19 ff; NJW 1999, 2279, 2280; 1999, 3558, 3559; FASTRICH, Richterliche Inhaltskontrolle im Privatrecht (1992) 257 ff; STAUDINGER/COESTER (2013) § 307 Rn 310 ff.
[286] BT-Drucks 7/3919, 22 (Gesetzesbindung der Judikative gemäß Art 20 Abs 3 GG); CANARIS NJW 1987, 609, 611. Das gilt sinngemäß auch, wenn der AGB-Inhalt durch eine Behörde öffentlich-rechtlich vorgeschrieben wird, so dass

§ 310 Abs 4 S 3 BGB (s oben Rn 14), nicht aber schon branchenweit akzeptierte, jedoch private Regelungswerke wie zB die VOB/B.[287]

Der rein deklaratorische Charakter einer AGB-Klausel ergibt sich aus einem „Rechtslagenvergleich" mit und ohne AGB-Klausel.[288] Die Rechtslage ohne AGB kann nicht nur durch positives Recht, sondern auch durch ungeschriebene Rechtsgrundsätze oder Richterrecht geprägt sein.[289] Gibt es – etwa bei neuartigen Vertragstypen – noch keine Rechtsregeln, haben AGB stets ergänzenden Charakter und unterliegen damit der Inhaltskontrolle.[290] Das Gleiche gilt für AGB, die Recht in Bezug nehmen, das „aus sich heraus" für diesen Vertrag nicht gegolten hätte (zB kaufrechtliche Bestimmungen für Werkverträge) oder die vom Gesetz eröffnete Gestaltungsmöglichkeiten wahrnehmen (zB die Vereinbarung einer Vertragsstrafe, Unterwerfung unter die sofortige Zwangsvollstreckung etc). Selbst wenn die Ausfüllung gerade auch durch AGB vom Gesetz grundsätzlich akzeptiert wird, sind damit nicht automatisch auch schon die konkreten Ausfüllungsinhalte kontrollfrei gestellt.[291]

cc) Leistung und Gegenleistung

Die Kontrollfreiheit von einschlägigen AGB-Bestimmungen beruht darauf, dass in einem marktwirtschaftlichen System grundsätzlich Abschluss- und Inhaltsfreiheit von Schuldverträgen herrscht und rechtliche Maßstäbe weder für das Leistungsangebot noch für einen „gerechten Preis" vorhanden sind. Festlegungen durch AGB ergänzen deshalb nicht das Recht, sondern gehören zum kontrollfreien Spiel des Marktmechanismus. Das gilt auch, wenn die Leistung nicht „festgelegt", sondern ausdrücklich als „variabel" vereinbart wird.[292]

Allerdings hat die Rechtsprechung insoweit doch eine Reihe von Ausnahmen etabliert, deren Geltungsgrund und Abgrenzung im Einzelnen jedoch unklar ist. So wird zwischen Haupt- und Nebenabreden unterschieden[293] oder dem „Kern" und der Ausgestaltung einer Leistungszusage oder zwischen der Festlegung einer Leistung als solcher und ihrer Modifikation bzw Einschränkung (die jeweils zweitgenannte Variante soll kontrollfähig sein).[294]

Für die Grenzen der Kontrollfreiheit von Preis-/Leistungsbestimmungen nach § 307 Abs 3 S 1 BGB sollten im Wesentlichen **zwei Leitgedanken** herangezogen werden: Zum einen greifen die gesetzlichen Konkretisierungen der Generalklausel des § 307

---

kein Gestaltungsspielraum für den Verwender bleibt, BGH NJW 2007, 3344 ff (Telekommunikationsdienstleistungen).
[287] BGHZ 178, 1 ff.
[288] Vgl schon, mit etwas anderer Fragestellung, § 307 Abs 2 Nr 1 und Nr 2 BGB, oben Rn 48, 52.
[289] BGH NJW 2014, 1168 Rn 16; NJW 1993, 721 Rn 20.
[290] STAUDINGER/COESTER (2013) § 307 Rn 293.
[291] Näher STAUDINGER/COESTER (2013) § 307 Rn 301 ff; MünchKomm/WURMNEST § 307 Rn 9 f.
[292] BGH NJW 2014, 3508 Rn 20 ff (Berechnungsformel für Gaspreis); NJW 2010, 1742 Rn 16 (variabler Zinssatz).

[293] Dazu BGH BB 2017, 2058 Rn 24 ff; NJW 2011, 1726 Rn 15 f mit umfassenden Nachweisen.
[294] ZB BGH NJW 2017, 2538 Rn 27 (Kontogebühr in der Darlehensphase des Bausparvertrages); NJW 2009, 3570 Rn 12 ff, 15 (allgemeine Vertragspflichten werden gebührenpflichtig gestellt); NJW 2010, 151 Rn 23 (Abweichung vom Leistungsbegriff des § 628 BGB); ausführlich STAUDINGER/COESTER (2013) § 307 Rn 310 ff; der Rspr folgend MünchKomm/WURMNEST § 307 Rn 12 ff; krit vWESTPHALEN NJW 2011, 2098, 2099 („artifiziell")).

Abs 1 BGB selbst in den Leistungsbereich über und bringen damit zum Ausdruck, dass insoweit eine Kontrolle grundsätzlich erlaubt ist. Das gilt zunächst und vor allem für § 307 Abs 2 Nr 2 BGB mit seinem Aushöhlungsverbot vertragswesentlicher Rechte und Pflichten – sie können nicht nur, sondern werden in der Regel Hauptpflichten des Vertrags sein. Also findet die Unterscheidung zwischen (kontrollfreier) Leistungsbeschreibung und (kontrollfähiger) Einschränkung, unbeschadet der Abgrenzungsschwierigkeiten im Einzelnen, ihre Rechtfertigung in § 307 Abs 2 Nr 2 BGB: Die klauselmäßig eröffnete Möglichkeit für den AGB-Verwender, das einmal **vereinbarte Äquivalenzverhältnis** zwischen Leistung und Gegenleistung zu verändern, hat sich als Leitgedanke der Rechtsprechung bei Änderungs- und Anpassungsvorbehalten auch im Rahmen von § 307 BGB etabliert.[295] In einem Kernbereich findet dieser Gedanke schon seinen Ausdruck in den Klauselverboten der §§ 308 Nr 4, 309 Nr 1, 8 BGB.[296] Veränderungen des vereinbarten Äquivalenzverhältnisses von Leistung und Preis werden in der Klauselpraxis insbesondere ermöglicht, wenn Nebenleistungen des Verwenders, die nach der Vertragsordnung ohnehin zu seinem Pflichtenkreis gehören, gesondert gebührenpflichtig gestellt werden (Kontoführungsgebühren bei Darlehensverträgen; „Platzmiete" bei Verkaufskommission des Autohändlers).[297] Verdächtig sind auch Preisanpassungsvorbehalte des Verwenders: Sie sind bei Dauerschuldverhältnissen zwar sinnvoll und nicht grundsätzlich verboten, müssen aber auf konkrete Kostenveränderungen beim Verwender bezogen und beschränkt sein und sich auch (zu Gunsten des Kunden) auf Kostensenkungen beziehen.[298] Nur in diesem Fall wird bei Anpassungen das Äquivalenzverhältnis nicht verschoben, sondern – in angepasster Form – gewahrt.

65 Der zweite Leitgedanke ist auf das **Funktionieren des Marktmechanismus** gerichtet: Die Inhaltskontrolle der §§ 307 bis 309 BGB kompensiert das situationsbedingte Versagen des Marktes bei AGB-Verwendung (oben Rn 41), sie ist nicht am Platz, wo der Marktmechanismus funktioniert. Dies ist tendenziell jedenfalls bei den gegenseitigen Hauptpflichten der Fall, ist aber nicht auf sie beschränkt. Ausschlaggebendes Kriterium muss sein, ob eine Vertragsbestimmung die Aufmerksamkeit des (Durchschnitts-)Kunden findet und damit in seine autonome Entscheidung einfließt (Abschluss, Abänderungsverlangen, Ausweichen auf andere Anbieter) – in diesem Fall fehlen Bedürfnis und Legitimation für eine externe Angemessenheitskontrolle.[299] Hier liegt ein weiterer Grund für die in der Rechtsprechung verbreitete Unterscheidung von Haupt- und Nebenabreden über Preis oder Leistung (zB „Gebühren" für Neben- oder Zusatzleis-

---

[295] STAUDINGER/COESTER (2013) § 307 Rn 327; STOFFELS, AGB-Recht (3. Aufl 2015) Rn 452; vgl BGH NJW 1987, 1931, 1935: „Unangemessene Verkürzung der vollwertigen Leistung, wie er (der Vertragspartner) sie nach dem Gegenstand und dem Zweck des Vertrags erwarten darf."; BGH NJW 2009, 2662 Rn 26; NJW 2009, 2667 Rn 26; NJW 2009, 3570 Rn 12 ff; BAG NJW 2013, 1020.
[296] Vgl STOFFELS, AGB-Recht (3. Aufl 2015) Rn 453 ff.
[297] BGH NJW 2013, 995 Rn 18 ff (Pfändungsschutzkonto); NJW 2011, 1801 Rn 25 ff (Abschlussgebühr bei Bausparkassenvertrag); NJW 2011, 1726 ff (Platzmiete); NJW 2011, 2640 Rn 27 ff (Darlehensvertrag).

[298] BGH CuR 2017, 58 Rn 46 ff (Fernwärmeversorgungsvertrag); NJW 2017, 325 Rn 22 ff (Energielieferungsvertrag); NJW 2016, 936 Rn 9 ff, 23 ff (Stromversorgungsvertrag); NJW 2010, 993 Rn 25, 46; NJW 2009, 2662 Rn 26 ff; zu Koppelungsklauseln („Gas an Heizöl") BGH NJW 2010, 2789 Rn 38 ff; NJW 2009, 2794 Rn 44 ff. Zum umgekehrten Fall des Ausschlusses der Preisanpassungsmöglichkeiten gem § 2 Abs 3 VOB/B sowie § 313 BGB vgl BGH NJW 2017, 2762 Rn 15 ff, 23 ff.
[299] STAUDINGER/COESTER (2013) § 307 Rn 320 ff; weitere Ausführung dieses Ansatzes vor allem bei STOFFELS JZ 2001, 843 ff; ders (Fn 3) Rn 449 ff; im Ansatz ähnlich FUCHS, in: ULMER/BRANDNER/HENSEN § 307 Rn 21 ff.

tungen)³⁰⁰ – Nebenabreden werden in der Regel kaum wahrgenommen, werden oft auch für nicht einschlägig erachtet, können aber zu erheblichen Veränderungen des Äquivalenzverhältnisses führen. Hat der Verwender jedoch einen Vertragspunkt besonders hervorgehoben (etwa im Rahmen seiner Werbung die relativ niedrigen Gebühren einer Bank), so bezieht sich hierauf auch die Marktentscheidung des Kunden; eine Inhaltskontrolle findet auch dann nicht statt, wenn es sachliche Gesichtspunkte für eine „angemessene Gebühr" gäbe.³⁰¹

e) Insbesondere: Das Transparenzgebot
aa) Grundgedanke

Das AGB-Recht verfolgt – wie bereits herausgestellt – einen doppelten Schutzansatz. Vorgelagert vor der materiellen Inhaltskontrolle, das heißt dem unmittelbaren Zugriff auf unangemessene Klauseln und deren Verwerfung (heteronomer Kundenschutz), steht der „informationspolitische Schutzansatz" des Gesetzes, der den Kunden zu autonomer Selbstwahrung seiner Interessen befähigen soll. Unabdingbare Grundvoraussetzung dieses Selbstschutzes ist eine Kenntnis des Kunden von den Vertragsbedingungen. Diese müssen deshalb – wie es Art 5 S 1 Klausel-RL formuliert – „stets klar und verständlich abgefasst sein", damit der Kunde gegebenenfalls auf Abänderung dringen oder auf andere Anbieter ausweichen kann.³⁰² Dieses „Transparenzgebot" von AGB ist nicht nur jetzt auch in § 307 Abs 1 S 2, Abs 3 S 2 BGB als Kriterium der Inhaltskontrolle positiviert,³⁰³ es findet seine Ausprägung auch schon an anderen Schaltstellen des AGB-Rechts: der Hinweis- und Kenntnisverschaffungsobliegenheit des Verwenders bei der Einbeziehung von AGB (§ 305 Abs 2, 3 BGB; siehe oben Rn 28), der Ausblendung überraschender Klauseln (§ 305c Abs 1 BGB; siehe oben Rn 34) und der Unklarheitenregel des § 305c Abs 2 BGB (Rn 39). **66**

Das Ausmaß der zu fordernden Transparenz hängt naturgemäß von der Vertragsmaterie und den beteiligten Verkehrskreisen ab – im unternehmerischen Verkehr kann beispielsweise mehr Eigenwissen und Erfahrung des Kunden vorausgesetzt werden als beim Verbraucher.³⁰⁴ Im Arbeitsvertragsrecht hat das Transparenzgebot schnell eine herausragende, spezifische Bedeutung erlangt.³⁰⁵ Bezugspunkte der notwendigen Transparenz sind jedoch stets zweierlei: die „Marktchancen" des Kunden, das heißt seine Informiertheit vor allem auch über Lasten und Risiken des Geschäfts als Voraussetzung eines Marktvergleichs, und die „Rechtsposition" des Kunden, das heißt seine Informiertheit über seine Pflichten und Rechte als Voraussetzung seiner sachgerechten Rechtswahrung.³⁰⁶ Hieraus ergibt sich ohne weiteres, dass die Transparenz- **67**

---

³⁰⁰ Zum Beispiel BGH ZIP 2017, 1704 Rn 19 ff (Kosten einer smsTAN im Preisverzeichnis einer Sparkasse); NJW 1994, 318 f (Bankgebühr für Ein- oder Auszahlungen); NJW 2002, 2386, 2387 („Deaktivierungsgebühr" für Stilllegung des Telefonanschlusses); NJW 1998, 310 (Gebühren für nicht planmäßige Abwicklung von Schecks, Überweisungen etc); NJW 1998, 383 (Kreditkarteneinsatz im Ausland).
³⁰¹ Vgl dazu Derleder/Metz ZIP 1996, 573, 576 f.
³⁰² Zum Transparenzgebot eingehend Staudinger/Coester (2013) § 307 Rn 170 ff; Bieder AcP 216 (2016) 911 ff; Häublein WuM 2016, 468 ff; Stoffels RdA 2015, 276 ff.
³⁰³ Durch das SchuldModG 2002 (vgl BT-Drucks 14/6040, 153 f; zur Pflicht nationaler Gesetzgeber, RL ihrerseits klar und verständlich ins nationale Recht umzusetzen, vgl EuGH NJW 2001, 2244, 2245; zur Rechtslage vor 2002 vgl Staudinger/Coester [1998] § 9 AGBG Rn 121 ff).
³⁰⁴ Ausführlich Pfeiffer NJW 2011, 1 ff („Was kann ein Verbraucher?").
³⁰⁵ Ausführlich Stoffels ZfA 2009, 862, 879 ff.
³⁰⁶ Näher Staudinger/Coester (2013) § 307 Rn 180 ff.

kontrolle auch nicht vor denjenigen Vertragsklauseln Halt macht, die einer materiellen Inhaltskontrolle nicht unterworfen sind: Regelungen bezüglich des Preis-/Leistungsverhältnisses und rechtsdeklaratorischen Klauseln (§ 307 Abs 3 S 2 BGB; vgl Rn 60). Unklarheiten bei Ersteren, etwa bezüglich der Nebenleistungspflichten des Kunden, behindern ihn in der Wahrung seiner Marktchancen,[307] bei Zweiteren, etwa durch schwer nachvollziehbare oder durch „dynamische" Verweise auf geltende Vorschriften, können seine Chancen auf Rechtswahrung beeinträchtigt sein: Hier müssen sowohl die Verweisungsklausel im Vertrag wie auch die verwiesene Regelung dem Transparenzprinzip genügen.[308] Damit erweist sich die Transparenzkontrolle auch bei vertraglichen Hauptpflichten letztlich nicht als Ausnahme, sondern geradezu als Voraussetzung der Freiheit von Inhaltskontrolle.[309]

bb) Einzelheiten

68 § 307 Abs 1 S 2 BGB stellt – in Übereinstimmung mit den schon zuvor anerkannten Rechtsgrundsätzen – den Zusammenhang zwischen einem zunächst nur formalen Befund der „Unklarheit" oder „Unverständlichkeit" (übergreifend: „Intransparenz") und materiell unangemessener Benachteiligung im Sinne von § 307 Abs 1 S 1 BGB her. Die Gesetzesformulierung „kann sich auch daraus ergeben" darf nicht dahin missverstanden werden, dass eine Kausalität zwischen Intransparenz und materieller Benachteiligung nachgewiesen werden müsste – Letztere ergibt sich ohne weiteres aus der intransparenzbedingten Beeinträchtigung des Kunden in Wahrnehmung seiner Marktchancen oder Rechtswahrung.[310] Umgekehrt besagt die Transparenz einer Klausel nichts über ihre inhaltliche Angemessenheit – diese ist eigenständig zu prüfen.[311]

Praktische Anwendungsfelder des Transparenzgebots in diesem Sinne sind vor allem Änderungs- oder Gestaltungsfreiheiten, die sich der Verwender vorbehält – etwa Zinsanpassungsklauseln der Banken,[312] Preisänderungsklauseln[313] oder Widerrufsvorbehalte[314], die insbesondere bei freiwilligen Arbeitgeberleistungen verbreitet sind. Von solchen Klauseln verlangt das BAG nicht nur, dass der Arbeitnehmer „erkennen könne, was auf ihn zukommt"; vielmehr muss auch die inhaltliche Angemessenheit und Zumutbarkeit aus dem Klauseltext erkennbar sein.[315] Für die Beurteilung im Lichte des

---

[307] Vgl STOFFELS, AGB-Recht (3. Aufl 2015) Rn 565, 566 mwNw.

[308] Zur im *Arbeitsrecht* häufigen Verweisung auf Tarifverträge, Betriebsvereinbarungen oder sonstige Regelungen BAG NZA-RR 2017, 325 Rn 16 ff, 24 ff (Eingruppierungserlass); NZA 2013, 216 Rn 24 ff (Manteltarifvertrag); NZA-RR 2016, 374 Rn 33 ff (Betriebsvereinbarung); 2003, 1207 Rn 21 ff (Tarifvertrag); ErfK/ PREIS §§ 305–310 Rn 18; STOFFELS ZfA 2009, 862, 885 ff; zu dynamischen Verweisungen im *allgemeinen Zivilrecht* krit OETKER JZ 2002, 337 ff; großzügiger BGH NJW 2004, 1598 Rn 24 ff („jeweils gesetzlich zulässige Miete"); vgl aber auch BGH NJW 2004, 1738 ff.

[309] STAUDINGER/COESTER (2013) § 307 Rn 315; ausführlich GOTTSCHALK AcP 206 (2006) 565 ff.

[310] Näher STAUDINGER/COESTER (2013) § 307 Rn 174 ff; STOFFELS, AGB-Recht (3. Aufl 2015) Rn 564.

[311] BGH NJW 2017, 2538 Rn 23; NJW 2011, 1801 Rn 27.

[312] Bei Darlehen BGH NJW 2009, 2051 Rn 13 f; 2000, 2580 Rn 16 f; bei Spareinlagen BGH NJW 2008, 3422 Rn 11.

[313] BGH NJW 2017, 325 Rn 15 f; NJW 2016, 936 Rn 11 ff, 15; NJW 2015, 3228 Rn 15 ff.

[314] BAG ZTR 2016, 328 Rn 24 ff; NZA 2013, 210 Rn 27 ff. Vgl hierzu BAG NZA 2017, 777 Rn 22 („Transparenzgebot" des § 308 Nr 4 BGB lex specialis ggü § 307 BGB).

[315] BAG NZA 2017, 1058 Rn 58; NZA 2016, 679 Rn 27; NZA 2007, 87 Rn 28; vgl auch BGH NJW 2004, 1588 Rn 10; LÖWISCH, in: FS Canaris I (2007) 1403, 1415 f; COESTER, in: FS Löwisch (2007) 57, 67 f. Zu Freiwilligkeitsklauseln BAG NZA 2008, 40 Rn 16 ff. Zum einseitigen Leistungsbestimmungsrecht des Arbeitgebers näher STOFFELS RdA 2015, 276 ff.

E. Allgemeine Geschäftsbedingungen

Transparenzgebots kommt es darauf an, ob der Verwender in zumutbarer Weise für weitergehende Klarheit hätte sorgen können, sowohl bezüglich der Änderungsbefugnis als solcher wie auch des zulässigen Maßes der Änderung.[316] Allerdings stoßen diese Möglichkeiten auch auf Grenzen,[317] und es kann vom Kunden – je nach Vertragsgegenstand – durchaus auch die Anspannung eigener Erkenntniskräfte verlangt werden.[318] Als ungelöstes Problem muss bislang angesehen werden, welche Anforderungen hinsichtlich Klarheit und Verständlichkeit bei unionsweiter Geschäftstätigkeit angesichts der sprachlichen und rechtlichen Unterschiede zwischen den einzelnen Ländern zu stellen sind.[319]

5. Rechtsfolgen der Nichteinbeziehung oder Unwirksamkeit von AGB, § 306

a) Grundsatz

Das Gesetz will den Kunden vor unangemessenen AGB schützen, nicht aber ihm den grundsätzlich gewünschten Vertrag aus der Hand schlagen. Deshalb bestimmt § 306 Abs 1 BGB in Umkehrung des Regel-Ausnahmeverhältnisses von § 139 BGB, dass die Unwirksamkeit einer oder mehrerer Klauseln den Bestand des Vertrags im Übrigen nicht berührt. Das Gleiche gilt für die Unwirksamkeit oder die Nichteinbeziehung aller AGB, sofern ohne sie ein Restvertrag noch konstituiert werden kann.[320] Allerdings kommt gemäß § 306 Abs 3 BGB eine Gesamtunwirksamkeit des Vertrages ausnahmsweise dann in Betracht, wenn das Festhalten am Restvertrag für eine Partei eine unzumutbare Härte darstellen würde. Auf den Grund der Unwirksamkeit kommt es bei diesen Regelungen nicht an, § 306 Abs 1, 3 BGB gilt auch bei Klauselwegfall wegen Sitten- oder Gesetzeswidrigkeit.[321]

b) Der Inhalt des Restvertrags

Betraf die Klausel eine Thematik, für die – bei fehlender vertraglicher Vereinbarung – **dispositives Gesetzesrecht** bereitsteht, so tritt gem § 306 Abs 2 BGB dieses als Ersatzrecht in die durch die Unwirksamkeit der Klausel gerissene Vertragslücke. Dispositives Gesetzesrecht steht allerdings nur bei den gesetzlich ausgeformten Vertragstypen zur Verfügung. Es genügt aber auch seine nur analoge Anwendbarkeit auf ähnliche Verträge.[322] Funktional gleichwertig sind des Weiteren auch ungeschriebene Rechtsgrundsätze, Gewohnheits- oder Richterrecht.[323] Hilfsweise können auch klare und angemessene Ersatzklauseln in den AGB selbst die Lücke füllen.[324]

---

[316] Vgl BGH NJW 2017, 325 Rn 15 f (Preisanpassungsklausel bei Energielieferungsvertrag); NJW 2008, 3422 Rn 11 f (Zinsänderungsklausel in Sparvertrag); NJW 2009, 578 Rn 12, 18, 21 (Preisanpassungsklausel in Gasversorgungsvertrag); NJW 2004, 1588 Rn 10 (Zinsänderung bei Combisparvertrag – zumindest Kriterien und Bezugsgrößen sollten angegeben werden).
[317] Dazu im Einzelnen STAUDINGER/COESTER (2013) § 307 Rn 194 ff.
[318] Vgl BGH ZIP 1999, 103 Rn 16 ff: Wohnungsnutzungsrechte an Ferienanlage in Spanien.
[319] Dazu STAUDINGER/COESTER (2013) § 307 Rn 213 ff; vgl SPELLENBERG IPRax 2007, 98 ff; HAU, in: WOLF/LINDACHER/PFEIFFER IntGV Rn 37 ff.

[320] Zu Letzterem STOFFELS, AGB-Recht (3. Aufl 2015) Rn 583, 587–590; SCHMIDT, in: ULMER/BRANDNER/HENSEN § 306 Rn 10.
[321] BAG NZA 2016, 1409 Rn 42, 44; NZA 2012, 1428 Rn 36 f; BGH NJW 1995, 2028 Rn 18; STAUDINGER/SCHLOSSER (2013) § 306 Rn 2 f.
[322] Lesenswert: BGH NJW 2014, 3234 Rn 10; NJW 2012, 2229 Rn 10 ff, 18.
[323] BGH NJW 2017, 1018 Rn 22; NJW 1996, 2092, 2093; NJW 1996, 2786, 2788. Vgl auch BGH NJW 1998, 383 Rn 12.
[324] STAUDINGER/SCHLOSSER (2013) § 306 Rn 17, 18; STAUDINGER/COESTER (2013) § 307 Rn 60; STOFFELS (s Fn 3) Rn 621 ff, jeweils mit mwNw; tendenziell eher ablehnend BGH NJW 1999, 716 Rn 14.

71 In Ermangelung dispositiven Gesetzesrechts in weitestem Sinne stellt sich die Frage, ob dann – wie § 306 Abs 1 BGB vorgibt – der Restvertrag einfach fortgilt oder ob mit richterlicher Vertragshilfe eine Ersatzregelung etabliert werden kann. Eine solche Ersatzordnung ist entbehrlich, wenn das Klauselthema nicht notwendig einer Regelung bedarf, wenn der Klauselwegfall also nicht zu einer ausfüllungsbedürftigen Lücke geführt hat: die Klausel fällt dann ersatzlos weg. Ist beispielsweise eine Vertragsstrafenklausel nach §§ 309 Nr 6 oder 307 Abs 1, 2 BGB unwirksam, so fehlt es schlicht an einer entsprechenden Vereinbarung – nach dem Modell der §§ 339 ff BGB gilt dann ohne weiteres: „keine Vertragsstrafe".[325] Hier mit „ergänzender Vertragsauslegung" über den „mutmaßlichen Willen der Parteien" korrigieren zu wollen,[326] besteht keine Legitimation.[327]

72 In anderen Fällen versucht die Rechtsprechung gelegentlich, komplexe **Klauseln zu teilen** in einen unangemessenen Bestandteil und einen akzeptablen Rest im Übrigen. Sobald nach Streichung der beanstandeten Komponente noch eine sprachlich und inhaltlich sinnvolle Restregelung verbleibt (etwa eine Vollmachtserteilung nach Streichung des Worts „unwiderruflich"[328]), ist dagegen nichts einzuwenden.[329] Die Neuformulierung einer Restklausel aus unselbständigen Fragmenten ist hingegen nicht mehr Sache des Richters[330] – die Rechtsprechung lässt deshalb eine zurückhaltende Tendenz bei der „Klauselerteilung" erkennen.

73 Eine besondere Art von „Klauselteilung" wird unter dem Stichwort **„geltungserhaltende Reduktion"** von übermäßigen Verwenderrechten diskutiert. Der BGH lehnt eine solche Reduktion im Grundsatz ab, das BAG hat sich dem angeschlossen:[331] Dem Verwender würde das Unwirksamkeitsrisiko praktisch abgenommen, wenn unangemessene Klauseln richterlich auf das gerade noch zulässige Maß reduziert würden; er würde im Gegenteil geradezu eingeladen, das Maximum an einseitiger Interessenwahrung auszureizen. Dem entspricht nunmehr auch die Rechtsprechung des EuGH.[332] Hiergegen wendet sich ein Teil der Literatur,[333] allerdings zT mit der we-

---

[325] Zuletzt BGH BB 2017, 2254 13 ff, 23 f; 2016, 1230 Rn 32 ff; BAG NZA 2016, 945 Rn 13 ff, 28 ff; für Verbraucherverträge entspricht dies zwingendem EU-Recht (Art 6 Klausel-RL, dazu unten Rn 74). Das Gleiche gilt für Klauseln, die dem Mieter die Schönheitsreparaturen nach einem Fristenplan auferlegen – selbst bei rückwirkender Änderung der diesbezüglichen Rechtsprechung, BGH NJW 2004, 2586; NJW 2006, 2113, 2115; 2006, 3778, 3781; 2008, 1438 Rn 19 f. Vgl STAUDINGER/SCHLOSSER (2013) § 306 Rn 12; STOFFELS, AGB-Recht (3. Aufl 2015) Rn 591.

[326] So für den Arbeitsvertrag BRORS DB 2004, 1778, 1781; s noch unten Rn 74.

[327] Zu unwirksamen Preisanpassungsklauseln der Energieversorger BGH NJW 2017, 325 Rn 15 f; NJW 2016, 936 Rn 11 ff, 15; NJW 2015, 3228 Rn 15 ff; NJW 2009, 578 Rn 25; NJW 2008, 2172 Rn 32.

[328] BGH NJW 1984, 2816, 2817; zur Aufspaltung einer Preisklausel in einen wirksamen und einen unwirksamen Teil BGH NJW 2011, 1801 Rn 31; 2011, 2640 Rn 24.

[329] STAUDINGER/SCHLOSSER (2013) § 306 Rn 20 ff; anders FASTRICH, Richterliche Inhaltskontrolle im Privatrecht (1992) 337 f.

[330] Insbes bei Schönheitsreparaturklauseln in Mietverträgen, vgl zuletzt BGH NJW 2010, 674 Rn 14; 2010, 2877 Rn 22 mwNw.

[331] St Rspr BGH BB 2017, 2254 Rn 23; NJW 2016, 560 Rn 32; NJW 2001, 1419 Rn 25; BAG NZA 2017, 723 Rn 44; 2016, 1539 Rn 25; 2004, 727 Rn 64. Ausführliche Darstellung bei vWESTPHALEN, AGB-Klauselwerke, „Rechtsfolgen" Rn 15 ff.

[332] Grundlegend EuGH NJW 2012, 2257 Rn 66 ff („Banca Espanol"). Seitdem St Rspr vgl nur EuZW 2017, 148 Rn 57 ff, 60 f („Naranjo" – große Kammer); BB 2015, 257 Rn 31 („Unicaja Banco"); NJW 2014, 2335 Rn 79 („Káslerné Rábai"); eingrenzend: EuGH NJW 2012, 1781 Rn 34 („Perenièová").

[333] Vor allem HAGER JZ 1996, 175 ff; CANARIS,

sentlichen Maßgabe, dass eine geltungserhaltende Reduktion nicht auf das gerade noch zulässige, sondern auf das *angemessene* Maß erfolgen soll. In dieser Variante fielen die Ergebnisse einer geltungserhaltenden Reduktion häufig mit denen zusammen, die andernfalls – bei Klauselwegfall – durch **ergänzende Vertragsauslegung** gewonnen worden wären.[334] Andere wollen danach differenzieren, ob die objektive Rechtslage bei Vertragsschluss klar war (dann Verbot geltungserhaltender Reduktion) oder auch für Rechtskundige zweifelhaft (dann Reduktion).[335]

Schon mit Blick auf den Schutz der Privatautonomie der Parteien und zur Vermeidung arbiträrer Eingriffe in den Vertragsinhalt von Seiten der Rechtsprechung sollte es beim **Verbot der geltungserhaltenden Reduktion** bleiben. Andernfalls würden die Gerichte in die Rolle einer „Ersatzpartei" gedrängt, die anstelle der hierzu eigentlich berufenen Vertragsparteien den Vertragsinhalt rechtsgestaltend umformt und ihr eigenes Verständnis des Gefüges vertraglicher Rechte und Pflichten an die Stelle jenes der Parteien setzt. Die vom Gesetzgeber in § 306 Abs 2 BGB ausdrücklich angeordneten Rechtsfolgen würde unter Überschreitung der Wortlautgrenze geradezu in ihr Gegenteil verkehrt. Und schließlich würde – worauf der EuGH in seiner Rechtsprechung hingewiesen hat – der mit der Nichtigkeitsandrohung missbräuchlicher Klauseln verbundene generalpräventive „Abschreckungseffekt"[336] leerlaufen, wenn die Verwender wüssten, dass die von ihnen gestellten AGB jedenfalls im rechtlich zulässigen Umfang bestehen blieben. Hierdurch würden Verhaltensanreize gesetzt, die der Gesetzgeber mit der AGB-rechtlichen Inhaltskontrolle gerade vermeiden wollte und die den Schutzzweck des AGB-Rechts letztlich konterkarieren. Dies hindert die Rechtsprechung freilich nicht daran, in den eng begrenzten Ausnahmefällen einer nicht mehr hinnehmbaren Störung des Vertragsgefüges bestehende Lücken im Wege der ergänzenden Vertragsauslegung durch dispositives Recht zu schließen.[337]

Die wichtigste Form richterlicher Vertragshilfe besteht in der **ergänzenden Vertragsauslegung** des lückenhaft gewordenen Vertrags. Dem Grundsatz nach ist diese Methode der Vertragsanpassung fast allgemein anerkannt,[338] gelegentlich wird sie unter Hinweis auf §§ 133, 157 BGB sogar den „gesetzlichen Vorschriften" iSv § 306 Abs 2 BGB zugerechnet.[339] Nach den Grundsätzen der ergänzenden Vertragsauslegung wird Vertragsinhalt, was die Parteien vermutlich redlicherweise vereinbart hätten, wenn sie die Unwirksamkeit der fraglichen Bedingung gekannt hätten.[340] Leitbild der Lückenfüllung ist also die „innere Teleologie des Vertrags,"[341] Maßstab ein fairer Interessenausgleich.[342] Eine solche Lückenfüllung findet jedoch nicht generell statt – das Risiko der

74

---

in: FS Steindorf (1990) 547, 567 ff; BOEMKE-ALBRECHT, Die Rechtsfolgen unangemessener Bestimmungen in allgemeinen Geschäftsbedingungen (1989) 38 ff, 115 ff; SCHMIDT, in: ULMER/BRANDNER/HENSEN § 306 Rn 34 ff.
[334] Dazu unten Rn 74.
[335] LEYENS/SCHÄFER AcP 210 (2010) 771, 799 ff.
[336] So ausdrücklich EuZW 2017, 148 Rn 60, 63 („Naranjo" – große Kammer); BB 2015, 257 Rn 31 („Unicaja Banco"); EuZW 2014, 506 Rn 79 („Káslerné Rábai") sowie bereits NJW 2012, 2257 Rn 69 (Banesto).
[337] So etwa BGH NJW 2017, 320 Rn 19 ff, 22 ff („Dreijahreslösung"); NJW 2013, 991 Rn 24 ff, 30 ff; EnWZ 2013, 225 Rn 22 ff, 28 ff; NJW 2012, 1865 Rn 23 f.
[338] BGH NJW 2017, 320 Rn 19 ff, 22 ff; NJW 2013, 991 Rn 24 ff, 30 ff; NJW 2002, 309 Rn 34; STAUDINGER/SCHLOSSER (2013) § 306 Nr 12 („sekundäre Ersatzordnung"); STOFFELS, AGB-Recht (3. Aufl 2015) Rn 611.
[339] BGH NJW 2011, 1342 Rn 38; NJW 2009, 2662 Rn 36.
[340] BGH NJW 2015, 955 Rn 28; NJW 2013, 678 Rn 16; NJW 2002, 669 Rn 19; NJW 1994, 1008 Rn 34.
[341] STAUDINGER/SCHLOSSER (2013) § 306 Rn 12.
[342] Grundlegende Darstellung und Abgrenzung

Unwirksamkeit von Klauseln trägt grundsätzlich der Verwender. Über die konkrete Einsatzgrenze der ergänzenden Vertragsauslegung ist allerdings in jüngster Zeit erheblicher Streit entstanden. Nach bisher etablierten Rechtsprechungsgrundsätzen wird mit Vertragsergänzung nur geholfen, wenn der lückenhafte Vertrag keine angemessene, den typischen Interessen beider Vertragspartner Rechnung tragende Lösung bedeuten würde.[343] Neuere Rechtsprechung insbesondere im Zusammenhang mit Preisanpassungsklauseln bei langfristigen Verträgen (zB Darlehens- oder Energielieferungsverträge) setzt jedoch die Einsatzschwelle für richterliche Vertragsergänzung höher an und lässt sie zu einem Ausnahmefall werden: Demnach wird die durch die Unwirksamkeit einer Klausel (zB Preisanpassungsrecht des Energielieferers) entstandene Lücke nur dann durch ergänzende richterliche Vertragsauslegung geschlossen, wenn es „zu einer nicht mehr hinnehmbaren Störung des Vertragsgefüges"[344] kommt und die Lücke „zu einem Ergebnis führt, das den beiderseitigen Interessen nicht mehr in vertretbarer Weise Rechnung trägt, sondern das Vertragsgefüge völlig einseitig zu Gunsten des Kunden verschiebt".[345] Nach diesem strengeren Maßstab bleibt es im Regelfall beim (lückenhaft gewordenen) Vertrag, was beim Kunden zu unverhofften Vorteilen führen kann (Dauerlieferungsvertrag ohne Preisanpassung).[346] Dieses Ergebnis kann in der Regel auch nicht mithilfe des Bereicherungsrechts (§§ 812 ff BGB) zu Gunsten des Verwenders korrigiert werden.[347] Nach der Rechtsprechung des EuGH gilt dies bei Verbraucherverträgen gemäß Art 6 Klausel-RL sogar generell, nicht nur „im Regelfall".[348] Die Auswirkungen für das deutsche AGB-Recht außerhalb von Verbraucherverträgen sind noch unklar.[349] Der BGH hat versucht, das Verdikt des EuGH auf eine (auch nach deutschem Recht unzulässige) „geltungserhaltende Reduktion" von unangemessenen Klauseln zu beschränken,[350] während ergänzende Vertragsauslegung weiterhin möglich sein soll. Ob der EuGH dem folgen wird, bleibt abzuwarten und indiziert gerade mit Blick auf die jüngste Judikatur[351] aus Gründen der Rechtsklarheit letztlich eine Vorlagepflicht des BGH.[352] Zur Zeit fehlt jedenfalls ein stimmiges, all-

---

bei WIEDEMANN, in: FS Canaris (2007) Bd I S 1281 ff.
[343] BGH NJW 2010, 1742 Rn 18; NJW 2000, 1110 Rn 45; BAG NZA 2007, 87, 90.
[344] BGH NJW 2017, 320 Rn 20; NJW 2014, 3639 Rn 18.
[345] BGH NJW 2017, 320 Rn 29; NJW 2013, 991 Rn 35; NJW 2011, 50 Rn 50; NJW 2009, 578 Rn 25; BAG ArbR 2016, 530 Rn 38; NZA 2015, 827 Rn 21; NJW 2013, 410 Rn 31 f; NZA 2012, 738 Rn 36; vgl auch BVerfG NJW 2011, 1339 Rn 41.
[346] Zu den Grenzen dieser Lastenverschiebung vgl BGH NJW 2017, 320 Rn 20 ff; NJW 2013, 991 Rn 36 ff; zur Kritik THOMAS AcP 209 (2009) 85 ff; UFFMANN, Das Verbot der geltungserhaltenden Reduktion (2010) insbes 184; dies NJW 2012, 2225 ff; NJW 2011, 1313 ff.
[347] BAG NJW 2013, 410 Rn 33 ff (keine Erstattung von betrieblichen Fortbildungskosten bei vorzeitiger Kündigung durch Arbeitnehmer).
[348] EuGH EuZW 2017, 488 Rn 71 („Banco Primus"); EuZW 2016, 474 Rn 97 („Smart Hypo"); BB 2015, 257 Rn 28 („Unicaja Banco2");
NJW 2012, 2257 Rn 65 („Banesto"). Hierzu STEMPEL ZEuP 2017, 102, 120.
[349] BÜDENBENDER ZIP 2017, 1041, 1051 ff; SCHLOSSER IPRax 2012, 507, 510 ff; HAU JZ 2012, 964, 966; UFFMANN NJW 2012, 2225 ff.
[350] BGH NJW 2017, 320 Rn 19 ff, 22 ff; NJW 2013, 991 Rn 24 ff; ähnlich vWESTPHALEN NJW 2017, 2237, 2240; PFEIFFER NJW 2014, 3069, 3072; vWESTPHALEN NJW 2012, 1770, 1772 f. Krit BÜDENBENDER ZIP 2017, 1041, 1050 ff; MARKERT EnWZ 2017, 173, 173 ff; UFFMANN NJW 2016, 1696, 1697 ff; THÜSING/FÜTTERER VersR 2013, 552, 553 ff. Vgl aber auch BGH NJW 2016, 1718 Rn 80 ff und die Kritik bei vWESTPHALEN NJW 2016, 2228, 2235.
[351] EuGH EuZW 2017, 148 Rn 57 ff, 60 f („Naranjo" – große Kammer). Hierzu PFEIFFER NJW 2017, 913, 914.
[352] Ebenso UFFMANN NJW 2016, 1696, 1699; THÜSING/FÜTTERER VersR 2013, 552, 555 und wohl auch PFEIFFER NJW 2017, 913, 914; **aA** BGH NJW 2017, 320 Rn 27 f sowie BÜDENBENDER ZIP 2017, 1041, 1051. Das BVerfG hat eine Vorlagepflicht des BGH allerdings jüngst mit der Begründung verneint, dass die Frage der

c) Nebenfolgen der Unwirksamkeit

Leistet der Kunde in Unkenntnis der Unwirksamkeit von AGB, steht ihm uU ein Rückforderungsrecht aus §§ 812, 818 BGB zu.[353] Außerdem bedeutet die Verwendung unwirksamer AGB die Verletzung vorvertraglicher Pflichten im Sinne § 311 Abs 2 BGB; dies kann zu Schadenersatzansprüchen nach § 241 Abs 2, 280 BGB führen, wenn Schäden gerade durch die Unwirksamkeit der Klausel herbeigeführt worden sind.[354] Schließlich kann die Verwendung unwirksamer AGB auch unlauteren Wettbewerb im Sinne § 4 Nr 11 UWG darstellen, was den Verwender Unterlassungsansprüchen, auch von Wettbewerbern, aussetzen kann.[355]

6. Internationale und europarechtliche Aspekte

a) Internationales Einheitsrecht

Der grenzüberschreitende Kauf untersteht, soweit nicht Verbraucher betroffen sind, vorrangig vor nationalem Recht dem UN-Kaufrecht (CISG). Dieses enthält eigenständige Vorschriften über den Abschluss von Verträgen und damit (implizit) auch über die Einbeziehung von AGB (Art 14 bis 24 CISG), die die Einbeziehungskontrolle nach § 305 BGB verdrängen. Die *Inhaltskontrolle* hingegen, die die Gültigkeit vertraglicher Vereinbarungen betrifft, bleibt dem anwendbaren materiellen Recht überlassen (bei deutschem Recht also §§ 307 ff BGB). Allerdings kann die CISG auch durch eine Rechtswahlklausel abbedungen werden – ob diese wirksam vereinbart ist, bestimmt sich jedoch nach den Vorschriften der CISG.[356]

b) Internationales Privat- und Prozessrecht

Im Übrigen bestimmt sich bei grenzüberschreitenden Verträgen das anwendbare nationale (AGB-)Recht nach den Art 3, 10 Rom I-VO. Die demnach grundsätzlich zulässige vertragliche Rechtswahl kann auch durch AGB-Klausel erfolgen;[357] ebenso die

---

Zulässigkeit der Lückenschließung im Wege ergänzender Vertragsauslegung ausschließlich nach nationalem Recht zu entscheiden sei, BVerfG 17.11.2017 – 2 BvR 1131/16 juris Rn 41 ff. Als problematisch hatte sich hier lediglich die von den Instanzgerichten unzulässigerweise unberücksichtigte Tatsache erwiesen, dass es sich bei der Beklagten um ein zu 100 % im Eigentum der Gemeinde stehendes kommunales Energieversorgungsunternehmen gehandelt hat, was aufgrund eines ausdrücklichen Rügeverzichts der Beschwerdeführer indes nicht mehr Gegenstand des Verfassungsbeschwerdeverfahrens war. Ein vom OLG Bremen initiiertes Vorlageverfahren (EnWZ 2017, 271) an den EuGH (C-309/17) zu einer ähnlich gelagerten Fragestellung wurde durch Rücknahme der Berufung seitens des Energieversorgungsunternehmens beendet.

[353] St Rspr BGH NZM 2011, 478 Rn 2; NJW 2009, 2590 Rn 10 (Schönheitsreparaturen eines Mieters); NJW 1988, 197 Rn 15; krit LORENZ NJW 2009, 2576.

[354] BGH NJW 2014, 854 Rn 34; NJW 2011, 1866 Rn 15; NJW 2010, 2873 Rn 24.

[355] BGH IPRax 2013, 557 Rn 31; NJW 2011, 76 Rn 27 ff; vWESTPHALEN NJW 2011, 2098, 2100. Eingehend hierzu und zum Streitstand STOFFELS, AGB-Recht (3. Aufl 2015) Rn 413 ff; FUCHS, in: ULMER/BRANDNER/HENSEN Vor § 307 Rn 76 ff, 89 ff.

[356] Ausführliche Darstellung bei HAU, in: WOLF/LINDACHER/PFEIFFER IntGV Rn 68 ff; STOFFELS, AGB-Recht (3. Aufl 2015) Rn 249 ff. Zu den Anforderungen an einen Ausschluss des CISG durch Rechtswahlklausel BeckOGK/WENDLAND Art 3 Rom I-VO Rn 120. 1.

[357] Vgl zuletzt EuGH NJW 2016, 2727 Rn 65 ff („Amazon"); BGH IPRax 2013, 557 Rn 36 ff (Versandapotheke). Zur Problematik eingehend

Wahl des internationalen Gerichtsstandes nach Art 23 Brüssel I-VO. Bei Verbraucherverträgen wird die Wahlfreiheit aber schon gesetzlich eingeschränkt (Art 17 Brüssel I-VO; Art 6 Rom I-VO; Art 46b EGBGB),[358] und insbesondere der EuGH wacht streng darüber, dass AGB-Klauseln nicht den Verbraucherschutz der Klausel-RL unterlaufen.[359]

c) Europäisches Unionsrecht
aa) Rechtsangleichung

78 Zur Rechtsangleichung durch die Klausel-RL von 1993 s oben Rn 10 ff.

bb) Rechtsvereinheitlichung

79 Der 2009 vorgelegte „Draft Common Frame of Reference" (DCFR)[360] widmet sich auch dem Schutz der schwächeren Vertragspartei – zunächst allgemein in den „Principles"[361] und dann zentral im Zusammenhang mit der Verwendung von AGB.[362] Hier wird in insgesamt zehn Vorschriften ein Schutzsystem gegenüber missbräuchlichen AGB („unfair terms") entwickelt, das Ähnlichkeiten zum deutschen Recht aufweist und die Wertungen der Klausel-RL integriert, aber – in abgeschwächter Form – auch zwischen Unternehmern gilt. Allerdings konzentrieren sich die vorgeschlagenen Regelungen auf die Inhaltskontrolle, und der ebenfalls beigefügte Beispielkatalog missbräuchlicher Klauseln differenziert nicht zwischen vermutlich und strikt unwirksamen Klauseln. An normativer Präzision bleibt der DCFR deutlich hinter der deutschen Regelung zurück – ein Tribut an die internationale Konsensfähigkeit des Vorschlags.

80 Auf dem DCFR basierte auch der – 2014 von der Kommission wieder zurückgezogene – Verordnungsentwurf für ein Gemeinsames Europäisches Kaufrecht vom 11.10. 2011 (GEK, CESL).[363] Dabei handelte es sich um ein optionales Vertragsrechtsmodell, das von den Vertragsparteien anstelle einer nationalen Rechtsordnung gewählt werden kann. Der Vorschlag unterschied für Rechtsgeschäfte zwischen Verbrauchern und Unternehmern jedoch in zwei getrennten Katalogen wieder zwischen strikt unwirksamen und vermutlich unwirksamen Klauseln.[364] Für den unternehmerischen Geschäftsverkehr wurde ganz auf entsprechende Klauselkataloge verzichtet. Mit dem Scheitern des Gemeinsamen Europäischen Kaufrechts kommt nun vor allem der Rechtsprechung des EuGH zentrale Bedeutung für die Harmonisierung des AGB-Rechts in Europa zu. Im Bereich der Inhaltskontrolle aber auch im Prozessrecht wurde infolge der umfang-

---

BeckOGK/WENDLAND Art 3 Rom I-VO Rn 284 ff; SCHLOSSER IPRax 2017, 267 ff; KAUFHOLD EuZW 2016, 247 ff; MANKOWSKI NJW 2016, 2705 ff; PFEIFFER IPRax 2015, 320 ff; Pfeiffer in: FS E Lorenz (2014) 843 ff; ROTH IPRax 2013, 515 ff; KONDRING RIW 2010, 184 ff; HEISS RabelsZ 65 (2001) 634 ff.

[358] Fallbeispiel bei FUCHS/HAU/THORN, Fälle zum Internationalen Privatrecht (4. Aufl 2009) 2 ff.

[359] Vgl nur EuGH NJW 2016, 2727 Rn 65 ff („Amazon"). Zur Thematik näher oben Rn 12. Zum internationalen Privat- und Prozessrecht der AGB ausführlich HAU, in: WOLF/LINDACHER/PFEIFFER Rn 1 ff; STOFFELS, AGB-Recht (3. Aufl 2015) Rn 201 ff.

[360] VBAR/CLIVE/SCHULTE-NÖLKE (Hrsg), Principles, Definitions and Model Rules of European Private Law – Draft Common Frame of Reference, Outline Edition (2009); Full Edition (6 Bd) (2009).

[361] Principles 10 (S 67 f); 44 (S 87 f); 46 (S 88 f).

[362] Book II, Chap 9, Sec 4. Näher dazu PFEIFFER, in: WOLF/LINDACHER/PFEIFFER Einl Rn 91.

[363] Vorschlag für eine Verordnung des Europäischen Parlaments und des Rates über ein Gemeinsames Europäisches Kaufrecht, KOM(2011) 635.

[364] Art 84 (per se unfaire Vertragsbestimmungen), Art 85 (Vermutung der Unfairness) GEK-VO-E, näher SCHULZE/STRYCK (Hrsg), Towards a European Contract Law (2011); DRYGALA JZ 2012, 983 ff.

reichen Judikatur des EuGH und seines prägenden Einflusses auf das nationale Recht mittlerweile eine weitreichende Teilharmonisierung des AGB-Rechts vollzogen.[365]

cc) Europäische Standard-AGB
Die EG-Kommission hat 2003 auch die Entwicklung unionsweit verwendbarer Standardklauseln ins Auge gefasst;[366] nennenswerte Fortschritte auf dieser Ebene sind allerdings nicht bekannt.

d) Rechtsvergleichung
Überblicke über das nationale AGB-Recht anderer Staaten finden sich in den Spezialkommentaren.[367]

---

[365] Ebenso PFEIFFER NJW 2017, 913, 914; STEMPEL ZEuP 2017, 102, 123 f, 125.
[366] Nw bei HAU, in: WOLF/LINDACHER/PFEIFFER IntGV Rn 6.
[367] ULMER/HABERSACK, in: ULMER/BRANDNER/HENSEN Einl Rn 105 ff; PFEIFFER, in: WOLF/LINDACHER/PFEIFFER Einl Rn 47 ff.

F. Anbahnung von Schuldverhältnissen

Jan Busche

Systematische Übersicht

I.	Entstehungsgründe für Schuldverhältnisse	1	c) Schutz sonstiger Vermögensinteressen	23
			aa) Überblick	23
II.	Anbahnung von Schuldverhältnissen und Privatautonomie		bb) Auskunfts- und Informationspflicht aufgrund Informationsasymmetrie	25
1.	Privatautonomie als Gestaltungsprinzip	3	cc) Auskunfts- und Informationspflicht aufgrund Loyalitätspflicht	31
2.	Privatautonomie und Vertragsfreiheit	4	4. Haftung Dritter	34
			a) Grundsatz	34
III.	Merkmale eines Schuldverhältnisses		b) Vertreter- und Verhandlungsgehilfenhaftung	38
1.	Schuldrechtliche Sonderverbindung	6	c) Sachwalterhaftung	40
2.	Relativität der schuldrechtlichen Beziehung	8	5. Rechtsfolgen	41
			a) Schadensersatz	41
IV.	Vorvertragliche (rechtsgeschäftsähnliche) Schuldverhältnisse		b) Weitere Rechtsfolgen	48
1.	Haftung bei geschäftlichem Kontakt	10	6. Konkurrenz zur vertraglichen Haftung	49
2.	Tatbestände geschäftlichen Kontakts	15		
3.	Schutz individueller Interessensphären	20	V. Abgrenzung zu Gefälligkeitsverhältnissen	52
a)	Grundsatz	20		
b)	Schutz von Rechten und Rechtsgütern	21	VI. Europäische Privatrechtsvereinheitlichung	54

I. Entstehungsgründe für Schuldverhältnisse

Schuldverhältnisse können nach der Systematik des BGB auf rechtsgeschäftlicher, **1** rechtsgeschäftsähnlicher oder gesetzlicher Grundlage entstehen. Mit den rechtsgeschäftlichen und rechtsgeschäftsähnlichen Schuldverhältnissen, auf die im Folgenden näher einzugehen ist, beschäftigen sich die §§ 311 ff BGB. Gemeinsames Kennzeichen dieser Schuldverhältnisse ist, dass ihre Entstehung auf privatautonomer Entscheidung beruht: Auf der einen Seite stehen die vom Willen der Beteiligten getragenen vertraglichen Schuldverhältnisse, wie zB der Kauf- oder Werkvertrag (rechtsgeschäftliche Schuldverhältnisse; § 311 Abs 1 BGB); auf der anderen Seite genügt für die Begründung rechtsgeschäftsähnlicher Schuldverhältnisse aber auch der bloße vom Willen der Beteiligten getragene geschäftliche Kontakt, der (erst) auf die Begründung einer rechtsgeschäftlichen Beziehung abzielt. Rechtsgeschäftsähnliche Schuldverhältnisse entstehen durch Aufnahme von Vertragsverhandlungen (§ 311 Abs 2 Nr 1 BGB), sonstige der Vertragsanbahnung dienende Handlungen (§ 311 Abs 2 Nr 2 BGB) oder ähnliche geschäftliche Kontakte (§ 311 Abs 2 Nr 3 BGB). In gewisser Hinsicht weisen die rechtsgeschäftsähnlichen Schuldverhältnisse damit Züge eines gesetzlichen Schuldverhältnisses auf, da Rechtspflichten bereits im vertraglichen Vorfeld begründet werden, ohne dass der Wille der Beteiligten in diesem Stadium regelmäßig schon auf die Begründung einer *konkreten* Rechtsbeziehung gerichtet sein muss. Es genügt vielmehr, dass die Beteiligten und ihre rechtsgeschäftlichen Interessenssphären miteinander in Berührung kommen. Soweit die rechtsgeschäftsähnlichen Schuldverhältnisse aus diesem Grunde den gesetzlichen Schuldverhältnissen zugeordnet werden,[1] bleibt freilich außer Betracht, dass der Wille der Beteiligten durch die Kontaktaufnahme – zumindest potenziell – darauf gerichtet ist, eine rechtsgeschäftliche Beziehung herbeizuführen. Darin unterscheiden sich die rechtsgeschäftsähnlichen von den gesetzlichen Schuldverhältnissen.

2 Gesetzliche Schuldverhältnisse, die an anderer Stelle behandelt werden (s AUER, in: STAUDINGER/Eckpfeiler R. Rn 9 ff, 97 ff und HAGER, in: STAUDINGER/Eckpfeiler S. Rn 1 ff), dienen dagegen der (Wieder-)Herstellung bzw Ordnung von Güterlagen, in die durch vertraglich nicht legitimierte Handlungen eingegriffen wurde. Sie haben damit eine Schutz- und Ausgleichsfunktion für jene Fälle, in denen ein angemessener privatautonomer Interessenausgleich regelmäßig misslingt oder von vornherein nicht zu erwarten ist. Die Entstehung gesetzlicher Schuldverhältnisse beruht daher auf einer heteronomen Wertentscheidung des Gesetzgebers, die das Ziel hat, die Rechtsbeziehungen der Beteiligten im Sinne ausgleichender Gerechtigkeit zu ordnen.[2]

II. Anbahnung von Schuldverhältnissen und Privatautonomie

1. Privatautonomie als Gestaltungsprinzip

3 Die Privatrechtsordnung wird von dem Prinzip der Privatautonomie geprägt. Wie alle Prinzipien kommt auch die Privatautonomie in dem einen Fall mehr, in dem anderen dagegen weniger zur Geltung. Das gilt auch für den Bereich der vertraglichen Schuldverhältnisse. Insoweit ist stets zu bedenken, dass die Privatautonomie nicht das alleinige Gestaltungsprinzip einer Rechtsordnung sein kann, da schrankenlose Selbstbestimmung dem Ziel zuwiderläuft, die Sozietät der Privatrechtssubjekte zu ordnen. Die Privatautonomie steht daher notwendig in einer Wechselwirkung mit anderen das Gebäude einer Rechtsordnung fundamentierenden Prinzipien wie denjenigen der Gerechtigkeit und der Rechtssicherheit. Dem Gesetzgeber obliegt es insoweit, zwischen diesen Prinzipien jeweils im Einzelfall einen interessengerechten Ausgleich herbeizuführen.

2. Privatautonomie und Vertragsfreiheit

4 Die Bedeutung der Privatautonomie für die rechtliche Ausgestaltung der vertraglichen Schuldverhältnisse ist offensichtlich: Nicht von ungefähr wird der Begriff der Privatautonomie häufig als Synonym für Vertragsfreiheit benutzt,[3] obwohl es sich bei der Vertragsfreiheit neben der Testierfreiheit, der Eigentumsfreiheit und der Assoziationsfreiheit nur um eine, allerdings wesentliche Ausprägung des Prinzips Privatautonomie handelt.[4] Allerdings wird die Vertragsfreiheit weder im Grundgesetz noch im BGB

---

[1] Vgl nur BGHZ 6, 330, 333 = NJW 1952, 1130; LARENZ, Schuldrecht AT (14. Aufl 1987) § 9 I a (S 106).

[2] LARENZ/CANARIS, Schuldrecht II/2 (13. Aufl 1994) § 67 I 1 d (S 129).

[3] Vgl nur RAISER, Die Zukunft des Privatrechts (1971) 8.

explizit erwähnt.[5] Sie wird freilich für das Schuldrecht unausgesprochen vorausgesetzt.[6] Das zeigt auch § 311 Abs 1 BGB, wonach zur Begründung eines Schuldverhältnisses durch Rechtsgeschäft oder zur Änderung des Inhalts eines Schuldverhältnisses ein Vertrag erforderlich ist. Darüber hinaus steht die Vertragsfreiheit verfassungsrechtlich unter dem Schutz der allgemeinen Handlungsfreiheit (Art 2 Abs 1 GG).[7] Das vertragliche Schuldrecht des BGB basiert in diesem Sinne, wie schon in den Motiven hervorgehoben wird, auf der Idee, dass die Privatrechtssubjekte ihren Güteraustausch selbst organisieren.[8] Komplementär dazu wird die Wirtschaftsordnung von dem Gedanken der Wettbewerbsfreiheit bestimmt.[9] Entsprechende Gewährleistungen enthält das europäische Unionsrecht, das mit den Grundfreiheiten eine Beschränkung der Vertragsfreiheit auf den Gebieten des Waren-, Personen-, Dienstleistungs- und Kapitalverkehrs zu verhindern sucht und zugleich ein Bekenntnis zur Errichtung eines gemeinsamen Marktes mit unverfälschtem Wettbewerb abgibt.[10] Zusammenfassend kann die Vertragsfreiheit damit als das eigentlich leitende Prinzip des vertraglichen Schuldrechts bezeichnet werden.

Die Vertragsfreiheit kommt im Schuldrecht in unterschiedlicher Weise zum Tragen: als Vertragsbegründungsfreiheit, Vertragsgestaltungs- und Vertragsabänderungsfreiheit, aber auch als Vertragsbeendigungsfreiheit. Aus der in § 311 Abs 1 BGB ausdrücklich angesprochenen Vertragsbegründungsfreiheit ergibt sich für das einzelne Privatrechtssubjekt zunächst das Recht, über das Ob des Vertragsschlusses zu entscheiden. Damit ist es zugleich in die Hand jedes Einzelnen gelegt, mit wem er kontrahieren will. Diese Kontrahentenwahlfreiheit mag zwar im Einzelfall eingeschränkt sein, zB wenn für die nachgefragte Leistung tatsächlich nur ein Anbieter zur Verfügung steht; ihr kommt aber häufig, genannt sei an dieser Stelle nur der Aspekt der Bonität des Vertragspartners, wesentliche Bedeutung zu. Die Vertragsbegründungsfreiheit ist im Übrigen nicht nur im positiven Sinne zu verstehen. Sie drückt im negativen Sinne auch aus, dass der Einzelne ebenso von der Eingehung eines vertraglichen Schuldverhältnisses Abstand nehmen kann.

III. Merkmale eines Schuldverhältnisses

1. Schuldrechtliche Sonderverbindung

Die in § 311 BGB genannten Tatbestände, also der Vertragsschluss und der vorvertragliche geschäftliche Kontakt, führen zu einer rechtlichen Sonderverbindung zwi-

---

[4] Vgl auch BVerfGE 81, 242, 254; PALANDT/ELLENBERGER, BGB (76. Aufl 2017) Einf v § 145 Rn 7; STAUDINGER/OLZEN (2015) Einl zu §§ 241 ff Rn 52.
[5] Anders noch Art 152 WRV: „Im Wirtschaftsverkehr gilt Vertragsfreiheit nach Maßgabe der Gesetze."; vgl zum ausländischen Recht auch Art 1134 des franz Code civil und Art 19 I des schweiz OR.
[6] So bereits vTUHR, Der Allgemeine Teil des Deutschen Bürgerlichen Rechts, Erster Band (1910) 25.
[7] BVerfGE 74, 129, 151 f.
[8] Motive II 2: „Vermöge des Prinzips der Vertragsfreiheit, von welchem das Recht der Schuldverhältnisse beherrscht wird, können die Parteien ihre Rechts- und Verkehrsbeziehungen nach ihrem Ermessen mit obligatorischer Wirkung unter sich bestimmen, soweit nicht allgemeine oder bestimmte einzelne absolute Gesetzesvorschriften entgegenstehen."
[9] Zur Interdependenz von Privatrechtsordnung und Wirtschaftsverfassung BUSCHE, Privatautonomie und Kontrahierungszwang (1999) 30 ff.
[10] Vgl dazu CANARIS, in: FS Lerche (1993) 873, 890; RIESENHUBER, System und Prinzipien des europäischen Vertragsrechts (2003) 240.

schen den Beteiligten, aus der für beide Seiten einzelne Rechte und Pflichten erwachsen können. Ob und mit welchem Inhalt die Beteiligten berechtigt und verpflichtet werden, hängt von der Art des Schuldverhältnisses ab (vertragliches oder gesetzliches)[11] und bei vertraglichen Schuldverhältnissen auch davon, welchem Vertragstyp das Schuldverhältnis zuzuordnen ist.[12]

7 Eine schuldrechtliche Sonderverbindung wird allerdings nur begründet, wenn die Beteiligten zumindest den potenziellen Willen haben, sich rechtsgeschäftlich zu binden. Darin zeigt sich die inhaltliche Anknüpfung von § 311 an die Regeln über den Vertragsschluss (§§ 145 ff BGB). Zugleich wird dadurch die Grenze zu bloßen Gefälligkeitsverhältnissen definiert (zur Abgrenzung Rn 52).

2. Relativität der schuldrechtlichen Beziehung

8 Ein allgemeines Merkmal aller rechtsgeschäftlich begründeten bzw rechtsgeschäftsähnlichen Schuldverhältnisse ist die Relativität der darauf zurückgehenden schuldrechtlichen Beziehung. Diese ist Folge des in der Vertragsbegründungsfreiheit angelegten Rechts, nicht nur über das Ob der schuldrechtlichen Bindung, sondern auch über die Person des Kontrahenten frei entscheiden zu dürfen. Mit der Festlegung auf einen bestimmten und der Ablehnung eines anderen Vertragspartners wird zugleich die Wirkung des Schuldverhältnisses begrenzt. Die Beteiligten können ihre eigenen Angelegenheiten privatautonom regeln, sind aber daran gehindert, in den Rechtskreis Dritter regelnd einzugreifen, wenn diese nicht selbst zustimmen. Daher können gegen Dritte oder von Dritten aus einem rechtsgeschäftlichen oder rechtsgeschäftsähnlichen Schuldverhältnis, an dem diese nicht beteiligt sind, auch keine Ansprüche geltend gemacht werden. Hierin unterscheidet sich das Schuldverhältnis grundlegend von dinglichen Rechten, die eine Herrschaftsmacht über Sachen vermitteln und gegen jedermann wirken. Man spricht daher auch von „absoluten" Rechten im Gegensatz zu den nur „relativen" Schuldverhältnissen.

9 Ein Beispiel für die Durchbrechung des Relativitätsgrundsatzes ist der im BGB nicht geregelte, früher aufgrund richterlicher Rechtsfortbildung aus § 328 BGB abgeleitete Vertrag mit Schutzwirkung zugunsten Dritter,[13] bei dem der Dritte zwar kein eigenes primäres Forderungsrecht erwirbt, aber in bestehende Schutz- und Sorgfaltspflichten des Schuldners iSv § 241 Abs 2 BGB gegenüber dem Gläubiger einbezogen wird. Diese können auf einem bestehenden Vertragsverhältnis beruhen, aber auch aus einer vorvertraglichen Sonderverbindung iSv § 311 Abs 2 BGB folgen.[14] Soweit aus der Verletzung der Schutz- und Sorgfaltspflichten eine Haftung des Schuldners auch gegenüber dem Dritten folgt, scheint dies bei oberflächlicher Betrachtung zwar dem Grundsatz der Kontrahentenwahlfreiheit zu widersprechen, lässt sich aber dadurch legitimieren, dass eine Haftung des Schuldners nur besteht, wenn für ihn die Leistungsnähe des Dritten und das Interesse des Gläubigers am Schutz des Dritten erkennbar ist.[15] In diesem Sinne geht es bei dem Vertrag mit Schutzwirkung zugunsten Dritter um nichts anderes als um eine ergänzende Vertragsauslegung,[16] womit die Haftung dem Grunde

---

[11] Dazu BACH, in: STAUDINGER/Eckpfeiler D. Rn 8 ff.
[12] Dazu OECHSLER, in: STAUDINGER/Eckpfeiler M. Rn 1 ff.
[13] Dazu BGHZ 133, 168, 170 ff mwNw = NJW 1996, 2927; BAYER JuS 1996, 473, 474; STAUDINGER/KLUMPP (2015) § 328 Rn 89 ff.
[14] BGHZ 187, 86, 90 Rn 13 = NJW 2011, 139.
[15] STAUDINGER/KLUMPP (2015) § 328 Rn 111 ff.
[16] BGHZ 193, 297 Rn 14 = NJW 2012, 3165;

nach bereits in der vertraglichen Vereinbarung zwischen Schuldner und Gläubiger angelegt ist. Nach anderer Auffassung handelt es sich um eine auf Treu und Glauben (§ 242 BGB) gestützte, das dispositive Gesetzesrecht ergänzende Rechtsfortbildung.[17] Wieder andere verstehen den Vertrag mit Schutzwirkung zugunsten Dritter heute als Ausprägung von § 311 Abs 3 S 1 BGB.[18] Die beiden letztgenannten Ansätze haben den Vorzug, auch Schutzwirkungen im vorvertraglichen Bereich erklären zu können, wie sie etwa im Gemüseblatt-Fall des BGH zum Tragen kommen.[19] Stellt man dagegen auf eine ergänzende Vertragsauslegung ab, kann diese naturgemäß nur bei bestehenden Verträgen herangezogen werden.

IV. Vorvertragliche (rechtsgeschäftsähnliche) Schuldverhältnisse

1. Haftung bei geschäftlichem Kontakt

Seit dem Inkrafttreten des Schuldrechtsmodernisierungsgesetzes befasst sich das BGB nicht nur mit der Begründung rechtsgeschäftlicher Schuldverhältnisse (§ 311 Abs 1 BGB), sondern ausdrücklich auch mit den möglichen Folgen eines bloßen geschäftlichen Kontakts (§ 311 Abs 2, 3 BGB). Dabei handelt es sich um eine in rechtstatsächlicher Hinsicht typische Situation: Rechtssubjekte treten miteinander in Vertragsverhandlungen, ohne dass (zunächst) ein Vertragsabschluss gelingt. Zuweilen kommt es nicht einmal zu Verhandlungen; vielmehr berühren sich nur die Rechtssphären der Beteiligten, etwa dann, wenn ein Kunde die Geschäftsräume eines anderen ohne konkreten Kaufentschluss allein zum Zwecke der Information über das Warenangebot aufsucht oder auch nur zum Schutz vor schlechter Witterung betritt. Da sich die Beteiligten in solchen Fällen im vertragslosen Zustand bewegen, wäre bei Eintritt von Schadensereignissen als „Ausgleichsinstrument" hier an sich nur das Deliktsrecht verfügbar. Dieses passt freilich nur bedingt, da reine Vermögensschäden nur in begrenztem Umfang ersatzfähig sind und den Beteiligten für das Verhalten von Verrichtungsgehilfen eine recht weitreichende Exkulpationsmöglichkeit eröffnet wird (§ 831 Abs 1 S 2 BGB).[20] Hinzu kommt, dass die Interessensphären der Rechtssubjekte in den Fällen des geschäftlichen Kontakts in eine stärkere Berührung kommen als dies regelmäßig im „deliktsrechtlichen Verkehr" feststellbar ist. Es wäre daher unangemessen, die Beteiligten allein auf das gesetzliche Ausgleichsinstrumentarium des Deliktsrechts zu verweisen. Zwar zeichnet sich der geschäftliche Kontakt nicht durch eine so hohe Verbindlichkeit aus wie dies bei rechtsgeschäftlichen Schuldverhältnissen der Fall ist; er ist aber immerhin doch so „verbindlich", dass eine Verpflichtung zur Rücksichtnahme auf die Rechte, Rechtsgüter und Interessen des jeweils anderen Teils geboten ist (§ 311 Abs 2, 3 iVm § 241 Abs 2 BGB).[21] Mit der Regelung in § 311 Abs 2 und 3 BGB hat der Gesetzgeber die bereits zuvor verfestigte und gewohnheitsrechtlich anerkannte Lehre von der Haftung für Verschulden bei Vertragsverhandlungen (culpa in contrahendo, cic) aufgegriffen.

BGHZ 159, 1, 8 = NJW 2004, 3035; BGHZ 56, 269, 273 = NJW 1971, 1931.
[17] LARENZ, Schuldrecht AT (14. Aufl 1987) § 17 II; GERNHUBER, Das Schuldverhältnis § 21 II 6 d (S 529); MünchKomm/GOTTWALD (7. Aufl 2016) § 328 Rn 168 ff; STAUDINGER/KLUMPP (2015) § 328 Rn 103.
[18] CANARIS JZ 2001, 499, 520; KERSTING, Die Dritthaftung für Informationen im Bürgerlichen Recht (2006) S 322 ff; LOOSCHELDERS, Schuldrecht AT (15. Aufl 2017) Rn 162.
[19] BGHZ 66, 51 ff = NJW 1976, 712.
[20] LARENZ, Schuldrecht AT (14. Aufl 1987) § 9 I c (S 121 f).
[21] Vgl auch LARENZ, Schuldrecht AT (14. Aufl 1987) § 9 I a (S 106); KÜPPER, Das Scheitern von Vertragsverhandlungen als Fallgruppe der culpa in contrahendo (1988) 144 f.

11 Die historischen Wurzeln der cic reichen weit zurück: Schon das Allgemeine Preußische Landrecht von 1794 enthielt in ALR I, 5 § 284 eine Bestimmung, die der Sache nach als Regelung der cic verstanden werden kann. Danach galt „[w]as wegen des bei Erfüllung des Vertrages zu vertretenden Grades der Schuld rechtens ist, auch für den Fall [...], wenn einer der Kontrahenten bei Abschließung des Vertrages die ihm obliegenden Pflichten vernachlässigt hat". Den vermeintlichen Leitgedanken der cic, nämlich die Haftung für die Inanspruchnahme von Vertrauen bei Vertragsschluss, haben die Verfasser des BGB an der Schwelle zum 20. Jahrhundert in einzelnen Vorschriften punktuell aufgegriffen (vgl §§ 122, 179, 307 aF, 309 aF). Dabei wurde bewusst – auch wegen grundsätzlicher Vorbehalte gegen eine Haftung im vorvertraglichen Bereich – auf eine allgemeine Regelung nach dem Vorbild des ALR verzichtet.[22] Vielmehr ging man davon aus, dass Wissenschaft und Praxis zur Weiterentwicklung der cic beitragen würden.[23] Die zunächst relativ begrenzte Rezeption der cic korrespondierte insoweit mit Vorarbeiten RUDOLF VON JHERINGS, der zumeist als eigentlicher Vater der Rechtsfigur angesehen wird. Freilich hatte JHERING allein die – später in §§ 307, 309 aF geregelte – Frage untersucht, wie sich die Inanspruchnahme von Vertrauen bei einem unwirksamen Vertragsschluss auswirkt.[24] Im Ergebnis plädierte er für eine Haftung auf das negative Interesse. Dieser Gedanke wurde in der Folgezeit – ganz im Sinne der Schöpfer des BGB – durch Rechtsprechung und Schrifttum zu einem über die zwischenzeitlich normierten Einzelfälle hinausweisenden Rechtsinstitut ausgebaut. Angesichts der großen Vielfalt von Sachverhalten, die der cic unterworfen wurden, fehlte dem Rechtsinstitut allerdings zuweilen eine randscharfe Kontur. Auch wenn der Gesetzgeber des Schuldrechtsmodernisierungsgesetzes im Ausgangspunkt allein die Absicht gehabt hat, mit § 311 Abs 2, 3 BGB die Ergebnisse der bisherigen Rechtsprechung zu normieren,[25] eröffnet die notwendige Orientierung am Gesetzeswortlaut nunmehr immerhin die Chance, die cic im Wege der Normauslegung aus dem Nebel der Rechtsfortbildung herauszuführen.

12 In dogmatischer Perspektive basiert die Regelung in § 311 Abs 2 und 3 BGB auf der Annahme einer rechtsgeschäftsähnlichen Sonderverbindung, die durch Herstellung eines geschäftlichen Kontakts entsteht und zwischen den Beteiligten eine Verpflichtung zu erhöhter Sorgfalt und Rücksichtnahme auf die Interessen des anderen Teils begründet. Eine Zuwiderhandlung gegen diese Verpflichtung begründet keine primäre Leistungspflicht iSv § 241 Abs 1 BGB, sondern mündet über § 241 Abs 2 BGB in eine Haftung aus § 280 Abs 1 BGB.[26] Es handelt sich dabei um einen vom Zustandekommen eines Schuldverhältnisses unabhängigen (gesetzlichen) Haftungstatbestand,[27] dessen Legitimation sich freilich aus der Vorfeldbeziehung zu einem zumindest (möglichen) Vertragsschluss ableitet. Diese Erkenntnis hat sich im Laufe der Zeit zunehmend durchgesetzt. Sie leitet sich aus der frühen Rechtsprechung des Reichsgerichts ab, wonach kein „stichhaltiger Grund erkennbar [ist], weshalb die Vertragsparteien beim Vertragsschluß einander zu einer geringeren Sorgfalt verpflichtet sein sollten als

---

[22] Im Einzelnen GIARO, in: FALK/MOHNHAUPT (Hrsg), Das Bürgerliche Gesetzbuch und seine Richter (2000) 113 ff, 122 ff.
[23] Dazu Mot II 178 f.
[24] JHERING, JherJb Bd 4 (1861) 1 ff.
[25] In diesem Sinne RegBegr BT-Drucks 14/6040, 161 ff; entsprechend auch die Empfehlung der Kommission zur Überarbeitung des Schuldrechts, in: BMJ (Hrsg), Abschlussbericht der Kommission zur Überarbeitung des Schuldrechts (1992) 144.
[26] LOOSCHELDERS, Schuldrecht AT (15. Aufl 2017) Rn 148.
[27] BGHZ 6, 330, 333; LARENZ, Schuldrecht AT (14. Aufl 1987) § 9 I a 1 (S 109); ähnlich bereits das Reichsgericht in dem berühmten Linoleumrollen-Fall aus dem Jahre 1911 (RGZ 78, 239, 240).

nach Vertragsabschluß".[28] Die Verletzung einer vorvertraglichen Pflicht führt deshalb (auch) zu einer rechtsgeschäftsähnlichen und nicht nur zu einer deliktischen Haftung.

Der tragende Grund für die Haftung wegen Verschuldens bei Vertragsschluss wird heute wohl überwiegend im Vertrauensprinzip gesehen.[29] In der Tat kann bei einer Reihe der in § 311 Abs 2 und 3 BGB angesprochenen Fallgestaltungen die Inanspruchnahme und Gewährung von besonderem Vertrauen eine Rolle spielen. Auf der anderen Seite ist dies nicht notwendig der Fall. Das zeigt schon der Wortlaut von § 311 Abs 2 und 3 BGB, der den Vertrauensgesichtspunkt zu Recht nicht als tragendes Haftungsprinzip benennt, sondern sich auf eine eher beiläufige Erwähnung beschränkt. LARENZ hat es sogar insgesamt abgelehnt, dem Vertrauensprinzip eine haftungsbegründende Funktion in Fällen der cic zuzubilligen.[30] Andere verstehen die cic als Anwendungsfall einer Erklärungshaftung kraft rechtlicher Sonderverbindung.[31]

Im Grunde bleibt die nüchterne Erkenntnis, dass die vielfältigen Haftungsfälle der cic allgemein auf einer gesteigerten Redlichkeitserwartung beruhen, die der Verkehr berechtigterweise an die Begründung des geschäftlichen Kontakts knüpft. Diese Aussage ist zugegebenermaßen sehr allgemein und kann nur notdürftig verhüllen, dass es sich bei der cic um einen Haftungstatbestand handelt, der einem „Sammelsurium" unterschiedlichster Zurechnungsprinzipien folgt.[32] Mit umso größerer Sorgfalt muss die Konkretisierung der Haftungsvoraussetzungen betrieben werden, um auf der einen Seite eine „uferlose" Haftung derjenigen zu verhindern, die sich in den geschäftlichen Verkehr begeben, auf der anderen Seite aber auch solchen Haftungsinteressen Rechnung zu tragen, die sich aus einer nicht tolerierbaren Einwirkung in eine fremde Rechtssphäre infolge fehlender Rücksichtnahme auf die rechtlich geschützten Interessen der Gegenseite ergeben.[33]

2. Tatbestände geschäftlichen Kontakts

Der Tatbestand der rechtsgeschäftsähnlichen Schuldverhältnisse, der vermittelt über die Vorschriften der §§ 241 Abs 2 und 280 Abs 1 BGB zu einer cic-Haftung führen kann, wird in § 311 Abs 2 und 3 BGB beschrieben. Das Gesetz nennt in § 311 Abs 2 Nr 1 bis 3 BGB zunächst abschließend drei in einem Alternativverhältnis zueinander stehende Sachverhalte: die Vertragsverhandlung, die Vertragsanbahnung und den ähnlichen geschäftlichen Kontakt. Ergänzt werden diese Fallgestaltungen durch den Tatbestand der Dritthaftung solcher Personen, die nicht selbst Vertragspartei werden sollen. Dieser ist in § 311 Abs 3 BGB angelegt, dort aber nur beispielhaft konkretisiert.

---

[28] RGZ 95, 58, 60.
[29] BALLERSTEDT AcP 151 (1951) 501, 506 f; CANARIS, Die Vertrauenshaftung im deutschen Privatrecht (1971) 532; ders, in: FG 50 Jahre BGH (2000) 129, 176 ff; LOOSCHELDERS, Schuldrecht AT (15. Aufl 2017) Rn 152.
[30] LARENZ, Schuldrecht AT (14. Aufl 1987) § 9 I a (S 108).
[31] KÖNDGEN, Selbstbindung ohne Vertrag, 1981; STOLL, in: FS Flume Bd 1, 1978, S 741; LANG AcP 201 (2001) 451, 536, 545.

[32] So treffend KÖNDGEN, in: SCHULZE/SCHULTE-NÖLKE, Die Schuldrechtsreform vor dem Hintergrund des Gemeinschaftsrechts (2001) 231, 236 f; vgl auch MünchKomm/EMMERICH (7. Aufl 2016) § 311 Rn 41, der einen einheitlichen Haftungsgrund für überhaupt nicht erkennbar hält.
[33] S auch BGH NZBau 2011, 498, 500 Rn 15 – Rettungsdienstleistungen II; AG Leipzig NJW-RR 2014, 1324, 1335 – Verlängerung eines Mobilfunkvertrages.

16 Die Aufzählung der vorvertraglichen Schuldverhältnisse in § 311 Abs 2 BGB ist nicht sonderlich geglückt. Zu erklären ist sie aus der historischen Perspektive des Gesetzgebers. Dieser hatte mit der in Nr 1 genannten Aufnahme von Vertragsverhandlungen offenbar den gleichsam „klassischen" Fall der culpa in contrahendo vor Augen,[34] der durch die in Nr 2 und 3 aufgeführten Sachverhalte lediglich ergänzt werden sollte. Dabei ist wohl aus dem Blick geraten, dass die Vertragsanbahnung den Fall der Vertragsverhandlungen umfasst,[35] womit für § 311 Abs 2 Nr 1 BGB im Grunde kein eigenständiger Anwendungsbereich verbleibt. Die in Nr 3 der Vorschrift genannten ähnlichen geschäftlichen Kontakte stellen eine Art Auffangtatbestand dar.[36] Wenn auch dessen Reichweite im Einzelnen unklar ist,[37] lässt sich aus der Regelung doch immerhin entnehmen, dass eine Haftung aus cic nicht im Rahmen rein sozialer Kontakte, sondern nur bei Eröffnung eines geschäftlichen Verkehrs in Betracht kommt (zur Abgrenzung Rn 52).[38]

17 Demgemäß ist es für eine Vertragsanbahnung iSv § 311 Abs 2 Nr 2 BGB ausreichend, aber auch erforderlich, dass dem Publikum im Rahmen des Geschäftsverkehrs die Möglichkeit zum Aufbau eines rechtsgeschäftlichen Kontakts eingeräumt wird. Da der Wortlaut von § 311 Abs 2 Nr 2 BGB („Vertragsanbahnung") weiter gefasst ist als derjenige von § 311 Abs 2 Nr 1 BGB („Vertragsverhandlungen"), kommt es jedenfalls nicht darauf an, dass schon Vertragsverhandlungen eingeleitet worden sind. Vielmehr ist die Vertragsanbahnung im Vorfeld der Vertragsverhandlung anzusiedeln. Letztendlich handelt es sich um einen Tatbestand, der im denkbar weitesten Sinne zu verstehen ist. Man wird daher schon das bloße Betreten eines Geschäftslokals als Vertragsanbahnung anzusehen haben, soweit dies nicht erkennbar gegen den Willen des Geschäftsinhabers erfolgt. Allein entscheidend ist, ob sich die durch § 311 Abs 2 BGB geschützte Person in einem räumlichen Kontext bewegt, der gewöhnlich zur Anbahnung von Verträgen genutzt wird. Schon dann setzt sie nämlich ihre Rechtssphäre der Einwirkung der Gegenseite aus. Damit sind auch solche Personen in den Schutzbereich der Norm einbezogen, die ein Geschäftslokal (zunächst) ohne konkrete Absicht zum Abschluss eines Vertrages betreten,[39] es sei denn, das Aufsuchen der Geschäftsräume dient offensichtlich (nur) anderen Zwecken, wie etwa der Schädigung des Geschäftsinhabers durch strafbare Handlungen, zB einen Diebstahl. Hier fehlt es dann schon an dem (generellen) Einverständnis des Geschäftsinhabers zum Betreten der Geschäftsräume.[40] Die Vorschrift des § 311 Abs 2 Nr 2 BGB setzt nämlich, wie die anderen Tatbestände des geschäftlichen Kontakts, das Einverständnis beider Teile mit dem Zustandekommen des Kontakts voraus.[41]

18 Die in § 311 Abs 2 Nr 2 BGB erfassten Fälle der Vertragsanbahnung gehen deutlich über die Sachverhalte hinaus, die in den Gesetzesmaterialien in diesem Zusammen-

---

[34] Vgl RegBegr BT-Drucks 14/6040, 163.
[35] MünchKomm/Emmerich (7. Aufl 2016) § 311 Rn 42.
[36] MünchKomm/Emmerich (7. Aufl 2016) § 311 Rn 42.
[37] Looschelders, Schuldrecht AT (15. Aufl 2017) Rn 147; MünchKomm/Emmerich (7. Aufl 2016) § 311 Rn 42, 48 f.
[38] MünchKomm/Emmerich (7. Aufl 2016) § 311 Rn 42; Staudinger/Feldmann (2018) § 311 Rn 17.
[39] MünchKomm/Emmerich (7. Aufl 2016) § 311 Rn 46; Staudinger/Feldmann (2018) § 311 Rn 109; wohl auch Palandt/Grüneberg (77. Aufl 2018) § 311 Rn 23; Looschelders, Schuldrecht AT (15. Aufl 2017) Rn 146.
[40] MünchKomm/Emmerich (7. Aufl 2016) § 311 Rn 46, 61.
[41] Staudinger/Feldmann (2018) § 311 Rn 112.

hang erwähnt werden:[42] Sowohl in dem bekannten Linoleumrollen-Fall des Reichsgerichts[43] als auch in dem Gemüseblatt-Fall des BGH[44] war das Stadium der bloßen Vertragsanbahnung im Grunde schon verlassen: Im Linoleumrollen-Fall stand die Kundin kurz vor dem Abschluss eines Kaufvertrages über eine schon konkret bezeichnete Rolle, die der Verkäufer bei Eintritt des Schadensereignisses gerade heraussuchte; im Gemüseblatt-Fall befand sich die Kundin bereits im Kassenbereich des Selbstbedienungsgeschäfts, als ihre vorauseilende Tochter an der Packablage der Kasse zu Fall kam. Man kann unter diesen Umständen zwar von einem potenziellen Vertragsschluss sprechen,[45] da die Verträge zu dem für die cic-Haftung maßgeblichen Zeitpunkt noch nicht geschlossen waren; auf der anderen Seite ist der Schritt zum Tatbestand der Vertragsverhandlung nicht mehr weit, wenn man nicht ohnehin annehmen will, dass zumindest im Linoleumrollen-Fall schon Vertragsverhandlungen vorliegen. Jedenfalls sind die beiden in den Gesetzesmaterialien in Bezug genommenen Sachverhalte zur Verdeutlichung desjenigen, was unter einer Vertragsanbahnung zu verstehen ist, nicht allein repräsentativ. Sie verdeutlichen allerdings die – im Einzelfall nicht unerheblichen – Abgrenzungsschwierigkeiten zwischen den Tatbeständen der Vertragsverhandlung und der Vertragsanbahnung. Das Stadium der Vertragsverhandlung ist jedenfalls dann erreicht, wenn ein Beteiligter ein bindendes Vertragsangebot abgibt.[46] Im Ergebnis kommt es darauf freilich nicht an, soweit man den Fall der Vertragsverhandlung aufgrund der Normstruktur des § 311 Abs 2 BGB als Unterfall der Vertragsanbahnung ansieht und mit der hier vertretenen Auffassung konzediert, dass es sich bei der Vertragsanbahnung um einen Vorfeldtatbestand zur Vertragsverhandlung handelt, der entweder mit dem Abbruch des geschäftlichen Kontakts oder dem Abschluss eines Vertrages endet. Insoweit hätte es der Gesetzgeber bei der Erwähnung der Vertragsanbahnung belassen können, ohne dass dadurch Schaden für die Reichweite der Haftung aus cic entstanden wäre. Die Überlegungen zeigen vielmehr die zentrale Funktion des Begriffs der Vertragsanbahnung: In den weitaus meisten Fällen des Verbrauchsgüterkaufs fehlt es heute an wirklichen Vertragsverhandlungen, bei denen sich die Parteien individuell gegenübertreten und über die Einzelheiten des Vertrages verhandeln. Das gilt insbesondere für den verbreiteten Selbstbedienungskauf und erst recht für Onlinekäufe. Aus diesem Grunde wäre es gänzlich verfehlt, die vorvertragliche Haftung an dem Tatbestand der Vertragsverhandlung festzumachen.

Schwierigkeiten bereitet es, wie bereits angedeutet, den Tatbestand der ähnlichen geschäftlichen Kontakte (§ 311 Abs 2 Nr 3 BGB) in den vorstehenden Kontext einzuordnen.[47] Der Begriff „ähnlich" mag hier so zu verstehen sein, dass eine mit den unter Nr 1 bzw Nr 2 bezeichneten Geschäftskontakten ähnliche Regelungssituation vorliegen muss, womit man sich an dem weiter gehenden Sachverhalt der Vertragsanbahnung zu orientieren hätte. Denkbar wäre allerdings auch ein Verständnis, das es zulässt, über die Vertragsanbahnung hinaus noch weitere Sachverhalte in die vorvertragliche Haftung einzubeziehen. In diesem Sinne äußern sich die Gesetzesmaterialien: Danach sind unter ähnlichen geschäftlichen Kontakten solche Kontakte zu verstehen, bei denen noch kein Vertrag angebahnt, ein solcher aber vorbereitet werden soll.[48] Diese Erläuterung bringt wenig Klarheit. Das Wesen der Vertragsanbahnung besteht

---

[42] Vgl RegBegr BT-Drucks 14/6040, 163.
[43] RGZ 78, 239.
[44] BGHZ 66, 51.
[45] So die RegBegr BT-Drucks 14/6040, 163.
[46] Zu einer derartigen Fallgestaltung OLG Köln BeckRS 2014, 17386 Rn 8.
[47] CANARIS JZ 2001, 499, 520, bezeichnet die Formulierung des Gesetzes als „etwas dunkel".
[48] RegBegr BT-Drucks 14/6040, 163.

nämlich gerade in der (potenziellen) Vorbereitung eines Vertrages.⁴⁹ Soll vor diesem Hintergrund für § 311 Abs 2 Nr 3 BGB überhaupt ein eigenständiger Anwendungsbereich verbleiben, kann es sich nur um solche Fälle handeln, in denen sich die Beteiligten zwar ihre Rechtssphären gegenseitig öffnen, ohne aber überhaupt jemals die Absicht zu haben, ein Schuldverhältnis mit primärer Leistungspflicht zu begründen. Das können etwa Gefälligkeitsverhältnisse mit rechtsgeschäftsähnlichem Charakter sein, wie sie bei Auskunftsverlangen gelegentlich vorkommen.⁵⁰ Hierher gehört der vom BGH entschiedene Fall, in dem sich ein Bauunternehmer bei der Hausbank seines Auftraggebers erkundigte, ob die Finanzierung des Bauprojekts gesichert sei.⁵¹ Handelt es sich bei dem Bauunternehmer nicht um einen Kunden der Bank, wird diese im Hinblick auf die Auskunft kaum eine schuldrechtliche Bindung eingehen wollen. Gleichwohl besteht aufgrund des geschäftlichen Kontakts schon eine hinreichende Nähebeziehung, um eine rechtsgeschäftsähnliche Haftung annehmen zu können. Eine Grenze darf freilich nicht überschritten werden: Rein soziale Kontakte können unter keinen Umständen eine Haftung aus cic nach sich ziehen.⁵²

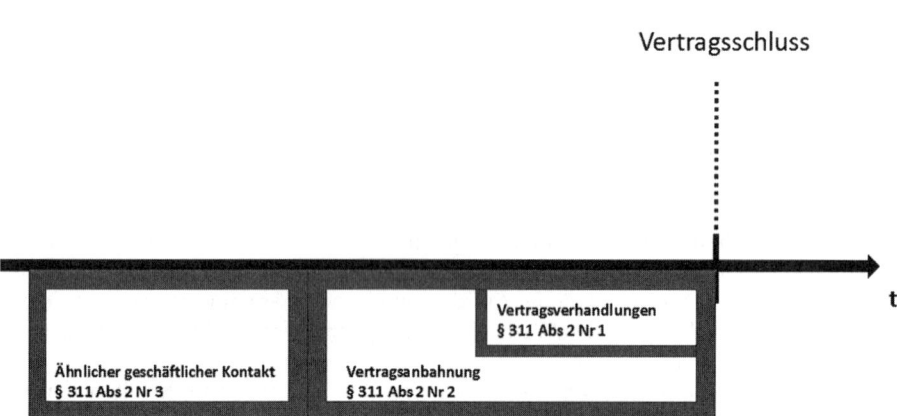

3. Schutz individueller Interessensphären

a) Grundsatz

20 Sind die Beteiligten durch eine rechtsgeschäftsähnliche Beziehung iSv § 311 Abs 2 BGB miteinander verbunden, so unterliegen sie aufgrund der Einwirkungsmöglichkeiten auf die Rechts- und Interessensphäre der Gegenseite den in § 241 Abs 2 BGB genannten Rücksichtnahmepflichten. Der Wortlaut des § 241 Abs 2 BGB, der zur Rücksicht auf Rechte, Rechtsgüter und Interessen des anderen Teils gemahnt, ist frei-

---

⁴⁹ Vgl auch MünchKomm/EMMERICH (7. Aufl 2016) § 311 Rn 48.
⁵⁰ CANARIS JZ 2001, 499, 520; LOOSCHELDERS, Schuldrecht AT (15. Aufl 2017) Rn 147; MünchKomm/EMMERICH (7. Aufl 2016) § 311 Rn 42, 48.
⁵¹ BGH NJW-RR 1998, 1343, 1344.
⁵² Anders wohl nur DÖLLE ZStaatsw 103, 67.

lich wenig aussagekräftig. Bei unbefangener Betrachtung könnte die Verweisung des § 311 Abs 2 BGB auf § 241 Abs 2 BGB daher so verstanden werden, dass aus einem rechtsgeschäftsähnlichen Schuldverhältnis allein bestimmte Verkehrssicherungspflichten folgen. Diese Sichtweise wäre allerdings stark verkürzt: Vielmehr geht es um einen umfassenden Schutz der Rechts- und Interessensphäre der Beteiligten, soweit diese durch den geschäftlichen Kontakt berührt wird.[53] Geschützt werden muss nicht nur das Interesse der handelnden Personen an der Erhaltung der eigenen persönlichen und rechtlichen Integrität, sondern auch und vor allem ihre rechtsgeschäftliche Entscheidungsfreiheit. Gerade der zuletzt genannte Aspekt unterscheidet das Schuldverhältnis der culpa in contrahendo von einem bloß „deliktischen Näheverhältnis", das zwar einen Schutz bestimmter Rechte und Rechtsgüter auszulösen vermag, im Grundsatz aber nicht dem Schutz des Vermögens als solchem dient. Das Schuldverhältnis der cic verpflichtet daher iSv § 241 Abs 2 BGB nicht nur zur Einhaltung der bereits angesprochenen Verkehrssicherungspflichten, die auf den Schutz von Rechten und Rechtsgütern angelegt sind, sondern insbesondere auch zur Beachtung spezifischer Aufklärungs- und Informationspflichten, die dem Schutz der individuellen Entscheidungsfreiheit und damit der Sicherung von Vermögensinteressen dienen.[54]

b) Schutz von Rechten und Rechtsgütern

Der Schutz von Rechten und Rechtsgütern bezieht sich vornehmlich auf die auch in § 823 Abs 1 BGB genannten Gegenstände, also das Leben, den Körper, die Gesundheit, die Freiheit und das Eigentum, aber auch die sonstigen Rechte wie den eingerichteten und ausgeübten Gewerbebetrieb. Daraus erklärt sich auch die Nähe der vorvertraglichen zu den deliktischen Verkehrssicherungspflichten. Typischerweise geht es hier um Fälle, in denen es aufgrund des geschäftlichen Kontakts zu einer (vermeidbaren) Schädigung von Personen oder Sachen kommt. Erwähnt wurde schon der allseits bekannte Linoleumrollen-Fall,[55] der paradigmatisch für alle Sachverhalte steht, bei denen Rechte und Rechtsgüter im vorvertraglichen Bereich fremder Einwirkung ausgesetzt werden.[56] Der Inhalt der Verkehrssicherungspflicht hängt jeweils von den Umständen des Einzelfalls ab. Allgemeingültige Aussagen lassen sich hier kaum treffen, sieht man einmal davon ab, dass mit dem Umfang der Geschäftseröffnung und der Bedeutung möglicher Gefahren auch die Anforderungen an die Verkehrssicherung steigen.

Die Verpflichtung, Rechte und Rechtsgüter des anderen Teils zu schützen, aktualisiert sich auch in personaler Hinsicht in unterschiedlicher Weise: Während in dem Linoleumrollen-Fall einseitig die Verpflichtung des Geschäftsinhabers im Vordergrund steht, den Kunden vor Gefahren aus seiner Geschäftssphäre zu schützen, bestehen zB bei der Durchführung einer Probefahrt mit einem Kraftfahrzeug wechselseitige Pflichten. Der Anbieter des Fahrzeugs ist nämlich für dessen verkehrssicheren Zustand verantwortlich; den Kaufinteressenten auf der anderen Seite trifft während der Probefahrt eine Obhutspflicht.[57]

---

[53] MünchKomm/EMMERICH (7. Aufl 2016) § 311 Rn 50.
[54] Vgl auch LOOSCHELDERS, Schuldrecht AT (15. Aufl 2017) Rn 150 ff; MünchKomm/EMMERICH (7. Aufl 2016) § 311 Rn 50.
[55] RGZ 78, 239.
[56] Vgl auch BGH NJW 1977, 376 (Eigentumsverletzung infolge Übergabe der Reparatursache vor Vertragsabschluss); BGH NJW 1961, 1308, 1309 (Eingriff in den Gewerbebetrieb durch Abwerbung von Mitarbeitern und Verrat von Geschäftsgeheimnissen vor Abschluss eines Gesellschaftsvertrages).
[57] OLG Karlsruhe VersR 1971, 1049; MünchKomm/EMMERICH (7. Aufl 2016) § 311 Rn 63.

c) Schutz sonstiger Vermögensinteressen
aa) Überblick

23 Bei dem Schutz sonstiger Vermögensinteressen geht es vornehmlich um die Gewährleistung der rechtsgeschäftlichen Entscheidungsfreiheit. Zwar hat in einer auf dem Prinzip der Privatautonomie beruhenden Rechtsordnung niemand einen Anspruch darauf, von unvorteilhaften Entscheidungen freigestellt oder vor diesen bewahrt zu werden. Allerdings muss sichergestellt sein, dass sich der Wille des Einzelnen überhaupt frei bilden kann. Dazu gehört die Abwesenheit von Zwang, aber auch die Möglichkeit, sich vertragsrelevanter Falschinformationen erwehren zu können, die zu einer Fehlfunktion der Willensbildung führen. Das zeigt bereits § 123 Abs 1 BGB. Darüber hinaus ist dem deutschen Zivilrecht eine generelle Aufklärungspflicht fremd, aufgrund derer sich die (potenziellen) Vertragsparteien gegenseitig über alle vertragsrelevanten Umstände zu informieren hätten. Angesichts der Tatsache, dass Informationsquellen im Regelfall frei zugänglich sind, ist die allgemeine Informationsbeschaffung vielmehr Aufgabe jedes einzelnen Privatrechtssubjekts.[58] Dies entspricht der Maxime der Privatautonomie und korrespondiert auch mit dem Verbraucherleitbild des Lauterkeitsrechts, das von einem informationsfähigen, aber auch informationswilligen Verbraucher ausgeht und deshalb den Verbraucherschutz an einem durchschnittlich informierten, aufmerksamen und verständigen Durchschnittsverbraucher ausrichtet.[59] Der Rekurs auf die allgemeine Informationsbeschaffung bzw einen durchschnittlichen Informationsstand zeigt aber auch, dass es durchaus Situationen geben kann, in denen einer (potenziellen) Vertragspartei die für sie eigentlich erforderlichen Informationen fehlen, weil diese nicht allgemein zugänglich sind, sondern nur der Gegenseite zur Verfügung stehen, sei es, weil sie zu dem Gegenstand der Information in einer näheren Beziehung steht, sei es, weil die Information auf ihrer eigenen Willensbildung beruht.[60] Denkbar ist auch, dass die Vertragspartei zwar über die notwendigen Informationen verfügt, deren Bedeutung aber nicht durchschaut.[61] Damit stellt sich die Frage, ob in solchen Ausnahmefällen eine spezielle Aufklärungs- und Informationspflicht der Beteiligten untereinander anzuerkennen ist, insbesondere auch dann, wenn die Parteien entgegengesetzte Interessen verfolgen.

24 Die Antwort darauf erschließt sich im Bereich des vorvertraglichen geschäftlichen Kontakts durch eine Konkretisierung der in § 241 Abs 2 BGB statuierten Rücksichtnahmepflicht. Wie bereits dargelegt, kann Rücksichtnahme unter Umständen auch als Verpflichtung zur Information und Aufklärung verstanden werden. Gerade im Stadium des geschäftlichen Kontakts verdichtet sich das Bedürfnis nach Informationen, ohne dass freilich schon allein deswegen von einer grundsätzlichen Informations- und Aufklärungspflicht auszugehen ist. Vielmehr müssen weitere Gründe hinzukommen. Hierbei treten zwei Gesichtspunkte in den Vordergrund: Der in der Praxis weitaus wichtigere von beiden ist derjenige der Informationsasymmetrie, die dadurch gekennzeichnet ist, dass zwischen den im geschäftlichen Kontakt stehenden Personen aufgrund wirtschaftlicher oder intellektueller Unterlegenheit der einen Seite ein Informationsgefälle besteht (dazu Rn 25 ff). Der durch das eigene Kenntnispotenzial „überlegene" Beteiligte muss die allein ihm bekannten bzw besser zugänglichen Um-

---

[58] Vgl BGHZ 168, 168 Rn 15 = NJW 2006, 2618; BGH NJW-RR 2016, 859 Rn 12; NJW 1997, 3230, 3231.
[59] Dazu KÖHLER, in: KÖHLER/BORNKAMM/FEDDERSEN, Gesetz gegen den unlauteren Wettbewerb (36. Aufl 2018) § 1 UWG Rn 22 mwNw.
[60] BGH NJW 2006, 3139, 3141 Rn 18.
[61] BGH NJW 2015, 1513 Rn 8 – *Fahrbahnerneuerung II*; BGH NJW 2006, 3139, 3141 Rn 18; BGH NJW 1997, 3230, 3231.

stände allerdings auch in diesem Fall nur offenbaren, wenn er weiß oder wissen muss, dass die Entscheidung der Gegenseite von der Kenntnis der fraglichen Umstände beeinflusst wird, insbesondere weil für sie die Verwirklichung des Vertragszwecks davon abhängt.[62] Ein weiterer Gesichtspunkt, der in der Lage ist, eine vorvertragliche Aufklärungs- und Informationspflicht zu begründen, ergibt sich aus dem Loyalitätsgebot, dem die Beteiligten mit der Aufnahme des geschäftlichen Kontakts unterliegen. Die Verpflichtung zur gegenseitigen Loyalität verdichtet sich umso mehr, je enger der geschäftliche Kontakt wird. Daraus folgt im Stadium der Vertragsverhandlungen beispielsweise die Verpflichtung, die jeweilige Gegenseite darüber zu informieren, wenn es an der eigenen Abschlussbereitschaft fehlt (dazu Rn 31 ff). Darüber hinaus kann es geboten sein, die andere Partei auf einen dieser nicht bekannten Umstand hinzuweisen, wenn der Umstand zu Zweifeln an deren Rechtsfolgewillen führt[62a]. Während bei der Auskunfts- und Informationspflicht aufgrund Informationsasymmetrie der Schutz des „unterlegenen" Beteiligten vor dem Abschluss eines ungünstigen Vertrages im Vordergrund steht, geht es in den Loyalitätsfällen, die häufig mit einem Abbruch der Vertragsverhandlungen einhergehen, darum, eine Kompensation für das Nichtzustandekommen eines (günstigen) Vertrages zu suchen.

bb) Auskunfts- und Informationspflicht aufgrund Informationsasymmetrie
Wie bei den schon besprochenen Verkehrssicherungspflichten lässt sich der Inhalt und Umfang der Informations- und Aufklärungspflicht aufgrund Informationsasymmetrie nur anhand des Einzelfalls bestimmen. Insoweit können insbesondere auch Verkehrserwartungen eine Rolle spielen. Generell wird man annehmen können, dass Informations- und Aufklärungspflichten bei schon relativ konkreten Vertragsverhandlungen iSv § 311 Abs 2 Nr 1 BGB stärker ausgeprägt sind als bei relativ lockeren geschäftlichen Kontakten iSv § 311 Abs 2 Nr 2 und 3 BGB. Auch erfordern längerfristige Bindungen, zB im Rahmen von Dauerschuldverhältnissen, zumeist eine höhere Informationsdichte als kurzfristige Austauschbeziehungen, wie sie anlässlich der täglichen Bedarfsdeckung üblich sind.[63] Wer im Übrigen konkret nachfragt, kann regelmäßig mehr Informationen erwarten als derjenige, der sich offensichtlich uninteressiert zeigt. Dies darf freilich nicht dahin missverstanden werden, dass ohne Artikulation des Informationsbedürfnisses im Grundsatz keine Informations- und Aufklärungspflicht besteht.[64] Das kann schon deshalb nicht richtig sein, weil die Informationsasymmetrie unabhängig davon gegeben ist. Eine Rechtspflicht zur Aufklärung besteht daher bei Vertragsverhandlungen auch ohne Nachfrage, wenn der informationsbedürftige Vertragsteil nach Treu und Glauben unter Berücksichtigung der Verkehrsanschauung redlicherweise die Mitteilung von Tatsachen erwarten kann, die für seine Willensbildung erkennbar von ausschlaggebender Bedeutung sind oder ein erhebliches Schadenspotenzial in sich bergen.[65] Die Informationsasymmetrie muss überdies auch dann beseitigt werden, wenn der Verpflichtete durch sein Handeln (bewusst oder unbewusst) einen Irrtum bei der Gegenseite hervorgerufen hat.[66]

---

[62] BGH ZIP 2011, 2145 Rn 12; NJW 2001, 2163, 2164; NJW 2000, 803, 804; MünchKomm/ EMMERICH (7. Aufl 2016) § 311 Rn 66.
[62a] BGH NJW 2015, 1513 Rn 8 ff – *Fahrbahnerneuerung II* (zum Kalkulationsirrtum); dazu SCHWARZE ZfPW 2016, 335.
[63] Vgl zu Gesellschaftsverträgen FLEISCHER, Informationsasymmetrie im Vertragsrecht (2001) 573 ff; MünchKomm/EMMERICH (7. Aufl 2016) § 311 Rn 93.
[64] BGH NJW-RR 2016, 859 Rn 12.
[65] BGHZ 173, 33 Rn 8, 11 = NJW 2008, 366 (Ausschreibung); BGH NJW-RR 2016, 859 Rn 12 f (Hinweis auf fehlenden Versicherungsschutz).
[66] Vgl BGH NJW 2000, 3642 (Makler); NJW 1998, 448 (Anlagevermittler).

26 Ein Verstoß gegen die Informations- und Aufklärungspflicht ist sowohl durch positive Fehlinformation als auch durch Verschweigen von Tatsachen möglich. Die Fallgestaltungen sind, wie sich denken lässt, äußerst mannigfaltig. An dieser Stelle seien daher nur einige Aspekte herausgegriffen.

27 Zuweilen kommt es vor, dass eine Partei die andere nicht über die Unwirksamkeit des Vertrages aufklärt, die sich aus der Nichtbeachtung eines Formerfordernisses ergibt. Schon klassisch ist der Fall, dass ein Grundstückskaufvertrag nur in privatschriftlicher Form abgeschlossen wird.[67] Soweit in diesem Zusammenhang unter Berufung auf die Grundsätze der culpa in contrahendo eine Haftung auf Erfüllung in Erwägung gezogen wird,[68] begegnet dies nicht nur deshalb Bedenken, weil damit die Vertragsabschlussfreiheit in den Hintergrund gerät,[69] sondern auch, weil bereits zweifelhaft ist, ob überhaupt eine Informationsasymmetrie und damit eine Aufklärungspflicht besteht. Jedenfalls ist in diesem Punkt große Zurückhaltung geboten, da Informationen über das Formerfordernis des § 311b Abs 1 S 1 BGB unschwer zugänglich sind.[70] Nicht von ungefähr wird die Wirksamkeit der betreffenden Verträge zumeist aus dem Grundsatz von Treu und Glauben abgeleitet[71] und nicht mit einer Haftung aus culpa in contrahendo begründet.

28 Anders liegen die Dinge, wenn nur eine Partei Zugang zu Informationen über bestimmte Genehmigungserfordernisse[72] oder andere dem Vertragszweck bzw der Vertragsdurchführung entgegen stehende Hindernisse hat, ohne die Gegenseite darüber zu informieren.[73] Ein weites Feld für konkrete Informations- und Aufklärungspflichten eröffnet sich auch bei Sachverhalten, die durch überlegenes Herrschaftswissen einer Partei gekennzeichnet sind. Wer dem Publikum rechtlich komplizierte, risikoreiche oder in anderer Weise nicht überschaubare Geschäfte offeriert, hat darüber aufzuklären, allerdings nur, wenn er insoweit über einen Wissensvorsprung verfügt.[74] Das kann etwa für Bankgeschäfte, Kapitalanlagen, finanzierte Geschäfte und Versicherungsverträge gelten (vgl zum Wertpapierhandel § 31 WpHG iVm § 4 WpDVerOV). Auch hier ist freilich der Grundsatz zu beachten, dass ein der Sache nach mit den Dingen vertrauter Kunde keiner speziellen Beratung bedarf. Bei gewöhnlichen, in ihren Auswirkungen allgemein bekannten Darlehens- oder Bürgschaftsgeschäften wird daher eine besondere Informationspflicht regelmäßig ausscheiden.[75]

---

[67] Vgl BGHZ 6, 330, 332, 334 f = NJW 1952, 1130; BGH NJW 1965, 812, 814.
[68] ENNECCERUS/NIPPERDEY, Allgemeiner Teil des Bürgerlichen Rechts I/2 (15. Aufl 1960) § 154 III 4 (m Fn 18); ESSER/SCHMIDT, Schuldrecht I/2 (8. Aufl 2000) § 29 II 6 a (S 152); GERNHUBER, in: FS Schmidt-Rimpler (1957) 151, 165.
[69] Näher BUSCHE, Privatautonomie und Kontrahierungszwang (1999) 147 ff.
[70] In diesem Sinne auch MünchKomm/EMMERICH (7. Aufl 2016) § 311 Rn 72.
[71] Vgl mit unterschiedlichen Akzentuierungen BGHZ 16, 334, 336 ff = WM 1955, 1172; BGH NJW 1996, 1884, 1885; OLG Saarbrücken NJW-RR 2014, 1331, 1332 f; CANARIS, Die Vertrauenshaftung im deutschen Privatrecht (1971) 354 ff; für Analogie zu § 311b Abs 1 S 2 BGB ERMAN/ARNOLD (15. Aufl 2017) § 125 Rn 24.
[72] Vgl BGHZ 142, 51, 61 = NJW 1999, 3335 (Bürgschaftsübernahme durch Gemeinde).
[73] BGHZ 111, 75, 79 ff = NJW 1990, 1659 (Einfuhrumsatzsteuerpflicht); BGH NJW 1991, 694, 695 (Zuteilung bei Bausparverträgen); OLG Hamm NJW-RR 1997, 1168 (Nachbarschikanen); BAG AP § 276 – Verschulden bei Vertragsschluss Nr 10 (bevorstehender Unternehmenszusammenbruch).
[74] Vgl nur BGH NJW 2000, 3558, 3559 (Immobilienfonds); NJW 2000, 3065, 3067 (Darlehen); NJW 2000, 2352, 2353 (Bauherrenmodell); NJW 1999, 2032 (Kreditbedarf).
[75] Vgl zu Darlehensverträgen BGHZ 114, 177, 182 f = NJW 1991, 1956; 107, 92, 101 = NJW 1989, 1276.

F. Anbahnung von Schuldverhältnissen

Neben den aus § 311 Abs 2 iVm 241 Abs 2 BGB abzuleitenden vorvertraglichen Informationspflichten hat der Gesetzgeber eine Reihe gesonderter gesetzlicher Regelungen geschaffen, die dem Informationsinteresse des Publikums dienen und dieses vor spezifischen geschäftlichen Gefahren schützen sollen. Zu nennen sind hier einerseits die Verbraucherschutzschriften des BGB (zB §§ 312d, 312j Abs 2, 492 Abs 2, 650j BGB), andererseits eigenständige Kodifikationen wie das Gesetz zum Schutz der Teilnehmer am Fernunterricht (FernUSG) oder das Wertpapierhandelsgesetz (WpHG).

Vor dem Hintergrund, dass Verbraucheraufklärung heutzutage zu einem zentralen Anliegen des Gesetzgebers geworden ist, zeichnet sich die Tendenz ab, die Informations- und Aufklärungspflichten auf der Basis der Lehre von der culpa in contrahendo auch jenseits spezieller Kodifizierungen weiter auszudehnen. Im Schrifttum ist diese Position weit verbreitet,[76] während die Rechtsprechung in manchen Bereichen eher zurückhaltend agiert.[77] Auf der anderen Seite wird von den Gerichten im Bereich der Anlageberatung sogar der (stillschweigende) Abschluss eines gesonderten Beratungsvertrages angenommen, wenn sich der Kunde mit der Bitte um entsprechende Beratung an ein Kreditinstitut wendet.[78] Im Verhältnis zu bloßen Anlagevermittlern, die Anlageprodukte ohne Beratung vertreiben, geht die Rechtsprechung überdies von dem konkludenten Abschluss eines Auskunftsvertrags aus, wenn der Anlageinteressent erkennbar die besonderen Erfahrungen und Kenntnisse des Vermittlers in Anspruch nehmen will und der Vermittler die gewünschte Tätigkeit beginnt.[79] Das alles erscheint insgesamt betrachtet ziemlich unübersichtlich und bedarf im Grunde einer systematischen Aufbereitung durch den Gesetzgeber, der freilich gerade im Gesetzgebungsverfahren zu § 311 Abs 2 BGB davon abgesehen hat.

cc) Auskunfts- und Informationspflicht aufgrund Loyalitätspflicht

Im Zusammenhang mit dem Abbruch von Vertragsverhandlungen wird diskutiert, ob daraus eine Haftung aus cic folgen kann. Diese Fragestellung muss (zunächst) überraschend erscheinen. Das Prinzip der Privatautonomie und die darauf gründende Vertragsbegründungsfreiheit gestatten es selbstverständlich, zu irgendeinem Zeitpunkt in Vertragsverhandlungen einzutreten und diese auch abzubrechen, wenn die Verhandlungen nicht zum Erfolg führen. Das folgt bereits daraus, dass jede Vertragsverhandlung mit dem Risiko des Scheiterns behaftet ist. Die Beteiligten schulden einander insoweit auch keine Begründung.[80] Den Abbruch von Vertragsverhandlungen grundsätzlich mit einer Verpflichtung zum Schadensersatz zu verknüpfen, wäre daher unangemessen. Dies würde die negative Vertragsbegründungsfreiheit wirtschaftlich entwerten. Ein derartiger Zustand darf im Grundsatz auch nicht über eine dem Vertragsabbruch vorgeschaltete Informationsverpflichtung herbeigeführt werden. Aufwendungen,

---

[76] Exemplarisch LANG AcP 201 (2001) 451, 565 ff; KRÜGER NJW 2013, 1845, 1848 ff.
[77] Vgl zu Fondsgeschäften aber auch BGHZ 168, 1 Rn 50 ff = NJW 2006, 2099; BGH NJW-RR 2010, 952 Rn 9; ferner MünchKomm/EMMERICH (7. Aufl 2016) § 311 Rn 94 ff.
[78] BGHZ 205, 117 Rn 23 = NJW 2015, 2248 – *Kapitalanlageberatung*; 178, 149, 152 Rn 9 = NJW 2008, 3700 – *Immobilienfondsbeteiligung*; 123, 126, 128 – *Bond I*; 100, 117, 118 = NJW 1987, 1815 – *Anlageberatung*; BGH NJW 2016, 2949 Rn 21 – *Kapitalanlageberatung*; NJW-RR 2010, 349 Rn 12 ff – *GbR-Beteiligung*; NJW 2011, 3227, Rn 19 f – *Medienfonds*; NJW-RR 2013, 244 Rn 22 – *Lehman Brothers*; s aber auch BGHZ 196, 370 Rn 17 = NJW 2013, 3293 (Direktbank).
[79] BGHZ 178, 149, 152 Rn 11 = NJW 2008, 3700; BGHZ 158, 110, 116 = NJW 2004, 1732.
[80] BGH NJW 1996, 1884, 1885; KAISER JZ 1997, 448, 449; M WEBER AcP 190 (1990) 390, 398.

die in Erwartung eines Vertragsschlusses gemacht werden, trägt daher jeder Vertragsinteressent regelmäßig auf eigene Gefahr.[81]

32 Gleichwohl gibt es Situationen, in denen es unangemessen erscheint, den Abbruch der Vertragsverhandlungen sanktionslos zu lassen. Hat nämlich ein Beteiligter des Verhandlungsprozesses bei der Gegenseite den unzutreffenden Eindruck erweckt, das allgemeine Risiko des Scheiterns der Vertragsverhandlungen werde sich nicht realisieren bzw der Vertrag werde mit Sicherheit zustande kommen, dann stellt sich der potenzielle Vertragspartner auf die Begründung des Schuldverhältnisses ein, ohne selbst noch andere Vertragsgelegenheiten in Erwägung zu ziehen.[82] Er vertraut darauf, dass sich der Verhandlungspartner entsprechend seinem bisherigen Vorverhalten auf einen Vertrag einlassen wird. Unter diesen Voraussetzungen ist es angebracht, denjenigen, dessen Vertragsentschluss nicht zweifelhaft zu sein schien, mit der Verpflichtung zu belasten, den anderen Teil über seine wahren Vertragsabsichten aufzuklären. Wird diese Information unterlassen, so handelt es sich angesichts der durch das Vorverhalten geprägten Erwartung um ein illoyales und damit im Grundsatz pflichtwidriges Verhalten, das zum Schadensersatz verpflichtet, wenn der potenzielle Vertragspartner daraufhin nachteilige Vermögensdispositionen getroffen hat, beispielsweise eine Baumaßnahme auf einem erst noch zu erwerbenden Grundstück begonnen oder einen Darlehensvertrag abgeschlossen hat.

33 Allerdings sind hier zwei Einschränkungen zu machen: Ein Vertrauen in das Zustandekommen des Vertrages ist zum einen nur gerechtfertigt, wenn die Vertragsverhandlungen im Zeitpunkt ihres Abbruchs zumindest soweit fortgeschritten sind, dass die Beteiligten jedenfalls über die essentialia negotii des in Aussicht genommenen Schuldverhältnisses schon Einigkeit erzielt haben.[83] Zum anderen ist eine Berufung auf einen Vertrauenstatbestand ausgeschlossen, wenn derjenige Verhandlungspartner, der sich darauf beruft, redlicherweise kein Vertrauen bilden durfte. Das ist häufig dann anzunehmen, wenn der Grund für den Verhandlungsabbruch nicht aus der Sphäre desjenigen stammt, der den geschäftlichen Kontakt abbricht. Es muss also ein den Vertrauenstatbestand quasi „überholender" Umstand vorliegen. So liegt es, wenn der zum Verhandlungsabbruch führende Umstand aus der Sphäre des Vertragsinteressenten stammt und ohnehin dazu berechtigen würde, den Vertrag später wieder aufzuheben oder doch zumindest die Erfüllung der versprochenen Leistung zu verweigern.[84] Entsprechendes gilt bei gesetzlichen Widerrufs- und Rücktrittsrechten.[85] Häufig heißt es, insoweit bestehe ein triftiger Grund zum Abbruch der Vertragsverhandlungen.[86] Diese Formulierung ist allerdings insoweit missverständlich, als es der Sache nach nicht darauf ankommt, ob demjenigen, der die Vertragsverhandlungen abbricht, ein triftiger Grund zur Seite steht, sondern darauf, ob aus Sicht des anderen Verhandlungspartners eine berechtigte Erwartung enttäuscht wird. Die jeweils denkbaren Fallgestaltungen sind durchaus nicht deckungsgleich. So mag es aus der Sicht des Beteiligten, der die Verhandlungen abbricht, ein triftiger Grund sein, wenn er von dritter Seite ein höheres Angebot erhält. Eine dahin gehende Änderung seiner Dispositionen kann ihn im Hin-

---

[81] BGH NJW-RR 1989, 627; OLG Saarbrücken NJW-RR 2014, 1331, 1332 f.
[82] Zu derartigen Sachverhalten BGH NJW-RR 1989, 627; NJW 1984, 866, 867.
[83] BGH NJW-RR 2001, 381, 382; vgl auch MünchKomm/Emmerich (7. Aufl 2015) § 311 Rn 162.
[84] Staudinger/Feldmann (2018) § 311 Rn 147; zum Aspekt der Leistungsbefreiung Stoll, in: FS vCaemmerer (1978) 433, 450.
[85] Vgl BGHZ 131, 1, 7 = NJW 1996, 55 (zum HaustürwiderrufsG).
[86] BGHZ 76, 343, 349 = NJW 1980, 1683; Staudinger/Feldmann (2018) § 311 Rn 147.

blick auf den geschaffenen Vertrauenstatbestand freilich nicht entlasten,[87] wenn dieser gerade darauf angelegt war, derartige Willensänderungen auszuschließen. Letzten Endes muss stets für den Einzelfall entschieden werden, inwieweit überhaupt ein begründetes Vertrauen vorliegt. Angesichts der für alle Beteiligten geltenden negativen Vertragsbegründungsfreiheit ist dabei insgesamt Zurückhaltung geboten, insbesondere dann, wenn das Rechtsgeschäft einem Formerfordernis unterliegt.[88] Es muss nämlich stets bedacht werden, dass über das Institut der culpa in contrahendo die Vertragsbegründungsfreiheit nicht in wesentlichen Teilen wirtschaftlich entwertet werden darf. Gerade eine Haftung aufgrund des Abbruchs von Vertragsverhandlungen kann immer nur der absolute Ausnahmefall sein. Damit ist noch nicht geklärt, wie eine derartige Haftung beschaffen ist. Darauf wird noch einzugehen sein (s Rn 41 ff).

4. Haftung Dritter

a) Grundsatz

Ein vorvertragliches (rechtsgeschäftsähnliches) Schuldverhältnis, das Pflichten iSv **34** § 241 Abs 2 BGB begründet, kann auch zu Personen entstehen, die von vornherein überhaupt nicht Vertragspartei werden sollen (§ 311 Abs 3 BGB). Hierher gehört der Sachverhalt, dass über den in Aussicht genommenen Vertragspartner zunächst Auskünfte bei einem Dritten eingeholt werden, der mit dem zukünftigen Vertragspartner in keiner unmittelbaren Beziehung steht; darüber hinaus ist auch der Fall angesprochen, dass Dritte für den Vertragspartner die Vertragsverhandlungen führen bzw auf diese Einfluss nehmen und dabei in besonderem Maße Vertrauen für sich in Anspruch nehmen. Der zuletzt genannte Aspekt wird in § 311 Abs 3 S 2 BGB noch einmal ausdrücklich herausgehoben, während sich S 1 darauf beschränkt, das Faktum der Einbeziehung Dritter anzusprechen. Bei näherer Betrachtung handelt es sich bei § 311 Abs 3 BGB lediglich um eine Konkretisierung des bereits in § 311 Abs 2 BGB angelegten Gedankens der vorvertraglichen Haftung, da die angesprochenen Fallgestaltungen ohne Weiteres auch als geschäftlicher Kontakt iSv § 311 Abs 2 Nr 3 BGB erfasst werden können.

Die Urheber der Schuldrechtsmodernisierung des Jahres 2001 waren sich zunächst **35** auch durchaus unsicher, ob eine ausdrückliche Kodifizierung der sog Dritthaftungsfälle überhaupt sinnvoll und erforderlich ist. Im Diskussionsentwurf der Bundesregierung fehlte eine entsprechende Regelung, da sie im Hinblick auf den Stand der Rechtsprechung zur Dritt- und Sachwalterhaftung für nicht sinnvoll, da möglicherweise kontraproduktiv gehalten wurde.[89] Die von der Bundesregierung im Zuge der Beratungen zum Schuldrechtsmodernisierungsgesetz eingesetzte Kommission hat sich dann freilich für die Aufnahme des § 311 Abs 3 BGB in das Regelungsprogramm des BGB ausgesprochen.[90] Dabei ging es im Wesentlichen darum, den Stand der Rechtsprechung wiederzugeben.[91] Darüber hinaus sollte mit § 311 Abs 3 S 1 BGB allerdings auch eine Basis für die Aktivlegitimation Dritter gelegt werden, also die Fälle, in denen Dritte in

---

[87] STAUDINGER/FELDMANN (2018) § 311 Rn 147 aE; aA MünchKomm/EMMERICH (7. Aufl 2015) § 311 Rn 162; PALANDT/GRÜNEBERG (77. Aufl 2018) § 311 Rn 32.
[88] Zu einem derartigen Sachverhalt OLG Saarbrücken NJW-RR 2014, 1331, 1332 – Immobilienverkauf.
[89] Dazu Begründung zum Diskussionsentwurf des BMJ, in: CANARIS, Schuldrechtsmodernisierung 2002 (2002) 66, 176 f; vgl auch BMJ (Hrsg), Abschlussbericht der Schuldrechtskommission (1991) 144.
[90] Dazu CANARIS JZ 2001, 499, 519.
[91] CANARIS JZ 2001, 499, 520.

die Schutzwirkungen eines Schuldverhältnisses aus cic einbezogen sind und insoweit eigene Rechte geltend machen können.[92]

36 Der Gesetzgeber des Schuldrechtsmodernisierungsgesetzes hat den Vorschlag der Kommission zwar übernommen, die Akzente in der Gesetzesbegründung dann aber doch etwas anders gesetzt: Danach soll sich § 311 Abs 3 S 1 BGB speziell auf die typischen Fälle der Eigenhaftung von Vertretern und Verhandlungsgehilfen beziehen, während § 311 Abs 3 S 2 BGB insbesondere auch als Regelung der Sachwalterhaftung gedacht ist.[93] Bei den sogenannten Sachwaltern handelt es sich um Personen, die anders als Vertreter und Verhandlungsgehilfen nicht im eigentlichen Lager einer der Verhandlungspartner stehen, sondern als Sachverständige oder weitere Auskunftspersonen tätig werden und durch ihr Auftreten dem Vertrauen in die Seriosität der Vertragsdurchführung einen zusätzlichen Impuls geben. Für die vom Gesetzgeber vorgenommene Zuordnung der „allgemeinen" Dritthaftungsfälle zu § 311 Abs 3 S 1 BGB und der „besonderen" Sachwalterfälle zu § 311 Abs 3 S 2 BGB gibt der Normwortlaut freilich keinen hinreichenden Anhalt. Zwar handelt es sich bei S 2 (auch) um eine Beschreibung der Sachwalterfälle. Das schließt aber nicht aus, diese Fälle bereits unter S 1 zu subsumieren, womit S 2 allein als Beispielsfall von S 1 zu verstehen ist. Insgesamt hatte der Gesetzgeber nicht die Absicht, in § 311 Abs 3 BGB eine abschließende Regelung der Dritthaftungsfälle zu treffen. Die offene Formulierung der Vorschrift soll vielmehr Raum für eine Weiterentwicklung des Rechtsinstituts der Dritthaftung durch Praxis und Wissenschaft geben.[94] Auf deren bisherige Erkenntnisse ist mangels anderer Vorgaben des Gesetzgebers auch zur Konkretisierung von § 311 Abs 3 BGB zurückzugreifen.[95]

37 Allgemein kennzeichnend für die Fälle der Dritthaftung ist, dass der Dritte im Rahmen der Vertragsverhandlungen ein über das normale Verhandlungsvertrauen hinausgehendes besonderes persönliches Vertrauen für sich (und nicht lediglich für die zukünftige Vertragspartei) in Anspruch nimmt, das der Gegenseite gleichsam die Gewähr für die Seriosität und Erfüllung des in Aussicht genommenen Geschäfts vermittelt.[96] Die berufliche Stellung des Dritten, zB als vertretungsberechtigtes Organ einer Kapitalgesellschaft, reicht insoweit allerdings ebenso wenig aus wie seine Wortführerschaft bei den Vertragsverhandlungen.[97] Darüber hinaus muss der Dritte aufgrund des besonderen von ihm in Anspruch genommenen Vertrauens die Vertragsverhandlungen bzw den Vertragsschluss kausal beeinflusst haben.[98] Anstelle eines von dem Dritten gesetzten Vertrauenstatbestandes kann unter Umständen auch dessen wirtschaftliches Eigeninteresse am Zustandekommen eines Vertrages für die Begründung einer Dritthaftung von Bedeutung sein.

b) Vertreter- und Verhandlungsgehilfenhaftung

38 Wie bereits erwähnt, wird von § 311 Abs 3 BGB zunächst der Fall der Eigenhaftung von Vertretern und Verhandlungsgehilfen erfasst. Eine Vertretungsmacht für das konkrete Geschäft ist nicht erforderlich; allerdings darf der Aufgabenkreis im weiteren

---

[92] CANARIS JZ 2001, 499, 520.
[93] RegBegr BT-Drucks 14/6040, 163.
[94] RegBegr BT-Drucks 14/6040, 163.
[95] Ebenso MünchKomm/EMMERICH (7. Aufl 2016) § 311 Rn 175.
[96] BGH NJW-RR 1991, 1241, 1242; NJW 1997, 1233 mwNw.
[97] Zur Wortführerschaft BGH NJW-RR 1993, 342, 344; zur beruflichen Stellung BGH NJW 1995, 1213, 1214 (Rechtsanwalt als Betreuer).
[98] BGH NJW-RR 1991, 1241, 1242; NJW 1997, 1233 mwNw.

Sinne nicht überschritten werden. Die Eigenhaftung des Vertreters tritt neben diejenige des Vertretenen, sodass beide als Gesamtschuldner haften.[99] Auf der anderen Seite wird die Haftung des Vertreters aber auch durch diejenige des Vertretenen begrenzt: Haftet dieser nicht, entfällt auch die Haftung des Vertreters.[100]

Als besondere Spielart der Dritthaftungsproblematik können die Fälle angesehen werden, in denen der die Verhandlungen führende Vertreter zwar selbst kein besonderes Vertrauen für sich in Anspruch genommen hat, aber ein wirtschaftliches Eigeninteresse am Zustandekommen des Vertrages hat. Zu überlegen ist also, ob das wirtschaftliche Eigeninteresse im Hinblick auf die Dritthaftung einen ähnlich belastbaren Haftungsgrund abgibt wie die Begründung eines Vertrauenstatbestandes. Während die Rechtsprechung in diesem Zusammenhang zwischenzeitlich eine eher großzügige Betrachtung angelegt hatte, ist mittlerweile eine restriktivere Praxis an der Tagesordnung. Deutlich wird dies am Beispiel der Haftung des Alleingesellschafters einer GmbH, der zugleich deren Geschäftsführer ist: Wird seine Eigenhaftung ohne Umschweife bejaht, da er bei wirtschaftlicher Betrachtung mit der GmbH „identisch" ist und deshalb auch ein Interesse am wirtschaftlichen Erfolg der GmbH hat,[101] führt dies im Ergebnis zu einer Aushöhlung der GmbH-Haftungsstrukturen. Schließlich ist die Haftung an sich auf das Gesellschaftsvermögen der GmbH beschränkt (§ 13 Abs 2 GmbHG). Aus diesem Grunde hat der BGH seine haftungsfreundliche Entscheidungspraxis an dieser Stelle revidiert.[102] In der Tat wird man im Vergleich mit den Fällen der Vertrauensbegründung ein irgendwie geartetes wirtschaftliches Interesse am Vertragsschluss nicht für ausreichend erachten können, um darauf eine Dritthaftung zu gründen. Das Haftungsrisiko derjenigen Personen, die nicht selbst Vertragspartei werden, würde damit unüberschaubar. Als gesichert kann daher mittlerweile gelten, dass ein nur mittelbarer wirtschaftlicher Vorteil, wie er sich aus der Stellung als Gesellschaftergeschäftsführer oder auch aufgrund der Gewährung einer Provision bei Abschluss des Vertrages ergeben kann, für die Annahme eines haftungsbegründenden Eigeninteresses nicht ausreicht.[103] Erforderlich ist für eine Haftung aufgrund wirtschaftlichen Eigeninteresses vielmehr, dass der Vertreter gleichsam in eigener Sache handelt.[104] Zu denken ist insbesondere an Fälle, in denen der Vertreter von vornherein die Absicht hat, die aus dem Geschäft erlangte Gegenleistung nicht an den Vertretenen weiterzugeben, sondern für sich zu behalten.[105] Eine andere Betrachtung würde – wie bereits dargelegt – die Haftung des Vertreters über Gebühr strapazieren, insbesondere zu einer Schieflage gegenüber der Haftung aufgrund besonderen Vertrauens führen.

c) Sachwalterhaftung

Für die Fälle der Sachwalterhaftung gelten an sich keine Besonderheiten. Wie bei der Vertreterhaftung ist es erforderlich, dass der Sachwalter im Rahmen der Vertragsverhandlungen ein besonderes Maß an Vertrauen für sich in Anspruch nimmt. Dieses beruht bei den Sachwaltern regelmäßig auf ihrer fachlichen Kompetenz und Unabhän-

---

[99] MünchKomm/EMMERICH (7. Aufl 2016) § 311 Rn 174.
[100] BGHZ 79, 281, 287 = NJW 1981, 922; STAUDINGER/FELDMANN (2018) § 311 Rn 185; MünchKomm/EMMERICH (7. Aufl 2016) § 311 Rn 174.
[101] BGHZ 87, 27, 33 f = NJW 1983, 1607; zurückhaltender BGH NJW 1986, 586, 587 f.
[102] BGHZ 126, 181, 187 ff = NJW 1994, 2220.
[103] BGHZ 88, 67, 70 = NJW 1983, 2696; BGH NJW 1997, 1233 mwNw; MünchKomm/EMMERICH (7. Aufl 2016) § 311 Rn 175.
[104] BGHZ 56, 81, 84 = NJW 1971, 1309; MünchKomm/EMMERICH (7. Aufl 2016) § 311 Rn 175.
[105] BGHZ 126, 181, 185 = NJW 1994, 2220; BGH NJW 2002, 208, 212.

gigkeit. Sachwalter sind daher typischerweise Personen, die im eigentlichen Sinne nicht im Lager eines Verhandlungspartners stehen und gerade deshalb als vertrauenswürdige Auskunftspersonen angesehen werden. Hierher gehört die Haftung von Sachverständigen,[106] aber auch die viel diskutierte Haftung von Wirtschaftsprüfern und Steuerberatern für unrichtige Testate.[107] Der Gesetzgeber des Schuldrechtsmodernisierungsgesetzes hatte die Vorstellung, gerade für diese Sachverhalte eine Lösung über § 311 Abs 3 S 2 BGB anzubieten.[108] Die Rechtsprechung und Teile des Schrifttums rekurrieren eher auf einen zwischen Sachverständigem und Drittem konkludent abgeschlossenen Auskunfts- und Beratungsvertrag,[109] die Einbeziehung des Dritten in den Schutzbereich des zwischen Auftraggeber und Sachverständigem geschlossenen Vertrags[110] oder auch auf deliktsrechtliche Ansätze (§§ 823 Abs 2, 826 BGB).[111] In die Reihe der Sachwalterfälle kann auch die Prospekthaftung von Initiatoren, Gründern und Gestaltern von Kapitalanlagegesellschaften sowie Bauherren- und Bauträgermodellen für die Richtigkeit und Vollständigkeit der in den jeweiligen Verkaufsprospekten enthaltenen Angaben eingeordnet werden,[112] wobei insoweit auch eine Eigenhaftung dieser Personen wegen Verletzung von Aufklärungspflichten (§ 311 Abs 2 BGB iVm § 241 Abs 2 BGB) in Betracht kommt (sog uneigentliche Prospekthaftung).[113] Schließlich mag der Sachwalterhaftung auch die Haftung von Kraftfahrzeughändlern zugeordnet werden, soweit sie beim Verkauf von Gebrauchtfahrzeugen als Vermittler auftreten.[114] Zu bedenken ist freilich stets, dass auch bei Sachwaltern allein deren beruflicher Status zur Begründung einer Drittaftung nicht ausreicht.[115] Die Haftung des Sachwalters ist im Übrigen stets durch die Haftung des Geschäftsherrn begrenzt.[116]

5. Rechtsfolgen

a) Schadensersatz

41 Ein Verstoß gegen vorvertragliche Pflichten iSv § 241 Abs 2 BGB zieht primär eine Verpflichtung zum Schadensersatz nach sich (§ 280 Abs 1 BGB). Voraussetzung ist allerdings ein schuldhaftes Handeln des Schädigers (§ 276 BGB), der im Übrigen auch

---

[106] MünchKomm/EMMERICH (7. Aufl 2016) § 311 Rn 179.
[107] Dazu HIRTE, Berufshaftung (1996) 386, 412 ff; KREBS, Sonderverbindung und außerdeliktische Schutzpflichten (2000) 274, 339 ff; LANG AcP 201 (2001) 451, 536, 545 ff; ähnlich BGHZ 145, 187, 198.
[108] RegBegr BT-Drucks 14/6040, 163; zustimmend CANARIS JZ 2001, 499, 520; krit NK/BECKER (3. Aufl 2016) § 311 Rn 113.
[109] BGH NJW 1991, 352 (Anlagevermittler); vgl auch BGH NJW-RR 2006, 993, 993 f Rn 12 (Verhandlungsgehilfe); OLG Stuttgart NJW-RR 2010, 236, 237 (Baustoffhändler).
[110] Vgl BGHZ 138, 257, 260 ff =NJW 1998, 1948; 127, 378, 380 ff =NJW 1995, 392; SUTSCHET, Der Schutzanspruch zugunsten Dritter (1999) 137, 144 ff.
[111] Dazu näher KOCH AcP 204 (2004) 59 ff.
[112] Vgl zu Kapitalanlagen MünchKomm/EMMERICH (7. Aufl 2016) § 311 Rn 159; STAU-

DINGER/FELDMANN (2018) § 311 Rn 190; zu Bauherrenmodellen BGHZ 145, 121, 125 = NJW 2001, 436; 115, 213, 217 f = NJW 1992, 228; 111, 314, 317 ff = NJW 1990, 2461; zu Bauträgermodellen BGHZ 145, 121, 125 ff = NJW 2001, 436.
[113] Dazu MünchKomm/EMMERICH (7. Aufl 2016) § 311 Rn 159.
[114] Vgl BGHZ 87, 302, 304 = NJW 1983, 2192; vgl aber auch § 475 Abs 1 S 2 BGB, wonach der Gebrauchtwagenhändler beim Gebrauchsgüterkauf uU von vornherein als eigentlicher Vertragspartner zu behandeln ist (dazu PALANDT/GRÜNEBERG [77. Aufl 2018] § 311 Rn 66).
[115] Vgl BGHZ 100, 346, 350 ff = NJW 1987, 3133 (Insolvenzverwalter); BGH NJW 1992, 2080, 2083 (Rechtsanwalt).
[116] BGHZ 87, 302, 304 f = NJW 1983, 2192; BGH NJW-RR 2011, 462, 464 Rn 18.

F. Anbahnung von Schuldverhältnissen

für seine Verhandlungsgehilfen nach § 278 BGB einzustehen hat.[117] Hinsichtlich des konkreten Inhalts des Schadensersatzanspruchs kommt es entscheidend auf die Art des Pflichtverstoßes an. Für die Feststellung des Umfangs des Schadensersatzanspruchs gelten dann im Übrigen die allgemeinen Vorschriften.[118] Zuweilen können die im Schuldrecht durch das Institut des Verhandlungsverschuldens geschützten Interessen eigenständig geregelt sein (vgl §§ 19 ff VVG). Kommt solchen Vorschriften abschließender Charakter zu, ist ein Rückgriff auf die allgemeinen Regeln der cic ausgeschlossen.[119]

Geht es um die Haftung für die Verletzung von Rechten und Rechtsgütern des Verhandlungspartners (s Rn 10 ff), hat der Schädiger nach §§ 249 ff BGB den Verletzungsschaden zu ersetzen. Geschützt ist insoweit das Interesse des Geschädigten an der Integrität seiner Rechte und Rechtsgüter. **42**

Soweit weitere Vermögensinteressen des Geschädigten betroffen sind, weil durch den vorvertraglichen geschäftlichen Kontakt in seine rechtsgeschäftliche Entscheidungsfreiheit eingegriffen wurde (s Rn 20 ff), gilt es im Übrigen zu differenzieren: Auf der einen Seite kann durch die Verletzung einer Auskunfts- und Informationspflicht ein für den Geschädigten ungünstiger Vertrag zustande gekommen sein, der bei gehöriger Information nicht oder jedenfalls mit anderem Inhalt geschlossen worden wäre. Hier ist das Interesse des Geschädigten darauf gerichtet, die durch die Pflichtverletzung enttäuschte Erwartung auf adäquate Informationen zu kompensieren. Der Schadensersatzanspruch geht also auf Ersatz des sogenannten Vertrauensschadens. Zu ersetzen ist mithin das negative Interesse an der Freihaltung von Schäden, die aufgrund der Durchführung des ungünstigen Vertrages entstehen,[120] wobei der Anspruch der Höhe nach freilich nicht durch das Interesse an der Erfüllung dieses Vertrages begrenzt ist.[121] Die Vorschriften der §§ 122 Abs 1 und 179 Abs 2 BGB sind insoweit nicht entsprechend anwendbar.[122] Dem Geschädigten geht es nämlich um den Ersatz jenes Interesses, das er an dem Abschluss des infolge Informationspflichtverletzung vereitelten Vertrages hatte. Aus diesem Grunde ist es angreifbar, wenn in derartigen Konstellationen zuweilen von einer Haftung auf das Erfüllungsinteresse gesprochen wird.[123] Es geht nämlich gerade nicht um den Ersatz des Erfüllungsinteresses aus dem tatsächlich abgeschlossenen Vertrag.[124] **43**

Zweifelhaft ist, ob der Schadensersatzanspruch im Einzelfall auch auf Vertragsaufhebung bzw (als minus dazu) auf Vertragsanpassung gerichtet sein kann.[125] Im Hinblick auf die Rechtsfolge der Vertragsaufhebung könnte sich ein Wertungswiderspruch zu §§ 123, 124 BGB andeuten: Während danach ein Anfechtungsrecht nur bei arglistiger Täuschung und zudem nur binnen kurzer Frist besteht, wäre eine Vertragsaufhebung **44**

---

[117] BGHZ 104, 392, 397 = NJW 1988, 2463; 72, 92, 97 = NJW 1978, 2145; davon zu unterscheiden sind die bereits behandelten Fälle einer etwaigen Eigenhaftung der Verhandlungsgehilfen, die dann gegebenenfalls neben die Haftung des Vertretenen tritt.
[118] Zu Einzelheiten Vieweg, in: Staudinger/Eckpfeiler J. Rn 1 ff.
[119] BGH NJW-RR 2007, 826, 826 f Rn 15 f.
[120] BGHZ 168, 35 Rn 20, 21, 23 = NJW 2006, 3139.
[121] BGHZ 136, 102, 105 f = NJW 1997, 2813; 69, 53, 56 = NJW 1977, 1536; MünchKomm/Emmerich (7. Aufl 2016) § 311 Rn 175; aA Staudinger/Feldmann (2018) § 311 Rn 175; Stoll, in: FS vCaemmerer (1978) 438, 451.
[122] MünchKomm/Emmerich (7. Aufl 2016) § 311 Rn 186.
[123] Vgl nur BGH NJW 2001, 2875, 2876.
[124] Mertens ZGS 2004, 67, 72.
[125] Dazu Canaris AcP 200 (2000) 273, 304 ff.

unter Anwendung der cic-Haftung schon bei fahrlässiger Informationspflichtverletzung und überdies ohne zeitliche Begrenzung möglich. Aus diesem Grunde wurde das Anfechtungsrecht unter dem Regime des früheren Rechts vor Inkrafttreten des Schuldrechtsmodernisierungsgesetzes zuweilen als vorrangig angesehen.[126] Dagegen sprach allerdings schon seinerzeit, dass die vielschichtigen Sachverhalte der vorvertraglichen Informationspflichtverletzung durch die Anfechtungsvorschriften überhaupt nicht adäquat erfasst werden.[127] Dementsprechend wird de lege lata die rechtsgeschäftliche Entschließungsfreiheit der Beteiligten sowohl durch die Anfechtungsregeln als auch durch die Grundsätze der culpa in contrahendo geschützt.[128] Im Ergebnis spricht daher nichts dagegen, dem Geschädigten einen Anspruch auf Vertragsaufhebung zuzubilligen.[129] Schließlich ist nach § 249 Abs 1 BGB der Zustand herzustellen, der ohne die Pflichtverletzung bestünde: Das läuft auf eine Vertragsaufhebung einschließlich des Ersatzes nutzloser Aufwendungen hinaus,[130] wenn der Verhandlungspartner den Vertrag bei gehöriger Information nicht geschlossen hätte. Denkbar ist freilich auch – als „milderes" Mittel – eine Vertragsanpassung,[131] soweit der Geschädigte trotz der vorvertraglichen Pflichtverletzung der Gegenseite dennoch am Vertrag festhalten will. Zu fordern ist dann allerdings, dass auch der Schädiger zu den angepassten Vertragskonditionen abgeschlossen hätte.[132]

45 Dem Geschädigten wird der Nachweis, dass er bei gehöriger Information gar keinen oder einen günstigeren Vertrag abgeschlossen hätte, in den vorbenannten Fällen jedoch häufig erhebliche Schwierigkeiten bereiten, da es sich naturgemäß um eine weitgehend hypothetische Betrachtung handelt, wie die Vertragsverhandlungen bei pflichtgemäßem Verhalten der Gegenseite tatsächlich verlaufen wären. Vor diesem Hintergrund besteht bei den Gerichten die Neigung, dem Geschädigten mit Beweiserleichterungen zu helfen.[133]

46 Sonstige Vermögensinteressen des Geschädigten können schließlich auch dadurch betroffen sein, dass ein (ihm günstiger) Vertrag überhaupt nicht zustande kommt. Hierher gehören zunächst die Fälle, in denen die Wirksamkeit des Vertrages infolge einer Informationspflichtverletzung an gesetzlichen Wirksamkeitshindernissen wie der Nichtbeachtung von Form- und Genehmigungserfordernissen oder auch an einem Verstoß gegen gesetzliche Verbote scheitert. Regelmäßig kommt insoweit nur ein Ersatz des negativen Interesses in Betracht, da ansonsten die Gefahr besteht, dass der Schutz-

---

[126] GRIGOLEIT NJW 1999, 900, 902 f.
[127] LARENZ, Schuldrecht AT (14. Aufl 1987) § 9 I a 2 (S 111).
[128] LOOSCHELDERS, Schuldrecht AT (15. Aufl 2017) Rn 155; RÖSLER AcP 207 (2007) 564, 604 f; anders noch BGH NJW 1998, 302, 303 f, wonach Schutzgut nicht die rechtsgeschäftliche Entschließungsfreiheit, sondern das Vermögen sein soll (mit Recht kritisch FLEISCHER AcP 200 [2000] 91, 118; MEDICUS/LORENZ, Schuldrecht AT (21. Aufl 2015) Rn 113.
[129] CANARIS AcP 200 (2000) 273, 318 f; LARENZ, Schuldrecht AT (14. Aufl 1987) § 9 I a 3 (S 112 f); LOOSCHELDERS, Schuldrecht AT (15. Aufl 2017) Rn 155; MEDICUS/LORENZ, Schuldrecht AT (21. Aufl 2015) Rn 113; MünchKomm/EMMERICH (7. Aufl 2016) § 311 Rn 187; aA (nur Schadensersatz in Geld) LIEB, in: FS Rechtswissenschaftliche Fakultät Köln (1988) 261, 268 f.
[130] STAUDINGER/FELDMANN (2018) § 311 Rn 179; vgl zum Ersatz der Aufwendungen BGH NJW-RR 1991, 599, 601.
[131] BGHZ (VII. ZivSen) 114, 87, 94 f = NJW 1991, 1819; STAUDINGER/FELDMANN (2018) § 311 Rn 179; aA BGHZ (V. ZivSen) 168, 35, 39 Rn 21 = NJW 2006, 3139; PALANDT/GRÜNEBERG (77. Aufl 2018) § 311 Rn 57.
[132] S LORENZ NJW 1999, 1001, 1002; TIEDTKE JZ 1989, 569, 572; bedenklich daher BGHZ 114, 87, 94 = NJW 1991, 1819; vgl aber auch BGH NJW 1998, 2900, 2901.
[133] Zu Einzelheiten MünchKomm/EMMERICH (7. Aufl 2016) § 311 Rn 192 ff.

zweck der nicht beachteten Normen konterkariert wird.[134] Das gilt insbesondere für die gesetzlichen Formvorschriften: Deren Einhaltung ist eben nicht nur eine bloße „Formalität".[135] Es ist vielmehr nicht auszuschließen, dass sich der geschädigte Vertragsinteressent unter dem Eindruck einer durch den Formzwang vermittelten Bewusstseinsschärfung von vornherein gegen einen Vertragsschluss entschieden hätte. Eine Haftung auf das Erfüllungsinteresse liefe dagegen auf einen in der Sache nicht akzeptablen Kontrahierungszwang hinaus.[136] Gleichwohl lassen Rechtsprechung[137] und Schrifttum[138] gelegentlich Tendenzen in diese Richtung erkennen. Im Grunde geht es in diesen Fällen aber nicht um eine Haftung aus culpa in contrahendo, sondern darum, dem Schädiger mangels individueller Schutzbedürftigkeit die Berufung auf den Mangel des Rechtsgeschäfts zu versagen.[139] Die eigentliche Frage ist also, ob die Rechtsordnung die Rechtsfolge des Vertragsschlusses auch ohne Einhaltung des Formerfordernisses tolerieren kann.[140]

47 Kommt ein Vertrag nicht zustande, weil der Verhandlungspartner trotz berechtigter Erwartungen der Gegenseite die Vertragsverhandlungen abgebrochen hat (dazu bereits Rn 31 ff), kann ein etwaiger Schadensersatzanspruch aus culpa in contrahendo ebenfalls nur auf das negative Interesse gerichtet sein.[141] Soweit zum Teil eine Haftung auf Erfüllung,[142] also auf Vertragsschluss, oder zumindest auf das Erfüllungsinteresse[143] in Erwägung gezogen wird, wenn der Vertrag ohne das zum Schadensersatz verpflichtende Verhalten zustande gekommen wäre, führte das – zumindest bei wirtschaftlicher Betrachtung – zu einem Kontrahierungszwang. Das Vertragsrecht schützt bei bestehender Kontrahentenwahlfreiheit allerdings nicht das Interesse eines Rechtssubjekts, mit einem bestimmten Anbieter abschließen zu können oder so gestellt zu werden, als sei ein Vertrag zustande gekommen. Das gilt auch beim Abbruch von Vertragsverhandlungen: Der Umstand, dass durch Vertragsverhandlungen ein geschäftlicher Kontakt hergestellt und damit ein Vertrauenstatbestand geschaffen wurde, begründet für sich genommen weder eine Primärpflicht noch eine Sekundärpflicht auf Abschluss eines Vertrages.[144] Ein Anspruch auf Vertragsschluss oder Ersatz des Erfüllungsinte-

---

[134] Vgl Larenz, Schuldrecht AT (14. Aufl 1987) § 9 I a 3 (S 113 f); Busche, Privatautonomie und Kontrahierungszwang (1999) 147 ff.
[135] Häsemeyer, Die gesetzliche Form der Rechtsgeschäfte (1971) 72.
[136] Zu Recht kritisch daher Medicus/Petersen, Bürgerliches Recht (26. Aufl 2017) Rn 185.
[137] Vgl BGH NJW 1992, 1037, 1039; NJW 1965, 812, 814.
[138] Gernhuber, in: FS Schmidt-Rimpler (1957) 151, 165; Esser/Schmidt, Schuldrecht I/2 (8. Aufl 2000) § 29 II 6 a (S 152); differenzierend Küpper, Das Scheitern von Vertragsverhandlungen als Fallgruppe der culpa in contrahendo (1988) 268 ff, 325; M Weber AcP 190 (1990) 390, 428 ff; MünchKomm/Emmerich (7. Aufl 2016) § 311 Rn 186, 199.
[139] Medicus/Petersen, Bürgerliches Recht (26. Aufl 2017) Rn 185; Busche, Privatautonomie und Kontrahierungszwang (1999) 149.
[140] Vgl auch Kaiser JZ 1997, 448, 451.
[141] BGHZ 71, 386, 395; MünchKomm/Emmerich (7. Aufl 2016) § 311 Rn 186; Staudinger/Feldmann (2018) § 311 Rn 174.
[142] So dezidiert bei vorsätzlicher Enttäuschung von Vertrauen vCraushaar JuS 1971, 127, 129 ff; Hackl, Vertragsfreiheit und Kontrahierungszwang im deutschen, im österreichischen und im italienischen Recht (1980) 51.
[143] BGH BB 1974, 1039, 1040; WM 1983, 1385, 1386; BB 1998, 1710, 1711; OLG Düsseldorf NJW-RR 1986, 508, 510; OLG Köln BeckRS 2014, 17386 Rn 13 (für den Fall der Abstandnahme von einem bindenden Vertragsangebot); vCraushaar JuS 1971, 127, 129 ff; Fikentscher/Heinemann, Schuldrecht (10. Aufl 2006) Rn 81; Larenz, Schuldrecht AT (14. Aufl 1987) § 9 I a 3 (S 113); Looschelders, Schuldrecht AT (15. Aufl 2017) Rn 152.
[144] Bydlinski AcP 180 (1980) 1, 32; Otto, Personale Freiheit und soziale Bindung (1978) 17; Staudinger/Bork (2015) Vorbem zu §§ 145 ff Rn 28; Busche, Privatautonomie und Kontrahierungszwang (1999) 146 f.

resses besteht auch deshalb nicht, weil durch das Institut der culpa in contrahendo nicht die negative Vertragsbegründungsfreiheit desjenigen in Frage gestellt wird, der die Vertragsverhandlungen abbricht; es wird vielmehr nur eine Verhaltenshaftung anlässlich der Vertragsverhandlungen statuiert, die auf den Redlichkeitserwartungen des Verhandlungspartners basiert.[145] Über die daran anknüpfende Verpflichtung zum Schadensersatz kann der Geschädigte letztlich nicht mehr erhalten, als er nach allgemeinen Vertragsgrundsätzen erlangen kann.[146]

b) Weitere Rechtsfolgen

48 Neben der ganz im Vordergrund stehenden Verpflichtung zum Schadensersatz (§ 280 Abs 1 BGB iVm §§ 249 ff BGB) sind auch andere Rechtsfolgen bei Pflichtverletzungen im Rahmen eines vorvertraglichen geschäftlichen Kontakts nicht ausgeschlossen. Allerdings setzen diese voraus, dass es überhaupt zu einem Vertragsschluss gekommen ist. Denkbar ist etwa bei gegenseitigen Verträgen in Ergänzung zu dem bereits aus dem Schadensersatzanspruch ableitbaren Recht auf Vertragsaufhebung ein Rücktrittsrecht analog § 324 BGB,[147] das anders als § 280 Abs 1 BGB ein Vertretenmüssen der Gegenseite in Bezug auf die Pflichtverletzung nicht voraussetzt, andererseits aber nur in Betracht kommt, wenn ein Festhalten am Vertrag nicht zumutbar ist. Das ist anzunehmen, wenn die vorvertragliche Pflichtverletzung zu einer schwerwiegenden Erschütterung der Vertrauensgrundlage führt und damit die (weitere) Durchführung des Vertrages erheblich gefährdet. Freilich wird dieser Aspekt regelmäßig nur bei Dauerschuldverhältnissen zum Tragen kommen. Dort tritt an die Stelle des Rücktrittsrechts das Recht zur Kündigung aus wichtigem Grund (§ 314 BGB). Für eine analoge Anwendung von § 324 BGB bzw § 314 BGB spricht, dass es nicht wertungsgerecht wäre, eine verschuldensunabhängige Lösung vom Vertrag nur bei Informationspflichtverletzungen im Stadium einer bereits vollzogenen vertraglichen Koordinierung der Parteien zuzulassen, wie sie von den genannten Vorschriften an sich vorausgesetzt wird. Entsprechendes gilt für einen Schadensersatzanspruch statt der Leistung (§§ 280 Abs 1, 3; 282 BGB).[148]

6. Konkurrenz zur vertraglichen Haftung

49 Seit jeher bereitet die Abgrenzung der vorvertraglichen von der vertraglichen Haftung gewisse Schwierigkeiten. Diese stellen sich vornehmlich ein, wenn eine vorvertragliche Informationspflichtverletzung mit einem Mangel des Vertragsgegenstandes zusammentrifft. Nach dem vor Inkrafttreten des Schuldrechtsmodernisierungsgesetzes geltenden Recht lag eine Abgrenzung der Haftungsregime schon angesichts stark unterschiedlicher Verjährungsfristen nahe. Diese Problematik ist mittlerweile durch die Annäherung der Fristen entschärft,[149] kann aber im Einzelfall nach wie vor zum Tra-

---

[145] BGH NJW 1996, 1884, 1885; NJW 2001, 2713, 2714; KAISER JZ 1997, 448, 450; MÜLLER DB 1997, 1905, 1907.

[146] MEDICUS, in: BMJ (Hrsg), Gutachten und Vorschläge zur Überarbeitung des Schuldrechts, Bd I (1981) 479, 498, drückt dies so aus: „Warum soll sich der eine Verhandlungspartner auf einen Vertragsschluss verlassen dürfen, obwohl er diesen noch nicht soll verlangen dürfen?".

[147] So auch GRUNEWALD, in: FS Wiedemann (2002) 75, 76 ff; LOOSCHELDERS, Schuldrecht AT (15. Aufl 2017) Rn 156a.

[148] Vgl GRUNEWALD, in: FS Wiedemann (2002) 75, 80 ff.

[149] Für die allgemeinen Ansprüche nach §§ 280 ff BGB gilt die dreijährige Regelverjährung (§ 195 BGB); in Hinsicht auf die Mängelgewährleistung greift zum Teil eine kürzere (zweijährige) Verjährung (vgl nur § 438 Abs 1 Nr 3 BGB, § 634a Abs 1 Nr 1 BGB), zum Teil sind die Verjährungsfristen jedoch auch länger

F. Anbahnung von Schuldverhältnissen   50, 51

gen kommen. Für das frühere Recht wurde überwiegend eine Sperrwirkung der Gewährleistungsvorschriften gegenüber den cic-Regeln angenommen, sofern der Informationsverpflichtete keine vorsätzliche Pflichtverletzung begeht und deshalb den Schutz der für ihn günstigeren Gewährleistungsregeln „verwirkt".[150] Darüber hinaus wurden weitere Einschränkungen gemacht, zB im Hinblick auf Mangelfolgeschäden[151] und allgemein für die Rechtsmängelhaftung,[152] die nach früherem Recht als Nichterfüllungshaftung den allgemeinen Regeln des Schuldrechts folgte. Eine Sperrwirkung ist auch verneint worden, wenn sich die Informationsverpflichtung aus einer jedenfalls konkludent übernommenen vertraglichen Nebenpflicht ergab.[153]

Der Gesetzgeber des Schuldrechtsmodernisierungsgesetzes hat die Frage offen gelassen, ob es sich beim Sachmängelrecht um vorgehende Sonderregeln handelt.[154] Es ergeben sich allerdings auch de lege lata keine durchgreifenden abweichenden Gesichtspunkte, die es rechtfertigen könnten, von der früheren Sichtweise abzurücken.[155] Es ist daher nach wie vor davon auszugehen, dass es sich bei den Gewährleistungsvorschriften wegen ihrer Eigenarten um abschließende Sonderregeln handelt, die nach Gefahrübergang einer Anwendung der cic-Regeln vorgehen, sofern es um Verhaltenspflichten im Zusammenhang mit der Beschaffenheit des Vertragsgegenstandes geht.[156] Dies soll jedoch – jedenfalls im Anwendungsbereich des Kaufrechts – nicht bei vorsätzlicher Verhandlungspflichtverletzung gelten.[157] Freilich gibt es kein Bedürfnis für eine ergänzende Heranziehung der cic-Regeln,[158] da das Gewährleistungsrecht einen hinreichenden Schutz bietet.   **50**

In welchem Umfang die Vorschriften des Besonderen Schuldrechts eine Sperrwirkung entfalten, hängt ganz maßgeblich von der Auslegung des Mängelbegriffs ab. Je weiter   **51**

---

als die Regelverjährung (vgl nur § 438 Abs 1 Nr 1, 2 BGB, § 634a Abs 1 Nr 2 BGB).
[150] Vgl zum Kaufrecht BGHZ 140, 111, 115 = NJW 1999, 638; BGH NJW 2002, 208, 211; STAUDINGER/HONSELL (1995) Vorbem 56 ff zu §§ 459 ff; aA EMMERICH, Das Recht der Leistungsstörungen (4. Aufl 1997) § 5 II e; FLUME AcP 193 (1993) 89, 113 f; SINGER, in: FG 50 Jahre BGH (2000) Bd I 381, 398 ff; zum Mietrecht BGHZ 136, 102, 106 f = NJW 1997, 2813; aA EMMERICH NZM 2002, 362, 363; zum Werkvertragsrecht BGHZ 61, 203, 205 = NJW 1973, 1752; aA LITTBARSKI JZ 1978, 3 ff.
[151] LARENZ, in: FS Ballerstedt (1975) 397, 408 f.
[152] BGHZ 65, 246, 252 f = NJW 1976, 236; BGH NJW 2001, 2875; STAUDINGER/HONSELL (1995) Vorbem 59 zu §§ 459 ff.
[153] Zum Kaufrecht BGHZ 140, 111, 115 f = NJW 1999, 638; 47, 312, 315 f = NJW 1967, 1805; zum Werkvertragsrecht BGHZ 88, 130, 135 = NJW 1988, 2775.
[154] Dazu RegBegr BT-Drucks 14/6040, 161 f.
[155] S zum Streitstand BGHZ 180, 205 Rn 13 ff = NJW 2009, 2120.
[156] Vgl zum Kaufrecht BGHZ 180, 205 Rn 19 ff = NJW 2009, 2120; OETKER/MAULTZSCH, Vertragliche Schuldverhältnisse (4. Aufl 2013) § 2 Rn 329; PALANDT/GRÜNEBERG (77. Aufl 2018) § 311 Rn 14; aA MünchKomm/EMMERICH (7. Aufl 2016) § 311 Rn 82 (parallele Anwendbarkeit); STAUDINGER/MATUSCHE-BECKMANN (2013) § 437 Rn 73 (stets Vorrang der §§ 434 ff BGB nach Gefahrübergang); zum Mietrecht PALANDT/GRÜNEBERG (77. Aufl 2018) § 311 Rn 18; aA MünchKomm/EMMERICH (7. Aufl 2016) § 311 Rn 90 (parallele Anwendbarkeit); zum Werkvertragsrecht OETKER/MAULTZSCH, Vertragliche Schuldverhältnisse (4. Aufl 2013) § 8 Rn 165; PALANDT/SPRAU (77. Aufl 2018) § 634 Rn 9; MünchKomm/BUSCHE (7. Aufl 2018) § 634 Rn 6.
[157] BGHZ 180, 205 Rn 24 = NJW 2009, 2120; U HUBER AcP 202 (2002) 179, 228 f (m Fn 165); RÖSLER AcP 207 (2007) 564, 602 f; MünchKomm/WESTERMANN (7. Aufl 2016) § 437 Rn 57; PALANDT/GRÜNEBERG (76. Aufl 2017) § 311 Rn 15; zum Mietrecht auch PALANDT/GRÜNEBERG (76. Aufl 2017) § 311 Rn 18; MünchKomm/EMMERICH (7. Aufl 2016) § 311 Rn 81 f.
[158] Vgl zum Werkvertragsrecht PALANDT/SPRAU (77. Aufl 2018) § 634 Rn 9; MünchKomm/BUSCHE (7. Aufl 2018) § 634 Rn 6.

dieser verstanden wird, umso mehr wird tendenziell die Haftung aus vorvertraglichem geschäftlichem Kontakt zurückgedrängt. Zumindest für das Kaufrecht hat der Gesetzgeber – allerdings für den Sonderfall des Unternehmenskaufs – angedeutet, dass er einen eher weiten Mangelbegriff präferiert.[159] Das bestätigt in gewisser Weise auch § 434 Abs 1 S 2 BGB, soweit dort vorvertraglichen Werbeangaben des Verkäufers bzw Herstellers eine Bedeutung für die Konkretisierung der Beschaffenheit des Kaufgegenstandes beigemessen wird.

V. Abgrenzung zu Gefälligkeitsverhältnissen

52 Keine Schuldverhältnisse entstehen durch einen ausschließlich gesellschaftlichen (sozialen) Kontakt, weil den Beteiligten in diesem Fall ein Rechtsbindungswille fehlt. Das ist insbesondere bei Gefälligkeiten des täglichen Lebens der Fall, so zB wenn eine hilfsbedürftige Person über die Straße geleitet wird oder wenn bei Ortsabwesenheit der Nachbarn die Pflege von Haustieren oder Pflanzen übernommen wird. An einem Rechtsbindungswillen mangelt es auch bei Einladungen zu Festen, die im Rahmen des sozialen Miteinanders stattfinden. Die Feststellung, ob die Beteiligten mit Rechtsbindungswillen handeln oder nicht, kann im Einzelfall aber durchaus Schwierigkeiten bereiten.[160] Fehlen verwertbare Willensbekundungen, die auf den tatsächlichen Willen schließen lassen, muss der (mutmaßliche) Rechtsbindungswille regelmäßig anhand objektiver Gegebenheiten ermittelt werden. Als Kriterien kommen dabei insbesondere in Betracht die Art des sozialen Näheverhältnisses, der Inhalt des konkreten Geschäfts und das wirtschaftliche (Haftungs-)Risiko, das im Falle einer rechtsgeschäftlichen Bindung eintreten würde.[161] Allein der Umstand, dass das Geschäft unentgeltlich abgewickelt werden soll, schließt die Begründung eines Schuldverhältnisses noch nicht aus. Das zeigt bereits die Existenz sogenannter „Gefälligkeitsverträge" wie Auftrag, Leihe und unentgeltliche Verwahrung, bei denen der Schuldner die rechtsgeschäftlich übernommene Leistungspflicht jeweils ohne Gegenleistung erbringt.

53 Auch bei Gefälligkeitsverhältnissen ist eine Haftung freilich nicht ausgeschlossen. Zwar scheidet in diesen Fällen eine schuldrechtliche Primärhaftung für das Ausbleiben der Gefälligkeit wegen des fehlenden Rechtsbindungswillens aus, nicht jedoch zwingend der Rückgriff auf andere Haftungstatbestände. Soweit bei Gefälligkeitsverhältnissen eine Haftung wegen Schutzpflichtverletzung (§ 241 Abs 2 BGB) aufgrund des gesteigerten sozialen Kontakts befürwortet wird,[162] begegnet dies allerdings durchgreifenden Bedenken.[163] Das Gefälligkeitsverhältnis ist gerade durch die rechtliche Unverbindlichkeit des Handelns gekennzeichnet.[164] Insoweit wird auch kein sorgsamer Umgang mit den sonstigen Rechtsgütern des anderen Beteiligten „geschuldet", wie es § 241 Abs 2 BGB voraussetzt. Ein gesteigerter sozialer Kontakt führt im Übrigen nur unter den Voraussetzungen des § 311 Abs 2 BGB, also im Falle eines geschäftlichen Kontakts, zur Begründung eines Schuldverhältnisses.

---

[159] RegBegr BT-Drucks 14/6040, 242.
[160] Vgl aus der Rspr BGH NJW 1974, 1705 (Lotto-Spielgemeinschaft); OLG München NJW-RR 1993, 215 (Gebirgshütten-Überlassung).
[161] LOOSCHELDERS, Schuldrecht AT (15. Aufl 2017) Rn 95.
[162] Vgl ESSER/SCHMIDT, Schuldrecht AT/1 (8. Aufl 1995) § 10 I 3 (S 159); aA MünchKomm/KRAMER (5. Aufl 2007) Einl Vor § 241 Rn 36, 38 (bei geschäftlichem Kontakt iwS).
[163] Ablehnend auch LOOSCHELDERS, Schuldrecht AT (15. Aufl 2017) Rn 97; FIKENTSCHER/HEINEMANN, Schuldrecht (10. Aufl 2006) Rn 87.
[164] So auch BGHZ 186, 330 Rn 14 = NJW 2010, 3087.

F. Anbahnung von Schuldverhältnissen

VI. Europäische Privatrechtsvereinheitlichung

Das europäische Privatrecht konstituiert sich nach wie vor aus den nationalen Privatrechtsordnungen der Mitgliedstaaten der Europäischen Union. Im Gegensatz zum Wirtschaftsrecht, das mit der Unionsmarkenverordnung[165] und der Gemeinschaftsgeschmacksmusterverordnung[166] zum Teil einheitliche Regelungen für die gesamte Union aufweist, dominiert im Privatrecht die Harmonisierung der nationalen Privatrechtssysteme im Wege des Richtlinienrechts. Dabei sind bekanntlich beachtliche Fortschritte gemacht worden. Gleichwohl gibt es Harmonisierungslücken, die nicht zuletzt deshalb schwer zu schließen sind, weil die nationalen Rechtsordnungen der Mitgliedstaaten von unterschiedlichen Rechtstraditionen geprägt werden. Hinzu kommen kompetenzrechtliche Probleme, die auf Unionsebene eine umfassende privatrechtliche Rechtsetzung behindern.[167] Es bleibt jedoch das Ziel der Europäischen Kommission, die Arbeiten zur Vereinheitlichung des europäischen Privatrechts weiter voran zu treiben.[168] Gestützt wird dieser Prozess durch Initiativen aus der Wissenschaft, die es sich seit den 1980er-Jahren zur Aufgabe gemacht haben, die Idee eines Unionsprivatrechts in konkrete Regelungsvorschläge umzusetzen. Hervorzuheben sind die LANDO-Kommission, aus der die Principles of European Contract Law (PECL)[169] hervorgegangen sind,[170] und das von der Kommission initiierte Forschungsnetzwerk für das europäische Vertragsrecht (CoPECL), dem ua die Forschungsgruppe „Study Group on a European Civil Code"[171] und die „European Research Group on Existing EC Private Law (Acquis Group)"[172] angehören. Das Forschungsnetzwerk veröffentlichte erstmals im Jahre 2008 einen „Gemeinsamen Referenzrahmen" (Draft Common Frame of Reference; DCFR), dessen endgültige Fassung (sog „Final Outline Edition") im Februar 2009 unter demselben Titel erschienen ist. **54**

Der DCFR folgt dem Prinzip der Vertragsfreiheit (Art II.–1:102 (1) DCFR). Danach steht es jedem Privatrechtssubjekt frei, sich vertraglich oder in sonstiger Weise rechtsgeschäftlich zu binden und den Inhalt des Rechtsgeschäftes vorbehaltlich zwingender Regelungen zu bestimmen.[173] Beschränkungen der Vertragsfreiheit ergeben sich insbesondere aus umfassenden Anti-Diskriminierungsregeln (Art II.–2:101 DCFR) und **55**

---

[165] Verordnung (EU) 2015/2424 des Europäischen Parlaments und des Rates v 26.12.2015 zur Änderung der Verordnung (EG) Nr 207/2009 über die Gemeinschaftsmarke (…), ABl EU Nr L 341/21 ff.
[166] Verordnung (EG) Nr 6/2002 des Rates über das Gemeinschaftsgeschmacksmuster v 12.12.2001, ABl EG 2002 Nr L 3/1 ff.
[167] Näher STAUDINGER/OLZEN (2015) Einl zum SchuldR Rn 280 ff.
[168] Vgl Kommission, Mitteilung an den Rat und das Europäische Parlament zum Europäischen Vertragsrecht v 11.7.2001, KOM (2001) 398; Mitteilung an den Rat und das Europäische Parlament (Aktionsplan für ein kohärentes europäisches Vertragsrecht) v 12.2.2003, KOM (2003) 68 endg (dazu LANDO RIW 2005, 1 ff); Mitteilung an den Rat und das Europäische Parlament (Europäisches Vertragsrecht und Überarbeitung des gemeinschaftlichen Besitzstands v 11.11.2004, KOM (2004) 651 endg; Zweiter Fortschrittsbericht zum Gemeinsamen Referenzrahmen v 25.7.2009, KOM (2007) 447 endg.
[169] Abgedruckt in BASEDOW (Hrsg), Europäische Vertragsrechtsvereinheitlichung und deutsches Recht (2000) 219 ff.
[170] Dazu STAUDINGER/OLZEN (2015) Einl zum SchuldR Rn 292 f.
[171] Dazu STAUDINGER/OLZEN (2015) Einl SchuldR Rn 301.
[172] Dazu STAUDINGER/OLZEN (2015) Einl SchuldR Rn 303.
[173] VBAR/CLIVE, DCFR Full Edition (2009) Art II.–I:102 S 130.

vorvertraglichen Informationspflichten zugunsten von Verbrauchern (Art II.-3:101 DCFR).[174] Dadurch wird die Präponderanz der Vertragsfreiheit freilich nicht in Frage gestellt. Letztlich wird hier nur abgebildet, was bereits heute zum Standard des europäischen Privatrechts gehört.

56 Vergleichbar mit den Fällen der culpa in contrahendo im deutschen Recht bestimmt der DCFR eine Vielzahl von vorvertraglichen Pflichten.[175] Vor diesem Hintergrund beinhaltet etwa Art II.-3:301 (2) DCFR in Ausnahme zur grundsätzlich garantierten Verhandlungsfreiheit eine umfassende Rücksichtnahmepflicht für die Parteien.[176] Diese haben sich während der Vertragsverhandlungen nach Treu und Glauben (Art I.-1:103 DCFR) zu verhalten.[177] Dies betrifft vor allem die Pflicht, Vertragsverhandlungen dann nicht zu führen, wenn feststeht, dass an einem Vertragsschluss kein Interesse besteht.[178] Des Weiteren ist es ihnen untersagt, Vertragsverhandlungen entgegen Treu und Glauben abzubrechen. Insoweit ergibt sich eine Parallele zum geltenden deutschen Recht. Darüber hinaus bestehen im vorvertraglichen Bereich bei Unternehmer-Verbraucher-Verhältnissen umfassende Informationspflichten (Art II.-3:101 ff DCFR). Die Verletzung vorvertraglicher Pflichten kann gem (Art I.-3:109 (3) DCFR iVm) Art II.-3:501 (1) DCFR einen Schadensersatzanspruch der Gegenseite begründen.

57 Im Oktober 2011 hat die Europäische Kommission einen Vorschlag für eine Verordnung zum gemeinsamen europäischen Kaufrecht vorgelegt.[179] Dieses Kaufrechtsregime, das freilich nicht weiterverfolgt wird, sollte wahlweise bei grenzüberschreitenden Verträgen vereinbart werden können. Der Verordnungsvorschlag enthält in Teil II auch Regelungen zu vorvertraglichen Informationspflichten und zum Zustandekommen von Kaufverträgen, da in der Verordnung zur besseren praktischen Handhabbarkeit der gesamte Lebenszyklus des Kaufvertrages abgebildet werden sollte.

Dagegen fehlen in neueren, das Kaufrecht betreffenden Richtlinienvorschlägen[180], die primär die (weitere) Harmonisierung der Gewährleistung in den Blick nehmen, entsprechende Bestimmungen.

---

[174] Kritisch EIDENMÜLLER, in: SCHULZE/vBAR/SCHULTE-NÖLKE (Hrsg), Der Akademische Entwurf für einen Gemeinsamen Referenzrahmen (2008) 73, 80 f; ders, ERCL (2009) 109 (116 f).
[175] Vgl zur Rezeption der cic im Rahmen der europäischen Vertragsrechtsvereinheitlichung auch HAGER, in: BASEDOW (Hrsg), Europäische Vertragsvereinheitlichung und deutsches Recht (2000) 67 ff.
[176] vBAR/CLIVE, DCFR Full Edition (2009) Art II.-3:301 S 246.
[177] vBAR/CLIVE, DCFR Full Edition (2009) Art II.-3:301 S 247.
[178] vBAR/CLIVE, DCFR Full Edition (2009) Art II.-3:301 S 247.
[179] KOM (2011) 635 endg; dazu STAUDENMAYER NJW 2011, 3491.
[180] Vorschlag für eine Richtlinie des Europäischen Parlaments und des Rates über bestimmte vertragsrechtliche Aspekte der Bereitstellung digitaler Inhalte v. 9.12.2015, COM(2015) 634 final; Vorschlag für eine Richtlinie des Europäischen Parlaments und des Rates über bestimmte vertragsrechtliche Aspekte des Online-Warenhandels und anderer Formen des Fernabsatzes von Waren v. 9.12.2015, COM(2015) 635 final, ersetzt durch Geänderter Vorschlag für eine Richtlinie des Europäischen Parlaments und des Rates über bestimmte vertragsrechtliche Aspekte des Warenhandels zur Änderung der Verordnung (EG) Nr 2006/2004 des Europäischen Parlaments und des Rates und der Richtlinie 2009/22/EG des Europäischen Parlaments und des Rates sowie zur Aufhebung der Richtlinie 1999/44/EG des Europäischen Parlaments und des Rates v. 31.10.2017, COM(2017) 637 final.

G. Das Erlöschen der Schuldverhältnisse

Katharina Lugani

Systematische Übersicht

I.	Einleitung	1
II.	Gesetzlich geregelte Erlöschensgründe (§§ 362–397 BGB)	11
1.	Erfüllung und Hingabe an Erfüllungs statt (§§ 362–371 BGB)	12
a)	Historische Entwicklung	12
b)	Allgemeines	17
c)	Voraussetzungen	22
aa)	Objektiver Tatbestand der Erfüllung	22
(1)	Leistung an den Gläubiger	22
(2)	Leistung an Dritten	25
bb)	Subjektiver Tatbestand der Erfüllung	27
d)	Hingabe eines anderen Gegenstands	31
aa)	Leistung an Erfüllungs statt	36
bb)	Leistung erfüllungshalber	38
e)	Zahlung von Geldschulden	39
aa)	Übereignung von Geldzeichen	40
bb)	Bargeldloser Zahlungsverkehr	41
f)	Beweislast	48
g)	Rechtswirkungen	50
2.	Hinterlegung (§§ 372–386 BGB)	51
a)	Historische Entwicklung	52
b)	Allgemeines	56
c)	Voraussetzungen	58
d)	Rechtswirkungen	59
3.	Aufrechnung (§§ 387–396 BGB)	61
a)	Historische Entwicklung	62
b)	Allgemeines	63
c)	Voraussetzungen	64
aa)	Aufrechnungslage	65
bb)	Aufrechnungserklärung	75
d)	Rechtswirkungen	76
4.	Erlass (§ 397 BGB)	77
a)	Historische Entwicklung	78
b)	Voraussetzungen	80
c)	Rechtswirkungen	84
III.	Weitere Erlöschensgründe	85
1.	Konfusion	86
2.	Novation	87
3.	Aufhebungsvertrag	90
4.	Zweckerreichung/Zweckverfehlung und Wegfall des Gläubigerinteresses	91
5.	Verwirkung	92
6.	Sonstige	94
IV.	Kollisionsrecht und Rechtsvereinheitlichung	95

I. Einleitung

Im Recht der Schuldverhältnisse (2. Buch des BGB), behandelt der 4. Abschnitt das **1** Erlöschen der Schuldverhältnisse, nachdem das Gesetz zuvor den Inhalt der Schuldverhältnisse (1. Abschnitt), die Gestaltung rechtsgeschäftlicher Schuldverhältnisse durch Allgemeine Geschäftsbedingungen (2. Abschnitt) und allgemeine Vorschriften in Bezug auf Schuldverhältnisse aus Verträgen (3. Abschnitt) geregelt hat. In diesem Rahmen finden sich die Vorschriften über das Erlöschen der Schuldverhältnisse in den §§ 362–397 BGB, die durch die ansonsten sehr weitgehende Schuldrechtsreform zum 1.1.2002 fast unberührt geblieben sind und danach bis heute weitgehend nicht verändert wurden.

Im Allgemeinen Schuldrecht haben die Vorschriften über das Erlöschen der Schuld- **2** verhältnisse eine ebenso grundlegende Bedeutung wie diejenigen über deren Entstehung. Schuldverhältnisse bezwecken nach § 241 Abs 1 BGB das Erbringen von Leistungen und erlöschen deshalb bei regelmäßigem Verlauf mit dem *Eintritt des Leistungserfolges*, § 362 Abs 1 BGB. Hat zB der Verkäufer dem Käufer den Kaufgegenstand (mangelfrei) übergeben und übereignet (§ 433 Abs 1 BGB), bzw der Käufer die Sache abgenommen und den Kaufpreis bezahlt (§ 433 Abs 2 BGB), so ist ein Fortbestand dieser Verbindlichkeiten nicht mehr zu rechtfertigen. Der Begriff des Erlöschens eines Schuldverhältnisses meint also grundsätzlich dessen unmittelbaren und vollständigen Untergang.

3 Ob dabei ein einzelner Anspruch *(Schuldverhältnis ieS)* oder das *Schuldverhältnis iwS* untergeht,[1] entscheidet sich durch Auslegung im Einzelfall.[2] Generell kann man sagen, dass ein Schuldverhältnis iwS als Einheit erlischt, wenn es insgesamt von einem Erlöschensgrund betroffen ist; sei es, dass alle seine Ansprüche erlöschen oder dass das gesamte Schuldverhältnis, normalerweise nach beiderseitigem Leistungsaustausch, von dem Erlöschen einzelner Ansprüche erfasst wird.

4 Aber selbst dann bestehen uU sog *nachvertragliche Pflichten*.[3] So muss der Vermieter nach Auszug eines Arztes oder Anwalts für vorübergehende Zeit ein Umzugsschild an seinem Haus dulden.[4] Nachvertragliche Pflichten sollen hauptsächlich verhindern, dass der Schuldner dem Gläubiger die durch den Vertrag gewährten Vorteile nicht wieder entzieht oder beeinträchtigt. Im Vordergrund stehen deshalb Unterlassungspflichten, wobei die Unterlassung von Wettbewerb einen besonderen Stellenwert einnimmt. Vor allem im Arbeitsrecht spielen nachvertragliche Pflichten wie zum Beispiel das nachvertragliche Wettbewerbsverbot oder Auskunftspflichten eine große Rolle.

5 Außerdem stellt das Schuldverhältnis in der Rechtsbeziehung der Parteien zueinander den *Rechtsgrund* iSd §§ 812 ff BGB dar, der es dem Gläubiger ermöglicht, das Empfangene behalten zu dürfen. Somit wird selbst die durch Erfüllung erloschene Schuld nicht vollständig bedeutungslos.

6 Die §§ 362–397 BGB beziehen sich ausschließlich auf das Erlöschen durch *Befriedigung des Leistungsinteresses*. Ein Verkäufer zB erfüllt deshalb nicht durch die Vornahme der Leistungshandlung, also zB das Abschicken der Kaufsache an den Käufer, sondern nur durch den Leistungserfolg, dh dadurch, dass er dem Käufer (mangelfrei) Eigentum und Besitz an der Kaufsache verschafft, § 433 Abs 1 BGB. Etwas anderes gilt zB bei Abschluss eines Dienstvertrages (§§ 611 ff BGB), bei dem die geschuldete Leistung gerade in der Vornahme der Tätigkeit besteht.

7 Das Konzept des Erlöschensgrundes reicht über die §§ 362–397 ff BGB hinaus. Allgemein betrachtet dient als Erlöschensgrund jede juristische oder natürliche Tatsache, deren Eintritt das Schuldverhältnis aus Rechtsgründen beendigt.[5] Neben Erfüllung, Hinterlegung, Aufrechnung und Erlass gibt es zahlreiche weitere Erlöschensgründe. So endet ein Schuldverhältnis durch Eintritt einer auflösenden Bedingung (§ 158 Abs 2 BGB), Zeitablauf (§ 163 BGB) oder infolge von Unmöglichkeit (§§ 275, 326 Abs 1 S 1

---

[1] Hk-BGB/SCHULZE (9. Aufl 2017) Vorbem zu §§ 362–397 Rn 1.
[2] SOERGEL/SCHREIBER (13. Aufl 2010) Vor § 362 Rn 1.
[3] ERMAN/BUCK-HEEB (15. Aufl 2017) Vor § 362 Rn 1; ebenso PALANDT/GRÜNEBERG (77. Aufl 2018) Überbl vor § 362 Rn 2.
[4] MünchKomm/BACHMANN (7. Aufl 2016) § 241 Rn 99 f.
[5] Mot II 78.

BGB). Schließlich bestehen gesetzlich nicht geregelte Erlöschensgründe, die am Ende des Kapitels behandelt werden.

Erlöschensgründe sind rechtsvernichtende *Einwendungen*, weil sie unmittelbar den Untergang der Forderung bewirken. Eine *Einrede* gegen den Anspruch[6] stellt dagegen keinen Erlöschensgrund dar, gleich ob sie dilatorisch oder peremptorisch ist, also zu dauernder Leistungsverweigerung berechtigt. Aus wirtschaftlicher Sicht erscheint zwar die mit einer dauernden Einrede behaftete Forderung für den Gläubiger ebenso wertlos wie eine erloschene. Die Einrede beeinträchtigt aber nicht unmittelbar den Bestand des Rechts, sondern hindert nur seine zwangsweise Durchsetzung.[7] Die mit einer dauernden Einrede behaftete Forderung kann also erfüllt werden und wird zB durch einen Verzicht des Schuldners auch wieder uneingeschränkt durchsetzungsfähig. Die erloschene Forderung dagegen könnte nicht einmal durch einen neuen Vertrag *wiederbegründet*, sondern allenfalls *neu begründet* werden.[8] **8**

Die Parteien treffen über die Leistungspflichten hinaus weitere, meist nicht ausdrücklich geregelte Schutzpflichten, § 241 Abs 2 BGB. Sie erlöschen mit dem Untergang ihres funktionalen Bezuges, den Leistungspflichten, ohne dass es dafür der Anwendung des § 362 BGB bedarf.[9] **9**

Bereits diese kurze Einführung zeigt, wie vielfältig sich das Erlöschen der Schuldverhältnisse in der Rechtspraxis auswirkt. Alltagsleben und Wirtschaftspraxis sind geprägt durch den Abschluss von Verträgen, allgemein formuliert durch die Begründung von Schuldverhältnissen, deren Ziel darin besteht, dass die eingegangenen Leistungspflichten erfüllt werden, damit das Schuldverhältnis zum Erlöschen kommt. Die nachfolgende Darstellung wird die besondere Bedeutung dieses Rechtsbereichs aufzeigen, der somit als Teil des Allgemeinen Schuldrechts einen wirklichen „Eckpfeiler des Zivilrechts" bildet. **10**

II. Gesetzlich geregelte Erlöschensgründe (§§ 362–397 BGB)

Die im 4. Abschnitt des 2. Buchs geregelten Erlöschensgründe Erfüllung (§§ 362 ff BGB), Hinterlegung (§§ 372 ff BGB), Aufrechnung (§§ 387 ff BGB) und Erlass (§ 397 BGB), lassen sich unter dem gemeinsamen Nenner der *Befriedigung des Leistungsinteresses* zusammenfassen. **11**

---

[6] ZB die Einrede der Verjährung gem § 214 Abs 1 BGB, die Einrede des nicht erfüllten Vertrages (§ 320 BGB), die Bereicherungseinrede gem § 821 BGB oder die Einrede der unerlaubten Handlung, § 853 BGB.
[7] Wolf/Neuner, Allgemeiner Teil des Bürgerlichen Rechts (11. Aufl 2016) § 22 IV Rn 54 ff; Jahr, Die Einrede des Bürgerlichen Rechts, JuS 1964, 125 ff, 218 ff; Schlosser, Selbstständige Einrede, peremptorische Einrede und Gestaltungsrecht im deutschen Zivilrecht, JuS 1966, 257, 259; vgl zur Einrede allgemein Roth, Die Einrede des Bürgerlichen Rechts (1988).
[8] Erman/Buck-Heeb (15. Aufl 2017) Vor § 362 Rn 2; aA Gröscheler, Zur Frage der einvernehmlichen Fortsetzung erloschener Verbindlichkeiten: Wiederherstellung oder Neubegründung?, NJW 2000, 247.
[9] Gernhuber, Die Erfüllung und ihre Surrogate sowie das Erlöschen der Schuldverhältnisse aus anderen Gründen, Hdb des Schuldrechts Bd 3 (2. Aufl 1994) § 1 3; MünchKomm/Fetzer (7. Aufl 2016) Vor § 362 Rn 1.

1. Erfüllung und Hingabe an Erfüllungs statt (§§ 362–371 BGB)

a) Historische Entwicklung

12 Bis ins 19. Jahrhundert hinein beschäftigte man sich vor allem mit der Frage, inwieweit ein Gläubiger *reale Erfüllung* verlangen bzw der Schuldner sich durch Schadensersatzleistung von seiner Verbindlichkeit befreien konnte, obwohl bereits das römische Recht die Erfüllung als wichtigsten Fall des Erlöschens von Obligationen *(solutio)*[10] kannte. Sie bestand schon nach damaliger Auffassung in einer Leistung des Geschuldeten nach Maßgabe des Inhalts der jeweiligen Verpflichtung.[11] Durch eine andere Leistung konnte sich der Schuldner deshalb nur dann befreien, wenn der Gläubiger sie an Erfüllungs statt annahm.[12] Die römische Rechtsschule der Sabinianer konnte sich mit ihrer Ansicht durchsetzen, dass eine solche Leistung die Obligation von Rechts wegen beendete.[13] Zu einer präzisen Leistung des geschuldeten Gegenstands nach dem Inhalt des Vertrages wurde der Schuldner im klassischen sog Kognitionsverfahren verurteilt, dh in einem Gerichtsverfahren, in dem nicht ausgewählte Bürger, sondern staatliche Amtsträger das Urteil sprachen.[14] Das flexiblere Kognitionsverfahren verdrängte im 2. und 3. Jahrhundert das ältere Formularverfahren, in dem ausschließlich Verurteilungen zu Geldzahlungen erfolgen konnten.[15] Das Prinzip der sog Geldkondemnation bewirkte bis dahin, dass das Leistungsurteil immer auf eine bestimmte Geldsumme gerichtet sein musste, die der Richter durch Abschätzung des Streitgegenstandes stets in Geld festlegte.[16]

13 Die unterschiedlichen Vorgehensweisen wurden im *Corpus iuris civilis*[17] aus dem 6. Jahrhundert nicht abgeschafft. Der Konflikt zog sich vielmehr über die Glossatoren (ungefähr 1060–1215) und Kommentatoren (Spätmittelalter) dieses römischen Gesetzeswerks bis in das 15. Jahrhundert hin. Am Ende dieser Periode akzeptierte man den Grundsatz „*non praecise cogi*", so dass also fortan keine präzise Erfüllung geschuldet war, sondern auch eine entsprechende Geldzahlung den Untergang der Forderung unabhängig von ihrem Inhalt bewirkte. Ausnahmen gab es zahlreich, insbesondere beim Kauf, bei dem man nach allg Ansicht schon damals Erfüllung allein durch Übereignung der Ware bewirken konnte.[18] Zusammenfassend lässt sich festhalten, dass bis in die spätmittelalterliche Rechtswissenschaft und auch noch zu Beginn der Neuzeit jede erdenkliche Ansicht im Hinblick auf das Erfüllungsrecht diskutiert wurde, ohne dass man zu einer allgemein akzeptierten Lösung fand.

---

[10] MAYER-MALY, Römisches Recht (2. Aufl 1999) § 38 I.
[11] KASER/KNÜTEL/LOHSSE, Römisches Privatrecht (21. Aufl 2017) § 53 I 1; HONSELL, Römisches Recht (8. Aufl 2015) § 34 II.
[12] KASER/KNÜTEL/LOHSSE, Römisches Privatrecht (21. Aufl 2017) § 53 I 11; HONSELL, Römisches Recht (8. Aufl 2015) § 34 II 2; MAYER-MALY, Römisches Recht (2. Aufl 1999) § 38 II; zur Entwicklung siehe auch HKK/REPGEN (Band II, 2007) §§ 362 – 371 Rn 8 ff.
[13] Nach anderer Ansicht (Rechtsschule der Prokulianer) sollte in dem Fall nur eine Arglisteinrede gegen den Gläubiger entstehen, der die ursprüngliche Forderung verlangte; MAYER-MALY, Römisches Recht (2. Aufl 1999) § 38 II.
[14] KASER/HACKL, Römisches Zivilprozeßrecht (2. Aufl 1996) § 66.
[15] KASER/HACKL, Römisches Zivilprozeßrecht (2. Aufl 1996) § 66 I.
[16] KASER/HACKL, Römisches Zivilprozeßrecht (2. Aufl 1996) § 54 IV.
[17] Der Corpus iuris civilis stellt die Gesamtheit der von dem oströmischen Kaiser Justinian (527–565) zwischen 527 und 534 in Kraft gesetzten Rechtsquellen einschließlich seiner nachfolgenden Novellen dar.
[18] Vgl Nw bei REPGEN, Vertragstreue und Erfüllungszwang in der mittelalterlichen Rechtswissenschaft (1994) 90 ff.

G. Das Erlöschen der Schuldverhältnisse

Die Wende zum präzisen Erfüllungszwang heutiger Art trat im frühen Naturrecht, dh im 17. Jahrhundert ein, als sich immer mehr Autoren für ein solches Verständnis von Erfüllung aussprachen, da nur so die unbedingte Verpflichtung aus einem Vertrag zu erklären sei.[19] Im Pandektenrecht des 18. und 19. Jahrhunderts wurde angenommen, dass der Gläubiger die Leistung desjenigen Gegenstands verlangen konnte, welchen der Schuldner wirklich zu leisten verpflichtet war.[20] Die Regel lautete: *solvere dicimus eum, qui fecit, quod facere promisit*.[21]

Der jahrhundertelange Streit spielte deshalb in der unmittelbaren Entstehungsgeschichte des BGB keine Rolle mehr. Der Vorentwurf zum Allgemeinen Obligationenrecht von FRANZ VON KÜBEL[22] sah vielmehr am Ende einer langen Entwicklung als Definition der Erfüllung in § 1 (294) TE-OR vor, dass „das Schuldverhältnis erlischt, wenn die geschuldete Leistung mit dem erklärten Willen der Schuldtilgung bewirkt wird". Damit wurde die Erfüllung eindeutig an eine präzise Leistung geknüpft.

Demgegenüber gewann die auch heute noch aktuelle Problematik an Bedeutung, inwieweit die Erfüllung auch ein *subjektives Element* erfordert. Nach damals vorherrschender Ansicht,[23] die auch durch den für das Schuldrecht zuständigen Redaktor der 1. Kommission zur Erarbeitung des BGB vKÜBEL getragen wurde, setzte eine Erfüllung die *Absicht des Schuldners*, die fragliche Verbindlichkeit zu tilgen, voraus. Der Schuldner sollte – nach heutiger Terminologie – mit der Leistung eine einseitige empfangsbedürftige Willenserklärung abgeben, wobei deren konkludente Erschließung aus den Umständen als ausreichend erachtet wurde.[24] Das RG hatte zuvor sogar die sog *Vertragstheorie* vertreten, indem es als Voraussetzung für den Eintritt der Erfüllung das Zustandekommen eines zweiseitigen Rechtsgeschäfts zwischen Schuldner und Gläubiger, also einen *Erfüllungsvertrag*, verlangte.[25] Letztlich verzichtete der Teilentwurf zum BGB, der die Beratungsgrundlage der 1. Kommission bildete, auf eine Entscheidung über das notwendige Ausmaß der Mitwirkung des Gläubigers.[26] Innerhalb der Beratungen zum BGB keimte die Diskussion allerdings erneut auf. Die Verfasser befanden jedoch, es sei nicht Aufgabe der Gesetzgebung, den Streit über die Rechtsnatur der Erfüllung zu entscheiden, da die Rechtssicherheit nicht davon abhänge.[27] Aus den Motiven zum 1. Entwurf lässt sich indes ermitteln, dass in der 1. Kommission die Tendenz vorherrschte, der Leistung rechtsgeschäftlichen Charakter bei-

---

[19] HKK/REPGEN (Band II, 2007) §§ 362–371 Rn 24 mwNw.
[20] BARON, Pandekten (1896) § 225 S 402.
[21] Lat: Wir sagen, dass derjenige frei werden soll, der das getan hat, was er zu tun versprach.
[22] vKÜBEL, Entwurf des bürgerlichen Gesetzbuchs für das Deutsche Reich, Recht der Schuldverhältnisse, Berlin (1882), in: SCHUBERT (Hrsg), Vorlagen der Redaktoren für die erste Kommission zur Ausarbeitung des Entwurfs eines Bürgerlichen Gesetzbuchs, Bd II/1, Recht der Schuldverhältnisse, Allgemeiner Teil (1980) 1007.
[23] vKÜBEL, Entwurf des bürgerlichen Gesetzbuchs für das Deutsche Reich, Recht der Schuldverhältnisse, Berlin (1882), in: SCHUBERT (Hrsg), Vorlagen der Redaktoren für die erste Kommission zur Ausarbeitung des Entwurfs eines Bürgerlichen Gesetzbuchs, Bd II/1, Recht der Schuldverhältnisse, Allgemeiner Teil (1980) 1008 f mwNw.
[24] HKK/REPGEN (Band II, 1. Aufl 2007) §§ 362–371 Rn 27.
[25] RG (vom 11.11.1879) in SeuffA Bd XXXV Nr 110.
[26] vKÜBEL, Entwurf des bürgerlichen Gesetzbuchs für das Deutsche Reich, Recht der Schuldverhältnisse, Berlin (1882), in: SCHUBERT (Hrsg), Vorlagen der Redaktoren für die erste Kommission zur Ausarbeitung des Entwurfs eines Bürgerlichen Gesetzbuchs, Bd II/1, Recht der Schuldverhältnisse, Allgemeiner Teil (1980) 1013.
[27] Prot I 1375.

zumessen.[28] Allerdings ließ auch der Gesetzgeber am Ende des Verfahrens die Frage nach subjektiven Elementen im Tatbestand der Erfüllung zur Lösung durch die Rechtswissenschaften offen. Nach der geltenden Fassung des § 362 Abs 1 BGB tritt Erfüllung durch „Bewirken der geschuldeten Leistung" ein, ohne dass der Wortlaut Aufschluss über das Erfordernis eines subjektiven Merkmals gäbe. Vermutlich hat der Gesetzgeber diese Frage aus Gründen mangelnder praktischer Relevanz bis heute nicht verbindlich kodifiziert;[29] nennenswerte Probleme sind dadurch nicht entstanden.

b) Allgemeines

17 Der 1. Titel des 4. Abschnitts im Recht der Schuldverhältnisse regelt das Erlöschen von Schuldverhältnissen durch *Erfüllung*. Dieser ist der unter den Erlöschensgründen typische und bestimmungsgemäße Beendigungsgrund,[30] weil die Erfüllung das Schuldverhältnis durch *Verwirklichung des ursprünglichen Leistungsinteresses* zum Erlöschen bringt.[31] So gesehen kann man die Erfüllung als „Normalfall" des Erlöschens bezeichnen.

18 Die systematische Abfolge des 2. Buchs zeigt, dass die Erfüllung ein Schuldverhältnis iSd § 241 Abs 1 BGB voraussetzt. Damit sind alle vertraglichen und gesetzlichen Schuldverhältnisse gemeint. Ein solches Rechtsverhältnis kommt als Vertrag auch bei gleichzeitiger Begründung und Erfüllung in Betracht, zB beim sog *Handkauf*, bei dem der Abschluss des Kaufvertrages und die Erfüllungsgeschäfte (Übereignungen) in einem Vorgang zusammenfallen, ebenso bei der *Handschenkung*. Mit Ausnahme des Zeitmomentes bestehen im Hinblick auf die Erfüllung der jeweiligen Forderung keine Besonderheiten.

19 Die Erfüllung setzt *kein formwirksames* Schuldverhältnis voraus. Dies zeigen verschiedene Heilungsvorschriften, §§ 311b Abs 1 S 2, 494 Abs 2, 3, 518 Abs 2, 766 S 2, 2301 Abs 2 BGB, 15 Abs 4 S 2 GmbHG. Zwar verlangen diese Normen nicht notwendig eine Erfüllung iSd §§ 362 ff BGB; sie ist aber in jedem Falle ausreichend.[32] Unter „Schuldverhältnis" iS dieser Vorschriften ist der einzelne schuldrechtliche Anspruch, also das Schuldverhältnis ieS, zu verstehen.[33] Gleichwohl kann sich aber – wie das Beispiel der Heilung von Formmängeln zeigt – die Erfüllung auf das gesamte Schuldverhältnis (iwS) auswirken.

20 Die Erfüllungsregeln gelten einheitlich für alle Schuldverhältnisse und für alle Ansprüche, seien es *Primär*- oder *Sekundäransprüche*. Sie beziehen sich jedoch nicht auf unklagbare Forderungen;[34] als nicht leistungsbezogene Nebenpflichten fällt deren Erlöschen mit dem des Schuldverhältnisses iwS zusammen.[35]

---

[28] So heißt es zB „die Leistung an sich sei in verschiedenen Vorschriften anderer Akten von zweifellos rechtsgeschäftlichem Charakter gleichgestellt" (Mot II 81).
[29] So HKK/REPGEN (Band II, 2007) §§ 362–371 Rn 48.
[30] MünchKomm/FETZER (7. Aufl 2016) § 362 Rn 1.
[31] MUSCHELER/BLOCH, Erfüllung und Erfüllungssurrogate, JuS 2000, 729, 730.
[32] OLZEN, Die vorweggenommene Erbfolge (1984) 111.
[33] Dazu ausf STAUDINGER/OLZEN (2015) § 241 Rn 36 ff; BGH NJW 1954, 231, 232; 1986, 1677, 1678.
[34] GERNHUBER, Die Erfüllung und ihre Surrogate sowie das Erlöschen der Schuldverhältnisse aus anderen Gründen, Hdb des Schuldrechts Bd 3 (2. Aufl 1994) § 1 3; MünchKomm/FETZER (7. Aufl 2016) Vor § 362 Rn 1, 8.
[35] MünchKomm/FETZER (7. Aufl 2016) Vor § 362 Rn 1.

G. Das Erlöschen der Schuldverhältnisse

§ 362 Abs 1 bezieht sich auch auf die Erfüllung von *Dauerschuldverhältnissen*, zB **21** Unterhaltsverpflichtungen. Denn bei Verpflichtungen zu wiederkehrenden Leistungen ist der Einzelanspruch auf die fällige Leistung nach denselben Regeln zu behandeln wie jeder andere Anspruch.[36] Im Hinblick auf die Erfüllung von Ansprüchen aus Dauerschuldverhältnissen führt zB jede Tilgungszahlung des Darlehensschuldners neben der Anrechnung auf Zinsen und Kosten gem § 367 Abs 1 BGB nach § 362 Abs 1 BGB grundsätzlich sofort zu einer Verminderung des noch geschuldeten Darlehenskapitals.[37] Die gesamte Schuld erlischt somit Stück für Stück durch Teilerfüllung, das Dauerschuldverhältnis als Rahmenbeziehung hingegen erst nach den für das Schuldverhältnis iwS geltenden Regeln, also mit Erlöschen aller Einzelverpflichtungen.[38]

c) **Voraussetzungen**
aa) **Objektiver Tatbestand der Erfüllung**
(1) **Leistung an den Gläubiger**

Der Grundfall der Erfüllung liegt in der Leistung der Schuld an den *Gläubiger*, § 362 **22** Abs 1 BGB. Der Tatbestand der Erfüllung erfordert das *Bewirken der geschuldeten Leistung*, also die Herbeiführung des Leistungserfolgs.[39] Deshalb kann der Schuldner uU zur Wiederholung der Leistungshandlung verpflichtet sein, wenn der Erfolg nicht eintritt,[40] etwa wenn das Grundbuchamt einen Fehler bei der Eintragung begeht und das beantragte Recht deshalb nicht entsteht: Der Verpflichtete muss dann die Eintragungsbewilligung erneut abgeben.[41] Ebenso wenig reicht der Einwurf von Bargeld in den Hausbriefkasten des Gläubigers aus.[42] Von einem „Bewirken" der geschuldeten Leistung kann aufgrund der Wortlautauslegung nach allgemeiner Ansicht nur die Rede sein, wenn der Eintritt des Leistungserfolges zumindest auch auf einer *Handlung* des Schuldners beruht,[43] also nicht etwa bei einer Banküberweisung, die nicht von ihm veranlasst war. Dagegen kommt es zur Erfüllung gem § 362 Abs 1 BGB, sofern der Gläubiger das geschuldete Eigentum an einer Sache (nur) gutgläubig erwirbt. Der Gläubiger muss die *Empfangszuständigkeit* besitzen. Daran fehlt es bei Geschäftsunfähigen, bei beschränkt Geschäftsfähigen und bei Gläubigern, für die für den Bereich der Vermögenssorge ein Betreuer (§ 1896 BGB) bestellt und ein Einwilligungsvorbehalt (§ 1903 BGB) angeordnet ist; wird in diesen Fällen hier an den Gläubiger selbst gezahlt, hat dies keine Erfüllungswirkung, ohne dass es auf Kenntnis oder Kennenmüssen des Schuldners ankäme.[44]

Die *Befriedigung* des Gläubigers kann auch *im Wege der Zwangsvollstreckung* erfolgen. **23** Ob dabei Erfüllung eintritt, richtet sich als Frage des materiellen Rechts grundsätzlich ebenfalls nach §§ 362 ff BGB, die §§ 815 Abs 3, 819, 897 ZPO regeln allein das

---

[36] BGHZ 10, 391, 397 mwNw = NJW 1954, 231, 232.
[37] BGH NJW 1992, 1097, 1098 mwNw; CANARIS, Zinsberechnungs- und Tilgungsverrechnungsklauseln beim Annuitätendarlehen, NJW 1987, 609, 610.
[38] MünchKomm/FETZER (7. Aufl 2016) Vor § 362 Rn 8.
[39] Zu § 17 KO bzw § 36 VerglO BGH NJW 1954, 794; 1962, 2296; 1983, 1605, 1606; ERMAN/BUCK-HEEB (15. Aufl 2017) § 362 Rn 1; PALANDT/GRÜNEBERG (77. Aufl 2018) § 362 Rn 1 f; HIRSCH, Schuldrecht AT (10. Aufl 2017), Rn 209.
[40] BGH LM BGB § 157 D Nr 25; MünchKomm/FETZER (7. Aufl 2016) § 362 Rn 2.
[41] BGH LM BGB § 157 D Nr 25.
[42] Vgl AG Köln NJW 2006, 1600 m Anm WIESE, Gefährlicher Hausbriefkasten, NJW 2006, 1569 ff.
[43] PALANDT/GRÜNEBERG (77. Aufl 2018) § 362 Rn 2.
[44] BGHZ 205, 90 LS u Rn 14 ff.

Gefahrtragungsrisiko.⁴⁵ Die Zahlungsfiktion des § 815 Abs 3 ZPO zB wirkt aber nur, wenn sich das Gefahrtragungsrisiko verwirklicht, weil dem Gerichtsvollzieher das Geld abhanden kommt oder von ihm unterschlagen wird. In den übrigen Fällen tritt Erfüllung dagegen auch hier erst mit Bewirken der geschuldeten Leistung iSd Abs 1 ein, dh nicht vor Ablieferung der Sache oder des Geldes durch den Gerichtsvollzieher beim Gläubiger.⁴⁶

24 Für den Eintritt der Erfüllungswirkung ist regelmäßig nicht erforderlich, dass der Schuldner die Leistung persönlich bewirkt. Außer bei höchstpersönlichen Leistungspflichten kann die Erfüllung vielmehr durch einen *Erfüllungsgehilfen* gem § 278 BGB, einen – vom Erfüllungsgehilfen zu unterscheidenden – *Dritten* gem §§ 267, 268 BGB⁴⁷ oder einen *sonstigen Befriedigungsberechtigten*, zB den Eigentümer eines mit einer Hypothek oder Grundschuld belasteten Grundstückes gem §§ 1142 Abs 1, 1192 BGB oder den Eigentümer bzw Verpfänder einer gepfändeten Sache gem §§ 1223 ff BGB herbeigeführt werden.

(2) Leistung an Dritten

25 Die Leistung an einen *Dritten* wird in § 362 Abs 2 BGB unter Verweis auf § 185 BGB geregelt. Das bedeutet, dass für die Leistung an einen Dritten grundsätzlich das oben gesagte gilt und Abs 2 zusätzlich voraussetzt, dass entweder der Dritte vom Gläubiger ermächtigt wird, die Leistung in Empfang zu nehmen, oder dass der Gläubiger den Schuldner ermächtigt, die Leistung an den Dritten zu erbringen.⁴⁸ Die Leistung an einen Nichtberechtigten hat deshalb in der Regel gem § 362 Abs 2 BGB keine Erfüllungswirkung. In bestimmten, aus Gründen des Schuldnerschutzes oder des allgemeinen Verkehrsschutzes ausdrücklich angeordneten Fällen – dieses sind insbesondere die §§ 370, 407, 408, 893, 2367 BGB –, wird der gutgläubige Schuldner ausnahmsweise dennoch befreit, wenn er an den Altgläubiger leistet. Einen wichtigen Fall regelt § 407 BGB; er greift zB ein, wenn eine Forderung ohne Einziehungsermächtigung geltend gemacht wurde.⁴⁹

26 Wenn die geschuldete Leistung zwar angeboten wird, Gläubiger oder Dritter sie aber nicht annehmen oder eine erforderliche Mitwirkungshandlung unterlassen, bleibt es nur bei einem *Erfüllungsversuch*, unabhängig davon, ob die Verweigerung berechtigt ist. Hierauf finden die Vorschriften über den Verzug des Gläubigers (§§ 293 ff BGB) Anwendung. Bei hinterlegungsfähigen Leistungsgegenständen kommt ferner eine Hinterlegung gem §§ 372 S 1, 378 BGB in Betracht.

---

⁴⁵ MünchKommZPO/Gruber (5. Aufl 2016) § 815 Rn 1, 14, § 819 Rn 1; Musielak/Voit/Becker (14. Aufl 2017) § 815 Rn 4, § 819 Rn 2.
⁴⁶ BGH NJW 2009, 1085, 1086; BeckOK/Dennhardt § 362 Rn 10; Thomas/Putzo/Seiler (38. Aufl 2017) § 815 Rn 10; aA Zöller/Stöber (31. Aufl 2016) § 815 Rn 2, die bereits der Wegnahme Erfüllungswirkung beimessen.
⁴⁷ Palandt/Grüneberg (77. Aufl 2018) § 362 Rn 3; Hirsch, Schuldrecht AT (10. Aufl 2017) Rn 215.
⁴⁸ BGH NJW 1983, 1605, 1606 Lorenz, Grundwissen – Zivilrecht: Erfüllung, JuS 2009, 109, 110; Looschelders/Makowsky, Die Relativität der Schuldverhältnisse und Rechtsstellung Dritter, JA 2012, 721, 723.
⁴⁹ Die Norm gilt analog, wenn dem Schuldner die Einziehungsermächtigung des Abtretenden nicht bekannt war, er aber dennoch an den Abtretungsempfänger leistet. Kannte er sie, aber nicht ihren Widerruf, wird er frei, und zwar unter dem Aspekt des Rechtsscheins einer fortbestehenden Einzugsermächtigung; siehe Bülow, Grundfragen der Erfüllung und ihrer Surrogate, JuS 1991, 529, 533.

bb) Subjektiver Tatbestand der Erfüllung
Ob zum Tatbestand der Erfüllung auch subjektive Tatbestandsvoraussetzungen in 27
Form einer Willenseinigung der Parteien oder jedenfalls ein Erfüllungswille des
Schuldners gehört, bleibt – wie die historische Entwicklung gezeigt hat – bis in die
heutige Zeit umstritten. Diese Frage stellt sich vor allem, wenn es um die Zuordnung
einer Leistung zu einem bestimmten Schuldverhältnis geht, oder wenn die Wirksamkeit eines subjektiven Elementes wegen der persönlichen Eigenschaften der Parteien,
zB der Minderjährigkeit des Gläubigers, fraglich wäre. Die praktische Bedeutung der
Kontroverse war allerdings nie allzu groß. Dies zeigt sich schon daran, dass die Rechtsprechung bislang keinen eigenen Standpunkt entwickeln musste, sondern jeweils auf
Grundlage der oben erwähnten und bei Inkrafttreten des BGB hL zu interessengerechten Ergebnissen kam.[50]

Nach der damals herrschenden *Vertragstheorie* erforderte die Erfüllung neben der 28
Leistungshandlung den Abschluss eines auf Schuldaufhebung gerichteten *Erfüllungsvertrags*.[51] Gegenüber der Vertragstheorie wurde aber schon bald eingewendet, dass
die Erfüllung allein gesetzmäßige Folge verpflichtungsgemäßen Handelns sei.[52] Dieser
Ansatz wird heute sowohl vom BGH als auch im Schrifttum[53] überwiegend vertreten.
Man bezeichnet ihn meist als *Theorie der realen Leistungsbewirkung*. Danach kann die
Erfüllung je nach Schuldinhalt durch ein Tun oder Unterlassen erfolgen. Nur soweit
rechtsgeschäftliche Handlungen für die Wirksamkeit des Erfüllungsaktes erforderlich
sind, zB eine Einigung gem § 929 S 1 BGB, erfordert die Erfüllung ein Rechtsgeschäft.
Die Vertreter dieser Ansicht kritisieren an der Vertragstheorie, sie behandle Mögliches als notwendig und verkenne, dass es allein auf den Eintritt des *Leistungserfolges*
ankomme. Nur wenn nicht erkennbar sei, welche von mehreren Schulden durch die
Leistung getilgt werden solle, entscheide gem § 366 Abs 1 BGB eine Bestimmung des
Schuldners, also eine Willenserklärung. Ebenso bedürfe es einer Zweckbestimmung
ausnahmsweise dann, wenn ein Dritter anstelle des Schuldners leiste. Darüber hinaus
sei aber weder ein subjektives Element und erst recht kein Erfüllungsvertrag erforderlich. Auch aus den §§ 362 Abs 2, 816 Abs 2 BGB könne nicht geschlossen werden,
dass die Entgegennahme der Leistung eine Verfügung über die zugrunde liegende
Forderung und damit ein Rechtsgeschäft darstelle.[54] Vielmehr sei dann die Verweisung
in § 362 Abs 2 BGB auf § 185 BGB, der bei Qualifizierung der Leistungsannahme als
Verfügung ohnehin Anwendung fände, unerklärlich.[55]

Die Theorie der realen Leistungsbewirkung wird wiederum von den Vertretern der im 29
Folgenden dargestellten *Zweckvereinbarungstheorie* ebenso wie von den Befürwortern
der *Theorie der finalen Leistungsbewirkung* in Frage gestellt. Die Kritiker wenden ein,
die Theorie der realen Leistungsbewirkung könne nicht erklären, wie eine Zuwendung

---

[50] Vgl BGH NJW 1991, 1294, 1295: sog Theorie der realen Leistungsbewirkung; siehe hierzu auch Faust, Erfüllung, Unmöglichkeit der Leistung, JuS 2008, 177, 178; BGH NJW 2007, 3488, 3489.
[51] Nachw zur älteren Lit: vgl Staudinger/Kaduk[12] § 362 Rn 12.
[52] Boehmer, Der Erfüllungswille (1910); Kretschmar, Die Erfüllung (1906); ebenso Maier, Irrtümliche Zahlung fremder Schulden, AcP Bd 152 (1952/53) 97, 105.
[53] BGH NJW 1991, 1294, 1295; BAG NJW 1993, 2397, 2398; Medicus/Lorenz, Schuldrecht Bd 1, Allgemeiner Teil (21. Aufl 2015) Rn 276; MünchKomm/Fetzer (7. Aufl 2016) § 362 Rn 7; Soergel/Schreiber (13. Aufl 2010) Vor § 362 Rn 6.
[54] MünchKomm/Fetzer (7. Aufl 2016) § 362 Rn 8; Muscheler/Bloch, Erfüllung und Erfüllungssurrogate, JuS 2000, 729, 732.
[55] Muscheler/Bloch, Erfüllung und Erfüllungssurrogate, JuS 2000, 729, 732.

einem bestimmten Schuldverhältnis zuzuordnen sei und ermögliche deswegen keinen einheitlichen Leistungsbegriff.[56] Daher gehört nach der *Zweckvereinbarungstheorie* zum Erfüllungstatbestand neben der objektiven Leistungsbewirkung zumindest eine *vertragliche Einigung* über die Zuordnung der Leistung.[57] Die *Theorie der finalen Leistungsbewirkung* zählt dagegen eine Zweckbestimmung des Leistenden zum Erfüllungstatbestand, die als geschäftsähnliche Handlung oder als einseitiges Rechtsgeschäft angesehen wird.[58] Dies folge aus dem für die Erfüllung maßgeblichen Leistungsbegriff, der im Bereicherungsrecht entsprechend gelte und deshalb zu interessengerechten Ergebnissen führe.[59] Denn auch wenn der Schuldner nur eine Leistung schulde, habe er ein schutzwürdiges Interesse an der Beachtung seiner Tilgungsbestimmung (§ 366 Abs 1 BGB), weil er möglicherweise aufrechnen oder Einwendungen gegen die Forderung erheben wolle.[60]

30 Trotz der Kritik ist an der *Theorie der realen Leistungsbewirkung* festzuhalten: Die vertraglichen Ansätze werden dem Erfüllungsvorgang nicht gerecht. Insbesondere bei nicht rechtsgeschäftlichen Leistungen wirkt das Zustandekommen einer gesonderten Erfüllungsvereinbarung konstruiert. Die Theorie der finalen Leistungsbewirkung kann ihr Versprechen dogmatischer Einheitlichkeit des Erfüllungstatbestandes ebenso wenig halten wie die von ihr kritisierten anderen Auffassungen. Es erscheint systemwidrig, den Tatbestand der Erfüllung vom Bereicherungsrecht her zu bestimmen, weil umgekehrt das auf Rückabwicklung zugeschnittene Recht der Leistungskondiktion seinerseits vom Erfüllungstatbestand abhängt. Auch wirkt es nicht konsequent, die am Leistungserfolg orientierte Erfüllung einerseits als *Verwirklichung des Schuldinhalts* zu charakterisieren[61] und sie andererseits tatbestandlich wie im Recht der Leistungskondiktion am *Leistungsverhalten des Schuldners* auszurichten. Eine Voraussetzung der Erfüllung besteht zwar darin, dass die Leistung einer bestimmten Schuld zugeordnet werden kann. Dazu reicht es aber regelmäßig aus, dass sie die allein geschuldete ist, und der Schuldner selbst keine abweichende Bestimmung trifft.[62] Das Gleiche gilt, wenn *mehrere* Verbindlichkeiten bestehen, die jedoch durch die Leistung des Schuldners vollständig abgedeckt werden.[63] Dass darüber hinaus im Rahmen des § 366 BGB eine positive und zur Wahrung der Privatautonomie des Schuldners eine negative Tilgungsbestimmung möglich sowie bei Drittleistungen und Vorausleistungen sogar erforderlich ist, steht dem nicht entgegen. Denn dabei handelt es sich lediglich um Ausnahmen für Fälle, in denen konkret entweder die Zuordnung der Leistung oder die Privatautonomie des Schuldners in Frage steht.

---

[56] GERNHUBER, Die Erfüllung und ihre Surrogate sowie das Erlöschen der Schuldverhältnisse aus anderen Gründen, Hdb des Schuldrechts Bd 3 (2. Aufl 1994) § 5 II 6; MUSCHELER/BLOCH, Erfüllung und Erfüllungssurrogate, JuS 2000, 729, 733.
[57] EHMANN, Die Gesamtschuld (1972) 164f; ROTHER, Die Erfüllung durch abstraktes Rechtsgeschäft, AcP Bd 169 (1969) 26ff; MünchKomm/FETZER (7. Aufl 2016) § 362 Rn 7; HKK/REPGEN §§ 362–371 Rn 69ff.
[58] GERNHUBER, Die Erfüllung und ihre Surrogate sowie das Erlöschen der Schuldverhältnisse aus anderen Gründen, Hdb des Schuldrechts Bd 3 (2. Aufl 1994) § 5 II 8 und § 5 III; BEUTHIEN, Zweckerreichung und Zweckstörung im Schuldverhältnis (1969) 282ff; BÜLOW, Grundfragen der Erfüllung und ihrer Surrogate, JuS 1991, 529, 531; MUSCHELER/BLOCH, Erfüllung und Erfüllungssurrogate, JuS 2000, 729, 733.
[59] Zur Übereinstimmung beider Rechtsgebiete su Rn 21.
[60] BÜLOW, Grundfragen der Erfüllung und ihrer Surrogate, JuS 1991, 529, 531.
[61] So aber GERNHUBER, Die Erfüllung und ihre Surrogate sowie das Erlöschen der Schuldverhältnisse aus anderen Gründen, Hdb des Schuldrechts Bd 3 (2. Aufl 1994) § 15 I 1 b.
[62] So wörtlich: BGH NJW 1991, 1294, 1295; PALANDT/GRÜNEBERG (77. Aufl 2018) § 362 Rn 1.
[63] BGH NJW 1991, 1294, 1295.

d) Hingabe eines anderen Gegenstands

Nimmt der Gläubiger einen anderen Gegenstand als den geschuldeten *zum Zwecke* **31** *der Befriedigung*[64] an, kann es sich sowohl um eine Leistung an *Erfüllungs statt* als auch um eine Leistung *erfüllungshalber* handeln. Während bei ersterer der Gegenstand an die Stelle des geschuldeten tritt, soll der Gegenstand einer Leistung erfüllungshalber vom Gläubiger verwertet werden, ohne dass (zunächst) die ursprüngliche Schuld dadurch berührt wird. Erst und nur dann, wenn die Verwertung gelingt, befriedigt der Gläubiger seine Forderung aus dem Erlös und die Schuld erlischt. Andernfalls bleibt der Schuldner weiterhin verpflichtet.[65]

Einigen sich zB Darlehensgeber und Darlehensnehmer dahingehend, dass der zum **32** vereinbarten Rückzahlungstermin zahlungsunfähige Darlehensnehmer seine Darlehensschuld durch Lieferung eines Oldtimers, an dem der Darlehensgeber schon immer interessiert war, tilgen kann, liegt eine Vereinbarung einer Leistung an Erfüllungs statt vor. Denn die fällige Darlehensschuld sollte mit der Lieferung des Wagens unmittelbar erlöschen. Das Erwerbsinteresse des Darlehensgebers steht gegenüber seinem Verwertungsinteresse eindeutig im Vordergrund. Dagegen würde es sich um eine Vereinbarung einer Leistung erfüllungshalber handeln, sofern der Darlehensgeber die Lieferung des Pkw nur anstrebt, um ihn weiterzuverkaufen. Erst mit Entgegennahme des Kaufpreises würde dann die Darlehensschuld in Höhe des für den Pkw erzielten Preises erlöschen. Auch wenn der Schuldner dem Gläubiger eine Forderung abtritt, aus der sich der Gläubiger befriedigen soll, handelt es sich regelmäßig um eine Leistung erfüllungshalber.[66]

Zusammenfassend liegt der Unterschied also darin, dass allein die Leistung an Erfül- **33** lungs statt gem § 364 Abs 1 BGB zum *unmittelbaren Erlöschen der Hauptleistungspflicht* führt. Gemeinsam ist beiden Rechtsfiguren indessen, dass sie sich auf ein *bereits bestehendes* Schuldverhältnis beziehen, dessen Begründung also nachfolgt.[67] Dieses Schuldverhältnis kann rechtsgeschäftlicher oder gesetzlicher Natur sein.[68]

Eine *gesetzliche Regelung* hat nur die Leistung an Erfüllungs statt in §§ 364, 365 BGB **34** erfahren. Die Leistung erfüllungshalber deutet § 364 Abs 2 BGB lediglich an. Das Gesetz verlangt in § 364 Abs 1 BGB die *Annahme* der Ersatzleistung durch den Gläubiger, damit Erfüllung eintritt. Ihm kann keine andere als die geschuldete Leistung gegen seinen Willen aufgedrängt werden. Es gibt also nicht das sog *beneficium dationis in solutum*[69] des römischen und gemeinen Rechts für den zahlungsunfähigen Geld-

---

64 Grundsätzlich ist auch eine Abgrenzung zur Leistung sicherungshalber vorzunehmen. Bei einer Vereinbarung zum Zwecke der Befriedigung ist eine derartige Zielsetzung jedoch von vornherein ausgeschlossen.
65 SCHREIBER, Leistungen an Erfüllungs Statt und erfüllungshalber, Jura 1996, 328, 329.
66 BGH ZIP 2014, 231 LS 1 u Rn 11.
67 Eine vor Leistungserbringung getroffene Vereinbarung einer Leistung an Erfüllungs statt eröffnet dem Schuldner eine Ersetzungsbefugnis. Er wird berechtigt, sich von der weiter bestehenden ursprünglichen Schuld durch eine andere Leistung zu befreien, zB die Inzahlunggabe eines Gebrauchtwagens beim Neuwagenkauf.
68 HARDER, Leistung an Erfüllungs statt (1976) 18.
69 Lat: Hingabe eines Vermögenswertes an Zahlung statt. Dieses Rechtsinstitut wurde von JUSTINIAN eingeführt, um die Verschleuderung der Grundstücke im Wege der Exekution (lat ex[s]ecutio: Vollzug, Vollstreckung) zu verhindern. Danach konnte derjenige, der Geld schuldet, aber nur Immobilien im Vermögen hatte, diese nach einer gerichtlich vorzunehmenden Schätzung dem Gläubiger an Zahlungs statt hingeben.

schuldner,[70] das einen Annahmezwang des Gläubigers begründete.[71] Ein solcher besteht nur bei Vereinbarung einer Wahlschuld gem § 262 BGB.

35 Welches der beiden geschilderten Rechtsinstitute bei Hingabe eines anderen Gegenstands gewollt ist, ergibt sich aus der *Parteivereinbarung*, deren Inhalt nach den §§ 133, 157 BGB zu bestimmen ist,[72] und zwar unter Berücksichtigung der beiderseitigen Interessenlage und der erkennbaren Absichten mit Blick auf die beabsichtigten Rechtsfolgen.[73] Auch bei einer konkludenten Vereinbarung muss der rechtsgeschäftliche Wille des Gläubigers zur Annahme der Ersatzleistung an Erfüllungs statt also unzweifelhaft zum Ausdruck kommen.[74] Die Zweifelsregelung des § 364 Abs 2 BGB ist zwar nach ihrem Wortlaut nur dann anwendbar, wenn Gegenstand der „anderen Leistung" die Übernahme einer neuen Verbindlichkeit durch den Schuldner ist. Bei sachgerechter Auslegung kommt man in anderen Fällen aber meist zu entsprechenden Ergebnissen.

aa) Leistung an Erfüllungs statt

36 Bei der Leistung an Erfüllungs statt soll der Gläubiger durch den ersatzweise geleisteten Gegenstand befriedigt werden. Denn die Privatautonomie erlaubt, dass die Parteien für jede Schuld einen beliebigen Ersatz vereinbaren können.[75] Damit kann an Erfüllungs statt jede Leistung treten, seien es Sachen, Ansprüche gegen Dritte, sonstige Rechte, aber auch Dienst- oder Werkleistungen. Bei Dienstleistungen über einen längeren Zeitraum handelt es sich allerdings in der Regel um einen Schuldänderungsvertrag.[76]

37 Es bedarf also einer Vereinbarung über die Leistung an Erfüllungs statt.[77] Die *Rechtsnatur dieser Vereinbarung* ist vor allem wegen der Formulierung des § 365 umstritten, wonach der Schuldner wegen eines Mangels „in gleicher Weise wie ein Verkäufer Gewähr zu leisten" hat. Nach früher hM bestand die Vereinbarung einer Leistung an Erfüllungs statt in einem *entgeltlichen Austauschvertrag*.[78] Gegen die Hingabe der Leistung an Erfüllungs statt wurde nach dieser Ansicht ein *Erlass* der ursprünglichen Forderung gewährt.[79] Der Verweis des § 365 BGB auf die Gewährleistungsvorschriften des Kaufrechts zeige, dass es sich bei der Leistung an Erfüllungs statt um den *Verkauf* eines Gegenstands zum *Preis des Schulderlasses* handle. Diese Betrachtungsweise entspricht zwar dem Willen des historischen Gesetzgebers,[80] wird heute allerdings überwiegend in Frage gestellt. Nach neuerer Auffassung ist die Leistung an Erfüllungs statt eine Vereinbarung über die Erfüllung der ursprünglichen Schuld und damit ein reines *Hilfsgeschäft*.[81] Rechtsgrund der Leistung bleibe das ursprüngliche Schuldverhältnis.

---

[70] WINDSCHEID/KIPP, Lehrbuch des Pandektenrechts (9. Aufl 1906) § 342 Anm 12.
[71] ENNECCERUS/LEHMANN, Recht der Schuldverhältnisse (15. Bearb 1958) § 65.
[72] BGHZ 116, 278, 283.
[73] Vgl BGH NJW 1970, 41; BGHZ 116, 278, 283.
[74] BAG DB 1976, 60.
[75] MUSCHELER/BLOCH, Erfüllung und Erfüllungssurrogate, JuS 2000, 729, 740.
[76] STAUDINGER/OLZEN (2016) § 364 Rn 34.
[77] MünchKomm/FETZER (7. Aufl 2016), § 364 Rn 1.

[78] BGHZ 46, 338, 342; STAUDINGER/KADUK[12] § 364 Rn 3 ff.
[79] BGHZ 46, 338, 342.
[80] Vgl Mot II 82.
[81] BGHZ 89, 126, 133; HARDER, Leistung an Erfüllungs statt (1976) 129 ff; MUSCHELER/BLOCH, Erfüllung und Erfüllungssurrogate, JuS 2000, 729, 740; SOERGEL/SCHREIBER (13. Aufl 2010) § 364 Rn 1; ähnlich LARENZ, Lehrbuch des Schuldrechts I, Allgemeiner Teil (14. Aufl 1987) § 18 IV und MünchKomm/FETZER (7. Aufl 2016) § 364 Rn 1, die von einem „Ver-

Teilweise wird die Leistung an Erfüllungs statt deshalb gar nicht in den Zusammenhang der Erfüllung gestellt, sondern als *Änderungsvertrag* mit sofortigem Leistungsvollzug verstanden.[82] Richtig erscheint der Ansatzpunkt, wonach es im Ergebnis nicht zu Unterschieden führen sollte, ob die Vereinbarung über die Annahme einer anderen als der geschuldeten Leistung vor oder bei Bewirken der Leistung geschlossen wird. Denn im Rahmen der Vertragsfreiheit können die Parteien gem § 311 Abs 1 BGB den Inhalt des Schuldverhältnisses *nachträglich* ändern. Der Schuldänderungsvertrag unterscheidet sich nur insoweit von der Vereinbarung einer Leistung an Erfüllungs statt, als er sich auf das ursprüngliche Schuldverhältnis bezieht und dieses abändert. Es wird also – anders als bei der Leistung an Erfüllungs statt – keine andere als die geschuldete Leistung erbracht, sondern die ursprüngliche Leistung neu bestimmt, so dass dann im Ergebnis doch die geschuldete Leistung bewirkt wird. Diese Unterscheidung der Leistung an Erfüllungs statt vom Schuldänderungsvertrag ist aber nur begrifflicher Natur und darf im Ergebnis nicht zu unterschiedlichen Rechtsfolgen für die Parteien führen, sofern man Abgrenzungsprobleme vermeiden will.[83]

bb) Leistung erfüllungshalber

Die Leistung erfüllungshalber ersetzt nicht die geschuldete Leistung, sondern verschafft dem Gläubiger eine *zusätzliche* Befriedigungsmöglichkeit.[84] Da der erfüllungshalber hingegebene Gegenstand durch Verwertung zur Befriedigung des Gläubigers gedacht ist, kommt diese Form praktisch nur bei Geldschulden in Betracht. Als taugliche Gegenstände selbst lassen sich Sachen (zB Schmuck) und Forderungen – die Abtretung einer bereits bestehenden oder die Begründung einer neuen Forderung (zB Scheck, Wechsel) – denken.[85] Das Charakteristikum für die Vereinbarung einer Leistung erfüllungshalber besteht darin, dass der Gläubiger für den Leistungsgegenstand zwar eine Verwertungspflicht, nicht aber das Verwertungs- und Verwendungsrisiko übernimmt. Daher erlischt das Schuldverhältnis zunächst nicht.[86] Bei *Auslegung* der Vereinbarung ist in Abgrenzung zu einer Leistung an Erfüllung statt also stets zu fragen, ob den Gläubiger eine Verwertungspflicht hinsichtlich des Leistungsgegenstandes trifft, während er bei Erfolgs- oder Aussichtslosigkeit der Verwertung auf die ursprüngliche Hauptforderung zurückgreifen darf. Streit besteht darüber, ob die ursprüngliche Hauptforderung durchgesetzt werden kann, obwohl der Gläubiger seiner Verwertungspflicht noch nicht genügt hat. Nach hM ist mit der Vereinbarung einer Leistung erfüllungshalber gleichzeitig eine *Stundung* der ursprünglichen Forderung verbunden, und zwar solange, bis der Versuch anderweitiger Befriedigung scheitert[87] oder sich die Stundung durch den Eintritt der Erfüllungswirkung erübrigt. Richtigerweise sollte man aber einen *vereinbarten Ausschluss der Klagbarkeit* annehmen[88] und diesen wie eine vollstreckungshindernde Parteivereinbarung behandeln.[89] Denn dadurch wird dem Schuldner die Möglichkeit eröffnet, gegen die Zwangsvollstreckung

---

trag über die Erfüllungswirkung eines Surrogats" sprechen.
[82] GERNHUBER, Die Erfüllung und ihre Surrogate sowie das Erlöschen der Schuldverhältnisse aus anderen Gründen, Hdb des Schuldrechts Bd 3 (2. Aufl 1994) § 10, 3.
[83] BGHZ 46, 338, 342; aA MUSCHELER/BLOCH, Erfüllung und Erfüllungssurrogate, JuS 2000, 729, 740.
[84] BeckOK/DENNHARDT § 364 Rn 4.

[85] MUSCHELER/BLOCH, Erfüllung und Erfüllungssurrogate, JuS 2000, 729, 740.
[86] BGH NJW 1986, 424, 425.
[87] BGH NJW 2007, 1357, 1358; BGHZ 116, 278, 282; BGH NJW 1986, 424, 426; ERMAN/BUCK-HEEB (15. Aufl 2017) § 364 Rn 11; MünchKomm/FETZER (7. Aufl 2016) § 364 Rn 13.
[88] So auch KÖHLER, Die Leistung erfüllungshalber, WM 1977, 242, 247.
[89] Vgl dazu BGH NJW 1982, 2072, 2073; 1991, 2295, 2296.

gem § 767 ZPO vorzugehen.[90] Wendet man diese Grundsätze auf die Vereinbarung einer Leistung erfüllungshalber entsprechend an, so behält der Gläubiger seine Verzugsansprüche, aber der Schuldner kann einer Inanspruchnahme aus der Hauptforderung die Erfüllungsvereinbarung als *Einrede* entgegenhalten.[91]

e) Zahlung von Geldschulden

39 Einen unter Erfüllungsgesichtspunkten wichtigen aber auch komplizierten Sonderfall bildet die Zahlung von *Geldschulden*. Hier besteht die Erfüllung in der Zahlung des geschuldeten Geldbetrages.

aa) Übereignung von Geldzeichen

40 Erfüllung erfordert dabei grundsätzlich, dass dem Gläubiger die entsprechenden Geldstücke oder Geldscheine zu Eigentum übertragen werden; es besteht mithin nach der Konzeption des BGB grundsätzlich eine Verpflichtung zur *Barzahlung*.[92] Davon ist das Gesetz bis heute nicht abgewichen, so dass sich etwas anderes nur aus einer Parteivereinbarung, sei es durch eine entsprechende Abrede zB in Form einer Angabe der Kontonummer auf den Vertragsformularen oder aber auch im Wege der (ergänzenden) Auslegung ermitteln lässt. Dabei kann man auf entsprechende Verkehrssitten zurückgreifen, die vielleicht bei sehr hohen Zahlungspflichten entstehen können, die üblicherweise nur noch bargeldlos beglichen werden. Im Falle der Barzahlung muss die Übergabe nicht persönlich und auch nicht durch bestimmte Geldmünzen oder Scheine erfolgen. Gehörte das übergebene Geld nicht dem Schuldner, so wird der Gläubiger gem §§ 932, 935 Abs 2 BGB auch im Falle des Abhandenkommens Eigentümer, sofern er beim Empfang gutgläubig war, so dass die Zahlung folglich ungeachtet des mangelnden Schuldnereigentums als Erfüllung wirkt. Der bösgläubige Empfänger erwirbt dagegen vor einer eventuellen Vermischung mit seinem eigenen Geld iSd § 948 BGB kein Eigentum. Solange kann der Dritte als Eigentümer die Geldzeichen also vindizieren und eine Erfüllung ist ausgeschlossen.

bb) Bargeldloser Zahlungsverkehr

41 Obwohl das Gesetz von einer Barzahlung des Schuldners ausgeht, hat der moderne Bank- und Geschäftsverkehr eine ganze Reihe von Methoden des *bargeldlosen Zahlungsverkehrs* entwickelt.[93] Das Spektrum reicht von traditionellen Zahlungsmitteln wie Wechsel oder Scheck über Überweisung (vgl aber heute die Terminologie des § 675f Abs 3 BGB) und Lastschrift, Geld- und Kreditkarten, bis zu Debit- oder Kreditzahlungen im Internet. Der bargeldlose Zahlungsverkehr erfreut sich inzwischen größter Beliebtheit, nicht zuletzt weil er der Abneigung gegen den Besitz größerer Bargeldmengen wegen des damit verbundenen Verlustrisikos (und Zinsnachteils) Rechnung trägt.

42 Die *Umsätze* mit den wichtigsten Methoden des bargeldlosen Zahlungsverkehrs, dh der Wert aller Überweisungen, Lastschriften, Scheckverrechnungen, Kreditkarten- und electronic cash-Verfahren, die deutsche Kreditinstitute für ihre Kunden durch-

---

[90] BGH NJW 1982, 2072, 2073; 1991, 2295, 2296.
[91] Im Ergebnis ebenso GERNHUBER, Die Erfüllung und ihre Surrogate sowie das Erlöschen der Schuldverhältnisse aus anderen Gründen, Hdb des Schuldrechts Bd 3 (2. Aufl 1994) § 9 I 9.
[92] BGH WM 1993, 2237, 2239; **aA** ERMAN/BUCK-HEEB (15. Aufl 2017) § 362 Rn 8.
[93] Vgl speziell für das Internet: NEUMANN/BOCK, Zahlungsverkehr im Internet (2004).

G. Das Erlöschen der Schuldverhältnisse

geführt haben, umfassten 2016 54.450 Milliarden €.[94] Dabei nehmen Überweisungen und Lastschriften den Hauptanteil des bargeldlosen Zahlungsverkehrs ein, gefolgt von Kartenzahlungen.[95] Die traditionellen bargeldlosen Zahlungsmittel wie Scheck oder Wechsel haben infolge der verschiedenen neuen Möglichkeiten stark abgenommen. So ist beispielsweise der Anteil der Scheckzahlung von etwa 10 % Anfang der 90er Jahre[96] auf 3,8 % 1999 und dann noch weiter auf nur noch 0,37 % im Jahr 2011 zurückgegangen;[97] von 2012 bis 2016 sanken die Verwendungen von Schecks kontinuierlich weiter.[98]

Für den vorliegenden Zusammenhang entscheidend ist, *wann* bei den einzelnen Formen des bargeldlosen Zahlungsverkehrs *eine Erfüllung der Geldschuld* eintritt. Für *Wechsel und Scheck* gelten dieselben Erfüllungsgrundsätze. Weder die Hingabe eines Schecks (Art 1 ScheckG) noch diejenige eines Wechsels stellt sich als Zahlung und damit als Erfüllung iSd § 362 Abs 1 BGB dar, sondern erfolgt mangels anderweitiger Absprachen[99] erfüllungshalber iSd § 364 Abs 2 BGB. Der Anspruch erlischt bei einer Zahlung per Scheck erst dann, wenn dieser eingelöst wurde, dh der bezogenen Bank vorgelegt und der Scheckbetrag entweder bar ausgezahlt oder dem Konto des Empfängers vorbehaltlos gutgeschrieben wurde.[100] Wird der Scheck nicht bei der bezogenen Bank eingereicht, geht die Forderung nicht vor der endgültigen Belastung des Ausstellerkontos unter.[101] Das Gleiche gilt bei einem Wechsel für die zugrunde liegende Kausalforderung.[102] Hat der Gläubiger den Wechsel nicht selbst vorgelegt, sondern weitergegeben, erlischt die Kausalforderung, wenn er den dafür erhaltenen Gegenwert endgültig behalten darf. 43

Beruht die Zahlung von sog „Buchgeld" auf einer Vereinbarung zwischen den Parteien, wird darüber gestritten, ob es sich um eine *Leistung* gem § 362 Abs 1 BGB handelt[103] oder um eine *Leistung an Erfüllungs statt* gem §§ 363, 364 BGB.[104] Dieser Streit ist jedoch praktisch ohne Bedeutung; der BGH lässt die Frage daher offen.[105] Rechtlich geht es – abgesehen vom Zeitpunkt der Erfüllung – nur darum, ob sich die Vereinbarung auf eine Konkretisierung der gem § 362 Abs 1 geschuldeten Leistung oder auf die Möglichkeit des Schuldners zu einer anderen als der geschuldeten Leistung bezieht, § 364 Abs 1. Die rechtlichen Ungleichstellung von Buch- und Sachgeld, die sich nicht zuletzt auch an den unterschiedlichen Formen der Zwangsvollstreckung 44

---

[94] https://de.statista.com/statistik/daten/studie/72099/umfrage/umsatz-mit-bargeldlosem-zahlungsverkehr-seit-dem-jahr-2007/
[95] http://www.bundesbank.de/Redaktion/DE/Standardartikel/Statistiken/zahlungsverkehr.html.
[96] GÖSSMANN, Aspekte der ec-Karten Nutzung, WM 1998, 1264, 1265.
[97] Statistik des Bundesverbandes deutscher Banken; s www.bankenverband.de/Statistik-Service sowie Statistik der Bundesbank; s http://www.bundesbank.de/Redaktion/DE/Downloads/Statistiken/Geld_Und_Kapitalmaerkte/Zahlungsverkehr/zvs_daten.pdf?_blob=publicationFile.
[98] https://www.bundesbank.de/Redaktion/DE/Downloads/Statistiken/Geld_und_Kapitalmaerkte/Zahlungsverkehr/zvs_daten.pdf?__blob=publicationFile S 8.
[99] Vgl BGH WM 1959, 1092, 1094.
[100] BGH NJW 1951, 437; 1987, 317; PALANDT/GRÜNEBERG (77. Aufl 2018) § 364 Rn 9.
[101] Vgl zu den genauen Modalitäten STAUDINGER/OLZEN (2016) Vorbem zu §§ 362 ff Rn 36 mwNw.
[102] BGH JZ 1977, 302, 303; NJW 1979, 1704; FABIENKE, Erfüllung im bargeldlosen Zahlungsverkehr, JR 1999, 47, 48.
[103] So OLG Frankfurt NJW 1998, 387; MünchKomm/FETZER (7. Aufl 2016) § 362 Rn 20; PALANDT/GRÜNEBERG (77. Aufl 2018) § 362 Rn 9.
[104] BGH NJW 1953, 897; FABIENKE, Erfüllung im bargeldlosen Zahlungsverkehr, JR 1999, 47, 49; ERMAN/BUCK-HEEB (15. Aufl 2017) § 362 Rn 8; STAUDINGER/OLZEN (2016) Vorbem zu §§ 362 ff Rn 23.
[105] BGH NJW 1986, 2428, 2429; vgl auch BGH NJW 1985, 1605; BGH NJW 1999, 210.

zeigt, legt es jedoch näher, die Überweisung auf ein vom Gläubiger angegebenes Konto als eine Leistung an Erfüllungs statt gem §§ 363, 364 Abs 1 BGB zu bewerten.

45 Eine praktisch relevante Sonderform bargeldloser Zahlung stellt das *Lastschriftverfahren* dar, innerhalb dessen man *Einzugsermächtigung* und *Abbuchungsauftrag* unterscheidet.[106] Es handelt sich um ein „umgekehrtes Überweisungsverfahren", weil die Zahlung nicht durch den Schuldner, sondern vielmehr durch den Gläubiger eingeleitet und damit aus der (qualifizierten) Schick- (§ 270 BGB) eine Holschuld wird.[107] Die Spitzenverbände des Kreditgewerbes haben das Lastschriftverfahren durch das Abkommen über den Lastschriftenverkehr[108] einheitlich geregelt. Im Hinblick auf den Zeitpunkt der Erfüllung steht wiederum die Überlegung im Vordergrund, wann der Gläubiger eine der Bargeldzahlung vergleichbare Rechtsposition erlangt. Reicht der Gläubiger eine Lastschrift ein, so wird diese – wie ein Scheck – seinem Konto regelmäßig mit dem Zusatz „Eingang vorbehalten" *sofort* gutgeschrieben. Erfüllung liegt zu diesem Zeitpunkt aber noch nicht vor, sondern erst mit der endgültigen Belastung des Schuldnerkontos. Außerdem besteht für den Schuldner die Möglichkeit, einer Lastschrift innerhalb von sechs Wochen grundlos zu widersprechen, wenn sie als Einzugsermächtigungslastschrift gekennzeichnet ist.[109] Mit der Zahlungsdiensterichtlinie wurde das SEPA (Single European Payment Area) Lastschriftverfahren eingeführt. Es hat zum 1.2.2014 das bisherige Lastschriftverfahren abgelöst. Bei dem SEPA-Lastschriftverfahren erteilt der Zahlungspflichtige vor Belastung seines Kontos dem Gläubiger ein Mandat zur Geldeinziehung. Dies führt trotz eines achtwöchigen Widerspruchsrechts dazu, dass Erfüllung mit vorbehaltloser Gutschrift des Betrags auf dem Gläubigerkonto eintritt.[110]

46 Seit Anfang der 90er Jahre wurde von den Kreditinstituten der elektronische Zahlungsverkehr zunächst als sog *Point-of-Sale-System* (POS) eingeführt. In der Praxis haben sich daraus jedoch zwei verschiedene Verfahrensformen etabliert, das POS-System und das (elektronische Lastschrift-Verfahren) ELV.[111] Bei beiden Systemen können Waren und Dienstleistungen an automatisierten Kassen des Handels und Dienstleistungsgewerbes unter Benutzung einer sogenannten ec-Karte und Kreditkarte bargeldlos bezahlt werden. Der Unterschied liegt darin, dass sich der Kunde bei den POS-Kassen durch die Eingabe seiner persönlichen Geheimzahl (PIN) legitimiert, während das ELV-System[112] lediglich die Unterschrift des Karteninhabers auf dem Belastungsbeleg erfordert. Bei Zahlung mittels ec-Karte besteht ebenso wie bei Verwendung einer Kreditkarte eine *charakteristische Dreieckskonstellation*.[113] Dem *Deckungsverhältnis* zwischen dem kartenbetreibenden Kreditinstitut und dem Karteninhaber liegt ein Zah-

---

[106] Zur Erläuterung vgl Abschn I Nr 1 S 1 des Abkommens über den Lastschriftverkehr (LSA).
[107] HAUSER, Zur Erfüllung der Geldschuld, WM 1991, 1 ff.
[108] Abkommen der Spitzenverbände der Kreditwirtschaft über den Lastschriftverkehr (Lastschriftabkommen), ursprünglich von 2002, die aktuelle Version ist von 2014.
[109] Vgl Abschn 3 Nr 1 und 2 des LSA. Dies führt nach st Rspr. des BGH dazu, dass Erfüllungswirkung erst nach Genehmigung eintritt BGH NJW 2008, 63, 65; WM 2010, 1543; 1546; WM 2010, 1546 ff; so auch MATTHIES JuS 2009, 1074, 1076.
[110] BGH WM 2010, 1546 ff; ausführlich STAUDINGER/OLZEN (2016) Vorbem 59 ff zu §§ 362 ff.
[111] Das POZ-System, das dem ELV-Verfahren ähnelt, wurde Ende 2006 eingestellt, vgl noch EBENROTH/BOUJONG/JOOST/STROHN-GRUNDMANN, Handelsgesetzbuch (3. Aufl 2015) Bankrecht Rn II 75.
[112] Ähnlich dem POS-System, jedoch ohne Zahlungsgarantie.
[113] Zu Einzelheiten vgl TOBER, Die Vertragskette im bargeldlosen Zahlungsverkehr (2005);

lungsdiensterahmenvertrag gem § 675f BGB zugrunde.[114] Die Eingabe der Karte in das Lesegerät der POS-Kasse des Kassenbetreibers und der PIN stellen die schlüssig erklärte Weisung (§ 665 BGB) des Karteninhabers dar, die Forderung des Kassenbetreibers aus dem *Valutaverhältnis*, zB aus § 433 Abs 2 BGB, bargeldlos zu begleichen. Bei einem ELV-System bewirkt die Unterschrift des Karteninhabers auf dem Belastungsbeleg den Einzug der gegen ihn gerichteten Forderung im *Einzugsermächtigungsverfahren*. Das Rechtsverhältnis zwischen Kreditinstitut und dem Kassenbetreiber gestaltet sich als Dauerschuldverhältnis, das den Kassenbetreiber zur Teilnahme am electronic-cash-System gegen Zahlung eines umsatzabhängigen Entgelts berechtigt. Im Rahmen der POS-Systeme gibt das Kreditinstitut eine Zahlungszusage[115] ab, die als *abstraktes Schuldversprechen* iSd § 780 BGB zu klassifizieren ist.[116] Bei den ELV-Systemen verpflichtet sich das Kreditinstitut dagegen gerade nicht zur Zahlung, so dass die Lastschrift zurückgegeben werden kann, sei es mangels Deckung auf dem Konto des Karteninhabers, aber auch bei Widerspruch gegen die Belastungsbuchung. Erfüllung tritt bei beiden Verfahrensarten erst ein, sobald der geschuldete Betrag dem Kassenbetreiber von seinem Kreditinstitut auf seinem Bankkonto gemäß § 675f BGB gutgeschrieben wird. Entsprechendes gilt auch für die Kreditkartenzahlung im *Internet*.[117]

47 Alle verschiedenen Zahlungsmethoden weisen die Gemeinsamkeit auf, dass aus Gläubigerschutzgründen eine Erfüllung erst eintritt, wenn der Gläubiger in vergleichbarem Maße wie bei einer Barzahlung über das Geld verfügen kann. Wegen der grundsätzlichen Verpflichtung zur Barzahlung kann mittels einer anderen Zahlungsmethode nur bei entsprechender Vereinbarung – sei es ausdrücklich oder konkludent – zwischen Schuldner und Gläubiger erfüllt werden. Dafür genügt beispielsweise die Angabe einer Kontonummer auf der Rechnung. Der Gläubiger muss die bargeldlose Zahlung also im Übrigen nicht gelten lassen, wird sie aber in der Praxis meist akzeptieren.

f) Beweislast

48 Die Beweislast für die ordnungsgemäße Erfüllung trägt grundsätzlich der Schuldner.[118] Dies umfasst nicht nur die Leistung an sich, sondern auch den konkreten Befriedigungstatbestand sowie, dass die Leistung entweder obligationsgemäß war oder unmöglich geworden ist (§ 275 Abs 1).[119]

49 Diese allgemeine Beweislastregel kann im Einzelfall durchbrochen werden, zB wenn der Anspruch sich auf eine Unterlassung richtet oder der Käufer dem Verkäufer den Beweis vertragsgemäßer Beschaffenheit der Ware durch ihre Verarbeitung schuldhaft vereitelt.[120] Umstritten ist eine Beweislastumkehr in Abhängigkeit von der Zeit seit

---

MünchKomm/Casper (7. Aufl 2017) § 675 f Rn 104.
[114] Hk-BGB/Schulte-Nölke (9. Aufl 2017) § 675 f Rn 1; unten Auer, in: Staudinger/Eckpfeiler R. Rn 68.
[115] Rechtsgrundlage bildet Nr 9 der Vereinbarung der Spitzenverbände iVm Nr 4 der Händlerbedingungen, abgedruckt in BankR-HdB/Koch, Bd 1 (5. Aufl 2017) Anh 2 und 3 zu §§ 67, 68.
[116] MünchKomm/Fetzer (7. Aufl 2016) § 362 Rn 18; MünchKomm/Casper (7. Aufl 2017) § 675 f Rn 105 mwNw; Pressel, Die zivilrechtlichen Grundlagen des Kreditkartengeschäfts, Jura 2010, 321, 324.
[117] Pichler, Kreditkartenzahlung im Internet – Die bisherige Verteilung des Missbrauchsrisikos und der Einfluss der Verwendung von SET, NJW 1998, 3234, 3235.
[118] BGH NJW-RR 2007, 705, 707; NJW 1993, 1704, 1706.
[119] MünchKomm/Fetzer (7. Aufl 2016) § 363 Rn 1.
[120] Vgl zu weiteren Fällen Staudinger/Olzen (2016) § 362 Rn 50 mwNw.

Fälligkeit des behaupteten Anspruchs.[121] Dafür spricht, dass der Zeitablauf zu einem Verlust von Beweismitteln des Schuldners führen kann, so dass es im Einzelfall uU unbillig erscheint, dem Gläubiger zu gestatten, ohne konkrete Anhaltspunkte die ordnungsgemäße Abwicklung von Geschäftsabläufen zu bestreiten.

49a Eine weitere Ausnahme enthält § 363 BGB, der eine *Beweislastumkehr* vorsieht, sofern der Gläubiger die ihm als Erfüllung angebotene Leistung auch als Erfüllung angenommen hat. Die Norm stellt eine besondere Ausformung des venire contra factum proprium-Gedankens dar, da ihr die Überlegung zugrunde liegt, dass nach allgemeiner Lebenserfahrung gewöhnlich nur ordnungsgemäße Leistungen beanstandungslos entgegengenommen werden.[122] Dafür genügt nach der Rspr bereits eine als „im wesentlichen vertragsgemäße Leistung".[123]

g) Rechtswirkungen

50 Die Erfüllung hat primär das Erlöschen des Schuldverhältnisses zur Rechtsfolge. Das Erlöschen des Schuldverhältnisses ieS oder iwS wurde bereits oben (Rn 3) beschrieben. Bestehen mehrere gleichartige Forderungen zwischen Gläubiger und Schuldner, sieht § 366 BGB die Möglichkeit einer Tilgungsbestimmung des Schuldners sowie hilfsweise eine gesetzliche Tilgungsreihenfolge vor.[124] Die Erlöschenswirkung kann zu verneinen sein, wenn der Schuldner einen *Vorbehalt* erklärt.[125] Der Gläubiger hat gem § 368 S 1 BGB gegen Empfang der Leistung auf Verlangen ein Empfangsbekenntnis (Quittung) in Schriftform (oder unter Umständen in anderer Weise, § 368 S 2 BGB) zu erteilen; dem Schuldner steht sogar ein Zurückbehaltungsrecht (§ 273 BGB) zu[126]. Der Schuldner kann einen etwaig ausgestellten Schuldschein zurückverlangen (§ 371 BGB). § 371 BGB wird analog angewandt – und dies dürfte fast praxisrelevanter sein als die Herausgabe von Schuldscheinen – zur Schaffung eines Anspruchs auf Herausgabe eines Titels (§ 794 ZPO), wenn über eine Vollstreckungsabwehrklage (§ 767 ZPO) rechtskräftig zu Gunsten des Herausgabeklägers entschieden wurde und die Erfüllung der zugrundeliegenden Forderung unstreitig ist oder hinreichend bewiesen wurde.[127]

2. Hinterlegung (§§ 372–386 BGB)

51 Befindet sich der Gläubiger im Annahmeverzug oder ist seine Identität ungewiss, ohne dass den Schuldner hieran ein Verschulden trifft, so kann dieser *Geld, Wertpapiere, sonstige Urkunden* und *Kostbarkeiten* bei einer dazu bestimmten öffentlichen Stelle hinterlegen, § 372 BGB. Das Gesetz gestattet also dem erfüllungsbereiten Schuldner die Befreiung von seiner Verbindlichkeit durch Hinterlegung, weil er aus Gründen, die in der Person des Gläubigers liegen, nicht oder jedenfalls nicht mit Sicherheit erfüllen kann. Zwar ist der Schuldner bereits durch die Vorschriften des Annahmeverzugs

---

[121] So LG Münster NJW-RR 2007, 124, in einem Fall, in dem der Verkäufer einer Eigentumswohnung erst mehr als 20 Jahre nach Abschluss des Kaufvertrags die Zahlung des Kaufpreises verlangte und erhebliche Indizien für eine Zahlung sprachen; OLG Frankfurt NZG 2002, 822, 823; OLG Frankfurt NJW-RR 2001, 402, 403; **aA** OLG Koblenz NZG 2002, 821, 822; OLG Frankfurt NZG 2005, 898.
[122] STAUDINGER/OLZEN (2016) § 363 Rn 2.
[123] BGH NJW 2007, 2394, 2395.
[124] Näher WEILER, Schuldrecht AT (4. Aufl 2017) § 13 Rn 10 ff.
[125] Näher HIRSCH, Schuldrecht AT (10. Aufl 2017) Rn 220 f.
[126] WEILER, Schuldrecht AT (4. Aufl 2017) § 13 Rn 13.
[127] BGH WM 2013, 82, Rn 19 mwNw; ähnlich BGH MDR 2015, 361 LS 3 u Rn 24.

geschützt, vor allem durch §§ 300 Abs 1, 304 BGB; allerdings entfällt seine Haftung dadurch nicht vollständig.

a) Historische Entwicklung

Die Tradition der heutigen Hinterlegung zum Zweck der Erfüllung bei Annahmeverzug des Gläubigers reicht bis ins römische Recht zurück.[128] Partikulargesetze und Entwürfe des 19. Jahrhunderts[129] gaben dem Schuldner das Recht, unter bestimmten Voraussetzungen die geschuldete Sache dem Untergang preiszugeben. Diese Regelung zur *Preisgabe des Schuldgegenstands* ist jedoch nicht generell in das BGB übernommen worden, sondern findet sich lediglich in § 303 S 1 BGB,[130] der sich als Spezialvorschrift allerdings nur auf *Grundstückszubehör* erstreckt.[131] Für ein generelles Preisgaberecht besteht allerdings angesichts der Möglichkeiten zur Hinterlegung und zur eventuellen Versteigerung gem § 383 bzw zum freihändigen Verkauf gem § 385 BGB auch kein Bedürfnis. 52

Zum 1.4.1937 wurden mit der *Hinterlegungsordnung* verfahrensrechtliche Regelungen geschaffen, zB im Hinblick auf die Herausgabe des hinterlegten Gegenstands. Seither wird das Rechtsverhältnis zwischen dem Schuldner und der Hinterlegungsstelle als Rechtsverhältnis *öffentlich-rechtlicher Natur* qualifiziert.[132] Es begründet für den Gläubiger einen öffentlich-rechtlichen Herausgabeanspruch gegen die Hinterlegungsstelle, uU zunächst bedingt durch das Rücknahmerecht des Schuldners (§ 376 Abs 1 BGB). 53

Das Hinterlegungswesen wurde im Rahmen der Rechtsbereinigung zum 1.12.2010 auf die *Landesgesetzgeber* übertragen.[133] Von der Schaffung landesrechtlicher Regelungen haben daraufhin die meisten Bundesländer Gebrauch gemacht. Mit der bundesrechtlichen Aufhebung der Hinterlegungsordnung sind die Hinterlegungsgesetze in diesen Ländern am 1.12.2010 in Kraft getreten (Ausn hierzu in Sachsen: Hier gilt das SächsHintG bereits seit dem 1.7.2010 auf Grundlage des § 39 HintO aF) und ergänzend vereinzelt Verwaltungsvorschriften zum Hinterlegungsgesetz (vgl zB AVHintG NRW v 11.11.2010, JMBl NRW 319; VVHintG BW v 11.10.2010, JustAblBW 366; BayHiVV v 12.12.2011, BayJMBl 2012, 3).[134] 54

Rn 55 derzeit nicht belegt.

---

[128] ULPIAN, D 18, 6, 1, 3, erlaubte zB dem Weinverkäufer, den geschuldeten Wein wegzugießen, wenn der Gläubiger ihn nicht rechtzeitig abnahm, HKK/REPGEN §§ 372–386 Rn 3 f.
[129] § 757 SächsBGB, Art 358 Dresdner Entwurf.
[130] Vgl Mot II 95.
[131] MünchKomm/ERNST (7. Aufl 2016) § 303 Rn 4.
[132] BGH WM 1966, 1016.
[133] 2. G über die Bereinigung von Bundesrecht im Zuständigkeitsbereich des Bundesministeriums der Justiz v 23.11.2007, BGBl I 2614, 2616; vgl hierzu ie die Begr in BR-Drucks 63/07 z AT II. 1. 2., zu Art 17 u 77 Abs 3, 14; krit zur Öffnung des Hinterlegungswesens für die Landesgesetzgebung RÜCKHEIM Rpfleger 2010, 1, 5 f.
[134] Da sich die Vorschriften der einzelnen Länder überwiegend entsprechen, wird im Folgenden auf die Normen des Landes Nordrhein-Westfalen verwiesen, welches das Hinterlegungsgesetz am 16.3.2010 als eines der ersten Bundesländer verkündet hat (GVBl NRW 2010, 192 ff). Keine Einigkeit konnte zwischen den Bundesländern vor allem hinsichtlich der Frage des Rechtsmittelzuges sowie der Verzinsung hinterlegten Geldes erzielt werden (vgl Abschn C der Begr z badwürtt HintG, LT-Drucks 14/6094, 22 ff; ausf hierzu RELLERMEYER Rpfleger 2011, 129 ff), so dass diesbezüglich künftig verschiedene landesrechtliche Vorschriften zu berücksichtigen sind. Eigenständigkeit, auch in der Formulierung und Systematik, zeigt das BayHintG.

b) Allgemeines

56 Aus der Formulierung „kann" in § 372 BGB ergibt sich, dass der *Anwendungsbereich* der §§ 372 ff BGB auf solche Fälle beschränkt bleibt, in denen der Schuldner zur Hinterlegung *berechtigt* ist.[135] Eine Verpflichtung trifft ihn dagegen nicht.[136] Durch *Verzicht auf die Rücknahme* der hinterlegten Sache (§ 376 Abs 2 Nr 1 BGB) besteht wegen § 378 BGB die Möglichkeit, Erfüllung herbeizuführen; die Hinterlegung ist dann also *Erfüllungssurrogat*.[137] An die Stelle des ursprünglichen Anspruchs tritt der öffentlich-rechtliche Herausgabeanspruch des Gläubigers gegen die Hinterlegungsstelle.

57 Neben der fakultativen Hinterlegung gibt es aber auch zahlreiche gesetzlich geregelte Fälle, in denen eine entsprechende *Verpflichtung* des Schuldners besteht.[138] Den entsprechenden Normen ist gemein, dass die Hinterlegung zwar auch zum Zwecke der Befreiung von einer Verbindlichkeit geschieht. Die schuldtilgende Wirkung der Hinterlegung beruht dann aber nicht auf den Vorschriften des 2. Titels, sondern folgt *unmittelbar aus § 362 Abs 1 BGB*. Denn wenn das Gesetz den Schuldner verpflichtet, so stellt die Hinterlegung kein Erfüllungssurrogat dar, sondern ist originäre Erfüllung iSd § 362 Abs 1 BGB.[139]

Schließlich finden die §§ 372 ff BGB keine Anwendung auf die Hinterlegung zur Sicherheitsleistung[140] und die notarielle Aufbewahrung.[141]

c) Voraussetzungen

58 Gegenstand der Hinterlegung können (nur) Geld, Wertpapiere, sonstige Urkunden und Kostbarkeiten sein. Andere bewegliche Sachen sind – außerhalb des Handelskaufs, bei dem alle Waren in einem Lagerhaus hinterlegt werden können (§ 373 HGB) – nicht hinterlegungsfähig. Sie müssen im Wege des Selbsthilfeverkaufs unter Hinterlegung des Erlöses versteigert werden, §§ 383 ff BGB, § 373 HGB. Die Hinterlegung kommt in Betracht bei *Annahmeverzug* des Gläubigers, anderen Gründen, die in seiner *Person* liegen,[142] oder bei *Ungewissheit über den Gläubiger*.[143]

---

[135] Mot II 91.
[136] BGH NJW 1969, 1662.
[137] Mot II 91.
[138] ZB: § 660 Abs 2 HS 2 BGB (bei einer Auslobung haben mehrere am Erfolg mitgewirkt) § 1077 Abs 1 S 2 HS 2 BGB (Gläubiger und Nießbraucher verlangen Leistung) § 1281 S 2 HS 2 BGB (Gläubiger und Pfandgläubiger verlangen Leistung) § 2039 S 2 BGB (Geltendmachung von Nachlassansprüchen durch Miterben) sowie in § 2114 S 2 BGB (Geltendmachung von Forderungen durch den Vorerben).
[139] PALANDT/GRÜNEBERG (77. Aufl 2018) Einf v § 372 Rn 2; ERMAN/BUCK-HEEB (15. Aufl 2017) Vor § 372 Rn 1a; MünchKomm/FETZER (7. Aufl 2016) § 372 Rn 22.
[140] Die materiell-rechtliche Sicherheitsleistung ist in §§ 232 ff BGB geregelt und die prozessuale bestimmt sich nach den Vorschriften der ZPO (vgl zB §§ 75, 108 ff, 707 ff ZPO).
[141] Die Übergabe von Geld an einen Notar zum Zwecke der Aufbewahrung oder der Ablieferung an Dritte gem § 23 BNotO ist keine Hinterlegung im Sinn der §§ 372 ff BGB, weil die Vorschriften nur auf privatrechtliche Schuldverhältnisse Anwendung finden, während der Notar eine Amtspflicht erfüllt.
[142] ZB unbekannter Wohnsitz und Aufenthaltsort des Gläubigers oder seines Vertreters, begründete Zweifel an der Geschäftsfähigkeit des (noch) nicht vertretenen Gläubigers, Arrestierung der Forderung.
[143] ZB wenn der Vertragspartner, der Rechtsnachfolger des Gläubigers oder die Art der Gläubigerstellung in Frage stehen, etwa durch Unsicherheit über das maßgebliche Rangverhältnis zwischen Pfändung und Abtretung, dazu BGH NJW-RR 2005, 712, 713.

G. Das Erlöschen der Schuldverhältnisse

d) Rechtswirkungen
Eine Hinterlegung befreit den Schuldner grundsätzlich von seiner Verbindlichkeit. **59**
Deshalb finden sich die Vorschriften im Abschnitt der Erlöschensgründe. Besteht Unsicherheit, welche von mehreren Personen Gläubiger der Forderung ist (sog *Prätendentenstreit*), hat der wahre Berechtigte gegen die anderen einen Anspruch auf Abgabe einer Freigabeerklärung (vgl § 22 Abs 3 S 1 Nr 2 HintG NRW) aus § 812 Abs 1 S 1 Var 2.[143a]

Die dinglichen Wirkungen unterscheiden sich nach Art des hinterlegten Gegenstands. **60**
Gem § 11 Abs 1 HintG NRW gehen gesetzliche Zahlungsmittel kraft Gesetzes in das Eigentum des jeweiligen Bundeslandes über. Sonstige Zahlungsmittel, zB ausländische Währungen, werden gem § 11 Abs 2 S 1 HintG NRW aufbewahrt, sofern nicht unter den Voraussetzungen des § 11 Abs 2 Nr 2 HintG NRW eine Umwandlung in gesetzlich zugelassene Zahlungsmittel erfolgt. Wertpapiere sind gem § 13 Abs 1 S 1 HintG NRW als stückelose Wertpapiere hinterlegungsfähig bzw verbriefte Wertpapiere können in stückelose Wertpapiere umgewandelt werden. Stückelos bedeutet, dass diese Papiere nicht in einer Urkunde verbrieft sind, sondern in einem Schuldenbuch bzw sonstigen Register eingetragen wurden. Sonstige Urkunden und Kostbarkeiten werden gem § 13 Abs 1 S 2 HintG NRW ebenfalls lediglich aufbewahrt. Sofern der Schuldner zur Übereignung verpflichtet ist, liegt in der Hinterlegung der Gegenstände zugleich sein Angebot auf Eigentumsübertragung, gegebenenfalls an den, den es angeht.[144] Dessen Annahme erfolgt durch Erklärung des Gläubigers gegenüber der Hinterlegungsstelle, meist durch sein Herausgabeverlangen, wodurch er mittelbarer Besitzer und gleichzeitig Eigentümer wird.[145]

3. Aufrechnung (§§ 387–396 BGB)

Unter dem Begriff der *Aufrechnung* iSd §§ 387 ff BGB ist die wechselseitige Tilgung **61**
zweier sich gegenüberstehender Forderungen durch einseitiges Rechtsgeschäft zu verstehen.[146] Sie bewirkt die Tilgung der Forderung und stellt sich damit ebenso wie die Hinterlegung als *Erfüllungssurrogat* dar. Von der Erfüllung gem § 362 Abs 1 BGB unterscheidet sie der Umstand, dass der Gläubiger nicht den geschuldeten Leistungsgegenstand erhält. Das dem Schuldner zustehende Recht, mit einer eigenen Forderung (Aktivforderung oder Gegenforderung) gegen die Forderung seines Gläubigers (Passivforderung oder Hauptforderung) aufzurechnen, lässt sich damit begründen, dass es rechtsmissbräuchlich wäre, etwas zu verlangen, obwohl man es später wieder zurückgeben muss.[147]

a) Historische Entwicklung
Die Aufrechnung *(compensatio)* gründet sich auf eine lange geschichtliche Entwick- **62**
lung.[148] Das klassische römische Recht kannte sie bei jedem Klagetyp; ihre Wirkung war im System der Rechtsverwirklichung durch Zuteilung bestimmter Klagen verfahrensrechtlicher Natur. Materiellrechtliche Wirkung entsprechend dem heutigen Ver-

---

[143a] MünchKomm/SCHWAB (7. Aufl 2017) § 816 Rn 84.
[144] PALANDT/GRÜNEBERG (77. Aufl 2018) Einf v § 372 Rn 11.
[145] MünchKomm/FETZER (7. Aufl 2016) § 372 Rn 18.
[146] PALANDT/GRÜNEBERG (77. Aufl 2018) § 387 Rn 1; STAUDINGER/GURSKY (2016) Vorbem 2 zu §§ 387 ff. Zur Vertiefung des Aufrechnungsrechts: COESTER-WALTJEN, Die Aufrechnung, Jura 2003, 246.
[147] RGZ 42, 138, 141.
[148] ENNECCERUS/LEHMANN, Recht der Schuldverhältnisse (15. Bearb 1958) § 69 II.

ständnis, also jedenfalls in der Form, dass das richterliche Urteil ein Erlöschen der von der Aufrechnung erfassten Forderung bewirkte, erhielt das Rechtsinstitut durch das justinianische Recht.[149] Diese Betrachtungsweise wurde durch die Bearbeitung des corpus iuris civilis in der Glosse und Postglosse weiterentwickelt, bevor sich die Aufrechnung in der Neuzeit völlig vom Prozessrecht löste und als Form der Zahlung und damit insgesamt als *materiellrechtliches Rechtsinstitut* begriffen wurde.[150] Vorwiegend im 19. Jahrhundert bildete sich eine neue Kontroverse um die Aufrechnung heraus. Dabei ging es um die Frage, ob ihre Wirkung kraft Gesetzes oder erst aufgrund der entsprechenden Parteierklärung eintreten sollte. Der Code civil von 1804, für viele folgende Gesetze in Europa ein Vorbild, bestimmte eine gesetzliche Wirkung der Aufrechnung.[151] Die gemeinrechtliche Praxis folgte dagegen den Lehren des bekannten Glossators Azo, wonach die Aufrechnung (Kompensation) nur kraft entsprechender Erklärung des Schuldners eintreten sollte.[152] Das RG entschied 1883, dass der Richter nicht die Kompensation vollziehe, sondern nur ihren Eintritt feststelle.[153] Diese Rechtsprechung gründete sich auch auf verschiedene Partikulargesetze, die durchweg das Erfordernis einer Aufrechnungserklärung normierten[154] und bildet so die Grundlage für die heutige Form der Aufrechnung durch einseitige, empfangsbedürftige Willenserklärung (§ 388 BGB).

b) Allgemeines

63 Die Aufrechnung führt als Erfüllungssurrogat zu einer vereinfachten Abwicklung von Schuldverhältnissen, indem sie dem Schuldner der Hauptforderung gestattet, seine Gegenforderung ohne Inanspruchnahme staatlicher Hilfe durchzusetzen.[155] Zudem bietet sie die Chance, eine Verpflichtung auf andere Weise als durch reale Leistungserbringung zu tilgen.[156] Sie hat damit eine *Doppelnatur*.[157] Auf der einen Seite stellt sie sich als *Schuldtilgungsgeschäft* dar, das die bisherige Verpflichtung des Aufrechnenden um den Preis des Verlustes seiner Aktivforderung zum Erlöschen bringt. Auf der anderen Seite wird aber auch die zur Aufrechnung gestellte Forderung durchgesetzt.[158] Die §§ 387 ff BGB betonen allerdings in erster Linie die *Tilgungswirkung*, während das Zugriffsrecht des Gläubigers eher in den §§ 94–96 InsO, 770 Abs 2 BGB, 129 Abs 3 HGB zutage tritt.[159] Die Gegenauffassungen zu dieser sog *Kombinationstheorie*, die früher vertretene sog *Tilgungstheorie*[160] und die vor allem auf die Sicherungs- und Vollstreckungsfunktion aus der Sicht des Schuldners abstellende *Befriedigungstheorie*,[161] beziehen sich jeweils nur auf einer der beiden Funktionen unter Verkennung der anderen.

---

[149] KASER/KNÜTEL/LOHSSE, Römisches Privatrecht (21. Aufl 2017) § 53 III 24 f.
[150] HKK/ZIMMERMANN (Band II, 1. Aufl 2007) §§ 387–396 Rn 9.
[151] Art 1290 CC.
[152] STAUDINGER/GURSKY (2016) Vorbem 5 zu §§ 387 ff.
[153] RGZ 11, 114, 120.
[154] § 992 SächsBGB; HessE IV, Art 318 II; BayE II 2, Art 182.
[155] Hk-BGB/SCHULZE (9. Aufl 2017) § 387 Rn 1.
[156] STAUDINGER/GURSKY (2016) Vorbem 6 zu §§ 387 ff.
[157] So die herrschende Kombinationstheorie: ERMAN/WAGNER (15. Aufl 2017) Vor § 387 Rn 3; GERNHUBER, Die Erfüllung und ihre Surrogate sowie das Erlöschen der Schuldverhältnisse aus anderen Gründen, Hdb des Schuldrechts Bd 3 (2. Aufl 1994) § 12 I 3a; MünchKomm/SCHLÜTER (7. Aufl 2016) § 387 Rn 1; PALANDT/GRÜNEBERG (77. Aufl 2018) § 387 Rn 1; STAUDINGER/GURSKY (2016) Vorbem 7 zu §§ 387 ff.
[158] BGH NJW 1955, 339.
[159] GERNHUBER, Die Erfüllung und ihre Surrogate sowie das Erlöschen der Schuldverhältnisse aus anderen Gründen, Hdb des Schuldrechts Bd 3 (2. Aufl 1994) § 12 I 3a.
[160] STAUDINGER/KADUK[12] Vorbem zu §§ 387 ff Rn 12; vgl auch die Nachw bei STAUDINGER/GURSKY (2016) Vorbem 7 zu §§ 387 ff.
[161] BÖTTICHER, Die „Selbstexekution" im Wege der Aufrechnung und die Sicherheitsfunktion

G. Das Erlöschen der Schuldverhältnisse

c) Voraussetzungen
Eine Aufrechnung als Gestaltungsrecht setzt eine *Aufrechnungslage (§ 387 BGB)* und eine *Aufrechnungserklärung (§ 388 BGB)* voraus.

aa) Aufrechnungslage
Die *Aufrechnungslage* erfordert gem § 387 BGB zunächst, dass zwei Personen „einander Leistungen schulden". Aus dieser Voraussetzung der *Gegenseitigkeit* folgt, dass Forderungen zwischen *denselben Parteien* erforderlich sind, also sowohl die Aufrechnung eines Dritten als auch die Aufrechnung mit der Forderung eines Dritten grundsätzlich nicht in Betracht kommen. Der aufrechnende Schuldner der Hauptforderung muss der Gläubiger der Gegenforderung sein und umgekehrt der Aufrechnungsgegner Gläubiger der Hauptforderung und Schuldner der Gegenforderung. Ausnahmen von dieser Voraussetzung finden sich in den §§ 406, 409, 566d BGB oder sie ergeben sich aus Treu und Glauben (§ 242 BGB).[162]

Probleme bereitet eine *Mehrheit von Schuldnern oder Gläubigern*. Eine Personenmehrheit auf *Schuldnerseite* der Hauptforderung kann mit einer Gegenforderung aufrechnen, die ihr *gemeinschaftlich* gegen den Gläubiger der Hauptforderung zusteht, sofern die übrigen Aufrechnungsvoraussetzungen gegeben sind.

Die rechtliche Beurteilung fällt dagegen schwer, wenn gegen eine Hauptforderung aufgerechnet werden soll, die nur einer Person aus der *Gläubigermehrheit* zusteht, oder mit einer Gegenforderung aufgerechnet werden soll, die nur gegen einen der Gesamtschuldner der Hauptforderung gerichtet ist. Zunächst stellt § 422 Abs 2 BGB klar, was sich mangels Gegenseitigkeit aus § 387 BGB ohnehin ergibt: Ein *Gesamtschuldner* kann nur mit einer *eigenen Forderung* aufrechnen und nicht mit einer Forderung, die einem anderen Gesamtschuldner zusteht. Der aufrechnende Gesamtschuldner der Hauptforderung wäre nicht gleichzeitig Gläubiger der Gegenforderung.

Bei einer Gläubigermehrheit (auf Seiten der Hauptforderung), in der nur einer die Gegenforderung schuldet, bedarf es einer Differenzierung: Im Falle der *Teilgläubigerschaft* gem § 420 BGB sind die einzelnen Forderungsanteile der Gläubiger wie selbstständige Forderungen zu behandeln. Eine Aufrechnung gegen den Anteil eines Teilgläubigers an der Hauptforderung mit einer Gegenforderung des Schuldners gegen diesen Teilgläubiger ist damit möglich. Dagegen stellt die Einziehung einer Forderung in *Bruchteilsgemeinschaften iSd § 741 ff BGB* selbst im Falle ihrer Teilbarkeit (zB Geldforderung) immer einen Akt der gemeinschaftlichen Verwaltung dar, § 754 S 2 BGB. Nach hM[163] findet deshalb § 432 BGB auf diese sog *gemeinschaftliche Gläubigerschaft* analoge Anwendung, wodurch eine Aufrechnung mit oder gegen diesen Anteil des Mitberechtigten ausgeschlossen würde. So kann zB der Pächter des Grundstücks im Falle von zwei Miteigentümern gegenüber deren Pachtzinsforderung nicht mit einem Anspruch gegen einen der Miteigentümer aufrechnen.

---

des Aufrechnungsrechts, in: FS Schima (1969) 95, 100 ff; weitere Nw bei STAUDINGER/GURSKY (2016) Vorbem zu §§ 387 ff Rn 7.
[162] BGH WM 1962, 1174, 1175; NJW 1989, 2386, 2387: zB wenn die Selbstständigkeit der hinter den Parteien stehenden Rechtsträger in wertender Betrachtung rein „formal" erscheint (Treuhandverhältnisse).

[163] BGHZ 106, 222, 226; MünchKomm/SCHMIDT (7. Aufl 2017) § 741 Rn 47; STAUDINGER/GURSKY (2016) § 387 Rn 25; im Ergebnis ebenso, aber die Analogie zu § 432 ablehnend: LARENZ, Lehrbuch des Schuldrechts I, Allgemeiner Teil (14. Aufl 1987) § 36 I.

69 Anders wiederum bei einer *Gesamtgläubigerschaft*: Hier kann jeder Gläubiger die gesamte Forderung einziehen und ist zur Entgegennahme von Leistungen zuständig, solange der Schuldner noch nicht an einen anderen der Gläubiger geleistet hat.[164] Der Gesamtgläubiger steht damit im Verhältnis zum Schuldner einem Alleingläubiger gleich und muss deshalb auch im Hinblick auf eine Aufrechnung so behandelt werden. Folglich besteht die Möglichkeit einer Aufrechnung mit einer Gegenforderung, die nur gegen einen der Gesamtgläubiger gerichtet ist.

70 Weiterhin verlangt § 387 BGB, dass die geschuldeten Leistungen „ihrem Gegenstand nach gleichartig sind". Die Aufrechnung kommt damit in erster Linie bei Geld und Gattungschulden vor. Das Erfordernis der *Gleichartigkeit* bezieht sich auf den *Inhalt* der beiderseits zu erbringenden Leistungen, nicht auf ihren Entstehungsgrund oder den mit ihnen verfolgten Zweck, auch nicht auf Leistungsmodalitäten wie Ort oder Zeit.[165] Wann eine derartige Gleichartigkeit des Leistungsgegenstands anzunehmen ist, bemisst sich nach der Verkehrsanschauung; dem Vertragszweck kommt dabei keine Bedeutung zu.[166] Daher sind zB eine Geldforderung und ein Anspruch auf Herausgabe des durch eine Geschäftsbesorgung Erlangten dann gleichartig, wenn es sich um einen Zahlungsanspruch handelt, also nicht um die Herausgabe bestimmter Geldscheine oder Geldstücke.[167] Es genügt, wenn ursprünglich ungleichartige Forderungen noch vor dem Zugang der Aufrechnungserklärung gleichartig geworden sind,[168] indem sich zB der Erfüllungsanspruch in einen Schadensersatzanspruch umwandelt.

71 Daneben muss die *Gegenforderung*, mit der aufgerechnet wird, *wirksam, fällig* sowie *durchsetzbar* sein. Letzteres Erfordernis erklärt sich dadurch, dass wegen der Vollstreckungsfunktion der Aufrechnung nur solche Forderungen Verwendung finden können, die im Wege der Zwangsvollstreckung durchsetzbar wären.[169] Dabei genügt das Bestehen der Einrede, eine Geltendmachung ist nicht erforderlich.[170] Im Wortlaut des § 387 BGB findet sich das *Fälligkeitserfordernis* mit der Formulierung, der Schuldner dürfe aufrechnen, wenn er „die ihm gebührende Leistung fordern ... kann". Ebenso muss die Hauptforderung *bestehen* und *erfüllbar* sein. Dies folgt wiederum aus dem Gesetzeswortlaut des § 387 BGB, der verlangt, dass der aufrechnende Schuldner „die ihm obliegende Leistung bewirken kann". Allerdings stellt eine unklagbare oder einredebehaftete Hauptforderung kein Hindernis für eine Aufrechnung dar. Denn es bleibt der privatautonomen Entscheidung des Schuldners überlassen, ob er seine vollwertige Forderung zum Zwecke der Tilgung einer ohnehin nicht durchsetzbaren Verbindlichkeit einsetzen will oder nicht.[171] Auch der Umstand, dass eine Sicherheitsleistung für die Vollstreckung eines Kostengrundurteils über einen prozessualen Kostenerstattungsanspruchs angeordnet wurde, beeinträchtigt nicht die für die Aufrechnung erforderliche Fälligkeit und Durchsetzbarkeit.[172]

---

[164] STAUDINGER/GURSKY (2016) § 387 Rn 28.
[165] STAUDINGER/GURSKY (2016) § 387 Rn 65; LORENZ, Grundwissen – Zivilrecht: Aufrechnung, JuS 2008, 951, 952.
[166] BGHZ 54, 224, 246; GERNHUBER, Die Erfüllung und ihre Surrogate sowie das Erlöschen der Schuldverhältnisse aus anderen Gründen, Hdb des Schuldrechts Bd 3 (2. Aufl 1994) § 12 III 3; MünchKomm/SCHLÜTER (7. Aufl 2016) § 387 Rn 30; STAUDINGER/GURSKY (2016) § 387 Rn 67.
[167] BGHZ 71, 380, 382.
[168] Mot II 105; BGHZ 2, 300, 304.
[169] GERNHUBER, Die Erfüllung und ihre Surrogate sowie das Erlöschen der Schuldverhältnisse aus anderen Gründen, Hdb des Schuldrechts Bd 3 (2. Aufl 1994) § 12 IV 1.
[170] So die hM, BGH NJW 2001, 287, 288; LOOSCHELDERS Schuldrecht AT (15. Aufl 2017) Rn 377 mwNw.
[171] STAUDINGER/GURSKY (2016) § 387 Rn 114.
[172] BGH WM 2013, 1717 Rn 14.

G. Das Erlöschen der Schuldverhältnisse

Abschließend darf sich aus Gesetz, Vertrag oder Eigenart des Schuldverhältnisses *kein* **72** *Ausschlussgrund* für die Aufrechnung ergeben, wenn die Aufrechnungslage bestehen soll.[173] Wichtige Bsp für einen gesetzlichen Ausschluss bzw eine Beschränkung finden sich in §§ 66 Abs 1 S 2, 278 Abs 3 AktG und § 19 Abs 2 S 2 GmbHG, ferner aber auch in §§ 390 bis 395 BGB.

Als besondere Ausprägung der für eine Aufrechnungslage vorausgesetzten Wirksam- **73** keit der *Gegenforderung* schließt § 390 BGB die Aufrechnung mit einer Forderung aus, der eine andere Einrede als diejenige der *Verjährung* (§ 215 BGB) entgegensteht. Die Vollstreckungsfunktion der Aufrechnung soll dem Berechtigten keinen Vorteil gegenüber der Durchsetzung auf dem Rechtsweg eröffnen.[174] Dagegen betreffen die §§ 392 bis 395 BGB die *Hauptforderung* des Aufrechnungsgegners. § 392 BGB regelt die komplizierte Rechtslage einer Aufrechnung bei Beschlagnahme der Hauptforderung. Der Aufrechnende ist in der Konstellation des § 392 BGB Drittschuldner iS der §§ 829 ff ZPO. Das mit der Beschlagnahme verbundene Verbot, die Hauptforderung zu erfüllen (§ 829 Abs 1 S 1 ZPO), erstreckt sich auch auf Erfüllungssurrogate, wie die Aufrechnung. Dieses Verbot wird indessen durch § 392 BGB aus Schuldnerschutzgründen wieder dahingehend abgeschwächt,[175] dass dem Schuldner die Aufrechnung nur verwehrt ist, wenn er seine Forderung entweder *nach der Beschlagnahme* (§ 829 Abs 3 ZPO) *erworben* hat, oder wenn sie erst nach der Beschlagnahme und später als die davon betroffene Forderung *fällig* wurde.

Darüber hinaus verbietet § 393 BGB aus Gerechtigkeitsgründen die Aufrechnung ge- **74** gen eine Forderung, die auf einer deliktischen Handlung beruht. Dies gilt selbst dann, wenn die sich gegenüberstehenden Forderungen beide aus der gleichen deliktischen Handlung beruhen.[176] § 394 BGB rgänzt die Pfändungsverbote (insb §§ 850 ff ZPO), indem er die Aufrechnung gegen eine unpfändbare Forderung untersagt und damit die Umgehung der Unpfändbarkeit durch die Selbstexekution in Form der Aufrechnung verhindert. Schließlich privilegiert § 395 BGB die öffentliche Hand durch eine Verschärfung des Gegenseitigkeitserfordernisses; die Aufrechnung ist nur dann zulässig, wenn gerade diejenige Kasse, die zum Empfang der geschuldeten Leistung berufen ist, auch die Gegenforderung begleichen muss.

bb) Aufrechnungserklärung
§ 388 S 1 BGB regelt, dass die Aufrechnung durch Erklärung gegenüber dem anderen **75** Teil geltend gemacht wird. Diese *Aufrechnungserklärung* ist ein einseitiges, empfangsbedürftiges Rechtsgeschäft und kann nach den allgemeinen Regeln über Willenserklärungen auch konkludent erfolgen.[177] Wenn sich bspw. Mieter zur Verteidigung gegen die Zahlungsansprüche des Vermieters auf von ihnen geltend gemachten und im Einzelnen dargelegten Gegenforderungen im Prozess bezogen und sie ausdrücklich von der Klageforderung des Vermieters abgezogen haben, stellt dies evident eine konkludente Aufrechnungserklärung dar.[178] Aufgrund ihrer rechtsgestaltenden Wirkung ist die Aufrechnungserklärung *unwiderruflich, bedingungsfeindlich* und darf *nicht befristet* abgegeben werden, § 388 S 2 BGB. Die Aufrechnung muss „dem anderen Teil", das

---

[173] Im Zivilprozess bewirkt ein solcher Ausschluss die Zurückweisung der Aufrechnung als unzulässig ohne sachliche Entscheidung über die Aufrechnungsforderung, vgl BGH NJW 1986, 1756, 1757.
[174] STAUDINGER/GURSKY (2016) § 390 Rn 2.
[175] STAUDINGER/GURSKY (2016) § 392 Rn 2 f.
[176] BGH NJW 2009, 3508.
[177] BGHZ 37, 233, 244.
[178] BGH WuM 2016, 353 LS 4 u Rn 33.

heißt dem Gläubiger der Hauptforderung gegenüber, erklärt werden. Unter den Voraussetzungen des § 407 Abs 1 BGB besteht aber auch die Möglichkeit, die Erklärung an den bisherigen Gläubiger zu richten.[179]

d) Rechtswirkungen

76 In Folge der Aufrechnung erlöschen die aufgerechneten Forderungen, soweit sie sich decken, rückwirkend *(ex tunc)*, also bezogen auf den Zeitpunkt des Eintritts der Aufrechnungslage, § 389. Diese Rechtswirkung tritt mit Wirksamwerden der Aufrechnungserklärung ein.[180] Die Aufrechnung eines Gesamtschuldners mit seiner Gegenforderung wirkt nach § 422 Abs 1 S 2 BGB auch für die übrigen Schuldner der Hauptforderung. Dieselbe Wirkung entfaltet eine Aufrechnung mit einer Gegenforderung, deren Schuldner ein Gesamtgläubiger ist, auch den anderen Gesamtgläubigern gegenüber, § 422 Abs 1 S 2 iVm § 429 Abs 3 S 1 BGB.

4. Erlass (§ 397 BGB)

77 Der Erlass (§ 397 Abs 1 BGB) und das negative Schuldanerkenntnis (§ 397 Abs 2 BGB) bilden spezielle Formen eines *vertraglichen Verzichts* auf eine Leistung. Einen einseitigen Verzicht auf einen Anspruch gibt es grundsätzlich nicht (su Rn 80).[181] Nach dem Wortlaut des Gesetzes erlischt das „Schuldverhältnis" infolge des Erlasses, so dass es sich hierbei um einen weiteren Erlöschensgrund handelt. Mit „erlischt" sind die aus dem Schuldverhältnis entspringenden einzelnen Forderungen gemeint, also das Schuldverhältnis ieS,[182] deren Erlöschen nicht zwingend das gesamte Schuldverhältnis, also das Schuldverhältnis iwS, beseitigt. Dafür bedarf es vielmehr eines *Aufhebungsvertrages*. Die gleiche Wirkung wie dem Erlass kommt einem zwischen Gläubiger und Schuldner abgeschlossenen Vertrag zu, in dem der Gläubiger anerkennt, dass ein Schuldverhältnis nicht besteht (sog *negatives Schuldanerkenntnis*, § 397 Abs 2 BGB).

a) Historische Entwicklung

78 Die Geschichte des Erlasses ist eng verbunden mit dem Streit, ob man dafür eine einseitige Erklärung als ausreichend erachtet oder – wie im heutigen Recht in § 397 Abs 1 BGB kodifiziert – den Abschluss eines Vertrages fordert, sog *Vertragsprinzip*. Bis in das nachklassische Recht gab es überhaupt keinen Verzicht auf Obligationen, anders als auf das Eigentumsrecht.[183] Das römische Recht kannte schon früh das formlose *pactum de non petendo*, also den vertraglichen Ausschluss der Geltendmachung eines Rechtes. Eine derartige Vereinbarung hinderte jedoch wie heute lediglich die klageweise Geltendmachung eines Anspruchs; ein Erlöschen war damit nicht verbunden.[184] Vor allem die Vertreter des Naturrechts wandten sich später gegen das Vertragsprinzip, das sich bis dahin für den Erlass durchgesetzt hatte, weil sie im Annahmeerfordernis des Schuldners eine unzulässige Freiheitsbeschränkung des Gläubigers sahen.[185]

---

[179] Siehe auch MAURER, Der Schutz des lösungsberechtigten Bürgen: Aufrechnung, JuS 2012, 397.
[180] STAUDINGER/GURSKY (2016) § 389 Rn 2.
[181] BGH MDR 2016, 315 Rn 24.
[182] PALANDT/GRÜNEBERG (77. Aufl 2018) § 397 Rn 3; zum Schuldverhältnis ieS s STAUDINGER/OLZEN (2015) § 241 Rn 36 ff.
[183] SAVIGNY, System des heutigen römischen Rechts, Bd 4 (1841), 129 (§ 158), 548 (§ 202).
[184] KASER/KNÜTEL/LOHSSE, Römisches Privatrecht (21. Aufl 2017) § 53 II 21; MAYER-MALY, Römisches Recht (2. Aufl 1999) § 38 III.
[185] HKK/KLEINSCHMIDT (Band II, 1. Aufl 2007) § 397 Rn 12 mwNw.

An diese Entwicklung anknüpfend legte das ALR von 1794 zwar das Vertragsprinzip **79** zugrunde, milderte es aber erheblich dadurch ab, dass die Regeln über die Vermutung der Annahme einer Schenkung entsprechend angewendet wurden.[186] Eine endgültige Abkehr vom Vertragsprinzip konnte sich jedoch auch im folgenden Jahrhundert nicht durchsetzen. Vielmehr gewann der gegenteilige Grundsatz in Partikulargesetzen und Entwürfen wieder derartig an Bedeutung, dass sogar ausdrückliche Regelungen geschaffen wurden, die die *Unverbindlichkeit des einseitigen Verzichts* ausdrücklich normierten.[187] Lediglich eine Minderheit kritisierte die Ungleichbehandlung zum Sachenrecht, das einen *einseitigen Verzicht* in Form der Dereliktion gestattete.[188] Die Verfasser des BGB entschieden sich ungeachtet dieser Kritik gegen eine allgemeine Vorschrift über den Verzicht.[189] Für sie stand die Harmonisierung zwischen Forderungsbegründung und Forderungsvernichtung im Vordergrund. Deshalb wurde in der Vorschrift über den Erlass einer Forderung das Vertragsprinzip verankert, zunächst sogar in einem eigenen Absatz ausdrücklich die Unverbindlichkeit eines einseitigen Forderungsverzichts klargestellt;[190] diese Regelung fiel jedoch im Laufe des Verfahrens weg.

b) Voraussetzungen

Der Erlass einer Forderung setzt also einen *Vertrag* voraus. Ein einseitiger Verzicht **80** kommt dagegen nur für Einreden, Gestaltungsrechte oder dingliche Rechte in Betracht. Allerdings kann das Vertragserfordernis abbedungen werden. Vereinbaren Gläubiger und Schuldner den einseitigen Forderungsverzicht, so führt diese Abrede zur Begründung eines Gestaltungsrechts für den Gläubiger, das er durch einseitige empfangsbedürftige Erklärung ausüben kann.[191] An eine konkludente Annahme des Angebots des Gläubigers zum Abschluss eines Erlassvertrags sind keine allzu hohen Anforderungen zu stellen, da der Erlass für den Schuldner regelmäßig nur günstig ist.[192]

Der Abschluss des Erlassvertrags ist grundsätzlich *nicht formbedürftig*.[193] Es ist aber zu **81** beachten, ob das Angebot auf Abschluss eines Erlassvertrags unmissverständlich erklärt wurde.[194] Gdsl. ist ein strenger Maßstab anzulegen, weil der Gläubiger regelmäßig keinen Anlass hat, auf eine bestehende Forderung zu verzichten.[195] Der *Verzichtswille* des Gläubigers muss gegebenenfalls im Wege der Auslegung gem §§ 133, 157 BGB bei Zugrundelegung strenger Anforderungen eindeutig festzustellen sein. Bloße Vermutungen reichen für die Annahme einer so folgenreichen Willenserklärung nicht aus.[196] Eine dafür als konkludente Erklärung genügende Manifestation des Aufgabewillens seitens des Gläubigers stellt zB die Rückgabe eines Schuldscheins dar oder die Beantragung der Festsetzung der Mindestgebühr durch einen Rechtsanwalt gegen seinen Mandanten, obschon der Rechtsanwalt zuvor seine Gebührenforderung höher berechnet hatte.[197] Der Erlass kann sich auch auf eine *noch nicht entstandene Forderung* beziehen, dann aber sind an den Verzichtswillen besonders hohe Anforderungen zu stellen.[198] Ist der Schuldner einen kleinen Teil der Forderung zu begleichen bereit und

---

[186] § 388 I 16 pr ALR iVm ALR § 1059 I 11.
[187] DresdE Art 382; § 998 Sächs BGB.
[188] Vgl HKK/KLEINSCHMIDT (Band II, 1. Aufl 2007) § 397 Rn 12 mwNw.
[189] Mugdan Mot I 504.
[190] § 1 II TE-OR, Vorlage Nr 29.
[191] STAUDINGER/RIEBLE (2017) § 397 Rn 21.
[192] BROX/WALKER (41. Aufl 2017) § 17 Rn 1.
[193] Hk-BGB/SCHULZE (9. Aufl 2017) § 397 Rn 3.
[194] BGH NJOZ 2004, 3395; NJW 2001, 2325.
[195] BGH NJW 2008, 2842; BGH MDR 2016, 315 Rn 24.
[196] BGH NJW 2007, 368, 369 (zum Erklärungsinhalt einer Abrechnung nach DAV-Abkommen); NJW 2006, 1511.
[197] Für letzteres BGH MDR 2013, 1134, LS u Rn 16 ff.
[198] BGH BB 1956, 1086; BGHReport 2006, 4, 5;

teilt er dem Gläubiger mit, dass der Gläubiger mit Annahme dieses Teils (zB mit Einlösung des übersandten Schecks) auf alle weiteren Forderungsbestandteile verzichte, so ist sorgsam zu prüfen, ob im Verhalten des Gläubigers eine Annahme dieses Angebots des Schuldners auf Abschluss eines Erlassvertrags (sog *Erlassfalle*) zu sehen ist, was der BGH bereits bei potentiellem Erklärungsbewusstsein des Gläubigers annimmt.[198a]

Im Hinblick auf die Annahmeerklärung des Schuldners liegen regelmäßig die Voraussetzungen des § 151 BGB vor.[199] Die Wirksamkeit des Erlasses verlangt ferner, dass der betroffene Anspruch *verzichtbar* ist. Dieses Erfordernis hat besondere Bedeutung in Bezug auf den Verzicht auf Unterhaltsansprüche[200] oder im Arbeitsrecht für den Verzicht auf Tariflohn.[201]

82 Ebenso wie die Abtretung oder die Schuldübernahme ist der Erlass ein *Verfügungsgeschäft* über die Forderung. Verpflichtungs- und Verfügungsgeschäft werden aber regelmäßig gleichzeitig vollzogen. Die Schuldtilgung bleibt aufgrund des Abstraktionsprinzips von der Unwirksamkeit des Kausalgeschäfts (zB Schenkungsvertrag) unberührt, ist jedoch nicht kondiktionsfest. Das Geleistete kann also gem § 812 Abs 1 S 1, 1. Fall BGB zurückgefordert werden. Gleiches gilt für den abstrakten Erlass, dem aber kein Verpflichtungsgeschäft zugrunde liegt.[202] Grundgeschäft und Erlass können allerdings von den Parteien zu einer Einheit im Sinne des § 139 BGB mit der Folge verbunden werden, dass sich die Unwirksamkeit des Grundgeschäfts auch auf den Erlass als Verfügung erstreckt.[203] Da der Erlass als Verfügungsgeschäft die Verfügungsbefugnis voraussetzt, kann er auch nicht als Vertrag zu Gunsten Dritter erfolgen. § 328 BGB lässt dies nicht zu.[204]

83 Das *negative Schuldanerkenntnis* gem § 397 Abs 2 BGB setzt ebenfalls einen Vertrag zwischen den Parteien voraus, der keiner besonderen Form bedarf (anders als das [positive] Schuldanerkenntnis nach § 781 BGB)[205]. Er kann zB bei Beendigung des Arbeitsverhältnisses in der Ausgleichsquittung oder in der Gutschrift auf einem Kontoauszug enthalten sein.[206]

c) Rechtswirkungen

84 Der Erlass *beseitigt* gem § 397 BGB das *Schuldverhältnis* ieS. Er befreit den Schuldner völlig von der Schuldtilgung und ist daher *kein Erfüllungssurrogat*.[207] Diese Wirkung kann der Erlass nur ex nunc entfalten, da ein rückwirkender Forderungsverzicht nicht möglich ist, arg ex § 159 BGB. Bei der Gesamtschuld begünstigt der Erlassvertrag mit einem Gesamtschuldner auch die übrigen (§ 423 BGB), sofern sich die Vereinbarung nicht nur auf den betreffenden Gesamtschuldner bezieht.

BGH WM 2015, 1327 Rn 26; BGHZ 211, 216 Rn 35.
[198a] Siehe ausf SCHÖNFELDER NJW 2001, 492.
[199] Hk-BGB/SCHULZE (9. Aufl 2017) § 397 Rn 3; PALANDT/GRÜNEBERG (77. Aufl 2018) § 397 Rn 5.
[200] Eingeschränkt durch §§ 1360a, 1614, 1615 BGB.
[201] Nur in den Grenzen des § 4 Abs 4 TVG möglich.

[202] RGZ 53, 294, 296.
[203] MünchKomm/BUSCHE (7. Aufl 2015) § 139 Rn 16, 21; PALANDT/GRÜNEBERG (77. Aufl 2018) § 397 Rn 2.
[204] BGH NJW 2010, 64, 65; MEDICUS/LORENZ, Schuldrecht Bd 1 AT (21. Aufl 2015) Rn 309 f.
[205] BROX/WALKER (41. Aufl 2017) § 17 Rn 2.
[206] Hk-BGB/SCHULZE (9. Aufl 2017) § 397 Rn 5.
[207] STAUDINGER/RIEBLE (2017) § 397 Rn 266.

III. Weitere Erlöschensgründe

Über die angesprochenen Gründe hinaus bewirken einige gesetzlich nicht geregelte Rechtsinstitute das Erlöschen eines Schuldverhältnisses. 85

1. Konfusion

Als *Konfusion* (lat confusio) wird die *Vereinigung von Forderung und Schuld in einer Person* bezeichnet, die dadurch eintritt, dass die Forderung auf den Schuldner oder die Schuld auf den Gläubiger übergeht.[208] Dazu kann es durch *Gläubiger-* und *Schuldnerwechsel* kommen, sei es im Wege der Gesamtrechts- oder Einzelrechtsnachfolge oder durch Abtretung der Forderung an den Schuldner. Der Gesetzgeber hat diesen Vorgang als selbstverständlich vorausgesetzt und daher nicht ausdrücklich geregelt. Grundsätzlich *erlischt* das Schuldverhältnis durch die Vereinigung von Forderung und Schuld in einer Person,[209] weil *kein rechtliches Bedürfnis* für den Fortbestand der Forderung existiert.[210] Nur ausnahmsweise führt die Vereinigung nicht zum Erlöschen des Schuldverhältnisses. Zum einen bestimmen bzw fingieren einige gesetzliche Regelungen den Fortbestand der Forderung, zB wenn das Vermögen des Erben und der Nachlass rechtlich als gesonderte Vermögensmassen behandelt werden, so im Fall der beschränkten Erbenhaftung gem §§ 1976, 1991 Abs 2 BGB, der Nacherbschaft gem § 2143 BGB, des Vermächtnisses gem § 2175 BGB und beim Erbschaftskauf gem § 2377 BGB. Zum anderen kann im Einzelfall eine besondere Interessenlage das Fortbestehen rechtfertigen, zB im Fall einer Rückforderung der Schenkung durch das Sozialamt nach dem Tod des Schenkers.[211] Die Konfusion führt im Übrigen gleichzeitig zum Untergang aller *akzessorischen Sicherheiten*.[212] 86

2. Novation

Mit dem lateinischen Begriff *Novation* (novatio) bezeichnet man die vertragliche *Begründung eines neuen Schuldverhältnisses* anstelle eines bereits bestehenden (auch Schuldersetzung, Schuldumwandlung[213]). Dies wird gleichzeitig aufgehoben, bleibt aber als Rechtsgrund des neuen Schuldverhältnisses von Bedeutung. Die Novation führt ebenso wie die Konfusion zu einem *Erlöschen* der Schuld ohne Leistung des Schuldners oder eines Dritten. 87

Rechtlich lassen sich zwei Arten der Novation unterscheiden, die *kausale* und die *abstrakte* Novation. Eine *kausale Novation* liegt vor, wenn die alte Schuld erlöschen und alle gegen die Schuld gegebenen Einwendungen und Einreden wegfallen sollen. Eine Voraussetzung für ihre Wirksamkeit liegt also im Bestand des alten Schuldverhältnisses.[214] Bei einer *abstrakten Novation* hingegen soll die neue Schuld begründet werden, ohne dass es auf den Bestand bzw die Wirksamkeit der alten Schuld ankommt. Kausale und abstrakte Novation unterscheiden sich demgemäß (nur) im Verhältnis von Schuldbegründung und Ersetzungsabrede.[215] Erforderlich ist daher das Zustande- 88

---

[208] BeckOK/Dennhardt § 362 Rn 7.
[209] Zu den Ausnahmen Staudinger/Olzen (2016) Einl 29 ff zu §§ 362 ff.
[210] Bei Kollhosser/Jansen, Konfusion, JA 1988, 305, Nw in Fn 9; Bosak, Konfusion, JA 2009, 596, 597.
[211] BGH NJW 1995, 2287, 2288.
[212] Hk-BGB/Schulze (9. Aufl 2017) Vorbem zu §§ 362–397 Rn 2.
[213] Vgl Brox/Walker (41. Aufl 2017), § 17 Rn 4.
[214] BGHZ 28, 164, 167 mwNw.
[215] Gernhuber, Die Erfüllung und ihre Surrogate sowie das Erlöschen der Schuldverhältnisse

kommen eines abstrakten Schuldverhältnisses gem §§ 780, 781 BGB, wenn nicht § 782 BGB oder § 350 HGB eingreift. Welche der genannten Möglichkeiten dem Parteiwillen entspricht, muss durch Auslegung ermittelt werden, wobei weder für die kausale noch für die abstrakte Novation eine wirtschaftliche Zweckidentität zwischen dem alten und neuen Schuldverhältnis vorausgesetzt wird.[216]

89 Eine Novation kommt vor allem in den Fällen des Vereinbarungsdarlehens, eines Schuldversprechens gem § 780 BGB, eines Schuldanerkenntnisses gem § 781 BGB, oder eines Saldoanerkenntnisses im kaufmännischen Kontokorrent gem § 355 Abs 1 HGB in Betracht.

3. Aufhebungsvertrag

90 Weiterhin führt der Abschluss eines *Aufhebungsvertrags* zum Erlöschen des Schuldverhältnisses. Dies hat der Gesetzgeber des BGB nicht ausdrücklich geregelt, sondern nach dem Prinzip der Vertragsfreiheit stillschweigend vorausgesetzt.[217] Der Aufhebungsvertrag hat vor allem bei *Dauerschuldverhältnissen* praktische Bedeutung. Das Verständnis seiner Rechtsnatur hat sich allerdings geändert. Eine Schuldaufhebung wird mittlerweile als Wegfall der Verpflichtungsbasis angesehen, die zu unmittelbarem Erlöschen der Leistungsansprüche führt; demgegenüber lässt der Erlass die Verbindlichkeit als Rahmenbeziehung unberührt.[218] Bei Arbeitsverträgen ist das Schriftformerfordernis des § 623 Var 2 BGB zu beachten.

4. Zweckerreichung/Zweckverfehlung und Wegfall des Gläubigerinteresses

91 Das Gesetz enthält keine Regelung darüber, ob ein Schuldverhältnis dadurch erlischt, dass der vom Schuldner zu bewirkende Erfolg unabhängig von seinem Verhalten eintritt *(Zweckerreichung)* oder die Schuldnerleistung für den Gläubiger uninteressant wird *(Wegfall des Gläubigerinteresses)*. Die rechtliche Einordnung der Zweckerreichung bzw des Wegfalls des Gläubigerinteresses wurde auch durch die Schuldrechtsreform zum 1.1.2002 nicht endgültig geklärt. Umstritten bleibt, ob es sich um Fälle der *Unmöglichkeit*, besondere *ungeregelte Erlöschensgründe* oder um einen *Wegfall der Geschäftsgrundlage* gem § 313 Abs 1 BGB handelt. Unabhängig von dieser Kontroverse besteht jedoch Einigkeit darüber, dass diese Rechtsinstitute dem Leistungsstörungsrecht zuzuordnen sind, so dass auf die dortigen Ausführungen verwiesen werden kann. Im (losen) Zusammenhang mit diesen Fällen steht auch § 812 Abs 1 S 2, 2. Fall BGB, wonach ein Bereicherungsanspruch *(condictio ob rem; causa data causa non secuta)* entsteht, wenn der mit einer Leistung bezweckte Erfolg nicht eintritt. Diese bereicherungsrechtliche Problematik kann allerdings hier nicht behandelt werden. Sie gehört auch nur deshalb in einem weiteren Sinne zum Thema, weil es um die Rückforderung bereits erbrachter Leistungen geht, für die der Rechtsgrund infolge des

---

aus anderen Gründen, Hdb des Schuldrechts Bd 3 (2. Aufl 1994) § 18, 6.
[216] GERNHUBER, Die Erfüllung und ihre Surrogate sowie das Erlöschen der Schuldverhältnisse aus anderen Gründen, Hdb des Schuldrechts Bd 3 (2. Aufl 1994) § 18, 4 c.
[217] Mot II 43 f.

[218] LARENZ, Lehrbuch des Schuldrechts I, Allgemeiner Teil (14. Aufl 1987) § 19 II b; GERNHUBER, Die Erfüllung und ihre Surrogate sowie das Erlöschen der Schuldverhältnisse aus anderen Gründen, Hdb des Schuldrechts Bd 3 (2. Aufl 1994) § 17, 2 a.

G. Das Erlöschen der Schuldverhältnisse

nicht eingetretenen Erfolges wegfällt. Insoweit kann man von einem Erlöschen der Schuldverhältnisse sprechen.[219]

5. Verwirkung

Als Fallgruppe des Grundsatzes von Treu und Glauben gem § 242 BGB hat sich die 92 *Verwirkung* eines Anspruchs etabliert. Bei diesem Rechtsinstitut handelt es sich um einen Unterfall *unzulässiger Rechtsausübung*. Voraussetzung für eine Verwirkung ist, dass sich ein Schuldner wegen der Untätigkeit seines Gläubigers über einen gewissen Zeitraum, über dessen Dauer von Fall zu Fall, vor allem in Abhängigkeit von der jeweiligen Verjährungsfrist, zu entscheiden ist, bei objektiver Beurteilung darauf einrichten durfte und ersichtlich[220] eingerichtet hat, dieser werde sein Recht nicht mehr geltend machen. Die verspätete Geltendmachung verstößt dann gegen Treu und Glauben.[221]

Während die ältere Lit in der Verwirkung einen Erlöschensgrund sah,[222] wird das 93 Institut heute regelmäßig als Hindernis für die Geltendmachung des betroffenen Rechts eingeordnet.[223] Wesentliche Unterschiede sind damit jedoch nicht verbunden. Anders als bei der Verjährung (§ 216 BGB) verhindert die Verwirkung nämlich auch eine Inanspruchnahme aus den die Schuld begleitenden Sicherheiten[224] und ist von Amts wegen zu berücksichtigen.

6. Sonstige

Systematisch zählen die oben genannten nicht gesetzlich geregelten Erlöschensgründe 94 ebenso wenig zu den Erlöschensgründen im Sinne der §§ 362 ff BGB wie eine (vollständige oder partielle) Beendigung des Schuldverhältnisses wegen Unmöglichkeit (§§ 275, 326 BGB), wegen einer Bedingung oder Befristung (§§ 158, 163 BGB) oder durch einen Abänderungsvertrag[225], oder durch Verfallklauseln, ie vertraglich vereinbarte Ausschlussfristen, weil das Leistungsinteresse des Gläubigers nicht befriedigt wird (hierzu bereits Rn 7).[226]

IV. Kollisionsrecht und Rechtsvereinheitlichung

Der europarechtliche Einfluss auf das Erlöschen von Schuldverhältnissen ist eher gering. In kollisionsrechtlicher Hinsicht ist die Rom I-VO maßgeblich,[227] die das auf 95

---

[219] Vgl im Übrigen unten AUER, in: STAUDINGER/Eckpfeiler R. Rn 28 ff.
[220] BAG BB 1958, 915.
[221] Vgl BGH WM 1982, 101, 102; NJW 1984, 1684; NJW-RR 1989, 818; zu diesen Voraussetzungen ie STAUDINGER/LOOSCHELDERS/OLZEN (2015) § 242 Rn 300 ff; PALANDT/GRÜNEBERG (77. Aufl 2018) § 242 Rn 87 ff.
[222] So etwa SOERGEL/TEICHMANN (12. Aufl 1990) § 242 Rn 343; STAUDINGER/SCHMIDT (1995) § 242 Rn 565.
[223] MünchKomm/ SCHUBERT (7. Aufl 2016) § 242 Rn 373 ff; SOERGEL/NIEDENFÜHR (13. Aufl 2002) Vor § 194 Rn 29; STAUDINGER/ OLZEN (2016) Einl zu §§ 362 ff Rn 71. WOLF/ NEUNER, Allgemeiner Teil des Bürgerlichen Rechts (11. Aufl 2016) § 20 IV 4 f nimmt eine Mittelstellung ein; er sieht zwar Unterschiede zum Erlöschen, hebt aber die faktische Wirkung gleich einer Beendigung hervor.
[224] ESSER/SCHMIDT, Lehrbuch des Schuldrechts, Allgemeiner Teil/1. Hb (8. Aufl 1995) § 10 III 2b.
[225] Vgl BROX/WALKER (41. Aufl 2017), § 17 Rn 3.
[226] Vgl HIRSCH, Schuldrecht AT (10. Aufl 2017) Rn 240.
[227] VO (EG) Nr 593/2008 des Europäischen Parlaments und des Rates vom 17.6.2008 über das auf vertragliche Schuldverhältnisse anzuwendende Recht; siehe dazu MARTINEK, in STAUDINGER/Eckpfeiler (2014) A. Rn 166.

vertragliche Schuldverhältnisse anzuwendende Recht bestimmt. Sie ordnet mit Art 12 I lit d Rom I VO an, dass sich das Erlöschen nach dem sog *Forderungsstatut* richtet, dh nach der Rechtsordnung, die über die Forderung herrscht (Art 3 ff Rom I-VO).

96 Ebenso legt sie das anwendbare Recht für Aufrechnungen fest. Dies ist deshalb besonders wichtig, weil die Aufrechnung in den verschiedenen Rechtsordnungen der EU unterschiedliche Grundlagen hat. So existiert sie sowohl als rein prozessrechtliches, in anderen Staaten aber auch als materiell-rechtliches Institut.[228] Bei Letzterem ist, wie oben beschrieben, auch noch zwischen *Legalaufrechnung* und *gestaltender Aufrechnung* durch Erklärung zu unterscheiden. Für die Aufrechnung ist gem Art 17 Rom I-VO das Recht, das die Hauptforderung regiert, anwendbar. Dies erscheint auf Grundlage des deutschen Rechts praktikabel und steht in Übereinstimmung mit dem Erlöschen nach Art 12 I lit d Rom I VO. Es widerspricht auch nicht dem französischen und italienischen Prinzip der Legalaufrechnung, da diese Rechtsordnungen die Aufrechnung nur beachten, sofern sich eine Partei darauf beruft.[229] Besondere Probleme wirft die Prozessaufrechnung im IPR auf.[230]

97 Rechtsvergleichend bedeutsam ist, obwohl eine konkrete Umsetzung vorerst nicht zu erwarten ist, der Entwurf des Gemeinsamen Referenzrahmens (Draft Common Frame of Reference).[231] Dieser Entwurf stellt eine nicht bindende Leitlinie für ein europäische Zivilrecht dar.[232] Der DCFR regelt das Erlöschen von Schuldverhältnissen in drei Formen: durch Erfüllung (III.–2:114 DCFR), durch Aufrechnung (III.–2:114 DCFR) und durch Konfusion (III.–6:201 DCFR). Hierbei verdient vor allem Beachtung, dass die Erfüllung sehr detailliert geregelt ist. Eine Tilgungsbestimmung oder eine andere subjektive Voraussetzung fordert der Entwurf für die Erfüllung nicht. Falls auf eine von mehreren Schulden geleistet wird und der Schuldner keine Tilgungsbestimmung trifft, darf nach einer angemessenen Zeit der Gläubiger die Schuld bestimmen, auf die geleistet wurde (III.–2:110(2) DCFR). Ohne eine Tilgungsbestimmung seinerseits ist sodann eine gesetzliche Reihenfolge vorgesehen, nach der sich die getilgte Schuld bestimmt (III.–2:110(4) DCFR). Auch insoweit verzichtet der Entwurf auf eine vertragliche Einigung. Eine solche Normierung steht der Theorie der realen Leistungsbewirkung nahe. Auch im Aufrechnungsrecht zeigen sich Unterschiede zur deutschen Rechtslage. So erlaubt der DCFR keine Aufrechnung mit einer verjährten Schuld, wenn der Schuldner sich auf die Verjährung berufen hat (III.–7:503 DCFR). Bezeichnend ist zudem, dass die Konfusion (Merger) als eigener Erlöschensgrund nicht nur gewohnheitsrechtlich akzeptiert, sondern explizit festgelegt werden soll.

---

[228] Pfeiffer, Neues Internationales Vertragsrecht, EuZW 2008, 622, 629.
[229] Pfeiffer, Neues Internationales Vertragsrecht, EuZW 2008, 622, 629.
[230] Dazu BGHZ 201, 252.
[231] vBar ua, Draft Common Frame of Reference (DCFR) 2009, 177 ff. Auch das von der Kommission auf Basis des DCFR vorgeschlagene gemeinsame europäische Kaufrecht [KOM (2011) 635] – das freilich so nicht umgesetzt wurde – kannte keine allgemeinen Erfüllungsvorschriften, sondern enthielt lediglich besondere kaufrechtliche Leistungspflichten.
[232] Zur Einordnung des DCFR Schulte-Nölke, Arbeiten an einem europäischen Vertragsrecht, NJW 2009, 2161; krit Jansen/Zimmermann, Was ist und wozu der DCFR, NJW 2009, 3401.

H. Gläubiger und Schuldner: Mehrheit und Wechsel*

Martin Schmidt-Kessel

Systematische Übersicht

I.	Auswechslung von Beteiligten	3
1.	Abtretung und Forderungsübergang	4
a)	Allgemeines	4
b)	Die Abtretung als Verfügung	13
c)	Voraussetzungen der Abtretung	14
d)	Rechtsfolgen der Abtretung	20
e)	Schutz des Schuldners	27
aa)	Schutz der Einwendungen des Schuldners	28
bb)	Schutz des Vertrauens des Schuldners	31
cc)	Schuldnerschutz durch vertraglichen Abtretungsausschluss	35
f)	Sicherungszession	38
g)	Cessio Legis und hoheitliche Forderungszuweisung	43
2.	Schuldübernahme	45
a)	Allgemeines	45
b)	Voraussetzungen der befreienden Schuldübernahme	48
c)	Wirkungen der befreienden Schuldübernahme	56
d)	Schuldbeitritt (kumulative Schuldübernahme)	62
3.	Auswechslung von Vertragsparteien	65
a)	Vertragsübergang kraft Gesetzes	66
b)	Rechtsgeschäftliche Vertragsübernahme	71
4.	Europäische Entwicklungen	75
II.	Mehrheit von Gläubigern und Schuldnern	77
1.	Gläubigermehrheiten	78
a)	Teilgläubiger	79
b)	Mitgläubiger	81
c)	Gesamtgläubiger	86
2.	Schuldnermehrheiten	90
a)	Teilschuld	91
b)	Gemeinschaftliche Schuld	93
c)	Gesamtschuld	95
aa)	Voraussetzungen	97
bb)	Rechtswirkungen im Außenverhältnis	103
cc)	Ausgleich im Innenverhältnis	108
α)	Regresswege	109
β)	Höhe der Ausgleichsverpflichtung bei § 426 BGB	115
γ)	Verjährungsfragen	118
dd)	Störungen des Gesamtschuldnerausgleichs	121
ee)	Ausgleich bei mehreren Sicherungsgebern	123
3.	Europäische Entwicklungen	124

---

* Meiner Mitarbeiterin, Frau stud iur PIA KRAUS, danke ich für ihre tatkräftige Unterstützung.

1 Das Schuldverhältnis ist nach dem Konzept des Bürgerlichen Gesetzbuchs eine Zwei-Personen-Beziehung.[1] Das Gesetz geht in § 241 Abs 1 S 1 BGB schon sprachlich davon aus, dass es *einen* Gläubiger und *einen* Schuldner gibt. Dies beruht auf der Konzeption des römischen Rechts in seiner gemeinrechtlichen Ausprägung, welches in der **obligatio** ein **personal gebundenes Rechtsverhältnis** zwischen den Beteiligten sah.[2] Von diesem Verständnis ausgehend ist weder die Beteiligung mehrerer Personen auf einer Seite, noch die Auswechslung eines der Beteiligten selbstverständlich. Dies zeigt sich in jüngerer Zeit vor allem bei den Bemühungen um eine europäische Privatrechtsvereinheitlichung,[3] bei der die Verschiedenheit diverser nationaler Konzeptionen deutlich zu Tage getreten ist; zu Einzelheiten unten Rn 75.

2 In Übereinstimmung mit der allgemeinen Fließrichtung des europäischen Privatrechts hat das BGB bereits im Jahre 1900 die rechtliche Möglichkeit beider Phänomene klargestellt: sowohl kann es **Personenmehrheiten** auf Gläubiger- und Schuldnerseite geben (§§ 420 ff BGB) als auch die **Auswechslung von Parteien einer Obligation** (§§ 398 ff BGB, 414 ff BGB). Lediglich für die privatautonom betriebene **Auswechslung einer Vertragspartei** kennt das Gesetz keine allgemeine Regelung, was seinen Grund auch darin haben dürfte, dass das BGB insoweit nicht in der Kategorie des Vertrags sondern eben der der Obligation denkt.[4] Dass eine solche gleichwohl im Grundsatz möglich ist, steht heute praktisch außer Streit.[5] Fälle des gesetzlichen Vertragsübergangs kennt das Gesetz etwa in § 566 Abs 1 BGB und § 613a Abs 1 S 1 BGB. Zu den Einzelheiten siehe Rn 66.

I. Auswechslung von Beteiligten

3 Die Auswechslung einer an einem Schuldverhältnis beteiligten Partei ist – beim Schuldverhältnis im engeren Sinne – auf beiden Seiten der Schuldnerbeziehung möglich, dh sowohl als Gläubigerwechsel, als auch als Schuldnerwechsel. Die äußere Regelungsstruktur wie auch die benachbarten Regelungsorte könnten den Eindruck erwecken, beide Vorgänge funktionierten weitgehend gleich. Tatsächlich beschränken sich die Gemeinsamkeiten im Wesentlichen darauf, die Möglichkeiten einer Auswechslung auf der Aktiv- oder Passivseite anzuordnen. Im Übrigen sind **beide Regelungskomplexe** von **sehr unterschiedlichen** Sach- und Interessengesichtspunkten beherrscht.[6] Der praktisch wichtigste Unterschied liegt wohl darin, dass beim Schuldnerwechsel die

---

[1] STAUDINGER/NOACK (2017) Vorbem 2 zu §§ 420 ff; STAUDINGER/BUSCHE (2017) Einl 2 zu §§ 398 ff.
[2] S DUMONT, Mélanges Philippe Meylan (1963) 1 ff; WINTGEN, Étude critique de la notion d'opposabilité. Les effets du contrat à l'égard des tiers en droit français et allemand (Paris 2004) 9 ff; ausführlich zur historischen Entwicklung der verschiedenen Parteiauswechslungen HKK/HATTENHAUER §§ 398–413 Rn 7 ff sowie HKK/MEYER-PRITZL §§ 414–418 Rn 3 ff sowie zu den Personenmehrheiten die beiden Kommentierungen HKK/MEIER §§ 420–432 I. und II.
[3] Zur Entwicklung SCHMIDT-KESSEL RIW 2003, 481–489; SCHMIDT-KESSEL, Der Gemeinsame Referenzrahmen: Entstehung, Inhalte, Anwendung (München 2009); SCHMIDT-KESSEL/MEYER GPR 2010, 155; ferner die Beiträge in SCHMIDT-KESSEL, Ein einheitliches europäisches Kaufrecht? Eine Analyse des Vorschlags der Kommission (2012).
[4] Zu weiteren Gründen siehe STAUDINGER/BUSCHE (2017) Einl 198 zu §§ 398 ff. Anders hingegen Art 12:201 PECL und III.–5:301 f DCFR.
[5] Siehe statt aller BGH 10.5.1995 – VIII ZR 264/94, BGHZ 129, 371, 375; STAUDINGER/BUSCHE (2017) Einl 197 zu §§ 398 ff; SCHLECHTRIEM/SCHMIDT-KESSEL, Schuldrecht AT Rn 828.
[6] SCHLECHTRIEM/SCHMIDT-KESSEL, Schuldrecht AT Rn 761; MEDICUS/LORENZ, Schuldrecht I Rn 746.

H. Gläubiger und Schuldner: Mehrheit und Wechsel   4–6

Mitwirkung oder Zustimmung des Gläubigers unentbehrlich ist, während das Gesetz beim Gläubigerwechsel nicht einmal die Kenntnis des Schuldners zur Wirksamkeitsvoraussetzung erhoben hat. Besonders spürbar werden die divergierenden Sachfragen und Interessenverteilungen dort, wo bei der Vertragsübernahme regelmäßig beide Vorgänge gleichzeitig stattfinden.

1. Abtretung und Forderungsübergang

a) Allgemeines

Die Auswechslung des Gläubigers bedeutet wirtschaftlich betrachtet die Übertragung **4** eines Vermögenswertes. Einen solchen stellt die Forderung des Gläubigers nicht zuletzt aufgrund ihrer Übertragbarkeit dar, woraus sich die besondere **praktische Bedeutung** der entsprechenden Regeln ergibt. Insbesondere verbriefte Forderungen sind selbständige Gegenstände des Handels. Beim Diskontgeschäft etwa werden Wechselforderungen gehandelt. Auch beim „echten" Factoring geht es um den Erwerb von Forderungen gegen Entgelt (Forderungskauf). Die praktische Spitze dieses häufig als Inkassoinstrument beschrittenen Weges liegt im Tragen des Insolvenzrisikos durch den Factor.[7] Dem Forderungsinkasso dient auch die zur Durchführung eines Geschäftsbesorgungsvertrages erfolgende Inkassozession, für welche es freilich bei einer geschäftsmäßigen Praxis dessen Registrierung nach §§ 10 Abs 1 Nr 1, Abs 3; 2 Abs 2 S 1 RDG bedarf.[8] Die Abgrenzung der Inkassozession von der Einziehungsermächtigung nach §§ 362 Abs 2, 185 BGB kann Schwierigkeiten bereiten.[9]

Von praktisch großer Bedeutung ist die **Sicherungszession**. Durch sie werden Forde- **5** rungen (häufig in großer Zahl) als Kreditsicherheit auf den Zessionar übertragen, welcher sie gemäß den Bestimmungen der Sicherungsabrede **treuhänderisch** hält. Attraktiv ist dieses Verfahren wegen der im deutschen Recht bestehenden Möglichkeit der stillen Zession:[10] Der Schuldner erfährt – außer im Sicherungsfall – von der Abtretung nichts und der Zedent bleibt regelmäßig durch Ermächtigung nach § 185 BGB zur Einziehung der Forderung befugt. Zu den Einzelheiten siehe Rn 38.

Die §§ 398–412 BGB behandeln die Auswechslung des Gläubigers einer Forderung. **6** Eine solche kann auch für einen Teil der Forderung geschehen (Teilabtretung).[11] Ge-

---

[7] JAUERNIG/STÜRNER § 398 Rn 30; allgemein zum Factoring vgl BÜLOW, Recht der Kreditsicherheiten (1999) Rn 1452 ff; MARTINEK, Moderne Vertragstypen, Bd 1 (1991): Leasing und Factoring 220 ff. Für das internationale Factoring gelten unter anderem Regeln des UNIDROIT-Übereinkommens über das internationale Factoring (Ottawa 1988), welches für die Bundesrepublik Deutschland seit dem 1.12.1989 in Kraft ist; dazu etwa BASEDOW ZEuP 1997, 615 ff; FERRARI RIW 42 (1996) 181 ff; MünchKommHGB/FERRARI/BRINK, Allgemeine Vorschriften §§ 343–372; UNIDROIT Übereinkommen über Internationales Factoring (Ottawa 1988).
[8] Zum Erfordernis der Erlaubnis nach der früheren Rechtslage (Art I § 1 Abs 1 RBerG) siehe: BGH 25.6.1962 – VII ZR 120/61, BGHZ 37, 258, 262; BGH 6.11.1973 – VI ZR 194/71, BGHZ 61, 317, 319 ff; STAUDINGER/SACK (2003) § 134 Rn 272. Zur neuen – ausweislich § 2 Abs 2 Nr 8 verbraucherschützenden – Rechtslage nach §§ 10 ff RDG STAUDINGER/SACK/SEIBL (2017) § 134 Rn 272.
[9] STAUDINGER/BUSCHE (2017) Einl 125 zu §§ 398 ff.
[10] So auch die europäische Entwicklung: III.–5:104, III.–5:114 DCFR (anders noch Art 11:303 PECL [Anzeigeerfordernis]), wobei für die Sicherungsabtretung zusätzlich die besonderen Regeln über Mobiliarsicherheiten in Buch IX gelten, siehe unten Rn 38.
[11] Die entstehenden selbständigen Forderungen sind gleichrangig soweit nichts anderes vereinbart wird, siehe: BGH 8.12.1966 – VII ZR 144/64, BGHZ 46, 244. Zur Möglichkeit der Modi-

genstand der Übertragung können aber auch andere subjektive Rechte sein (§ 413 BGB). Die Übertragung von subjektiven Rechten an Sachen ist freilich, etwa in den §§ 873, 925, 929 ff BGB, gesondert geregelt; diese Sondervorschriften gelten auch für die Übertragung von Anwartschaften an Sachen.[12] Bei der Übertragung sonstiger Rechte finden die §§ 398 ff BGB hingegen grundsätzlich Anwendung. Jedoch kommt es hier zu zahlreichen sondergesetzlichen Ergänzungen. Das gilt insbesondere für die Übertragung von Mitgliedschaftsrechten an Körperschaften und Personengesellschaften sowie von Immaterialgüterrechten.[13]

7 Die **Nichtübertragbarkeit** subjektiver Rechte **schließt ihre Abtretung aus**. Gesetzliche Übertragungsausschlüsse finden sich etwa in §§ 400, 613 S 2, 717 S 1 BGB. Während dort die Abtretung selbst ausgeschlossen ist, folgt die Unabtretbarkeit in anderen Fällen erst aus dem andernfalls eintretenden Verstoß gegen ein gesetzliches Verbot (§ 134 BGB). Das gilt insbesondere für Honorarforderungen von Ärzten und Rechtsanwälten, die ohne Einwilligung des Patienten oder Mandanten nicht abgetreten werden können (s § 203 Abs 1 Nr 1 und 3 StGB). Das Bankgeheimnis als solches hindert hingegen eine Abtretung von Forderungen aus einem Bankvertrag nicht.[14] Der wegen Auskunftspflichten nach § 402 ebenfalls betroffene § 4 BDSG hindert eine Abtretung jedenfalls dann nicht, wenn die nach § 28 Abs 1 Nr 2 BDSG gebotene Interessenabwägung zugunsten des Zedenten ausfällt.[15] Daran ändert sich auch unter der DatenschutzgrundVO nichts, vgl Art 6 I lit f DatenschutzGVO. Ein darüber hinaus nach § 134 BGB zu berücksichtigendes gesetzliches Verbot ergibt sich jedenfalls nicht aus dem Recht auf informationelle Selbstbestimmung.[16] Die auch für Private geltende datenschutzrechtliche Regelung stellt insoweit eine gesetzliche Konkretisierung der Grundrechtsposition dar, die auch im Rahmen der Abtretung maßgebend ist.

8 Daneben verdeutlicht § **399 Alt 1 BGB**, dass eine Abtretung auch an der **Art des betreffenden Rechts** scheitern kann. Für die Abtretung einer Forderung kommt es dafür auf den Inhalt der geschuldeten Leistung an. Kann diese an einen neuen Gläubiger nicht ohne inhaltliche Änderung erbracht werden, ist die Abtretung ausgeschlossen. Das gilt etwa für die Abtretung eines Anspruchs auf Einräumung eines Wegerechts in Form einer beschränkten persönlichen Dienstbarkeit, weil diese auf die Person des Benutzers zugeschnitten ist.[17] Bei Unteilbarkeit einer Forderung steht § 399 Alt 1 BGB der Teilabtretung entgegen. Eine Ausnahme davon bildet nach herrschender Auffassung die Abtretung des Befreiungsanspruchs nach § 257 BGB an den Gläubiger der Forderung, von der Befreiung verlangt werden kann. Dieser wandelt sich in den Händen des Gläubigers in einen Zahlungsanspruch um.[18]

---

fikation durch Tilgungsbestimmung siehe: BGH 11.5.2006 – VII ZR 261/04, BGHZ 167, 337, 344 sowie BGH 24.1.2008 – VII ZR 17/07, NJW 2008, 985, 986.
[12] BGH 18.12.1967 – V ZB 6/67, BGHZ 49, 197, 202.
[13] Siehe die Nachweise bei STAUDINGER/BUSCHE (2017) § 413 Rn 16 ff.
[14] BGH 27.2.2007 – XI ZR 195/05, BGHZ 171, 180; anders noch OLG Frankfurt 25.5.2004 – 8 U 84/04, NJW 2004, 3266. Umfassend (und rechtsvergleichend) nunmehr KRAMME, Der Konflikt zwischen dem Bankgeheimnis und Refinanzierungsabtretungen. Deutschland – Frankreich – Schweiz (2014).
[15] BGH 27.2.2007 – XI ZR 195/05, Rn 25 ff, BGHZ 171, 180.
[16] BVerfG 11.7.2007 – 1 BvR 1025/07, NJW 2007, 3707; BGH 27.2.2007 – XI ZR 195/05, BGHZ 171, 180 Rn 20 ff. Andere Ansicht noch PETERS AcP 206 (2006) 843, 853 ff.
[17] BGH 30.10.2009 – V ZR 42/09, NJW 2010, 1074 Rn 22 ff; anders für die Grunddienstbarkeit BGH 30.10.2009 – V ZR 42/09 Rn 12 ff.
[18] S LORENZ JuS 2009, 891, 892.

Für die Übertragung sonstiger Rechte im Sinne von § 413 BGB kommt es bei An- **9**
wendung von § 399 Alt 1 BGB auf das betreffende Recht selbst an: So sind etwa
höchstpersönliche Rechte aus **familiären Rechtsverhältnissen** nicht abtretbar, weil deren Übertragung zwangsläufig mit der personalen Gebundenheit dieser Rechte kollidiert.

Umstritten ist die Frage, ob bei einer Gesamtschuld die Forderungen gegen einzelne **10**
Schuldner isoliert abgetreten werden können. Das ist mit der herrschenden Auffassung richtigerweise zu bejahen: Die Regeln des Schuldnerschutzes bei der Abtretung wie auch § 425 Abs 1 BGB und die Regeln über den gestörten Rückgriff des in Anspruch genommenen Gesamtschuldners genügen zur Begründung sachgerechter Lösungen; der Wortlaut des Gesetzes steht der isolierten Abtretung ohnehin nicht entgegen.[19] Auch der Umstand, dass nach der Abtretung für die Folge der Leistungsstörungen und insbesondere der Schadensersatzberechnung auf die Person des Zessionars abzustellen ist (siehe Rn 42), begründet keine nach § 399 Alt 1 BGB schädliche Inhaltsänderung. Zum **Abtretungsausschluss durch** vertragliche **Vereinbarung** gemäß § 399 Alt 2 BGB siehe Rn 35 ff.

In den Einzelheiten sehr umstritten ist die **Übertragbarkeit von Gestaltungsrechten**.[20] **11**
Weitgehend geklärt ist dabei zunächst die grundsätzliche Möglichkeit, selbständige Gestaltungsrechte wie das Wiederkaufs- und das Vorkaufsrecht zu übertragen oder jedenfalls die Übertragbarkeit durch die privatautonome Gestaltung zu begründen.[21] Für sogenannte forderungsbezogene Gestaltungsrechte wie die Wahl- und Bestimmungsrechte nach §§ 262, 315 BGB wird jedoch in entsprechender Anwendung des § 401 BGB überwiegend vertreten, diese seien streng akzessorisch und daher einer isolierten Übertragung unabhängig von der Forderung nicht zugänglich.[22] Schwieriger ist die Behandlung der sogenannten vertragsbezogenen Gestaltungsrechte:[23] Hier besteht zwar hinsichtlich der Übertragbarkeit – von der Anfechtung wegen Willensmängeln abgesehen – weitgehende Einigkeit, dass diese übertragbar sind, jedoch entstehen heikle Folgefragen hinsichtlich der Abwicklung des betreffenden Vertragsverhältnisses (etwa hinsichtlich der Empfangszuständigkeit von Rückgewähransprüchen, vgl BGH WM 1992, 1609 [mangelbedingter Rücktritt des Leasingnehmers vom Liefervertrag]). Praktisch spielt die Frage der Übertragbarkeit von Gestaltungsrechten häufig deshalb keine Rolle, weil der „Zessionar" jedenfalls zur Ausübung des betreffenden Gestaltungsrechts ermächtigt werden kann;[24] eine fehlgeschlagene Abtretung ist folglich regelmäßig nach § 140 BGB in eine solche Ermächtigung umzudeuten.[25]

Beteiligt an der Abtretung sind der alte und der neue Gläubiger. Die Frage, ob eine **12**
Abtretung zugunsten eines Dritten möglich ist, ist wegen der grundsätzlichen Zweifel-

---

[19] Umfassend DERLEDER, in: FS Heinrichs (1988) 155 ff.
[20] Dazu insbesondere STEINBECK, Die Übertragbarkeit von Gestaltungsrechten (1994).
[21] STAUDINGER/BUSCHE (2017) § 413 Rn 10; NÖRR/SCHEYHING/PÖGGELER, Sukzessionen (1999) 179.
[22] STAUDINGER/BUSCHE (2017) § 413 Rn 13; dagegen mit beachtlichen Gründen STEINBECK, Die Übertragbarkeit von Gestaltungsrechten (1994) 64 ff.
[23] Dazu grundlegend SCHWENZER AcP 182 (1982) 214 ff.
[24] SCHLECHTRIEM/SCHMIDT-KESSEL, Schuldrecht AT Rn 779.
[25] BGH 13.2.2008 – VIII ZR 105/07, NJW 2008, 1218 Rn 28; BGH 10.12.1997 – XII ZR 119/96, NJW 1998, 896, 897.

haftigkeit der Verfügung zugunsten Dritter[26] überaus umstritten. Richtigerweise wird man eine solche freilich zulassen müssen. Dafür spricht nicht nur eine „pragmatische Betrachtung",[27] sondern auch die spiegelbildliche Regelung des § 414 BGB (siehe Rn 48 ff). Dem Dritten steht freilich in entsprechender Anwendung von § 333 BGB ein Zurückweisungsrecht zu, dessen Ausübung zum Scheitern der Abtretung führt.[28]

b) Die Abtretung als Verfügung

13 Der Forderung kommt eine Zwitterstellung zu: einerseits ist sie subjektives Recht, andererseits ist sie als Gegenstand des Rechtsverkehrs Rechtsobjekt.[29] Die Forderung kann daher Gegenstand von Verfügungen sein, von denen die Abtretung die Wichtigste ist. Entsprechend der allgemeinen Systematik des BGB ist die Abtretung folglich auch von dem ihr zugrunde liegenden Kausalgeschäft zu unterscheiden;[30] rechtsvergleichend und rechtshistorisch ist dies nicht selbstverständlich.[31] Vor allem aber ist die Abtretung als Verfügungsgeschäft nicht nur gedanklich von ihrem Rechtsgrund zu trennen. Sie ist vielmehr auch in ihrer Rechtsgeltung **abstrakt** und daher von diesem unabhängig.[32]

c) Voraussetzungen der Abtretung

14 Eine wirksame Abtretung setzt voraus, dass **die Forderung besteht**. Anders als bei Sachen kann die Forderung als Rechtsobjekt in seltenen Ausnahmefällen freilich auch dadurch entstehen, dass ein gutgläubiger Erwerber sie erwirbt: § 405 Alt 1 BGB ordnet dies für den Fall einer nach § 117 BGB nichtigen Forderung an.[33] Hingegen wird bei dem gutgläubigen Erwerb einer Hypothek nach §§ 1138, 892 BGB (ggf § 1155 BGB) das Entstehen der Forderung bei dem Zedenten lediglich fingiert, um die Wirkungen von § 1153 BGB auszuschließen. Das Bestehen der Forderung hilft dem Zessionar nicht, wenn es an ihrer Übertragbarkeit fehlt, siehe Rn 7 f, 35 ff.

15 Kein Hindernis der Abtretung ist hingegen, dass die Forderung noch nicht durchsetzbar ist oder noch nicht besteht: künftig entstehende Forderungen können also abgetreten werden.[34] Wirkungen entfaltet eine solche Zession grundsätzlich erst mit dem Entstehen der Forderung.[35] Welche Vorwirkungen die Abtretung in der Zwischenzeit entfaltet, ist im Einzelnen streitig.[36] Eine praktisch wichtige Grenze findet die Abtretung **künftiger Forderungen** in der Voraussetzung der Bestimmtheit, dazu unten Rn 19.

---

[26] BAYER, Vertrag zugunsten Dritter (1995) 194–208.
[27] STAUDINGER/BUSCHE (2017) Einl 34 zu §§ 398 ff.
[28] BAYER, Vertrag zugunsten Dritter (1995) 193 ff.
[29] BORK, Allgemeiner Teil des BGB (2011) Rn 229.
[30] In Deutschland allgemeine Meinung, siehe nur STAUDINGER/BUSCHE (2017) Einl 15 zu §§ 398 ff.
[31] Vgl LANDO/CLIVE/PRÜM/ZIMMERMANN, Principles of European Contract Law III, Notes zu Art 11:101; Study Group on a European Civil Code/Research Group on EC Private Law (Acquis Group), Principles, Definitions and Model Rules of European Private Law, Draft Common Frame of Reference, Full Edition (2009) Notes zu III.–5:102.
[32] BGH 26.2.1997 – VIII ZR 128/96, BB 1997, 858, 589; STAUDINGER/BUSCHE (2017) Einl 15 zu §§ 398 ff.
[33] Zu dieser Konstellation nunmehr ausführlich KUHN AcP 208 (2008) 101 ff.
[34] BGH 22.6.1989 – III ZR 72/88, NJW 1989, 2383, 2384; siehe auch Art II:102 PECL sowie III.–5:106 I DCFR.
[35] BGH 9.6.1960 – VII ZR 228/58, BGHZ 32, 361, 363.
[36] Vgl BGH 9.6.1960 – VII ZR 228/58, BGHZ 32, 361, 370; BGH 14.7.2004 – XII ZR 257/01, NJW 2005, 1192, 1193 f.

16 Ist der Zedent nicht der Inhaber der (bestehenden!) Forderung, kommt eine wirksame Übertragung nur mit Zustimmung des Berechtigten nach § 185 BGB in Betracht. Der **gutgläubige Erwerb** einer Forderung – im Sinne des Rechtsverlusts eines Dritten bei gleichzeitigem Forderungserwerb des Zessionars – ist **ausgeschlossen**. Auch § 405 BGB enthält keine Ausnahmen von diesem Grundsatz, weil die Vorschrift lediglich für zwei Sonderfälle den guten Glauben in den Bestand und die Übertragbarkeit, nicht aber in die Inhaberschaft der Forderung schützt.[37] Ist beispielsweise die Abtretung der nichtübertragbaren Forderung im Sinne des § 405 Alt 2 BGB an der Bösgläubigkeit des Dritten gescheitert, kann dieser einem weiteren Zessionar die Forderung auch dann nicht verschaffen, wenn die zweite Abtretung die Voraussetzungen des § 405 BGB erfüllt. §§ 1138, 892, 1155 BGB begründen auch hier lediglich eine Fiktion und keinen gutgläubigen Erwerb.

16a Eine echte **Ausnahme** begründen die Wirkungen des Erbscheins nach § 2366 BGB sowie des Europäischen Nachlasszeugnisses nach Art 69 Abs 4 VO (EU) Nr 650/2012 für den **gutgläubigen Forderungserwerb** vom Scheinerben.[38] Anders als bei § 405 Alt 1 BGB kommt es hier nicht zum Erwerb einer vorher nicht bestehenden Forderung kraft Gesetzes, sondern zum Übergang der Forderung zu Lasten des berechtigten Erben durch Verfügung des nicht berechtigten Scheinerben. Erklärbar ist diese Ausnahme nur aus dem Umstand heraus, dass der öffentliche Glaube hinsichtlich der Erbenstellung insgesamt geeignet ist, ein Ergebnis herbeizuführen, welches der gute Glaube in die Forderungsinhaberschaft nicht zu begründen vermag. Insofern kommt die Position des Scheinerben einer gesetzlichen Verfügungsbefugnis nahe, die lediglich bei Bösgläubigkeit des anderen Teils keine Wirkung mehr entfaltet.

16b Ein strukturell dem gutgläubigen Erwerb einer Forderung vergleichbarer Fall ergibt sich nach § 893 Var 1 BGB im Falle der Zahlung durch Ablösungsberechtigte nach § 1143 BGB (Eigentümer) und §§ 1150, 268 Abs 1 BGB (durch Zwangsvollstreckung gefährdeter Dritte) an einen Pseudohypothekar, der entweder buchmäßig oder nach § 1155 BGB durch den Hypothekenbrief legitimiert ist. In diesen Fällen löst die ablösende Zahlung den Übergang der Hypothek und der gesicherten Forderung auf den Ablösenden aus, obwohl der Pseudohypothekar nicht Inhaber ist. Trotz der Vergleichbarkeit der Situation geht es hierbei nicht um den gutgläubigen Erwerb der gesicherten Forderung.[39] Vielmehr handelt es sich um eine technisch unglückliche Einkleidung einer rechtsvernichtenden Einwendung des Schuldners gegen die gesicherte Forderung, durch welche er vor der Gefahr einer doppelten Forderung (ursprüngliche Forderung und Rückgriffsanspruch aus dem Innenverhältnis) mit dem Ablösungsberechtigten bewahrt werden soll. Im Kern dieser Wirkung von § 893 Var 1 BGB geht es daher nicht um den Schutz des gutgläubigen Ablösungsberechtigten, sondern um den des Schuldners.

17 Die **Abtretung erfolgt durch** einen **Vertrag** zwischen dem Zessionar und dem Zedenten. Mit ihm einigen sich die Beteiligten darüber, dass die Forderung an den neuen Gläu-

---

[37] Zur schwierigen Begrifflichkeit vgl KUHN AcP 208 (2008) 101, 103 f; unglücklich ist der Sprachgebrauch von THOMALE JuS 2010, 857, 859, der offenbar unter den Begriff des gutgläubigen Erwerbs auch den Fall fasst, dass der Erwerb nicht zu Lasten eines Dritten erfolgt, sondern kraft Gesetzes durch Kreation der Forderung eintritt.

[38] Zutreffend: SCHULZE/HOEREN § 2366 Rn 3; THOMALE JuS 2010, 857, 859.

[39] THOMALE JuS 2010, 857, 859, der freilich nur die Position des Ablösungsberechtigten im Blick hat.

biger übertragen wird. Einer Mitwirkung des Schuldners bedarf es nicht. Auch eine – in anderen Rechtsordnungen erforderliche[40] – **Anzeige** an den Schuldner ist nicht erforderlich. Erfolgt sie gleichwohl, kann sie allerdings die Stellung des Schuldners erheblich beeinflussen (§§ 406, 407, 409 BGB); dazu Rn 31 ff. Für die grundsätzlich nach Abtretungsregeln geschehende Verpfändung der Forderung, § 1274 Abs 1 S 1 BGB, ist die Anzeige hingegen konstitutiv, § 1280 BGB.

18 Die Abtretung ist grundsätzlich **formfrei**. § 399 HS 2 BGB eröffnet der ursprünglichen Partei allerdings die Möglichkeit, die Übertragung an eine bestimmte Form zu binden.[41] Hingegen schlagen Formerfordernisse für die Begründung der Forderung (etwa § 311b Abs 1 BGB für Grundstücksgeschäfte) nicht auf die Verfügung über dieselbe durch. Ausnahmen von der Formfreiheit können sich aus dem Gesetz ergeben: so verlangen etwa § 1154 Abs 1 und 3 BGB für grundpfandrechtlich gesicherte Forderungen die Einhaltung bestimmter Formen und § 15 Abs 3 GmbHG macht die Einhaltung der notariellen Form zur Voraussetzung der Abtretung von GmbH-Anteilen.

19 Als Folge des **sachenrechtlichen Spezialitätsgrundsatzes** muss die abzutretende Forderung individuell hinreichend bestimmt oder bestimmbar sein;[42] die jeweilige dingliche Zuordnung der Forderung muss im Interesse des Rechtsverkehrs hinreichend deutlich werden. Das Ausreichen der Bestimmbarkeit ermöglicht vielfach erst die Abtretung künftiger Forderungen (Rn 15) und gestattet damit deren großflächigen Einsatz als Sicherungsmittel im Wege der Sicherungszession (Rn 38 ff).

d) Rechtsfolgen der Abtretung

20 Mit dem Abschluss der Abtretungsvereinbarung „tritt der neue Gläubiger an die Stelle des ursprünglichen Gläubigers" (§ 398 S 2 BGB). Der Zedent verliert jegliche Rechtsmacht hinsichtlich der Forderung. Durch diesen **Wechsel der Rechtszuständigkeit** scheidet die Forderung aus dem Vermögen des bisherigen Gläubigers aus und geht in das des neuen Gläubigers über.[43] Infolge der Abtretung entsteht zwischen dem Zessionar und dem Schuldner (auch) ein Schuldverhältnis im weiteren Sinne.[44] Einen Fortbestand einer Empfangszuständigkeit des Zedenten im Verhältnis zum Schuldner schließt dies nicht aus.[45]

21 Unabhängig von dem der Abtretung zugrunde liegenden Verpflichtungsgeschäft treffen den Zedenten die **Pflichten aus den §§ 402, 403 BGB**. Danach muss er dem Zessionar die nötigen **Auskünfte** erteilen und gegebenenfalls die zum Beweis der Forderung dienenden Urkunden übergeben. Außerdem ist der bisherige Gläubiger verpflichtet, auf Verlangen des neuen Gläubigers eine öffentlich beglaubigte **Urkunde** über die Abtretung auszustellen, deren Kosten freilich der Zessionar zu tragen hat. Die Parteien der Abtretung können diese Pflichten allerdings durch Vereinbarung abbedingen oder modifizieren.[46] Die Durchsetzbarkeit des Anspruchs auf die Ausstellung einer öffentlich beglaubigten Urkunde setzt richtigerweise einen Kostenvorschuss des Zessionars voraus.[47] Der Anspruch ist ausgeschlossen, wenn der Gläubiger aus anderen

---

[40] Siehe noch Art 11:303 PECL; anders nun aber III.–5:101, III.–5:114 DCFR.
[41] STAUDINGER/BUSCHE (2017) § 398 Rn 20.
[42] RG 30.10.1931 – VII 116/31, RGZ 134, 225, 227; siehe auch III.–5:106 II DCFR.
[43] STAUDINGER/BUSCHE (2017) § 398 Rn 27.
[44] JAUERNIG/STÜRNER § 398 Rn 3.
[45] Vgl §§ 407–409 BGB sowie § 354a S 2 HGB (dazu BGH 13.11.2008 – VII ZR 188/07, NJW 2009, 438 Rn 15).
[46] STAUDINGER/BUSCHE (2017) § 402 Rn 7.
[47] STAUDINGER/BUSCHE (2017) § 403 Rn 8.

Gründen bereits über gleichwertige Urkunden verfügt, etwa wenn die Übertragung durch einen gerichtlichen Überweisungsbeschluss nach §§ 835 ff ZPO erfolgt ist.

Mit der abgetretenen Forderung gehen auch **akzessorische Sicherungsrechte** *ipso iure* 22 auf den neuen Gläubiger über (§ 401 Abs 1 BGB). Das gilt insbesondere für Hypotheken,[48] Schiffshypotheken[49] und Registerpfandrechte an Luftfahrzeugen,[50] für Pfandrechte[51] sowie für Ansprüche aus einer Bürgschaft.[52] Abs 2 erweitert diesen Kreis um Vorzugsrechte des Gläubigers bei Zwangsvollstreckung oder Insolvenz.[53] Zu diesen Vorzugsrechten zählt auch die Eigenschaft einer Forderung als Masseforderung (§§ 53–55, 123 InsO). Nach § 401 BGB kommt der Zessionar jedoch vor allem in den Genuss insolvenzfester Zurückbehaltungsrechte nach § 51 Nr 2 und 3 InsO: Während er sich auf die Zurückbehaltungsrechte als solche bereits nach § 404 BGB berufen kann (siehe Rn 29), verschafft ihm § 401 Abs 2 BGB zusätzlich deren Insolvenzfestigkeit, sofern eine solche auch zugunsten des Zedenten bestanden hat.

Darüber hinaus wird im großen Umfang eine **analoge Anwendung des § 401 BGB** befür- 23 wortet, so etwa für Ansprüche auf Einräumung einer Sicherungshypothek nach § 648 BGB,[54] die Vormerkung,[55] den Anspruch aus einem Schuldbeitritt zu Sicherungszwecken,[56] den Anspruch auf Auszahlung des auf einem Notaranderkonto eingezahlten Kaufpreises,[57] das Ablösungsrecht nach § 17 Nr 3 VOB/B[58] und den Anspruch des Gläubigers gegen einen Dritten, der mit dem Schuldner eine Erfüllungsübernahme zugleich zugunsten des Gläubigers vereinbart hat.[59] Hingegen geht ein Anspruch auf Zahlung einer Vertragsstrafe nicht *ipso iure* auf den Zessionar über,[60] wenngleich eine Abtretungsvereinbarung regelmäßig dahin auszulegen sein wird, dass sie auch Vertragsstrafeansprüche mitumfasst.[61]

Keine Anwendung findet § 401 BGB **auf nichtakzessorische Sicherheiten**, wie die Siche- 24 rungsübereignung, die Sicherungszession, die Grundschuld sowie das Anwartschaftsrecht beim Kauf unter Eigentumsvorbehalt.[62] Auch eine analoge Anwendung der Vorschrift soll nach **überwiegender Auffassung** insoweit nicht in Betracht kommen.[63] Im Blick auf die sehr weitgehende entsprechende Anwendung von § 401 BGB auf sonstige Neben- und Vorzugsrechte erscheint diese Auffassung **wenig überzeugend**.[64] Jedenfalls lassen sich ähnliche Ergebnisse weitgehend über die Annahme von schuld-

---

[48] § 1153 Abs 1 BGB.
[49] Siehe § 51 Abs 1 des Gesetzes über Rechte an eingetragenen Schiffen und Schiffsbauwerken.
[50] Siehe § 51 Abs 1 des Gesetzes über Rechte an Luftfahrzeugen.
[51] §§ 1250 Abs 1 S 2, 1273 Abs 2 S 1 BGB.
[52] STAUDINGER/BUSCHE (2017) § 401 Rn 19.
[53] § 812d ZPO; §§ 10, 155 Abs 2–4 ZVG; §§ 49–51 InsO; § 35 HypothekenBankG; §§ 32, 33 DepotG; § 77a Abs 1 VAG; nicht: §§ 34, 69 AO (BGHZ 75, 23, 24).
[54] STAUDINGER/BUSCHE (2017) § 401 Rn 29.
[55] RG 14.1.1914 – Rep. V. B. 9/13, RGZ 83, 434, 438 f.
[56] BGH 24.11.1971 – IV ZR 71/70, NJW 1972, 437, 438 f; DERLEDER, in: FS Heinrichs (1988) 155, 170 ff.
[57] BGH 19.3.1998 – IX ZR 242-97, NJW 1998, 2134, 2135; kritisch STAUDINGER/BUSCHE (2017) § 401 Rn 31.
[58] BGH 25.11.2010 – VII ZR 16/10, NJW 2011, 443.
[59] PWW/H F MÜLLER § 401 Rn 3.
[60] PWW/H F MÜLLER § 401 Rn 6; aA RIEBLE ZIP 1997, 301, 311.
[61] RG 29.1.1907 – 335/06 II, JW 1907, 171; PWW/H F MÜLLER § 401 Rn 6.
[62] Siehe die Nw STAUDINGER/BUSCHE (2017) § 401 Rn 37 ff.
[63] PWW/H F MÜLLER § 401 Rn 5 mwNw.
[64] SCHLECHTRIEM/SCHMIDT-KESSEL, Schuldrecht AT Rn 786.

rechtlichen Übertragungsansprüchen erreichen.⁶⁵ Die – bei akzessorischen Sicherheiten unproblematische, bei der rechtsgeschäftlichen Übertragung aber *ipso iure* eintretende – Übernahme von Verpflichtungen des Zedenten aus dem Sicherungsvertrag wird in der Literatur vielfach als konkludenter Schuldbeitritt des Zessionars konstruiert.⁶⁶ Allerdings ist die Rechtsprechung gegenüber einer solchen stillschweigenden kumulativen Schuldübernahme etwas zurückhaltend.⁶⁷

25 Mag grundsätzlich auch eine Veränderung des Inhalts der Forderung gemäß § 399 Alt 1 BGB eine Abtretung hindern und damit das Pflichtenprogramm des Schuldners jedenfalls im Kern festschreiben, können sich vor allem aber auf der **Rechtsfolgenseite von Pflichtverletzungen** erhebliche Änderungen ergeben: so können etwa die Voraussetzungen einer Entbehrlichkeit von Fristsetzungen nach §§ 323 Abs 2 Nr 3, 324, 281 Abs 2, 282 BGB im Blick auf den Zessionar anders zu bestimmen sein als dies beim Zedenten der Fall gewesen wäre. Dasselbe gilt für das grobe Missverhältnis und die Abwägung nach § 275 Abs 2 und 3 BGB, wo jeweils auf das Leistungsinteresse des Zessionars abzustellen ist. Vor allem aber ist für die Berechnung von Schäden nach der Abtretung auf die Person des Zessionars abzustellen. Das gilt für Verzögerungsschäden ebenso wie für den Schadensersatz statt der Leistung sowie Schadensersatz nach § 280 BGB im Allgemeinen.⁶⁸ Gerechtfertigt werden diese – bei der Inkasso- und Sicherungszession nicht einschlägigen (siehe Rn 42) – Folgeänderungen dadurch, dass entsprechende Verschiebungen der Situation des Gläubigers auch ohne eine Abtretung entstehen können und der Schuldner daher insoweit nicht schutzwürdig ist. Im Übrigen kann sich diese Folge auch zugunsten des Schuldners auswirken: der Zessionar ist nämlich auch daran gehindert – einen hypothetischen – höheren Schaden des Zedenten geltend zu machen.⁶⁹

26 Über Modifikationen auf der Rechtsfolgenseite von Pflichtverletzungen hinaus, kann die Abtretung sogar **Veränderungen bei den Pflichten des Schuldners** herbeiführen. Dies betrifft selbstverständlich nicht den Kern des Pflichtenprogramms, sondern in erster Linie Schutzpflichten, die erst aufgrund konkreter Integritätsgefährdungen des Zessionars entstehen.⁷⁰

e) Schutz des Schuldners

27 Die Abtretung erfolgt ohne Zustimmung und in der Regel sogar ohne Kenntnis des Schuldners. Diese Grundentscheidung des deutschen Rechts macht den **Schutz des Schuldners** zum **zentralen rechtspolitischen Problem** des Abtretungsrechts. Die einschlägigen Regelungen des BGB beruhen dementsprechend auf dem Grundgedanken, dass sich die Stellung des Schuldners durch die Zession nicht verschlechtern darf. Zugleich ist dieser Grundgedanke nicht etwa vollständig – im Sinne eines allgemeinen Verschlechterungsverbots – durchgeführt.⁷¹ Das gilt sowohl für bereits bestehende Verteidigungsgründe, als auch für eine Reihe von schutzwürdigen Vertrauenspositionen. Daneben kann sich der Schuldner auch auf Mängel im Abtretungsvorgang selbst

---

⁶⁵ RG 8.12.1916 – Rep. II. 307/16, RGZ 89, 193, 195; STAUDINGER/BUSCHE (2017) § 401 Rn 39 und 41.
⁶⁶ STADLER AcP 197 (1997) 529, 534.
⁶⁷ Vgl BGH 25.9.1996 – VIII ZR 76/95, NJW 1997, 461, 163; BGH 11.5.2012 – V ZR 237/11, NJW 2012, 2354, 2355.
⁶⁸ BGH 25.9.1991 – VIII ZR 264/9, NJW-RR 1992, 219 mit umfangreichen Nachweisen; wie hier auch S LORENZ JuS 2009, 891, 893.
⁶⁹ So die Situation in BGH 25.9.1991 – VIII ZR 264/9, NJW-RR 1992, 219.
⁷⁰ Für einen ähnlichen Vorgang der Pflichtenbegründung vgl PWW/SCHMIDT-KESSEL § 278 Rn 4.
⁷¹ S LORENZ JuS 2009, 891, 893.

berufen; das war für den Gesetzgeber so selbstverständlich, dass er insoweit auf eine eigenständige Regelung verzichtet hat. Schließlich kann der Schuldner sich grundsätzlich auch aktiv gegen eine Abtretung schützen: vereinbaren die Parteien einen Abtretungsausschluss im Sinne von § 399 Alt 2 BGB, wird die Forderung gegen den Schuldner unabtretbar, soweit nicht zwingendes Recht einer solchen Vereinbarung Grenzen setzt (s Rn 35 ff insbesondere zu § 354a HGB). Die beschriebenen Änderungen auf der Rechtsfolgenseite liegen hingegen grundsätzlich in der Risikosphäre des Schuldners, der insoweit nicht schutzbedürftig ist. Hier, wie auch bei den erforderlichen Abstimmungen zwischen Dienstleister und Dienstleistungsempfänger,[72] ist nicht länger auf den Zedenten, sondern nunmehr auf den Zessionar abzustellen. Auch dies ist im Blick auf die natürlichen Wandlungen der Gläubigerposition im Rahmen einer Abwicklung eines Vertrages vom Schuldner grundsätzlich hinzunehmen.

aa) Schutz der Einwendungen des Schuldners
Nach § 404 BGB kann der Schuldner dem Zessionar die **Einwendungen aus dem ursprünglichen Rechtsverhältnis** entgegenhalten. Das betrifft zunächst solche Gegenrechte, deren Tatbestand schon **vor der Abtretung** vollständig erfüllt war. Hierzu zählen insbesondere rechtshindernde Einwendungen, wie die Nichtigkeit nach §§ 134, 138 BGB und außerdem rechtsvernichtende Einwendungen, wie die Erfüllung, die Aufrechnung, der Erlass, die Anfechtung und der Rücktritt, wenn die einschlägigen Handlungen und Erklärungen bereits vor der Abtretung erfolgt waren. In diesen Fällen geht die Abtretung von vornherein „ins Leere"; freilich bleibt der Schuldner für die Einwendungen beweisbelastet.[73] Hingegen werden anfänglich einredebehaftete Forderungen vom Zessionar erworben; § 404 BGB hat dann zur Folge, dass sie auch für ihn undurchsetzbar bleiben. 28

Sind Gegenrechte gegen die Forderung erst **nach Abtretung entstanden**, genügt es, wenn sich deren rechtliche Grundlage aus dem Verhältnis zum Zedenten ergibt. § 404 BGB wird insoweit weit ausgelegt. Das gilt etwa für Gestaltungsrechte wie das Rücktrittsrecht, welche schon vor der Abtretung bestanden, aber erst nach dieser ausgeübt werden.[74] § 404 BGB ermöglicht es dem Schuldner aber außerdem, dem Zessionar ein Rücktrittsrecht entgegenzuhalten, das erst nach der Abtretung durch Vertragsverletzung des Zedenten entstanden ist.[75] 29

Anders als etwa nach Art 17 WG kann der Schuldner seine Einwendungen nicht dadurch verlieren, dass der Zessionar die Forderung gutgläubig erwirbt. Etwas anderes gilt nur für die Sonderfälle des § 405 BGB (siehe Rn 16). 30

bb) Schutz des Vertrauens des Schuldners
Das BGB verlangt vom Zedenten nicht, dass er die Abtretung dem Schuldner anzeigt. Der Schuldner darf ihn daher regelmäßig noch für den richtigen Gläubiger halten. Dementsprechend billigt § 407 Abs 1 Alt 1 BGB dem Schuldner zu, solange an den vermeintlichen Gläubiger zu leisten, als er **keine positive Kenntnis von der Abtretung** 31

---

[72] Siehe dazu Art 1:109–1:111 PEL SC sowie IV.C.–2:107 bis IV.C.–2:109 DCFR, welche Regelungen zum Weisungsrecht des Kunden, zur Warnpflicht des Dienstleisters und zu den daraus jeweils resultierenden Vertragsanpassungen enthalten.
[73] JAUERNIG/STÜRNER § 404 Rn 3.
[74] BGH 6.10.1985 – VIII ZR 287/84, NJW 1986, 919, 920 (Rücktrittserklärung gegenüber dem Zedenten); BGH 23.3.2004 – XI ZR 14/03, NJW-RR 2004, 1347, 1348 (Kündigung aus wichtigem Grund).
[75] SCHLECHTRIEM/SCHMIDT-KESSEL, Schuldrecht AT Rn 788.

hat. Fahrlässige Unkenntnis schließt seine Gutgläubigkeit nicht aus. Der Schuldner kann sich auf die Wirksamkeit seiner **Leistung an den Zedenten** berufen, er muss es aber nicht: § 407 Abs 1 Alt 1 BGB gibt ihm richtigerweise ein Wahlrecht, ob er von seiner Verpflichtung frei werden oder die erbrachte Leistung beim Altgläubiger kondizieren will.[76] Im letzteren Fall muss er dann stattdessen an den Zessionar leisten. Im ersteren kann der Zessionar vom Zedenten – gegebenenfalls neben Ansprüchen aus Verletzung des Verpflichtungsgeschäfts – nach § 816 Abs 2 BGB die Herausgabe des Erlangten fordern. § 407 Abs 1 Alt 2 BGB erstreckt diese Wirkungen auch auf **sonstige rechtsgeschäftliche Vorgänge** in Ansehung der Forderung, wie etwa den Erlass, den Vergleich oder die Kündigung des zugrunde liegenden Vertrages.[77] Nach § 407 Abs 2 BGB muss der Zessionar außerdem ein **Urteil über die Forderung** aus einem Rechtsstreit gegen sich gelten lassen, für welchen vor Kenntnis des Schuldners von der Abtretung die Rechtshängigkeit eingetreten ist (zum Zusammenspiel mit § 325 ZPO s MünchKommZPO/GOTTWALD § 325 Rn 13 ff BGB).

32 § **408 BGB** erweitert den von § 407 BGB begründeten Schuldnerschutz auf **bestimmte Fälle mehrfacher Abtretung derselben Forderung durch den Gläubiger**: nach Abs 1 wird der Schuldner zunächst in seinem Vertrauen in die Rechtsstellung eines zweiten Zessionars geschützt, solange er von der ersten Abtretung keine Kenntnis hat. Nach Abs 2 gilt Entsprechendes, wenn der zweite Forderungsübergang nicht im Wege der Abtretung, sondern durch einen gerichtlichen Überweisungsbeschluss (Alt 1) oder durch eine *cessio legis* (Alt 2) erfolgt. Im letzten Fall muss freilich der bisherige Gläubiger die *cessio legis* dem „Zweiterwerber" gegenüber anerkannt haben; wegen des klaren Wortlauts der Vorschrift folgt weder aus ihrem Zweck, noch aus der Verweisung in § 412 BGB eine Erstreckung von § 408 BGB auf sämtliche Fälle der *cessio legis* im Wege einer entsprechenden Anwendung;[78] vielmehr fehlt es ohne Anerkenntnis am erforderlichen Rechtsschein.

33 Zwei **Sonderfälle zur Aufrechnung** regelt der schwer verständlich formulierte § **406 BGB**, dem folgende Ausgangslage zugrunde liegt: Auf eine bereits vor der Abtretung erklärte Aufrechnung kann sich der Schuldner ohnehin nach § 404 BGB berufen. § 407 BGB erlaubt darüber hinaus eine Aufrechnung, die nach der Abtretung, aber in Unkenntnis derselben, erfolgt. § 406 BGB eröffnet dem Schuldner nunmehr sogar die Aufrechnung in Kenntnis der Abtretung, soweit vor Kenntniserlangung ein schutzwürdiges Vertrauen in die Aufrechnungsmöglichkeit bestanden hat. Grundregel ist dabei der Fortbestand der Aufrechnungsmöglichkeit trotz der Abtretung. Jedoch fehlt es an der Schutzwürdigkeit, wenn der Schuldner beim Erwerb der Gegenforderung bereits Kenntnis von der Abtretung hatte (Alt 1) oder wenn er wegen der späteren Fälligkeit der Gegenforderung nicht hinreichend sicher damit rechnen durfte, dass jemals eine Aufrechnungslage entstehen würde (Alt 2).

34 Einen ganz anderen Fall des Vertrauensschutzes regelt § **409 BGB**. Hier wird der Schuldner durch **Anzeige** (Abs 1 S 1) **oder Urkundenvorlage** (Abs 1 S 2) über eine Abtretung informiert, die tatsächlich nicht stattgefunden hat oder nicht wirksam ge-

---

[76] BGH 19.10.1987 – II ZR 9/87, BGHZ 102, 68, 71 f; zur früheren Problematik siehe VOLSHAUSEN, Gläubigerrecht und Schuldnerschutz bei Forderungsübergang und Regress (1988) 92 ff.

[77] Siehe den Überblick bei STAUDINGER/BUSCHE (2017) § 407 Rn 14.

[78] AA STAUDINGER/BUSCHE (2017) § 408 Rn 6; wie hier BGH 17.12.1953 – III ZR 95/52, BGHZ 11, 298, 302.

worden ist. § 409 BGB erlaubt dem Schuldner nunmehr gemäß dieser Information zu verfahren. Dabei schadet dem Schuldner auch positive Kenntnis nicht: die Rechtsscheinwirkung der Anzeige kann nämlich nur unter den Voraussetzungen von § 409 Abs 2 BGB beseitigt werden.[79] Dem „Scheinzedenten" kann allenfalls in Ausnahmefällen mit § 826 BGB geholfen werden.

cc) Schuldnerschutz durch vertraglichen Abtretungsausschluss

Gegen die nachteiligen Folgen einer Abtretung kann sich der Schuldner grundsätzlich auch durch ein *pactum de non cedendo* nach § 399 Alt 2 BGB schützen. Eine solche Vereinbarung beseitigt die Abtretbarkeit der Forderung und lässt etwaige Abtretungsversuche ins Leere laufen.[80] Die Vorschrift ist damit eine Ausnahme vom generellen Ausschluss rechtsgeschäftlicher Verfügungsverbote nach § 137 S 1 BGB.[81] Der Ausnahmecharakter zeigt sich etwa darin, dass § 399 Alt 2 nur Abtretungsausschlüsse zwischen den Parteien des Ausgangsverhältnisses ermöglicht; der mit einem Dritten vereinbarte Zessionsausschluss ist nach § 137 S 1 BGB unwirksam.[82]

35

Die **Wirkungen** vertraglicher Abtretungsverbote sind freilich **begrenzt**: zunächst einmal ist der Schuldner nicht daran gehindert, eine verbotswidrige Abtretung nachträglich zu genehmigen;[83] das folgt aus dem Charakter von § 399 Alt 2 BGB als Verfügungsverbot, auf welches die §§ 182 ff BGB gemäß § 135 Abs 2 BGB entsprechende Anwendung finden. Eine solche Genehmigung wirkt auf den Zeitpunkt der Abtretung zurück. Die Unabtretbarkeit der Forderung kann ferner nach § 405 Alt 2 BGB überwunden werden. Dazu ist erforderlich, dass die Abtretung unter Vorlegung einer Urkunde erfolgt, welche der Schuldner über die Schuld ausgestellt hat. Außerdem darf der Zessionar weder Kenntnis vom vertraglichen Abtretungsausschluss haben, noch über diesen fahrlässigerweise in Unkenntnis sein („kennen müssen": § 122 Abs 2 BGB). § 405 Alt 2 BGB zählt insoweit zu den in § 135 Abs 2 BGB berufenen Vorschriften.

36

Die verbreitete Praxis vertraglicher Abtretungsverbote – nicht zuletzt der öffentlichen Hand – **bedroht den Einsatz der Forderung zu Refinanzierungszwecken**.[84] Der Gesetzgeber hat sich daher veranlasst gesehen, mit der Einführung von § 354a HGB im Jahre 1994[85] die Reichweite von § 399 Alt 2 BGB drastisch zu beschneiden. Ist das der abgetretenen Forderung zugrunde liegende Rechtsgeschäft für beide Teile ein Handelsgeschäft oder ist die öffentliche Hand Schuldnerin der Forderung, so ist auch eine gegen ein vertragliches Abtretungsverbot nach § 399 Alt 2 BGB verstoßende Abtretung wirksam[86]. Die Vorschrift nimmt daher dem Abtretungsverbot seine dingliche Wir-

37

---

[79] So richtig RG 12.9.1929 – VII 188/29, RGZ 126, 183, 185; kritisch STAUDINGER/BUSCHE (2012) § 409 Rn 29.
[80] BGH 31.10.1990 – IV ZR 24/90, BGHZ 112, 387, 389 f; WAGNER, Vertragliche Abtretungsverbote im System zivilrechtlicher Verfügungshindernisse (1994) 78 f mwNw.
[81] STAUDINGER/KOHLER (2017) § 137 Rn 17.
[82] STAUDINGER/KOHLER (2017) § 137 Rn 19.
[83] So richtig MEDICUS/LORENZ, Schuldrecht I Rn 761; aA BGHZ 108, 172, 176; zum Streit insgesamt WAGNER, Vertragliche Abtretungsverbote im System zivilrechtlicher Verfügungshindernisse (1994) 200 ff, 313 ff, 393 ff; BERGER, Rechtsgeschäftliche Verfügungsbeschränkungen (1998) 297 ff.
[84] STAUDINGER/BUSCHE (2017) § 399 Rn 56 und 69.
[85] Die Regelung erfolgte in Anlehnung an Art 6 der UNIDROIT-Konvention über das internationale Factoring vom 28.5.1988.
[86] Der Zedent darf aber dennoch nicht erklären, er verfüge trotz Abtretungsverbotes unbeschränkt über die abzutretende Forderung, vgl BGH 22.1.2015 – III ZR 10/14, BeckRS 2015, 2354. Fraglich bleibt, ob der Zedent über vereinbarte Abtretungsverbote informieren muss.

kung.⁸⁷ Allerdings belässt ihr S 2 dem Schuldner eine wichtige Möglichkeit, sich vertraglich gegen die Folgen einer Abtretung zu schützen: über die §§ 406–408 BGB hinaus kann der Schuldner – eine entsprechende Vereinbarung vorausgesetzt – auch in voller Kenntnis der Abtretung noch an den Zedenten leisten.⁸⁸ Diese dem Zedenten verbleibende Empfangszuständigkeit darf freilich nicht mit der für ihn verlorenen Einzugsermächtigung verwechselt werden. Daher ist es dem Zedenten auch verwehrt, dinglich wirkende Rechtsgeschäfte in Ansehung der Forderung vorzunehmen.⁸⁹ Im Fall der Leistung an den Zedenten kann der Zessionar gegen diesen nach § 816 Abs 2 BGB vorgehen und gegebenenfalls zusätzlich Ansprüche aus dem der Zession zu Grunde liegenden Verpflichtungsgeschäft geltend machen.⁹⁰

f) Sicherungszession

38 Die Entbehrlichkeit einer Anzeige der Abtretung an den Schuldner fördert den Einsatz der **Abtretung als Sicherungsmittel** (Sicherungszession). Insbesondere weist sie damit erhebliche Vorteile gegenüber der Forderungsverpfändung nach §§ 1273 ff BGB auf, welche nach § 1280 BGB zu ihrer Wirksamkeit der Anzeige bedarf. Durch die Sicherungszession wird der Sicherungsnehmer Forderungsinhaber; jedoch ist seine Inhaberschaft nur eine treuhänderische und sie wird auf schuldrechtlicher Ebene durch die Sicherungsabrede gesteuert. Die Sicherungsabrede regelt insbesondere den Sicherungszweck, das heißt die zu sichernde Forderung und den Sicherungsfall sowie die Voraussetzungen für eine Verpflichtung zur Rückgewähr. Möglich ist die Sicherungszession nicht nur bei Forderungen, sondern auch bei anderen zedierbaren Vermögensrechten.⁹¹

39 Praktisch bedeutsam ist die Sicherungszession zum einen beim **verlängerten Eigentumsvorbehalt**, zum anderen bei der Globalzession. Der Käufer von Ware unter Eigentumsvorbehalt ist nach einer solchen Vereinbarung zwar grundsätzlich zum Weiterverkauf der Ware befugt, jedoch tritt er im Gegenzug für die Berechtigung die künftige Forderung aus dem Weiterverkauf ab. Die Weiterverkaufsberechtigung steht dabei regelmäßig unter dem Vorbehalt, dass diese Vorausabtretung auch gelingt. Hier kann es zu schwierigen Fragestellungen kommen, wenn der Eigentumsvorbehaltskäufer seine Außenstände insgesamt seinerseits als Kreditunterlage verwendet hat: die Kollision von Globalzession (siehe sogleich) und verlängertem Eigentumsvorbehalt wird in erster Linie nach dem Grundsatz der zeitlichen Priorität entschieden, wobei allerdings dieser Prioritätsgrundsatz in großem Umfange korrigiert wird.⁹²

40 Setzt der Gläubiger zum anderen nicht nur einzelne Forderungen als Kreditsicherheit ein, sondern seinen gesamten Forderungsbestand oder einen hinreichend abgegrenzten Anteil davon, so spricht man von einer **Globalzession**. Eine solche Globalzession ist

---

⁸⁷ MünchKommHGB/K Schmidt § 354a Rn 16.
⁸⁸ Zu den Einzelheiten siehe Münch-KommHGB/K Schmidt § 354a Rn 18 ff.
⁸⁹ BGH 3.11.2008 – VII ZR 188/07, NJW 2009, 438 Rn 14 ff (kein wirksamer Vergleich zwischen Schuldner und Zedenten über die Forderung).
⁹⁰ Im Innenverhältnis wird vielfach ein Rechtsmangel nach §§ 435, 453 BGB vorliegen. Ein Factor wird sich freilich wegen § 442 nicht auf diesen Mangel berufen können. Vergleiche auch die von der herrschenden Meinung völlig abweichende Konzeption von Seggewisse NJW 2008, 3256 ff (gestörte Gesamtgläubigerschaft).
⁹¹ Für die Sicherungszession bei Markenrechten s Brämer, Die Sicherungsabtretung von Markenrechten (2005).
⁹² Zu den Einzelheiten Staudinger/Busche (2017) Einl 97 ff zu §§ 398 ff; siehe auch Nordhues, Globalzession und Prioritätsprinzip (1994).

rechtspolitisch nicht unproblematisch: einerseits liefert sie den Zedenten dem Zessionar weitgehend aus, indem diesem Mittel in die Hand gegeben werden, jenen zu kontrollieren („Knebelungsgefahr"). Andererseits bedroht die Globalzession auch die Gläubiger des Zedenten, deren Zugriff wichtige Teile des Zedentenvermögens entzogen sind.

Die rechtspolitische Problematik der Globalzession schlägt sich in der Neigung der Rechtsprechung nieder, deren Wirksamkeit durch eine Anwendung des § 138 BGB zu schmälern.[93] Auf diese Weise hat sie etwa die Kollision mit dem verlängerten Eigentumsvorbehalt zu bewältigen versucht.[94] Auch die zur Knebelung und Übersicherung führende Globalzession wurde lange Zeit unter Nichtigkeitsdrohungen nach § 138 BGB sowie §§ 6, 9 AGBG aF (jetzt §§ 306, 307 BGB) gestellt. Der Zessionar sollte dieser Unwirksamkeitsandrohung nur bei Vereinbarung bestimmter Freigabeklauseln entgehen können; im Einzelnen war hier vieles streitig. Die damit verbundenen zahlreichen Streitfragen und Unsicherheiten hat der Große Senat für Zivilsachen des Bundesgerichtshofes in seiner Entscheidung von 27.11.1997[95] weitgehend beseitigt: danach hat der abtretende Sicherungsgeber **im Falle der Übersicherung** *ex lege* **einen Anspruch auf Freigabe**, das heißt Rückabtretung, gegen den Zessionar. Die ausdrückliche Vereinbarung eines solchen Freigabeanspruchs ist hingegen keine Voraussetzung der Wirksamkeit der Globalzession mehr.[96] Auf diese Weise hat der Bundesgerichtshof das Damoklesschwert der Nichtigkeit weitgehend von der Globalzession genommen. **41**

Wegen des von der gewöhnlichen Zession abweichenden Zweckes der Sicherungsabtretung ändert sich die Position des Zessionars: dieser soll nämlich nicht einfach in die Position des Zedenten eintreten, sondern lediglich für den Eintritt des Sicherungsfalls ein Vorzugsrecht am Sicherungsgegenstand, dem Anspruch, erhalten. Dementsprechend ist auf der **Rechtsfolgenseite von Pflichtverletzungen** zunächst auf den Zedenten und nicht wie nach allgemeinen Regeln (siehe oben Rn 20 ff) **auf den Zessionar abzustellen**. Insbesondere bleibt die Position des Zedenten für die Schadensberechnung maßgebend,[97] wobei gegebenenfalls auf die Grundsätze der Drittschadensliquidation zurückzugreifen ist.[98] Dies **ändert** sich freilich **mit dem Sicherungsfall**. Mit diesem verliert die eingeräumte Rechtszuständigkeit ihren treuhänderischen Charakter, so dass – unabhängig vom Ausgleich eines etwa entstehenden Übererlöses – der Sicherungszessionar für die Bestimmungen der Rechtsfolgen von Pflichtverletzungen maßgebend wird. **42**

g) Cessio Legis und hoheitliche Forderungszuweisung
Das deutsche Recht kennt zahlreiche Fälle der Übertragung einer Forderung kraft Gesetzes *(cessio legis)*.[99] Zu diesen zählen etwa die §§ 268 Abs 3, 426 Abs 2, 774 Abs 1 BGB, sowie eine Reihe von Forderungsübergängen im Kontext von Pfandrechten **43**

---

[93] Zu den Folgen einer Nichtigkeit nach § 138 BGB für die Anwendung der Schuldnerschutzregeln der §§ 404 ff BGB siehe HOFFMANN WM 2011, 433 ff.
[94] BGH 8.10.1986 – VIII ZR 342/85, BGHZ 98, 303, 307 ff.
[95] BGH 27.11.1997 – GSZ 1/97, BGHZ 137, 212.
[96] Zu den Einzelheiten siehe STAUDINGER/BUSCHE (2017) Einl 78 ff zu §§ 398 ff.
[97] So zutreffend BGH 9.2.2006 – I ZR 70/03, NJW 2006, 1662 Rn 11 (für den Verzögerungsschaden).
[98] BGH 9.2.2006 – I ZR 70/03, NJW 2006, 1662 f Rn 11.
[99] Grundlegend hierzu vKOPPENFELS-SPIES, Die cessio legis (2006); siehe ferner SCHIMS, Der gesetzliche Forderungsübergang (2006).

(§§ 1143 Abs 1, 1150, 1225, 1249 BGB). Auch im Übrigen enthalten das Bürgerliche Gesetzbuch, sowie zahlreiche sondergesetzliche Vorschriften Regelungen, welche eine *cessio legis* anordnen.[100] § 412 BGB ordnet an, dass auf solche von Gesetzes wegen erfolgenden Forderungsübergänge die **Abtretungsregeln weitgehend Anwendung** finden. Das gilt insbesondere für die Grenzen der Abtretbarkeit der Forderung nach §§ 399, 400 BGB. Ebenfalls anzuwenden sind die Vorschriften des Schuldnerschutzes nach §§ 404, 406–410 BGB. Keine Anwendung finden hingegen mit §§ 398 und 405 BGB diejenigen Vorschriften, welche sich auf den rechtsgeschäftlichen Charakter der Abtretung beziehen.[101]

44 Über den **Wortlaut** der Vorschrift **hinaus** findet § 412 BGB grundsätzlich auch auf die Übertragung einer gepfändeten Forderung durch **gerichtlichen Übertragungsbeschluss** nach § 835 ZPO Anwendung.[102] Allerdings kommt wegen der Besonderheit der Forderungsvollstreckung nur die Anwendbarkeit eines Teils der in § 412 BGB genannten Vorschriften in Betracht; das gilt insbesondere für die §§ 399, 400, 404, 407, 408 BGB. Ebenfalls findet § 412 BGB entsprechende Anwendung auf die **Überleitung von Ansprüchen durch Verwaltungsakt**, wie sie in einer Reihe sozial- und sozialversicherungsrechtlicher Vorschriften vorgesehen ist.[103] Auch hierbei sind freilich Ausnahmen von abtretungsrechtlichen Vorschriften zu machen. Dies gilt insbesondere für bestimmte Bereiche der §§ 399 Alt 2, 400 BGB.

2. Schuldübernahme

a) Allgemeines

45 Das deutsche bürgerliche Recht gestattet auch die Auswechslung des Schuldners, das heißt die Begründung der Schuldnerstellung in einer neu hinzutretenden dritten Person bei gleichzeitiger Befreiung des bisherigen Schuldners **(befreiende oder privative Schuldübernahme)**.[104]

46 Von **praktischer Bedeutung** ist die befreiende Schuldübernahme zunächst in familiären Kontexten, wo freilich zahlreiche familienrechtliche Sonderregelungen eingreifen. In Betracht kommt ein Rückgriff auf §§ 414 ff BGB ferner, wenn eine zunächst eingetretene Handelndenhaftung nach § 11 Abs 2 GmbHG oder § 41 Abs 1 S 2 AktG nach Entstehung der Rechtsfähigkeit unter Befreiung des Handelnden von der Gesellschaft übernommen werden soll.[105] Wichtiger noch ist die Schuldübernahme im Zusammenhang mit der Rechtsnachfolge Dritter in einzelne Gegenstände, Vermögensteile oder das gesamte Vermögen des Schuldners. In Fällen dieser Art hat der bisherige Schuldner regelmäßig kein Interesse mehr daran, für solche Schulden einzustehen, die sich auf die übertragenen Güter beziehen. Dem Gläubiger hingegen muss daran gelegen sein, künftig auch auf den neuen Inhaber der Gegenstände zugreifen zu können und

---

[100] Siehe Nw bei STAUDINGER/BUSCHE (2017) § 412 Rn 7 und 8; zu den schwierigen Folgen der dabei häufig auftretenden Gläubigerschutzklauseln (etwa § 774 Abs 1 S 2 BGB, § 426 Abs 2 S 2 BGB, § 268 Abs 3 S 2 BGB) siehe ZEISING WM 2010, 2204 ff.
[101] Zu den Einzelheiten vKOPPENFELS-SPIES, Die cessio legis (2006) 214 ff.
[102] RG 9.3.1917 – Rep. II. 504/16, RGZ 89, 214, 215; ZÖLLER/STÖBER § 835 ZPO Rn 8.
[103] Etwa § 332 SGB III oder § 93 SGB XII. Hingegen regelt § 116 SGB X einen Fall der *cessio legis*, sodass es eines überleitenden Verwaltungsakts nicht bedarf.
[104] Für das Europäische Vertragsrecht siehe Art 12:101 ff PECL sowie III.–5:201 DCFR.
[105] Vgl BGH 9.3.1998 – II ZR 366–96, NJW 1998, 1645.

H. Gläubiger und Schuldner: Mehrheit und Wechsel

sich so seine Haftungsmasse zu erhalten. Für den Fall der Übertragung des Vermögens als Ganzes hatte der Gesetzgeber von 1896 konsequenterweise im § 419 aF eine *ipso iure* eintretende Haftung des Übernehmers angeordnet. Nach dessen rechtspolitisch gebotener Aufhebung durch die 1999 in Kraft getretene Insolvenzrechtsreform beschränkt sich der Schutz der Gläubiger nunmehr auf die Anfechtungsrechte nach §§ 129 ff InsO und §§ 1 ff AnfG.[106] Daneben kommen ihnen auch die Erwerberhaftung nach §§ 25 ff HGB, sowie die Regeln über das Schicksal von Arbeitsverhältnissen nach Betriebsübergang nach § 613a BGB zugute. Für den übernehmenden Dritten kann das Interesse an der Schuldübernahme in einer Anrechnung auf den Kaufpreis bestehen.

Außer der privativen Schuldübernahme kennt das deutsche Recht auch die **kumulative Schuldübernahme (Schuldbeitritt)**, die freilich gesetzlich nicht gesondert geregelt ist. Beim Schuldbeitritt wird der Altschuldner nicht befreit, vielmehr tritt der Neuschuldner neben diesen; es entsteht eine gesamtschuldnerische Haftung (siehe Rn 95 ff). Von beiden Formen der Schuldübernahme zu unterscheiden ist ferner die Erfüllungsübernahme nach § 329 BGB, bei welcher sich der Übernehmende nicht dem Gläubiger, sondern nur dem Schuldner verpflichtet. Der Gläubiger erhält dabei keinen eigenen Anspruch.

b) Voraussetzungen der befreienden Schuldübernahme

Die §§ 414, 415 BGB regeln die Voraussetzungen der privativen Schuldübernahme in Parallele zur Abtretung: sie ist daher eine **Verfügung über die Passivseite der Forderung**. § 414 BGB regelt insoweit den Grundfall: die Schuldübernahme erfolgt durch Vertrag zwischen dem Neuschuldner und dem Gläubiger. Einer Beteiligung des Altschuldners bedarf es nicht. Ob er die Schuldbefreiung analog § 333 BGB zurückweisen kann,[107] ist umstritten. Richtigerweise ergibt sich jedoch aus der Wertung des § 267 Abs 1 S 2 BGB, dass sich der Schuldner gegen eine von dritter Seite ausgehende Schuldbefreiung nur im Zusammenspiel mit dem Gläubiger wehren kann. Allerdings wird eine solche Befreiung des Schuldners regelmäßig ohne Rechtsgrund erfolgt sein, so dass den befreiten Altschuldner ein Bereicherungsanspruch des Neuschuldners nach § 812 Abs 1 S 1 Alt 2 BGB (Rückgriffskondiktion) trifft.[108] Bisweilen wird auch ein Rückgriff des Neuschuldners nach den Regeln über die Geschäftsführung ohne Auftrag möglich sein. Zum Schutz des Altschuldners in dieser Situation siehe Rn 61.

Aus der Vereinbarung zwischen Gläubiger und Neuschuldner muss sich ein **eindeutiger „Schuldentlassungswille"** des Gläubigers ergeben.[109] An dessen Feststellung sind hohe Anforderungen zu stellen, wie sich aus der gesetzlichen Wertung in § 415 Abs 2 S 2 BGB ergibt. Insbesondere trifft den Gläubiger keine Pflicht oder Obliegenheit zur ausdrücklichen Ablehnung der Schuldentlassung (§ 416 Abs 1 S 2 BGB *e contrario*).[110] Hingegen bedarf die privative Schuldübernahme grundsätzlich keiner Form. Die gesetzlichen Formvorschriften hinsichtlich der übernommenen Verpflichtung finden auf die Verfügung nach § 414 BGB grundsätzlich keine Anwendung. Etwas anderes gilt

---

[106] Zu § 419 aF und den rechtspolitischen Implikationen seiner Aufhebung vgl SCHLECHTRIEM/SCHMIDT-KESSEL, Schuldrecht AT Rn 824; STAUDINGER/RIEBLE (1999) § 419 Rn 1 ff.
[107] Dafür vor allem LARENZ, Schuldrecht I § 33 I.
[108] STAUDINGER/BITTNER (2014) § 267 Rn 32;

DÖRNER, Dynamische Relativität (1985) 130 f; SCHLECHTRIEM, Schuldrecht BT Rn 763 f; SCHLECHTRIEM, Restitution und Bereicherungsausgleich in Europa, II, Kapitel 7 Rn 156 ff.
[109] BGH 9.3.1998 – II ZR 366–96, NJW 1998, 1645; STAUDINGER/RIEBLE (2017) § 414 Rn 54.
[110] STAUDINGER/RIEBLE (2017) § 414 Rn 60.

freilich soweit der Zweck dieser Vorschriften eine entsprechende Anwendung fordert. Dies ist etwa der Fall bei § 766 BGB und bei § 311b Abs 1 BGB (nur) für das Übernehmen einer Veräußerungs- oder Erwerbspflicht.[111] Die Anwendbarkeit von § 492 BGB ist umstritten.[112] Hingegen findet § 518 Abs 1 BGB auf die privative Schuldübernahme keine Anwendung: der Formzweck bezieht sich hier gerade nicht auf den Gegenstand der Leistung, sondern auf die Unentgeltlichkeit der Verfügung.

50 Die §§ 414 ff BGB enthalten anders als §§ 399 f BGB für die Abtretung keine Regelung über die **Sukzessionsfähigkeit der Forderung. § 399 BGB** ist insoweit **entsprechend** anwendbar. Insbesondere kann sich der Schuldner durch eine vorherige Vereinbarung schützen.[113] Außerdem finden sich gelegentlich spezielle Ausschlüsse der privativen Schuldübernahme, etwa in § 4 BetrAVG,[114] § 19 Abs 2 S 1 GmbHG und § 66 Abs 1 AktG,[115] sowie §§ 1360a Abs 3 BGB, 1614 Abs 1 BGB.[116]

51 Die vorstehenden Ausführungen gelten grundsätzlich auch für die privative Schuldübernahme nach **§ 415 BGB**. Nach dieser Vorschrift kann die Schuldübernahme auch durch **Vertrag zwischen Altschuldner und Neuschuldner** herbeigeführt werden. Allerdings bedarf es zu deren Wirksamkeit dann der **Genehmigung des Gläubigers**. Die Formulierung von § 415 Abs 1 S 1 BGB entspricht im Kern denjenigen der §§ 108 Abs 1, 177 Abs 1 und 185 Abs 1 BGB. Dies geht auf das zutreffende Verständnis der Gesetzesverfasser von der Verfügung über die Passivseite der Forderung zurück und beherrscht bis heute das Verständnis der herrschenden Lehre (**Verfügungstheorie**). Nach der Gegenauffassung, der so genannten **Vertragstheorie**, wird ein Vertragsschluss zwischen Gläubiger und Neuschuldner konstruiert, so dass § 415 BGB letztlich nur als ein Unterfall des § 414 BGB erscheint: in der nach § 415 Abs 2 S 1 BGB erforderlichen Mitteilung der Schuldübernahme an den Gläubiger liegt demnach ein Angebot im Sinne von § 145 BGB, welches der Gläubiger durch seine Genehmigung „annimmt".[117]

52 Die **praktischen Konsequenzen dieses Theorienstreits** sind schon deshalb nicht unerheblich, weil auch die Lösungen der einzelnen mit ihm verknüpften Rechtsprobleme konstruktiv erklärt sein wollen. So ist eine Genehmigung durch den Gläubiger stets formfrei (§ 182 Abs 2 BGB) und wirkt auf den Zeitpunkt des Abschlusses des Übernahmevertrages zurück (§ 184 Abs 1 BGB), während ein entsprechender Vertragsschluss nach § 414 BGB nur *ex nunc* wirkt und gegebenenfalls Formerfordernissen unterworfen ist; vgl Rn 49. Die Verfügungstheorie eröffnet außerdem die Konvaleszenz auch in den übrigen Fällen des § 185 Abs 2 BGB sowie die Möglichkeit einer vorherigen Einwilligung des Gläubigers. Vor allem aber begründet die Unwirksamkeit oder die Anfechtbarkeit des Vertrages zwischen Altschuldner und Neuschuldner das Scheitern einer befreienden Schuldübernahme nach § 415 BGB; allerdings wird man in Fällen

---

[111] STAUDINGER/RIEBLE (2017) § 414 Rn 73; anders für die Übernahme der Kaufpreisschuld mit Recht RG 1.11.1921 – Rep. VI. 195/21, RGZ 103, 154, 156 und ihm folgend STAUDINGER/RIEBLE (2017) § 414 Rn 73.
[112] Dafür STAUDINGER/KESSAL-WULF (2012) § 491 Rn 22, § 492 Rn 19 und die herrschende Lehre; dagegen mit beachtlichen Gründen STAUDINGER/RIEBLE (2017) § 414 Rn 82.
[113] So richtig STAUDINGER/RIEBLE (2017) § 414 Rn 46 f.
[114] So richtig STAUDINGER/RIEBLE (2017) § 414 Rn 89 f (auch zu weiteren Einzelheiten).
[115] RG 13.3.1934 – II 225/33, RGZ 144, 138, 148.
[116] BGH 15.1.1986 – IVb ZR 6/85, NJW 1986, 1167, 1168.
[117] In diesem Sinne etwa HECK, Grundriß des Schuldrechts 223 ff.

dieser Art den Parteierklärungen („Mitteilung" und „Genehmigung") regelmäßig eine Einigung im Sinne von § 414 BGB entnehmen können.

Man wird den Streit nicht nur aus den historischen Gründen **zugunsten der Verfügungstheorie** zu entscheiden haben: zwar ist auch diese nicht ohne Schwächen,[118] jedoch handelt es sich hier um einen mit § 362 Abs 2 BGB insoweit vergleichbaren Fall, als der Gesetzgeber in einem Randbereich des Verfügungsbegriffs für eine Klarstellung in dem Sinne gesorgt hat, dass er auch in der Veränderung der Passivseite einer Forderung eine Verfügung sieht. Mögen entsprechende sprachliche Einwände *de lege ferenda* auch überzeugen,[119] so ergibt sich doch aus der systematischen Erfassung der privativen Schuldübernahme als Verfügung des nicht berechtigten Schuldners über die Passivseite der Forderung eine den Rechtsanwender bindende Lösung, welche zur Anwendung insbesondere der §§ 182 ff BGB führt. 53

Bei einer Schuldübernahme nach § 415 BGB hält das Gesetz in dessen Abs 2 S 2 einen **Mechanismus zur Klärung** der bis zur Erteilung oder Verweigerung der Genehmigung ansonsten unklaren Rechtslage vor: **Alt- oder Neuschuldner können dem Gläubiger eine Frist setzen**, innerhalb welcher er sich erklären muss. Sein Schweigen gilt als Verweigerung der Genehmigung. Wie an den Entlassungswillen bei § 414 BGB sind auch hier hohe Anforderungen an die Annahme einer Genehmigung durch den Gläubiger zu stellen. Diese kann zwar durch schlüssiges Verhalten erfolgen,[120] bloßes Schweigen genügt jedoch nicht.[121] § 415 Abs 1 S 2 BGB schließt eine wirksame Genehmigung zwar dann aus, wenn weder Alt- noch Neuschuldner dem Gläubiger die Schuldübernahme mitgeteilt haben. In diesem Fall lässt sich jedoch die Zustimmung des Gläubigers als Einwilligung im Sinne von § 183 BGB auffassen,[122] womit eine vorherige Mitteilung des Schuldners letztlich entbehrlich wird. 54

Einen **praktisch besonders wichtigen Fall** der privativen Schuldübernahme regelt **§ 416 BGB**. Beim **Verkauf eines mit einer Hypothek belasteten Grundstücks** übernimmt der Erwerber vom Veräußerer häufig dessen durch die Hypothek gesicherte Schuld unter Anrechnung auf den Kaufpreis. Für diesen Fall stellt § 416 Abs 1 S 2 BGB unter bestimmten Voraussetzungen das Schweigen des Gläubigers der Genehmigung der zwischen Veräußerer (Altschuldner) und Erwerber (Neuschuldner) vereinbarten Schuldübernahme gleich. Darin und in der Benennung der Voraussetzungen dieses Sonderfalls liegt der einzige Zweck dieser unglücklich formulierten Vorschrift. Haben Gläubiger und Erwerber ohnehin eine Schuldübernahme nach § 414 BGB vereinbart, kommt es auf den § 416 BGB nicht an. Seine besondere Fiktionswirkung setzt voraus, dass der Veräußerer (nicht der Erwerber, siehe Abs 3) dem Gläubiger die Schuldübernahme unter Einhaltung der besonderen formalen Voraussetzungen nach § 416 Abs 2 BGB mitteilt. Eine Genehmigung oder deren Verweigerung nach § 415 BGB bleibt aber möglich. Lediglich die Verweigerungsfiktion nach dessen Abs 2 S 2 ist ausgeschlossen, sofern die Mitteilung den Anforderungen des § 416 BGB genügt. Ausgeschlossen ist außerdem eine zur Verweigerungsfiktion führende Fristsetzung des Er- 55

---

[118] Vgl STAUDINGER/RIEBLE (2017) § 415 Rn 8.
[119] Vgl DÖRNER, Dynamische Relativität (1985) 179 ff; ihm folgend STAUDINGER/RIEBLE (2017) § 415 Rn 9 ff.
[120] RG 21.11.1931 – V 185/31, RGZ 134, 185, 188; BGH 15.1.75 – VIII ZR 235/73, WM 1975, 331, 332 (jeweils Genehmigung durch Klageerhebung gegen den Neuschuldner).
[121] BGH 21.3.1996 – IX ZR 195/95, ZIP 1996, 845, 846.
[122] RG 3.5.1905 – Rep. V. 520/04, RGZ 60, 415, 416.

werbers (Neuschuldners).¹²³ Die – früher streitige – Anwendbarkeit von § 416 BGB auf die nichtakzessorische Sicherungsgrundschuld darf heute als gesichert gelten.¹²⁴

c) **Wirkungen der befreienden Schuldübernahme**

56 Der Neuschuldner **übernimmt die Schuld so, wie sie vor der Übernahme bestand**. Zu seinem Schutz kann er sich daher gegenüber dem Gläubiger auf die Einwendungen aus dessen Verhältnis zum Altschuldner berufen (§ 417 Abs 1 S 1 BGB). Das gilt zunächst für sämtliche **Einwendungen**, die bei Vereinbarung der Schuldübernahme bestanden haben. Sehr umstritten ist freilich, ob sich der Neuschuldner auch auf solche Umstände berufen kann, welche dem Altschuldner ein **schuldbeseitigendes Gestaltungsrecht** an die Hand geben: obgleich diese Gestaltungsrechte bei der Schuldübernahme nicht – notwendig – auf den Neuschuldner übergehen, ist diese Frage zu bejahen. Dies ergibt sich einerseits aus dem Zweck des § 417 Abs 1 S 1 BGB und andererseits systematisch aus der gesonderten Erwähnung der Aufrechnungsproblematik in § 417 Abs 1 S 2 BGB.¹²⁵ Dass die Aufrechnung selbst ausgeschlossen ist, schadet dem Neuschuldner freilich nicht, stehen ihm doch die parallel zur Aufrechnungslage ohnehin gegebenen Einreden des Altschuldners nach §§ 273, 320 BGB zur Verfügung.¹²⁶ Einwendungen aus einem etwaigen eigenen Rechtsverhältnis mit dem Altschuldner kann der Neuschuldner dem Gläubiger hingegen nicht entgegenhalten.

57 **Schutzbedürftig sind auch Drittsicherungsgeber**: mit der Auswechslung des Schuldners verändert sich das Risiko, im Sicherungsfall vom Gläubiger in Anspruch genommen zu werden. **§ 418 BGB** eröffnet ihnen daher ein Wahlrecht: Grundsätzlich werden die Drittsicherungsgeber von ihrer Haftung frei, es sei denn, sie willigen in die Schuldübernahme ein.

58 Nach § 418 Abs 1 S 1 BGB erlöschen **Bürgschaften und Pfandrechte**. Für **Hypotheken** führt S 2 funktional ebenfalls zur Beseitigung der Haftung des bisherigen Gegenstandes; die Konstruktion des Rechtsfolgenverweises auf den Hypothekenverzicht (§§ 1168, 1175 BGB) führt jedoch dazu, dass die Hypothek – anders als bei der Aufhebung nach § 1183 BGB und dem Eigentümer den Rang wahrend – als Eigentümergrundschuld erhalten bleibt. Die Anwendbarkeit von § 418 BGB auf **andere als die dort genannten Sicherheiten** ist im Einzelnen umstritten.¹²⁷ Weitgehende Einigkeit besteht jedenfalls dahingehend, dass sich der Grundgedanke der gesetzlichen Regelung auch bei der Sicherungsgrundschuld, der Sicherungsübereignung und der Sicherungsabtretung nutzbar machen lässt.¹²⁸ Allerdings führt die Schuldübernahme mangels Akzessorietät dieser Sicherheit nicht zu deren Erlöschen. Jedoch begründet die Analogie zu § 418 Abs 1 BGB einen – dispositiven – Rückgewähranspruch aus der Sicherungsvereinbarung; mit anderen Worten: Die Rechtsordnung geht davon aus, dass sich die

---

¹²³ STAUDINGER/RIEBLE (2017) § 416 Rn 43.
¹²⁴ STAUDINGER/RIEBLE (2017) § 416 Rn 14; zurückhaltender NÖRR/SCHEYHING/PÖGGELER, Sukzessionen (1999) 235 („immer noch nicht völlig außer Streit").
¹²⁵ Wie hier MünchKomm/BYDLINSKI § 417 Rn 4; STAUDINGER/RIEBLE (2017) § 417 Rn 13 f.
¹²⁶ Für das Wahlrecht des Altschuldners zwischen Aufrechnung und Einrede siehe NK-BGB/SCHMIDT-KESSEL § 273 Rn 37.

¹²⁷ Siehe STAUDINGER/RIEBLE (2017) § 418 Rn 9 ff (für einen flächendeckende Analogie); dazu auch FRIEDERICH, Die Stellung des Sicherungsgebers bei der privativen Schuldübernahme nach § 418 Abs 1 BGB (1996) 117 ff.
¹²⁸ BGH 1.10.1991 – XI ZR 186/90, BGHZ 115, 241, 243 ff; NÖRR/SCHEYHING/PÖGGELER, Sukzessionen (1999) 250; SCHLECHTRIEM/SCHMIDT-KESSEL, Schuldrecht AT Rn 814; STAUDINGER/RIEBLE (2017) § 418 Rn 15 f.

Sicherungsabrede ohne besondere Vereinbarung mit dem Sicherungsgeber nicht auf die Forderung gegen den Neuschuldner erstreckt.

Der **Drittsicherungsgeber** ist **nicht schutzwürdig**, wenn er in die Schuldübernahme und 59 damit in die Erstreckung der Sicherheit auch auf die Verpflichtung des Neuschuldners **einwilligt** (§ 418 Abs 1 S 3 BGB). Überaus umstritten ist die Frage, ob neben dem Wortlaut der Vorschrift „Einwilligung" auch eine **Genehmigung** durch den Sicherungsgeber ausreicht. Bei der nur in der analogen Anwendung des § 418 BGB erfassten nichtakzessorischen Sicherheit, ist dies zweifellos der Fall: in der Genehmigung liegt dann die Annahme des Angebots zu einer entsprechenden Änderung der Sicherungsabrede. Bei der akzessorischen Sicherheit ist diese Streitfrage nur insoweit von Belang, als es um Fragen der Rangwahrung geht. Da § 418 Abs 1 BGB, wie sich aus der Möglichkeit der Einwilligung, sowie der Rangwahrung nach § 418 Abs 1 S 2 BGB ergibt, aber gerade nicht dem Schutz nachrangiger Sicherungsnehmer dient, gibt es keinen Grund, die Vorschriften nicht über die aus nur konstruktiven Gründen gewählte enge Formulierung hinaus anzuwenden. Entgegen der herrschenden Auffassung[129] bleiben die in § 418 BGB genannten Sicherheiten daher auch dann bestehen, wenn der Drittsicherungsgeber nachträglich genehmigt. Für die Bürgschaft, bei der die Rangfragen keine Rolle spielen, ließe sich dieses Ergebnis ohnehin mit der herrschenden Meinung damit begründen, dass in der Genehmigung des Bürgen dessen Erklärung zum Neuabschluss des Bürgschaftsvertrags – zu den alten Bedingungen – liegt. Ein Unterschied ergäbe sich hier nur insoweit, als die Einwilligung (oder Genehmigung) des Bürgen von manchen Stimmen zu Unrecht für formfrei gehalten wird.[130]

§ 418 Abs 2 BGB diente ursprünglich der Klarstellung, dass bestimmte Konkursvor- 60 rechte nach § 61 KO aF dem Gläubiger gegenüber dem Neuschuldner nicht mehr zustehen sollten. Damit sollten die übrigen Gläubiger des Neuschuldners geschützt werden. Auch nach der weitgehenden Beseitigung von Konkursvorrechten durch die Insolvenzrechtreform bleibt die Vorschrift jedoch nach wie vor von Bedeutung: sie verdeutlicht, dass die verbliebenen Rechte auf die **bevorzugte Befriedigung in der Insolvenz** – wie etwa das Recht auf die abgesonderte Befriedigung oder die Eigenschaft einer Verbindlichkeit als Masseschuld[131] – so schuldnerspezifisch sind, dass sie der Gläubiger gegenüber dem Neuschuldner respektive dessen Insolvenzverwalter nicht mehr geltend machen kann.

Auch der **Altschuldner** kann in bestimmten Konstellationen **des Schutzes bedürfen**. Das 61 gilt insbesondere für eine durch die Schuldübernahme bedrohte **Aufrechnungsbefugnis** des Altschuldners. Da mit der Schuldübernahme die Gegenseitigkeit der Forderungen verloren geht, könnte er sich gegen den Regressanspruch des leistenden Neuschuldners allenfalls dann im Wege der Aufrechnung wehren, wenn dieser aus der übergegangenen Forderung des Gläubigers gegen den Altschuldner vorgehen würde. Da die privative Schuldübernahme diese Forderung jedoch gerade beseitigt, scheidet dieser Weg aus. Zwar mag sich im Einzelfall aus einem Grundverhältnis zwischen dem Alt-

---

[129] RG 11.3.1933 – 262/32, HRR 1933, Nr 1742; STAUDINGER/RIEBLE (2017) § 418 Rn 25.
[130] RG 18.3.1909 – Rep. VI. 435/08, RGZ 70, 411, 415 f; STAUDINGER/RIEBLE (2017) § 418 Rn 23; richtig hingegen OLG Hamm 30.8.1989 – 31 U 39/89, WM 1990, 1152, 1155; MünchKomm/BYDLINSKI § 418 Rn 6; PALANDT/GRÜNEBERG § 418 Rn 1.
[131] Weitere Nachweise bei STAUDINGER/RIEBLE (2017) § 418 Rn 34.

und Neuschuldner ergeben, wie mit der Gegenforderung des Altschuldners zu verfahren ist;[132] jedoch kann ein solches Grundverhältnis zu dieser Frage auch schweigen oder es kann völlig an ihm fehlen. Wie bei § 267 BGB ist daher die schwierige Frage zu klären, wie sich der Verlust der Aufrechnungsbefugnis auf die gesetzlichen Regresswege auswirkt. Ob der Rückgriff auf § 818 Abs 3 BGB oder Zweifel an der Berechtigung der Fremdgeschäftsführung nach § 693 S 1 BGB immer zu befriedigenden Ergebnissen führen werden, ist fraglich. Richtigerweise muss dem Neuschuldner der Regress jedenfalls insoweit versperrt werden, als er sich einer – zur Aufrechnungslage vormals parallelen – Einrede nach §§ 273, 320 BGB nicht bedient hat, obwohl er dies nach § 417 Abs 1 S 1 BGB hätte tun können (siehe Rn 56).

d) Schuldbeitritt (kumulative Schuldübernahme)

62 Im Gegensatz zur privativen Schuldübernahme verfügt das deutsche Recht über **keine allgemeine gesetzliche Regelung** des Schuldbeitritts (auch kumulative Schuldübernahme).[133] Die grundsätzliche Freiheit zu seiner Vereinbarung ergibt sich bereits aus allgemeinen Regeln (Art 2 Abs 1 GG, § 311 Abs 1 BGB). Darüber hinaus finden sich einige gesetzlich angeordnete Schuldbeitritte, etwa in den §§ 546 Abs 2, 604 Abs 4 BGB, § 2382 BGB sowie §§ 25, 27 Abs 1, 28 und 130 HGB. Funktion des Schuldbeitritts ist regelmäßig die Bestellung eines zusätzlichen Schuldners zur Sicherung des Gläubigers. Da der Schuldbeitritt grundsätzlich formfrei ist, zwingt diese Sicherungsfunktion zu seiner **Abgrenzung von der**, nach § 766 BGB grundsätzlich formbedürftigen, **Bürgschaft**. Als maßgebliches aber nicht allein stehendes Kriterium gilt die Frage nach dem eigenen wirtschaftlichen oder rechtlichen Interesse des Dritten.[134] Die Qualifikation als Schuldbeitritt schließt es freilich nicht aus, diesen gemäß § 140 BGB in eine Bürgschaft umzudeuten, wenn die Vereinbarung eines wirksamen Schuldbeitritts aus Rechtsgründen ausgeschlossen ist.[135]

63 Auch beim Schuldbeitritt ist ein diesem etwa **zugrunde liegendes Rechtsverhältnis** zwischen Altschuldner und Beitretendem vom Beitritt selbst **zu unterscheiden**. Dieser kann entweder durch Vertrag zwischen Beitretendem und dem Gläubiger zustande kommen oder durch einen echten Vertrag zugunsten Dritter, nämlich des Gläubigers, zwischen Beitretendem und Altschuldner herbeigeführt werden. Anders als bei der privativen Schuldübernahme ist in diesem Fall keine Genehmigung des Gläubigers erforderlich, jedoch kann der Gläubiger die zusätzliche Schuldnerschaft nach § 333 BGB zurückweisen.[136] Der Schuldbeitritt ist ebenfalls grundsätzlich formfrei,[137] allerdings kann sich aus dem Zweck von Formvorschriften, welche die gesicherte Schuld betreffen, wiederum die Notwendigkeit ergeben, diese entsprechend auf den Schuldbeitritt anzuwenden. Anerkannt ist dies insbesondere für § 492 BGB für den Beitritt zu einem Verbraucherkreditvertrag.[138] Ferner unterliegt der Schuldbeitritt gegebenenfalls

---

[132] Nur insoweit zutreffend STAUDINGER/RIEBLE (2017) § 417 Rn 28.
[133] Zu den Gründen dafür vgl SCHLICHT, Die kumulative Schuldübernahme in der Rechtsprechung des Reichsgerichts und der zeitgenössischen Literatur 15 ff.
[134] BGH 14.11.2000 – XI ZR 248/99, NJW 2001, 815, 816.
[135] BGH 6.10.2007 – XI ZR 132/06, DB 2007, 2830, 2832 Rn 24 ff, wo freilich die Nichtigkeit zu Unrecht auf § 306 BGB aF statt auf § 125 S 1 BGB iVm §§ 57, 59 Abs 1 VwVfG gestützt wird.
[136] Allgemeine Meinung: SCHLECHTRIEM/SCHMIDT-KESSEL, Schuldrecht AT Rn 820.
[137] Dies gilt freilich nicht im Anwendungsbereich von § 57 VwVfG, vgl BGH DB 2007, 2830, 2832 Rn 23.
[138] BGH 5.6.1996 – VIII ZR 151/95, BGHZ 133, 71, 74 ff; BGH 12.11.1996 – XI ZR 202/95, BGHZ 134, 94, 97 ff.

H. Gläubiger und Schuldner: Mehrheit und Wechsel

den verbraucherschützenden Widerrufsrechten nach §§ 495 BGB[139] und § 312g BGB[140]. Das gilt auch dann, wenn der Hauptschuldner kein Verbraucher ist.[141]

Folge des Schuldbeitritts ist, dass **Altschuldner und Beitretender Gesamtschuldner** im 64 Sinne des § 421 BGB werden. Daraus ergibt sich zum einen die Anwendbarkeit von § 426 BGB auf den Innenausgleich zwischen Altschuldner und Beitretendem. Zum anderen hat die Begründung der Gesamtschuldnerschaft zur Folge, dass die Auswirkungen von Veränderungen der Schuldbeziehung zwischen Altschuldner und Gläubiger, die nach dem Schuldbeitritt erfolgen, sich nicht nach § 417 BGB, sondern nach den §§ 422–425 BGB richten. Wie bei der Gesamtschuld generell ist daher zwischen Einzelwirkung und Gesamtwirkung solcher Tatsachen zu unterscheiden (siehe Rn 88). Für Einwendungen aus der Zeit vor dem Schuldbeitritt gilt § 417 BGB grundsätzlich entsprechend.[142] Allerdings kann sich der Beitretende in Abweichung von § 417 Abs 2 BGB dann auf Einwendungen aus dem Grundverhältnis berufen, wenn der Schuldbeitritt zwischen Altschuldner und Beitretenden vereinbart worden ist (§ 334 BGB). Der Gläubiger bedarf insoweit keines Schutzes, zumal er diese Einwendungen dadurch ausschließen kann, dass er mit dem Beitretenden eine entsprechende Vereinbarung trifft.

3. Auswechslung von Vertragsparteien

Im Gesetz nicht allgemein geregelt ist die Möglichkeit einer Auswechslung einer Ver- 65 tragspartei, also die Übertragung einer Gläubiger-Schuldner-Position eines Schuldverhältnisses im Ganzen auf einen bislang außenstehenden Dritten (**Vertragsübernahme**). Die Väter des Gesetzes gingen davon aus, dass eine solche Übertragung als Ganzes nicht möglich sei[143] und verwiesen damit die Parteien auf die Gestaltung über aufsummierte Einzelrechtsnachfolgen durch die Abtretung aller Rechte und Übertragung aller Verbindlichkeiten. Obwohl diese Möglichkeit nach wie vor besteht, gestattet die heute ganz herrschende Auffassung völlig zu Recht auch die Vertragsübernahme als Form der Rechtsnachfolge in die Gesamtposition einer Vertragspartei.[144] Das ist – auch angesichts der zahlreichen Vorschriften, die den Austausch einer Vertragspartei kraft Gesetzes oder – vereinzelt auch – durch Verwaltungsakt vorsehen[145] – heute selbstverständlich.

a) Vertragsübergang kraft Gesetzes

Der klassische Fall eines gesetzlich angeordneten Vertragsübergangs ist die **Auswechs-** 66 **lung eines Vermieters** nach §§ 566 ff BGB. Die Vorschrift enthält eine – in der Sache bereits sehr alte – Mieterschutzbestimmung für den Fall des Verkaufs der Mietsache: in Abkehr vom gemeinrechtlichen Satz „Kauf bricht Miete" begründet die Vorschrift den

---

[139] BGH 10.5.1995 – VIII ZR 264/94, BGHZ 129, 371, 379 (Widerruf nur der Beitrittserklärung); PWW/Kessal-Wulf § 495 Rn 7.
[140] BGH 2.5.2007 – XII ZR 109/04, BB 2007, 1467 Rn 23 ff (für Haustürgeschäfte der aF).
[141] BGH 2.5.2007 – XII ZR 109/04, BB 2007, 1467 Rn 27.
[142] Schlechtriem/Schmidt-Kessel, Schuldrecht AT Rn 822 f.
[143] Planck/Siber Vorbem 2a Vor §§ 398 ff; vgl RG 21.1.1882 – Rep I 634/81, RGZ 6, 377, 379 f.
[144] BGH 8.11.1965 – II ZR 223/64, BGHZ 44, 229, 231; BGH 27.11.1985 – VIII ZR 316/84, BGHZ 96, 302, 307 f; BGH 10.5.1995 – VIII ZR 264/94, BGHZ 129, 371, 375; Staudinger/Busche (2017) Einl 197 zu §§ 398 ff; auch schon Pieper, Vertragsübernahme und Vertragsbeitritt (1963) 188 ff.
[145] Siehe nur §§ 563 ff, 565, 566 ff, 578, 581 Abs 2, 593b, 613a, 651b, 1251 BGB, § 50 SGB I, § 10 Abs 1 Nr 1 SpTrUG, §§ 20 Abs 1 Nr 1, 131 Abs 1 Nr 1, 324 UmwG, §§ 95 ff, 102 Abs 2, 170 VVG.

Eintritt des Erwerbers an Stelle des außenstehenden Veräußerers in das Mietverhältnis. Die §§ 566a–566e BGB regeln weitere Folgen hinsichtlich des Übergangs für Mietsicherheiten, sowie der Möglichkeiten und Grenzen der Aufrechnung des Mieters gegen die Mietzinsforderung des Erwerbers mit Forderungen gegen den Veräußerer (vgl §§ 407, 406 BGB). Zudem ist der Mieter dadurch geschützt, dass er nach § 566 Abs 2 BGB unter bestimmten Voraussetzungen den Veräußerer noch wie einen selbstschuldnerischen Bürgen in Anspruch nehmen kann. Die Vorschriften der §§ 566 ff BGB gelten ihrem Wortlaut nach heute nur noch für Wohnräume. Sie finden aber kraft der Verweisung in § 578 BGB auch auf sonstige Mietverhältnisse über Grundstücke und Räume Anwendung. § 565 Abs 2 BGB begründet ihre Anwendbarkeit auch im Verhältnis zwischen Wohnungsmieter und eintretendem Hauptvermieter nach Ausscheiden eines gewerblichen Zwischenmieters.[146] Die Regel „Kauf bricht nicht Miete" als solche findet darüber hinaus auf Pachtverhältnisse entsprechende Anwendung (§§ 581 Abs 2, 593b BGB).

67 Ein weiterer, praktisch sehr wichtiger Fall ist der **Eintritt des Betriebserwerbers im Falle des Betriebsübergangs** in die Rechtsposition des bisherigen Arbeitgebers nach § 613a BGB. Die zentralen Sachprobleme ergeben sich hier freilich weniger aus dem Schutz von Aufrechnungsmöglichkeiten oder Einreden des Arbeitnehmers. Die auf Gemeinschaftsrecht beruhende[147] Vorschrift soll primär den Fortbestand des Arbeitsverhältnisses sicherstellen (vgl § 613a Abs 4 BGB) und außerdem bewirken, dass die Arbeitsbedingungen durch den Betriebsübergang nicht tangiert werden (siehe § 613a Abs 1 Sätze 2–4 BGB). Jeder betroffene Arbeitnehmer kann sich zudem dadurch wehren, dass er dem Übergang des Arbeitsverhältnisses fristgerecht gemäß § 613a Abs 6 BGB widerspricht. In diesem Falle bleibt das Arbeitsverhältnis mit dem bisherigen Arbeitgeber bestehen. Allerdings droht hier regelmäßig eine betriebsbedingte Kündigung.[148] Bei der Anwendung dieser nicht leicht zu lesenden Vorschrift ist immer das Gebot einer richtlinienkonformen Auslegung zu berücksichtigen.[149]

68 Von den übrigen gesetzlichen Regelungen des Vertragsübergangs[150] sind insbesondere die Regeln des Umwandlungsgesetzes zu beachten. Bei der **Umwandlung durch Verschmelzung** ergibt sich der Eintritt des übernehmenden Rechtsträgers aus der Anordnung der Gesamtrechtsnachfolge in § 20 Abs 1 Nr 1 UmwG. Dabei überspielt die Vorschrift nach richtiger Auffassung auch Abtretungsausschlüsse nach § 399 BGB.[151]

69 Der umwandlungsrechtliche Schutz des anderen Teils in seiner Position als Schuldner ist vielmehr mit Recht darauf beschränkt, dass er von seiner Verpflichtung insoweit frei wird, als die durch die Verschmelzung aufeinandertreffenden Pflichten miteinander unvereinbar sind (§ 21 Alt 1 UmwG). Hingegen kann sich der übernehmende

---

[146] Dazu LEUTNER/SCHMIDT-KESSEL JZ 1997, 649, 651.
[147] Siehe die Richtlinie 2001/23/EG des Rates vom 12.3.2001 zur Angleichung der Rechtsvorschriften der Mitgliedstaaten über die Wahrung von Ansprüchen der Arbeitnehmer beim Übergang von Unternehmen, Betrieben oder Unternehmens- oder Betriebsteilen, AblEG Nr L 82 vom 22.3.2001, 16 ff.
[148] Zu den Einzelheiten ErfK/PREIS § 613a BGB Rn 106; RIEBLE NZA 2004, 1.
[149] Dazu insbesondere SCHRADER, in: LANGENBUCHER, Europäisches Privat- und Wirtschaftsrecht (2013) Rn 91 ff.
[150] Siehe die Nachweise Fn 145.
[151] So schon RG 27.5.1932 – II 332/31, RGZ 136, 313, 315 f (Vergleichbarkeit mit einem Erbfall!); SEMLER/STENGEL/KÜBLER, UmwG § 20 Rn 13 f; LUTTER/GRUNEWALD, UmwG § 20 Rn 33.

Rechtsträger nicht nur auf den Ausschluss von Pflichten im Falle der Pflichtenkollision berufen (§ 21 Alt 1 UmwG), er wird vielmehr auch dann im Wege einer Vertragsanpassung geschützt, wenn die zusammentreffenden Pflichten einander zwar nicht ausschließen, jedoch eine schwere Unbilligkeit für ihn begründen würden (Alt 2). Neben diesen spezifisch umwandlungsrechtlichen Tatbeständen stehen den Beteiligten freilich auch die Regeln über den Wegfall der Geschäftsgrundlage und die Kündigung aus wichtigem Grund (§§ 313, 314 BGB) zu Gebote.[152] Für das Schicksal von Arbeitsverhältnissen werden die umwandlungsrechtlichen Vorschriften freilich weitestgehend durch die Regeln über den Betriebsübergang nach § 613a BGB verdrängt; § 324 UmwG stellt klar, dass das Umwandlungsrecht insoweit nicht vorgeht.[153]

Für die Fälle der **Umwandlung durch Spaltung** galten und gelten zum Teil abweichende Regeln (§ 131 Abs 1 Nr 1 UmwG). So führte § 132 S 1 UmwG aF zur Anwendbarkeit der §§ 404 ff BGB,[154] sowie der Regeln über die Einschränkung der Abtretbarkeit mit Ausnahme des vertraglichen Abtretungsausschlusses nach § 399 Alt 2 BGB (§ 132 S 2 UmwG aF). Ob entsprechend dem Wortlaut auch der Fall von § 399 Alt 1 BGB erfasst war oder eine Inhaltsänderung hier zum Verbleib der betreffenden Forderung beim ursprünglichen Rechtsträger führte, galt als unsicher.[155] Das Zweite Gesetz zur Änderung des Umwandlungsgesetzes hat durch Streichung von §§ 131 Abs 1 Nr 1 S 2 und 132 UmwG insoweit Klarheit geschaffen: der Schutz des Schuldners ergibt sich nun nicht mehr aus §§ 404 ff BGB, sondern aus dem vollständigen Eintritt des neuen Gläubigers in die Rechtsstellung des alten. Wie unter § 20 UmwG wird jedoch die Übertragung als solche nicht durch § 399 BGB verändert. Umgekehrt ist eine Zustimmung des Dritten in seiner Position als Gläubiger einer vertraglichen Forderung nicht erforderlich.[156] Sein Schutz richtet sich nach § 133 UmwG. Ob oder inwieweit die Umwandlung durch Spaltung darüber hinaus für den anderen Teil die Möglichkeit der Kündigung von Dauerschuldverhältnissen eröffnet, ist in den Einzelheiten nicht gesichert.[157] Für Arbeitsverhältnisse haben auch hier, wiederum nach § 324 UmwG, die besonderen Regeln des § 613a BGB Vorrang.

b) Rechtsgeschäftliche Vertragsübernahme

Jenseits der gesetzlich geregelten Fälle der Auswechslung einer Vertragspartei kennt das deutsche Recht die Möglichkeit, eine Partei **im Wege der Vereinbarung** auszutauschen.[158] Auch im Anwendungsbereich des internationalen UN-Kaufrechts, **CISG**, ist eine solche Vertragsübernahme möglich und richtet sich nach den Vorschriften der Konvention, insbesondere nach Art 29 CISG.[159] Der Draft Common Frame of Reference enthält nunmehr eine eigene allgemeine Regelung der rechtsgeschäftlichen Vertragsübernahme in III.–5:301 f DCFR.

---

[152] SEMLER/STENGEL/KÜBLER, UmwG § 20 Rn 15, § 21 Rn 8 ff; LUTTER/GRUNEWALD, UmwG § 20 Rn 50 ff, § 21 Rn 7 ff.
[153] BAG 25.5.2000 – 8 AZR 416/99, AP BGB § 613a Nr 209.
[154] RIEBLE ZIP 1997, 301, 309; SEMLER/STENGEL/SCHRÖER (2003) § 132 UmwG Rn 37.
[155] BT-Drucks 16/2919, 19; HEIDENHAIN ZHR 2004, 468 ff.
[156] SEMLER/STENGEL/SCHRÖER (2003) UmwG § 132 Rn 40; LUTTER/TEICHMANN (2004) UmwG § 132 Rn 38.
[157] Vgl BGH 26.4.2002 – LwZR 20/01, BGHZ 150, 365; SEMLER/STENGEL/SCHRÖER (2003) UmwG § 132 Rn 42; LUTTER/TEICHMANN (2004), UmwG § 132 Rn 38 ff.
[158] Siehe die Nw oben Rn 65. Vgl außerdem Art 12:201 PECL.
[159] Hof Leeuwarden 31.8.2005, CISG-online Nr 1100; SCHMIDT-KESSEL RIW 1996, 60, 61; NEMECZEK IHR 2011, 49 ff; **anders** die wohl hA, etwa STAUDINGER/MAGNUS (2018) Art 4 CISG Rn 58; die Frage wird übersehen von BGH 15.2. 1995 – VIII ZR 18/94, NJW 1995, 2101, 2102.

72 Die **Vertragsübernahme** als mehrseitiges Rechtsgeschäft **erfordert die Mitwirkung aller Beteiligten**, die entweder durch Abschluss eines dreiseitigen Änderungsvertrages oder als Vertrag zwischen ausscheidendem oder eintretendem Vertragspartner mit Zustimmung des anderen Teils erfolgen kann.[160] Ohne diese Mitwirkung müsste sich der andere Teil zwar gefallen lassen, nunmehr einem neuen Gläubiger verpflichtet zu sein (siehe Rn 48 f), er bräuchte sich jedoch den Eintretenden nicht als neuen Schuldner aufdrängen zu lassen. Das ergibt sich bereits aus der Grundwertung von § 414 ff BGB. Der Übernahmevertrag bedarf außerdem der Form des übernommenen Vertrages.[161]

73 Die Übernahme bewirkt, dass der **Vertrag im Übrigen unverändert zwischen den neuen Vertragsparteien fortgesetzt** wird.[162] Die Rechtsstellung des eintretenden Vertragspartners entspricht derjenigen, welche der ausscheidende Vertragspartner innehatte. Das gilt auch etwa im Hinblick auf ein noch bestehendes Widerrufsrecht nach §§ 355 ff BGB,[163] neben welches freilich auch ein originäres Widerrufsrecht des Übernehmers im Hinblick auf den Übernahmevertrag treten kann.[164] Im Übrigen gelten die Rechtsfolgen der §§ 398 ff, 414 ff BGB grundsätzlich entsprechend. Das gilt insbesondere für § 404 BGB und den Schutz von Drittsicherungsgebern nach § 418 BGB.[165] Hingegen laufen die §§ 406–410 BGB wegen der Mitwirkung des anderen Teils an der Vertragsübernahme weitgehend leer. Die Folgen von **Leistungsstörungen** bei einer rechtsgeschäftlichen Vertragsübernahme zwischen ausscheidendem und übernehmendem Vertragspartner sind bislang nur wenig untersucht; das gilt insbesondere für die richtige Behandlung solcher Störungen im Verhältnis zwischen Ausscheidendem und Übernehmer.[166]

74 Praktische Bedeutung erlangen derartige rechtsgeschäftliche Vertragsübernahmen vor allem bei Umgestaltungen von Unternehmen, die von den Fällen des gesetzlichen Vertragsübergangs nach dem Umwandlungsgesetz nicht erfasst werden. Wird etwa einem Mandanten bei der Auflösung einer Anwaltssozietät angeboten, dass das Mandat in einer neu gegründeten Sozietät von der bisherigen Mandatsbearbeiterin fortgeführt werden kann (§ 32 BORA) und stimmt der Mandant dem zu, liegt darin regelmäßig eine Vertragsübernahme des Anwaltsvertrages durch die neue Sozietät.[167]

4. Europäische Entwicklungen

75 Das **Recht der Europäischen Union** hat bislang keine eigenständige Idee der Parteiauswechslung bei einzelnen Forderungen oder dem Vertrag als Ganzes entwickelt. Die zur Sonderregelung über den Betriebsübergang ergangene Rechtsprechung hat vor allem dessen Tatbestandsvoraussetzungen und die auf den spezifischen Arbeitnehmerschutz in der besonderen Situation des **Betriebsübergangs** zuzuschneidenden Rechts-

---

[160] BGH 27.11.1985 – VIII ZR 316/84, BGHZ 96, 302, 308.
[161] BGH 9.3.1979 – V ZR 85/77, BGHZ 73, 392, 396 (bei Nichteinhaltung der Form des § 566 aF [= § 550 nF] kommt es durch die Vertragsübernahme zur Entfristung).
[162] BGH 20.6.1985 – IX ZR 173/84, BGHZ 95, 88, 93 ff.
[163] Vgl BGH 10.5.1995 – VIII ZR 264/94, BGHZ 129, 371, 375 f.
[164] Ob auch dem verbleibenden Vertragspartner im Hinblick auf seine Mitwirkung an der Vertragsübernahme ein Widerrufsrecht zustehen kann, ist bislang nicht erörtert worden.
[165] SCHLECHTRIEM/SCHMIDT-KESSEL, Schuldrecht AT Rn 828.
[166] S immerhin WAGEMANN AcP 205 (2005) 547 ff sowie KLIMKE, Die Vertragsübernahme (2010) 376 ff.
[167] OLG Hamm 22.2.2011 – 28 U 49/10, NJW 2011, 1606; OLG Hamm 28.7.2011 – 28 U 35/11, BeckRS 2011, 23545.

H. Gläubiger und Schuldner: Mehrheit und Wechsel

folgen im Blick; im Mittelpunkt stehen daher nicht die allgemeinen Fragen der Parteiauswechslung; der Schutz des Drittbeteiligten sowie unbeteiligter Dritter wird – abgesehen vom Zurückweisungsrecht des Arbeitnehmers – praktisch nicht behandelt (s oben Rn 67).

Der **Draft Common Frame of Reference** enthält hingegen umfangreiche Regelungen 76 zur Abtretung (III.–5:101 ff), Schuldübernahme und Schuldbeitritt (III.–5:201 ff) und zur rechtsgeschäftlichen Vertragsübernahme (III.–5:301 f), auf die im Einzelnen bereits eingegangen wurde. Dabei hat sich die Möglichkeit einer stillen Zession auch dort durchgesetzt, III.–5:104(4) DCFR; entsprechende Schutzmechanismen zugunsten des Schuldners sind dementsprechend vorgesehen, III.–5:119 DCFR. Zugunsten der Factoring-Wirtschaft bleiben vertragliche Abtretungsverbote bei Entgeltforderungen gegenüber Dritten wirkungslos und begründen allenfalls Schadensersatzansprüche zwischen Schuldner und Zedent, III.–5:108(3)(c), (4) DCFR. Im Übrigen erwähnenswert ist die weitgehende Überlagerung der zu Sicherungszwecken eingesetzten Parteiauswechslung oder Parteiergänzung durch Regelungen des Kreditsicherungsrechts: Ausdrücklich geregelt ist dies für die Vorrangigkeit der Regelungen von Buch IX über Mobiliarsicherheiten in III.–5:103(1) DCFR; eine vergleichbare Klarstellung für den Schuldbeitritt zu Sicherungszwecken findet sich in den III.–5:201 ff DCFR hingegen nicht, vielmehr ergibt sich die Sonderbehandlung der *co-debtorship for security purposes* erst aus den Regelungen in Buch IV.G (Personal security). Dieses verweist zwar in IV.G.–1:104 DCFR auf die Regelungen der Gesamtschuld, nicht aber auf die – für das Zustandekommen und die Einwendungen – mit maßgebenden III.–5:201 ff DCFR.

II. Mehrheit von Gläubigern und Schuldnern

Die praktisch außerordentlich wichtigen Fälle, dass **auf mindestens einer Seite der Ob-** 77 **ligation mehrere Personen** stehen, hat der Gesetzgeber von 1896 in den §§ 420–432 BGB geregelt. Die Vorschriften sind schon deshalb nicht leicht zu lesen, weil sie, ausgehend von dem eher ästhetischen Gedanken einer Spiegelbildlichkeit von Mehrpersonenkonstellationen auf der Gläubiger- und auf der Schuldnerseite der Obligationen, beide Regelungen vermengen; für die Darstellung sind beide Seiten strikt voneinander zu trennen. Darüber hinaus ist die Regelung hochabstrakt und in weiten Teilen unvollständig. So fehlt es etwa an einer gesetzlichen Regelung der gemeinschaftlichen Schuld (siehe Rn 90 f) und auch der gesamthänderischen Mehrheit von Gläubigern ist – folgt man einer verbreiteten Auffassung (siehe Rn 84) – keine gesetzliche Vorschrift gewidmet. Vor allem aber regeln die §§ 420 ff BGB bis auf wenige Ausnahmen nicht, unter welchen Voraussetzungen die verschiedenen Mehrpersonenkonstellationen entstehen. Schließlich finden sich nur in zwei Fällen (§§ 426, 430 BGB) Regelungen zum Innenverhältnis solcher Personenmehrheiten, während sich der Rest der Vorschriften mit Fragen des Außenverhältnisses befasst. Im Falle einer Europäischen Rechtsvereinheitlichung der Regeln über Personenmehrheiten steht eine erhebliche Straffung und die Beseitigung von dogmatischem Ballast zu erwarten.[168]

---

[168] Siehe nur Art 10:101–11:205 PECL, sowie III.–4:101 bis III.–4:207 DCFR sowie unten Rn 125.

1. Gläubigermehrheiten

78 Die §§ 420 ff BGB kennen drei Typen von Gläubigermehrheiten: die **Teilgläubigerschaft** (§§ 420 Alt 2 BGB), die **Gesamtgläubigerschaft** (§§ 428–430 BGB) sowie die **Mitgläubigerschaft** (§ 432 BGB). Das allen drei Typen gemeinsame systematische Problem ist ihr Verhältnis zu detailliert ausgebildeten Formen mehrseitiger Berechtigung, also insbesondere zu der Gemeinschaft (§§ 741 ff BGB, §§ 1 ff WEG)[169] und der Gesamthand (§§ 705 ff BGB, §§ 1415 ff BGB und §§ 2023 ff BGB). Mit diesen Regelungskomplexen teilen die Gläubigermehrheiten nach den §§ 420 ff BGB zudem die Schwierigkeit, dass in ihnen schuldrechtliche Fragen mit Fragen der dinglichen Güterzuordnung vermengt werden.[170]

a) Teilgläubiger

79 **Gläubiger einer teilbaren Leistung** sollen nach § 420 Alt 2 BGB **im Zweifel Teilgläubiger** sein. Jeder von ihnen kann dann den auf ihn entfallenden Teil der Leistung verlangen. Zwischen dem Schuldner und dem Gläubiger besteht ein „gewöhnliches" Einzelschuldverhältnis. § 420 Alt 2 BGB regelt für eine durch einen einheitlichen sozialen Kontext zusammengefasste Reihe solcher Einzelschuldverhältnisse die *in abstracto* nahe liegende Vermutung, dass diese jeweils auf Leistungen im gleichen Umfang gerichtet sind. Weitere Verbindungen zwischen den einzelnen Schuldverhältnissen beschränken sich auf vertraglich begründete Teilgläubigerstellungen: nach § 351 BGB können die Gläubiger ein etwa bestehendes Rücktrittsrecht nur gemeinschaftlich ausüben. Die entsprechende Regelung in §§ 441 Abs 2, 638 Abs 2 BGB ist wegen der Verweise der §§ 441 Abs 1 S 1, 638 Abs 1 S 1 BGB überflüssig und nur damit zu erklären, dass sich insoweit eine Änderung gegenüber dem alten Kauf- und Werkvertragsrecht ergeben hat.[171] Außerdem wird man die Anforderungen des § 351 BGB auf das Verlangen des Schadensersatzes statt der ganzen Leistung nach §§ 281 Abs 1, Abs 3 und 5, 282, 283 S 2, 311a Abs 2 S 3 BGB anwenden müssen. Das ergibt sich aus der mit dem Verlangen des an die Rückabwicklung erweiterten Ersatzanspruchs verbundenen Gestaltungswirkung. Soweit die – technische oder funktionale – Vertragsaufhebung freilich als Teilaufhebung nur den einzelnen Teil eines der Gläubiger betrifft und diese durch den Vertrag im Übrigen nicht ausgeschlossen ist, wird man eine Ausnahme von § 351 BGB zuzulassen haben.[172] Schließlich gestattet es die Teilgläubigerschaft dem Schuldner, sich gegenüber allen Gläubigern auf die Einrede des § 320 BGB zu berufen, solange ein Teil der Gegenleistung noch fehlt (§ 320 Abs 1 S 2 BGB).

80 Die **Teilgläubigerschaft ist in der Praxis** nicht nur wegen des unrealistischen Verteilungsschlüssels nach § 420 Alt 2 BGB **nahezu unbekannt**, sie bereitet zudem beiden Seiten nicht unerhebliche **Nachteile**: den Schuldner treffen durch die Notwendigkeit mehrerer Leistungen zusätzliche Kosten. Außerdem zeigt bereits die Zweifelsregelung

---

[169] Für eine schärfere Grenzziehung mit Recht HADDING, in: FS Canaris (2004) 379, insbesondere 398 ff.

[170] Zu dieser Problematik nunmehr grundlegend für den Bereich der Gemeinschaft, SCHNORR, Die Gemeinschaft nach Bruchteilen (2004). Ob freilich SCHNORRS dinglichem Einheitsmodell der Gemeinschaft zu folgen ist, mag an dieser Stelle offen bleiben.

[171] Zu den – nicht in jeder Hinsicht überzeugenden – dogmatischen Gründen dafür („Unteilbarkeit von Gestaltungsrechten") siehe STAUDINGER/MATUSCHE-BECKMANN (2014) § 441 Rn 6.

[172] Entsprechend für die Teilschuld, s unten Rn 92.

in § 420 Alt 2 BGB, dass Irrtümer hinsichtlich des Umfangs der an den einzelnen Gläubiger zu erbringenden Leistung in seinen Risikobereich fallen. Auch auf Gläubigerseite ist die Figur eher unattraktiv: die Verbindungen zwischen den einzelnen Schuldverhältnissen werden sich häufig zu Lasten der Gläubiger auswirken, weil sie ihre Rechte gegenüber dem Schuldner weitgehend nur dann durchsetzen können, wenn sie sich einig sind. Ein Mechanismus, welcher zur Herbeiführung dieser Einigkeit dienen könnte, fehlt im Gesetz freilich völlig. Dass an eine Verbindung mehrerer Leistungsteile in der Art, dass sie im Blick auf den Bestand der Verpflichtung ein gemeinsames Schicksal teilen, erhöhte Anforderungen zu stellen sind, ergibt sich zudem ohnehin aus §§ 281 Abs 1 S 2, 323 Abs 5 S 1 BGB; erst recht muss diese Wertung regelmäßig durchschlagen, wenn auf Gläubigerseite nicht nur eine Person steht, sondern mehrere Personen, welche nur lose miteinander verbunden sind. Für den Ausschluss der Teilgläubigerschaft bedarf es daher regelmäßig keiner engen Interpretation der Teilbarkeit der Leistung.[173] Sie ergibt sich vielmehr typischerweise aus einem abweichenden Parteiwillen.

b) Mitgläubiger

Ist mehreren Gläubigern eine **unteilbare Leistung** geschuldet, so kann der Schuldner grundsätzlich nur an alle gemeinschaftlich leisten und jeder Gläubiger nur die Leistung an alle fordern. Das gilt jedoch nicht, wenn eine Gesamtgläubigerschaft nach §§ 428–430 BGB vorliegt, siehe Rn 86 f. Das klassische Lehrbuchbeispiel zur Mitgläubigerschaft ist die gemeinschaftliche Taxifahrt von Personen, die einander im Übrigen nicht – auch nicht durch eine spontane BGB-Gesellschaft – verbunden sind.[174] Weitere Beispiele sollen sein: der Schadensersatzanspruch von Eigentumsvorbehaltskäufer und -verkäufer gegen den Schädiger der Sache,[175] Ansprüche wegen Verletzung von im Miteigentum stehenden Gegenständen,[176] sowie Ansprüche aus mangelhafter Herstellung solcher Sachen.[177] Praktisch sind Fälle der Mitgläubigerschaft selten und zwar auch deshalb, weil ihre Regeln bei vertraglich begründeten Gläubigermehrheiten vielfach bei Seite geschoben werden.

81

Der Schuldner kann **befreiend nur an alle Gläubiger gemeinschaftlich leisten**. Da wegen der Weite des Begriffs die Leistung freilich nicht notwendig identisch ist mit einer tatsächlichen Übergabe an alle Gläubiger, kann dies unter Umständen auch dadurch geschehen, dass der Schuldner die Leistungen realiter an einen Dritten erbringt (zB Zahlung der Reparaturrechnung für die Beseitigung des Schadens an einer in dem Miteigentum stehenden Sache) und dadurch zugleich sämtliche Gläubiger befriedigt.[178] Außerdem wird nicht selten zumindest einer der Mitgläubiger zur Entgegennahme der gesamten Leistung nach §§ 362 Abs 2, 185 BGB befugt sein.[179] § 432 Abs 1 S 2 BGB eröffnet außerdem die Möglichkeit der Leistung durch Hinterlegung nach §§ 372 ff BGB oder Verwahrung nach § 432 BGB und §§ 410 Nr 3, 412 Nr 3 FamFG (Bestellung des Verwahrers durch Amtsgericht am Belegenheitsort). § 432 Abs 1 S 2 BGB sieht eine solche Hinterlegung oder Verwahrung seinem Wortlaut nach zwar nur

82

---

[173] So aber MEDICUS/LORENZ, Schuldrecht I Rn 835.
[174] SCHLECHTRIEM/SCHMIDT-KESSEL, Schuldrecht AT Rn 867; JAUERNIG/STÜRNER § 432 Rn 2.
[175] JAUERNIG/STÜRNER § 432 Rn 2.
[176] OLG Koblenz 13.9.1991 – 5 W 400/91, NJW-RR 1992, 706, 707.
[177] SCHLECHTRIEM/SCHMIDT-KESSEL, Schuldrecht AT Rn 867.
[178] SCHLECHTRIEM/SCHMIDT-KESSEL, Schuldrecht AT Rn 868.
[179] PALANDT/GRÜNEBERG § 432 Rn 8.

auf Verlangen eines Gläubigers vor, verweigert jedoch einer der Mitgläubiger die erforderliche Kooperation,[180] ist dem Schuldner richtigerweise nicht nur der Weg nach §§ 372 ff BGB, sondern auch die Ablieferung an einen gerichtlich bestellten Verwahrer nach § 432 Abs 1 S 2 Alt 2 BGB eröffnet. Eine Aufrechnung ist dem Schuldner mangels Gegenseitigkeit regelmäßig verwehrt.[181]

83 Nach § 432 Abs 2 BGB wirken andere Tatsachen als die Erfüllung, deren Surrogate und die Ablieferung an den Verwahrer nur gegen denjenigen Gläubiger, in dessen Person sie eintreten **(Grundsatz der Einzelwirkung)**. Zur Anwendung gelangt die Vorschrift insbesondere im Falle des Erlasses, sowie beim Umfang eines eventuellen Schadensersatzes. Im Übrigen läuft § 432 Abs 2 BGB weitgehend leer, weil sich aus dem Rechtsverhältnis zwischen den Mitgläubigern sehr häufig eine Wirkung gegenüber allen Mitgläubigern (Gesamtwirkung) ergibt.[182]

84 Häufiger als die einfache Mitgläubigerschaft sind **Fälle einer gesteigerten Gemeinschaftlichkeit** der Berechtigung, nämlich die Bruchteilgemeinschaft und die Gesamthand: Eine **Gemeinschaft nach Bruchteilen** im Sinne der §§ 741 ff BGB an Forderungen ist möglich.[183] Gemeinschaft und Mitgläubigerschaft schließen einander nach herrschender Auffassung nicht aus.[184] Umstritten ist freilich, inwieweit § 432 BGB im Einzelnen durch die §§ 741 ff BGB verdrängt wird. Die Frage ist insbesondere, ob § 432 BGB dazu führt, dass in Abweichung von den Verwaltungsregeln nach §§ 744, 745 BGB ein einzelner Gemeinschafter die Forderung zur Leistung an alle gerichtlich geltend machen kann. Dies ist zwar für die einfache Forderungsgemeinschaft im Sinne der §§ 741 ff BGB anerkannt[185] und gilt auch, soweit es um Ansprüche aus dem Miteigentum nach § 1011 Alt 1 BGB geht.[186] Für den praktisch wichtigsten Fall der Ansprüche einer **Wohnungseigentümergemeinschaft** lehnt der Bundesgerichtshof die generelle Anwendung von § 432 BGB jedoch in ständiger Rechtsprechung ab.[187] Zur Sicherung der detaillierten Verwaltungsregeln in den §§ 20 ff WEG hat das Gericht insoweit sehr differenzierte Richtlinien entwickelt.[188] Unanwendbar ist § 432 BGB danach grundsätzlich bei dinglichen Ansprüchen, während schuldrechtliche Ansprüche der Wohnungseigentümergemeinschaft grundsätzlich von einem ihrer Eigentümer geltend gemacht werden können. Das gilt freilich nicht für Schadensersatzansprüche gegen den Verwalter, sowie für bestimmte Ansprüche gegen den Errichter der Wohnungseigentümeranlage. Während einzelne Wohnungseigentümer insoweit Nacherfüllungsansprüche, sowie den Rücktritt und den Schadensersatz statt der ganzen Leistung geltend

---

[180] Zu Begründung des Annahmeverzugs in diesem Fall siehe STAUDINGER/LOOSCHELDERS (2017) § 432 Rn 64.
[181] STAUDINGER/LOOSCHELDERS (2017) § 432 Rn 56.
[182] Zu den Einzelheiten siehe STAUDINGER/LOOSCHELDERS (2017) § 432 Rn 58 ff.
[183] STAUDINGER/LANGHEIN (2015) § 741 Rn 78; LANGENFELD, Das Innenverhältnis bei den Gläubigermehrheiten nach §§ 420 bis 432 BGB (1994) 132 ff.
[184] STAUDINGER/NOACK (2005) § 432 Rn 20 (so auch STAUDINGER/LOOSCHELDERS (2017) § 432 Rn 24); STAUDINGER/LANGHEIN (2015) § 741 Rn 109; anders mit Nachdruck HADDING, in: FS Canaris (2004) 379 ff.

[185] BGH 11.7.1958 – VIII ZR 108/57, NJW 1958, 1723; BGH 9.2.1983 – IV a ZR 162/81, NJW 1983, 2020 f.
[186] BGH 20.10.1952 – IV ZR 44/52, NJW 1953, 58, 59; OLG Zweibrücken 18.3.1997 – 5 U 34/95, NJW-RR 1997, 973; STAUDINGER/LOOSCHELDERS (2017) § 432 Rn 29 ff.
[187] BGH 15.12.1988 – V ZB 9/88, BGHZ 106, 222, 226 (für ein Verfahren nach § 43 Abs 1 Nr 1 WEG: Unanwendbarkeit); BGH 11.12.1992 – V ZR 118/91, BGHZ 121, 22, 25 ff (Klage gegen einen Mieter auf Schadensersatz wegen Fällens einer Birke: Unanwendbarkeit).
[188] Zu den Einzelheiten STAUDINGER/LOOSCHELDERS (2017) § 432 Rn 32 ff.

H. Gläubiger und Schuldner: Mehrheit und Wechsel   85, 86

machen können, sollen die Minderung und einfacher Schadensersatz statt der Leistung nur von der Wohnungseigentümergemeinschaft gemeinschaftlich geltend gemacht werden können. Ob die Differenzierung auch nach der Schuldrechtsmodernisierung Bestand hat, harrt derzeit immer noch der Klärung.

Steht eine Forderung einer Mehrheit von Gläubigern **zur gesamten Hand** zu, so findet 85
der § 432 BGB keine Anwendung; die besonderen Vorschriften der jeweiligen Gesamthand gehen vor.[189] Bei den Personenhandelsgesellschaften ergibt sich dies bereits aus dem Umstand, dass kein Fall der Gläubigermehrheit vorliegt. Es handelt sich um rechtsfähige Personengesellschaften im Sinne von § 14 Abs 2 BGB.[190] Dasselbe gilt zumindest im Ergebnis auch für die BGB-Gesellschaft: soweit diese noch nicht für rechtsfähig gehalten wird[191] und damit die Lösung nicht schon aus § 14 Abs 2 BGB folgt, besteht Einigkeit darüber, dass die §§ 709–714 BGB als speziellere Bestimmungen vorgehen.[192] Für die Erbengemeinschaft enthält § 2039 BGB eine – § 432 BGB ohnehin weitgehend entsprechende – Sonderregel und hinsichtlich der Verwaltung des Gesamtguts einer ehelichen Gütergemeinschaft genießt die detaillierte Regelung der §§ 1421 ff BGB, 1450 ff BGB Vorrang vor den Regeln der Mitgläubigerschaft; eine Einzelbefugnis eröffnen die §§ 1429, 1454 BGB nur in Notfällen. Schließlich enthält § 8 UrhG eine Sonderregelung zur gesamthänderischen Miturhebergemeinschaft, welche § 432 BGB ebenfalls unanwendbar sein lässt.[193]

c) **Gesamtgläubiger**

Mehrere Gläubiger einer Forderung können schließlich auch Gesamtgläubiger sein. 86
Das ist der Fall, wenn **jeder Gläubiger vom Schuldner die ganze Leistung fordern kann, der Schuldner jedoch nur einmal leisten muss** und mit dieser Leistung an einen Gläubiger von seiner Verpflichtung frei wird (§ 428 S 1 BGB). Die Gesamtgläubigerschaft ist **praktisch eher selten**[194] und wird vielfach durch die Regeln der Gesamthand oder der Bruchteilsgemeinschaft verdrängt.[195] Für das Verhältnis zum Recht der Wohnungseigentümergemeinschaft siehe oben Rn 84 f; die neuere Rechtsprechung unterscheidet hier regelmäßig nicht mehr zwischen der Konstellation der §§ 432 und 428 BGB und stellt allein auf die Besonderheiten des Wohnungseigentumsrechts ab.[196] Gesetzliche Anwendungsfälle der Gesamtgläubigerschaft sind etwa §§ 251 Abs 3, 1357 BGB (hM), § 117 SGB X, § 3 Nr 9 S 2 PflVG.[197] Praktisch bedeutsamster Fall einer rechtsgeschäftlich begründeten Gesamtgläubigerschaft[198] ist die Errichtung eines Oderkontos, das

---

[189] SCHLECHTRIEM/SCHMIDT-KESSEL, Schuldrecht AT Rn 866.
[190] STAUDINGER/LOOSCHELDERS (2017) § 432 Rn 14.
[191] Gegen die Rechtsprechungsänderung durch BGH 29.1.2001 – II ZR 331/00, BGHZ 146, 341 und BGH NJW 2002, 1194, 1195 etwa JAUERNIG/STÜRNER § 705 Rn 1 („Rechtsfortbildung *contra legem*", gemeint: *contra constitutionem*).
[192] BGH 10.1.1963 – II ZR 95/61, BGHZ 39, 14, 15; anders noch RG 9.11.1908 – Rep. VI. 661/07, RGZ 70, 32, 33 f; die Abkehr davon vorbereitend RG 9.2.1917 – Rep. III. 365/16, RGZ 89, 66, 69.
[193] STAUDINGER/LOOSCHELDERS (2017) § 432 Rn 22.
[194] Radikal MEIER AcP 205 (2005) 858, 904: „Die Gesamtforderung wird nicht gebraucht. Überflüssige Rechtsinstitute führen aber stets zur Rechtsunsicherheit".
[195] SCHLECHTRIEM/SCHMIDT-KESSEL, Schuldrecht AT Rn 869.
[196] Siehe BGH 30.4.1998 – VII ZR 47–97, NJW 1998, 2967 (zum Verhältnis verschiedener Gewährleistungsrechtsbehelfe unterschiedlicher Wohnungseigentümer gegenüber dem Bauträger).
[197] Siehe den Überblick bei STAUDINGER/LOOSCHELDERS (2017) § 428 Rn 61 ff.
[198] Siehe den Überblick bei STAUDINGER/LOOSCHELDERS (2017) § 428 Rn 17 ff; dazu auch SELB, Mehrheit von Gläubigern und Schuldnern (1984) 245 f.

heißt eines Gemeinschaftskontos mit Einzelzeichnungsberechtigung, wie es insbesondere von Ehegatten gewählt wird.[199]

87 Neue Bedeutung könnte die Gesamtgläubigerschaft künftig in Fällen einer marktkonformen Abwälzung von Schäden in Vertragsketten erhalten: Praktisch wichtig ist dies insbesondere im Falle der Haftung von Kartellanten gegenüber Geschädigten auf verschiedenen Marktstufen. Hierbei ordnet inzwischen § 33c GWB – im Kern im Einklang mit der bisherigen Rechtsprechung des Bundesgerichtshofs[200] – an, dass sich die Höhe der Schadensersatzansprüche der direkten Vertragspartner der Kartellanten (sog 2. Marktstufe) dadurch vermindert, dass diese die Preise für ihr Produkt gegenüber ihren Kunden (= 3. Marktstufe) erhöhen, weil sie das Kartellprodukt zu kartellbedingt erhöhten Preisen beziehen. Für den Schadensersatzanspruch von Abnehmern auf der 3. Marktstufe gegen die Kartellanten ist hingegen auch nach der gesetzlichen Regelung in § 33c GWB streitig, ob die Preiserhöhung gegenüber der 4. Marktstufe ebenso behandelt wird.[201] Schneidet man den Kartellanten diesen – regelmäßig als **passing on defence** bezeichneten – Einwand mit der herrschenden Auffassung ab und verweigert die Vorteilsausgleichung, stellt sich die Frage nach der Behandlung der ebenfalls durch die Kartellanten geschädigten Marktteilnehmer der nachfolgenden Marktstufe, denen regelmäßig ebenfalls ein Schadensersatzanspruch zusteht.[202] Der dadurch begründeten Gefahr einer doppelten Inanspruchnahme der Kartellanten für die weitergereichten Schäden ist in der Rechtsprechung materiellrechtlich durch Anwendung der Regeln über die Gesamtgläubigerschaft begegnet worden,[203] womit zugunsten der Kartellanten § 428 BGB eingreift. Für den Innenausgleich zwischen den Geschädigten verweist § 430 BGB dann vorrangig auf die bestehenden Vertragsbeziehungen, so dass der Schaden im Ergebnis nach deren interner Risikoverteilung ausgeglichen wird.

88 Für die Wirkungen der Gesamtgläubigerschaft ist zwischen Fällen der **Einzelwirkung** und Fällen der **Gesamtwirkung** zu unterscheiden: gegen sämtliche Gläubiger wirken insbesondere der Annahmeverzug (§ 429 Abs 1 BGB) sowie die Konfusion in der Person eines der Gläubiger (§ 429 Abs 2 BGB). Dasselbe gilt nach §§ 429 Abs 3 S 1, 422 Abs 1 BGB auch für die Erfüllung, die Leistung an Erfüllungs Statt, die Hinterlegung und die Aufrechnung. Hingegen ist die Verweisung auf § 423 BGB nach herrschender Auffassung zu weit ausgefallen: der Erlass, den einer der Gesamtgläubiger dem Schuldner gewährt, entfaltet danach nur dann Gesamtwirkung, wenn dieser eine entsprechend weitreichende Verfügungsbefugnis hatte.[204] Richtigerweise wirken Beschränkungen der Verfügungsbefugnis des erlassenden Gläubigers jedoch nur im Innenverhältnis, während der Erlass im Außenverhältnis entsprechend dem Gesetzeswortlaut volle Wirkung entfaltet. Im Innenverhältnis wird es daher regelmäßig zu

---

[199] BGH 8.7.1985 – II ZR 16/85, BGHZ 95, 185, 187.
[200] BGH 28.6.2011 – KZR 75/10, NJW 2012, 928 Rn 55 ff (allerdings ohne die – seinerzeit mangels einschlägiger unionsrechtlicher Regelung noch – nach Art 267 AEUV erforderliche Vorlage an den EuGH.
[201] Siehe etwa OESTERREICH, Der Kartellschaden im Zivilprozess vor und nach der 9. GWB-Novelle – Anforderungen an die Darlegungs- und Beweislast, BB 2017, 1865, 1870 ff.

[202] BGH 28.6.2011 – KZR 75/10, NJW 2012, 928 Rn 23 ff.
[203] KG 1.10.2009 – 2 U 10/03, WuW/E DE-R 2773. Zur prozessualen Behandlung unter § 33c GWB OESTERREICH, Der Kartellschaden im Zivilprozess vor und nach der 9. GWB-Novelle – Anforderungen an die Darlegungs- und Beweislast, BB 2017, 1865, 1871 f.
[204] BGH 4.3.1986 – VI ZR 234/84, NJW 1986, 1861, 1862.

einem Schadensersatzanspruch der übrigen Gesamtgläubiger gegen den Erlassenden kommen.[205] Im Übrigen ordnen die §§ 429 Abs 3 S 1, 425 BGB die Geltung des Grundsatzes der Einzelwirkung an. Dieser gilt etwa für die Schuldübernahme und die Abtretung (§ 429 Abs 3 S 2 BGB) sowie für die Voraussetzungen der Ersatzfähigkeit von Verzögerungsschäden nach §§ 280 Abs 1 und 2, 286 Abs 1–3 BGB.[206] Aus einer Verletzung der Leistungspflicht folgende Gestaltungsrechte können die Gläubiger hingegen von vornherein nur gemeinsam ausüben[207] und auch Schadensersatzverlangen mit Gestaltungswirkung sind dem einzelnen Gesamtgläubiger versagt; für den Schadensersatz statt der ganzen Leistung ist dies im Blick auf § 281 Abs 5 BGB (Rückabwicklungsansprüche des Schuldners) selbstverständlich, der einfache Schadensersatz statt der Leistung – mit der Folge des Erlöschens des parallelen Erfüllungsanspruchs durch Schadensersatzverlangen nach § 281 Abs 4 BGB – steht hingegen als nach neuem Schuldrecht gleichwertiger Weg der Erfüllung richtigerweise im Außenverhältnis jedem der Gesamtgläubiger offen.[208]

§ 430 BGB enthält eine Regelung über den **Ausgleich im Innenverhältnis** und ist eine **89** eigene Anspruchsgrundlage.[209] Geteilt wird dabei grundsätzlich nach Kopfteilen. Abweichungen davon können sich sowohl aus Gesetz (vgl § 117 S 2 SGB X, § 2151 Abs 3 S 3 BGB) als auch aus rechtsgeschäftlicher Vereinbarung ergeben (siehe § 117 S 4 SGB X). Schwierigkeiten in dieser Hinsicht bereiten insbesondere Oderkonten aus gescheiterten Ehen.[210] Auch für den Innenausgleich zwischen Kartellgeschädigten verschiedener Marktstufen sind entsprechende Regeln erst noch zu entwickeln.[211]

2. Schuldnermehrheiten

Schuldnermehrheiten werden üblicherweise nach drei verschiedenen Gestaltungen **90** eingeteilt, von welchen freilich nur zwei, nämlich die **Teilschuld** (§ 420 Alt 2 BGB) und die **Gesamtschuld** (§§ 421–427, 431 BGB) gesetzlich geregelt sind. Nicht geregelt ist hingegen die **gemeinschaftliche Schuld**; das Gesetz steht aber dieser dritten Gestaltungsform nicht grundsätzlich entgegen, weil es keinen *numerus clausus* der Schuldnermehrheiten begründet.[212] Von größerer praktischer Relevanz sind freilich allein die Regeln über die Gesamtschuld.

a) Teilschuld

Die in § 420 Alt 1 BGB normierte Regel ist **in der Rechtspraxis fast völlig bedeutungs- 91 los**. Schuldnermehrheiten sind regelmäßig Gesamtschuld (§§ 427, 431 BGB) oder gemeinschaftliche Schuld. Beispiele für eine Teilschuld sind etwa Sammelbestellungen durch mehrere Käufer oder Gemeinschaftsfahrscheine für Klassenfahrten.[213]

---

[205] SCHLECHTRIEM/SCHMIDT-KESSEL, Schuldrecht AT Rn 871a.
[206] STAUDINGER/LOOSCHELDERS (2017) § 429 Rn 49.
[207] STAUDINGER/LOOSCHELDERS (2017) § 429 Rn 34 ff.
[208] Anders die hL STAUDINGER/LOOSCHELDERS (2017) § 429 Rn 51 auf Basis der Auffassung, dass der Sachadensersatz statt der Leistung lediglich einen sekundären Rechtsbehelf bilde.
[209] OLG Zweibrücken 27.2.1990 – 7 U 159/89, NJW 1991, 1835.
[210] Zu den Einzelheiten vgl STAUDINGER/LOOSCHELDERS (2017) § 430 Rn 28 ff.
[211] Das gilt übrigens bei Ausschluß der *passing on defence* unabhängig davon, wie man die Vermeidung der doppelten Inanspruchnahme konstruiert.
[212] STAUDINGER/LOOSCHELDERS (2017) Vorbem 67 zu §§ 420 ff.
[213] Vgl OLG Frankfurt 23.1.1986 – 1 U 40/85, NJW 1986, 1941, 1942 (im Rahmen einer Hilfsüberlegung).

92 Grundsätzlich kommt bei der Teilschuld **nur eine Einzelwirkung** eintretender Umstände in Betracht.[214] Gesamtwirkung kommt freilich nach § 351 S 1 BGB dem Rücktritt, der Minderung und (in analoger Anwendung) auch dem Verlangen des Schadensersatz statt der ganzen Leistung zu (siehe Rn 94 f).[215] Allerdings ist der Gläubiger richtigerweise nicht gehindert diese Rechte insoweit auszuüben, als sie sich in ihren Wirkungen auf einen der Teilschuldner beschränken lassen: der Umstand, dass eine Teilschuld vorliegt, nimmt dem Gläubiger nicht die Möglichkeit den nach § 323 Abs 5 BGB *e contrario* eröffneten Teilrücktritt[216] zu erklären.

b) Gemeinschaftliche Schuld

93 Die gemeinschaftliche Schuld ist dadurch gekennzeichnet, dass die Schuldner ihre Pflicht aus tatsächlichen oder rechtlichen Gründen **nur im Zusammenwirken** erfüllen können. Lehrbuchbeispiele sind die Auftritte von Musikkapellen oder Theaterensembles. Freilich wird sich hier häufig eine juristische Person verpflichtet haben. Aus rechtlichen Gründen ist das gemeinschaftliche Zusammenwirken etwa dann erforderlich, wenn der Leistungsgegenstand den Schuldnern so zugeordnet ist, dass sie nur gemeinsam über ihn verfügen können. Dies kann sowohl bei gesamthänderisch gebundenen Vermögensgegenständen als auch bei Bruchteilsgemeinschaften der Fall sein.[217]

94 Der Gläubiger kann die Schuldner nicht einzeln, sondern nur alle zusammen auf Erfüllung in Natur in Anspruch nehmen. Die Schuldner sind notwendige Streitgenossen im Sinne von § 62 ZPO.[218] Vom Zwang zur gemeinschaftlichen Klage gegen alle Schuldner sieht die Rechtsprechung allerdings dann ab, wenn die nicht mitverklagten Schuldner vor Klageerhebung erklärt haben, zur Leistung verpflichtet und bereit zu sein.[219] Da Verletzungen der gemeinschaftlichen Verpflichtung(en) zu Lasten sämtlicher Schuldner gehen **(Gesamtwirkung)**, richten sich mögliche Rechtsbehelfe des Gläubigers dementsprechend gegen sämtliche Schuldner gleichermaßen.[220] Soweit daraus Ansprüche auf Schadensersatz entstehen, kommt es zur Haftung als Gesamtschuldner.[221]

c) Gesamtschuld

95 **Praktisch wichtigster Fall einer Schuldnermehrheit** ist die Gesamtschuld. Die Legaldefinition in § 421 BGB zeigt, was der Gesetzgeber unter der Gesamtschuld, respective unter Gesamtschuldner versteht: jeder Schuldner ist verpflichtet, die ganze Leistung zu bewirken, der Gläubiger kann sie jedoch nur einmal fordern. Mit dem sehr weiten Begriff der Gesamtschuld wollte der Gesetzgeber von 1896 vor allem diejenigen Unklarheiten beseitigen, welche der bereits damals anachronistische Streit im gemeinen Recht um die Kategorie Korreal- und Solidarobligationen verursacht hatte.[222]

---

[214] STAUDINGER/LOOSCHELDERS (2017) § 420 Rn 50.
[215] SCHLECHTRIEM/SCHMIDT-KESSEL, Schuldrecht AT Rn 834.
[216] Vgl STAUDINGER/OTTO/SCHWARZE (2015) § 323 Rn B 132 ff.
[217] SCHLECHTRIEM/SCHMIDT-KESSEL, Schuldrecht AT Rn 835 ff.
[218] BGH 12.1.1996 – V ZR 246/94, BGHZ 131, 376, 378 f.
[219] BGH 25.10.1991 – V ZR 196/90, NJW 1992, 1101, 1102; ZÖLLER/VOLLKOMMER § 62 ZPO Rn 18.
[220] SCHLECHTRIEM/SCHMIDT-KESSEL, Schuldrecht AT Rn 838.
[221] JAUERNIG/STÜRNER § 431 Rn 4.
[222] Mot II 154; zur Vorgeschichte siehe EHMANN, Die Gesamtschuld (1972) 28 ff; WERNECKE, Die Gesamtschuld (1990) 30 ff.

H. Gläubiger und Schuldner: Mehrheit und Wechsel

Der Gläubiger ist grundsätzlich frei darin, welchen Schuldner er in Anspruch nimmt. **96** Seine Position wird besonders einprägsam aber nicht unbedingt geschmackvoll als die „**Paschastellung**" bezeichnet.[223] Sie wird jedoch möglicherweise durch die verschiedenen privatrechtlichen Diskriminierungsverbote insbesondere des AGG eingeschränkt.[224] Außerdem darf die Inanspruchnahme nicht rechtsmissbräuchlich sein.[225]

aa) Voraussetzungen

Die weite Fassung des Gesamtschuldbegriffs hat freilich neue **Unsicherheiten** darüber **97** ausgelöst, **wann eine Gesamtschuld** überhaupt vorliegt. Teilweise wird vertreten, dass § 421 BGB überhaupt keine Voraussetzungen der Gesamtschuld aufstelle, sondern sie und ihre Rechtsfolgen nur beschreibe.[226] Die Gegenauffassung schreibt der Norm eine konstruktive Wirkung zu[227] und streitet ihrerseits wiederum darüber, ob die in § 421 genannten Merkmale um weitere zu ergänzen sind: heute weitgehend aufgegeben ist dabei die Idee, der Gesamtschuld müsse ein einheitlicher Schuldgrund zugrunde liegen.[228] Die Rechtsprechung des Bundesgerichtshofs hat hingegen lange Zeit eine „**Zweckgemeinschaft**" der verschiedenen Schuldner zur zusätzlichen Voraussetzung der Gesamtschuld gemacht.[229] Daran fehlt es etwa, wenn Bauunternehmer voneinander getrennte Bauleistungen erbringen, ohne dass eine zweckgerichtete Verbindung der Bauleistungen besteht; eine solche ist nicht schon dadurch gegeben, dass verschiedene Bauleistungen aufeinander aufbauen und damit zeitlich nacheinander geschuldet sind.[230] Nach heute wohl herrschender Auffassung wird zusätzlich eine **Gleichstufigkeit** der schuldnerischen Verpflichtung gefordert.[231]

Hinter dem terminologischen Streit steht vor allen Dingen die **Sachfrage, wann** eine **98** Konstellation für die Anwendung der Rückgriffsregeln nach **§ 426 BGB** geeignet ist.[232] Die begriffliche Lösung dieser Sachfrage ist freilich müßig und misslungen. Richtigerweise ist daher – wie der Wortlaut des § 421 BGB es nahelegt – von einem weiteren Verständnis der Gesamtschuld auszugehen; notwendige Korrekturen haben auf der Rechtsfolgenseite zu erfolgen, wofür § 426 Abs 1 S 1 BGB („soweit nicht ein anderes

---

[223] HECK, Grundriß des Schuldrechts, § 76, 4a: „Der Gläubiger ist gewissermaßen ein juristischer Pascha."
[224] Vgl SCHÜNEMANN/BETHGE JZ 2009, 448 ff.
[225] BGH 16.12.2009 – XII ZR 146/07, NJW 2010, 861 (fehlender Hinweis auf mögliche Zahlungsschwierigkeiten eines anderen Gesamtschuldners begründet einen solchen Einwand nicht).
[226] FROTZ JZ 1964, 665, 667; HÜFFER AcP 171 (1971) 470, 477 f.
[227] STAUDINGER/LOOSCHELDERS (2017) § 421 Rn 10 mwNw.
[228] So früher das Reichsgericht RG 29.5.1905 – Rep. VI. 441/04, RGZ 61, 56, 61; RG 22.11. 1907 – Rep. II. 294/07, RGZ 67, 128, 131.
[229] BGH 31.5.1954 – GSZ 2/54, BGHZ 13, 360, 365; BGH 1.2.1965 – GSZ 1/64, BGHZ 43, 227, 230 f.
[230] OLG Celle 2.6.2010 – 14 U 205/03, BauR 2010, 1614 (Herstellung, Lieferung und Montage einer Dachkonstruktion vs Klempnerarbeiten). Auch wenn es damit für die ursprüngliche Werkerstellung an einer Gesamtschuld fehlt, kann sich eine solche unter Umständen nachträglich hinsichtlich der Nacherfüllung ergeben, wenn eine Mängelbeseitigung sinnvollerweise nur einheitlich erfolgen kann.
[231] BGH 28.11.2006 – VI ZR 136/05, NJW 2007, 1208, 1210 Rn 17; BGH 26.1.1989 – III ZR 192/87, BGHZ 106, 313, 319; BGH 22.10. 1992 – IX ZR 244/91, BGHZ 120, 50, 57; SELB, Mehrheiten von Gläubigern und Schuldnern (1984) 42.
[232] SCHLECHTRIEM/SCHMIDT-KESSEL, Schuldrecht AT Rn 839; vgl BGH 31.5.1954 – GSZ 2/54, BGHZ 13, 360, 365 (§ 426 sei auf das streitgegenständliche Verhältnis „nicht zugeschnitten").

bestimmt ist")²³³ und hinsichtlich der übrigen betroffenen Vorschriften die Systematik des Gesetzes und mithin der Gedanke der Spezialität der einzelnen Konstellationen hinreichende Flexibilität sichern.²³⁴ Daneben hilft die Bildung von Fallgruppen bei der Herausarbeitung und Lösung der wirklich problematischen Fälle.

99 Schulden mehrere Schuldner eine **unteilbare Leistung**, so liegt nach § 431 BGB **immer eine Gesamtschuld** vor. Ein praktisch wichtiger Anwendungsfall ist die gemeinschaftliche Verpflichtung zur Rückgabe einer Sache, insbesondere einer Mietsache.²³⁵ Soweit allerdings der Gläubiger berechtigt ist, Schadensersatz statt der unteilbaren Leistung nach §§ 280 Abs 1 und 3, 281 ff, 311a Abs 2 BGB zu verlangen, erfasst diese Schadensersatzverpflichtung wegen der Einzelwirkung des § 431 BGB nur diejenigen Schuldner, bei denen ein Vertretenmüssen vorliegt.²³⁶ Der Erfüllungsanspruch gegen den oder die übrigen wird nicht schon nach § 281 Abs 4 BGB durch das Verlangen von Schadensersatz ausgeschlossen, sondern erst durch die Leistungen des Schadensersatzes, welcher der Erfüllung – zumindest insoweit – äquivalent ist.

100 Praktisch entsteht die Gesamtschuld zunächst **durch Vereinbarung**. Das ist für unteilbare Leistungen nach § 431 BGB ohnehin selbstverständlich (siehe Rn 99) und ergibt sich für teilbare Leistungen aus der Auslegungsregel des § 427 BGB. Dabei muss sich diese Verpflichtung nicht notwendig aus ein und demselben Vertrag ergeben. Das zeigen etwa § 769 BGB und die Möglichkeit des Schuldbeitritts.²³⁷ Es kommt nicht einmal darauf an, ob die Schuldner jeweils von der Verpflichtung des anderen wissen.²³⁸ Vielmehr ist es – wie bei der Mitbürgschaft – richtigerweise **nur erforderlich, dass das Entstehen der Gesamtschuld nicht vertraglich ausgeschlossen** ist: die Gegenauffassung lässt sich mit dem typischen hypothetischen Parteiwillen, der gerade auf die Möglichkeit eines Ausgleichsanspruchs auch für zunächst rein hypothetische Fälle gerichtet ist, nicht vereinbaren. Ob es auch dann zu einer gesamtschuldnerischen Haftung kommt, wenn eine Mehrheit von Scheingläubigern eine Leistung aufgrund eines nichtigen oder später angefochtenen Vertrages erhält und diese nun rückabgewickelt werden muss, ist umstritten. Richtigerweise lässt sich diese Frage nicht pauschal beantworten: ist etwa der Gegenstand der Rückabwicklung unteilbar, so ergibt sich die Gesamtschuld aus § 431 BGB. Lässt sich hingegen die eingetretene Bereicherung nicht mehr in Natur rückabwickeln, so haften die verschiedenen Schuldner – jedenfalls nach einer Aufteilung – nur bis zur Höhe der jeweils eingetretenen Bereicherung.²³⁹

100a Im Kontext vertraglicher Haftung kann sich eine Gesamtschuld gegebenenfalls auch erst hinsichtlich der Rechtsfolgen vertragswidriger Leistungen ergeben. Wichtigstes praktisches Beispiel dafür ist die Haftung mehrerer am Bau beteiligter Werkunterneh-

---

[233] Warum die Rechtsprechung ihre gegenteilige Auffassung ausgerechnet mit Hinweis auf die grundsätzlich vorgesehene Haftung nach Köpfen begründet (BGH 28.11.2006 – VI ZR 136/05, NJW 2007, 1208, 1210 Rn 18), vermag angesichts der damit verlorengehenden – und von der Rechtsprechung auch geschätzten (s nur BGH 9.7.2007 – II ZR 30/06, NJW-RR 2007, 1407 Rn 11 f) – Flexibilität der Rechtsfolgenseite nicht zu überzeugen.
[234] STAUDINGER/LOOSCHELDERS (2017) § 421 Rn 33.
[235] BGH 22.11.1995 – VIII ARZ 4/95, BGHZ 131, 176, 183.
[236] STAUDINGER/LOOSCHELDERS (2017) § 431 Rn 15.
[237] Für letzteren BGH 15.4.1964 – VIII ZR 232/62, BGHZ 41, 298, 300 f.
[238] So aber STAUDINGER/LOOSCHELDERS (2017) § 427 Rn 9.
[239] Vgl SCHLECHTRIEM/SCHMIDT-KESSEL, Schuldrecht AT Rn 840.

H. Gläubiger und Schuldner: Mehrheit und Wechsel

mer für nur einheitlich beseitigbare Mängel.[240] Nach der Rechtsprechung des Bundesgerichtshofs genügt es aber auch schon, dass sich die jeweiligen Pflichten im Rahmen der Mängelgewährleistung auf dasselbe Interesse richten, auch wenn der Inhalt dieser Pflichten nicht identisch ist.[241] Schwierigkeiten können sich dabei vor allem aus den divergierenden Haftungsvoraussetzungen, insbesondere dem Recht zur zweiten Andienung, ergeben.

Unter den zahlreichen Fällen einer **gesetzlich angeordneten Gesamtschuld**[242] ist die gesamtschuldnerische Verpflichtung mehrerer Schadensverursacher von besonderer Bedeutung. **§ 840 BGB** sowie die ergänzenden Sondervorschriften für die Fälle verschuldensunabhängiger Schadensersatzhaftung[243] stellen eine weitgehende Anwendung der Gesamtschuldregeln sicher. Im Übrigen werden etwaige Lücken durch die analoge Anwendung von § 840 BGB geschlossen.[244] Haftet einer der Beteiligten nur aus Vertrag, ergibt sich die Gesamtschuld nach herrschender Auffassung nicht aus § 840 BGB, sondern nach allgemeinen Regeln. Funktion von § 840 BGB ist daher auch, dass bei mehreren nebeneinander verantwortlichen Schädigern gegenüber dem Geschädigten grundsätzlich die volle Haftung besteht, ohne dass einer der Schädiger auf den Tatbeitrag des anderen verweisen könnte; auf die Tatbeiträge kommt es vielmehr erst beim Regress zwischen den Schädigern an (siehe Rn 115). Ausnahmsweise kann freilich der Tatbeitrag eines Schädigers haftungsentlastend wirken, wenn dieser mit dem Geschädigten in einer nach § 254 BGB zu berücksichtigenden Haftungseinheit verbunden ist (siehe Rn 117). Schließlich finden sich auch Fälle einer behördlich angeordneten Gesamtschuld, etwa in Kartellbußgeldverfahren der Europäischen Kommission.[245]

101

Keine Gesamtschuld liegt hingegen nach ganz herrschender Auffassung in solchen Fällen vor, in denen ein Schuldner als Institution der **öffentlichen oder privaten Daseinsvorsorge** verpflichtet ist. In diesen Fällen würden – so die Begründung – ohne die soziale oder versicherungsmäßige Absicherung durch diese Institution allein die übrigen Schuldner haften.[246] In der Tat behandeln die in der Rechtsprechung entschiedenen Abgrenzungsfälle häufig derartige Konstellationen.[247] Allerdings lässt sich den zur Illustration vielfach angeführten Beispielen des § 86 VVG, § 116 SGB X, § 4 EFZG, § 87a BBG und § 93 SGB XII die ausdrückliche Anordnung der Gesamtschuldnerschaft in § 3 Nr 2 PflVG entgegengehalten. Auch das Bestehen eines Anspruchs auf Abtretung der Ansprüche des Gläubigers gegen andere Schuldner ist, wie gerade die

102

---

[240] BGH 26.6.2003 – VII ZR 126/02, NJW 2003, 2980. Allgemein zur gesamtschuldnerischen Haftung von Baubeteiligten siehe Sohn/Holtmann BauR 2010, 1480 ff.
[241] BGH 1.12.1994 – VII ZR 232/93, BauR 1995, 231; Voit BauR 2011, 392, 396.
[242] Etwa §§ 42 Abs 2, 53, 54, 86, 88, 89 Abs 2, 427, 431, 546 Abs 2, 613a Abs 2, 769, 840 Abs 1, 1108 Abs 1, 1357 Abs 1 S 2, 1437 Abs 2, 1459 Abs 2, 2058, 2382; § 43 Abs 2 GmbHG; § 128 HGB; § 8 PartGG (dazu Sommer/Treptow/Dietlmeier NJW 2011, 1551, 1555 ff); § 13 HPflG, § 17 StVG; § 3 Nr 2 PflVG; § 5 S 1 PHG; § 100 Abs 4 ZPO; § 78 VVG.

[243] Insbesondere § 22 Abs 1 S 2 WHG; §§ 17, 18 Abs 3 StVG; § 33 AtomG; § 13 HPflG, § 5 PHG.
[244] Siehe BGH 26.11.1982 – V ZR 314/81, BGHZ 85, 375, 387; RG 21.4.1941 – V 103/40, RGZ 167, 14, 39 (jeweils für die Haftung nach § 906 Abs 2 S 2).
[245] Siehe zu Einzelheiten EuGH 10.4.2014 – C-247/11 P und C-253/11 P und EuGH 10.4.2014 – C-231/11 P, C-232/11 P und C-233/11 P; ferner den Vorlagebeschluss BGH 9.7.2013 – KZR 15/12, BB 2013, 2639 (mit Streichungsbeschluss des EuGH 4.7.2014, C-451/13).
[246] Jauernig/Stürner § 421 Rn 6.
[247] Siehe etwa BGH 31.5.1954 – GSZ 2/54, BGHZ 13, 360.

cessio legis nach § 426 Abs 2 S 1 zeigt, kein taugliches Abgrenzungskriterium.[248] Der Schulfall des neben dem Dieb haftenden fahrlässigen Entleihers[249] ist nicht über Herausnahme aus der Gesamtschuld zu lösen. Richtigerweise liegt hier jeweils ein **Fall einer anderweitigen Bestimmung nach § 426 Abs 1 S 1** vor.

bb) Rechtswirkungen im Außenverhältnis

103 Wie bei sämtlichen Personenmehrheiten ist auch bei der Gesamtschuld danach zu differenzieren, ob bestimmte Vorgänge im Außenverhältnis für sämtliche Schuldner **(Gesamtwirkung)** oder nur für denjenigen gelten, bei dem sie eintreten **(Einzelwirkung)**. Die Regelung dieser Problematik für die Gesamtschuld ist allerdings erheblich ausführlicher als für die übrigen Arten von Personenmehrheiten.

104 Als **Grundregel** ordnet § 425 Abs 1 BGB die **Einzelwirkung** solcher Tatsachen an, die auf ein Schuldverhältnis einwirken können. Allerdings enthalten die §§ 421–424 BGB eine Reihe wichtiger **Ausnahmen**: vor allem wirkt nach § 422 Abs 1 S 1 BGB die **Erfüllung** durch einen Gesamtschuldner für alle übrigen. Dasselbe gilt auch für die Leistung an Erfüllungs statt (§§ 364 Abs 1, 422 Abs 1 S 2 Var 1 BGB), jedoch nicht für die Leistung erfüllungshalber; insbesondere ist der Gläubiger den übrigen Schuldnern gegenüber nicht gezwungen, Befriedigung gerade aus der erfüllungshalber eingegangenen Verbindlichkeit zu suchen,[250] wenngleich etwa in der Nichteinlösung eines erfüllungshalber gegebenen Schecks ein zum Gläubigerverzug führendes Fehlverhalten liegen kann, welchem nach § 424 BGB ebenfalls Gesamtwirkung zukäme. Gesamtwirkung hat auch die Hinterlegung; dies gilt sowohl für den Fall der Wirkung als Erfüllungssurrogat nach §§ 378, 376 Abs 2, 422 Abs 1 S 2 Var 2 BGB, als auch für denjenigen, dass die Rücknahme aus der Hinterlegung nicht ausgeschlossen ist, weil dann jeder Gesamtschuldner den Gläubiger nach §§ 424, 379 Abs 1 BGB auf die hinterlegte Sache verweisen kann.

105 Gesamtwirkung hat auch die erfolgreiche **Aufrechnung** (§§ 422 Abs 1 S 2, 387 ff BGB), allerdings macht die Gesamtschuld nicht die Gegenseitigkeit der Forderung entbehrlich; § 422 Abs 2 BGB stellt vielmehr klar, dass nur derjenige Schuldner aufrechnen kann, dem die Forderung zusteht. Inwieweit den übrigen Schuldnern eine **Einrede der Aufrechenbarkeit**, wie sie sich für vergleichbare Konstellationen etwa in § 770 Abs 2 BGB und § 129 Abs 3 HGB geregelt findet, zusteht, ist im Einzelnen nicht geklärt. Grundsätzlich kommt Einreden eines Schuldners nach § 425 BGB nur eine Einzelwirkung zu, und dies gilt auch für die Einrede nach § 273 BGB,[251] so dass die Zurückbehaltung wegen der Aufrechnungsmöglichkeit anderer Schuldner allenfalls ausnahmsweise in Betracht kommt. Eine solche Ausnahme steht in entsprechender Anwendung von § 770 Abs 2 BGB etwa solchen Gesamtschuldnern zu, die der Schuld eines Dritten zum Zwecke der Sicherung beigetreten sind: insoweit beruht die Möglichkeit der Einrede auf dem Sicherungszweck der betreffenden Gesamtschuld. Möglich ist die Einrede der Aufrechenbarkeit analog § 129 Abs 3 HGB außerdem in solchen Fällen, in denen es nur aus Gründen der technischen Gestaltung bestimmter Personenmehrheiten an der Gegenseitigkeit der Forderung fehlt, etwa wenn der Gesamtschuld eine Forderung gegenübertritt, welche den Gesamtschuldnern nur zur ge-

---

[248] Vgl JAUERNIG/STÜRNER § 421 Rn 7.
[249] LARENZ, Schuldrecht I 558 f.
[250] STAUDINGER/LOOSCHELDERS (2017) § 422 Rn 14.
[251] Für die generelle Wirkung von § 273 als Einrede der Aufrechenbarkeit siehe NK-BGB/ SCHMIDT-KESSEL § 273 Rn 37.

H. Gläubiger und Schuldner: Mehrheit und Wechsel

samten Hand zusteht: das gilt etwa für die Aufrechnungslage zwischen einer Nachlassforderung (Gesamthand nach § 2039 BGB) und einer Nachlassverbindlichkeit (Gesamtschuld nach § 2058 BGB)[252] oder für die Forderung einer Gesellschaft bürgerlichen Rechts und die Verbindlichkeiten dieser Gesellschaft als Gesamtschuldner, für welche die Gesellschafter einstehen müssen.[253]

Erlässt der Gläubiger einem der Gesamtschuldner die Schuld, so ist **zu unterscheiden**: **106**
Ergibt die Auslegung des Erlassvertrags, dass die Parteien das Schuldverhältnis insgesamt aufheben wollen, hat der Erlass **Gesamtwirkung** (§ 423 BGB). Fehlt es daran, wirkt also der Erlass nach § 425 Abs 1 BGB nur zugunsten des betreffenden Gesamtschuldners, stellt sich die Frage, wie die übrigen Gesamtschuldner gegen die dadurch drohende Mehrbelastung zu schützen sind.[254] In Betracht kommen dafür zwei Lösungen, nämlich einerseits die **Beschränkung der Erlasswirkung auf das Außenverhältnis**, welche den übrigen Schuldnern nach wie vor den Rückgriff nach § 426 BGB offen hält. Andererseits kommt eine Reduktion der gesamten Verbindlichkeit, um die vom ausscheidenden Schuldner im Innenverhältnis zu leistende Quote in Betracht **(beschränkte Gesamtwirkung)**. Maßgebend für die Bestimmung der Erlasswirkung ist dabei primär der Parteiwille der Partner des Erlassvertrags. Wegen des generellen Verbots von Verträgen zu Lasten Dritter[255] können die übrigen Gesamtschuldner allerdings nicht zusätzlich belastet werden. Im praktisch wichtigen Fall des Erlasses im Wege eines Vergleichs ist in der Regel von einer beschränkten Gesamtwirkung auszugehen.[256]

Auch jenseits der gesetzlich geregelten Fälle gibt es zahlreiche **weitere Ausnahmen** vom **107**
Grundsatz des § 425 Abs 1 BGB. Neben der sogenannten **vereinbarten Gesamtwirkung**[257] sind dies vor allem Fälle, in welchen **Gestaltungsrechte** oder Rechtsbehelfe mit Gestaltungswirkungen das der Gesamtschuld zugrunde liegende Schuldverhältnis insgesamt tangieren. Das gilt insbesondere für den Rücktritt von einem Vertrag, welcher die Basis der Verpflichtung sämtlicher Gesamtschuldner ist (§ 351 BGB) und entsprechend für das Verlangen des Schadensersatzes statt der ganzen Leistung nach §§ 281 Abs 1, Abs 3, 282, 283 S 2, 311a Abs 2 S 3 BGB (siehe oben Rn 79). Dieselbe Lösung greift grundsätzlich auch für die Kündigung ein, soweit sie das Schuldverhältnis insgesamt und damit sämtliche Gesamtschuldner betrifft.[258] Etwas anderes gilt in allen drei Fällen freilich dann, wenn es möglich ist, die Gestaltungswirkung auf einen der Gesamtschuldner zu begrenzen. Allerdings bedeutet die – auch nach dem Wortlaut des § 425 Abs 2 BGB mögliche – Einzelwirkung einer Kündigung nicht notwendig, dass diese ohne Einfluss auf die Schuldverhältnisse der übrigen Gesamtschuldner bliebe: je nach Konstellation ist hier insbesondere an eine Störung der Geschäftsgrundlage zu denken, welche diesen ihrerseits Kündigungsrechte geben kann (§§ 313, 314 BGB).[259]

---

[252] BGH 24.10.1962 – V ZR 1/61, BGHZ 38, 122, 126 ff.
[253] MünchKommHGB/K Schmidt § 129 Rn 3.
[254] Dazu rechtsvergleichend Schmidt-Kessel, Gläubigerfehlverhalten § 6 II 2.
[255] Siehe statt aller Schlechtriem/Schmidt-Kessel, Schuldrecht AT Rn 739.
[256] Staudinger/Looschelders (2017) § 423 Rn 27 ff; so auch BGH 5.5.2009 – VI ZR 208/08, NJW-RR 2009, 1534 Rn 23 für den Fall eines (Abfindungs-)Vergleiches zwischen Sozialversicherungsträger und Haftpflichtversicherer des Schädigers.
[257] Dazu Staudinger/Looschelders (2017) § 425 Rn 9.
[258] Insoweit richtig RG 28.11.1932 – VIII 371/32, RGZ 138, 183, 186.
[259] Zu den Einzelheiten einer Einzelkündigung siehe Staudinger/Looschelders (2017) § 425 Rn 10 ff.

107a Nicht völlig geklärt sind die Folgen des in §§ 281–283, 314 Abs 2, 323–326 BGB niedergelegten Vorrangs der Nacherfüllung, respektive des **Rechts zur zweiten Andienung**, wenn ein solches nur (noch)[260] hinsichtlich eines Gesamtschuldners besteht. Soweit die betreffenden Mechanismen richtigerweise nicht schon die Gesamtschuld als solche ausschließen, gilt auch insoweit der Grundsatz der Einzelwirkung, § 425 Abs 1 BGB. Der Besteller ist daher richtigerweise nicht dadurch in seinem Anspruch auf Vorschuss gemäß § 637 Abs 3 BGB ausgeschlossen, dass es gegenüber einem anderen für die Mangelbeseitigung verantwortlichen Werkunternehmer noch an der erfolglosen Fristsetzung fehlt.[261] Der Schutz des Andienungsrechts des nicht in Anspruch genommenen Gesamtschuldners erfolgt daher erst auf der Regressebene. Davon ist freilich eine Ausnahme für den Fall zu machen, dass der Besteller eine angebotene Nacherfüllung des anderen Gesamtschuldners nicht annimmt: der eintretende Annahmeverzug hat nämlich Gesamtwirkung. Zu beachten ist außerdem, dass gegenüber dem in Anspruch genommenen Gesamtschuldner in der Nichtinanspruchnahme des anderen die Verletzung einer Schadensminderungsobliegenheit liegen kann. Zu den Folgen für den Regress zwischen den Gesamtschuldnern siehe Rn 121 ff.

cc) Ausgleich im Innenverhältnis

108 Die enorme praktische Bedeutung der Gesamtschuld liegt in der – auch rechtsvergleichend – **besonders großzügigen Regressregelung** des § 426 BGB.[262] Sie hat vor allem dazu beigetragen, dass Rechtsprechung und Lehre mit ihren Versuchen gescheitert sind, den Anwendungsbereich der Gesamtschuld über zusätzliche Kriterien einzuschränken (siehe oben Rn 97). Allerdings ist die Norm hinreichend flexibel, um bei ihrer Anwendung für die daraus entstehende Problemlage geeignete Lösungen zu begründen.

α) Regresswege

109 Dem zuerst in Anspruch genommenen Gesamtschuldner stehen **drei verschiedene Regresswege** offen: Der erste kann sich aus dem Grundverhältnis zu dem oder den anderen Gesamtschuldnern ergeben, falls ein solches existiert. Zweitens gewährt § 426 Abs 1 BGB einen originären Rückgriffsanspruch des zuerst in Anspruch Genommenen. Schließlich kommt diesem nach § 426 Abs 2 BGB auch noch ein gesetzlicher Übergang der Forderung gegen die übrigen Schuldner zugute.

110 Bei einer vertraglich durch Schuldbeitritt begründeten Gesamtschuld ergibt sich ein **Grundverhältnis zwischen den Gesamtschuldnern** häufig aus den damit verbundenen Geschäftsbesorgungsmerkmalen: der Beitretende kann dann nach § 670 Aufwendungsersatz verlangen. Diese Norm findet aber etwa auch zugunsten eines Dienstverpflichteten unter einem Dienst- oder Arbeitsvertrag Anwendung.[263] Des Weiteren können sich Ausgleichsansprüche etwa aus den Regeln der BGB-Gesellschaft, aus Geschäftsführung ohne Auftrag und aus Bereicherungsrecht ergeben.[264] Für § 426 BGB sind

---

[260] Die Problematik betrifft sowohl den Fall, in welchem für einen Gesamtschuldner der Vorrang der Nacherfüllung bereits durch Fristablauf entfallen ist, als auch den Fall, dass ein solches Recht von Anfang an bei einem Gesamtschuldner nicht besteht, etwa weil er lediglich zu Diensten im Sinne von § 611 verpflichtet ist.
[261] GLÖCKNER, Gesamtschuldvorschriften und Schuldnermehrheiten bei unterschiedlichen Leistungsinhalten (1997) 236; VOIT BauR 2011, 392, 397.
[262] Siehe den rechtsvergleichenden Überblick in den offiziellen Notes zu Art 10:106 PECL.
[263] LÖWISCH, Arbeitsrecht Rn 367 ff.
[264] STAUDINGER/LOOSCHELDERS (2017) § 426 Rn 6; für einen Bereicherungsanspruch etwa: BGH 25.9.1980 – III ZR 4/79, NJW 1981, 1908, 1909.

diese Ausgleichsansprüche vor allem wegen ihrer Folgen für die Ausgleichsquoten nach § 426 BGB von Interesse (siehe Rn 115).

Die Bedeutung von § 426 BGB beruht vor allem auf dem **originären Ausgleichsanspruch** nach § 426 Abs 1 BGB. Dieser Anspruch setzt lediglich voraus, dass der rückgreifende Gesamtschuldner geleistet hat und die Forderung des Gläubigers bereits fällig ist. Die erbrachte Leistung muss dabei höher sein als die auf den Rückgreifenden entfallende Ausgleichsquote.[265] Freilich kann sich aus dem Grundverhältnis zwischen den Beteiligten ergeben, dass auch hinsichtlich jeder Teilzahlung eines Gesamtschuldners ein anteiliger Innenausgleich erfolgen soll.[266] Der zuerst in Anspruch genommene Gesamtschuldner muss im Innenverhältnis nicht für die insgesamt geschuldete Leistung in Vorlage treten. Vielmehr kann er schon vor der eigenen Inanspruchnahme von den übrigen Gesamtschuldnern Befreiung, respektive Freistellung, verlangen.[267] Dieser Befreiungsanspruch kann freilich erst durchgesetzt werden, wenn die Schuld, von der die Befreiung verlangt wird, ihrerseits fällig ist.[268] Der Befreiungsanspruch umfasst grundsätzlich auch die Pflicht, unbegründete Ansprüche abzuwehren;[269] freilich reicht diese Pflicht hinsichtlich der Kosten nicht über die Quote des Innenausgleichs hinaus. **111**

Kann der leistende Gesamtschuldner Ausgleich von mehreren anderen Gesamtschuldnern verlangen, haften diese ihrerseits im **Rückgriffsverhältnis nicht als Gesamtschuldner**.[270] Vielmehr haften sie **lediglich** entsprechend ihrer Anteile als **Teilschuldner** im Sinne von § 420 Abs 1 BGB.[271] Das ergibt sich aus dem Wortlaut von § 426 Abs 1 S 1 BGB („zu gleichen Anteilen"). Damit soll vermieden werden, dass der erste in Regress genommene Gesamtschuldner das volle Insolvenzrisiko im Hinblick auf die dann noch verbliebenen weiteren Regressgegner trägt. Das Insolvenzrisiko des zuerst in Anspruch genommenen Gesamtschuldners wird nach § 426 Abs 1 S 2 BGB dadurch vermindert, dass bei Ausfall eines Rückgriffsgegners sich die Ansprüche gegen die übrigen anteilig erhöhen: Ausfall meint vor allem die Zahlungsunfähigkeit des betreffenden Gesamtschuldners, welche durch einen vergeblichen Zwangsvollstreckungsversuch hinreichend nachgewiesen ist.[272] Die Voraussetzungen von § 426 Abs 1 S 2 BGB sollen aber auch dann vorliegen können, wenn die Durchsetzung des Regresses gegen einen Gesamtschuldner wegen dessen Unerreichbarkeit oder der Unbekanntheit seines Aufenthaltsorts nicht möglich ist.[273] Bei Anwendung der Vorschrift ist zu beachten, dass sich durch sie nicht nur die Anteile der Regressgegner, sondern in aller Regel auch die des Rückgreifenden erhöhen; der Umfang dessen, was er ersetzt erhält, verringert sich also.[274] Wird für einen der Gesamtschuldner durch die Inanspruchnahme **112**

---

[265] BGH 9.12.1985 – III ZR 90/84, NJW 1986, 1097.
[266] So für das Innenverhältnis zwischen Mitbürgen BGH 21.2.1957 – VII ZR 216/56, BGHZ 23, 361, 364.
[267] RG 26.4.1912 – Rep. II. 523/11, RGZ 79, 288, 290; BGH 15.5.1986 – IX ZR 96/85, NJW 1986, 3131, 3132; BGH 15.10.2007 – II ZR 136/06, DStR 2007, 2268 Rn 14; SELB, Mehrheit von Gläubigern und Schuldnern (1984) 94.
[268] BGH 7.11.1985 – III ZR 142/84, NJW 1986, 978, 979.
[269] BGH 15.10.2007 – II ZR 136/06, DStR 2007, 2268 Rn 22.
[270] RG 30.4.1914 – Rep. VI. 10/14, RGZ 84, 415, 426; RG 23.4.1932 – IX 355/31, RGZ 136, 275, 286 f; BGH 24.4.1952 – III ZR 78/51, BGHZ 6, 3, 25; BGH 22.2.1971 – VII ZR 110/69, BGHZ 55, 344, 349.
[271] STAUDINGER/LOOSCHELDERS (2017) § 426 Rn 38.
[272] STAUDINGER/LOOSCHELDERS (2017) § 426 Rn 128.
[273] STAUDINGER/LOOSCHELDERS (2017) § 426 Rn 128.
[274] PALANDT/GRÜNEBERG § 426 Rn 6.

eines anderen das Recht zur zweiten Andienung übergangen, beschränkt sich der Regressanspruch gegen den so Benachteiligten richtigerweise auf die (hypothetischen) Kosten der Nacherfüllung.[275]

113 Vom Grundsatz der Teilschuld wird als **Ausnahme** allgemein der Fall anerkannt, dass mehrere Gesamtschuldner eine **Haftungseinheit** (s unten Rn 116) bilden: für die auf sie entfallende Quote haften sie als Gesamtschuldner.[276] Eine andere Ausnahme ist hingegen sehr umstritten: nach der älteren Rechtsprechung[277] haften die übrigen Rückgriffsgegner dann als Gesamtschuldner, wenn der Ausgleichsberechtigte im **Innenverhältnis von der Haftung völlig freigestellt** ist. Die Entscheidungen werden mit dem Hinweis begründet, es sei „ein anderes bestimmt" im Sinne von § 426 Abs 1 S 1 HS 2 BGB. Bei den ganz überwiegend zu Unfällen im Straßenverkehr ergangenen Entscheidungen wurde jeweils das Ausscheiden eines Gesamtschuldners von der Belastung im Innenverhältnis entsprechend § 254 BGB für ausreichend gehalten: tatsächlich handele es sich nicht um einen Ausgleich, sondern um einen eigenständigen Ersatzanspruch.[278] Diese Rechtsprechung ist entgegen der heute wohl herrschenden Auffassung im Schrifttum[279] durchaus plausibel: zum einen erfasst HS 2 von § 426 Abs 1 S 1 BGB den gesamten ersten Halbsatz, so dass auch Abweichungen von der angeordneten Teilschuld möglich sind. Zum anderen entsteht auch kein Wertungswiderspruch zu § 426 Abs 1 S 2 BGB: die Vorschrift dient überhaupt nur der Verminderung des Rückgriffsrisikos für den Fall, dass eine Teilschuld vorliegt. Haften die Rückgriffsgegner gesamtschuldnerisch, findet die Vorschrift konsequenterweise keine Anwendung.

114 In **§ 426 Abs 2 BGB** stellt das Gesetz ein weiteres Regressinstrument zur Verfügung: soweit der Gesamtschuldner einen Gläubiger befriedigt und er von den übrigen Ausgleich verlangen kann, geht die Forderung des befriedigten Gläubigers auf den Leistenden über *(cessio legis)*. Das hat für den Rückgreifenden den Vorzug, dass nach §§ 412, 401 BGB auch die für diese Forderung bestehenden **akzessorischen Sicherheiten** auf ihn übergehen (siehe Rn 22 f).[280] Außerdem bringt der Forderungsübergang dem Regressbeteiligten eine Reihe **prozessualer Vorteile**, indem er sich etwa auf für die übergegangene Forderung geltende Gerichtsstands- und Schiedsklauseln berufen[281] oder eine Titelumschreibung nach § 727 ZPO beantragen kann.[282] Außerdem kann er sich etwa bestehende **Beweiserleichterungen** (vor allem § 280 Abs 1 S 2 BGB) zunutze machen.[283]

---

[275] VOIT BauR 2011, 392, 398.
[276] BGH 25.4.1989 – VI ZR 146/88, NJW-RR 1989, 918, 920 mwNw.
[277] RG 7.6.1915 – Rep. VI. 7/15, RGZ 87, 64, 67 f; RG 23.4.1932 – IX 355/31, RGZ 136, 275, 286 f; BGH 13.5.1955 – I ZR 137/53, BGHZ 17, 214, 222.
[278] So insbesondere RG 7.6.1915 – Rep. VI. 7/15, RGZ 87, 64, 68.
[279] PALANDT/GRÜNEBERG § 426 Rn 6; STAUDINGER/LOOSCHELDERS (2017) § 426 Rn 40 mwNw.

[280] SCHLECHTRIEM/SCHMIDT-KESSEL, Schuldrecht AT Rn 853.
[281] STAUDINGER//LOOSCHELDERS (2017) Rn 136; SELB, Mehrheit von Gläubigern und Schuldnern (1984) 113 f.
[282] SCHLECHTRIEM/SCHMIDT-KESSEL, Schuldrecht AT Rn 853; ZÖLLER/STÖBER § 727 ZPO Rn 7.
[283] STAUDINGER/NOACK (2005) § 426 Rn 122. Anders nunmehr STAUDINGER/LOOSCHELDERS (2017) § 426 Rn 136 unter bedenkenswertem Hinweis auf die Begrenzung des Anspruchsübergangs auf die Ausgleichungsberechtigung.

H. Gläubiger und Schuldner: Mehrheit und Wechsel

β) Höhe der Ausgleichsverpflichtung bei § 426 BGB

Für die Höhe der Ausgleichsverpflichtung stellt § 426 Abs 1 BGB die **Grundregel** auf, **115** dass die Gesamtschuldner einander zu **gleichen Anteilen** ausgleichungspflichtig sind. Diese Grundregel der Belastung nach Köpfen findet in der Praxis freilich nur ausnahmsweise Anwendung. Etwas Anderes kann insbesondere durch die zwischen den Gesamtschuldnern bestehende Rechtsbeziehung bestimmt sein, sich aus deren Inhalt und Zweck oder aus der besonderen Gestaltung des tatsächlichen Geschehens ergeben.[284] Insoweit richtet sich die Höhe der Ausgleichsverpflichtung nach den Regeln dieses **Grundverhältnisses** (siehe Rn 109 f), auch wenn dieses selbst möglicherweise keine Ausgleichsansprüche vorsieht. Für das Ausgleichsverhältnis mehrerer gesamtschuldnerisch haftender deliktischer Schädiger gibt es keine allgemeingesetzliche Bestimmung über die Quotierung, weshalb grundsätzlich die Teilung nach Köpfen gemäß § 426 Abs 1 S 1 BGB eingreift. Allerdings gibt es eine Reihe von **Sonderbestimmungen**, welche zu abweichenden Höhen der Rückgriffsansprüche führen: so ordnet § 840 Abs 2 und 3 BGB an, dass der neben dem Geschäftsherrn, dem Aufsichtspflichtigen, dem Tierhalter und dem Gebäudeverantwortlichen nach §§ 831–838 BGB haftende Schädiger den Schaden im Innenverhältnis allein zu tragen hat. Sondervorschriften finden sich auch in den haftungsrechtlichen Bestimmungen einiger Nebengesetze.[285] So haften etwa mehrere Verursacher eines Straßenverkehrsunfalls nach § 17 Abs 1, 18 Abs 3 StVG in Abhängigkeit vom Grad der jeweiligen Verursachung. Auch außerhalb dieser Sonderbestimmungen wird die Haftung im Innenverhältnis jedoch ebenfalls regelmäßig **nach Verursachungs- und Verschuldensbeiträgen** verteilt: die dogmatische Basis dafür ist eine Analogie zu § 254 BGB.[286] Für das kartellrechtliche Bußgeldverfahren der EU – in welchem die Verhängung von Bußgeldern an mehrere Kartellanten als „Gesamtschuldner" nicht unüblich ist – harren die Regeln des Innenausgleichs der Klärung.[287]

Eine praktisch wichtige Ausnahme von der Verteilung nach Köpfen ergibt sich bei **116** Vorliegen einer sogenannten **Haftungseinheit**. Die Mitglieder einer solchen Haftungseinheit haben nur für ein und denselben Tatbeitrag einzustehen. Sie haften im Verhältnis zu den übrigen Gesamtschuldnern nur wie eine Person, das heißt, sie haften gemeinsam – und gesamtschuldnerisch (siehe Rn 113) – für einen Anteil am Schaden und werden daher bei der Aufteilung nach Köpfen nach § 426 Abs 1 S 1 BGB wie ein Kopf behandelt.[288] Besonders häufig sind Haftungseinheiten aus rechtlichen Gründen: dabei geht es insbesondere um Fälle der Haftung für Gehilfen (§§ 278, 831 BGB),[289] des Zusammentreffens von Fahrer- und Halterhaftung (§§ 7, 18 StVG)[290] oder der gesamtschuldnerischen Haftung von Aufsichtspersonen und zu beaufsichtigenden Person (§§ 823, 832 BGB). Die Haftung des einen Schuldners besteht in diesen Fällen nur

---

[284] Siehe etwa BGH 3.2.2010 – XII ZR 53/08, NJW 2010, 868 Rn 13 (nichteheliche Lebensgemeinschaft); OLG Jena 8.12.2011 – 1 UF 396/11, NJW 2012, 1235, 1236 (Ehegatten).
[285] Siehe etwa § 5 S 2 PHG, § 13 Abs 1 S 1 HPflG, § 33 Abs 2 AtomG.
[286] Ständige Rechtsprechung seit RG 22.12.1910 – Rep. VI. 610/09, RGZ 75, 251, 256.
[287] Siehe den zu Einzelheiten EuGH 10.4.2014 – C-247/11 P und C-253/11 P und EuGH 10.4.2014 – C-231/11 P, C-232/11 P und C-233/11 P; ferner den Vorlagebeschluss BGH 9.7.2013 –
KZR 15/12, BB 2013, 2639 (mit Streichungsbeschluss des EuGH 4.7.2014 – C-451/13).
[288] RG 23.4.1932 – IX 355/31, RGZ 136, 275, 286 ff; BGH 29.9.1970 – VI ZR 74/69, BGHZ 54, 283, 285; BGH 18.9.1973 – VI ZR 91/71, BGHZ 61, 213, 218; BGH 16.4.1996 – VI ZR 79/95, NJW 1996, 2023, 2024.
[289] Etwa BGH 29.9.1970 – VI ZR 74/69, BGHZ 54, 283, 285.
[290] BGH 26.4.1966 – VI ZR 221/64, NJW 1966, 1262, 1263.

kraft Zurechnung, besonderer Aufsichtshaftung oder besonderer Verantwortlichkeit für ein gesetztes Risiko.[291] Haftungseinheiten können auch aus tatsächlichen Gründen bestehen. Das ist der Fall, wenn Verursachungsbeiträge mehrerer Personen zu ein und demselben Umstand zusammengekommen sind, bevor dem Verursachungsbeitrag eine weitere außenstehende Person hinzugetreten ist.[292]

117 Besondere Schwierigkeiten ergeben sich dann, wenn eine solche **Haftungseinheit zwischen** einem **Gesamtschuldner** und dem **Geschädigten** besteht. Das ist vor allem dann anzunehmen, wenn die Beteiligten eine Gefahrenlage geschaffen haben, zu der dann erst die weiteren Schadensbeiträge hinzukommen.[293] Wichtigste Konsequenz einer solchen Haftungseinheit ist das Abschneiden der Regressansprüche von außerhalb der Haftungseinheit stehenden Ersatzpflichtigen gegen den an ihr beteiligten Gesamtschuldner: dessen Haftungsanteil wird nämlich nach § 254 BGB bereits bei der Bemessung des Anspruchs des Geschädigten gegen den außerhalb stehenden Gesamtschuldner berücksichtigt.[294] Würde man den Rückgriff gleichwohl erlauben, käme es zu einer doppelten Haftungserleichterung für den außenstehenden Gesamtschuldner.

γ) **Verjährungsfragen**

118 Vor der Schuldrechtsmodernisierung galten für die unterschiedlichen Regressmöglichkeiten **verschiedene Verjährungsfristen**, die – je nach Regressweg – zu erheblichen Divergenzen führen konnten.[295] Diese konnten sich insbesondere in solchen Fällen auswirken, in denen einer der Gesamtschuldner aus Vertrag Gewähr zu leisten hatte. Zur Beseitigung der dadurch auftretenden Brüche hatte die Schuldrechtsreformkommission die Einfügung einer eigenständigen Verjährungsvorschrift (**§ 426a BGB-KE**) vorgeschlagen,[296] die freilich bereits im Diskussionsentwurf versehentlich nicht mehr enthalten war. In der Folge ist dieses Versehen offenbar nicht mehr aufgefallen. Allerdings hat die Neuregelung des Verjährungsrechts durch das Schuldrechtsmodernisierungsgesetz die bis dato bestehenden Brüche erheblich abgemildert,[297] so dass bis auf wenige Sonderfälle – zu denen freilich auch die praktisch bedeutsamen Regress-

---

[291] Zu eng (Bezugnahme nur auf Zurechnung) OLG Hamm 31.8.1998 – 6 U 15/98, NZV 1999, 128, 129; STAUDINGER/LOOSCHELDERS (2017) § 426 Rn 103. Von den genannten Fällen handelt es sich nur bei § 278 BGB um eine Haftung kraft Zurechnung.
[292] STAUDINGER/LOOSCHELDERS (2017) § 426 Rn 85, auch zu den Einzelheiten der schwierigen Abgrenzungsfragen.
[293] STAUDINGER/LOOSCHELDERS (2017) § 426 Rn 112 ff; SELB, Mehrheit von Gläubigern und Schuldnern (1984) 109 ff.
[294] BGH 16.6.1959 – VI ZR 95/58, BGHZ 30, 203, 211 f; BGH 13.12.2005 – VI ZR 68/04, NJW 2006, 896 Rn 13; BGH 5.10.2010 – VI ZR 286/09, NJW 2011, 292 Rn 9.
[295] Siehe BGH 9.3.1972 – VII ZR 178/70, BGHZ 58, 216, 218; SCHLECHTRIEM/SCHMIDT-KESSEL, Schuldrecht AT Rn 854.
[296] Siehe Abschlußbericht der Kommission zur Überarbeitung des Schuldrechts (1992) 108 ff; dazu nunmehr auch BGH NJW 2010, 62 Rn 18.

Der Text des § 426a BGB-KE lautete wie folgt: (1) Für die Verjährung des Ausgleichsanspruchs nach § 426 Abs 1 BGB ist die Verjährung des Anspruchs des Gläubigers gegen den ausgleichspflichtigen Gesamtschuldner maßgebend. Die Verjährung tritt jedoch nicht vor Ablauf von sechs Monaten seit dem Tag ein, an dem der Gläubiger gegen den ausgleichsberechtigten Gesamtschuldner Klage erhoben hat. Leistet der Gesamtschuldner an den Gläubiger, bevor es zur Durchführung eines Klageverfahrens kommt, so beginnt die Frist mit der Leistung. Die Sechsmonatsfrist gilt nicht, wenn der Anspruch des Gläubigers gegen den ausgleichsberechtigten Gesamtschuldner zum Zeitpunkt der Klageerhebung oder Leistung bereits verjährt war. (2) Mit dem Ausgleichsanspruch verjähren auch daneben bestehende Ansprüche aus Geschäftsführung ohne Auftrag und ungerechtfertigter Bereicherung.
[297] SCHLECHTRIEM/SCHMIDT-KESSEL, Schuldrecht AT, Rn 854.

H. Gläubiger und Schuldner: Mehrheit und Wechsel

fallen zählen – auch das rechtspolitische Bedürfnis nach einer Gesetzesregelung in diesem Punkt entfallen sein dürfte.[298]

Die Rechtsprechung geht nach wie vor von einer separaten Verjährung der Regressansprüche aus: Der nach § 426 Abs 1 BGB gegebene (originäre) Ausgleichsanspruch des Gesamtschuldners, der den Anspruch des Gläubigers erfüllt hat, wird grundsätzlich nicht davon berührt, dass der – nach § 426 Abs 2 BGB übergegangene – Anspruch des Gläubigers gegen den anderen Gesamtschuldner verjährt ist.[299] Es kommt daher auch grundsätzlich nicht zu einer Reduzierung der Gesamtschuld.[300]

119

Maßgebend für den **Beginn des Fristlaufs** ist nach herrschender Auffassung die Begründung des Gesamtschuldverhältnisses und nicht erst die Entstehung des Ausgleichsanspruchs, respective die Kenntnis davon im Sinne von § 199 Abs 1 S 2 BGB.[301] Die dadurch entstehenden Regressfalle sind rechtspolitisch bedenklich.[302] Die Problematik wird freilich dadurch entschärft, dass in vielen Fällen der nach § 426 Abs 2 BGB übergegangene Anspruch noch nicht verjährt sein wird und für Ansprüche aus dem Innenverhältnis der Verjährungsbeginn regelmäßig erst von der Erfüllung durch den ersten Gesamtschuldner abhängt.

119a

War Verjährung bereits hinsichtlich des Anspruchs gegen den zunächst in Anspruch genommenen Gesamtschuldner eingetreten und hat dieser gleichwohl geleistet, gilt nach der Rechtsprechung Folgendes:[303] Ein auf Ausgleich nach § 426 Abs 1 S 1 BGB in Anspruch genommener Gesamtschuldner kann dem Ausgleichsanspruch nicht entgegenhalten, der ausgleichsberechtigte Gesamtschuldner hätte mit Erfolg die Einrede der Verjährung gegenüber dem Gläubiger erheben können.[304] Allenfalls wenn sich das Verhalten des Gläubigers als rechtsmissbräuchlich darstellt, kann eine Wirkung für den Anspruch gegen den anderen Gesamtschuldner bejaht werden.[305] Kernargument der Rechtsprechung ist dabei, dass der Gläubiger gehalten wäre, gegen jeden Gesamtschuldner verjährungshemmende Maßnahmen zu ergreifen; davon stellten ihn die Vorschriften über die Gesamtschuld, insbesondere § 425 BGB, gerade frei. Ob dieses Argument im Blick auf die ebenfalls die Gläubigerpassivität betreffende Regelung des § 424 BGB wirklich durchschlagen kann, begegnet freilich Bedenken.

120

dd) Störungen des Gesamtschuldnerausgleichs

Zu einer Störung im Rückgriffsverhältnis kann es kommen, wenn **Unterschiede in den Haftungsvoraussetzungen** der verschiedenen Gesamtschuldner dazu führen, dass einer von ihnen vom Gläubiger nicht oder nicht mehr in Anspruch genommen werden kann. Die mit dieser Konstellation verbundenen Probleme werden regelmäßig unter dem

121

---

[298] Siehe aber OLG Oldenburg 5.5.2009 – 12 U 3/09, NJW 2009, 3586 für einen Fall eines erbrechtlichen Anspruchs nach § 197 Abs 1 Nr 2 BGB mit 30-jähriger Verjährungsfrist, die auf § 426 Abs 1 BGB zur Anwendung kam.
[299] BGH 9.7.2009 – VII ZR 109/08, NJW 2010, 62; BGH 25.11.2009 – IV ZR 70/05, NJW 2010, 435 Rn 8.
[300] BGH 9.7.2009 – VII ZR 109/08, NJW 2010, 62 Rn 15 ff.
[301] BGHZ 18.6.2009 – VII ZR 167/08, 181, 310; BGH 27.9.2016 – XI ZR 81/15, NJW 2017, 557.
[302] Dementsprechend kritisch PETERS ZGS 2010, 154 ff sowie HARTMANN/LIESCHKE WM 2011, 205 ff.
[303] Zu dieser Rechtsprechung nunmehr auch CZIUPKA ZGS 2010, 63 ff.
[304] BGH 25.11.2009 – IV ZR 70/05, NJW 2010, 435.
[305] BGH 25.11.2009 – IV ZR 70/05, NJW 2010, 435 Rn 9.

Stichwort „gestörter Gesamtschuldausgleich" behandelt.[306] Praktisch geht es dabei meistens um Fälle der gesamtschuldnerischen Haftung auf Schadensersatz. Freistellungen eines Gesamtschuldners von der Haftung können sich dabei aus gesetzlichen **Haftungserleichterungen** durch Absenkung des Sorgfaltsstandards (§§ 708, 1359, 1664 BGB) oder aus vertraglicher Vereinbarung ergeben. Auch die richterrechtliche Beschränkung der Arbeitnehmerhaftung[307] gehört hierher.[308] Andere Fälle sind die Folge von vertraglichen oder gesetzlichen **Haftungsfreistellungen**, wie sie sich etwa aus §§ 104–106 SGB VII und § 46 BeamtVG für die Fälle von Dienst- und Arbeitsunfällen ergeben. Gleiches gilt für das versicherungsrechtliche Angehörigenprivileg nach § 86 Abs 3 VVG oder § 116 Abs 6 SGB X.[309]

121a Für die Lösung derartiger Fälle kommen **drei Wege** in Betracht: erstens kann es sein, dass der privilegierte Gesamtschuldner vollständig aus der Haftung ausscheidet, es somit an der **Gesamtschuld** letztlich **fehlt** und daher auch kein Rückgriff des Drittschädigers in Betracht kommt. Der Nachteil dieses Lösungsweges liegt darin, dass das Haftungsprivileg sich vollständig zu Lasten des Dritten auswirkt. Die beiden anderen Lösungswege zielen daher auf einen Schutz dieses Dritten. Der zweite erreicht diesen Schutz durch eine **Kürzung des ursprünglichen Anspruchs** gegen den leistenden Gesamtschuldner um den Anteil, den ohne die Privilegierung der entlastete Gesamtschuldner im Innenverhältnis zu tragen gehabt hätte. Diese Lösung verschafft der Privilegierung also eine beschränkte Gesamtwirkung. Der letzte Lösungsweg schützt den Dritten schließlich durch eine **Beschränkung der Haftungsprivilegierung auf das Außenverhältnis** und erhält ihm im Innenverhältnis den Rückgriff. Der privilegierte Gesamtschuldner ist damit nur noch vom Insolvenzrisiko im Rückgriffsverhältnis befreit.

122 Trotz der Einfachheit der Grundkonstellation der Gesamtschuld lässt sich **keine dieser Lösungen** richtigerweise auf **sämtliche Fälle** anwenden.[310] Zu unterschiedlich sind nämlich die **Zwecke der verschiedenen Privilegierungen**. So bezweckt etwa die Haftungsfreistellung nach §§ 104–106 SGB VII den Schutz des Betriebsfriedens, der eine Inanspruchnahme des Arbeitgebers auch im Regresswege ausschließt. Allerdings dient dieser Ausschluss richtigerweise nicht dem Schutz der eintretenden Unfallversicherung, so dass diese den nicht privilegierten Drittschädiger auf dem Wege nach § 116 SGB X nur in Höhe von dessen Verantwortungsanteil in Anspruch nehmen kann.[311] Anders steht es bei den familienrechtlichen Haftungsmilderungen, welche gerade den Zweck haben, den Schädiger nicht nur im Außenverhältnis zu entlasten, sondern denen zusätzlich die Idee einer entsprechenden Haftungsverteilung im Innenverhältnis der Gesamtschuld zugrunde liegt: der Drittschädiger haftet also voll und ohne die

---

[306] Zuletzt etwa MOLLENHAUER NJ 2011, 1 ff.
[307] Vgl BAG 27.9.1994 – GS 1/89 (A), AP § 611 BGB – Haftung des Arbeitnehmers, Nr 103, 117.
[308] STAUDINGER/LOOSCHELDERS (2017) § 426 Rn 169; zu dem eher theoretischen aber klausurrelevanten Fall des § 300 Abs 1 BGB siehe BRAND ZGS 2010, 265 ff.
[309] Zu den zahlreichen Fallkonstellationen siehe STAUDINGER/LOOSCHELDERS (2017) § 426 Rn 158 ff.
[310] GLÖCKNER, Gesamtschuldvorschriften und Schuldnermehrheiten bei unterschiedlichen Leistungsinhalten (1997) 121; SCHLECHTRIEM/SCHMIDT-KESSEL, Schuldrecht AT Rn 863; STAUDINGER/LOOSCHELDERS (2017) § 426 Rn 159. Zu pauschal daher SCHMIEDER, JZ 2009, 189 ff.
[311] BGH 29.10.1968 – VI ZR 137/67, BGHZ 51, 37 in Abweichung von RG 4.1.1937 – VI 274/36, RGZ 153, 38, 43, wo noch ein Rückgriff in Höhe des gesamten Schadens für richtig gehalten wurde.

Möglichkeit eines Rückgriffs gegen den Angehörigen.³¹² Freilich ist zu beachten, dass die betreffenden Haftungsbeschränkungen nicht für Verhalten im Straßenverkehr gelten. Zur früheren Wirkweise des versicherungsrechtlichen Angehörigenprivilegs nach § 67 Abs 2 VVG aF s Schmidt-Kessel, in: Staudinger/Eckpfeiler (2012); § 86 Abs 3 VVG vermeidet den Regressprozess gegen Haushaltsangehörige nun technisch eleganter.³¹³ Bei vertraglichen Haftungsverzichten oder Beschränkungen scheidet schließlich die erste Lösung gänzlich aus: sie würde einen Vertrag zu Lasten Dritter bedeuten. Welcher der beiden übrigen Lösungen zu folgen ist, ergibt sich richtigerweise durch Auslegung der betreffenden Vereinbarungen. Jedoch wird regelmäßig nur eine Haftungsentlastung des privilegierten Gesamtschuldners im Außenverhältnis gewollt sein.³¹⁴

ee) Ausgleich bei mehreren Sicherungsgebern

Stellen mehrere Dritte Sicherheiten für eine Forderung, so sind sie nicht notwendig Gesamtschuldner, obwohl ihr Vermögen oder bestimmte Teile davon in zumindest ähnlicher Weise haften und die Situation damit **einer Gesamtschuldnerschaft sehr ähnlich** ist. Das Bürgerliche Gesetzbuch sieht für Konstellationen dieser Art nur vereinzelt Regeln vor: so haften etwa mehrere Schuldner von persönlichen Sicherheiten auch jenseits von § 769 BGB als Gesamtschuldner.³¹⁵ Während sich insoweit aus der Gleichrangigkeit grundsätzlich auch gleiche Quoten ergeben, führen §§ 774 Abs 1, 1143 Abs 1, 1225 S 1 BGB jeweils in Verbindung mit §§ 412, 401 BGB – zumindest im Ausgangspunkt – dazu, dass der zuerst zahlende Sicherungsgeber die Forderung gegen die Geber anderer akzessorischer Sicherheiten in voller Höhe erhält. Zwar wird insoweit immer wieder die Auffassung vertreten, der Bürge als persönlicher Sicherungsgeber sei gegenüber den Eigentümern der mit Hypothek oder Pfandrecht belasteten Sache zu privilegieren,³¹⁶ richtigerweise sind die verschiedenen **Drittsicherungsgeber jedoch auch im Bereich des Regresses gleichrangig**: der Bundesgerichtshof hat das im Jahre 1998 grundsätzlich klargestellt und dabei eine Ausgleichsverpflichtung „entsprechend den Regeln der Gesamtschuld" statuiert.³¹⁷ Diese Lösung hat zudem den bestechenden Vorteil, dass sie auch das Verhältnis zu Drittsicherungsgebern mit nichtakzessorischen Sicherheiten bewältigen hilft.³¹⁸ Die Ausgleichsquoten bestimmen sich

---

³¹² BGH 1.3.1988 – VI ZR 190/87, BGHZ 103, 338, 347 (Spielplatzfall) unter Aufgabe von BGH 27.6.1961 – VI ZR 205/60, BGHZ 35, 317; weitgehend zustimmend Schlechtriem/Schmidt-Kessel, Schuldrecht AT Rn 863; im Grundsatz auch Staudinger/Looschelders (2017) § 426 Rn 172.
³¹³ Siehe Looschelders/Pohlmann/vKoppenfels-Spies § 86 Rn 75.
³¹⁴ Vgl OLG Hamburg 17.7.1990 – 7 U 1/90, NJW 1991, 849, 850; vCaemmerer ZfRV 9 (1968) 81, 93 ff.
³¹⁵ BGH 11.6.1992 – IX ZR 161/91, NJW 1992, 2286, 2288 (Bürgschaft und abstraktes Schuldversprechen); Schlechtriem, in: FS vCaemmerer (1978) 1013, 1038 (Bürgschaft und Sicherungswechsel); Staudinger/Looschelders (2017) § 426 Rn 271; MünchKomm/Bydlinski § 426 Rn 51.
³¹⁶ Staudinger/Horn (1997) § 774 Rn 68 (nunmehr aufgegeben Staudinger/Horn [2012] § 774 Rn 68). Der zur Begründung angeführte Verweis auf § 776 trägt schon deshalb nicht, weil die Vorschrift auf alle Drittsicherungsgeber analog anzuwenden ist: Schmidt-Kessel, Gläubigerfehlverhalten § 6 IV 2; unrichtig insoweit BGH 20.12.1990 – IX ZR 268/89, NJW-RR 1991, 499, 500 (ohne nähere Begründung).
³¹⁷ BGH 29.6.1989 – IX ZR 175/88, BGHZ 108, 179, 186; grundlegend insoweit Schlechtriem, in: FS vCaemmerer (1978) 1013, 1039 ff. Zu weit ging Staudinger/Noack (2005) § 426 Rn 245, der bei mehreren Drittsicherungsgebern ohnehin eine Gesamtschuldnerschaft annehmen wollte; wie hier nunmehr Staudinger/Looschelders (2017) § 426 Rn 271.
³¹⁸ BGH 24.9.1992 – IX ZR 195/91, NJW 1992, 3228, 3229 (Bürgschaft und Grundschuld); Schlechtriem, Schuldrecht BT Rn 646.

dabei grundsätzlich entsprechend dem Wert der Sicherheiten.[319] Allerdings kommt eine Anwendung von § 426 BGB nicht in Betracht, soweit die verschiedenen Sicherheiten nicht gleichrangig haften sollen,[320] damit die Nachrangigkeit der Haftung nicht im Regresswege überspielt werden kann. Eine solche Verschiedenstufigkeit kann sich etwa daraus ergeben, dass der Sicherungsgeber einer eigenen vorrangigen Haftung durch Vertrag im Sinne von § 328 BGB zugestimmt hat.[321] Ist hingegen der nachrangig haftende Sicherungsgeber gegen die vorrangig haftenden zum Regress berechtigt, der auf eine entsprechende Anwendung von § 426 BGB gestützt werden kann.[322]

3. Europäische Entwicklungen

124 Das Recht der **Europäischen Union** berührt Fragen von Personenmehrheiten in Schuldverhältnissen bislang nur am Rande. Die gelegentlich anzutreffende Anordnung einer Gesamtschuld (etwa bei der Produkthaftung) dient jeweils dem Gläubigerschutz und ist gegebenenfalls geeignet, abweichende Regeln zu Gesamt- und Einzelwirkungen zu erzwingen; der Innenausgleich zwischen den in die Pflicht genommenen wird hingegen in der Regel nicht berührt. Ob sich die Idee des Kammergerichts, die Gesamtgläubigerschaft zur Bewältigung der *passing on defence* bei der Haftung von Kartellanten und für andere Verstöße gegen die Art 101 f AEUV fruchtbar zu machen (s oben Rn 87), unionsweit wird durchsetzen können, darf angesichts der hohen Technizität und – bislang – mangelnden Ausleuchtung dieses Bereichs bezweifelt werden. Für die Verhängung von Bußgeldern an gesamtschuldnerisch haftende Kartellanten zeichnet sich zwischenzeitlich ab, dass das Unionsrecht den Innenausgleich zumindest weitgehend den mitgliedstaatlichen Rechtsordnungen überlässt.[323]

125 Der **Draft Common Frame of Reference** hat von den *Principles of European Contract Law* deren Offenheit für die verschiedenen Formen der Personenmehrheiten auf beiden Seiten einer Forderung übernommen (s III.–4:102 *[Solidary, divided and joint obligations]* und III.–4:202 *[Solidary, divided and joint rights]*), wobei für die Schuldnermehrheit eine Vermutung für die Solidarhaftung und für die Gläubigermehrheit eine Vermutung für eine Teilgläubigerschaft etabliert werden, III.–4:103(2) und III.–4:202 (2) DCFR. Einzel- und Gesamtwirkungen werden für Gesamtschuldnerschaft und Gesamtgläubigerschaft qua Verweisung weitgehend gleich geregelt, III.–4:207 DCFR.

---

[319] OLG Hamm 25.4.1990 – 31 U 4/90, NJW 1991, 297; OLG Köln 8.3.1990 – 18 U 86/89, NJW 1991, 298; OLG Stuttgart 28.11.1989 – 10 U 309/88, ZIP 1990, 445, 446; SCHLECHTRIEM, in: FS vCaemmerer (1978) 1013, 1039 ff.
[320] STAUDINGER/LOOSCHELDERS (2017) § 426 Rn 273.
[321] BGH 23.6.1982 – VIII ZR 333/80, NJW 1982, 2308 (für eine Bürgschaft); BGH 9.10.1990 – XI ZR 200/89, NJW-RR 1991, 170, 171 (für eine Grundschuld).
[322] BGH 20.3.2012 – XI ZR 234/11, NJW 2012, 1946 Rn 24 ff (für das Verhältnis Ausfallbürge – Regelbürge und eine entsprechende Anwendung von §§ 774 Abs 2, 426 BGB). Zu eng daher STAUDINGER/LOOSCHELDERS (2017) § 426 Rn 273.
[323] In diesem Sinne EuGH 10.4.2014 – C-247/11 P und C-253/11 P und EuGH 10.4.2014 – C-231/11 P, C-232/11 P und C-233/11 P; zuvor noch die Fragen im später gestrichenen Vorlagebeschluss BGH 9.7.2013 – KZR 15/12, BB 2013, 2639 (mit Streichungsbeschluss des EuGH 4.7.2014 – C-451/13).

I. Leistungsstörungen

Dagmar Kaiser

Systematische Übersicht

I.	Aktuelles	1
II.	Grundsätze	2
III.	**Pflichtverletzung als allgemeine Voraussetzung**	
1.	Fälligkeit und Durchsetzbarkeit der Leistung	6
2.	Nichtleistung und Leistungsverzögerung	9
3.	Schlecht-, Zuwenig- und Falschleistung	13
4.	Zeitliche Grenze	17
5.	Nebenpflichtverletzung	22
IV.	**Zweistufiges System: Vorrang von Erfüllung und Nacherfüllung**	
1.	Nachfristsetzung vor Minderung, Rücktritt und Schadensersatz statt der Leistung, §§ 281 Abs 1, 323 Abs 1 BGB	23
a)	Nachfrist	23
b)	Besonderheiten im Kaufrecht	28
c)	Abmahnung statt Nachfrist	31
2.	Mahnung vor Verzugsschadensersatz, § 286 Abs 1 BGB	33
3.	Entbehrlichkeit von Nachfrist und Mahnung, §§ 281 Abs 2, 286 Abs 2 und 323 Abs 2 BGB	36
4.	Schwebezustand nach Ablauf der Nachfrist	46
V.	**Nacherfüllung im Kaufrecht**	
1.	Wahlrecht des Käufers	49
2.	Umfang der Nacherfüllung, § 439 Abs 1 BGB	51
3.	Ort der Nacherfüllung, § 269 Abs 1 BGB	56
4.	Kosten der Nacherfüllung, § 439 Abs 2, 3, § 475 Abs 6 BGB	59
a)	§§ 439 Abs 2, 475 Abs 6 BGB	59
b)	Selbstvornahmekosten	61
c)	§§ 439 Abs 3, 465 Abs 6 BGB	63

5.	Nutzungsersatz, §§ 439 Abs 5, 346 Abs 1, Abs 2 S 1 Nr 1, § 475 Abs 3 BGB	68
VI.	**Beendigung der Leistungspflichten**	
1.	Vollständige Beendigung der Leistungspflichten	70
a)	Durch Rücktritt, §§ 323, 324, 326 Abs 5 BGB mit § 346 Abs 1 BGB	70
aa)	Gestaltungsrecht	70
bb)	Rücktrittsgründe	72
cc)	Rücktrittsbeschränkungen	76
b)	Automatisch bei Unmöglichkeit der Leistung, §§ 275 Abs 1, 326 Abs 1 S 1 BGB	80
aa)	Wegfall der Leistungspflicht, § 275 Abs 1	80
bb)	Wegfall der Gegenleistungspflicht, § 326 Abs 1 S 1 BGB	88
cc)	„Beiderseitige Unmöglichkeit"	93
c)	Durch Schadensersatzverlangen statt der Leistung, § 281 Abs 4 BGB?	98
2.	Teilweise Beendigung der Leistungspflichten	99
a)	Durch Minderung, §§ 441, 323 Abs 5 BGB und Teilrücktritt, § 323 Abs 5 S 1 BGB	99
b)	Bei Teilunmöglichkeit, §§ 275 Abs 1, 326 Abs 1 S 1 HS 2 BGB	101
VII.	**Rückgewähr bereits erbrachter Leistungen**	
1.	Rückgewährschuldverhältnis nach Rücktritt	102
a)	Rückgewähr der empfangenen Leistungen, § 346 Abs 1 BGB	102
b)	Rückgewährkosten und Erfüllungsort der Rückgewähr	104
c)	Ausnahmsweise Rücknahmepflicht	109
d)	Herausgabe gezogener und Ersatz nicht gezogener Nutzungen, §§ 346 Abs 1, 347 Abs 1 BGB	113

e)	Aufwendungs- und Verwendungsersatz, § 347 Abs 2 BGB	117	f)	Vertretenmüssen beim Schuldnerverzug iS des § 286 Abs 4 BGB	170
f)	Wertersatz statt Rückgewähr	122	3.	Schadensersatz statt der Leistung, § 280 Abs 1, 3 BGB mit §§ 281–283 BGB	172
aa)	Wertersatzpflicht, § 346 Abs 2 S 1 Nr 2 und 3 BGB	122			
bb)	Berechnung des Wertersatzes, § 346 Abs 2 S 2 BGB	125	a)	Ziel des Schadensersatzes	172
			b)	Differenz- und Surrogationsmethode	174
cc)	Ausnahmen von der Wertersatzpflicht, § 346 Abs 2 S 1 Nr 3 HS 2, Abs 3 S 1 BGB	129	c)	Großer und kleiner Schadensersatz	178
			4.	Verzugsschadensersatz, § 280 Abs 1, 2 mit § 286 BGB	181
dd)	Herausgabe der Bereicherung, § 346 Abs 3 S 2 BGB	140	5.	Abgrenzung von Schadensersatz neben und statt der Leistung	185
g)	Schadensersatz im Rückgewährschuldverhältnis	141	a)	Ersatz von Integritätsschäden	185
2.	Rückgewähr nur der Gegenleistung	147	b)	Ersatz des Betriebsausfallschadens bei mangelhafter Leistung	189
a)	Nach Minderung wegen Sachmangels, § 441 Abs 4 S 1 BGB mit §§ 346 Abs 1, 347 Abs 1 BGB	147	c)	Ersatz des Vorenthaltungsschadens bei verzögerter Leistung	194
			6.	Schadensersatz und Rücktritt	198
b)	Nach Teilrücktritt wegen offener Teilleistung, § 323 Abs 5 S 1 BGB mit §§ 346 Abs 1, 347 Abs 1 BGB	148	a)	Nebeneinander	198
			b)	Rückabwicklung nach Schadensersatzvorschriften	200
c)	Bei Unmöglichkeit der Leistung, § 326 Abs 4 BGB mit §§ 346–348 BGB	149	c)	Rückabwicklung nach Rücktrittsvorschriften	203
3.	Rückgewähr nur der Schuldnerleistung	150	aa)	Zweistufiger Schadensersatzanspruch	203
a)	Beim Schadensersatz statt der ganzen Leistung, § 280 Abs 1, 3 BGB mit § 281 Abs 1 S 2 und 3 BGB	150	bb)	Nutzungsersatz und Nutzungsausfallschaden	205
			cc)	Kein Verwendungs- und Aufwendungsersatz	210
b)	Bei Nachlieferung, § 439 Abs 4 BGB mit § 346 Abs 1 BGB	151	dd)	Unmöglichkeit der Rückgewähr	212
VIII.	**Schadensersatz**		**IX.**	**Aufwendungsersatz, §§ 280 Abs 1, 3 mit 284 BGB**	216
1.	Anspruchsgrundlage	152			
2.	Vom Schuldner zu vertretende Pflichtverletzung	155	**X.**	**Anspruch auf das Surrogat, § 285 BGB**	223
a)	Vertretenmüssen iS des § 280 Abs 1 S 2 BGB mit §§ 276, 278 BGB	155	**XI.**	**Abgrenzung zu Störungen vor und bei Vertragsschluss**	
b)	Vertretenmüssen bei Unmöglichkeit der Leistung iS der §§ 283, 311a Abs 2 BGB	158	1.	Haftung aus culpa in contrahendo	226
			a)	Voraussetzungen	226
c)	Vertretenmüssen bei Nichtleistung trotz Möglichkeit iS des § 281 BGB	160	b)	Rechtsfolgen	228
d)	Vertretenmüssen bei Sachmängeln iS des § 437 Nr 3 BGB mit §§ 281, 283, 311a Abs 2 BGB	163	aa)	Vertrauensschadensersatz, §§ 280 Abs 1, 311 Abs 2, 241 Abs 2 BGB	228
			bb)	Kein Rücktrittsrecht aus § 324 BGB	233
			2.	Anfechtung	234
e)	Vertretenmüssen bei Nebenpflichtverletzungen iS der §§ 280 Abs 1, 241 Abs 2, 282 BGB	169	3.	Vorrang des Sachmängelrechts	238
			a)	Vor culpa in contrahendo	238
			b)	Vor Anfechtung	240

I. Aktuelles

Zum 13.6.2014 sind in Umsetzung des Art 18 Abs 2 der vollharmonisierenden Verbraucherrechterichtlinie (VRRL) 2011/83/EU die **Ausnahmen vom Erfordernis der Nachfristsetzung für den Rücktritt vom Vertrag in § 323 Abs 2 BGB geändert** worden – überschießend nicht beschränkt auf Verbrauchsgüterkaufverträge, sondern für alle Vertragstypen und ebenso für B2B- und C2C-Verträge: Die Anforderungen für die Vereinbarung eines relativen Fixgeschäfts in § 323 Abs 2 Nr 2 BGB sind herabgesetzt worden und die Möglichkeit des Gläubigers gem § 323 Abs 2 Nr 3 BGB nach Abwägung der beiderseitigen Interessen aus besonderen Gründen sofort vom Vertrag zurücktreten zu können, ist auf die Fälle der mangelhaften Leistung beschränkt worden. Auch der unveränderte § 323 Abs 2 Nr 1 BGB, der den sofortigen Rücktritt bei einer ernsthaften und endgültigen Erfüllungsverweigerung des Schuldners erlaubt, muss europarechtskonform weiter ausgelegt werden als bisher. Zu den erheblichen Subsumtionsschwierigkeiten Rn 36 ff.

Zum 1.1.2018 ist nicht nur das Werkvertragsrecht, sondern auch das Kaufrecht erheblich geändert worden. Insbes ist ein **neuer Abs 3 in § 439 BGB** eingefügt worden: § 439 Abs 3 BGB verpflichtet den Verkäufer bei allen Kaufverträgen über Sachen, die der Käufer art- und verwendungsgemäß in eine andere Sache eingebaut oder an eine andere Sache angebracht hat (etwa Parkettstäbe und Bodenfliesen), dem Käufer die für den Aus- und Einbau entstandenen Kosten zu erstatten, nicht aber – anders als nach BGH zu Verbrauchsgüterkaufverträgen in europarechtskonformer Auslegung des § 439 Abs 1 BGB seit Ende 2011 – zum Aus- und Einbau selbst (Rn 53 ff, 63 ff). Nur der Verbraucher hat nach § 475 Abs 6 BGB nF Anspruch auf Vorschuss. Im Anschluss an den EuGH zu Art 5 Abs 3 Verbrauchsgüterkaufrichtlinie (VerbrGKRL) 1999/44/EG hat der **BGH** 2016 auch seine bisherige, zu Recht stark kritisierte Rechtsprechung zur **Beweislastregel des § 477 BGB** (bis 31.12.2007: § 476 BGB) beim Verbrauchsgüterkauf aufgegeben: Nach § 477 BGB wird vermutet, dass der Mangel, der sich zeigt, entweder schon bei Gefahrübergang bestand oder aber zumindest auf einem bei Gefahrübergang bestehenden Grundmangel (Materialfehler) beruht (Rn 14).

Der **BGH** hat **2016** zutreffend entschieden, dass eine vieldiskutierte Entscheidung des EuGH aus 2008 zu Art 3 Abs 1 lit c ii Zahlungsverzugsrichtlinie 2000/35/EG (Art 3 Abs 1 lit b Zahlungsverzugs-RL 7/2011/EU) es entgegen einer stark vertretenen Meinung nicht erzwingt, die **Geldschuld** als modifizierte Bringschuld einzuordnen: Die Geldschuld bleibt entsprechend den Vorgaben in §§ 269 Abs 4, 270 Abs 1 BGB mit der bisher hM qualifizierte Schickschuld. Um die Verzugsfolgen zu vermeiden, muss der Schuldner Geld aber so frühzeitig überweisen, dass der Zahlungserfolg nach der üblichen Dauer des Zahlungsvorgangs fristgerecht eintreten kann (näher Rn 45). In Umsetzung der Zahlungsverzugs-RL (ZVRL) 7/2011/EU ist **§ 288 BGB** mWz 29.7.2014 für Entgeltforderungen ohne Verbraucherbeteiligung um **Abs 5 und 6** ergänzt worden (Rn 183).

Der **BGH** hatte **2014** in einem Pferdekauffall zur **beiderseitigen nachträglichen Unmöglichkeit** zu urteilen. Die Streitfrage, ob der Verkäufer in weiter Auslegung des § 326 Abs 2 S 1 Var 1 BGB seinen Kaufpreisanspruch in voller Höhe behält oder analog § 254 Abs 1 BGB gekürzt um seinen Mitverschuldensanteil oder ob an dessen Stelle ein nach § 254 Abs 1 BGB zu mindernder Schadensersatzanspruch gegen den Käufer aus §§ 280 Abs 1, 241 Abs 2 BGB tritt, konnte der BGH zwar offen lassen; das Urteil gibt aber wichtige Hinweise (näher Rn 93 ff).

II. Grundsätze

2 Leistungsstörungen sind Störungen bei der Erfüllung eines wirksam abgeschlossenen Vertrages: Der Schuldner verstößt gegen die ihm vertraglich auferlegten Pflichten, weswegen der iS des § 362 Abs 1 BGB geschuldete Erfolg nicht eintritt. Das BGB geht seit den Änderungen durch die Schuldrechtsreform 2002 von den **Rechtsfolgen** aus und knüpft diese in §§ 280, 323 BGB an eine **Pflichtverletzung des Schuldners**: Leistet der Schuldner nicht, nicht rechtzeitig oder nicht dem Vertrag entsprechend, hat der Gläubiger die Wahl zwischen den Rechtsbehelfen Minderung, Rücktritt und Schadensersatz.

3 Insoweit muss der **Gläubiger eine Grundentscheidung** treffen. Er kann zum einen am Vertrag und damit an den beiderseitigen **Leistungspflichten festhalten**: Hat der Verkäufer weniger geliefert als er schuldet oder hat er eine schlechtere als die vereinbarte Ware geliefert, kann der Käufer die Minderleistung annehmen und den Kaufpreis entsprechend herabsetzen, also an den geminderten Wert der Leistung anpassen (Minderung, §§ 437 Nr 2, 441 BGB und § 326 Abs 1 S 1 HS 2 BGB). Ebenso kann er die Teil- oder Schlechtleistung annehmen und im Wege des Schadensersatzes statt der Leistung den Minderwert der Kaufsache und etwaige Folgeschäden liquidieren (bei Schlechtleistung häufig als „kleiner Schadensersatz" bezeichnet; dies sehen §§ 283 S 1, 311a Abs 2, 1 iVm § 275 Abs 1 BGB mit „soweit" als den Regelfall an (näher Rn 178). Verzögert der Verkäufer die Leistung, so kann der Käufer diese trotz der Verspätung annehmen und sich darauf beschränken, den durch die Verzögerung entstandenen Schaden ersetzt zu verlangen (Verzugs- oder Verzögerungsschadensersatz, § 280 Abs 1, 2 mit § 286 BGB).

4 Zum anderen kann sich der Gläubiger wegen der Leistungsstörung auch vollständig vom Vertrag und den beiderseitigen **Leistungspflichten lösen**: Er kann entweder vom Vertrag zurücktreten (§§ 437 Nr 2, 440, 323, 326 Abs 5 BGB) oder Schadensersatz statt der ganzen Leistung (als den so genannten „großen Schadensersatz") verlangen (§§ 437 Nr 3, 440, 280 Abs 1, 3 mit 281, 283 [dazu Rn 179]). Die Rücktrittserklärung beendet gem § 346 Abs 1 BGB die beiderseitigen Leistungspflichten, das Schadensersatzverlangen beendet gem § 281 Abs 4 BGB die Leistungspflicht des Schuldners. Sind bereits Leistungen ausgetauscht worden, hat etwa der Käufer den Kaufpreis bereits gezahlt und der Verkäufer schon mangelhaft geleistet, müssen die Vertragspartner einander die erbrachten Leistungen nach Rücktritt gem §§ 346 ff BGB zurückgewähren; verlangt der Gläubiger (der Käufer) Schadensersatz statt der ganzen Leistung, so kann der Schuldner (der Verkäufer) das Geleistete (die mangelhafte Kaufsache) gem § 281 Abs 5 BGB mit §§ 346 ff BGB zurückfordern. Da die Beendigung der vertraglichen Leistungspflichten dem Grundsatz „pacta sunt servanda" widerspricht, erlaubt das Gesetz Rücktritt und Schadensersatzverlangen nach §§ 323 Abs 5 S 2, 281 Abs 1 S 3 BGB nur dann, wenn die **Pflichtverletzung erheblich** ist. Schäden, die durch die bloße Beendigung der Leistungspflichten und eine etwaige Rückabwicklung bereits ausgetauschter Leistungen nicht behoben werden können, kann der Gläubiger nur liquidieren, indem er Schadensersatz statt der Leistung verlangt. Das Mehr an Rechtsfolgen (Ersatz des Erfüllungsinteresses in Geld) setzt ein Mehr an Fehlverhalten voraus: Während § 323 BGB dem Gläubiger den Rücktritt als Reaktion auf jede

I. Leistungsstörungen

im Synallagma stehende Pflichtverletzung gewährt, verlangt § 280 Abs 1 S 2 BGB mit §§ 276, 278 BGB für den Schadensersatz statt der Leistung, dass der Schuldner die Pflichtverletzung zu vertreten hat, also grundsätzlich vorsätzlich oder fahrlässig gehandelt hat; das wird nach § 280 Abs 1 S 2 BGB allerdings vermutet.

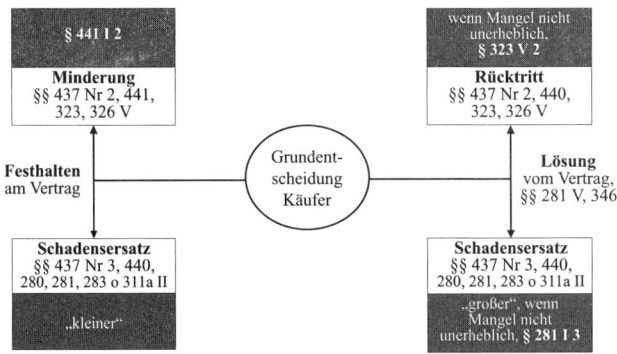

Bevor der Gläubiger mindern, zurücktreten oder Schadensersatz verlangen kann, muss er dem Schuldner bei behebbaren Leistungsstörungen eine **Nachfrist** setzen, um diesem eine letzte Chance zu geben, doch noch zu leisten und die Gegenleistung zu verdienen, §§ 437 Nr 1, 439, 281, 323 Abs 1 (Rn 23 ff) BGB. Daraus folgt ein **zweistufiges System**: Auf der ersten Stufe kann der Gläubiger nur Erfüllung oder Nacherfüllung verlangen. Erst auf der zweiten Stufe, nach erfolglosem Ablauf der dem Schuldner gesetzten Nachfrist, kann der Gläubiger mindern, zurücktreten oder Schadensersatz fordern. Ist die Leistungsstörung nicht behebbar, scheiden Erfüllung und Nacherfüllung aber von vornherein aus, so dass eine Nachfrist entbehrlich ist: Der Gläubiger kann sofort seine Gegenleistung mindern, §§ 437 Nr 2, 323, 326 Abs 5, 441 BGB, sofort vom Vertrag zurücktreten, §§ 437 Nr 2, 323, 326 Abs 5 BGB, oder sofort Schadensersatz verlangen, §§ 437 Nr 3, 280 Abs 1, 3 mit § 283 BGB. Nur der Anspruch auf Verzugsschadensersatz aus § 280 Abs 1, 2 BGB mit § 286 BGB setzt keine Fristsetzung des Gläubigers voraus, sondern lässt die Mahnung des Gläubigers genügen, also die bloße an den Schuldner gerichtete Aufforderung zu leisten (Rn 33 ff).

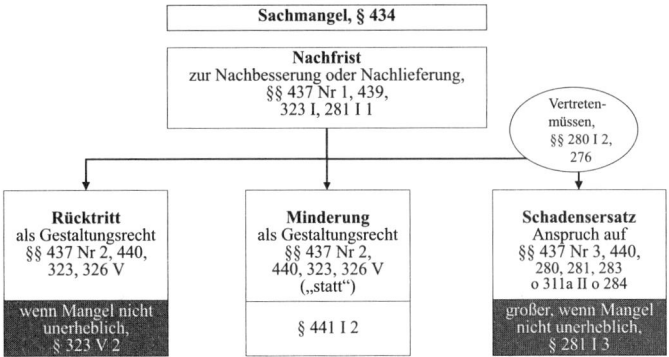

III. Pflichtverletzung als allgemeine Voraussetzung

1. Fälligkeit und Durchsetzbarkeit der Leistung

6 Leistet der Schuldner nicht, nicht rechtzeitig oder nicht dem Vertrag entsprechend, verletzt er seine Leistungspflicht aus dem Vertrag. Seine vertragliche Pflicht zur Leistung verletzt der Schuldner aber erst ab dem Zeitpunkt, ab dem der Gläubiger berechtigt ist, die Leistung zu verlangen: §§ 281 Abs 1, 286 Abs 1, 323 Abs 1 BGB setzen für Schadensersatz und Rücktritt voraus, dass die Leistung des Schuldners iS des **§ 271 BGB fällig** ist.[1] Erst wenn die Leistung fällig ist, kann der Gläubiger eine Nachfrist setzen (Rn 27, s aber noch Rn 7). Haben die Vertragspartner über die Leistungszeit nicht ausdrücklich gesprochen und folgt sie auch nicht aus sonstigen Umständen, insbesondere aus dem Inhalt des Schuldverhältnisses,[2] wird die Leistung nach § 271 Abs 1 BGB „sofort" fällig: Der Schuldner muss leisten, sobald ihm dies nach den Gepflogenheiten des betroffenen Rechtsverkehrs möglich ist; ihm ist insbesondere die objektiv erforderliche Zeit zur Vorbereitung der Leistung einzuräumen.[3] Im Handelsverkehr kann eine Leistung etwa nur zu gewöhnlichen Geschäftszeiten erwartet werden.[4]

7 Ist offensichtlich, dass die Voraussetzungen des Rücktritts eintreten werden (Erfüllungsgefährdung), kann der Gläubiger ausnahmsweise **gem § 323 Abs 4 BGB vom Vertrag zurücktreten, bevor die Leistung fällig ist**. Ein Rücktrittsrecht vor Fälligkeit besteht nach § 323 Abs 4 BGB mit Abs 2 Nr 1 insbesondere dann, wenn der Schuldner die Leistung vor Fälligkeit ernsthaft und endgültig verweigert; der Gläubiger kann dann zurücktreten, ohne zuvor eine Nachfrist setzen zu müssen. Das Gleiche gilt, wenn der Schuldner vor Fälligkeit ernsthaft und endgültig erklärt, er werde auch innerhalb einer angemessenen Nachfrist nicht leisten.[5] Trotz Fehlens einer dem § 323 Abs 4 BGB entsprechenden Regel kann der Gläubiger auch Schadensersatz statt der Leistung ohne Nachfristsetzung verlangen, wenn der Schuldner die Leistung vor Fälligkeit ernsthaft und endgültig verweigert.[6] Bestehen vor Fälligkeit der Leistung ernsthafte Zweifel daran, dass der Schuldner zur Leistung in der Lage und willens ist, so kann der Gläubiger ihm eine angemessene Frist zur Erklärung seiner Leistungsbereitschaft und zum Nachweis fristgerechter Erfüllung des Vertrages setzen und nach fruchtlosem Ablauf dieser Frist vom Vertrag zurücktreten.[7] Nach Eintritt der Fälligkeit ist § 323

---

[1] BGH 26.10.2016 – VIII ZR 211/15, NJW 2017, 1100 (Rn 16) zu § 286 Abs 1; zur Fälligkeit Bach, in: Staudinger/Eckpfeiler D. Rn 161 ff.

[2] BGH 29.10.2003 – X ZR 218/01, NJW-RR 2004, 209 (Fertigstellungsfristen Bau); BAG 29.11.1983 – 1 AZR 523/82, NJW 1984, 1650 (Weihnachtsgratifikation vor Weihnachten).

[3] Keine Rücksichtnahme ist auf subjektive Besonderheiten geboten: MünchKomm/Krüger[7] (2016) § 271 Rn 32; jurisPK/Kerwer[8] (2017) § 271 Rn 23.

[4] jurisPK/Kerwer[8] (2017) § 271 Rn 23.

[5] RG 7.10.1919 – II 127/19, RGZ 96, 341, 342 f; BGH 19.9.1983 – VIII ZR 84/82, NJW 1984, 48, 49; BGH 15.3.1996 – V ZR 316/94, NJW 1996, 1814; BGH 14.6.2012 – VII ZR 148/10, BGHZ 193, 315 (Rn 21); Soergel/Gsell[13] (2005) § 323 Rn 97 ff; Staudinger/Schwarze (2015) § 323 Rn B 163; BeckOK/H Schmidt (15.6.2017) § 323 Rn 21; MünchKomm/Ernst[7] (2016) § 323 Rn 103.

[6] BGH 28.9.2007 – V ZR 139/06, NJW-RR 2008, 210; Jaensch ZGS 2004, 134 ff; Looschelders, SR AT[15] (2017) Rn 591; NomosKomm/Dauner-Lieb[3] (2016) § 281 Rn 39; Palandt/Grüneberg[76] (2017) § 281 Rn 8a; MünchKomm/Ernst[7] (2016) § 281 Rn 65; aA BeckOK/Faust (15.6.2017) § 437 Rn 92 (anders noch Faust, in: Huber/Faust [2002] 3/Rn 138); Jauernig/Stadler[16] (2015) § 323 Rn 15.

[7] BGH 29.4.1970 – VIII ZR 120/68, MDR 1970, 756; BGH 10.12.1975 – VIII ZR 147/74, MDR 1976, 393; BGH 14.6.2012 – VII ZR 148/10, BGHZ 193, 315 (Rn 18); Faust JuS 2012, 940, 942; Soergel/Gsell[13] (2005) § 323 Rn 101, 139; MünchKomm/Ernst[7] (2016) § 323 Rn 137; für

Abs 4 BGB nicht mehr anwendbar; der Gläubiger kann dann nur unter den Voraussetzungen des § 323 Abs 2 BGB ohne Nachfristsetzung zurücktreten, insbes gem § 323 Abs 2 Nr 3 BGB[8] (der auf Nichtleistungen nicht anwendbar ist, Rn 37).

Seine Pflicht zur Leistung verletzt der Schuldner zudem nur dann, wenn der Anspruch des Gläubigers auf die Leistung **durchsetzbar** ist – das sagt das Gesetz anders als für die Fälligkeit allerdings nicht ausdrücklich.[9] Es fehlt an der Durchsetzbarkeit, wenn dem Leistungsanspruch des Gläubigers eine **Einrede entgegensteht**, zB die Einrede der Verjährung aus § 214 BGB (für den Rücktritt über § 218 Abs 1 BGB), das Zurückbehaltungsrecht aus § 273 BGB[10] oder die Einrede des nicht erfüllten Vertrages aus § 320 BGB. Voraussetzung ist, dass der Schuldner sich auf die Einrede beruft. Lediglich das Zurückbehaltungsrecht des § 320 BGB wirkt automatisch (also wie eine Einwendung): Leistung und Gegenleistung sind im Synallagma von vornherein miteinander verknüpft; der Gläubiger, der vom Schuldner die Leistung fordert, ohne zugleich die eigene Leistung in einer den Annahmeverzug begründenden Weise anzubieten, verhält sich widersprüchlich.[11]

2. Nichtleistung und Leistungsverzögerung

Der Schuldner verletzt seine Leistungspflicht zum einen dann, wenn er die vertraglich geschuldete Leistung nicht erbringt. Ob der Schuldner nicht leistet, weil er **nicht leisten will** (Nichtleistung trotz Möglichkeit der Leistung) oder weil er **nicht leisten kann** (Unmöglichkeit der Leistung), ist unerheblich. Dass die Leistung dem Schuldner unmöglich ist, spielt erst für die Rechtsfolgen eine Rolle: Kann der Schuldner nicht leisten, erlöschen die beiderseitigen Leistungspflichten aus dem Vertrag gem §§ 275 Abs 1, 326 Abs 1 S 1 BGB automatisch. Leistet der Schuldner hingegen nicht, obwohl er leisten könnte, hat der Gläubiger die Wahl, ob er am Vertrag und den beiderseitigen Leistungspflichten festhalten oder ob er diese durch Gestaltungserklärung beenden will: Die Leistungspflichten bleiben bestehen, bis der Gläubiger den Rücktritt vom Vertrag erklärt, § 323 BGB mit § 346 Abs 1 BGB, oder Schadensersatz statt der Leistung verlangt, § 280 Abs 1, 3 mit § 281 Abs 4 BGB. Zudem enthält das Gesetz für den Anspruch auf Schadensersatz statt der Leistung unterschiedliche Anspruchsgrundlagen: § 311a Abs 2 BGB, § 280 Abs 1, 3 BGB mit § 283 BGB für die Unmöglichkeit der Leistung und § 280 Abs 1, 3 BGB mit § 281 BGB für die Nichtleistung trotz Möglichkeit der Leistung.

Begriffe man als Pflichtverletzung mit einer früher häufiger vertretenen Auffassung nur den Verstoß gegen Verhaltenspflichten, bereitete es Schwierigkeiten, die **Unmög-**

---

analoge Anwendung des § 323 Abs 1: STAUDINGER/SCHWARZE (2015) § 323 Rn B 169 ff.
[8] BGH 14.6.2012 – VII ZR 148/10, BGHZ 193, 315 (Rn 17 ff); JAENSCH BB 2012, 2268, 2269; STAUDINGER/ SCHWARZE (2015) § 323 Rn B 167; PALANDT/GRÜNEBERG[76] (2017) § 323 Rn 23; zweifelnd FAUST JuS 2012, 940, 942; GUTZEIT NJW 2012, 3717.
[9] Gleichwohl hM, statt aller BGH 26.10.2016 – VIII ZR 211/15, NJW 2017, 1100 (Rn 16) zu § 286 Abs 1 BROX/WALKER, Allgemeines Schuldrecht[41] (2017) § 23 Rn 5 f.
[10] Dazu BACH, in: STAUDINGER/Eckpfeiler D. Rn 165 ff.
[11] Dabei verfolgt § 320 den doppelten Zweck, dem Gläubiger, der am Vertrag festhalten will, sowohl den Anspruch auf die Gegenleistung zu sichern als auch Druck auf den Schuldner auszuüben, um ihn zu vertragsgemäßer Leistung anzuhalten: BGH 26.10.2016 – VIII ZR 211/15, NJW 2017, 1100 (Rn 23 mwNw); näher STAUDINGER/SCHWARZE (2015) § 320 Rn 3 mwNw.

lichkeit der Leistung als Pflichtverletzung einzuordnen: Weil der Schuldner nach § 275 Abs 1–3 BGB von seiner Pflicht zur Leistung frei wird, verletzte er durch die Nichtleistung keine Leistungspflicht, sondern läge die Pflichtverletzung nur in der Herbeiführung der Umstände, die zum Freiwerden des Schuldners von seiner Leistungspflicht führen.[12] Der Verweis in § 275 Abs 4 BGB auf § 280 BGB und der Verweis in § 283 BGB auf § 280 Abs 1 BGB machen aber deutlich, dass die Nichtleistung wegen Unmöglichkeit selbst die Pflichtverletzung ist: Erbringt der Schuldner die vertraglich geschuldete Leistung nicht, verstößt er gegen seine Pflicht zur Leistung; die **Pflichtverletzung des Schuldners** liegt im **Ausbleiben des geschuldeten Leistungserfolgs**.[13]

11 Die bloße **Leistungsverzögerung** wird nur von §§ 286–288 BGB als Pflichtverletzung erfasst, löst aber weder einen Anspruch auf Schadensersatz statt der Leistung nach § 280 Abs 1, 3 BGB mit § 281 BGB noch ein Rücktrittsrecht des Gläubigers nach § 323 BGB aus: §§ 280 Abs 1, 3 BGB mit 281 und § 323 BGB knüpfen nicht an eine Verzögerung der Leistung an, sondern setzen voraus, dass der Schuldner innerhalb der ihm gesetzten Nachfrist gar nicht leistet, der geschuldete Leistungserfolg also ausbleibt. Mit der Rücktrittserklärung oder dem Schadensersatzverlangen beendet der Gläubiger die Leistungspflicht des Schuldners, §§ 346 Abs 1, 281 Abs 4 BGB, und darf der Schuldner die Leistung nicht mehr nachholen. Solange die Leistungspflicht besteht und der Schuldner die Leistung lediglich verzögert, hat der Gläubiger Anspruch auf Schadensersatz neben der Leistung gem § 280 Abs 1, 2 BGB mit §§ 286, 288 BGB (noch Rn 181 ff).

12 Im Umkehrschluss zu § 363 BGB (und in Anlehnung an §§ 345, 543 Abs 4 S 2 BGB) muss nicht der Gläubiger die Leistungsstörung beweisen, sondern muss der **Schuldner beweisen**, dass er **ordnungsgemäß erfüllt** hat.[14] Damit gilt die allgemeine Regel, nach der jeder Anspruchsteller die ihm günstigen Tatsachen darlegen und beweisen muss, nicht; sie verteilt die Beweislast für ein und dieselbe Tatsache unterschiedlich, je nachdem, wer welche Rechtsfolge geltend macht. Nach dieser allgemeinen Regel müsste etwa der Verkäufer, wenn er auf Zahlung des Kaufpreises klagt, beweisen, dass er erfüllt hat; hingegen müsste der Käufer, wenn er wegen Nichtleistung des Schuldners oder wegen Leistungsverzögerung Sekundärrechte geltend macht (Rücktritt, Schadensersatz), beweisen, dass der Verkäufer nicht erfüllt hat. Um diese unterschiedliche Beweislast zu vermeiden, ist immer der Verkäufer dafür beweispflichtig, dass er ordnungsgemäß iS des § 433 Abs 1 BGB geleistet hat. Die Beweislast geht erst dann auf den Käufer über, wenn dieser die geleistete Sache als im Wesentlichen vertragsgemäß angenommen hat: Um Sekundäransprüche geltend zu machen, muss der **Käufer nach Annahme der Leistung als im Wesentlichen vertragsgemäß gem § 363 BGB beweisen**, dass die Sache eine andere als die geschuldete ist oder der Verkäufer weniger

---

[12] HARKE JbJZivRWiss 2001, 29, 58 f und ders JR 2006, 485, 486 ff; SCHÄFER JA 2003, 600, 602 ff; REICHENBACH Jura 2003, 512, 515; KATZENSTEIN Jura 2005, 217, 218 f; EHMANN/SUTSCHET (2002) 64 ff, 83 f.
[13] BT-Drucks 14/6040, 135 f; ganz hM: STAUDINGER/SCHWARZE (2014) § 280 Rn C 13; BeckOK/LORENZ (1.2.2017) § 280 Rn 20; MünchKomm/ERNST[7] (2016) § 280 Rn 10 ff, § 283 Rn 4 alle mwNw.
[14] Mot I 383; auch RegE BT-Drucks 14/6040, S 198; BGH 29.1.1969 – IV ZR 545/68, NJW 1969, 875; BGH 24.3.1982 – IVa ZR 303/80, BGHZ 83, 260, 267; BGH 17.12.1992 – III ZR 133/91, NJW 1993, 1704, 1706; STAUDINGER/OLZEN (2016) § 363 Rn 1; BeckOK/UNBERATH (11.3.2011) § 281 Rn 72; für die Mangelfreiheit der Leistung ERMAN/WESTERMANN[153] (2017) § 281 Rn 33; MünchKomm/ERNST[7] (2016) § 281 Rn 181; auch STAUDINGER/SCHWARZE (2014) § 281 Rn F 4, § 323 Rn F 4.

geleistet hat, als er nach dem Vertrag schuldet. Das wird dem Käufer in der Regel leichtfallen, da § 363 BGB unmittelbar nur auf die „offene" Teil- und Falschleistung (Rn 15) anwendbar ist (zur analogen Anwendung auf mangelhafte Leistungen noch gleich Rn 14, auch zur Ausnahme des § 477 BGB [bis 31.12.2017: § 476 BGB] beim Verbrauchsgüterkauf).

3. Schlecht-, Zuwenig- und Falschleistung

Seine Leistungspflicht verletzt der Schuldner nicht nur dann, wenn er bei Fälligkeit der Leistung nicht leistet, sondern auch, wenn er zwar leistet, die Leistung aber nicht dem Vertrag entspricht: §§ 433 Abs 1 S 2, 434 BGB erheben die **Mangelfreiheit** zum Inhalt der Leistungspflicht und verpflichten den Verkäufer zur Leistung einer mangelfreien Sache. Mangelhaft ist die Kaufsache, wenn deren Istbeschaffenheit von der vereinbarten, hilfsweise von der vertrags- oder verkehrsüblichen Sollbeschaffenheit für den Käufer nachteilig abweicht. § 434 BGB enthält insoweit eine abgestufte Regelung: Für die Sollbeschaffenheit ist vorrangiger Maßstab die Parteivereinbarung (sog subjektiver Fehlerbegriff in § 434 Abs 1 S 1 BGB und S 2 Nr 1 BGB), auf objektive Kriterien kommt es erst sekundär an (sog objektiver Fehlerbegriff in § 434 Abs 1 S 2 Nr 2 und S 3 BGB). **Zur Theorie der „doppelten Pflichtverletzung"** bei behebbaren Mängeln unten Rn 30. 13

Nimmt der **Käufer** die mangelhafte Sache (typischerweise in Unkenntnis des Mangels) als Erfüllung an, trifft ihn **analog § 363 BGB** die **Beweislast** für den Sachmangel und dafür, dass dieser bereits bei Gefahrübergang bestand (s gerade Rn 12 zur Nichtleistung).[15] § 477 BGB (bis 31.12.2017: § 476 BGB) normiert für den Verbrauchsgüterkauf (Kauf einer beweglichen Sache zu privaten Zwecken) **zugunsten des Verbrauchers** iS des § 13 BGB eine **Beweislastumkehr**: Zeigt sich ein Mangel innerhalb von sechs Monaten, wird vermutet, dass die Sache bereits bei Gefahrübergang mangelhaft war. Bis Ende 2016 legte der BGH § 476 aF – entgegen der wohl überwiegenden Literatur[16] – einschränkend aus: Könne ein Defekt (etwa ein Motorschaden des gekauften Autos) nicht zwingend auf einen vom Verkäufer zu verantwortenden Mangel (einen Materialfehler) zurückgeführt werden, sondern komme auch ein Behandlungs- oder Bedienungsfehler des Käufers (etwa ein Fahrfehler) als Ursache in Betracht, so ginge § 476 aF ins Leere. Denn § 476 aF vermute lediglich „zeitlich", dass ein konkret feststehender Mangel (etwa: gelockerter Zahnriemen) schon bei Gefahrübergang bestand; sei dieser konkrete Mangel aber unzweifelhaft erst nach Gefahrübergang eingetreten, so werde über § 476 aF nicht vermutet, dass er auf einem schon bei Gefahrübergang bestehenden Grundmangel (Materialfehler) beruhe.[17] Auf Vorlage eines niederländischen Gerichts hat der EuGH 2015 zu Art 5 Abs 3 VerbrGKRL (ohne Auseinandersetzung, aber im Ergebnis mit der überwiegenden Literatur zum deutschen Recht) anders entschieden.[18] Dem hat sich der BGH 2016 zu § 467 aF unter Aufgabe seiner 14

---

[15] BGH 2.6.2004 – VIII ZR 329/03, BGHZ 159, 215, 218 ff („Zahnriemen"); BGH 9.3.2011 – VIII ZR 266/09, NJW 2011, 1664 (unrunder Motorlauf, Rn 11).
[16] Ausführliche Nachweise zum Meinungsstand bei SAGAN/SCHOLL JZ 2016, 501, 502; jurisPK/BALL[8] (2017) § 477 nF Rn 12 ff.
[17] BGH 2.6.2004 – VIII ZR 329/03, BGHZ 159, 215, 218 ff („Zahnriemen"); weitere Nachweise auf die bisherige Rechtsprechung bei BGH 12.10.2016 – VIII ZR 103/15, NJW 2017, 1093 (Rn 22 ff).
[18] EuGH 4.6.2015 – C-497/13, NJW 2015, 2237 Rn 66 ff, 75 (Faber) zu einem aus ungeklärter Ursache während der Fahrt in Brand geratenem Auto.

bisherigen Rechtsprechung angeschlossen[19]: Nach § 477 BGB (seit 1.1.2018) wird vermutet, dass der Mangel, der sich zeigt (im Fall des BGH 2016 ein Defekt des Automatikgetriebes), entweder schon bei Gefahrübergang bestand oder aber zumindest auf einem bei Gefahrübergang bestehenden Grundmangel (Materialfehler) beruht. Nur das entspricht auch dem Schutzzweck des § 477 BGB, die schlechteren Beweismöglichkeiten des Käufers und die – in engem zeitlichen Zusammenhang mit der Übergabe – ungleich besseren Erkenntnismöglichkeiten des Unternehmers auszugleichen.[20] Allerdings belastet die doppelte Vermutung des Mangels einerseits (nach § 477 BGB) und des Vertretenmüssens andererseits (nach § 280 Abs 1 S 2 BGB) den Verkäufer erheblich, der unter erleichterten Voraussetzungen Schadensersatz gem § 437 Nr 3 BGB mit § 280 Abs 1 und Abs 3 BGB mit §§ 281, 283 BGB[21] schuldet, etwa für den Wohnungsbrand aufgrund eines vermutet mangelhaften Toasters.[22]

15 **§ 434 Abs 3 BGB** stellt die Teilleistung der mangelhaften Leistung gleich. Die Gleichstellung ist auf die Fälle beschränkt, in denen der Schuldner die erbrachte Leistung auf den Kaufvertrag bezieht, dh für den Gläubiger erkennbar zur Erfüllung der Leistungspflicht aus diesem Vertrag leistet. Deswegen fällt **nur die verdeckte Mankolieferung** unter § 434 Abs 3 BGB, hingegen nicht die offene Teilleistung: Die offene Teilleistung ist „normale" Nichterfüllung des Vertrages iS des allgemeinen Leistungsstörungsrechts; die §§ 281, 323 BGB sind unmittelbar und nicht über den Umweg des § 437 BGB anwendbar (zum Problem des § 323 Abs 5 BGB Rn 76).[23] Um bei **Gattungskäufen** Abgrenzungsprobleme zwischen aliud und peius zu vermeiden, stellt § 434 Abs 3 BGB auch die **Falschlieferung** der mangelhaften Leistung gleich. Voraussetzung ist ebenfalls, dass der Verkäufer seine Leistung auf den Kaufvertrag bezieht, dh für den Käufer erkennbar seine Leistungspflicht aus § 433 Abs 1 BGB erfüllen will.[24] Nimmt der Käufer die Falschleistung als Erfüllung des Vertrages an, gilt Kaufrecht, und zwar auch dann, wenn der geleistete Gegenstand erheblich von der geschuldeten Gattung abweicht[25] oder es sich bei der Stückschuld um eine andere als die geschuldete Sache handelt (sog Identitätsaliud).[26]

---

[19] BGH 12.10.2016 – VIII ZR 103/15, NJW 2017, 1093 (Automatikschaltung, Rn 20, 28 ff, 36 ff) m guter Anm GSELL JZ 2017, 576; dazu auch KOCH NJW 2017, 1068; näher BECKMANN, in: STAUDINGER/Eckpfeiler N. Rn 108 ff mwNw zur Literatur.
[20] EuGH 4.6.2015 – C-497/13, NJW 2015, 2237 Rn 54 (Faber).
[21] Die Anwendbarkeit auf die von der VerbrGKRL nicht erfassten Schadensersatzansprüche betont BGH 12.10.2016, VIII ZR 103/15, NJW 2017, 1093 (Rn 53); ebenso BeckOK/FAUST (15.6.2017) § 476 aF Rn 10; ERMAN/GRUNEWALD[15] (2017) § 377 nF Rn 10; krit GSELL JZ 2017, 576, 579 f.
[22] GSELL JZ 2017, 576, 580 (mit Toasterbeispiel); BeckOK/FAUST (15.6.2017) § 476 aF Rn 10.
[23] Statt aller STAUDINGER/MATUSCHE-BECKMANN (2014) § 434 Rn 154; BeckOK/FAUST (15.6.2017) § 434 Rn 113.
[24] Statt aller THIER AcP 203 (2003) 399, 414 ff;

BeckOK/FAUST (15.6.2017) § 434 Rn 109; BECKMANN, in: STAUDINGER/Eckpfeiler N. Rn 65.
[25] BRÜGGEMEIER WM 2002, 1376, 1378; LORENZ JuS 2003, 36, 37; TIEDTKE/SCHMITT JZ 2004, 1092, 1096 f; HUBER, in: HUBER/FAUST (2002) 12/Rn 60; BeckOK/FAUST (15.6.2017) § 434 Rn 108; NomosKomm/BÜDENBENDER[3] (2016) § 434 Rn 70; aA CANARIS, Schuldrechtsmodernisierung (2002) XXIII; OECHSLER, Vertragliche Schuldverhältnisse[2] (2017) Rn 134 ff. Allerdings wird der Käufer eine erheblich abweichende Leistung idR als nicht dem Vertrag entsprechend zurückweisen.
[26] TIEDTKE/SCHMITT JZ 2004, 1092, 1098; HUBER, in: HUBER/FAUST (2002) 12/Rn 61, 63; NomosKomm/BÜDENBENDER[3] (2016) § 434 Rn 68; STAUDINGER/MATUSCHE-BECKMANN (2014) § 434 Rn 147 mwNw; BeckOK/FAUST (15.6.2017) § 434 Rn 107; **aA** CANARIS, Schuldrechtsmodernisierung (2002) XXIII; OECHSLER, Vertragliche Schuldverhältnisse[2] (2017) Rn 140 f.

§ 434 Abs 3 BGB stellt nur die Zuweniglieferung, **nicht** aber die Zuviellieferung dem **16** Sachmangel gleich. Deswegen steht § 434 Abs 3 BGB einem Bereicherungsanspruch des Verkäufers nicht entgegen, wenn er **mehr als geschuldet** oder wenn er **eine wertvollere als die geschuldete Sache** geleistet hat: Der Verkäufer kann nicht nur zuviel Geleistetes nach § 812 Abs 1 S 1 Alt 1 BGB zurückverlangen, sondern kann – entgegen der wohl hM – ebenso ein höherwertiges aliud gem § 812 Abs 1 S 1 Alt 1 BGB kondizieren und so den Käufer wieder auf den ursprünglichen vertraglichen Erfüllungsanspruch verweisen.[27] Denn die §§ 434, 437 ff BGB wollen den Käufer lediglich vor den Nachteilen eines Sachmangels oder einer Falschlieferung schützen, ihm aber nicht solche Vorteile erhalten, auf die er nach dem Vertrag keinen Anspruch hat. Der Bereicherungsanspruch des Verkäufers nimmt dem Käufer auch keinerlei Rechte, die ihm nach § 437 BGB zustünden: Verlangt der Käufer Nacherfüllung, muss er dem Verkäufer das wertvolle aliud ebenfalls zurückgeben – nach §§ 439 Abs 4, 346 Abs 1 BGB. Die wohl hM, die dem Verkäufer einen Kondiktionsanspruch erst nach Anfechtung seiner Tilgungsbestimmung einräumen will,[28] schießt über das Ziel hinaus, da sie eine Anfechtung konsequent nicht nur bei Lieferung einer wertvolleren als der geschuldeten Sache, sondern bei jeder irrtümlichen aliud-Lieferung erlauben müsste.

4. Zeitliche Grenze

Bei einer iS des § 434 BGB mangelhaften Leistung sind die §§ 280 ff, 323 f BGB nur über **17** den **Umweg des § 437 BGB** anwendbar – modifiziert durch die kaufrechtlichen Sonderregelungen: der Beweislast des Käufers für den Sachmangel nach § 363 BGB (gerade Rn 12, 14), der kurzen kaufrechtlichen Verjährungsfrist des § 438 BGB anstelle der längeren Regelverjährung nach §§ 195, 197 BGB, den zusätzlichen Ausnahmen zum Nachfristerfordernis in § 440 BGB und der gegenüber § 275 Abs 2 und 3 BGB erleichterten Möglichkeit des Verkäufers in § 439 Abs 4 BGB (bis 31.12.2017: § 439 Abs 3), die (Nach-)Erfüllung zu verweigern.

Maßgebliche zeitliche Grenze zwischen der unmittelbaren Anwendbarkeit der §§ 280 ff **18** BGB, 323 f BGB und deren mittelbarer Anwendbarkeit über § 437 BGB, ist wegen des Wortlauts des § 434 Abs 1 S 1 BGB **nach überwiegender Meinung der Gefahrübergang**,[29] also die Übergabe der Kaufsache iS des § 446 BGB sowie beim Versendungskauf die Übergabe an die Transportperson gem § 447 BGB und ebenso im Grundsatz beim Verbrauchsgüterversendungskauf gem § 475 Abs 2 BGB (bis 31.12.2017: § 474 Abs 4)

---

[27] SCHLINKER JR 2007, 221, 223 f; S LORENZ JuS 2003, 36, 39; LORENZ/RIEHM (2002) Rn 493; OETKER/MAULTZSCH[4] (2013) § 2 Rn 165 ff; NomosKomm/BÜDENBENDER[3] (2016) § 434 Rn 80, § 437 Rn 132; bei erheblich wertvollerem aliud auch LETTL JuS 2002, 866, 870. Dazu mwNw BECKMANN, in: STAUDINGER/Eckpfeiler N. Rn 68.
[28] THIER AcP 203 (2003) 399, 422 f; TIEDTKE/SCHMITT JZ 2004, 1092, 1098; HUBER in: HUBER/FAUST (2002) 13/Rn 156 f; OECHSLER, Vertragliche Schuldverhältnisse[2] (2017) Rn 137; STAUDINGER/MATUSCHE-BECKMANN (2014) § 434 Rn 151; BeckOK/FAUST (15.6.2017) § 437 Rn 206; MünchKomm/WESTERMANN[7] (2016) § 434 Rn 46; wohl auch CANARIS, Schuldrechtsmodernisierung, (2002) XXIII f.
[29] HUBER/BACH, Besonderes Schuldrecht/1[5] (2016) Rn 74 f; CANARIS, in: LORENZ, Karlsruher Forum 2002: Schuldrechtsmodernisierung (2003) S 72; vWILMOWSKY JuS 2002, Beilage 1, S 19; BECKMANN, in: STAUDINGER/Eckpfeiler N. Rn 72; ERMAN/GRUNEWALD[15] (2017) § 439 Rn 1; JAUERNIG/BERGER[16] (2015) § 437 Rn 2, 30; MünchKomm/WESTERMANN[7] (2016) § 437 Rn 6; PALANDT/GRÜNEBERG[76] (2017) § 280 Rn 17; PALANDT/WEIDENKAFF[76] (2017) § 434 Rn 8; abw für eine Haftung nach §§ 437 ff schon ab Vertragsschluss BACHMANN AcP 211 (2011) 395, 410 ff.

(vom 1.1.2002 bis 12.6.2014 war § 447 gem § 474 Abs 2 beim Verbrauchsgüterversendungskauf hingegen gar nicht anwendbar). **Demgegenüber** macht das Werkvertragsrecht eine zeitliche Zäsur erst mit der Abnahme des Werks iS des § 640 BGB, verlangt also neben der körperlichen Entgegennahme die Erklärung des Bestellers, das Werk sei im Wesentlichen vertragsgemäß erbracht.[30] Entsprechend muss für das Kaufrecht maßgeblich sein, **ob der Käufer die Sache als Erfüllung annimmt**. Für die zeitliche Grenze zwischen unmittelbarer und mittelbarer Anwendbarkeit der §§ 280 ff, 323 f BGB, ist entscheidend, ab wann den Käufer die Beweislast für den Mangel treffen und wie lange er die Kaufsache wegen des Mangels zurückweisen können soll: Das **regelt § 363 BGB**, der dafür die Annahme der Kaufsache als Erfüllung verlangt; erst ab der Annahme als Erfüllung ist der Käufer auf die Mängelrechte aus § 437 BGB beschränkt.[31]

19 Stellte man auf den **(früheren) Gefahrübergang** ab, **benachteiligte** das **den Käufer**, insbesondere beim Versendungskauf: Erkennt der Käufer bei einer Hol- und einer Bringschuld, dass die Kaufsache mangelhaft ist, kann er deren Annahme verweigern und den Gefahrübergang verhindern. Bei einem Versendungskauf ist dies wegen der Vorverlagerung des Gefahrübergangs in § 447 BGB (und grundsätzlich auch gem § 475 Abs 2 BGB beim Verbrauchsgüterversendungskauf, gerade Rn 18) nicht möglich; der Verkäufer könnte irgendeine (mangelhafte) Sache an die Transportperson übergeben und den Käufer so auf die Sachmängelhaftung beschränken. Aber auch bei einer Hol- oder Bringschuld benachteiligte das Abstellen auf den Gefahrübergang den Käufer: Holt der Verkäufer nach Vertragsschluss eine dem angeschlagenen Ausstellungsstück entsprechende Sache aus dem Lager und stellt umgehend fest, dass diese mangelhaft und zudem das letzte Stück der Gattung ist, kann der Käufer die Annahme verweigern – mit den Vorteilen des allgemeinen Leistungsstörungsrechts. Erkennt hingegen erst der Käufer unmittelbar nach Übergabe, wenn auch noch im Ladengeschäft, dass die Kaufsache mangelhaft ist, träfen ihn nach hM die Nachteile der §§ 363, 438 ff BGB. Richtigerweise muss der Käufer die Annahme der Sache als Erfüllung auch nach Übergabe noch verweigern können, ohne den Restriktionen des Kaufgewährleistungsrechts unterworfen zu werden. Damit mindert sich die Erklärungslast des Käufers bei der Nachfristsetzung: Der die mangelhafte Kaufsache als Nichterfüllung zurückweisende Käufer muss nicht die Mängel im Einzelnen bezeichnen und Nachlieferung und Nachbesserung verlangen, sondern er muss nur die Mangelhaftigkeit der Sache rügen und den Verkäufer auffordern, die vertraglich geschuldete Leistung zu bewirken.[32]

20 Den **Gefahrübergang nennt § 434 BGB nur**, um den Verkäufer vor dem Verlust des Kaufpreisanspruchs zu schützen, wenn die Kaufsache nach diesem Zeitpunkt ohne sein Verschulden untergeht oder nachträglich beschädigt wird **(Verlagerung der Preisgefahr auf den Käufer)**; nur deshalb verweist auch § 650 S 3 BGB (bis 31.12.2017: § 651 S 3) für den Werklieferungsvertrag über nicht vertretbare Sachen auf §§ 446, 447 BGB.

---

[30] Dazu mwNw PETERS/JACOBY, in: STAUDINGER/Eckpfeiler Q. Rn 133, 135 und 137 a, b, die aber abw die Entgegennahme des Werks als Abnahme genügen lassen wollen.
[31] MAULTZSCH ZGS 2003, 411, 416 f; OETKER/MAULTZSCH[4] (2013) § 2 Rn 146 ff; REINICKE/TIEDTKE Kaufrecht[8] (2009) Rn 399; BeckOK/FAUST (15.6.2017) § 437 Rn 6; BeckOGK/HÖPFNER (1.5.2017) § 439 Rn 7.
[32] BGH 25.3.2010 – VII ZR 224/08, BauR 2010, 909 zum Werkvertragsrecht.

§ 442 Abs 1 BGB schließt Sachmängelrechte des Käufers nur dann aus, wenn dieser den 21
Mangel bei **Vertragsschluss kennt oder grob fahrlässig nicht kennt**, hingegen schadet ihm
die Kenntnis oder grob fahrlässige Unkenntnis erst bei Gefahrübergang nicht.[33] Eine
Ausnahme macht seit dem 1.1.2018 nur § 439 Abs 3 S 2 BGB mit § 442 Abs 1 BGB,
der den Anspruch des Käufers auf Ersatz der Kosten für den Ausbau der mangelhaften
Sache und den Einbau der nachgelieferten und nachgebesserten mangelfreien Sache
aus § 439 Abs 3 S 1 BGB ausschließt, wenn er vom Mangel bei Beginn des Einbaus
oder Anbringens der Kaufsache weiß oder diesen grob fahrlässig verkennt. § 442 BGB
liegt der Gedanke zugrunde, dass der Käufer, der den Kaufvertrag trotz Kenntnis oder
grob fahrlässiger Unkenntnis des Mangels abschließt, nicht in seinen berechtigten
Erwartungen enttäuscht wird, während ein solcher Schluss nicht gerechtfertigt ist,
wenn er erst nach Vertragsschluss vom Mangel erfährt[34] (zur abweichenden ratio des
§ 439 Abs 3 S 2 BGB s Rn 67). Deswegen hindert § 442 Abs 1 S 1 BGB die Sachmängelrechte des Käufers aus § 437 BGB nicht, wenn dieser den Mangel bei Abschluss
eines formnichtigen Grundstückkaufvertrags nicht kennt, vom Mangel aber bis zur
Grundbucheintragung und damit Heilung des Vertrags iS des § 311b Abs 1 S 2 BGB
erfährt.[35] Ebenso kommt es bei einem gestreckten Vertragsschluss, bei dem das Angebot des Käufers der Annahme durch den Verkäufer vorangeht, nicht auf das förmliche Zustandekommen des Vertrags an, sondern ist § 442 Abs 1 S 1 BGB teleologisch
dahin zu reduzieren, dass nur die Mangelkenntnis bei Abgabe bzw Beurkundung des
Käufersangebots die Mängelrechte ausschließt, es dem Käufer hingegen nicht schadet,
wenn er bis zur Annahme des Angebots durch den Verkäufer vom Mangel erfährt.[36]
Bei grob fahrlässiger Unkenntnis bleiben dem Käufer die Rechte aus § 437 BGB gem
§ 442 Abs 1 S 2 BGB ausnahmsweise dann erhalten, wenn der Verkäufer den Mangel
arglistig verschwiegen hat oder eine Garantie für die Beschaffenheit der Sache übernommen hat.

5. Nebenpflichtverletzung

Pflichtverletzung ist nicht nur die Nichterfüllung der Hauptleistungspflichten aus dem 22
Vertrag (etwa aus § 433 Abs 1 BGB), sondern ebenso der Verstoß gegen **Nebenpflichten**: Der Schuldner kann zum einen **leistungsbezogene** Nebenpflichten verletzen, etwa
die Pflicht, die zu liefernde Ware ordnungsgemäß zu verpacken oder eine Bedienungsanleitung beizufügen[37]. Darüber hinaus treffen die Vertragspartner **nicht leistungsbezogene** Nebenpflichten iS des § 241 Abs 2 BGB: Jeder Vertragspartner muss auf Rechte, Rechtsgüter und Interessen des anderen Vertragspartners Rücksicht nehmen. Gegen diese Pflicht verstößt etwa der Verkäufer, der bei Ablieferung und Montage der

---

[33] § 442 BGB entspricht § 460 BGB 1900 (idF bis zum 31.12.2001). Anders als das seit der Schuldrechtsreform geltenden Recht schloss § 464 BGB aF die Sachmängelrechte des Käufers auch dann aus, wenn er eine mangelhafte Sache in Kenntnis des Mangels annahm (und sich seine Mängelrechte bei der Annahme nicht vorbehielt).
[34] BGH 27.5.2011 – V ZR 122/10, NJW 2011, 2953 (Rn 13 f).
[35] BGH 27.5.2011 – V ZR 122/10, NJW 2011, 2953 (Rn 13 ff); BeckOK/Faust (15.6.2017) § 442 Rn 10; Erman/Grunewald[15] (2017)

§ 442 Rn 8; Palandt/Grüneberg[76] (2017) § 311b Rn 56; Palandt/Weidenkaff[76] (2017) § 442 Rn 8; Beckmann, in: Staudinger/Eckpfeiler N. Rn 201; krit Köhler JZ 1989, 765; aA MünchKomm/Westermann[7] (2016) § 442 Rn 6.
[36] BGH 15.6.2012 – V ZR 198/11, BGHZ 193, 326 (Rn 18 ff mwNw auf den Meinungsstand in Rn 19).
[37] Solche Pflichten können auch zu Hauptleistungspflicht erhoben werden; so etwa nach hM die Pflicht des PC-Verkäufers, ein Benutzerhandbuch beizufügen: Staudinger/Matusche-Beckmann (2014) § 434 Rn 240.

Kaufsache Einrichtungsgegenstände des Käufers beschädigt. Zum Erfordernis der Abmahnung Rn 32, zum Rücktrittsrecht aus § 324 BGB Rn 74 und zum Schadensersatz Rn 169.

IV. Zweistufiges System: Vorrang von Erfüllung und Nacherfüllung

1. Nachfristsetzung vor Minderung, Rücktritt und Schadensersatz statt der Leistung, §§ 281 Abs 1, 323 Abs 1 BGB

a) Nachfrist

23 Erbringt der Verkäufer die Leistung nicht oder nicht vertragsgemäß, muss der Käufer dem Verkäufer gem §§ **281 Abs 1 S 1, 323 Abs 1 BGB** eine Nachfrist setzen und deren erfolglosen Ablauf abwarten, bevor er mindern, vom Vertrag zurücktreten oder Schadensersatz statt der Leistung verlangen kann. Damit ist der Gläubiger zunächst darauf beschränkt, die Erfüllung des Vertrages zu verlangen. Das machen §§ 437 Nr 1, 439 BGB für den Kaufvertrag deutlich, indem sie den Erfüllungsanspruch des Käufers innerhalb der Nachfrist als Nacherfüllungsanspruch gesondert aufführen und näher ausgestalten (dazu Rn 28 ff).[38] Zur Entbehrlichkeit der Nachfrist unten Rn 36 f.

24 **Nachfrist** heißt, dass der Gläubiger den Schuldner zur Leistung auffordert und ihm eine Frist setzt, bis zu deren Ablauf die Leistung spätestens bewirkt sein soll. Die Nachfrist beinhaltet damit ein **Leistungsverlangen des Gläubigers**,[39] hingegen genügt es nicht, den Schuldner aufzufordern, er möge sich darüber erklären, ob er leistungsbereit sei[40]. Die Fristsetzung ist keine Willenserklärung, sondern eine geschäftsähnliche Handlung, weil die Rechtsfolgen (Minderungsrecht, Rücktrittsrecht und Schadensersatzanspruch) nicht kraft Gläubigerwillens, sondern kraft Gesetzes entstehen. Die Regelungen über Willenserklärungen sind aber entsprechend anzuwenden.[41] Dass der Gläubiger sein Leistungs- oder Nacherfüllungsverlangen in die höfliche Form einer „Bitte" kleidet, schadet nicht, wenn aus den Gesamtumständen (§§ 133, 157 BGB) folgt, dass der Gläubiger keinen bloßen unverbindlichen Wunsch äußert, sondern sein Verlangen ernst meint.[42] Die Wirksamkeit der Nachfristsetzung ist problematisch, wenn der Gläubiger mehr fordert, als der Schuldner zu leisten verpflichtet ist **(Zuvielforderung)**. Da in der Nachfristsetzung nach hM in der Regel zugleich eine Mahnung iS des § 286 Abs 1 BGB liegt (Rn 33), gilt wie für die Mahnung (Rn 34), dass die Nachfrist wirksam ist, wenn der Schuldner sie als Aufforderung zur Bewirkung der tatsächlich geschuldeten Leistung verstehen muss und der Gläubiger für den Schuldner erkennbar bereit ist, auch eine gegenüber seinen Vorstellungen geringere Leistung anzunehmen.[43]

---

[38] Der Vorrang des Nacherfüllungsanspruchs folgt nicht aus § 437 BGB (der alle Rechtsbehelfe des Käufers gleichrangig aufzählt), sondern aus dem Erfordernis der Nachfristsetzung in §§ 281 Abs 1, 323 Abs 1 BGB.
[39] BGH 25.3.2010 – VII ZR 224/08, NJW 2010, 2200.
[40] BGH 1.7.2015 – VIII ZR 226/14, NJW 2015, 3455 (Rn 31); jurisPK/Seichter[8] (2017) § 281 Rn 17; MünchKomm/Ernst[6] (2016) § 281 Rn 32, § 323 Rn 61; Staudinger/Schwarze (2014) § 281 Rn B 37 und (2015) § 323 Rn B 54; BeckOK/Unberath (1.3.2011) § 281 Rn 14.
[41] Schiemann, in: Staudinger/Eckpfeiler C. Rn 11 f.
[42] BGH 13.7.2016, VIII ZR 49/15, NJW 2016, 3654 (Rn 28 f).
[43] Brox/Walker, Allgemeines Schuldrecht[41] (2017) § 23 Rn 39; BeckOK/Unberath (1.3. 2011) § 281 Rn 14; Palandt/Grüneberg[76] (2017) § 281 Rn 9, § 323 Rn 13 jeweils mit Verweis auf § 286 Rn 20; für ein umgekehrtes Regel-Ausnahme-Verhältnis MünchKomm/Ernst[7]

Besondere Rechtsfolgen braucht der Gläubiger nicht anzudrohen; er muss insbesondere nicht erklären, dass er nach Ablauf der Frist vom Vertrag zurücktreten oder Schadensersatz statt der Leistung verlangen werde. Diese **Warnfunktion** übernimmt die „**Frist**", mit der der Gläubiger sein Leistungsverlangen verbinden muss: Dass der Gläubiger dem Schuldner eine letzte Frist einräumt, innerhalb derer er die Leistung doch noch erbringen kann, warnt den Schuldner davor, der Gläubiger werde andernfalls dessen Leistungspflicht beenden, §§ 281 Abs 4, 323 BGB mit § 346 Abs 1 BGB.[44] Damit für den Schuldner erkennbar ist, bis wann er leisten muss, um die Beendigung seiner Leistungspflicht abzuwenden, zwingt das BGB den Gläubiger dazu, eine konkrete Frist zu setzen, also den Endtermin zu nennen oder die Frist in Stunden, Tagen, Wochen oder Monaten anzugeben (etwa Lieferung bis zum 20. 6. oder binnen einer Woche).[45] S aber gleich Rn 26 zur abw Rechtsprechung des BGH. **25**

Die Frist muss **angemessen**, also so lang bemessen sein, dass sie einen seit Fälligkeit leistungsbereiten und -fähigen Schuldner in die Lage versetzt, die bereits begonnene Leistung zu vollenden. Die Nachfrist ist deswegen in aller Regel (deutlich) kürzer als die vereinbarte Lieferfrist. Vor Fehlern bei der Nachfristsetzung wird der Gläubiger dadurch geschützt, dass eine **unangemessen kurze eine angemessene Nachfrist in Lauf setzt**.[46] Nur dann, wenn der Schuldner selbst eine objektiv zu kurze Nachfrist vorgeschlagen hat, gilt diese als angemessen[47]. **Entgegen dem BGH**[48] genügt es **nicht**, dass der Gläubiger den Schuldner auffordert, „sofort", „unverzüglich" oder „umgehend" zu leisten:[49] Damit wird dem Schuldner überhaupt kein, auch kein begrenzter Zeitraum zur Leistung oder Nacherfüllung eingeräumt, sondern wird das Nachfristerfordernis im Ergebnis ganz aufgegeben und die Grenze zur Mahnung nach § 286 Abs 1 BGB verwischt. Ebenso wenig genügt es, dass der Gläubiger dem Schuldner lediglich eine „angemessene Frist" setzt, ohne die Frist zu bemessen oder einen Endtermin zu bennen (Rn 25 aE). Es obliegt dem Gläubiger und nicht dem Schuldner, den Zeitraum einzugrenzen, der dem Schuldner noch zur Leistung bleibt; nur eine konkrete Frist gibt **26**

(2016) § 281 Rn 35, § 323 Rn 63; Erman/Westermann[15] (2017) § 281 Rn 12, § 323 Rn 14.
[44] Faust JZ 2010, 202, 203; Gsell (Anm) ZJS 2009, 730, 731; MünchKomm/Ernst[7] (2016) § 323 Rn 70; auch Staudinger/Schwarze (2015) § 323 Rn B 53.
[45] RG 12.12.1919, 309/19, Recht 1920 Nr 1497; Faust JZ 2010, 202, 203; Gsell ZJS 2009, 730, 731 und in Soergel[13] (2005) § 323 Rn 80; MünchKomm/Ernst[7] (20162) § 323 Rn 70; Staudinger/Schwarze (2014) § 281 Rn B 35 und (2015) § 323 Rn B 52.
[46] BGH 13.7.2016 – VIII ZR 49/15, NJW 2016, 3654 (Rn 31); ebenso zu § 326 aF BGH 21.6. 1985 – V ZR 134/84, NJW 1985, 2640 mwNw; zu § 281 BGH 12.8.2009 – VIII ZR 254/08, NJW 2009, 3153 (Rn 11); Staudinger/Schwarze (2014) § 281 Rn B 49, (2015) § 323 Rn B 66 mwNw.
[47] BGH 13.7.2016 – VIII ZR 49/15, NJW 2016, 3654 (Rn 36).
[48] BGH 12.8.2009 – VIII ZR 254/08, NJW 2009, 3153; BGH 18.3.2015 – VIII ZR 176/14, NJW 2015, 2564 (Rn 11 ff); BGH 13.7.2016 –

VIII ZR 49/15, NJW 2015, 2564 (Rn 25 ff: Bitte um „schnelle Behebung"); auch RG 1.3.1911, III 79/10, RGZ 75, 354, 357; 2.2.1909, VII 144/08, WarnR 1909 Nr 289; zust Oechsler, Vertragliche Schuldverhältnisse[2] (2017) Rn 193; Medicus/Lorenz, Schuldrecht I[21] (2015) Rn 490; jurisPK/Seichter[8] (2017) § 281 Rn 24; NomosKomm/Dauner-Lieb/Dubovitskaya[3] (2016) § 323 Rn 19; BeckOK/Unberath (1.3. 2011) § 281 Rn 9; Palandt/Grüneberg[76] (2017) § 281 Rn 9; Beckmann, in: Staudinger/Eckpfeiler N. Rn 140; mit Einschränkungen auch MünchKomm/Ernst[7] (2016) § 323 Rn 70, 76; Erman/Westermann[15] (2017) § 281 Rn 13; Jauernig/Stadler[16] (2015) § 281 Rn 6 und § 323 Rn 8.
[49] Wie hier den **BGH** abl Looschelders, SR AT[15] (2017) Rn 584; Soergel/Gsell[13] (2005) § 323 Rn 80; Staudinger/Schwarze (2015) § 323 Rn B 60; grds auch Faust JZ 2010, 202, 203; Dubovitskaya JZ 2012, 328 (aber Obliegenheit des Schuldners aus § 242, sich unverzüglich zu der vom Gläubiger gesetzten Frist zu äußern).

dem Schuldner die Sicherheit, jedenfalls bis zum Ablauf dieser Frist leisten zu dürfen. Jedenfalls für den Rücktritt von Verbrauchsgüterkaufverträgen, also im Anwendungsbereich der vollharmonisierenden Verbraucherrechterichtlinie 2011/83/EU, erzwingt Art 18 Abs 2 eine echte Fristsetzung: Gem Art 18 Abs 2 Unterabs 1 RL kann der Verbraucher erst dann vom Vertrag zurücktreten, wenn er den Unternehmer nach Fälligkeit aufgefordert hat, die Lieferung innerhalb einer angemessenen „zusätzlichen Frist" vorzunehmen.

27 Eine Nachfrist kann der Gläubiger erst setzen, wenn die Leistung fällig ist (Rn 6).[50] Ist zur Fälligstellung eine Handlung des Gläubigers erforderlich, etwa der Abruf der Schuldnerleistung durch den Käufer, soll der Gläubiger **Fälligstellung und Fristsetzung** nach ganz hM – ebenso wie Fälligstellung und Mahnung (Rn 35) aber **miteinander verbinden können**.[51] Das setzt sich ohne Begründung in **Widerspruch zum Wortlaut des § 281 Abs 1 BGB**, nach dem der Gläubiger eine Nachfrist erst setzen kann, wenn der Schuldner die „fällige" Leistung nicht erbringt; § 286 Abs 1 BGB formuliert noch deutlicher, dass die Mahnung erst „nach" Fälligkeit ausgesprochen werden könne (Rn 35). Warnt die Nachfrist den Schuldner davor, dass der Gläubiger ihm eine letzte Frist einräumt, innerhalb derer er die Leistung doch noch erbringen kann, bevor der Gläubiger die Leistungspflicht nach §§ 281 Abs 4, 323 BGB mit § 346 Abs 1 BGB beenden wird (Rn 25), so kommt sie zu früh, wenn sie mit der Fälligstellung verbunden wird: Der Schuldner, der noch gar nicht leisten musste, kann und braucht vor den Folgen der Nichtleistung nicht gewarnt zu werden (noch Rn 35 zur Mahnung). Entgegen der Konzeption des Gesetzes erhielte der Schuldner nach der hM keine „zweite Chance", doch noch zu leisten, sondern nur eine einzige Chance. Eine Nachfrist setzen darf der Gläubiger daher erst dann, wenn die Leistung fällig ist. Dass dem Gläubiger damit zwei Erklärungen abverlangt werden,[52] hat er selbst zu verantworten, weil er (häufig auf eigenen Wunsch) mit dem Schuldner vereinbart hat, die Leistung fällig stellen zu müssen. Zudem rechtfertigt es eine gesteigerte Erklärungslast nicht, sich über Wortlaut und Intention des Gesetzes hinwegzusetzen.

b) Besonderheiten im Kaufrecht

28 Erhält der Käufer eine iS des § 434 BGB **mangelhafte Sache**, hat der Verkäufer schon einen Erfüllungsversuch unternommen. Mit Hilfe der Nachfrist fordert der Käufer den Verkäufer daher nicht zur Erfüllung des Vertrages auf, sondern verlangt gem §§ 437 Nr 1, 439 BGB Nacherfüllung (näher Rn 49 ff). Der **Anspruch auf Nacherfüllung aus §§ 437 Nr 1, 439 BGB** modifiziert den Erfüllungsanspruch des Käufers aus § 433 Abs 1 S 2 BGB; er unterwirft ihn insbesondere der kurzen zweijährigen Verjährung des § 438 Abs 1 Nr 3, Abs 2 BGB.[53] § 434 Abs 3 BGB stellt die verdeckte **Mankolieferung** und die **Falschlieferung** der mangelhaften Leistung gleich (Rn 15); auch für diese schalten §§ 437 Nr 1, 439 BGB den weiteren Rechtsbehelfen des Gläubigers den nach § 438 BGB kurz verjährenden Nacherfüllungsanspruch vor. Bei einer offenen Teilleistung und einer offenen Falschlieferung greift § 434 Abs 3 BGB hingegen nicht (Rn 15) und behält der Käufer seinen ursprünglichen Leistungsanspruch aus § 433 Abs 1 BGB, der

---

[50] BGH 14.6.2012 – VII ZR 148/10, BGHZ 193, 315 (Rn 16, 19f) mwNw auf die ganz hM; BGH 8.1.2015 – IX ZR 300/13, NJW-RR 2015, 656 (Rn 15).
[51] NomosKomm/DAUNER-LIEB³ (2016) § 281 Rn 22; MünchKomm/ERNST⁷ (2016) § 281 Rn 27, § 323 Rn 57; ERMAN/WESTERMANN¹⁵ (2017) § 281 Rn 11; JAUERNIG/STADLER¹⁶ (2015) § 281 Rn 6; STAUDINGER/SCHWARZE (2014) § 281 Rn B 29.
[52] Dagegen bei der Mahnung U HUBER, Leistungsstörungen I (1999) § 17 III 3 S 428.
[53] Dazu BECKMANN, in: STAUDINGER/Eckpfeiler N. Rn 205 ff.

in der Regelfrist der §§ 195, 199 BGB verjährt. Für die noch ausstehende Restleistung muss der Käufer dem Verkäufer eine Nachfrist nach § 323 Abs 1 BGB, §§ 280 Abs 1, 3, 281 Abs 1 S 1 BGB setzen – ohne den Umweg über § 437 Nr 1 BGB.

Für den **Verbrauchsgüterkauf** iS des § 474 Abs 1 BGB zwingt Art 3 Abs 5 der VerbrGKRL (1999/44/EG)[54] dazu, in den Fällen mangelhafter Leistung eine **Ausnahme vom Erfordernis der Fristsetzung nach § 323 Abs 1 BGB** zu machen: Da die Richtlinie dem Käufer die Lösung vom Vertrag zwar erst nach Ablauf einer angemessenen Nachfrist erlaubt, aber – anders als Art 18 Abs 2 Unterabs 1 S 1 der vollharmonisierenden Verbraucherrechterichtlinie 2011/83/EU für Leistungsverzögerungen im Verbrauchsgüterkauf (dazu Rn 26) – keine Fristsetzung verlangt, muss es genügen, dass der Käufer den Verkäufer zur Nacherfüllung auffordert und danach eine angemessene Frist verstreichen lässt; einen Endtermin oder eine genaue Zeitspanne muss der Käufer für die Nacherfüllung nicht nennen.[55] Die Ausnahme vom Erfordernis der Nachfristsetzung erreicht man über eine teleologische Reduktion des § 323 Abs 1 BGB[56] oder durch eine extensive Auslegung der Ausnahmevorschrift des § 323 Abs 2 Nr 3 BGB (dazu Rn 37).[57] Ein taugliches Nacherfüllungsverlangen setzt nach BGH aber zum einen voraus, dass der Käufer die Mangelsymptome zutreffend beschreibt; ein auf einen nicht vorhandenen Mangel gestützter Nacherfüllungswunsch (Verfärbungen, Beulen und Faltenbildungen der gekauften weißen Ledercouch) löst den Lauf der Nachfrist für den tatsächlich vorhandenen Mangel (fehlende „Reibechtheit" der Ledercouch bei „Beanspruchung mit nassen Medien") nicht aus.[58] Zum anderen verlangt der BGH die Bereitschaft des Käufers, dem Verkäufer die Kaufsache zur Überprüfung der erhobenen Mangelrüge am Erfüllungsort der Nacherfüllung, etwa am Sitz des Verkäufers, zur Verfügung zu stellen; ohne eine solche Erklärung des Käufers braucht sich der Verkäufer auf ein Nacherfüllungsverlangen des Käufers nicht einzulassen (näher Rn 56). Für den Anspruch auf Schadensersatz statt der Leistung aus § 280 Abs 1, 3 BGB mit § 281 Abs 1 BGB erzwingt die Richtlinie, die Schadensersatzansprüche nicht regelt, hingegen keine Ausnahme vom Erfordernis der Nachfristsetzung in § 281 Abs 1 BGB.

Vielfach wird für den Anspruch auf Schadensersatz statt der Leistung aus §§ 437 Nr 3, 280 Abs 1, 3 mit § 281 BGB behauptet, dieser knüpfe an zwei verschiedene Pflichtverletzungen an (Theorie der **doppelten Pflichtverletzung**):[59] erstens daran, dass der

---

[54] Insoweit nicht geändert durch Art 33 Verbraucherrechterichtlinie (VRRL) 2011/83/EU.
[55] So schon ERNST/GSELL ZIP 2000, 1410, 1418; etwa auch PALANDT/GRÜNEBERG[76] (2017) § 323 Rn 12.
[56] AG Köln 28.10.2010 – 137 C 436/09, juris Rn 30; CANARIS JZ 2001, 499, 510 und Schuldrechtsmodernisierung (2002) XXV f.
[57] MAYER/SCHÜRNBRAND JZ 2004, 545, 552; UNBERATH ZEuP 2005, 5, 10 ff; KOCH NJW 2010, 1636, 1638; SOERGEL/GSELL[13] (2005) § 323 Rn 85; MünchKomm/ERNST[7] (2016) § 323 Rn 51, 259; BeckOK/H SCHMIDT (15.6.2017) § 323 Rn 11; BeckOK/FAUST (15.6.2017) § 437 Rn 18a; einschränkend hingegen PALANDT/GRÜNEBERG[76] (2017) § 323 Rn 22. Für eine Subsumtion unter § 440 NomosKomm/DAU-NER-LIEB/DUBOVITSKAYA[3] (2016) § 323 Rn 30; BeckOGK/HÖPFNER (1.5.2017) § 440 Rn 20.
[58] BGH 20.1.2016 – VIII ZR 77/15, NJW 2016, 2493 (Rn 20 ff) zur „Gestaltungsverjährung" nach § 218; PALANDT/GRÜNEBERG[76] (2017) § 323 Rn 13.
[59] BRAUN ZGS 2004, 423, 425 f; JAENSCH Jura 2005, 649, 652; TIEDTKE/SCHMITT BB 2005, 615, 622 f; REINICKE/TIEDTKE[8] (2009) Rn 537 ff; LOOSCHELDERS, in: FS Canaris (2007) 737, 756 ff; FAUST, in: FS Canaris (2007) 203, 216 ff und in BeckOK (15.6.2017) § 437 Rn 73, 73a; HUBER/BACH, Besonderes Schuldrecht/1[5] (2016) Rn 169 ff; NomosKomm/DAUNER-LIEB[3] (2016) § 280 Rn 34 und § 281 Rn 15; JAUERNIG/BERGER[14] (2011) § 437 Rn 19; wohl auch U HUBER, in: FS Schlechtriem (2003) S 521, 530;

Verkäufer mangelhaft leistet, und zweitens daran, dass er nicht innerhalb der ihm gesetzten Nachfrist nacherfüllt. Diese Theorie führt ohne Grund zu einer Verdoppelung der Prüfungspunkte („Schadensersatzanspruch wegen mangelhafter Leistung" und anschließend „Schadensersatzanspruch wegen Nicht-Nacherfüllung").[60] Sie ist **mit dem Gesetz nicht vereinbar.** Das BGB versteht unter „Pflichtverletzung" die ursprüngliche Schlechtleistung: § 437 Nr 2 und 3 BGB verweisen unter der Voraussetzung auf das Rücktrittsrecht und den Schadensersatzanspruch, dass die „Sache mangelhaft" ist; §§ 281 Abs 1 S 1, 323 Abs 1 BGB unterscheiden die Schlechtleistung („nicht wie geschuldet" und „nicht vertragsgemäß") von der Nichtleistung („nicht"). Auch §§ 281 Abs 1 S 3, 323 Abs 5 S 2 BGB setzen die Pflichtverletzung ausdrücklich mit dem ursprünglichen Sachmangel gleich und erlauben den Rücktritt oder den Schadensersatz statt der ganzen Leistung nur dann, wenn der Sachmangel nicht unerheblich ist. Das heißt: Seine Pflichten verletzt der Verkäufer, wenn er mangelhaft leistet.[61] Die Nachfrist verlängert aber zu seinen Gunsten den Erfüllungszeitraum und erlaubt es ihm, die Pflichtverletzung noch zu beheben, ohne Sekundäransprüchen ausgesetzt zu sein.[62] Deswegen kann nicht (allein[63]) das Unterlassen der Nacherfüllung innerhalb der Nachfrist Sekundäransprüche auslösen; ansonsten bekäme der Käufer bei Entbehrlichkeit der Nachfrist nach §§ 440, 281 Abs 2 BGB nie Schadensersatz. Ebenso wenig kann der Verkäufer – wie dies bei der Annahme getrennter Pflichten konsequent wäre – Schadensersatz schon dann schulden, wenn er den Sachmangel zu vertreten hat. Problematisch ist insofern nicht die Pflichtverletzung, sondern das **Vertretenmüssen** (unten Rn 166): Schuldet der Verkäufer Schadensersatz nur dann, wenn er den Sachmangel iS der §§ 280 Abs 1 S 2, 276 BGB zu vertreten hat, oder genügt es, wenn er die Nacherfüllung innerhalb der Nachfrist schuldhaft unterlässt?[64] Weil es sich um ein Problem des Vertretenmüssens handelt, wird die Theorie der doppelten Pflichtverletzung weder für die echte Nichtleistung (dort nur für das Vertretenmüssen, Rn 161) noch für das Rücktrittsrecht aus §§ 437 Nr 2, 323 BGB diskutiert (siehe aber Rn 77 zum Ausschluss des Rücktrittsrechts nach § 323 Abs 6 Alt 1 BGB); das zeigt ihre Künstlichkeit.

c) Abmahnung statt Nachfrist

31 Kommt nach Art der Pflichtverletzung eine Nachfristsetzung nicht in Betracht, etwa bei einem Verstoß gegen eine Unterlassungspflicht,[65] so tritt an deren Stelle nach **§§ 281 Abs 3, 323 Abs 3 BGB** vor das Recht zum Rücktritt vom Vertrag und den Anspruch auf Schadensersatz statt der Leistung die **Abmahnung**. Nachfrist und Abmahnung unterscheiden sich lediglich technisch: Während der Schuldner nach § 323 Abs 1 BGB positiv aufgefordert werden muss, innerhalb der Nachfrist die nach dem Vertrag geschuldete Leistung zu erbringen, wird er mit der Abmahnung negativ ermahnt,

---

MünchKomm/ERNST[7] (2016) § 281 Rn 48; MünchKomm/WESTERMANN[7] (2016) § 437 Rn 29.
[60] So etwa HUBER/BACH, Besonderes Schuldrecht/1[5] (2016) Rn 169.
[61] Auch BGH 20.7.2005 – VIII ZR 275/04, BGHZ 163, 381, 385: „die in der Lieferung des mangelhaften Fahrzeugs liegende Pflichtverletzung"; mwNw BeckOGK/RIEHM (1.8.2017) § 280 Rn 113 ff, 136 ff.
[62] Unklar BGH 15.7.2008 – VIII ZR 211/07, BGHZ 177, 224 (Parkettstäbe) Rn 11 ff. Für

eine einheitliche Pflichtverletzung (Sachmangel und unterlassene Nacherfüllung): GSELL, in: FS Canaris (2007) 337, 343 ff; auch STAUDINGER/SCHWARZE (2014) § 280 Rn C 10.
[63] So aber REICHENBACH Jura 2003, 512, 519; SCHUR JA 2006, 223 ff; LORENZ, in: FS Huber (2006) 423, 426 ff (anders noch NJW 2002, 2497, 2502 f: doppelte Pflichtverletzung).
[64] Nur insoweit auch problematisiert von BGH 22.6.2005 – VIII ZR 281/04, BGHZ 163, 234, 239 (Dackel).
[65] BT-Drucks 14/7052, 279.

künftige Pflichtverletzungen zu unterlassen. §§ 281 Abs 3, 323 Abs 3 BGB haben allenfalls einen engen Anwendungsbereich.[66] Denn dem Schuldner wird die Erfüllung einer Unterlassungspflicht in der Regel schon durch einmaliges Zuwiderhandeln unmöglich; die beiderseitigen Leistungspflichten entfallen dann nach §§ 275 Abs 1, 326 Abs 1 S 1 HS 1 BGB automatisch, ohne dass eine Abmahnung erforderlich wäre.

Für den Rücktritt und den Schadensersatz statt der Leistung wegen der Verletzung von **Rücksichtnahmepflichten iS des** § 241 Abs 2 BGB (Rn 22) verlangen weder § 324 BGB noch § 280 Abs 1, 3 BGB mit § 282 BGB ausdrücklich eine Abmahnung. Dass eine Abmahnung erforderlich ist, folgt aber aus der Vorgabe in § 324 BGB und § 282 BGB, dem Gläubiger müsse das Festhalten an der Leistung bzw am Vertrag wegen der Pflichtverletzung des Schuldners unzumutbar sein (Rn 74 und 169): Dem Gläubiger wird die Bindung an die Leistungspflicht des Schuldners oder an den Vertrag in der Regel **erst dann unzumutbar, wenn er den Schuldner vergeblich abgemahnt hat**. Nur wenn die Pflichtverletzung nicht abgestellt werden kann oder so schwerwiegend ist, dass sie die sofortige Lösung rechtfertigt, darf der Gläubiger ohne weiteres zurücktreten oder Schadensersatz statt der Leistung verlangen.[67]

2. Mahnung vor Verzugsschadensersatz, § 286 Abs 1 BGB

Möchte der Schuldner am Vertrag festhalten und gem §§ 280 Abs 1, 2 BGB mit 286 nur die Schäden liquidieren, die ihm durch die **Verzögerung der Leistung** entstehen, muss er keine Nachfrist setzen, sondern den Schuldner gem **§ 286 Abs 1 BGB** nur **mahnen**, also durch einseitige, empfangsbedürftige Erklärung bestimmt und eindeutig zur Leistung auffordern: Die Mahnung warnt den Schuldner davor, dass der Gläubiger Nachteile, die ihm wegen der Leistungsverzögerung entstehen, ab jetzt auf den Schuldner abwälzen wird. Anders als mit der Nachfrist braucht der Gläubiger dem Schuldner keinen Zeitraum einzuräumen, innerhalb dessen er die Leistung doch noch erbringen kann. Eine solche letzte Chance zur Leistung benötigt der Schuldner nur, um die einschneidende Rechtsfolge der Beendigung seiner Leistungspflicht durch Rücktritt nach § 346 Abs 1 BGB oder durch Schadensersatzverlangen nach § 281 Abs 4 BGB abwenden zu können. Hingegen löst die Warnung durch Mahnung sofort mit Zugang beim Schuldner die Rechtsfolgen der § 286 mit 280 Abs 1, 2 BGB (Verzugsschadensersatz), des § 287 BGB (Haftungsverschärfung) und des § 288 BGB (Verzugszinsersatz) aus: Mehr als gewarnt zu werden, braucht der Schuldner nicht. Setzt der Gläubiger dem Schuldner nach § 281 Abs 1 BGB eine Nachfrist, liegt darin in der Regel zugleich die Mahnung des Schuldners. Wie die Nachfristsetzung ist die Mahnung keine Willenserklärung, sondern eine geschäftsähnliche Handlung, auf die die Regelungen über Willenserklärungen entsprechend anzuwenden sind (Rn 24). § 286 Abs 1 S 2 BGB stellt die Leistungsklage und die Zustellung eines Mahnbescheids der Mahnung gleich. Zur Entbehrlichkeit der Mahnung gleich Rn 36 ff.

---

[66] MNw BeckOGK/LOOSCHELDERS (15.10.2017) § 323 Rn 206 ff; SOERGEL/GSELL[13] (2005) § 323 Rn 126; ERMAN/WESTERMANN[15] (2017) § 323 Rn 16; von einem „gesetzgeberischen Missgriff ohne Anwendungsbereich" sprechen FAUST, in: HUBER/FAUST (2002) Kap 3 Rn 147; MünchKomm/ERNST[7] (2016) § 323 Rn 81.

[67] STAUDINGER/KAISER (2012) § 346 Rn 17; PALANDT/GRÜNEBERG[76] (2017) § 324 Rn 4; für eine umgekehrtes Regel-Ausnahme-Verhältnis MünchKomm/ERNST[7] (2016) § 324 Rn 9.

34 Mahnt der Gläubiger mehr an, als der Schuldner zu leisten verpflichtet ist (**Zuvielforderung**), so ist die Mahnung wirksam, wenn der Schuldner sie als Aufforderung zur Bewirkung der tatsächlich geschuldeten Leistung verstehen muss und der Gläubiger für den Schuldner erkennbar bereit ist, auch eine gegenüber seinen Vorstellungen geringere Leistung anzunehmen.[68] Das gilt sowohl für Geldforderungen[69] als auch für Gewährleistungsansprüche.[70] Ist die Mahnung unwirksam, gerät der Schuldner nicht in Verzug.

35 Nach ganz hM soll der Gläubiger für den Schuldnerverzug **Fälligstellung und Mahnung miteinander verbinden** können, dh mit derselben Erklärung die Leistung fällig stellen und diese anmahnen können (schon Rn 27 zur Nachfrist).[71] Das setzt sich ohne Begründung in **Widerspruch zum eindeutigen Wortlaut des § 286 Abs 1 BGB,** nach dem die Mahnung erst „nach" dem Eintritt der Fälligkeit erfolgen kann. Soll die Mahnung den säumigen Schuldner davor warnen, dass er ab jetzt etwaige Nachteile des Gläubigers aus der Leistungsverzögerung tragen müsse (gerade Rn 33), kommt sie zudem zu früh, wenn sie mit der Fälligstellung verbunden wird: Der Schuldner, der noch gar nicht leisten muss, kann und braucht nicht vor den Folgen der verspäteten Leistung gewarnt zu werden. Das erkennt auch die hM und fordert überwiegend, dass der Schuldner bei Verbindung von Fälligstellung und Mahnung gem § 242 BGB oder § 286 Abs 4 BGB erst nach Ablauf einer für die angemahnte Leistung erforderlichen, angemessenen Zeit in Verzug kommt.[72] Diese Einschränkung zeigt, dass die hM nicht nur dem Wortlaut des Gesetzes widerspricht, sondern zudem nicht interessengerecht ist. Es bleibt bei § 286 Abs 1 BGB: Mahnen darf der Gläubiger erst, wenn die Leistung fällig ist.

3. Entbehrlichkeit von Nachfrist und Mahnung, §§ 281 Abs 2, 286 Abs 2 und 323 Abs 2 BGB

36 Entbehrlich ist die Nachfrist nach **§ 281 Abs 2 Var 1 BGB sowie § 323 Abs 2 Nr 1 BGB,** wenn der **Schuldner die Leistung endgültig und ernsthaft verweigert**; dem entspricht § 286 Abs 2 Nr 3 BGB für die Mahnung. An die ernsthafte und endgültige Erfüllungsverweigerung hat der BGH bisher strenge Anforderungen gestellt: Der Schuldner müsse unmissverständlich und eindeutig zum Ausdruck bringen, er werde seine Vertragspflichten unter keinen Umständen erfüllen;[73] die Weigerung müsse als sein letztes

---

[68] BGH 25.6.1999 – V ZR 190/98, NJW 1999, 3115, 3116; 12.7.2006 – X ZR 157/05, NJW 2006, 3271; Staudinger/Löwisch/Feldmann (2014) § 286 Rn 37; MünchKomm/Ernst[7] (2016) § 286 Rn 51; BeckOK/Lorenz (1.11.2015) § 286 Rn 27; Erman/Hager[15] (2017) § 286 Rn 36.
[69] BGH 25.6.1999 – V ZR 190/98, NJW 1999, 3115, 3116; 12.7.2006 – X ZR 157/05, NJW 2006, 3271.
[70] BGH 5.10.2005 – X ZR 276/02, NJW 2006, 769 für Gewährleistungsansprüche im Werkvertrag.
[71] BGH 14.7.1970 – VIII ZR 12/69, WM 1970, 1141; BGH 4.7.2001 – VIII ZR 279/00 NJW 2001, 3114; BGH 12.7.2006 – X ZR 157/05, NJW 2006, 3271 (Rn 10); BGH 13.7.2010 – XI ZR 27/10, NJW 2010, 2940 [Rn 13 ff]; Brox/Walker, Allgemeines Schuldrecht[41] (2017) § 23 Rn 13; s noch die Nachweise in Fn 72; einschränkend hält dies für „Ausnahmefälle" BGH 25.10.2007 – III ZR 91/07, NJW 2008, 50 (Rn 11) mit insoweit abl Anm Gsell: erstmalige Zusendung einer Rechnung werde im Verkehr üblicherweise nicht als Mahnung verstanden; krit auch Jauernig/Stadler[16] (2015) § 286 Rn 20.
[72] BGH 14.7.1970 – VIII ZR 12/69, WM 1970, 1141; U Huber, Leistungsstörungen I (1999) § 17 III 3 S 428 f; MünchKomm/Ernst[7] (2016) § 286 Rn 53; Erman/Hager[15] (2017) § 286 Rn 34; jurisPK/Seichter[8] (2017) § 286 Rn 16; Palandt/Grüneberg[76] (2017) § 286 Rn 16; auch Staudinger/Löwisch/Feldmann (2014) § 286 Rn 44 f.
[73] BGH 1.7.2015 – VIII ZR 226/14, NJW 2015, 3455 (Rn 33 mwNw).

I. Leistungsstörungen

Wort aufzufassen sein[74]. Nicht genügen soll, dass der Verkäufer bestreitet, die Sache sei mangelhaft,[75] es sei denn, er leugnet den Mangel über Jahre hinweg hartnäckig[76]. Ebenso wenig genüge es, dass der Schuldner erklärt, er werde zum Fälligkeitszeitpunkt nicht leisten können, weil dies es gerade offen lasse, ob er innerhalb einer angemessenen Nachfrist doch noch leisten werde[77] (zum vor Fälligkeit möglichen Rücktritt nach § 323 Abs 4 BGB oben Rn 7). Hinter diesem strengen Maßstab bleibt **Art 18 Abs 2 Unterabs 2** der vollharmonisierenden Verbraucherrechterichtlinie **(VRRL) 2011/83/EU** zurück und verlangt keine ernsthafte und endgültige Weigerung des Schuldners, sondern lässt es genügen, dass „sich der Unternehmer geweigert hat", auch Erwägungsgrund 52 spricht nur von einer „unmissverständlichen Erklärung".[78] Jedenfalls im Anwendungsbereich der VRRL 2011/83/EU, also bei Verbrauchsgüterkaufverträgen iS des § 474 Abs 1 BGB, dürfen die Anforderungen an die Weigerung von Unternehmern daher künftig nicht überzogen werden.[79]

Nach § 281 Abs 2 Var 2 BGB und § 323 Abs 2 Nr 3 BGB können **besondere Gründe unter Abwägung der beiderseitigen Interessen** den Verzicht auf die Nachfrist rechtfertigen; dem entspricht § 286 Abs 2 Nr 4 BGB für die Mahnung. Seit dem 14.6.2014 erlaubt § 323 Abs 2 Nr 3 BGB den Rücktritt ohne vorherige Nachfristsetzung aber nur noch für die **mangelhafte Leistung**, etwa wenn der Zustand des gekauften Hundewelpen eine unverzügliche tierärztliche Behandlung als Notmaßnahme erforderlich macht[80] oder wenn der Verkäufer dem Käufer einen Mangel bei Abschluss des Kaufvertrages arglistig verschwiegen hat[81]; vielfach kann dem Käufer hier schon über § 440 S 1 BGB geholfen werden (Rn 43).[82] Während § 281 Abs 2 Var 2 BGB und § 286 Abs 2 Nr 4 BGB für die Schadensersatzansprüche aus § 280 Abs 1, 3 BGB mit § 281 BGB und aus § 280 Abs 1, 2 mit § 286 BGB vom Nachfristerfordernis auch bzw gerade für **Leistungsverzögerungen** absehen, ist § 323 Abs 2 Nr 3 BGB seit dem 13.6.2014 auf diese **nicht mehr anwendbar**;[83] das setzt Art 18 Abs 2 der vollharmonisierenden VRRL 2011/83/EU auch für Nicht-Verbrauchsgüterkaufverträge und damit überschießend um. In den

---

[74] BGH 18.3.2016 – V ZR 89/15, NJW 2016, 3235 (Rn 37 mwNw).
[75] BGH 21.12.2005 – VIII ZR 49/05, NJW 2006, 1195; BGH 13.7.2011 – VIII ZR 215/10, NJW 2011, 3435 (Rn 24 ff); BGH 1.7.2015 – VIII ZR 226/14, NJW 2015, 3455 (Rn 33); NomosKomm/DAUNER-LIEB[3] (2016) § 281 Rn 38; BeckOK/SCHMIDT (15.6.2017) § 323 Rn 21a; jurisPK/BECKMANN[8] (2017) § 323 Rn 37; MünchKomm/ERNST[7] (2016) § 323 Rn 102; ERMAN/WESTERMANN[15] (2017) § 323 Rn 18 (s aber § 281 Rn 16); krit SCHULTE-NÖLKE ZGS 2011, 385; s aber BGH 25.6.2015 – VII ZR 220/14, BauR 2015, 1664 (Rn 48).
[76] OLG Koblenz 27.4.2004 – 3 U 625/03, BauR 2005, 154 (LS – zu einem Werkvertrag); jurisPK/BECKMANN[8] (2017) § 323 Rn 37.
[77] BGH 14.6.2012 – VII ZR 148/10, BGHZ 193, 315 (Rn 22); PALANDT/GRÜNEBERG[76] (2017) § 281 Rn 14; jurisPK/SEICHTER[8] (2017) § 281 Rn 33; MünchKomm/ERNST[7] (2016) § 323 Rn 101; abw SOERGEL/GSELL[13] (2005) § 323 Rn 97.

[78] Für deckungsgleich halten dies **aber** SCHMITT VuR 2014, 90, 96; BASSLER/BÜCHLER AcP 214 (2014) 889, 895 ff; BeckOK/SCHMIDT (15.6. 2013) § 323 Rn 21, 21.1.
[79] RIEHM NJW 2014, 2065, 2066; NomosKomm/DAUNER-LIEB/DUBOVITSKAYA[3] (2016) § 323 Rn 25; PALANDT/GRÜNEBERG[76] (2017) § 323 Rn 22; auch JAUERNIG/STADLER[16] (2015) § 323 Rn 11; **abw** BASSLER/BÜCHLER AcP 214 (2014), 889, 895 ff, 903; jurisPK/BECKMANN[8] (2017) § 323 Rn 36; BeckOK/SCHMIDT (15.6.2013) § 323 Rn 21a.
[80] BGH 22.6.2005 – VIII ZR 1/05, NJW 2005, 3211, 3212.
[81] BGH 8.12.2006 – V ZR 249/05, NJW 2007, 835, 837; BGH 9.1.2008 – VIII ZR 210/06, NJW 2008, 1371 (Rn 19 f); BGH 20.5.2009 – VIII ZR 247/06, NJW 2009, 2532 (Rn 17).
[82] MünchKomm/ERNST[7] (2016) § 323 Rn 125; ERMAN/WESTERMANN[15] (2017) § 323 Rn 20a; s auch BASSLER/BÜCHLER AcP 214 (2014) 889, 907.
[83] Gesetz v 20.9.2013, BGBl I, 3642, 3648.

Fällen, die bisher unter § 323 Abs 2 Nr 3 BGB subsumiert wurden, weil das Erfüllungsinteresse des Gläubigers in besonderem Maße zeitabhängig ist, etwa just-in-time-Verträge sowie den Kauf von Saisonware[84] (Fassadenweihnachtsmännern) oder den Klempnerauftrag zur Beseitigung eines Wasserrohrbruchs[85], bleibt ein Rücktritt ohne vorherige Nachfristsetzung weiterhin möglich: gem § 323 Abs 2 Nr 2 BGB, indem man diese Verträge als relative Fixgeschäfte einordnet (Rn 38). Ausnahmsweise kann die Nachfristsetzung gem § 242 BGB entbehrlich sein[86] (wegen des europarechtlichen Grundsatzes von Treu und Glauben auch im Anwendungsbereich der VRRL 2011/83/EU[87]), etwa dann, wenn der Schuldner arglistig seine Erfüllungsbereitschaft vorspiegelt oder eine Nachfristsetzung des Gläubigers treuwidrig dadurch verhindert, dass er wahrheitswidrig mitteilt, er habe die Kaufsache einem Spediteur übergeben[88]; teilweise wird für diese Fälle auch ein Recht zum sofortigen Rücktritt gem § 324 (Rn 74) BGB erwogen[89]. Eine Frage des Einzelfalls ist es, ob der Gläubiger wegen § 242 BGB auch dann sofort zurücktreten kann, wenn feststeht, der Schuldner würde eine Nachfrist ohnehin nicht einhalten[90]; unproblematisch ist dies wegen § 323 Abs 4 BGB nur für den Rücktritt vor Fälligkeit.[91] Weder § 242 BGB[92] noch § 323 Abs 2 Nr 2 BGB[93] erlauben den Rücktritt ohne Nachfristsetzung, wenn die Leistung zwar eilbedürftig ist, die Vertragspartner aber keine bestimmte Leistungszeit vereinbart haben, sich etwa jemand verpflichtet, den Gehsteig vor dem Haus des Eigentümers im Winter von Schnee- und Eisglätte freizuhalten,[94] oder wenn für den Schuldner das besondere Interesse des Gläubigers an der zeitgerechten Vertragserfüllung bei Vertragsschluss nicht erkennbar war[95] (noch gleich Rn 38 zu § 323 Abs 2 Nr 2 BGB). Die verbliebenen Schutzlücken können auch außerhalb des Anwendungsbereichs der VRRL nicht dadurch geschlossen werden, dass man § 281 Abs 2 Var 2 BGB analog anwendet[96] oder indem man das sofortige Rücktrittsrecht auch nach Fälligkeit auf § 323 Abs 4 BGB stützt[97].

---

[84] SCHMITT VuR 2014, 90, 9 f; RIEHM NJW 2014, 2065, 2067 f; BASSLER/BÜCHLER AcP 214 (2014) 889, 910 ff; MünchKomm/ERNST[7] (2016) § 323 Rn 118; PALANDT/GRÜNEBERG[76] (2017) § 323 Rn 20; BeckOK/SCHMIDT (15.6.2013) § 323 Rn 29; für just-in-time-Abreden WEISS NJW 2014, 1212, 1214; **abw** für Saisongeschäfte ERMAN/WESTERMANN[15] (2017) § 323 Rn 20a, 21.
[85] SCHMITT VuR 2014, 90, 94f; wohl RIEHM NJW 2014, 2065, 2067 f. Beispiel nach RegE BT-Drucks 14/6040, 146 zu § 286 Abs 2 Nr 4.
[86] RegE BT-Drucks 17/12637, 59.
[87] SCHMITT VuR 2014, 90, 96; RIEHM NJW 2014, 2065, 2069; BASSLER/BÜCHLER AcP 214 (2014) 889, 920; **abw** PALANDT/GRÜNEBERG[76] (2017) § 323 Rn 22; auch WEISS NJW 2014, 1212, 1215.
[88] S auch SCHMITT VuR 2014, 90, 96; RIEHM NJW 2014, 2065, 2069.
[89] WEISS NJW 2014, 1212, 1215; BASSLER/BÜCHLER AcP 214 (2014) 889, 905 ff und 916; auch SCHMITT VuR 2014, 90, 96; RIEHM NJW 2014, 2065, 2069 Fn 38; SOERGEL/GSELL[13] (2005) § 324 Rn 3; **abl** STAUDINGER/SCHWARZE (2015) § 324 Rn 50 f.
[90] Für § 323 Abs 2 Nr 3 BGH 14.6.2012 – VII ZR 148/10, BGHZ 193, 315 (Rn 26); BGH 6.6.2013 – VII ZR 355/12, NJW 2013, 3022 (Rn 26).
[91] BGH 14.6.2012 – VII ZR 148/10, BGHZ 193, 315 (Rn 17); SCHMITT VuR 2014, 90, 96 f; BASSLER/BÜCHLER AcP 214 (2014) 889, 915 ff; außerhalb des Anwendungsbereichs der VRRL auch WEISS NJW 2014, 1212, 1214 f.
[92] Weiter wohl SCHMITT VuR 2014, 90, 95 f; RIEHM NJW 2014, 2065, 2068 f.
[93] SCHMITT VuR 2014, 90, 94 ff; RIEHM NJW 2014, 2065, 2068 f.
[94] Für § 323 Abs 2 Nr 3 BGH 6.6.2013 – VII ZR 355/12, NJW 2013, 3022 (Rn 19).
[95] Zu dieser Ausnahme von § 326 Abs 2 BGB aF, die Vorbild für § 323 Abs 2 Nr 3 war (RegE BT-Drucks 14/6040, 186), etwa RG 7.2.1919 – II 255/18, RGZ 94, 326, 327; BGH 25.2.1971 – VII ZR 102, 69, NJW 1971, 798.
[96] BASSLER/BÜCHLER AcP 214 (2014) 889, 921 f; PALANDT/GRÜNEBERG[76] (2017) § 323 Rn 22; **so aber** RIEHM NJW 2014, 2065, 2068 ff; über den Umweg des § 242 auch MünchKomm/ERNST[7] (2016) § 323 Rn 126; ERMAN/WESTERMANN[15] (2017) § 323 Rn 17.
[97] Allg abl BGH 14.6.2012 – VII ZR 148/10, BGHZ 193, 315 (Rn 17); **so aber** WEISS NJW

Für den **Rücktritt** macht § 323 Abs 2 Nr 2 BGB die Nachfrist zudem beim so genannten **38 relativen Fixgeschäft** entbehrlich. Auch § 323 Abs 2 Nr 2 BGB ist zum 13.6.2014 durch das Gesetz zur Umsetzung der Verbraucherrechterichtlinie (Rn 36) neu gefasst worden. Entgegen der Gesetzesbegründung wurde § 323 Abs 2 Nr 2 BGB nicht lediglich an die Terminologie des Art 18 Abs 2 Unterabs 2 VRRL angepasst,[98] sondern knüpft § 323 Abs 2 Nr 2 BGB seither an geringere Voraussetzungen an:[99] Während bisher nicht nur der Leistungszeitpunkt oder die Leistungsfrist (dazu Rn 39) vertraglich vereinbart werden mussten, sondern auch das besondere Interesse des Gläubigers an der rechtzeitigen Leistung (§ 323 Abs 2 Nr 3 BGB aF: „im Vertrag"), genügt seit dem 13.6. 2014 eine einseitige Mitteilung des Gläubigers an den Schuldner vor Vertragsschluss, die termin- oder fristgerechte Leistung sei für ihn wesentlich; ebenso reicht es aus, dass die Termingebundenheit aus anderen den Vertragsschluss begleitenden Umständen ersichtlich ist. Weiß der Schuldner, welche Bedeutung die Leistungszeit für den Gläubiger hat und schließt er den Vertrag gleichwohl, so wird die Termingebundenheit dadurch konkludent zum Vertragsinhalt; für den Regelfall ändert sich damit tatsächlich nichts.[100] Auf ein relatives Fixgeschäft deuten die mit einer Zeitangabe verbundenen Vertragsklauseln „genau", „prompt" oder „fix"; Fixgeschäfte sind auch just-in-time-Verträge und Verträge über Saisonartikel (Rn 37). **Für den Schadensersatzanspruch statt der Leistung fehlt** eine Entsprechung zu § 323 Abs 2 Nr 2 BGB. Das ist konsequent: Dem besonderen Interesse des Gläubigers an der rechtzeitigen Leistung ist genügt, wenn er sich bei Verzögerungen durch sofortigen Rücktritt vom Vertrag lösen und sich so mit einer Ersatzleistung eindecken kann. Hingegen soll der Gläubiger den den Schuldner weitaus stärker belastenden Schadensersatz statt der Leistung erst dann verlangen können, wenn er dem Schuldner mit einer Nachfrist eine letzte Chance eingeräumt hat, die Leistung doch noch zu erbringen.[101] Bei nicht nur subjektiv, sondern objektiv fristgebundenen Geschäften kann der Gläubiger aber unter den Voraussetzungen des § 281 Abs 2 Var 2 BGB ausnahmsweise Schadensersatz ohne vorherige Nachfristsetzung verlangen (Rn 37)[102] und ebenso Verzugsschadensersatz nach § 280 Abs 1, 2 BGB mit § 286 BGB gem § 286 Abs 2 Nr 4 BGB ohne vorherige Mahnung[103]; bei einem Fixhandelskauf räumt § 376 Abs 1 HGB[104] dem Gläubiger so-

---

2014, 1212, 1214 f (aber abl im Anwendungsbereich der VRRL); BASSLER/BÜCHLER AcP 214 (2014) 889, 917 ff.
[98] So aber BT-Drucks 17/12637 S 58 f; jurisPK/BECKMANN[8] (2017) § 323 Rn 41 f; auch Beck-OK/SCHMIDT (15.6.2013) § 323 Rn 2; allenfalls marginale Unterschiede sehen BASSLER/BÜCHLER AcP 214 (2014) 889, 899.
[99] R SCHMITT VuR 2014, 90, 93; WEISS NJW 2014, 1212, 1214; RIEHM NJW 2014, 2065, 2068; MünchKomm/ERNST[7] (2016) § 323 Rn 118; NomosKomm/DAUNER-LIEB/DUBOVITSKAYA[3] (2016) § 323 Rn 26a; ohne Begründung **abw** am Erfordernis der vertraglichen Fixabrede festhaltend ERMAN/WESTERMANN[15] (2017) § 323 Rn 18.
[100] R SCHMITT VuR 2014, 90, 93; BASSLER/BÜCHLER AcP 214 (2014) 889, 898; NomosKomm/DAUNER-LIEB/DUBOVITSKAYA[3] (2016) § 323 Rn 26a.
[101] BASSLER/BÜCHLER AcP 214 (2014) 889, 921;

PALANDT/GRÜNEBERG[76] (2017) § 281 Rn 15; jurisPK/SEICHTER[8] (2017) § 281 Rn 39; JAUERNIG/STADLER[16] (2015) § 281 Rn 10; **abw** für einen Gleichlauf von § 323 Abs 2 Nr 2 und § 281 Abs 2 Var 2 JAENSCH NJW 2003, 3613, 3614 f; SOERGEL/GSELL[13] (2005) § 323 Rn 110; auch NomosKomm/DAUNER-LIEB[3] (2016) § 281 Rn 42; MünchKomm/ERNST[7] (2016) § 323 Rn 122 (s aber § 281 Rn 62).
[102] RIEHM NJW 2014, 2065, 2068; MünchKomm/ERNST[7] (2016) § 323 Rn 122 (aber § 281 Abs 2 Alt 2 abl in § 281 Rn 62); STAUDINGER/SCHWARZE (2014) § 281 Rn B 113 f.
[103] BGH 22.1.1959 – II ZR 321/56, NJW 1959, 933; BGH 4.7.1963 – II ZR 174/61, NJW 1963, 1823; MünchKomm/ERNST[7] (2016) § 286 Rn 67; STAUDINGER/LÖWISCH/FELDMANN (2014) § 286 Rn 89.
[104] § 376 HGB ist gem § 345 HGB auf einseitige Handelsgeschäfte und damit auch auf Verbrauchsgüterkaufverträge anwendbar. Im An-

wohl ein Rücktrittsrecht als auch einen Anspruch auf Schadensersatz wegen Nichterfüllung (statt der Leistung) ohne vorherige Nachfristsetzung ein. Im praktischen Ergebnis wird es damit trotz Unanwendbarkeit des § 323 Abs 2 Nr 2 BGB auf den Schadensersatzanspruch häufig doch zu einem Gleichlauf mit dem Rücktrittsrecht kommen.

39 Für die bloße Warnung des Schuldners durch **Mahnung** enthalten § 286 Abs 2 Nr 1 und Nr 2 BGB weitere Sonderregelungen: Haben die Vertragspartner die Leistungszeit nach dem Kalender bestimmt („am 1. 6.", „eine Woche vor Heiligabend" oder „im April", also spätestens am 30. 4.), ist die Mahnung **gem § 286 Abs 2 Nr 1 BGB entbehrlich** („dies interpellat pro homine"); der Verzug beginnt mit Ablauf des Tages, an dem die Leistung zu erbringen war. Hingegen genügt es nicht, wenn der Gläubiger die Zeit für die Leistung einseitig festlegt – es sei denn, er ist nach § 315 BGB zur Leistungsbestimmung berechtigt.[105] **§ 286 Abs 2 Nr 2 BGB** befreit den Gläubiger vom Mahnungserfordernis, wenn die Vertragspartner vereinbart haben, dass die Leistung aufgrund eines Ereignisses fällig wird und sich die Leistungszeit ab diesem Ereignis nach dem Kalender berechnen lässt (etwa „Lieferung zwei Tage nach Abruf der Kaufsache" oder „Bezahlung binnen sieben Tagen nach Lieferung/nach Erhalt der Rechnung"): Die Nichtleistung oder Nichtzahlung innerhalb der vereinbarten Frist begründet den Schuldnerverzug des Verkäufers oder des Käufers mit Ablauf des letzten Tags der Frist. Weil das Ereignis der Leistung „vorausgehen" und weil eine „angemessene" Frist festgelegt sein muss, genügt die Abrede „Zahlung sofort nach Lieferung" nicht, um die Mahnung entbehrlich zu machen (zur abw Rspr des BGH zur Nachfrist Rn 26). Da die Frist kalendermäßig berechenbar sein muss und der Tag die kleinste Kalendereinheit ist, können bloße Stundenfristen nicht gesetzt werden. § 286 Abs 2 Nr 2 BGB ist **aber europarechtswidrig**[106], **soweit die Zahlungsverzugs-RL 2011/7/EG**[107] **reicht**, also für Geschäftsvorgänge zwischen Unternehmen oder zwischen Unternehmen und öffentlichen Stellen: Art 3 Abs 3 lit a ZVRL lässt für Entgeltforderungen einen „vertraglich festgelegten Zahlungstermin" oder das „vertraglich festgelegte Ende der Zahlungsfrist" als Beginn des Schuldnerverzugs genügen und verlangt weder einen „nach dem Kalender" bestimmten oder bestimmbaren Leistungszeitpunkt noch eine „angemessene" Zahlungsfrist. Nach der ZVRL ist damit sowohl eine Stundenfrist möglich als auch die Vereinbarung „Zahlung bei Lieferung" und kann ein Ereignis wie die Rechnungsstellung je nach Vereinbarung sofort den Zahlungsverzug auslösen – das ist gläubigerfreundlicher und schuldnerfeindlicher als das deutsche Recht.

---

wendungsbereich der VRRL ist § 376 HGB daher entsprechend § 323 Abs 2 Nr 2 weit auszulegen; BASSLER/BÜCHLER AcP 214 (2014) 889, 899 ff sehen praktisch keinen Anpassungsbedarf.
[105] BGH 25.10.2007 – III ZR 91/07, BGHZ 174, 77 (Rn 7 f) mwNw.
[106] GSELL ZIP 2000, 1861, 1868; KRAUSE Jura 2002, 217, 219 mwNw; NomosKomm/SCHULTE-NÖLKE[3] (2016) § 286 Rn 34 ff; MünchKomm/ERNST[7] (2016) § 286 Rn 58; **aA** HEINRICHS BB 2001, 157, 158 f; OEPEN ZGS 2002, 349, 352; STAUDINGER/LÖWISCH/FELDMANN (2014) § 286 Rn 83 f; PALANDT/GRÜNEBERG[76] (2017) § 286 Rn 23.
[107] Die RL 2011/7/EG hat zum 16.3.2013 die Zahlungsverzugs-RL 2000/35/EG ersetzt, ohne sachlich etwas zu ändern.

I. Leistungsstörungen

Entbehrlichkeit der Nachfrist/Mahnung

Bei **Entgeltforderungen**, also bei auf Geld gerichteten, nicht zwingend synallagmatischen[108] Gegenleistungspflichten für die Lieferung von Gütern oder die Erbringung von Dienstleistungen,[109] braucht der Geldgläubiger den Schuldner, wenn er diesem eine **Rechnung gestellt** hat, **nicht zusätzlich zu mahnen** (zu Besonderheiten bei Verzugszinsersatz gem § 288 Abs 2, 5 und 6 BGB s Rn 183): Der Schuldner kommt gem **§ 286 Abs 3 S 1 BGB** schon dann in Verzug, wenn er nicht innerhalb von 30 Tagen seit Fälligkeit und Zugang einer Rechnung oder einer „gleichwertigen Zahlungsaufstellung" zahlt. Die Berechnung der Frist richtet sich nach §§ 186 bis 193 BGB;[110] sie endet mit Ablauf des 30. Tages,[111] so dass der Zahlungsschuldner am 31. Tag nach Rechnungsstellung in Verzug gerät.[112] Ist der Schuldner ein Verbraucher iS des § 13 BGB, so muss er in der Rechnung oder Zahlungsaufstellung auf die Folgen des § 286 Abs 3 S 1 BGB besonders hingewiesen werden, § 286 Abs 3 S 1 HS 2 BGB. Anders als die Mahnung (Rn 35) setzt die Rechnung die Frist des § 286 Abs 3 BGB auch dann in Lauf, wenn sie dem Gläubiger vor Fälligkeit der Entgeltforderung zugeht (allerdings beginnt der Fristlauf erst mit Fälligkeit), und anders als die Mahnung (Rn 33) begründet sie den Verzug nicht sofort mit Zugang, sondern erst mit Ablauf der 30-Tagesfrist. Mit dem Wort „spätestens" lässt § 286 Abs 3 S 1 BGB die Möglichkeit unberührt, den Schuldnerverzug schon vorher durch Mahnung oder durch Vereinbarung eines zeitlich früheren Zahlungszeitpunkts beginnen zu lassen. Die erstmalige Zusendung einer Rechnung mit der „Bitte" um Zahlung bis zu einem bestimmten Termin ist keine befristete Mahnung, sondern legt lediglich das Zahlungsziel kalendermäßig fest.[113] Ist der Verzug

40

---

[108] BGH 16.6.2010 – VIII ZR 259/09, NJW 2010, 3226 (Rn 13); BGH 17.7.2013 – VIII ZR 334/12, NJW 2014, 1171 (Rn 13); BeckOK/Lorenz (1.11.2015) § 286 Rn 39; NomosKomm/Schulte-Nölke[3] (2016) § 286 Rn 47; Soergel/Benicke/Nalbantis[13] (2014) § 286 Rn 114; MünchKomm/Ernst[7] (2016) § 286 Rn 76.

[109] BeckOK/Lorenz (1.11.2015) § 286 Rn 39 f; MünchKomm/Ernst[7] (2016) § 286 Rn 76 ff; zu § 288 Abs 2 BGH 21.4.2010 – XII ZR 10/08, NJW 2010, 1872 (Rn 23); BGH 16.6.2010 – VIII ZR 259/09, NJW 2010, 3226 (Rn 12 f); BGH 17.7.2013 – VIII ZR 334/12, NJW 2014, 1171 (Rn 13).

[110] BGH 1.2.2007 – III ZR 159/06, NJW 2007, 1581 (Rn 24).

[111] Statt aller Staudinger/Löwisch/Feldmann (2014) § 286 Rn 109.

[112] Krause Jura 2002, 217, 220.

[113] BGH 25.10.2007 – III ZR 91/07, BGHZ 174, 77 (Rn 10 f); OLG Saarbrücken 17.4.2013 – 1 U 398/11-17, 1 U 398/11, NJW-RR 2013, 852; OLG Hamm 9.8.2017 – 31 W 10/17, juris (Rn 20); abw 12.7.2006 – X ZR 157/05, NJW 2006, 3271 (Rn 10), wenn der Gläubiger den Schuldner auffordert, die Rechnung bis zu diesem Zeitpunkt zu begleichen.

bereits nach § 286 Abs 2 BGB eingetreten (Rn 36), so ist § 286 Abs 3 BGB ohne Bedeutung.

41 Bei einer **Entgeltforderung** (Rn 40) kommt der Schuldner (wenn er nicht Verbraucher iS des § 13 BGB ist) nach **§ 286 Abs 3 S 2 BGB** auch dann **ohne Mahnung in Verzug**, wenn der **Zeitpunkt des Zugangs der Rechnung unsicher** ist, und zwar spätestens 30 Tage nach Empfang der Gegenleistung (etwa des Kühlschranks) und nach Fälligkeit der Entgeltforderung (die nach der Zweifelsregel des § 271 Abs 1 BGB sofort mit Lieferung eintritt), also wie gem § 286 Abs 3 S 1 BGB am 31. Tag (Rn 40); der Empfang der Gegenleistung tritt an die Stelle des Zugangs der Rechnung. § 286 Abs 3 S 2 BGB trifft eine Regelung nur für die Unsicherheit über den Zeitpunkt des Rechnungszugangs. Deswegen muss feststehen, dass die Rechnung dem Zahlungsschuldner überhaupt zugegangen ist.[114] Zwar bleibt § 286 Abs 3 S 2 BGB damit weitgehend wirkungslos, da der Schuldner häufig behaupten wird, die Rechnung nie erhalten zu haben. Eine teleologische Erweiterung der Norm dahin, dass der Schuldner nicht nur dann in Zahlungsverzug gerät, wenn der Zeitpunkt des Rechnungserhalts zweifelhaft ist, sondern auch dann, wenn unklar ist, ob er überhaupt eine Rechnung erhalten hat,[115] ist aber nicht möglich: Der Schuldner, der die Rechnung nie erhalten hat, weiß weder in welcher Höhe noch bis wann er zahlen muss; es ist nicht gerechtfertigt, ihn mit den Verzugsfolgen zu belasten. Nach § 286 Abs 3 S 2 BGB beginnt die 30-Tagesfrist zu laufen, nachdem der Käufer die Gegenleistung, also etwa den gekauften Kühlschrank, erhalten hat (bei Erhalt am 20. 5. geriete der Käufer am 20. 6. in Verzug). Das ist misslich, wenn feststeht, dass der Käufer die Rechnung tatsächlich später als die Lieferung erhalten hat (etwa im Juni), und lediglich der genaue Tag des Rechnungszugangs unklar ist (Zugang am 2. 6. oder 3. 6.). Auch nach dem Schutzzweck der ZVRL 2011/7/EU (Art 3 Abs 3 lit b [ii]) soll § 286 Abs 3 S 2 BGB die Fristauslösung durch Rechnungszugang aber nicht verdrängen: Die 30-Tagesfrist beginnt in keinem Fall vor dem vom Zahlungsgläubiger (Verkäufer) behaupteten Zugang der Rechnung (etwa am 1. 6.).[116]

42 **Keiner Nachfrist oder Mahnung** bedarf es, wenn die Leistung dem Schuldner iS des **§ 275 Abs 1 BGB unmöglich** geworden, der Leistungsanspruch also untergegangen ist: Steht fest, dass der Schuldner nicht leisten kann, geht eine Nachfrist ins Leere. Ebenso ist bei Lieferung einer mangelhaften Sache eine Nachfrist entbehrlich, **soweit der Sachmangel nicht behoben werden kann** (schon Rn 5). Insoweit ist zu unterscheiden: Ist etwa die bestellte Waschmaschine irreparabel mangelhaft, macht das zwar die Nach-

---

[114] So RegE BT-Drucks 14/6040, 147; OLG Brandenburg 26.11.2009 – 12 U 2/09, juris (Rn 20); KRAUSE Jura 2002, 217, 221 f; OEPEN ZGS 2002, 349, 351; LOOSCHELDERS, SR AT[15] (2017) Rn 567; JAUERNIG/STADLER[16] (2015) § 286 Rn 34; jurisPK/SEICHTER[8] (2017) § 286 Rn 37; SOERGEL/BENICKE/NALBANTIS[13] (2014) § 286 Rn 144; MünchKomm/ERNST[7] (2016) § 286 Rn 90; STAUDINGER/LÖWISCH/FELDMANN (2014) § 286 Rn 114.

[115] So FAUST, in: HUBER/FAUST (2002) Kap 3 Rn 70 f; NomosKomm/SCHULTE-NÖLKE[3] (2016) § 286 Rn 72; Hk-BGB/SCHULZE[9] (2017) § 286 Rn 24; siehe auch Rechtsausschuss BT-Drucks 14/7052, 187.

[116] Rechtsausschuss BT-Drucks. 14/7052, 187; FAUST, in: HUBER/FAUST (2002) Kap 3 Rn 72; jurisPK/SEICHTER[8] (2017) § 286 Rn 37; MünchKomm/ERNST[7] (2016) § 286 Rn 91; SOERGEL/BENICKE/NALBANTIS[13] (2014) § 286 Rn 145 ff; STAUDINGER/LÖWISCH/FELDMANN (2014) § 286 Rn 113; JAUERNIG/STADLER[16] (2015) § 286 Rn 34; auch NomosKomm/SCHULTE-NÖLKE[3] (2016) § 286 Rn 73 mwNw. Als berichtigende Auslegung bezeichnet von Erman/HAGER[15] (2017) § 286 Rn 54; PALANDT/GRÜNEBERG[76] (2017) § 286 Rn 30.

I. Leistungsstörungen

besserung unmöglich, nicht aber die Nachlieferung einer anderen, einwandfreien Waschmaschine; der Nacherfüllungsanspruch des Käufers und die darauf gerichtete Nachfrist beschränken sich in diesem Fall auf die noch mögliche Nachlieferung.[117] Nur wenn sowohl Nachbesserung als auch Nachlieferung unmöglich sind, etwa bei einem Stückkauf über eine gebrauchte Waschmaschine[118], entfällt die Obliegenheit des Käufers zur Nachfristsetzung insgesamt. Besteht für den Verkäufer ein Leistungsverweigerungsrecht nach **§ 275 Abs 2 BGB,** braucht der Käufer, der mindern, vom Vertrag zurücktreten oder Schadensersatz verlangen möchte, dem Verkäufer zwar keine Nachfrist zu setzen; ein Rücktrittsrecht nach § 326 Abs 5 BGB besteht aber nur dann, wenn sich der Verkäufer auf sein Leistungsverweigerungsrecht beruft; dies wird er in der Regel erst tun (können), nachdem ihn der Käufer zumindest zur Nacherfüllung aufgefordert hat.[119]

Das **Kaufrecht** macht **weitere Ausnahmen** vom Vorrang der Nacherfüllung: Ist die dem Käufer zustehende, also die von ihm gewählte (Rn 49 f) Variante der Nacherfüllung (Nachbesserung oder Nachlieferung) fehlgeschlagen, so kann der Käufer nach **§ 440 S 1 Alt 2 BGB** ohne Fristsetzung die übrigen Rechtsbehelfe aus § 437 BGB geltend machen; das Gleiche gilt nach § 440 S 1 Alt 3 BGB, wenn dem Käufer die ihm noch zustehende Art der Nacherfüllung unzumutbar ist.[120] Dass die Nachbesserung fehlgeschlagen ist, vermutet § 440 S 2 BGB nach dem erfolglosen zweiten Nachbesserungsversuch des Verkäufers. Hat der Käufer die Sache wieder an sich genommen, ist er analog § 363 BGB beweisverpflichtet dafür, dass der Mangel trotz der Nachbesserungsversuche des Verkäufers weiter vorhanden ist; dafür genügt es in der Regel nachzuweisen, dass das gerügte Mangelsymptom weiterhin auftritt und es ausgeschlossen ist, das erneute Auftreten auf eine unsachgemäße Behandlung der Kaufsache durch den Käufer nach erneuter Übernahme zurückzuführen.[121] Der Verkäufer kann die vom Käufer gewählte Art der Nacherfüllung **nach § 439 Abs 4 BGB** (bis 31.12.2017: § 439 Abs 3) auch dann verweigern, wenn diese unverhältnismäßig teuer ist: entweder im Vergleich zur anderen Art der Nacherfüllung (sog relative Unverhältnismäßigkeit) oder schon für sich (sog absolute Unverhältnismäßigkeit).[122] Für den **Verbrauchsgüterkauf (§ 474 Abs 1 BGB)** schließt aber Art 3 Abs 3 Unterabs 1 der VerbrGKRL 1999/44/EG die Berufung auf die absolute Unverhältnismäßigkeit aus[123]; dies ist seit 1.1.2008 in **§ 475 Abs 4 S 1 BGB**[124] geregelt und hatte der BGH zuvor durch eine europarechtskonforme Rechtsfortbildung des § 439 Abs 3 BGB aF erreicht[125]: Der Verkäufer darf die Nachbesserung oder die Ersatzlieferung nur dann verweigern, wenn sie unmöglich

---

[117] BeckOK/Faust[28] (15.6.2017) § 440 Rn 11; MünchKomm/Westermann[7] (2016) § 440 Rn 6; Jauernig/Berger[16] (2015) § 439 Rn 22.
[118] Vgl OLG Celle 7.4.2014 – 20 U 29/13, MDR 2014, 765 zum Kauf eines Therapiepferdes für Kinder.
[119] BGH 19.12.2012 – VIII ZR 96/12, NJW 2013, 1074 (Rn 28) zum Rücktritt nach § 326 Abs 5.
[120] Beispiel in BGH 23.1.2013 – VIII ZR 140/12, NJW 2013, 1523 (Rn 24 ff, „Montagsauto"); BGH 26.10.2016 – VIII ZR 240/15, NJW 2017, 153 (Rn 19, „hängende Kupplung"). Zu den Ausnahmen vom Vorrang der Nacherfüllung näher Beckmann, in: Staudinger/Eckpfeiler N. Rn 150 ff.

[121] BGH 11.2.2009 – VIII ZR 274/07, NJW 2009, 1341 (Rn 15 ff); BGH 9.3.2011 – VIII ZR 266/09, NJW 2011, 1664 (Rn 11 ff).
[122] BGH 14.1.2009 – VIII ZR 70/08, NJW 2009, 1660 (Bodenfliesen, Rn 14).
[123] EuGH 16.6.2011 – C-65/09, C-87/09, NJW 2011, 2269 (*Putz v Weber* Rn 71); schon vorher hM, statt aller Leible, in: Gebauer/Wiedmann[2] (2010) Kap 10 Rn 89.
[124] Dazu RegE BT-Drucks 14/8486, 43; näher Beckmann, in: Staudinger/Eckpfeiler N. Rn 132 ff.
[125] BGH 21.12.2011 – VIII ZR 70/08, BGHZ 192, 148 (Bodenfliesen, Rn 28 ff); **gegen** die Möglichkeit einer richtlinienkonformen Rechtsfortbildung Kaiser JZ 2011, 978, 986.

oder wenn sie im Verhältnis zur anderen Nacherfüllungsvariante unverhältnismäßig teuer ist; er darf die einzig mögliche Art der Abhilfe nicht wegen absoluter Unverhältnismäßigkeit ablehnen. Verweigert der Verkäufer bei Nichtverbrauchsgüterkaufverträgen beide Formen der Nacherfüllung berechtigterweise nach § 439 Abs 4 BGB (oder – auch bei Verbrauchsgüterkaufverträgen – nach § 275 Abs 2 und 3 BGB[126] [dazu Rn 85 ff]), so kann der Käufer nach § 440 S 1 Alt 1 BGB seine Rechtsbehelfe aus § 437 BGB sofort geltend machen, ohne eine Nachfrist setzen zu müssen.

44 Um die Pflichtverletzung **zu beenden**, genügt es, wenn der Schuldner innerhalb der ihm gesetzten Nachfrist die vertraglich geschuldete **Leistungshandlung** vornimmt; nicht erforderlich ist, dass der Leistungserfolg innerhalb der Nachfrist eintritt:[127] Der Schuldner, der alles tut, was nach dem Vertrag zur Erfüllung erforderlich ist, verhält sich nicht mehr pflichtwidrig. Den Eintritt des Leistungserfolges verlangt das Gesetz nur für die Erfüllung iS des § 362 Abs 1 BGB. Übergibt etwa der Verkäufer den zu liefernden Kühlschrank innerhalb der Nachfrist einem Spediteur, darf der Käufer auch dann nicht vom Kaufvertrag zurücktreten, wenn der Kühlschrank nicht innerhalb der Nachfrist bei ihm ankommt.

45 Nach hM ist die **Geldschuld** wegen §§ 269 Abs 1, 270 Abs 4 BGB eine **„qualifizierte Schickschuld"**: Ort der Leistungshandlung (Erfüllungsort) ist der Sitz des Käufers, Erfolgsort ist der Sitz des Gläubigers. Weil der Schuldnerverzug durch die Leistungshandlung beendet wird (Rn 44), genügt es, dass der Überweisungsauftrag des Schuldners bei seiner Bank eingeht und auf seinem Konto Deckung vorhanden ist: § 270 Abs 1 BGB erlegt dem Schuldner nur die Verlustgefahr, nicht aber die Verzögerungsgefahr auf.[128] Zwar hat der **EuGH 2008** entschieden, dass nach Art 3 Abs 1 lit c ii Zahlungsverzugsrichtlinie 2000/35/EG (Art 3 Abs 1 lit b Zahlungsverzugs-RL 2011/7/EU) eine Zahlung durch Banküberweisung erst dann rechtzeitig bewirkt ist, wenn der Betrag dem Gläubigerkonto gutgeschrieben wird; dem Schuldner seien Verzögerungen aufrund der üblichen Bearbeitungszeit, nicht aber weitere Verzögerungen zuzurechnen.[129] Will man diese Rechtsprechung trotz des beschränkten Anwendungsbereichs der ZVRL (Entgeltforderungen zwischen Unternehmern) verallgemeinern, so ist es entgegen einer vielfach vertretenen Meinung[130] weder geboten noch erforderlich, die

---

[126] Vgl BGH 19.12.2012 – VIII ZR 96/12, NJW 2013, 1074 (Kajütboot, Rn 27).

[127] BGH 6.2.1954 – II ZR 176/53, BGHZ 12, 267, 268 f; U HUBER, Leistungsstörungen I (1999) § 20 I 2 S 477 f und § 43 III 1a S 375 f; jurisPK/SEICHTER[8] (2017) § 281 Rn 28; PALANDT/GRÜNEBERG[76] (2017) § 281 Rn 12; BeckOK/UNBERATH (1.3.2001) § 281 Rn 1; MünchKomm/ERNST[7] (2016) § 281 Rn 46; STAUDINGER/LÖWISCH/FELDMANN (2014) § 286 Rn 120 f; SOERGEL/BENICKE/NALBANTIS[13] (2014) § 286 Rn 181; **abw** DAUNER-LIEB/ARNOLD/DÖTSCH/KITZ, Fälle zum Neuen Schuldrecht (2002) S 97 f; SOERGEL/BENICKE/HELLWIG[13] (2014) § 281 Rn 136.

[128] BGH 5.10.2016 – VIII ZR 222/15, NZM 2017, 120 (Rn 23); U HUBER, Leistungsstörungen I (1999) § 5 IV 2 S 144 ff; SCHWAB NJW 2011, 2833, 2834 ff; LOOSCHELDERS, SR AT[15] (2017) Rn 234 f; MünchKomm/KRÜGER[7] (2016) § 270 Rn 17, 23 ff; BeckOGK/BEURSKENS (1.10. 2017) § 270 Rn 55 ff; ERMAN/ARTZ[15] (2017) § 270 Rn 9 (abw aber ders in MünchKomm[7] [2016] § 556b Rn 6); auch, aber in sich nicht konsistent BeckOK/LORENZ (1.2.2017) § 270 Rn 16.

[129] EuGH 3.4.2008 – C-306/06, NJW 2008, 1935 (Rn 23, 30).

[130] GSELL GPR 2008, 165, 169 ff; HERRESTHAL ZGS 2008, 259, 264 und NZM 2911, 833, 838; HILBIG JZ 2008, 991, 993; JAUERNIG/STADLER[16] (2015) § 270 Rn 7; SOERGEL/FORSTER[13] (2014) § 270 Rn 1; STAUDINGER/BITTNER (2014) § 270 Rn 2 ff; STAUDINGER/OMLOR (2012) Vor §§ 675c-676c Rn 84; auch STAUDINGER DNotZ 2009, 198, 200, 205 f; PALANDT/GRÜNEBERG[76] (2017) § 270 Rn 5 f; beschränkt auf den Anwendungsbereich der ZVRL FAUST JuS 2009,

Geldschuld als modifizierte Bringschuld einzuordnen. Danach lägen Leistungs- und der Erfolgsort einheitlich am Sitz des Gläubigers und trüge der Schuldner bis zum Eingang des Geldes bei der Empfängerbank oder sogar bis zur Gutschrift auf dem Konto des Gläubigers neben der Verlust- auch die Verzögerungsgefahr;[131] für Verzögerungen durch seine Bank oder sogar die Empfängerbank müsste er nach § 278 BGB einstehen. Der **BGH** hat **2016** zutreffend entschieden, dass die Entscheidung des EuGH keine Änderungen erzwingt und die Geldschuld mit der bisher hM qualifizierte Schickschuld bleibt;[132] die Banken sind keine Erfüllungsgehilfinnen des Schuldners[133]. Der Schuldner muss aber **so frühzeitig überweisen, dass der Zahlungserfolg nach der üblichen Dauer des Zahlungsvorgangs (ein Werktag, § 675s Abs 1 S 1 BGB) fristgerecht eintreten kann.**[134] Tut er dies nicht, trifft ihn für die Verzögerung von einem Werktag ein Verschulden gem **§ 286 Abs 4 BGB** und haftet er nach § 280 Abs 1, 2 BGB mit §§ 286, 288 BGB; für längere Ausführungsverzögerungen durch die Bank(en) muss er nicht einstehen.[135]

4. Schwebezustand nach Ablauf der Nachfrist

Ist die Nachfrist erfolglos abgelaufen, hat der Gläubiger die **Wahl**, ob er weiterhin **46 Erfüllung** gem § 433 Abs 1 BGB (den Kühlschrank) verlangt (gegebenenfalls gegen Minderung des Kaufpreises gem §§ 437 Nr 2, 441 BGB) oder ob er gem § (§ 437 Nr 3,) 280 Abs 1, 3 BGB mit § 281 BGB **Schadensersatz statt der Leistung** beansprucht oder gem § (§ 437 Nr 2,) §§ 323 Abs 1, 346 Abs 1 BGB vom Kaufvertrag **zurücktritt**. Insbesondere folgt aus § 281 Abs 4 BGB nicht in „reziproker" Anwendung, dass der Gläubiger an sein Erfüllungsverlangen gebunden wäre.[136] Sein Erfüllungsanspruch aus § 433 Abs 2 BGB erlischt gem §§ 349, 346 Abs 1 BGB und § 281 Abs 4 BGB erst dann, wenn der Gläubiger den Rücktritt erklärt oder Schadensersatz verlangt (Rn 70 und 98). Beharrt der Gläubiger nach Ablauf der Nachfrist auf der Erfüllung, braucht er keine erneute Nachfrist zu setzen und deren erfolglosen Ablauf abzuwarten, bevor er zurücktreten oder Schadensersatz verlangen darf: Ein einmal begründetes Rücktrittsrecht geht nicht dadurch unter, dass der Gläubiger zunächst weiterhin Erfüllung verlangt.[137]

81, 83; BACH, in: STAUDINGER/Eckpfeiler D. Rn 160. Zu der schon vor der EuGH-Entscheidung stark vertretenen Mindermeinung der Geldschuld als Bringschuld mwNw SCHÖN AcP 198 (1998) 401, 443 ff.
[131] HERRESTHAL ZGS 2008, 259, 264 und NZM 2011, 833, 838; STAUDINGER DNotZ 2009, 198, 201; JAUERNIG/STADLER[16] (2015) § 270 Rn 7; jurisPK/KERWER[8] (2017) § 270 Rn 10 ff; auch FAUST JuS 2009, 82, 83.
[132] BGH 5.10.2016 – VIII ZR 222/15, NZM 2017, 120 (Rn 24).
[133] BGH 5.10.2016 – VIII ZR 222/15, NZM 2017, 120 (Rn 24); SCHWAB NJW 2011, 2833, 2835; MünchKomm/KRÜGER[7] (2016) § 270 Rn 24; ERMAN/ARTZ[15] (2017) § 270 Rn 9; trotz Einordnung als Bringschuld **abw** BeckOK/LORENZ (1.2.2017) § 270 Rn 18.
[134] ERMAN/ARTZ[15] (2017) § 270 Rn 7, 9; MünchKomm/KRÜGER[7] (2016) § 270 Rn 17, 25;

s noch Nw in Fn 135; das konzedieren auch Verfechter der Bringschuld: GSELL GPR 2008, 165, 166 und 168; STAUDINGER/BITTNER (2014) § 270 Rn 37; PALANDT/GRÜNEBERG[76] (2017) § 270 Rn 5; **abw** trotz Einordnung als Schickschuld für den Eingang bei der Gläubigerbank BeckOK/LORENZ (1.2.2017) § 270 Rn 18.
[135] So deutlich auch SCHWAB NJW 2011, 2833, 2838; LOOSCHELDERS, SR AT[15] (2017) Rn 451 und JA 2017, 467, 468; BeckOGK/BEURSKENS (1.10.2017) § 270 Rn 54 f, 57.
[136] BGH 20.1.2006 – V ZR 124/05, NJW 2006, 1198; BGH 3.7.2013 – VIII ZR 169/12, NJW 2013, 2959 (Rn 29); ALTHAMMER NJW 2006, 1179, 1182; JACOBS, in: FS Otto (2008) 137, 150 ff; WIESER NJW 2003, 2432, 2433; jurisPK/SEICHTER[8] (2017) § 281 Rn 51; **so aber** die Vorinstanz OLG Celle 17.5.2005 – 16 U 232/04, NJW 2005, 2094, 2095; JAUERNIG/STADLER[16] (2015) § 281 Rn 15.

47 Der **Schwebezustand** belastet den Schuldner, der nicht weiß, ob er sich weiterhin leistungsbereit halten muss, also die Ware zur Lieferung an den Gläubiger weiterhin vorhalten muss. Um dem Schuldner zu helfen, wird teilweise vorgeschlagen, er könne dem Käufer als Rücktrittsberechtigtem **analog § 350 BGB eine Frist setzen**, innerhalb derer der Käufer den Rücktritt erklären müsse und mit deren Ablauf das Rücktrittsrecht erlösche.[138] Für eine analoge Anwendung des § 350 BGB auf die gesetzlichen Rücktrittsrechte **fehlt** es aber schon an einer **planwidrigen Regelungslücke:**[139] Der Gesetzgeber hat das Fristsetzungsrecht (abweichend von § 355 BGB 1900 [bis 31.12. 2001]) bewusst auf die vertraglichen Rücktrittsrechte beschränkt.[140] Zudem lässt sich der Schwebezustand über § 350 BGB ohnehin nicht beheben: Bei fruchtlosem Fristablauf entfiele analog § 350 S 2 BGB zwar das Rücktrittsrecht, aber weder der Anspruch auf Schadensersatz statt der Leistung noch der Erfüllungsanspruch aus § 433 Abs 2 BGB, dessen Fortbestehen den Schuldner belastet. Aus den gleichen Gründen scheidet eine Befristung des Rücktrittsrechts analog § 314 Abs 3 BGB (Ausübung innerhalb einer angemessenen Frist) aus.[141] Noch ferner liegt es, dem Schuldner als Rücktrittsgegner ein Fristsetzungsrecht analog § 264 Abs 2 BGB einzuräumen und mit Ablauf der Frist das Wahlrecht zwischen Erfüllung und Rücktritt auf ihn übergehen zu lassen.[142] Der Gläubiger, der nach Fristablauf die vom Schuldner angebotene Leistung zurückweist, ist auch nicht nach § 242 BGB wegen widersprüchlichen Verhaltens daran gehindert, seinen Erfüllungsanspruch anschließend doch noch durchzusetzen:[143] Lehnt der Gläubiger die Annahme der Leistung ab, ist Rechtsfolge nur, dass er in Annahmeverzug und Schuldnerverzug mit der Abnahme gerät (str, näher Rn 48); die Annahmeverweigerung hindert ihn aber nicht über § 242 BGB daran, weiterhin auf der Leistung zu beharren.

---

[137] BGH 20.1.2006 – V ZR 124/05, NJW 2006, 1198; ALTHAMMER NJW 2006, 1179; JACOBS, in: FS Otto (2008) 137, 150; MünchKomm/ERNST[7] (2016) § 323 Rn 145 ff; jurisPK/BECKMANN[8] (2017) § 323 Rn 79; ERMAN/WESTERMANN[15] (2017) § 281 Rn 20; PALANDT/GRÜNEBERG[76] (2017) § 281 Rn 49; **aA** SCHWAB JZ 2006, 1030, 1031.
[138] SOERGEL/LOBINGER[13] (2010) § 350 Rn 9; auch STAUDINGER/SCHWARZE (2014) § 281 Rn D 6 und (2015) § 323 Rn D 6; erwogen von PALANDT/GRÜNEBERG[76] (2017) § 281 Rn 51, aber abl § 323 Rn 33; ohne Norm ERMAN/WESTERMANN[15] (2017) § 281 Rn 21.
[139] GSELL, in: FS U Huber (2006) 299, 301; H HANAU NJW 2007, 2806, 2808; JACOBS, in: FS Otto (2008) 137, 144; ERMAN/RÖTHEL[15] (2017) § 350 Rn 1; STAUDINGER/KAISER (2012) § 350 Rn 5; auch BeckOK/LORENZ (1.2.2017) § 262 Rn 9; NomosKomm/DAUNER-LIEB/DUBOVITSKAYA[3] (2016) § 323 Rn 23; jurisPK/FAUST[8] (2017) § 350 Rn 2, 4 (aber in Rn 6 anders für die gesetzlichen Rücktrittsrechte aus §§ 313 Abs 3, 438 Abs 4 S 3 BGB, die von § 218 BGB nicht befristet werden).
[140] RegE BT-Drucks 14/6040, 185; näher STAUDINGER/KAISER (2012) § 350 Rn 5.
[141] GSELL, in: FS U Huber (2006) 299, 302; STAUDINGER/KAISER (2012) § 350 Rn 6; **so aber,** solange der Vertrag noch nicht vollständig abgewickelt ist, RAMMING ZGS 2003, 113, 115, 117 f; MünchKomm/ERNST[7] (2016) § 323 Rn 152; NomosKomm/DAUNER-LIEB/DUBOVITSKAYA[3] (2016) § 323 Rn 23; auch PALANDT/GRÜNEBERG[76] (2017) § 323 Rn 33.
[142] BGH 20.1.2006 – V ZR 124/05, NJW 2006, 1198; ALTHAMMER NJW 2006, 1179, 1180; GSELL, in: FS U Huber (2006) 299, 301 und in: SOERGEL[13] (2005) § 323 Rn 142; FAUST, in: FS U Huber (2006) 239, 245; JACOBS, in: FS Otto (2008) 137, 143 f, 151 f; BeckOK/LORENZ (1.2. 2017) § 262 Rn 6, 9; MünchKomm/KRÜGER[7] (2016) § 262 Rn 11 f; jurisPK/BECKMANN[8] (2017) § 323 Rn 76; STAUDINGER/KAISER (2012) § 350 Rn 6; **so aber** SCHWAB JR 2003, 133, 136; HEINRICHS, in: FS Derleder (2005) 87, 107 f und in: FS E Schmidt (2005) 159, 160 f; MATTHEUS, in: SCHWAB/WITT[2] (2003) 102; jurisPK/SEICHTER[8] (2017) § 281 Rn 54; PALANDT/GRÜNEBERG[76] (2017) § 281 Rn 51, § 323 Rn 33 und § 350 Rn 1; vgl auch STAMM JZ 2015, 920, 927 f; STAUDINGER/SCHWARZE (2014) § 281 D 6 und (2015) § 323 Rn D 6.
[143] So aber CANARIS, in: Karlsruher Forum (2003) S 5, 49; FINN ZGS 2004, 32, 37.

Die Vertragspartner können dem Schuldner vertraglich das Recht vorbehalten, dem **48** Gläubiger eine Frist zur Ausübung seiner Sekundärrechte (Rücktritt oder Schadensersatz statt der Leistung) zu setzen. Tun sie dies nicht, so hat es der **Schuldner** in der Hand, den **Schwebezustand durch ordnungsgemäße Leistung selbst zu beenden**[144]. Ein solches „Abwendungsrecht durch verspätete Leistung"[145] hülfe dem Schuldner aber nur dann, wenn der Gläubiger die Leistung annehmen müsste, obwohl sie ihm nach Ablauf der Nachfrist, aber noch vor der Rücktrittserklärung oder dem Schadensersatzverlangen angeboten wird. Das wird **teilweise verneint**: Der Schuldner, der weder bei Fälligkeit noch innerhalb der Nachfrist geleistet habe, verdiene keine dritte Chance. Der Gläubiger, der die Leistung nach Ablauf der Nachfrist nicht mehr wolle, dürfe diese zurückweisen, ohne in Annahmeverzug nach §§ 293 ff BGB oder in Schuldnerverzug mit der Abnahmepflicht aus § 433 Abs 2 BGB gem §§ 280 Abs 1, 2 mit 286 zu geraten.[146] Das lässt sich mit dem Gesetz nicht vereinbaren: Solange der Gläubiger weder vom Vertrag zurückgetreten ist noch Schadensersatz verlangt hat, besteht der Erfüllungsanspruch fort (Rn 46) und muss der Schuldner leisten dürfen.[147] Nur so, nämlich durch das Angebot der Leistung in einer den Annahmeverzug begründenden Weise, kann er seinen Schuldnerverzug mit der Leistungspflicht aus § 433 Abs 1 BGB beenden. Gleichzeitig beendet er mit dem Angebot seine Pflichtverletzung (Rn 44) und damit auch das Rücktrittsrecht und den Schadensersatzanspruch des Gläubigers: Der Gläubiger wird auf den Erfüllungsanspruch beschränkt und ist gem § 433 Abs 2 BGB zur Abnahme der Kaufsache verpflichtet.[148] Vielfach will man dem Gläubiger helfen, indem man ihm für eine kurze Zeit sein Wahlrecht erhält und ihn berechtigt, sofort nach dem Angebot der Leistung[149] oder innerhalb einer kurzen[150] oder einer angemessenen[151] Überlegungsfrist doch noch vom Vertrag zurückzutreten oder Schadensersatz zu verlangen. Diese Ausnahme von der Regel, dass der Schuldner mit dem Angebot der Leistung in einer den Annahmeverzug begründenden Weise seine Pflichtverletzung beendet, ist überflüssig. §§ 293 ff BGB bieten selbst die Lösung: Eine etwaige Bestimmung der Leistungszeit iS des § 271 BGB ist hinfällig, wenn der Schuld-

---

[144] RegE BT-Drucks 14/6040, 85.
[145] NomosKomm/DAUNER-LIEB³ (2016) § 281 Rn 51; JACOBS, in: FS Otto (2008) 137, 145.
[146] SCHWAB JR 2003, 134 (aber anschließend Fristsetzungsrecht des Schuldners analog § 264 Abs 2, dagegen Rn 46b); FINN ZGS 2004, 32, 36; NomosKomm/SCHMIDT-KESSEL³ (2016) §§ 294–296 Rn 17; STAUDINGER/ SCHWARZE (2015) § 281 D 3; NomosKomm/DAUNER-LIEB/ DUBOVITSKAYA³ (2016) § 323 Rn 23; BeckOK/ LORENZ (1.2.2017) § 262 Rn 8; ERMAN/WESTERMANN¹⁵ (2017) § 281 Rn 20 f; jurisPK/ SEICHTER⁸ (2017) § 281 Rn 53; PALANDT/GRÜNEBERG⁷⁶ (2017) § 281 Rn 49.
[147] DERLEDER/HOOLMANS NJW 2004, 2787, 2789–91; ALTHAMMER NJW 2006, 1179, 1181; STAMM JZ 2015, 920, 927; HEINRICHS, in: FS Derleder (2005) 87, 107; FAUST, in: FS U Huber (2006) 239, 246 ff; JACOBS, in: FS Otto (2008) 137, 146 ff; GSELL, in: FS U Huber (2006) 299, 303 ff und SOERGEL¹³ (2005) § 323 Rn 145; MünchKomm/ERNST⁷ (2016) § 281 Rn 89, § 323 Rn 177; JAUERNIG/STADLER¹⁶ (2015) § 281 Rn 15; offengelassen von BGH 20.1.2006, V ZR 124/05, NJW 2006, 1198.
[148] GSELL, in: FS U Huber (2006) 299, 306 f und in: SOERGEL¹³ (2005) § 323 Rn 145; JACOBS, in: FS Otto (2008) 137, 147; MünchKomm/ERNST⁷ (2016) § 323 Rn 177; auch FAUST, in: FS U Huber (2006) 239, 249.
[149] CANARIS, in: Karlsruher Forum (2003) S 5, 48 f; HEINRICHS, in: FS Derleder (2005) 87, 107 f; zum sofortigen Zurückweisungsrecht siehe die Nw in Fn 102.
[150] SCHROETER AcP 207 (2007) 28, 46; grundsätzlich abl und für eine Überlegungsfrist nur bei einem Erfüllungsangebot unmittelbar nach Ablauf der Nachfrist MünchKomm/ERNST⁷ (2016) § 323 Rn 177 f.
[151] DERLEDER/HOOLMANS NJW 2004, 2787, 2789; auch ERMAN/WESTERMANN¹⁵ (2017) § 281 Rn 21; beschränkt auf besondere Ausnahmefälle HEINRICHS, in: FS Derleder (2005) 87, 107. Gegen Überlegungsfrist FAUST, in: FS U Huber (2006) 239, 248 ff; JACOBS, in: FS Otto (2008) 137, 147.

ner weder bei Fälligkeit noch innerhalb der Nachfrist leistet; die Schuld wird terminlos. Um den Gläubiger in Annahmeverzug zu setzen, obliegt es dem Schuldner dann nach § 299 BGB, dem Gläubiger eine angemessene Zeit zuvor anzukündigen, dass er leisten wolle; diese Frist kann der Gläubiger nutzen, um das Angebot dadurch abzuwenden, dass er vom Vertrag zurücktritt oder Schadensersatz statt der Leistung verlangt.[152] Es kommt zu einem Wettlauf: Wer schneller ist, gewinnt. Der Gläubiger hat aber die bessere Startposition: Er kann sofort mit Fristablauf den Rücktritt erklären oder Schadensersatz verlangen und sogar schon vorher die Nachfrist mit einer aufschiebend bedingten[153] Rücktrittserklärung oder einem Schadensersatzverlangen verbinden. Aufwendungen für einen Deckungskauf darf er aber erst tätigen, wenn er durch Rücktrittserklärung oder Schadensersatzverlangen auf die Leistung des Schuldners verzichtet.[154]

V. Nacherfüllung im Kaufrecht

1. Wahlrecht des Käufers, § 439 Abs 1 BGB

49 Erhält der Käufer eine iS des § 434 BGB **mangelhafte Sache**, hat der Verkäufer schon einen Erfüllungsversuch unternommen. Der Käufer, der dem Verkäufer gem §§ 281 Abs 1, 323 Abs 1, 440 Abs 1 BGB eine Nachfrist setzen muss, bevor er zu den Sekundärrechten Schadensersatz statt der Leistung, Rücktritt oder Minderung übergehen kann, verlangt vom Verkäufer daher nicht mehr die Erfüllung des Vertrages, sondern gem §§ 437 Nr 1, 439 BGB Nacherfüllung (schon Rn 28). Dieser **Anspruch auf Nacherfüllung aus §§ 437 Nr 1, 439 BGB** modifiziert den Erfüllungsanspruch des Käufers aus § 433 Abs 1 BGB; er unterwirft ihn insbesondere der kurzen zweijährigen Verjährung des § 438 Abs 1 Nr 3, Abs 2 BGB. Nacherfüllung ist auf zwei Wegen möglich: durch **Nachlieferung**, also die Lieferung einer mangelfreien Ersatzsache (Rn 51), oder durch **Nachbesserung**, also die Mangelbehebung durch Reparatur (Rn 52). Zwischen den beiden Arten der Nacherfüllung kann nach § 439 Abs 1 BGB der Käufer wählen (zum Wahlrecht bei einer Stückschuld näher Rn 51). Hingegen sagt § 439 Abs 1 BGB nichts zu der Wahl zwischen mehreren Möglichkeiten der Nachbesserung, etwa wenn im gekauften Haus eine Wasserleitung defekt ist und der Fehler entweder dadurch behoben werden kann, dass die Wand lediglich an der Schadstelle aufgeschlagen und das schadhafte Rohrstück nur dort ersetzt wird, oder dadurch, dass das Rohr an der Ansatzstelle im Keller aus der Wand gezogen und insgesamt ersetzt wird. Insoweit bleibt es Sache des sachnäheren Verkäufers als Schuldner zu entscheiden, wie er nachbessert.[155] Der Käufer ist dadurch geschützt, dass er zum einen nur Nach-

---

[152] GSELL, in: FS U Huber (2006) 299, 305 ff und in: SOERGEL[13] (2005) § 323 Rn 146; bei Mitwirkungsobliegenheit des Gläubigers FAUST, in: FS U Huber (2006) 239, 250; eine Ankündigung empfiehlt der Schuldner MünchKomm/ERNST[7] (2016) § 323 Rn 177 (mit Obliegenheit des Gläubigers zu anschließender unverzüglicher Rücktrittserklärung).

[153] OLG Naumburg 24.8.2015 – 1 U 37/15, NJW 2016, 1102 (Rn 25); WIESER NJW 2003, 2432, 2433; STAUDINGER/SCHWARZE (2014) § 281 D 15 und (2015) § 323 Rn D 15; MünchKomm/ERNST[7] (2016) § 281 Rn 100, § 323 Rn 150; jurisPK/SEICHTER[8] (2017) § 281 Rn 58; PALANDT/GRÜNEBERG[76] (2017) § 323 Rn 33; **einschränkend** JAUERNIG/STADLER[16] (2015) § 281 Rn 15; BeckOK/UNBERATH (1.4.2011) § 281 Rn 51.

[154] FAUST, in: FS U Huber (2006) 239, 255 f mwNw; **aA** CANARIS, in: Karlsruher Forum (2003) 5, 49.

[155] HM: OLG Celle 19.12.2012 – 7 U 103/12, NJW 2013, 2203, 2204; BALL NZV 2004, 217, 219; HUBER/BACH, Besonderes Schuldrecht/1[5] (2016) Rn 132; REINICKE/TIEDTKE, Kaufrecht[8] (2009) Rn 418; BECKMANN, in: STAUDINGER/

besserungsmaßnahmen hinnehmen muss, die den Mangel vollständig beseitigen (Rn 52), und dass er sich zum anderen auf eine ihm unzumutbare Form der Nachbesserung nicht einlassen muss (§ 440 S 1 Var 3 BGB; schon Rn 43).

Die hM versteht das durch Willenserklärung[156] auszuübende Wahlrecht aus § 439 Abs 1 BGB zutreffend als **elektive Konkurrenz**[157] und nicht als Wahlschuld iS des § 262 BGB[158]: Der Käufer ist an seine Wahl nicht gebunden,[159] sondern kann sich etwa entscheiden, von der gegenüber dem Verkäufer zunächst gewählten Reparatur des gekauften Autos Abstand zu nehmen und stattdessen die Nachlieferung eines Ersatzautos zu verlangen. Entgegen einer verbreiteten Auffassung muss der Käufer nicht wegen § 242 BGB den Ablauf der Nachfrist oder einer angemessenen Frist abwarten, bis er seine Wahl ändern kann.[160] Nur wenn sich der Verkäufer in schützenswerter Weise und für den Käufer erkennbar auf die vom Käufer gewählte Art der Nacherfüllung eingelassen hat, etwa bereits mit aufwendigen Vorbereitungsmaßnahmen für eine Reparatur oder mit der Reparatur selbst begonnen hat, kann es dem Käufer nach § 242 BGB verwehrt sein, von der getroffenen Wahl Abstand zu nehmen, ohne dem Verkäufer zuvor eine angemessene Zeit zur Nacherfüllung eingeräumt zu haben.[161] Endgültig an seine Wahl gebunden ist der Käufer erst dann, wenn der Verkäufer in der gewählten Form nacherfüllt hat oder wenn er dem Käufer die von diesem gewählte Art der Nacherfüllung in einer den Annahmeverzug begründenden Weise angeboten hat oder wenn der Verkäufer zur Nachlieferung oder Nachbesserung rechtskräftig verurteilt worden ist.[162] Der Verkäufer hat keine Möglichkeit, den Käufer zur Aus-

50

Eckpfeiler N. Rn 92; STAUDINGER/MATUSCHE-BECKMANN (2014) § 439 Rn 31; MünchKomm/WESTERMANN[7] (2016) § 439 Rn 4; BeckOK/FAUST (15.6.2017) § 439 Rn 26; BeckOGK/HÖPFNER (1.5.2017) § 439 Rn 15; ERMAN/GRUNEWALD[15] (2017) § 439 Rn 4; aA nur JACOBS, in: DAUNER-LIEB/KONZEN/SCHMIDT, Das neue Schuldrecht in der Praxis (2002) 371, 377; OECHSLER, Vertragliche Schuldverhältnisse[2] (2017) Rn 168.
[156] OLG Saarbrücken 29.5.2008 – 8 U 494/07, NJW 2009, 369, 370; OECHSLER, Vertragliche Schuldverhältnisse[2] (2017) Rn 169; STAUDINGER/MATUSCHE-BECKMANN (2014) § 439 Rn 8; BeckOGK/HÖPFNER (1.5.2017) § 439 Rn 16; ERMAN/GRUNEWALD[15] (2017) § 439 Rn 15.
[157] BALL NZV 2004, 217, 219; SKAMEL ZGS 2006, 457 ff; REINICKE/TIEDTKE, Kaufrecht[8] (2009) Rn 411 ff; BECKMANN, in: STAUDINGER/Eckpfeiler N. Rn 91; STAUDINGER/MATUSCHE-BECKMANN (2014) § 439 Rn 9; MünchKomm/WESTERMANN[7] (2016) § 439 Rn 4 ff; BeckOK/FAUST (15.6.2017) § 439 Rn 9 ff; BeckOGK/HÖPFNER (1.5.2017) § 439 Rn 18 jeweils mwNw.
[158] **So aber** GSELL, in: FS U Huber (2006) 299, 308 ff; JAENSCH Jura 2005, 649, 653 ff; SAMHAT JuS 2016, 6, 7 f; STAMM JZ 2015, 920, 924; DERLEDER, in: DAUNER-LIEB/KONZEN/SCHMIDT, Das neue Schuldrecht in der Praxis (2002) 411, 424; OECHSLER, Vertragliche Schuldverhältnisse[2] (2017) Rn 170; Nomos-Komm/BÜDENBENDER[3] (2016) § 439 Rn 19 f; JAUERNIG/BERGER[16] (2015) § 439 Rn 17.
[159] **AA** ERMAN/GRUNEWALD[15] (2017) § 439 Rn 15 und wegen § 263 Abs 2 BGB die Vertreter der Wahlschuld; trotz Annahme einer Wahlschuld aber für eine nur beschränkte Bindung GSELL, in: FS U Huber (2006) 299, 308 ff; SAMHAT JuS 2016, 6, 8; DERLEDER, in: DAUNER-LIEB/KONZEN/SCHMIDT, Das neue Schuldrecht in der Praxis (2002) 411, 424.
[160] **So aber** OLG Saarbrücken 29.5.2008 – 8 U 494/07, NJW 2009, 369, 371; BALL NZV 2004, 217, 219; SKAMEL ZGS 2006, 457, 459; OETKER/MAULTZSCH[4] (2013) § 2 Rn 197; REINICKE/TIEDTKE, Kaufrecht[8] (2009) Rn 413; MünchKomm/WESTERMANN[7] (2016) § 439 Rn 5; BeckOK/FAUST (15.6.2017) § 439 Rn 10; auch BeckOGK/HÖPFNER (1.5.2017) § 439 Rn 22 f.
[161] OLG Celle 19.12.2012, 7 U 103/12, NJW 2013, 2203, 2204; SPICKHOFF BB 2003, 589, 592 f; TIEDTKE/SCHMITT DStR 2004, 2016, 2017; auch JACOBS, in: DAUNER-LIEB/KONZEN/SCHMIDT, Das neue Schuldrecht in der Praxis (2002) 371, 376.
[162] STAUDINGER/MATUSCHE-BECKMANN (2014) § 439 Rn 9; MünchKomm/WESTERMANN[7] (2016) § 439 Rn 5; BeckOK/FAUST (15.6.2017) § 439 Rn 10; BeckOGK/HÖPFNER (1.5.2017) § 439 Rn 20.

übung seines Wahlrechts und zur Festlegung auf die einmal getroffene Wahl zu zwingen[163] (schon oben Rn 46 f zum Wahlrecht des Käufers zwischen Erfüllung, Schadensersatz, Rücktritt und Minderung).

2. Umfang der Nacherfüllung, § 439 Abs 1 BGB

51 Der Anspruch des Käufers auf **Nachlieferung** richtet sich bei Gattungsschulden auf die Lieferung einer neuen, mangelfreien Ersatzsache derselben Gattung. Beim **Stückkauf** scheint eine Nachlieferung hingegen generell ausgeschlossen zu sein, weil sich die Leistungspflicht des Verkäufers auf die verkaufte Sache beschränkt und er nicht mit einer anderen Sache erfüllen kann; der Käufer könnte dann sofort vom Vertrag zurücktreten oder Schadensersatz verlangen, ohne dem Verkäufer zuvor eine Nachfrist zur Nacherfüllung einräumen zu müssen. Nach zutreffender hM hat die Nacherfüllung aber auch beim Stückkauf Vorrang und kann der Käufer zu den Sekundärrechten erst übergehen, wenn eine Nachfrist erfolglos abgelaufen ist.[164] Ein Ersatzlieferungsanspruch besteht entgegen der Ansicht mancher[165] allerdings nicht schon und immer dann, wenn der Verkäufer die Lieferung vertretbarer Sachen iS des § 91 BGB schuldet: Mit dem Abstellen auf objektive Kriterien setzt man sich ohne Grund über den Parteiwillen hinweg; etwa kann es den Parteien bei vertretbaren Sachen (Münzen) gerade auf die ausgesuchte Sache ankommen, so dass ein Nachlieferungsanspruch ausscheidet.[166] Näher liegt es, mit dem **BGH** an den **Parteiwillen** anzuknüpfen.[167] Der BGH greift aber zu kurz, wenn er von einem Stückkauf ausgeht und fragt, ob der durch Auslegung zu ermittelnde Wille der Vertragspartner bei Vertragsschluss dahin geht, die Kaufsache könne, wenn sie mangelhaft sei, durch eine gleichartige und gleichwertige Sache ersetzt werden. Denn maßgeblich ist nicht, ob eine andere Sache nach dem Parteiwillen zur Nacherfüllung taugt, sondern allein, ob die Vertragspartner die Leistungspflicht des Verkäufers aus § 433 Abs 1 BGB auf eine konkrete Sache beschränken wollen oder ob der Verkäufer auch mit einer anderen Sache erfüllen können soll: Kommt es dem Käufer erkennbar nicht auf den Erwerb der konkret an der Kasse vorgelegten Ware (Sprudelkiste, Vase) an, sondern soll die vorgelegte Ware lediglich den Kaufgegenstand generell beschreiben **(verkürzte Beschaffenheitsvereinbarung)**, so dass der Verkäufer anstatt mit der vom Käufer auf die Ladentheke gestellten etwa mit einer originalverpackten Vase erfüllen kann, so ist eine **Gattungsschuld vereinbart** und eine Nachlieferung problemlos möglich.[168] Möchte der Käufer hingegen für den Ver-

---

[163] SKAMEL ZGS 2006, 457, 460 f; MünchKomm/WESTERMANN⁷ (2016) § 439 Rn 5; BeckOK/FAUST (15.6.2017) § 439 Rn 9a.
[164] **Abl aber** P HUBER NJW 2002, 1004, 1006 und HUBER/BACH, Besonderes Schuldrecht/1⁵ (2016) Rn 108 ff; U HUBER, in: FS Schlechtriem (2003) 521, 523 Fn 9; ACKERMANN JZ 2002, 378, 379 ff; FAUST ZGS 2004, 252, 253 f und in: BeckOK (15.6.2017) § 439 Rn 34; KATZENSTEIN ZGS 2005, 184, 187 f; GRUBER JZ 2005, 707, 709 f; TIEDTKE/SCHMITT JuS 2005, 583, 585 ff.
[165] PAMMLER NJW 2003, 1992, 1993 f; KAMANABROU ZGS 2004, 57, 59; BITTER/MEIDT ZIP 2001, 2114, 2119; auf die individuelle Sollbeschaffenheit nach § 434 Abs 1 S 1 BGB und bei vertretbaren Sachen auf die objektive Sollbeschaffenheit nach § 434 Abs 1 S 2 Nr 2 BGB stellt ab GSELL JuS 2007, 97, 98 ff, 102.
[166] Abl auch TIEDTKE/SCHMITT JuS 2005, 583, 585 f; ROTH NJW 2006, 2953, 2955 f; BeckOK/FAUST (15.6.2017) § 439 Rn 35.
[167] BGH 7.6.2006 – VIII ZR 209/05, BGHZ 168, 64, 74; CANARIS JZ 2003, 831, 834 f; ROTH NJW 2006, 2953, 2955 f; OECHSLER, Vertragliche Schuldverhältnisse² (2017) Rn 171 f; STAUDINGER/MATUSCHE-BECKMANN (2014) § 439 Rn 69. Auf Austauschbarkeit stellen ab: ERMAN/GRUNEWALD¹⁵ (2017) § 439 Rn 5; NomosKomm/BÜDENBENDER³ (2016) § 439 Rn 26; MünchKomm/WESTERMANN⁷ (2016) § 439 Rn 13.
[168] TIEDTKE/SCHMITT JuS 2005, 583, 585 f; SZALAI ZGS 2011, 203, 207 ff. Von einer abgekürz-

käufer erkennbar nur die bei den Vertragsverhandlungen bezeichnete Sache erwerben, etwa gerade die ausgesuchte Vase wegen eines besonderen Farbverlaufs, so ist eine Stückschuld vereinbart und scheidet eine Nachlieferung aus. Die Nachlieferung scheidet beim Kauf eines mangelhaften Tieres nicht von vornherein aus, sondern nur dann, wenn der Käufer gerade das konkrete Tier, etwa diesen und nicht irgendeinen Welpen aus einem Wurf oder gerade dieses Pferd kaufen wollte, also seine Kaufentscheidung nicht aufgrund objektiver Anforderungen, sondern aufgrund des persönlichen Eindrucks und einer emotionalen Zugewandtheit zu dem Tier trifft.[169] Dass der Käufer sich nach Vertragsschluss emotional an den gekauften Dackel oder das gekaufte Pferd gebunden hat, schließt die Nacherfüllung hingegen nicht von vornherein aus, sondern macht diese allenfalls nachträglich unmöglich[170].

52 Die **Nachbesserung** erfolgt durch Reparatur der Sache, oder durch den Austausch einzelner Teile. Sie muss zu einem vollständig vertragsgemäßen Zustand der Sache führen: Kann der Mangel durch Nachbesserung nicht völlig beseitigt werden, weist die Kaufsache nach Nachbesserung etwa deutliche Spuren der Reparatur- oder Austauschmaßnahmen des Verkäufers auf, so hat der Käufer auch dann **keinen Anspruch auf diese bloße Ausbesserung** (verbunden mit dem Recht auf Minderung), wenn er aus Affektion (Dackel) kein Interesse an der Lieferung einer Ersatzsache hat:[171] Der Käufer kann nicht verlangen, dass die mangelhafte Sache lediglich verbessert wird. Andernfalls würden dem Verkäufer unüberschaubare Haftungsrisiken wegen des fortbestehenden Mangels auferlegt und würde ihm zudem das Recht genommen, auf die Nachlieferung auszuweichen.

53 Die Praxis vielfach beschäftigt haben **Parkettstäbe und Bodenfliesen**, die die Käufer selbst in ihren Häusern verlegen und deren irreparable Mängel sich erst nach dem Einbau zeigen. Vollständig geholfen wird dem Käufer nur durch einen Austausch: wenn der Verkäufer die mangelhaften Fliesen ausbaut und entsorgt und anschließend vertragsgemäße Fliesen anliefert und einbaut oder zumindest die für Aus- und Einbau erforderlichen Kosten trägt. Diese Kosten übersteigen den Kaufpreis (schon ohne die Kosten für die Ersatzsache) erheblich (näher Rn 63). Für Parkettstäbchen hatte der BGH 2008 mit der hM eine Pflicht des Verkäufers zum Einbau verneint.[172] Für den Ausbau von Bodenfliesen beim Verbrauchsgüterkauf kamen ihm aber 2009 wegen Art 3 Abs 2 und 3 Unterabs 3 der VerbrGKRL Zweifel und er fragte den EuGH, ob der Verkäufer die Ausbaukosten tragen müsse;[173] nahezu zeitgleich fragte das AG Schorndorf[174] nach den Einbaukosten für die gelieferte Ersatzsache (Spülmaschine).[175] Der **EuGH** hat beide Verfahren miteinander verbunden und – obwohl die Vor-

---

ten Beschaffenheitsvereinbarung spricht auch OECHSLER, Vertragliche Schuldverhältnisse[2] (2017) Rn 171; ausdrücklich abl BITTER/MEIDT ZIP 2001, 2114, 2119.
[169] OLG Frankfurt 1.2.2011 – 16 U 119/10, ZGS 2011, 284, 285 f (Pferd).
[170] BGH 22.6.2005 – VIII ZR 281/04, BGHZ 163, 234, 247 (o-beiniger Dackel); OLG Hamm 5.6.2012 – I-19 U 132/11, 19 U 132/11, RdL 2013, 7 (Pferd).
[171] BGH 22.6.2005 – VIII ZR 281/04, BGHZ 163, 234, 242 f (o-beiniger Dackel); Nomos-Komm/BÜDENBENDER[3] (2016) § 439 Rn 13;

MünchKomm/WESTERMANN[7] (2016) § 439 Rn 13; ERMAN/GRUNEWALD[15] (2017) § 439 Rn 2; **so aber** GUTZEIT NJW 2007, 956 ff.
[172] BGH 15.7.2008 – VIII ZR 211/07, BGHZ 177, 224 (Parkett, Rn 18); auch BGH 14.1.2009 – VIII ZR 70/08, NJW 2009, 1660 (Bodenfliesen, Rn 20); BGH 13.4.2011 – VIII ZR 220/10, BGHZ 189, 196 (Faltanhänger, Rn 49) mwNw auf OLG und Lit in Rn 16.
[173] BGH 14.1.2009 – VIII ZR 70/08, NJW 2009, 1660 (Bodenfliesen, Rn 22).
[174] AG Schorndorf 25.2.2009 – 2 C 818/08, ZGS 2009, 525.

lagefragen auf die Kostenübernahme beschränkt waren – auch die nicht nachgefragte Pflicht des Verkäufers zum Ausbau der mangelhaften und zum Einbau der mangelfreien Sache bejaht:[176] Könne die Sache ihrer üblichen Bestimmung entsprechend nur eingebaut verwendet werden, müsse der Verkäufer die mangelhafte Sache aus- und die Ersatzsache einbauen; alternativ („oder") könne dem Käufer, der selbst aus- und einbaut, ein verschuldensunabhängiger Anspruch auf Kostenerstattung eingeräumt werden. Im Anschluss an den EuGH legte der **BGH § 439 Abs 1 BGB** beschränkt auf den **Verbrauchsgüterkauf**[177] europarechtskonform weit dahin aus, dass „Lieferung" auch den **Ausbau** der mangelhaften Sache[178] und den **Einbau** der Ersatzsache[179] umfasse; der Verkäufer könne sich bei übermäßig hohen Kosten (also im Regelfall) über sein Leistungsverweigerungsrecht aus § 439 Abs 3 aF (bis 31.12.2017, jetzt: § 439 Abs 4 BGB) aber darauf beschränken, dem Käufer einen angemessenen (niedrigen) Anteil der Kosten zu erstatten (näher Rn 63).

54 Der zum 1.1.2018 in **§ 439 BGB eingefügte Abs 3 S 1** erlegt dem Verkäufer, bei Sachen, die gemäß ihrer Art und ihrem Verwendungszweck in eine andere Sache eingebaut oder an eine andere Sache angebracht werden, lediglich eine Kostenerstattungspflicht für das Entfernen der mangelhaften und den Einbau oder das Anbringen der nachgebesserten oder gelieferten mangelfreien Sache auf. Anders als noch im RegE vorgesehen[180] ist er hingegen **nicht verpflichtet**, die mangelhafte Kaufsache und die Ersatzsache **aus- und einzubauen**:[181] Weder hat der Käufer einen durchsetzbaren Anspruch auf Aus- und Einbau noch kann der Verkäufer wählen, ob er die Arbeiten selbst durchführt oder ob er dies gegen Kostenerstattung den Käufer tun lässt; der Verkäufer bekommt keine zweite Chance. Damit trifft den Käufer die Last des Aus- und Einbaus und in den häufigen Fällen, in denen er diese Tätigkeiten durch einen Handwerker ausführen lässt, auch dessen Insolvenzrisiko.[182] Gleichwohl kann eine Aus- und Einbaupflicht des Verkäufers auch mit der bisherigen Rechtsprechung **nicht auf § 439 Abs 1 BGB** gestützt werden:[183] Zum einen ist § 439 Abs 3 BGB eine den Käufer auf die Erstattung der Aus- und Einbaukosten beschränkende und damit abschließende Norm; verpflichtete § 439 Abs 1 BGB den Verkäufer zum Aus- und Einbau, bedürfte es der Sonderregelung in § 439 Abs 3 BGB nicht, sondern folgte der Aufwendungsersatzanspruch des Käufers schon aus § 439 Abs 2 BGB.[184] Eine auf Ver-

---

[175] Zu den Einzelheiten KAISER JZ 2011, 978 f.
[176] EuGH 16.6.2011 – C-65/09, C-87/09, NJW 2011, 2269 (Putz v Weber).
[177] Nicht aber für Nichtverbrauchsgüterkaufverträge: BGH 17.10.2012 – VIII ZR 226/11, NJW 2013, 220 (Kunstrasengranulat, Rn 24); bestätigt BGH 2.4.2014 – VIII ZR 46/13, NJW 2014, 2183 (Alu-Profilleisten, Rn 27).
[178] BGH 21.12.2011 – VIII ZR 70/08, BGHZ 192, 148 (Bodenfliesen, Rn 25 ff); auch LORENZ NJW 2011, 2241, 2243 f; STÖBER ZGS 2011, 346, 350; PURNHAGEN EuZW 2011, 626, 627, 629; FÖRSTER ZIP 2011, 1494, 1500; GREINER/BENEDIX ZGS 2011, 489, 493; allg auch FAUST JuS 2011, 744, 747 f; ganz abl KAISER JZ 2011, 978, 980 und gegen eine europarechtskonforme teleologische Extension dort 980 ff.
[179] BGH 17.10.2012 – VIII ZR 226/11, NJW 2013, 220 (Kunstrasengranulat, Rn 16).

[180] RegE BT-Drucks 18/8486, 39 f – geändert aufgrund des Vorschlags des Rechtsausschusses, BT-Drucks 18/11437, 40; s auch Bundesrat BT-Drucks 18/8486, 81, 82 f.
[181] FAUST ZfPW 2017, 250, 253; THON Jus 2017, 1150, 1151 f; HÖPFNER/FALLMANN NJW 2017, 3745 und 3477; GSELL, in: STAUDINGER/Eckpfeiler L. Rn 67; BECKMANN, in: STAUDINGER/Eckpfeiler N. Rn 119.
[182] Näher und krit FAUST ZfPW 2017, 250, 253 (der aber insolvenzbedingte Verluste gem § 439 Abs 3 für ersatzfähig hält); HÖPFNER/FALLMANN NJW 2017, 3745, 3478; auch THON Jus 2017, 1150, 1151.
[183] AA nur GRUNEWALD/TASSIUS/LANGENBACH BB 2017, 1673 und ERMAN/GRUNEWALD[15] (2017) § 439 Rn 6.
[184] HÖPFNER/FALLMANN NJW 2017, 3745, 3478.

brauchsgüterkaufverträge beschränkte Aus- und Einbaupflicht müsste wegen des europarechtlichen Transparenzgebots[185] ausdrücklich gesetzlich geregelt sein.[186] Weil die bloße Kostenerstattungspflicht die Vorgaben der VerbrGKRL und des EuGH hinreichend umsetzt (näher Rn 63), ist es zum anderen weder möglich noch erforderlich, die Pflicht zur Nachlieferung in § 439 Abs 1 BGB über den Wortlaut und Normzweck hinaus weit auszulegen: Wie der BGH vor der EuGH-Entscheidung in Sachen *Putz v Weber*[187] und weiterhin zu Nichtverbrauchsgüterkaufverträgen[188] entschieden hat, schuldet der auf Lieferpflichten beschränkte Verkäufer nach dem modifizierten Erfüllungsanspruch des § 439 Abs 1 BGB „nicht weniger, aber auch nicht mehr" als nach § 433 Abs 1 BGB, also mit der Übergabe und der Übereignung einer mangelfreien Sache lediglich verspätet die Herstellung des ursprünglich geschuldeten Erfolgs. Andernfalls würde der Anspruch aus § 439 Abs 1 BGB zu einem verschuldensunabhängigen Schadensersatzanspruch[189] und würde damit die Unterscheidung zwischen Nacherfüllung in § 437 Nr 1 BGB und Schadensersatz in § 437 Nr 3 BGB und das zweistufige Rechtsbehelfssystem des BGB (Rn 5) systemwidrig aufgegeben. Nur wenn der Verkäufer sich vertraglich zum Einbau oder zur Montage verpflichtet hatte, schuldet er als Wiederholung des ursprünglichen Pflichtenkatalogs auch iR der Nacherfüllung Aus- und Einbau bzw Demontage und Neumontage.[190]

Unter Berufung auf die „Dachziegelentscheidung" des BGH 1983 (dazu Rn 111) **55** wurde eine **Pflicht des Verkäufers zum Ausbau** der mangelhaften Sache vor der EuGH-Entscheidung *Putz v Weber* aber vielfach auf §§ 439 Abs 5, 346 Abs 1 BGB (bis 31.12. 2017: § 439 Abs 4 BGB) gestützt: Sei Erfüllungsort für die Rückgewähr der mangelhaften Sache die Stelle, an der sie sich im Zeitpunkt des Nacherfüllungsverlangens befindet, müsse der Verkäufer sie von dort wegschaffen, also vom Dach herunterholen und damit ausbauen.[191] Daran ist schon die Prämisse **falsch**, dass der Verkäufer seine Nachlieferungs- und Rückgewährpflicht am Belegenheitsort erfüllen müsse (gleich Rn 56 ff und Rn 105 ff). Zudem geben sowohl § 439 Abs 5 BGB als auch § 346 Abs 1 BGB ihrem Wortlaut nach dem Verkäufer nur einen Anspruch auf Rückgewähr, verpflichten ihn aber zu nichts[192] (noch Rn 110): weder zur Rücknahme und erst recht

---

[185] EuGH 18.1.2001 – C-162/99, EuZW 2001, 187 (Kommission/Italien, Rn 22) mwNw; auch EuGH 30.5.1991 – C-59/89, Slg 1991, 2607 (Kommission/Deutschland, Rn 28); STREINZ/ SCHROEDER, EUV/AEUV² (2012) Art 288 AEUV Rn 95 mwNw.
[186] KAISER JZ 2013, 346, 347 mwNw.
[187] BGH 15.7.2008 – VIII ZR 211/07, BGHZ 177, 224 (Parkett, Rn 18); auch BGH 14.1.2009 – VIII ZR 70/08, NJW 2009, 1660 (Bodenfliesen, Rn 20); BGH 13.4.2011 – VIII ZR 220/10, BGHZ 189, 196 (Faltanhänger, Rn 49) mwNw auf OLG und Lit in Rn 16.
[188] BGH 17.10.2012 – VIII ZR 226/11, NJW 2013, 220 (Kunstrasengranulat, Rn 24); bestätigt BGH 2.4.2014 – VIII ZR 46/13, NJW 2014, 2183 (Alu-Profilleisten, Rn 27).
[189] THÜRMANN NJW 2006, 3457, 3461; KAISER JZ 2011, 978, 982; auch BGH 17.10.2012 – VIII ZR 226/11, NJW 2013, 220 (Kunstrasengranulat, Rn 24 f); BGH 2.4.2014 – VIII ZR 46/13, NJW

2014, 2183 (Alu-Profilleisten, Rn 27); LORENZ NJW 2013, 207, 208 f.
[190] Das ist nicht zwingend auf §§ 634 Nr 1, 635 zu stützen, so aber MARKWORTH Jura 2018, 1, 5. Denn eine Montage- oder Einbaupflicht gründet nicht auf einem gemischttypischen Vertrag mit kauf- und werkvertraglichen Elementen, sondern häufig auf einer kaufvertraglichen Nebenpflicht; dazu BGH 16.4.2013 – VIII ZR 375/ 11, IBR 2013, 593 (Rn 6 ff – konkret bei einem Vertrag über die Verlegung von Parkett für einen Werkvertrag); Grundlage für die Nacherfüllung sind dann §§ 437 Nr 1, 439.
[191] OLG Köln 21.12.2005 – 11 U 46/05, NJW-RR 2006, 677; auch WITT ZGS 2008, 369, 370; wenn auch zweifelnd LORENZ NJW 2007, 1, 5 Fn 51.
[192] HÖPFNER ZGS 2009, 270, 272; UNBERATH/ CZIUPKA JZ 2009, 313, 314; KATZENSTEIN ZGS 2009, 29, 34.

nicht zum Ausbau der zurückzugebenden Sache. In den echten Einbaufällen (Bodenfliesen, Parkett) entfällt selbst dieser Rückgewähranspruch des Verkäufers: Die Fliesen sind durch den Einbau gem §§ 946, 93, 94 Abs 2 BGB wesentlicher Bestandteil der Käuferwohnung geworden, sie können in der Regel gar nicht und allenfalls unter unverhältnismäßigem Aufwand ausgebaut werden, ohne Fliesen und Estrich zu beschädigen. Der Käufer ist daher analog § 346 Abs 2 S 1 Nr 2 BGB weder zur Rückgewähr der Fliesen verpflichtet noch analog § 346 Abs 3 S 1 Nr 1 BGB zum Wertersatz (zur Wertersatzpflicht noch Rn 123, 133). Mangels Rückgewährpflicht scheidet auch nach BGH ein korrespondierender Rücknahmeanspruch des Käufers aus § 346 Abs 1 BGB aus.[193]

3. Ort der Nacherfüllung, § 269 Abs 1 BGB

56 Ein taugliches Nacherfüllungsverlangen setzt nach BGH die Bereitschaft des Käufers voraus, dem Verkäufer die Kaufsache zur Überprüfung der erhobenen Mängelrügen **am Erfüllungsort der Nacherfüllung zur Verfügung zu stellen**; vorher braucht sich der Verkäufer auf ein Nacherfüllungsverlangen des Käufers nicht einzulassen.[194] Verlangt der Käufer die Nacherfüllung am falschen Ort, etwa bei sich zu Hause anstatt am Geschäftssitz des Verkäufers, so hat er **keine wirksame Nachfrist** gesetzt und kann **nicht zu den Sekundärrechten** Rücktritt, Minderung und Schadensersatz statt der Leistung übergehen[195] (s aber noch Rn 59). Nach zutreffender stRspr des BGH[196] muss der Verkäufer entgegen einer weiterhin vielfach vertretenen Auffassung[197] nicht zwingend an dem Ort nacherfüllen, an dem sich die mangelhafte Sache zur Zeit des Nacherfüllungsverlangens vertragsgemäß befindet (Belegenheitsort) und muss daher die mangelhafte Sache nicht in jedem Fall beim Käufer reparieren oder die Ersatzsache zu ihm bringen und die mangelhafte Sache gem §§ 439 Abs 4, 346 Abs 1 BGB dort abholen. Vielmehr gilt für den Nacherfüllungsort mangels kaufrechtlicher Sonderregeln § 269 BGB:[198] Maßgeblich ist primär der vereinbarte Nacherfüllungsort. Haben

---

[193] BGH 14.1.2009 – VIII ZR 70/08, NJW 2009, 1660 (Bodenfliesen, Rn 21); THÜRMANN NJW 2006, 3457, 3461; STAUDINGER/KAISER (2012) § 346 Rn 96, 144 und 176 mwNw; **aA** BeckOK/FAUST (15.6.2017) § 439 Rn 29.

[194] BGH 13.4.2011 – VIII ZR 220/10, BGHZ 189, 196 (Faltanhänger, Rn 13); BGH 19.12.2012 – VIII ZR 96/12, NJW 2013, 1074 (Kajütboot, Rn 24); BGH 19.7.2017 – VIII ZR 278/16, NJW 2017, 2758 (Pkw, Rn 21 mwNw); zust SCHWAB JuS 2013, 932, 934; CZIUPKA NJW 2013, 1043; LOOSCHELDERS, SR BT[12] (2017) Rn 96a; nur grds zust HATTENHAUER LMK 2013, 344525; GSELL JZ 2013, 423.

[195] FAUST JuS 2011, 748, 750 f; GSELL JZ 2013, 423 f; SCHWAB JuS 2013, 932, 934; CZIUPKA NJW 2013, 1043; LOOSCHELDERS, SR BT[12] (2017) Rn 96a; BeckOGK/HÖPFNER (1.5.2017) § 439 Rn 32.

[196] BGH 13.4.2011 – VIII ZR 220/10, BGHZ 189, 196 (Faltanhänger, Rn 21 ff); BGH 19.12.2012 – VIII ZR 96/12, NJW 2013, 1074 (Kajütboot, Rn 24); BGH 19.7.2017 – VIII ZR 278/16, NJW 2017, 2758 (Pkw, Rn 22 f).

[197] NomosKomm/SCHWAB[3] (2016) § 269 Rn 38; jurisPK/PAMMLER[8] (2017) § 439 Rn 44 ff; BeckOK/FAUST (15.6.2017) § 439 Rn 13a mwNw in Rn 13; BeckOGK/HÖPFNER (1.5.2017) § 439 Rn 37–38; auch MünchKomm/WESTERMANN[7] (2016) § 439 Rn 7; zu älteren Auffassungen BGH 13.4.2011 – VIII ZR 220/10, BGHZ 189, 196 (Faltanhänger, Rn 16).

[198] BGH 13.4.2011 – VIII ZR 220/10, BGHZ 189, 196 (Faltanhänger, Rn 29); BGH 19.12.2012 – VIII ZR 96/12, NJW 2013, 1074 (Kajütboot, Rn 24); BGH 19.7.2017 – VIII ZR 278/16, NJW 2017, 2758 (Pkw, Rn 21 ff); BALL NZV 2004, 217, 220; REINKING NJW 2008, 3608, 3610 ff; SKAMEL ZGS 2006, 227, 229; KAISER JZ 2011, 978, 983; BeckOK/LORENZ (1.2.2017) § 269 Rn 32; dazu auch BECKMANN, in: STAUDINGER/Eckpfeiler N. Rn 101 ff; wegen der daraus resultierenden Rechtsunsicherheit krit FAUST JuS 2011, 748, 750; GSELL JZ 2011, 988, 991; auch MünchKomm/WESTERMANN[7] (2016) § 439 Rn 7.

I. Leistungsstörungen

die Vertragspartner über den Ort der Nacherfüllung nicht gesprochen, so modifiziert der Nacherfüllungsanspruch die ursprüngliche Leistungspflicht (Rn 49) und muss der Verkäufer nicht zwingend am ursprünglichen Erfüllungsort nacherfüllen.[199] Etwas anderes gilt aber dann, wenn die Vertragspartner ausdrücklich einen vom üblichen Ort abweichenden Ort für die Primärleistung vereinbart haben: Verspricht etwa ein Abholmarkt gegen Aufpreis, die gekaufte Spülmaschine anzuliefern („Lieferung bis vor die Haustüre"),[200] so verlegt diese Abrede auch den Nacherfüllungsort vor die Haustür der Käuferin.[201] Haben die Vertragspartner einen Nacherfüllungsort, wie in der Regel, nicht vereinbart, so folgt er nach § 269 Abs 1 BGB aus den Umständen, insbesondere aus der Natur des Schuldverhältnisses (näher Rn 57 f);[202] lassen die Umstände keinen Rückschluss zu, so ist Erfüllungsort gem § 269 Abs 1, 2 BGB der Ort, an welchem der Schuldner zur Zeit der Entstehung des Schuldverhältnisses seinen Wohn- oder Geschäftssitz hatte.[203]

Nach der **Verkehrssitte** und damit den **Umständen iS des § 269 Abs 1 BGB** (Rn 56) sind Gegenstände des täglichen Lebens, zB Kleidungsstücke und Handys, sowohl zum „Umtausch" als auch zur Reparatur in das Ladenlokal des Verkäufers zu bringen.[204] Auch beim Kauf im Abholmarkt entspricht es der Verkehrssitte, die mangelhafte Ware zum Abholmarkt zurückzubringen: Der Käufer, der über den niedrigen Abholpreis gespart hat, kann auch iR der Nacherfüllung an den Belastungen festgehalten werden, auf die er sich mit dem Abholen eingelassen hat.[205] Will der Käufer Erschwernisse vermeiden, so muss er die Anlieferung der Ware verlangen, also – gegen einen Aufpreis – eine Bringschuld vereinbaren, und so auch den Nacherfüllungsort für die Rückgewähr in sein Haus verlegen (gerade Rn 56). Keinesfalls wird der Erfüllungsort dadurch an den Belegenheitsort der Sache oder an den Wohnsitz des Käufers verlegt, dass dieser die Kaufsache „bestimmungsgemäß" dorthin gebracht hat, er etwa Möbel vom Ablieferungsort Bahnhof Hagen an seinen italienischen Wohnsitz hat transportieren lassen[206] oder mit der gekauften Yacht auf fremden Meeren schippert[207] oder mit

57

---

[199] BGH 13.4.2011 – VIII ZR 220/10, BGHZ 189, 196 (Faltanhänger, Rn 31 f, 49 mwNw); Picker/Nemeczek ZGS 2011, 447, 449; BeckOK/Lorenz (1.2.2017) § 269 Rn 32; BeckOGK/Höpfner (1.5.2017) § 439 Rn 31; **aA** BGH 23.1.1991 – VIII ZR 122/90, BGHZ 113, 251, 259 (Pumpengeneratoren – zu BGB aF); Muthorst ZGS 2007, 370, 372; Reinking NJW 2008, 3608, 3610 ff; Gsell JZ 2011, 988, 989 f; Hattenhauer LMK 2013, 344525; MünchKomm/Krüger[7] (2016) § 269 Rn 37; auch Skamel ZGS 2006, 227, 228.

[200] Vgl den Sachverhalt AG Schorndorf 25.2.2009 – 2 C 818/08, ZGS 2009, 525.

[201] Jauernig/Berger[15] (2017) § 439 Rn 11; Katzenstein ZGS 2008, 450, 453; Reinking NJW 2008, 3608, 3609 ff; Lorenz NJW 2009, 1633, 1635.

[202] BGH 13.4.2011 – VIII ZR 220/10, BGHZ 189, 196 (Faltanhänger, Rn 30 ff mwNw); BGH 8.1.2008 – X ZR 97/05, NJW-RR 2008, 724 (Yacht, Rn 11); Skamel ZGS 2006, 227, 228; Reinking NJW 2008, 3608, 3610 ff; Palandt/Weidenkaff[76] (2017) § 439 Rn 3a; auch Pils JuS 2008, 767, 769.

[203] BGH 13.4.2011 – VIII ZR 220/10, BGHZ 189, 196 (Faltanhänger, Rn 29); BGH 19.12.2012 – VIII ZR 96/12, NJW 2013, 1074 (Kajütboot, Rn 24); BeckOK/Lorenz (1.2.2017) § 269 Rn 32; Erman/Grunewald[15] (2017) § 439 Rn 7.

[204] BGH 13.4.2011 – VIII ZR 220/10, BGHZ 189, 196 (Faltanhänger, Rn 33 mwNw); Skamel ZGS 2006, 227, 228; Reinking NJW 2008, 3608, 3610; Pils JuS 2008, 767, 769; Picker/Nemeczek ZGS 2011, 447, 450, 453; BeckOK/Lorenz (1.2.2017) § 269 Rn 32.1; **abl** Gsell JZ 2011, 988, 991, 992 ff und JZ 2013, 423 f.

[205] BGH 13.4.2011 – VIII ZR 220/10, BGHZ 189, 196 (Faltanhänger, Rn 55); Skamel ZGS 2006, 227, 228; Muthorst ZGS 2007, 370, 372; Unberath/Cziupka JZ 2008, 867, 870; **aA** AG Menden 3.3.2004 – 4 C 26/03, NJW 2004, 2171.

[206] So aber zum Rücktritt gem § 326 Abs 1 S 2 aF BGH 18./19.9.1974 – VIII ZR 24/73, WM 1974, 1073 f.

einem Auto und einem Faltanhänger an wechselnden (Urlaubs-)Orten herumfährt und diese sonst an seinem Wohnort parkt:[208] Dass der Verkäufer weiß, wohin der Käufer die Sache bringt, ist nur ein nach § 269 Abs 1 BGB zu berücksichtigender Umstand.[209] Zudem wäre andernfalls immer am Belegenheitsort oder am Wohnort des Käufers nachzuerfüllen (dagegen Rn 56): Niemand bewegt das neue Auto nur auf dem Betriebshof des Verkäufers und trägt das neue Kleid nur im Kaufhaus. Da das bloße Wissen keine Willenserklärung ist, fehlt es auch an einer Abrede eines abweichenden Nacherfüllungsorts (dazu gerade Rn 56).[210]

58 Maßgeblich kann nach § 269 Abs 1 BGB aber die **Ortsgebundenheit der Nacherfüllungsleistung** sein: Bei Kraftfahrzeugen und technischen Geräten können technisch aufwendige Reparaturarbeiten nur am Betriebsort des Händlers (in dessen Werkstatt) durchgeführt werden[211] – der Käufer muss auch ein nicht fahrtüchtiges Kraftfahrzeug zum Händler zurückbringen[212]. Fest eingebaute Sachen, wie im Haus des Käufers verlegte Bodenfliesen, kann der Verkäufer nur am Belegenheitsort durch Reparatur nachbessern[213] (gegen eine Aus- und Einpflicht des Verkäufers im Rahmen der Nachlieferung Rn 54 f). Hingegen genügt es für die Verlegung der Nacherfüllungspflicht an den Belegenheitsort der mangelhaften Sache **nicht**, dass der Käufer **größere, schwere oder sperrige Gegenstände** gekauft hat:[214] Eine Segelyacht muss der Verkäufer nicht aus weit entfernten Häfen in seine Werft zurückschleppen;[215] eine Couch muss er nicht mit einem Hubwagen über den Balkon aus der schwer zugänglichen Käuferwohnung heraushieven und die Ersatzcouch hineinheben.[216] Will der Käufer Transporterschwernisse vermeiden, mit denen er sich beim ersten Leistungsaustausch abgefunden hat, so muss er gegen Aufpreis einen Kaufvertrag mit Lieferpflicht (Bringschuld) vereinbaren und damit auch den Nacherfüllungsort an den Belegenheitsort verlagern (gerade Rn 57). Allerdings steht zu erwarten, dass der EuGH auf eine entsprechende Vorlage für den Verbrauchsgüterkauf eine Abholpflicht des Verkäufers bejahen wird – weil der Transport der mangelhaften Sache und der Rücktransport der reparierten Sache oder

---

[207] **So aber** BGH 8.1.2008 – X ZR 97/05, NJW-RR 2008, 724 (Rn 13).

[208] BGH 13.4.2011 – VIII ZR 220/10, BGHZ 189, 196 (Faltanhänger, Rn 33); OLG München 20.6.2007 – 20 U 2204/07, NJW 2007, 3214, 3215; **so aber** OLG München 12.10.2005 – 15 U 2190/05, NJW 2006, 449, 450.

[209] BGH 13.4.2011 – VIII ZR 220/10, BGHZ 189, 196 (Faltanhänger, Rn 31).

[210] Ebenfalls abl zum BGB aF BGH 23.1.1991 – VIII ZR 122/90, NJW 1991, 1604 (Pumpengeneratoren): Kauf in Neu-Isenburg und Kenntnis des Verkäufers vom Einsatz in Saudi-Arabien.

[211] BGH 13.4.2011 – VIII ZR 220/10, BGHZ 189, 196 (Faltanhänger, Rn 33, 55); MünchKomm/KRÜGER[7] (2016) § 269 Rn 37; BeckOK/LORENZ (1.2.2017) § 269 Rn 32.1; auch ERMAN/GRUNEWALD[15] (2017) § 439 Rn 7; krit GSELL JZ 2011, 988, 991; nur im Ergebnis zust NomosKomm/SCHWAB[3] (2016) § 269 Rn 38.

[212] BGH 19.7.2017 – VIII ZR 278/16, NJW 2017, 2758 (Rn 19).

[213] BGH 13.4.2011 – VIII ZR 220/10, BGHZ 189, 196 (Faltanhänger, Rn 34); PURNHAGEN EuZW 2011, 626, 627, 630; krit ARTZ ZJS 2011, 274, 275; GSELL JZ 2011, 988, 996.

[214] **So aber** KANDLER, Kauf und Nacherfüllung (2004) 444; PILS JuS 2008, 767, 769; SCHNEIDER/KATERNDAHL MDR 2009, 9, 10; auch Nomos-Komm/BÜDENBENDER[3] (2016) § 439 Rn 29; auch BGH 13.4.2011 – VIII ZR 220/10, BGHZ 189, 196 (Faltanhänger, Rn 34, 42: wenn „ein Rücktransport aus anderen Gründen nicht oder nur erschwert möglich ist"). Im Ergebnis auch GSELL JZ 2011, 988, 994; PICKER/NEMECZEK ZGS 2011, 447, 455.

[215] S auch BGH 19.12.2012 – VIII ZR 96/12, NJW 2013, 1074 (Kajütboot, Rn 24): Erfüllungsort der gemeinsame Wohnsitz Berlin, nicht die Ostseeinsel Usedom, auf der die Käufer das Boot untergestellt hatten; **so aber** BGH 8.1.2008 – X ZR 97/05, NJW-RR 2008, 724 (Rn 13) zu § 635 aF.

[216] So aber AG Menden 3.3.2004 – 4 C 26/03, NJW 2004, 2171.

Ersatzsache für den Käufer entgegen Art 3 Abs 3 Unterabs 3 VerbrGKRL erheblich unangenehm sei.

4. Kosten der Nacherfüllung, § 439 Abs 2, 3 BGB, § 475 Abs 6 BGB

a) §§ 439 Abs 2, 475 Abs 6 BGB

Gem **§ 439 Abs 2 BGB** (der Art 3 Abs 4 VerbrGKRL entspricht) hat der Verkäufer 59 verschuldensunabhängig die Kosten für die den anderen Gewährleistungsrechten vorgeschaltete Nacherfüllung[217], insbes Transport-, Wege-, Arbeits- und Materialkosten, zu tragen. Dazu gehören nach BGH auch die Kosten, die entstehen, um den – tatsächlich bestehenden[218] – Mangel festzustellen, etwa Kosten für die Einholung eines Sachverständigengutachtens.[219] § 439 Abs 2 BGB ist eine **Anspruchsgrundlage,**[220] nach der der Käufer Ersatz für Aufwendungen verlangen kann, die er selbst zum Zweck der Nacherfüllung gemacht hat. Beim **Verbrauchsgüterkauf** iS des § 474 Abs 1 BGB kann der Käufer **gem § 475 Abs 6 BGB** einen **Vorschuss**[221] verlangen; für ein taugliches Nacherfüllungsverlangen genügt es daher, dass der Käufer sich bereiterklärt, die Kaufsache zum Ort der Nacherfüllung, also im Regelfall (Rn 56 ff) an den Geschäfts- oder Wohnsitz des Verkäufers zu bringen, dies aber von einem Vorschuss abhängig macht.[222] Dem Verbraucher können die Kosten der Nacherfüllung wegen § 476 Abs 1 BGB (bis 31.12. 2017: § 475 Abs 1 BGB) nicht durch Vereinbarung ganz oder anteilig auferlegt werden[223]; nur wenn die Kosten ausnahmsweise unverhältnismäßig hoch sind, kann der Verkäufer diese gem **§ 475 Abs 4 S 2 BGB auf einen angemessenen Betrag** beschränken.[224]

Der Anspruch auf Kostenerstattung aus § 439 Abs 2 BGB setzt grundsätzlich voraus, 60 dass der Käufer dem Verkäufer über eine **Nachfrist** Gelegenheit gibt, zunächst selbst tätig zu werden. Etwa muss der Verkäufer über die Nachfrist die Möglichkeit bekom-

---

[217] BGH 30.4.2014 – VIII ZR 275/13, NJW 2014, 2351 (Rn 18).
[218] BGH 30.4.2014 – VIII ZR 275/13, NJW 2014, 2351 (Rn 11); NEMECZEK NJW 2016, 2375, 2376.
[219] BGH 30.4.2014 – VIII ZR 275/13, NJW 2014, 2351 (Rn 15 f); BeckOK/FAUST (15.6. 2017) § 439 Rn 22; ERMAN/GRUNEWALD[15] (2017) § 439 Rn 8; PALANDT/WEIDENKAFF[76] (2017) § 439 Rn 9; auch STAUDINGER/MATUSCHE-BECKMANN (2014) § 439 Rn 16, 90; abl LORENZ NJW 2014, 2319, 2320 f; auch MünchKomm/WESTERMANN[7] (2016) § 439 Rn 17: Erstattungsfähigkeit nur über einen Schadensersatzanspruch aus §§ 437 Nr, 280 (286).
[220] BGH 30.4.2014 – VIII ZR 275/13, NJW 2014, 2351 (Rn 15 f); BGH 19.7.2017 – VIII ZR 278/16, NJW 2017, 2758 (Pkw, Rn 29); STAUDINGER/MATUSCHE-BECKMANN (2014) § 439 Rn 88; ERMAN/GRUNEWALD[15] (2017) § 439 Rn 8; PALANDT/WEIDENKAFF[76] (2017) § 439 Rn 9; aA HELLWEGE AcP 206 (2006) 136 ff; KLINCK Jura 2006, 481; SCHNEIDER/KATERNDAHL MDR 2009, 9; HÖPFNER ZGS 2009, 270, 271; JAENSCH NJW 2012, 1025, 1029; auch LORENZ NJW 2014, 2319, 2321. Hat der Käufer dem Verkäufer Kosten erstattet, die gem § 439 Abs 2 BGB der Verkäufer tragen müsste, hat der Käufer einen Rückzahlungsanspruch aus § 812 Abs 1 S 1 BGB: BGH 11.11.2008 – VIII ZR 265/07, NJW 2009, 580 (Rn 7).
[221] Für das bis zum 31.12.2017 geltende Recht gestützt auf § 439 Abs 2 BGB und Art 3 Abs 3 VerbrGKRL schon BGH 13.4.2011 – VIII ZR 220/10, BGHZ 189, 196 (Rn 37); BGH 19.7.2017 – VIII ZR 278/16, NJW 2017, 2758 (Pkw, Rn 29).
[222] BGH 19.7.2017 – VIII ZR 278/16, NJW 2017, 2758 (Pkw, Rn 27 ff); auch BeckOGK/HÖPFNER (1.5.2017) § 439 Rn 30.2.
[223] FISCHINGER NJW 2009, 563, 565; BeckOGK/HÖPFNER (1.5.2017) § 439 Rn 31.1; MünchKomm/LORENZ[7] (2016) § 475 Rn 8; allg STAUDINGER/MATUSCHE-BECKMANN (2014) § 439 Rn 145; MünchKomm/WESTERMANN[7] (2016) § 439 Rn 31.
[224] PICHT JZ 2017, 807, 811; **abw** wollen HÖPFNER/FALLMANN NJW 2017, 3745, 3750 die Herabsetzungsmöglichkeit auch für § 439 Abs 2 unter Berufung auf RegE BT-Drucks 18/8486, 44 auf die Aus- und Einbaufälle beschränken.

men festzustellen, ob die Sache mangelhaft ist, auf welcher Ursache der Mangel beruht und ob er bereits bei Gefahrübergang bestand.[225] Soweit der Verkäufer keine Nacherfüllung schuldet, ist ein etwaiger Mehraufwand, etwa für den Rückruf von mangelhaftem Speiseeis, nicht nach § 439 Abs 2 BGB erstattungsfähig, sondern nur über den verschuldensabhängigen Schadensersatzanspruch aus §§ 437 Nr 3, 280 BGB.[226] Abweichend behandelt die Rechtsprechung die **Transportkosten**: Schuldet der Verkäufer, wie im Regelfall, die Nacherfüllung an seinem Geschäfts- oder Wohnsitz (oben Rn 56 ff) und muss er die Sache daher nicht beim Käufer abholen, so obliegt[227] es dem Käufer, die mangelhafte Sache zum Verkäufer zu bringen. Gleichwohl soll der Käufer Anspruch auf Erstattung der Transportkosten und einen Vorschuss haben.[228] Der BGH macht aus § 439 Abs 2 BGB für die Transportkosten eine primärlastentkleidete Erstattungspflicht (zu § 439 Abs 3 BGB, Rn 66). Ohne Nachfristsetzung soll der Käufer gem § 439 Abs 2 BGB Erstattung der Transportkosten auch nur dann verlangen können, wenn ihn die Transportlast trifft, der Erfüllungsort also beim Verkäufer liegt.[229] Ist ausnahmsweise am Wohnort des Käufers nachzuerfüllen (vgl Rn 58), bringt der Käufer die mangelhafte Sache aber zum Verkäufer, so erhält er die Transportkosten ohne vorherige Nachfristsetzung nicht gem § 439 Abs 2 BGB erstattet:[230] Für diese eigenmächtige Selbstvornahme[231] hat der Käufer nach hM keinen (Rn 61), richtigerweise aber gem § 812 Abs 1 S 1 Var 2 BGB und §§ 684, 818 Abs 2 (Rn 62) BGB einen Ersatzanspruch.

b)   Selbstvornahmekosten

61 Setzt der Käufer dem Verkäufer keine Nachfrist, sondern beseitigt einen Sachmangel sofort selbst, repariert er etwa das gekaufte Auto, so treffen die Kosten der eigenmächtigen Selbstvornahme nach **BGH** den **Käufer** und nicht den Verkäufer:[232] Andernfalls werde das Erfordernis der Nachfristsetzung (Rn 23 ff) umgangen und dem Verkäufer die Möglichkeit genommen, sich den Kaufpreis durch eine „zweite Andienung" end-

---

[225] BGH 21.12.2005 – VIII ZR 49/05, NJW 2006, 1195 (Rn 21); BGH 30.4.2014 – VIII ZR 275/13, NJW 2014, 2351 (Rn 11); STAUDINGER/MATUSCHE-BECKMANN (2014) § 439 Rn 16; PALANDT/WEIDENKAFF[76] (2017) § 439 Rn 11.
[226] BGH 18.10.2017 – VIII ZR 86/16, ZIP 2017, 2363 (Rn 18 f, 25 f mwNw).
[227] BGH 13.4.2011, VIII ZR 220/10, BGHZ 189, 196 (Faltanhänger, Rn 13); BGH 19.7.2017 – VIII ZR 278/16, NJW 2017, 2758 (Pkw, Rn 27 f); AUGENHOFER/APPENZELLER/HOLM JuS 2011, 680, 681 f; NEMECZEK NJW 2016, 2375; **abl** GSELL JZ 2011, 988, 992 ff und JZ 2013, 423, 424; PICKER/NEMECZEK ZGS 2011, 447, 452 ff.
[228] BGH 21.12.2005 – VIII ZR 49/05, NJW 2006, 1195 (Rn 21); BGH 13.4.2011 – VIII ZR 220/10, BGHZ 189, 196 (Faltanhänger, Rn 37); BGH 19.7.2017 – VIII ZR 278/16, NJW 2017, 2758 (Pkw, Rn 29); A STAUDINGER/ARTZ NJW 2011, 3121, 3123; JAUERNIG/BERGER[16] (2015) § 439 Rn 37.
[229] BGH 13.4.2011 – VIII ZR 220/10, BGHZ 189, 196 (Faltanhänger, Rn 37); BGH 19.7.2017 – VIII ZR 278/16, NJW 2017, 2758 (Pkw, Rn 29); JAUERNIG/BERGER[16] (2015) § 439 Rn 37; insoweit krit

FAUST JuS 2011, 748, 751 und in: BeckOK (15.6.2017) § 439 Rn 21a; HÖPFNER JZ 2012, 473, 474.
[230] **So aber** CZIUPKA NJW 2013, 1043, 1045; NEMECZEK NJW 2016, 2375, 2377; vgl auch GSELL JZ 2013, 423, 424; HELLWEGE AcP 206 (2006) 136, 153 f; PICKER/NEMECZEK ZGS 2011, 447, 456; BeckOGK/HÖPFNER (1.5.2017) § 439 Rn 33.
[231] FAUST JuS 2011, 748, 751; CZIUPKA NJW 2013, 1043, 1044 (der aber § 439 Abs 2 auf diese Fälle erstrecken will [1045]); JAENSCH NJW 2012, 1025, 1030; auch SCHWAB JuS 2013, 932, 934.
[232] BGH 23.2.2005 – VIII ZR 100/04, BGHZ 162, 219, 224 ff mit zust Anm SUTSCHET JZ 2005, 574 ff; BGH 22.6.2005 – VIII ZR 1/05, NJW 2005, 3211, 3212; 7.12.2005 – VIII ZR 126/05, NJW 2006, 988, 989 f; DAUNER-LIEB/DÖTSCH ZGS 2003, 455, 457; DAUNER-LIEB/ARNOLD ZGS 2005, 10 ff; BECKMANN, in: STAUDINGER/Eckpfeiler N. Rn 99; LOOSCHELDERS, SR BT[12] (2017) Rn 98; NomosKomm/BÜDENBENDER[3] (2016) § 437 Rn 80; PALANDT/GRÜNEBERG[76] (2017) § 326 Rn 13; auch auch MünchKomm/WESTERMANN[7] (2016) § 439 Rn 11.

I. Leistungsstörungen

gültig zu verdienen. Zudem verliere der Verkäufer, der mit der Käuferreparatur vor vollendete Tatsachen gestellt werde, die Möglichkeit, die Kaufsache zu untersuchen und Beweise hinsichtlich des behaupteten Sachmangels zu sichern. Daraus folgt für den Käufer ein großes Risiko (Selbstvornahmefalle): Bringt er etwa sein Auto, weil auf einer Autobahnfahrt eine Kontrolllampe leuchtet, sofort zur Werkstatt, ohne dem Verkäufer zunächst eine Nachfrist zur Reparatur gesetzt zu haben, bleibt er nach dieser Rechtsprechung grundsätzlich auf den Werkstattkosten sitzen. Das verteilt mE die Risiken der Nacherfüllung falsch. **Entgegen dem BGH**[233] wird dem Verkäufer mit der Erfüllung durch Selbstvornahme **kein Recht zur zweiten Andienung genommen**. Denn zum einen hat der Verkäufer kein Nacherfüllungs„recht": Es besteht lediglich eine Obliegenheit des Käufers, dem Verkäufer die Nacherfüllung zu ermöglichen, um auf die Sekundärrechte Minderung, Rücktritt und Schadensersatz statt der Leistung übergehen zu können.[234] Der Käufer ist nicht verpflichtet, Nacherfüllung zu verlangen, sondern kann sich auch mit der mangelhaften Sache begnügen. Entgegen dem BGH wird dem Verkäufer durch die Selbstvornahme auch **nicht die Beweissicherung abgeschnitten**: Den Käufer trifft die Beweislast sowohl für das Bestehen einer Nacherfüllungspflicht des Verkäufers (Rn 12) als auch für die Höhe der vom Verkäufer ersparten Aufwendungen. Beweisschwierigkeiten, die entstehen, weil der Käufer die Kaufsache repariert hat oder weil er sie beim Rücktransport zum Verkäufer beschädigt hat, gehen zu seinen Lasten.[235] Nur beim Verbrauchsgüterkauf, bei dem § 477 BGB (bis zum 31.12.2017: § 476) zugunsten des Käufers vermutet, dass der Mangel schon bei Gefahrübergang bestand (Rn 14), nähme der Käufer dem Verkäufer mit der Mangelbeseitigung die Möglichkeit, die Vermutung durch den Nachweis zu widerlegen, der Mangel beruhe auf einer nach Gefahrübergang eingetretenen Ursache, insbes auf einem Anwendungsfehler des Käufers.[236] Dem Käufer obliegt es aber, dafür Sorge zu tragen, dass die Ursache des Mangels festgestellt werden kann. Lässt der Käufer ohne vorherige Mängelrüge reparieren oder ein mangelhaftes Teil der Kaufsache austauschen, ohne dieses aufzubewahren, so liegt darin eine fahrlässige Beweisvereitelung mit der Folge von Beweiserleichterungen für den Verkäufer oder einer Beweislastumkehr, so dass erneut der Käufer beweisen muss, dass die Kaufsache schon bei Gefahrübergang mangelhaft war.[237]

Richtigerweise hat der Käufer einen **Anspruch auf Erstattung** der Selbstvornahmekosten. Entgegen einer vielfach vertretenen Auffassung kann dieser aber **nicht auf §§ 326 Abs 4 BGB mit 346 Abs 1** (dazu Rn 149) gestützt werden: Dass der Käufer dem Verkäufer die von diesem geschuldete Nacherfüllung durch die eigenmächtige Mängelbeseitigung iS des § 275 Abs 1 BGB unmöglich macht und sich der Verkäufer auf den

---

[233] BGH 23.2.2005 – VIII ZR 100/04, BGHZ 162, 219, 227.
[234] BGH 12.12.2005 – VIII ZR 49/05, NJW 2006, 1195 (Rn 20); BGH 10.3.2010 – VIII ZR 310/08, NJW 2010, 1448 (Rn 12); BGH 13.4.2011 – VIII ZR 220/10, NJW 2011, 2278 (Rn 13); BGH 13.7.2011 – VIII ZR 215/10, NJW 2011, 3435 (Rn 28); Mankowski JZ 2011, 781, 782 mwNw.
[235] Ebert NJW 2004, 1761, 1764; Gsell ZIP 2005, 922, 926; Katzenstein ZGS 2004, 349, 354; Herresthal/Riehm NJW 2005, 1457, 1459.
[236] BGH 23.11.2005 – VIII ZR 43/05, NJW 2006, 434; BGH 12.12.2005 – VIII ZR 49/05, NJW 2006, 1195; auch BGH 10.3.2010 – VIII ZR 310/08, NJW 2010, 1448 (Rn 12 f); BGH 23.2.2005 – VIII ZR 100/04, BGHZ 162, 219.
[237] BGH 23.11.2005 – VIII ZR 43/05, NJW 2006, 434: Beweiserleichterung dahin, dass der wahrscheinlichste Geschehensablauf (kein Mangel bei Gefahrübergang) als bewiesen gilt; auch BGH 23.10.2008 – VII ZR 64/07, NJW 2009, 360 (Rn 20 ff): Beweislastumkehr beim Werkvertrag; zweifelnd Tonner/Wiese BB 2005, 903, 904, aber 906.

wegen weit überwiegenden Käuferverschuldens gem § 326 Abs 2 S 1 Var 1 BGB (Rn 77) fortbestehenden Kaufpreisanspruch **gem[238] oder analog[239] § 326 Abs 2 S 2 BGB** die (häufig geringeren) Kosten anrechnen lassen muss, die er selbst zur Nacherfüllung nach § 439 Abs 2 BGB hätte aufwenden müssen (Rn 59), ist schon deswegen schief, weil § 326 Abs 2 S 2 BGB auf Schlechtleistungen nicht anwendbar ist: Um dem Käufer nach § 437 BGB die Wahl zwischen Minderung, Rücktritt und Schadensersatz zu erhalten, macht § 326 Abs 2 S 1 BGB bei einer mangelhaften Leistung und Unmöglichkeit der Nacherfüllung eine Ausnahme von der Regel des § 326 Abs 1 S 1 BGB und erlischt die Pflicht des Käufers zur Kaufpreiszahlung trotz Unmöglichkeit der Nacherfüllung nicht (Rn 75); damit greift auch § 326 Abs 2 BGB nicht (dazu Rn 89 f). Insbes begründen die Fälle der Zweckerreichung (der erkrankte Hund gesundet) wegen der Erfolgsbezogenheit der Verkäuferpflicht (Rn 10) keine Unmöglichkeit: Zwar kann der Verkäufer die geschuldete Leistungshandlung nicht mehr vornehmen. Der Leistungserfolg bleibt aber aber nicht aus, sondern tritt gerade ein;[240] der Käufer hält die mangelfreie Kaufsache in den Händen.[241] Mit der Selbstvornahme wird die Pflicht des Verkäufers **erfüllt**, eine mangelfreie Sache zu leisten – allerdings hat entgegen § 362 Abs 1 BGB nicht der Schuldner „an den Gläubiger" geleistet, sondern hat der Gläubiger den Leistungserfolg selbst herbeigeführt.[242] Der Verkäufer als Schuldner hat aber kein Recht selbst zu leisten, sondern muss die durch § 267 BGB gestattete Leistung durch Dritte hinnehmen und dem Dritten die ersparten Nachbesserungsaufwendungen gem §§ 267, 812 Abs 1 S 1 Alt 2 BGB herausgeben.[243] Ebenso wie einem Dritten gestattet es die Rechtsprechung grds auch dem Gläubiger, der statt des Schuldners leistet, die ersparten Aufwendungen über § 812 Abs 1 S 1 Alt 2 BGB beim Schuldner abzuschöpfen.[244] Anspruchsgrundlage für den Bereicherungsanspruch des Käufers sind

---

[238] LORENZ NJW 2003, 1417, 1419; EBERT NJW 2004, 1761, 1763; HERRESTHAL/RIEHM NJW 2005, 1457, 1461; WALL ZGS 2011, 166, 168 ff; im Ansatz auch CANARIS, in: FS Picker (2010) S 113, 131; differenzierend KATZENSTEIN ZGS 2005, 185, 187 ff; zur voreiligen Selbstvornahme beim Werkvertrag zu § 324 Abs 1 S 2 aF RIEBLE DB 1989, 1759, 1760 f; SEIDEL JZ 1991, 391, 392 f.

[239] OLG München 21.7.2006, 19 U 2503/05, ZGS 2007, 80; BRAUN ZGS 2004, 423, 427 ff; KATZENSTEIN ZGS 2004, 349, 356; P BYDLINSKI ZGS 2005, 129, 130 f; GSELL ZIP 2005, 922, 925; OETKER/MAULTZSCH[4] (2013) § 2 Rn 227; BeckOK/FAUST (15.6.2017) § 437 Rn 37 f, § 439 Rn 21a; JAUERNIG/STADLER[16] (2015) § 326 Rn 29; STAUDINGER/SCHWARZE (2015) § 326 Rn C 97 ff; zu §§ 440, 324 Abs 1 S 2 aF bei einem Rechtsmangel OLG Stuttgart 6.3.1987 – 2 U 174/86, NJW-RR 1987, 721, 722.

[240] Gegen Unmöglichkeit auch DAUNER-LIEB/DÖTSCH ZGS 2003, 455, 456; DAUNER-LIEB/ARNOLD ZGS 2005, 10, 11 mit Fn 9; OECHSLER NJW 2004, 1825, 1826 und Vertragliche Schuldverhältnisse[2] (2017) Rn 204; SCHROETER JR 2004, 441, 443; GSELL ZIP 2005, 922, 925; auch MünchKomm/WESTERMANN[7] (2016) § 439 Rn 11. Beim Deckungskauf gegen die Unmöglichkeit wegen Zweck-erreichung BVerfG 26.9.2006 – 1 BvR 2389/04, ZGS 2006, 470.

[241] Im Unterschied zu Werk- und Dienstverträgen, bei denen die Zweckerreichung zur Unmöglichkeit führt, wenn das Leistungssubstrat wegfällt, etwa weil das frei zu schleppende Schiff bei Hochwasser freikommt oder der vom Arzt zu behandelnde Patient gesundet: STAUDINGER/LÖWISCH/CASPERS (2014) § 275 Rn 28.

[242] **Abw** gegen eine Erfüllung iSd § 362 Abs 1 bei einem Deckungskauf BVerfG 26.9.2006 – 1 BvR 2389/04, ZGS 2006, 470.

[243] BGH 23.2.1978 – VII ZR 11/76, BGHZ 70, 389, 396 f mwNw zum Werkvertrag (zusätzlich Anspruch aus §§ 684, 818). **Abw gegen** einen Bereicherungsanspruch des Bestellers, der einen Werkmangel voreilig selbst beseitigt, weil § 637 BGB (§ 633 aF) als Sondervorschrift vorgehe und andernfalls das Erfordernis der Nachfristsetzung und die kurze werkvertragliche Verjährung unterlaufen werde: BGH 11.10.1965 – VII ZR 124/63, NJW 1966, 39, 40 (zu § 13 VOB [B]); BGH 28.9.1967 – VII ZR 81/65, NJW 1968, 43; BGH 12.7.1984 – VII ZR 268/83, BGHZ 92, 123, 125 mwNw; gegen eine Rückgriffskondiktion LARENZ/CANARIS, II 2[13] (1994) § 69 III 2 d S 194; U HUBER, Leistungsstörungen II (1999) § 49 III 1 S 523 f.

I. Leistungsstörungen

§ 812 Abs 1 S 1 Alt 2 BGB (Rückgriffskondiktion)[245] und häufig auch **§§ 684, 818 Abs 2 BGB (unberechtigte Geschäftsführung ohne Auftrag)**.[246] Herausgeben muss der Verkäufer nur die tatsächlich ersparten Kosten: Hätte der Verkäufer aufgrund einer Herstellergarantie etwa umsonst nachliefern können, hat er durch die Käuferreparatur nichts erspart und schuldet keine Bereicherungsherausgabe. Um die Grundwertungen des Kaufmängelrechts nicht zu unterlaufen, müssen diese Ansprüche aber der kurzen Verjährung des § 438 BGB unterworfen werden.

c) §§ 439 Abs 3, 475 Abs 6 BGB

Auf Vorlage des BGH und des AG Schorndorf hatte der **EuGH** den Verkäufer von Sachen, die ihrer üblichen Bestimmung entsprechend nur eingebaut verwendet werden können, nicht zwingend zum Ausbau der mangelhaften und zum Einbau der mangelfreien Sache verpflichtet (näher Rn 53), sondern alternativ („oder") zur Erstattung der dem Käufer entstandenen Kosten in angemessener Höhe.[247] Das setzte der **BGH** beschränkt auf den **Verbrauchsgüterkauf** um: Obwohl sich als Anspruchsgrundlage § 439 Abs 2 BGB anbot und sich die Herabsetzung des Aufwendungsersatzes auf das angemessene Maß über „erforderlich" hätte erreichen lassen[248], subsumierte der BGH unter **§ 439 Abs 3 aF** (bis 31.12.2017, jetzt; § 439 Abs 4 BGB):[249] Das Leistungsverweigerungsrecht des Verkäufers enthalte „sozusagen als Minus" die Möglichkeit, den Käufer auf die Erstattung angemessener Kosten zu verweisen; der Käufer könne einen **Vorschuss** verlangen.[250] Für das Maß der **Angemessenheit** stellte der BGH in Anlehnung an § 439 Abs 3 aF auf die Bedeutung der Vertragswidrigkeit (lediglich optischer Mangel) und auf den Wert der mangelfreien Sache ab[251] und verpflichtete den Verkäufer zur Erstattung von 600 € der Ausbaukosten iHv 2.122,37 € für Bodenfliesen.[252] Wäre zusätzlich die Übernahme der Einbaukosten verlangt worden (3.858,99 €), hätte der BGH den Erstattungsbetrag wohl nicht erhöht; er begründet den Betrag von 600 € mit einer „Reduzierung der *Gesamtkosten* für den Aus- und Einbau auf eine angemes-

---

[244] BGH 9.7.1958 – V ZR 202/57, BGHZ 28, 110, 117; BGH 23.2.1973 – V ZR 109/71, BGHZ 60, 235, 243; BGH 7.3.1986 – V ZR 92/85, BGHZ 97, 231, 234; BGH 2.12.1988 – V ZR 26/88, BGHZ 106, 142, 143 – alle zur Selbsterfüllung von Beseitigungsansprüchen aus § 1004 unter Nachbarn; BGH 12.1.1981 – VIII ZR 184/79, BGHZ 79, 211, 215 zu § 985 und Selbstabholung der herauszugebenden Sache; BGH 22.9.2004 – VIII ZR 203/03, NJW-RR 2005, 357, 360 zu § 812 BGB des Bestellers beim Werkvertrag, der vor Gefahrübergang den Leistungserfolg selbst herbeiführt; LARENZ/CANARIS II 2¹³ (1994) § 69 III 2 d S 193.

[245] KATZENSTEIN ZGS 2004, 349, 351 f, 354 f und ders ZGS 2005, 185, 190 f (neben § 326 Abs 2 S 2); HERRESTHAL/RIEHM NJW 2005, 1457, 1461 (neben § 326 Abs 2 S 2); GSELL ZIP 2005, 922, 925 (neben § 326 Abs 2 S 2 und GoA); OECHSLER NJW 2004, 1825, 1826 (noch nur GoA) und ders, Vertragliche Schuldverhältnisse² (2017) Rn 205 (neben GoA).

[246] GSELL ZIP 2005, 922, 925 (neben § 326 Abs 2 S 2 und § 812 Abs 1 S 1 Alt 2); OECHSLER NJW 2004, 1825 ff und Vertragliche Schuldverhältnisse² (2017) Rn 205; CANARIS, in: FS Picker (2010) 113, 132 ff, 137.

[247] EuGH 16.6.2011 – C-65/09, C-87/09, NJW 2011, 2269 (*Putz v Weber*, LS 2 und Rn 74); dazu krit KAISER JZ 2012, 346, 347 ff.

[248] KAISER JZ 2011, 978, 985; STÖBER ZGS 2011, 346, 350; STAUDINGER DAR 2011, 502, 503; EISENBERG BB 2011, 2634, 2638; FÖRSTER ZIP 2011, 1493, 1500; LORENZ NJW 2012, 2241, 2243.

[249] BGH 21.12.2011 – VIII ZR 70/08, BGHZ 192, 148 (Bodenfliesen, Rn 43) – Hervorhebung von mir; krit KAISER JZ 2013, 346, 347 f.

[250] BGH 13.4.2011 – VIII ZR 220/10, BGHZ 189, 196 (Faltanhänger, Rn 37, 44); FAUST JuS 2011, 744, 747, aber sehr krit S 748.

[251] In Anlehnung an den EuGH 16.6.2011 – C-65/09 und C-87/09, NJW 2011, 2269 (*Putz v Weber*, Rn 76) BGH 21.12.2011 – VIII ZR 70/08, BGHZ 192, 148 (Bodenfliesen, Rn 54) – mit einer Obergrenze von 150 % des Werts der Kaufsache.

[252] Zu den Kostenposten s den Tatbestand BGH 21.12.2011 – VIII ZR 70/08, BGHZ 192, 148.

sene Höhe".²⁵³ Dass der Käufer von den Aus- und Einbaukosten (5.981,36 €) mit 600 € nur 1/10 erstattet erhält und auf 9/10 (5.381,36 €) sitzen bleibt, belastet ihn unangemessen. Denn der Mangel als Ursache für den Fliesenaustausch stammt aus dem Bereich des Verkäufers. Zudem muss der Käufer die Fliesen einbauen, um sie verwenden zu können; mit dem Einbau verwirklicht sich für den Verkäufer kein unkalkulierbares Kostenrisiko.²⁵⁴

64 Zum 1.1.2018 ist der Kostenerstattungsanspruch des Käufers in **§ 439 Abs 3 S 1 BGB** ausdrücklich normiert worden (schon Rn 54): Bei Sachen, die gemäß ihrer Art und ihrem Verwendungszweck in eine andere Sache **eingebaut** oder an eine andere Sache **angebracht** werden, muss der Verkäufer dem Käufer die erforderlichen Aufwendungen für das Entfernen der mangelhaften und den Einbau oder das Anbringen der nachgebesserten oder nachgelieferten mangelfreien Sache ersetzen – grds in voller Höhe. Das erfasst neben Kaufsachen, die bestimmungsgemäß eingebaut werden, wie Parkettstäbchen und Bodenfliesen, – anders als bis zum zum 1.1.2018²⁵⁵ – auch Sachen, die an eine andere Sache lediglich angebracht werden, etwa Dachrinnen und Leuchten sowie auf die Wand aufgebrachte Farben und Lacke²⁵⁶ und einen Wandflachbildschirm. Voraussetzung sowohl für den Einbau als auch für das Anbringen ist nach dem allgemeinen Sprachgebrauch eine körperliche Verbindung der Kaufsache mit einer anderen Sache.²⁵⁷ Nach dem Referentenentwurf sollte noch jede im Vertrag vorausgesetzte Veränderung der mangelhaften Sache unter § 439 Abs 3 BGB fallen, etwa wenn der Käufer das gekaufte mangelhafte Regal lackiert oder dieses aufgrund einer fehlerhaften Anleitung (§ 434 Abs 2 S 2 BGB) falsch zusammenbaut²⁵⁸ oder wenn er auf dem gekauften mangelhaften Computer Software installiert. Angesichts des Wortlauts ist eine eine enge Auslegung geboten²⁵⁹ und werden die Gerichte streitige Fragen dem EuGH vorlegen müssen²⁶⁰.

65 Anders als der BGH (Rn 63) beschränkt § 439 Abs 3 S 1 BGB den Kostenerstattungsanspruch nicht auf den Verbrauchsgüterkauf iSd § 474 Abs 1 BGB, sondern erfasst **alle Kaufverträge** und lässt damit auch den Einbau bei Dritten genügen; **gem § 475 Abs 6 BGB** kann aber **nur ein Verbraucher einen Vorschuss** verlangen. Das nutzt vor allem dem Handwerker, der eine von ihm beschaffte mangelhafte Sache gem § 631 Abs 1 BGB beim Besteller einbaut und als Nacherfüllung gem § 635 BGB nicht nur die Beseitigung des Mangels, sondern alle erforderlichen Vor- und Nacharbeiten schuldet²⁶¹, also zusätz-

---

²⁵³ BGH 21.12.2011 – VIII ZR 70/08, BGHZ 192, 148 (Bodenfliesen, Rn 55) – Hervorhebung von mir. Der BGH will den Erstattungsanspruch ausdrücklich „nicht durch verhältnismäßige Herabsetzung der Ausbaukosten einerseits und der Einbaukosten andererseits" berechnen; näher KAISER JZ 2013, 346, 348 f und KAISER, in: STAUDINGER/Eckpfeiler (2014) I. Rn 62.
²⁵⁴ Näher KAISER JZ 2013, 346, 348 f.
²⁵⁵ Weiter schon vorher AUGENHOFER/APPENZELLER/HOLM JuS 2011, 680, 684; s auch ARTZ ZJS 2011, 274, 275 zu Flachbildschirmen.
²⁵⁶ Rechtsausschuss BT-Drucks 18/11437, 40.
²⁵⁷ HÖPFNER/FALLMANN NJW 2017, 3745.
²⁵⁸ Abrufbar unter www.bmjv.de/SharedDocs/ Gesetzgebungsverfahren/Dokumente/Re-fE_Bauvertragsrecht.pdf?_blob=publicationFile&v=2 (zuletzt abgerufen am 18.2.2018).
²⁵⁹ Weiter für eine analoge Anwendung des § 439 Abs 3 FAUST ZfPW 2017, 250, 255; THON Jus 2017, 1150, 1153.
²⁶⁰ THON Jus 2017, 1150, 1153; HÖPFNER/FALLMANN NJW 2017, 3745, 3746; auch MARKWORTH Jura 2018, 1, 4 f; FAUST ZfPW 2017, 250, 255, der zu Recht darauf hinweist, dass die Gerichte wegen § 8 Abs 2 VerbrGKRL zugunsten des Käufers auch ohne Vorlage an den EuGH entscheiden können.
²⁶¹ S nur BGH 13.2.1962 – II ZR 196/06, NJW 1963, 805. 806 (Kloakrohrleitungen); BGH 7.11. 1985 – VII ZR 270/83, BGHZ 96, 221, 224 f (Spundwand); BGH 10.4.2003 – VII ZR 251/02, NJW-RR 2003, 878, 879 (Reihenendhaus:

lich zum Austausch der Bodenfliesen auch die Erneuerung des Estrichs und etwaige Malerarbeiten und den Ab- und Aufbau sowie das Einlagern von Möbeln.[262] Regress konnte er beim Verkäufer der Bodenfliesen bis zum 31.12.2017 nur über den Schadensersatzanspruch aus §§ 437 Nr 3, 280 Abs 1, 3 mit 281 BGB und daher nur in den – seltenen – Fällen nehmen, in denen der Verkäufer den Fliesenmangel zu vertreten hatte. Diese Haftungsfalle[263] beseitigt zugunsten des Handwerkers der verschuldensunabhängige Anspruch auf Aufwendungsersatz aus § 439 Abs 3 S 1 BGB. Der Verkäufer kann wiederum bei seinem Lieferanten Regress nehmen, da der verschuldensunabhängige Aufwendungsersatzanspruch in der Lieferkette von § 478 Abs 2 BGB aF mit § 445a Abs 1 BGB in das allgemeine Kaufrecht verschoben und damit nicht mehr auf die Fälle beschränkt ist, in denen am Ende der Lieferkette ein Verbrauchsgüterkaufvertrag steht.[264] Damit treffen die Mangelbeseitigungskosten letztlich den für den Mangel verantwortlichen Hersteller der Sache und damit den Richtigen.[265]

Während nach BGH bis zum 31.12.2017 die Ansprüche auf Kostenerstattung und Vorschuss bei Verbrauchsgüterkaufverträgen wegen der Aus- und Einbaupflicht des Verkäufers erst entstanden, nachdem eine angemessene Nachfrist für den Aus- und Einbau verstrichen war,[266] und der Käufer bei sofortigem Aus- und Einbau als eigenmächtiger Selbstvornahme nach hM keine Kostenerstattung verlangen konnte (eben Rn 61 f), ensteht der Anspruch aus § 439 Abs 3 BGB **sofort mit der Mängelrüge**: Da der Verkäufer nicht zum Aus- und Einbau verpflichtet ist (Rn 54 f), ginge eine Nachfrist ins Leere.[267] Dieser **primärpflichtenentkleidete Kostenerstattungsanspruch**[268] nimmt eine Sonderstellung im System des Gewährleistungsrechts ein[269] (s aber zu § 439 Abs 2 BGB und Transportkosten oben Rn 60). Begrenzt wird der Aufwendungsersatzanspruch durch das Merkmal der Erforderlichkeit in § 439 Abs 3 S 1 BGB[270]; für die Auslegung kann § 637 BGB herangezogen werden.[271] Sind die Aus- und Einbaukosten **unverhältnismäßig hoch**, so kann der Verkäufer bei einem Vertrag zwischen Unternehmern die Kostenübernahme nach **§ 439 Abs 4 BGB** verweigern;[272] der Käufer, insbes der Handwerker (Rn 65), steht dann mit leeren Händen da, kann aber gem § 440 S 1 BGB sofort auf die Sekundärrechte (Minderung, Rücktritt und Schadensersatz statt der Leistung) übergehen. Für den Verbauchsgüterkauf iSd § 474 Abs 1 BGB beschränkt **§ 475 Abs 4 S 2 BGB** das Leistungsverweigerungsrecht: Der Verkäufer kann die Kostenübernahme nicht vollständig verweigern, sondern nur auf einen angemessenen Betrag begrenzen; gegenüber Verbrauchern setzt sich damit die Rechtsprechung

66

Estrich); statt aller STAUDINGER/PETERS/JACOBY (2013) § 634 Rn 34, § 635 Rn 2; MünchKomm/BUSCHE[7] (2018) § 635 Rn 12 ff, 16.
[262] BGH 10.4.2003 – VII ZR 251/02, NJW-RR 2003, 878, 879 (Reihenendhaus: Estrich); KAISER BauR 2013, 139, 142 mwNw.
[263] RegE BT-Drucks 18/8486, 39; s schon FAUST BauR 2010, 1818, 1824 f; KAISER BauR 2013, 139, 152; BECKMANN, in: STAUDINGER/Eckpfeiler N. Rn 126 f mit Schaubild.
[264] Hierzu MARKWORTH Jura 2018, 1, 11 f.
[265] RegE BT-Drucks 18/8486, 41; KAISER BauR 2013, 139, 152; WAGNER ZEuP 2016, 87, 102 ff; FAUST ZfPW 2017, 250, 252;
[266] FAUST JuS 2008, 84; anders PICKER/NEMECZEK ZGS 2011, 447, 456.
[267] FAUST ZfPW 2017, 250, 253. So trotz Annahme einer Ein- und Ausbaupflicht grundsätzlich auch GRUNEWALD/TASSIUS/LANGENBACH BB 2017, 1673, 1674.
[268] Zum Begriff schon KAISER JZ 2011, 978, 985.
[269] Auch MARKWORTH Jura 2018, 1, 6 f.
[270] Rechtsausschuss BT-Drucks 18/11437, 40.
[271] Rechtsausschuss BT-Drucks 18/11437, 40; FAUST ZfPW 2017, 250, 253 f; GRUNEWALD/TASSIUS/LANGENBACH BB 2017, 1673, 1674; THON JuS 2017, 1150, 1153; BECKMANN, in: STAUDINGER/Eckpfeiler N. Rn 130 f; modifizierend MARKWORTH Jura 2018, 1, 8 ff.
[272] PICHT JZ 2017, 807, 810; GRUNEWALD/TASSIUS/LANGENBACH BB 2017, 1673, 1674; MARKWORTH Jura 2018, 1, 13.

des BGH (Rn 63) fort.²⁷³ Ersatz der (vollen) Aus- und Einbaukosten erhält der Käufer auch nicht über einen Anspruch auf Schadensersatz statt der Leistung gem §§ 280 Abs 1, 3 mit 281 BGB: Schuldet der Verkäufer weder den Ausbau der mangelhaften Sache noch den Einbau der Ersatzsache (Rn 54 f), so besteht mangels Leistungspflicht kein Anspruch auf Schadensersatz „statt" der nicht geschuldeten Aus- und Einbauleistung. Mit dem Nichtausbau und -einbau verletzt der Verkäufer auch keine Nebenleistungs- oder Rücksichtnahmepflicht aus dem Vertrag, so dass auch ein Schadensersatzanspruch aus §§ 280 Abs 1, 241 Abs 2 BGB ausscheidet. Beschränkt der Verkäufer seine Kostenerstattungspflicht gem § 475 Abs 4 S 2 BGB auf das angemessene Maß, kann der Verbraucher-Käufer gem §§ 475 Abs 5, 440 S 1 BGB aber sofort, dh ohne Fristsetzung, auf die Sekundärrechte übergehen.²⁷⁴

67 Keinen Anspruch auf Aufwendungsersatz hat gem **§ 439 Abs 3 S 2 BGB mit § 442 Abs 1 BGB** der Käufer, der bei Beginn des Einbaus oder Anbringens der Kaufsache Kenntnis vom Sachmangel hat; er soll zunächst vom Verkäufer Nachbesserung oder Nachlieferung verlangen, bevor er mit dem Einbau beginnen darf.²⁷⁵ Auch wenn § 439 Abs 3 S 2 BGB ausdrücklich nur von Kenntnis spricht, folgt aus dem Verweis auf § 442 Abs 1 BGB insgesamt und dem Normzweck, dass § 439 Abs 3 S 2 BGB den Aufwendungsersatzanspruch schon dann ausschließt, wenn der Mangel dem Käufer iS des § 442 Abs 1 S 2 BGB beim Einbau infolge grober Fahrlässigkeit unbekannt geblieben ist.²⁷⁶ Erkennt der Käufer den Mangel erst während des Einbaus, etwa nachdem er einen Teil der Fliesen verlegt hat, so muss er mit dem weiteren Einbau warten; der Verkäufer schuldet dann nur die Aufwendungen für den Ausbau der Sache in dem Stadium, in dem der Käufer den Mangel entdeckt hat.²⁷⁷ Den Unternehmer-Käufer, insbes Handwerker, trifft darüber hinaus die Rügeobliegenheit aus § 377 HGB.

5. Nutzungsersatz, §§ 439 Abs 5, 346 Abs 1, Abs 2 S 1 Nr 1 BGB, § 475 Abs 3 BGB

68 Hat der Verkäufer mangelhaft geleistet und verlangt der Käufer gem § 439 Abs 1 BGB Nachlieferung (Rn 49, 51), so muss er dem Verkäufer die mangelhafte Sache und **gem §§ 439 Abs 5 BGB** (bis zum 31.12.2017: § 439 Abs 4 BGB) **mit 346 Abs 1, Abs 2 S 1 Nr 1 BGB die aus der mangelhaften Kaufsache gezogenen Nutzungen herausgeben bzw ersetzen**, etwa die Gebrauchsvorteile aus dem Telefonieren mit dem gekauften Handy. Kann er die Sache mangelbedingt nur eingeschränkt nutzen, ist der Nutzungsersatz entsprechend zu mindern (näher Rn 114).²⁷⁸ Grundgedanke ist, dass der Käufer als Ersatzlieferung eine neue, nicht abgenutzte Sache erhält und Vorteile aus dem Mangel zöge, wenn er die mangelhafte Sache bis zur Lieferung der Ersatzsache unentgeltlich nutzen könnte.²⁷⁹ Im Gegenzug muss der Verkäufer dem Käufer nach §§ 439 Abs 5, 347 Abs 2 S 1 BGB die notwendigen Verwendungen auf die Kaufsache ersetzen, etwa

---

²⁷³ Der RegE BT-Drucks 18/11437, 44 f verweist auf die BGH-Rechtsprechung; krit auch BECKMANN, in: STAUDINGER/Eckpfeiler N. Rn 136.
²⁷⁴ GSELL, in: STAUDINGER/Eckpfeiler L. Rn 67; BECKMANN, in: STAUDINGER/Eckpfeiler N. Rn 137 f.
²⁷⁵ RegE BT-Drucks 18/8486, 40 f; FAUST ZfPW 2017, 250, 252;
²⁷⁶ RegE BT-Drucks 18/8486, 40; THON Jus 2017, 1150, 1153; HÖPFNER/FALLMANN NJW 2017, 3745, 3747. Schon der EuGH 16.6.2011 – C-65/09, C-87/09, NJW 2011, 2269 (*Putz v Weber*, LS 1 und Rn 62) hatte die Pflicht zum Aus- und Einbau bzw zur Kostenübernahme auf die Fälle der Gutgläubigkeit des Käufers begrenzt.
²⁷⁷ HÖPFNER/FALLMANN NJW 2017, 3745, 3747.
²⁷⁸ Nw auf den Meinungsstand bei BGH 16.8.2006 – VIII ZR 200/05, NJW 2006, 3200, 3201 (Rn 19 f).
²⁷⁹ RegE BT-Drucks 14/6040 S 232 f.

die Kosten für die Fütterung und die tierärztliche Versorgung eines Pferdes[280] und die Kosten für die – nicht mangelbedingte[281] – Reparatur eines Kraftfahrzeugs. Der Nutzungsersatz zwingt den Käufer praktisch dazu, Sachen mit kurzer Lebensdauer zweimal zu kaufen:[282] Kauft er ein Handy mit einer Lebensdauer von zwei Jahren (geschätzt angesichts der technischen Entwicklung) und fällt das bis dahin einwandfrei funktionierende Handy mangelbedingt nach 1 $^{1}/_{2}$ Jahren aus, kann der Verkäufer mit Hilfe eines Ladenhüters nacherfüllen und erhält zusätzlich zu dem vom Käufer gezahlten Kaufpreis weitere $^{3}/_{4}$ des Kaufpreises als Nutzungsersatz (zur Berechnung Rn 114). Der Mangel ist für den Verkäufer ein Glücksfall, während er den Käufer benachteiligt, sofern er subjektiv mit dem veralteten Handy nichts anfangen kann. Deswegen ist vielfach dafür plädiert worden, den Nutzungsersatz durch eine teleologische Reduktion des § 439 Abs 5 BGB auszuschließen:[283] Der Käufer habe ab Fälligkeit Anspruch auf eine mangelfreie Sache und damit auch Anspruch auf die Nutzungen aus der Kaufsache. Es sei unbillig, wenn der vertragsuntreue Verkäufer die Nutzungen (Zinsen usw) aus dem Kaufpreis von Anfang an behalten dürfe, der vertragstreue Käufer die Nutzung der mangelhaften Sache bis zur Nachlieferung hingegen vergüten müsse. Nachdem sich der BGH dieser Kritik für den **Verbrauchsgüterkauf** iS des § 474 Abs 1 BGB angeschlossen hat[284] und der EuGH auf Vorlage des BGH entschieden hat, die Unentgeltlichkeit der Nacherfüllung in Art 3 Abs 4 VerbrGKRL 1999/44/EG stehe einer Wertersatzpflicht des Verbraucher-Käufers für Nutzungen aus der auszutauschenden, mangelhaften Kaufsache entgegen,[285] hat der Gesetzgeber 2008 reagiert: Nach **§ 475 Abs 3 BGB** (seit 1.1.2018, davor seit 13.6.2014 in § 474 Abs 5 S 1 aF, davor seit 16.12.2008 in § 474 Abs 2 S 1 aF) schuldet der Käufer beim Verbrauchsgüterkauf **keinen Nutzungsersatz**; der Verkäufer muss dem Käufer aber die auf die mangelhafte Sache getätigten Verwendungen gem §§ 439 Abs 5, 347 Abs 2 S 1 BGB ersetzen (s Rn 117 f). Dass § 475 Abs 3 BGB (wie die Vorgängernormen seit 13.6.2014) eine Ausnahme nur für den Verbrauchsgüterkauf macht, hindert es, den Nutzungsersatz für alle Kaufverträge durch teleologische Reduktion des § 439 Abs 5 BGB auszuschließen, wie es sachlich geboten wäre.[286]

Fraglich bleibt, ob beim Käufer wie im Schadensersatzrecht durch einen **Abzug „neu 69 für alt"** wenigstens die Vorteile abgeschöpft werden können, die ihm entstehen, weil er eine neue Sache erhält. Diese Vorteile müssten, da sie dem Käufer durch den Verkäufer aufgedrängt werden, richtigerweise subjektiv danach bemessen werden, ob und

---

[280] BGH 15.11.2006 – VIII ZR 3/06, BGHZ 170, 31 (Rn 41); OLG München 13.2.1992 – 24 U 797/91, NJW-RR 1992, 1081, 1082 zum großen Schadensersatz nach BGB aF.
[281] Behebt der Käufer den Sachmangel selbst, erhält er Aufwendungen dafür nur nach § 812 Abs 1 S 1 Alt 2 BGB (Rückgriffskondiktion) oder nach §§ 684, 818 ersetzt, Rn 63 ff, 66.
[282] WOITKEWITSCH VuR 2005, 1, 4.
[283] Nw bei BGH 16.8.2006 – VIII ZR 200/05, NJW 2006, 3200, 3201 (Rn 11).
[284] BGH 16.8.2006 – VIII ZR 200/05, NJW 2006, 3200, 3201 (Rn 12 ff, 16 ff).
[285] EuGH 14.4.2008 – C-404/06, NJW 2008, 1433; anschließend hat der BGH (26.11.2008 – VIII 200/05, NJW 2009, 426 [Rn 26]) eine Pflicht des Käufers zum Nutzungsersatz beschränkt auf den Verbrauchsgüterkauf in europarechtkonformer Reduktion des § 439 Abs 4 aF verneint. Auf die Pflicht zum Nutzungsersatz nach Rücktritt ist das nicht übertragbar: BGH 16.9.2009 – VIII ZR 243/08, BGHZ 182, 241 (Rn 14 f).
[286] BECKMANN, in: STAUDINGER/Eckpfeiler N. Rn 97; OECHSLER, Vertragliche Schuldverhältnisse[2] (2017) Rn 226; NomosKomm/BÜDENBENDER[3] (2016) § 439 Rn 49; jurisPK/ALPMANN-PIEPER[8] (2017) § 474 Rn 70; vgl WITT NJW 2006, 3322, 3325; **aA** GSELL JZ 2009, 522, 526.

wie lange der Käufer von der höheren Gebrauchsdauer profitiert.[287] Ein solcher Abzug neu für alt ist **abzulehnen**, da er keine Grundlage in § 439 Abs 5 BGB findet[288] und für den Verbrauchsgüterkauf § 475 Abs 3 BGB[289] und der VerbrGKRL widerspricht (Rn 68). Zudem stellt dieser Abzug den Käufer schlechter als die Nutzungsherausgabe nach §§ 439 Abs 5, 346 Abs 1, Abs 2 S 1 Nr 1 BGB: Während der Käufer, der die Sache mangelbedingt nur eingeschränkt nutzen konnte, einen entsprechend geminderten Nutzungsersatz schuldet (Rn 68, 114), müsste der Käufer über den Abzug „neu für alt" die künftige uneingeschränkte Nutzungsmöglichkeit vergüten und sich für die Vergangenheit damit zufrieden geben, dass er die Sache wegen ihres Mangels nicht voll nutzen konnte.

VI. Beendigung der Leistungspflichten

1. Vollständige Beendigung der Leistungspflichten

a) Durch Rücktritt, §§ 323, 324, 326 Abs 5 mit § 346 Abs 1 BGB
aa) Gestaltungsrecht

70 Hat der Schuldner – innerhalb der ihm gesetzten Nachfrist – nicht oder nicht vertragsgemäß geleistet, kann der Gläubiger vom Vertrag zurücktreten. Zwar regelt das BGB den Fall, dass noch keine Leistungen ausgetauscht worden sind, nicht gesondert, sondern verpflichtet § 346 Abs 1 BGB die Vertragspartner nur dazu, einander die empfangenen Leistungen zurückzugewähren. Daraus folgt aber mittelbar, dass der Rücktritt **Befreiungswirkung** hat: Mit der Gestaltungserklärung Rücktritt beendet der Gläubiger sowohl die Leistungspflicht des Schuldners als auch seine eigene Gegenleistungspflicht. **Mit Zugang der Rücktrittserklärung nach § 349 BGB** erlischt etwa der Anspruch des Käufers auf Übergabe und Übereignung der Kaufsache aus § 433 Abs 1 BGB bzw bei Lieferung einer mangelhaften Kaufsache der Anspruch auf Nacherfüllung aus §§ 437 Nr 1, 439 BGB und ebenso der Anspruch des Verkäufers auf den Kaufpreis aus § 433 Abs 2 BGB. Der Rücktritt gibt den Vertragspartnern damit ihre Dispositionsfreiheit zurück.

71 Verjähren können nach § 194 Abs 1 BGB nur Ansprüche, nicht aber Gestaltungsrechte wie das Recht zum Rücktritt. Um das Rücktrittsrecht an die Verjährungsfristen der §§ 195, 199 BGB (für die Nichtleistung) und des § 438 Abs 1 Nr 3, Abs 2 BGB (für die mangelhafte Leistung) zu binden, normiert **§ 218 Abs 1 BGB** die sog **„Gestaltungsverjährung"**: Ein Rücktritt ist nach § 218 Abs 1 BGB unwirksam, sobald der Leistungs- oder Nacherfüllungsanspruch verjährt ist und der Schuldner sich hierauf beruft. Das gilt nach § 218 Abs 1 S 2 BGB auch in den Fällen, in denen die Erfüllung oder Nacherfüllung nach § 275 Abs 1 BGB (oder § 439 Abs 4 BGB) ausgeschlossen ist, in denen die Leistungsstörung also gar nicht behoben werden kann: Das Recht zum Rücktritt erlischt, sobald der Anspruch auf Erfüllung oder Nacherfüllung verjährt wäre. Dafür, ob der Gläubiger als Rücktrittsberechtigter den Rücktritt rechtzeitig erklärt, ist maßgeblich, wann er das Rücktrittsrecht ausübt (Zugang seiner Rücktrittserklärung beim

---

[287] So GSELL NJW 2003, 1969, 1971 f und JuS 2006, 203, 204 f; SCHULZE/EBERS JuS 2004, 366, 370 (außer beim Verbrauchsgüterkauf); auch KOHLER ZGS 2004, 48, 52 ff; OECHSLER, Vertragliche Schuldverhältnisse² (2017) Rn 226.

[288] MUTHORST ZGS 2006, 90, 95; WAGNER/MI-CHAL ZGS 2005, 368, 373 f; WOITKEWITSCH VuR 2005, 1, 5 f; BeckOGK/HÖPFNER (1.5.2017) § 439 Rn 102.

[289] Zu § 475 Abs 5 S 1 aF BeckOGK/HÖPFNER (1.5.2017) § 439 Rn 107.

I. Leistungsstörungen

Vertragspartner, Rn 70).[290] § 218 BGB normiert weder eine Ausschlussfrist[291] noch eine Einrede[292], sondern räumt dem Schuldner ein **Gegengestaltungsrecht**[293] ein: Der Rücktritt, den der Gläubiger nach Ablauf der Verjährungsfrist erklärt, ist zunächst wirksam und wird gem § 218 Abs 1 S 1 BGB nur dann unwirksam, wenn sich der Schuldner auf die Verjährung beruft. Beruft er sich auf die Gestaltungsverjährung, so **erlischt das Rückgewährschuldverhältnis ex nunc.**[294] Das Gegengestaltungsrecht ist damit der Sache nach ein Rücktritt vom Rückgewährschuldverhältnis.

bb) Rücktrittsgründe
Das Recht zum Rücktritt kann im Vertrag einem oder beiden Vertragspartnern vorbehalten worden sein oder aus dem Gesetz folgen. Entgegen § 346 Abs 1 BGB, der vertraglich vorbehaltene Rücktrittsrechte an die Spitze stellt, ist Hauptanwendungsbereich der §§ 346 ff BGB das **gesetzliche Rücktrittsrecht des Gläubigers wegen Leistungsstörungen aus § 323 BGB**. Als mögliche Pflichtverletzungen nennt § 323 BGB zum einen die Nichtleistung trotz Möglichkeit der Leistung, zum anderen die Schlechtleistung: Der Gläubiger ist zum Rücktritt berechtigt, wenn der Schuldner eine fällige und durchsetzbare Leistungspflicht innerhalb der ihm gesetzten Nachfrist nicht erfüllt (Rn 9 f, 23 ff) oder eine iS des § 434 BGB mangelhafte Kaufsache liefert und den Mangel innerhalb der ihm gesetzten Nachfrist nicht behebt (Rn 13 ff, 23 ff). Hingegen erlaubt § 323 BGB den Rücktritt nicht schon aufgrund einer bloßen Leistungsverzögerung; diese wird nur von §§ 286–288 BGB als Pflichtverletzung erfasst (Rn 11, 181 ff). Das gesetzliche Rücktrittsrecht aus § 323 BGB besteht nur im **gegenseitigen Vertrag**[295], setzt aber anders als der Schadensersatzanspruch aus §§ 280 Abs 1, 3 mit 281, 283 (Rn 152 ff) **kein Vertretenmüssen des Schuldners** voraus: Eine Lösung von den vertraglichen Leistungspflichten ist als Reaktion auf das gestörte Synallagma schon dann gerechtfertigt, wenn das Interesse des Gläubigers an der Vertragserfüllung durch die Leistungsstörung weggefallen ist. Einzige Sperre für das Rücktrittsrecht ist das Nachfristerfordernis des § 323 Abs 1 (Rn 23 ff) BGB: Zurücktreten kann der Gläubiger erst, wenn er den Schuldner unter Einräumung einer angemessenen Frist zur Leistung aufgefordert hat und diese Nachfrist fruchtlos abgelaufen ist, dh der Schuldner die geschuldete Leistungshandlung (Rn 44) nicht innerhalb der Frist vorgenommen hat. Der Gläubiger kann die Nachfrist aber auch mit einer aufschiebend bedingten Rücktrittserklärung verbinden.[296] Unter den Voraussetzungen des § 323 Abs 2

---

[290] BGH 15.11.2006 – VIII ZR 3/06, BGHZ 170, 31 (Rn 34); 7.6.2006 – VIII ZR 209/05, BGHZ 168, 64 (Rn 26); Erman/Schmidt-Räntsch[15] (2017) § 218 Rn 4; Palandt/Ellenberger[76] (2017) § 218 Rn 4.

[291] So aber noch Kaiser, in: Staudinger/Eckpfeiler I (2014) Rn 73.

[292] Staudinger/Peters/Jacoby (2014) § 218 Rn 3; Erman/Schmidt-Räntsch[15] (2017) § 218 Rn 5; BeckOK/Henrich (15.6.2017) § 218 Rn 4; Jauernig/Mansel[15] (2016) § 218 Rn 2; jurisPK/Lakkis[8] (2017) § 218 Rn 9.

[293] Soergel/Lobinger[13] (2010) vor § 346 Rn 36; auch Soergel/Niedenführ[13] (2002) § 218 Rn 7; MünchKomm/Gaier[7] (2016) vor § 346 Rn 9; von einem Gestaltungsrecht sui generis sprechen: NomosKomm/Mansel/Stürner[3] (2016) § 218 Rn 10; MünchKomm/Grothe[7] (2015) § 218 Rn 6; Palandt/Ellenberger[76] (2017) § 218 Rn 1, 5; offenlassend BGH 8.12.2009 – XI ZR 181/08, NJW 2010, 1284 (Bürgschaft, Rn 40); auch BGH 29.4.2015 – VIII ZR 180/14, NJW 2015, 2106 (Pferd, Rn 32).

[294] Staudinger/Kaiser (2012) § 349 Rn 53; MünchKomm/Gaier[7] (2016) vor § 346 Rn 9; NomosKomm/Mansel/Stürner[3] (2016) § 218 Rn 12; Jauernig/Mansel[15] (2016) § 218 Rn 10; jurisPK/Lakkis[8] (2017) § 218 Rn 8; Palandt/Ellenberger[76] (2017) § 218 Rn 6; MünchKomm/Grothe[7] (2015) § 218 Rn 7; **abw** Staudinger/Peters/Jacoby (2014) § 218 Rn 4: Wirkung ex tunc.

[295] BAG 27.8.2014 – 4 AZR 999/12, NJW 2015, 1198 (Rn 22).

[296] OLG Naumburg 24.8.2015 – 1 U 37/15,

(Rn 36 ff), des § 326 Abs 5 (Rn 75) sowie des § 440 BGB (Rn 43) ist eine Nachfrist entbehrlich.

73 Im systematischen Zusammenhang der §§ 320 ff BGB wäre es stimmig, den Rücktritt gem § 323 Abs 1 BGB nach bloßer Nachfristsetzung nur dann zuzulassen, wenn der Schuldner eine im Gegenseitigkeitsverhältnis stehende Leistungspflicht verletzt[297]. Denn der Rücktritt ist ein spezifisch synallagmatischer Rechtsbehelf[298]: Weil sich der Gläubiger um der Schuldnerleistung willen zur Gegenleistung verpflichtet, wird ihm das Recht eingeräumt, sich durch einseitige Gestaltungserklärung vom Vertrag zu lösen, wenn die Schuldnerleistung ausbleibt. Darf der Gläubiger nach § 320 BGB seine Gegenleistung nur dann zurückbehalten, wenn der Schuldner die im Synallagma stehende Leistung nicht erbringt, so ist es ein systematischer Bruch, wenn es ihm erlaubt wird, auf die Verletzung nicht im Synallagma stehender Leistungspflichten mit einem Rücktritt und damit der Beendigung der beiderseitigen Leistungspflichten nach § 346 Abs 1 BGB zu reagieren. Ebenso zeigen § 326 Abs 1 S 1 HS 1 BGB einerseits und die Beschränkungen des § 323 Abs 5 BGB andererseits, dass sich der Gläubiger grundsätzlich nur dann ohne weitere Voraussetzungen vom Vertrag lösen können soll, wenn die im Synallagma stehende Schuldnerleistung vollständig ausbleibt. Das Gesetz ist aber eindeutig abweichend formuliert: Der Rücktritt ist zwar nur im gegenseitigen Vertrag erlaubt (gerade Rn 72), aber auch wegen Verstoßes gegen nicht im Synallagma stehende Leistungspflichten:[299] Nach erfolglosem Ablauf einer Nachfrist kann der Gläubiger wegen Verletzung einer **Haupt- oder Nebenleistungspflicht iS des § 241 Abs 1 BGB**[300] gem **§ 323 Abs 1 BGB** zurücktreten und gem § 324 BGB wegen Verletzung von Rücksichtnahmepflichten iS des § 241 Abs 2 BGB unter der strengeren Voraussetzung, dass die Pflichtverletzung das Festhalten am Vertrag für den Gläubiger unzumutbar macht (gleich Rn 74). Allerdings berechtigt nicht jedweder Verstoß gegen Leistungspflichten zum Rücktritt: § 323 Abs 1 BGB erlaubt den Rücktritt nur dann, wenn der Schuldner die „Leistung nicht oder nicht vertragsgemäß" erbracht hat. Daher ist der Rücktritt wegen der Verletzung nichtsynallagmatischer Pflichten nur dann berechtigt, wenn diese dem Leistungsinteresse des Gläubigers dienen, also selbst leistungsbezogen sind. Insoweit erweitert § 323 BGB das Synallagma auf **leistungsunterstützende Nebenleistungspflichten**, also auf solche, die mit der im Synallagma stehenden Leistungspflicht nach dem Parteiwillen unauflösbar verbunden sind.[301] Leistungsunterstützende

---

NJW 2016, 1102 (Rn 25); WIESER NJW 2003, 2432, 2433; STAUDINGER/SCHWARZE (2014) § 281 D 15; MünchKomm/ERNST[7] (2016) § 281 Rn 100, § 323 Rn 150; PALANDT/GRÜNEBERG[76] (2017) § 323 Rn 33; einschränkend DERLEDER/ZÄNKER NJW 2003, 2777, 2779 f; JAUERNIG/STADLER[16] (2015) § 281 Rn 15; BeckOK/UNBERATH (1.3.2011) § 281 Rn 51.
[297] Anders noch STAUDINGER/KAISER (2012) § 346 Rn 16; so auch MünchKomm/ERNST[7] (2016) § 323 Rn 13, 15, aber auf synallagmatische Nebenleistungspflichten erweiternd.
[298] CANARIS, in: FS Kropholler (2008) 3, 5 und 16.
[299] Deutlich BT-Drucks 14/6040, 183.
[300] HM: BGH 10.3.2010 – VIII ZR 182/08, NJW 2010, 2503 (Rn 16); MÜNCH Jura 2002, 361, 373; SCHMIDT-RÄNTSCH ZJS 2012, 301, 310;

HUBER, in: HUBER/FAUST (2002) 5/Rn 18; EMMERICH, Leistungsstörungen[6] (2005) § 19 II 1; MEDICUS/LORENZ, Schuldrecht I[21] (2015) Rn 488; NomosKomm/DAUNER-LIEB/DUBOVITSKAYA[3] (2016) § 323 Rn 6, § 324 Rn 5, 8; ERMAN/WESTERMANN[15] (2017) § 323 Rn 5; SOERGEL/GSELL[13] (2005) § 323 Rn 23 ff; JAUERNIG/STADLER[16] (2015) § 323 Rn 5a; PALANDT/GRÜNEBERG[76] (2017) § 323 Rn 10; BeckOK/SCHMIDT (15.6.2017) § 323 Rn 4.
[301] Überzeugend STAUDINGER/SCHWARZE (2015) § 323 Rn A 19, B 12, 13 f, C 2; auch MünchKomm/ERNST[7] (2016) § 323 Rn 13, 15, der dafür aber Nebenleistungspflichten ins Synallagma zieht; s auch NomosKomm/DAUNER-LIEB[3] (2016) § 324 Rn 8; weiter aber OLG München 3.4.2014 – 23 U 3978/13, juris (Rn 32):

I. Leistungsstörungen

Nebenleistungspflichten sind etwa die Pflicht des Verkäufers, Ware vor der Versendung fachgerecht zu verpacken und, bei vertraglicher Vereinbarung, die Pflicht zur Montage der Kaufsache.

Nach **§ 324 BGB** besteht ein Rücktrittsrecht des Gläubigers von einem gegenseitigen Vertrag[302], wenn der Schuldner **nicht leistungsbezogene Nebenpflichten iS des § 241 Abs 2 BGB** verletzt und dem Gläubiger ein Festhalten am Vertrag deswegen nicht zuzumuten ist. Anders als § 323 BGB (s Rn 73) räumt § 324 BGB dem Gläubiger das Rücktrittsrecht nicht als Reaktion auf enttäuschte Leistungserwartungen ein, sondern zum Schutz seines **Integritätsinteresses**, wenn der Schuldner entgegen seiner Pflicht aus § 241 Abs 2 BGB Rechte, Rechtsgüter und Interessen des Gläubigers verletzt. Schulbeispiel ist der Maler, der zwar ordnungsgemäß tapeziert und streicht, dabei aber Einrichtungsgegenstände des Bestellers beschädigt oder durch Singen obszöner Lieder das Persönlichkeitsrecht des Bestellers verletzt. Zurücktreten kann der Gläubiger nur dann, wenn ihm das Festhalten am Vertrag wegen der Nebenpflichtverletzung des Schuldners **unzumutbar** ist; das erfordert eine **Abwägung der beiderseitigen Interessen.**[303] Unzumutbar ist das Festhalten am Vertrag nur in **Ausnahmefällen.**[304] Kann die Pflichtverletzung nicht abgestellt werden oder wiegt sie so schwer, dass sie die sofortige Lösung vom Vertrag rechtfertigt, darf der Gläubiger ohne weiteres zurücktreten; andernfalls wird dem Gläubiger das Festhalten am Vertrag analog §§ 323 Abs 1, 314 Abs 2 BGB erst dann unzumutbar, wenn er den Schuldner vergeblich abgemahnt hat.[305] Beeinflusst wird das Unzumutbarkeitsurteil auch dadurch, ob den Schuldner ein **Verschulden** an der Pflichtverletzung trifft;[306] das Verschulden ist aber keine zwingende Voraussetzung für den Rücktritt nach § 324 BGB. Um das Nachfristerfordernis des § 323 Abs 1 BGB nicht zu umgehen, kann der Gläubiger dann, wenn die Vertragspartner Schutz- und Rücksichtnahmepflichten durch eine (auch konkludente) vertragliche Abrede zur im Synallagma stehenden Hauptleistungspflicht erheben, etwa in einem Bewachungsvertrag,[307] nur nach § 323 BGB, nicht aber nach § 324 BGB zurücktreten;[308] bei Nicht- oder Schlechtbewachung kommt mangels Nachholbarkeit gem § 326 Abs 5 BGB ein Rücktritt auch ohne Nachfristsetzung in Betracht. Erheben die Vertragspartner eine Schutz- und Rücksichtnahmepflicht zur Nebenleistungspflicht, verpflichtet sich der Malermeister etwa dazu, die Wohnungseinrichtung vor Beginn der nach § 631 Abs 1 BGB geschuldeten Malerarbeiten mit Planen abzudecken[309] oder dient die Bedienungsanleitung einer Motorsäge sowohl dem Funktio-

---

Rücktritt wegen verweigerter Ausstellung einer Rechnung mit Umsatzsteuerausweis.
[302] Für eine analoge Anwendung auf nicht gegenseitige Verträge Canaris, in: FS Kropholler (2008) 3, 18; Staudinger/Schwarze (2015) § 324 Rn 22; Soergel/Gsell[13] (2005) § 324 Rn 2; MünchKomm/Ernst[7] (2016) § 324 Rn 4; NomosKomm/Dauner-Lieb[3] (2016) § 324 Rn 3; Erman/Westermann[15] (2017) § 324 Rn 3.
[303] Staudinger/Schwarze (2015) § 324 Rn 38; MünchKomm/Ernst[7] (2016) § 324 Rn 7; BeckOK/H Schmidt (15.6.2017) § 324 Rn 6.
[304] MünchKomm/Ernst[7] (2016) § 324 Rn 7.
[305] Staudinger/Kaiser (2012) § 346 Rn 17 mwNw.

[306] Rechtsausschuss BT-Drucks 14/7052, 193; Soergel/Gsell[13] (2005) § 324 Rn 17; NomosKomm/Dauner-Lieb[3] (2016) § 324 Rn 11; Erman/Westermann[15] (2017) § 324 Rn 6; BeckOK/H Schmidt (15.6.2017) § 324 Rn 7; Jauernig/Stadler[16] (2015) § 324 Rn 5.
[307] Beispiel nach BT-Drucks. 14/6040, 125.
[308] Maddaus Jura 2004, 289, 291 f; Grigoleit, in: FS Canaris (2007) 275, 297; Staudinger/Schwarze (2015) § 324 Rn 32; NomosKomm/Dauner-Lieb[3] (2016) § 324 Rn 7; abw für einen Rücktritt nur nach § 324 BeckOK/H Schmidt (15.6.2017) § 323 Rn 4.
[309] Beispiel nach Staudinger/Schwarze (2015) § 324 Rn 14.

nieren der Säge als auch dem Gesundheitsschutz des Gläubigers[310], so kann der Gläubiger wegen des Nachfristerfordernisses ebenfalls nur nach § 323 BGB zurücktreten.[311]

75 Obwohl die Gegenleistungspflicht (zur Kaufpreiszahlung) nach § 326 Abs 1 S 1 HS 1 BGB mit Unmöglichkeit der Leistung automatisch wegfällt (gleich Rn 88), gewährt **§ 326 Abs 5 BGB** mit § 323 BGB dem Gläubiger ein verschuldensunabhängiges Recht zum Rücktritt ohne vorherige Nachfristsetzung Die Gründe sind nur auf den zweiten Blick zu verstehen. **Hauptgrund ist § 326 Abs 1 S 2 BGB**: Kann ein Sachmangel nicht beseitigt werden (sind etwa die Bremsen des gekauften Gebrauchtwagens irreparabel defekt), entfällt die Pflicht des Verkäufers zur Nacherfüllung nach §§ 437 Nr 1, 439 BGB (Rn 42). Ohne die Sonderregelung in § 326 Abs 1 S 2 BGB wäre nach § 326 Abs 1 S 1 HS 2 BGB Regelfolge der unmöglichen Nacherfüllung, dass sich der Kaufpreis automatisch entsprechend dem mangelbedingten Minderwert der Kaufsache mindert. Das widerspricht aber der Konzeption des Sachmängelrechts, das dem Käufer in **§ 437 BGB** ein Wahlrecht zwischen Minderung, Rücktritt und Schadensersatz eröffnet. Diese **Wahlmöglichkeit erhält** § 326 Abs 1 S 2 BGB dem Käufer, der so selbst entscheiden kann, ob er am Vertrag festhält oder gem § 326 Abs 5 BGB vom Vertrag zurücktritt. **Zweiter Grund** für das Rücktrittsrecht des § 326 Abs 5 BGB ist die **Teilunmöglichkeit**: Die nur teilweise unmögliche Leistung (Lieferung von 50 statt der geschuldeten 60 Flaschen Wein, weil alle restlichen Flaschen dieses Weines zu Bruch gegangen sind) befreit den Käufer über §§ 326 Abs 1 S 1 HS 2, 441 Abs 3 BGB von der Gegenleistungspflicht nur, soweit die Teilunmöglichkeit reicht, führt also lediglich zu einer Minderung des Kaufpreises (der Käufer muss den Kaufpreis für den Wein nur iHv 5/6 zahlen; noch Rn 101). Ist der Käufer daran interessiert, wegen der Teilunmöglichkeit vom gesamten Vertrag zurückzutreten (etwa wenn der Arbeitgeber jedem seiner 60 Arbeitnehmer eine Flasche desselben Weins schenken will, weswegen ihm 50 Flaschen nichts nutzen), so erlaubt ihm § 326 Abs 5 BGB den Rücktritt – sofern dieser nicht gem § 323 Abs 5 BGB ausgeschlossen ist (gleich Rn 76). **Dritter Grund** für das Rücktrittsrecht des § 326 Abs 5 BGB ist die häufig fehlende Kenntnis des Gläubigers vom Grund der Leistungsstörung: Ist der **Gläubiger unsicher**, ob der Schuldner nicht leistet, weil er nicht leisten will, oder ob er nicht leistet, weil er nicht leisten kann, muss er sicherheitshalber eine Nachfrist nach § 323 Abs 1 BGB setzen und dann vom Vertrag zurücktreten; auch diese Möglichkeit eröffnet ihm § 326 Abs 5 BGB.

cc) **Rücktrittsbeschränkungen**

76 Das Recht, die vertraglichen Leistungspflichten durch Rücktritt aufzuheben, widerspricht dem Grundsatz „pacta sunt servanda". Es besteht deshalb nur dann, wenn die Pflichtverletzung gravierend ist (schon Rn 4): Während § 323 Abs 5 S 2 BGB für den Rücktritt wegen nicht vertragsgemäßer (also mangelhafter) Leistung voraussetzt, dass die Pflichtverletzung nicht unerheblich ist, verlangt **§ 323 Abs 5 S 1 BGB** für den Rücktritt wegen nur teilweise erbrachter Leistung (50 statt der geschuldeten 60 Flaschen Wein), dass der Gläubiger an der erhaltenen **Teilleistung kein Interesse** hat (vgl schon Rn 75); Regelrechtsfolge ist damit ein Recht zum Rücktritt nur vom gestörten Vertragsteil[312] (zum Teilrücktritt Rn 100). Wegen § 434 Abs 3 BGB greift § 323 Abs 5 S 1

---

[310] Beispiel nach BT-Drucks. 14/6040, 125.
[311] GRIGOLEIT, in: FS Canaris (2007) 275, 298; NomosKomm/DAUNER-LIEB[3] (2016) § 282 Rn 8; für ein Nebeneinander von §§ 323, 324 STAUDINGER/SCHWARZE (2015) § 324 Rn 14; SOERGEL/GSELL[13] (2005) § 324 Rn 3 f, 8 ff; **abw** für einen Rücktritt nur nach § 324 BeckOK/H SCHMIDT (15.6.2017) § 323 Rn 4.
[312] BGH 16.10.2009 – V ZR 203/08, NJW 2010, 146 (Rn 17).

BGB aber nur bei einer bewussten Teilleistung, also dann, wenn der Schuldner erkennbar nur einen Teil der geschuldeten Leistung erbringt und der Gläubiger diese als Teilleistung annimmt (Rn 15).[313] Weil § 434 Abs 3 BGB die verdeckte Teilleistung (und die Falschleistung) der mangelhaften Leistung gleichstellt (Rn 15), greift für diese nicht § 323 Abs 5 S 1 BGB, sondern die Erheblichkeitsschwelle des § 323 Abs 5 S 2 BGB.[314] Während die Anknüpfung an den Interessewegfall bei bewussten Teilleistungen in § 323 Abs 5 S 1 BGB die Praxis vor keine Probleme stellt, ist es häufig schwierig zu beurteilen, wann ein **Mangel** (oder eine verdeckte Teilleistung) **als geringfügig** den Rücktritt vom Kaufvertrag nach **§ 323 Abs 5 S 2 BGB** ausschließt. Dies entscheidet der BGH bei behebbaren Mängeln grundsätzlich mit Hilfe der Mangelbeseitigungskosten und nicht über das Ausmaß der Funktionsbeeinträchtigung der Kaufsache: Geringfügig ist ein Mangel, wenn die Kosten seiner Beseitigung im Verhältnis zum Kaufpreis gering sind;[315] nur wenn der Mangel nicht oder nur mit hohen Kosten behoben werden kann oder die Mangelursache ungewiss ist, soll es auf das Ausmaß der Funktionsbeeinträchtigung ankommen.[316] Maßgeblich ist der Zeitpunkt der Rücktrittserklärung: Scheint der Mangel bei Zugang der Rücktrittserklärung erheblich zu sein, wird er nicht dadurch geringfügig, weil sich später herausstellt, dass er mit verhältnismäßig geringem Aufwand behoben werden kann; das Rücktrittsrecht des Käufers ist nicht gem § 323 Abs 5 S 2 BGB ausgeschlossen.[317] Im Übrigen ist nach BGH eine umfassende Interessenabwägung erforderlich, um beurteilen zu können, ob ein Mangel iS des § 323 Abs 5 S 2 BGB unerheblich ist:[318] Weiche die Kaufsache von einer nach § 434 Abs 1 S 1 BGB vereinbarten Beschaffenheit ab, so indiziere dies regelmäßig die Erheblichkeit der Pflichtverletzung.[319] Habe der Verkäufer arglistig vorgetäuscht, die Kaufsache sei mangelfrei, begründe dies immer die Erheblichkeit des Mangels; das Vertrauen des arglistig Handelnden in den Bestand des Rechtsgeschäfts verdiene keinen Schutz.[320] Entgegen dem BGH kann bei der Interessenabwägung aber nicht auf

---

[313] LORENZ/RIEHM (2002) Rn 496; BeckOK/FAUST (15.6.2017) § 434 Rn 113; THIER AcP 203 (2003) 403, 424 f; MünchKomm/ERNST[7] (2016) § 323 Rn 218; STAUDINGER/SCHWARZE (2015) § 323 Rn C 6; auch OECHSLER, Vertragliche Schuldverhältnisse[2] (2017) Rn 142, 238.

[314] Zur verdeckten Teilleistung hM, aber str: OLG Celle 5.11.2003 – 7 U 50/03, ZGS 2004, 74; mwNw auch auf die Gegenauffassung s nur BECKMANN, in: STAUDINGER/Eckpfeiler N. Rn 69; MünchKomm/ERNST[7] (2016) § 323 Rn 215 ff; STAUDINGER/MATUSCHE-BECKMANN (2014) § 434 Rn 155; NomosKomm/DAUNER-LIEB/DUBOVITSKAYA[3] (2016) § 323 Rn 41 ff.

[315] BGH 14.9.2005 – VIII ZR 363/04, NJW 2005, 3490 (Rn 43); BGH 29.6.2011 – VIII ZR 202/10, NJW 2011, 2872 (Rn 19, 21): geringfügiger Mangel jedenfalls, wenn die Beseitigungskosten 1 % des Kaufpreises nicht übersteigen; BGH 28.5.2014 – VIII ZR 94/13, BGHZ 201, 290 (Rn 12): erheblich jedenfalls, wenn Mangelbeseitigungsaufwand 5 % des Kaufpreises überschreitet. Vgl auch BeckOK/SCHMIDT (15.6.2017) § 323 Rn 39; PALANDT/GRÜNEBERG[76] (2017) § 323 Rn 32.

[316] BGH 29.6.2011 – VIII ZR 202/10, NJW 2011, 2872 (Rn 21); BGH 26.10.2016 – VIII ZR 240/15, NJW 2017, 133 (Rn 29, keine Verkehrssicherheit bei sporadischem Hängenbleiben der Kupplung); für unbehebbare Mängel auch BeckOK/SCHMIDT (15.6.2017) § 323 Rn 39; PALANDT/GRÜNEBERG[76] (2017) § 323 Rn 32.

[317] BGH 5.11.2008 – VIII ZR 166/07, NJW 2009, 508 (Rn 19 f); BGH 9.3.2011 – VIII ZR 266/09, NJW 2011, 1664 (Rn 18); BGH 15.6. 2011 – VIII ZR 139/09, NJW 2011, 3708 (Rn 9); BGH 26.10.2016 – VIII ZR 240/15, NJW 2017, 133 (Rn 29).

[318] BGH 24.3.2006 – V ZR 173/05, BGHZ 167, 19 (Rn 13); BGH 17.2.2010 – VIII ZR 70/07, NJW-RR 2010, 1289 (Rn 23); BGH 6.2.2013 – VIII ZR 374/11, NJW 2013, 1365 (Rn 16); BeckOK/FAUST (15.6.2017) § 437 Rn 27; jurisPK/BECKMANN[8] (2017) § 323 Rn 60 ff; NomosKomm/DAUNER-LIEB/DUBOVITSKAYA[3] (2016) § 323 Rn 39.

[319] BGH 17.2.2010 – VIII ZR 70/07, NJW-RR 2010, 1289 (Rn 23 zur Vereinbarung „fabrikneue" beim Autokauf); BGH 6.2.2013 – VIII ZR 374/11, NJW 2013, 1365 (Rn 16 zur Lieferung eines Autos in einer anderen als der bestellten Farbe).

den Verstoß gegen Verhaltenspflichten abgestellt werden: Knüpft das BGB die Sekundärrechte erfolgsbezogen allein daran, dass der Schuldner für den Mangel einstehen muss, weil der Leistungserfolg nicht wie geschuldet eintritt (oben Rn 9 f), ist für § 323 Abs 5 S 2 BGB allein die Erheblichkeit der Schlechtleistung maßgeblich.[321]

77 **§ 323 Abs 6 Var 1 BGB schließt den Rücktritt aus, wenn der Gläubiger** analog §§ 276, 278 BGB[322] für den zum Rücktritt berechtigenden Umstand, also **für die Pflichtverletzung, allein oder weit überwiegend verantwortlich** ist. „Weit überwiegend" verantwortlich ist der Gläubiger, wenn sein Verschulden ein solches Maß erreicht, dass auch ein Schadensersatzanspruch über § 254 BGB vollständig ausgeschlossen wäre;[323] das erfordert nach überwiegender Auffassung eine Verantwortungsquote von **90%**.[324] Solche Fälle sind selten. Dass der Gläubiger für das Ausbleiben der Leistung verantwortlich ist, kommt etwa in Betracht, wenn er dem Schuldner versehentlich (bei Vertragsschluss und bei Nachfristsetzung) eine falsche Lieferadresse nennt oder so unleserlich schreibt, dass der Schuldner eine falsche Adresse herausliest. **Häufig wird behauptet**, der Rücktritt sei auch dann ausgeschlossen, wenn der Käufer, der eine mangelhafte Leistung erhalten hat, die **Kaufsache vor Ablauf der Nachfrist zerstört** oder repariert, etwa durch Unachtsamkeit einen Totalschaden am gekauften Auto verursacht:[325] Beschränke sich der Nacherfüllungsanspruch des Käufers aus §§ 437 Nr 1, 439 BGB auf die Nachbesserung, also auf die Reparatur der Sache (etwa beim echten Stückkauf [Rn 51] oder gem § 439 Abs 4 BGB [Rn 43]), so nehme der Käufer dem Verkäufer mit der Zerstörung oder der Reparatur der Sache die Möglichkeit, den Mangel bis zum Ablauf der Nachfrist zu beheben und den Vertrag zu erfüllen[326] (zur Mangelbeseitigung durch den Käufer [Selbstvornahme] Rn 61 f). Das ist **nicht haltbar**.[327] Der Aus-

---

[320] BGH 24.3.2006 – V ZR 173/05, BGHZ 167, 19 (Rn 13); zust jurisPK/BECKMANN[8] (2017) § 323 Rn 69; BeckOK/SCHMIDT (15.6.2017) § 323 Rn 39; BeckOK/FAUST (15.6.2017) § 437 Rn 27a; PALANDT/GRÜNEBERG[76] (2017) § 323 Rn 32; NomosKomm/DAUNER-LIEB/DUBOVITSKAYA[3] (2016) § 323 Rn 39.
[321] LORENZ NJW 2006, 1925, 1926 f; LOOSCHELDERS JR 2006, 309 ff und in: BeckOGK (15.10.2017) § 323 Rn 290; SOERGEL/GSELL[13] (2005) § 323 Rn 216; STAUDINGER/SCHWARZE (2015) § 323 Rn C 26; so auch, dem BGH aber im Ergebnis zust, MünchKomm/ERNST[7] (2016) § 323 Rn 248.
[322] Zur Parallelvorschrift § 326 Abs 2 S 1 Var 1 (gleich Rn 72) STAUDINGER/SCHWARZE (2015) § 326 Rn C 5 ff; SOERGEL/GSELL[13] (2005) § 326 Rn 42 ff; MünchKomm/ERNST[7] (2016) § 326 Rn 49 ff.
[323] RegE BT-Drucks 14/6040, 187.
[324] ERMAN/WESTERMANN[15] (2017) § 323 Rn 29; JAUERNIG/STADLER[16] (2015) § 323 Rn 24; schon ab 80% PALANDT/GRÜNEBERG[76] (2017) § 323 Rn 29; BeckOK/SCHMIDT (15.6.2017) § 323 Rn 34: 80–90%; krit STAUDINGER/SCHWARZE (2015) § 323 Rn E 7.
[325] OLG München 21.7.2006 – 19 U 2503/05, ZGS 2007, 80; LORENZ NJW 2002, 2497, 2499; KOHLER AcP 203 (2003) 539, 566 ff; KATZENSTEIN ZGS 2004, 349, 356; CANARIS, in: FS Picker (2010) 113, 132; WALL ZGS 2011, 166, 170 ff; ERNST, in: FS U Huber (2006) 165, 231 und in: MünchKomm/ERNST[7] (2016) § 326 Rn 113 (ab Kenntnis des Rücktrittsberechtigten vom Nachbesserungsrecht); REINICKE/TIEDTKE, Kaufrecht[8] (2009) Rn 490; STAUDINGER/SCHWARZE (2015) § 323 Rn E 5; BeckOK/FAUST (15.6.2017) § 437 Rn 34, 34a, § 439 Rn 60; für die Selbstvornahme auch FEST ZGS 2006, 173, 175 f. Zum Sonderfall der eigenmächtigen Reparatur durch den Käufer s PALANDT/GRÜNEBERG[76] (2017) § 323 Rn 29 aE.
[326] Auch wenn die Nacherfüllung dadurch unmöglich wird, dass Verkäufer oder Käufer die Kaufsache nach Gefahrübergang zerstören, macht § 326 Abs 1 S 2 BGB eine Ausnahme von § 326 Abs 1 S 1 mit Abs 2 BGB und erhält dem Käufer die Mängelrechte, so dass Leistungspflicht und Gegenleistungspflicht nicht automatisch wegfallen, sondern allenfalls § 323 Abs 6 BGB greift.
[327] DAUNER-LIEB/ARNOLD, in: FS Hadding (2004) 25, 26 ff; NomosKomm/DAUNER-LIEB[3] (2016) § 326 Rn 33; HEINRICHS, in: FS E Schmidt (2005) 159, 163 f (aber S 164 über § 242 abw für die Selbstbeseitigung des Mangels);

I. Leistungsstörungen

schluss des Rücktrittsrechts findet erstens schon keine Grundlage in § 323 Abs 6 Alt 1 BGB: Ist der Verkäufer für den Mangel und der Käufer für den Wegfall der Nacherfüllungsmöglichkeit innerhalb der Nachfrist verantwortlich, trifft den Käufer keine alleinige oder weit überwiegende, sondern allenfalls eine hälftige Mitverantwortung für den zum Rücktritt berechtigenden Umstand.[328] Denn die Pflichtverletzung, wegen derer der Käufer nach §§ 437 Nr 2, 323 Abs 1 BGB zurücktreten kann, ist nicht die ausbleibende Nachbesserung, sondern die mangelhafte Leistung des Verkäufers (Rn 13, 30).[329] Der Ausschluss des Rücktrittsrechts führte zudem zu wenig interessengerechten Ergebnissen: Trotz seiner mangelhaften Leistung ersparte der Verkäufer die ihn nach § 439 Abs 2 BGB grundsätzlich treffenden Nachbesserungskosten und verdiente die volle Gegenleistung,[330] da § 326 Abs 6 Var 1 BGB über §§ 437 Nr 2, 441 Abs 1 BGB („statt zurückzutreten") zu Lasten des Käufers auch die Minderung ausschließt.[331] Zweitens widerspricht der Ausschluss des Rücktrittsrechts über § 323 Abs 6 Alt 1 BGB dem Willen des Schuldrechtsreformgesetzgebers, die Alles-oder-Nichts-Lösung des § 351 BGB 1900 (Ausschluss des Rücktrittrechts bei schuldhafter Zerstörung der Kaufsache durch den Käufer) durch einen Rücktritt gegen Wertersatz nach § 346 Abs 2 und 3 BGB zu ersetzen:[332] Gem § 346 Abs 3 S 1 Nr 3 BGB scheitert die Rückabwicklung des Vertrages bei gesetzlichen und bei diesen nachgebildeten vertraglichen Rücktrittsrechten nicht daran, dass der Rücktrittsberechtigte die zurückzugebende Sache zerstört, sofern er die eigenübliche Sorgfalt (Rn 136 ff) einhält.[333] Zudem schlösse § 323 Abs 6 Alt 1 BGB den Rücktritt nur für eine willkürlich gewählte Fallgruppe aus, nämlich nur bei behebbaren Mängeln und nur zu Lasten des auf die Nachbesserung beschränkten Käufers, hingegen von vornherein nicht bei unbehebbaren Mängeln[334] und auch bei behebbaren Mängeln dann nicht, wenn der Käufer Nachlieferung

---

WAGNER, in: FS U Huber (2006) 591, 611 ff; H ROTH, in: FS Canaris (2007) 1131, 1134; OECHSLER, Vertragliche Schuldverhältnisse[2] (2017) Rn 266; NomosKomm/BÜDENBENDER[3] (2016) § 437 Rn 40 ff; PALANDT/GRÜNEBERG[76] (2017) § 323 Rn 29; an der Anwendbarkeit des § 323 Abs 6 Alt 1 BGB zweifelnd OLG Hamm 8.9.2005 – 28 U 60/05, NZV 2006, 421, 422.

[328] Mit der ganz hM gegen den Ausschluss des Rücktrittsrechts gem §§ 326 Abs 5, 323 Abs 6 Var 1 bei beiderseitiger Verantwortlichkeit, wenn nicht das Verschulden des Gläubigers weit überwiegt BGH 11.11.2014 – VIII ZR 37/14, RdL 2015, 95 (Pferd); zur beiderseitigen Unmöglichkeit Rn 93 ff.

[329] HEINRICHS, in: FS E SCHMIDT (2005), 159, 163; WAGNER, in: FS U Huber (2006) 591, 613; H ROTH, in: FS Canaris (2007) 1131, 1134; NomosKomm/BÜDENBENDER[3] (2016) § 437 Rn 45; auch DAUNER-LIEB/ARNOLD, in: FS Hadding (2004) 25, 27 f und NomosKomm/DAUNER-LIEB[3] (2016) § 326 Rn 33; PALANDT/GRÜNEBERG[76] (2017) § 323 Rn 29; OECHSLER, Vertragliche Schuldverhältnisse[2] (2017) Rn 266; mit ausführlicher Begründung abw KOHLER AcP 203 (2003) 539, 546 ff, 551; auch FEST ZGS 2006, 173, 175; BeckOK/FAUST (15.6.2017) § 437 Rn 34.

[330] DAUNER-LIEB/ARNOLD, in: FS Hadding (2004) 25, 30; PALANDT/GRÜNEBERG[76] (2017) § 323 Rn 29.

[331] LORENZ NJW 2002, 2497, 2499; DAUNER-LIEB/ARNOLD, in: FS Hadding (2004) 25, 30 und NomosKomm/DAUNER-LIEB[3] (2016) § 326 Rn 33; WAGNER, in: FS U Huber (2006) 591, 611 f. Dass das Ergebnis unbillig ist, zeigen die Versuche der hM, die Minderung trotz § 323 Abs 6 zu erlauben (KOHLER AcP 203 [2003] 539, 569, 572) oder dem Verkäufer analog § 326 Abs 2 S 2 die ersparten Nachbesserungsaufwendungen aufzuerlegen (LORENZ NJW 2002, 2497, 2499; BeckOK/FAUST [15.6.2017] § 437 Rn 34a, 37).

[332] DAUNER-LIEB/ARNOLD, in: FS Hadding (2004) 25, 26 f; HEINRICHS, in: FS E SCHMIDT (2005), 159, 163; WAGNER, in: FS U Huber (2006) 591, 611 ff; OECHSLER, Vertragliche Schuldverhältnisse[2] (2017) Rn 266; aA KOHLER AcP 203 (2003) 539, 560 ff.

[333] Für die Übertragung des Maßstabs der eigenüblichen Sorgfalt des § 346 Abs 3 S 1 Nr 3 auf § 323 Abs 6 KOHLER AcP 203 (2003) 539, 554; BALL NZV 2004, 227.

[334] WAGNER, in: FS U Huber (2006) 591, 611; NomosKomm/BÜDENBENDER[3] (2016) § 437 Rn 42.

verlangen kann.³³⁵ Ebenso wenig griffe § 323 Abs 6 Var 1 BGB, wenn der Käufer die Kaufsache erst nach Nachfristablauf zerstört.³³⁶ Dass die Zerstörung der Kaufsache während der Nachfrist die Rechtsbehelfe des Käufers nicht ausschließt, zeigt auch § 439 Abs 4 BGB, der auf § 346 Abs 2 S 1 Nr 3 BGB verweist.³³⁷

78 **§ 323 Abs 6 Var 2 BGB** schließt den Rücktritt aus, wenn der zum Rücktritt berechtigende Umstand während des Annahmeverzugs des Gläubigers (§§ 293 ff BGB) eingetreten ist und der Schuldner den Rücktrittsgrund nicht zu vertreten hat – wobei § 300 Abs 1 BGB die Verantwortlichkeit des Schuldners im Annahmeverzug des Gläubigers auf Vorsatz und grobe Fahrlässigkeit reduziert. § 323 Abs 6 Var 2 BGB ist aber überflüssig: Hat der Schuldner dem Gläubiger die Leistung in einer den Annahmeverzug begründenden Weise angeboten, beendet das die Leistungsstörung; mangels Pflichtverletzung des Schuldners hat der Gläubiger überhaupt kein Rücktrittsrecht.

79 § 323 Abs 5 und 6 BGB schränken nur die Rücktrittsrechte aus §§ 323, 326 Abs 5 BGB ein, hingegen nicht das Rücktrittsrecht wegen Nebenpflichtverletzungen aus **§ 324 BGB**. Gem § 324 BGB kann der Gläubiger aber von vornherein nur dann zurücktreten, wenn ihm das Festhalten am Vertrag wegen der Nebenpflichtverletzung des Schuldners **unzumutbar** wird; das wird nur ausnahmsweise der Fall sein (Rn 32, 74).³³⁸

b)   Automatisch bei Unmöglichkeit der Leistung, §§ 275 Abs 1, 326 Abs 1 S 1 BGB
aa)   Wegfall der Leistungspflicht, § 275 Abs 1 BGB
80 Wird dem Schuldner die Leistung unmöglich, kann er die vertraglich geschuldete Leistung also auch mit größtmöglichen Anstrengungen nicht erbringen, fällt seine Leistungspflicht nach § 275 Abs 1 BGB **automatisch** weg: Kann der Schuldner unter keinen Umständen leisten, etwa weil die zu leistende Sache untergegangen ist (**tatsächliche** Unmöglichkeit), oder weil der Schuldner wegen eines Einfuhrverbots nicht leisten darf (**rechtliche** Unmöglichkeit), steht fest, dass die Schuldnerleistung ausbleibt. Das Gesetz erlegt dem Gläubiger in diesem Fall nicht die Last auf, die Leistungspflicht des Schuldners durch Erklärung zu beenden, sondern ordnet mit § 275 Abs 1 BGB an, dass die Leistungspflicht automatisch erlischt. Unerheblich ist, ob die Leistung **objektiv** unmöglich ist, also von keinem Menschen erbracht werden kann (wie beim Untergang der Sache), oder nur **subjektiv** unmöglich ist, dh zwar nicht vom Schuldner, aber von einem Dritten erbracht werden kann (etwa beim Diebstahl der Sache vom Dieb oder wenn der Schuldner die Sache einem Dritten veräußert und übergeben hat, der unter gar keinen Umständen bereit ist, die Sache herauszugeben). Objektiv tatsächlich unmöglich ist eine Leistung, die nach den Naturgesetzen oder nach dem Stand von Wissenschaft und Technik schlechthin nicht erbracht werden kann. Das bezieht die hM auch auf das Versprechen, durch den Einsatz übernatürlicher, „magischer" oder parapsychologischer Kräfte und Fähigkeiten, zB durch Kartenlesen, die Zukunft vorhersagen und Einfluss auf die Zukunft nehmen zu können. Entscheidend soll sein, ob nach dem Vertrag mit „echter Magie" eine objektiv unmögliche Leistung geschuldet ist (dann Unmöglichkeit) oder ob Gegenstand des Vertrages lediglich „Scheinmagie" zu Unterhaltungszwecken ist, etwa auf einem Jahrmarkt (dann keine Unmöglichkeit)³³⁹ (näher

---

³³⁵ NomosKomm/BÜDENBENDER³ (2016) § 437 Rn 44.
³³⁶ NomosKomm/BÜDENBENDER³ (2016) § 437 Rn 43.
³³⁷ Vgl NomosKomm/BÜDENBENDER³ (2016) § 437 Rn 44.
³³⁸ STAUDINGER/KAISER (2012) § 346 Rn 17; MünchKomm/ERNST⁷ (2016) § 324 Rn 7.
³³⁹ BGH 13.1.2011 – III ZR 87/10, BGHZ 188,

I. Leistungsstörungen 81

in Rn 92 zu § 326 Abs 1 S 1 BGB). Tatsächlich unmöglich ist die Leistung dem Schuldner auch dann, wenn der genau („fix") bestimmte Leistungszeitpunkt verstrichen und so wesentlich ist, dass die Leistung nicht nachgeholt werden kann (absolutes Fixgeschäft), etwa wenn der für einen Fußballverein gebuchte Busunternehmer erst am Tag nach dem Fußballturnier erscheint. Auch die Fälle des Zweckfortfalls (das frei zu schleppende Schiff sinkt) und der Zweckerreichung (das frei zu schleppende Schiff kommt bei Hochwasser selbst frei)[340] fallen beim Dienstvertrag unter § 275 Abs 1 BGB (nicht aber beim Kaufvertrag und beim Werkvertrag; das ist streitig: Rn 62).

Bei **Gattungsschulden**, bei denen die Vertragspartner die geschuldete Leistung nicht individuell, sondern nach allgemeinen Merkmalen (Gattungsmerkmalen) bestimmen (etwa: Riesling Spätlese trocken, Jahrgang 2007), befreit der Untergang einzelner Gattungssachen den Schuldner nicht, solange der Schuldner noch Gattungssachen mittlerer Art und Güte leisten kann, § 243 Abs 1 BGB. Objektiv unmöglich wird die Leistung erst mit dem Untergang der gesamten Gattung.[341] Die Merkmale der Gattung, aus der zu leisten ist, richten sich nach dem Vertrag (§§ 133, 157 BGB): Je mehr Merkmale die Vertragspartner festgelegt haben, desto stärker ist die Gattung eingegrenzt. Bei einer auf einen **Vorrat** beschränkten Gattungsschuld (Vorratsschuld, etwa: Riesling Spätlese trocken, Jahrgang 2007 eines bestimmten Weinguts) wird die Leistung schon unmöglich, wenn der gesamte Vorrat vernichtet ist. Hat der Schuldner die Leistungspflicht gem **§ 243 Abs 2 BGB** auf die untergegangenen Stücke konkretisiert (also aus der Gattungs- eine Stückschuld gemacht, etwa indem er bei einer Holschuld die geschuldete Menge Wein aussondert, im Weingut zur Abholung bereit stellt und den Käufer auffordert, den Wein abzuholen)[342] oder ist die Leistungsgefahr (Sachgefahr) wegen Annahmeverzugs des Gläubigers nach § 300 Abs 2 BGB auf den Gläubiger übergegangen, befreit den Schuldner schon der Untergang der ausgewählten Stücke (Weinflaschen).

81

---

71 (Kartenlegen); BeckOK/LORENZ (1.2.2017) § 275 Rn 22; Hk-BGB/SCHULZE[9] (2017) § 275 Rn 11.
[340] Erbringt ein Nachunternehmer beim Werkvertrag die dem Hauptunternehmer geschuldete Leistung auf Grund gesonderten Vertrags direkt für dessen Auftraggeber, wird dem Nachunternehmer im Verhältnis zum Hauptunternehmer die Erfüllung dieser Leistung unmöglich: BGH 17.7.2007 – X ZR 31/06, NJW 2007, 3488; BGH 14.1.2010 – VII ZR 106/08, NJW 2010, 1282.
[341] Zum Grundsatz, dass Geldschulden nicht unmöglich werden können („Geld muss man haben") BACH, in: STAUDINGER/Eckpfeiler D. Rn 128.
[342] Näher BACH, in: STAUDINGER/Eckpfeiler D. Rn 111 ff, der aber eine Mindermeinung vertritt.

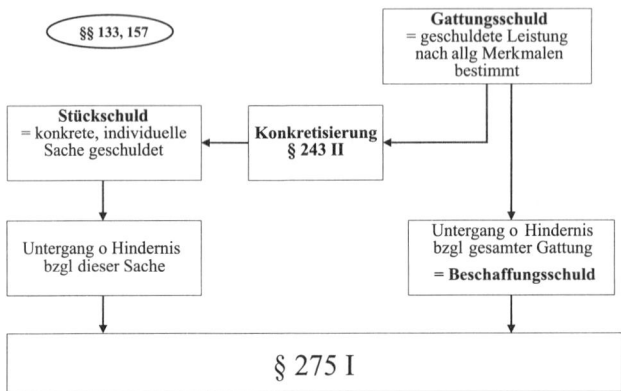

82 Teilweise wird behauptet, der Schuldner könne die **Konkretisierung** und damit die Beschränkung des Schuldverhältnisses auf einzelne Gattungstücke nach § 243 Abs 2 BGB (Rn 81) **einseitig aufheben**: § 243 Abs 2 BGB diene ausschließlich dem Schutz des Schuldners; auf diesen Schutz könne er verzichten, wenn er eine andere Sache liefern wolle, trage dann aber wieder die volle Leistungsgefahr.[343] Dagegen ist der Schuldner nach **hM**[344] an die Konkretisierung **grundsätzlich gebunden**, weil anderenfalls die §§ 243 Abs 2, 275 BGB umgangen würden und der Gläubiger zumindest dann schutzwürdig sei, wenn er an der Auswahl der ausgesonderten Sachen mitgewirkt oder die ausgesonderten Sachen geprüft habe. Auch dürfe der Schuldner nicht auf Kosten des Gläubigers spekulieren, etwa die auf dem Transport befindliche Ware wegen eines höheren Gewinns an einen Dritten umlenken und den Gläubiger auf eine spätere Lieferung vertrösten. Eine Bindung des Schuldners an die Konkretisierung sei jedoch ausnahmsweise dann zu verneinen, wenn der Gläubiger die vom Schuldner angebotene Leistung zurückgewiesen hat (Verbot des venire contra factum proprium nach § 242 BGB), oder wenn er sich im Annahmeverzug befindet und der Schuldner unverzüglich die Leistung anderer Gattungsstücke anbietet, oder wenn der Schuldner unverzüglich nach Aufhebung der Konkretisierung die Leistung einer Ersatzsache anbietet und der Gläubiger kein schutzwürdiges Interesse daran hat, gerade diejenige Ware zu bekommen, auf welche sich das Schuldverhältnis beschränkt hatte.[345] Mindermeinung und hM unterscheiden sich im Ergebnis kaum, unterschiedlich ist allein das Regel-Ausnahme-Verhältnis.[346]

83 Gem § 275 Abs 1 BGB entfällt die Leistungspflicht des Schuldners auch dann, wenn die Leistung **von Anfang an**, also schon **bei Vertragsschluss**, unmöglich ist: Der Vertrag

---

[343] CANARIS JuS 2007, 793, 796; STAUDINGER/SCHIEMANN (2017) § 243 Rn 43; MEDICUS/PETERSEN, Bürgerliches Recht[26] (2017) Rn 262; FIKENTSCHER/HEINEMANN, Schuldrecht[10] (2006) Rn 249.
[344] Mot II 12, 74; Prot I 287; OLG Köln 15.5. 1995 – 19 U 151/94, NJW 1995, 3128, 3129; U HUBER, in: FS Ballerstedt (1975) S 327, 339 ff; LOOSCHELDERS, SR AT[15] (2017) Rn 256 f; BROX/WALKER, Allgemeines Schuldrecht[41] (2017) § 8 Rn 7; MünchKomm/EMMERICH[7] (2016) § 243 Rn 31 ff; ERMAN/WESTERMANN[15] (2017) § 243 Rn 18; PALANDT/GRÜNEBERG[76] (2017) § 243 Rn 7; kein Beleg ist das häufig zitierte Urteil BGH 2.12.1981 – VIII ZR 273/80, NJW 1982, 873.
[345] RG 6.11.1917 – II 201/17, RGZ 91, 110, 112 f; Prot I 257 f.
[346] FAUST ZGS 2004, 252, 257; BACH, in: STAUDINGER/Eckpfeiler D. Rn 113.

ist gem § 311a Abs 1 BGB wirksam, obwohl er keine Primärleistungspflichten begründet. Das weicht vom (stark kritisierten) § 306 BGB (in der Fassung bis zum 31.12. 2001) ab, nach dem der Vertrag nichtig war, wenn die Leistung vor Vertragsschluss objektiv, dh jedermann unmöglich war. Der Vertrag ohne Primärleistungspflichten bildet die Grundlage für einen Anspruch auf das Surrogat aus § 285 BGB (unten Rn 223 ff) und für den Schadensersatzanspruch aus § 311a Abs 2 BGB (unten Rn 152, 159) und soll nach hM auch einen Anspruch auf die Gegenleistung unter Abbedingung des § 326 Abs 1 S 1 BGB begründen können (dagegen Rn 92).

Schwierigkeiten bereitet die **vorübergehende oder zeitweilige Unmöglichkeit**, etwa **84** wenn ein Geflügelhändler bei einem Geflügelimporteur in den Niederlanden Hühnchen für eine spätere Lieferung bestellt, und in Holland kurz nach Vertragsschluss die Geflügelpest ausbricht, weswegen die EU ein sechsmonatiges Exportverbot für niederländische Hühnchen erlässt. Entgegen der hM[347] **suspendiert § 275 Abs 1 BGB** die Leistungspflicht bei einer „zeitweiligen Unmöglichkeit" **nicht**: Die „zeitweilige Unmöglichkeit" ist kein Unterfall der Unmöglichkeit, sondern **bloße Leistungsverzögerung**; §§ 281, 286 und § 323 BGB sind unmittelbar anwendbar.[348] Entgegen der hM ist eine Leistungsklage weder als „zur Zeit unbegründet" abzuweisen[349] noch ist der Gläubiger darauf beschränkt, ein Urteil auf künftige, durch den Wegfall des Hindernisses bedingte Leistung zu erstreiten. Vielmehr muss der Gläubiger ein unbedingtes Leistungsurteil erwirken können. Der Schuldner wird durch das Zwangsvollstreckungsverfahren hinreichend geschützt: Solange die Leistung unmöglich ist, ist die Vollstreckung unzulässig (§ 888 ZPO) bzw schlägt fehl (§§ 883, 887 ZPO).[350] Etwa muss der Geflügelhändler trotz sechsmonatigen EU-Exportverbots die Leistung der Hühnchen verlangen und einklagen können. Zurücktreten und Schadensersatz verlangen kann der Gläubiger erst dann, wenn er dem Schuldner zuvor eine Nachfrist gesetzt hat bzw diesen gemahnt hat.[351] Die hM, die § 275 Abs 1 BGB anwendet und die Leistungspflicht des Schuldners suspendiert, kommt zum selben Ergebnis (Schadensersatz aus §§ 281, 286 BGB und Rücktrittsrecht aus § 323 Abs 1 BGB) - aber mit Hilfe eines mit dem Gesetz unvereinbaren doppelten Saltos: Zum einem muss sie ignorieren, dass § 275 Abs 4 BGB ausschließlich auf die §§ 283-285, 311a BGB, also auf Unmöglichkeitsvorschriften, hingegen nicht auf §§ 281, 286, 323 BGB verweist. Zum anderen muss sie für §§ 281 Abs 1 S 1, 286 Abs 1 S 1, 323 Abs 1 S 1 BGB so tun, als sei die Leistung trotz Unmöglichkeit fällig und durchsetzbar.[352]

---

[347] CANARIS JZ 2001, 499, 508, 510 und 516 und ders, in: FS U Huber (2006) 143, 145 ff; ARNOLD JZ 2002, 866, 868 ff; WIESER MDR 2002, 858, 861; MEDICUS, in: FS Heldrich (2005) 347, 349 ff; MAIER-REIMER, in: DAUNER-LIEB/KONZEN/ SCHMIDT, Das neue Schuldrecht in der Praxis (2002) 291, 298, 305 ff; EMMERICH, Leistungsstörungen[6] (2005) § 4 IV, 55 f; PALANDT/GRÜNEBERG[76] (2017) § 275 Rn 10; MünchKomm/ ERNST[7] (2016) § 275 Rn 137, 149 ff;

[348] Ähnlich MATTHEUS, in: SCHWAB/WITT[2] (2003) 106 ff; JAUERNIG/STADLER[16] (2015) § 275 Rn 10 und § 286 Rn 5; siehe auch EHMANN/ SUTSCHET (2002) § 3 IV S 55 ff. S auch BGH 19.10.2007 - V ZR 211/06, BGHZ 174, 61 (Rn 23 ff gegen Schadensersatzansprüche aus § 311a Abs 2 BGB und §§ 280 Abs 1, 3 mit 283 BGB bei vorübergehender Unmöglichkeit einer Grundstücksübereignung wegen Unklarheit der Grundbuchlage und Rn 30 ff für einen Schadensersatzanspruch aus §§ 280 Abs 1, 3 mit 283).

[349] S nur BGH 16.9.2010 - IX ZR 121/09, NZI 2010, 956 (Rn 22); MünchKomm/Ernst[7] (2016) § 275 Rn 134 mwNw.

[350] Ausdrücklich abl CANARIS, in: FS U Huber (2006) 143, 148 f.

[351] Ausführlich KAISER, in: FS Hadding (2004) 121, 134 ff.

[352] Ausschließlich für das Unmöglichkeitsrecht OLG Karlsruhe 14.9.2004 - 8 U 97/04, NJW 2005, 989, 990; auch FAUST in: HUBER/FAUST, (2002) 8/Rn 6 ff; MEDICUS, in: FS Heldrich (2005) 347, 349 ff.

85 In den Fällen der subjektiven Unmöglichkeit (Rn 80) kann die Abgrenzung zum **Leistungsverweigerungsrecht aus § 275 Abs 2 BGB** problematisch sein:[353] Erfordert die Leistung einen Aufwand, der nach dem Inhalt des Schuldverhältnisses und nach Treu und Glauben in einem groben Missverhältnis zum Leistungsinteresse (auch Affektionsinteresse[354]) des Gläubigers steht, fällt die Leistungspflicht anders als nach § 275 Abs 1 BGB (Rn 80) nicht automatisch weg, sondern muss sich der Schuldner auf das Leistungshindernis berufen; andernfalls bleibt er zur Leistung verpflichtet.[355] Dabei sind dem Schuldner mehr Anstrengungen zuzumuten, wenn er das Leistungshindernis zu vertreten hat, ebenso, wenn er eine Garantie oder ein Beschaffungsrisiko übernommen hat. **§ 275 Abs 2 BGB** ist eine **eng auszulegende Ausnahmevorschrift**, die dem Schuldner nur in Extremfällen ein Leistungsverweigerungsrecht einräumt. Das folgt aus dem Wortlaut „grobes Missverhältnis", der dem Grundsatz „pacta sunt servanda" dient. Zu fragen ist danach, ob ein vernünftiger Mensch, wenn er selbst in den Genuss der Leistung käme, den erforderlichen erheblichen Aufwand betreiben würde **(Kosten-Nutzen-Kalkül)**. Von § 275 Abs 2 BGB erfasst wird insbesondere die sog „**faktische Unmöglichkeit**": Die Leistung ist rein theoretisch möglich, praktisch aber so unsinnig, dass kein vernünftiger Mensch auf die Idee käme zu leisten. Schulbeispiel ist der Verkauf eines Ringes, der vor Übergabe und Übereignung ins Wasser fällt und auf den Meeresboden sinkt. Zwar ist es technisch möglich, den Ring zu bergen; der dazu erforderliche finanzielle Aufwand steht aber in keinem Verhältnis zum Interesse des Gläubigers am Ring. Der BGH hat ein Leistungsverweigerungsrecht des zur Nachbesserung verpflichteten Verkäufers nach § 275 Abs 2 BGB schon wegen eines groben Missverhältnisses der Nachbesserungskosten iHv 12.900 € zum Zeitwert des gekauften und wegen Pilzbefalls und daraus resultierender Wasseruntauglichkeit mangelhaften Bootes iHv 1.400 € bejaht.[356]

86 Schwierig ist die Abgrenzung des § 275 Abs 2 BGB zum Fehlen oder zum Wegfall der **Geschäftsgrundlage iS des § 313 BGB** insbesondere für die sog „**wirtschaftliche Unmöglichkeit**", also für **Äquivalenzstörungen** durch eine übermäßige Leistungserschwerung oder eine Verteuerung der Gegenleistung aufgrund einer erheblichen Änderung der politischen oder wirtschaftlichen Verhältnisse, etwa durch Kriege, Rohstoffkrisen, Leistungsembargos, Geldentwertung oder Gesetzesänderungen. § 275 Abs 2 BGB und § 313 BGB unterscheiden sich sowohl im Grund (§ 313 BGB: keine Pflichtverletzung des Schuldners, sondern Störung der Vertragsparität) als auch in den Rechtsfolgen (§ 313 BGB: nicht Unmöglichkeit, sondern Anpassung des Vertrages an die geänderten Gegebenheiten nach § 313 Abs 1 und 2 BGB mit einem nachrangigen[357] Rücktrittsrecht des benachteiligten Vertragspartners nach § 313 Abs 3 BGB). Die Geschäftsgrundlage ist gestört, wenn die Äquivalenz von Leistung und Gegenleistung erheblich beeinträchtigt ist und den Parteien ein unverändertes Festhalten am Vertrag nicht zugemutet werden kann, § 313 Abs 1 und 2 BGB. Allerdings muss sich ein Ver-

---

[353] Nach ständiger Rechtsprechung des V. Zivilsenats anwendbar auch gegenüber einem Anspruch aus § 1004, zuletzt BGH 21.5.2010 – V ZR 244/09, NJW 20010, 2341 mwNw.
[354] Vgl OLG Hamm 18.12.2008 – 5 U 104/08, AbfallR 2009, 96.
[355] Eine Rolle spielt dies insbesondere, wenn der Schuldner im Prozess säumig ist: Anders als im Fall des § 275 Abs 1 BGB kann der Schuldner, wenn er sich nicht auf § 275 Abs 2 (und auf Abs 3 BGB [Rn 89]) beruft, durch Versäumnisurteil zur Leistung verurteilt werden.
[356] BGH 19.12.2012 – VIII ZR 96/12, NJW 2013, 1074 (Kajütboot, Rn 27), spricht aber schief von „wirtschaftlicher Unmöglichkeit"; auf § 439 Abs 3 aF ist der BGH wohl deshalb nicht eingegangen, weil ein Rücktrittsrecht des Käufers aus § 326 Abs 5 BGB streitig war.
[357] BGH 30.9.2011 – V ZR 17/11, BGHZ 191, 139 (Rn 20 ff).

tragspartner trotz einer erheblich nachteiligen Entwicklung am Vertrag festhalten lassen, wenn das verwirklichte Risiko in seinen Risikobereich fällt. Da grundsätzlich jeder Vertragspartner das Risiko für die Verwendbarkeit seiner Leistung selbst trägt (der Sachschuldner das Beschaffungsrisiko, der Gläubiger das Verwendungsrisiko sowie das Geldentwertungsrisiko für die Gegenleistung), sind Fälle, in denen die Geschäftsgrundlage fehlt oder wegfällt, selten. Bei der „wirtschaftlichen Unmöglichkeit" wird teilweise § 275 Abs 2 BGB als vorrangig angesehen,[358] teilweise § 313 BGB.[359] Richtigerweise fällt die Äquivalenzstörung ausschließlich unter § 313 BGB und greift § 275 Abs 2 BGB nicht: § 275 Abs 2 BGB stellt auf das Missverhältnis zwischen dem Aufwand des Schuldners und dem Leistungsinteresse des Gläubigers ab (Rn 85), anders als § 313 BGB aber gerade nicht auf das Missverhältnis zwischen dem Leistungsaufwand und der vom Gläubiger nach dem Vertrag aufzubringenden Gegenleistung. Mit steigenden Preisen auf dem Beschaffungsmarkt steigt parallel zum Aufwand des Verkäufers auch das Interesse des Käufers am Erhalt der Leistung zum vertraglich vereinbarten Preis.[360]

§ 275 Abs 3 BGB räumt dem **höchstpersönlich verpflichteten Schuldner** ein **Leistungsverweigerungsrecht** ein, wenn ihm die Leistung unter Abwägung seiner Interessen mit dem Leistungsinteresse des Gläubigers nicht zugemutet werden kann; das betrifft wegen § 613 S 1 BGB insbesondere den Dienstnehmer und den Arbeitnehmer, uU auch den Werkunternehmer: Das Gesetz hält den höchstpersönlich zur Leistung Verpflichteten für schutzbedürftiger als sonstige Schuldner, weil ihm mit der Leistung nicht lediglich ein finanzielles, sondern ein persönliches Opfer zugemutet wird. Schulbeispiel ist die allein erziehende Sängerin, die nicht auftreten kann, weil ihr Kind erkrankt ist.

87

bb) Wegfall der Gegenleistungspflicht, § 326 Abs 1 S 1 BGB

Braucht der Schuldner nach § 275 Abs 1 BGB nicht zu leisten, verliert er nach § 326 Abs 1 S 1 BGB **automatisch** auch den Anspruch auf die Gegenleistung, etwa auf den Kaufpreis (zum Anspruch auf Rückgewähr der bereits erbrachten Gegenleistung aus §§ 326 Abs 4 BGB mit 346, 347 s Rn 149). Die Gegenleistungspflicht entfällt nur dann, wenn dem Schuldner gerade eine im Gegenseitigkeitsverhältnis stehende Leistung unmöglich geworden ist.[361] Das folgt zwar nicht aus dem Wortlaut des § 326 BGB, aber aus der amtlichen Titelüberschrift „gegenseitiger Vertrag" und aus dem Gesamtzusammenhang der Regelung, insbesondere mit § 320 BGB: Das Erlöschen der Leistungspflicht des Schuldners kann zum automatischen Erlöschen von Gläubigerpflichten nur führen, wenn die beiderseitigen Leistungspflichten synallagmatisch miteinander verbunden sind (zum Rücktritt gerade Rn 70 ff). Auch der Schuldner, der nach § 275 Abs 2 und 3 BGB die Leistung verweigern darf, verliert mit der berechtigten Leistungsverweigerung gem § 326 Abs 1 S 1 BGB seinen Anspruch auf die Gegenleistung. Obwohl die Gegenleistungspflicht nach § 326 Abs 1 S 1 HS 1 BGB mit Unmöglichkeit der Leistung automatisch wegfällt, gewährt **§ 326 Abs 5 BGB** dem Gläubiger **zusätzlich ein Recht zum Rücktritt** vom Vertrag (ausführlich Rn 75).

88

---

[358] RegE BT-Drucks 14/6040, 176, rechte Spalte.
[359] RegE BT-Drucks 14/6040, 130 linke Spalte; CANARIS JZ 2001, 499, 501; LOOSCHELDERS, SR AT[15] (2017) Rn 439; MünchKomm/ERNST[7] (2016) § 275 Rn 21; PALANDT/GRÜNEBERG[76] (2017) § 275 Rn 29; teilweise wird dem Schuldner die Entscheidung überlassen, welchen Rechtsbehelf er geltend macht; SCHWARZE Jura 2002, 73, 78.
[360] MEIER Jura 2002, 118, 121; HUBER/FAUST (2002) 2/Rn 41; LORENZ/RIEHM (2002) Rn 306; MünchKomm/ERNST[7] (2016) § 275 Rn 93.
[361] Zum Synallagma näher BACH, in: STAUDINGER/Eckpfeiler D. Rn 16 ff.

89 Wie nach § 323 Abs 6 Var 1 BGB für das Rücktrittsrecht (Rn 77) **bleibt die Gegenleistungspflicht** des Gläubigers (Kaufpreiszahlung) trotz Unmöglichkeit der Schuldnerleistung iS des § 275 Abs 1 BGB nach **§ 326 Abs 2 S 1 Var 1 BGB** bestehen, wenn der **Gläubiger für die Unmöglichkeit der Leistung analog §§ 276, 278 allein oder weit überwiegend verantwortlich ist**, etwa zu **90 %** den Unfall verschuldet hat, der zum Totalschaden des gekauften Autos führt (Rn 77). Auf den Gegenleistungsanspruch muss sich der Schuldner gem § 326 Abs 2 S 2 BGB dasjenige anrechnen lassen, was er infolge der Befreiung von der Leistungspflicht erspart (etwa die Fahrtkosten zum Abholen der Sache) oder was er durch anderweitige Verwendung seiner Arbeitskraft erwirbt oder zu erwerben böswillig unterlässt. Jenseits der Selbstvornahme (Rn 61 f) kommt der Fall, dass der Käufer als Gläubiger die Kaufsache nach Vertragsschluss, aber vor Erfüllung iS des § 433 Abs 1 BGB, also vor Übergabe und Übereignung (§ 929 BGB) zerstört, in der Praxis selten vor, da der Käufer in der Regel erst nach Übergabe (und Übereignung) und damit nach Erfüllung der Verkäuferpflicht aus § 433 Abs 1 BGB nachteilig auf die Sache einwirken kann. Denkbar bleibt für § 326 Abs 2 S 1 Var 1 BGB der Fall, dass dem Käufer die gekaufte, aber noch nicht übereignete Brille bei der Anprobe im Geschäft des Optikers von der Nase rutscht und zerbricht, oder dass er mit dem gekauften Fahrrad vor Übereignung die Feineinstellungen von Lenker und Sattel erprobt und bei der Probefahrt einen Unfall mit Totalschaden des Fahrrads verursacht. Zerstört der Käufer die ausgesuchte Sache hingegen vor Vertragsschluss (etwa ein für den Kauf in Betracht kommendes Auto bei einer Probefahrt), wird er anschließend in der Regel keinen Kaufvertrag mehr abschließen und wird der Verkäufer Schadensersatzansprüche wegen Eigentumsverletzung aus §§ 280 Abs 1, 311 Abs 2, 241 Abs 2 (cic unten Rn 226 ff) und aus § 823 Abs 1 BGB geltend machen. Stellt der Gläubiger bei einem nach § 650 S 1 (bis 31.12.2017: § 651 S 1) dem Kaufrecht unterfallenden Werklieferungsvertrag den Ausgangsstoff für die herzustellende Kaufsache zur Verfügung, überlässt etwa ein Gewürzhandelshaus dem Schuldner die Grundstoffe für die Herstellung von Geflügelfond, und geht die Sache aufgrund eines Fehlers der Grundstoffe unter, explodieren etwa die Gläser mit dem fertigen Geflügelfond, so bleibt der Gläubiger (das Gewürzhaus) über § 326 Abs 2 S 1 Var 1 BGB zur Gegenleistung verpflichtet;[362] damit übernimmt § 326 Abs 2 S 1 Var 1 BGB für den Werklieferungsvertrag, der zunehmend an die Stelle des Werkvertrags tritt,[363] die Funktion der werkvertraglichen Sondervorschrift des § 645 BGB. S auch Rn 92.

90 In der Praxis häufiger ist der Fall des **§ 326 Abs 2 S 1 Var 2 BGB**, dass dem Schuldner seine Leistung unmöglich wird, während sich der Gläubiger gem §§ 293 ff BGB in Verzug mit der Annahme der Schuldnerleistung befindet (zu § 323 Abs 6 Var 2 BGB für das Rücktrittsrecht Rn 78), etwa wenn die Vertragspartner eine Holschuld vereinbart haben, der Gläubiger die Sache aber nicht zum vereinbarten Zeitpunkt abholt und diese anschließend beim Verkäufer zerstört wird (oder abhandenkommt, etwa durch Diebstahl des gekauften Autos aus der ordnungsgemäß gesicherten Verkaufshalle): Hat der Verkäufer als **Schuldner die Unmöglichkeit der Leistung während des Annahmeverzugs des Gläubigers nicht zu vertreten** (wobei § 300 Abs 1 BGB seinen Verschuldensmaßstab im Gläubigerverzug auf Vorsatz und grobe Fahrlässigkeit herabsetzt), so bleibt der Käufer als Gläubiger nach § 326 Abs 2 S 1 Var 2 BGB zur Kaufpreiszahlung verpflichtet.

---

[362] LG Köln 12.3.2008 – 20 O 214/07, VersR 2008, 1488; DÖTTERL ZGS 2011, 115 ff.
[363] BGH 23.7.2009 – VII ZR 151/08, BGHZ 182, 140 (Siloanalage, Rn 13 ff); BGH 9.2.2010 – X ZR 82/07, BB 2010, 1561 (LS).

I. Leistungsstörungen

§ 326 Abs 2 BGB regelt die Ausnahmen von § 326 Abs 1 S 1 BGB **aber nicht abschlie-** 91
ßend. Häufig verpflichten **besondere Gefahrtragungsregeln** den Gläubiger trotz Unmöglichkeit der Schuldnerleistung zur Gegenleistung: beim Kaufvertrag §§ 446, 447 Abs 1, BGB[364] beim Mietvertrag § 537 BGB,[365] beim Dienstvertrag §§ 615, 616 BGB[366] und beim Werkvertrag §§ 644, 645 BGB[367]. Im Kaufrecht tritt die Gefahrtragungsregel des **§ 446 S 3 BGB** an die Stelle des § 326 Abs 2 S 1 Var 2 BGB (Rn 90): Mit dem Annahmeverzug des Käufers geht die Preisgefahr auf den Käufer über; geht die Kaufsache während des Annahmeverzugs des Käufers zufällig unter, so bleibt er verpflichtet, den Kaufpreis zu zahlen. Sachlich ändert sich gegenüber § 326 Abs 2 S 1 Var 2 BGB nichts: Zufällig ist der Untergang der Kaufsache nur dann, wenn weder der Käufer noch der Verkäufer die Unmöglichkeit der Leistung zu vertreten haben. Ob der Verkäufer die Unmöglichkeit der Leistung zu vertreten hat, richtet sich nach § 300 Abs 1 BGB. Damit ist § 446 S 3 BGB neben § 326 Abs 2 S 1 Var 2 BGB überflüssig, als lex specialis aber gleichwohl vorrangig zu prüfen. Zu § 326 Abs 1 S 2 BGB Rn 75.

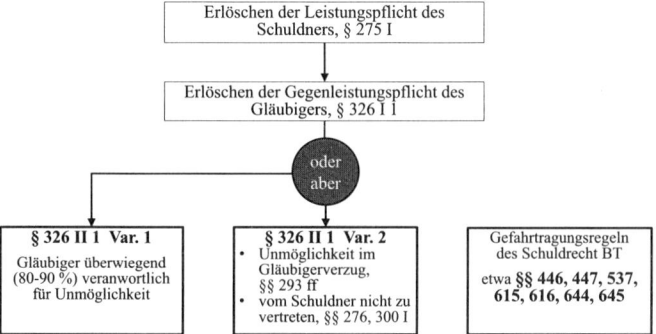

§ 326 Abs 1 S 1 BGB ist individualvertraglich **abdingbar**.[368] Hat der Gläubiger still- 92
schweigend die Gefahr für ein bestimmtes Leistungshindernis übernommen, das sich später verwirklicht, soll aus dieser vertraglichen Risikoübernahme gem **§ 326 Abs 2 S 1 Var 1 BGB** folgen, dass der Gläubiger weit überwiegend für die Unmöglichkeit der Schuldnerleistung verantwortlich ist (dazu Rn 89).[369] Wegen einer solchen **Risikoübernahme** soll etwa ein Konzertveranstalter einen Bühnenbeleuchter auch dann bezahlen müssen, wenn eine Tournee wegen Auseinanderbrechens der angekündigten Popgruppe (Tic Tac Toe) nicht stattfindet.[370] Das ist schief begründet, weil die vertragliche Risikoübernahme nicht bewirkt, dass der Gläubiger für die zur Unmöglichkeit führenden Umstände verantwortlich ist, sondern nur, dass er die Preisgefahr (Zahlung der Gegenleistung ohne Erhalt der Schuldnerleistung) trägt; darin liegt allenfalls eine Abbedingung des § 326 Abs 1 BGB. Auch das ist aber **überflüssig**: Denn dem Beleuchter

---

[364] Näher BECKMANN, in: STAUDINGER/Eckpfeiler N. Rn 253 ff.
[365] Näher STAUDINGER/EMMERICH (2018) § 537.
[366] Näher RICHARDI, in: STAUDINGER/Eckpfeiler P. Rn 96 ff.
[367] Näher STAUDINGER/PETERS/JACOBY (2014) §§ 644, 645.
[368] Statt aller MünchKomm/ERNST[7] (2016) § 326 Rn 115 ff; PALANDT/GRÜNEBERG[76] (2017) § 326 Rn 6.

[369] NomosKomm/DAUNER-LIEB[3] (2016) § 326 Rn 14; jurisPK/BECKMANN[8] (2017) § 326 Rn 17; PALANDT/GRÜNEBERG[76] (2017) § 326 Rn 9.
[370] Zu § 324 Abs 1 aF BGH 18.10.2001 – III ZR 265/00, NJW 2002, 595, der die Anwendbarkeit von § 615 ausdrücklich offen lässt; zust BGH 13.1.2011 – III ZR 87/10, BGHZ 188, 71 (Rn 16); SOERGEL/GSELL[13] (2005) § 326 Rn 46.

bliebe auch ohne (uU unterstellte) konkludente Risikoübernahme sein Entgelt erhalten: über § 615 BGB (bei einem Dienstvertrag) oder über §§ 644, 645 BGB analog (bei einem Werkvertrag). § 326 Abs 1 S 1 BGB soll abbedungen sein, wenn die Leistung naturgesetzlich unmöglich sei, der Schuldner etwa verspricht, durch **Einsatz „magischer" Kräfte** und Fähigkeiten, zB durch Kartenlesen, die Zukunft vorherzusagen und Einfluss auf die Zukunft nehmen zu können (Rn 80). „Erkaufe" sich jemand magische Kräfte in dem Bewusstsein, dass der mit der Leistung gewünschte Erfolg objektiv nicht erreicht werden könne, so widerspräche es dem Vertrag, dem Schuldner einen Vergütungsanspruch zu versagen, weil er nicht nachweisen könne, tatsächlich durch Kartenlegen die Zukunft lesen oder beeinflussen zu können.[371] Das führt zu **nicht haltbaren Konsequenzen**: Trotz von Anfang an unmöglicher Leistung ist der Vertrag nach § 311a Abs 1 BGB zwar wirksam, aber nur halbseitig bindend: Die Kartenlegerin dürfte ihr Tun wegen § 275 Abs 1 BGB jederzeit einstellen. Der Gläubiger verlöre die Einrede des nicht erfüllten Vertrages aus § 320 BGB[372] und bekäme, soweit er vorab gezahlt hat, sein Geld nicht zurück: §§ 326 Abs 4, 346 Abs 1 BGB (Rn 149) sind nicht anwendbar, da der Gläubiger eine Gegenleistung gerade schuldet; §§ 323 Abs 1, 346 Abs 1 BGB (Rn 72 f, 103) greifen nicht, weil die Schuldnerin gem § 275 Abs 1 BGB zu nichts verpflichtet ist und durch die Nichtleistung keine Pflicht verletzt. Der Gläubiger hätte allerdings einen Anspruch auf Schadensersatz statt der Leistung aus § 311a Abs 2 BGB[373] (den der BGH nicht erwägt) – soweit die Leistung gerade wegen der Unmöglichkeit ausbleibt. Die einseitige Bindung nur des Gläubigers widerspricht dem Parteiwillen. Ob die **Leistung wirklich unmöglich** ist, richtet sich nach dem durch Auslegung zu ermittelnden **Vertragsinhalt**. Danach ist die Leistung der Kartenlegerin nicht unmöglich: Verabreden die Vertragspartner eine „esoterische Dienstleistung" im beiderseitigen „Bewusstsein darüber, dass die Geeignetheit und Tauglichkeit dieser Leistungen zur Erreichung des ... gewünschten Erfolgs rational nicht erklärbar ist" (so der BGH),[374] so verpflichtet sich die Schuldnerin nur scheinbar zu „echter Magie". Tatsächlich soll sie nach dem beiderseitigen Willen aber gerade keinen magischen Erfolg schulden (anders als beim Werkvertrag nach § 631 Abs 2 BGB), sondern – wie jeder Dienstnehmer[375] – nur zu einem Tun verpflichtet sein, in der Hoffnung (BGH: „inneren Überzeugung, einem dahingehenden Glauben"[376]), das Tun werde etwas bewirken: Der Vertrag ist – wie ein Vertrag über Kartenlesen auf dem Jahrmarkt – wirksam, beide Vertragspartner sind zur Leistung verpflichtet. Unmöglich ist die Leistung nach § 275 Abs 1 BGB aber dann und entfällt damit gem § 326 Abs 1 S 1 BGB auch die Gegenleistungspflicht, wenn tatsächlich „echte Magie" verabredet ist,

---

[371] BGH 13.1.2011 – III ZR 87/10, BGHZ 188, 71 (Kartenlegen); auch BGH 11.11.2010 – III ZR 57/10, NJW-RR 2011, 916 zur vorzeitigen Kündigung eines DSL-Vertrags wegen Umzugs; zust Faust JuS 2011, 359, 361; Looschelders JA 2011, 385, 386; Pfeiffer LMK 2011, 314413; Windel ZGS 2011, 218; Erman/Westermann[15] (2017) § 326 Rn 11; Hk-BGB/Schulze[9] (2017) § 275 Rn 11, 326 Rn 2; krit Nassall jurisPR-BGHZivilR 5/2011 Anm 1; Timme MDR 2011, 397 f; eine Gegenleistungspflicht abl Bartels ZGS 2011, 355, 356 ff, der auf S 362 fernliegend eine Analogie zu § 306 aF befürwortet; BeckOK/Lorenz (1.2.2017) § 275 Rn 22; die Unmöglichkeit abl Schermaier JZ 2011, 633 ff.

[372] Auch Schermaier JZ 2011, 633, 636.

[373] Schermaier JZ 2011, 633, 635 f; Timme MDR 2011, 397, 398.

[374] BGH 13.1.2011 – III ZR 87/10, BGHZ 188, 71 (Rn 18).

[375] Schermaier JZ 2011, 633, 635; Hk-BGB/Schulze[9] (2017) § 275 Rn 11; auch Nassall jurisPR-BGHZivilR 5/2011 Anm 1; siehe aber Timme MDR 2011, 397, 398; allg BeckOK-ArbR/Joussen[42] (2016) § 611 Rn 296; ErfK/Preis[17] (2017) § 611 Rn 641.

[376] BGH 13.1.2011 – III ZR 87/10, BGHZ 188, 71 (Rn 18).

also ein magischer Erfolg iS des § 631 Abs 2 BGB geschuldet wird, etwa die Tötung eines Menschen durch symbolisches Erstechen einer diesem nachempfundenen Voodoo-Puppe:[377] Dieser Vertrag wird aber in der Regel schon sittenwidrig iS des § 138 BGB sein.[378]

cc) „Beiderseitige Unmöglichkeit"
Die sog „**beiderseitige Unmöglichkeit**", bei der der Gläubiger die Unmöglichkeit zwar mitverschuldet hat, ihn aber kein weit überwiegendes Verschulden iS des § 326 Abs 2 S 1 Var 1 BGB trifft (dazu Rn 89), **regelt § 326 Abs 2 BGB nicht**; diese Fälle werden noch seltener als die des überwiegenden Gläubigerverschuldens praktisch – insbesondere weil nur der Fall in Betracht kommt, dass die Unmöglichkeit nach Vertragsschluss eintritt (verursachen beide Vertragspartner die Unmöglichkeit der Leistung, wird es anschließend kaum zu einem Vertragsschluss iS des § 311a Abs 1 BGB kommen), der Gläubiger die Leistung aber noch nicht erhalten hat. Der BGH hat – in einem kaum rezipierten Urteil – 2014 zu einem Fall zur beiderseitigen nachträglichen Unmöglichkeit vor Übereignung des gekauften Pferdes (nach Kaufpreiszahlung) entschieden:[379] Die Käuferin sollte das Pferd (offenbar ein Junghengst) mit einem Transporter abholen und der Verkäufer dafür Sorge tragen, dass es bis dahin „verladefromm" ist. Ohne dass je ein Verladetraining stattgefunden hat, teilt der Verkäufer mit, das Verladen des Pferdes sei problemlos möglich. Am Abholtag will der Hengst den Anhänger aber nicht betreten. Die Ehefrau des Verkäufers bringt zunächst die Mutterstute in den Anhänger; anschließend zieht die Käuferin den Hengst an einem Strick hinein, während der Verkäufer und eine Freundin der Käuferin mit „treibenden Hilfen" Unterstützung leisten; das dauert insgesamt eine Stunde. Als die hintere Stange des Anhängers umgelegt wird, versucht der in Panik geratende Hengst rückwärts zu entweichen und gerät mit dem Rücken unter die Stange; wegen des dadurch verursachten Querschnittssyndroms muss er wenige Tage später eingeschläfert werden (Verschuldensanteil Verkäufer und Käuferin je 50 %).

93

Unstreitig ist für die Fälle der beiderseitigen Unmöglichkeit, dass die Käuferin einen Anspruch auf Schadensersatz statt der unmöglichen Leistung aus §§ 280 Abs 1, 3 mit 283 hat, der gem § 254 Abs 1 BGB um ihren Mitverschuldensanteil zu kürzen ist; der Schadensersatz wird grundsätzlich nach der Differenzmethode (Rn 174) berechnet (anders nur Lösung 2 in Rn 95). **Streitig ist, welche Ansprüche der Verkäufer** hat.[380] In Anlehnung an die bis zur Schuldrechtsreform hM wird weiterhin **zutreffend** vertreten (Lösung 1), dass der Verkäufer als Schuldner, obwohl er gem § 275 Abs 1 BGB von seiner Leistungspflicht frei wird, seinen Anspruch auf den **Kaufpreis behält – analog § 254 Abs 1 BGB gekürzt** um seinen Mitverschuldensanteil:[381] § 326 Abs 2 S 1 Var 1 BGB regelt nur den Fall, dass die Gläubigerin allein oder weit überwiegend für die

94

---

[377] Auch BeckOK/Lorenz (1.2.2017) § 275 Rn 22. Vgl zu § 306 aF den Fall LG Kassel 25.6.1988 – 1 S 483/87, NJW-RR 1988, 1517: Rückholung des Ehegatten durch Einsatz mentaler Kräfte.
[378] Auch BGH 13.1.2011 – III ZR 87/10, BGHZ 188, 71 (Rn 21); AG Mannheim 4.3.2011 – 3 C 32/11, juris, für die Verpflichtung durch „mediale Kräfte und göttliche Liebe" beim Kunden „negative Energie", „Fluch" und „telepathische Angriffe", abzuwenden, wenn die Schuldnerin den Aberglauben des Kunden ausnutzt.
[379] BGH 11.11.2014 – VIII ZR 37/14, RdL 2015, 95.
[380] Ausführlich zum Streitstand Staudinger/Schwarze (2015) § 326 Rn C 105 ff.
[381] Faust, in: Huber/Faust (2002) 7/Rn 44; Brox/Walker, Allgemeines Schuldrecht[41] (2017) § 22 Rn 42; Soergel/Gsell[13] (2005) § 326 Rn 94 ff; bei Obliegenheitsverletzungen auch Erman/Westermann[15] (2017) § 326

Unmöglichkeit der Schuldnerleistung (etwa den Tod des Pferdes) verantwortlich ist, und verpflichtet sie dann, den Kaufpreis in voller Höhe zu zahlen. Hingegen wird weder in § 326 Abs 1 S 1 HS 1 BGB noch in § 326 Abs 2 S 1 BGB der Fall geregelt, dass das Mitverschulden der Gläubigerin unterhalb dieser Erheblichkeitsschwelle bleibt. Weil der Gesetzgeber der Schuldrechtsreform mit „weit überwiegend" die Rechtsprechung zu § 254 Abs 1 BGB in § 326 Abs 2 S 1 BGB übernommen hat, nach welcher der Schadensersatzanspruch des Gläubigers dann vollständig entfällt, wenn er weit überwiegend für seinen Schaden verantwortlich ist[382], ist es gerechtfertigt, den Rechtsgedanken des § 254 Abs 1 BGB generell auf § 326 Abs 1, 2 BGB zu übertragen: In den Fällen des zwar mitwirkenden, aber nicht weit überwiegenden Gläubigerverschuldens ist § 254 Abs 1 BGB iRd § 326 Abs 2 S 1 Var 1 BGB zu berücksichtigen und wird der Anspruch des Verkäufers auf den Kaufpreis nur aufrechterhalten, soweit die Käuferin die Unmöglichkeit zu verantworten hat: Der Kaufpreisanspruch des Verkäufers ist analog § 254 Abs 1 BGB um seinen Mitverschuldensanteil zu kürzen. Das erhält beiden Vertragspartnern das vertraglich vereinbarte Äquivalenzinteresse: Entsprechen sich Wert von Leistung und Gegenleistung (Kaufpreis und Wert des Pferdes 30.000 €[383]) und sind der Käuferin keine Folgeschäden entstanden, so hat sie mangels Schadens keinen Schadensersatzanspruch; der Verkäufer behält aber den um seinen Mitverschuldensanteil gekürzten Anspruch auf die Gegenleistung (50% von 30.000 € = 15.000 €). War das Geschäft für die Käuferin günstig (Wert des Pferdes 36.000 €), so hat sie gem §§ 280 Abs 1, 3 mit 283 BGB den um ihren Mitverschuldensanteil gekürzten Anspruch auf den Differenzschadensersatz (50% von 6.000 € „Gewinn" = 3.000 €); der Verkäufer bekäme 12.000 € (50% von 30.000 € = 15.000 € – 3.000 € an die Käuferin zu zahlender Schadensersatz).

95 Nach einer nur **vereinzelt** vertretenen Auffassung (Lösung 2) soll dem Verkäufer trotz seines Mitverschuldens der Kaufpreisanspruch nach **§ 326 Abs 2 S 1 Var 1 BGB in voller Höhe** erhalten bleiben;[384] der nach **§ 254 Abs 1 BGB** um ihren Mitverschuldensanteil zu kürzende Schadensersatzanspruch der Käuferin aus §§ 280 Abs 1, 3 mit 283 BGB muss daher nach der Surrogationsmethode berechnet werden (dazu Rn 175). Das läuft zum einen diametral dem Wortlaut des § 326 Abs 2 S 1 BGB entgegen, der dem Verkäufer den Anspruch auf den *vollen* Kaufpreis nur dann erhält, wenn der Käufer die Unmöglichkeit zumindest weit überwiegend zu verantworten hat. Zum anderen kommt diese Ansicht bei einem für den Verkäufer günstigen Geschäft (Wert des Pferdes 24.000 €), zu unbilligen Ergebnissen, indem sie ihm den vertraglich erwirtschafteten Gewinn in voller Höhe erhält: Weil der Verkäufer Anspruch auf den vollen Kaufpreis hat (30.000 €) und sich der Schadensersatzanspruch der Käuferin nach dem geringeren objektiven Wert der Kaufsache (Pferd) bemisst (50% von 24.000 € = 12.000 €), bekommt der Verkäufer 18.000 € (30.000 € – 12.000 € an die Käuferin zu zahlender Schadensersatz). Das Mitverschulden des Verkäufers (iHv 50%) wird so ausgeblendet; es kann nur dadurch berücksichtig werden, dass sein Kaufpreisanspruch analog § 254 Abs 1 BGB um seinen Mitverschuldensanteil gekürzt wird. Beides spricht für Lösung 1 (Rn 94): Der Verkäufer bekommt 15.000 € (50% von 30.000 €); die Käuferin hat we-

---

Rn 12; BeckOK/Schmidt (15.6.2017) § 326 Rn 27.
[382] BT-Drucks 14/6040, 187.
[383] Die Zahlen entsprechen nicht dem Fall des BGH 11.11.2014 – VIII ZR 37/14, RdL 2015,

95: Der Kaufpreis für den Hengst betrug 1.500 €, zum Wert des Pferdes wird nichts mitgeteilt.
[384] Lorenz/Riehm (2002) Rn 350 ff.

gen des Verlustgeschäfts keinen Anspruch auf Schadensersatz nach der Differenzmethode, der gegenzurechnen wäre.

Die **seit der Schuldrechtsreform hM** (Lösung 3) kommt rechnerisch zum gleichen Ergebnis wie Lösung 1, aber konstruktiv auf einem anderen Weg. Sie hält strikt am Wortlaut des Gesetzes fest: Der Verkäufer, der gem § 275 Abs 1 BGB nicht leisten kann, verliere seinen Anspruch auf den Kaufpreis gem § 326 Abs 1 S 1 HS 1 BGB; § 326 Abs 2 S 1 Var 1 BGB sei als Ausnahmevorschrift eng auszulegen und erhalte dem Verkäufer den Anspruch auf den Kaufpreis nur dann, wenn die Käuferin die Unmöglichkeit allein oder weit überwiegend zu verantworten habe, hingegen nicht, wenn ihr Verantwortungsbeitrag unter dieser Schwelle liege.[385] Der Verkäufer könne aber von der Käuferin **gem §§ 280 Abs 1, 241 Abs 2 BGB Schadensersatz verlangen – nach § 254 Abs 1 BGB gekürzt** um seinen Mitverschuldensanteil.[386] Denn die Käuferin, die nachteilig auf das Leistungssubstrat (Pferd) einwirke, verletze eine leistungsbezogene Rücksichtnahmepflicht aus § 241 Abs 2 BGB, die Erfüllung des Vertrages nicht zu vereiteln.[387] Weil der Käuferin nicht vorgeworfen wird, das Eigentum des Verkäufers (am Pferd) zu verletzen, berechnet sich der nach § 254 Abs 1 BGB zu mindernde Schadensersatzanspruch nicht nach dem objektiven Wert der Kaufsache (Integritätsinteresse, im Beispielsfall des für die Käuferin günstigen Geschäfts iHv 36.000 € Pferdewert), sondern – wie nach Lösung 1 (Rn 94) – iHd Verlusts der Gegenleistung (also iHv von 30.000 €)[388]; es handelt sich im Ergebnis um den Kaufpreisanspruch im Gewand des Schadensersatzanspruchs. Diese (gekünstelte) Konstruktion der hM ist abzulehnen: Die Käuferin, die die Kaufsache nach Vertragsschluss, aber vor Erfüllung zerstört, verletzt keine Rücksichtnahmepflicht gegenüber dem Verkäufer aus § 241 Abs 2 BGB. Es besteht keine Nebenpflicht der Käuferin, dem Schuldner die Erfüllung seiner Leistungspflicht nicht unmöglich zu machen.[389] Denn schuldrechtlich ist die Kaufsache im Verhältnis Verkäufer-Käuferin der Käuferin zugewiesen und nicht dem Verkäufer: Dieser muss die Kaufsache der Käuferin nach § 433 Abs 1 BGB übergeben und übereignen; wird ihm dies unmöglich, kann die Käuferin Schadensersatz nach §§ 280 Abs 1, 3 mit 283 BGB verlangen. Könnte auch der Verkäufer wegen der Zerstörung der Kaufsache Schadensersatz gem §§ 280 Abs 1, 241 Abs 2 BGB verlangen, löste dasselbe Ereignis Ersatzansprüche sowohl des Verkäufers als auch der Käuferin aus. Dass die Kaufsache im Verhältnis Verkäufer-Käuferin schuldrechtlich der Käuferin zugewiesen ist und nicht dem Verkäufer, zeigt deutlich **§ 285 Abs 1 BGB**: Die Käuferin kann gem § 285 Abs 1 BGB vom Verkäufer Abtretung eines etwaigen Scha-

---

[385] GRUBER JuS 2002, 1066 ff; MEIER Jura 2002, 118, 128; RAUSCHER ZGS 2002, 333, 336 f; STOPPEL Jura 2003, 264, 266; SCHULZE/EBERS JuS 2004, 368; LOOSCHELDERS, SR AT15 (2017) Rn 704; MEDICUS/PETERSEN, Bürgerliches Recht26 (2017) Rn 270; MEDICUS/LORENZ, Schuldrecht I21 (2015) Rn 444; NomosKomm/DAUNER-LIEB3 (2016) § 326 Rn 18 f; BeckOGK/HERRESTHAL (15.10.2017) § 326 Rn 275 ff; jurisPK/BECKMANN8 (2017) § 326 Rn 18; JAUERNIG/STADLER16 (2015) § 326 Rn 22; PALANDT/GRÜNEBERG76 (2017) § 326 Rn 15.

[386] LOOSCHELDERS, SR AT15 (2017) Rn 705; BeckOGK/HERRESTHAL (15.10.2017) § 326 Rn 277; für einen Schadensersatzanspruch statt der Leistung aus §§ 280 Abs 1, 3 mit 281 und/oder 283 BGB RAUSCHER ZGS 2002, 333, 336; bei Nebenpflichtverletzungen auch ERMAN/WESTERMANN15 (2017) § 326 Rn 12; BeckOK/SCHMIDT (15.6.2017) § 326 Rn 26; einen Schadensersatzanspruch ablehnend GRUBER JuS 2002, 1066 ff.

[387] RAUSCHER ZGS 2002, 333, 336; LOOSCHELDERS, SR AT15 (2017) Rn 705 Fn 508.

[388] Ausdrücklich RAUSCHER ZGS 2002, 333, 336; LOOSCHELDERS, SR AT15 (2017) Rn 705; auch ERMAN/WESTERMANN15 (2017) § 326 Rn 12.

[389] MünchKomm/ERNST7 (2016) § 326 Rn 65, 83.

densersatzanspruchs des Verkäufers gegen die Käuferin aus §§ 280 Abs 1, 241 Abs 2 BGB an sich verlangen; der Schadensersatzanspruch erlischt dann wegen Konfusion (Vereinigung von Forderung und Schuld in einer Person)[390]. Das gilt ebenso für einen Schadensersatzanspruch des Verkäufers aus § 823 Abs 1 BGB.

97 Der **BGH** hat im Fall der missglückten Pferdeverladung (Rn 93) die **Streitfrage ausdrücklich offen gelassen**, insbesondere nicht entschieden, ob der Gegenleistungsanspruch des Schuldners gemäß § 326 Abs 1 S 1, Abs 2 S 1 BGB bei einem beiderseits zu vertretenden Leistungshindernis entfällt oder ob der Schuldner von der Gläubigerin Schadensersatz gem §§ 280 Abs 1, 241 Abs 2 BGB wegen Verletzung der Nebenpflicht verlangen kann.[391] Zwar scheint die Auffassung des BGH in Richtung hM (Rn 96) zu gehen: Im Fall der missglückten Pferdeverladung war die Käuferin gem § 326 Abs 5 BGB vom Kaufvertrag zurückgetreten. Den Rücktritt ließ der BGH nicht an § 323 Abs 6 Var 1 BGB scheitern, der den Rücktritt (als Parallelregelung zu § 326 Abs 1 S 1 Var 1 BGB) ausschließt, wenn die Gläubigerin für den zum Rücktritt berechtigenden Umstand allein oder weit überwiegend verantwortlich ist (Rn 77).[392] Zugleich gewährte der BGH dem Verkäufer einen Schadensersatzanspruch gegen die Käuferin iHv 50% aus § 823 Abs 1 BGB, mit dem er gegen den Anspruch der Käuferin auf Rückzahlung des Kaufpreises aus § 346 Abs 1 BGB aufrechnen konnte.[393] Der Fall ist – wegen des Rücktritts der Käuferin – richtig entschieden; das Ergebnis ist aber nicht auf § 326 Abs 1 S 1, Abs 2 S 1 Var 1 BGB (ohne Rücktritt) zu übertragen: Weil die Käuferin vom Kaufvertrag zurückgetreten war, endeten die Leistungspflichten sowohl des Verkäufers als auch der Käuferin (Rn 102) und endete insbesondere ihre Pflicht zur Kaufpreiszahlung aus § 433 Abs 2 BGB; sie konnte den vorgeleisteten Kaufpreis gem §§ 326 Abs 5, 323, 346 Abs 1 BGB zurückverlangen. Weil die Kaufsache wegen des Rücktritts im Verhältnis Verkäufer-Käuferin nicht mehr der Käuferin, sondern allein dem Verkäufer zugewiesen war, hatte der Verkäufer einen Schadensersatzanspruch aus § 823 Abs 1 BGB; Abtretung dieses Schadensersatzanspruchs an sich gem § 285 Abs 1 BGB konnte die Käuferin wegen des Rücktritts nicht verlangen (daher auch keine Konfusion, dazu Rn 96). Das lässt sich auf den Fall ohne Rücktritt nicht übertragen und erzwingt keine der hM (Rn 96) entsprechende Lösung: Zwar ist § 323 Abs 6 Var 1 BGB wie § 326 Abs 2 S 1 Var 1 BGB formuliert: Bei einer von der Gläubigerin allein oder weit überwiegend zu vertretenden Unmöglichkeit muss sie den Kaufpreis gem § 326 Abs 2 S 1 Var 1 BGB in voller Höhe zahlen und kann wegen § 323 Abs 6 Var 1 BGB der Pflicht zur Kaufpreiszahlung auch nicht dadurch entgehen, dass sie vom Kaufvertrag zurücktritt. Den Fall, dass das Mitverschulden der Käuferin das des Verkäufers nicht weit überwiegt, regeln aber weder § 326 Abs 2 S 1 Var 1 BGB noch § 323 Abs 6 Var 1 BGB. Nur für den Rücktritt als Gestaltungsrecht gibt es zwingend nur eine Alles-oder-Nichts-Lösung: Der Rücktritt ist entweder ausgeschlossen (bei weit überwiegendem Gläubigerverschulden) oder er ist es nicht (bei einem Gläubigerverschulden unterhalb dieser Schwelle). Hingegen kann und muss die Frage nach dem Schicksal des Kaufpreisanspruchs für § 326 Abs 1 S 1, Abs 2 S 1 Var 1 BGB analog § 254 Abs 1 BGB flexibel beantwortet werden (Rn 94): Der Kaufpreisanspruch des Verkäufers ist entsprechend seinem Mitverschuldensanteil zu mindern. Hätte die Käuferin den Kaufpreis (wie im vom BGH entschiedenen Fall) schon gezahlt, so könnte sie gem

---

[390] Allg zur Konfusion BGH 23.9.2009 – IX ZR 19/09, NJW-RR 2009, 1059 (Rn 19 mwNw).
[391] BGH 11.11.2014 – VIII ZR 37/14, RdL 2015, 95 (Rn 16).
[392] BGH 11.11.2014 – VIII ZR 37/14, RdL 2015, 95 (Rn 10).
[393] BGH 11.11.2014 – VIII ZR 37/14, RdL 2015, 95 (Rn 12).

I. Leistungsstörungen

§§ 326 Abs 4, 346 Abs 1 BGB Rückzahlung nur des geminderten Kaufpreises (15.000 €) verlangen.[394] Zwar schuldet die Käuferin dem Verkäufer auch dann, wenn sie nicht zurücktritt, Schadensersatz aus § 823 Abs 1 BGB; dieser Schadensersatzanspruch erlischt aber im Wege der Konfusion, wenn sie sich den Anspruch gem § 285 Abs 1 BGB abtreten lässt (Rn 96).

c) **Durch Schadensersatzverlangen statt der Leistung, § 281 Abs 4 BGB?**
Nach § 281 Abs 4 BGB ist der Anspruch auf die vertraglich geschuldete Leistung ausgeschlossen, sobald der Gläubiger Schadensersatz statt der Leistung verlangt. Voraussetzung ist, dass der Gläubiger unzweideutig zu erkennen gibt, dass er Schadensersatz statt der Leistung und nicht etwa nur Ersatz des Verzögerungsschadens nach §§ 280 Abs 1, 2 mit 286 BGB fordert. Das Schadensersatzverlangen hat Gestaltungswirkung: Verlangt der Gläubiger Schadensersatz statt der Leistung, geht **nach § 281 Abs 4 BGB aber nur sein Anspruch auf die Schuldnerleistung unter**, etwa auf Übergabe und Übereignung des gekauften Pferdes.[395] Trotz der synallagmatischen Verknüpfung der beiderseitigen Leistungen fällt auch im gegenseitigen Vertrag entgegen der Auffassung vieler[396] die Gegenleistungspflicht (auf die Kaufpreiszahlung oder auf das eingetauschte Pferd) nicht automatisch weg: Anders als § 326 Abs 1 S 1 BGB für die Unmöglichkeit (Rn 88) normiert § 281 Abs 4 BGB diese Rechtsfolge für den Schadensersatz statt der Leistung nicht, sondern beschränkt sich darauf, den Wegfall der Leistungspflicht des Schuldners anzuordnen. Das begünstigt den Gläubiger, der berechtigt bleibt, seine Gegenleistung zu erbringen: Tauscht etwa jemand eine Stute gegen einen Wallach und verlangt Schadensersatz statt der Stute, weil vor Übergabe eine behandlungsbedürftige, periodische Augenentzündung der Stute erkennbar wird,[397] so kann er daran interessiert sein, in jedem Fall den Wallach durch Leistung an den Vertragspartner loszuwerden und für die wegen § 281 Abs 4 BGB nicht mehr geschuldete Stute Schadensersatz in Geld zu erhalten (zu den Schwierigkeiten einer Schadensersatzberechnung nach der Surrogationsmethode, wenn durch Unmöglichkeit die beiderseitigen Leistungspflichten beendet sind, unten Rn 176 f). Möchte der Gläubiger auch seine Gegenleistungspflicht beenden, muss und kann er vom Vertrag zurücktreten.[398]

98

---

[394] Weil nur der Rücktritt die beiderseitigen Leistungspflichten beendet, der Rückzahlungsanspruch aus § 326 Abs 4 BGB aber nur besteht, soweit die nach § 326 Abs 1 und 2 BGB „geschuldete Gegenleistung" bewirkt ist, ist die Frage des Rücktritts entgegen BGH 11.11.2014 – VIII ZR 37/14, RdL 2015, 95 (Rn 11) entscheidungserheblich.
[395] SUTSCHET Jura 2006, 586, 589 f; GSELL JZ 2004, 643, 647 und in: SOERGEL[13] (2005) § 325 Rn 2, 17 ff; FAUST, in: HUBER/FAUST 3/189; BeckOK/FAUST (15.6.2017) § 437 Rn 134; MünchKomm/ERNST[7] (2016) § 281 Rn 11, § 325 Rn 8 f, 11; BeckOK/SCHMIDT (15.6.2017) § 325

Rn 6; widersprüchlich BeckOK/UNBERATH (1.3.2011) § 281 Rn 34, 52.
[396] ARNOLD ZGS 2003, 427, 430 f; U HUBER AcP 210 (2010) 319, 337; NomosKomm/DAUNER-LIEB[3] (2016) § 281 Rn 61–63; STAUDINGER/ SCHWARZE (2014) § 281 Rn D 21 mwNw auf die Rspr vor der Schuldrechtsreform; JAUERNIG/ STADLER[16] (2015) § 281 Rn 14; PALANDT/GRÜNEBERG[76] (2017) § 281 Rn 52.
[397] Vgl den Fall BGH 7.12.2005 – VIII ZR 126/05, NJW 2006, 988.
[398] Sehr deutlich MünchKomm/ERNST[7] (2016) § 281 Rn 11, § 325 Rn 8 f, 11; GSELL JZ 2004, 643, 647 und in: SOERGEL[13] (2005) § 325 Rn 2, 17 ff.

2. Teilweise Beendigung der Leistungspflichten

a) Durch Minderung, §§ 441, 323 Abs 5 BGB und Teilrücktritt, § 323 Abs 5 S 1 BGB

99 Erwirbt der Käufer eine mangelhafte Sache, kann er sich gem § 437 Nr 2 BGB darauf beschränken, den Kaufpreis zu mindern, dh er kann die Höhe der Gegenleistung gem § 441 Abs 3 BGB in dem Verhältnis herabsetzen, um den der Wert der Sache aufgrund des Mangels hinter dem Wert der mangelfreien Sache zurückbleibt. Erforderlich ist nach § 441 Abs 1 BGB, dass der Käufer die Gegenleistung „durch Erklärung" herabsetzt: Die Minderung ist wie der Rücktritt ein **Gestaltungsrecht** und fällt nach § 438 Abs 5 BGB wie dieser unter § 218 BGB („Gestaltungsverjährung", Rn 71). Mit der Minderungserklärung erlischt der Anspruch auf Nacherfüllung (zum Anspruch auf Rückgewähr der bereits – überhöht – gezahlten Gegenleistung gem §§ 441 Abs 4 S 1 BGB s Rn 147). Aus dem Wortlaut des § 441 Abs 1 S 1 BGB „statt zurückzutreten" folgt, dass der Käufer den Kaufpreis nur unter den Voraussetzungen mindern kann, wie sie für den Rücktritt bestehen (Rn 23 ff). Eine Ausnahme macht § 441 Abs 1 S 2 BGB nur insoweit, als eine Minderung auch bei unerheblichen Mängeln möglich ist: § 323 Abs 5 S 2 BGB findet keine Anwendung (schon Rn 3 f; zu § 323 Abs 5 S 2 BGB Rn 76). Obwohl die Minderung ein Gestaltungsrecht ist, schließt sie einen Anspruch auf Schadensersatz statt der Leistung grundsätzlich nicht aus (näher Rn 178).

100 Entgegen dem ersten Anschein ist die Minderung kein Recht, das dem Gläubiger ausschließlich bei mangelhafter Leistung eingeräumt wird. Es besteht auch dann, wenn der Gläubiger nur **teilweise leistet**: Wegen § 434 Abs 3 BGB gelten die §§ 437 Nr 2, 441 BGB unmittelbar für die verdeckte Teilleistung (Rn 15).[399] Erbringt der Schuldner erkennbar nur einen Teil der geschuldeten Leistung und nimmt der Gläubiger diesen als Teilleistung an (offene Teilleistung), so räumt § **323 Abs 5 S 1 BGB** dem Gläubiger ein **Teilrücktrittsrecht** ein, das die Wirkung der Minderung hat:[400] Liefert der Schuldner etwa 50 statt der geschuldeten 60 Flaschen Wein, sieht § 323 Abs 5 S 1 BGB als Regel den Rücktritt vom gestörten Vertragsteil vor und lässt den Rücktritt vom gesamten Vertrag „nur" ausnahmsweise zu (zum Anspruch auf Rückgewähr der bereits gezahlten Gegenleistung aus §§ 346 Abs 1, 347 Abs 1 BGB s Rn 147; zum Gesamtrücktritt Rn 75).[401] Der Teilrücktritt berechtigt den Gläubiger, die Leistungspflicht des Schuldners auf den nicht gestörten Leistungsteil herabzusetzen (gem § 433 Abs 1 BGB auf die Pflicht zur Leistung von 50 statt 60 Flaschen Wein) und seine Gegenleistungspflicht entsprechend zu reduzieren (gem § 433 Abs 2 BGB auf eine Zahlungspflicht iHv 500 € statt der vereinbarten 600 €). Zur automatischen Minderung gem § 326 Abs 1 S 1 HS 2 BGB bei teilweiser Unmöglichkeit der Leistung gleich Rn 101.

b) Bei Teilunmöglichkeit, §§ 275 Abs 1, 326 Abs 1 S 1 HS 2 BGB

101 Wird dem Schuldner die Leistung **teilweise unmöglich**, entfällt gem § 275 Abs 1 BGB die Leistungspflicht des Schuldners automatisch, „**soweit**" die Leistung unmöglich ist; die Gegenleistungspflicht des Gläubigers wird gem §§ **326 Abs 1 S 1 HS 2, 441 Abs 3**

---

[399] Bei einer verdeckten Falschleistung ist eine Minderung nach § 434 Abs 3 mit §§ 437 Nr 2, 441 BGB ausnahmsweise dann möglich, wenn die Falschleistung weniger wert ist als die geschuldete Leistung. IdR wird der Gläubiger aber keinerlei Interesse an dem aliud haben und mangels Interesse vom Vertrag zurücktreten oder Schadensersatz statt der Leistung verlangen.

[400] STAUDINGER/KAISER (2012) § 346 Rn 64; STAUDINGER/OTTO/SCHWARZE (2015) § 323 Rn D 27.

[401] BGH 16.10.2009 – V ZR 203/08, NJW 2010, 146 (Rn 17).

BGB entsprechend gemindert (zum Anspruch auf Rückgewähr der bereits erbrachten Gegenleistung aus §§ 326 Abs 4 BGB mit 346, 347 s Rn 149). Wegen der Teilunmöglichkeit kann der Gläubiger gem §§ 326 Abs 5, 323 Abs 5 S 1 BGB vom gesamten Vertrag zurückzutreten, wenn er an einer bloßen Teilleistung kein Interesse hat (Rn 76).

VII. Rückgewähr bereits erbrachter Leistungen

1. Rückgewährschuldverhältnis nach Rücktritt

a) Rückgewähr der empfangenen Leistungen, § 346 Abs 1 BGB

Hat ein oder haben beide Vertragspartner bereits Leistungen erbracht, hat etwa der Käufer den Kaufpreis gezahlt und der Verkäufer eine mangelhafte Kaufsache geliefert, und tritt eine der Parteien vom Vertrag zurück, so begründet der Rücktritt die Pflicht der Vertragspartner, einander die empfangenen Leistungen Zug um Zug zurückzugewähren, §§ 346 Abs 1, 348 BGB. Der Rücktritt zielt darauf, den **status quo ante**, dh den Zustand wiederherzustellen, der ohne den rückabzuwickelnden Vertrag bestanden hätte. Ziel des Rücktritts ist damit nicht (anders als beim Vertrauensschadensersatz) der hypothetische Zustand ohne Leistungsstörung, sondern – gleichsam „rückwärts gerichtet" – die Wiederherstellung des Zustandes, wie er nach Vertragsschluss, aber vor dem Leistungsaustausch bestand.[402] Der Rücktritt macht nur den Leistungsaustausch ungeschehen, nicht aber den Vertragsschluss. Er wirkt damit grundsätzlich nur schuldrechtlich, nicht dinglich: Der Rücktritt beendet die beiderseitigen Leistungspflichten ex nunc und gewährt mit § 346 Abs 1 BGB einen obligatorischen Anspruch auf Rückgewähr des Geleisteten. Der Vertrag bleibt als Rückgewährschuldverhältnis bestehen; die §§ 346 ff BGB sind ergänzendes, dispositives Gesetzesrecht für die Rückgewähr.[403]

Die Vertragspartner sind verpflichtet, einander die empfangenen **Leistungen in Natur zurückzugewähren**. Etwa schuldet der Autokäufer Rückgabe und Rückübereignung des gekauften Autos. Ein Grundstück muss an den Verkäufer rückaufgelassen und der Verkäufer muss wieder in das Grundbuch eingetragen werden, § 873 Abs 1 BGB;[404] den durch die Rücktrittserklärung aufschiebend bedingten Rückauflassungsanspruch kann der Verkäufer durch eine Vormerkung sichern lassen, § 883 Abs 1 S 2 BGB[405]. Lediglich bei Geldleistungen wird nicht die Rückgewähr der empfangenen Geldstücke, sondern die Rückerstattung des Geldwertes geschuldet;[406] zurückzuzahlen ist der Bruttokaufpreis. Für Leistungen, die ihrer Art nach nicht in Natur zurückgegeben werden können, etwa für unkörperliche Werkleistungen wie Konzerte, Reisen

---

[402] Unzutreffend ist die häufig gebrauchte Formel, Ziel des Rücktritts sei Wiederherstellung des Zustandes „wie wenn der Vertrag nicht geschlossen worden wäre"; so Mot II 280; Schuldrechtskommission Abschlußbericht (1992) 175; BGH 16.9.1981 – VIII ZR 265/80, BGHZ 81, 298, 307; SOERGEL/HUBER[12] (1991) § 467 Rn 3; MünchKomm/GAIER[7] (2016) vor § 346 Rn 1. Dagegen STAUDINGER/KAISER (2012) § 346 Rn 4 f.

[403] STAUDINGER/KAISER (2012) § 346 Rn 69.

[404] BGH 5.6.2009 – V ZR 168/08, NJW 2009, 3155 (Rn 25); BGH 30.9.2011 – V ZR 17/11, BGHZ 191, 139 (Rn 20).

[405] BGH 12.12.1996 – V ZB 27/96, BGHZ 134, 182, 184 ff; BGH 7.12.2007 – V ZR 21/07, NJW 2008, 578 (Rn 10 ff); STAUDINGER/GURSKY (2013) § 883 Rn 124 f; mit anderer Begründung – hinreichend bestimmter künftiger Anspruch STADLER Jura 1998, 189, 193 f.

[406] STAUDINGER/KAISER (2012) § 346 Rn 75.

oder Architektenleistungen, schuldet der Rückgewährschuldner gem § 346 Abs 2 S 1 Nr 1 BGB Wertersatz.

b) Rückgewährkosten und Erfüllungsort der Rückgewähr

104 Einen **Anspruch auf Ersatz der Kosten für die Rückgewähr** der Sache normieren die §§ 346 ff BGB nicht: weder in § 347 Abs 2 S 1 BGB, da der Transport zum Rückgewährgläubiger keine Verwendung ist, die der Sache selbst zugutekommt (noch Rn 117), noch in § 347 Abs 2 S 2 BGB, da der Rücktransport den Rückgewährgläubiger nicht bereichert (noch Rn 119 ff). Gerät der Gläubiger mit der Rücknahme der Sache in Annahmeverzug, kann der Rückgewährschuldner zwar gem § 304 BGB die Aufwendungen für das erfolglose Angebot und für die Aufbewahrung der Sache ersetzt verlangen, nicht aber die Kosten für den Ausbau und den Rücktransport der Sache sowie für ein erneutes Angebot. Dem Verkäufer können die Kosten für den Rücktransport der Sache auch nicht entsprechend § 439 Abs 2, 3 BGB auferlegt werden:[407] Es besteht für den Rücktritt schon keine planwidrige Regelungslücke, da der Gesetzgeber die Kostentragungspflicht in Umsetzung der VerbrGKRL 1999/44/EG ausdrücklich auf die Rückgewähr der mangelhaften Sache iR der Nachlieferung gem §§ 439 Abs 4 BGB mit 346–348 beschränkt hat.[408] Zudem hülfe eine Analogie zu § 439 Abs 2, 3 BGB wegen der Vergleichbarkeit der Interessenlagen nur dem Käufer, der die Kaufsache wegen eines Sachmangels zurückgeben muss, aber etwa nicht dem Verkäufer, der wegen verzögerter Kaufpreiszahlung zurücktritt. Den Rückgewährgläubiger treffen die Rückgewährkosten daher grundsätzlich nur dann (s aber noch gleich Rn 105 ff), wenn die Vertragspartner dies vereinbart haben[409] oder wenn der Rücktrittsberechtigte, etwa der Käufer als Rückgewährschuldner, neben dem Recht zum Rücktritt vom Vertrag einen Anspruch auf Schadensersatz statt der Leistung aus §§ 280 Abs 1, 3 mit 281, 283 BGB und damit auf Ersatz seiner Rückgewährkosten hat (Rn 109). § 284 BGB greift nicht, weil die Rückgewährkosten nicht „im Vertrauen auf den Erhalt der Leistung" entstehen, sondern umgekehrt der Rückgewähr der Leistung dienen.

105 Haben die Vertragspartner nichts über die Rückgewährkosten vereinbart (Rn 104), so hängt die Antwort auf die Frage, welchen Vertragspartner die Kosten treffen, maßgeblich davon ab, wo die Rückgewährpflicht zu erfüllen ist. Nach **hM** ist die Rückgewährpflicht bei **gesetzlichen Rücktrittsrechten**[410] und bei **vertraglichen Rücktrittsrechten wegen Pflichtverletzungen** am **Belegenheitsort** der zurückzugewährenden Sache zu erfüllen, also dort, wo sich die Sache vertragsgemäß befindet.[411] Dann muss der Rückgewährgläubiger, bei mangelhafter Leistung also der Verkäufer, die Sache beim Käufer abholen, etwa die mangelhaften Dachziegel auf seine Kosten vom Dach des Käufers herunterschaffen,[412] ohne Kostenerstattung verlangen zu können. Weit

---

[407] So aber REINICKE/TIEDTKE, Kaufrecht[8] (2009) Rn 246; MünchKomm/GAIER[7] (2016) § 346 Rn 18; zu § 476a aF GERNHUBER, Erfüllung[2] (1994) § 2 V 4c S 33; KÖHLER, in: FS Heinrichs (1998) 367, 372 ff.
[408] STAUDINGER/KAISER (2012) § 346 Rn 82; SOERGEL/LOBINGER[13] (2010) § 346 Rn 43.
[409] BGH 24.1.1983 – VIII ZR 178/81, BGHZ 86, 313, 314 (Röntgenanlage).
[410] BGH 18./19.9.1974 – VIII ZR 24/73, WM 1974, 1073 f; OLG Köln 28.3.2011 – I-3 U 174/10, 3 U 174/10, DAR 2011, 260, 261 f; zur Wandelung RG 16.6.1903 – II 543/02, RGZ 55, 105, 112 f; RG 5.2.1904 – II 391/03, RGZ 57, 12, 15; BGH 9.3.1983 – VIII ZR 11/82, BGHZ 87, 104, 109 ff (Dachziegel); wNw, auch auf die hL, bei STAUDINGER/KAISER (2012) § 346 Rn 83.
[411] Nw bei STAUDINGER/KAISER (2012) § 346 Rn 83.
[412] BGH 9.3.1983 – VIII ZR 11/82, BGHZ 87, 104, 109 ff zur Wandelung nach BGB 1900.

überwiegend wird der Belegenheitsort der Sache als gemeinsamer Erfüllungsort der beiderseitigen Rückgewährpflichten angesehen[413] – mit dem merkwürdigen Ergebnis, dass der Verkäufer dort nicht nur die verkaufte Ware abholen, sondern auch den Kaufpreis (etwa in Tanger[414]) zurückzahlen muss.

Entgegen der hM (Rn 105) ist der Erfüllungsort für die Rückgewähr der Sache für alle **gesetzlichen und alle vertraglichen Rücktrittsrechte einheitlich** festzulegen;[415] er liegt auch für Rücktrittsrechte wegen Leistungsstörungen in der Regel **nicht am Belegenheitsort** der Kaufsache.[416] Dass der Verkäufer bei einem Käuferrücktritt wegen Sachmangels über die Rückgewähr am Belegenheitsort die Kosten und Lasten der Rückgewähr tragen solle, weil er durch sein vertragswidriges Verhalten die Rückabwicklung ausgelöst habe,[417] erweitert die Verkäuferpflichten über Gebühr: Die Mehrkosten, die entstehen, weil der Käufer die gekauften Bodenfliesen in sein Wohnhaus im Nachbarort oder in sein Ferienhaus auf einer Nordseeinsel eingebaut hat, sind nicht Folge der vertragswidrigen Leistung des Verkäufers, sondern Folge der Verwendung der Kaufsache durch den Käufer nach Gefahrübergang; diese Kosten geht der Käufer auf eigenes Risiko ein. **106**

Mangels rücktrittsrechtlicher Sonderregeln gilt für den **Erfüllungsort der Rückgewähr § 269 Abs 1 BGB**[418] und gilt damit grundsätzlich das zum Nacherfüllungsort nach § 439 Abs 1 BGB Gesagte (Rn 56 ff): Maßgeblich ist primär der vereinbarte Rückgewährort; dieser entspricht nicht zwingend dem Erfüllungsort der ursprünglichen Leistungspflicht aus § 433 Abs 1 BGB. Fehlt eine Abrede, so kommt es auf die Umstände des Einzelfalls an, insbesondere auf Art und Ortsgebundenheit der Rückgewährpflicht und auf die Verkehrssitte. Lassen die Umstände keinen Rückschluss zu, so sind die beiderseitigen Leistungen nach der Auslegungsregel des § 269 Abs 1, 2 BGB am Wohn- oder Geschäftssitz des jeweiligen Rückgewährschuldners zur Zeit der Rücktrittserklärung zurückzugeben. Massenwaren wie Kleidung und Handys muss der Käufer nach der Verkehrssitte in das Ladengeschäft des Verkäufers zurückbringen. Für eine Verlegung des Rückgewährorts an den Belegenheitsort der Sache genügt es weder nach der Verkehrssitte noch als Grundlage für eine dahingehende Abrede, dass der Verkäufer bei Vertragsschluss wusste, der Käufer werde die Kaufsache an einen anderen Ort bringen, etwa die Möbel in sein Ferienhaus transportieren: Das bloße Wissen ist keine Willenserklärung. Der Belegenheitsort wird auch nicht dadurch zum Erfüllungsort für die Rückgewähr, dass der Käufer größere oder sperrige, schwere Gegenstände zurückgeben und sich für die Rückgewähr spezieller technischer Geräte (zB eines Hebekrans) oder einer Spedition bedienen muss: Der Käufer hat sich mit den erschwerten Transportbedingungen beim ursprünglichen Leistungsaustausch abgefunden (näher Rn 58; zur nur ausnahmsweise bestehenden Aus- und Abbaupflicht Rn 109 ff). **107**

Den **Kaufpreis** muss der Verkäufer in der Regel an seinem Geschäftssitz zurückzahlen. Das belastet den Käufer nicht, weil § 270 Abs 1 BGB dem Verkäufer Kosten und **108**

---

[413] BGH 9.3.1983 – VIII ZR 11/82, BGHZ 87, 104, 109 ff; Nw bei STAUDINGER/KAISER (2012) § 346 Rn 83.
[414] So HansOLG Hamburg 13.6.1908 – II. ZS, OLGE 17, 309.
[415] STAUDINGER/KAISER (2012) § 346 Rn 84; MünchKomm/GAIER[7] (2016) § 346 Rn 31; ERMAN/RÖTHEL[15] (2017) § 346 Rn 5.
[416] STAUDINGER/KAISER (2012) § 346 Rn 84; BeckOK/UNBERATH[28] (1.2.2017) § 269 Rn 29.
[417] BGH 9.3.1983 – VIII ZR 11/82, BGHZ 87, 104, 109, 110 (Dachziegel); ANNUSS JA 2006, 184, 185; ERMAN/RÖTHEL[15] (2017) § 346 Rn 5; jurisPK/FAUST[8] (2017) § 346 Rn 32.
[418] STAUDINGER/KAISER (2012) § 346 Rn 85 ff mwNw.

Gefahr der Geldübermittlung auferlegt (oben Rn 45). Ein **gemeinsamer Erfüllungsort** für die beiderseitigen Rückgewährpflichten besteht entgegen der hM **nicht**.[419]

c) Ausnahmsweise Rücknahmepflicht

109 § 346 Abs 1 BGB gibt dem Verkäufer einen Anspruch auf Rückgewähr der mangelhaften Kaufsache, verpflichtet ihn aber **nicht zur Rücknahme, also zur Abnahme** der vom Käufer zurückzugebenden Sache (Rn 110 f) und auch nicht weitergehend dazu, die Sache beim Käufer abzuholen und gebenenfalls bei diesem aus- oder abzubauen (Rn 111 f). Dass den Verkäufer gem § 346 Abs 1 BGB keine Abnahmepflicht trifft, kann den Käufer belasten, etwa wenn er die mangelhafte Einbauküche loswerden möchte, um Platz für eine andere Kücheneinrichtung zu schaffen. Weigert sich der Verkäufer, die geleistete Sache zurückzunehmen, so muss der Käufer die Leistung auf eigene Kosten entfernen; einen Anspruch auf Kostenerstattung hat er nicht (Rn 104). Eine Rücknahme-, Abhol- und Abbaupflicht besteht entgegen der hM (Rn 110 f) gleichwohl nur ausnahmsweise (Rn 111 f). Nur wenn der Rücktrittsberechtigte wegen der zum Rücktritt berechtigenden Leistungsstörung **zusätzlich einen Anspruch auf Schadensersatz statt der Leistung** hat, kann er vom Schuldner und Rücktrittsgegner über §§ 280 Abs 1, 3 mit 281, 283 BGB und **§ 249 Abs 1 BGB** Rücknahme, Abholung und Abbau der Kaufsache bzw Erstattung der dafür erforderlichen Kosten verlangen: Hätte der Schuldner von vornherein ordnungsgemäß erfüllt, wäre der Gläubiger als Rückgewährschuldner mit dem Ausbau und dem Rücktransport der Leistung nicht belastet worden.

110 Entgegen der hM[420] ist der **Verkäufer** auch **nicht analog § 433 Abs 2 BGB zur Rücknahme** der defekten Kaufsache verpflichtet. Die hM greift einerseits zu weit, andererseits zu kurz: Zu weit greift sie, weil § 346 Abs 1 BGB – anders als § 433 Abs 2 BGB für die ursprünglichen Vertragspflichten – gerade keine Verpflichtung der Vertragspartner formuliert, einander die ausgetauschten Leistungen wieder abzunehmen.[421] Aus § 348 BGB, der das Synallagma des ursprünglichen Vertrages nur in engen Grenzen aufrechterhält, folgt, dass das Rückgewährschuldverhältnis kein Spiegelbild des ursprünglichen Vertragsverhältnisses ist.[422] Die analoge Anwendung des § 433 Abs 2 BGB stellt auch unrichtig auf die Rolle der Vertragspartner im rückabzuwickelnden Kaufvertrag und nicht auf deren Rolle im Rückgewährschuldverhältnis ab – was für den Rücktritt wegen Sachmängeln aus § 437 Nr 2 BGB dadurch verdeckt wird, dass mit der Rücknahmepflicht des Verkäufers der Richtige getroffen wird. Analog § 433 Abs 2 BGB müsste aber auch der Verkäufer, der wegen Zahlungsverzuges des Käufers nach § 323 Abs 1 BGB vom Vertrag zurücktritt, die Kaufsache zurücknehmen, obwohl der Käufer die zur Rückabwicklung führende Leistungsstörung zu verantworten hat. Zu kurz greift die hM mit der analogen Anwendung des § 433 Abs 2 BGB, weil sie einseitig nur dem Käufer, nicht aber dem Verkäufer hilft, wenn dieser ein schützens-

---

[419] STAUDINGER/KAISER (2012) § 346 Rn 90 mwNw.
[420] MUSCHELER AcP 187 (1987) 343, 386 f; KÖHLER, in: FS Heinrichs (1998) 367; KLEINHENZ Jura 2008, 281, 285; NomosKomm/HAGER³ (2016) § 346 Rn 23; jurisPK/FAUST⁸ (2017) § 346 Rn 36; auch ERMAN/RÖTHEL¹⁵ (2017) § 346 Rn 4.
[421] PETERS JR 1979, 265, 269 mit Fn 41; STAUDINGER/KAISER (2012) § 346 Rn 93; auch OLG Hamm 3. 11. 1977 – 24 U 131/77, NJW 1978, 1060.
[422] STAUDINGER/KAISER (2012) § 346 Rn 93; auch KATZENSTEIN ZGS 2009, 29, 34 Fn 62; BeckOK/SCHMIDT (15.6.2017) § 346 Rn 41; MünchKomm/BUSCHE⁷ (2018) § 634 Rn 27; SOERGEL/LOBINGER¹³ (2010) § 346 Rn 19; auch MünchKomm/GAIER⁷ (2016) § 346 Rn 16; BeckOGK/SCHALL (1.10.2017) § 346 Rn 376.

wertes Interesse an der Rücknahme der Gegenleistung hat. Tritt etwa der Verkäufer, der als Teil der Gegenleistung ein gebrauchtes Kraftfahrzeug in Zahlung genommen hat, wegen Zahlungsverzugs des Käufers vom Kaufvertrag zurück und erweist sich das Altfahrzeug als unverkäuflich, wäre er bei analoger Anwendung des § 433 Abs 2 BGB zwar verpflichtet, das verkaufte Fahrzeug zurückzunehmen, hätte aber keine Möglichkeit, den Käufer zur Rücknahme des Gebrauchtwagens zu zwingen.

Im Dachziegelfall hat der **BGH** eine **Rücknahmepflicht** des Verkäufers damit begründet, dass die mangelhafte Sache (Dachziegel) am Belegenheitsort (Dach) zurückzugewähren sei, und zudem das Interesse des Käufers betont, nach Rücktritt möglichst so gestellt zu werden, als habe er sich auf den Vertrag nicht eingelassen.[423] Selbst wenn man den Erfüllungsort für die Rückgewähr an den Belegenheitsort der Sache verlegt (dagegen Rn 106 ff), folgt daraus allenfalls, dass der Verkäufer mit dem Rücktransport belastet wird, nicht, dass er zusätzlich verpflichtet ist, den Käufer von der mangelhaften Sache zu befreien. Das besondere Rücknahmeinteresse des Käufers ist eine Scheinbegründung; ein bloßes Interesse schafft keine rechtliche Grundlage für die Rücknahmepflicht. Zur Rücknahme, also zur Abnahme der Sache, kann der Verkäufer nur verpflichtet sein, wenn ihn eine **vertragliche Störungsbeseitigungspflicht** trifft:[424] Aufgrund seiner sich im Rückgewährschuldverhältnis fortsetzenden vertraglichen Treuepflicht ist jeder Vertragspartner verpflichtet, von ihm verursachte Störungen zu beseitigen. Deswegen muss der Verkäufer als Rückgewährgläubiger die ihm vom Käufer angebotene Sache ausnahmsweise dann zurücknehmen, **wenn der Käufer durch das Behalten der Sache übermäßig belastet** wird. Das wird **nur ausnahmsweise** der Fall sein. Für den Regelfall ist dem Käufer mit den Vorschriften über den Annahmeverzug geholfen: Nimmt etwa der Verkäufer das ihm ordnungsgemäß angebotene Auto nicht zurück, gerät er in Annahmeverzug iSd §§ 293 ff BGB, so dass der Käufer das Auto gem §§ 372 S 1, 383 Abs 1 S 1 BGB bei einer öffentlichen Stelle hinterlegen oder gegen Hinterlegung des Versteigerungserlöses versteigern lassen kann; den Besitz an einem Grundstück darf er gem § 303 BGB aufgeben. Die Kosten der Hinterlegung und der Versteigerung fallen gem §§ 381, 386 BGB dem Verkäufer zur Last. Hinterlegt der Käufer auch etwaige Nutzungen usw, hat er getan, was er zu tun verpflichtet ist und hat mit der Hinterlegung gem §§ 346, 347, 348 BGB Anspruch auf Rückzahlung des Kaufpreises. Dem Käufer ist nur dann nicht mit der Hinterlegung oder Versteigerung gedient, wenn die **Sache nicht hinterlegungsfähig** ist und wegen des Mangels keinen **oder** einen so geringen Wert hat, dass eine **Versteigerung ausscheidet** oder die Kosten des Käufers auch nicht im Ansatz decken würde. Weil die Belastung mit der Sache oder die Kostenbelastung dem Ziel des Rücktritts widerspricht, den ohne Austausch der Leistungen bestehenden Zustand wiederherzustellen (Rn 102), ist der Verkäufer ausnahmsweise verpflichtet, die Sache zurückzunehmen. Zudem kann der Verkäufer zur Rücknahme auch dann verpflichtet sein, wenn aufgrund spezieller Sicherheitsbestim-

---

[423] BGH 9.3.1983 – VIII ZR 11/82, BGHZ 87, 104, 109 f; für eine Rücknahmepflicht jedenfalls dann, wenn der Rücktrittsberechtigte ein schutzwürdiges Interesse an der Rücknahme hat, OLG Nürnberg 25.6.1974 – 7 U 57/74, NJW 1974, 2237, 2238; MünchKomm/GAIER[7] (2016) § 346 Rn 16; PALANDT/GRÜNEBERG[76] (2017) § 346 Rn 5.

[424] STAUDINGER/KAISER (2012) § 346 Rn 94; BeckOK/SCHMIDT (15.6.2017) § 346 Rn 41;

MünchKomm/GAIER[7] (2016) § 346 Rn 16; auch ERMAN/RÖTHEL[15] (2017) § 346 Rn 4. Für einen Beseitigungsanspruch analog § 1004 PETERS JR 1979, 265, 269 ff und ähnlich STAUDINGER/PETERS/JACOBY (2014) § 634 Rn 104; auch SOERGEL/LOBINGER[13] (2010) § 346 Rn 22 f; § 1004 analog abl MünchKomm/BUSCHE[7] (2018) § 634 Rn 27; BeckOK/VOIT (1.2.2017) § 636 Rn 34; BeckOGK/SCHALL (1.10.2017) § 346 Rn 378.

mungen nur er zum Ausbau und Transport der Kaufsache berechtigt ist, etwa bei giftigen oder hochexplosiven Stoffen. Umgekehrt kann den wegen eines Mangels zurücktretenden Käufer eine Störungsbeseitigungspflicht treffen, etwa wenn er bei einem Autokauf sein Altfahrzeug in Zahlung gegeben hat.

112 Auch wenn der Verkäufer ausnahmsweise verpflichtet ist, die Sache zurückzunehmen (Rn 111), begründet die „bloße" Pflicht zur Rücknahme (Abnahme) der Sache entgegen der hM (Rn 111) **keine** Pflicht des Verkäufers, die Sache beim Käufer abzuholen: Eine **Abholpflicht** des Verkäufers kann nur aus dem Erfüllungsort für die Rückgewähr folgen (vgl dazu Rn 107), nämlich dann, wenn der Käufer die Sache wegen ihrer Beschaffenheit ausnahmsweise am Belegenheitsort oder nach der Verkehrssitte oder der Zweifelsregel des § 269 Abs 1 BGB an seinem Wohnsitz zurückgeben muss. Erst Recht folgt aus der Rücknahmepflicht des Verkäufers keine Pflicht, eingebaute Sachen, etwa Bodenfliesen, aus der Käuferwohnung auszubauen **(Ausbaupflicht)**. In den **Einbaufällen** (Bodenfliesen) scheitert eine Rücknahme- und Ausbaupflicht des Verkäufers schon daran, dass der Käufer nicht zur Rückgewähr verpflichtet ist und damit ein korrespondierender Rücknahme- und Ausbauanspruch des Käufers aus § 346 Abs 1 BGB von vornherein ausscheidet: Die Fliesen sind durch den Einbau gem §§ 946, 93, 94 Abs 2 BGB wesentlicher Bestandteil der Käuferwohnung geworden, sie können in der Regel gar nicht und allenfalls unter unverhältnismäßigem Aufwand ausgebaut werden, ohne Fliesen und Estrich zu beschädigen. Der Käufer ist daher analog § 346 Abs 2 S 1 Nr 2 BGB weder zur Rückgewähr der Fliesen verpflichtet noch analog § 346 Abs 3 S 1 Nr 1 BGB zum Wertersatz (so auch der BGH zum bis 31.12.2017 geltenden Recht für die Nacherfüllung, dazu Rn 55). Hat der Käufer die Kaufsache **nur angebracht** (vgl Rn 64), etwa Dachziegel und Dachrinnen und Lampen, so scheidet eine Pflicht des Verkäufers zur Rücknahme der Sache zwar nicht von vornherein aus.[425] Etwa kann der Verkäufer Dachziegel, die der Käufer nur lose auf seinem Dach verlegt hat, abdecken und kann eine Lampe oder eine Spülmaschine, die der Käufer lediglich an die Wand oder mit der Küchenarbeitsplatte verschraubt hat, wieder abschrauben (Demontage bzw **Abbau**). Entsprechend hat der BGH den Verkäufer im Dachziegelfall nicht zum Ausbau, sondern nur dazu verpflichtet, die Ziegel von dem konkreten Ort abzuholen, an dem sie sich vertragsgemäß befanden: vom Dach.[426] Selbst wenn es richtig wäre, dass die Ziegel am konkreten Belegenheitsort zurückzugewähren sind (dagegen Rn 106 f), folgt daraus keine Abbaupflicht des Verkäufers: Vom Ort der Rücknahme kann nicht auf den Umfang der geschuldeten Leistung geschlossen werden (s eben Rn 111).[427] Zudem würden dem Verkäufer, der sich vertraglich nicht zum Aufbringen der Ziegel auf das Dach verpflichtet hat, andernfalls im Wege der Rückabwicklung überobligationsmäßig werkunternehmerähnliche Pflichten auferlegt – obwohl der Käufer mit dem Abschluss eines Kaufvertrages über Dachziegel gegenüber dem Abschluss eines Werkvertrages zur Fremdeindeckung Geld gespart und durch das selbstständige Grobeindecken gezeigt hat, dass ihn auch das Abdecken nicht über Gebühr belastet. Eine Abbaupflicht besteht bei der Rückabwicklung eines Kaufvertrages daher **ausnahmsweise** nur dann, wenn sich der **Verkäufer vertraglich zur Montage verpflichtet** hatte (zB dazu, eine gekaufte Schrankwand auf-

---

[425] Anders aber bei Wandfarbe (s Beispiel oben Rn 46); hier greift wie bei Bodenfliesen § 346 Abs 2 S 1 Nr 2, Abs 3 S 1 Nr 1 BGB.
[426] BGH 9.3.1983 – VIII ZR 11/82, BGHZ 87, 104, 109 f.

[427] OTTE, in: FS Schwerdtner (2003) 599, 607; SOERGEL/LOBINGER[13] (2010) § 346 Rn 26; STAUDINGER/KAISER (2012) § 346 Rn 97 mwNw; BeckOGK/SCHALL (1.10.2017) § 346 Rn 377.

zustellen) und die Demontage den Käufer über Gebühr belastete, insbesondere weil sie von ihm selbst nicht zu bewältigen ist.[428]

d) Herausgabe gezogener und Ersatz nicht gezogener Nutzungen, §§ 346 Abs 1, 347 Abs 1 BGB

Um den Zustand vor Leistungsaustausch wiederherzustellen (Rn 102), genügt es nicht, wenn die Vertragspartner einander die ausgetauschten Leistungen nach § 346 Abs 1 BGB zurückgewähren. Dem Rückgewährgläubiger gebühren **gem § 346 Abs 1 BGB** auch die **Nutzungen**, die der Vertragspartner aus der zurückzugebenden Sache **gezogen** hat: gem §§ 100 Var 1, 99 BGB die Erzeugnisse der Sache, wie die Ernte aus dem gekauften landwirtschaftlichen Grundstück (Sachfrüchte), und gem § 100 Var 2 BGB die Gebrauchsvorteile, etwa die Vorteile aus dem Fahren mit dem gekauften Auto (gleich Rn 114). Wer Geld empfangen hat, muss gem § 346 Abs 1 BGB die Anlagezinsen und die Rendite aus einer gewinnbringenden Geldanlage herausgeben und schuldet, wenn er mit dem Geld Schulden getilgt hat, Wertersatz für die ersparten Kreditzinsen.[429] **113**

Gebrauchsvorteile können nicht in Natur zurückgegeben werden, sondern nur **dem Werte nach ersetzt werden, § 346 Abs 2 S 1 Nr 1**.[430] Dafür muss bewertet werden, welchen Vorteil der Käufer daraus gezogen hat, dass er auf der gekauften Matratze geschlafen hat, mit dem Kraftfahrzeug gefahren ist, in dem Haus gewohnt oder das Gemälde in sein Wohnzimmer gehängt hat. § 346 Abs 2 S 2 BGB macht deutlich, dass der **Kaufpreis Anknüpfungspunkt** und **Obergrenze** der Nutzungsvergütung ist (etwa 339 € für eine Matratze): Mehr als den Kaufpreis war der Käufer nicht bereit, für die Sache und deren Nutzung zu zahlen, mehr kann der Verkäufer als Gegenleistung nicht erwarten. Bei **Gütern des täglichen Gebrauchs**[431] und auch bei **Häusern**[432] werden die Gebrauchsvorteile mit dem Teil des Bruttokaufpreises gleichgesetzt, der der Dauer der tatsächlichen Nutzung im Verhältnis zur vertraglich vorausgesetzten Gesamtnutzungsdauer entspricht (lineare Teilwertabschreibung). Werden etwa Matratzen gewöhnlich für zehn Jahre genutzt und hat der Käufer auf der gekauften Matratze ein Jahr geschlafen, schuldet er Nutzungsersatz iHv 1/10 des Kaufpreises (also 33,90 €). Die so berechnete Nutzungsvergütung behandelt den Käufer so, als ziehe er aus der Kaufsache jeden Tag – linear – denselben Nutzen (schlafe also täglich im eigenen Bett). Sie bleibt in der Regel hinter dem tatsächlichen, zu Beginn regelmäßig höheren Wertverlust durch den Gebrauch der Sache zurück (eine Matratze verliert durch eine nur kurzzeitige Benutzung überproportional an Wert). Tritt der Käufer wegen eines **114**

---

[428] Vgl BGH 5.4.1955 – I ZR 122/53, MDR 1955, 464 (Kinobestuhlung); STAUDINGER/KAISER (2012) § 346 Rn 97; für eine Ausbaupflicht weitergehend bei jedem Kauf mit Montageverpflichtung SOERGEL/HUBER[12] (1991) § 467 Rn 135; noch weitergehend bei jedem Kaufvertrag mit Rückgewähr am Belegenheitsort jurisPK/FAUST[8] (2017) § 346 Rn 36.
[429] STAUDINGER/KAISER (2012) § 346 Rn 249 ff, 274 mwNw.
[430] Selbstverständlich auch beim Verbrauchsgüterkauf, betont von BGH 16.9.2009 – VIII ZR 243/08, BGHZ 182, 241 (Rn 14 f).

[431] Ausführlich STAUDINGER/KAISER (2012) § 346 Rn 255 ff.
[432] BGH 6.10.2005 – VII ZR 325/03, BGHZ 164, 235, 238 ff zu § 463 S 2 aF mit zust Anm VOGEL ZfIR 2006, 12 f; BGH 31.3.2006 – V ZR 51/05, BGHZ 167, 108 (Rn 27 ff) zu § 463 S 2 aF; obiter dictum BGH 9.2.2006 – VII ZR 228/04, NJW-RR 2006, 890, 891 zu § 635 aF. Ausführlich STAUDINGER/KAISER (2012) § 346 Rn 264 ff, dort mwNw auch dazu, dass bis dahin der Wertersatz auf Grundlage des durchschnittlichen, um den Gewinnanteil des Vermieters geminderten Miet- oder Pachtzinses berechnet wurde.

Sachmangels zurück, ist für die Berechnung der Nutzungsvergütung der analog § 441 Abs 3 BGB geminderte Kaufpreis zugrundezulegen – allerdings nur dann, wenn der Mangel die Gebrauchstauglichkeit der Kaufsache tatsächlich einschränkt (etwa, wenn der Käufer schlecht geschlafen hat, weil die gekaufte Matratze ihn entgegen der Werbung nicht punktelastisch stützt).[433] Die geplante Gesamtnutzungsdauer variiert nach der konkreten Nutzung. Etwa ist der BGH davon ausgegangen, dass Etagenbetten in einem Asylbewerberheim nur für ein Jahr genutzt werden, bevor sie ersetzt werden müssen.[434] Die Gesamtnutzungsdauer entspricht auch nicht zwingend der Lebensdauer der Sache, da in einer Konsumgesellschaft Kraftfahrzeuge, Modeartikel wie Kleidung usw für einen erheblich kürzeren Zeitraum genutzt werden. Bei Kraftfahrzeugen werden Gesamtnutzungsdauer und tatsächliche Nutzung durch die Laufleistung in km ausgedrückt.[435]

115 Gem § 347 Abs 1 S 1 BGB schuldet jeder Rückgewährschuldner darüber hinaus **Wertersatz für nicht gezogene Nutzungen**, also Ersatz des objektiven Werts der Nutzungen, die er entgegen den Regeln einer ordnungsgemäßen Wirtschaft nicht gezogen hat, obwohl er sie hätte ziehen können: § 347 Abs 1 BGB weist dem Rückgewährgläubiger den Wert der Nutzungen zu, die der Sache „innewohnen".[436] Da der Wertersatzanspruch den Rückgewährgläubiger, etwa den Verkäufer, so stellen soll, wie er bei ordnungsgemäßer Nutzungsziehung durch den Käufer gestanden hätte, kann der Käufer vom geschuldeten Nutzungsersatz die Aufwendungen abziehen, die er für die Nutzungsziehung hätte machen müssen; ein eigenständiger Aufwendungsersatzanspruch aus § 347 Abs 2 BGB (dazu Rn 117 ff) besteht daneben nicht. Ordnungsgemäße Wirtschaft beschreibt wie im Eigentümer-Besitzer-Verhältnis zunächst einen objektiven Maßstab der vernünftigen Wirtschaftsführung. Diesem zuwider handelt etwa, wer landwirtschaftliche Flächen brachliegen und verwahrlosen lässt.[437] Dieser objektive Maßstab wird durch den rückabzuwickelnden Vertrag begrenzt: Der Rückgewährschuldner schuldet Ersatz nicht gezogener Nutzungen nur, soweit diese Nutzungen dem vertragsgemäßen Gebrauch der Sache entsprechen.[438] Kauft etwa jemand eine landwirtschaftliche Fläche, um sie zu renaturieren, so handelt er nicht entgegen den Regeln der ordnungsgemäßen Wirtschaft, sondern dem Vertrag entsprechend, wenn er die Fläche brachliegen lässt, und schuldet keinen Ersatz für die unterlassene landwirtschaftliche Nutzung.[439] Die zinsbringende Anlage von Geld gehört nur bei gewerblich Handelnden, in der Regel aber nicht bei Privatleuten zu den Regeln einer ordnungsgemäßen Wirtschaft.[440] § 347 Abs 1 S 2 BGB privilegiert den gesetzlich zum Rücktritt Berechtigten, insbesondere den Käufer einer mangelhaften Sache, indem er die (nicht an das Verschulden anknüpfende) Ersatzpflicht des § 347 Abs 1 S 1 BGB (systematisch merkwürdig) durch eine Herabsetzung der Verschuldensanforderungen begrenzt:[441]

---

[433] Im Einzelnen streitig, näher STAUDINGER/KAISER (2012) § 346 Rn 258 mwNw.
[434] BGH 26.6.1991 – VIII ZR 198/90, BGHZ 115, 47, 54 f.
[435] Nw bei STAUDINGER/KAISER (2012) § 346 Rn 261.
[436] STAUDINGER/KAISER (2012) § 347 Rn 6.
[437] Vgl BGH 29.1.1993 – V ZR 160/91, NJW-RR 1993, 626, 628.
[438] STAUDINGER/KAISER (2012) § 347 Rn 9 mwNw; MünchKomm/GAIER[7] (2016) § 347 Rn 6.
[439] STAUDINGER/KAISER (2012) § 347 Rn 9; zust NomosKomm/HAGER[3] (2016) § 347 Rn 2; MünchKomm/GAIER[7] (2016) § 347 Rn 7; ERMAN/RÖTHEL[15] (2017) § 347 Rn 2; mit Einschränkungen auch SOERGEL/LOBINGER[13] (2010) § 347 Rn 11.
[440] STAUDINGER/KAISER (20124) § 347 Rn 10.
[441] KAISER JZ 2001, 1057, 1067; auch KOHLER JZ 2001, 325, 334.

Der Rücktrittsberechtigte schuldet keinen Wertersatz, wenn die Nichtnutzung der Sorgfalt entspricht, die er in eigenen Angelegenheiten anzuwenden pflegt.

Ab Rücktrittserklärung entfällt die Obliegenheit zur Nutzungsziehung:[442] Mit Zugang **116** der Rücktrittserklärung wird der Vertrag in ein Rückgewährschuldverhältnis umgestaltet (Rn 70, 102 f). Die Vertragspartner sind verpflichtet, einander die empfangenen Leistungen zurückzugeben, und damit grundsätzlich auch dazu, den Gebrauch der empfangenen Sache einzustellen.[443] Ab Rücktrittserklärung schuldet etwa der Käufer als Rückgewährschuldner nicht mehr nach § 347 Abs 1 S 1 BGB Ersatz der Nutzungen, die er bei ordnungsgemäßer Wirtschaft hätte ziehen können, sondern unter den Voraussetzungen der **§§ 346 Abs 4, 280 Abs 1, 2 mit 286 BGB** Ersatz der Nutzungen, die der Verkäufer als Rückgewährgläubiger bei rechtzeitiger Rückgabe der Sache gezogen hätte (Ersatz des **Vorenthaltungsschadens**, Rn 141).

e) Aufwendungs- und Verwendungsersatz, § 347 Abs 2 BGB

Nach **§ 347 Abs 2 S 1 BGB** hat jeder Vertragspartner Anspruch auf Ersatz **notwendiger 117 Verwendungen**, also auf Ersatz der von ihm gemachten Aufwendungen, die der zurückzugebenden Sache unmittelbar zugutekommen.[444] Notwendig sind zum einen Verwendungen, die der Erhaltung oder Wiederherstellung der Sache dienen (**substanzerhaltende Verwendungen**), wie die Fütterung und tierärztliche Behandlung eines Pferdes[445] und die Reparatur eines Kraftfahrzeuges. Eine Garage anzumieten, um das gekaufte Kraftfahrzeug unterzustellen, ist entgegen der hM[446] hingegen nicht generell, sondern nur dann notwendig, wenn das Auto im Freien an Wert verlöre.[447] Notwendig sind auch Verwendungen, ohne die der Leistungsgegenstand nicht genutzt werden kann (**nutzungsermöglichende Verwendungen**): Entgegen der Rechtsprechung[448] passt der objektive Maßstab des Eigentümer-Besitzer-Verhältnisses nicht, sondern sind notwendig alle Verwendungen, die erforderlich sind, um die Sache vertragsgemäß nutzen zu können.[449] Das erweitert den Umfang der zu ersetzenden Verwendungen: Renovierungs-

---

[442] STAUDINGER/KAISER (2012) § 347 Rn 12; jurisPK/FAUST⁷ (2017) § 347 Rn 17.

[443] Benutzen darf der Rückgewährschuldner die Sache nur, sofern dies zu deren Erhalt oder zur Schadensminderung erforderlich ist: Etwa muss ein Pferd täglich bewegt und ein Gewerbebetrieb fortgeführt werden, STAUDINGER/KAISER (2012) § 346 Rn 286.

[444] Entgegen der hL (STAUDINGER/KAISER [2012] § 347 Rn 24 mwNw) klammert die Rechtsprechung grundlegende Veränderungen der Sache (etwa die Bebauung eines bisher unbebauten Grundstücks mit einem Fabrikgebäude, BGH 10.7.1953 – V ZR 22/52, BGHZ 10, 171, 178) als sog sachändernde Verwendungen aus dem Verwendungsbegriff aus; zum Rücktritt auch OLG Hamm 13.1.1997 – 22 U 93/95, NJW-RR 1997, 847, 848 (Kfz-Betrieb); MünchKomm/GAIER⁷ (2016) § 347 Rn 18.

[445] OLG München 13.2.1992 – 24 U 797/91, NJW-RR 1992, 1081, 1082.

[446] BGH 11.1.1978 – VIII ZR 123/75, NJW 1978, 1256 f; HansOLG Hamburg 14.10.1980 – 7 U 81/80, VersR 1981, 138, 139; NomosKomm/HAGER³ (2016) § 347 Rn 8; MünchKomm/GAIER⁷ (2016) § 347 Rn 19.

[447] SOERGEL/HUBER¹² (1991) § 467 Rn 122; STAUDINGER/KAISER (2012) § 347 Rn 27.

[448] Zum BGB aF: BGH 9.11.1995 – IX ZR 19/95, NJW-RR 1996, 336, 337; BGH 14.6.2002 – V ZR 79/01, NJW 2002, 3478, 3479; OLG Hamm 13.1.1997 – 22 U 93/95, NJW-RR 1997, 847, 848. Zum BGB nF: OLG Hamm 10.2.2005 – 28 U 147/04, NJW-RR 05, 1220, 1222; TERRAHE VersR 2004, 680, 685; BeckOK/SCHMIDT (15.6.2017) § 347 Rn 4; auch PWW/STÜRNER¹² (2017) § 347 Rn 5; PALANDT/GRÜNEBERG⁷⁶ (2017) § 347 Rn 3.

[449] KAISER, Rückabwicklung (2000) S 374 und in: STAUDINGER (2012) § 347 Rn 30 ff; auch ANNUSS JA 2006, 184, 189; SCHWAB, in: SCHWAB/WITT² (2003) 377; MünchKomm/GAIER⁷ (2016) § 347 Rn 19; jurisPK/FAUST⁸ (2017) § 347 Rn 47; auch ERMAN/RÖTHEL¹⁵ (2017) § 347 Rn 7; vgl BGH 12.5.1982 – VIII ZR 112/81, WM 1982, 793.

arbeiten zur Verschönerung des gekauften Hauses sind nicht objektiv notwendig,[450] können aber nach § 347 Abs 2 S 1 BGB zu ersetzen sein, wenn die Vertragspartner bei Vertragsschluss davon ausgingen, dass das Haus nur renoviert gewinnbringend vermietet werden kann. Der vertragliche Verwendungszweck kann die Ersatzfähigkeit von Verwendungen aber auch beschränken: Rekultiviert der Käufer die gekaufte Moorfläche zu Agrarland, so sind die Kosten dafür nur dann notwendig, wenn Zweck des Kaufs die landwirtschaftliche Nutzung der Fläche war.

118 § 347 Abs 2 S 1 BGB **beschränkt** den Verwendungsersatz auf die Fälle, in denen der Rückgewährschuldner die empfangene Sache nach § 346 Abs 1 BGB zurückgibt, für diese nach § 346 Abs 2 BGB Wertersatz leistet (Rn 122 ff) oder die Wertersatzpflicht nach § 346 Abs 3 S 1 Nr 1 BGB und 2 ausgeschlossen ist (Rn 129 ff): Die für die Erhaltung oder Nutzung der Sache notwendigen Kosten sollen den Verkäufer als Rückgewährgläubiger nur dann treffen, wenn er die Sache oder den Sachwert zurückerhält. Ausnahmen macht § 347 Abs 2 S 1 BGB nur für die Fälle, in denen der Grund dafür, dass der Verkäufer weder die Sache zurückerhält noch Wertersatz für diese bekommt, aus seiner Sphäre stammt: wenn der zum Rücktritt berechtigende Mangel zum Untergang der Sache geführt hat (§ 346 Abs 3 S 1 Nr 2 Alt 1 BGB) oder wenn der Mangel erst während der Verarbeitung oder beim Verbrauch der Sache entdeckt worden ist (§ 346 Abs 3 S 1 Nr 1 BGB) oder wenn die Sache gleichfalls beim Verkäufer untergegangen wäre (§ 346 Abs 3 S 1 Nr 2 Alt 2 BGB). Entfällt der Anspruch des Verkäufers auf Wertersatz hingegen, weil der Käufer die Kaufsache fahrlässig zerstört hat, aber gem § 346 Abs 3 S 1 Nr 3 BGB wegen Einhaltung der eigenüblichen Sorgfalt als gesetzlich zum Rücktritt Berechtigter von der Wertersatzpflicht befreit ist (dazu Rn 136 ff), schuldet er dem Käufer keinen Verwendungsersatz nach § 347 Abs 2 S 1 BGB.

119 Nach **§ 347 Abs 2 S 2 BGB** hat jeder Vertragspartner Anspruch auf **Ersatz der Aufwendungen**, also seiner freiwilligen Vermögensopfer,[451] soweit sie den **Gläubiger bei Rückgewähr bereichern**. Zu ersetzen sind danach zum einen Aufwendungen auf die Sache, die zwar nicht notwendig sind (Rn 117), die den Wert der Sache bei Rückgewähr aber steigern **(wertsteigernde Verwendungen)**. Bereichert ist der Rückgewährgläubiger aber nur dann, wenn er entweder die Sache nach § 346 Abs 1 BGB zurückerhält oder für diese nach § 346 Abs 2 BGB Wertersatz bekommt.[452] Ersetzt etwa der Käufer eines Wohnhauses die veralteten Bäder nicht lediglich durch moderne, dem Standard der Wohnungen entsprechende Badezimmer, sondern durch Luxusbäder, erhält er über § 347 Abs 2 S 2 BGB die Renovierungskosten erstattet, soweit die Verbesserung nach Rückgewähr dem Verkäufer zugutekommt. Ob die Verwendung den Wert der Sache steigert, ist dabei nicht objektiv, sondern subjektiv für den Rückgewährgläubiger zu beantworten: Er kann eine Wertsteigerung als **aufgedrängte Bereicherung** zurückweisen.[453] Verkleidet etwa der Käufer den Giebel des gekauften Hauses mit einem Plattenbehang, um den Wetterdurchschlag zu verhindern, obwohl sich dasselbe Ergebnis billiger und mit einem nach architektonischen Maßstäben allein zum Haus passenden

---

[450] Vgl BGH 20.5.1983 – V ZR 291/81, BGHZ 87, 296, 298 ff.
[451] Nimmt man mit der Rechtsprechung sachändernde Verwendungen aus dem Ersatzanspruch des § 347 Abs 2 S 1 BGB heraus (Fn 444), sind diese als Aufwendungen nach § 347 Abs 2 S 2 BGB zu ersetzen, soweit sie den Wert der Sache bei Rückgewähr steigern.
[452] STAUDINGER/KAISER (2012) § 347 Rn 49 ff, 52 f.
[453] STAUDINGER/KAISER (2012) § 347 Rn 50 mwNw.

Verputz hätte erreichen lassen, muss der Verkäufer den ihm nicht gefallenden Plattenbehang nicht bezahlen.[454]

Zum anderen erhält der Rückgewährschuldner nach **§ 347 Abs 2 S 2 BGB** die **Aufwendungen** ersetzt, die **zur vertragsgemäßen Nutzung** der Sache erforderlich sind und die den Vertragspartner deswegen bereichern, weil der Rückgewährschuldner nach §§ 346 Abs 1, Abs 2 S 1 Nr 1 BGB Herausgabe der Nutzungen oder Wertersatz schuldet (Rn 113 ff). Baut der Käufer Luxusbäder in das gekaufte Wohnhaus ein, sind diese nach § 347 Abs 2 S 2 BGB nicht nur zu ersetzen, soweit sie den Wert des Hauses bei Rückgewähr steigern (Rn 119), sondern auch, soweit der Käufer wegen der Luxusbäder höhere Nutzungen aus dem Haus ziehen, die Wohnungen etwa gegen eine deutlich höhere Miete vermieten konnte. Weil die Bereicherung des Gläubigers nicht an den Wert der Sache, sondern an die herauszugebenden Nutzungen anknüpft, setzt der Ersatzanspruch nicht voraus, dass der Rückgewährschuldner die Sache gem § 346 Abs 1 BGB zurückgeben kann. **120**

Nach § 347 Abs 2 S 2 BGB hat jeder Vertragspartner zudem Anspruch auf Ersatz der Kosten, die er für den Abschluss und die Durchführung des Vertrages aufgewandt hat **(Vertragsschluss- und Vertragsdurchführungskosten)** – aber nur, soweit er tatsächlich Nutzungen erwirtschaftet hat, die er nach §§ 346 Abs 1, Abs 2 S 1 Nr 2 BGB herausgeben oder ersetzen muss (Rn 113 ff).[455] Zu ersetzen sind bei einem Hauskauf etwa die Kosten für den Makler und die Vertragsbeurkundung, ohne die der Käufer das Haus nicht hätte kaufen und demzufolge auch nicht hätte nutzen können, und die Kosten für den Umzug in das gekaufte Haus. Zusätzlich hat der Rücktrittsberechtigte, etwa der wegen eines Sachmangels zurücktretende Käufer, Anspruch auf Ersatz der im Vertrauen auf den Erhalt der ordnungsgemäßen Leistung gemachten vergeblichen Aufwendungen aus **§§ 280 Abs 1, 3 mit 281, 283 und 284 BGB**[456] – unter der Voraussetzung, dass der Verkäufer den Rücktrittsgrund zu vertreten hat und deshalb Schadensersatz statt der Leistung schuldet. Zu § 284 BGB noch Rn 216 ff, 218. **121**

---

[454] OLG Braunschweig 29.10.1912 – II. ZS, OLGE 28, 137 f.
[455] Staudinger/Kaiser (2012) § 347 Rn 54 f; mangels Bereicherung des Rückgewährgläubigers im Regelfall abl BeckOK/Schmidt (15.6.2017) § 347 Rn 6; Gaier WM 2002, 1, 7 und in MünchKomm⁷ (2016) § 346 Rn 19, § 347 Rn 21; auch Terrahe VersR 2004, 680, 685; Soergel/Lobinger¹³ (2010) Rn 62.
[456] BGH 20.7.2005 – VIII ZR 275/04, NJW 2005, 2848, 2849 f; Staudinger/Kaiser (2012) § 347 Rn 61.

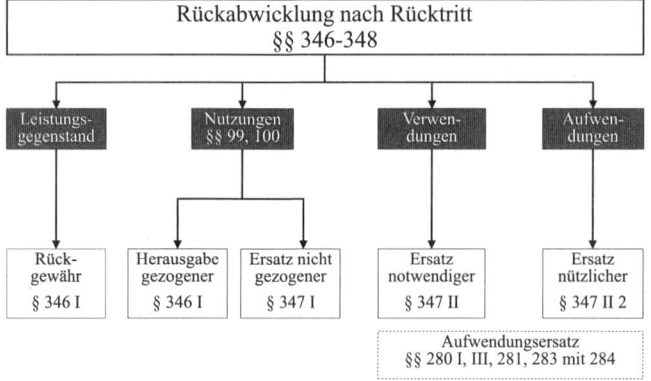

f) Wertersatz statt Rückgewähr
aa) Wertersatzpflicht, § 346 Abs 2 S 1 Nr 2 und 3 BGB

122 Kann der Käufer die gekaufte Sache nicht oder nur verschlechtert zurückgewähren, ist etwa das gekaufte Auto vor Rücktrittserklärung zerstört oder beschädigt worden, so schließt das den Rücktritt nicht aus: Der Autokäufer darf vom Kaufvertrag zurücktreten, schuldet aber gem § 346 Abs 2 S 1 Nr 2 und 3 BGB Wertersatz (zu Störungen der Rückgewähr nach Rücktrittserklärung Rn 141). Rücktrittsberechtigter und Rücktrittsgegner schulden Ersatz des Sachwertes **unabhängig davon**, ob sie den Untergang oder die Beschädigung der zurückzugebenden Sache **iS des § 276 BGB zu vertreten haben** oder nicht. Denn § 346 Abs 2 BGB normiert keine Schadensersatzpflicht, dh sanktioniert kein pflichtwidriges Verhalten des Rückgewährschuldners, sondern weist dem Rückgewährgläubiger statt der zurückzugebenden Sache deren Wert zu: Zumindest wertmäßig sollen die Vertragspartner nach Rücktritt so stehen wie vor Austausch der Leistungen (Rn 102). Schäden, die über den Wert der zurückzugebenden Sache hinausgehen, erhält der Rückgewährgläubiger nicht über § 346 Abs 2 S 1 BGB ersetzt (zum Schadensersatzanspruch wegen Verletzung vorgreiflicher Rücksichtnahmepflichten Rn 142 ff).

123 § 346 Abs 2 S 1 BGB zählt auf, unter welchen Voraussetzungen Wertersatz geschuldet wird: bei Verbrauch, Veräußerung, Belastung, Verarbeitung und Umgestaltung der empfangenen Leistung (Nr 2) oder wenn der empfangene Gegenstand „sich" verschlechtert hat oder untergegangen ist (Nr 3) (zu § 346 Abs 2 S 1 Nr 1 Rn 103). **Analog § 346 Abs 2 S 1 Nr 2 BGB** schuldet der Käufer Wertersatz, wenn er die Kaufsache mit einer anderen Sache verbindet oder diese in sein Grundstück oder Haus einbaut, so dass sie wesentlicher Bestandteil des Grundstücks iS der §§ 93, 94 BGB wird (etwa bei Bodenfliesen, s aber Rn 55, 112 und 133). In Gesamtanalogie zu § 346 Abs 2 S 1 Nr 2 und 3 BGB ist die Wertersatzpflicht zudem auf alle Fälle zu erstrecken, in denen dem Rückgewährschuldner die Rückgewähr unmöglich ist, etwa wenn er den Leistungsgegenstand verloren hat oder dieser ihm gestohlen worden ist; auch Verfügungen über die zurückzugebende Sache oder Belastungen der zurückzugebenden Sache im Wege der Zwangsvollstreckung begründen eine Wertersatzpflicht.[457] Keinen Wertersatz ana-

---

[457] STAUDINGER/KAISER (2012) § 346 Rn 149 f mwNw.

I. Leistungsstörungen   **124**

log § 346 Abs 2 S 1 Nr 2 und 3 BGB schuldet hingegen derjenige, der die Rückgewähr verweigert: Er kann die Sache zurückgeben, will es aber nicht. Mit der Weigerung gerät der Rückgewährschuldner aber nach § 286 Abs 2 Nr 3 BGB in Rückgewährverzug und schuldet gegebenenfalls Schadensersatz nach §§ 280 Abs 1, 2 mit 286, 288 BGB.

Nach hM enthält § 346 Abs 2 S 1 Nr 1 bis 3 BGB den allgemeinen Rechtsgedanken, **124** dass der Rückgewährschuldner **Wertersatz erst dann** schuldet, wenn die Rückgewähr der empfangenen Leistung unmöglich ist. Den Käufer treffe als Rückgewährschuldner daher eine **Beseitigungspflicht**:[458] Bis zur Grenze des § 275 Abs 2 BGB sei er verpflichtet, einen weiterveräußerten Leistungsgegenstand zurückzuerwerben,[459] und müsse Belastungen beseitigen (etwa Grundschulden auf dem gekauften Grundstück).[460] Hingegen treffe den Käufer keine Pflicht, ein nach Übergabe beschädigtes Auto zu reparieren.[461] Das ist schon in sich widersprüchlich.[462] Richtig ist lediglich, dass § 346 Abs 2 BGB auch Fälle der Unmöglichkeit regelt (Verbrauch, Verarbeitung, Umgestaltung, Untergang) und deswegen auf andere, nicht aufgezählte Unmöglichkeitsfälle zu erstrecken ist (gerade Rn 123). Mit Belastung, Verschlechterung und Veräußerung zählt § 346 Abs 2 S 1 Nr 2 und 3 BGB aber auch Hindernisse auf, die der Rückgewährschuldner beseitigen kann (wovon die hM selbst ausgeht). Damit ist der Obersatz der hM, § 346 Abs 2 S 1 BGB regele nur Fälle der Unmöglichkeit, falsch und der Umkehrschluss des BGH unzulässig. Hätte der Gesetzgeber in § 346 Abs 2 S 1 BGB nur Fälle der Unmöglichkeit regeln wollen, hätte er entsprechend §§ 280 Abs 1, 3 mit 283 und 285 Abs 1 BGB exakter formuliert[463] – ähnlich wie §§ 347 S 1, 351 aF („anderweitige Unmöglichkeit der Herausgabe"). Entgegen dem BGH enthält § 346 Abs 1 BGB auch keine Beschaffungselemente.[464] Vielmehr zeigt der Wortlaut des § 346 Abs 2 S 1 BGB „statt der Rückgewähr oder Herausgabe … Wertersatz", dass die Rückgewähr in Natur nur geschuldet wird, soweit die Leistung im Zeitpunkt der Rückgewähr gegenständlich noch vorhanden ist, und der Rückgewährschuldner im Übrigen nur Wertersatz leisten muss.[465] **Weder § 346 Abs 1 noch Abs 2 BGB** normieren eine

---

[458] BGH 10.10.2008 – V ZR 131/07, BGHZ 178, 182 (Rn 18); Canaris, Schuldrechtsmodernisierung (2002) XXXVII; Arnold Jura 2002, 154, 157; Schwab JuS 2002, 630, 631 und in: Schwab/Witt² (2003) S 349 ff; Schulze/Ebers JuS 2004, 366, 369; Annuss JA 2006, 184, 186; Ehmann/Sutschet (2002) S 139 f; Looschelders, SR AT¹⁵ (2017) Rn 818; NomosKomm/Hager³ (2016) § 346 Rn 37; BeckOK/Schmidt (15.6.2017) § 346 Rn 50 f; Jauernig/Stadler¹⁶ (2015) § 346 Rn 4 ff; Palandt/Grüneberg⁷⁶ (2017) § 346 Rn 7 ff.

[459] OLG Stuttgart 1.12.2009 – 6 U 248/08, NJW-RR 2010, 412, 416: Rückübereignung des an eine Bank sicherungsübereigneten Kraftfahrzeuges; Nw auf Lit in vorheriger Klammer; auch Lettl JA 2011, 9, 13; nicht erwogen von BGH 19.11.2008 – VIII ZR 311/07, BGHZ 178, 355 (Zweibrücker Wallach, Rn 9): Weiterveräußerung des gekauften Pferdes an die Tochter.

[460] BGH 10.10.2008 – V ZR 131/07, BGHZ 178, 182 (Rn 18); NomosKomm/Hager³ (2016) § 346 Rn 14; Palandt/Grüneberg⁷⁶ (2017) § 346 Rn 8a; zum BGB aF BGH 21.1.1994 – V ZR 238/93, NJW 1994, 1161, 1162 (zu diesem noch Rn 155); OLG Oldenburg 23.5.2003 – 8 U 246/01, NJW-RR 2003, 447, 448.

[461] BGH 10.10.2008 – V ZR 131/07, BGHZ 178, 182 (Rn 23, obiter dictum); überhaupt nicht erwogen von BGH 28.11.2007 – VIII ZR 16/07, BGHZ 174, 290 (Rn 16): nur Pflicht zur Herausgabe der vom Drittschädiger erlangten Reparaturkosten aus §§ 346 Abs 3 S 2, 818 Abs 1 BGB.

[462] Auch Lorenz, Karlsruher Forum (2005) Schuldrechtsmodernisierung, IV.1.h (2) S 91; Fest ZGS 2009, 78, 82; Benicke LMK 2009, 277237; Faust JuS 2008, 481, 482.

[463] Faust JuS 2008, 481, 482 f und in: jurisPK⁶ (2012) § 346 Rn 28; auch Lorenz NJW 2005, 1889, 1893 Fn 36; Fest ZGS 2009, 78, 79.

[464] BGH 10.10.2008 – V ZR 131/07, BGHZ 178, 182 (Rn 20).

[465] Auch Oechsler, Vertragliche Schuldverhältnisse² (2017) Rn 282 f.

Beseitigungspflicht des Rückgewährschuldners.⁴⁶⁶ Nur wenn er gegen seine vorgreiflichen Rücksichtnahmepflichten verstößt und nach § 280 Abs 1 BGB Schadensersatz schuldet (gleich Rn 142 ff), trifft ihn im Wege der Naturalrestitution nach § 249 Abs 1 BGB die Pflicht, eingetretene Belastungen und Beschädigungen zu beseitigen und eine weiterveräußerte Sache zurückzuerwerben.⁴⁶⁷ Dass der Rückgewährschuldner zur Beseitigung nicht verpflichtet ist, hindert ihn selbstverständlich nicht daran, die Wertersatzpflicht dadurch abzuwehren, dass er Beeinträchtigungen freiwillig beseitigt.⁴⁶⁸

bb) Berechnung des Wertersatzes, § 346 Abs 2 S 2 BGB

125 Nach § 346 Abs 2 S 2 BGB ist der Wertersatz nicht nach dem objektiven Wert der Sache zu berechnen,⁴⁶⁹ sondern ist die vertraglich **vereinbarte Gegenleistung zugrunde zu legen**.⁴⁷⁰ Das hält beide Rückgewährschuldner grundsätzlich an dem Vertrag fest, von dem sich der Rücktrittsberechtigte durch Rücktritt gerade lösen will: Kauft etwa jemand ein gebrauchtes Kraftfahrzeug für 12.000 € und tritt, wie vertraglich eingeräumt, vom Vertrag zurück, weil er mit dem Auto nicht zurechtkommt, so erhält er nach § 346 Abs 1 BGB den Kaufpreis gegen Rückgabe des Fahrzeugs zurück. Wird das Fahrzeug vor Rücktrittserklärung bei einem Unfall zerstört, schuldet der Käufer gegen Rückzahlung des Kaufpreises (12.000 €) Wertersatz für den Wagen in Höhe von 12.000 €: Im Ergebnis bekommt er nichts zurück.⁴⁷¹ Gleichwohl ist es nicht möglich, für den Wertersatz generell an den objektiven Wert der Leistung anzuknüpfen.⁴⁷²

126 Tritt der Käufer wegen eines Bremsendefekts zurück, der den Wert des Wagens um 2.000 € mindert, erhält er gegen Rückgabe des minderwertigen Wagens den gesamten Kaufpreis (12.000 €) zurück. Wird der Wagen bei einem Unfall vor der Rücktrittserklärung zerstört, müsste der Käufer wegen § 346 Abs 2 S 2 BGB wertmäßig mehr zurückgeben als vor dem Unfall: Er schuldet Wertersatz in Höhe von 12.000 €, obwohl das Auto nur 10.000 € wert war. Damit der Verkäufer nicht mehr zurückbekommt, als er geleistet hat, ist der Kaufpreis für die Berechnung des Wertersatzes nach ganz hM⁴⁷³

---

⁴⁶⁶ Kaiser, in: FS Picker (2010) 413 ff und in Staudinger (2012) § 346 Rn 154 ff, 158; Benicke ZGS 2002, 369, 371; Lorenz NJW 2005, 1889, 1892 f; Annuss JA 2006, 184, 186; Fest ZGS 2009, 78, 79 ff; Katzenstein ZGS 2009, 29, 30; Gsell, in: FS Picker (2010) 297, 310 ff; Meyer Jura 2011, 244, 247 f; Kohler AcP 214 (2014) 362, 372 ff und JuS 2013, 769, 771; MünchKomm/Gaier⁷ (2016) § 346 Rn 39 ff; Soergel/Lobinger¹³ (2010) Rn 34, 72; Erman/Röthel¹⁵ (2017) § 346 Rn 10; auch Krebs DB 2000 Beilage Nr 14, 1, 12 f (aber krit); Faust JuS 2009, 481, 482 f und in: jurisPK⁸ (2017) Rn 28 f.
⁴⁶⁷ Staudinger/Kaiser (2012) § 346 Rn 158; auch jurisPK/Faust⁸ (2017) § 346 Rn 29, 115; Soergel/Lobinger¹³ § 346 (2010) Rn 34, 72; zur Schadensersatzpflicht aus § 347 S 2 aF mit § 989 BGH 29.1.1993 – V ZR 160/91, NJW-RR 1993, 626, 628 (landwirtschaftliche Nutzflächen); 21.1.1994 – V ZR 238/93, NJW 1994, 1161, 1162 (Grundschuld).
⁴⁶⁸ Staudinger/Kaiser (2012) § 346 Rn 159 mwNw.
⁴⁶⁹ So aber Arnold Jura 2002, 154, 157; auch

Kohler AcP 213 (2013) 46 ff (mit widerleglicher Vermutung dahin, der objektive Verkehrswert entspreche der vereinbarten Gegenleistung).
⁴⁷⁰ Streitig ist der Zeitpunkt der Wertbemessung: Teilweise wird auf den Leistungsaustausch abgestellt, teilweise auf den Rücktritt, teilweise auf die letzte mündliche Verhandlung der Tatsacheninstanz. Da die Wertersatzpflicht als Surrogat an die Stelle der zurückzugebenden Leistung tritt, liegt es näher, auf den Zeitpunkt abzustellen, in dem die Wertersatzpflicht entsteht (Beschädigung, Belastung usw): Staudinger/Kaiser (2012) § 346 Rn 168 ff mwNw auf den Meinungsstreit.
⁴⁷¹ BGH 15.4.2010 – III ZR 218/09, ZIP 2010, 1084.
⁴⁷² BGH 19.11.2008 – VIII ZR 311/07, BGHZ 178, 355 (Zweibrücker Wallach); BGH 14.7.2011 – VII ZR 113/10, NZBau 2011, 613.
⁴⁷³ BT-Drucks 14/6857, 22; BGH 14.7.2011 – VII ZR 113/10, NJW 2011, 3085; Staudinger/Kaiser (2012) § 346 Rn 161 mwNw.

entsprechend § 441 Abs 3 BGB um den Minderwert (2.000 €) herabzusetzen: gegen Wertersatz (10.000 €) erhält der Käufer den nach §§ 346 Abs 1, 347 Abs 1 BGB zu verzinsenden Kaufpreis zurück (12.000 €), im Ergebnis also 2.000 €. Auch dadurch wird er aber am Vertrag festgehalten: Der Rücktritt geht über die Minderung nicht hinaus, für die §§ 441 Abs 4 mit 346 Abs 1, 347 Abs 1 BGB dem Käufer einen Anspruch auf Rückgewähr des überzahlten Betrages samt Nutzungen (Zinsen) gewährt (Rn 147). Unterschied ist nur, dass der Käufer nach Rücktritt gem §§ 346 Abs 1, 347 Abs 1 BGB selbst Nutzungen herausgeben oder ersetzen muss, etwa zusätzlich zum Wertersatz für das Auto gem § 346 Abs 1, 2 S 1 Nr 1 BGB Wertersatz für die aus dem Fahren gezogenen Gebrauchsvorteile schuldet, im Vergleich zur Minderung also draufzahlt. Der Rücktritt wegen Sachmängeln lohnt sich für den Käufer deswegen nur dann, wenn er erhebliche Verwendungen auf die Kaufsache gemacht hat, etwa ein Kraftfahrzeug hat so aufwendig reparieren lassen, dass die Reparaturkosten die zu erstattenden Gebrauchsvorteile übersteigen: Die Reparaturkosten erhält er nur nach Rücktritt über § 347 Abs 2 BGB ersetzt (Rn 117). Vorteilhaft ist der Rücktritt für den Käufer auch dann, wenn die Kaufsache lediglich beschädigt worden ist: Nur mit Hilfe des Rücktritts wird der Käufer die unwillkommene Sache wieder los – gegen Ersatz der Wertminderung.

Unbillig ist der Rücktritt gegen Wertersatz in Höhe der **Gegenleistung**, wenn diese **den** **127** **objektiven Wert der Kaufsache übersteigt**: Hat sich der Käufer ein gebrauchtes Kraftfahrzeug zu einem deutlich überhöhten Preis (15.000 € statt 12.000 €) aufschwatzen lassen und wird der Wagen vor Rücktrittserklärung bei einem Unfall zerstört, schuldet der Käufer wertmäßig mehr als vor dem Unfall: Wertersatz iHv 15.000 € anstelle Rückgewähr des Wagens (Wert: 12.000 €). Dem Verkäufer bleiben die Vorteile des Geschäfts nur deswegen erhalten, weil der Käufer den Wagen nicht zurückgeben kann.[474] Um dieses unverdiente Geschenk zu verhindern, liegt es nahe, § 346 Abs 2 S 2 BGB teleologisch zu reduzieren und den nach § 346 Abs 2 BGB geschuldeten Wertersatz auf den **objektiven Wert der Sache** zu begrenzen. Für eine solche teleologische Reduktion **fehlt** es aber an einer **planwidrig überschießenden Regelung**: Die Höhe des Wertersatzes hat der Gesetzgeber in § 346 Abs 2 S 2 BGB und in Kenntnis der an der Vorgängernorm geübten Kritik bewusst auf die Gegenleistung festgelegt; eine teleologische Reduktion wäre eine unzulässige Korrektur des Gesetzes.[475] Die Anknüpfung der Wertersatzhöhe an die Gegenleistung lässt sich damit rechtfertigen, dass die Vertragspartner so an ihrer privatautonom ausgehandelten Entgeltabrede festgehalten werden (auch gleich Rn 128) und der Käufer hinreichend über die weit reichenden Ausnahmen von der Wertersatzpflicht in § 346 Abs 3 S 1 BGB geschützt ist (Rn 129 ff).

§ 346 Abs 2 S 2 BGB begünstigt den Käufer, wenn der **Kaufpreis hinter dem objektiven** **128** **Wert der Sache zurückbleibt**, er etwa für das Auto im Wert von 12.000 € nur 10.000 € gezahlt hat („Schnäppchen"). Ist das Auto bei einem Unfall zerstört worden, schuldet der Käufer als Rückgewährschuldner nach § 346 Abs 2 S 2 BGB Wertersatz nur iHv

---

[474] Auch J Hager, in: Zivilrechtswissenschaft und Schuldrechtsreform (2001) S 429, 450 f.
[475] BGH 14.7.2011 – VII ZR 113/10, NJW 2011, 3085; OLG Saarbrücken 26.7.2007 – 8 U 255/06, OLGR Saarbrücken 2007, 773; Giesen, in: Gedächtnisschrift Heinze (2005) 233, 237 ff; Annuss JA 2006, 184, 187; Oechsler, Vertragliche Schuldverhältnisse[2] (2017) Rn 290; jurisPK/Faust[8] (2017) § 346 Rn 84; Soergel/Lobinger[13] (2010) Rn 99; Erman/Röthel[15] (2017) § 346 Rn 16; Staudinger/Kaiser (2012) § 346 Rn 163.

10.000 €. Das benachteiligt den Verkäufer nicht: Dieser hat mit Abschluss des Kaufvertrages gezeigt, dass das Auto für ihn keinen höheren Wert hat als den vereinbarten Kaufpreis;[476] die Vertragspartner werden wie bei einem (für den Käufer nachteiligen) überhöhten Kaufpreis (Rn 127) an ihrer privatautonom ausgehandelten Entgeltabrede festgehalten. Der niedrige Kaufpreis ist für die Berechnung des Wertersatzes auch dann zugrunde zu legen, wenn nicht der Käufer wegen eines Sachmangels, sondern der Verkäufer wegen Zahlungsverzugs vom Vertrag zurücktritt: § 346 Abs 2 S 2 BGB differenziert nicht nach Rücktrittsgründen.[477]

cc) Ausnahmen von der Wertersatzpflicht, § 346 Abs 2 S 1 Nr 3 HS 2, Abs 3 S 1 BGB

129 Hält der Rücktritt gegen Wertersatz die Vertragspartner am Vertrag fest (Rn 125 ff), so führt dies praktisch zu einem Ausschluss des Rücktrittsrechts bei Untergang der Kaufsache. Umso wichtiger sind die Ausnahmen in § 346 Abs 2 S 1 Nr 3 HS 2 und Abs 3, die den **Rücktritt ohne Wertersatz** erlauben, obwohl der Rückgewährschuldner die Sache nicht oder nur verschlechtert zurückgeben kann.

130 Um zu verhindern, dass der Rückgewährschuldner für den Gebrauch der Sache doppelt zahlt (neben der Nutzungsvergütung nach § 346 Abs 1, Abs 2 S 1 Nr 1 BGB [dazu Rn 113 ff] noch zusätzlich Wertersatz für Verschleißschäden nach § 346 Abs 2 S 1 Nr 3 BGB), macht mit **§ 346 Abs 2 S 1 Nr 3 HS 2 BGB** die die Wertersatzpflicht begründende Norm selbst eine Ausnahme für „die durch die **bestimmungsgemäße Ingebrauchnahme** entstandene Verschlechterung": Das Gesetz begünstigt den Rückgewährschuldner, indem es ihn nur zum Wertersatz für die Nutzung und nicht zum Wertersatz für die Wertminderung verpflichtet. Die täglich – linear – gleichbleibende Nutzungsvergütung (Rn 114) bleibt in der Regel hinter dem tatsächlichen Wertverlust der Kaufsache zurück, da insbesondere neue Gebrauchsgüter, wie Kraftfahrzeuge und Haushaltsgeräte, durch die erstmalige, auch nur kurzzeitige Benutzung überproportional an Wert verlieren (degressiver Wertverlust). Anders als § 346 Abs 2 S 1 Nr 3 HS 1 BGB, der neben der Verschlechterung auch den Untergang der Sache nennt, nimmt HS 2 nur die „Verschlechterung" von der Wertersatzpflicht aus; das entspricht dem Normzweck: § 346 Abs 2 S 1 Nr 3 HS 2 BGB schließt eine Wertersatzpflicht beim bestimmungsgemäßen Gebrauch nur für Abnutzungsschäden, nicht aber für solche Werteinbußen aus, die entstehen, weil der Käufer die zurückzugebende Sache während des Gebrauchs **über die Abnutzung hinaus beschädigt** oder vollständig **zerstört** hat, etwa das gekaufte Auto bei einem Unfall im Straßenverkehr.[478]

131 Die überwiegende Meinung legt das Wort „**Ingebrauchnahme**" **eng** aus und versteht darunter nur die erstmalige Benutzung der Sache, etwa die Zulassung des gekauften Kraftfahrzeugs (angeblicher Wertverlust: 20%). Auch im Übrigen sei der Käufer aber

---

[476] BGH 19.11.2008 – VIII ZR 311/07, BGHZ 178, 355 (Zweibrücker Wallach, Rn 16); GIESEN, in: Gedächtnisschrift Heinze (2005) 233, 244; FAUST NJW 2009, 3696, 2697 und in: jurisPK[8] (2017) § 346 Rn 84; WITT NJW 2009, 1070, 1071; STAUDINGER/KAISER (2012) § 346 Rn 164 mwNw.

[477] BGH 19.11.2008 – VIII ZR 311/07, BGHZ 178, 355 (Rn 14); GIESEN, in: Gedächtnisschrift Heinze (2005) 233, 244; STAUDINGER/KAISER

(2012) § 346 Rn 164; auch JAUERNIG/STADLER[16] (2015) § 346 Rn 6; PALANDT/GRÜNEBERG[76] (2017) § 346 Rn 10; wohl auch SCHWAB in: SCHWAB/WITT[2] (2003) S 358; **aA** CANARIS, in: FS Wiedemann (2002) 3, 22 f (aber widersprüchlich 18 f); NomosKomm/HAGER[3] (2016) § 346 Rn 47.

[478] HM, ausführlich STAUDINGER/KAISER (2012) § 346 Rn 188 mwNw auch auf Gegenmeinungen.

nur zum Nutzungsersatz für die Gebrauchsvorteile, hingegen nicht zum Wertersatz für Abnutzungsschäden verpflichtet: Die Pflicht zur Nutzungsherausgabe nach § 346 Abs 1 BGB habe Vorrang vor der Wertersatzpflicht; Abnutzungsschäden durch den bestimmungsgemäßen Gebrauch seien schon keine Verschlechterung der Sache iS des § 346 Abs 2 S 1 Nr 3 BGB.[479] Dem kann **nicht** gefolgt werden: Die hM kann nicht begründen, warum der Rückgewährschuldner für Abnutzungsschäden durch den Weitergebrauch nur Nutzungsersatz schuldet. Den Vorrang der Nutzungsvergütung mit dem Vorrang der Nutzungsvergütung zu erklären, ist tautologisch. Ebenso wenig ist es möglich, bei Abnutzungsschäden die „Verschlechterung" der Sache zu verneinen: Jeder Verschleiß infolge der Nutzung verschlechtert die Sache iS des § 346 Abs 2 S 1 Nr 3 HS 1 BGB. Wie sollte die „Ingebrauchnahme" eine Verschlechterung begründen, der sich daran anschließende „Gebrauch" aber nicht?[480] Warum sollte das Gesetz in der engen Auslegung durch die hM die im Einzelfall schwierige Abgrenzungsfrage aufwerfen, wann die „Ingebrauchnahme" endet und wann der „Gebrauch" beginnt, obwohl es auf diese Abgrenzung nach der hM wegen des Vorrangs der Nutzungsvergütung im Ergebnis nicht ankommt: Wird etwa ein Autoradio schon gebraucht, wenn es erstmalig angeschaltet wird oder ist dies noch eine Ingebrauchnahme und beginnt der Gebrauch erst beim zweiten Anschalten?[481] Legt man hingegen das interpretationsoffene Wort „Ingebrauchnahme" als „Gebrauch" aus,[482] folgt der Ausschluss der Wertersatzpflicht und damit der Vorrang der Nutzungsvergütung unmittelbar aus § 346 Abs 2 S 1 Nr 3 HS 2 BGB und erübrigen sich schwierige Abgrenzungen.

Welcher Gebrauch erlaubt ist, „bestimmt" der Vertrag, ohne besondere Vereinbarung die Verkehrsauffassung: Der Rückgewährschuldner schuldet keinen Wertersatz für Abnutzungsschäden aufgrund des **vertraglich vorausgesetzten Gebrauchs**. Ist ein Kraftfahrzeug ohne besondere Abreden veräußert worden, entspricht nur die allgemein übliche Nutzung, also die Teilnahme am Straßenverkehr unter Einhaltung der Verkehrsregeln, dem Vertrag (vgl § 434 Abs 1 S 2 Nr 2 BGB). Jeder Gebrauch, der darüber hinausgeht, löst als nicht bestimmungsgemäße Nutzung die Wertersatzpflicht nach § 346 Abs 2 S 1 Nr 3 HS 1 BGB aus. Hat der Käufer ein Auto mit Überrollbügel für Überlandrennen erworben, ist die Teilnahme an solchen Rennen hingegen auch dann vertragsgemäß, wenn das Kraftfahrzeug dadurch erheblich stärker als im Straßenverkehr abgenutzt wird; Wertersatz schuldet der Käufer für die dadurch verursachten Schäden nicht. Der Maßstab des vertragsgemäßen Gebrauchs kann die Wertersatzpflicht für Verschleißschäden auch erweitern: Kauft jemand einen alten Traktor als Museumsstück und setzt er diesen gleichwohl bei der Ernte oder beim Karnevalsumzug ein, kann der Verkäufer nach Rücktritt für die dadurch verursachten Schäden Wertersatz nach § 346 Abs 2 S 1 Nr 3 HS 1 BGB verlangen. Ein besonderer Verwendungszweck ist Maßstab für den Wertersatz aber nur dann, wenn sich die Vertrags-

---

[479] RegE BT-Drucks 14/6040, 193, 196, 199f; zu § 357 Abs 1 S 1 aF OLG Saarbrücken 26. 7. 2007 – 8 U 255/06-65, 8 U 255/06, OLGR Saarbrücken 2007, 773; ausführlich STAUDINGER/KAISER (2012) § 346 Rn 181 mit detaillierten Nachweisen; abw für den Ersatz des jeweils höheren Betrages NomosKomm/HAGER³ (2016) § 346 Rn 41.

[480] Ausführlich STAUDINGER/KAISER (2012) § 346 Rn 182 ff mwNw.

[481] Vgl so KG 9.11.2007 – 5 W 304/07, GRuR-RR 2008, 131, 132 zu § 357 Abs 3 S 1 aF.

[482] KAISER JZ 2001, 1057, 1061 und in: STAUDINGER (2012) § 346 Rn 142 f; SCHWAB JuS 2002, 630, 632 f und in: SCHWAB/WITT² (2003) S 354; ARNOLD Jura 2002, 154, 157; PERKAMS Jura 2003, 150; WAGNER, in: FS U Huber (2006) 591, 603; OECHSLER, Vertragliche Schuldverhältnisse² (2017) Rn 304; auch noch FAUST, in: HUBER/FAUST (2002) 10 Rn 23, jetzt aber offenlassend in: jurisPK⁸ (2017) § 346 Rn 55, 58.

partner zumindest konkludent über diesen geeinigt haben, etwa der Verkäufer die Tauglichkeit der Sache zu dem vom Käufer beabsichtigten Zweck besonders hervorgehoben oder auf Nachfrage des Käufers bestätigt hat, die Sache sei mit Blick auf die geplante Nutzung mit besonderen Details ausgestattet (vgl § 434 Abs 1 S 1 und S 2 Nr 1 BGB). Hat der Verkäufer zB die uneingeschränkte Einsatzfähigkeit eines Mähdreschers zugesichert und wird der Mähdrescher schon beim ersten Drusch von Raps erheblich beschädigt, kann dem Käufer nicht vorgehalten werden, Raps sei sperriges und schweres Dreschgut.[483] In Anlehnung an § 434 Abs 1 S 3 BGB muss der Verkäufer auch einen solchen Gebrauch als vertragsgemäß akzeptieren, den er dem Käufer durch öffentliche Äußerungen (uU des Herstellers) nahegelegt hat. Betont etwa der Hersteller in seiner dem Verkäufer bekannten Werbung die Tauglichkeit eines Autotyps für Überlandrennen, so ist die Teilnahme an solchen Rennen vertragsgemäß und der Wertverlust nicht zu ersetzen.[484]

133 **§ 346 Abs 3 S 1 BGB** zählt weitere Fälle auf, in denen der Rückgewährschuldner für die Verschlechterung und den Untergang der zurückzugebenden Sache keinen Wertersatz schuldet, sondern über § 346 Abs 3 S 2 BGB auf die Pflicht zur Herausgabe einer vorhandenen Bereicherung beschränkt wird (dazu Rn 140). § 346 Abs 2 S 1 Nr 2 BGB verpflichtet den Rückgewährschuldner bei Verbrauch, Veräußerung und Belastung sowie bei Verarbeitung und Umgestaltung der zurückzugebenden Sache zum Wertersatz. Nur für die **Verarbeitung** und die **Umgestaltung** der Sache (und damit auch für deren **Einbau** in das Grundstück des Käufers [Rn 123]) macht **§ 346 Abs 3 S 1 Nr 1 BGB** eine Ausnahme: Die Wertersatzpflicht besteht nicht, wenn sich der zum Rücktritt berechtigende **Sachmangel bei der Verarbeitung usw zeigt**.[485] § 346 Abs 3 S 1 Nr 1 BGB ist **analog auf den Verbrauch** der Sache anzuwenden: Hat ein Restaurantbesucher mehrere Gänge eines Menüs genossen, bis ihm eine Schnecke im servierten Salat den Appetit verschlägt und er das Essen abbricht,[486] schuldet er für das Verzehrte und Getrunkene analog § 346 Abs 3 S 1 Nr 1 BGB keinen Wertersatz, sondern muss nach § 346 Abs 3 S 2 BGB lediglich die Vorteile als Bereicherung herausgeben, die er durch den Genuss des Menüs bis zum Entdecken der Schnecke erlangt hat.[487] Keine Ausnahme von der Wertersatzpflicht macht § 346 Abs 3 S 1 BGB hingegen für die Veräußerung der Sache durch den Rückgewährschuldner, etwa den Käufer: Es bleibt grundsätzlich bei der Wertersatzpflicht gem § 346 Abs 2 S 1 Nr 2 BGB (gegen eine Pflicht zur Herausgabe des Veräußerungsgewinns über §§ 346 Abs 3 S 2, 818 Abs 1 BGB oder § 285 BGB s Rn 140).

134 **§ 346 Abs 3 S 1 Nr 2 BGB** schließt den Wertersatzanspruch des Rückgewährgläubigers (typischerweise des Verkäufers) aus, wenn der Untergang oder die Verschlechterung auf einer von ihm zu vertretenden Handlung beruht (Alt 1) oder – als Sonderfall – wenn der Schaden gleichfalls bei ihm eingetreten wäre (Alt 2 [Rn 135]).[488] Obwohl §§ 434 f BGB für die Definition des Sachmangels anders als § 462 aF (bis 31.12.2001) den Begriff des Vertretenmüssens nicht verwenden, erfasst **§ 346 Abs 3 S 1 Nr 2 Alt 1 BGB** vor allem den Fall, dass die Sache **wegen des zum Rücktritt berechtigenden Sach-**

---

[483] Vgl zu § 351 aF BGH 9.10.1980 – VII ZR 332/79, BGHZ 78, 216, 220.
[484] STAUDINGER/KAISER (2012) § 346 Rn 187 mwNw.
[485] Zum Normzweck STAUDINGER/KAISER (2012) § 346 Rn 172 mwNw.
[486] AG Burgwedel 10.4.1986 – 22 C 669/85, NJW 1986, 2647.
[487] STAUDINGER/KAISER (2012) § 346 Rn 175, 218 mwNw.
[488] Zum Normzweck STAUDINGER/KAISER (2012) § 346 Rn 190 mwNw.

mangels untergeht oder verschlechtert wird:[489] Ist der Totalschaden des gekauften Wagens auf ein Versagen der Bremsen zurückzuführen, kann der Käufer zurücktreten, ohne den Wert des Wagens ersetzen zu müssen. Der Wertersatzanspruch des Verkäufers entfällt nach § 346 Abs 3 S 1 Nr 2 Alt 1 BGB auch dann, wenn er dem Käufer falsche Hinweise zur Bedienung, Pflege oder Wartung der Sache gegeben oder erforderliche Hinweise unterlassen hat und die Sache deswegen beschädigt oder zerstört wird.[490] Auf die Zwangsvollstreckung in den Leistungsgegenstand ist § 346 Abs 3 S 1 Nr 2 BGB analog anzuwenden: Wird der gekaufte Lastkraftwagen durch die Bank des Käufers gepfändet und versteigert, weil der Käufer mit dem Lkw wegen eines Mangels nicht fahren und deswegen den für die Kaufpreiszahlung bei seiner Bank aufgenommenen Kredit nicht tilgen kann, beruht die Herausgabeunmöglichkeit durch Zwangsvollstreckung auf dem Sachmangel; eine Wertersatzpflicht des Käufers scheidet aus.[491]

§ 346 Abs 3 S 1 Nr 2 Alt 2 BGB erlaubt den Rücktritt ohne Wertersatz, wenn die Sache **135 auch beim Rückgewährgläubiger**, etwa dem Verkäufer, **untergegangen wäre**, weil dieser dann das Untergangsrisiko ohnehin trüge. Das ist selten der Fall, etwa wenn die gekaufte und nach Rücktritt zurückzugebende Wochenendhütte durch ein Unwetter zerstört wird oder ein gekauftes Auto wegen Diebstahlverdachts beschlagnahmt wird. Anders ist es hingegen, wenn das Auto bei einem schweren Sturm durch herabfallende Äste beschädigt wird, der Sturm aber lediglich über den Wohnort des Käufers, hingegen nicht über den des Verkäufers hinweggebraust ist, oder aber der Verkäufer sein Auto immer in der Garage abstellte und der Käufer dies mangels Garage nicht tun kann. § 346 Abs 3 S 1 Nr 2 BGB befreit den Rückgewährschuldner damit nicht generell von der Wertersatzpflicht für Zufallsschäden: Vom Kaufvertrag über die Wochenendhütte kann der Käufer trotz unwetterbedingter Zerstörung zurücktreten, ohne Wertersatz zahlen zu müssen, vom Kaufvertrag über das Auto hingegen nur gegen Wertersatz.[492] Vor Zufallsschäden schützt vollumfänglich nur § 346 Abs 3 S 1 Nr 3 BGB – und damit nur den Rücktrittsberechtigten und diesen auch nur bei gesetzlichen und bei diesen nachgebildeten vertraglichen Rücktrittsrechten (gleich Rn 136).

Eine letzte Ausnahme von der Wertersatzpflicht bei Untergang oder Verschlechterung **136** der zurückzugebenden Sache macht **§ 346 Abs 3 S 1 Nr 3 BGB** – beschränkt auf den gesetzlich zum **Rücktritt Berechtigten**; auf vertragliche Rücktrittsrechte, die einem gesetzlichen Rücktrittsrecht nachgebildet sind, ist § 346 Abs 3 S 1 Nr 3 BGB analog anzuwenden.[493] Privilegiert wird dabei nicht zwingend derjenige, der den Rücktritt erklärt und dadurch die Rückabwicklung des Vertrags auslöst, sondern jeder Vertragspartner, der wegen einer Pflichtverletzung des anderen zum Rücktritt berechtigt ist.[494] Der Rücktrittsberechtigte schuldet nach § 346 Abs 3 S 1 Nr 3 BGB keinen Wertersatz, wenn er mit Blick auf den Untergang oder die Verschlechterung der Sache zumindest diejenige Sorgfalt beobachtet hat, die er in eigenen Angelegenheiten anzuwenden pflegt. § 346 Abs 3 S 1 Nr 3 BGB schließt die Wertersatzpflicht zum einen für den **zufälligen Untergang** der Sache aus. Höhere Gewalt entlastet nur den Rücktrittsberechtigten: Tritt der Käufer wegen eines Sachmangels vom Kaufvertrag zurück und

---

[489] STAUDINGER/KAISER (2012) § 346 Rn 192 mwNw.
[490] STAUDINGER/KAISER (2012) § 346 Rn 192 mwNw.
[491] STAUDINGER/KAISER (2012) § 346 Rn 196.
[492] Krit STAUDINGER/KAISER (2012) § 346 Rn 198.
[493] STAUDINGER/KAISER (2012) § 346 Rn 208 mwNw.
[494] STAUDINGER/KAISER (2012) § 346 Rn 209 mwNw.

wird sein Auto bei einem Unwetter an seinem Wohnort zerstört, schuldet er gem § 346 Abs 3 S 1 Nr 3 BGB keinen Wertersatz; tritt der Autoverkäufer wegen Zahlungsverzugs des Käufers zurück, muss der Käufer für das Auto hingegen Wertersatz leisten, da ihm weder § 346 Abs 3 S 1 Nr 2 BGB (Rn 135) noch § 346 Abs 3 S 1 Nr 3 BGB hilft.[495]

137 § 346 Abs 3 S 1 Nr 3 BGB schließt die Wertersatzpflicht zum anderen dann aus, wenn der Rücktrittsberechtigte die Sache nicht oder nur verschlechtert zurückgeben kann, obwohl er diese mit seiner **in eigenen Angelegenheiten üblichen Sorgfalt** behandelt hatte. Das verweist auf den Sorgfaltsmaßstab des **§ 277 BGB** (Rn 138). § 346 Abs 3 S 1 Nr 3 BGB ist weitgehend misslungen; sowohl über den Grund als auch über den Umfang des Privilegs (dazu Rn 138) wird viel gestritten.[496] Richtigerweise ist Grund für die Privilegierung des Rücktrittsberechtigten vor allem dessen fehlende Kenntnis vom Rücktrittsgrund:[497] Solange er vom Rücktrittsgrund nichts weiß, darf der Rücktrittsberechtigte davon ausgehen, er erwerbe die Sache endgültig zu Eigentum und dürfe so mit ihr umgehen, wie mit seinem sonstigen Vermögen, ohne Nachteile befürchten zu müssen. § 346 Abs 3 S 1 Nr 3 BGB knüpft den Ausschluss der Wertersatzpflicht mit der Beschränkung auf gesetzliche Rücktrittsrechte (Rn 136) aber zusätzlich daran, dass der Rücktrittsgegner mit seiner Pflichtverletzung objektiv den Grund für den Rücktritt gesetzt hat.

138 Das Privileg des § 346 Abs 3 S 1 Nr 3 BGB **geht sehr weit: § 277 BGB** begründet einen **rein subjektiven**, auf die persönlichen Gepflogenheiten des Schuldners abstellenden Maßstab.[498] Schon § 346 Abs 2 S 1 Nr 3 HS 2 BGB macht eine Ausnahme von der Wertersatzpflicht, wenn der Käufer die Sache durch den vertragsgemäßen Gebrauch verschlechtert (Rn 130 ff). § 346 Abs 3 S 1 Nr 3 BGB privilegiert darüber hinaus den vertragswidrigen, aber eigenüblichen Sachgebrauch und entschuldigt daher auch persönlichen Schlendrian: Benutzt die Käuferin das gekaufte Kraftfahrzeug für ihre werktäglichen Fahrten zur Arbeit, so schuldet sie gem § 346 Abs 2 S 1 Nr 3 HS 2 BGB keinen Wertersatz für die Wertminderung durch den Gebrauch (muss gem § 346 Abs 1 BGB aber die Gebrauchsvorteile ersetzen, Rn 113 ff). Verursacht sie durch unsorgfältiges Verhalten einen Verkehrsunfall, bei dem das Auto beschädigt wird, bleibt es wegen ihres unsachgemäßen Verhaltens bei der Wertersatzpflicht aus § 346 Abs 2 S 1 Nr 3 HS 1 BGB. Diese entfällt aber nach § 346 Abs 3 S 1 Nr 3 BGB, wenn die Käuferin von einem gesetzlichen Rücktrittsrecht (etwa wegen Sachmangels aus §§ 437 Nr 2, 323 BGB) Gebrauch macht, und generell unachtsam fährt. Die Rechtsprechung des BGH, nach der der **Straßenverkehr** keinen Spielraum für individuelle Sorglosigkeit lässt und Haftungsprivilegien nicht berücksichtigt werden dürfen, steht der Privilegierung der Käuferin gem § 346 Abs 3 S 1 Nr 3 BGB mit § 277 BGB nicht entgegen:[499] Im Rückgewährschuldverhältnis geht es nicht um die Haftungsrisiken des Straßenverkehrs, sondern darum, wer beim Rücktritt das Risiko des Sachverlusts trägt: der Käu-

---

[495] Zum Normzweck krit STAUDINGER/KAISER (2012) § 346 Rn 206 mwNw.
[496] Einzelheiten bei STAUDINGER/KAISER (2012) § 346 Rn 203 ff mwNw.
[497] STAUDINGER/KAISER (2012) § 346 Rn 182 mwNw.
[498] STAUDINGER/KAISER (2012) § 346 Rn 211 ff mwNw.
[499] OLG Karlsruhe, 12.9.2007 – 7 U 169/06, NJW 2008, 925; nicht problematisiert von BGH 28.11.2007 – VIII ZR 16/07, BGHZ 174, 290 (Rn 15 f); FORST ZGS 2011, 107, 111; FAUST JuS 2009, 481, 487 und in: jurisPK[8] (2015) § 346 Rn 77; JAUERNIG/STADLER[16] (2015) § 346 Rn 8a; ERMAN/RÖTHEL[15] (2017) § 346 Rn 30; krit SOERGEL/LOBINGER[13] (2010) Rn 137; STAUDINGER/KAISER (2012) § 346 Rn 212; **aA** GSELL NJW 2008, 912, 913; PALANDT/GRÜNEBERG[76] (2017) § 346 Rn 13b.

fer oder der Verkäufer. Zum Wertersatz verpflichtet bleibt die rücktrittsberechtigte Käuferin wegen § 277 BGB aber dann, wenn sie das Auto vorsätzlich oder grob fahrlässig vernichtet oder beschädigt.[500]

Trotz der ratio legis ist § 346 Abs 3 S 1 Nr 3 BGB entgegen einer vielfach vertretenen Auffassung **nicht teleologisch dahin zu reduzieren**, dass der Rücktrittsberechtigte **ab Kenntnis** vom Rücktrittsgrund für jedes fahrlässige Fehlverhalten haftet oder dass § 346 Abs 3 S 1 Nr 3 BGB ab Kenntnis gar nicht anwendbar sei und der Berechtigte damit auch für den zufälligen Untergang der Sache haftet.[501] Eine teleologische Reduktion ist überflüssig: Hat der Rücktrittsberechtigte Kenntnis vom Rücktrittsgrund, ist er zur Rücksichtnahme auf die Interessen des Vertragspartners verpflichtet und schuldet bei Beachtung der eigenüblichen Sorgfalt gem § 346 Abs 3 S 1 Nr 3 BGB zwar keinen Wertersatz, aber Schadensersatz nach § 280 Abs 1 BGB (gleich Rn 141 ff), wenn er diese Rücksichtnahmepflicht verletzt; für die Schadensersatzpflicht gilt das Privileg der eigenüblichen Sorgfalt nicht (Rn 145 f).

139

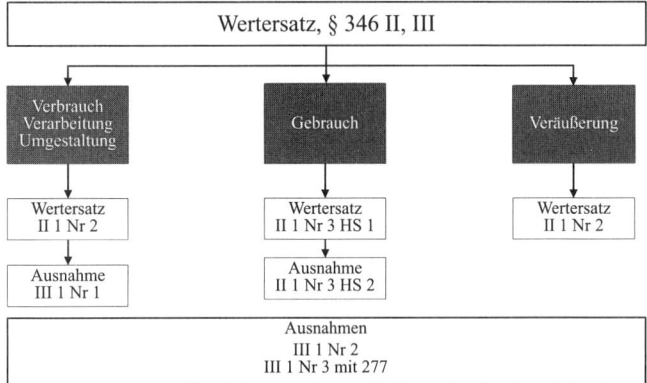

dd) Herausgabe der Bereicherung, § 346 Abs 3 S 2

Ist die Wertersatzpflicht nach § 346 Abs 3 S 1 BGB ausgeschlossen (nicht aber beim Ausschluss der Wertersatzpflicht nach § 346 Abs 2 S 1 Nr 3 HS 2[502] [Rn 130]), verpflichtet § 346 Abs 3 S 2 BGB den Rückgewährschuldner dazu, eine verbleibende Bereicherung herauszugeben. § 346 Abs 3 S 2 BGB ist eine **Rechtsfolgenverweisung** auf das Bereicherungsrecht[503] und damit auf die Pflicht zum Ersatz des objektiven Werts der Sache, § 818 Abs 2 BGB. Gem **§§ 346 Abs 3 S 2, 818 Abs 1 HS 2 BGB** besteht auch eine Pflicht zur Herausgabe von **Surrogaten**: Wird das gekaufte Kraftfahrzeug durch einen Dritten zerstört, so dass es nur beschädigt zurückgegeben werden kann, und schuldet der Käufer wegen § 346 Abs 3 S 1 Nr 3 BGB (Rn 136) keinen Wertersatz, so muss er den Schadensersatzanspruch gegen den Schädiger nach §§ 346 Abs 3 S 2, 818 Abs 1 BGB an den Verkäufer herausgeben[504], ebenso eine Versicherungsleistung

140

---

[500] Beispiele bei STAUDINGER/KAISER (2012) § 346 Rn 213 ff.
[501] STAUDINGER/KAISER (2012) § 346 Rn 205 mwNw.
[502] Ebenso jurisPK/FAUST[8] (2017) § 346 Rn 96.
[503] BT-Drucks 14/6040, 196; BGH 28.11.2007 – VIII ZR 16/07, BGHZ 174, 290 (Rn 16); BGH 25.3.2015 – VIII ZR 38/14, NJW 2015, 1748 (Rn 16); statt aller MünchKomm/GAIER[7] (2016) Rn 58.
[504] BGH 28.11.2007 – VIII ZR 16/07, BGHZ 174, 290 (Rn 16).

oder den Anspruch auf die Versicherungsleistung[505]. Weil die nach § 346 Abs 3 S 2 BGB herauszugebende Bereicherung an die Stelle des nach § 346 Abs 3 S 1 BGB ausgeschlossenen Wertersatzes tritt, ist der Rückgewährschuldner aber nicht verpflichtet, mehr herauszugeben als er über den gem § 346 Abs 2 S 2 BGB unter Zugrundelegung der Gegenleistung (Rn 125) zu berechnenden Wertersatz schuldete.[506] Hat der Rückgewährschuldner die gekaufte Sache veräußert, so trifft ihn nach §§ 346 Abs 3 S 2, 818 Abs 2 BGB keine Pflicht zur Herausgabe des Veräußerungsgewinns: § 818 Abs 1 BGB erfasst das lucrum ex negotiatione nicht.[507] **Entgegen der ganz hM**[508] kann der Rückgewährgläubiger auch nicht über § 285 BGB Herausgabe des vom Rückgewährschuldner erzielten Veräußerungsgewinns verlangen: Wie § 818 Abs 1 BGB im Bereicherungsrecht, so ist auch §§ 346 Abs 3 S 2, 818 Abs 1 BGB bis zur Rücktrittserklärung eine Sonderregelung, die den Anspruch aus **§ 285 BGB** als lex specialis **verdrängt**.[509] Erst ab Kenntnis vom Rücktrittsgrund muss der Rückgewährschuldner über §§ 346 Abs 3 S 2, 819 Abs 1, 818 Abs 4, 285 BGB den gesamten Veräußerungserlös einschließlich eines Gewinns herausgeben.

g) Schadensersatz im Rückgewährschuldverhältnis

141 **Ab Rücktrittserklärung** sind beide Vertragspartner verpflichtet, einander die ausgetauschten Leistungen zurückzugeben (Rn 102 ff). Verstoßen sie gegen diese Pflicht, haften sie gem § 346 Abs 4 BGB nach den allgemeinen Vorschriften: Verzögert der Rückgewährschuldner die Rückgewähr, etwa der Käufer die Rückgabe des gekauften Autos, so muss er nach **§§ 346 Abs 4, 280 Abs 1, 2 mit 286, 288 BGB** seinem Vertragspartner (dem Verkäufer) den Vorenthaltungsschaden ersetzen, etwa wenn diesem aufgrund der verzögerten Rückgewähr Nutzungen oder Gewinn entgehen (schon Rn 116). Macht der Rückgewährschuldner die Rückgewähr unmöglich oder verschlechtert er die zurückzugebende Sache, schuldet er Schadensersatz gem § 280 Abs 1, 3 BGB mit §§ 281, 283 BGB, wenn er die Unmöglichkeit oder die Verschlechterung iS der §§ 276, 278 BGB zu vertreten hat. Schadensersatz schuldet der Rückgewährschuldner insbesondere, wenn er die Sache nicht gegen Beschädigungen oder gegen Verlust sichert (gleich Rn 144).[510] Obwohl § 346 Abs 4 BGB die „Verletzung einer Pflicht aus Abs 1" voraussetzt, dh die Verletzung der Pflicht zur Rückgewähr der Sache und zur Herausgabe gezogener Nutzungen, haftet der Rückgewährschuldner auch dann, wenn er seine Pflichten aus § 347 Abs 2 BGB (Rn 117 ff) verletzt.

---

[505] BGH 25.3.2015 – VIII ZR 38/14, NJW 2015, 1748 (Rn 17).
[506] NomosKomm/HAGER³ (2016) § 346 Rn 66; grds für die Wertbemessung unter Anknüpfung an die Gegenleistung SOERGEL/LOBINGER¹³ (2010) § 346 Rn 150.
[507] AUER, in: STAUDINGER/Eckpfeiler S. Rn 80.
[508] BT-Drucks 14/6040, 144 f; WITT NJW 2009, 1070, 1071; HAGER, in: FS Musielak (2002) 195, 198 f und in: NomosKomm³ (2016) § 346 Rn 71; MünchKomm/GAIER⁷ (2016) § 346 Rn 47; ERMAN/WESTERMANN¹⁵ (2017) § 285 Rn 3; BeckOK/SCHMIDT (15.6.2017) § 346 Rn 54, 74; BeckOK/UNBERATH (1.3.2011) § 285 Rn 2; JAUERNIG/STADLER¹⁵ (2016) § 346 Rn 2; auch PALANDT/GRÜNEBERG⁷⁶ (2017) § 346 Rn 20; auch noch STAUDINGER/KAISER (2012) § 346

Rn 221; für eine analoge Anwendung jurisPK/FAUST⁸ (2017) § 346 Rn 121; ERMAN/RÖTHEL¹⁵ (2017) § 346 Rn 45.
[509] STAUDINGER/CASPERS (2014) § 285 Rn 13; dahingehend auch LINARDATOS/RUSSMANN Jura 2013, 861, 870; auch HARTMANN, Das stellvertretende commodum (2007) 90 f; MünchKomm/EMMERICH⁷ (2016) § 285 Rn 8; EHMANN/SUTSCHET (2002) 139 f; die Anwendbarkeit des § 285 BGB lässt ausdrücklich offen und prüft nur § 346 Abs 2 S 2 BGB BGH 25.3.2015 – VIII ZR 38/14, NJW 2015, 1748 (Rn 15 ff, 21); auch BGH 28.11.2007 – VIII ZR 16/07, BGHZ 174, 290 (Rn 16) stützt die Herausgabepflicht nur auf §§ 346 Abs 3 S 2, 818 Abs 1 BGB.
[510] Näher STAUDINGER/KAISER (2012) § 346 Rn 281 ff mwNw.

Die Rücktrittserklärung bedeutet für die Pflichten der Rückgewährschuldner aber **142** lediglich eine zweite Zäsur. Die **erste Zäsur** bildet die **positive Kenntnis des Rückgewährschuldners vom Rücktrittsgrund**: Weil er von der Möglichkeit späterer Rückgewährpflichten weiß, treffen jeden Rückgewährschuldner ab Kenntnis vom Rücktrittsgrund besondere, von der Rückgewährpflicht zu trennende, **vorgreifliche Rücksichtnahmepflichten iS der §§ 280 Abs 1, 241 Abs 2 BGB**[511] und schuldet er gem § 280 Abs 1 BGB Schadensersatz, wenn er gegen diese Pflichten schuldhaft iS der §§ 276, 278 BGB verstößt. Überwiegend wird allerdings vertreten, eine Schadensersatzhaftung greife schon ab fahrlässiger Unkenntnis vom Bestehen des Rücktrittsgrundes. Dem kann nicht gefolgt werden: Erst wenn der Vertragspartner weiß, dass er die empfangene Sache möglicherweise zurückgeben muss, kann ihn die Pflicht treffen, auf die Belange des anderen Rücksicht zu nehmen und die Sache keinen übermäßigen Gefahren auszusetzen.[512] Wie §§ 820 Abs 1 S 2, 160 Abs 2 BGB deutlich machen, ist Voraussetzung die konkrete Kenntnis von der potenziellen Rückgewährpflicht: Der Rückgewährschuldner muss zum einen von der grundsätzlichen Möglichkeit des Rücktritts wissen und zum anderen die Tatsachen kennen, die den Rücktrittsgrund ausmachen. Bei vertraglichen Rücktrittsrechten werden beide Vertragspartner diese Kenntnis häufig seit Vertragsschluss haben, insbesondere bei Rücktrittsrechten im Belieben eines Vertragspartners. Auch bei gesetzlichen Rücktrittsrechten werden Schuldner und Gläubiger ihre potenzielle Rückgewährpflicht oft kennen, etwa wenn der Schuldner nicht innerhalb der ihm gesetzten Nachfrist leistet.

Wohl **überwiegend** wird die Schadensersatzpflicht **auf § 346 Abs 4 BGB gestützt**.[513] Das **143** ist inkonsequent: Der Verstoß gegen eine von Anfang an bestehende Rückgewährpflicht müsste einen Anspruch auf Schadensersatz statt der Leistung nach §§ 346 Abs 4, 280 Abs 1, 3 mit 281, 283 BGB begründen; bei behebbaren Beeinträchtigungen, etwa bei reparabler Beschädigung des Autos, dürfte der Rückgewährgläubiger erst Schadensersatz verlangen können, nachdem er dem Rückgewährschuldner erfolglos eine Nachfrist zur Beseitigung gesetzt hat. Diese Konsequenz zieht aber niemand; der Schadensersatzanspruch wird allgemein auf (§ 346 Abs 4 BGB mit) § 280 Abs 1 BGB gestützt. Richtigerweise **folgt aus § 346 Abs 4 BGB keine Schadensersatzpflicht** vor Rücktrittserklärung:[514] § 346 Abs 4 BGB verlangt die „Verletzung einer Pflicht aus Abs 1", dh insbesondere den Verstoß gegen die Pflicht zur Rückgewähr des Leistungsgegenstandes aus § 346 Abs 1 BGB (schon Rn 141). Eine Rückgewährpflicht entsteht aber erst mit der Rücktrittserklärung, hingegen nicht schon durch die bloße Kenntnis, dass eine solche Pflicht entstehen kann. Solange der Berechtigte den Rücktritt nicht erklärt hat, sind beide Vertragspartner Vollrechtsinhaber (gleich Rn 144).

Weil jeder Vertragspartner **bis zur Rückgabe Vollrechtsinhaber** ist und die Leistung **144** erworben hat, um sie als eigene zu nutzen, ist er berechtigt, die Sache trotz Kenntnis vom Rücktrittsgrund zu gebrauchen. Mit dem Gebrauch verstößt er nicht gegen vorgreifliche Rücksichtnahmepflichten: Der Käufer erwirbt die Kaufsache nicht als Treuhänder, der zur absoluten Rücksichtnahme auf die Interessen des Verkäufers ver-

---

[511] Grundlegend KAISER, Rückabwicklung (2000) 268 ff; hM; Nachweise bei STAUDINGER/KAISER (2012) § 346 Rn 226 f und BeckOGK/SCHALL (1.10.2017) § 346 Rn 648 ff.
[512] STAUDINGER/KAISER (2012) § 346 Rn 228 f mwNw auch auf die hM.
[513] OLG Frankfurt 17.6.2010 – 4 W 12/10, juris; mwNw auf die hM bei STAUDINGER/KAISER (2012) § 346 Rn 224.
[514] Schon D KAISER JZ 2001, 1057, 1063; STAUDINGER/KAISER (2012) § 346 Rn 225 mwNw.

pflichtet ist, sondern im Eigeninteresse. Ihn dürfen in keinem Fall Rücksichtnahmepflichten treffen, die über die des Mieters oder des Entleihers hinausgehen, die die Sache nur vorübergehend nutzen dürfen. Haben Mieter und Entleiher Verschlechterungen der gemieteten oder geliehenen Sache durch den „vertragsgemäßen Gebrauch" gem §§ 538, 602 BGB nicht zu vertreten, müssen auch die Kaufvertragspartner berechtigt sein, den Leistungsgegenstand trotz Kenntnis von der Rückgewährpflicht zu nutzen.[515] **Über den bloßen Gebrauch hinaus** darf der Rückgewährschuldner die empfangene Sache ab Kenntnis vom Rücktrittsgrund aber **nicht gefährden**. Selbst wenn dies vom Vertragszweck gedeckt ist, darf er die Sache daher nicht verbrauchen, verarbeiten oder weiterveräußern,[516] etwa das gekaufte Pferd töten, es sei denn, die Nottötung ist wegen einer Kolik notwendig.[517] Gegen seine Rücksichtnahmepflichten verstößt auch der Käufer, der die gekaufte Melk- und Kühlanlage ohne Vorkehrungen gegen Korrosion stilllegt[518] oder ein Motorboot ohne Pflege drei Jahre im Freien lagert.[519]

145 Manche machen **in Anlehnung an §§ 346 Abs 3 S 1 Nr 3 mit 277 BGB** (Rn 136 ff) für den gesetzlich zum Rücktritt Berechtigten eine Ausnahme: Entweder werden dem Rücktrittsberechtigten Sorgfaltspflichten erst ab grob fahrlässiger Unkenntnis vom Rücktrittsgrund auferlegt oder es wird das Privileg des § 346 Abs 3 S 1 Nr 3 BGB auf die Schadensersatzpflicht übertragen, so dass der Rücktrittsberechtigte nur haftet, wenn er unsorgfältiger als eigenüblich handelt. Richtigerweise ist aber jeder Vertragspartner – Rücktrittsberechtigter wie Rücktrittsgegner – gleichermaßen zur Rücksichtnahme auf die Interessen des anderen am Rückerhalt der intakten Leistung verpflichtet: Ab Kenntnis vom Rücktrittsgrund entfällt bei Einhaltung der lediglich eigenüblichen Sorgfalt zwar die Wertersatzpflicht, hingegen nicht die weiterreichende Schadensersatzpflicht[520] (Rn 142).

146 Die verschuldensabhängige Schadensersatzpflicht wegen Verletzung vorgreiflicher Rücksichtnahmepflichten aus § 280 Abs 1 BGB (für die das Privileg des §§ 346 Abs 3 S 1 Nr 3 mit 277 BGB nicht gilt [Rn 145]) und die verschuldensunabhängige **Wertersatzpflicht aus § 346 Abs 2 S 1 BGB** (oben Rn 122 ff) bestehen nebeneinander. Der Wertersatz ist aber nach den Grundsätzen der Vorteilsausgleichung und in Anlehnung an § 285 Abs 2 BGB auf den Schadensersatzanspruch **anzurechnen**, damit der Rückgewährgläubiger nicht für ein und dasselbe Ereignis sowohl Wertersatz als auch Schadensersatz erhält. Der **Schadensersatzanspruch** geht in seinen Rechtsfolgen aber **über den Wertersatzanspruch hinaus**:[521] Während über den Schadensersatz der **objektive Wert** der Sache zu ersetzen ist, schuldet der Rückgewährschuldner Wertersatz nach § 346 Abs 2 BGB nur in Höhe der vereinbarten Gegenleistung (Rn 125 ff). Der Käufer, der für ein Auto im Wert von 12.000 € nur 10.000 € gezahlt hat („Schnäppchen"), schuldet nach Rücktritt gem § 346 Abs 2 S 2 BGB Wertersatz nur iHv 10.000 € (oben Rn 126); Schadensersatz muss er hingegen in Höhe des objektiven Wertes (12.000 €) leisten. Wichtiger ist, dass der Rückgewährgläubiger nur über den Schadensersatzan-

---

[515] STAUDINGER/KAISER (2012) § 346 Rn 230 f mwNw.
[516] STAUDINGER/KAISER (2012) § 346 Rn 232 ff mwNw.
[517] OLG München 13.2.1992 – 24 U 797/91, NJW-RR 1992, 1081, 1082.
[518] BGH 29.1.1993 – V ZR 160/91, NJW-RR 1993, 626, 628 zu §§ 347 S 1, 989 aF.
[519] Vgl OLG Hamm 1.12.1992 – 19 U 19/92, OLG Report Hamm 1993, 98 f (LS).
[520] STAUDINGER/KAISER (2012) § 346 Rn 205, 228, 235 mwNw auf den Streitstand.
[521] Näher STAUDINGER/KAISER (2012) § 346 Rn 238 ff.

spruch **Folgeschäden** liquidieren kann, etwa einen entgangenen Gewinn, den er mit der zurückzugebenden Sache hätte erzielen können. Eine **Pflicht zur Beseitigung** von Beeinträchtigungen trifft den Rückgewährschuldner nicht aufgrund des Wertersatzanspruchs aus § 346 Abs 2 BGB (Rn 124), sondern nur über die Schadensersatzpflicht aus §§ 280 Abs 1, 241 Abs 2 mit 249 Abs 1 BGB im Wege der Naturalrestitution. Etwa kann der Verkäufer verlangen, dass der Käufer die landwirtschaftlichen Grundstücke, die er hat verwahrlosen lassen, wiederherstellt,[522] oder dass er die für die finanzierende Bank auf dem Grundstück eingetragene Grundschuld beseitigt.[523]

2. Rückgewähr nur der Gegenleistung

a) Nach Minderung wegen Sachmangels, § 441 Abs 4 S 1 BGB mit §§ 346 Abs 1, 347 Abs 1 BGB

Hat der Käufer den Kaufpreis schon gezahlt und mindert diesen erst anschließend gem **147** §§ 437 Nr 2, 441 BGB (Rn 99), so kann er den überzahlten Betrag nach § 441 Abs 4 S 1 BGB vom Verkäufer zurückverlangen. **Anspruchsgrundlage** ist § 441 Abs 4 S 1 BGB, über § 441 Abs 4 S 2 BGB sind §§ 346 Abs 1, § 347 Abs 1 BGB aber entsprechend anzuwenden. Da § 441 Abs 4 S 1 BGB selbst den Anspruch auf die Rückzahlung des Kaufpreises begründet, folgt aus §§ 346 Abs 1, 347 Abs 1 BGB nur die Pflicht des Verkäufers, gem § 346 Abs 1 BGB die aus dem Kaufpreis gezogenen Nutzungen (insbesondere Zinsen) herauszugeben oder gem § 347 Abs 1 BGB die Nutzungen zu ersetzen, die er nach den Regeln einer ordnungsgemäßen Wirtschaft hätte ziehen können (Rn 113, 115).

b) Nach Teilrücktritt wegen offener Teilleistung, § 323 Abs 5 S 1 BGB mit §§ 346 Abs 1, 347 Abs 1 BGB

Hat der Verkäufer erkennbar nur einen Teil der geschuldeten Leistung erbracht (of- **148** fene Teilleistung), weswegen nicht über § 434 Abs 3 BGB das Sachmängelrecht greift (Rn 15), und tritt der Käufer, nachdem er den Kaufpreis schon vollständig bezahlt hatte, gem § 323 Abs 5 S 1 BGB nur in Bezug auf den ausstehenden Teil der Gesamtleistung zurück (oben Rn 100), so kann er den überzahlten Teil des Kaufpreises nach § 346 Abs 1 BGB zurückverlangen. Ebenso hat er Anspruch auf Herausgabe oder Ersatz der Zinsen, die der Verkäufer aus dem Kaufpreis gezogen hat (§ 346 Abs 1 BGB) oder nach den Regeln einer ordnungsgemäßen Wirtschaft hätte ziehen können (§ 347 Abs 1 BGB). Da den Käufer selbst keine Rückgewährpflicht trifft, entspricht das Teilrücktrittsrecht aus § 323 Abs 5 S 1 BGB in seinen Rechtsfolgen der Minderung; allerdings sind (anders als bei der Minderung, gerade Rn 147) die **§§ 346 Abs 1, 347 Abs 1 BGB unmittelbar Anspruchsgrundlage** für die Rückgewähr.

c) Bei Unmöglichkeit der Leistung, § 326 Abs 4 BGB mit §§ 346–348 BGB

Wird dem Schuldner (Verkäufer) die Leistung vollständig oder teilweise unmöglich, **149** fällt seine Leistungspflicht gem § 275 Abs 1 BGB insoweit automatisch weg (Rn 80 ff). Ebenso entfällt gem § 326 Abs 1 S 1 BGB die Gegenleistungspflicht des Gläubigers (Käufers) teilweise (HS 2, Rn 101) oder vollständig (HS 1, Rn 88). Hatte der Käufer vorgeleistet, so kann er den Kaufpreis nach Rücktrittsvorschriften zurückverlangen,

---

[522] BGH 29.1.1993 – V ZR 160/91, NJW-RR 1993, 626, 628.
[523] BGH 21.1.1994 – V ZR 238/92, NJW 1994, 1161, 1162; für eine Beseitigungspflicht schon aus § 346 BGH 10.10.2008 – V ZR 131/07, BGHZ 178, 182 (Rn 20) (dagegen oben Rn 124).

§ 326 Abs 4 BGB mit §§ 346–348 BGB. Anders als bei der Rückgewähr des Kaufpreises nach Minderung mit § 441 Abs 4 S 1 BGB (gerade Rn 147), ist nicht § 326 Abs 4 BGB, sondern sind die **§§ 346, 347 BGB Anspruchsgrundlagen** für die Rückgewähr.

3. Rückgewähr nur der Schuldnerleistung

a) Beim Schadensersatz statt der ganzen Leistung, § 280 Abs 1, 3 BGB mit § 281 Abs 1 S 2 und 3 BGB

150 Hat der Verkäufer als Schuldner die geschuldete Leistung nur teilweise oder mangelhaft erbracht und hat er diese Teilleistungsstörung zu vertreten, so kann der Käufer als Gläubiger nach §§ 280 Abs 1, 3 mit 281 Abs 1 S 2 und 3 BGB Schadensersatz statt der ganzen Leistung (den so genannten **großen Schadensersatz**) verlangen (Rn 179): Der Käufer gibt die erhaltene Teilleistung oder die mangelhafte Kaufsache nach Rücktrittsvorschriften zurück und verlangt Schadensersatz in Höhe des Wertes, den die Gesamtleistung oder die Kaufsache in mangelfreiem Zustand gehabt hätte. Der Anspruch auf Schadensersatz statt der ganzen Leistung setzt voraus, dass der Käufer kein Interesse an der offenen Teilleistung hat (§ 281 Abs 1 S 2 BGB) oder dass der Mangel nicht unerheblich ist (§ 281 Abs 1 S 3 BGB) (zur entsprechenden Regelung in § 323 Abs 5 BGB Rn 76). Für die Rückgewähr der Verkäuferleistung verweist **§ 281 Abs 5 BGB** auf **§§ 346–348 BGB**: Der Käufer muss die Teilleistung oder die mangelhafte Kaufsache dem Verkäufer samt Nutzungen und gegen Aufwendungs- und Verwendungsersatz zurückgeben (zur Kombination von Rücktritt und Schadensersatz Rn 198 ff). §§ 281 Abs 5 BGB mit 346–348 BGB regeln aber nur die Rückgewähr der Schuldnerleistung, hingegen nicht das Schicksal der Gegenleistung (Kaufpreis): Über Fortbestehen oder Erlöschen der Gegenleistungspflicht entscheidet die Berechnung des Schadensersatzes nach der Surrogations- oder nach der Differenzmethode (näher Rn 174 ff).

b) Bei Nachlieferung, § 439 Abs 5 BGB mit § 346 Abs 1 BGB

151 Hat der Verkäufer mangelhaft geleistet und verlangt der Käufer nach § 439 Abs 1 BGB Nachlieferung, also die Lieferung einer mangelfreien Ersatzsache (Rn 51), so kann der Verkäufer gem **§ 439 Abs 5 BGB** (bis 31.12.2017: § 349 Abs 4) Rückgewähr der mangelhaften Sache nach §§ 346–348 BGB verlangen. Es besteht lediglich ein einseitiger Rückgewähranspruch des Verkäufers: Er selbst ist nicht zur Rückgewähr, sondern zur Nachlieferung verpflichtet. Neben der Rückgewähr der mangelhaften Kaufsache schuldet der Käufer auch die Herausgabe gezogener Nutzungen, insbesondere Wertersatz für Gebrauchsvorteile nach § 346 Abs 1, 2 S 1 Nr 1 BGB; dies gilt wegen § 475 Abs 3 S 1 BGB (bis 31.12.2017: § 474 Abs 2 S 2) aber nicht beim Verbrauchsgüterkauf (näher Rn 68 f). Muss der Käufer Nutzungen herausgeben, so schuldet ihm der Verkäufer im Gegenzug gem §§ 439 Abs 5, 347 Abs 2 BGB Ersatz der Aufwendungen für die Nutzungsziehung (dazu Rn 117 ff).

VIII. Schadensersatz

1. Anspruchsgrundlage

152 Obwohl §§ 281–283 BGB wie Anspruchsgrundlagen formuliert sind („kann ... verlangen"), ist nach der Konzeption des Gesetzgebers und der ganz hM **§ 280 Abs 1 BGB** die allgemeine Anspruchsgrundlage für den Schadensersatz, die durch die §§ 281–283 BGB lediglich modifiziert wird: §§ 280 Abs 1, 2 mit 286 BGB gewähren einen An-

spruch auf Verzugsschadensersatz, §§ 280 Abs 1, 3 mit 281–283 BGB gewähren einen
Anspruch auf Schadensersatz statt der Leistung, wenn der Schuldner nicht leistet, weil
er nicht leisten will (§ 281 BGB: Nichtleistung trotz Möglichkeit der Leistung) oder
weil er nicht leisten kann (§ 283 BGB: Unmöglichkeit der Leistung) (schon Rn 9 f). Ist
der Schuldner schon bei Vertragsschluss zur Leistung außerstande (anfängliche Unmöglichkeit) enthält **§ 311a Abs 2 BGB** eine eigenständige Anspruchsgrundlage. Im
Umkehrschluss gewähren §§ 280 Abs 1, 3 mit 283 BGB einen Schadensersatzanspruch
nur für die nach Vertragsschluss eintretende Unmöglichkeit (nachträgliche Unmöglichkeit). Zu §§ 280 Abs 1, 3 mit 282 BGB wegen Nebenpflichtverletzungen Rn 169.

Für den Anspruch aus § 280 Abs 1 BGB kommen **zwei Prüfungsmöglichkeiten** in Be- **153**
tracht: Entweder prüft man zunächst die Voraussetzungen des § 280 Abs 1 BGB und
anschließend über § 280 Abs 3 BGB die besonderen Voraussetzungen der §§ 281–283
BGB bzw über § 280 Abs 2 BGB die des § 286 BGB (zweigleisig)[524] oder man integriert die §§ 281–283, 286 BGB in § 280 BGB, indem man als Pflichtverletzung iS des
§ 280 Abs 1 BGB die Nichtleistung iS der §§ 281, 283 BGB, die Nebenpflichtverletzung
iS des § 282 BGB und den Schuldnerverzug iS des § 286 BGB erörtert (eingleisig).[525]
Die **eingleisige Prüfung** ist vorzuziehen, weil sie unnötige Wiederholungen vermeidet
und von Anfang an klar macht, welche Voraussetzungen für den Schadensersatzanspruch erfüllt sein müssen.

Anders als § 326 BGB für den Wegfall der Gegenleistungspflicht und §§ 323, 324, 326 **154**
Abs 5 BGB für das Recht zum Rücktritt vom Vertrag (oben Rn 72 ff, 88) verlangt
§ 280 Abs 1 BGB für den Schadensersatzanspruch nicht, dass der Schuldner eine
Pflicht aus einem gegenseitigen Vertrag verletzt. Vielmehr sanktioniert § 280 BGB
jede Pflichtverletzung in einem **Schuldverhältnis**, also in einer vertraglichen oder gesetzlichen Sonderbeziehung zwischen zwei und mehr Personen. Eine Ausnahme macht
allein § 311a Abs 2 BGB, der einen Schadensersatzanspruch wegen anfänglicher Unmöglichkeit nur iR eines Vertrages gewährt. Die Voraussetzung „Schuldverhältnis"
dient der Abgrenzung zum Deliktsrecht, das es jedermann verbietet, in die durch
§§ 823 ff BGB geschützten Rechtsgüter und Rechte Dritter einzugreifen.[526] Demgegenüber begründet das Schuldverhältnis Pflichten nur zwischen den daran Beteiligten,
insbesondere der Vertrag nur zwischen den Vertragspartnern.[527]

2. Vom Schuldner zu vertretende Pflichtverletzung

a) Vertretenmüssen iS des § 280 Abs 1 S 2 BGB mit §§ 276, 278 BGB
Schadensersatz aus § 280 Abs 1 BGB schuldet nur derjenige, der eine Pflicht aus dem **155**
Schuldverhältnis, insbesondere eine Vertragspflicht, verletzt hat und diese Pflichtver-
letzung zu vertreten hat, also iS des § 276 BGB fahrlässig oder vorsätzlich verursacht
hat.[528] **Vorsatz** ist das Wissen und Wollen des pflichtwidrigen Erfolgs, wobei bedingter
Vorsatz (dolus eventualis) genügt. **Fahrlässigkeit** ist gem § 276 Abs 2 BGB das Außer-

---

[524] Etwa DAUNER-LIEB, Fälle und Lösungen (2002) 23; HUBER/BACH, Besonderes Schuldrecht/1⁵ (2016) Rn 203; BROX/WALKER, Allgemeines Schuldrecht⁴¹ (2017) § 22 Rn 49 ff und § 23 Rn 2 ff.
[525] Etwa FRITZSCHE, Fälle zum Schuldrecht I – Vertragliche Schuldverhältnisse⁷ (2016) 1. Teil Rn 30.
[526] HAGER, in: STAUDINGER/Eckpfeiler S. Rn 109.
[527] BACH, in: STAUDINGER/Eckpfeiler D. Rn 1.
[528] Vgl BGH 22.6.2005 – VIII ZR 281/04, BGHZ 163, 234, 239 (Dackel); näher zum Vertretenmüssen LORENZ JuS 2007, 611 ff.

achtlassen der im Verkehr erforderlichen Sorgfalt, wobei maßgeblich nicht die übliche, sondern die objektiv in einem Verkehrskreis erforderliche Sorgfalt ist.[529] Unabhängig von Vorsatz und Fahrlässigkeit haftet der Schuldner, wenn eine strengere oder mildere Haftung aus dem Gesetz oder aus dem Inhalt des Schuldverhältnisses folgt, der Schuldner insbesondere eine **Garantie** oder das **Beschaffungsrisiko** übernommen hat.

156 Nach **§ 278 BGB** wird dem Schuldner das **Verschulden Dritter zugerechnet**: Der Schuldner hat die Pflichtverletzung auch dann iS des § 280 Abs 1 S 2 BGB zu vertreten, wenn nicht er persönlich, sondern ein für ihn handelnder Dritter fahrlässig oder vorsätzlich gegen vertragliche Pflichten verstoßen hat. Zugerechnet wird dem Schuldner zum einen das Handeln von Erfüllungsgehilfen, also der Personen, die der Schuldner willentlich in die Erfüllung seiner vertraglichen Pflichten eingeschaltet hat; so wird etwa dem Händler ein Fehlverhalten seiner Angestellten zugerechnet. Zum anderen wird dem Schuldner das Handeln seiner gesetzlichen Vertreter zugerechnet, etwa Kindern das Fehlverhalten ihrer Eltern (§§ 1626, 1629 BGB) („Kinder haften für ihre Eltern") und dem betreuten Schuldner das Fehlverhalten seines Betreuers (§§ 1896 Abs 2 S 2, 1902 BGB).

157 Das Gesetz hilft dem Gläubiger, indem **§ 280 Abs 1 S 2 BGB** für den Schadensersatzanspruch **vermutet**, dass der Schuldner die Pflichtverletzung zu vertreten hat (ebenso § 311a Abs 2 S 2 BGB für die Kenntnis oder das Kennenmüssen, dazu Rn 159): Nicht der Gläubiger muss beweisen, dass der Schuldner vorsätzlich oder fahrlässig gegen seine Pflichten aus dem Vertrag verstoßen hat, sondern der Schuldner muss nachweisen, dass er für die Pflichtverletzung nicht iS des § 276 BGB verantwortlich ist.[530] Eine Ausnahme macht § 619a BGB für den Arbeitsvertrag iSd § 611a BGB, nicht aber für den Dienstvertrag iSd § 611 BGB.

b) Vertretenmüssen bei Unmöglichkeit der Leistung iS der §§ 283, 311a Abs 2 BGB

158 **§§ 280 Abs 1, 3 mit 283 BGB** verpflichten den Schuldner gem § 280 Abs 1 S 2 BGB wegen nachträglicher Unmöglichkeit der Leistung nur dann zum Schadensersatz, wenn er das Ausbleiben seiner Leistung zu vertreten hat. Der Vorwurf richtet sich erfolgsbezogen gegen die Nichtleistung (Rn 10): Vertretenmüssen heißt, dass der Schuldner für die Nichtleistung verantwortlich ist, weil er bei Einhaltung der im Verkehr erforderlichen Sorgfalt hätte leisten können. Verantwortlich für das Ausbleiben der Leistung ist der Schuldner einmal dann, wenn er die **zur Unmöglichkeit führenden Umstände** iS des § 276 Abs 1 BGB fahrlässig oder vorsätzlich **verursacht** hat, etwa die zu liefernde Ware zu Bruch gegangen ist, weil er diese fallen gelassen oder nicht bruchsicher verpackt hat. Ebenso ist es dem Schuldner vorzuwerfen, wenn er die Unmöglichkeit der Leistung sorgfaltswidrig **nicht verhindert** hat, etwa wenn er die verkaufte Ware nicht hinreichend gesichert hat und sie deswegen gestohlen werden konnte. Dass er nicht leistet, ist dem Schuldner auch dann vorzuwerfen, wenn er ein dauerhaftes Leistungshindernis, etwa ein Embargo, vorausgesehen hat, und gleichwohl zumutbare Vorsorgemaßnahmen unterlassen hat, etwa sich nicht rechtzeitig mit der versprochenen Ware eingedeckt hat.[531]

---

[529] Nachlässigkeiten entschuldigen auch dann nicht, wenn sie in der Praxis eingerissen sind, BGH 27.11.1952 – VI ZR 25/52, BGHZ 8, 138 ff (Nervnadel).

[530] Für § 280 Abs 1 S 2 als Beweislastregel statt aller Lorenz JuS 2007, 213; MünchKomm/Ernst[7] (2012) § 280 Rn 34.

[531] RG 8.5.1918 – III 40/18, RGZ 93, 17; RG

Anders als §§ 280 Abs 1, 3 mit 283 BGB knüpft § 311a Abs 2 BGB die Haftung des **159** Schuldners bei anfänglicher Unmöglichkeit nicht daran, dass dieser die Unmöglichkeit fahrlässig oder vorsätzlich herbeigeführt oder nicht verhindert hat (Rn 158). Vielmehr setzt **§ 311a Abs 2 S 2 BGB** für die Schadensersatzpflicht voraus, dass der Verkäufer die anfängliche Unmöglichkeit der Leistung **kennt oder fahrlässig nicht kennt**. Die **wohl hM** betont, dass § 311a Abs 2 BGB keine Garantie-, sondern eine **Verschuldenshaftung** begründe.[532] **Richtigerweise** ist Anknüpfungspunkt für die Haftung aber nicht der Verstoß gegen eine vorvertragliche Informationspflicht (wie bei der culpa in contrahendo, unten Rn 227), sondern die Nichterfüllung des nach § 311a Abs 1 BGB wirksamen Leistungsversprechens: Der Schuldner haftet, weil er nicht leistet. Der unvermeidbare Irrtum über die Leistungsmöglichkeit hat nach § 311a Abs 2 S 2 BGB lediglich entlastende Wirkung. § 311a Abs 2 BGB ist damit richtigerweise eine durch das wirksame Leistungsversprechen begründete und **durch die Haftungsbefreiung bei unverschuldetem Irrtum abgemilderte Garantiehaftung**.[533] Unkenntnis ist dem Schuldner insbesondere dann als fahrlässig vorzuwerfen, wenn er sich trotz Zweifeln an seiner Leistungsfähigkeit zur Leistung verpflichtet, ohne sich noch einmal darüber zu vergewissern, ob er tatsächlich leisten kann. Auch wenn der Schuldner den Leistungsgegenstand einer besonderen Verlustgefahr aussetzt, er diesen etwa gar nicht oder unzureichend gegen Diebstahl sichert, muss er bei Vertragsschluss damit rechnen, nicht leistungsfähig zu sein. Schließt er den Vertrag gleichwohl, ohne zu überprüfen, ob er leisten kann, verstößt er gegen die im Verkehr erforderliche Sorgfalt, dh hat es zu vertreten, dass er die Unmöglichkeit der Leistung nicht kennt.[534] Ohne Zweifel an der eigenen Leistungsfähigkeit oder ein gefährdendes Vorverhalten besteht aber keine Pflicht des Schuldners, sich vor Vertragsschluss über die eigene Leistungsfähigkeit zu vergewissern.[535] Weil § 311a Abs 2 BGB eine Haftungsnorm ist, wird fremdes Verschulden nach **§ 278 BGB** und grundsätzlich nicht nach § 166 BGB zugerechnet:[536] Der Schuldner haftet für die Sicherstellung hinreichender Kenntnis durch Erfüllungsgehilfen und gesetzliche Vertreter (Rn 156). Nur dann, wenn der Schuldner den Vertrag nicht selbst, sondern durch einen Stellvertreter abschließt, greift neben § 278 BGB auch § 166 BGB.[537]

c) **Vertretenmüssen bei Nichtleistung trotz Möglichkeit iS des § 281 BGB**
Wie das Rücktrittsrecht aus § 323 BGB (Rn 72 f) knüpfen §§ 280 Abs 1, 3 BGB mit 281 **160** Abs 1 S 1 Var 1 BGB für den Anspruch auf Schadensersatz statt der Leistung an die Nichtleistung trotz Möglichkeit der Leistung an: Der Gläubiger hat Anspruch auf Schadensersatz statt der Leistung, wenn er eine fällige und durchsetzbare Leistung innerhalb der ihm gesetzten Nachfrist nicht erbringt (näher Rn 23 ff; zur nicht vertragsgemäßen Leistung gleich Rn 166). Ebenso wie bei der nachträglichen Unmöglichkeit

---

15.4.1919 – II 435/18, RGZ 95, 264; Staudinger/Schwarze (2014) § 280 Rn D 16.
[532] BGH 19.10.2007 – V ZR 211/06, BGHZ 174, 61 (Rn 37); Fest WM 2005, 2168, 2169; Faust, in: Huber/Faust (2002) 7 Rn 26; Erman/Kindl[15] (2017) § 311a Rn 1; BeckOK/Gehrlein (15.6.2017) § 311a Rn 1; Jauernig/Stadler[16] (2015) § 311a Rn 1; jurisPK/Seichter[8] (2017) § 311a Rn 18 f; Palandt/Grüneberg[76] (2017) § 311a Rn 9.
[533] Windel JR 2004, 265, 266; Ehmann/Sutschet JZ 2004, 62, 66; Sutschet NJW 2005, 1404, 1405; Canaris, in: FS Heldrich (2005) 11, 29 ff; MünchKomm/Ernst[7] (2016) § 311a Rn 15; ähnlich Grundmann AcP 204 (2004) 569, 585.
[534] Faust, in: Huber/Faust (2002) 7/Rn 19; Schwarze Jura 2002, 73, 80; MünchKomm/Ernst[7] (2016) § 311a Rn 51; Erman/Kindl[15] (2017) § 311a Rn 7; BeckOK/Gehrlein (15.6.2017) § 311a Rn 8; Palandt/Grüneberg[76] (2017) § 311a Rn 9.
[535] Schwarze Jura 2002, 73, 80.
[536] MünchKomm/Ernst[7] (2016) § 311a Rn 60; Palandt/Grüneberg[76] (2017) § 311a Rn 9.
[537] MünchKomm/Ernst[7] (2016) § 311a Rn 60.

der Leistung liegt die Pflichtverletzung erfolgsbezogen im Unterbleiben der Schuldnerleistung (Rn 9 und gerade Rn 158).

161 Schwierigkeiten bereitet der Bezugspunkt des Vertretenmüssens iS des § 280 Abs 1 S 2 BGB. Ist maßgeblich, ob der Schuldner die Nichtleistung bei **Fälligkeit** zu vertreten hat, oder kommt es darauf an, dass er die Nichtleistung innerhalb der ihm gesetzten **Nachfrist** zu vertreten hat? Um es an einem Beispiel deutlich zu machen: Schuldet der Händler, der den verkauften Kühlschrank nicht rechtzeitig liefert, weil er den vereinbarten Liefertermin vergisst, Schadensersatz statt der Leistung, auch wenn er an der Lieferung innerhalb der Nachfrist schuldlos durch einen unvorhersehbaren, rechtmäßigen Streik seiner Arbeitnehmer gehindert wird? Wie ist es umgekehrt, wenn der Händler zum vereinbarten Liefertermin bestreikt wird, die Lieferung während des anschließenden Laufs der Nachfrist aber deswegen unterbleibt, weil er die Lieferung vergisst? Richtigerweise genügt es für die Schadensersatzpflicht, dass der Schuldner die Nichtleistung **zu irgendeinem dieser Zeitpunkte** zu vertreten hat, also dafür verantwortlich ist, dass er bis Fristablauf nicht leistet:[538] Die Pflichtverletzung, die den Schadensersatzanspruch aus §§ 280 Abs 1, 3 mit 281 BGB begründet, beginnt mit der Nichtleistung bei Fälligkeit und endet erst mit dem erfolglosen Ablauf der Nachfrist (vgl schon Rn 30 und noch Rn 166 zur mangelhaften Leistung). Versäumt der Schuldner die Leistung zum Fälligkeitstermin schuldhaft (etwa weil er es vergisst, den Liefertermin einzutragen), hat er das Ausbleiben des Leistungserfolgs auch dann zu vertreten, wenn er während der Nachfrist ohne sein Verschulden (etwa wegen eines Streiks seiner Arbeitnehmer) an der Nachlieferung gehindert wird (Vertretenmüssen bei Fälligkeit); dies folgt häufig schon aus § 287 S 2 BGB[539] (gleich Rn 171). Hat der Verkäufer die Nichtleistung zum Fälligkeitstermin (wegen Streiks der Arbeitnehmer) nicht zu vertreten, ist er aber für die Nichtleistung innerhalb der Nachfrist verantwortlich (weil er den zu liefernden Kühlschrank in der Aufregung nach dem Streik vergisst), schuldet er ebenfalls Schadensersatz (Vertretenmüssen innerhalb der Nachfrist[540]).

162 Haben die Vertragspartner eine **Gattungsschuld** vereinbart (Rn 81), haftet der Schuldner ohne weiteres, wenn er bis zum Ablauf der Nachfrist keine Gattungssache mittlerer Art und Güte iS des § 243 Abs 1 BGB leistet: Mit dem Versprechen, aus der Gattung zu leisten, übernimmt der Schuldner nach § 276 Abs 1 S 1 BGB das **Beschaffungsrisiko**, solange die Gattung vorhanden ist.[541]

d) Vertretenmüssen bei Sachmängeln iS des § 437 Nr 3 BGB mit §§ 281, 283, 311a Abs 2 BGB

163 Schadensersatz statt der Leistung nach §§ 437 Nr 3, 280 Abs 1 mit 281, 283 BGB und nach §§ 437 Nr 3, 311a Abs 2 BGB schuldet der Verkäufer auch dann, wenn er eine

---

[538] Ganz hM: statt aller FAUST, in: FS Canaris (2007) 219, 222 ff; BECKMANN, in: STAUDINGER/ Eckpfeiler N. Rn 177; STAUDINGER/SCHWARZE (2014) § 280 D 12; im Ergebnis auch Münch-Komm/ERNST[7] (2016) § 281 Rn 50 ff; BeckOK/ UNBERATH (1.3.2011) § 281 Rn 12. **Abw nur für** Schadensersatz, wenn Schuldner kumulativ für beides verantwortlich ist: HIRSCH Jura 2003, 289, 291 mit 292 f.

[539] GSELL, in: FS Canaris (2007) 337, 348 ff.

[540] Abw nur dafür LORENZ, in: FS U Huber (2006) 423, 426 f; REICHENBACH Jura 2003, 512, 517; JAUERNIG/STADLER[16] (2015) § 281 Rn 12; PALANDT/GRÜNEBERG[76] (2017) § 281 Rn 16, der bei Entbehrlichkeit einer Fristsetzung auf den Eintritt des Ereignisses abstellt, das an die Stelle des Fristablaufs tritt.

[541] U HUBER, in: FS Schlechtriem (2003) 521, 530 ff; BECKMANN, in: STAUDINGER/Eckpfeiler N. Rn 181.

nicht vertragsgemäße, also eine mangelhafte Leistung erbringt. Ebenso wie bei der Nichtleistung wegen nachträglicher Unmöglichkeit (Rn 10 und 158) und bei der Nichtleistung trotz Möglichkeit der Leistung (Rn 9 und 160) sind Pflichtverletzung und Vertretenmüssen **erfolgsbezogen**: Der Schuldner wird dafür verantwortlich gemacht, dass er die vertraglich geschuldete Leistung nicht so erbringt wie vertraglich geschuldet.

Bei **anfänglichen unbehebbaren Sachmängeln** verlangen §§ **437 Nr 3, 311a Abs 2 S 2 BGB** 164 für den Schadensersatzanspruch statt der Leistung die **Kenntnis oder fahrlässige Nichtkenntnis des Verkäufers** vom Vorhandensein des Mangels (gerade Rn 159). Kennt der Verkäufer den Mangel nicht, kann ihm die Nichtkenntnis in der Regel nur dann als fahrlässig iS des § 276 Abs 2 BGB vorgeworfen werden, wenn er die Kaufsache vor Veräußerung hätte untersuchen müssen und den Mangel bei der Untersuchung hätte entdecken können. Eine **Untersuchungspflicht** trifft regelmäßig den Verkäufer, der die Sache hergestellt hat,[542] und denjenigen, auf dessen Fachkunde der Käufer besonders vertrauen darf, weil der Verkäufer sich bei den Vertragsverhandlungen ausdrücklich oder als Fachhandel generell auf die eigene Fachkunde beruft. Von dem Verkäufer, der lediglich mit industriell hergestellten Massenartikeln handelt (Supermarkt, Kaufhaus) kann eine Untersuchung hingegen grundsätzlich nicht,[543] sondern nur bei besonders gefährlichen oder fehleranfälligen Produkten erwartet werden. Etwa muss der gewerblich tätige Händler zu verkaufende Gebrauchtwagen wegen der Häufigkeit von nutzungsbedingten Mängeln untersuchen.[544] Die Kenntnis bzw fahrlässige Nichtkenntnis vom Mangel genügt aber nicht für die Haftung des Verkäufers; vielmehr muss hinzu kommen, dass er weiß oder fahrlässig nicht weiß, dass er den Mangel bis zur Fälligkeit der Leistung nicht wird beheben können.[545]

Entsteht ein **unbehebbarer Mangel nach Vertragsschluss**, hat der Käufer Anspruch auf 165 Schadensersatz nach §§ **280 Abs 1, 3 mit 283 BGB**, wenn der Verkäufer den Sachmangel iS der §§ 280 Abs 1 S 2, 276, 278 BGB zu vertreten hat: wenn er oder einer seiner Angestellten (Rn 156) die Kaufsache nach Vertragsschluss **beschädigt** oder deren Beschädigung durch **Unterlassen hinreichender Schutzmaßnahmen** ermöglicht, etwa eine Beule in das verkaufte Auto fährt, während er dieses auf dem Verkaufsgelände umsetzt, oder den Diebstahl des Autos dadurch erleichtert, dass er die Verkaufshalle nicht verschließt. Hat der Hersteller den Mangel zu vertreten, muss sich der Verkäufer dessen Verschulden nicht zurechnen lassen, weil der Hersteller nicht Erfüllungsgehilfe des Verkäufers ist.[546]

---

[542] BeckOK/Faust (15.6.2017) § 437 Rn 88; Windel JR 2004, 265, 268.
[543] OLG Karlsruhe 2.9.2004 – 12 U 144/04, ZGS 2004, 432, 434 (Bodenfliesen) für den Zwischenhändler; Schroeter JZ 2011, 495, 496; enger Windel JR 2004, 265, 268: für eine Untersuchungspflicht des Fachhändlers lediglich bei besonders hochwertigen oder fehleranfälligen Waren, nicht jedoch bei industrieller Massenware.
[544] MünchKomm/Westermann[7] (2016) § 437 Rn 30; Erman/Grunewald[15] (2017) § 437 Rn 25 mit § 433 Rn 33.
[545] Lorenz, in: FS U Huber (2006) 423, 431;

Dauner-Lieb, in: FS Konzen (2006) 63, 72; Gsell, in: FS Canaris (2007) 337, 351 f; MünchKomm/Westermann[7] (2016) § 437 Rn 25; BeckOK/Faust (15.6.2017) § 437 Rn 111.
[546] BGH 21.6.1967 – VIII ZR 26/65, BGHZ 48, 118, 120 (Trevira); BGH 15.7.2008 – VIII ZR 211/07, BGHZ 177, 224 (Parkett, Rn 29); BGH 14.1.2009 – VIII ZR 70/08, NJW 2009, 1660 (Bodenfliesen, Rn 11); BGH 19.6.2009 – V ZR 93/08, BGHZ 181, 317 (Grundstück, Rn 19); BGH 2.4.2014 – VIII ZR 46/13, NJW 2014, 2183 (Alu-Profilleisten, Rn 31 ff); **aA** Schroeter JZ 2010, 495, 497 ff; Peters ZGS 2010, 24,

166 Ist der bei Vertragsschluss bestehende oder danach, aber vor Übergabe der Kaufsache (näher Rn 18 ff) entstandene Mangel **behebbar**, erweitert dies bei Stückschulden die Anforderungen an den Verkäufer: Er haftet nach §§ 437 Nr 3, 280 Abs 1, 3 mit 281 BGB nicht nur dann, wenn er die Kaufsache beschädigt oder deren Beschädigung durch Unterlassen hinreichender Schutzmaßnahmen ermöglicht hat (Rn 165), sondern auch dann, wenn er vom Mangel zumindest hätte wissen müssen und diesen **vor Gefahrübergang hätte beheben können**.[547] Weiß der Händler etwa, dass der verkaufte Gebrauchtwagen beim Vorbesitzer einen Unfall hatte, hat er diesen Mangel zu vertreten, wenn er die Unfallschäden nicht vor der Übergabe des Wagens an den Käufer beseitigt. Für die unterbliebene Beseitigung von verdeckten Mängeln ist der Verkäufer hingegen nur ausnahmsweise dann verantwortlich, wenn er zur Untersuchung der Kaufsache verpflichtet war (Rn 164) und den Mangel bei der Untersuchung hätte entdecken können. Die Nacherfüllungspflicht aus §§ 437 Nr 1, 439 BGB verlängert den Erfüllungszeitraum und damit die Verantwortlichkeit des Verkäufers auf den **Ablauf der Nachfrist** (schon Rn 30, s auch Rn 161): Repariert der Verkäufer die mangelhafte Kaufsache innerhalb der Nachfrist nicht und liefert er innerhalb der Nachfrist auch keine mangelfreie Ersatzsache, schuldet er ebenfalls Schadensersatz: Der Verkäufer haftet, wenn er entweder den Mangel oder die unterlassene Nacherfüllung[548] zu vertreten hat.[549]

167 Bei einer **Stückschuld** hat der Verkäufer auch dann für die ordnungsgemäße Beschaffenheit der Kaufsache einzutreten, wenn er ausnahmsweise eine **Beschaffenheitsgarantie iS des § 443 BGB** übernommen hat. Etwa darf der Käufer eines Gebrauchtwagens das Wort „werkstattgeprüft" auf dem Werbeschild als besondere Gewähr dafür verstehen, dass das Fahrzeug von einem Fachmann in der Werkstatt untersucht wurde und dabei festgestellte Mängel behoben worden sind.[550] Angaben zur Laufleistung des Gebrauchtwagens sind beim Verkauf durch einen gewerblichen Händler ohne einschränkende Zusätze (wie: „laut abgelesenen Tachometer" oder „gemäß den Angaben des Vorbesitzers" oder „ohne Gewähr") eine Beschaffenheitsgarantie über den Erhaltungszustand des Fahrzeugs und insbesondere des Motors,[551] beim Verkauf durch einen Privatmann hingegen idR bloße Beschaffenheitsangabe iS des § 434 Abs 1 S 1 BGB.[552]

27; WELLER NJW 2012, 2312, 2315; MünchKomm/GRUNDMANN[7] (2016) § 278 Rn 31; PWW/SCHMIDT-KESSEL[12] (2017) § 278 Rn 21.
[547] HUBER, in: HUBER/FAUST (2002) 13/Rn 111; BeckOK/FAUST (15.6.2017) § 437 Rn 76; ERMAN/GRUNEWALD[15] (2017) § 437 Rn 24; MünchKomm/WESTERMANN[7] (2016) § 437 Rn 29; NomosKomm/BÜDENBENDER[3] (2016) § 437 Rn 64 f.
[548] Abw allein hierauf stellen ab: REICHENBACH Jura 2003, 512, 519; SCHUR JA 2006, 223 ff; LORENZ, in: FS U Huber (2006) 423, 428 f (anders noch NJW 2002, 2497, 2502 f); wohl auch MÜNCH Jura 2002, 361, 368.
[549] U HUBER, in: FS Schlechtriem (2003) 521, 530; BRAUN ZGS 2004, 423, 425 f; JAENSCH Jura 2005, 649, 652; HUBER/BACH, Besonderes Schuldrecht/1[5] (2016) Rn 172 ff; REINICKE/TIEDTKE, Kaufrecht[8] (2009) Rn 538; NomosKomm/DAUNER-LIEB[3] (2016) § 280 Rn 34, § 281 Rn 15; FAUST, in: FS Canaris (2007) 203, 216 ff und in: BeckOK (15.6.2017) § 437 Rn 73, 73a; JAUERNIG/BERGER[16] (2015) § 437 Rn 19; MünchKomm/ERNST[7] (2016) § 281 Rn 48 ff; MünchKomm/WESTERMANN[7] (2016) § 437 Rn 29; PALANDT/WEIDENKAFF[76] (2017) § 437 Rn 37. Abw nur für Schadensersatz, wenn Schuldner kumulativ für beides verantwortlich ist: HIRSCH Jura 2003, 289, 292 f.
[550] Näher STAUDINGER/MATUSCHE-BECKMANN (2014) § 443.
[551] OLG Rostock 11.7.2007 – 6 U 2/07, NJW 2007, 3290; zu § 459 aF BGH 18.2.1981 – VIII ZR 72/80, NJW 1981, 1268, 1269;
[552] BGH 29.11.2006 – VIII ZR 92/06, NJW 2007, 1346; zu § 459 Abs 2 aF: BGH 15.2.1984 – VIII ZR 327/82, NJW 1984, 1454 f.

Bei Gattungsschulden hat der Verkäufer den Sachmangel zu vertreten, wenn er eine **168** **mangelhafte Sache aus der Gattung auswählt**, obwohl er bei Anspannung der im Verkehr erforderlichen Sorgfalt den Mangel hätte erkennen und eine mangelfreie Sache hätte aussuchen können. Für die Auswahl einer nicht vertragsgemäßen Sache ist der Verkäufer bei offensichtlichen Mängeln immer, bei versteckten Mängeln hingegen nur dann verantwortlich, wenn ihn eine Pflicht zur Untersuchung der Gattungssachen trifft (Rn 164). Dabei wird dem Verkäufer nicht vorgeworfen, dass er gegen eine Untersuchungspflicht verstoßen hat,[553] sondern dass er entgegen §§ 433 Abs 1 S 2, 243 Abs 1 BGB keine dem Vertrag entsprechende Sache aus der Gattung ausgewählt hat, obwohl ihm dies möglich gewesen wäre.[554] Gibt es keine mangelfreie Gattungssache (etwa bei einer Vorratsschuld, wenn der Vorrat aufgebraucht ist), kann der Käufer Schadensersatz nach §§ 437 Nr 3, 280 Abs 1, 3 mit 283 BGB verlangen; sind alle Sachen der Gattung bereits bei Vertragsschluss unbehebbar mangelhaft, ist Anspruchsgrundlage §§ 437 Nr 3, 311a Abs 2 BGB. Hat der Verkäufer dem Käufer eine mangelhafte Sache aus der Gattung übergeben und übereignet, und könnte er während der Nachfrist mangelfrei nachliefern, weil die Gattung noch nicht aufgebraucht ist, haftet er nach §§ 280 Abs 1 S 2, 276 Abs 1 BGB schon wegen des mit der Vereinbarung einer Gattungsschuld übernommenen **Beschaffungsrisikos** (Rn 162) – unabhängig davon, ob er die Lieferung der ursprünglichen, mangelhaften Sache zu vertreten oder wegen Nichterkennbarkeit des Mangels nicht zu vertreten hat.

e) **Vertretenmüssen bei Nebenpflichtverletzungen iS der §§ 280 Abs 1, 241 Abs 2, 282 BGB**

Hat der Schuldner eine Nebenpflicht verletzt und hält der Gläubiger am Vertrag fest, **169** kann er daneben **Schadensersatz neben der Leistung nach §§ 280 Abs 1, 241 Abs 2 BGB** verlangen. Dem Schuldner wird nicht vorgeworfen, dass er gegen eine Leistungspflicht aus dem Vertrag verstoßen hat, sondern dass er eine weiter gehende Verhaltenspflicht aus § 241 Abs 2 BGB fahrlässig oder vorsätzlich verletzt hat, etwa bei Montage der Kaufsache andere Einrichtungsgegenstände des Käufers zerstört hat. Macht die Pflichtverletzung dem Gläubiger das Festhalten am Vertrag unzumutbar (zur entsprechenden Voraussetzung des Rücktrittsrechts aus § 324 BGB oben Rn 74), kann der Gläubiger sich vom Vertrag lösen, indem er **Schadensersatz statt der Leistung nach §§ 280 Abs 1, 3 mit 282 BGB** verlangt.

f) **Vertretenmüssen beim Schuldnerverzug iS des § 286 Abs 4 BGB**

Solange der Schuldner zur Leistung verpflichtet ist, diese aber trotz vereinbarter Leis- **170** tungszeit oder Mahnung nicht rechtzeitig erbringt, kann der Gläubiger Ersatz des ihm durch die Verzögerung entstehenden Schadens nach §§ 280 Abs 1, 2 mit 286 BGB verlangen (oben Rn 11, 33, unten Rn 181 ff). Für den Verzugsschadensersatz regelt § **286 Abs 4 BGB** das Vertretenmüssen als Sondervorschrift: Der Schuldner kommt nur in Verzug, wenn und **solange** er die Nichtleistung nach Fälligkeit und Mahnung zu vertreten hat. Das ist keine überflüssige Wiederholung des § 280 Abs 1 S 2 BGB, sondern eine Konkretisierung. Denn anders als für den Schadensersatzanspruch aus §§ 280 Abs 1, 3 mit 281 BGB genügt es für den Anspruch aus §§ 280 Abs 1, 2 mit 286 BGB nicht, dass der Schuldner die Nichtleistung irgendwann einmal zu vertreten hat

---

[553] Abw offenbar BT-Drucks 14/6040, 210; HAAS BB 2001, 1313, 1317; REINKING DAR 2001, 8, 13.
[554] vWESTPHALEN ZGS 2002, 154, 155 ff, der dies maßgeblich auf das in § 276 Abs 1 S 2 BGB genannte Beschaffungsrisiko stützt; enger DAUNER-LIEB/DÖTSCH DB 2001, 2534, 2536 f.

(oben Rn 161): Ersatz des Verzögerungsschadens kann der Gläubiger nur für solche Zeiten nach Mahnung verlangen, während derer der Schuldner die Nichtleistung zu vertreten hat.

171 Insoweit hilft § 287 BGB dem Gläubiger aber durch **Haftungsverschärfungen**: Während des Verzugs hat der Schuldner gem § 287 S 1 BGB jede Fahrlässigkeit zu vertreten. Das steigert seine Verantwortlichkeit aber nur dann, wenn durch Vertrag oder Gesetz der allgemeine Sorgfaltsmaßstab des § 276 Abs 2 BGB herabgesetzt ist, etwa bei Schenkung und Leihe gem §§ 521, 599 BGB auf Vorsatz und grobe Fahrlässigkeit oder bei der unentgeltlichen Verwahrung gem § 690 BGB (mit § 277 BGB) auf die eigenübliche Sorgfalt. In diesen Fällen kehrt § 287 S 1 BGB im Schuldnerverzug zum allgemeinen Fahrlässigkeitsmaßstab des § 276 Abs 2 BGB zurück. Wichtiger ist § **287 S 2 BGB**. Danach haftet der Schuldner während des Verzugs auch für **Zufall**, also für den zufälligen Untergang und die zufällige Verschlechterung des Leistungsgegenstandes sowie für zufällige weitere Leistungsverzögerungen – es sei denn, der Schaden wäre auch bei rechtzeitiger Leistung eingetreten. Zufall heißt, dass die Unmöglichkeit, Verschlechterung oder Verzögerung weder vom Schuldner noch vom Gläubiger zu vertreten ist, etwa wenn der verkaufte Gebrauchtwagen bei einem Herbststurm durch herabfallende Ziegel beschädigt oder zerstört wird. Wird die Leistung nach Verzugseintritt durch vom Schuldner nicht zu vertretende Hindernisse verzögert, wird etwa der Kühlschrankverkäufer während des Laufs der Nachfrist bestreikt und kann deshalb nicht liefern, haftet er nach § 287 S 2 BGB für die Schäden, die während des von ihm nicht zu vertretenden Streiks eintreten.

3. Schadensersatz statt der Leistung, § 280 Abs 1, 3 BGB mit §§ 281–283 BGB

a) Ziel des Schadensersatzes

172 §§ 280 Abs 1, 3 mit 281–283 BGB begründen einen Anspruch auf „Schadensersatz statt der Leistung". Nach der **Differenzhypothese des § 249 Abs 1 BGB** ist der Gläubiger so zu stellen, wie er stünde, wenn der zum Ersatz verpflichtende Umstand nicht eingetreten wäre. Die Differenzhypothese verlangt einen **Soll-Ist-Vergleich**: Es muss festgestellt werden, was am Ist-Zustand nach Schädigung im Verhältnis zum vertraglich geschuldeten Soll-Zustand fehlt.[555] Der geschuldete Soll-Zustand folgt aus der Anspruchsgrundlage, die festlegt, wie der Schuldner sich „richtig" verhalten soll. Für den Schadensersatzanspruch aus §§ 280 Abs 1, 3 mit 281, 283 BGB bedeutet dies, dass der Gläubiger so zu stellen ist, wie er stünde, wenn der Vertrag ordnungsgemäß erfüllt worden wäre, der Gläubiger also die geschuldete Leistung erhalten hätte.

173 Der Schadensersatz tritt als **Erfüllungsersatz** an die Stelle der nach dem Vertrag geschuldeten Leistung und erlaubt es dem Gläubiger, den Ist-Zustand **in Geld** in den Soll-Zustand zu überführen: Der Anspruch auf Schadensersatz statt der Leistung zielt gem § 251 Abs 1 BGB **nie auf Naturalrestitution iS des § 249 Abs 1 BGB**. Bekäme der Gläubiger über den Schadensersatz anstelle des geschuldeten, aber nicht mehr vorhandenen Leistungsgegenstandes (etwa anstelle des zerstörten Audi TT) einen gleichwertigen anderen Leistungsgegenstand (etwa einen entsprechenden Audi TT), schuldete der Schuldner mehr als vertraglich vereinbart war: über den Umweg des Schadensersatzes würde aus der vereinbarten Stückschuld eine Gattungsschuld. Diese

---

[555] BGH 11.10.2012 – VII ZR 179/11, NJW 2013, 370; BGH 11.12.2015 – V ZR 26/15, WM 2016, 1748 (Rn 21).

Beschränkung gilt nicht nur für die Schadensersatzansprüche aus §§ 280 Abs 1, 3 mit 283 BGB und § 311a Abs 2 BGB wegen Unmöglichkeit der Leistung, sondern auch für den Anspruch aus §§ 280 Abs 1, 3 mit 281 BGB, da der Gläubiger mit seinem Schadensersatzverlangen gem § 281 Abs 4 BGB die Leistungspflicht des Schuldners und damit den eigenen Anspruch auf die vertraglich geschuldete Leistung beendet (dazu Rn 98).[556] Über §§ 280 Abs 1, 3 BGB mit §§ 281, 283 BGB erhält der Gläubiger nicht nur den Wert der geschuldeten Leistung ersetzt, sondern hat Anspruch auf Ersatz seines **gesamten Erfüllungsinteresses (positiven Interesses)**: Dem Gläubiger bleiben alle Vorteile aus dem Vertrag wertmäßig erhalten. Etwa hat er Anspruch auf Ersatz der Kosten, die ihm für die Beschaffung einer Ersatzsache entstehen (Deckungskauf), oder auf Ersatz des Gewinns, der ihm entgangen ist, weil er die vertraglich versprochene Sache nicht erhalten hat und deswegen nicht weiterveräußern konnte.

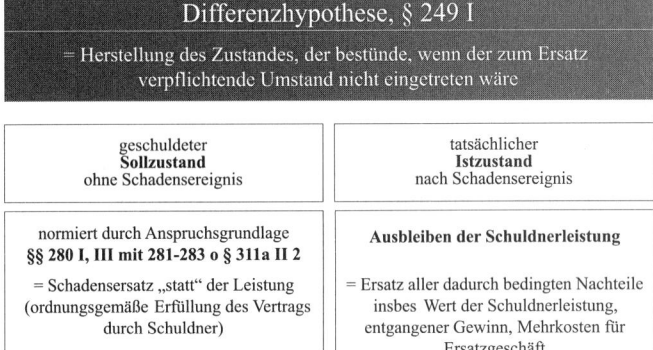

b) Differenz- und Surrogationsmethode

Leistet der Schuldner nicht, kann der Gläubiger den Schadensersatz statt der Leistung aus §§ 280 Abs 1, 3 mit 281, 283 BGB zum einen nach der **Differenzmethode** berechnen: Der Gläubiger entrichtet die vertraglich geschuldete Gegenleistung nicht, so dass der vereinbarte Leistungsaustausch vollständig unterbleibt, und verlangt die Differenz zwischen dem Wert der Leistung und dem Wert der Gegenleistung. Etwa hat der Schadensersatzgläubiger bei einem Tauschvertrag über einen Audi TT (Wert: 34.000 €) gegen einen Jaguar (Wert: 30.000 €) Anspruch auf die Wertdifferenz in Höhe von 4.000 €. Hatte der Gläubiger vorgeleistet, dh den Kaufpreis bereits gezahlt oder im Beispielsfall den Jaguar bereits übergeben und übereignet, kann er diese Gegenleistung nach Rücktrittsvorschriften zurückverlangen, um den Weg für den Differenzschadensersatz frei zu machen (unten Rn 203). **174**

Der Gläubiger kann den Schadensersatz statt der Leistung zum anderen nach der **Surrogationsmethode** bzw Austauschmethode berechnen: Der Gläubiger hält insoweit am Vertrag fest, als er seine vertraglich versprochene Gegenleistung erbringt, dem Tauschpartner also den Jaguar übereignet bzw belässt. Im Austausch dafür erhält der Gläubiger Schadensersatz in Höhe des Werts der ausbleibenden Schuldnerleistung (34.000 € anstelle des Audi TT), der Schadensersatz tritt als Surrogat an die Stelle der Schuldnerleistung. **175**

---

[556] BGH 11.12.2015 – V ZR 26/15, WM 2016, 1748 (Rn 21).

176 Zum **BGB aF** hatte der BGH allerdings gemeint, der Gläubiger könne im Schuldnerverzug Schadensersatz nur nach der Differenzmethode verlangen, weil mit dem fruchtlosen Ablauf der unter Ablehnungsandrohung gesetzten Nachfrist nach § 326 Abs 1 S 2 HS 2 aF die Leistungspflichten beider Vertragspartner endeten und der Gläubiger seine Gegenleistungspflicht nicht im Wege des Surrogationsschadensersatzes wiederaufleben lassen dürfe. Für den Schadensersatz wegen Unmöglichkeit der Leistung habe der Gläubiger hingegen die Wahl zwischen Surrogations- und Differenzschadensersatz, weil § 325 aF keine Aussage über das Schicksal von Leistung und Gegenleistung treffe.[557] Mit Blick auf das **BGB nF** ist diese Rechtsprechung gerade für die Unmöglichkeit der Leistung problematisch: Weil §§ 275 Abs 1, 326 Abs 1 S 1 BGB anordnen, dass mit der Unmöglichkeit der Schuldnerleistung Leistungs- und Gegenleistungspflicht automatisch erlöschen (oben Rn 80 ff, 88), dürfte der Schadensersatz aus §§ 280 Abs 1, 3 mit 283 BGB und aus § 311a Abs 2 BGB nur nach der Differenzmethode berechnet werden. Der Tauschpartner hätte damit nicht die Wahl, den Jaguar zu übereignen und 34.000 € anstelle des Audi TT zu verlangen, sondern wäre darauf beschränkt, die Wertdifferenz zwischen Audi TT und Jaguar, also 4.000 €, geltend zu machen.

177 Richtigerweise muss es **nach BGB nF** beim **Wahlrecht des Gläubigers** zwischen Differenz- und Surrogationsschadensersatz bleiben.[558] Beim Anspruch aus §§ 280 Abs 1, 3 mit 281 BGB spricht nichts gegen das Wahlrecht des Gläubigers: Gem § 281 Abs 4 BGB beendet der Gläubiger durch das Schadensersatzverlangen nur seinen Anspruch auf die Schuldnerleistung (Audi TT), nicht aber seine Gegenleistungspflicht (Jaguar oder Kaufpreis) (Nw oben Rn 98).[559] Auch für die Schadensersatzansprüche aus §§ 280 Abs 1 und 3 mit 283 BGB und aus § 311a Abs 2 BGB hindert das Gesetz den Surrogationsschadensersatz nicht: Dass der Schuldner die Gegenleistung (Jaguar oder Kaufpreis) gem § 326 Abs 1 S 1 HS 1 BGB nicht verlangen kann, der Gläubiger zur Gegenleistung also nicht verpflichtet ist, heißt zum einen nicht, dass der Gläubiger nicht berechtigt ist, die Gegenleistung zu erbringen.[560] Der Surrogationsschadensersatz lässt zum anderen nicht die Gegenleistungspflicht wieder aufleben, sondern erlaubt dem Gläubiger lediglich eine besondere Art der Schadensberechnung. Diese allein ist geeignet, sein Interesse daran zu befriedigen, die Gegenleistung „loszuwerden".

---

[557] BGH 6.10.1994 – V ZR 92/94, NJW 1994, 3351; BGH 25.6.1999 – V ZR 190/98, NJW 1999, 3115, 3116 f; hiergegen KAISER NJW 2001, 2425 ff.

[558] So schon zum BGB aF KAISER NJW 2001, 2425 ff; zum neuen Recht hM, statt aller PALANDT/GRÜNEBERG[76] (2017) § 281 Rn 20 f, § 283 Rn 6.

[559] Für eine Schadensberechnung nach der Surrogationsmethode auch: ARNOLD ZGS 2003, 427, 430 f; REISCHL JuS 2003, 451, 459 f; U HUBER AcP 210 (2010) 319, 338; LORENZ/RIEHM (2002) Rn 208 ff; NomosKomm/DAUNER-LIEB[3] (2016) § 281 Rn 62 f; MünchKomm/EMMERICH[7] (2016) vor §§ 281 ff Rn 3 ff; STAUDINGER/SCHWARZE (2014) § 281 Rn B 131; JAUERNIG/STADLER[16] (2015) § 281 Rn 18; ERMAN/WESTERMANN[15] (2017) § 281 Rn 25; PALANDT/GRÜNEBERG[76] (2017) § 281 Rn 21.

[560] So auch ARNOLD ZGS 2003, 427, 430 f; REISCHL JuS 2003, 451, 459 f; FAUST, in: FS U Huber (2006) 239, 242; SCHMIDT-RECLA ZGS 2007, 181, 184; NomosKomm/DAUNER-LIEB[3] (2016) § 283 Rn 15; SOERGEL/GSELL[13] (2005) § 325 Rn 6, 17 f; STAUDINGER/SCHWARZE (2014) § 280 E 48, § 283 Rn 54; STAUDINGER/SCHWARZE (2015) § 326 B 34 f (anders noch SCHWARZE Jura 2002, 73, 82); jurisPK/SEICHTER[8] (2017) § 281 Rn 60; ERMAN/WESTERMANN[15] (2017) § 281 Rn 25; BeckOK/UNBERATH (1.3.2011) § 283 Rn 6; PALANDT/GRÜNEBERG[76] (2017) § 281 Rn 21, § 283 Rn 6; aA SUTSCHET Jura 2006, 586, 590; BeckOK/SCHMIDT (15.6.2017) § 325 Rn 6.

c) Großer und kleiner Schadensersatz

Hat der Verkäufer mangelhaft geleistet, muss der Käufer als Schadensersatzgläubiger **178** nicht nur entscheiden, ob er die Gegenleistung noch erbringen, also den Kaufpreis noch zahlen will, sondern auch, ob er die mangelhafte Kaufsache behalten oder wegen ihres Mangels zurückgeben möchte. Das Gesetz beschränkt den Käufer regelmäßig darauf, die Kaufsache zu behalten und im Wege des Schadensersatzes den mangelbedingten Minderwert der Kaufsache (oder alternativ die Mangelbeseitigungskosten) und etwaige Folgeschäden zu liquidieren (sog **kleiner Schadensersatz**[561]). Denn § 281 Abs 1 S 1 BGB und §§ 283 S 1, 311a Abs 2, 1 iVm § 275 Abs 1 BGB gewähren einen Anspruch auf Schadensersatz grundsätzlich nur, „soweit" der Verkäufer die geschuldete Leistung nicht oder nicht vertragsgemäß erbringt, also nur für den mangelhaften Teil der Kaufsache. Minderung (Rn 99) und kleiner Schadensersatz können miteinander kombiniert werden: Obwohl die Minderung ein Gestaltungsrecht ist, schließt sie einen Anspruch auf Schadensersatz statt der Leistung grundsätzlich nicht aus, wie schon aus „und" in § 437 Nr 2 BGB folgt.[562]

Anspruch auf den **Schadensersatz statt der ganzen Leistung unter Rückgabe der man-** **179** **gelhaften Kaufsache** hat der Käufer nach §§ 283 S 2, 311a Abs 2 S 3 BGB mit **281 Abs 1 S 3** BGB nur dann, wenn die Pflichtverletzung, dh der **Mangel, nicht unerheblich** ist (vgl Rn 76 zu § 323 Abs 5 S 2 BGB beim Rücktritt): Der Käufer kann die mangelhafte Kaufsache gem §§ 281 Abs 5 mit 346–348 BGB nach Rücktrittsvorschriften zurückgeben und als Surrogat für die ordnungsgemäße Leistung Schadensersatz in Höhe des Wertes verlangen, den die Kaufsache in mangelfreiem Zustand gehabt hätte (sog **großer Schadensersatz**[563]). Erbringt der Schuldner die Leistung erkennbar nur teilweise (offene Teilleistung, Rn 15), öffnen §§ 283 S 2, 311a Abs 2 S 3 mit 281 Abs 1 S 2 BGB den Weg zum Schadensersatz statt der ganzen Leistung abweichend nur dann, wenn der Gläubiger an der erhaltenen Teilleistung kein Interesse hat (vgl Rn 76 zu § 323 Abs 5 S 1 BGB beim Rücktritt); nur für die dem Sachmangel über § 434 Abs 3 BGB gleichgestellte verdeckte Teilleistung bleibt es beim Maßstab der §§ 283 S 2, 281 Abs 1 S 3 BGB (oben Rn 15, 76).

Die Unterscheidung zwischen kleinem und großem Schadensersatz betrifft nur die **180** Frage, ob der Gläubiger die Schuldnerleistung, also die mangelhafte Kaufsache, behalten will. Hingegen ist die Frage, ob er auch die Gegenleistung, also den Kaufpreis erbringen bzw dem Schuldner belassen will, nach der Differenzmethode oder der

---

[561] BGH 4.4.2014 – V ZR 275/12, NJW 2015, 468 (Rn 33); statt aller BeckOK/Faust (15.6.2017) § 437 Rn 131; MünchKomm/Ernst[7] (2016) § 281 Rn 130 ff; NomosKomm/Dauner-Lieb[3] (2016) § 281 Rn 30.
[562] Zum Werkvertrag BGH 19.1.2017 – VII ZR 235/15, NJW 2017, 1607 (Rn 47 ff – mwNw auf den Meinungsstand); zum Kaufvertrag: NomosKomm/Büdenbender[3] (2016) § 441 Rn 29; MünchKomm/Ernst[7] (2016) § 281 Rn 130, § 325 Rn 24; MünchKomm/Westermann[7] (2016) § 437 Rn 20; § 441 Rn 3; Staudinger/ Schwarze (2015) § 325 Rn 47; Erman/Grunewald[15] (2017) § 437 Rn 48; BeckOK/Faust (15.6.2017) § 437 Rn 173; Jauernig/Stadler[16] (2015) § 325 Rn 2; **aA** Lögering MDR 2009, 664, 665 f; Staudinger/Matusche-Beckmann (2014) § 441 Rn 40; Palandt/Grüneberg[76] (2017) § 281 Rn 41; Palandt/Weidenkaff[76] (2017) § 441 Rn 19; offengelassen von BGH 5.11.2010 – V ZR 228/09, NJW 2011, 1217: Schadensersatz jedenfalls dann, wenn die Minderung fehlschlägt, weil Minderungsbetrag nicht gem § 441 Abs 3 S 1 ermittelbar.
[563] Vgl zu § 463 aF: BGH 31.3.2006 – V ZR 51/ 05, NJW 2006, 1582; zu § 635 aF: BGH 29.6. 2006 – VII ZR 86/05, NJW 2006, 2912. Zum BGB nF etwa BeckOK/Faust (15.6.2017) § 437 Rn 131; MünchKomm/Ernst[7] (2016) § 281 Rn 130, 141 ff; NomosKomm/Dauner-Lieb[3] (2016) § 281 Rn 31.

Surrogationsmethode zu entscheiden (Rn 174 ff). Haben beide Vertragspartner geleistet, heißt **großer Schadensersatz nach der Differenzmethode**, dass der Gläubiger überhaupt nicht am vertraglichen Leistungsprogramm festhält: Der schadensersatzberechtigte Tauschpartner gibt dem anderen die mangelhafte Leistung (den Audi TT) im Wege des großen Schadensersatzes nach §§ 281 Abs 1 S 3, Abs 5 mit 346 Abs 1 BGB zurück und verlangt zudem – nach Rücktritt – seine Gegenleistung (den Jaguar) zurück, um Schadensersatz in Höhe der Wertdifferenz (4.000 €) zu erhalten; mit der Rückgewähr von Leistung und Gegenleistung und dem Ersatz des Minderwertes werden Rücktritt und Schadensersatz gem § 325 BGB miteinander kombiniert (unten Rn 198 ff). Haben beide Vertragspartner geleistet, heißt **großer Schadensersatz nach der Surrogationsmethode** demgegenüber, dass der Gläubiger dem Schuldner die Gegenleistung belässt, insoweit also am vertraglichen Leistungsprogramm festhält: Der Tauschpartner gibt den mangelhaften Audi TT nach §§ 281 Abs 1 S 3, Abs 5 mit 346 Abs 1 BGB zurück, wird also im Wege des großen Schadensersatzes so gestellt, als habe er den Audi TT überhaupt nicht erhalten, und entscheidet sich mit der Schadensberechnung nach der Surrogationsmethode dafür, dem Vertragspartner den Jaguar als Gegenleistung zu belassen. Schadensersatz erhält er iH des Wertes des Audi TT in mangelfreiem Zustand, also in Höhe von 34.000 €.

4. Verzugsschadensersatz, §§ 280 Abs 1, 2 mit 286 BGB

181 Während §§ 280 Abs 1, 3 mit 281 BGB dem Gläubiger einen Anspruch auf Schadensersatz statt der Leistung gewähren, normieren §§ 280 Abs 1, 2 mit 286 BGB einen Anspruch auf **Schadensersatz neben der Leistung**: Der Gläubiger, der Schadensersatz nach §§ 280 Abs 1, 3 mit 281 BGB verlangt, möchte die vertraglich geschuldete Primärleistung nicht mehr bekommen (§ 281 Abs 4 BGB), sondern begehrt an deren Stelle Wertersatz in Geld zuzüglich aller Folgeschäden (Rn 172 f). Der Gläubiger, der Schadensersatz nach §§ 280 Abs 1, 2 mit 286 BGB geltend macht, beharrt hingegen auf der Erfüllung des Vertrages, dh verlangt weiterhin die vertraglich geschuldete Primärleistung, und macht daneben den Ersatz aller durch die Leistungsverzögerung entstehenden Schäden geltend.

182 Nach §§ 280 Abs 1, 2 mit 286 BGB hat der Gläubiger Anspruch auf Ersatz aller Vermögensnachteile, die entstehen, weil der Schuldner nicht rechtzeitig, sondern **verspätet erfüllt**. Der Gläubiger kann zunächst alle Aufwendungen einschließlich der **Beitreibungskosten** verlangen, die ihm nach Verzugseintritt dadurch entstehen, dass er seinen Anspruch auf die Leistung durchzusetzen versucht. Nach stRspr hat der Schulner aber nur die Rechtsanwaltskosten zu ersetzen, die aus Sicht des Gläubigers zur Wahrnehmung seiner Rechte erforderlich und zweckmäßig waren. Allerdings ist es zur Beitreibung einer Entgeltforderung (Begriff in Rn 40) auch in rechtlich einfach gelagerten Fällen zweckmäßig und erforderlich, einen Anwalt zu beauftragen: Nachdem der Schuldner in Zahlungsverzug geraten ist, muss der Gläubiger eine weitere Zahlungsverzögerung nicht hinnehmen, sondern kann seinem Erfüllungsverlangen durch Einschaltung eines Rechtsanwalts Nachdruck verleihen.[564] Hingegen hat der Gläubiger keinen Anspruch auf Ersatz der Kosten für die Mahnung selbst, etwa wenn er diese durch einen Anwalt aussprechen lässt, da der Schuldner vor Zugang der Mahnung noch nicht in Verzug geraten ist (Rn 33 ff). Als Verzugsschaden ersatzfähig sind nach

---

[564] BGH 17.9.2015 – IX ZR 280/14, NJW 2015, 3793 (Rn 9 mwNw auf die stRspr in Rn 8).

I. Leistungsstörungen

§§ 280 Abs 1, 2 mit 286 BGB die Kosten, die dem Gläubiger entstehen, weil er **vorübergehend eine Ersatzsache** beschaffen muss, um die Zeit bis zum Eintreffen der vertraglich geschuldeten Leistung zu überbrücken. Etwa kann der Eisdielenbesitzer, nachdem der für die gekaufte Kühltruhe vereinbarte Liefertermin verstrichen ist, über §§ 280 Abs 1, 2 mit 286 BGB die Kosten für die Anmietung einer Ersatzkühltruhe ersetzt verlangen. Die Kosten für einen Deckungskauf, etwa für den Kauf einer Ersatzkühltruhe, kann der Käufer hingegen nicht nach §§ 280 Abs 1, 2 mit 286 BGB, sondern nur als Schadensersatz statt der Leistung über §§ 280 Abs 1, 3 mit 281 BGB beanspruchen, da er insoweit keinen Begleitschaden wegen Verzögerung der Leistung, sondern einen Schaden wegen Ausbleibens der vertraglich geschuldeten Leistung geltend macht (Rn 173).[565] Nach §§ 280 Abs 1, 2 mit 286 BGB zu ersetzen ist auch der dem Käufer während des Verkäuferverzugs **entgangene Gewinn**, etwa wenn der Eisdielenbesitzer mangels Kühltruhe kein Eis kühlen und verkaufen kann (**Vorenthaltungsschaden**, gleich Rn 194 ff; zum Betriebsausfallschaden bei mangelhafter Leistung Rn 189 ff). Sind dem nicht gewerblichen Käufer während des Verkäuferverzugs bloße Gebrauchsvorteile entgangen, beschränkt die Rechtsprechung den Ersatz des **Nutzungsausfallschadens** auf die entgangene Nutzung von Sachen, auf deren ständige Verfügbarkeit die Lebenshaltung des Käufers aufbaut, das sind insbesondere Kraftfahrzeuge[566] und Häuser[567], aber auch ein Festnetztelefon (wenn nicht, wie meist, ein Mobiltelefon als gleichwertiger Ersatz zur Verfügung steht) und ebenso ein Internetzugang[568]. Verliert die gekaufte Sache während des Verzugs an Wert, hat der Gläubiger auch Anspruch auf Ersatz des **Entwertungsschadens**.

Dem **Geldgläubiger**, etwa dem Verkäufer als Gläubiger des Kaufpreiszahlungsanspruchs aus § 433 Abs 2 BGB, kann ein nach §§ 280 Abs 1, 2 mit 286 BGB ersatzfähiger Verzögerungsschaden auf unterschiedliche Weise entstehen. Etwa können ihm Anlagegewinne (insbesondere Anlagezinsen) oder Gewinne aus Spekulationsgeschäften entgehen, oder es können ihm Aufwendungen für Kreditzinsen entstehen, weil er Schulden bei Dritten nicht tilgen kann, solange er den Kaufpreis nicht erhält. Ersetzen muss der Schuldner auch die Nachteile, die eintreten, weil dem Geldgläubiger mangels hinreichender Geldmittel ein günstiges Geschäft entgeht. Für einen bestimmten Ausschnitt des Schadensersatzanspruchs besteht mit **§ 288 BGB** eine eigene Anspruchsgrundlage[569], die dem Geldgläubiger pauschaliert Ersatz für entgangene Zinsen (Verzugszinsen) gibt. Dem liegt der Grundsatz zugrunde, dass die mit dem Besitz von Geld verbundenen Nutzungsmöglichkeiten in aller Regel geldwerte wirtschaftliche Vorteile bieten, deren Vorenthaltung unabhängig von den Umständen des Einzelfalles rechtlich als Schaden anzusehen ist.[570] Der Verzugszinssatz beträgt nach § 288 Abs 1 S 2 BGB für Geldforderungen fünf Prozentpunkte über dem variablen (und seit 1.1.2013 negativen) Basiszinssatz des § 247 BGB und bei Entgeltforderungen (Begriff in Rn 40),

183

---

[565] BGH 3.7.2013 – VIII ZR 169/12, NJW 2013, 2959 (Rn 13, 19 ff mwNw auf die Literatur).
[566] BGH 10.6.2008 – VI ZR 248/07, NJW-RR 2008, 1198 mwNw (im konkreten Fall abl für ein Wohnmobil); BGH 14.4.2010 – VIII ZR 145/09, NJW 2010, 2426 (Rn 25); allg dazu VIEWEG, in: STAUDINGER/Eckpfeiler J. Rn 58 ff.
[567] BGH 9.7.1986 – GSZ 1/86, BGHZ 98, 212, 216 ff; BGH 21.2.1992 – V ZR 268/90, BGHZ 117, 260 (im konkreten Fall abl für den vorübergehenden Gebrauchsentzug einer Einliegerwohnung als Zweitwohnung des erwachsenen Sohnes und Besucherwohnung).
[568] BGH 24.1.2013 – III ZR 98/12, BGHZ 196, 101 (Rn 13 ff, 16 ff).
[569] Heutige Fassung in Umsetzung der Zahlungsverzugs-RL 2000/35/EG und 2011/7/EU.
[570] BGH 26.4.1979 – VII ZR 188/78, BGHZ 74, 231, 234 f; BGH 12.10.2017 – IX ZR 267/16, WM 2017, 2614 (Rn 14).

wenn an dem Rechtsgeschäft kein Verbraucher beteiligt ist, nach § 288 Abs 2 BGB neun Prozentpunkte über dem Basiszinssatz. Der Zahlung der Verzugszinsen kann sich der Schuldner nicht durch den Nachweis entziehen, dem Gläubiger sei tatsächlich ein geringerer Schaden entstanden: § 288 Abs 1, 2 BGB legen die Mindesthöhe des Verzugszinssatzes unabhängig vom Nachweis eines Schadens oder der Kausalität zwingend fest.[571] Der Gläubiger kann nach § 288 Abs 3 BGB aber aus einem anderen Rechtsgrund höhere Zinsen verlangen und nach §§ 288 Abs 4 mit 280 Abs 1, 2 und 286 BGB einen weiter gehenden Schaden liquidieren. Ist der **Schuldner einer Entgeltforderung** (Begriff in Rn 40) einschließlich von Abschlags- oder sonstigen Ratenzahlungen **kein Verbraucher**, so normieren **§ 288 Abs 5 und 6** (seit dem 29. 7. 2014) weitere Besonderheiten: Der Gläubiger hat zum einen gem § 288 Abs 5 S 1 und 2 BGB Anspruch auf Zahlung einer Pauschale von 40 €; diese ist gem § 288 Abs 5 S 3 BGB auf seinen Schadensersatzanspruch anzurechnen, soweit dieser die Rechtsverfolgungskosten abdeckt. Ist der Schuldner kein Verbraucher, so ist gem § 288 Abs 6 S 1 BGB ein im Voraus vereinbarter Ausschluss des Verzugszinsersatzes unwirksam, und gem § 288 Abs 6 S 2 BGB ebenso eine Vereinbarung, die diesen Anspruch beschränkt, sofern dies den Gläubiger grob unbillig belastet. Auch eine Vereinbarung, die den Anspruch auf die Pauschale nach § 288 Abs 5 BGB oder auf Ersatz eines Rechtsverfolgungsschadens ausschließt oder beschränkt, ist gem § 288 Abs 6 S 2 BGB bei grob unbilliger Belastung des Gläubigers unwirksam; dabei ist es gem § 288 Abs 6 S 3 BGB im Zweifel als grob unbillig anzusehen, wenn der Ausschluss dieser Ansprüche vereinbart wird.

184 Nach § **289** S 1 BGB sind (rechtsgeschäftliche und gesetzliche) **Zinsen von Zinsen nicht zu entrichten**. Nach § 289 S 2 bleibt der Anspruch auf Ersatz eines nachgewiesenen Verzugsschadens aber unberührt, insbesondere aus §§ 280 Abs 1, 2 mit 286, 288 BGB (Rn 182 f). Der Ersatz eines aus der verspäteten Zahlung von Zinsen entstehenden Schadens setzt aber voraus, dass der Schuldner auch wegen der Zinsrückstände in Verzug gesetzt wird; zudem muss der Gläubiger den Verzugsschaden konkret darlegen– auch, wenn er nur den gesetzlichen Zins als Mindestschaden verlangt.[572]

5. Abgrenzung von Schadensersatz neben und statt der Leistung

a) Ersatz von Integritätsschäden

185 Über § **280 Abs 1 BGB** kann jeder Vertragspartner, auch wenn er am Vertrag festhält, Ersatz von Integritätsschäden, also von Schäden verlangen, die ihm an sonstigen Rechtsgütern entstehen **(Schadensersatz neben der Leistung)**.[573] Diese Schäden können zum einen dadurch ausgelöst werden, dass der Schuldner gegen **Nebenpflichten aus § 241 Abs 2 BGB** verstößt, etwa wenn der Verkäufer mit der verkauften Kühltruhe bei der Erst- oder Nachlieferung aneckt und dabei Mobiliar in der Eisdiele des Käufers beschädigt, oder wenn der Händler das wegen eines Motorschadens mangelhafte Kraftfahrzeug repariert und dabei zusätzlich Schäden jenseits des Mangels anrichtet, etwa die Karosserie beschädigt, weil er während eines Startversuchs gegen die Werkbank stößt.[574] Verletzt der Schuldner bei der Vertragsdurchführung Dritte, etwa Fami-

---

[571] Beachte aber § 497 Abs 1 S 2 BGB für den Zahlungsverzug des Verbrauchers bei Verbraucherdarlehensverträgen; dazu GSELL, in: STAUDINGER/Eckpfeiler L. Rn 97.
[572] BGH 16. 9. 2015 – XII ZR 74/14, Grundeigentum 2015, 1396 (Rn 11).

[573] Siehe nur HIRSCH Jura 2003, 289, 290; LOOSCHELDERS, SR AT[15] (2017) Rn 542; STAUDINGER/SCHWARZE (2014) § 280 Rn C 37 ff.
[574] OLG Saarbrücken 25. 7. 2007 – 1 U 467/06, NJW 2007, 3503; STAUDINGER/SCHWARZE (2014) § 280 Rn C 41.

lienangehörige des Gläubigers, haben diese über den Vertrag mit Schutzwirkung zugunsten Dritter Anspruch auf Schadensersatz aus §§ 280 Abs 1, 241 Abs 2 BGB.[575]

Integritätsschäden können auch aus der **Verletzung der Hauptleistungspflicht** folgen **186** (**sog Mangelfolgeschäden**): Liefert der Verkäufer vergiftetes Pferdefutter und sterben deswegen die Pferde des Käufers oder liefert er eine Eistruhe mit defektem Wasserzulauf und wird der Eisdielenboden durch unbemerkt ablaufendes Wasser beschädigt[576], so kann er Schadensersatz nach §§ 437 Nr 3, 280 Abs 1 BGB verlangen.[577] Schadensersatz gem § 280 Abs 1 BGB kann auch derjenige verlangen, dem im Restaurant ein Zahn beim Verzehr eines im Hackfleischröllchen verborgenen harten Gegenstands abbricht.[578]

Problematisch ist die Anspruchsgrundlage für den Ersatz des sog **Weiterfresserscha- 187 dens**, wenn (zunächst) nur ein funktionell abgrenzbares Einzelteil der Kaufsache (defektes Netzteil der gekauften Eistruhe) mangelhaft ist und sich dieser Mangel im Laufe der Zeit ausweitet (über Spannungsschwankungen mit der Folge, dass der Abtaualarm der Eistruhe ausfällt) oder der abgegrenzte Mangel später zur Funktionsunfähigkeit oder Zerstörung der Kaufsache führt (Wegfall der Kühlfunktion durch den Ausfall des Kompressors). Für das Deliktsrecht bejaht der BGH eine Verletzung des Käufereigentums iS des § 823 Abs 1 BGB, wenn der spätere Schaden nicht „stoffgleich" mit dem ursprünglichen Mangel ist: Dann sei nicht nur das (ausschließlich vertraglich geschützte) Äquivalenzinteresse (am Erhalt einer Kühltruhe ohne Mangel), sondern auch das (deliktsrechtlich geschützte) Integritätsinteresse des Käufers (Eigentum an der Kühltruhe jenseits des abgegrenzten Mangels) beeinträchtigt.[579] Überträgt man diese Abgrenzung auf die vertraglichen Schadensersatzansprüche, schuldete der Verkäufer Ersatz für Weiterfresserschäden nicht nach §§ 280 Abs 1, 3 mit 281, 283 BGB, sondern nach § 280 Abs 1 BGB, obwohl der Weiterfresserschaden nicht an einem anderen Rechtsgut des Käufers, sondern an der mangelhaften Kaufsache selbst entsteht.[580]

Diese Differenzierung ist schon für das Deliktsrecht zweifelhaft.[581] Auf die §§ 280 ff **188** BGB **passt sie nicht**: Die Unterscheidung zwischen Integritäts- und Äquivalenzinteresse ist dem BGB aF vor der Schuldrechtsreform verhaftet[582] und taugt seither lediglich zur Abgrenzung von Vertrags- und Deliktsrecht.[583] Hingegen differenziert das BGB seit dem 1.1.2002 für Leistungsstörungen nicht nach dem geschützten Interesse, son-

---

[575] Näher Vieweg, in: Staudinger/Eckpfeiler J. Rn 80 ff.
[576] Vgl zu einem Werkvertrag BGH 30.6.2011 – VII ZR 109/10, NJW 2011, 2644 (Rn 7 ff).
[577] Mankowski JuS 2006, 481 ff; Oechsler, Vertragliche Schuldverhältnisse² (2017) Rn 334, 440, 472; Staudinger/Schwarze (2014) § 280 Rn C 39 f, § 281 Rn C 9; BeckOGK/Riehm (1.8.2017) § 280 Rn 120 ff, 140.
[578] BGH 5.4.2006 – VIII ZR 283/05, NJW 2006, 2262 (Rn 7).
[579] BGH 24.11.1976 – VIII ZR 137/75, NJW 1977, 379, 380 f (Schwimmerschalter); 12.12.2000 – VI ZR 242/99, BGHZ 146, 144, 148 ff (Schlacke); 27.1.2005 – VII ZR 158/03, BGHZ 162, 86, 94 ff (Architektenplanung).
[580] So generell: Bei Verletzung des Integritätsinteresses (Mangelfolgeschaden) Schadensersatz aus § 280 Abs 1, bei Verletzung des Äquivalenzinteresses Schadensersatz statt der Leistung nach §§ 280 Abs 1, 3 mit 281, 283: Huber/Bach, Besonderes Schuldrecht/1⁵ (2016) Rn 261; Oetker/Maultzsch⁴ (2013) Rn 263 f.
[581] Abl etwa Grigoleit ZGS 2002, 78, 79; Erman/Wilhelmi¹⁵ (2017) § 823 Rn 124 f.
[582] Vgl BGH 2.6.1980 – VIII ZR 78/79, BGHZ 77, 215, 217 f zur Abgrenzung zwischen § 463 aF und positiver Forderungsverletzung.
[583] Und bereitet auch hier erhebliche Abgrenzungsprobleme, vgl BGH 17.3.1981 – VI ZR 191/79, BGHZ 80, 186, 189 („Apfelschorf") für Schadensersatz aus Delikt wegen Baumschäden aufgrund eines wirkungslosen Pflanzenschutzmittels.

dern zwischen „Schadensersatz statt der Leistung" nach §§ 280 Abs 1, 3 mit 281, 283 BGB sowie § 311a Abs 2 BGB auf der einen Seite und Schadensersatz neben der Leistung nach § 280 Abs 1 BGB sowie §§ 280 Abs 1, 2 BGB mit 286 auf der anderen Seite[584] und stellt maßgeblich auf den **Zweck des Nachfristsetzungserfordernisses** ab:[585] Schadensersatz statt der Leistung kann der Gläubiger nur für solche Schäden verlangen, die durch eine ordnungsgemäße Leistung während der Nachfrist hätten verhindert werden können, aber nicht verhindert worden sind, und dadurch entstehen, dass die geschuldete Leistung endgültig ausbleibt. Nur Schäden, die nicht dadurch kompensiert werden können, dass der Schuldner während der Nachfrist doch noch leistet, sind als Schadensersatz neben der Leistung ersatzfähig[586] (schon Rn 182 zu §§ 280 Abs 1, 2 mit 286 BGB). Weiterfresserschäden können durch eine ordnungsgemäße Nacherfüllung vermieden werden: Der Verkäufer ist im Rahmen der Nacherfüllung verpflichtet, nicht nur den ursprünglichen Teilmangel (defektes Netzteil) zu beheben, sondern auch den bis zur Nacherfüllung entstandenen Weiterfresserschaden (Ersatz des ausgefallenen Kompressors).[587] Anspruchsgrundlage für den Ersatz von **Weiterfresserschäden** ist damit **immer §§ 280 Abs 1, 3 mit 281, 283 BGB**; nur Sachschäden an anderen Rechtsgütern (geschmolzenes Eis) fallen unter § 280 Abs 1 BGB.[588]

b) Ersatz des Betriebsausfallschadens bei mangelhafter Leistung

189 Schwierigkeiten haben auch Betriebsausfallschäden aufgrund einer mangelhaften Leistung bereitet:[589] **Entgeht dem gewerblichen Käufer ein Gewinn**, weil er die Sache wegen des Mangels nicht wie beabsichtigt einsetzen kann, entgeht etwa dem Eisdielenbesitzer, der eine nicht hinreichend kühlende Kühltruhe erhalten hat, täglich der Gewinn, den er bei vertragsgemäßer Leistung durch den Eisverkauf erzielt hätte, ist zweifelhaft, ob er Schadensersatz nach §§ 280 Abs 1, 3 BGB mit 281 oder nach §§ 280 Abs 1, 2 mit 286 oder nach § 280 Abs 1 BGB verlangen kann.

190 **Vereinzelt** wurde vertreten, der Betriebsausfallschaden müsse als **Schadensersatz statt der Leistung** nach §§ **280 Abs 1, 3 und 281 BGB** ersetzt werden.[590] Dafür spricht, dass der Käufer mit dem Betriebsausfallschaden nicht sein Integritätsinteresse, sondern sein Äquivalenzinteresse an der vertragsgemäßen Verwendung der Kaufsache ersetzt verlangt. Diese Unterscheidung ist aber dem BGB aF verhaftet (gerade Rn 188). Können Schäden nicht dadurch kompensiert werden, dass der Schuldner während der Nachfrist doch noch leistet, sind diese nur über einen Anspruch auf Schadensersatz neben der Leistung ersatzfähig (Rn 188). Deswegen kann der Käufer den Gewinn, der ihm bis zum Erlöschen des vertraglichen Leistungsanspruchs durch Unmöglichkeit der Leistung (§ 275 Abs 1 BGB) oder durch Schadensersatzverlangen (§ 281 Abs 4 BGB) entgeht, nicht nach §§ 280 Abs 1, 3 mit 281, 283 BGB ersetzt verlangen: Dieser Gewinn entgeht ihm auch dann, wenn der Verkäufer später seine Leistungspflicht doch noch erfüllt, der Anspruch auf die Leistung also nach § 362 Abs 1 BGB erlischt. **Erst ab**

---

[584] PALANDT/GRÜNEBERG[76] (2017) § 280 Rn 18.
[585] LORENZ NJW 2002, 2497, 2500; OECHSLER, Vertragliche Schuldverhältnisse[2] (2017) Rn 334, 373; BeckOK/FAUST (15.6.2017) § 437 Rn 60 f; MünchKomm/ERNST[7] (2016) § 280 Rn 69.
[586] LORENZ NJW 2002, 2497, 2500; BeckOK/FAUST (15.6.2017) § 437 Rn 60.
[587] OLG Koblenz 21.11.2012 – 2 U 460/12, MDR 2013, 402; statt aller NomosKomm/BÜDENBENDER[3] (2016) § 439 Rn 31; ERMAN/GRUNEWALD[15] (2017) § 439 Rn 3.
[588] HESSELER/KLEINHENZ JuS 2007, 706, 710 f; OECHSLER, Vertragliche Schuldverhältnisse[2] (2017) Rn 334, 440, 473; PALANDT/GRÜNEBERG[76] (2017) § 280 Rn 18.
[589] Dazu KAISER, in: FS Westermann (2008) 351, 358 ff.
[590] RECKER NJW 2002, 1247 f; auch FLIEGNER JR 2002, 314, 322.

Unmöglichkeit oder Schadensersatzverlangen ist §§ 280 Abs 1, 3 mit 281, 283 BGB Anspruchsgrundlage für den entgangenen Gewinn[591] (noch Rn 196).

Bis zum Erlöschen des Primäranspruchs aus § 433 Abs 1 BGB durch Schadensersatzverlangen (§ 281 Abs 4 BGB), Unmöglichkeit (§ 275 Abs 1 BGB) oder Erfüllung (§ 362 Abs 1 BGB) kann der Anspruch auf Ersatz des Betriebsausfallschadens als Schadensersatz neben der Leistung nur auf § 280 Abs 1 BGB oder auf §§ 280 Abs 1, 2 mit 286 BGB gestützt werden. **§§ 280 Abs 1, 2 mit 286 BGB** wäre nur dann die richtige Anspruchsgrundlage, wenn Bezugspunkt der Pflichtverletzung nicht die Lieferung einer mangelhaften Kaufsache, sondern die nicht rechtzeitige Lieferung einer mangelfreien Sache ist[592] (zur Theorie der doppelten Pflichtverletzung Rn 30). Der Verkäufer schuldete dann Schadensersatz erst ab der im Nachlieferungsverlangen liegenden Mahnung, nicht aber für den Betriebsausfallschaden bis zur Mahnung (etwa für die ersten drei Tage nach Lieferung, wenn der Käufer den Defekt der Kühltruhe erst am vierten Tag rügt). Um dieses Ergebnis zu vermeiden, wird teilweise vorgeschlagen, bei Schäden, die über eine Mahnung nicht verhindert werden können, sei die Mahnung nach § 286 Abs 2 Nr 4 BGB entbehrlich.[593] **191**

Entsprechend dem Willen des Gesetzgebers[594] und mit der hM ist der Anspruch auf Ersatz des Betriebsausfallschadens auf **§ 280 Abs 1 BGB** zu stützen:[595] Es ist ein erheblicher Unterschied, ob der Schuldner bei Fälligkeit untätig bleibt oder ob er fehlerhaft leistet. Während der Käufer die Tatsache der Nichtleistung sofort bemerkt und darauf mit der Mahnung reagieren kann, bemerkt er den Mangel häufig erst, wenn der Schaden eingetreten ist. Die besonderen Gefahren, die eine mangelhafte Leistung auslöst (insbesondere die Gefahr von Folgeschäden), rechtfertigen es, den mangelhaft leistenden Verkäufer einer schärferen Haftung zu unterwerfen als den Verkäufer, der gar nicht leistet.[596] Dass der Verkäufer sofort mit Lieferung der mangelhaften Sache schadensersatzpflichtig wird, ohne zuvor durch Mahnung gewarnt zu werden, vernachlässigt seine Interessen nicht. Denn er schuldet gem § 280 Abs 1 S 2 BGB Schadensersatz nur dann, wenn er den Sachmangel zu vertreten hat (Rn 163 ff), und wird über § 254 BGB vor Folgeschäden geschützt, die entstehen, weil der Käufer den Mangel nicht rechtzeitig rügt.[597] Hat der Verkäufer den Mangel nicht zu vertreten, muss der Käufer mahnen: Der Verkäufer schuldet Schadensersatz gem §§ 280 Abs 1, 2 mit 286 BGB erst ab Mahnung und nur dann, wenn er die verzögerte Nacherfüllung zu vertreten hat. **192**

---

[591] BGH 14.4.2010 – VIII ZR 145/09, ZGS 2010, 245 (Rn 13); BeckOK/Faust (15.6.2017) § 437 Rn 70 f; Staudinger/Schwarze (2014) § 280 Rn C 27 ff. Auch OLG Celle 16.4.2008 – 7 U 224/07, NJW-RR 2008, 1635, 1637.

[592] Nw auf diese Auffassung bei BGH 19.6.2009 – V ZR 93/08, BGHZ 181, 317 (Grundstück, Rn 10). So weiterhin Oechsler, Vertragliche Schuldverhältnisse² (2017) Rn 379 f; BeckOGK/Riehm (1.8.2017) § 280 Rn 125 f, 141 und 266 ff; Jauernig/Berger¹⁶ (2015) § 437 Rn 17; NomosKomm/Büdenbender³ (2016) § 437 Rn 74 ff; s auch NomosKomm/Dauner-Lieb³ (2016) § 280 Rn 58, 61.

[593] Nw bei BGH 19.6.2009 – V ZR 93/08, BGHZ 181, 317 (Grundstück, Rn 10); so weiterhin BeckOGK/Riehm (1.8.2017) § 280 Rn 123, 126 und 269 mwNw.

[594] BT-Drucks 14/6040, 225.

[595] BGH 19.6.2009 – V ZR 93/08, BGHZ 181, 317 (Grundstück, Rn 12 ff) mwNw in Rn 11; noch obiter dictum offen gelassen BGH 28.11.2007 – VIII ZR 16/07, BGHZ 174, 290 (Kraftfahrzeug, Rn 6, 8); näher Kaiser, in: FS Westermann (2008), 351, 361 ff; MünchKomm/Ernst⁷ (2016) § 280 Rn 58 ff; Staudinger/Schwarze (2014) § 280 C 328 ff – alle mwNw.

[596] BGH 19.6.2009 – V ZR 93/08, BGHZ 181, 317 (Grundstück, Rn 17) mwNw.

[597] BGH 19.6.2009 – V ZR 93/08, BGHZ 181, 317 (Grundstück, Rn 19) mwNw.

193 Ist der Schuldner **in Schuldnerverzug** geraten und erbringt er **nach Mahnung eine mangelhafte Leistung**, liefert etwa der Verkäufer zunächst gar keine Kühltruhe und nach Mahnung eine nicht hinreichend kühlende Truhe, so ist Anspruchsgrundlage für den Schadensersatz wegen der Umsatzausfälle ab Lieferung ebenfalls § 280 Abs 1 BGB: Selbst wenn der Schuldnerverzug fortbesteht, weil er nur durch eine vertragsgemäße Leistung beendet werden kann,[598] ist Ursache für die Folgeschäden nicht, dass die vertragsgemäße Leistung nicht rechtzeitig erbracht wird, sondern dass der Schuldner mangelhaft geleistet hat. Dies wird deutlich, wenn man sich die Folgeschäden der mangelhaften Leistung vor Augen führt: Stellt der Eisdielenbesitzer nach Erhalt der Kühltruhe Eis her, weil er darauf vertraut, es ordnungsgemäß kühlen zu können, und verdirbt das Eis in der Kühltruhe wegen des nicht funktionierenden Kühlaggregats, so kann der Käufer seinen Wertersatzanspruch für das verdorbene Eis nur auf § 280 Abs 1 BGB stützen, nicht aber auf §§ 280 Abs 1, 2 mit 286 BGB.

c) Ersatz des Vorenthaltungsschadens bei verzögerter Leistung

194 Leistet der Schuldner nicht, obwohl er leisten könnte, verzögert er also die Leistung, ist die Abgrenzung zwischen den Schadensersatzansprüchen aus §§ 280 Abs 1, 3 BGB mit § 281 BGB (statt der Leistung) und §§ 280 Abs 1, 2 mit 286 BGB (neben der Leistung) schwierig,[599] etwa wenn dem gewerblichen Käufer ein Gewinn entgeht, den er bei rechtzeitiger Leistung aus der Sache hätte ziehen können (Vorenthaltungsschaden[600], schon Rn 182). Kauft etwa ein Eisdielenbesitzer am 1. 6. eine Kühltruhe, weil die alte kaputt ist, so entgeht ihm ab Fälligkeit der Verkäuferleistung, also nach § 271 Abs 1 BGB „sofort" ab Vertragsschluss[601], täglich ein Gewinn, den er durch den Eisverkauf erzielt hätte. Teilweise wird es dem Käufer erlaubt, diesen Schaden nach **§§ 280 Abs 1, 3 mit 281 BGB** zu liquidieren: Müsse der Gläubiger bei einem Schadensersatzanspruch statt der Leistung über die Differenzhypothese des § 249 Abs 1 BGB so gestellt werden, wie er bei ordnungsgemäßer Leistung stünde, so sei in Geld der Zustand herzustellen, der bestünde, wenn der Schuldner **bei Fälligkeit geleistet hätte**.[602] Danach erhielte der Käufer den ab Vertragsschluss entgangenen Gewinn auch dann ersetzt, wenn er dem Verkäufer erst am 10. 6. eine Nachfrist zur Lieferung der Kühltruhe bis zum 15. 6. setzt. Das **widerspricht dem Gesetz**: Ein Schadensersatzanspruch schon ab Fälligkeit liefe § 280 Abs 2 BGB zuwider, der Schadensersatz wegen Verzögerung der Leistung nur gem § 286 BGB im Schuldnerverzug gewährt, also erst ab der in der Fristsetzung liegenden Mahnung[603] am 10. 6.

195 Mit dem Argument, die Nachfrist verlängere den Erfüllungszeitraum, wird für den Schadensersatzanspruch aus **§§ 280 Abs 1, 3 mit 281 BGB** auch vertreten, der Gläubiger sei so zu stellen, wie er stünde, wenn der Schuldner **bei Ablauf der Nachfrist geleistet hätte**.[604] Dann bekäme der Käufer im Beispielsfall (Rn 194) Schadensersatz in Höhe des entgangenen Gewinns über §§ 280 Abs 1, 2 mit 286 BGB ab dem 10. 6. und zu-

---

[598] So REISCHL JuS 203, 250, 252; aA U HUBER, in: FS Schlechtriem (2003) 521, 527 f.
[599] Dazu KAISER, in: FS Westermann (2008), 351, 353 ff.
[600] Zum Nutzungsausfallschaden Privater wegen Vorenthaltung von Sachen, die für die eigenwirtschaftliche Lebenshaltung typischerweise von zentraler Bedeutung sind (Häuser, Autos), näher KAISER ZfPW 2015, 129 130 ff; VIEWEG, in: STAUDINGER/Eckpfeiler J. Rn 58 ff.

[601] Näher BACH, in: STAUDINGER/Eckpfeiler D. Rn 161 ff.
[602] PALANDT/GRÜNEBERG[76] (2017) § 281 Rn 25.
[603] Dazu BGH 22. 5. 1985 – VIII ZR 140/84, NJW 1985, 2526 zu § 480 aF; BT-Drucks 14/6040, 225; fernliegend für Verzug erst mit Ablauf der Nachfrist OECHSLER NJW 2004, 1825, 1828.
[604] JAUERNIG/STADLER[16] (2015) § 281 Rn 16; auch TIEDTKE/SCHMITT BB 2005, 2615, 2617; vgl

sätzlich über §§ 280 Abs 1, 3 mit 281 BGB ab dem 15. 6., beide Schadensersatzansprüche deckten ab Ablauf der Nachfrist denselben Schaden ab und überschnitten sich zeitlich.

Richtigerweise überschneiden sich die Schadensersatzansprüche aus §§ 280 Abs 1, 2 mit 286 BGB und aus §§ 280 Abs 1, 3 mit 281 BGB überhaupt nicht. Denn der Anspruch auf Schadensersatz statt der Leistung entsteht erst mit dem Schadensersatzverlangen: **§§ 280 Abs 1, 3 mit 281 BGB** begründen einen Ersatzanspruch nicht wegen Verzögerung der Leistung, sondern **wegen Nichtleistung** (Rn 9). Der Schadensersatz wird „statt der Leistung" gewährt. § 281 BGB formuliert als Pflichtverletzung zudem deutlich: „leistet der Schuldner nicht". Verlangt der Gläubiger Schadensersatz statt der Leistung, lehnt er die vertraglich geschuldete Schuldnerleistung über **§ 281 Abs 4 BGB** endgültig ab. Der Anspruch auf Schadensersatz statt der Leistung aus §§ 280 Abs 1, 3 mit 281 BGB kompensiert dann den Schaden, der entsteht, weil der Schuldner seine **Leistung endgültig nicht mehr erbringt** – ebenso wie der Schadensersatzanspruch nach §§ 280 Abs 1, 3 mit 283 BGB bei Unmöglichkeit. Maßgeblicher Berechnungszeitpunkt für den Anspruch aus §§ 280 Abs 1, 3 mit 281 BGB ist damit der Zeitpunkt, in dem der Erfüllungsanspruch wegfällt, also der des Schadensersatzverlangens, § 281 Abs 4 BGB (oder der Rücktrittserklärung, §§ 349, 346 Abs 1 BGB; zur Kombination von Rücktritt und Schadensersatz statt der Leistung Rn 203 ff): Der Gläubiger ist so zu stellen, wie er stünde, wenn der Schuldner **im Zeitpunkt des Schadensersatzverlangens geleistet hätte**.[605]

Mit dem Schadensersatzanspruch aus §§ 280 Abs 1, 2 mit 286 BGB kommt es zu keinerlei zeitlichen Überschneidungen: Nach **§§ 280 Abs 1, 2 mit 286 BGB** ist der Verzögerungsschaden **ab Verzugseintritt**, also grundsätzlich ab Mahnung (Rn 33 ff), zu ersetzen. Der Anspruch auf Verzögerungsschadensersatz setzt voraus, dass der Erfüllungsanspruch noch besteht. Gem §§ 280 Abs 1, 2 mit 286 BGB erhält der Schuldner daher nur die Schäden ersetzt, die **bis zu dem Zeitpunkt entstehen, in dem der Anspruch auf die Primärleistung untergeht**: durch Erfüllung nach § 362 Abs 1 BGB, durch Unmöglichkeit der Leistung nach § 275 Abs 1 BGB oder dadurch, dass der Gläubiger Schadensersatz statt der Leistung verlangt, § 281 Abs 4 BGB, oder vom Vertrag zurücktritt, §§ 349, 346 BGB (Rn 196). Für den Beispielsfall (Rn 194) heißt dies, dass der Eisdielenbesitzer Schadensersatz wegen des entgangenen Gewinns aus §§ 280 Abs 1, 2 mit 286 BGB ab Verzugseintritt am 10. 6. und bis zu dem Zeitpunkt beanspruchen kann, in dem er Schadensersatz statt der Leistung verlangt, etwa am 17. 6. Ab Schadensersatzverlangen ist Anspruchsgrundlage §§ 280 Abs 1, 3 mit 281 BGB: für den entgangenen Gewinn und für die Kosten eines Deckungskaufs[606], etwa für die Mehrkosten, die dem Eisdielenbesitzer entstehen, weil er eine Ersatzkühltruhe zu einem höheren Preis kaufen muss.

---

auch BGH 3.7.2013 – VIII ZR 169/12, NJW 2013, 2959 (Rn 26 f).

[605] KAISER, in: FS Westermann (2008) 351, 355 ff; LORENZ NJW 2002, 2497, 2500; FAUST, in: HUBER/FAUST (2002) 3/Rn 183; ERMAN/WESTERMANN[15] (2017) § 281 Rn 1; MünchKomm/ERNST[7] (2016) § 280 Rn 69, § 281 Rn 114 ff, insbes Rn 118; STAUDINGER/SCHWARZE (2014) § 280 E 11, § 281 Rn B 134 ff, Rn D 17 (aber Rn B 135 daneben für das Fortbestehen des Anspruchs aus §§ 280 Abs 1, 2 mit 286 BGB); vgl auch BGH 14.4.2010 – VIII ZR 145/09, ZGS 2010, 245 (Rn 13 – s aber gleich BGH Fn 606); **abl** BeckOGK/RIEHM § 280 Rn 204 ff.

[606] BGH 3.7.2013 – VIII ZR 169/12, NJW 2013, 2959 (Rn 13, 19 ff mwNw auf die Literatur); der BGH scheint aber der Auffassung zuzuneigen, dass ein Deckungskauf schon ab Ablauf der Nachfrist ersatzfähig ist.

6. Schadensersatz und Rücktritt

a) Nebeneinander

198 Unter praktisch den gleichen Voraussetzungen, die dem Schuldner nach §§ 323, 326 Abs 5 BGB den Rücktritt vom Vertrag erlauben, hat der Gläubiger Anspruch auf Schadensersatz statt der Leistung gem §§ 280 Abs 1, 3 mit 281, 283 BGB. **Unterschiede** bestehen hinsichtlich der **Voraussetzungen** des Rücktritts vom Vertrag und des Schadensersatzanspruchs in zwei Punkten: Der Rücktritt ist nach §§ 323 Abs 1, 326 Abs 5 BGB nur von gegenseitigen Verträgen möglich (oben Rn 72 ff), während der Anspruch auf Schadensersatz nach §§ 280 Abs 1, 3 mit 281, 283 BGB lediglich ein Schuldverhältnis voraussetzt, also in allen Verträgen und auch in gesetzlichen Schuldverhältnissen besteht (Rn 154, dort auch zur Ausnahme des § 311a Abs 2 BGB). Dieser Unterschied spielt in der Praxis keine Rolle, sofern der Schuldner eine vertraglich geschuldete Leistung nicht erbringt: Da Kaufverträge gegenseitige Verträge sind, öffnen §§ 323, 326 Abs 5 BGB den Weg zum Rücktritt und §§ 280 Abs 1, 3 mit 281, 283 BGB den Weg zum Schadensersatz. Wesentlicher Unterschied ist, dass §§ 323 Abs 1, 326 Abs 5 BGB den Rücktritt unabhängig davon erlauben, ob der Schuldner die Leistungsstörung zu vertreten hat, während der Schadensersatzanspruch nach § 280 Abs 1 S 2 BGB voraussetzt, dass der Schuldner vorsätzlich oder fahrlässig eine Pflicht verletzt hat (Rn 155 ff).

199 Während der Rücktritt die Wiederherstellung des Zustandes anstrebt, wie er vor Austausch der Leistungen und damit ohne die – fehlgeschlagene – Vertragserfüllung bestünde (Rn 102), **zielt** der Anspruch auf Schadensersatz statt der Leistung umgekehrt darauf, den Zustand herzustellen, der bei ordnungsgemäßer Erfüllung des Vertrages eingetreten wäre (Rn 172 f). Der Schadensersatzanspruch dient damit zwar der Abwicklung fehlgeschlagener Verträge, nicht aber deren Rückabwicklung: Der Schadensersatz soll das Leistungsinteresse des Gläubigers wertmäßig befriedigen. Während der Rücktritt Schuldner und Gläubiger von den Belastungen des Vertrages befreit, erhält der Anspruch auf Schadensersatz statt der Leistung dem Gläubiger die Vorteile, insbesondere den Gewinn, aus dem Vertrag und befriedigt sein Leistungsinteresse in Geld. Trotz der unterschiedlichen Zwecke schließt der Rücktritt vom Vertrag den Anspruch auf Schadensersatz in gegenseitigen Verträgen nicht aus, **§ 325 BGB und § 437 Nr 2 und 3 BGB** („und"). Näher gleich Rn 203 ff.

b) Rückabwicklung nach Schadensersatzvorschriften

200 Verlangt der Gläubiger Schadensersatz statt der Leistung unter Rückgewähr der aufgrund des Vertrages ausgetauschten Leistungen, so ist unklar, ob damit eine schadensrechtliche Rückabwicklung verbunden ist oder ob die Rückgewähr der Leistungen über die §§ 346 ff BGB erfolgen muss und der Gläubiger mit Hilfe des Schadensersatzanspruchs lediglich Folgeschäden liquidieren kann. Für die **Rückgewähr der Schuldnerleistung** verweist **§ 281 Abs 5 BGB** beim Schadensersatzanspruch statt der ganzen Leistung auf **§§ 346–348 BGB**: Verlangt der Käufer als Gläubiger wegen einer Falsch- oder Teilleistung oder wegen eines Mangels gem §§ 437 Nr 3, 280 Abs 1, 3 mit 281 Abs 1 S 2 und 3 Schadensersatz statt der ganzen Leistung, so muss er die Schuldnerleistung (Kaufsache) samt Nutzungen und gegen Aufwendungs- und Verwendungsersatz gem §§ 281 Abs 5 BGB nach 346, 347 zurückgeben – nicht anders als wenn er vom Vertrag zurücktritt (s Rn 102 ff). Dasselbe gilt wegen des Verweises auf § 281 Abs 5 BGB in §§ 283 S 2, 311a Abs 2 S 3 auch dann, wenn der Käufer wegen eines nicht behebbaren Sachmangels Schadensersatz statt der ganzen Leistung nach §§ 437 Nr 3, 280 Abs 1, 3 mit 283 BGB oder nach § 311a Abs 2 BGB verlangt.

§ 281 Abs 5 BGB regelt aber nur die Rückgewähr der Schuldnerleistung, hingegen nicht die Rückgewähr der **Gegenleistung**. Nur für den Fall, dass dem Schuldner (Verkäufer) die Leistung unmöglich wird, nachdem der Gläubiger (Käufer) die Gegenleistung (Kaufpreis) bereits erbracht hat, verweist **§ 326 Abs 4 BGB** auf die §§ 346–348 BGB: Der Käufer hat nach §§ 346 Abs 1, 437 Abs 1 BGB Anspruch auf Rückzahlung des verzinsten Kaufpreises. Im Übrigen fehlt für die Gegenleistung ein Verweis auf die Rücktrittsvorschriften. Ist die Kaufsache irreparabel mangelhaft, fallen Leistungs- und Gegenleistungspflicht nicht nach § 326 Abs 1 S 1 BGB automatisch weg und greift § 326 Abs 4 BGB mit §§ 346–348 BGB nicht, sondern erhält § 326 Abs 1 S 2 BGB dem Käufer das Wahlrecht aus § 437 BGB: Der Käufer muss gem §§ 326 Abs 5 mit 323 BGB vom Kaufvertrag zurücktreten, um Rückabwicklungspflichten zu begründen (Rn 75).

Weil § 281 Abs 5 BGB auf §§ 346–348 BGB verweist (Rn 200) ist – jenseits von § 326 Abs 4 BGB (Rn 201) – nur problematisch, ob die **Gegenleistung** nach Schadensersatzrecht oder nach Rücktrittsvorschriften rückabgewickelt wird. Insoweit liest man häufig, der Käufer erhielte den Kaufpreis im Wege des Schadensersatzes **als Mindestschaden** zurück.[607] Gemeint ist kein schadensrechtlicher Anspruch auf Rückzahlung des Kaufpreises, sondern die Schadensberechnung im Wege der **Rentabilitätsvermutung** (besser: Amortisationsvermutung, näher Rn 221 f): Es wird unterstellt, dass die Investition des Kaufpreises für den Käufer lohnend gewesen wäre, wenn er die Kaufsache mangelfrei erhalten hätte. Der Verlust des Kaufpreises ist dann der dem Käufer entstehende Mindestschaden: Der gezahlte Betrag erhöht als Rechnungsfaktor seinen Schadensersatzanspruch, so dass er rechnerisch so gestellt wird, als erhalte er den gezahlten Kaufpreis zurück.[608] Die Rentabilitätsvermutung greift aber **nur bei erwerbswirtschaftlichen Geschäften**, also nicht beim Kauf von Gütern zur rein privaten Nutzung (Rn 222). Zudem ist sie **widerleglich**:[609] Der Verkäufer kann nachweisen, dass die Investition des Käufers sich nicht rentiert hätte, etwa der verkaufte Wagen mangelfrei weniger wert gewesen wäre (30.000 €) als der Kaufpreis (35.000 €); dann schuldet der Verkäufer Schadensersatz nur in Höhe des objektiven Werts der Kaufsache (30.000 €). Die „Rückgewähr" der Gegenleistung im Wege des Schadensersatzes stellt den Gläubiger damit auch bei erwerbswirtschaftlichen Geschäften nicht besser als die Rückgewähr über § 346 Abs 1 BGB, sondern **schlechter: Nur nach § 346 Abs 1 BGB** hat der Käufer Anspruch auf Rückzahlung des tatsächlich **gezahlten Kaufpreises**, im Beispielsfall also auf Rückzahlung von 35.000 €. Nur nach Rücktrittsvorschriften erhält er **Sachleistungen** zurück, etwa die eingetauschte Sache oder bei einem Kaufvertrag der Käufer den in Zahlung gegebenen Altwagen oder der wegen Zahlungsverzugs des Käufers zurücktretende Verkäufer die Kaufsache.

---

[607] OLG Karlsruhe 14.9.2004 – 8 U 97/04, NJW 2005, 989, 991 (zu § 311a Abs 2); Arnold ZGS 2003, 427, 428 f; NomosKomm/Dauner-Lieb/ Dubovitskaya³ (2016) § 325 Rn 3; BeckOK/ Schmidt (15.6.2017) § 325 Rn 13; Münch-Komm/Emmerich⁷ (2016) vor § 281 Rn 22; Palandt/Grüneberg⁷⁶ (2017) § 281 Rn 23; auch Staudinger/Schwarze (2014) § 280 Rn E 124 mit E 115.

[608] BGH 21.4.1978 – V ZR 235/77, BGHZ 71, 234, 238 ff; OLG Karlsruhe 14.9.2004 – 8 U 97/04, NJW 2005, 989, 991; BeckOK/Schmidt (15.6.2017) § 325 Rn 13; Palandt/Grüneberg⁷⁶ (2017) § 281 Rn 23 f.

[609] Statt aller Staudinger/Schwarze (2014) § 280 Rn E 118 ff.

c) Rückabwicklung nach Rücktrittsvorschriften
aa) Zweistufiger Schadensersatzanspruch

203 Um die Nachteile des reinen Schadensersatzanspruchs (Rn 202) zu vermeiden, muss der Gläubiger Schadensersatzanspruch und Rücktritt miteinander kombinieren (zweistufiger Schadensersatzanspruch), § 325 BGB:[610] In einem ersten Schritt gewähren die Vertragspartner einander die erhaltenen **(Teil-)Leistungen nach Rücktrittsvorschriften zurück**, um die Erfüllung des Vertrages rückgängig zu machen. Mit dem Rücktritt wird dem Gläubiger die Dispositionsfreiheit zurückgegeben und der Zustand wiederhergestellt, der ohne den gestörten Austausch der Leistungen bestanden hätte. In einem zweiten Schritt kann der Gläubiger verlangen, dass sein Interesse an der ordnungsgemäßen Erfüllung des Vertrages befriedigt wird: Er kann nach §§ 280 Abs 1, 3 mit 281, 283 BGB mit dem **Schadensersatz nach der Differenzmethode** die Wertdifferenz zwischen Schuldnerleistung und Gegenleistung sowie etwaige Folgeschäden ersetzt verlangen, die dadurch entstehen, dass der Schuldner endgültig nicht leistet (Rn 190, 196).[611] Dem Gläubiger (Käufer) bleibt aber auch die Wahl, nur die Schuldnerleistung (Kaufsache) über §§ 281 Abs 4, 346 ff BGB zurückzugeben, dem Schuldner (Verkäufer) aber die Gegenleistung (Kaufpreis) zu belassen und den Wert der gesamten Schuldnerleistung (Kaufsache) im Wege des Surrogationsschadensersatzes zu verlangen (oben Rn 175, 177 und Beispiel in Rn 213).

204 Schwierigkeiten bereitet bei der Kombination von Rücktritt und Schadensersatz, dass **drei Leistungen** mit ihren Nutzungen, Verwendungen und Aufwendungen **in die Abrechnung** einbezogen werden müssen: die hypothetische ordnungsgemäße Schuldnerleistung (etwa der mangelfreie Audi TT), die erbrachte vertragswidrige Schuldnerleistung (der mangelhafte Audi TT) sowie die Gegenleistung des Gläubigers (der eingetauschte Jaguar bzw der Kaufpreis, Beispiel aus Rn 173).

bb) Nutzungsersatz und Nutzungsausfallschaden

205 Hat der Schuldner (Verkäufer) nur teilweise oder mangelhaft geleistet, so muss der **Schadensersatzgläubiger** (Käufer) als Rückgewährschuldner nicht nur die empfangene Leistung (das mangelhafte Auto) nach §§ 281 Abs 5, 346 Abs 1 BGB zurückgeben, sondern auf der ersten Stufe auch die gezogenen **Nutzungen** herausgeben oder ersetzen, §§ 281 Abs 5, 346 Abs 1 und 2 S 1 Nr 1 BGB. Etwa muss der Käufer die Gebrauchsvorteile ersetzen, die er aus dem Fahren mit dem Auto gezogen hat (Rn 113 f). Da die Vertragspartner über die Rückgewähr der Leistungen so gestellt werden, als habe der Verkäufer gar nicht geleistet, kann der Käufer in einem zweiten Schritt aber Ersatz des **Nutzungsausfallschadens** verlangen, also Ersatz der Nutzungen, die er gezogen hätte, wenn der Verkäufer ein dem Vertrag entsprechendes mangelfreies Auto

---

[610] STAUDINGER/KAISER (2012) vor § 346 ff Rn 47; STAUDINGER/SCHWARZE (2015) § 325 Rn 30; PALANDT/GRÜNEBERG[76] (2017) § 281 Rn 22; JAUERNIG/STADLER[16] (2015) § 281 Rn 18; zwingend für eine Kombination von Rücktritt und Schadensersatz MünchKomm/ERNST[7] (2016) § 325 Rn 8; FAUST, in: HUBER/FAUST (2002) 3/Rn 189 ff.

[611] Anspruchsgrundlage ist von Anfang an §§ 437 Nr 3, 280 Abs 1, 3 mit 281 BGB: Der Käufer macht den Empfang der Leistung rückgängig und verlangt, so gestellt zu werden, als habe er niemals eine Leistung erhalten. Wegen der durch sein Schadensersatzverlangen ausgelösten Rückgewähr der Kaufsache samt Nutzungen liquidiert er keinen Betriebsausfallschaden (mangelbedingten Nutzungsausfallschaden), sondern einen echten Vorenthaltungsschaden (Nutzungsausfallschaden wegen Nichtleistung): KAISER ZfPW 2015, 129, 146.

geleistet hätte. Der Schadensersatz für den Nutzungsausfallschaden wird durch die Pflicht zur Nutzungsherausgabe nach Rücktrittsvorschriften nicht ausgeschlossen.[612]

Der **BGH** folgt aus § 325 BGB aber kein Nebeneinander von Schadensersatz und Rücktritt,[613] sondern ein **(zeitliches) Hintereinander**: Für die Zeit, in der der Käufer Nutzungen aus der Kaufsache (aus dem Fahren mit dem gekauften Auto) gezogen hat, soll er Rückzahlung des Kaufpreises nur gegen Abzug einer Nutzungsvergütung verlangen können, dh Wertersatz nach § 346 Abs 1, 2 S 1 Nr 1 BGB (Rn 114) schulden.[614] Nur für den Zeitraum, in dem der Käufer die Sache nach Rücktritt nicht mehr nutzt, erhält er über §§ 280 Abs 1, 3 mit 281, 283 BGB seinen Nutzungsausfallschaden ersetzt.[615] Damit beschränkt der BGH den Schadensersatzanspruch zum einen auf den Vorenthaltungsschaden wegen Nichtnutzung und zum anderen auf den Zeitraum nach Rücktritt und Schadensersatzverlangen.[616]

Die Pflicht, für die aus der Kaufsache vor Rücktrittserklärung gezogenen Nutzungen Wertersatz zu leisten (Rn 205), obwohl Ursache für die Lösung vom Vertrag eine vom Verkäufer zu vertretende Pflichtverletzung ist, **benachteiligt den Käufer entgegen § 281 Abs 5 BGB (und § 325 BGB) mit §§ 346 ff BGB**: Richtig ist zwar, dass der Käufer über § 346 Abs 1, 2 S 1 Nr 1 BGB Wertersatz für die gezogenen Fahrnutzungen schuldet. Über die **Rückgewähr** der mangelhaften Kaufsache samt Nutzungsersatz wird der Käufer aber **so gestellt, als habe der Verkäufer gar nicht geleistet** und damit so behandelt, als sei er mit dem Auto gar nicht gefahren (erste Stufe des Schadensersatzanspruchs); auf der zweiten Stufe erhält der Käufer über §§ 437 Nr 3, 280 Abs 1 BGB dann für den gesamten Zeitraum der versuchten Vertragserfüllung seinen Nutzungsausfallschaden ersetzt. Es bestehen **zwei gegenläufige Ansprüche** auf Nutzungsherausgabe und Nutzungsersatz. Das ist selbstverständlich für Nutzungen, die nach § 346 Abs 1 BGB in natura herausgegeben werden müssen, wie etwa beim rückabzuwickelnden Kauf über ein mangelhaftes landwirtschaftliches Gut die eingefahrene Ernte: Der Käufer muss auf der ersten (rücktrittsrechtlichen) Stufe die Ernte herausgeben und wird damit so behandelt, als habe er das Landgut überhaupt nicht erhalten; auf der zweiten (schadensrechtlichen) Stufe kann er dann für die Ernte, die er bei ordnungsgemäßer Schuldnerleistung hätte ziehen können, vollumfänglich Schadensersatz in Geld verlangen. Schuldet der Gläubiger gem § 346 Abs 2 S 1 Nr 1 BGB Nutzungsherausgabe in Geld (insbesondere Wertersatz für Gebrauchsvorteile aus dem Fahren mit dem Auto) auf der ersten Stufe und erhält er auf der zweiten Stufe Schadensersatz für seinen gesamten Nutzungsausfallschaden gem §§ 437 Nr 3, 280 Abs 1 BGB, sind beide gegenläufigen Ansprüche auf Geld gerichtet und können **gem §§ 387 ff BGB gegeneinander aufgerechnet** werden.[617] Die beiden Ansprüche heben sich damit grundsätzlich auf:

---

[612] BGH 28.11.2007 – VIII ZR 16/07, BGHZ 174, 290 (Rn 10); BGH 14.4.2010 – VIII ZR 145/09, NJW 2010, 2426 (Rn 17 ff); STAUDINGER/SCHWARZE (2015) § 325 Rn 36.

[613] So aber die Interpretation der Entscheidung BGH 2007 durch FAUST JZ 2008, 471, 472.

[614] BGH 28.11.2007 – VIII ZR 16/07, BGHZ 174, 290 (Rn 6 ff, 10 aE); zum großen Schadensersatz nach §§ 463 S 2, 635 aF auch BGH 31.3.2006 – V ZR 51/05, BGHZ 167, 108 (Rn 13); BGH 9.2.2006 – VII ZR 228/04, NJW-RR 2006, 890, 891; BGH 6.10.2005 – VII ZR 325/03, BGHZ 164, 235, 240; näher KAISER ZfPW 2015, 129, 140 ff.

[615] BGH 28.11.2007 – VIII ZR 16/07, BGHZ 174, 290 (Rn 6 ff, 10 aE); zum großen Schadensersatz nach §§ 463 S 2, 635 aF auch BGH 31.3.2006 – V ZR 51/05, BGHZ 167, 108 (Rn 13); BGH 9.2.2006 – VII ZR 228/04, NJW-RR 2006, 890, 891; BGH 6.10.2005 – VII ZR 325/03, BGHZ 164, 235, 240.

[616] Deutlich BGH 14.4.2010 – VIII ZR 145/09, NJW 2010, 2426 (Rn 13).

[617] STAUDINGER/SCHWARZE (2015) § 325 Rn 36;

Entsprechen die Nutzungen, die der Käufer aus dem Fahren mit dem mangelhaften Auto tatsächlich gezogen hat, den Nutzungen, die er aus dem Fahren mit dem mangelfreien Auto gezogen hätte, hat er im Ergebnis keinen Schaden erlitten; er erhält keinen Schadensersatz in Geld, muss aber auch keinen Wertersatz leisten.[618] Nur wenn der Sachmangel die Gebrauchstauglichkeit des gekauften Autos einschränkt, der Käufer also aus dem Fahren mit dem mangelhaften Auto geringere Gebrauchsvorteile gezogen hat, als er es bei Lieferung eines mangelfreien Wagens getan hätte (etwa weil er mit dem Auto wegen eines mangelbedingten Motorschadens praktisch nie gefahren ist), macht er über den Schadensersatzanspruch rechnerisch ein Plus: Er behält (im rechnerischen Ergebnis) die gezogenen Gebrauchsvorteile und kann die ihm entgangenen Mehrnutzungen ersetzt verlangen. Damit erhält der Käufer **Schadensersatz, soweit ihm ein über die gezogenen Nutzungen hinausgehender Mindernutzungsschaden entstanden ist**.[619]

208 **Nutzungen**, die der Käufer aus der Kaufsache entgegen den Regeln einer ordnungsgemäßen Wirtschaft **nicht gezogen hat**, obwohl er sie hätte ziehen können, muss er dem Schuldner nach §§ 281 Abs 5, 347 Abs 1 S 1 BGB ersetzen, wenn nicht – wie häufig – zu seinen Gunsten das Privileg des § 347 Abs 1 S 2 BGB greift (Rn 115). Die **Wertersatzpflicht aus §§ 281 Abs 5, 347 Abs 1 S 1 BGB** wird aber **schadensrechtlich überlagert**: Die Belastung mit der Ersatzpflicht aus § 347 Abs 1 S 1 BGB ist für den Käufer ein Folgeschaden, dem er bei ordnungsgemäßer Leistung nicht ausgesetzt gewesen wäre. Hat der Verkäufer den Sachmangel oder die unterbliebene Nacherfüllung zu vertreten (Rn 163 ff), so muss er diesen Folgeschaden ersetzen. Über seinen Schadensersatzanspruch aus §§ 280 Abs 1, 3 mit 281, 283 BGB kann der Käufer verlangen, so gestellt zu werden, wie er bei ordnungsgemäßer Leistung im Zeitpunkt der Rücktrittserklärung stünde; dann träfe ihn die Ersatzpflicht aus § 347 Abs 1 S 1 BGB nicht.[620]

209 Als Rückgewähr- und Schadensersatzgläubiger kann der Käufer zum einen rücktrittsrechtlich **aus §§ 346 Abs 1, 347 Abs 1 BGB vom Verkäufer die aus dem Kaufpreis gezogenen oder ziehbaren Nutzungen (Zinsen) herausverlangen**, und hat zum anderen schadensrechtlich nach § 280 Abs 1 BGB Anspruch auf Ersatz der Nutzungen, die er aus der ordnungsgemäßen Verkäuferleistung hätte ziehen können, etwa auf Ersatz der Gebrauchsvorteile aus dem Fahren mit dem mangelfreien Auto (Rn 207). Dass dem Gläubiger die Nutzungsvorteile sowohl aus der Gegenleistung als auch aus der Schuldnerleistung zugewiesen werden, begünstigt ihn entgegen dem schadensrechtlichen Bereicherungsverbot. Eine ungerechtfertigte Begünstigung des Käufers verhindert die **Vorteilsausgleichung**[621]: Der Nutzungsvorteil aus der Gegenleistung (Zinsen aus dem Kaufpreis) wird mit dem kongruenten Vorenthaltungsschaden (entgangene Nutzungen aus der Kaufsache) verrechnet. Denn der Käufer hätte die Nutzungen aus dem ge-

---

näher KAISER ZfPW 2015, 129, 144 ff und 146 ff; vgl auch HÖPFNER NJW 2010, 127, 130; nur im Ergebnis deckungsgleich, aber abw von vornherein gegen eine Pflicht zur Nutzungsherausgabe (in teleologischer Reduktion der §§ 281 Abs 5, 346 Abs 1 BGB) LIEDER Jura 2010, 612, 616 f; GSELL JZ 2004, 643, 646 und in: SOERGEL[13] (2005) § 325 Rn 11; s auch ARNOLD ZGS 2003, 427, 429 Fn 13; BeckOGK/HERRESTHAL (1.8.2017) § 325 Rn 82.
[618] KAISER ZfPW 2015, 129, 146 ff, 149.
[619] KAISER ZfPW 2015, 129, 152 ff.
[620] STAUDINGER/KAISER (2012) Vorbem 52 vor §§ 346 ff; iE ebenso STAUDINGER/SCHWARZE (2015) § 325 Rn 36; vgl zum Bereicherungsrecht BGH 2.7.1962 – VIII ZR 12/61, NJW 1962, 1909, 1910; eine Herabsetzung der rücktrittsrechtlichen Haftung über den Schadensersatzanspruch pauschal abl MünchKomm/ERNST[7] (2016) § 325 Rn 10.
[621] Näher VIEWEG, in: STAUDINGER/Eckpfeiler J. Rn 94 ff.

kauften Auto nur gegen Zahlung des Kaufpreises und damit unter Verzicht auf die Zinsen aus dem Kaufpreis erzielen können.[622]

cc) **Kein Verwendungs- und Aufwendungsersatz**
Gem **§§ 281 Abs 5, 347 Abs 2 S 1 BGB** hat der Käufer nach Rücktritt **Anspruch** auf Ersatz der notwendigen Verwendungen, die er auf die Schuldnerleistung gemacht hat, etwa auf Ersatz der Kosten für die Reparatur des gekauften Autos (Rn 117 f). Nach § 347 Abs 2 S 2 BGB kann er zudem die Aufwendungen ersetzt verlangen, die den Verkäufer bei Rückgewähr bereichern, etwa den Mehrwert, den das Auto aufgrund des vom Käufer eingebauten Navigationssystems hat (Rn 119 f). Verlangt der Käufer aber über den Schadensersatz so gestellt zu werden, wie er bei ordnungsgemäßer Leistung stünde – dh in allen Fällen, in denen erst der Verweis in § 281 Abs 5 BGB zur Anwendung des § 347 Abs 2 BGB führt –, so „neutralisiert" der Schadensersatzanspruch die dort angeordnete Pflicht des Verkäufers zum Verwendungs- und Aufwendungsersatz: Die Kosten für die Wartung und Unterhaltung des Wagens und für die Haftpflichtversicherung und Kfz-Steuern hätte der Käufer auch bei ordnungsgemäßer Vertragserfüllung aufwenden müssen, um die Kaufsache nutzen zu können; sie wären ihm in jedem Fall entstanden **(Sowiesokosten)**, etwa nach hM die Kosten zur Anmietung einer Garage für das gekaufte Auto (Rn 117). Erhielte der Käufer sowohl den Nutzungsausfallschaden ersetzt als auch zusätzlich über §§ 281 Abs 5, 347 Abs 2 BGB die Sowiesokosten, die er bei ordnungsgemäßer Erfüllung für die Nutzungsziehung hätte aufwenden müssen, verstieße dies gegen das schadensrechtliche Bereicherungsverbot. Erhält der Käufer über den rücktrittsrechtlichen Verwendungs- und Aufwendungsersatzanspruch aus § 347 Abs 2 BGB mehr, als er im Wege des Schadensersatzes bekäme, so muss er sich diesen Vorteil **im Wege der Vorteilsausgleichung anrechnen lassen**.[623] Dem Käufer die Nutzungen aus der Sache zu belassen bzw zu ersetzen, ihn aber zugleich mit den Kosten für die Nutzungsziehung zu belasten, entspricht der in § 446 S 2 BGB und §§ 994 Abs 1 S 2, 995 S 2 BGB ausgedrückten Grundregel, dass Nutzungen und Kosten zusammengehören.[624]

Zudem **verpflichtet § 347 Abs 2 S 1 BGB** den Käufer nach Rücktritt dazu, dem Verkäufer die Verwendungen zu ersetzen, die dieser auf die Gegenleistung gemacht hat,[625] etwa die Kosten zu erstatten, die dem Verkäufer für die Reparatur des in Zahlung gegebenen Altwagens entstanden sind. Diese rücktrittsrechtliche Wertersatzpflicht belastet den Käufer als **Folgeschaden**, für den der Verkäufer haftet, wenn er die zum Rücktritt berechtigende Leistungsstörung zu vertreten hat: Bei ordnungsgemäßer Leistung hätte den Käufer die Ersatzpflicht aus § 347 Abs 2 S 1 BGB nicht getroffen

---

[622] Obiter dictum BGH 14.4.2010 – VIII ZR 145/09, NJW 2010, 2426 (Rn 27); Arnold ZGS 2003, 427, 429; Gsell JZ 2004, 643, 644 f und in: Soergel[13] (2005) § 325 Rn 5; Faust, in: Huber/Faust (2002) 3/Rn 194; NomosKomm/Dauner-Lieb/Dubovitskaya[3] (2016) § 325 Rn 6; Staudinger/Kaiser (2012) Vorbem 53 zu §§ 346 ff; weiter BeckOGK/Herresthal (1.8.2017) § 325 Rn 77; zum Verzögerungsschadensersatz ebenso vOlshausen, in: FS U Huber (2006) 471, 476; MünchKomm/Gaier[7] (2016) vor § 346 Rn 39 aE; ähnlich dafür, dass der Schadensersatzanspruch des Gläubigers seinen Anspruch auf Nutzungsersatz aus §§ 346, 347 verdrängt Staudinger/Schwarze (2015) § 325 Rn 39.

[623] Staudinger/Schwarze (2015) § 325 Rn 36 f; BeckOGK/Herresthal (1.8.2017) § 325 Rn 79; vgl auch BGH 31.3.2006 – V ZR 51/05, BGHZ 167, 108 (Rn 19).

[624] Kaiser ZfPW 2015, 129, 149 f; teilweise abw noch Kaiser, in: Staudinger/Eckpfeiler (2014) I. Rn 211.

[625] Staudinger/Kaiser (2012) Vorbem 55 zu §§ 346 ff; differenzierend BeckOGK/Herresthal (1.8.2017) § 325 Rn 85 ff.

(vgl schon Rn 208). Damit **schränkt** der Schadensersatzanspruch des Käufers aus §§ 280 Abs 1, 3 mit 281, 283 BGB **dessen rücktrittsrechtliche Pflicht zum Verwendungsersatz ein**: Er schuldet Verwendungsersatz nur, soweit er durch die Verwendungen des Verkäufers entsprechende eigene Aufwendungen erspart hat, etwa wenn er für die Reparatur des in Zahlung gegebenen Altwagens genauso viel Geld hätte aufwenden müssen wie der Verkäufer. Hätte der Käufer den Wagen in Eigenarbeit billiger reparieren können, so muss er dem Verkäufer dessen höhere Reparaturkosten hingegen nicht nach § 347 Abs 2 S 1 BGB ersetzen.[626]. Zum Ersatz bloßer Aufwendungen des Verkäufers verpflichtet § 347 Abs 2 S 2 BGB den Käufer von vornherein mit der Beschränkung, dass das Ergebnis dieser Aufwendungen den Käufer bei Rückgewähr der Kaufsache bereichern muss (Rn 119 f, zur aufgedrängten Bereicherung Rn 119); das schließt es aus, dass beim Käufer durch den Aufwendungsersatz eine schadensrechtlich auszugleichende Vermögenseinbuße eintritt.[627]

dd) Unmöglichkeit der Rückgewähr

212 Ist die Rückgewähr unmöglich, kann etwa der Käufer als **Schadensersatzgläubiger und Rücktrittsberechtigter** das mangelhafte Auto nicht zurückgeben, ist er grundsätzlich gem § 346 Abs 2 BGB zum Ersatz des Sachwerts verpflichtet (Rn 122 ff). Ist die **Wertersatzpflicht** des Käufers **ausnahmsweise ausgeschlossen** (Rn 129 ff), etwa weil das gekaufte Auto bei einem Unfall wegen des zum Rücktritt berechtigenden Mangels (defekte Bremsen) vollständig zerstört worden ist (§ 346 Abs 3 S 1 Nr 2 BGB [Rn 134]) oder weil der Käufer den Unfall zwar fahrlässig, aber unter Einhaltung der eigenüblichen Sorgfalt verursacht hat (§ 346 Abs 3 S 1 Nr 3 BGB [Rn 136 ff]), so mindert das den Schadensersatzanspruch des Käufers aus §§ 280 Abs 1, 3 mit 281, 283 BGB nicht: Die Wertungen der §§ 346 ff BGB sind auch für den Schadensersatzanspruch bindend: Die Vertragspartner sind so zu behandeln, als seien die Leistungen rückabgewickelt worden.[628]

213 Problematischer ist der Fall, dass der **Schadensersatzschuldner und Rücktrittsgegner** die Gegenleistung des Gläubigers nicht zurückgeben kann und auch **keinen Wertersatz** schuldet. Tauscht jemand einen Audi TT (mangelbedingter Wert: 30.000 € statt 34.000 €) gegen einen Jaguar (Wert: 34.000 €, Beispiel aus Rn 174) und tritt er wegen des Mangels am Audi TT vom Tauschvertrag zurück, so hat er gegen Rückgabe des Audi TT gem § 346 Abs 1 BGB Anspruch auf Rückgewähr des Jaguars oder, wenn der Jaguar nicht mehr zurückgegeben werden kann, gem § 346 Abs 2 S 1 Nr 3, S 2 BGB Anspruch auf Wertersatz iHv 34.000 €. Schuldet der Vertragspartner ausnahmsweise keinen Wertersatz für den Jaguar, muss der Rücktrittsberechtigte den Audi TT gleichwohl zurückgeben. Den Wert des Jaguars erhält er auch nicht über einen Anspruch auf Schadensersatz statt der Leistung ersetzt.[629] Die Wertungen der §§ 346 ff BGB (kein Wertersatz) sind auch insoweit abschließend (schon gerade Rn 212) und entsprechen

---

[626] STAUDINGER/KAISER (2012) Vorbem 55 zu §§ 346; für eine Ersatzpflicht, wenn Verwendungen und Nutzungen nicht kongruent sind: STAUDINGER/SCHWARZE § 325 Rn 40; **abw** FAUST, in: HUBER/FAUST (2002) 3/Rn 196; eine Herabsetzung der rücktrittsrechtlichen Haftung über den Schadensersatzanspruch pauschal abl MünchKomm/ERNST[7] (2016) § 325 Rn 10.

[627] STAUDINGER/KAISER (2012) Vorbem 55 zu §§ 346 ff; auch FAUST, in: HUBER/FAUST (2002) 3/Rn 196; BeckOGK/HERRESTHAL (1.8.2017) § 325 Rn 88.

[628] STAUDINGER/SCHWARZE (2015) § 325 Rn 38; BeckOGK/HERRESTHAL (1.8.2017) § 325 Rn 84.

[629] STAUDINGER/KAISER (2012) Vorbem 57 zu §§ 346 ff; **abw** für Schadensersatz GSELL JZ 2004, 643, 646 und in: SOERGEL[13] (2005) § 323 Rn 11 § 325 Rn 12; MünchKomm/ERNST[7] (2016) § 325 Rn 10; STAUDINGER/SCHWARZE

denen des Schadensersatzrechts: Die Wertersatzpflicht des Rücktrittsgegners wird in der Regel nur nach § 346 Abs 3 S 1 Nr 2 BGB ausgeschlossen sein, also nur dann, wenn die Sache (Jaguar) aufgrund eines vom anderen (Rücktrittsberechtigten) zu vertretenden Umstandes, insbesondere eines Sachmangels, untergeht oder wenn das Schadensereignis beim Vertragspartner (Rücktrittsberechtigten) ebenso eingetreten wäre (Rn 135 f). Der Ausschluss des Wertersatzanspruchs stellt den Rücktrittsberechtigten und Schadensersatzgläubiger damit so, wie er stünde, wenn er den Jaguar behalten hätte; auch dann wäre dieser untergegangen; der Mangel des eingetauschten Audi TT ist nicht kausal für den Verlust des Jaguars. Das Gleiche gilt auch dann, wenn der Rücktrittsgegner den eingetauschten Jaguar durch eigenüblich unsorgfältiges Verhalten bei einem Unfall zerstört hat und er – obwohl konkret Rücktrittsgegner – wegen eines Mangels des Jaguars als potenziell Rücktrittsberechtigter in den Genuss des Privilegs aus § 346 Abs 3 S 1 Nr 3 BGB kommt (dazu Rn 136): Obwohl ein Verhalten des Rücktrittsgegners zum Verlust des Jaguars geführt hat, wird dem Rücktrittsberechtigten dieser Verlust nach § 346 Abs 3 S 1 Nr 3 BGB zugewiesen, weil er durch Übergabe des mangelbehafteten Jaguars objektiv seine Pflicht aus dem Tauschvertrag verletzt hat (Rn 137 zum Normzweck). Möchte der Schadensersatzgläubiger und Rücktrittsberechtigte den Nachteil aus dem Verlust seiner Gegenleistung nicht tragen, muss er seinen Anspruch auf Schadensersatz statt der ganzen Leistung nach der Surrogationsmethode berechnen (oben Rn 175, 177): Er gibt dem Schuldner dessen Leistung (Audi TT) zurück, belässt ihm aber die Gegenleistung (Jaguar) und verlangt als Schadensersatz den Wert der ausgebliebenen Schuldnerleistung, also des Audi TT in mangelfreiem Zustand (34.000 €).[630]

Der Gläubiger, der weder seine Leistung zurückerhält noch Wertersatz für diese bekommt, der sich also vorschnell für den Rücktritt in Kombination mit dem Differenzschadensersatz entschieden hat (Rn 213), muss eine Möglichkeit haben, **zum Schadensersatz nach der Surrogationsmethode zurückzukehren**. Nicht haltbar ist die Auffassung[631], der Gläubiger habe so lange die freie Wahl zwischen Rücktritt und Schadensersatz, bis sich der Schuldner mit dem Rücktritt einverstanden erklärt oder für die Rückgewähr Dispositionen getroffen habe, die nicht mehr rückgängig gemacht werden können: Der Rücktritt ist ab Zugang der Rücktrittserklärung beim Rücktrittsgegner wegen seiner Gestaltungswirkung unwiderruflich. Benachteiligen die Folgen des Rücktritts den Rücktrittsberechtigten, weil er gem § 346 BGB weder die Sache noch Wertersatz für diese erhält, so muss er seine Rücktrittserklärung aber gem § 119 Abs 2 BGB anfechten können: Ist der ihm zurückzugebende Leistungsgegenstand beschädigt oder untergegangen, so irrt der Rücktrittsberechtigte über eine wesentliche Eigenschaft der durch Rücktritt (zurück) zu erhaltenden Leistung iS des § 119 Abs 2 BGB – allerdings nur dann, wenn der Rücktrittsgegner bereits bei Zugang der Rücktrittserklärung zur Rückgewähr außerstande ist (anfängliche Rückgewährunmöglichkeit).[632]

(2015) § 325 Rn 41; BeckOGK/HERRESTHAL (1.8.2017) § 325 Rn 78.
[630] STAUDINGER/KAISER (2012) vor §§ 346 ff Rn 57; ebenso FAUST, in: HUBER/FAUST (2002) 3/Rn 195.
[631] CANARIS JZ 2001, 499, 501; DERLEDER NJW 2003, 998, 1000; GSELL JZ 2004, 643, 648 f und in: SOERGEL[13] § 323 Rn 30 f; vOLSHAUSEN, in: FS Huber (2006) 471, 494 f; für ein Widerrufsrecht KRAUSE Jura 2002, 299, 304; Münch-Komm/GAIER[7] (2016) § 349 Rn 4.
[632] Näher STAUDINGER/KAISER (2012) Vorbem 58 zu §§ 346 ff mwNw.

215 Macht der **Schadensersatzgläubiger** (etwa der Käufer) die Rückgewähr dadurch unmöglich, dass er die Kaufsache **veräußert** hat, muss er dem Schuldner den **Veräußerungserlös nach §§ 346 Abs 3 S 2, 818 Abs 1 BGB** herausgeben; dieser umfasst – anders als die Herausgabepflicht des § 285 Abs 1 BGB – aber nicht einen etwaigen Veräußerungsgewinn (Rn 140, 223 f). Schadensrechtlich wird vertreten, dass ein nach § 285 Abs 1 BGB herauszugebender Veräußerungserlös nicht nach § 285 Abs 2 (Rn 225) BGB auf den Schadensersatzanspruch aus §§ 280 Abs 1, 3 mit 281, 283 BGB angerechnet werden soll: Die Möglichkeit, aus der Schuldnerleistung Gewinn zu erzielen, stehe dem Schadensersatzgläubiger zu, der die Herstellung der hypothetischen Lage bei ordnungsgemäßer Erfüllung verlange.[633] Das passt auf den zweistufigen Schadensersatzanspruch unter Rückgewähr der Leistungen gem §§ 346 ff BGB schon deswegen nicht, weil § 285 Abs 1 BGB im Rückgewährschuldverhältnis vor Rücktrittserklärung nach zutreffender Auffassung ohnehin nicht anwendbar ist (Rn 140). Insbesondere liefe eine Nichtanrechnung dem Schutzkonzept des zweistufigen Schadensersatzanspruchs zuwider: Der Käufer erhält gem § 346 Abs 1 BGB gegen Rückgewähr der mangelhaften Kaufsache seinen Kaufpreis samt Zinsen zurück. Dürfte er zusätzlich den aus der Veräußerung der Kaufsache erzielten Erlös behalten, begünstigte ihn dies doppelt. Weil der Käufer den Weiterveräußerungserlös nur gegen Zahlung des Kaufpreises erzielen kann, muss er den Erlös nach §§ 346 Abs 3 S 2, 818 Abs 1 BGB herausgeben, soweit er dem an den Verkäufer gezahlten Kaufpreis entspricht (vgl schon Rn 210); der Anspruch des Verkäufers auf Erlösherausgabe aus §§ 346 Abs 3 S 2, 818 Abs 1 BGB und der Anspruch des Käufers auf Rückzahlung des Kaufpreises können gem §§ 387 ff BGB gegeneinander aufgerechnet werden.

IX. Aufwendungsersatz, §§ 280 Abs 1, 3 mit 284 BGB

216 Der Gläubiger hat die Wahl, ob er anstelle des Anspruchs auf Schadensersatz statt der Leistung nach § 284 BGB Ersatz der Aufwendungen, also der freiwilligen Vermögensopfer, verlangt, die er im Vertrauen auf den Erhalt der Leistung vergeblich gemacht hat. Die wohl hM begreift § 284 BGB als eigenständige Anspruchsgrundlage.[634] Die besseren Gründe sprechen dafür, § 284 BGB als **Haftungsausfüllungsnorm** mit §§ 280 Abs 1, 3 mit 281, 283 und § 311a Abs 2 BGB als Anspruchsgrundlagen zu verstehen:[635] § 284 BGB gewährt Aufwendungsersatz alternativ zum Anspruch auf Schadensersatz statt der Leistung und knüpft damit an dieselben Voraussetzungen an wie dieser. Dass § 284 BGB die Rechtsfolge Aufwendungsersatz selbst anordnet, entspricht §§ 281–283 BGB, die die Rechtsfolge Schadensersatz statt der Leistung ebenfalls selbst aussprechen; diese werden von der ganz hM gleichwohl als Haftungsausfüllungsnormen angesehen (Rn 152). Anspruchsgrundlagen sind damit §§ 280 Abs 1, 3 mit 281, 283, 284 BGB und § 311a Abs 2 BGB.

217 Der Anspruch auf Aufwendungsersatz aus § 284 BGB besteht unabhängig davon, ob der Gläubiger **materielle oder immaterielle Interessen** mit dem Vertrag verfolgt, insbe-

---

[633] BGH 19.9.1980 – V ZR 51/78, NJW 1981, 45, 47 zum kleinen Schadensersatz aus § 463 aF; so allg MünchKomm/Oetker[7] (2016) § 249 Rn 274; Staudinger/Schiemann (2017) § 249 Rn 147.
[634] Brox/Walker, Allgemeines Schuldrecht[41] (2017) § 22 Rn 71; Faust, in: Huber/Faust (2002) 4/Rn 2; Lorenz/Riehm (2002) Rn 222; Oechsler, Vertragliche Schuldverhältnisse[2] (2017) Rn 395; für Aufwendungen, die nicht der Gewinnerzielung dienen: MünchKomm/Ernst[7] (2016) § 284 Rn 8.
[635] Für Aufwendungen, die der Gewinnerzielung dienen, MünchKomm/Ernst[7] (2016) § 284 Rn 8; wohl auch Canaris JZ 2001, 499, 517.

sondere auch bei Vertragsschlüssen zu ideellen und zu konsumtiven Zwecken.[636] Mietet jemand eine Gaststätte und eine Tanzkapelle für seine Geburtstagsfeier und brennt die Gaststätte in der Nacht vor dem Geburtstag nieder, so kann das Geburtstagskind vom Wirt Ersatz des Honorars für die Tanzkapelle verlangen, obwohl es mit der Saalmiete einen immateriellen Zweck – Geburtstagsfeier – verfolgt.

Nach § 284 BGB kann der Gläubiger Ersatz solcher Aufwendungen verlangen, die er im **Vertrauen auf den Erhalt der Leistung** gemacht hat. Das erfasst zum einen die Kosten des Vertragsschlusses, zB Beurkundungskosten,[637] und die Kosten der jetzt nutzlosen Finanzierung des Kaufpreises.[638] Ebenso sind die Vertragsdurchführungskosten zu ersetzen, etwa für die Überführung, Zulassung und Inspektion des gekauften Autos[639] und für dessen Zusatzausstattung,[640] ebenso die Kosten für Einrichtungsgegenstände für die gekaufte Wohnung[641]. Der Aufwendungsersatzanspruch ist aber für die Zeit zu kürzen, in der der Gläubiger die gekaufte Sache genutzt hat, da seine Aufwendungen insoweit nicht frustriert wurden.[642] **Nicht** nach § 284 BGB zu ersetzen sind die Kosten der Vertragsverhandlungen, etwa für die Begutachtung der potenziellen Kaufsache durch einen Kunst- oder Bausachverständigen: Im Zeitpunkt der Vertragsverhandlungen durfte der Gläubiger noch nicht auf den Erhalt der Leistung vertrauen.[643] **218**

Weiter eingeschränkt wird der Ersatzanspruch dadurch, dass der Gläubiger nur solche Aufwendungen ersetzt erhält, die er **billigerweise machen durfte**. Die Formulierung ist mit Hilfe von § 254 BGB auszulegen: Ist der Vertragsschluss noch nicht sicher oder sind bereits Anzeichen für Leistungsstörungen erkennbar, darf der Gläubiger keine Aufwendungen machen, die aufschiebbar sind. Unbillig und damit nicht ersatzfähig sind auch Aufwendungen, die völlig außer Verhältnis zum Wert der geschuldeten Leistung stehen.[644] **219**

§ 284 BGB letzter HS schließt den Ersatzanspruch aus, wenn der **Zweck der Aufwendungen auch ohne die Pflichtverletzung des Schuldners nicht erreicht** worden wäre, etwa wenn sich die Aufwendungen ohnehin nicht rentiert hätten, weil der Gläubiger ein schlechtes Geschäft gemacht hat, oder wenn sie aus einem anderen Grund ohnehin entwertet sind. Hätte etwa das Geburtstagskind (Rn 217) die Geburtstagsfeier wegen Krankheit ohnehin abgesagt, entfällt der Anspruch auf Ersatz des Honorars für die Tanzkapelle gegen den Wirt der abgebrannten Gaststätte. **220**

---

[636] BGH 20.7.2005 – VIII ZR 275/04, BGHZ 163, 381.
[637] OLG Hamm 3.12.2007 – 17 U 19/07, NZM 2009, 587; DEHNER NJW 2002, 3747; STAUDINGER/KAISER (2012) § 347 Rn 61; MünchKomm/GAIER[7] (2016) § 347 Rn 21.
[638] OLG Sachsen-Anhalt 12.1.2007 – 10 U 42/06, juris; OLG Hamm 8.9.2005 – 28 U 60/05, NZV 2006, 421.
[639] BGH 20.7.2005 – VIII ZR 275/04, BGHZ 163, 381; OLG Düsseldorf 18.8.2008 – I-1 U 238/07, juris.
[640] BGH 20.7.2005 – VIII ZR 275/04, BGHZ 163, 381.
[641] OLG Hamm 3.12.2007 – 17 U 19/07, NZM 2009, 587; vgl zum BGB aF BGH 8.7.2005 – IX ZR 230/01, WuM 2005, 530 mit Hinweis auf § 284.
[642] BGH 20.7.2005 – VIII ZR 275/04, BGHZ 163, 381.
[643] OLG Hamm 4.7.2016 – 22 U 28/16, NJW-RR 2016, 1501; statt aller MünchKomm/ERNST[7] (2016) § 284 Rn 22; BeckOK/UNBERATH[2] (1.3.2011) § 284 Rn 15.
[644] MünchKomm/ERNST[7] (2016) § 284 Rn 24; JAUERNIG/STADLER[16] (2015) § 284 Rn 6; PALANDT/GRÜNEBERG[76] (2017) § 284 Rn 6; **aA** FAUST, in: HUBER/FAUST (2002) 4/Rn 31.

221 Trotz der Alternativität von Aufwendungsersatz nach §§ 280 Abs 1, 3 mit 284 BGB und **Schadensersatz statt der Leistung** nach §§ 280 Abs 1, 3 mit 281, 283 BGB, kann man den Schadensersatz weiterhin mit Hilfe der **Rentabilitätsvermutung (besser: Amortisationsvermutung)**[645] berechnen.[646] Nach der Rentabilitätsvermutung erhält der Gläubiger über den Schadensersatz statt der Leistung solche Aufwendungen ersetzt, denen bei ordnungsgemäßer Vertragserfüllung eine entsprechende Vermögensmehrung gegenübergestanden hätte, die er also mit Hilfe der geschuldeten Leistung wieder erwirtschaftet hätte. Die Rentabilitätsvermutung dient der Darlegungs- und Beweiserleichterung, führt aber nicht zu einer Erweiterung des Schadensbegriffs. Der Schaden liegt nicht in den Aufwendungen selbst, sondern im Verlust der Kompensationsmöglichkeit durch die wirtschaftliche Nutzung, also im entgangenen Gewinn: Wäre ordnungsgemäß geleistet worden, hätten sich die Aufwendungen gelohnt. Der Gläubiger kann die **Aufwendungen als entgangenen Mindestgewinn** liquidieren, ohne nachweisen zu müssen, dass ihm tatsächlich ein Gewinn entgangen ist. Weil die Aufwendungen an die Stelle des entgangenen Gewinns treten, kann der Gläubiger entweder nur Ersatz des entgangenen Gewinns oder nur Aufwendungsersatz verlangen.

222 Ein Anspruch auf entgangenen Mindestgewinn über den Ersatz vergeblicher Aufwendungen kann aber nur derjenige geltend machen, der Aufwendungen **zu erwerbswirtschaftlichen Zwecken tätigt**.[647] Verfolgt der Gläubiger mit dem Vertrag lediglich ideelle Zwecke (Anmietung einer Stadthalle für eine Parteiveranstaltung) oder rein private, konsumtive Zwecke (wie im Beispielsfall der Geburtstagsfeier in Rn 217), hilft ihm die Rentabilitätsvermutung nicht, da sich seine Aufwendungen in keinem Fall bezahlt gemacht hätten.[648] In der Ersatzfähigkeit von Aufwendungen, die der Gläubiger für ideelle Zwecke macht, liegt der Vorzug des Aufwendungsersatzanspruchs aus §§ 280 Abs 1, 3 mit 284 BGB gegenüber dem Anspruch auf Schadensersatz statt der Leistung aus §§ 280 Abs 1, 3 mit 281, 283 BGB (s Rn 217).

X. Anspruch auf das Surrogat, § 285 BGB

223 Wird dem Verkäufer als Schuldner die Leistung iS des § 275 Abs 1 BGB unmöglich und erhält er für die unmöglich gewordene Leistung einen Ersatz oder Ersatzanspruch (stellvertretendes commodum), so tritt dieser nach **§ 285 Abs 1 BGB** für den Gläubiger an die Stelle der Schuldnerleistung: Der Verkäufer wird gem § 275 Abs 1 BGB zwar von seiner Primärleistungspflicht, etwa zur Lieferung des verkauften Autos, frei, muss dem Käufer auf dessen Verlangen aber den erlangten Ersatz, etwa die Versicherungssumme für das Auto, herausgeben. Zwischen dem Umstand, der zur Befreiung des Schuldners von der Leistungspflicht nach § 275 Abs 1 bis 3 BGB führt, und dem Erhalt des Ersatzes oder Ersatzanspruchs muss ein Kausalzusammenhang bestehen („infolge"), wobei Mitursächlichkeit genügt. Damit erfasst § 285 Abs 1 BGB auch den Fall, dass dem Verkäufer die Leistung unmöglich wird, weil er das Auto an einen Dritten verkauft hat, der zur Herausgabe nicht bereit ist;[649] der Verkäufer muss dem Käufer

---

[645] BGH 21.4.1978 – V ZR 235/77, BGHZ 71, 234, 238 ff; auch BGH 12.3.2009 – VII ZR 26/06, NJW 2009, 1870.
[646] Statt aller OLG Karlsruhe 14.9.2004 – 8 U 97/04, NJW 2005, 989, 991; PALANDT/GRÜNEBERG[76] (2017) § 281 Rn 23 mwNw.
[647] BGH 21.4.1978 – V ZR 235/77, BGHZ 71, 234, 238 ff; auch BGH 12.3.2009 – VII ZR 26/06, NJW 2009, 1870.
[648] BGH 10.12.1986 – VIII ZR 349/85, BGHZ 99, 182, 196 ff: Stadthallenanmietung für NPD-Veranstaltung.
[649] BGH 10.5.2006 – XII ZR 124/02, BGHZ 167, 312 für eine Doppelvermietung; MünchKomm/EMMERICH[7] (2016) § 285 Rn 22 mwNw

den gesamten Veräußerungsgewinn herausgeben.[650] Zudem müssen der ursprüngliche Leistungsgegenstand und der Gegenstand, für den Ersatz geleistet wird, „identisch" sein.[651] Das Surrogat erhält der Gläubiger nur dann, wenn er es „verlangt". Macht er den Herausgabeanspruch aus § 285 BGB nicht geltend, so bleibt es bei den Rechtsfolgen der §§ 275, 326 Abs 1 S 1 HS 1 BGB: Schuldner und Gläubiger werden von ihren Leistungspflichten frei; der Schuldner kann das Surrogat behalten.

224 Verlangt der Käufer als Gläubiger die Herausgabe des Surrogats nach § 285 Abs 1 BGB, bleibt seine **Pflicht zur Gegenleistung** (Kaufpreiszahlung) nach **§ 326 Abs 3 BGB** bestehen: Statt des Autos „kauft" er die Ersatzsache, also die Versicherungssumme. Bleibt die Höhe des Ersatzes (Versicherungssumme: 40.000 €) hinter dem Wert der Kaufsache (Auto: 50.000 €) zurück, ist die Gegenleistung nach **§§ 326 Abs 3 S 2 BGB mit 441 Abs 3** entsprechend herabzusetzen (etwa der Kaufpreis iHv 30.000 € auf 24.000 €): An dem Wertverhältnis von Leistung und Gegenleistung soll sich nichts dadurch ändern, dass an die Stelle der Primärleistung ein Surrogat tritt (der Käufer erhält statt des Wertzuwachses bei Leistungsaustausch iHv 20.000 [Auto iHv 50.000 € gegen Kaufpreis iHv 30.000 €] einen Gewinn von 16.000 € [Versichungssumme iHv 40.000 € gegen geminderten Kaufpreis iHv 24.000 €]). Hingegen regelt das Gesetz den Fall nicht, dass die Höhe des Ersatzes (etwa der durch Veräußerung erzielte Erlös für das Auto: 60.000 €) den Wert der geschuldeten Leistung übersteigt (Auto: 50.000 €). In diesem Fall bleibt es bei § 326 Abs 3 S 2 BGB: Der Käufer ist verpflichtet, den vertraglich geschuldeten Kaufpreis (30.000 €) zu zahlen, nicht mehr.

225 Verlangt der Gläubiger zusätzlich Schadensersatz statt der Leistung, muss er sich den Ersatz aus § 285 Abs 1 BGB nach **§ 285 Abs 2 BGB auf seinen Schadensersatzanspruch anrechnen lassen**, um eine Doppelentschädigung zu vermeiden.

XI. Abgrenzung zu Störungen vor und bei Vertragsschluss

1. Haftung aus culpa in contrahendo

a) Voraussetzungen

226 Ein gesetzliches Schuldverhältnis entsteht gem § 311 Abs 2 Nr 1 BGB schon durch Vertragsverhandlungen und gem § 311 Abs 2 Nr 2 BGB durch die Vertragsanbahnung,[652] etwa durch das Betreten eines Ladenlokals mit (potenzieller) Kaufabsicht, hingegen nicht durch das Betreten ausschließlich zum Schutz vor Witterungseinflüssen, als Durchgang oder in Diebstahlsabsicht.[653] Als Auffangtatbestand lässt § 311 Abs 2

---

auch auf abw Auffassungen; PALANDT/GRÜNEBERG[76] (2017) § 285 Rn 7.
[650] MünchKomm/EMMERICH[7] (2016) § 285 Rn 23; PALANDT/GRÜNEBERG[76] (2017) § 285 Rn 9; ERMAN/WESTERMANN[13] (2011) § 285 Rn 7; BeckOK/UNBERATH (1.3.2011) § 285 Rn 14; aA H STOLL, in: FS Schlechtriem (2003) 677, 692 ff; STAUDINGER/CASPERS (2014) § 285 Rn 37.
[651] BGH 10.5.2006 – X ZR 155/03, BGHZ 167, 312, 316 ff verneinend bei der Doppelvermietung einer Grundfläche zunächst als Parkplatz und sodann zur Aufstellung von Marktständen;

MünchKomm/EMMERICH[7] (2016) § 285 Rn 17; PALANDT/GRÜNEBERG[76] (2017) § 285 Rn 8.
[652] Ausführlich zu den Voraussetzungen der culpa in contrahendo BUSCHE, in STAUDINGER/Eckpfeiler F.
[653] BGH 28.1.1976 – VIII ZR 246/74, BGHZ 66, 51; HEINRICHS, in: FS Canaris (2007) 421, 434; STAUDINGER/FELDMANN (2018) § 311 Rn 108 ff mwNw; BeckOGK/HERRESTHAL (1.8. 2017) § 311 Rn 289 mwNw; aA für schutzsuchende Passanten MünchKomm/EMMERICH[7] (2016) § 311 Rn 61; auch für Ladendiebe PALANDT/GRÜNEBERG[76] (2017) § 311 Rn 23.

Nr 3 BGB ähnliche geschäftliche Kontakte für ein **vorvertragliches Schuldverhältnis** genügen, etwa ein reines Gefälligkeitsverhältnis mit Schutzpflichten.[654]

227 Nach § 241 Abs 2 BGB verpflichtet das vorvertragliche Schuldverhältnis die Beteiligten zur Rücksicht auf die Rechte, Rechtsgüter und Interessen des jeweils anderen. Die durch den Gesetzgeber kodifizierte Rechtsprechung kennt **drei Fallgruppen der culpa in contrahendo (cic)**:[655] Erstens ergänzen §§ 280 Abs 1, 311 Abs 2, 241 Abs 2 die Deliktshaftung der §§ 823 ff BGB und schützen das Integritätsinteresse des Verhandlungspartners vor Beeinträchtigungen, weswegen etwa der Ladeninhaber dem Kunden haftet, der im Ladenlokal von einer umfallenden Linoleumrolle verletzt wird[656] oder auf einem Gemüseblatt ausrutscht und sich dabei am Knie verletzt.[657] Weil § 241 Abs 2 BGB auch die „Interessen" jedes Verhandlungspartners, also dessen Dispositionsinteresse und Vermögen schützt, haftet zweitens derjenige aus cic, der Vertragsverhandlungen ohne triftigen Grund abbricht.[658] Drittens haftet derjenige, der den Verhandlungspartner durch vorsätzlich oder fahrlässig falsche oder unvollständige Angaben oder durch eine schuldhaft unterbliebene Aufklärung zum Abschluss eines Vertrages bestimmt, den der andere bei ordnungsgemäßer Aufklärung nicht oder nicht so abgeschlossen hätte.[659] Der Schadensersatzanspruch ist auch dann auf §§ 280 Abs 1, 311 Abs 2, 241 Abs 2 BGB (cic) zu stützen, wenn die Vertragspartner später einen wirksamen Vertrag abgeschlossen haben – solange die Pflichtverletzung in die Zeit vor Vertragsschluss fällt.

b) Rechtsfolgen
aa) Vertrauensschadensersatz, §§ 280 Abs 1, 311 Abs 2, 241 Abs 2 BGB

228 Nur die dritte Fallgruppe der **unterbliebenen, unvollständigen oder falschen Aufklärung** mit der Folge eines vom Gläubiger (so) nicht gewollten Vertrages (Rn 227) ist eng mit den Leistungsstörungen verknüpft und führt zu ähnlichen Rechtsfolgen: Über §§ 280 Abs 1, 311 Abs 2, 241 Abs 2 BGB hat der Gläubiger Anspruch auf Ersatz des negativen Interesses: Er ist so zu stellen, wie er stünde, wenn er ordnungsgemäß aufgeklärt worden wäre, der Schuldner ihm also mitgeteilt hätte, dass die Leistung (möglicherweise) nicht oder nur mangelhaft erbracht werden kann. Der Gläubiger kann aber nicht die Anpassung des Vertrags verlangen.[660] Vielmehr hat er die Wahl, an dem für

---

[654] HEINRICHS, in: FS Canaris (2007) 421, 439 ff; CANARIS JZ 2001, 499, 520; MEDICUS/PETERSEN Bürgerliches Recht[26] (2017) Rn 368; MEDICUS/LORENZ[21] (2015) Rn 529; BeckOK /SUTSCHET (15.6.2017) § 311 Rn 50; ERMAN/KINDL[15] (2017) § 311 Rn 22; **aA** JAUERNIG/STADLER[16] (2015) § 311 Rn 45; PALANDT/GRÜNEBERG[76] (2017) Einl v § 241 Rn 8.
[655] PALANDT/GRÜNEBERG[76] (2017) § 311 Rn 29 ff.
[656] RG 7.12.1911 – VI 240/11, RGZ 78, 239, 240.
[657] BGH 28.1.1976 – VIII ZR 246/74, NJW 1976, 712; vgl auch OLG Hamm 15.3.2013 – I-9 U 187/12, 9 U 187/12, NJW-RR 2013, 1242 (Rn 23) zu einem Sturz im nassen Kassenbereich eines Baumarkts mwNw auf die Rechtsprechung.
[658] BGH 19.1.1979 – I ZR 172/76, BB 1979, 598; BGH 29.3.1996 – V ZR 332/94, NJW 1996, 1884, 1885; BGH 7.12.2000 – VII ZR 360/98, NJW-RR 2001, 381; KAISER JZ 1997, 448 f mwNw. Näher BUSCHE, in: STAUDINGER/Eckpfeiler F.
[659] BGH 16.12.2009 – VIII ZR 38/09, NJW 2010, 858 (unterlassene Aufklärung über „fliegenden Zwischenhändler").
[660] BGH 19.5.2006 – V ZR 264/05, BGHZ 168, 35 (Rn 22) mwNw; auch BGH 11.6.2010 – V ZR 144/09, WuM 2011, 524 (Rn 8 ff); STAUDINGER/FELDMANN (2018) § 311 Rn 179; **abw** BUSCHE, in: STAUDINGER/Eckpfeiler (2014) F. Rn 44; auch MünchKomm/EMMERICH[7] (2016) § 311 Rn 198 mwNw. Häufig wird mit „Vertragsanpassung" nur umschrieben, dass der Gläubiger am für ihn ungünstigen Vertrag und Liquidation des Vertrauensschadens festhalten

ihn ungünstigen Vertrag festzuhalten und den verbleibenden Vertrauensschaden zu liquidieren[661], oder er kann sich auf den Standpunkt stellen, richtig aufgeklärt hätte er den Vertrag nie abgeschlossen. Hält der Gläubiger am Vertrag fest, wird er so behandelt, als wäre es ihm bei ordnungsgemäßer Aufklärung gelungen, den Kaufgegenstand zu einem niedrigeren Preis zu erwerben; als Vertrauensschaden kann er den Betrag ersetzt verlangen, um den er die Sache zu teuer gekauft hat.[662] Will sich der Gläubiger vom Vertrag lösen (dazu Rn 229 ff), wird über die Vermutung aufklärungsrichtigen Verhaltens[663] für den Regelfall unterstellt, dass er den Vertrag bei ordnungsgemäßer Aufklärung nicht abgeschlossen hätte. Der Gläubiger erhält in diesem Fall die für den Vertragsschluss und für die Vertragsdurchführung vergeblich gemachten Aufwendungen ersetzt.[664] Ersatz kann er auch für die Einbußen verlangen, die ihm entstehen, weil er es im Vertrauen auf den Vertragsschluss unterlassen hat, ein anderes günstiges Geschäft abzuschließen, etwa bei einem anderen Händler eine entsprechende Sache zu kaufen, deren Preis seitdem gestiegen ist. Einen Anspruch auf Ersatz des positiven Interesses (Nichterfüllungsschaden), etwa auf Ersatz eines entgangenen Weiterveräußerungsgewinns, hat der Gläubiger aus cic nicht.[665]

229 Haben die Vertragspartner schon Leistungen erbracht, kann der Getäuschte gem §§ 280 Abs 1, 311 Abs 2, 241 Abs 2 BGB verlangen, dass der **Vertrag rückgängig** gemacht wird. Um den Käufer, so zu stellen, wie er ohne das schädigende Ereignis stünde, hat er nach hM **Anspruch auf Rückgewähr seines Kaufpreises** im Wege der **Naturalrestitution, § 249 Abs 1 BGB**:[666] Ohne die Aufklärungspflichtverletzung des Verkäufers hielte er seinen Kaufpreis noch in den Händen. Darüber hinaus soll der Käufer über § 249 Abs 1 BGB Ersatz aller Aufwendungen verlangen können, die er mit Blick auf den Vertrag getätigt hat, etwa der Vertragskosten (schon Rn 228).

230 Die **Rückgabe der Schuldnerleistung** (gekauftes Auto) ist demgegenüber nur dann Naturalschadensersatz iS des § 249 Abs 1 BGB, wenn der Käufer durch das Behalten der Kaufsache belastet und damit geschädigt wird. Im Regelfall schädigt jedoch nicht die Belastung mit der Kaufsache, sondern der Verlust des Kaufpreises den Käufer; erhält er den Kaufpreis zurück, ist der täuschungsbedingte Nachteil beseitigt. Zur Rückgewähr der Kaufsache ist der Käufer in der Regel aber nach den Grundsätzen der **Vorteilsausgleichung** verpflichtet: Der Käufer, der den Kaufpreis zurückerhält, würde entgegen dem schadensrechtlichen Bereicherungsverbot ungerechtfertigt begünstigt, wenn er auch die Kaufsache behalten dürfte. Sein auf Rückzahlung des Kaufpreises

---

kann, s auch ERMAN/KINDL[15] (2017) § 311 Rn 80.
[661] BGH 19.5.2006 – V ZR 264/05, BGHZ 168, 35 (Rn 21 ff) mwNw; ERMAN/KINDL[15] (2017) § 311 Rn 80.
[662] BGH 14.3.1991 – VII ZR 342/89, BGHZ 114, 87, 96; BGH 19.5.2006 – V ZR 264/05, BGHZ 168, 35 (Rn 22) mwNw; BGH 11.6.2010 – V ZR 144/09, WuM 2011, 524 (Rn 8 f); MünchKomm/EMMERICH[7] (2016) § 311 Rn 198 mwNw; ERMAN/KINDL[15] (2017) § 311 Rn 80.
[663] BGH 28.4.1992 – XI ZR 165/91, NJW 1992, 2146, 2147; BGH 15.7.2014 – XI ZR 418/13, NJW 2014, 2951 (Rn 26 mwN); MünchKomm/EMMERICH[7] (2016) § 311 Rn 193 f mwNw; s allg VIEWEG, in: STAUDINGER/Eckpfeiler J. Rn 160.

[664] Allg für entstandene Nachteile BGH 26.9.1991 – I ZR 149/89, BGHZ 115, 213, 221 f.
[665] Dazu, dass der Vertrauensschaden ausnahmsweise das Erfüllungsinteresse erreichen kann, BGH 19.5.2006 – V ZR 264/05, BGHZ 168, 35 (Rn 23) mwNw; BGH 11.6.2010 – V ZR 144/09, WuM 2011, 524 (Rn 10); BeckOK/LORENZ (1.2.2017) § 280 Rn 51 mwNw.
[666] BGH 14.10.1971 – VII ZR 313/69, BGHZ 57, 137, 139 = JZ 1972, 338 mit abl Anm LIEB (BMW); BGH 4.4.2001 – VIII ZR 32/00, NJW 2001, 2163, 2165; BGH 13.6.2007 – VIII ZR 236/06, NJW 2007, 3057, 3060; Kritik bei STAUDINGER/KAISER (2012) Vorbem 6 zu §§ 346 ff.

gerichteter Schadensersatzanspruch ist daher von vornherein durch die Pflicht beschränkt, dem Verkäufer die Kaufsache zurückzugeben.[667]

231 Im Wege der **Vorteilsausgleichung** muss sich der Käufer auch die **Nutzungen** anrechnen lassen, die er aus der Leistung gezogen hat,[668] etwa die Gebrauchsvorteile aus dem Fahren mit dem gekauften Auto; der Wertersatz wird wie beim Rücktritt mit Hilfe der linearen Teilwertabschreibung berechnet[669] (Rn 114) und mit dem Anspruch auf Rückzahlung des Kaufpreises verrechnet. Der Schadensersatzschuldner (Verkäufer) ist zur Herausgabe gezogener Nutzungen nicht verpflichtet, erhält aber im Ergebnis die werterhöhenden Verwendungen auf die Gegenleistung (etwa auf das in Zahlung gegebene Kraftfahrzeug) ersetzt, da sich der Käufer als Schadensersatzgläubiger den Wertzuwachs (des Altwagens) im Wege der Vorteilsausgleichung auf seinen Schadensersatzanspruch anrechnen lassen muss.

232 Die komplizierte schadensrechtliche Rückabwicklung der hM ist richtigerweise durch einen **zweistufigen Schadensersatzanspruch** des Gläubigers aus §§ 280 Abs 1, 311 Abs 2, 241 Abs 2 BGB zu ersetzen (vgl Rn 203 zum Schadensersatz statt der Leistung): Der Schadensersatzanspruch geht in einem ersten Schritt auf die Aufhebung des durch Täuschung zustande gekommenen Vertrages und in einem zweiten Schritt auf die Rückgewähr der beiderseitigen Leistungen nach §§ 346 ff BGB.[670] Denn das durch den Vertrauensschadensersatz auszugleichende schädigende Ereignis ist für den Gläubiger nicht der Verlust der eigenen Leistung (Kaufpreis) und die Belastung mit der Gegenleistung des Schuldners (Kaufsache), sondern die Belastung mit dem nicht gewollten Vertrag, also der Vertragsschluss selbst. Da der Schuldner gem § 249 Abs 1 BGB den Zustand herstellen muss, der ohne das schädigende Ereignis (Vertragsschluss) bestünde, schuldet er die **Einwilligung in die Aufhebung des Vertrages**. Das ist selbstverständlich, soweit noch keinerlei Leistungen ausgetauscht worden sind.[671] Durch den Leistungsaustausch ändert sich an der Rechtsfolge aber nichts. Die Rückgewähr der Leistungen ist bloße Folge der Vertragsaufhebung; sie dient dazu, Folgeschäden zu beseitigen.[672] Die ausgetauschten Leistungen werden – wie nach der Aufhebung eines Vertrages durch Vertrag[673] – **nach §§ 346 ff BGB rückabgewickelt**, die ausweislich der Verweise in §§ 281 Abs 5, 326 Abs 4, 439 Abs 4, 441 Abs 4, 635 Abs 4, 638 Abs 4 BGB sedes materie für die Rückabwicklung sind.

---

[667] Zur Vorteilsausgleichung VIEWEG, in: STAUDINGER/Eckpfeiler J. Rn 94 ff. Ist die Rückgewähr unmöglich, weil die Kaufsache beim Käufer untergegangen ist, soll er nach BGH gem § 249 Abs 1 BGB gleichwohl Rückzahlung des vollen Kaufpreises Zug um Zug gegen Rückgabe des Wracks verlangen können; hat er den Untergang verschuldet, soll das seinen Schadensersatzanspruch gem § 254 Abs 1 mindern, BGH 14.10.1971 – VII ZR 313/69, BGHZ 57, 137, 140 ff = JZ 1972, 438 mit abl Anm LIEB (BMW).
[668] BGH 14.10.1971 – VII ZR 313/69, BGHZ 57, 137, 139 (BMW).
[669] BGH 17.5.1995 – VIII ZR 70/94, NJW 1995, 2159, 2161 (Omnibus).
[670] Vgl das BGB 1900 (bis 31.12.2001), das bei Sachmängeln den Anspruch des Käufers auf die „Rückgängigmachung des Kaufes" als Anspruch *auf* Wandelung in § 462 aF von dem nachfolgenden Rückgewähranspruch *aus* Wandelung gem § 467 S 1 aF mit §§ 346 ff unterschied.
[671] So auch die Rspr; etwa RG 29.3.1912 – VII 48/12, RGZ 79, 194, 197; BGH 31.1.1962 – VIII ZR 120/60, NJW 1962, 1196, 1198; BGH 11.5.1979 – V ZR 75/78, NJW 1979, 1983, 1984.
[672] STAUDINGER/KAISER (2012) Vorbem 65 zu §§ 346 ff mwNw.
[673] Rückabwicklung nach §§ 346 ff BGB, wenn die Vertragspartner die Rückgewähr der Leistungen im Aufhebungsvertrag nicht geregelt haben: RG 24.3.1933 – II 407/32, LZ 1933, Sp. 1456, 1457 f (Konditorei); BGH 9.11.1995 – IX ZR 19/95, NJW-RR 1996, 336, 337.

bb) Kein Rücktrittsrecht aus § 324 BGB

Entgegen der Auffassung mancher[674] gewährt **§ 324 BGB kein Recht zum Rücktritt** vom Vertrag wegen Verletzung vorvertraglicher Informationspflichten: Seinem Wortlaut nach reagiert § 324 BGB nur auf Pflichtverletzungen „bei einem gegenseitigen Vertrag". Trotz der wenig glücklichen Formulierung „bei" folgt aus dem Gesamtzusammenhang und der Einordnung des § 324 BGB in den Abschnitt „Gegenseitiger Vertrag", dass dem Gläubiger ein Rücktrittsrecht nur als Reaktion auf Pflichtverletzungen aus einem gegenseitigen Vertrag eingeräumt wird: Voraussetzung für das Rücktrittsrecht ist, dass ein gegenseitiger Vertrag im Zeitpunkt der Pflichtverletzung bereits besteht;[675] daran fehlt es bei Pflichtverletzungen vor Vertragsschluss. Ein Rücktrittsrecht wegen Verletzung vorvertraglicher Pflichten ginge auch zu weit: Die Unzumutbarkeit als einzige Grenze des § 324 BGB spräche in den Fällen, in denen der Gläubiger durch Fehlinformationen zum Abschluss eines für ihn ungünstigen Vertrages bewegt worden ist, nur selten gegen ein Rücktrittsrecht. Schon das Recht zur Lösung vom Vertrag über den Schadensersatzanspruch aus §§ 280 Abs 1, 311 Abs 2, 241 Abs 2 mit 249 Abs 1 BGB (gerade Rn 228 ff) ist mit Blick auf § 123 BGB bedenklich, da die Anfechtung eine vorsätzliche Täuschung voraussetzt, der Schadensersatzanspruch hingegen die fahrlässige Verletzung vorvertraglicher Informationspflichten genügen lässt. Ein verschuldensunabhängiges Rücktrittsrecht aus § 324 BGB ginge über diese Schadensersatzpflicht aus culpa in contrahendo noch hinaus.

2. Anfechtung

Durch die Anfechtung gem §§ 119, 123 BGB wird die auf den Vertragsschluss gerichtete Willenserklärung des Anfechtenden wegen Mängeln bei der Willensbildung (Irrtum, Täuschung, Drohung) vernichtet. Die Anfechtung ist wie der Rücktritt ein **Gestaltungsrecht**. Während der Rücktrittsberechtigte (außer bei einer Reugeldvereinbarung nach § 353 BGB) die Entlassung aus dem Vertrag nicht bezahlen muss, ist der Anfechtende zur Irrtumsanfechtung gem **§ 122 BGB** nur gegen Ersatz eines etwaigen Vertrauensschadens berechtigt; nur der durch Täuschung oder Drohung zur Abgabe einer Willenserklärung Verleitete kann sich gem § 123 BGB entschädigungslos vom Vertrag lösen.

Anders als der Rücktritt (Rn 70, 102) **vernichtet** die Anfechtung der auf den Vertrag gerichteten Willenserklärung des Anfechtenden (Rn 234) mittelbar den **Vertrag** und zwar **gem § 142 Abs 1 BGB rückwirkend** (ex tunc). Ein Rücktritt von einem schon durch die Anfechtung beendeten Vertrag ist nicht möglich.[676] Sind aufgrund des angefochtenen Vertrages Leistungen ausgetauscht worden, müssen diese nach **Bereicherungsrecht** zurückgewährt werden, § 812 Abs 1 S 1 Alt 1; die §§ 346 ff BGB sind nicht

---

[674] GRUNEWALD, in: FS Wiedemann (2002) 75, 76 f; BROX/WALKER, Allgemeines Schuldrecht⁴¹ (2017) § 25 Rn 20; SOERGEL/GSELL¹³ (2005) § 324 Rn 6; MünchKomm/ERNST⁷ (2016) § 324 Rn 6; BeckOK/SCHMIDT (15.6.2017) § 324 Rn 5; BUSCHE, in: STAUDINGER/Eckpfeiler (2014) J. Rn 48.

[675] MANKOWSKI ZGS 2003, 91, 92 f; MERTENS ZGS 2004, 67, 68; RIEBLE, in: DAUNER-LIEB/KONZEN/SCHMIDT, Das neue Schuldrecht in der Praxis (2002) 137, 156; JAUERNIG/STADLER¹⁶ (2015) § 324 Rn 4; STAUDINGER/OTTO/SCHWARZE (2015) § 324 Rn 37; NomosKomm/DAUNER-LIEB³ (2016) § 324 Rn 9; STAUDINGER/KAISER (2012) § 346 Rn 19; JAUERNIG/STADLER¹⁶ (2015) § 324 Rn 4.

[676] Hat ein Vertragspartner den Rücktritt vom Vertrag erklärt, kann er ihn, da das Schuldverhältnis trotz Rücktrittserklärung fortbesteht, hingegen noch anfechten, vgl OLG München 29.10.1952, NJW 1953, 424; HansOLG Hamburg 14.9.1965, MDR 1966, 49.

anwendbar. Die Anfechtung wirkt zudem weitergehend als der Rücktritt nicht nur inter partes, sondern hat dingliche Wirkung für und gegen Dritte, vgl § 142 Abs 2 BGB.

236 Erklärt der Gläubiger, mit dem Vertrag nichts mehr zu tun haben zu wollen oder fordert er das Geleistete zurück, kann darin entweder der Rücktritt vom Vertrag oder eine Anfechtung der auf den Vertrag gerichteten Willenserklärung liegen.[677] Da die Anfechtungserklärung nach ständiger Rechtsprechung unzweideutig erkennen lassen muss, dass der Anfechtende seine Vertragserklärung gerade wegen eines Willensmangels nicht gelten lassen will und von Anfang an als hinfällig betrachtet,[678] ist für die Unterscheidung wesentlich, worauf der Berechtigte sein Abgehen vom Vertrag stützt: auf einen Willensmangel – dann Anfechtung – oder auf Umstände, die wie Leistungsstörungen erst nach Vertragsschluss eingetreten sind – dann Rücktrittserklärung.[679] Kann insoweit keine Klarheit erlangt werden, ist für den Regelfall davon auszugehen, dass der Berechtigte den **für ihn günstigeren Rücktritt vom Vertrag erklären will**: Dieser verpflichtet ihn anders als § 122 BGB nicht zum Ersatz des Vertrauensschadens und vermeidet die Nachteile des Bereicherungsrechts, insbesondere des § 818 Abs 3 BGB und der Saldotheorie.[680] Soweit das Sachmängelrecht das Anfechtungsrecht des Käufers aus § 119 Abs 2 BGB verdrängt (gleich Rn 240), kommt von vornherein nur ein Rücktritt nach §§ 437 Nr 2, 323, 326 Abs 5 BGB in Betracht.

237 Ist der Berechtigte durch eine **arglistige Täuschung** zum Vertragsschluss bewegt worden, helfen diese Überlegungen nicht weiter, da § 122 BGB nicht greift und der täuschende Vertragspartner sich wegen der verschärften Haftung nach §§ 819, 818 Abs 4 BGB nicht auf § 818 Abs 3 BGB berufen kann[681] und deswegen auch die Saldotheorie nicht anwendbar ist[682]. Löst sich der Getäuschte vom Vertrag und verlangt zusätzlich **Schadensersatz**, so ist das beim Rücktritt Schadensersatz neben oder statt der Leistung nach § 280 Abs 1, §§ 280 Abs 1, 2 mit 286 BGB oder §§ 280 Abs 1, 3 mit 281, 283 BGB (typischerweise über § 437 Nr 2 BGB) (Rn 185 f, 192, 197), bei der Anfechtung hingegen Schadensersatz aus §§ 280 Abs 1, 311 Abs 2, 241 Abs 2 (cic, gerade Rn 228 ff) und aus § 823 Abs 2 BGB iVm § 263 StGB, § 826 BGB. Verlangt der Getäuschte das positive Interesse, möchte er also so gestellt werden, wie er stünde, wenn der Vertragspartner ordnungsgemäß erfüllt hätte, ist dies nur über den Rücktritt und einen Anspruch auf Schadensersatz neben oder statt der Leistung möglich, § 325 BGB. Macht der Getäuschte hingegen das negative Interesse geltend, verlangt er also, so gestellt zu werden, als sei der Vertrag nie zustande gekommen, geht dies nur über die Anfechtung

---

[677] Für eine Anfechtung etwa BGH 7.6.1984 – IX ZR 66/83, BGHZ 91, 324, 331.
[678] BGH 28.9.1954 – I ZR 180/52, LM § 119 Nr 5; BGH 22.9.1983 – VII ZR 43/83, BGHZ 88, 240, 245; BGH 7.6.1984 – IX ZR 66/83, BGHZ 91, 324, 331 f; BGH 15.12.1987 – X ZR 10/87, NJW-RR 1988, 566; abw MünchKomm/Busche[7] (2015) § 143 Rn 3; Flume, AT II[4] (1992) § 31 2 S 560.
[679] Vgl RG 29.9.1922 – II 761/21, RGZ 105, 206, 207.
[680] Vgl BGH 25.11.2009 – VIII ZR 318/08, BGHZ 183, 235 (Rn 14 ff) zum Widerrufsrecht aus §§ 312d Abs 1 S 1, 355 aF (bis 12.6.2014) bei Nichtigkeit des Vertrages gem § 138; ausführlich Staudinger/Kaiser (2012) § 349 Rn 26 ff; dort vor §§ 346 ff Rn 27 ff auch zu den verbreiteten, aber verfehlten Versuchen, die bereicherungsrechtliche Rückabwicklung mit Hilfe der Rücktrittsvorschriften zu modifizieren.
[681] MünchKomm/Schwab[7] (2016) § 819 Rn 29, § 818 Rn 317; Palandt/Sprau[76] (2017) § 819 Rn 8.
[682] BGH 8.1.1970 – VII ZR 130/68, BGHZ 53, 144, 148 ff (Mercedes); BGH 14.10.1971 – VII ZR 313/69, BGHZ 57, 137, 147 ff (BMW); 19.1.2001 – V ZR 437/99, BGHZ 146, 298, 307 f (Grundstück) mwNw; statt aller Palandt/Sprau[76] (2017) § 818 Rn 49.

und einen Schadensersatzanspruch aus cic und Delikt. Soweit das Sachmängelrecht den Schadensersatzanspruch des Käufers aus cic verdrängt (gleich Rn 238 f), kommen von vornherein nur Schadensersatzansprüche neben und statt der Leistung und damit nur ein Rücktritt nach §§ 437 Nr 2, 323, 326 Abs 5 BGB in Betracht. Erklärt der Rücktrittsberechtigte **ausdrücklich die „Anfechtung", besteht** aber **kein Anfechtungsgrund**, ist die Erklärung **als Rücktrittserklärung auszulegen**, wenn aus ihr folgt, dass der Berechtigte den Vertrag in jedem Fall rückabwickeln will.[683]

3. Vorrang des Sachmängelrechts

a) Vor culpa in contrahendo

Der Schadensersatzanspruch aus §§ 280 Abs 1, 311 Abs 2, 241 Abs 2 BGB wird ab Gefahrübergang nach hM **durch die Sachmängelhaftung verdrängt**: Bezieht sich die falsche oder unvollständige Information des Verkäufers auf eine Beschaffenheit der Kaufsache iS des § 434 BGB, schließen §§ 437 Nr 3, 280 ff, 311a Abs 2 BGB eine Haftung aus cic aus:[684] Der Käufer könnte andernfalls die Beschränkungen des Kaufmängelrechts umgehen, insbesondere das Erfordernis der Nachfristsetzung mit dem Vorrang des Nacherfüllungsanspruchs aus §§ 437 Nr 1, 439 mit 281 Abs 1, 323 Abs 1 BGB (Rn 23 ff, 28 ff), die kurze Sonderverjährung des § 438 Abs 1 Nr 3, Abs 2 BGB von zwei Jahren ab Übergabe (Rn 17, 28; cic: Regelverjährung nach §§ 195, 199 BGB) sowie den Anspruchsausschluss nach § 442 BGB bei Kenntnis oder grob fahrlässiger Unkenntnis des Käufers vom Mangel.

238

Die hM macht aber **bei vorsätzlichem Verhalten des Verkäufers** eine **Ausnahme** vom Ausschluss der cic: Der den Käufer vorsätzlich täuschende Verkäufer dürfe nicht in den Genuss der Nacherfüllung kommen.[685] Bei vorsätzlicher Täuschung würden über die cic auch keine kaufrechtlichen Sonderregelungen umgangen: Der Verkäufer verliere nach ständiger Rechtsprechung wegen seines arglistigen Verhaltens im Regelfall ohnehin die Möglichkeit der Nacherfüllung,[686] der Schadensersatzanspruch aus §§ 437 Nr 3, 280 ff, 311a Abs 2 BGB verjähre bei Arglist des Verkäufers nach § 438 Abs 3 S 1 BGB (wie der aus cic) innerhalb der Regelverjährungsfrist der §§ 195, 199 BGB, auf einen Haftungsausschluss könne sich der Verkäufer nach § 444 BGB nicht berufen und er hafte wegen § 442 Abs 1 S 2 BGB auch bei grob fahrlässiger Unkenntnis des Käufers vom Mangel.[687] Als Unterschied bleibt, dass § 437 Nr 3 BGB dem Käufer über § 284 BGB einen Anspruch nur auf einen Ausschnitt des negativen Interesses, nämlich auf Ersatz der vergeblichen Aufwendungen gibt, der arglistig getäuschte Käufer über §§ 280 Abs 1, 311 Abs 2, 241 Abs 2 BGB hingegen sein gesamtes negatives Interesse ersetzt erhält. Dieser Unterschied lässt sich aber damit rechtfertigen, dass der arglistig

239

---

[683] BGH 10.3.2010 – VIII ZR 182/08, NJW 2010, 2503 (Rn 16); auch BGH 13.7.2011 – VIII ZR 215/10, NJW 2011, 3435.
[684] BGH 27.3.2009 – V ZR 30/08, BGHZ 180, 205 (Rn 23 mwNw auf den Streitstand in Rn 13 ff); BGH 16.12.2009 – VIII ZR 38/09, NJW 2010, 858. **Abw** immer für ein Nebeneinander BeckOK/Faust (15.6.2017) § 437 Rn 190; MünchKomm/Emmerich[7] (2016) § 311 Rn 82.
[685] BGH 27.3.2009 – V ZR 30/08, BGHZ 180, 205 (Rn 19 ff) mwNw auf diese hM in Rn 17 und auf die Gegenauffassung (Ausschluss der cic auch bei vorsätzlicher Täuschung) in Rn 15 (dem BGH angeschlossen haben sich inzwischen Palandt/Grüneberg[76] (2017) § 311 Rn 14 f; Palandt/Weidenkaff[76] (2017) § 437 Rn 51a f).
[686] BGH 9.1.2008 – VIII ZR 210/06, NJW 2008, 1371 (Rn 20); BGH 8.12.2006 – V ZR 249/05, NJW 2007, 835 (Rn 13).
[687] BGH 27.3.2009 – V ZR 30/08, BGHZ 180, 205 (Rn 24).

täuschende Schuldner keinen Schutz verdient. Zudem hülfe ein Ausschluss der Haftung aus cic dem vorsätzlich täuschenden Verkäufer nicht, da er in jedem Fall **Schadensersatz nach § 823 Abs 2 BGB mit § 263 StGB sowie nach § 826 BGB** schuldet.

b) Vor Anfechtung

240 Nach **ganz hM verdrängen die §§ 434 ff BGB** das Anfechtungsrecht sowohl des Käufers als auch des Verkäufers aus **§ 119 Abs 2 BGB** wegen Irrtums über eine verkehrswesentliche Eigenschaft der Kaufsache, wenn das Fehlen dieser Eigenschaft einen Sachmangel begründet:[688] Der Käufer könnte andernfalls die Beschränkungen des Kaufmängelrechts umgehen, insbesondere das Erfordernis der Nachfristsetzung mit dem Vorrang des Nacherfüllungsanspruchs aus §§ 437 Nr 1, 439 mit 281 Abs 1, 323 Abs 1 BGB, die kurze Verjährung des § 438 BGB sowie den Anspruchsausschluss nach § 442 BGB (gerade Rn 238 zur cic). Der Verkäufer soll sich über die Anfechtung nicht der Haftung aus §§ 434 ff BGB entziehen können.

241 Hingegen wird das Anfechtungsrecht wegen arglistiger Täuschung aus **§ 123 BGB nicht** durch die §§ 434 ff BGB **verdrängt** (auch gerade Rn 239 zur cic)[689] – und ebenso wenig das Anfechtungsrecht wegen Inhalts- oder Erklärungsirrtums aus § 119 Abs 1 BGB.[690]

---

[688] MünchKomm/WESTERMANN[7] (2016) § 437 Rn 53 f; STAUDINGER/MATUSCHE-BECKMANN (2014) § 437 Rn 24 ff. Zum BGB aF stRspr seit BGH 18.12.1954 – II ZR 296/53, BGHZ 16, 54, 57.
[689] BeckOK/FAUST (15.6.2017) § 437 Rn 184; ERMAN/ARNOLD[15] (2017) § 123 Rn 6; Münch-Komm/WESTERMANN[7] (2016) § 437 Rn 55; JAU-ERNIG/BERGER[16] (2015) § 437 Rn 31; PALANDT/ELLENBERGER[76] (2017) § 123 Rn 29; PALANDT/WEIDENKAFF[76] (2017) § 437 Rn 54; BECKMANN, in: STAUDINGER/Eckpfeiler N. Rn 224.
[690] MünchKomm/WESTERMANN[7] (2016) § 437 Rn 55; ERMAN/ARNOLD[15] (2017) § 119 Rn 10; JAUERNIG/BERGER[16] (2015) § 437 Rn 31; PALANDT/WEIDENKAFF[76] (2017) § 437 Rn 53.

J. Schadensersatzrecht

Klaus Vieweg*

Systematische Übersicht

I.	Einleitung	1
II.	Entwicklung des Schadensersatzrechts	
1.	Historische Grundlagen	3
2.	Regelung im BGB	4
3.	Europäischer Hintergrund	7
III.	Funktionen des Schadensersatzrechts	8
1.	Ausgleich	9
2.	Prävention, pönale Elemente und Genugtuung	13
3.	Effizienzorientierte Ansätze	15
IV.	Schadensbegriff	
1.	Differenzhypothese und Begriff des natürlichen Schadens	16
2.	Begriff des normativen Schadens	17
3.	Differenzierungen	18
4.	Maßgeblicher Zeitpunkt für die Schadensbemessung	22
a)	Materiellrechtlich maßgeblicher Zeitpunkt	23
b)	Prozessual maßgeblicher Zeitpunkt	24
V.	Anwendungsbereich und Grundprinzipien	
1.	Anwendungsbereich	26
2.	Grundsätze der Totalreparation und der Naturalrestitution	29
a)	Ausgangspunkt: Naturalrestitution	29
aa)	Schadensersatz gem § 249 Abs 1	29
bb)	Schadensersatz gem § 249 Abs 2 S 1	35
cc)	§ 250: Schadensersatz in Geld nach Fristsetzung	41
b)	Wertersatz als Ausnahme	43
aa)	§ 251: Schadensersatz in Geld ohne Fristsetzung	43
bb)	§ 252: Entgangener Gewinn	49
cc)	§ 253: Wertersatz bei Nichtvermögensschäden	50
3.	Grundsatz der Dispositionsfreiheit des Geschädigten	65
a)	Grundsatz	65
b)	Ausnahmen	66
aa)	§ 249 Abs 2 S 2	66
bb)	Körperschäden	68
4.	Ersatz von Drittschäden	69
a)	Grundsatz: kein Ersatz von Drittschäden und Begrenzung auf das Gläubigerinteresse	69
b)	Ausnahmen	71
aa)	Gesetzliche Ausnahmen	72
bb)	Drittschadensliquidation	73
cc)	Vertrag mit Schutzwirkung zugunsten Dritter	80
5.	Bereicherungsverbot	87
a)	Allgemeine Grundsätze	87
b)	Fallgruppen	89
aa)	Abzug neu für alt	89
bb)	Schadensanlage	93
cc)	Vorteilsausgleichung	94
VI.	Schadenszurechnung	106
1.	Kausalität	107
a)	Äquivalenz	107
b)	Adäquanz	109
c)	Mittelbare Kausalität	111
d)	Reserveursachen	114
aa)	Anlagefälle („überholende Kausalität")	115
bb)	Schadensersatzpflicht eines Dritten begründende Reserveursachen	116

---

* Bei der Neubearbeitung haben mich Priv-Doz Dr SIGRID LORZ und Wiss Mit KERSTIN ZIEGLER tatkräftig unterstützt.

cc)	Sonstige Fälle hypothetischer Kausalität	117	a) Normzweck und Regelungsgehalt	139
			b) Voraussetzungen	140
e)	Rechtmäßiges Alternativverhalten	119		
f)	Sonderfall: Vorhaltekosten	120	**VIII. Mitverursachung und Mitverschulden**	
aa)	Haltung von Reservefahrzeugen	121	1. Allgemeines	142
bb)	Überwachungs- und Sicherungsmaßnahmen	122	2. § 254 Abs 2 S 1 Var 3: Mitverschulden bei der Haftungsausfüllung	145
2.	Schutzzweckzusammenhang	124	3. Rechtsfolgen eines mitwirkenden Verschuldens des Geschädigten	146
VII. Haftung für Verhalten Dritter			4. Sonderproblem: § 254 Abs 2 S 2 und Einstandspflicht für Dritte	149
1.	Überblick	126		
2.	Haftung für Erfüllungsgehilfen und gesetzliche Vertreter gem § 278	128	**IX. Prozessrechtliche Aspekte**	151
			1. Beweisrechtliche Aspekte	152
a)	Allgemeines	128	2. Besonderheiten bei Antragstellung und Urteil	164
b)	Voraussetzungen	129		
3.	Haftung für Verrichtungsgehilfen gem § 831	132	a) Unbestimmter Klageantrag	164
a)	Allgemeines	132	b) Klageart	165
b)	Voraussetzungen	133	c) Grundurteil	166
4.	Haftung bei mehreren Verursachern gem § 830	139		

I. Einleitung

1 Schadensersatz und Schadensersatzrecht haben Konjunktur. Das zeigt die *Entwicklung*. In einer zunehmend technisierten und globalisierten Welt ist der Schadensersatz zum ständigen Begleiter geworden. Industrialisierung und Technisierung haben der Welt neue Gefahren beschert. Kraftfahrzeugunfälle, Flugzeugabstürze, Computerviren, Softwarefehler, Elektronikversagen und Datenmissbrauch mögen insofern als Stichworte genügen. Mit der zunehmenden Mobilität und der Globalisierung ist auch das mögliche Schadensausmaß gewachsen. Die Verfeinerung naturwissenschaftlicher Methoden hat zu neuen Erkenntnissen über Kausalzusammenhänge geführt, die ihrerseits Fragen nach der Schadensersatzpflicht des nunmehr erkannten Verursachers hervorrufen. Der Einzelne kann sich dieser technisiert-globalisierten Welt nicht entziehen. Er ist Risiken ausgeliefert, wenn er die Technik nutzt, und muss Schäden erdulden, die von ihm nicht verursacht worden sind.

2 Auf diese Entwicklung haben Wirtschaft und Recht in vielfältiger Weise reagiert. Das *Spektrum der rechtlichen Steuerungsinstrumente* reicht dabei von staatlicher Detailregulierung über die verschiedenen Mischformen staatlicher und privater Regulierung bis hin zur reinen Selbstregulierung durch die betroffenen Wirtschaftskreise.[1] Ähnliches gilt für die europäische Ebene.[2] Ein wichtiges Steuerungsinstrument ist die Scha-

---

[1] Vgl statt vieler HOFFMANN-RIEM, Innovationen durch Recht und im Recht, in: SCHULTE (Hrsg), Technische Innovation und Recht (1997) 3, 13 ff; VIEWEG (Hrsg), Techniksteuerung und Recht (2000) passim; VIEWEG (Hrsg), Risiko – Recht – Verantwortung (2006) passim.

[2] Vgl zB RÖTHEL, Europarechtliche Vorgaben für das Technikrecht, in: SCHULTE/SCHRÖDER (Hrsg), Handbuch des Technikrechts (2. Aufl 2011) 201, 214 ff.

densersatzpflicht. Wer den Vorteil der Nutzung einer Technik hat oder wer durch den Einsatz von Produkten usw Geld verdient, soll für die anderen Personen dadurch entstehenden Nachteile aufkommen müssen. Von daher verwundert es nicht, dass seit dem Inkrafttreten des BGB eine Vielzahl spezialgesetzlicher Haftungsnormen sowie ergänzende Vermutungs- bzw Beweislastregeln – teilweise durch europäische Richtlinien vorgegeben – geschaffen worden sind. Beispielhaft seien nur erwähnt das StVG, das ProdHaftG, das UmweltHG[3], das GenTG, die Datenschutzgesetze und das AGG. Dabei lässt sich ein Trend zur Gefährdungshaftung feststellen.[4] In diametralem Kontrast zu diesen die Haftungsbegründung betreffenden Aktivitäten des Gesetzgebers steht seine Zurückhaltung, die sechs zentralen Vorschriften, die das BGB zur Haftungsausfüllung enthält (§§ 249–254 BGB), zu novellieren. So werden nach wie vor auch komplexe Schadensverläufe nach den auf bipolare Konflikte zugeschnittenen §§ 249 ff BGB abgewickelt. Ebenso spielt es keine Rolle, ob sich die Haftungsbegründung aus Vertrag, Delikt oder sondergesetzlicher Regelung ergibt. Nach der Konzeption der „Eckpfeiler des Zivilrechts" konzentriert sich die folgende Darstellung auf die Haftungsausfüllung. Sie geht ergänzend auf die übergreifenden Fragen der Haftungsbegründung und auf die Überlegungen auf europäischer Ebene ein.

II. Entwicklung des Schadensersatzrechts

1. Historische Grundlagen

Das heute geltende Schadensersatzrecht hat seine Wurzeln[5] in der Rezeption des Römischen Rechts und der Fortentwicklung durch das Gemeine Recht. Ausgangspunkt war dabei weniger der Gedanke des Ersatzes oder Ausgleichs als vielmehr der einer Geldbuße zur Abgeltung des Racherechts bzw zur Sühne für zugefügtes Unrecht. Zwar knüpfte die Höhe der Buße häufig an den vom Richter zu schätzenden Wert der Sache an. Insgesamt gesehen war die Rspr aber durch eine Vielzahl unübersichtlicher, teilweise kaum nachvollziehbarer Differenzierungen geprägt. Erst die Moralisierung der Strafe unter dem Einfluss der Kirche sowie die Monopolisierung des Strafanspruchs durch den absolutistischen Staat führten zu einer Modifikation der Deliktsklage zum reinen Ersatzanspruch. Dieser richtete sich zunächst nur auf das bloße Wertinteresse. Der Ansatz der Naturrechtler stellte schließlich den Gedanken der Naturalrestitution in den Vordergrund, wie er sich dann im preuß ALR von 1794 und im österr ABGB von 1811 niederschlug. Dieser wurde grundlegend von Friedrich Mommsen[6] durch seine Interessenlehre weiterentwickelt. Sie etablierte den Grundsatz der Totalreparation – Schadensersatz unabhängig von Schadensart, Anspruchsgrundlage und Verschulden.

---

[3] Am 14.11.2007 ist in Umsetzung der europäischen Umwelthaftungsrichtlinie (RL 2004/35/EG) das Umweltschadensgesetz (BGBl 2007 I 666) in Kraft getreten, das in Ergänzung zu privatrechtlichen Haftungsvorschriften erstmals eine verschuldensunabhängige Haftung für bestimmte, rein ökologische Schäden vorsieht, dazu Diederichsen NJW 2007, 3377 ff; Cosack/Enders DVBl 2008, 405 ff; Wagner VersR 2008, 565 ff.

[4] Vgl Lukes VersR 1983, 697, 701 ff; ausführlich Dietz, Technische Risiken und Gefährdungshaftung (2006) 35 ff.

[5] Siehe zum Ganzen Staudinger/Schiemann (2017) Vorbem 23 f zu §§ 249 ff; Jansen, Die Struktur des Haftungsrechts (2003) insbes 185 ff.

[6] Mommsen, Beiträge zum Obligationenrecht, Band 2: Zur Lehre von dem Interesse (1855).

2. Regelung im BGB

4 Die Regelung des Schadensersatzrechts durch das BGB besteht im Wesentlichen aus den §§ 249–254 BGB.[7] Sie blieb seit dem Inkrafttreten am 1.1.1900 lange Zeit von jeglichen Änderungen verschont. Erst das „Gesetz zur Verbesserung der Rechtsstellung des Tieres im bürgerlichen Recht" vom 20.8.1990[8] brachte die Einfügung des § 251 Abs 2 S 2 BGB, der klarstellt, dass die Begrenzung des Restitutionsanspruchs in § 251 Abs 2 S 1 BGB auf die Verletzung von Tieren nicht anzuwenden ist.

5 Zu etwas weitergehenden Änderungen führte das „Zweite Gesetz zur Änderung schadensersatzrechtlicher Vorschriften" vom 19.7.2002, das zum 1.8.2002 in Kraft trat:[9] Die beiden Sätze des § 249 BGB wurden in zwei Absätze aufgeteilt, deren letzter um einen zweiten Satz ergänzt wurde. Danach ist die Umsatzsteuer nur noch zu ersetzen, soweit sie tatsächlich anfällt. § 253 BGB wurde um einen zweiten Absatz erweitert, in den die Regelung des bisherigen – nunmehr gestrichenen – § 847 BGB in neuer, erweiterter Form integriert wurde: Immaterieller Schaden ist bei Verletzung bestimmter Rechtsgüter seither unabhängig von der Art der Anspruchsgrundlage zu ersetzen. Mit dem am 22.7.2017 in Kraft getretenen § 844 Abs 3 BGB ist erstmals ein Anspruch auf Hinterbliebenengeld geregelt worden.[10]

6 Bemerkenswert ist, dass das Schadensersatzrecht bisher mit *sechs prägnant formulierten Vorschriften (§§ 249–254 BGB)* ausgekommen ist.[11] Auch langfristig ist hier nur vergleichsweise wenig Änderungsbedarf zu sehen. Der Gesetzestext beschränkt sich auf das Wesentliche und überlässt die Ausformung der Rspr und dem Schrifttum, die mittlerweile eine Fülle von Fallgruppen und Konkretisierungen hervorgebracht haben.

3. Europäischer Hintergrund

7 Zunehmend gewinnen an Bedeutung die in den letzten Jahren auf europäischer Ebene angestellten Überlegungen zu einer über das bisherige europäische Sekundärrecht hinausgehenden Angleichung oder gar Vereinheitlichung des Schuldrechts.[12] Im April 2010 hat die Europäische Kommission eine Expertenkommission eingesetzt,[13] die auf der Grundlage der Ergebnisse verschiedener europäischer Forschergruppen Vorschläge unterbreitet hat.[14] Im Hinblick auf das Schadensrecht sind hervorzuheben: die *„Principles of European Contract Law" (PECL)*, die *„Principles of European Tort Law" (PETL)*, der *„Draft Common Frame of Reference" (DCFR)* und zuletzt das *„Common European Sales Law" (CESL)*.[15] Sie widmen jeweils dem Schadensersatz

---

[7] Einführender Überblick bei ARMBRÜSTER JuS 2007, 411 ff, 508 ff, 605 ff; MOHR Jura 2010, 168 ff, 327 ff.
[8] BGBl 1990 I 1762.
[9] BGBl 2002 I 2674.
[10] BGBl 2017 I 2421.
[11] STAUDINGER/SCHIEMANN (2017) Vorbem 1 zu §§ 249 ff, kommt – unter Hinweis auf die eher untergeordnete Bedeutung der §§ 250, 252 BGB – auf lediglich vier relevante Vorschriften.
[12] Zu aktuellen Entwicklungstendenzen vgl MARTINEK, in: STAUDINGER/Eckpfeiler (2014) A. Rn 19 ff.
[13] Kommissionsbeschluss 2010/233/EU, ABl 105/109 vom 27.4.2010.
[14] Die am 3.5.2011 veröffentlichte Machbarkeitsstudie (insbes Part VI Chapter 17) ist abrufbar unter http://ec.europa.eu/justice/contract/files/feasibility_study_final.pdf (5.9.2013).
[15] Ausführlich dazu MARTINEK, in: STAUDINGER/Eckpfeiler (2014) A. Rn 92 ff u 109 ff mwNw; NIETNER BLJ 2011, 44 ff; DORALT RabelsZ 75 (2011) 260 ff; ADAR/SIRENA ERCL 2013, 1 ff; speziell zum DCFR SCHULTE-NÖLKE NJW 2009, 2161 ff; JANSEN/ZIMMERMANN NJW 2009, 3401 ff; HELLWEGE AcP 211 (2011) 665 ff;

eigene Titel. Die diesen Entwürfen zu Grunde liegenden Ansätze weichen teilweise erheblich von der überkommenen deutschen Schadensrechtsdogmatik ab und bilden insoweit für den deutschen Juristen eine überaus reizvolle Aufforderung, sich kritisch mit der eigenen Rechtsordnung auseinanderzusetzen.[16] Ein konkretes Beispiel für die europäische Harmonisierung ist die EU-Kartellschadensersatzrichtlinie[17], die mit der 9. GWB-Novelle ins deutsche Recht umgesetzt worden ist.

III. Funktionen des Schadensersatzrechts

Hinsichtlich der Funktionen des Schadensersatzanspruchs ist zwischen dem Zweck der Haftungsnorm (Haftungsbegründung) und dem der – hier interessierenden – §§ 249 ff BGB (Haftungsausfüllung) zu unterscheiden.[18] Neben dem Ausgleich und der Prävention sowie der Genugtuung sind auch effizienzorientierte Ansätze zu erörtern.[19] **8**

1. Ausgleich

Die §§ 249 ff BGB dienen in erster Linie dem Ausgleich des vom Geschädigten erlittenen Schadens. Aus Gründen der ausgleichenden Gerechtigkeit soll der Geschädigte vom Schädiger einen Ersatz für seinen Verlust erhalten.[20] **9**

Dabei ist jedoch zu beachten, dass die vom Gesetzgeber den schadensersatzrechtlichen Vorschriften zugrunde gelegte Konzeption der Abwicklung des Schadensfalls im Zwei-Personen-Verhältnis zwischen Schädiger und Geschädigtem häufig nicht mehr der Rechtswirklichkeit entspricht. Vielmehr wird das Schadensersatzrecht heute vielfach durch *kollektive Schadenstragungssysteme* überlagert:[21] Schäden werden zum Teil nicht mehr unmittelbar vom Schädiger selbst ausgeglichen, sondern von einer an seine Stelle tretenden Solidargemeinschaft. Dabei werden jeweils unterschiedliche Zielsetzungen verfolgt: So sollen beispielsweise die Haftpflichtversicherungen – insbes diejenige des Fahrzeughalters – sowie die Träger der gesetzlichen Unfallversicherung (zB die Berufsgenossenschaften) die Leistungsfähigkeit des Schädigers sicherstellen, da gerade bei Personenschäden die zu zahlenden Summen enorme Höhen erreichen können. **10**

Die *einstweilige Versorgung* des Geschädigten bis zur Erfüllung bzw Durchsetzung des Ersatzanspruchs wird zum einen durch die Pflicht des Arbeitgebers zur Entgeltfortzahlung (§ 6 EFZG) bzw bei Beamten zur Besoldungsfortzahlung sowie zum anderen durch die zeitnahe Bereitstellung insbes der für eine Behandlung notwendigen Mittel in Gestalt der im SGB V geregelten gesetzlichen Krankenversicherung (Krankenbe- **11**

---

speziell zum CESL LOOSCHELDERS AcP 212 (2012) 581 ff; MANKOWSKI IHR 2012, 1 ff, 45 ff; JAEGER RabelsZ 77 (2013) 465 ff.

[16] Vgl zB JANSEN JETL 2010, 16 ff. Vgl zu den Abweichungen vom deutschen Schadensrecht bzgl der Haftungsausfüllung vBAR, Gemeineuropäisches Deliktsrecht (1996) Band I, Rn 409 mwNw; MAGNUS, Comparative Report on the Law of Damages, in: MAGNUS/BUSNELLI (Hrsg), Unification of Tort Law – Damages (2001) 183 ff; WURMNEST, Grundzüge eines europäischen Haftungsrechts (2003) 193 ff, 346 ff; JANSEN JZ 2005, 160 ff.

[17] RL 2014/104/EU.
[18] MünchKomm/OETKER (7. Aufl 2016) § 249 Rn 8; BAMBERGER/ROTH/SCHUBERT (3. Aufl 2012) § 249 Rn 1.
[19] CH HUBER, Fragen der Schadensberechnung (1993) 48 ff.
[20] STAUDINGER/SCHIEMANN (2017) Vorbem 3 zu §§ 249 ff.
[21] Vgl zum Ganzen MünchKomm/OETKER (7. Aufl 2016) § 249 Rn 10; MEDICUS/LORENZ, Schuldrecht I (21. Aufl 2015) Rn 762 ff; LUKES VersR 1983, 697, 700 f.

handlung, Krankengeld) bzw der beamtenrechtlichen Krankenfürsorge (Beihilfe) sichergestellt.

12 Da die endgültige Schadenstragung vielfach – so zB in § 6 EFZG, §§ 116 ff SGB X, § 86 Abs 1 VVG – durch *Legalzessionen*[22] geregelt ist, verlagert sich konstruktiv die Bedeutung des zivilrechtlichen Schadensersatzanspruchs von der Ebene des Schadensausgleichs im Verhältnis zwischen Schädiger und Geschädigtem auf die Regressebene zwischen Schädiger und Versicherung. Auch in den Fällen der Legalzession bleibt die Bedeutung des zivilrechtlichen Schadensersatzanspruchs in der Praxis aber eher gering, da ein auf den übergegangenen Schadensersatzanspruch gestützter Rückgriff wegen der mit der Anspruchsdurchsetzung verbundenen Schwierigkeiten und Kosten häufig unterbleibt.

2. Prävention, pönale Elemente und Genugtuung

13 Die §§ 249 ff BGB dienen grds weder der Prävention gegen schädigendes Verhalten, noch haben sie pönalen Charakter.[23] Die Zuerkennung von Strafschadensersatz entsprechend den im US-amerikanischen Rechtsraum anerkannten „punitive damages" ist dem deutschen Recht noch fremd.[24]

14 Eine gewisse Sonderstellung in diesem vom Ausgleichsgedanken dominierten System des Haftungsrechts nimmt die Entschädigung für *immaterielle Schäden* gem § 253 Abs 2 BGB ein: Neben dem Ausgleich erlittener Schmerzen soll das sog Schmerzensgeld dem Verletzten Genugtuung für das vom Schädiger begangene Delikt verschaffen.[25] Dasselbe gilt für den von der Rspr entwickelten eigenständigen Ersatzanspruch, der vorsätzliche, mit dem Ziel der Auflagensteigerung und Gewinnerzielung begangene Verletzungen der kommerziell nutzbaren Interessen des allgemeinen Persönlichkeitsrechts durch Massenmedien betrifft. Er soll ebenfalls abschreckend wirken und damit auch der Prävention dienen.[26] Gleiches lässt sich von den beiden weiteren Methoden der Schadensberechnung sagen, die neben den Schadensersatzansprüchen nach

---

[22] STAUDINGER/VIEWEG (2015) § 843 Rn 51 ff.
[23] MünchKomm/OETKER (7. Aufl 2016) § 249 Rn 8 f; PALANDT/GRÜNEBERG (76. Aufl 2017) Vorb v § 249 Rn 2; MOHR Jura 2010, 168, 171 ff; NEUNER JuS 2013, 577, 583 f. Zu pönalen und präventiven Elementen siehe aber: G WAGNER, Verhandlungen des 66. Deutschen Juristentages 2006, Band 1: Gutachten/Teil A: Neue Perspektiven im Schadensrecht – Kommerzialisierung, Strafschadenersatz, Kollektivschaden (2006) A 68 ff; EBERT, Pönale Elemente im deutschen Privatrecht (2004) passim; CH HUBER, Fragen der Schadensberechnung (1993) 53 ff; SCHLOBACH, Das Präventionsprinzip im Recht des Schadensersatzes (2004) passim. LUKES VersR 1983, 697, 698, hält hingegen Schadensausgleichsregelungen aus Präventionsgründen eher für ungeeignet und bevorzugt insoweit den Rückgriff auf Gefahrverhütungsvorschriften; rechtsvergleichend ferner JANSEN JZ 2005, 160, 162 mit Verweis auch auf PECL und PETL.

[24] Die Monopolkommission – der Sachverständigenrat zur Begutachtung des Wettbewerbs – hat in ihrem im März 2004 veröffentlichten Sondergutachten Nr 41 „Das allgemeine Wettbewerbsrecht in der Siebten GWB-Novelle", 40 ff, insbes 45, vorgeschlagen, dass dem Geschädigten ein zweifacher Schadensersatz zustehen soll. Der Gesetzgeber hat diesen Ansatz jedoch im Rahmen der Neufassung des § 33 GWB nicht aufgegriffen.
[25] BGHZ 18, 149, 154; BGH NJW 1995, 781 (jeweils zu § 847 BGB aF).
[26] BGHZ 128, 1 ff – Caroline von Monaco; BGH NJW 2013, 793 ff – Playboy am Sonntag. Vgl schon BGH NJW 1955, 1675; siehe auch SCHLOBACH, Das Präventionsprinzip im Recht des Schadensersatzes (2004) 57 ff. Kritisch LANGE VersR 1999, 274, 281 f mit verfassungsrechtlichen und dogmatischen Bedenken.

BGB vom Gesetzgeber von der stRspr[27] bei der Verletzung von Patenten und sonstigen gewerblichen Schutzrechten sowie von Urheberrechten anerkannt sind: der Zahlung eines Betrags, der einer angemessenen Lizenzgebühr[28] entspricht, oder der Herausgabe des vom Verletzer erzielten Gewinns[29].

3. Effizienzorientierte Ansätze

Die Ansätze einer am Kriterium wirtschaftlicher Effizienz orientierten ökonomischen Analyse des Rechts[30] sind in erster Linie auf die Ausgestaltung der haftungsbegründenden Tatbestände ausgerichtet. Für die Anwendung der die Haftungsausfüllung regelnden §§ 249 ff BGB sind sie dagegen weitgehend ohne Bedeutung geblieben:[31] Sie beschäftigen sich vornehmlich mit der Frage, wann die Überwälzung eines Schadens vom Geschädigten auf den Schädiger mittels einer Haftungsnorm zum Zwecke der Vermeidung von Schadenskosten sinnvoll ist. Die im Mittelpunkt dieser Überlegungen stehende Präventivfunktion des Haftungsrechts erlangt in erster Linie im Rahmen der hier nicht näher interessierenden Haftungsbegründung Bedeutung.

IV. Schadensbegriff

1. Differenzhypothese und Begriff des natürlichen Schadens

Das Gesetz liefert keine Definition des Schadens. Vielmehr geht § 249 Abs 1 BGB von einem hypothetischen, schadensfreien Zustand statt des durch das schädigende Ereignis eingetretenen tatsächlichen Zustands aus.[32] Schaden ist demnach die zu einem bestimmten Betrachtungszeitpunkt bestehende Differenz zwischen dem tatsächlichen Vermögen des Geschädigten und einem fiktiven Vermögen, bei dem das schädigende Ereignis hinweggedacht wird *(sog Differenzhypothese)*. Der Betrag des Vermögens ist allerdings keine rechtliche Größe. Er wird vielmehr faktisch bestimmt. Dieser von der hM als Ausgangspunkt verfolgte Ansatz wird demgemäß als „natürlicher Schaden" bezeichnet.[33]

---

[27] RGZ 35, 63, 67 ff; 43, 56, 58 ff; BGH GRUR 1962, 401, 402; 1962, 509, 511; BGHZ 122, 262, 266; BGH NJW-RR 2000, 185 f.
[28] Diese hält Assmann BB 1985, 15, 25 für die praktisch bedeutsamste Berechnungsmethode; vgl auch die mit Wirkung zum 1.9.2008 in Kraft getretene Neufassung des § 97 UrhG, der in Abs 2 S 3 die Schadensabrechnung mittels der Lizenzanalogie ausdrücklich vorsieht.
[29] Vgl auch § 10 UWG (Gewinnabschöpfungsanspruch von Verbänden zugunsten des Bundeshaushalts); vgl ferner § 97 Abs 2 S 2 UrhG (Gewinnabschöpfungsanspruch zugunsten des Verletzten).
[30] Schäfer/Ott, Lehrbuch der ökonomischen Analyse des Zivilrechts (5. Aufl 2012) passim; Adams, Ökonomische Analyse der Gefährdungs- und Verschuldenshaftung (1985) 36 ff;

Kötz/Schäfer AcP 189 (1989) 501 ff; Salje, Ökonomische Analyse des Technikrechts, in: Vieweg (Hrsg), Techniksteuerung und Recht (2000) 151, 170 f; G Wagner, Haftung und Versicherung als Instrumente der Techniksteuerung, in: Vieweg (Hrsg) Techniksteuerung und Recht (2000) 87, 89 ff; Ch Huber, Fragen der Schadensberechnung (1993) 28 ff, 105 ff; Korch, Haftung und Verhalten (2015) 211 ff mwNw.
[31] MünchKomm/Oetker (7. Aufl 2016) § 249 Rn 12; Staudinger/Schiemann (2017) Vorbem 40 zu §§ 249 ff.
[32] Staudinger/Schiemann (2017) Vorbem 2 zu §§ 249 ff; BGH NJW 2011, 1962, 1963.
[33] Staudinger/Schiemann (2017) Vorbem 35 f zu §§ 249 ff; Bamberger/Roth/Schubert (3. Aufl 2012) § 249 Rn 9.

2. Begriff des normativen Schadens

17 Die strenge Anwendung der Differenzhypothese führt allerdings nicht immer zum gewünschten Ergebnis. Daher haben Rspr und Lehre den Begriff des sog normativen Schadens entwickelt.[34] Dieser Ansatz soll es ermöglichen, die mit der Differenzhypothese zunächst gefundenen Ergebnisse unter Heranziehung gesetzlicher Wertungen nötigenfalls zu korrigieren.[35] Beispiele sind der Ersatz von Nutzungsausfallschaden (Rn 58 ff), die Versagung des Vorteilsausgleichs (Rn 94 ff) sowie die Drittschadensliquidation (Rn 73 f).

3. Differenzierungen

18 Zentrale Bedeutung kommt zumindest im deutschen Recht[36] der Unterscheidung zwischen *Vermögens- und Nichtvermögensschäden* zu.[37] Das sind einerseits Schäden, die das Vermögen des Geschädigten betreffen, und andererseits solche, die immaterieller Art sind: Zwar unterliegen beide Schadensarten dem Grundsatz der Naturalrestitution aus § 249 BGB. Die Kompensation immaterieller Schäden ist gem § 253 BGB aber nicht unerheblich eingeschränkt. Immaterielle Schäden sind solche, die außerhalb der Vermögenssphäre eintreten und häufig sehr eng an die Person gebunden sind: zB Schmerzen, Beeinträchtigungen des Wohlbefindens oder von Nutzungs- oder Dispositionsmöglichkeiten. Dazu zählen auch Affektionsinteressen, also die persönlich „gefühlte" Wertschätzung für ein Rechtsgut. Zum Bereich der Vermögenssphäre gehört dagegen ein sog Liebhaberwert, der sich auf einem entsprechenden Markt erzielen lässt.[38]

19 Eine weitere Differenzierung nimmt das Gesetz selbst vor, indem es zwischen Nichterfüllungsschaden (sog *positives Interesse*) und Vertrauensschaden (sog *negatives Interesse*) differenziert. Diese Differenzierung gibt den für § 249 Abs 1 BGB relevanten Vergleichsmaßstab vor: Ist das positive Interesse zu ersetzen, ist der Geschädigte so zu stellen, wie er bei ordnungsgemäßer Erfüllung stünde. Ist hingegen das negative Interesse[39] zu ersetzen, so ist der Geschädigte so zu stellen, als hätte der schädigende Kontakt nie stattgefunden.[40]

20 Das Gesetz verwendet in § 252 BGB den Begriff des *entgangenen Gewinns*. Ihm wird der Begriff des *positiven Schadens* gegenübergestellt. Diese auf die römisch-rechtliche Differenzierung zwischen damnum emergens und lucrum cessans zurückgehende Un-

---

[34] Erstmals BGHZ 50, 304, 306 zum Haushaltsführungsschaden; umfassend LANGE/SCHIEMANN, Schadensersatz (3. Aufl 2003) § 1 II 9, 35 ff; kritisch MEDICUS JuS 1979, 233.
[35] Vgl BAMBERGER/ROTH/SCHUBERT (3. Aufl 2012) § 249 Rn 10; PRÜTTING/WEGEN/WEINREICH/LUCKEY (12. Aufl 2017) § 249 Rn 5.
[36] Die Unterscheidung zwischen materiellen und immateriellen Schäden ist auch allen anderen europäischen Rechtsordnungen geläufig, ihr kommt jedoch vielfach im Vergleich zum deutschen Recht eine deutlich geringere Bedeutung zu, da der Ersatz immaterieller Schäden teilweise weitaus weniger restriktiv gehandhabt wird, vgl JANSEN JZ 2005, 160, 165 f sowie Art III.–3:701 Abs 3 DCFR.
[37] STAUDINGER/SCHIEMANN (2017) Vorbem 46 zu §§ 249 ff; jurisPK/VIEWEG/LORZ (8. Aufl 2017) § 253 Rn 4 f.
[38] STAUDINGER/SCHIEMANN (2017) Vorbem 47 zu §§ 249 ff.
[39] Vgl dazu umfassend ACKERMANN, Der Schutz des negativen Interesses (2007) passim.
[40] Vgl PRÜTTING/WEGEN/WEINREICH/LUCKEY (12. Aufl 2017) § 249 Rn 21 f; STAUDINGER/SCHIEMANN (2017) Vorbem 48 zu §§ 249 ff.

terscheidung hat angesichts des Grundsatzes der Totalreparation (Rn 30 f) geringe Bedeutung.[41]

Die Unterscheidung von *unmittelbaren* – dh durch das Schadensereignis direkt verursachten – und *mittelbaren* – dh erst im weiteren zeitlichen Verlauf entstehenden – *Schäden* ist entwickelt worden, um hinsichtlich der Rechtsfolgen bei der Berücksichtigung hypothetischer Ursachen differenzieren zu können.[42]

4. Maßgeblicher Zeitpunkt für die Schadensbemessung

Die Frage, auf welchen Zeitpunkt für die Schadensbemessung abzustellen ist, stellt sich nur dann, wenn Geldersatz zu leisten ist. Wird der Schaden im Wege der Naturalrestitution ausgeglichen, liegt das Risiko des Herstellungsaufwands ohnehin beim Schädiger.[43]

a) Materiellrechtlich maßgeblicher Zeitpunkt

Materiellrechtlich kommt es entscheidend auf den Zeitpunkt der Erfüllung der Verbindlichkeit an, § 362 BGB. Ab diesem Zeitpunkt ist es nämlich Sache des Geschädigten, wann und ob er den zugesprochenen Betrag für die Wiederherstellung verwendet, sodass ein weiterer Anspruch bei Preiserhöhungen ebenso ausscheidet wie eine Rückforderung bei Preissenkungen.[44]

b) Prozessual maßgeblicher Zeitpunkt

Auszugehen ist von dem Grundsatz, dass im Prozess der Sachverhalt so zugrunde zu legen ist, wie er sich bei Schluss der letzten mündlichen Verhandlung darstellt.[45] Absehbare künftige Entwicklungen (zB bei dauerhaften Personenschäden) können dabei insoweit berücksichtigt werden, als eine substantiierte Tatsachengrundlage hierfür gegeben ist, die zumindest eine Schätzung gem § 287 ZPO ermöglicht.

Veränderungen ggü dem der Entscheidung zugrunde liegenden Sachverhalt können beide Parteien geltend machen: Führt eine nachträglich eintretende Tatsache zu einer Erhöhung des Schadens (zB Preiserhöhungen, schlechterer Verlauf der Heilung), so kann der Geschädigte die Differenz zur zugesprochenen Summe fordern. Umgekehrt kann der Schädiger bei einer Verringerung des Schadens (zB besserer Heilungsverlauf, Eintritt einer sog Reservursache) diese der Forderung des Geschädigten entgegenhalten.[46]

V. Anwendungsbereich und Grundprinzipien

1. Anwendungsbereich

Wenn von Schadensersatz die Rede ist, sind stets zwei Fragen zu trennen: die Frage nach dem „Ob" und die Frage nach dem „Wie viel". Mit anderen Worten: die Frage

---

[41] STAUDINGER/SCHIEMANN (2017) Vorbem 45 zu §§ 249 ff.
[42] MEDICUS/PETERSEN, Bürgerliches Recht (26. Aufl 2017/) Rn 851.
[43] MünchKomm/OETKER (7. Aufl 2016) § 249 Rn 309 ff.
[44] STAUDINGER/SCHIEMANN (2017) Vorbem 81 f zu §§ 249 ff.
[45] BGH NJW-RR 1994, 148, 149.
[46] Zur richtigen Klageart siehe Rn 165.

der *Haftungsbegründung* und die Frage der *Haftungsausfüllung*. Die hier darzustellende Regelung der §§ 249 ff BGB betrifft nur die Haftungsausfüllung. Sie setzt voraus, dass ein Haftungsgrund bereits besteht.

27 Für die *Anwendbarkeit des Schadensersatzrechts* ist es grds unbedeutend, ob der Schadensersatzanspruch auf vertraglichen oder vertragsähnlichen Ansprüchen, auf unerlaubter Handlung, Gefährdungshaftung, auf familien- oder erbrechtlichen oder auf anderen Ansprüchen beruht. Als Hilfsnormen kommen die §§ 249 ff BGB immer dann zur Anwendung, wenn eine Haftung dem Grunde nach gegeben ist. Für die nähere Ausfüllung des Begriffs des hypothetischen schadensfreien Zustands kann die Art der haftungsbegründenden Norm im Ergebnis freilich doch eine Rolle spielen.

28 Neben ihrem klassischen Anwendungsbereich, den privatrechtlichen Schadensersatzansprüchen, finden die §§ 249 ff BGB *auch im öffentlichen Recht Anwendung*.[47] Dabei sind – abhängig vom jeweiligen Zusammenhang – gewisse Einschränkungen zu berücksichtigen, die sich vor allem aus verfassungsrechtlichen Erwägungen ergeben können. Beim Amtshaftungsanspruch ist zu beachten, dass Naturalrestitution regelmäßig ausscheidet und daher lediglich Kompensation geschuldet ist. Dies ergibt sich daraus, dass dem – nach der ursprünglichen rechtlichen Konstruktion – haftenden Beamten eine Naturalherstellung regelmäßig unmöglich wäre.[48] Für die staatshaftungsrechtlichen Ansprüche (insbes Enteignung, Aufopferung, enteignender und enteignungsgleicher Eingriff, ausgleichspflichtige Inhalts- und Schrankenbestimmung) ist weithin anerkannt, dass die Kompensation hinter dem vollen Ausgleich zurückbleiben kann.[49] Von den §§ 249 ff BGB wird daher lediglich § 254 BGB entsprechend herangezogen. Gleiches gilt nach überwiegender Auffassung[50] für den Folgenbeseitigungsanspruch, der auf die Herstellung des status quo ante abzielt und daher den Umfang der Wiederherstellung selbst vorgibt. Hingegen werden die §§ 249 ff BGB auf die Haftung aus verwaltungsrechtlichen Schuldverhältnissen vollständig angewandt.[51]

2. Grundsätze der Totalreparation und der Naturalrestitution

a) Ausgangspunkt: Naturalrestitution
aa) Schadensersatz gem § 249 Abs 1

29 § 249 Abs 1 BGB ist die Schlüsselnorm für den Schadensersatz im gesamten BGB. Ihr können zwei wesentliche Grundprinzipien entnommen werden: das der Totalreparation und das der Naturalrestitution.

30 Nach dem *Grundsatz der Totalreparation* ist Maßstab für den Schadensersatz ein hypothetischer schadensfreier Zustand, der grds uneingeschränkt herzustellen ist. Dies ist unabhängig von der Art des Verschuldens oder der Anspruchsgrundlage. Dieser

---

[47] Zum Ganzen: STAUDINGER/SCHIEMANN (2017) Vorbem 15 ff zu §§ 249 ff; siehe auch LANGE/SCHIEMANN, Schadensersatz (3. Aufl 2003) Einl I 3, S 2 f.
[48] STAUDINGER/WÖSTMANN (2013) § 839 Rn 240.
[49] Nach BVerfGE 24, 367, 421; 46, 268, 285, ist nämlich die Entschädigung unter gerechter Abwägung der Interessen des Einzelfalls zu bemessen. Vgl auch BGHZ 39, 198, 200; 41, 354, 358; 67, 190, 192.
[50] MAURER, Allgemeines Verwaltungsrecht (18. Aufl 2011) § 30 Rn 18; STAUDINGER/SCHIEMANN (2017) Vorbem 22 zu §§ 249 ff mwNw zur Gegenmeinung.
[51] MAURER, Allgemeines Verwaltungsrecht (18. Aufl 2011) § 29 Rn 4 ff; STAUDINGER/SCHIEMANN (2017) Vorbem 21 zu §§ 249 ff.

Grundsatz gilt – als Grundsatz des Schadensersatzrechts – über die Vorschrift des § 249 Abs 1 BGB hinaus.

Im Schrifttum[52] wird teilweise das verfassungsrechtliche Übermaßverbot bemüht, um den Grundsatz der Totalreparation für Fälle übermäßiger Schadensersatzfolgen zu begrenzen. Ob die grundrechtlichen Schutzpflichten derart weitgehende Direktwirkung entfalten, erscheint angesichts des zu wahrenden Gestaltungsspielraums des einfachen Gesetzgebers eher zweifelhaft.[53] **31**

Daneben ordnet § 249 Abs 1 BGB die Wiederherstellung nach dem *Grundsatz der Naturalrestitution* an, dh der Schädiger selbst hat den durch das schadensstiftende Geschehen verursachten Zustand „aus der Welt zu schaffen".[54] Die Kompensation des Schadens durch Wertersatz ist demgegenüber nachrangig. Der Geschädigte wird also nicht in seinem bloßen Vermögen, sondern in der Integrität seiner individuellen Güter geschützt.[55] **32**

Als Regelfall sieht das Gesetz die Herstellung durch den Schädiger selbst vor. In der Praxis ist dies allerdings häufig anders, weil für die praktisch besonders relevanten Fälle der Körperverletzung oder Sachbeschädigung der Geschädigte regelmäßig von der Ausnahme des § 249 Abs 2 S 1 BGB Gebrauch macht oder eine Herstellung nicht möglich ist, sodass die Ausnahme des § 251 Abs 1 BGB greift. Die Unmöglichkeit der Naturalherstellung kann dabei auch auf rechtlichen Gründen beruhen: So kann im Falle der Amtshaftung nach § 839 BGB keine tatsächliche Vornahme der von dem Beamten geschuldeten Amtspflicht verlangt werden, da dieser als Privatrechtssubjekt haftet und in dieser Eigenschaft nicht in der Lage ist, mit Hoheitsgewalt ausgestattet zu handeln.[56] Ähnlich liegt der Fall, wenn der Erfüllungsanspruch durch Wahl von Schadensersatz statt der Leistung ausgeschlossen ist: Dann kann nicht durch Wahl der Herstellung in Natur ein erfüllungsähnlicher Zustand verlangt werden.[57] **33**

Der als Maßstab dienende hypothetische schadensfreie Zustand kann zB durch eine Reparatur regelmäßig nicht erreicht werden. Daher genügt es, wenn ein wirtschaftlich gleichwertiger Zustand erreicht wird.[58] Für einen ggf verbleibenden Restschaden – wie den merkantilen Minderwert bei einem reparierten Kraftfahrzeug[59] – ist dann § 251 Abs 1 BGB heranzuziehen. **34**

---

[52] CANARIS JZ 1987, 993, 995 f; BARTELT, Beschränkung des Schadensersatzumfangs durch das Übermaßverbot? (2004) passim.
[53] In diese Richtung auch: MEDICUS AcP 192 (1992) 35, 66; MünchKomm/OETKER (7. Aufl 2016) § 249 Rn 14 f.
[54] PRÜTTING/WEGEN/WEINREICH/LUCKEY (12. Aufl 2017) § 249 Rn 3; STAUDINGER/SCHIEMANN (2017) § 249 Rn 2.
[55] STAUDINGER/SCHIEMANN (2017) § 249 Rn 1; außerhalb des deutschen Sprachraums wird demgegenüber zumeist die Kompensation als Normalform des Schadensersatzes betrachtet, vgl JANSEN JZ 2005, 160, 172; ferner Art III.–3:702, 713 DCFR; Art 9: 502, 510 PECL; abweichend für die außervertragliche Haftung allerdings Art VI.–6:101 Abs 2 DCFR: „Reparation may be in money (compensation) or otherwise (…).“
[56] Ähnlich STAUDINGER/SCHIEMANN (2017) § 249 Rn 179.
[57] STAUDINGER/SCHIEMANN (2017) § 249 Rn 180.
[58] RGZ 76, 146, 147; 91, 104, 106; 126, 401, 403.
[59] STAUDINGER/SCHIEMANN (2017) § 251 Rn 34 ff; PICHLER SVR 2011, 167 ff.

bb) Schadensersatz gem § 249 Abs 2 S 1

35 § 249 Abs 2 S 1 BGB gibt dem Geschädigten einer Körperverletzung oder Sachbeschädigung ein Wahlrecht, anstelle der Herstellung durch den Schädiger nach § 249 Abs 1 BGB den zur Herstellung erforderlichen Geldbetrag zu verlangen. Der Begriff der Körperverletzung wird in diesem Zusammenhang weit verstanden und schließt Verletzungen der Freiheit oder des allgemeinen Persönlichkeitsrechts ein.[60] Eine Sachbeschädigung liegt dagegen nicht vor, wenn es sich um eine vollständige Zerstörung der Sache handelt.[61] Dabei ist allerdings zu beachten, dass die Zerstörung wesentlicher Bestandteile eines Grundstücks (zB Haus, Baum) stets eine Beschädigung des Grundstücks ist, sodass § 249 Abs 2 S 1 BGB anwendbar ist.[62]

36 Obwohl es sich hierbei um eine Geldleistung handelt, darf dieser Anspruch nicht mit dem Anspruch auf Wertersatz gem § 251 Abs 1 BGB verwechselt werden: § 249 Abs 2 S 1 BGB ist der Höhe nach nämlich nicht auf Wertersatz (also Kompensation), sondern auf die Herstellungskosten (also Restitution) und somit auf die Wahrung des Integritätsinteresses gerichtet.[63] Nach dem Sinn und Zweck des § 249 Abs 2 S 1 BGB soll der Geschädigte also nicht gezwungen sein, „zum Zwecke der Herstellung eine in ihrem Erfolg zweifelhafte Einwirkung [des Schädigers] auf seine Person oder auf eine Sache dem Ersatzpflichtigen [...] zu gestatten."[64]

37 Im Gegensatz zum Wertersatz nach § 251 Abs 1 BGB findet § 249 Abs 2 S 1 BGB auf *immaterielle Schäden* Anwendung. Daher sind zB die Kosten einer zur Entfernung einer entstellenden Narbe erforderlichen kosmetischen Operation vom Schädiger voll zu ersetzen.[65]

38 Der Geschädigte ist Herr des Restitutionsgeschehens. Im Rahmen seiner Dispositionsfreiheit ist er grundsätzlich in der Verwendung der Mittel zur Schadensbehebung frei. § 249 Abs 2 S 1 BGB findet daher im Grundsatz auch dann Anwendung, wenn der Geschädigte die Herstellung gar nicht beabsichtigt oder sie ihm nicht mehr möglich ist (sog „fiktive Herstellungskosten"). Allerdings muss die Herstellung zumindest ursprünglich einmal möglich gewesen sein, da andernfalls § 251 Abs 1 BGB einschlägig ist.[66] In der Praxis haben *Kfz-Schäden* eine überragende Bedeutung, die ihren Niederschlag in einer umfangreichen Rechtsprechung gefunden hat. Das Gericht darf seiner Schadensschätzung gem § 287 ZPO in aller Regel ein vom Geschädigten eingeholtes Schätzungsgutachten eines anerkannten Kfz-Sachverständigen – unabhängig von der tatsächlichen Durchführung einer Reparatur oder Ersatzbeschaffung – zugrunde legen.[67] Liegen die Reparaturkosten zwischen dem Wiederbeschaffungsaufwand (= Wie-

---

[60] BGHZ 66, 182, 192; 70, 39, 42; BGH NJW 1979, 2197, 2198.
[61] MünchKomm/OETKER (7. Aufl 2016) § 249 Rn 423, der konsequent § 251 Abs 1 BGB heranzieht. Anders hingegen die Rspr: BGHZ 66, 239, 242 f – sog „fiktive Herstellungskosten".
[62] STAUDINGER/SCHIEMANN (2017) § 249 Rn 218, der über den Wortlaut hinaus auch die Sachzerstörung von § 249 Abs 2 S 1 BGB erfasst sieht, falls tatsächlich eine Ersatzbeschaffung erfolgt. Anders noch die Bearbeitung STAUDINGER/SCHIEMANN (1998) § 249 Rn 218.
[63] PRÜTTING/WEGEN/WEINREICH/LUCKEY (12. Aufl 2017) § 249 Rn 24; STAUDINGER/SCHIEMANN (2017) § 249 Rn 210.
[64] MUGDAN II 1235.
[65] Vgl hierzu allgemein LORZ, Arzthaftung bei Schönheitsoperationen (2007) 208 ff.
[66] BGHZ 66, 239, 242 f; BGH NJW 2009, 1066, 1067.
[67] BGHZ 155, 1, 4 f; BGH NJW 1989, 3009 f; zu den insoweit an den Gutachter zu stellenden Anforderungen vgl BGH DS 2010, 72, 72 f; auch die Gutachterkosten selbst sind idR ersatzfähig, BGH NJW 2016, 3092, 3094.

J. Schadensersatzrecht

derbeschaffungswert abzüglich Restwert) und dem Wiederbeschaffungswert, so kann der Geschädigte nur dann auf fiktiver Reparaturkostenbasis abrechnen, wenn er sein Fahrzeug mindestens sechs Monate weiternutzt und es zu diesem Zweck verkehrssicher (teil-)reparieren lässt. Da sich der Restwert nicht in einem Verkaufserlös realisiert, mindert dieser nicht den Schadensersatzanspruch.[68] Bei der Abrechnung nach dem Wiederbeschaffungsaufwand ist der vom Gutachter geschätzte Restwert zugrunde zu legen, auch wenn es dem Geschädigten durch besonderes Bemühen gelingt, tatsächlich einen höheren Erlös für das Altfahrzeug zu erzielen. Er muss sich nicht auf einen Sondermarkt für Restwertaufkäufer im Internet verweisen lassen.[69] Dies gilt allerdings nur dann, wenn das Bemühen des Geschädigten überobligationsmäßig ist und ihm besondere Anstrengungen bereitet (zB Einholen grundsätzlich nicht geschuldeter überörtlicher Angebote).[70] Der Geschädigte darf bei der fiktiven Schadensabrechnung grundsätzlich zudem die üblichen Stundenverrechnungssätze einer markengebundenen Fachwerkstatt zugrunde legen. Dem Schädiger steht jedoch die Möglichkeit offen, den Geschädigten unter dem Gesichtspunkt der Schadensminderungspflicht gem § 254 Abs 2 BGB auf eine günstigere (fiktive) Reparaturmöglichkeit in einer mühelos und ohne Weiteres zugänglichen freien Fachwerkstatt zu verweisen, wenn er darlegt und gegebenenfalls beweist, dass eine Reparatur in dieser Werkstatt vom Qualitätsstandard her der Reparatur in einer markengebunden Fachwerkstatt entspricht, und wenn er gegebenenfalls vom Geschädigten aufgezeigte Umstände widerlegt, die diesem eine Reparatur außerhalb der markengebundenen Fachwerkstatt unzumutbar machen würden. Nach der Rspr ist bei einem Fahrzeugalter von maximal drei Jahren regelmäßig von einer derartigen Unzumutbarkeit auszugehen.[71] Dem Geschädigten kann eine Reparatur in einer freien Fachwerkstatt trotz Überschreitens der Altersgrenze auch dann unzumutbar sein, wenn er sein Kraftfahrzeug bisher stets in einer markengebundenen Fachwerkstatt hat warten und reparieren lassen.[72] Unzumutbar ist eine Reparatur in einer freien Fachwerkstatt auch dann, wenn sie nur wegen vertraglicher Vereinbarungen mit dem Haftpflichtversicherer des Schädigers kostengünstiger ist.[73] Hat sich der Geschädigte zunächst für eine fiktive Abrechnung entschieden, ist er an diese Berechnungsmethode nicht zwingend gebunden, vielmehr kann er im Regelfall eine Reparatur unverändert vornehmen und zur konkreten Schadensberechnung übergehen.[74] Bei einer fiktiven Schadensabrechnung umfassen die erforderlichen Reparaturkosten auch allgemeine Kostenfaktoren wie Sozialabgaben und Lohnnebenkosten.[75]

39 Daneben qualifiziert die Rspr – entgegen einer in der Lit[76] vertretenen Ansicht, die von Wertersatz nach § 251 Abs 1 BGB ausgeht – die Beschaffung eines vergleichbaren

---

[68] BGH NJW 2003, 2085 f; NJW 2006, 2179 f; NJW 2011, 667 ff; WELLNER NJW 2012, 7, 8.
[69] BGH NJW 2005, 357 f; 2005, 3134 f; NJW 2010, 2722 ff; WELLNER NJW 2012, 7, 12.
[70] So auch BGHZ 143, 189, 194 f; 163, 362, 365 ff; 171, 287, 291; BGH NJW 1992, 903, 904; BGH NJW 2005, 357 f; NJW 2007, 2918, 2919; NJW 2010, 2722 ff; NJW 2010, 2724 ff; ferner MÜLLER zfs 2009, 124, 125.
[71] BGH NJW 2010, 606, 608; NJW 2010, 2118 f m Anm FIGGENER; NJW 2010, 2941 f; NJW 2010, 2725 f; NJW 2010, 2727 f; BGH MDR 2013, 775; bereits angedeutet in BGHZ 155, 1, 5;
ausführlich dazu KAPPUS NJW 2010, 582 ff; LG Saarbrücken NZV 2011, 501 f: trotz Laufleistung eines verunfallten Taxis von 200.000 km; WORTMANN DS 2011, 62 ff.
[72] BGH NJW 2010, 2727 f; WELLNER NJW 2012, 7, 11.
[73] BGH NJW 2010, 2725 f; NJW 2015, 2110 f.
[74] BGHZ 169, 263, 265 ff – krit dazu HUBER JZ 2007, 639, 640 f; BGH NJW 2012, 50, 51.
[75] BGH NJW 2013, 1732 f; REINELT jurisPR-BGH ZivilR 8/2013 Anm 1.
[76] MünchKomm/OETKER (7. Aufl 2016) § 251 Rn 10 f.

Ersatzfahrzeugs für ein beschädigtes Kfz als Fall der Naturalrestitution, sodass auch in diesem Bereich § 249 Abs 2 S 1 BGB anwendbar sei.[77] Dies sei deshalb möglich, weil für gebrauchte Kraftfahrzeuge ein so umfassender Markt bestehe, dass für nahezu jedes Fahrzeug ein vergleichbarer Ersatz verfügbar sei.[78]

40 Anders als in § 250 S 2 BGB fehlt bei § 249 Abs 2 BGB eine Regelung zu der Frage, ab wann der Geschädigte an seine Wahl – Ersatz der (fiktiven) Reparaturkosten oder Abrechnung nach dem Wiederbeschaffungsaufwand – gebunden sein soll. Ungeachtet dessen wird teilweise eine Bindung an die vorgenommene Wahl befürwortet.[79] Jedenfalls wird man nach Treu und Glauben eine Bindung dann annehmen können, wenn der Schuldner sich bereits auf die Wahl eingestellt und entsprechende Vorkehrungen getroffen hat.[80]

cc) § 250: Schadensersatz in Geld nach Fristsetzung

41 § 250 BGB wurde ursprünglich aufgenommen, um dem Gläubiger ein unangemessen langes Warten auf die Naturalrestitution zu ersparen.[81] Daher soll er nach Setzen einer angemessenen Frist und deren erfolglosem Verstreichen die Herstellung durch den Schuldner ablehnen und Schadensersatz in Geld fordern können. Allerdings ist der Anwendungsbereich der Vorschrift eher gering, da meist ohnehin ein Geldanspruch besteht oder der Schaden unabhängig davon durch eine Geldzahlung ausgeglichen wird.[82]

42 Umstritten ist in diesem Zusammenhang allerdings, wie die Worte *„Ersatz in Geld"* zu verstehen sind: Eine Auffassung stellt auf das Integritätsinteresse ab und sieht in § 250 BGB somit eine Möglichkeit, die Rechtsfolge des § 249 Abs 2 S 1 BGB durch Fristsetzung herbeizuführen, falls die Vorschrift nicht ohnehin greift.[83] Die Gegenansicht fasst die Formulierung als Verweis auf § 251 Abs 1 BGB auf.[84] Ausgehend von den Grundsätzen der Totalreparation und der Naturalherstellung spricht – mangels weiterer Anhaltspunkte – vieles dafür, die Vorschrift als Erweiterung von § 249 Abs 2 S 1 BGB einzuordnen.[85] Vor allem aber der Normzweck[86] sowie die systematische Stellung im Gesetz weisen in diese Richtung.

---

[77] BGHZ 66, 239, 247; 115, 364, 368; 162, 161, 164; 163, 180, 184; 171, 287, 290; BGH NJW 1972, 1800, 1801; NJW 1976, 1202, 1203; NJW 1993, 1849, 1850; NJW 2004, 1943, 1944; NJW 2006, 2320; zum Sonderfall der Abrechnung auf Neuwagenbasis vgl BGHZ 181, 242, 246 f.

[78] Im Hinblick auf ältere Fahrzeuge erscheint jedoch diese Prämisse mit Blick auf die sog „Abwrackprämie" nicht mehr zwingend; zum Sonderfall der Beschädigung eines Oldtimer-Unikats BGH NJW 2010, 2121, 2121 f. Zur Ersatzfähigkeit von Mietwagenkosten vgl allgemein MünchKomm/OETKER (7. Aufl 2016) § 249 Rn 427 ff sowie speziell zu Unfallersatztarifen BGH NJW 2008, 2910, 2910 f; NJW 2010, 1445, 1445 ff; G WAGNER NJW 2006, 2289 ff; HERRLER NZV 2007, 337 ff; RIEDMEYER zfs 2010, 70 ff.

[79] RG JW 1937, 1145; BGHZ 66, 239, 246; einschränkend BGHZ 169, 263, 268 ff.

[80] So im Ergebnis auch STAUDINGER/SCHIEMANN (2017) § 249 Rn 216.

[81] Prot I 293, 297.

[82] PRÜTTING/WEGEN/WEINREICH/LUCKEY (12. Aufl 2017) § 250 Rn 1; STAUDINGER/SCHIEMANN (2017) § 250 Rn 1.

[83] PALANDT/GRÜNEBERG (76. Aufl 2017) § 250 Rn 3.

[84] LANGE/SCHIEMANN, Schadensersatz (3. Aufl 2003) § 5 V 1, S 233 ff.

[85] So auch STAUDINGER/SCHIEMANN (2017) § 250 Rn 4.

[86] MünchKomm/OETKER (7. Aufl 2016) § 250 Rn 12.

J. Schadensersatzrecht

b) Wertersatz als Ausnahme
aa) § 251: Schadensersatz in Geld ohne Fristsetzung

§ 251 BGB gewährt für Vermögensschäden – mit unterschiedlicher Zielsetzung seiner **43** beiden Absätze – ausnahmsweise einen Anspruch auf Ersatz des Wertinteresses (Kompensation). Abs 1 stellt den Anspruch zugunsten des Geschädigten, Abs 2 zugunsten des Schädigers auf das Wertinteresse um. Anders als der Geldbetrag nach § 249 Abs 2 S 1 BGB ist der Anspruch nach § 251 BGB nicht auf den Ersatz der Herstellungskosten gerichtet. Vielmehr erhält der Geschädigte Ersatz des Wertes, um den sein Vermögen durch das schädigende Ereignis gemindert ist. Dabei ist anerkannt, dass § 251 BGB auch dann anwendbar ist, wenn die Voraussetzungen nur für einen Teil des Schadens vorliegen (vgl den Wortlaut des Abs 1: „soweit").[87]

(1) § 251 Abs 1: Unmöglichkeit oder Ungenügen der Wiederherstellung
Die Unmöglichkeit der Herstellung kann auf tatsächlichen oder auf rechtlichen Gründen beruhen. Fälle der wirtschaftlichen Unmöglichkeit sind hingegen dem Abs 2 zuzuordnen, da bei ihnen der Aufwand der Herstellung regelmäßig unverhältnismäßig sein wird.[88] Als tatsächliche Gründe kommen zB der Tod eines Menschen oder Tieres sowie bei einer Sache der technische Totalschaden in Betracht. In rechtlicher Hinsicht können zB gesetzliche Verbote (§ 134 BGB) oder die Grenzen des Amtshaftungsanspruchs (vgl oben Rn 33) zur Unmöglichkeit führen. **44**

Ungenügend ist die Herstellung dann, wenn sie den Ausgleichsanspruch des Geschädigten nicht hinreichend befriedigen kann. Insoweit ist eine gewisse Nähe zur Unmöglichkeit gegeben, was aber wegen der gemeinsamen Rechtsfolge keine Abgrenzungsschwierigkeiten aufwirft.[89] Ein Beispiel ist die technisch einwandfreie Wiederherstellung eines Unfallwagens, die dennoch einen merkantilen Minderwert beim Wiederverkauf nicht beseitigen kann. Dann kann es angezeigt sein, dem Geschädigten neben dem Anspruch aus § 249 BGB einen Geldersatz gem § 251 Abs 1 BGB zuzusprechen.[90] **45**

(2) § 251 Abs 2: Unzumutbarkeit der Wiederherstellung
Der Grundsatz der Herstellung nach § 249 BGB gilt zunächst unabhängig vom Wert **46** der Vermögensminderung und von den Kosten der Wiederherstellung. Um den Schädiger dadurch nicht mit unzumutbaren Herstellungskosten zu belasten, sieht § 251 Abs 2 S 1 BGB vor, dass dieser in derartigen Fällen den Geschädigten mit dem Ersatz des Wertinteresses entschädigen darf. Dem Schuldner kommt insoweit eine *Ersetzungsbefugnis* zu.[91] Wann solch ein Fall von Unverhältnismäßigkeit vorliegt, ergibt sich aus einem Vergleich des Wertinteresses mit den Herstellungskosten.[92] Liegen Letztere erheblich höher, so darf entschädigt werden. Eine allgemeingültige Erheb-

---

[87] STAUDINGER/SCHIEMANN (2017) § 251 Rn 5.
[88] STAUDINGER/SCHIEMANN (2017) § 251 Rn 6; MOHR Jura 2010, 808 ff.
[89] STAUDINGER/SCHIEMANN (2017) § 251 Rn 12.
[90] Zu Berechnungsmethoden des merkantilen Minderwerts vgl STAUDINGER/SCHIEMANN (2017) § 251 Rn 35.
[91] BGH NJW 2009, 1066, 1067; STAUDINGER/SCHIEMANN (2017) § 251 Rn 24.
[92] Zu den Schwierigkeiten dieses Vergleichs bei immateriellen Interessen siehe STAUDINGER/SCHIEMANN (2017) § 251 Rn 19 ff.

lichkeitsschwelle existiert nicht. Bei der Ermittlung des Wertinteresses dürfen auch immaterielle Interessen Berücksichtigung finden.[93] Daher hat die Rspr[94] für den Bereich der in der Praxis aufgrund der Häufigkeit besonders bedeutsamen *Kfz-Reparatur* die *Grenze für Instandsetzungskosten bei 130% des Brutto-Wiederbeschaffungswerts* angesetzt. Dadurch soll dem besonderen Interesse, das bekannte Fahrzeug weiterfahren zu können, als Ausfluss des Integritätsinteresses Rechnung getragen werden. Aus dieser Zwecksetzung ergibt sich auch, dass der Zuschlag immer nur dann gilt, wenn fachgerecht und tatsächlich in dem Umfang repariert wird, den das Sachverständigengutachten zugrunde gelegt hat. Zusätzlich ist im Regelfall erforderlich, dass der Geschädigte das Fahrzeug mindestens sechs Monate selbst weiternutzt, da nur in diesem Fall von einer hinreichenden Manifestation eines erhöhten Integritätsinteresses durch den Geschädigten gesprochen werden kann.[95] Bei Überschreiten der 130%-Grenze („wirtschaftlicher Totalschaden") kann der Geschädigte lediglich Ersatz des Wiederbeschaffungsaufwands, dh den Wiederbeschaffungswert abzüglich des Restwerts des beschädigten Kfz, verlangen. Eine Aufspaltung der Kosten in einen vom Schädiger auszugleichenden wirtschaftlich vernünftigen Teil und einen vom Geschädigten selbst zu tragenden wirtschaftlich unvernünftigen Teil verbietet sich.[96] Wenn die vom Sachverständigen veranschlagten Reparaturkosten über der 130%-Grenze liegen, bleibt dem Geschädigten der Nachweis unbenommen, dass die Kosten der tatsächlich nach den Vorgaben des Sachverständigen fachgerecht durchgeführten Reparatur diese Grenze nicht überschritten.[97] Wird das beschädigte Kfz nur teilweise oder nicht fachgerecht repariert, können die Kosten, die den Wiederbeschaffungsaufwand übersteigen, bis zur Höhe des Wiederbeschaffungswerts[98] nur ersetzt werden, soweit sie tatsächlich angefallen sind.[99] Ein Integritätszuschlag scheidet in diesem Fall aus.[100] Bei fiktiver Abrechnung können die Reparaturkosten bis zur Höhe des Wiederbeschaffungswerts ohne Abzug des Restwerts des beschädigten Fahrzeugs im Regelfall ebenfalls nur dann verlangt werden, wenn der Geschädigte das Fahrzeug mindestens sechs Monate selbst weitergenutzt hat[101] und das Fahrzeug zudem – soweit erforderlich – zumindest wieder in einen verkehrssicheren Zustand gebracht worden ist.[102]

47 Erweist sich eine zunächst als wirtschaftlich angenommene Herstellung später als nach § 251 Abs 2 BGB unverhältnismäßig, so ist fraglich, wer dieses *Prognoserisiko* zu tragen hat. Insoweit ist zu differenzieren: Grds trägt der Schädiger das Prognoserisiko, da

---

[93] MünchKomm/Oetker (7. Aufl 2016) § 251 Rn 40; Lange/Schiemann, Schadensersatz (3. Aufl 2003) § 5 VII 1, S 238; Medicus/Lorenz, Schuldrecht I (21. Aufl 2015) Rn 675.
[94] BGHZ 115, 364; 115, 375; BGH NJW 2010, 2121, allerdings auf Grundlage der Argumentation, die Ersatzbeschaffung sei ein Unterfall der Naturalrestitution iSv § 249 Abs 2 S 1 BGB; ausführlich dazu Hirsch JuS 2009, 299 ff; Müller zfs 2009, 124 ff.
[95] BGH NJW 2008, 437, 438; NJW 2008, 2183, 2184; OLG Düsseldorf NZV 2008, 560, 561; der Anspruch wird allerdings sofort und nicht erst nach Ablauf der sechs Monate fällig, vgl BGHZ 178, 338, 341 ff; die Weiternutzungsfrist von sechs Monaten hat demnach vorrangig beweisrechtliche Bedeutung, vgl dazu Lüthe zfs 2010, 422, 426 f.
[96] BGHZ 171, 287, 289 f; BGH NJW 2011, 1435 f; NJW 2015, 2958; Wellner NJW 2012, 7, 10.
[97] BGH NJW 2011, 669 f; NJW 2011, 1435 f – allerdings nicht bei einer unaufgeklärten Rabattgewährung durch die Reparaturwerkstatt; BGH NJW 2012, 52 f; Wellner NJW 2012, 7, 10.
[98] BGH NJW 2007, 588, 589; NJW 2007, 2917, 2918.
[99] BGH NJW 2005, 1108, 1109 f; NJW 2009, 1340, 1340.
[100] Staudinger/Schiemann (2017) § 249 Rn 223.
[101] BGHZ 168, 43, 46 ff.
[102] Meinel zfs 2009, 669, 670 f; Hess/Burmann NJW-Spezial 2009, 633, 634; abweichend OLG Karlsruhe NJW-RR 2010, 96, 97.

J. Schadensersatzrecht

es ihm auch dann zufallen würde, wenn er nach der Regel des § 249 Abs 1 BGB selbst die Herstellung durchführen würde. § 249 Abs 2 S 1 BGB soll den Geschädigten zwar besser stellen, indem ihm die Herstellung gegen Geldersatz ermöglicht wird. Eine Überbürdung des Prognoserisikos ist damit aber nicht verbunden.[103] Das Prognoserisiko trifft allerdings dann den Geschädigten, wenn dieser selbst zu vertreten hat, dass sich die Unverhältnismäßigkeit erst später herausstellt (§ 254 Abs 2 BGB). Im umgekehrten Fall einer vom Sachverständigen zunächst als unverhältnismäßig eingestuften Herstellung kann der Geschädigte auf sein Risiko hin versuchen, auf alternativem, günstigerem Wege ein gleichwertiges Herstellungsergebnis zu erzielen. In diesem Falle kann er dann ggf auch einen Integritätszuschlag in Anspruch nehmen.[104]

§ 251 Abs 2 S 2 BGB – eingefügt durch das „Gesetz zur Verbesserung der Rechtsstellung des Tieres im bürgerlichen Recht" vom 20.8.1990[105] – enthält eine Ausnahmeregelung für *Tiere*. Er stellt klar, dass bei Tieren Behandlungskosten auch dann zu ersetzen sind, wenn sie den Vermögenswert des Tieres erheblich übersteigen, sodass insoweit die Ersetzungsbefugnis des Schädigers aus § 251 Abs 2 S 1 BGB ausscheidet. Dieser Einfügung hätte es insofern nicht bedurft, als sich das Ergebnis schon daraus ergibt, dass bei der Vergleichsbetrachtung des § 251 Abs 2 S 1 BGB auch immaterielle Interessen zu berücksichtigen sind. Bei Unverhältnismäßigkeit der Behandlungskosten sind dem Geschädigten nicht nur der Wert des Tieres, sondern auch die verhältnismäßigen Behandlungskosten zu ersetzen.[106] Freilich ist klarstellend festzuhalten, dass – wie auch sonst bei Behandlungskosten – diese nur soweit zu ersetzen sind, wie sie tatsächlich anfallen. Fallen sie nicht an, weil das Tier zB sofort verstirbt oder der Halter auf eine Behandlung verzichtet, ist nur der niedrigere Wert des Tieres und sind nicht die fiktiven Behandlungskosten ersatzfähig.[107]

48

bb) § 252: Entgangener Gewinn

Der Inhalt des § 252 S 1 BGB ergibt sich schon aus der Differenzhypothese nach § 249 Abs 1 BGB. Zum hypothetischen schadensfreien Zustand gehören auch Werte, die der Geschädigte zuvor noch nicht gehabt hat, die ihm aber ohne das schädigende Ereignis zugeflossen wären.[108] § 252 S 2 BGB definiert nicht den entgangenen Gewinn, sondern regelt lediglich dessen Ermittlung.[109] Diese Bestimmung dient der Beweiserleichterung für den Geschädigten, da dieser nur die Umstände zu beweisen braucht, aus denen sich die Wahrscheinlichkeit des Gewinneintritts ohne das schädigende Ereignis ergibt.[110]

49

cc) § 253: Wertersatz bei Nichtvermögensschäden

(1) Grundsatz des § 253 Abs 1: kein Ersatz immaterieller Schäden

Die Vorschrift schließt die Kompensation von Nichtvermögensschäden in Geld dem Grundsatz nach aus. Lediglich in den vom Gesetz bestimmten Ausnahmefällen (insbes Abs 2, § 651 f Abs 2 BGB und § 844 Abs 3 BGB) sollen immaterielle Schäden ersetzt

50

---

[103] BGHZ 115, 364, 370; BGH NJW 1972, 1800, 1801.
[104] OLG München NJW 2010, 1462, 1463 f; die Reparatur muss dabei sachgerecht erfolgen, BGH NJW 2015, 2958.
[105] BGBl 1990 I 1762, Inkrafttreten: 1.9.1990.
[106] BGH NJW 2016, 1589, 1591.
[107] STAUDINGER/SCHIEMANN (2017) § 251 Rn 27.

[108] STAUDINGER/SCHIEMANN (2017) § 252 Rn 1.
[109] MünchKomm/OETKER (7. Aufl 2016) § 252 Rn 3. Zur Erwerbsschadensermittlung bei Verletzung vor oder kurz nach dem Berufseinstieg vgl EILERS zfs 2013, 244 ff; HERKENHOFF NZV, 2013, 11 ff.
[110] BGHZ 29, 393, 397 ff; BGH zfs 2013, 406 f.

werden. Nicht betroffen sind Geldleistungen zur Restitution nach § 249 Abs 2 S 1 BGB (dazu oben Rn 36).

51 Die Gründe für diese Regelung sind historischer, aber auch praktischer Natur: Nach in „den besseren Volkskreisen vertretenen Anschauungen"[111] war es nämlich „nicht ehrenvoll, sich Beleidigungen durch Geld abkaufen zu lassen."[112] Es „würden nur die schlechteren Elemente Vorteil ziehen, Gewinnsucht, Eigennutz und Begehrlichkeit würden gesteigert und aus unlauteren Motiven zahlreiche schikanöse Prozesse angestrengt werden."[113] Dies dürfte nicht mehr dem gegenwärtigen Rechts- und Sittlichkeitsbewusstsein entsprechen, da die höchsten deutschen und europäischen Gerichte immer wieder über Ansprüche aus der Verletzung immaterieller Rechtsgüter insbes von Angehörigen des Hochadels zu entscheiden haben. Hingegen spricht dennoch vieles dafür, mit der Geldentschädigung wegen Nichtvermögensschäden zurückhaltend umzugehen, da sie zu monetärer Bewertung von Gütern zwingt, die sich eben dieser Bewertung weitgehend entziehen.

52 Die Vorschrift war ursprünglich nicht in Absätze unterteilt: Durch Art 2 des „Zweiten Gesetzes zur Änderung schadensersatzrechtlicher Vorschriften" vom 19.7.2002[114] wurde der bisherige Inhalt als Abs 1 beibehalten und um einen neuen Abs 2 ergänzt. Dieser ersetzt und erweitert die frühere Schmerzensgeldregelung des aufgehobenen § 847 BGB. Damit ist auch die Zahl der Ausnahmefälle zu Abs 1 erheblich gestiegen, sodass sich die bisher an § 253 aF geübte rechtspolitische Kritik[115] weitgehend erledigt haben dürfte.

53 Problematisch bleibt die *Abgrenzung von Vermögens- und Nichtvermögensschäden* (oben Rn 18): Durch die ungebrochene Tendenz zur Kommerzialisierung in der Gesellschaft können heute viele immaterielle Bedürfnisse durch entgeltliche Leistungen befriedigt werden und haben somit einen bestimmten Marktpreis (zB Urlaub, Musikgenuss, Sport). Letztlich darf diese Entwicklung aber nicht dazu verleiten, einen Nichtvermögensschaden in den Bereich der Vermögensschäden zu verlagern. Daher sind Vermögensschäden nur solche, die finanziell spürbar sind, nicht hingegen schon finanziell berechenbare, also in Geld bewertbare Schäden.[116] Kennzeichnend für Nichtvermögensschäden ist hingegen, dass sie eng mit der Persönlichkeitssphäre verbunden sind:[117] zB körperliches Wohlbefinden und Möglichkeiten der Freizeitgestaltung. Bei der Ersatzfähigkeit von Arbeitszeit, die ein Geschädigter nach einem Schadensereignis aufgewendet hat, ist eine differenzierende Beurteilung geboten. In der Regel ist die zur Beseitigung des Schadens selbst aufgewendete Arbeitszeit ersatzfähig, während die zur Ermittlung des Schadens und zur außergerichtlichen Abwicklung des Schadensfalls aufgewendete Arbeitszeit regelmäßig nicht ersatzfähig ist.[118]

---

[111] Prot I 622.
[112] MUGDAN II 1297; zum Konzept des pretium doloris in der europäischen Privatrechtsgeschichte vgl die Nachweise bei JANSEN JZ 2005, 160, 167.
[113] MUGDAN II 517.
[114] BGBl 2002 I 2671.
[115] Dazu ausführlich noch MünchKomm/OETKER (7. Aufl 2016) § 253 Rn 5.
[116] So treffend STAUDINGER/SCHIEMANN (2017) § 253 Rn 19. Zu Bsp siehe jurisPK/VIEWEG/LORZ (8. Aufl 2017) § 253 Rn 7 f.
[117] LANGE/SCHIEMANN, Schadensersatz (3. Aufl 2003) § 2 I a) aa), S 50.
[118] OLG Frankfurt NJOZ 2013, 1019 ff.

(2) Ausnahmeregelung des § 253 Abs 2: Ersatz immaterieller Schäden

§ 253 Abs 2 BGB gewährt bei Verletzung bestimmter Rechtsgüter (Körper, Gesundheit, Freiheit und sexuelle Selbstbestimmung) einen Geldausgleich für immaterielle Schäden. Dieser Ausgleichsanspruch besteht – anders als bei § 847 aF – unabhängig von der Anspruchsgrundlage, also vor allem auch im Bereich der Haftung aus Vertrag sowie bei der Gefährdungshaftung. Die Neuregelung entspricht so dem Grundsatz vollständigen Schadensausgleichs (siehe oben Rn 30) und stellt den Opferschutz stärker in den Vordergrund.[119]

Der BGH und die ganz hM gehen von einer *Doppelfunktion* des § 253 Abs 2 BGB aus: Der Schmerzensgeldanspruch ist in erster Linie Ausgleich für die erlittene immaterielle Beeinträchtigung. Daneben dient er der Genugtuung des Opfers.[120]

(3) Ersatzanspruch bei Verletzung des allgemeinen Persönlichkeitsrechts

Einen Sonderfall eines Ersatzanspruchs für immaterielle Schäden bildet der von der Rspr entwickelte Ersatzanspruch bei Verletzung des allgemeinen Persönlichkeitsrechts.[121] Der Anspruch ist kein Fall des § 253 Abs 2 BGB: Die Rspr[122] stützt ihn vielmehr auf ein eigenes aus Art 1 Abs 1 und Art 2 Abs 1 GG hergeleitetes sonstiges Recht iSv § 823 Abs 1 BGB. Bei ihm steht – anders als bei dem Anspruch aus § 253 Abs 2 BGB – die Genugtuungsfunktion im Vordergrund.[123] Der Anspruch setzt – soweit nicht die kommerziell nutzbaren Interessen des allgemeinen Persönlichkeitsrechts betroffen sind[124] – eine nach dem objektiven Grad des Verschuldens sowie nach Anlass und Beweggrund erheblich ins Gewicht fallende Beeinträchtigung des allgemeinen Persönlichkeitsrechts voraus.[125] Er greift nur dann, wenn eine Geldleistung die einzige Möglichkeit ist, die Persönlichkeitssphäre effektiv zu schützen (Subsidiarität).[126] Schließlich ist in jedem Einzelfall eine *umfassende Güter- und Interessenabwägung*

---

[119] BT-Drucks 14/7752, 14.
[120] BGHZ 18, 149, 149; 80, 384, 386; 128, 117, 120; MünchKomm/Oetker (7. Aufl 2016) § 253 Rn 10 ff; jurisPK/Vieweg/Lorz (8. Aufl 2017) § 253 Rn 26 ff; kritisch zur Genugtuungsfunktion Diederichsen VersR 2005, 433, 435; zur aktuellen Rspr Vrzal VersR 2015, 284 ff.
[121] Dazu umfassend: Staudinger/Hager (2017) § 823 Rn C 1 ff; Ehmann, Das Allgemeine Persönlichkeitsrecht – Zur Transformation unmoralischer in unerlaubte Handlungen, in: Canaris/Heldrich (Hrsg), 50 Jahre Bundesgerichtshof – Festgabe aus der Wissenschaft, Band I: Bürgerliches Recht (2000) 613 ff; Haug, Bildberichterstattung über Prominente unter besonderer Berücksichtigung der Zulässigkeit der gerichtlichen Beurteilung des Informationswertes von Medienberichten (2011) passim; vgl auch Prütting/Wegen/Weinreich/Luckey (12. Aufl 2017) § 253 Rn 25 ff.
[122] BGHZ 35, 363, 367 – Ginsengwurzel; BGHZ 39, 124, 130 ff – Fernsehansagerin; BGHZ 128, 1, 15 – Caroline v Monaco I; BGH NJW 1996, 984, 985 – Caroline v Monaco II; BGH NJW 1996, 985, 987 – Caroline v Monaco III; BGHZ 143, 214, 218 – Marlene Dietrich.
[123] BGHZ 128, 1, 15 – Caroline v Monaco I; BGHZ 160, 298 – Alexandra v Hannover; BGHZ 165, 203, 206 f – Mordkommission Köln.
[124] BGHZ 143, 214, 219 ff – Marlene Dietrich; BGH NJW 2000, 2201 f – Der blaue Engel; BGH GRUR 2010, 546, 548 f – Der strauchelnde Liebling (Boris Becker); BGH NJW 2013, 793 ff – Playboy am Sonntag.
[125] BGHZ 26, 349, 358 ff – Herrenreiter; BGHZ 35, 363, 369 – Ginsengwurzel; BGHZ 128, 1, 16 – Caroline v Monaco I; Huber JA 2012, 571, 572.
[126] BGHZ 26, 349, 358 ff – Herrenreiter; BGHZ 30, 7, 11 – Caterina Valente; BGHZ 128, 1, 12 – Caroline v Monaco I; BGHZ 165, 203, 210 – Mordkommission Köln; Sajuntz NJW 2010, 2992, 2997; Neuner JuS 2015, 961, 964 ff; Gounalakis NJOZ 2016, 361, 369.

erforderlich, da das allgemeine Persönlichkeitsrecht kein absolut geschütztes Rechtsgut ist.[127] Während das BVerfG bislang in ständiger Rspr im Rahmen der Herstellung praktischer Konkordanz zwischen den kollidierenden Interessen den Mediengrundrechten des Art 5 GG starkes Gewicht beigemessen und so einen nach Sphären gestuften Persönlichkeitsschutz entwickelt hat,[128] hat sich der EGMR für einen grundsätzlichen Vorrang der Rechte der Betroffenen ausgesprochen. Er will eine Ausnahme nur dann zulassen, wenn die Veröffentlichung einen Beitrag zu einer Debatte von öffentlichem Interesse leistet. Dies scheide jedenfalls dann aus, wenn der rein private Bereich Gegenstand der Veröffentlichung sei.[129] Das BVerfG und auch der BGH haben in der Folgezeit zwar im Grundsatz an ihrer bisherigen, vorwiegend die vermögenswerten Bestandteile des allgemeinen Persönlichkeitsrechts betreffenden Rspr festgehalten, zugleich schenken sie allerdings dem allgemeinen Persönlichkeitsrecht unter Berücksichtigung der EGMR-Rspr verstärkt Beachtung. Der BGH stellt nunmehr in Übereinstimmung mit der neueren Rspr des BVerfG[130] unter Abkehr von der Figur der absoluten und relativen Person der Zeitgeschichte vorrangig auf den zeitgeschichtlichen Wert des Ereignisses ab, das den Gegenstand der Berichterstattung bildet, bzw auf das Informationsinteresse der Öffentlichkeit an der Berichterstattung.[131]

57 Im Hinblick auf den *postmortalen Schutz* des allgemeinen Persönlichkeitsrechts differenziert die Rspr[132] in der Weise, dass sie dessen vermögenswerte Bestandteile im Wege richterlicher Rechtsfortbildung[133] im Grundsatz für vererblich erklärt hat und ihnen auch postmortal mit Hilfe von Schadenersatzansprüchen Schutz zukommen lässt. Die Schutzdauer dieser vermögenswerten Bestandteile beurteilt sich analog

---

[127] BVerfG NJW 1992, 815 f; BGHZ 30, 7, 11 f – Caterina Valente; BGHZ 39, 124, 132 f – Fernsehansagerin; BGHZ 169, 193, 197 – kinski-klaus.de; BGH NJW 2012, 767 ff – Pornofilmdarsteller m Anm STENDER-VORWACHS; STAUDINGER/HAGER (2017) § 823 Rn C 17; HUBER JA 2012, 571, 573.
[128] BVerfG NJW 2000, 1021, 1022; NJW 2000, 2191 f.
[129] EGMR NJW 2004, 2647, 2649, 2651; vgl dazu STARCK JZ 2006, 76 ff.
[130] BVerfGE 120, 180, 200 ff – Caroline II; dazu HOFFMANN-RIEM NJW 2009, 20; BVerfG NJW 2006, 2835 f – Ernst August von Hannover; zur Kunstfreiheit vgl BVerfGE 119, 1, 23 ff – Esra.
[131] BGHZ 171, 275, 281 ff – Abgestuftes Schutzkonzept I; BGHZ 177, 119, 123 ff – Einkaufsbummel nach Abwahl; BGHZ 180, 114, 117 ff – Enkel von Fürst Rainier; BGH NJW 2007, 3440, 3441 ff – Grönemeyer; BGH MDR 2007, 1314 f – Abgestuftes Schutzkonzept II; BGH NJW 2009, 754, 754 f – Gesundheitszustand von Prinz Ernst August von Hannover; BGH NJW 2008, 3138, 3138 ff – Einkaufsbummel im Urlaub; BGH NJW 2009, 1502, 1502 f – Sabine Christiansen mit Begleiter; zur „vorbeugenden" Unterlassungsklage gegen eine „kerngleiche" Berichterstattung vgl BGH NJW 2008, 1593, 1594 – Franziska van Almsick; BGH NJW 2010, 1454, 1455 f – Kinder von Franz Beckenbauer; BGH NJW 2010, 1454, 1455 f. – Sohn eines Prominenten; BGH NJW 2010, 2432, 2433 ff. – Berichterstattung über den Mörder Walter Sedlmayrs durch Dossier mit Lichtbild in Onlinearchiv; BGH NJW 2010, 3025, 3026 f. – Tochter von Prinzessin Caroline von Hannover; BGH NJW 2011, 744, 744 ff. – Tochter von Prinzessin Caroline von Hannover; BGH NJW 2011, 746, 747 ff. – Rosenball in Monaco; BGH NJW 2011, 3153, 3154 ff. – Bildabdruck entgegen sitzungspolizeilicher Verfügung m Anm GOSTOMZYK; BGH NJW 2012, 767 ff. – Pornofilmdarsteller; BGH NJW 2013, 793 ff. – Playboy am Sonntag; dazu STENDER-VORWACHS NJW 2009, 334 ff; 2010, 1414 ff; SAJUNTZ NJW 2010, 2992 ff; WANCKEL NJW 2011, 726 ff; GOUNALAKIS NJOZ 2016, 361, 369 ff; allgemein zur Berücksichtigung der EMRK und der Rspr des EGMR durch deutsche Behörden und Gerichte BVerfGE 111, 307, 315 ff; zur Kunstfreiheit vgl BGH NJW 2009, 3576, 3576 ff – Kannibale von Rotenburg.
[132] BGHZ 169, 193, 196 – kinski-klaus.de; BGHZ 165, 203, 206 – Mordkommission Köln.
[133] Gebilligt durch BVerfG NJW 2006, 3409, 3410 f – Marlene Dietrich.

§ 22 S 3 KUG, sodass die Interessen der Erben zehn Jahre nach dem Tod der Person hinter die Interessen der Allgemeinheit zurücktreten müssen.[134] Bei Beeinträchtigung der immateriellen Bestandteile des allgemeinen Persönlichkeitsrechts billigt die Rspr den Wahrnehmungsberechtigten hingegen allenfalls Abwehransprüche zu.

(4) Kommerzialisierungsgedanke und Ersatz von Nutzungsausfall

Ein Streitpunkt von besonderer praktischer Relevanz ist die Frage nach der Ersatzmöglichkeit entgangener Nutzungen: Grds ändert die fehlende Nutzbarkeit eines Wirtschaftsguts als solche nichts an der Vermögenssituation des Geschädigten. Es handelt sich im Grundsatz also um einen Nichtvermögensschaden, der gem § 253 Abs 1 BGB nicht zu ersetzen ist. Stellt man hingegen auf die – oft nicht unerheblichen – Investitionen zur Herstellung der Nutzungsmöglichkeit ab, kommt man dem Vermögensschaden schon näher (sog Frustrationsgedanke).[135] Mit dem Ansatz der Kommerzialisierung könnte man auch auf die entsprechenden Kosten für das Anmieten eines vergleichbaren Wirtschaftsguts abstellen (insbes Ersatzwagen nach Kfz-Unfall).[136] **58**

Wegen der damit verbundenen Gefahr des Untergrabens der Wertung aus § 253 Abs 1 BGB hat die Rspr für den Ersatz entgangener Nutzungen enge Voraussetzungen aufgestellt:[137] Dieser wird nur für Gegenstände zugesprochen, „auf deren ständige Verfügbarkeit die eigenwirtschaftliche[138] Lebenshaltung des Eigentümers derart angewiesen ist wie auf das von ihm bewohnte Haus [...], sofern der Eigentümer die Sache in der Zeit des Ausfalls entsprechend genutzt hätte."[139] Neben der selbstgenutzten Wohnung ist dies vor allem der PKW,[140] während etwa die entgangene Nutzung eines allein Freizeitzwecken dienenden Wohnmobils nicht ersatzfähig ist.[141] Ebenso wenig kann für den Fortfall der Möglichkeit, ein Telefaxgerät zu nutzen, Ersatz beansprucht werden. Der Fortfall der Nutzungsmöglichkeit eines Festnetztelefons ist nur dann ersatzfähig, wenn kein Mobilfunkgerät zur Verfügung steht. Ebenso kann für den Fortfall des Internetzugangs dann Ersatz verlangt werden, wenn nicht über ein vorhandenes Mobilfunkgerät eine einigermaßen komfortable Internetnutzung möglich ist.[142] **59**

Allerdings fördert der Gedanke der Kommerzialisierung eher das Verwischen der Grenzen zwischen Vermögens- und Nichtvermögensschäden.[143] Sein Erkenntnisgewinn ist recht gering. Vielmehr sollte man den Ersatz von Nutzungsausfall als enge **60**

---

[134] BGHZ 169, 193, 199 – kinski-klaus.de
[135] Näher dazu LANGE/SCHIEMANN, Schadensersatz (3. Aufl 2003) § 6 IV, S 255 ff und STAUDINGER/SCHIEMANN (2017) § 249 Rn 123 ff; ferner MOHR Jura 2010, 168, 176 f.
[136] Eingehend zum Kommerzialisierungsgedanken: LANGE/SCHIEMANN, Schadensersatz (3. Aufl 2003) § 6 III, S 253 ff.
[137] Zur Entwicklung dieser Rspr vgl MEDICUS, Allgemeines Schadensrecht – Insbesondere zur Grenzziehung zwischen Vermögens- und Nichtvermögensschäden, in: CANARIS/HELDRICH (Hrsg), 50 Jahre Bundesgerichtshof – Festgabe aus der Wissenschaft, Band I: Bürgerliches Recht (2000) 201, 203 ff; ferner ZWIRLEIN JuS 2013, 487 ff.
[138] Zur (abstrakten) Ersatzfähigkeit von entgangenen Nutzungen bei gewerblich genutzten Gütern vgl BGH NJW 2008, 913, 914 f.
[139] BGHZ 98, 212, 218 ff; BGH NJW 2013, 1072 ff; zum Erfordernis der „Fühlbarkeit des wirtschaftlichen Nachteils" vgl ferner BGH NJW 2008, 913, 914.
[140] BGHZ 40, 345, 348; 45, 212, 215; FIELENBACH NZV 2013, 265 ff; vgl zur Nutzungsausfallentschädigung für einen Computer: OLG München MDR 2010, 866 f.
[141] BGH NJW-RR 2008, 1198, 1198 f mit weiteren Beispielen aus der Rspr.
[142] BGH NJW 2013, 1031 ff = JZ 2013, 894 ff = MDR 2013, 319 f; vgl dazu JAEGER NJW 2013, 1031 ff; SPINDLER JZ 2013, 897 ff; kritisch EXNER JuS 2015, 680 ff.
[143] Zur Abgrenzung vgl jurisPK/VIEWEG/LORZ (8. Aufl 2017) § 253 Rn 4 ff.

Ausnahme und Anreiz für den Geschädigten begreifen, nicht in einem Hotel zu übernachten oder ein Fahrzeug anzumieten.[144]

(5) § 651 f Abs 2: Ersatz für entgangene Urlaubsfreude

61 Der mit einem Schadensfall verbundene Verlust an Freizeit ist grds als immaterieller Schaden nicht ersatzfähig. Unter dem Gesichtspunkt der Kommerzialisierung wurde allerdings diskutiert, ob nicht Urlaub letztlich als Vermögenswert einem Geldersatz zugänglich sei, da er durch Mehrarbeit in der übrigen Zeit vom Arbeitnehmer oder durch Mehrarbeit oder Einnahmeausfälle vom Selbstständigen erkauft worden sei.[145]

62 Durch die reisevertragsrechtliche Regelung des § 651 f Abs 2 BGB wurde diese Diskussion hinfällig, da der Gesetzgeber eine Ausnahmevorschrift iSv § 253 Abs 1 BGB eingefügt und somit den Sachverhalt der entgangenen Urlaubsfreude abschließend geregelt hat: Diese Vorschrift knüpft allerdings nicht an das Erarbeiten der Freizeit an (verneint also letztlich den Vermögenswert),[146] sondern gewährt – als Ausnahme zu § 253 Abs 1 – eine angemessene Entschädigung für das Interesse am „Urlaub als solchem",[147] sodass zB auch einem Schüler[148] ein entsprechender Ersatzanspruch gegen den Reiseveranstalter zusteht.

(6) § 15 Abs 2, 3, 6 AGG: Ersatz bei Verstoß gegen das Benachteiligungsverbot der §§ 2, 7 Abs 1 AGG

63 Für den arbeitsrechtlichen Teil des AGG normiert § 15 Abs 2 S 1 AGG einen ausweislich der Gesetzesbegründung[149] verschuldensunabhängigen Anspruch des Arbeitnehmers auf angemessene Entschädigung im Falle eines Verstoßes gegen das Benachteiligungsverbot der §§ 2, 7 Abs 1 AGG. Das Gesetz differenziert entsprechend der Rspr des EuGH[150] zwischen einem diskriminierten und abgewiesenen Bewerber (sog Bestqualifizierter) und solchen Bewerbern, die auch bei diskriminierungsfreiem Verhalten des Arbeitgebers nicht zum Zuge gekommen wären.[151] Für Letztere begrenzt § 15 Abs 2 S 2 AGG den Anspruch der Höhe nach auf maximal drei Monatsverdienste. § 15 Abs 3 AGG sieht eine Haftungsprivilegierung des Arbeitgebers bei Anwendung kollektivrechtlicher Vereinbarungen vor.[152]

(7) § 21 Abs 2 S 1, 3 AGG: Ersatz bei Verstoß gegen das Benachteiligungsverbot des § 19 Abs 1, 2 AGG

64 § 21 Abs 2 S 1, 3 AGG normiert auch für den Bereich des allgemeinen Zivilrechts einen Anspruch auf angemessene Entschädigung, soweit dem Vertragspartner ein Verstoß gegen das Benachteiligungsverbot des § 19 Abs 1, 2 AGG anzulasten ist.[153]

---

[144] MEDICUS/PETERSEN, Bürgerliches Recht (26. Aufl 2017) Rn 828, sprechen treffend von einer „Sparsamkeitsprämie".
[145] BGHZ 63, 98, 105.
[146] LANGE/SCHIEMANN, Schadensersatz (3. Aufl 2003) § 6 XIV 4 b), S 388 ff.
[147] BGHZ 161, 389, 394 ff, insbes 397; STAUDINGER/SCHIEMANN (2017) § 251 Rn 110; FÜHRICH MDR 2009, 906 ff.
[148] BGHZ 85, 168, 170 ff.
[149] Vgl BT-Drucks 16/1780, 38 und BAG NZA 2009, 945, 950 f; kritisch MünchKomm/THÜSING (7. Aufl 2015) § 15 AGG Rn 5.
[150] EuGH Slg 1984, 1891, 1907; 1984, 1921, 1941; 1990, 3941, 3975; 1997, 2195, 2221 ff; vgl auch ROETTEKEN NZA-RR 2013, 337 ff.
[151] Vgl dazu BAMBERGER/ROTH/FUCHS (3. Aufl 2012) § 15 AGG Rn 6; teilweise kritisch MünchKomm/THÜSING (7. Aufl 2015) § 15 AGG Rn 27; STAUDINGER/RICHARDI/ANNUSS (2016) § 611 Rn 481 ff, insbes 485.
[152] Kritisch dazu aus europarechtlicher Sicht MünchKomm/THÜSING (7. Aufl 2015) § 15 AGG Rn 40.
[153] Ausführlich, insbes auch zur Frage eines Verschuldenserfordernisses MünchKomm/THÜ-

3. Grundsatz der Dispositionsfreiheit des Geschädigten

a) Grundsatz

Ob der Geschädigte den ihm in Geld zufließenden Schadensersatz zur Wiederherstellung verwenden muss oder über ihn frei verfügen darf, war lange umstritten.[154] Die weit überwiegende Meinung sowie die Rspr kommen insofern im Grundsatz zu dem Ergebnis, dass es ausschließlich Sache des Geschädigten ist, wie er den ihm zufließenden Betrag verwenden will.[155] Allerdings gilt dieser Grundsatz nur eingeschränkt, es gibt geschriebene und ungeschriebene Ausnahmen: 65

b) Ausnahmen
aa) § 249 Abs 2 S 2: Umsatzsteuer

Seit dem sog „Zweiten Gesetz zur Änderung schadensersatzrechtlicher Vorschriften"[156] sieht § 249 Abs 2 S 2 BGB eine Ausnahme vom Grundsatz der Dispositionsfreiheit dergestalt vor, dass die Umsatzsteuer nur dann zu ersetzen ist, wenn sie auch tatsächlich angefallen ist. Somit kann der Geschädigte bei Sachschäden[157] über die Summe des zu ersetzenden Schadens nicht vollkommen frei verfügen, da ihm der auf die Umsatzsteuer entfallende Teilbetrag verloren geht, soweit er sich gegen eine – umsatzsteuerpflichtige – Reparatur oder Ersatzbeschaffung entscheidet. Allerdings ist die Einschränkung des Geschädigten insofern gering, als ihm nur das entgeht, was er ohnehin nicht aufwenden muss. Der Geschädigte soll nicht einen Schaden in Rechnung stellen dürfen, der sich bei ihm gar nicht realisiert hat. Damit soll – unter Beibehaltung des Grundsatzes der Dispositionsfreiheit – die konkrete Schadensberechnung wieder stärker in den Mittelpunkt rücken.[158] Gleichzeitig soll der Anteil der Sachschäden am Gesamtaufwand der Haftpflichtversicherer zugunsten des Aufwands für Vermögensschäden reduziert werden.[159] Die Regelung gilt nur für die Fälle der Restitution.[160] 66

Dieser Neuregelung kommt vor allem im Bereich der Kraftfahrzeugschäden, bei denen häufig von der Möglichkeit der fiktiven Schadensberechnung auf Gutachtenbasis Gebrauch gemacht wird, große praktische Bedeutung zu. Aus der Formulierung „soweit" ergibt sich, dass je nach Art der Schadenskompensation zu differenzieren sein kann: Bei Eigenreparatur ist beispielsweise nicht die Umsatzsteuer der fiktiven Kosten laut Sachverständigengutachten zu ersetzen, wohl aber die für die tatsächlich gekauften Ersatzteile.[161] Der Ersatz der Umsatzsteuer entfällt hingegen vollständig, wenn der Geschädigte auf Ersatzbeschaffung oder Reparatur verzichtet.[162] Bei Vorliegen eines 67

SING (7. Aufl 2015) § 21 AGG Rn 41 f, insbes 60 ff.
[154] Vgl zum Meinungsstand: SCHIEMANN DAR 1982, 309 ff; MEDICUS DAR 1982, 352 f; GRUNSKY NJW 1983, 2465 ff.
[155] BGH NJW 1973, 1647, 1648; 1996, 2924, 2925; 1997, 520; 2003, 2085; LANGE/SCHIEMANN, Schadensersatz (3. Aufl 2003) § 5 IV 6, S 228 ff; PALANDT/GRÜNEBERG (76. Aufl 2017) § 249 Rn 6; zu den Gründen eingehend CH HUBER, Fragen der Schadensberechnung (1993) 67 ff; WELLNER NJW 2012, 7.
[156] BGBl 2002 I 2674.
[157] § 249 Abs 2 S 2 BGB gilt zumindest seinem Rechtsgedanken nach auch im Werkvertragsrecht, wenn der Werkbesteller im Falle eines Werkmangels Schadensersatzansprüche (statt der Leistung) geltend macht, die allein das Äquivalenzinteresse betreffen, vgl BGH NJW 2010, 3085, 3086.
[158] BT-Drucks 14/7752, 13.
[159] BT-Drucks 14/7752, 11.
[160] BT-Drucks 14/7752, 13, 23.
[161] MünchKomm/OETKER (7. Aufl 2016) § 249 Rn 393; PALANDT/GRÜNEBERG (76. Aufl 2017) § 249 Rn 27.
[162] BGH NJW 2006, 2181; PALANDT/GRÜNEBERG (76. Aufl 2017) § 249 Rn 28.

wirtschaftlichen Totalschadens ist im Rahmen der Abrechnung auf Gutachtenbasis[163] bei alleiniger Nennung des Brutto-Wiederbeschaffungswerts hinsichtlich des erforderlichen Abzugs der Umsatzsteuer auf den typischen Verlauf abzustellen.[164] Wählt der Geschädigte den Weg der Ersatzbeschaffung, obwohl er nach dem Wirtschaftlichkeitsgebot nur einen Anspruch auf Ersatz der Reparaturkosten hat, so kann er die Umsatzsteuer verlangen, wenn bei der Ersatzbeschaffung tatsächlich Umsatzsteuer angefallen ist. Hierbei ist sein Anspruch auf den Umsatzsteuerbetrag begrenzt, der bei Durchführung der notwendigen Reparatur angefallen wäre.[165]

bb) Körperschäden

68 Die zweite wesentliche Ausnahme betrifft den Bereich der Körperschäden: Damit verbundene Aufwendungen können nur dann ersetzt verlangt werden, wenn sie tatsächlich angefallen sind. Die Dispositionsfreiheit des Schädigers besteht insoweit nicht. Hauptargument ist die Wertung des § 253 Abs 1 BGB: Der Geschädigte soll immaterielle Schäden nur in den vom Gesetz genannten Fällen kommerzialisieren können.[166] Daher können ein nicht in Anspruch genommener, grds erforderlicher Krankenhausaufenthalt, fiktive Arztkosten oder Medikamente nicht ersetzt verlangt werden.[167]

4. Ersatz von Drittschäden

a) Grundsatz: kein Ersatz von Drittschäden und Begrenzung auf das Gläubigerinteresse

69 Entgegen der Entscheidung für eine haftungsrechtliche Generalklausel, wie sie Art 1382 des franz Code Civil vorsieht, haben sich die „Väter des BGB" bei § 823 Abs 1 BGB für einen rechtsgüterbezogenen und in § 823 Abs 2 BGB für einen auf die Verletzung von Schutzgesetzen beschränkten Ansatz und damit für eine Begrenzung des Haftungsrisikos – zumindest für fahrlässig begangene unerlaubte Handlungen – entschieden. Daraus leitet die ganz hM[168] eine grds Begrenzung des Kreises der Ersatzberechtigten auf die Inhaber des jeweils verletzten Rechtsguts ab. Auch bei vertraglichen Beziehungen ist die Schadensersatzpflicht nach dem Grundsatz der Relativität der Schuldverhältnisse regelmäßig auf den Gläubiger des jeweiligen Vertragsverhältnisses begrenzt.

70 Der Anspruch des Verletzten ist wiederum dadurch begrenzt, dass er ausschließlich den ihm selbst entstandenen Schaden – das sog Gläubigerinteresse – geltend machen kann.[169]

---

[163] BGHZ 158, 388; BGH NJW 2006, 2181; in Abgrenzung dazu für den Fall der Ersatzbeschaffung: BGHZ 162, 270, 274 ff; 164, 397, 399 f.
[164] Entscheidend ist, ob gleichwertige Ersatzfahrzeuge auf dem Gebrauchtwagenmarkt überwiegend regelbesteuert, differenzbesteuert oder umsatzsteuerfrei erworben werden, vgl dazu im Einzelnen BGH NJW 2006, 2181; PALANDT/GRÜNEBERG (76. Aufl 2017) § 249 Rn 30.
[165] BGH NJW 2013, 1151 ff. mit Anm SEIBEL.
[166] BGHZ 97, 14, 18 ff; OLG Köln VersR 2000, 1021 f; LANGE/SCHIEMANN, Schadensersatz (3. Aufl 2003) § 5 IV 6, S 228 ff; SCHIEMANN DAR 1982, 309, 311; MünchKomm/OETKER (7. Aufl 2016) § 249 Rn 357 ff spricht sich für eine Beschränkung der Dispositionsbefugnis auch bei ökologischen Schäden aus.
[167] BGHZ 97, 14, 18 ff; OLG Köln VersR 2000, 1021 f; LG Stuttgart NJW 1976, 1797; kritisch hierzu ZIEGLER/HARTWIG VersR 2012, 1364 ff.
[168] Vgl PRÜTTING/WEGEN/WEINREICH/LUCKEY (12. Aufl 2017) § 249 Rn 97; STAUDINGER/RÖTHEL (2015) § 844 Rn 2; STAUDINGER/SCHIEMANN (2017) Vorbem 49 zu §§ 249 ff.
[169] MEDICUS/PETERSEN, Bürgerliches Recht (26. Aufl 2017) Rn 834. Ein Überblick über abweichende Ansätze der Eingrenzung findet sich

b) Ausnahmen

Schäden Dritter werden nur ausnahmsweise – bei gesetzlicher Anordnung sowie in den Fällen der Drittschadensliquidation und des Vertrags mit Schutzwirkung zugunsten Dritter – ersetzt: **71**

aa) Gesetzliche Ausnahmen

Ausdrückliche Anordnungen finden sich in § 618 Abs 3 BGB (Nichterfüllung der Pflicht zu Schutzmaßnahmen) und § 62 Abs 3 HGB (Nichterfüllung der Prinzipalspflichten), die beide auf §§ 844–846 verweisen und somit ein vertragliches Schutzverhältnis per Gesetz auf Dritte ausdehnen. Die §§ 844–846 BGB und die entsprechenden Sondervorschriften im Bereich der Gefährdungshaftung (zB §§ 5, 9 HaftPflG, §§ 10 ff StVG, § 7 ProdHaftG, §§ 35 ff LuftVG, §§ 28 ff AtomG) normieren die Hauptausnahmen: § 844 BGB gibt für den Fall der Tötung einer Person dem Drittgeschädigten ein eigenständiges Recht auf Ersatz der Beerdigungskosten und der entgangenen Unterhaltsleistungen neben etwaigen Ansprüchen des unmittelbar Verletzten.[170] Mit dem am 22.7.2017 in Kraft getretenen § 844 Abs 3 BGB ist für Personen, die zu dem Getöteten in einem besonderen persönlichen Näheverhältnis standen, ein Anspruch auf angemessene Entschädigung in Geld geschaffen worden.[171] § 845 BGB gibt über die Tötung einer Person hinaus bei Körperverletzungen und Freiheitsentziehungen dem Drittgeschädigten einen Ersatzanspruch wegen Dienstleistungen, die der Erstgeschädigte dem Drittgeschädigten von Gesetzes wegen schuldete. Der Anwendungsbereich beschränkt sich heute im Wesentlichen auf die wenigen Fälle der Dienstleistungspflicht des Hauskindes gem § 1619 BGB, da der haushaltsführende Ehegatte nach § 1356 BGB nicht mehr zur Dienstleistung verpflichtet ist. Er leistet vielmehr seinen Beitrag zur ehelichen Lebensgemeinschaft, welcher somit dem § 844 Abs 2 BGB zuzuordnen ist.[172] § 846 BGB dehnt den Anwendungsbereich von § 254 BGB lediglich auf eine Obliegenheitsverletzung der verletzten Person aus. **72**

bb) Drittschadensliquidation

Eine im Gesetz nicht vorgesehene Ausnahme vom Grundsatz der Beschränkung des Ersatzes auf das Gläubigerinteresse ist die sog Drittschadensliquidation: Sie fasst Konstellationen zusammen, bei denen der Gläubiger des Schadensersatzanspruchs wirtschaftlich ohne Schaden bleibt, während ein Dritter den Schaden wirtschaftlich tragen muss, ohne aber rechtlich einen Anspruch gegen den Schädiger zu haben. Um diese willkürliche Aufspaltung zu überwinden, stellt der Gläubiger den Schaden des wirtschaftlich Geschädigten dem Schädiger in Rechnung und kehrt den Schadensersatz an den Geschädigten aus oder tritt die Forderung an ihn entsprechend § 285 ab. Er kann auch auf Leistung an den Geschädigten klagen oder diesen zur Einziehung ermächtigen.[173] **73**

---

bei LANGE/SCHIEMANN, Schadensersatz (3. Aufl 2003) § 8 I 2, S 457 ff.
[170] PRÜTTING/WEGEN/WEINREICH/LUCKEY (12. Aufl 2017) § 844 Rn 1; STAUDINGER/RÖTHEL (2015) § 844 Rn 3.
[171] BGBl 2017 I 2421. Diese Regelung lässt die Rechtsprechung des BGH zum Schockschaden unberührt. Liegen die Voraussetzungen beider Institute vor, so geht § 253 Abs 2 BGB dem § 844 Abs 3 BGB vor, soweit das Schmerzensgeld über der Obergrenze des Hinterbliebenengeldes liegt. Hierzu WAGNER NJW 2017, 2641, 2645.
[172] Vgl STAUDINGER/RÖTHEL (2015) § 845 Rn 4 ff.
[173] STAUDINGER/SCHIEMANN (2017) Vorbem 67 zu §§ 249 ff.

74 Letztlich kommt es durch die Drittschadensliquidation nicht zu einer Erweiterung des Risikos für den Schädiger. Vielmehr wird nur verhindert, dass er von dem zufälligen Auseinanderfallen von Anspruch und Schaden unbillig profitiert.[174] Daher ist das *zufällige Auseinanderfallen von Anspruch und Schaden* prägende Voraussetzung für die Drittschadensliquidation. Umgekehrt scheidet sie dort aus, wo sich das Risiko bei Gläubiger und Drittem gleichzeitig verwirklichen kann. Demgemäß ist die Drittschadensliquidation nur für bestimmte *Konstellationen* anerkannt:[175] bei mittelbarer Stellvertretung und Treuhandverhältnissen, bei obligatorischer Gefahrverlagerung, bei Obhutsverhältnissen sowie bei entsprechender Vereinbarung.

(1) Mittelbare Stellvertretung und Treuhandverhältnisse

75 In den Fällen der mittelbaren Stellvertretung kann der im eigenen Namen Handelnde den Schaden des – im Hintergrund bleibenden – wirtschaftlich geschädigten Geschäftsherrn liquidieren, den dieser mangels eigener vertraglicher Beziehung zum Schädiger nicht geltend machen kann. Dies gilt für die gesetzlich geregelten Fälle der mittelbaren Stellvertretung (Kommissionär, Spediteur und Frachtführer) ebenso wie für die gewillkürte Stellvertretung.[176]

76 Ebenso wird die Drittschadensliquidation auf Treuhandverhältnisse angewandt.[177] Allerdings ist dies für solche Konstellationen umstritten, in denen der Treugeber einen eigenen Schadensersatzanspruch hat, sodass die Lückenschlussfunktion der Drittschadensliquidation gar nicht zum Tragen kommt.[178] Dessen ungeachtet wendet die Rspr[179] auch in diesen Fällen die Grundsätze der Drittschadensliquidation an.

(2) Obligatorische Gefahrverlagerung

77 In den Fällen obligatorischer Gefahrverlagerung wird der zur Verschaffung des Eigentums Verpflichtete durch eine gesetzliche Gefahrtragungsregelung von seiner Leistungspflicht frei, auch wenn die Sache noch vor Übergabe an den Gläubiger beschädigt oder zerstört wird. Um den Schädiger nicht unbillig aus der Haftung zu entlassen, wird dem Schuldner der Leistung die Liquidation des Schadens seines Gläubigers ermöglicht. Die wichtigsten Anwendungsfälle sind das Vermächtnis gem § 2147 BGB und der Versendungskauf gem § 447 BGB. Der Versendungskauf hat allerdings wegen der Vorschriften über den Verbrauchsgüterkauf gem § 474 Abs 2 BGB, der die Anwendung des § 447 BGB auf den Verbrauchsgüterkauf ausschließt, und die Rückgriffsmöglichkeit auf den Frachtführer gem § 421 Abs 1 S 2 und 3 HGB stark an Bedeutung verloren.[180] Eine vergleichbare Situation ergibt sich im Werkvertragsrecht, wenn der Unternehmer sein Eigentum an den zu liefernden Stoffen bereits verloren hat und dennoch gem § 644 Abs 1 bis zur Abnahme die Leistungsgefahr trägt.[181]

---

[174] STAUDINGER/SCHIEMANN (2017) Vorbem 62 zu §§ 249 ff.
[175] Hierzu und zum Diskussionsstand hinsichtlich weiterer Fallgruppen vgl PRÜTTING/WEGEN/WEINREICH/LUCKEY (12. Aufl 2017) § 249 Rn 100 ff; STAUDINGER/SCHIEMANN (2017) Vorbem 76 ff zu §§ 249 ff; BREDEMEYER JA 2012, 102 ff; IDEN ZJS 2012, 766 ff; ohne Berufung auf eine Fallgruppe BGH NJW 2016, 1089, 1090 f m Anm WEISS NJW 2016, 1091 f.
[176] MünchKomm/OETKER (7. Aufl 2016) § 249 Rn 296; LANGE/SCHIEMANN, Schadensersatz (3. Aufl 2003) § 8 III 4, S 466 ff.
[177] BGH NJW 2006, 1662 f.
[178] STAUDINGER/SCHIEMANN (2017) Vorbem 71 zu §§ 249 ff; LANGE/SCHIEMANN, Schadensersatz (3. Aufl 2003) § 8 III 5, S 469 ff.
[179] BGH NJW 1967, 930; NJW-RR 1982, 880; zur Anwendbarkeit der Grundsätze der Drittschadensliquidation im öffentlichen Recht OVG Koblenz NVwZ-RR 2005, 477, 478 f.
[180] Vgl MünchKomm/OETKER (7. Aufl 2016) § 249 Rn 300 ff.

J. Schadensersatzrecht

(3) Obhutsverhältnisse

Der Anwendungsbereich der Drittschadensliquidation ist ebenfalls eröffnet, wenn der **78** Obhutgeber dem vertraglichen Obhutnehmer eine Sache anvertraut, die im Eigentum eines Dritten steht. Wird die Sache im Verantwortungsbereich des Obhutnehmers beschädigt, soll der Obhutgeber den Schaden des Eigentümers liquidieren können. Dieser Ansatz findet Rückhalt in § 701 BGB, der eine besondere Haftung des Gastwirts für die bei ihm eingebrachten Sachen vorsieht.[182]

(4) Vereinbarung einer Drittschadensliquidation

Anerkanntermaßen kann der Schaden aus einer Sonderverbindung auch aus der Person eines Dritten berechnet werden, wenn dies zuvor vereinbart wurde. Allerdings **79** stammt diese Variante aus Zeiten, in denen die Rspr die Figur des Vertrags mit Schutzwirkung zugunsten Dritter, die diesen Konstellationen besser gerecht wird, noch restriktiver gehandhabt hat als heute (dazu sogleich).[183]

cc) Vertrag mit Schutzwirkung zugunsten Dritter

Eine ganz andere Form der Berücksichtigung von Drittinteressen ist der sog Vertrag **80** mit Schutzwirkung zugunsten Dritter: Vergleichbar den Konstellationen der Drittschadensliquidation kommt es auch hier zu einem *Auseinanderfallen von Anspruchsgrundlage und Schaden*. Allerdings ist dieses Auseinanderfallen – anders als bei der Drittschadensliquidation – *nicht zufällig*, insbes nicht einer der anerkannten Fallgruppen zuzuordnen. Deshalb wird der Geschädigte durch die Lehre vom Vertrag mit Schutzwirkung zugunsten Dritter[184] im Wege ergänzender Vertragsauslegung gem § 157 BGB[185] ausnahmsweise in den Schutzbereich des Vertrags einbezogen, sodass der Schuldner auch dem Dritten gegenüber zwar keine Leistung schuldet, jedoch – entgegen dem Grundsatz der Relativität der Schuldverhältnisse – für Schutzpflichtverletzungen haftet. Anspruchsinhaber ist hier also der geschädigte Dritte selbst.

Anders als bei den Konstellationen der Drittschadensliquidation wird nicht der Schaden zur Anspruchsgrundlage, sondern der Anspruch zum Schaden gezogen.[186] Da- **81** durch kommt es für den Schuldner zu einer Erweiterung des Schadensrisikos. Aus diesem Grund ist der Vertrag mit Schutzwirkung zugunsten Dritter nur in besonderen Ausnahmefällen anerkannt. Es müssen kumulativ folgende *Voraussetzungen* erfüllt sein:[187]

(1) Leistungsnähe

Der einzubeziehende Dritte muss sich ebenso im Gefahrenbereich der vertraglichen **82** Leistung befinden wie der Gläubiger selbst.[188] Dies trifft zB auf die Familienangehörigen des Mieters hinsichtlich der gemieteten Wohnung zu.

---

[181] Dazu näher MünchKomm/Oetker (7. Aufl 2016) § 249 Rn 301.
[182] MünchKomm/Oetker (7. Aufl 2016) § 249 Rn 305.
[183] Staudinger/Schiemann (2017) Vorbem 68 zu §§ 249 ff; Lange/Schiemann, Schadensersatz (3. Aufl 2003) § 8 III 3, S 465 ff.
[184] Vgl schon RGZ 87, 64, 65; 91, 21, 24; 98, 210, 212.
[185] BGHZ 159, 1, 4; zu abweichenden Begründungsansätzen vgl Zenner NJW 2009, 1030, 1030 ff.
[186] So plastisch Medicus/Petersen, Bürgerliches Recht (26. Aufl 2017) Rn 839.
[187] Vgl Medicus/Petersen, Bürgerliches Recht (26. Aufl 2017) Rn 844 ff; Prütting/Wegen/Weinreich/Stürner (12. Aufl 2017) vor §§ 328–355 Rn 5 ff; Iden ZJS 2012, 766 ff.
[188] BGHZ 176, 281, 291.

(2) Einbeziehungsinteresse des Gläubigers

83 Der Gläubiger muss ein Interesse an der Einbeziehung des Dritten haben.[189] Dieses kann sich insbes daraus ergeben, dass der Gläubiger dem Dritten ggü zum Unterhalt verpflichtet ist. Die Rspr[190] hat anfangs vorausgesetzt, der Gläubiger müsse „sozusagen für das Wohl und Wehe des Dritten mitverantwortlich sein, weil er ihm zu Schutz und Fürsorge verpflichtet ist."

84 Diese anfängliche, eher restriktive Definition des Gläubigerinteresses wurde von der Rspr deutlich erweitert: Nunmehr können nicht nur Dritte, die auf Seiten des Gläubigers stehen, sondern sogar solche Dritte einbezogen sein, deren Interessen gegenläufig zu denen des Gläubigers sind. Beispielsweise kann der Käufer eines Hauses in den Schutzbereich eines zwischen dem Verkäufer und einem Wertgutachter geschlossenen Vertrags dahingehend einbezogen sein, dass der Wertgutachter zugunsten des Käufers auch wertmindernde Faktoren zu berücksichtigen hat.[191] Dies gilt sogar dann, wenn der Verkäufer ausdrücklich ein für ihn günstiges Gutachten bestellt hat und der Gutachter seine vertraglichen Pflichten gegenüber seinem Auftraggeber also gar nicht verletzt hat.[192]

(3) Erkennbarkeit für den Schuldner

85 Als Korrektiv zugunsten des Schuldners, dessen Haftung ansonsten uferlos zu werden droht, müssen sowohl Leistungsnähe als auch Gläubigerinteresse für den Schuldner bei Vertragsschluss erkennbar sein.[193]

(4) Schutzbedürftigkeit des Dritten

86 Eine Erweiterung des vertraglichen Schutzbereichs auf einen Dritten ist ferner nur angemessen, wenn ein hinreichendes Schutzbedürfnis des Dritten besteht. Dieser bedarf keines Schutzes, soweit ihm eigene vertragliche Ansprüche mit identischem oder zumindest gleichwertigem Inhalt zustehen.[194]

5. Bereicherungsverbot

a) Allgemeine Grundsätze

87 Aus der Ausgleichsfunktion des Schadensersatzrechts (vgl dazu oben Rn 9 ff) sowie der Heranziehung der sog Differenzhypothese zur Schadensermittlung (vgl dazu Rn 16 oben) leitet sich das schadensersatzrechtliche Bereicherungsverbot ab, das den Schadensersatzanspruch der Höhe nach begrenzt: Der Geschädigte darf durch den Schadensersatz nicht besser stehen, als er ohne das schädigende Ereignis stünde.

88 Die Geltung dieses in den §§ 249 ff BGB nicht ausdrücklich geregelten Grundsatzes ist inzwischen allgemein anerkannt.[195]

---

[189] STAUDINGER/KLUMPP (2015) § 328 Rn 117 ff.
[190] BGHZ 51, 91, 96; zum Erfordernis eines personenrechtlichen Einschlags vgl ferner noch BGHZ 133, 168, 173.
[191] BGH NJW 2004, 3035, 3037 f; vgl dazu auch BGH NJW 2009, 217, 218.
[192] BGH JZ 1995, 306, 308.
[193] BGH NJW 2004, 3035, 3036 f; STAUDINGER/KLUMPP (2015) § 328 Rn 121 f.
[194] BGHZ 70, 327, 329 f; 133, 168, 173 ff; 176, 281, 291; BGH NJW 2004, 3420, 3421; NJW 2004, 3630, 3632; STAUDINGER/KLUMPP (2015) § 328 Rn 121 ff.
[195] BGHZ 118, 312, 338; 169, 263, 266 ff; 181, 242, 247; BGH NJW 2012, 50, 51; STAUDINGER/SCHIEMANN (2017) Vorbem 2 zu §§ 249 ff; kritisch dagegen noch MünchKomm/GRUNSKY (3. Aufl 1994) vor § 249 Rn 6a; ferner G WAGNER AcP 206 (2006) 352, 470 f.

b) Fallgruppen
aa) Abzug neu für alt

Unter dem Stichwort des „Abzugs neu für alt" werden diejenigen Fallgestaltungen zusammengefasst, in denen der Geschädigte im Zuge der Schadensersatzleistung in natura nicht nur einen Ausgleich des erlittenen Schadens, sondern darüber hinaus einen wirtschaftlichen Vorteil dergestalt erhält, dass er für eine beschädigte bzw zerstörte, bereits gebrauchte Sache eine neue Sache mit entsprechend längerer Nutzungsdauer und höherem Verkaufswert oder den Wiederbeschaffungspreis für eine derartige Sache erhält. **89**

Diese Fallkonstellationen ähneln von der Interessenlage her den Anwendungsfällen der Vorteilsausgleichung (vgl dazu unten Rn 100 ff), unterscheiden sich von dieser konstruktiv jedoch dadurch, dass der Vermögensvorteil beim Geschädigten nicht bereits mit der Verletzung selbst eintritt, sondern erst mit der Ersatzleistung durch den Schädiger.[196] **90**

Über die gesetzlich geregelten Sonderfälle hinaus gilt im Schadensrecht der allgemeine Grundsatz, dass in diesen Fällen der Schadensersatzleistung „neu für alt" der Wertgewinn des Geschädigten im Rahmen der Schadensabwicklung auszugleichen ist: Dieser Ausgleich wird im Falle des § 249 Abs 1 BGB durch eine Geldzahlung an den Schädiger, im Falle des § 249 Abs 2 S 1 BGB durch einen entsprechenden Abzug von den ersatzfähigen Herstellungskosten vollzogen.[197] **91**

Da der Vermögenszuwachs dem Geschädigten jedoch aufgedrängt wurde, gilt dieser Grundsatz des „Abzugs neu für alt" aus Billigkeitsgründen (§ 242 BGB) nicht uneingeschränkt, sondern ist vom Vorliegen folgender *Voraussetzungen* abhängig: Die Schadensbeseitigung muss eine messbare Vermögensmehrung bewirkt haben, die sich für den Geschädigten auch wirtschaftlich günstig auswirkt. Zudem muss der Abzug dem Geschädigten zumutbar sein und darf nicht gegen rechtliche Wertungen verstoßen.[198] Ein Ausgleich findet insbes dann nicht statt, wenn der Geschädigte wirtschaftlich nicht in der Lage wäre, die Mehrkosten für die Neubeschaffung zu tragen.[199] **92**

bb) Schadensanlage

Die Behandlung bereits vorhandener Schadensanlagen ist systematisch als Zurechnungsproblem zwar zumeist auf der Ebene des haftungsbegründenden Tatbestands zu verorten, kann aber im Einzelfall auch bei der Haftungsausfüllung relevant werden. Zwei *Sachverhaltskonstellationen* sind zu unterscheiden: Zum einen liegt eine Schadensanlage als Unterfall der sog *überholenden Kausalität* vor, wenn im Zeitpunkt der durch Wirksamwerden der realen Ursache herbeigeführten Verletzung eine Reserveursache bereits als Anlage vorhanden war, die eine anderweitige Schädigung der beschädigten Sache zu einem der tatsächlich eingetretenen Verletzung nachfolgenden Zeitpunkt mit Sicherheit erwarten ließ[200] (vgl dazu im Einzelnen unten Rn 114 ff). **93**

---

[196] Vgl PRÜTTING/WEGEN/WEINREICH/LUCKEY (12. Aufl 2017) § 249 Rn 93; STAUDINGER/SCHIEMANN (2017) § 249 Rn 175; MOHR Jura 2010, 168, 173.
[197] STAUDINGER/SCHIEMANN (2017) § 249 Rn 175; SIEGEL SVR 2011, 289 ff.
[198] Vgl zu den Voraussetzungen PALANDT/GRÜNEBERG (76. Aufl 2017) Vorb v § 249 Rn 97 ff. Zur Zumutbarkeit: BGH NJW 1959, 1078; NJW 2004, 2526, 2528; zum Verstoß gegen rechtliche Wertungen vgl OLG Koblenz NJW-RR 2009, 1318, 1319 (werkvertragliches Gewährleistungsrecht).
[199] Vgl BGHZ 30, 29, 34.
[200] Vgl STAUDINGER/SCHIEMANN (2017) § 249 Rn 97.

Zum anderen spricht man von einer Schadensanlage auch dann, wenn eine *Schadensneigung* der beschädigten Sache oder der verletzten Person den tatsächlich eingetretenen Schaden erst ermöglicht oder die Wahrscheinlichkeit seines Eintritts wesentlich erhöht hat.[201] Über die Behandlung der letztgenannten Fallgruppe besteht weitgehend Einigkeit. Durch die Schadensneigung wird der Zurechnungszusammenhang nicht unterbrochen. Wer einen geschwächten oder kranken Menschen verletzt, kann demgemäß nicht verlangen, so gestellt zu werden, als habe er einen Gesunden verletzt.[202] Anders verhält es sich nur dann, wenn es sich um ganz ungewöhnliche, keinesfalls zu erwartende Verläufe handelt,[203] es mithin an der erforderlichen adäquaten Kausalität der Verletzungshandlung für den eingetretenen Schaden mangelt.

cc) Vorteilsausgleichung
(1) Allgemeine Grundsätze

94 Häufig führt das schädigende Ereignis beim Geschädigten nicht nur zu einer Vermögensminderung, sondern bringt diesem gleichzeitig wirtschaftliche Vorteile. Es stellt sich dann die Frage, inwieweit diese Vorteile auf den Schadensersatzanspruch anzurechnen sind.

95 Eine allgemeine gesetzliche Regelung zur Vorteilsausgleichung existiert nicht, insbes enthält das BGB nur Sondervorschriften für bestimmte Fallkonstellationen, in denen eine Anrechnung teilweise bejaht – so in §§ 326 Abs 2 S 2, 537 Abs 1 S 2, 615 S 2, 616 S 2, 642 Abs 2, 649 S 2 BGB – und teilweise verneint wird – so in §§ 618 Abs 3, 843 Abs 4, 844 Abs 2 S 1 BGB.[204]

96 Von größerer Bedeutung sind die Vorschriften über die Legalzession von Schadensersatzansprüchen (insbes § 116 SGB X, § 86 VVG, § 76 BBG, § 6 EFZG), da sich aus ihnen notwendig ergibt, dass in den erfassten Fällen eine Vorteilsausgleichung nicht in Betracht kommt, die Leistung des Legalzessionars den Schadensersatzanspruch des Geschädigten mithin unberührt lässt.[205] Dies ergibt sich daraus, dass die Überleitung eines Ersatzanspruchs des Geschädigten gegen den Schädiger auf den Dritten nur in Betracht kommt, wenn dieser Anspruch auch tatsächlich noch besteht und nicht infolge einer Vorteilsanrechnung entfallen ist.[206]

97 Außerhalb des Anwendungsbereichs der vorstehend genannten Vorschriften stellt sich die Beantwortung der Anrechnungsfrage als wertende Entscheidung darüber dar, welche Vorteile bei normativer Betrachtung in die Anrechnung einzubeziehen sind.[207] Obwohl die Differenzhypothese grundsätzlich für eine Anrechnung spricht, kann weder die Anrechnung noch deren Verweigerung in diesem Zusammenhang als Regelfall

---

[201] Palandt/Grüneberg (76. Aufl 2017) Vorb v § 249 Rn 35; zu den Grenzen der Zurechnung bei psychischen Schäden Müller zfs 2009, 62, 65f.
[202] BGHZ 20, 137, 139; 137, 142, 145; BGH MDR 2005, 1108.
[203] Palandt/Grüneberg (76. Aufl 2017) Vorb v § 249 Rn 36.
[204] Vgl die Aufzählung bei Staudinger/Schiemann (2017) § 249 Rn 134.
[205] Lange/Schiemann, Schadensersatz (3. Aufl 2003) § 9 III 4, S 495 ff; Mohr Jura 2010, 645, 646 f.
[206] Staudinger/Schiemann (2017) § 249 Rn 135.
[207] Vgl Medicus/Petersen, Bürgerliches Recht (26. Aufl 2017) Rn 854. Wendehorst, Anspruch und Ausgleich (1999) 35 ff, 56 ff und 497 ff, betrachtet die Vorteilsausgleichung in einem weiteren Zusammenhang, indem sie allgemein den Ausgleich von Reststörungen untersucht und ein Prinzip allgemeinen Wertausgleichs nachweist.

angesehen werden;²⁰⁸ vielmehr bedarf es in jedem Fall einer die Eigenart des jeweiligen Falles berücksichtigenden Begründung.²⁰⁹

Nach der von der Rspr²¹⁰ entwickelten Formel ist eine Vorteilsausgleichung unter **98** folgenden *Voraussetzungen* von Amts wegen, dh ohne dass es eines besonderen Antrags oder einer Einrede des Schuldners bedarf,²¹¹ durchzuführen: Zwischen dem Schadensereignis und dem Vorteil muss ein adäquat kausaler Zusammenhang bestehen. Außerdem muss die Anrechnung aus der Sicht des Geschädigten zumutbar sein, dem Zweck des Schadensersatzanspruchs entsprechen und darf den Schädiger nicht unbillig entlasten.

Diese Formel ist von der Lit²¹² bei grds Zustimmung zu den von der Rspr gefundenen **99** Ergebnissen durch ein System von Leitgedanken und Grundsätzen als Indikatoren fortentwickelt worden, das sowohl einen sachangemessenen und flexiblen Entscheidungsprozess im Einzelfall als auch eine Systematisierung durch Fallgruppen ermöglicht.

(2) Fallgruppen
Sowohl in Rspr als auch in Lit wird zunehmend versucht, die Problematik der Vor- **100** teilsausgleichung über die Bildung von Fallgruppen in den Griff zu bekommen:

– Keine Anrechnung findet statt bei *Vorteilen, die der Geschädigte durch eigene Leis-* **101** *tungen vor dem Schadensfall selbst erkauft hat*. Hauptanwendungsfall der „erkauften Vorteile" sind Zahlungen von Versicherungen, Renten- und Pensionsansprüche sowie die vertragliche Entgeltfortzahlung des Arbeitgebers.²¹³ Für Zahlungen im Rahmen einer Schadensversicherung ergibt sich die Nichtanrechnung bereits aus der in § 86 VVG angeordneten Legalzession (vgl dazu im Einzelnen Rn 96 oben). In der Summenversicherung ist zur Begründung auf Sinn und Zweck der Versicherungsleistung zu verweisen, die als Ergebnis privater Schadensfürsorge dem Geschädigten zugutekommen, nicht aber den Schädiger entlasten soll.²¹⁴ Für die Entgeltfortzahlung des Arbeitgebers ergibt sich aus § 6 EFZG sowie aus dem Zweck der Aufrechterhaltung des Anspruchs auf Zahlung des Arbeitsentgelts Entsprechendes.²¹⁵

– Über die Anrechnung von *Vorteilen aus schadensabwendenden bzw -mindernden* **102** *Handlungen des Geschädigten selbst* ist anhand des Maßstabs des § 254 Abs 2 BGB zu entscheiden: Bei Maßnahmen, die dem Geschädigten nach § 254 Abs 2

---

²⁰⁸ STAUDINGER/SCHIEMANN (2017) § 249 Rn 140; SCHIEMANN NJW 2007, 3037, 3038 f.
²⁰⁹ Siehe etwa zur schadensrechtlichen Relevanz einer im Unfallzeitpunkt bereits bewilligten „Abwrackprämie" bei einem Kfz-Schaden A STEINER VersR 2010, 1156 ff, die eine Vorteilsausgleichung wie auch eine Berücksichtigung im Rahmen der Schadenszurechnung zutreffend ablehnt.
²¹⁰ Vgl hierzu BGHZ 91, 206, 209 f; BGH NJW 2007, 2695, 2696; NJW 2007, 3130, 3132.
²¹¹ BGHZ 158, 188, 200; BGH NJW-RR 2009, 603, 604.
²¹² Vgl STAUDINGER/VIEWEG (2015) § 843 Rn 156 ff mwNw.
²¹³ Vgl MEDICUS/PETERSEN, Bürgerliches Recht (26. Aufl 2017) Rn 857.
²¹⁴ PALANDT/GRÜNEBERG (76. Aufl 2017) Vorb v § 249 Rn 84.
²¹⁵ Vgl PALANDT/GRÜNEBERG (76. Aufl 2017) Vorb v § 249 Rn 87.

BGB obliegen, ist der Vorteil anzurechnen;[216] nicht anrechenbar sind dagegen Vorteile aus überobligatorischen Anstrengungen des Geschädigten,[217] die bestimmungsgemäß nicht den Schädiger entlasten sollen.

103 – *Freigebige Leistungen Dritter* sind nicht anzurechnen, wenn sie – wie meist – nicht den Schädiger entlasten, sondern dem Geschädigten zugutekommen sollen.[218] Dies ergibt sich aus dem Grundgedanken des § 843 Abs 4 BGB sowie der allgemeinen Regel, dass eine Vorteilsausgleichung dann nicht vorzunehmen ist, wenn sie zu einer unbilligen Entlastung des Schädigers führen würde. Will der Dritte den Schädiger entlasten und gem § 267 BGB auf dessen Schadensersatzverbindlichkeit zahlen, muss er seinen Fremdtilgungswillen nach außen kenntlich machen.[219] Einen Werksangehörigenrabatt soll sich der Geschädigte hingegen anrechnen lassen müssen, da dieser keine Maßnahme der sozialen Sicherung und Fürsorge sei.[220]

104 – *Ersparte Aufwendungen* des Geschädigten sind wegen ihres engen Zusammenhangs mit dem entstandenen Nachteil in der Regel anzurechnen. Dies gilt jedoch nicht, wenn die Ersparnis auf einem überobligatorischen Verzicht des Geschädigten beruht.[221]

105 – Bei einer *Erbschaft* müssen sich die Hinterbliebenen den Stammwert der Erbschaft grundsätzlich nicht auf Ansprüche aus § 844 BGB anrechnen lassen, da dieser später regelmäßig ohnehin angefallen wäre. Erträge aus der Erbschaft sind demgegenüber differenziert zu beurteilen: Anzurechnen sind nur Vorteile, die aus dem schadensbedingten vorzeitigen Anfall der Erbschaft stammen.[222]

VI. Schadenszurechnung

106 Der Schaden kann nur dann zugerechnet werden, wenn der ersatzbegründende Umstand für den Schaden äquivalent und adäquat kausal geworden ist und der Schaden auch vom Schutzzweck der haftungsbegründenden Norm umfasst ist.

1. Kausalität

a) Äquivalenz

107 Aus der Anwendung der Differenzhypothese (dazu vgl im Einzelnen oben Rn 16) ergibt sich als Mindestvoraussetzung für die Schadenszurechnung – als erstes Zurechnungskriterium – ein äquivalenter Kausalzusammenhang zwischen ersatzbegründendem Umstand und eingetretenem Schaden.[223] Äquivalent kausal in diesem Sinne ist jedes Ereignis, das nicht hinweggedacht werden kann, ohne dass der (Verletzungs-)Erfolg entfiele (conditio sine qua non). Auf die Wahrscheinlichkeit des Schadenseintritts

---

[216] Vgl BGHZ 173, 83, 87 ff; BGH NJW 2007, 2697, 2698 zur Vorteilsausgleichung in werkvertraglichen Leistungsketten; kritisch dazu SCHIEMANN NJW 2007, 3037, 3038 f; in Abgrenzung dazu BGH NJW 2008, 3359, 3360; zur Behandlung günstiger Verträge des Geschädigten mit Dritten vgl PALANDT/GRÜNEBERG (76. Aufl 2017) Vorb v § 249 Rn 78.
[217] BGHZ 55, 329, 332; MOHR Jura 2010, 645, 648.
[218] BGHZ 21, 112, 117.
[219] PALANDT/GRÜNEBERG (76. Aufl 2017) § 267 Rn 3.
[220] BGH NJW 2012, 50, 51 f.
[221] PALANDT/GRÜNEBERG (76. Aufl 2017) Vorb v § 249 Rn 93.
[222] STAUDINGER/SCHIEMANN (2017) § 249 Rn 164 ff; MOHR Jura 2010, 645, 650.
[223] Vgl BGHZ 2, 138, 141 f; 25, 86; vgl dazu auch Art VI.–4:101 DCFR.

sowie auf normative Kriterien kommt es dagegen hierfür nicht an. Da somit nach der Äquivalenzformel alle Ursachen gleichwertig sind, erfasst sie unterschiedslos alle unmittelbaren und mittelbaren Schäden.

Aufgrund ihrer uferlosen Weite kann die Äquivalenzformel für sich allein genommen **108** jedoch eine sachgerechte Eingrenzung der Ersatzpflicht im Zivilrecht nicht leisten. Erforderlich ist daher ihre Ergänzung um weitere Zurechnungskriterien.

b) Adäquanz
Die Rspr greift zur Eingrenzung der Schadenszurechnung primär auf die Adäquanz- **109** theorie zurück, mit deren Hilfe außerhalb jeder Wahrscheinlichkeit liegende Schäden eliminiert werden sollen. Die zur Umschreibung der Adäquanz verwendeten Formulierungen sind uneinheitlich. Häufig wird darauf abgestellt, das Ereignis müsse im Allgemeinen und nicht nur unter besonders eigenartigen, unwahrscheinlichen und nach dem gewöhnlichen Verlauf der Dinge außer Betracht zu lassenden Umständen geeignet sein, einen Erfolg der eingetretenen Art herbeizuführen.[224] Maßgeblich für die Adäquanzbeurteilung sei dabei nicht die subjektive Sicht des Schädigers, sondern eine objektiv nachträgliche Prognose, bei der alle dem optimalen Beobachter zum Zeitpunkt des Schadenseintritts erkennbaren Umstände zu berücksichtigen seien.[225]

In der Lit ist die Adäquanztheorie nicht unumstritten. Während teilweise[226] vertreten **110** wird, die Schutzzwecklehre (vgl dazu im Einzelnen unten Rn 124 f) mache eine Adäquanzprüfung überflüssig, muss nach der hL[227] der Schaden sowohl adäquat verursacht sein als auch unter den Schutzzweck der Norm fallen.

c) Mittelbare Kausalität
Der Zurechnungszusammenhang wird grds nicht dadurch unterbrochen, dass das schä- **111** digende Verhalten den Schaden erst mittelbar durch das Hinzutreten weiterer Umstände, insbes durch das Verhalten des Geschädigten selbst oder das Dazwischentreten eines Dritten, herbeiführt.[228] In erster Linie werden Fragen der mittelbaren Kausalität im Rahmen der haftungsbegründenden Kausalität relevant. Für die haftungsausfüllende Kausalität kommt ihnen beispielsweise bei Schadensvergrößerungen Bedeutung zu.

Die Rspr[229] zieht in diesem Zusammenhang zur Beurteilung der Schadenszurechnung **112** zutreffend das *Kriterium der Herausforderung* heran, das anhand der sog *Verfolgungsfälle* (zB Polizist verfolgt fliehenden Straftäter) entwickelt wurde, darüber hinaus aber allgemein für schädigendes Verhalten des Verletzten oder eines Dritten gilt: Veranlasst jemand durch ein Delikt eine Verfolgung, haftet er für den Schaden, den ein anderer bei der Verfolgung erleidet, wenn er die Verfolgung durch den Geschädigten heraus-

---

[224] BGHZ 7, 199, 204; BAG NJW 2009, 251, 255; in anderen europäischen Rechtsordnungen wird im Bereich vertraglicher Schadensersatzansprüche dem Begriff der Adäquanz durchaus vergleichbar vorrangig auf die Vorhersehbarkeit des Schadenseintritts abgestellt, vgl JANSEN JZ 2005, 160, 171; ferner Art III.–3:703 DCFR („foreseeability").
[225] BGHZ 3, 261, 266.
[226] JurisPK-BGB/RÜSSMANN (8. Aufl 2017) § 249 Rn 33 mwNw.
[227] STAUDINGER/SCHIEMANN (2017) § 249 Rn 17 ff mwNw; MünchKomm/OETKER (7. Aufl 2016) § 249 Rn 118 f; MÜLLER zfs 2009, 62, 64.
[228] Ausführlich zum Ganzen STAUDINGER/SCHIEMANN (2017) § 249 Rn 35 ff; MEDICUS Jus 2005, 289, 291 ff.
[229] Vgl BAG NJW 2009, 251, 255; in Abgrenzung dazu BGHZ 172, 263, 267; vgl auch MünchKomm/OETKER (7. Aufl 2016) § 249 Rn 171.

gefordert hat, obwohl er die nicht unerhebliche Gefährdung voraussehen und vermeiden konnte. Der Verletzte muss sich seinerseits zur Verfolgung herausgefordert fühlen dürfen.[230] Fehlt es dagegen an einem angemessenen Verhältnis zwischen dem Zweck der Verfolgung und dem erkennbaren Risiko, ist die Schadenszurechnung zu verneinen.[231] Dasselbe gilt, wenn sich der Verfolgende in gänzlich unangemessener Weise Gefahren aussetzt oder die Verfolgung sonst unverhältnismäßig ist. Erforderlich ist zudem, dass sich in dem eingetretenen Schaden eine verfolgungstypische Gefahr realisiert hat und der Schaden dem Fliehenden subjektiv zugerechnet werden kann, weil dieser damit rechnen musste, verfolgt zu werden.[232]

113 Etwas anders gelagert sind die ebenfalls unter dem Stichwort der mittelbaren Kausalität diskutierten sog *Grünstreifenfälle*: Sie sind dadurch gekennzeichnet, dass durch einen Unfall eine Straße blockiert wird, die nachfolgenden Autofahrer die Unfallstelle umfahren und dabei den Grünstreifen oder den Bürgersteig beschädigen. Der BGH[233] hat in diesem Fall eine Haftung des Unfallverursachers mit der Begründung verneint, dieser habe das Verhalten der anderen Verkehrsteilnehmer nicht herausgefordert, das bloße Setzen der äußeren Rahmenbedingungen für das im Übrigen völlig eigenmächtige Drittverhalten reiche zur Bejahung der Zurechnung nicht aus.

d) Reserveursachen
114 Problematisch ist die Schadenszurechnung auch dann, wenn der vom Schädiger verursachte Schaden aufgrund eines anderen Ereignisses ohnehin eingetreten wäre. Eine allgemein anerkannte Lösung für die Behandlung von Reserveursachen wurde bis jetzt noch nicht gefunden. Insbes *zwei Fallkonstellationen* sind zu unterscheiden: die Anlagefälle und die eine Schadensersatzpflicht eines Dritten begründenden Reserveursachen.

aa) Anlagefälle („überholende Kausalität")
115 Bestand bei Eintritt des schädigenden Ereignisses eine der geschädigten Sache oder Person innewohnende Schadensanlage, die zu einem späteren Zeitpunkt zu dem gleichen Schaden geführt hätte, beschränkt sich die Ersatzpflicht auf die durch den früheren Schadenseintritt bedingten Nachteile (sog *Verfrühungsschaden*).[234] Bei Sachen ergibt sich dies ohne Weiteres bereits daraus, dass bereits vor Eintritt des Schadensereignisses aufgrund der Schadensanlage der Sachwert und damit der Schaden, den die reale Ursache noch anzurichten vermochte, gemindert war. Aufgrund der identischen Interessenlage ist bei Personenschäden ebenso zu entscheiden.[235]

bb) Schadensersatzpflicht eines Dritten begründende Reserveursachen
116 Im Gegensatz dazu sind solche Reserveursachen unbeachtlich, die zur Schadensersatzpflicht eines Dritten geführt hätten.[236] Anderenfalls hätte der Geschädigte überhaupt keinen Ersatzanspruch, da sowohl der reale Schädiger als auch der die Reserveursache

---

[230] BGHZ 57, 25, 28; 132, 164, 168; BGH NJW 2012, 1951 ff; vgl auch BURMANN/HESS NJW-Spezial 2012, 330 f.
[231] BGHZ 63, 189, 192; BGH NJW 2012, 1951, 1952.
[232] Vgl MünchKomm/OETKER (7. Aufl 2016) § 249 Rn 173 f; BGH NJW 1971, 1982, 1983; BGHZ 132, 164, 171; BGH NJW 2012, 1951, 1952 f.
[233] BGHZ 58, 162, 167 ff.
[234] BGH NJW 1985, 676, 677; PALANDT/GRÜNEBERG (76. Aufl 2017) Vorb v § 249 Rn 57.
[235] BGH NJW 2016, 3785, 3786; vgl STAUDINGER/SCHIEMANN (2017) § 249 Rn 97.
[236] STAUDINGER/SCHIEMANN (2017) § 249 Rn 95; MünchKomm/OETKER (7. Aufl 2016) § 249 Rn 214.

setzende Dritte mangels Kausalität für ihre Verletzungshandlung nicht haften würden. Auch das für Fälle der überholenden Kausalität herangezogene Argument der bei realem Schadenseintritt bereits vorhandenen Wertminderung trägt hier nicht, da die Reserveursache gerade nicht in der geschädigten Person oder Sache angelegt ist, sondern als von außen kommendes Ereignis auf diese einwirkt.

cc) Sonstige Fälle hypothetischer Kausalität

Umstritten ist die Behandlung derjenigen Fälle hypothetischer Kausalität, die sich **117** nicht in die beiden vorgenannten Fallgruppen einordnen lassen, beispielsweise die Zerstörung eines Autos bei einem Verkehrsunfall, das einige Tage später bei einem Garagenbrand ohnehin vernichtet worden wäre.[237]

Hier ist mit der hM[238] zwischen unmittelbarem Objektschaden und mittelbarem Ver- **118** mögensfolgeschaden zu differenzieren: Der unmittelbar an dem verletzten Rechtsgut eingetretene Schaden ist zu ersetzen. Der diesbezügliche Ersatzanspruch wird im Zeitpunkt des Schadenseintritts anstelle des verletzten Rechts Bestandteil des Vermögens des Geschädigten. Ein später eintretendes Ereignis kann daran im Nachhinein nichts mehr ändern. Dagegen sind bei den sich erst im Laufe der Zeit entwickelnden Vermögensfolgeschäden hypothetische Schadensursachen zu berücksichtigen. So ist ein etwaiger Nutzungs- oder Erwerbsausfallschaden daher nur bis zu dem Zeitpunkt zu ersetzen, in dem die beschädigte Sache ohnehin zerstört oder die Erwerbsunfähigkeit der verletzten Person ohnehin eingetreten wäre.

e) Rechtmäßiges Alternativverhalten

Der Einwand des Schädigers, der konkrete Schaden wäre auch dann eingetreten, wenn **119** er sich rechtmäßig verhalten hätte, wird teilweise als Anwendungsfall der hypothetischen Kausalität, teilweise als selbstständige Fallgruppe behandelt. In der Sache besteht allerdings Einigkeit, dass für die Beurteilung der Schutzweck der jeweiligen Haftungsnorm maßgeblich ist.[239] Dabei geht die wohl überwiegende Auffassung[240] von der Beachtlichkeit des rechtmäßigen Alternativverhaltens als Regelfall aus. Der Schutzweck der verletzten Norm könne nur ausnahmsweise ergeben, dass die Berufung auf das rechtmäßige Alternativverhalten ausgeschlossen sei Die bloße Möglichkeit, einen Schaden auch durch ein rechtmäßiges Verhalten herbeiführen zu können, berechtigt den Schädiger allerdings nicht dazu, sich auf ein rechtmäßiges Alternativverhalten zu berufen.[241]

f) Sonderfall: Vorhaltekosten

Einen Sonderfall im Rahmen der schadensersatzrechtlichen Systematik stellen die sog **120** Vorhaltekosten dar. Darunter versteht man solche Aufwendungen, die der Geschädigte bereits vor Eintritt der Schädigung getätigt hat, um diese zu verhindern oder ihre

---

[237] Vgl Palandt/Grüneberg (76. Aufl 2017) Vorb v § 249 Rn 60.
[238] Palandt/Grüneberg (76. Aufl 2017) Vorb v § 249 Rn 60 ff.
[239] BGHZ 96, 157, 173; BGH NJW 2012, 2022 ff; Staudinger/Schiemann (2017) § 249 Rn 102; Mohr Jura 2010, 567, 573 ff.
[240] So OLG Frankfurt 24.5.2013 – 4 U 162/12, juris; Palandt/Grüneberg (76. Aufl 2017) Vorb v § 249 Rn 64; MünchKomm/Oetker (7. Aufl 2016) § 249 Rn 221; Prütting/Wegen/Weinreich/Luckey (12. Aufl 2017) § 249 Rn 62; differenzierend BGHZ 96, 157, 173; 143, 362, 366; Staudinger/Schiemann (2017) § 249 Rn 105 f; gänzlich ablehnend hingegen Niederländer AcP 153 (1954) 41, 68 ff.
[241] BGH NJW 2012, 2022 ff.

Auswirkungen gering zu halten.[242] Die Ersatzfähigkeit derartiger Aufwendungen erweist sich insofern als problematisch, als es bei vor Schadenseintritt gemachten Aufwendungen schon an der Kausalität zwischen Verletzungshandlung und Schadenseintritt fehlt. Dennoch scheidet eine Ersatzfähigkeit nicht von vornherein aus, vielmehr kommt trotz fehlender Kausalität eine „Schadensbegründung kraft Zurechnung"[243] in Betracht.

Dabei sind im Wesentlichen *zwei Fallgruppen* zu unterscheiden: die Haltung von Reservefahrzeugen sowie vorsorgliche Überwachungs- und Sicherungsmaßnahmen.

aa) Haltung von Reservefahrzeugen

121 Nach der Rspr des BGH[244] ist ein ersatzfähiger Schaden zu bejahen, wenn der Geschädigte zum Ausgleich möglicher Schäden Vorsorgemaßnahmen getroffen hat. Nachdem der BGH[245] ursprünglich verlangt hatte, dass die Reserve gerade für fremdverschuldete Unfälle gehalten werden müsse, hat er es später genügen lassen, dass die Reservehaltung mit Rücksicht auf fremdverschuldete Ausfälle messbar erhöht ist.[246] Die Höhe der Vorhaltekosten für gewerblich genutzte Fahrzeuge wird in der Praxis anhand zahlreicher Faktoren, insbes der Anschaffungskosten, der Einsatzart, der Nutzungsdauer, der Anzahl der Einsatztage und dem Gesamtgewicht, nach entsprechenden Tabellen berechnet.

bb) Überwachungs- und Sicherungsmaßnahmen

122 Überwachungs- und Sicherungsmaßnahmen zum Zwecke der Schadensabwehr oder -minderung sind praktisch bedeutsam insbes im Zusammenhang mit Diebstählen in Kaufhäusern und Selbstbedienungsläden. Hinsichtlich der Ersatzfähigkeit ist insoweit zwischen den verschiedenen Schadenspositionen zu differenzieren: Allgemeine Vorbeugemaßnahmen gegen Ladendiebstähle (Hausdetektive, Videoüberwachung) sind nicht ersatzfähig.[247] Gleiches gilt für die dem Bestohlenen entstehenden Bearbeitungskosten.[248] Ersatzfähig sind demgegenüber die nach entsprechender Auslobung für die Ergreifung eines Diebes zu bezahlenden *Fangprämien*,[249] soweit sie in angemessenem Umfang zum Wert der gestohlenen Sache stehen.

123 Einen Sonderfall stellt die Verletzung von Musikaufführungsrechten dar: Der BGH billigt der GEMA einen Anspruch auf Ersatz von Kosten der Kontrollorganisation in Höhe eines Zuschlags in Höhe von 100 % zum Normaltarif zu.[250] Hintergrund dieser

---

[242] MEDICUS/PETERSEN, Bürgerliches Recht (26. Aufl 2017) Rn 862.
[243] So die Formulierung von STAUDINGER/SCHIEMANN (2017) § 249 Rn 109.
[244] BGHZ 32, 280 ff.
[245] BGHZ 32, 280, 284 ff. Umfassend zur Problematik der Betriebsreservekosten CH HUBER, Fragen der Schadensberechnung (1993) 392 ff.
[246] BGHZ 70, 198, 201.
[247] OLG Hamm NJW-RR 2008, 627 f; anders als derartige allgemeine Vorbeugemaßnahmen ist die Beauftragung eines Detektivs zur Ermittlung eines sich bereits im Verzug befindenden oder aus sonstigen Gründen haftenden Schuldners zu beurteilen, vgl BGH NJW 2011, 2871, 2872 („Schwarztanker").
[248] STAUDINGER/SCHIEMANN (2017) § 249 Rn 115 ff; hingegen für einen Ersatz von Bearbeitungskosten MEDICUS/LORENZ, Schuldrecht I (21. Aufl 2015) Rn 719; Aufwendungen für Porto, Telefon u ä können nach BGH NJW 2011, 2871, 2872 gemäß § 287 ZPO pauschal abgegolten werden (im konkreten Fall eines „Schwarztankers" iHv 25 Euro).
[249] Grundlegend BGHZ 75, 230, 235 ff; STAUDINGER/SCHIEMANN (2017) § 249 Rn 115.
[250] BGHZ 17, 376.

Rspr ist die besondere Schutzwürdigkeit der Musikaufführungsrechte. Auf andere Fallgruppen ist sie nicht übertragbar.[251]

2. Schutzzweckzusammenhang

Die Adäquanztheorie ermöglicht aufgrund der durchzuführenden Wahrscheinlichkeitsbetrachtung zwar eine Eliminierung völlig atypischer Schadensverläufe, bedarf aber zur Vermeidung unbilliger Ergebnisse im Einzelfall der Ergänzung durch wertende Kriterien. In Rspr und Lit wurde daher zur Haftungsbegrenzung die auch als „Rechtswidrigkeitszusammenhang" bezeichnete Schutzzwecklehre[252] entwickelt: Eine Ersatzpflicht besteht danach nur für solche Schäden, die nach Art und Entstehungsweise unter den Schutzzweck der verletzten Norm fallen; es muss sich also um Nachteile handeln, die aus dem Bereich der Gefahren stammen, zu deren Abwendung die verletzte Norm erlassen oder die verletzte vertragliche oder vorvertragliche Pflicht übernommen worden ist.[253] Dies ist insbes dann der Fall, wenn *zwischen der vom Schädiger geschaffenen Gefahrenlage und dem eingetretenen Nachteil ein innerer Zusammenhang* besteht.[254] Der Schutzbereich einer Norm oder (vor-)vertraglichen Pflicht ist dabei nach allgemeinen Grundsätzen durch Auslegung zu ermitteln.[255]

124

Die ursprünglich für Ansprüche aus § 823 Abs 2 BGB entwickelte Schutzzwecklehre findet nach allgemeiner Ansicht[256] jetzt bei allen Arten von Schadensersatzansprüchen sowohl im Bereich der Haftungsbegründung als auch der Haftungsausfüllung Anwendung. Typische Fälle, bei denen der von der Rspr regelmäßig geforderte innere Zusammenhang im Bereich der Haftungsausfüllung abgelehnt wird, sind Begehrensneurosen oder übermäßige Schockreaktionen des Geschädigten.[257]

125

VII. Haftung für Verhalten Dritter

1. Überblick

Grds haftet jede Person nur für ihr eigenes Verhalten. Diese Regel gilt allerdings nicht uneingeschränkt. Sie wird vielmehr mit dem Ziel einer interessengerechten Risikoverteilung für besondere Fallgestaltungen durch gesetzliche Ausnahmeregelungen durchbrochen, die eine Haftung (auch) für das Verhalten Dritter anordnen:

126

In diesem Zusammenhang sind insbes zu nennen die Fälle der Gefährdungshaftung gem §§ 7 ff StVG, die Organhaftung gem §§ 31, 86, 89 BGB, die Amtshaftung gem § 839 BGB, Art 34 GG, die Haftung für Erfüllungsgehilfen und gesetzliche Vertreter gem § 278 BGB (vgl dazu unten Rn 128 ff), die Haftung für Verrichtungsgehilfen gem

127

---

[251] BGHZ 75, 230, 233.
[252] BGHZ 27, 137, 140; STAUDINGER/SCHIEMANN (2017) § 249 Rn 27 ff mwNw.
[253] BGHZ 27, 137, 140; 163, 223, 230; PALANDT/GRÜNEBERG (76. Aufl 2017) Vorb v § 249 Rn 29.
[254] BGHZ 57, 137, 142; BGH NJW 1986, 1329, 1332.
[255] LANGE/SCHIEMANN, Schadensersatz (3. Aufl 2003) § 3 IX 5, S 104; § 3 IX 6, S 111; § 3 IX 7, S 113; § 3 IX 9, S 119 f.

[256] PALANDT/GRÜNEBERG (76. Aufl 2017) Vorb v § 249 Rn 29.
[257] Ausführlich dazu STAUDINGER/VIEWEG (2015) § 843 Rn 14 ff; zu neueren Entwicklungen auch QUAISSER NZV 2015, 465 ff; zur Begehrensneurose vgl auch BGH NJW 2012, 2964 ff m Anm OSTERLOH jurisPR-BGHZivilR 18/2012; OLG Brandenburg r+s 2016, 317, 319.

§ 831 BGB (vgl dazu unten Rn 132 ff) sowie die Haftung bei mehreren Verursachern eines Delikts gem § 830 BGB (vgl dazu unten Rn 139 ff).

2. Haftung für Erfüllungsgehilfen und gesetzliche Vertreter gem § 278

a) Allgemeines

128 § 278 BGB regelt die Haftung für Hilfspersonen innerhalb bestehender schuldrechtlicher Sonderverbindungen. Die Vorschrift stellt keine eigenständige Anspruchsgrundlage, sondern eine *Zurechnungsnorm* dar, die eine Haftung für das Verschulden Dritter anordnet. Sie ist konstruktiv insbes von § 831 BGB abzugrenzen, der außerhalb von vertraglichen und vertragsähnlichen Schuldverhältnissen bei Schadensverursachung durch Hilfspersonen nur eine Haftung des Geschäftsherrn für eigenes Auswahl- oder Überwachungsverschulden mit der – als Schwäche des Deliktsrechts anzusehenden – Möglichkeit eines Entlastungsbeweises vorsieht.

b) Voraussetzungen

129 § 278 BGB gilt nur *innerhalb bestehender Sonderverbindungen*,[258] dh innerhalb aller gesetzlichen und vertraglichen Schuldverhältnisse.[259] Auch im öffentlichen Recht findet der Rechtsgedanke des § 278 BGB Anwendung.[260]

Erfüllungsgehilfe iSd § 278 BGB ist, wer nach den tatsächlichen Gegebenheiten des Falls mit dem Willen des Schuldners bei der Erfüllung einer diesem obliegenden Verbindlichkeit als seine Hilfsperson tätig wird. Auf ein Weisungsrecht des Schuldners[261] kommt es ebenso wenig an wie auf dessen Möglichkeit, die Leistung in eigener Person zu erbringen.[262] Für Hilfspersonen eines Erfüllungsgehilfen haftet der Schuldner nur dann, wenn er mit deren Heranziehung einverstanden war, wobei dieses Einverständnis auch stillschweigend erklärt werden kann.[263]

130 Die Haftung nach § 278 BGB setzt weiter voraus, dass der Gehilfe *bei der Erfüllung einer Verbindlichkeit des Schuldners tätig* wird. Ein schuldhaftes Handeln des Erfüllungsgehilfen nur bei Gelegenheit der Vertragserfüllung begründet hingegen keine Haftung des Schuldners.[264] Unproblematisch handelt es sich bei der Erfüllung von Haupt- und Nebenleistungspflichten des Schuldners um die Erfüllung seiner Verbindlichkeiten. Schwieriger gestaltet sich die Abgrenzung insbes zur deliktischen Haftung dagegen bei bloßen Schutz- und Obhutspflichten, bei denen über §§ 241 Abs 2, 311 Abs 2 BGB sowie über das Institut des Vertrags mit Schutzwirkung für Dritte (Rn 80 ff) die vertragliche Haftung nicht zuletzt zur Abmilderung der Schutzlücken des Deliktsrechts ausgeweitet wird. Der Umfang der im Einzelfall bestehenden Sorgfaltspflichten ist dabei aus dem Inhalt des jeweiligen Schuldverhältnisses zu ermitteln, wobei eine unangemessene Ausdehnung der Vertragshaftung zu vermeiden ist.[265]

---

[258] BGHZ 1, 248, 249; 58, 207, 212.
[259] MünchKomm/Grundmann (7. Aufl 2016) § 278 Rn 15; Palandt/Grüneberg (76. Aufl 2017) § 278 Rn 2; Prütting/Wegen/Weinreich/Schmidt-Kessel (12. Aufl 2017) § 278 Rn 2.
[260] Staudinger/Caspers (2014) § 278 Rn 12 ff; Prütting/Wegen/Weinreich/Schmidt-Kessel (12. Aufl 2017) § 278 Rn 4.
[261] BGHZ 13, 111, 113; 100, 117, 122; Palandt/Grüneberg (76. Aufl 2017) § 278 Rn 7.
[262] BGHZ 181, 65, 77.
[263] BGH NJW 1983, 448, 449.
[264] BGHZ 23, 319, 323; 114, 263, 270; OLG Naumburg NJW-RR 2009, 1032, 1033.
[265] Staudinger/Caspers (2014) § 278 Rn 44; Prütting/Wegen/Weinreich/Schmidt-Kessel (12. Aufl 2017) § 278 Rn 5.

J. Schadensersatzrecht

Schließlich setzt die Haftung nach ständiger Rspr[266] einen *unmittelbaren sachlichen Zusammenhang* zwischen dem Fehlverhalten des Erfüllungsgehilfen und den ihm im Rahmen des Schuldverhältnisses zur Erfüllung übertragenen Aufgaben voraus. **131**

3. Haftung für Verrichtungsgehilfen gem § 831

a) Allgemeines

§ 831 BGB regelt die deliktsrechtliche Haftung des Geschäftsherrn bei Verursachung eines Schadens durch seine Hilfspersonen.[267] Zwar ordnet die Vorschrift nur eine Haftung für eigenes vermutetes Auswahl- oder Überwachungsverschulden an und betrifft demgemäß die Haftungsbegründung. Aufgrund des engen sachlichen Zusammenhangs mit der Haftung für das Verhalten Dritter soll sie aber dennoch an dieser Stelle dargestellt werden. **132**

b) Voraussetzungen

Verrichtungsgehilfe iSd § 831 BGB ist, wem von einem anderen, in dessen Einflussbereich er sich allgemein oder im konkreten Fall befindet und zu dem er in einer gewissen Abhängigkeit steht, eine Tätigkeit übertragen worden ist.[268] Für das dieses Abhängigkeitsverhältnis begründende Weisungsrecht ist ausreichend, dass der Geschäftsherr die Tätigkeit des Handelnden jederzeit beschränken, entziehen oder nach Zeit und Umfang bestimmen kann.[269] **133**

Eine *widerrechtliche Schadenszufügung* setzt voraus, dass der Verrichtungsgehilfe den objektiven Tatbestand einer unerlaubten Handlung im Sinne der §§ 823 ff BGB erfüllt hat und auch die Rechtswidrigkeit der Handlung zu bejahen ist. Schuldhaft braucht er dagegen nicht gehandelt zu haben.[270] Der Begriff der Widerrechtlichkeit ist dabei ebenso zu verstehen wie in den §§ 823 ff BGB, sodass eine Entscheidung zwischen den beiden hierzu vertretenen Lehren vom Erfolgs- und vom Handlungsunrecht geboten ist.[271] **134**

Die Schädigung im vorgenannten Sinne muss „*in Ausführung der Verrichtung*" erfolgen: Ebenso wie bei § 278 BGB ist ein qualifizierter innerer Zusammenhang zwischen übertragenem Aufgabenkreis und Schadenszufügung erforderlich. Ein Handeln bloß bei Gelegenheit der Verrichtung genügt nicht, wobei für die Abgrenzung auf die Umstände des jeweiligen Einzelfalls abzustellen ist.[272] **135**

Sind diese Haftungsvoraussetzungen des § 831 Abs 1 S 1 BGB erfüllt, haftet der Geschäftsherr nur dann nicht für den von seiner Hilfsperson verursachten Schaden, wenn er sich gem § 831 Abs 1 S 2 BGB durch Erbringung des Entlastungsbeweises hinsichtlich des Vorliegens einer Pflichtverletzung bei Auswahl oder Überwachung der Hilfsperson (§ 831 Abs 1 S 2 HS 1 BGB) oder der Kausalität einer derartigen Pflichtverletzung für den eingetretenen Schaden (§ 831 Abs 1 S 2 HS 2 BGB) exkulpieren kann.

---

[266] BGHZ 23, 319, 323; 31, 358, 366; 123, 1, 14.
[267] Den Geschäftsherrn können darüber hinaus eigenständige Organisationspflichten treffen, deren Verletzung eine Haftung gemäß § 823 Abs 1 BGB nach sich ziehen kann, vgl PALANDT/SPRAU (76. Aufl 2017) § 831 Rn 2 mwNw.
[268] PALANDT/SPRAU (76. Aufl 2017) § 831 Rn 5.
[269] BGHZ 45, 311, 313; BGH NJW 2009, 1740, 1741.
[270] PALANDT/SPRAU (76. Aufl 2017) § 831 Rn 8.
[271] Vgl hierzu ausführlich STAUDINGER/BELLING (2012) § 831 Rn 110 ff.
[272] STAUDINGER/BELLING (2012) § 831 Rn 123 ff; MünchKomm/WAGNER (7. Aufl 2017) § 831 Rn 25.

136 Der *Entlastungsbeweis* gem § 831 Abs 1 S 2 HS 2 BGB gelingt dem Geschäftsherrn nur dann, wenn er darlegen und beweisen kann, dass er bei Auswahl und Überwachung des Verrichtungsgehilfen die im Verkehr erforderliche Sorgfalt beachtet hat. Der Umfang der Sorgfaltspflicht richtet sich dabei nach der Verkehrsanschauung, der Art der Verrichtung und den Besonderheiten des Einzelfalls: Hinsichtlich der Auswahl bemisst sich der Sorgfaltsmaßstab nach der Art der Verrichtung: Je verantwortungsvoller und schwieriger die zu übertragende Tätigkeit ist, desto höhere Anforderungen sind an die vom Geschäftsherrn zu beachtende Sorgfaltspflicht zu stellen.[273] Die Verpflichtung zur Überwachung des Gehilfen ist im Gesetz zwar nicht ausdrücklich geregelt, wird heute jedoch allgemein anerkannt.[274] Art und Ausmaß der Überwachungspflicht richten sich nach den Umständen des Einzelfalls. Maßgeblich sind insbes die Gefährlichkeit der Tätigkeit, die Persönlichkeit des Gehilfen sowie dessen bisherige Bewährung.[275]

137 Will der Geschäftsherr die Ursächlichkeitsvermutung gem § 831 Abs 1 S 2 HS 2 BGB widerlegen, muss er den Beweis dafür erbringen, dass der Schaden auch von einer sorgfältig ausgewählten und überwachten Person angerichtet worden wäre oder dass der Geschäftsherr auch bei Beachtung der erforderlichen Sorgfalt denselben Gehilfen ausgewählt hätte, weil dessen Unfähigkeit oder Unzuverlässigkeit in keinem Falle erkennbar gewesen wäre.[276]

138 Bei Großbetrieben lässt die Rspr[277] einen sog *dezentralisierten Entlastungsbeweis* zu: Ist die Auswahl des Angestellten einem höheren Angestellten übertragen, genügt für die Exkulpation des Geschäftsherrn der Beweis, dass der höhere Angestellte sorgfältig ausgewählt, angeleitet und überwacht ist und dass er seinerseits den schädigenden Angestellten sorgfältig ausgewählt, angeleitet und überwacht hat. Unberührt von der Möglichkeit des dezentralisierten Entlastungsbeweises im Rahmen von § 831 bleibt jedoch die Haftung des Geschäftsherrn für Organisationsmängel in seinem Betrieb:[278] Den Geschäftsherrn trifft die Pflicht, seinen Betrieb so zu organisieren, dass Schädigungen Dritter vermieden werden. Diese allgemeine Verkehrssicherungspflicht kann vorbehaltlich gesetzlicher Sonderregelungen nicht vollständig mit der Folge einer Entlastung des Geschäftsherrn auf Dritte übertragen werden. Wird sie verletzt, haftet der Geschäftsherr für das ihm vorzuwerfende Organisationsverschulden unmittelbar aus § 823 Abs 1 BGB.

4. Haftung bei mehreren Verursachern gem § 830

a) Normzweck und Regelungsgehalt

139 Die Zurechnung eines Schadens setzt an sich das Feststehen des Verursachungszusammenhangs voraus. Hierfür ist nach den allgemeinen Regeln der Beweislastverteilung der Geschädigte beweispflichtig. Wird ein Schaden jedoch durch das Zusammenwirken mehrerer herbeigeführt, lässt sich häufig nicht ermitteln, welcher von mehreren Beteiligten die Schadensursache gesetzt hat oder wie die Verursachungsanteile umfänglich auf mehrere feststehende Schädiger zu verteilen sind.[279] Um den Geschädig-

---

[273] OLG Hamm NJW 2009, 2685, 2686 f; Palandt/Sprau (76. Aufl 2017) § 831 Rn 13.
[274] Staudinger/Belling (2012) § 831 Rn 156.
[275] BGH NJW 2003, 288, 289; Palandt/Sprau (76. Aufl 2017) § 831 Rn 12 ff.
[276] BGHZ 4, 1, 4; 12, 94, 96; Palandt/Sprau (76. Aufl 2017) § 831 Rn 16.
[277] RGZ 78, 107, 108; 89, 136, 137; BGHZ 4, 1, 2 ff; BGH VersR 1973, 862.
[278] RGZ 53, 53, 57; 128, 149, 153; BGHZ 4, 1, 2 ff; 24, 200, 214; Staudinger/Belling (2012) § 831 Rn 176.
[279] Staudinger/Schiemann (2017) § 249

ten aus seiner *Beweisnot* zu befreien, kehrt § 830 unter Relativierung des Kausalitätserfordernisses in den Fällen der Mittäterschaft und Teilnahme im strafrechtlichen Sinne (§ 830 Abs 1 S 1, Abs 2 BGB) sowie der zivilrechtlichen „Beteiligung mehrerer" (§ 830 Abs 1 S 2 BGB) die Beweislast um.[280]

b) Voraussetzungen

§ 830 BGB setzt in seinem strafrechtlichen Teil (Abs 1 S 1, Abs 2) das Vorliegen einer **140** *Beteiligung im Sinne des Strafrechts* voraus, dh Mittäterschaft, Anstiftung oder Beihilfe. Dabei ist das Zivilgericht an die rechtliche Qualifizierung im Strafurteil nicht gebunden. Umstritten ist sowohl im Straf- als auch im Deliktsrecht, ob die Haftung des Mittäters oder Gehilfen voraussetzt, dass sein Tatbeitrag für den Eintritt des Verletzungserfolges kausal geworden ist.[281] Die Rspr[282] hält dies nicht für erforderlich, sondern lässt jede Förderung der Haupttat durch die Hilfeleistung genügen. Bei der Anstiftung besteht dagegen Einigkeit darüber, dass die Anstiftungshandlung für die Haupttat kausal gewesen sein muss. Liegen die Voraussetzungen einer strafrechtlichen Beteiligung und damit die tatbestandlichen Voraussetzungen von § 830 Abs 1 S 1, Abs 2 BGB vor, wird der ganze Schaden allen Beteiligten zugerechnet, sodass die einzelnen Verursachungsbeiträge gar nicht erst ermittelt werden.[283]

Nach der Rspr des BGH[284] ist die Anwendung von § 830 Abs 1 S 2 BGB vom Vorlie- **141** gen folgender Voraussetzungen abhängig: Abgesehen vom Nachweis der Ursächlichkeit muss bei jedem Beteiligten ein anspruchsbegründendes Verhalten, insbes müssen auch Rechtswidrigkeit und Verschulden gegeben sein. § 830 Abs 1 S 2 BGB gilt dabei auch gegenüber Personen, die verschuldensunabhängig haften. Zudem muss feststehen, dass der Schaden jedenfalls von einem der Beteiligten verursacht worden ist. Schließlich ist eine Ungewissheit hinsichtlich des Verursachers erforderlich, dh es darf nicht feststellbar sein, welcher der Beteiligten den Schaden ganz (Urheberzweifel) oder teilweise (Anteilszweifel) verursacht hat. Steht einer der Beteiligten als Verantwortlicher für den gesamten Schaden fest, haften die anderen, die ihn nur möglicherweise verursacht haben, nicht nach § 830 Abs 1 S 2 BGB.

VIII. Mitverursachung und Mitverschulden

1. Allgemeines

Die Rechtsfolgen der Mitwirkung des Geschädigten bei Entstehung und weiterer Ent- **142** wicklung des Schadens sind in § 254 BGB geregelt. Die Vorschrift ist Ausprägung des Grundsatzes von Treu und Glauben (§ 242 BGB): Wer für den erlittenen Schaden

---

Rn 90; PRÜTTING/WEGEN/WEINREICH/SCHAUB (12. Aufl 2017) § 830 Rn 2.
[280] STAUDINGER/EBERL-BORGES (2018) § 830 Rn 1 ff.
[281] Vgl zum Streitstand MünchKomm/WAGNER (7. Aufl 2017) § 830 Rn 17; STAUDINGER/EBERL-BORGES (2018) § 830 Rn 10 ff.

[282] BGH MDR 2005, 284, 285; NJW 2005, 3137, 3139; OLG Bremen ZIP 2002, 1942 (jeweils zur Beihilfe).
[283] STAUDINGER/SCHIEMANN (2017) § 249 Rn 90.
[284] BGH NJW 1996, 3205, 3207; vgl auch OLG Oldenburg r+s 2009, 21, 22.

mitverantwortlich ist und dennoch den vollen Schadensersatz fordert, setzt sich in Widerspruch zu seinem eigenen Verhalten und verstößt somit gegen das Verbot des „venire contra factum proprium".[285]

143 § 254 BGB ist vorbehaltlich gesetzlicher Sonderregelungen (insbes §§ 9, 17 StVG) auf alle Schadensersatzansprüche anwendbar, sowohl im Bereich der Verschuldenshaftung (vertragliche und deliktische Ersatzansprüche) als auch der Gefährdungshaftung.[286]

144 Während § 254 Abs 1, Abs 2 S 1 Var 1, 2 BGB Mitverursachung und Mitverschulden bei der Haftungsbegründung[287] – dh bei der erstmaligen Schadensentstehung sowie bei der Nichtbeachtung der Abwendungs- und Minderungsobliegenheiten – regeln, betrifft § 254 Abs 2 S 1 Var 3 BGB die hier näher darzustellende Haftungsausfüllung.

2. § 254 Abs 2 S 1 Var 3: Mitverschulden bei der Haftungsausfüllung

145 Aus dem in § 254 Abs 2 S 1 Var 3 BGB geregelten Mitverschulden des Geschädigten bei der Haftungsausfüllung ergibt sich, dass ihn nach Schadenseintritt eine Schadensminderungsobliegenheit trifft: Der Geschädigte soll im Rahmen des von einem vernünftigen und sorgfältigen Menschen zu Erwartenden dazu beitragen, dass der Schaden nicht unnötig groß wird. Dabei gehört es zum Inhalt der Schadensminderung, dass der Geschädigte den Schadensumfang möglichst gering halten und bei der Schadensbeseitigung unnötige Kosten vermeiden soll.[288] Zur Konkretisierung des Obliegenheitsinhalts stellt die Rspr dabei häufig auf Treu und Glauben ab,[289] während in der Lit vorwiegend auf die Bildung von Fallgruppen zurückgegriffen wird.[290]

3. Rechtsfolgen eines mitwirkenden Verschuldens des Geschädigten

146 Liegt ein Mitverschulden des Geschädigten bei Haftungsbegründung oder -ausfüllung im vorstehend ausgeführten Sinne vor, richten sich Bestehen und Höhe des Ersatzanspruchs gem § 254 Abs 1 BGB nach den Umständen des Einzelfalls.

147 Bei der insoweit vorzunehmenden Abwägung kommt es in erster Linie darauf an, wer den Schaden überwiegend verursacht hat,[291] daneben ist das Maß des beiderseitigen Verschuldens zu berücksichtigen.[292]

---

[285] So BGHZ 34, 355, 363 f; BGH NJW-RR 2006, 694, 697; Palandt/Grüneberg (76. Aufl 2017) § 254 Rn 1; kritisch dagegen MünchKomm/Oetker (7. Aufl 2016) § 254 Rn 4; Staudinger/Schiemann (2017) § 254 Rn 4: Obwohl der Anspruch insoweit gar nicht entstehe, könne der Eindruck entstehen, dem Geschädigten stehe der Anspruch grds zu und er könne sich lediglich nicht auf diesen berufen; vgl dazu allgemein auch Art VI.–5:102 DCFR.

[286] Vgl zum Anwendungsbereich im Einzelnen Staudinger/Schiemann (2017) § 254 Rn 5 ff; MünchKomm/Oetker (7. Aufl 2016) § 254 Rn 7 ff; Prütting/Wegen/Weinreich/Luckey (12. Aufl 2017) § 254 Rn 2; Mohr Jura 2010, 645, 808, 816.

[287] Vgl hierzu im Einzelnen Staudinger/Schiemann (2017) § 254 Rn 45 ff; MünchKomm/Oetker (7. Aufl 2016) § 254 Rn 29 ff; grundlegend BGHZ 3, 46 ff.

[288] So MünchKomm/Oetker (7. Aufl 2016) § 254 Rn 77; zur Schadensminderungspflicht bei Nutzungsausfall für den Zeitraum der Beauftragung eines Rechtsanwalts: LG Saarbrücken NZV 2011, 497 ff.

[289] Vgl BGHZ 4, 171, 174.

[290] So Staudinger/Schiemann (2017) § 254 Rn 81 ff; MünchKomm/Oetker (7. Aufl 2016) § 254 Rn 79 ff.

[291] BGHZ 179, 55, 67; BGH NJW 1997, 2236, 2238; 1998, 1137, 1138; MünchKomm/Oetker (7. Aufl 2016) § 254 Rn 108.

[292] BGH NJW 1997, 2236, 2238; Staudinger/Schiemann (2017) § 254 Rn 112, 114 f.

J. Schadensersatzrecht

Im Regelfall wird diese Abwägung der maßgeblichen Umstände des Einzelfalles zu 148 einer Schadensteilung zwischen Schädiger und Geschädigtem führen. Unter besonderen Umständen kann die Ersatzpflicht allerdings auch vollständig entfallen oder ungekürzt bestehen bleiben.

4. Sonderproblem: § 254 Abs 2 S 2 und Einstandspflicht für Dritte

Die Einstandspflicht des Geschädigten für Dritte ist in § 254 Abs 2 S 2 BGB geregelt. 149 Dabei ist allgemein anerkannt, dass Abs 2 S 2 sich nicht nur auf Abs 2 S 1 bezieht, sondern auch auf Abs 1, sodass er wie ein selbstständiger Abs 3 zu lesen ist.[293]

Heftig umstritten ist demgegenüber die Frage, welche Bedeutung der Verweisung in 150 § 254 Abs 2 S 2 BGB auf § 278 BGB zukommt:[294] Die Rspr versteht § 254 Abs 2 S 2 BGB als Rechtsgrundverweisung, sodass eine Verschuldenszurechnung über § 278 BGB nur bei Bestehen einer rechtlichen Sonderverbindung zwischen Schädiger und Geschädigtem – insbes also bei vertraglichen Haftungsgrundlagen – in Betracht komme. Fehle eine solche – was insbes bei einer (nur) deliktsrechtlichen Haftung des Schädigers der Fall sei – gelte § 831 BGB entsprechend.[295] Dagegen wird in der Lit häufig eine Rechtsfolgenverweisung angenommen und demnach eine Verschuldenszurechnung auch ohne rechtliche Sonderverbindung bejaht.[296]

IX. Prozessrechtliche Aspekte

In praktischer Hinsicht bedarf das materielle Schadensersatzrecht des Blicks auf die 151 prozessrechtliche Durchsetzung. Hierbei erweisen sich zum einen die verschiedenen Facetten des Beweisrechts als zentral, bei denen allerdings nicht trennscharf zwischen der Haftungsbegründung und der Haftungsausfüllung unterschieden werden kann. Zum anderen verdienen einzelne Aspekte der Klageart, der Antragstellung und des Urteils Erwähnung.

1. Beweisrechtliche Aspekte

Grds – soweit nicht Ausnahmeregelungen eingreifen – trägt der Geschädigte als Anspruchsteller die *Behauptungs- und Beweislast* für alle anspruchsbegründenden Tatsachen. Dies betrifft vor allem die tatsächlichen Grundlagen des Haftungsgrunds (einschließlich haftungsbegründender Kausalität), des Eintritts des Schadens sowie des Kausalzusammenhangs zwischen Haftungsgrund und eingetretenem Schaden (haftungsausfüllende Kausalität). Hingegen obliegt es dem Schädiger, solche Tatsachen vorzutragen und bei Bestreiten zu beweisen, die den Tatbestand für ihn günstiger Normen erfüllen. Dies sind zB das Mitverschulden[297] sowie beachtliche, ihn entlasten- 152

---

[293] BGHZ 1, 248, 249; 179, 55, 67; STAUDINGER/SCHIEMANN (2017) § 254 Rn 95; MünchKomm/OETKER (7. Aufl 2016) § 254 Rn 126.
[294] Vgl hierzu MEDICUS/PETERSEN, Bürgerliches Recht (26. Aufl 2017) Rn 871 ff; MOHR Jura 2010, 645, 818 f.
[295] StRspr, vgl nur BGHZ 24, 325, 327; 116, 60, 74.

[296] So LANGE/SCHIEMANN, Schadensersatz (3. Aufl 2003) § 10 XI 6, S 605 ff.
[297] Auch wenn es sich beim Mitverschulden um eine von Amts wegen zu berücksichtigende Einwendung und nicht um eine Einrede handelt, trägt der Schädiger insofern die Behauptungs- und Beweislast.

de Reserveursachen (hypothetische Kausalität) und die tatsächlichen Grundlagen der Vorteilsausgleichung.[298]

153 *Erleichterungen der Behauptungs- und Beweislast* schafft das Gesetz vor allem durch *Vermutungsregelungen* hinsichtlich des Vertretenmüssens und des Verschuldens: zB §§ 280 Abs 1 S 2, 286 Abs 4, 831 Abs 1 S 2, 832 Abs 1 S 2, 833 S 2, 834 S 2, 836 Abs 1 S 2 BGB. Individualvertragliche Regelungen der Beweislast[299] sind zulässig, während bei Vereinbarungen in AGB § 309 Nr 12 BGB zu beachten ist.

154 § 252 S 2 BGB enthält eine Beweiserleichterung zugunsten des Geschädigten hinsichtlich des *entgangenen Gewinns*: Dass dieser von dem zu ersetzenden Schaden umfasst wird, ergibt sich schon aus dem Grundsatz der Totalreparation. Die Vorschrift stellt aber eine Vermutung dahingehend auf, dass der überwiegend wahrscheinlich gemachte Gewinn auch tatsächlich erzielt worden wäre.[300] Diese Vermutung ist widerleglich, sodass es dem Schädiger offen steht zu beweisen, dass dieser Gewinn tatsächlich nicht erzielt worden wäre.[301]

155 Ebenso erleichtern die *Grundsätze des Anscheinsbeweises* dem Beweispflichtigen die Beweisführung dadurch, dass von einer dargelegten Tatsache aufgrund eines nach der Lebenserfahrung typischen Geschehensablaufs auf eine andere Tatsache geschlossen wird, ohne dass die Beweislast umgekehrt würde. Insbes kann vom Eintritt bestimmter Erfolge auf eine ursächliche Pflichtverletzung geschlossen werden (zB Verschulden des „Hintermannes" bei einem Auffahrunfall). Der durch den Anscheinsbeweis nun belasteten Partei steht es dann frei, wiederum eine Tatsache vorzutragen, die den Anscheinsbeweis dadurch erschüttert, dass sie den typischen Geschehensablauf für den streitgegenständlichen Fall in Frage stellt (zB der „Vordermann" fuhr beim Auffahrunfall rückwärts).[302]

156 Über die bereits erwähnten Beweiserleichterungen hinaus hat die Rspr für bestimmte Lebensbereiche aufgrund der diesen eigenen Gegebenheiten eine *Beweislastumkehr* anerkannt:

157 Bei der *Arzthaftung* gibt § 630h BGB, der mit dem Patientenrechtegesetz[303] ins BGB eingeführt worden ist, die bisherige Rechtsprechung im Wesentlichen wieder und sieht eine Beweislastumkehr bei folgenden Fallgruppen vor: So wird nach § 630h Abs 1 BGB ein Behandlungsfehler vermutet, wenn sich ein allgemeines Behandlungsrisiko verwirklicht hat, das für den Behandelnden voll beherrschbar war. Bei einem *groben Behandlungsfehler* des Arztes wird nach § 630h Abs 5 BGB die Kausalität dieses Behandlungsfehlers für die Gesundheitsverletzung vermutet.[304] Ein solch grober Behand-

---

[298] Vgl im Einzelnen STAUDINGER/SCHIEMANN (2017) Vorbem 91 u 93 zu §§ 249 ff; WENDEHORST, Anspruch und Ausgleich (1999) 77 ff, 104 ff, 127 ff, 573 ff.
[299] Vgl zu den Beweislastverträgen VIEWEG Beweisverträge als Instrument privatautonomer immissionsgeprägter Nachbarkonflikte, in: Jahrbuch Umwelt- und Technikrecht 2004 (2004) 351, 372 ff.
[300] Vgl BGH NJW 2005, 3348 f; BGH NJW-RR 2007, 325, 329.
[301] STAUDINGER/SCHIEMANN (2017) Vorbem 90 zu §§ 249 ff; PRÜTTING/WEGEN/WEINREICH/LUCKEY (12. Aufl 2017) § 252 Rn 3.
[302] STAUDINGER/SCHIEMANN (2017) Vorbem 100 zu §§ 249 ff; MünchKomm/OETKER (7. Aufl 2016) § 249 Rn 447; zum Anscheinsbeweis bei Verkehrsunfällen vgl NUGEL NJW 2013, 193 ff.
[303] Das Patientenrechtegesetz (BGBl 2013 I 277) ist am 26.2.2013 in Kraft getreten.
[304] Vgl bereits RGZ 171, 168, 171; BGHZ 85, 212, 216; 132, 47; BGH NJW 1988, 2949, 2950;

lungsfehler liegt dann vor, wenn der Arzt derart gegen die Regeln der ärztlichen Kunst verstoßen hat, dass sein Vorgehen nicht mehr verständlich ist oder ein Fehler vorliegt, der einem Arzt schlechterdings nicht unterlaufen darf.[305] Grund der Beweiserleichterung ist die regelmäßig große Beweisnot des Patienten. Die Beweiserleichterung greift dann nicht mehr, wenn die alleinige Kausalität eines anderen – auch nicht schweren – Fehlers nachgewiesen werden kann.[306]

Ähnlich wirkt sich eine mangelhafte Erfüllung der ärztlichen *Befundsicherungs- und Dokumentationspflichten* aus: Hat der Behandelnde eine medizinisch gebotene wesentliche Maßnahme und ihr Ergebnis nicht in der Patientenakte aufgezeichnet oder hat er die Patientenakte nicht aufbewahrt, so wird nach § 630h Abs 3 BGB vermutet, dass die dokumentationspflichtigen erforderlichen Maßnahmen nicht ergriffen wurden.[307] Dies kann wiederum einen schweren Behandlungsfehler darstellen, für den dann die Vermutung der Kausalität dieses Behandlungsfehlers für die Gesundheitsverletzung eingreift.[308] War der Behandelnde für die von ihm vorgenommene Behandlung nicht befähigt, wird nach § 630h Abs 4 BGB vermutet, dass die mangelnde Befähigung für die Gesundheitsverletzung ursächlich war. **158**

Nach § 630h Abs 2 BGB hat der Behandelnde im Bestreitensfalle zu beweisen, dass er den Patienten ordnungsgemäß aufgeklärt und dass dieser in die Behandlung wirksam eingewilligt hat. Gelingt ihm dieser Nachweis nicht, so kann er sich immerhin noch mit dem Einwand entlasten, dass sich der Geschädigte auch bei ordnungsgemäßer Aufklärung für die schadensbegründende Alternative entschieden hätte.[309] Die Vermutung greift allerdings nur dann ein, wenn der Geschädigte plausibel vortragen kann, bei gedachter ordnungsgemäßer Beratung und Aufklärung hätte sich für ihn ein ernsthafter Entscheidungskonflikt ergeben.[310] Dies dürfte insbes bei vital indizierten Behandlungen schwerfallen. **159**

Lebensbereiche, in denen die *Vermutung aufklärungsrichtigen Verhaltens des Geschädigten* Geltung erlangen kann, sind – zumindest soweit für den Geschädigten keine sinnvollen Handlungsalternativen bestehen – zB[311] die Steuerberaterhaftung,[312] die Haftung des (Kapital-)Anlageberaters[313] oder auch die Prospekthaftung.[314] **160**

Neben der ausdrücklich geregelten weitgehend verschuldensunabhängigen Produkthaftung im ProdHaftG bleibt gem § 15 Abs 2 ProdHaftG das allgemeine Deliktsrecht **161**

NJW 2005, 427, 428; NJW 2008, 1304; ebenso beim groben Behandlungsfehler eines Tierarztes, BGH NJW 2016, 2502, 2503 ff; zur nur begrenzten Anwendbarkeit der Beweislastumkehr im Rahmen der haftungsausfüllenden Kausalität, insbes im Zusammenhang mit Folge-/Sekundärschäden, vgl BGH NJW 2008, 1381, 1382 f.
[305] BGH NJW 1995, 778, 779; NJW 1998, 1782, 1783; NJW 2007, 2767, 2769; NJW 2008, 1381, 1383.
[306] BGH NJW 1981, 2513, 2514; STAUDINGER/ SCHIEMANN (2017) Vorbem 95 zu §§ 249 ff.
[307] Vgl bereits BGH NJW 1989, 2330, 2331; 1993, 2375, 2376; zur sekundären Darlegungslast BGH NJW 2005, 2614.

[308] BGHZ 129, 6, 10; BGH NJW 1993, 2375, 2376; NJW 1996, 779.
[309] BGHZ 61, 118, 122 f; 72, 93, 106; 124, 151, 159 ff; BGH NJW 2005, 2072, 2073.
[310] BGHZ 90, 103, 111 f; BGH NJW 2005, 1718, 1719; OLG München VersR 1993, 1529, 1530; LAUFS, in: LAUFS/KERN (Hrsg), Handbuch des Arztrechts (4. Aufl 2010) § 63 Rn 3; zum Sonderfall der Schönheitsoperation LORZ, Arzthaftung bei Schönheitsoperationen (2007) 234 ff.
[311] Weitere Nachweise bei PALANDT/GRÜNEBERG (76. Aufl 2017) § 280 Rn 39.
[312] BGH NJW 2009, 1591, 1592.
[313] BGH NJW 2009, 2298, 2300.
[314] BGH NJW-RR 2009, 689, 690; BGH BB 2010, 1553, 1154 f.

anwendbar. Hier sind für die *Produzentenhaftung* gem § 823 Abs 1 BGB besondere Grundsätze herausgebildet worden.[315] Insoweit ist anerkannt, dass der durch ein Produkt Geschädigte vom Produzenten Schadensersatz verlangen kann, wenn ihm der Nachweis gelingt, dass das Produkt mit einem schadensursächlichen Fehler in den Verkehr gebracht wurde. Dabei hat der Geschädigte den Fehler und den Schaden sowie die sie verknüpfende Kausalität zu beweisen. Gelingt ihm dies, so hat der Produzent zu beweisen, dass er die ihm obliegenden Pflichten beachtet hat und ihn daher kein Verschulden hinsichtlich des Fehlers trifft.[316] Dies gilt uneingeschränkt für Entwicklungs-, Konstruktions- und Fabrikationsfehler.[317] Bei Instruktionsfehlern muss der Geschädigte darüber hinaus beweisen, dass zum Zeitpunkt des Inverkehrbringens eine Instruktion objektiv notwendig war.[318]

162 Zwar ist auch das Schadensrecht weitgehend dispositiv, sodass abweichende Regelungen, insbes *Schadenspauschalierungen*, grds zulässig sind. Grenzen ergeben sich aus den allgemeinen Schranken der Privatautonomie, §§ 138, 242 BGB. Vor allem aber sind solche abweichenden Regelungen in Allgemeinen Geschäftsbedingungen nur unter eingeschränkten Bedingungen zulässig: § 309 Nr 5 BGB gestattet die Vereinbarung von Schadenspauschalierungen nur, falls die Pauschale den nach gewöhnlichem Lauf der Dinge zu erwartenden Schaden nicht übersteigt und der Nachweis eines niedrigeren Schadens ausdrücklich zulässig bleibt.

163 Auf prozessualer Seite trägt *§ 287 ZPO* der besonderen Situation Rechnung. Hinsichtlich der Schadensentstehung und Schadenshöhe lockert die Vorschrift die strengen Anforderungen des § 286 ZPO und stellt insoweit auf die *freie Überzeugung des Gerichts* ab. Daraus leitet die hM dreierlei ab: Zunächst kann der Richter nach pflichtgemäßem Ermessen entscheiden, inwieweit eine Beweiserhebung erforderlich ist. Dabei ist für die richterliche Überzeugung nicht die an Sicherheit grenzende Wahrscheinlichkeit erforderlich, sondern es genügt bereits eine erhöhte, jedenfalls überwiegende Wahrscheinlichkeit.[319] Überdies darf der Richter, falls der Schaden in nicht bestimmbarer Höhe, jedenfalls aber in erheblichem Ausmaß bereits entstanden ist, bei ausreichenden Anhaltspunkten den Schaden schätzen.[320] Enthält der Vortrag des Geschädigten Lücken oder Unklarheiten, so darf ihm nicht jeglicher Schadensersatz versagt werden. Vielmehr muss der Tatrichter nach pflichtgemäßem Ermessen beurteilen, ob nicht wenigstens die Schätzung eines Mindestschadens möglich ist.[321] Obwohl die Schätzung möglichst nah an der Wirklichkeit liegen soll, werden dabei gewisse Ungenauigkeiten bewusst in Kauf genommen.[322] Nicht zulässig ist hingegen eine echte, dh völlig freie Schätzung durch das Gericht.[323] Spiegelbildlich resultieren aus den beiden vorgenannten Punkten schließlich für die Parteien reduzierte Anforderungen an die Substantiierung.[324] So sind zB als Schätzgrundlage für die erforderlichen Mietwagen-

---

[315] Vgl im Einzelnen VIEWEG, Produkthaftungsrecht, in: SCHULTE/SCHRÖDER (Hrsg), Handbuch des Technikrechts (2. Aufl 2010) 337 ff.
[316] BGHZ 51, 91, 102 ff; BGH NJW 1991, 1948, 1951; NJW 1999, 1028 f.
[317] BGH JZ 1971, 29.
[318] BGHZ 116, 60, 72 f.
[319] BGH NJW 1992, 3298, 3299; NJW 1995, 1023 f; BGH NJW-RR 2007, 569, 571; ausführlich STAUDINGER/VIEWEG (2015) § 843 Rn 182;
HUNKE, Die Schadensschätzung nach § 287 Abs 1 ZPO unter besonderer Berücksichtigung eines Verkehrsunfalls (2012) passim.
[320] BGH NJW 1994, 663 f; BGH NJW 2007, 1806, 1808.
[321] BGH NJW 2010, 3434 ff; NJW 2013, 525 ff; NJW 2013, 2584 ff.
[322] BGH NJW 1964, 589.
[323] MUSIELAK/VOIT/FOERSTE, ZPO (14. Aufl 2017) § 287 Rn 8.

kosten sowohl die Schwacke-Liste als auch der Fraunhofer-Mietpreisspiegel grds geeignet. Dem Tatrichter bleibt es unbenommen, im Rahmen seines Ermessens von dem sich aus den Listen ergebenden Tarif durch Abschläge oder Zuschläge abzuweichen.[325] Das Gericht überschreitet allerdings die Grenzen seines Ermessens, wenn es einen Mietpreisspiegel seinem Urteil unbesehen zugrunde legt und den substantiierten und unter Beweis gestellten Vortrag der beklagten Partei, ein vergleichbares Fahrzeug hätte im selben Zeitraum wesentlich günstiger angemietet werden können, übergeht.[326]

2. Besonderheiten bei Antragstellung und Urteil

a) Unbestimmter Klageantrag
Als Besonderheit ist bei der Geltendmachung immaterieller Schäden gem § 253 BGB **164** anerkannt, dass der Kläger auf einen exakt bezifferten Klageantrag verzichten kann, ohne dass die Klage wegen Verstoßes gegen § 253 Abs 2 Nr 2 ZPO unzulässig wäre. Angesichts des weiten Ermessens bei der Bestimmung des „billigen" Geldbetrags durch das Gericht ist es dem Kläger nämlich nicht zuzumuten, einen bestimmten Betrag zu benennen und so das Risiko der Kostenlast zu tragen. Dennoch ist dem Kläger die Angabe eines Mindestbetrags – evtl orientiert an gängigen Schmerzensgeldtabellen[327] – zu empfehlen, da er andernfalls – gleich wie der vom Gericht ausgeworfene Betrag ausfällt – nicht beschwert ist und ihm daher kein Rechtsmittel offen steht.[328]

b) Klageart
Schadensersatzansprüche sind im Regelfall im Wege der Leistungsklage zu verfolgen. **165** Bei Vorliegen ihrer besonderen Voraussetzungen kommt auch die Feststellungsklage über das Bestehen der Haftung dem Grunde nach in Betracht. Im Folgeprozess über die Haftungsausfüllung sind angesichts der Rechtskraftwirkung des Feststellungsurteils diejenigen tatsächlichen Einwendungen ausgeschlossen, die geeignet sind, den Schadensersatzanspruch dem Grunde nach auszuhöhlen (sog Tatsachenpräklusion).[329] Kollektive Musterverfahren sind bislang allein für das Kapitalanlagerecht vorgesehen,[330] auch wenn nicht zuletzt wegen der VW-Abgasaffäre die Einführung einer Musterfeststellungsklage diskutiert wird. Für Änderungen des Schadensumfangs[331] nach dem Schluss der letzten mündlichen Verhandlung ist hinsichtlich der Wahl der richtigen Klageart zu differenzieren: Bei eher punktuell eintretenden Ereignissen, die rechtsvernichtend oder rechtshemmend wirken, ist regelmäßig die Vollstreckungsgegenklage gem § 767 ZPO statthaft.[332] Bei Änderung der stets wandelbaren wirtschaftlichen Verhältnisse – insbes bei wiederkehrenden Leistungen – kann die Abänderungsklage

---

[324] THOMAS/PUTZO/REICHOLD, ZPO (38. Aufl 2017) § 287 Rn 9.
[325] BGH NJW 2011, 1947 ff; zur Schwackeliste als Schätzgrundlage: WITTSCHIER NJW 2012, 13 ff.
[326] BGH NJW-RR 2011, 823 f; 2011, 1109 f.
[327] Vgl zB SLYSZK, Beck'sche Schmerzensgeldtabelle (13. Aufl 2017); HACKS/WERNER/HÄCKER, Schmerzensgeldbeträge (34. Aufl 2016).

[328] BGH r+s, 485 f; vgl jurisPK/VIEWEG/LORZ (8. Aufl 2017) § 253 Rn 104.
[329] BGH NJW 2004, 294 ff; ZÖLLER/VOLLKOMMER (31. Aufl 2016) § 322 Rn 10.
[330] Vgl Kapitalanleger-Musterverfahrensgesetz (KapMuG) v 19.10.2012 (BGBl 2012 I 2182).
[331] Vgl zum maßgeblichen Zeitpunkt Rn 22 ff.
[332] Vgl STAUDINGER/SCHIEMANN (2017) Vorbem 80 zu §§ 249 ff.

gem § 323 ZPO erhoben werden.[333] Teilklagen sind grds möglich.[334] Dabei muss aus der Klageschrift insbes erkennbar sein, ob ein Anteil der gesamten Ansprüche oder ein bestimmter Anspruch komplett eingeklagt wird.[335] Andernfalls ist die Klage wegen Unbestimmtheit gem § 253 Abs 2 Nr 2 ZPO unzulässig.[336] Besonderheiten bestehen bei der (verdeckten) Schmerzensgeldteilklage.[337]

c) Grundurteil

166 § 304 ZPO eröffnet dem Gericht die Möglichkeit, in einem Grundurteil – zur rechtskräftigen Klärung – zunächst nur über den Anspruchsgrund zu entscheiden, noch bevor der gesamte Prozessstoff entscheidungsreif ist, wenn also die Höhe des Schadens streitig und noch nicht hinlänglich geklärt ist. Voraussetzung eines Grundverfahrens ist jedoch eine hinreichende Wahrscheinlichkeit dafür, dass überhaupt ein Schaden entstanden ist.[338] Die Entscheidung über die Höhe des Schadensersatzanspruchs bleibt dann in einem zweiten Schritt dem Betragsverfahren vorbehalten.[339]

167 Bei kumulativer Geltendmachung von materiellen und immateriellen Schäden ist zu berücksichtigen, dass beide Ansprüche regelmäßig auf einen gemeinsamen Lebenssachverhalt zurückgehen. Wenn also ein Schmerzensgeldanspruch besteht, ist auch ein Anspruch auf Ersatz materieller Schäden zumindest dem Grunde nach gegeben (und umgekehrt). Damit die in demselben Rechtsstreit ergangenen Urteile keine inhaltlichen Widersprüche aufweisen, kann ein Gericht in dem Fall, in dem sowohl materieller als auch immaterieller Schadensersatz eingeklagt sind, über den einen Anspruch nur dann positiv durch Grundurteil (§ 304 ZPO) oder Teilurteil (§ 301 ZPO) entscheiden, wenn auch über den anderen zumindest dem Grunde nach positiv entschieden wird.[340]

---

[333] BGH NJW 2005, 2313; BGH NJW 2007, 2475; THOMAS/PUTZO/REICHOLD/HÜSSTEGE, ZPO (38. Aufl 2017) § 323 Rn 2.
[334] MUSIELAK/VOIT/MUSIELAK, ZPO (14. Aufl 2017) § 322 Rn 67 ff.
[335] THOMAS/PUTZO/REICHOLD, ZPO (38. Aufl 2017) § 253 Rn 9.
[336] Vgl zur Problematik des Mitverschuldens STAUDINGER/SCHIEMANN (2017) Vorbem 87 zu §§ 249 ff.
[337] Zur Behandlung sog Spätschäden vgl BGH NJW 2001, 3414; NJW 2004, 1243; jurisPK/VIEWEG/LORZ (8. Aufl 2017) § 253 Rn 109; TERBILLE VersR 2005, 37 ff; DIEDERICHSEN VersR 2005, 433 ff; zur Zulässigkeit einer „Klage auf erstrangigen Teilbetrag" vgl OLG Celle VersR 2007, 1661 ff; BERG NZV 2010, 63 f zur Rechtskraft des Teilurteils vgl BGH NJW 1997, 3019, 3020; teilweise abweichend MUSIELAK/VOIT/MUSIELAK, ZPO (14. Aufl 2017) § 322 Rn 70 ff.
[338] STAUDINGER/SCHIEMANN (2017) Vorbem 86 zu §§ 249 ff.
[339] Ausführlich STAUDINGER/VIEWEG (2015) § 843 Rn 170 ff.
[340] Vgl OLG Koblenz NJW-RR 2003, 1722 f.

K. Das Recht der Kreditsicherung

Carsten Herresthal

Systematische Übersicht

I. Die Grundlagen der Kreditsicherung	
1. Die Systematik des Kreditsicherungsrechts	1
a) Die Ergänzung durch gesetzlich nicht vertypte Instrumente	1
b) Die Funktion der Kreditsicherheit	5
c) Die eigenverantwortliche Risikoeinschätzung	6
d) Die Bedeutung von AGB	10
2. Personal- und Realsicherheiten	11
a) Die Personalsicherheiten	11
b) Die Realsicherheiten	14
3. Akzessorische und treuhänderische Sicherheiten	18
a) Gekorene und geborene Sicherheiten	18
b) Akzessorische Sicherheiten	20
aa) Die Begründungs- und Entwicklungsakzessorietät	21
bb) Die wesentlichen Folgen der Akzessorietät	22
cc) Der Innenausgleich zwischen Sicherungsgeber und Schuldner	27
c) Nicht-akzessorische (fiduziarische) Sicherheiten	31
4. Der Umfang der Haftung	36
a) Die Bestimmung des Haftungsumfangs	36
b) Die formularmäßige Ausdehnung des Haftungsumfangs (sog weite Zweckabrede)	38
aa) Die Qualifikation als überraschende Klausel (§ 305c Abs 1 BGB)	39
bb) Die unangemessene Benachteiligung des Sicherungsgebers (§ 307 Abs 1, 2 BGB)	43
c) Die Haftung aus einer Globalbürgschaft	44
aa) Kein Verstoß gegen den Bestimmtheitsgrundsatz	45
bb) Die Qualifikation als überraschende Klausel (§ 305c Abs 1 BGB)	47
cc) Die unangemessene Benachteiligung des Bürgen (§ 307 Abs 1, 2 BGB)	50
5. Der Konflikt mehrerer Sicherheiten	52
a) Der anfänglich zu weitreichende Zugriff auf das Vermögen des Sicherungsnehmers	53
aa) Die anfängliche Übersicherung	54
bb) Die Schuldnerknebelung	58
cc) Die Kollisionsnichtigkeit (Gläubigergefährdung)	59
b) Die nachträgliche Übersicherung	64
c) Die Insolvenzverschleppung und Kredittäuschung	68a
6. Der Ausgleich bei mehreren Sicherungsgebern	69
II. Die rechtsgeschäftlichen Abreden der Parteien	
1. Der Kreditvertrag	74
a) Die Unterscheidung zwischen Zahlungs- und Haftungskrediten	74
b) Der Darlehensvertrag als Zahlungskredit	76
c) Die Sonderregelungen beim Verbraucherdarlehen	79
2. Die Sicherungsabrede	81
a) Inhalt und Funktion	81
b) Die Zweckabrede als zentrales Element	88
c) Die weiteren Sicherungsmodalitäten	93
3. Die Bestellung der Sicherheit	96
III. Die Personalsicherheiten	
1. Die Bürgschaft	98
a) Die Grundstruktur der Bürgschaft	98
b) Die Bürgschaftsabrede	103
aa) Der Inhalt der Bürgschaftsabrede	103
bb) Die allgemeinen Wirksamkeitshindernisse	106
c) Die Sittenwidrigkeit von Bürgschaften (Angehörigenbürgschaften)	112

aa)	Die krasse finanzielle Überforderung von Nahbereichspersonen	115	V.	**Nicht-pfandrechtliche Realsicherheiten**	
bb)	Die Sittenwidrigkeit aufgrund anderer Umstände	125	1.	Der Eigentumsvorbehalt	204
d)	Die Unanwendbarkeit des Verbraucherkreditrechts	127	a)	Grundlagen	204
			b)	Begründung und Wirkungen	206
e)	Die Pflichten der Parteien und Einreden	129	c)	Die Rechte und Pflichten der Parteien	215
f)	Der Rückgriff des Bürgen	131	d)	Sonderformen	222
g)	Die Sonderformen der Bürgschaft	136	2.	Die Sicherungsübereignung	230
2.	Weitere Personalsicherheiten	141	a)	Grundlagen	230
a)	Der Kreditauftrag	141	b)	Der Erwerb der Eigentümerstellung	234
b)	Der Schuldbeitritt	142	c)	Die Rechte und Pflichten der Parteien	240
c)	Der Garantievertrag	145			
d)	Die Patronatserklärung	147	3.	Die Sicherungsabtretung	244
IV.	**Pfandrechtliche Realsicherheiten**		VI.	**Das Factoring**	
1.	Das Pfandrecht an beweglichen Sachen	148	1.	Grundlagen	249
			a)	Die Struktur und die Funktionen	249
a)	Grundlagen	149	b)	Keine Anwendung der Verbraucherdarlehensrechts	252
b)	Begründung und Wirkungen	155			
c)	Die Rechte und Pflichten der Parteien	159	c)	Abgrenzung zu Forfaitierung und Wechsel	253
2.	Das Pfandrecht an Rechten	162	2.	Rechtsverhältnisse zwischen Factor und Kunde	255
3.	Die Hypothek	166			
a)	Grundlagen	168	a)	Der Factoring-Rahmenvertrag	255
b)	Die Unterscheidung von Brief- und Buchrechten	170	b)	Die Factoring-Kausalverträge	257
			aa)	Das sog unechte Factoring	257
c)	Die Begründung und die Wirkungen	172	bb)	Das sog echte Factoring	258
d)	Die Rechte und Pflichten der Parteien	179	c)	Die Globalzession	259
			3.	Die Veritätshaftung beim echten Factoring	260
4.	Die Sicherungsgrundschuld	184			
a)	Grundlagen	184	4.	Das Verhältnis zwischen Factor und anderen Forderungsprätendenten	261
b)	Begründung und Wirkungen	187			
c)	Die Rechte und Pflichten der Parteien	191	a)	Echtes Factoring und nachfolgender verlängerter Eigentumsvorbehalt	262
d)	Die bankseitige Abtretung von Grundschulden	196	b)	Unechtes Factoring und nachfolgender verlängerter Eigentumsvorbehalt	264
e)	Die Bedeutung der Eigentümergrundpfandrechte	199	c)	Factoring und vorausgehender verlängerter Eigentumsvorbehalt	268
5.	Die Rentenschuld	203	d)	Factoring-Globalzession und Globalzession an Geldkreditgeber	272

K. Das Recht der Kreditsicherung 1, 2

I. Die Grundlagen der Kreditsicherung

1. Die Systematik des Kreditsicherungsrechts

a) Die Ergänzung durch gesetzlich nicht vertypte Instrumente
Kredite und ihre Sicherung sind ein unverzichtbarer Bestandteil der modernen Wirt- 1
schaftsordnung. Gleichwohl gibt es keine Legaldefinition der Kreditsicherheit. Als
Sicherheiten können jene durch einen (schuldrechtlichen oder dinglichen) Vertrag begründeten Rechte verstanden werden, die der Gläubiger in Anspruch nehmen kann,
wenn eine durch sie gesicherte Forderung nicht oder nicht in voller Höhe befriedigt
wird.[1] Wenn und soweit die gesicherte Forderung trotz Fälligkeit nicht bedient wird,
kann der Gläubiger auf die Sicherheit zugreifen. Die Sicherheit besteht darin, dass
dem Gläubiger der gesicherten Forderung ein **besonderes Haftungsobjekt** (bei Realsicherheiten) oder ein **zusätzliches Haftungssubjekt** (bei Personalsicherheiten) verschafft
wird, aus dem er Befriedigung erlangen kann, wenn das primäre Haftungssubjekt (also
der Schuldner) auf die gesicherte Hauptforderung bei Fälligkeit nicht leistet. Die
Grundkonstellation der Kreditsicherung ist somit ein Dreipersonenverhältnis von
Schuldner (auch: „persönlicher Schuldner"), Sicherungsgeber und Gläubiger/Siche-
rungsnehmer. Schuldner und Sicherungsgeber können personengleich sein, müssen
es aber nicht: Bei Bürgschaft und Schuldbeitritt ist dies ohnehin ausgeschlossen; bei
Hypothek, Grundschuld und Pfandrecht kommen im Gesetz und in der Praxis beide
Möglichkeiten vor. Bei der Sicherungsübereignung und der Sicherungsabtretung über-
wiegt in der Praxis die Identität von Schuldner und Sicherungsgeber. Sind Schuldner
und Sicherungsgeber personenverschieden, so ist das Verhältnis zwischen beiden (sog
Deckungsverhältnis) regelmäßig entweder ein entgeltlicher Geschäftsbesorgungsvertrag iSv § 675 Abs 1 BGB (zB bei einer Bankbürgschaft) oder ein Auftrag iSd §§ 662 ff
BGB (bei einem Freundschaftsdienst).

Im BGB findet sich **keine umfassende gesetzliche Regelung** des Kreditsicherungs- 2
rechts.[2] Freilich regelt das BGB gesetzliche Sicherungsmittel, ua die Bürgschaft
(§§ 765 ff BGB, §§ 349 f HGB)[3], das Pfandrecht an beweglichen Sachen (§§ 1204 ff
BGB) und an Rechten (§§ 1273 ff BGB)[4], den Eigentumsvorbehalt (§ 449 BGB)[5]
und die Hypothek (§§ 1113 ff BGB)[6]. Diese Institute werden indes den differenzierten
Anforderungen des Wirtschaftsverkehrs an die Sicherung von Forderungen alleine
nicht mehr gerecht. Wesentlicher Grund hierfür sind die sie zT prägenden Charakteristika, namentlich die Akzessorietät der Sicherheit sowie das Publizitätsprinzip, die

---

[1] Zu Gesamtdarstellungen des Rechts der Kreditsicherung vgl statt aller SCHIMANSKY/BUNTE/LWOWSKI, BankR-Hdb (5. Aufl 2017) §§ 90–100; LWOWSKI/FISCHER/GEHRLEIN, Das Recht der Kreditsicherung (10. Aufl 2018); WEBER/WEBER, Kreditsicherungsrecht (9. Aufl 2012); BÜLOW, Recht der Kreditsicherheiten (8. Aufl 2012); REINICKE/TIEDTKE, Kreditsicherung (5. Aufl 2006); RIMMELSPACHER/STÜRNER, Kreditsicherungsrecht (3. Aufl 2017); zu den Schwerpunkten der jüngeren Rechtsprechung vgl GANTER WM 2006, 1081 ff.
[2] Zu einem abweichenden Ansatz vgl DCFR Book IX (proprietary security in movable assets) ua mit einer allgemeinen Vorschrift zum Gutglaubenserwerb (IX 6:102) sowie zur Durchsetzung von Sicherheiten (IX 7:201 ff); Book IV part G (personal security); zu einem unionsrechtlichen Ansatz vgl KIENINGER ZEuP 2016, 201, zu den Perspektiven für ein Europäisches Mobiliarkreditsicherungsrecht, ua mit der Überlegung eines optionalen Europäischen Sicherungsrechts.
[3] Dazu unten Rn 98 ff.
[4] Dazu unten Rn 148 ff.
[5] Dazu unten Rn 204 ff.
[6] Dazu unten Rn 166 ff.

den Bedürfnissen des modernen Rechts- und Wirtschaftsverkehrs teilweise widersprechen. So sind zB Bürgschaft und Hypothek dem Grundsatz nach strikt forderungsabhängig und diese Anknüpfung an die gesicherte Forderung (Akzessorietät)[7] kann privatautonom nicht abbedungen werden. Nach dem Publizitätsprinzip ist zB zur Bestellung des Pfandrechts an einer Sache erforderlich, dass der Eigentümer dem Gläubiger diese übergibt (§ 1205 Abs 1 BGB). Bei der Verpfändung einer Forderung ist nach § 1280 BGB die Anzeige des Gläubigers an den Schuldner erforderlich. Sowohl die Aufdeckung der Sicherheitenbestellung wie auch dessen strenge Akzessorietät zur gesicherten Forderung widersprechen aber häufig den Parteiinteressen.[8]

3 Diesen Parteiinteressen entsprechend haben sich **gesetzlich nicht vertypte Instrumente der Kreditsicherung** mit abweichenden Charakteristika entwickelt. Sie greifen dabei teilweise auf Rechtsinstitute zurück, die der Gesetzgeber nicht primär als Instrumente zur Kreditsicherung vorgesehen hat. So ermöglicht die Sicherungsabtretung einer Forderung[9] eine Kreditsicherheit ohne Publizität, denn der Schuldner der abgetretenen Forderung erfährt erst bei ihrer Durchsetzung, dh der Verwertung der Sicherheit, vom Wechsel in der Person des Gläubigers. Bei der Sicherungsübereignung wird die Übergabe der Sache durch ein Besitzkonstitut ersetzt (§§ 929 S 1, 930 BGB), sodass der zur Sicherheit übereignete Gegenstand zunächst beim Schuldner belassen wird. Abweichend von der Akzessorietät gesetzlicher Sicherheiten werden bei der Sicherungsgrundschuld[10] die Voraussetzungen, unter denen die (abstrakte) Grundschuld verwertet werden darf, in einem schuldrechtlichen Vertrag geregelt. Die neben dem BGB bzw seiner Konzeption der Kreditsicherheit entwickelten Sicherungsmittel haben die gesetzlich vertypten mittlerweile in weiten Bereichen verdrängt. So kommt zB der Hypothek bei der Kreditsicherung neben der Sicherungsgrundschuld kaum noch eine praktische Bedeutung zu. In der Unternehmenspraxis stellt sich zudem das Problem der Strukturierung von Kreditsicherheiten bei der Besicherung von multilateralen Kreditverhältnissen.[11]

4 Im Kreditsicherungsrecht ist daher zwischen **gesetzlich vertypten Sicherungsmitteln** und **vertraglich bestimmten Sicherungsmitteln** zu unterscheiden. Letztere sind Ausdruck der Vertragsfreiheit (§ 311 Abs 1 BGB) der Parteien; ihr maßgeblicher Inhalt folgt aus der vertraglichen Abrede. Die weitere Ausgestaltung haben gesetzlich nicht vertypte Sicherungsmittel durch die Vertragspraxis, Rechtsprechung und Wissenschaft erfahren. Der Gesetzgeber der Schuldrechtsreform 2002 hat Sicherungsabtretungen sowie Sicherungsgrundschulden in § 216 Abs 2 BGB anerkannt;[12] die §§ 216 Abs 2, 449 BGB nennen seit dieser Reform auch den Eigentumsvorbehalt ausdrücklich.

b) Die Funktion der Kreditsicherheit

5 Gesetzlich vertypte wie auch vertraglich bestimmte Sicherheiten erhalten ihre Bedeutung aus dem Zusammenhang mit der gesicherten Forderung. Sie haben die **Funktion, Risiken abzudecken**, die für den Sicherungsnehmer aus einem oder mehreren Rechtsgeschäften folgen. Die Bestellung einer Sicherheit tritt neben das gesicherte Rechtsgeschäft und soll dem Gläubiger Gewähr für die Erfüllung der aus diesem Geschäft

---

[7] Zu diesem Charakteristikum näher unten Rn 18 ff.
[8] Der DCFR schlägt stattdessen ein Register für Sicherheiten vor, vgl Art IX 3:301 ff DCFR.
[9] Ausf unten Rn 244 ff.
[10] Dazu unten Rn 184 ff.
[11] Dazu monographisch EBERLEIN, Besicherung von Gläubigermehrheiten bei der Unternehmensfinanzierung (2014).
[12] Vgl Begr RegE, BT-Drucks 14/6040, 123.

resultierenden Forderungen bieten. In der Folge fördert die Sicherheit die Bereitschaft des Kreditgebers zur Kreditgewährung, da er aufgrund der Sicherheit davon ausgehen kann, dass seine gesicherte Forderung zumindest nach der Verwertung der Sicherheit befriedigt wird.[13] Dabei trägt die Sicherheit auch möglichen künftigen Entwicklungen Rechnung, auf die auch der zahlungswillige Schuldner keinen oder nur begrenzten Einfluss hat, namentlich eine Insolvenz seiner Schuldner. Die Stellung einer Sicherheit dient somit der **Erhöhung der Kreditwürdigkeit des Schuldners**, indem sie das Ausfallrisiko des Gläubigers verringert.[14]

c) Die eigenverantwortliche Risikoeinschätzung

Ob und welche Sicherheiten der Gläubiger zur Sicherung seiner Forderung(en) verlangt, ist grundsätzlich diesem selbst überlassen. **Risikoeinschätzung und Kreditentscheidung** sind **privatautonome Entscheidungen des Gläubigers**. Etwas anderes folgt auch nicht aus der **Prüfung der Kreditwürdigkeit nach § 18 KWG**. Nach § 18 S 1 KWG dürfen Kreditinstitute einen Kredit, der 750.000 € oder 10 % des haftenden Eigenkapitals des Instituts überschreitet, nur gewähren, wenn sie sich die wirtschaftlichen Verhältnisse des Kreditnehmers offenlegen lassen, also dessen Kreditwürdigkeit überprüfen. Von der Offenlegung kann das Institut nur absehen, wenn das Verlangen im Hinblick auf die Mitverpflichteten oder auf gestellte Sicherheiten offensichtlich unbegründet wäre (§ 18 S 2 KWG) oder der Kredit durch Grundpfandrechte auf Wohneigentum besichert ist und weitere Voraussetzungen erfüllt sind (§ 18 S 3 Nr 1 KWG). Diese Pflicht im KWG zur Prüfung der Kreditwürdigkeit hat eine rein **ordnungspolitische Funktion**. Das Kreditinstitut soll zur risikobewussten Kreditvergabe angehalten werden, mithin zur Kreditvergabe auf der Grundlage eines zutreffenden Bildes von der wirtschaftlichen Situation und der Kapitaldienstfähigkeit des Kreditnehmers. Die Norm soll das Kreditinstitut selbst und seine weiteren Kunden (Einleger) vor Vermögensverlusten schützen sowie im öffentlichen Interesse die Funktionsfähigkeit der Kreditvergabe gewährleisten.[15] Auch bei einem Verstoß des Kreditinstituts gegen § 18 KWG ist der privatrechtliche Kreditvertrag gleichwohl wirksam. Auch stehen dem Kreditnehmer in diesem Fall keine Schadensersatzansprüche wegen der Verletzung des § 18 KWG aus §§ 280 Abs 1, 311 Abs 2, 241 Abs 2 BGB zu.[16] Eine drittschützende Wirkung der Norm iSd § 823 Abs 2 BGB zugunsten des Kreditnehmers oder anderen Kunden des Kreditinstituts ist ebenfalls abzulehnen.[17] Allerdings können die für die Einhaltung des § 18 KWG verantwortlichen Personen, namentlich der Vorstand des Instituts, dem Kreditinstitut selbst gegenüber vertraglich sowie aus § 823 Abs 2 BGB haften.[18]

Abweichendes gilt seit dem 21.3.2016 für die **Prüfung der Kreditwürdigkeit bei der Kreditgewährung** selbst, zB einem Darlehen an einen Verbraucher. Nach § 505a BGB, § 18a Abs 1 KWG hat der Unternehmer eine Pflicht zur Kreditwürdigkeitsprüfung vor dem Abschluss eines Verbraucherdarlehensvertrags. Er darf nach dieser Norm den

---

[13] Vgl zu den Wirkungen der Eröffnung eines Insolvenzverfahrens über das Vermögen des Hauptschuldners MITLEHNER ZIP 2015, 60.
[14] Zum Austausch von Sicherheiten vgl unlängst GANTER WM 2017, 261.
[15] BGHZ 74, 144, 147; 90, 310, 313; OLG Köln ZIP 1999, 1794, 1795; OLG Dresden WM 2003, 1802, 1806; BOCK, in: BOOS/FISCHER/SCHULTE-MATTLER, KWG (5. Aufl 2016) § 18 Rn 7 (keine drittschützende Wirkung für Bankkunden und Sicherungsgeber); ausf auch FRÜH WM 1995, 1701.
[16] BGH 27.10.1988 – III ZR 14/88 – juris.
[17] BLASCHE WM 2011, 343, 348; BOCK, in: BOOS/FISCHER/SCHULTE-MATTLER, KWG (5. Aufl 2016) § 18 Rn 7.
[18] Vgl BOCK, in: BOOS/FISCHER/SCHULTE-MATTLER, KWG (5. Aufl 2016) § 18 Rn 7, 9.

Verbraucherdarlehensvertrag nur abschließen, wenn aus der Kreditwürdigkeitsprüfung hervorgeht, dass bei einem Allgemein-Verbraucherdarlehensvertrag *keine erheblichen Zweifel* daran bestehen und dass es bei einem Immobiliar-Verbraucherdarlehensvertrag *wahrscheinlich* ist, dass der Darlehensnehmer seinen Verpflichtungen, die im Zusammenhang mit dem Darlehensvertrag stehen, vertragsgemäß nachkommen wird. Hierbei handelt es sich um eine echte **Rechtspflicht des Unternehmers**, deren Verletzung mit einem zivilrechtlichen Sanktionsmechanismus in § 505d BGB geahndet wird. Diese Einräumung zivilrechtlicher Ansprüche ist unionsrechtlich nicht zwingend,[19] wenngleich zulässig. Denn die einschlägigen Richtlinien fordern nur wirksame, verhältnismäßige und abschreckende Sanktionen der Mitgliedstaaten bei einer Verletzung der Richtlinienvorgabe (vgl Art 23 RL 2008/48/EG; Art 38 Abs 1 RL 2014/17/EU). Ein entsprechender Mechanismus liegt mit § 505d BGB vor. Unionsrechtlich zulässig wäre allerdings auch eine nur aufsichtsrechtliche Sanktionierung gewesen.

Ein **Verstoß des Darlehensgebers** gegen seine Pflicht zur ordnungsgemäßen Kreditwürdigkeitsprüfung liegt vor, wenn er entgegen § 505b BGB nicht die gebotenen Auskünfte und Informationen einholt, aus denen sich die finanzielle Situation des Darlehensnehmers ergibt. Ein Verstoß liegt auch vor, wenn er die Pflichten nach § 505c BGB bei grundpfandrechtlich gesicherten oder durch Reallast gesicherten Immobiliar-Verbraucherdarlehen nicht beachtet. An einen solchen Verstoß knüpft § 505d Abs 1 BGB **abgestufte Rechtsfolgen**, deren Differenzierung am konkreten Gewicht des Pflichtverstoßes ausgerichtet ist. Diese Rechtsfolgen modifizieren den Inhalt des Darlehensvertrags zugunsten des Darlehensnehmers. Sofern die Darlehensvergabe an einen **kreditwürdigen Darlehensnehmer** erfolgt, bleiben dessen vertragliche Rechte und Pflichten aber nach § 505d Abs 1 S 5 BGB unverändert, wenn der Darlehensvertrag im Falle einer ordnungsgemäßen Prüfung der Kreditwürdigkeit ebenfalls hätte geschlossen werden dürfen. Sofern die Vergabe des Darlehens unter Verstoß gegen die Pflicht zur Kreditwürdigkeitsprüfung an einen kreditunwürdigen Darlehensnehmer erfolgt, sieht § 505b Abs 1 BGB als Folge eine Zinsreduktion, ein Kündigungsrecht sowie die Pflicht zur Übermittlung der Abschrift des Vertrages vor. Der Darlehensnehmer schuldet mithin nur einen reduzierten Sollzins; zudem kann er den Vertrag jederzeit fristlos kündigen, ohne eine Vorfälligkeitsentschädigung leisten zu müssen. Sofern sich das rechtlich missbilligte Risiko der nicht ordnungsgemäßen Kreditwürdigkeitsprüfung tatsächlich verwirklicht und der Darlehensnehmer jene Pflichten, die im Zusammenhang mit dem Darlehensvertrag stehen, nicht mehr vertragsgemäß erfüllen kann, hat der Darlehensgeber keine Ansprüche wegen dieser Pflichtverletzung gegen den Darlehensnehmer (§ 505d Abs 2 BGB). Namentlich sind Ansprüche des Darlehensgebers auf Verzugszinsen, auf Erstattung von Rechtsverfolgungskosten sowie sonstige Ansprüche auf Ersatz seiner weitergehenden Schäden wegen Nichterfüllung ausgeschlossen. Damit hat der – im Wesentlichen abzulehnende[20] – **Grundsatz der verantwortungsvollen Kreditvergabe** als fundamentale Abweichung von der Selbstverantwortung der Privatrechtssubjekte als Teil der Privatautonomie ein erstes Standbein im BGB. Denn der Darlehensgeber wird nach dem Willen der Normverfasser allein deshalb sanktioniert, weil er durch seine Pflichtverletzung ein rechtlich missbilligtes Risiko für den

---

[19] STAUDINGER/FREITAG (2015) § 488 Rn 37; NOBBE WM 2011, 625, 630; SCHÜRNBRAND ZBB 2008, 383, 388 f; HERRESTHAL WM 2009, 1174, 1178; HERRESTHAL EuZW 2014, 497, 499.
[20] Vgl auch HERRESTHAL WM 2009, 1174, 1176;

ausf zu diesem Prinzip REIFNER, in: Liber Amicorum Stauder (2006) 383; STAUDER, in: FS G Mayer (2004) 193 ff; zu Recht krit zB BLAUROCK, in: FS Horn (2006) 697, 705 ff.

Darlehensnehmer geschaffen hat.[21] Richtigerweise ist das detailreich ausdifferenzierte Sanktionsgefüge des § 505d BGB **abschließend**. Für einen Schadensersatzanspruch aus §§ 280 Abs 1, 311 Abs 2, 241 Abs 2 BGB aufgrund der Verletzung der Rechtspflicht der Prüfung der Kreditwürdigkeit ist daneben kein Raum mehr.[22] Andernfalls liefe das ausdifferenzierte Sanktionssystem weitgehend leer. Sofern das Kreditinstitut seine **vorvertragliche Erläuterungspflicht** aus § 491a Abs 3 BGB verletzt, kommen freilich Ansprüche des Verbraucher-Darlehensnehmers aus §§ 280 Abs 1, 311 Abs 2, 241 Abs 2 BGB in Betracht.[23] Nach § 505c BGB hat der Unternehmer im Zusammenhang mit der Immobilienbewertung besondere Pflichten bei einem grundpfandrechtlich oder durch Reallast gesicherten Immobiliar-Verbraucherdarlehen. Die Norm bestimmt die Anforderungen an die im Rahmen der Kreditwürdigkeitsprüfung nach § 505a BGB durchzuführende Bewertung von Wohnimmobilien bei entsprechenden Verbraucherdarlehensverträgen. IE sollen die Anwendung zuverlässiger Standards bei der Bewertung von Wohnimmobilien, eine objektive Bewertung durch externe oder interne Gutachter und eine Dokumentation des Ergebnisses erreicht werden.

Die **aufsichtsrechtlich** vorgeschriebene **Prüfung von Werthaltigkeit und Wert der Sicherheit** sowie der Folgen der Sicherheitenbestellung erfolgt sowohl bei Stellung der Sicherheit als auch während des Laufs des Kreditverhältnisses[24] – vorbehaltlich einer abweichenden vertraglichen Abrede – grundsätzlich **nur im Eigeninteresse der Bank** sowie im Interesse der Sicherheit des Bankensystems.[25] Nichts anderes ergibt sich aus den aufgrund von § 25a Abs 1 KWG ergangenen „Mindestanforderungen an das Risikomanagement (MaRisk)".[26] Auch sie verpflichten die Bank ua zur fortlaufenden Prüfung und Bewertung bestimmter (Risiko-)Kredite und der für sie bestellten Sicherheiten im Eigeninteresse der Bank sowie im öffentlichen Interesse an einem funktionierenden und stabilen Bankensystem. Diesem allgemeinen Grundsatz entsprechend muss die Bank den Kreditnehmer nicht über das Ergebnis einer hiernach zu bankinternen Zwecken erfolgten Beleihungswertermittlung der Sicherheit aufklären.[27] Von diesem Grundsatz gibt es nur wenige **Ausnahmen**. So muss die Bank den Kunden ausnahmsweise über die Unangemessenheit des Kaufpreises aufklären, wenn die Relation zwischen Kaufpreis und Verkehrswert so weit verschoben ist, dass die Bank von einer sittenwidrigen Übervorteilung des Käufers durch den Verkäufer ausgehen muss, wenn also der Kaufpreis knapp doppelt so hoch ist wie der Verkehrswert.[28]

---

[21] Begr RegE BT-Drucks 18/5922, 101.
[22] Zutreffend MünchKomm/Schürnbrand (7. Aufl 2017) § 505d Rn 18.
[23] Vgl nur PWW/Nobbe (12. Aufl 2017) § 491a Rn 1; MünchKomm/Schürnbrand (7. Aufl 2016) § 491a Rn 6; s a Begr RegE, BT-Drucks 16/11643, 78 (echte Rechtspflicht).
[24] Vgl BGH NJW 1998, 305 (keine Aufklärungspflicht der Bank bei steuerschädlicher Gesetzesänderung).
[25] Vgl BGH 3.6.2008 – XI ZR 131/07 Rn 24, WM 2008, 1394; BGH 8.5.2001 – XI ZR 192/00, ZIP 2001, 1580; BGH 16.5.2006 – XI ZR 6/04 Rn 45, WM 2006, 1194; BGH WM 1992, 977; WM 1997, 2301, 2302; WM 2004, 24, 27.
[26] BaFin, Rundschreiben 09/2017 (BA) vom 27.10.2017.
[27] BGH 16.5.2006 – XI ZR 6/04 Rn 45, WM 2006, 1194; BGH 20.3.2007 – XI ZR 414/04 Rn 41, WM 2007, 876; BGH 6.11.2007 – XI ZR 322/03 Rn 43, WM 2008, 115.
[28] St Rspr; vgl etwa BGH WM 2008, 1394 Rn 24; ausf BeckOGK/Herresthal (1.1.2018) § 311 BGB Rn 713 ff (besondere Aufklärungspflichten des Kreditgebers).

9 Allerdings enthält die Rechtsordnung **Schranken für das Sicherungsbedürfnis des Darlehensgebers**. Angesprochen sind hiermit va die Sittenwidrigkeit von *Interzessionsgeschäften*[29] durch Nahbereichspersonen, dh von einkommens- und vermögenslosen Familienangehörigen,[30] unzulässig weit gefasste formularmäßige Zweckerklärungen bei *Sicherungsgrundschulden* und *Bürgschaften*[31] sowie die wirtschaftliche Knebelung des Schuldners bei *Globalzessionen*.[32]

d) Die Bedeutung von AGB

10 Die Kreditvergabe und die Kreditsicherung sind im modernen Wirtschaftsverkehr sowohl zwischen Verbraucher und Unternehmer als auch unter Unternehmern ein Massengeschäft. Die Bestellung der Sicherheit selbst wie auch die Regelung der Voraussetzungen ihrer Bestellung und Verwertung in der sog Sicherungsabrede[33] erfolgen daher regelmäßig standardisiert durch AGB. Deren Einsatz ist sinnvoll und zulässig. Ihre Verwendung entlastet die Parteien von einem umfassenden Aushandeln der Vertragsbedingungen im Einzelfall. Zudem können die Regelungen in den AGB etwaige Regelungsdefizite des Gesetzes ausgleichen, eine Funktion, der insbesondere bei den gesetzlich nicht vertypten Sicherheiten große Bedeutung zukommt.[34] Freilich besteht bei der Verwendung von AGB die Gefahr einer einseitigen Inanspruchnahme der Vertragsgestaltungsfreiheit durch den Verwender. Diesem tragen die §§ 307 ff BGB als eine Grenze der Vertragsgestaltungsfreiheit Rechnung. Mit dieser Grenze verbinden sich im Kreditsicherungsrecht spezifische **Problemkreise**. Im Zentrum steht dabei die **Transparenzkontrolle** gem § 305c BGB, insbes bei einer (überraschenden) Erstreckung der Sicherheit auf weitere Forderungen des Gläubigers gegen den Schuldner bzw auf Forderungen von Unternehmen, die mit dem Gläubiger verbunden sind.[35] Des Weiteren kann die **Kontrollfähigkeit einer konkreten AGB-Klausel** am Maßstab der §§ 307 ff BGB fraglich sein, wenn diese als Leistungsbeschreibung einer nicht gesetzlich vertypten Sicherheit oder der Sicherungsabrede qualifiziert werden kann.[36] Schließlich kann sich die Bestimmung des Maßstabes für die **Prüfung der unangemessenen Benachteiligung**, dh die Abweichung von wesentlichen Grundgedanken der gesetzlichen Regelung (§ 307 Abs 2 Nr 1 BGB), bei gesetzlich nicht vertypten Sicherheiten bzw der gesetzlich nicht geregelten Sicherungsabrede als problematisch erweisen.[37]

2. Personal- und Realsicherheiten

a) Die Personalsicherheiten

11 Bei Personalsicherheiten wird durch Rechtsgeschäft ein **zusätzlicher schuldrechtlicher Anspruch des Kreditgebers/Sicherungsnehmers** begründet, der neben die gesicherte Forderung tritt.[38] Dabei handelt es sich mithin um eine schuldrechtliche Abrede, eine

---

[29] So werden Rechtsgeschäfte bezeichnet, bei denen für die Schuld eines anderen einzustehen ist, vgl nur STAUDINGER/LOOSCHELDERS (2017) § 427 Rn 13 ff.
[30] Dazu unten Rn 112 ff.
[31] Näher dazu unten Rn 38 ff.
[32] Vgl zu dieser unten Rn 58.
[33] Ausf unten Rn 81 ff.
[34] Ausf zu den Funktionen von AGB GRIGOLEIT/HERRESTHAL, BGB AT (3. Aufl 2015) Rn 427.
[35] Dazu unten Rn 38 ff.
[36] Vgl zB zur Globalsicherungsklausel in einer Bürgschaft unten Rn 50.
[37] Dazu unten Rn 50.
[38] LWOWSKI, in: LWOWSKI/FISCHER/GEHRLEIN, Das Recht der Kreditsicherung (10. Aufl 2018) § 2 Rn 1 f; GANTER, in: SCHIMANSKY/BUNTE/LWOWSKI, BankR-Hdb (5. Aufl 2017) § 90 Rn 20 f; zu den einzelnen Personalsicherheiten näher unten Rn 98 ff; s a Abschnitt IV part G DCFR mit dem Vorschlag für eine kohärente Regelung der Personalsicherheiten in Europa.

dingliche Rechtsänderung erfolgt nicht. Der zusätzliche Anspruch kann sich gegen den Schuldner der gesicherten Hauptforderung oder gegen einen Dritten richten. Bei einer **Personalsicherheit durch den Schuldner** wird die Rechtsposition des Kreditgebers durch einen zusätzlichen schuldrechtlichen Anspruch gestärkt. Dieser tritt neben die gesicherte Forderung[39] und ist dem Grundsatz nach frei von etwaigen Einwendungen, die gegen die gesicherte Forderung bestehen können. Typische Personalsicherheiten des Darlehensschuldners sind das Schuldversprechen (§§ 780, 782 BGB; § 350 HGB), das Schuldanerkenntnis (§§ 781 f BGB; § 350 HGB) sowie das Depotakzept (Art 25, 28 WG). Im Falle einer **Personalsicherheit durch einen Dritten** wird dem Kreditgeber der Zugriff auf ein weiteres Vermögen eröffnet, in dem der Kreditgeber auch gegen den Dritten einen schuldrechtlichen Anspruch als Sicherheit erhält. In der Folge haben Personalsicherheiten durch Dritte einen höheren wirtschaftlichen Sicherungswert. Typische Personalsicherheiten Dritter sind die Bürgschaft (§§ 765 ff BGB; § 350 HGB), der Kreditauftrag (§ 778 BGB), die bürgschaftsähnliche Delkrederehaftung des Handelsvertreters oder Kommissionärs (§§ 86b, 394 HGB), die Garantie, die sog „harte" Patronatserklärung sowie der Schuldbeitritt.

Bei der Personalsicherheit durch den Schuldner wie auch durch einen Dritten steht und fällt der wirtschaftliche Wert der Sicherheit mit der Bonität des jeweiligen Sicherungsgebers. Wesentlicher **Vorteil der Personalsicherheit** ist der Zugriff des Gläubigers auf das gesamte Vermögen des Sicherungsgebers als Haftungsmasse, nicht nur auf einen bestimmten Haftungsgegenstand.[40] **Nachteile** folgen aus dem Fehlen etwaiger Rangvorteile bzw einer bevorzugten Stellung im Insolvenzverfahren. Der Sicherungsnehmer steht vielmehr in einer Reihe mit anderen Gläubigern des Sicherungsgebers. Zudem erfordert eine zwangsweise Durchsetzung der Forderung aus der Personalsicherheit einen Titel gegen den Sicherungsgeber. Vielfach wird dieser bereits im Voraus geschaffen, indem sich der Sicherungsgeber in einer notariellen Urkunde der sofortigen Zwangsvollstreckung unterwirft (§ 794 Abs 1 Nr 5 ZPO).[41]

Personalsicherheiten tragen den **Rechtsgrund in sich**, die sog *causa*; einer weiteren schuldrechtlichen Sicherungsabrede[42] bedarf es daher neben einer Personalsicherheit nicht. Eine solche Abrede ist aber gleichwohl möglich und kann den Schuldner zB zur Stellung einer Personalsicherheit verpflichten oder Modalitäten ihrer Durchsetzung regeln.[43]

b) Die Realsicherheiten

Bei einer Realsicherheit wird dem Sicherungsnehmer ein dingliches Recht, dh das Recht an einem bestimmten Vermögensgegenstand, eingeräumt. Sicherungsgegenstände sind (bewegliche oder unbewegliche) Sachen oder Rechte. Zu den **Sachsicherheiten** zählen die Grundpfandrechte (Hypothek, §§ 1113 ff BGB; Grundschuld, §§ 1191 ff BGB), das Pfandrecht an beweglichen Sachen (§§ 1204 ff BGB) sowie das Sicherungseigentum. **Rechtssicherheiten** sind das Pfandrecht an Rechten (§§ 1273 ff BGB) und die

---

[39] Zur Verknüpfung beider durch die sog Sicherungsabrede und die Folgen einer Unwirksamkeit der gesicherten Forderung für die Personalsicherheit vgl unten Rn 81 ff bzw Rn 21 ff.
[40] Vgl auch STAUDINGER/HORN (2012) Vorbem 2 zu §§ 765–778 (zur Bürgschaft).
[41] Ausf dazu BGH 30.3.2010 – XI ZR 200/09, NJW 2010, 2041 (XI. Senat); teilw abw BGH 29.6.2011 – VII ZB 89/10, NJW 2011, 2803 (VII. Senat).
[42] Zu dieser unten Rn 81 ff.
[43] GANTER, in: SCHIMANSKY/BUNTE/LWOWSKI, BankR-Hdb (5. Aufl 2017) § 90 Rn 21.

Inhaberschaft eines Rechts durch dessen Abtretung (Sicherungsabtretung, §§ 398 ff BGB).

15 Eine weitere Unterscheidung innerhalb der Realsicherheiten knüpft an der **Rechtsstellung des Sicherungsnehmers** an. Insoweit können Vollrechtsübertragungen (zB Sicherungseigentum; Sicherungsabtretung) und bloße Teilrechtsübertragungen (zB Pfandrechte) unterschieden werden. Bei Vollrechtsübertragungen erhält der Sicherungsnehmer das Vollrecht. Die hiermit verbundene umfassende dingliche Rechtsmacht des Sicherungsnehmers (vgl § 903 BGB bei der Sicherungsübereignung) wird nur schuldrechtlich durch die Sicherungsabrede an den Sicherungszweck gebunden, sodass der Sicherungsnehmer auch ohne Sicherungsfall die Sicherheit verwerten kann; er verletzt damit aber die schuldrechtliche Sicherungsabrede und macht sich schadensersatzpflichtig (§§ 280 ff BGB).[44] Bei Teilrechtsübertragungen erhält der Sicherungsnehmer bereits auf der dinglichen Ebene nur ein Verwertungsrecht, nicht aber weitergehende Nutzungs- oder Veräußerungsrechte.

16 Das zur Sicherheit übertragene Voll- oder Teilrecht kann aus dem Vermögen des Schuldners oder eines Dritten stammen. Der wirtschaftliche Wert einer Realsicherheit (Sicherungswert) folgt aus dem zu erwartenden Verwertungserlös; dabei kommt es auch auf den Rang des Sicherungsrechts sowie auf etwaige Aus- bzw Absonderungsrechte Dritter in der Insolvenz des Sicherungsgebers an (vgl §§ 47 ff InsO). Bei dem Pfandrecht an einer Forderung sowie der Sicherungszession ist freilich die Bonität des Schuldners – vergleichbar einer Personalsicherheit – in die Prüfung der Werthaltigkeit einzubeziehen. **Nachteil** der Realsicherheit ist, dass sie keinen Zugriff auf das gesamte Vermögen des Sicherungsgebers eröffnet, sondern nur ein bestimmter Vermögensgegenstand Haftungsgrundlage ist. Als **Vorteil** erweist sich aber, dass bei der Bestellung der Sicherheit das Prioritätsprinzip greift. Dieses bestimmt bei mehrfacher Bestellung eines Pfandrechts an einem Gegenstand den Rang des Pfandrechts (vgl § 1209 BGB). Die nacheinander mehrfach an verschiedene Gläubiger zur Sicherheit abgetretene Forderung steht daher nur dem ersten Zessionar zu, denn bei den nachfolgenden Rechtsübertragungen ist der Zedent nicht mehr Forderungsinhaber.[45] Nur unter besonderen Voraussetzungen greifen bei der Sicherungsübereignung (§§ 932 ff BGB) und beim Pfandrecht (§ 1208 BGB) Regelungen zum Schutz des guten Glaubens eines späteren Erwerbers.

17 Die **Befriedigung des Sicherungsnehmers** aus der Realsicherheit erfolgt durch deren Verwertung. Der erzielte Erlös wird sodann zur Befriedigung der gesicherten Forderung eingesetzt. Ein Leistungsanspruch gegen den Sicherungsgeber besteht bei einer Realsicherheit nicht. Die Verwertung kann durch eigene Handlung (vgl § 1228 Abs 1 BGB) oder mit staatlicher Hilfe (vgl §§ 1147, 1277 BGB) erfolgen. Bei Grundpfandrechten kann dem Sicherungsnehmer diese Vorgehensweise durch die Unterwerfung unter die sofortige Zwangsvollstreckung in einer notariellen Urkunde gem § 800 Abs 1 ZPO erleichtert werden. Eine **Sonderstellung** in Bezug auf die Verwertung der Sicherheit weist der **Eigentumsvorbehalt** auf.[46] Bei diesem ist die Übereignung des Kaufgegenstandes aufschiebend bedingt durch die vollständige Zahlung des Kaufpreises

---

[44] Vgl STAUDINGER/WIEGAND (2017) Anh 222 zu §§ 929 ff.
[45] Der gutgläubige Erwerb einer Forderung ist nur ganz ausnahmsweise (§ 405 BGB; § 2366 BGB) möglich, vgl dazu T KUHN AcP 208 (2008) 101 ff.
[46] Ausf zu diesem unten Rn 204 ff.

(§ 449 Abs 1 BGB). Erst mit Bedingungseintritt, dh Kaufpreiszahlung, erwirbt der Käufer das Eigentum an der Kaufsache. Das Eigentum am Kaufgegenstand selbst wird somit als Sicherheit eingesetzt. Aufgrund des fortbestehenden Eigentums ist der Verkäufer gegen den Zugriff von Gläubigern des Käufers auf die Kaufsache geschützt. Zwangsvollstreckungsmaßnahmen kann er gem § 771 ZPO abwehren;[47] in der Insolvenz des Käufers hat er das Recht zur Aussonderung, wenn der Insolvenzverwalter nicht Erfüllung des Kaufvertrages verlangt (§ 47 iVm § 103 Abs 1 InsO).[48] Wird der Kaufvertrag durch den Käufer nicht vollständig erfüllt, so wird die Kaufsache nicht verwertet, sondern der Verkäufer hat nach Erklärung des Rücktritts vom Kaufvertrag einen Herausgabeanspruch (§§ 985, 346 Abs 1 BGB; vgl auch §§ 449 Abs 2, 508 Abs 2 S 5 BGB).

3. Akzessorische und treuhänderische Sicherheiten

a) Gekorene und geborene Sicherheiten
Eine weitere, geläufige Unterscheidung trennt geborene und gekorene Sicherheiten.[49] **Geborene Sicherheiten** umfassen jene gesetzlich geregelten Rechte, die **vom Gesetz nur zu Sicherungszwecken bestimmt** sind. Dies sind die Bürgschaft (§§ 765 ff BGB), das Pfandrecht an beweglichen Sachen (§§ 1204 ff BGB) und an Rechten (§§ 1273 ff BGB) sowie die Hypothek (§§ 1113 ff BGB).[50] Gemeinsam ist diesen, dass sie bereits im Erklärungstatbestand eine hinreichend **deutliche Bezugnahme auf die gesicherte Forderung** erfordern, anderenfalls mangelt es an einem hinreichenden Erklärungstatbestand. Auch regelt das Gesetz den Inhalt und die Durchsetzung des jeweiligen Rechts des Gläubigers ausführlich. Wesensmerkmal der geborenen Sicherheiten ist ihre strikte Forderungsabhängigkeit **(Akzessorietät)**.[51] Da bei geborenen Sicherheiten die Zuordnung des Rechts zur gesicherten Forderung gesetzlich angeordnet und daher eindeutig ist, bedarf es bei diesen keiner begleitenden Sicherungsabrede, eine solche ist aber zulässig (§ 311 Abs 1 BGB).

Gekorene Sicherheiten sind das Ergebnis der Vielfältigkeit wirtschaftlicher Verhältnisse und der Entwicklung moderner Wirtschaftsformen. Beide führten dazu, dass die gesetzliche Ausgestaltung der geborenen Sicherheiten den Parteiinteressen nicht in allen Fällen umfassend gerecht wird. Dem Grundsatz nach soll die Bestellung einer Sicherheit dem Gläubiger die Möglichkeit verschaffen, sich im Fall der bei Fälligkeit unterbliebenen Rückzahlung der gesicherten Forderung anderweitig zu befriedigen. Dieser Interessenlage können die Parteien nicht nur mit geborenen Sicherheiten, sondern auch durch die **Einräumung von Rechten** sicherungshalber nachkommen, die nach ihrem rechtlichen Gehalt und vom Gesetzgeber vorgesehenen Wesen **ursprünglich nicht zur Sicherung von Forderungen bestimmt** waren. Jedes verkehrsfähige Recht, mit dem der Sicherungsnehmer im Verwertungsfall einen Erlös zur Tilgung der gesi-

---

[47] Ganz hM; vgl BGHZ 54, 214, 218 = NJW 1970, 1733, 1735; SERICK, Eigentumsvorbehalt und Sicherungsübertragung (1963) Bd I § 12 II 2; BAUR/STÜRNER/BRUNS, Zwangsvollstreckungsrecht (13. Aufl 2006) Rn 46.6; BAUMBACH/LAUTERBACH/ALBERS/HARTMANN (75. Aufl 2017) § 771 ZPO Rn 17; STEIN/JONAS/ MÜNZBERG, ZPO (22. Aufl 2002) § 771 ZPO Rn 22; ZÖLLER/HERGET, ZPO (32. Aufl 2017) § 771 ZPO Rn 14.

[48] MünchKommInsO/GANTER (3. Aufl 2013) § 47 Rn 62 ff; UHLENBRUCK/BRINKMANN, InsO (14. Aufl 2015) § 47 Rn 16.

[49] Vgl nur Lwowski, in: LWOWSKI/FISCHER/ GEHRLEIN, Das Recht der Kreditsicherung (10. Aufl 2018) § 1 Rn 4 f.

[50] Zu gemeinsamen Strukturen von Bürgschaft, Hypothek und Pfandrecht auch ALEXANDER JuS 2012, 481.

[51] Ausf sogleich unten Rn 20 ff.

cherten Forderung erzielen kann, kann von den Parteien in einer vertraglichen Abrede zur Sicherheit „gekoren" werden.[52] Dies trifft ua auf die Sicherungsübereignung, die Sicherungsabtretung von Rechten, die sog Sicherungsgrundschuld sowie das Depotakzept zu. Nach der Vertragsfreiheit (§ 311 Abs 1 BGB) sind gekorene Sicherheiten dem Grundsatz nach zulässig. Freilich stellt sich bei einzelnen gekorenen Sicherheiten die Frage, ob ihnen abweichende zwingende gesetzliche Wertungen entgegenstehen. Dies betrifft zB die Zulässigkeit der Sicherungsübereignung, die dem Wesen nach ein – vom BGB nicht vorgesehenes – besitzloses Pfandrecht ist und diese gesetzliche Wertung umgehen könnte.[53] In der Sicherungsabrede regeln die Parteien bei diesen Sicherheiten schuldrechtlich ua den Sicherungszweck, die Pflichten der Parteien, den Sicherungsfall, die Verwertung sowie die Pflicht zur Rückübertragung der Sicherheit.[54]

b) Akzessorische Sicherheiten

20 Nach dem **Grad der Abhängigkeit** des Sicherungsrechts von der gesicherten Forderung wird zwischen akzessorischen und nicht akzessorischen Sicherheiten unterschieden. Die **Bedeutung** dieser Unterscheidung zeigt sich va beim Ausbleiben oder Wegfall der gesicherten Forderung, beim Wechsel des Gläubigers der Forderung sowie beim Wiederaufleben der Forderung nach einer Anfechtung ihrer Tilgung.[55]

aa) Die Begründungs- und Entwicklungsakzessorietät

21 Die Unterscheidung zwischen akzessorischen und nicht akzessorischen Sicherheiten knüpft an der **Abhängigkeit des Sicherungsrechts von der gesicherten Forderung** an. Bei akzessorischen Sicherheiten sind die gesicherte Forderung und das Sicherungsrecht untrennbar verbunden; es besteht eine **strenge Begründungs- und Entwicklungsakzessorietät**, dh das akzessorische Sicherungsmittel ist in Entstehung und Fortbestand von der gesicherten Forderung abhängig. Die Sicherheit kann zudem nicht isoliert, dh ohne die gesicherte Forderung übertragen oder verpfändet werden, sondern folgt gem § 401 BGB (ggf iVm § 412 BGB) der gesicherten Forderung nach (vgl § 1250 Abs 1 BGB). Auch entsteht die Sicherheit erst mit der gesicherten Forderung, sie kann aber schon für bereits hinreichend bestimmte zukünftige Forderungen bestellt werden (vgl §§ 765 Abs 2, 1113 Abs 2, 1204 Abs 2 BGB).[56] Der Umfang der Haftung aus der Sicherheit richtet sich bei einer akzessorischen Sicherheit nach dem Umfang der gesicherten

---

[52] Dieser Prozess ist weiterhin im Fluss, vgl MAUME NZG 2017, 249 (Geistiges Eigentum in der Unternehmensfinanzierung); SCHUHMACHER WM 2016, 22 (Software-Quellcodes als Kreditsicherheit); SCHUHMACHER BKR 2016, 53 (Apps als Kreditsicherheit); WUSCHEK ZInsO 2015, 277 (Gewerbliche Schutzrechte und Lizenzen als Kreditsicherheiten); GRÄDLER/ZINTL RdTW 2014, 261 (Registerpfandrecht an Luftfahrzeugen als Sicherungsmittel); MITSDÖRFFER, Sicherungsrechte an Schutzrechten (2014); SCHMIDT WM 2012, 721 (immaterielle Vermögenswerte als Kreditsicherheit); GRÄDLER, Die Möglichkeiten der globalen Belastung von Unternehmen im deutschen Recht (2012); DECKER, Geistiges Eigentum als Kreditsicherheit (2012); BRÄMER, Die Sicherungsabtretung von Markenrechten (2005).

[53] Dazu unten Rn 230 ff.

[54] Vgl unten Rn 81 ff.

[55] Vgl zum Wiederaufleben der akzessorischen Bürgschaft bei Wiederaufleben der gesicherten Hauptforderung BGH 14.6.2016 – XI ZR 242/15 Rn 25, WM 2016, 1826 m Anm RIEHM JuS 2017, 166; monographisch HEINEMEYER, Der Grundsatz der Akzessorietät bei Kreditsicherheiten (2017).

[56] § 765 Abs 2 BGB lockert in Parallele zu §§ 883 Abs 1 S 2, 1113 Abs 2, 1204 Abs 2 BGB das Akzessorietätserfordernis, indem die Bürgschaft für eine künftige oder bedingte Verbindlichkeit übernommen werden kann. Die Bürgschaft für eine künftige oder bedingte Verbindlichkeit wird erst dann wirksam begründet, wenn diese Verbindlichkeit des Hauptschuldners entsteht, vgl nur STAUDINGER/HORN (2012) § 765 Rn 91.

Forderung (§§ 767 Abs 1 S 1, 1210 Abs 1 S 1, 1273 Abs 2 BGB). Diese Akzessorietät ist ein angemessener Ausgleich zwischen den Interessen des Gläubigers und des Sicherungsgebers: Der Gläubiger hat lediglich ein Sicherungsbedürfnis in Höhe der gesicherten Forderung (zzgl etwaiger Nebenforderungen, etwa Verzugszinsen); der überschießende Wert der Sicherheit gebührt nicht ihm, sondern dem Sicherungsgeber. Diese Verknüpfung zwischen Forderung und Sicherungsrecht ist bei akzessorischen Sicherheiten typenprägend und damit zwingend.[57] Die Haftung endet grundsätzlich mit dem Erlöschen der gesicherten Forderung; eine Hypothek wird allerdings zum Eigentümergrundpfandrecht, das den Rang im Grundbuch wahrt.[58] Diese Akzessorietät ist das Wesensmerkmal aller geborenen Sicherheiten, wie die Regeln zur Bürgschaft (§ 767 Abs 1 S 1 BGB), zum Pfandrecht (§ 1252 BGB) und zur Hypothek (§ 1163 Abs 1 S 2 BGB) zeigen.[59]

bb) Die wesentlichen Folgen der Akzessorietät

Als Folge ist bei akzessorischen Sicherheiten eine (rechtsgeschäftliche) **Durchbrechung der strengen Forderungsabhängigkeit unzulässig**. Jede Parteivereinbarung, die zu einer solchen Durchbrechung führt, ändert die Rechtsnatur der Sicherheit.[60] Besonderes gilt allerdings für die Abrede in einer Bürgschaft, nach der die Einstandspflicht des Bürgen auf eine andere Art der Leistung als jener der Hauptverbindlichkeit gerichtet ist. Diese Abrede wird nicht als Durchbrechung der Akzessorietät der Bürgenhaftung verstanden, sondern so ausgelegt, dass der Sicherungsgeber als gewöhnlicher Bürge haftet. Zugleich soll er aber von vornherein eine Ersetzungsbefugnis haben und seine Leistungspflicht aus der Bürgschaft mit einer anderen Leistung als Surrogat erfüllen dürfen.[61] Der Charakter der Sicherheit als (akzessorische) Bürgschaft soll von dieser Abrede daher unberührt bleiben.[62]

Durch die Begründungsakzessorietät wird die Haftung für die Verbindlichkeit auf den **Umfang zum Zeitpunkt der Begründung der Sicherheit** beschränkt. Der Bürge und das Sach- bzw Rechtspfand haften nur für den Umfang der gesicherten Forderung zZ der Sicherheitenbestellung. Die Haftung des Bürgen (§ 767 Abs 1 S 3 BGB) und des Verpfänders (§ 1210 Abs 1 S 2 BGB) können nicht durch ein Rechtsgeschäft des Hauptschuldners mit dem Gläubiger nachträglich ausgeweitet werden. Denn der Sicherungsgeber kann die Solvenz des Hauptschuldners und somit sein eigenes Haftungsrisiko nur im Moment der Begebung der Sicherheit beurteilen. Diese Bewertung umfasst auch die Rechtsbeziehung zwischen Gläubiger und Hauptschuldner und deren Entwicklung, sodass Letzterer in diese nicht nachfolgend eigenmächtig eingreifen darf. Dementsprechend sind dem Hauptschuldner ein etwaiges Anerkenntnis der Verbind-

---

[57] BGHZ 23, 293, 299 = NJW 1957, 709 (zum Pfandrecht); BGHZ 95, 350, 356 = WM 1985, 1307; 147, 99, 104 = WM 2001, 947 (zur Bürgschaft).
[58] STAUDINGER/WOLFSTEINER (2015) § 1163 Rn 40 ff; MünchKomm/LIEDER (7. Aufl 2017) § 1163 Rn 21 ff. Besonderheiten gelten für den gesetzlichen Hypothekenübergang, vgl §§ 1164 Abs 1, 1173 Abs 2, 1174 Abs 1, 1182 S 1 BGB.
[59] Zum Sonderfall einer Hypothek, die ohne gesicherte Forderung zwar nicht *entstehen*, aber *bestehen* kann (sog forderungsentkleidete Hypothek) vgl unten Rn 176.

[60] NOBBE, in: SCHIMANSKY/BUNTE/LWOWSKI, BankR-Hdb (5. Aufl 2017) § 91 Rn 233; STAUDINGER/HORN (2012) Vorbem 18 f zu §§ 765–778 (zur Bürgschaft); zur Qualifikation der Akzessorietät als wesentlicher Grundgedanke der gesetzlichen Bürgschaftsregeln BGHZ 95, 350, 356 f = WM 1985, 1307; BGHZ 147, 99, 104 = WM 2001, 947.
[61] Vgl SCHEFOLD, in: SCHIMANSKY/BUNTE/ LWOWSKI, BankR-Hdb (5. Aufl 2017) § 115 Rn 311 f (zur Fremdwährungsbürgschaft).
[62] So schon Mot II, S 661.

lichkeit (vgl zu dem hierdurch ausgelösten Neubeginn der Verjährung § 212 Abs 1 S 1 BGB), der Verzicht auf die Einrede (§§ 768 Abs 2, 1211 Abs 2, 1137 Abs 1 BGB) sowie der Abschluss eines für den Gläubiger ungünstigen Vergleichs untersagt.[63]

24 Das Akzessorietätsprinzip führt zudem zur **Unzulässigkeit der Spaltung zwischen Forderung und Sicherheit**. Der **Gläubigerwechsel** ist gesetzlich geregelt. Mit der Abtretung oder einer *cessio legis* der gesicherten Forderung gehen die Rechte an akzessorischen Hypotheken, Pfandrechten sowie bestellten Bürgschaften auf den neuen Gläubiger über (§§ 401 Abs 1, 412 BGB, §§ 1153, 1250 Abs 1 BGB). Eine isolierte Übertragung oder Aufrechterhaltung des Sicherungsrechts (§ 1250 Abs 2 BGB) ist ausgeschlossen. Dies gilt auch bei der Bürgschaft, denn deren notwendiges Merkmal ist die Gläubigeridentität.[64] Die Übertragung einer Bürgschaft ohne die Hauptforderung ändert den Inhalt der Bürgenverpflichtung, das Einstehen gegenüber dem Gläubiger einer Verbindlichkeit für deren Erfüllung. Die Abtretung der Rechte aus der Bürgschaft ohne Abtretung der Hauptforderung ist daher unwirksam. Auch führt die Abtretung der Hauptforderung zum Erlöschen der Bürgschaft, wenn die Rechte aus der Bürgschaft aufgrund einer Vereinbarung zwischen Zedent und Zessionar nicht mit abgetreten werden. Bei einem **Schuldnerwechsel** durch eine Schuldübernahme erlöschen die für die Forderung bestellten Bürgschaften und Pfandrechte (§ 418 Abs 1 S 1 BGB). Bei der Hypothek greift der Rechtsfolgenverweis des § 1177 BGB auf den Hypothekenverzicht in § 1168 BGB, sodass die Hypothek – anders als bei ihrer Aufhebung (§ 1183 BGB) – nicht ersatzlos erlischt, sondern zur Eigentümergrundschuld wird und der Rang erhalten bleibt.[65] Dem Übernehmer bleiben die Sicherungsrechte nur dann erhalten, wenn der Bürge oder der Eigentümer des verhafteten Gegenstands in die Schuldübernahme (auch formlos) einwilligen (§§ 182 Abs 1, 183 S 1 BGB).[66]

25 Die Akzessorietät bedeutet schließlich, dass der Bürge oder Pfandrechtsbesteller auch die **Einreden des Hauptschuldners erheben** kann (§§ 768, 770, 1211, 1137 Abs 1 S 1 BGB).[67] Diese Einreden treten zu jenen hinzu, die in der Person des Sicherungsgebers bestehen oder aus seiner Rechtsbeziehung zum Gläubiger folgen, zB die bereits erfolgte Erfüllung der Bürgschaftsforderung (§ 362 BGB). Der Bürge kann sich daher auch auf die Verjährung der Hauptforderung berufen.[68] Dieser allgemeine Grundsatz

---

[63] Vgl aus der Rechtsprechung BGHZ 142, 213, 219 = NJW 1999, 3195 (nicht zu Lasten des Bürgen wirkende nachträgliche Verlängerung der Kreditlaufzeit des Kredits); BGH WM 2000, 1141 (nicht gegen Bürgen wirksame Ersetzung laufender Tilgung durch Schlusstilgung); BGH WM 2007, 2230 (Verzicht auf Einrede der Verjährung); umstritten ist die Wirkung einer Unterbrechung der Verjährung aufgrund eines Anerkenntnisses der Hauptschuld durch den Hauptschuldner, vgl RGZ 56, 109, 111; OLG Düsseldorf MDR 1975, 1019 (nicht zu Lasten des Bürgen); aA OLG München WM 2006, 684.
[64] RGZ 15, 278, 281 f; BGHZ 115, 177, 182 ff = WM 1991, 1869; Nobbe, in: Schimansky/Bunte/Lwowski, BankR-Hdb (5. Aufl 2017) § 91 Rn 270 ff; Staudinger/Horn (2012) Vorbem 20 zu §§ 765–778; aA Larenz/Canaris, SchuldR II/2 (13. Aufl 1994) § 60 III 2.
[65] Vgl nur Staudinger/Rieble (2017) § 418 Rn 8.
[66] Eine Genehmigung reicht nach dem Wortlaut und der anderenfalls drohenden Schwebelage nicht aus, vgl MünchKomm/Bydlinski (7. Aufl 2016) § 418 Rn 8; Palandt/Grüneberg, BGB (77. Aufl 2018) § 418 Rn 1; aA Larenz, Schuldrecht I (14. Aufl 1987) § 35 Ic = S 609 f.
[67] Ausf unten Rn 130.
[68] Die Bürgschaftsklage unterbricht die Verjährung der Hauptschuld nicht, vgl BGHZ 139, 214 = NJW 1998, 2972, 2973; krit Lieb, in: GS Lüderitz (2000) 455 ff. Der verklagte Bürge kann daher die Einrede der Verjährung der Hauptschuld erheben und zwar auch noch in der Revision oder nach rechtskräftiger Verurteilung im Wege des § 767 ZPO, zu Letzterem BGH NJW 1999, 278, 279.

wird durch die Regel begrenzt, dass dem Sicherungsgeber die Einrede der beschränkten Erbenhaftung des Hauptschuldners nicht offensteht (§§ 768 Abs 1 S 2, 1211 Abs 1 S 2, 1137 Abs 1 S 2 BGB). Dies ist konsequent, denn diese Einrede des Erben des Hauptschuldners basiert auf der Unzulänglichkeit des Schuldnervermögens, gegen die der Gläubiger durch eine Bürgschaft, Hypothek oder ein Pfandrecht gerade gesichert werden soll.

Entsprechendes gilt für **Gestaltungsrechte des Hauptschuldners**. Auch aus diesen kann der Sicherungsgeber Einreden ableiten. Die Einrede aus § 770 Abs 1 BGB erfasst zwar dem Wortlaut nach nur die Anfechtbarkeit der Hauptschuld, sie ist aber auf sonstige Gestaltungsrechte des Hauptschuldners, ua Rücktritts- und Widerrufsrechte des Hauptschuldners, entsprechend anwendbar.[69] Abweichendes gilt bei der Einrede der Aufrechenbarkeit gem § 770 Abs 2 BGB. Sie erfasst schon nach ihrem Wortlaut nur die Möglichkeit des *Gläubigers* zur Aufrechnung mit eigenen Forderungen (§§ 387 ff BGB) gegen fällige Forderungen des Hauptschuldners. Denn dem Gläubiger fehlt das Sicherungsbedürfnis, wenn er sich für seine Forderung anderweitig – dh durch Aufrechnung – Befriedigung verschaffen kann.[70] Unerheblich ist nach diesem Telos, ob auch der Hauptschuldner aufrechnungsberechtigt ist (vgl § 393 BGB). Die Norm ist somit nicht entsprechend anwendbar, solange und soweit (nur) der Hauptschuldner zur Aufrechnung imstande ist. Das Risiko, dass der Hauptschuldner nicht aufrechnet, unterfällt dem allgemeinen Risiko mangelnder Erfüllung durch den Schuldner; dies ist ein vom Bürgen zu tragendes Risiko.[71] Allerdings können Gegenansprüche des Hauptschuldners ein Zurückbehaltungsrecht aus §§ 273, 320 BGB begründen; auf dieses kann sich der Bürge dann gem § 768 Abs 1 S 1 BGB berufen.

cc) Der Innenausgleich zwischen Sicherungsgeber und Schuldner
Gemeinsam ist den akzessorischen Sicherheiten, dass der **Innenausgleich** zwischen Sicherungsgeber und Schuldner **gesetzlich geregelt** ist; bei fiduziarischen Sicherheiten erfolgt dies rechtsgeschäftlich in der Sicherungsabrede. Ausgangsnorm ist § 774 Abs 1 BGB, wonach die gesicherte Forderung des Gläubigers gegen den Hauptschuldner auf den Bürgen übergeht, soweit der Bürge den Gläubiger befriedigt. Die Norm findet auch auf die Hypothek (§ 1143 Abs 1 S 2 BGB) und das Pfandrecht (§ 1225 S 2 BGB) Anwendung.

Sofern ein Sicherungsgeber den Gläubiger befriedigt, geschieht dies dem Grundsatz nach zur **Erfüllung der Verbindlichkeit aus der Sicherheit**. Entsprechend der Interessenlage der Parteien bei der Bestellung der Sicherheit, ein subsidiäres Zugriffsrecht auf einen Dritten bzw einen Haftungsgegenstand bereitzustellen, der aber nicht endgültig für die Forderung einstehen soll, geht die Forderung gegen den Hauptschuldner auf den Sicherungsgeber kraft Gesetzes über (§ 412 BGB).[72] Der Schuldner kann der

---

[69] Wie hier MünchKomm/HABERSACK (7. Aufl 2017) § 770 Rn 6; STAUDINGER/HORN (2012) § 770 Rn 20; s a BGHZ 165, 363, 368 = NJW 2006, 845 (zum Widerrufsrecht); PWW/BRÖDERMANN (12. Aufl 2017) § 770 Rn 3; offengelassen von OLG Frankfurt WM 1995, 794, 796.
[70] Vgl BGH WM 2003, 669, 672; s a Prot II 470 f.
[71] So auch STAUDINGER/HORN (2012) § 770 Rn 9; BeckOK/ROHE (15.6.2017) § 770 Rn 7;

KIEHNLE AcP 208 (2008) 635, 652 ff; für eine analoge Anwendung des Abs 1 MünchKomm/HABERSACK (7. Aufl 2017) § 770 Rn 10; ausf RIMMELSPACHER/STÜRNER, Kreditsicherung (3. Aufl 2017) Rn 58 ff.
[72] Nach BGHZ 92, 374 = WM 1984, 1630 kann der Übergang der Hauptforderung durch eine – auch formularmäßige – Abrede aufgeschoben werden, bis alle besicherten Forderungen des Gläubigers erfüllt wurden.

übergegangenen Forderung nach allgemeinen Grundsätzen aber alle Einwendungen und Einreden aus seinem Rechtsverhältnis zum Gläubiger weiterhin entgegenhalten (§§ 412, 404 BGB). Auch kann er mit einer gegen den Gläubiger gerichteten Forderung noch nach Forderungsübergang gegen die übergegangene Forderung aufrechnen (§§ 412, 406 f BGB).[73] Nur **ausnahmsweise** liegt eine **Leistung auf die gesicherte Hauptschuld** durch den Sicherungsgeber vor. Eine *cessio legis* erfolgt in diesem Fall nicht. Die Hauptschuld erlischt (§ 362 BGB) und als Folge des Akzessorietätsprinzips auch die Sicherheit; eine Hypothek wird zur Eigentümergrundschuld (§§ 1163 Abs 1 S 2, 1177 Abs 1 S 1 BGB).

29 Daneben hat der Sicherungsgeber regelmäßig einen **Anspruch aus der schuldrechtlichen Beziehung zum Schuldner**, ua auf Aufwendungsersatz (§ 670 BGB) aufgrund eines Auftrages (§ 662 BGB), eines Geschäftsbesorgungsverhältnisses (§ 675 BGB) oder einer Geschäftsführung ohne Auftrag (§§ 677, 683 BGB).[74] Die Ansprüche aus übergegangenem und aus eigenem Recht sind nach den für sie geltenden Regeln jeweils eigenständig zu beurteilen. Allenfalls kommt es über § 774 Abs 1 S 3 BGB zu Berührungspunkten: Einer Inanspruchnahme aus der übergegangenen Forderung kann der Hauptschuldner nicht nur die auf sie bezogenen Einwendungen entgegensetzen (§§ 412, 404 BGB), sondern auch seine dem Innenverhältnis entspringenden Einwendungen.[75] Hiermit wird der **Vorrang des schuldrechtlichen Innenverhältnisses** in der Rückgriffskonstellation angeordnet. Im Übrigen bestehen **Unterschiede zwischen beiden Rückgriffsansprüchen**: Die *cessio legis* hat für den Bürgen den Vorteil, dass sie den Zugriff auf etwaige Nebenrechte ermöglicht.[76] Der Anspruch aus dem schuldrechtlichen Innenverhältnis, va der Aufwendungsersatzanspruch, verjährt hingegen eigenständig nach §§ 195, 199 Abs 1 BGB. Er kann auch dann noch durchgesetzt werden, wenn der Hauptschuldner gegenüber der übergegangenen gesicherten Hauptforderung die Einrede der Verjährung erhebt (§§ 412, 404 BGB).[77]

30 Durch einen **Verzicht des Bürgen auf Einwendungen** entgegen §§ 767, 768 Abs 1, 770 BGB, die die gesicherte Hauptforderung betreffen, und die statt dessen erfolgende Befriedigung des Gläubigers durch den Bürgen wird der *Schuldner* so belastet, als hätte er selbst auf eine Einwendung verzichtet. Denn der Bürge kann aufgrund der *cessio legis* (§ 774 Abs 1 BGB), die mit der Befriedigung des Gläubigers erfolgt, und des Anspruchs aus dem Innenverhältnis zum Schuldner bei diesem Rückgriff nehmen. Ist der **Schuldner Verbraucher** (§ 13 BGB), könnte so **§ 496 Abs 1 BGB** umgangen werden, da diese Norm auf die nach § 774 Abs 1 BGB übergegangene Forderung Anwendung findet (§ 412 BGB).[78] Dem Aufwendungsersatzanspruch des Bürgen aus dem schuldrechtlichen Innenverhältnis (§ 670 BGB ggf iVm §§ 683 S 1, 675 BGB) können aber nur Einwendungen aus diesem Innenverhältnis entgegengehalten wer-

---

[73] RGZ 59, 207, 209; PALANDT/SPRAU, BGB (77. Aufl 2018) § 774 Rn 10; aA REINICKE/TIEDTKE, Bürgschaftsrecht (3. Aufl 2008) Rn 378 (Verstoß gegen Abs 1 S 2); einschr STAUDINGER/HORN (2012) § 774 Rn 36 (regelmäßig unzulässige Rechtsausübung).
[74] BGH WM 1993, 217.
[75] Vgl BGH WM 1992, 908, 909; WM 1955, 377, 379 (schenkweise Übernahme der Bürgschaft); s a HADDING, in: FS Wiegand (2005) 299, 314 f (Verjährung der Rückgriffsforderung aus dem Innenverhältnis); ausf STAUDINGER/HORN (2012) § 774 Rn 41.
[76] Dazu und zum Folgeproblem des Konflikts mehrerer Sicherungsgeber unten Rn 69.
[77] BGH WM 2000, 1687; HADDING, in: FS Wiegand (2005) 299, 314 ff.
[78] Wie hier STAUDINGER/KESSAL-WULF (2012) § 496 Rn 5; BeckOK/MÖLLER (1.2.2017) § 496 Rn 2; MünchKomm/SCHÜRNBRAND (7. Aufl 2016) § 496 Rn 11.

den.⁷⁹ Nach überwiegender Ansicht ist daher bei den genannten Einwendungen der **Verzicht des Bürgen auf die Einwendung unwirksam**, um eine Verschlechterung der Rechtsstellung des Verbrauchers (§ 13 BGB) zu vermeiden.⁸⁰ Die Gegenauffassung beschränkt den Regressanspruch des Bürgen aus dem Innenverhältnis zum Hauptschuldner. Sofern der Bürge gegenüber einem Unternehmer (§ 14 BGB) Einwendungen aufgibt, sind seine Aufwendungen nach dieser Ansicht im Innenverhältnis zum Schuldner nicht erstattungsfähig, soweit sie unmittelbare Folge des Einwendungsverzichts sind. Wenn und soweit die Einwendungen eine Inanspruchnahme aus der Bürgschaft verhindert hätten, ist mithin auch der Anspruch aus dem Innenverhältnis abzulehnen.⁸¹ Abweichendes gilt für sonstige, nicht von § 770 BGB erfasste eigene Einreden des Bürgen gegenüber dem Gläubiger. Ein Verzicht auf diese Einreden entzieht dem Verbraucher-Darlehensnehmer weder unmittelbar noch mittelbar eigene Gegenrechte gegenüber dem Gläubiger. Der Schutzbereich des § 496 Abs 1 BGB ist bei diesen Einreden somit nicht eröffnet.⁸²

c) Nicht-akzessorische (fiduziarische) Sicherheiten

Bei fiduziarischen (nicht-akzessorischen) Sicherungsrechten besteht keine gesetzliche Bindung der Sicherheit an die gesicherte Forderung **(keine Akzessorietät kraft Gesetzes)**, sondern die Verknüpfung von Forderung und Sicherheit erfolgt durch eine weitere rechtsgeschäftliche Abrede (sog **Sicherungsabrede**⁸³). Alle gekorenen Sicherheiten sind fiduziarische, wobei sich mittlerweile zu jeder geborenen Sicherheit in der Vertragspraxis ein durch vertragliche Vereinbarung „gekorenes", nicht akzessorisches Gegenstück findet: Dem Mobiliarpfandrecht entspricht die Sicherungsübereignung, der Hypothek die Sicherungsgrundschuld, dem Forderungspfandrecht die Sicherungsabtretung und der Bürgschaft die Garantie.   **31**

Bei fiduziarischen Sicherheiten steht die **Treuhandstellung des Sicherungsnehmers** im Vordergrund.⁸⁴ Dem Sicherungsnehmer wird das Vollrecht (Eigentum, Inhaberschaft der Forderung) übertragen. Damit erhält der Sicherungsnehmer einen **Überschuss an Rechtsmacht** und damit eine stärkere Rechtsstellung, als er zur Sicherung der Forderung eigentlich benötigt.⁸⁵ Hierdurch wird er zum Treuhänder des Sicherungsgebers, dessen Interessen er bei der Ausübung seiner Befugnisse nach Treu und Glauben zu beachten hat (treuhänderische Sicherheit; **Sicherungstreuhand**).⁸⁶ Die uneingeschränkte dingliche Position des Sicherungsnehmers als eigennütziger Treuhänder wird *schuldrechtlich* im Innenverhältnis zum Sicherungsgeber mit der Sicherungsabrede begrenzt, dh dem rechtlichen „Können" aufgrund der Vollrechtsinhaberschaft werden schuldrechtliche Grenzen (rechtliches „Dürfen") gezogen. Nach der Sicherungsabrede ist der Sicherungsnehmer schuldrechtlich verpflichtet, mit dem Sicherungsgegenstand nur entsprechend des verabredeten Sicherungszwecks und der sonstigen Sicherungsmodalitäten zu verfahren. Allerdings verfolgt der Sicherungsnehmer mit seinem – durch den   **32**

---

⁷⁹ BGHZ 95, 375, 385 ff = NJW 1986, 310.
⁸⁰ MünchKomm/Schürnbrand (7. Aufl 2016) § 496 Rn 11; Staudinger/Kessal-Wulf (2012) § 496 Rn 10.
⁸¹ Staudinger/Kessal-Wulf (2012) § 496 Rn 5, 11.
⁸² MünchKomm/Schürnbrand (7. Aufl 2016) § 496 Rn 11; Staudinger/Kessal-Wulf (2012) § 496 Rn 5.
⁸³ Ausf unten Rn 81 ff.

⁸⁴ Vgl aus jüngerer Zeit BGHZ 185, 133 = NJW 2010, 2041; ausf auch Lwowski, in: Lwowski/Fischer/Gehrlein, Das Recht der Kreditsicherung (10. Aufl 2018) § 1 Rn 18 ff.
⁸⁵ BGHZ 133, 25, 30 = WM 1996, 1128; BGH WM 1989, 210, 211.
⁸⁶ BGH NJW 2011, 1500, 1501 (zum Grundschuldgläubiger bei Ausübung der sich aus der Grundschuld ergebenden Rechte); BGH NJW 1989, 1732, 1733.

Sicherungsvertrag näher ausgestalteten – Begehren nach Kreditsicherung berechtigte eigene rechtliche und wirtschaftliche Interessen, wodurch auch etwaigen Obhuts- und Aufklärungspflichten gegenüber dem Sicherungsgeber enge Grenzen gesetzt werden.[87]

33 Als nachteilig können sich die Unabhängigkeit der fiduziarischen Sicherheit von der gesicherten Forderung und ihre selbständige Verkehrsfähigkeit erweisen. Denn der Sicherungsnehmer kann über die Sicherheit wirksam dinglich verfügen, auch wenn er dadurch zugleich seine Pflichten aus der schuldrechtlichen Sicherungsabrede verletzt. Zwar hat er dann eine Schadensersatzpflicht (§ 280 Abs 1 BGB) und ggf eine Strafbarkeit wegen Untreue (§ 266 StGB) zu gewärtigen, die dingliche Verfügung ist gleichwohl wirksam. Diese Rechtsmacht schränken Sicherungsgeber und -nehmer bisweilen ein, indem sie eine **(Quasi-)Akzessorietät in der Sicherungsabrede** vereinbaren und die Sicherheit mit dem rechtlichen Schicksal der Forderung rechtsgeschäftlich verknüpfen **(gewillkürte Quasi-Akzessorietät).**[88] So kann zB das Sicherungsrecht durch die Entstehung der Forderung aufschiebend oder durch das Erlöschen der Forderung auflösend bedingt bestellt werden.[89] Ob eine solche Abrede vorliegt, ist durch Auslegung der Parteierklärungen gem §§ 133, 157 BGB zu ermitteln. Von dieser gewillkürten (Quasi-)Akzessorietät – also der rechtsgeschäftlich vereinbarten Abhängigkeit des Sicherungsrechts vom Bestehen oder Fortbestand der gesicherten Hauptschuld – ist die nicht der Parteidisposition überantwortete Abstraktheit der Verfügung über die Sicherheit (Forderungsabtretung, Übereignung) vom schuldrechtlichen Grundgeschäft (Sicherungsabrede) strikt zu trennen.

34 Mangelt es an einer solchen gewillkürten Quasi-Akzessorietät so ist zu prüfen, ob der Sicherungsabrede – ggf durch ergänzende Vertragsauslegung (§ 157 BGB) – ein schuldrechtlicher **Rückübertragungsanspruch des Sicherungsgebers** für den Fall entnommen werden kann, dass sich der Sicherungszweck erledigt hat.[90] In diesem Fall ist der Rückübertragungsanspruch durch den endgültigen Wegfall des Sicherungszwecks aufschiebend bedingt.[91]

35 Vereinzelt finden sich gesetzliche Regelungen, die nicht an der Akzessorietät der Sicherheit anknüpfen, sondern an der Sicherungsfunktion und deren Telos in der Folge bei akzessorischen und nicht-akzessorischen Sicherheiten einschlägig ist. Paradigmatisch ist der **Parteiwechsel auf Seiten des Schuldners**. Auch der Sicherungsgeber einer nicht-akzessorischen Sicherheit, zB einer Sicherungsgrundschuld, hat ein Interesse, bei einem ohne seine vorherige Zustimmung erfolgten Schuldnerwechsel frei zu werden und nicht für einen anderen, möglicherweise unsicheren Schuldner haften zu müssen.

---

[87] Vgl dazu unten Rn 87.
[88] Dazu Lwowski, in: Lwowski/Fischer/Gehrlein, Das Recht der Kreditsicherung (10. Aufl 2018) § 1 Rn 20 f; Jauernig NJW 1982, 268, 269.
[89] Vgl BGH WM 1984, 357 (zur Sicherungsübereignung); BGH NJW 1982, 275; K Schmidt, in: FS Serick (1992) 329, 339 ff; Lwowski, in: Lwowski/Fischer/Langenbucher, Das Recht der Kreditsicherung (9. Aufl 2011) § 1 Rn 21; s nun aber BGH NJW 2000, 957, 958, mit der überaus kurzen Feststellung, dass die Sicherungsübereignung kein akzessorisches Recht sei; krit auch MünchKomm/Oechsler (7. Aufl 2017) Anh zu §§ 929 ff Rn 9.
[90] Ganter, in: Schimansky/Bunte/Lwowski, BankR-Hdb (5. Aufl 2017) § 90 Rn 619; Staudinger/Wiegand (2017) Anh 257 zu §§ 929 ff; Staudinger/Rieble (2017) § 418 Rn 14; Staudinger/Herresthal (2017) § 359 Rn 72; s a Kehrberger JuS 2016, 776 (allg zum Rückgewähranspruch bei nichtakzessorischen Sicherheiten).
[91] Zur Schadensersatzpflicht des Sicherungsnehmers bei Nichterfüllung des Rückgewähranspruchs vgl BGH NJW 2013, 2894.

Daher hat die Rechtsprechung zu Recht § 418 Abs 1 S 2 und 3 BGB auf den fiduziarischen Sicherungsgeber übertragen.[92]

4. Der Umfang der Haftung

a) Die Bestimmung des Haftungsumfangs

Bei der näheren Bestimmung der gesicherten Forderungen, also des Umfangs der Haftung des Sicherungsgebers, ist zu unterscheiden: Bei **akzessorischen dinglichen Sicherheiten** (Hypothek; Pfandrecht) ist dies eine Frage der Auslegung der *dinglichen Einigung*, da die Bestimmung der gesicherten Forderung wegen der strengen Akzessorietät der Sicherheit Inhalt der dinglichen Einigung über die Sicherheit ist.[93] Diese Sicherheiten tragen daher auch ihren Rechtsgrund in sich. Entsprechendes gilt bei **akzessorischen Personalsicherheiten** (Bürgschaft; Schuldbeitritt). Die Bestimmung der gesicherten Verbindlichkeit(en) ist ebenfalls eine Frage der Auslegung der Bürgschaft bzw des Schuldbeitritts.[94] Bei **gekorenen, nicht akzessorischen Sicherheiten** legt hingegen die Sicherungsabrede den Kreis der gesicherten Forderungen durch die sog Zweckabrede fest.[95] Hier ist mithin die Sicherungsabrede auszulegen, um die gesicherte Forderung und den Umfang der Haftung zu bestimmen.

Die **Auslegung der Sicherungsabrede** bzw der (akzessorischen) Sicherheit gem §§ 133, 157 BGB ergibt oft, dass nicht nur die explizit genannte Forderung gesichert werden soll, die Anlass der Sicherheitenbestellung war, zB ein Anspruch auf Darlehensrückzahlung, sondern auch etwaige **Ersatzansprüche**, zB Ansprüche auf Schadensersatz statt der Leistung wegen Nichterfüllung der ursprünglich gesicherten Verbindlichkeit sowie **bereicherungsrechtliche Rückgewähransprüche**, soweit sie mit dem ursprünglichen Anspruch wirtschaftlich identisch sind.[96] Paradigmatisch ist die Nichtigkeit des gesicherten Darlehens, dessen Darlehensvaluta gleichwohl ausbezahlt wurde. Die Sicherungsabrede erfasst in diesen Konstellationen regelmäßig auch den bereicherungsrechtlichen Rückforderungsanspruch des Darlehensgebers gegen den Darlehensnehmer.[97]

b) Die formularmäßige Ausdehnung des Haftungsumfangs (sog weite Zweckabrede)

Der Sicherungsnehmer hat regelmäßig ein Interesse, zukünftigen Veränderungen der gesicherten Forderung bereits bei der Sicherheitenbestellung Rechnung zu tragen. Paradigmatisch sind langjährige Geschäftsverbindungen, bei denen er regelmäßig bestrebt sein wird, nicht nur alle bestehenden, sondern auch etwaige künftige Ansprüche gegen den Schuldner in den Kreis der gesicherten Forderungen einzubeziehen und die Sicherheit auch auf diese zu erstrecken. Diesem weiten Sicherungsbedürfnis trägt der Sicherungsnehmer zumeist durch von ihm vorformulierte weite Zweckerklärungen Rechnung, nach denen die Sicherheit auch für „alle bestehenden und künftigen An-

---

[92] BGH WM 1966, 577, 579; BGHZ 115, 241, 244 = ZIP 1991, 1481; MünchKomm/Bydlinski (7. Aufl 2017) § 418 Rn 5; aA Staudinger/Rieble (2017) § 418 Rn 14 ff (differenzierend).
[93] Vgl Baur/Stürner, Sachenrecht (18. Aufl 2009) § 37 Rn 48; Prütting, Sachenrecht (36. Aufl 2017) Rn 628.
[94] Vgl MünchKomm/Habersack (7. Aufl 2017) § 765 Rn 77 (zur Bürgschaft).
[95] Zu dieser unten Rn 88.
[96] Vgl BGHZ 114, 57, 70 = NJW 1991, 1746, 1750 (Sicherungsabrede zur Grundschuld); MünchKomm/Oechsler (7. Aufl 2017) Anh zu §§ 929–936 Rn 27; s a BGH NJW 1999, 3708 (Fortbestand der Bürgschaft nach bankinterner Umschuldung).
[97] Schulze/Staudinger, BGB-Kommentar (9. Aufl 2017) § 1191 Rn 27 („im Zweifel").

sprüche gegen den Schuldner" bestellt wird (sog **weite Zweckerklärung bzw weite Zweckabrede**).[98] Dem Sicherungsgeber wird die Tragweite einer solchen Abrede vielfach nicht bewusst, da sein Fokus entsprechend seiner aktuellen Interessenlage auf die Sicherung einer konkreten, bei den Verhandlungen über die Sicherheitenbestellung im Mittelpunkt stehenden Forderung gerichtet ist. Auf diese Weise haben va Banken Zweckabreden erreicht, nach denen die für ein bestimmtes Darlehen bestellten Sicherheiten – idR Bürgschaften oder Sicherungsgrundschulden – auch andere, in ihren Risiken für den Sicherungsgeber kaum abschätzbare Kreditierungen sichern. Die Rechtsprechung hat diesen weiten Zweckabreden mit der **AGB-Kontrolle** die nachfolgend beschriebenen Grenzen gezogen.[99]

aa) Die Qualifikation als überraschende Klausel (§ 305c Abs 1 BGB)

39 Eine formularmäßige weite Zweckabrede ist nach allgemeinen Grundsätzen überraschend iSd § 305c Abs 1 BGB, wenn sie von den begründeten **Erwartungen des Sicherungsgebers** zu seinem Nachteil abweicht.[100] Diese Erwartungen bestimmen sich nach den Begleitumständen der Sicherungsabrede, dem Grad der Abweichung dieser Abrede vom dispositiven Gesetzesrecht, dem Inhalt der Vertragsverhandlungen sowie der äußeren Gestaltung des Vertrages. Besonders erwartungsprägend kann sich dabei nach der Rechtsprechung erweisen, dass der Sicherungszweck über jenen Rahmen hinaus erweitert wird, der Anlass der Sicherheitenbestellung war (daher sog **Anlassrechtsprechung**).

40 Bei einer **Identität von Sicherungsgeber und Schuldner** ist die formularmäßige Erstreckung der Haftung bei der Grundschuldbestellung[101] auf „alle bestehenden und künftigen Verbindlichkeiten des Sicherungsgebers" mit der überwiegenden Ansicht richtigerweise **nicht überraschend**.[102] Maßgebend sind freilich die konkreten Umstände des Einzelfalles. Die Bankenüblichkeit weiter Zweckabreden kann aber eine abweichende Erwartung der Sicherungsgeber allgemein verändern. Auch wird diese Erwartung durch die vom Sicherungsgeber verfolgten Interessen mitgeprägt und dieser kann bei einer weiten Zweckabrede nachfolgend selbst entscheiden, ob er weitere, dann ebenfalls gesicherte Verbindlichkeiten eingeht. Die Gegenansicht[103] verkennt, dass die Üblichkeit einer Klausel ihrem überraschenden Charakter entgegenstehen kann. Zudem überbetont diese Ansicht die erwartungsprägende Wirkung der Bestellung einer Sicherheit für eine bestimmte Anlassforderung. Auch werden Überlegungen zur Interessenlage von dieser Ansicht unzutreffend aus § 305c Abs 1 BGB herausgenommen und der Inhaltskontrolle gem § 307 Abs 1, 2 BGB zugewiesen, obwohl die Interessen der Parteien richtigerweise in die Erwartungslage eingehen.

---

[98] Hiervon zu unterscheiden sind Prolongationsklauseln in der Sicherungsabrede, nach denen die Sicherheit auch bei einer nachträglichen Verlängerung des Kredits bestehen bleibt, zu deren Problematik bei Drittsicherheiten mit enger Zweckbestimmung vgl SAMHAT WM 2016, 962 (gegen eine Anwendung der Rechtsprechung zur weiten Zweckerklärung auf diese Klauseln).

[99] Vgl dazu unlängst auch KUNTZ AcP 209 (2009) 242.

[100] BGHZ 83, 56, 59 f; 100, 82, 85 f; 102, 152, 160 ff; 103, 72, 80; 109, 197, 201 (alle zur Sicherungsgrundschuld); BGHZ 126, 174, 179; 130, 19, 27 (beide zur Bürgschaft).

[101] Zur sog Globalbürgschaft vgl unten Rn 44 ff.

[102] Vgl grundl BGHZ 101, 29, 33 = NJW 1987, 2228; BGHZ 106, 19, 25 = WM 1989, 88; s a BGH ZIP 2006, 119, 120; WM 2003, 2376, 2378; ZIP 2000, 1202; zur Qualifikation einer solchen Klausel in den AGB des Darlehens OLG Rostock WM 2001, 1377.

[103] Vgl WOLF/LINDACHER/PFEIFFER (6. Aufl 2013) § 305c Rn 68; KNOPS ZIP 2006, 1965, 1967 ff; BeckOK/SCHMIDT (15.6.2017) § 305c Rn 33 f.

Bei einer **Personenverschiedenheit von Sicherungsgeber und Schuldner** (Drittsiche- **41** rungsfälle) ist die weite Zweckabrede, nach der der Sicherungsgeber für „alle bestehenden und künftigen Verbindlichkeiten" eines *Dritten* haftet, aus Anlass einer bestimmten Kreditaufnahme richtigerweise **regelmäßig überraschend** iSv § 305c Abs 1 BGB.[104] Ein Sicherungsgeber muss in der Regel nicht damit rechnen, für erst nachträglich entstehende Verbindlichkeiten des *Dritten* zu haften. Auf die Begründung dieser Forderungen hat er keinen Einfluss, sodass es nach seiner Interessenlage fernliegt, diese bereits im Vorhinein zu sichern. Ein **Ausnahmefall**, in dem der überraschende Charakter ausnahmsweise entfällt, wird bejaht, wenn Sicherungsgeber und Drittschuldner so eng miteinander verbunden sind, dass das Risiko künftiger, weiterer Verbindlichkeiten für den Sicherungsgeber berechenbar und vermeidbar ist, etwa wenn der Geschäftsführer, Allein- oder Mehrheitsgesellschafter eine Sicherheit für die Schulden der GmbH bestellt.[105] Gleiches gilt, wenn der Sicherungsgeber besonders auf die Klausel hingewiesen worden ist.[106] Auch in Fällen der anlasslosen Erweiterung der Drittgrundschuldzweckerklärung, dh der Abgabe einer weiten Zweckerklärung des Drittgrundschuldgebers ohne Anlass eines konkreten Kredits, kann es an einer überraschenden Klausel fehlen.[107] Nicht ausreichend ist indes, dass der Schuldner der Ehegatte des Sicherungsgebers ist. Auch Ehegatten, die eine Grundschuld an einem gemeinschaftlichen Grundstück zur Sicherung gemeinsamer Verbindlichkeiten bestellen, brauchen richtigerweise im Regelfall nicht mit einer Abrede dahingehend rechnen, dass die Grundschuld am eigenen Eigentumsanteil für alle künftigen Verbindlichkeiten (gleich auf welcher Grundlage) des *anderen* Ehegatten haften soll.[108]

Sofern die weite Zweckabrede gegen § 305c Abs 1 BGB verstößt, wird sie als **Rechts-** **42** **folge** nicht Vertragsbestandteil. Allerdings bleibt der zulässige Teil der Zweckabrede, der sich auf die Sicherheitenbestellung für die sog Anlassforderung bezieht, nach § 306 Abs 1 BGB aufrechterhalten. Dabei stellt die Rechtsprechung entweder darauf ab, dass diese Klausel der Zweckabrede mit dem sog blue-pencil-test[109] nach ihrem Wortlaut verständlich und sinnvoll trennbar in einen inhaltlich zulässigen und in einen unzulässigen Regelungsteil zerlegt werden kann, von denen nur der Letztere nicht Vertragsbestandteil wird.[110] Sofern hierfür aber die sprachliche Umformulierung der Klausel erforderlich wäre, wird diese umfassend nicht Vertragsbestandteil. Die Rechtsprechung schließt die dann entstehende Vertragslücke unter Rückgriff auf die ergänzende Vertragsauslegung (§ 157 BGB) mit der Begründung, dass § 306 Abs 1 BGB auf das dispositive Gesetzesrecht und damit auch auf § 157 BGB verweise. In ergänzender Vertragsauslegung gelangt die Rechtsprechung dann zum Ergebnis, dass redlich denkende Parteien eine Haftung nur für die Anlassverbindlichkeit vereinbart hätten. Diese Lösung über § 157 BGB steht freilich in einem sehr deutlichen Spannungsverhältnis

---

[104] BGH ZIP 2001, 408; ZIP 2001, 507; ausf dazu STAUDINGER/WOLFSTEINER (2015) Vorbem 67 ff zu §§ 1191 ff; zur sog Anlassrechtsprechung TIEDTKE ZIP 1998, 449.
[105] BGHZ 130, 19, 30 = WM 1995, 1397; BGH WM 2000, 514, 517.
[106] Vgl BGHZ 102, 152, 162 = WM 1988, 12 (besondere drucktechnische Gestaltung); BGHZ 109, 197, 203 = WM 1989, 1926; BGHZ 131, 55, 59 = WM 1995, 2133; BGH WM 1997, 1615 (individueller Hinweis).
[107] BGH 24.11.2016 – IX ZR 278/14 Rn 11, ZIP 2017, 12 m Anm SAMHAT WuB 2017, 260.
[108] BGHZ 126, 174, 177 = WM 1994, 1241.
[109] Zu diesem näher GRIGOLEIT/HERRESTHAL, BGB AT (3. Aufl 2015) Rn 474.
[110] BGHZ 106, 19, 25 = NJW 1989, 831; BGH NJW 1990, 576, 578.

zur formelhaften Ablehnung einer geltungserhaltenden Reduktion von AGB durch die Rechtsprechung.[111]

bb) Die unangemessene Benachteiligung des Sicherungsgebers (§ 307 Abs 1, 2 BGB)

43 Sofern die weite Zweckabrede nicht überraschend gem § 305c Abs 1 BGB ist, muss sie der **Inhaltskontrolle nach § 307 BGB** standhalten. Bei einer **Sicherungsgrundschuld** ist entscheidend, dass Inhalt und Umfang der schuldrechtlichen Zweckbindung dieser gekorenen Sicherheit gesetzlich nicht festgelegt sind, sondern in den Grenzen der §§ 134, 138 BGB der freien Vereinbarung unterliegen. Daher liegt bei einer formularmäßig vereinbarten Erstreckung des Sicherungszwecks auf alle künftigen Forderungen des Gläubigers – gleich, ob der Sicherungsgeber mit dem Kreditnehmer identisch ist oder ein Drittsicherungsfall vorliegt – **kein Verstoß gegen § 307 Abs 2 Nr 1 BGB** vor.[112] Es gibt für die Sicherungsgrundschuld und ihren Haftungsumfang kein gesetzliches Leitbild, von dem eine solche Klausel abweichen könnte. Im Gegenteil entspricht die Haftung für künftige Forderungen durchaus dem allgemeinen Leitbild einer abstrakten Grundschuld (§§ 1192 Abs 1, 1113 Abs 2 BGB). Zudem ist die Haftung des Sicherungsgebers bei einer Grundschuld auf die Verwertung des Sicherungsgegenstandes beschränkt; (nur) diesen kann der Sicherungsgeber im schlimmsten Fall verlieren. Hingegen kann seine Haftung nicht uferlos ausgeweitet werden.[113] Diese Argumentation kann auch auf die übrigen Realsicherheiten – **Pfandrecht, Sicherungsübereignung, Sicherungsabtretung** – übertragen werden.[114]

c) Die Haftung aus einer Globalbürgschaft

44 Auch bei der Haftung des Bürgen aus einer Globalbürgschaft steht die formularmäßige Erstreckung der (Bürgen-)Haftung auf alle gegenwärtigen und zukünftigen Verbindlichkeiten im Mittelpunkt. Allerdings weist die Bürgschaft als akzessorische Personalsicherheit insoweit Besonderheiten gegenüber den Realsicherheiten auf.[115] **Globalbürgschaften** sind Bürgschaften[116], die nicht nur eine konkrete Verbindlichkeit sichern, sondern für „alle gegenwärtigen und zukünftigen Verbindlichkeiten des Schuldners aus der Geschäftsverbindung" mit dem Gläubiger übernommen werden.[117] Problematisch ist, dass der Bürge bei Übernahme einer solchen Bürgschaft das übernommene Haftungsrisiko nicht abschätzen kann.[118] Die Rechtsprechung hatte gleichwohl

---

[111] Der EuGH hat zwar im Anwendungsbereich der Klauselrichtlinie die Befugnis der nationalen Gerichte, durch die Anwendung dispositiver Vorschriften des nationalen Rechts (ua § 157 BGB) die Unwirksamkeitsfolgen missbräuchlicher Klauseln zu Gunsten des Verwenders zu begrenzen (vgl EuGH 30.4.2014 – C-26/13 Kásler ua, NJW 2014, 2335) auf Ausnahmetatbestände begrenzt, in denen eine für den Verbraucher nachteilige Gesamtnichtigkeit des Vertrags bei Nichtigkeit der AGB-Klausel die Folge wäre, EuGH 21.12.2016, C-154/15 und C-307/15 Cajasur Banco SAU, NJW 2017, 1014. Im Fall der Unwirksamkeit der Klausel würde mit dem Fortfall der gesicherten Forderung aber ein solcher Ausnahmetatbestand vorliegen.
[112] BGH WM 1995, 790, 791f; WM 1996, 2233, 2234; s a BGHZ 100, 82, 84 = NJW 1987, 1885;
BGH WM 1991, 1748, 1750; aA Schmidt, in: Ulmer/Brandner/Hensen, AGBG (12. Aufl 2016) Teil 2 (43) Rn 28f.
[113] BGH NJW 1997, 2677; krit Prütting, Sachenrecht (36. Aufl 2017) Rn 767a.
[114] Zur abweichenden Beurteilung bei der Bürgschaft sogleich Rn 50.
[115] Vgl zur formularmäßigen Ausweitung der Haftung bei diesen oben Rn 38.
[116] Ausf zu diesen unten Rn 98ff.
[117] Ausf zum Folgenden auch Staudinger/ Horn (2012) § 765 Rn 44ff; Nobbe, in: Schimansky/Bunte/Lwowski, BankR-Hdb (5. Aufl 2017) § 91 Rn 192ff.
[118] Dies soll auch bei sog Höchstbetragsbürgschaften (vgl Rn 138) gelten, da auch dann offen bleibe, welche Forderung mit welchen Zins- und

Globalsicherungsklauseln lange Zeit gebilligt, sofern der Kreis der gesicherten Forderungen auf eine bestimmte Geschäftsbeziehung beschränkt war.[119]

aa) Kein Verstoß gegen den Bestimmtheitsgrundsatz
Ein Teil der Literatur qualifiziert die Globalsicherungsabrede als **Verstoß gegen den** **Bestimmtheitsgrundsatz**. Denn aus dem Bürgschaftsvertrag müssten sich die konkreten gesicherten Forderungen oder jedenfalls ein Höchstbetrag der Haftung ergeben.[120] Der Bestimmtheitsgrundsatz solle dem Bürgen das übernommene Haftungsrisiko deutlich vor Augen führen und ihn vor der Übernahme unübersehbarer Risiken bewahren. Auch würde die Warnfunktion der Schriftform gem § 766 S 1 BGB ausgehöhlt, wenn eine Globalsicherungsklausel als wirksam anerkannt würde.

Richtigerweise ist bei einer Globalbürgschaft die **Haftung des Bürgen hinreichend bestimmt**, da aus der Bürgschaftserklärung folgt, dass der Bürge für *alle* Forderungen aus der Geschäftsbeziehung haftet. Etwaige Zweifel über den Haftungsumfang und die Identität der gesicherten Forderungen können nicht aufkommen.[121] Der gewohnheitsrechtliche Bestimmtheitsgrundsatz, der aus dem Schriftformerfordernis der Bürgschaft entwickelt wurde, ist kein taugliches Mittel, um den Bürgen vor einer unkontrollierten Haftung zu schützen. Schließlich zeigt auch § 767 Abs 1 S 1 BGB, dass dem Gesetz eine betragsmäßig unbeschränkte Haftung nicht fremd ist.

bb) Die Qualifikation als überraschende Klausel (§ 305c Abs 1 BGB)
Globalsicherungsabreden in **Individualverträgen**, dh bei einem individuell ausgehandelten Inhalt der Bürgschaft, sind bis zur Grenze des § 138 BGB zulässig.[122] Bei Globalsicherungsklauseln in den AGB einer Bürgschaft ist hingegen zu unterscheiden. Nach der **früheren Rechtsprechung** waren diese Klauseln auch dann **nicht überraschend** iSv § 305c Abs 1 BGB, wenn die Bürgschaft mit dieser Klausel anlässlich einer konkreten Verbindlichkeit, va einer konkreten Darlehensforderung, übernommen wurde.[123] Dabei wurde auf § 765 Abs 2 BGB verwiesen. Die Norm sehe die Übernahme einer Bürgschaft für zukünftige Forderungen explizit vor und Globalsicherungsklauseln nutzten somit lediglich gesetzlich vorgesehene Möglichkeiten.

Nach zutreffender, mittlerweile hM weicht eine Globalsicherungsklausel vom gesetzlichen Leitbild der Bürgschaft in den §§ 765 ff BGB ab, das an einer Bürgschaft für eine bestimmte Forderung orientiert ist (zB § 767 BGB). Nach diesem Leitbild ist der Bürgschaft das „**Verbot der Fremddisposition**" über die Haftung und das Vermögen des Bürgen immanent (vgl § 767 Abs 1 S 3 BGB).[124] Der Bürge soll nach dem Grundgedanken der gesetzlichen Regelung davor geschützt sein, dass der Hauptschuldner ohne Beteiligung des Bürgen den Umfang der Hauptschuld (und damit die Bürgenschuld,

---

Tilgungskonditionen durch die Bürgschaft gesichert werde, vgl BGH NJW 1996, 1467, 1472.
[119] Zur früheren Rspr BGH NJW 1986, 928, 929; NJW 1992, 896, 897.
[120] REINICKE/TIEDTKE JZ 1986, 427 f; STAUDINGER/HORN (2012) § 765 Rn 14, 17.
[121] BGH NJW 1986, 928, 929; BGHZ 130, 19 = NJW 1995, 2553; BGHZ 143, 95 = NJW 2000, 658; BYDLINSKI WM 1992, 1301, 1304; LARENZ/CANARIS, SchuldR II/2 (13. Aufl 1994) § 60 II 2 = S 6 f.
[122] BGHZ 130, 19, 22 = WM 1995, 1397; NOBBE, in: SCHIMANSKY/BUNTE/LWOWSKI, BankR-Hdb (5. Aufl 2017) § 91 Rn 177.
[123] Vgl zB BGH NJW 1985, 848, 849; NJW 1992, 896, 897; krit TIEDTKE ZIP 1994, 1237, 1241; HORN, in: FS Merz (1992) 217, 222.
[124] Grundlegend HORN, in: FS Merz (1992) 217, 224 ff; STAUDINGER/HORN (2012) § 765 Rn 15; MünchKomm/HABERSACK (7. Aufl 2017) § 767 Rn 10 ff; LARENZ/CANARIS, SchuldR II/2 (13. Aufl 1994) § 60 II 2 = S 6 ff.

§ 767 Abs 1 S 1 BGB) erweitert. Dieser Schutz rechtfertigt sich aus der fehlenden Möglichkeit des Bürgen, sich nach einer Erweiterung der gesicherten Hauptschuld rückwirkend von seiner Bürgschaftsverpflichtung zu befreien. Auch eine etwaige Kündigung aus wichtigem Grund wirkt allenfalls für die Zukunft. Es ist daher grundsätzlich **überraschend iSv § 305c Abs 1 BGB**, wenn der Bürge abweichend von der gesetzlichen Wertung dem Risiko der jederzeit erweiterbaren Haftung ausgesetzt wird. Dem steht die Zulässigkeit einer Globalsicherungsklausel als Individualabrede[125] nicht entgegen, denn die Zulässigkeit einer individuellen Vertragsgestaltung präjudiziert nicht die Einordnung einer Klausel als (nicht) überraschend iSv § 305c Abs 1 BGB. Der BGH hat sich – nachdem die auf ähnlichen Gedanken beruhende sog „Anlassrechtsprechung" bei Grundschulden entwickelt worden war[126] – dieser Auffassung auch bei Bürgschaften im Grundsatz angeschlossen.[127] Allerdings anerkennt die Rechtsprechung **Ausnahmen**, in denen die Globalsicherungsklausel in einer Bürgschaft nicht überraschend sein soll. Dazu zählen Konstellationen, in denen sich der Bürge keine genaue Vorstellung vom Umfang seiner Haftung gemacht hat, da es dann am subjektiven Überraschungsmoment fehle. Zudem scheide § 305c Abs 1 BGB aus, wenn der Bürge die Hauptverbindlichkeit anderweitig kontrolliert, etwa weil er Geschäftsführer oder Gesellschafter des Hauptschuldners ist. Gleiches gilt, wenn die Bürgschaft von vornherein unbeschränkt übernommen wurde, also gerade nicht aus Anlass einer konkreten Verbindlichkeit.[128]

49 Sofern hiernach eine überraschende Globalsicherungsklausel in einer Bürgschaft vorliegt, gelangt die Rechtsprechung als **Rechtsfolge** zu einer **Haftung nur für die „Anlassverbindlichkeit"**. Die weite, nach § 305c Abs 1 BGB überraschende Zweckabrede werde, sofern der *blue-pencil-test* nicht greift, umfassend nicht Vertragsbestandteil. § 157 BGB und damit die ergänzende Vertragsauslegung werden nach der Rechtsprechung aber von § 306 BGB ebenfalls in Bezug genommen.[129] In ergänzender Vertragsauslegung wird daher sodann die Lücke geschlossen, die aus der Unwirksamkeit der (weiten) Zweckabrede folgt. Redlich denkende Parteien hätten nach Ansicht der Rechtsprechung eine Haftung (nur) für die Anlassverbindlichkeit vereinbart.[130] Diese Lösung steht freilich auch hier in einem sehr deutlichen Spannungsverhältnis zum Verbot der geltungserhaltenden Reduktion.[131]

cc) Die unangemessene Benachteiligung des Bürgen (§ 307 Abs 1, 2 BGB)
50 Sofern die Globalsicherungsabrede in einer Bürgschaft ausnahmsweise nicht überraschend iSv § 305c Abs 1 BGB ist,[132] kann gleichwohl die Inhaltskontrolle (§ 307 Abs 1,

---

[125] Vgl die Nachweise in Fn 122.
[126] Ausf zu dieser oben Rn 38 ff.
[127] Grundl BGHZ 130, 19, 27 f = WM 1995, 1397; s a BGHZ 137, 153, 155 f = WM 1998, 67; BGHZ 142, 213, 215 f = WM 1999, 1761; BGHZ 156, 302, 310 = WM 2003, 2379; NOBBE, in: SCHIMANSKY/BUNTE/LWOWSKI, BankR-Hdb (5. Aufl 2017) § 91 Rn 195.
[128] Vgl BGH NJW 1991, 3141 (Hinweis auf Erweiterung der dinglichen Haftung in Verhandlungen bzw mit Kreditgeschäften vertrautes Unternehmen als Sicherungsgeber); BGH NJW 2000, 1179, 1182 = ZIP 2000, 451, 454 (zu Geschäftsführern, Allein- oder Mehrheitsgesellschaftern sowie Handlungsbevollmächtigten); TIEDTKE NJW 2001, 1015, 1028; krit BeckOK/ROHE (15.6.2017) § 765 Rn 31; vgl zur Inhaltskontrolle in diesen Ausnahmekonstellationen sogleich Rn 50.
[129] Zur unionsrechtlichen Problematik vgl Rn 42 aE mit Fn 111.
[130] Vgl nur BGHZ 137, 153, 156 ff = WM 1998, 67; BGHZ 153, 293, 298 = WM 2003, 669; BGH WM 2006, 585; WM 2009, 1180, 1183 Rn 28.
[131] Daher krit HAGER JZ 1996, 175; SCHMITZ-HERSCHEID ZIP 1997, 1140; REICH/SCHMITZ NJW 1995, 2533, 2534; für eine Vereinbarkeit hingegen RIEHM JuS 2000, 343, 346 f.

K. Das Recht der Kreditsicherung

2 BGB) zu ihrer Unwirksamkeit führen. Nach der Rechtsprechung resultiert aus einer Globalsicherungsklausel, mit der die Haftung auf alle *künftigen* Verbindlichkeiten erstreckt wird, eine **unangemessene Benachteiligung des Bürgen** entgegen Treu und Glauben; sie ist daher **grundsätzlich unwirksam** gem § 307 Abs 1 BGB.[133] Dabei werden beide Regelbeispiele des § 307 Abs 2 BGB bejaht: Zum einen werde implizit das „Verbot der Fremddisposition" (§ 767 Abs 1 S 3 BGB) abbedungen[134] und damit von wesentlichen Grundgedanken der gesetzlichen Regelung abgewichen, zum anderen sei die Beschränkung der Bürgenhaftung auf die konkrete „Anlassverbindlichkeit" aus der Sicht des Bürgen ein wesentlicher Vertragszweck, der durch die Globalsicherungsabrede vereitelt würde. In **Ausnahmefällen** soll die Klausel wirksam sein, wenn der Bürge die Veränderungen der Hauptschuld kontrollieren könne. Es fehle dann an einer „Fremddisposition". Dies betrifft va die Bürgschaft des GmbH-Geschäftsführers, Allein- oder Mehrheitsgesellschafters für Verbindlichkeiten der GmbH.[135] Mittlerweile hat die Rechtsprechung[136] auch Globalsicherungsklauseln als Verstoß gegen § 307 Abs 1, 2 BGB qualifiziert, in denen die Bürgenhaftung auf **alle** bestehenden **Verbindlichkeiten** erstreckt wird („alle bestehenden Ansprüche des Gläubigers gegen den Hauptschuldner") und die verbürgten Forderungen nicht näher bezeichnet sind. Die Unwirksamkeit ergebe sich hier aus der Verschleierung des Umfangs der Bürgenverpflichtung durch die globale Zweckerklärung, sodass der Bürge die Reichweite seines Risikos nicht ermessen könne.

Als **Rechtsfolge** gelangt die Rechtsprechung auch bei Globalbürgschaften zu einer **Haftung für die „Anlassverbindlichkeit"**, indem als Folge der Unwirksamkeit der Globalsicherungsklausel in ergänzender Vertragsauslegung (§ 157 BGB) eine Haftung nur für die Anlassverbindlichkeit als hypothetisch vereinbarter, angemessener Interessenausgleich postuliert wird.[137] Auch diese Lösung steht in einem deutlichen Spannungsverhältnis zur überwiegend abgelehnten geltungserhaltenden Reduktion.[138] Im **Ergebnis** kann nach der Rechtsprechung eine Globalsicherungsabrede in AGB nicht mehr wirksam vereinbart werden, wenn der Bürge keinen Einfluss auf den Inhalt der Hauptverbindlichkeit hat oder aufgrund einer undurchsichtigen globalen Zweckerklärung das Risiko seiner Haftung nicht überblicken kann. Dies gilt auch im Rahmen einer **Höchstbetragsbürgschaft**.[139] Gleiches wird für den **Schuldbeitritt** anzunehmen sein.[140] Diese Rechtsprechung ist zudem **auch** bei der Verwendung der Globalsicherungsklausel **gegenüber Kaufleuten** einschlägig, soweit der Verwendungsgegner auf die Verbindlichkeit des Hauptschuldners keinen bestimmenden Einfluss nehmen kann.[141]

51

---

[132] Vgl oben Rn 48.
[133] BGHZ 130, 19, 33 ff = NJW 1995, 2553, 2556 f; **aA** noch BGH NJW 1985, 848, 849; NJW 1986, 928, 929, wonach eine Inhaltskontrolle gem § 307 Abs 3 S 1 BGB unzulässig sei, da die Globalsicherungsabrede als Beschreibung der Hauptleistungspflicht des Bürgen der Inhaltskontrolle entzogen sei.
[134] Vgl zu diesem nur BGHZ 130, 19, 26 f = WM 1995, 1397; BGHZ 156, 302, 310 = WM 2003, 2379.
[135] Vgl BGHZ 153, 293, 296 = WM 2003, 669; BGH WM 2009, 213 Rn 13; BGH WM 2009, 1798.
[136] Vgl BGHZ 143, 95 = NJW 2000, 658, 659; BGH WM 2000, 764; WM 2001, 1775.

[137] BGHZ 130, 19, 31 f = NJW 1995, 2553, 2556.
[138] Zur unionsrechtlichen Problematik vgl Rn 42 aE mit Fn 111.
[139] Vgl BGHZ 143, 95 = BGH NJW 2000, 658; BGHZ 151, 374, 380 = WM 2002, 1836; **aA** Horn, in: FS Merz (1992) 217, 219.
[140] Vgl BGH NJW 1996, 249 f; MünchKomm/Bydlinski (7. Aufl 2016) Vor §§ 414 ff Rn 14; Grigoleit/Herresthal Jura 2002, 832 f; zum Schuldbeitritt unten Rn 142 f.
[141] BGHZ 151, 374, 378 = WM 2002, 1836 (zur Bürgschaft einer GmbH für alle Verbindlichkeiten des Alleingesellschafters); BGH WM 2001, 1517.

5. Der Konflikt mehrerer Sicherheiten

52 Sofern mehrere Sicherungsnehmer auf dieselbe Sicherheit zugreifen wollen, wird entscheidend, wer diese für sich beanspruchen kann. Typischerweise tritt ein solcher Konflikt bei **globalen Sicherungszessionen**[142] auf, die den gesamten gegenwärtigen und künftigen Forderungsbestand des Sicherungsnehmers erfassen, sowie bei **(antizipierten) Sicherungsübereignungen**[143], die dem Sicherungsgeber noch nicht gehörende Sachen einbeziehen. Im Kern der Problematik steht die Frage nach der Wirksamkeit mehrerer (Voraus-)Verfügungen eines Sicherungsgebers über einen Vermögensgegenstand.

a) Der anfänglich zu weitreichende Zugriff auf das Vermögen des Sicherungsnehmers

53 Eine der beiden zentralen Konstellationen beim Konflikt mehrerer Sicherungsnehmer ist der anfänglich zu umfassende Zugriff eines Sicherungsnehmers auf das Vermögen des Sicherungsgebers. Sofern sich ein Sicherungsnehmer vom Sicherungsgeber Sicherheiten bestellen lässt, deren Wert wesentlich über sein legitimes Sicherungsinteresse hinausgeht oder bei der Bestellung der Sicherheit die berechtigten Interessen des Sicherungsgebers vollkommen unberücksichtigt bleiben, kann diese Bestellung, zB eine antizipierte Sicherungsübereignung oder Globalzession, gegen § 307 Abs 1, 2 BGB oder § 138 Abs 1 BGB[144] verstoßen.[145] Insoweit haben sich Fallgruppen herausgebildet, die aber nicht von einer umfassenden Gesamtwürdigung der Umstände des konkreten Einzelfalls befreien.[146]

aa) Die anfängliche Übersicherung

54 Sofern ein Gläubiger den Schuldner zur Stellung möglichst umfassender Sicherheiten veranlasst, kann bereits bei Abschluss der Sicherungsabrede eine Übersicherung des Gläubigers vorliegen (sog anfängliche Übersicherung).[147] Sie beeinträchtigt die Interessen des Schuldners, va seine wirtschaftliche Bewegungsfreiheit, und die Interessen anderer Gläubiger, denen wesentliche Vermögensbestandteile des Schuldners als Haftungsgrundlage entzogen werden. Eine anfängliche **Übersicherung** liegt vor, wenn der realisierbare Wert der Sicherheit bereits bei Abschluss der Sicherungsabrede das gesicherte Risiko übersteigt und zugleich feststeht, dass dies auch zum Zeitpunkt des – noch ungewissen – Sicherungsfalls so sein wird.[148] Eine solche Übersicherung ist dem Grundsatz nach von der Privatautonomie der Parteien (§ 311 Abs 1 BGB) umfasst und daher **grundsätzlich zulässig**.

---

[142] Zu diesen unten Rn 244 ff.
[143] Zu dieser unten Rn 230 ff.
[144] Mit einer Zusammenfassung der Rechtsprechung unlängst BGH 12.4.2016 – XI ZR 305/14 Rn 39 ff, WM 2016, 1026 m zust Anm STÜRNER JZ 2016, 1123 ff.
[145] Zum Folgenden auch GANTER, in: SCHIMANSKY/BUNTE/LWOWSKI, BankR-Hdb (5. Aufl 2017) § 90 Rn 346 ff; BRÜNINK, in: LWOWSKI/FISCHER/GEHRLEIN, Das Recht der Kreditsicherung (10. Aufl 2018) § 3 Rn 62 ff; MünchKomm/OECHSLER (7. Aufl 2017) Anh zu §§ 929–936 Rn 33 f; MünchKomm/ARMBRÜSTER (7. Aufl 2015) § 138 Rn 101.
[146] Dies betont BGH 12.4.2016 – XI ZR 305/14 Rn 42, WM 2016, 1026.
[147] Ausf zu dieser GANTER, in: SCHIMANSKY/BUNTE/LWOWSKI, BankR-Hdb (5. Aufl 2017) § 90 Rn 352–352d; GANTER WM 2001, 1 ff; STAUDINGER/WIEGAND (2017) Anh 157 zu §§ 929 ff; STAUDINGER/SACK/FISCHINGER (2017) § 138 Rn 378.
[148] BGH NJW 1998, 2047.

Die Rechtsprechung¹⁴⁹ nimmt aber eine **Sittenwidrigkeit der anfänglichen Übersiche-** 55
rung (§ 138 Abs 1 BGB) an, wenn bereits bei Vertragsschluss gewiss ist, dass im noch
ungewissen Verwertungsfall ein **auffälliges ("krasses") Missverhältnis** zwischen reali-
sierbarem Wert der Sicherheit und gesicherter Forderung vorliegen wird **und** eine
verwerfliche Gesinnung des Sicherungsnehmers, va eine Rücksichtslosigkeit gegenüber
den berechtigten Belangen des Sicherungsgebers, festzustellen ist.¹⁵⁰ Maßgeblich sind
die Umstände des Einzelfalles, insbes Inhalt, Beweggrund, Zweck der Sicherungsabrede. Das Sittenwidrigkeitsverdikt rechtfertigt sich dann aus dem zu umfassenden Zugriff des Gläubigers auf das Vermögen des Sicherungsgebers. Ein angemessener Interessenausgleich setzt demnach eine betragsmäßige Begrenzung der Sicherheit (bei einer
Abtretung) bzw eine *dingliche* Freigabeklausel voraus. Nach der Rechtsprechung entfällt die Sittenwidrigkeit bei der anfänglichen Übersicherung hingegen nicht durch
einen qua ergänzender Vertragsauslegung (§ 157 BGB) erzielten nur *schuldrechtlichen*
Freigabeanspruch.¹⁵¹

Richtigerweise kann **keine feste prozentuale Grenze** bestimmt werden, ab der die Be- 56
stellung der Sicherheit sittenwidrig ist.¹⁵² Die im Schrifttum bisweilen genannten Zahlen ("gesicherte Forderung mal drei"; "Deckungsgrenze mal zwei")¹⁵³ entsprechen
zwar dem Bedürfnis der Praxis nach praktikablen, einfach handhabbaren Größen,
verkennen aber, dass die erfassten Sicherungskonstellationen überaus facettenreich
und das Sittenwidrigkeitsverdikt das Ergebnis einer Abwägung aller Umstände des
Einzelfalles ist;¹⁵⁴ auch zahlenmäßige Richtgrößen erfordern daher eine weitere Aus-
differenzierung in Fallgruppen. Freilich können die genannten Werte, insbes der dreifache Wert der gesicherten Forderung, als Indiz für das Gericht (und die Parteien)
dienen, die Frage der anfänglichen Übersicherung im konkreten Fall genauer zu prüfen. Die **Darlegungs- und Beweislast** für eine solche Übersicherung trifft denjenigen,
der aus der Sittenwidrigkeit einen Vorteil ziehen möchte, mithin in der Regel den
Sicherungsgeber, der den Zugriff des Sicherungsnehmers auf sein Vermögen abwenden will. In der Folge ist das Verdikt der Sittenwidrigkeit gem § 138 Abs 1 BGB ein
stumpfes Schwert in der Hand des Sicherungsgebers, da er nicht nur das von den
Besonderheiten des Einzelfalles abhängige „auffällige Missverhältnis" von Sicherheit
und gesicherter Forderung, sondern auch die subjektiven Voraussetzungen des § 138
Abs 1 BGB in der einschlägigen Konstellation darzulegen und zu beweisen hat.

---

¹⁴⁹ BGH WM 2010, 834; NJW 1998, 2047; NJW 1994, 1796, 1798.
¹⁵⁰ Ausreichend ist die Kenntnis der Tatsachen, aus denen sich die Sittenwidrigkeit ergibt, oder das zumindest grob fahrlässige Verschließen vor der Kenntnis; ein darüber hinausgehendes Verwerflichkeitselement ist nicht erforderlich, vgl nur GRIGOLEIT/HERRESTHAL, BGB AT (3. Aufl 2015) Rn 413, 422 f.
¹⁵¹ BGHZ 137, 212, 223 = WM 1998, 227; **aA** CANARIS ZIP 1997, 813.

¹⁵² Wie hier GANTER, in: SCHIMANSKY/BUNTE/LWOWSKI, BankR-Hdb (5. Aufl 2017) § 90 Rn 352c; MünchKomm/OECHSLER (7. Aufl 2017) Anh §§ 929–932 Rn 33.
¹⁵³ Vgl nur NOBBE, in: FS Schimansky (1999) 433, 451 (300%); LWOWSKI, in: FS Schimansky (1999) 389, 395, 414; STAUDINGER/SACK/FISCHINGER (2017) § 138 Rn 378 (realisierbarer Wert der Sicherheit beträgt über 200% der Forderung).
¹⁵⁴ Vgl GANTER WM 2001, 1, 2 f.

57 Rechtsfolge einer sittenwidrigen anfänglichen Übersicherung ist die **Nichtigkeit der Sicherungsabrede** und **der Bestellung der Sicherheit** gem § 138 Abs 1 BGB. Die Nichtigkeit gem § 138 Abs 1 BGB erfasst auch das dingliche Rechtsgeschäft,[155] denn gerade in der Einräumung der Verwertungsmöglichkeit durch das dingliche Rechtsgeschäft zu den konkreten Zwecken manifestiert sich die Sittenwidrigkeit.[156] Dies wird von der Gegenauffassung verkannt, nach der nur die Sicherungsabrede unwirksam sein soll mit der Folge einer bereicherungsrechtlichen Rückabwicklung der Sicherheit.[157] Die Rechtsprechung hatte nicht nur **Klauseln aus dem kaufmännischen Verkehr** zu überprüfen, sondern zB auch **Ratenkreditverträge Privater**, bei denen die Abtretung der gegenwärtigen und künftigen Lohn- und Sozialleistungsansprüche des abhängig beschäftigten Schuldners üblich war. Diese Abreden sind für den Privaten und seine weitere Kreditwürdigkeit von existentieller Bedeutung. Auch sie halten einer Inhaltskontrolle daher nur stand, wenn sie den Zweck und den Umfang der Zession sowie die Voraussetzungen, unter denen der Verwender von ihr Gebrauch machen darf, hinreichend deutlich bestimmen und zu einem vernünftigen, die schutzwürdigen Belange beider Vertragspartner angemessen berücksichtigenden Interessenausgleich führen.[158]

bb) **Die Schuldnerknebelung**

58 Die Bestellung der Sicherheit verstößt des Weiteren gegen § 138 Abs 1 BGB, wenn dem Schuldner durch eine Vertragsklausel hierbei die Selbständigkeit und **eigene wirtschaftliche Betätigungsfreiheit praktisch genommen** wird.[159] Maßgebend im Rahmen der Abwägung sind die enthaltenen Beschränkungen der Verfügungsbefugnis des Sicherungsgebers einschließlich der Möglichkeit zur Verarbeitung des Sicherungsgutes sowie der Einziehungsbefugnis bei der Abtretung von Forderungen. Dieser strenge Maßstab für eine sittenwidrige Übervorteilung führt nur ganz ausnahmsweise zur Sittenwidrigkeit gem § 138 Abs 1 BGB. Für diese ist das Recht des Sicherungsnehmers zum Widerruf der Verfügungs- oder Einziehungsbefugnis oder zu anderen Eingriffen in die Unternehmensführung nur für den Fall, dass die gesicherte Forderung *nicht* erfüllt wird, nicht ausreichend.[160] Auch die Abtretung aller Forderungen, die Übereignung des gesamten Maschinenparks oder des letzten Vermögensbestandteils sind zulässig. Erst weitestreichende Kontroll- und Eingriffsbefugnisse des Sicherungsnehmers[161] führen zur Sittenwidrigkeit. Ein **Beispiel** für die unzulässige Knebelung einer GmbH als Sicherungsgeberin ist eine Vertragsklausel, nach der der GmbH-Geschäftsführer der Zustimmung des Sicherungsnehmers zu sämtlichen Rechtsgeschäften bedarf und Letzterem zudem die Aufsicht über den gesamten Zahlungsverkehr eingeräumt wird. Eine effektive wirtschaftliche Betätigung ist der GmbH in diesem Fall nicht mehr möglich.[162]

---

[155] So die hM: BGH NJW 1998, 2047; OLG Hamm WM 2002, 451, 453; STAUDINGER/WIEGAND (2017) Anh 157 zu §§ 929 ff; GANTER, in: SCHIMANSKY/BUNTE/LWOWSKI, BankR-Hdb (5. Aufl 2017) § 90 Rn 352a; PALANDT/ELLENBERGER, BGB (77. Aufl 2018) § 138 Rn 20; BeckOK/ROHE (15.6.2017) § 398 Rn 18; vgl aber BGH WM 2010, 834, wonach die anfängliche Übersicherung zur Sittenwidrigkeit der Sicherungsabrede führt, während die Wirksamkeit der Sicherheitenbestellung offen bleibt.
[156] Zu diesen Konstellationen des § 138 Abs 1 BGB vgl GRIGOLEIT/HERRESTHAL, BGB AT (3. Aufl 2015) Rn 426 (spezifischer Bezug der sittenwidrigkeitsbegründenden Umstände zum Verfügungsgeschäft).
[157] MünchKomm/OECHSLER (7. Aufl 2017) Anh §§ 929–932 Rn 34 f.
[158] BGHZ 108, 98, 105 = WM 1989, 1086.
[159] BGH 12.4.2016 – XI ZR 305/14 Rn 39, WM 2016, 1026; BGHZ 138, 291, 303 = WM 1998, 968; BGH WM 1993, 1189, 1190 f; BGHZ 83, 313, 316 = WM 1982, 694, 695.
[160] BGHZ 138, 291, 303 = WM 1998, 968, 971.
[161] Vgl BGH WM 1993, 1189, 1191.
[162] Vgl BGH WM 1993, 1189, 1190 f.

cc) **Die Kollisionsnichtigkeit (Gläubigergefährdung)**
Bei mehrfachen Abtretungen künftiger Forderungen kann ein Konflikt zwischen Gläubigern (Sicherungsnehmern) resultieren, wenn ein Gläubiger vorab faktisch auf das gesamte freie Vermögen des Schuldners zugreift und dies nicht nach außen in Erscheinung tritt. Das Prioritätsprinzip[163] führt in diesen Konstellationen dazu, dass spätere Gläubiger ohne Sicherheit bleiben. Paradigmatisch ist das **Zusammentreffen von verlängertem Eigentumsvorbehalt** (Warenkredit durch Lieferant) **mit einer** zeitlich vorrangigen (stillen) **Globalzession** zugunsten einer Bank (Geldkredit durch Bank).[164] Die Forderungsabtretung im Rahmen des verlängerten Eigentumsvorbehalts[165] geht dabei ins Leere, weil die Rechtszuständigkeit nach dem gesetzlich verankerten **Prioritätsprinzip** mit der zeitlich vorausgehenden Globalzession vom Schuldner schon auf den Globalzessionar übergegangen ist. Die vorgeschlagenen Lösungen dieses Konflikts, eine Teilung der Forderung zwischen den beiden Gläubigern, die Zuweisung der gesicherten Forderung zu der Sicherheit, zu der eine größere „Sachnähe" besteht, sowie die Qualifikation der Kaufpreisforderung als Surrogat der Vorbehaltsware beim verlängerten Eigentumsvorbehalt, scheitern am Prioritätsprinzip.[166]

Nach der **Rechtsprechung**[167] ist die sicherungshalber erfolgte **Globalzession** künftiger Forderungen an die Bank[168] in der Regel **sittenwidrig und nichtig** (§ 138 Abs 1 BGB), wenn sie nach dem Willen der Vertragsparteien auch solche Forderungen umfassen soll, die der Schuldner seinen Lieferanten aufgrund verlängerten Eigentumsvorbehalts künftig abtreten muss. Denn der Schuldner werde mit der Globalzession vor die Wahl gestellt, auf den weiteren (Waren-)Kredit und den verlängerten Eigentumsvorbehalt zu verzichten. Hierdurch wird seine wirtschaftliche Handlungsfähigkeit im kaufmännischen Verkehr weitgehend beschränkt. Alternativ kann er die Globalzession dem Vorbehaltsveräußerer verschweigen und damit diesem gegenüber bestehende vertragliche Pflichten verletzen, weil er dessen Eigentum bzw den darin verkörperten Wert gefährdet, unter Umständen sogar vernichtet; ggf begeht er hierdurch einen strafbaren Betrug. Der Sicherungsnehmer wird somit zur Täuschung und zum Vertragsbruch durch Verschweigen der Zession gegenüber dem Lieferanten verleitet (daher auch sog „**Vertragsbruchtheorie**"). Legt der Sicherungsnehmer die Globalzession offen, so muss er damit rechnen, dass der Vorbehaltseigentümer ihm keine Ware mehr zur Weiterverwertung liefert.

---

[163] Allg zum Prioritätsprinzip Neuner AcP 203 (2003) 46 ff; auf diesem grundlegenden Prinzip baut auch der DCFR auf, vgl Art IX 4:101 ff.
[164] Die nachfolgend dargestellten Grundsätze gelten nach der Rspr auch bei Globalzessionen zugunsten von Warenlieferanten, vgl BGH WM 1999, 1216; WM 1995, 995; WM 1977, 480. Denn auch beim Warenbezug von Lieferanten kann der Käufer in den nachfolgend dargestellten, die Sittenwidrigkeit auslösenden Konflikt der Sicherungsgeber geraten.
[165] Zu diesem näher unten Rn 222 ff.
[166] Zu dessen Anerkennung in der Rspr vgl BGHZ 30, 149, 151 f; 32, 361, 363 f; BGH NJW 1999, 2588, 2589; Canaris NJW 1981, 249; Bülow, Recht der Kreditsicherheiten (8. Aufl 2012) Rn 1648.
[167] St Rspr, vgl BGH 12.4.2016 – XI ZR 305/14 Rn 39, WM 2016, 1026; BGHZ 30, 149, 153 = WM 1959, 964; BGHZ 55, 34, 35 = WM 1971, 69; BGHZ 72, 308, 310 = WM 1979, 11; BGHZ 98, 303, 314 = WM 1986, 1545; BGH WM 1991, 1273; WM 1995, 995; zusammenfassend auch BGH WM 1999, 126; WM 1999, 1216; ausf Staudinger/Busche (2017) Einl 97 ff zu §§ 398 ff; Staudinger/Sack/Fischinger (2017) § 138 Rn 477 ff.
[168] Zur Globalzession zugunsten eines Warenlieferanten vgl die Nachw in Fn 164.

61 Im **Kern dieses Konflikts** zwischen Warenkreditgeber und zeitlich vorrangigem (Geld-)Kreditgeber steht, dass der Vorbehaltskäufer (Sicherungsgeber) seine künftige Forderung aus der Verwertung oder Weiterveräußerung der gelieferten Ware an den Vorbehaltsverkäufer als Ersatz dafür abtritt, dass Letzterer sein vorbehaltenes Eigentum an der Ware infolge der dem Vorbehaltskäufer erlaubten Weiterverwertung bzw Verarbeitung verliert. Der verlängerte Eigentumsvorbehalt sichert den in der Sache verkörperten Wert für den Vorbehaltseigentümer über diesen Zeitpunkt hinaus. Dabei ist der Vorbehaltseigentümer aber auf den *konkreten* Anspruch aus der Verwertung der veräußerten Sache beschränkt; auf andere Forderungen kann er gerade nicht zugreifen. Bei Anerkennung der vorausgehenden Globalzession würde der Vorbehaltseigentümer sein Vorbehaltseigentum und die konkrete abgetretene Forderung als Sicherheit verlieren, also einen endgültigen Substanzverlust erleiden, ohne auf andere Forderungen des Sicherungsgebers zugreifen zu können. Daher muss der zeitlich vorausgehende Globalzessionar, der diese Zwangslage des Sicherungsgebers bei Vereinbarung der Globalzession kennt oder kennen muss, auf diese Interessen des Vorbehaltseigentümers Rücksicht nehmen. Anderenfalls ist die Globalzession sittenwidrig (§ 138 Abs 1 BGB).[169]

62 Folglich gibt es **Ausnahmen von der Sittenwidrigkeit** der Globalzession, wenn der Globalzessionar diesem Rechtsverlust vorbeugt. Möglich ist eine sog **dingliche Teilverzichtsklausel**, nach der Forderungen aus einem verlängerten Eigentumsvorbehalt von der Vorauszession von vornherein nicht erfasst werden.[170] Ausreichend ist auch die Vereinbarung einer **Vorrangklausel**, nach der ein verlängerter Eigentumsvorbehalt Vorrang hat.[171] Schließlich kann ausnahmsweise das erforderliche subjektive Element des Globalzessionars, die **Kenntnis bzw das Kennenmüssen**, fehlen.[172] **Nicht ausreichend** ist hingegen eine nur **schuldrechtliche Teilverzichtsklausel**, mit der sich der Globalzessionar zur Rückübertragung im Konfliktfall verpflichtet.[173] Denn der Vorbehaltseigentümer trägt dann das Insolvenzrisiko des Globalzessionars, dh in der Regel einer Bank. Zudem ist ihm die Durchsetzung des verlängerten Eigentumsvorbehalts erschwert, muss er doch gegen die Bank (auf Abtretung der Forderung) und sodann gegen den Abnehmer der Ware (auf Zahlung) klagen. Entsprechendes gilt für eine **schuldrechtliche Verpflichtungsklausel**, nach der der Vorbehaltseigentümer zuerst zu befriedigen ist.[174]

63 Abweichend von der vorstehenden Konstellation, der Kollision von zeitlich vorrangiger Globalzession und verlängertem Eigentumsvorbehalt, ist die **Kollision zweier Globalzessionen** zu bewerten. Paradigmatisch ist das Zusammentreffen einer Globalzession zugunsten einer Bank mit der zeitlich nachfolgenden Globalzession zugunsten des Vermieters von Baumaschinen. Ihr liegt nicht der vorstehend skizzierte Interessenkonflikt zugrunde, da sich der Sicherungsnehmer (Mieter von Baumaschinen) hier nicht in

---

[169] Für eine Reduktion der Globalzession auf den noch zulässigen Inhalt hingegen MünchKomm/ROTH/KIENINGER (7. Aufl 2016) § 398 Rn 154.
[170] BGH WM 1974, 389, 390; NJW 1999, 940; MünchKomm/ARMBRÜSTER (7. Aufl 2015) § 138 Rn 103.
[171] WITTIG, in: Lwowski/Fischer/Gehrlein, Das Recht der Kreditsicherung (10. Aufl 2018) § 13 Rn 85 mwNw.
[172] BGH WM 1999, 126 (Branchenunüblichkeit des verlängerten Eigentumsvorbehalts); BGH WM 1962, 13, 14; die vielfach verwendete Terminologie stellt auf eine im Rahmen des § 138 Abs 1 BGB unzutreffende und daher zu vermeidende „verwerfliche Gesinnung" des Geldkreditgebers ab, dazu schon oben Fn 139.
[173] BGH NJW 1999, 940, 941; NJW 1995, 1669; WM 1979, 11.
[174] BGH NJW 1969, 318; NJW 1974, 942.

einer vergleichbaren Zwangslage befindet. Daher greift in diesen Fällen das **Prioritätsprinzip**.[175]

b)　Die nachträgliche Übersicherung

Die nachträgliche Übersicherung[176] ist einer der **zentralen Problemkreise des Kreditsicherungsrechts** der letzten drei Jahrzehnte. Die Grundproblematik ist, dass infolge einer Zunahme der Sicherheiten oder der Abnahme der gesicherten Forderung durch die sukzessive Rückzahlung des Kredits gerade bei Sicherheiten mit wechselndem Bestand eine nachträgliche Übersicherung des Sicherungsnehmers resultieren kann. Während anfänglich das Wertverhältnis von gesicherter Forderung und Sicherheiten in diesen Fällen angemessen war,[177] gerät es nachträglich in ein Missverhältnis. Die Möglichkeit einer solchen nachträglichen Übersicherung besteht va bei Globalzessionen mit wechselndem Forderungsbestand, der Sicherungsübereignung eines Warenlagers mit wechselndem Warenbestand und beim erweiterten und verlängerten Eigentumsvorbehalt.[178] Die hieraus resultierende Belastung für seine wirtschaftliche Handlungsfreiheit ist für den Sicherungsgeber bei Bestellung der Sicherheit nicht ausreichend überschaubar. Bei geborenen Sicherheiten kann sich dieses Problem aufgrund des dort geltenden Akzessorietätsprinzips von vornherein nicht stellen. 64

Entscheidend ist daher, ob die Vertragsgestaltung eine unverhältnismäßige nachträgliche Übersicherung von Beginn an ausschließen kann. Dabei ist heute unstreitig, dass aus der Sicherungsabrede ein **schuldrechtlicher Freigabeanspruch des Sicherungsgebers** bei einer nachhaltigen, nicht nur vorübergehenden Übersicherung folgt. Die Rspr leitet diesen Anspruch aus dem fiduziarischen Charakter der Sicherungsabrede und der Interessenlage der Vertragsparteien ab (§ 157 BGB).[179] Andere Stimmen stellen auf eine gewohnheitsrechtliche Anerkennung eines solchen Anspruchs bzw auf § 242 BGB ab.[180] 65

Im Zentrum der Problematik steht sodann die Frage, ob die **(formularmäßige) revolvierende Globalsicherheit** und **die Sicherungsabrede** bei Fehlen eines ausdrücklichen schuldrechtlichen Freigabeanspruchs in der Sicherungsabrede als Korrektiv zur Gefahr der nachträglichen Übersicherung **unwirksam** sind oder ob der ergänzend hergeleitete Freigabeanspruch ausreicht. Die **frühere Rechtsprechung** präferierte eine **Unterscheidung zwischen Global- und Singularsicherheiten**, indem sie bei Singularsicherheiten (zB nur ein Sicherungsgegenstand; Sachgesamtheit mit statischem Bestand) eine ausdrückliche Vereinbarung des Freigabeanspruchs *nicht* verlangte. Bei diesen sollte der vertragsimmanente Freigabeanspruch ausreichen. Bei Globalsicherheiten (zB Sicherungsübereignung eines Warenlagers, Globalzession) war hingegen die *Vereinbarung* einer qualifizierten schuldrechtlichen Freigabeklausel erforderlich. Diese Klausel musste (1) 66

---

[175] BGH WM 2005, 378.
[176] Vgl ausf dazu STAUDINGER/SACK/FISCHINGER (2017) § 138 Rn 380 ff; STAUDINGER/BUSCHE (2017) Einl 78 ff zu §§ 398 ff; GANTER, in: SCHIMANSKY/BUNTE/LWOWSKI, BankR-Hdb (5. Aufl 2017) § 90 Rn 353–362a; WEBER/WEBER (9. Aufl 2012) 248 ff.
[177] Zur anfänglichen Übersicherung vgl oben Rn 53 ff.
[178] Zur Zession vgl unten Rn 244 ff, zur Sicherungsübereignung unten Rn 230 ff sowie zum Eigentumsvorbehalt unten Rn 204 ff.
[179] BGHZ 137, 212, 218 ff; 124, 371, 375 ff = WM 1994, 419; BGHZ 124, 380, 384 ff = WM 1994, 414; GANTER, in: SCHIMANSKY/BUNTE/LWOWSKI, BankR-Hdb (5. Aufl 2017) § 90 Rn 358.
[180] Zu ersterem SERICK ZIP 1995, 989, 992 f; SERICK WM 1997, 345; für Letzteres CANARIS ZIP 1996, 1109, 1117 (unter 2.1); CANARIS ZIP 1997, 813, 816.

ermessensunabhängig sein, (2) eine konkrete Deckungsgrenze (max 120%) angeben sowie (3) eine leicht handhabbare Bewertungsklausel enthalten. Anderenfalls waren die Sicherungsabrede *und* die Bestellung der Sicherheit unwirksam.

67 Die in Reaktion auf die hiergegen gerichtete Kritik[181] geänderte, **aktuelle Rechtsprechung**[182] legt die **Gleichbehandlung von Globalsicherheit und Singularsicherheit** zugrunde. Weder bei einer revolvierenden Globalsicherheit noch bei Singularsicherheiten bedarf es nach dieser Rechtsprechung einer ausdrücklich vereinbarten Freigabeklausel, einer konkreten Deckungsgrenze oder der Maßstäbe zur Ermittlung des Werts der Sicherheit. Vielmehr enthält eine Sicherungsabrede – gleich, ob Individualabrede oder Formularvertrag – einen ermessensunabhängigen Freigabeanspruch, auch wenn ein solcher nicht ausdrücklich vereinbart wurde. Dieser vertragsimmanente Anspruch tritt auch an die Stelle einer etwaigen Parteiabrede, die dahinter zurückbleibt, ohne dass die Sicherungsabrede oder die Sicherheit nichtig wären.[183] Dies ist zB bei einer ermessensabhängigen Freigaberegelung der Fall. Die **wesentliche Begründung** der aktuellen Rechtsprechung stellt darauf ab, dass eine Pflicht zur deklaratorischen vertraglichen Regelung des gesetzlichen Anspruchs nicht besteht; auch das AGB-Transparenzgebot (vgl § 307 Abs 1 S 2 BGB) soll nur eine Verschleierung von Rechten verhindern, verpflichtet den Verwender von AGB aber nicht zur vertraglichen Regelung aller Ansprüche der Gegenseite. Das Fehlen der (deklaratorischen) Freigaberegelung kann zudem nicht zur Gesamtnichtigkeit der Sicherungsabrede und der Sicherheit führen (§ 306 Abs 1, 2 BGB), die Lücke wird nach der Rechtsprechung gerade durch den vertragsimmanenten Freigabeanspruch geschlossen. Teleologisch war die Unwirksamkeit auch der Verfügung, dh der Bestellung der Sicherheit, beim bloßen Fehlen des vertraglichen Freigabeanspruchs unabhängig vom Eintreten einer Übersicherung interessenwidrig, denn sie kam im Regelfall nur den Massegläubigern in der Insolvenz zugute.

68 Ein weiterhin bestehendes **Folgeproblem** betrifft den **Inhalt des Freigabeanspruchs**, va die konkrete Deckungsgrenze und den Bewertungsmaßstab. Die Rechtsprechung[184] legt dem vertragsimmanenten Freigabeanspruch eine **abstrakt-generelle Deckungsgrenze** zugrunde. Danach wird der Anspruch ausgelöst, wenn der bei einer Insolvenz des Sicherungsgebers realisierbare Verwertungserlös 110% des Nennwerts der gesicherten Forderung übersteigt oder der Schätzwert des Sicherungsguts (§ 237 S 1 BGB) – das ist grundsätzlich der Marktpreis im Zeitpunkt der Entscheidung über das Freigabeverlangen – die gesicherte Forderung um 150% übersteigt. Überzeugender, weil die Vertragsfreiheit der Parteien respektierend, und ebenso praktikabel ist hingegen die Aufrechterhaltung der vertragsimmanenten Deckungsgrenze nach Maßgabe des anfänglichen Wertverhältnisses.[185] Sie wird bei einer Relationsverschiebung ausgelöst, dh der Zunahme der Sicherheit oder Rückführung der Forderung.

---

[181] Vgl die umfassenden Nachweise in den Vorlagebeschlüssen BGH NJW 1997, 1570; WM 1997, 1197.
[182] BGHZ 137, 212 = NJW 1998, 671 (Gr Sen); s a BGH WM 2005, 1168, 1169; WM 1997, 750, 755 f.
[183] GANTER, in: SCHIMANSKY/BUNTE/LWOWSKI, BankR-Hdb (5. Aufl 2017) § 90 Rn 360.
[184] BGHZ 137, 212, 224, 228 f = WM 1998, 227; zustimmend STAUDINGER/SACK/FISCHINGER (2017) § 138 Rn 392.
[185] CANARIS ZIP 1997, 813, 831 ff.

c) Die Insolvenzverschleppung und Kredittäuschung

68a Ausnahmsweise können auch **in der Krise gewährte Sicherheiten** gegen § 138 Abs 1 BGB verstoßen. Allerdings ist die Wahrnehmung eigener Sicherungsinteressen auch in der Krise legitim. Die mit nachträglichen Sicherheiten verbundene gläubigerbenachteiligende Wirkung ist grundsätzlich über die Tatbestände der Insolvenzanfechtung (§§ 129 ff InsO) sowie über die Vorschriften des AnfG erfasst. Diese Regeln haben in ihrem Anwendungsbereich grds abschließenden Charakter. Die Sittenwidrigkeit gem § 138 Abs 1 BGB setzt daher besondere, über die bloße Verwirklichung eines Anfechtungstatbestandes hinausgehende Umstände voraus. Die Rechtsprechung hat insoweit die **Fallgruppen der Insolvenzverschleppung und der Kredittäuschung** entwickelt.[186] Diese sind ua gegeben, wenn der Sicherungsgeber um eigener Vorteile Willen die letztlich **unvermeidliche Insolvenz eines Unternehmens nur hinausschiebt**, indem er den Zusammenbruch nur verzögert, hierdurch aber andere Gläubiger über die Kreditwürdigkeit des Unternehmens getäuscht und geschädigt werden und sich der Sicherungsgeber dieser Erkenntnis zumindest leichtfertig verschließt. Dennoch sei auch hier stets eine Gesamtabwägung unter Berücksichtigung aller Umstände des Einzelfalls zum Zeitpunkt der Vornahme des Rechtsgeschäftes, insbes der objektiven Verhältnisse, der Auswirkungen, der subjektiven Merkmale, des verfolgten Zweckes und des zu Grunde liegenden Bewegrunds erforderlich.[187] Besonderheiten gelten dabei für die Beurteilung der Sittenwidrigkeit bei ernst gemeinten Sanierungsversuchen. Danach entfällt die Sittenwidrigkeit, wenn die Parteien aufgrund einer sachkundigen und sorgfältigen Prüfung der wirtschaftlichen Lage des Kreditnehmers überzeugt waren, das Sanierungsvorhaben werde gelingen und Dritte letztlich nicht geschädigt. Diese Rechtsprechung zur **Privilegierung von ernst gemeinten Sanierungsversuchen** setzt aber objektiv eine Insolvenzreife und die Gefährdung anderer Gläubiger voraus. Offen ist bislang, wann von einer die Prüfungspflichten auslösenden „Insolvenzreife" auszugehen ist. Im Schrifttum[188] werden unterschiedliche Zeitpunkte genannt (Eintritt der Insolvenzeröffnungsgründe der Zahlungsunfähigkeit oder Überschuldung gem §§ 17, 19 InsO, drohende Zahlungsunfähigkeit, bevorstehende Überschuldung, Krisenstadium im betriebswirtschaftlichen Sinn, allgemeine Sanierungsbedürftigkeit). Schließlich kommt eine Sittenwidrigkeit bei der Besicherung eines Kredits aufgrund einer Insolvenzverschleppung in Betracht.

6. Der Ausgleich bei mehreren Sicherungsgebern

69 Treffen mehrere Sicherheiten zusammen, stellt sich die Frage, ob eine **Ausgleichspflicht der Sicherungsgeber** besteht, wenn nur einer von ihnen mit seiner Sicherheit vom Gläubiger in Anspruch genommen wurde. Im Gesetz findet sich hierzu nur eine unvollständige Regelung. **Mitbürgen** (§ 769 BGB), die eine Einstandspflicht für dieselbe Verbindlichkeit übernommen haben, haften danach als Gesamtschuldner.[189] Hinzu tritt ein anteiliger Forderungsübergang kraft Gesetzes (§ 774 Abs 2, 1 BGB).[190] Bei **Höchstbetragsbürgschaften** bestimmt sich, wenn nichts anderes vereinbart ist, der Innenausgleich zwischen den Bürgen nach dem Verhältnis der einzelnen Höchstbeiträ-

---

[186] Ausf BGH 12.4.2016 – XI ZR 305/14 Rn 37 ff, ZIP 2016, 1058; BGH 16.3.1995 – IX ZR 72/94, WM 1995, 995, 997.
[187] BGH 12.4.2016 – XI ZR 305/14 Rn 42, ZIP 2016, 1058.
[188] Vgl nur STÜRNER JZ 2016, 1123; RUNGE NZI 2016, 662.

[189] Bei der Nebenbürgschaft ist hingegen der gesamtschuldnerische Ausgleich abbedungen, vgl BGHZ 88, 185, 188 ff = ZIP 1983, 1042; BGH ZIP 2004, 1049.
[190] STAUDINGER/HORN (2012) § 774 Rn 43.

ge;¹⁹¹ der Ausgleich im Innenverhältnis richtet sich mithin nach dem im Außenverhältnis gegenüber dem Gläubiger übernommenen Haftungsrisiko.¹⁹² Hat einer der Bürgen den Gläubiger befriedigt, gehen mit der Hauptforderung jeweils die weiteren Bürgschaftsforderungen des Gläubigers auf ihn über (§§ 412, 401 BGB), aber gemäß § 774 Abs 2 BGB nur in Höhe der nach § 426 BGB gegebenen Ausgleichspflicht.¹⁹³

70 Problematisch sind **Konstellationen ohne gesetzliche Regelung**. So erwirbt ein Bürge andere akzessorische Sicherungsrechte ohne die Einschränkungen des § 774 Abs 2 BGB; selbständige Sicherungsrechte (Sicherungsgrundschuld, Sicherungszession, Vorbehaltseigentum) kann er nur durch einen gesonderten Übertragungsakt erhalten, da diese nicht unter § 401 BGB fallen.¹⁹⁴ Umgekehrt geht auf den zahlenden Eigentümer eines mit einer Hypothek belasteten Grundstücks mit der Hauptforderung auch eine zu ihrer Sicherheit bestellte Bürgschaft über, ohne dass § 1143 Abs 1 S 2 BGB auf § 774 Abs 2 BGB verweist (umfassender hingegen der Verweis in § 1225 Abs 1 S 2 BGB¹⁹⁵). Bei den gekorenen Sicherheiten kann mangels *cessio legis* eine Pflicht des Gläubigers zur Übertragung der Forderung und der übrigen Sicherheiten aus der Sicherungsabrede nach dem Rechtsgedanken des § 401 BGB folgen.¹⁹⁶ Diese Lösungen führen aber zu unbefriedigenden und vielfach zufälligen Regressmöglichkeiten. Weder die Zuweisung der Last zu dem zeitlich zuletzt in Anspruch genommenen Sicherungsgeber noch der Ausschluss eines Regresses des zuerst in Anspruch genommenen vermögen aufgrund der dem Belieben des Gläubigers überantworteten zeitlichen Reihenfolge der Inanspruchnahme der Sicherheiten zu überzeugen.

71 Nach der sog **Theorie der Bürgenprivilegierung**¹⁹⁷ haben die Bürgen ein bevorzugtes Rückgriffsrecht. Begründet wird dies mit der gesetzlichen Sonderstellung dieser Personalsicherheit (§§ 768, 771, 776 BGB), der Wertung des Gesetzgebers in § 776 BGB, der auf eine Privilegierung des Bürgen abziele, und der umfassenden Haftung des Bürgen mit dem gesamten Vermögen.

72 Richtigerweise ist zwischen Sicherungsgebern, die auf gleicher Stufe stehen, – vorbehaltlich einer besonderen Vereinbarung zwischen ihnen –, eine **wechselseitige Ausgleichspflicht entsprechend den Gesamtschuldregeln (§ 426 BGB)** anzunehmen.¹⁹⁸ Ent-

---

¹⁹¹ So auch BGH 27.9.2016 – XI ZR 81/15, ZIP 2016, 2357 m Anm HERRESTHAL EWiR 2017, 67 für Höchstbetragsbürgschaften von GmbH-Gesellschaftern trotz unterschiedlicher Gesellschaftsanteile, da mit den Höchstbeträgen im Außenverhältnis konkludent die entsprechende Haftung im Innenverhältnis vereinbart werde.
¹⁹² Vgl BGH 9.12.2008 – XI ZR 588/07 Rn 15, WM 2009, 213; BGH 13.1.2000 – IX ZR 11/99, WM 2000, 408; FEDERLIN, in: KÜMPEL/WITTIG, Bank- und KapitalmarktR (4. Aufl 2011) Rn 12.284.
¹⁹³ Dazu auch unten Rn 131.
¹⁹⁴ Vgl zur Pflicht zur Übertragung analog §§ 774, 412, 401 BGB BGHZ 42, 53, 56 f; 78, 137, 143; 92, 374, 378; 110, 41, 43.
¹⁹⁵ Dies ist str, vgl STAUDINGER/WIEGAND (2009) § 1225 Rn 15.
¹⁹⁶ BGHZ 80, 228, 232 f = NJW 1981, 1554.

¹⁹⁷ LARENZ, Schuldrecht BT (12. Aufl 1981) § 64 III S 48; REINICKE/TIEDTKE, Kreditsicherung (5. Aufl 2006) Rn 1323 ff; TIEDTKE WM 1990, 1270; BAUR/STÜRNER, Sachenrecht (18. Aufl 2009) § 38 Rn 103; STAUDINGER/HORN (2012) § 774 Rn 65 ff.
¹⁹⁸ Grundlegend BGHZ 108, 179, 182 ff = WM 1989, 1205 (Verhältnis zwischen Bürge und Grundschuldbesteller); BGH WM 2009, 213 ff; WM 1992, 1893, 1894; WM 1991, 399, 400 (Bürgschaft und Pfandrecht); zustimmend die hLit: FISCHER, in: LWOWSKI/FISCHER/GEHRLEIN, Das Recht der Kreditsicherung (10. Aufl 2018) § 9 Rn 128; STAUDINGER/WIEGAND (2009) § 1225 Rn 18, 28 f; BeckOK/ROHE (15.6.2017) § 774 Rn 16; LARENZ/CANARIS, SchuldR II/2 (13. Aufl 1994) § 60 IV 3 = S 16 ff; MünchKomm/HABERSACK (7. Aufl 2017) § 774 Rn 29 f; krit STAUDINGER/WOLFSTEINER (2015) § 1143

K. Das Recht der Kreditsicherung   73

scheidend spricht hierfür, dass der identische wirtschaftliche Zweck aller Sicherheiten die Sicherung der Hauptschuld ist.[199] Der Vollstreckungszugriff auf das gesamte Vermögen des Bürgen anstelle der begrenzten Haftung bei einer dinglichen Sicherheit ist somit nach Maßgabe der Sicherungsabreden bzw Zweckabreden nicht das maßgebliche Kriterium. Hinzu tritt die Zufälligkeit anderer Lösungen, die auf die zeitliche Reihenfolge der Inanspruchnahme abstellen. Der Ausgleich nach Maßgabe der Gesamtschuldregeln erfolgt grundsätzlich nach Kopfteilen. Er reicht aber nur soweit sich die Sicherheiten überdecken, mithin auf dieselbe Hauptschuld bezogen sind, die Hauptschuld noch nicht anderweitig getilgt ist und sich die Sicherheiten betragsmäßig überdecken.[200] Hieraus folgen die **Grenzen des gesamtschuldnergleichen Ausgleichs**.[201] Er setzt voraus, dass die Sicherheiten die Hauptschuld *gleichrangig* sichern, was nicht erfüllt ist, wenn andere **Sicherungsgeber nur nachrangige Sicherheiten** bestellt haben.[202] Eine etwaige hieraus folgende Rangfolge ist im Ausgleichsverhältnis hinzunehmen.[203] Gleiches gilt für individualvertragliche oder formularmäßige Vereinbarungen, nach denen die dingliche Sicherheit vom Gläubiger auf den in Anspruch genommenen Bürgen nur unter der Voraussetzung übergehen soll oder zu übertragen ist, dass der **Sicherungsgeber mit dem Übergang bzw der Übertragung einverstanden** ist.[204] Das durch die Bestellung mehrerer gleichrangiger Sicherheiten entstandene Ausgleichsverhältnis nach Maßgabe der Gesamtschuldregeln kann aber nicht mehr gegen den Willen eines der an diesem Ausgleichsverhältnis Beteiligten beeinflusst werden.[205]

Aus den prinzipiellen Unterschieden zwischen Personal- und Realsicherheiten folgen aber Unterschiede bei der **Durchführung des Ausgleichs**. Gesamtschuldner haften einander grds zu gleichen Teilen; allerdings ist beim Innenausgleich das gegenüber dem Gläubiger im Außenverhältnis übernommene Haftungsrisiko zu berücksichtigen.[206] Dabei ist von Bedeutung, dass der Besteller einer Realsicherheit dem Gläubiger nur mit einem konkreten Vermögensgegenstand haftet, dessen Wert und der erzielbare Erlös die Obergrenze seiner Haftung im Rahmen des Ausgleichsverhältnis bilden. Zudem schuldet der Besteller einer Realsicherheit dem anderen Sicherungsgeber, der von ihm einen Ausgleich entsprechend der Gesamtschuldregeln verlangt, keine Zahlung, sondern er hat lediglich dessen Befriedigung durch Verwertung der Sicherheit zu dulden.

73

Rn 39 ff („kühne Konstruktion"); ähnlich auch IV. G. 1: 106 DCFR (proportional recourse).
[199] BGHZ 108, 179, 186 = WM 1989, 1205.
[200] LARENZ/CANARIS, SchuldR II/2 (13. Aufl 1994) § 60 IV 3b – S 16 ff.
[201] Zu abweichenden Vereinbarungen auch BGH NJW-RR 1991, 499; STAUDINGER/HORN (2012) § 774 Rn 70 ff.
[202] Zum Verhältnis von „nachträglichem" Vermieterpfandrecht und Sicherungsübereignung vgl BGH 15.10.2014 – XII ZR 123/12 Rn 18 ff, WM 2014, 2286; s a LEO/ASSMANN NZM 2015, 770; WILHELM JZ 2015, 346.
[203] BGH NJW 1992, 3228, 3229; REINICKE/TIEDTKE, Bürgschaftsrecht (3. Aufl 2008) Rn 649 ff.

[204] BGHZ 108, 179, 183 ff = WM 1989, 1205; MünchKomm/HABERSACK (7. Aufl 2017) § 774 Rn 31. Die bisweilen vertretene besondere Berücksichtigung des Grundsatzes der nur subsidiären Bürgenhaftung in diesem Zusammenhang – vgl REINICKE/TIEDTKE, Kreditsicherung (5. Aufl 2006) Rn 1331 ff; STAUDINGER/HORN (2013) § 774 Rn 72 – läuft auf eine Fiktion hinaus, mit der die behauptete gesetzliche Privilegierung des Bürgen in den Parteiwillen hineingelesen wird.
[205] BGH WM 1991, 399, 400; MünchKomm/HABERSACK (7. Aufl 2017) § 774 Rn 31.
[206] BGH WM 2009, 213 ff.

II. Die rechtsgeschäftlichen Abreden der Parteien

1. Der Kreditvertrag

a) Die Unterscheidung zwischen Zahlungs- und Haftungskrediten

74 Aufgrund der Vielzahl von Kriterien, nach denen Kredite systematisiert werden können, und angesichts neuer Kreditformen gibt es keinen einheitlichen umfassenden Rechtsbegriff des Kredits.[207] Die bankrechtliche Praxis und der Gesetzgeber (§ 1 Abs 1 S 2 Nr 2 KWG) unterscheiden im Wesentlichen **Zahlungskredite und Haftungskredite**.[208] Bei **Zahlungskrediten** überträgt der Kreditgeber dem Kreditnehmer ein Wirtschaftsgut, damit es dieser für einen begrenzten Zeitraum nutzen kann. Möglich ist auch, dass der Kreditgeber ein ihm sofort zustehendes Gut vorübergehend nicht einfordert. Der Kreditgeber überträgt entweder das Eigentum an diesem Wirtschaftsgut (zB Bargeld) oder belässt dem Kreditnehmer das Wirtschaftsgut in Form der Stundung oder Vorleistung. Zahlungskredite umfassen ua **Kontokorrent-, Diskont-, Raten- und Verbraucherkredite**. Ein **Kontokorrent- bzw Überziehungskredit** wird über ein „laufendes Konto" (vgl § 505 Abs 1 S 1 BGB; s a § 355 HGB zum Kontokorrent) abgewickelt. Auf diesem räumt die Bank dem Kontoinhaber einen – idR nicht zweckgebunden – Kredit ein, sodass der Kreditnehmer in der Verwendung der Darlehensvaluta frei ist. Der **Ratenkredit** wird zumeist in einer Darlehenssumme gewährt und dient überwiegend der Finanzierung von Wirtschaftsgütern. Zahlungskredite umfassen Gelddarlehen (§§ 488 ff BGB) und Sachdarlehen (§§ 607 ff BGB). Bei diesen werden dem Darlehensnehmer Geld oder vertretbare Sachen auf Zeit mit der Verpflichtung zur Rückerstattung überlassen.[209] Auch der Zahlungsaufschub zählt zu den Zahlungskrediten. Dabei resultiert aus einem Schuldverhältnis zwischen Kreditgeber und Kreditnehmer eine Zahlungspflicht des Kreditnehmers, für die eine zu seinen Gunsten vom dispositiven Recht abweichende Fälligkeitsbestimmung getroffen wird.

75 Beim **Haftungskredit** erweitert der Kreditgeber durch eine Mithaftungsübernahme für eine Zahlungspflicht des Kreditnehmers dessen Kreditbasis. Der Kreditgeber stellt dem Kreditnehmer keine effektiven Geldmittel zur Verfügung, sondern seine eigene Kreditwürdigkeit. Zu den Haftungskrediten zählen **Akzept-, Aval- und Akkreditivkredite**. Bei einem **Akzeptkredit** zieht der Kreditnehmer einen Wechsel auf die Bank, die durch Annahme (Akzept) des Wechsels diesem ihre Bonität zur Verfügung stellt. Der Kreditnehmer erhält so die Möglichkeit, durch die Weitergabe des Akzeptes seine Liquidität zu erhöhen. Verpflichtet sich eine Bank, den vom Kunden ausgestellten und auf sie gezogenen Wechsel anzunehmen und bei Fälligkeit einzulösen, so kann der Kunde dieses Akzept bei seinem Lieferanten in Zahlung geben. Aufgrund der Kreditwürdigkeit der Bank kann er zB eine Stundung der Kaufpreisforderung erreichen, die ihm auf der Grundlage seiner eigenen Kreditwürdigkeit nicht gewährt worden wäre. Bei einem **Avalkredit** übernimmt die Bank im Auftrag des Kunden Garantien, Bürgschaften oder andere Gewährleistungen. Der Kreditgeber eines Haftungskredits kann seinerseits Sicherheiten vom Kreditnehmer verlangen. Paradigmatisch ist

---

[207] IE auch Pamp, in: Schimansky/Bunte/Lwowski, BankR-Hdb (5. Aufl 2017) § 75 Rn 7; Palandt/Weidenkaff, BGB (77. Aufl 2018) Vorb v § 488 Rn 11 ff.
[208] Vgl dazu ausf Staudinger/Kessal-Wulf (2012) § 491 Rn 47 ff; Staudinger/Mülbert (2015) § 488 Rn 392 ff; Pamp, in: Schimansky/Bunte/Lwowski, BankR-Hdb (5. Aufl 2017) § 75 Rn 3 ff; weitere Unterscheidungen trennen – orientiert an der Sicherheit – zwischen Personal- und Realkredit sowie – nach dem Zweck des Kredits – zwischen Konsumenten- und Betriebsmittelkredit.
[209] Dazu sogleich Rn 76.

die Stellung eines Rückbürgen als Sicherheit für den Erstbürgen, dh den Kreditgeber des Haftungskredits. Durch eine Rückbürgschaft verpflichtet sich der Rückbürge gegenüber dem Bürgen, für die Erfüllung etwaiger Rückgriffsansprüche des Bürgen gegen den Hauptschuldner einzustehen.[210]

b) Der Darlehensvertrag als Zahlungskredit
Geldkredit wird auf der Grundlage eines Darlehensvertrags gewährt. Das BGB regelt mittlerweile das Gelddarlehen (§§ 488 ff BGB) getrennt vom Sachdarlehen (§§ 607–609 BGB). Der Darlehensvertrag ist ein **Konsensualvertrag**. Er kann eng mit der Kreditsicherheit verknüpft sein. Besonders eng ist diese Verknüpfung bei akzessorischen Sicherheiten, bei denen das Zustandekommen des Darlehensvertrages für Entstehen und Bestand der Sicherheit entscheidend ist.[211] Bei nicht-akzessorischen Sicherheiten werden Darlehensvertrag und Sicherheit durch den Sicherungsvertrag und die in diesem enthaltene Zweckabrede verknüpft.[212] Der Darlehensvertrag ist ein **gegenseitiger Vertrag**. Die Hauptleistungspflicht des Darlehensgebers ist die Auszahlung (Valutierung) der Darlehenssumme; der Darlehensnehmer hat die Darlehensvaluta abzurufen[213] und die vereinbarten Zinsen zu zahlen. Nach Auszahlung der Valuta entsteht der Rückzahlungsanspruch des Darlehensgebers (§ 488 Abs 1 S 2 BGB). **76**

Der **Abschluss eines Darlehensvertrages** ist eine **privatautonome Entscheidung des Darlehensnehmers**. Er trägt bei dieser nach allgemeinen Grundsätzen die Informationslast und die Verantwortung. Er muss sich daher die zur Abwägung der Vorteilhaftigkeit und Eignung des Darlehensvertrages benötigten Informationen selbst beschaffen. Nach diesem Grundsatz muss die Bank den Kreditnehmer nicht über die Zweckmäßigkeit der Kreditaufnahme, der gewählten Kreditart oder der beabsichtigten Verwendung der Valuta aufklären.[214] Zu **Ausnahmen** hiervon wurden von der Rechtsprechung, va bei Immobilienfinanzierungen, **vier eng begrenzte Fallgruppen** konkretisiert, in denen die Bank als Kreditgeberin ausnahmsweise über Risiken der geplanten Verwendung der Darlehensvaluta aufklären muss. Danach kann eine Aufklärung durch das Kreditinstitut geboten sein, wenn es (1) die **Rolle als bloße Kreditgeberin** im Zusammenhang mit der Planung, Durchführung oder dem Vertrieb des Erwerbsgegenstandes **überschreitet**, (2) einen **besonderen Gefährdungstatbestand** für den Kunden schafft, der zu den allgemeinen wirtschaftlichen Risiken solcher Projekte hinzutritt, wenn (3) im Zusammenhang mit der Kreditgewährung ein **schwerwiegender Interessenkonflikt** des Kreditinstituts vorliegt oder es (4) einen **Wissensvorsprung** vor dem Darlehensnehmer in Bezug auf die speziellen Risiken des Vorhabens hat.[215] Die zuletzt genannte Fallgruppe des Wissensvorsprungs der Bank hat unlängst die Rechtsprechung zu sog Schrottimmobilien[216] geprägt.[217] Nach dieser kann der Darlehensnehmer bei einem **77**

---

[210] BGHZ 95, 375, 379; 73, 94, 96, 98; BGH NJW 1972, 576; STAUDINGER/HORN (2012) Vorbem 62 ff zu §§ 765 ff.
[211] Dazu oben Rn 21.
[212] Vgl unten Rn 81 ff und Rn 88 ff.
[213] Vgl nur PALANDT/WEIDENKAFF, BGB (77. Aufl 2018) § 488 Rn 16.
[214] BGHZ 107, 92, 101; BGH WM 1991, 179; ausf BeckOGK/HERRESTHAL (1.1.2018) § 311 Rn 716.
[215] Vgl zu diesen vier Fallgruppen etwa BGHZ 159, 294, 316; 161, 15, 20; 168, 1, 19 f; BGH WM 2005, 72, 76; WM 2005, 828, 830; WM 2007, 876 Rn 15; WM 2008, 1394 Rn 12; BGH NJW 2011, 2349; dazu SIOL, in: SCHIMANSKY/BUNTE/LWOWSKI, BankR-Hdb (5. Aufl 2017) § 44 Rn 24 ff; STAUDINGER/FELDMANN (2018) § 311 Rn 127 ff; ausf BeckOGK/HERRESTHAL (1.1.2018) § 311 Rn 713 ff.
[216] Vgl dazu WIECHERS WM 2013, 341 ff; HERRESTHAL JuS 2002, 844.
[217] BGHZ 186, 96; BGH WM 2012, 1389 Rn 21; WM 2006, 1194 Rn 41 ff; ausf BeckOGK/HERRESTHAL (1.1.2018) § 311 Rn 721 ff.

sog institutionalisierten Zusammenwirken von kreditgebender Bank mit dem Verkäufer oder Vertreiber des Anlageobjekts unter erleichterten Voraussetzungen den konkreten Wissensvorsprung der Bank nachweisen.[218]

78 Bei der **Mitunterzeichnung des Darlehensvertrages** durch einen Dritten (zB durch einen nahen Angehörigen) ist zwischen dessen Stellung als weiterer Vertragspartner des Darlehensvertrages **(Mitdarlehensnehmer)** sowie einem bloßen **Schuldbeitritt** abzugrenzen. Maßgeblich ist dabei, ob der Dritte nicht nur die vertraglichen Pflichten, sondern auch die vertraglichen Rechte erhalten soll. Abgesehen vom Wortlaut der Erklärungen ist hierzu va auf die wirtschaftlichen Interessen der Beteiligten abzustellen. Ein Beitritt als Vertragspartei liegt nur dann nahe, wenn der Dritte nicht nur ein eigenes Interesse an der vertraglichen Gegenleistung hat, sondern auch zur **Disposition über die Gegenleistung**, namentlich die Darlehensvaluta, mitbefugt sein soll.[219] Die Rechtsprechung legt ebenfalls den Schwerpunkt darauf, ob der Dritte ein eigenes persönliches oder sachliches Interesse an der Kreditaufnahme und die Möglichkeit hat, als im Wesentlichen gleichberechtigter Partner über die Auszahlung und Verwendung der Valuta zu entscheiden.[220] Steht nur die Haftung des Dritten in Frage, so kann die Unterscheidung grundsätzlich offenbleiben, da sich die Haftung als Vertragspartei nicht von der nach einem Schuldbeitritt unterscheidet. Ein entscheidender Unterschied ist nach dem BGH aber, dass die Grundsätze der Sittenwidrigkeit von Interzessionsgeschäften durch Nahbereichspersonen[221] grundsätzlich *nicht* anzuwenden sein sollen, wenn der Dritte eine weitere Vertragspartei des Darlehensvertrags ist.[222]

c) Die Sonderregelungen beim Verbraucherdarlehen

79 Für **Verbraucherkredite** (§§ 491, 506 BGB) enthalten die §§ 492 ff BGB zahlreiche Vorschriften zum Schutz eines Verbraucher-Darlehensnehmers. Diese erfassen zT auch die Sicherheiten, die der Kreditgeber bei einem Verbraucherdarlehen fordern kann. So gilt gem § 496 Abs 3 BGB ein **Wechsel- und Scheckverbot**. Danach darf die Bank den Verbraucher nicht verpflichten, für die Ansprüche des Kreditgebers aus dem Verbraucherdarlehensvertrag eine Wechselverbindlichkeit einzugehen. Hinzutritt ein Verbot der Entgegennahme von Schecks durch die Bank zur *Sicherung* der Ansprüche aus dem Darlehensvertrag.[223] Verstößt die Bank hiergegen, so kann der Verbraucher-Darlehensnehmer von der Bank die Herausgabe der begebenen Wertpapiere (§ 496 Abs 3 S 3 BGB) sowie Ersatz des durch die Begebung des Wertpapiers entstandenen Schadens (§ 496 Abs 3 S 4 BGB) verlangen. Mit diesen Normen begegnet der Gesetzgeber den Gefahren, die dem Verbraucher-Darlehensnehmer aus der Verkehrsfähigkeit von Wechsel und Scheck und damit im Verhältnis zu Dritten erwachsen.[224] Diese Gefahren resultieren aus Art 17 WG, Art 22 ScheckG, nach denen persönliche Einwendungen

---

[218] BGH WM 2006, 1194 Rn 41 ff; Junglas NJW 2013, 206; Dölling NJW 2013, 3121, 3123.
[219] Vgl Grigoleit/Herresthal Jura 2002, 825, 828.
[220] St Rspr BGHZ 146, 37; BGH NJW 2005, 973; NJW 2002, 744.
[221] Dazu ausf unten Rn 112 ff.
[222] Vgl BGH NJW 2002, 744; NJW 2001, 815, 816; NJW 2002, 2705; NJW 2005, 973; NJW 2009, 2671.
[223] Dies soll nur die Verwendung des Schecks als Sicherheit verhindern, der Einsatz des Schecks als Zahlungsmittel bleibt dagegen zulässig, sodass die Bank vom Verbraucher-Darlehensnehmer zur Erfüllung fälliger Zahlungsverpflichtungen begebene Schecks entgegennehmen darf; ausf dazu Staudinger/Kessal-Wulf (2012) § 496 Rn 28 f; MünchKomm/Schürnbrand (7. Aufl 2016) § 496 Rn 28.
[224] Begr RegE BT-Drucks 11/5462, 25.

K. Das Recht der Kreditsicherung

des Darlehensnehmers nach einer Übertragung des Wertpapiers Dritten grundsätzlich nicht entgegengehalten werden können.

Des Weiteren sind im Verbraucherdarlehen gem § 492 Abs 2 BGB iVm Art 247 § 7 Nr 2 EGBGB (vgl Art 10 Abs 2 lit o RL 2008/48/EG) jene **Sicherheiten formgerecht anzugeben**, deren Stellung der Darlehensgeber verlangt. Sicherheiten in diesem Sinne sind alle zusätzlichen Ansprüche des Darlehensgebers für den Fall, dass der Darlehensnehmer das Darlehen nicht zurückzahlt.[225] Diese Sicherheiten müssen hinreichend konkret, zumindest nach Art und Umfang spezifiziert, angegeben werden.[226] Die Pflicht zur formgerechten Angabe „verlangter Sicherheiten" erfasst die Aufnahme der schuldrechtlichen Verpflichtung in die Vertragserklärung. Weitere Elemente der Sicherungsabrede[227] sowie das Rechtsgeschäft, mit dem die Sicherheit gestellt wird, können Gegenstand gesonderter Vereinbarungen sein.[228] Bei einem **Fehlen der formgerechten Angaben zu den Sicherheiten** im Kreditvertrag mit dem Verbraucher können diese nicht verlangt werden, sofern es sich nicht um ein Allgemein-Verbraucherdarlehen mit einem Nettodarlehensbetrag über € 75 000 handelt (§ 492 Abs 2 BGB iVm Art 247 § 7 Nr 2 EGBGB, § 494 Abs 6 S 2 BGB).[229] Eine trotz fehlender Angabe gleichwohl durch den Verbraucher bestellte Sicherheit ist aber wirksam.[230] Personalsicherheiten können in diesem Fall auch nicht bereicherungsrechtlich zurückgefordert werden.[231] Denn diese tragen ihren Rechtsgrund in sich selbst.[232] In der Folge besteht ein Grund zum Behaltendürfen der Personalsicherheit, soweit die gesicherte Darlehensverbindlichkeit besteht, auch wenn mangels dahingehender Sicherungsabrede kein *Anspruch* auf deren Bestellung besteht. Hierfür spricht schon der Wortlaut der Norm, die in dem filigranen Gefüge der Rechtsfolgenanordnungen des § 494 BGB nur anordnet, dass diese Sicherheiten „nicht gefordert werden" können. Eine weitergehende Rechtsfolge (zB Nichtigkeit, aber auch Herausgabepflicht) hätte der Gesetzgeber aufgrund der weitreichenden Folgen für den Darlehensgeber und der Systematik der Rechtsfolgen ausdrücklich anordnen müssen. Für dieses Verständnis spricht entscheidend auch der Normzweck. Die Norm soll den Verbraucher davor schützen, dass er nach Abschluss des Darlehensvertrags mit Forderungen der Bank nach im Darlehensvertrag nicht genannten Sicherheiten konfrontiert wird; dieser Zweck ist überholt,

---

[225] Vgl STAUDINGER/KESSAL-WULF (2012) § 492 Rn 72.
[226] Eine bloße Bezugnahme auf Nr 13, 14 AGB-Banken 7/2014 bzw Nr 21, 22 AGB-Sparkassen 1/2018 reicht nicht aus; wie hier STAUDINGER/KESSAL-WULF (2012) § 492 Rn 72; MünchKomm/SCHÜRNBRAND (7. Aufl 2016) § 492 Rn 31.
[227] Zu dieser unten Rn 81 ff.
[228] Begr RegE BT-Drucks 16/11643, 128; STAUDINGER/KESSAL-WULF (2012) § 492 Rn 72; ARTZ, in: BÜLOW/ARTZ, VerbrKrR (9. Aufl 2016) § 492 Rn 140 ff; MERZ, in: KÜMPEL/WITTIG, Bank- und KapitalmarktR (4. Aufl 2011) Rn 10.207.
[229] STAUDINGER/KESSAL-WULF (2012) § 492 Rn 74, § 494 Rn 8, 33, § 502 Rn 3; PETERS, in: SCHIMANSKY/BUNTE/LWOWSKI, BankR-Hdb (5. Aufl 2017) § 81 Rn 267; MünchKomm/SCHÜRNBRAND (7. Aufl 2016) § 494 Rn 39 f; PIEKENBROCK WM 2009, 49, 54.
[230] BGH 22. 7. 2008 – XI ZR 389/07 Rn 16, ZIP 2008, 1669; PETERS, in: SCHIMANSKY/BUNTE/LWOWSKI, BankR-Hdb (5. Aufl 2017) § 81 Rn 269.
[231] BGH 22. 7. 2008 – XI ZR 389/07 Rn 16 ff, ZIP 2008, 1669; OLG Dresden WM 2001, 1854, 1858; STAUDINGER/KESSAL-WULF (2012) § 494 Rn 33; aA MünchKomm/SCHÜRNBRAND (7. Aufl 2016) § 494 Rn 39 (mit Hinweis auf eine nicht näher begründete oder konkretisierte „spezifisch verbraucherschützende Wertung" der Norm).
[232] Vgl BGH WM 2005, 828, 831; WM 2007, 62, 64 Rn 18; MünchKomm/HABERSACK (7. Aufl 2017) Vor §§ 765 ff Rn 18; § 756 Rn 3; s a oben Rn 13.

wenn die Sicherheit bereits bestellt wurde. Etwas anderes folgt auch nicht aus der Verbraucherkreditrichtlinie 2008/48/EG.

2. Die Sicherungsabrede

a) Inhalt und Funktion

81 Die Sicherungsabrede (auch: Sicherungsvertrag) ist ein – im BGB nicht geregelter, wenngleich mittlerweile in § 1191 Abs 1a BGB anerkannter – **schuldrechtlicher Vertrag zwischen Sicherungsgeber und Sicherungsnehmer**, durch den sich der Sicherungsgeber verpflichtet, eine Sicherheit zu bestellen und sie dem Sicherungsnehmer nach den Bedingungen der Abrede zu belassen. Darüber hinaus enthält der Vertrag die Festlegung der zu gewährenden Sicherheiten, die Bestimmung des Sicherungszwecks, des Sicherungsziels, des Sicherungsumfangs sowie der Sicherungsmodalitäten. Die Sicherungsabrede tritt *neben* den Kreditvertrag und den dinglichen Bestellungsakt, also die abstrakte Verfügung, mit der die Sicherheit bestellt wird.

82 Es handelt sich um ein **Dauerschuldverhältnis**[233] und einen **gemischt-typischen Vertrag**. Die Sicherungsabrede ist **formlos gültig**,[234] freilich wird sie aus Gründen der Beweissicherung regelmäßig schriftlich abgefasst.[235] Sie ist mithin ausdrücklich, aber auch konkludent, zB in der Kreditkorrespondenz, möglich. Eine Formbedürftigkeit der Abrede kann daraus resultieren, dass sie eine formbedürftige Pflicht umfasst, zB die Pflicht zur Übernahme einer Bürgschaft (§ 766 S 1 BGB) oder zur Übertragung eines GmbH-Anteils (§ 15 Abs 4 GmbHG).[236] Grundsätzlich handelt es sich um einen **einseitig verpflichtenden Vertrag**[237]; ein gegenseitiger Vertrag liegt aber vor, wenn durch die Sicherungsabrede auch der Sicherungsnehmer verpflichtet wird, zB durch eine Pflicht zur baldigen Kreditgewährung. Die Abrede kann jederzeit durch alle Vertragsparteien gemeinsam geändert werden (§ 311 Abs 1 BGB).[238]

83 Nach der Rechtsprechung ist die Sicherungsabrede ein **entgeltlicher Vertrag**, wenn sie eine entgeltliche Verbindlichkeit *des Sicherungsgebers* besichert.[239] Bei der Besicherung einer *fremden* Schuld (Drittsicherung) soll die Sicherungsabrede nur dann entgeltlich sein, wenn dem Sicherungsgeber die Gewährung des Kredits an den Dritten versprochen wird, anderenfalls sei sie unentgeltlich.[240] Richtigerweise bestimmt sich die Entgeltlichkeit in beiden Konstellationen danach, ob eine synallagmatische, kausale, konditionale Verknüpfung mit einer anderen Leistung vorliegt, mithin ob die Bestellung der Sicherheit in der Sicherungsabrede mit einer anderen Leistung in dieser Weise verknüpft wird.[241] Bedeutung hat die Entgeltlichkeit für die zu bejahende **An-**

---

[233] BGH WM 2002, 2367, 2368.
[234] Vgl nur BGH NJW 1991, 353; WM 2003, 2410, 2411.
[235] Vgl zudem zur Vermutung einer Beurkundungsvereinbarung (§ 154 Abs 2 BGB) bei Sicherungsverträgen über die Bestellung von Grundpfandrechten im Rechtsverkehr mit Banken BGHZ 109, 197, 200 = NJW 1990, 576.
[236] Zu denken ist auch an §§ 518, 311b Abs 1, 2033 Abs 1 BGB.
[237] So BGHZ 131, 1, 4 = NJW 1996, 55, 56; GANTER, in: SCHIMANSKY/BUNTE/LWOWSKI, BankR-Hdb (5. Aufl 2017) § 90 Rn 179.

[238] Für einen Anwendungsfall vgl BGH WM 2010, 210 (Verpflichtung von Bruchteilseigentümern zur Bestellung einer Grundschuld).
[239] BGHZ 137, 267, 282; 112, 136, 138 ff = BGH NJW 1990, 2626; so auch für den Fall der nachträglichen Besicherung BGH WM 2004, 1837, 1838 f.
[240] BGHZ 12, 232, 236 f; OLG Köln WM 2005, 477; zur nachträglichen Besicherung in diesen Konstellationen BGH WM 2009, 1099.
[241] Ähnlich GANTER, in: SCHIMANSKY/BUNTE/LWOWSKI, BankR-Hdb (5. Aufl 2017) § 90 Rn 180a.

wendbarkeit des **§ 312g Abs 1 BGB** (Widerrufsrecht bei Außergeschäftsraumvertrag) auf die Sicherungsabrede, da § 312 Abs 1 BGB zumindest dem Wortlaut nach eine „entgeltliche Leistung des Unternehmers" fordert sowie bei § 134 InsO.

Der **Inhalt der Sicherungsabrede** zielt auf eine **schuldrechtliche Annäherung an das Akzessorietätsprinzip**. Dieses ist ein elementares Gerechtigkeitsprinzip des Kreditsicherungsrechts, denn nach ihm reicht das Sicherungsmittel nur so weit, wie ein Sicherungsbedürfnis besteht. Zudem „kettet" es das Sicherungsmittel an die gesicherte Forderung, da der Sicherungsnehmer kein legitimes Interesse an der selbständigen Verfügung über das Sicherungsmittel hat. Bei nichtakzessorischen Sicherheiten wird diese Akzessorietät nicht auf der dinglichen Ebene erreicht, sodass dem Sicherungsvertrag nach §§ 133, 157 BGB bzw im Wege ergänzender Auslegung Ansprüche und Einreden entnommen werden, die im Wesentlichen mit der Akzessorietät übereinstimmende Ergebnisse erzielen sollen. Allerdings wirken diese Abreden nur zwischen den Parteien des Sicherungsvertrages (Relativität der Schuldverhältnisse). Einreden des Sicherungsgebers bleiben bei einer Übertragung der Sicherheit zwar gem §§ 404, 413 BGB erhalten; allerdings lässt zB § 1157 S 2 BGB iVm § 892 BGB einen gutgläubigen einredefreien Erwerb der Grundschuld zu mit Ausnahme der Sicherungsgrundschuld, § 1192 Abs 1a S 1 HS 2 BGB. Die wesentlichen schuldrechtlichen Abreden in einem Sicherungsvertrag sind die **Pflicht zur Rückübertragung der Sicherheit**, sobald der Sicherungszweck erreicht ist (dh alle gesicherten Forderungen getilgt sind) oder feststeht, dass der Sicherungsfall nicht eintreten wird,[242] weil die gesicherte Forderung nicht entsteht oder eine dauernde Einrede[243] besteht.[244] Vereinbart wird auch ein **Verbot der Trennung von gesicherter Forderung und Sicherheit**. Der Sicherungsnehmer darf die Sicherheit nicht veräußern, ohne zugleich die gesicherte Forderung mitzuübertragen.[245] Verstößt der Gläubiger gegen diese Pflichten, so ist er gem §§ 280 ff BGB schadensersatzpflichtig; tritt er nur die Forderung ab, ohne die Sicherheit mit zu übertragen, so ist er analog § 1250 Abs 2 BGB zur Freigabe der Sicherheit verpflichtet, wenn infolge der Abtretung der Sicherungszweck entfallen ist. Hinzu kann ein **Anspruch auf Abtretung der gesicherten Forderung** treten: Zahlt ein ablösungsberechtigter Sicherungsgeber, der nicht persönlicher Schuldner ist, auf die gesicherte Forderung, so geht diese auf ihn über (§ 268 Abs 3 BGB). Der nicht ablösungsberechtigte Sicherungsgeber, der nicht zugleich der persönliche Schuldner ist, hat aus der Sicherungsabrede einen Anspruch auf Abtretung der gesicherten Forderung, wenn sich dieser aus der Sicherheit befriedigt (Rechtsgedanke der §§ 774, 1143 Abs 1, 1225 S 1 BGB).

84

---

[242] Zur umstrittenen Möglichkeit, noch nach Ablauf der 10-jährigen Verjährungsfrist des § 196 BGB den Rückgewähranspruch auf Rückübertragung einer „stehengelassenen", nicht mehr valutierenden Grundschuld durchzusetzen MünchKomm/GROTHE (7. Aufl 2015) § 196 Rn 2; SCHÄFER WM 2009, 1308; OTTE DNotZ 2011, 897.
[243] Bei der Einrede der Verjährung ist freilich § 216 BGB zu beachten.
[244] Vgl BGH 29.1.2016 – V ZR 285/14, NJW 2016, 2415 (Pflichtverletzung des Grundschuldgläubigers bei Löschungsbewilligung für eine Sicherungsgrundschuld nach deren Ablösung durch den Ersteher unterhalb des Nennbetrages); BGH 19.4.2013 – V ZR 47/12, NJW 2013, 2894 (Schadensersatz wegen Verletzung des Rückgewähranspruchs).
[245] Dies ist regelmäßig kein Abtretungsverbot gem § 399 BGB, sondern eine schuldrechtliche Verpflichtung, vgl BGH 2.10.1990 – XI ZR 205/89, NJW-RR 1991, 305; **aA** MünchKomm/LIEDER (7. Aufl 2017) § 1191 Rn 113.

Analog § 401 BGB hat er zudem einen **Anspruch auf Übertragung aller bestehenden Sicherheiten** für die abgelöste Forderung.[246]

85 Bei abstrakten Sicherheiten[247] bildet die Sicherungsabrede die *causa*, dh den **Rechtsgrund zum Behaltendürfen** iSd § 812 Abs 1 S 1 BGB. Die Sicherungsabrede ist das kausale Verpflichtungsgeschäft, aus dem die schuldrechtliche Pflicht zur Bestellung der Sicherheit folgt, während die abstrakte Sicherheit das dingliche Rechtsgeschäft ist. Hieraus folgt zweierlei: Zum einen sind die Wirksamkeit von Sicherungsabrede und abstrakter Sicherheit jeweils eigenständig zu beurteilen. Die **Nichtigkeit der Sicherungsabrede**, zB aufgrund einer Anfechtung (§ 142 Abs 1 BGB), lässt die Wirksamkeit der abstrakten dinglichen Sicherheitenbestellung dem Grundsatz nach unberührt. Dies schließt freilich nicht aus, dass *auch* hinsichtlich des dinglichen Rechtsgeschäfts ebenfalls ein (anderer oder auch derselbe) Nichtigkeitsgrund vorliegt. Zudem kann der Sicherungsgeber bei einer Nichtigkeit nur der Sicherungsabrede die Sicherheit nach § 812 Abs 1 S 1 Fall 1 BGB bzw § 812 Abs 1 S 2 Fall 1 BGB herausverlangen, auch wenn die gesicherte Forderung besteht.[248] Besteht die Sicherheit in einer abstrakten Forderung gegen den Sicherungsgeber (zB Grundschuld), so kann er gegen die Inanspruchnahme aus der Sicherheit die Einrede der Bereicherung erheben (§§ 821, 812 Abs 1 S 1 Alt 1 BGB). Bei einer **Nichtigkeit des Darlehensvertrages** ist die Wirksamkeit der von dieser zu trennenden Sicherungsabrede ebenfalls eigenständig zu beurteilen.[249]

86 Ein **Sonderfall** ist nach der Rechtsprechung die **Unwirksamkeit der Sicherungsabrede als Folge der AGB-Kontrolle** (§§ 305 ff BGB).[250] Auch wenn der Vertragstyp „Sicherungsabrede" gesetzlich nicht geregelt und vorwiegend durch AGB bestimmt wird, kann aus dem Zweck der Kreditsicherung gem §§ 133, 157 BGB ein relativ **konturierter Vertragstypus** abgeleitet werden. Dieser bildet den Maßstab der Inhaltskontrolle einzelner Klauseln nach § 307 BGB. Sofern die Unwirksamkeit einzelner Klauseln gem § 306 Abs 1 BGB die Funktion der gesamten Sicherungsabrede aufheben und damit zu einer überschießenden Rechtsfolge führen würde, ermittelt die Rechtsprechung qua ergänzender Vertragsauslegung (§ 157 BGB) jene Lösung, die vernünftige Parteien als gerechten Interessenausgleich vereinbart hätten. Paradigmatisch ist die entsprechende Herleitung einer Pflicht zur Stellung einer selbstschuldnerischen Bürgschaft aus der Sicherungsabrede anstelle der unwirksamen klauselmäßigen Pflicht zur Stellung einer Bürgschaft auf erstes Anfordern.[251] Gerechtfertigt wird diese Lösung auch hier damit, dass § 306 BGB auf das dispositive Recht und damit auch auf § 157 BGB verweise. Freilich besteht bei diesem Rückgriff auf die ergänzende Vertragsauslegung ein deutliches Spannungsverhältnis zur prinzipiellen Ablehnung der geltungserhaltenden Reduktion.[252]

---

[246] Vgl MünchKomm/ROTH/KIENINGER (7. Aufl 2016) § 401 Rn 14; zu dem bei gleichrangigen Sicherheiten resultierenden Problem des Wettlaufs der Sicherungsgeber vgl oben Rn 69 ff.

[247] Vgl dazu oben Rn 31 ff.

[248] Wie hier MünchKomm/OECHSLER (7. Aufl 2017) Anh §§ 929–936 Rn 35; GANTER, in: SCHIMANSKY/BUNTE/LWOWSKI, BankR-Hdb (5. Aufl 2017) § 90 Rn 181.

[249] Wie hier BGH NJW 1994, 2885 (zugleich zum Sonderfall der rechtlichen Einheit beider Verträge gem § 139); GANTER, in: SCHIMANSKY/BUNTE/LWOWSKI, BankR-Hdb (5. Aufl 2017) § 90 Rn 123.

[250] Vgl allgemein zur Bedeutung von AGB oben Rn 10 f.

[251] Vgl BGHZ 151, 229, 234 = NJW 2002, 3098, 3099; BGHZ 152, 246 = NJW 2003, 352, 353; BGH NJW 2002, 1805, 1806; BGHZ 153, 311, 316 = NJW 2003, 1805.

[252] Zu der unionsrechtlichen Problematik vgl Fn 111.

Im Rahmen dieser schuldrechtlichen Abrede bestehen Nebenpflichten nach allgemeinen Grundsätzen (§ 241 Abs 2 BGB). Allerdings werden **Obhuts- und Aufklärungspflichten** va des Sicherungsnehmers nur restriktiv angenommen. Danach treffen den Sicherungsnehmer grundsätzlich **keine Obhutspflichten** gegenüber dem Sicherungsgeber.[253] **Aufklärungspflichten** des Sicherungsnehmers bestehen ebenfalls nur ausnahmsweise. Freilich hat der Sicherungsgeber nach allgemeinen Regeln auf Fragen des Sicherungsnehmers wahrheitsgemäß zu antworten; ungefragt muss er Informationen aber nur mitteilen, wenn der Sicherungsnehmer nach der Verkehrsauffassung insoweit redlicherweise Aufklärung erwarten darf.[254] Demnach muss die Bank dem Sicherungsgeber nicht die eigene Risikoeinschätzung mitteilen oder diesen auf das Risiko hinweisen.[255] Etwas anderes kann ausnahmsweise gelten, wenn die Bank erkennt, dass sich der Sicherungsgeber über die Tragweite seines Handelns irrt.[256] Hinzu können **weitere Nebenpflichten** treten, so zB die **Pflicht zur bestmöglichen Verwertung** durch den Sicherungsnehmer[257] sowie seine Pflicht, bei Rückführung des Darlehens dem reduzierten Sicherungsbedarf durch eine partielle Freigabe von Sicherheiten Rechnung zu tragen (Freigabeanspruch)[258]. 87

b) Die Zweckabrede als zentrales Element
Unverzichtbarer Bestandteil der Sicherungsabrede ist die sog Zweckabrede. In ihr bestimmen die Parteien die zu sichernde Forderung, das Sicherungsmittel sowie die Rechte und Pflichten der Parteien. Die Zweckabrede **verknüpft das Sicherungsrecht mit der gesicherten Forderung** durch den Zweck, die Befriedigung des Sicherungsnehmers/Darlehensgebers zu gewährleisten. Bei gesetzlichen akzessorischen Sicherheiten, die ausschließlich der Sicherung dienen (sog geborene Sicherheiten)[259], mithin bei Bürgschaft, Pfandrecht und Hypothek, wird eine solche Zuordnung der Sicherheit zur gesicherten Forderung von Gesetzes wegen angeordnet.[260] Daher ist zB bei der Bürgschaft diese Zweckabrede Teil der schuldrechtlichen Bürgschaftsabrede. Bei den übrigen Sicherheiten, die nicht kraft Gesetzes nur Sicherungszwecken dienen, erfolgt diese Zuordnung durch den Parteiwillen mit der Zweckabrede (sog gekorene Sicherheiten). 88

Die Zweckabrede ist die Grundlage des **Anspruchs auf Bestellung der Sicherheit** und der Befugnis des Sicherungsnehmers, die **Sicherheit** während des Bestehens der besicherten Forderung bzw bis zum Wegfall des Sicherungszwecks **zu behalten** und gegebenenfalls **zu verwerten**. Der Bestellungsanspruch aktualisiert sich ua, wenn die ursprüngliche Bestellung einer Sicherheit unwirksam ist; dann kann der Sicherungsnehmer eine erneute (wirksame) Bestellung der Sicherheit verlangen.[261] Bei gekorenen Sicherheiten verleiht das Sicherungsrecht regelmäßig materiell mehr Befugnisse, als 89

---

[253] BGH NJW 1994, 2146, 2148 (keine Pflicht zur Vermehrung der Sicherheiten); NJW 1992, 1820.
[254] Vgl zu diesem allg Grundsatz nur Siol, in: Schimansky/Bunte/Lwowski, BankR-Hdb (5. Aufl 2017) § 44 Rn 66 ff.
[255] BGHZ 125, 206, 218 = NJW 1994, 1278; BGH NJW 1994, 2146, 2148.
[256] BGH NJW 1996, 1206, 1207; NJW 1999, 2814 (Stellung einer Bürgschaft nach Ablehnung einer Grundschuld in von der Bank erkannter Fehlvorstellung von einer Bürgschaft).
[257] BGH NJW 2012, 1500; NJW 2012, 1142 (keine Pflicht des Gläubigers zur Erzielung eines Übererlöses bei Verwertung der Grundschuld; Befreiung des Schuldners von seiner persönlichen Schuld ausreichend); s a BGH NJW 2012, 686 (keine Geltendmachung nichtvalutierter Grundschuldzinsen).
[258] Vgl zu Letzterem Rn 64 ff.
[259] Dazu oben Rn 18.
[260] Vgl unten Rn 99 (Bürgschaft), Rn 151 (Pfandrecht) und Rn 172 (Hypothek).
[261] BGH NJW 1990, 392.

zur Sicherung der Forderung erforderlich wären. Diese überschießende dingliche Rechtsmacht des Sicherungsnehmers wird durch die schuldrechtliche Zweckabrede entsprechend dem wirtschaftlichen Geschäftszweck (nur) im Innenverhältnis der Parteien schuldrechtlich begrenzt. Paradigmatisch ist die Sicherungsübereignung,[262] bei der der Kreditgeber das Volleigentum erhält (§ 903 BGB), sich aber in der schuldrechtlichen Zweckabrede verpflichtet, dieses nur zu verwerten, wenn der Kredit nicht mehr bedient wird.

90 Der **Inhalt der Sicherungsabrede** und damit auch die Reichweite der Zweckabrede sind durch **Auslegung** zu ermitteln (§§ 133, 157 BGB). Hieraus folgt regelmäßig, dass der Sicherungszweck über die vertraglich begründeten Forderungen des Gläubigers hinaus auch solche Ansprüche erfasst, die sich bei einer Unwirksamkeit des ursprünglichen Erfüllungsanspruchs ergeben, zudem etwaige Ersatzansprüche wie zB Ansprüche auf Schadensersatz statt der Leistung, die an die Stelle der ursprünglich gesicherten Verbindlichkeit treten, sowie bereicherungsrechtliche Rückgewähransprüche, soweit sie mit dem ursprünglichen Anspruch wirtschaftlich identisch sind.[263] Der Schuldner hat dann ggf darzulegen und zu beweisen, dass ausnahmsweise keine Einbeziehung dieser typischen Folgeansprüche in die Sicherungsabrede erfolgt ist.[264]

91 Die **Parteien des Sicherungsvertrages** müssen nicht mit jenen der gesicherten Hauptforderung identisch sein. Vielfach ist dies aber der Fall und der **Schuldner bestellt eine Sicherheit** für seine Verbindlichkeit. Das spezifische Interesse des Sicherungsnehmers/Kreditgebers besteht dabei in dem zusätzlichen Zugriffsrecht auf die Sicherheit. Denn unter den vereinbarten vertraglichen (zB bei einer Sicherungsübereignung oder Sicherungsabtretung)[265] oder gesetzlichen (zB §§ 1192 Abs 1, 1147 BGB iVm §§ 800 Abs 1, 794 Abs 1 Nr 5 ZPO) Voraussetzungen erhält er ein Zugriffsrecht auf bestimmte Gegenstände des Schuldnervermögens, ohne zuvor wegen der gesicherten Hauptforderung einen Titel erwirken zu müssen, der ihm erst die zwangsweise Vollstreckung in das Schuldnervermögen erlaubt. Der *Schuldner* kann in der Zweckabrede auch versprechen, dass ein **Dritter** dem Kreditgeber eine bestimmte **Sicherheit bestellt**. „Sicherungsgeber" bleibt in diesen Konstellationen der Schuldner,[266] auch wenn die Sicherheit nicht aus seinem Vermögen stammt. In seltenen Fällen können **Kreditgeber und Sicherungsnehmer personenverschieden** sein; möglich ist dies bei gekorenen Sicherheiten. So kann zB ein Dritter die Sicherheit für den Kreditgeber treuhänderisch halten. Im Fall der **Drittsicherung** besichert hingegen ein Dritter die Schuld des Kreditnehmers.

92 Sofern zu einem späteren Zeitpunkt ein **Gläubiger- oder Schuldnerwechsel bei der gesicherten Forderung** erfolgt, zB die Darlehensforderung von der Bank abgetreten wird,[267] wirkt sich dies nicht auf die Parteien des Sicherungsvertrages aus. Eine Änderung der Parteien der Sicherungsabrede erfordert eine Vertragsänderung oder eine dahingehende Vereinbarung.[268] Als Element des Sicherungsvertrags kann auch die Zweckabrede rechtsgeschäftlich inhaltlich verändert werden (**Vertragsänderung**, § 311

---

[262] Zu dieser unten Rn 230 ff.
[263] MünchKomm/OECHSLER (7. Aufl 2017) Anh §§ 929–936 Rn 27; BGHZ 114, 57, 70 = NJW 1991, 1746; BGH NJW 1999, 3708.
[264] BGHZ 114, 57, 72 = NJW 1991, 1746; BGH WM 2000, 1580; WM 2001, 950; WM 2003, 64, 66; ZIP 2004, 64.
[265] Dazu unten Rn 230 ff und Rn 244 ff.
[266] BGH ZIP 1989, 157.
[267] Vgl BGHZ 171, 180; 183, 60 (zur Vereinbarkeit mit dem Bankgeheimnis); BAUR/STÜRNER, Sachenrecht (18. Aufl 2009) § 45 III Rn 54; DIECKMANN WM 2010, 1254 f.
[268] BGH ZIP 1985, 89; ZIP 1991, 434.

Abs 1 BGB), indem zB der Austausch der Forderungen oder ihre Erstreckung auf weitere Forderungen vereinbart wird. Ein allgemeiner Anspruch des Sicherungsgebers auf Austausch der vereinbarten Sicherheit gegen eine ihm genehmere, besteht nicht. Ist die **Zweckabrede unwirksam** oder fehlt sie ganz, so kann der Sicherungsgeber die Sicherheit bereicherungsrechtlich zurückverlangen. Gleiches gilt, wenn die Sicherungsabrede – und mit ihr die Zweckabrede – **gekündigt** worden ist.[269] Als Folge entfällt der Sicherungsgrund und die bestellte Sicherheit ist bereicherungsrechtlich herauszugeben.

c) Die weiteren Sicherungsmodalitäten

93 Über die Festlegung des Sicherungszwecks hinaus kann eine Sicherungsabrede weitere Sicherungsmodalitäten regeln. So können die Parteien Vereinbarungen über das **Eintreten des Sicherungsfalles** (sog Verwertungsreife) treffen, die **Bewertung der Sicherheiten** regeln sowie das Recht des Sicherungsnehmers festschreiben, eine **Nachbesicherung** zu verlangen, sollten die vorhandenen Sicherheiten die besicherten Forderungen nicht mehr vollständig abdecken. Vielfach finden sich auch **Tilgungs- und Anrechnungsbestimmungen**, die zB bei einer Sicherungsgrundschuld festlegen, ob geleistete Zahlungen auf die Forderung oder das Grundpfandrecht zu verrechnen sind. Auch wird der Gläubiger eine möglichst ranggünstige dingliche Absicherung erstreben. Dem dient die Vorausabtretung zukünftiger Rückgewähransprüche, die der Sicherungsgeber in Bezug auf vor- oder gleichrangige Grundpfandrechte erlangt. Von besonderer Bedeutung sind schließlich Regelungen, die die (partielle) **Freigabe von Sicherheiten** sowie die Art und Weise ihrer Rückgabe nach vollständiger Erledigung des Sicherungszwecks betreffen.[270] Der Zweck der Sicherheitenbestellung, die Vorkehrung gegen eine drohende Zahlungsunwilligkeit oder -unfähigkeit des Sicherungsgebers, gebietet es zudem, in der Sicherungsabrede **Vorsorge gegen Vermögensverschiebungen** – in den klassischen Konstellationen zwischen Ehegatten sowie zwischen GmbH und Gesellschafter – zu treffen. Zudem kann dem Sicherungsnehmer an einer schnellen Durchsetzung der Sicherheit gelegen sein. Dafür bieten sich die Sicherungsmittel der Bürgschaft (oder der Garantie) „auf erstes Anfordern" und die selbstschuldnerische Bürgschaft an.[271]

94 Um die **Darlegungs- und Beweislast** zu seinen Gunsten zu verschieben, kann der Sicherungsnehmer vom Sicherungsgeber zusätzlich ein sicherungsweise abzugebendes **Schuldanerkenntnis oder Schuldversprechen** (§§ 780, 781 BGB) verlangen. Ein solches erfolgt häufig in der Grundschuldbestellungsurkunde zur Verstärkung der dinglichen Haftung.[272] Bei einem Verbraucherkredit ist aber umstritten, ob § 496 Abs 1, 3 BGB dieser Möglichkeit Grenzen zieht. Während das wohl überwiegende Schrifttum ein deklaratorisches oder abstraktes Schuldversprechen bzw Schuldanerkenntnis als Erschwerung der Durchsetzung von Einwendungen (§ 496 Abs 1 BGB) qualifiziert und überdies das Wechsel- und Scheckverbot (§ 496 Abs 3 BGB) analog anwendet, lehnt die Rechtsprechung zu Recht eine analoge Anwendung des § 496 Abs 3 BGB mangels Regelungslücke ab.[273]

---

[269] BGH NJW 1993, 1917; STAUDINGER/WOLFSTEINER (2015) § 1192 Rn 40; zur Kündigung MünchKomm/LIEDER (7. Aufl 2017) § 1191 Rn 82.
[270] Zum vertragsimmanenten Freigabeanspruch ausf oben Rn 65 f.
[271] Dazu unten Rn 137, 139.

[272] Nach BGH WM 2000, 1328 ist die formularmäßige Erstreckung der persönlichen Haftungsübernahme auf die eigenen (bestehenden und künftigen) Verbindlichkeiten des Sicherungsgebers gemäß § 305c unbedenklich.
[273] BGH NJW 2005, 1576 = ZIP 2005, 846; NJW-RR 2005, 985 = ZIP 2005, 1024; ausf dazu

95 Umstritten ist die Grundlage der **Einrede der endgültigen Nichtvalutierung**. Sofern der Sicherungsgeber aus einer bestellten Sicherheit in Anspruch genommen wird, obwohl das Darlehen in bestimmter/voller Höhe endgültig nicht zur Auszahlung kommt, kann er diese Einrede erheben. Sofern keine dahingehend ausdrückliche Abrede im Sicherungsvertrag getroffen wurde, ist sie auf den Arglisteinwand (§ 242 BGB; *dolo agit*) zu stützen.[274] Denn aus der Sicherungsabrede folgt (ggf in Verbindung mit § 157 BGB) ein schuldrechtlicher Anspruch auf Rückgewähr der zweckgebundenen Sicherheit. Nicht zu überzeugen vermag ein Abstellen auf § 320 BGB mit der Überlegung, dass die Sicherungsabrede ein gegenseitiger Vertrag sei.[275] Dem steht schon entgegen, dass die Pflicht zur Valutierung des Darlehens und der Bestellung der Sicherheit nicht im Gegenseitigkeitsverhältnis stehen. Auch ein auf § 821 BGB gestützter Erst-recht-Schluss greift nicht durch. Denn Rechtsgrund für die Sicherheitenbestellung ist bei nicht-akzessorischen Sicherheiten die Sicherungsabrede.

3. Die Bestellung der Sicherheit

96 Die Bestellung der Sicherheit ist in der Praxis zumeist ein **dingliches Rechtsgeschäft**, namentlich die Sicherungsübereignung, die Zession oder eine Grundschuldbestellung. Hinzu treten die Bestellung von Pfandrechten an Mobilien und die Hypothek. Möglich ist auch eine **schuldrechtliche Abrede** bei der Bestellung der Sicherheit, namentlich bei Bürgschaft und Schuldbeitritt. Geborene Sicherheiten[276] tragen ihren Rechtsgrund in sich. Neben diesen ist eine Sicherungsabrede nicht erforderlich, erfolgt gleichwohl aber regelmäßig dennoch, um die vorstehend aufgezeigten übrigen Sicherungsmodalitäten – soweit gesetzlich zulässig – privatautonom zu regeln. Neben gekorenen Sicherheiten ist hingegen eine Sicherungsabrede erforderlich, um die Verknüpfung von Kredit und dinglicher Sicherheit zu erreichen.[277]

97 Während des laufenden Sicherungsverhältnisses kann das Bedürfnis nach **Austausch der Sicherheit** entstehen, sei es, dass der Sicherungsgeber über die Sicherheit anderweitig verfügen möchte (zB Veräußerung der sicherungshalber übereigneten Sache), sei es, dass der Sicherungsnehmer an einem Austausch interessiert ist (zB drohender Wertverlust der Sicherheit, Beseitigung einer Übersicherung).[278] Gesetzliche Regelungen finden sich in den §§ 235, 242[279] und 1218 Abs 1 HS 1 BGB. Zudem können die Parteien in der Sicherungsabrede oder dem Vertrag der Sicherheitenbestellung eine Austauschklausel aufnehmen. Insbesondere in Sicherungsübereignungsverträgen finden sich entsprechende Austauschklauseln, wenn das Sicherungsgut unbrauchbar werden oder wertmindernd altern kann (zB Maschinen und Geräte). Als Austauschklausel iwS können auch Klauseln zum Austausch des Sicherungsgutes im Rahmen des Warenumsatzes eingeordnet werden (revolvierende Sicherheit; zB Sicherungsübereignung von Lagerbeständen, mit denen der Sicherungsgeber weiterhin wirtschaften muss).

---

nur STAUDINGER/KESSAL-WULF (2012) § 496 Rn 8, 30.
[274] BAUR/STÜRNER, Sachenrecht (18. Aufl 2009) § 45 Rn 26; BGH NJW-RR 2003, 11, 12; NJW-RR 1994, 847, 848.
[275] So wohl BGH WM 1967, 955; BGH ZIP 1982, 1051, 53; WOLF/WELLENHOFER, Sachenrecht (31. Aufl 2016) § 28 Rn 36.
[276] Dazu oben Rn 18.
[277] Vgl dazu oben Rn 81 ff.

[278] Ausf zum Austausch von Sicherheiten einschließlich dem gestörten oder fehlgeschlagenen Austausch von Sicherheiten GANTER WM 2017, 261.
[279] Zu den Voraussetzungen, unter denen der Darlehensnehmer gegen die realkreditgebende Bank einen Anspruch auf Zustimmung zum Austausch der vereinbarten Sicherheiten hat, vgl BGH 3.2.2004 – XI ZR 398/02, WM 2004, 780.

K. Das Recht der Kreditsicherung 98–100

In diesen Fällen enthält die Austauschklausel die Ermächtigung des Sicherungsgebers (§ 185 BGB) zur Verfügung über das Sicherungsgut („Entnahmeklausel"), sofern keine Unterdeckung resultiert und die Veräußerung im üblichen Geschäftsgang erfolgt. Hinzu tritt eine Nachschub- oder Ersatzklausel, nach der die Sicherheit an der neuen Ware, mit der das Lager aufgefüllt wird, bestellt wird.

III. Die Personalsicherheiten

1. Die Bürgschaft

a) Die Grundstruktur der Bürgschaft

Die Bürgschaft ist die klassische Personalsicherheit.[280] Die **Bürgschaftsregelungen im** 98 **BGB** sind klar strukturiert: § 765 BGB legt den Begriff der Bürgschaft fest, in § 766 BGB findet sich die zugehörige Formvorschrift, § 767 BGB begrenzt den Umfang der Bürgenhaftung. Die §§ 768, 770 bis 773 BGB behandeln die dem Bürgen zustehenden Einreden, die §§ 774 und 775 BGB die Ansprüche des Bürgen gegen den Hauptschuldner und die §§ 776, 777 BGB die Befreiung des Bürgen durch Verfügungen des Gläubigers oder durch Zeitablauf. § 769 BGB regelt die Verbürgung mehrerer Personen für dieselbe Verbindlichkeit, § 778 BGB schließlich den Kreditauftrag. Daneben gibt es eine Bürgenhaftung kraft Gesetzes (vgl § 1251 Abs 2 S 1 BGB) sowie die rechtsgeschäftliche Bürgschaft als ausdrücklich zugelassenes (§ 232 Abs 2 BGB) oder ausgeschlossenes Sicherungsinstrument (§§ 1218 Abs 1 S 2, 273 Abs 3 S 2 BGB).

Die Bürgschaft ist ein **einseitig verpflichtender Vertrag**, denn den Gläubiger trifft keine 99 Leistungspflicht. Freilich können die Parteien nach der Vertragsfreiheit eine solche Pflicht in einem dann gegenseitigen Vertrag vereinbaren, zB die Pflicht des Gläubigers zur (weiteren) Gewährung von Krediten an den Hauptschuldner. Folge der Bürgschaft ist eine eigenständige, nach Rechtsgrund von der gesicherten Hauptforderung verschiedene **Verbindlichkeit des Bürgen** mit einer **strengen Begründungs- und Entwicklungsakzessorietät** zur gesicherten Hauptschuld.[281] Der Sicherungszweck ist in den Bürgschaftsvertrag integriert. Als gesicherte Hauptschuld kommt jede schuldrechtliche Forderung des Gläubigers in Betracht; die größte praktische Bedeutung haben Bürgschaften bei Werklohn- und Darlehensforderungen. **Parteien der Bürgschaft** sind idR der Gläubiger der gesicherten Forderung und der Bürge; eine Mitwirkung des Hauptschuldners ist nicht erforderlich. Möglich ist aber auch eine Ausgestaltung der Bürgschaft als echter Vertrag zugunsten Dritter zwischen dem Hauptschuldner und dem Bürgen zugunsten des Gläubigers (§ 328 BGB).[282]

Zwingend ist die **Personenidentität von Bürgschaftsgläubiger und Gläubiger der gesi-** 100 **cherten Forderung**,[283] denn die Bürgschaft ist vom Gesetz als Verbürgung gegenüber dem Gläubiger konzipiert, für die Erfüllung der Verbindlichkeit eines Dritten einzustehen (§ 765 Abs 1 BGB). Diese Gläubigeridentität darf nicht durch eine spätere Abtretung nur der Hauptforderung zerrissen werden.[284] Zugleich dürfen **Hauptschuld-**

---

[280] Zur historischen Analyse des deutschen Bürgschaftsrechts und seiner Kontrastierung mit dem DCFR vgl T JANSEN, Die Bürgschaft in der europäischen Rechtstradition (2016).
[281] Vgl auch BGH 14.6.2016 – XI ZR 242/15 Rn 23 ff, WM 2016, 1826 m Anm RIEHM JuS 2017, 166.
[282] BGHZ 115, 177, 183 = WM 1991, 1869.
[283] BGHZ 163, 59, 53 = WM 2005, 1171; BGH WM 2001, 1772; WM 2003, 969.
[284] BGH WM 2003, 969.

ner und Bürge nicht personenidentisch sein. Diese Voraussetzung wird bei der Bürgschaft eines Alleingesellschafters der Hauptschuldnerin, zB einer GmbH, gewahrt; zulässig ist auch die Bürgschaft des oHG-Gesellschafters für die Schulden der oHG. Sofern Hauptschuldner und Bürge in einer Person zusammen fallen, zB durch Erbfolge oder weil der Bürge auch die Hauptschuld übernimmt, so steht dem Gläubiger nur noch eine Haftungsmasse zur Verfügung. Die Bürgschaft erlischt, denn „niemand kann sein eigener Bürge sein".[285] Regelmäßig wird in diesen Konstellationen dem Gläubiger aber am Fortbestand etwaiger für die *Bürgschaftsverbindlichkeit* bestellten Sicherheiten (zB eine Nachbürgschaft[286]) gelegen sein. Im Einzelfall kann ein für ihn günstiges Ergebnis durch Auslegung der für *diese* Sicherheiten getroffenen Abrede erreicht werden. Hingegen erlischt eine Rückbürgschaft ohne Weiteres, weil der Bürge keine Regressforderung gegen sich selbst haben kann (Konfusion).

101 Das von der Bürgschaft streng zu trennende **Rechtsverhältnis zwischen Bürge und Hauptschuldner** ist regelmäßig ein Auftrag (§ 662 BGB) oder eine Geschäftsbesorgung (§ 675 Abs 1 BGB).[287] Die Wirksamkeit der Bürgschaft ist unabhängig von diesem Innenverhältnis.[288] Zwischen dem **Gläubiger und dem Hauptschuldner** kann zudem eine Sicherungsabrede bestehen, nach der sich der Hauptschuldner zur Beschaffung einer Bürgschaft gegenüber dem Gläubiger verpflichtet. Weitere Regelungen in dieser Abrede können ua konkretisieren, wann der Bürgschaftsfall eintritt. Sofern der Sicherungszweck endgültig wegfällt oder sich erledigt, kann der Schuldner nach einer solchen Sicherungsabrede die „Rückgewähr" der Sicherheit und auch die Herausgabe der Bürgschaftsurkunde verlangen.[289]

102 Als **Folge der Bürgschaft** entsteht die Verpflichtung des Bürgen, die neben die gesicherte Hauptschuld tritt, ohne dass hieraus eine Gesamtschuld (§§ 421 ff BGB) resultiert.[290] Einer solchen steht die **Subsidiarität der Bürgenhaftung** entgegen. Dem Bürgen steht – vorbehaltlich einer abweichenden Abrede bei einer sog selbstschuldnerischen Bürgschaft[291] – die Einrede der Vorausvollstreckung zu. In ihrer schärfsten Form findet sich die Subsidiarität bei der Ausfall- oder Schadlosbürgschaft.[292] Verpflichtet sich der „Bürge" zu einer **Leistung über die gesicherte Hauptschuld hinaus**, handelt es sich bei dem überschießenden Teil um eine zusätzliche Verpflichtung, die ihren Rechtsgrund in einem eigenständigen Schuldversprechen oder in einer Garantie finden kann.[293] Das Bestreben des Gläubigers, für seine Forderung Sicherheiten zu erhalten, kann auch bei der Bürgschaft unangemessen weit gehen. So übernimmt ein Bürge in aller Regel nur die Verpflichtung, für die Erfüllung der gesicherten Hauptschuld eines anderen einzustehen. Hierfür muss er erst dann Mittel konkret aufwenden, wenn seine Bürgschaftsschuld fällig ist. Wird ihm durch den Gläubiger formularmäßig die Verpflichtung auferlegt, auch für *seine* Verpflichtung aus der Bürgschaft eine Sicherheit zu leisten, ist dies eine vom gesetzlichen Leitbild der Bürgschaft abweichende Regelung, die den Bürgen unangemessen benachteiligt (§ 307 BGB).[294] Hingegen sind mit dem

---

[285] Vgl Mot II 678.
[286] Dazu unten Rn 140.
[287] Ausf zum Innenverhältnis und den Leistungsbeziehungen S LORENZ JuS 1999, 1145 ff; für eine Rechtsprechungsübersicht vgl GRÜNEBERG WM 2010, Sonderbeilage 2, 1 ff.
[288] BGHZ 143, 381, 385 = WM 2000, 715.
[289] BGH WM 1989, 521.
[290] BGH WM 1984, 131, 132.

[291] § 773 Abs 1 Nr 1 BGB; vgl ferner § 349 HGB, wonach dem Bürgen die Einrede der Vorausklage nicht zusteht, wenn die Bürgschaft für ihn ein Handelsgeschäft ist.
[292] Zu dieser vgl STAUDINGER/HORN (2012) Vorbem 41 zu §§ 765 ff; BGH NJW 2002, 2869.
[293] BGH WM 1966, 122, 124; RGZ 153, 338, 345; zu beiden unten Rn 142 ff, 145 f.

Bürgen individualvertraglich vereinbarte oder vom Schuldner beigebrachte Sicherheiten für die Bürgenverpflichtung statthaft. Zu nennen ist vor allem die Nachbürgschaft, bei der der Nachbürge dem Gläubiger dafür einsteht, dass der Vorbürge die ihm obliegende Verpflichtung erfüllt.[295]

b) Die Bürgschaftsabrede
aa) Der Inhalt der Bürgschaftsabrede

Die Bürgschaft ist ein Vertrag zwischen Bürge und Gläubiger, der den Bürgen zur Leistung verpflichtet. Der **Inhalt der Bürgschaftsabrede** muss die Parteien, also den Gläubiger und den Bürgen, den Verbürgungswillen sowie die gesicherte Verbindlichkeit in einer wenigstens individuell bestimmbaren Weise erkennen lassen. Der Verbürgungswille ist der Wille, für die Verbindlichkeit eines Dritten akzessorisch einzustehen; er muss hinreichend deutlich erkennbar sein. Problematisch kann insoweit die **Abgrenzung von anderen Interzessionsgeschäften** sein, wenn nur der Wille zum Ausdruck gebracht wird, für den Hauptschuldner „gerade stehen" zu wollen.[296] Entscheidend ist bei diesen Fällen im Rahmen der Auslegung (§§ 133, 157 BGB), ob der Sicherungsgeber ein unmittelbar eigenes Interesse an der *Tilgung der Schuld* hat (dann Schuldbeitritt) oder ob er ein persönliches Interesse an der *Stützung des Schuldners* hat (dann Bürgschaft). Sofern der Dritte unabhängig von Entstehung und Fortbestand der gesicherten Forderung einstehen will, liegt eine Garantie vor. Ob eine „Finanzierungsbestätigung" der Bank des Kunden eine Bürgschaft oder abstraktes Schuldversprechen enthält, ist ebenfalls eine Frage der Auslegung.[297]

Als **gesicherte Hauptforderung** kommt jede schuldrechtliche Verbindlichkeit gleich welchen Inhalts in Betracht, mithin auch künftige und bedingte Forderungen (§ 765 Abs 2 BGB), wenn und soweit die gesicherte Hauptforderung gleichwohl hinreichend bestimmbar ist. Die Identität von verbürgter und später entstandener Verbindlichkeit muss feststellbar sein.[298] Dabei ist der Bestand der gesicherten Hauptforderung für den Bürgschaftsvertrag gleichgültig; erst für das Entstehen der Bürgschaftsverpflichtung ist er relevant. Zulässig ist somit die Verbürgung für alle Verbindlichkeiten einer Partei aus einem Vertrag,[299] so zB für alle künftigen Ansprüche der Bank gegen den Hauptschuldner aus der bankmäßigen Verbindung.[300] Es gilt aber das **Verbot der Fremddisposition** (§ 767 Abs 1 S 3 BGB),[301] nach dem der Umfang der Haftung für den Bürgen bei Vertragsschluss wenigstens ungefähr voraussehbar sein muss. Daher ist eine Haftung für alle irgendwie denkbaren (künftigen) Verbindlichkeiten des Hauptschuldners ohne jede sachliche Begrenzung ausgeschlossen.[302] Besondere Probleme stellen sich daher bei Bürgschaften mit weiter Sicherungszweckerklärung, nach denen für „alle gegenwärtigen und zukünftigen Verbindlichkeiten des Schuldners" gebürgt wird **(Globalbürgschaft)**.[303] Ob die Bürgschaft **weitere Ansprüche des Gläubigers gegen den**

---

[294] Vgl BGHZ 92, 295, 300; BGH ZIP 1989, 159.
[295] BGHZ 73, 94, 96; dazu unten Rn 140.
[296] Entsprechendes gilt für die Ankündigung des Dritten, der Schuldner werde „sein Geld bekommen".
[297] Vgl COHEN GWR 2014, 482 mNw aus der Instanzrechtsprechung.
[298] BGHZ 25, 318, 320 f = WM 1957, 1430; BGH WM 1995, 900; NOBBE, in: SCHIMANSKY/BUNTE/LWOWSKI, BankR-Hdb (5. Aufl 2017) § 91 Rn 178 f.
[299] BGH WM 1992, 177.
[300] St Rspr, vgl nur BGHZ 143, 95, 99 = WM 2000, 64.
[301] BGHZ 137, 153, 155 f = WM 1998, 67; BGH WM 2007, 2230 Rn 18; zur resultierenden Problematik bei einer Globalbürgschaft vgl bereits oben Rn 44 ff.
[302] BGHZ 25, 318, 320 f; BGH ZIP 1990, 708.
[303] Ausf zu Globalbürgschaften oben Rn 44 ff.

Hauptschuldner sichert, ist jeweils eine Frage der Auslegung. Dies betrifft zum einen auch Bereicherungsansprüche, wenn der Darlehensvertrag nichtig ist und ein **bereicherungsrechtlicher Rückzahlungsanspruch** der Bank besteht. Bei einer weiten Sicherungszweckerklärung wird dieser Anspruch von der Bürgschaft umfasst.[304] Zum anderen stellt sich diese Frage bei einem an die Stelle der gesicherten Forderung tretenden **Anspruch aus § 285 BGB**. Im Regelfall wird Letzteres zu verneinen sein, da die Parteien den Untergang des gesicherten Anspruchs und das – vielfach nicht gekannte – Surrogat nicht in den Parteiwillen bei Abschluss der Bürgschaft aufnehmen.[305]

105 Durch die Aufnahme eines **Höchstbetrages** kann eine der Bestimmbarkeit dienende zusätzliche Haftungsgrenze für die Bürgenverpflichtung gezogen werden. Dies ist insbesondere bei einer formularmäßigen Globalsicherheit, die sich auf einen Kreis von Forderungen richtet (zB Absicherung einer Geschäftsverbindung des Hauptschuldners zu einem Gläubiger), sowie bei einer Kontokorrentsicherheit sinnvoll, bei der sich der Bürge für einen laufenden Kontokorrentkredit mit wechselndem Umfang verbürgt. Sofern Hauptschuldner und Gläubiger nachträglich eine **Erhöhung der Kreditlinie** vereinbaren, lässt dies – wegen § 767 Abs 1 S 3 BGB – die Bürgenhaftung unberührt, selbst wenn dieser neue Kredit den vereinbarten Höchstbetrag nicht überschreitet.[306] Auch darf der Bürge grundsätzlich davon ausgehen, dass der Höchstbetrag seiner Bürgenhaftung die Nebenforderungen einschließt, dh Zinsen, Kosten und Provisionen diesen nicht noch erhöhen.[307]

bb) Die allgemeinen Wirksamkeitshindernisse

106 Die **Wirksamkeit** einer Bürgschaft bestimmt sich nach allgemeinen Regeln. Besonders hervorzuheben ist, dass **Eltern**, die eine Bürgschaft als gesetzliche Vertreter vereinbaren wollen, der Genehmigung des Familiengerichts bedürfen (§§ 1643, 1822 Nr 10 BGB). Hingegen ist die **Zustimmung des Ehegatten** nach § 1365 Abs 1 S 1 BGB zu einer Bürgschaft nicht erforderlich.[308] Ob die Bürgschaft widerrufen werden kann, wenn sie ein Außergeschäftsraumvertrag ist (§ 312g BGB), ist umstritten und Teil der Diskussion, ob auf Verbraucherbürgschaften (und andere Kreditsicherheiten von Verbrauchern) die reformierten **Regelungen über Außergeschäftsraumverträge und Fernabsatzverträge** überhaupt Anwendung finden.[309] Zum einen ist streitig, ob Bürgschaften und Kreditsicherheiten des Verbrauchers überhaupt in den Anwendungsbereich der Verbraucherrechterichtlinie fallen mit der Folge unionsrechtlicher Vorgaben für das nationale Recht. Teilweise werden va Bürgschaften außerhalb des Anwendungsbereichs der Richtlinie verortet, teilweise aber unter Hinweis auf deren Art 3 in diesen einbezogen. Dem wird wiederum entgegengehalten, dass die Reichweite des Anwendungsbereichs der Richtlinie dieser Norm vorgelagert bzw dass der Wortlaut des Art 3 zu weit geraten sei. Die Richtlinie umfasse nach ihrer Systematik solche

---

[304] BGH WM 2001, 950; NOBBE, in: SCHIMANSKY/BUNTE/LWOWSKI, BankR-Hdb (5. Aufl 2017) § 91 Rn 238; aA TIEDTKE ZIP 1990, 412, 415.
[305] Ablehnend auch NOBBE, in: SCHIMANSKY/BUNTE/LWOWSKI, BankR-Hdb (5. Aufl 2017) § 91 Rn 245; aA MünchKomm/EMMERICH (7. Aufl 2016) § 285 Rn 33; STAUDINGER/HORN (2012) § 767 Rn 25; MünchKomm/HABERSACK (7. Aufl 2017) § 767 Rn 7; PALANDT/GRÜNEBERG, BGB (77. Aufl 2018) § 285 Rn 9.
[306] BGH ZIP 1998, 1349.
[307] BGHZ 151, 374, 380 ff.
[308] BGH WM 2000, 764.
[309] Vgl aus dem aktuellen Schrifttum SCHINKELS WM 2017, 113; KROPF WM 2015, 1699; vLOEWENICH NJW 2014, 1409; vLOEWENICH WM 2015, 113; vLOEWENICH WM 2016, 2011; STACKMANN NJW 2014, 2403; SCHÜRNBRAND WM 2014, 1157; HOFFMANN ZIP 2015, 1365; MEIER ZIP 2015, 1156.

Verträge nicht, für die das Widerrufs- und Informationsregime in erheblichem Maße dysfunktional sei. Dies treffe ua auf Bürgschaften zu. Zum anderen ist umstritten, ob die §§ 312 ff BGB Verbraucherbürgschaften erfassen bzw eine analoge Anwendung geboten ist. Teilweise wird eine Anwendung der Normen schon im Wege der richtlinienkonformen Auslegung vertreten; jedenfalls sei aber eine analoge Anwendung der §§ 312b, 312g BGB auf die Kreditbürgschaft des Verbrauchers gegenüber einem Unternehmer angezeigt. Der Wille des nationalen Gesetzgebers stehe nicht entgegen. Dieser habe nicht erkannt, dass diese Verträge aus dem Anwendungsbereich der Richtlinie fallen und keine negative Entscheidung hinsichtlich ihrer Erfassung getroffen. Gegen eine Anwendung wird vorgebracht, dass § 312 Abs 1 BGB den Anwendungsbereich der Vorschriften auf Konstellationen beschränke, in denen der Unternehmer die vertragscharakteristische Leistung gegen ein Entgelt des Verbrauchers erbringe. Eine analoge Anwendung der §§ 312 ff BGB scheide mangels Regelungslücke aus.

Im Mittelpunkt etwaiger Wirksamkeitshindernisse steht der **Formzwang der Bürgschaft**. **107** Die Bürgschafts*erklärung* – und nur diese – bedarf nach §§ 766 S 1, 126 Abs 1 BGB der Schriftform. Zudem ist nach dem Gesetzeswortlaut ihre *Erteilung* erforderlich, dh der Bürge muss sich der Urschrift der Urkunde in einer Weise entäußern, dass der Gläubiger von dieser im Rechtsverkehr Gebrauch machen kann.[310] Das Formerfordernis hat Warnfunktion und soll den Bürgen vor einer übereilten Haftungsübernahme bewahren.[311] Dieser Zweck ist überholt, wenn der Bürge die gesicherte Verbindlichkeit erfüllt hat; § 766 S 3 BGB enthält daher einen entsprechenden Heilungstatbestand. Der **Umfang des Formerfordernisses** erfasst den notwendigen Inhalt der Bürgschaftsverpflichtung. Danach müssen der Verbürgungswille, die Person des Gläubigers und des Hauptschuldners sowie die fremde Schuld, für die gebürgt werden soll, in einer wenigstens individuell bestimmbaren Weise formwahrend erkennbar werden.[312] Zur Ermittlung der Formwahrung greift nach der Rechtsprechung die Andeutungstheorie, nach der das Ergebnis der Auslegung in der Urkunde zumindest angedeutet sein muss.[313] Richtigerweise erstreckt sich der Formzwang auch auf die Verpflichtung zur Abgabe einer Bürgschaft im Rahmen eines Geschäftsbesorgungsvertrages.[314] **Bürgschaften von Kaufleuten** sind formfrei (§ 350 HGB), wenn auf Seiten des Bürgen ein Handelsgeschäft vorliegt (§§ 343, 344 HGB).

Umstritten ist die **Reichweite des Formzwangs** aus § 766 S 1 BGB bei der **Vollmacht** **108** **zum Abschluss einer Bürgschaft**. Nach der Rechtsprechung sind die widerrufliche und unwiderrufliche Vollmacht zum Abschluss einer Bürgschaft analog § 766 S 1 BGB formbedürftig.[315] Dies wird mit den Besonderheiten der Bürgschaft gerechtfertigt, die diese Ausdehnung des Formzwangs rechtfertigen. So diene § 766 S 1 BGB ausschließlich dem Schutz des Bürgen; ihm müssten Inhalt und Umfang seiner Haftung deutlich vor Augen geführt werden. Verwiesen wird auch auf die hohen Anforderungen, die im Rahmen der §§ 491 ff BGB, namentlich § 492 BGB, an die Form von Ver-

---

[310] BGHZ 121, 224, 229 = WM 1993, 496.
[311] BGHZ 121, 224, 229; GRIGOLEIT/HERRESTHAL, BGB AT (3. Aufl 2015) Rn 354.
[312] BGH WM 1995, 900; WM 1992, 177.
[313] Ausf dazu GRIGOLEIT/HERRESTHAL, BGB AT (3. Aufl 2015) Rn 378 ff.
[314] MünchKomm/HABERSACK (7. Aufl 2017) § 766 Rn 2; NOBBE, in: SCHIMANSKY/BUNTE/LWOWSKI, BankR-Hdb (5. Aufl 2017) § 91 Rn 59; FÜLLER in: EBENROTH/BOUJONG/JOOST/STROHN HGB (3. Aufl 2014), BankR Rn IV 490; **aA** OLG Köln WM 1995, 1224, 1227; STAUDINGER/HORN (2012) § 766 Rn 3.
[315] BGHZ 132, 119, 124 f = WM 1996, 762; BGH WM 2003, 1653; MünchKomm/HABERSACK (7. Aufl 2017) § 766 Rn 21.

braucherkreditverträgen gestellt werden. Zudem könne die Regelung des § 492 Abs 4 BGB ins Feld geführt werden, die als Ausnahme zu § 167 Abs 2 BGB einen abgeleiteten Formzwang für die Bevollmächtigung zum Abschluss eines Verbraucherdarlehens vorsieht und § 492 Abs 1 BGB grundsätzlich auf die Vollmacht erstreckt.[316] Der „altruistische" Bürge sei im Vergleich zum Darlehensnehmer aber in noch stärkerem Maße schutzwürdig. Vorzugswürdig ist hingegen die **Übertragung der zu § 311b Abs 1 BGB entwickelten Grundsätze** auf die Bürgschaft.[317] Danach kann zum einen eine *unwiderrufliche* Bevollmächtigung zur Übernahme einer Bürgschaft nur schriftlich erfolgen,[318] zum anderen bedarf auch eine widerrufliche Vollmacht der Schriftform, wenn sie dem Gläubiger oder dem Hauptschuldner erteilt wird, da diese ein *starkes Eigeninteresse* am Zustandekommen der Bürgschaft haben, sodass der Bürge schon mit Erteilung der Vollmacht praktisch seine Entscheidungsfreiheit preisgibt.[319] Eine generelle Übertragung des Formzwangs auf die Vollmachterteilung zur Abgabe einer Bürgschaft ist hingegen gewichtigen Einwänden ausgesetzt. So liegt § 167 Abs 2 BGB der Repräsentationsgedanke zugrunde. Nach diesem richtet sich auch die Warnfunktion von Formvorschriften in erster Linie an den *Vertreter*, denn der Geschäftsherr hat dem Vertreter seine Vermögensinteressen anvertraut. Das Gesetz hat gerade keine von § 167 Abs 2 BGB abweichende Regelung bei § 766 S 1 BGB getroffen, sodass dem Repräsentationsgedanken grundsätzlich Vorrang einzuräumen ist. Die generelle Übertragung des Formzwangs auf die Vollmacht zur Erteilung einer Bürgschaft ist somit eine judikative Gesetzeskorrektur, nicht nur eine teleologische Reduktion, für die aber keine hinreichend gewichtigen Gründe jenseits der Konstellationen einer besonderen tatsächlichen oder rechtlichen Bindung des Bürgen durch die Vollmachterteilung aufgezeigt werden können.

109 Die vorstehende Lösung zur Formbedürftigkeit der Vollmacht zum Abschluss einer Bürgschaft präjudiziert die Behandlung der sog **Blankobürgschaft**. Ein Bürgschaftsblankett liegt vor, wenn die Bürgschaftsurkunde vom Aussteller unterschrieben, im Übrigen aber absichtlich unvollständig gelassen worden ist und später durch einen Dritten vervollständigt werden soll. Hinzu tritt eine in der Regel mündliche Ermächtigung des Dritten durch den Bürgen, die fehlenden Angaben zu ersetzen. Das Blankett als solches ist im Erst-recht-Schluss zur Stellvertretung **zulässig**.[320] Auf die *Ermächtigung des Dritten* zur Vervollständigung der noch unvollständigen Erklärung (Blankett) findet das **Recht der Stellvertretung analoge Anwendung**.[321] In der Folge besteht nach der Rechtsprechung bei der Blankobürgschaft ein genereller Formzwang analog § 766 S 1 BGB für die Ausfüllungsermächtigung.[322] Auch die Ermächtigung zur Vervollständigung eines Blanketts muss hiernach die von § 766 S 1 BGB geforderten Informationen in Schriftform enthalten; eine Formwahrung durch das *per definitionem* unvollständige Blankett sei ausgeschlossen. Zu einem anderen Ergebnis gelangt man, wenn mit dem Schrifttum eine formwahrende Vollmacht – und damit analog auch Ausfüllungsermächtigung – nur in den genannten besonderen Konstellationen einer

---

[316] Dazu HERRESTHAL JuS 2002, 844 ff.
[317] Vgl zu diesen WOLF/NEUNER, BGB AT (11. Aufl 2016) § 50 Rn 21; MünchKomm/SCHRAMM (7. Aufl 2015) § 167 Rn 33.
[318] Vgl MünchKomm/SCHRAMM (7. Aufl 2015) § 167 Rn 19, 33.
[319] Vgl KEIM NJW 1996, 2774, 2775.
[320] FLUME, AT II (4. Aufl 1992) § 15 I 2d; MünchKomm/BAYREUTHER (7. Aufl 2015) § 185 Rn 40; STAUDINGER/SCHILKEN (2014) Vor §§ 164 ff Rn 72a.
[321] WOLF/NEUNER, BGB AT (11. Aufl 2016) § 50 Rn 101 f; FLUME, AT II (4. Aufl 1992) § 23, 2 c; ausf BINDER AcP 207 (2007) 155.
[322] BGHZ 132, 119, 127 f = WM 1996, 762; BGHZ 140, 167, 172 = WM 1999, 916; BGH WM 2003, 1563, 1564; STAUDINGER/HORN (2012) § 766 Rn 45.

Preisgabe der Entscheidungsfreiheit bereits mit Erteilung der Vollmacht (bzw der Ausfüllungsermächtigung) angenommen wird. Noch weitergehend wird vereinzelt die Wahrung der Schriftform nach § 766 S 1 BGB für die Ausfüllungsermächtigung bereits durch die Blanketturkunde angenommen. Begründet wird dies damit, dass die mit der Schriftform verbundene Warnung vor der Bürgenhaftung den Blankettgeber aufgrund seiner Unterschrift erreicht. Denn das Blankett führe dem künftigen Bürgen aufgrund seiner Offenheit in Bezug auf den Haftungsumfang und die bekannte Missbrauchsgefahr das hohe Risiko noch deutlicher vor Augen als eine ausgefüllte Bürgschaftserklärung.

Ein ausgehändigtes Blankett kann aber den Rechtsschein einer Ausfüllungsermächtigung erzeugen und so die **fehlende formgerechte Ausfüllungsbefugnis nach Rechtsscheingrundsätzen** kompensieren. Nach Ansicht des BGH kommt bei einer Formnichtigkeit der Ausfüllungsermächtigung grundsätzlich eine Rechtsscheinhaftung „in entsprechender Anwendung des § 172 Abs 2 BGB" in Betracht. Durch die Hingabe des Blanketts könne der Bürge einen Rechtsschein setzen, auf den sich der redliche Geschäftspartner verlassen und kraft dessen er den Unterzeichner in Anspruch nehmen könne. Schutzbedürftig sei „indessen nur derjenige, der eine vollständige Urkunde erhält und annehmen darf, die Erklärung stamme vom Bürgen selbst, der Urkunde also die Ergänzung durch den nicht wirksam ermächtigten Dritten nicht ansehen kann".[323] Damit geht der **BGH** davon aus, dass eine Rechtsscheinhaftung bei der sog **„verdeckten" Blankettausfüllung** möglich ist, während sie bei der „offenen" Blankettausfüllung, bei der das Blankett vom Blankettinhaber *in Gegenwart* des Gläubigers ausgefüllt wird, grundsätzlich ausscheidet. Die Beschränkung der Rechtsscheinhaftung auf das „verdeckte" Blankett überzeugt nicht. Eine **Rechtsscheinhaftung** analog § 172 BGB kommt umgekehrt in erster Linie **bei der „offenen" Blankettausfüllung** in Betracht, da das offengelegte Blankett in der Regel einen mittelbaren Rückschluss auf das Bestehen der Ausfüllungsbefugnis zulässt und deshalb insoweit einen Rechtsschein setzen kann.[324] Sofern man die Geltung des weiten Formzwangs mit dem BGH auch für die Ausfüllungsermächtigung zugrunde legt, ist richtigerweise eine Rechtsscheinhaftung aber ausgeschlossen. Die zutreffende Begründung folgt dann aus der Formbedürftigkeit der Ausfüllungsermächtigung nach der Rechtsprechung. Ist nämlich eine schriftliche, spezifizierte Ermächtigung des Blankettnehmers zur Ausfüllung erforderlich, so kann das Blankett allein auch keinen zurechenbaren Rechtsschein für eine solche Ausfüllungsbefugnis setzen. Der Vertragspartner muss sich dann vielmehr die schriftliche Ausfüllungsermächtigung vorlegen lassen.

Bei der **Anfechtung der Bürgschaftserklärung** greifen die allgemeinen Regeln. Wird eine Bürgschaft wegen des Irrtums über eine wesentliche Eigenschaft angefochten, so besteht aufgrund des Sicherungszwecks der Bürgschaft aber eine Einschränkung in der Weise, dass der Bürge das Risiko für die Leistungsfähigkeit und -willigkeit des Hauptschuldners tragen soll. Ein Irrtum hierüber berechtigt ihn mithin nicht zur Anfechtung. Im Falle einer arglistigen Täuschung des Bürgen ist va die arglistige Täuschung durch den Hauptschuldner problematisch. Dieser ist in der Regel Dritter iSd

---

[323] BGHZ 132, 119, 127 f = WM 1996, 762; s a OLG Brandenburg WM 2006, 1855, 1856; Nobbe, in: Schimansky/Bunte/Lwowski, BankR-Hdb (5. Aufl 2017) § 91 Rn 73; aA Füller, in: Ebenroth/Boujong/Joost/ Strohn, HGB (3. Aufl 2014), BankR Rn IV 479; Keim NJW 1996, 2774, 2776.

[324] Vgl Canaris, Die Vertrauenshaftung im deutschen Privatrecht (1971) 54 ff.

§ 123 Abs 2 BGB,[325] sodass eine Arglistanfechtung die Kenntnis bzw das Kennenmüssen des Gläubigers erfordert. Ausnahmsweise ist der Hauptschuldner nicht Dritter iSd § 123 Abs 2 BGB, wenn er Vertreter oder Verhandlungsgehilfe des Gläubigers war. Sofern die Bürgschaft nichtig ist, kann der Bürge eine etwaige **Bürgschaftsurkunde** aus § 812 Abs 1 S 1 BGB **kondizieren**.[326]

c) Die Sittenwidrigkeit von Bürgschaften (Angehörigenbürgschaften)

112 Ein Kernthema des Bürgschaftsrechts ist die **Sittenwidrigkeit der Bürgenhaftung weitgehend mittelloser, geschäftlich unerfahrener Angehöriger**.[327] Die **frühere Rechtsprechung des BGH**[328] betonte in zahlreichen Entscheidungen die Privatautonomie und das Selbstbestimmungsrecht des mündigen Bürgen, der sich auch über seine finanzielle Leistungsgrenze hinaus rechtsgeschäftlich verpflichten könne. Zudem wurde auf die Pfändungsschutzvorschriften (§ 850c ZPO) sowie den Charakter der Bürgschaft als ein einseitig verpflichtendes Rechtsgeschäft verwiesen, das zugleich ein Risikogeschäft sei. Den Bürgschaftsgläubiger träfen daher grundsätzlich keine Sorgfaltspflichten gegenüber dem Bürgen; er müsse diesen nicht auf das mit der Bürgschaft verbundene Risiko hinweisen. Eine Nichtigkeit des Bürgschaftsvertrages analog § 311b Abs 2 BGB scheidet ebenfalls aus, da diese Norm nur Konstellationen erfasst, in denen über das „gesamte künftige Vermögen" oder einen quotenmäßigen Anteil davon verfügt wird.[329] § 138 Abs 2 BGB ist nur auf Austauschverhältnisse anwendbar, nicht aber auf lediglich einseitig verpflichtende Verträge wie die Bürgschaft.[330]

113 Nach dem **BVerfG**[331] genügte die Rechtsanwendung durch den BGH nicht den Anforderungen des Grundgesetzes. Zwar könne sich jeder aufgrund der Privatautonomie (Art 2 Abs 1 GG) auch über seine eigene Leistungsfähigkeit hinaus verpflichten. In diesen Fällen sei aber zu prüfen, ob die Verpflichtung tatsächlich auf einer freien, privatautonomen Entscheidung des Bürgen beruht, oder ob sie nicht vielmehr das Resultat einer – so das BVerfG wörtlich – „**strukturell ungleichen Verhandlungsstärke" der Parteien** ist. Die Privatautonomie setze ein prinzipielles Gleichgewicht der Vertragsparteien voraus, da nur dann ein in freier Selbstbestimmung gefundener Kompromiss den Interessen beider Parteien gleichermaßen Rechnung trägt. Sofern eine Partei ihre wirtschaftliche Überlegenheit und größere Erfahrung im geschäftlichen Verkehr ausnutze, um einseitig ihre Interessen auf Kosten der anderen Partei durchzusetzen, dränge dies die Privatautonomie der unterlegenen Gegenseite zu stark zurück. Das Privatrecht habe bei der Anwendung der Generalklauseln (§§ 138, 242 BGB) die Grundrechte beider Parteien aus Art 2 Abs 1 GG in praktischer Konkordanz auszugleichen, sodass die Privatautonomie beider Parteien möglichst weitgehend wirksam wird. Unter Rückgriff auf die Schutzgebotsfunktion des Art 2 Abs 1 iVm Art 1 Abs 1 GG forderte das BVerfG, dass die Zivilrechtsordnung geeignete Maßnahmen ergreift, um den Grundrechten der unterlegenen Partei zur Geltung zu verhelfen, sofern ein

---

[325] NOBBE, in: SCHIMANSKY/BUNTE/LWOWSKI, BankR-Hdb (5. Aufl 2017) § 91 Rn 159.
[326] Vgl BGHZ 147, 99, 105; 136, 27, 30; BGH NJW 2003, 3716.
[327] Ausf dazu NOBBE, in: SCHIMANSKY/BUNTE/ LWOWSKI, BankR-Hdb (5. Aufl 2017) § 91 Rn 113 ff; STAUDINGER/HORN (2012) § 765 Rn 175 ff.
[328] BGH NJW 1988, 3205, 3206; NJW 1989, 1605, 1606; BGHZ 107, 92, 101 = NJW 1989, 1276, 1278; BGH NJW 1991, 2015, 2017.
[329] BGH NJW 1991, 2015, 2016.
[330] Ganz hM, vgl BGH NJW 1991, 2015, 2017; NJW 2001, 2466, 2467; MEDICUS ZIP 1989, 817, 820.
[331] Grundlegend BVerfGE 89, 214 = NJW 1994, 36; s a BVerfG NJW 1994, 2749; NJW 1996, 2021.

K. Das Recht der Kreditsicherung 114–116

„strukturelles Ungleichgewicht der Verhandlungspositionen" zu ihrer außergewöhnlichen Belastung führe und dabei eine typisierbare Fallgestaltung vorliege.

Das Abstellen des BVerfG auf eine „strukturell ungleiche Verhandlungsstärke" ist 114 sprachlich misslungen und dogmatisch nicht überzeugend.[332] Richtigerweise handelt es sich um einen Anwendungsfall der **Drittwirkung der Grundrechte im Zivilrecht**, die mittels einer richterlichen Inhaltskontrolle von privatrechtlichen Verträgen über §§ 138, 242 BGB umgesetzt wird. Hierzu hätte es eines Rückgriffs auf einen derart weiten Begriff, der für eine freiheitsfeindliche materielle Aufladung des Privatrechts in höchstem Maße anfällig ist, nicht bedurft. Richtigerweise haben die Zivilgerichte die Verortung in § 138 BGB fokussiert und dem kritisierten Terminus keine vertiefte Bedeutung beigemessen, insbesondere haben sie bei der zivilrechtlichen Lösung nicht auf das wirtschaftliche Gewicht der Parteien abgestellt. Auch die weitere Entwicklung im allgemeinen Privatrecht hat gezeigt, dass sich mit diesem Begriff keine sinnvolle Konzeption verbindet.[333] Es geht nur, aber immerhin um die Abgrenzung der Freiheitssphären der Privatrechtssubjekte und die Grenze zwischen angemessener Achtung und angemessenem Schutz der Privatautonomie.[334]

aa) Die krasse finanzielle Überforderung von Nahbereichspersonen
Die Rechtsprechung im Privatrecht hat Konstellationen, in denen der Bürge eine für 115 ihn ruinöse Haftung nur aufgrund einer emotionalen Verbundenheit übernommen hat und die Bürgschaft daher gem § 138 Abs 1 BGB nichtig ist, fallgruppenweise konkretisiert. Die nachfolgenden Kriterien zur Feststellung der Sittenwidrigkeit von Bürgschaften sind mittlerweile in der Rechtsprechung hinreichend gesichert. Nach der ständigen Rechtsprechung ist daher bei Vorliegen einer **krassen finanziellen Überforderung** des Bürgen bzw Mitverpflichteten ohne Hinzutreten weiterer Umstände qua tatsächlicher Vermutung von der Sittenwidrigkeit der Bürgschaft bzw Mithaftungserklärung auszugehen, wenn der Hauptschuldner dem Mithaftenden persönlich besonders nahe steht (zB bei Ehegatten). Nach der allgemeinen Lebenserfahrung könne davon ausgegangen werden, dass der Bürge/Mithaftende die ihn vielleicht bis an das Lebensende übermäßig finanziell belastende Personalsicherheit allein aus emotionaler Verbundenheit mit dem Hauptschuldner gestellt und der Kreditgeber dies in sittlich anstößiger Weise ausgenutzt habe.[335] Diese tatsächliche Vermutung kann der Gläubiger aber wiederlegen.

Der **objektive Tatbestand des § 138 Abs 1 BGB** erfordert zunächst einen **Bürgen** oder 116 einen qua Schuldbeitritt **Mithaftenden**. Auf Letzteren sind die nachfolgend skizzierten Grundsätze zur Sittenwidrigkeit der Angehörigenbürgschaft von Beginn an ebenfalls übertragen worden, denn das Ausweichen des Sicherungsnehmers auf einen Schuldbeitritt des Dritten sollte verhindert werden.[336] Abweichendes gilt für „echte" Mitdarlehensnehmer. Dies ist, wer – nach den für die Bank erkennbaren Verhältnissen –

---

[332] Krit WIEDEMANN JZ 1994, 411; ZÖLLNER AcP 196 (1996) 1; s a STAUDINGER/HORN (2012) § 765 Rn 183 (grundsätzliche Bedeutung nicht überschätzen); STAUDINGER/HONSELL (2018) Einl 196 zum BGB.
[333] Auch BVerfG NJW 2001, 957, baut diesen Begriff nicht weiter aus.
[334] Für eine andere Einschätzung vgl MAUNZ/DÜRIG/DIFABIO (81. Erg-Lfg 2017) Art 2 GG Rn 113 ff, immerhin mit dem Hinweis, dass sich die verfassungsgerichtliche Korrektur als „exemtorisch" verstehe (Rn 115).
[335] Vgl BGH 15.11.2016 – XI ZR 32/16 Rn 20, WM 2017, 93; BGHZ 156, 302, 307 = WM 2003, 2379.
[336] BGHZ 120, 272; 134, 42; 135, 66; 146, 37, 41; BGH WM 1998, 2366; ZIP 2002, 123.

ein eigenes sachliches oder persönliches Interesse an der Kreditaufnahme hat und als im Wesentlichen gleichberechtigter Partner über die Auszahlung sowie die Verwendung der Darlehensvaluta mitentscheiden kann.[337] In diesen Fällen steht das gewichtige Eigeninteresse der weiteren Vertragspartei an dem Vertragsschluss einer Anwendung der nachstehenden Grundsätze entgegen.[338] Allerdings bemisst sich die Stellung als weitere Vertragspartei nach den Umständen des Einzelfalles unter Berücksichtigung des Wortlauts der Abrede und der aufgezeigten Interessenlage. In der Folge hat es der Sicherungsnehmer nicht allein in der Hand, durch bestimmte, in den Darlehensvertrag aufgenommene Formulierungen den objektiv nur Mithaftenden zum gleichberechtigten Mitdarlehensnehmer zu erheben, um dadurch den Nichtigkeitsfolgen des § 138 Abs 1 BGB zu entgehen.

117 Des Weiteren ist eine **krasse finanzielle Überforderung des Bürgen** erforderlich. Diese setzt ein Missverhältnis zwischen dem Verpflichtungsumfang und der finanziellen Leistungsfähigkeit des Bürgen voraus. Ein solches Missverhältnis besteht, wenn unter lebensnaher Betrachtung bei Eintritt des Sicherungsfalles in der vertraglich vereinbarten Kreditlaufzeit der Bürge voraussichtlich nicht einmal die vertraglich festgelegten Zinsen aus seinem pfändbaren Einkommen bzw Vermögen dauerhaft aufbringen kann.[339] Mithin ist eine auf den Eintritt des Sicherungsfalles bezogene Prognose unter Berücksichtigung der zum Zeitpunkt des Abschlusses der Bürgschaft erwerbsrelevanten Umstände (Alter, Schulbildung etc) anzustellen.[340] Ungewöhnliche, aber mögliche Ereignisse wie ein Lottogewinn oder eine unerwartete Erbschaft bleiben dabei unberücksichtigt. Verfügt der Gläubiger über weitere Sicherheiten, sind diese zu berücksichtigen, wenn sie das Haftungsrisiko des Bürgen in rechtlich gesicherter Weise auf ein vertretbares Maß herabmindern.[341] Den finanziell krass überforderten Bürgen darf mit Rücksicht auf die weitere Sicherheit allenfalls eine seine finanzielle Leistungsfähigkeit nicht übersteigende „Ausfallhaftung" treffen. Dies ist der Fall, wenn gewährleistet ist, dass der Kreditgeber ihn erst nach der ordnungsgemäßen Verwertung der anderen Sicherheit in Anspruch nimmt.[342]

118 Der Bürge muss eine mit dem Hauptschuldner **emotional verbundene Person** sein; nur dann ist die Rechtfertigung dieser Konkretisierung des § 138 Abs 1 BGB gegeben, nämlich die widerlegliche Vermutung, dass die kreditgebende Bank die emotionale Bindung zwischen Hauptschuldner und Bürge sittlich anstößig ausgenutzt hat.[343] Emotional verbunden sind Ehepartner, nicht eheliche Lebenspartner, Kinder, Verlobte und nahe Verwandte. Der Bürgschaftsgläubiger kann freilich die Vermutung widerlegen, dass die emotionale Verbundenheit ausschlaggebend war, indem er einen autonomen und eigenverantwortlichen Entschluss des Bürgen nachweist.[344] Hierzu kann er ua

---

[337] BGH 15.11.2016 – XI ZR 32/16 Rn 15 f, WM 2017, 93; BGHZ 146, 37, 41 = NJW 2001, 815, 816; BGHZ 179, 126 Rn 31 = WM 2009, 262; BGH WM 2009, 1460; nur mittelbare Vorteile aus dem Darlehen, wie zB die Verbesserung der Lebensverhältnisse von Ehepartnern, sind nicht ausreichend, vgl auch oben Rn 103. Allg zur Abgrenzung von Bürgschaft, Schuldbeitritt und Mitdarlehensnehmer GRIGOLEIT/HERRESTHAL Jura 2002, 825, 826 f.
[338] Vgl BGH NJW 2002, 744, 745; GRIGOLEIT/HERRESTHAL Jura 2002, 825, 832.
[339] BGHZ 151, 34, 37 = WM 2002, 1347; WM 2009, 645; WM 2010, 32, 33 Rn 11.
[340] BGHZ 146, 37, 43 = WM 2001, 402; BGH WM 2005, 421.
[341] BGH 15.11.2016 – XI ZR 32/16 Rn 23, WM 2017, 93; BGHZ 146, 37, 44 = WM 2001, 402.
[342] BGH NJW 2009, 2671.
[343] Vgl nur BGHZ 136, 347, 351 = WM 1997, 2117; BGHZ 156, 302, 307 = WM 2003, 2379; BGH WM 2010, 32, 33 Rn 11.
[344] BGH 15.11.2016 – XI ZR 32/16 Rn 20 ff,

darlegen und beweisen, dass der Bürge eigene geldwerte Vorteile erzielt oder eine Konstellation vorliegt, in der der Rechtsgedanke des § 1357 BGB trägt. Der Schutz vor Vermögensverschiebungen vom Hauptschuldner zum Bürgen, namentlich zwischen Ehepartnern, schließt die Nichtigkeit der Bürgschaft gem § 138 Abs 1 BGB nur aus, wenn im Bürgschaftsvertrag eine ausdrückliche Beschränkung der Haftung auf diese Konstellation oder eine entsprechende aufschiebende Bedingung enthalten ist.[345] Zudem schließt diese Klausel die Unwirksamkeit nur aus, solange tatsächlich Vermögensverlagerungen drohen, dh die Ehe nicht gescheitert und der Gläubiger nicht anderweitig ausreichend abgesichert ist. Schließlich wird der Bürge dadurch geschützt, dass er auf dieser Grundlage nur in Anspruch genommen werden kann, wenn sich die Gefahr von Vermögensverschiebungen realisiert hat.[346]

Der **subjektive Tatbestand** erfordert eine Kenntnis des Bürgschaftsgläubigers (Kreditinstitut) oder ein bewusstes Verschließen vor dieser Kenntnis. Der Gläubiger muss die objektiven Kriterien, dh die finanzielle Überforderung des Bürgen und seine emotionale Bindung zum Hauptschuldner, gekannt oder grobfahrlässig verkannt haben.[347] Dabei besteht nach der Rspr bei einer krassen finanziellen Überforderung des bürgenden nahen Angehörigen eine widerlegliche Vermutung, dass der Gläubiger die emotionale Bindung zwischen Hauptschuldner und Bürgen in sittlich anstößiger Weise ausgenutzt hat und für den Bürgen nicht seine Interessen und seine rationale Einschätzung des wirtschaftlichen Risikos ausschlaggebend waren.[348] Die Bank kann die Vermutung durch den Nachweis widerlegen, dass sie keine Kenntnis von der finanziellen Überforderung des Bürgen hatte,[349] dass der Bürge/Mithaftende zusammen mit Hauptschuldner ein gemeinsames Interesse an der Kreditgewährung hatte oder dass der Bürge bei der Übernahme der Bürgschaft ein eigenes, ins Gewicht fallendes wirtschaftliches Interesse verfolgt hat, also von dem zu gewährenden Kredit profitiert, weil ihm ins Gewicht fallende geldwerte Vorteile erwachsen.[350] Nur mittelbare Vorteile (zB Verbesserung des Lebensstandards oder der Wohnverhältnisse; Aussicht auf spätere Mitarbeit im Betrieb), ändern an der Sittenwidrigkeit nichts.[351]

Anerkennt man die vorstehende Konkretisierung des § 138 Abs 1 BGB in Konstellationen der Angehörigenbürgschaften, so steht die **Einführung der Restschuldbefreiung** (§§ 286 ff InsO; „Verbraucherinsolvenz") mit Wirkung ab 1.1.1999 dem Merkmal der

---

WM 2017, 93; BGHZ 156, 302, 307 = WM 2003, 2379; BGH WM 2010, 32, 34 Rn 20.
[345] BGHZ 151, 34, 40 = WM 2002, 1347; BGH WM 2002, 1350; ZIP 2003, 288; FamRZ 2006, 1024.
[346] Vgl BGHZ 134, 325, 331 f; BGH NJW 1999, 58, zum Fall der als sicher erwarteten Erbschaft; es ist der Erbfall abzuwarten, bevor aus der Bürgschaft vorgegangen werden kann.
[347] BGH WM 1996, 53, 54; WM 1998, 2327, 2329; WM 2000, 410, 412.
[348] BGHZ 125, 206, 209 = NJW 1994, 1278; BGHZ 136, 347, 350 = NJW 1997, 3372; BGHZ 146, 37, 42 f = BGH NJW 2001, 815; BGH ZIP 2003, 796; WM 2002, 1347.
[349] Zum Gebot der sorgfältigen Überprüfung der Wertangaben des Bürgen bzw Mithaftenden sowie etwaiger Dritter BGH 15.11.2016 – XI

ZR 32/16 Rn 26 f, WM 2017, 93; BGH 1.4.2014 – XI ZR 276/13 Rn 21, WM 2014, 989; zur wahrheitswidrigen Selbstauskunft HOFFMANN, in: LANGENBUCHER/BLIESENER/SPINDLER, Bankrechtshandbuch (2. Aufl 2016) Kap 29 Rn 28 aE; NOBBE, in: SCHIMANSKY/BUNTE/LWOWSKI, BankR-Hdb (5. Aufl 2017) § 91 Rn 130.
[350] BGH 15.11.2016 – XI ZR 32/16 Rn 29, WM 2017, 93; für Beispiele vgl BGH WM 1998, 2366 (Anschaffungsdarlehen); ZIP 2003, 1596 (Beteiligung an dem finanzierten Objekt); auch Erwerb eines gemeinsam genutzten Familienheims; nicht aber Unterhaltsbedürftigkeit des haftenden Ehegatten, vgl BGHZ 146, 37, 46.
[351] BGH 15.11.2016 – XI ZR 32/16 Rn 30, WM 2017, 93; BGH 28.5.2002 – XI ZR 205/01, WM 2002, 1649.

wirtschaftlichen Überforderung des Bürgen nicht entgegen. Denn die Konkretisierung des § 138 Abs 1 BGB schützt die materielle Vertragsfreiheit vor unangemessenen Beeinträchtigungen beim Vertragsschluss. Eine solche liegt aber auch dann vor, wenn für den Bürgen „nur" ein Insolvenzverfahren mit einer immerhin mehrjährigen Wohlverhaltensphase resultiert.[352]

121 Die Rechtsprechung zu Angehörigenbürgschaften ist in jüngerer Zeit auch auf **Arbeitnehmer-Bürgschaften** erstreckt worden, mithin auf Bürgschaften von Arbeitnehmern mit idR geringem Einkommen aus Sorge um den Erhalt ihres Arbeitsplatzes für einen Bankkredit ihres Arbeitgebers. Diese Bürgschaften sind sittenwidrig, wenn sie den Arbeitnehmer finanziell krass überfordern und sich der Arbeitgeber in einer wirtschaftlichen Notlage befindet. Allerdings greift hier keine Beweiserleichterung, weil zwischen den Parteien eines Arbeitsverhältnisses in aller Regel kein vergleichbares, von Emotionen geprägtes persönliches Näheverhältnis besteht.[353]

122 Nach der Rechtsprechung[354] sind die vorstehenden Grundsätze **nicht auf Sicherungsgrundschulden übertragbar**. Hierfür spricht die dinglich beschränkte Haftung des Sicherungsgebers bei einer Grundschuldbestellung. In der Folge droht dem Sicherungsgeber keine weitergehende Inanspruchnahme. Ein besonders grobes Missverhältnis zwischen der übernommenen Zahlungsverpflichtung und der wirtschaftlichen Leistungsfähigkeit („krasse Überforderung") ist daher ausgeschlossen. Auch der Einsatz des einzigen oder letzten Vermögensgutes als Sicherheit ist nicht ohne Weiteres verwerflich iSv § 138 Abs 1 BGB.[355]

123 Zudem sind die Grundsätze **nicht auf** einen „maßgeblich beteiligten" **Kommanditisten einer KG und auf GmbH-Gesellschafter oder -Geschäftsführer** übertragbar. Eine maßgebliche Beteiligung liegt jedenfalls vor, wenn der Gesellschafter 10 % der Gesellschaftsanteile hält,[356] nicht aber bei unbedeutenden Bagatell- oder Splitterbeteiligungen. Etwas anderes kann freilich gelten, wenn der Gesellschafter ausschließlich „Strohmannfunktion" hat, die Mithaftung oder Bürgschaft nur aus emotionaler Verbundenheit mit der hinter ihm stehenden Person übernimmt *und* beides für die kreditgebende Bank erkennbar ist.[357] Dabei darf die kreditgebende Bank im Allgemeinen davon ausgehen, dass bei einem Gesellschafterbürgen, der einen bedeutsamen Gesellschaftsanteil hält, das eigene wirtschaftliche Interesse im Vordergrund steht und er schon deshalb durch die Haftung kein unzumutbares Risiko auf sich nimmt.[358]

124 Unlängst rückte die Frage in den Mittelpunkt, ob **aus einem rechtskräftigen Zivilurteil**, das *vor* der grundlegenden Entscheidung des BVerfG[359] ergangen ist, nach dieser, uU bis zum gegenwärtigen Zeitpunkt **noch vollstreckt werden** kann. Gem § 79 Abs 2 S 2, 3 BVerfGG, § 767 ZPO (ggf iVm § 95 Abs 3 S 2, 3 BVerfGG) ist die Vollstreckung aus

---

[352] BGH WM 2009, 2671, 2673 Rn 30 ff; Canaris AcP 202 (2002) 273, 296; MünchKomm/Armbrüster (7. Aufl 2015) § 138 Rn 92; Staudinger/Sack/Fischinger (2017) § 138 Rn 428 ff; aA MünchKomm/Habersack (7. Aufl 2017) § 765 Rn 20; Zöllner JZ 2000, 1, 5.
[353] BGHZ 156, 302 ff = ZIP 2003, 2193.
[354] Vgl BGH NJW 2002, 2633.
[355] BGHZ 152, 147, 150 f = ZIP 2002, 1439.

[356] Vgl BGH NJW 2003, 967, 968; NJW 1997, 1980, 1981; krit hierzu Tiedtke NJW 2003, 1359, 1360.
[357] BGH NJW 2002, 956 für den GmbH-Gesellschafter; BGH NJW 2002, 2634 für den Kommanditisten.
[358] Vgl BGH NJW 2002, 2634, für den Kommanditisten einer KG.
[359] BVerfGE 89, 214 = NJW 1994, 36.

unanfechtbaren Entscheidungen unzulässig, die auf einer gem § 78 BVerfGG für nichtig erklärten Norm beruhen. Umstritten ist aber, ob diese Vollstreckungssperre (analog) auch greift, wenn das BVerfG lediglich die bestimmte Auslegung einer Norm als mit dem Grundgesetz unvereinbar erklärt, da dieser Fall in § 79 Abs 2 BVerfGG – anders als in § 78 BVerfGG – nicht ausdrücklich erwähnt wird.[360] Der BGH bejahte die Zulässigkeit einer weiteren Vollstreckung und lehnte auch einen Verstoß gegen § 826 BGB ab.[361] Das BVerfG bejahte sodann, wenngleich ohne überzeugende Begründung, die analoge Anwendbarkeit des § 79 BVerfGG.[362]

bb) Die Sittenwidrigkeit aufgrund anderer Umstände

Ohne eine „krasse finanzielle Überforderung" des Bürgen verstößt die Bürgschaft nur ausnahmsweise gegen § 138 Abs 1 BGB. Erforderlich ist dabei eine Gesamtbetrachtung aller Umstände des Einzelfalles. In **objektiver Hinsicht** kann die **Ausnutzung der geschäftlichen Unerfahrenheit** ausreichen.[363] Allerdings spielte diese Fallgruppe va bei der Herausbildung der vorstehend skizzierten Fallgruppe der finanziellen Überforderung naher Angehöriger zunächst eine Rolle in der Abwägung.[364] Eine hinreichend konturierte eigenständige Fallgruppe der Sittenwidrigkeit von Bürgschaften geschäftlich Unerfahrener ist bislang nicht ersichtlich. Als maßgeblich werden bisweilen das Alter des Bürgen, sein Ausbildungsstand und eine mangelnde Erfahrung im Berufsleben genannt. Indes sind diese Umstände als solche, dh ohne eine hinzutretende krasse finanzielle Überforderung oder Verstärkung durch eine emotionale Verbundenheit mit dem Hauptschuldner, höchst problematisch, denn hiermit wird einer – vom BGB zu Recht gerade abgelehnten – abgestuften oder reduzierten Geschäftsfähigkeit zB von gerade Volljährigen, Hausfrauen und Rentnern der Weg gewiesen.[365] Richtigerweise ist diese Fallgruppe daher nur ganz ausnahmsweise in Konstellationen anzuerkennen, die eine große Nähe zu § 138 Abs 2 BGB aufweisen.

Entsprechendes gilt für die **Beeinträchtigung der Willensentschließungsfreiheit**, zB durch die Verschleierung oder Verharmlosung des Bürgenrisikos („nur für die Akten")[366] oder die Schaffung einer Zwangslage für den Bürgen, zB indem der Kredit an den Ehemann ausbezahlt wird, bevor die Ehefrau die geforderte Bürgschaft übernommen hat.[367] Diese Umstände bilden keine eigene Fallgruppe, sondern sind in der Abwägung bei den Konstellationen von Bürgschaften naher Angehöriger zu berücksichtigen. In **subjektiver Hinsicht** ist erforderlich, dass dem Sicherungsnehmer der entsprechende Umstand bekannt oder in Folge grober Fahrlässigkeit unbekannt geblieben ist. Eine widerlegliche Vermutung der Sittenwidrigkeit besteht in diesen Fällen nicht.

---

[360] Bejahend MUSIELAK/VOIT/LACKMANN, ZPO (14. Aufl 2017) § 767 Rn 26 (analoge Anwendung des § 79 Abs 2 BVerfGG); verneinend MünchKommZPO/K SCHMIDT/BRINKMANN (5. Aufl 2016) § 767 Rn 70.
[361] BGHZ 151, 316, 321 ff = WM 2002, 1832.
[362] BVerfG WM 2006, 23, 25 ff mit Umsetzung durch BGH FamRZ 2006, 1024 ff; zu Recht krit HAAS ZIP 2006, 60, 65 sowie NOBBE, in: SCHIMANSKY/BUNTE/LWOWSKI, BankR-Hdb (5. Aufl 2017) § 91 Rn 138 (bedauerlicher, kaum noch nachvollziehbarer Beschluss).
[363] NOBBE, in: SCHIMANSKY/BUNTE/LWOWSKI, BankR-Hdb (5. Aufl 2017) § 91 Rn 149 ff; STAUDINGER/HORN (2012) § 765 Rn 200.
[364] Vgl BGHZ 125, 206, 210 = WM 1994, 676; BGH WM 2002, 1647; WM 2002, 919, 921.
[365] Gegen eine „Geschäftsfähigkeit minderen Grades" auch SCHAPP, in: FS Söllner (2000) 973 ff.
[366] BGHZ ZIP 2002, 2249, 2252; WM 1994, 680, 683; BGHZ 125, 206 = NJW 1994, 1278; BGHZ 165, 363, 370 f; BGHZ 120, 272 = NJW 1993, 322 (für einen Schuldbeitritt).
[367] BGH WM 1996, 53, 54 f.

d) Die Unanwendbarkeit des Verbraucherkreditrechts

127 Umstritten ist die Frage, ob die **Vorschriften des Verbraucherkreditrechts** (§§ 491 ff BGB) auf eine Bürgschaft entsprechend anwendbar sind, die ein Verbraucher (§ 13 BGB) gegenüber einem Unternehmer (§ 14 BGB) abgibt. Dies betrifft va die Formvorschriften der §§ 492, 494 BGB und das Widerrufsrecht des Verbrauchers (§§ 495, 355 BGB). Nach dem Wortlaut dieser Regeln und ihrer Entstehungsgeschichte umfassen sie nicht die Konstellation eines rechtsgeschäftlich handelnden Dritten, der eine Mitverpflichtung für die Verbindlichkeit eines Darlehensnehmers übernimmt, ohne eigene Ansprüche aus dem Kreditvertrag zu erlangen. Nach überwiegender Ansicht sind die §§ 491 ff BGB aber auf einen zu Sicherungszwecken erfolgten (gläubigervertraglichen) **Schuldbeitritt** zu einem entgeltlichen Kreditvertrag durch einen Verbraucher (§ 13 BGB) gegenüber einem Unternehmer (§ 14 BGB) **entsprechend anwendbar**.[368] Dies folgt aus einem Erst-recht-Schluss, denn der Beitretende erlangt trotz voller Mitverpflichtung – anders als der Darlehensschuldner – keinen Anspruch auf die Darlehensvaluta und ist deshalb besonders schutzbedürftig. Daher setzt die entsprechende Anwendung nicht voraus, dass neben dem Beitretenden auch der Kreditnehmer Verbraucher ist, solange der Verpflichtung aus einem Kreditvertrag beigetreten wird und die andere Vertragspartei des Schuldbeitritts ein Unternehmer (§ 14 BGB) ist. Dadurch erlangt der Beitretende gemäß §§ 495, 355 BGB ein eigenständiges *Widerrufsrecht*, mit dem er sich von seiner auf den Schuldbeitritt gerichteten Willenserklärung wieder lösen kann. Die Gegenansicht[369] präferiert eine analoge Anwendung des Schriftformerfordernisses in § 766 S 2 BGB auch auf den Sicherungsbeitritt, wobei der Inhalt der Schriftform um die § 492 Abs 2 BGB vorgeschriebenen Angaben zu erweitern sei, soweit diese auch für den Beitretenden relevant seien.

128 Die **Bürgschaft** wird hingegen nicht vom Schutzbereich der §§ 491 ff BGB erfasst; ein Analogieschluss ist – anders als beim Schuldbeitritt – aufgrund des unterschiedlichen Schutzbedürfnisses **abzulehnen**.[370] Auch die Verbraucherkreditrichtlinie enthält keine dahingehende Vorgabe, denn nach dem EuGH unterfallen Bürgschaftsverträge zur Sicherung der Rückzahlung eines Kredits auch dann nicht dem Geltungsbereich der Verbraucherkreditrichtlinie, wenn weder Bürge noch Kreditnehmer im Rahmen ihrer Erwerbstätigkeit gehandelt haben.[371] Anders als beim Schuldbeitritt, aus dem eine Verpflichtung *gleich* einem Kreditnehmer resultiert, ist die Bürgschaft mit dem Kreditvertrag nur über die Akzessorietät verbunden. Im Übrigen wird ein eigenständiges Haftungskreditverhältnis begründet, bei dem der Bürge dem Gläubiger ein Sicherungsmittel für die jeweilige Verbindlichkeit des Hauptschuldners zur Verfügung stellt. Dies steht freilich Einzelanalogien, zB der entsprechenden Anwendung des § 497 Abs 1 BGB auf den Verzug des Bürgen,[372] nicht entgegen. Auch der **BGH verneint die entsprechende Anwendbarkeit** der verbraucherkreditrechtlichen Bestimmungen auf

---

[368] BGHZ 133, 71, 74 f = NJW 1996, 2156; BGHZ 133, 220, 222 f; BGHZ 134, 94, 97 = NJW 1997, 654; BGHZ 138, 321, 325 = NJW 1998, 1939; BGHZ 155, 240, 243 = NJW 2003, 2742; BGHZ 165, 43, 46 = NJW 2006, 431; BGHZ 179, 126 Rn 24 = WM 2009, 262; Staudinger/Kessal-Wulf (2012) § 491 Rn 21; BeckOK/Möller (1.2.2017) § 491 Rn 45; Drexl JZ 1998, 1046, 1053 f; Ulmer JZ 2000, 781, 782; Grigoleit/Herresthal Jura 2002, 825, 831.

[369] MünchKomm/Habersack (7. Aufl 2016) § 491 Rn 57; Madaus, Der Schuldbeitritt als Personalsicherheit (2001) 168 ff.

[370] Wie hier die hM, vgl BGHZ 138, 321, 325 ff = NJW 1998, 1939; OLG Düsseldorf WM 2009, 846; Staudinger/Kessal-Wulf (2012) § 491 Rn 23; BeckOK/Möller (1.2.2017) § 491 Rn 48; Ulmer/Timmann, in: FS Rowedder (1994) 503, 516; Schürnbrand, Der Schuldbeitritt (2003) 65 f.

[371] Vgl EuGH v 23.3.2000 – C-208/98 *Berliner Kindl*, Slg 2000, I-1763 Rn 25 = ZIP 2000, 574.

Bürgschaften bislang in den entschiedenen Teilbereichen. Die Entscheidungen betrafen Bürgschaften zur Sicherung von Krediten, die vom Hauptschuldner außerhalb der Existenzgründungsphase (§ 513 BGB) aufgenommen wurden, sowie für Kredite, die gem § 491 Abs 2 S 2 BGB vom Anwendungsbereich des Gesetzes ausgenommen sind.[373] Diese Differenzierung nach der Art der durch die Bürgschaft gesicherten Schuld (Geschäftskredit oder Verbraucherkredit) ist allerdings nicht nachvollziehbar, wird sie doch für den Schuldbeitritt eines Verbrauchers gerade als untauglich verworfen.[374] Dort genügt es, dass die gesicherte Forderung, der beigetreten wird, dem sachlichen Anwendungsbereich des Verbraucherkreditrechts unterfällt, gleich ob der Kreditnehmer zugleich auch dessen persönliche Voraussetzungen erfüllt; maßgeblich sind allein die Parteien des Schuldbeitrittsvertrages. Eine **Gegenansicht** in der Lit streitet für die **entsprechende Anwendung der Normen** auf die Bürgschaft.[375] Eine **dritte Lösung** will das **Schriftformerfordernis des § 766 BGB** auf die für den Bürgen relevanten Angaben aus § 492 Abs 2 BGB ausdehnen, also jene Informationen, aus denen der Umfang des Bürgschaftsrisikos folgt. Das betrifft den Gesamtbetrag aller Teilzahlungen und die Höhe zusätzlicher Kosten.[376]

e) Die Pflichten der Parteien und Einreden

Den **Bürgen** trifft als **Hauptleistungspflicht** die Pflicht zur Zahlung an den Gläubiger in Höhe der noch offenen verbürgten Forderung. Diese Hauptforderung muss fällig sein; die Fälligkeit der Bürgschaft (und damit der objektive Verjährungsbeginn) tritt mit Fälligkeit der Hauptschuld ein.[377] Leistet der Bürge nicht, so kommt er in Verzug.[378] Erfüllungsort der Bürgenpflicht ist der Wohnort des Bürgen (§ 269 BGB). Nebenpflichten aus § 241 Abs 2 BGB treffen ihn nur ausnahmsweise. Den **Bürgschaftsgläubiger** treffen bei diesem nur einseitig verpflichtenden Vertrag nur allgemeine Sorgfalts- und Aufklärungspflichten gem § 241 Abs 2 BGB (iVm § 311 Abs 1 BGB). Grundsätzlich hat er aber den Bürgen *nicht* über das Risiko der Bürgschaft, die eigene Risikoeinschätzung oder die Vermögenslage des Schuldners aufzuklären. Die Beschaffung entsprechender Informationen ist der Eigenverantwortung des Bürgen überlassen. Nur in Ausnahmefällen bestehen entsprechende Hinweis- oder Warnpflichten des Gläubigers.[379]

Die **Durchsetzung der Bürgschaftsforderung** durch den Gläubiger setzt voraus, dass der **Anspruch aus § 765 Abs 1 BGB entstanden** ist. Hierzu muss ein wirksamer Bürgschaftsvertrag geschlossen sein und die gesicherte Hauptforderung *bestehen*. Der Bürgschaftsanspruch kann durch die allgemeinen Erlöschensgründe, zB Erfüllung (§ 362 BGB), **erlöschen**. Die Bürgschaftsforderung erlischt zudem (ggf teilweise), wenn und soweit die gesicherte Hauptforderung erlischt; dies ist Folge der strengen Entstehungs- und

---

[372] So BGH 28.10.1999 – IX ZR 364/97, WM 2000, 64 (zu § 11 Abs 1 VerbrKrG).
[373] BGHZ 138, 321; dazu Bülow ZIP 1998, 1187; ferner BGH ZIP 2000, 65; WM 1999, 1555.
[374] Für den Bereich der Haustürgeschäfte ausdrücklich aufgegeben: BGH 10.1.2006 – XI ZR 169/05, ZIP 2006, 363; BGH ZIP 2007, 363.
[375] Hommelhoff, in: FG 50 Jahre BGH, Bd II (2000) 889, 905; Zöllner WM 2000, 1, 4.
[376] Grundlegend Ulmer/Timmann, in: FS Rowedder (1994) 504, 517 f; aA BGHZ 138, 321, 329 f = NJW 1998, 1939; Staudinger/Kessal-Wulf (2012) § 491 Rn 23 aE.
[377] BGH NJW 2008, 1728; NJW 2011, 2120; s a Schmolke WM 2013, 148.
[378] Zu den hohen Anforderungen an die Widerlegung der Verschuldensvermutung aus § 280 Abs 1 S 2 BGB im Rahmen des Schuldnerverzugs des selbstschuldnerischen Bürgen vgl BGH 11.9.2012 – XI ZR 56/11, NJW 2013, 1228.
[379] Vgl dazu oben Rn 106 ff; s a Nobbe, in: Schimansky/Bunte/Lwowski, BankR-Hdb (5. Aufl 2017) § 91 Rn 224.

Entwicklungsakzessorietät der Bürgschaft (§ 767 Abs 1 S 1 BGB).[380] Sofern die Hauptforderung wiederauflebt, lebt auch die Verpflichtung des Bürgen wieder auf (zB wenn der Gläubiger gem § 144 InsO eine empfangene anfechtbare Leistung dem Hauptschuldner zurückgewährt).[381] Eine rechtskräftige Entscheidung im Verhältnis Gläubiger-Hauptschuldner äußert Wirkung für den Gläubiger, sofern sie den Bestand der Hauptschuld verneint.[382] Eine den Bestand der Hauptschuld bestätigende Entscheidung in diesem Rechtsverhältnis wirkt hingegen nicht zu Lasten des Bürgen,[383] dieser kann vielmehr die Einreden und Einwendungen des Hauptschuldners eigenständig geltend machen. Gem **§ 776 BGB** erlischt die Bürgschaft auch bei der Aufgabe von akzessorischen Sicherheiten durch den Gläubiger; analog § 776 BGB führt die Aufgabe nicht akzessorischer Sicherheiten, namentlich eines Eigentumsvorbehalts, einer Sicherungsübereignung oder einer Sicherungszession zum gleichen Ergebnis. Das Erlöschen der Bürgschaft als Rechtsfolge des § 776 BGB entfällt nicht dadurch, dass der Gläubiger die zunächst aufgegebene Sicherheit später zurückerwirbt oder neu begründet, denn es handelt sich nicht um ein bloßes Leistungsverweigerungsrecht.[384] Etwaige **Einreden des Bürgen** resultieren zunächst aus seinem *eigenen* Rechtsverhältnis zum Gläubiger.[385] So können die §§ 214, 273, 320, 821, 853 BGB oder eine Stundung des Anspruchs aus § 765 BGB dessen Durchsetzung durch den Bürgschaftsgläubiger hindern.[386] Hinzu treten die **Einreden des Hauptschuldners**; auf diese kann sich der Bürge gem **§ 768 Abs 1 BGB** berufen. So kann er ein Zurückbehaltungsrecht (§§ 320, 273 BGB) des Hauptschuldners der Bürgschaftsforderung einredeweise entgegenhalten; dies gilt nach hM auch für ein Leistungsverweigerungsrecht des Hauptschuldners aus einem Stillhalteabkommen mit dem Gläubiger. Allerdings müssen diese Einreden dem Hauptschuldner selbst noch zustehen. Verliert der Hauptschuldner eine Einrede (zB die Einrede der Stundung oder die der fehlenden Fälligkeit durch Zeitablauf), so verliert sie auch der Bürge mit Ausnahme der Konstellationen des § 768 Abs 2 BGB. Maßgebender Zeitpunkt dafür, ob dem Hauptschuldner eine Einrede „zusteht" iSv § 768 Abs 1 BGB ist die letzte mündliche Tatsachenverhandlung im Prozess über die Inanspruchnahme des Bürgen.[387] Allerdings verliert der Bürge das Recht, sich gegenüber dem Gläubiger auf den Ablauf der ursprünglichen Regelverjährung der Hauptforderung zu berufen, wenn aufgrund eines gegen den Hauptschuldner ergangenen rechtskräftigen Urteils gegen diesen eine neue 30-jährige Verjährungsfrist in Lauf gesetzt wird und sich der Hauptschuldner im Prozess mit dem Gläubiger erfolglos auf die Einrede der Verjährung berufen hatte, dh er in der Verjährungsfrage aufgrund

---

[380] Dies gilt auch, wenn Gläubiger und Hauptschuldner die gesicherte Forderung durch Vergleich (BGH WM 2002, 2278), Aufhebungsvertrag (BGH WM 2002, 2278) oder Erlass (BGH WM 2001, 1060) beseitigen.

[381] BGH 14.6.2016 – XI ZR 242/16 Rn 25, WM 2016, 1826; PALANDT/SPRAU, BGB (77. Aufl 2018) § 765 Rn 29.

[382] Vgl zu dieser Rechtskrafterstreckung auf einen Dritten wegen materiellrechtlicher Abhängigkeit BGH NJW 1970, 279.

[383] BGH 28.2.1989 – IX ZR 130/88, NJW 1989, 1276, 1277.

[384] BGH 4.6.2013 – XI ZR 505/11 Rn 13 ff, WM 2013, 1318 m krit Anm HOFFMANN JZ 2013, 1005 ff; ausf zu § 776 BGB DERLEDER NJW 2015, 817; MÜLLER WM 2014, 869 (zu vorübergehend freigegebenen weiteren Sicherheiten); s a BGH WM 2018, 48 zum Stillhalteabkommen.

[385] Für eine weitgehende Verallgemeinerung vgl Art IV. G. 2:103 DCFR.

[386] Zur Zulässigkeit einer klauselmäßigen Verlängerung der Verjährung mit einer einheitlichen Verjährungsfrist von fünf Jahren für Ansprüche aus einer Bürgschaft, die den Beginn der Verjährung objektiv eindeutig zum Jahresende der Fälligkeit der Bürgschaftsansprüche regelt, BGH 21.4.2015 – XI ZR 200/14, NJW 2015, 2571; krit dazu PETERS NJW 2015, 2573; vWESTPHALEN NJW 2016, 2228.

[387] BGH 14.6.2016 – XI ZR 242/15 Rn 17, WM 2016, 1826; krit dazu C MAYER JZ 2017, 31.

einer streitigen Entscheidung aus tatsächlichen oder rechtlichen Gründen unterliegt.[388] Nach **§ 768 Abs 2 BGB** kann der Hauptschuldner die Haftung des Bürgen nicht durch den Verzicht auf Einreden verschärfen. Der Bürge kann somit entsprechend der akzessorischen Natur der Bürgschaft alle dem Hauptschuldner nach dem ursprünglich verbürgten Hauptschuldvertrag gebührenden Einreden geltend machen, ohne dass ihm ein vom Hauptschuldner nach der Bürgschaftsübernahme erklärter Einredeverzicht zum Nachteil gereicht. Nach Sinn und Zweck des § 768 Abs 2 BGB ist es dem Bürgen gegenüber deshalb ebenso unwirksam, wenn der Hauptschuldner durch sein Handeln eine neue oder längere Verjährungsfrist eröffnet, indem er etwa im Prozess mit dem Gläubiger die Verjährungseinrede nicht erhebt und deshalb rechtskräftig verurteilt wird, die Hauptschuld anerkennt oder säumig ist.[389] Des Weiteren besteht nach **§ 770 BGB** die sog **Bürgeneinrede**. Danach kann der Bürge die Leistung verweigern, wenn der *Schuldner* ein Anfechtungsrecht hat (Abs 1). Die Einrede ist auf andere Gestaltungsrechte entsprechend anwendbar.[390] Diese Einrede der Anfechtbarkeit ist vom Bestand des Anfechtungsrechts abhängig. Hinzu tritt die Einrede der Aufrechnungsbefugnis des *Gläubigers* (§ 770 Abs 2 BGB). Nach ihr hat der Bürge ein Leistungsverweigerungsrecht, solange sich der Gläubiger durch Aufrechnung befriedigen kann. Sofern nur der Gläubiger aufrechnen kann, etwa wegen eines Aufrechnungsverbotes, -verzichts oder § 767 Abs 2 ZPO beim Schuldner, steht dem Bürgen gleichwohl die Einrede der Aufrechenbarkeit zu.[391] Eine Verweigerung der Leistung analog § 770 Abs 2 BGB, wenn nur der Schuldner aufrechnen kann, ist hingegen abzulehnen.[392] Denn die Norm zielt gerade auf den Bürgschaftsgläubiger und seine Möglichkeit zu einer einfachen Befriedigung.[393] Schließlich kann die **Einrede der Vorausklage** bestehen (§ 771 S 1 BGB). Diese Bezeichnung ist missverständlich, da eine Klage weder erforderlich noch hinreichend ist. Geboten ist vielmehr ein erfolgloser Vollstreckungsversuch beim Hauptschuldner. Nach § 773 Abs 1 S 1 BGB ist die Einrede der Vorausklage ausgeschlossen, wenn eine „selbstschuldnerische" Bürgschaft vereinbart wurde. Dies ist in der Praxis die Regel, wobei der formularmäßige Verzicht auf die Einrede der Vorausklage zulässig ist.[394] Zum gleichen Ergebnis führt § 349 HGB, wonach die Einrede der Vorausklage dem Bürgen nicht zusteht, wenn die Bürgschaft für ihn ein Handelsgeschäft ist.

f) Der Rückgriff des Bürgen

Sofern der Bürge den Gläubiger befriedigt, leistet er prinzipiell auf die eigene Bürgenschuld. Die gesicherte Hauptschuld erlischt dann nicht, sondern geht nach § 774 Abs 1 BGB auf den Bürgen über *(cessio legis)*. Dies soll ihm den Rückgriff beim Hauptschuldner erleichtern. Mit der gesicherten Hauptschuld gehen auch zu dieser **akzessorische Sicherheiten** auf den Bürgen über, ua Hypotheken, Pfandrechte oder Rechte aus einer weiteren Bürgschaft, etwaige Vorzugsrechte des Gläubigers stehen ihm zu und Nebenrechte bestehen fort (§§ 412, 401 BGB). Auch die von dritter Seite für die gesicherte Hauptschuld bestellten akzessorischen Sicherheiten stehen somit

---

[388] BGH 14.6.2016 – XI ZR 242/15 Rn 19 f, WM 2016, 1826; ausf zur Bürgschaft und Verjährung Lange BKR 2017, 447.
[389] BGH 18.9.2007 – XI ZR 447/06 Rn 18, 35, WM 2007, 2230.
[390] Ausf dazu oben Rn 26.
[391] BGHZ 153, 293, 301 f = WM 2003, 669.
[392] Larenz/Canaris, SchuldR BT II/2 (13. Aufl 1994) § 60 III 3 b = S 13 f; Staudinger/Horn (2012) § 770 Rn 9; BeckOK/Rohe (15.6.2017) § 770 Rn 7; aA Medicus JuS 1971, 497, 501 Fn 26; Zimmermann JR 1979, 495, 496 ff.
[393] Ausf zum Normzweck auch BGHZ 153, 293, 301 f = NJW 2003, 1521.
[394] Vgl Nobbe, in: Schimansky/Bunte/Lwowski, BankR-Hdb (5. Aufl 2017) § 91 Rn 300 mwNw.

dem zahlenden Bürgen zu. Allerdings vollzieht sich der Ausgleich zwischen mehreren Sicherungsgebern sodann analog § 426 BGB.[395] Die **Voraussetzungen der *cessio legis*** sind ein wirksamer Bürgschaftsvertrag, der Bestand der gesicherten Forderung gegen den Hauptschuldner und die Erfüllung der Bürgschaftsschuld durch den Bürgen. Letzteres verlangt, dass der Gläubiger durch die Leistung auf die Bürgschaftsforderung – durch Erfüllung oder Erfüllungssurrogat – vollständig endgültig befriedigt wird.[396] Der Übergang der Forderung auf den Bürgen verschlechtert die Rechtsstellung des Hauptschuldners nicht, Einreden und Einwendungen bleiben ihm erhalten (§§ 412, 404, 406 ff BGB).[397]

132 Vielfach treten Konstellationen auf, in denen der **Hauptschuldner auf die gesicherte Hauptverbindlichkeit** in Unkenntnis einer bereits erfolgten Leistung des Bürgen **an den Gläubiger leistet**. In diesen Fällen muss der Bürge gem §§ 412, 407 Abs 1 BGB die Zahlung des Schuldners gegen sich gelten lassen; die gesicherte Hauptschuld soll daher als erloschen gelten und kann vom Bürgen nicht als übergegangene Forderung gegen den Schuldner durchgesetzt werden.[398] Vielmehr muss der Bürge gem § 812 Abs 1 S 1 Alt 1 BGB vom Gläubiger Rückzahlung seiner eigenen Leistung auf die Bürgschaftsforderung verlangen. Der Vorrang der Gläubigerinteressen wird durch § 774 Abs 1 S 2 BGB gewahrt. Der bisweilen zudem behauptete Anspruch des Bürgen aus § 670 BGB gegen den Hauptschuldner, wenn dieser den Bürgen nicht über die Erfüllung der Hauptschuld unterrichtet hat und der Bürge die Leistung an den Gläubiger für erforderlich halten durfte,[399] konterkariert die Wertung der §§ 412, 407 Abs 1 BGB. Zudem wird die Funktion des Bereicherungsrechts für den Ausgleich rechtsgrundloser Zahlungen verkannt. Auch leistet der Bürge auf seine eigene Verbindlichkeit und führt damit gerade kein Geschäft des Schuldners.

133 Des Weiteren hat der **Hauptschuldner** gegenüber dem Bürgenrückgriff die **Einreden und Einwendungen aus seinem Innenverhältnis zum Bürgen** (§ 774 Abs 1 S 3 BGB), also aus dem Auftrag oder der Geschäftsbesorgung, zB eine mangelnde Ausgleichspflichtigkeit des Hauptschuldners aufgrund einer Kompensationsabrede mit dem Bürgen.[400] Der Übergang der Forderung des Gläubigers auf den Bürgen mittels einer *cessio legis* darf zudem nicht zum Nachteil des Gläubigers geltend gemacht werden (§ 774 Abs 1 S 2 BGB), dh etwaige Rechte des Gläubigers haben Vorrang.[401] § 774 BGB ist dispositiv, kann also durch Individualabrede geändert werden; in AGB soll die klauselmäßige Abbedingung des § 774 BGB gegen § 307 Abs 2 Nr 1 BGB verstoßen.[402]

134 Neben den Regressanspruch des Bürgen gegen den Hauptschuldner tritt vielfach ein **Aufwendungsersatzanspruch des Bürgen gegen den Hauptschuldner**. Sofern der Übernahme der Bürgschaft im Innenverhältnis keine Schenkung, sondern ein Auftrag, eine Geschäftsbesorgung oder eine GoA zugrunde liegt, kann der Bürge einen Anspruch auf Aufwendungsersatz oder Herausgabe der Bereicherung (§§ 670, 683, 684 BGB)

---

[395] Ausf dazu oben Rn 69 ff.
[396] BGH WM 1969, 1103, 1104; NOBBE, in: SCHIMANSKY/BUNTE/LWOWSKI, BankR-Hdb (5. Aufl 2017) § 91 Rn 397 ff.
[397] BGHZ 35, 172, 174 = WM 1961, 748.
[398] PALANDT/SPRAU, BGB (77. Aufl 2018) § 774 Rn 6.
[399] MünchKomm/HABERSACK (7. Aufl 2017) § 774 Rn 19; NOBBE, in: SCHIMANSKY/BUNTE/LWOWSKI, BankR-Hdb (5. Aufl 2017) § 91 Rn 452.
[400] BGH WM 1992, 908.
[401] BGHZ 110, 41, 45 = WM 1990, 260; MünchKomm/HABERSACK (7. Aufl 2017) § 774 Rn 12.
[402] NOBBE, in: SCHIMANSKY/BUNTE/LWOWSKI, BankR-Hdb (5. Aufl 2017) § 91 Rn 370.

haben. Allerdings muss der Bürge hierzu bei der Übernahme der Bürgschaft im Rahmen des Auftrags bzw der Geschäftsbesorgung gehandelt haben. Hieran fehlt es zB, wenn er entgegen den Schuldnerinteressen keine selbstschuldnerische Bürgschaft, sondern eine Bürgschaft auf erstes Anfordern übernommen hat.

Selbständige (nicht-akzessorische) Sicherungsrechte, ua Grundschulden, Sicherungseigentum, Eigentumsvorbehalte, gehen nicht *ex lege* auf den leistenden Bürgen über. Insoweit ist der Gläubiger aber analog §§ 774, 412, 401 BGB verpflichtet, diese auf den leistenden Bürgen zu übertragen.[403] Um einen „Wettlauf" der Sicherungsgeber zu verhindern, wird eine Ausgleichspflicht innerhalb der verschiedenen Sicherungsgeber angenommen.[404] **135**

g) Die Sonderformen der Bürgschaft
Der Vertragstyp der Bürgschaft kennt zahlreiche Sonderformen, dh typisierte Vertragsgestaltungen bei einem bestimmten Sicherungszweck bzw Sicherungsgegenstand, die mit einer spezifischen Bezeichnung belegt werden.[405] Über die nachfolgend skizzierten Formen hinaus sind ua die **Wechsel- oder Scheckbürgschaft**, die **Kreditbürgschaft**, die **Bau-Bürgschaft**, die **Mietbürgschaft** sowie die **Bürgschaft auf Zeit** zu nennen. Die **Globalbürgschaft** ist Teil der übergreifenden Diskussion der Legitimität von Globalsicherheiten.[406] **136**

Die – von der Rspr mittlerweile anerkannte[407] – **Bürgschaft auf erstes Anfordern** privilegiert den Gläubiger bei der Durchsetzung der Bürgenverpflichtung in besonderer Weise. Die Einwände des Bürgen gegen seine Pflicht zur Leistung auf die Bürgschaft werden bei dieser Form in den sog Rückforderungsprozess verlagert. Durch die Zahlung des Bürgen auf erstes Anfordern erlangt der Gläubiger schnell Liquidität; er muss den Betrag aber uU wieder an den Bürgen im Rückforderungsprozess herausgeben, wenn eine Einrede bzw Einwendung des Bürgen gegen die Bürgenverpflichtung bestand. Nach dem Grundsatz „**erst zahlen, dann prozessieren**"[408] wird einstweilen auf Einreden und Einwendungen verzichtet, die erst im Rückforderungsprozess geltend gemacht werden können. Die (zeitlich begrenzte) Lockerung der Akzessorietät der Bürgschaft ist für den Bürgen sehr risikoreich, denn er übernimmt zumindest für die Dauer bis zur erfolgreichen Rückforderung das Insolvenzrisiko des Gläubigers. Hinzu tritt die Gefahr des Missbrauchs der Berechtigung durch den Gläubiger. Eine *individualvertragliche* Vereinbarung dieser Bürgschaftsform ist möglich; die **klauselmäßige** Abrede mit einem Nichtkaufmann ist hingegen vielfach überraschend (§ 305c Abs 1 BGB), jedenfalls verstößt sie aber gegen § 307 BGB.[409] Entsprechendes gilt für die Sicherungsabrede zwischen Hauptschuldner und Gläubiger. Der sog **formelle Bürgschaftsfall** liegt bei dieser Form vor, wenn der Gläubiger jenes (eindeutig) erklärt, **137**

---

[403] BGHZ 136, 347, 351 = WM 1997, 2117; BGHZ 144, 52, 57 = WM 2000, 764; BGH WM 2009, 1460; zu dem hieraus resultierenden Zurückbehaltungsrecht des Bürgen (§ 273 BGB) vgl BGH WM 2009, 1460 Rn 21.
[404] Dazu oben Rn 69 ff.
[405] Ausf dazu NOBBE, in: SCHIMANSKY/BUNTE/LWOWSKI, BankR-Hdb (5. Aufl 2017) § 91 Rn 531 ff.
[406] Dazu oben Rn 38 ff, 44 ff.
[407] BGHZ 74, 244 = WM 1979, 681; ausf dazu HADDING WM 2015, 1545; WITTMANN MDR 2009, 481; FISCHER WM 2005, 529; KUPISCH WM 2002, 1626; MünchKomm/HABERSACK (7. Aufl 2017) § 765 Rn 98 ff; monographisch P HOFFMAN, Das Leistungsversprechen auf erstes Anfordern (2017).
[408] BGH WM 2007, 1609, 1610; WM 1997, 656; NOBBE, in: SCHIMANSKY/BUNTE/LWOWSKI, BankR-Hdb (5. Aufl 2017) § 91 Rn 554.
[409] BGHZ 151, 229, 233 f = WM 2002, 1876; BGH WM 2002, 1415.

was in der Bürgschaftsurkunde als Voraussetzung der Zahlung durch den Bürgen genannt wird (Formstrenge). Der **materielle Bürgschaftsfall** wird im etwaigen Rückforderungsprozess geprüft, in dem der Bürge sodann etwaige Einreden und Einwendungen gegen seine Bürgenpflicht vortragen kann. Etwas anderes gilt nur für offensichtliche und liquide beweisbare Einwände, die bereits der ersten Anforderung bzw deren Durchsetzung im Erstprozess entgegengesetzt werden können. Die **Abgrenzung** der Bürgschaft auf erstes Anfordern **von der Garantie** erfolgt nach dem Wortlaut der Abrede und dem Parteiwillen. Letzterer muss auf die Abhängigkeit von der gesicherten Hauptforderung in der Weise gerichtet sein, dass Einwendungen und Einreden gegen die Hauptforderung vom Bürgen nur, aber immerhin im Rückforderungsprozess noch geltend gemacht werden können.

138 Mit einer **Höchstbetragsbürgschaft** kann das Bürgenrisiko durch Vereinbarung eines Haftungshöchstbetrags begrenzt werden. Der Bürge haftet in der Folge für die gesamte gesicherte Verbindlichkeit, aber nur bis zum vereinbarten **Höchstbetrag**. Individualvertraglich kann darüber hinaus verabredet werden, dass Zinsen, Provisionen, Spesen und Kosten den übernommenen Betrag weiter erhöhen; in AGB verstößt eine entsprechende Klausel nach der jüngeren Rechtsprechung gegen § 305c Abs 1 BGB, jedenfalls aber gegen § 307 Abs 1 S 1, Abs 2 Nr 2 BGB.[410]

139 Bei einer **selbstschuldnerischen Bürgschaft** verzichtet der Bürge auf die Einrede der Vorausklage (§ 773 Abs 1 Nr 1 BGB)[411] und begibt sich dadurch der Subsidiarität (nicht aber der Akzessorietät nach §§ 767, 768 BGB) seiner Bürgschaft.[412] Der Gläubiger kann bei einer selbstschuldnerischen Bürgschaft nach seiner Wahl den Hauptschuldner oder den Bürgen in Anspruch nehmen; gleichwohl sind beide nicht Gesamtschuldner.

140 Bei einer **Nachbürgschaft** sind zwei Bürgschaften hintereinander geschaltet. Der Nachbürge verbürgt sich für die Erfüllung der Bürgschaftsverpflichtung durch den sog Vorbürgen. Die Schuld des Nachbürgen ist ebenfalls akzessorisch, und zwar unmittelbar akzessorisch zur Schuld des Vorbürgen und mittelbar akzessorisch zur gesicherten Hauptschuld. Sofern der Vorbürge den Gläubiger befriedigt, erlischt die Nachbürgschaft. Muss hingegen der Nachbürge leisten, weil der Vorbürge nicht zahlt, so gehen gem § 774 Abs 1 S 1 BGB der Anspruch gegen den Vorbürgen und mit diesem der verbürgte Anspruch gegen den Hauptschuldner auf den Nachbürgen über.

2. Weitere Personalsicherheiten

a) Der Kreditauftrag

141 Bei einem Kreditauftrag übernimmt der Beauftragte die **Pflicht, im eigenen Namen** und für eigene Rechnung einem Dritten **eine Finanzierungshilfe oder ein Darlehen zu gewähren** (oder dieses zu verlängern). Nach § 778 BGB hat dies zur Folge, dass der Auftraggeber dem Beauftragten für die aus der Gewährung des Darlehens oder der Finanzierungshilfe entstehende Verbindlichkeit des Dritten als Bürge haftet. Die rechtsgeschäftlichen Erklärungen der Parteien sind mithin nicht auf die Begründung einer Sicherheit für eine bestimmte Hauptschuld gerichtet, sondern zielen auf die Verpflichtung des Beauftragten zur Darlehensgewährung. Der maßgebliche Parteiwil-

---

[410] BGHZ 151, 374, 383 = WM 2002, 1836; anders noch BGHZ 104, 240, 242 = WM 1988, 893.
[411] Zu dieser oben Rn 130.
[412] BGHZ 169, 1, 16 = WM 2006, 1901.

le muss mithin die Verpflichtung des Auftragnehmers zur Darlehensgewährung und jene des Auftraggebers zum Einstehen für die Darlehensschuld des Dritten umfassen. Bis zur Gewährung des Darlehens durch den Beauftragten an den Dritten gilt sodann Auftragsrecht; nach der Gewährung des Darlehens greift die Bürgenhaftung des Auftraggebers.

b) Der Schuldbeitritt

Der Schuldbeitritt[413] ist ein atypischer, **gesetzlich nicht geregelter Vertrag**. Er führt zu einer **eigenen, gleichrangigen Schuld des Beitretenden** neben der gesicherten Hauptschuld, dh zur rechtsgeschäftlichen Begründung einer Gesamtschuld. Gegenstand eines Schuldbeitritts kann jede bestehende oder zukünftige Verpflichtung des Hauptschuldners sein. Er führt zu einer nur in der Entstehung, nicht aber in der Fortentwicklung von der Hauptschuld abhängigen Schuld des Beitretenden. Bei einem *gläubigervertraglichen* Schuldbeitritt erfolgt die Kausalabrede zwischen Gläubiger und Beitretendem, bei einem *schuldnervertraglichen* Schuldbeitritt – als echter Vertrag zugunsten Dritter (§ 328 BGB) – zwischen Urschuldner und Beitretendem.

142

Nach der überwiegenden Ansicht ist der Schuldbeitritt grundsätzlich **formfrei** möglich; richtigerweise besteht hingegen in Analogie zu § 766 S 1 BGB ein Formzwang.[414] Sofern die gesicherte Hauptschuld eine Darlehensverbindlichkeit ist, sind die §§ 491 ff BGB auf den gläubigervertraglichen Schuldbeitritt entsprechend anwendbar, wenn deren persönlicher Anwendungsbereich bezogen auf die Parteien des Schuldbeitritts eröffnet ist.[415] Auch die Unwirksamkeit einer Haftungserweiterung nach der sog „**Anlassrechtsprechung**" ist auf den Schuldbeitritt zu übertragen.[416] Gleiches gilt für die **Sittenwidrigkeit des Schuldbeitritts von Nahbereichspersonen** (§ 138 Abs 1 BGB), dh aufgrund der funktionalen und wertungsmäßigen Verwandtschaft des Schuldbeitritts mit der Bürgschaft sind die zur Bürgschaft entwickelten Grundsätze der Sittenwidrigkeit jedenfalls auf den gläubigervertraglichen Schuldbeitritt anwendbar.[417]

143

Die **Abgrenzung von einer Bürgschaft** erfolgt zunächst nach dem Wortlaut der Abrede. Sodann ist im Zweifel die Vereinbarung einer Bürgschaft anzunehmen,[418] denn aufgrund der gesetzlichen Regelung der Bürgschaft ist davon auszugehen, dass diese Regeln einen sachgerechten Ausgleich der Parteiinteressen für den Fall der Haftungsübernahme vornehmen. Das entscheidende Indiz für einen Schuldbeitritt ist ein spezifisches Eigeninteresse des Dritten am Hauptschuldverhältnis[419], während bei der Bürg-

144

---

[413] Dazu GRIGOLEIT/HERRESTHAL Jura 2002, 825; NOBBE, in: SCHIMANSKY/BUNTE/LWOWSKI, BankR-Hdb (5. Aufl 2017) § 92 Rn 76.
[414] Vgl für die hM nur BGH NJW 1991, 3095, 3098; BGHZ 121, 1, 3; für die hier vertretene Ansicht MADAUS, Der Schuldbeitritt als Personalsicherheit (2001) 255 ff; ausf schon GRIGOLEIT/HERRESTHAL Jura 2002, 825, 830.
[415] Vgl BGHZ 133, 71, 74 f (noch zum VerbrKrG); BGH NJW 2000, 3496, 3497; dazu auch allgemein oben Rn 79 ff sowie bei der Bürgschaft Rn 127 f.
[416] Wie hier BGH NJW 1996, 249, 250; MünchKomm/BYDLINSKI (7. Aufl 2016) Vor § 414 Rn 14.
[417] Ebenso BGH NJW 1991, 923, 924; NJW 1994, 1726; NJW 2002, 744; MünchKomm/BYDLINSKI (7. Aufl 2016) Vor § 414 Rn 16; STAUDINGER/HORN (2012) Vorbem 411 f zu §§ 765 ff.
[418] BGH NJW 1986, 580; MünchKomm/BYDLINSKI (7. Aufl 2016) Vor § 414 Rn 22 mwNw; COESTER JuS 1994, 370, 371; s a oben Rn 103.
[419] Vgl MünchKomm/BYDLINSKI (7. Aufl 2016) Vor § 414 Rn 21 f; BGH NJW 1981, 47; NJW 1986, 580; ähnlich COESTER-WALTJEN Jura 2001, 742, 745.

schaft das auf die Person des Schuldners bezogene Sicherungsinteresse des Dritten überwiegt.

c) Der Garantievertrag

145 Der Garantievertrag[420] ist gesetzlich nicht allgemein geregelt;[421] es handelt sich um einen einseitig verpflichtenden **Vertrag eigener Art**. Nach ihm ist der Garant verpflichtet, im vertraglich festgelegten Garantiefall ohne Rücksicht auf das Bestehen einer Schuld für den **Eintritt eines bestimmten rechtlichen oder tatsächlichen Erfolges** einzustehen oder die Gefahr eines bestimmten künftigen Schadens zu übernehmen.[422] Diese Pflicht wird auch und gerade für den Fall übernommen, dass die gesicherte Forderung nicht, nicht mehr oder nur einredebehaftet besteht. Die Garantie kann sich auf jeden Erfolg beziehen; häufig sind die Forderungsgarantie, dh die Garantie der Rückzahlung eines Kreditbetrages durch den Schuldner an den Gläubiger sowie die Bankgarantie, mit der eine Leistungspflicht von der Bank abgesichert wird. Paradigmatisch sind (auch klauselmäßige) Garantien von Geschäftsführern oder Gesellschaftern gegenüber Dritten für die Verbindlichkeiten der Gesellschaft.[423]

146 Der Anspruch aus der Garantie tritt neben die gesicherte Hauptschuld und ist von dieser nicht abhängig. Die Garantie ist **weder akzessorisch noch subsidiär**, sondern trägt – wie eine Bürgschaft – den Rechtsgrund in sich. Die Regelungen des Bürgschaftsrechts sind nach der überwiegenden Ansicht nicht entsprechend anwendbar, dh die Garantie ist nicht analog § 766 BGB formbedürftig[424] und auch die §§ 775–777 BGB sollen nicht analog anwendbar sein.[425] Entsprechendes gilt für die Vorschriften über die Schriftform und die Pflichtangaben bei einem Verbraucherdarlehensvertrag (§ 492 Abs 1, 2 BGB iVm Art 247 §§ 6–13 EGBGB). Mangels planwidriger Regelungslücke ist auch deren analoge Anwendung auf die Garantie ausgeschlossen.[426] Bürgschaft und Garantie sind somit als *alternative* vertragliche Gestaltungsmöglichkeiten aufzufassen. Maßgeblich für ihre Unterscheidung ist, ob nach dem Willen der Parteien bei Abschluss des Rechtsgeschäfts für die Schuld des Sicherungsgebers maßgeblich sein soll, dass eine Hauptverbindlichkeit vorhanden ist. Dann liegt eine Bürgschaft vor.[427]

d) Die Patronatserklärung

147 Die Patronatserklärung bezeichnet gesetzlich nicht geregelte Erklärungen der Muttergesellschaft (Patronin) gegenüber ihrer Tochtergesellschaft (interne Patronatserklä-

---

[420] Ausf dazu NOBBE, in: SCHIMANSKY/BUNTE/LWOWSKI, BankR-Hdb (5. Aufl 2017) § 92 Rn 1 ff; SCHULZ/METTKE WM 2014, 54 zur Garantie auf erstes Anfordern; SCHREMS-SCHERBARTH, Die Bankgarantie als nationales Sicherungsinstrument (2017).
[421] Zu Beschaffenheits- und Haltbarkeitsgarantien mit Bezug zur Mangelfreiheit der Kaufsache vgl aber § 443 BGB.
[422] BGHZ 82, 398, 401 = WM 1982, 203; BGH WM 2001, 1565 f; WM 2002, 2192.
[423] Vgl zur Transparenzkontrolle einer formularmäßigen Gesellschaftergarantie für Verbindlichkeiten der GmbH aus einem Franchisevertrag BGH 26.10.2005 – VIII ZR 48/05 Rn 19 ff, WM 2006, 585; krit dazu und zur Problematik der präzisen Formulierung des Garantiefalls BILLING WM 2007, 245 ff.
[424] BGH WM 1982, 632; MünchKomm/HABERSACK (7. Aufl 2017) Vor § 765 Rn 19.
[425] NOBBE, in: SCHIMANSKY/BUNTE/LWOWSKI, BankR-Hdb (5. Aufl 2017) § 92 Rn 3; STAUDINGER/HORN (2012) Vorbem 214 zu §§ 765 ff; s a RGZ 72, 138, 142; **aA** MünchKomm/HABERSACK (7. Aufl 2017) Vor § 765 Rn 19.
[426] Wie hier NOBBE, in: SCHIMANSKY/BUNTE/LWOWSKI, BankR-Hdb (5. Aufl 2017) § 92 Rn 4; **aA** OMLOR WM 2009, 54, 56 f.
[427] BGH WM 1982, 632; zur Abgrenzung von der selbstschuldnerischen Bürgschaft vgl STAUDINGER/HORN (2012) Vorbem 234 zu §§ 765 ff.

rung) oder deren Gläubigern (externe Patronatserklärung), in denen diese ein **bestimmtes Verhalten in Aussicht stellt** oder verspricht, wodurch die Wahrscheinlichkeit der Rückzahlung eines Darlehens durch die Tochtergesellschaft verbessert wird.[428] Patronatserklärungen zielen auf die **Erstreckung der Kreditwürdigkeit der Muttergesellschaft** auf die Tochtergesellschaft. Als Personalsicherheit im engeren Sinne sind die sog **harten Patronatserklärungen** zu qualifizieren, mit denen die Patronin mit Rechtsbindungswillen erklärt, zB eine angemessene Finanzausstattung der Tochtergesellschaft sicherzustellen.[429] Bei diesen handelt es sich um einen unechten Vertrag zu Gunsten Dritter gem § 328 Abs 2 BGB, in dem sich die Muttergesellschaft gegenüber einem Gläubiger der Tochtergesellschaft zur Leistung an einen Dritten, dh die Tochtergesellschaft, verpflichtet. Allerdings kann die Muttergesellschaft ihre Verpflichtung aus der harten Patronatserklärung auch dadurch erfüllen, dass sie den Gläubiger der Tochtergesellschaft unmittelbar befriedigt. Bei sog **weichen Patronatserklärungen** fehlt der Rechtsbindungswille. Mit ihnen wird zB erklärt, man habe volles Vertrauen in die kaufmännische Kompetenz der Tochtergesellschaft.[430] Insoweit kommt ggf nur eine Haftung aus §§ 311 Abs 2, 280 Abs 1 BGB in Betracht.

IV. Pfandrechtliche Realsicherheiten

1. Das Pfandrecht an beweglichen Sachen

Die Regelungen über das Pfandrecht an beweglichen Sachen (§§ 1204 ff BGB) sind dogmatisch anspruchsvoll. Aufgrund des ausgeprägten Publizitätsprinzips und der Entwicklung von Rechtsinstituten in der Praxis, die ohne Publizität auskommen, namentlich die Sicherungsübereignung, ist die praktische Bedeutung des Pfandrechts an beweglichen Sachen indes deutlich gesunken.[431]

148

a) Grundlagen

Das rechtsgeschäftlich begründete Pfandrecht an beweglichen Sachen ist als **Besitzpfand** (Faustpfand) ausgestaltet. Danach ist für die Entstehung des Pfandrechts neben der dinglichen Einigung die Übergabe der Pfandsache an den Pfandgläubiger erforderlich. Hierdurch kann der Pfandgläubiger im Verwertungsfall auf das Pfand jederzeit zugreifen. Zugleich wird aber die Befugnis des Gläubigers, sich wegen einer gesicherten Forderung aus dem belasteten Gegenstand Befriedigung zu verschaffen, für Dritte erkennbar (**Publizität**). Der Pfandschuldner hat die Sache als Folge nicht mehr in seinem Besitz und kann mit dieser nicht mehr wirtschaften.[432] Aufgrund dieser gesetzlichen Ausgestaltung ist das Pfandrecht nur für eng begrenzte Sicherungszwecke von Interesse.[433] Praktische Bedeutung hat das Vertragspfandrecht bei Werkunterneh-

149

---

[428] Dazu Merkel/Richrath, in: Schimansky/Bunte/Lwowski, BankR-Hdb (5. Aufl 2017) § 98 Rn 8 ff.
[429] Zum Schadensersatzanspruch bei einer Verletzung der „harten" Patronatserklärung BGH 12.1.2017 – IX ZR 95/16, DZWIR 2017, 239; dazu Böcker DZWIR 2017, 220.
[430] BGH 19.5.2011 – IX ZR 9/10, DZWIR 2011, 473; s a Maier-Reimer/Etzbach NJW 2011, 1110; ausf zu den Rechtswirkungen der weichen Patronatserklärung Saenger/Merkelbach WM 2007, 2309.

[431] MünchKomm/Damrau (7. Aufl 2017) Vor § 1204 Rn 4 f.
[432] Besitzlose Pfandrechte, die in einem Register geführt werden, kommen nur in Sondergesetzen vor, vgl etwa das Pachtkreditgesetz vom 5.8.1951 (BGBl I 494), nach dem der Pächter eines landwirtschaftlichen Grundstücks an dem ihm gehörenden Inventar einem Kreditinstitut zur Sicherung eines ihm gewährten Darlehens ein Pfandrecht ohne Besitzübertragung bestellen kann.
[433] Pfandleihgeschäfte, dazu die VO über den

mern (va Kfz-Reparaturbetriebe) und Spediteuren erlangt. Zwar steht diesen ein gesetzliches Besitzpfandrecht *ex lege* als Sicherheit für ihre Forderungen zu (§ 647 BGB; § 464 HGB), überwiegend wird aber der gutgläubige Erwerb gesetzlicher Pfandrechte abgelehnt.[434] Aus diesem Grund sollen Vertragspfandrechte jene Konstellationen erfassen, in denen das gesetzliche Pfandrecht mangels Eigentum des Vertragspartners des obligatorischen Vertrags nicht entsteht, dieser aber zur Verpfändung befugt (§ 185 BGB) bzw der gute Glaube hieran geschützt ist (§§ 1207, 932 BGB). Das sog **„Flaschenpfand"** ist gerade kein Pfandrecht gem §§ 1204 ff BGB, sondern entweder ein irreguläres Pfand in Form einer Barkaution, um den Anspruch auf Rückgabe des Leergutes zu sichern, oder ein Verkauf der Flaschen mit anschließender Rückkaufverpflichtung.[435]

150 Die **Konzeption als „Faustpfand"** liegt der gesetzlichen Regelung durchgängig zugrunde. So kann die körperliche Übergabe des verpfändeten Gegenstandes gemäß § 1205 Abs 2 BGB durch die Übertragung des mittelbaren Besitzes im Wege der Abtretung des Herausgabeanspruches (§ 870 BGB) bei gleichzeitiger Verpfändungsanzeige (!) an den Besitzer ersetzt werden, nicht aber durch die Vereinbarung eines Besitzkonstituts,[436] das dem Verpfänder den unmittelbaren Besitz an der Sache belässt. Zwar ist ein ausschließlicher Besitz des Pfandgläubigers nicht erforderlich, aber es muss gewährleistet sein, dass der Verpfänder nicht allein über die Sache verfügen kann (§ 1206 BGB). Wird das Recht des Pfandgläubigers beeinträchtigt, gewährt ihm § 1227 BGB jene Ansprüche, die einem Eigentümer zustünden. Der Pfandgläubiger ist zur Verwahrung der Sache verpflichtet (§ 1215 BGB, § 1217 BGB). Bei Übergang des Pfandrechts auf einen neuen Gläubiger kann dieser vom bisherigen Gläubiger die Herausgabe des Pfandes begehren. Das Pfandrecht erlischt, wenn der Gläubiger die Sache dem Verpfänder oder dem Eigentümer zurückgibt.

151 Bei der Verwendung eines Pfandrechts als Sicherheit sind mind zwei Verträge, die gesicherte Forderung und die Bestellung des Pfandrechts zu unterscheiden. Das Pfandrecht ist streng akzessorisch **(Begründungs- und Entwicklungsakzessorietät)**. Es trägt den Rechtsgrund (causa) in sich; eine Sicherungsabrede der Parteien ist daneben nicht erforderlich, freilich aber privatautonom möglich. Dies gilt umso mehr, als die Pfandrechtsvorschriften auch jene Inhalte regeln, die bei den „modernen", vom Rechtsverkehr bevorzugten fiduziarischen Sicherheiten erst ausdrücklich in der Sicherungsabrede vereinbart werden müssen. Dies betrifft ua die Verwertungsreife (§ 1228 Abs 2 BGB), den Haftungsumfang bei einem Pfandrecht an mehreren Sachen (§ 1222 BGB) sowie das Wahlrecht bei mehreren Pfändern (§ 1230 S 1 BGB).

152 Bei der **Forderungssicherung mittels Pfandrecht** können bis zu vier Personen beteiligt sein: Der *Schuldner* der gesicherten Forderung, der *Gläubiger* der Forderung und zugleich Pfandrechtsinhaber, der *Eigentümer* der Sache, die verpfändet wird und der *Verpfänder*, der mit der Bestellung des Pfandrechts über die Sache verfügt und nicht mit dem Eigentümer identisch sein muss. In der **Grundkonstellation** verpfändet der

---

Geschäftsbetrieb der gewerblichen Pfandleihe vom 1.2.1961 (BGBl I 58) in der Fassung der Bekanntmachung vom 1.6.1976 (BGBl I 1334); Absicherung der geschäftsmäßigen Verbindung zu Banken und Sparkassen, wie sie regelmäßig in den Allgemeinen Geschäftsbedingungen vereinbart wird.

[434] Ausf dazu MünchKomm/DAMRAU (7. Aufl 2017) § 1275 Rn 3.
[435] Vgl auch BGHZ 173, 159 ff = WM 2007, 1673.
[436] Anders § 930 BGB für die Übereignung.

Schuldner eine eigene Sache zur Sicherung einer gegen ihn gerichteten Forderung. Schuldner, Eigentümer und Verpfänder sind hier identisch. Das Pfandrecht kann aber auch ein Dritter bestellen, wenn er Eigentümer der Sache ist. Schließlich kann der Eigentümer den Schuldner oder eine vom Schuldner verschiedene Person zur Bestellung des Pfandrechts an seiner Sache im eigenen Namen (§ 185 BGB) als Verpfänder ermächtigen. Meist sind Verpfänder und Eigentümer die gleiche Person, deshalb stellt § 1248 BGB auch die Fiktion auf, dass der Verpfänder Eigentümer der Sache sei. Fehlt dem Verpfänder die materielle Rechtszuständigkeit (§ 185 BGB), kann das **Pfandrecht** durch den Sicherungsnehmer **gutgläubig erworben** werden.[437] Angesichts des „Faustpfandprinzips" und der daran geknüpften Publizitätswirkung des Besitzes enthält § 1207 BGB eine Verweisung auf die §§ 932, 934 und 935 BGB, nicht aber auf die Vorschrift des § 933 BGB, die auf das Besitzkonstitut zugeschnitten ist. Die Bestimmung des § 936 BGB wird durch § 1208 BGB ersetzt. Ist die verpfändete Sache bereits mit dem dinglichen Recht eines Dritten belastet – das können auch frühere Pfandrechte sein –, lässt sie unter den Einschränkungen der §§ 932 Abs 1 S 2, 953, 936 Abs 3 BGB den gutgläubigen Erwerb des Vorrangs zu. Der Schutz des redlichen Erwerbers, der auf das Pfandrecht des Veräußerers und die Rechtmäßigkeit des Pfandverkaufs vertraut, wird durch § 1244 BGB gewährleistet, sofern die dort genannten Mindestanforderungen an den Pfandverkauf erfüllt sind.

Anders als bei den Grundpfandrechten (§§ 1163, 1177 BGB) sieht das Gesetz **kein 153 Eigentümerpfandrecht** vor. Während Verpfänder und Eigentümer bei Bestellung des Pfandrechts personenverschieden sein *können*, ist für Pfandgläubiger und Eigentümer zu fordern, dass sie personenverschieden sein *müssen*. Treffen Pfandrecht und Eigentum[438] später in derselben Person zusammen (Konsolidation), kommt es nur ausnahmsweise nicht zum Erlöschen des Pfandrechts, wenn nämlich die Forderung, für welche das Pfandrecht besteht, mit dem Recht eines Dritten belastet ist (§ 1256 Abs 1 S 2 BGB). Fallen zusätzlich Eigentümer- und Schuldnerstellung (Konfusion) zusammen, bleibt die Vorschrift anwendbar, weil sie – ebenso wie § 1255 Abs 2 BGB – allein auf den Schutz des Dritten abzielt. Das Pfandrecht gilt ferner als nicht erloschen, soweit der Eigentümer ein Interesse an seinem Fortbestehen hat (§ 1256 Abs 2 BGB), etwa wenn er sich das erstrangige Pfandrecht an der Sache mit den günstigen Folgen des § 1232 BGB bewahren möchte. Es handelt sich dabei um eine Fiktion des Fortbestehens allein zugunsten des Eigentümers, auf die sich Dritte nicht berufen können.[439]

Das Fahrnispfandrecht kennt **keinen Haftungsverband**, wie ihn die §§ 1120 ff BGB für **154** das Grundpfandrecht anordnen. Die Bestimmung des § 1212 BGB ist nicht als eine die Haftung erstreckende Vorschrift zu verstehen, sondern als bloße Folge des sachenrechtlichen Prinzips (§ 953 BGB), nach dem eine körperliche Trennung von Erzeugnissen oder sonstigen Bestandteilen einer Sache den zuvor bestehenden dinglichen Rechtszustand nicht zu berühren vermag. Die **Verwertung des Pfandes** erfolgt durch Pfandverkauf nach Maßgabe der §§ 1233 ff BGB im Wege öffentlicher Versteigerung (§§ 1235 Abs 1, 383 Abs 3 BGB) oder durch Freihandverkauf (§§ 1235 Abs 2, 1221 BGB). Die *lex commissaria* – das Verfallpfand – wird grundsätzlich nicht gebilligt

---

[437] Siehe ferner § 366 HGB.
[438] Auch die Sicherungsübereignung wird erfasst, weil durch sie die volle Rechtsstellung als Eigentümer erlangt wird: BGHZ 27, 227, 233 = NJW 1958, 1282.
[439] BGHZ 27, 227, 233 = NJW 1958, 1282.

(§§ 1229, 1149 BGB) und kann allein nach Eintritt der Verkaufsberechtigung des Pfandgläubigers als Verwertungsart vereinbart werden.

b) Begründung und Wirkungen

155 Bei der Begründung des Pfandrechts sind verschiedene Erwerbstatbestände zu unterscheiden. Der **Ersterwerb eines rechtsgeschäftlichen Pfandrechts** erfolgt durch Bestellung des Pfandrechts gem §§ 1205 f BGB. Dieser erfordert neben der abstrakten dinglichen Einigung (§ 1205 Abs 1 S 1 BGB) mit dem Inhalt nach § 1204 Abs 1 BGB eine Übergabe (§ 1205 Abs 1 S 1 BGB) bzw deren Entbehrlichkeit (§ 1205 Abs 1 S 2 BGB) oder Ersetzung durch ein Surrogat (§§ 1206, 1205 Abs 2 BGB). Die Parteien müssen zudem über die Bestellung des Pfandrechts zum Zeitpunkt der Vollendung des Rechtserwerbs (noch) einig sein (§ 1205 Abs 1 S 1 BGB). Die zu sichernde Forderung muss bestehen und der Verpfänder verfügungsbefugt sein. Der **Ersterwerb eines gesetzlichen Pfandrechts** setzt die Erfüllung des jeweiligen Tatbestandes (zB des § 647 BGB) voraus.

156 Nach § 1207 BGB ist auch der **gutgläubige Ersterwerb eines rechtsgeschäftlichen Pfandrechts** an einer beweglichen Sache möglich. Neben den allgemeinen Voraussetzungen (rechtsgeschäftlicher Erwerb, guter Glaube, kein Abhandenkommen, §§ 1207, 932 Abs 2, 935 BGB) ist eine rechtfertigende Besitzlage als objektiver Rechtsscheinträger gem §§ 1207, 932, 934 BGB erforderlich. Der als Nichtberechtigter Verfügende muss in einer Weise über die Sache disponiert haben, die einen guten Glauben an seine Verfügungsberechtigung rechtfertigt. Als Rechtsfolge des gutgläubigen Ersterwerbs erhält der Erwerber ein Pfandrecht an der beweglichen Sache wie vom Berechtigten. Der **gutgläubige Ersterwerb des gesetzlichen Pfandrechts** ist grundsätzlich ausgeschlossen, da es am Rechtsscheinträger mangelt. Umstritten ist aber der **gutgläubige Erwerb des Werkunternehmerpfandrechts**.[440] Nach § 1257 BGB finden die Vorschriften über das durch Rechtsgeschäft bestellte Pfandrecht auf ein kraft Gesetzes entstandenes Pfandrecht entsprechende Anwendung. Diese Verweisung stellt aber auf ein bereits „entstandenes" Pfandrecht ab; nach dem Wortlaut wird somit nicht die Entstehung vertraglicher Pfandrechte erfasst, also auch nicht deren gutgläubiger Erwerb nach §§ 1207, 932, 934, 935 BGB. Für eine **analoge Anwendung der §§ 1207, 932 ff BGB** auf das Werkunternehmerpfandrecht wird angeführt, dass dieses mit dem Vertragspfandrecht hinsichtlich des Entstehungstatbestandes vergleichbar sei, da beide die Übergabe der Sache erfordern. Im Gegensatz zu besitzlosen gesetzlichen Pfandrechten (zB Vermieterpfandrecht, § 562 BGB) sei das Werkunternehmerpfandrecht wie ein Vertragspfandrecht ein Besitzpfandrecht.[441] Die Besitzübergabe begründe den Rechtsschein einer Berechtigung des Bestellers. Außerdem ordne § 647 BGB nur an, was die Parteien typischerweise selbst vereinbaren würden, sodass ein „gesetzlich typisiertes ‚rechtsgeschäftliches' Pfandrecht" vorliege.[442] Denn der Werkunternehmer könne aufgrund seiner gesetzlichen Vorleistungspflicht seine Leistung nicht Zug um Zug gegen Zahlung erbringen, zumal er idR auch die Eigentumsverhältnisse nicht kenne.[443] Der BGH[444] und ein Teil der Lit[445] lehnen einen gutgläubigen Erwerb des gesetzlichen

---

[440] Dazu unlängst auch K Schmidt NJW 2014, 1; Wilhelm DB 2014, 406.
[441] Vgl Gursky, Klausurenkurs im Sachenrecht (12. Aufl 2008) Rn 265 mit zahlr Nachw.
[442] Canaris, in: FS Medicus (1999) 25, 48.
[443] J Hager, Verkehrsschutz durch redlichen Erwerb (1990) 101 f, 107 ff mwNw.
[444] BGH 21.12.1960 – VIII ZR 146/59, NJW 1961, 502.
[445] Vgl nur Palandt/Wicke (77. Aufl 2018) § 1257 Rn 2; Palandt/Sprau (77. Aufl 2018) § 647 Rn 3.

Unternehmerpfandrechts indes ab. Zur Begründung wird angeführt, dass die Übergabe der Sache an den Pfandgläubiger nur *eine* notwendige Voraussetzung des gutgläubigen Erwerbs gemäß §§ 1207, 932 BGB sei. Daneben sei eine rechtsgeschäftliche Einigung über die Begründung eines Pfandrechts unverzichtbar. Der bloße Besitz des Pfandgläubigers reiche für einen gutgläubigen Erwerb nicht aus. Zudem sei nicht die Besitzübertragung, sondern der Besitz Rechtsscheinträger beim gutgläubigen Erwerb. Ein solcher Besitz des Pfandrechtsbestellers kann aber auch beim besitzlosen Pfandrecht gegeben sein (zB Einbringen fremder Sachen in die Mietsache durch Mieter), gleichwohl wird bei diesen Pfandrechten nach allgM der gutgläubige Erwerb verneint. Hinzu trete, dass die Annahme einer sonst üblichen Vereinbarung eines entsprechenden vertraglichen Pfandrechts eine reine Fiktion sei. Schließlich spreche die historische Auslegung gegen die Zulassung des gutgläubigen Erwerbs. Denn nach den Motiven (II 405) soll der Grundsatz „Hand wahre Hand" auf gesetzliche Pfandrechte keine Anwendung finden.[446] Alternativ wird ein gutgläubiger Erwerb in **analoger Anwendung des § 366 Abs 3 HGB** vertreten. Diese Norm setzt die Möglichkeit des gutgläubigen Erwerbs gesetzlicher Pfandrechte voraus, ordnet sie doch an, dass im Handelsrecht *auch* der gute Glaube an die bloße Verfügungsbefugnis (nicht nur an das Eigentum) des Veräußerers geschützt ist. § 366 Abs 3 HGB ermöglicht den gutgläubigen Erwerb der genannten gesetzlichen Pfandrechte an fremden Sachen bei gutem Glauben an die Verfügungsbefugnis des Vertragspartners. Daher muss nach einem Teil der Lit der Erwerb dieser gesetzlichen Pfandrechte auch dann möglich sein, wenn die Verfügungsbefugnis des Vertragspartners tatsächlich besteht. § 366 Abs 3 HGB setze nach dieser Ansicht die Möglichkeit der rechtsgeschäftlichen Begründung gesetzlicher Pfandrechte an Sachen Dritter voraus. Hierfür reiche das Einverständnis mit dem Abschluss des betreffenden schuldrechtlichen Vertrags und die Besitzüberlassung.[447] Zudem sei die Interessenlage des Werkunternehmers mit jenen Konstellationen vergleichbar, die unter § 366 Abs 3 HGB fallen (anonymer Kundenkreis, unklare Eigentumsverhältnisse, erschwerte Bonitätsprüfung, keine Zug-um-Zug-Leistung).[448] **Gegen eine Analogie zu § 366 Abs 3 HGB** spricht nach der hM jedoch, dass diese Norm eine „wesensverschiedene Regelung" sei.[449] Die Interessenlage sei nicht vergleichbar, da bei den im HGB geregelten Vertragstypen eine notwendige Beschleunigung des ggf internationalen Handels Gegenstand sei, bei dem eine vielfach aussichtslose Rechtsverfolgung im Ausland zu gewärtigen sei, während der Werkunternehmer einen angemessenen Vorschuss oder eine Sicherheit (zB Vorlage der Zulassungsbescheinigung Teil II) verlangen könne.[450] Auch das Vorliegen einer Regelungslücke sei zweifelhaft, denn aus der Denkschrift zur Novelle zum HGB von 1897 ergebe sich, dass der gutgläubige Erwerb gesetzlicher Pfandrechte ein handelsrechtliches Charakteristikum sein sollte. Denn an diesem müsse „im Gegensatz zum bürgerlichen Recht festgehalten werden" (S 100). Das HGB selbst verstehe sich mithin als abschließende Regelung.[451]

---

[446] BGH 21.12.1960 – VIII ZR 146/59, NJW 1961, 502; krit dazu CANARIS, in: FS Medicus (1999) 25, 47, da diese Äußerung der Gesetzesverfasser im Zusammenhang mit dem besitzlosen Vermieterpfandrecht stehe, sodass der Schluss auf alle gesetzlichen Pfandrechte nicht zwingend sei.
[447] CANARIS, in: Handelsrecht (24. Aufl 2006) § 27 II 2 c (S 412); zust STAUDINGER/WIEGAND (2009) § 1257 Rn 14.
[448] Ausf CANARIS, in: FS Medicus (1999) 25, 44 ff.
[449] BGH 21.12.1960 – VIII ZR 146/59, NJW 1961, 502.
[450] GURSKY, Klausurenkurs im Sachenrecht (12. Aufl 2008) Rn 267.
[451] Krit CANARIS, in: FS Medicus (1999) 25, 46.

157 Das Pfandrecht kann als akzessorische Sicherheit nicht selbständig übertragen werden, es folgt vielmehr kraft Gesetzes der Forderung nach. Der **Übergang des Pfandrechts** erfolgt daher *nicht* durch eine Verfügung über das Pfandrecht, sondern als Folge des Übergangs der gesicherten Forderung (§ 1250 BGB). Der rechtsgeschäftlich ausgelöste Übergang **(Zweiterwerb)** wird durch Abtretung der gesicherten Forderung erreicht (§§ 398 ff, 1250 BGB). Hierzu müssen sich der Pfandrechtsinhaber und ein Dritter einig sein, dass die gesicherte Forderung übergehen soll. Eine Einigung über den Übergang „des Pfandrechts" ist weder erforderlich noch ausreichend; allerdings kann einem solchen Wortlaut nach §§ 133, 157 BGB ggf der Inhalt entnommen werden, dass der Forderungsübergang gewollt ist *(falsa demonstratio)*. Weder ist eine bestimmte Form der Einigung erforderlich noch eine Übertragung des Besitzes an der verpfändeten Sache. Sofern die gesicherte Forderung abtretbar und der Zedent in Bezug auf die gesicherte Forderung verfügungsbefugt ist, erwirbt der Dritte die Forderung, § 398 S 2 BGB. Das akzessorische Pfandrecht folgt dieser nach (§ 1250 BGB). Sofern dem Zedenten die gesicherte Forderung nicht zusteht, scheidet ein gutgläubiger Zweiterwerb der gesicherten Forderung – und damit des Pfandrechts – mit Ausnahme des § 405 BGB aus. Ein **gutgläubiger Zweiterwerb eines Pfandrechts** an einer beweglichen Sache[452] ist abzulehnen.[453] So fehlt es bereits an dem für einen gutgläubigen Erwerb dem Grundsatz nach erforderlichen rechtsgeschäftlichen Erwerb, denn ein Pfandrecht wird durch Abtretung der gesicherten Forderung übertragen. Auch spricht der Umkehrschluss zu den §§ 1207, 1155 BGB hierfür, denn die gesetzliche Regelung eines solchen Gutglaubenstatbestandes fehlt. Schließlich mangelt es – anders als bei Hypothek und Grundschuld – insoweit an einem objektiven Rechtsscheintatbestand.

158 Der **gesetzliche Forderungsübergang (§§ 1250 Abs 1, 412 BGB)** erfolgt, wenn der Verpfänder, der nicht Schuldner ist, (oder ein Ablöseberechtigter, §§ 1250, 1249 BGB) den Gläubiger befriedigt (§§ 1250, 1225 BGB). Als Rechtsfolge geht die gesicherte Forderung *ex lege* auf den Verpfänder über (§ 1225 S 1 BGB). Das Pfandrecht als akzessorische Sicherheit folgt der Forderung nach (§§ 1250 Abs 1, 401, 412 BGB). Dabei kann ein **Zusammentreffen mit einer weiteren akzessorischen Sicherheit** resultieren (zB einer Bürgschaft). Nach dem Gesetzeswortlaut gehen die weiteren akzessorischen Sicherheiten auf einen zuerst zahlenden Verpfänder *ex lege* gem §§ 412, 401 BGB über. Nach überwiegender Ansicht resultiert aus einem Zusammentreffen mehrerer akzessorischer Sicherheiten ein Ausgleichsschuldverhältnis analog §§ 769, 774 Abs 2, 426 BGB.[454] Beim **Zusammentreffen mit nichtakzessorischen Sicherheiten** des Schuldners der gesicherten Hauptforderung zugunsten des Pfandgläubigers, zB eine Sicherungsübereignung oder eine Sicherungsgrundschuld, führt die Befriedigung des Pfandgläubigers und der Übergang der gesicherten Forderung auf den Verpfänder mangels Akzessorietät nicht zum Übergang dieser Sicherheiten *ex lege*. Nach § 242 BGB hat der Verpfänder aber einen Anspruch gegen den Pfandgläubiger auf Übertragung dieser Sicherheiten im Umfang analog §§ 774 Abs 2, 426 BGB.[455]

---

[452] Vgl aber die abweichende gesetzliche Lösung bei der Hypothek (Rn 175 ff) und der Grundschuld (Rn 190).
[453] Wie hier STAUDINGER/WIEGAND (2009) § 1250 Rn 4; MünchKomm/DAMRAU (7. Aufl 2017) § 1250 Rn 3; MERKEL, in: SCHIMANSKY/BUNTE/LWOWSKI, BankR-Hdb (5. Aufl 2017) § 93 Rn 234.
[454] Ausf dazu oben Rn 69 ff.
[455] Dazu näher oben Rn 70 ff.

c) Die Rechte und Pflichten der Parteien

Das Pfandrecht ist seiner Rechtsnatur nach ein **dingliches Sicherungsrecht**; es berechtigt den Pfandgläubiger zur Verwertung.[456] Dem Pfandgläubiger steht zur Befriedigung seiner gesicherten Forderung (nur) die mit dem Pfandrecht belastete Sache zur Verfügung (§ 1204 S 1 BGB). Der Eigentümer hat dieses zu dulden; eine Leistungspflicht des Eigentümers besteht nicht. Dies entspricht dem Immobiliarpfandrecht, bei dem die Zahlung einer Geldsumme „aus dem Grundstück" (§§ 1113, 1191, 1199 BGB[457]) geschuldet ist und dies durch Zwangsvollstreckung nach Erwirken eines Titels gegen den Eigentümer erreicht wird. Auch dort ist der Eigentümer nicht Schuldner einer Geldforderung, sondern hat die Zwangsvollstreckung des Gläubigers in das Grundstück zu dulden (§ 1147 BGB). Nach § 1249 BGB ist der Eigentümer zur Ablösung des Pfandrechts berechtigt, aber nicht verpflichtet.[458] Die Ablösung führt nicht zur Erfüllung der gesicherten Forderung, sondern bewirkt die Abwendung der erlaubten Verwertung.

159

Für den Zugriff auf das Pfandrecht an beweglichen Sachen ist kein Vollstreckungstitel gegen den Eigentümer erforderlich.[459] Die **Verwertung des Pfandes** erfolgt durch **Pfandverkauf**, dessen ordnungsgemäße Durchführung detailliert geregelt ist (§§ 1234 ff BGB).[460] Nur beim Fehlen wesentlicher Voraussetzungen der Pfandverwertung – vor allem Nichteintritt der Pfandreife, andere Verwertung als durch öffentliche Versteigerung bzw Freihandverkauf, Nichtbeachtung der Beschränkung des § 1230 S 2 BGB – ist die Pfandveräußerung *unwirksam*. Schuldhafte Verstöße gegen andere Vorschriften – etwa eine fehlende Verkaufsandrohung gegenüber dem Eigentümer nach § 1234 Abs 1 BGB – lösen nur eine Schadensersatzpflicht des Pfandgläubigers aus (§ 1243 BGB). Bei einer wirksamen Pfandveräußerung erwirbt der Ersteher durch Zuschlag – von weiteren Pfandrechten unbelastetes – Eigentum (§ 1242 BGB) und verdrängt den bisherigen Eigentümer aus seiner dinglichen Rechtsposition.[461] Hat der Pfandgläubiger jedoch einen Vollstreckungstitel für sein Recht zum Verkauf erwirkt, kann er sich auch für eine Verwertung der Sache mittels Zwangsvollstreckung entscheiden (§ 1233 Abs 2 BGB).

160

Die Rechtslage der **Rechte der Beteiligten am Erlös** ist komplex.[462] Nach § 1238 Abs 1 BGB ist der Erlös grundsätzlich in bar zu entrichten. Sofern das **Pfandrecht bestand und die Rechtmäßigkeitsvoraussetzungen des § 1243 Abs 1 BGB gewahrt** sind, erwirbt der Pfandgläubiger Eigentum am Erlös, soweit er ihm „gebührt", dh die Forderung reicht und keine vorrangigen Pfandrechte Dritter bestehen. Im Übrigen greift das Surrogationsprinzip, nach dem der Erlös kraft Gesetzes dem Eigentümer zufällt ggf mit einem Pfandrecht Dritter belastet. Hat der die Verwertung betreibende Gläubiger ein erstrangiges Pfandrecht, darf er sich den auf ihn entfallenden Teil ohne Weiteres aus dem Erlös aneignen. Am Resterlös entsteht Alleineigentum des bisherigen Eigentümers, das jedoch mit den weiteren Pfandrechten belastet ist. Am noch ungeteilten

161

---

[456] Vgl die Darstellung der verschiedenen Pfandrechtstheorien bei STAUDINGER/WIEGAND (2009) Vorbem 12 ff zu §§ 1204 ff; für das Forderungspfandrecht abw SOERGEL/HABERSACK (13. Aufl 2001) Vor § 1204 Rn 4; zulässig ist zudem die Bestellung des Pfandrechts als Nutzungspfand (§ 1213 BGB; Antichrese).

[457] Zum Pfandrecht an Rechten vgl § 1277 BGB.

[458] STAUDINGER/WIEGAND (2009) § 1249 Rn 2; MünchKomm/DAMRAU (7. Aufl 2017) § 1249 Rn 1.

[459] Abweichend bei Grundpfandrechten (§ 1147 BGB), vgl zu diesen unten Rn 179 (Hypothek) und Rn 191 (Grundschuld).

[460] Ausf dazu WAGNER JA 2015, 412 ff.

[461] Zur Mängelgewährleistung vgl § 445 BGB.

[462] STAUDINGER/WIEGAND (2009) § 1247 Rn 1 ff; MünchKomm/DAMRAU (7. Aufl 2017), § 1247 Rn 2 ff.

Erlös besteht Miteigentum zwischen Pfandgläubiger und Eigentümer. Sofern die **Veräußerung unrechtmäßig** war aufgrund eines fehlenden Pfandrechts und/oder einer gegen § 1243 Abs 1 BGB verstoßenden Veräußerung, kann der Erwerber gleichwohl gem § 1244 BGB das Eigentum erworben haben. In diesem Fall ist zu differenzieren: Sofern das Pfandrecht nicht bestand oder keine Pfandreife vorlag (§ 1228 Abs 2 BGB), fällt der Erlös kraft Gesetzes dem Eigentümer zu. § 1247 S 2 BGB verdrängt die §§ 929 ff BGB, da der Erlös dem Pfandgläubiger noch nicht zusteht. Sofern das Pfandrecht bestand und Pfandreife vorlag, mithin nur gegen § 1243 Abs 1 BGB verstoßen wurde, erlangt der Pfandgläubiger gem §§ 929 ff BGB Eigentum am Erlös, soweit dieser ihm gebührt. Dieser steht ihm nunmehr auch materiell-rechtlich zu.

2. Das Pfandrecht an Rechten

162 **Gegenstand** eines vertraglichen Pfandrechts kann auch ein **Recht des Sicherungsgebers** sein. Der Gesetzgeber hat dies mit der Aufnahme der §§ 1273 ff in das BGB klargestellt.[463] Entgegen dem Gesetzesaufbau kommt der **Verpfändung von Forderungen und Rechten** eine weitaus größere praktische Bedeutung zu als dem Faustpfand. Paradigmatisch ist das in den AGB-Banken vereinbarte Pfandrecht der Banken an den bestehenden und zukünftigen Forderungen des Kunden aus der bankmäßigen Geschäftsverbindung gegen das Kreditinstitut selbst.[464] Im Übrigen hat allerdings die Sicherungsabtretung[465] die Verpfändung von Forderungen in der Praxis größtenteils abgelöst. Für ein solches vertragliches Pfandrecht an Rechten gelten die Regelungen über Pfandrechte an beweglichen Sachen entsprechend, soweit der Gegenstand des Pfandrechts keine besonderen Regelungen erfordert. Das betrifft namentlich die Pfandrechtsbestellung (§ 1274 BGB). Sie erfolgt nach den für die Übertragung des Rechts geltenden Vorschriften. Ist dazu neben der Einigung über den Rechtsübergang die Übergabe einer Sache erforderlich, finden die §§ 1205, 1206 BGB Anwendung. Beispiel ist die Verpfändung einer Hypothekenforderung, zu deren Wirksamkeit es zusätzlich der Übergabe des Hypothekenbriefes bedarf, weil dies auch § 1154 Abs 1 BGB zur Voraussetzung für ihre Abtretung macht.[466] Nur wenn nach den für den Übergang des Rechts geltenden Bestimmungen – wie vor allem in § 398 S 1 BGB – kein Publizitätsakt vorgesehen ist, verlangt § 1280 BGB für die Verpfändung eine Anzeige des Gläubigers an den Schuldner.

163 Soweit ein **Recht nicht übertragbar** ist (§§ 399, 400 BGB), kann auch kein Pfandrecht an diesem begründet werden (§ 1274 Abs 2 BGB). Das Recht wäre für eine Verwertung nicht geeignet und könnte somit nicht zur Befriedigung des Pfandgläubigers führen; ein dennoch bestelltes Pfandrecht ist unwirksam. Da es – mit Ausnahme des § 405 BGB – mangels Rechtsscheingrundlage (Besitz) keinen gutgläubigen Forderungserwerb gibt, scheidet auch der **gutgläubige Erwerb eines Pfandrechts** an einer fremden Forderung oder an einer nicht bestehenden Forderung grundsätzlich aus. Der redliche Pfandgläubiger wird jedoch bei der Verpfändung insoweit geschützt, als sich dies aus den für die Übertragung des betreffenden Rechts geltenden Vorschriften ergibt (vgl § 892 BGB). Ist das verpfändete Recht bereits mit dem **Recht eines Dritten** belastet,

---

[463] Vgl nur STAUDINGER/WIEGAND (2009) Vorbem 4 f zu §§ 1273 ff.
[464] Vgl § 14 Abs 2 AGB-Banken 1/2018 („alle bestehenden, künftigen und bedingten Ansprüche" der Bank aus der bankmäßigen Geschäftsverbindung gegen den Kunden).
[465] Zu dieser unten Rn 244 ff.
[466] Vgl zu § 1154 Abs 1 BGB ausf WAGNER JA 2014, 13.

vermag das neu begründete Recht keinen Vorrang vor dem älteren Recht zu erlangen, weil § 1273 Abs 2 BGB die Anwendung des § 1208 BGB ausdrücklich ausschließt. Nach den für die Übertragung des Rechts maßgeblichen Vorschriften richtet sich schließlich das **Verhältnis zwischen Pfandgläubiger und Verpflichtetem** (Schuldner), wie § 1275 BGB zeigt; wichtigster Anwendungsbereich sind die §§ 404 ff. BGB

Regelmäßig erfolgt die **Verwertung bei Eintritt der Pfandreife** – wie bei den Grundpfandrechten (§ 1147 BGB) – gemäß § 1277 BGB durch Befriedigung im Wege der Zwangsvollstreckung nach Erwirken eines gegen den Rechtsinhaber gerichteten Duldungstitels.[467] Die Parteien können freilich eine andere Art der Verwertung vereinbaren. Das Gesetz sieht in § 1282 BGB für das Pfandrecht an Forderungen – gem § 1291 BGB auch bei Pfandrechten an Grund- oder Rentenschulden – für den erstrangigen Pfandgläubiger (§ 1290 BGB) als weitere Möglichkeit die alleinige Einziehung der Forderung vor; ein vollstreckbarer Titel ist dafür nicht erforderlich. Bei einer Geldforderung steht ihm die Einziehung nur insoweit zu, als sie zu seiner Befriedigung erforderlich ist (vgl § 1282 Abs 1 S 2 BGB). In dieser Höhe kann er zudem verlangen, dass die Forderung ihm an Zahlungs statt abgetreten wird. Mit der Erbringung der geschuldeten Leistung durch den Verpflichteten erlöschen die verpfändete Forderung und mit ihr das daran bestellte Pfandrecht. Nach dem Surrogationsprinzip setzt sich das Pfandrecht dann an dem geleisteten Gegenstand fort **(Ersatzpfandrecht**, bei Grundstücken in Form der Sicherungshypothek).

164

Bei der **Einziehung von Geldforderungen** eröffnet § 1288 Abs 2 BGB einen einfacheren Weg: Soweit dem Pfandgläubiger der eingezogene Betrag zusteht, gilt die besicherte Forderung als vom Gläubiger berichtigt (entsprechend § 1247 S 1 BGB); der Pfandgläubiger erwirbt alleiniges Eigentum am eingezogenen Geld. Sollte ihm der Betrag hingegen nicht oder nicht in voller Höhe gebühren, wäre es nicht interessengerecht, den Schuldner auf eine Rückforderung gem §§ 812 ff BGB zu verweisen. Zwar gestattet § 1282 Abs 1 S 2 BGB dem Pfandgläubiger die Einziehung nur in dem zu seiner Befriedigung erforderlichen Umfang. Dem Schuldner fehlt aber idR ein Einblick in das Rechtsverhältnis zwischen Pfandgläubiger und Verpfänder, sodass er nicht beurteilen kann, ob der Pfandgläubiger zu Recht an ihn herantritt. Nach dem Rechtsgedanken der §§ 1275, 409 BGB ist er zu entsprechenden Erkundigungen auch nicht verpflichtet.[468] Es gelten daher, wenn der Schuldner die Nichtberechtigung des Pfandgläubigers nicht kennt, richtigerweise die Regeln des § 1247 S 2 BGB entsprechend.[469]

165

3. Die Hypothek

Auch die Vorschriften über die Grundpfandrechte Hypothek, Grundschuld und Rentenschuld lassen die drei genannten **Grundprinzipien der Pfandrechtsregeln** – Publizität, Spezialität und Priorität – erkennen. Die wesentlichen Bestimmungen sind in den §§ 1113 ff BGB und im allgemeinen Liegenschaftsrecht verankert. Die §§ 873 ff BGB enthalten die tragenden Grundsätze für die rechtsgeschäftliche Entstehung, Aufhe-

166

---

[467] Eine weitere Parallele zu den Grundpfandrechten enthält § 1289 BGB: Bei einer verzinslichen Forderung sind die Zinsen dem Pfandgläubiger mitverhaftet; die Vorschriften über die hypothekarische Haftung von Pacht- und Mietzinsen (§§ 1123 Abs 2, 1124, 1125 BGB) finden entsprechende Anwendung.

[468] So aber MünchKomm/DAMRAU (7. Aufl 2017) § 1288 Rn 5.
[469] STAUDINGER/WIEGAND (2009) § 1288 Rn 4; **aA** SOERGEL/HABERSACK (13. Aufl 2001) § 1288 Rn 5, § 1280 Rn 9.

bung, Übertragung und inhaltliche Änderung des Rechts an einem Grundstück, für die Rangverhältnisse und deren Änderung sowie für den Verkehrsschutz. Diesem wird in den §§ 891 ff BGB (iVm §§ 1138, 1155 BGB) durch eine Vermutung für die Richtigkeit des Grundbuchs und durch den öffentlichen Glauben an das Grundbuch Rechnung getragen. Zur **Begründung eines dinglichen Rechts** an einem Grundstück, das dem Gläubiger als Sicherheit dienen soll, bedarf es dem Grundsatz nach der **Einigung, der Eintragung in das Register**, des **Einigseins zZt der Eintragung** und der **Verfügungsbefugnis**, wobei die Eintragung als Publizitätsakt an die Stelle des Besitzes beim Fahrnispfand tritt.[470] Die Vorschrift des § 873 BGB vereint das (römisch-rechtliche) Konsensprinzip mit dem (deutsch-rechtlichen) Eintragungsprinzip.[471] Die liegenschaftsrechtlichen Regelungen werden außerhalb des BGB durch die den Buchungsakt betreffenden formell-rechtlichen Vorschriften der GBO sowie – bei der Verwertung des Grundstückes – durch das ZVG und die Vorschriften der ZPO ergänzt.

167 Die Grundpfandrechte sichern den Gläubiger in zweifacher Hinsicht. Zum einen erlangt er eine **dingliche Verwertungsberechtigung**, aufgrund derer er im Wege der Zwangsvollstreckung Befriedigung aus dem belasteten Grundstück suchen kann. Als Vollstreckungstitel genügt das Urteil gegen den Eigentümer auf Duldung der Zwangsvollstreckung. Auch dieses ist entbehrlich, wenn sich der Eigentümer – wie häufig – in notarieller Urkunde der sofortigen Zwangsvollstreckung unterworfen hat (§ 794 Abs 1 Nr 5 ZPO). Zum anderen wird das **Grundpfandrecht als dingliches Recht** weder durch eine Veräußerung des Grundstücks noch durch Zwangsvollstreckungsmaßnahmen anderer, nicht gesicherter Gläubiger des Eigentümers beeinträchtigt. Im Fall der Zwangsversteigerung sind aus dem Erlös vorab Hypothek oder Grundschuld zu tilgen bzw vom Ersteher des Grundstücks zu übernehmen. Sofern der die Zwangsvollstreckung betreibende Gläubiger allerdings seinerseits aufgrund einer Hypothek oder Grundschuld vollstreckt, gilt dies jedoch nur für die seinem Recht im Rang vorgehenden Grundpfandrechte. Nachrangige Rechte fallen, soweit der Erlös zu ihrer Befriedigung nicht ausreicht, in der Zwangsversteigerung aus und erlöschen. Damit wird neben dem Verkehrswert des belasteten Grundstücks der für das Verhältnis mehrerer Realgläubiger zueinander maßgebliche Rang des Grundpfandrechts zum maßgeblichen Kriterium für die Entscheidung des Sicherungsnehmers, ob er dem Sicherungsgeber den benötigten Kredit gewähren will.

a) Grundlagen

168 Die Hypothek zählt – neben (Sicherungs-)Grundschuld und Rentenschuld – zu den Grundpfandrechten. Sie dient der **vorrangigen Befriedigung des Pfandgläubigers** sowohl durch den Rang in der Einzelzwangsvollstreckung (§ 10 Nr 4 ZVG anstelle § 10 Nr 5 ZVG) als auch in der Insolvenz durch das Recht auf vorrangige Befriedigung (Absonderungsrecht gem § 49 InsO). Die Hypothek gewährt – wie die übrigen Grundpfandrechte auch – entgegen der missverständlichen Formulierung in §§ 1113 Abs 1, 1191, 1199 BGB „eine bestimmte Geldsumme aus dem Grundstück zu zahlen" gerade keinen Zahlungsanspruch gegen den Eigentümer (so aber die frühere Theorie der Realobligation[472]), sondern nur ein **dingliches Verwertungsrecht**, dh einen Anspruch auf Duldung der Zwangsvollstreckung (Theorie vom dinglichen Verwertungsrecht).[473]

---

[470] Ausf zu den Grundpfandrechten unlängst J WEISS Jura 2017, 121 ff.
[471] IE STAUDINGER/GURSKY (2012) § 873 Rn 1 ff.

[472] Ausf, wenngleich nicht überzeugend STAUDINGER/WOLFSTEINER (2015) Einl 37 zu § 1113 ff.
[473] So die hM, vgl RG 5.7.1918 – VII 136/18,

K. Das Recht der Kreditsicherung   169–171

Hierfür spricht entscheidend § 794 Abs 1 Nr 5 ZPO, der den früheren § 702 CPO 1877 fortsetzt. Innerhalb der Hypotheken sind die Verkehrshypothek (§§ 1113, 873 BGB) in der Form der Buchhypothek (§ 1116 Abs 1 BGB) und Briefhypothek (§ 1116 Abs 2 BGB), die Sicherungshypothek (§§ 1184 ff BGB) sowie die Höchstbetragshypothek (§ 1190 BGB) zu unterscheiden.

Im Ausgangspunkt sind **Hypothek, Grundschuld und Rentenschuld wesensgleich**. Sie **169** stellen für den Gläubiger drei mögliche Modelle der grundpfandrechtlichen Sicherung dar. Ihr gemeinsamer Inhalt ist die dingliche Belastung eines Grundstücks mit einer daraus zu zahlenden Geldsumme. Ihre innere Verwandtschaft zeigt sich daran, dass jedes der Pfandrechte in ein anderes von ihnen verwandelt werden kann, ohne dass es dazu der Zustimmung im Range gleich- oder nachstehender Berechtigter bedürfte (§§ 1186 S 2, 1198 S 2, 1203 S 2 BGB[474]). Das betrifft nicht nur rechtliche Verschiebungen innerhalb eines Modells, beispielsweise die Umwandlung einer Sicherungshypothek in eine gewöhnliche Hypothek oder umgekehrt. Es ist ebenso zulässig, eine Hypothek zur Grundschuld oder eine Grundschuld zur Hypothek zu machen. Dies geschieht entweder durch eine rechtsgeschäftliche Vereinbarung zwischen Eigentümer und Pfandgläubiger, wobei die Inhaltsänderung stets der Eintragung in das Grundbuch bedarf, oder durch eine Umwandlung kraft Gesetzes, wie sie etwa in den §§ 1163 Abs 1 S 2, 1163 Abs 2, 1177 BGB vorgesehen ist.

b) Die Unterscheidung von Brief- und Buchrechten
Die Verkehrsfähigkeit der Grundpfandrechte wird durch ihre **Verbriefung** gefördert, **170** welche die Übertragung des Rechts unter Aufrechterhaltung der Rechtswirkungen der Grundbucheintragung vereinfacht und erleichtert (§§ 1154 Abs 1, 1155 BGB). Hierzu wird die Eintragung des Gläubigerwechsels durch die Übergabe des Briefes ersetzt. Der vom Grundbuchamt ausgestellte **Brief** ist **Repräsentant des Grundbuches**, weil er im Interesse der Verkehrserleichterung bei Rechtsgeschäften, die das Grundpfandrecht betreffen, dessen Stelle einnimmt. Der Gläubiger erwirbt die Hypothek oder Grundschuld erst mit der Übergabe des Briefes (§§ 1117, 1154, 1192 Abs 1 BGB) und benötigt diesen später zur Geltendmachung seines Pfandrechts (§§ 1160, 1192 Abs 1 BGB). Gemäß § 1116 Abs 1 BGB ist die Erteilung eines Briefes der gesetzliche Regelfall. Sie kann indes durch Vereinbarung der Parteien und Eintragung in das Grundbuch ausgeschlossen werden (§ 1116 Abs 2 BGB). Dies geschieht in der Praxis fast ausnahmslos, sodass **Buchpfandrechte** entstehen. Stimmt der Inhalt des Grundbuches mit dem des Briefes nicht überein, ist zu unterscheiden: Der **richtige Brief**, aus dem die Unrichtigkeit oder Unvollständigkeit des Grundbuchs hervorgeht, zerstört dessen öffentlichen Glauben (§§ 1140, 1192 Abs 1 BGB). Hingegen genießt der **unrichtige Brief** keinen öffentlichen Glauben, sodass der zutreffende Inhalt des Grundbuches maßgeblich bleibt. Der Erwerber kann sich gegenüber dem richtigen Grundbuch nicht auf den unrichtigen Brief berufen.

Bei der Grundschuld lässt sich die Umlauffähigkeit weiter erhöhen, indem der das **171** dingliche Recht verkörpernde Brief als Inhaberpapier ausgestellt wird (§ 1195 BGB); es ist dann im Brief keine Person namentlich bezeichnet, sondern jeder Inhaber des Briefes legitimiert. Eine solche **Inhabergrundschuld** wird nicht nach §§ 1154, 1192 Abs 1 BGB, sondern nach den Regeln über die Übereignung einer beweglichen Sache

---

RGZ 93, 234, 236; BGH 14.7.1952 – IV ZR 28/52, BGHZ 7, 123, 126.   [474] Beachte aber §§ 877, 876 BGB.

übertragen (§§ 929 ff BGB).[475] Kein Verkehrsrecht ist hingegen die **Sicherungshypothek**, die deshalb nur Buchhypothek sein kann (§§ 1184, 1185 BGB). Bei ihr besteht eine besonders enge Verbindung zwischen dem dinglichen Recht und der gesicherten Forderung. Es sind all jene Bestimmungen unanwendbar, die sonst im Interesse der gesteigerten und gesicherten Verkehrsfähigkeit der Hypothek deren Erwerb und Geltendmachung erleichtern.

c) Die Begründung und die Wirkungen

172 Bei der Begründung und den Wirkungen der Hypothek sind die gesicherte Hauptforderung und das dingliche Recht ebenso streng zu unterscheiden wie der Ersterwerb und der Zweiterwerb einer Hypothek.[476] Der **Ersterwerb einer Hypothek vom Berechtigten** erfordert eine wirksame Einigung der Parteien mit Inhalt der §§ 1113 ff BGB, dh dem Pfandrechtsgläubiger muss ein dingliches Verwertungsrecht zur Sicherung einer bestimmten (auch künftigen oder bedingten) Geldforderung eingeräumt werden. Dem Spezialitätsprinzip wird genügt, wenn die Belastung eines (Einzelpfandrecht) oder mehrerer (Gesamtpfandrecht) bestimmter Grundstücke durch eine daraus zu hebende bestimmte Geldsumme (§§ 1113, 1132, 1191, 1199 BGB) vereinbart wird. Die Bestellung ist im Grundbuch mit dem Inhalt gem § 1115 BGB einzutragen (§ 873 Abs 1 BGB). Darüber hinaus müssen die Parteien zZt der Eintragung noch einig sein; bis zu diesem Zeitpunkt ist die Einigung grdsl frei widerruflich (§ 873 Abs 1 BGB mit Ausnahme Abs 2). Erforderlich ist des Weiteren eine Briefübergabe bzw ein Surrogat, soweit dies nicht gem § 1116 Abs 2 S 1 BGB ausgeschlossen wurde. Die Übergabe muss gem § 1117 Abs 1 S 1 BGB erfolgen oder durch ein Übergabesurrogat ersetzt werden (§ 1117 Abs 1 S 2 BGB iVm §§ 929 S 2, 930 oder 931 BGB, § 1117 Abs 2 BGB iVm Aushändigungsvereinbarung). Die Akzessorietät der Hypothek erfordert zudem den Bestand der gesicherten Forderung.[477] Solange die Forderung noch nicht entstanden oder bereits wieder erloschen ist, besteht eine Eigentümergrundschuld gem §§ 1163 Abs 1, 1177 Abs 1 BGB. Schließlich muss der Besteller zZt der Vollendung des Rechtserwerbs verfügungsberechtigt sein.

173 Bei einem **Ersterwerb vom Nichtberechtigten** fehlt von den vorstehenden genannten Voraussetzungen die Verfügungsberechtigung des Bestellers. Dann greift § 892 BGB. Neben den allgemeinen Voraussetzungen des gutgläubigen Erwerbs, dh der rechtsgeschäftliche Erwerb und der gute Glaube, sind eine unrichtige Eintragung im Grundbuch und das Fehlen eines Widerspruchs als objektive Rechtsscheinträger erforderlich.

174 Beim **Zweiterwerb einer Hypothek vom Berechtigten** ist zu unterscheiden. Dieser kann **kraft Gesetzes (§ 1164 BGB)** erfolgen, wenn der persönliche Schuldner einer hypothekarisch gesicherten Forderung den Gläubiger befriedigt, der persönliche Schuldner nicht Eigentümer des belasteten Grundstücks ist und infolge der Befriedigung gegen den Eigentümer einen Ersatzanspruch hat, wobei der Rechtsgrund des Ersatzanspruchs gleichgültig ist. Eine **rechtsgeschäftliche Übertragung** der Hypothek als akzessorische Sicherheit ist nicht selbständig möglich. Sie folgt vielmehr kraft Gesetzes der Abtretung der gesicherten Forderung nach. Erforderlich für einen rechtsgeschäftlichen

---

[475] IE STAUDINGER/WOLFSTEINER (2015) § 1195 Rn 11.
[476] Zu den Grundlagen der Verkehrshypothek als Sicherungsmittel auch HEINZE AcP 211 (2011) 105.
[477] Zur Möglichkeit einer Verkehrshypothek für ein abstraktes Schuldversprechen als Alternative zur Grundschuld OLG Köln 19.4.2013 – I-2 Wx 54/13, DNotZ 2013, 768; BÖTTCHER NJW 2015, 840.

Erwerb ist daher eine wirksame Abtretung der gesicherten Forderung (§ 398 BGB), wobei der Verfügungsgegenstand die gesicherte Forderung ist. Vereinbaren die Parteien eine Abtretung „der Hypothek", so ist es eine Frage der Auslegung (§§ 133, 157 BGB), ob sie einen Übergang der Forderung mit einem Nachziehen der Hypothek gewollt haben *(falsa demonstratio)*. Richtigerweise ist auch eine Teilzession möglich, da hierfür zur Vermeidung von Übersicherungen ein praktisches Bedürfnis besteht. Die Abtretung muss die Form des § 1154 BGB wahren, dh bei einer Buchhypothek ist eine Eintragung der Forderungsabtretung im Grundbuch erforderlich (§ 1154 Abs 3 BGB iVm § 873 BGB). Im Falle einer Briefhypothek bedarf es der schriftlichen Erteilung einer Abtretungserklärung und der Briefübergabe (§ 1154 Abs 1, 2 BGB). Die Forderung muss abtretbar (§§ 399, 400 BGB) und der Veräußerer verfügungsberechtigt sein.

175 Der **Zweiterwerb einer Hypothek vom Nichtberechtigten** unterfällt ebenfalls in zwei grundlegende Konstellationen. Wenn die **Forderung beim Veräußerer besteht**, nicht aber eine Hypothek erfolgt der Zweiterwerb durch Abtretung der Forderung. Sofern diese wirksam in der Form des § 1154 BGB abgetreten wird und die Forderung abtretbar ist, geht die Forderung auf den Erwerber über. Zwar kann eine Hypothek als akzessorisches Sicherungsrecht mangels Bestandes nicht gem § 1154 BGB mitgehen, aber die Hypothek kann gutgläubig erworben werden, falls die Voraussetzungen des § 892 BGB erfüllt sind.

176 Sofern ein **Forderungsmangel** vorliegt, ist weiter zu differenzieren: Liegt nur ein Forderungsmangel vor, während der Ersterwerb der Hypothek – abgesehen von der Forderung – aber erfüllt ist, sind die Konstellationen, in denen die Forderung überhaupt nicht entstanden ist, von jenen zu unterscheiden, in denen die Forderung bei einem Dritten besteht. **Besteht keine Forderung**, so wird die Hypothek als forderungsentkleidete Hypothek vom gutgläubigen Erwerber erlangt. Wenn der vorstehend skizzierte Gutglaubenstatbestand erfüllt ist, wird gem §§ 892, 1138 BGB der Forderungserwerb fingiert, um die Hypothek als dingliches akzessorisches Recht kraft Gesetzes übergehen zu lassen. Rechtsfolge des fingierten Forderungserwerbs ist der Übergang der Hypothek kraft Gesetzes, wenn das dingliche Recht wirklich besteht, dh beim Ersterwerb müssen alle Voraussetzungen des Entstehungstatbestandes erfüllt sein, mit Ausnahme der Forderung (Eigentümergrundschuld gem § 1163 Abs 1 S 1 BGB). Der Erwerber erlangt eine Hypothek kraft Gesetzes (§ 1153 Abs 1 BGB), aber als **forderungsentkleidete Hypothek**, da die gesicherte Forderung nur fingiert wird, um den Erwerb der Hypothek zu ermöglichen.

177 Sofern in dieser Konstellation die **Forderung einem Dritten zusteht**, ist fraglich, ob das gleiche Ergebnis anzunehmen ist, denn dann fallen bei wortlautgetreuer Anwendung Forderung und dingliches Recht entgegen § 1153 BGB auf Dauer auseinander. Gegen eine Lösung, nach der die Forderung als zuständigkeitsbestimmendes Recht (§ 1153 Abs 1 BGB) die Hypothek an sich zieht, spricht entscheidend, dass der Verkehrsschutz der §§ 1138, 892 BGB dann vollständig entwertet würde. Alternativ könnte eine dauerhafte Spaltung von Forderung und Hypothek hinzunehmen sein, da dies die Folge der konsequenten Anwendung der gesetzlichen Regelungen ist, zumal der Eigentümer auch in diesem Fall keine doppelte Inanspruchnahme zu gewärtigen hat.

178 Richtigerweise folgt aber ein **Mitlauf der Forderung mit der Hypothek** nach dem Rechtsgedanken des § 1153 Abs 2 BGB in Umkehrung des Akzessorietätsprinzips.

Der redliche Erwerber ist im Vergleich zum früheren Hypothekar zu bevorzugen, denn dieser kann die Forderung wegen §§ 1160 f BGB praktisch nicht mehr durchsetzen, sodass diese für ihn wirtschaftlich wertlos ist. Zudem ist der Eigentümer vor einer doppelten Inanspruchnahme zu schützen, falls er in Unkenntnis der Rechtslage ohne Briefvorlage auf die persönliche Schuld zahlt.[478]

d) Die Rechte und Pflichten der Parteien

179 Die **Verwertung einer Hypothek** erfolgt primär durch die **Durchsetzung des Anspruchs** gem §§ 1147, 1113 BGB. Der Anspruch aus der Hypothek (§ 1147 BGB) besteht, wenn der Anspruchsteller Inhaber der Hypothek ist und die Hypothek fällig und einredefrei ist. Die Fälligkeit der Hypothek ist in der Regel mit der Fälligkeit der gesicherten Hauptschuld gegeben (s aber § 1141 BGB bei der Abhängigkeit von einer Kündigung). Im Mittelpunkt stehen dabei vielfach die **Einreden des Eigentümers** gegen die Inanspruchnahme aus der Hypothek. Dabei sind va in Drittsicherungsfällen Einreden gegen die Forderung und solche aus dem Rechtsverhältnis zwischen dem Eigentümer und dem Hypothekengläubiger zu unterscheiden. Dem Eigentümer stehen gem § 1137 Abs 1 BGB aus Gründen der Akzessorietät auch gegen die Hypothek die **Einreden gegen die Forderung** (ua aus §§ 273, 320 BGB und einer Stundungsabrede) zu. Hinzu treten die **Bürgeneinreden** gem §§ 1137 Abs 1 S 1, 770 BGB. Als Einreden aus dem Rechtsverhältnis des Eigentümers zum Hypothekengläubiger ist die **Legitimationseinrede** (§ 1160 BGB) zu nennen, nach der der Gläubiger den Brief vorlegen muss, wenn er nicht in das Grundbuch eingetragen ist. Die **Einreden gegen das dingliche Recht** sind in § 1157 BGB nicht geregelt, sondern vorausgesetzt; sie umfassen ua die Stundung der Hypothek sowie die Bereicherungseinrede aus § 821 BGB.

180 Bei der Verwertung qua **Sicherungsübertragung** „der Hypothek" erfolgt eine sicherungsweise Abtretung der gesicherten Forderung mit der Folge eines Übergangs der Hypothek im Wege des Zweiterwerbs vom Berechtigten (§§ 398 ff, 1153 Abs 1, 1154 Abs 1 BGB).

181 Die **Verpfändung der Hypothek** erfolgt durch die Verpfändung der gesicherten Forderung gem §§ 1274 Abs 1 S 1, 398 ff, 1154 BGB. Die Einigung über die Bestellung eines Verwertungsrechts an der Forderung zur Sicherung einer Forderung des Pfandgläubigers bedarf bei einer Buchhypothek der Eintragung in das Grundbuch (§§ 1154 Abs 3, 873 BGB), bei einer Briefhypothek der schriftlichen Verpfändungserklärung und der Übergabe des Hypothekenbriefs (§§ 1154 Abs 1, 1274 Abs 1 BGB).

182 Eine **Befriedigung des Gläubigers** wirkt sich auf die Hypothek unterschiedlich aus, je nachdem, ob sie vom persönlichen Schuldner der Forderung oder vom mit diesem nicht identischen Eigentümer veranlasst ist. Leistet der Schuldner an den Gläubiger, so erlischt die gesicherte Forderung. Folglich kann – mit der Ausnahme des § 1164 BGB – auch die Hypothek nicht fortbestehen. Sie fällt dem Eigentümer zu und wandelt sich in eine Eigentümergrundschuld (§§ 1163 Abs 1, 1177 Abs 1 BGB). Leistet hingegen der Eigentümer, der nicht zugleich persönlicher Schuldner ist, an den Gläubiger, wird dadurch die Forderung nicht getilgt, sondern geht auf den zahlenden Eigentümer als neuen Gläubiger über (§ 1143 BGB). Dieser erwirbt mit der fortbeste-

---

[478] Zu Konstellationen des sog Doppelmangels, in denen zu einem Forderungsmangel noch ein weiterer Mangel beim Ersterwerb der Hypothek hinzutritt, vgl BAUR/STÜRNER, Sachenrecht (18. Aufl 2009) § 38 Rn 23 ff.

henden Forderung gemäß § 1153 BGB auch die Hypothek als Sicherheit am eigenen Grundstück (§ 1177 Abs 2 BGB).

Ist der persönliche Schuldner zugleich Eigentümer des belasteten Grundstücks, will er, wenn nicht besondere Umstände zu einer anderen Beurteilung führen, mit seiner Zahlung die Forderung als „dem Kernstück der Hypothek"[479] tilgen (§§ 362 ff BGB). Dass durch die Zahlung zugleich die Haftung des Grundstücks gemindert wird, ist bloße rechtliche Nebenfolge, die sich aus der akzessorischen Natur des Grundpfandrechts ergibt, das gemäß §§ 1163 Abs 1, 1177 Abs 1 BGB auf ihn übergeht. **183**

4. Die Sicherungsgrundschuld

a) Grundlagen

Nach § 1191 BGB ist auch die Belastung eines Grundstücks in der Weise möglich, dass an denjenigen, zu dessen Gunsten die Belastung erfolgt, eine bestimmte Geldsumme aus dem Grundstück zu zahlen ist. Die hiermit umschriebene Grundschuld setzt – anders als die Hypothek – **keine Forderung** voraus. Während die Grundschuld der praktische Regelfall und das **zentrale kreditrechtliche Instrument** ist,[480] regelt die **Gesetzessystematik** diese nur als bloßes „Anhängsel" der Hypothek in den §§ 1191 ff BGB. Danach sind die Vorschriften über die Hypothek auf die Grundschuld entsprechend anzuwenden, soweit sie nicht gerade an die bei der Grundschuld nicht gegebene Akzessorietät der Hypothek anknüpfen oder aus ihr folgen. **184**

Innerhalb der Grundschulden können isolierte Grundschulden und Sicherungsgrundschulden (vgl § 1192 Abs 1a BGB) unterschieden werden; beide sind als Buch- oder Briefgrundschuld möglich. Bei der **isolierten Grundschuld** kann der Gläubiger eine bestimmte Geldsumme aus dem Grundstück, also in der Zwangsvollstreckung verlangen, fällt er bei dieser aus, so stehen ihm keine weiteren Rechte zu. In der Praxis wird daher regelmäßig eine **Sicherungsgrundschuld** vereinbart. Sie ist mittlerweile als Grundschuld, die zur Sicherung eines Anspruchs verschafft wurde, in § 1192 Abs 1a BGB legaldefiniert. Bei dieser Grundschuld wird eine schuldrechtlich begründete „Quasi-Akzessorietät" erreicht, indem grundpfandrechtliche Sicherung und gesicherte Hauptforderung schuldrechtlich miteinander verbunden werden, ohne dass dies – abweichend von der Hypothek – im Grundbuch zum Ausdruck kommt. Die Grundschuld ist nur schuldrechtlich mit der Forderung verbunden, wobei eine formlose Auswechselung der Forderung möglich ist.[481] **185**

Die gesetzliche Regelung der Grundschuld als Anhang zur Hypothek stellt den Rechtsanwender vor zwei Probleme. Zum einen ist die **Rechtsanwendung erschwert**, weil die für die Hypothek einschlägigen Vorschriften auf ihre Tauglichkeit bei der Grundschuld untersucht werden müssen. Zum anderen sind Fragestellungen, die bei **186**

---

[479] BGH 14.7.1952 – IV ZR 28/52, NJW 1952, 1175.
[480] S a zur Möglichkeit einer Verkehrshypothek für ein abstraktes Schuldversprechen als Alternative zur Grundschuld OLG Köln 19.4.2013 – I-2 Wx 54/13, DNotZ 2013, 768; BÖTTCHER NJW 2015, 840.
[481] Vgl dazu BGH 27.3.2015 – V ZR 296/13, WM 2015, 1005 (formlose Verwendung einer Grundschuld als Sicherheit für eine andere als die anfänglich gesicherte Forderung); monographisch DOLLINGER, Die Forderungsabhängigkeit der Sicherungsgrundschuld (2014); s a OBERMÜLLER BKR 2017, 221, zu Problemen grundschuldbesicherter Kredite mit weiter Sicherungszweckerklärung; ausf auch REICHOW Jura 2017, 1094 ff.

der Hypothek gesetzlich geregelt sind, bei der Grundschuld vielfach von der dinglichen Ebene auf die schuldrechtliche Ebene verlagert, mithin mit den Regeln der schuldrechtlichen Sicherungsabrede zu beantworten. Typisch hierfür war die Problematik, ob dem neuen Grundschuldgläubiger vom Eigentümer des belasteten Grundstücks Einwendungen gegen die persönliche Forderung entgegengehalten werden können.[482] Der Gesetzgeber hat dem durch die Einfügung des § 1192 Abs 1a BGB Rechnung getragen.

b) Begründung und Wirkungen

187 Der **Ersterwerb einer (Sicherungs-)Grundschuld vom Berechtigten** erfolgt gem § 873 Abs 1 Alt 2 BGB mit dem Inhalt der §§ 1191 ff BGB. Die dingliche Einigung muss die Bestellung eines dinglichen Verwertungsrechts an einem bestimmten Grundstück zum Gegenstand haben. Dem Bedürfnis, die nicht-akzessorische Grundschuld an die akzessorische Hypothek anzunähern, können die Parteien – neben der schuldrechtlichen Bindung der Grundschuld an eine Forderung mittels der Sicherungsabrede – auch mit dinglicher Wirkung durch die Vereinbarung des Bestandes der gesicherten Forderung als aufschiebende oder auflösende Bedingung (§ 158 Abs 1 und 2 BGB) für den Bestand der Grundschuld Rechnung tragen. Diese Möglichkeit folgt aus einem Umkehrschluss zu § 925 Abs 2 BGB. Ein Verstoß gegen den sachenrechtlichen Typenzwang liegt hierin nicht.[483] Die Grundschuld ist im Grundbuch einzutragen (§ 873 Alt 2 BGB). Zudem müssen die Parteien zZt der Eintragung weiterhin über die Bestellung einig sein. Der Grundschuldbrief ist zu übergeben (§§ 1117, 1192 Abs 1 BGB) bzw ein Übergabesurrogat erforderlich. Schließlich muss der Besteller verfügungsberechtigt sein. Soweit die Grundschuld als Kreditsicherheit eingesetzt wird, verbindet grundsätzlich die Sicherungsabrede die Grundschuld mit der Forderung und überwindet auf schuldrechtlicher Ebene die Folgen ihrer Abstraktheit. Ist die gesicherte Forderung nicht entstanden oder – zB durch Zahlung – bereits erloschen, so hat dies keinen Einfluss auf Entstehung und Fortbestand der Grundschuld.[484] Etwas anderes gilt nur, wenn die Parteien den Bestand der gesicherten Forderung als Bedingung des dinglichen Rechts vereinbaren.

188 Beim **Ersterwerb vom Nichtberechtigten** fehlt beim vorstehend skizzierten Entstehungstatbestand die Verfügungsbefugnis des Veräußerers. Diese wird gem §§ 873 Abs 1, 892 BGB durch den Gutglaubenstatbestand überwunden.

189 Der **Zweiterwerb vom Berechtigten** erfolgt bei der **Briefgrundschuld** gem §§ 413, 398, 1154, 1192 BGB. Die dingliche Einigung (§§ 413, 398 BGB) hat hier die Übertragung der Grundschuld selbst zum Gegenstand. Des Weiteren muss die Form des § 1154 BGB (vgl § 1192 Abs 1 BGB) gewahrt werden und die Grundschuld gem §§ 399, 413 BGB übertragbar sein. Während eine Vinkulierung der Grundschuld durch eine entsprechende Einigung und Eintragung möglich ist, ist die „eingeschränkte Vinkulierung" in der Weise, dass die Grundschuld nur zusammen mit der gesicherten Forderung abtretbar ist, abzulehnen. Diese dinglich wirkende Verknüpfung der Grundschuld mit der Forderung verstößt gegen den sachenrechtlichen Typenzwang. Der Verfügende

---

[482] Dazu unten Rn 191; ausführlich KESSAL-WULF, in: FS Nobbe (2009) 351 ff.
[483] Wie hier die hM, vgl MünchKomm/LIEDER (7. Aufl 2017) § 1191 Rn 5; PALANDT/HERRLER, BGB (77. Aufl 2018) § 1191 Rn 13; aA BAUR/STÜRNER, Sachenrecht (18. Aufl 2009) § 45 Rn 40; STAUDINGER/WOLFSTEINER (2015) § 1191 Rn 8.
[484] BGH 14.7.1988 – V ZR 308/86, ZIP 1988, 1096.

muss zudem verfügungsberechtigt sein. Die **Buchgrundschuld** wird gem §§ 873 Abs 1 Alt 3, 1194, 1192 BGB durch eine Einigung der Parteien und die Eintragung der Einigung übertragen, wenn die Parteien zZt der Eintragung einig sind und der Veräußerer verfügungsbefugt ist.

Der **Zweiterwerb vom Nichtberechtigten** erfolgt bei der Briefgrundschuld gem §§ 413, 398, 1154, 1192, 892 BGB; die Verfügungsberechtigung des Veräußerers wird hierbei durch den Gutglaubenstatbestand nach § 892 BGB substituiert.[485] Bei der Buchgrundschuld gilt entsprechendes gem §§ 873 Abs 1 Var 2, 1154 Abs 3, 1192, 892 BGB.

c) Die Rechte und Pflichten der Parteien

Die **Durchsetzung des Anspruchs aus der Grundschuld** gem §§ 1147, 1192 BGB setzt voraus, dass der Anspruchsteller Inhaber einer Grundschuld, diese fällig (§ 1193 BGB) und durchsetzbar ist.[486] Im Rahmen der **durchsetzungshindernden Einreden** ist die Herleitung der Einrede der endgültigen Nichtvalutierung streitig.[487] Im Rahmen des gutgläubigen Erwerbs ist bei einem Erwerb der Grundschuld durch den Zessionar vor dem 19.8.2008 (beim Erwerb danach vgl Rn 196 ff) zudem fraglich, ob die Kenntnis des Sicherungscharakters der Grundschuld mit der Kenntnis der Einrede gleichzusetzen ist mit der Folge, dass ein gutgläubiger *einredefreier* Erwerb nach §§ 1157 S 2, 892 BGB ausscheidet. Teilweise wird darauf abgestellt, dass bei einer Kenntnis vom Sicherungscharakter mit einer Einredehemmung zu rechnen sei, da die Sicherungsgrundschuld nur ausnahmsweise verwertet werden darf. Richtigerweise ist eine positive Kenntnis der konkreten Einrede zum Ausschluss des gutgläubigen einredefreien Erwerbs erforderlich. Anderenfalls würde schon entgegen § 892 BGB das bloße Kennenmüssen der Einrede ausreichen. Zudem müsste der Sicherungscharakter der Grundschuld dann eintragungsfähig sein. Schließlich stünde der Erwerber bei der Grundschuld schlechter als bei der akzessorischen Hypothek, bei der Bösgläubigkeit die positive Kenntnis erfordert. Nach der Rechtsprechung ist § 418 BGB analog anzuwenden.

Besondere Bedeutung hat die **Tilgungsproblematik** bei der Sicherungsgrundschuld; dabei ist stets im Blick zu halten, wer die Leistung erbringt und worauf gezahlt wird. Im **zweigliedrigen Verhältnis**, bei dem der Eigentümer zugleich der Schuldner der gesicherten Forderung ist, kann bei einer **Zahlung durch den Eigentümer** eine Zahlung (auch) *auf das dingliche Recht* vorliegen. Dabei besteht Einigkeit, dass die Grundschuld dann kraft Gesetzes auf den Eigentümer übergeht und zur Eigentümergrundschuld wird. Dies folgt aus einer Analogie zu § 1143 BGB, da der Eigentümer nach §§ 1142, 1192 Abs 1 BGB ein Befriedigungsrecht gegenüber dem Gläubiger der Grundschuld hat.[488] Die gesicherte Forderung erlischt gem § 362 BGB, wenn sie fällig ist, da dann im Zweifel eine Doppeltilgung gewollt ist.[489] Dies ergibt die Auslegung der Sicherungsabrede, da nach deren Sinn und Zweck der Gläubiger die Leistung nicht zweifach erhalten soll. Ist die Forderung nicht fällig, erlischt sie gem § 364 Abs 2 BGB, falls

---

[485] Vgl zur Darlegungslast bei einem Verdacht des vorsätzlich unredlichen Erwerbs einer Grundschuld BGH 24.10.2014 – V ZR 45/13, NJW 2015, 619.
[486] Zur analogen Anwendung der §§ 1234, 1193 Abs 1 S 3 BGB auf die Zwangsversteigerung wegen der dinglichen Zinsen vgl BGH 30.3.2017 – V ZB 84/16 Rn 9 ff, WM 2017, 1149.

[487] Ausf dazu oben Rn 95.
[488] BGH WM 1999, 35; BAUR/STÜRNER, Sachenrecht (18. Aufl 2009) § 44 Rn 24; STAUDINGER/WOLFSTEINER (2015) § 1191 Rn 17; aA WILHELM, Sachenrecht (5. Aufl 2016) Rn 1826 (§ 1163 Abs 1 S 2 BGB analog bzw §§ 1168, 1170 BGB analog).
[489] BGH NJW 1987, 838 f; NJW 1980, 2198 f.

nicht zugleich auf die Forderung gezahlt wird, denn die Hingabe der Grundschuld geschieht erfüllungshalber für die gesicherte Forderung.[490] Zahlt der Eigentümer hingegen ausnahmsweise *auf die Forderung*, besteht das dingliche Recht fort. Der Eigentümer hat dann den schuldrechtlichen Rückgewähranspruch aus dem Sicherungsvertrag, der wahlweise auf Aufhebung des Rechts (Löschung, §§ 875, 1192 Abs 1, 1183 BGB), Rückübertragung (§§ 1192 Abs 1, 1154 BGB) oder Verzicht (§§ 1192 Abs 1, 1168 BGB) gerichtet ist.[491] Bei den beiden zuletzt genannten Alternativen entsteht eine Eigentümergrundschuld. Den Rückgewähranspruch kann er dem Gläubiger nach §§ 1169, 1192 Abs 1 BGB als Einrede entgegenhalten,[492] wenn dieser aus der Grundschuld gegen ihn vorgeht.

193 Bei einer **Zahlung durch Dritte** ist maßgeblich, ob dieser ablösungsberechtigter Dritter (§ 268 Abs 1 BGB) ist. Zahlt er als solcher *auf die Forderung*, so geht diese gem § 268 Abs 3 BGB auf ihn über. Das dingliche Recht besteht beim Gläubiger fort, aber der Dritte kann gem § 242 BGB vom Eigentümer die Abtretung des schuldrechtlichen Rückgewähranspruchs aus dem Sicherungsvertrag verlangen. Zahlt ein sonstiger Dritter auf die Forderung, so erlischt diese (§§ 267, 362 BGB). Die Grundschuld besteht fort, aber der Eigentümer hat einen Rückgewähranspruch. Sofern der Dritte als Ablösungsberechtigter (§ 268 Abs 1 BGB) auf das *dingliche Recht zahlt*, geht die Grundschuld kraft Gesetzes (§§ 1192 Abs 1, 1150, 268 Abs 3 BGB) auf den Dritten über. Der Gläubiger ist verpflichtet die fortbestehende Forderung an den Dritten abzutreten.[493] Ist der Dritte nicht ablösungsberechtigt, so geht die Grundschuld analog § 1143 BGB auf den Eigentümer über. Die Forderung erlischt (§ 364 Abs 2 BGB).[494]

194 Im **dreigliedrigen Verhältnis** und einer **Zahlung durch den Eigentümer** wird dieser vom Schuldner verschiedene Eigentümer im Zweifel *auf das dingliche Recht* zahlen und die Grundschuld hierdurch ablösen, sodass er diese analog § 1143 BGB als Eigentümergrundschuld erwirbt. Die gesicherte Forderung besteht fort und geht *nicht* analog § 1143 BGB bzw analog § 426 Abs 2 BGB auf den Eigentümer über.[495] Der Gläubiger hat die Forderung an den Eigentümer abzutreten.[496] Der Schuldner hat gegenüber dem Gläubiger bei der Inanspruchnahme aus der Forderung die „Einrede der Doppelbefriedigung" (§ 242 BGB).[497] Es widerspricht Treu und Glauben, wenn der Gläubiger aus der formal fortbestehenden Forderung Zahlung beansprucht, obgleich er sie aus dem Erlös der Grundschuld bereits abgedeckt hat.[498] Sofern der Eigentümer ausnahmsweise *auf die Forderung* zahlt, erlischt diese (§§ 267, 362 BGB) bei Fortbestand der Grundschuld. Der Eigentümer hat dann aber den Rückgewähranspruch aus dem Sicherungsvertrag. Bei einer Zahlung durch den Schuldner auf die Forderung erlischt diese (§ 362 BGB), während das dingliche Recht fortbesteht und der Eigentümer einen Rückgewähranspruch aus der Sicherungsabrede hat. Falls der Schuldner einen Ersatzanspruch im Innenverhältnis gegen den Eigentümer hat, kann er von diesem die Abtretung des Rückgewähranspruchs oder die bereits rückgewährte Grundschuld verlan-

---

[490] So auch BGH WM 1961, 26; MünchKomm/ LIEDER (7. Aufl 2017) § 1191 Rn 141.
[491] BGH NJW-RR 1994, 847, 848 und ständig.
[492] BGH 9.2.1989 – IX ZR 145/87, ZIP 1989, 700; BGH WM 1990, 305; ZIP 1991, 432; ZIP 2002, 1390 und ständig.
[493] Abweichend MünchKomm/LIEDER (7. Aufl 2017) § 1191 Rn 128 (Ablösender leistet nur auf dingliches Recht).

[494] MünchKomm/ LIEDER (7. Aufl 2017) § 1191 Rn 143; PALANDT/HERRLER, BGB (77. Aufl 2018) § 1191 Rn 10.
[495] BGH NJW 1988, 2731.
[496] BGH NJW 1987, 838.
[497] BGH NJW 1988, 2731.
[498] BGHZ 105, 154, 148 im Anschluss an RGZ 150, 371, 374.

gen,[499] auch wenn § 1164 BGB nicht einschlägig ist. Sofern der Schuldner *auf das dingliche Recht* zahlt, entsteht analog § 1143 BGB eine Eigentümergrundschuld, während die gesicherte Forderung erlischt (§ 364 Abs 2 BGB). Wenn schließlich eine **Zahlung eines vom Eigentümer verschiedenen Vierten** erfolgt, gelten die gleichen Grundsätze wie bei der Zahlung durch Dritte im zweigliedrigen Verhältnis.

Die mehrfach genannte **Rückgewähr der Grundschuld** aufgrund eines Rückgewähranspruchs des Eigentümers aus der Sicherungsabrede kann auf drei Wegen erfolgen, die für den Sicherungsgeber wesentlich verschiedene Rechtsfolgen zeitigen. Der Sicherungsgeber kann im Rahmen eines Wahlschuldverhältnisses zwischen drei Arten der Rückgewähr entscheiden: Der Anspruch kann durch Löschung der Grundschuld, durch Verzichtserklärung, die eine Eigentümergrundschuld entstehen lässt, oder durch Abtretung an sich oder einen Dritten erfüllt werden. Bei einer Aufhebung der Grundschuld riskiert er das Aufrücken nachrangiger Realgläubiger, während ihm bei einem Verzicht das Grundpfandrecht unter Bewahrung seiner Rangstelle als Eigentümergrundschuld zufällt. Will er wegen der einschneidenden Wirkungen (§§ 1179a, 1179b BGB) die Entstehung der Eigentümergrundschuld vermeiden, sich die ranggünstige Grundschuld aber als künftige Kreditunterlage erhalten, kommt eine direkte Abtretung durch den bisherigen Inhaber an den neuen Gläubiger in Betracht. Für den Sicherungsnehmer hingegen ist es regelmäßig gleichgültig, auf welche Weise er den Rückgewähranspruch erfüllt. Daher kann der Eigentümer die Art der Rückgewähr wählen. Die Möglichkeit einer Beschränkung dieses Rechts in den AGB des Sicherungsnehmers ist umstritten.[500] Nach dem BGH ist eine solche Klausel jedenfalls dann unwirksam, wenn sie auch für den Fall gilt, dass der Sicherungsgeber das Eigentum an dem Grundstück zwischenzeitlich – zB durch Zuschlag in der Zwangsversteigerung – verloren hat. Denn eine Rückgewähr durch Verzicht oder Aufhebung käme dann nicht dem Sicherungsgeber, sondern dem neuen Eigentümer zugute.[501] Im Übrigen ist die Zulässigkeit streitig. Teilweise wird eine Beschränkung auf die Löschung als wirksam erachtet, da der Rückgewähranspruch der Rangwahrung diene und die Löschung dem gesetzlichen Leitbild des § 1179a BGB entspreche. Nach der Gegenansicht ist eine formularmäßige Verkürzung des Rückgewähranspruchs stets unwirksam, weil dem Sicherungsgeber die Möglichkeit genommen werde, das Grundpfandrecht wiederholt als Kreditsicherungsmittel zu nutzen. Der BGH hat mittlerweile entschieden, dass eine solche Klausel der Inhaltskontrolle jedenfalls dann nicht standhält, wenn sie auch Fallgestaltungen erfasst, in denen der Sicherungsgeber nach einem Eigentumswechsel nicht mehr zugleich Grundstückseigentümer ist. Denn für diesen Fall komme die Beschränkung des Rückgewähranspruches einem Ausschluss gleich. Die Löschung komme in diesem Fall nicht dem Sicherungsgeber, sondern dem neuen Eigentümer zugute. Zudem enthalte § 1179a BGB kein gesetzliches Leitbild, sondern regele lediglich die Folgen eines geltend gemachten Rückgewähranspruches, wenn durch Verzicht oder Rückübertragung auf den Eigentümer eine Eigentümergrundschuld entstanden ist.[502]

d) Die bankseitige Abtretung von Grundschulden

In der jüngeren Vergangenheit veräußerten Kreditinstitute Immobiliarkredite nebst den dafür bestellten Sicherheiten an (va ausländische) Investoren, um sich von eigenen

---

[499] PALANDT/HERRLER, BGB (77. Aufl 2018) § 1191 Rn 37 f.
[500] Vgl dazu SAMHAT MDR 2014, 1297 mwNw.
[501] Vgl BGHZ 106, 375, 378 f.
[502] BGH 18.7.2014 – V ZR 178/13 Rn 10 ff, WM 2014, 1719.

Risiken zu entlasten.⁵⁰³ Die **Abtretung der gesicherten Darlehensforderung** als solche ist wirksam. Weder ist diese Forderung unabtretbar noch enthält die Sicherungsabrede – vorbehaltlich einer ausnahmsweise abweichenden Vereinbarung – ein Abtretungsverbot gem § 399 BGB,⁵⁰⁴ sondern nur die schuldrechtliche Verpflichtung, die Zweckbindung der Grundschuld zu beachten und zu erhalten. Allerdings ist § 404 BGB zugunsten des Schuldners der persönlichen Forderung anwendbar, sodass er dem Zessionar alle Einwendungen und Einreden entgegenhalten kann, die zur Zeit der Abtretung der Forderung bereits gegen den bisherigen Gläubiger begründet waren. Dazu gehört die Einrede, (weitere) Zahlungen nur gegen (teilweise) Rückgewähr der Grundschuld erbringen zu müssen (§ 273 BGB). Hingegen lässt dieser Gläubigerwechsel bei der gesicherten Forderung die **Parteien der Sicherungsabrede unberührt**; eine „automatische" Rechtsnachfolge des Forderungserwerbers in die Sicherungsabrede erfolgt nicht.⁵⁰⁵

197 Geht der Zessionar (Investor) aus der Grundschuld gegen den Sicherungsgeber vor, der idR auch der persönliche Schuldner ist, muss dieser die Möglichkeit haben, dem neuen Gläubiger den Umstand entgegenzusetzen, dass das Darlehen nicht mehr (voll) valutiert, weil schon erhebliche Teile des Darlehens getilgt wurden oder in Unkenntnis der Abtretung der Darlehensforderung weiterhin an den Zedenten gezahlt worden ist. Diese Konstellation erfasst § **1157 BGB**, der nach allgemeiner Ansicht auf die Grundschuld anwendbar ist.⁵⁰⁶ Die Sicherungsabrede ist ein Rechtsverhältnis, aus dem sich für § 1157 BGB erhebliche Einwendungen ableiten lassen. Sofern die nach § 1157 BGB erhebliche Einrede nicht aus dem Grundbuch oder dem Brief (§§ 1140, 1192 Abs 1 BGB) hervorgeht, ist aber ein gutgläubig einredefreier Zweiterwerb der Grundschuld durch den Investor nur ausgeschlossen, wenn er die Einrede kennt, dh bei der Abtretung den Sicherungscharakter und die (teilweise oder gänzliche) Nichtvalutierung der Grundschuld kennt.⁵⁰⁷ Bei fehlender oder nicht zu beweisender Kenntnis von der Einrede erwirbt der neue Gläubiger die Grundschuld unbelastet. Dies gilt nach der Rechtsprechung auch, wenn der Zessionar neben der (Sicherungs-)Grundschuld zugleich die Forderung erwirbt.⁵⁰⁸ Zudem fordert § 1157 BGB, dass der Einredetatbestand im Zeitpunkt der Abtretung bereits voll verwirklicht ist, wie aus dem Wortlaut folgt. Danach muss die Einrede dem Eigentümer „zustehen". Abweichend hiervon kann der Schuldner dem Zessionar nach § 404 BGB alle Einwendungen entgegensetzen, die zur Zeit der Abtretung bereits „begründet", das heißt, nach ihrem Rechtsgrund im Schuldverhältnis angelegt waren.⁵⁰⁹ Der neue dingliche Gläubiger ist somit vor Einreden geschützt, die erst nach Erwerb des Grundpfandrechts entstehen, auch wenn ihr Entstehungsgrund zuvor angelegt ist.

198 Nach **früherer Rechtslage** hatte dies zur Folge, dass der Schuldner, der in Unkenntnis der Abtretung von Forderung *und* Grundschuld noch an den Zedenten als bisherigen Gläubiger leistete, bei der Zahlung auf die Forderung durch § 407 BGB geschützt war. Danach musste der neue Gläubiger diese Zahlungen gegen sich gelten lassen. Auf die Grundschuld und ihren Bestand hatte dies indes keinen Einfluss.⁵¹⁰ Ging der neue

---

⁵⁰³ Vgl für eine ausf Darstellung KESSAL-WULF, in: FS Nobbe (2009) 351 ff; NOBBE ZIP 2008, 89; ROHE, in: FS Schwark (2009) 611, 618 ff; ZETZSCHE AcP 209 (2009) 544 ff.
⁵⁰⁴ BGH ZIP 2007, 619; ZIP 1991, 19; vgl auch BGH NJW 2011, 3024.
⁵⁰⁵ BGH ZIP 1991, 434; ZIP 1985, 89.
⁵⁰⁶ Vgl nur BGHZ 103, 72, 81; BGH WM 1984, 1078.
⁵⁰⁷ BGHZ 59, 1, 2 = NJW 1972, 1463; BGHZ 97, 280 = NJW 1986, 2108, 2111; BGH NJW-RR 1990, 588, 589.
⁵⁰⁸ BGH ZIP 2007, 367.
⁵⁰⁹ BGHZ 85, 388; 25, 27, 29.

dingliche Gläubiger daher aus der Grundschuld gegen den Sicherungsgeber und Schuldner vor, so konnte sich dieser gegenüber der Grundschuldforderung nicht auf das Erlöschen der gesicherten Forderung und den resultierenden Rückgewähranspruch berufen. Denn der Tatbestand dieser neuen Einrede hatte sich bis zur Abtretung noch nicht verwirklicht. Entwicklungen nach dem Zeitpunkt des Grundschulderwerbs konnte er dem Erwerber nicht entgegenhalten.[511] Diese Situation wird vom **neu eingefügten**[512] **§ 1192 Abs 1a BGB** adressiert. Nach diesem kann der Eigentümer die ihm aufgrund des Sicherungsvertrags mit dem bisherigen Gläubiger gegen die Grundschuld zustehenden oder sich sonst aus dem Sicherungsvertrag ergebenden Einreden jedem Erwerber der Grundschuld entgegenhalten; die Anwendbarkeit des § 1157 S 2 BGB und damit der gutgläubige „Wegerwerb" der Einrede sind insoweit ausdrücklich ausgeschlossen.[513] Allerdings gilt § 1192 Abs 1a BGB nur für Einreden, die ihre Grundlage im Sicherungsvertrag mit dem Eigentümer haben. Umstritten ist aber die Abgrenzung zu anderen, nicht erfassten Einreden. Während teilweise der gutgläubige einredefreie Erwerb bei der Sicherungsgrundschuld generell ausgeschlossen sein soll, erfasst § 1192 Abs 1a BGB nach der wohl überwiegenden Ansicht nicht solche Einreden, die ihre Grundlage in späteren, nach Abschluss des Sicherungsvertrages getroffenen Vereinbarungen zwischen Eigentümer und Gläubiger haben (zB Vereinbarung abweichender Verwertungsvoraussetzungen). Der Normzweck sowie § 1192 Abs 1a S 2 BGB, nach dem auch bei einer Sicherungsgrundschuld ein Anwendungsbereich von § 1157 BGB erhalten bleibt, rechtfertigen eine Anwendung des § 1192 Abs 1a S 1 BGB nur auf forderungsbezogene Einwendungen.[514] Diese Norm gilt für Grundschulden, die nach dem 19.8.2008 erworben wurden (vgl Art 229 § 18 Abs 2 EGBGB); die vorstehend dargestellte frühere Rechtslage bleibt auf Altfälle vor diesem Datum anwendbar. Der gutgläubige einredefreie Erwerb einer Sicherungsgrundschuld vor dem für die Anwendbarkeit von § 1192 Abs 1a BGB maßgeblichen Stichtag, gegen die dem Eigentümer zuvor eine Einrede aus dem Sicherungsvertrag mit einem früheren Gläubiger zustand, wird nicht durch eine weitere Abtretung an einen Dritten *nach* diesem Stichtag revidiert. Vielmehr gilt der allgemeine Grundsatz, dass ein einredefreier Erwerb auch für den Rechtsnachfolger wirkt.[515]

e) Die Bedeutung der Eigentümergrundpfandrechte

Grundpfandrechte können auch dem Eigentümer selbst zustehen. Er kann sich hierdurch einen bestimmten Rang sichern, sei es „auf Vorrat", um das Grundpfandrecht zu einem späteren Zeitpunkt zur Kreditsicherung einzusetzen **(Rangreservierung)**, sei es durch „Stehenlassen", um ein nicht mehr valutierendes Pfandrecht reaktivieren und erneut als Mittel der Kreditbeschaffung verwenden zu können **(Rangwahrung)**. Das Aufrücken nachrangiger Pfandgläubiger wird verhindert. Diese werden aber nicht benachteiligt, da sie lediglich Anspruch auf eine Sicherheit mit der Rangstelle haben, die bei Abschluss des Kreditgeschäfts vereinbart war. Wird bei Bestellung nachrangiger Grundpfandrechte vereinbart, dass der Eigentümer eine etwaige ihm durch Forde-

---

[510] BGHZ 155, 63, 68.
[511] BGHZ 97, 280 = NJW 1986, 2108, 2111; BGH NJW-RR 1994, 847.
[512] Risikobegrenzungsgesetz BGBl I 2008, 1666; gegen ein Wiederaufleben von Einreden bei gutgläubigem Erwerb vor Inkrafttreten des Gesetzes BGH NJW 2014, 550.
[513] Für eine Erstreckung der Norm auf Interzessionen BÜLOW WM 2012, 289, 405; s a ZETSCHE AcP 209 (2009) 543, 556 f.
[514] Vgl OLG Brandenburg 17.10.2013 – 5 U 48/12, ZIP 2014, 164; s VOLMER ZfIR 2014, 301; FISCHER ZNotP 2014, 333; MEYER Jura 2009, 561.
[515] BGH 25.10.2013 – V ZR 147/12 Rn 11 f, NJW 2014, 550; STAUDINGER/WOLFSTEINER (2015) § 1192 Rn 48.

rungstilgung zufallende Eigentümergrundschuld löschen lassen muss, kann dem Risiko pflichtwidriger anderweitiger Verfügungen des Eigentümers durch die Eintragung einer Vormerkung vorgebeugt werden (§ 1179 BGB). In dieses wertungskohärente System der Eigentümer- und Fremdpfandrechte greifen die §§ 1179a und 1179b BGB (iVm §§ 1192 Abs 1, 1196 Abs 3 BGB) ohne zwingende Notwendigkeit ein und gewähren dem Fremdpfandrechtsgläubiger unter den dort genannten Voraussetzungen einen gesetzlichen **Anspruch auf Löschung eines vor- oder gleichrangigen Eigentümerpfandrechts**.[516] Davon abgesehen, kommt es zu Veränderungen in der Rangordnung nur, wenn ein Grundpfandrecht aus anderen Gründen gänzlich entfällt, etwa bei seiner Aufhebung mit Zustimmung des Eigentümers (§§ 1183, 1192 Abs 1 BGB).

200 Die **Eigentümergrundschuld** (§ 1196 BGB) ist – wie die Eigentümerhypothek (§ 1177 BGB) – im Gesetz ausdrücklich erwähnt. Es handelt sich um ein echtes Grundpfandrecht,[517] das alle Rechte und Verfügungsmöglichkeiten umfasst, die auch ein Fremdpfandrecht seinem Gläubiger gewährt. Der Inhalt ist unverändert auf die Zahlung einer bestimmten Geldsumme aus dem Grundstück gerichtet. Allerdings enthält § 1197 Abs 1 BGB eine wesentliche Beschränkung: Der Eigentümer kann sich wegen des Pfandrechts nicht iSd §§ 1147, 1192 Abs 1 BGB aus dem Grundstück befriedigen. Ihm fehlt für die Dauer seiner „doppelten Rechtsinhaberschaft" mithin die verfahrensrechtliche Befugnis, die Zwangsvollstreckung zu betreiben. Dadurch soll verhindert werden, dass nachrangig gesicherte Gläubiger mit ihren Rechten in der Zwangsversteigerung ausfallen, während der Eigentümer sein Grundstück zu einem geringen Preis zurücksteht.[518]

201 § 1196 BGB regelt die **offene Eigentümergrundschuld**, die sich ein Eigentümer an seinem Grundstück bestellt. Dafür genügen die rechtsgeschäftliche Erklärung[519] gegenüber dem Grundbuchamt, dass die Grundschuld für ihn eingetragen werden soll, nebst Eintragung. Ein Eigentümerpfandrecht entsteht aber auch, wenn die Einigung über die Begründung eines Fremdpfandrechts fehlschlägt, das Recht jedoch eingetragen wird und jedenfalls die Willenserklärung des Eigentümers wirksam auf die Bestellung eines entsprechenden Grundpfandrechts gerichtet ist (§ 140 BGB[520]).

202 Weiter ist ein Grundpfandrecht Eigentümergrundschuld, wenn die Forderung, für die eine Hypothek bestellt ist, nicht zur Entstehung gelangt (§ 1163 Abs 1 S 1 BGB: *anfängliche* Eigentümergrundschuld), später erlischt (§ 1163 Abs 1 S 2 BGB: *nachträgliche* Eigentümergrundschuld), der Gläubiger im Aufgebotsverfahren ausgeschlossen wird (§ 1170 BGB), auf die Hypothek verzichtet (§ 1168 BGB), ihm der Brief noch nicht übergeben worden ist (§ 1163 Abs 2 BGB: *vorläufige* Eigentümergrundschuld) oder in den Fällen des § 1177 Abs 1 BGB, wenn sich die Hypothek mit dem Eigentum in einer Person vereinigt, ohne dass dem Eigentümer zugleich die Forderung zusteht. Kennzeichen der Eigentümergrundschuld ist mithin die Trennung zwischen Grundpfandrecht und Forderung, zu der es aus den angeführten Gründen kommen kann. Steht hingegen dem Eigentümer auch die Forderung zu, die er häufig im Wege des

---

[516] Eingeführt durch Gesetz v 22.6.1977 (BGBl I 998); berechtigte Kritik bei STAUDINGER/WOLFSTEINER (2015) § 1179a Rn 2 ff, § 1163 Rn 6 ff.
[517] BGHZ 64, 316, 318 f.
[518] Mot III 679, 734; Prot III 573; BGHZ 103, 30, 37.

[519] STAUDINGER/GURSKY (2012) § 873 Rn 217; aA STAUDINGER/WOLFSTEINER (2015) § 1196 Rn 5: reine Verfahrenshandlung (Prozesshandlung) ohne materiell-rechtlichen Charakter.
[520] AA RGZ 52, 111; 54, 83; 68, 101; 70, 353; 78, 64; 106, 136 (st Rspr).

K. Das Recht der Kreditsicherung

§ 1143 Abs 1 BGB erwirbt, handelt es sich um eine **Eigentümerhypothek**, die allerdings den Regeln über die Grundschuld folgt, solange sie dem Eigentümer zusteht (§ 1177 Abs 2 BGB). Der maßgebliche Unterschied zeigt sich in der Übertragung des Eigentümerpfandrechts. Während die Grundschuld (isoliert) abgetreten werden kann, ist für die Hypothek § 1153 Abs 2 BGB zu beachten.

5. Die Rentenschuld

Die Rentenschuld (§§ 1199 ff BGB) ist eine Variante der Grundschuld und die dritte gesetzlich vorgesehene Form einer Belastung von Immobilien in der Form des Realkredits. Mit der Rentenschuld werden regelmäßige Rentenzahlungen aus einem Grundstück ohne Kündigungsrecht des Gläubigers gesichert. Dabei schreibt das Gesetz die Möglichkeit zur Ablösung der Rentenschuld gegen Zahlung einer Geldsumme (§§ 1199 Abs 2, 1202 Abs 2 BGB) zwingend vor. Praktisch wurde die Rentenlast weitgehend von der Reallast (§§ 1105 ff BGB) und der Tilgungshypothek insbesondere wegen unzureichender Anpassungsmöglichkeiten an inflationäre Entwicklungen verdrängt. Die Geldsumme ist bei einer Rentenschuld an regelmäßig wiederkehrenden Terminen zu entrichten (§ 1199 Abs 1 BGB). Die Vorschriften über die Grundschuld finden auf die Rentenschuld Anwendung (vgl §§ 1191 bis 1198 BGB), soweit nicht die §§ 1199–1203 BGB Sonderregelungen enthalten. Der Anspruch des Gläubigers ist bei der Rentenschuld auf die gem § 1199 Abs 1 BGB vereinbarte Rente beschränkt; nur diese kann auch ggf durch Zwangsvollstreckung in das Grundstück beigetrieben werden. 203

V. Nicht-pfandrechtliche Realsicherheiten

1. Der Eigentumsvorbehalt

a) Grundlagen

Der Eigentumsvorbehalt[521] ist im BGB nur für Kaufverträge **in § 449 BGB ausdrücklich erwähnt** (Legaldefinition).[522] Sofern sich der Verkäufer einer beweglichen Sache das Eigentum bis zur Zahlung des Kaufpreises vorbehalten hat, ist nach § 449 Abs 1 BGB im Zweifel anzunehmen, dass das Eigentum unter der aufschiebenden Bedingung vollständiger Kaufpreiszahlung übertragen wird. Diese sachenrechtliche Auslegungsregel legt als Regelfall den **aufschiebend bedingten Eigentumsübergang** fest, nach dem die Kaufsache im Eigentum des Verkäufers verbleibt und der Käufer aufschiebend bedingtes Eigentum erlangt.[523] 204

Nach der **Interessenlage der Parteien** kreditiert der Verkäufer dem Käufer den Erwerb der Ware, indem er den Kaufpreis ganz oder zum Teil (ratenweise) stundet; zum Ausgleich behält er sich das Eigentum an der zu liefernden Sache vor. Insbes der unternehmerische Käufer muss den Kaufpreis nicht Zug-um-Zug bei Lieferung der 205

---

[521] Ausf dazu STAUDINGER/BECKMANN (2014) § 449 Rn 1 ff; MünchKomm/WESTERMANN (7. Aufl 2016) § 449 Rn 1 ff; BAUR/STÜRNER, Sachenrecht (18. Aufl 2009) § 59; WOLF/WELLENHOFER, Sachenrecht (31. Aufl 2016) § 14; HEYERS Jura 2016, 961 ff; allg zum Schutz des Erwerbers bei gestreckten Erwerbsvorgängen MÜLBERT AcP 214 (2014) 309 ff; zur Anerkennung im DCFR vgl Art IX 1:103 f, 2:113 (retention of ownership devices).

[522] Für Werklieferungsverträge gilt die Norm kraft Verweisung in § 651 S 1 BGB.

[523] Für die alternative Lösung einer *auflösend* bedingten Übereignung müssen deutliche Anhaltspunkte aufgrund der ungewöhnlichen Ausgestaltung vorliegen.

Ware zahlen, sondern kann die hierzu benötigten Mittel erst durch Verarbeitung und Weiterverkauf der Ware verdienen. Er kann die Kaufsache mithin schon vor vollständiger Begleichung der Kaufpreisschuld nutzen und sie – mit Zustimmung des Verkäufers – weiter veräußern. Diesem Kreditbedürfnis des Käufers steht das Sicherungsinteresse des Verkäufers gegenüber, der auf eine Zahlung Zug-um-Zug verzichtet. Sein Kaufpreisanspruch und ein etwaiger Rückgabeanspruch werden durch sein fortbestehendes Eigentum gesichert, mit dem er auch den Zugriff anderer Gläubiger des Käufers auf die Sache abwehren kann. Indem das Eigentum an der Kaufsache und die hiermit verbundene Verwertungsmöglichkeit als Sicherheit genutzt werden, dient der Eigentumsvorbehalt primär den Interessen des Verkäufers.[524] Der Eigentumsvorbehalt erlischt bei Bedingungseintritt (idR Kaufpreiszahlung) mit Wirkung *ex nunc*. Das Eigentum des Veräußerers kann aber auch durch Verbindung und Vermischung (§§ 946 ff BGB) sowie den gutgläubigen Erwerb Dritter erlöschen. Diesen Konstellationen wird mit den **Sonderformen des Eigentumsvorbehalts** Rechnung getragen.[525] Auch wenn die Unwirksamkeit des Kaufvertrages zur Folge hat, dass die Bedingung der Übereignung und damit der Eigentumserwerb nicht mehr eintreten können, ist die Bindung des Eigentumsvorbehalts an den schuldrechtlichen Vertrag begrenzt. Er wird daher als **nicht-akzessorisch** qualifiziert. Mit dem Eigentumsvorbehalt ist aber eine deutliche **Einschränkung des Publizitätsprinzips** verbunden, denn dem Käufer wird die Kaufsache übergeben, ohne dass er Eigentum erwirbt.

b) Begründung und Wirkungen

206 Hinsichtlich der Begründung und der Wirkungen eines Eigentumsvorbehalts ist die **strikte Trennung von schuldrechtlicher und dinglicher Ebene** geboten. Die Frage, ob die Parteien einen Eigentumsvorbehalt vereinbart haben, ist gleichwohl auf *beiden* Ebenen zu thematisieren. Dabei ist zu berücksichtigen, dass die schuldrechtliche Ebene, dh der Inhalt des Kaufvertrages, regelmäßig leichter zu ermitteln ist, da die Parteien diesen ausdrücklich erörtern, wenn nicht sogar – auch mit AGB – schriftlich fixieren. Die dingliche Einigung erfolgt zumeist durch konkludente Erklärungen, allerdings ist der Inhalt der schuldrechtlichen Abrede ein Umstand, auf den bei der Auslegung des Verhaltens zur Ermittlung des Inhalts der dinglichen Erklärungen gem §§ 133, 157 BGB zurückgegriffen werden kann.

207 Auf der **schuldrechtlichen Ebene** reduziert die Vereinbarung eines Eigentumsvorbehalts die allgemeine kaufrechtliche Pflicht des Verkäufers zur unbedingten Übereignung (§ 433 Abs 1 BGB) dahingehend, dass das Eigentum nur bedingt übertragen werden muss. Die primär auf die dingliche Ebene zielende Auslegungsregel des § 449 Abs 1 BGB hat somit schon auf schuldrechtlicher Ebene Bedeutung, denn die Vereinbarung eines „Eigentumsvorbehalts" oä im Kaufvertrag bedeutet schuldrechtlich, dass vor dem Hintergrund des § 449 Abs 1 BGB vom Verkäufer nur eine bedingte Übereignung geschuldet wird.

208 Auf der **dinglichen Ebene** folgt aus der Auslegungsregel des § 449 Abs 1 BGB, dass das Eigentum nur aufschiebend bedingt durch die vollständige Erfüllung der Kaufpreisforderung übertragen wird. Bei der **dinglichen Einigung** ist zu beachten, dass der Eigentumsvorbehalt aufgrund der Bedingungsfeindlichkeit der Auflassung (§ 925 Abs 2

---

[524] Dies ist mittlerweile umstritten, vgl MünchKomm/Westermann (7. Aufl 2016) § 449 Rn 3; Staudinger/Beckmann (2014) § 449 Rn 2; BeckOK/Faust (15.6.2017) § 449 Rn 8.
[525] Dazu unten Rn 222 ff.

K. Das Recht der Kreditsicherung

BGB) nur bei beweglichen Sachen vereinbart werden kann. Auch Rechte können aufschiebend bedingt übertragen werden. Unkörperliche Gegenstände wie *know how*, Geschäftsgeheimnisse und Kundenkreis können zwar zB beim Verkauf eines Unternehmens Gegenstand eines Kaufvertrages sein, ein Eigentumsvorbehalt ist an diesem aber nicht möglich.[526] Der sachenrechtliche Spezialitätsgrundsatz steht auch dem Eigentumsvorbehalt an einer ganzen Sachgesamtheit entgegen, nicht aber einem Eigentumsvorbehalt bei Einzelverfügungen über das Eigentum eines jeden Teiles der Sachgesamtheit. Auch unpfändbare Sachen im Besitz des Käufers können Gegenstand eines Eigentumsvorbehalts sein (vgl § 811 Abs 2 ZPO).

Die Übereignung ist nur dann aufschiebend bedingt, wenn die **Bedingung** bis zum Zeitpunkt des letzten Elementes der Übereignung, idR die Übergabe, **hinreichend deutlich erklärt** wird. Eine in den Kaufvertrag (schuldrechtliche Abrede) aufgenommene Klausel über den Eigentumsvorbehalt ist als äußerer Umstand gem §§ 133, 157 BGB bei der Auslegung der (oft konkludenten) dinglichen Einigung heranzuziehen. Nicht hinreichend deutlich ist aber ein ohne besondere Hervorhebung auf einen Lieferschein gedruckter Hinweis;[527] das Einbehalten des Fahrzeugbriefs beim Autokauf reicht hingegen aus.[528] In AGB ist ein **klauselmäßiger Eigentumsvorbehalt** im kaufmännischen Verkehr wie auch im nicht-kaufmännischen Verkehr wirksam, sofern die allgemeinen Voraussetzungen erfüllt sind.[529] Nicht ausreichend, weil zu spät, ist hingegen ein entsprechender Vorbehalt auf einer *nach* Übergabe der Kaufsache übermittelten Rechnung. Er kann die vorausgehende unbedingte Übereignung nicht mehr ändern. 209

Umstritten ist, ob ein **Eigentumsvorbehalt** stets *als* **stillschweigend vereinbart** gilt, wenn die Kaufsache übergeben werden soll, bevor sie bezahlt wird. Richtigerweise ist durch Auslegung der dinglichen Einigung im Einzelfall zu ermitteln, ob das Eigentum vorbehalten wird.[530] Der Verkäufer ist verpflichtet, die Sache Zug-um-Zug zu übergeben und zu übereignen. Die Reichweite seiner Vorleistung, Besitzüberlassung, Übertragung bedingten Eigentums oder des Volleigentums, ist eine Frage der Auslegung. Eine entsprechende Vermutung kann auch nicht aus § 320 BGB abgeleitet werden, denn die Reichweite der konkreten Vorleistungspflicht gilt es gerade zu bestimmen. 210

Ein **nachträglicher (vertragswidriger) Eigentumsvorbehalt** liegt vor, wenn die Parteien im Kaufvertrag keinen Eigentumsvorbehalt vereinbart haben, mithin die unbedingte Übereignung der Sache vom Verkäufer geschuldet wird, aber der Verkäufer im Rahmen der dinglichen Einigung, also spätestens bei der Übergabe der Kaufsache erklärt, dass er sich das Eigentum an dieser vorbehalte. Nimmt der Käufer die Sache sodann kommentarlos entgegen, nimmt er das Angebot zur nur bedingten Übereignung an; eine (konkludente) nachträgliche Änderung der schuldrechtlichen Abrede im Kaufvertrag erfolgt indes hierdurch nicht. Mit der sachenrechtlichen bedingten Übereignung verletzt der Verkäufer mithin seine kaufvertragliche Pflicht zur unbedingten Übereignung. Ein solcher Eigentumsvorbehalt ist als Folge des sachenrechtlichen Abs- 211

---

[526] STAUDINGER/BECKMANN (2014) § 449 Rn 12; MünchKomm/WESTERMANN (7. Aufl 2016) § 449 Rn 9.
[527] BGHZ 64, 395, 397 = NJW 1975, 1669; BGH NJW 1979, 213, 214; NJW 1982, 1751.
[528] BGH NJW 2006, 3488 Rn 10 ff.
[529] Vgl nur STAUDINGER/BECKMANN (2014) § 449 Rn 18; BeckOK/FAUST (15.6.2017) § 449 Rn 12.
[530] STAUDINGER/BECKMANN (2014) § 449 Rn 22, 28; **aA**, für eine Vermutung, BeckOK/FAUST (15.6.2017) § 449 Rn 12; wohl auch MünchKomm/WESTERMANN (7. Aufl 2016) § 449 Rn 15; offengelassen von BGH NJW 2006, 3488 Rn 12.

traktionsprinzips möglich.[531] Freilich muss der Verkäufer im Rahmen der dinglichen Einigung die nur bedingte Übereignung hinreichend deutlich machen, anderenfalls folgt aus den gem §§ 133, 157 BGB zu berücksichtigenden Umständen, namentlich der Pflicht aus dem Kaufvertrag, dass die Übereignung unbedingt erklärt wird. Vor einem vertragswidrigen Eigentumsvorbehalt ist der Käufer auch im klassischen Anwendungsbereich des Eigentumsvorbehalts, dem Teilzahlungsgeschäft („Abzahlungskauf", § 506 Abs 3 BGB), nicht geschützt. Zwar muss der Kreditvertrag nach § 506 Abs 1 iVm § 492 Abs 2 BGB, Art 247 § 7 Nr 2 EGBGB die vom Verbraucher zu stellenden Sicherheiten nennen. Ein Verstoß gegen diese Pflicht zur Bezeichnung führt aber weder zur Nichtigkeit des Verbraucherkreditvertrages (§ 507 Abs 2 S 1 BGB) noch erhält der Verbraucher unbedingtes Eigentum, weil der Eigentumsvorbehalt im Kreditvertrag nicht genannt ist. Nach der allein schuldrechtlichen Folge hat der Unternehmer dann keinen Anspruch auf eine Besicherung seiner Forderung durch Eigentumsvorbehalt; der Verbraucher kann mithin die unbedingte Übereignung verlangen.

212 Als problematisch haben sich **formularmäßige Abwehrklauseln** erwiesen, dh AGB-Klauseln, mit denen die AGB der anderen Partei und ein in diesen enthaltener Eigentumsvorbehalt zurückgewiesen werden. Zum Problem der beiderseitigen Bezugnahme auf sich widersprechende AGB hat die Rspr mittlerweile die früher vertretene sog Theorie des letzten Wortes aufgegeben. Nunmehr werden die kollidierenden Bedingungen nur insoweit Vertragsbestandteil, als sie sich nicht widersprechen.[532] Beim Eigentumsvorbehalt gilt indes Besonderes, denn der Übergang des Volleigentums kann einseitig durch den Verkäufer durch das nur beschränkte dingliche Angebot verhindert werden, und zwar auch dann, wenn seine AGB aufgrund einer Abwehrklausel des Käufers nicht Vertragsinhalt werden.[533] Der Verkäufer bietet dann nur eine aufschiebend bedingte Übereignung der Kaufsache an, die der Käufer im Zweifel als Minus zum Volleigentum annimmt. Ein erweiterter oder verlängerter Eigentumsvorbehalt ist bei einer Abwehrklausel hingegen nicht wirksam.[534]

213 Der **Wirksamkeit des Eigentumsvorbehalts** kann § 449 Abs 3 BGB entgegenstehen, wonach ein **Konzernvorbehalt nichtig** ist. Bei diesem ist der Eigentumsübergang über die Begleichung der Kaufpreisforderung hinaus davon abhängig, dass Forderungen dritter Gläubiger, va mit dem Verkäufer verbundene Unternehmen, erfüllt werden.

214 Eine bereits erfolgte unbedingte Übereignung kann von beiden Parteien „**nachträglich" in einen Eigentumsvorbehalt überführt** werden. Dogmatisch ist eine Rückübereignung der Kaufsache durch den Verkäufer mittels Einigung und Besitzkonstitut (Leihe, Verwahrung) und anschließender – dieses Mal aufschiebend bedingter – Übereignung vom Verkäufer auf den Käufer *brevi manu traditio* (§§ 929 S 1, 158 Abs 1 BGB) möglich.[535] Einfacher ist eine Rückübertragung des um die Anwartschaft des Käufers gekürzten Eigentums; dies ist mit der Umwandlung von Volleigentum in Vorbehaltseigentum gleichzusetzen. Möglich ist auch die Umdeutung des nachträglichen Eigentumsvorbehalts in eine Sicherungsübereignung.[536]

---

[531] BGH NJW 1982, 1749 f = ZIP 1982, 447.
[532] BGH NJW 1985, 1838.
[533] BGHZ 104, 137; BGH WM 1986, 1081 = ZIP 1986, 1052; NJW 1982, 1749, 1751; WM 1982, 486;

[534] BGH NJW 1985, 1838, 1839; NJW-RR 1986, 984; Lieb, in: FS Baumgärtel (1990) 311, 313 f.
[535] BGH NJW 1953, 217.
[536] IE Staudinger/Beckmann (2014) § 449 Rn 37.

c) Die Rechte und Pflichten der Parteien

Im Kern der Rechte und Pflichten der Parteien bei einer Sicherungsübereignung steht **215** die Rechtslage während der **Schwebezeit bis zum Bedingungseintritt**. Durch die aufschiebend bedingte Übereignung hat der Käufer ein **Anwartschaftsrecht an der Kaufsache** erlangt.[537] Dieses ist ein subjektives Recht mit dinglichem Charakter,[538] das entsprechend den sachenrechtlichen Regeln (§§ 929 ff BGB, 366 HGB) übertragen wird, gutgläubig erworben werden kann und den Anwärter über die §§ 160, 161 BGB vor Zwischenverfügungen des Verkäufers schützt. Es kann verpfändet, gepfändet, mit einem Nießbrauch belastet und seinerseits als Sicherungsmittel[539] eingesetzt werden. Der BGH bezeichnet die Rechtsposition beim Anwartschaftsrecht als „Vorstufe zum Eigentum", das in Verhältnis zu diesem „kein aliud, sondern ein wesensgleiches Minus" ist.[540] Darüber hinaus hat der Verkäufer nicht nur dem Bedingungseintritt zuwiderlaufende Verfügungen, sondern alle Handlungen zu unterlassen, die den Interessen des Käufers an der Vertragsdurchführung zuwiderlaufen.[541]

Zugleich besteht ein **Besitzmittlungsverhältnis zwischen Käufer und Verkäufer** und der **216** Verkäufer kann die Sache nicht gem § 985 BGB herausverlangen, da der Käufer aus dem Kaufvertrag ein Recht zum Besitz hat (§ 986 Abs 1 S 1 BGB). § 449 Abs 2 BGB stellt zudem klar, dass der Verkäufer die Sache nicht herausverlangen kann, ohne den Kaufvertrag aufzuheben. Bei Teilzahlungskäufen zwischen einem Unternehmer (§ 14 BGB) und einem Verbraucher (§ 13 BGB) ist § 508 Abs 2 S 5 BGB zu beachten, nach dem es (von einem Ausnahmefall abgesehen) als **Ausübung des Rücktrittsrechts** gilt, wenn der Unternehmer die gelieferte Sache wieder an sich nimmt. Diese Norm ist zugunsten des Verbrauchers zwingend (§ 511 BGB) und schließt in ihrem Anwendungsbereich die Abdingbarkeit von Abs 2 aus. Gleichzeitig trifft den Käufer eine **Obhutspflicht** hinsichtlich der Vorbehaltsware.

Sofern der Verkäufer die **Sache herausverlangen** will, muss er das Besitzrecht durch **217** einen Rücktritt vom Kaufvertrag beseitigen. Der Rücktritt wird regelmäßig gem § 323 Abs 1 BGB erfolgen und darauf beruhen, dass der Käufer seiner Zahlungspflicht nicht nachkommt. Allerdings muss der Verkäufer dem Käufer prinzipiell eine Nachfrist zur Zahlung setzen; bei Teilzahlungsgeschäften greifen die besonderen Voraussetzungen der §§ 498 S 1, 508 BGB. Sofern der Kaufpreisanspruch während der Schwebezeit verjährt, war vor der Schuldrechtsreform 2002 umstritten, ob der Verkäufer die Sache auf Grund seines Vorbehaltseigentums gleichwohl herausverlangen konnte. Nach § 216 Abs 2 S 2 BGB ist der Rücktritt in dieser Konstellation nun ausdrücklich wirksam. Rücktrittsgrund kann auch eine unsorgfältige, die Sicherungsinteressen des Verkäufers gefährdende Behandlung der Kaufsache durch den Käufer sein (§ 324 BGB).

Der **Eigentumsverlust beim Verkäufer** erfolgt spätestens mit **Bedingungseintritt**. Die **218** Bedingung tritt ein, wenn die Kaufpreisforderung durch Erfüllung (§ 362 BGB), Aufrechnung (§ 389 BGB) oder eine Leistung an Erfüllungs Statt (§ 364 Abs 1 BGB) erlischt, nicht aber bei einer Leistung nur erfüllungshalber. Auch ohne Bedingungs-

---

[537] Zur Pflicht des Vorbehaltsverkäufers zur Verschaffung des Anwartschaftsrechts Samhat JR 2014, 501.
[538] Zum Meinungsstreit über die Qualifizierung als dingliches Recht näher Staudinger/Beckmann (2014) § 449 Rn 74 f; **anders** zB BGHZ 10, 69, 73; 30, 374, 377; ausf Hoffmann JuS 2016, 289 ff sowie Runge-Rannow JA 2016, 487 ff, 568 ff.
[539] BGHZ 56, 123, 126.
[540] BGHZ 28, 16, 22; 30, 374, 377.
[541] BGHZ 98, 160, 168 = NJW 1986, 2948.

eintritt erlischt das Vorbehaltseigentum des Verkäufers, wenn der Käufer die Sache mit Einwilligung des Verkäufers weiterveräußert (§ 185 Abs 1 BGB), ein Dritter die Sache gutgläubig erwirbt (§§ 932, 929 S 1 BGB, § 366 HGB) oder der Käufer bzw ein Dritter durch Verbindung oder Vermischung der Kaufsache gem §§ 946 ff BGB Eigentum erwirbt. Sofern die Bedingung nicht mehr eintreten kann, etwa weil der Kaufvertrag einvernehmlich aufgehoben oder angefochten wird oder eine Partei von diesem zurücktritt, ist das **Erlöschen des Anwartschaftsrechts** die Folge und der Verkäufer bleibt endgültig Eigentümer.

219 Die **Veräußerung des Anwartschaftsrechts** durch den Käufer hat zur Folge, dass dessen Erwerber das Eigentum bei Eintritt der Bedingung unmittelbar, ohne Durchgang durch das Vermögen seines Rechtsvorgängers (Erstkäufer), erwirbt, auch wenn der bisherige Inhaber des Vollrechts (Erstverkäufer) der Übertragung nicht zugestimmt hat (s a § 137 BGB).[542]

220 Bei der **Sicherungsübereignung von Kaufsachen unter Eigentumsvorbehalt** gem §§ 929, 930 BGB ist zu unterscheiden: Überträgt der Sicherungsgeber (Käufer) das Vollrecht, verfügt er insoweit als Nichtberechtigter. Der gutgläubige Eigentumserwerb durch den Sicherungsnehmer scheitert an § 933 BGB, weil ihm die Sache nicht übergeben wird. Der Sicherungsnehmer kann das Vollrecht nur unter den Voraussetzungen des § 185 Abs 2 S 1 BGB erwerben, wenn also der Sicherungsgeber seinerseits das Eigentum erwirbt. Dabei findet aber ein **Durchgangserwerb beim Sicherungsgeber** statt, der für eine logische Sekunde Eigentümer wird. Um dieses Durchgangseigentum zu vermeiden, können die Parteien allein das Anwartschaftsrecht nach §§ 929, 930 BGB übertragen.[543]

221 Bei der **Abtretung der Kaufpreisforderung** durch den Vorbehaltsverkäufer geht das vorbehaltene Eigentum nicht ohne Weiteres nach § 401 BGB auf den Zessionar über.[544] Der Eigentumsvorbehalt ist kein akzessorisches Nebenrecht.[545] Auch eine analoge Anwendung des § 401 BGB ist abzulehnen. Indes nimmt die Rspr im Wege der ergänzenden Vertragsauslegung (§ 157 BGB) regelmäßig an, dass der Verkäufer zur Übertragung des vorbehaltenen Eigentums auf den Erwerber verpflichtet ist.[546]

d) Sonderformen

222 In der Praxis haben sich zahlreiche Sonderformen des Eigentumsvorbehalts entwickelt, die spezifischen praktischen Bedürfnissen des Rechtsverkehrs Rechnung tragen. Der **verlängerte Eigentumsvorbehalt** trägt dem Interesse des Vorbehaltskäufers Rechnung, die Vorbehaltsware noch während des Bestehens des Eigentumsvorbehalts weiter zu veräußern oder zu verarbeiten. Dadurch droht aber das Eigentum des Verkäufers unterzugehen (§§ 929 S 1, 932 BGB, § 366 HGB; §§ 946 ff BGB); zudem wäre der Vorbehaltskäufer gegenüber dem Verkäufer schadensersatzpflichtig.

---

[542] BGHZ 20, 88, 96 ff in Abkehr von RGZ 140, 223, 229; s a BGHZ 30, 374, 377.
[543] Zur Umdeutung einer misslungenen Sicherungsübereignung gem § 140 BGB in die Übertragung des Anwartschaftsrechts vgl BGHZ 20, 88, 101; 35, 85, 90; 50, 45, 48 f.
[544] BGHZ 42, 53, 56 = NJW 1964, 1788; BGH NJW 2008, 1804; zweifelnd MünchKomm/WESTERMANN (7. Aufl 2016) § 449 Rn 7.
[545] BGHZ 42, 53, 56.
[546] RGZ 89, 195 zur Sicherungsübereignung; BGHZ 42, 53, 56 f.

Die „Verlängerung" des Eigentumsvorbehalts erfolgt daher durch eine **Vorausabtre-** 223
tung, dh die Forderungen des Vorbehaltskäufers aus dem Weiterverkauf der (verarbeiteten) Kaufsache werden im Voraus an den Verkäufer abgetreten. Hinzu tritt idR eine **Einziehungsermächtigung**, da hierdurch die Zession den Kunden des Vorbehaltskäufers gegenüber nicht offengelegt werden muss. Im Gegenzug wird der Vorbehaltskäufer vom Vorbehaltsverkäufer **zur Weiterveräußerung ermächtigt** (§ 185 Abs 1 BGB), wobei dieser Weiterverkauf im ordnungsgemäßen Geschäftsverkehr erfolgen muss. Eine Verrechnung mit einer bestehenden Schuld ist mithin nicht möglich. Ein derartig verlängerter Eigentumsvorbehalt kann von den Parteien in AGB vereinbart werden.[547]

Die Problemkreise der von dem verlängerten Eigentumsvorbehalt umfassten Voraus- 224
abtretung sind zum einen die hinreichende **Bestimmbarkeit** der im Voraus abgetretenen Forderungen.[548] Im Zweifel ist die Abtretung nicht auflösend bedingt durch die vollständige Kaufpreiszahlung; es besteht nur ein schuldrechtlicher Rückübertragungsanspruch nach Kaufpreiszahlung. Zum anderen kann die Vorausabtretung ins Leere gehen, wenn der Vorbehaltskäufer mit seinem Schuldner ein **Abtretungsverbot** vereinbart.[549] Eine Abtretung trotz des Verbotes ist dann – vorbehaltlich des § 354a HGB – gem § 399 BGB unwirksam.[550] Sofern § 354a HGB greift, wird der Vorbehaltsverkäufer trotz des Abtretungsausschlusses Forderungsinhaber. Es besteht aber eine Schutzlücke bei der Insolvenz des Vorbehaltskäufers, denn der Letztkäufer kann gleichwohl gegen die an den Vorbehaltsverkäufer abgetretene Forderung mit einer Forderung gegen den Vorbehaltskäufer aufrechnen. Daher wird vertreten, dass die Weiterveräußerung unter Vereinbarung eines Abtretungsausschlusses auch dann nicht von der Ermächtigung zur Weiterveräußerung erfasst wird, wenn § 354a HGB einschlägig ist.[551]

Sofern der Vorbehaltskäufer die Kaufsache verarbeiten will, droht der Vorbehaltsver- 225
käufer sein Eigentum durch **Verbindung, Vermischung oder Verarbeitung** (§§ 947, 948, 950 BGB) zu verlieren. Als Surrogat der Sicherheitenbestellung tritt dabei sinnvollerweise das Eigentum an der vom Käufer hergestellten Sache an die Stelle des Eigentums an der Kaufsache. Da § 950 BGB nicht dispositiv ist, können die Parteien mit einer sog **Verarbeitungsklausel** vereinbaren, dass die Verarbeitung der Sache für den Vorbehaltsverkäufer durchgeführt wird. Hierdurch soll der Vorbehaltsverkäufer Hersteller iSv § 950 BGB werden, wenn die Verarbeitung in der bei Vereinbarung des Eigentumsvorbehalts erwarteten und vorausgesetzten Weise erfolgt, ohne Rücksicht auf einen etwa entgegenstehenden Willen des Vorbehaltskäufers.[552] Sofern der Wert der verarbeiteten Sache den der gelieferten Sache übersteigt, können die Parteien durch die Verarbeitungsklausel auch bestimmen, dass der Vorbehaltsverkäufer nur

---

[547] BGHZ 94, 105, 112 = NJW 1985, 1836; BGHZ 98, 303, 307 = NJW 1987, 487; ausf auch RIMMELSPACHER/STÜRNER, Kreditsicherung (3. Aufl 2017) Rn 91 ff.
[548] Nach der Rspr sind Formulierungen wie „in Höhe des Wertes der Vorbehaltsware" (BGH NJW 1964, 149 f), „entsprechend dem Wert unserer Lieferung" (BGH NJW 1968, 1516, 1519) sowie „alle Forderungen" aus einem bestimmten Zeitraum (BGH WM 1966, 13) hinreichend bestimmbar.
[549] Eine Vereinbarung ist auch in AGB (Einkaufs- oder Vergabebedingungen) möglich, vgl BGH LM § 399 Nr 8 = WM 1959, 854; offen gelassen aber in BGH NJW 1980, 2245.
[550] BGHZ 108, 172, 176; BGH NJW 1988, 1210 f; **aA** CANARIS, in: FS Serick (1992) 9 ff.
[551] So BeckOK/FAUST (15.6.2017) § 449 Rn 26; **aA** K SCHMIDT NJW 1999, 400, 401.
[552] BGHZ 14, 115, 117; 20, 159, 163 f; zur Verarbeitungsklausel als Kreditsicherungsmittel ausführlich und unter krit Auseinandersetzung mit der Rspr des BGH STAUDINGER/WIEGAND (2017) § 950 Rn 28 ff.

anteiliges Miteigentum erwirbt.[553] Alternativ kann das bei der Verarbeitung ebenfalls untergegangene Anwartschaftsrecht (§ 950 Abs 2 BGB) dadurch neu begründet werden, dass dem Vorbehaltskäufer die neue Sache (antizipiert) aufschiebend bedingt zurückübereignet wird (§ 929 S 2 BGB). Die Tragfähigkeit dieser Lösung steht und fällt mit der Anerkennung der Maßgeblichkeit einer Parteivereinbarung anstelle der objektiven Anhaltspunkte über die Herstellereigenschaft im Rahmen des § 950 BGB. Denn letztere fehlen in der Regel in diesen Konstellationen, da der Vorbehaltsverkäufer den konkreten Herstellungsprozess nicht steuert.

226 Die Verlängerung eines Eigentumsvorbehalts kann zu einer **Übersicherung des Vorbehaltsverkäufers** führen, wenn die vorauszedierten Forderungen den Wert der gelieferten Sache erheblich übersteigen oder, im Fall der Verarbeitungsklausel, der Vorbehaltskäufer das Alleineigentum an der hergestellten Sache oder Miteigentum auch mit dem Verarbeitungswert der Sache erwirbt. Allerdings kann die Lösung der Rspr zur Übersicherung auf den verlängerten Eigentumsvorbehalt übertragen werden. Danach ist eine ausdrückliche Freigabeklausel nicht erforderlich; vielmehr besteht bei einer solchen nachträglichen Übersicherung nach der Rechtsnatur der Zweckabrede ein ermessensunabhängiger Freigabeanspruch.[554]

227 Bei einem sog **weitergeleiteten Eigentumsvorbehalt**[555] bleibt das Eigentum des Erstverkäufers auch beim Weiterverkauf vorbehalten. Dies kann der Vorbehaltskäufer dadurch erreichen, dass er unter Offenlegung des bestehenden Eigentumsvorbehalts nur sein Anwartschaftsrecht an der Kaufsache überträgt oder – mit Einwilligung des Erstverkäufers – wiederum aufschiebend bedingt über dessen Eigentum an der Sache verfügt.

228 Bei einem **nachgeschalteten Eigentumsvorbehalt** behält sich der Erstkäufer das Eigentum an der Sache vor. In der Folge reihen sich zwei aufschiebend bedingte Übereignungen aneinander. Sachenrechtliche Kollisionen sind dabei ausgeschlossen.[556] Zahlt zuerst der Erstkäufer an den Vorbehaltsverkäufer, erwirbt er Eigentum, der Zweitkäufer jedoch erst dann, wenn er seinerseits den Kaufpreis an den Erstkäufer zahlt. Zahlt zuerst der Zweitkäufer an den Erstkäufer, so wird er, weil der Vorbehaltsverkäufer der bedingten zweiten Übereignung zugestimmt hat, mit der Zahlung Eigentümer. Da der Vorbehaltsverkäufer in jedem Falle mit der Zahlung sein Eigentum verliert, wird er sich regelmäßig die Kaufpreisforderung des Erstkäufers gegenüber dem Zweitkäufer abtreten lassen und den Erstkäufer zur Einziehung dieser Forderung ermächtigen. Sofern der Vorbehaltsverkäufer der Weiterveräußerung nicht zugestimmt hat, kann der Zweitkäufer das Eigentum gutgläubig erwerben. An den guten Glauben sind im kaufmännischen Verkehr aber strenge Anforderungen zu stellen, da es dort in besonderem Maße üblich ist, Waren unter Eigentumsvorbehalt zu verkaufen und den Kaufpreis aus dem Erlös des Weiterverkaufs zu decken.[557]

229 Der **Kontokorrentvorbehalt** erstreckt den Eigentumsvorbehalt auf alle Forderungen aus der laufenden Geschäftsverbindung zwischen Käufer und Verkäufer. Die vollständige Tilgung sämtlicher Forderungen des Verkäufers aus der Geschäftsverbindung zum Käufer wird auf diese Weise zur Bedingung des Eigentumsübergangs. Die Begleichung

---

[553] BGHZ 46, 117, 121 ff.
[554] Ausf oben Rn 65.
[555] BGH NJW 1991, 2285 f.

[556] Vgl BGHZ 56, 34, 36.
[557] BGHZ 10, 14, 17; RGZ 147, 321, 331.

des Kaufpreises für die konkrete Sache reicht hierzu nicht aus. Der Kontokorrentvorbehalt ist grundsätzlich zulässig.⁵⁵⁸ Wird der so erweiterte Eigentumsvorbehalt aber zur Sicherung dritter Gläubiger eingesetzt, etwa als **Konzernvorbehalt**,⁵⁵⁹ bei dem der Eigentumserwerb an der gelieferten Ware von der Befriedigung auch *anderer* Lieferanten abhängig gemacht wird, die dem gleichen Konzern angehören wie der Verkäufer, steht § 449 Abs 3 BGB entgegen. Die Vereinbarung eines solchen Eigentumsvorbehalts ist nichtig. Auch beim verbundenen Geschäft (§ 358 BGB) kann der Unternehmer also die Eigentumsübertragung nicht unter die aufschiebende Bedingung stellen, dass der Verbraucher seinen Rückzahlungsverpflichtungen gegenüber der den Kaufpreis finanzierenden Bank nachkommt.⁵⁶⁰ Die Nichtigkeitsfolge erstreckt sich entsprechend dem Wortlaut der Bestimmung („soweit …") nicht auf Kaufvertrag und dingliche Einigung, sondern nur auf die Bedingung als solche, sofern nicht aus § 139 BGB ein anderes Ergebnis folgt.

2. Die Sicherungsübereignung

a) Grundlagen

Als Sicherungsübereignung⁵⁶¹ wird die **vorübergehende Übereignung einer Sache** von einem Sicherungsgeber an einen Sicherungsnehmer **zur Sicherung von Forderungen** bezeichnet, bei der der Sicherungsgeber im Besitz der Sache bleibt. Regelmäßig hat sie bewegliche Sachen zum Gegenstand, da die (Sicherungs-)Übereignung eines Grundstückes umständlich und kostenintensiv ist (vgl § 311b Abs 1 BGB). Zudem stehen mit der Grundschuld (und der Hypothek) im Immobiliarsachenrecht – anders als im Mobiliarsachenrecht – schon im Gesetz besitzlose Verwertungsrechte zur Verfügung. Die Sicherungsübereignung hat im BGB nur mittelbar Ausdruck gefunden. So erlaubt § 930 BGB ein Besitzkonstitut als Übergabesurrogat. Der Verfügende kann das Eigentum an einer beweglichen Sache übertragen, ohne auf den unmittelbaren Besitz daran verzichten zu müssen. Ausreichend ist neben der Einigung über den Eigentumsübergang die Vereinbarung eines Besitzmittlungsverhältnisses, dh eines Rechtsverhältnisses, vermöge dessen der Erwerber den mittelbaren Besitz erlangt (§ 868 BGB). Bereits der Gesetzgeber des BGB in seiner Urfassung hat die Gefahr gesehen, dass sich dahinter „Pfandgeschäfte ohne körperliche Übergabe verstecken können".⁵⁶² Es handelt sich um einen Unterfall der eigennützigen Treuhand. Bei der Sicherungsübereignung werden somit drei Rechtsgeschäfte abgeschlossen, die Übereignung gem §§ 929 S 1, 930 BGB, die Sicherungsabrede und der Kreditvertrag.

Die Sicherungsübereignung hat eine **sehr große praktische Bedeutung**. Denn als Sicherheit stehen in der Praxis vielfach nur bewegliche Sachen (Lagerbestand, Maschinen- und Fuhrpark, Fertigprodukte) zu Verfügung. Allerdings benötigt der Kreditnehmer diese, um mit ihnen ua die Zinsen des Kredits zu erwirtschaften. Umgekehrt kann der

---

⁵⁵⁸ RGZ 147, 321, 325; jedenfalls im kaufmännischen Verkehr auch formularmäßig unbedenklich: BGHZ 94, 106, 112; 125, 83, 87; vgl aber oben Rn 9 ff.
⁵⁵⁹ Zum Konzernvorbehalt ausführlich Bülow, Recht der Kreditsicherheiten (8. Aufl 2012) Rn 1512 ff.
⁵⁶⁰ Zur rechtlichen Selbständigkeit der verbundenen Verträge Staudinger/Herresthal (2017) § 358 Rn 96.
⁵⁶¹ Ausf dazu MünchKomm/Oechsler (7. Aufl 2017) Anh zu §§ 929–932 Rn 1 ff; Ganter, in: Schimansky/Bunte/Lwowski, BankR-Hdb (5. Aufl 2017) § 95 Rn 1 ff; Baur/Stürner, Sachenrecht (18. Aufl 2009) § 57; Staudinger/Wiegand (2017) Anh 51 ff zu §§ 929 ff; Webersinke, Die Sicherungsübereignung von Zubehör im Haftungsverband der Hypothek (2014).
⁵⁶² Mot III 335.

Kreditgeber diese Sachen nicht lagern, sondern möchte sie nur im Sicherungsfall verwerten. Das klassische, vom BGB bereitgestellte Sicherungsmittel, das Pfandrecht gem §§ 1205 f BGB, ist angesichts dessen nicht interessengerecht, denn es verlangt die Übertragung des unmittelbaren Besitzes.[563] Der **Interessenlage** entsprechen die Parteien, wenn sie das Eigentum auf den Kreditgeber mit der Möglichkeit zur Verwertung im Sicherungsfall übertragen, während der unmittelbare Besitz beim Sicherungsgeber verbleibt. Die methodische Zulässigkeit des mit der Übereignung zur Sicherheit gem §§ 929 S 1, 930 BGB faktisch entstehenden besitzlosen Pfandrechts war zunächst überaus umstritten und wurde als Rechtsfortbildung *contra legem* aufgrund einer Umgehung der §§ 1204 ff BGB abgelehnt.[564] Mittlerweile wird eine – zumindest gewohnheitsrechtliche – Anerkennung nicht mehr ernsthaft bestritten; für die Rechtsprechung stand die Zulässigkeit stets außer Frage.[565] Allerdings haben sich in der Folge die vom historischen Gesetzgeber angelegten Strukturen der Kreditsicherung aufgrund des Systemwechsels bei den Sachsicherheiten nachhaltig verschoben.

231a Der Sicherungsnehmer erwirbt bei einer Sicherungsübereignung das **Eigentum an dem Sicherungsgut** und damit im Sicherungsfall den Vorteil, nach § 883 ZPO vollstrecken zu können. Allerdings erlangt er mit dem Vollrecht mehr, als das eigentlich nach der Interessenlage nur benötigte Verwertungsrecht. Die ihm überschießend übertragene Rechtsmacht wird schuldrechtlich mit der Sicherungsabrede zweckgebunden.[566] Ein Gebrauch des Eigentums in einer Weise, die gegen die Sicherungsabrede verstößt, zB durch Belastung oder Weiterübertragung, ist somit zwar dinglich wirksam, löst aber einen Schadensersatzanspruch aufgrund der Verletzung einer Pflicht aus der Sicherungsabrede aus.

232 Die Sicherungsübereignung ist von der Sicherungsabrede als Grundgeschäft **abstrakt**; eine Abhängigkeit beider Rechtsgeschäfte kann nur durch eine ausdrückliche Vereinbarung der Parteien, zB eine Bedingung, hergestellt werden.[567] Auch ist das Sicherungseigentum **nicht akzessorisch**[568] und somit nicht vom Bestand der gesicherten Hauptforderung abhängig. Beide sind nur über die schuldrechtliche Sicherungsabrede verknüpft. Aufgrund der fehlenden Akzessorietät unterscheidet sich die Sicherungsübereignung auch wesentlich vom Pfandrecht nach §§ 1204 ff BGB, sodass eine generelle entsprechende Anwendung der Pfandrechtsvorschriften nicht möglich ist. Dies ist allenfalls nur bei einzelnen Regelungen möglich, wenn Pfandrecht und Sicherungseigentum im Hinblick auf die berührte Rechtsfrage vergleichbar sind (zB § 1228 Abs 2 S 1 BGB).

233 Als **Vorteile** dieser Sicherung sind die wirtschaftliche Praktikabilität und die Nähe zur aufgezeigten Interessenlage der Parteien zu nennen; **Nachteile** folgen für den Sicherungsgeber aus der überschießenden Rechtsmacht des Sicherungsnehmers und dessen

---

[563] Ausf dazu oben Rn 149 f.
[564] Vgl LARENZ/CANARIS, Methodenlehre der Rechtswissenschaft (3. Aufl 1995) 233 ff; REICH AcP 169 (1969) 247, 251 ff; s a STAUDINGER/WIEGAND (2017) Anh 34 zu §§ 929 ff; BAUR/STÜRNER, Sachenrecht (18. Aufl 2009) § 57 Rn 1 (*praeter legem* entwickeltes Gewohnheitsrecht).
[565] Vgl schon RGZ 13, 200, 204 (1885); RGZ 59, 146, 148 (1904).
[566] Ausf oben Rn 81 ff, 88 ff.
[567] So BGH NJW 1984, 1184 (XI. Senat); NJW 1991, 353; GANTER, in: SCHIMANSKY/BUNTE/LWOWSKI, BankR-Hdb (5. Aufl 2017) § 95 Rn 5; MünchKomm/OECHSLER (7. Aufl 2017) §§ 929–936 Rn 8; **aA** BGH NJW 1982, 275, 276 (VIII. Senat).
[568] BGH NJW 2000, 957, 958; 1984, 1184, 1186; BAUR/STÜRNER, Sachenrecht (18. Aufl 2009) § 57 Rn 10.

dinglicher Verfügungsmacht. Der Sicherungsnehmer erlangt zudem keinen unmittelbaren Besitz an der Sache, wodurch die Verwertung erschwert sein kann und ggf eine vertragswidrige Veräußerung der Sache durch den Sicherungsgeber an gutgläubige Dritte möglich ist.[569] Für Dritte ist die eingeschränkte Publizität nachteilig, da sie einem Sicherungsnehmer gehörende Sachwerte, tatsächlich aber zur Sicherheit übereignet, und damit dessen Kreditwürdigkeit nicht mehr erkennen können.

b) Der Erwerb der Eigentümerstellung
Die Übereignung des Sicherungsgutes muss als dingliches Rechtsgeschäft zum Kreditvertrag und zur Sicherungsabrede hinzutreten. Der Erwerb von Sicherungseigentum erfolgt gem §§ 929 ff BGB; für ihn gelten **keine Sonderregeln**. Allerdings stellen sich einige Problemkreise der Verfügung aufgrund der Besonderheiten des Verfügungsobjekts in besonderer Schärfe. Dies gilt umso mehr, als die Übereignung in der Regel nach §§ 929 S 1, 930 BGB mittels Besitzkonstitut, also mit reduzierter Publizität, erfolgt.

Zum einen gilt es, dem sachenrechtlichen Spezialitätsprinzip **(Bestimmtheitsgrundsatz)** bei der Übereignung zu genügen. Nach der Rspr muss aufgrund einfacher, äußerer Abgrenzungskriterien für jeden, der die Parteiabreden zu dem für den Eigentumsübergang vereinbarten Zeitpunkt kennt, ohne Weiteres ersichtlich sein, welche individuell bestimmten Sachen übereignet worden sind.[570] Mit anderen Worten dürfen keine Spielräume für eigenständige Interpretationen durch die Parteien oder Dritte bleiben. Mit diesen Anforderungen soll die Ernsthaftigkeit des Verfügungswillens auf Veräußererseite deutlich und eine klare Rechtszuordnung zwischen den Parteien ermöglicht werden. Als problematisch erweist sich dieser Grundsatz bei der **Verfügung über Sachgesamtheiten** (zB Warenlager, Fuhrpark) oder künftige Sachen. Möglich sind die räumliche Abgrenzung (sog Raumsicherungsvertrag), die besondere Markierung des Sicherungsgutes mit Farbe, Kennnummern oder in sonstiger Weise qualitative Beschreibungen einer Teilmenge[571] sowie sog „Allformeln".[572] Ausreichend sind auch andere Lösungen, bei denen eine eindeutige Feststellung der zu übereignenden Gegenstände gewährleistet ist, etwa die Bezugnahme auf ein Inventarverzeichnis. Unzulässig sind hingegen rein quantitative oder wertmäßige Beschränkungen.[573]

---

[569] Zum Verhältnis von „nachträglichem" Vermieterpfandrecht und Sicherungsübereignung vgl BGH 15.10.2014 – XII ZR 163/12 Rn 18 ff, WM 2014, 2286. Nach dem BGH entsteht durch den Eigentümerwechsel ein neuer Mietvertrag und das Vermieterpfandrecht des Erwerbers trete neben jenes des Veräußerers. Eine Sicherungsübereignung von Sachen zwischen ihrer Einbringung in die Miträume und dem Eigentumswechsel verhindere aber nicht, dass sich das Vermieterpfandrecht des Erwerbers diese Sache erstreckt, da auch insoweit nach § 562 Abs 1 S 1 BGB der Zeitpunkt der Einbringung maßgeblich sei. Das neue Mietverhältnis entstehe mit dem Inhalt des alten und übernehme daher den dort maßgeblichen Überlassungszeitpunkt, Vertragsbeginn und vertragliche Fristläufe, mithin auch den Zeitpunkt des Einbringens.
[570] Vgl BGHZ 21, 52, 55 f; 73, 253, 254; BGH WM 1988, 346, 347; NJW 1991, 2144, 2146; s a BOLLWERK ZInsO 2015, 2062 ff.
[571] BGH WM 1993, 2161 (Container einer bestimmten Größe); nicht aber die Auflistung von Hausrat mit der Einschränkung „soweit nicht unpfändbar", vgl BGH NJW-RR 1988, 565.
[572] Vgl zur „All-Formel", die sich auf sämtliche vorhandenen Waren bezieht, BGHZ 28, 16, 20; RGZ 113, 57, 60; 132, 183, 188.
[573] Vgl BGH WM 1992, 398, wonach Unterscheidungsmerkmale wie „Handbibliothek Kunst" untauglich sind, weil das Eigentum nicht ohne Berücksichtigung weiterer Umstände erkennbar ist.

236 Die Einigung kann auch auf Verfügungsgegenstände bezogen werden, die erst nach ihrer Vornahme, also künftig, entstehen oder erworben werden (**antizipierte Übereignung**). Auch hier muss der Verfügungsgegenstand im Zeitpunkt der Entstehung bzw des Erwerbs eindeutig identifiziert werden können. Besondere Anforderungen an die Bestimmtheit der Übereignung sind insoweit bei **Sachgesamtheiten mit wechselndem Bestand** zu stellen. Für die nicht im Ursprungsbestand enthaltenen, nachträglich eingebrachten Sachen, die antizipiert übereignet werden, muss durch ein einfaches, nach außen erkennbares Geschehen jedem Dritten ohne Schwierigkeiten deutlich werden, dass sie als Sicherungsgut zur Verfügung stehen sollen.[574] Nach der Rspr reicht es nicht, wenn nur allgemein vereinbart wird, die neu hinzukommenden Sachen zu deklarieren und in ein vom Sicherungsgeber zu führendes Verzeichnis aufzunehmen.[575] Bei **gemischten Sachgesamtheiten**, in denen sich sowohl Sachen befinden, die dem Sicherungsgeber bereits gehören, als auch solche, die noch mit einem Eigentumsvorbehalt belastet sind, können die Parteien übereinkommen, dass in erster Linie das Anwartschaftsrecht an dem Sicherungsgut und im Übrigen, soweit der Sicherungsgeber Eigentümer ist oder wird, das Eigentum oder umgekehrt vorzugsweise das Vollrecht und subsidiär die Anwartschaft übertragen wird.[576] Es ist dann nicht erforderlich, die in verschiedener rechtlicher Zuständigkeit stehenden Sachen des Sicherungsgebers und die Vorbehaltsware voneinander zu trennen und entsprechend zu kennzeichnen.[577]

237 Die **Einigung nach § 929 S 1 BGB** kann durch das Erreichen des Sicherungszwecks bzw den Untergang der zu sichernden Forderung **auflösend bedingt** vereinbart werden. Der Sicherungsgeber ist dann vor Zwischenverfügungen des Sicherungsnehmers geschützt (§ 161 Abs 1 S 1 BGB) und erwirbt ein Anwartschaftsrecht an der Sache. Erforderlich hierfür ist aber eine ausdrückliche Vereinbarung der auflösenden Bedingung[578], da die Verwertung hierdurch nachhaltig erschwert wird, ohne dass der Sicherungsgeber besonders schutzwürdig ist.

238 Besonderer Hervorhebung bedarf die **Abstraktheit der Verfügung von der Sicherungsabrede**. Die abstrakte Rechtsnatur der Einigung nach § 929 S 1 BGB hat zur Folge, dass Fehler der Sicherungsvereinbarung die Wirksamkeit der Verfügung grundsätzlich nicht berühren. **Nichtigkeitsgründe der Sicherungsabrede** schlagen mithin regelmäßig nicht auf die Verfügung durch. Die Sicherungsvereinbarung ist die *causa* für die Übereignung; ist nur erstere nichtig, kann der Sicherungsgeber das Eigentum nach § 812 Abs 1 S 1 BGB wieder herausverlangen. Zwar ist die Sicherungsabrede zugleich das Besitzmittlungsverhältnis für die Übereignung nach §§ 929 S 1, 930, aber die Nichtigkeit der vertraglichen Abrede lässt richtigerweise das Besitzmittlungsverhältnis grundsätzlich nicht entfallen. Denn im Rahmen der §§ 868, 930 BGB ist der tatsächliche Besitzmittlungswille und nicht die rechtsgeschäftliche Wirksamkeit des Besitzmittlungsverhältnisses entscheidend. In der Folge ist die Sicherungsübereignung nach §§ 929 S 1, 930 BGB wirksam.[579] Freilich können die Gründe, die zur Nichtigkeit der

---

[574] BGH WM 1986, 594.
[575] BGH ZIP 1991, 807; krit STAUDINGER/WIEGAND (2017) Anh 129 zu §§ 929 ff: „stereotype Mehrzweckformel".
[576] BGHZ 28, 16, 20 ff; 117, 200, 205 f; BGH WM 1986, 594.
[577] BGH WM 1986, 594 unter Aufgabe von BGHZ 21, 52, 57 f.
[578] BGH NJW 1991, 353; NJW-RR 2005, 280

Rn 18; MünchKomm/OECHSLER (7. Aufl 2017) Anh §§ 929–936 Rn 9; BAUR/STÜRNER, Sachenrecht (18. Aufl 2009) § 57 Rn 10; aA REINICKE/TIEDTKE, Kreditsicherung (5. Aufl 2006) S 226 ff.
[579] MünchKomm/OECHSLER (7. Aufl 2017) Anh §§ 929–936 Rn 14; aA GANTER, in: SCHIMANSKY/BUNTE/LWOWSKI, BankR-Hdb (5. Aufl 2017) § 95 Rn 23; STAUDINGER/WIEGAND (2017)

Sicherungsabrede geführt haben, im Einzelfall auch die dingliche Einigung erfassen, zB § 123 BGB. Letzteres trifft auch auf die **anfängliche Übersicherung** zu.[580] Die Nichtigkeit gem § 138 Abs 1 BGB erfasst richtigerweise auch die die dingliche Einigung gem §§ 929 S 1, 930 BGB, da der Umstand, der die Sittenwidrigkeit begründet, dh der übermäßige Zugriff auf das Vermögen des Sicherungsnehmers, gerade in der Bestellung der Sicherung liegt.[581]

Der Tatbestand der Übereignung erfordert **keinen zusätzlichen Konkretisierungsakt**, durch den die Sache nach ihrem Entstehen ausdrücklich als Verfügungsgegenstand identifiziert wird, auch wenn die Sicherungsübereignung eine antizipierte Verfügung mit antizipiertem Besitzkonstitut umfasst. Freilich verlangt die Rspr bei antizipierten Verfügungen eine Ausführungshandlung. Durch ein einfaches, nach außen erkennbares Geschehen müsse in dem für den Eigentumsübergang maßgeblichen Zeitpunkt für jeden Dritten, der die Parteiabrede kennt, ohne weiteres ersichtlich sein, welche individuell bestimmte Sache übereignet wird.[582] Allerdings wird dieser zusätzliche Konkretisierungsakt richtigerweise als entbehrlich angesehen, wenn das Besitzkonstitut hinreichend bestimmt war und die Zuordnung der Sache zur dinglichen Verfügung eindeutig ausfällt.[583]

c) Die Rechte und Pflichten der Parteien
Die Rechte und Pflichten der Parteien ergeben sich aus der Sicherungsabrede.[584] Die in dieser enthaltene Zweckabrede bestimmt, welche Forderung durch die Bestellung des Sicherungseigentums gesichert werden soll. Das Sicherungseigentum wird vielfach zur Sicherung eines Forderungsbestands oder des Saldos aus einem Kontokorrent eingesetzt. Der Ausweitung des Sicherungszwecks va aus Anlass der Sicherheitenbestellung, dh der Sicherungsübereignung, setzen indes die §§ 305c Abs 1, 307 BGB Grenzen. So kann die **Erstreckung auf Forderungen, die nicht Anlass der Abrede waren**, in AGB als überraschende Klausel gegen § 305c Abs 1 BGB verstoßen. Bei einer globalen Zweckvereinbarung – gleich, ob der Sicherungsgeber mit dem Kreditnehmer identisch ist oder nicht – liegt indes auch bei der Sicherungsübereignung **kein Verstoß gegen § 307 Abs 1, 2 BGB** vor.[585] Denn Inhalt und Umfang der schuldrechtlichen Zweckbindung sind bei dieser gekorenen Sicherheit gesetzlich nicht bestimmt. Zudem besteht – anders als bei der Bürgschaft – kein gesetzliches Leitbild der AGB-Kontrolle, dem ein Verbot der Fremddisposition entnommen werden kann. Dies verkennt die Gegenauffassung,[586] die einen Verstoß gegen den Gerechtigkeitsgehalt des § 767 Abs 1 S 3 BGB bzw gegen § 242 BGB annimmt, wenn der Sicherungsgeber durch Vereinbarungen Dritter einem von ihm nicht steuerbaren Risiko unterworfen wird. Bei nur **nachträglicher Übersicherung** besteht ein Freigabeanspruch des Sicherungsgebers.[587]

Die **Rechte und Pflichten des Sicherungsgebers** richten sich nach dem Sicherungsvertrag. Auch ohne ausdrückliche Vereinbarung in dieser steht ihm bis zum Sicherungsfall

---

Anh 90 zu §§ 929 ff; BeckOK/KINDL (15. 6. 2017) § 930 Rn 26.
[580] Ausf dazu oben Rn 44 ff.
[581] STAUDINGER/WIEGAND (2017) Anh 168 zu §§ 929 ff; allg dazu oben Rn 54 ff.
[582] BGH WM 1986, 594.
[583] BGHZ 73, 253 = NJW 1979, 976, 977; vgl etwa auch BGH NJW-RR 1989, 1128 = LM Nr 21; NJW 1996, 2654; GANTER, in: SCHIMANSKY/BUNTE/LWOWSKI, BankR-Hdb (5. Aufl 2017) § 95 Rn 49.
[584] Ausf oben Rn 81 ff.
[585] Ausf oben Rn 38 ff.
[586] MünchKomm/OECHSLER (7. Aufl 2017) Anh §§ 929–936 Rn 29; ähnlich STAUDINGER/WIEGAND (2017) Anh 177 zu §§ 929 ff.
[587] Ausf oben Rn 65.

ein **Recht zum Besitz** iS des § 986 BGB zu. Dieses ermöglicht dem Sicherungsgeber die Abwehr von Beeinträchtigungen des Gutes durch Dritte (§ 823 Abs 1 BGB). Diese Rechtsposition findet ihre Grenze im Sicherungsinteresse des Sicherungsnehmers, sodass das Recht zum Besitz mit Eintritt des Sicherungsfalls erlischt. Zudem ist davon auszugehen, dass dem Sicherungsgeber im Zweifel gem § 157 BGB das **Recht des Gebrauchs des Sicherungsgutes und seiner Nutzung** (§ 100 BGB) zustehen soll. Hierfür spricht schon die Interessenlage der Parteien, denn Gebrauch und Nutzung sind für den Kreditnehmer zentral, um den gesicherten Kredit zurückführen zu können. Demgemäß fallen auch die Nutzungen des Gutes vor Eintritt der Verwertungsreife nicht in den Zuweisungsgehalt des Sicherungseigentums iSd § 812 Abs 1 S 1 Alt 2 BGB.[588] Auch ohne ausdrückliche Abrede im Sicherungsvertrag folgt aus diesem grundsätzlich die **Ermächtigung zur Weiterveräußerung** von sicherungsübereignetem Umlaufvermögen nach § 185 Abs 1 BGB. Verletzt der Sicherungsgeber seine Pflichten aus dem Sicherungsvertrag, schuldet er unter den Voraussetzungen des § 280 Abs 1 S 1 BGB Schadensersatz.

242 Der **Sicherungsnehmer ist Eigentümer** des Sicherungsgutes mit der sachenrechtlichen Rechtsposition aus § 903 S 1 BGB; freilich ist dieses aber durch die Sicherungsabrede treuhänderisch gebunden (eigennützige Sicherungstreuhand). Im Falle der Erledigung des Sicherungsinteresses besteht eine schuldrechtliche **Rückgabepflicht**. Zudem hat der Sicherungsnehmer dem Sicherungsgeber die **Führung seines wirtschaftlichen Unternehmens zu ermöglichen**, soweit das Sicherungsinteresse nicht entgegensteht. Paradigmatisch ist die Unterstützung bei der Rückabwicklung eines Kaufvertrags bei einer Leistungsstörung, wenn die Kaufsache bereits in das Eigentum des Sicherungsnehmers übergegangen ist. Der Sicherungsnehmer hat das Eigentum an den Verkäufer zu übertragen, um den Rücktritt des Sicherungsgebers gem §§ 437 Nr 2, 346 Abs 1 BGB zu erleichtern. Ab dem Zeitpunkt des Sicherungsfalls, zuvor nur, wenn das Sicherungsinteresse durch einen pflichtwidrigen Umgang des Sicherungsgebers mit der Sicherheit gefährdet wird, hat der Sicherungsnehmer ein **Recht zum Besitz**. Die isolierte Verfügung des Sicherungsnehmers über die Sicherheit ist regelmäßig pflichtwidrig. Hingegen kann der Sicherungsnehmer ohne Pflichtverstoß die **gesicherte Forderung übertragen**; dies folgt aus einem Umkehrschluss zu § 398 BGB. Der Sicherungsgeber wird durch § 404 BGB ausreichend geschützt. Dabei hat der Zweiterwerber der Forderung gegen den Sicherungsnehmer nach der Rspr einen Anspruch auf Übereignung des Sicherungseigentums. Dieser wird aus dem Rechtsgedanken des § 401 BGB abgeleitet.[589]

243 Die **Art und Weise der Verwertung** bestimmt sich vorrangig nach den Abreden im Sicherungsvertrag,[590] wobei die Parteien die Verwertungsart frei wählen können. Der Sicherungsnehmer hat prinzipiell keine Pflicht zur Verwertung der Sicherheit. Verwertet er die Sicherheit, so hat er aber die berechtigten Belange des Sicherungsgebers in angemessener und zumutbarer Weise zu berücksichtigen. Die treuhänderische Bindung verpflichtet ihn zu einer **optimalen Verwertung** zugunsten des Sicherungsgebers.[591] Üblicherweise untergliedert sich eine Verwertung in vier Abschnitte, das Herausgabeverlangen des Sicherungsnehmers, die ausdrückliche Androhung der Verwertung, die Verwertungshandlung sowie die Verteilung des Erlöses. Sofern der

---

[588] BGH 26.9.2006 – XI ZR 156/05 Rn 19, NJW 2007, 216.
[589] RGZ 89, 193; 91, 279; BGHZ 42, 53, 56.
[590] BGH NJW 1980, 226.
[591] BGH NJW 2000, 352.

Sicherungsnehmer seine Pflichten aus dem Sicherungsvertrag schwer verletzt, kann ein Kündigungsrecht des Sicherungsgebers gem § 314 BGB bestehen; in der Folge muss die Sicherheit rückabgewickelt werden.

3. Die Sicherungsabtretung

Die Sicherungsabtretung[592] ist die **Abtretung von Ansprüchen des Sicherungsgebers gegen Dritte** zur Sicherung von Ansprüchen des Sicherungsnehmers gegen den Zedenten. Auch bei der Sicherungsabtretung sind wiederum **drei Rechtsgeschäfte** zu unterscheiden, die gesicherte Forderung, die Sicherungsabrede und die Forderungsabtretung. Letztere kann gegenwärtige oder zukünftige Forderungen, einzelne oder eine Vielzahl von Forderungen zum Gegenstand haben. Die grundsätzliche Möglichkeit der Gläubigersicherung durch eine Forderungsabtretung ist in § 216 Abs 2 BGB anerkannt.

Vergleichbar der Sicherungsübereignung erhält der Sicherungsnehmer auch bei der Sicherungsabtretung unter Berücksichtigung seines Sicherungs-, dh Verwertungsinteresses mit dem Vollrecht an der Forderung eine überschießende Rechtsmacht. Als **Vorteile der Sicherungsabtretung** im Vergleich zum Forderungspfandrecht erweist sich zum einen die formlose Übertragung der Forderung gem §§ 398 ff BGB. Zum anderen eröffnet sie die Möglichkeit, durch eine stille Zession jegliche Publizität zu vermeiden. Denn die stille Zession wird typischerweise mit einer Einziehungsermächtigung des Zedenten verbunden, sodass dieser weiterhin Zahlung an sich verlangen kann.[593] Beim Forderungspfandrecht ist nach § 1280 BGB hingegen eine Anzeige an den Schuldner erforderlich. Eine entsprechende Anwendung dieser Norm auf die Sicherungsabtretung wird weitüberwiegend zu Recht abgelehnt. Hinzu tritt eine im Vergleich zum Forderungspfandrecht erleichterte Befriedigung des Sicherungsnehmers.[594] In der Folge kommt dem Forderungspfandrecht (§§ 1292 ff BGB) praktisch nur noch bei der Verpfändung von Wertpapieren (Lombardkredit) Bedeutung zu.

Der Zessionar/Sicherungsnehmer wird Vollrechtsinhaber der Forderung und kann als solcher die Forderung einziehen und über sie verfügen. Die **Sicherungsabrede zwischen Sicherungsgeber/Zedent und Sicherungsnehmer/Zessionar** ist maßgeblich für die Befugnisse des Sicherungsnehmers im Innenverhältnis beider Parteien. So regelt die Sicherungsabrede ua den Sicherungsfall, die Verwertungsbefugnis, die Art und den Zeitpunkt der Verwertung, die Herausgabe eines etwaigen Übererlöses sowie, ob der Sicherungsnehmer vorrangig beim Sicherungsgeber oder beim Dritten Befriedigung suchen soll. Insbesondere ist der Sicherungsnehmer im Innenverhältnis schuldrechtlich zur Einziehung erst nach Eintritt der Verwertungsbefugnis berechtigt; auch hierbei hat er die Interessen des Sicherungsgebers zu wahren. Paradigmatisch ist die Pflicht des Sicherungsnehmers, den Sicherungsgeber vor einer anstehenden Offenlegung und Durchsetzung der Forderung zu benachrichtigen, damit er Einwendungen gegen die Verwertungsbefugnis vorbringen oder sich bemühen kann, die nachteiligen Folgen einer Offenlegung durch Zahlung der fälligen Beträge der gesicherten Forderung ab-

---

[592] Dazu MünchKomm/ROTH/KIENINGER (7. Aufl 2016) § 398 Rn 99 ff; zur Zulässigkeit bereits RGZ 102, 385, 386; 148, 166, 170 f; zu den Voraussetzungen und Nachteilen auch BRAUN DStR 1995, 1592.

[593] Vgl BGHZ 120, 387; BGH ZIP 1999, 927; BGH 19.10.2000 – IX ZR 255/99, NJW 2001, 231.

[594] Ausf dazu STAUDINGER/BUSCHE (2017) Einl 66 zu §§ 398 ff.

zuwenden (Rechtsgedanken der §§ 1273 Abs 2, 1234 BGB).[595] Aus der Sicherungsabrede resultiert aber nur eine schuldrechtliche Bindung des Sicherungsnehmers. Tritt er die Forderung an einen Dritten ab, so ist diese Verfügung über die Forderung zwar regelmäßig abredewidrig, aber gleichwohl wirksam.[596] Der Sicherungsnehmer macht sich nur aufgrund einer Verletzung der Sicherungsabrede schadensersatzpflichtig.

247 Die Sicherungsabtretung ist **nicht akzessorisch** zur gesicherten Forderung, sodass sie – vorbehaltlich eigener, die Zession erfassender Unwirksamkeitsgründe – auch bei einer Unwirksamkeit der gesicherten Forderung wirksam ist. Auch geht die zur Sicherheit abgetretene Forderung nicht gem § 401 BGB bei einer Abtretung des gesicherten Anspruchs automatisch mit über. Allerdings wird bisweilen eine Quasi-Akzessorietät durch die Annahme einer aufschiebenden oder auflösenden Bedingung oder einer (aufschiebend bedingten) antizipierten Rückübertragung an den Zedenten behauptet. Für derartige Abreden sind aber hinreichende Anhaltspunkte im Einzelfall erforderlich, anderenfalls droht eine Fiktion auf der Grundlage der vom Rechtsanwender behaupteten Interessenlage.[597] Bei **Wegfall des Sicherungszwecks** ist der Sicherungsnehmer schuldrechtlich durch die Sicherungsabrede zur Rückübertragung der Forderung verpflichtet; er darf die Forderung nicht mehr verwerten oder anderweitig über sie verfügen.[598]

248 Im Rahmen der **dinglichen Einigung bei der Zession** stellen sich die allgemeinen Problemkreise einer Abtretung von (künftigen) Forderungen sowie von einer Vielzahl von Forderungen (Globalzession). So müssen die zukünftigen Forderungen hinreichend bestimmbar sein **(Bestimmbarkeit)**. Die Fallgruppen der **Nichtigkeit nach § 138 Abs 1 BGB**, va aufgrund einer wirtschaftlichen Knebelung, sind ggf einschlägig. Die Gefahr einer **nachträglichen Übersicherung** besteht auch bei der Sicherungszession, wenn der zukünftige Umfang und Wert im Zeitpunkt der Vereinbarung noch nicht feststeht. Dies ist va bei revolvierenden Sicherheiten der Fall. Der Gefahr eines überproportionalen Anwachsens der abgetretenen Forderungen im Vergleich mit der gesicherten Forderung kann aber mit einem ermessensunabhängigen Freigabeanspruch aus der Sicherungsabrede begegnet werden.[599]

VI. Das Factoring

1. Grundlagen

a) Die Struktur und die Funktionen

249 Sofern ein Unternehmen (im Folgenden: Kunde) im Wirtschaftsverkehr vom Schuldner den Gegenwert für die von ihm erbrachte Leistung nicht unmittelbar nach der Leistungserbringung erhält, hat es einen Liquiditätsverlust zu gewärtigen mit der Folge, dass es ggf eigene Schulden nicht bei Fälligkeit begleichen, etwaige Skonti durch rechtzeitige Zahlung nicht nutzen und ggf sogar neue Waren/Vorprodukte mangels hinreichender Liquidität nicht erwerben kann. Gründe für die Verzögerung der Ge-

---

[595] BGH NJW 1995, 2289, 2290; NJW 1992, 2626, 2627; BGH 26.4.2005 – XI ZR 289/04, ZIP 2005, 1021, jeweils zur Lohnabtretung.
[596] BGH WM 1982, 482.
[597] Zu weit daher BGH WM 1981, 1204; BGH 21.11.1985 – VII ZR 305/84, NJW 1986, 977; deutlich restriktiver hingegen BGH WM 1984, 357; BGH ZIP 1990, 1541.
[598] BGH 27.11.1997 – GSZ 1 u 2/97, NJW 1998, 671; BGH 16.10.2008 – IX ZR 2/05, NJW-RR 2009, 232.
[599] Ausf oben Rn 65.

genleistung durch den Schuldner sind ua unpünktliche Zahlungen, dessen fehlende Liquidität sowie etwaige Stundungen durch den Unternehmer selbst, der seinen Abnehmern die im Geschäftsverkehr üblichen Zahlungsziele einräumt. Hinzu tritt das Risiko einer zwischenzeitlichen Zahlungsunfähigkeit des Schuldners bei offenen Verbindlichkeiten. Der gesetzlich nicht geregelte Vertragstyp des Factoring[600] wurde *praeter legem* von der Praxis zur Überbrückung dieser Liquiditätslücke entwickelt. Beim Factoring erwirbt der sog Factor die Forderungen des Kunden (Gläubiger) gegen dessen Schuldner (idR Verbraucher- und/oder Unternehmer-Abnehmer von Produkten des Factoring-Kunden) und stellt dem Kunden (Gläubiger) sofort den größten Teil des Nennwertes dieser Forderungen (zB 90%) zur Verfügung.[601] Ein solcher Factor ist zumeist eine Bank. Die **Struktur des Factoring** wird daher als der gewerbsmäßige Ankauf und die Geltendmachung von Forderungen eines Unternehmens aus Warenlieferungen und Dienstleistungen durch den sog Factor beschrieben, der zugleich die Debitorenbuchhaltung für die von ihm bevorschussten und ihm abgetretenen Forderungen des Kunden übernimmt. An dem Factoringgeschäft sind mithin beteiligt: der Kunde (auch: Klient), der seine Forderungen gegen Drittschuldner (Debitoren) an den Factor (Factoring-Gesellschaft) gegen Zahlung eines Teiles des Nominalwertes der Forderungen überträgt, um dem Factor als neuem Gläubiger die Durchsetzung der Forderungen zu überlassen.

Die **Funktionen des Factoring** umfassen zunächst die **Finanzierungsfunktion**, denn wirtschaftlich bevorschusst der Factor die Forderungen des Kunden gegen seine Schuldner.[602] In der Praxis übernimmt der Factor zudem weitgehend die mit der Einziehung der Forderungen verbundenen Aufgaben, va Buchhaltung, Mahnwesen und Beitreibungswesen (Inkasso). Insofern kommt dem Factoring eine **Dienstleistungsfunktion** zu. Insbesondere kleine und mittlere Unternehmen sowie Unternehmen mit einer sehr großen Zahl an Schuldnern können durch diese Entlastung nicht unerhebliche Kosten einsparen. Die sog **Delkrederefunktion** des Factoring besteht dann, wenn der Factor das Risiko übernimmt, dass der Schuldner nicht zur Begleichung der Forderung in der Lage ist (Bonitätsrisiko des Schuldners).[603] Nach Maßgabe der Unterscheidung, ob der Factor dieses Bonitätsrisiko des Schuldners zu tragen hat oder nicht, wird zwischen dem sog echten und dem sog unechten Factoring unterschieden: Beim **echten Factoring** trägt der Factor das Bonitätsrisiko des Schuldners, dh das Risiko von dessen Zahlungsunfähigkeit, sodass der Kunde dem Factor nur für die Verität der abgetretenen Forderungen (Bestand und Einredefreiheit) haftet. Im Falle mangelnder Bonität des Schuldners geht dies zu Lasten des Factors. Beim **unechten Factoring** (auch: Factoring ohne Delkredere) verbleibt das Bonitätsrisiko des Schuldners hingegen beim Kunden, dh der Factor kann im Fall der Zahlungsunfähigkeit des Schuldners und einer Uneinbringlichkeit der abgetretenen Forderung Rückgriff beim Kunden nehmen. Der Kunde haftet beim unechten Factoring daher sowohl für die Verität als auch die Bonität der Forderung. In der Praxis überwiegt das echte Factoring, bei dem das Delkredererisiko

---

[600] Dazu Larenz/Canaris, SchuldR BT II/2 (13. Aufl 1994) § 65; Martinek/Omlor, in: Schimansky/Bunte/Lwowski, BankR-Hdb (5. Aufl 2017) § 102; zu aktuellen Möglichkeiten und Grenzen des Factoring Godek BC 2014, 523.

[601] In Abzug bringt der Factor ua Verwaltungskosten, Gebühren und Zinsen sowie einen etwaigen Risikoabschlag beim sog echten Factoring.

[602] Martinek/Omlor, in: Schimansky/Bunte/Lwowski, BankR-Hdb (5. Aufl 2017) § 102 Rn 2; Larenz/Canaris, SchuldR BT II/2 (13. Aufl 1994) § 65 I 1.

[603] EBJS/Wagner, HGB (3. Aufl 2015) Rn V2; Larenz/Canaris, SchuldR BT II/2 (13. Aufl 1994) § 65 I 1.

übernommen wird, sehr deutlich. Dies ist eine Folge der Rspr zum Konflikt der (zeitlich früheren) Factoring-Globalzession mit einem zeitlich nachfolgenden verlängerten Eigentumsvorbehalt.[604] Die grundsätzliche Übernahme des Delkredererisikos bringt das (echte) Factoring in die Nähe jener Instrumente, die der Kreditsicherung dienen, und rechtfertigt seine Behandlung in diesem Abschnitt.

251 Bei der **Abwicklung des Factoring** lassen sich drei Verfahrensarten unterscheiden. Nach dem **Vorschussverfahren** übernimmt der Factor die Forderung mit dem Wert des Fälligkeitstages oder Zahlungseingangs. Er leistet jedoch einen Vorschuss auf diese Forderung bei Feststehen der Verität und der Bonität der Forderung. Dieses Verfahren überwiegt beim echten Factoring und ist das einzige Verfahren beim unechten Factoring. Beim **Fälligkeitsverfahren** zahlt der Factor effektiv erst bei Fälligkeit der Forderung, sodass die Finanzierungsfunktion des Factoring in dieser Konstellation deutlich zurücktritt. Im Falle des **Diskontverfahrens** wird die Forderung mit dem Wert am Ankaufstag übernommen und der Kaufpreis ist bei Rechnungseinreichung fällig.

b) Keine Anwendung des Verbraucherdarlehensrechts

252 Die §§ 491 ff BGB sind auf das Factoring **nicht anwendbar**.[605] Zwar erweitert § 506 Abs 1 BGB den Anwendungsbereich dieser Vorschriften auch auf „sonstige Finanzierungshilfen". Sofern das echte Factoring mit der hM als Forderungskauf qualifiziert wird[606], fällt es aber schon nicht in den sachlichen Anwendungsbereich der darlehensähnlichen Finanzierungsinstrumente des § 506 Abs 1 BGB. Das unechte Factoring, das als atypischer Darlehensvertrag qualifiziert werden kann,[607] kann zwar als Kreditform von § 506 Abs 1 BGB erfasst werden. Allerdings ist der persönliche Anwendungsbereich der §§ 491 ff BGB auf das Zusammentreffen von Unternehmer und Verbraucher beschränkt, sodass bei einem Unternehmer als Kreditnehmer (unternehmerischer Kunde als Vertragspartner des Factorings mit Finanzierungsfunktion) nur die Erweiterung auf Existenzgründungskredite (§ 513 BGB) den persönlichen Anwendungsbereich eröffnet. Indes erfordert § 513 BGB, dass die Gewährung der Finanzierungshilfe für die Aufnahme einer gewerblichen oder selbstständigen beruflichen Tätigkeit bestimmt ist. Dies ist mit Blick auf das unechte Factoring und seinen Zweck, die laufende Liquidität des Unternehmens zu erhöhen, tatbestandlich nicht einschlägig. Anders als zB die Anmietung von Geschäftsräumen, der Abschluss eines Franchisevertrags oder der Kauf des Anteils an einer freiberuflichen Praxis dient das Factoring als dauerhafte Finanzierungshilfe gerade und vorrangig der dauerhaften gewerblichen bzw selbständigen beruflichen Tätigkeit, nicht hingegen nur ihrer Aufnahme. Es besteht mithin gerade kein hinreichender Bezug zu der von der gesetzlichen Regelung besonders herausgegriffenen Existenzgründungsphase.

c) Abgrenzung zu Forfaitierung und Wechsel

253 Die **Abgrenzung** des Factoring **zur Forfaitierung**[608] (Forfaitinggeschäft) ergibt sich aus den unterschiedlichen Funktionen dieser beiden Finanzierungsformen.[609] Das Forfaiting meint den regresslosen Ankauf bzw Verkauf einer (Wechsel- oder Leasing-)Forderung. Der Verkäufer haftet dabei nur für die Verität der Forderung. Im engeren

---

[604] Unten Rn 262 ff.
[605] IE auch STAUDINGER/KESSAL-WULF (2012) § 506 Rn 29 aE.
[606] Sogleich Rn 258.
[607] Vgl Rn 258.
[608] Dazu ausf MARTINEK/OMLOR, in: SCHIMANSKY/BUNTE/LWOWSKI, BankR-Hdb (5. Aufl 2017) § 103.
[609] Sa KALAVROS, Der Factoringvertrag nach deutschem und griechischem Recht (2012) 22 f.

Sinne meint Forfaiting den regresslosen Ankauf von Forderungen gegenüber fremdländischen Kunden. Praktische Bedeutung haben diese Geschäfte heute va im Rahmen der Finanzierung von grenzüberschreitenden Großprojekten. Dabei erwirbt eine Bank (sog Forfaiteur) die Forderung eines Exporteurs (sog Forfaitist) aus einem Außenhandelsgeschäft, wobei ausdrücklich auf jeden Regress im Falle der Uneinbringlichkeit der Forderung verzichtet wird. „Forfait" (von „à forfait") bedeutet somit „gegen Festpreis mit allen Chancen und Risiken" bzw „ohne Regress". Damit wird nicht nur das Bonitätsrisiko des Schuldners, sondern auch wirtschaftliche und politische Risiken werden übernommen. Nach hM[610] handelt es sich um einen Forderungskauf nach §§ 433, 453 BGB. Der Verkäufer erfüllt dabei seine vertragliche Pflicht durch Abtretung der Forderung (§ 398 BGB) an den Zessionar/Käufer. Rein rechtstatsächlich unterscheidet sich das Forfaiting vom Factoring dadurch, dass die Laufzeiten der abgetretenen Forderungen bei der Forfaitierung deutlich länger sind (ab 6 Monate, idR 5–10 Jahre) als die von einem Factor erworbenen Forderungen. Darüber hinaus steht beim Factoring die Abtretung einer Vielzahl von Forderungen begrenzter Höhe im Raum, während bei dem Forfaitinggeschäft regelmäßig großvolumige Einzelforderungen und sehr kapitalintensive Transaktionen Gegenstand sind. Auch bezieht sich die Forfaitierung im Regelfall auf eine konkret benannte Leistung, während das Factoring zumeist eine Globalzession zukünftiger, zum Zeitpunkt des Vertragsschlusses noch nicht bekannter Forderungen beinhaltet und gerade die Ausweitung der vom Factoring umfassten Forderungen mit Ausweitung des Umsatzes ein Vorteil dieser Vertragsgestaltung ist. In Bezug auf die Funktionen dieser Finanzierungsformen tritt hinzu, dass neben die Finanzierungsfunktion, die das Forfaiting ebenso wie das Factoring aufweist, bei ersterem eine Kreditversicherungsfunktion gleichrangig hinzutritt. Zudem übernimmt der Forfaiteur grundsätzlich nicht die beim Factoring üblichen Dienstleistungen (zB Buchhaltung, Mahnwesen, Einziehung der Forderungen ggf mit Inkasso).

Die **Abgrenzung** des Factoring **zum Wechsel** ist deutlicher. Bei einem Wechsel wird eine Zahlungsvereinbarung zwischen zwei Parteien über Höhe und Datum geschlossen. Über die ursprüngliche Zahlungsfunktion hinaus erhielt der Wechsel auch eine Kreditfunktion, da der Geschäftsverkehr dazu überging, die Zahlbarkeit auch auf spätere Termine vorzusehen und die in der Urkunde verbrieften Forderung gegenüber der zu Grunde liegenden Kausalforderung in den Vordergrund trat. Durch die Weiterentwicklung des Wechselrechts hat der Wechsel dann auch eine Sicherungsfunktion erhalten.

2. Die Rechtsverhältnisse zwischen Factor und Kunde

a) Der Factoring-Rahmenvertrag
Zwischen dem Factor und dem Kunden bestehen regelmäßig **drei Rechtsverhältnisse**. Zunächst schließen beide Parteien einen **Rahmenvertrag** (eigentlicher Factoringvertrag) ab.[611] Aus diesem folgt für den Factor die Pflicht zum Erwerb der Forderungen des Kunden, allerdings nur unter bestimmten Voraussetzungen und ggf nur in einem bestimmten Umfang. Der Kunde verpflichtet sich im Gegenzug in dem Rahmenvertrag, seine Forderungen gegen Dritte oder einen Teil dieser Forderungen dem Factor anzubieten. Aus diesem Rahmenvertrag resultiert für beide Parteien die für eine erfolgreiche Factoring-Rechtsbeziehung erforderliche Kontinuität.

---

[610] BGH 21.6.1994 – XI ZR 183/93, NJW 1994, 2483, 2484.

[611] LARENZ/CANARIS, SchuldR BT II/2 (13. Aufl 1994) § 65 II 1.

256 Ob die Parteien einen echten oder unechten Factoringvertrag abschließen, wird grundsätzlich nicht mit dem Rahmenvertrag entschieden. Die Wahl zwischen beiden Gestaltungsformen wird erst getroffen, wenn das Unternehmen die konkrete Forderung dem Factor anbietet. Vielfach findet sich eine Kombinationen beider Factoring-Arten. So kann das echte Factoring in Bezug auf einen einzelnen Kunden oder eine Gruppe von Kunden höhenmäßig begrenzt sein, und im Übrigen dann das unechte Factoring von den Parteien gewählt werden. Hinsichtlich des Volumens der insgesamt factoringtauglichen Forderungen gibt es regelmäßig keine Obergrenze im Rahmenvertrag. Damit ist dem Kunden eine Ausweitung des Factoring bei einer Ausweitung seines Umsatzes unschwer möglich. Hierin besteht ein wesentlicher Unterschied und zugleich ein besonderer Vorzug des Factoring im Vergleich zum Kontokorrentkredit und einer „stillen" Sicherungszession. Denn der Kontokorrentkredit ist in der Praxis grundsätzlich der Höhe nach begrenzt. Des Weiteren werden im Rahmenvertrag die Modalitäten der Vertragsabwicklung geregelt. Auch die Höhe des Auszahlungsbetrags in Bezug auf die einzelnen, vom Factor übernommenen Forderungen wird festgelegt. Dieser Auszahlungsbetrag wird grundsätzlich als Prozentsatz vom Nennwert der übernommenen Forderungen bestimmt. Verglichen mit der Bestellung sonstiger Sicherheiten ist das Factoring für den Kunden regelmäßig kostengünstiger, da der Factor aufgrund seiner Spezialisierung auf die Forderungsdurchsetzung die hiermit verbundenen Risiken besser beherrscht. Die Rechtsnatur des Rahmenvertrags wird teilweise als Krediteröffnungsvertrag beschrieben.[612] Nach der hL handelt es sich um einen Typenkombinationsvertrag mit ua geschäftsbesorgungsrechtlichen Elementen.[613] Zudem ist er ein Dauerschuldverhältnis. Hinzutreten müssen weitere Kausalverträge in Bezug auf die einzelne vom Factor erworbene Forderung, denn der Rahmenvertrag reicht hierzu nicht aus, da die vom Factor zu erwerbenden Forderungen in diesem zumeist nicht abschließend festgelegt werden.

b) Die Factoring-Kausalverträge
aa) Das sog unechte Factoring

257 Der Kunde bietet dem Factor sodann den Erwerb jeder einzelnen Forderung an, der Factor nimmt das jeweilige Angebot durch Gutschrift des vereinbarten Gegenwerts (Anteil vom Nennwert) an (§ 151 BGB). Die Rechtsnatur der Factoringverträge ist umstritten. Insoweit wird von der Rspr und der überwiegenden Ansicht im Schrifttum zwischen dem sog unechten und dem sog echten Factoring unterschieden. Das sog **unechte Factoring** wird von der Rspr[614] als Kreditgeschäft qualifiziert und auch im Schrifttum überwiegend hiermit übereinstimmend als Darlehen eingeordnet.[615] Eine abweichende Auffassung geht hingegen von einem Kaufvertrag aus.[616] Für eine Einordnung als Kreditgeschäft spricht, dass beim unechten Factoring die Risikostruktur eines Darlehens (nicht eines Kaufvertrags) insofern besteht, als der Kunde den Betrag nur auf Zeit erhält und ihn bei Uneinbringlichkeit der Forderung durch den Factor an diesen zurückzahlen muss. Sofern der Factor den Gegenwert der Forderung nicht vom Drittschuldner einziehen kann, belastet er den Kunden mit dem Betrag. Somit liegt materiell ein laufzeitabhängiges Entgelt vor, dessen Höhe sich danach bestimmt, wie

---

[612] LARENZ/CANARIS, SchuldR BT II/2 (13. Aufl 1994) § 65 II 1.
[613] SERICK BB 1976, 425 (431); STAUDINGER/BUSCHE (2017) Einl 140 zu §§ 398 ff; BLAUROCK ZHR 142 (1978), 325, 327.
[614] BGH 15.4.1987 – VIII ZR 97/86, NJW 1987, 1878; BGH 14.10.1981 – VIII ZR 149/80, NJW 1982, 164; BGH 19.9.1977 – VIII ZR 169/76, NJW 1977, 2207.
[615] ROTH Jura 1979, 298; LARENZ/CANARIS, SchuldR BT II/2 (13. Aufl 1994) § 65 II 2.
[616] BLAUROCK ZHR 142 (1978), 325, 341; SCHMITZ NJW 1978, 201, 202.

lange das Unternehmen den Vorschuss in Anspruch nimmt. Ein laufzeitabhängiges Entgelt ist allerdings rechtlich als Darlehen zu qualifizieren. Unter Einbeziehung der Dienstleistungsfunktion des unechten Factoring wird dieses teilweise als **gemischttypischer Vertrag mit darlehens- und geschäftsbesorgungsrechtlichen Elementen** qualifiziert. Neben die Bevorschussung der Forderung als Darlehensgewährung trete die bei der Typenbestimmung des Vertrags ebenfalls zu berücksichtigende Übernahme der Verwaltungsaufgaben durch den Factor, mithin ein Geschäftsbesorgungsdienstelement (§§ 675, 611 BGB). Zudem erfolge die Forderungsabtretung erfüllungshalber und zugleich zur Sicherung des Darlehens (§ 364 Abs 2 BGB).[617] Eine grundlegende Abweichung vom „normalen" Darlehen liegt in der Befriedigung des Rückzahlungsanspruchs des Factors vorrangig aus der abgetretenen Forderung gegen den Schuldner.

bb) Das sog echte Factoring

Das sog **echte Factoring** wird vom BGH[618] und der hL[619] wegen des endgültigen regresslosen Übergangs der Forderung auf den Factor als **Forderungskauf** gemäß §§ 453 Abs 1, 433 BGB qualifiziert, kombiniert mit einem **Geschäftsbesorgungsdienstelement** (§§ 675, 611 BGB: Führung der Debitorenbuchhaltung). Der Factor übernimmt das Risiko der Zahlungsunfähigkeit des Schuldners (sog Delkredererisiko) und der Kunde haftet nur für die Verität der Forderung, nicht aber für deren Bonität. Nach einer Gegenansicht im Schrifttum handelt es sich hingegen um einen gemischt-typischen Vertrag mit darlehens-, geschäftsbesorgungs- und kaufrechtlichen Elementen.[620] Die Entgeltstruktur sei darlehens- und geschäftsbesorgungsrechtlicher Art, die Risikostruktur des Vertrages sei dagegen beim echten Factoring kaufrechtlicher Art. Begründet wird diese Ansicht damit, dass der Factor nicht am Erwerb der Forderung interessiert sei, sondern allein an den Zinsen, die der Kunde für die Zeit zwischen der Gutschrift des Forderungsbetrags (oder eines Teiles davon) und der Fälligkeit der abgetretenen Forderung zu entrichten habe. Zudem erhalte der Factor vom Kunden eine Risikoprämie für die Übernahme des Delkredererisikos. Dem entspreche das zugrunde liegende Interesse des Kunden, der über den Gegenwert der abgetretenen Forderung vor deren Fälligkeit verfügen möchte und zudem die Einstandspflicht des Factors für die Erbringlichkeit der Forderung erstrebe. Die Gegenleistung des Kunden an den Factor sei daher die Differenz zwischen dem Nennwert der Forderung und der Auszahlung durch den Factor, die Zession sei lediglich Voraussetzung und Grundlage für die Durchführung des Geschäfts, nicht aber Erfüllung einer kaufvertraglichen Pflicht. Freilich sind die praktischen Unterschiede beider Ansichten gering, wenngleich nicht völlig zu vernachlässigen.[621]

c) Die Globalzession

Bei Abschluss des Factoringvertrags vereinbaren Kunde und Factor regelmäßig eine **Globalzession**, dh die Abtretung aller Forderungen im Wege einer Vorauszession durch den Kunden an den Factor, die für ein Factoring in Betracht kommen. Die Abtretung steht zumeist unter der Bedingung, dass der Factor die jeweilige Forderung

---

[617] BGH 6.7.1971 – VI ZR 94/69, NJW 1971, 1801.
[618] BGH 15.4.1987 – VIII ZR 97/86, NJW 1987, 1878; BGH 19.9.1977 – VIII ZR 169/76, NJW 1977, 2207.
[619] STAUDINGER/BUSCHE (2017) Einl 146 zu §§ 398 ff; MARTINEK, Moderne Vertragstypen I (1991) 244 ff; MARTINEK/OMLOR, in: SCHIMANSKY/BUNTE/LWOWSKI, BankR-Hdb (5. Aufl 2017) § 102 Rn 44 f.
[620] LARENZ/CANARIS, SchuldR BT II/2 (13. Aufl 1994) § 65 II 2; BÄHR, Die Kollision der Factoring-Globalzession mit dem verlängerten Eigentumsvorbehalt (1989) 68 ff.
[621] Vgl dazu LARENZ/CANARIS, SchuldR BT II/2 (13. Aufl 1994) § 65 II 2.

„ankauft", mithin das Angebot des Kunden zum Abschluss des betreffenden, auf die konkrete Forderung bezogenen Factoring-Kausalvertrages annimmt. Nach der überwiegenden Ansicht handelt es sich dabei um eine aufschiebende Bedingung gem § 158 Abs 1 BGB.[622] Die Globalzession erfasst auch jene Fälle, in denen der Factor den Vorschuss rückbelastet. Allerdings hat der Kunde dann einen Anspruch auf Rückabtretung der jeweiligen Forderung, sei es aus einer ergänzenden Auslegung des Rahmenvertrags (§ 157 BGB), sei es aus § 812 Abs 1 S 1 BGB.[623]

3. Die Veritätshaftung beim echten Factoring

260 Die Veritätshaftung des Kunden beim echten Factoring, dh seine Haftung für den Bestand der Forderung, ergab sich bis zur Schuldrechtsreform 2002 aus den §§ 437, 440 BGB aF. Mit der Schuldrechtsreform 2002 sind § 437 BGB aF sowie das diesem zugrunde liegende Garantieprinzip indes ersatzlos entfallen.[624] Auch unter Zugrundelegung der neuen Rechtslage haftet der Kunde aber garantiemäßig, dh ohne Exkulpationsmöglichkeit für die Nichterfüllung seines Leistungsversprechens.[625] Das Einstehenmüssen für das eigene Leistungsversprechen führt nämlich auch im neuen Recht gem § 311a Abs 2 BGB nach richtiger Ansicht zu einer Garantiehaftung im Sinne einer verschuldensunabhängigen Haftung für die eigene, vertraglich unbedingte Leistungsfähigkeit. Freilich wird diese Haftung durch eine Exkulpationsmöglichkeit bei Fehlen eigener Sorgfaltswidrigkeit beschränkt.[626] Richtigerweise erfolgt im Factoring-Rahmenvertrag eine **konkludente rechtsgeschäftliche Verschärfung** der Haftung nach § 311a Abs 2.[627] Die Parteien vereinbaren im Rahmenvertrag konkludent, dass der Kunde ohne eine Möglichkeit zur Exkulpation für seine Leistungsfähigkeit in Bezug auf die Verität der Forderung bei Vertragsschluss einzustehen hat. Der Kunde verspricht mithin bei einem anfänglichen Ausschluss seiner Leistungspflicht unbedingt, dh ohne die Möglichkeit einer Exkulpation nach § 311a Abs 2 S 2 BGB, auf Schadensersatz zu haften. Insofern übernimmt der Kunde eine Garantie des Leistungsvermögens, die auch anfängliche Leistungshindernisse umfassen soll.[628] Dabei trägt die konkludente Garantie beim – legt man die hM zugrunde – Forderungskauf der besonderen Schutzwürdigkeit des Käufervertrauens Rechnung. Denn beim Rechtskauf muss sich der Käufer wesentlich weitergehend auf die Behauptungen des Forderungsverkäufers verlassen und kann sich von der die Existenz des Kaufgegenstandes nicht durch eigene Anschauung überzeugen.[629] Diese besondere Interessenlage können die Parteien zum Anlass nehmen und eine verschärfte Haftung des Kunden (auch klauselmäßig) vereinbaren. Eine **Bonitätshaftung** des Kunden besteht hingegen beim echten Factoring **nicht**.

---

[622] BÜLOW, Recht der Kreditsicherheiten (8. Aufl 2012) Rn 1677 f; BÄHR DB 1981, 1759, 1761; **aA** CANARIS NJW 1981, 249 (252 f), mit einer auflösenden Bedingung.
[623] Vgl dazu LARENZ/CANARIS, SchuldR BT II/2 (13. Aufl 1994) § 65 II 3.
[624] Begr RegE BT-Drucks 14/6040, 165 re Sp.
[625] (Nur) iE wie hier MARTINEK/OMLOR, in: SCHIMANSKY/BUNTE/LWOWSKI, BankR-Hdb (5. Aufl 2017) § 102 Rn 32a.
[626] Ausf BeckOGK/HERRESTHAL (1.1.2018) § 311a Rn 15, 118.

[627] S a BGH 19.10.2007 – V ZR 211/06 Rn 39, NJW 2007, 3777 zur Übernahme eines Beschaffungsrisikos.
[628] Vgl BeckOGK/HERRESTHAL (1.1.2018) § 311a Rn 118, zu den strengen Anforderungen an eine konkludente Übernahme der Garantiehaftung.
[629] Vgl zu dieser Wertung schon BGH 7.1. 1970 – I ZR 99/68, NJW 1970, 556; LARENZ Schuldrecht I (14. Aufl 1987) § 45 I; STAUDINGER/BECKMANN (2014) § 453 Rn 7 ff.

4. Das Verhältnis zwischen Factor und anderen Forderungsprätendenten

Zentrale Problemkreise des Factoring verbinden sich mit der Frage, ob die Globalzession des Kunden an den Factor (sog Global-Vorauszession) Vorrang vor anderen Zessionen, insbes im Rahmen eines verlängerten Eigentumsvorbehalts, hat. Sofern ein solcher Vorrang der Factoring-Globalzession verneint wird, könnte der Factor die von einer anderen Zession erfasste Forderung nicht wirksam einziehen. Er müsste ggf. nach § 816 Abs 2 BGB den Gegenwert der Forderung an den wahren Gläubiger auskehren, wenn er sie gleichwohl eingezogen hat. **261**

a) Echtes Factoring und nachfolgender verlängerter Eigentumsvorbehalt

Ein Verkäufer, der dem Factoring-Kunden (Käufer) Waren unter Eigentumsvorbehalt liefert, lässt sich regelmäßig die Forderungen, die der Factoring-Kunde (Käufer) aus dem Weiterverkauf der Waren bzw der aus ihnen hergestellten Produkte erzielt, im Voraus zur Sicherheit abtreten (sog verlängerter Eigentumsvorbehalt).[630] Sofern aber der Factoring-Kunde (Käufer) diese Forderungen schon zu einem früheren Zeitpunkt an eine Bank im Wege der Globalzession als Sicherheit für einen (Betriebsmittel-)Kredit abgetreten hat, kommt es zur Kollision zweier Forderungsabtretungen. Nach dem allgemeinen Prioritätsprinzip ginge die zeitlich vorrangige Abtretung (im Rahmen der Globalzession an die Bank) der nachfolgenden Abtretung (im Rahmen des verlängerten Eigentumsvorbehalts an den Verkäufer) vor. Indes korrigiert der BGH dieses Ergebnis bekanntlich gem § 138 Abs 1 BGB zu Gunsten des Warenlieferanten. Nach der sog „**Vertragsbruchtheorie**" ist die zeitlich vorausgehende Globalzession nichtig, sofern die Bank nicht die von der (späteren) Zession im Rahmen des verlängerten Eigentumsvorbehalts umfassten Forderungen durch eine dinglich wirkende sog Teilverzichtsklausel freigegeben hat.[631] **262**

Die Übertragung dieser Lösung auf die Kollision zwischen einer zeitlich vorrangigen Factoring-Globalzession und einem nachfolgenden verlängerten Eigentumsvorbehalt ist umstritten. Mit Blick auf das echte Factoring lehnen BGH[632] und hL[633] eine entsprechende Anwendung der „Vertragsbruchtheorie" ab. Nach dem stattdessen anwendbaren Prioritätsprinzip hat eine zeitlich frühere Factoring-Globalzession Vorrang vor der nachfolgenden Zession im Rahmen des verlängerten Eigentumsvorbehalts. Gegen die Anwendung der „Vertragsbruchtheorie" spricht richtigerweise, dass der Kunde vom Factor einen Vorschuss erhält und damit jener Situation vergleichbar dasteht, in der er die Forderung selbst unmittelbar von seinem Schuldner eingezogen hat. Das Factoringgeschäft entspricht mithin der Einziehung der Forderung durch den Factoring-Kunden/Vorbehaltskäufer (**„Barvorschusstheorie"**)[634]. Zudem schützt der verlängerte Eigentumsvorbehalt den Vorbehaltslieferanten nicht vor einer abredewidrigen Verwendung des Gegenwerts der Forderung; das **Weiterleitungsrisiko** hat der Vorbehaltslieferant bei einem verlängerten Eigentumsvorbehalt zu tragen, wenn der **263**

---

[630] Dazu näher oben Rn 222 ff.
[631] Ausf dazu Rn 59 ff.
[632] BGH WM 1987, 775; BGH 7.6.1978 – VIII ZR 80/77, NJW 1978, 1972.
[633] STAUDINGER/BUSCHE (2017) Einl 171 ff zu §§ 398 ff; MARTINEK, Moderne Vertragstypen I (1991), 274 ff; BLAUROCK ZHR 142 (1978) 325, 337 f; iE, wenngleich mit eigenständiger Begründung auch CANARIS NJW 1981, 249 f; LARENZ/CANARIS, SchuldR BT II/2 (13. Aufl 1994) § 65 III 1; aA PETERS/WIECHMANN ZIP 1982, 1406; BÜLOW, Recht der Kreditsicherheiten (8. Aufl 2012) Rn 1694 ff; monographisch BÄHR, Die Kollision der Factoring-Globalzession mit dem verlängerten Eigentumsvorbehalt (1989).
[634] LARENZ/CANARIS, SchuldR BT II/2 (13. Aufl 1994) § 65 III 1.

Käufer die Forderung beim Schuldner durchgesetzt hat.[635] Auch das Insolvenzrisiko trägt der Vorbehaltsverkäufer, denn bei einer unterbliebenen Weiterleitung des vom Vorbehaltskäufer vereinnahmten Entgelts fehlt eine entsprechende Sicherheit des Vorbehaltsverkäufers in der Insolvenz des Käufers. Unter Berücksichtigung der Handelsspanne des Kunden fällt auch nicht ins Gewicht, dass der Factor dem Kunden nicht den vollen Nennwert der abgetretenen Forderung zahlt, sondern Gebühren, Kosten, Zinsen etc abzieht. Dass der Käufer durch das Factoring auch zu einer früheren Zahlung an den Vorbehaltsverkäufer in der Lage ist, ist umso gewichtiger, als beim Factoring einzelne Forderungen bevorschusst werden. Weder ist die Lage mit einem Zessionskredit vergleichbar, der uU vor langer Zeit und ohne Bezug auf eine konkrete Forderung von dem Kreditgeber ausgezahlt wurde, noch ist der Verlust der Möglichkeit des Vorbehaltsverkäufers, die Einzugsermächtigung zu widerrufen und die Sicherungszession gegenüber den Drittschuldnern aufzudecken, so gravierend, dass die Annahme einer Sittenwidrigkeit der Globalzession nach § 138 Abs 1 BGB gerechtfertigt wäre.

b) Unechtes Factoring und nachfolgender verlängerter Eigentumsvorbehalt

264 Bei einer Kollision zwischen dem zeitlich früheren sog unechten Factoring und einem nachfolgenden verlängerten Eigentumsvorbehalt, mithin zwischen der zeitlich früheren Factoring-Globalzession und der nachfolgenden Zession im Rahmen eines verlängerten Eigentumsvorbehalts, behandeln die Rspr[636] und zahlreiche Stimmen im Schrifttum[637] die Factoring-Globalzession wie eine normale, vorausgehende Sicherungsglobalzession an einen Kreditgeber durch den Factoring-Kunden/Vorbehaltskäufer. In der Folge wendet diese Ansicht die **„Vertragsbruchtheorie"** an. Das Prioritätsprinzip als Grundprinzip zweier konfligierender Abtretungen greift nach dieser Ansicht ausnahmsweise nicht, sondern die Zession an den Eigentumsvorbehaltsverkäufer ist auch dann vorrangig vor der Factoring-Globalzession, wenn letztere zeitlich früher erfolgte. Die Factoring-Globalzession ist nach dieser Ansicht gem § 138 Abs 1 BGB grundsätzlich nichtig. Begründet wird dies mit der bloßen Sicherungsfunktion der Factoring-Globalzession beim unechten Factoring aufgrund des Rückbelastungsrechts des Factors im Fall der Insolvenz des Kunden. Der Factor übernimmt beim unechten Factoring nicht das Delkredererisiko. Hierdurch werde die Insolvenzmasse des Kunden durch einen weiteren Gläubiger geschmälert. Schließlich habe der Vorbehaltsverkäufer dem Kunden/Vorbehaltskäufer vertraglich auch die Eingehung weiterer Kreditvereinbarungen nicht gestattet. Das Verdikt der Sittenwidrigkeit der Factoring-Globalzession gem § 138 Abs 1 BGB kann nur durch eine dinglich wirkende sog Teilverzichtsklausel (zB in Form einer auflösenden Bedingung gem § 158 Abs 1 BGB) verhindert werden, die jene Forderungen ausnimmt, die vom Factoring-Kunden/Vorbehaltskäufer nachfolgend im Rahmen eines verlängerten Eigentumsvorbehalts zur Sicherung an den Vorbehaltsverkäufer abgetreten werden.

265 Als **Folge** der Anwendung der Vertragsbruchtheorie handelt der Factor, der die Forderung auf der Grundlage der zeitlich vorrangigen, aber (bei Fehlen einer dinglich wirkenden Teilverzichtsklausel) gem § 138 Abs 1 BGB nichtigen Factoring-Globalzes-

---

[635] Vgl dazu Martinek/Omlor, in: Schimansky/Bunte/Lwowski, BankR-Hdb (5. Aufl 2017) § 102 Rn 54 f.
[636] BGH 14.10.1981 – VIII ZR 149/80, NJW 1982, 164; BGH 15.4.1987 – VIII ZR 97/86, NJW 1987, 1878.

[637] Serick NJW 1981, 794, 797; Kübler ZIP 1980, 546; Staudinger/Busche (2017) Einl 173 ff zu §§ 398 ff; Martinek, Moderne Vertragstypen I (1991) 286 ff.

sion beim Drittschuldner einzieht, als „Nichtberechtigter" iSv § 816 Abs 2 BGB. Gemäß § 409 Abs 1 BGB wird ein gutgläubiger Drittschuldner von seiner Zahlungspflicht gleichwohl befreit. Die Forderung erlischt dann gemäß § 362 Abs 1 BGB. Der Vorbehaltsverkäufer, der aufgrund der nachfolgenden, aber wirksamen Zession eigentlich berechtigter Forderungsinhaber war, kann allerdings nach § 816 Abs 2 BGB vom Factor den ungerechtfertigt erlangten Betrag herausverlangen.

Eine gewichtige **Gegenansicht** im Schrifttum[638] will das unechte Factoring hingegen in Bezug auf den Konflikt mit einem verlängerten Eigentumsvorbehalt ebenso behandeln wie das echte Factoring. Nach dieser Ansicht hat auch beim unechten Factoring die zeitlich frühere Factoring-Globalzession nach dem **Prioritätsprinzip** Vorrang vor der Zession im Rahmen des verlängerten Eigentumsvorbehalts. Die Anwendung der Vertragsbruchtheorie lehnt diese Ansicht ab, da keine wesentlichen Unterschiede zwischen dem unechten und dem echten Factoring bestünden, die für die Sittenwidrigkeit der Globalzession gem § 138 Abs 1 BGB relevant wären. Diese Ansicht bestreitet va die bloße Sicherungsfunktion des unechten Factoring, da die Globalzession erfüllungshalber erfolge. Der Factor soll die abgetretene Forderung selbst einziehen, da er diese bevorschusst und – anders als beim reinen Zessionskredit – dem Käufer nicht nur einen allgemeinen Betriebsmittelkredit gegeben hat. Nach dieser Ansicht werden dem Kunden auch beim unechten Factoring barzahlungsgleiche liquide Mittel verschafft. Das Argument der Minderung der Insolvenzmasse des Kunden durch einen weiteren Gläubiger verfange ebenfalls nicht, da der legitime Schutzzweck des verlängerten Eigentumsvorbehalts nicht darauf gerichtet sei, anderen Gläubigern des Käufers den Zugriff auf die Insolvenzmasse zu verwehren. Zudem überzeuge das Abstellen der hM auf die Schlechterstellung des Lieferanten im Fall der Insolvenz sowohl von Vorbehaltskäufer und auch von Drittschuldner beim unechten Factoring nicht, da es sich insoweit um einen seltenen Extremfall handele. Auch verkenne die Gegenansicht, dass der Factor auch beim unechten Factoring bereits dem Gemeinschuldner Geld vorgeschossen habe. Das Abstellen auf eine vertragliche Untersagung der Eingehung einer weiteren Kreditvereinbarung gehe fehl, da der Vorbehaltsverkäufer mit der zeitlich später liegenden Zession die Kollision der beiden Abtretungen erst auslöse. **266**

In der **Praxis** spielt das unechte Factoring nur noch eine sehr geringe Rolle. Dies ist die Folge der höchstrichterlichen Rechtsprechung, die das unechte Factoring materiell als Kreditgeschäft einordnet. In der Folge wurden die mit einem solchen Kreditgeschäft zusammenhängenden Probleme, ua die Konkurrenz zum nachfolgenden verlängerten Eigentumsvorbehalt des Lieferanten, ausgelöst und sodann zu Lasten des Factors entschieden. **267**

c) Factoring und vorausgehender verlängerter Eigentumsvorbehalt
Sofern die Vorauszession im Rahmen des verlängerten Eigentumsvorbehalts der Factoring-Globalzession zeitlich vorausgeht, ist es eine Frage der Auslegung der dem Factoring-Kunden (Vorbehaltskäufer) vom Vorbehaltsverkäufer erteilten Einzugsermächtigung gem §§ 133, 157 BGB, ob diese auch den Einzug der Forderungen gegen Abnehmer im Wege des Factoring umfasst. Sofern die Einzugsermächtigung hierzu keine ausdrückliche Regelung enthält, gehen BGH und hL von einer **Zulässigkeit des Einzugs** der abgetretenen Forderungen im Wege des **echten Factorings** bis zum **268**

---
[638] LARENZ/CANARIS, SchuldR BT II/2 (13. Aufl 1994) § 65 III 2; BLAUROCK ZHR 142 (1978) 340 f; BLAUROCK NJW 1978, 1974, 1975; RÖDL BB 1967, 1301, 1303.

Ausbruch einer „Krise" des Factoring-Kunden aus.[639] Insoweit handele es sich beim echten Factoring um eine Maßnahme des ordnungsgemäßen Geschäftsverkehrs und eine solche sei im Grundsatz durch die Einzugsermächtigung gedeckt.

269 In Bezug auf das **unechte Factoring** hängt das Ergebnis von der Ansicht ab, die zur Kollision zwischen einem unechten Factoring und einem zeitlich nachfolgenden verlängerten Eigentumsvorbehalt vertreten wird. Sofern man mit dem BGH die „Vertragsbruchtheorie" und damit § 138 Abs 1 BGB auf den Konflikt zwischen Factoring-Globalzession im Rahmen eines unechten Factoring und Zession im Rahmen eines verlängerten Eigentumsvorbehalts anwendet, kann die Einzugsermächtigung bei Fehlen einer ausdrücklichen Gestattung nicht nach § 157 BGB auf das unechte Factoring erstreckt werden. Nach dieser Ansicht handelt es sich beim unechten Factoring nicht um eine Maßnahme im ordnungsgemäßen Geschäftsverkehr. Die Gegenansicht im Schrifttum, die bei einer Kollision zwischen unechtem Factoring und einem späteren verlängerten Eigentumsvorbehalt § 138 Abs 1 BGB nicht anwendet, kann die Einzugsermächtigung auf das unechte Factoring erstrecken.

270 Sofern der **Vorbehaltsverkäufer** ein **Verbot des Factoring in seine Vertragsbedingungen** aufgenommen hat, insbes durch ein Abtretungsverbot, müssen diese – sofern es sich um AGB handelt – der Inhaltskontrolle nach § 307 Abs 1 BGB standhalten. Dabei ist zu berücksichtigen, dass der Factoring-Kunde/Vorbehaltskäufer nach Abschluss des zeitlich vorrangigen verlängerten Eigentumsvorbehalts einschließlich der enthaltenen Vorauszession der Forderungen ohnehin nicht mehr Inhaber der Forderung gegen den Abnehmer der Ware ist. Er kann daher diese Forderungen ohne Ermächtigung des neuen Forderungsinhabers (Vorbehaltsverkäufer) gem § 185 Abs 1 BGB nicht mehr wirksam an den Factor abtreten (Prioritätsprinzip). Auch handelt es sich bei dieser Abrede nicht um ein Abtretungsverbot im Sinne des § 399 Alt 2 BGB (iVm § 354a HGB), denn ein solches Verbot wird durch eine Vereinbarung mit dem Schuldner begründet. Dies ist hier nicht der Fall, da die Abrede zwischen dem Gläubiger der Forderung und einem Dritten erfolgt. Dieses sog Abtretungsverbot im verlängerten Eigentumsvorbehalt ist daher vielmehr eine schuldrechtliche Pflicht des Factoring-Kunden/Vorbehaltskäufers, einen solchen Abtretungstatbestand nicht herbeizuführen. Zudem wird klargestellt, dass die Einziehungsermächtigung den Factoring-Kunden/Vorbehaltskäufer keinesfalls nach § 185 Abs 1 BGB zur Verfügung über die Forderung im Wege des Factoring ermächtigt. Richtigerweise ist aber das von dieser Klausel umfasste Verbot des echten Factoring treuwidrig iSv § 307 Abs 1 BGB und damit unwirksam, denn das echte Factoring erweist sich als Maßnahme des ordnungsgemäßen Geschäftsverkehrs (Barvorschuss), die der Vorbehaltsverkäufer dem Factoring-Kunden/Vorbehaltskäufer ohne relevantes Eigeninteresse auf diese Weise unmöglich macht.[640]

271 Mit Blick auf das **unechte Factoring** wird man, wenn man der Rechtsprechung folgt und die „Vertragsbruchtheorie"[641] auch hier anwendet, ein solches Verbot nicht als eine unangemessene Benachteiligung des Factoring-Kunden/Vorbehaltskäufers im Sinne des § 307 Abs 1 BGB qualifizieren können.[642]

---

[639] BGH 7.6.1978 – VIII ZR 80/77; NJW 1978, 1972; BLAUROCK ZHR 142 (1978), 338 f; LARENZ/CANARIS, SchuldR BT II/2 (13. Aufl 1994) § 65 III 3.

[640] So die hLit BLAUROCK ZHR 142 (1978) 338; CANARIS NJW 1981, 249, 254; vWESTPHALEN DB 1978, 68, 69 f.

[641] Dazu ausf oben Rn 59 ff.

d) Factoring-Globalzession und Globalzession an Geldkreditgeber

272 Bei einer Kollision zwischen einer Factoring-Globalzession und einer weiteren Globalzession zu Gunsten eines anderen Geldkreditgebers, va mit einer stillen Zession zugunsten einer Bank, die dem Kunden einen Betriebsmittelkredit eingeräumt hat, wird beim **echten Factoring** sowohl von der Rechtsprechung[643] als auch vom überwiegenden Schrifttum[644] nach dem **Prioritätsprinzip** entschieden. Sofern die Globalzession zugunsten der kreditgebenden Bank zeitlich vorgeht, soll die spätere Factoring-Globalzession daher ins Leere laufen. Dem tritt ein Teil der Lit unter Heranziehung des Gedankens des „Barvorschusses" entgegen.[645] Denn die Globalzession zugunsten der Bank, die den Betriebsmittelkredit gewährt hat, ist regelmäßig mit einer Einziehungsermächtigung für den Zedenten verbunden. Insofern ist nach dieser abweichenden Ansicht relevant, dass das echte Factoring als Maßnahme des ordnungsgemäßen Geschäftsverkehrs behandelt werden kann. Es macht danach keinen Unterschied, ob der Kunde die abgetretene Forderung selbst einzieht oder zu diesem Zwecke den Dritten, dh den Factor, einschaltet. Das echte Factoring ist nach dieser Ansicht daher nach § 157 BGB von der Einziehungsermächtigung der kreditgebenden Bank umfasst.

273 In Bezug auf das **unechte Factoring** folgt die Lösung erneut daraus, ob man der Rechtsprechung folgt und § 138 Abs 1 BGB (Vertragsbruchtheorie) anwendet. In diesem Fall kollidiert eine Globalzession zugunsten eines Kreditgebers mit der Globalzession im Rahmen des unechten Factoring, das von dieser Ansicht ebenfalls als Darlehen qualifiziert wird. Mithin kollidieren zwei kreditsichernde Globalzessionen. Nach dem Prioritätsprinzip muss daher die zeitlich nachfolgende Zession ins Leere gehen. Eine Korrektur dieses Ergebnisses nach den Grundsätzen der Vertragsbruchtheorie wird von dieser Ansicht überwiegend abgelehnt.[646]

274 Sofern die Bank, die den Betriebsmittelkredit gewährt, mit dem Factoring-Kunden eine **Zahlstellenklausel** vereinbart hat, ist der Kunde verpflichtet, die zur Sicherheit abgetretenen Forderungen qua Einziehungsermächtigung über ein Konto bei dieser kreditgebenden Bank einzuziehen. Auf diese Weise wird der Kredit zurückgeführt. Auch verringert die kreditgebende Bank so das „Durchleitungsrisiko". Zudem hatte der Kunde ggf die Möglichkeit, den Betriebsmittelkredit „revolvierend" in Anspruch zu nehmen. Mit einer solchen Zahlstellenklausel ist der Einzug der Forderung durch einen Factor unvereinbar. Dementsprechend steht eine Zahlstellenklausel einer Auslegung der Einziehungsermächtigung nach § 157 BGB entgegen, nach der dem Kunden die Einziehung der Forderung im Wege des echten Factoring gestattet ist. Eine solche Zahlstellenklausel ist auch richtigerweise kein Verstoß gegen § 307 Abs 1 BGB, da die Bank mit dieser Klausel ein legitimes Sicherungsinteresse in Bezug auf die Rückführung des Betriebsmittelkredits verfolgt.

---

[642] Vgl BGH NJW 1982, 164, 165.
[643] BGH 19.12.1979 – VIII ZR 71/79, NJW 1980, 772.
[644] Vgl die Darstellung bei STAUDINGER/BUSCHE (2017) Einl 179 zu §§ 398 ff.
[645] LARENZ/CANARIS, SchuldR BT II/2 (13. Aufl 1994) § 65 III 4.
[646] MARTINEK/OMLOR, in: SCHIMANSKY/BUNTE/LWOWSKI, BankR-Hdb (5. Aufl 2017) § 102 Rn 83.

L. Verbraucherschutz

Beate Gsell

Systematische Übersicht

I.	Entwicklung, Perspektiven und Struktur des privaten Verbraucherrechts		1
II.	Auslegung des angeglichenen nationalen Verbraucherrechts		10
III.	Instrumente des privatrechtlichen Verbraucherschutzes		13
1.	Informationspflichten		13
2.	Widerrufsrecht		15
3.	Halbseitig zwingende (Sonder-)Gestaltung		19
4.	Klauselkontrolle		20
5.	Beschränkung der Rechtswahlfreiheit		24
6.	Instrumente der Rechtsdurchsetzung		30
IV.	Überblick über die verbraucherrechtlich geregelten Bereiche des BGB		35
1.	Allgemeines Schuldrecht		36
a)	Unbestellte Leistungen, § 241a BGB		36
b)	Klauselkontrolle, §§ 305–310 BGB		40
c)	Allgemeine Regelungen für Verbraucherverträge, §§ 312, 312a, 312k BGB		41
d)	Besondere Vertriebsformen, §§ 312b–312j BGB		42
aa)	Außerhalb von Geschäftsräumen geschlossene Verträge, §§ 312b, 312d–h BGB		42
bb)	Fernabsatzverträge einschließlich Finanzdienstleistungen im Fernabsatz, §§ 312c–h BGB		48
cc)	Elektronischer Geschäftsverkehr, §§ 312i und 312j BGB		55
dd)	Kündigung und Vollmacht zur Kündigung, § 312h BGB		58
e)	Widerrufsrecht, §§ 355–357d BGB		58
f)	Verbundene und zusammenhängende Verträge, §§ 358–360 BGB		59
2.	Besonderes Schuldrecht		63
a)	Verbrauchsgüterkauf, §§ 474–479 BGB		63
b)	Time-Sharing-Verträge, §§ 481–487, §§ 356a, 357b, 360 Abs 1 S 3 BGB		76
c)	Verbraucherkreditrecht, §§ 491–515 BGB, §§ 655a–655e BGB sowie sonstige Finanzgeschäfte		86
aa)	Entwicklung, Stand und Systematik des Verbraucherkreditrechts		86
bb)	Verbraucherdarlehen, §§ 491–505e BGB		92
cc)	Finanzierungshilfen, §§ 506–509 BGB		102
dd)	Ratenlieferungsverträge, § 510 BGB		104
ee)	Unentgeltliche Darlehensverträge und unentgeltliche Finanzierungshilfen, §§ 514, 515 BGB		105
ff)	Vermittlung von Verbraucherdarlehen, §§ 655a–655e BGB		106
gg)	Sonstige Finanzgeschäfte		107
d)	Verbraucherbauvertrag, §§ 650i–651n BGB, § 650o BGB		109
e)	Reisevertrag, §§ 651a–651m BGB (ab 1.7.2018: Pauschalreisevertrag, Reisevermittlung und Vermittlung verbundener Reiseleistungen, §§ 651a–651y BGB nF)		115
f)	Gewinnzusagen, § 661a BGB		118

I. Entwicklung, Perspektiven und Struktur des privaten Verbraucherrechts[1]

1 Das in Deutschland geltende private Verbraucherrecht stellt eine relativ junge und ungebrochener Rechtssetzungsdynamik unterworfene Materie dar. Die meisten Regelungen wurden in den letzten 25 Jahren geschaffen, wenige sind älter als 30 Jahre. Zwar war der Verbraucherschutz auch dem Gesetzgeber der vorausgehenden Jahrzehnte kein völlig fremder Gedanke – man denke nur an das **Abzahlungsgesetz (AbzG)**[2] aus dem Jahre 1894, das einen Ausschnitt aus dem Verbraucherkreditrecht regelt; ins Blickfeld einer breiteren rechtspolitischen Diskussion rückte der Verbraucherschutz jedoch erst Mitte des 20. Jahrhunderts, wobei die Verbraucherbotschaft des US-amerikanischen Präsidenten Kennedy aus dem Jahre 1962[3] als Markstein gilt. Anfang der 1970er Jahre verabschiedete die deutsche Bundesregierung einen ersten Bericht zur Verbraucherpolitik.[4] Dem Pariser Gipfel von 1972 folgte 1975 das Erste Programm der Europäischen Wirtschaftsgemeinschaft für eine Politik zum Schutz und zur Unterrichtung der Verbraucher.[5] Darin werden Rechte auf Schutz der Gesundheit und Sicherheit des Verbrauchers, auf Schutz seiner wirtschaftlichen Interessen, auf Wiedergutmachung erlittener Schäden, auf Unterrichtung und Bildung sowie auf Gehör postuliert.[6] Auf nationaler Ebene mündete die Verbraucherschutzdebatte in die Verschärfung und Ausdehnung des AbzG[7] sowie in den Erlass von Gesetzen, die jedoch mit Ausnahme des – nicht primär als Verbraucherschutzgesetz konzipierten – **Gesetzes zur Regelung des Rechts der Allgemeinen Geschäftsbedingungen (AGBG)**[8] von 1976 punktueller Natur blieben. Zu nennen sind das **Fernunterrichtsschutzgesetz (FernUSG)**[9] von 1976 und das **Reisevertragsgesetz**[10] von 1979, mit dem die §§ 651a–k BGB[11] ins BGB eingeführt wurden. In den 1980er Jahren kam es zu einem bis heute fortwirkenden[12] Stabwechsel von der nationalen auf die europäische Ebene. Waren bis Mitte der 1980er Jahre auch bereits einige verbraucherrechtlich bedeutsame europäische Rechtsakte verabschiedet worden,[13] so erhielt der gemeinschaftsrechtliche Verbraucherschutz entscheidenden Schub durch die **Einheitliche Europäische Akte** von 1986,[14] die Mehr-

---

[1] Herrn Wiss Mitarb Dr Matthias Fervers danke ich für wertvolle Recherche- und Korrekturarbeiten bei der Aktualisierung der Kommentierung für die vorliegende Auflage.

[2] RGBl 1894, 450, modifiziert in den Jahren 1969 (BGBl 1969 I 1541) und 1974 (BGBl 1974 I 1169).

[3] Public Papers of the United States, JOHN F KENNEDY, Containing the Public Messages, Speeches and Statements of the President, January 1 to December 31, 1962, 235–243.

[4] BT-Drucks 6/2724.

[5] ABlEG 1975 C 92/1.

[6] Sie spiegeln sich im Wortlaut des heutigen Art 169 AEUV wider. Ähnliche Verbraucherrechte waren bereits in KENNEDYS Rede von 1962 formuliert worden, vgl Fn 3.

[7] Siehe Fn 1.

[8] BGBl 1976 I 3317, dazu unten Rn 20 ff.

[9] BGBl 1976 I 2525.

[10] BGBl 1979 I 509, dazu unten Rn 115 ff.

[11] Heute: §§ 651a–m BGB; nach Inkrafttreten des Dritten Gesetzes zur Änderung reiserechtlicher Vorschriften v 17.7.2017 (BGBl 2017 I 2394) am 1.7.2018: §§ 651a-651y BGB.

[12] Erst im Jahre 2003 wurde auf nationaler Ebene wieder ein eigenständiger Aktionsplan der Bundesregierung zum Verbraucherschutz veröffentlicht, vgl BT-Drucks 15/959.

[13] So die Irreführungs-RL 1984 (RL 84/450/EWG) v 10.9.1984 (ABlEG 1984 L 250/17), geändert durch RL 97/55/EG v 6.10.1997 zwecks Einbeziehung der vergleichenden Werbung (ABlEG 1997 L 290/18), aufgehoben und ersetzt durch Irreführungs-RL (RL 2006/114/EG) v 12.12.2006 (kodifizierte Fassung) (ABlEU 2006 L 376/21); ProdHaft-RL (RL 85/374/EWG) v 25.7.1985 (ABlEG 1985 L 210/29); HWi-RL (RL 85/577/EWG) v 20.12.1985 (ABlEG 1985 L 372/31), die HWi-RL wurde durch die Richtlinie 2011/83/EU v 25.10.2011 über Rechte der Verbraucher (ABlEU 2011 L 304/64) (VerbrRechte-RL) ersetzt; VerbrKr-RL (RL 87/102/EWG) v 22.12.1986 (ABlEG 1987 L 42/48), ersetzt durch die Richtlinie 2008/48/EG v 23.4.2008 über Verbraucherkreditverträge (ABlEU 2008 L 133/66) (VerbrKr-RL-neu).

L. Verbraucherschutz 1

heitsentscheidungen des Rates im Rahmen der Binnenmarktkompetenz ermöglichte (Art 100a Abs 1 EWGV, später: Art 95 Abs 1 EG, heute: Art 114 Abs 1 AEUV); zugleich wurde der Verbraucherschutz im Kontext der Binnenmarktverwirklichung ausdrücklich in den EWG-Vertrag aufgenommen (Art 100a Abs 3 EWGV bzw Art 95 Abs 3 EG, heute: Art 114 Abs 3 AEUV). Spezifische verbraucherschutzrechtliche Kompetenzen wurden durch den **Maastrichter Vertrag** eingeführt (Art 129a iVm Art 3 lit s EG), durch den **Amsterdamer Vertrag** neu gefasst (Art 153 iVm Art 3 lit t EG) und mit dem **Vertrag von Lissabon** aufrechterhalten (Art 169 iVm Art 4 Abs 2 lit f AEUV). Mit dieser Einbindung des Verbraucherschutzes in die Dynamik des Binnenmarktprozesses gelang es dem europäischen Gesetzgeber seit den 1990er Jahren, in rascher Folge verbraucherschützende Sekundärrechtsakte zu erlassen, die vor allem auf den Schutz der wirtschaftlichen Interessen des Verbrauchers zielen. Sie ergingen wie bereits frühere Rechtsakte[15] fast ausnahmslos in der Form der **Richtlinie**,[16] die der Umsetzung ins innerstaatliche Recht bedarf (Art 189 Abs 3 EWGV, Art 249 Abs 3 EG, heute: Art 288 Abs 3 AEUV). Die Richtlinien folgten zunächst überwiegend dem Grundsatz der **Mindestharmonisierung**,[17] hinderten die Mitgliedstaaten also nicht da-

---

[14] ABlEG 1987 L 169/1.
[15] Vgl Fn 13.
[16] Vgl vor allem Pauschalreise-RL (RL 90/314/EWG) v 13.6.1990 (ABlEG 1990 L 158/59), ersetzt durch die Richtlinie 2015/2302/EU v 25.11.2015 über Pauschalreisen und verbundene Reiseleistungen (ABlEU 2015 L 326/1) (Pauschalreise-RL-neu); Klausel-RL (RL 93/13/EWG) v 5.4.1993 über missbräuchliche Klauseln in Verbraucherverträgen (ABlEG 1993 L 95/29); Time-Sharing-RL (RL 94/47/EG) v 29.10.1994 (ABlEG 1994 L 280/83), ersetzt durch die Richtlinie 2008/122/EG v 14.1.2009 über den Schutz der Verbraucher im Hinblick auf bestimmte Aspekte von Teilzeitnutzungsverträgen, Verträgen über langfristige Urlaubsprodukte sowie Wiederverkaufs- und Tauschverträgen (ABlEU 2009 L 33/10) (Time-Sharing-RL-neu); FernAbs-RL (RL 97/7/EG) v 20.5.1997 (ABlEG 1997 L 144/19), die FernAbs-RL wurde durch die Richtlinie 2011/83/EU v 25.10.2011 über Rechte der Verbraucher (ABlEU 2011 L 304/64) (VerbrRechte-RL) ersetzt; Preisangaben-RL (RL 98/6/EG) v 16.12.1998 (ABlEG 1998 L 80/27); Richtlinie 98/27/EG v 19.5.1998 über Unterlassungsklagen zum Schutz der Verbraucherinteressen (ABlEG 1998 L 166/51) (UKla-RL), ersetzt durch RL 2009/22/EG v 23.4.2009 über Unterlassungsklagen zum Schutz der Verbraucherinteressen (kodifizierte Fassung) (ABlEU 2009 L 110/30) (UKla-RL-neu); VerbrGüterkauf-RL (RL 1999/44/EG) v 25.5.1999 (ABlEG 1999 L 171/12); E-Commerce-RL (RL 2000/31/EG) v 8.6.2000 (ABlEG 2000 L 178/1); Richtlinie 2002/65/EG v 23.9.2002 über den Fernabsatz von Finanzdienstleistungen an Verbraucher (ABlEG 2002 L 271/16) (FernAbsFin-RL); Geschäftspraktiken-RL (RL 2005/29/EG) v 11.5.2005 über unlautere Geschäftspraktiken im binnenmarktinternen Geschäftsverkehr zwischen Unternehmen und Verbrauchern (ABlEU 2005 L 149/22); Richtlinie 2014/17/EU v 4.2.2014 über Wohnimmobilienkreditverträge für Verbraucher (ABlEU 2014 L 60/34) (WohnimmoKr-RL); in Form der Verordnung insbesondere Verordnung (EG) Nr 261/2004 v 11.2.2004 über eine gemeinsame Regelung für Ausgleichs- und Unterstützungsleistungen für Fluggäste im Fall der Nichtbeförderung und bei Annullierung oder großer Verspätung von Flügen und zur Aufhebung der Verordnung (EWG) Nr 295/91 (ABlEU 2004 L 46/1) (Fluggäste-VO); Verordnung (EG) Nr 2006/2004 v 27.10.2004 über die Zusammenarbeit im Verbraucherschutz (ABlEU 2004 L 364/1) (Kooperations-VO).
[17] Anders vor allem das Verständnis der ProdHaft-RL (Fn 13) durch den EuGH, dazu EuGH 25.4.2002 – C-52/00 *Kommission v Frankreich*, RIW 2002, 787, 788; EuGH 25.4.2002 – C-154/00 *Kommission v Griechenland*, Slg 2002 I, 3879; EuGH 25.4.2002 – C-183/00 *González Sánchez*, EuZW 2002, 574, 576; EuGH 10.1.2006 – C-402/03 *Skov*, NJW 2006, 1409; EuGH 9.2.2006 – 127/04 *O'Byrne*, NJW 2006, 825, 826; EuGH 4.6.2009 – C-285/08 *Moteurs Leroy Somer*, EuZW 2009, 501, 502; EuGH 2.12.2009 – C-358/08, *Aventis Pasteur SA*, EuZW 2010, 22, 24; EuGH 21.12.2011 – C-495/10 *Dutrueux*, VersRAl 2012, 34; EuGH 20.11.2014 – C-310/13 *Novo Nordisk Pharma*, NJW 2015, 927; EuGH 21.6.2017 – C-621/15 *Sanofi Pasteur*, NJW 2017, 2739, 2740; siehe aber sogleich zum Strategiewechsel der Kommission hin zur Vollharmonisierung.

ran, im nationalen Recht ein höheres Verbraucherschutzniveau vorzusehen. Die zunehmende Detailfreude der Regelungen hat allerdings zu einer Verengung der Umsetzungsspielräume geführt.

2 Die europäische Rechtssetzungsdynamik ist bis heute ungebrochen.[18] Die jüngeren Bemühungen konzentrierten sich verstärkt darauf, Qualität, Transparenz und Kohärenz des gemeinschaftlichen Besitzstandes zu verbessern, stellt doch das europäische Verbraucherrecht nach wie vor keine flächendeckende Materie dar, wenngleich vor allem das Verbrauchervertragsrecht trotz des überwiegend punktuellen, nur bestimmte Vertragstypen oder Vertriebsformen erfassenden Regelungsansatzes durchaus gewisse einheitliche Strukturen erkennen lässt.[19] Namentlich wurden acht wichtige verbraucherschützende Richtlinien einer Überprüfung unterzogen.[20] Der Vorschlag einer Richtlinie über Rechte der Verbraucher vom Oktober 2008[21] zielte auf Schaffung eines **horizontalen Rahmeninstruments**, das in einem **Allgemeinen Teil** Querschnittsfragen für sämtliche Verbraucherverträge regelt.[22] Dementsprechend sieht die im Oktober 2011 schließlich verabschiedete Richtlinie[23] in **Art 5 Informationspflichten** des Unternehmers vor, die bei Verbraucherkauf- und Verbraucherdienstleistungsverträgen eingreifen, obwohl keine besondere Vertriebssituation vorliegt.[24] Die ursprünglich ebenfalls geplante Einbeziehung der Regelungen über unzulässige Klauseln sowie über die Mängelrechte beim Verbrauchsgüterkauf[25] wurde aufgegeben. Damit deckt die Richtlinie neben einzelnen Aspekten des Verbraucherkauf- und Verbraucherdienstleistungsrechts[26] im Wesentlichen nur die außerhalb von Geschäftsräumen geschlossenen

---

[18] Vgl die Nw in Fn 16; siehe ferner allgemein zu den aktuellen verbraucherpolitischen Zielen der EU die Verordnung (EG) Nr 254/2014 v 26.2.2014 über ein mehrjähriges Verbraucherprogramm für die Jahre 2014–2020 (ABlEU 2014 L 84/42); zur Strategie für einen digitalen Binnenmarkt siehe sogleich Rn 5.
[19] Grdlgd Heiderhoff, Grundstrukturen des nationalen und europäischen Verbrauchervertragsrechts (2004).
[20] Vgl die Mitteilung der Kommission „Europäisches Vertragsrecht und Überarbeitung des gemeinschaftlichen Besitzstands – weiteres Vorgehen" v 11.10.2004, KOM (2004) 651 endg, unter 2.1.1. Es handelt sich um die HWi-RL, die Pauschalreise-RL, die Klausel-RL, die Time-Sharing-RL, die FernAbs-RL, die Preisangaben-RL, die UKla-RL und die VerbrGüterkauf-RL (siehe auch Fn 13 und 16).
[21] Siehe den Vorschlag für eine Richtlinie über Rechte der Verbraucher v 8.10.2008, KOM (2008) 614 endg (VerbrRechte-RL-Entwurf), vgl dazu Jud/Wendehorst (Hrsg), Neuordnung des Verbraucherprivatrechts in Europa? (2009) und Gsell/Herresthal (Hrsg), Vollharmonisierung im Privatrecht (2009); Schmidt-Kessel, Zum Stand der Beratungen der Horizontalrichtlinie Verbraucherschutz – Meilensteine auf dem Weg zum legistischen Desaster, GPR 2010, 129 ff.

[22] Zu den Grenzen einer solchen Harmonisierung vgl die Feststellung der Kommission in dem Grünbuch „Optionen für die Einführung eines Europäischen Vertragsrechts für Verbraucher und Unternehmer", v 1.7.2010, KOM (2010) 348 endg, 6.
[23] Vgl Fn 16; ausführl zur VerbrRechte-RL Grundmann, Die EU-Verbraucherrechte-Richtlinie, JZ 2013, 53 ff; Lengert, Die Umsetzung der Verbraucherrechterichtlinie in Deutschland und Frankreich (2016).
[24] Dazu Dehn, Allgemeine Informationspflichten nach Art 5 des Vorschlags für eine Richtlinie über Rechte der Verbraucher, in: Jud/Wendehorst (Hrsg), Neuordnung des Verbraucherprivatrechts in Europa? (2009) 41 ff; zu ihrer Umsetzung ins deutsche Recht siehe unten vor und mit Fn 98 und 281.
[25] Vgl Art 21 ff bzw 30 ff VerbrRechte-RL-Entwurf (Fn 21).
[26] So enthält sie Regelungen zum Rücktrittsrecht der Verbraucher-Käufers bei verzögerter Lieferung (Art 18 VerbrRechte-RL), zur Gefahrtragung beim Versendungskauf (Art 20 VerbrRechte-RL); weiter sind Entgeltregelungen für die Nutzung von Zahlungsmitteln (Art 19 VerbrRechte-RL) und bei telefonischer Kommunikation (Art 21 VerbrRechte-RL) vorgesehen sowie die Zustimmungsbedürftigkeit

L. Verbraucherschutz

Verträge und die Fernabsatzverträge ab. Das deutsche Umsetzungsgesetz[27] trat am 13.6.2014 in Kraft.[28]

Was den **Harmonisierungsgrad** des europäischen Verbraucherrechts anbelangt, so signalisierte die **Verbraucherpolitische Strategie 2002–2006** der Europäischen Kommission[29] einen Wechsel von der Mindestharmonisierung zur **Vollharmonisierung**. Beginnend mit der Novellierung der VerbrKr-RL[30] hat das Prinzip der Vollharmonisierung mittlerweile auch in der Time-Sharing-RL-neu[31], der VerbrRechte-RL[32] (für die Bereiche Fernabsatzverträge und außerhalb von Geschäftsräumen geschlossene Verträge) und der Pauschalreise-RL-neu[33] die Mindestharmonisierung abgelöst.[34] Bereits die schwierige Kompromissfindung bei der VerbrKr-RL legte aber den Verdacht nahe, dass eine vollständige Harmonisierung nur um den Preis enger Anwendungsbereiche, langwieriger Verhandlungen und damit einer letztlich schwerfälligen und im Ergebnis gerade nicht umfassend harmonisierenden Rechtssetzung zu haben ist.[35] Verlauf und Ergebnis des Rechtssetzungsverfahrens zur VerbrRechte-RL bestätigen diesen Eindruck. Dabei erscheint Widerstand jedenfalls aus Sicht der Mitgliedstaaten durchaus berechtigt, wird doch durch eine umfassende Vollharmonisierung die Integration der europäischen Vorgaben in die gewachsenen nationalen Rechtsordnungen erheblich erschwert.[36] Diesen Umsetzungsschwierigkeiten wird immerhin teilweise Rechnung getragen, indem nur eine sog **gezielte vollständige Harmonisierung** erfolgt, die den Mitgliedstaaten hinsichtlich einzelner Regelungsaspekte Spielräume belässt.[37] Und auch im Übrigen ist es beim Erlass verbraucherprivatrechtlicher Richtlinien zu keiner vollständigen Abkehr von der Mindestharmonisierung gekommen. Dementsprechend hat etwa die erst im Jahre 2014 erlassene WohnimmoKr-RL mindestharmonisierenden Charakter.[38]

---

zusätzlicher Zahlungen (Art 22 VerbrRechte-RL).
[27] Vgl Gesetz zur Umsetzung der Verbraucherrechterichtlinie und zur Änderung des Gesetzes zur Regelung der Wohnungsvermittlung v 20.9.2013 (BGBl 2013 I 3642).
[28] Vgl Art 15 VerbrRechte-RLUmsG (Fn 27).
[29] ABlEG 2002 C 137/2, 7.
[30] Vgl Fn 16.
[31] Erwägungsgrund 3 Time-Sharing-RL-neu (Fn 15).
[32] Art 4 VerbrRechte-RL (Fn 16).
[33] Art 4 Pauschalreise-RL-neu (Fn 16).
[34] Auf Vollharmonisierung zielen auch bereits die FernAbsFin-RL (Fn 16), vgl Erwägungsgrund 13, wenngleich den Mitgliedstaaten gewisse Spielräume verblieben sind, vgl Art 4 Abs 2, Art 6 Abs 1 aE und Art 7 Abs 2 FernAbsFin-RL, ferner die Geschäftspraktiken-RL (Fn 15), vgl Art 3 Abs 5 Geschäftspraktiken-RL, zu den Spielräumen der Mitgliedstaaten vgl Art 3 Abs 9, Art 11 und Art 13 Geschäftspraktiken-RL; siehe ferner Fn 17.
[35] Dazu GSELL/SCHELLHASE, Vollharmonisiertes Verbraucherkreditrecht – Ein Vorbild für die weitere europäische Angleichung des Verbrauchervertragsrechts?, JZ 2009, 20 ff; vgl auch die im Weißbuch zur Vollendung des Binnenmarktes v 14.6.1985, KOM (1985) 310 endg, Rn 61 ff für die bei der Beseitigung technischer Handelshemmnisse konstatierten Schwächen des Vollharmonisierungsansatzes, die damals gerade zum Übergang auf den Mindestharmonisierungsgrundsatz führten: Man kritisierte eine zeitraubende und unflexible Überregulierung; eingehend zur Vollharmonisierung im Privatrecht GSELL/HERRESTHAL (Hrsg), Vollharmonisierung im Privatrecht (2009).
[36] Vgl nur mit Blick auf die ursprünglich geplanten Regelungen zum Verbrauchsgüterkauf GSELL, Vollharmonisiertes Verbraucherkaufrecht nach dem Vorschlag für eine Horizontalrichtlinie, in: GSELL/HERRESTHAL (Hrsg), Vollharmonisierung im Privatrecht (2009) 219, 230 ff, 239 ff.
[37] Zur Abgrenzung des harmonisierten Bereichs vgl etwa die Erwägungsgründe 13 bis 16 der VerbrRechte-RL (Fn 16); zahlreiche Bereichsausnahmen in Art 3 Abs 3 VerbrRechte-RL; Öffnungsklauseln enthalten zB die Art 3 Abs 4, 5 Abs 3 und 4, 6 Abs 7 und 8, 7 Abs 4 aE, 8 Abs 6.
[38] Art 2 Abs 1 WohnimmoKr-RL (Fn 16).

4 Parallel zur Überprüfung des verbraucherrechtlichen Besitzstands wurde in den 2000er Jahren zunächst die Ausarbeitung eines **Gemeinsamen Referenzrahmens/Common Frame of Reference (CFR)** in Angriff genommen, der Definitionen von Rechtsbegriffen, Grundprinzipien sowie kohärente Mustervorschriften des Vertragsrechts enthalten sollte, die am – maßgeblich verbraucherrechtlich geprägten – gemeinschaftsrechtlichen Besitzstand wie auch an bewährten Problemlösungen der Mitgliedstaaten orientiert sein sollten.[39] Ein sog **akademischer Entwurf** (Draft Common Frame of Reference – **DCFR**) wurde im Jahre 2008 bzw in vollständiger Form im Jahre 2009 vorgelegt.[40] Der DCFR erstreckt sich allerdings auf das private Vermögensrecht in seinen Kernbereichen und geht damit über die Grenzen des Vertrags- wie auch des Verbraucherrechts weit hinaus.[41] Nachdem ursprünglich vor allem die mögliche Funktion eines **praktischen Instrumentariums („tool box")** erwogen worden war, verstanden als Handbuch für die Rechtssetzung und namentlich für die Überarbeitung des Europäischen Verbraucherrechts,[42] rückte zunehmend die Idee eines **optionalen Instrumentes** im Sinne einer von den Parteien jenseits der mitgliedstaatlichen Rechtsordnungen wählbaren, also gleichsam 28. – bzw seit dem Beitritt Kroatiens 29. – Vertragsrechtsordnung stark in den Vordergrund.[43] Eine durch die Kommission eingesetzte Expertengruppe[44] präsentierte im Mai 2011 eine **Machbarkeitsstudie** einschließlich eines Regelungsentwurfs mit knapp 190 Artikeln, der neben allgemeinen vertragsrechtlichen Gegenständen wie vorvertraglichen Informationspflichten, Abschluss und Auslegung des Vertrages sowie der Klauselkontrolle sachlich vor allem die vertraglichen Pflichten und Rechtsbehelfe beim Kauf regelt und die Bereiche „b2c" (Unternehmer/Verbraucher) und „b2b" (Unternehmer/Unternehmer) umfasste.[45] Darauf aufbauend legte die Europäische Kommission im Oktober 2011 einen weitgehend übereinstimmenden, gegenständlich auf

---

[39] Vgl dazu vor allem den Aktionsplan der Kommission „Ein kohärentes Europäisches Vertragsrecht" v 12.2.2003, KOM (2003) 68 endg, unter 4.1.1 sowie die Mitteilung der Kommission „Europäisches Vertragsrecht und Überarbeitung des gemeinschaftlichen Besitzstands – weiteres Vorgehen" (Fn 18) 2 ff.
[40] Study Group on a European Civil Code/Research Group on EC Private Law (Acquis Group), Principles, Definitions and Model Rules of European Private Law, Draft Common Frame of Reference (DCFR), Full Edition (2009); vgl auch SCHULTE-NÖLKE, Arbeiten an einem europäischen Vertragsrecht – Fakten und populäre Irrtümer, NJW 2009, 2161 ff; kritisch gegenüber dem DCFR EIDENMÜLLER/FAUST/GRIGOLEIT/JANSEN/WAGNER/ZIMMERMANN, Der Gemeinsame Referenzrahmen für das Europäische Privatrecht – Wertungsfragen und Kodifikationsprobleme, JZ 2008, 529 ff.
[41] Dazu JANSEN/ZIMMERMANN, Was ist und wozu der DCFR?, NJW 2009, 3401, 3402; ZIMMERMANN, Textstufen in der modernen Entwicklung des europäischen Privatrechts, EuZW 2009, 319, 320, 321 f; LEIBLE, Europäisches Privatrecht am Scheideweg, NJW 2008, 2558, 2560.
[42] Vgl nur den Zweiten Fortschrittsbericht der Kommission zum Gemeinsamen Referenzrahmen v 25.7.2007, KOM (2007) 447 endg, 2 f; bei der Ausarbeitung des Entwurfs der VerbrRechte-RL (Fn 17) wurde der DCFR aber offenbar kaum berücksichtigt, dazu näher PISULIŃSKI, Vollharmonisierung im Systemvergleich – Gemeinsamer Referenzrahmen und Vorschlag der Horizontalrichtlinie zum Verbraucherrecht, in: GSELL/HERRESTHAL (Hrsg), Vollharmonisierung im Privatrecht (2009) 47 ff.
[43] Vgl nur die Mitteilung der Kommission „Europa 2020, Eine Strategie für intelligentes, nachhaltiges und integratives Wachstum" v 3.3.2010, KOM (2010)2020 endg 25 sowie das Grünbuch „Optionen für die Einführung eines Europäischen Vertragsrechts für Verbraucher und Unternehmer" (Fn 22); zum Ganzen HERRESTHAL, Ein europäisches Vertragsrecht als Optionales Instrument, EuZW 2011, 7 ff; TONNER, Das Grünbuch der Kommission zum Europäischen Vertragsrecht für Verbraucher und Unternehmer, EuZW 2010, 767 ff.
[44] Vgl die Pressemitteilung der Kommission IP/10/595 v 21.5.2010.
[45] „A European contract law for consumers and businesses: Publication of the results of the feasibility study carried out by the Expert Group on European Contract law".

Kaufgeschäfte (einschließlich Verträgen über die Bereitstellung digitaler Inhalte) sowie Verträge über verbundene Dienstleistungen beschränkten Verordnungsvorschlag über ein **Gemeinsames Europäisches Kaufrecht** vor.[46] Als optionales Instrument sollte das Gemeinsame Europäische Kaufrecht für die Mitgliedstaaten im Vergleich zu einer fortschreitenden Harmonisierung durch Richtlinienrecht den Vorteil bieten, **neben die nationalen Rechtsordnungen** zu **treten** und damit eine Anpassung oder gar grundlegende Umgestaltung des gewachsenen innerstaatlichen Vertragsrechts entbehrlich zu machen. Unionsweit agierenden Unternehmen sollte es, anders als eine gewöhnliche Rechtswahl,[47] die Möglichkeit verschaffen, auch das zwingende Verbraucherrecht am gewöhnlichen Aufenthaltsort des Verbrauchers beiseite zu schieben[48] und damit eine Auseinandersetzung mit 28 verschiedenen Verbraucherrechtsregimen in der EU zu vermeiden. Darin hätte auf Unternehmerseite durchaus ein Anreiz für eine Wahl des optionalen Instruments liegen können, auch wenn das Verbraucherschutzniveau wenigstens teilweise über dasjenige des bisherigen *acquis communautaire* hinausgehen[49] und die Wahl deshalb auch für Verbraucher attraktiv sein sollte. Selbst die zwischenzeitlich erwogene Begrenzung des sachlichen Anwendungsbereichs auf Fernabsatzverträge[50] vermochte dem viel beachteten[51] Verordnungsentwurf jedoch nicht den notwendigen legislativen Rückenwind zu verschaffen. Vielmehr wurde das **Projekt eines optionalen Gemeinsamen Kaufrechts** mittlerweile **von der politischen Agenda des Europäischen Gesetzgebers genommen**.[52]

Die Bemühungen insbesondere der Europäischen Kommission um eine **weitere europäische Harmonisierung des Verbraucherprivatrechts** sind damit aber keinesfalls zum Erliegen gekommen. Vielmehr wurde im Mai 2015 die **Strategie für einen digitalen Binnenmarkt**[53] angenommen, die auf eine **Beschleunigung des Wachstums des digitalen Binnenmarktes** und insbesondere des grenzüberschreitenden Online-Vertriebs von Wa-

---

[46] Vgl den Vorschlag für eine Verordnung über ein Gemeinsames Europäisches Kaufrecht v 11.10.2011, KOM (2011) 635 endg.
[47] Vgl Art 6 Abs 2 S 2 der Verordnung (EG) Nr 593/2008 v 17.6.2008 über das auf vertragliche Schuldverhältnisse anzuwendende Recht (Rom I) (ABlEU 2008 L 177/6).
[48] Vgl Art 11 des Verordnungsentwurfes iVm den Erwägungsgründen 10 u 12 (Fn 46), wonach das Gemeinsame Europäische Kaufrecht innerhalb der kollisionsrechtlich anwendbaren Sachrechtsordnung zu wählen wäre u Art 6 Abs 2 Rom I-VO (Fn 47) damit keine praktische Bedeutung zukommen würde, da das Verbraucherschutzniveau des Gemeinsamen Europäischen Kaufrechts in allen Mitgliedstaaten gleich wäre.
[49] Vgl Erwägungsgrund 11 des Verordnungsentwurfes (Fn 46).
[50] Vgl Änderungsantrag 61 zu Art 4 Abs 1 und 5 Abs 1 des Entwurfs einer legislativen Entschließung des Europäischen Parlaments, abrufbar unter http://www.europarl.europa.eu/sides/getDoc.do?pubRef=-//EP//TEXT+REPORT+A7-2013-0301+0+DOC+XML+V0//DE (Abrufdatum: 17.10.2017).
[51] Vgl nur REMIEN/HERRLER/LIMMER (Hrsg), Gemeinsames Europäisches Kaufrecht für die EU? (2012); SCHULTE-NÖLKE/ZOLL/JANSEN/SCHULZE (Hrsg), Der Entwurf für ein optionales europäisches Kaufrecht (2012); GEBAUER (Hrsg), Gemeinsames Europäisches Kaufrecht – Anwendungsbereich und kollisionsrechtliche Einbettung (2013).
[52] Siehe den als „Liste der zurückzuziehenden oder zu ändernden Vorschläge" überschriebenen Annex 2 zur Mitteilung der Kommission an das Europäische Parlament, den Rat, den Europäischen Wirtschafts- und Sozialausschuss und den Ausschuss der Regionen – Arbeitsprogramm der Kommission für 2015 – Ein neuer Start vom 16.12.2014, KOM (2014) 0910 final, wo unter Ziffer 60 zur Begründung heißt: „Der Vorschlag wird geändert, um das Potenzial des elektronischen Handels im digitalen Binnenmarkt voll zur Entfaltung zu bringen."
[53] Siehe Mitteilung der Kommission an das Europäische Parlament, den Rat, den Europäischen Wirtschafts- und Sozialausschuss und den Ausschuss der Regionen – Strategie für einen digitalen Binnenmarkt für Europa, v 6.5.2015, KOM (2015) 192 final.

ren und digitalen Inhalten zielt. In diesem Kontext hat die Europäische Kommission im Dezember 2015 **zwei Richtlinienentwürfe zum Waren-Fernabsatz (Waren-RLE)**[54] einerseits und **zu Verträgen über digitale Inhalte (Digital-RLE)**[55] andererseits vorgelegt. Durch eine **Vollharmonisierung „ausgewählter Vorschriften"** und zwar im Wesentlichen des Mängelgewährleistungsrechts soll nicht nur das Vertrauen der Verbraucher in den digitalen Binnenmarkt gestärkt werden, sondern auch ein „unternehmerfreundliches Umfeld" geschaffen werden, das es insbesondere kleinen und mittleren Unternehmen erleichtert, ihre Waren und digitalen Inhalte grenzüberschreitend anzubieten.[56] Ferner möchte der Europäische Gesetzgeber dem Umstand Rechnung tragen, dass die meisten Mitgliedstaaten noch keine Spezialregelungen für Verträge über digitale Inhalte geschaffen haben und durch rasche unionsweite Harmonisierung drohender Rechtsvielfalt durch künftige nationale Gesetze zuvorkommen.[57] Allerdings erscheint fraglich, ob ein solcher – im Gegensatz zum Projekt eines Gemeinsamen Europäischen Kaufrechts – wieder punktuell-begrenzter und darüber hinaus auf zwei Richtlinien aufgespaltener Ansatz wirklich geeignet ist, ein einheitliches Vertragsrechtsregime für den digitalen Binnenmarkt unionsweit voranzubringen oder ob nicht die von der Europäischen Kommission wiederholt gebrandmarkte „Rechtszersplitterung" fortdauern wird oder gar eine weitere Fragmentierung der Rechtslage droht. Denn zum einen würde es jenseits der doch engen Regelungsbereiche der beiden geplanten Richtlinien weiterhin eines Rückgriffs auf die nationalen Rechtsordnungen bedürfen, wobei insbesondere das Recht auf vertraglichen Schadensersatz[58] voraussichtlich von beiden Richtlinien ausgeklammert bleiben wird. Zum andern ist fraglich, ob die Herausforderungen der Digitalisierung mit den beiden Entwürfen wirklich zukunftsweisend gemeistert werden. So ist (auch) der Digital-RLE ganz auf das überkommene Zwei-Personen-Vertragsverhältnis zugeschnitten und enthält namentlich keine Regelungen über verbundene Verträge, obwohl sich der Vertrieb digitaler Inhalte vielfach durch netzartige Strukturen und die Bereitstellung digitaler Inhalte durch Dritte auszeichnet. Und Verträge über sog integrierte digitale Inhalte, die in einer Ware vorhanden sind und deren Fehlen die Ware unbrauchbar machen oder verhindern würde, dass die Ware ihre Hauptfunktionen erfüllen kann, wie sie über „smart things" geschlossen werden, sind gar ganz vom Anwendungsbereich des Digital-RLE ausgenommen.[59] In einem modifizierten Kommissionsentwurf vom 31.10.2017 wurde nun der **Anwendungsbereich des Waren-RLE auf den stationären Handel ausgeweitet**, so dass die Richtlinie an die Stelle der bisherigen nur mindestharmonisierende VerbrGüterkauf-RL treten

---

[54] Vorschlag der Europäischen Kommission für eine Richtlinie des Europäischen Parlaments und des Rates über bestimmte vertragsrechtliche Aspekte des Online-Warenhandels und anderer Formen des Fernabsatzes von Waren v 9.12.2015, KOM (2015) 635 final.
[55] Vorschlag der Europäischen Kommission für eine Richtlinie des Europäischen Parlaments und des Rates über bestimmte vertragsrechtliche Aspekte der Bereitstellung digitaler Inhalte v 9.12.2015, KOM (2015) 634 final.
[56] Vgl nur die Begründung des Digital-RLE (Fn 55), vor und unter 1.
[57] Vgl nur die Begründung des Digital-RLE (Fn 55), unter 1.
[58] Der Fernabs-RLE enthält keine Vorgaben zum Schadensersatz; der im ursprünglichen Entwurf der Digital-RLE enthaltene Art 14 zum Recht auf Schadensersatz ist in der „Kompromissfassung", siehe Rat der Europäischen Union, Dok 9901/17 ADD 1 v 1.6.2017, nicht mehr enthalten.
[59] Vgl Art 3 Abs 3a iVm Art 2 Abs 12 DI-RLE in der „Kompromissfassung" (s Fn 58); kritisch insofern und mit Blick auf die mangelnde Berücksichtigung netzartiger Vertriebsstrukturen zu Recht und eingehend WENDEHORST, Hybride Produkte und hybrider Vertrieb – Sind die Richtlinienentwürfe vom 9.12.2015 fit für den digitalen Binnenmarkt?, in: WENDEHORST/ ZÖCHLING-JUD (Hrsg), Ein neues Vertragsrecht für den digitalen Binnenmarkt? Zu den Richtlinienvorschlägen der Europäischen Kommission vom Dezember 2015, 2016, 45 ff.

würde.⁶⁰ Damit würde zwar ein gespaltenes Regime für den Fernabsatz von Waren einerseits und für den stationären Handel andererseits vermieden, dies aber um den Preis der mit der Integration vollharmonisierenden Rechts ins gewachsene nationale Recht verbundenen besonderen Umsetzungsschwierigkeiten. Zwischenzeitlich ist im politischen Prozess der Rechtssetzung eine gewisse **Fokussierung auf den Digital-RLE** erkennbar, so dass kurzfristig möglicherweise allein der Digital-RLE Gesetz werden wird.

Der deutsche Gesetzgeber setzte das verbraucherschützende Sekundärrecht, auch soweit es vertragsrechtlicher Natur ist, zunächst überwiegend in **Sondergesetzen** um.⁶¹ Eher beiläufig wurden jedoch im Zuge der Transformation der **Fernabsatz-Richtlinie (FernAbs-RL)** neben einer Integration des Verbraucher-Widerrufsrechts ins BGB⁶² **Verbraucher- und Unternehmerbegriff** innerhalb des BGB angesiedelt, §§ 13, 14 BGB.⁶³ Der allein auf den rechtsgeschäftlichen Kontakt zugeschnittene **rollenspezifische Verbraucherbegriff** des § 13 BGB lehnt sich eng an die – allerdings nicht durchweg einheitlichen – europäischen Verbraucherschutz-Richtlinien an.⁶⁴ Gefordert wird, dass die Person einen **Geschäftszweck** verfolgt, der weder ihrer gewerblichen noch ihrer selbständigen beruflichen Tätigkeit zugerechnet werden kann, wobei nur natürliche Personen die Rolle des Verbrauchers einnehmen können.⁶⁵ Probleme kann deshalb die Einordnung von Personenvereinigungen wie der **Gesellschaft bürgerlichen Rechts** oder der **Wohnungseigentümergemeinschaft** bereiten.⁶⁶ Umstritten ist ferner, in welchem Maße **Existenzgründer** über die in § 513 BGB für das Verbraucherkreditrecht getroffene ausdrückliche Anordnung hinaus dem Verbraucher gleichzustellen sind.⁶⁷ Der III. Senat des BGH lehnt dies grundsätzlich ab, da Rechtsgeschäfte im Zuge der Existenzgründung nach der objektiv zu bestimmenden Zweckrichtung auf unternehmeri-

6

---

⁶⁰ Vgl Geänderter Vorschlag der Europäischen Kommission für eine Richtlinie über bestimmte vertragsrechtliche Aspekte des Warenhandels vom 31.10.2017, KOM (2017) 637 final.
⁶¹ Vgl vor allem das Haustürwiderrufsgesetz (BGBl 1986 I 122) (HWiG); das Verbraucherkreditgesetz (BGBl 1990 I 2840) (VerbrKrG); das Teilzeit-Wohnrechtegesetz (BGBl 1996 I 2154) (TzWrG) sowie das Fernabsatzgesetz (BGBl 2000 I 897) (FernAbsG).
⁶² Dazu sogleich unten Rn 15 ff.
⁶³ Vgl Art 2 Abs 1 Nr 1 des Gesetzes über Fernabsatzverträge und andere Fragen des Verbraucherrechts sowie zur Umstellung von Vorschriften auf Euro v 27.6.2000 (BGBl 2000 I 897).
⁶⁴ Systembildend war vor allem die HWi-RL (Fn 12); deutlich abweichend hingegen die Pauschalreise-RL (Art 2 Nr 4) (Fn 16), dazu unten IV 2 d; vgl auch den einheitlichen Verbraucherbegriff in Art 2 Abs 1 VerbrRechte-RL (Fn 16), der für die früher in der HWi-RL und der Fernabsatz-RL geregelten Bereiche gilt.
⁶⁵ BGH WM 2010, 647, 648.
⁶⁶ Entscheidend auf den Schutzzweck der fraglichen verbraucherschutzrechtlichen Regelungen abstellend und somit eine mögliche Verbraucherstellung der GbR bejahend BGHZ 149, 80, 84 ff = NJW 2002, 368 ff zu § 1 Abs 1 VerbrKrG; abl aber für den Fall, dass unter den Gesellschaftern eine juristische Person ist, und zwar unabhängig davon, ob die Gesellschaft lediglich zu privaten Zwecken und nicht gewerblich oder selbstständig beruflich tätig ist, BGH NJW 2017, 2752 ff, juris Rn 25 ff; hingegen soll die Wohnungseigentümergemeinschaft nach BGHZ 204, 325, juris Rn 30 im Interesse des Verbraucherschutzes der in ihr zusammengeschlossenen, nicht gewerblich handelnden natürlichen Personen schon dann einem Verbraucher gemäß § 13 BGB gleichzustellen ist, wenn ihr wenigstens ein Verbraucher angehört und sie ein Rechtsgeschäft zu einem Zweck abschließt, der weder einer gewerblichen noch einer selbständigen beruflichen Tätigkeit dient; weitere Nachweise bei STAUDINGER/KANNOWSKI (2013) § 13 Rn 35 ff.
⁶⁷ Vgl zum Streitstand STAUDINGER/KANNOWSKI (2013) § 13 Rn 55 ff.

sches Handeln ausgerichtet seien.[68] Eine sowohl in der Abgrenzung als auch in der Sache problematische Ausnahme will der III. Senat allerdings für Geschäfte zur bloßen **Vorbereitung einer Existenzgründung** machen.[69] Nicht ganz zweifelsfrei geklärt ist im Übrigen, ob es für das Verbraucherhandeln allein auf die objektiv zu bestimmende Zweckrichtung ankomme oder auf die dem Vertragspartner erkennbaren Umstände.[70] Eine Zurechnung entgegen dem objektiv verfolgten Zweck kommt aber in Betracht, wenn **dem Vertragspartner vorgetäuscht** wird, dass die natürliche Person in Verfolgung ihrer gewerblichen oder selbständigen beruflichen Tätigkeit handle bzw die tatsächlich gegebene Vermittlungstätigkeit für eine Privatperson nicht offengelegt wird.[71] Für **Mischfälle** mit **doppelter**, sowohl privater als auch gewerblicher bzw selbständiger beruflicher **Zwecksetzung** (sog dual use) wird in der aktuellen, der Umsetzung der VerbrRechte-RL[72] dienenden Fassung[73] des § 13 BGB nunmehr klargestellt, dass schon die Verfolgung von Zwecken, die „überwiegend" weder der gewerblichen noch der selbständigen beruflichen Tätigkeit zugerechnet werden können, die Verbrauchereigenschaft begründet.[74] Obwohl § 13 BGB den Verbraucher in einer selbständigen Vorschrift definiert, greifen die verbraucherrechtlichen Regelungen des BGB grundsätzlich[75] nur in der b2c-Situation ein, erfordern also, dass auf der anderen Seite, gleichsam als Gegenstück zum Verbraucher, ein Unternehmer agiert.[76] Dies setzt nach § 14 BGB

---

[68] BGHZ 162, 253, 257 = BGH NJW 2005, 1273, 1274 mwNw.

[69] BGH NJW 2008, 435, 436 für die Beauftragung eines Steuerberaters mit der Erstellung eines so genannten Existenzgründungsberichts.

[70] Offen gelassen vom VIII Senat in BGH NJW 2009, 3780 f, der allerdings betont, dass aufgrund der negativen Formulierung des zweiten Halbsatzes des § 13 BGB rechtsgeschäftliches Handeln einer natürlichen Person grundsätzlich als Verbraucherhandeln anzusehen sei und etwa verbleibende Zweifel zu Gunsten der Verbrauchereigenschaft zu entscheiden seien, dazu ARTZ ZJS 2009, 719 ff; PIEKENBROCK/LUDWIG, Zum deutschen und europäischen Verbraucherbegriff, GPR 2010, 144 ff; so auch bereits BGH NJW 2005, 1045.

[71] Vgl EuGH 9.11.2016 – C-149/15 Wathelet, NJW 2017, 874, 875 Rn 32 ff, 45; ferner BGH 27.9.2017 – VIII ZR 271/16 juris Rn 41; BGH BB 2017, 2322, 2323 Rn 26 ff; in diesem Sinne auch bereits BGH NJW 2009, 3780, 3781 und BGH NJW 2005, 1045 ff.

[72] Siehe Erwägungsgrund 17 VerbrRechte-RL (Fn 15); vgl ferner zu Art 2 lit b Klausel-RL (Fn 15) EuGH 3.9.2015 – C-110/14 Costea, EuZW 2015, 767, 768 Rn 21 ff, wonach ein Rechtsanwalt, der mit einer Bank einen Kreditvertrag schließt, in dem der Zweck des Kredits nicht spezifiziert wird, als Verbraucher angesehen werden kann, sofern der Vertrag nicht mit der beruflichen Tätigkeit dieses Rechtsanwalts in Verbindung steht. Dabei soll insoweit der Umstand irrelevant sein, dass die sich aus diesem Vertrag ergebende Forderung durch eine Hypothek gesichert ist, die dieselbe Person als Vertreter ihrer Rechtsanwaltskanzlei bestellt hat und Güter betrifft, die der Ausübung ihrer beruflichen Tätigkeit dienen, wie ein im Eigentum dieser Kanzlei stehendes Grundstück.

[73] Die Neufassung beruht auf der Beschlussempfehlung des Rechtsausschusses des Bundestages v 12.6.2013, siehe BT-Drucks 17/13951, 5, 61.

[74] So schon früher die zum deutschen Recht hM, vgl STAUDINGER/KANNOWSKI (2013) § 13 Rn 44 ff; enger aber EuGH 20.1.2005 – C-464/01 Gruber, NJW 2005, 653, 654 f: Keine Berufung auf das Europäische Verbraucherzuständigkeitsrecht des EuGVÜ bzw heute der EuGVO bei doppeltem Zweck, es sei denn, der beruflich-gewerbliche Zweck ist derart nebensächlich, dass er im Gesamtzusammenhang des betreffenden Geschäfts nur eine ganz untergeordnete Rolle spielt, wobei die Tatsache, dass der nicht beruflich-gewerbliche Zweck überwiegt, ohne Bedeutung ist.

[75] Anders etwa § 489 Abs 1 Nr 2 aF für das Kündigungsrecht bei festverzinslichen Darlehen. Die seit dem Gesetz zur Umsetzung der Verbraucherkreditrichtlinie, des zivilrechtlichen Teils der Zahlungsdiensterichtlinie sowie zur Neuordnung der Vorschriften über das Widerrufs- und Rückgaberecht v 29.7.2009 (BGBl 2009 I 2355) (VerbrKr-RL-Umsetzungsgesetz) in § 500 BGB geregelten erweiterten Kündigungsmöglichkeiten des Verbraucherdarlehensnehmers setzen hingegen einen Verbraucherdarlehensvertrag, also eine b2c-Situation, voraus, vgl auch BT-Drucks 16/11643, 74.

voraus, dass die betreffende Person in Ausübung einer gewerblichen oder selbständigen beruflichen Tätigkeit handelt, wobei keine Gewinnerzielungsabsicht erforderlich ist.[77] Eine klare begriffliche Abgrenzung zum ebenfalls schlicht als „Unternehmer" bezeichneten Werkunternehmer iSv § 631 BGB hat der Gesetzgeber leider versäumt. Verbraucher- und Unternehmerbegriff iSv §§ 13, 14 BGB sind formal typisiert, so dass die individuelle Unerfahrenheit für die Verbrauchereigenschaft ebenso irrelevant ist wie die besondere Geschäftserfahrung der konkret agierenden Person für deren Einordnung als Unternehmer.[78]

Mit der **Schuldrechtsmodernisierung** wurden die wesentlichen verbrauchervertragsrechtlichen – bzw *auch* verbrauchervertragsrechtlichen – Sondergesetze[79] in das BGB überführt und so die Integration des Verbraucherrechts ins BGB weiter vorangetrieben. Die seit Jahrzehnten unter dem Schlagwort „**Sonderprivatrecht**" heftig geführte Diskussion um Legitimität und rechtssystematische Stellung privaten Verbraucherrechts wurde damit unter neue Vorzeichen gestellt.[80] **7**

Die Übernahme verbraucherrechtlicher Bestimmungen ins BGB hat jedoch nicht nur eine Gemengelage aus allgemeinem bürgerlichem Recht einerseits und spezifisch rollenorientiertem Verbraucherrecht andererseits geschaffen. Aufgrund der überwiegend unionsrechtlichen Wurzeln der verbraucherrechtlichen Normen geht vielmehr eine **deutlich stärkere europäische Prägung des BGB** mit einher, die nicht ohne Auswirkung auf die Auslegung des Gesetzes bleibt.[81] **8**

Dabei bestehen gerade im Verbraucherrecht durchaus Unterschiede zwischen autonomem nationalem und europäischem Rechtsverständnis, die sich insbesondere in traditionell unterschiedlichen lauterkeitsrechtlichen **Verbraucherleitbildern** widerspiegeln. Während das herkömmliche nationale Verbraucherrecht eher **Verbraucherschutz**recht ist, das **sozialrechtlich** begründet wird im Sinne eines Schutzes des Schwachen als **strukturell Unterlegenem**, versteht sich das europäische Verbraucherrecht stärker **marktbezogen**. Indem namentlich durch Ausgleich von Informationsdefiziten dafür gesorgt wird, dass Verträge den **legitimen Erwartungen** des Verbrauchers entsprechen, soll dessen **Zuversicht** in den Binnenmarkt gestärkt werden. Er soll zu größtmöglicher grenzüberschreitender Marktaktivität veranlasst werden und auf diese Weise eine aktive Rolle bei der Vollendung des Binnenmarktes spielen.[82] Damit korrespondieren **9**

---

[76] Explizit etwa § 474 Abs 1 S 1 BGB für den Verbrauchsgüterkauf u § 481 Abs 1 S 1 BGB für den Time-Sharing-Vertrag.
[77] BGHZ 167, 40, 45 f = NJW 2006, 2250, 2251; dass ein sog branchenfremdes Nebengeschäft vorliegt, ändert nichts am Handeln in Unternehmereigenschaft, BGH NJW 2011, 3435 (Gebrauchtwagenverkauf durch eine Druckerei).
[78] MünchKomm/MICKLITZ/PURNHAGEN (7. Aufl 2015) § 13 Rn 3.
[79] Neben den Regelungen der in Fn 61 genannten Gesetze wurde auch das AGB-Recht ins BGB übernommen.
[80] Vgl MünchKomm/MICKLITZ/PURNHAGEN (7. Aufl 2015) Vor §§ 13, 14 Rn 8; zur Sonderrechtsdiskussion anschaulich HEIDERHOFF, Grundstrukturen des nationalen und europäischen Verbrauchervertragsrechts (2004) 248 ff; siehe im Zusammenhang mit der Klauselkontrolle noch unten Rn 20 ff.
[81] Dazu sogleich noch unten Rn 10 ff.
[82] Zum Ganzen ausführlich HEIDERHOFF, Grundstrukturen des nationalen und europäischen Verbrauchervertragsrechts (2004) 219 ff, 331 ff.

Unterschiede zwischen dem in der lauterkeitsrechtlichen Rechtsprechung des EuGH[83] entwickelten **Verbraucherleitbild** des mündigen und informierten Verbrauchers und dem früher vom BGH[84] verfochtenen lauterkeitsrechtlichen Leitbild des flüchtigen und unkritischen Verbrauchers.

II. Auslegung des angeglichenen nationalen Verbraucherrechts

10 Unionsrechtliche Richtlinien binden den Mitgliedstaat nach Art 288 UAbs 3 AEUV lediglich hinsichtlich des zu erreichenden Ziels. Nur ausnahmsweise misst der EuGH ihnen unmittelbare Wirkung zu, die aber grundsätzlich nicht das horizontale Verhältnis zwischen Privaten erfasst.[85] Aus den Richtlinien erwächst damit in erster Linie für den nationalen Gesetzgeber die Pflicht zum Erlass geeigneter Umsetzungsvorschriften. Darüber hinaus obliegt es jedoch auch den nationalen Gerichten als Trägern öffentlicher Gewalt, die europäischen Vorgaben zu verwirklichen, indem sie das innerstaatliche Recht im Lichte des Inhalts der Richtlinie auslegen.[86] Dieser **Grundsatz richtlinienkonformer Auslegung** des **nationalen Rechts** gebietet nach der Rechtsprechung des EuGH, „dass die nationalen Gerichte unter Berücksichtigung des gesamten nationalen Rechts und unter Anwendung ihrer Auslegungsmethoden alles tun, was in ihrer Zuständigkeit liegt, um die volle Wirksamkeit der fraglichen Richtlinie zu gewährleisten und zu einem Ergebnis zu gelangen, das mit dem von der Richtlinie verfolgten Ziel übereinstimmt".[87] Das Verhältnis zu den Auslegungsgrundsätzen der deutschen Methodenlehre ist nach hM im Sinne einer **interpretatorischen Vorrangregel** zu verstehen, nach der sich die richtlinienkonforme Auslegung gegenüber den übrigen Auslegungskriterien bis zur Grenze unzulässigen *contra legem*-Judizierens grundsätzlich ohne weitere Abwägung durchsetzt.[88] Dabei schließt das Gebot richtlinienkonformer Auslegung die richterliche Rechtsfortbildung ein; die deutschen Gerichte müssen sich also, soweit dies methodisch anerkannt ist, auch der richterlichen Rechtsfortbildung bedienen.[89]

---

[83] Besonders plastisch EuGH 16.7.1998 – C-210/96 *Gut Springenheide*, EuZW 1998, 526, 527 f; dies bedeutet freilich nicht, dass der EuGH nicht zuweilen auch „klassische" soziale Verbraucherschutzüberlegungen anstellt, so insbesondere im Kontext der Inhaltskontrolle von Verbraucherverträgen, vgl insb EuGH 30.5.2013 – C-488/11 *Asbeek Brusse* und *de Man Garabito*, ZMR 2014, 75, 76 Rn 29 zur Erstreckung der Anwendbarkeit der Klausel-RL (Fn 15) auf Wohnraummietverträge, wo der EuGH betont, dass sich die Wohnraummiete auf ein grundlegendes Bedürfnis des Verbrauchers beziehe und Beträge betreffe, die für den Mieter meist einen der größten Haushaltsposten darstellten.

[84] Mittlerweile hat der BGH das europäische Verbraucherleitbild übernommen, vgl etwa BGH NJW-RR 2000, 1490, 1491 f; BGH NJW 2006, 3203, 3204; weitere Nachweise bei KÖHLER/BORNKAMM, Gesetz gegen den unlauteren Wettbewerb (35. Aufl 2017) § 1 UWG Rn 29 ff.

[85] St Rspr, vgl EuGH 26.2.1986 – C-152/84 *Marshall*, NJW 1986, 2178; EuGH 14.7.1994 – C-91/92 *Faccini Dori*, NJW 1994, 2473; EuGH 19.1.2010 – C-555/07 *Kücükdeveci*, NJW 2010, 427; EuGH 24.1.2012 – C-282/10 *Dominguez*, NJW 2012, 509; EuGH 26.9.2013 – C-476/11 *HK Danmark*; EuGH 15.1.2014 – C-176/12 *Association de médiation sociale*, NZA 2014, 193, 195; EuGH 21.4.2016 – C-377/14 *Radlinger*, EuZW 2016, 474, 478.

[86] Grdlgd EuGH 10.4.1984 – 14/83 *von Colson und Kamann*, NJW 1984, 2021; EuGH 10.4.1984 – 79/83 *Harz*, Slg 1984, 1921; EuGH 13.11.1990 – C-106/89 *Marleasing*, Slg 1990 I, 4135.

[87] EuGH 4.7.2006 – C-212/04 *Adeneler*, NJW 2006, 2465, 2467 f; vgl auch EuGH 5.10.2004 – verb Rs C-397/01 bis C-403/01 *Pfeiffer*, NJW 2004, 3547.

[88] Grdlgd CANARIS, Die richtlinienkonforme Auslegung und Rechtsfortbildung im System der juristischen Methodenlehre, in: FS Bydlinski (2002) 47, 68 ff.

[89] BGHZ 179, 27 ff *Quelle II* = NJW 2009, 427 ff; CANARIS, in: FS Bydlinski (2002) 47, 81 ff; kritisch NETTESHEIM, Auslegung und Fortbil-

L. Verbraucherschutz

Wo allerdings genau die Grenzen der zulässigen Rechtsfortbildung durch richtlinien- **11** konforme Auslegung in der deutschen Rechtsprechung verlaufen, ist sehr umstritten. Der EuGH betont klar, dass die nationalen Gerichte nicht zu einer Auslegung des nationalen Rechts *contra legem* verpflichtet seien.[90] Der VIII. Senat des BGH verlangt zwar eine verdeckte Regelungslücke im Sinne einer planwidrigen Unvollständigkeit des Gesetzes, nimmt jedoch eine solche Regelungslücke schon dann an, wenn der nationale Gesetzgeber über die beabsichtigte Richtlinienkonformität einer Regelung im Irrtum ist.[91] Diese großzügige Zulassung einer Rechtsfortbildung ist unter Gesichtspunkten der Rechtssicherheit und Rechtsklarheit bedenklich, zumal man auf diese Weise einer unmittelbaren Horizontalwirkung der Richtlinie doch recht nahe kommt.[92] Dabei ist die Frage, wie die Europäisierung des Privatrechts die Rechtsfortbildungskompetenz der nationalen Gerichte beeinflusst, von großer praktischer Bedeutung. Denn mit der zunehmenden europäischen Rechtssetzung kommt es – wohl fast unvermeidbar – immer wieder dazu, dass der nationale Gesetzgeber Richtlinienvorgaben verkennt und infolge dessen defizitäre Umsetzungsbestimmungen erlässt.[93] Besteht keine Möglichkeit, eine unzureichende Umsetzung im Wege richtlinienkonformer Auslegung durch die nationalen Gerichte zu korrigieren, bleibt nur der mitunter schwerfällige Weg der Gesetzesänderung.

Die **Auslegungskompetenz** für die **Richtlinien** selbst liegt beim EuGH; für letztinstanz- **12** lich entscheidende nationale Gerichte ergibt sich insoweit bei Zweifelsfragen aus Art 267 Abs 3 AEUV eine **Vorlagepflicht**.

---

dung nationalen Rechts im Lichte des Gemeinschaftsrechts, AöR 119 (1994) 261 ff.
[90] EuGH 4.7.2006 – C-212/04 *Adeneler*, NJW 2006, 2465; ferner EuGH 16.6.2005 – C-105/03 *Pupino*, NJW 2005, 2839; EuGH 24.1.2012 – C-282/10 *Dominguez*, NJW 2012, 509; EuGH 5.9.2013 – C-42/11 *Lopes da Silva Jorge*; EuGH 15.1.2014 – C-176/12 *Association de médiation sociale*, NZA 2014, 193, 195, hierzu Gsell, in: FS Köhler (2014) 197 ff.
[91] BGHZ 179, 27 ff = NJW 2009, 427 ff; BGHZ 192, 148, 160 ff = NJW 2012, 1073, 1076; BGHZ 201, 101 = NJW 2014, 2646, 2648; für sehr weitreichende Zulässigkeit einer richtlinienkonformen Rechtsfortbildung auch Herresthal, Rechtsfortbildung im europarechtlichen Bezugsrahmen (2006) passim, der aus dem infolge des Maastrichter Vertrages reformierten Art 23 GG ein Verfassungsstrukturprinzip der integrierten Staatlichkeit und daraus eine abweichende Konkretisierung der Gewaltenteilung mit einer Ausweitung der judikativen Rechtsgewinnung ableitet; für Vorrang des allgemeinen Willens des Gesetzgebers zur richtlinienkonformen Umsetzung gegenüber einer konkreten gesetzgeberischen Zwecksetzung, die sich als richtlinienwidrig erweist, etwa Roth,

Die richtlinienkonforme Auslegung, EWS 2005, 385, 395; vgl ferner Auer, Neues zu Umfang und Grenzen der richtlinienkonformen Auslegung, NJW 2007, 1106, 1108, wo es heißt: „Ein Verstoß gegen das Verbot der richtlinienkonformen Rechtsfindung *contra legem* ist deshalb so schwer zu begründen, weil das, was richtlinienkonform ist, schon definitionsgemäß nicht *contra legem* sein kann."
[92] Ausf Gsell, Zur Frage des Nutzungsersatzes bei Lieferung einer mangelhaften Kaufsache beim Verbrauchsgüterkauf, JZ 2009, 522 ff; dies ZJS 2012, 369, 373 f mwNw; kritisch auch bereits Piekenbrock/Schulze, Die Grenzen richtlinienkonformer Auslegung – autonomes Richterrecht oder horizontale Drittwirkung?, WM 2002, 521, 525 f; Schürnbrand, Die Grenzen richtlinienkonformer Rechtsfortbildung im Privatrecht, JZ 2007, 910 ff.
[93] Vgl zur Europarechtswidrigkeit der absoluten Befristung des versicherungsrechtlichen Widerrufsrechts ohne Rücksicht darauf, ob darüber ordnungsgemäß belehrt wurde, wie in § 5a Abs 2 S 4 VVG aF angeordnet, EuGH 19.12. 2013 – C-209/12 *Endress*; hierzu BGHZ 201, 101 = NJW 2014, 2646.

III. Instrumente des privatrechtlichen Verbraucherschutzes

1. Informationspflichten

13 In Übereinstimmung mit einem wesentlichen – sei es nun eher sozialrechtlich, sei es eher marktrechtlich motivierten – Anliegen des Verbraucherschutzes, Informationsdefizite des Verbrauchers auszugleichen und auf diese Weise rechtsgeschäftlichen Ungleichgewichtslagen abzuhelfen, stehen **vorvertragliche und vertragliche Informationspflichten** des Unternehmers im Zentrum des europäischen wie auch des entsprechend geprägten verbraucherschutzrechtlichen Instrumentariums des BGB.[94] Vor allem[95] bei komplexeren Geschäftstypen, die eine längerfristige erhebliche Bindung bewirken oder sonst, etwa aufgrund besonderer situativer Elemente, mit spezifischen Risiken verbunden sind, werden dem Unternehmer vor, bei und nach Vertragsschluss **Pflichtangaben** vorgeschrieben, die den Verbraucher in die Lage versetzen sollen, privatautonom im Sinne einer nicht nur formell, sondern **materiell verstandenen Privatautonomie**[96] zu agieren. Bei Verstoß gegen Informationspflichten drohen neben speziell angeordneten Sanktionen[97] vor allem die Schadensersatzhaftung aus § 280 Abs 1 BGB (ggf iVm §§ 311 Abs 2, 241 Abs 2 BGB), Unterlassungsansprüche aus § 2 UKlaG sowie § 4a UKlaG[98] sowie wettbewerbsrechtliche Beseitigungs-, Unterlassungs- und Schadensersatzansprüche aus §§ 8, 9 UKlag, jeweils iVm § 3, ggf auch mit § 3a oder § 5 UWG.[99] Häufig treten zu den Pflichtangaben verstärkend **Formerfordernisse** hinzu, die neben der Informations- vor allem **Warnfunktion** erfüllen und nicht selten nichtigkeitsbewehrt sind.[100]

14 Die überwiegend auf europäische Richtlinien zurückgehenden **Informationspflichten** waren ursprünglich größtenteils in den entsprechenden Sondergesetzen geregelt.[101] Später wurden sie im Zuge der Schuldrechtsmodernisierung in der BGB-Informationspflichten-Verordnung (BGB-InfoV) zusammengefasst,[102] bis sie dann (anders aber

---

[94] Näher zu den Informationspflichten im BGB J Hoffmann, Spezielle Informationspflichten im BGB und ihre Sanktionierung, ZIP 2005, 829.
[95] Vgl aber zu den allgemeinen Informationspflichten bei entgeltlichen Verbraucherverträgen sogleich Rn 14.
[96] Zum Gegensatz zwischen formaler und materialer Vertragsfreiheit Canaris, Wandlungen des Schuldvertragsrechts – Tendenzen zu seiner „Materialisierung", AcP 200 (2000) 273 ff.
[97] Vgl etwa § 356 Abs 3 S 1 BGB; § 356a Abs 2 S 2 BGB; Abs 3 S 1 u Abs 4 S 1; § 356b Abs 1, Abs 2 S 1 bis 3 BGB, Abs 3; § 356c Abs 1 u Abs 2 S 1 BGB; § 356d S 1 BGB (Aufschub des Beginns bzw Verlängerung der Widerrufsfrist).
[98] Gesetz über Unterlassungsklagen bei Verbraucherrechts- und anderen Verstößen (Unterlassungsklagengesetz).
[99] Gesetz gegen den unlauteren Wettbewerb; auch ein Gewinnabschöpfungsanspruch nach § 10 UWG mag uU in Betracht kommen.
[100] Vgl insb § 483 Abs 1, 3 BGB; §§ 484 Abs 1, 125 S 1 BGB (Time-Sharing-Vertrag); §§ 492 Abs 1, 494 Abs 1, 506 Abs 1 S 1, 507 Abs 2 BGB (Verbraucherdarlehensvertrag, entgeltliche Finanzierungshilfe, Teilzahlungsgeschäft); §§ 510 Abs 1, 125 S 1 BGB (Ratenlieferungsvertrag); §§ 655b Abs 1 S 1, Abs 2 BGB (Darlehensvermittlungsvertrag).
[101] Vgl vor allem §§ 4 Abs 1 S 5, 8 Abs 1, 15 Abs 1 S 2 VerbrKrG; §§ 2 Abs 2, 3 Abs 3 S 3, 4 Abs 1–3 TzWrG; § 2 FernAbsG.
[102] Verordnung über Informations- und Nachweispflichten nach bürgerlichem Recht v 5.8. 2002 (BGBl 2002 I 3002), mit Wirkung zum 1.7. 2018 aufgehoben durch Art 7 des Dritten Gesetzes zur Änderung reiserechtlicher Vorschriften v 17.7.2017 (BGBl 2017 I 2394); nach Art 2 dieses Gesetzes werden die reiserechtlichen Informationspflichten in Art 250 bis 253 EGBGB enthalten sein; Vorläufer der BGB-InfoV war die Verordnung über Informationspflichten von Reiseveranstaltern v 14.11.1994 (BGBl 1994 I 3436), vgl Art 4 des Schuldrechtsmodernisierungsgesetzes v 26.11.2001 (BGBl 2001 I 3138).

noch bis zum 1.7.2018[103] die Informationspflichten des Reiseveranstalters) **in das EG-BGB überführt** wurden. Auf die im EGBGB (und noch bis zum 1.7.2018[104] in der BGB-InfoV) geregelten Informationspflichten wird in den einschlägigen Normen des BGB[105] verwiesen. Die Pflichtangaben für Time-Sharing-Verträge sind in Art 242 EGBGB geregelt. Dagegen enthält Art 246 Abs 1 EGBGB vorvertragliche **Pflichtinformationen**, die gem § 312a Abs 2 BGB iVm § 312 BGB, grundsätzlich **allgemein für entgeltliche Verbraucherverträge** gelten, wobei jedoch nach Art 246 Abs 2 EGBGB Verträge ausgenommen sind, die Geschäfte des täglichen Lebens zum Gegenstand haben und bei Vertragsschluss sofort erfüllt werden.[106] Die Belehrung über ein etwaiges Widerrufsrecht, die früher in § 360 aF angesiedelt war, findet sich nunmehr in Art 246 Abs 3 EGBGB.[107] Die Informationspflichten speziell für die besonderen Vertriebsformen sind demgegenüber Art 246a bis c EGBGB zu entnehmen, wobei Art 246a und b EGBGB neben Vorgaben für Fernabsatzgeschäfte nunmehr auch **Informationspflichten für außerhalb von Geschäftsräumen geschlossene Verträge** vorsehen, während Art 246c EGBGB die gebotenen Angaben im elektronischen Geschäftsverkehr enthält.

Sedes materiae für die Informationspflichten bei Verbraucherdarlehensverträgen ist hingegen Art 247 EGBGB; entgeltliche Finanzierungshilfen und Darlehensvermittlungsverträge sind in Art 247a EGBGB geregelt. Für Verträge über Zahlungsdienstleistungen ist Art 248 EGBGB einschlägig und die erforderlichen Angaben bei **Verbraucherbauverträgen** finden sich schließlich seit dem 1.1.2018 in Art 249 EGBGB.

2. Widerrufsrecht

Ein weiteres, die Informationspflichten ergänzendes Instrument des Verbraucherschutzes stellt das nach § 355 Abs 2 S 1 BGB grundsätzlich auf **14 Tage** befristete **Widerrufsrecht** dar. Damit wird dem Verbraucher, allerdings nur bei **bestimmten Verbrauchergeschäften**,[108] in Durchbrechung des pacta sunt servanda-Grundsatzes eine nicht abdingbare „cooling-off period" zugebilligt, in der er den Vertragsschluss überdenken und etwaige Alternativen am Markt prüfen kann. Die einschlägigen Bestimmungen[109]

---

[103] Siehe dazu Fn 102.
[104] Siehe dazu die Fn 102.
[105] Vgl namentlich § 312d Abs 1 BGB für außerhalb von Geschäftsräumen geschlossene Verträge und Fernabsatzverträge; § 312i Abs 1 S 1 Nr 2 BGB für den elektronischen Geschäftsverkehr; §§ 482 Abs 1, 482a S 3, 484 Abs 2 S 5 Nr 1 BGB für Time-Sharing-Verträge; seit dem 1.1.2008 § 650j BGB für den Verbraucherbauvertrag; § 651a Abs 3 S 2 BGB für Reiseverträge; § 492 Abs 2 BGB für Verbraucherdarlehensverträge, §§ 506 Abs 1 iVm 492 Abs 2 BGB für sonstige Verbraucher-Finanzierungshilfen und § 655a Abs 2 S 1 BGB für Verbraucher-Darlehensvermittlungsverträge.
[106] Weitere Einschränkungen des sachlichen Anwendungsbereichs ergeben sich bereits unmittelbar aus § 312 BGB, siehe vor allem Abs 2 der Vorschrift.
[107] Da das Widerrufsrecht nicht mehr durch ein Rückgaberecht ersetzt werden kann, siehe nur BT-Drucks 17/12637, 36, ist nur die Widerrufsbelehrung geregelt.
[108] Als solche nicht per se widerruflich sind namentlich die im elektronischen Geschäftsverkehr geschlossenen Verbraucherverträge (§ 312i BGB), Verbrauchsgüterkaufgeschäfte (§ 474 Abs 1 S 1 BGB) sowie Verbraucherdarlehensvermittlungsverträge (§ 655a BGB); vgl aber zu verbundenen und zusammenhängenden Verträgen unten Rn 59 ff.
[109] Vgl für außerhalb von Geschäftsräumen geschlossene Geschäfte und Fernabsatzverträge § 312g Abs 1 BGB und Art 9 Abs 1 VerbrRechte-RL sowie Art 6 der FernAbsFin-RL; für Time-Sharing-Verträge § 485 BGB und Art 6 der Time-Sharing-RL-neu; für Verbraucherdarlehensverträge, sonstige Finanzierungshilfen und Ratenlieferungsverträge §§ 495 Abs 1, 506 Abs 1, 510 Abs 2 BGB sowie Art 14

setzen eine spezifische, die freie Entscheidung gefährdende **Vertragsschlusssituation** voraus oder einen **Vertragstyp**, der mit besonderen bzw bei Vertragsschluss nur schlecht zu überblickenden Belastungen verbunden ist.[110] Bereits 1974 wurde ein solcher Übereilungsschutz – ohne jede europäische Vorgabe – in das damalige **Abzahlungsgesetz (AbzG)**[111] integriert.[112] Seinen endgültigen Durchbruch als Instrument des Verbraucherschutzes schaffte das Widerrufsrecht 1986 mit dem parallel zur **EG-Haustürwiderrufs-Richtlinie (HWi-RL)**[113] erlassenen **Haustürwiderrufsgesetz (HWiG)**[114], das mit der Anknüpfung des Widerrufsrechts an die bei Vertragsverhandlungen in Privatwohnungen und vergleichbaren Vertragsschlussorten drohende Überrumpelungsgefahr zugleich paradigmatisch ist für die Fallgruppe situativer, die Entscheidungsfreiheit beeinträchtigender Momente. Es folgte die Umsetzung weiterer europäischer Verbraucherschutz-Richtlinien mit Widerrufs-Vorgaben sowie die Schaffung autonom-nationaler Widerrufsrechte. Mit der Transformation der **Fernabsatz-Richtlinie (FernAbs-RL)** unterwarf der Gesetzgeber die Widerrufsrechte einer **einheitlichen Regelung im BGB**, zunächst in §§ 361a und b aF.[115] Aktuell sind die §§ 355–357d BGB[116] sedes materiae. In den einschlägigen, ein Widerrufsrecht eröffnenden Normen wird dementsprechend auf § 355 BGB verwiesen,[117] der selbst kein Widerrufsrecht schafft und nunmehr in Abs 3 auch die Widerrufsfolgen grundsätzlich eigenständig und nicht mehr durch Verweisung auf das Rücktrittsfolgenrecht bestimmt. Demgegenüber enthalten §§ 356–357d BGB[118] nach Vertragstypen und Vertriebssituationen differenzierende Regelungen zum Widerruf und seinen Folgen.

16 Die Widerrufsberechtigung nach § 355 BGB lässt sich am besten als **besonderes Rücktrittsrecht**[119] verstehen.[120] Die fristgerechte Ausübung des Gestaltungsrechts wandelt den Vertrag in ein **Rückgewährschuldverhältnis** um. Sie hat durch **einseitige begründungsfreie**, aber **empfangsbedürftige**[121] **Willenserklärung** zu erfolgen. Auch nach den

---

VerbrKr-RL-neu und Art 6 Abs 2 Unterabs 2 WohnimmoKr-RL; für unentgeltliche Darlehensverträge und unentgeltliche Finanzierungshilfen §§ 514 Abs 2, 515 BGB; seit dem 1.1.2018 für den Verbraucherbauvertrag § 650l BGB; jenseits des BGB außerdem § 4 FernUSG für Fernunterrichtsverträge; ferner §§ 8 Abs 1, 152 Abs 1 VVG für Versicherungsverträge (Fn 350) sowie § 305 KAGB (früher: § 126 Abs 1 InvG) für den Erwerb von Anteilen oder Aktien eines offenen Investmentvermögens.

[110] Instruktiv zu Sinn und Zweck des Widerrufsrechts BGH NJW 2010, 2868, 2871.
[111] Siehe Fn 1.
[112] Vgl § 1b AbzG in der Fassung des Zweiten Gesetzes zur Änderung des Abzahlungsgesetzes v 15.5.1974, Vorläufer des späteren § 7 VerbrKrG und des heutigen § 495; die VerbrKr-RL sah ursprünglich kein Widerrufsrecht vor, anders aber die reformierte Richtlinie, vgl Art 14 Abs 1 VerbrKr-RL-neu (Fn 12); Widerrufsrechte enthielten auch bereits § 11 AuslInvG v 28.7.1969 (BGBl 1969 I 986) sowie § 23 KAGG v 14.1.1970 (BGBl 1970 I 127), die durch das Investmentmodernisierungsgesetz v 15.12.2003 (BGBl 2003 I 2676) zum 1.1.2004

aufgehoben und durch § 126 Abs 1 InvG, jetzt: § 305 KAGB abgelöst wurden.
[113] Siehe Fn 13.
[114] Siehe Fn 61.
[115] Eingefügt mWv 30.6.2000 durch Art 2 Abs 1 Nr 3 des Gesetzes über Fernabsatzverträge und andere Fragen des Verbraucherrechts sowie zur Umstellung von Vorschriften auf Euro v 27.6.2000 (Fn 63), mWv 1.1.2002 aufgehoben durch Art 1 Abs 1 Nr 27 des Schuldrechtsmodernisierungsgesetzes v 26.11.2001 (Fn 102).
[116] Vor dem 1.1.2018: §§ 355–357c aF.
[117] Dies gilt nicht für § 8 VVG sowie § 305 KAGB (früher: § 126 Abs 1 InvG).
[118] Vor dem 1.1.2018: §§ 356–357c aF.
[119] In der Sache ähnlich bereits § 4 Abs 1 FernUSG aF für Fernunterrichtsverträge.
[120] Hingegen bedarf es keiner eigenständigen Konstruktion „schwebender Wirksamkeit", von der die Gesetzesbegründung ausgeht, vgl BT-Drucks 14/2658, 47; die zum früheren Recht hM hielt den Vertrag dagegen bis zum fruchtlosen Ablauf der Widerrufsfrist für schwebend unwirksam, vgl zum Ganzen näher STAUDINGER/KAISER (2012) § 355 Rn 22 ff.
[121] Unbeschadet der Empfangsbedürftigkeit der

L. Verbraucherschutz   16

neuen, **allgemein entgeltliche Verbraucherverträge** erfassenden § 312a Abs 2 S 1 BGB iVm Art 246 Abs 3 S 1 EGBGB ist der Verbraucher künftig grundsätzlich in **Textform**[122] über ein etwaiges Widerrufsrecht zu belehren. Im Übrigen ergeben sich die – nach Vertragstyp und Vertriebssituation differenzierenden – formalen Anforderungen an die Widerrufsbelehrung aus den jeweiligen Sonderbestimmungen zu den Informationspflichten im EGBGB[123], so insbesondere für **Fernabsatzgeschäfte und außerhalb von Geschäftsräumen geschlossene Verträge** aus dem in § 312d Abs 1 BGB in Bezug genommenen Art 246a § 1 Abs 2, § 2 Abs 2 Nr 2 und 3, § 3 Nr 4, § 4 EGBGB.[124]

Nach § 355 Abs 2 S 2 BGB ist grundsätzlich der **Vertragsschluss** für den **Beginn des Fristenlaufes** maßgeblich. Die §§ 356–356e BGB[125] knüpfen dann aber den Fristbeginn für die jeweils geregelten Vertragstypen und Vertriebssituationen an bestimmte zusätzliche Erfordernisse, insbesondere die **Einhaltung von Belehrungsanforderungen**. So wird namentlich für **Fernabsatzgeschäfte und außerhalb von Geschäftsräumen** geschlossene Verträge[126] in § 356 Abs 3 S 1 BGB iVm Art 246a § 1 Abs 2 S 1 Nr 1 EGBGB bzw – soweit diese Finanzdienstleistungen betreffen – in Art 246b § 2 Abs 1 EGBGB die **Ingangsetzung der Frist** weiterhin davon abhängig gemacht, dass eine **ordnungsgemäße Widerrufsbelehrung** erfolgt.[127]

Muster für die **Widerrufsbelehrung** sind in den Anlagen 1 und 3 sowie 7 bis 10[128] zum EGBGB enthalten. Der Gesetzesrang der Musterbelehrung soll nicht zuletzt bewirken, dass die für den Fall der Verwendung des Musters im EGBGB jeweils aufgestellten Fiktionen einer ordnungsgemäßen Widerrufsbelehrung nicht mit dem Argument infrage gestellt werden können, das Muster verfehle die gesetzlichen Anforderun-

---

Erklärung genügt zur Fristwahrung gemäß § 355 Abs 1 S 5 BGB aE die rechtzeitige Absendung; der Unternehmer trägt also das Verzögerungsrisiko, der Verbraucher das Verlustrisiko (der Erklärung), vgl STAUDINGER/KAISER (2012) § 355 Rn 37.
[122] Vgl dazu BGH NJW 2014, 2857, 2858 Rn 19: Die bloße Abrufbarkeit einer Widerrufsbelehrung auf einer gewöhnlichen Webseite („ordinary website") des Unternehmers reicht für die Wahrung der Textform nicht aus, weil die Belehrung hier nicht in einer unveränderlichen textlich verkörperten Gestalt in den Machtbereich des Verbrauchers gelangt. Erforderlich ist in diesem Falle vielmehr, dass der Verbraucher die Belehrung per Briefpost oder E-Mail erhält oder auf seinem Computer abspeichert oder selbst ausdruckt.
[123] Dazu näher Rn 14.
[124] Für Fernabsatzgeschäfte und außerhalb von Geschäftsräumen geschlossene Verträge über Finanzdienstleistungen gelten § 312d Abs 2 BGB iVm Art 246b § 1 Abs 1 S 1 Nr 12, Abs 2 Nr 5 EGBGB. Dagegen sind nach § 312a Abs 2 S 3 BGB die S 1 und 2 weder auf außerhalb von Geschäftsräumen geschlossene Verträge und Fernabsatzgeschäfte noch auf Finanzdienstleistungsverträge anwendbar.

[125] Vor dem 1.1.2018: §§ 356–356d BGB.
[126] Vgl ferner die ähnl Regelungen in § 356a Abs 3 S 1 u Abs 4 S 1 BGB zu Timesharing-Verträgen, in § 356b Abs 2 S 1 bis 3 BGB sowie Abs 3 BGB zu Verbraucherdarlehensverträgen, in § 356c Abs 1 BGB zu Ratenlieferungsverträgen, in § 356d S 1 BGB für unentgeltliche Darlehensverträge und unentgeltliche Finanzierungshilfen und ab dem 1.1.2018 in § 356e S 1 BGB für Verbraucherbauverträge.
[127] Dagegen ist anders als früher nach § 312d Abs 2 BGB und § 312g Abs 6 S 2 aF der Lauf der Widerrufsfrist künftig grundsätzlich nicht mehr davon abhängig, dass sonstige Informationspflichten erfüllt werden, dazu BT-Drucks 17/12637, 61.
[128] Mit Wirkung ab dem 1.1.2018 ist die Anlage 10 mit einer Musterbelehrung für Verbraucherbauverträge hinzu; ferner ist in Art 242 § 2 EGBGB angeordnet, dass die Informationen über das Widerrufsrecht in einem Formblatt gemäß dem Muster in Anhang V der Time-Sharing-RL-neu erteilt werden müssen. Anlage 2 zum EGBGB enthält außerdem ein Muster-Widerrufsformular, das auf Anhang I Teil B der VerbrRechte-RL entspricht.

gen.¹²⁹ So genügt der Unternehmer beispielsweise nach Art 246a § 1 Abs 2 S 2 EG-BGB seiner Belehrungspflicht, wenn er das in Anlage 1 vorgesehene Muster für die Widerrufsbelehrung zutreffend ausgefüllt in Textform übermittelt. Eine Pflicht zur Verwendung dieses auf Anhang I Teil A VerbrRechte-RL zurückgehende Belehrungsmusters besteht allerdings nicht.¹³⁰

In der Vergangenheit mussten die Muster wiederholt als fehlerhaft korrigiert bzw angepasst werden.¹³¹ Mittlerweile hat der BGH allerdings entschieden, dass der Verwender einer materiell fehlerhaften Widerrufsbelehrung sich auf die Gesetzlichkeitsfiktion der Belehrung nach dem früheren § 14 Abs 1 BGB-InfoV berufen kann, wenn er das in Anlage 2 zu dieser Vorschrift geregelte Muster für die Widerrufsbelehrung in der bei Vertragsschluss geltenden Fassung verwendete.¹³² Im Juni 2017 hat der BGH¹³³ dem EuGH die Frage zur Vorabentscheidung vorgelegt, ob es bei **Fernabsatzgeschäften** im Fall **begrenzter Darstellungsmöglichkeit** nach Art 8 Abs 4 Art 6 Abs 1 lit h VerbrRechte-RL stets zwingend geboten ist, dem Fernkommunikationsmittel das **Muster-Widerrufsformular** nach Anhang I Teil B der VerbrRechte-RL¹³⁴ beizufügen. Eine Entscheidung steht noch aus.

17 Für **Fernabsatzgeschäfte und außerhalb von Geschäftsräumen geschlossene Verträge** wird in § 356 Abs 3 S 2 BGB eine **absolute Höchstfrist** für den Widerruf von **zwölf Monaten und vierzehn Tagen** angeordnet¹³⁵, beginnend mit dem Zeitpunkt, in dem bei hypothetischer ordnungsgemäßer Belehrung die reguläre Widerrufsfrist zu laufen begonnen hätte.¹³⁶ Belehrungsverstöße bewirken also bei diesen Verträgen kein „**ewiges Widerrufsrecht**" mehr. Entsprechendes ergibt sich für **Timesharing-Verträge** aus § 356a Abs 3 S 2, Abs 4 S 2 BGB, für **Immobiliar-Verbraucherdarlehensverträge** aus § 356b Abs 2 S 4 BGB¹³⁷, für **Ratenlieferungsverträge** aus § 356c Abs 2 S 2 BGB, für **unentgeltliche Darlehensverträge und unentgeltliche Finanzierungshilfen** aus § 356d S 2 BGB sowie seit dem 1.1.2018 für **Verbraucherbauverträge** aus § 356e S 2 BGB.

---

¹²⁹ Dazu Schröder, Gesetz ... zur Neuordnung der Vorschriften über das Widerrufs- und Rückgaberecht, NJW 2010, 1933, 1936.
¹³⁰ Dies entspricht Art 6 Abs 4 S 2 VerbrRechte-RL (Fn 16).
¹³¹ Vgl dazu Gsell, in: Staudinger/Eckpfeiler (2014) L. Rn 15. Sowie Schirmbacher, Musterhafte Widerrufsbelehrungen – Neuerungen und kein Ende, BB 2009, 1088, 1091 ff.
¹³² BGH NJW 2012, 3298, 3299: Danach wird die Gesetzlichkeitsfiktion der Musterbelehrung von der Ermächtigungsgrundlage des Art 245 Nr 1 EGBGB aF gedeckt; dies gilt allerdings nach BGH NJW 2014, 2022, 2023 Rn 15; BGH VuR 2015, 307 ff, juris Rn 8 nur dann, wenn der Unternehmer ein Formular verwendet hat, das dem Muster sowohl inhaltlich als auch in der äußeren Gestaltung vollständig entspricht, nicht aber, wenn er den Text der Musterbelehrung einer eigenen inhaltlichen Bearbeitung unterzogen hat

¹³³ Siehe BGH WM 2017, 1474.
¹³⁴ Siehe dazu bereits Fn 128.
¹³⁵ Abweichendes gilt allerdings für Verträge über Finanzdienstleistungen. Hier greift nach § 356 Abs 3 S 3 BGB die absolute Höchstfrist nicht ein.
¹³⁶ Damit wird Art 10 VerbrRechte-RL (Fn 12) umgesetzt; gemäß der Übergangsregelung in Art 229 § 32 Abs 2 bis 4 EGBGB ist das Widerrufsrecht aus Altverträgen bei Belehrungsfehlern, sofern keine Finanzdienstleistung vorliegt, spätestens mit Ablauf des 27.6.2015 erloschen, siehe dazu BGH MMR 2017, 329, 334 Rn 57.
¹³⁷ Siehe zu Altfällen von Immobiliarkrediten Art 229 § 38 Abs 3 S 1 EGBGB, wonach ein aufgrund fehlerhafter Widerrufsbelehrung zunächst fortbestehendes Widerrufsrecht grundsätzlich spätestens drei Monate nach dem 21.3. 2016 erlosch.

L. Verbraucherschutz 18

Ein „**ewiges Widerrufsrecht**" aufgrund von Informationspflichten-Verstößen kann aber weiterhin insbesondere[138] bei **Allgemein-Verbraucherdarlehensverträgen** bestehen. Namentlich ist für die nach § 356b Abs 2 S 1 bis S 3 BGB bei Fehlen der nach § 492 Abs 2 BGB gebotenen Pflichtangaben oder bei fehlender Widerrufsbelehrung geltende verlängerte Widerrufsfrist von einem Monat, die erst mit der Nachholung dieser Angaben zu laufen beginnt, keine absolute Höchstfrist angeordnet. Es kommt dann allenfalls eine Verwirkung nach den allgemeinen Regeln (§ 242 BGB) in Betracht.[139] Die gesetzlichen Unterschiede in Bezug auf das Eingreifen oder Nichteingreifen einer absoluten Höchstfrist gehen maßgeblich auf europäischen Vorgaben zurück. Insbesondere ist in der VerbrKr-RL[140] anders als in der VerbrRechte-RL[141] keine Höchstfrist vorgesehen.

Soweit **durch Gesetz ausdrücklich zugelassen**,[142] konnte das Widerrufsrecht früher nach § 356 Abs 1 S 1 aF beim Vertragsschluss auf Grund eines **Verkaufsprospekts** durch ein **Rückgaberecht** ersetzt werden.[143] Es stellte ebenfalls eine Sonderform des **Rücktrittsrechts** dar, konnte jedoch gemäß § 356 Abs 2 S 1 BGB grundsätzlich[144] allein durch **Rücksendung der Sache** ausgeübt werden. Seit dem Inkrafttreten des VerbrRechte-RLUmsG am 13.6.2014 kann das Widerrufsrecht nicht mehr durch ein Rückgaberecht ersetzt werden. Zugleich ist damit allerdings auch die Möglichkeit eines konkludenten Widerrufs durch bloße Rücksendung entfallen.

Durch das VerbrRechte-RLUmsG[145] ist das **Rückabwicklungsrecht nach verbraucher-** 18 **rechtlichem Widerruf** mit Wirkung zum 13.6.2014 **neu geordnet** worden. Einen Verweis auf das Rücktrittsfolgenrecht enthält das Gesetz anders als früher[146] nicht mehr, so dass §§ 346–348 BGB nicht mehr anwendbar sind. Vielmehr sind die neuen, in §§ 355 ff enthaltenen Regelungen als eigenständiges Regime der Widerrufsfolgen abschließend[147] angelegt. Dabei regeln nur §§ 355 Abs 3, 361 die Widerrufsfolgen allgemein, während §§ 357–357d BGB[148] gesonderte Bestimmungen für einzelne Vertragstypen und Vertriebssituationen enthalten.[149] Es ergeben sich namentlich[150] folgen-

---

[138] Vgl auch bereits Fn 126.
[139] Zu eng aber STAUDINGER/KAISER (2012) § 355 Rn 91, die den Unternehmer bei fehlender Belehrung „allenfalls ganz ausnahmsweise" für berechtigt hält, sich auf die Verwirkung zu berufen. Die in § 2 Abs 1 S 4 HWiG (in der Fassung vom 16.1.1986, BGBl 1986 I 122) vorgesehene zeitliche Begrenzung von einem Monat nach beiderseits vollständiger Erbringung der Leistung auch im Falle mangelnder Belehrung ist nach Ansicht des EuGH mit der HWi-RL vereinbar, EuGH 10.4.2008 – C-412/06 *Hamilton*, NJW 2008, 1865, da bei vollzogenem Vertrag keine „Verpflichtung" iSv Art 5 HWi-RL mehr denkbar ist, dazu GSELL ZJS 2008, 312. Zur weitergehenden Vorlagefrage, ob das Widerrufsrecht verwirkt werden kann, brauchte der EuGH nicht Stellung zu nehmen.
[140] Siehe Art 14 VerbrKr-RL.
[141] Siehe Fn 136.
[142] Vgl § 312 Abs 1 S 2 aF für Haustürgeschäfte;
§ 312d Abs 1 S 2 aF für Fernabsatzverträge und § 508 Abs 1 aF für Teilzahlungsgeschäfte.
[143] Näher dazu STAUDINGER/KAISER (2012) § 356 Rn 15 ff.
[144] Nur wenn die Sache nicht als Paket versandt werden konnte, genügte die Ausübung durch Rücknahmeverlangen, § 356 Abs 2 S 1 HS 2 aF.
[145] Siehe Fn 27.
[146] Zur früheren Rechtslage siehe GSELL, in: STAUDINGER/Eckpfeiler (2014) L. Rn 17.
[147] So explizit BT-Drucks 17/12637, 59; siehe ferner § 361 Abs 1 idFd VerbrRechte-RLUmsG, wo ausdrücklich angeordnet wird, dass gegen den Verbraucher keine weitergehenden Ansprüche bestehen.
[148] Vor dem 1.1.2018: §§ 357–357c BGB aF.
[149] Zu der in §§ 358–360 BGB geregelten besonderen Problematik verbundener und zusammenhängender Verträge siehe unten Rn 59.
[150] Näher HILBIG-LUGANI, Neuerungen im Außergeschäftsraum- und Fernabsatzwiderrufsrecht – Teil 2, ZJS 2013, 545, 547 ff.

de wesentliche Änderungen gegenüber dem bisherigen Recht: Die **empfangenen Leistungen** sind in Abweichung von § 271 Abs 1 BGB grundsätzlich nicht mehr sofort, sondern nach § 355 Abs 3 S 1 BGB, der eine Anspruchsgrundlage darstellt,[151] nur noch **unverzüglich zurückzugewähren**.[152] Bei Verträgen über **Finanzdienstleistungen** greift gem § 357a Abs 1 BGB zusätzlich eine Höchstfrist von 30 Tagen ein,[153] bei **außerhalb von Geschäftsräumen geschlossenen Verträgen und Fernabsatzgeschäften** gem § 357 Abs 1 BGB eine Höchstfrist von 14 Tagen, wobei der Verkäufer bei einem Verbrauchsgüterkauf nach Abs 4 die Rückzahlung[154] verweigern kann, bis er die Waren zurückerhalten oder der Verbraucher den Nachweis erbracht hat, dass er die Waren abgeholt hat.[155] Ein reziprokes Zurückbehaltungsrecht des Verbrauchers ist dagegen nicht vorgesehen.[156] Die genannten Höchstfristen beginnen jeweils nach § 355 Abs 3 S 2 BGB für den Unternehmer mit dem Zugang der Widerrufserklärung, für den Verbraucher hingegen mit deren Abgabe, wobei der Verbraucher die Frist nach S 3 durch rechtzeitige Absendung der Waren wahrt.

Wie früher nach § 355 Abs 2 S 2 aF **trägt** nach § 355 Abs 3 S 4 BGB der **Unternehmer** weiterhin die **Gefahr der Rücksendung der Waren**. Dagegen gibt es keine allgemeine Regelung mehr zur **Wertersatzpflicht für einen Wertverlust der Waren**. Für **außerhalb von Geschäftsräumen geschlossene Verträge und Fernabsatzgeschäfte** ist jedoch in § 357 Abs 7 BGB – im Grundsatz ähnlich zum bisherigen § 357 Abs 3 S 1 aF[157] – weiterhin eine Wertersatzpflicht angeordnet für den Fall, dass der Wertverlust auf einen Umgang mit den Waren zurückzuführen ist, der zur Prüfung der Beschaffenheit, der Eigenschaften und der Funktionsweise der Waren nicht notwendig war und der Unternehmer den Verbraucher ordnungsgemäß über sein Widerrufsrecht unterrichtet hat.[158] Eines Hinweises auf die Wertersatzpflicht bedarf es danach anders als früher grundsätzlich[159] nicht mehr. Inwieweit im Falle von Belehrungsverstößen darüber hinaus

---

[151] Siehe BT-Drucks 17/12637, 60; MünchKomm/FRITSCHE (7. Aufl 2016) § 355 Rn 49.
[152] Grundlage für das Rückgewährfristenregime sind Art 13 Abs 1 und Art 14 Abs 1 VerbrRechte-RL (Fn 16).
[153] Siehe auch bereits bislang die Verweisung auf § 286 Abs 3 BGB in § 357 Abs 1 S 2 BGB.
[154] In Umsetzung von Art 13 Abs 1 UAbs 2 VerbrRechte-RL hat der Unternehmer gem § 357 Abs 3 BGB dasselbe Zahlungsmittel zu verwenden, das der Verbraucher bei der Zahlung verwendet hat, es sei denn, es wurde ausdrücklich Abweichendes vereinbart und dem Verbraucher entstehen dadurch keine Kosten.
[155] Dies gilt allerdings dann nicht, wenn der Verkäufer angeboten hat, die Ware abzuholen. In diesem Fall ist der Verbraucher nach § 357 Abs 5 nicht verpflichtet, die Waren abzuholen.
[156] Zur Kritik an diesem einseitigen Zurückbehaltungsrecht siehe die Nw bei HILBIG-LUGANI, Neuerungen im Außergeschäftsraum- und Fernabsatzwiderrufsrecht – Teil 2, ZJS 2013, 545, 548.
[157] Näher HILBIG-LUGANI, Neuerungen im Außergeschäftsraum- und Fernabsatzwiderrufsrecht – Teil 2, ZJS 2013, 545, 549; zu § 357 Abs 3

aF vgl BGH NJW 2017, 878, wonach der Verbraucher, der im Fernabsatz einen Katalysator gekauft, diesen anschließend in sein Kraftfahrzeug eingebaut und mit diesem eine (kurze) Probefahrt durchgeführt hat, nach Widerruf Ersatz für die Verschlechterung schuldet, die dadurch an dem Katalysator eingetreten ist. Solche Maßnahmen gehen nach Ansicht des BGH über die in § 357 Abs 3 aF vorgesehene Prüfung der Eigenschaften und Funktionsweise der Sache hinaus, denn diese Vorschrift soll den Verbraucher nicht gegenüber einem Käufer im stationären Handel begünstigen. Für den aktuell gültigen § 357 Abs 7 BGB könnte wohl nichts anderes gelten.
[158] Damit wird Art 14 Abs 2 VerbrRechte-RL umgesetzt; vgl auch bereits EuGH 3.9.2009 – C-489/07 *Pia Messner*, NJW 2009, 3015 f, dazu GSELL EWiR 2010, 277 f.
[159] Abw aber für Dienstleistungen sowie für die nicht in einem bestimmten Volumen vereinbarte Lieferung von Wasser, Gas, Strom oder die Lieferung von Fernwärme § 357 Abs 8 S 2 BGB iVm Art 246a § 1 Abs 2 S 1 Nr 3, wonach Wertersatz für die bis zum Widerruf erbrachte Leistung voraussetzt, dass der Unternehmer den

L. Verbraucherschutz

Schadensersatzansprüche nach allgemeinem Leistungsstörungsrecht, so namentlich nach §§ 280 Abs 1, 241 Abs 2 BGB bzw §§ 280 Abs 1, Abs 3, 283 BGB, gegen den widerrufenden Verbraucher in Betracht kommen, der die empfangene Leistung schuldhaft beschädigt oder zerstört, ist angesichts der ausdrücklichen Sperranordnung in § 361 Abs 1 BGB, wonach weitere Anprüche gegen den Verbraucher infolge des Widerrufes nicht bestehen, zweifelhaft.[160]

Auch die Fragen der **Rücksendekosten** und der Erstattung der Kosten der Lieferung zum Verbraucher (sog **Hinsendekosten**) finden in der allgemeinen Vorschrift des § 355 BGB keine Erwähnung. Vielmehr sind beide Fragen für **außerhalb von Geschäftsräumen geschlossene Verträge und Fernabsatzgeschäfte** ebenfalls in § 357 BGB geregelt: So hat nach § 357 Abs 2 BGB der Unternehmer auch vom Verbraucher bezahlte Lieferkosten zu erstatten, soweit es sich nicht um Zusatzkosten handelt, die durch eine vom Verbraucher gewählte, von der angebotenen günstigsten Standardlieferung abweichende Lieferung enstanden sind.[161] Hinsichtlich der **Rücksendekosten** ist die bisherige 40 Euro-Grenze in § 357 Abs 2 S 3 aF entfallen. Nach dem neuen § 357 Abs 6 S 1 und 2 BGB trägt vielmehr unabhängig vom Preis der Sendung grundsätzlich[162] der Verbraucher die Rücksendekosten, wenn er vom Unternehmer ordnungsgemäß über diese Pflicht unterrichtet wurde.[163]

3. Halbseitig zwingende (Sonder-)Gestaltung

Auch über Informationspflichten und Widerrufsrecht hinaus werden b2c-Rechtsverhältnisse vielfach besonderen gesetzlichen Regelungen unterworfen, die mit **halbzwingender Geltung zu Gunsten des Verbrauchers** von den allgemein gültigen Bestimmungen abweichen und häufig von einem **Umgehungsverbot** flankiert sind. So werden vor allem[164] bestimmte **Vertragstypen verbraucherfreundlich ausgestaltet** wie der Verbrauchsgüterkauf durch §§ 474–479 BGB[165] und das Verbraucherdarlehen durch §§ 491–511, 514, 515 BGB iVm § 512 BGB.[166] Da auf diese Weise (auch) dem Verbraucher immer ein Stück rechtsgeschäftlicher Gestaltungsfreiheit genommen wird, ist dies nicht unproblematisch. Zuweilen wird die halbseitig zwingende Geltung auf allgemein gültige Bestimmungen erstreckt, die damit nur noch jenseits des b2c-Kontaktes (beidseitig) dispositives Recht bleiben. Grund dafür kann die Übernahme europäischer Verbraucherschutzvorgaben ins allgemeine Recht sein, so namentlich des Gewährleistungsregimes der **VerbrGüterkauf-RL**[167] ins allgemeine Kaufrecht (vgl § 476

Verbraucher über diese Wertersatzpflicht unterrichtet hat.
[160] Siehe dazu SINGBARTL/ZINTL, Schadensersatzhaftung des Verbrauchers bei nicht erfolgter oder fehlerhafter Widerrufsbelehrung, NJW 2016, 1848 ff, die für eine teleologische Reduktion des § 361 Abs 1 BGB für die Zeitspanne ab dem Widerruf plädieren.
[161] Siehe Art 13 Abs 1 und 2 VerbrRechte-RL und bereits EuGH 15.4.2010 – C-511/08 *Heinrich Heine*, EuZW 2010, 432, dazu GSELL ZJS 2010, 438 ff.
[162] Abweichendes gilt nach § 357 Abs 6 S 2 BGB, wenn der Unternehmer sich bereit erklärt hat, diese Kosten zu tragen und nach S 3 bei Waren, die iRv außerhalb von Geschäftsräumen geschlossenen Verträgen zur Wohnung des Verbrauchers geliefert worden waren und die nicht postversandfähig sind.
[163] Siehe auch Art 14 Abs 1 UAbs 2 VerbrRechte-RL.
[164] Vgl aber auch die wettbewerbsrechtlichen Sonderregelungen der § 241a BGB und § 661a BGB, dazu unten (Rn 36 ff und Rn 118 ff); ferner die gesetzliche Produzentenhaftung nach dem Produkthaftungsgesetz (ProdHaftG) (BGBl 1989 I 2198), insbesondere die Verbraucherbegünstigung in § 1 Abs 1 S 2 HS 2 ProdHaftG.
[165] Dazu unten Rn 63 ff.
[166] Dazu unten Rn 92 ff.
[167] Siehe Fn 16.

Abs 1 S 1 BGB nF[168]).[169] Nur gleichsam reflexartig ergibt sich hingegen eine Verbraucherbegünstigung, wenn der Verbraucher von der Geltung speziell auf den professionellen Geschäftsverkehr zugeschnittener Regelungen ausgenommen wird. So liegt der Fall bei der Verzugsbegründung nach § 286 Abs 3 S 1 HS 2, S 2 BGB und beim Verzugszinssatz des § 288 Abs 2 BGB.[170]

4. Klauselkontrolle

20 Verbraucherverträge, die unter Verwendung **vorformulierter Vertragsbedingungen** geschlossen werden, unterliegen auch insoweit einer **weitreichenden Inhaltskontrolle**, als es an individualvertraglich zwingenden Verbraucherschutzregelungen fehlt. Wesentliche Grundlinien des **Rechts der Allgemeinen Geschäftsbedingungen**, dem als Kontrollinstrument gegen einseitigen **Missbrauch der Vertragsfreiheit** in der Rechtspraxis überragende Bedeutung zukommt, wurden schon früh durch die zunächst auf § 138 BGB,[171] später auf § 242 BGB[172] gestützte Rechtsprechung entwickelt, so namentlich das **dispositive Gesetzesrecht** als **Kontrollmaßstab** für den ausgewogenen Interessenausgleich (später explizit: § 9 Abs 2 Nr 1 AGBG, heute: § 307 Abs 2 Nr 1, Stichwort: „gesetzliches Leitbild"), ebenso das **Verbot „überraschender Klauseln"**[173] (später: § 3 AGBG, heute: § 305c Abs 1 BGB), wie auch der Grundsatz, dass **Unklarheiten** bei der Auslegung einer Klausel **zu Lasten des Verwenders** gehen[174] (später: § 5 AGBG, heute: § 305c Abs 2 BGB). Während jedoch der BGH eine Unterscheidung nach der Schutzbedürftigkeit der beteiligten Personengruppen verworfen hatte,[175] entbrannte in den 1970er Jahren heftiger Streit darüber, ob eine gesetzliche Lösung als **Sonderprivatrecht** auf den Schutz des Verbrauchers beschränkt bleiben oder aber allgemeine Gültigkeit beanspruchen sollte.[176] Der Kompromiss in Gestalt des 1977 in Kraft getretenen **AGBG**[177] begrenzte zwar vor allem die besonderen **Einbeziehungsvoraussetzungen** (§ 2 AGBG, heute: § 305 Abs 2 und 3 BGB) sowie die katalogartigen **speziellen Klauselverbote** (§§ 10, 11 AGBG, heute: §§ 308, 309 BGB) auf die Verwendung von AGB gegenüber einem Nicht-Kaufmann (heute: Nicht-Unternehmer,[178] § 24 S 1 AGBG, heute: § 310 Abs 1 S 1 BGB). Namentlich die **Generalklausel** (§ 9 AGBG, heute: § 307 BGB) als Herzstück der Inhaltskontrolle ächtet jedoch allgemein[179] Klauseln, die den Vertragspartner treuwidrig unangemessen benachteiligen und liefert damit im professionellen Geschäftsverkehr – durchaus beabsichtigt (vgl § 24 S 2 AGBG, heute: § 310 Abs 1 S 2 BGB) – vielfach dieselben Ergebnisse wie die unmittelbar nicht anwendbaren Katalogverbote (§§ 10, 11 AGBG, heute: §§ 308, 309 BGB). Ist das deutsche

---

[168] Vor dem 1.1.2018: § 475 Abs 1 S 1 BGB aF.
[169] Dazu unten Rn 63.
[170] Die §§ 286 Abs 3, 288 Abs 2 BGB dienen der Umsetzung der nicht auf Verbraucherschutz ausgerichteten Richtlinie 2000/35/EG v 29.6.2000 zur Bekämpfung von Zahlungsverzug im Geschäftsverkehr (ABlEG 2000 L 200/35), die neu gefasst wurde durch Richtlinie 2011/7/EU v 16.2.2011 (ABlEU 2011 L 48/1).
[171] Vgl nur RGZ 20, 115; RGZ 62, 264.
[172] Vgl vor allem BGHZ 20, 164, 167 f = NJW 1956, 908; ferner BGHZ 60, 243 = NJW 1973, 990 mwNw.
[173] BGH DB 1975, 2366, 2367 f.
[174] Vgl RGZ 120, 18; BGHZ 5, 111 = NJW 1952, 657; BGHZ 62, 83 = NJW 1974, 551, 552 mwNw.
[175] BGH NJW 1976, 2345, 2346.
[176] Vgl nur Verhandlungen des 50. DJT, Sitzungsbericht H, 1974.
[177] Siehe Fn 8.
[178] Mit dem Handelsrechtsreformgesetz (BGBl 1998 I 1474) (HRefG) wurden die §§ 12, 24a AGBG an den im Verhältnis zum nationalen Kaufmannsbegriff weiteren europäischen Unternehmerbegriff angepasst.
[179] Die Kontrollfähigkeit einschränkend aber § 8 AGBG; enger Art 4 Abs 2 Klausel-RL und heute die Einschränkung durch § 307 Abs 3 BGB.

L. Verbraucherschutz

AGB-Recht damit also nicht primär auf Verbraucherschutz zugeschnitten, so hat es doch mittlerweile infolge der 1993 erlassenen **EWG-Richtlinie über missbräuchliche Vertragsklauseln (Klausel-RL)**,[180] die sich zwar inhaltlich weitgehend am Vorbild des deutschen AGB-Gesetzes orientiert, jedoch beschränkt ist auf **Verträge zwischen Unternehmern und Verbrauchern** (Art 1 Abs 1, Art 2 Klausel-RL), eine deutlichere verbraucherschützende Prägung erfahren.

Soweit die Klausel-RL Vorgaben enthält, die über das zuvor geltende nationale AGB-Recht hinausgehen, wurde ihre – verspätete[181] und zunächst auf eine Minimallösung beschränkte – Umsetzung weitgehend auf Verbraucherverträge begrenzt. So erstreckt sich der **sachliche Anwendungsbereich** der AGB-Vorschriften allein bei Verbraucherverträgen auf so genannte **Drittbedingungen**, das sind Klauseln, die auf **Initiative eines Dritten** Vertragsbestandteil wurden; dasselbe gilt für so genannte **Einmalbedingungen**, die ohne Absicht mehrfacher Verwendung vom Unternehmer gestellt wurden (§ 24a Nr 1 und 2 AGBG, heute: § 310 Abs 3 Nr 1 und 2 BGB, ferner Art 3 Klausel-RL). Darüber hinaus unterscheidet sich die **Missbrauchskontrolle** insofern von derjenigen gewöhnlicher AGB, als neben generell-abstrakten Umständen auch die **konkret-individuellen Umstände** des Vertragsschlusses heranzuziehen sind (§ 24a Nr 3 AGBG, heute: § 310 Abs 3 Nr 3 BGB, ferner Art 4 Abs 1 Klausel-RL). Hingegen blieb die erst mit der **Schuldrechtsmodernisierung** bewirkte explizite[182] Übernahme des **Transparenzgebots** (Art 5 S 1 der Klausel-RL) in die nationalen AGB-Bestimmungen nicht auf Verbraucherverträge beschränkt (§ 307 Abs 1 S 2, Abs 3 S 2 BGB). Das ist folgerichtig, war doch die Transparenzkontrolle in der Sache längst anerkannt und in ständiger Rechtsprechung aus § 9 AGBG abgeleitet worden.[183]

Mit der **Schuldrechtsmodernisierung** wurde nicht nur das materielle AGB-Recht ins BGB integriert[184] (§§ 305–310 BGB), sondern vor allem das Leistungsstörungsrecht grundlegend reformiert, was eine Anpassung der Verbotskataloge der §§ 308, 309 BGB notwendig machte.[185] Auch bei der Anwendung von § 307 BGB ist den **neuen gesetzlichen Leitbildern** Rechnung zu tragen. Im Übrigen haben die Verbotskataloge Ergänzungen zur Stärkung des Verbraucherschutzes erfahren. So wurde § 309 Nr 13 BGB mit Wirkung zum 1.10.2016 dahin neu gefasst[186], dass nunmehr nach § 309 Nr 13 lit b BGB Klauseln verboten sind, die für dem Verwender oder einem Dritten gegenüber abzugebende **Anzeigen oder Erklärungen** eine **strengere Form als die Textform** vorsehen. Nach § 309 Nr 13 lit a BGB kann eine Klausel für solche Erklärungen nur

---

[180] Siehe Fn 16.
[181] Das Gesetz zur Änderung des AGBG (BGBl 1996 I 1013) trat am 25.7.1996 und damit mehr als anderthalb Jahre nach Ablauf der Umsetzungsfrist am 31.12.1994 (Art 10 Klausel-RL) in Kraft.
[182] Sehr weitgehend die Notwendigkeit expliziter Umsetzung bejahend EuGH 10.5.2001 – C-144/99 *Kommission* v *Niederlande*, NJW 2001, 2244; vgl aber auch EuGH 7.5.2002 – C-478/99 *Kommission* v *Schweden*, EuZW 2002, 465.
[183] Grdlgd BGHZ 106, 42, 49 = NJW 1989, 222, 224.
[184] Vgl zur Kritik am Standort der Regelungen im allgemeinen Schuldrecht PFEIFFER, Die Integration von Nebengesetzen in das BGB, in: ERNST/ZIMMERMANN, Zivilrechtswissenschaft und Schuldrechtsreform (2001) 481, 502; zur Eingliederung der verfahrensrechtlichen Bestimmungen des AGBG in das UKlaG sogleich unten vor und mit Fn 219.
[185] Vgl insbesondere § 308 Nr 2 BGB, früher § 10 Nr 2 AGBG, ferner § 309 Nr 4, 7 und 8 BGB, früher § 11 Nr 4, 7 bis 11 AGBG.
[186] Vgl Art 1 Nr 1 des Gesetzes zur Verbesserung der zivilrechtlichen Durchsetzung von verbraucherschützenden Vorschriften des Datenschutzrechts v 19.2.2016 (BGBl 2016 I 254); in diesem Sinne auch bereits BGH NJW 2016, 2800, 2801 Rn 10 ff.

noch dann die Schriftform wirksam anordnen, wenn der betreffende Vertrag dem gesetzlichen Formzwang der notariellen Beurkundung unterliegt. Außerdem dürfen nach § 309 Nr 13 lit c BGB keine besonderen Zugangserfordernisse statuiert werden. Es kann folglich in AGB mit Verbrauchern grundsätzlich nicht mehr wirksam vereinbart werden, dass Kündigungs- und ähnliche Erklärungen in Schriftform abzugeben sind. Ferner wurde mit dem **Verbraucherstreitbeilegungsgesetz (VSBG)**[187] ebenfalls mit Wirkung zum 1.10.2016 § 309 Nr 14 BGB neu eingeführt, wonach eine **Klageverzichts-Klausel**, nach welcher der Verwendungsgegner seine Ansprüche gegen den Verwender nur geltend machen darf, nachdem er eine gütliche Einigung in einem Verfahren zur außergerichtlichen Streitbeilegung versucht hat, unwirksam ist.

23 Hinsichtlich der Klauselkontrolle von **Verbraucherverträgen** ist fraglich, welche Bedeutung dem **Anhang** der Klausel-RL zukommt, der eine §§ 308, 309 BGB ähnelnde, „als Hinweis dienende und nicht erschöpfende Liste der Klauseln [enthält], die für missbräuchlich erklärt werden können" (Art 3 Abs 3 Klausel-RL).[188] Der EuGH[189] hat klargestellt, dass eine in der Liste aufgeführte Klausel nicht zwangsläufig missbräuchlich ist, sondern sich die Missbräuchlichkeit nach dem jeweiligen Gegenstand des Verbrauchervertrages und sämtlichen den Vertragsschluss begleitenden Umständen beurteilt. Dem **Anhang** ist damit bei der Kontrolle von Verbraucherverträgen **Indizwirkung** beizumessen. Was die Entscheidungskompetenz des EuGH hinsichtlich der Auslegung der Klausel-RL anbelangt, so hat der EuGH[190] diese auf die allgemeinen, vom Unionsgesetzgeber zur Definition des Begriffes der missbräuchlichen Klausel verwendeten Kriterien begrenzt. Danach bleibt die *Anwendung* dieser allgemeinen Kriterien auf eine bestimmte Klausel dem nationalen Richter überlassen, der die Missbräuchlichkeit der Klausel **von Amts wegen**[191] zu prüfen hat, da der Verbraucher nur so wirksam geschützt werden kann.

---

[187] Gesetz zur Umsetzung der Richtlinie über alternative Streitbeilegung in Verbraucherangelegenheiten und zur Durchführung der Verordnung über Online-Streitbeilegung in Verbraucherangelegenheiten v 19.2.2016 (BGBl 2016 I 254), dazu noch unten Rn 34.
[188] Vgl auch Erwägungsgrund 17 der RL, wonach die Liste „für die Zwecke dieser Richtlinie nur Beispiele geben" kann.
[189] Siehe nur EuGH 1.4.2004 – C-237/02 *Freiburger Kommunalbauten*, NJW 2004, 1647 und EuGH 4.6.2009 – C-243/08 *Pannon GSM*, NJW 2009, 2367, 2368 sowie bereits EuGH 7.5.2002 – C-478/99 *Kommission v Schweden*, EuZW 2002, 465, 466; vgl aber auch EuGH 26.4.2012 – C-472/10 *Invitel*, EuZW 2012, 786, 787 sowie EuGH 30.5.2013 – C-488/11 *Asbeek Brusse und de Man Garabito*, ZMR 2014, 75 ff Rn 55, wonach der Anhang eine „wesentliche Grundlage" für die Beurteilung der Missbräuchlichkeit darstellt.
[190] Grdlgd EuGH 1.4.2004 – C-237/02 *Freiburger Kommunalbauten*, NJW 2004, 1647; ferner etwa EuGH 4.6.2009 – C-243/08 *Pannon GSM*, NJW 2009, 2367, 2369; EuGH 16.11.2010 – C-76/10 *Pohotovost*, BeckRS 2012, 81370; EuGH 26.4.2012 – C-472/10 *Invitel*, EuZW 2012, 786, 787; EuGH 26.1.2017 – C-421/14 *Banco Primus SA*, EuZW 2017, 488 juris Rn 57.
[191] Grdlgd EuGH 27.6.2000 –, verb Rs C-240/98 bis C-244/98 *Océano Grupo Editorial und Salvat Editores*, NJW 2000, 2571, 2572; ferner EuGH 14.3.2013 – C-415/11 *(Aziz)*, EuZW 2013, 464 Rn 46 f mwNw; EuGH 14.11.2013 – C-537/12 und C-116/13 *Banco Popular Español*, EWS 2013, 481; EuGH 18.2.2016 – C-49/14 *Finanmadrid*, BB 2016, 513; EuGH 21.12.2016 – C-154/15, C-307/15 und C-308/15 *Gutiérrez Naranjo v Cajasur Banco*, EuZW 2017, 148, 150 Rn 58 f; einschr hingegen zuvor EuGH 6.10.2009 – C-40/08 *Asturcom Telecomunicaciones*, EuZW 2009, 852, 855 u EuGH 4.6.2009 – C-243/08 *Pannon GSM*, NJW 2009, 2367, 2368; näher dazu maßgeblich auf den Effektivitätsgrundsatz gestützten europäischen Vorgaben für das an sich autonome nationale Zivilprozessrecht MICKLITZ/REICH, Von der Klausel- zur Marktkontrolle, EuZW 2013, 457 ff; vgl ferner EuGH 26.1.2017 – C-421/14 *Banco Primus SA*, EuZW 2017, 488, wonach die Klausel-RL es nicht verbietet, dem nationalen Gericht durch nationales Recht zu untersagen, die Miss-

L. Verbraucherschutz

5. Beschränkung der Rechtswahlfreiheit

Die Parteien von Schuldverträgen sind nach Art 3 Rom I-VO[192] grundsätzlich frei, durch **Rechtswahl** das auf den Vertrag anwendbare Recht selbst zu bestimmen. In Art 3 Abs 3, Abs 4, Art 6 Abs 2 S 2 und Art 11 Abs 4 Rom I-VO sowie Art 46b EGBGB[193] werden der **Parteiautonomie** jedoch Grenzen gesetzt, die vor allem darauf zielen, dem Verbraucher in bestimmten Konstellationen mit Inlands- bzw Unionsbezug den Schutz durch national bzw unionsweit zwingendes Verbraucherschutzrecht zu erhalten.

Art 3 Abs 3 Rom I-VO beschränkt die Wirkung der Rechtswahl bei so genannten **Binnensachverhalten**, die mit Ausnahme des gewählten Rechts ausschließlich Berührungspunkte zu einem einzigen Staat aufweisen.[194] Nur das dispositive Recht, nicht aber die zwingenden Vorschriften dieses Staates werden durch das gewählte Recht verdrängt. Zwingendes inländisches Verbraucherrecht bleibt also ungeachtet der Rechtswahl anwendbar. Art 3 Abs 4 Rom I-VO erstreckt diese Beschränkung der Wirkungen der Rechtswahl auf **EU-Binnensachverhalte**. Weist ein Sachverhalt also lediglich Berührungspunkte zu einem oder mehreren Mitgliedstaaten auf, so werden zwingende Bestimmungen des Unionsrechts durch die Wahl des Rechts eines Drittstaates nicht verdrängt.[195] Unterschiedlich wird beurteilt, ob mit dieser Regelung der früheren weiterreichenden Ingmar-Rechtsprechung des EuGH,[196] nach der sich umgesetztes Richtlinienrecht uU trotz Drittstaatenbezugs gegenüber dem gewählten Drittstaatenrecht durchsetzt, der Boden entzogen wird.[197]

Auch wenn kein reiner Binnensachverhalt vorliegt, mag der Bezug zum Aufenthaltsstaat des Verbrauchers gleichwohl stark sein. Art 6 Abs 2 S 2 iVm Abs 1 Rom I-VO

---

bräuchlichkeit der Klauseln eines Vertrags von Amts wegen erneut zu prüfen, wenn bereits durch eine rechtskräftige Entscheidung über die Vereinbarkeit aller Klauseln des Vertrags mit der Richtlinie entschieden wurde, wobei allerdings ein nationales Gericht, bei dem der Verbraucher ordnungsgemäß Einspruch eingelegt hat, auf Antrag der Parteien oder von Amts wegen die etwaige Missbräuchlichkeit von Klauseln zu beurteilen hat, sobald es über die hierzu erforderlichen rechtlichen und tatsächlichen Grundlagen verfügt, sofern die etwaige Missbräuchlichkeit dieser Klauseln bei einer vorhergehenden, mit einer rechtskräftigen Entscheidung abgeschlossenen gerichtlichen Kontrolle nicht geprüft worden war.

[192] Verordnung (EG) Nr 593/2008 v 17.6.2008 über das auf vertragliche Schuldverhältnisse anzuwendende Recht (Rom I) (ABlEU 2008 L 177/6). Mit der Rom I-VO wurden die Regelungen des Römischen EWG-Übereinkommens über das auf vertragliche Schuldverhältnisse anzuwendende Recht v 19.6.1980 (EVÜ) (BGBl 1986 II 810), auf denen die früheren Art 27 ff EGBGB basierten, reformiert und in eine Verordnung überführt.

[193] Eingefügt durch Art 2 Abs 1 des Gesetzes zur Anpassung der Vorschriften des Internationalen Privatrechts an die Verordnung (EG) Nr 593/2008 v 25.6.2009 (BGBl 2009 I 1574).

[194] Streitig ist, ob die Staatsangehörigkeit der Vertragsparteien einen zu beachtenden Auslandsbezug herstellen kann, dagegen BGH NJW-RR 2005, 929, 931 noch zur Vorgängerregelung Art 27 Abs 3 EGBGB (Art 3 Abs 3 EVÜ); ebenso STAUDINGER/MAGNUS (2016) Art 3 Rom I-VO Rn 140; zurückhaltender MünchKomm/MARTINY (6. Aufl 2015) Art 3 Rom I-VO Rn 93 mwNw.

[195] Im Verhältnis zu den in vielen Verbraucherrichtlinien enthaltenen Sonderkollisionsnormen (dazu Rn 29) ist die allgemeine Drittstaatenklausel des Art 3 Abs 4 Rom I-VO insofern enger gefasst, als sie einen reinen Binnensachverhalt verlangt, siehe MünchKomm/MARTINY (6. Aufl 2015) Art 3 Rom I-VO Rn 103.

[196] EuGH 4.6.2000 – C-381/98 *Ingmar GB*, NJW 2001, 2007.

[197] Siehe dazu die Nw bei MünchKomm/MARTINY (6. Aufl 2015) Art 3 Rom I-VO Rn 98 und 103.

sieht für den Fall der Rechtswahl[198] einen **Günstigkeitsvergleich** vor, der plakativ als „Rosinentheorie" beschrieben werden kann und den Verbraucher in den Genuss der Anwendung günstigerer zwingender Normen seines Aufenthaltsstaates gelangen lässt.[199] Die früher in Art 5 Abs 1 und 2 EVÜ bzw in Art 29 Abs 1 EGBGB enthaltene Beschränkung auf Verträge über die Lieferung von Waren und die Erbringung von Dienstleistungen sowie deren Finanzierung wurde nicht übernommen. Ferner wird in Art 6 Abs 1 Rom I-VO anders als in den Vorgängerregelungen der Art 5 Abs 1 und 2 EVÜ[200] bzw Art 29 Abs 1 EGBGB[201] neben der Verbrauchereigenschaft des Begünstigten auch die Unternehmereigenschaft des Vertragspartners verlangt. Erforderlich ist außerdem nach wie vor die Erfüllung besonderer **situativer Elemente**, anhand derer der gesteigerte Bezug des Geschäfts zum Aufenthaltsstaat des Verbrauchers konkretisiert wird. Im Verhältnis zur früheren Rechtslage ist die Rom I-VO – in Anlehnung an Art 15 Abs 1 lit c EuGVO (seit dem 10.1.2015: Art 17 Abs 1 lit c EuGVO-neu)[202] – hier aber deutlich großzügiger. So reicht es nach Art 6 Abs 1 Rom I-VO aus, wenn der Unternehmer seine berufliche oder gewerbliche Tätigkeit in dem Staat ausübt, in dem der Verbraucher seinen gewöhnlichen Aufenthalt hat oder eine solche Tätigkeit auf irgendeine Weise auf diesen Staat oder auf mehrere Staaten einschließlich dieses Staates ausrichtet[203] und der Vertrag in den Bereich dieser Tätigkeit fällt.

27 Fehlt es dagegen an einer **Rechtswahl**, so kommt nach der **Sonderanknüpfung** des Art 6 Abs 1 Rom I-VO in Abweichung von der Grundregel des Art 4 Rom I-VO das **Recht des Aufenthaltsstaates des Verbrauchers** zur Anwendung, wenn die **situativen Elemente** des Art 6 Abs 1 Rom I-VO erfüllt sind. Ist dies zu verneinen, so bestimmt sich das auf den Vertrag zwischen dem Verbraucher und Unternehmer anwendbare Recht gem Art 6 Abs 3 Rom I-VO nach Art 3 und 4 Rom I-VO. Ist das Recht, auf das Art 3 und 4 Rom I-VO verweisen, günstiger als das Recht des gewöhnlichen Aufenthalts, so bedeutet dies allerdings, dass der Verbraucher hier ggf besser steht als in dem Fall, in dem die situativen Elemente des Art 6 Abs 1 Rom I-VO erfüllt sind.[204] Schließlich wird durch Art 11 Abs 4 Rom I-VO im Wege einer weiteren **Sonderanknüpfung** gewährleistet, dass die **Form** von Verbraucherverträgen im Sinne von Art 6 Rom I-VO einschließlich der auf diese bezogenen Rechtswahlvereinbarungen abweichend von Art 11 Abs 1 bis 3 Rom I-VO dem Aufenthaltsrecht des Verbrauchers unterliegt. Dies gilt wohl unabhängig davon, ob das gewählte Recht weniger streng ist oder nicht.[205]

---

[198] Dies sollte aber nach dem Vorschlag für eine Verordnung über ein Gemeinsames Europäisches Kaufrecht v 11.10.2011, KOM (2011) 635 endg nicht für die Wahl des geplanten optionalen Instruments gelten (dazu bereits Fn 45), das selbst ein vollharmonisiertes Verbraucherrechtsregime mit hohem Schutzstandard enthält.
[199] Vgl dazu E LORENZ, Die Rechtswahlfreiheit im internationalen Schuldvertragsrecht, RIW 1987, 569, 577. Nach EuGH 28.7.2016 – C-191/15 *Amazon EU Sàrl*, NJW 2016, 2727 ist eine Klausel in einem Verbrauchervertrag missbräuchlich, sofern sie den Verbraucher in die Irre führt, indem sie ihm den Eindruck vermittelt, auf den Vertrag sei nur das nach Art 3 Rom I-VO gewählte Recht anwendbar, ohne ihn darüber zu unterrichten, dass er nach Art 6 Abs 2 Rom I-VO auch den Schutz der zwingenden Bestimmungen des Rechts genießt, das ohne diese Klausel anzuwenden wäre.
[200] Siehe Fn 192.
[201] Zu der Frage einer analogen Anwendung des Art 29 EGBGB vgl BGHZ 135, 124, 133 ff = NJW 1997, 1697, 1699 sowie BGHZ 165, 248, 254 = NJW 2006, 762, 763.
[202] Dazu noch unter Fn 242.
[203] Gemäß Erwägungsgrund 24 der Rom I-VO ist das Kriterium des „Ausrichtens" in der Rom I-VO und in Art 15 Abs 1 lit c EuGVO einheitlich auszulegen.
[204] Vgl KINDLER, Einführung in das neue IPR des Wirtschaftsverkehrs (2009) 47.
[205] PALANDT/THORN (77. Aufl 2018) Art 11 Rom I-VO Rn 15; STAUDINGER/MAGNUS (2016) Art 6 Rom I-VO Rn 150.

Inwieweit es die Systematik der Rom I-VO erlaubt, inländische Verbraucherschutz- **28**
vorschriften über Art 3 Abs 3, Abs 4 und Art 6 Rom I-VO sowie Art 46b EGBGB
hinausgehend als **international zwingende Eingriffsnormen** im Sinne von Art 9 Rom
I-VO einzuordnen, ist im Einzelnen umstritten.[206] Im Geltungsbereich des EVÜ bzw
der früher geltenden Art 27 ff EGBGB zog der BGH die Anwendung von Art 34
EGBGB in Erwägung, wo sich Art 29 EGBGB „als lückenhaft"[207] erwies. Zu Recht
wurde jedoch der in Art 29 Abs 1 Nr 1–3 EGBGB verlangte Inlandsbezug für unentbehrlich
gehalten, damit die Sonderanknüpfung nach Art 34 EGBGB nicht geringeren
Anforderungen unterlag als die Anwendung von Art 29 EGBGB.[208] Folgte man dem,
so konnte man Urlaubern aus Deutschland in den so genannten „**Gran-Canaria-Fällen**",[209] für die gerade kennzeichnend ist, dass dem Verbraucher am Urlaubsort Waren
und Dienstleistungen aufgedrängt werden, ohne dass die situativen Tatbestandsmerkmale
des Art 29 Abs 1 Nr 1–3 EGBGB vorliegen, nicht über Art 34 EGBGB zur
Anwendung zwingenden inländischen Verbraucherrechts und insbesondere des § 312
BGB verhelfen. Mit der wesentlich großzügigeren Ausgestaltung der situativen Elemente
in Art 6 Abs 1 Rom I-VO hat die Frage aber wohl an Brisanz verloren.

Jenseits der Rom I-VO finden sich in **Europäischen Richtlinien Sonderkollisionsnor-** **29**
men,[210] die den unionsrechtlichen Verbraucherschutz kollisionsrechtlich absichern.
Durch die Rom I-VO blieben diese verstreuten Kollisionsnormen unangetastet.[211]
Die in Deutschland zuvor in verschiedenen Gesetzen enthaltenen Vorschriften zur
Umsetzung der betreffenden europäischen Vorgaben fasste der nationale Gesetzgeber
im Jahre 2000 mit der Transformation der FernAbs-RL[212] zunächst in Art 29a EGBGB
zusammen. Im Zusammenhang mit dem Inkrafttreten der Rom I-VO hat der deutsche
Gesetzgeber mit Art 46b EGBGB eine neue Stelle im Gesetz für die Umsetzung des
Sonderkollisionsrechts geschaffen.[213] Weist ein Vertrag einen engen Zusammenhang
mit dem Gebiet eines EU- bzw EWR-Staates auf, so bleiben nach Art 46b EGBGB die

---

[206] Dazu mwNw MünchKomm/MARTINY (6. Aufl 2015) Art 6 Rom I-VO Rn 60 f, Art 9 Rom I-VO Rn 15 f, 87 ff; ausführlich noch für das EVÜ bzw das EGBGB SONNENBERGER, Eingriffsrecht – Das trojanische Pferd im IPR oder notwendige Ergänzung, IPRax 2003, 104 ff.
[207] BGHZ 123, 380, 391 = NJW 1994, 262, 264; vgl ferner BGHZ 165, 172, 182 = NJW 2006, 230, 233: danach beruft Art 34 EGBGB für die Entscheidung über Ansprüche aus Gewinnmitteilungen das deutsche Recht (§ 661a BGB), wobei diese allerdings nicht als Verbraucherverträge nach Art 29, 29a EGBGB eingeordnet wurden, sondern als gesetzliche Schuldverhältnisse, siehe hierzu noch unten vor und mit Fn 781.
[208] BGHZ 135, 124, 136 = NJW 1997, 1697, 1699.
[209] Die Bezeichnung stammt aus der Zeit, als Spanien mangels Umsetzung der HWi-RL (Fn 12) noch kein Widerrufsrecht bei Haustür- und ähnlichen Geschäften kannte. Da das spanische Recht heute eine dem § 312 BGB vergleichbare Regelung aufweist, können entsprechende Fälle nur noch in anderen Urlaubsländern auftreten; zum Streitstand noch für das EVÜ bzw das EGBGB vgl STAUDINGER/MAGNUS (2002) Art 29 EGBGB Rn 84 ff mwNw.
[210] Vgl Art 6 Abs 2 Klausel-RL (Fn 16); Art 12 Time-Sharing-RL-neu (Fn 17); Art 12 Abs 2 FernAbs-RL (Fn 16); Art 7 Abs 2 VerbrGüterkauf-RL (Fn 16); Art 12 Abs 2 FernAbsFin-RL (Fn 16); Art 22 Abs 4 VerbrKr-RL-neu (Fn 16); dagegen verweisen die VerbrRechte-RL (Fn 16) in Erwägungsgrund 58 sowie die Pauschalreise-RL-neu (Fn 16) in Erwägungsgrund 49 auf die Regelungen der Rom I-VO (Fn 192); zur mangelnden Bedeutung des Herkunftslandsprinzips nach Art 3 Abs 2 E-Commerce-RL (Fn 16) bei Verbraucherverträgen siehe Fn 192.
[211] MünchKomm/MARTINY (6. Aufl 2015) Art 3 Rom I-VO Rn 103; siehe auch MANKOWSKI, Die Rom I–Verordnung – Änderungen im europäischen IPR für Schuldverträge, IHR 2008, 133, 135 f.
[212] Vgl Art 2 Abs 2 Nr 1 des Gesetzes über Fernabsatzverträge und andere Fragen des Verbraucherrechts sowie zur Umstellung von Vorschriften auf Euro v 27.6.2000 (Fn 62).
[213] Siehe Fn 193.

Bestimmungen, die dieser Staat zur Umsetzung der einschlägigen in Abs 3 aufgelisteten EG-Verbraucherschutz-Richtlinien erlassen hat, auch dann anwendbar, wenn die Parteien den Vertrag per Rechtswahl dem Recht eines Nicht-EU- bzw Nicht-EWR-Staates unterstellen.[214] Nach der Ratio der Regelung, im europäischen Binnenmarkt einen einheitlichen verbraucherschutzrechtlichen Mindeststandard zu gewährleisten, wird man es für genügend erachten müssen, dass sich der enge Bezug zum EU- bzw EWR-Gebiet erst aus der Summe verschiedener Berührungspunkte zu mehreren EU- bzw EWR-Staaten ergibt.[215] Es ist dann auf das Recht desjenigen Mitgliedstaates abzustellen, mit dem der Vertrag am engsten verbunden ist.[216] Zweifelhaft ist, ob ggf vorrangig der Günstigkeitsvergleich nach Art 6 Abs 2 S 2 Rom I-VO oder aber die jeweils einschlägigen Sonderkollisionsnormen zur Anwendung gelangen.[217]

6. Instrumente der Rechtsdurchsetzung

30 Nicht näher eingegangen werden kann im vorliegenden Kontext auf die **gerichtliche und außergerichtliche Durchsetzung des privaten Verbraucherrechts**.[218] Hier nur einige – notwendig punktuell bleibende – Hinweise:

31 Die **Unterlassungs-** bzw **Widerrufsklage**, mit der sich **Verbraucherverbände** gegen die **Verwendung unwirksamer AGB-Klauseln** oder die **Verletzung von Verbraucherschutzgesetzen**[219] zur Wehr setzen können, ist seit der **Schuldrechtsmodernisierung** selbständig im **Unterlassungsklagengesetz (UKlaG)**[220] geregelt.[221] Das UKlaG trägt den in verschiedenen europäischen Verbraucherschutz-Richtlinien enthaltenen Vorgaben Rechnung, insbesondere[222] der auf Harmonisierung der kollektiven Verbraucherklagen zielenden

---

[214] Vgl ferner die spezielle Regelung in Art 46b Abs 4 EGBGB zur Umsetzung der in Art 12 Time-Sharing-RL-neu (Fn 16) enthaltenen Sonderkollisionsnorm.
[215] Vgl Art 6 Abs 2 Klausel-RL und Art 7 Abs 2 VerbrGüterkauf-RL, wo ein enger Zusammenhang „mit dem Gebiet der Mitgliedstaaten" sowie Art 12 Abs 2 FernAbs-RL, Art 12 Abs 2 FernAbsFin-RL sowie Art 22 Abs 4 VerbrKr-RL-neu, wo ein enger Zusammenhang bzw eine enge Verbindung mit dem Gebiet „eines oder mehrerer Mitgliedstaaten" gefordert wird.
[216] BT-Drucks 14/2658, 50; ebenso STAUDINGER/MAGNUS (2016) Art 46b EGBGB Rn 52 mwNw.
[217] Für Vorrang des Art 6 Abs 2 S 2 Rom I-VO PALANDT/THORN (77. Aufl 2018) Art 6 Rom I-VO Rn 2, aA STAUDINGER/MAGNUS (2016) Art 46b EGBGB Rn 26: Grundsätzlicher Vorrang des durch Art 46b EGBGB berufenen Rechts, jedoch sollte sich ggf. das dem Verbraucher günstigere Schutzniveau durchsetzen.
[218] Vgl etwa den Vorschlag für eine Verordnung über ein Verbraucherprogramm 2014–2020 v 9.11.2011 KOM (2011) 707 endg (siehe Fn 17), wonach die Verbesserung des Zugangs zu Rechtsschutzinstrumenten eines von vier Einzelzielen des Programms darstellt, vgl ferner die Verordnung (EG) Nr 2006/2004 v 27.10.2004 über die Zusammenarbeit im Verbraucherschutz (Fn 16), die auf verbesserte Amtshilfe zwischen den zuständigen nationalen Behörden zielt.
[219] Eine bedeutsame Erweiterung brachte insoweit das Gesetz zur Verbesserung der zivilrechtlichen Durchsetzung von verbraucherschützenden Vorschriften des Datenschutzrechts v 19.2.2016 (BGBl 2016 I 254), nach dessen neu geschaffenem und am 24.2.2016 in Kraft getretenem § 2 Abs 2 S 2 Nr 11 auch datenschutzrechtliche Vorschriften explizit als Verbraucherschutzgesetze iSv § 2 UklaG anerkannt werden.
[220] Siehe Fn 98; gesondert geregelt bleibt die Unterlassungsklage der Verbraucherverbände nach dem UWG (Fn 98), vgl §§ 8 Abs 3 Nr 3, 12 ff UWG; zum Konkurrenzverhältnis beider Klagen vgl § 8 Abs 5 UWG.
[221] Vgl früher §§ 13 ff, 22, 22a AGBG in der Fassung v 29.6.2000 (BGBl 2000 I 946).
[222] Vgl ferner etwa Art 7 Klausel-RL; Art 11 Abs 1, 2 FernAbs-RL; Art 10 VerbrGüterkauf-RL; Art 18 E-Commerce-RL; Art 13 f, 19 FernAbsFin-RL; Art 16 Geschäftspraktiken-RL; Art 42 Dienstleistungs-RL (RL 2006/123/EG)

L. Verbraucherschutz

EG-Richtlinie über Unterlassungsklagen zum Schutz der Verbraucherinteressen.[223] Durch §§ 1, 2 und 4a UKlaG wird den Verbraucherverbänden (iSv §§ 3 Abs 1 Nr 1, 4 Abs 2 UKlaG) im öffentlichen Verbraucherschutzinteresse ein echter materieller Unterlassungs- bzw Widerrufsanspruch[224] eingeräumt, dessen gerichtliche Geltendmachung nach dem klarstellenden § 5 UKlaG[225] grundsätzlich den Regelungen der ZPO folgt.[226] Außerdem können Verbraucherverbände vor deutschen Gerichten nach § 79 Abs 2 S 2 Nr 3 ggf iVm Abs 1 S 2 HS 2 ZPO[227] fremde oder ihnen zur Einziehung auf fremde Rechnung abgetretene Verbraucherforderungen im Rahmen ihres Aufgabenbereichs gerichtlich durchsetzen (sog **Einziehungsklagen**).

Die bestehenden Instrumente zur Durchsetzung privaten Verbraucherrechts werden **32** allerdings insbesondere als unbefriedigend angesehen,[228] soweit sie es einer größeren Gruppe von Verbrauchern, die von demselben Rechtsverstoß betroffen ist, nicht ermöglichen, als Gruppe einen gemeinsamen Rechtsbehelf einzulegen und **Schadensersatz** zu erlangen.[229] Entsprechende Reformvorschläge unterbreitete die Europäische Kommission zunächst in ihrem **Grünbuch über kollektive Rechtsdurchsetzungsverfahren für Verbraucher**.[230] In einer allerdings nicht verbindlichen **Empfehlung** vom Juni 2013 legte die Kommission nach Auswertung einer im Jahre 2011 eingeleiteten **Öffentlichen Konsultation zum kollektiven Verbraucherschutz**[231] gemeinsame Grundsätze für kollektive Unterlassungs- und Schadensersatzverfahren in den Mitgliedstaaten fest.[232] Darin wird insbesondere ein **Opt-in-Modell** für **kollektive Schadensersatzklagen** befürwortet, wonach die ausdrückliche Zustimmung einer geschädigten Person Voraussetzung ihrer Zugehörigkeit zur Klagepartei als Gruppe sein soll.[233] In jüngster Zeit hat insbesondere die VW-Diesel-Abgasskandal in Deutschland die Rufe nach einem Ausbau des Kollektiven Rechtsschutzes in Verbraucherangelegenheiten befördert. Der im Juli

---

v 12.12.2006 (ABlEU 2006 L 376/36); Art 23 Abs 2 lit b VerbrRechte-RL;

[223] Vgl Fn 16.

[224] Ergänzend verpflichten §§ 13, 13a UKlaG Post-, Tele(kommunikations)- und Mediendienstleister zur Auskunft über die am Diensteverkehr Beteiligten, um die Durchsetzung der Unterlassungs- bzw Widerrufsansprüche aus dem UKlaG zu ermöglichen.

[225] In diesem Sinne bereits § 15 Abs 1 AGBG.

[226] Für die gegen unzulässige AGB-Klauseln gerichtete Verbandsklage enthalten die §§ 8–11 UKlaG besondere Verfahrensvorschriften, die im Wesentlichen den früheren §§ 15 Abs 2 bis 21 AGBG entsprechen.

[227] § 79 ZPO wurde neu gefasst durch Art 8 des Gesetzes zur Neuregelung des Rechtsberatungsrechts v 12.12.2007, BGBl I 2840; das zuvor geltende Erfordernis der Erforderlichkeit der Einziehung im Interesse des Verbraucherschutzes, das von den Instanzgerichten sehr eng ausgelegt wurde und große Rechtsunsicherheit schuf, wurde hingegen gestrichen.

[228] Vgl nur das Grünbuch über kollektive Rechtsdurchsetzungsverfahren für Verbraucher v 27.11.2008, KOM (2008) 794 endg, 7 f.

[229] Zu den Möglichkeiten und Grenzen einer kollektiven Rechtsverfolgung im Wege des Zusammenschlusses oder des Beitrittes Geschädigter zu sog Rechtsverfolgungsgesellschaften siehe GSELL, Kollektiver Rechtsschutz im deutschen Zivilprozessrecht und gebündelte treuhänderische Einziehung von Schadensersatzforderungen durch Dritte in: SCHULZE, Europäisches Privatrecht in Vielfalt geeint – Droit privé européen: l'unité dans la diversité, Der modernisierte Zivilprozess in Europa – Le procès civil modernisé en Europe (2013) 179 ff.

[230] Siehe Fn 228.

[231] Siehe das Arbeitsdokument der Kommission „Kollektiver Rechtsschutz: Hin zu einem kohärenten europäischen Ansatz" v 4.2.2011, SEK (2011) 173 endg.

[232] Siehe die Empfehlung „Gemeinsame Grundsätze für kollektive Unterlassungs- und Schadensersatzverfahren in den Mitgliedstaaten bei Verletzung von durch Unionsrecht garantierten Rechten", COM (2013) 3539; siehe auch die Mitteilung „Auf dem Weg zu einem allgemeinen europäischen Rahmen für den kollektiven Rechtsschutz" v 11.6.2013 COM (2013) 401 final, 11 ff.

[233] Siehe die Emfehlung (Fn 236) S 8 unter V.

2017 vom Bundesministerium der Justiz und für Verbraucherschutz vorgelegte **Diskussionsentwurf eines Gesetzes zur Einführung einer Musterfeststellungsklage**[234] bleibt allerdings insofern deutlich hinter der Empfehlung der Europäischen Kommission zurück, als er **keine Bündelung gleichgelagerter oder ähnlicher Schadensersatzbegehren** vorsieht, sondern lediglich eine Musterfeststellungsklage zur Feststellung des Vorliegens oder Nichtvorliegens von Voraussetzungen für das Bestehen oder Nichtbestehen eines Anspruchs oder Rechtsverhältnisses zwischen Verbrauchern und Unternehmern.[235] Immerhin könnten Verbraucher, wenn der Diskussionsentwurf Gesetz würde, durch Anmeldung zum Musterfeststellungsverfahren die **Verjährung** ihrer Ansprüche **aufhalten**, soweit diesen der gleiche Lebenssachverhalt zugrunde liegt wie den Feststellungszielen der Musterfeststellungsklage.[236] Dies würde es ihnen ermöglichen, mit einer auf Leistung gerichteten Individualklage bis zum Ende des Musterverfahrens abzuwarten. Das Schicksal des Diskussionsentwurfes ist jedoch derzeit ungewiss.

33 Bei **Streitigkeiten aus Verbraucherverträgen** richtet sich die **internationale Zuständigkeit** einschließlich der Zulässigkeit von **Gerichtsstandsvereinbarungen**[237] innerhalb der EU vorrangig nach den unmittelbar geltenden Art 17–19 (vor dem 10.1.2015: Art 15–17) der **EG-Verordnung über die gerichtliche Zuständigkeit und die Anerkennung und Vollstreckung von Entscheidungen in Zivil- und Handelssachen (EuGVO-neu)**.[238] Noch weitreichender[239] als das durch die Verordnung abgelöste[240] Brüsseler EWG-Übereinkom-

---

[234] Abrufbar (am 25.10.2017) unter https://www.bmjv.de/SharedDocs/Gesetzgebungsverfahren/DE/Musterfeststellungsklage.html; vgl dazu, was eine Musterfeststellungsklage leisten und nicht leisten könnte, GSELL/MELLER-HANNICH/STADLER, Musterfeststellungsklagen in Verbrauchersachen, NJW-aktuell Heft 5/2016.
[235] S § 606 ZPO idF des Diskussionsentwurfes eines Gesetzes zur Einführung einer Musterfeststellungsklage (Fn 234).
[236] S § 204 Abs 1 Nr 6a BGB idF des Diskussionsentwurfes eines Gesetzes zur Einführung einer Musterfeststellungsklage (Fn 234).
[237] Beachte bezüglich Gerichtsstandsvereinbarungen auch die allgemeinen Regelungen in Art 25 EuGVO-neu (früher: Art 23 EuGVO).
[238] Die reformierte Version, ie die Verordnung (EU) Nr 1215/2012 v 12.12.2012 (ABlEU 2012 L 351/1), gilt im Wesentlichen seit dem 10.1.2015; vgl ferner die frühere Verordnung (EG) Nr 44/2001 v 22.12.2000 (ABlEG 2001 L 12/1), in Kraft getreten am 1.3.2002; vgl dazu RAUSCHER/STAUDINGER, EuZPR/EuIPR (2015) Art 17–19 Brüssel Ia-VO.
[239] Während sich die Verbrauchersachen im Sinne von Art 13 Abs 1 Nr 3 EuGVÜ (Fn 241) auf Dienstleistungs- und Lieferverträge beschränken, die unter engen situativen Voraussetzungen zustande kommen, enthält Art 17 Abs 1 lit c EuGVO-neu (vor dem 10.1.2015 Art 15 Abs 1 lit c EuGVO) eine deutlich weitere Auffangregel, vgl dazu allerdings EuGH 7.12.2010 – verb Rs C-585/08 *Pammer* und C-144/09 *Hotel Alpenhof*, NJW 2011, 505, wonach es für das „Ausrichten" der Tätigkeit iSv Art 17 Abs 1 lit c EuGVO-neu (vor dem 10.1.2015 Art 15 Abs 1 lit c EuGVO) auf den Mitgliedstaat, in dessen Hoheitsgebiet der Verbraucher seinen Wohnsitz hat, nicht ausreicht, dass eine Internetseite des Vertragspartners des Verbrauchers im Internet abrufbar ist. Andererseits setzt die Anwendung des Art 17 Abs 1 lit c EuGVO-neu (vor dem 10.1.2015 Art 15 Abs 1 lit c EuGVO) nach EuGH 6.9.2012 – C-190/11 *Mühlleitner/Yusufi*, NJW 2012, 3225 nicht das Vorliegen eines Fernabsatzvertrags voraus und ist nach EuGH 17.10.2013 – C-218/12 *Emrek*, zit nach juris Rn 20 ff, kein ungeschriebenes Tatbestandsmerkmal anzuerkennen, nach dem der auf den Wohnsitzstaat des Verbrauchers ausgerichtete Internetauftritt kausal geworden sein müsste für den konkreten Vertragsschluss; vgl zum Merkmal des „Ausrichtens" näher GSELL, Entwicklungen im Europäischen Verbraucherzuständigkeitsrecht – Reform der EuGVO und Rechtsprechung des EuGH zum Merkmal des „Ausrichtens" in Art 15 Abs 1 lit c EuGVO, ZZP 127 (2014) 431, 447 ff; im Gegensatz zu Art 14 Abs 1 EuGVÜ regelt Art 18 Abs 1 Var 2 EuGVO-neu (zuvor: Art 16 Abs 1 Var 2 EuGVO) überdies nicht nur die internationale, sondern auch die örtliche Zuständigkeit.
[240] Vgl Art 68 EuGVO. Die EuGVO war auch im Verhältnis zu Dänemark, das gemäß Art 1 Abs 3 EuGVO kein Mitgliedstaat im Sinne der

men über die gerichtliche Zuständigkeit und die Vollstreckung gerichtlicher Entscheidungen in Zivil- und Handelssachen (EuGVÜ)[241] ermöglicht die EuGVO dem Verbraucher die Klage an seinem Wohnsitz (Art 18 Abs 1 Var 2 EuGVO-neu[242], zuvor: Art 16 Abs 1 Var 2 EuGVO); umgekehrt kann der Vertragspartner nur im Wohnsitzstaat des Verbrauchers klagen (Art 18 Abs 2 EuGVO-neu, früher: Art 16 Abs 2 EuGVO).

Besonderes Augenmerk legt der europäische Gesetzgeber in jüngerer Zeit auf die **außergerichtliche Streitbeilegung**. Die im Frühjahr 2013 erlassene EU-Richtlinie über die alternative Beilegung verbraucherrechtlicher Streitigkeiten[243] verpflichtete die Mitgliedstaaten, für Streitigkeiten aus *business to consumer* Kauf- und Dienstleistungsverträgen bis spätestens 9.7.2015 ein flächendeckendes Netz an Verfahren zur außergerichtlichen Streitbeilegung bereitzustellen bzw die vorhandenen Streitschlichtungsstrukturen an die Vorgaben der Richtlinie anzupassen.[244] Konkret schreibt die Richtlinie Stellen zur außergerichtlichen Streitbeilegung vor, sog AS-Stellen, die „unabhängige, unparteiische, transparente, effektive, schnelle und faire AS-Verfahren anbieten"[245], wobei die Richtlinie bestimmte qualitative Mindestanforderungen festlegt.[246] Insbesondere müssen die AS-Verfahren online und offline verfügbar und für den Verbraucher kostenlos oder gegen eine bloße Schutzgebühr zugänglich sein.[247] Es besteht kein Anwaltszwang und die Verfahrensdauer darf grundsätzlich höchstens 90 Kalendertage betragen.[248] Dagegen überlässt es die Richtlinie den Mitgliedstaaten, wie die Streitbeilegungsverfahren im Übrigen strukturiert werden und vor allem, wer auf welcher Grundlage und mit welcher Bindungswirkung eine Entscheidung trifft.[249]

EuGVO ist, prinzipiell anwendbar. Dänemark beteiligt sich aber nicht notwendig an der Annahme von Änderungen der EuGVO, vgl das Abkommen zwischen der Europäischen Gemeinschaft und dem Königreich Dänemark über die gerichtliche Zuständigkeit und die Anerkennung und Vollstreckung von Entscheidungen in Zivil- und Handelssachen v 19.10.2005 (ABlEU 2005 L 299/62), in Kraft getreten am 1.7.2007 (ABlEU 2007 L 94/70). In Einklang mit Art 3 Abs 2 des Abkommens hatte Dänemark jedoch der Kommission mit Schreiben vom 20.12.2012 mitgeteilt, dass es die EuGVO-neu umsetzen würde, so dass diese auf die Beziehungen zwischen der Union und Dänemark Anwendung findet, siehe ABlEU 2013 L 79/4. Im Verhältnis zur Schweiz, Norwegen und Island galt früher das parallel zum EuGVÜ (Fn 240) geschlossene Luganer Übereinkommen über die gerichtliche Zuständigkeit und die Vollstreckung gerichtlicher Entscheidungen in Zivil- und Handelssachen v 16.9.1988 (BGBl 1994 II 2660), welches durch das auf die EuGVO abgestimmte neue Luganer Übereinkommen v 30.10.2007 (ABlEU 2007 L 339/3), in Kraft getreten am 1.1.2010 für Norwegen, Dänemark und die EU (ABlEU 2010 L 140/1), im Verhältnis zur Schweiz am 1.1.2011 und zu Island am 1.5.2011 (ABlEU 2011 L 138/1), abgelöst wurde. Eine Anpassung an die EuGVO-neu ist allerdings bislang nicht erfolgt.

[241] V 27.9.1968 (BGBl 1972 II 774) in der Fassung des 4. Beitrittsübereinkommens v 29.11.1996 (BGBl 1998 II 1412).

[242] Dabei erstreckt sich das Regime von Art 18 Abs 1 EuGVO-neu gem Art 17 Abs 1 iVm Art 6 Abs 1 EuGVO-neu anders als bisher Art 16 Abs 1 EuGVO (vgl Art 15 Abs 1 iVm Art 4 Abs 1 EuGVO) auf sog Drittstaaten-Fälle, in denen der Beklagte keinen Wohnsitz in einem Mitgliedstaat hat.

[243] RL 2013/11/EU v 21.5.2013 (ABlEU 2013 L 165/63), sog ADR-RL; kritisch ROTH, Bedeutungsverluste der Zivilgerichtsbarkeit durch Verbrauchermediation, JZ 2013, 637 ff; EIDENMÜLLER/ENGEL, Die Schlichtungsfalle: Verbraucherrechtsdurchsetzung nach der ADR-Richtlinie und der ODR-Verordnung der EU, ZIP 2013, 1704 ff.

[244] Art 5 Abs 1 ADR-RL.

[245] Art 1 ADR-RL.

[246] Art 2 Abs 3 ADR-RL und Kapitel 2 ADR-RL.

[247] Art 8 lit a und c ADR-RL.

[248] Art 8 lit b und e ADR-RL.

[249] Erlaubt sind sowohl Schlichtungsstellen, die eine Lösung nur vorschlagen, als auch solche Stellen, die Entscheidungen bindend auferlegen

Ergänzt wird die Richtlinie durch die am selben Tag erlassene EU-Verordnung über die Online-Beilegung verbraucherrechtlicher Streitigkeiten.[250] Sie regelt die Einrichtung einer interaktiven Online-Plattform durch die Europäische Kommission als zentrale Anlaufstelle für Verbraucher und Unternehmer, die Streitigkeiten außergerichtlich beilegen möchten.[251] Die in allen Amtssprachen der EU geführte Plattform[252] soll Verbraucher-Online-Käufern helfen, eine registrierte, den Anforderungen der ADR-RL entsprechende Streitbeilegungsstelle zu finden und eine Beschwerde EU-weit online einzureichen.[253]

Deutschland hat die Vorgaben der ADR-RL im **Verbraucherstreitbeilegungsgesetz (VSBG)**[254] umgesetzt, das am 26.2.2016 in Kraft getreten ist und zugleich der Durchführung der ODR-VO dient. Nach dem VSBG **anerkannte private oder nach dem VSBG eingerichtete behördliche Verbraucherschlichtungsstellen** dürfen keine Konfliktbeilegungsverfahren durchführen, die dem Verbraucher eine verbindliche Lösung auferlegen oder das Recht des Verbrauchers ausschließen, die Gerichte anzurufen.[255] Der mit der außergerichtlichen Streitbeilegung betraute Streitmittler muss die Befähigung zum Richteramt besitzen oder zertifizierter Mediator sein.[256] Die **Allgemeine Verbraucherschlichtungsstelle in Kehl**[257] beschränkt ihre Tätigkeit in Übereinstimmung mit den Vorgaben für eine „Allgemeine Verbraucherschlichtungsstelle" in § 4 Abs 2 S 2 VSBG weder auf bestimmte Unternehmer, noch auf bestimmte Vertragstypen oder Wirtschaftsbereiche und fungiert damit gleichsam als Auffang-Schlichtungsstelle. Verbraucher können sich folglich insbesondere dann dorthin wenden, wenn keine regionale und/oder branchenspezifische Schlichtungsstelle verfügbar ist.

IV. Überblick über die verbraucherrechtlich geregelten Bereiche des BGB

35 Im Anschluss soll ein knapper – weitgehend der Gliederung des Gesetzes folgender – Überblick über die verbraucherrechtlichen Regelungen des BGB gegeben werden. Nicht behandelt werden die (auch weiterhin) Sondergesetzen vorbehaltenen Materien, so namentlich die außervertragliche Produzentenhaftung nach dem ProdHaftG.[258] Nicht eingegangen werden kann ferner auf den lauterkeitsrechtlichen Verbraucherschutz durch das UWG.[259]

---

können oder aber die Parteien – etwa unter Einsatz von Mediationstechniken – bei der eigenen Lösungsfindung unterstützen, siehe Art 2 Abs 1 ADR-RL.
[250] VO (EU) Nr 524/2013 v 21.5.2013 (ABlEU 2013 L 165/1), sog ODR-VO.
[251] Art 5 Abs 2 ODR-VO.
[252] Aufrufbar (am 25.10.2017) unter https://ec.europa.eu/consumers/odr/main/?event=main.about.show.
[253] Art 8 ODR-VO.
[254] Gesetz zur Umsetzung der Richtlinie über alternative Streitbeilegung in Verbraucherangelegenheiten und zur Durchführung der Verordnung über Online-Streitbeilegung in Verbrau-

cherangelegenheiten v 19.2.2016 (BGBl 2016 I 254).
[255] S § 5 Abs 2 VSBG.
[256] S § 6 Abs 2 VSBG.
[257] S dazu https://www.verbraucher-schlichter.de/ueber-uns/verbraucherschlichtungsstelle, abrufbar am 25.10.2017.
[258] Das 1.1.1990 in Kraft getretene ProdHaftG (Fn 164) dient der Umsetzung der ProdHaft-RL (Fn 13); vgl dazu die Kommentierungen STAUDINGER/OECHSLER (2018) ProdHaftG und MünchKomm/WAGNER (7. Aufl 2017) ProdHaftG.
[259] Siehe Fn 99.

L. Verbraucherschutz

1. Allgemeines Schuldrecht

a) Unbestellte Leistungen, § 241a BGB

§ 241a BGB dient dem Schutz des Verbrauchers vor wettbewerbswidrigen, weil belästigenden[260] Vertriebspraktiken. Es geht um Fälle, in denen für Verbraucher aus aufgedrängten Leistungen die Unsicherheit erwächst, ob sie ein Entgelt erbringen oder die Leistung zumindest zurücksenden bzw aufbewahren müssen. Die am 30.6.2000 in Kraft getretene Regelung wurde in Umsetzung von Art 9 FernAbs-RL[261] geschaffen.[262] Während jedoch die FernAbs-RL ebenso wie die diese ersetzende VerbrRechte-RL[263] die Mitgliedstaaten lediglich dazu verpflichtet, jedweden Gegenleistungsanspruch des Unternehmers auszuschließen, versagt der – nicht zuletzt wegen seiner systematischen Einbettung zwischen „Kardinalnormen" des Schuldrechts[264] – heftig kritisierte § 241a BGB dem Unternehmer und Erbringer unbestellter Leistungen in überschießender Umsetzung neben vertraglichen grundsätzlich auch jeglichen gesetzlichen Anspruch gegen den Verbraucher-Empfänger (Umkehrschluss aus dem einschränkenden § 241a Abs 2 BGB).[265] Ein solcher radikaler Anspruchsausschluss liegt quer zum im Übrigen geltenden bürgerlich-rechtlichen Anspruchsgefüge und führt dementsprechend zu dogmatischen Verwerfungen. Namentlich droht ein dauerhaftes Auseinanderfallen von Eigentum und Besitz, das allerdings mit Blick auf den Parallelzustand bei Verjährung sämtlicher Herausgabeansprüche (vgl § 197 Abs 1 Nr 1 BGB) nicht schlechthin inakzeptabel erscheint. **36**

Die Reichweite des § 241a BGB ist in vielerlei Hinsicht umstritten. Hier seien nur einige kontrovers beurteilte Fragen angedeutet: § 241a BGB hindert den Verbraucher nicht daran, das mit der Zusendung typischerweise verbundene Vertragsangebot (§ 145 BGB) anzunehmen und so den Gegenleistungsanspruch zur Entstehung zu bringen. Gerade weil der Verbraucher nach § 241a BGB die Leistung unabhängig vom Vertragsschluss behalten darf, kann aber jedenfalls in der bloßen **Benutzung** der Ware regelmäßig **keine konkludente Vertragsannahme** gesehen werden.[266] **37**

Was **gesetzliche Ansprüche** anbelangt, so werden verschiedenste Einschränkungen des Anspruchsausschlusses vertreten.[267] Die vor allem gegen die Erstreckung des § 241a BGB auf Ansprüche aus § 985 BGB geltend gemachten **verfassungsrechtlichen Bedenken**[268] vermögen wohl im Ergebnis nicht durchzuschlagen, knüpft doch die Versagung **38**

---

[260] Zur Wettbewerbswidrigkeit von unzumutbar belästigenden Vertriebsmaßnahmen vgl § 7 Abs 1 S 1 UWG und Art 8 und 9 der Geschäftspraktiken-RL (Fn 16).
[261] Siehe Fn 16; vgl auch die Nachfolgenorm Art 27 VerbrRechte-RL (Fn 16).
[262] Durch das VerbrRechte-RLUmsG ist sie mit Wirkung zum 13.6.2014 neu gefasst worden, wobei Abs 1 in Umsetzung von Art 2 Nr 3 VerbrRechte-RL eine Definition der Ware enthält und Abs 3 die halbzwingende Geltung anordnet, um Art 25 VerbrRechte-RL Rechnung zu tragen, siehe BT-Drucks 17/12637, 44 f; zur Streichung des bisherigen § 241a Abs 3 BGB siehe sogleich Rn 40.
[263] Vgl Art 27 VerbrRechte-RL.
[264] Vgl insbesondere FLUME, Vom Beruf unserer Zeit für Gesetzgebung, ZIP 2000, 1427, 1428.
[265] In diesem Sinne auch BT-Drucks 14/2658, 22 f.
[266] In diesem Sinne auch ERMAN/SAENGER (15. Aufl 2017) § 241a Rn 15 mwNw.
[267] Umfangreiche Nachweise dazu bei Münch-Komm/FINKENAUER (7. Aufl 2016) § 241a Rn 27 ff.
[268] Vgl BAUR/STÜRNER, Sachenrecht (18. Aufl 2009) § 11 Rn 26b; WIELING, Sachenrecht (5. Aufl 2007) 166; WILHELM, Sachenrecht (5. Aufl 2016) Rn 1199; DECKERS, Zusendung unbestellter Ware, NJW 2001, 1474.

des Herausgabeanspruches an eine freiwillige Handlung des Unternehmers[269] an. Seit dem Inkrafttreten der VerbrRechte-RL stellt sich die Frage des Ausschlusses gesetzlicher Ansprüche allerdings unter neuen Vorzeichen. Denn nach Art 4 VerbrRechte-RL wird mit der neuen Richtlinie grundsätzlich ein vollharmonisierender Ansatz verfolgt, der innerhalb des Regelungsbereiches der Richtlinie auch mitgliedstaatliche Abweichungen zugunsten des Verbrauchers verbietet.[270] Fraglich ist allerdings, ob das Schicksal gesetzlicher Ansprüche in der VerbrRechte-RL überhaupt geregelt ist und damit innerhalb des Regelungsbereichs liegt. Das wäre nur dann der Fall, wenn der explizite Ausschluss von Gegenleistungsansprüchen in Art 27 VerbrRechte-RL als abschließende Rechtsfolgenanordnung zu verstehen wäre, die andere Sanktionen verbieten würde.[271] Das erscheint jedenfalls nicht zwingend. Dagegen spricht neben Art 11 Geschäftspraktiken-RL[272], der die Mitgliedstaaten gerade verpflichtet, geeignete und wirksame Mittel zur Bekämpfung unlauterer Geschäftspraktiken zu ergreifen, insbesondere Erwägungsgrund 60 VerbrRechte-RL, wonach Art 27 VerbrRechte-RL lediglich einen „vertraglichen Rechtsbehelf" schaffen soll, weil ein solcher in der Geschäftspraktiken-RL fehlt. Nimmt man dementsprechend an, dass andere als vertragliche Ansprüche jenseits des Regelungsbereichs von Art 27 VerbrRechte-RL liegen, so kann an dem früher herrschenden Verständnis von § 241a BGB als Ausschluss auch gesetzlicher Ansprüche festgehalten werden.

39 Probleme bereitet weiter die **Drei-Personen-Konstellation**, die sich bei **Weiterveräußerung** durch den Verbraucher ergibt. Steht § 241a BGB auch einer Herausgabe des vom Verbraucher-Veräußerer erzielten Veräußerungserlöses nach § 816 Abs 1 S 1 BGB entgegen? Und werden der unredliche bzw unentgeltliche Erwerber nun ihrerseits durch § 241a BGB vor Herausgabeansprüchen des Unternehmers nach § 985 BGB bzw nach § 816 Abs 1 S 2 BGB geschützt? Begrenzt man die Wirkung des § 241a BGB seinem verbraucherschützenden Zweck gemäß auf ein streng empfängerbezogenes Nutzungsrecht,[273] so sind beide Fragen zu verneinen.[274]

40 Streitig sind schließlich die genauen Voraussetzungen der **unbestellten** Leistung in Fällen, in denen zwar ein Vertrag geschlossen wurde, die gelieferte Sache jedoch von der Bestellung abweicht. Weitgehend einig ist man sich darin, dass die mangelhafte Lieferung auch bei Gattungsware nicht geeignet ist, die Folgen des § 241a BGB auszulösen.[275] Entscheidend ist wohl, dass nach dem Zweck der Norm nur solche Leistungen unter § 241a BGB fallen, deren Erbringung sich aus Empfängersicht als

---

[269] Vgl RIEHM, Das Gesetz über Fernabsatzverträge und andere Fragen des Verbraucherrechts, Jura 2000, 505, 512; ERMAN/SAENGER (15. Aufl 2017) § 241a Rn 2.
[270] Dazu schon oben Rn 3.
[271] Dafür HERRESTHAL, in: LANGENBUCHER, Europäisches Privat- und Wirtschaftsrecht (2017) § 2 Rn 150.
[272] Siehe Fn 16.
[273] In diesem Sinne SOSNITZA, Wettbewerbsrechtliche Sanktionen im BGB: Die Reichweite des neuen § 241a BGB, BB 2000, 2317, 2322 f; ERMAN/SAENGER (15. Aufl 2017) § 241a Rn 18, 32 f.
[274] Gegen eine Pflicht des veräußernden Verbrauchers auf Herausgabe des Erlöses aber LINK, Ungelöste Probleme bei Zusendung unbestellter Sachen – Auswirkungen in Dreipersonenverhältnissen, NJW 2003, 2811; STAUDINGER/OLZEN (2015) § 241a Rn 48 f; gegen Ansprüche des Unternehmers gegen Dritte bei Weiterveräußerung BeckOKBGB/SUTSCHET (2017) § 241a Rn 9; für eine Verfügungsbefugnis des Verbrauchers MünchKomm/FINKENAUER (7. Aufl 2016) § 241a Rn 28, 31 mit umfangreichen Nachweisen zum Meinungsstand.
[275] Vgl die Nachweise bei ERMAN/SAENGER (15. Aufl 2017) § 241a Rn 37 und MünchKomm/ FINKENAUER (7. Aufl 2016) § 241a Rn 19.

Vertragsanbahnung darstellt, also als Angebot auf Abschluss eines (neuen) Vertrages bzw auf Vertragsänderung.[276] Dagegen liegt kein Fall des § 241a BGB vor, wenn aus der Empfängerperspektive auf einen bestehenden Vertrag geleistet wird und sei es auch mangelhaft. Innerhalb des Anwendungsbereichs des § 241a BGB liegt damit an sich auch die **offenkundige *aliud*-Lieferung**, die jedoch nach § 241a Abs 3 BGB unter den Voraussetzungen der Gleichwertigkeit sowie des Hinweises auf die mangelnde Pflicht zu Abnahme und Übernahme der Rücksendekosten[277] nicht wie eine unbestellte Leistung behandelt wird. Entfallen ist allerdings die frühere Regelung des § 241a Abs 3 aF, wonach keine unbestellte Leistung vorlag, wenn dem Verbraucher eine nach Qualität und Preis gleichwertige Sache angeboten wurde. Denn Art 27 VerbrRechte-RL enthält keine solche Ausnahme.[278] Will der Unternehmer gleichwertige Alternativware liefern, so sollte er also tunlichst vorher das Placet des Verbrauchers einholen, andernfalls eine unbestellte Leistung vorliegt.[279] Die **irrtümliche offenkundige *aliud*-Lieferung** sollte man § 241a Abs 2 BGB unterwerfen, da insoweit ein Anspruchsausschluss nach Abs 1 ungerechtfertigt erscheint.[280]

b) Klauselkontrolle, §§ 305–310 BGB
Dazu oben Rn 20 ff.

c) Allgemeine Regelungen für Verbraucherverträge, §§ 312, 312a, 312k BGB
Mit der Umsetzung der VerbrRechte-RL[281] durch das VerbrRechte-RLUmsG wurden zum 13.6.2014 allgemeine Grundsätze zum entgeltlichen Verbrauchervertrag in das BGB aufgenommen, die nicht auf besondere Vertragstypen oder Vertriebssituationen beschränkt sind und damit auch für den gewöhnlichen **stationären Handel mit Verbrauchern** Geltung beanspruchen. Mit den §§ 312, 312a, 312k BGB ist damit zumindest ein Torso eines allgemeinen Teils des Verbraucherrechts geschaffen worden, der über die bloßen Definitionen von Verbraucher und Unternehmer hinausreicht, wie sie schon bislang in §§ 13, 14 BGB enthalten sind. Dabei gilt es zu betonen, dass mit den neuen Vorschriften zwar allgemeine Informationspflichten eingeführt wurden, jedoch kein allgemeines Widerrufsrecht für Verbrauchergeschäfte geschaffen wurde. Zunächst beschränkt § 312 Abs 1 BGB den Anwendungsbereich der maßgeblichen Vorschriften auf Verbraucherverträge, die eine **entgeltliche Leistung des Unternehmers** zum Gegenstand haben.[282] § 312a BGB statuiert dann allgemeine Pflichten und Grundsätze für diese Verträge. So wird in § 312a Abs 1 BGB die früher in § 312c Abs 2 aF für den Fernabsatzhandel angeordnete Verpflichtung zur Offenlegung der Identität des Unternehmers und des Zwecks des geschäftlichen Kontakts allgemein auf alle telefonischen Kontaktaufnahmen eines Unternehmers mit einem Verbraucher zum Zwecke des Vertragsschlusses erweitert.[283] § 312a Abs 2 S 1 iVm Art 246 EGBGB enthalten

---

[276] So auch S Lorenz, Aliud, peius und indebitum im neuen Kaufrecht, JuS 2003, 36, 40; abw wohl Wrase/Müller-Helle, Aliud-Lieferung beim Verbrauchsgüterkauf – ein nur scheinbar gelöstes Problem, NJW 2002, 2537, 2538 f.
[277] Vgl zu einer Klausel in den AGB eines Versandhandelsunternehmens, die mangels entsprechenden Hinweises § 241a Abs 3 nicht genügte, BGH NJW 2005, 3567, 3569.
[278] Siehe BT-Drucks 17/12637, 45.
[279] Siehe den Nw in Fn 278.
[280] Dafür Berger, Der Ausschluss gesetzlicher Rückgewähransprüche bei der Erbringung unbestellter Leistungen nach § 241a BGB, JuS 2001, 649, 652; Staudinger/Olzen (2015) § 241a Rn 67 mwNw.
[281] Siehe Fn 16.
[282] Zur Frage der Erstreckung auf Bürgschaften siehe unten vor und mit Fn 313.
[283] Damit wird Art 8 Abs 5 VerbrRechte-RL und auch Art 3 Abs 3 FernAbsFin-RL umgesetzt, siehe BT-Drucks 17/12637, 51.

ein **allgemeines Informationspflichtenregime**,[284] wobei hier ebenso wie bei außerhalb von Geschäftsräumen geschlossenen Verträgen und Fernabsatzgeschäften gilt, dass Informationsverstöße die Wirksamkeit des Vertrages unberührt lassen, ggf jedoch Schadensersatzansprüche nach § 280 Abs 1 BGB (ggf iVm §§ 311 Abs 2, 241 Abs 2 BGB), Unterlassungsansprüche aus § 2 Abs 1 S 1 UKlaG und eventuell auch wettbewerbsrechtliche Ansprüche auslösen.[285] Parallel zu § 312e BGB stellt § 312a Abs 2 S 2 BGB klar, dass vom Verbraucher **Fracht-, Liefer- oder Versandkosten und sonstige Kosten** nur verlangt werden können, wenn der Unternehmer den Verbraucher insoweit ordnungsgemäß informiert hat.[286] In § 312a Abs 3–5 BGB werden schließlich **Entgeltvereinbarungen** mit dem Verbraucher besonderen Anforderungen unterworfen, wobei Abs 6 allerdings klarstellt, dass der Vertrag bei etwaigen Verstößen im Übrigen wirksam bleibt. So wird in § 312a Abs 3 BGB vorgeschrieben, dass eine **entgeltliche Nebenleistung** von einem Unternehmer der ausdrücklichen Vereinbarung mit dem Verbraucher bedarf (S 1) und dass eine solche Vereinbarung im elektronischen Geschäftsverkehr nur Vertragsbestandteil wird, wenn sie nicht durch Voreinstellung herbeigeführt wird (S 2).[287] Ferner sieht § 312a Abs 4 BGB vor, dass eine Vereinbarung, durch die der Verbraucher verpflichtet wird, ein Entgelt dafür zu zahlen, dass er ein **bestimmtes Zahlungsmittel** nutzt, unwirksam ist, wenn für den Verbraucher keine gängige und zumutbare unentgeltliche Zahlungsmöglichkeit besteht (Nr 1)[288] oder das vereinbarte Entgelt über die Kosten hinausgehen, die dem Unternehmer durch die Nutzung des Zahlungsmittels entstehen (Nr 2).[289] Der **BGH**[290] hat klargestellt, dass § 312a Abs 4 Nr 1 BGB auf **in Allgemeinen Geschäftsbedingungen vereinbarte Klauseln** als Klauselverbot mit Wertungsmöglichkeit im Sinne von § 308 BGB unabhängig von dem Streit darüber anwendbar ist, ob die vollharmonisierende VerbrRechte-RL einer Erstreckung der Regelung auf alle Verbraucherverträge entgegensteht. Er hat überdies entscheiden, dass es nach § 312a Abs 4 Nr 1 BGB unzulässig ist, den Kunden als einzige kostenlose Zahlungsmöglichkeit einen Dienst – und zwar in casu den Zahlungsauslösedienst „Sofortüberweisung" – anzubieten, der für sie mit nicht überschaubaren, potenziell erheblichen rechtlichen Risiken im Verhältnis zu ihrer Bank verbunden ist.[291] Mit Wirkung ab dem 13.1.2018 ist der noch weiterreichende § 270a BGB hinzugetreten, der im Verhältnis zwischen Gläubiger und Schuldner einer Geldforderung (sog Valutaverhältnis) die **Unwirksamkeit von Entgeltabreden für die Nutzung der gängigsten bargeldlosen Zahlungsmittel** (SEPA-Basislastschrift, SEPA-Firmenlastschrift, SEPA-Überweisung und Zahlungskarte) anordnet, wobei dies nach S 2 bei der Nutzung von Zahlungskarten[292] nur im Verhältnis zu Verbrauchern gilt.[293] Und § 312a Abs 5 BGB idFd

---

[284] Dazu bereits oben vor und mit Fn 94.
[285] Siehe schon oben vor und mit Fn 98.
[286] Dazu, dass es insoweit an einer europäischen Vorgabe fehlt, BT-Drucks 17/12637, 51; zu § 312e idFd VerbrRechte-RLUmsG siehe noch unten vor und mit Fn 302 und 391.
[287] Damit wird Art 22 VerbrRechte-RL umgesetzt.
[288] In diesem Sinne bereits BGH NJW 2010, 2719 im Kontext der AGB-Kontrolle.
[289] § 312a Abs 4 Nr 2 BGB idFd VerbrRechte-RLUmsG dient der Umsetzung von Art 19 VerbrRechte-RL.
[290] Siehe BGH WM 2017, 1979, zit nach juris Rn 19; gegen einen insb von OMLOR, Zahlungsentgelte unter dem Einfluss von Verbraucherrechte- und Zahlungsdienste-Richtlinie, NJW 2016, 1703, 1706 erwogenen Verstoß der Regelung gegen den vollharmonisierenden Art 19 VerbrRechte-RL aber überzeugend MünchKomm/WENDEHORST (7. Aufl 2016) § 312a Rn 68 mwNw.
[291] Siehe BGH WM 2017, 1979, zit nach juris Rn 25, 31.
[292] Gemeint sind Vier-Parteien-Kartenzahlverfahren, vgl HERBERGER/MARTINEK/RÜSSMANN ua/SCHWINTOWSKI, jurisPK-BGB Band 2 (8. Aufl 2017) § 270a Rn 4, 7.
[293] Vgl Gesetz zur Umsetzung der Zweiten Zahlungsdiensterichtlinie v 17.7.2017 (BGBl 2017 I 2446).

VerbrRechte-RLUmsG bewahrt den Verbraucher davor, für die **Nutzung von Telefonnummern**, die der Unternehmer – etwa als Service-Hotline – bereithält, an diesen oder den Anbieter des Telekommunikationsdienstes mehr als den Grundtarif zu zahlen.[294] Was genau mit „Grundtarif" iSv Art 21 VerbrRechte-RL gemeint ist, hat der **EuGH**[295] auf eine Vorlage des LG Stuttgart dahin präzisiert, dass die Kosten eines auf einen geschlossenen Vertrag bezogenen Anrufs unter einer von einem Unternehmer eingerichteten Service-Rufnummer die Kosten eines Anrufs unter einer gewöhnlichen geografischen Festnetznummer oder einer Mobilfunknummer nicht übersteigen dürfen. Soweit diese Grenze beachtet wird, sei es allerdings unerheblich, ob der betreffende Unternehmer mit dieser Service-Rufnummer Gewinne erziele.

d) **Besondere Vertriebsformen, §§ 312b–312j BGB**
aa) **Außerhalb von Geschäftsräumen geschlossene Verträge, §§ 312b, 312d–h BGB**

Die Regelungen über **außerhalb von Geschäftsräumen geschlossene Verträge**, mit denen 42
früher die europäische **Haustürwiderrufs-Richtlinie (HWi-RL)**[296] vom 20.12.1985 umgesetzt wurde und die ursprünglich im **Haustürwiderrufsgesetz (HWiG)**[297] enthalten waren, dienen dem **Schutz vor Überrumpelung**. Dem Verbraucher wird bei Geschäften mit Unternehmern, die in Situationen zustande kommen, in denen die rechtsgeschäftliche Entscheidungsfreiheit typischerweise aufgrund eines Überraschungsmoments bzw wegen besonderer, psychologischen Druck erzeugender Umstände eingeschränkt ist, ein – unabdingbares (§ 312k Abs 1 BGB) – **Widerrufsrecht** im Sinne von § 355 BGB eröffnet (§ 312g Abs 1 BGB). Paradigmatisch ist der Vertragsschluss nach unaufgefordertem Klingeln eines „Vertreters" an der Haustür. Mit der Schuldrechtsmodernisierung fasste man die Bestimmungen über Haustürgeschäfte, Fernabsatzgeschäfte[298] sowie den elektronischen Geschäftsverkehr[299] im Untertitel „Besondere Vertriebsformen" zusammen (heute erweitert um „Grundsätze bei Verbraucherverträgen", siehe §§ 312–312k BGB). Die Umsetzung der VerbrRechte-RL[300] brachte neben einer stärkeren äußeren Zusammenfassung der Regelungen über außerhalb von Geschäftsräumen geschlossenen Verträge mit dem Fernabsatzrecht manche inhaltliche Neuerung,[301] so insbesondere teilweise europarechtlich determinierte **Informationspflichten**, §§ 312d, 312e BGB iVm Art 246a und b EGBGB.[302] Deren Verletzung führt nicht

---

[294] Zugrunde liegt Art 21 VerbrRechte-RL.
[295] EuGH EuZW 2017, 386, 388 Leitsatz u Rn 32 m Anm R<small>ING</small>; vgl ferner BGH BB 2016, 1872, 1873 f, wonach der Anbieter von Telemediendiensten, der auf seiner Internetseite als Möglichkeit für eine Kontaktaufnahme neben seiner E-Mail-Adresse eine kostenpflichtige Mehrwertdienstenummer angibt, den Anforderungen des § 5 Abs 1 Nr 2 Telemediengesetz (TMG) bzw des zugrundeliegenden Art 5 Abs 1 lit c E-Commerce-RL (Fn 16) entsprechenden weiteren Kommunikationsweg zur Verfügung stellt.
[296] Siehe Fn 12. Die HWi-RL wurde durch die VerbrRechte-RL (Fn 16) ersetzt.
[297] Siehe Fn 61.
[298] Dazu sogleich unten Rn 48 ff.
[299] Dazu sogleich unten Rn 55 ff.
[300] Siehe Fn 16.

[301] Siehe auch im Einzelnen die nachfolgenden Randnummern; näher zum Ganzen H<small>ILBIG</small>-L<small>UGANI</small>, Neuerungen im Außergeschäftsraum- und Fernabsatzwiderrufsrecht, ZJS 2013, 441 ff, 545 ff.
[302] Mit den Informationspflichten wird Art 6 VerbrRechte-RL umgesetzt, dazu bereits oben vor und mit Fn 94. Soweit sich diese allerdings nach § 312d Abs 2 BGB iVm Art 246b EGBGB auf außerhalb von Geschäftsräumen geschlossene Verträge über Finanzidienstleistungen erstrecken, fehlt es an einer europäischen Vorgabe, siehe BT-Drucks 17/12637, 54. Der Unternehmer ist ferner gehalten, dem Verbraucher eine nach Maßgabe des § 312f Abs 1 BGB gestaltete Abschrift des Vertragsdokuments oder eine Bestätigung des Vertrags mit dem Vertragsinhalt und – sofern nicht bereits zuvor erteilt – den vorgeschriebenen Informationen auf

zur Nichtigkeit des Vertrages, sondern ist vor allem geeignet, Schadensersatzansprüche nach § 280 Abs 1 BGB (ggf iVm §§ 311 Abs 2, 241 Abs 2 BGB) sowie einen Unterlassungsanspruch aus § 2 Abs 1 S 1 UKlaG zu begründen,[303] ferner sind auch wettbewerbsrechtliche Ansprüche denkbar.[304] Außerdem werden die erteilten Informationen nach § 312d Abs 1 S 2 BGB Vertragsinhalt.[305] Für die spezielle Konstellation, dass dem Verbraucher nach § 312d Abs 1 BGB iVm Art 246a § 1 Abs 1 Nr 4 EGBGB gebotene Informationen über Fracht-, Liefer- oder Versandkosten und sonstige Kosten vorenthalten werden, versagt § 312e BGB dem Unternehmer einen Anspruch auf diese Kosten.[306] Schließlich führen Verstöße gegen die Pflicht zur Belehrung über das Widerrufsrecht dazu, dass der Lauf der Widerrufsfrist gehemmt wird, § 356 Abs 3 S 1 BGB iVm Art 246a § 1 Abs 2 S 1 Nr 1 EGBGB.[307]

43 Was die besonderen **situativen Voraussetzungen** anbelangt, so werden die früher in § 312 Abs 1 aF positiv definierten Haustürgeschäfte nunmehr im Gesetz negativ umschrieben **als außerhalb von Geschäftsräumen geschlossene Verträge** und damit tendenziell weiter gefasst als früher, § 312b Abs 1 BGB. Entscheidend ist nach § 312b Abs 1 Nr 1 BGB der Vertragsschluss bei gleichzeitiger körperlicher Anwesenheit beider Vertragspartner an einem Ort, der kein Geschäftsraum des Unternehmers ist.[308] Dabei stehen nach § 312b Abs 1 S 2 BGB dem Unternehmer Personen gleich, die in seinem Namen oder Auftrag handeln. Ob beim Kauf an einem **Stand auf der Messe „Grüne Woche"** ein Widerrufsrecht nach den Vorschriften über außerhalb von Geschäftsräumen geschlossene Verträge besteht, ist Gegenstand einer Vorlage des BGH an den EuGH.[309]

Nach § 312b Abs 1 Nr 3 BGB werden die **außerhalb von Geschäftsräumen lediglich angebahnten Verträge** nicht mehr grundsätzlich den in dieser Situation geschlossenen Verträgen gleichgestellt. Vielmehr muss die Vertragsanbahnung „unmittelbar zuvor" stattgefunden haben, ist also ein **enger zeitlicher Zusammenhang** zwischen der außerhalb von Geschäftsräumen erfolgenden Vertragsanbahnung und dem Vertragsschluss erforderlich.[310] Ein Nachweis der Kausalität der inkriminierten Vertragsanbahnung für den Vertragsschluss wird in § 312b Abs 1 Nr 3 BGB nicht gefordert und widerspräche wohl auch den Vorgaben der VerbrRechte-RL.[311] Dagegen ließ es § 312 aF – im Gegensatz zur HWi-RL – genügen, dass der Vertrag lediglich in der Haustürsituation angebahnt wurde, es jedoch erst später zum Vertragsschluss kam. Unerlässlich war hingegen die Kausalität der Haustürsituation für den Geschäftsabschluss.[312]

Papier bzw – bei Zustimmung des Verbrauchers – auf anderem dauerhaften Datenträger zur Verfügung zu stellen, womit Art 7 Abs 2 VerbrRechte-RL umgesetzt wird, dazu näher BT-Drucks 17/12637, 55.
[303] Siehe Fn 98.
[304] Siehe bereits allgemein oben Rn 13.
[305] Damit wird Art 6 Abs 5 VerbrRechte-RL (Fn 16) umgesetzt. Dies soll gewährleisten, dass etwa nachfolgend übersandte abweichende Allgemeine Geschäftsbedingungen nur bei ausdrücklicher Zustimmung des Verbrauchers Geltung erlangen, siehe BT-Drucks 17/12637, 54.
[306] Dies dient der Umsetzung von Art 6 Abs 6 VerbrRechte-RL.

[307] Dazu bereits vor und mit Fn 127.
[308] Siehe auch Art 2 Nr 8 und 9 VerbrRechte-RL (Fn 16).
[309] Vgl BGH GRUR 2017, 934, zit nach juris; dies hängt davon ab, ob ein unbeweglicher bzw ein beweglicher Gewerberaum iSv Art 2 Nr 9 lit a bzw b VerbrRechte-RL vorliegt, in dem der Unternehmer seine Tätigkeit dauerhaft bzw für gewöhnlich ausübt.
[310] Siehe Art 2 Nr 8 lit c VerbrRechte-RL (Fn 16).
[311] Siehe Fn 310.
[312] BGHZ 131, 385, 392 = NJW 1996, 926, 928 lässt Mitursächlichkeit der Haustürsituation genügen; ebenso BGH NJW 2006, 497.

L. Verbraucherschutz

Schon für die HWi-RL, die sich ihren Erwägungsgründen zufolge auf „einseitige Verpflichtungserklärungen" erstreckte, war insbesondere in Bezug auf **Bürgschaften** zweifelhaft, unter welchen Voraussetzungen ein Haustürgeschäft vorlag. Der EuGH[313] bejahte die Anwendbarkeit der Richtlinie grundsätzlich, verlangte jedoch wegen der Akzessorietät der Bürgschaft, dass nicht nur der Bürge Verbraucher ist, sondern dass die Hauptschuld ebenfalls einem Haustürgeschäft mit einem Verbraucher entspringt. Der IX. Senat des BGH[314] forderte daraufhin die **doppelte Verbrauchereigenschaft** (von Bürge und Hauptschuldner) sowie eine **doppelte** (Hauptschuld und Bürgschaft anbahnende) **Haustürsituation**. Nach dem Zweck der HWi-Richtlinie erschien es dagegen vorzugswürdig, allein auf die Verbrauchereigenschaft des Bürgen und dessen – vom EuGH nicht ausdrücklich geforderte – Überrumpelung durch eine Haustürsituation abzustellen.[315] Dem folgte schließlich der XI. Senat des BGH.[316] Danach hat der Bürge ein Widerrufsrecht, wenn er selbst Verbraucher ist und sich in einer Haustürsituation befand. Ob es sich auch bei der Hauptschuld um ein Verbrauchergeschäft handelt und ob dieses in einer Haustürsituation geschlossen wurde, ist dagegen unerheblich.[317] Da allerdings Bürgschaften, die kein Verbrauchergeschäft absichern, nach Ansicht des EuGH[318] gar nicht unter die HWi-RL fallen, war insoweit die autonome Regelungskompetenz der Mitgliedstaaten betroffen.[319]

Auch unter dem neuen Recht nach Umsetzung der VerbrRechte-RL stellt sich die Frage der Erstreckung des Regimes der außerhalb von Geschäftsräumen geschlossenen Verträge auf Bürgschaften. Dass § 312 Abs 1 BGB eine entgeltliche Leistung des Unternehmers verlangt, steht einer solchen Erstreckung wohl nicht entgegen, wenn man die Entgeltlichkeit weit auslegt und die Gewährung des durch die Bürgschaft abgesicherten Darlehens durch den Unternehmer gegenüber dem Hauptschuldner genügen lässt.[320] Europarechtlich gefordert ist eine solche weite des Auslegung § 312

---

[313] EuGH 17. 3. 1998 – C-45/96 *Dietzinger*, NJW 1998, 1295, 1296; ergangen auf Vorlage des IX. Senates des BGH, vgl BGH NJW 1996, 930, der bereits in BGHZ 113, 287, 288 f = NJW 1991, 975 f aufgrund des einseitig verpflichtenden Charakters der Bürgschaft ein Haustürgeschäft ablehnte; anders als der IX. Senat aber bereits BGH NJW 1993, 1594, 1595 (XI. Senat); siehe auch EuGH 14. 3. 2013 – C-419/11 *Česká spořitelna*, RIW 2013, 292, wonach nicht als Verbraucher iSv Art 15 Abs 1 EuGVO (heute: Art 17 Abs 1 EuGVO-neu) anzusehen ist, wer als natürliche Person, die mit einer Gesellschaft beruflich oder gewerblich eng verbunden ist, eine Wechselbürgschaft für einen Wechsel übernimmt, der als Garantie für die Verbindlichkeiten dieser Gesellschaft aus einem Vertrag über die Gewährung eines Kredits begeben wurde.
[314] BGHZ 139, 21, 24 ff = NJW 1998, 2356 f (IX. Senat).
[315] Vgl CANARIS, Wandlungen des Schuldvertragsrechts – Tendenzen zu seiner „Materialisierung", AcP 200 (2000) 273, 353 f.
[316] Unter Aufgabe der früheren Rechtsprechung. Die Zuständigkeit für Verfahren im Bürgschaftsrecht liegt mittlerweile allein beim XI. Senat.
[317] BGHZ 165, 363, 365 ff = NJW 2006, 845 f sowie BGH NJW 2007, 2106, 2109. Dem folgt BGH NJW 2007, 2110, 2111 (XII. Senat) für den Fall eines Schuldmitübernahme- oder Bürgschaftsvertrages.
[318] Vgl den Nw in Fn 313.
[319] Nicht ganz korrekt deshalb der Verweis des XI. Senates, vgl BGHZ 165, 363, 368 f = NJW 2006, 845, 846 auf die Mindestharmonisierungsklausel in Art 8 HWi-RL, die Erlass oder Beibehaltung günstigerer Verbraucherschutzbestimmungen erlaubt, jedoch – was der BGH verkennt – nur Regelungen „auf dem Gebiet dieser Richtlinie" betrifft, also Geschäfte innerhalb des Anwendungsbereichs der Richtlinie. Vgl auch BGHZ 139, 21, 25 f = NJW 1998, 2356, 2357 (IX. Senat), der ebenfalls Art 8 HWi-RL heranzieht, jedoch einen Willen des deutschen Gesetzgebers, über die Richtlinienvorgaben hinauszugehen, noch verneint.
[320] So insb HILBIG-LUGANI, Neuerungen im Außergeschäftsraum- und Fernabsatzwiderrufsrecht – Teil 1, ZJS 2013, 441, 444 ff mwNw zum Streitstand.

Abs 1 BGB in Bezug auf Bürgschaften aber wohl nicht und zwar selbst dann nicht, wenn man mit Blick darauf, dass Art 3 VerbrRechte-RL die Geltung der Richtlinie auf „jegliche Verträge" erstreckt, die Europarechtskonformität des Erfordernisses der Entgeltlichkeit in § 312 Abs 1 BGB grundsätzlich bezweifelt.[321] Denn Bürgschaften, die eine Kreditgewährung absichern, fallen wohl nicht mehr unter die VerbrRechte-RL[322] und unterliegen deshalb der mitgliedstaatlichen Regelungsautonomie.[323] Was weiter Bürgschaften zur Absicherung sonstiger Forderungen anbelangt, so lässt sich einerseits Entgeltlichkeit schwer begründen, wäre ihre Einbeziehung in den durch das BGB gewährten Schutz aber andererseits ebenfalls europarechtlich unproblematisch und zwar selbst dann, wenn die Hauptforderung keinem Verbrauchergeschäft entstammt. Denn sollte der EuGH seine Dietzinger-Rechtsprechung zur HWi-RL[324] auch für die VerbrRechte-RL aufrechterhalten, lägen diese Bürgschaften jenseits des Regelungsbereichs der VerbrRechte-RL und blieben Abweichungen des nationalen Gesetzgebers damit ebenfalls zulässig.

45 Was die **Grenzen des Widerrufsrechts**[325] anbelangt, so wies die **Umsetzung** der früher geltenden HWi-RL durch den deutschen Gesetzgeber zunächst **Defizite**[326] auf: Nach § 312a aF[327] bzw § 5 Abs 2 HWiG entfiel das Widerrufsrecht aus § 312 BGB bzw § 1 HWiG bereits dann, wenn das Haustürgeschäft von einem der in § 312a aF bzw § 5 Abs 2 HWiG genannten Sonderregime erfasst wurde, unabhängig davon, ob nach den betreffenden Sondervorschriften die Voraussetzungen für ein Widerrufsrecht erfüllt waren oder nicht. Da § 491 Abs 3 Nr 1 aF bzw § 3 Abs 2 Nr 2 VerbrKrG[328] bei **grundpfandrechtlich gesicherten Darlehen** ein Widerrufsrecht nach § 495 aF bzw § 7 VerbrKrG weitgehend versagten, hatte der Verbraucher in diesen Fällen bei wortlautgetreuer Auslegung von § 312a aF bzw § 5 Abs 2 HWiG trotz Vorliegens eines Haustürgeschäftes keine Möglichkeit, vom Vertrag loszukommen. Ein weiteres Problem ergab sich daraus, dass der Widerruf nach § 355 Abs 3 aF bzw § 2 HWiG ebenso wie nach § 7 Abs 2 VerbrKrG auch bei **fehlender Belehrung** über das Widerrufsrecht zeitlich befristet war, während die HWi-RL in diesem Fall kein Erlöschen vorsieht. In der auf Vorlage des BGH[329] ergangenen Heininger-Entscheidung[330] bejahte der EuGH erstens die Anwendung der HWi-RL auf Realkreditverträge, wobei er eine Spezialität der VerbrKr-RL verwarf. Zweitens lehnte der Gerichtshof die Zulässigkeit einer ab Vertragsschluss laufenden Befristung des aus der HWi-RL resultierenden Widerrufsrechts für den Fall einer nicht ordnungsgemäßen Belehrung des Verbrauchers als richtlinienwidrig ab.[331] Daraufhin besserte der deutsche Gesetzgeber durch das

---

[321] Dazu MünchKomm/WENDEHORST (7. Aufl 2016) § 312 Rn 19 mwNw.
[322] Siehe Art 3 Abs 3 lit d iVm Art 2 Nr 12 VerbrRechte-RL (Fn 16).
[323] Zur mangelnden Erstreckung der VerbrKr-RL-neu auf Sicherungsgeschäfte siehe Fn 597.
[324] Siehe Fn 313.
[325] Zur Rechtslage nach Umsetzung der VerbrRechte-RL (Fn 16) siehe sogleich Rn 48.
[326] Zur Frage der Richtlinienkonformität von § 312 Abs 3 Nr 3 aF (zuvor § 1 Abs 2 Nr 3 HWiG), der eine pauschale Ausnahme für notariell beurkundete Willenserklärungen ohne Beschränkung auf die nach Art 3 Abs 2 lit a HWi-RL allein ausgeschlossenen Immobiliengeschäfte enthält, J HOFFMANN, Notarielle Bevollmächtigung und Haustürwiderrufsgesetz, ZIP 1999, 1586, 1589.
[327] Mit „aF" wird in diesem Abschnitt das BGB in der vor Inkrafttreten des OLGVertrÄndG (Gesetz zur Änderung des Rechts der Vertretung durch Rechtsanwälte vor den Oberlandesgerichten vom 23.7.2002, BGBl 2002 I 2850) geltenden Fassung bezeichnet.
[328] Verbraucherkreditgesetz in der Fassung der Bekanntmachung v 29.6.2000 (BGBl 2000 I 940).
[329] BGH NJW 2000, 521 (XI. Senat).
[330] EuGH 13.12.2001 – C-481/99 *Heininger*, NJW 2002, 281.
[331] Dagegen hat der EuGH die frühere Be-

L. Verbraucherschutz

OLG-VertrÄndG[332] nach: Danach nahm § 312a aF dem Verbraucher das Widerrufsrecht aus § 312 aF nur noch dann, wenn die Voraussetzungen für ein Widerrufsrecht aus anderen Vorschriften tatsächlich vorlagen.[333] Und § 355 Abs 4 S 3 aF bestimmte ausdrücklich – und ohne Beschränkung auf den Widerruf von Haustürgeschäften –, dass das Widerrufsrecht bei unzulänglicher Belehrung nicht erlischt.

Anders als früher nach der HWi-RL liegen **Verbraucherdarlehensverträge außerhalb** **46** **des Anwendungsbereichs der neuen VerbrRechte-RL**.[334] Dementsprechend werden Verbraucherdarlehensverträge von der in § 356 Abs 3 S 2 BGB angeordneten und unabhängig von Belehrungsverstößen eingreifenden absoluten Höchstfrist von zwölf Monaten und 14 Tagen für die Ausübung des Widerrufsrechts nicht erfasst.[335] Ein erst Jahre später erfolgender Widerruf von außerhalb von Geschäftsräumen geschlossenen Verbraucherdarlehensverträgen bleibt damit bei Belehrungsverstößen weiterhin nach § 495 BGB denkbar. Bei **Immobiliar-Verbraucherdarlehensverträgen** ordnet jedoch § 356b Abs 2 S 4 BGB seit dem 21.3.2016[336] ebenfalls eine **absolute Höchstfrist von zwölf Monaten und 14 Tagen** an, wobei nach der Übergangsregelung in Art 229 § 38 Abs 3 S 1 EGBGB ein nach altem Recht fortbestehendes Widerrufsrecht mit Ablauf des 21.6.2016 erloschen ist bzw bei Haustürgeschäften einen Monat nach der noch ausstehenden vollständigen Erbringung der beiderseitigen Leistung erlischt.

Bei rechtzeitigem Widerruf können der widerrufene **Immobiliar-Verbraucherdarlehensvertrag** und der Immobilienkaufvertrag nur unter den einschränkenden Voraussetzungen des § 358 Abs 3 S 3 BGB als **verbundene Verträge** angesehen werden.[337] Ähnlich hatte der BGH bereits zuvor eine **wirtschaftliche Einheit** für den Regelfall verneint und

---

schränkung des Haustürwiderrufsrechts gem § 2 Abs 1 S 4 HWiG nicht beanstandet (Fn 139).
[332] Siehe Fn 327; für richtlinienkonforme Auslegung des § 5 Abs 2 HWiG in Reaktion auf die Heininger-Entscheidung des EuGH zuvor bereits der XI. Senat, BGHZ 150, 248, 253 = NJW 2002, 1881, 1882.
[333] Aufgehoben wurde auch § 491 Abs 3 Nr 1 aF (Art 25 Abs 1 Nr 10a OLGVertrÄndG); seither sind Immobiliardarlehensverträge grundsätzlich nach § 495 widerruflich, auch wenn sie nicht in einer Haustürsituation abgeschlossen werden.
[334] Siehe Art 3 Abs 3 lit d VerbrRechte-RL (Fn 16).
[335] Siehe einerseits die Konkurrenzregel § 312g Abs 3 BGB, wonach das Widerrufsrecht aus § 312g BGB durch ein solches aus § 495 BGB verdrängt wird und andererseits § 356 Abs 3 S 3 BGB, wonach die Höchstfrist ohnehin nicht für Verträge über Finanzdienstleistungen gilt.
[336] IdF des Gesetzes zur Umsetzung der Wohnimmobilienkreditrichtlinie und zur Änderung handelsrechtlicher Vorschriften v 11.3.2016 (BGBl 2016 I 396) (WohnimmoKrRLUmsG).
[337] Der EuGH sah darin, dass der Widerruf des Kreditvertrags die Wirksamkeit des Immobilienkaufvertrags grundsätzlich unberührt lässt, keinen Verstoß gegen die HWi-RL, die keine Vorschriften über verbundene Verträge enthielt. Auch hielt er es für prinzipiell richtlinienkonform hält, dass die Darlehensvaluta mit marktüblicher Verzinsung sofort zurückzuzahlen war, selbst wenn das Darlehen ausschließlich zur Finanzierung des Immobilienerwerbs diente und unmittelbar an den Verkäufer ausbezahlt wurde. Jedoch verpflichtete nach Ansicht des EuGH Art 4 HWi-RL die Mitgliedstaaten bei unzureichender Belehrung über sein Widerufsrecht dazu, den Verbraucher dann, wenn er es bei einwandfreier Belehrung hätte vermeiden können, sich den Risiken des finanzierten Geschäfts auszusetzen, von den Folgen aus der Verwirklichung dieser Risiken freizustellen, siehe EuGH 25.10.2005 – C-350/03 *Schulte*, NJW 2005, 3551; EuGH 25.10.2005 – C-229/04 *Crailsheimer Volksbank*, NJW 2005, 3555; der BGH setzte diese Vorgaben durch Gewährung von Schadensersatzansprüchen wegen Aufklärungspflichtverletzung um, grdlgd BGHZ 168, 1, 18 = NJW 2006, 2099, 2103 ff; näher dazu sowie zur Anwendbarkeit der HWi-RL auf den Beitritt eines Verbrauchers zu einem geschlossenen Immobilienfonds siehe Gsell, in: Staudinger/Eckpfeiler (2014) Rn 46 f.

damit die Voraussetzungen für den **Widerrufs- und Einwendungsdurchgriff** (heute: §§ 358 Abs 2, 359 BGB) abgelehnt.[338] Das ist von umso größerer Bedeutung, als der BGH eine Verpflichtung des Verbrauchers bejaht, die Darlehensvaluta nach Widerruf des Darlehensvertrages sofort in einer Summe und mit marktüblicher Verzinsung an den Darlehensgeber zurückzuzahlen.[339] Soweit der BGH ein verbundenes Geschäft verneint,[340] bleibt es grundsätzlich ohne Einfluss auf diese Pflicht, dass die Darlehenssumme längst dem Grundstücksveräußerer zugeflossen ist – ein Ergebnis, das den Verbraucher namentlich bei so genannten **„Schrottimmobilien"** hart trifft. Zwar mag neuerdings eine Einordnung als **zusammenhängender Vertrag** nach § 360 BGB in Betracht kommen. Dies wird dem Verbraucher jedoch nur bedingt helfen, da § 360 BGB nicht einmal einen Einwendungsdurchgriff vorsieht.[341]

47 § 29c ZPO eröffnet für Klagen des Verbrauchers aus außerhalb von Geschäftsräumen geschlossenen Verträgen an dessen Wohnort einen **besonderen Gerichtsstand**,[342] für gegen ihn gerichtete Klagen einen **ausschließlichen Gerichtsstand**. Die örtliche Zuständigkeit ist unabhängig von Ausschluss oder Verdrängung des Widerrufsrechts nach §§ 312 Abs 2 bis 6, 312g Abs 2 BGB[343] (früher: § 312 Abs 3 aF) oder § 312g Abs 3 BGB[344] (früher: § 312a aF) gegeben.[345]

---

[338] Vgl BGHZ 150, 248, 263 = NJW 2002, 1881, 1884 in Reaktion auf die Heininger-Entscheidung des EuGH und unter Verweis auf § 3 Abs 2 Nr 2 VerbrKrG, wonach die Regelungen über verbundene Geschäfte auf grundpfandrechtlich gesicherte Kredite anders als heute keine Anwendung fanden; vgl ferner BGH NJW 2003, 199 f; BGHZ 152, 331, 337 = NJW 2003, 422, 423; BGHZ 161, 15, 26 = NJW 2005, 664, 666; BGHZ 167, 223, 229 f = NJW 2006, 1952, 1953; BGH NJW 2007, 2404, 2405 (abw aber bei fehlender grundpfandrechtlicher Sicherung BGH NJW 2003, 3703, 3704); ebenso st Rspr des BGH bereits vor Inkrafttreten des VerbrKrG, vgl Nachweise in BGHZ 150, 248, 263 = NJW 2002, 1881, 1884; vgl auch für einen nicht dem VerbrKrG unterfallenden Immobiliarkredit BGH NJW 2000, 3065, 3066; von den in der Rspr des II. Senates anerkannten Ausnahmen, vgl nur BGHZ 159, 294 ff = NJW 2004, 2736 ff, hat sich der XI. Senat ausdrücklich distanziert, vgl BGHZ 167, 223, 238 = NJW 2006, 1952, 1953 f.
[339] BGHZ 152, 331, 335 f = NJW 2003, 422, 423; BGH NJW 2004, 153.
[340] Vgl Fn 338.
[341] Siehe dazu Rn 59.
[342] Vereinbarungen, in denen für Klagen eines Verbrauchers aus Haustürgeschäften ein von § 29c Abs 1 S 1 ZPO abweichender Gerichtsstand bestimmt wird, sind nach § 29c Abs 3 ZPO unzulässig, BGHZ 203, 140 ff; vgl auch BGH IPRspr 2014, Nr 198, zit nach juris Rn 20, wonach durch § 29c Abs 3 ZPO jenseits der dort genannten Ausnahmen jegliche von § 29c Abs 1 ZPO abweichende Vereinbarung ausgeschlossen wird; bei Abtretung des Anspruchs durch den Verbraucher und Geltendmachung durch den Zessionar ist § 29c ZPO nicht eröffnet, da die Bestimmung einen Gerichtsstand für eine bestimmte Person, den Verbraucher, nicht aber für den Anspruch selbst eröffnet, BGH VersR 2010, 645 f; vgl ferner BGH NJW-RR 2011, 1137 zur Beteiligung an einem als Kommanditgesellschaft organisierten Vermögensfonds: Kein § 29c ZPO für die Klage gegen ein Wirtschaftsprüfungsunternehmen wegen Verletzung von Pflichten aus einem mit der Kommanditgesellschaft geschlossenen Vertrag über die Kontrolle der Mittelverwendung.
[343] LG Landshut NJW 2003, 1197; ZÖLLER/VOLLKOMMER (32. Aufl 2018) § 29c ZPO Rn 4; abw OLG München VersR 2006, 1517 sowie LG Berlin VersR 2005, 1259.
[344] Vgl BT-Drucks 14/7052, 191; ZÖLLER/VOLLKOMMER (32. Aufl 2018) § 29c Rn 4; abw noch zu § 7 HWiG BGHZ 150, 264, 266 f = NJW 2002, 2029.
[345] Für die Einführung eines generellen Verbrauchergerichtsstands in der ZPO MANKOWSKI, Anmerkung zu BGH JZ 2003, 1120, JZ 2003, 1122 f; für eine analoge Anwendung der §§ 29, 29c ZPO auf Fernabsatzgeschäfte WOITKEWITSCH, Verbrauchergerichtsstand bei Widerruf auf Grund Fernabsatzgeschäfts, CR 2006, 284; gegen beides HEIDERHOFF, Nationaler Verbrauchergerichtsstand nach der Brüssel I-VO?, IPRax 2006, 612, 613.

bb) **Fernabsatzverträge einschließlich Finanzdienstleistungen im Fernabsatz, §§ 312c–h BGB**

Werden Konsumgüter über Distanzgeschäfte ohne gleichzeitige Anwesenheit beider **48** Vertragsparteien vertrieben, so hat der Verbraucher regelmäßig keine Möglichkeit, den Vertragsgegenstand vor Vertragsschluss prüfend in Augenschein zu nehmen. Aufgrund des fehlenden persönlichen Kontaktes wird es ihm überdies oft Schwierigkeiten bereiten, sich ein präzises Bild von der Qualität der Leistung zu verschaffen, aber auch, sich über Person und Seriosität des Anbieters zu vergewissern und so der insbesondere für den Fall der Geltendmachung von Mängeln drohenden „Flüchtigkeit" des Vertragspartners zu begegnen. Der europäische Gesetzgeber reagierte auf diese **spezifischen situativen Gefahren des Fernabsatzes** im Jahre 1997 mit dem Erlass der **Fernabsatz-Richtlinie (FernAbs-RL)**,[346] die sich des klassischen Verbraucherschutzinstrumentariums der **Informationspflichten** und des **Widerrufsrechts** bedient. Der deutsche Gesetzgeber setzte die Richtlinie im Jahre 2000 zunächst mit geringfügiger Verspätung vor allem im **FernAbsG** um,[347] dessen Regelungen im Zuge der Schuldrechtsmodernisierung ins BGB übernommen wurden. Mit dem **FernAbsFinÄndG**[348] am 8.12. 2004 wurden auch die zuvor nach § 312b Abs 3 Nr 3 aF ausgenommenen Distanzgeschäfte über **Finanzdienstleistungen** in die Fernabsatzverträge des damaligen § 312b BGB einbezogen. Dies diente der Transformation der – im Gegensatz zur FernAbs-RL auf **Vollharmonisierung**[349] gerichteten – **EG-Richtlinie über den Fernabsatz von Finanzdienstleistungen (FernAbsFin-RL)**.[350] Während damit vor allem die von **Banken** im Wege der Fernkommunikation angebotenen Dienstleistungen dem Regime der §§ 312b–d aF unterworfen wurden, **setzte** der deutsche Gesetzgeber die **FernAbsFin-RL zweispurig um**, indem er den Fernabsatz von **Versicherungen** wegen des Sachzusammenhangs gesondert im VVG[351] regelte, auf das hier nicht weiter eingegangen werden kann.[352] Unabhängig von europarechtlichen Vorgaben wurden im Jahre 2009 die Regelungen über Fernabsatzverträge durch das **Gesetz zur Bekämpfung unlauterer Telefonwerbung und zur Verbesserung des Verbraucherschutzes bei besonderen Vertriebsformen**[353] reformiert. Verschiedene Regelungen für einen verbesserten Verbrau-

---

[346] Siehe Fn 16. Die FernAbs-RL wurde durch die VerbrRechte-RL (Fn 16) ersetzt; siehe zu der Novelle Gsell, Die geplante Neuregelung des Fernabsatzrechts durch die „Richtlinie über Rechte der Verbraucher", in: Hoffmann/ Leible (Hrsg), Online-Recht 3.0 – Datenschutz – Domainrecht – Verbraucherschutz – Haftung (2010) 99 ff.
[347] Siehe aber zur Einfügung der §§ 13, 14 BGB sowie der §§ 361a und b aF (Vorgängernormen der heutigen §§ 355–357d BGB) ins BGB im Zuge der Transformation der FernAbs-RL oben vor und mit Fn 63 sowie vor und mit Fn 115.
[348] Gesetz zur Änderung der Vorschriften über Fernabsatzverträge bei Finanzdienstleistungen v 2.12.2004, BGBl 2004 I 3102.
[349] Zu den dem nationalen Gesetzgeber verbleibenden Spielräumen siehe Fn 37.
[350] Siehe Fn 16.
[351] Gesetz über den Versicherungsvertrag; vgl §§ 48a–e VVG aF, eingefügt durch Art 6 des FernAbsÄndG. Seit dem 1.1.2008 gilt das neue

VVG, vgl Art 12 des Gesetzes zur Reform des Versicherungsvertragsrechts v 23.11.2007 (BGBl 2007 I 2631) (VVRRefG). Informationspflichten des Versicherers sind in § 7 VVG geregelt, der das Bundesministerium der Justiz ermächtigt, eine Rechtsverordnung über die Informationspflichten des Versicherungsnehmers zu erlassen, vgl Verordnung über Informationspflichten bei Versicherungsverträgen v 18.12.2007 (BGBl 2007 I 3004) (VVG-InfoV). Das Widerrufsrecht des Versicherungsnehmers ist in § 8 VVG geregelt. Zur Europarechtswidrigkeit der Befristung des Widerrufsrechts nach § 5a Abs 2 S 4 VVG aF EuGH 19.12.2013 – C-209/12 *Endress*.
[352] Näher dazu Schneider, Umsetzung der Fernabsatzrichtlinie 2002/65/EG im VVG, VersR 2004, 696 ff; zum neuen VVG siehe Grote/Schneider, VVG 2008: Das neue Versicherungsvertragsrecht, BB 2007, 2689.
[353] Gesetz zur Bekämpfung unlauterer Telefonwerbung und zur Verbesserung des Ver-

cherschutz auf dem Gebiet der Telekommunikation, ua bei der Verwendung von Warteschleifen, enthält das **Gesetz zur Änderung telekommunikationsrechtlicher Vorschriften**.[354] Um den Verbraucher noch besser gegen **durch Telefonwerbung angebahnte Vertragsschlüsse** zu schützen, die typischerweise ein gewisses Überrumpelungsmoment bergen, wird im **Entwurf eines Gesetzes zur Stärkung des Verbraucherschutzes bei Telefonwerbung** vom Juni 2017 vorgeschlagen, die Wirksamkeit eines telefonisch geschlossenen Fernabsatzvertrages davon abhängig zu machen, dass der **Verbraucher den Vertrag in Textform genehmigt**, nachdem ihm der Unternehmer sein Angebot auf einem dauerhaften Datenträger zur Verfügung gestellt hat. Dies soll nur dann nicht gelten, wenn das Telefonat nicht von dem Unternehmer oder einer in seinem Namen oder Auftrag handelnden Person zum Zwecke der Werbung veranlasst worden ist.[355]

Darüber hinaus ist das Fernabsatzrecht mit der Umsetzung der VerbrRechte-RL[356] durch das VerbrRechte-RLUmsG (mit Wirkung zum 13.6.2014) reformiert worden. Änderungen haben sich insbesondere für die **zeitlichen Grenzen des Widerrufsrechts** und die **Widerrufsfolgen**[357] sowie hinsichtlich der **Ausnahmen vom Widerrufsrecht** ergeben.[358] Außerdem sind die Vorschriften über den Fernabsatzvertrag stärker als bislang mit den Regelungen über außerhalb von Geschäftsräumen geschlossene Verträge verschränkt.

49 Unter einem **Fernabsatzvertrag** war nach § 312b Abs 1 aF ein Geschäft zwischen Unternehmer und Verbraucher über **Warenlieferungen** oder die Erbringung von **Dienstleistungen** zu verstehen, das unter **ausschließlicher** und nicht nur gelegentlicher[359] **Verwendung** von **Fernkommunikationsmitteln** geschlossen wird.[360] Die aktuelle Definition im neuen § 312c Abs 1 BGB stimmt damit grundsätzlich überein. Eine Abweichung ergibt sich allerdings insofern, als gefordert wird, dass nicht nur für den Vertragsschluss, sondern auch für die Vertragsverhandlungen ausschließlich Fernkommunikationsmittel verwendet wurden.[361] Andererseits führt nach Erwägungsgrund 20 S 2 Ver-

---

braucherschutzes bei besonderen Vertriebsformen v 29.7.2009 (BGBl 2009 I 2413), in Kraft getreten am 4.8.2009. Auch das UWG wurde durch dieses Gesetzt modifiziert, siehe dazu TAXHET/ARTZ, Das Gesetz zur Bekämpfung unerlaubter Telefonwerbung und zur Verbesserung des Verbraucherschutzes bei besonderen Vertriebsformen, ZGS 2009, 264 ff. Daneben brachte das VerbrKr-RL-Umsetzungsgesetz (Fn 75) Änderungen der Regelungen über Fernabsatzverträge.
[354] Verabschiedet vom Deutschen Bundestag am 27.10.2011, vgl BR-Drucks 685/11 v 4.11.2011, aufgrund der Beschlussempfehlung und des Berichts des Ausschusses für Wirtschaft und Technologie, vgl BT-Drucks 17/752 v 26.10.2011.
[355] Vgl § 312c Abs 3 idF des Entwurfes eines Gesetzes zur Stärkung des Verbraucherschutzes bei Telefonwerbung, BT-Drucks 18/12798 v 21.6.2017.
[356] Siehe Fn 16.

[357] Siehe dazu oben Rn 15 ff.
[358] Siehe sogleich noch im Einzelnen die nachfolgenden Rn 53 ff.
[359] Die Beweislast dafür, dass der Vertrag nicht im Rahmen eines Fernabsatzsystems geschlossen wurde, liegt nach dem Satzbau des § 312b Abs 1 aF wie auch des aktuellen § 312c Abs 1 BGB beim Unternehmer; MünchKomm/WENDEHORST (7. Aufl 2016) § 312c Rn 33.
[360] Darunter kann etwa auch ein Maklervertrag fallen, wenn die Übersendung des Exposés per E-Mail erfolgt ist und der Kaufinteressent den Besichtigungstermin fernmündlich vereinbart hat, vgl BGH MMR 2017, 329.
[361] Dagegen konnte man bislang die allein im Vorfeld des Vertragsschlusses erfolgende persönliche Kontaktaufnahme jedenfalls so lange für unbeachtlich halten, wie dem Verbraucher der Zugriff auf die wesentlichen, den Vertragsschluss betreffenden Informationen fehlte, vgl PALANDT/GRÜNEBERG (77. Aufl 2018) § 312c Rn 4; aA STAUDINGER/THÜSING (2012) § 312b

brRechte-RL die bloße Information des Verbrauchers vor Ort in den Geschäftsräumen des Unternehmers noch nicht zum Ausschluss eines Fernabsatzgeschäfts.[362] Zu den Fernkommunikationsmitteln zählen nach der nicht abschließenden Aufzählung in § 312c Abs 2 BGB (früher: § 312b Abs 2 aF) nicht allein modernste Kommunikationsmittel, sondern ebenso Briefe, Telefonanrufe, Telekopien und Kataloge, so dass auch der **klassische Versandhandel**, der über Katalogbestellungen im Postweg abgewickelt wird, erfasst ist.[363]. Gewisse Schwierigkeiten bereiten **telefonisch** oder **per E-Mail vereinbarte Arzt-, Anwalts-, Friseurtermine** uä., bei denen zwar der Vertragsschluss mit Mitteln der Fernkommunikations erfolgt sein mag, die Leistungserbringung aber durch durch persönlichen Kontakt geprägt ist. Nach dem Schutzzweck des Fernabsatzrechts spricht viel dafür, ein für den Fernabsatz organisiertes Vertriebs- und Dienstleistungssystem iSv § 312c Abs 1 HS 2 BGB zu verneinen, wenn allein Vertragsanbahnung und Vertragsschluss ohne gleichzeitige Anwesenheit der Parteien erfolgen, die Leistung selbst jedoch im persönlichen Kontakt erbracht wird.[364] Unterschiedlich weitreichende **Bereichsausnahmen** vom Verbraucherrechts- und auch vom Fernabsatzregime, die insbesondere anderweitigen Sonderregelungen Rechnung tragen bzw Verträge betreffen, für die das Informationspflichten- und Widerrufsregime des Fernabsatzrechts nicht passt, sind in § 312 Abs 2–6 BGB enthalten.[365] Dabei findet sich etwa ein Pendant zum bisherigen § 312b Abs 4 aF in § 312 Abs 5 BGB: Wird durch ein Fernabsatzgeschäft ein **Dauerschuldverhältnis** begründet, etwa ein Girovertrag nach § 675f Abs 2 BGB, so werden die nachfolgenden Einzeltransaktionen, etwa die einzelne Überweisung, überwiegend von der Geltung des Fernabsatzrechts ausgenommen, bleibt diese also im Wesentlichen auf die **Grundvereinbarung** begrenzt.[366]

Inhaltlich im Wesentlichen übereinstimmend mit der bisherigen Rechtslage sind die **50 Informationspflichten beim Fernabsatzvertrag über Finanzdienstleistungen** in § 312d Abs 2 BGB iVm Art 246b EGBGB enthalten. Hingegen ergeben sich die Informationspflichten für **sonstige Fernabsatzverträge** aus §§ 312d Abs 1, 312e BGB iVm Art 246a EGBGB. Sie wurden an die Vorgaben in Art 6 Abs 1 VerbrRechte-RL angepasst und sind deshalb nicht vollständig identisch mit dem, was bislang galt.[367] So muss etwa nach Art 246a § 1 Nr 14 und 15 EGBGB nunmehr gegebenenfalls über die Funktionsweise digitaler Inhalte sowie über dem Unternehmer bekannte bzw erkennbare wesentliche Beschränkungen der Interoperabilität und der Kompatibilität digi-

---

Rn 34, 39 f mwNw; auch der Einsatz eines mit Vertragsinhalt und -gegenstand nicht näher vertrauten Boten ändert nichts am Fernabsatzcharakter des Geschäfts, BGHZ 160, 393, 398 = NJW 2004, 3699, 3700 (am Beispiel des Postident 2-Verfahrens der Deutschen Post AG).
[362] Näher zum Ganzen siehe HILBIG-LUGANI, Neuerungen im Außergeschäftsraum- und Fernabsatzwiderrufsrecht – Teil 1, ZJS 2013, 441, 446 f.
[363] Vgl SPINDLER/SCHUSTER/SCHIRMBACHER, Recht der elektronischen Medien (2015) §§ 312b, 312c Rn 5 f.
[364] Vgl MünchKomm/WENDEHORST (7. Aufl 2016) § 312c Rn 22 f ua unter Verweis auf Erwägungsgrund 20 VerbrRechte-RL, wo in S 5 der telefonisch vereinbarte Friseurtermin ausgenommen wird; im Ergebnis einen Fernabsatzvertrag verneinend auch AG Wiesloch JZ 2002, 671; in diesem Sinne auch Erwägungsgrund 20 VerbrRechte-RL; abw STAUDINGER/THÜSING (2012) § 312b Rn 46 ff, der in erster Linie Gelegenheitskäufe von den Schutzregelungen des Fernabsatzrechts ausnehmen will.
[365] Näher dazu HILBIG-LUGANI, Neuerungen im Außergeschäftsraum- und Fernabsatzwiderrufsrecht – Teil 1, ZJS 2013, 441, 451 f.
[366] Fehlt eine Grundvereinbarung, werden bei aufeinander folgenden bzw gleichartigen Vorgängen zwar die Informationspflichten, nicht aber das Widerrufsrecht auf den Erstvorgang beschränkt (§ 312b Abs 5 S 2 BGB).
[367] Siehe BT-Drucks 17/12637, 74.

taler Inhalte mit Hard- und Software informiert werden.[368] Nach § 312f Abs 2 BGB muss der Unternehmer dem Verbraucher überdies eine **Bestätigung des Vertrages** mit dem Vertragsinhalt und – soweit noch nicht vorweg erteilt – den vorgeschriebenen Informationen auf **dauerhaftem Datenträger** zur Verfügung stellen.[369] Schon früher war nach § 312c Abs 1 BGB aF iVm Art 246 § 1 Abs 3 EGBGB aF die Informationspflicht des Unternehmers bei **Telefongesprächen** eingeschränkt. Nunmehr ergeben sich **eingeschränkte Informationspflichten bei begrenzter Darstellungsmöglichkeit** aus § 312d Abs 1 BGB iVm Art 246a § 3 EGBGB, womit Vorgaben insbesondere aus Art 8 Abs 4 VerbrRechte-RL umgesetzt werden. Namentlich dürfen nach Art 246a § 3 S 2 EGBGB bestimmte Informationen in anderer geeigneter Weise als durch das verwendete Fernkommunikationsmittel zugänglich gemacht werden, so beispielsweise dann, wenn das verwendete Display nur eine begrenzte Zeichenzahl anzuzeigen vermag.[370] Der BGH[371] hat nun dem EuGH im Juli 2017 ein **Vorabentscheidungsersuchen unterbreitet**, um zu klären, ob es für die Frage, ob iSv Art 8 Abs 4 VerbrRechte-RL für die Darstellung der Information nur begrenzter Raum oder nur begrenzte Zeit zur Verfügung steht, abstrakt auf die Art des Fernkommunikationsmittels ankommt oder aber auf die konkret vom Unternehmer gewählte Gestaltung. Außerdem[372] möchte der BGH wissen, ob es mit Art 8 Abs 4 und Art 6 Abs 1 lit h VerbrRechte-RL vereinbar ist, wenn im Fall begrenzter Darstellungsmöglichkeit die Information über das Widerrufsrecht auf das Bestehen eines Widerrufsrechts beschränkt werden darf.

51 Ein Verstoß gegen die **Informationspflichten** des Fernabsatzrechts hindert nicht die Wirksamkeit des Vertrages, zieht aber möglicherweise eine Schadensersatzpflicht gemäß § 280 Abs 1 BGB (ggf iVm §§ 311 Abs 2, 241 Abs 2 BGB) sowie einen Unterlassungsanspruch aus § 2 Abs 1 S 1 UKlaG, eventuell auch wettbewerbsrechtliche Ansprüche nach sich.[373] Im Übrigen greift die spezielle Rechtsfolge in § 312d Abs 1 S 2 BGB ein, wonach die erteilten Informationen grundsätzlich Vertragsinhalt werden.[374] Außerdem dürfen Fracht-, Liefer- oder Versandkosten und sonstige Kosten nicht verlangt werden, wenn darüber nicht informiert wurde, § 312e BGB.[375] Bei Verstoß gegen die Pflicht zur Belehrung über das Widerrufsrecht wird nach § 356 Abs 3 S 1 BGB iVm Art 246a § 1 Abs 2 S 1 Nr 1 EGBGB, der Lauf der **Widerrufsfrist gehemmt**.[376] Es greift aber auch bei Belehrungsfehlern nach § 356 Abs 3 S 2 BGB (außer bei Finanzdienstleistungen, § 356 Abs 3 S 3 BGB) eine **absolute Höchstfrist von zwölf Monaten und vierzehn Tagen** ein.[377] Dagegen ist der Verstoß gegen sonstige Informationspflichten (außer bei Finanzdienstleistungen, § 356 Abs 3 S 1 Alt 2 BGB) nicht mehr geeignet, den Lauf der Widerrufsfrist aufzuhalten.[378]

52 Das **Widerrufsrecht** erlosch bei einer **Dienstleistung** früher nach § 312d Abs 3 aF, wenn der Vertrag von beiden Seiten **auf ausdrücklichen Wunsch des Verbrauchers erfüllt** ist, bevor der Verbraucher sein Widerrufsrecht ausgeübt hat. Ähnliche Regelungen enthalten auch heute § 356 Abs 4 und 5 BGB idFd VerbrRechte-RLUmsG. Danach ist aber jeweils nicht genügend, dass der Unternehmer die Dienstleistung vollständig erbracht hat (Abs 4) bzw mit der Ausführung des Vertrages über die Lieferung von

---

[368] Siehe Art 6 Abs 1 lit r und siehe VerbrRechte-RL, dazu BT-Drucks 17/12637, 74, 75.
[369] Siehe Art 8 Abs 7 VerbrRechte-RL.
[370] Siehe BT-Drucks 17/12637, 75.
[371] Siehe BGH WM 2017, 1474.
[372] Siehe zur dritten Vorlagefrage oben Rn 16.
[373] Siehe bereits allgemein oben Rn 13.

[374] Dazu schon oben vor und mit Fn 305.
[375] Dazu bereits oben vor und mit Fn 286.
[376] Dazu bereits vor und mit Fn 127.
[377] Dazu bereits vor und mit Fn 135.
[378] Dazu BT-Drucks 17/12637, 61 und bereits oben Fn 127.

nicht auf einem körperlichen Datenträger befindlichen digitalen Inhalten begonnen hat (Abs 5) und der Verbraucher ausdrücklich zugestimmt hat. Vielmehr muss der Verbraucher darüber hinaus jeweils auch seine Kenntnis davon bestätigt haben, dass er sein Widerrufsrecht mit dem Vertragsvollzug bzw dessen Beginn durch den Unternehmer verliert.

Ausgeschlossen ist das **Widerrufsrecht** nach dem **Ausnahmekatalog** in § 312g Abs 2 BGB bei bestimmten Geschäftstypen, bei denen der Widerruf insbesondere als unzumutbar für den Unternehmer erachtet wird.[379] Er stimmt nicht vollständig mit der Rechtslage vor Umsetzung der VerbrRechte-RL überein. Neu hinzugekommen ist etwa nach Nr 3 der Vorschrift der Ausschluss des Widerrufsrechts bei Verträgen zur Lieferung versiegelter Ware, die aus Gründen des Gesundheitsschutzes oder der Hygiene nicht zur Rückgabe geeignet sind, wenn ihre Versiegelung nach der Lieferung entfernt wurde.[380] Mit Beschluss vom 15.11.2017 hat der BGH[381] dem EuGH zwei diesen Ausschlusstatbestand betreffende Auslegungsfragen zur Vorabentscheidung vorgelegt und zwar erstens die Frage, ob darunter solche Waren (wie etwa Matratzen) nicht fallen, die zwar bei bestimmungsgemäßen Gebrauch mit dem menschlichen Körper in Kontakt kommen können, aber durch geeignete (Reinigungs-)Maßnahmen – wenn auch möglicherweise mit kalkulierbaren Werteinbußen – wieder als gebrauchte Sachen verkehrsfähig gemacht werden können und zweitens die Frage, wie eine Verpackung beschaffen sein muss, um als „Versiegelung" zu gelten und welchen Inhalt der nach Art 6 Abs 1 lit k VerbrRechte-RL zu erteilende Hinweis über die Umstände des Erlöschens des Widerrufsrechts haben muss.

Nach § 312g Abs 2 S 1 Nr 10 BGB[382] ist das **Widerrufsrecht bei öffentlich zugänglichen Versteigerungen** ausgeschlossen. Diese erfordern die Möglichkeit zur persönlichen Anwesenheit, wie sie insbesondere bei **Internet-Auktionen** nicht gegeben ist. Ebenso war der BGH schon zur früheren Rechtslage der Ansicht, dass **Internet-Auktionen keine Versteigerungen** im Sinne des § 312d Abs 4 Nr 5 aF iVm § 156 BGB darstellten, soweit der Kaufvertrag nicht durch Zuschlag des Auktionators, sondern durch Angebot und Annahme (in Gestalt des Höchstgebotes) gemäß §§ 145 ff BGB geschlossen wurde.[383]

Nach § 312d Abs 4 Nr 3 und 4 aF griff der Ausschluss des Widerrufsrechts bei Fernabsatzverträgen zur **Lieferung von Zeitungen, Zeitschriften und Illustrierten** bzw zur Erbringung von **Wett- und Lotterie-Dienstleistungen** dann nicht ein, wenn der Verbraucher seine Vertragserklärung telefonisch abgegeben hatte. Dabei ist es für Verträge über Wett- und Lotterie-Dienstleistungen, geblieben, § 312g Abs 2 S 1 Nr 12 BGB. Dagegen ist das Widerrufsrecht bei Verträgen zur Lieferung von Zeitungen, Zeitschriften oder Illustrierten nur noch dann ausgeschlossen, wenn kein Abonnement-Vertrag vorliegt. Soweit der Ausschluss greift, begründet der telefonische Vertragsschluss aber keine Rückausnahme mehr, § 312g Abs 2 S 1 Nr 7 BGB. Im Zuge der Umsetzung der

---

[379] Vgl BT-Drucks 14/2658, 44.
[380] Siehe Art 16 lit e VerbrRechte-RL; näher dazu HILBIG-LUGANI, Neuerungen im Außergeschäftsraum- und Fernabsatzwiderrufsrecht – Teil 1, ZJS 2013, 441, 449 f.
[381] Vgl BGH 15.11.2017 – VIII ZR 194/16.
[382] Die Regelung dient der Umsetzung von Art 16 lit k VerbrRechte-RL, wonach das Widerrufsrecht nur bei öffentlichen Versteigerungen ausgeschlossen ist, für welche nach Art 2 Nr 13 VerbrRechte-RL die Möglichkeit zur persönlichen Anwesenheit des Verbrauchers und die Erteilung eines Zuschlages kennzeichnend ist.
[383] BGH NJW 2005, 53, 54 ff *(eBay)*; noch offen gelassen in BGHZ 149, 129, 133 = NJW 2002, 363, 364 *(ricardo)*.

FernAbsFin-RL kam zu den Ausschlusstatbeständen hinzu der Ausschluss bei Waren und Finanzdienstleistungen, die **kurzfristigen Kursschwankungen** unterliegen und deshalb die Gefahr einer Spekulation auf Kosten des Unternehmers bergen, § 312g Abs 2 S 1 Nr 8 BGB (vor Umsetzung der VerbrRechte-RL: § 312d Abs 4 Nr 6 aF).[384] Und mit dem Gesetz zur Bekämpfung unlauterer Telefonwerbung und zur Verbesserung des Verbraucherschutzes bei besonderen Vertriebsformen[385] wurde der Ausschluss bei Fernabsatzverträgen zur Erbringung **telekommunikationsgestützter Dienste** eingeführt, die **auf Veranlassung des Verbrauchers unmittelbar per Telefon oder Telefax in einem Mal erbracht** werden, sofern es sich nicht um Finanzdienstleistungen handelt. Insoweit ergibt sich der Ausschluss des Widerrufrechts § 312 Abs 2 Nr 11 BGB (vor Umsetzung der VerbrRechte-RL: aus § 312d Abs 4 Nr 7 aF).[386] Schließlich wird in § 312g Abs 3 BGB die **Subsidiarität** des fernabsatzrechtlichen Widerrufsrechts **gegenüber der verbraucherkreditrechtlichen Widerruflichkeit** des Vertrages nach §§ 495 und 506 bis 513 BGB angeordnet sowie gegenüber einem Widerrufsrecht nach § 305 Abs 1 bis 6 KAGB.[387]

54 Zum neuen Widerrufsfolgenregime nach Inkrafttreten des VerbrRechte-RLUmsG siehe oben Rn 40 ff. Zum alten Recht vor Umsetzung der VerbrRechte-RL siehe GSELL, in: STAUDINGER/Eckpfeiler (2014) L. Rn 56.

cc) Elektronischer Geschäftsverkehr, §§ 312i und 312j BGB

55 Werden Waren und Dienstleistungen im **elektronischen Geschäftsverkehr**, das heißt online im Internet oder über sonstige **Telemedien**[388] vertrieben, so gelten – gegebenenfalls neben den Vorschriften über den Fernabsatz[389] (vgl § 312i Abs 3 BGB) – die Vorgaben der §§ 312i und 312j BGB. Die Normen dienen der Umsetzung von Art 10 und 11 der europäischen **E-Commerce-Richtlinie (E-Commerce-RL)** vom 8.7.2000.[390] [391] Die **E-Commerce-RL** ist nicht auf Verbraucherschutz beschränkt, sondern will im

---

[384] Siehe neben Art 6 Abs 2 lit b FernAbsFin-RL (Fn 16) auch Art 16 lit b VerbrRechte-RL.
[385] Siehe Fn 353.
[386] Dazu BT-Drucks 17/12637, 47.
[387] Siehe dazu bereits Fn 112.
[388] Der Oberbegriff der Telemedien ergibt sich aus § 1 Abs 1 TMG (Telemediengesetz); die E-Commerce-RL (vgl Fn 16) spricht in Art 2 lit a von „Dienste[n] der Informationsgesellschaft" und verweist auf Art 1 Nr 2 der Richtlinie 98/34/EG in der Fassung der Richtlinie 98/48/EG, wonach „jede in der Regel gegen Entgelt elektronisch im Fernabsatz und auf individuellen Abruf eines Empfängers erbrachte Dienstleistung" erfasst wird, vgl ferner Erwägungsgründe Nr 17 und 18 E-Commerce-Richtlinie; die Umsetzungsvorschriften im BGB (§§ 312i und j BGB) sind im Lichte dieser europäischen Vorgaben auszulegen, vgl näher MünchKomm/WENDEHORST (7. Aufl 2016) § 312i Rn 8 ff.
[389] Ein auf elektronischem Wege geschlossener Vertrag ist vor allem dann nicht zugleich Fernabsatzvertrag, wenn der Kunde kein Verbraucher ist, ferner etwa dann, wenn nicht der Unternehmer, sondern der Verbraucher die vertragscharakteristische Leistung erbringt, nämlich Waren und Dienstleistungen liefert.
[390] Siehe Fn 16; vgl zur Intention der Europäischen Kommission, ein breit gefächertes, umfassendes Maßnahmenpaket für den elektronischen Handel („E-Commerce") zu implementieren die Mitteilung der Kommission „Ein umfassendes Konzept zur Förderung des grenzüberschreitenden elektronischen Handels für die Bürger und Unternehmen Europas" v 25.5.2016, COM (2016) 320 final; s ferner zur Strategie für einen digitalen Binnenmarkt oben Rn 5.
[391] Das TMG (Fn 388) enthält weitere Bestimmungen zur Umsetzung der E-Commerce-RL. Der EuGH 16.10.2008 – C-298/07 *Bundesverband der Verbraucherzentralen und Verbraucherverbände* v *Verbraucherzentrale Bundesverband eV*, NJW 2008, 3553 hat auf einen Vorlagebeschluss des BGH, siehe NJW 2007, 2352, hin entschieden, dass der Diensteanbieter nach Art 5 Abs 1 lit c E-Commerce-RL den Nutzern des Dienstes vor Vertragsschluss neben seiner Adresse der elektronischen Post weitere Informationen zur Verfügung stellen muss, die eine

L. Verbraucherschutz

Interesse einer ungestörten Weiterentwicklung elektronischer Vertriebsformen im Binnenmarkt die Rechtsunsicherheit beseitigen, die sich zuvor (auch) für Unternehmer aus der mangelnden Anpassung der jeweils anzuwendenden nationalen Regelungen ergab. Dementsprechend braucht der „**Kunde**" im elektronischen Geschäftsverkehr nach § 312i BGB kein Verbraucher zu sein. Neben b2c- werden hier also auch b2b-Geschäfte erfasst. Die halbzwingende Ausgestaltung der statuierten Pflichten bleibt aber nach § 312i Abs 2 S 2 BGB iVm § 312k Abs 1 BGB weitgehend auf Verbrauchergeschäfte beschränkt.[392] Seit der Umsetzung der VerbrRechte-RL[393] ist der Inhalt des früheren § 312g aF auf zwei Vorschriften aufgeteilt, wobei § 312i BGB die **allgemeinen Pflichten** und § 312j BGB die **speziell gegenüber Verbraucher geltenden Pflichten** im elektronischen Geschäftsverkehr enthält. Außerdem wurden aus Gründen des Sachzusammenhangs mit den Informationspflichten im elektronischen Geschäftsverkehrs bestimmte Vorgaben der VerbrRechte-RL in § 312j BGB umgesetzt.[394]

Geregelt werden in § 312i BGB im Wesentlichen[395] **technische Organisations- und Informationspflichten**, denen der Unternehmer bei Vertragsanbahnung und Vertragsschluss unterworfen wird. § 312i Abs 1 BGB verpflichtet ihn, die technischen Voraussetzungen dafür zu schaffen, dass Eingabefehler bei der Bestellung erkannt sowie berichtigt werden können (Nr 1) und dass sich die Vertragsbestimmungen bei Vertragsschluss vollständig abrufen und wiedergabefähig speichern lassen (Nr 4). Außerdem muss er dem Kunden rechtzeitig vor dessen Bestellung bestimmte, in Art 246c EGBGB[396] aufgelistete Informationen mitteilen (Nr 2), – ggf zusätzlich zu den beim Fernabsatz geforderten, nicht völlig deckungsgleichen Angaben (vgl § 312i Abs 3 BGB). Schließlich hat der Unternehmer den Zugang einer Bestellung unverzüglich auf elektronischem Wege zu bestätigen (§ 312i Abs 1 S 1 Nr 3 BGB).

56

---

schnelle Kontaktaufnahme und eine unmittelbare und effiziente Kommunikation ermöglichen. Dabei sei aber nicht zwingend eine Telefonnummer anzugeben. Grundsätzlich reiche auch eine elektronische Anfragemaske aus, über die sich die Nutzer des Dienstes im Internet an den Diensteanbieter wenden könnten, woraufhin dieser mit elektronischer Post antworte. Anders verhalte es sich jedoch in Situationen, in denen ein Nutzer des Dienstes nach elektronischer Kontaktaufnahme mit dem Diensteanbieter keinen Zugang zum elektronischen Netz habe und diesen um Zugang zu einem anderen, nichtelektronischen Kommunikationsweg ersuche. Die Informationspflichten in § 5 TMG erstrecken sich nach ihrem Wortlaut nicht auf die Mitteilung einer Telefonnummer.

[392] Für das Verbraucherrecht nicht von Bedeutung ist der Streit um die kollisionsrechtliche Tragweite des in Art 3 Abs 2 E-Commerce-RL angeordneten, in § 3 Abs 1 und 2 TMG (Fn 387) umgesetzten Herkunftslandprinzips, wonach Anbieter von Diensten mit Sitz in einem EU-Mitgliedstaat grundsätzlich nur den Anforderungen ihres Heimatrechts unterliegen. Denn nach Art 3 Abs 3 E-Commerce-RL iVm Spiegelstrich 6 des Anhanges bzw § 3 Abs 3 Nr 2 TMG sind Verbraucherverträge vom Herkunftslandprinzip ausgenommen; vgl zum Streitstand die Nachweise bei SPINDLER, Das Gesetz zum elektronischen Geschäftsverkehr – Verantwortlichkeit der Diensteanbieter und Herkunftslandsprinzip, NJW 2002, 921, 925 f; MANKOWSKI, Herkunftsland und deutsches Umsetzungsgesetz zur E-Commerce-Richtlinie, IPRax 2002, 257.

[393] Siehe Fn 16.

[394] Siehe dazu BT-Drucks 17/12637, 58 u sogleich die nachfolgende Rn 57.

[395] Die darüber hinaus in § 312i Abs 1 S 2 BGB enthaltene und der Umsetzung von Art 11 Abs 1 Spiegelstrich 2 E-Commerce-RL dienende Zugangsfiktion von Bestellung und Empfangsbestätigung vermag kaum eigenständige Bedeutung zu entfalten, da sie den allgemeinen Zugangsvoraussetzungen entspricht, wie sie die Rechtsprechung § 130 BGB entnimmt, vgl ERMAN/KOCH (15. Aufl 2017) § 312i Rn 18 mwNw; PALANDT/GRÜNEBERG (77. Aufl 2018) § 312i Rn 7.

[396] Siehe Rn 14.

Ein Verstoß gegen diese Pflichten beeinträchtigt parallel zum Verstoß gegen die beim Fernabsatz geltenden vorvertraglichen Informationspflichten nicht die Gültigkeit des Vertrages. Sie führt auch nicht mehr zum Aufschub des Beginnes der Widerrufsfrist (so aber noch § 312g Abs 6 S 2 aF).[397] Mit Rücksicht auf die VerbrRechte-RL[398], die keine solche Regelung enhält, hat sich die Rechtslage insoweit mit Wirkung zum 13.6.2014 geändert.[399] Als Sanktionen kommen aber namentlich Schadensersatz nach § 280 Abs 1 BGB iVm §§ 311 Abs 2, 241 Abs 2 BGB,[400] Anfechtungsmöglichkeiten[401] sowie ein Unterlassungsanspruch aus §§ 2, 4a UKlaG[402] in Betracht, unter Umständen auch wettbewerbsrechtliche Sanktionen nach dem UWG.[403]

57 Was speziell den **elektronischen Geschäftsverkehr mit Verbrauchern** anbelangt, so wird in § 312j Abs 2 BGB für **entgeltliche Leistungen** angeordnet, dass der Unternehmer dem Verbraucher bestimmte der für Fernabsatzgeschäfte bzw für außerhalb von Geschäftsräumen geschlossene Verträge vorgesehenen Pflichtinformationen über die vertragliche Leistung, deren Preis und Laufzeit klar und verständlich in hervorgehobener Weise zur Verfügung stellt, bevor der Verbraucher seine Bestellung abgibt.[404] Außerdem schreiben § 312j Abs 3 und 4 BGB dem Unternehmer vor, die Bestellsituation so zu gestalten, dass der Verbraucher mit der Bestellung ausdrücklich bestätigt, dass er sich zu einer Zahlung verpflichtet, wobei ein Vertrag andernfalls nicht zustandekommt. Diese Regelung wird als **„Buttonlösung"** bezeichnet, weil der Verbraucher die Bestellerklärung meist durch Anklicken eines Buttons (also einer Schaltfläche) abgibt.[405] Auf diese Weise soll der Verbraucher vor „Täuschung oder Überrumpelung aufgrund einer unklaren, irritierenden oder überraschenden Gestaltung des Bestellprozesses"[406] geschützt werden.

Schließlich wird in § 312j Abs 1 BGB angeordnet, dass auf Webseiten für den elektronischen Geschäftsverkehr mit Verbrauchern spätestens bei Beginn des Bestellvorgangs klar und deutlich anzugeben ist, ob Lieferbeschränkungen bestehen und welche Zahlungsmittel akzeptiert werden.[407]

dd) Kündigung und Vollmacht zur Kündigung, § 312h BGB

58 Mit dem Gesetz zur Bekämpfung unlauterer Telefonwerbung und zur Verbesserung des Verbraucherschutzes bei besonderen Vertriebsformen[408] wurde die aktuell in § 312h BGB enthaltene Regelung in das BGB eingefügt. Der Gesetzgeber reagiert

---

[397] Ebenso für Versicherungs-Fernabsatzverträge, die im elektronischen Geschäftsverkehr geschlossen werden, § 8 Abs 4 VVG in der Fassung des VVRRefG (Fn 351).
[398] Siehe Fn 16.
[399] Siehe Rn 16.
[400] PALANDT/GRÜNEBERG (77. Aufl 2018) § 312i Rn 11.
[401] Insbesondere aufgrund mangelnden Erklärungsbewusstseins und Erklärungsirrtum nach § 119 Abs 1 Alt 2 BGB, vgl MünchKomm/WENDEHORST (7. Aufl 2016) § 312i Rn 106.
[402] JAUERNIG/STADLER (16. Aufl 2015) § 312i Rn 10; zum UKlaG siehe Fn 97.
[403] MünchKomm/WENDEHORST (7. Aufl 2016) § 312i Rn 110; zum UWG siehe Fn 99; siehe ferner bereits allgemein oben Rn 13.

[404] Damit werden auch Art 8 Abs 2 S 1 iVm Art 6 Abs 1 VerbrRechte-RL umgesetzt, siehe BT-Drucks 17/12637, 58 u bereits BT-Drucks 17/7745, 9.
[405] Siehe BT-Drucks 17/7745, 7; zu ersten Erfahrungen mit der Button-Lösung siehe BUCHMANN, Aktuelle Entwicklungen im Fernabsatzrecht 2012/13, K&R 2013, 535, 537 f; zur Notwendigkeit, weiterhin die Regeln der allgemeinen Rechtsgeschäftslehre heranzuziehen FERVERS, Die Button-Lösung im Lichte der Rechtsgeschäftslehre, NJW 2016, 2289 ff.
[406] Siehe BT-Drucks 17/7745, 7.
[407] Damit wird Art 8 Abs 3 VerbrRechte-RL umgesetzt, siehe BT-Drucks 17/12637, 58.
[408] Siehe Fn 353.

damit auf mitunter aggressive Praktiken des **Anbieterwechsels**, mit denen Verbraucher im Rahmen eines **Verbrauchervertrages oder einer besonderen Vertriebsform** nach §§ 312 ff BGB von einem neuen Anbieter dazu gebracht werden, ein Dauerschuldverhältnis mit diesem zu begründen und zugleich den bestehenden Vertrag mit ihrem bisherigen Anbieter zu kündigen. Vermag der Verbraucher sich in einer solchen Situation auch von dem neuen Vertrag durch verbraucherrechtlichen Widerruf zu lösen, so führt dies doch nicht dazu, dass die Kündigung des alten Vertrages unwirksam wird, dieser also wiederauflebt. Vor diesem Hintergrund[409] ordnet die Bestimmung an, dass die aus Anlass des Anbieterwechsels erklärte **Kündigung des bestehenden Dauerschuldverhältnisses** bzw die dem neuen Anbieter oder einem von diesem beauftragten Dritten erteilte **Vollmacht zur Kündigung** der **Textform** (§ 126b BGB) bedarf.

e) Widerrufsrecht, §§ 355–357d BGB
Dazu oben Rn 15 ff.

f) Verbundene und zusammenhängende Verträge, §§ 358–360 BGB

Dient ein Darlehen[410] dazu, den Erwerb von Waren oder anderen Leistungen[411] zu **59** finanzieren, schützen die §§ 358 bis 360 BGB den Verbraucher vor Risiken, die aus der rechtlichen Selbständigkeit beider Verträge drohen. §§ 358, 359 BGB sind jedoch nur dann unmittelbar anwendbar, wenn sich Kreditvertrag und finanziertes Geschäft als **wirtschaftliche Einheit** iSv § 358 Abs 3 BGB darstellen, was insbesondere dann zu bejahen ist, wenn der Partner des finanzierten Geschäfts selbst die Finanzierung übernimmt oder wenn sich der Kredit gewährende Dritte bei Vorbereitung oder Abschluss des Darlehensvertrages seiner Mitwirkung bedient (§ 358 Abs 3 S 2 BGB).[412] Die Bestimmungen über **verbundene Verträge**, die seit dem 13.6.2014 durch die Vorschrift des § 360 über **„Zusammenhängende Verträge"** flankiert werden, gehen maßgeblich auf die unter dem AbzG zum **finanzierten Abzahlungskauf** entwickelten Grundsätze der Rechtsprechung zurück,[413] sind mittlerweile außerdem – in gewissem Umfang – durch

---

[409] Dazu BT-Drucks 16/10734, 12.
[410] Seit der Neufassung durch das WohnimmoKr-RLUmsG (Fn 573) ist mit Geltung seit dem 21.3.2016 in §§ 358 bis 360 BGB einheitlich von „Darlehensverträge" statt von „Verbraucherdarlehensvertrag" die Rede. Auf diese Weise wurde klargestellt, dass die Regelungen auch auf unentgeltliche Darlehensveträge nach dem neuen § 514 BGB anwendbar sind, vgl dazu BT-Drucks 18/7584, 141 f.
[411] Dabei sind auch finanzierte Geschäfte, die vorrangig Kapitalanlage- und/oder Steuerzwecke verfolgen mit Rücksicht auf die gleichartige Schutzbedürftigkeit des Anlegers miterfasst, so dass die Widerrufsfolgen auch auf einen mit dem Kreditvertrag verbundenen Beitritt zu einem geschlossenen Immobilienfonds erstreckt werden können, BGHZ 133, 254, 261 = NJW 1996, 3414, 3415 und BGHZ 156, 46 = NJW 2003, 2821, daran anschließend BGHZ 159, 280, 289 = NJW 2004, 2731, 2733 f; BGHZ 159, 294, 307 = NJW 2004, 2736, 2739; BGHZ 167, 252, 257 = NJW 2006, 1788; BGHZ 183, 112 = NJW 2010, 596; Gleiches gilt für einen Beitritt zu einer Genossenschaft, BGH NJW 2011, 2198; die mangelnde eigene Widerruflichkeit des finanzierten Geschäfts gem § 1 Abs 2 Nr 3 HWiG steht dem Durchgriff ebenfalls nicht entgegen, BGHZ 167, 252, 259 = NJW 2006, 1788. Auch ein Darlehen und darauf bezogener Vertrag über eine Restschuldversicherung können verbundene Verträge darstellen, BGHZ 184, 1= NJW 2010, 531; NJW 2011, 1063, dazu SCHÜRNBRAND, Reichweite des Widerrufsdurchgriffs bei Darlehensverträgen mit Restschuldversicherung, BKR 2011, 309.
[412] Vgl zu den eingeschränkten Voraussetzungen der wirtschaftlichen Einheit beim finanzierten Immobilienerwerb nach § 358 Abs 3 S 3 BGB, deren Verhältnis zu den Anforderungen des Unionsrechts und den nach früherer Rechtslage aufgrund von § 3 Abs 2 Nr 2 VerbrKrG bestehenden Einschränkungen oben Rn 46.
[413] Vgl dazu ausführlich STAUDINGER/KESSAL-WULF (2012) § 358 Rn 3 ff.

Vorgaben in der neuen VerbrKr-RL, der Time-Sharing-RL und der VerbrRechte-RL europarechtlich geboten[414] und wurden mit der Schuldrechtsmodernisierung einer einheitlichen Regelung innerhalb der allgemeinen verbrauchervertraglichen Widerrufsvorschriften im BGB unterworfen.[415] Sie enthalten im Wesentlichen zwei Mechanismen. Erstens ordnen §§ 358 Abs 1 und 2 BGB einen **Widerrufsdurchgriff** an, der bewirkt, dass der Verbraucher, der das finanzierte Geschäft (vor allem nach § 312g oder nach § 485 BGB) oder aber den Darlehensvertrag (gemäß § 495 BGB) wirksam widerruft, an den jeweils anderen Vertrag ebenfalls nicht mehr gebunden ist. Beide Verträge sind infolge des Widerrufsdurchgriffs nach den Regeln der §§ 357 bis 357d BGB rückabzuwickeln (§ 358 Abs 4 S 1 BGB). Dabei bestimmt § 358 Abs 4 S 4 BGB, dass die durch den Widerruf des finanzierten Geschäfts ausgelöste **Rückabwicklung** des Darlehensvertrages **zins- und kostenfrei** für den Verbraucher zu erfolgen hat, was dessen Entscheidungsfreiheit über die Ausübung des Widerrufsrechts absichert.[416] Sofern die Darlehenssumme bereits an den Partner des finanzierten Geschäfts geflossen ist, tritt der Darlehensgeber nach § 358 Abs 4 S 5 BGB in dessen Rechte und Pflichten ein, die sich infolge des Widerrufs gegenüber dem Verbraucher ergeben. Damit wird die grundsätzliche Trennung beider Rückgewährschuldverhältnisse, die eine Rückabwicklung „übers Dreieck" bedingt, zugunsten einer **bilateralen Rückabwicklung** durchbrochen. Dies bewahrt den Verbraucher insbesondere davor, die Darlehensvaluta an den Darlehensgeber zurückzahlen zu müssen.[417] Allerdings hat der Verbraucher kein Wahlrecht, alternativ zur bilateralen Rückabwicklung mit dem Darlehensgeber eine Rückabwicklung im Verhältnis zum Vertragspartner des finanzierten Geschäfts vorzunehmen.[418] Offen bleibt nach § 358 Abs 4 S 5 BGB, wie sich der **Rückgriff des Darlehensgebers** gegen den Partner des finanzierten Geschäfts gestaltet. Rechtsprechung und hL favorisierten bislang vorbehaltlich einer vertraglichen Regelung mit unterschiedlichen Begründungen eine **Direktkondiktion**.[419] Nach § 358 Abs 5 BGB sind § 358 Abs 2 u 4 BGB nicht auf Darlehensverträge anwendbar, die der **Finanzierung des Erwerbs von Finanzinstrumenten** dienen. Der Verbraucher wird auf diese Weise

---

[414] Vgl Art 11 VerbrKr-RL und weitergehend Art 15 VerbrKr-RL-neu; Art 7 Time-Sharing-RL sowie Art 15 VerbrRechte-RL u bereits Art 6 Abs 4 FernAbs-RL.

[415] Vgl zuvor § 9 VerbrKrG, § 4 FernAbsG und § 6 TzWrG.

[416] Vgl die entsprechende Vorgabe in Art 15 Abs 1 VerbrRechte-RL und früher in Art 6 Abs 4 FernAbs-RL; bei Widerruflichkeit beider Geschäfte kann der Verbraucher seit der Aufhebung von § 358 Abs 2 S 2 und 3 aF wahlweise das finanzierte Geschäft oder den Kreditvertrag widerrufen, zur früheren Rechtslage vgl Fn 461 der vorletzten Auflage. Die sich aus § 358 Abs 4 S 4 BGB für die Rückabwicklung ergebende Besserstellung des Verbrauchers bei Widerruf des finanzierten Geschäfts erscheint damit allerdings fragwürdig. Es muss daher nach Sinn und Zweck der Regelung ausreichen, dass neben dem ausgeübten kreditvertraglichen Widerrufsrecht ein Widerrufsrecht im Rahmen des verbundenen Vertrags besteht, WILDEMANN, Das Widerrufsrecht bei verbundenen Geschäften – Richtlinienwidrigkeit der §§ 358, 359a BGB, VuR 2011, 55, 58; vgl auch die Argumentation mit dem Schutzzweck der Regelung bei MADAUS EWiR 2011, 275, 276; anders OLG Schleswig WM 2010, 1074, 1076. Ein Widerrufsdurchgriff nach § 358 Abs 1 findet auch statt, wenn das ausgeübte Widerrufsrecht nicht unter § 355 fällt, SCHÜRNBRAND, Reichweite des Widerrufsdurchgriffs bei Darlehensverträgen mit Restschuldversicherung, BKR 2011, 309, 311.

[417] Vgl nur BT-Drucks 14/6040, 201.

[418] BGH NJW 2017, 2675, 2676 Rn 19 mwNw, näher dazu STAUDINGER/HERRESTHAL (2017) § 358 Rn 197 f.

[419] Vgl BGHZ 133, 254, 263 f = NJW 1996, 3414, 3416; BGHZ 167, 252, 256 = BGH NJW 2006, 1788 zum aA in einem Recht; abw wird in Anlehnung an DAUNER-LIEB, Verbraucherschutz bei verbundenen Geschäften (§ 9 VerbrKrG), WM 1991, Beilage 6, 21 die analoge Anwendung von § 358 Abs 4 S 5 befürwortet, vgl MünchKomm/HABERSACK (7. Aufl 2016) § 358 Rn 89 mwNw; zum Meinungsstand ausführlich STAUDINGER/HERRESTHAL (2017) § 358 Rn 211 ff.

L. Verbraucherschutz

gehindert, das Risiko von Kursschwankungen auf den Darlehensgeber überzuwälzen.[420]

Als zweiten Schutzmechanismus gegen Nachteile aus der rechtlichen Aufspaltung beider Geschäfte statuiert § 359 Abs 1 BGB einen grundsätzlichen[421] **Einwendungsdurchgriff**, dh ein Recht des Verbrauchers, die Rückzahlung des Darlehens unter Geltendmachung[422] von (rechtshindernden, -vernichtenden oder -hemmenden) Einwendungen aus dem finanzierten Geschäft zu verweigern. Soweit der Verbraucher vom Unternehmer des finanzierten Geschäfts **Nacherfüllung** verlangen kann,[423] ordnet § 359 Abs 1 S 3 BGB jedoch die **Subsidiarität** der Leistungsverweigerung gegenüber dem Darlehensgeber an; erst bei Fehlschlagen der Nacherfüllung im Sinne von §§ 440 S 1 Var 2, S 2 oder 636 Var 2 BGB greift der Einwendungsdurchgriff. Durch §§ 358, 359 BGB nicht geregelt wird hingegen die **Rückabwicklung** infolge **Nichtigkeit** eines oder beider Geschäfte oder aufgrund **Rücktritts**. Diese ist mit dem allgemeinen zivilrechtlichen Instrumentarium zu bewältigen, wobei dem durch §§ 358, 359 BGB anerkannten wirtschaftlichen Verbund beider Verträge Rechnung zu tragen ist.[424] Besonders umstritten ist, ob der Verbraucher bei Unwirksamkeit des finanzierten Geschäfts oder nach Rücktritt von diesem Geschäft vom Darlehensgeber Rückzahlung bereits getilgter Darlehensraten verlangen kann. Ein solcher **Rückforderungsdurchgriff** ist – jenseits von § 358 Abs 4 S 5 BGB – gesetzlich nicht vorgesehen und wird von der hM zu Recht grundsätzlich abgelehnt, da dem Verbraucher auch bei (hypothetischem) Abschluss eines einheitlichen Vertrages im Falle der Insolvenz des Vertragspartners kein zweiter Schuldner zur Verfügung stünde.[425] Bei anfänglicher Nichtigkeit des finanzierten Geschäfts soll jedoch der Verbraucher nach weit verbreiteter Ansicht auf das Darlehen erbrachte Leistungen gemäß §§ 812 Abs 1 S 1, 813 Abs 1 S 1 BGB zurückverlangen

60

---

[420] Vgl BT-Drucks 16/11643, 72.
[421] Ausgenommen sind nach § 359 Abs 1 S 2 BGB Einwendungen, die auf einer nachträglich vereinbarten Änderung des finanzierten Vertrags beruhen, wodurch der Darlehensgeber vor zusätzlichen, ex ante nicht kalkulierbaren Risiken bewahrt wird; weiter ist die Vorschrift nicht auf Darlehensverträge anwendbar, die der Finanzierung des Erwerbs von Finanzinstrumenten dienen oder wenn das finanzierte Entgelt weniger als 200 € beträgt, § 359 Abs 2 BGB.
[422] Bei Gestaltungsrechten ergeben sich grundsätzlich erst mit der Ausübung gegenüber dem Partner des finanzierten Geschäfts Wirkungen im Verhältnis zum Darlehensgeber; einschränkend aber BGHZ 159, 280, 293 = NJW 2004, 2731, 2735; BGHZ 159, 294, 311 ff = NJW 2004, 2736, 2740 und BGH NJW 2004, 2742, 2743, jeweils für die Kündigung einer finanzierten Fondsgesellschaftsbeteiligung, kritisch STAUDINGER/HERRESTHAL (2017) § 358 Rn 37.
[423] Der Einwendungsdurchgriff ist auch dann gesperrt, wenn dem Verbraucher nach seiner Wahl andere Rechte zustehen; dazu STAUDINGER/HERRESTHAL (2017) § 359 Rn 31.

[424] Vgl dazu STAUDINGER/HERRESTHAL (2017) § 359 Rn 47 ff.
[425] Abl BGH NJW 2010, 596, 600 (XI. Senat) für den Fall eines nach den Grundsätzen der fehlerhaften Gesellschaft nur in die Zukunft wirkenden Rechts zur Kündigung der Beteiligung am finanzierten Immobilienfonds; für Rückforderungsdurchgriff entsprechend § 9 Abs 2 S 4 VerbrKrG nach Kündigung der finanzierten Beteiligung an einem geschlossenen Immobilienfonds hingegen noch der II. Senat des BGH im Anschluss an BGHZ 156, 46, 54 ff = NJW 2003, 2821, 2823, siehe BGHZ 159, 294, 307 f = NJW 2004, 2736, 2739, BGH NJW 2004, 2731, 2734; ferner BGHZ 159, 280, 291 = NJW 2004, 2742, 2743; nach der Rspr des XI. Senats scheitern Widerrufs- und Rückforderungsdurchgriff in vergleichbaren Fällen häufig bereits daran, dass die Regelungen über verbundene Verträge gem § 3 Abs 2 Nr 2 VerbrKrG auf grundpfandrechtlich gesicherte Kredite keine Anwendung finden, vgl BGHZ 167, 223, 235 = NJW 2006, 1952, 1953; ferner die Nachweise bei STAUDINGER/HERRESTHAL (2017) § 359 Rn 79.

können, weil die Ansprüche des Darlehensgebers dauerhaft einredebehaftet gewesen seien.[426]

61 In den sog **Schrottimmobilien**-Fällen,[427] in denen der Verbraucher die auf den Darlehensvertrag bezogenen Erklärungen als Haustürgeschäft bzw heute als außerhalb von Geschäftsräumen geschlossener Vertrag nach § 312g BGB wirksam widerrufen hat, sich aber gleichwohl nicht auch von dem finanzierten Immobiliengeschäft lösen kann, weil dieses notariell beurkundet wurde (§ 312g Abs 2 Nr 13 BGB) und es ferner an den strengen Voraussetzungen verbundener Verträge nach § 358 Abs 3 S 3 BGB mangelt,[428] kann das **Versäumen der Widerrufsbelehrung** gleichwohl zu einem Schadensersatzanspruch **aus Verschulden bei Vertragsschluss** gegen den Darlehensgeber führen, der sich auf Freistellung von den Risiken richtet, die sich aus dem finanzierten Geschäft ergeben. Die Verbundenheit beider Geschäfte wird insoweit also im Rahmen eines **schadensersatzrechtlichen Ausgleichs** berücksichtigt.[429]

62 Durch das VerbrRechte-RLUmsG[430] ist mit § 360 BGB eine **allgemein für Verbraucherverträge** geltende Regelung über **zusammenhängende Verträge** geschaffen worden, welche die zuvor in §§ 312f, 359a Abs 1 und 2 BGB sowie § 485 Abs 3 BGB enthaltenen Regelungen bündelt und außerdem Art 15 VerbrRechte-RL umsetzt.[431] Die Norm dient dazu, die **Wirkungen** eines **Widerrufes** nach § 355 BGB auch dann **auf einen akzessorischen Vertrag zu erstrecken**, wenn es an einer wirtschaftlichen Einheit im Sinne von § 358 Abs 3 BGB fehlt. Sie schafft also unterhalb der strengen Schwelle des verbundenen Geschäftes[432] einen weiteren **Widerrufsdurchgriff**. Die Anforderungen an einen zusammenhängenden Vertrag werden in § 360 Abs 2 BGB präzisiert. Entscheidend ist nach S 1 grundsätzlich, dass ein Bezug[433] zu dem widerrufenen Vertrag gegeben ist und eine Leistung von demselben Unternehmer erbracht wird, der Vertragspartner des widerrufenen Vertrages ist, oder aber von einem Dritten auf der Grundlage einer Vereinbarung zwischen dem Dritten und dem Vertragspartner des widerrufenen Vertrages. Es ist also anders als nach § 358 Abs 1 BGB gerade nicht

---

[426] BGH NJW 2008, 845; BGH NJW 2010, 956, abw von BGHZ 156, 46, 54 ff = NJW 2003, 2821, 2823 f (II. Senat): entsprechende Anwendung von § 9 Abs 2 S 4 VerbrKrG (Vorläufernorm von § 358 Abs 4 S 5); für Anwendung von § 813 Abs 1 S 1 BGB auch die hL, vgl MünchKomm/ HABERSACK (7. Aufl 2016) § 359 Rn 66 mwNw und der Einschränkung, dies gelte nur gegen Abtretung der dem Verbraucher gegen den Partner des finanzierten Geschäfts wegen der Darlehensvaluta zustehenden Kondiktionsansprüche; abw unter Rückgriff auf § 313 BGB STAUDINGER/HERRESTHAL (2017) § 359 Rn 82 f.
[427] Dazu oben Rn 44 ff.
[428] Vgl dazu oben Rn 46.
[429] Vgl BGHZ 169, 110, 120 ff = NJW 2007, 357, 360 in richtlinienkonformer Auslegung von § 2 HWiG. Der Anspruch erfordert danach Verschulden und den Nachweis der Kausalität der unterlassenen Belehrung für den Abschluss des finanzierten Geschäfts; diese Rechtsprechung beruht auf Vorgaben des EuGH in zwei Urteilen v 25.10.2005 – C-350/03 Schulte, NJW 2005, 3551 und C-229/04 Crailsheimer Volksbank, NJW 2005, 3555 zur HWi-RL. Vgl näher GSELL, in: STAUDINGER/Eckpfeiler (2014) Rn 45 f.
[430] Siehe Fn 27.
[431] Vgl BT-Drucks 17/12637, 66. Dabei beruhten bereits § 312f aF auf Art 6 Abs 7 Unterabs 2 FernAbsFin-RL, § 359a aF auf Art 15 iVm Art 3 lit n ii) aE VerbrKr-RL-neu sowie § 485 Abs 3 aF auf Art 11 Time-Sharing-RL-neu, so dass der neue § 360 BGB nun all diese europäischen Vorgaben umsetzt, soweit nicht § 358 BGB eingreift.
[432] Näher WENDT/LORSCHEID-KRATZ, Das Widerrufsrecht bei „zusammenhängenden Verträgen", BB 2013, 2434 f.
[433] Einen solchen Bezug wird man namentlich dann anehmen dürfen, wenn die Vertragsurkunden inhaltlich aufeinander Bezug nehmen, so WENDT/LORSCHEID-KRATZ, Das Widerrufsrecht bei „zusammenhängenden Verträgen", BB 2013, 2436.

L. Verbraucherschutz

notwendig, dass einer der Verträge ein Darlehensvertrag ist. Ein Darlehensvertrag ist allerdings nach § 360 Abs 2 S 2 BGB – weitergehend als nach S 1 – schon dann ein zusammenhängender Vertrag, wenn das Darlehen ausschließlich der Finanzierung des widerrufenen Vertrags dient und die Leistung des Unternehmers aus dem widerrufenen Vertrag in dem Darlehensvertrag genau angegeben ist.[434]

Die **Rückabwicklung des zusammenhängenden Vertrags** richtet sich gem § 360 Abs 1 S 2 iVm § 358 Abs 4 S 1 im Wesentlichen nach den Vorschriften, die anwendbar wären, wenn der zusammenhängende Vertrag selbst widerrufen worden wäre.[435] Allerdings wird in § 360 Abs 1 S 2 BGB für die Rückabwicklung des zusammenhängenden Vertrages § 358 Abs 4 S 5 BGB nicht für entsprechend anwendbar erklärt, so dass es hier anders als beim verbundenen Vertrag **nicht** zu einer **bilateralen Rückabwicklung** kommt. Ferner wird auch **kein Einwendungsdurchgriff** angeordnet[436], was allerdings für **zusammenhängende Kreditverträge** in Widerspruch steht zu den Vorgaben in Art 15 Abs 2 S 1 VerbrKr-RL-neu. Insoweit bedarf es einer richtlinienkonformen Auslegung des nationalen Rechts.[437]

2. Besonderes Schuldrecht

a) Verbrauchsgüterkauf, §§ 474–479 BGB

Seit der Schuldrechtsmodernisierung finden sich im BGB mit den §§ 474–479 BGB spezielle Vorschriften über den Verbrauchsgüterkauf, der in Übereinstimmung mit Art 1 der europäischen **VerbrGüterkauf-RL**[438] voraussetzt,[439] dass ein Unternehmer eine bewegliche Sache an einen Verbraucher verkauft[440] (§ 474 Abs 1 S 1 BGB). Nach § 474 Abs 1 S 2 ist ein Verbrauchsgüterkauf auch bei einem Vertrag gegeben, der neben dem Verkauf einer beweglichen Sache die Erbringung einer Dienstleistung durch den Unternehmer zum Gegenstand hat. Gemeint sind insbesondere Fälle, in denen der Unternehmer die Dienstleistung als Nebenleistung zur Übergabe und Übereignung der Kaufsache erbringt. Die §§ 474–479 BGB enthalten jedoch nur einen Ausschnitt aus den Richtlinienvorgaben. Im Kern sieht die VerbrGüterkauf-RL vor, dass der Unternehmer dem Verbraucher bei **Leistung vertragswidriger Ware** (mindestens) zwei Jahre lang ab Lieferung Gewähr zu leisten hat, wobei der Käufer zunächst

63

---

[434] Siehe dazu BT-Drucks 17/12637, 67. Ähnl bereits der frühere § 359a Abs 1 BGB; umgesetzt wird damit Art 15 VerbrKr-RL-neu iVm Art 3 lit n ii) aE; der reziproke Fall des Widerrufsdurchgriffs vom Darlehensvertrag auf das finanzierte Geschäft, wie ihn § 360 Abs 2 S 1 BGB iVm Abs 1 ermöglicht, wird in § 360 Abs 2 S 2 BGB – parallel zu Art 15 VerbrKr-RL-neu – nicht erfasst; für analoge Anwendung des früheren § 359a Abs 1 auf diese Konstellation beim finanzierten Immobilienkauf BERGMANN, Die reziproke Anwendung des künftigen § 359a Abs 1 BGB und der finanzierte Immobilienkauf, BKR 2010, 189, 191 f.
[435] Siehe BT-Drucks 17/12637, 66.
[436] Vgl zum früheren § 359a BT-Drucks 16/11643, 73 mit der Überlegung, dass der Einwendungsdurchgriff für den Darlehensgeber ein unberechenbares Risiko berge, wenn er den Lieferanten gar nicht kenne.
[437] Vgl nur MünchKomm/HABERSACK (7. Aufl 2016) § 360 Rn 22 mwNw u bereits zur mangelnden europarechtskonformität SCHÜRNBRAND, Das neue Recht der Verbraucherkredite und der verbundenen Verträge, in: Die zivilrechtliche Umsetzung der Zahlungsdienstrichtlinie – Finanzmarktkrise und Umsetzung der Verbraucherkreditrichtlinie, Bankrechtstag 2009, 173, 190 f.
[438] Siehe Fn 16.
[439] Den Verbraucher, der sich auf die ihm günstigen Rechtsfolgen der §§ 474 ff BGB beruft, trifft die Beweislast für den Verbrauchsgüterkauf, vgl BGH NJW 2007, 2619, 2621.
[440] Die Regelung dient der Umsetzung von Art 2 Nr 5 letzter HS VerbrRechte-RL, siehe BT-Drucks 17/12637, 69.

nach seiner Wahl **Nachbesserung** oder **Ersatzlieferung** fordern darf. Scheidet eine solche Nachlieferung wegen Unmöglichkeit, Unverhältnismäßigkeit für den Verkäufer oder erheblicher Unannehmlichkeiten für den Käufer aus oder erfolgt sie nicht binnen angemessener Frist, so steht dem Käufer das Recht zur **Minderung** offen, bei nicht nur geringfügigen Vertragswidrigkeiten alternativ dazu das Recht zur **Vertragsaufhebung** (vgl Art 3 und 5 VerbrGüterkauf-RL). Einige wenige speziell für den Verbrauchsgüterkauf geltende Regelungen, die allerdings nicht die Mängelrechte betreffen, enthält auch die **VerbrRechte-RL**.[441] Der deutsche Gesetzgeber hat das **Gewährleistungsregime** der **VerbrGüterkauf-RL im Wesentlichen** in das **allgemeine Kaufrecht** übernommen[442] (vgl §§ 433 ff BGB). Dagegen wurde die Umsetzung der Vorgaben der VerbrRechte-RL überwiegend auf den Verbrauchsgüterkauf beschränkt.[443] Die sog **überschießende Umsetzung** bringt einerseits den Vorteil geringerer Rechtszersplitterung mit sich und erscheint hinsichtlich der VerbrGüterkauf-RL insofern konsequent, als diese keinerlei situative Beschränkungen auf bestimmte, den Verbraucher besonders gefährdende Kaufgeschäfte oder Vertragsschlusssituationen enthält und damit kein Verbrauchervertragsrecht im „klassischen" Sinne statuiert. Liegt ein Verbrauchsgüterkauf vor, so müssen folglich auch allgemeine kaufrechtliche Vorschriften des BGB im Lichte der **VerbrGüterkauf-RL** ausgelegt werden, soweit sie deren Vorgaben umsetzen. Andererseits birgt die überschießende Umsetzung freilich Gefahren für die innere Kohärenz des BGB. Dies insbesondere, soweit die Rechtsprechung des EuGH europäischen Richtlinien-Vorgaben einen anderen Inhalt beimisst, als der deutsche Gesetzgeber im Sinn hatte und das Normverständnis des EuGH quer liegt zu den konkreten nationalen legislatorischen Zwecken mit der Folge, dass eine richtlinienorientierte Auslegung im überschießenden Bereich ausscheiden und vielmehr ggf eine sog **gespaltene Auslegung** erfolgen muss.[444]

64 Das europarechtlich geprägte kaufrechtliche Gewährleistungsregime des BGB hat vor allem hinsichtlich **Reichweite und Modalitäten der Nacherfüllung** Zweifelsfragen aufgeworfen. So ist für den Verbrauchsgüterkauf etwa sehr kontrovers die Frage diskutiert worden, wo der **Ort der** nach §§ 437 Nr 1, 439 BGB geschuldeten **Nacherfüllung** liegt, wobei namentlich der Ort, an dem sich die Kaufsache bestimmungsgemäß befindet, in Betracht gezogen wurde.[445] Der BGH[446] plädiert allerdings dafür, den Nacherfüllungsort nach allgemeinem Schuldrecht zu bestimmen, also § 269 Abs 1 BGB

---

[441] Siehe Art 17 Abs 1, 18 und 20 VerbrRechte-RL u bereits die vorhergehende Fn sowie Fn 25; vgl zu den ursprünglichen Änderungsvorschlägen nach dem Kommissionsvorschlag für eine VerbrRechte-RL von 2008 (Fn 21) GSELL, Vollharmonisiertes Verbraucherkaufrecht nach dem Vorschlag für eine Horizontalrichtlinie, in: GSELL/HERRESTHAL (Hrsg), Vollharmonisierung im Privatrecht (2009) 219 ff.
[442] Vgl zur Gesetzgebungsgeschichte STAUDINGER/BECKMANN (2014) Vorbem 63 ff zu §§ 433 ff.
[443] Siehe aber auch § 323 Abs 2 Nr 2 u Nr 3 BGB, womit die in Art 18 Abs 2 UAbs 2 VerbrRechte-RL enthaltene Vorgabe ins allgemeine Schuldrecht übernommen wurde.
[444] Zu Bsp siehe insb die nachfolgenden Rn 65 ff; dazu, dass die Frage, ob einheitlich oder gespalten auszulegen ist, nach nationalen Methodengrundsätzen zu entscheiden ist, siehe etwa BGHZ 195, 135 = NJW 2013, 220 mit Anmerkung GSELL LMK 2013, 343739, ferner GSELL, Vorlageverfahren und überschießende Umsetzung von Europarecht, in: GSELL/HAU (Hrsg), Zivilgerichtsbarkeit und Europäisches Justizsystem, 2012, 123, 133 ff mwNw.
[445] Vgl zu den einzelnen Ansichten die umfangr Nw in BGH NJW 2011, 2278 Rn 16 ff.
[446] BGH NJW 2011, 2278 mAnm ARTZ ZJS 2011, 274; bestätigt in BGH NJW 2013, 1074; dazu GSELL, Nacherfüllungsort beim Kauf und Transportlast des Käufers, JZ 2011, 988; dies, Voraussetzungen des Rücktritts vom Vertrag bei wirtschaftlicher Unmöglichkeit der Nacherfüllung, JZ 2013, 423 f.

anzuwenden und damit primär auf die Parteivereinbarungen, danach auf die jeweiligen Umstände, insbesondere die Natur des Schuldverhältnisses abzustellen und subsidiär eine Holschuld anzunehmen.[447] Dementsprechend soll etwa bei **Geschäften des täglichen Lebens** ein Transport der mangelhaften Sache durch den Käufer zum Verkäufer der Verkehrsanschauung entsprechen.[448] Umgekehrt soll der **Auf- oder Einbau durch den Käufer** ebenso wie ein **aus anderen Gründen erschwerter Rücktransport** der Sache eine vom ursprünglichen Erfüllungsort abweichende Bestimmung des Nacherfüllungsortes rechtfertigen.[449] Eine Vorlage nach Art 267 AEUV an den EuGH unterblieb jedoch, so dass weiterhin unklar ist, in welchem Umfang es die **VerbrGüterkauf-RL** erlaubt, dem Verbraucher-Käufer nach nationalem Recht Transportlasten aufzuerlegen, die im Zusammenhang mit der Nacherfüllung notwendig werden.[450] Bedenklich erscheinen Transportlasten des Verbraucher-Käufers wegen Art 3 Abs 2 und 3 VerbrGüterkauf-RL, die Unentgeltlichkeit der Nacherfüllung anordnen, außerdem nach Art 3 Abs 3 S 3 Verbrgüterkauf-RL, wonach keine erheblichen Unannehmlichkeiten entstehen dürfen.[451]

Besonders umstritten war ferner die Frage, ob § 439 Abs 4 aF (heute: § 439 Abs 5 BGB) im Einklang mit der Richtlinie steht. Die Regelung verweist im Falle der Ersatzlieferung hinsichtlich der **Nutzungen aus der mangelhaften Sache** auf die **Pflicht zum Wertersatz** nach § 346 Abs 1, Abs 2 Nr 1 BGB. Dies ist ebenfalls mit Blick darauf problematisch, dass Art 3 Abs 2 und 3 **VerbrGüterkauf-RL** die Unentgeltlichkeit der Nacherfüllung für den Verbraucher-Käufer anordnen. Durch die Pflicht zur Nutzungsentschädigung wird der Käufer immer dann schlechter gestellt, als er bei sofortiger einwandfreier Erfüllung stünde, wenn der Vorteil eines neuen Ersatzgutes („Neu für Alt") hinter dem Nachteil der Nutzungsentschädigung zurückbleibt. Dazu kann es namentlich bei modischen oder einer ständigen Fortentwicklung unterliegenden und deshalb rasch veraltenden Verbrauchsgütern kommen, weil der Käufer hier die längere Gebrauchserwartung der neuen Ersatzsache häufig gar nicht ausschöpfen will oder kann.[452] Der EuGH hat die deutsche Regelung für mit der VerbrGüterkauf-RL unvereinbar erklärt und betont, dass drohende finanzielle Belastungen den Verbraucher davon abhalten können, seine Rechte geltend zu machen.[453] Während der BGH daraufhin zunächst § 439 Abs 4 aF im Wege richtlinienkonformer Rechtsfortbildung ein-

---

[447] Vgl BGHZ 189, 196, 206 = BGH NJW 2011, 2278 Rn 29.
[448] Siehe BGH NJW 2011, 2278 Rn 33 mwNw; kritisch GSELL, Nacherfüllungsort beim Kauf und Transportlast des Käufers, JZ 2011, 988, 991.
[449] Siehe BGH NJW 2011, 2278 Rn 34; kritisch GSELL, Nacherfüllungsort beim Kauf und Transportlast des Käufers, JZ 2011, 988, 991 f.
[450] Kritisch ARTZ ZJS 2011, 274, 276; dafür, dass der EuGH zumindest bei der Nachbesserung einer eingebauten Sache den Käufer keinen Transport zum ursprünglichen Erfüllungsort zumuten möchte, spricht möglicherweise eine in EuGH 16.6.2011 – verb Rs C-65/09 und C-87/09 *Gebrüder Weber* und *Ingrid Putz*, NJW 2011, 2269 Rn 51 obiter geäußerte Stellungnahme,

dazu GSELL, Nacherfüllungsort bei Kauf und Transportlast des Käufers, JZ 2011, 988, 996 mwNw.
[451] Näher dazu GSELL, Nacherfüllungsort beim Kauf und Transportlast des Käufers, JZ 2011, 988, 995 ff.
[452] Zum Ganzen ausführlich GSELL, Nutzungsentschädigung bei kaufrechtlicher Nacherfüllung?, NJW 2003, 1969; vgl zur Frage der Europarechtskonformität einer Nutzungsentschädigung bei Widerruf eines Fernabsatzgeschäfts oben Rn 56.
[453] EuGH 17.4.2008 – C-404/06 *Quelle*, NJW 2008, 1433, dazu STAUDINGER ZJS 2008, 304; vgl auch den Vorlagebeschluss BGH NJW 2006, 3200 *(Quelle I)*.

schränkend auslegte,⁴⁵⁴ reagierte auch der Gesetzgeber⁴⁵⁵: Nach § 475 Abs 3 S 1 BGB nF (vor dem 1.1.2018: § 474 Abs 5 S 1 aF) ist § 439 Abs 5 BGB bei Verbrauchsgüterkäufen mit der Maßgabe anzuwenden, dass **Nutzungen nicht herauszugeben oder durch ihren Wert zu ersetzen sind.** Anders ist die Situation hingegen dann, wenn es infolge sachmangelbedingten Rücktritts des Verbrauchers zu einer Rückabwicklung des Vertrags und damit zu einer direkten Anwendung von § 346 BGB kommt. Hier ist ggf Wertersatz für die Nutzung der mangelhaften Sache zu leisten.⁴⁵⁶

66 Zur **Reichweite der Nacherfüllungspflicht** nach der VerbrGüterkauf-RL hat der **EuGH**⁴⁵⁷ außerdem entschieden, dass den Verkäufer im Rahmen der Ersatzlieferung die Verpflichtung treffe, sowohl den **Ausbau der mangelhaften Sache** als auch den **Wiedereinbau der Ersatzsache** vorzunehmen oder die dafür erforderlichen Kosten zu tragen und zwar unabhängig davon, ob er sich im Kaufvertrag verpflichtet hatte, das Verbrauchsgut einzubauen und zum anderen, dass es dem nationalen Gesetzgeber – anders als in dem bisherigen § 439 Abs 3 S 3 BGB vorgesehen – verwehrt sei, bei sog **absoluter Unverhältnismäßigkeit**, also Unverhältnismäßigkeit der einzig möglichen bzw beider möglichen Nacherfüllungsvarianten ein Leistungsverweigerungsrecht zu gewähren. Nach Auffassung des EuGH darf aber die Kostentragungspflicht des Verkäufers auf den noch verhältnismäßigen Aufwand begrenzt werden.⁴⁵⁸

Der BGH hat daraufhin erstens § 439 Abs 1 Alt 2 BGB richtlinienkonform dahin ausgelegt, dass „Lieferung einer mangelfreien Sache" auch den Ausbau und den Abtransport der mangelhaften Sache⁴⁵⁹ sowie den Einbau der mangelfreien Sache⁴⁶⁰ umfasse. Außerdem nahm der VIII. Senat⁴⁶¹ in methodisch bedenklicher Weise⁴⁶² eine teleologische Reduktion von § 439 Abs 3 S 3 BGB in seiner bisherigen Fassung vor. Danach darf der Verkäufer die Ersatzlieferung in diesen Fällen nicht überhaupt verweigern, sondern ist allein berechtigt, den Käufer bezüglich des Ausbaus der mangelhaften Kaufsache und des Einbaus der als Ersatz gelieferten Kaufsache im Wege der Einrede auf die Kostenerstattung in Höhe eines angemessenen Betrags zu verweisen, wobei der VIII. Senat – in Einklang mit den Vorgaben des EuGH⁴⁶³ – für die Angemessenheit maßgeblich auf den Wert der Sache in mangelfreiem Zustand und die

---

⁴⁵⁴ BGHZ 179, 27 (*Quelle II*) = NJW 2009, 427, bestätigt in BGH SVR 2009, 331, kritisch GSELL, Zur Frage des Nutzungsersatzes bei Lieferung einer mangelhaften Kaufsache beim Verbrauchsgüterkauf, JZ 2009, 522; siehe zum Ganzen bereits Rn 10.

⁴⁵⁵ Vgl Art 5 des Gesetzes zur Durchführung des Übereinkommens v 30.10.2007 über die gerichtliche Zuständigkeit und die Anerkennung und Vollstreckung von Entscheidungen in Zivil- und Handelssachen und zur Änderung des Bürgerlichen Gesetzbuchs v 10.12.2008 (BGBl 2008 I 2399).

⁴⁵⁶ BGHZ 182, 241= NJW 2010, 148 mit Anmerkung HÖPFNER. Vgl auch Erwägungsgrund 15 der VerbrGüterkauf-RL.

⁴⁵⁷ EuGH 16.6.2011 – verb Rs C-65/09 und C-87/09 *Gebrüder Weber* und *Ingrid Putz*, NJW 2011, 2269; das Urteil erging auf Vorabentscheidungsersuchen des BGH (NJW 2009, 1660) und des AG Schorndorf (BeckRS 2009, 88603).

⁴⁵⁸ EuGH 16.6.2011 – verb Rs C-65/09 und C-87/09 *Gebrüder Weber* und *Ingrid Putz*, NJW 2011, 2269 Rn 58.

⁴⁵⁹ BGHZ 192, 148, 160 ff = NJW 2012, 1073, 1076 Rn 26. Diese Auslegung bleibt nach ihrer Ratio auf den Verbrauchsgüterkauf beschränkt, siehe BGHZ 195, 135 = NJW 2013, 220, zustimmend GSELL LMK 2013, 343739.

⁴⁶⁰ BGHZ 195, 135 = NJW 2013, 220 mit Anmerkung GSELL LMK 2013, 343739.

⁴⁶¹ BGHZ 192, 148, 160 ff = NJW 2012, 1073, 1075 f Rn 35 ff.

⁴⁶² Kritisch GSELL ZJS 2012, 369 ff; zum Ganzen allg schon oben Rn 10 mwNw.

⁴⁶³ Siehe EuGH 16.6.2011 – verb Rs C-65/09 und C-87/09 *Gebrüder Weber* und *Ingrid Putz*, NJW 2011, 2269 Rn 76.

L. Verbraucherschutz

Bedeutung des Mangels abstellt sowie auf das Ziel, das Recht des Käufers auf Erstattung der Aus- und Einbaukosten nicht auszuhöhlen.

Die aus Transparenzgründen gebotene richtlinienkonforme Klarstellung der Rechtslage im BGB ist nun endlich zum 1.1.2018 in Kraft getreten:[464] Danach ist der Verkäufer erstens nach § 439 Abs 3 S 1 BGB nF[465] dann, wenn der Käufer die mangelhafte Sache gemäß ihrer Art und ihrem Verwendungszweck in eine andere Sache eingebaut oder an eine andere Sache angebracht hat, im Rahmen der Nacherfüllung verpflichtet, **dem Käufer die erforderlichen Aufwendungen für das Entfernen der mangelhaften und den Einbau oder das Anbringen der nachgebesserten oder gelieferten mangelfreien Sache zu ersetzen**. Anders als nach der richtlinienkonformen bisherigen Rechtsprechung des BGH[466] kann der Käufer danach also vom Verkäufer im Rahmen der Nacherfüllung nicht mehr grundsätzlich den Ausbau der mangelhaften Sache und den Einbau der mangelfreien Sache selbst verlangen, sondern hat der Käufer von vornherein nur einen **Aufwendungsersatzanspruch**. Das ist nicht unproblematisch, weil in Fällen, in denen der Käufer in Unkenntnis dieser neuen Rechtslage auf Aus- und Einbau bestehen wird, kein ordnungsgemäßes Nacherfüllungsverlangen bzw keine ordnungsgemäße Nachfristsetzung vorliegen wird und der Käufer sich damit uU den Übergang auf die Sekundärrechte (Schadensersatz statt der Leistung, Aufwendungsersatz, Rücktritt und Minderung nach §§ 437 Nr 2 und 3 iVm §§ 281, 284, 323, 441 BGB) versperren wird.[467] Der Anwendungsbereich des neuen § 439 Abs 3 S 1 BGB ist übrigens nicht auf den Verbrauchsgüterkauf beschänkt. Zweitens schließt § 475 Abs 4 BGB nF das **Recht des Unternehmer-Verkäufers, die Nacherfüllung wegen absoluter Unverhältnismäßigkeit zu verweigern, explizit aus**. Danach ist der Unternehmer-Verkäufer in diesen Fällen lediglich berechtigt, den nach § 439 Abs 2 oder Abs 3 S 1 BGB nF unverhältnismäßigen **Aufwendungsersatz auf einen angemessenen Betrag zu beschränken**. Bei der Bemessung dieses Betrages sind insbesondere der Wert der Sache in mangelfreiem Zustand und die Bedeutung des Mangels zu berücksichtigen. Beschränkt der Unternehmer-Verkäufer die Nacherfüllung in dieser Weise auf einen angemessenen Betrag, so stellt § 439 Abs 5 BGB nF explizit klar, dass in diesen Fällen § 440 S 1 BGB anwendbar ist, es also zum Übergang auf die Sekundärrechte (Schadensersatz statt der Leistung, Aufwendungsersatz, Rücktritt und Minderung nach § 437 Nr 2 und 3 BGB iVm §§ 281, 284, 323, 441 BGB) keiner Nachfristsetzung bedarf. § 475 Abs 4 und 5 BGB nF sind allein auf den Verbrauchsgüterkauf anwendbar. Dasselbe gilt für § 475 Abs 6 BGB nF, wonach der Verbraucher von dem Unternehmer für die von diesem nach § 439 Abs 2 und 3 BGB nF zu tragenden Aufwendungen **Vorschuss** verlangen kann.[468]

67

---

[464] Vgl Art 1 des Gesetzes zur Reform des Bauvertragsrechts, zur Änderung der kaufrechtlichen Mängelhaftung, zur Stärkung des zivilprozessualen Rechtsschutzes und zum maschinellen Siegel im Grundbuch- und Schiffsregisterverfahren, v 28.4.2017 (BGBl 2017 I 969) (BauvertrRefG)
[465] Die bisherigen Abs 3 und Abs 4 des § 439 BGB sind nun Abs 4 und Abs 5.
[466] Siehe vor und mit Fn 459 und 460.
[467] Dies kommt namentlich dann in Betracht, wenn der Unternehmer-Verkäufer den nach § 439 Abs 3 S 1 BGB nF geschuldeten Aufwendungsersatz nicht nach § 475 Abs 4 BGB nF auf einen angemessenen Betrag beschränkt und sich deshalb nicht nach § 439 Abs 5 BGB nF iVm § 440 S 1 BGB eine Entbehrlichkeit der Nachfrist ergibt, dazu sogleich.
[468] In diesem Sinne auch bereits BGHZ 189, 196, zit nach juris Rn 37; ferner dazu, dass der Käufer in Fällen, in denen eine Nacherfüllung die Verbringung der Kaufsache an einen entfernt liegenden Nacherfüllungsort erfordert und bei dem Käufer deshalb Transportkosten zwecks Überführung an diesen Ort anfallen, schon vorab einen (abrechenbaren) Vorschuss zur Abdeckung dieser Kosten beanspruchen kann, auch wenn das Vorliegen des geltend gemachten

68 Was die weiteren in ihrer Anwendung explizit auf den Verbrauchsgüterkauf beschränkten Regelungen anbelangt, so sind die meisten davon seit dem 1.1.2018 ebenfalls im neu gefassten § 475 BGB idF des BauvertrRefG[469] enthalten. So erklärt § 475 Abs 3 S 2 BGB nF (vor dem 1.1.2018: § 474 Abs 5 S 2 aF) die im allgemeinen Kaufrecht in § 445 BGB vorgesehene Haftungsbegrenzung bei **öffentlichen Pfandversteigerungen** für unanwendbar auf den Verbrauchsgüterkauf. Da der **Verkauf gebrauchter Sachen** durch öffentliche Versteigerung gemäß § 474 Abs 1 S 2 BGB (vgl ferner Art 1 Abs 3 VerbrGüterkauf-RL) regelmäßig bereits keinen Verbrauchsgüterkauf darstellt,[470] ist § 475 Abs 3 S 2 BGB nF (vor dem 1.1.2018: § 474 Abs 2 S 2 aF) nur für die **Versteigerung neuer Sachen** bedeutsam.[471] Nicht durch die VerbrGüterkauf-RL veranlasst[472] ist die ebenfalls in § 475 Abs 3 S 2 nF (vor dem 1.1.2018: § 474 Abs 2 S 2 aF) angeordnete Nichtgeltung des § 447 BGB beim Verbrauchsgüterkauf. Danach geht auch beim **Versendungskauf** die Gegenleistungsgefahr gemäß § 446 S 1 BGB grundsätzlich erst mit Übergabe auf den Verbraucher-Käufer über. Für die Sonderkonstellation, dass der Verbraucher die Beförderung der Sache selbst organisiert, ist § 447 Abs 1 BGB jedoch gem § 475 Abs 2 BGB nF (vor dem 1.1.2018: § 474 Abs 4 aF) anwendbar.[473]

69 Hinsichtlich der **Leistungszeit** ordnet § 475 Abs 1 BGB idF des BauvertrRefG[474] (vor dem 1.1.2018: § 474 Abs 3 aF) für den Verbrauchsgüterkauf Abweichungen vom allgemeinen Regime des § 271 BGB an. Ist keine Leistungszeit bestimmt oder aus den Umständen zu entnehmen, so kann jede Seite nach § 475 Abs 1 S 1 BGB nF (vor dem 1.1.2018: § 474 Abs 3 S 1 aF) nur verlangen, dass die Leistung „unverzüglich" bewirkt wird. Anders als das Merkmal „sofort" in § 271 Abs 1 BGB soll sich das Merkmal „unverzüglich" nicht objektiv, sondern danach bemessen, in welcher Zeit den Vertragsparteien eine Erfüllung ihrer Pflichten subjektiv zumutbar ist.[475] Die Fälligkeit in solcher Weise mit subjektiven Verschuldenselementen aufzuladen, erscheint verfehlt und wird wohl durch Art 18 Abs 1 VerbrRechte-RL, dessen Umsetzung die Regelung dient,[476] nicht geboten.[477] Gem § 475 Abs 1 S 2 nF (vor dem 1.1.2018: § 474 Abs 3 S 2 aF) hat der Unternehmer-Verkäufer die Sache in diesem Fall spätestens 30 Tage nach Vertragsschluss zu übergeben. Diese Höchstfrist soll zugleich der Rechtssicherheit dienen.[478] § 475 Abs 1 S 3 BGB nF (vor dem 1.1.2018: § 474 Abs 3 S 3 aF) ordnet parallel zu § 271 Abs 1 BGB aE sofortige Erfüllbarkeit der Leistungen an.

70 Durch § 476 BGB idF des BauvertrRefG[479] (vor dem 1.1.2018: § 475 aF) (vgl auch Art 7 Abs 1 VerbrGüterkauf-RL) werden die in §§ 433 ff BGB an sich dispositiv ausgestalteten **Mängelrechte und Gewährleistungsfristen** zugunsten des Verbraucher-Käufers weitgehend **unabdingbar** gestellt. Abweichende Vereinbarungen sind danach

---

Mangels noch ungeklärt ist, BGH NJW 2017, 2758, 2760 Rn 22.
[469] Siehe Fn 464.
[470] Vgl zu den Grenzen des sachlichen Anwendungsbereichs der §§ 474 ff BGB ausführlich STAUDINGER/MATUSCHE-BECKMANN (2013) § 474 Rn 31 ff.
[471] Entsprechendes ergibt sich für § 474 Abs 5 S 2 BGB idFd VerbrRechte-RLUmsG aus § 474 Abs 2 S 2 BGB idFd VerbrRechte-RLUmsG.
[472] Vgl Erwägungsgrund 14 VerbrGüterkauf-RL.

[473] Dies dient der Umsetzung von in Art 20 S 2 VerbrRechte-RL, siehe BT-Drucks 17/12637, 70.
[474] Siehe Fn 464.
[475] Siehe BT-Drucks 17/12637, 70.
[476] Siehe BT-Drucks 17/12637, 69 f.
[477] Unverzüglichkeit iSv Art 18 Abs 1 VerbrRechte-RL lässt vielmehr durchaus ein objektives Verständnis zu, vgl auch Erwägungsgrund 52 VerbrRechte-RL: „so bald wie möglich".
[478] BT-Drucks 17/12637, 70.
[479] Siehe Fn 464.

L. Verbraucherschutz

grundsätzlich erst dann zulässig, wenn der Mangel bereits offenbar geworden ist. Dies gilt allerdings nicht für den jenseits des Regelungsbereichs der VerbrGüterkauf-RL liegenden **Schadensersatz** (§ 476 Abs 3 BGB nF bzw vor dem 1.1.2018: § 475 Abs 3 aF). Soweit allerdings in § 476 Abs 2 BGB nF (bzw vor dem 1.1.2018: § 475 Abs 2 aF) für den **Verkauf gebrauchter Sachen** die **vertragliche Verkürzung der Verjährung** allgemein erst dann für unzulässig erklärt wird, wenn sie zu einer Verjährungsfrist ab dem gesetzlichen Verjährungsbeginn von weniger als einem Jahr führt, steht die Regelung in Widerspruch zu einer jüngst vom **EuGH**[480] auf Vorlage der belgischen Cour d'appel de Mons erlassenen Entscheidung: Danach erlaubt es Art 7 Abs 1 Unterabs 2 VerbrGüterkauf-RL lediglich, die 2-Jahres-Haftungsfrist aus Art 5 Abs 1 S 1 VerbrGüterkauf-RL bei gebrauchten Gütern auf ein Jahr zu verkürzen, nicht aber die ebenso lange Verjährungsfrist aus Art 5 Abs 1 S 2 VerbrGüterkauf-RL.[481] Dies überzeugt kaum, verweist doch Art 7 Abs 1 UAbs 2 VerbrGüterkauf-RL einheitlich auf Art 5 Abs 1 VerbrGüterkauf-RL insgesamt und nicht lediglich auf Art 5 Abs 1 S 1 VerbrGüterkauf-RL. In der Sache bedeutet dies, dass der Verbraucher auch bei einer Verkürzung der Haftungsfrist durch den nationalen Gesetzgeber nach Art 7 Abs 1 UAbs 2 VerbrGüterkauf-RL auf ein Jahr, wie sie § 476 Abs 2 BGB nF (bzw vor dem 1.1.2018: § 475 Abs 2 aF) erlaubt, seine Mängelrechte bei einem rechtzeitig binnen dieser Jahresfrist offenbar gewordenen Mangel mindestens zwei Jahre lang ab Lieferung geltend machen können muss. Ob man § 476 Abs 2 BGB (bzw vor dem 1.1.2018: § 475 Abs 2 BGB aF) entsprechend richtlinienkonform wird auslegen können, erscheint zweifelhaft, wobei auch aus Gründen der Transparenz eine gesetzgeberische Korrektur geboten erscheint.

Auch beim Verbrauchsgüterkauf bleibt es bis zur Grenze der **Umgehung** (vgl § 476 Abs 1 S 2 BGB nF – bzw früher: § 475 Abs 1 S 2 aF – sowie Art 7 Abs 1 S 1 VerbrGüterkauf-RL) der halbseitig zwingenden Mängelrechte zulässig, die Beschaffenheit der Kaufsache präzise festzulegen,[482] etwa das Fahrzeug „mit defektem Auspuff" zu verkaufen und auf diese Weise Übereinstimmung zwischen Kaufsache und Vertrag herzustellen oder zumindest die gemäß § 442 BGB (Art 2 Abs 3 VerbrGüterkauf-RL) haftungsausschließende Kenntnis des Käufers herbeizuführen.[483] Das im **Gebrauchtwagenhandel** wieder verbreitete so genannte **Agenturgeschäft**, bei dem der Händler das von einem privaten Kunden „in Zahlung gegebene" Fahrzeug in dessen Namen („im Kundenauftrag") veräußert, stellt nur dann ein **unzulässiges Umgehungsgeschäft** dar, wenn nicht der Kunde, sondern der Händler das **wirtschaftliche Risiko** des Verkaufs trägt.[484]

§ 477 BGB idF des BauvertrRefG[485] (vor dem 1.1.2018: § 476 aF) enthält eine zugunsten des Verbraucher-Käufers wirkende **Beweislastumkehr** und setzt damit Art 5 Abs 3

---

[480] EuGH 13.7.2017 – C-133/16 *Ferenschild*.
[481] Vgl den Tenor sowie Rn 32 ff der Gründe der Entscheidung EuGH 13.7.2017 – C-133/16 *Ferenschild*.
[482] Eine unzulässige Umgehung liegt etwa vor, wenn ein Gebrauchtwagen entgegen den sonstigen Angaben des Verkäufers zur Funktionstüchtigkeit als „Bastlerfahrzeug" oder „Metallschrott" verkauft wird, vgl AG Marsberg ZGS 2003, 119 f.
[483] Dazu OLG Oldenburg ZGS 2004, 75, 76.

[484] BGH NJW 2005, 1039; zu den Folgen der unzulässigen Umgehung vgl BGHZ 170, 67 = NJW 2007, 759: Die Mängelrechte richten sich nicht gegen den Verbraucher („Strohmann"), sondern gegen den Unternehmer („Hintermann"). Nach BGH NJW-RR 2013, 687 f ist der Kaufvertrag zwischen den Verbrauchern jedenfalls nicht als Scheingeschäft nach § 117 BGB unwirksam. Offen bleibt jedoch, wie die ausschließliche Haftung des Unternehmers zu begründen ist.

VerbrGüterkauf-RL um. Zeigt sich eine Abweichung von der vertraglichen Sollbeschaffenheit binnen sechs Monaten nach Gefahrübergang, so wird grundsätzlich widerleglich vermutet, dass der Defekt bereits bei Gefahrübergang vorhanden war und damit einen Sachmangel iSv § 434 BGB darstellt. Ausgenommen sind Fälle, in denen die Vermutung mit der Art der Sache oder des Mangels unvereinbar ist.

72 Die Reichweite der Vorschrift hat den BGH mehrfach beschäftigt.[486] Die Rechtsprechung hat es zu Recht abgelehnt, **Gebrauchtwagen** pauschal aus dem Anwendungsbereich der Vermutung auszuklammern.[487] Dasselbe gilt für **Sachen, die von einem Dritten eingebaut** werden.[488] Anwendbar ist die Regelung ferner auch dann, wenn der Sachmangel **Vorfrage** für **andere Ansprüche** als Gewährleistungsansprüche ist.[489] Als problematisch hat sich die Vermutung in Fällen eines (möglichen) **„weiterfressenden" Mangels** erwiesen,[490] in denen außer Streit steht, dass der sichtbar gewordene Defekt (in casu: ein Motorschaden am Kauffahrzeug) als letztes Glied der Kausalkette erst nach Gefahrübergang eintrat. Bleibt hier gleichwohl denkbar, dass die (sicher nachträgliche) Beschädigung der Kaufsache (in casu: der Motorschaden) ihrerseits auf einem anfänglichen „Grundmangel"[491] beruht (in casu: einem defekten Zahnriemen), so ist fraglich, ob die Vermutung erst dann eingreift, wenn der Käufer den als Ursache in Betracht kommenden Grundmangel (in casu: die Fehlerhaftigkeit des Zahnriemens) nachweist. Alternativ könnte sich die Vermutungswirkung auf den Grundmangel erstrecken, so dass der Unternehmer-Verkäufer auch das anfängliche Vorhandensein eines nur potenziellen Grundmangels widerlegen müsste, der sich etwa deshalb nicht feststellen lässt, weil alternativ ein Bedienungsfehler (in casu: ein unsachgemäßer Wechsel der Gänge) als Ursache des (sicher nachträglichen) Folgeschadens (in casu: des Motorschadens) in Betracht kommt. Der BGH[492] hatte sich unter bedenklichem Verzicht auf eine Vorlage an den EuGH[493] jahrelang für eine enge Begrenzung der Vermutung auf eine **allein zeitliche Wirkung** entschieden, also die Beweislast für den (Grund-)Mangel beim Käufer belassen.

Die Vorlage des niederländischen Gerechtshof Arnhem-Leeuwarden gab jedoch schließlich doch dem **EuGH**[494] Gelegenheit, die Vermutung in Art 5 Abs 3 VerbrGü-

---

[485] Siehe Fn 464.
[486] Zur Rspr ausführl Gsell, Sachmangelbegriff und Reichweite der Beweislastumkehr beim Verbrauchsgüterkauf, JZ 2008, 29; ferner dies, Beweislastumkehr zugunsten des Verbraucher-Käufers auch bei nur potenziellem Grundmangel, VuR 2015, 446 ff; dies, Anmerkung zu BGH 12.10.2016 – VIII ZR 103/15, JZ 2017, 576 ff.
[487] St Rspr seit BGHZ 159, 215 = NJW 2004, 2299; dafür aber allgemein in Bezug auf gebrauchte Sachen die Begründung zum RegE BT-Drucks 14/6040, 245.
[488] BGH NJW 2005, 283, 284.
[489] BGH NJW 2009, 580, 581 f für einen Rückforderungsanspruch aus § 812 Abs 1 S 1 Alt 1 BGB.
[490] Vgl BGHZ 159, 215 = NJW 2004, 2299.
[491] Begriff nach S Lorenz, Sachmangel und Beweislastumkehr im Verbrauchsgüterkauf –

Zur Reichweite der Vermutungsregelung des § 476 BGB, NJW 2004, 3020.
[492] Vgl Fn 485 sowie etwa auch noch BGH NJW 2014, 1086, 1087 Rn 21 f: grundsätzlich abl insb S Lorenz, Sachmangel und Beweislastumkehr im Verbrauchsgüterkauf – Zur Reichweite der Vermutungsregelung des § 476 BGB, NJW 2004, 3020 ff; differenzierend Gsell, Die Beweislast für den Sachmangel beim Verbrauchsgüterkauf, JuS 2005, 967, 971 ff; dies, Sachmangelbegriff und Reichweite der Beweislastumkehr beim Verbrauchsgüterkauf, JZ 2008, 29, 32 ff.
[493] Kritisch Schmidt-Kessel, Vertragsgemäßheit und Beweislast beim Kauf – Anmerkung zu BGH 2.6.2004 – VIII ZR 329/03, GPR 2003/2004, 271, 273.
[494] EuGH 4.6.2015 – C-497/13 Faber, NJW 2015, 2237, dazu Gsell, Beweislastumkehr zu-

L. Verbraucherschutz

terkauf-RL darauf zu erstrecken, dass eine rechtzeitig zu Tage getretene Vertragswidrigkeit „zum Zeitpunkt der Lieferung ‚zumindest im Ansatz' bereits vorlag, auch wenn sie sich erst nach der Lieferung des Gutes herausgestellt hat"[495]. Folglich muss der Verbraucher nach Auffassung des EuGH „weder den Grund der Vertragswidrigkeit noch den Umstand beweisen, dass deren Ursprung dem Verkäufer zuzurechnen ist".[496] In Übereinstimmung damit kann der Verkäufer die Vermutung nicht schon durch den Nachweis widerlegen, dass der akut festgestellte Defekt erst nachträglich entstanden ist, sondern er muss weitergehend dartun, dass diese erst nach Lieferung aufgetretene Störung „ihren Grund oder Ursprung in einem Handeln oder Unterlassen nach dieser Lieferung hat"[497]. Damit gehört also die Frage, ob der rechtzeitig zu Tage getretene, aber sicher nachträgliche Defekt seinerseits auf einem Grundmangel beruht, nach Einschätzung des EuGH gerade nicht zu der vom Käufer darzulegenden und zu beweisenden Vermutungsbasis, sondern zur Vermutungswirkung, so dass die Darlegungs- und Beweislast dafür also beim Verkäufer liegt. Der **BGH**[498] hat mittlerweile nachgezogen und sich unter ausdrücklicher Änderung seiner bisherigen Rechtsprechung in **richtlinienkonformer Auslegung des § 476 aF** (seit dem 1.1.2018: § 477 BGB nF) ebenfalls für eine Erstreckung der Beweislastumkehr auf den nur potenziellen Grundmangel ausgesprochen.

Mit der **Art** des **Mangels unvereinbar** (§ 477 HS 2 BGB nF, vor dem 1.1.2018: § 476 **73** HS 2 aF) ist die Vermutung nicht schon dann, wenn der **Mangel**, falls er schon bei Gefahrübergang vorgelegen hat, für den Verkäufer **nicht erkennbar** war. Denn die Beweislastumkehr setzt nicht voraus, dass der Verkäufer in Bezug auf den betreffenden Mangel bessere Erkenntnismöglichkeiten hat als der Käufer.[499] Auch genügt für einen Ausschluss nach § 477 HS 2 BGB nF (vor dem 1.1.2018: § 476 HS 2 aF) nicht, dass der Mangel typischerweise jederzeit auftreten kann und deshalb keinen hinreichend sicheren Rückschluss darauf zulässt, dass er schon bei Gefahrübergang vorhanden war.[500] Würde man dies bejahen, dann brauchte der Verkäufer die Vermutung im Ergebnis nur zu erschüttern. Dies wäre mit dem Charakter des § 477 BGB nF (vor dem 1.1.2018: § 476 aF) als echter Beweislastumkehr, zu deren **Widerlegung** – anders als insbesondere beim Anscheinsbeweis – der volle **Beweis des Gegenteils** (§ 292 ZPO) der vermuteten Tatsache erforderlich ist,[501] unvereinbar.[502]

§ 479 BGB idF des BauvertrRefG[503] (bzw vor dem 1.1.2018: § 477 aF) unterwirft in **74** Umsetzung von Art 6 Abs 2, Abs 3 und Abs 5 VerbrGüterkauf-RL **Garantieerklärungen**, die vom Verkäufer oder einem Dritten in Bezug auf das Verbrauchsgut abgegeben werden, besonderen Anforderungen, die **Form, Inhalt** und vor allem die **Transparenz** der übernommenen Garantie betreffen. Die Norm ergänzt die allgemeine Regelung des § 443.[504] Die Garantie ist aber nach § 479 Abs 3 BGB nF (bzw vor dem 1.1.2018:

---

gunsten des Verbraucher-Käufers auch bei nur potenziellem Grundmangel, VuR 2015, 446 ff.
[495] EuGH 4.6.2015 – C-497/13 *Faber*, NJW 2015, 2237, 2241 Rn 72.
[496] EuGH 4.6.2015 – C-497/13 *Faber*, NJW 2015, 2237, 2241 Rn 75.
[497] EuGH 4.6.2015 – C-497/13 *Faber*, NJW 2015, 2237, 2241 Rn 73.
[498] Siehe zu der allerdings unnötig umständlich begründeten Entscheidung BGH JZ 2017, 570 m Anm Gsell.

[499] BGH NJW 2007, 2619.
[500] BGH NJW 2005, 3490 für die äußere Beschädigung eines Kfz. Abweichendes gilt danach allerdings, soweit die Beschädigung auch dem fachlich nicht versierten Käufer auffallen müsste, zustimmend Gsell EWiR 2006, 69.
[501] BGHZ 167, 40 = NJW 2006, 2250.
[502] Dazu ausführlich Gsell, Die Beweislast für den Sachmangel beim Verbrauchsgüterkauf, JuS 2005, 967.
[503] Siehe Fn 464.

§ 477 Abs 3 aF) (vgl auch Art 6 Abs 5 VerbrGüterkauf-RL) selbstverständlich und erst recht auch dann wirksam, wenn gegen die Vorgaben des § 479 Abs 1 und 2 BGB nF (bzw vor dem 1.1.2018: § 477 Abs 1 und 2 aF) verstoßen wird, etwa die Garantieerklärung nicht einfach und verständlich abgefasst wird, wie es § 479 Abs 1 S 1 BGB nF – oder vor dem 1.1.2018: § 477 Abs 1 S 1 aF – (bzw Art 6 Abs 2 Spiegelstrich 2 VerbrGüterkauf-RL) verlangt. Als **Sanktionen** drohen dem Garantiegeber vor allem die Schadensersatzhaftung aus § 280 Abs 1, ein Unterlassungsanspruch aus §§ 2, 4a UKlaG sowie wettbewerbsrechtliche Ansprüche nach dem UWG.[505] Schließlich gehen **Unklarheiten** bei der Auslegung der Garantie ähnlich wie nach § 305c Abs 2 bei AGB zu Lasten des Garantiegebers.[506] Die Freiheit, eine Garantieerklärung abzugeben oder nicht, wird durch § 479 nF (bzw vor dem 1.1.2018: § 477 aF) nicht berührt.

75 §§ 445a und b sowie 478 BGB idF des BauvertrRefG[507] (vor dem 1.1.2018: §§ 478 und 479 aF) dienen (teilweise) der Umsetzung von Art 4 VerbrGüterkauf-RL, der dem Letztverkäufer, welcher die Sache bereits in mangelhaftem Zustand erworben hat, eine in ihrer Reichweite umstrittene[508] **Regressmöglichkeit** eröffnet. Für §§ 478 und 479 aF galt: Weil es dem Letztverkäufer als Unternehmer verwehrt bleibt, die Haftung gegenüber dem Verbraucher als letztem Glied der Absatzkette vertraglich abzubedingen, soll er seinerseits bei seinem Lieferanten Rückgriff nehmen können. §§ 445a und b BGB setzen nun allerdings für den Regress gerade nicht mehr voraus, dass letztes Glied der Absatzkette ein Verbraucher ist. Obwohl im Kontext der Regelungen zum Verbrauchsgüterkauf stehend, stellt allerdings selbst der – weiterhin eine bis zum Verbraucher reichende Absatzkette fordernde – § 478 BGB nF (bzw stellten früher §§ 478, 479 aF) kein Verbraucherschutzrecht dar. Geregelt wird vielmehr lediglich, wer in der Absatzkette letztlich die Last tragen soll, die aus der Mängelgewährleistung (und deren halbzwingender Ausgestaltung im Verhältnis zum Verbraucher) resultiert. Auf ihre nähere Darstellung soll deshalb im vorliegenden Zusammenhang verzichtet werden.

b) Time-Sharing-Verträge, §§ 481–487 BGB, §§ 356a, 357b, 360 Abs 1 S 3 BGB

76 Anfang der neunziger Jahre reagierte der Europäische Gesetzgeber mit dem Erlass der **Time-Sharing-Richtlinie (Time-Sharing-RL)**[509] auf unlautere Geschäftspraktiken im Zusammenhang mit dem sog **Time-Sharing**, das vor allem in Bezug auf in Ferienregionen belegene Immobilien zunehmend in Mode kam. Für diesen Geschäftstyp ist kennzeichnend, dass eine Seite der anderen das Recht verschafft, einen Gegenstand über einen längeren Zeitraum hinweg jeweils für eine begrenzte Zeitdauer pro Jahr zu nutzen. Dem Vertragspartner wird zu diesem Zweck eine dingliche Rechtsposition (etwa Miteigentum) oder ein bloßes obligatorisches Nutzungsrecht (zB Miete) eingeräumt oder auch die Mitgliedschaft in einem Verein oder ein Gesellschaftsanteil verschafft. Die Time-Sharing-RL, die sich auf **Teilzeitnutzungsrechte an Immobilien** sowie auf Geschäfte zwischen Unternehmern und Verbrauchern beschränkt, wurde zunächst mit dem 1996 erlassenen, im Jahre 2000[510] reformierten **Teilzeit-Wohnrechtegesetz**

---

[504] § 443 BGB wurde mit Wirkung zum 13.6.2014 durch das VerbrRechte-RLUmsG neu gefasst; zu den Änderungen, die der Gesetzgeber für weitgehend begrifflicher Natur hält, siehe BT-Drucks 17/12637, 68.
[505] PALANDT/WEIDENKAFF (77. Aufl 2018) § 479 Rn 14. Siehe auch allgemein zu den Folgen des Verstoßes gegen Informationspflichten oben Rn 13.
[506] Vgl BT-Drucks 14/6040, 246.
[507] Siehe Fn 464.
[508] Vgl die Nachweise bei MünchKomm/S LORENZ (7. Aufl 2016) § 478 Rn 2 Fn 10 ff.
[509] Siehe Fn 16.
[510] BGBl 2000 I 957.

L. Verbraucherschutz

(TzWrG)[511] umgesetzt. Im Zuge der **Schuldrechtsmodernisierung** wurden die – inhaltlich wenig modifizierten – Regelungen des TzWrG ins BGB übernommen (§§ 481–487 BGB).

Im Jahre 2009 wurde die **Time-Sharing-RL reformiert (Time-Sharing-RL-neu)**.[512] Ziel war vor allem die **Schließung von Regelungslücken**. So wurde der Anwendungsbereich der Time-Sharing-RL-neu auf wirtschaftlich vergleichbare neue Produkte wie etwa „Travel Discount Clubs" erstreckt, die ähnlich vermarktet werden wie die bislang von der Richtlinie geregelten Teilzeitnutzungsrechte.[513] Dementsprechend gelten die neue Time-Sharing-RL und die am 23.2.2011 in Kraft getretenen Umsetzungsnormen[514] für die **Vermarktung**, den **Verkauf** und den **Wiederverkauf von Teilzeitnutzungsrechten** und **langfristigen Urlaubsprodukten** sowie von **Tauschverträgen** (§§ 481–481b BGB).[515] Auch der Begriff des Teilzeitnutzungsrechts wird weiter gefasst. Während bislang lediglich Nutzungsrechte an Immobilien geregelt waren,[516] bezieht sich der Begriff des Teilzeitnutzungsrechtes nunmehr allgemein auf **Unterkünfte**, § 481 Abs 3 BGB. Damit sind beispielsweise auch Verträge über die Unterkunft in Wohnmobilen, auf Hausbooten und Kreuzfahrtschiffen von der Richtlinie erfasst.[517] Die Time-Sharing-RL-neu ist auf **Vollharmonisierung** ausgerichtet. Den Mitgliedstaaten ist es also im Anwendungsbereich der Richtlinie grundsätzlich nicht gestattet, ein höheres Verbraucherschutzniveau anzuordnen oder beizubehalten.[518] Im Zuge der **Umsetzung der VerbrRechte-RL** wurden die bislang in § 485 Abs 2 und 3 aF und 485a aF enthaltenen Regelungen mit Wirkung zum 13.6.2014 an anderer Stelle im Gesetz, nämlich in §§ 357b, 360 Abs 1 S 3 und 356a BGB, jeweils idFd VerbrRechte-RLUmsG[519] neu platziert.

Im Time-Sharing-Recht werden **Informationspflichten** und **Widerrufsrecht** als „klassische" Instrumente des Verbrauchervertragsrechts eingesetzt einschließlich **halbseitig zwingender** Ausgestaltung und **Umgehungsverbot**.

Dem Unternehmer, der Teilzeit-Wohnrechte anbietet, werden zunächst **vorvertragliche Informationspflichten** auferlegt, wobei die Informationen nach § 482 Abs 1 BGB iVm Art 242 §§ 1 und 2 EGBGB in Textform (§ 126b BGB) gemäß den Formblättern in den Anhängen der neuen Richtlinie zu erteilen sind, die Aushändigung eines „Prospekts" jedoch nicht mehr erforderlich ist. Zugleich wird in § 482 Abs 1 BGB klargestellt, dass die Informationen rechtzeitig vor der Abgabe der Vertragserklärung des Verbrauchers

---

[511] Siehe Fn 60.
[512] Siehe Fn 16. Zu den Neuregelungen siehe Schubert, Neues bei den Teilzeit-Wohnrechten (Time-Sharing) – Der Vorschlag der EU-Kommission für eine Reform der Richtlinie 94/47/EG, NZM 2007, 665.
[513] Vgl Punkt 1 der Begründung der Kommission zum Vorschlag für eine Richtlinie über den Schutz der Verbraucher im Hinblick auf bestimmte Aspekte von Teilzeitnutzungsrechten, langfristigen Urlaubsprodukten sowie des Wiederverkaufs und Tausches derselben v 7.6.2007, KOM (2007) 303 endg (Time-Sharing-RL-Entwurf).
[514] Vgl das Gesetz zur Modernisierung der Regelungen über Teilzeit-Wohnrechteverträge, Verträge über langfristige Urlaubsprodukte sowie Vermittlungsverträge und Tauschverträge v 17.1.2011 (BGBl 2011 I 34), dazu Franzen NZM 2011, 217.
[515] Vereinfachend und zusammenfassend sei im Folgenden schlicht von Timesharing-Verträgen die Rede.
[516] Vgl Art 1 Abs 1 Time-Sharing-RL.
[517] Vgl Begründung der Kommission zu Art 2 Time-Sharing-RL-Entwurf (Fn 513).
[518] Vgl Erwägungsgrund 3 Time-Sharing-RL-neu; allgemein zum Strategiewechsel hin zur Vollharmonisierung im Europäischen Verbraucherschutz oben Rn 3.
[519] Siehe Fn 27.

erteilt werden müssen. Für den Fall, dass die Informationen bzw das betreffende Formblatt vor Vertragsschluss nicht oder nicht vollständig oder nicht in der nach § 483 Abs 1 vorgeschriebenen Sprache überlassen werden, ist in § 356a Abs 2 u 3 BGB idFd VerbrRechte-RLUmsG (bzw früher: § 485a Abs 2 und 3 aF) zwar keine Verlängerung der Widerrufsfrist mehr (so noch § 485 Abs 3 aF) vorgesehen, jedoch angeordnet, dass die Widerrufsfrist erst mit vollständiger und formell einwandfreier Informationserteilung und Widerrufsbelehrung beginnt, wobei allerdings zugleich **absolute Höchstfristen** von **drei Monaten und vierzehn Tagen** bzw – bei unzureichender Widerrufsbelehrung – von **zwölf Monaten und vierzehn Tagen**, jeweils ab Vertrags- oder Vorvertragsschluss bzw Erhalt der Vertragsurkunde oder Abschrift des Vertrages für das Erlöschen des Widerrufsrechts angeordnet werden. Ob allerdings der Verbraucher, wie die Gesetzesbegründung annimmt,[520] im Falle dauerhafter Informationspflichten-Verstöße des Unternehmers nach Ablauf dieser Fristen durch die Möglichkeiten der Arglistanfechtung sowie der Geltendmachung von Gewährleistungsrechten hinreichend geschützt wird, steht zu bezweifeln. Entscheidendes Gewicht wird der Reichweite der Schadensersatzhaftung aus §§ 280 Abs 1, 241 Abs 2, 311 Abs 2 BGB zukommen.

80 Nach dem in Umsetzung der Vorgaben der neuen Time-Sharing-RL reformierten Abs 2 von § 482 BGB muss in jeder Werbung über einen Time-Sharing-Vertrag angegeben werden, dass vorvertragliche Informationen erhältlich sind und wo diese angefordert werden können. Außerdem muss deutlich auf den gewerblichen Charakter von Werbe- oder Verkaufsveranstaltungen hingewiesen werden und sind dem Verbraucher auf solchen Veranstaltungen die vorvertraglichen Informationen jederzeit zugänglich zu machen. Schließlich bestimmt Abs 3 der Vorschrift, dass ein Teilzeit-Wohnrecht oder ein Vertrag über ein langfristiges Urlaubsprodukt nicht als Geldanlage beworben oder verkauft werden darf.

81 Weiter enthalten die §§ 481 ff BGB Vorgaben hinsichtlich **Sprache, Form** und **Inhalt** von **Time-Sharing-Verträgen**. Diese sind in der **Amtssprache des EU-/EWR-Wohnsitzstaates des Verbrauchers** abzufassen bzw bei mehreren Amtssprachen in der vom Verbraucher gewählten Amtssprache, § 483 Abs 1 S 1 BGB. Gehört der Verbraucher einem anderen Mitgliedstaat an, so kann er alternativ eine der Amtssprachen dieses Staates wählen, § 483 Abs 1 S 2 BGB. Ein Vertrag, der hinter den Spracherfordernissen zurückbleibt, ist nichtig, §§ 483 Abs 3, 125 S 1 BGB.[521] Weiter muss der Unternehmer dem Verbraucher nach § 484 Abs 3 S 1 BGB die **Vertragsurkunde** oder eine Abschrift davon überlassen sowie nach Abs 3 S 2 zusätzlich eine **beglaubigte Übersetzung** in einer Amtssprache des Staates, in dem das Wohngebäude belegen ist, wenn nicht schon der Vertrag in einer Amtssprache dieses Staates abgefasst ist. Bei einem Verstoß dagegen bleibt wohl auch nach der neuen Rechtslage der Vertrag dennoch wirksam.[522] Time-Sharing-Verträge unterliegen nach § 484 Abs 1 BGB weiterhin der **Schriftform**[523] des § 126 BGB, sofern nicht bereits anderweitig eine strengere Form vorgeschrieben ist, so insbesondere für **Grundstücksverträge** nach § 311b Abs 1 S 1 BGB; der Ab-

---

[520] Vgl BT-Drucks 17/2764, 23.
[521] Dazu dass dann, wenn lediglich die vorvertraglichen Informationen nicht in der vorgeschriebenen Sprache ausgehändigt werden, gem § 485a Abs 2 BGB (anders als früher) die Widerrufsfrist nicht zu laufen beginnt, siehe Rn 79.
[522] So MünchKomm/FRANZEN (7. Aufl 2016) § 484 Rn 18 mwNw auch zur Gegenansicht.

[523] Dazu, dass für die Erteilung der vorvertraglichen Informationen die Mitteilung von Abweichungen des Vertrags von diesen und die Widerrufsbelehrung die Textform (§ 126b BGB) ausreicht, vgl §§ 482 Abs 1 S 1, 484 Abs 2 S 2, 482a S 1 BGB, siehe dazu sogleich sowie Rn 79.

schluss in **elektronischer Form** gemäß § 126a BGB ist nicht mehr ausgeschlossen.[524] Wird die **Form missachtet**, ist der Vertrag nach § 125 S 1 BGB nichtig. Zum Schutz des Verbrauchers vor überraschenden Abweichungen des Vertragsinhaltes von den vorvertraglichen Informationen enthält § 484 Abs 2 BGB die Bestimmung, dass diese **Vertragsinhalt** werden, soweit sie nicht einvernehmlich oder einseitig durch den Unternehmer geändert wurden. Letzteres ist zulässig, um sie an Veränderungen anzupassen, die durch **höhere Gewalt** verursacht wurden, § 484 Abs 2 S 2 BGB. In beiden Fällen sind die Änderungen dem Verbraucher vor Vertragsschluss in Textform (§ 126b BGB) mitzuteilen und müssen mit dem Hinweis auf die Abweichung in die Vertragsdokumente aufgenommen werden.

Ferner eröffnet § 485 BGB dem Verbraucher ein **Widerrufsrecht** iSv § 355 BGB. Nach § 356a Abs 1 BGB nF (früher: § 485a Abs 1 S 1 aF) beginnt die vierzehntägige Widerrufsfrist mit Abschluss des Vertrages oder eines Vorvertrages zu laufen, nach S 2 aber nicht vor Zurverfügungstellung der Vertragsurkunde oder einer Abschrift des Vertrages. Der **Fristbeginn** wird außerdem nach Abs 3 S 1 und Abs 4 S 1 bis zur ordnungsgemäßen Erteilung der vorvertraglichen Informationen sowie der Widerrufsbelehrung hinausgeschoben.[525] Eine ordnungsgemäße **Widerrufsbelehrung** muss nach § 482a BGB in Textform (§ 126b BGB) erfolgen und auf das Widerrufsrecht, die Widerrufsfrist und das Anzahlungsverbot gem § 486 BGB hinweisen, was nach Art 242 § 2 EGBGB durch **Aushändigung eines Formblatts** zu geschehen hat, das nach Gestaltung und Inhalt dem Muster nach Anhang V der Time-Sharing-RL-neu entspricht; der Erhalt ist vom Verbraucher schriftlich zu bestätigen. Nach § 356a Abs 4 S 1 BGB nF (früher: § 485a Abs 3 S 1 aF) muss auch die Widerrufsbelehrung in der nach § 483 Abs 1 BGB vorgeschriebenen Sprache abgefasst sein. Der **Widerruf** selbst hat nach mittlerweile erfolgter ausdrücklicher Klarstellung in § 356a Abs 1 BGB nF[526] weiterhin in **Textform** (§ 126b BGB) zu erfolgen.[527]

Schon nach § 357b Abs 1 S 1 BGB idFd VerbrRechte-RLUmsG (früher: § 485 Abs 2 S 1 aF) hat der Verbraucher im Falle des Widerrufs keine Kosten zu tragen. Eine **Vergütung für geleistete Dienste** sowie für die **Nutzung der Wohngebäude**, die sich infolge des Widerrufes ergeben könnte, wird durch § 357b Abs 1 S 3 BGB nF (früher: § 485 Abs 2 S 3 aF) ausgeschlossen. Ähnlich wie bei verbundenen Verträgen nach § 358 Abs 1 BGB war der Verbraucher schon ab Umsetzung der neuen **Time-Sharing-RL** gem § 485 Abs 3 aF infolge des Widerrufs nicht mehr an einen auf diesen Vertrag bezogenen **Tauschsystemvertrag** oder einen **sonstigen Vertrag** gebunden, dessen Vertragsgegenstand in einem tatsächlichen und wirtschaftlichen Näheverhältnis zum widerrufenen Vertrag stand, den er allein vor dem Hintergrund des Teilzeit-Wohnrechtevertrags oder des Vertrags über ein langfristiges Urlaubsprodukt abgeschlossen hatte und der für ihn nach dem Widerruf ohne Wert war.[528] Das sollte etwa anzunehmen sein bei der entgeltlichen Mitgliedschaft in einem Fitnessclub in der Ferienanlage, in der das Teilzeit-Wohnrecht erworben wurde.[529] Mit dem VerbrRechte-RLUmsG ist seit dem 13.6.2014 an die Stelle des speziell timesharingrechtlichen § 485 Abs 3 aF die mit

---

[524] Anders § 484 Abs 1 S 2 aF.
[525] Siehe dazu und zu den absoluten Höchstfristen für den Widerruf Rn 79.
[526] IdF des Gesetzes zur Umsetzung der Wohnimmobilienkreditrichtlinie und zur Änderung handelsrechtlicher Vorschriften v 11.3.2016 (BGBl 2016 I 396) (WohnimmoKr-RLUmsG).
[527] Damit wird ein Redaktionsversehen durch das VerbrRechte-RLUmsG beseitigt und den Vorgaben in Art 7, vgl BT-Drucks 18/5922, 73.
[528] Vgl BT-Drucks 17/2764, 4 u 23.
[529] Vgl BT-Drucks 17/2764, 23.

§ 360 BGB nF neu geschaffene allgemeine Regelung über den Widerruf sog **zusammenhängender Verträge** getreten.⁵³⁰ Speziell die **Folgen des Widerrufs eines mit einem Timesharing-Vertrag zusammenhängenden Vertrages** regelt seither § 360 Abs 1 S 3 nF, der im Wesentlichen dem bisherigen § 485 Abs 3 S 4 aF entspricht.

84 Die freie Ausübung des Widerrufsrechts wird abgesichert durch ein **Anzahlungsverbot**, § 486 BGB, das es dem Unternehmer **bis zum Ablauf der Widerrufsfrist** untersagt, vom Verbraucher Zahlungen zu fordern oder entgegenzunehmen.⁵³¹ Wird die **fehlende Belehrung** über das Widerrufsrecht nicht rechtzeitig nachgeholt, so bleiben Zahlungen des Verbrauchers folglich bis zum Ablauf der absoluten Höchstfristen in § 356a Abs 3 u 4 BGB nF (bzw früher: § 485a Abs 2 und 3 aF) verboten. Gleichwohl geleistete Zahlungen kann der Verbraucher jedenfalls bei Unwirksamkeit bzw Widerruf des Vertrages zurückfordern.⁵³² Nach § 486 Abs 2 BGB dürfen Zahlungen im Zusammenhang mit einem Vermittlungsvertrag nicht gefordert oder angenommen werden, bis der Unternehmer seine Verpflichtungen aus dem Vermittlungsvertrag erfüllt hat oder diese Vertragsbeziehung beendet ist.

85 Da viele reizvolle Ferienregionen im Ausland liegen, weisen Time-Sharing-Geschäfte mit in Deutschland lebenden Verbrauchern typischerweise **Auslandsbezug** auf. Die **internationale Zuständigkeit** deutscher Gerichte kann sich – jenseits der Fälle, für welche die ausschließliche Zuständigkeit nach Art 24 EuGVO-neu (früher: Art 22 Nr 1 EuGVO) eingreift⁵³³ – aus Art 17 Abs 1 lit c EuGVO-neu (früher: Art 15 Abs 1 lit c EuGVO) ergeben, der den **Verbrauchergerichtsstand** gegenüber Art 13 Abs 1 Nr 3 EuGVÜ deutlich ausgeweitet hat.⁵³⁴ Soweit eine der betroffenen Immobilien in einem

---

⁵³⁰ Dazu BT-Drucks 17/12637, 67 sowie Wendt/Lorscheid-Kratz, Das Widerrufsrecht bei „zusammenhängenden Verträgen", BB 2013, 2434 ff u schon oben Rn 59 ff.
⁵³¹ Die bisherige in § 486 S 2 aF enthaltene Regelung, dass für den Verbraucher günstigere Vorschriften unberührt bleiben, durfte aufgrund des vollharmonisierenden Ansatzes der neuen Time-Sharing-RL nicht beibehalten werden, vgl BT-Drucks 17/2764, 25.
⁵³² Vgl zu den verschiedenen Konstellationen und möglichen Anspruchsgrundlagen MünchKomm/Franzen (7. Aufl 2016) § 486 Rn 15.
⁵³³ Dazu Rauscher/Mankowski, EuZPR/EuIPR (2015) Art 24 Brüssel I-VO Rn 33 ff. Nach Ansicht des BGH NJW-RR 2008, 1381 findet Art 22 Nr 1 EuGVO (seit dem 10.1.2015: Art 24 Nr 1 EuGVO-neu) keine Anwendung auf einen Vertrag über den Erwerb „tauschfähiger Urlaubswochen", wenn der Zusammenhang zwischen der Überlassung von „Ferien-Tauschwochen" und der Immobilie, die tatsächlich genutzt werden kann, nicht hinreichend eng ist, um die Einordnung des Vertrags als Miete einer unbeweglichen Sache zu rechtfertigen, siehe dazu Leible/Müller, Internationale Zuständigkeit für Klagen aus Time-Sharing-Verträgen – Grundsätzliche Überlegungen aus Anlass von BGH NZM 2008, 658, NZM 2009, 18, 22 ff. Der BGH legt seiner Entscheidung vor allem die noch zum EuGVÜ ergangene Entscheidung des EuGH in der Rs C-73/04 (Klein), EuZW 2005, 759, zugrunde. Danach ist Art 16 Nr 1 lit a EuGVÜ nicht anwendbar auf einen Vertrag über eine Clubmitgliedschaft, der den Mitgliedern als Gegenleistung für die – den Hauptbestandteil des Gesamtpreises ausmachende – Mitgliedschaftsgebühr, den Erwerb eines Teilzeitnutzungsrechts an einer lediglich nach Typ und Lageort bezeichneten Immobilie ermöglicht, und der die Aufnahme der Mitglieder in eine Organisation vorsieht, die den Tausch ihres Nutzungsrechts ermöglicht; ähnl auch BGH EuZW 2010, 357, 358 f Rn 15 ff, 22 für eine ein Ferienwohnrecht betreffende Vereinsmitgliedschaft, wo allerdings offen gelassen wird, ob eine Vereinsmitgliedschaft, mit der ein Ferienwohnrecht an einer bestimmten Unterkunft verbunden ist, dann dem Anwendungsbereich von Art 22 Nr 1 EuGVO (heute: Art 24 Nr 1 EuGVO-neu) unterfällt, wenn dem Nutzungsrecht nach der jeweiligen Vertragsgestaltung eine übergeordnete wirtschaftliche Bedeutung zukommt.
⁵³⁴ Dazu allgemein schon oben Rn 33.

EU-/EWR-Staat belegen ist oder bei einem nicht unmittelbar auf eine Immobilie bezogenen Time-Sharing-Vertrag der Unternehmer eine entsprechende gewerbliche oder berufliche Tätigkeit in einem EU-/EWR-Staat ausübt oder auf einen solchen Staat ausrichtet, sorgt Art 46b Abs 4 EGBGB dafür, dass auch bei grundsätzlicher **Anwendbarkeit des Rechts eines Nicht-EU-/EWR-Staats** der in Umsetzung der Time-Sharing-RL-neu gewährte Schutz erhalten bleibt.[535]

c) **Verbraucherkreditrecht, §§ 491–515 BGB, §§ 655a–655e BGB sowie sonstige Finanzgeschäfte**

aa) Entwicklung, Stand und Systematik des Verbraucherkreditrechts

Verbraucherkreditgeschäfte sind mit besonderen Gefahren verbunden, die vor allem darin liegen, dass der Kreditnehmer das Ausmaß der eingegangenen Zahlungsverpflichtungen häufig nicht überblickt und seine zukünftige Leistungsfähigkeit allzu optimistisch einschätzt. Hinzu kommt, dass kreditfinanzierte Konsumgüter typischerweise weder ertragträchtig noch auch nur wertbeständig sind und der Verbraucher deshalb bei Fälligkeit seiner Verbindlichkeiten oft keinen nennenswerten Gegenwert mehr in Händen hält. Zum Schutz des Verbrauchers erließ der europäische Gesetzgeber im Jahre 1986 die **Verbraucherkredit-Richtlinie (VerbrKr-RL)**, die zunächst 1990 und nochmals 1998 modifiziert wurde.[536] Die Richtlinie enthielt gewisse materielle Schutzbestimmungen,[537] zielte jedoch in erster Linie darauf, dem Verbraucher durch **Information**, genauer gesagt durch Angabe des gemeinschaftsweit einheitlich zu berechnenden (Art 1a Abs 1 lit a VerbrKr-RL) **effektiven Jahreszinses** (Art 4 Abs 2 VerbrKr-RL) im **schriftformgebundenen** (Art 4 Abs 1 VerbrKr-RL) Kreditvertrag, den grenzüberschreitenden **Vergleich** verschiedener Kreditangebote zu ermöglichen.

Die mit einem Vorschlag der Kommission[538] im Jahre 2002 angestoßene **Novellierung der VerbrKr-RL** wurde im Jahre 2008 nach einem langen und kontroversen Gesetzgebungsverfahren[539] abgeschlossen. Die neue Richtlinie **(VerbrKr-RL-neu)**[540] bleibt inhaltlich allerdings weit hinter dem ursprünglichen Reform-Entwurf der Kommission zurück, der auf eine umfassende Regelung des Verbraucherkreditrechts zielte. Im Gegensatz zur ursprünglichen VerbrKr-RL[541] folgt die reformierte Richtlinie dem Grundsatz der **Vollharmonisierung**.[542] Insoweit setzte sich der Standpunkt der Kommission

---

[535] Vgl auch die in Art 12 Abs 2 Time-Sharing-RL-neu geregelte Sonderkollisionsnorm; zum Verhältnis des Richtlinien-Sonderkollisionsrechts zur Rom I-VO siehe oben Rn 29.

[536] Siehe Fn 13; die Novellierungen betreffen jeweils die Berechnung des effektiven Jahreszinses.

[537] Art 8 VerbrKr-RL: Recht des Verbrauchers zu vorzeitiger Erfüllung; Art 9 VerbrKr-RL: Fortbestand schuldnerischer Einreden bei Zession; Art 10 VerbrKr-RL: Schutz des Verbrauchers bei Verwendung von Wechseln und Schecks; Art 11 VerbrKr-RL: Verbundene Verträge.

[538] Vorschlag für eine Richtlinie zur Harmonisierung der Rechts- und Verwaltungsvorschriften der Mitgliedstaaten über den Verbraucherkredit v 11.9.2002, KOM (2002) 443 endg.

[539] Dazu M HOFFMANN, Die Reform der Verbraucherkreditrichtlinie (87/102/EWG) (2007) 166 ff; ferner DANCO, Die Novellierung der Verbraucherkreditrichtlinie, WM 2003, 853 ff; FRANCK, Bessere Kreditkonditionen für Verbraucher durch mehr Regulierung?, ZBB 2003, 334 ff; RIESENHUBER, Information – Beratung – Fürsorge, ZBB 2003, 325 ff; BÜLOW/ARTZ, Am Vorabend einer neuen Verbraucherkreditrichtlinie, WM 2005, 1153 ff; REIFNER, Verantwortung bei Kreditvergabe oder im Kredit? – Zum Konzept des Entwurfes einer Konsumentenkreditrichtlinie, VuR 2006, 121 ff.

[540] Siehe Fn 13.

[541] Vgl die Mindestharmonisierungsklausel in Art 15 VerbrKr-RL.

[542] Vgl Art 22 Abs 1 und Erwägungsgründe 9 und 10 der RL; dazu GSELL/SCHELLHASE, Vollharmonisiertes Verbraucherkreditrecht – Ein Vorbild für die weitere europäische An-

gegenüber den Befürwortern einer **Mindestharmonisierung**[543] durch. Dies allerdings offenbar nur um den Preis einer schwierigen Kompromissfindung und eines eingeschränkten Regelungsbereichs.

88 Die mit der Novellierung verbundene weitere Vereinheitlichung des Verbraucherkreditrechts betraf im Wesentlichen die **Anforderungen an Werbung** für Verbraucherkredite,[544] die **vorvertraglichen**[545] und **vertraglichen**[546] **Informationspflichten**, die Schaffung eines **Widerrufsrechts**[547], die Einführung einer Pflicht des Darlehensgebers zur vorvertraglichen **Prüfung der Kreditwürdigkeit des Verbrauchers**[548] sowie Regelungen über die **vorzeitige Rückzahlung**[549] des Kredites. Die VerbrKr-RL-neu ist anwendbar auf Verbraucherkredite mit einem Volumen von 200 € bis 75.000 €.[550] Ausgenommen sind unter anderem grundpfandrechtlich gesicherte Kredite, Immobiliarkredite, kurzfristige Überziehungsmöglichkeiten von bis zu einem Monat,[551] zinsfreie und zinsgünstige Kredite zwischen Arbeitgeber und Arbeitnehmer, zins- und gebührenfreie Kredite sowie solche mit einer Rückzahlungsfrist von bis zu drei Monaten, bei denen nur geringe Kosten anfallen, wobei vor allem an Kreditkarten gedacht ist.[552] Für nach Aufforderung oder binnen Dreimonatsfrist zurückzugewährende **Überziehungskredite** gelten eingeschränkte Anforderungen.[553] Auch können die Mitgliedstaaten die Geltung der Richtlinienvorgaben in Bezug auf bestimmte **genossenschaftliche Darlehen** sowie für gewisse **Umschuldungskredite** einschränken.[554] Im Unterschied zur alten VerbrKr-RL wurde der Katalog der vorvertraglich und im Vertrag zu nennenden Informationen stark erweitert.[555]

89 Unter dem Eindruck der Finanzkrise hat der Europäische Gesetzgeber im Jahre 2014 noch eine weitere verbraucherkreditrechtliche Richtlinie erlassen und zwar die **Richtlinie über Wohnimmobilienkreditverträge für Verbraucher (WohnimmoKr-RL)**[556], die im Gegensatz zur VerbrKr-RL-neu grundsätzlich **mindestharmonisierend**[557] konzipiert ist.

---

gleichung des Verbrauchervertragsrechts?, JZ 2009, 20 ff; RIEHM/SCHREINDORFER, Das Harmonisierungskonzept der neuen Verbraucherkreditrichtlinie, GPR 2008, 244 ff; außerdem allgemein oben Rn 3.
[543] Vgl den Beschluss des Europäischen Parlaments in erster Lesung, P5_TA(2004)0297, Art 24 Abs 5; dazu REIFNER, Konsumentenkreditrichtlinie im Europaparlament – Zurück zu den Siebzigern?, VuR 2004, 85.
[544] Vgl Art 4 VerbrKr-RL-neu.
[545] Vgl Art 5 ff VerbrKr-RL-neu.
[546] Vgl Art 10 VerbrKr-RL-neu.
[547] Vgl Art 14 VerbrKr-RL-neu, der – ohne Unterschied in der Sache – von „Rücktrittsrecht" spricht.
[548] Vgl Art 8 VerbrKr-RL-neu.
[549] Vgl Art 16 VerbrKr-RL-neu.
[550] Vgl Art 2 Abs 2 lit c VerbrKr-RL-neu.
[551] Weitergehender Ausschluss von Überziehungskrediten in Art 2 Abs 1 lit e VerbrKr-RL, dazu EuGH 4.10.2007 – C-429/05 *Rampion*, EuZW 2008, 19, 21: Kreditverträge, die in Form der Krediteröffnung zu dem alleinigen Zweck geschlossen werden, dem Verbraucher einen wiederholt nutzbaren Kredit zur Verfügung zu stellen, fallen unter die VerbrKr-RL.
[552] Vgl Art 2 Abs 2 VerbrKr-RL-neu.
[553] Vgl Art 2 Abs 3 VerbrKr-RL-neu.
[554] Vgl Art 2 Abs 5 und 6 VerbrKr-RL-neu; vgl auch Art 2 Abs 2 lit l VerbrKr-RL-neu, wonach bestimmte aufgrund gesetzlicher Bestimmungen gewährte Darlehen zu gemeinnützigen Zwecken ganz vom Anwendungsbereich ausgenommen sind.
[555] Vgl Art 4 bis 7 und Art 10 bis 12 VerbrKr-RL-neu.
[556] Richtlinie 2014/17/EU v 4.2.2014 über Wohnimmobilienkreditverträge für Verbraucher (ABlEU 2014 L 60/34) (WohnimmoKr-RL).
[557] Vgl Art 2 Abs 1 WohnimmoKr-RL, vgl aber auch Abs 2, wonach von den Richtlinien-Vorgaben für einheitliche vorvertragliche Informationen durch ein „Europäisches standardisiertes Merkblatt" (European Standardised Information Sheet, ESIS-Merkblatt) sowie für einen gemeinsamen, konsistenten unionsweiten Standard für die Berechnung des effektiven Jahres-

Die WohnimmoKr-RL will für **Wohnimmobilienkreditverträge** mit Verbrauchern auf „unverantwortliches Handeln von Marktteilnehmern" und einen Verlust an Verbrauchervertrauen in den Finanzsektor reagieren, indem sie einen „soliden Regelungsrahmen" schafft, der **aufsichtsrechtliche und materiell zivilrechtliche Vorgaben** umfasst und auf ein hohes Maß an Verbraucherschutz zielt.[558] Der **sachliche Anwendungsbereich** der WohnimmoKr-RL ist im Wesentlichen **komplementär zur VerbrKr-RL-neu** ausgestaltet.[559] Dementsprechend werden zum einen **Verbraucherkreditverträge** erfasst, die **durch ein gewöhnlich für Wohnimmobilienverträge genutztes Grundpfandrecht oder ein Recht an Wohnimmobilien besichert** werden[560], zum andern aber auch **Kreditverträge, die für den Erwerb oder die Erhaltung von Eigentumsrechten an einem Grundstück oder einem bestehenden oder geplanten Gebäude bestimmt** sind[561]. Soweit nicht Besonderheiten von Wohnimmobilienkrediten Rechnung getragen wird, folgt die WohnimmoKr-RL in ihrem „Kerngerüst" der Struktur der VerbrKr-RL-neu[562], so insbesondere insoweit, als sie ebenfalls Anforderungen an **die Bewerbung von Wohnimmobilienkreditverträgen**[563] stellt sowie umfangreiche **vorvertragliche Informationspflichten**[564] statuiert, ferner die **Berechnung des effektiven Jahreszinses**[565] vereinheitlicht, eine **Kreditwürdigkeitsprüfung**[566] anordnet und die **vorzeitige Rückzahlung des Kredites**[567] erlaubt. Im Gegensatz zur VerbrKr-RL-neu müssen die Mitgliedstaaten dem Verbraucher nicht unbedingt ein **Widerrufsrecht** gewähren, sondern können sie ihm alternativ vor Abschluss des Kreditvertrags eine **Bedenkzeit** einräumen.[568] Zu den spezifisch auf Wohnimmobilienkreditverträge zugeschnittenen Regelungen gehören das grundsätzliche **Verbot von Kopplungsgeschäften,** bei denen der Kreditvertrag nur im Paket mit anderen Finanzprodukten oder Dienstleistungen abgeschlossen werden kann[569], die **Begrenzung des Wechselkursrisikos bei Fremdwährungskrediten** insbesondere durch Umstellung auf eine alternative Währung[570] sowie die Schaffung von mehr Transparenz bei **Kreditverträgen mit variablem Zinssatz.**[571]

Mit dem **Abzahlungsgesetz (AbzG)** von 1894[572] kann Deutschland zwar für einen Teilbereich auf eine lange Tradition kreditrechtlichen Verbraucherschutzes verweisen.[573]

---

zinses nicht abgewichen werden darf; siehe dazu auch Erwägungsgrund 7.
[558] Vgl insb Erwägungsgründe 3 und 15 WohnimmoKr-RL.
[559] Näher dazu OMLOR, Die Wohnimmobilienkreditrichtlinie und ihre Umsetzung in Deutschland, ZIP 2017, 112, 113. Ausgenommen von der Anwendung sind insbesondere Immobilienverzehrkreditverträge, grundsätzlich auch unentgeltliche Kreditverträge sowie Überziehungsmöglichkeiten mit Rückzahlungspflicht binnen eines Monats, vgl Art 3 Abs 2 lit a, c, d und f WohnimmoKr-RL.
[560] Vgl Art 3 Abs 1 lit a WohnimmoKr-RL und den parallelen Ausschlussstatbestand in Art 2 Abs 2 lit a VerbrKr-RL-neu.
[561] Vgl Art 3 Abs 1 lit b WohnimmoKr-RL und den parallelen Ausschlussstatbestand in Art 2 Abs 2 lit b VerbrKr-RL-neu.
[562] Vgl insb Erwägungsgründe 20 u 22 WohnimmoKr-RL.
[563] Vgl insb Art 11 WohnimmoKr-RL.

[564] Vgl insb Art 14 und 16 WohnimmoKr-RL.
[565] Vgl Art 17 WohnimmoKr-RL.
[566] Vgl Art 18 WohnimmoKr-RL.
[567] Vgl Art 25 WohnimmoKr-RL.
[568] Vgl Art 14 Abs 6 Unterab 1 und 2 WohnimmoKr-RL.
[569] Dagegen werden Bündelungsgeschäfte, bei denen die Möglichkeit zum separaten Abschluss des Kreditvertrages gewährleistet ist, zugelassen, vgl Art 12 iVm Art 4 Nr 26 und 27 WohnimmoKr-RL, dazu ROSENKRANZ, Das Umsetzungsgesetz zur Wohnimmobilienkreditrichtlinie und die verbundenen Verträge, NJW 2016, 1473, 1474 f.
[570] Vgl Art 23 WohnimmoKr-RL.
[571] Vgl Art 24 WohnimmoKr-RL.
[572] Siehe Fn 1.
[573] Vgl ferner die Verordnung zur Regelung der Preisangaben v 14.3.1985 (BGBl 1985 I 580) (PAngV), neu gefasst durch Bekanntmachung v 18.10.2002 (BGBl 2002 I 4197), geändert ua durch Art 6 des VerbrKr-RL-Umsetzungsgeset-

Nach verschiedenen kaum erfolgreichen Anläufen[574] gelang der Durchbruch zum Verbraucherkreditrecht heutiger Prägung jedoch erst im Jahre 1990 mit dem **Verbraucherkreditgesetz (VerbrKrG)**,[575] das zwar der Umsetzung der VerbrKr-RL diente, über deren Vorgaben jedoch in vielerlei Hinsicht hinausging und damit bereits zuvor in Deutschland diskutierte Reformvorschläge verwirklichte. Mit der **Schuldrechtsmodernisierung** wurde das Verbraucherkreditrecht mit gewissen Modifikationen ins BGB integriert (vgl vor allem §§ 491–507 aF[576]). Änderungen brachten ua das **Risikobegrenzungsgesetz**[577] im Jahre 2008, vor allem aber im Jahre 2010 das der Umsetzung der neuen VerbrKr-RL dienende **VerbrKr-RL-Umsetzungsgesetz**.[578] Umsetzungsbedarf[579] ergab sich seinerzeit für den deutschen Gesetzgeber hauptsächlich auf dem Gebiet der Informationspflichten und der vorzeitigen Rückzahlung, während das nunmehr grundsätzlich unionsweit eröffnete Widerrufsrecht des Verbrauchers in Deutschland bereits mit dem VerbrKrG von 1990 eingeführt worden war. Eine weitere erhebliche Novellierung des Verbraucherkreditrechts hat im Jahre 2016 die Umsetzung der WohnimmoKr-RL durch das **WohnimmoKr-RLUmsG**[580] gebracht. Insbesondere hat der deutsche Gesetzgeber parallel zu den unterschiedlichen Anwendungsbereichen von VerbrKr-RL-neu einerseits und WohnimmoKr-RL andererseits[581] in § 491 BGB neuerdings die **Zweiteilung** in einerseits **Allgemein-Verbraucherdarlehensverträgen** und andererseits **Immobiliar-Verbraucherdarlehensverträgen** eingeführt. Es wurden aber auch Regelungen geschaffen, die kein europäisches Vorbild haben, so namentlich

---

zes (Fn 75) und durch Art 11 des Gesetzes zur Umsetzung der Wohnimmobilienkreditrichtlinie und zur Änderung handelsrechtlicher Vorschriften v 11.3.2016 (BGBl 2016 I 396) (WohnimmoKr-RLUmsG) sowie § 609a Abs 1 Nr 2 in der bis zum 31.12.1990 geltenden Fassung der Norm (BGBl 1986 I 1169).
[574] Vgl BT-Drucks 8/3212; BT-Drucks 9/2294; BT-Drucks 10/3781; BT-Drucks 10/4595; BT-Drucks 11/2262; BT-Drucks 11/3047.
[575] Verkündet als Art 1 des Gesetzes über Verbraucherkredite, zur Änderung der Zivilprozeßordnung und anderer Gesetze v 17.12.1990 (BGBl 1990 I 2840); in Kraft getreten am 1.1.1991; neu gefasst durch Bekanntmachung v 29.6.2000 (BGBl 2000 I 940); die Regelungen des AbzG wurden in das VerbrKrG integriert.
[576] Gemeint ist hier die Fassung vor Inkrafttreten des VerbrKr-RL-Umsetzungsgesetzes (Fn 75) v 29.7.2009.
[577] Gesetz zur Begrenzung der mit Finanzinvestitionen verbundenen Risiken (Risikobegrenzungsgesetz), v 12.8.2008 (BGBl 2008 I 1666), in Kraft getreten am 19.8.2008, siehe dazu LANGENBUCHER, Kredithandel nach dem Risikobegrenzungsgesetz, NJW 2008, 3169 ff.
[578] Siehe Fn 75, in Kraft getreten am 31.10.2009 bzw am 11.6.2010 (Art 11 VerbrKr-RL-Umsetzungsgesetz); dazu WENDEHORST, Das deutsche Umsetzungskonzept für die neue Verbraucherkreditrichtlinie, ZEuP 2011, 263 ff; RÜHL, Weitreichende Änderungen im Verbraucher-

darlehensrecht und Recht der Zahlungsdienste, DStR 2009, 2256 ff; ADY/PAETZ, Die Umsetzung der Verbraucherkreditrichtlinie in deutsches Recht und besondere verbraucherpolitische Aspekte, WM 2009, 1061 ff; DERLEDER, Die vollharmonisierende Europäisierung des Rechts der Zahlungsdienste und des Verbraucherkredits, NJW 2009, 3195 ff.
[579] Vgl dazu M HOFFMANN, Die Reform der Verbraucherkreditrichtlinie (87/102/EWG) (2007) 301 ff.
[580] Vgl Fn 573, das Gesetz ist nach seinem Art 16 Abs 1 im Wesentlichen am 21.3.2016 in Kraft getreten; vgl dazu KRAATZ/LEVENHAGEN, Die Umsetzung der Wohnimmobilienkreditrichtlinie – ein Überblick, BKR 2017, 45 ff; OMLOR, Die Wohnimmobilienkreditrichtlinie und ihre Umsetzung in Deutschland, ZIP 2017, 112 ff; vgl ferner Art 6 des Gesetzes zur Ergänzung des Finanzdienstleistungsrechts im Bereich der Maßnahmen bei Gefahren für die Stabilität des Finanzsystems und zur Änderung der Umsetzung der Wohnimmobilienkreditrichtlinie v 6.6.2017 (Finanzaufsichtsrechtergänzungsgesetz), das mit Geltung seit dem 10.6.2017 weitere, die ursprüngliche Umsetzung der WohnimmoKr-RL korrigierende bzw ergänzende Änderungen des BGB anordnete; dazu OMLOR, Neuregelung der Finanzierung von Wohnimmobilien, NJW 2017, 1633 ff.
[581] Siehe dazu Rn 89.

L. Verbraucherschutz

die in §§ 514, 515 BGB und § 356d BGB enthaltenen Normen zu **unentgeltlichen Darlehensverträgen** und **unentgeltlichen Finanzierungshilfen**, mit denen auf das in der aktuellen Niedrigzinsphase gängige Phänomen der sog „**Null-Prozent-Finanzierung**" reagiert wird.[582]

Anders als VerbrKr-RL,[583] VerbrKrG,[584] VerbrKr-RL-neu[585] und WohnimmoKr-RL[586] verzichten die §§ 491 ff BGB nach wie vor darauf, die geregelten Vertragskonstellationen unter dem Begriff des **Kreditvertrages** zusammenzufassen. Vielmehr werden die – per definitionem entgeltlichen[587] – **Verbraucherdarlehensverträge** (Allgemein-Verbraucherdarlehensverträge und Immobiliar-Verbraucherdarlehensverträge) in den §§ 491–505e BGB und damit innerhalb des Untertitels zum (Geld-)Darlehen[588] geregelt. Dabei wird dieser Untertitel in ein erstes Kapitel mit allgemeinen Vorschriften zum Gelddarlehensvertrag (§§ 488 ff BGB) und ein zweites Kapitel mit besonderen Vorschriften für Verbraucherdarlehensverträge (§§ 491 ff BGB) unterteilt. Es folgt ein – weitgehend auf die Vorschriften zum Verbraucherdarlehen verweisender – eigenständiger Untertitel über (ebenfalls entgeltliche[589]) **Finanzierungshilfen**[590] (§§ 506–508 BGB), der den **Zahlungsaufschub** und den Auffangtatbestand der **sonstigen Finanzierungshilfen** erfasst. Zu den **Finanzierungshilfen** rechnen vor allem das **Finanzierungsleasing** und das **Teilzahlungsgeschäft** (§ 506 Abs 3 BGB) als Unterfall des Zahlungsaufschubes. Ein weiterer Untertitel ist dem **Ratenlieferungsvertrag** (§ 510 BGB) gewidmet, der jenseits der alten und der neuen VerbrKr-RL wie auch der WohnimmoKr-RL liegt, für den jedoch insbesondere die Widerrufsvorgaben der VerbrRechte-RL gelten, soweit er im Fernabsatz oder außerhalb von Geschäftsräumen geschlossen wird.[591] Ein neuer Untertitel 4 behandelt **Beratungsleistungen** bei Immobiliar-Verbraucherdarlehensverträgen (§ 511 BGB), wobei insbesondere in § 511 Abs 1 BGB iVm Art 247 § 18 EGBGB Informationspflichten im Zusammenhang mit Beratungen statuiert werden.[592] Der ebenfalls neu hinzugekommene Untertitel 6 (§§ 514–515 BGB) hat neue Regelungen für **unentgeltliche Darlehensverträge und unentgeltliche Finanzierungshilfen** zwischen einem Unternehmer und einem Verbraucher geschaffen, wobei insbesondere auch bei diesen unentgeltlichen Verträgen nunmehr ein **Widerrufsrecht** eingreift, §§ 514 Abs 2, 515 BGB. Als Einheit kenntlich wird das Verbraucherkreditrecht im Untertitel 5, wo in § 512 BGB dessen **halbzwingende Geltung** angeordnet[593] sowie in

---

[582] Vgl BT-Drucks 18/7584, S 140, näher dazu SCHÜRNBRAND, Verbraucherschutz bei unentgeltlichen Finanzierungen, WM 2016, 1105 ff.
[583] Vgl Art 1 Abs 1, Abs 2 lit c VerbrKr-RL.
[584] Vgl § 1 Abs 2 VerbrKrG.
[585] Vgl Art 2 Abs 1, Art 3 lit c VerbrKr-RL-neu.
[586] Vgl Art 4 Nr 3 WohnimmoKr-RL.
[587] Vgl § 491 Abs 2 S 1 und Abs 3 S 1 BGB owie die entsprechenden Anwendungsausschlüsse für unentgeltliche Kreditverträge in Art 2 Abs 2 lit f VerbrKr-RL-neu und Art 2 Abs 1 lit c VerbrKr-RL sowie in Art 3 Abs 2 lit c WohnimmoKr-RL; nach Art 3 Abs 2 lit f iVm Abs 1 lit a WohnimmoKr-RL wird allerdings die grundpfandrechtlich oder ähnlich gesicherte unentgeltliche Stundung einer bestehenden Forderung vom Anwendungsbereich der WohnimmoKr-RL erfasst, vgl zur Umsetzung dieses Erfordernisses § 506 Abs 1 S 3 BGB, wonach ein Zahlungsaufschub auch dann als entgeltlich gilt, wenn er davon abhängig gemacht wird, dass die Forderung durch ein Grundpfandrecht oder eine Reallast besichert wird; dazu BT-Drucks 18/5922, S 76.
[588] Das Sachdarlehen ist gesondert in den §§ 607–609 BGB geregelt.
[589] Vgl § 506 Abs 1 S 1 BGB und zur Erweiterung der Entgeltlichkeit nach S 3 Fn 587.
[590] Der Begriff der Finanzierungshilfe entstammt Art 3 lit c VerbrKr-RL-neu bzw Art 1 Abs 2 lit c VerbrKr-RL; ebenso formuliert auch Art 4 Nr 3 lit a, c und d WohnimmoKr-RL.
[591] Dazu noch unten Rn 104.
[592] Vgl die betreffenden Vorgaben in Art 22 WohnimmoKr-RL.
[593] Einschränkend aber die bis zum 30.6.2005 geltende Fassung des § 506 BGB.

§ 513 BGB die – europarechtlich nicht veranlasste – weitgehende Erstreckung auf den **Existenzgründer** festgelegt ist. Die nach wie vor umstrittene Frage, wie weit das Verbraucherkreditrecht direkt oder analog auf Geschäfte zur **Sicherung** einer **Kreditverpflichtung** anzuwenden sind, ist noch immer nicht abschließend geklärt.[594] Während die entsprechende Anwendung (für die §§ 491 ff aF) in Bezug auf **Schuldbeitritt**[595] und **befreiende Schuldübernahme**[596] durch einen Verbraucher überwiegend bejaht wird, soll nach herrschender Ansicht für die **Bürgschaft**[597] eines Verbrauchers ungeachtet der weitgehend übereinstimmenden wirtschaftlichen Funktion von Schuldbeitritt und Bürgschaft wie auch der vergleichbaren Schutzbedürftigkeit von Bürge und Kreditnehmer jedenfalls dann Abweichendes gelten, wenn die gesicherte Hauptschuld selbst nicht unter das Verbraucherkreditrecht fällt.

bb) Verbraucherdarlehen, §§ 491–505e BGB

92 Für die §§ 491 ff BGB unterworfenen **Verbraucherdarlehensverträge**, zu denen nach § 491 Abs 1 S 2 BGB einerseits **Allgemein-Verbraucherdarlehensverträge** und andererseits **Immobiliar-Verbraucherdarlehen** rechnen[598], werden in §§ 491 bis 494 BGB iVm Art 247 EGBGB vor allem **Formanforderungen** und **Informationspflichten** des Unternehmers geregelt. Sowohl die VerbrKr-RL-neu[599] als auch die WohnimmoKr-RL[600] sehen umfangreiche **vorvertragliche Informationspflichten** vor, die in § 491a BGB iVm Art 247 §§ 1 ff EGBGB umgesetzt wurden. Die betreffenden Informationen sollen den Verbraucher befähigen, auf der Grundlage der vom Darlehensgeber angebotenen Vertragsbedingungen unter Berücksichtigung seiner eigenen Wünsche verschiedene Angebote miteinander zu vergleichen und eine eigenverantwortliche Entscheidung für oder wider einen Vertragsschluss zu fällen.[601] Weiter ordnet § 491a Abs 3

---

[594] Die bei der Novellierung der VerbrKr-RL ursprünglich angestrebte Einbeziehung von Sicherungsgeschäften ist im Laufe des Gesetzgebungsverfahrens aufgegeben worden, vgl aber die Begründung zum geänderten Vorschlag der Kommission v 7.10.2005, KOM (2005) 483 endg 5; kritisch gegenüber der mangelnden ausdrücklichen Erstreckung des Verbraucherkreditrechts auf Sicherungsgeschäfte durch die neue VerbrKr-RL, aber auch das VerbrKr-RL-Umsetzungsgesetz KULKE, Das Gesetz zur Umsetzung der Verbraucherkreditrichtlinie, des zivilrechtlichen Teils der Zahlungsdiensterichtlinie sowie zur Neuordnung der Vorschriften über das Widerrufs- und Rückgaberecht – Teil 2, VuR 2009, 373, 377 f mwNw.
[595] St Rspr des BGH seit BGHZ 133, 71, 74 f = NJW 1996, 2156, 2157; in jüngerer Zeit bestätigt in BGHZ 165, 43 = NJW 2006, 431.
[596] Streitig allerdings für die zwischen altem und neuem Schuldner vereinbarte Schuldübernahme nach § 415 BGB, da hier kein Übernahmevertrag mit dem genehmigenden Gläubiger geschlossen wird, so dass nur eine entsprechende Anwendung des Verbraucherkreditrechts unter dem Gesichtspunkt der Umgehung in Betracht kommt; vgl zum Streitstand STAUDINGER/KESSAL-WULF (2012) § 491 Rn 22 mwNw; ferner BÜLOW/ARTZ, Verbraucherkreditrecht (9. Aufl 2016) § 491 Rn 72 ff, 78 mwNw.
[597] Vgl BGHZ 138, 321, 323 ff = NJW 1998, 1939 ff und OLG Düsseldorf WM 2009, 847; vgl zum Streitstand STAUDINGER/KESSAL-WULF (2012) § 491 Rn 23 mwNw; ferner BÜLOW/ARTZ/BÜLOW, Verbraucherkreditrecht (9. Aufl 2016) § 491 Rn 119 ff mwNw; gegen Erstreckung der VerbrKr-RL auf die Bürgschaft EuGH 23.3. 2000 – C-208/98 *Berliner Kindl*, NJW 2000, 1323, 1324; obiter bestätigt in EuGH 19.11.2015 – C-74/15 *Tarcău*, Rn 22; dazu, dass sich aus BGHZ 165, 363, 365 ff = NJW 2006, 845 (XI. Senat), wonach auf die in der Haustürsituation angebahnte Verbraucher-Bürgschaft ohne Rücksicht auf den Charakter der Hauptschuld Haustürwiderrufsrecht anwendbar ist, für das Verbraucherkreditrecht (in der Fassung vor Inkrafttreten des VerbrKr-RL-Umsetzungsgesetzes) nichts anderes ergibt, ZAHN, Die Bürgschaft des Verbrauchers bei Haustürgeschäften und Kreditverträgen, ZIP 2006, 1069, 1072.
[598] Dazu bereits Rn 90; vom Anwendungsbereich der neuen VerbrKr-RL sind Immobiliardarlehen dagegen ausgenommen, vgl Art 2 Abs 2 lit a VerbrKr-RL-neu und bereits Rn 88.
[599] Vgl Art 4 ff VerbrKr-RL-neu.
[600] Vgl insb Art 14 und 16 WohnimmoKr-RL.

BGB eine **Pflicht** des Unternehmers **zur Erläuterung** der vorvertraglichen Informationen, der Hauptmerkmale der von ihm angebotenen Verträge und deren vertragstypischer Auswirkungen auf den Darlehensnehmer an. Damit soll der Verbraucher in die Lage versetzt werden, zu beurteilen, ob der Vertrag den von ihm verfolgten Zweck und seinen Vermögensverhältnissen gerecht wird. Sofern **mit einem Immobiliar-Verbraucherdarlehensvertrag Finanzprodukte oder -dienstleistungen gebündelt** angeboten werden, so muss nach § 491a Abs 3 S 3 BGB ferner erläutert werden, ob ein gesondertes Kündigungsrecht besteht und welche Folgen die Kündigung hat.[602] Außerdem schreibt § 6a PAngV[603] in Umsetzung der neuen VerbrKr-RL[604] und der WohnimmoKr-RL[605] bestimmte **Informationen** vor, die bereits in der **Werbung für den Abschluss von Verbraucherkreditverträgen** anzugeben sind. Damit sollen namentlich **Lockvogelangebote** bekämpft werden.[606] Seit seiner Neufassung durch das WohnimmoKr-RLUmsG[607] enthält § 6a PAngV ferner in Abs 1 S 2 die durchaus sinnvolle allgemeine Vorgabe, dass **jegliche Kommunikation für Werbe- und Marketingzwecke** in Bezug auf Verbraucherdarlehen den Kriterien der Redlichkeit und Eindeutigkeit zu genügen hat und nicht irreführend sein darf.[608] Die Unterrichtung nach § 491a Abs 1 BGB muss rechtzeitig vor dem Abschluss des Verbraucherdarlehensvertrags in **Textform** (§ 126b BGB) erfolgen, Art 247 § 1 Abs 2 S 1 EGBGB für Immobiliar-Verbraucherdarlehensverträge und Art 247 § 2 Abs 1 EGBGB für Allgemein-Verbraucherdarlehensverträge. Nach Art 247 § 1 Abs 2 S 2 bzw § 2 Abs 2 EGBGB Art 247 § 2 Abs 1 EGBGB muss für Immobiliar-Verbraucherdarlehensverträge das **Europäische Standardisierte Merkblatt** gemäß dem **Muster** in Anlage 6 **(ESIS-Merkblatt)** bzw für Allgemein-Verbraucherdarlehensverträge die **Europäische Standardinformation für Verbraucherkredite** gemäß dem **Muster** in Anlage 4 verwendet werden, wobei bei Allgemein-Verbraucherdarlehensverträgen nach Art 247 § 2 Abs 4 S 1 EGBGB die Informationspflicht grundsätzlich als erfüllt gilt, wenn der Darlehensgeber dem Darlehensnehmer das ordnungsgemäß ausgefüllte **Muster** in Textform übermittelt hat.[609] **Vorvertragliche Informationspflichten** sind ferner in § 511 Abs 1 BGB iVm Art 247 § 18 EGBGB für die Situation individueller Empfehlungen des Darlehensgebers gegenüber dem Darlehensnehmer im Zusammenhang mit einem Immobiliar-Verbraucherdarlehensvertrag angeordnet:[610] Bevor solche **Beratungsleistungen** erfolgen, muss der Darlehensgeber über die Höhe eines dafür verlangten Entgeltes, aber auch über die seiner Empfehlung zugrunde gelegte Produktpalette informieren Art 247 § 18 Abs 1 Nr 1 und 2 EGBGB. Die Fülle an Informationspflichten kann man durchaus kritisch sehen, birgt sie doch die Gefahr, dass der Verbraucher die Angaben nicht mehr adäquat verarbeiten kann.[611]

---

[601] Vgl nur BT-Drucks 16/11643, 78.
[602] Das in Art 12 iVm Art 4 Nr 26 WohnimmoKr-RL angeordnete grundsätzliche Kopplungsverbot sowie die Ausnahmen davon, dazu bereits Rn 89, finden sich in §§ 492a und b BGB umgesetzt, dazu noch Rn 94.
[603] Siehe Fn 573.
[604] Vgl Art 4 VerbrKr-RL-neu.
[605] Vgl Art 10 und 11 WohnimmoKr-RL.
[606] Vgl SCHÜRNBRAND, Das neue Recht der Verbraucherkredite und der verbundenen Verträge, in: Die zivilrechtliche Umsetzung der Zahlungsdienstrichtlinie – Finanzmarktkrise und Umsetzung der Verbraucherkreditrichtlinie, Bankrechtstag 2009, 173, 177 sowie BT-Drucks 16/11643, 143.

[607] Vgl Fn 573.
[608] Allg zur Einbettung der Informations- und Beratungspflichten der WohnimmoKr-RL in überwiegend aufsichtsrechtlich umgesetzte Qualitäts- und Verhaltensregeln für Kreditgeber, Kreditvermittler und sog benannte Vertreter siehe OMLOR, Die Wohnimmobilienkreditrichtlinie und ihre Umsetzung in Deutschland, ZIP 2017, 112, 114.
[609] Vgl auch die entsprechenden Vorgaben in Art 5 Abs 1 S 2 und 3 VerbrKr-RL-neu.
[610] Zugrunde liegt Art 22 Abs 1 und 2 WohnimmoKr-RL.
[611] Vgl nur die Kritik bei SCHÜRNBRAND, Das neue Recht der Verbraucherkredite und der verbundenen Verträge, in: Die zivilrechtliche

93 In § 492 BGB wird der **Vertragsschluss** zum einen der **Schriftform** (§ 492 Abs 1 BGB) unterworfen, was neben der Information auch der Warnung des Verbrauchers dient, wobei auch der Vertragsschluss in elektronischer Form (§ 126a BGB) zulässig ist (vgl § 126 Abs 3 BGB).[612] Zum anderen werden für den **Vertrag Pflichtangaben** des Unternehmer-Kreditgebers vorgeschrieben (§ 492 Abs 2 BGB iVm Art 247 §§ 6 bis 13 EGBGB). Wird die geforderte Form insgesamt nicht eingehalten oder werden die Anforderungen des Art 247 §§ 6 und 9 bis 13 EGBGB verfehlt, ist der Vertrag nichtig (§ 494 Abs 1 BGB),[613] während hingegen Verstöße gegen Art 247 §§ 7 und 8 EGBGB offenbar keine Nichtigkeit nach sich ziehen sollen, § 494 Abs 1 BGB.[614] Mit Empfang bzw Inanspruchnahme des Darlehens durch den Darlehensnehmer tritt ggf mit ex nunc-Wirkung **Heilung** ein,[615] wobei sich allerdings der Vertragsinhalt in einer Reihe von Fällen zu Lasten des Unternehmers verschiebt (§ 494 Abs 2 bis 6 BGB), so dass der Verstoß nicht sanktionslos bleibt. Besonders gravierend wirkt es sich aus, wenn der **effektive Jahreszins zu niedrig angegeben** wird. Dies zieht eine Ermäßigung des Sollzinssatzes nach sich und zwar bei wortlautgetreuer Auslegung des § 494 Abs 3 BGB um die **absolute Differenz** an Prozentpunkten zwischen richtigem und unrichtigem effektivem Jahreszins.[616] Kommt es infolge Heilung zur Modifikation des Vertragsinhalts, so stellt der Darlehensgeber dem Darlehensnehmer eine Abschrift des geänderten Vertrages zur Verfügung, § 494 Abs 7 BGB. In Abweichung von § 167 Abs 2 BGB und der früheren Rechtsprechung[617] wurden mit der **Schuldrechtsmodernisierung** Formzwang und Pflichtangaben zur Wahrung der Warnfunktion grundsätzlich auf die **Vollmacht** erstreckt, § 492 Abs 4 BGB.[618] Die im Bereich der kreditfinanzierten Beteiligung an Immobilienprojekten im sog **Strukturvertrieb** einem **Treuhänder** erteilten **Vollmachten**, die diesen unter anderem zum Abschluss von Darlehensverträgen ermächtigen, waren früher häufig wegen **Verstoßes gegen Art 1 § 1 Abs 1 Rechtsberatungsgesetz (RberG)**[619] gemäß § 134 BGB nichtig.[620] Allerdings wurde die Vollmacht dem gutgläubigen Darlehensgeber gegenüber als wirksam behandelt, wenn der Treuhänder bei Abschluss des Darlehensvertrages gemäß §§ 171, 172 BGB die Vollmachts-

---

Umsetzung der Zahlungsdienstrichtlinie – Finanzmarktkrise und Umsetzung der Verbraucherkreditrichtlinie, Bankrechtstag 2009, 173, 177 mwNw.
[612] In § 492 Abs 1 S 2 aF war der Vertragsschluss in elektronischer Form dagegen ausdrücklich ausgeschlossen. Mit der Neufassung der Bestimmung setzte der Gesetzgeber die gegenüber Art 4 Abs 1 VerbrKr-RL großzügigere Bestimmung des Art 10 Abs 1 VerbrKr-RL-neu (dauerhafter Datenträger genügt) um.
[613] Dies gilt nicht für die Missachtung der in § 492 Abs 3 S 1 BGB angeordneten Zurverfügungstellung einer Abschrift des Vertrags, vgl zu § 492 Abs 3 aF BT-Drucks 11/5462, 20.
[614] Siehe PALANDT/WEIDENKAFF (77. Aufl 2018) § 494 Rn 2.
[615] Trotz des unklaren Wortlautes von § 6 Abs 2 S 1 VerbrKrG trat eine Heilung nach dieser Vorschrift nicht nur bei fehlenden Pflichtangaben nach § 4 Abs 1 S 4 Nr 1 VerbrKrG ein, sondern auch dann, wenn die Schriftform insgesamt verfehlt wurde, vgl BGHZ 165, 213, 215 f = NJW 2006, 681; deutlicher insoweit § 494 Abs 2 S 1 BGB.
[616] Vgl MünchKomm/SCHÜRNBRAND (7. Aufl 2017) § 494 Rn 33 mwNw zum Meinungsstand.
[617] Vgl BGHZ 147, 262, 264 ff = NJW 2001, 1931 f; BGH NJW 2001, 3479 f.
[618] Nach wie vor nicht geklärt ist die mit Blick auf die Warnfunktion des § 492 Abs 4 umstrittene Frage, ob der aufgrund formwidriger Vollmacht unwirksame Darlehensvertrag nach § 494 Abs 2 S 1 BGB durch Auszahlung der Darlehensvaluta an den Darlehensnehmer geheilt bzw formfrei (§ 182 Abs 2 BGB) genehmigt werden kann, abl STAUDINGER/KESSAL-WULF (2012) § 494 Rn 13 mwNw zum Meinungsstand.
[619] Das RBerG wurde mit 1.7.2008 durch das Rechtsdienstleistungsgesetz abgelöst, vgl Art 20 des Gesetzes zur Neuregelung des Rechtsberatungsrechts v 12.12.2007, BGBl I 2840.
[620] Grdlgd BGHZ 153, 214, 220 = NJW 2003, 1252, 1254; vgl zuvor schon BGHZ 145, 265 = NJW 2001, 70 (zur Nichtigkeit des Grundgeschäfts); vgl ferner BGH NJW-RR 2007, 1202 mwNw.

urkunde vorgelegt hat oder die Voraussetzungen einer Duldungs- oder Anscheinsvollmacht erfüllt waren.[621] Die Eingliederung des Kreditgebers in eine einheitliche Vertriebsstruktur oder der Umstand, dass Darlehensvertrag und finanzierter Vertrag **verbundene Geschäfte**[622] bilden, waren grundsätzlich **ohne Einfluss** auf die Anwendung der genannten Rechtsscheingrundsätze.[623] Heute kommt ein **Verstoß gegen § 3 RDG** in Betracht.

Speziell für **Immobiliar-Verbraucherdarlehensverträge** gilt nach § 492a Abs 1 S 1 BGB ein grundsätzliches und nach Abs 2 in Bezug auf das gekoppelte Geschäft[624] **nichtigkeitsbewehrtes Verbot von Kopplungsgeschäften**, dh eines Vertriebs von Kreditverträgen ausschließlich im Paket mit anderen Finanzprodukten oder Dienstleistungen.[625] Ist der Darlehensgeber allerdings bereit, den Immobiliar-Verbraucherdarlehensvertrag isoliert abzuschließen, dann liegt nach § 492a Abs 1 S 2 BGB auch dann kein Kopplungsgeschäft vor, wenn der Kreditvertrag bei isoliertem Abschlus nur zu ungünstigeren Bedingungen angeboten wird als bei einem Abschluss im Paket mit weiteren Finanzprodukten oder -dienstleistungen. Ferner regelt § 492b BGB Fälle **ausnahmsweise zulässiger**, weil für sachlich gerechtfertigt erachteter **Kopplungsgeschäfte**.[626] Erlaubt sind danach unter bestimmten weiteren Voraussetzungen die **Kopplung des Darlehensvertrages mit** einem **Zahlungs- oder Sparkonto** (§ 492b Abs 1 Nr 1 BGB), mit einem **Anlageprodukt oder privaten Rentenprodukt** (§ 492b Abs 1 Nr 2 BGB), mit einem weiteren **Darlehensvertrag mit Wertbeteiligung** (§ 492b Abs 1 Nr 3 BGB), mit einer **einschlägigen Versicherung** (§ 492b Abs 2 BGB), behördlich genehmigte Kopplungsgeschäfte (§ 492b Abs 3 BGB).

Bereits durch das **Risikobegrenzungsgesetz**[627] wurden **Informationspflichten** eingeführt, die auf das **laufende Vertragsverhältnis** bezogen sind, so vor allem die hinsichtlich des befristeten Darlehens angeordnete Pflicht, den Darlehensnehmer spätestens drei Monate vor Beendigung des Vertragsverhältnisses über die **Bereitschaft zur Fortführung des Darlehensverhältnisses** zu unterrichten, § 493 Abs 2 BGB, ferner die in Bezug auf festverzinsliche Darlehen mit einer die Zinsbindung übersteigenden Laufzeit vorgesehene Pflicht, ihn spätestens drei Monate vor Ablauf der Zinsbindung über **Anschlussbedingungen** zu informieren, § 493 Abs 1 BGB.[628] Hinzu gekommen ist in Umsetzung von Art 11 VerbrKr-RL-neu die Pflicht, über eine **Änderung des Sollzinssatzes** zu informieren, § 493 Abs 3 BGB. Außerdem muss der Darlehensgeber neuerdings nach

---

[621] St Rspr; grdlgd BGH NJW 2001, 3774; im Anschluss daran BGH NJW 2002, 2325; BGH NJW 2003, 2091; BGH NJW-RR 2003, 1203; BGH NJW 2004, 2378; BGH NJW 2004, 2745; BGHZ 161, 15 = NJW 2005, 664; BGHZ 167, 223 = NJW 2006, 1952; BGH NJW-RR 2007, 1202; BGH WM 2008, 683.
[622] § 9 Abs 1 VerbrKrG bzw § 358 Abs 3 BGB, dazu sogleich.
[623] BGHZ 161, 15, 24 ff = NJW 2005, 664, 666 ff; BGHZ 167, 223, 229 ff = NJW 2006, 1952, 1953 f; BGH NJW-RR 2007, 1202; vgl auch BGH WM 2008, 683; anders noch der II. Senat in BGHZ 159, 294, 300 ff = NJW 2004, 2736, 2737 f.
[624] Dagegen bleibt die Wirksamkeit des Immobiliar-Verbraucherdarlehensvertrages nach

§ 492a Abs 2 aE von der Nichtigkeit der gekoppelten Geschäfte unberührt.
[625] Vgl dazu Art 12 iVm Art 4 Nr 26 und 27 WohnimmoKr-RL und schon oben Rn 89.
[626] Vgl dazu Art 12 Abs 2 bis 4 WohnimmoKr-RL und Erwägungsgrund 25.
[627] Siehe Fn 577.
[628] An der Europarechtskonformität der Regelung mit Blick darauf zweifelnd, dass die maximalharmonisierende neue VerbrKr-RL keine entsprechende Vorgabe enthält, SCHÜRNBRAND, Das neue Recht der Verbraucherkredite und der verbundenen Verträge, in: Die zivilrechtliche Umsetzung der Zahlungsdienstrichtlinie – Finanzmarktkrise und Umsetzung der Verbraucherkreditrichtlinie, Bankrechtstag 2009, 173, 178.

§ 493 Abs 4 BGB bei **Immobiliar-Verbraucherdarlehensverträgen in Fremdwährung** den Verbraucher unverzüglich informieren, wenn der Wert des noch zu zahlenden Restbetrags oder der Wert der regelmäßigen Raten in der Landeswährung des Darlehensnehmers um mehr als 20 Prozent gegenüber dem Wert steigt, der bei Zugrundelegung des Wechselkurses bei Vertragsabschluss gegeben wäre. Die Information ermöglicht es dem Verbraucher ggf, sein an entsprechende Voraussetzungen (vgl § 503 Abs 1 S 2 BGB) geknüpftes Recht zur **Umwandlung des Darlehens in die Landeswährung** nach § 503 BGB wahrzunehmen. Ebenfalls in Bezug auf **Immobiliar-Verbraucherdarlehensverträge** verpflichtet § 493 Abs 5 BGB ferner den Darlehensgeber für den Fall, dass der Darlehensnehmer ihm die **Absicht einer vorzeitigen Rückzahlung** des Darlehens mitteilt, zur unverzüglichen Übermittlung aller zur Prüfung dieser Möglichkeit erforderlichen Informationen auf einem dauerhaften Datenträger.[629] Eine Pflicht zur Unterrichtung über einen **Gläubigerwechsel** ist in § 496 Abs 2 BGB enthalten.[630]

96 In Übereinstimmung mit Art 14 Abs 1 VerbrKr-RL-neu[631] und Art 14 Abs 6 WohnimmoKr-RL[632] eröffnet § 495 BGB dem Verbraucher – wie auch bereits zuvor VerbrKrG[633] und AbzG[634] – grundsätzlich[635] ein befristetes **Widerrufsrecht**, für das § 355 BGB gilt. Allerdings wird in einzelnen Punkten von den allgemeinen Regeln abgewichen.[636] **Muster** für die nach Art 247 § 6 Abs 2 EGBGB gebotene **Widerrufsinformation** sind in Anlagen 7 und 8 zu Art 247 § 6 Abs 2 EGBGB enthalten. Ihre Verwendung ist fakultativ, bringt aber dem Darlehensgeber die Sicherheit, dass damit aufgrund einer in Art 247 § 6 Abs 2 S 3 EGBGB angeordneten **Fiktion** den gesetzlichen Anforderungen genügt wird. Bei einem **unbefristeten Allgemein-Verbraucherdarlehensvertrag** wird dem Verbraucher überdies in § 500 Abs 1 S 1 d BGB das unabdingbare (§ 511 BGB) Recht eingeräumt, das Darlehen **fristlos**[637] **zu kündigen**. Es handelt sich um eine **ordentliche** Kündigung.[638] Ausweislich der Gesetzgebungsmaterialien soll

---

[629] Dies dient der Umsetzung von Art 25 Abs 4 WohnimmoKr-RL.
[630] Siehe auch Art 17 Abs 2 VerbrKr-RL-neu.
[631] Siehe bereits vor und mit Fn 546. Dagegen forderte die ursprüngliche VerbrKr-RL kein Widerrufsrecht, das deutsche Recht ging insofern also bislang über die Vorgaben der VerbrKr-RL hinaus.
[632] Art 14 Abs 6 Unterabs 2 WohnimmoKr-RL sind die Mitgleidstaaten allerdings frei, zwischen einem Widerrufsrecht oder einer bloßen Bedenkzeit zu wählen.
[633] Vgl § 7 VerbrKrG.
[634] Vgl § 1b AbzG in der Fassung des Zweiten Gesetzes zur Änderung des Abzahlungsgesetzes v 15.5.1974, siehe Fn 1.
[635] Ausnahmen enthält § 495 Abs 2, so insbesondere für bestimmte Überziehungsmöglichkeiten, vgl § 495 Abs 2 Nr 3 BGB iVm § 504 Abs 2 BGB und § 505 BGB. Bei Immobiliar-Verbraucherdarlehensverträgen, bei denen ausnahmsweise kein Widerrufsrecht besteht, wird dem Verbraucher immerhin eine Mindestbedenkzeit von sieben Tagen eingeräumt, vgl § 495 Abs 3 BGB und bereits Fn 568.
[636] Insbesondere kann das Widerrufsrecht gem § 356b Abs 2 S 1 BGB bei einem Allgemein-Verbraucherdarlehensverträgen nicht ohne die Nachholung der nach § 492 Abs 2 BGB erforderlichen Pflichtangaben erlöschen, während bei einem Immobiliar-Verbraucherdarlehensvertrag auch bei Belehrungsverstößen gemäß § 356b Abs 2 S 4 BGB eine absolute Höchstfrist eingreift.
[637] Eine Kündigungsfrist von bis zu einem Monat kann jedoch vereinbart werden, § 500 Abs 1 S 2 BGB.
[638] PALANDT/WEIDENKAFF (77. Aufl 2018) § 500 Rn 2; RIEHM/SCHREINDORFER, Das Harmonisierungskonzept der neuen Verbraucherkreditrichtlinie, GPR 2008, 244, 247. Ein ordentliches Kündigungsrecht gerade des Verbrauchers war bereits vor dem VerbrKr-RL-Umsetzungsgesetz in § 489 Abs 1 Nr 2 aF für festverzinsliche Darlehen nach einer Vorlaufzeit von neun Monaten (sie ergab sich aus der sechsmonatigen Warte- und der dreimonatigen Kündigungsfrist) vorgesehen, wobei der Darlehensgeber kein Unternehmer sein musste; die Neufassung der VerbrKr-RL stellt ausdrücklich klar, dass „jederzeit" zurückgezahlt werden kann, Art 16 Abs 1 VerbrKr-RL-neu. Ein ordentliches Kün-

L. Verbraucherschutz

das Unterbleiben der Kündigung nach § 489 Abs 3 BGB fingiert werden, wenn das Darlehen nicht binnen zwei Wochen zurückgezahlt wird.[639] Weiter kann der Darlehensnehmer **auch bei einem befristeten Verbraucherdarlehensvertrag** seine Verbindlichkeiten aus dem Verbraucherdarlehensvertrag jederzeit **ganz oder teilweise vorzeitig erfüllen**, § 500 Abs 2 S 1 BGB.[640] Bei einem Immobiliar-Verbraucherdarlehensvertrag, für den ein fester Sollzinssatz vereinbart wurde, setzt dies jedoch hinsichtlich des Zeitraumes der Sollzinsbindung ein berechtigtes Interesse voraus, § 500 Abs 2 S 2 BGB.[641] Die Rechtsfolgen der vorzeitigen Erfüllung regeln §§ 501, 502 BGB, wobei der Darlehensgeber namentlich grundsätzlich berechtigt ist, bei Darlehen mit gebundenem Sollzinssatz nach § 502 BGB eine angemessene **Vorfälligkeitsentschädigung** zu beanspruchen für den unmittelbar mit der vorzeitigen Rückzahlung zusammenhängenden Schaden.

Materielle Vorgaben für den **Darlehensvertrag** sind in § 496 Abs 1 BGB enthalten, der den vertraglichen[642] **Verzicht** des Verbraucher-Darlehensnehmers auf die ihm gemäß §§ 404, 406 BGB gegenüber einem Zessionar als neuem Gläubiger zustehenden Rechte für unwirksam erklärt. Ferner wird in Abs 3 ein – europarechtlich nicht mehr länger gebotenes[643] – schadensersatzbewehrtes **Wechsel- und Scheckverbot** angeordnet. Besondere, weder durch die alte noch die neue VerbrKr-RL geforderte Regelungen gelten ferner für den **Verzug** des Verbraucher-Darlehensnehmers (§§ 497, 498 BGB).[644] Vorgaben für die Berechnung des **Verzugszinses** und die **gesonderte Kontenführung** für nach Verzugseintritt anfallende Zinsen (§ 497 Abs 1 und 2 BGB) sollen ebenso wie den Schuldner begünstigende Bestimmungen zur **Teilzahlungsberechtigung** und **Tilgungsanrechnung** (§ 497 Abs 3) verhindern helfen, dass sich die Situation säumiger Verbraucher-Darlehensnehmer durch ständiges Anwachsen des Schuldenberges zu aussichtslosen „**dauernden Zwangskreditverhältnissen**" im Sinne eines „**modernen Schuldturmes**" entwickeln.[645] Namentlich ist der Verbraucher in Abweichung von § 288 BGB berechtigt, einen hinter dem gesetzlichen Verzugszinssatz zurückbleibenden niedrigeren Schaden des Kreditgebers nachzuweisen (§ 497 Abs 1 S 2 BGB); weiter

---

digungsrecht steht beim festverzinslichen Darlehen jedem Darlehensnehmer (weiterhin) unter den Voraussetzungen des § 489 Abs 1 Nr 1 und Nr 2 BGB (bislang Nr 3) zu; ein Darlehen mit variablem Zinssatz konnte und kann auch heute jeder Darlehensnehmer nach § 489 Abs 2 BGB mit dreimonatiger Frist kündigen.

[639] Vgl BT-Drucks 16/11643, 75; abw RIEHM/SCHREINDORFER, Das Harmonisierungskonzept der neuen Verbraucherkreditrichtlinie, GPR 2008, 244, 247, die aufgrund des vollharmonisierenden Charakters von Art 13 VerbrKr-RL-neu annehmen, dass § 489 BGB durch § 500 BGB als lex specialis verdrängt werde.

[640] § 500 Abs 2 BGB ersetzt damit zugleich § 504 S 1 aF, PALANDT/WEIDENKAFF (77. Aufl 2018) § 500 Rn 1.

[641] Siehe dazu Art 25 Abs 2 und 5 WohnimmoKr-RL; durch Versagung eines bedingungslosen Rückzahlungsrechts soll auch verhindert werden, dass sich die Vereinbarung von Festzinsperioden für Verbraucher verteuert, vgl BT-Drucks 18/5922, 90.

[642] In richtlinienkonformer Auslegung, vgl Art 17 Abs 1, Art 22 Abs 2 VerbrKr-RL-neu, wird man wohl auch den einseitigen Verzicht für erfasst halten müssen.

[643] § 496 Abs 3 BGB ging aber schon früher über die Vorgaben in Art 10 VerbrKr-RL hinaus, vgl dazu im Einzelnen STAUDINGER/KESSAL-WULF (2012) § 496 Rn 14 ff; die Neufassung der VerbrKr-RL spricht die Frage nicht mehr an, ein gesetzgeberisches Versehen vermutet M HOFFMANN, Die Reform der Verbraucherkredit-Richtlinie (87/102/EWG) (2007) 232.

[644] Abweichungen für Immobiliar-Verbraucherdarlehensverträgen, die bislang in § 503 aF enthalten waren, finden sich nunmehr in § 497 Abs 4 BGB und § 498 Abs 2 BGB. Insbesondere wird in § 497 Abs 4 S 1 BGB ein niedrigerer, der erhöhten Sicherheit Rechnung tragender Verzugszinssatz angeordnet.

[645] Vgl BT-Drucks 11/5462, 13 ff, 25 ff.

ist eine **Beschränkung des Zinseszinseffektes** angeordnet, indem der Ersatz des aus verzögertem Ausgleich des Verzugsschadens resultierenden weiteren Verzugsschadens abweichend von § 289 S 2 BGB durch den gesetzlichen Zinssatz (§ 246 BGB) gedeckelt wird (§ 497 Abs 2 S 2 BGB). Dies soll im Zusammenspiel mit § 497 Abs 3 S 1 BGB die Chance auf eine allmähliche Tilgung der Schuld erhöhen,[646] da hiernach Teilzahlungen grundsätzlich[647] erst an letzter Stelle auf die – nach § 497 Abs 2 S 2 BGB niedriger zu verzinsenden – Zinsrückstände angerechnet werden.[648] Schließlich wird die **vorzeitige Fälligstellung** notleidend gewordener Teilzahlungsdarlehen **begrenzt** (§ 498 BGB).

98 Spezielle Regelungen für **Überziehungsmöglichkeiten** waren schon bislang in Umsetzung der VerbrKr-RL-neu in § 504 BGB enthalten, wobei namentlich in Abs 1 S 1 eine **Pflicht zu regelmäßiger Information** angeordnet ist und in Abs 2 für kurzfristige Überziehungsmöglichkeiten in Form von Allgemein-Verbraucherdarlehensverträgen Abweichungen von den §§ 491 ff BGB angeordnet werden.[649] Hinzugekommen ist anlässlich der Umsetzung der WohnimmoKr-RL, aber ohne europäischen Hintergrund, der neue § 504a BGB. Danach muss der Darlehensgeber dem Darlehensnehmer bei längerer, nämlich ununterbrochen über einen Zeitraum von sechs Monaten währender erheblicher, dh durchschnittlich 75 % des vereinbarten Höchstbetrages übersteigender Überziehung des Kontos eine Beratung anbieten (§ 504a Abs 1 BGB) und zwar erforderlichenfalls wiederholt (Abs 3) zu möglichen kostengünstigen Alternativen und zu möglichen Konsequenzen einer weiteren Überziehung des laufenden Kontos sowie ggf auf geeignete Beratungseinrichtungen hinweisen (Abs 2 S 3).[650] Ein Pflichtangebot für eine günstigere Kreditalternative ist aber ebenso wenig vorgesehen wie eine Deckelung der Zinsen bei Überziehungskrediten.[651]

99 Die WohnimmoKr-RL[652] ist wie auch bereits die VerbrKr-RL-neu[653] dem **Grundsatz der verantwortungsvollen Kreditvergabe** verpflichtet und ordnet wie diese für das Stadium **vor Abschluss des Vertrages**[654] eine Pflicht des Darlehensgebers zur **Prüfung der Kreditwürdigkeit des Verbrauchers** an. Inwieweit diese europäischen Vorgaben allein Allgemeininteressen schützen oder ihnen hingegen individuell-verbraucherschützen-

---

[646] Vgl zu Zweifeln an der Wirkungsmacht der Regelung ERMAN/NIETSCH (15. Aufl 2017) § 497 Rn 34 ff mwNw.

[647] Für isolierte Zinstitel bleibt es dagegen nach § 497 Abs 3 S 5 BGB bei der Reihenfolge des § 367 BGB, wodurch Einklang zwischen materiellem Recht und Vollstreckungsrecht hergestellt werden soll, vgl BT-Drucks 11/8274, 22; die Bedeutung der Regelung erschöpft sich wohl in der Klarstellung der zivilprozessualen Selbstverständlichkeit, dass sich die Anrechnung bei titulierten Ansprüchen nicht nach dem materiellen Recht, sondern allein nach dem Titel richtet, woraus kein Freibrief für isolierte Zahlungstitel abgeleitet werden darf, vgl MÜNZBERG, Fehler in § 11 Verbraucherkreditgesetz, WM 1991, 170, 172 ff; weitere Nachweise zum Streitstand bei MünchKomm/SCHÜRNBRAND (7. Aufl 2017) § 497 Rn 37.

[648] Einer daraus für den Darlehensgeber erwachsenden unangemessenen verjährungsrechtlichen Benachteiligung begegnet § 497 Abs 3 S 3 BGB durch eine Verjährungshemmung, vgl zur Diskussion um deren Reichweite MünchKomm/ SCHÜRNBRAND (7. Aufl 2017) § 497 Rn 33.

[649] Dazu näher MünchKomm/SCHÜRNBRAND (7. Aufl 2017) § 504 Rn 12 and Rn 17 ff.

[650] Dazu näher BT-Drucks 18/5922, 95 f.

[651] Kritisch deshalb KRAATZ/LEVENHAGEN, Die Umsetzung der Wohnimmobilienkreditrichtlinie – ein Überblick, BKR 2017, 45, 49.

[652] Siehe Art 18 bis 20 WohnimmoKr-RL sowie die Erwägungsgründe 55 bis 62.

[653] Siehe Art 8 VerbrKr-RL-neu.

[654] Wird allerdings der Nettodarlehensbetrag nach Vertragsschluss deutlich erhöht, so ist die Kreditwürdigkeit grundsätzlich auf aktualisierter Grundlage neu zu prüfen, § 505a Abs 2 BGB.

L. Verbraucherschutz

der Charakter zukommt, ist auch nach einer Entscheidung des EuGH[655] zur Kreditwürdigkeitsprüfung gemäß der VerbrKr-RL-neu stark umstritten.[656]

Die zivilrechtlichen[657] Vorschriften zur Umsetzung der europäischen Vorgaben finden sich in §§ 505 bis 505e BGB, die nach § 506 Abs 1 S 1 BGB auf den entgeltlichen Zahlungsaufschub und sonstige entgeltliche Finanzierungshilfen entsprechende Anwendung finden. § 505a Abs 1 S 1 BGB statuiert zunächst die Pflicht zur Prüfung der Kreditwürdigkeit des Verbrauchers, während S 2 ein Verbot anordnet, bei negativem Ausgang der Kreditwürdigkeitsprüfung den Vertrag abzuschließen.[658] Es gilt entsprechend der europarechtlichen Aufspaltung der Materie in zwei Richtlinien ein zweigeteilter Maßstab: Bei einem **Allgemein-Verbraucherdarlehensvertrag** darf der Vertrag nur dann abgeschlossen werden, wenn **keine erheblichen Zweifel** daran bestehen, dass der Darlehensnehmer seinen Verpflichtungen vertragsgemäß nachkommen wird, während dies beim **Immobiliar-Verbraucherdarlehensverträge** lediglich **wahrscheinlich** sein muss. Die Anforderungen an die Prüfung sind – wiederum zweigeteilt – im § 505b BGB geregelt: Nach Abs 1 können danach beim **Allgemein-Verbraucherdarlehensvertrag** parallel zum früheren § 509 S 2 aF **Auskünfte des Darlehensnehmers** Grundlage der Kreditwürdigkeitsprüfung sein sowie erforderlichenfalls Auskünfte von Stellen, die geschäftsmäßig personenbezogene Daten, die zur Bewertung der Kreditwürdigkeit von Verbrauchern genutzt werden dürfen, zum Zweck der Übermittlung erheben, speichern, verändern oder nutzen. Dagegen gelten für **Immobiliar-Verbraucherdarlehensverträge** nach § 505b Abs 2 bis 4 BGB erhöhte Anforderungen.[659] Es hat eine eingehende – zu dokumentierende (Abs 4) – Prüfung auf der Grundlage notwendiger, ausreichender und angemessener Informationen zu Einkommen, Ausgaben sowie anderen Faktoren der finanziellen und wirtschaftlichen Verhältnisse des Verbrauchers zu erfolgen (Abs 2 S 1), welche aus einschlägigen internen und externen Quellen einschließlich Angaben des Darlehensnehmers zu gewinnen sind (Abs 3). Dabei darf – insoweit hat man wohl Lehren aus der Subprimekrise gezogen – entscheidender Ge-

---

[655] EuGH 27.3.2014 – C-565/12 *LCL Le Crédit Lyonnais SA*, EuZW 2014, 514, wonach eine nationale, bei Verstößen gegen die Pflicht zur Kreditwürdigkeitsprüfung eingreifende Sanktionsregelung in Gestalt einer Verwirkung des Anspruches auf die vertraglich vereinbarten Zinsen insoweit gegen das Sanktionsgebot in Art 23 VerbrKr-RL-neu verstößt, als die an den Kreditgeber infolge der Anwendung der Sanktion der Verwirkung des Zinsanspruchs tatsächlich zu zahlenden Beträge nicht wesentlich geringer sind als diejenigen, die ihm zustünden, wenn er seiner Verpflichtung zur Prüfung der Kreditwürdigkeit des Kreditnehmers nachgekommen wäre.
[656] Dagegen etwa HERRESTHAL, Unionsrechtliche Vorgaben zur Sanktionierung eines Verstoßes gegen die Kreditwürdigkeitsprüfung, EuZW 2014, 497, 498; OMLOR, Die Wohnimmobilienkreditrichtlinie und ihre Umsetzung in Deutschland, ZIP 2017, 112, 116 f jeweils mwNw; abw die Lesart des *Crédit Lyonnais*-Urteils des EuGH (siehe Fn 654), in welchem in Rn 52 die Rede ist von der „Bedeutung des Ziels des Verbraucherschutzes, dem die Verpflichtung des Kreditgebers zur Prüfung der Kreditwürdigkeit des Kreditnehmers dient" durch den deutschen Gesetzgeber in BT-Drucks 18/5922, 96: Darin wird explizit eine „Schutzpflicht gegenüber dem Verbraucher" anerkannt; ähnl KRAATZ/LEVENHAGEN, Die Umsetzung der Wohnimmobilienkreditrichtlinie – ein Überblick, BKR 2017, 45, 47.
[657] Vgl ferner den aufsichtsrechtlichen § 18a KWG und den früheren § 18 Abs 2 KWG aF.
[658] Vgl BT-Drucks 18/5922, 97.
[659] Vgl BT-Drucks 18/5922, 98; § 505e BGB enthält eine Verordnungsermächtigung für die Festlegung von Leitlinien zu den Kriterien und Methoden der Kreditwürdigkeitsprüfung bei Immobiliar-Verbraucherdarlehensverträgen, vgl den RefE für eine solche Immobiliar-Kreditwürdigkeitsprüfungsleitlinien-Verordnung – ImmoKWPLV 21.7.2017, abrufbar (am 5.12.2017) unter http://www.bundesfinanzministerium.de/Content/DE/Downloads/Gesetze/2017-08-17-entwurf-immobiliar-kreditwuerdigkeitsverordnung.pdf?__blob=publicationFile&v=2.

sichtspunkt grundsätzlich nicht eine erwartete Wertsteigerung der betreffenden Wohnimmobilie[660] sein, sondern ist maßgeblich auf die Fähigkeit des Verbrauchers abzustellen, seinen Verpflichtungen aus dem Kreditvertrag künftig voraussichtlich nachzukommen (Abs 2 S 2 und 3).[661] Dieser Ansatz birgt allerdings eine gewisse Gefahr, weniger einkommensstarke Bevölkerungsschichten von der Kreditvergabe auszuschließen.[662]

100 Was nun die **Sanktionen**[663] bei Verstößen gegen die Kreditwürdigkeitsprüfung anbelangt, so bleibt die Wirksamkeit des Darlehensvertrages davon grundsätzlich unberührt.[664] Jedoch sind in § 505d BGB spezifische Sanktionen vorgesehen und zwar die **Ermäßigung** vertraglich vereinbarter Sollzinsen **auf marktübliche Zinssätze** (Abs 1 S 1 und 2) sowie ein **fristloses Kündigungsrecht** des Darlehensnehmers, das **keine Vorfälligkeitsentschädigung** nach sich zieht (Abs 1 S 3). Beide Sanktionen greifen jedoch mangels Kausalität der Pflichtverletzung für den Abschluss des Vertrages nicht ein, wenn der Darlehensgeber nachweist, dass der Darlehensvertrag auch bei ordnungsgemäßer Kreditwürdigkeitsprüfung hätte geschlossen werden dürfen (Abs 1 S 5). Davon abgesehen bleiben dem Darlehensgeber **Ansprüche** gegen den Darlehensnehmer **wegen** Pflichtverletzung, also insbesondere wegen **verzögerter oder ausfallender Rückzahlung**[665] versagt, wenn Ursache für die Pflichtverletzung ein Umstand ist, der bei ordnungsgemäßer Kreditwürdigkeitsprüfung zu einem Unterbleiben des Vertragsschlusses geführt hätte (Abs 2). **Sanktionsfrei** bleibt eine mangelhafte Kreditwürdigkeitsprüfung für den Darlehensgeber allerdings dann, wenn der Mangel auf vorsätzlich oder grob fahrlässig unrichtig erteilten oder vorenthaltenen Informationen des Darlehensnehmers beruht, (Abs 3).

101 Beratungsleistungen gegenüber dem Verbraucher im Sinne **individueller Empfehlungen**, die im Zusammenhang mit einem **Immobiliar-Verbraucherdarlehensvertrag** stehen, unterliegen in Umsetzung der WohnimmoKr-RL[666] neuerdings nach § 511 BGB besonderen Vorgaben. Über die Anordnung **vorvertraglicher Informationspflichten**[667] (Abs 1) hinaus werden die Grundlagen der Beratungsleistung reguliert (Abs 2).[668] Danach hat sich der Darlehensgeber, soweit für eine passende Empfehlung erforderlich, über die individuelle persönliche und finanzielle Situation des Darlehensgebers, dessen Bedarf, Präferenzen und Ziele zu informieren (Abs 2 S 1) und auf dieser Grundlage eine ausreichende Zahl an Darlehensverträgen zumindest aus seiner Produktpalette auf ihre Geeignetheit zu prüfen (Abs 2 S 2). Schließlich ist der Darlehensgeber verpflichtet, auf Grund der Prüfung gemäß Abs 2 ein geeignetes bzw geeignete Produkte zu empfehlen oder darauf hinzuweisen, dass er kein Produkt empfehlen kann (Abs 3 S 1) und muss er dem Darlehensgeber die Empfehlung bzw den abschlägigen Hinweis auf einem dauerhaften Datenträger zur Verfügung stellen (Abs 3 S 2). Eine überschießende Erstreckung dieser Regeln durch den nationalen Gesetzgeber auf Allgemein-Verbraucherdarlehensverträge ist insbesondere deshalb unterblieben, weil man insofern wei-

---

[660] Grundsätze zur internen und externen Bewertung der Wohnimmobilien enthält § 505c BGB.
[661] Vgl die entsprechende Vorgabe in Art 18 Abs 3 WohnimmoKr-RL und Erwägungsgrund 55.
[662] Siehe dazu nur KRAATZ/LEVENHAGEN, Die Umsetzung der Wohnimmobilienkreditrichtlinie – ein Überblick, BKR 2017, 45, 47 mwNw.
[663] Näher dazu BT-Drucks 18/5922, 100 ff.
[664] Vgl BT-Drucks 18/5922, 100: keine Nichtigkeit nach § 134 BGB.
[665] Vgl BT-Drucks 18/5922, 100.
[666] Vgl Art 22 WohnimmoKr-RL.
[667] Dazu oben Rn 89.
[668] Vgl BT-Drucks 18/5922, 105 f.

terhin an der Zulässigkeit einer informellen Beratung ohne formalisierte Auskunft festhalten wollte.[669]

cc) Finanzierungshilfen, §§ 506–509 BGB

§ 506 Abs 1 S 1 BGB enthält eine generell den **Zahlungsaufschub** und **sonstige entgeltliche Finanzierungshilfen** betreffende grundsätzliche Verweisung auf §§ 358–360 BGB und §§ 491a bis 502 BGB sowie auf §§ 505a bis 505e BGB.[670] Damit gilt seit Umsetzung der neuen VerbrKr-RL für **Finanzierungsleasingverträge** als bedeutsame sonstige Finanzierungshilfen **keine Sonderregelung** mehr. Im Gegensatz dazu waren früher die verbraucherkreditrechtlichen Vorschriften nur begrenzt anwendbar und waren insbesondere **keine Pflichtangaben** nach § 492 Abs 1 S 5 aF vorgeschrieben.[671] Seit der Umsetzung der WohnimmoKr-RL sind von den **allgemeinen entgeltlichen Finanzierungshilfen** iSv § 506 Abs 1 S 1 BGB gemäß § 506 Abs 1 S 2 und 3 BGB **Immobiliar-Finanzierungshilfen** zu unterscheiden, für die spezifisch auf die Vorschriften über Verbraucherdarlehensverträge verwiesen wird.[672] Diese Differenzierung erfolgt parallel zu den komplementären Anwendungsbereichen von VerbrKr-RL-neu und WohnimmoKr-RL[673] und entspricht der gesetzlichen Differenzierung zwischen Allgemein-Verbraucherdarlehensverträgen einerseits und Immobiliar-Verbraucherdarlehensverträgen andererseits in § 491 BGB.

102

Für **Teilzahlungsgeschäfte**, bei denen die **Bezahlung** einer **bestimmten Sache oder Leistung kreditiert** wird[674] und die einen Unterfall des Zahlungsaufschubes bilden, verweist § 506 Abs 1 BGB zwar ebenfalls auf die §§ 358–360 BGB und §§ 491a bis 502 BGB sowie auf §§ 505a bis 505e BGB, es gelten aber nach § 506 Abs 3 BGB zusätzliche, in den §§ 507, 508 BGB geregelten Besonderheiten. So enthält § 507 Abs 2 BGB Regelungen für die **Missachtung von Pflichtangaben und Formmängel** einschließlich einer Heilungsmöglichkeit, die auf die Besonderheiten des Teilzahlungsgeschäfts zugeschnitten sind; ebenso § 508 BGB für den **Rücktritt**:[675] Namentlich schützt eine **Rücktrittsfiktion**[676] (§ 508 S 5 und 6 BGB)[677], die grundsätzlich[678] eingreift, wenn der Unterneh-

103

---

[669] Vgl BT-Drucks 18/5922, 105.
[670] Mit der Verweisung auf die neuen §§ 505a bis 505e BGB über die Kreditwürdigkeitsprüfung wurde der bisherige § 509 entbehrlich und dementsprechend aufgehoben, vgl Art 1 Nr 32 WohnimmoKr-RLUmsG (Fn 573).
[671] Vgl zur früheren Rechtslage Gsell, in: Staudinger/Eckpfeiler (2014) Rn 99.
[672] Siehe MünchKomm/Schürnbrand (7. Aufl 2017) § 506 Rn 2 mit dem Hinweis, dass dies terminologisch im Normtext so nicht nachvollzogen wird.
[673] Dazu oben Rn 92.
[674] Dagegen kann es auf die durch den Wortlaut nahe gelegte Verabredung mindestens zweier Raten nicht ankommen, da diese für das Vorliegen eines Waren- oder Dienstleistungskredites nicht entscheidend ist; in diesem Sinne BGHZ 165, 325, 331 = NJW 2006, 904, 906: Entgeltliches Hinausschieben des gesetzlichen Fälligkeitszeitpunktes maßgeblich; vgl zum

Ganzen MünchKomm/Schürnbrand (7. Aufl 2017) § 506 Rn 12.
[675] Die früher in § 508 Abs 1 aF enthaltene Regelung eines Rückgaberechts ist mit dem VerbrRechte-RLUmsG entfallen, dazu BT-Drucks 17/12637, 71.
[676] Für Einordnung als unwiderlegliche Vermutung Staudinger/Kessal-Wulf (2012) § 508 Rn 32 mwNw.
[677] Vgl bereits § 13 Abs 3 VerbrKrG und § 5 AbzG.
[678] Etwas anderes gilt nach § 508 S 5 BGB aE, wenn der Unternehmer sich mit dem Verbraucher darüber einigt, diesem den gewöhnlichen Verkaufswert der Sache zu vergüten; im Übrigen setzt die Fiktion nach hM ein Rücktrittsrecht nach §§ 508 S 1, 498 Abs 1 S 1 BGB voraus, vgl noch zum alten Recht BGH WM 1976, 583, zit nach juris Rn 26; OLG Oldenburg, NJW-RR 1996, 564; **aA** aber MünchKomm/Schürnbrand (7. Aufl 2017) § 508 Rn 45 mwNw.

mer oder Darlehensgeber die Sache (wieder) an sich nimmt, den Verbraucher davor, Sachbesitz und Nutzungsmöglichkeit zu verlieren, gleichwohl aber weiterhin das Entgelt zu schulden.[679] Das früher in § 504 aF[680] enthaltene Recht zur **vorzeitigen Rückzahlung** ergibt sich heute aus der allgemeinen Bestimmung des § 500 Abs 2 BGB, auf die in § 506 Abs 1 S 1 BGB verwiesen wird.

dd) Ratenlieferungsverträge, § 510 BGB

104 Für den **Ratenlieferungsvertrag**, der **kein Kreditvertrag** ist, da es an der Kreditierung der Gegenleistung fehlt, und für dessen drei Fallgruppen (§ 510 Abs 1 S 1 Nr 1–3 BGB) jeweils ein **in Raten erfolgender Bezug beweglicher Sachen**[681] kennzeichnend ist, ordnet § 510 BGB – ohne europarechtliche Vorgabe,[682] jedoch in der Tradition von VerbrKrG[683] und AbzG[684] – unabdingbar (§ 512 BGB) die prinzipielle[685] Geltung von **Widerrufsrecht** und nichtigkeitsbewehrter (§ 125 S 1 BGB)[686] **Schriftform**[687] an. Dies soll den Verbraucher vor einer voreilig eingegangenen, vielfach längerfristigen Bezugsbindung warnen bzw schützen.[688]

ee) Unentgeltliche Darlehensverträge und unentgeltliche Finanzierungshilfen, §§ 514, 515 BGB

105 Auch wenn Verbrauchern eine sogenannte „**Null-Prozent-Finanzierung**" angeboten wird, sie also für ein Darlehen oder eine Finanzierungshilfe keine Zinsen zu entrichten

---

[679] So schon (jeweils zum AbzG) RGZ 146, 182, 189; BGHZ 15, 171, 173 = NJW 1955, 64; abw ERMAN/NIETSCH (15. Aufl 2017) § 508 Rn 66.

[680] Die darin parallel zum Kündigungsrecht des Verbraucher-Darlehensnehmers aus § 489 Abs 1 Nr 2 aF angeordnete neunmonatige Vorlaufzeit, für deren Dauer dem Unternehmer ungeachtet vorzeitiger Tilgung Zinsen und laufzeitabhängige Kosten erhalten blieben (§ 504 S 3 aF), war ebenso wie in § 489 Abs 1 Nr 2 aF problematisch, da die VerbrKr-RL keine solche Einschränkung kennt.

[681] Gegen Einbeziehung regelmäßig zu erbringender Dienstleistungen BGH NJW 2003, 1932, 1933 mwNw; in diesem Sinne auch für die Werkherstellung BGHZ 165, 325, 329 ff = NJW 2006, 904, 905 f.

[682] Für im Fernabsatz oder außerhalb von Geschäftsräumen geschlossene Ratenlieferungsverträge, die unter die VerbrRechte-RL (siehe Fn 16) fallen, ergibt sich das Widerrufsrecht nicht mehr aus § 510 BGB, sondern aus § 312g BGB, dazu BT-Drucks 17/12637, 62, 71.

[683] Vgl §§ 2, 4 Abs 1 S 1, Abs 3, § 7 VerbrKrG.

[684] Vgl §§ 1c, 1a Abs 1 S 1, Abs 2, 1b AbzG in der Fassung des Zweiten Gesetzes zur Änderung des Abzahlungsgesetzes v 15.5.1974, siehe Fn 1.

[685] Ausgenommen vom Widerrufsrecht sind jedoch nach § 510 Abs 3 S 1 BGB die Fälle der § 491 Abs 2 S 2 Nr 1 bis 5 BGB und Abs 3 S 2 und Abs 4.

[686] Vgl zu den bei beiderseits vollständiger Erfüllung aus § 242 BGB unter dem Gesichtspunkt missbräuchlicher Rechtsausübung erwachsenden Grenzen einer Berufung auf die Formnichtigkeit MünchKomm/SCHÜRNBRAND (7. Aufl 2017) § 510 Rn 31 mwNw.

[687] Die elektronische Form, § 126a BGB, ist erlaubt, vgl § 126 Abs 3 BGB, was der Umsetzung von Art 9 der E-Commerce-RL dient; den Anforderungen aus § 312i Abs 1 S 1 Nr 4 BGB bzw Art 10 Abs 3 der E-Commerce-RL nachgebildete § 510 Abs 1 S 2 BGB befreit von der Schriftform einschließlich der elektronischen Form, wenn der Verbraucher die Vertragsbedingungen abrufen und in wiedergabefähiger Form speichern kann; einschränkend aber STAUDINGER/KESSAL-WULF (2012) § 510 Rn 27; der Vertragsinhalt ist nach § 510 Abs 1 S 3 BGB in Textform, § 126b BGB, mitzuteilen. Die unterbliebene Mitteilung wirkt sich nach geltendem Recht (zum früheren Recht siehe GSELL, in: STAUDINGER/Eckpfeiler (2014) L. Rn 101 Fn 675) nicht mehr auf den Lauf der Widerrufsfrist aus.

[688] Darauf, dass dem Verbraucher bei langfristigen Verträgen mit laufenden Zahlungsverpflichtungen nicht in jedem Fall ein Widerrufsrecht zusteht, weisen zu Recht hin BGH NJW 2003, 1932, 1933 und BGHZ 165, 325, 330 f = NJW 2006, 904, 906.

brauchen, drohen ihnen verbraucherkreditspezifische Gefahren. Insbesondere ergeben sich Überschuldungsrisiken aufgrund verharmlosender Fehleinschätzung aktuell noch nicht spürbarer, da erst in Zukunft zu bedienender Zahlungsverpflichtungen. Obwohl es an europäischen Vorgaben fehlt, hat der Gesetzgeber auf das Phänomen der „Null-Prozent-Finanzierung" reagiert und in §§ 514, 515 BGB zwar nicht das gesamte Verbraucherkreditrecht auf **unentgeltliche Verbraucherdarlehen** und **unentgeltliche Finanzierungshilfen** ausgedehnt[689], immerhin aber einzelne Schutzinstrumente erstreckt. Die erst kurz vor Abschluss des Gesetzgebungsverfahrens für das WohnimmoKr-RLUmsG eingefügten Neuregelungen muten allerdings doch sehr als mit heißer Nadel gestrickt an und vermögen technisch nicht vollständig zu überzeugen.[690] **Unentgeltliche Verbraucherdarlehen** und **unentgeltliche Finanzierungshilfen** unterliegen danach den folgenden Schutzmechanismen: Dem Verbraucher steht grundsätzlich nach § 514 Abs 2 S 1 BGB – ggf iVm § 515 BGB – ein **Widerrufsrecht** zu, über das er nach § 514 Abs 2 S 3 BGB **zu belehren** ist, wobei der Unternehmer nach S 4 diese Pflicht durch Verwendung des in Anlage 9 zum EGBGB vorgesehenen **Musters** erfüllen kann. Die Verwendung des Musters ist zwar nicht zwingend, aber Voraussetzung für das Eingreifen der Fiktion einer gesetzmäßigen Belehrung.[691] Dabei hält ein Belehrungsmangel nach § 356d S 1 BGB den Lauf der Widerrufsfrist auf, wobei allerdings nach § 356d S 2 BGB gleichwohl eine **absolute Höchstfrist** von zwölf Monaten und 14 Tagen eingreift, die ab Vertragsschluss läuft bzw ab nachfolgender Aushändigung einer (fehlerhaften) Widerrufsbelehrung.[692] Indem in den §§ 358 bis 360 BGB über **verbundene** bzw **zusammenhängende Verträge** nicht mehr länger ein „Verbraucherdarlehensvertrag", sondern nur noch ein „Darlehensvertrag" verlangt wird, ist nunmehr klargestellt, dass auch diese Vorschriften auf unentgeltliche Darlehensverträge Anwendung finden.[693] Dasselbe ergibt sich für unentgeltliche Finanzierungshilfen durch Verweis auf §§ 358 bis 360 BGB in § 515 BGB. Nach § 514 Abs 1 S 1 BGB bzw nach § 515 BGB iVm § 514 Abs 1 S 1 BGB gelten ferner entsprechend § 497 Abs 1 BGB zur **Berechnung des Verzugsschadens** bei Zahlungsverzug und Abs 3 zur Berücksichtigung von **Teilzahlungen**, außerdem § 498 BGB zu den Voraussetzungen der **Gesamtfälligstellung** von Teilzahlungsdarlehen. Schließlich sind die wesentlichen Vorschriften über die **Kreditwürdigkeitsprüfung** (§§ 505a bis 505c BGB sowie § 505d Abs 2 und 3 BGB sowie § 505e BGB) nach § 514 Abs 1 S 1 BGB bzw nach § 515 iVm § 514 Abs 1 S 1 BGB entsprechend anwendbar.

ff) Vermittlung von Verbraucherdarlehen, §§ 655a–655e BGB
Die §§ 655a–e BGB sehen – nicht durchweg europarechtlich motivierte[694] – Verbraucherschutzregelungen für den (entgeltlichen) **Darlehensvermittlungsvertrag** zwischen

---

[689] So aber die Forderung des Bundesrates, vgl BT-Drucks 18/6286, 2, wonach in § 491 Abs 2 S 1 und Abs 3 S 1 BGB jeweils das Wort „entgeltlich" gestrichen werden sollte.
[690] Näher dazu SCHÜRNBRAND, Verbraucherschutz bei unentgeltlichen Finanzierungen, WM 2016, 1105 ff.
[691] Vgl MünchKomm/SCHÜRNBRAND (7. Aufl 2017) § 514 Rn 16.
[692] Dazu BT-Drucks 18/7584, 141.
[693] Siehe dazu schon oben Fn 410.
[694] Die Bestrebungen der Europäischen Kommission, die Tätigkeit von Kreditvermittlern weitergehend als nach Art 12 Abs 1 VerbrKr-

RL zu regulieren, der die Mitgliedstaaten lediglich zu einer gewissen Kontrolle verpflichtete, haben in der VerbrKr-RL-neu kaum Niederschlag gefunden; die neue VerbrKr-RL unterwirft den Kreditvermittler allerdings Informationspflichten, wobei in Art 21 VerbrKr-RL-neu namentlich vorgesehen ist, dass der Kreditvermittler zur formgerechten Angabe der Vermittlungsvergütung verpflichtet wird. Eine sehr viel weiterreichende Regulierung der Tätigkeit von Kreditvermittlern wird dagegen in der WohnimmoKr-RL angeordnet. Namentlich ist eine Erstreckung der Informationspflichten auf Kreditvermittler und benannte Vertreter

Unternehmer und Verbraucher als Sondertyp des **Maklervertrags** vor. Die mit der Schuldrechtsmodernisierung bewirkte Integration der Bestimmungen ins BGB[695] brachte zunächst den Wechsel von der „**Kreditvermittlung**" zur wesentlich engeren „**Darlehensvermittlung**". Mit dem VerbrKr-RL-Umsetzungsgesetz wurde der Anwendungsbereich jedoch auf die **Vermittlung von entgeltlichen Finanzierungshilfen** im Sinne der §§ 506 ff BGB erstreckt.[696] Außerdem mussten die **Informationspflichten** des Darlehensvermittlers den Vorgaben in der VerbrKr-RL-neu – und dann noch einmal für die Vermittlung von Immobiliar-Verbraucherdarlehensverträgen – denen der WohnimmoKr-RL angepasst werden. Den Darlehensvermittler treffen zum einen **originär vermittlungsspezifische vorvertragliche**[697] Informationspflichten (§ 655a Abs 2 S 1 BGB iVm Art 247 § 13 Abs 2, § 13b EGBGB).[698] Sie dienen vor allem der Information und Warnung des Verbrauchers vor der vermittlungsbedingten Verteuerung des Kredites, wobei Informationsverstöße ebenso wie die Missachtung der für den Vermittlungsvertrag vorgeschriebenen **Schriftform**[699] (§ 655b Abs 1 S 1 BGB, ohne Ausschluss der elektronischen Form, §§ 126a, 126 Abs 3 BGB) dessen **Nichtigkeit** nach sich ziehen (§ 655b Abs 2 BGB).[700] Darüber hinaus wird der Darlehensvermittler aus der (beabsichtigten) Kreditvergabe **abgeleiteten Informationspflichten** unterworfen.[701] So wird in § 655a Abs 2 S 2 BGB angeordnet, dass der Darlehensvermittler gegenüber dem Verbraucher zusätzlich wie ein Darlehensgeber gemäß § 491a verpflichtet ist, wobei S 3 eine **Ausnahme** für die nur **untergeordnete Vermittlungstätigkeit** enthält.[702] Werden im Zusammenhang mit der Vermittlung von Immobiliar-Verbraucherdarlehensverträgen oder entsprechenden entgeltlichen Finanzierungshilfen **Beratungsleistungen** angeboten, ist nach § 655a Abs 3 S 1 BGB die Vorschrift des § 511 BGB entsprechend anwendbar und wird der Darlehensvermittler mithin auch insofern grundsätzlich denselben Anforderungen unterworfen wie der Darlehensgeber.[703] Ferner wird für die Darlehensvermittlung in § 655c S 1 BGB die **Erfolgsabhängigkeit** der Vergütung bestimmt sowie in § 655c S 2 BGB ein **Vergütungsausschluss** bei wissentlicher Vermittlung von Um-

---

vorgesehen, vgl Art 13 bis 16 WohnimmoKr-RL, und gelten auch hier bestimmte Standards für Beratungsleistungen, Art 22 WohnimmoKr-RL; vgl ferner vor allem Kapitel 11 (Art 29 bis 34) WohnimmoKr-RL sowie Erwägungsgründe 68 bis 74 zu den Anforderungen für die Zulassung und Beaufsichtigung von Kreditvermittlern und benannten Vertretern.
[695] Vgl zuvor §§ 1 Abs 3, 15–17 VerbrKrG.
[696] Ausgenommen sind nach § 655a Abs 1 S 2 BGB jedoch entgeltliche Finanzierungshilfen, die den Ausnahmen des § 491 Abs 2 S 2 Nr 1 bis 5 Abs 3 S 2 BGB entsprechen. Vor Inkrafttreten des VerbrKr-RL-Umsetzungsgesetzes war die Vermittlung von Finanzierungshilfen im Sinne der §§ 499 ff BGB und namentlich von Finanzierungsleasingverträgen nicht – zumindest nicht unmittelbar – vom Anwendungsbereich der §§ 655a–e BGB erfasst, ohne dass sich dafür in den Gesetzesmaterialien ein Wort der Begründung finden ließ. Gegen eine entsprechende Anwendung HABERSACK/SCHÜRNBRAND, Der Darlehensvermittlungsvertrag nach neuem Recht, WM 2003, 261, 262; dafür aber STAUDINGER/KESSAL-WULF (2004) § 655a Rn 6.

[697] Dagegen ordnete § 655b Abs 1 aF an, dass erst der Vertrag bestimmte Pflichtangaben enthielt.
[698] Zugrunde liegen insoweit Art 21 Abs 1 VerbrKr-RL und Art 15 WohnimmoKr-RL.
[699] Ungeklärt ist auch nach neuem Recht, ob sich im Gegenschluss aus § 492 Abs 4 BGB auf die Formfreiheit der Vollmacht zum Abschluss eines Darlehensvermittlungsvertrages schließen lässt; für entsprechende Anwendung des § 492 Abs 4 BGB MünchKomm/SCHÜRNBRAND (7. Aufl 2017) § 655b Rn 5 mwNw zum Streitstand.
[700] Bei Nichtigkeit des Vermittlungsvertrages besteht ungeachtet des Zustandekommens eines Kreditvertrages durch Nachweis des Kreditvermittlers kein Anspruch auf Provision, BGHZ 163, 332 = NJW-RR 2005, 1572.
[701] Zugrunde liegen insoweit Art 5 und 6 VerbrKr-RL sowie Art 14 und 16 WohnimmoKr-RL.
[702] Siehe dazu Art 7 VerbrKr-RL.
[703] Näher dazu MünchKomm/SCHÜRNBRAND (7. Aufl 2017) § 655b Rn 38 f.

L. Verbraucherschutz

schuldungsdarlehen angeordnet, die eine Erhöhung des effektiven Jahreszinses bewirken. Schließlich wird die Vereinbarung von **Nebenentgelten** (§ 655d BGB) beschränkt. Die Regelungen sind **halbzwingend** und erstrecken sich auf Existenzgründer (§ 655e BGB). Ein **Widerrufsrecht**[704] ist **nicht** vorgesehen.

gg) Sonstige Finanzgeschäfte

Nicht näher behandelt werden hier **Zahlungsdienste**, die in Umsetzung der **europäischen Zahlungsdienste-RL I**[705] – bzw der diese ablösenden **Zahlungsdienste-RL II**[706], deren Umsetzung zum 13.1.2018 erfolgte,[707] – in §§ 675c–676c BGB geregelt sind. Die betreffenden Vorschriften stellen insofern **kein Verbraucherschutzrecht im eigentlichen Sinne dar**, als es für ihre Anwendung – wie auch zuvor für die Anwendung der zur Umsetzung der Überweisungs-RL erlassenen Regelungen[708] – grundsätzlich unerheblich ist, ob der **Zahlungsdienstnutzer**[709] eine natürliche oder juristische Person ist und ob er zu privaten oder selbständigen beruflichen bzw gewerblichen Zwecken handelt. Die **Zahlungsdienste-RL I** bzw **II**, die jeweils grundsätzlich sowohl grenzüberschreitende als auch innerstaatliche Zahlungsvorgänge in der EU[710] erfassen, enthalten allerdings neben Vorschriften über die Zulassung und Aufsicht von Zahlungsdienstleistern insbesondere auch Vorgaben für Informationspflichten und das Vertragsverhältnis zwischen Zahlungsdienstnutzer und Zahlungsdienstleister, die insofern verbraucherschützenden Charakter haben, als für die Nutzung eines Zahlungsdienstes durch einen Ver-

107

---

[704] Bei einem Geschäftsabschluss in der Haustürsituation ergibt sich das Widerrufsrecht jedoch seit der Schuldrechtsmodernisierung aus § 312 BGB, ohne dass die Subsidiaritätsklausel des § 312a BGB (alte ebenso wenig wie neue Fassung) einschlägig ist. Für die früher von der Rechtsprechung bejahte Nichtigkeit nach § 134 BGB iVm § 56 Abs 1 Nr 6 GewO, vgl nur BGH NJW 1999, 1636, 1637, die den Verbraucher der Möglichkeit beraubte, am Vermittlungsvertrag festzuhalten, besteht deshalb kein Bedürfnis mehr, vgl HABERSACK/SCHÜRNBRAND, Der Darlehensvermittlungsvertrag nach neuem Recht, WM 2003, 261, 264.

[705] Richtlinie 2007/64/EG über Zahlungsdienste im Binnenmarkt, zur Änderung der Richtlinien 97/7/EG, 2002/65/EG, 2005/60/EG und 2006/48/EG sowie zur Aufhebung der Richtlinie 97/5/EG v 13.11.2007 (ABlEU 2007 L 319/1) (Zahlungsdienste-RL I). Zur Umsetzung der Zahlungsdienste-RL I siehe DERLEDER, Die vollharmonisierende Europäisierung des Rechts der Zahlungsdienste und des Verbraucherkredits, NJW 2009, 3195 ff; RÜHL, Weitreichende Änderungen im Verbraucherdarlehensrecht und Recht der Zahlungsdienste, DStR 2009, 2256 ff; ersetzt wurde durch die Zahlungsdienste-RL I die Richtlinie 97/5/EG v 27.1.1997 über grenzüberschreitende Überweisungen (ABlEG 1997 L 43/25) (Überweisungs-RL); vgl im Zusammenhang mit Überweisungen außerdem die Verordnung (EG) Nr 924/2009 v 16.9.2009 über grenzüberschreitende Zahlungen in der Gemeinschaft und zur Aufhebung der Verordnung (EG) Nr 2560/2001 (ABlEU 2009 L 266/11), die auf Beseitigung höherer Kosten für grenzüberschreitende Zahlungen innerhalb der EU im Vergleich zu inländischen Zahlungen in derselben Währung zielt.

[706] Richtlinie 2015/2366/EU über Zahlungsdienste im Binnenmarkt, zur Änderung der Richtlinien 2002/65/EG, 2009/110/EG und 2013/36/EU und der Verordnung (EU) Nr 1093/2010 sowie zur Aufhebung der Richtlinie 2007/64/EG v 25.11.2015 (ABlEU 2015 L 3337/35) (Zahlungsdienste-RL II).

[707] Vgl Gesetz zur Umsetzung der Zweiten Zahlungsdiensterichtlinie v 17.7.2017 (BGBl 2017 I 2446).

[708] Vgl auch Art 2 lit h Überweisungs-RL (Fn 705), die jeden „Auftraggeber" schützt.

[709] § 675 f Abs 1 BGB definiert als Zahlungsdienstnutzer eine Person, die einen Zahlungsdienst als Zahler, Zahlungsempfänger oder in beiden Eigenschaften in Anspruch nimmt, vgl ferner Art 4 Nr 8, 9 und 10 Zahlungsdienste-RL II (Fn 705), wonach Zahler, Zahlungsempfänger oder Zahlungsdienstnutzer eine natürliche oder juristische Person sein kann.

[710] Zu gewissen unionsübergreifenden Erweiterungen des geographischen Anwendungsbereichs der zivilrechtlichen Vorgaben der Zahlungsdienste-RL II OMLOR, Aktuelles Gesetzgebungsvorhaben: Umsetzung der zweiten Zahlungsdiensterichtlinie, JuS 2017, 626, 727.

braucher die halbzwingende Geltung der betreffenden Regelungen vorgeschrieben bzw den Mitgliedstaaten eine abweichende Regelung untersagt wird.[711] Dementsprechend sieht die Umsetzungsbestimmung des § 675e BGB in Abs 4 Ausnahmen von dem in Abs 1 prinzipiell angeordneten halbzwingenden Charakter des Zahlungsdiensterechts vor, die eingreifen, wenn es sich bei dem Zahlungsdienstnutzer nicht um einen Verbraucher handelt.

108 Ergänzend sei noch erwähnt, dass auch jenseits des BGB[712] bestimmte **Finanzgeschäfte** Verbraucherschutzregelungen unterworfen werden, so namentlich der **Erwerb** von **Anteilen an Investmentvermögen** durch das **Kapitalanlagegesetzbuch (KAGB**, früher: Investmentgesetz [InvG]).[713]

d) Verbraucherbauvertrag, §§ 650i-650n, § 650o BGB

109 Zugleich mit der Aufnahme besonderer, grundsätzlich nicht auf das Verhältnis zwischen Unternehmer und Verbraucher beschränkter Vorschriften (§§ 650a bis 650v BGB) über den **Bauvertrag**, den **Architektenvertrag und Ingenieurvertrag** sowie den **Bauträgervertrag** in das Werkvertragsrecht des BGB hat der Gesetzgeber mit dem **BauvertrRefG**[714] neue Regelungen für den **Verbraucherbauvertrag** geschaffen (§§ 650i bis 650n BGB), die am 1. 1. 2018 in Kraft getreten sind. Damit soll dem Umstand Rechnung getragen werden, dass die **Errichtung oder der umfassende Umbau eines Hauses** für Verbraucher nicht zuletzt deshalb besondere **Risiken** birgt, weil sie dafür regelmäßig einen beträchtlichen Teil ihrer wirtschaftlichen Ressourcen aufwenden.[715] Erst recht gilt dies vor dem Hintergrund, dass **vom Anwendungsbereich der VerbrRechte-RL** nach deren Art 3 Abs 3 lit f **Verträge über den Bau von neuen Gebäuden sowie Verträge über erhebliche Umbaumaßnahmen an bestehenden Gebäuden ausgenommen sind**.[716] Diese für den Verbraucher besonders riskanten Verträge unterfielen also bislang – anders als die typischen Verträge über weniger weitreichende Baumaßnahmen –

---

[711] Vgl Art 86 Abs 3 sowie Art 30 Abs 1 und Art 51 Abs 1 und 2 Zahlungsdienste-RL I sowie Art 107 Abs 3 und Art 38 Abs 1, Art 82 Abs 1 S 1 Zahlungsdienste-RL II uns schließlich § 675e.

[712] Vgl im Zusammenhang mit dem Versicherungsvertrag nur die Informationspflichten und das allgemeine Widerrufsrecht nach §§ 7 und 8 VVG nF, wobei es sich zwar um halbzwingendes (§ 18 VVG nF), jedoch nicht spezifisch dem Verbraucherschutz dienendes Recht handelt.

[713] Vgl vor allem das Widerrufsrecht aus § 305 KAGB (früher: § 126 InvG), das an ähnliche situative Momente anknüpft wie § 312g Abs 1 Var 1 BGB; für Wertpapiergeschäfte differenziert das WpHG in § 67 Abs 3 WpHG nF (vor dem 3.1.2018: § 31a Abs 3 WpHG aF) zwischen professionellen Kunden und Privatkunden, wobei für Geschäfte mit letzteren strengere Aufklärungs- und Dokumentationspflichten gelten. Die Sonderregelung für die Risikoaufklärung bei Finanztermingeschäften, die Informationspflicht nach § 37d WpHG, wurde im Zuge der WpHG-Novellierung durch das Gesetz zur Umsetzung der Richtlinie über Märkte für Finanzinstrumente und der Durchführungsrichtlinie der Kommission vom 16.7.2007 (BGBl 2007 I 1330) (FRUG) gestrichen und geht damit in den allgemeinen Informations- und Beratungspflichten der §§ 63ff WpHG nF (vor dem 3.1. 2018: §§ 31ff WpHG aF) auf, vgl JORDANS, Die Umsetzung der MiFID und die Abschaffung des § 37d WpHG, WM 2007, 1827 ff.

[714] Vgl Art 1 des Gesetzes zur Reform des Bauvertragsrechts, zur Änderung der kaufrechtlichen Mängelhaftung, zur Stärkung des zivilprozessualen Rechtsschutzes und zum maschinellen Siegel im Grundbuch- und Schiffsregisterverfahren, v 28.4.2017 (BGBl 2017 I 969) (BauvertrRefG).

[715] Vgl die Begründung des Regierungsentwurfes BT-Drucks 18/8486, 1 f.

[716] Nach Erwägungsgrund 26 VerbrRechte-RL sind erhebliche Baumaßnahmen nur solche, die dem Bau eines neuen Gebäudes vergleichbar sind, während etwa Anbauten und Dienstleistungsverträge im Zusammenhang mit der Instandsetzung und der Renovierung von Gebäuden unter die VerbrRechte-RL fallen sollen.

gerade keinem besonderen Verbraucherschutzregime.[717] Genau für diese Verträge wurden nunmehr nach §§ 650i bis 650n BGB, § 650o BGB **besondere Informationspflichten**, ein **Formzwang**, ein **Widerrufsrecht** sowie weitere **halbzwingende Schutzregelungen** geschaffen.[718] Abgesehen davon ist mit dem **BauvertrRefG** vereinzelt die **Erstreckung allgemeiner werkvertragsrechtlicher Rechtsfolgen davon abhängig** gemacht worden, dass der **Verbraucher** darüber zuvor **in Textform informiert** wurde. So tritt nach dem neu gefassten § 640 Abs 2 S 2 BGB die **Abnahmefiktion bei Verstreichenlassen einer Frist zur Abnahme** im Verhältnis zum Verbraucher nur noch ein, wenn der Verbraucher mit der Aufforderung zur Abnahme auf diese Folgen in **Textform** hingewiesen wurde. Und das im neuen § 650r BGB geregelte Recht zur **Kündigung von Architekten- und Ingenieurverträgen** erlischt im Verhältnis zum Verbraucher nach § 650r Abs 1 S 2 BGB nur dann zwei Wochen nach Vorlage der nach § 650p Abs 2 BGB zu erstellenden Unterlagen (Planungsgrundlage und Kostenschätzung), wenn der Werkunternehmer den Verbraucher bei Vorlage dieser Unterlagen **in Textform** über das Kündigungsrecht, die Ausübungsfrist und die Kündigungsfolgen **unterrichtet** hat.

Entsprechend der gesetzgeberischen Zielsetzung (dazu Rn 109) umfasst der Begriff der Verbraucherbauverträge in § 650i Abs 1 BGB nicht sämtliche Verträge zwischen einem Unternehmer und einem Verbraucher über Baumaßnahmen, sondern nur solche Verträge, durch die der Unternehmer von einem Verbraucher zum **Bau eines neuen Gebäudes oder zu erheblichen Umbaumaßnahmen an einem bestehenden Gebäude** verpflichtet wird. Misslich ist allerdings, dass im Wortlaut nicht zum Ausdruck kommt, ob mit „Unternehmer" jeder Werkunternehmer gemeint ist, oder nur derjenige, der die Anforderungen des Unternehmerbegriffes nach § 14 BGB erfüllt. Da entsprechend umfangreiche Baumaßnahme jedoch regelmäßig im Rahmen einer gewerblichen oder selbständigen beruflichen Tätigkeit iSv § 14 BGB erbracht werden, werden sich daraus in der Praxis wohl kaum Probleme ergeben. Zur Abgrenzung der von § 650i Abs 1 BGB erfassten Bauverträge von Verträgen über weniger weitreichende Baumaßnahmen soll auf den „Bau von neuen Gebäuden" iSv § 312b Abs 3 Nr 4 BGB aF zurückgegriffen werden.[719] Nach § 650i Abs 2 BGB bedarf der Verbraucherbauvertrag der Textform (§ 126b BGB), bei deren Fehlen die **Nichtigkeitssanktion** des § 125 BGB eingreift. Ob diese Rechtsfolge der Nichtigkeit stets im Interesse des Verbrauchers ist, der vielleicht ein handgreifliches Interesse an der Durchführung bzw Fertigstellung der mündlich vereinbarten Baumaßnahme hat, darf bezweifelt werden. **110**

§ 650j BGB iVm Art 249 EGBGB enthalten **vorvertragliche Informationspflichten** des Unternehmers. Nach Art 249 § 1 EGBGB hat der Unternehmer dem Verbraucher rechtzeitig vor Abgabe von dessen Vertragserklärung eine **Baubeschreibung in Textform** zur Verfügung zu stellen, deren Inhalt in Art 249 § 2 EGBGB näher umrissen ist. Verzichtbar ist die Baubeschreibung nach § 650j BGB nur dann, wenn der Verbraucher oder ein von ihm Beauftragter die wesentlichen Planungsvorgaben macht. **111**

Parallel zu § 312d Abs 1 S 2 BGB werden die **Angaben** in dieser Baubeschreibung **in Bezug auf die Bauausführung** nach § 650k Abs 1 BGB **Vertragsinhalt**, es sei denn, die Vertragsparteien haben ausdrücklich etwas anderes vereinbart. Für etwaige **Unvoll-**

---

[717] Vgl zur Intention des Gesetzgebrs, diese Schutzlücke zu schließen, die Begründung des Regierungsentwurfes BT-Drucks 18/8486, 61 u zum Anwendungsbereich der VerbrRechte-RL bereits Fn 716.
[718] Dazu sogleich Rn 111 ff.
[719] Vgl BT-Drucks 18/8486, 61.

ständigkeiten und Unklarheiten der Baubeschreibung enthält § 650k Abs 2 BGB zwei **Auslegungsregeln**: Erstens ist nach S 1 der **Vertrag** dann unter Berücksichtigung sämtlicher vertragsbegleitender Umstände, insbesondere des Komfort- und Qualitätsstandards **nach der übrigen Leistungsbeschreibung auszulegen**. Und zweitens gehen nach S 2 Auslegungszweifel bezüglich der vom Unternehmer geschuldeten Leistung parallel zu § 305c Abs 2 BGB zu Lasten des Unternehmers. Eine weitere und zwar **vertragliche Informationspflicht** enthält § 650k Abs 3 BGB: Der Vertrag muss nach S 1 verbindliche Angaben zum Zeitpunkt der Fertigstellung des Werks oder, wenn dieser Zeitpunkt zum Zeitpunkt des Abschlusses des Bauvertrags nicht angegeben werden kann, zur Dauer der Bauausführung enthalten. Fehlen diese Angaben, werden nach S 2 die vorvertraglich in der Baubeschreibung übermittelten Angaben zum Zeitpunkt der Fertigstellung des Werks oder zur Dauer der Bauausführung Inhalt des Vertrags. Dass es hier ggf. stets auf die Baubeschreibung ankommen soll, obwohl vielleicht zwischen Vorlage der Baubeschreibung und Vertragsschluss erhebliche Zeit verstrichen ist und die darin angegebenen Zeitvorgaben deshalb offensichtlich nicht mehr zu halten oder bei Vertragsschluss vielleicht gar schon verstrichen waren, erscheint fragwürdig. Dies gilt ebenso für das Fehlen einer parallel zu § 650k Abs 1 BGB gestalteten Ausnahme für den Fall einer expliziten Vereinbarung der Parteien darüber, dass die Baubeschreibung für den Fertigstellungszeitpunkt bzw die Dauer der Bauausführung nicht maßgeblich sein soll. Besondere Rechtsfolgen für die Versäumung des vereinbarten Fertigstellungszeitpunktes bzw für das Überschreiten der Dauer der Bauausführung werden nicht angeordnet. Es sollen insofern vielmehr die **allgemeinen Verzugsfolgen** gelten sowie die neue geregelte **Kündigung aus wichtigem Grund** nach § 648a Abs 1 BGB eingreifen.[720]

112 § 650l S 1 BGB gewährt dem Verbraucher ein **Widerrufsrecht** nach § 355 BGB, es sei denn, der Vertrag wurde notariell beurkundet. Nach S 2 muss der Unternehmer den Verbraucher nach Maßgabe des Art 249 § 3 EGBGB **über** dieses **Widerrufsrecht belehren**. Nach § 356e BGB ist der Lauf der Widerrufsfrist grundsätzlich an diese Belehrung geknüpft, wobei aber eine von Belehrungsfehlern unabhängige **absolute Höchstfrist von zwölf Monaten und vierzehn Tagen** eingreift.[721] Hinsichtlich der **Widerrufsfolgen** ordnet § 357d in S 1 BGB eine **Wertersatzpflicht** des Verbrauchers hinsichtlich der nicht in Natur zurückzugewährenden Leistungen des Unternehmers an, wobei für die Berechnung nach S 2 grundsätzlich die vereinbarte Vergütung zugrunde zu legen ist, sofern diese nicht unverhältnismäßig hoch ist. Dann soll S 3 der Marktwert der erbrachten Leistung zugrunde gelegt werden.

113 § 650m BGB will den **Verbraucher vor versteckten Vorauszahlungen in Gestalt überhöhter Abschlagszahlungen nach § 632a BGB schützen**.[722] Zu diesem Zweck wird in Abs 1 der **Gesamtbetrag der Abschlagszahlungen** auf 90 Prozent der vereinbarten Gesamtvergütung einschließlich der Vergütung für Nachtragsleistungen **beschränkt**. In den Abs 2 und 3, die im Wesentlichen den Abs 2 und 3 des bisherigen § 632a aF entsprechen, werden überdies **Sicherheitsleistungen für die rechtzeitige Herstellung** des Werkes zugunsten des Verbrauchers vorgeschrieben. Schließlich schränkt Abs 4 die Möglichkeiten zur **Vereinbarung einer Absicherung des Vergütungsanspruchs** ein, wenn der Verbraucher Abschlagszahlungen auf den Vergütungsanspruch zu leisten hat: Danach darf der Umfang einer solchen Absicherung weder die nächste Abschlagszahlung

---

[720] Vgl BT-Drucks 18/8486, 63.
[721] Dazu auch bereits oben Rn 17.
[722] Vgl BT-Drucks 18/8486, 64.

noch 20 Prozent der vereinbarten Vergütung übersteigen. Dabei ist das sog **Verbraucherprivileg** bei der **Bauhandwerkersicherung** beibehalten und lediglich neu gefasst worden. Während bislang nach § 648a Abs 6 Nr 2 aF dann keine Bauhandwerkersicherung nach den Abs 1 bis 5 verlangt werden konnte, wenn der Besteller eine natürliche Person war und Bauarbeiten zur Herstellung oder Instandsetzung eines Einfamilienhauses mit oder ohne Einliegerwohnung ausführen ließ, ordnet der neue § 650f Abs 6 Nr 2 BGB einen Anwendungsausschluss an für den Fall, dass ein **Verbraucherbauvertrag** vorliegt.

Anders als für alle anderen mit §§ 650i bis 650n BGB geschaffenen Regelungen ist für § 650m BGB in § 650o BGB keine halbzwingende Geltung angeordnet. Ausweislich der Regierungsbegründung soll von den Vorgaben des § 650m BGB wie auch des § 632a BGB durch Individualvertrag abgewichen werden können.[723] Jedenfalls die in § 650m Abs 4 explizit angeordnete Unwirksamkeit muss aber wohl dennoch als zwingend angesehen werden.

§ 650n BGB schließlich soll dem Umstand Rechnung tragen, dass der Verbraucher als Bauherr vielfach gegenüber Behörden, aber auch gegenüber Dritten wie etwa einer finanzierenden Bank darauf angewiesen ist, die **Einhaltung bestimmter öffentlich-rechtlicher Vorschriften oder sonstiger Bedingungen nachzuweisen**.[724] Dementsprechend wird der Unternehmer in den Abs 1 und 2 dazu verpflichtet, die **zum Nachweis der Einhaltung einschlägiger öffentlich-rechtlicher Vorschriften nötigen Planungsunterlagen bzw Unterlagen rechtzeitig** vor Beginn der Ausführung einer geschuldeten Leistung (Abs 1) bzw vor Fertigstellung des Werkes (Abs 2) **zu erstellen und herauszugeben**. Entsprechende Pflichten treffen den Unternehmer nach Abs 3, wenn er – beispielsweise durch Werbung für das Bauprojekt unter Hinweis auf die Förderungsmöglichkeit durch die KfW[725] – die berechtigte Erwartung des Verbrauchers geweckt hat, die **Bedingungen eines Dritten**, etwa eines Darlehensgebers, einzuhalten, für deren Einhaltung dieser Dritte Nachweise verlangt.

e) Reisevertrag, §§ 651a–651m BGB (ab 1.7.2018: Pauschalreisevertrag, Reisevermittlung und Vermittlung verbundener Reiseleistungen, §§ 651a-651y BGB nF)

Die 1979[726] in Kraft getretenen, den **Reisevertrag** als Sonderfall des Werkvertrags regelnden §§ 651a–651m BGB (ab 1. 7. 2018: §§ 651a-651y BGB nF[727]) stellen kein Verbraucherschutzrecht im engen Sinne dar. Vielmehr sind sie unabhängig davon anwendbar, ob der Reisende als Verbraucher iSv § 13 BGB agiert. Auch ein Unternehmen, das zu gewerblichen Zwecken Incentive-Reisen bucht, genießt beispielsweise den Schutz der §§ 651a BGB ff.[728] Dieser Schutz beschränkt sich allerdings sachlich bislang auf **gebündelte Angebote** von mindestens zwei Reiseleistungen, wobei ab dem 1. 7. 2018 in Umsetzung[729] der **neuen Pauschalreise-RL** aus dem Jahre 2015[730] immerhin eine explizite Erstreckung auf **vom Reisenden selbst** bzw seinen Wünschen ent-

---

[723] Vgl BT-Drucks 18/8486, 66.
[724] Vgl BT-Drucks 18/8486, 65.
[725] So das Bsp in BT-Drucks 18/8486, 66.
[726] Vgl das Reisevertragsgesetz v 4.5.1979 (BGBl 1979 I 509).
[727] Vgl Art 1 des Dritten Gesetzes zur Änderung reiserechtlicher Vorschriften v 17.7.2017 (BGBl 2017 I 2394).
[728] Vgl STAUDINGER/STAUDINGER (2016) § 651a Rn 50.
[729] Vgl zur Umsetzug durch das Dritte Gesetz zur Änderung reiserechtlicher Vorschriften v 17.7.2017 (BGBl 2017 I 2394) näher BT-Drucks 18/10822, passim sowie FÜHRICH, Das neue Pauschalreiserecht, NJW 2017, 2945 ff.
[730] Richtlinie 2015/2302/EU v 25.11.2015 über

sprechend **zusammengestellte Reiseleistungen** (§ 651a Abs 2 S 2 Nr 1 und 2 BGB nF) sowie auf **verbundene Online-Buchungsverfahren** und damit insbesondere auf sogenannte **Click-Through-Buchungen** erfolgt, die Reisende nacheinander etwa auf miteinander verbundenen Webseiten tätigen (§ 651c BGB nF).[731] Die im Jahre 1990 erlassene europäische **Pauschalreise-Richtlinie**,[732] mit deren – verspäteter[733] – Umsetzung neben umfangreichen Informationspflichten des Reiseveranstalters (vor allem § 651a Abs 3 BGB iVm §§ 4 bis 6 BGB-InfoV[734]) insbesondere eine Sicherung des Reisenden bei **Insolvenz des Reiseveranstalters** ins deutsche Recht eingeführt wurde (§ 651k BGB, Art 7 Pauschalreise-RL), verwendet zwar den Begriff des Verbrauchers (Art 2 Nr 4 Pauschalreise-RL), verlangt jedoch abweichend von sonstigen verbraucherschützenden Richtlinien kein Agieren außerhalb einer beruflichen oder gewerblichen Tätigkeit, so dass jeder Kunde eines Reiseveranstalters erfasst wird. Und auch die diese Richtlinie ersetzende **Pauschalreise-RL-neu**[735], mit der vor allem **gewandelten Vertriebswegen** für Reiseleistungen hin zum **Online-Vertrieb über das Internet** und insbesondere dem Umstand Rechnung getragen werden soll, dass Reiseleistungen hier vielfach nicht mehr als vorab konfigurierte Pauschalreisen angeboten, sondern häufig erst nach den Vorgaben des Kunden zusammengestellt werden[736], erfasst als Reisenden nicht allein den Verbraucher, sondern „jede Person, die auf der Grundlage dieser Richtlinie einen Vertrag schließen möchte oder die zu einer Reise auf der Grundlage eines im Rahmen dieser Richtlinie geschlossenen Vertrags berechtigt ist"[737].

116 Der grundsätzlich halbzwingende (§ 651m S 1 BGB bzw ab 1. 7. 2018: § 651y BGB nF) Regelungsgehalt der §§ 651a bis m – bzw der mit Wirkung zum 1. 7. 2018 vollständig neu gefassten §§ 651a-651y BGB nF – sei mit Rücksicht auf ihren – gemessen an § 13 BGB – verbraucherübergreifenden Anwendungsbereich nur knapp und überschlägig in Stichworten weiter skizziert: § 651a Abs 1 BGB legt die beiderseitigen **Rechte und Pflichten** von Reiseveranstalter und Reisendem fest, wobei ab 1. 7. 2018: § 651a Abs 2 bis 5 BGB nF das gewandelte Verständnis der **Pauschalreise** näher abbilden, aber auch eingrenzen und ferner erläutern, was unter Reiseleistungen zu verstehen ist. Ergänzend tritt künftig § 651c BGB nF über **verbundene Online-Buchungsverfahren** hinzu[738], die gemäß § 651c Abs 2 BGB unter bestimmten Voraussetzungen als Pauschalreisevertrag iSv § 651a Abs 1 BGB nF gelten. § 651a Abs 2 BGB bzw ab 1. 7. 2018: § 651b BGB nF grenzen zur **Vermittlung** hin ab. Dem Vermittler werden insbesondere bei Vermittlung sog verbundener Reiseleistungen **künftig weitergehende Pflichten** und namentlich **Informationspflichten** auferlegt, §§ 651v bis x BGB nF.[739] § 651a Abs 3 BGB iVm §§ 4 bis 6 BGB-InfoV[740] enthalten vor allem **Informations-**

Pauschalreisen und verbundene Reiseleistungen (ABlEU 2015 L 326/1) (Pauschalreise-RL-neu).
[731] Siehe BT-Drucks 18/10822, 49.
[732] Siehe Fn 16.
[733] Zu den Haftungsfolgen für die Bundesrepublik Deutschland siehe EuGH 8. 10. 1996 – C-178/94 *(Dillenkofer)*, NJW 1996, 3141.
[734] Siehe Fn 102.
[735] Siehe Fn 16.
[736] Vgl die entsprechend weiten Definitionen der Pauschalreise und der verbundenen Reiseleistungen in Art 3 Nr 2 und 5 Pauschalreise-RL-neu sowie Erwägungsgründe 2 und 8 ff der Pauschalreise-RL-neu.

[737] Art 3 Nr 7 Pauschalreise-RL-neu u Erwägungsgrund 7, wonach die Richtlinie grundsätzlich auch für Geschäftsreisende einschließlich Angehörige freier Berufe und Selbständiger gelten soll. Eine Anwendung soll danach nur ausscheiden, wenn die Reise aufgrund einer allgemeinen Vereinbarung erfolgt, wie sie oftmals für eine Vielzahl von Reisearrangements oder für einen benannten Zeitrum geschlossen werden, beispielsweise mit einer Reiseagentur.
[738] Dazu bereits Rn 115.
[739] Dazu näher BT-Drucks 18/10822, 49, 92 ff.
[740] Siehe Fn 102.

L. Verbraucherschutz

pflichten des Reiseveranstalters, wobei sedes materiae künftig § 651d BGB nF iVm Art 250 §§ 1 bis 3 EGBGB nF sein wird, die im Übrigen eine Ausweitung der Informationspflichten vorsehen[741]. § 651a Abs 4 und 5 BGB regeln **nachträgliche Preiserhöhungen, Leistungsänderungen** sowie die **Absage der Reise,** wobei die betreffenden Regelungsinhalte – allerdings teilweise umgestaltet – ab 1. 7. 2018 in §§ 651f und g BGB nF zu finden sein werden. § 651b BGB (bzw ab 1. 7. 2018: § 651e BGB nF) legt das Recht des Reisenden fest, eine **Ersatzperson** zu stellen. §§ 651c–651g BGB (bzw ab 1. 7. 2018: § 651i bis p BGB nF) behandeln die – gewissen Ausschluss- bzw Verjährungsfristen (§ 651g BGB; ab 1. 7. 2018: § 651j BGB nF, wobei die Neufassung neben der Verjährungsfrist keine Ausschlussfrist mehr vorsieht) unterliegenden – **Mängelrechte,** das Recht auf Abhilfe (§ 651c BGB; ab 1. 7. 2018: § 651k BGB nF), die kraft Gesetzes eintretende Minderung (§ 651d BGB; ab 1. 7. 2018: § 651m BGB nF), das Kündigungsrecht (§ 651e BGB; ab 1. 7. 2018: § 651l BGB nF) und das Recht auf Schadensersatz (§ 651 f BGB; ab 1. 7. 2018: § 651n BGB nF); §§ 651i und 651j BGB (ab 1. 7. 2018: § 651h BGB nF)[742] gewähren **sonstige** (nicht mängelbedingte) **Rücktritts- und Kündigungsrechte.** Künftig wird ferner in § 651q BGB nF explizit eine **Beistandspflicht** des Reiseveranstalters angeordnet für den Fall, dass der Reisende sich in Schwierigkeiten befindet.[743] Die bislang in § 651k BGB enthaltene **Insolvenzsicherung** wird mit im Wesentlichen unveränderter Struktur ab 1. 7. 2018 durch §§ 651r bis t BGB nF geregelt. § 651l BGB (ab 1. 7. 2018: § 651u BGB nF) schließlich wurde durch das **Zweite Reiserechtsänderungsgesetz**[744] eingeführt und regelt den **Gastschulaufenthalt** im Ausland.

Für den Fall, dass es bei **Flugreisen** zu **Nichtbeförderung**, Annullierung oder großer 117 Verspätung kommt, regelt die europäische **Fluggäste-VO**[745] aus dem Jahre 2004 Ausgleichs-, Unterstützungs- und Betreuungsleistungen für die Fluggäste. Die Verordnung hat den EuGH bereits vielfach beschäftigt,[746] wobei vor allem die Erstreckung der in Art 5 Abs 1 lit c iVm Art 7 **Fluggäste-VO** ausdrücklich nur bei **Annullierung eines Fluges** vorgesehenen **Ausgleichsansprüche** auf **Verspätungen** von mindestens drei Stunden[747] erhebliche praktische Bedeutung hat. Ein **Vorschlag zur Reform der Verord-**

---

[741] Dazu FÜHRICH, Das neue Pauschalreiserecht, NJW 2017, 2945, 2947.
[742] Das Kündigungsrecht bei höherer Gewalt wird allerdings zum 1. 7. 2018 entfallen, vgl BT-Drucks 18/10822, 49.
[743] Dazu näher BT-Drucks 18/10822, 87.
[744] Vom 23.7.2001 (BGBl 2001 I 1658).
[745] Siehe Fn 16; dazu SCHMID, Die Bewährung der neuen Fluggastrechte in der Praxis – Ausgewählte Probleme bei der Anwendung der Verordnung (EG) Nr 261/2004, NJW 2006, 1841.
[746] Vgl EuGH 22.12.2008 – C-549/07 *Wallentin-Hermann*, NJW 2009, 347 ff; EuGH 19.11. 2009 – C-402/07, C-432/07 *Sturgeon*, NJW 2010, 43 ff; EuGH 13.10.2011 – C-83/10 *Air France*, NJW 2011, 3776 ff; EuGH 4.10.2012 – C-321/11 *Cachafeiro*, NJW 2013, 363 ff; EuGH 23.10. 2012 – C-581/10 und C-629/10 *Nelson*, NJW 2013, 671 ff; EuGH 31.1.2013 – C-12/11 *McDonagh*, NJW 2013, 921 ff; EuGH 26.2.2013 – C-11/11 *Folkerts*, NJW 2013, 1291 f u BGHZ 194, 258 ff = NJW 2013, 374 ff; EuGH 18.4. 2013 – C-413/11 *Germanwings*, ABl EU 2013 C 225/41; EuGH 4.9.2014 – C-452/13 *Germanwings*, NJW 2015, 221 f; EuGH 14.11.2014 – C-394/14 *Condor*, RRa 2015, 15 ff; EuGH 17.9. 2015 – C-257/14 *KLM*, NJW 2015, 3427 ff; EuGH 17.3.2016 – C-145/15 und C-146/15 *Ruijssenaars ua v Staatssecretaris van Infrastructuur en Milieu*, NJW 2016, 1227 f; EuGH 22.6.2016 – C-255/15 *Emirates*, NJW 2016, 2635 ff; EuGH 5.10.2016 – C-32/16 *Wunderlich*, RRa 2017, 181 ff; EuGH 4.5.2017 – C-315/15 *Pešková/Peška*, EuZW 2017, 571 ff; EuGH 11.5. 2017 – C-302/16 *SLM*, RRa 2017, 172 ff.
[747] Grdlgd EuGH 19.11.2009 – C-402/07, C-432/07 *Sturgeon*, NJW 2010, 43 ff; ferner EuGH 23.10.2012 – C-581/10 und C-629/10 *Nelson*, NJW 2013, 671 ff; EuGH 26.2.2013 – C-11/11 *Folkerts*, NJW 2013, 1291 f u insb EuGH 18.4.2013 – C-413/11 *Germanwings*, wonach

nung⁷⁴⁸ zielt darauf, diese Verspätungsansprüche ausdrücklich zu regeln, dies allerdings unter teilweiser Verschlechterung der Rechtsposition der Fluggäste.⁷⁴⁹ Ferner beabsichtigt der Reformentwurf, die Betreuungspflichten unter Rücksicht auf die finanzielle Leistungsfähigkeit der Luftfahrtunternehmen zu beschränken⁷⁵⁰ sowie einige Unklarheiten der bisherigen Verordnung zu beseitigen.⁷⁵¹ Eine politische Einigung über den Vorschlag steht jedoch weiterhin aus, wobei nicht zuletzt die teilweise Absenkung des Schutzniveaus kontrovers beurteilt wird.⁷⁵²

Ferner wurde im Jahre 2007 die europäische **Bahngäste-VO**⁷⁵³ erlassen mit Bestimmungen ua zur Haftung für Verspätungen, verpasste Anschlüsse und Zugausfälle.⁷⁵⁴ Der EuGH⁷⁵⁵ hat Art 17 der **Bahngäste-VO** dahin ausgelegt, dass die Pflicht zur Fahrpreisentschädigung bei Verspätungen in Abweichung von den anderen Europäischen Beförderungsverordnungen auch dann eingreifen muss, wenn die Verspätung auf höherer Gewalt beruht.

Es folgte im Juli 2010 die Annahme der **Schiffsgäste-VO**⁷⁵⁶ mit entsprechenden Regelungen durch das Europäische Parlament. Seit Anfang 2011 werden schließlich auch **Busreisende**⁷⁵⁷ durch eine Europäische Verordnung geschützt. Die Verordnungen

---

diese Rechtsprechung den Grundsatz der Gewaltenteilung in der Union unberührt lässt.

⁷⁴⁸ Vorschlag für eine Verordnung zur Änderung der Verordnung (EG) Nr 261/2004 über eine gemeinsame Regelung für Ausgleichs- und Unterstützungsleistungen für Fluggäste im Fall der Nichtbeförderung und bei Annullierung oder großer Verspätung von Flügen und der Verordnung (EG) Nr 2027/97 über die Haftung von Luftfahrtunternehmen bei der Beförderung von Fluggästen und deren Gepäck im Luftverkehr v 13.3.2013 KOM (2013) 130 endg.

⁷⁴⁹ Bei Verspätungen innerhalb der EU soll danach künftig allerdings eine Mindestverspätung von fünf Stunden Voraussetzung für einen Ausgleichsanspruch sein, siehe Art 6 Abs 2 Fluggäste-VO idF v Art 1 Abs 5 des Reformvorschlags.

⁷⁵⁰ So soll bei Verspätungen und Annullierungen aufgrund außergewöhnlicher Umstände das Luftfahrtunternehmen das Recht auf Unterbringung auf drei Tage und einen Höchstbetrag von 100 EUR pro Nacht und Fluggast begrenzen dürfen, siehe Art 9 Abs 4 Fluggäste-VO idF v Art 1 Abs 9 des Reformvorschlags.

⁷⁵¹ So wird namentlich der Begriff der „außergewöhnliche Umstände" in Anlehnung an EuGH 22.12.2008 – C-549/07 *Wallentin-Hermann*, NJW 2009, 347 ff als Vorkommnisse definiert, die aufgrund ihrer Natur oder Ursache nicht Teil der normalen Ausübung der Tätigkeit des betroffenen Luftfahrtunternehmens und von ihm tatsächlich nicht zu beherrschen sind, siehe Art 2 lit m Fluggäste-VO idF v Art 1 Abs 1 lit e des Reformvorschlags.

⁷⁵² Vgl den Sachstandsbericht des Rates v 19.5.2015 Nr 8693/15 unter IV. abrufbar (am 15.10.2017) unter https://www.bmvi.de/SharedDocs/DE/Artikel/LR/revision-der-fluggastrechte.html.

⁷⁵³ Verordnung (EG) Nr 1371/2007 v 23.10.2007 über die Rechte und Pflichten der Fahrgäste im Eisenbahnverkehr (ABlEU 2007 L 315/14); REBLER/SCHEIDLER, Schienenverkehr – Haftung von Betriebsunternehmer und Beförderer, 355 ff; MDR 2010, 300 ff; vgl auch zur Durchführung der Bahngäste-VO in Deutschland das Gesetz zur Anpassung eisenbahnrechtlicher Vorschriften an die VO (EG) Nr 1371/2007 v 23.10.2007 über Rechte und Pflichten der Fahrgäste im Eisenbahnverkehr v 26.5.2009 (BGBl 2009 I 1146).

⁷⁵⁴ Vgl Art 15 Bahngäste-VO.

⁷⁵⁵ Vgl EuGH 26.9.2013 – C-509/11 *ÖBB-Personenverkehr AG*, EuZW 2013, 906; ua zu den Informationspflichten der Eisenbahnunternehmen nach Art 8 Abs 2 der Bahngäste-VO siehe ferner EuGH 22.11.2012 – C-136/11 *Westbahn Management*, NVwZ 2013, EuGH 26.9.2013 – C-509/11, EuZW 2013, 906.

⁷⁵⁶ Verordnung (EU) Nr 1177/2010 v 24.11.2010 über die Fahrgastrechte im See- und Binnenschiffsverkehr und zur Änderung der Verordnung (EG) Nr 2006/2004 (ABlEU 2010 L 334/1).

⁷⁵⁷ Verordnung (EU) Nr 181/2011 v 16.2.2011 über die Fahrgastrechte im Kraftomnibusverkehr und zur Änderung der Verordnung (EG) Nr 2006/2004 (ABlEU 2011 L 55/1).

L. Verbraucherschutz

knüpfen dabei nicht an die Verbrauchereigenschaft des Reisenden an und sollen deshalb hier nicht näher behandelt werden.

f) Gewinnzusagen, § 661a BGB

Ähnlich wie § 241a BGB dient der zeitgleich in Kraft getretene, allerdings keine europäische Vorgabe umsetzende[758] § 661a BGB dem Schutz des Verbrauchers vor aggressiven, irreführenden Vertriebspraktiken. Es geht um **Zusagen angeblich sicherer Gewinne**,[759] die Unternehmer an Verbraucher senden,[760] typischerweise verbunden mit der Aufforderung zur Warenbestellung oder zur teuren Wahl einer 0190-Rufnummer.[761] Während früher ein Anspruch meist zu verneinen war,[762] darf der Verbraucher den Unternehmer gemäß § 661a BGB beim Wort nehmen und den versprochenen Gewinn verlangen.[763] Der BGH, der sich immer wieder[764] mit der vergleichsweise jungen Norm befassen musste, verneinte zunächst einen pönalen Charakter,[765] betont mittlerweile aber explizit, dass der unlautere Unternehmer mit der Erfüllungshaftung für sein täuschendes Versprechen „bestraft" werden solle.[766]

Die **systematische Einordnung** des § 661a BGB ist umstritten. Sie spielt vor allem für **aus dem Ausland versandte Gewinnzusagen** eine Rolle, konkret für die Bestimmung der **internationalen Zuständigkeit** wie auch für die kollisionsrechtliche Frage nach dem **anwendbaren Sachrecht**. In Betracht gezogen werden vor allem eine **deliktsrechtliche**

---

[758] Allerdings hat der EuGH mittlerweile klargestellt, dass Nr 31 zweiter Gedankenstrich des Anhangs I der Geschäftspraktiken-RL (RL 2005/29/EG) v 11.5.2005 über unlautere Geschäftspraktiken im binnenmarktinternen Geschäftsverkehr zwischen Unternehmen und Verbrauchern (ABlEU 2005 L 149/22) aggressive Praktiken verbietet, mit denen Gewerbetreibende wie die an dem Ausgangsverfahren beteiligten den fälschlichen Eindruck erwecken, der Verbraucher habe bereits einen Preis gewonnen, obwohl die Möglichkeit des Verbrauchers, Handlungen in Bezug auf die Inanspruchnahme des Preises vorzunehmen, wie etwa die Erkundigung nach der Natur dieses Preises oder dessen Entgegennahme, von der Zahlung eines Betrags oder der Übernahme von Kosten durch den Verbraucher abhängig gemacht wird, vgl EuGH 18.10.2012 – C-428/11 *Purely Creative*, EuZW 2013, 66, 70; die Zusage von Preisen, deren Inanspruchnahme auch nur geringe Kosten für den Verbaucher verursacht, ist also europarechtlich verboten.
[759] Zu den Anforderungen an eine Gewinnzusage vgl BGH NJW 2004, 1652.
[760] Mangels Verkörperung fehlt es bei Telefonanrufen und bei einer Werbeeinblendung als Pop-up-Fenster im Internet an einer Zusendung iSd § 661a BGB, LG Köln NJW-RR 2009, 1068, 1069f; eine analoge Anwendung erwägend im Falle eines bei einem Radiogewinnspiel zugesprochenen Gewinns aber OLG Brandenburg 27.1.2012 – 6 W 122/11 juris Rn 26ff.
[761] So eine seinerzeit die Mailbox der Verfasserin während der Ausarbeitung dieser Kommentierung erreichende Gewinnzusage. Zu Gewinnzusagen als Datengewinnungsinstrument siehe GEIGER, Aufgedrängte Vertragsschlüsse durch Zusammenwirken von Adresshandel, Telefonmarketing und angemaßten Einzugsermächtigungen, NJW 2007, 3030, 3031.
[762] Vgl vor allem § 518 Abs 1 BGB (Formbedürftigkeit der Schenkung), § 657 BGB (Auslobung erfordert öffentliche Bekanntmachung und Vornahme einer Handlung) bzw §§ 762, 763 BGB (Spiel begründet grundsätzlich keinen Erfüllungsanspruch).
[763] Vgl BT-Drucks 14/2658, 48, 49.
[764] Vgl nur BGH NJW 2003, 3620; BGHZ 153, 82 = NJW 2003, 426; BGH NJW 2004, 1652; BGH NJW 2004, 3039; BGH NJW 2004, 3555; BGH NJW 2005, 827; BGH BB 2005, 1761; BGHZ 165, 172 = NJW 2006, 230; BGH NJW-RR 2006, 701; BGH NJW 2006, 2548; BGH NJW-RR 2008, 1006; BGH WM 2009, 126.
[765] BGH NJW 2003, 3620; die hiergegen eingelegte Verfassungsbeschwerde wurde vom BVerfG nicht zur Entscheidung angenommen, vgl BVerfG NJW 2004, 762; für Verfassungswidrigkeit des § 661a BGB SCHNEIDER, Erfüllungszwang bei Gewinnzusagen – verfassungsgemäß?, BB 2002, 1653, 1656ff.
[766] BGHZ 165, 172, 173 = NJW 2006, 230, 233.

oder eine **rechtsgeschäftliche** bzw **geschäftsähnliche Natur** des Leistungsanspruches.[767] Dabei weist die Problematik insofern eine gewisse Komplexität auf, als EuGVÜ[768] und EuGVO[769] ebenso wie Art 3 ff Rom I-VO als innerhalb der EU maßgebliche Rechtsquellen für die Bestimmung der internationalen Zuständigkeit bzw des auf Schuldverträge anwendbaren Rechts autonom auszulegen sind.

120 Obwohl Art 5 Nr 1, 13, 14 **EuGVÜ** primär auf Verträge, also zweiseitige Rechtsgeschäfte zugeschnitten waren, erfassten diese Gerichtsstände nach Ansicht des EuGH[770] auch Gewinnzusagen. Allerdings differenzierte der EuGH zwischen **Gewinnzusagen, die mit einer Warenbestellung verbunden** sind und sog **isolierten Gewinnzusagen**, bei denen dies nicht der Fall ist. Während der Gerichtshof dann, wenn es zu einer Warenbestellung kommt, aufgrund der engen Verbindung der Gewinnzusage mit dem Vertragsschluss den Verbrauchergerichtsstand nach Art 13 EuGVÜ für einschlägig hielt,[771] verwarf er diesen bei isolierten Gewinnzusagen mangels Vertragsschlusses. Hier sollte vielmehr der weiter formulierte Gerichtsstand des Erfüllungsortes nach Art 5 Nr 1 EuGVÜ eröffnet sein, für den nach Ansicht des Gerichtshofes jede freiwillig eingegangene Verpflichtung, auch die einseitige Gewinnzusage genügte.[772] Der BGH näherte sich dieser Rechtsprechung an und zog im Fall der isolierten Gewinnzusage ebenfalls Art 5 Nr 1 EuGVÜ heran.[773] Dabei ergibt sich nach Ansicht des BGH aus dem Sinn und Zweck von § 661a BGB, dass der Wohnsitz des Verbrauchers Erfüllungsort für den zugesagten Gewinn iSv § 269 BGB ist.[774]

121 Unter dem **Regime der EuGVO** und der diese ersetzenden **EuGVO-neu**[775] ergeben sich jedoch für die **isolierte Gewinnzusage** nach Ansicht des EuGH Abweichungen mit Blick darauf, dass Art 15 Abs 1 lit c EuGVO (seit dem 10.1.2015: Art 17 Abs 1 lit c EuGVO-neu) im Gegensatz zu Art 13 Abs 1 EuGVÜ nicht mehr auf Verträge beschränkt ist, welche die Erbringung einer Dienstleistung oder die Lieferung beweglicher Sachen zum Gegenstand haben, sondern allgemeiner und weiter gefasst ist.[776]

---

[767] Vgl die Übersicht bei S Lorenz, Gewinnmitteilungen als „geschäftsähnliche Handlungen": Anwendbares Recht, internationale Zuständigkeit und Erfüllungsort, NJW 2006, 472 ff; ders, Gewinnmitteilungen aus dem Ausland: Kollisionsrechtliche und internationalzivilprozessuale Aspekte von § 661a BGB, NJW 2000, 3305, 3307 ff.

[768] Siehe Fn 241.

[769] Siehe Fn 238.

[770] Vgl EuGH 11.7.2002 – C-96/00 *Gabriel*, NJW 2002, 2697 und EuGH 20.1.2005 – C-27/02 *(Engler)*, NJW 2005, 811.

[771] Vgl EuGH 11.7.2002 – C-96/00 *Gabriel*, NJW 2002, 2697.

[772] Vgl EuGH 20.1.2005 – C-27/02 *Engler*, NJW 2005, 811 mit Anmerkung Leible NJW 2005, 796.

[773] Vgl BGHZ 165, 172, 175 ff = NJW 2006, 230, 231 f, wo der Gerichtsstand für Verbrauchersachen ausdrücklich abgelehnt und eine Haftung aus gesetzlichem Schuldverhältnis angenommen, jedoch offengelassen wird, ob der Gerichtsstand der unerlaubten Handlung nach Art 5 Nr 3 EuGVÜ eröffnet ist; anders noch BGHZ 153, 82, 87 ff = NJW 2003, 426, 427 f, wo alternativ allein auf Art 13 f EuGVÜ (Verbrauchersachen) und Art 5 Nr 3 EuGVÜ (Gerichtsstand der unerlaubten Handlung) zurückgegriffen und die Entscheidung zwischen diesen beiden Gerichtsständen offen gelassen wird.

[774] BGHZ 165, 172, 182 f = NJW 2006, 230, 233; gegen diese „ergebnisgeleitete Argumentation" S Lorenz, Gewinnmitteilungen als „geschäftsähnliche Handlungen": Anwendbares Recht, internationale Zuständigkeit und Erfüllungsort, NJW 2006, 472, 474; kritisch auch Schäfer, Anmerkung zu BGHZ 165, 172 = JZ 2006, 519, JZ 2006, 522, 523 f; Benicke, Internationale Zuständigkeit und anwendbares Recht bei Gewinnzusage nach § 661a BGB, LMK 2006, 169779.

[775] Vgl die Verordnung (EU) Nr 1215/2012 v 12.12.2012 (ABlEU 2012 L 351/1), siehe Fn 237, die insoweit in der Sache keine Änderungen brachte.

[776] EuGH 14.5.2009 – C-180/06 *Renate Ilsinger*, EuZW 2009, 489, 490 f.

L. Verbraucherschutz

Anders als von manchen Autoren gefordert[777] kann danach der Verbrauchergerichtsstand allerdings nicht stets bejaht werden, sondern ist nach Ansicht des EuGH in Übereinstimmung mit dem Wortlaut von Art 15 EuGVO (heute: Art 17 EuGVO-neu) der **Abschluss eines Vertrages erforderlich** und folglich entscheidend, ob sich der Unternehmer rechtlich gebunden hat, dem Verbraucher den Preis auszuzahlen. Der Unternehmer müsse, so der EuGH, klar seinen Willen zum Ausdruck gebracht haben, im Falle der Annahme durch den Verbraucher an seine Verbindlichkeit gebunden zu sein, indem er sich bedingungslos bereit erklärt habe, den fraglichen Preis an den Verbraucher auszuzahlen, der darum ersuche. Sei dies nicht der Fall, könne die Gewinnzusage höchstens als vorvertraglich oder quasivertraglich qualifiziert werden, mit der Folge, dass nur Art 5 Nr 1 EuGVO bzw Art 7 Nr 1 EuGVO-neu eingreife. Wurde aber **auf die isolierte Gewinnzusage hin** eine **Bestellung** aufgegeben und ein Vertrag geschlossen, so soll auch weiterhin Art 15 Abs 1 lit c EuGVO (heute: Art 17 Abs 1 lit c EuGVO-neu) einschlägig sein.[778]

122 Was weiter die Frage des **anwendbaren Rechts** anbelangt, so hat der BGH sowohl eine vertragsrechtliche (Art 27, 28 EGBGB aF, heute: Art 1 ff Rom I-VO[779]) als auch eine deliktsrechtliche Qualifikation (Art 40, 41 EGBGB aF, heute: Art 1 ff Rom II-VO[780]) verworfen und sich für eine Haftung aus einem gesetzlichen Schuldverhältnis ausgesprochen, die durch eine **geschäftsähnliche Handlung** entsteht.[781] Gleichwohl sieht der BGH in § 661a eine Eingriffsnorm iSd ehemaligen Art 34 EGBGB (Art 7 Abs 2 EVÜ, heute: Art 9 Rom I-VO, Art 16 Rom II-VO) und gelangt auf diesem Weg zur Anwendbarkeit deutschen Rechts.[782]

123 Misst man § 661a BGB an dem gesetzgeberischen Ziel, wettbewerbswidrige Gewinnzusagen wirksam zu unterbinden, so verbleiben Zweifel, wird es sich doch bei dem Absender nicht selten um eine vermögenslose Briefkastenfirma handeln, deren Inanspruchnahme kaum Erfolg verspricht. Auch hat der BGH[783] der Norm einen (möglichen) Zahn gezogen, indem er sich gegen eine Durchgriffshaftung des Gesellschafters der GmbH[784] aussprach, welche die Gewinnzusagen versandt hatte. Schließlich kann der Anspruch auf Erfüllung einer Gewinnzusage in der Insolvenz des Versenders nur als nachrangige Insolvenzforderung iSv § 39 Abs 1 Nr 4 InsO geltend gemacht werden.[785]

---

[777] S Lorenz, Gewinnmitteilungen als „geschäftsähnliche Handlungen": Anwendbares Recht, internationale Zuständigkeit und Erfüllungsort, NJW 2006, 472, 475 mwNw; Schäfer, Anmerkung zu BGHZ 165, 172 = JZ 2006, 519, JZ 2006, 522, 524; offen gelassen in BGHZ 165, 172, 177 = NJW 2006, 230, 231.
[778] EuGH 14.5.2009 – C-180/06 *Renate Ilsinger*, EuZW 2009, 489, 491.
[779] Siehe Fn 192.
[780] Verordnung (EG) Nr 864/2007 v 11.6.2007 über das auf außervertragliche Schuldverhältnisse anwendbare Recht („Rom II") (ABlEU 2007 L 199/40).
[781] BGHZ 165, 172, 179 f = NJW 2006, 230, 232 f.
[782] Kritisch hinsichtlich der Begründung, ie des Rückgriffs auf Art 34 EGBGB trotz Verwerfung einer rechtsgeschäftlichen Einordnung S Lorenz, NJW 2006, 472, 474 („logischer Bruch"); dagegen hält Schäfer, Anmerkung zu BGHZ 165, 172 = JZ 2006, 519, JZ 2006, 522, 523 eine entsprechende Anwendung des Art 34 EGBGB auf den gesetzlichen Anspruch aus § 661a BGB für vertretbar; für Rückgriff auf Art 34 EGBGB bereits S Lorenz, Internationale Zuständigkeit deutscher Gerichte und Anwendbarkeit von § 661a BGB bei Gewinnmitteilungen aus dem Ausland: Erweiterungen des Verbrauchergerichtsstands durch die „Brüssel I-Verordnung", IPRax 2002, 192, 195 f; erwogen auch von OLG Jena OLG-NL 2004, 55, 56; abl Sonnenberger, Eingriffsrecht – Das trojanische Pferd im IPR oder notwendige Ergänzung?, IPRax 2003, 104, 110.
[783] BGH NJW 2004, 3039, 3040.
[784] In casu: einer französischen s.a.r.l.
[785] BGH NJW-RR 2008, 1006 f; BGH WM 2009, 126.

M. Vertragstypen

Jürgen Oechsler

Systematische Übersicht

I.	**Einleitung**	
1.	Überblick	1
2.	Europarecht	3
II.	**Vertragsergänzung durch dispositives Vertragsrecht**	4
III.	**Inhaltskontrolle**	
1.	Die Leitbildtheorie	13
2.	Fehlentwicklungen im Rahmen der Typentheorie	16
a)	Das Problem	17
b)	Die Methode der typologischen Zuordnung	20
c)	Logische Umwege bei der typologischen Zuordnung	27
d)	Die Gefahr von Rechtsanwendungsregeln	32
e)	Die Kategorien der Typentheorie	35
f)	Das Fehlen analogiefähigen Vertragsrechts	36
IV.	**Praktische Probleme**	
1.	Typenerschleichung	38
2.	Vereinbarungen über die zugrunde zu legende Rechtsnatur?	39
3.	Bildung neuer Vertragstypen durch die Rechtswissenschaft	40
4.	Beispiele für neue Vertragstypen	41
V.	**Ergebnisse**	42

I. Einleitung

1. Überblick

Der historische Ursprung der Vertragstypen des Bürgerlichen Gesetzbuchs liegt im Aktionensystem des römischen Rechts.[1] Diese archaische Ordnung aus Klagearten, die jeweils auf bestimmte Typen vertraglicher Vereinbarungen gestützt werden mussten, schützte den Schuldner und begrenzte zugleich seine Gestaltungsfreiheit. Denn eine persönliche Verpflichtung des Schuldners konnte nicht allein aus seinem Willen heraus begründet werden, sondern musste auch einem der klagbaren Vertragstypen zuzuordnen sein. In der klassischen Periode kannte das römische Recht immerhin auch eine Senkung der Formerfordernisse bei der Stipulatio, des förmlichen und klagbaren Leistungsversprechens gleich welchen Inhaltes, und schaffte auf diese Weise innerhalb des starren Systems Raum für individuelle Beweglichkeit und eine bescheidene Fortentwicklung der Vertragstypen.[2] Mit der späteren Durchsetzung des Prinzips „pacta sunt servanda" – einer Errungenschaft des Kirchenrechts und der Naturrechtsrezeption[3] –

1

---

[1] Gai Institutiones III 88 – 181 – Die Kontraktsobligationen (Hrsg NELSON/MANTHE) – Text und Kommentar (1999); vgl ferner für die vorliegenden Zwecke BETTI, in: FS Wenger, Band 1 (1944) 249 ff; VÉKÁS, Erneuern und Bewahren in der Privatrechtsdogmatik (1987) 6 ff und mit neueren Überlegungen SCHIAVONE, The Invention of Law in the West (2012) 319 ff; einen verdichteten Überblick gewährt nach wie vor BÜRGE, Römisches Privatrecht (1999) 139 ff.

[2] BÜRGE, Römisches Privatrecht (1999) 115; die Stipulatio gründete aber noch nicht auf einem allgemeinen Vertragsdenken: SCHIAVONE, The Invention of Law in the West (2012) 209 ff.

[3] NANZ, Die Entstehung des allgemeinen Vertragsbegriffs im 16. bis 18. Jahrhundert (1985)

erledigte sich dann die Primärfunktion der Vertragstypen, den Rahmen der rechtlich durchsetzbaren Vereinbarungen einzuschränken. Denn dort, wo jede Vereinbarung allein kraft Parteiwillens wirksam ist, kommt es für die Begründung einer vertraglichen Verpflichtung nicht mehr auf ihre Zuordnung zu einem bekannten Vertragstyp an. In modernen Rechtssystemen übernehmen die Vertragstypen daher andere Funktionen: Sie dienen der Ergänzung lückenhafter Verträge (II.) oder fungieren als Leitbild bei der Inhaltskontrolle (III.).

2 Die Bedeutung dieser Entwicklung zeigt sich an der Ausnahmenorm des § 476 Abs 1, der die ursprüngliche Funktion der Vertragstypen partiell wieder belebt hat:[4] Eine Gewährleistungsvereinbarung im Verbrauchsgüterkauf ist danach nur wirksam, wenn sein Inhalt genau den im Gesetz vorgebildeten Regelungen entspricht. Auf diese Weise soll auf den Verbraucher kein wirtschaftlicher Zwang ausgeübt werden können, sich seiner Rechte zu entäußern. Diesem Ziel hätte jedoch auch im Rahmen des § 307 Abs 2 Nr 1 BGB Rechnung getragen werden können. Denn sämtliche in § 476 Abs 1 S 1 BGB enumerierten Normen entfalten dort Leitbildcharakter und hätten schon deshalb nicht ohne Ausgleich für den Verbraucher in Allgemeinen Geschäftsbedingungen abbedungen werden können. Die Inhaltskontrolle anhand des Leitbildcharakters übernimmt daher in den modernen Rechtsordnungen eigentlich die Funktion, die dem strengen Typenzwang im römischen Recht zukam: Sie ermöglicht Schuldnerschutz und lässt – anders als der Typenzwang – dennoch eine Rechtsfortbildung zu, weil der Gerechtigkeitsgehalt der in den Vertragstypen geordneten Normen im Rahmen des § 307 Abs 2 Nr 1 BGB immer neu definiert und im Hinblick auf aktuelle Rechtsfragen konkretisiert werden kann.

2. Europarecht

3 Auf der Konferenz von Tampere im Jahre 1999 stellte der Europäische Rat erstmals die Frage nach dem Erfordernis einer Zivilrechtsvereinheitlichung in Europa, worauf die Kommission in drei Mitteilungen antwortete, dabei das Modell eines Gemeinsamen Referenzrahmens (GRR) entwickelte und eine Reihe von Expertengruppen einsetzte.[5] Die Study Group on a European Civil Code präsentierte im Jahre 2007 den sog akademischen GRR,[6] der in Buch IV den besonderen Teil des Vertragsrechts regelt (IV A Kaufverträge, IV B Mietverträge usw). Dabei interessiert vorliegend vor allem die Rahmenregelung II-I.107, die im Detail die typologische Zuordnung von atypischen Verträgen abhandelt (vgl Rn 25). Auf dieser Grundlage hatte die Kommission schließlich am 11.10.2011 den Vorschlag für eine Verordnung über ein Gemeinsames Europäisches Kaufrecht gefasst,[7] der jedoch im Mai 2015 zurückgenommen werden

---

passim. Unter dem Einfluss des Rechtsdenkens von LABEO wird mittlerweile auch die volle Klagbarkeit des pactum seit der Zeit HADRIANS für möglich gehalten, und zwar in Vollendung einer von AUGUSTUS eingeleiteten Rechtsentwicklung: SCHIAVONE, The Invention of Law in the West (2012) S 322 ff.

[4] Seit jeher gab es in der Wohnraummiete – einem Grenzfall zwischen Austauschvertrag und Statusverhältnis – unabdingbare Normen: Vergleiche die jeweils letzten Absätze der §§ 551 ff.

[5] Rat: SI (1999) 800; Kommission: KOM (2001) 398; KOM (2003) 68; KOM (2004) 651.
[6] vBar/Clive/Schulte-Nölke (Hrsg), Principles, Definitions and Model Rules of European Private Law, (2008) und vBar/Clive (Hrsg), Principles, Definitions and Model Rules of European Private Law, Draft Common Frame of Reference, Full Edition (2009).
[7] KOM (2011) 635.

M. Vertragstypen

musste, da sich im Ministerrat keine Mehrheit fand. Die weitere Entwicklung bleibt daher zurzeit offen.

II. Vertragsergänzung durch dispositives Vertragsrecht[8]

Eingangsfall:[9] Ein Leasinggeber (LG) und ein Leasingnehmer (LN) haben einen Finanzierungsleasingvertrag über einen Pkw mit einer Laufzeit bis zum 30.9.2017 geschlossen. Die Höhe der monatlich von LN zu zahlenden Leasingrate beträgt 350 €. LN gibt das Fahrzeug jedoch erst am 1.12.2017 zurück. Wegen der Verspätung des LN verlangt LG Zahlung von 700 € nach § 546a Abs 1 BGB. Zu Recht? Zur Lösung Rn 12.

Ein wirksamer Vertragsschluss setzt lediglich die Einigung über die Hauptleistungspflichten voraus. Fehlt alles Übrige oder weist die Vereinbarung der Parteien wenigstens Lücken auf, so können diese durch das dispositive Vertragsrecht – hier möglicherweise § 546a Abs 1 BGB – geschlossen werden. Fraglich ist jedoch, warum eine Norm wie § 546a Abs 1 BGB überhaupt Pflichten in einem Vertrag begründen kann, obwohl die Parteien keine Vereinbarung im kritischen Punkt getroffen haben. Eine oberflächliche Antwort auf diese Frage lautet, dass dort, wo es an einer rechtsgeschäftlichen Abrede fehlt, das Gesetz gilt. Tatsächlich reichen die gedanklichen Grundlagen jedoch tief in die Rechtsgeschichte zurück. Sie lassen sich im Werk der byzantinischen Kompilatoren des Corpus Iuris festmachen, deren Vorstellungen von der Vertragsergänzung durch Einschübe in den Originaltext (Interpolationen)[10] im Konzept einer „natura contractus" zum Ausdruck kommen (etwa D. 2. 14. 7. 5). Dass Pflichten aus der Natur des Vertrages entstehen können, obwohl sie nicht ausdrücklich vereinbart worden sind, ist ein Gedanke aus der Welt des aristotelischen Organon.[11] Dort zielt die Definition auf eine „Rede, die das Wesen zeigt",[12] weswegen beim Definieren die für einen Begriff *wesentlichen* Merkmale (essentialia) von den bloßen *naturalia* zu unterscheiden sind. Letztere bezeichnen nicht das Unverwechselbare, Einzigartige des Definitionsgegenstandes, sondern stellen Eigenschaften dar, die man am Definitionsgegenstand stets beobachtet, wenn dessen Wesen erst einmal feststeht. Eine dritte Kategorie bilden schließlich zufällige Eigenschaften des Beobachtungsgegenstandes (accidentalia):[13] Zu den essentialia des Menschen zählen der aufrechte Gang und die Fähigkeit zu sprechen, zu den naturalia die Fähigkeit zu atmen und zu den accidentalia die Neigung zum Zivil- oder Strafrecht! Die Leistung der byzantinischen Kompilatoren bestand nun darin, die Hauptleistungspflichten des Vertrages mit den essentialia gleichzusetzen (essentialia negotii) und die Nebenpflichten (und Sekundäransprüche) bei Leistungsstörungen als naturalia negotii zu verstehen. Die zentrale Rechtsfolge dieser Gleichsetzung besteht darin, dass mit der Bestimmung der Hauptleistungspflichten die Nebenpflichten immer schon mit festliegen, ohne dass es einer ausdrücklichen Einigung der Parteien bedarf.

---

[8] Vgl bereits meine eigene Darstellung in Oechsler, Vertragliche Schuldverhältnisse (2. Aufl 2017) Rn 2 ff.
[9] BGH 1.3.2007 – IX ZR 81/05, NJW 2007, 1594; einschränkend zuvor BGH 13.4.2005 – VIII ZR 377/03, NJW-RR 2005, 1081.
[10] Rotondi, Bullettino dell'Istituto di Diritto Romano 24 (1911) 5 ff, 107 ff.
[11] So Coing SZRA 69 (1952) 24, 32; ders, in: Gesammelte Aufsätze zur Rechtsgeschichte, Rechtsphilosophie und Zivilrecht (Hrsg Simon) Band 1 (1982) 61, 74.
[12] Aristoteles, Topik (herausgegeben und übersetzt von Paul Gohlke [Paderborn 1953]) I 5, 102a.
[13] Vergleiche zum Ganzen Coing SavZ 69 (1952) 24, 32.

5 Dass mit der Vereinbarung der Hauptleistungspflichten auch die Rechte und Pflichten im Falle ihrer Verletzung feststehen, vorliegend also möglicherweise die Anwendbarkeit des § 546a Abs 1 BGB bei verspäteter Rückgabe der Mietsache, kann man auf zwei Arten begründen: Zum einen könnte das dispositive Vertragsrecht immer von den Parteien mit vereinbart sein, also deren hypothetischem Willen entsprechen. Dagegen sprechen jedoch zwei Einwände: Erstens entspricht die Einbeziehung im Fall einer unbeabsichtigten Regelungslücke gerade nicht dem *tatsächlichen* Willen der Parteien, und zweitens kommt es in weiten Bereichen der Vertragsergänzung, etwa bei der Begründung von Schutzpflichten, nicht auf den Willen des Verpflichteten an.[14] Dies rückt die zweite Begründungsmöglichkeit in den Vordergrund: Normen wie § 546a BGB, also dispositives Vertragsrecht (historisch: die naturalia negotii), gelten deshalb, weil sie dem entsprechen, worauf ein Gläubiger vertrauen darf, wenn ihm der Schuldner eine Leistung versprochen hat. Für diese zweite Begründung spricht der Rechtsvergleich zum englischen Vertragsrecht und eine Tradition, die heute noch in § 242 BGB des Bürgerlichen Gesetzbuchs fortlebt.

6 Das englische Vertragsrecht entwickelt im 14. Jahrhundert ein Leistungsstörungsrecht, das heute Vorbild für die Art 45 ff CISG und die Artikel 21 ff aus Buch 7 des Niederländischen Gesetzbuches ist.[15] Es findet einen Widerhall nicht zuletzt in Kapitel 8, Art 8.101 ff der Principles of European Contract Law der so genannten Lando-Kommission aus dem Jahre 1998.[16] Vor allem gelang den englischen Richtern im sog Humber Ferry Case aus dem Jahre 1348[17] die Formulierung eines bis heute tragenden Rechtsgedankens: Dort sollte ein Fuhrmann für den Eigentümer ein Pferd über den Fluss setzen. Während des Transports ertrank das Tier, sodass der Fuhrmann am anderen Ufer nur noch einen Kadaver abliefern konnte. Überliefert ist nur eine kurze Gerichtsnotiz. Aus dieser lassen sich jedoch die Einwendungen des Fuhrmanns heute noch nachvollziehen: Transportiert hatte er das Pferd ja; dass es diesen Transport überleben sollte, war jedoch nicht ausdrücklich vereinbart! Mit derlei lässt das Gericht ihn jedoch nicht davonkommen: Weil er den Transport versprochen habe, habe er zugleich die Sorge um das Pferd *auf sich genommen* (empris, assumpsit). Aus dieser Formel entwickelte sich später die für das englische Leistungsstörungsrecht prägende action of assumpsit,[18] deren tragenden Rechtsgedanken ein englischer Rechtswissenschaftler später so formuliert:

„The gist of the action is the deceit in breaking a promise on the faith of which the plaintiff had been induced to part with his money or other property."[19]

Die zum Vertragsschluss führende Willenserklärung des Schuldners fungiert danach als ein Vertrauenstatbestand, auf den sich schutzwürdige Erwartungen des Gläubigers richten. Wird das Gläubigervertrauen enttäuscht, muss der Schuldner genau die Hand-

---

[14] Zu diesem Zusammenhang neuerdings wieder WIEDEMANN, in: FS Canaris, Band 1 (2007) 1281, 1286.
[15] Vergleiche die bei Beck erschienene Übersetzung von NIEPER/CASPARI/HEIN/WESTERDIJK, Niederländisches Bürgerliches Gesetzbuch, Series of Legislation in Translation 7 (1995).
[16] LANDO/BEALE (Hrsg), Principles of European Contract Law Parts I and II (2000).

[17] Ausführlicher OECHSLER, Vertragliche Schuldverhältnisse (2. Aufl 2017) Rn 2.
[18] RHEINSTEIN, Die Struktur des vertraglichen Schuldverhältnisses im anglo-amerikanischen Recht (1932) 24 ff; vergleiche auch OECHSLER, Gerechtigkeit im modernen Austauschvertrag (1997) 220 ff.
[19] So AMES, zitiert nach RHEINSTEIN, Die Struktur des vertraglichen Schuldverhältnisses im anglo-amerikanischen Recht (1932) 28 f.

lung vornehmen, die eine Erfüllung des Versprechens wieder möglich macht; ansonsten schuldet er Ersatz. Der Vorteil dieses Ansatzes liegt in der einfachen Erklärung des Zusammenhangs zwischen der zum Vertragsschluss führenden Willenserklärung des Schuldners und seiner Haftung bei Störungen aus dispositivem Vertragsrecht. Vereinbaren zwei Parteien einen Mietvertrag, konkretisiert § 546a BGB das, was ein Vermieter nach Treu und Glauben vom Mieter erwarten darf, wenn dieser die Mietsache nicht rechtzeitig zurückgibt. Normen wie § 546a BGB beruhen also nicht auf dem hypothetischen Willen der Parteien, sondern konkretisieren das Vertrauen eines objektiven Beobachters in der Position des (jeweiligen) Gläubigers dahingehend, wie der Schuldner sein Versprechen zu erfüllen hat und was er bei dessen Verletzung schuldet. Es versteht sich, dass nie die Erwartungen eines eigensüchtigen oder realitätsblinden Gläubigers im Hinblick auf das Verhalten des Schuldners geschützt sein können, sondern nur die eines objektiven, von Vernunftgründen geleiteten. Im Verhältnis zwischen Mieter und Vermieter gibt dabei § 546a BGB vor, was ein Vermieter dieser Art vom Mieter verlangen kann, wenn dieser seine Pflicht aus § 546 Abs 1 BGB verletzt und die Sache zu spät zurückgibt.

Dies alles ist im deutschen Recht nicht unumstritten, beruht jedoch auf einer durch das römische Recht geprägten gemeinsamen Tradition (Gemeines Recht, ius commune).[20] Sie wurde dadurch zum Vorbild für § 242 BGB. Im Teilentwurf zum Obligationenrecht vKÜBELS findet sich deshalb noch folgende Erstfassung der Norm: **7**

„Ein Vertrag verpflichtet den Vertragschließenden zu demjenigen, was sich als Inhalt seiner Verbindlichkeit aus den besonderen Vertragsbestimmungen und aus der Natur des Vertrages dem Gesetz oder Herkommen gemäß ergiebt."[21]

Der Begriff Natur des Vertrages verschwand nachträglich, weil die Norm im Laufe der Beratungen mit einer anderen zusammengefasst und allen Schuldverhältnissen – nicht nur den *Verträgen* – vorangestellt wurde.[22] Heute begegnet die Natur des Vertrages vor allem in § 307 Abs 2 Nr 2 BGB.[23] **8**

Der Kern der Lehre lässt sich so zusammenfassen: Gegenstand des Vertrages ist nicht nur das, was sich die Parteien ausdrücklich versprechen, sondern auch das, was sie voneinander erwarten dürfen, wenn sie jeweils auf die Leistungsversprechen der Gegenseite vertrauen. Die zum Vertragsschluss führende Willenserklärung hat danach eine Doppelfunktion: Sie legt den Gegenstand der Hauptleistungspflichten und auch – soweit ausdrücklich vorgesehen – die Neben(leistungs)pflichten fest. Gleichzeitig ist sie aber Tatbestand für schutzwürdiges Vertrauen der jeweiligen Vertragsgegenseite. Was mit Anspruch auf rechtlichen Schutz erwartet werden darf, regeln wiederum die §§ 433 ff BGB. **9**

Die Begriffe essentialia und naturalia negotii sind heute weitgehend geläufig. Die Herleitung der naturalia aus dem Prinzip des Vertrauensschutzes widerspricht jedoch **10**

---

[20] ROTONDI, Bullettino dell'Istituto di Diritto Romano 24 (1911) 5; COING SZRA 69 (1952) 24, 32; ders, in: Gesammelte Aufsätze (Hrsg SIMON) Band 1 (1982) 61, 74; OECHSLER, Vertragliche Schuldverhältnisse (2. Aufl 2017) Rn 4 ff.
[21] Vergleiche dazu vKÜBEL selbst, in: Die Vorlagen der Redaktoren für die erste Kommission (Hrsg SCHUBERT) Schuldverhältnisse 1 (1980) 371.
[22] Zu den Einzelheiten der Entstehungsgeschichte OECHSLER, Gerechtigkeit im modernen Austauschvertrag (1997) 286 ff.
[23] Dazu RENNER AcP 213 (2013) 677, 678 ff.

einem seit vSAVIGNY traditionellen Vorverständnis vom Vertrag: Danach können vertragliche Verpflichtungen *nur* auf dem Willen der Parteien beruhen. Soweit Pflichten auf Vertrauensschutzüberlegungen gründen, müssen sie außervertraglicher Natur sein. Als maßgeblich wird oft eine Stelle im System des Römischen Rechts vSAVIGNYS angesehen.[24] Sie drückt dort einen letztlich in der Tradition der Aufklärungsphilosophie KANTS stehenden Rechtsgedanken aus: Das selbst bestimmte Individuum soll nur durch seinen freien Willen verpflichtet werden oder durch das Gesetz. Dies erschwert die Einordnung des dispositiven Vertragsrechts. Formal handelt es sich dabei um Gesetze; inhaltlich bestimmen diese aber den Gehalt des zwischen den Parteien Vereinbarten. WINDSCHEID schlägt vor, dass das dispositive Recht regelmäßig kraft des „eigentlichen Willens" der Parteien gilt. Es regelt vermeintlich das, „was die Parteien selbst ausgesprochen haben würden, wenn sie gerade diesen Fall in den Bereich ihrer Festsetzung gezogen hätten."[25] Die Begründung aus dem eigentlichen bzw hypothetischen Parteiwillen entspricht auch heute einem verbreiteten Verständnis,[26] das allerdings nicht befriedigt, weil der „eigentliche" (hypothetische) Wille nicht mit dem wirklichen Willen gleichgesetzt werden kann und sich die Frage stellt, um was genau es dabei gehen soll. vTUHR zieht daraus in seinem Lehrbuch eine radikale Konsequenz: Er lässt die Frage offen, ob das dispositive Recht überhaupt vertraglicher oder außervertraglicher Natur ist[27] und bahnt damit den Weg für das moderne Verständnis von dessen außervertraglicher Natur.[28]

11 Der damit verbundenen Aufspaltung der Vertragspflichten in rechtsgeschäftliche und gesetzliche Pflichten entgeht, wer sich noch einmal auf den Ausgangsgedanken der Lehre von der natura contractus zurückbesinnt: Zum Vertrag zählt nicht nur, was die Parteien zum direkten Gegenstand ihrer Willenserklärungen gemacht haben, sondern auch das, was sie voneinander im Hinblick auf diese Willenserklärungen erwarten. Die §§ 433 ff BGB konkretisieren dabei neben § 242 BGB, was der Gläubiger vom Schuldner erwarten darf: Dies ist nicht nur der Transport des Pferdes über den Fluss, sondern ein Transport, den das Pferd auch überlebt!

12 Wendet man diese Überlegungen auf den Einleitungsfall (Rn 4) an, führt dies zu folgender Einsicht: Der BGH erkennt eine Lücke in der Vereinbarung der Parteien. Da er das Finanzierungsleasing als atypischen Fall der Miete einordnet (dazu noch Rn 24), schließt er diese Lücke mit Hilfe von § 546a Abs 1 BGB analog und gewährt dem Leasinggeber den Anspruch in Höhe zweier Leasingraten.[29] Die Gegenauffassung bestreitet jedoch, dass das Finanzierungsleasing im Hinblick auf den Schutzzweck des

---

[24] Nämlich vSAVIGNY, System des heutigen römischen Rechts (Neudruck der Ausgabe Berlin 1840 von 1973) 258.
[25] WINDSCHEID/KIPP, Lehrbuch des Pandektenrechts, Erster Band (1906) § 85 Fn 1.
[26] SANDROCK, Zur ergänzenden Vertragsauslegung im materiellen und internationalen Schuldvertragsrecht (1966) 44; zur Kritik STAMMLER AcP 69 (1886) 1, 19 ff, 28; vergleiche neuerdings NEUNER, in: FS Canaris, Band 1 (2007) 901, 918 ff; ferner OECHSLER, Gerechtigkeit im modernen Austauschvertrag (1997) 291.
[27] vTUHR, Der Allgemeine Teil des Deutschen Bürgerlichen Rechts, Zweiter Band, Erste Hälfte (Nachdruck 1957) 194.
[28] Vergleiche nur FLUME, Allgemeiner Teil des Bürgerlichen Rechts, Zweiter Band: Das Rechtsgeschäft (4. Aufl 1992) 80; CANARIS JZ 1965, 475; ders, in: 2. Festschrift Larenz (1983) 27, 102 ff; ders, Die Vertrauenshaftung im deutschen Privatrecht (1971) passim und etwa 538; nunmehr auch die Arbeit von KREBS, Sonderverbindung und außerdeliktische Schutzpflichten (2000) 251.
[29] BGH 1.3.2007 – IX ZR 81/05, NJW 2007, 1594 Rn 9; einschränkend zuvor BGH 13.4. 2005 – VIII ZR 377/03, NJW-RR 2005, 1081.

§ 546a Abs 1 BGB der Miete rechtsähnlich sei. Denn § 546a Abs 1 BGB liege die an § 346 Abs 2 S 2 BGB erinnernde gesetzgeberische Vorstellung zugrunde, dass Vermieter und Mieter den Wert der Gebrauchsvorteile durch die Vereinbarung der Miethöhe selbst festgelegt hätten und deshalb auch bei der Überziehung der Gebrauchszeit daran festgehalten werden könnten. Beim Finanzierungsleasing aber habe die Sache nach den Vorstellungen der Parteien bei Vertragsende regelmäßig ihre wirtschaftliche Lebensdauer erreicht. Ihr Gebrauchswert entspreche daher nicht mehr der Höhe der Leasingraten. Folglich könne der Leasingnehmer abweichend von § 546a Abs 1 BGB nur bereinigte Leasingraten schulden.[30] Bei dem Streit geht es um die § 242 BGB zugrunde liegende Frage, wie der Erwartungshorizont des Leasinggebers konkretisiert wird: nach § 546a Abs 1 BGB oder aufgrund der spezifischen Interessenlage beim Finanzierungsleasing. Grundlage der Erwartungen ist in jedem Fall die zum Finanzierungsleasingvertrag führende Willenserklärung des Leasingnehmers (Vertragsversprechen). Fraglich ist jedoch der Inhalt bzw der Gegenstand des Vertrauens des Leasinggebers nach Treu und Glauben. Dies verweist auf das nächste Kapitel: Die typologische Einordnung eines in der Lebenswirklichkeit vorkommenden Vertragstyps wie des Finanzierungsleasings in das System des BGB entscheidet darüber, wie die Lücken in der vertraglichen Vereinbarung zu schließen sind.

III. Inhaltskontrolle

1. Die Leitbildtheorie

Einleitungsfall:[31] Ein Leasingnehmer (LN) bittet den Verkäufer (V) um ein Verkaufsangebot über ein Exemplar des von diesem hergestellten Ladekrans vom Typ X. Mit diesem wendet sich LN an eine Leasingbank (LG) mit der Bitte um Erstellung eines Angebots für einen Finanzierungsleasingvertrag über den Kran. LG schlägt eine Anzahlung von 35.000 € und ein monatliches Entgelt von 1.300 € bei fünf Jahren Laufzeit vor. Bei Vertragsende soll LG den Kran dem LN zum Eigentumserwerb gegen Zahlung von 30.000 € andienen können. LN ist einverstanden. LG schließt daraufhin mit V einen Kaufvertrag über den Ladekran auf der Grundlage des Angebotsentwurfs, den V für LN erstellt hatte, und erwirbt nach Zahlung des Kaufpreises an V Eigentum am Kran. Zugleich einigen sich LG und LN auf einen Finanzierungsleasingvertrag zu den oben genannten Bedingungen. In diesem schließt LG seine eigene Gewährleistungshaftung aus und tritt dem LN stattdessen seine Gewährleistungsrechte aus dem Kaufvertrag mit V (§ 437 BGB) ab. Kurze Zeit später wird der Kran an LN geliefert. Dessen Hydraulik bereitet jedoch ständige Probleme, die V auch nach mehrfacher Aufforderung durch LN nicht abstellen kann. Darauf erklärt LN gegenüber V den Rücktritt und erhebt gegen V Klage auf Rückgewähr des Kaufpreises an LG Zug um Zug gegen Rückübereignung des Krans. V fällt jedoch in Insolvenz. Deshalb geht LN gegen LG vor und verlangt die geleisteten Zahlungen zurück. Zu Recht? Zur Lösung Rn 34.

Die Probleme des Falles beruhen auf der von der Rechtsprechung befürworteten typologischen Zuordnung des Finanzierungsleasings als atypischer Miete (dazu Rn 24).

---

[30] CANARIS AcP 190 (1990) 410, 412 f und 441 f; TIEDTKE ZIP 1989, 1437 ff; MARTINEK, Moderne Vertragstypen, Band 1 (1991) 193 f; OECHSLER, Vertragliche Schuldverhältnisse (2. Aufl 2017) Rn 747.

[31] In Anlehnung an BGH 13.11.2013 – VIII ZR 257/12, NJW 2014, 1583.

Sie spiegeln dabei die Stärken und Schwächen der Typentheorie wider. Das römische Recht schützte den Schuldner noch durch einen strengen Typenzwang (vgl Rn 1): Eine klagbare Verpflichtung konnte nur entstehen, wenn sich die Leistungsversprechen der Parteien einem anerkannten Typus zuordnen ließen oder wenn der Schuldner sein Versprechen in der Form der Stipulatio abgab. Mit dem Aufkommen Allgemeiner Geschäftsbedingungen zu Beginn des Zwanzigsten Jahrhunderts entstand ein vergleichbarer Bedarf nach Schutz vor den Folgen der Vertragsfreiheit. Das Reichsgericht entwickelte zunächst eine Inhaltskontrolle auf der Grundlage von § 826 BGB und übertrug dabei Regelungsgedanken aus der Theorie des Monopolmissbrauchs:[32] Wer die Macht hatte, seine Vertragsbedingungen durchzusetzen, musste sein Verhalten am Maßstab der guten Sitten messen lassen.[33] Damit beschränkte sich die Inhaltskontrolle auf die Ausnahmefälle, in denen Vorsatz im Spiel war und eine monopolähnliche Machtstellung nachgewiesen werden konnte. Diese Zurückhaltung erklärt sich aus dem Bestreben, die wirtschaftliche Entwicklung nicht durch eine Übertreibung des Schutzes vor AGB aufzuhalten. Während Allgemeine Geschäftsbedingungen nämlich bisweilen etwas einseitig als „Korruption des Vertragsdenkens" dämonisiert werden,[34] findet sich auch immer die Gegenauffassung, die im Standardvertrag nur das Spiegelbild der maschinellen Serienfertigung und Unifizierung von Produktion in allen Bereichen des Wirtschaftslebens erkennt.[35]

14 Diese soziale Ambivalenz des Phänomens erklärt den Erfolg der Schrift „Das Recht der Allgemeinen Geschäftsbedingungen" von LUDWIG RAISER, weil in dieser die Vertragstypen in maßvoller Weise zum Korrektiv für Allgemeine Geschäftsbedingungen eingesetzt werden. RAISER versteht den Vertrag funktional, nämlich als Institut, das innerhalb der Rechtsordnung eine zentrale Aufgabe verwirklichen muss: die Umsetzung gerade derjenigen Gerechtigkeitsmaßstäbe, die die Rechtsordnung im Übrigen vorgibt.[36] Erkenntnisquelle für diese Gerechtigkeitsmaßstäbe ist das dispositive Recht. Die Wertungen, die ihm zugrunde liegen, müssen auch in Allgemeinen Geschäftsbedingungen beachtet werden.[37] Die Praxis griff diese Vorstellung rasch auf und setzte sie unter der Bezeichnung „Leitbildcharakter des dispositiven Rechts" und unter ähnlichen Topoi[38] um. Die Regelung des § 307 Abs 2 Nr 1 BGB beruht also nicht etwa auf Europarecht,[39] sondern auf deutschem Richterrecht: Dort wurde immer schon zwischen dispositivem Recht mit leitbildhaftem Gerechtigkeitsgehalt und dispositivem Recht unterschieden, das eher an Zweckmäßigkeitsgesichtspunkten orientiert ist. Abweichungen vom dispositiven Recht mit Gerechtigkeitsgehalt bedurften stets einer besonderen Rechtfertigung.[40]

---

[32] Zum Monopolmissbrauch STAUDINGER/OECHSLER (2014) § 826 Rn 429 ff.
[33] Grundlegend RGZ 20, 115; dazu STAUDINGER/OECHSLER (2014) § 826 Rn 187 ff mwNw.
[34] PFLUG, Kontrakt und Status im Recht der Allgemeinen Geschäftsbedingungen (1986) 32 ff.
[35] LLEWELLYN 40 (1931) Yale Law Journal 704, 731.
[36] RAISER, Das Recht der Allgemeinen Geschäftsbedingungen (Nachdruck 1961) 75.
[37] RAISER, Das Recht der Allgemeinen Geschäftsbedingungen (Nachdruck 1961) 293.

[38] Zur Entstehung des Begriffs aufschlussreich WEICK NJW 1978, 11, 12; STAUDINGER/COESTER (2013) § 307 Rn 229; kritisch SCHAPP DB 1978, 621, 622 ff.
[39] Richtlinie 93/13/EWG über missbräuchliche Klauseln in Verbraucherverträgen vom 5.4.1993.
[40] Etwa BGH 17.2.1964 – II ZR 98/62, BGHZ 41, 151, 154 f = NJW 1964, 1123; BGH 4.6.1970 – VII ZR 187/68, BGHZ 54, 106, 109 f = NJW 1970, 1596; BGH 8.11.1974 – V ZR 36/73, BGHZ 63, 238, 239.

Das systematische Verdienst der Leitbildtheorie liegt darin, dass sie nicht wie der **15**
Typenzwang pauschal jede Abweichung gegenüber den etablierten Vertragstypen verbietet. Vielmehr kontrolliert sie Allgemeine Geschäftsbedingungen nur anhand der Zwecksetzungen des dispositiven Vertragsrechts. Zwecküberlegungen wiederum können sich neuen Sachverhalten und veränderten Tatsachen anpassen und verbürgen daher genau die Flexibilität, die im Vertragsrecht wegen der Vielgestaltigkeit der Formen des Austauschvertrages erforderlich ist. Deshalb bedeutet § 476 Abs 1 S 1 BGB eigentlich einen Rückschritt in der Rechtsentwicklung (vgl bereits Rn 2): Zum Schutz des Verbrauchers ist es nicht notwendig, dass die dort genannten Vorschriften als unabdingbar ausgestaltet sind; es genügt, dass ihr Gerechtigkeitsgehalt im Rahmen des § 307 Abs 2 Nr 1 BGB bei der Inhaltskontrolle beachtet wird. Der durch § 476 Abs 1 S 1 BGB eingeführte Typenzwang wird spätestens dort zu Problemen führen, wo Leistungsstörungen im Kaufvertrag nicht nach dem Schema des § 437 BGB abgewickelt werden können. Im Rahmen des § 307 Abs 2 Nr 1 BGB könnte man dagegen auf solche Besonderheiten des Wirtschaftslebens flexibel reagieren, ohne den Verbraucherschutz hintanzustellen.

Die Wirkungsweise der Leitbildtheorie zeigt sich beispielhaft an einer vom dritten **15a**
Senat des Bundesgerichtshofs entschiedenen alltäglichen Konstellation.[41] Ein ambulanter Pflegedienst hatte eine ältere Pflegebedürftige zu Hause gegen Zahlung eines Betrages betreut, der nach den Leistungskomplexen der Pflegeversicherung (SGB XI) abgerechnet und monatlich fällig wurde. Als die Pflegebedürftige kurz vor ihrem Tod in ein Krankenhaus eingeliefert wurde, kündigte sie den Pflegedienst. Dieser berief sich jedoch auf seine Allgemeinen Geschäftsbedingungen, in denen eine 14-tägige Kündigungsfrist für diesen Fall vorgesehen war, und verlangte eine Vergütung für weitere 14 Tage. Der Bundesgerichtshof prüft die vom Pflegedienst gestellte Kündigungsklausel am Maßstab des § 307 Abs 2 Nr 1 BGB. Die Anwendung dieser Norm folgt dabei drei logischen Schritten: Auf der ersten logischen Stufe muss eine Abweichung der Klausel vom dispositiven Recht festgestellt werden. Der Pflegevertrag unterfällt aber Dienstvertrag den Regelungen der §§ 611 ff BGB. Die Begründung einer 14-tägigen Kündigungsfrist durch den Pflegedienst beinhaltet deshalb eine Abweichung von der jederzeitigen Kündigungsmöglichkeit des § 621 Nr 5 BGB. Diese wiederum besteht nur, wenn nicht nach Zeitabschnitten abgerechnet wird. In diesem Zusammenhang ist die zwischen den Parteien praktizierte Abrechnung nach Leistungskomplexen von großer Bedeutung. § 621 Nr 5 BGB ist daher anwendbar und wird durch die Kündigungsklausel abbedungen. Auf der zweiten logischen Stufe stellt sich im Rahmen der Prüfung des § 307 Abs 2 Nr 1 BGB die Frage nach dem Gerechtigkeitsgehalt der abbedungenen Norm (also § 621 Nr 5 BGB). Der Bundesgerichtshof geht davon aus, dass Dienstleistungen, die nicht nach Zeitabschnitten abgerechnet werden, regelmäßig auf besonderen Vertrauensverhältnissen beruhen. Deshalb müssten sie jederzeit kündbar sein, wenn das Vertrauensverhältnis im Einzelfall – und sei es auch nur einseitig – beendet wird; aus diesem Grund erkennt das Gericht übrigens nicht nur eine Abweichung gegenüber § 621 Nr 5 BGB, sondern auch gegenüber § 627 Abs 1 BGB: Beim Pflegedienst handele es sich nicht zuletzt wegen dieses Vertrauensverhältnisses um einen Dienst höherer Ordnung im Sinne dieser Norm; auch diese eröffnet aber ein sofortiges Kündigungsrecht. Auf einer dritten logischen Stufe stellt sich im Rahmen des § 307 Abs 2 Nr 1 BGB schließlich die Frage, ob der Gerechtig-

---

[41] BGH 9.6.2011 – III ZR 203/10, BGHZ 190, 80 = NJW 2011, 2955; dazu Oechsler, Vertragliche Schuldverhältnisse (2. Aufl 2017) Rn 1028.

keitsgehalt der abbedungenen Normen in der vorliegenden Fallkonstellation überhaupt passt, entbehrlich ist oder ob der Verwender der Vertragsgegenseite durch Gewährung besonderer Vorteile eine Kompensation verschafft. Besondere, kompensationsfähige Vorteile hatte der Pflegedienst vorliegend nicht gewährt. Deshalb fällt besonders ins Gewicht, dass Pflegedienste in den Privaträumen der Vertragsgegenseite erbracht werden und regelmäßig auch deren Intimsphäre berühren. Sie setzen also ein besonderes Vertrauensverhältnis zwischen den Vertragsparteien voraus und müssen daher durch eine jederzeitige Kündigung beendet werden können. Deshalb ist der Gerechtigkeitsgehalt der §§ 621 Nr 5, 627 Abs 1 BGB vorliegend verletzt. Die AGB-Klausel über die Kündigungsfrist hält somit einer Kontrolle nach § 307 Abs 2 Nr 1 BGB nicht stand. Im Fall war daher der Zahlungsanspruch des Pflegedienstes unbegründet.

2. Fehlentwicklungen im Rahmen der Typentheorie

16 Die Leistungsfähigkeit der Leitbildtheorie und der Inhaltskontrolle nach § 307 Abs 2 Nr 1 BGB wird also niemand ernsthaft in Abrede stellen. Die Probleme beginnen allerdings im Detail, und zwar bei der Frage, unter welchen Voraussetzungen genau eine Norm des dispositiven Vertragsrechts für eine Vereinbarung der Parteien im Einzelfall Leitbildcharakter entfaltet. Paradigmatisch ist dabei die Behandlung der so genannten Innominatverträge,[42] also der in der Wirtschaftspraxis vorkommenden Formen des Austauschvertrags, die im Gesetz nicht unmittelbar geregelt sind. Die Gewöhnung an das Leitbilddenken verführt nicht selten zu der Überlegung, dass auch die Innominatverträge im Zweifel dem nächstliegenden Typus im Bürgerlichen Gesetzbuch zugeordnet werden müssten, weil andernfalls schlicht keine Inhaltskontrolle möglich sei.[43] Diese Betrachtungsweise ist sicherlich verkürzt; sie birgt auch einige Gefahren, denen im Folgenden nachgegangen werden soll.

a) Das Problem

17 Die Normen des besonderen Vertragsrechts (§§ 433 ff BGB) werden heute typologisch verstanden, und zwar als Normstrukturtypen.[44] Grundlegend für die typologische Methode ist die Vorstellung, dass eine Parteivereinbarung nicht im Sinne eines begrifflich-kategorialen Syllogismus unter die Normen des besonderen Vertragsrechts „subsumiert" werden kann, sondern stattdessen dem betreffenden Vertragstypus im Rahmen einer wertenden Gesamtbetrachtung „zugeordnet"[45] werden muss. Denn nur

---

[42] Dazu etwa MARTINEK, Moderne Vertragstypen, Band 1 (1991) 19 ff.
[43] ESSER/SCHMIDT, Schuldrecht, Band 1 (6. Aufl 1984) 181: „Da der Richter nicht dazu berufen ist, nun seinerseits den pathologisch gewordenen Vertrag gleichsam in freier Rechtsfindung unter jeden Gesetzesinhalt ‚fortzuentwickeln', bedarf es jetzt der Subsumtion der Vereinbarung unter den ihr am nächsten stehenden gesetzlich vorgeformten Typus." Weggelassen in den Folgeauflagen.
[44] Zur begrifflichen Unterscheidung von Normstruktur- und Häufigkeitstypen LARENZ, Methodenlehre (6. Aufl 1991) 461 ff; BYDLINSKI, Juristische Methodenlehre und Rechtsbegriff (2. Aufl 1991) 547 f; LARENZ/CANARIS,

Methodenlehre der Rechtswissenschaft (3. Aufl 1995) 290 f. Vergleiche auch die Beiträge von LARENZ NJW 1963, 737 und LEENEN, Typus und Rechtsfindung (Diss München 1971).
[45] Zur typologischen Zuordnung, bisweilen auch Typenvergleich genannt: THOMAS BECKER, Die Auslegung des § 9 Abs 2 AGB-Gesetz (Diss Heidelberg 1986) 94; LARENZ, Methodenlehre (6. Aufl 1991) 304, 468; LEENEN, Typus und Rechtsfindung (Diss München 1971) 179 ff. Vergleiche auch CHARMATZ, Zur Geschichte und Konstruktion der Vertragstypen im Schuldrecht (1937) insbesondere 294 ff; BYDLINSKI, Juristische Methodenlehre und Rechtsbegriff (2. Aufl 1991) 548; WESTERMANN, Vertragsfreiheit und Typengesetzlichkeit im Recht

selten kommen in einer tatsächlichen Parteivereinbarung alle im gesetzlichen Tatbestand eines Normstrukturtypus vorausgesetzten Merkmale vor. Gerade weil es den Parteien freisteht, in ihren Vereinbarungen über die im Gesetz geregelten Typen hinauszugehen, würde eine Subsumtion den Anwendungsbereich des besonderen Vertragsrechtes letztlich auf die wenigen Fälle beschränken, in denen völlige Deckungsgleichheit bestünde.

Dass sich Parteivereinbarungen der schlichten Subsumtion unter das dispositive Recht widersetzen, hängt mit der rechtsschöpferischen Qualität vertraglicher Vereinbarungen zusammen. Ständig einigen sich die Parteien auf neue, der Rechtsordnung unbekannte Formen des Leistungsaustauschs. Erfolgt dies durch Allgemeine Geschäftsbedingungen, steht die Inhaltskontrolle vor der heiklen Aufgabe, ob und wie das Neue am Maßstab des Alten (des dispositiven Vertragsrechts) beurteilt werden kann. Weicht die Vereinbarung der Parteien von dem gesetzlich geregelten Vertragstypus ab, stellt sich deshalb die Frage, ob bzw unter welchen Voraussetzungen sie nach § 307 Abs 2 Nr 1 BGB verboten ist. **18**

Bei der Anwendung des § 307 Abs 2 Nr 1 BGB besteht also eine zentrale Schwierigkeit darin, Abweichungen einer Parteivereinbarung von den Normen des Vertragsrechts auf ihren Gerechtigkeitsgehalt hin zu qualifizieren. Im Folgenden soll gezeigt werden, welche Probleme die Methode der Typenzuordnung dabei bereitet. **19**

b) Die Methode der typologischen Zuordnung

Die im Bürgerlichen Gesetzbuch geregelten Vertragstypen (Beispiel: §§ 433 bis 453 BGB) werden als Normstrukturtypen bezeichnet. Die Sachverhalte, auf die diese Normensysteme angewendet werden, sind entweder individuelle Parteivereinbarungen zwischen den Parteien oder so genannte Häufigkeitstypen, das heißt Formen von Parteivereinbarungen, die im Wirtschaftsleben vorkommen und sich wegen der Vergleichbarkeit der in ihnen versprochenen Hauptleistungen unter einen Oberbegriff generalisieren lassen.[46] Die Anwendung der Normstrukturtypen auf Parteivereinbarungen und Häufigkeitstypen erfolgt durch die Methode der Typenzuordnung. Im Vergleich zur Subsumtion kennzeichnet diese zunächst eine geringere Analysetiefe. **20**

Die Subsumtion setzt nämlich voraus, dass *sämtliche* Tatbestandsmerkmale einer Norm in einem Sachverhalt analytisch nachgewiesen werden. Dieser Mechanismus gewährleistet formale Gerechtigkeit bei der Normanwendung (Art 3 Abs 1 GG): Ausgehend vom Regelungsanliegen der Norm lassen sich einschlägige Sachverhalte (gleiche Fälle) eindeutig von Konstellationen unterscheiden, auf die die Norm gerade nicht passt (ungleiche Fälle). Dabei obwalten selbstverständlich keine naturwissenschaftlichen Analysemaßstäbe, sondern stets ist ein normatives Vorverständnis maßgeblich. Die Tatbestandsvoraussetzungen der anzuwendenden Norm werden unter Berücksichtigung des Sachverhalts konkretisiert, und es findet jene berühmte „ständige Wechsel- **21**

---

der Personengesellschaften (1970) 102 ff; ZIPPELIUS, Jahrbuch für Rechtssoziologie und Rechtstheorie 2 (1972) 482, 486 ff. Vergleiche neuerdings die Beiträge von ZÖLLNER NZA Sonderbeilage 2006, 99 und PREIS, in: FS Richardi (2007) 339 ff.

[46] Der zwischen zwei Parteien geschlossene „Finanzierungsleasingvertrag" wird also im Folgenden als Parteivereinbarung bezeichnet, hingegen die §§ 535 ff BGB, die nach der Rechtsprechung auf ihn teilweise Anwendung finden, als Normstrukturtypus, wobei das Finanzierungsleasing über den Einzelfall der Parteivereinbarung hinaus einen bedeutsamen Häufigkeitstypus der Wirtschaftspraxis darstellt.

wirkung, ein Hin- und Herwandern des Blicks zwischen Obersatz und Lebenssachverhalt" statt.[47] Dennoch folgt die Begründung des Subsumtionsergebnisses einer analytisch-rationalen Struktur: Denn die Normanwendung ist stets mit dem Nachweis bestimmter Tatsachen im einschlägigen Lebenssachverhalt gerechtfertigt. Deren Vorhandensein lässt sich mit Mitteln des Beweises überprüfen, und deshalb ist auch ein analytischer Schluss darauf möglich, welche Sachverhalte in Zukunft dem Anwendungsbereich der Norm unterfallen werden und welche nicht.

22 Eine vergleichbare Analysetiefe fehlt bei der typologischen Zuordnung. Denn hier hängt die Anwendbarkeit der Rechtsnormen von einer wertenden Gesamtbetrachtung ab. Zwar beruht auch die typologische Zuordnung auf einem Nachweis der den normativen Vertragstypus prägenden Elemente in einem Sachverhalt (einer Parteivereinbarung). Es kommt jedoch nie darauf an, dass alle prägenden Elemente analytisch nachgewiesen werden. Vielmehr lassen sich hier Analyseergebnisse durch Wertungen ersetzen: So kann die Abwesenheit einzelner tatsächlicher Merkmale in einem Lebenssachverhalt durch die besonders starke Verwirklichung anderer substituiert werden, wenn dies im Ergebnis bei wertender Gesamtbetrachtung gerechtfertigt erscheint.[48] Der Wertungsvorgang orientiert sich dabei an der Leitidee des Normstrukturtypus.[49] Die Leitidee wiederum qualifiziert sich dadurch, dass sie alle Einzelelemente des Typus teleologisch in einem Gesamttatbestand vereinigt.[50]

23 Diese letzte Überlegung erinnert an die berühmte „Schlüsselprobe" HECKS: In seiner teleologisch-interessenorientierten Besitztheorie verwahrt sich HECK gegen den Vorwurf eines beliebigen Unterschiebens von Zwecken unter die Normen der §§ 854 ff BGB mit einer „Schlüsselprobe". Die Plausibilität seiner Bestimmung des Besitzzweckes soll sich daran erweisen, dass mit ihr *alle* dem Regelungskomplex des Besitzrechtes angehörenden Normen einem einheitlichen Verständnis erschlossen werden können, gerade so, wie ein Generalschlüssel alle Türschlösser in einem Gebäude zu öffnen vermag.[51] In der Praxis des Vertragsrechts dürfte ein solcher Anspruch kaum einlösbar sein: Bedenkt man nur den Anwendungsbereich der §§ 535 ff BGB von der Vermietung einer DVD über die Wohnraummiete, bis hin zum Operating- und möglicherweise auch zum Finanzierungsleasing, lässt sich dieser Anwendungsbereich nur unter höchst abstrakten und damit für die Rechtsanwendung nichtssagenden Topoi zusammenfassen. Aus diesem Grund müssen Zweifel gegenüber dem Anspruch angemeldet werden, einen ganzen Normenkomplex mittels eines *einzelnen* teleologischen Leitgedankens abgrenzen zu wollen.[52]

---

[47] ENGISCH, Logische Studien zur Gesetzesanwendung (3. Aufl 1963) 15.
[48] THOMAS BECKER, Die Auslegung des § 9 Abs 2 AGB-Gesetz (Diss Heidelberg 1986) 92, 94; LARENZ, Methodenlehre (6. Aufl 1991) 304, 466; LEENEN, Typus und Rechtsfindung (Diss München 1971) 179; PAWLOWSKI, Einführung in die juristische Methodenlehre (2. Aufl 2000) Rn 225; WESTERMANN, Vertragsfreiheit und Typengesetzlichkeit im Recht der Personengesellschaften (1970) 101.
[49] Vergleiche THOMAS BECKER, Die Auslegung des § 9 Abs 2 AGB-Gesetz (Diss Heidelberg 1986) 93 sowie grundlegend WESTERMANN, Vertragsfreiheit und Typengesetzlichkeit im Recht der Personengesellschaften (1970) 98, 102, 108 ff.
[50] WESTERMANN, Vertragsfreiheit und Typengesetzlichkeit im Recht der Personengesellschaften (1970) 98, 101; THOMAS BECKER, Die Auslegung des § 9 Abs 2 AGB-Gesetz (Diss Heidelberg 1986) 93.
[51] HECK, Grundriß des Sachenrechts (1930) Exkurs 1, 529.
[52] Dazu ausführlich auch KUHLEN, Typuskonzeptionen in der Rechtstheorie (1977), 146 ff und zur teleologischen Präzision vor allem OTT, Die Problematik einer Typologie im Gesell-

Hinzu kommt, dass die Zuordnung neuartiger (atypischer) Parteivereinbarungen zu **24** einem Normstrukturtypus schon denklogisch kaum eindeutig ausfallen kann: Erforderlich wird die Typenzuordnung ja gerade dadurch, dass sich ein Häufigkeitstypus nicht eindeutig einem Normstrukturtypus gleichsetzen lässt. In ihrem Kern beruht die typologische Zuordnung deshalb auch auf einem Vergleich; LEENEN spricht zutreffend von einer „Ähnlichkeitsprüfung":[53] Die prägenden Merkmale einer Parteivereinbarung werden vergleichend mit Blick auf den normalerweise durch den Normstrukturtypus geregelten Fall analysiert.[54] Besteht die Ähnlichkeit aber nur partiell, dann lässt sich die Entscheidung für oder gegen die typologische Zuordnung kaum einheitlich rational begründen. Das bekannteste Beispiel ist die typologische Zuordnung des Finanzierungsleasings. Diese knüpft an die beiden Pflichten des Leasinggebers an: Dieser muss einerseits die Finanzierung und Beschaffung der Leasingsache sicherstellen und sie andererseits dem Leasingnehmer zum Gebrauch überlassen. Der erste Pflichtenkomplex erinnert teilweise an den Geschäftsbesorgungsvertrag nach § 675 Abs 1 BGB und wegen der Finanzierungselemente auch an den Darlehensvertrag nach §§ 488 ff BGB. Der zweite Bereich erinnert wegen der Gebrauchsüberlassungspflicht an die in §§ 535 ff BGB geregelte Miete. Zu einem recht frühen Zeitpunkt hat der Bundesgerichtshof sich auf die Gebrauchsüberlassungspflicht als maßgebliches Merkmal festgelegt und das Finanzierungsleasing deshalb als atypische Miete eingeordnet.[55] In einer breit angelegten Untersuchung stellte dagegen CANARIS die geschäftsbesorgungs- und darlehensrechtlichen Züge des Finanzierungsleasings in den Vordergrund und zog daraus entsprechende Konsequenzen für die typologische Zuordnung.[56] Die an der Ähnlichkeitstheorie orientierte typologische Zuordnung verfügt aber über keine Mittel, einen solchen Konflikt zu verhindern bzw rational aufzulösen.

Nach der im älteren Schrifttum vertretenen Absorptionstheorie[57] soll deshalb das **25** Recht des dominierenden Normstrukturtypus Anwendung finden. Dagegen sprechen indes zwei Einwände: Beim Finanzierungsleasing fiele es erstens schon schwer, einen eindeutigen Schwerpunkt zwischen Gebrauchsüberlassungs- und Finanzierungspflicht zu setzen. Zweitens steht einer solchen Vorgehensweise das Gebot formaler Gerechtigkeit entgegen (Art 3 Abs 1 GG), wonach ein Rechtssatz nur auf die Sachverhalte angewendet werden darf, auf die er nach Wortlaut, Entstehungsgeschichte, System und Zweck „passt". Wenn ein Häufigkeitstypus wie das Finanzierungsleasing daher einem Normstrukturtypus wie der Miete nur teilweise ähnelt, können die Mietrechtsnormen auch nur teilweise Anwendung finden, und zwar gerade dann, wenn die Analogievo-

---

schaftsrecht (Bern 1972) 39. Vergleiche auch allgemeiner noch WALZER, Sphären der Gerechtigkeit (1992) 27 ff, der – allerdings von einem vorrechtlichen Standpunkt aus – eine Reihe von praktischen Argumenten dazu aufführt, dass es in der modernen pluralistischen Gesellschaft keinen singulären Zugangspunkt zur Welt der distributiven Arrangements gibt.
[53] LEENEN, Typus und Rechtsfindung (Diss München 1971) 183.
[54] Vergleichsgegenstand ist dabei der Häufigkeitstypus, wie er im Gesetz (und dort durch den Normstrukturtypus) geregelt ist, LARENZ NJW 1963, 737, 740 f; LEENEN, Typus und Rechtsfindung (Diss München 1971) 179 hingegen vergleicht die Parteivereinbarung unmittelbar mit

dem Normstrukturtypus selbst; vergleiche auch WESTERMANN, Vertragsfreiheit und Typengesetzlichkeit im Recht der Personengesellschaften (1970) 101 ff, 106 und LARENZ, Methodenlehre (6. Aufl 1991) 468 sowie LARENZ/CANARIS, Methodenlehre der Rechtswissenschaft (3. Aufl 1995) 298 ff.
[55] BGH 8.10.1975 – VIII ZR 81/74, NJW 1977, 195, 196; vergleiche auch die Bestätigung in BGH 23.2.1977 – VIII ZR 124/75, BGHZ 68, 118, 123 = NJW 1977, 848, 849.
[56] CANARIS AcP 190 (1990) 410, 452.
[57] RG JW 1913, 639; LOTMAR, Der Arbeitsvertrag nach dem Privatrecht des deutschen Reichs, Band 1 (1902) 176 ff und 686 ff.

raussetzungen vorliegen. Diese Einsicht dürfte heute unbestritten sein; sie ist nur in der Praxis schwer umzusetzen. Ihr folgt auch II–I.107 (2) des akademischen Referenzrahmens (Rn 3): Danach stehen bei einem typengemischten Vertrag (mixed contract, vgl noch unten Rn 31 und 35) die einzelnen Bestandteile des Häufigkeitstypus im Vordergrund. Auf jeden von ihnen muss das jeweils passende Vertragsrecht angewendet werden. Ausnahmen bestehen nach II–I.107 (3) Nr 2 vor allem dort, wo ein bestimmtes Element alle anderen so stark dominiert, dass der Vertrag einheitlich dem entsprechenden Vertragsrecht zugeordnet werden muss.

26 So bestehen zwei Wege, eine Mietrechtsnorm auf das Finanzierungsleasing anzuwenden: Auf dem ersten wird das Finanzierungsleasing typologisch dem Mietvertrag zugeordnet. Deshalb findet Mietrecht „im Zweifel" Anwendung. Erweist sich im Einzelfall der von einer Mietrechtsnorm geregelte Fall der einschlägigen Fragestellung beim Leasing als rechtsähnlich, so kann die Rechtsfolge der Mietrechtsnorm angewendet werden. Die Anwendung des § 546a Abs 1 BGB auf den Finanzierungsleasingvertrag lieferte bereits ein kritisches Beispiel (Rn 12). Der zweite, auf Analogie beruhende Weg hingegen erspart die Frage nach der Rechtsnatur der Parteivereinbarung und wendet sich unmittelbar der Prüfung der Rechtsähnlichkeit zwischen Miete und Finanzierungsleasing im Hinblick auf eine konkrete Rechtsfrage zu. Alles spricht für die zweite Herangehensweise, denn an der ersten lässt sich zweierlei kritisieren: Erstens beinhaltet sie einen Umweg; denn die typologische Zuordnung ist im Grunde entbehrlich, kommt es doch auch in ihrem Rahmen stets auf die Frage an, ob die Mietrechtsnorm ihrem Zweck nach auf das Finanzierungsleasing passt oder nicht (unten Rn 27 ff). Zweitens begründet die typologische Zuordnung ein gefährliches Regel-/Ausnahmeverhältnis, das sich im Wortlaut des § 307 Abs 2 Nr 1 BGB spiegelt: In der Sache nicht begründbar, in der Praxis dennoch viel geübt gilt die einmal als maßgeblich angesehene Regel „im Zweifel" als Maßstab für die Inhaltskontrolle (unten Rn 32 ff).

c) Logische Umwege bei der typologischen Zuordnung

27 Bei der typologischen Zuordnung von neuen Häufigkeitstypen besteht häufig nur in Teilbereichen Vergleichbarkeit mit den gesetzlich geregelten Vertragstypen. Deshalb hat der Bundesgerichtshof das Finanzierungsleasing zwar dem Mietrecht zugeordnet, weil er die Gebrauchsüberlassungspflicht zunächst als maßgeblich ansah (oben Rn 24), dabei aber auch die Unterschiede erkannt und ausdrücklich berücksichtigt. Dies zeigt sich beispielhaft an der Beurteilung der Rechtmäßigkeit der sog Abtretungskonstruktion beim Finanzierungsleasing (vgl dazu auch den Einleitungsfall Rn 13). Untypisch für die Miete schließt darin der Leasinggeber die Eigenhaftung nach §§ 536 ff BGB analog aus und tritt stattdessen seine Rechte aus dem Kaufvertrag mit dem Lieferanten (§ 437 BGB) ab. Bei der Anwendung des § 307 Abs 2 Nr 1 BGB legt der Gerichtshof allerdings nicht allein mietrechtliche Maßstäbe an. Seiner Auffassung nach erschöpfe sich der Finanzierungsleasingvertrag zwar nicht in einer bloßen Finanzierungsleistung, sondern beinhalte

> „eine der Miete zumindest vergleichbare, zeitlich begrenzte Gebrauchsüberlassung ... Andererseits ist es aber typischerweise der Leasingnehmer, der nach seinen Vorstellungen die benötigte Ware beim Hersteller bzw Händler aussucht, mit diesem den Verwendungszweck erörtert und festlegt und daher in erster Linie, jedenfalls aber besser als der zumeist erst später eingeschaltete Leasinggeber, beurteilen kann, ob die ihm übergebene Sache gebrauchstauglich ist, dem

besonderen Vertragszweck entspricht und ein etwaiger Mangel so gewichtig ist, daß er eine Wandelung des Kaufvertrages zwischen Leasinggeber und Hersteller bzw Händler geboten erscheinen läßt. Angesichts dieser typischen Interessenlage – und dadurch unterscheidet sich der Leasingvertrag grundlegend von anderen Vertragstypen, die eine Beschränkung der Gewährleistung auf die Einräumung von Ansprüchen gegen Dritte zum Inhalt haben ... – wird jedenfalls im kaufmännischen Handelsverkehr der Leasingnehmer nicht in einer gegen Treu und Glauben verstoßenden Weise unangemessen benachteiligt, wenn ihm anstelle der Gewährleistungsansprüche gegen den Leasinggeber ... die Befugnis eingeräumt wird, notfalls den Kaufvertrag zu wandeln und damit dem Leasingvertrag den Boden zu entziehen ..."[58]

Man wird Folgendes ergänzen dürfen: Die Abtretungskonstruktion weicht zwar vor allem von § 535 Abs 1 S 2 BGB ab. Diese Abweichung nützt jedoch dem Leasingnehmer gerade, weil er durch die Zession insbesondere die Rechte aus §§ 437 Nr 1, 439 BGB erwirbt, mit deren Hilfe er vom Hersteller (Lieferanten) Mängelbeseitigung im Wege der Nacherfüllung verlangen kann. Die Abweichung vom Gerechtigkeitsgehalt des § 535 Abs 1 S 2 BGB wird also durch konkrete Vorteile für den Leasingnehmer kompensiert und lässt das Finanzierungsleasing als (wirtschaftliches) Dreieck zwischen Leasinggeber, Leasingnehmer und Lieferant überhaupt erst funktionieren.

Beruht die typologische Zuordnung auf einer „Ähnlichkeitsprüfung" (Rn 24), so lässt sich vorliegend von einem Ähnlichkeitsvorbehalt sprechen:[59] Mietrecht findet dort nicht auf das Finanzierungsleasing Anwendung, wo beide einander nicht ähnlich sind. Dies erinnert an eine teleologische Reduktion, die ebenfalls in besonderem Maße der formalen Gerechtigkeit verpflichtet ist: Normen werden danach dort nicht angewendet, wo sie nur ihrem Wortlaut nach, nicht aber ihrem Zweck gemäß passen.[60] Auch der Ähnlichkeitsvorbehalt reduziert den Geltungsanspruch des im BGB geregelten Vertragsrechts auf die Fälle, auf die sie nach Wortlaut, Entstehungsgeschichte, System und Zweck der in dem Typus zusammengefassten Vertragsnormen anwendbar sind.

Nimmt man diesen Ähnlichkeitsvorbehalt ernst, so zeigt sich, dass die typologische Zuordnung letztlich nur einen im Ergebnis entbehrlichen Umweg darstellt. Denn für die Normanwendung kommt es allein auf die Analogievoraussetzungen im Einzelfall an: Entscheidend ist, ob die zu regelnde Rechtsfrage mit der in der Vertragsrechtsnorm vorgesehenen vergleichbar ist oder nicht. Ob die Vertragsrechtsnorm darüber hinaus einem bestimmten Normstrukturtypus des BGB angehört und ob der Häufigkeitstypus diesem typologisch zugeordnet werden kann, ist für die Begründung der Rechtsfolge eigentlich ohne Bedeutung.

Noch vor der historischen Entwicklung der juristischen Typenlehre postulierte deshalb OTTO SCHREIBER aus ähnlichen Überlegungen heraus schlicht eine analoge Anwendung des „speziellen Schuldrechts" auf jeden Vertrag, „der nicht genau so, wie er

---

[58] BGH 16.9.1981 – VIII ZR 265/80, BGHZ 81, 298, 303 = NJW 1982, 105. Vergleiche auch BGH 19.2.1986 – VIII ZR 91/85, BGHZ 97, 135, 139 f = NJW 1986, 1744.
[59] Dies gilt auch in anderen Fällen: BGH 12.6. 1985 – VIII ZR 148/84, BGHZ 95, 39, 49 = NJW 1985, 2253; BGH 31.3.1982 – VIII ZR 125/81, NJW 1982, 1747.
[60] Für eine teleologische Reduktion von Typisierungsergebnissen auch KRAMER, in: Neue Vertragsformen in der Wirtschaft (Hrsg KRAMER, 2. Aufl 1992) 23, 41 mwNw.

vorliegt, im Gesetz geregelt ist".[61] Und später versteht HOENIGER, dem wesentliche Beiträge zur Typentheorie zu verdanken sind, die Regelungskomplexe des besonderen Vertragsrechts nicht als geschlossene Normstrukturtypen und geht also nicht von *dem* Kaufvertrag gem § 433 BGB aus, sondern sieht vielmehr die Normen der §§ 433 ff BGB als ein Reservoir einzelner, miteinander kombinierbarer Regelungsstücke an.[62] Dies entspricht nun auch dem Vorschlag im akademischen Referenzrahmen (Rn 25).

31 Methodisch gesehen kommt es für die Normanwendung also auf die typologische Zuordnung des zugrunde liegenden Häufigkeitstypus zu einem Vertragstypus des BGB gar nicht an.[63] Dieser Zusammenhang ist der Praxis nicht verborgen geblieben. Selten hat sich etwa der Bundesgerichtshof in späteren Entscheidungen so rasch auf eine Rechtsnatur festgelegt wie beim Finanzierungsleasing (vgl allerdings Rn 41). Als es um die Einordnung des Kreditkartenvertrages zwischen Kartenemittent und Karteninhaber ging, hätte eigentlich aufgrund einer langjährigen Bankrechtstradition im Zahlungsverkehr die Einordnung als Geschäftsbesorgungsvertrag nach § 675 Abs 1 BGB nahe gelegen. Bezeichnenderweise verweigert das Gericht jedoch selbst diese nahe liegende Festlegung.[64] Deshalb tritt in der Praxis häufig an die Stelle der typologischen Zuordnung einer Parteivereinbarung zu einem Normstrukturtypus des BGB die schlichte Feststellung, bei der Parteivereinbarung handele es sich um einen typengemischten beziehungsweise Typen kombinierenden Vertrag.[65] Von der Sache her bedeutet dies die Verweigerung einer eindeutigen typologischen Zuordnung mit der Aussicht, die Rechtsnormen des Vertragsrechts jeweils im Einzelfall auf ihre analoge Anwendbarkeit zu prüfen. Diese Entwicklung ist im Hinblick auf die Gefahren der typologischen Zuordnung, von denen im Anschluss die Rede sein wird, nur zu begrüßen.

d) Die Gefahr von Rechtsanwendungsregeln

32 Erscheint die typologische Zuordnung nach den vorgestellten Überlegungen als entbehrlicher, aber harmloser Umweg bei der Begründung der Normanwendung, so ist mit ihr auch eine echte Gefahr verbunden. Durch die Bestimmung eines Normstrukturtypus wird nicht selten der (unrichtige) Eindruck einer vermeintlichen Vorentscheidung vermittelt: Die im Normstrukturtypus geordneten Rechtssätze scheinen „im Zweifel" anwendbar, soweit keine besonderen Umstände im Einzelfall entgegenstehen. Die Rechtsprechung des Bundesgerichtshofs folgte gerade in den ersten grundlegenden Entscheidungen zum Finanzierungsleasing dieser Logik auf eine problematische Weise.[66] Denn ein solches Verhältnis von Regel und Ausnahme ist durch nichts

---

[61] SCHREIBER JherJb 60 (1912) 106, 116. Kritisch THOMAS BECKER, Die Auslegung des § 9 Abs 2 AGB-Gesetz (Diss Heidelberg 1986) 178. Vergleiche auch die Arbeit von KAUFMANN, Analogie und Natur der Sache (2. Aufl 1982) 44 ff.

[62] HOENIGER, Untersuchungen zum Problem der gemischten Verträge, Band 1: Die gemischten Verträge in ihren Grundformen (1910) 303 ff; vergleiche auch RÜMELIN, Dienstvertrag und Werkvertrag (1905) 382 ff.

[63] STAUDINGER/COESTER (2013) § 307 Rn 246; OECHSLER, Gerechtigkeit im modernen Austauschvertrag (1997) 303 ff.

[64] Zunächst für eine Kundenkreditkarte BGH 23.4.1991 – XI ZR 128/96, BGHZ 114, 238, 241 = WM 1991, 1110; aber auch für eine Universalkreditkarte BGH 14.10.1997 – XI ZR 167/90, BGHZ 137, 27, 30 = WM 1997, 2244.

[65] LEENEN, Typus und Rechtsfindung (Diss München 1971) 167; MARTINEK, Moderne Vertragstypen, Band 1 (1991) 20; CHARMATZ, Zur Geschichte und Konstruktion der Vertragstypen im Schuldrecht (1937) insbesondere 294 ff.

[66] BGH 20.9.1989 – VIII ZR 239/88, NJW 1990, 247, 248: „Da Finanzierungsleasingverträge in erster Linie nach Mietrecht zu beurteilen sind ..., ist mangels abweichender vertraglicher

begründet, insbesondere nicht durch die typologische Zuordnung. Denn diese vermag einen Häufigkeitstyp nur insoweit einem Normstrukturtypus zuzuordnen, als beide einander ähnlich sind. Deshalb stellt sich in jedem Einzelfall die Frage neu, ob eine in einen Normstrukturtypus des BGB eingegliederte Norm analog auf den Häufigkeitstypus angewendet werden kann oder nicht. Der Umstand, dass die Norm in einen bestimmten Normstrukturtypus eingegliedert ist, lässt gerade keinen Schluss hinsichtlich der Analogievoraussetzungen zu (vergleiche gerade zuvor Rn 27 ff).

Dennoch wird im Schrifttum auch ein gegenläufiges Verständnis vertreten. Dieses **33** setzt beim Tatbestandsmerkmal „im Zweifel" in § 307 Abs 2 Nr 1 BGB an. Nach dieser Vorschrift ist eine unangemessene Benachteiligung der anderen Vertragspartei nämlich „im Zweifel" anzunehmen, wenn von der gesetzlichen Regelung abgewichen wird. Teilweise wird der Wortlaut der Norm im Sinne einer Darlegungs- und Beweislastregel interpretiert,[67] während aber auch das gegenläufige Verständnis der Norm als einer Rechtsanwendungsregel vorkommt.[68] Danach darf der Richter auch *rechtliche* Zweifel auf sich beruhen lassen und die der Rechtsnatur entsprechende Rechtsfolge in dubio als die angemessene ansehen: Dem AGB-Verwender, der vermeintlich eine Ausnahme für sich in Anspruch nimmt, wird also eine „Begründungslast" auferlegt. Vor allem THOMAS BECKER hat auf die systematischen Unverträglichkeiten eines solchen Verständnisses aufmerksam gemacht.[69]

Diese Schwierigkeiten zeigen sich auch bei der Lösung des Einleitungsfalls (Rn 13). **34** Hier stellt sich die Frage, ob LN aus § 313 Abs 3 S 1 BGB von LG Rückabwicklung des Finanzierungsleasingvertrages verlangen kann. Dem steht eigentlich die Abtretungskonstruktion entgegen, die die Rechtsprechung als rechtmäßig ansieht (Rn 27): Durch sie hat LG jede Eigenhaftung aus §§ 536 ff BGB analog ausgeschlossen und LN stattdessen seine Ansprüche gegen V aus § 437 BGB abgetreten. Nach der Rechtsprechung hält diese Konstruktion aber der Inhaltskontrolle nach § 307 Abs 1 S 1 und Abs 2 Nr 1 BGB nur stand, wenn die an LN abgetretenen Ansprüche vollwertig sind. Ist die Leasingsache jedoch dauerhaft mangelhaft und erhebt LN Klage gegen V auf Rückabwicklung des Kaufvertrags mit LG,[70] lebt die alte mietrechtliche Haftung nach der Vorstellung des Bundesgerichtshofs teilweise wieder auf.[71] Die Geschäftsgrundlage des Finanzierungsleasingvertrags fällt mit der Wirkung des § 313 Abs 3 S 1 BGB weg, sodass LN die von ihm erbrachte Leistung zurückverlangen kann und LG sich an V halten muss und dessen Insolvenzrisiko trägt. Obwohl LN den V ausgesucht und in das Leistungs-

---

Regelung für die Frage der Vertragsbeendigung vom Mietrecht auszugehen. Danach enden ohne besondere Erklärung nur die auf bestimmte Zeit abgeschlossenen Verträge, während die auf unbestimmte Zeit vereinbarten einer Kündigung bedürfen ...".
[67] So THOMAS BECKER, Die Auslegung des § 9 Abs 2 AGB-Gesetz (Diss Heidelberg 1986) 38, 42 ff.
[68] Besonders deutlich: PFEIFFER, in: WOLF/LINDACHER/PFEIFFER (Hrsg), AGB-Gesetz (6. Aufl 2013) § 307 Rn 100: „Ein solches non-liquet kann nicht nur hinsichtlich gegenwärtiger und vergangener Tatsachen bestehen, sondern auch im Hinblick auf Wertungen, Interessenabwägungen und hinsichtlich etwa notwendig werdender Prognosen." Allgemein zur Theorie von Begründungslasten mwNw KREBS AcP 195 (1995) 171. Dagegen etwa CANARIS, in: FS Ulmer (2003) 1073, 1075.
[69] THOMAS BECKER, Die Auslegung des § 9 Abs 2 AGB-Gesetz (Diss Heidelberg 1986) 37 ff.
[70] Zu diesem Erfordernis BGH 13.11.2013 – VIII ZR 257/12, NJW 2014, 1583.
[71] BGH 23.2.1977 – VIII ZR 124/75, BGHZ 68, 118 = NJW 1977, 848, 850; BGH 16.9.1981 – VIII ZR 265/80, BGHZ 81, 298 = NJW 1982, 105; BGH 19.2.1986 – VIII ZR 9/85, BGHZ 97, 135 = NJW 1986, 1744, 1746.

dreieck eingebracht hat, trägt am Ende somit LG das in der Person des V liegende Insolvenzrisiko. Hier begegnet noch einmal das kritisierte Denken in Regel und Ausnahme: Regelmäßig ist das Finanzierungsleasing danach einem Mietvertrag gleichgestellt und nur ausnahmsweise darf dort die Eigenhaftung des Leasinggebers beschränkt werden. Würden Ansprüche des LN gegen V wegen dessen Insolvenz ins Leere gehen, lebt die Regel wieder auf und LG kann nach § 313 Abs 3 S 1 BGB zur Verantwortung gezogen werden. Bedenkt man hingegen, dass die mietrechtliche Einordnung des Finanzierungsleasings von vornherein nicht logisch ist (Rn 24), steht die Belastung von LG mit dem Insolvenzrisiko des V argumentativ auf tönernen Füßen.[72]

e) Die Kategorien der Typentheorie

35 Die in den §§ 433 ff BGB zusammengefassten Normen lassen sich auf moderne, im Bürgerlichen Gesetzbuch nicht vorgesehene Formen des Leistungsaustausches nach hier vertretener Auffassung jeweils nur einzeln im Wege der Analogie anwenden (vgl Rn 26). Die „Typenzuordnung" führt dagegen in diesem Bereich als Methode ins Leere und leistet Scheinbegründungen Vorschub. Entsprechenden Vorbehalten begegnen daher auch die bekannten Kategorien der Typentheorie.[73] Diese unterscheidet grob typengemischte und atypische Verträge. Erstere differenzieren sich vermeintlich in Typenkombinationsverträge (auf die Hauptleistungspflichten finden Rechtsvorschriften aus verschiedenen Normstrukturtypen Anwendung; Beispiel: Beherbergungsvertrag), Typenverschmelzungsverträge (hier überkreuzt sich der Anwendungsbereich zweier Normstrukturtypen untrennbar; Beispiel: gemischte Schenkung) und Verträge mit anderstypischer Gegenleistung (Beispiel: das partiarische Darlehen, bei dem der Darlehensnehmer die empfangene Valuta nicht nach § 488 Abs 1 S 2 BGB nebst Zinsen zurückzahlt, sondern den Darlehensgeber an den Gewinnen seines Geschäfts beteiligt [Crowdfunding]). Letztlich suggeriert diese Unterteilung mehr, als die Typentheorie zu leisten vermag: Ob eine in den §§ 433 ff BGB systematisierte Norm auf einen Häufigkeitstypus passt oder nicht, hängt nicht davon ab, ob in diesem Normstrukturtypen verschmolzen oder bloß kombiniert sind, sondern allein davon, ob die einschlägige Norm ihrer Zwecksetzung nach auf die neue Art der Vereinbarung passt.[74] Die methodische Redlichkeit gebietet es daher, alle nicht eindeutig im BGB typisierten Formen des Austauschvertrags wie atypische Verträge zu behandeln: Auf sie werden die §§ 433 ff BGB nämlich auch nach der Typentheorie im Wege der Analogie im Einzelfall angewendet.

f) Das Fehlen analogiefähigen Vertragsrechts

36 Nicht jede Frage des Vertragsrechts ist in den Vertragstypen des Bürgerlichen Gesetzbuches geregelt. § 307 Abs 2 Nr 2 BGB bestimmt, was außerhalb des dispositiven Vertragsrechts zu erfolgen hat: Dann müssen Rechte und Pflichten aus der Natur des Vertrages heraus konkretisiert werden. Nach der vorgestellten Tradition des Begriffes (oben Rn 4 ff) bedeutet dies hier stark verkürzt folgendes:[75] Für die Begründung von Rechten und Pflichten kommt es darauf an, welche Hauptleistungspflichten die Par-

---

[72] Zu Kritik und Alternativen Oechsler, Vertragliche Schuldverhältnisse (2. Aufl 2017) Rn 737.
[73] Aus heutiger Sicht dazu etwa Larenz/Canaris, Schuldrecht II: Besonderer Teil, Halbband 2 (13. Aufl 1994) § 63 I 1 b; Martinek, Moderne Vertragstypen, Band 1 (1991) 20 f.
[74] Staudinger/Coester (2013) § 307 Rn 246;

Oechsler, Gerechtigkeit im modernen Austauschvertrag (1997) 303 ff.
[75] Ausführlicher Oechsler, Gerechtigkeit im modernen Austauschvertrag (1997) 315 ff; vergleiche auch die hiervon leicht divergierende Betrachtungsweise von Staudinger/Coester (2013) § 307 Rn 271; ferner Pfeiffer ZGS 2002, 23, 31 f; Renner AcP 213 (2013) 677, 678 ff.

teien vereinbart haben und was der jeweilige Gläubiger einer Hauptleistungspflicht von seinem Schuldner im Hinblick auf deren Erfüllung nach Treu und Glauben (§ 242 BGB) erwarten darf. Den Schuldner treffen genau die Nebenleistungs- und Schutzpflichten, die erforderlich sind, damit die von ihm versprochene Hauptleistungspflicht nach § 362 Abs 1 erfüllt werden kann. Dies ist auch die zentrale Aussage des § 242 BGB (vgl oben Rn 6 ff).

§ 307 Abs 2 Nr 2 BGB begründet daher nur einen vagen Rahmen, genauer gesagt nur **37** eine Methode zur Begründung von Pflichten. Dies ist aber im Anwendungsbereich der Norm nicht zu vermeiden, weil dort, wo die Vertragstypen des Bürgerlichen Gesetzbuchs keine Gültigkeit mehr haben, Lösungen neu entwickelt werden müssen und denkbare Fragestellungen nicht bereits bei der ersten rechtlichen Beschäftigung vollständig vorausgedacht werden können. Für diesen Bereich kann daher nur der entscheidende Rechtsrahmen vorgegeben werden: Es geht um den Schutz des Gläubigervertrauens in das Schuldnerversprechen. Welche Inhalte des Vertrauens jeweils schutzwürdig sind, bleibt eine Frage des Einzelfalls.

IV. Praktische Probleme

1. Typenerschleichung

Teilweise versuchen Unternehmen durch Stellung Allgemeiner Geschäftsbedingungen **38** und durch äußere Gestaltung des Leistungsaustausches, gegenüber der Vertragsgegenseite einen bestimmten Normstrukturtypus zu ihren Gunsten durchzusetzen. Der BGH nahm zu dem Problem anlässlich eines Partnerschaftsberatungsvertrages Stellung. Ein erstes Problem dieses Vertragstypus' liegt in der analogen Anwendung des § 656 Abs 1 BGB.[76] Deshalb kann der Partnerschaftsberatungsvertrag nur als Naturalobligation entstehen, was bedeutet, dass der Partnerschaftsberater keinen Erfüllungsanspruch hat (§ 656 Abs 1 S 1 BGB analog), sondern lediglich ein bereits gezahltes Entgelt behalten darf (§ 656 Abs 1 S 2 BGB analog). Ein zweites Problem liegt in der Anwendung des § 628 Abs 1 BGB, wenn man die dienstvertraglichen Aspekte dieses Häufigkeitstypus' in den Mittelpunkt stellt. Wird nämlich ein Dienstvertrag nach § 627 BGB vorzeitig gekündigt, kann der Dienstverpflichtete nach Satz 1 nur einen seinen bisherigen Leistungen entsprechenden Teil der Vergütung fordern. Und selbst dieser Anspruch entfällt, wenn der Dienstverpflichtete durch sein Verhalten die andere Seite zur Kündigung veranlasst hat bzw diese an den bislang erbrachten Leistungen kein Interesse hat (Satz 2). Der Berater hat deshalb erstens ein wirtschaftliches Interesse daran, dass sein Vertrag zumindest teilweise als Werkvertrag eingeordnet wird. Denn dann schuldet der Kunde bei einer vorzeitigen Kündigung nach § 648 S 1 BGB die noch nicht gezahlte Vergütung in vollem Umfang. Zweitens ist er interessiert daran, dass der Kunde einen großen Teil der so geschuldeten Gegenleistung vorab leistet, sodass diese nicht mehr nach § 656 Abs 1 S 2 BGB zurückgefordert werden kann. In einem vom III. Senat des BGH entschiedenen Fall hatte daher der Partnerschaftsberater für ein mit dem Kunden zu Beginn des Geschäftskontakts geführtes Interview und ein dabei erstelltes Video ca. 3.500 € vor Aufnahme der Beratertätigkeit verlangt und in seinen Allgemeinen Geschäftsbedingungen wie folgt formuliert: „Ich weiß, dass mein Videointerview extra für mich hergestellt wird und dass ein Widerruf bzw eine Kündigung

---

[76] BGH 11.7.1990 – IV ZR 160/89, BGHZ 112, 122 = NJW 1990, 2550, 2551; kritisch OECHSLER, Vertragliche Schuldverhältnisse (2. Aufl 2017) Rn 1273.

für diese Vertragsteile nach Leistung durch mich nicht mehr möglich ist (§ 631 BGB)." Überzeugend geht BGH davon aus, dass der Partnerschaftsberater die Wahl des für die Inhaltskontrolle anwendbaren Normstrukturtypus nicht auf diese Weise einseitig erzwingen kann. Als maßgeblich für die typologische Zuordnung sieht das Gericht allein die zwischen Parteien vereinbarten Hauptleistungspflichten an.[77] Dies entspricht dem Grundverständnis der Typentheorie, wonach die essentialia negotii, die Hauptleistungspflichten, die Rechtsnatur des Vertrags festlegen (vgl auch oben Rn 4 und Rn 10). Geht man davon aus, spricht für die typologische Zuordnung des Partnerschaftsberatungsvertrags als Dienstvertrag, dass der Berater dem Kunden redlicherweise keinen Erfolg iSd § 631 Abs 2 BGB versprechen kann; denn ob die Beratungsleistung des Anbieters ihr Ziel erreicht und sich für den Kunden ein geeigneter Partner finden wird, ist regelmäßig offen. Das Interview sowie das Video sieht der BGH hingegen nur als typische Nebenleistungen des Partnerschaftsberaters an, die dem Vertrag gerade nicht sein Gepräge geben.[78] Entsprechend ist die vorformulierte Klausel nach § 307 Abs 1 S 1 iVm Abs 2 Nr 1 BGB, die eine werkvertragliche Einordnung erzwingen will, unwirksam und § 628 Abs 1 S 2 BGB mit der Folge anwendbar, dass der Kunde im Wesentlichen das Entgelt für das Interview und das Video zurückverlangen kann. Die Entscheidung überzeugt schon deshalb, weil der Partnerschaftsberater sich durch seine AGB in einen Selbstwiderspruch begibt: Er kann sich gegenüber dem Kunden nicht einerseits auf den Standpunkt stellen, bei redlicher Betrachtungsweise keinen Beratungserfolg iSd § 631 Abs 2 BGB zu schulden, andererseits aber die Anwendung des für ihn günstigen § 648 S 1 BGB zu erzwingen. Die Gestaltung der Allgemeinen Geschäftsbedingungen sieht das Gericht daher ausdrücklich als einen Umgehungsversuch iSd § 306a BGB an.[79]

2. Vereinbarungen über die zugrunde zu legende Rechtsnatur?

39 Geht man von der Rechtsprechung des BGH zu § 306a BGB aus (Rn 38), kann die Anwendbarkeit eines bestimmten Normstrukturtypus' auch nicht durch eine von beiden Seiten individuell getroffene Vereinbarung erzwungen werden. Zum Diskussionsgegenstand wird dies bei der Anwendung des § 650 S 1 BGB (Werklieferungsvertrag), der weitgehend alle Werkverträge mit einem Sachverschaffungselement als Kaufverträge typisiert. Diese Rechtsfolge führt für die Parteien zu erheblichen Härten, weil der Gefahrenübergang nicht nach § 640 Abs 1 S 1 BGB und die Nacherfüllung nicht nach § 635 Abs 1 BGB erfolgt bzw für den Besteller das Kündigungsrecht des § 648 S 1 BGB entfällt. Im Schrifttum ist daher die Auffassung vertreten worden, angesichts der misslungenen Konzeption des § 650 S 1 BGB stehe es den Parteien frei, das Werkvertragsrecht kraft Vereinbarung zu wählen.[80] Dies widerspricht jedoch der gerade vom BGH angewendeten Methode (Rn 38; vgl auch Rn 4 und Rn 10): Danach folgt die Rechtsnatur eines Vertrages aus dem tatsächlichen Inhalt der vereinbarten Hauptleistungspflichten, nicht aber aus der von den Parteien in Widerspruch dazu getroffenen rechtlichen Einordnung.[81] Die Gegenansicht bemüht hingegen den Vergleich mit der aus dem Internationalen Privatrecht bekannten Rechtswahl.[82] Doch überzeugt dies

---

[77] BGH 8.10.2009 – III ZR 93/09, NJW 2010, 150 Rn 16; dazu auch OECHSLER, Vertragliche Schuldverhältnisse (2. Aufl 2017) Rn 1033.
[78] BGH 8.10.2009 – III ZR 93/09, NJW 2010, 150 Rn 17.
[79] BGH 8.10.2009 – III ZR 93/09, NJW 2010, 150 Rn 23.
[80] R SCHUMANN JZ 2008, 115, 118 f; NIETSCH AcP 211 (2011) 737, 755 ff.
[81] Im Ergebnis ebenso VOIT BauR 2009, 369, 378 f; vgl auch OECHSLER, Vertragliche Schuldverhältnisse (2. Aufl 2017) Rn 1184 mwNw.
[82] R SCHUMANN JZ 2008, 115, 116.

M. Vertragstypen

nicht, weil auch die Rechtswahl nach Art 3 Abs 3 Rom I-VO dort endet, wo sich die Parteien in einen Selbstwiderspruch zu ihrer zuvor getroffenen vertraglichen Vereinbarung begeben. Die Gefahr eines gegen § 242 BGB verstoßenden Selbstwiderspruchs besteht jedoch gerade im Fall der Vereinbarung über die Rechtsnatur: Die Parteien können nicht einerseits einen Vertrag mit dem Pflichteninhalt des § 650 S 1 BGB vereinbaren, sich zugleich aber darauf einigen, dass der Vertragstyp dieser Norm nicht unterfallen darf. Ist der Gläubiger der Sachleistung Verbraucher, verstieße eine solche Vereinbarung im Falle eines Verbrauchsgüterkaufs auch gegen § 476 Abs 1 S 2 BGB.[83]

3. Bildung neuer Vertragstypen durch die Rechtswissenschaft

Die Schwierigkeit, neue Häufigkeitstypen des Austauschvertrags den §§ 433ff BGB typologisch zuzuordnen und die Offenheit des Tatbestandes von § 307 Abs 2 Nr 2 BGB, lassen es verständlich erscheinen, warum immer wieder Anstrengungen unternommen werden, neue ungeschriebene Normstrukturtypen neben dem Bürgerlichen Gesetzbuch zu entwickeln. Bereits ein kurzer Überblick zeigt den einschlägigen Orientierungsbedarf. FIKENTSCHER hat noch auf der Basis von Konzertveranstaltungs-,[84] Anlagenbau-,[85] Gesamttransport-[86] und Versorgungsleistungsverträgen auf Flughäfen[87] einen neuen Typus des Werkverschaffungsvertrages[88] und in ihm ein „schuldrechtliches Arbeitsteilungsprinzip" begründen wollen.[89] Erkennbar geht es ihm um eine einheitliche Beurteilung derjenigen Austauschgestaltungen, in denen der Besteller einer Werkleistung einen so genannten „Werkverschaffer" einschaltet, der seinerseits die mit den unmittelbaren Ausführungsarbeiten befassten Werkunternehmer beauftragt. Darin soll eine von § 278 S 1 BGB abweichende Einschränkung der Haftung des Werkverschaffers nach § 664 Abs 1 S 2 BGB begründet sein: Die privilegierte Haftung soll anstelle der allgemeinen Einstandspflicht für Erfüllungsgehilfen (§ 278 S 1 BGB) dann eintreten, wenn der Werkverschaffer eine Vermittlungsleistung schuldet und nicht die Einschaltung „seiner Leute".[90] Dass auf dieser Grundlage in der Folgezeit kein weithin anerkannter Normstrukturtypus entstanden ist, dürfte zunächst an der schmalen rechtsanalytischen Erfahrungsbasis der herangezogenen Häufigkeitstypen liegen. Abgesehen vom Anlagenbauvertrag handelt es sich bei den in die Betrachtung eingestellten Häufigkeitstypen mehr oder minder um „Exoten", zu denen sich keine reichhaltige Kasuistik gebildet hat und auf deren Grundlage daher auch kaum allgemeine schuldrechtliche Prinzipien durch „Hochrechnung" entstehen können. In § 651h Abs 1 Nr 2 BGB hätte ein weiterer Anwendungsfall eines Werkverschaffungsvertrags nahe gelegen (künftig anders nach § 651p BGB). Gerade dieses Beispiel zeigt indes auch, wie kontrovers Haftungsbeschränkungen dieser Art diskutiert werden. Hinzu tritt eine allgemeine Überlegung: Die §§ 433ff BGB ziehen die Summe eines über Jahrtausende konkretisierten Fallrechts. Ein Normstrukturtypus wie der Kaufvertrag der §§ 433ff BGB steht folglich am Ende eines langen Prozesses der Rechtsanwendung auf Einzelfälle und nicht an seinem Anfang, denn er bringt das Fallrecht in eine Ordnung und schließt es damit in gewissem Sinne ab. Nicht immer gehen dabei zentrale, unumstößliche Gerechtigkeitsprinzipien in die Konstruktion der Normstrukturtypen ein. Oft genug werden auch historische Zufälle oder Irrtümer auf Dauer perpetuiert. Ein Beispiel liefert die Garantiehaftung des Vermieters für Mängel vor Gefahrübergang nach

---

[83] Ähnlich NIETSCH AcP 211 (2011) 737, 758f.
[84] FIKENTSCHER AcP 190 (1990) 34, 40ff.
[85] FIKENTSCHER AcP 190 (1990) 34, 45ff.
[86] FIKENTSCHER AcP 190 (1990) 34, 35ff.
[87] FIKENTSCHER AcP 190 (1990) 34, 55ff.
[88] FIKENTSCHER AcP 190 (1990) 34, 66.
[89] FIKENTSCHER AcP 190 (1990) 34, 106.
[90] FIKENTSCHER AcP 190 (1990) 34, 68.

§ 536a Abs 1, 1. Fall BGB. Ihr liegen zwei eigentlich widersprüchliche Digestenstellen zugrunde, deren teleologische Bedeutung bis heute nicht einheitlich aufzuhellen ist.[91] Ironischerweise war die daraus entstandene Garantiehaftung dem Gesetzgeber der Schuldrechtsreform sogar einen Systembruch wert: Obwohl eines der Regelungsziele der Schuldrechtsreform in der Ersetzung der Garantiehaftung durch das Verschuldensprinzip lag,[92] schien dem Gesetzgeber diese Haftung aus Gründen des Mieterschutzes unentbehrlich.[93] Eines wird in jedem Fall deutlich: Normstrukturtypen wie die §§ 433 ff BGB können schwerlich den Ausgangspunkt der rechtlichen Auseinandersetzung mit einem im Wirtschaftsleben erstmals auftretenden neuen Vertragstyp bilden. Dafür spricht ein einfacher logischer Zusammenhang: Eine Norm kann nur auf die Sachverhalte angewendet werden, deren Problempotential in irgendeiner Weise in sie eingearbeitet ist. Dies ist zu Beginn der rechtlichen Auseinandersetzung mit einem neuen Vertragstyp nicht möglich, weil der mit ihm einhergehende Regelungsbedarf überhaupt nicht übersehbar ist. Leitbilder, die in diesem Stadium entworfen werden, bleiben daher oft substanzarm und inhaltsleer. Und es erinnert schon an die aus dem Naturrecht bekannte Methode von der analogia entis, der Analogie zwischen den Dingen der Lebenswirklichkeit und den Erkenntnisinhalten des Rechtes, wenn der Mangel an rechtlicher Substanz bisweilen durch vorrechtliche Bilder vom Stern- oder Netzvertrag und Ähnlichem ersetzt werden soll.[94] Daran stört, dass die Normen des dispositiven Vertragsrechts dieselbe Funktion wie jeder andere Rechtsbegriff erfüllen müssen. Nach HLA Hart stellt ein Rechtsbegriff nur einen Knotenpunkt zwischen den Tatbestandsvoraussetzungen und den Rechtsfolgen einer Norm dar und ist potenziell eliminierbar, wenn die Rechtsfolgen unmittelbar an bestimmte Tatbestandsvoraussetzungen geknüpft werden.[95] Deshalb sind Begriffe, die mit vorrechtlichen Assoziationen besetzt sind, nicht unbedenklich: Sie bergen die Gefahr, dass die Verbindung zwischen Tatbestand und Rechtsfolge eher verunklart als erhellt wird.

4. Beispiele für neue Vertragstypen

41 Das Entstehen neuer Vertragstypen spiegelt letztlich die unbegrenzten Möglichkeiten wirtschaftlicher Wertschöpfung.[96] Selbst ein klassischer Vertragstyp wie der Kaufvertrag nach §§ 433 ff BGB weist regelmäßig neue Anwendungsfälle auf. Bei Bitcoin-Verträgen muss etwa im Einzelfall genau unterschieden werden, ob dieses kryptographische Geld im *Tausch* gegen eine andere Leistung erworben werden soll; dann liegt ein Rechtskauf der Bitcoins nach § 453 BGB (beziehungsweise ein Tausch nach § 480 BGB) vor, oder ob mit dem kryptographischen Geld eine andere Leistung *bezahlt*

---

[91] Dazu Krampe, Die Garantiehaftung des Vermieters für Sachmängel – Ein Beitrag zur Kasuistik (1980) 24 ff; Luig, in: FS Hübner (1984) 121.
[92] BT-Drucks 14/6040, 165 rechte Spalte, vorletzter Absatz; vgl vor allem auch die Autoren des konsolidierten Diskussionsentwurfs Canaris JZ 2001, 499, 506; Roth JZ 2001, 543, 548.
[93] BT-Drucks 14/6857, 66 rechte Spalte.
[94] Vergleiche dazu Oechsler, Gerechtigkeit im modernen Austauschvertrag (1997) 150.
[95] Hart, Definition and Theory in Jurisprudence, hier zitiert aus: Essays in Jurisprudence and Philosophy (Oxford 1983) 21 ff.

[96] Vergleiche auch: Handel mit Emissionszertifikaten: Burgi/Lange ZHR 170 (2006) 539; S Wagner JZ 2007, 971; Facility Management-Vertrag: Najork NJW 2006, 2881; Vertragstypen im Profi-Mannschaftssport: Schimke/Menke SpuRt 2007, 182; zur Rechtsnatur der Spielsperre: Wagner-vPapp JZ 2006, 470; Dienstwagenüberlassungsvertrag: Löhr-Müller DAR 2007, 133; Verträge beim TV-Zuschauerquiz: Stefan Ernst NJW 2006, 186; Projektsteuerungsvertrag: Weise NJW-Spezial 2007, 213; Plattformverträge: Nolte/Hecht ITRB 2006, 188; Gerüstbauverträge: Käseberg IBR 2009, 581.

werden soll: In diesem Fall ist ein Sachkauf der anderen Leistung anzunehmen, bei dem die Bitcoins als nach § 433 Abs 2 BGB vereinbarte Währung fungiert.[97] Bei den verschiedenen Formen des Factoring steht hingegen die Abgrenzung zwischen Kauf- und Darlehensvertrag im Vordergrund. Beim Factoring überträgt ein Händler seine Kaufpreisforderungen aus Warengeschäften (§ 433 Abs 2 BGB) an den Factor und erhält von diesem im Gegenzug Bargeld. Diese Form der Refinanzierung wird als Forderungskauf nach § 453 BGB eingeordnet, wenn der Factor das sog Delkredererisiko trägt, das heißt das Risiko, die Forderung gegenüber dem Schuldner eintreiben zu müssen (echtes Factoring).[98] Kann der Factor jedoch vom Händler Rückerstattung der Zahlung verlangen, wenn der Schuldner in Insolvenz fällt oder schlicht nicht zahlt, liegt ein Darlehensvertrag nach § 488 BGB vor, bei dem die Forderung des Factorkunden gegen seinen eigenen Käufer aus § 433 Abs 2 BGB nur zur Sicherheit an den Factor übertragen wurde (unechtes Factoring).[99] In einer Entscheidung aus dem Jahre 2010 hat der III. Zivilsenat des BGH eine Vielfalt von Software- bzw IT-Verträgen rechtlich eingeordnet:[100] Für den Senat stellt der Access-Provider-Vertrag, durch den dem Kunden auf Dauer ein Zugang zum Internet vermittlen werden soll, einen Dienstvertrag dar (Rn 18), was wegen der auf Dauer angelegten, nicht auf einzelne punktuelle Erfolge iSd § 631 Abs 2 BGB zielenden Pflicht des Providers überzeugt. Der Application-Service-Provider-Vertrag, bei dem es um die Bereitstellung von Softwareanwendungen für den Kunden zur Online-Nutzung über das Internet geht, ist dagegen wegen der Gebrauchsüberlassungskomponente ein Mietvertrag (Rn 19). Der Web-Hosting-Vertrag, bei dem der Anbieter Speicherplatz und Zugang auf der von ihm betriebenen Plattform zur Verfügung stellt, wird als gemischter Vertrag mit dienst-, miet- und werkvertraglichen Elementen typisiert (Rn 20), während der Web-Design-Vertrag, bei dem der Anbieter sich verpflichtet, für den Kunden eine individuelle Website zu erstellen, ein Werkvertrag oder Werklieferungsvertrag sein soll (Rn 21). Dagegen erscheint dem Senat der Vertrag über die Beschaffung einer Domain als Geschäftsbesorgungsvertrag mit werkvertraglichem Einschlag nach §§ 675 Abs 1, 631 BGB (Rn 22) und der Vertrag über Wartung und Pflege von Software ein Werkvertrag (Rn 23) bzw ein Dienstvertrag, wenn die Erfolgsausrichtung fehlt (Rn 23). Auf den Internet-Systemvertrag, im Rahmen dessen für den Kunden eine Website erstellt wird, soll hingegen Werkvertragsrecht Anwendung finden (Rn 26 f). Man wird alle diese typologischen Zuordnungen stets im Hinblick auf die hier erörterten Gefahren einer zu schnellen Festlegung auf starre Leitbilder würdigen müssen; in ihnen zeichnen sich daher vor allem wichtige Analyseleistungen im Hinblick darauf ab, was die Parteien vereinbart haben und was deshalb im Rahmen der Inhaltskontrolle und der Vertragsergänzung den entscheidenden Gerechtigkeitsmaßstab liefert.

V. Ergebnisse

Von Ausnahmefällen (§ 476 Abs 1 S 1 BGB; Wohnraummiete) abgesehen, liegt die Aufgabe der Vertragstypen in der Vertragsergänzung und Inhaltskontrolle (Rn 1). **42**

---

[97] BECK/KÖNIG JZ 2015, 130 ff.
[98] BGH 15. 4. 1987 – VIII ZR 97/86, BGHZ 100, 353, 358 = NJW 1987, 1878; vgl SERICK, Eigentumsvorbehalt und Sicherungsübertragung, Band IV (1976) S 546; Band V (1982) S 805 und Band VI (1986) S 332 ff; OECHSLER, Vertragliche Schuldverhältnisse (2. Aufl 2017) Rn 585.
[99] BGH 15. 4. 1987 – VIII ZR 97/86, BGHZ 100, 353, 358 = NJW 1987, 1878; SERICK, Eigentumsvorbehalt und Sicherungsübertragung, Band IV (1976) 546, 548, 554, 599; Band V (1982) 796; OECHSLER, Vertragliche Schuldverhältnisse (2. Aufl 2017) Rn 586.
[100] BGH 4. 3. 2010 – III ZR 79/09, BGHZ 184, 345 = NJW 2010, 1449; die nachfolgenden Rn beziehen sich auf diese Entscheidung.

43 Die Vertragsergänzung folgt im Zusammenspiel von § 242 BGB und den Vertragstypen in der Tradition der naturalia negotii bzw der natura contractus (Vertragsnatur). Zur Vertragsnatur zählt, was der Gläubiger einer Hauptleistungspflicht von seinem Schuldner im Hinblick auf die Erfüllung erwarten darf. Die Willenserklärung des Schuldners hat dabei eine Doppelfunktion: Sie bindet den Schuldner im Hinblick auf die Hauptleistungspflicht und ist zugleich Vertrauenstatbestand für den Gläubiger. Die §§ 433 ff BGB konkretisieren dabei, was ein Gläubiger von seinem Schuldner im Hinblick auf die Erfüllung nach § 362 Abs 1 BGB erwarten darf, wenn zwischen den Parteien keine besonderen Vereinbarungen getroffen wurden (Rn 4 ff).

44 Im Rahmen des § 307 Abs 2 Nr 1 BGB konkretisieren die Vertragstypen die Maßstäbe für die Inhaltskontrolle; maßgeblich ist dabei die Theorie vom Leitbildcharakter des dispositiven Rechts (Rn 13 ff).

45 Gerade in der Auseinandersetzung mit den im Bürgerlichen Gesetzbuch ungeregelten Vertragstypen wird der Anwendungsbereich des § 307 Abs 2 Nr 1 BGB indes nicht selten überdehnt (Rn 20 bis 34). Ausschlaggebend sind Unzulänglichkeiten in der Methode der typologischen Zuordnung, die gegenüber der Analogie einen logischen Umweg beinhaltet (Rn 27 ff) und deren Ergebnisse im Sinne von Rechtsanwendungsregeln missdeutet werden können (Rn 32 f). In diesem Bereich lassen sich die §§ 433 ff BGB jeweils nur im Einzelfall und unter den Voraussetzungen der Analogie im Rahmen des § 307 Abs 2 Nr 1 BGB anwenden (Rn 29). Dies entspricht auch den Vorschlägen des akademischen Referenzrahmens in II-I.107 (Rn 25).

46 Im Anwendungsbereich des § 307 Abs 2 Nr 2 BGB kommt es auf die methodische Tradition der natura contractus an (Rn 36).

47 Da sich die typologische Zuordnung stets aus den Hauptleistungspflichten eines Vertrages ergibt, kann ein AGB-Verwender der Gegenseite keine bestimmte Einordnung vorgeben (Rn 38); auch können die Parteien durch eine individuelle Vereinbarung keine ihren Hauptleistungspflichten widersprechende typologische Zuordnung vereinbaren (Rn 39). Die Begründung neuer Vertragstypen außerhalb des BGB ist bislang nicht erfolgreich gelungen, was nicht verwundert, weil Vertragstypen einen oft über Jahrtausende währenden Prozess der Rechtsanwendung auf Verträge abschließen, nicht aber eröffnen (Rn 40 f).

N. Kauf

Roland Michael Beckmann

Systematische Übersicht

I.	**Einleitung**	
1.	Bedeutung und Entwicklung des Kaufrechts	1
2.	Merkmale des Kaufs und Systematik des Kaufrechts	5
3.	Der Kaufvertrag als schuldrechtlicher und gegenseitiger Vertrag	9
4.	Zustandekommen und Wirksamkeit des Kaufvertrages	11
5.	Abgrenzung insbesondere zum Werkvertrag	15
II.	**Pflichten des Verkäufers**	
1.	Hauptpflichten des Verkäufers	22
a)	Leistung des Kaufgegenstandes	23
aa)	Kaufgegenstand	23
bb)	Übergabe und Eigentumsverschaffung bei Sachen	34
cc)	Übertragung beim Rechtskauf	35
b)	Mängelfreiheit des Kaufgegenstandes	37
aa)	Freiheit von Sachmängeln, § 434	37
(1)	Übereinstimmung zwischen Ist- und Sollbeschaffenheit, § 434 Abs 1 S 1	39
(2)	Eignung für die vertraglich vorausgesetzte Verwendung, § 434 Abs 1 S 2 Nr 1	46
(3)	Eignung zur gewöhnlichen Verwendung und Vorhandensein der üblichen Beschaffenheit, die der Käufer erwarten kann, § 434 Abs 1 S 2 Nr 2, S 3	49
(4)	Sachgemäße Montage und mängelfreie Montageanleitung, § 434 Abs 2	58
(5)	Falschlieferung und Lieferung einer zu geringen Menge, § 434 Abs 3	64
(6)	Sachmangel bei Sachgesamtheiten	70
(7)	Maßgeblicher Zeitpunkt für das Vorliegen des Sachmangels	72
bb)	Freiheit von Rechtsmängeln, § 435	74
2.	Nebenpflichten des Verkäufers	80
III.	**Pflichtverletzung und Haftung des Verkäufers**	82
1.	Nichtleistung des Verkäufers	84
2.	Mangelhafte Leistung des Verkäufers	88
a)	Nacherfüllung, §§ 437 Nr 1, 439	90
aa)	Grundlagen	90
bb)	Arten der Nacherfüllung	91
(1)	Beseitigung des Mangels (Nachbesserung)	92
(2)	Lieferung einer mangelfreien Sache (Ersatzlieferung, Nachlieferung)	95
cc)	„Voreilige Selbstvornahme" durch den Käufer	99
dd)	Kosten der Nacherfüllung	100
ee)	Erfüllungsort der Nacherfüllung	101
ff)	Reichweite der Nacherfüllung, insbesondere Behandlung der sog Aus- und Einbaufälle	106
(1)	Problemstellung	107
(2)	Überblick über die Entwicklung der Aus- und Einbaufälle	108
(3)	Gesetzesreform zum 1.1.2018	118
(a)	Anspruch auf Aufwendungsersatz	119
(b)	Weitere tatbestandliche Aspekte	120
(c)	Vorschussanspruch und Abdingbarkeit	125
(d)	Erweiterter Anwendungsbereich	126
gg)	Ausschluss des Nacherfüllungsanspruchs	128
(1)	Unmöglichkeit, § 275	128
(2)	Unverhältnismäßige Kosten, § 439 Abs 4	130
(3)	Unverhältnismäßige Kosten beim Verbrauchsgüterkauf, § 439 Abs 4, § 475 Abs 4	132
(4)	Sonstiger Ausschluss	139
b)	Rücktritt, §§ 437 Nr 2, 440, 323, 326 Abs 5	140
aa)	Grundlagen	140
bb)	Ausschluss des Rücktrittsrechts	144

cc)	Ausnahmen vom Erfordernis der Fristsetzung	148
c)	Minderung, §§ 437 Nr 2, 441	155
d)	Schadensersatz, §§ 437 Nr 3, 440, 280, 281, 283 und 311a	160
aa)	Überblick über die verschiedenen Ansprüche	160
bb)	Schadensersatz statt der Leistung	164
cc)	Schadensersatz neben der Leistung, §§ 437 Nr 3, 280 Abs 1	168
dd)	Schadensersatz wegen Verzögerung der Leistung, §§ 437 Nr 3, 280 Abs 1 und 2, 286	170
ee)	Vertretenmüssen	175
(1)	Allgemeines	175
(2)	Grundsätzlicher Bezugspunkt des Vertretenmüssens beim Schadensersatz statt der Leistung	177
(3)	Eigenes Verschulden des Verkäufers	179
(4)	Zurechnung des Verhaltens Dritter	180
(5)	Verschuldensunabhängige Haftung des Verkäufers	181
e)	Garantie	182
aa)	Begriff und kaufrechtliche Verankerungen	182
(1)	Selbständige und unselbständige Garantien	183
(2)	Beschaffenheits- und Haltbarkeitsgarantie	184
bb)	Inhalt und Rechtsfolgen von Beschaffenheits- und Haltbarkeitsgarantien	185
(1)	Beschaffenheitsgarantie	186
(2)	Haltbarkeitsgarantie	188
cc)	Verjährung	189
f)	Ausschluss der Mängelrechte	190
aa)	Vertraglich vereinbarter Haftungsausschluss	190
bb)	Gesetzliche Ausschlussgründe	197
g)	Verjährung der Mängelansprüche	205
aa)	Anwendungsbereich	206
bb)	Unterschiedliche Verjährungsfristen	207
cc)	Verjährungsbeginn	211
dd)	Verjährung bei arglistigem Verschweigen eines Mangels	212
ee)	Keine Durchsetzbarkeit von Gestaltungsrechten bei Verjährung des Nacherfüllungsanspruchs	214
ff)	Nacherfüllungsanspruch und Lauf der Verjährungsfrist	215
h)	Konkurrenz der Mängelansprüche gem § 437 mit anderen Rechten des Käufers	216
aa)	Allgemeines Leistungsstörungsrecht	216
(1)	Zeitliche Anwendung der §§ 437 ff	216
(2)	Allgemeine Mängeleinrede des Käufers	218
bb)	Anfechtungsregeln	220
cc)	Störung der Geschäftsgrundlage	225
dd)	Haftung aus culpa in contrahendo gem §§ 280 Abs 1, 241 Abs 2, 311 Abs 2	226
ee)	Haftung gem §§ 280 Abs 1, 241 Abs 2	228
ff)	Haftung aus Deliktsrecht	229
3.	Haftung des Verkäufers bei Nebenpflichtverletzungen	231
4.	Rückgriff des Verkäufers gem § 445a, § 445b	232
a)	Aufwendungsersatz gem § 445a Abs 1	236
b)	Privilegierung gem § 445a Abs 2	238
c)	Verjährung von Rückgriffsansprüchen gem § 445b	240
d)	Rückgriff in der Lieferkette	241
e)	Abweichende Vereinbarungen	242
IV.	**Pflichten und Haftung des Käufers**	
1.	Kaufpreiszahlung (§ 433 Abs 2)	243
a)	Zahlungsmodalitäten	246
b)	Übergang der Preisgefahr (Gegenleistungsgefahr)	250
aa)	Übergabe und Annahmeverzug (§ 446)	253
bb)	Versendungskauf (§ 447)	257
c)	Rechte des Verkäufers bei Nichtzahlung	265
2.	Die Abnahmepflicht (§ 433 Abs 2)	266
3.	Weitere (Neben-)Pflichten des Käufers	270
V.	**Verbrauchsgüterkauf**	
1.	Begriff und Anwendungsbereich	274
a)	Persönlicher Anwendungsbereich	275
b)	Sachlicher Anwendungsbereich	276
2.	Zwingende und dispositive Vorschriften	279
a)	Ausschluss und Modifizierung allgemeiner Vorschriften	279
b)	Abweichende Vereinbarungen	283

aa)	Haftungsbeschränkungen, § 476 Abs 1 S 1, Abs 2 und 3	283
bb)	Umgehungsverbot gem § 476 Abs 1 S 2	286
(1)	Umgehung durch Beschaffenheitsvereinbarungen	287
(2)	Umgehung durch Wahl eines anderen Vertragstyps	288
(3)	Strohmanngeschäft	289
3.	Weitere Besonderheiten beim Verbrauchsgüterkauf	290
a)	Kostenvorschussanspruch	290
b)	Beweislastumkehr gem § 477	291
c)	Sonderbestimmungen für Garantien, § 479	297
4.	Sonderbestimmungen für den Unternehmerregress gem § 478 nF	298
aa)	Beweislastumkehr gem § 478 Abs 1 nF	299
bb)	Abweichende Vereinbarungen gem § 478 Abs 2	300
cc)	Rückgriff in der Lieferkette	302

VI.	**Weitere besondere Formen des Kaufvertrages**	303
1.	Eigentumsvorbehalt	303
2.	Kauf auf Probe	305
3.	Wiederkauf	307
4.	Vorkauf	308
VII.	**Überblick über das UN-Kaufrecht**	313
1.	Anwendungsbereich	314
2.	Überblick über den Inhalt des CISG	316
3.	Regelungen über den Warenkauf	317
a)	Abschluss des Kaufvertrages	317
b)	Rechte und Pflichten der Vertragsparteien	318
aa)	Pflichten des Verkäufers	318
bb)	Rechte des Käufers bei Vertragsverletzungen des Verkäufers	319
cc)	Pflichten des Käufers	322
dd)	Rechte des Verkäufers	323
4.	Verhältnis des UN-Kaufrechts zum nationalen Recht	324

I. Einleitung

1. Bedeutung und Entwicklung des Kaufrechts

Die enorme Bedeutung des Kaufrechts kommt im BGB bereits dadurch zum Ausdruck, dass die Vorschriften über „einzelne Schuldverhältnisse" (Abschnitt 8 des zweiten Buches, §§ 433–853 BGB) mit den Regelungen über den **Kaufvertrag** (§§ 433–479 BGB) beginnen. Das Kaufrecht, das als „Herzstück" des Zivilrechts bezeichnet wird,[1] prägt dogmatisch das Vertragsrecht und das allgemeine Leistungsstörungsrecht wie kaum ein anderer Vertragstyp.[2] Die Bedeutung des Kaufrechts zeigt sich auch dadurch, dass auf der Ebene des EU-Rechts mit der **Verbrauchsgüterkaufrichtlinie**[3] ein Einfallstor jedenfalls zu einer teilweisen Harmonisierung des europäischen Kaufrechts genutzt wurde. Wiederum deutlich wird die praktische Relevanz des Kaufrechts nicht zuletzt durch die Schaffung eines internationalen Standards in Gestalt des **UN-Kaufrechts**,[4] das insbesondere bei grenzüberschreitenden Handelskäufen zur Anwendung gelangt (dazu Rn 313 ff).

1

---

[1] Mansel AcP 204 (2004) 396, 399; ähnlich Staudinger/Magnus (2018) Einl 2 zum CISG.
[2] Staudinger/Magnus (2018) Einl 2 zum CISG; Mansel AcP 204 (2004) 396, 399.
[3] Richtlinie 1999/44/EG des Europäischen Parlaments und des Rates vom 25.5.1999 zu bestimmten Aspekten des Verbrauchsgüterkaufs und den Garantien für Verbrauchsgüter, ABl EG Nr L 171/12 v 7.7.1999. Zur Entwicklung des Verbraucherrechts Gsell, in: Staudinger/

Eckpfeiler L. Rn 1 ff). Zur Einordnung von Kaufverträgen iSd der Verbrauchsgüterkauf-RL und Nichtanwendbarkeit der RL auf Werkverträge vgl EuGH 7.9.2017 – C-247/16, NJW 2017, 3215.
[4] Übereinkommen der Vereinten Nationen über Verträge über den internationalen Warenkauf vom 11.4.1980, CISG (United Nations Convention on Contracts for the International Sale of Goods).

2 Nachdem die kaufrechtlichen Vorschriften des BGB nach seinem Inkrafttreten über ein Jahrhundert lang im Kern unverändert geblieben waren, hat das **Gesetz zur Modernisierung des Schuldrechts** vom 26.11.2001 (BGBl 2001 I 3138) – Schuldrechtsmodernisierungsgesetz – auch das Kaufrecht grundlegend reformiert. Ausgangspunkt und Anlass für diese Schuldrechtsreform im Ganzen war das Kaufrecht, da insbesondere die oben erwähnte Verbrauchsgüterkaufrichtlinie bis zum 1.1.2002 in nationales Recht umgesetzt werden musste. Die Richtlinie beschränkt sich inhaltlich an sich auf den Verbrauchsgüterkauf, also auf Verträge, im Rahmen derer ein Unternehmer einem Verbraucher eine bewegliche Sache verkauft (dazu Rn 274 ff). Der deutsche Gesetzgeber setzte die Richtlinie indes nicht nur im notwendigen Umfang eins zu eins um („kleine Lösung"), sondern nahm die Richtlinie zum Anlass, insbesondere das allgemeine Leistungsstörungsrecht und die Gewährleistung im Kauf- und Werkvertragsrecht im Ganzen zu reformieren und entschied sich folglich für die sog **„große Lösung"**.

3 Wiederholt hat sich zudem der **EuGH** mit der **Auslegung der Verbrauchsgüterkaufrichtlinie** auseinandergesetzt und das Kaufrecht in einzelnen Bereichen mitgeprägt, insbesondere auch zu examensrelevanten Fragen wie zur Beweislastumkehr beim Verbrauchsgüterkauf (dazu noch Rn 291 ff) sowie vor allem zur Reichweite der Nacherfüllung (Aus- und Einbaufälle; dazu Rn 106 ff).

4 Im Hinblick auf die Behandlung der sog Aus- und Einbaufälle hat der Gesetzgeber – im Zuge der Reform des Bauvertragsrechts – erst kürzlich **das Recht der Mängelhaftung** an die Rechtsprechung des EuGH angepasst und hiermit zusammenhängende Folgefragen weiterentwickelt.[5] Unter anderem besteht nun gem § 439 Abs 3 BGB ein verschuldensunabhängiger Anspruch ebenso für Verbraucher wie auch für Unternehmer gegen den Verkäufer einer mangelhaften Sache auf **Ersatz von Aus- und Einbaukosten** (dazu Rn 118 ff); geregelt wurde auch die Behandlung der sog **absoluten Unverhältnismäßigkeit** beim Verbrauchsgüterkauf (§ 475 Abs 4 BGB; Rn 132 ff). Zur Vermeidung einer Regressfalle für den Verkäufer wurde der **Unternehmerregress** (bisher §§ 478, 479 aF) gem §§ 445a, 445b BGB auf solche Kaufverträge ausgeweitet, bei denen am Ende der Lieferkette ein Unternehmer steht (Rn 232 ff). Die entsprechenden gesetzlichen Änderungen sind am 1.1.2018 in Kraft getreten. Gemäß der Übergangsvorschrift in Art 229 § 39 EGBGB finden die **Neuregelungen erst auf Kaufverträge Anwendung**, die seit dem 1.1.2018 entstanden sind. Die vorstehend genannten und weitere Änderungen werden im jeweiligen Zusammenhang erläutert.

2. Merkmale des Kaufs und Systematik des Kaufrechts

5 Der Kauf gehört zur Gruppe der **Veräußerungsverträge** und ist wirtschaftlich auf den endgültigen **Austausch von Ware gegen Geld** gerichtet. Dementsprechend beschreibt § 433 BGB die wesentlichen Merkmale des Kaufs und die Hauptpflichten der Vertragsparteien.[6] Als **Hauptpflichten des Verkäufers** ordnet § 433 Abs 1 BGB zum einen

---

[5] Gesetz zur Reform des Bauvertragsrechts, zur Änderung der kaufrechtlichen Mängelhaftung, zur Stärkung des zivilprozessualen Rechtsschutzes und zum maschinellen Siegel im Grundbuch- und Schiffsregisterverfahren vom 28.4.2017 (BGBl 2017 I 969); zu den Änderungen im Kaufrecht LOOSCHELDERS JA 2018, 81 ff; LORENZ JuS 2018, 10 ff; MARKWORTH Jura 2018, 1; NIETSCH/OSMANOVIC NJW 2018, 1; HÖPFNER/FALLMANN NJW 2017, 3745; PICHT JZ 2017, 807.

[6] Dogmatisch grundlegend – in der Fallbearbeitung aber praktisch nicht relevant – lässt sich wie bei allen vertraglichen Hauptpflichten die Frage stellen, ob sich die Verpflichtungen aus dem Gesetz ergeben oder aber ob die Ver-

in S 1 an, dass er dem Käufer die Kaufsache zu übergeben und das Eigentum an der Sache zu verschaffen hat, und zum anderen – ebenfalls von der hM als Hauptpflicht angesehen[7] – in S 2, dass er dem Käufer die Sache frei von Sach- und Rechtsmängeln zu verschaffen hat. **Hauptpflicht des Käufers** ist wiederum die Zahlung des Kaufpreises an den Verkäufer (§ 433 Abs 2 BGB). Darüber hinaus ordnet § 433 BGB auch Rechtsfolgen an, die für einen Kaufvertrag nicht wesentlich sind, zB die Abnahmepflicht des Käufers (§ 433 Abs 2 BGB). Wie sich aus dem Wortlaut der §§ 433 ff BGB ausdrücklich ergibt, beziehen sich die kaufrechtlichen Vorschriften nur auf den Kauf von **Sachen** (Sachkauf). Für den Kauf von **Rechten und sonstigen Gegenständen** erklärt § 453 Abs 1 BGB indes die Vorschriften über den Sachkauf für entsprechend anwendbar (vgl Rn 28 ff).

Systematisch ist das Kaufrecht in drei Untertitel aufgeteilt: Angefangen mit den „**Allgemeinen Vorschriften**" (§§ 433–453 BGB) im ersten Untertitel für den Kauf von Sachen und wie gerade erwähnt über § 453 Abs 1 BGB von Rechten und sonstigen Gegenständen. Hier finden sich die examensrelevanten allgemeinen Regelungen insbesondere über die Leistungspflichten der Parteien und die Rechtsfolgen der Nichterfüllung der Vertragspflichten durch den Verkäufer. Im zweiten Untertitel werden „**Besondere Arten des Kaufs**" (§§ 454–473 BGB) behandelt (dazu Rn 303 ff), namentlich der Kauf auf Probe (§§ 454 f BGB), der Wiederkauf (§§ 456–462 BGB) und der Vorkauf (§§ 463–473 BGB). Mit der Schuldrechtsmodernisierung aufgenommen wurde der dritte Untertitel über den – wiederum examensrelevanten – „**Verbrauchsgüterkauf**" (§§ 474–479 BGB). Der Inhalt der gleichfalls praxis- und examensrelevanten §§ 474 ff BGB stellt die unmittelbare Umsetzung der Verbrauchsgüterkaufrichtlinie dar (oben Rn 2) und regelt den Verkauf beweglicher Sachen durch einen Unternehmer (§ 14 Abs 1 BGB) an einen Verbraucher (§ 13 BGB). Die §§ 474 ff BGB stellen indes kein eigenes, gänzlich von den §§ 433 ff BGB unabhängiges Regelungsregime dar, sondern bauen auf die §§ 433 ff BGB auf und modifizieren diese unter einzelnen verbraucherschützenden Aspekten. 6

Außerhalb des BGB finden sich kaufrechtliche Vorschriften vor allem im Rahmen der Vorschriften über den examensrelevanten **Handelskauf**, namentlich den §§ 373 ff HGB (insbesondere zu § 377 HGB vgl noch Rn 204). Die Vorschriften modifizieren und ergänzen wiederum die allgemeinen Regelungen der §§ 433 ff BGB[8] und finden Anwendung, wenn ein Handelsgeschäft gem §§ 343, 344 HGB vorliegt. Demgegenüber hat das für grenzüberschreitende Handelskäufe geltende **UN-Kaufrecht** (CISG; dazu Rn 313 ff) grundsätzlich eigenständige Bedeutung. 7

Vorerst gescheitert ist das Vorhaben der Schaffung eines **Gemeinsamen Europäischen Kaufrechts (GEKR)**. Nach mehr als dreijähriger Diskussion hat die **Kommission** ihren Vorschlag für eine Verordnung zum Gemeinsamen Europäischen Kaufrecht[9] zurückgezogen.[10] Der ursprüngliche Kommissionsvorschlag hatte ein optionales europäisches 8

---

pflichtungen auf der Vereinbarung der Parteien selbst beruhen, vgl zB Oechsler, Vertragliche Schuldverhältnisse (2. Aufl 2017) § 2 Rn 55 mwNw.
[7] Vgl zur Einordnung als Hauptpflicht des § 433 Abs 1 S 2 BGB zB Oetker/Maultzsch, Vertragliche Schuldverhältnisse (4. Aufl 2013) § 2 Rn 45; MünchKomm/Westermann (7. Aufl 2016) § 433 Rn 2.
[8] Vgl Art 2 Abs 1 EGHGB.
[9] Vorschlag der Kommission für eine Verordnung des Europäischen Parlaments und des Rates über ein Gemeinsames Europäisches Kaufrecht v 11.10.2011, KOM (2011) 635 endg.
[10] Mitteilung der Kommission an das Europäi-

Kaufrecht für den grenzüberschreitenden Warenverkehr vor allem für mittelständische Unternehmer und für Verbraucher vorgesehen.[11] Stattdessen hat die Kommission nunmehr **Vorschläge für zwei Richtlinien** über bestimmte vertragsrechtliche Aspekte des **Online-Warenhandels**[12] sowie der **Bereitstellung digitaler Inhalte**[13] vorgelegt, um zumindest im Bereich des digitalen Binnenmarktes eine Angleichung der Rechtsordnungen zu erreichen.

3. Der Kaufvertrag als schuldrechtlicher und gegenseitiger Vertrag

9 Als schuldrechtliches Rechtsgeschäft stellt der Kaufvertrag ein **Verpflichtungsgeschäft** dar und begründet schuldrechtliche Rechte und Pflichten der Parteien; der Kaufvertrag allein bewirkt damit noch keine Veränderung der **sachenrechtlichen Eigentumsverhältnisse** am Kaufobjekt, insbesondere wird der Käufer mit Kaufvertragsschluss noch nicht Eigentümer der Kaufsache. Der Kaufvertrag als Verpflichtungsgeschäft ist vom dinglichen Verfügungsgeschäft (Übereignung), das erst die Erfüllung der kaufvertraglichen Pflichten darstellt, zu trennen **(Trennungsprinzip)**. Hierauf aufbauend sind Verpflichtungsgeschäft und Verfügungsgeschäft grundsätzlich selbständig zu behandeln und in ihrer Wirksamkeit unabhängig voneinander **(Abstraktionsprinzip)**.[14] Beide Prinzipien stellen Eckpfeiler der deutschen Zivilrechtsordnung dar und sind durch verschiedene Regelungen im BGB verankert. Ausdruck dieser Prinzipien ist insbesondere die Systematik, dass § 433 BGB lediglich die Verpflichtung des Verkäufers zur Übereignung an den Käufer begründet und die Übertragung des Eigentums aufgrund der sachenrechtlichen Übereignungstatbestände der §§ 929 ff BGB (Mobilien) und §§ 873, 925 BGB (Immobilien) selbständig erfolgt. Ungeachtet des Trennungsprinzips fallen schuldrechtliches Verpflichtungsgeschäft und sachenrechtliches Verfügungsgeschäft tatsächlich häufig zeitlich zusammen (sog **Handkauf bzw Barkauf**).[15] Auch können einzelne Unwirksamkeitsgründe durchaus beide Rechtsgeschäfte erfassen, so etwa in Fällen einer sog **Fehleridentität**, bei denen der gleiche Wirksamkeitsmangel sowohl das schuldrechtliche als auch das sachenrechtliche Rechtsgeschäft erfasst. Dies kommt in Betracht bei Geschäftsunfähigkeit (§ 104 BGB), beschränkter Geschäftsfähigkeit (§§ 106 ff BGB), Anfechtung wegen arglistiger Täuschung oder wegen widerrechtlicher Drohung (§ 123 BGB), Irrtumsanfechtung (§ 119 BGB) sowie Gesetzes- oder Sittenwidrigkeit (§§ 134, 138 BGB);[16] im Einzelfall ist indes stets zu untersuchen, ob tatsächlich Fehleridentität besteht.

---

sche Parlament, den Rat, den Europäischen Wirtschafts- und Sozialausschuss und den Ausschuss der Regionen v 16.12.2014, KOM (2014) 910 final, Anhang II, Nr 60; vgl auch MAULTZSCH JZ 2016, 236 mwNw.
[11] Zum ursprünglichen Kommissionsvorschlag GSELL, in: STAUDINGER/Eckpfeiler L. Rn 4; MARTINEK, in: STAUDINGER/Eckpfeiler (2014) A. Rn 203; STAUDINGER/BECKMANN (2014) Vorbem 119 ff zu §§ 433 ff.
[12] Vorschlag für eine Richtlinie des Europäischen Parlamentes und des Rates über bestimmte vertragsrechtliche Aspekte des Online-Warenhandels und anderer Formen des Fernabsatzes von Waren v 9.12.2015, KOM (2015) 635 endg.

[13] Vorschlag für eine Richtlinie des Europäischen Parlamentes und des Rates über bestimmte vertragsrechtliche Aspekte der Bereitstellung digitaler Inhalte v 9.12.2015, KOM (2015) 634 endg; zu beiden Richtlinien-Vorschlägen OSTENDORF ZRP 2016, 69 ff; vgl auch MAULTZSCH JZ 2016, 236 mwNw.
[14] Ausführlich HKK/ERNST (2013) § 433 Rn 1 ff; KLINCK, in: STAUDINGER/Eckpfeiler T. Rn 45 ff.
[15] EMMERICH, BGB-Schuldrecht Besonderer Teil (14. Aufl 2015) § 1 Rn 12.
[16] VIEWEG/WERNER, Sachenrecht (7. Aufl 2015) § 1 Rn 10.

Beim Kaufvertrag als **gegenseitigem Vertrag** stehen die beiderseitigen Hauptpflichten in einem Gegenseitigkeitsverhältnis. Jede Vertragspartei verspricht ihre Leistung um der Gegenleistung willen *("do ut des")*.[17] Kennzeichnend ist also eine **synallagmatische Verknüpfung** der beiderseitigen Leistungspflichten. In einem solchen **Gegenseitigkeitsverhältnis** stehen die Pflicht des Verkäufers zur Übergabe und Übereignung des Kaufgegenstandes (§ 433 Abs 1 S 1 BGB) und die des Käufers zur Zahlung des Kaufpreises (§ 433 Abs 2 BGB). Dies gilt darüber hinaus auch für die Verpflichtung des Verkäufers gem § 433 Abs 1 S 2 BGB, dem Käufer die Sache frei von Sach- und Rechtsmängeln zu verschaffen; auch der Anspruch des Käufers auf Nacherfüllung gem § 437 Nr 1 BGB, § 439 Abs 1 BGB steht dann (als modifizierter Erfüllungsanspruch) konsequenterweise im Gegenseitigkeitsverhältnis, da es sich hierbei um die „Fortsetzung des Anspruchs auf mangelfreie Leistung" aus § 433 Abs 1 S 2 BGB handelt.[18] Grundsätzlich nicht im Gegenseitigkeitsverhältnis steht hingegen die Abnahmeverpflichtung des Käufers gem § 433 Abs 2 BGB. 10

4. Zustandekommen und Wirksamkeit des Kaufvertrages

Der **Abschluss des Kaufvertrages** richtet sich nach den allgemeinen Vorschriften, insbesondere den §§ 104 ff BGB, §§ 145 ff BGB und den dazu in Rspr und Lehre entwickelten Grundsätzen wie zB zum kaufmännischen Bestätigungsschreiben.[19] Auch für die notwendige inhaltliche Bestimmtheit gelten keine Besonderheiten; dies gilt insbesondere für die Bestimmtheit oder zumindest Bestimmbarkeit von Vertragsparteien, Kaufgegenstand und Kaufpreis als *essentialia negotii* des Kaufvertrages. 11

Zudem sind die im Allgemeinen Teil des Schuldrechts geregelten besonderen Vertriebsformen (§§ 312 ff BGB) bei **Kaufverträgen zwischen Unternehmern und Verbrauchern** zu beachten, namentlich bei außerhalb von Geschäftsräumen geschlossenen Verträgen (§ 312b BGB) und Fernabsatzverträgen (§ 312c BGB). Hieraus können sich Widerrufsrechte gem §§ 312g, 355 BGB zugunsten des Käufers (als Verbraucher) ergeben. Entsprechendes gilt bei Teilzahlungsgeschäften gem §§ 506, 507, 495 Abs 1 BGB und bei Ratenlieferungsverträgen gem § 510 Abs 2 BGB.[20] 12

Der **Wirksamkeit des Kaufvertrages** können allgemeine Regelungen entgegenstehen, insbesondere ein Verstoß gegen ein gesetzliches Verbot gem § 134 BGB, gegen die guten Sitten gem § 138 BGB oder aber gegen Formvorschriften wie zB § 311b Abs 1 S 1 BGB gem § 125 S 1 BGB. 13

Eine examensrelevante Fallkonstellation mit mehreren Folgefragen bildet der **sittenwidrige Kauf einer Sache**, wenn der Erwerber Rückzahlungsansprüche wegen der Mangelhaftigkeit des Geräts geltend macht. **Beispiel:** Sittenwidriger Kauf eines mangelhaften Radarwarngeräts, das nach dem Vertragszweck im Straßenverkehr benutzt werden soll.[21] Mängelrechte kommen wegen der Sittenwidrigkeit des Rechtsgeschäfts nicht in 14

---

[17] BGH 21.10.1954 – IV ZR 128/54, NJW 1954, 1883, 1884; zum Begriff und zu den Auswirkungen der wechselseitigen Abhängigkeit STAUDINGER/SCHWARZE (2015) Vorbem 5 ff zu §§ 320–326; BACH, in: STAUDINGER/ECKPFEILER D. Rn 16.
[18] STAUDINGER/BECKMANN (2014) Vorbem zu §§ 433 ff Rn 42.
[19] Dazu SCHIEMANN, in: STAUDINGER/Eckpfeiler C. Rn 88 ff.
[20] Zum Widerrufsrecht des Verbrauchers GSELL, in: STAUDINGER/Eckpfeiler L. Rn 15 ff.
[21] BGH 23.2.2005 – VIII ZR 129/04, NJW 2005, 1490.

Betracht. Einem bereicherungsrechtlichen Anspruch des Erwerbers lässt sich § 817 S 2 BGB entgegenhalten. Zusätzliche Fragen, die auch grundsätzliche dogmatische Aspekte berühren (Stichwort: Doppelwirkung des Rechts)[22], ergeben sich, wenn der (unwirksame) Vertrag im Wege des **Fernabsatzes** zustande gekommen ist. Insoweit stellt sich die grundlegende und umstrittene Problematik, ob ein unwirksamer Vertrag überhaupt widerrufen werden kann. Der BGH hat dies bejaht und dem Käufer den Widerruf des an sich unwirksamen Kaufvertrags aus Gründen des vorrangigen Verbraucherschutzes zugebilligt; zudem sei das Widerrufsrecht gerade an keine materiellen Voraussetzungen gebunden.[23] Dementsprechend gewährte der BGH dem Käufer einen aus dem Widerrufsrecht herzuleitenden Rückzahlungsanspruch.

5. Abgrenzung insbesondere zum Werkvertrag

15 Auch wenn der Kaufvertrag durch sein charakteristisches Merkmal – den endgültigen Austausch von Ware und Gegenleistung – deutlich geprägt ist, kann im Einzelfall eine Abgrenzung zu anderen Vertragstypen erforderlich sein.[24] Die Abgrenzung zum **Tausch** ist häufig nicht entscheidend, da gem § 480 BGB auf den Tausch ohnehin die Vorschriften über den Kauf Anwendung finden.[25]

16 Beim **Werkvertrag** (§ 631 BGB) trifft den Unternehmer eine **Herstellungspflicht**,[26] die dem Kauf fremd ist. Der Kauf ist vielfach auf Lieferung eines fertigen Produkts gerichtet.[27] Umfasst der Vertrag indes die Lieferung herzustellender oder zu erzeugender beweglicher Sachen, finden die Vorschriften über den Kauf gem § 650 S 1 BGB (§ 651 aF) in vollem Umfang Anwendung (als „Lieferungskauf" bzw immer noch als „Werklieferungsvertrag" bezeichnet); die heute weitreichende Fassung dieser Vorschrift und die „Gleichstellung des Werklieferungsvertrags mit dem Kaufvertrag"[28] beruht auf der Umsetzung der Verbrauchsgüterkaufrichtlinie. Dabei lässt sich der Wortlaut des § 650 S 1 BGB dahin verstehen, dass der Unternehmer selbst grundsätzlich nicht zur Herstellung, sondern nur zur Lieferung einer herzustellenden Sache verpflichtet ist.[29] Jedenfalls kann eine Herstellungspflicht auch hier vertraglich vereinbart werden.[30]

17 Schaltet im Rahmen eines Werklieferungsvertrags der Unternehmer bei der Herstellung des zu liefernden Werks einen Dritten (Hersteller) ein, ist umstritten, ob der Dritte **Erfüllungsgehilfe** (§ 278 BGB) des Unternehmers ist. Wie im Kaufrecht (dazu noch Rn 180) hat der BGH eine Erfüllungsgehilfeneigenschaft des Dritten auch im Rahmen von § 650 BGB verneint; zur Begründung hat der BGH unter anderem darauf

---

[22] Dazu etwa STAUDINGER/H ROTH (2015) § 142 Rn 27 ff; WÜRDINGER JuS 2011, 769.
[23] BGH 25.11.2009 – VIII ZR 318/08 Rn 9 ff, 17, NJW 2010, 610 f mit Anm FAUST JuS 2010, 442; MünchKomm/FRITZSCHE (7. Aufl 2016); aA STAUDINGER/THÜSING (2012) § 312d Rn 14. Übungsfall zu diesen Fragen bei FORSCHNER JA 2011, 579.
[24] Dazu STAUDINGER/BECKMANN (2014) Vorbem 138 ff zu §§ 433 ff.
[25] Dementsprechend können auch die §§ 474 ff BGB beim Tausch zugunsten des Verbrauchers Anwendung finden; vgl STAUDINGER/SCHERMAIER (2014) § 480 Rn 24.
[26] Im Werkvertragsrecht ist eine Eigentumsverschaffungspflicht zudem nicht geregelt (abgesehen von § 650 BGB).
[27] BGH 2.4.2014 – VIII ZR 46/13, NJW 2014, 2183, 2185 mit Anm LOOSCHELDERS JA 2015, 68.
[28] BGH 2.4.2014 – VIII ZR 46/13 Rn 34, NJW 2014, 2183, 2185.
[29] LOOSCHELDERS JA 2015, 68, 70; str vgl STAUDINGER/PETERS/JACOBY (2014) § 651 Rn 10.
[30] LOOSCHELDERS JA 2015, 68, 70; BeckOK/VOIT (1.2.2017) § 651 Rn 13.

hingewiesen, dass die Vorschrift gerade auf das Kaufrecht verweise.[31] Diese Entscheidung ist indes auf Kritik gestoßen. Jedenfalls dann, wenn den Unternehmer eine **Herstellungspflicht** trifft und er einen Dritten mit der Herstellung beauftragt, wird der Dritte iRv § 650 BGB zu Recht als Erfüllungsgehilfe des Unternehmers angesehen.[32]

Das Kaufrecht kann über § 650 S 1 BGB auch auf Verträge Anwendung finden, die beispielsweise die Lieferung noch herzustellender beweglicher Bau- oder Anlageteile zum Gegenstand haben, die zur Zusammensetzung sowie zur festen Installation auf einem Grundstück und dementsprechend für den Einbau in ein Gebäude bestimmt sind.[33] **18**

Handelt es sich bei der herzustellenden oder zu erzeugenden beweglichen Sache um eine **nicht vertretbare Sache** (§ 91 BGB), also etwa bei einer an die besonderen Wünsche des Bestellers angepassten Sache, sodass ein anderweitiger Absatz ausgeschlossen oder nur schwer möglich ist, werden nach § 650 S 3 BGB einige Vorschriften des Kaufrechts durch solche des Werkvertragsrechts ersetzt oder modifiziert.[34] **19**

Ob ein Kaufvertrag, ein Werkvertrag bzw ein Vertrag zur Lieferung herzustellender oder zu erzeugender Sachen oder ein typengemischter Vertrag vorliegt, kann im Einzelfall zweifelhaft sein, etwa beim **Vertrag mit Montageverpflichtung**.[35] Trotz der möglichen Bedeutung einer unsachgemäßen Montage gem § 434 Abs 2 BGB bei den *kaufrechtlichen* Mängelrechten besteht Abgrenzungsbedarf,[36] auch wenn die Bedeutung der Abgrenzung abgenommen hat. Steht die Verschaffung der Sache im Vordergrund, ist von vorneherein Kaufrecht anzuwenden. Demgegenüber steht ein Werkvertrag, zumindest aber werkvertragliche Elemente im Raum, wenn die Montageleistung den Schwerpunkt des vertraglich geschuldeten Erfolges bildet.[37] Nichtsdestotrotz soll nach Stimmen im Schrifttum auch im letzteren Fall über § 650 BGB doch wieder Kaufrecht zur Anwendung kommen.[38] Indes lässt sich differenzieren: § 650 BGB findet Anwendung auf die Lieferung herzustellender bzw zu erzeugender beweglicher Sachen. Mit einer Montage bzw einem Einbau ist aber nicht unbedingt die Herstellung oder Erzeugung einer Sache verbunden. Bei entsprechender Bedeutung der Montage bzw des Einbaus kann deshalb durchaus eine eigenständige Werkleistung geschuldet sein, so- **20**

---

[31] BGH 2.4.2014 – VIII ZR 46/13 Rn 35 ff, NJW 2014, 2183, 2185 (noch zu § 651 aF).
[32] LOOSCHELDERS JA 2015, 68, 70; BeckOK/VOIT (1.2.2017) § 651 Rn 14.
[33] BGH 23.7.2009 – VII ZR 151/08, NJW 2009, 2877. Im Einzelfall indes ua abzugrenzen vom Bauvertrag gem § 650a BGB.
[34] Im Schrifttum ist wiederholt für eine enge Auslegung des § 651 aF (jetzt § 650 BGB) plädiert worden, vgl etwa METZGER AcP 204 (2004) 231 ff; LEISTNER JA 2007, 81 ff; das wirkt sich insbesondere auf die Behandlung von Verträgen über die Erstellung von Software aus (dazu Rn 27).
[35] Vgl etwa BGH 19.6.1977 – VIII ZR 319/75, WM 1977, 365 (Montage einer Heizungsanlage für Gewächshäuser als mögliche werkvertragliche Nebenleistung); BGH 22.12.2005 – VII ZR 183/04, NJW 2006, 904 (Werkvertragsrecht bei Fertighauserwerb und umfangreichem Ausbau); BGH 15.4.2004 – VII ZR 291/03, NJW-RR 2004, 1205 (Kaufrecht bei Pflicht zur Lieferung und Aufstellung eines serienmäßig hergestellten Mobilheims); zum Kauf von Software mit der Abrede der Installation bzw Anpassung siehe Rn 27.
[36] Ebenso ECKERT/MAIFELD/MATTHIESSEN, Handbuch des Kaufrechts (2. Aufl 2014) Rn 65; OETKER/MAULTZSCH, Vertragliche Schuldverhältnisse (4. Aufl 2013) § 2 Rn 77.
[37] BGH 15.4.2004 – VII ZR 291/03, NJW-RR 2004, 1205; OETKER/MAULTZSCH, Vertragliche Schuldverhältnisse (4. Aufl 2013) § 2 Rn 77.
[38] OETKER/MAULTZSCH, Vertragliche Schuldverhältnisse (4. Aufl 2013) § 2 Rn 77.

dass dann jedenfalls für eine solche Montage- bzw Einbauleistung Werkvertragsrecht gilt.[39]

21 Beim **Kauf eines Grundstücks, auf dem der Verkäufer ein Haus zu errichten** hat, handelt es sich um einen Bauträgervertrag gem § 650u BGB. Nach dieser Vorschrift kommt für die Errichtung des Hauses Werkvertragsrecht und für den Anspruch auf Übertragung des Grundeigentums Kaufrecht zur Anwendung.[40]

II. Pflichten des Verkäufers

1. Hauptpflichten des Verkäufers

22 Vertragliche Pflichten lassen sich grundsätzlich in Haupt- und Nebenpflichten einordnen. Dabei handelt es sich bei den Hauptpflichten prinzipiell um die Pflichten, die den Vertrag zu einem bestimmten Vertragstypus zuordnen.[41] Aus § 433 Abs 1 S 1 BGB ergibt sich als Hauptpflicht des Verkäufers einer Sache **die Übergabe und die Eigentumsverschaffung** an der Sache. S 2 verpflichtet den Verkäufer beim Sach- und Rechtskauf des Weiteren, dem Käufer die Sache **frei von Sach- und Rechtsmängeln** zu verschaffen; auch diese Pflicht ordnet die hM als Hauptpflicht ein (vgl oben Rn 5).

a) Leistung des Kaufgegenstandes
aa) Kaufgegenstand

23 Das Gesetz unterscheidet hinsichtlich der Kaufgegenstände zwischen dem **Sachkauf gem §§ 433 ff BGB** und dem **Kauf von Rechten und sonstigen Gegenständen gem § 453 Abs 1 BGB**. Die §§ 433 ff BGB gelten grundsätzlich für den Sachkauf, jedoch finden durch Verweis in § 453 Abs 1 BGB die Vorschriften des Sachkaufs auf den Kauf von Rechten und sonstigen Gegenständen entsprechende Anwendung.

24 Unter **Sache** iSd §§ 433 ff BGB ist nach § 90 BGB **jeder körperliche Gegenstand**, gleichgültig, ob beweglich (Fahrnis, Mobilie) oder unbeweglich (Grundstück, Immobilie), zu verstehen. Für Grundstücke finden sich neben den allgemeinen Regeln für den Sachkauf zusätzlich einige Sonderregeln, wie § 436 BGB für öffentliche Lasten, § 438 Abs 1 Nr 1 lit b BGB für die Verjährung der Mängelansprüche, § 442 Abs 2 BGB für im Grundbuch eingetragene Rechte und § 448 Abs 2 BGB für die Kosten insbesondere der Eigentumsübertragung.

25 Zur verkauften Sache gehören **wesentliche Bestandteile** (§§ 93 ff BGB) und gem § 311c BGB im Zweifel auch **Zubehör** (§§ 97, 98 BGB). Sachen und mögliche Kaufgegenstände sind auch vom menschlichen Körper abgetrennte Bestandteile (zB Haare, Blut, Keimzellen, Goldkronen, Herzschrittmacher).[42] Tiere sind zwar gem § 90a S 1 BGB keine Sachen, jedoch sind nach § 90a S 3 BGB grundsätzlich die Vorschriften über Sachen entsprechend anzuwenden. Ausschlaggebend für die Sachqualität ist nicht der

---

[39] Eckert/Maifeld/Matthiessen, Handbuch des Kaufrechts (2. Aufl 2014) Rn 65; BeckOK/Faust (15.6.2017) § 434 Rn 90.
[40] Grds zu dem neu geregelten Bauvertragsrecht Peters/Jacoby, in: Staudinger/Eckpfeiler Q. Rn 10 ff.
[41] Looschelders, Schuldrecht Allgemeiner Teil (15. Aufl 2017) Rn 11.
[42] Vgl wiederum zur Zulässigkeit und Voraussetzungen einer Organspende das Gesetz über die Spende, Entnahme und Übertragung von Organen und Geweben (Transplantationsgesetz); dazu Staudinger/Beckmann (2014) § 433 Rn 8.

Aggregatzustand der Sache, sodass bei Lieferungsverträgen über **Gas und Wasser** die Regeln über den Sachkauf Anwendung finden.[43]

Kaufgegenstand können sowohl **Einzelsachen**, die aus mehreren Bestandteilen bestehen, als auch **Sachgesamtheiten**, zB eine Sitzgruppe[44] oder eine Bibliothek[45], sein. Charakteristisch für eine Sachgesamtheit ist, dass die einzelnen Sachen nur als Verbindung ihre Funktionsfähigkeit erfüllen und nur als Einheit werthaltig sind.

Beim **Kauf von Software** ergeben sich Abgrenzungsschwierigkeiten einerseits hinsichtlich der Qualifizierung als Rechts- oder Sachkauf und andererseits im Hinblick auf die Einordnung als Kauf-, Werk- oder Miet-, Pacht- bzw Lizenzvertrag; zudem sind urheberrechtliche Aspekte zu berücksichtigen.[46] Sofern eine auf einem Datenträger gespeicherte vorgefertigte Standardsoftware auf Dauer gegen Entgelt überlassen wird, handelt es sich um einen Sachkauf gem §§ 433 ff BGB. Findet die Übertragung der Software ohne Datenträger insbesondere über das Internet statt, soll es sich um den **Kauf eines sonstigen Gegenstandes** iSd § 453 BGB handeln.[47] Unterschiedliche Rechtsfolgen, insbesondere bei den Mängelrechten, ergeben sich bei der Abgrenzung von Standard- und Individualsoftware. Eine dauerhafte Überlassung einer für eine Vielzahl von Nutzern entwickelten Standardsoftware beurteilt sich nach den kaufrechtlichen Regelungen.[48] Bei speziell für einen bestimmten Benutzer kreierter Software wendet die hM **Werkvertragsrecht** an.[49] Eine Einordnung als Vertrag im Sinne des § 650 S 3 BGB, der das Kaufvertragsrecht ergänzt und die Anwendbarkeit einiger Werkvertragsregelungen zur Folge hätte, ist abzulehnen, da Kernstück eines Softwareerstellungsvertrages nicht eine bewegliche Sache ist, sondern ein für die konkreten Bedürfnisse des Bestellers konzipiertes geistiges Werk.[50] Auch handelt es sich etwa bei einem Internet-System-Vertrag, der die Erstellung und Betreuung einer Internetpräsentation (Website) des Kunden und die Gewährleistung der Abrufbarkeit dieser Website im Internet zum Gegenstand hat, um einen Werkvertrag.[51]

Der **Rechtskauf** iSd § 453 BGB ist weit zu verstehen und erfasst neben Forderungen auch alle verbrieften und unverbrieften Rechte. Rechte iSd § 453 BGB sind damit Rechte an Sachen (zB Pfandrechte, Grund- und Rentenschulden), in Wertpapieren verkörperte Rechte (zB Rektapapiere)[52], Anteile an Gesellschaften und Gemeinschaf-

---

[43] RG 24.6.1927 – (VII) VI 135/27, RGZ 117, 315.
[44] BGH 25.1.1994 – VI ZR 285/92, NJW-RR 1994, 1305.
[45] PALANDT/WEIDENKAFF (77. Aufl 2018) § 433 Rn 7.
[46] Vgl etwa SCHLECHTRIEM, Schuldrecht Besonderer Teil (6. Aufl 2003) Rn 28.
[47] STAUDINGER/BECKMANN (2014) § 453 Rn 49 ff; BeckOGK/WILHELMI (15.8.2017) § 453 Rn 179; aA ERMAN/GRUNEWALD (15. Aufl 2017) § 433 Rn 12. Dennoch sind auch hier aus Schutzzweckgesichtspunkten die Regelungen über den Verbrauchsgüterkauf entsprechend anwendbar (REDEKER, IT-Recht [6. Aufl 2017] Rn 281, 532).
[48] Abgrenzung der Vertragstypen nach alter Rechtslage: BGH 22.12.1999 – VIII ZR 299/98, NJW 2000, 1415.
[49] BGH 4.3.2010 – III ZR 79/09, NJW 2010, 1449 (mwNw); OLG Köln 24.11.2014 – 19 U 17/14 Rn 49 f.
[50] HOEREN, in: DAUNER-LIEB/KONZEN/K SCHMIDT, Das neue Schuldrecht in der Praxis (2002) 515, 516 f; STAUDINGER/BECKMANN (2014) § 453 Rn 55 ff mit weiteren Literaturhinweisen; aA SCHWEINOCH CR 2010, 1, 3 unter Hinweis auf BGH 23.7.2009 – VII ZR 151/08, NJW 2009, 2877 (vgl zu dieser Entscheidung bereits Rn 18).
[51] So BGH 4.3.2010 – III ZR 79/09 Rn 24 ff, NJW 2010, 1449.
[52] Meist wird die Übergabe des Papiers als Sache und die Übertragung des in dem Papier verkörperten Rechts geschuldet.

ten, gewerbliche Schutzrechte und Kennzeichenrechte, wie Gebrauchsmuster, Design, Patente und Marken, oder öffentlich-rechtliche Befugnisse (Konzessionen). Kaufgegenstand können daneben auch bedingte und künftige Rechte[53] sowie die Rechtsstellung als Vertragspartei[54] sein.

29 Eine besondere Form des Forderungskaufs ist nach hM das sog **echte Factoring**.[55] Bei diesem gesetzlich nicht unmittelbar geregelten Vertragstypus verpflichtet sich ein Forderungsinhaber seine Forderung gegen Entgelt auf einen Factor (meist ein Kreditinstitut) zu übertragen.[56] Zu unterscheiden ist es ua vom **unechten Factoring**; da der bisherige Forderungsinhaber hier – anders als beim echten Factoring – für die **Bonität** der Forderung haftet, wird das unechte Factoring überwiegend als Darlehen nach § 488 BGB eingeordnet.[57] Folgeprobleme ergeben sich insbesondere im Verhältnis zum verlängerten Eigentumsvorbehalt.[58]

30 Vereinbaren die Parteien **nicht übertragbare Rechte** (zB Namensrecht als höchstpersönliches Recht, Urheberrecht gem § 29 Abs 1 UrhG, Leerübertragung einer Firma gem § 23 HGB, Nießbrauch gem § 1059 S 1 BGB) als Kaufgegenstand, kommen mangels Erfüllbarkeit der Hauptleistungspflicht des Verkäufers – der Übertragung des Rechts – aus dem gleichwohl wirksamen (vgl § 311a Abs 1 BGB) Kaufvertrag Schadensersatzansprüche des Käufers aus § 311a Abs 2 BGB in Betracht;[59] unter Umständen kann sich im Wege der Auslegung des Vertrages auch eine für den Schuldner erfüllbare Leistungspflicht, beispielsweise die Einräumung von Nutzungsrechten, ergeben.[60]

31 § 453 BGB erfasst auch den Kauf **sonstiger Gegenstände**. Als sonstiger Kaufgegenstand wird insbesondere der **Kauf eines Unternehmens** angesehen. Dabei unterscheidet man grundsätzlich zwei Formen des Unternehmenskaufs: zum einen den Erwerb der Gesamtheit der Wirtschaftsgüter *(asset deal)* und zum anderen den Erwerb der Gesellschaftsanteile am Unternehmensträger des Unternehmens *(share deal)*. Vertragsgegenstand beim *asset deal* ist prinzipiell eine Gesamtheit von Wirtschaftsgütern, die dem Käufer die Weiterführung des Unternehmens ermöglicht. Umfasst werden zum Unternehmen gehörende **Sachen** (zB Inventar, Fuhrpark, Grundstücke), **Rechte** (zB Forderungen, Marken, Patente) und insbesondere nicht durch die Bilanz ausgewiesene **sonstige Vermögenswerte**, die aber den Erfolg und die Werthaltigkeit eines Unternehmens erst ausmachen, wie betriebliche Organisation, Bezugs- und Absatzquellen, Kunden- und Lieferantenlisten, Ruf des Unternehmens bei Geschäftspartnern *(goodwill)*.[61]

---

[53] RG 30.11.1932 – I 220/32, RGZ 139, 52; BGH 16.11.1954 – I ZR 40/53, NJW 1955, 541, 542; BeckOK/Faust (15.6.2017) § 453 Rn 2.
[54] Übertragung des Kaufgegenstandes erfolgt durch Vertragsübernahme gem § 414 BGB.
[55] BGH 15.4.1987 – VIII ZR 97/86, NJW 1987, 1878, 1879; BGH 23.1.2002 – X ZR 218/99 Rn 23; Staudinger/Beckmann (2014) Vorbem 258 zu §§ 433 ff.
[56] Staudinger/Beckmann (2014) Vorbem 252 zu §§ 433 ff.
[57] BGH 3.5.1972 – VIII ZR 170/71, NJW 1972, 1715 f; Staudinger/Beckmann (2014) Vorbem 259 zu §§ 433 ff.
[58] Zur Kollision von Globalzession und verlängertem Eigentumsvorbehalt Herresthal, in: Staudinger/Eckpfeiler K. Rn 59 ff.
[59] Staudinger/Beckmann (2014) § 453 Rn 5.
[60] Vgl BGH 14.3.1990 – VIII ZR 18/89, NJW-RR 1990, 817 f (Verkauf eines Pfandrechts ohne die zugrunde liegende Forderung).
[61] Staudinger/Beckmann (2014) § 453 Rn 89; Schlechtriem, Schuldrecht Besonderer Teil (6. Aufl 2003) § 2 Rn 24 f.

Die zweite und praktisch häufigste Form, ein Unternehmen oder Teile davon zu 32
kaufen, ist der Erwerb der Gesellschaftsanteile am Unternehmensträger des Unternehmens *(share deal)*. Hierbei handelt es sich um einen Rechtskauf in Form des Kaufs von Gesellschaftsanteilen zB einer GmbH oder einer AG. Im Unterschied zum *asset deal*, bei dem die einzelnen Wirtschaftsgüter nach dem sachenrechtlichen Spezialitätsgrundsatz auch einzeln übertragen werden müssen, bedarf es beim *share deal* nur der Übertragung der Gesellschaftsanteile. Grundsätzlich sind nach Angleichung der Vorschriften über Sach- und Rechtskauf auf beide Formen des Unternehmenskaufs dieselben Regelungen anwendbar.

Als sonstige Kaufgegenstände iSd § 453 BGB werden des Weiteren nicht durch Pa- 33
tente oder sonstige gewerbliche Schutzrechte geschützte **Erfindungen** sowie Werbeideen, allgemeine Informationen oder fachliches **Know-how** angesehen. Auch entgeltliche Verträge, in denen sich der Erzeuger zur Überlassung von Strom und Wärme an den Bezieher verpflichtet, werden als Kaufvertrag über einen sonstigen Gegenstand eingeordnet.[62]

bb) Übergabe und Eigentumsverschaffung bei Sachen
Übergabe und Eigentumsverschaffung richten sich nach sachenrechtlichen Grundsät- 34
zen. Beim Kauf beweglicher Sachen richtet sich die Eigentumsübertragung in aller Regel[63] nach den §§ 929 ff BGB und ist grundsätzlich an eine Übergabe, dh die Verschaffung von tatsächlicher Sachherrschaft iSd § 854 BGB, geknüpft. Bei Grundstücken erfolgt die Eigentumsübertragung nach §§ 873, 925 BGB und setzt eine Einigungserklärung (Auflassung gem § 873 Abs 1 BGB, § 925 BGB) und die Eintragung ins Grundbuch voraus.

cc) Übertragung beim Rechtskauf
Beim Rechtskauf erfüllt der Verkäufer seine Pflicht nach § 453 Abs 1 Alt 1 BGB iVm 35
§ 433 Abs 1 S 2 BGB durch Übertragung des Rechts nach den für das jeweilige Recht geltenden Regeln, zB Übertragung eines Wechsels gem Art 11 ff WG oder Übertragung von GmbH-Anteilen durch notariell beurkundete Abtretung gem § 15 Abs 3 GmbHG. Die formlose Abtretung nach § 398 BGB genügt bei Forderungen, bei sonstigen Rechten dagegen nur beim Fehlen einer anderweitigen gesetzlichen Regelung (§ 413 BGB). Die Kosten für die Begründung und Übertragung des Rechts trägt gem § 453 Abs 2 BGB der Verkäufer.

Ist die Übertragung eines Rechts mit dem Besitz an einer Sache verknüpft, zB bei 36
Übertragung eines Pfandrechts (§ 1251 Abs 1 BGB) oder Nießbrauchs (§ 1036 Abs 1 BGB), ist der Verkäufer darüber hinaus gem § 453 Abs 3 BGB verpflichtet, die entsprechende Sache an den Käufer zu übergeben.

---

[62] BGH 9.4.1986 – VIII ZR 133/85, NJW 1986, 3195 (Wärme); Staudinger/Beckmann (2014) § 453 Rn 39.
[63] Möglich ist auch, dass der Verkäufer seiner Verpflichtung zur Eigentumsübertragung dadurch nachkommt, dass das Eigentum aufgrund eines gesetzlichen Tatbestands (zB nach § 946 BGB) übergeht (Oetker/Maultzsch, Vertragliche Schuldverhältnisse [4. Aufl 2013] § 2 Rn 38).

b) Mängelfreiheit des Kaufgegenstandes
aa) Freiheit von Sachmängeln, § 434

37 § 433 Abs 1 S 2 BGB verpflichtet den Verkäufer, eine sach- und rechtsmängelfreie Sache zu liefern. § 434 BGB regelt umfassend den Begriff der **Sachmängelfreiheit**; sind die Voraussetzungen der Sachmängelfreiheit bei dem gelieferten Kaufgegenstand nicht erfüllt, so hat der Verkäufer seine Verpflichtung gem § 433 Abs 1 S 2 BGB verletzt. Es liegt ein Sachmangel und damit eine wesentliche Voraussetzung für die Mängelrechte des Käufers gem §§ 437 ff BGB vor (dazu Rn 83, 88 ff). Im Einzelnen:

38 Schaubild: Sachmangel nach § 434 BGB unter Hinweis auf typische Fragen

Beschaffenheitsvereinbarung, § 434 Abs 1 S 1 BGB
• Beschaffenheits*begriff* → Rn 41 f
• Beschaffenheits*vereinbarung* → Rn 43
• Formerfordernisse → Rn 45

vertraglich vorausgesetzte Verwendung, § 434 Abs 1 S 2 Nr 1 BGB	übliche Beschaffenheit, § 434 Abs 1 S 2 Nr 2 BGB	öffentl. Äußerungen, § 434 Abs 1 S 3 BGB
• Beschaffenheitsbegriff → Rn 41 f	• Beschaffenheitsbegriff → Rn 41 f	• Anpreisung → Rn 56
• Einigung erforderlich? → Rn 46	• Mangelverdacht → Rn 54	

fehlerhafte Montage(-anleitung), § 434 Abs 2 BGB	Lieferung eines aliud/minus, § 434 Abs 3 BGB
• Abgrenzung zum Werkvertrag → Rn 59	• Identitätsaliud → Rn 65
• Bedienungsanleitung → Rn 63	• Lieferung höherwertiges aliud → Rn 68

(1) Übereinstimmung zwischen Ist- und Sollbeschaffenheit, § 434 Abs 1 S 1

39 Gem § 434 Abs 1 S 1 BGB ist die verkaufte Sache frei von Sachmängeln, wenn sie *bei Gefahrübergang* (regelmäßig bei Übergabe, § 446 S 1 BGB; zum Gefahrübergang noch Rn 72 f) die **vereinbarte Beschaffenheit** aufweist. Ein Sachmangel ist also gegeben, wenn bei Gefahrübergang die tatsächliche Beschaffenheit (Istbeschaffenheit) von der von den Parteien vereinbarten Beschaffenheit (Sollbeschaffenheit) negativ abweicht. Damit normiert das Gesetz grundsätzlich einen **subjektiven Fehlerbegriff**. Objektive Kriterien spielen nach Abs 1 S 1 zunächst keine Rolle. Die vereinbarte Beschaffenheit kann demzufolge auch hinter objektiven Qualitätsstandards zurückbleiben.[64] Nichtsdestotrotz kann sich selbstverständlich gerade bei Abweichung von objektiven Qualitätsstandards ein kaufrechtlicher Mangel insbesondere aus § 434 Abs 1 S 2 BGB ergeben.

40 Im Gegensatz zum vor der Schuldrechtsreform geltenden Fehlerbegriff des § 459 Abs 1 aF spielt die **Erheblichkeit des Mangels** für das Eingreifen der Mängelrechte keine Rolle mehr.[65] Weiterhin Bedeutung erlangt die Erheblichkeit des Mangels indes im Rahmen des Rücktritts, § 323 Abs 5 S 2 BGB (dazu vgl Rn 144 ff).

---

[64] SCHLECHTRIEM, Schuldrecht Besonderer Teil (6. Aufl 2003) § 2 Rn 33; WESTERMANN NJW 2002, 241, 243; umfassend zum Begriff der Beschaffenheit G MÜLLER WM 2017, 929; WM 2017, 981. Zu den Fehlerbegriffen vgl HKK/ERNST (2013) §§ 437–445 Rn 14.

Der Begriff der **Beschaffenheit** umfasst jedenfalls alle Faktoren, die der Sache physisch **41** anhaften (zB Zustand, Alter, Echtheit, Benzinverbrauch, Unfallfreiheit eines Pkw). Insbesondere seit der Schuldrechtsreform wurde unterschiedlich beurteilt, ob darüber hinaus auch rechtliche und wirtschaftliche **Beziehungen der Sache zur Umwelt** eine Beschaffenheit iSd § 434 Abs 1 S 1 BGB darstellen können. Für einen solchen weiten Beschaffenheitsbegriff spricht bereits, dass § 434 Abs 1 S 1 BGB auf die „vereinbarte Beschaffenheit" abstellt, mithin auf das, was die Parteien als Beschaffenheit ansehen.[66] Einen weiten Beschaffenheitsbegriff hat der BGH zu Recht zunehmend ebenfalls angenommen. Danach sind als Beschaffenheit einer Sache im Sinne von § 434 Abs 1 BGB sowohl alle Faktoren anzusehen, die der Sache selbst anhaften, als auch alle Beziehungen der Sache zur Umwelt, die nach der Verkehrsauffassung Einfluss auf die Wertschätzung der Sache haben.[67] Konkret hat der BGH zB das „Bestehen einer Herstellergarantie" beim Autokauf als Beschaffenheit der Sache angesehen.[68] Ob die Beziehung ihren Ursprung in dem Kaufgegenstand selbst haben muss oder ob jeder tatsächliche Bezug zu dem Kaufgegenstand ausreicht, hat der BGH bisher offengelassen.[69]

Als Beschaffenheit iSd § 434 Abs 1 S 1 BGB lassen sich auch **Mieterträge** eines Grund- **42** stücks einordnen.[70] **Ertragsfähigkeit und Umsatz** eines Unternehmens können ebenso dem Beschaffenheitsbegriff unterfallen.[71] Die nach der Rspr zusicherungsfähige und somit die vertragliche Beschaffenheit begründende Eigenschaft ist hierbei die Ertragsfähigkeit des Unternehmens als Grundlage für zukünftige Umsätze und Erträge (Ertragsvorschau), weshalb Angaben über einen längeren, mehrjährigen Zeitraum hinweg gefordert werden.[72] Vor dem Hintergrund der Reichweite des Beschaffenheitsbegriffes wird im Schrifttum darüber hinaus kontrovers diskutiert, ob und unter welchen Voraussetzungen Ertragsfähigkeit und Umsatz eines Unternehmens als Beschaffenheit des Kaufgegenstands anzusehen sind. Vertreten werden gänzlich ablehnende, umfassend annehmende, wie auch differenzierende Positionen.[73] Insbesondere die Annahme eines weiten Beschaffenheitsbegriffs (Rn 41), aber auch die Tatsache, dass der Unternehmenskauf über § 453 Abs 1 BGB dem Kaufrecht unterfällt, sprechen dafür, Ertragsfähigkeit und Umsatz als Beschaffenheit iSd § 434 Abs 1 S 1 BGB anzusehen.

---

[65] STAUDINGER/MATUSCHE-BECKMANN (2014) § 434 Rn 4; BT-Drucks 14/6040, 216 f.
[66] STAUDINGER/MATUSCHE-BECKMANN (2014) § 434 Rn 42; OLG München 6.9.2006 – 20 U 1860/06 Rn 29; **aA** etwa OLG Hamm 13.5. 2003 – 28 U 150/02, NJW-RR 2003, 1360, das den Umstand des Imports eines Pkw aus dem Ausland nicht als Beschaffenheit eingeordnet hat.
[67] BGH 19.4.2013 – V ZR 113/12 Rn 15, NJW 2013, 1948, 1949; BGH 15.6.2016 – VIII ZR 134/15 Rn 10, NJW 2016, 2874.
[68] BGH 15.6.2016 – VIII ZR 134/15 Rn 10, NJW 2016, 2874; anders noch zum alten Kaufrecht BGH 24.4.1996 – VIII ZR 114/95, NJW 1996, 2025; Examensfallbesprechung ua hierzu bei METZING Jura 2017, 574 ff.
[69] BGH 19.4.2013 – V ZR 113/12 Rn 15, NJW 2013, 1948, 1949; BGH 15.6.2016 – VIII ZR 134/15 Rn 13, NJW 2016, 2874, 2875.
[70] BGH 5.11.2010 – V ZR 228/09 Rn 12 f, NJW 2011, 1217, 1218; STAUDINGER/BECKMANN (2014) § 453 Rn 133 mwNw.
[71] BGH 8.2.1995 – VIII ZR 8/94, NJW 1995, 1547; LOOSCHELDERS, Schuldrecht Besonderer Teil (12. Aufl 2017) Rn 239; im Einzelnen str, vgl STAUDINGER/BECKMANN (2014) § 453 Rn 133, 135 mwNw; ablehnend ERMAN/GRUNEWALD (15. Aufl 2017) § 434 Rn 10, da Umsatz und Ertrag an die Rentabilität der Kaufsache und nicht an die Beschaffenheit anknüpften.
[72] BGH 8.2.1995 – VIII ZR 8/94, NJW 1995, 1547; OLG München 23.11.2011 – 20 U 1915/11 Rn 42 f.
[73] Vgl STAUDINGER/BECKMANN (2014) § 453 Rn 133 mwNw; jurisPK/LEIBLE/MÜLLER (8. Aufl 2017) § 453 Rn 33 ff mwNw; eine Differenzierung anhand des jeweiligen Umstands vorstellend etwa HUBER/BACH, Examens-Repetitorium Besonderes Schuldrecht 1 (5. Aufl 2016) Rn 326.

43 § 434 Abs 1 S 1 BGB setzt eine **Vereinbarung** – also zwei übereinstimmende Willenserklärungen – **über eine Beschaffenheit** voraus; diese Vereinbarung kann ausdrücklich oder konkludent zustande kommen.[74] So kann eine konkludente Vereinbarung dadurch zustande kommen, dass der Käufer bei Vertragsschluss die Beschaffenheit der Kaufsache, die er erwartet, beschreibt, und der Verkäufer diese Beschreibung zur Kenntnis nimmt und dieser zustimmt.[75] Ebenso kommt eine Beschaffenheitsvereinbarung zustande, wenn der Verkäufer bei Vertragsschluss Eigenschaften der Sache beschreibt und der Käufer vor diesem Hintergrund seine Kaufentscheidung trifft.[76] Auch Katalogangaben eines Kunstauktionators können Grundlage einer Beschaffenheitsvereinbarung sein.[77] Gleichwohl sind nach der **Rechtsprechung des BGH** an die Annahme einer Beschaffenheitsvereinbarung „strenge Anforderungen" zu stellen, so soll sie „unter Geltung des neuen Schuldrechts (...) nicht mehr im Zweifel, sondern nur noch in eindeutigen Fällen in Betracht" kommen.[77a]

44 Im Einzelfall gilt es den Inhalt einer Beschaffenheitsvereinbarung auszulegen. Die folgende Übersicht zeigt **Beispiele aus der Rechtsprechung** (Auswahl):

Beschaffenheitsangabe	Auslegung	Fundstelle
Fahrzeug „fabrikneu"	Fahrzeug mangelhaft, wenn zwischen Herstellung und Abschluss des Kaufvertrages mehr als 12 Monate liegen und/oder beschädigt/benutzt	BGH NJW 2004, 160 BGH NJW 2013, 1365
„Jahreswagen"	mangelhaft, wenn zwischen Herstellung und Erstzulassung mehr als 12 Monate liegen	BGH NJW 2006, 2694
„Vorführwagen"	enthält keine Vereinbarung über das Alter	BGH NJW 2010, 3710
Fahrzeug „Unfallschäden laut Vorbesitzer Nein"	keine Beschaffenheitsvereinbarung, sondern bloße Wissensmitteilung	BGH NJW 2008, 1517 BGH NJW 2013, 2107 BGH NJW 2016, 3015
geringer Startpreis bei einer Internetauktion	lässt keine Rückschlüsse auf Wert der Kaufsache zu	BGH NJW 2012, 2723 BGH NJW 2015, 548

45 Handelt es sich um einen **Grundstückskauf**, erfasst das Erfordernis der **notariellen Beurkundung** gem § 311b Abs 1 S 1 BGB **auch** die Beschaffenheitsvereinbarung. Rechtlich problematisch sind in diesem Zusammenhang **Äußerungen des Verkäufers im Vor-**

---

[74] BGH 6.11.2015 – V ZR 78/14 Rn 9, NJW 2016, 1815; BGH 26.4.2017 – VIII ZR 80/16, NJW 2017, 2817 mit Anm LOOSCHELDERS JA 2017, 865.
[75] MünchKomm/WESTERMANN (7. Aufl 2016) § 434 Rn 16; ähnlich BGH 19.12.2012 – VIII ZR 96/12 Rn 16, NJW 2013, 1074, 1075; BGH 6.11.2015 – V ZR 78/14 Rn 9, NJW 2016, 1815.
[76] BGH 19.12.2012 – VIII ZR 96/12 Rn 16, NJW 2013, 1074, 1075.
[77] LG Saarbrücken 14.9.2012 – 13 S 5/12, NJW-RR 2012, 1522; BECKMANN KuR 2013, 57, 59 f; ders jM 2014, 330, 331 mwNw; aA OLG Köln 27.3.2012 – I-9 U 141/11, NJW 2012, 2665; höchstrichterlich noch nicht entschieden. Der BGH nahm indes einen Sachmangel gem § 434 Abs 1 S 2 Nr 2 BGB an BGH 17.9.2014 – XII ZR 140/12 Rn 12, NJW 2014, 3570, 3571 („Buddha-Fall").
[77a] BGH 18.10.2017 – VIII ZR 32/16 Rn 16, NJW 2018, 150, 154 mit Anm MÜLLER und LOOSCHELDERS JA 2018, 146; BGH 6.12.2017 – VIII ZR 219/16 Rn 25, juris; insgesamt zu Beschaffenheitsvereinbarung und Haftungsausschluss LOOSCHELDERS, in: FS Krüger (2017) 263 f.

feld des Vertragsschlusses, die aber nicht mitbeurkundet werden. **Beispiel:** Angaben des Verkäufers über die Größe eines Grundstücks oder einer Wohnung. Nach der Rspr des BGH führt eine Beschreibung von Eigenschaften eines Grundstücks oder Gebäudes durch den Verkäufer vor Vertragsschluss, die in der notariellen Urkunde keinen Niederschlag findet, in aller Regel nicht zu einer Beschaffenheitsvereinbarung nach § 434 Abs 1 S 1 BGB: Nähme man eine (nicht beurkundete) Beschaffenheitsvereinbarung an, hätte dies die Nichtigkeit des Vertrages nach § 125 S 1 BGB zur Folge.[78] Dies widerspräche aber den Interessen der Parteien und dem Auslegungsgrundsatz, wonach im Zweifel derjenigen Auslegung der Vorzug gebührt, die die Nichtigkeit des Rechtsgeschäfts vermeidet.[79] Deshalb könnten nur solche Äußerungen von den Parteien als verbindlich gewollt sein, die auch im notariellen Vertrag Niederschlag gefunden haben. Der Käufer kann sich also nicht auf im Vorfeld getätigte Äußerungen des Verkäufers verlassen. Etwas anderes gilt erst bei arglistigem Verhalten des Verkäufers; dann kommt eine Haftung des Verkäufers wegen Verletzung vorvertraglicher Pflichten (cic)[80] oder auch eine Anfechtung wegen arglistiger Täuschung in Betracht (zur Anwendbarkeit vgl noch Rn 224).

(2)   Eignung für die vertraglich vorausgesetzte Verwendung, § 434 Abs 1 S 2 Nr 1

Wenn keine primär zu berücksichtigende Vereinbarung der Parteien über die Beschaffenheit der Kaufsache vorliegt, orientiert sich die Sachmängelfreiheit an der Eignung der Sache **zum vertraglich vorausgesetzten Verwendungszweck** (§ 434 Abs 1 S 2 Nr 1 BGB). Der Verwendungszweck kann von den Parteien vereinbart werden oder sich aus den Umständen ergeben, wobei allerdings eine einseitige Zweckbestimmung des Käufers nach hM nicht ausreicht. Es ist vielmehr ein Konsens bzw eine gemeinsame Vorstellung der Parteien über den vertraglichen Verwendungszweck erforderlich.[81] Unterschiedlich beurteilt werden insoweit die Anforderungen: Während einerseits eine vertragliche Vereinbarung verlangt wird,[82] soll nach anderer Ansicht eine bloß tatsächliche Übereinstimmung ausreichen.[83] Der BGH stellt auf eine nicht unbedingt vereinbarte, aber von beiden Vertragsparteien übereinstimmend unterstellte Verwendung der Kaufsache ab.[84] Insbesondere wenn man eine vertragliche Vereinbarung verlangt, so unterliegt die Verwendungsvereinbarung – ebenso wie eine Beschaffenheitsvereinbarung gem § 434 Abs 1 S 1 BGB – ggf dem für den Kaufvertrag geltenden Formerfordernis (bei Grundstückskaufverträgen dem Formerfordernis gem § 311b Abs 1 S 1 BGB).[85]

46

---

[78] BGH 6.11.2015 – V ZR 78/14 Rn 18, NJW 2016, 1815, 1816 mit zustimmender Anm GUTZEIT JuS 2016, 841. Der BGH stellt nicht ausdrücklich auf § 139 BGB ab; kritisch insoweit und insgesamt JAENSCH jM 2016, 185, 186.
[79] Krit FAUST JZ 2016, 1012, 1014f (iE zustimmend).
[80] BGH 6.11.2015 – V ZR 78/14 Rn 23 ff, NJW 2016, 1815, 1816.
[81] OETKER/MAULTZSCH, Vertragliche Schuldverhältnisse (4. Aufl 2013) § 2 Rn 57; vgl dazu auch STAUDINGER/MATUSCHE-BECKMANN (2014) § 434 Rn 76 ff. Der BGH hat offengelassen, ob die fehlende Nutzungsmöglichkeit eines Wohnmobils in Umweltzonen einen Sachmangel gem § 434 Abs 1 S 2 Nr 1 BGB darstellt, BGH 13.3.2013 – VIII ZR 186/12 Rn 15, NJW 2013, 2107.

[82] MünchKomm/WESTERMANN (7. Aufl 2016) § 434 Rn 18.
[83] OECHSLER, Vertragliche Schuldverhältnisse (2. Aufl 2017) § 2 Rn 114; wohl auch SCHLECHTRIEM, Schuldrecht Besonderer Teil (6. Aufl 2003) § 2 Rn 40.
[84] BGH 26.4.2017 – VIII ZR 80/16, NJW 2017, 2817; BGH 16.3.2012 – V ZR 18/11, NJW-RR 2012, 1078. Dabei sind nicht nur der Vertragsinhalt, sondern auch die Gesamtumstände zu berücksichtigen; BGH 6.12.2017 – VIII ZR 219/16 Rn 33, juris.
[85] OETKER/MAULTZSCH, Vertragliche Schuldverhältnisse (4. Aufl 2013) § 2 Rn 59; BeckOK/FAUST (15.6.2017) § 434 Rn 50; OECHSLER, Vertragliche Schuldverhältnisse (2. Aufl 2017) § 2 Rn 115.

47 Im Rahmen des § 434 Abs 1 S 2 Nr 1 BGB wird man in Abgrenzung zu § 434 Abs 1 S 2 Nr 2 BGB allerdings eine besondere, über die gewöhnliche Verwendung hinausgehende Verwendung als erforderlich ansehen müssen, um § 434 Abs 1 S 2 Nr 2 BGB einen eigenständigen Anwendungsbereich zu erhalten.[86]

48 Nach der Rspr des BGH ist die Eignung einer Sache für eine bestimmte Verwendung nicht erst zu verneinen, wenn die Tauglichkeit der Kaufsache zu diesem Gebrauch ganz aufgehoben ist, sondern bereits dann, wenn sie lediglich gemindert ist (so etwa, wenn mit der Nutzung erhebliche Gesundheitsgefahren oder das Risiko eines großen wirtschaftlichen Schadens einhergehen).[87]

(3) Eignung zur gewöhnlichen Verwendung und Vorhandensein der üblichen Beschaffenheit, die der Käufer erwarten kann, § 434 Abs 1 S 2 Nr 2, S 3

49 Fehlt es an einer Beschaffenheitsvereinbarung und ist auch ein spezieller, dem Vertrag zugrunde liegender Zweck nicht gegeben, sind als (indes bedeutsamer) **Auffangtatbestand** objektive Kriterien, namentlich gem § 434 Abs 1 S 2 Nr 2 BGB die **Eignung zur gewöhnlichen Verwendung** und die **allgemeine Üblichkeit der Beschaffenheit**, die der **Käufer erwarten kann**, heranzuziehen. Um Sachmängelfreiheit annehmen zu können, müssen diese Voraussetzungen **kumulativ** vorliegen.[88]

50 Die Sache muss sich also zum einen für die **gewöhnliche Verwendung eignen**. Die Frage, ob eine Verwendung gewöhnlich ist, muss aus Sicht eines vernünftigen Durchschnittskäufers beantwortet werden (vgl auch Rn 52).[89] Beispielsweise fehlt die Eignung zur gewöhnlichen Verwendung, wenn die Bedienungsanleitung einer Kaufsache fehlt[90] oder wenn ein gebrauchter PKW technische Mängel aufweist, die die Zulassung zum Straßenverkehr hindern.[91]

51 Zum anderen muss die Sache die für Sachen gleicher Art **übliche Beschaffenheit** aufweisen, die durch Vergleich mit Gegenständen der gleichen Gattung und Preisklasse, uU auch mit Konkurrenzprodukten ermittelt werden kann.[92] Bei gebrauchten Gegenständen ist etwa auf Sachen des gleichen Alters abzustellen; Defekte, etwa bei gebrauchten Kraftfahrzeugen, stellen grundsätzlich nur dann einen Sachmangel dar, wenn es sich nicht um eine bei Fahrzeugen dieses Typs und dieses Alters mit entsprechender Laufleistung übliche Verschleißerscheinung handelt.[93] Zur üblichen Beschaf-

---

[86] Vgl STAUDINGER/MATUSCHE-BECKMANN (2014) § 434 Rn 73. Letztlich kann eine exakte Abgrenzung in der Regel aber offenbleiben; jurisPK/PAMMLER (8. Aufl 2017) § 434 Rn 101.
[87] BGH 26.4.2017 – VIII ZR 80/1 Rn 18, NJW 2017, 2817, 2818; BGH 26.10.2016 – VIII ZR 240/15, NJW 2017, 153 mit Anm MANKOWSKI; BGH 27.3.2009 – V ZR 30/08, NJW 2009, 2120; BGH 16.1.1985 – VIII ZR 317/83, NJW 1985, 1769, 1770 (zu § 459 Abs 1 aF).
[88] BGH 30.11.2012 – V ZR 25/12 Rn 13, NJW 2013, 1671, 1672; **aA** REINICKE/TIEDTKE, Kaufrecht (8. Aufl 2009) Rn 329.
[89] STAUDINGER/MATUSCHE-BECKMANN (2014) § 434 Rn 84.
[90] STAUDINGER/MATUSCHE-BECKMANN (2014) § 434 Rn 87.
[91] BGH 26.10.2016 – VIII ZR 240/15, NJW 2017, 153 mit Anm MANKOWSKI; BGH 10.3.2009 – VIII ZR 34/08, NJW 2009, 1588; BGH 10.10.2007 – VIII ZR 330/06, NJW 2008, 53, 54.
[92] BGH 4.3.2009 – VIII ZR 160/08, NJW 2009, 2056; STAUDINGER/MATUSCHE-BECKMANN (2014) § 434 Rn 89 f; ebenso OLG Düsseldorf 19.6.2006 – I-1 U 38/06, NJW 2006, 2858, 2860; OLG Stuttgart 15.8.2006 – 10 U 84/06, NJW-RR 2006, 1720, 1722 (letztere Entscheidungen betr Gebrauchtfahrzeuge).
[93] BGH 23.11.2005 – VIII ZR 43/05, NJW 2006, 434, 435; OLG Düsseldorf 19.6.2006 – I-1 U 38/06, NJW 2006, 2858, 2859 f; REINICKE/TIEDTKE, Kaufrecht (8. Aufl 2009) Rn 328.

fenheit eines Tieres gehört nach der Rspr nicht, dass es in jeder Hinsicht einer biologischen oder physiologischen „Idealnorm" entspricht; der Käufer eines Reitpferdes kann deshalb nicht erwarten, dass er auch ohne besondere Vereinbarung ein Tier mit „idealen" Anlagen erhält.[94]

Darüber hinaus stellt § 434 Abs 1 S 2 Nr 2 BGB aE darauf ab, ob die Sache eine Beschaffenheit aufweist, die der **Käufer nach der Art der Sache erwarten kann**. Abzustellen ist hier auf den Empfängerhorizont eines Durchschnittskäufers und folglich auf eine objektiv berechtigte Käufererwartung.[95] In aller Regel wird die vom Käufer zu erwartende Beschaffenheit mit der üblichen Beschaffenheit übereinstimmen, sodass diese Tatbestandsvoraussetzung allenfalls in Ausnahmefällen eigenständige Bedeutung erlangen dürfte.[96] **52**

Als Beispiel für einen Mangel gem § 434 Abs 1 S 2 Nr 2 BGB lassen sich die vom sog **VW-Abgasskandal** betroffenen Fahrzeuge nennen. Dabei geht es um Fälle, in denen Kraftfahrzeuge mit einer manipulierten Abgassoftware zur Optimierung der Stickoxid-Emissionswerte (NOx) im behördlichen Prüfverfahren ausgestattet worden sein sollen. Insoweit nimmt die instanzgerichtliche Rspr regelmäßig einen Sachmangel gem § 434 Abs 1 S 2 Nr 2 BGB an.[97] **53**

Auch der bloße **Verdacht eines Mangels** selbst kann einen Mangel nach § 434 Abs 1 S 2 Nr 2 BGB (bzw bereits gem § 434 Abs 1 S 2 Nr 1 BGB) darstellen. Dies ist dann der Fall, wenn ein auf konkreten Tatsachen beruhender, nicht auszuräumender Verdacht eines Mangels besteht und daher beispielsweise die nach dem Vertrag vorausgesetzte (Weiter-)Verkäuflichkeit der Ware entfällt.[98] **54**

Für die Feststellung der vom Verkäufer gem § 434 Abs 1 S 2 Nr 2 BGB geschuldeten mangelfreien Beschaffenheit der Kaufsache können gem § 434 Abs 1 S 3 BGB ggf auch **öffentliche Äußerungen** des Verkäufers, des Herstellers oder seines Gehilfen herangezogen werden. Damit können auch Äußerungen Dritter, die am Kaufvertrag an sich gar nicht beteiligt sind (Hersteller und seine Gehilfen), unmittelbaren Einfluss auf das Vorliegen eines Sachmangels haben. Mithin erweitert die Vorschrift die Zurechnung von Äußerungen Dritter über die Stellvertretungsregeln hinaus. Aus dem Wortlaut der Vorschrift ist nicht ganz eindeutig, ob nur Äußerungen des Gehilfen des Herstellers oder auch solche des Gehilfen des Verkäufers gemeint sind. Letzteres wird man aber anzunehmen haben; es wäre kaum nachvollziehbar, warum der Verkäufer nur für Äußerungen des Gehilfen des Herstellers, nicht aber für die seiner eigenen Gehilfen haften sollte.[99] **55**

---

[94] BGH 18.10.2017 – VIII ZR 32/16 Rn 25, NJW 2018, 150, 152 mit Anm MÜLLER und LOOSCHELDERS JA 2018, 146; BGH 7.2.2007 – VIII ZR 266/06 Rn 19, NJW 2007, 1351, 1352 f; EMMERICH, BGB-Schuldrecht Besonderer Teil (14. Aufl 2015) § 4 Rn 24.
[95] BGH 20.5.2009 – VIII ZR 191/07 Rn 14, NJW 2009, 2807, 2808; BGH 29.6.2011 – VIII ZR 202/10 Rn 12, NJW 2011, 2872, 2873.
[96] Vgl BT-Drucks 16/6040, 214; STAUDINGER/MATUSCHE-BECKMANN (2014) § 434 Rn 93 f.
[97] Vgl LG Krefeld 14.9.2016 – 2 O 83/18, NJW-RR 2016, 1397; LG Hagen 18.10.2016 – 3 O 66/16 Rn 23 mwNw; allgemein zur Mängelhaftung im sog Abgasskandal etwa RING NJW 2016, 3121; WITT NJW 2017, 3681; Fallbesprechung bei RUEHL/HORN Jura 2016, 1301 ff.
[98] BGH 22.10.2014 – VIII ZR 195/13, NJW 2015, 544, 547 (Verdacht einer erheblichen Kontamination von Futtermittel als Sachmangel); STAUDINGER/MATUSCHE-BECKMANN (2014) § 434 Rn 158.
[99] LOOSCHELDERS, Schuldrecht Besonderer Teil (12. Aufl 2017) Rn 51.

56 Als öffentliche Äußerungen nennt das Gesetz exemplarisch Werbung und Kennzeichnung der Produkte (also zB Etiketten, Waren- und Gütezeichen, Gebrauchsanweisungen, beigefügte Warenbeschreibungen), die sich auf **konkrete** Eigenschaften der Produkte beziehen und nicht nur das Produkt verkaufsfördernd anpreisen.[100] **Öffentlich** ist die Äußerung, wenn sie sich an unbestimmt viele und nicht individuell ausgewählte Personen richtet. Umstritten ist, ob es darauf ankommt, dass der Käufer die öffentliche Äußerung überhaupt kannte.[101]

57 Allerdings sieht § 434 Abs 1 S 3, 2. HS BGB drei Ausschlusstatbestände vor, bei deren Vorliegen öffentliche Äußerungen doch unbeachtlich bleiben. Dies ist danach dann der Fall, wenn der Verkäufer nachweisen kann, dass er die Äußerung nicht kannte oder kennen musste (die Kenntnis des Verkäufers wird vermutet), dass sie zum Zeitpunkt des Vertragsschlusses in gleichwertiger Weise berichtigt war oder dass sie die Kaufentscheidung nicht beeinflussen konnte. Was die zuletzt genannte Ausschlussvariante betrifft, so reicht es wegen der abstrakten Formulierung („nicht beeinflussen konnte") nicht aus, dass die Äußerungen die Entscheidung des Käufers zum Vertragsschluss tatsächlich nicht beeinflusst haben.[102]

(4) Sachgemäße Montage und mängelfreie Montageanleitung, § 434 Abs 2
58 Ein Sachmangel liegt daneben gem § 434 Abs 2 BGB dann vor, wenn **die vereinbarte Montage unsachgemäß durchgeführt** worden (S 1) oder die **Montageanleitung mangelhaft** ist (S 2, sog IKEA-Klausel). Die vereinbarte Montage bzw Lieferung einer Montageanleitung wird als synallagmatische Hauptleistungspflicht des Verkäufers mit den Rechtsfolgen der §§ 320 ff BGB angesehen.[103]

59 Unter **Montage** versteht man alle Handlungen, die dem Käufer die Nutzung der Kaufsache eröffnen sollen.[104] Allerdings setzt die Anwendung dieses kaufrechtlichen Sachmangelbegriffs iSv Abs 2 S 1 zum einen voraus, dass die Montage vereinbart ist, und zum anderen, dass das kaufvertragliche und nicht das werkvertragliche Element den Schwerpunkt der vereinbarten Montage als Hauptpflicht bildet (Kauf mit Montageverpflichtung, vgl bereits Rn 20).

60 Ein Sachmangel ist nach Abs 2 S 2 auch dann gegeben, wenn bei einem zur Montage bestimmten Gegenstand die **Montageanleitung mangelhaft** ist (sog IKEA-Klausel). Die Einstufung der Montageanleitung als mangelhaft richtet sich ebenfalls nach § 434 BGB. Sie ist zB mangelhaft, wenn sie ausschließlich in einer nicht für den Kaufvertrag maßgeblichen Fremdsprache verfasst, unverständlich oder missverständlich ist.[105] Um-

---

[100] Es kann sogar eine gesetzliche Verpflichtung zur Aufnahme bestimmter Angaben in Werbematerial bestehen, so zB aufgrund von § 5 der Pkw-EnergieverbrauchskennzeichnungsVO (BGBl 2004 I 1037). Beispiel: Werbeprospekt eines Autoherstellers über die Art der geeigneten Benzinart (OLG München ZGS 2005, 237).
[101] Wegen des abstrakten Regelungskonzepts lehnen OETKER/MAULTZSCH, Vertragliche Schuldverhältnisse (4. Aufl 2013) § 2 Rn 69, dies ab; aA STAUDINGER/MATUSCHE-BECKMANN (2014) § 434 Rn 112 (indes als Fall des Ausschlussgrundes gem § 434 Abs 1 S 3, 2. HS).
[102] STAUDINGER/MATUSCHE-BECKMANN (2014) § 434 Rn 112; aA BeckOK/FAUST (15.6.2017) § 434 Rn 87 (wonach es bei diesem Ausschlussgrund um den konkreten Käufer gehe).
[103] STAUDINGER/MATUSCHE-BECKMANN (2014) § 434 Rn 114; WESTERMANN JZ 2001, 530, 533. Zum Umfang der Nacherfüllung bei fehlerhafter Montageanleitung vgl unten Rn 60 ff.
[104] Beispielsweise: Aufbau von Möbeln, Anschluss einer Waschmaschine, Anbringen einer Anhängerkupplung an einen PKW.
[105] STAUDINGER/MATUSCHE-BECKMANN (2014) § 434 Rn 125.

stritten ist, ob § 434 Abs 2 S 2 BGB erfordert, dass es auch zu einer fehlerhaften Montage (kausal aufgrund der Montageanleitung) gekommen ist. Indes sprechen der Wortlaut des § 434 Abs 2 S 2 BGB, die Gesetzesbegründung[106] und auch die Formulierung des Art 2 Abs 5 S 2 der Verbrauchsgüterkaufrichtlinie dafür, dass allein die Fehlerhaftigkeit der Montageanleitung ausreicht und eine hierauf zurückzuführende fehlerhafte Montage nicht erforderlich ist.[107]

Der Verkäufer hat seine Pflicht zur sachmängelfreien Leistung aber dann erfüllt, wenn er trotz fehlerhafter Montageanleitung nachweist, dass die Sache, gleichgültig von wem, bereits fehlerfrei montiert worden ist (Abs 2 S 2, 2. HS). Zu Recht wird unter Hinweis auf den Normzweck jedoch der Standpunkt vertreten, dass dieser Ausschlusstatbestand nicht eingreifen soll, wenn die fehlerfreie Montage aufgrund der mangelhaften Anleitung nur mit erheblichem Mehraufwand verbunden war, wie zum Beispiel durch die Einschaltung eines Spezialisten.[108] **61**

Führt die fehlerhafte Montageanleitung dazu, dass eine gekaufte Sache fehlerhaft **eingebaut und die gesamte Kaufsache deshalb mangelhaft** wird (zB Auftreten von Verwölbungen im verlegten Massivholzparkett infolge ungeeigneter Montageanleitung[109]), können auch die **Grundsätze über die Aus- und Einbaufälle** zur Anwendung kommen (dazu ausführlich Rn 106 ff).[110] **62**

Nach teilweise vertretenem Standpunkt erfasst § 434 Abs 2 S 2 BGB jedenfalls im Wege der Analogie auch mangelhafte *Gebrauchs- oder Bedienungsanleitungen*.[111] Indes lässt sich eine fehlerhafte Gebrauchs- oder Bedienungsanleitung schon als Sachmangel gem § 434 Abs 1 S 2 Nr 2 BGB einordnen,[112] sodass es keiner Anwendung des Abs 2 S 2 bedarf; damit findet auch der Ausschlussgrund Abs 2 S 2 auf Gebrauchs- oder Bedienungsanleitungen keine Anwendung.[113] **63**

(5) Falschlieferung und Lieferung einer zu geringen Menge, § 434 Abs 3
Einem Sachmangel gleichgestellt wird gem § 434 Abs 3 BGB eine **Falschlieferung** und die **Lieferung einer zu geringen Menge**. Durch diese Gleichstellung sollen unter anderem Abgrenzungsschwierigkeiten zwischen Schlecht- und Anderslieferung vermieden werden. Ob es sich um eine Falschlieferung handelt, orientiert sich an dem ausdrücklich vereinbarten oder dem Verkäufer wenigstens bekannten Vertragszweck und den danach erforderlichen Merkmalen der zu liefernden Ware.[114] **64**

---

[106] BT-Drucks 14/6040, 216.
[107] REINICKE/TIEDTKE, Kaufrecht (8. Aufl 2009) Rn 346; aA ERMAN/GRUNEWALD (15. Aufl 2017) § 434 Rn 58.
[108] OETKER/MAULTZSCH, Vertragliche Schuldverhältnisse (4. Aufl 2013) § 2 Rn 82.
[109] BGH 30.4.2014 – VIII ZR 275/13, NJW 2014, 2351.
[110] Zutreffend LOOSCHELDERS JA 2014, 707, 708; ders, Schuldrecht Besonderer Teil (12. Aufl 2017) Rn 64. In der zuvor genannten BGH-Entscheidung (Fn 109) kam es auf diese Frage indes nicht an.
[111] So etwa ERMAN/GRUNEWALD (15. Aufl 2017) § 434 Rn 59; OETKER/MAULTZSCH, Vertragliche Schuldverhältnisse (4. Aufl 2013) § 2 Rn 83.
[112] So REINICKE/TIEDTKE, Kaufrecht (8. Aufl 2009) Rn 352; STAUDINGER/MATUSCHE-BECKMANN (2014) § 434 Rn 130.
[113] LOOSCHELDERS, Schuldrecht Besonderer Teil (12. Aufl 2017) Rn 6; aA OETKER/MAULTZSCH, Vertragliche Schuldverhältnisse (4. Aufl 2013) § 2 Rn 83.
[114] BGH 23.3.1994 – VIII ZR 47/93, NJW 1994, 2230; BGH 12.3.1997 – VIII ZR 15/96, NJW 1997, 1914, 1915.

65 § 434 Abs 3 BGB bezieht sich nach hM gleichermaßen auf das sog Identitätsaliud beim Stückkauf und die Anderslieferung beim Gattungskauf.[115] Äquivalenz von Schlecht- und Anderslieferung (und damit Anwendung des § 434 Abs 3 BGB) kann aber nur angenommen werden, wenn der Verkäufer (aus Sicht des Käufers) auf Erfüllung seiner Leistungspflicht abzielt und es sich nicht um eine Teilleistung oder die Erfüllung einer anderen Verbindlichkeit handelt.[116]

66 Problematisch ist auch die Behandlung sog **Extremabweichungen** (krasse Abweichungen) im Rahmen von § 434 Abs 3 BGB (zB Lieferung von Fisch statt Fleisch). Die wohl hL erachtet die Intensität der Abweichung grundsätzlich als nicht relevant und beruft sich unter anderem auf den Wortlaut und die Entstehungsgeschichte der Norm (eine Erheblichkeitsklausel ähnlich wie früher § 378 HGB aF wurde im Entwurf diskutiert, jedoch verworfen).[117]

67 Bei einer Falschlieferung kann sich **Abgrenzungsbedarf zu § 241a BGB** (unbestellte Leistungen) ergeben. Nach hM findet § 241a BGB nur bei wissentlicher Falschlieferung Anwendung, während bei irrtümlicher Falschlieferung § 434 Abs 3 BGB eingreift.[118] Durch die im Zuge der Umsetzung der Verbraucherrechterichtlinie im Jahre 2014 erfolgte Streichung des § 241a Abs 3 aF hat sich hieran nichts geändert.[119]

68 § 434 Abs 3 BGB setzt explizit nur die Lieferung einer *zu geringen* Menge einem Sachmangel gleich. Eine **Zuviel-Lieferung** kann der Verkäufer durch Leistungskondiktion zurückfordern.[120] Im Falle der **Lieferung eines höherwertigen** *aliud* soll nach wohl hL aufgrund des insoweit eindeutigen Wortlauts § 434 Abs 3 BGB eingreifen.[121] Gleichwohl besteht im Wesentlichen darüber Einigkeit, dass es dem Käufer nicht ermöglicht werden soll, die höherwertige Sache zu behalten, indem er auf die Geltendmachung seiner Mängelrechte verzichtet;[122] indes ist der rechtliche Weg umstritten. Der Verkäufer hat jedenfalls kein Recht zur zweiten Andienung, sondern allenfalls eine Pflicht zur Nacherfüllung, wenn der Käufer dies verlangt (vgl Wortlaut des § 439 Abs 1 BGB). Eine Anfechtung der Übereignung nach § 119 Abs 2 BGB scheitert daran, dass der Verkäufer im relevanten Moment der Übereignung nicht über eine verkehrswesentliche Eigenschaft irrt, sondern genau die Sache übereignet, die er übereignen will, sodass (mangels wirksamer Anfechtung der Übereignung) ein Anspruch aus § 985 BGB nicht besteht.[123] Nach teilweise vertretener Ansicht steht

---

[115] STAUDINGER/MATUSCHE-BECKMANN (2014) § 434 Rn 146; OETKER/MAULTZSCH, Vertragliche Schuldverhältnisse (4. Aufl 2013) § 2 Rn 158 ff; BeckOK/FAUST (15.6.2017) § 434 Rn 107; aA: Anwendung des allgemeinen Leistungsstörungsrecht beim Identitätsaliud: CANARIS, Schuldrechtsmodernisierung 2002 (2002) XXIII; OECHSLER, Vertragliche Schuldverhältnisse (2. Aufl 2017) § 2 Rn 141.
[116] BT-Drucks 14/6040, 216; HÖREN/MARTINEK/MALZER, SKK (2002) § 434 Rn 99.
[117] FraktionsE, BT-Drucks 14/6040, 216; BeckOK/FAUST (15.6.2017) § 434 Rn 108; LOOSCHELDERS, Schuldrecht Besonderer Teil (12. Aufl 2017) Rn 72 f; aA EHMANN/SUTSCHET, Modernisiertes Schuldrecht (2002) § 7 X 2, S 221 f.

[118] BeckOK/SUTSCHET (15.6.2017) § 241a Rn 12; STAUDINGER/MATUSCHE-BECKMANN (2014) § 434 Rn 150.
[119] LOOSCHELDERS, Schuldrecht Besonderer Teil (12. Aufl 2017) Rn 75.
[120] Überwiegende Ansicht, vgl ECKERT/MAIFELD/MATTHIESSEN, Handbuch des Kaufrechts (2. Aufl 2014) Rn 402.
[121] So REINICKE/TIEDTKE, Kaufrecht (8. Aufl 2009) Rn 368 mwNw.
[122] jurisPK/PAMMLER (8. Aufl 2017) § 434 Rn 153; vgl umfassend zur Problematik: OETKER/MAULTZSCH, Vertragliche Schuldverhältnisse (4. Aufl 2013) § 2 Rn 164 ff.
[123] Vgl hierzu THIER AcP 203 (2003) 422.

dem Verkäufer (direkt) ein Anspruch aus Leistungskondiktion zu, da das höherwertige *aliud* nicht Gegenstand des Kaufvertrages sei.[124] Hiergegen wird eingewandt, dass die Lieferung des *aliud* auf der Grundlage des Kaufvertrags erfolge, sodass ein Rechtsgrund iSd § 812 Abs 1 S 1 BGB vorliege. Indes setze § 434 Abs 3 BGB voraus, dass der Verkäufer das *aliud* in Erfüllung des Kaufvertrages geliefert habe, mithin eine Tilgungsbestimmung des Verkäufers vorliege. Diese Tilgungsbestimmung kann der Verkäufer nach § 119 Abs 2 BGB (analog) anfechten und so den Rechtsgrund für das Behaltendürfen durch den Käufer beseitigen. Auf diese Weise steht ihm dann ein Bereicherungsanspruch nach § 812 Abs 1 S 1 Alt 1 BGB zu.[125]

Noch nicht abschließend geklärt ist die Frage, ob die Gleichstellung von Zuweniglieferung und Schlechtlieferung nach § 434 Abs 3 BGB **nur für den Bereich des Kaufrechts** (also insbesondere für die §§ 437 ff BGB) gilt oder auch insgesamt **für den Bereich des allgemeinen Leistungsstörungsrechts**. Konsequenzen hat diese Frage iRv § 323 Abs 5 BGB (beim Rücktritt) bzw § 281 Abs 1 BGB (beim Schadensersatz statt der Leistung). Beschränkt man die Wirkung der Gleichstellung nur auf das Kaufrecht, so ist eine Zuweniglieferung im allgemeinen Schuldrecht als **Teilleistung** durch den Verkäufer zu qualifizieren und führt mithin zur Anwendung des § 323 Abs 5 S 1 BGB (bzw § 281 Abs 1 S 2 BGB). Nimmt man hingegen eine umfassende Wirkung der Gleichstellung gem § 434 Abs 3 BGB auch auf das allgemeine Leistungsstörungsrecht an, so müsste man eine Zuweniglieferung als „nicht vertragsgemäße Leistung" ansehen und demgemäß § 323 Abs 5 S 2 BGB[126] (bzw § 281 Abs 1 S 3 BGB) anwenden. Letzteres wäre zur Durchsetzung des Rücktritts bzw des Schadensersatzes statt der ganzen Leistung günstiger, da die Anforderungen des § 323 Abs 5 S 2 BGB bzw des § 281 Abs 1 S 3 BGB (Unerheblichkeit) geringer sind als die des § 323 Abs 5 S 1 BGB bzw § 281 Abs 1 S 2 BGB (Interessenfortfall).[127] Für eine uneingeschränkte Wirkung des § 434 Abs 3 BGB (also auch im allgemeinen Leistungsstörungsrecht) lässt sich zum einen der Wortlaut anführen, aber zum anderen auch die Tatsache, dass nach der Konzeption der Schuldrechtsreform gerade eine Verzahnung der kaufrechtlichen Mängelrechte mit dem allgemeinen Leistungsstörungsrecht beabsichtigt ist.[128] Für diese Sichtweise spricht weiter (jedenfalls hinsichtlich des Rücktrittsrechts) auch die Regelung des Art 3 Abs 6 der Verbrauchsgüterkaufrichtlinie, wonach ein „Anspruch auf Vertragsauflösung" bei einer geringfügigen Vertragswidrigkeit nicht gegeben sein soll.[129]

---

[124] LORENZ JuS 2003, 36, 39; LOOSCHELDERS, Schuldrecht Besonderer Teil (12. Aufl 2017) Rn 74.
[125] MünchKomm/WESTERMANN (7. Aufl 2016) § 434 Rn 6; vgl zu dieser Problematik auch KREUTZ JA 2017, 655; MUSIELAK NJW 2003, 89, 90 f; REISCHL JuS 2003, 865, 868; TIEDKE/SCHMITT JZ 2004, 1095.
[126] Es sei darauf hingewiesen, dass § 323 Abs 5 S 2 BGB („vom Vertrag") den Rücktritt anders als § 323 Abs 5 S 1 BGB („vom ganzen Vertrag") nicht nur teilweise, sondern vollständig ausschließt.
[127] Der Käufer muss iRv § 323 Abs 5 S 1 BGB bzw § 281 Abs 1 S 2 BGB geltend machen, dass er an der Teilleistung kein Interesse hat; hingegen kann er im Falle des § 323 Abs 5 S 2 BGB bzw § 281 Abs 1 S 3 BGB grds ohne weitere Voraussetzungen vom Vertrag zurücktreten, es sei denn, dass der Verkäufer die Unerheblichkeit der Pflichtverletzung beweist.
[128] Ebenso BT-Drucks 14/6040, 187; BeckOK/FAUST (15.6.2017) § 434 Rn 115; aA LOOSCHELDERS, Schuldrecht Besonderer Teil (12. Aufl 2017) Rn 110; LORENZ/RIEHM, Lehrbuch zum neuen Schuldrecht (2002) Rn 219, 519 (unter Hinweis ua darauf, dass hierfür kein Bedürfnis bestehe).
[129] Vgl HUBER, in: HUBER/FAUST, Schuldrechtsmodernisierung (2002) Kap 13, Rn 75; die Richtlinie enthält allerdings keine Aussagen über Schadensersatzansprüche.

(6) Sachmangel bei Sachgesamtheiten

70 Beim Kauf von **Sachgesamtheiten** (zum Begriff oben Rn 26), insbesondere beim **Unternehmenskauf** in Form des *asset deal* (Rn 31 f),[130] stellt sich die Frage, wie sich die Mangelhaftigkeit eines Einzelgegenstandes auf die Sachgesamtheit „Unternehmen" auswirkt. Nach der vom BGH vertretenen **Gesamterheblichkeitstheorie** liegt eine mangelhafte Sachgesamtheit nur unter der Prämisse vor, dass der mangelhafte Einzelgegenstand zur Einbuße der Tauglichkeit des Gesamtunternehmens führt, der Sachmangel am Einzelgegenstand also auf das Unternehmen „durchschlägt".[131] Dieser auch nach der Schuldrechtsreform zugrunde gelegte Ansatz[132] lehnt also bei im Hinblick auf das Gesamtunternehmen irrelevanten Mängeln einzelner Sachen das Vorliegen eines Sachmangels ab, wenn diese nicht auf das Unternehmen „durchschlagen".[133] Hinsichtlich des Mangels an dem einzelnen Gegenstand wird man dem Käufer indes grundsätzlich die Mängelrechte, insbesondere das Nacherfüllungsrecht einzuräumen haben; dafür ist nicht notwendig, dass die Sachgesamtheit (insbesondere das Unternehmen im Ganzen) als mangelhaft einzuordnen ist.[134/135]

71 Eine andere Frage ist, ob der Käufer wegen eines Mangels an einem Einzelgegenstand weitergehende Mängelrechte im Hinblick auf die Sachgesamtheit geltend machen kann. Insoweit beantwortet sich diese Frage für einen Rücktritt nach § 323 Abs 5 S 2 BGB bzw für einen Schadensersatz statt der Leistung nach § 281 Abs 1 S 3 BGB.[136] Auf die jeweils relevante Frage der Erheblichkeit der Pflichtverletzung kann wiederum die Gesamterheblichkeitstheorie Anwendung finden.[137]

(7) Maßgeblicher Zeitpunkt für das Vorliegen des Sachmangels

72 Gem § 434 Abs 1 S 1 BGB muss die Kaufsache im Zeitpunkt des Gefahrübergangs sachmängelfrei sein;[138] beim Sachkauf ist dies regelmäßig mit der **Übergabe der Sache** gem § 446 S 1 BGB anzunehmen (zum Übergang der Preisgefahr, vgl Rn 250 ff). Ab diesem Zeitpunkt befindet sich die Sache nicht mehr im Risikobereich des Verkäufers. Der Übergabe entspricht gem § 446 S 3 BGB der Annahmeverzug des Käufers.[139]

---

[130] Die Frage kann sich auch beim *share deal* stellen, wenn der Käufer alle Anteile oder den ganz überwiegenden Teil erworben hat.

[131] BGH 16.10.1968 – I ZR 81/66, NJW 1969, 184; BGH 7.1.1970 – I ZR 99/68, NJW 1970, 556 mit der Forderung, dass sogar die wirtschaftliche Grundlage des Gesamtunternehmens erschüttert sein muss. Indes wird zu Recht kritisiert, dass diese Formulierung sehr weit geht; vielmehr muss genügen, dass der Mangel die Funktionstauglichkeit des Unternehmens nicht unerheblich beeinträchtigt (vgl Staudinger/ Beckmann [2014] § 453 Rn 148 mwNw; ähnlich OLG Köln 29.1.2009 – I-12 U 20/08, DB 2009, 2259). Zur Frage der Einordnung unrichtiger Angaben über Umsätze, Erträge etc als Sachmangel vgl oben Rn 42 sowie Staudinger/ Beckmann (2014) § 453 Rn 133 ff.

[132] Vgl etwa Haas, in: Das neue Schuldrecht (2002) Kap 5 Rn 547.

[133] Zur Frage, wann von einem solchen „Durchschlagen" auszugehen ist, vgl Staudinger/Beckmann (2014) § 453 Rn 150.

[134] Erman/Grunewald (15. Aufl 2017) § 434 Rn 44; Staudinger/Matusche-Beckmann (2014) § 434 Rn 184; aA zB Oetker/ Maultzsch, Vertragliche Schuldverhältnisse (4. Aufl 2013) § 2 Rn 120 mwNw zum früheren Recht; OLG Köln 29.1.2009 – I-12 U 20/08, DB 2009, 2259.

[135] Teilweise wird sogar ein Teilrücktritt im Hinblick auf den Mangel an dem Einzelstück für möglich erachtet (Erman/Grunewald [15. Aufl 2017] § 434 Rn 44; dagegen Oechsler, Vertragliche Schuldverhältnisse [2. Aufl 2017] § 2 Rn 243).

[136] Erman/Grunewald (15. Aufl 2017) § 434 Rn 44.

[137] So wohl auch Erman/Grunewald (15. Aufl 2017) § 434 Rn 44 f.

[138] Zum zeitlichen Anwendungsbereich der §§ 437 ff BGB vgl noch Rn 216 f.

[139] Hat der Verkäufer eine Verschlechterung

Beim Versendungskauf gem § 447 BGB ist der maßgebliche Zeitpunkt die Auslieferung der Sache an die Transportperson (vgl Rn 257).

Der Sachmangel muss bei Übergang der Gefahr zwar im Keim vorhanden, aber nicht **73** unbedingt sichtbar sein.[140] Häufig zeigt er sich erst danach. In diesem Fall trägt der Käufer gem § 363 BGB grundsätzlich die Beweislast dafür, dass der Mangel bereits bei Gefahrübergang vorgelegen hat. § 477 BGB (bis 31.12.2017 § 476 aF) sieht jedoch beim Verbrauchsgüterkauf zugunsten des Käufers die Vermutung vor, dass ein Mangel, der innerhalb von sechs Monaten nach Gefahrübergang sichtbar wird, bereits bei Gefahrübergang vorgelegen hat (dazu Rn 291 ff).

bb) Freiheit von Rechtsmängeln, § 435

Die Abgrenzung von Rechts- und Sachmängeln hat seit der Schuldrechtsmodernisie- **74** rung an praktischer Bedeutung verloren, da beide Mängelarten seitdem in großem Umfang rechtlich gleich behandelt werden (vgl nur § 437 BGB, wo es ohne weitere Differenzierung auf die Mangelhaftigkeit der Kaufsache ankommt). Unterschiede ergeben sich aber im Hinblick auf die in § 477 BGB geregelte Beweislastumkehr beim Verbrauchsgüterkauf und die für den Handelskauf bestehende Untersuchungs- und Rügeobliegenheit gem § 377 HGB, die nur für Sachmängel einschlägig sind.[141] Des Weiteren findet sich eine besondere Verjährungsregelung in § 438 Abs 1 Nr 1 BGB für bestimmte Rechtsmängel. Schließlich ist beim Rechtsmangel in Abweichung zum Sachmangel nicht der Zeitpunkt des Übergangs der Preisgefahr entscheidend.[142] Vielmehr darf zum **Zeitpunkt des Eigentumsübergangs** kein Recht eines Dritten, das den Käufer belastet, begründet sein. Bei Vereinbarung eines Eigentumsvorbehalts muss die Sache beim Eintritt der Bedingung rechtsmängelfrei sein.[143]

Ein **Rechtsmangel** liegt dann vor, wenn an der Sache oder dem sonstigen Gegenstand **75** trotz Übertragung durch den Verkäufer auf den Käufer durchsetzbare Rechte Dritter, die gegenüber dem Käufer wirken, tatsächlich bestehen[144] und der Käufer die Sache nicht in Kenntnis und unter Übernahme der entsprechenden Belastung erworben hat.

Ist der Verkäufer rechtlich **nicht in der Lage, dem Käufer das Eigentum an der Kauf-** **76** **sache zu verschaffen**, handelt es sich nicht um einen Rechtsmangel iSd §§ 433 Abs 1 S 2, 435 BGB. Da § 433 Abs 1 S 1 BGB die Pflicht zur Eigentumsverschaffung umfasst, verletzt der Verkäufer bereits diese Hauptleistungspflicht; auf § 433 Abs 1 S 2 BGB ist

---

der Sache während des Annahmeverzugs des Käufers zu vertreten, handelt es sich nach hL nicht um eine Verletzung der Hauptleistungspflicht gem § 433 Abs 1 S 2 BGB und demzufolge stehen dem Käufer keine Mängelrechte zu; vgl STAUDINGER/BECKMANN (2014) § 446 Rn 31 f; OETKER/MAULTZSCH, Vertragliche Schuldverhältnisse (4. Aufl 2013) § 2 Rn 388; BeckOK/FAUST (15.6.2017) § 446 Rn 15.
[140] REINICKE/TIEDTKE, Kaufrecht (8. Aufl 2009) Rn 390.
[141] Ebenso bzgl § 377 HGB ECKERT/MAIFELD/MATTHIESSEN, Handbuch des Kaufrechts (2. Aufl 2014) Rn 949; **aA** OETKER/R KOCH (5. Aufl 2017) § 377 Rn 21–23.

[142] RG 9.6.1925 – II 411/24, RGZ 111, 86, 89; BGH 5.12.1990 – VIII ZR 75/90, NJW 1991, 915, 916; STAUDINGER/MATUSCHE-BECKMANN (2014) § 435 Rn 4; EMMERICH, BGB-Schuldrecht Besonderer Teil (14. Aufl 2015) § 4 Rn 33.
[143] Der Verkäufer muss aber dafür Sorge tragen, dass der Käufer die Sache bis zum Bedingungseintritt nutzen kann, vgl BGH 14.12.1960 – VIII ZR 24/60, NJW 1961, 1252, 1253.
[144] Das Recht muss gegenüber dem Käufer nicht geltend gemacht werden, es genügt vielmehr seine bloße Existenz: BGH 19.11.1999 – V ZR 321/98, NJW 2000, 803. Zum Rechtsmangel beim Sachkauf PAHLOW JuS 2006, 289.

daher nach hM nicht abzustellen.¹⁴⁵ Generell stellt es keinen Fall des Rechtsmangels iSv § 435 BGB dar, wenn das Recht überhaupt nicht besteht (**Verität**).¹⁴⁶ Wenn keine besondere Vereinbarung besteht, haftet der Verkäufer einer Forderung nicht für die Zahlungsfähigkeit des Schuldners (**Bonität**).¹⁴⁷

77 Rechte idS sind **dingliche Rechte**, bei beweglichen Sachen vor allem Pfandrechte, Nießbrauch und Anwartschaftsrechte. Um Rechtsmängel handelt es sich aber auch bei einer Belastung der Sache durch **Immaterialgüterrechte** Dritter.¹⁴⁸ Bei Grundstücken sind beschränkt dingliche Rechte, wie Grunddienstbarkeiten, beschränkt persönliche Dienstbarkeiten, Nießbrauch, dingliche Vorkaufsrechte, Grundpfandrechte und die Vormerkung auf Eintragung solcher Rechte von Bedeutung. § 435 S 2 BGB sieht darüber hinaus eine Gleichstellung im Grundbuch eingetragener Scheinbelastungen mit Rechtsmängeln vor.

78 Obligatorische Rechte Dritter können nur dann einen Rechtsmangel darstellen, wenn sie auch Wirkungen gegenüber dem neuen Eigentümer entfalten, wie das zB bei Miet- und Pachtverhältnissen gem §§ 566, 581 Abs 2 BGB der Fall ist. Eine niedrigere Miete als angegeben oder eine Verlängerungsoption des Mieters sind ebenfalls als Rechtsmängel einzuordnen.¹⁴⁹ Rechtsmängel liegen auch bei **öffentlich-rechtlichen** Einziehungs-, Enteignungs- oder Beschlagnahmebefugnissen¹⁵⁰ vor. Ein Rechtsmangel liegt auch dann vor, wenn ein verkauftes Kfz in der sog Schengener Fahndungsliste (Schengener Informationssystem [SIS]) zum Zwecke der Sicherstellung und Identitätsfeststellung eingetragen und damit europaweit zur Fahndung ausgeschrieben ist.¹⁵¹ Im Hinblick auf gesetzliche oder öffentlich-rechtliche Beschränkungen ist hingegen dann von einem **Sachmangel** auszugehen, wenn die Ursache der beschränkten Verwendung der Sache an die Beschaffenheit der Sache selbst anknüpft. So stellt zB eine fehlende Baugenehmigung regelmäßig einen Sachmangel des veräußerten Wohnungseigentums dar. Der Sachmangel liegt darin, dass es an der baurechtlich gesicherten Befugnis fehlt, das Wohnobjekt für den vertraglich vorausgesetzten Zweck zu nutzen.¹⁵²

---

¹⁴⁵ Etwa BGH 19.10.2007 – V ZR 211/06, NJW 2007, 3777, 3779 mwNw (eine entsprechende Anwendung der Gewährleistungsvorschriften jedoch offenlassend); STAUDINGER/MATUSCHE-BECKMANN (2014) § 435 Rn 13; EMMERICH, BGB-Schuldrecht Besonderer Teil (14. Aufl 2015) § 4 Rn 35; BeckOGK/GUTZEIT (1.3.2017) § 435 Rn 23; JERGER/BÜHLER NJW 2017, 2789, 2790; aA JAUERNIG/BERGER (16. Aufl 2015) § 435 Rn 5; CANARIS JZ 2003, 831, 832; PAHLOW JuS 2006, 289, 292.
¹⁴⁶ LOOSCHELDERS, Schuldrecht Besonderer Teil (12. Aufl 2017) Rn 219; STAUDINGER/BECKMANN (2014) § 453 Rn 7.
¹⁴⁷ LOOSCHELDERS, Schuldrecht Besonderer Teil (12. Aufl 2017) Rn 220; PALANDT/WEIDENKAFF (77. Aufl 2018) § 453 Rn 21, 22.
¹⁴⁸ Beispielsweise Patente: BGH 24.10.2000 – X ZR 15/98, NJW-RR 2001, 268, 269; vgl zu anderen Immaterialgüterrechten STAUDINGER/MATUSCHE-BECKMANN (2014) § 435 Rn 18 f.
¹⁴⁹ BGH 6.4.2001 – V ZR 394/99, NJW 2001, 2875; STAUDINGER/MATUSCHE-BECKMANN (2014) § 435 Rn 15; aA ERMAN/GRUNEWALD (15. Aufl 2017) § 435 Rn 8.
¹⁵⁰ BGH 18.2.2004 – VIII ZR 78/03, NJW 2004, 1802 f (Beschlagnahme in einem strafrechtlichen Ermittlungsverfahren); instruktiv JERGER/BÜHLER NJW 2017, 1639.
¹⁵¹ BGH 18.1.2017 – VIII ZR 234/15 Rn 22, NJW 2017, 1666, 1667; BGH 26.4.2017 – VIII ZR 233/15 Rn 10, NJW 2017, 3292, 3293 mit Anm SCHWAB JuS 2017, 683.
¹⁵² BGH 12.4.2013 – V ZR 266/11, NJW 2013, 2182, 2183. Weitere Beispiele für Sachmängel: Fehlende Bebaubarkeit eines Grundstücks (BGH 22.6.1979 – V ZR 25/77, NJW 1979, 2200, 2201); Beschlagnahme von mit Salmonellen befallenen Lebensmitteln (BGH 14.6.1972 – VIII ZR 75/71, NJW 1972, 1464); öffentlich-rechtliche Eingriffsbefugnisse bei Verseuchung von Grundstücken durch Altlasten (LG Stuttgart 11.3.2003 – 15 O 433/02, NJW-RR 2003, 1315, 1316). Gegenbeispiele:

Hinsichtlich der Verteilung **öffentlicher Lasten**, wie Erschließungs- und Anliegerbei- 79
träge, trifft § 436 BGB besondere Regelungen.

2. Nebenpflichten des Verkäufers

Der Oberbegriff Nebenpflichten umfasst **Nebenleistungs- und Verhaltenspflichten**; in- 80
soweit lässt sich auch zwischen leistungsbezogenen und nicht leistungsbezogenen Nebenpflichten differenzieren.[153] Gesetzlich vorgesehene Nebenleistungspflichten des Verkäufers finden sich nur in § 448 Abs 1 BGB und § 453 Abs 2 BGB, wonach ihm beim Sachkauf grundsätzlich[154] die Kosten der Übergabe und beim Rechtskauf die Kosten der Begründung und Übertragung des Rechts auferlegt werden. Weitere Nebenleistungspflichten, zB was den Transport der Kaufsache, Schulung des Personals des Käufers etc angeht, können von den Vertragspartnern direkt vereinbart oder über Handelsklauseln bzw sog Incoterms in den Vertrag einbezogen werden.[155]

Daneben besteht eine Reihe von Verhaltenspflichten, die sich vorvertraglich, nach 81
Vertragsschluss oder nachvertraglich[156] aus § 242 BGB ergeben oder über die sich die Vertragsparteien im Kaufvertrag geeinigt haben; sie können sich auch durch Auslegung des Kaufvertrages gem §§ 133, 157 BGB ergeben. Bereits **vorvertraglich** ergeben sich **Schutzpflichten**, die insbesondere dem Schutz des Integritätsinteresses des Vertragspartners zu dienen bestimmt sind. Schäden an Gesundheit und Eigentum des Vertragspartners begründen demnach Schadensersatzansprüche gem §§ 280 Abs 1, 311 Abs 2, 241 Abs 2 BGB.[157] Die **Verletzung einer Aufklärungspflicht** kann ebenfalls einen Schadensersatzanspruch oder ein Anfechtungsrecht gem § 123 Abs 1 Alt 1 BGB wegen Täuschung durch Unterlassen zur Folge haben. Zwar besteht grundsätzlich keine Verpflichtung zur Aufklärung über alle Umstände, die für die Entscheidung des Vertragspartners von Bedeutung sein können.[158] Ob eine konkrete Aufklärungspflicht vorliegt, lässt sich nur unter Zuhilfenahme der Umstände des Einzelfalls bestimmen.[159] Den Verkäufer trifft eine Aufklärungspflicht uU dann, wenn er aufgrund seines Spezialwissens für den Käufer bedeutsame Fakten kennt oder er mit besonderen Risiken verbundene Produkte verkauft. Eine Aufklärungspflicht wurde jedenfalls dann angenommen, wenn sich der Käufer nach einem bestimmten Umstand erkundigt

---

OLG Hamm 14.1.2016 – 22 U 136/11 Rn 83, 85: Verkauf eines größtenteils als öffentliche Straße gewidmeten Grundstücks durch die Gemeinde; BGH 5.12.1990 – VIII ZR 75/90, NJW 1991, 915 f (Heizöl in Dieselkraftstoff, das zwar die technische Verwendbarkeit des Kraftstoffs nicht beeinträchtigt, aber zu einem behördlichen Verfügungsverbot führt) – Einordnung als Rechtsmangel; ablehnend zu letzterem im Hinblick auf das neue Kaufrecht Wertenbruch JuS 2003, 625, 632.
[153] Vgl etwa Lorenz/Riehm, Lehrbuch zum neuen Schuldrecht (2002) Rn 475.
[154] § 448 Abs 1 BGB kann indes durch Parteivereinbarung abbedungen werden, BGH 23.11.2016 – VIII ZR 269/15, NJW 2017, 1388, 1390.
[155] Schlechtriem, Schuldrecht Besonderer Teil (6. Aufl 2003) § 2 Rn 53.

[156] Im Hinblick auf nachvertragliche Pflichten gelten die allgemeinen Grundsätze; dazu Bach, in: Staudinger/Eckpfeiler D Rn 62; im Kaufrecht Staudinger/Beckmann (2014) § 433 Rn 162 ff.
[157] BGH 26.9.1961 – VI ZR 92/61, NJW 1962, 31 (unfallträchtige Bananenschale im Kaufhaus); BGH 5.7.1972 – VIII ZR 74/71, NJW 1972, 1706.
[158] BGH 21.9.2011 – IV ZR 38/09, NJW 2012, 296, 299.
[159] Etwa BGH 16.6.2004 – VIII ZR 303/03, NJW 2004, 2301, 2302 mwNw; BGH 10.10.2008 – V ZR 175/07, NJW 2008, 3699; Rechtsprechungsübersicht zur Aufklärung über Eigenschaften der Sache oder des Rechts: Staudinger/Beckmann (2014) § 433 Rn 138.

hat[160] oder der Käufer eine Mitteilung erwarten durfte, da sonst der Vertragszweck – für den Verkäufer erkennbar – vereitelt worden wäre und die unterlassene Aufklärung somit den Kaufentschluss wesentlich mit beeinflusst hat.[161]

III. Pflichtverletzung und Haftung des Verkäufers

82 Verletzt der Verkäufer seine kaufvertraglichen Pflichten, so können sich die entsprechenden Rechtsbehelfe des Käufers sowohl aus dem allgemeinen Leistungsstörungsrecht als auch aus den kaufrechtlichen Regelungen der §§ 437 ff BGB ergeben. Dabei ist zunächst zwischen **Haupt- und Nebenpflichten zu unterscheiden**. Kaufvertragliche Hauptpflicht des Verkäufers ist zum einen die Übergabe und die Eigentumsverschaffung an der Sache. Erfüllt der Verkäufer diese Pflicht nicht oder verspätet, bestimmen sich die Rechte des Käufers nach den §§ 280 ff, 320 ff BGB.

83 Zum anderen ist der Verkäufer **zur mangelfreien Verschaffung der Kaufsache** verpflichtet, § 433 Abs 1 S 2 BGB. Ist der Kaufgegenstand mit einem Sach- oder Rechtsmangel behaftet und erfüllt der Verkäufer diese Leistungspflicht somit nicht, stehen dem Käufer **vor Gefahrübergang** der primäre Anspruch auf Erfüllung (soweit keine Unmöglichkeit eingetreten ist; näher zu diesen Fällen der sog **qualitativen Unmöglichkeit** Rn 219) bzw die Rechtsbehelfe des allgemeinen Leistungsstörungsrechts zu (§§ 280 ff, 320 ff BGB; vgl zur Abnahmepflicht noch Rn 266 ff). **Nach Gefahrübergang** greifen die kaufrechtlichen Mängelrechte der §§ 437 ff BGB ein (dazu Rn 88 ff).[162] Im Einzelnen:

1. Nichtleistung des Verkäufers

84 Leistet der Verkäufer die kaufvertraglich vereinbarte Sache nicht, kann der Käufer seinen Erfüllungsanspruch im Klagewege geltend machen (Zug um Zug gegen Zahlung des Kaufpreises, § 322 BGB).

85 Die Pflicht des Verkäufers zur Eigentumsverschaffung und Übergabe ist mit der Pflicht des Käufers zur Kaufpreiszahlung synallagmatisch verbunden. Solange der Verkäufer seine Leistung nicht erbringt, den Käufer aber gleichwohl in Anspruch nimmt, kann ihm der Käufer nach Maßgabe des § 320 BGB die **Einrede des nicht erfüllten Vertrages** entgegenhalten.

86 Leistet der Verkäufer nicht, weil ihm dies iSd § 275 BGB unmöglich ist, wird der Käufer gem § 326 Abs 1 S 1 BGB grundsätzlich von der Verpflichtung zur Kaufpreiszahlung befreit (vgl noch unten Rn 251). Neben dem Rücktritt (§§ 326 Abs 5, 323 BGB) kann der Käufer in den Fällen der Unmöglichkeit darüber hinaus **Schadensersatz** statt der Leistung verlangen.[163] Dies gilt ebenso, wenn die Sache oder das Recht an

---

[160] BGH 29.6.1977 – VIII ZR 43/76, NJW 1977, 1914, 1915.
[161] BGH 21.4.1972 – V ZR 52/70, NJW 1972, 1463; BGH 28.3.1984 – VIII ZR 5/83, NJW 1984, 2289; BGH 10.7.1987 – V ZR 236/85, NJW-RR 1988, 10 f; vgl allerdings BGH 16.6.2004 – VIII ZR 303/03, NJW 2004, 2301, 2302, wonach eine lückenlose Aufklärung durch einen nicht mit dem Hersteller identischen Verkäufer seitens des Käufers nicht erwartet werden kann.

[162] STAUDINGER/BECKMANN (2014) § 433 Rn 132; MünchKomm/WESTERMANN (7. Aufl 2016) § 437 Rn 6; aA BeckOK/FAUST (15.6. 2017) § 437 Rn 6; REINICKE/TIEDTKE, Kaufrecht (8. Aufl 2009) Rn 397 ff, die darauf abstellen, wann der Käufer die Sache als (teilweise) Erfüllung iSv § 363 BGB angenommen hat.
[163] Zum Schadensersatz statt der Leistung vgl KAISER, in: STAUDINGER/Eckpfeiler I. Rn 172 ff.

einem unbehebbaren Mangel leidet und dies vor Gefahrübergang offenbar wird, da die Leistungspflicht des Verkäufers auch dann nach § 275 Abs 1 BGB ausgeschlossen ist.[164] Im Falle anfänglicher Unmöglichkeit ergibt sich ein solcher Anspruch aus § 311a Abs 2 BGB. Wird dem Verkäufer die Leistung der Kaufsache nach Vertragsschluss unmöglich, bestimmt sich der Schadensersatzanspruch des Käufers nach §§ 280 Abs 1, 3, 283 BGB. In beiden Fällen hat der Käufer **alternativ** die Möglichkeit, **Ersatz vergeblicher Aufwendungen** zu verlangen, § 284 BGB.[165]

Leistet der Verkäufer nicht rechtzeitig, kann der Käufer unter den Voraussetzungen des § 323 BGB zurücktreten und/oder (§ 325 BGB) nach §§ 280 Abs 1, 2, 286 BGB Ersatz des Verzögerungsschadens bzw gem §§ 280 Abs 1, 3, 281 BGB Schadensersatz statt der Leistung verlangen.[166]

2. Mangelhafte Leistung des Verkäufers

Liefert der Verkäufer eine (bei Gefahrübergang) mangelhafte Sache, so ergeben sich die Rechtsbehelfe des Käufers aus § 437 BGB. Diese Vorschrift selbst stellt keine eigenständige Anspruchsgrundlage dar, sondern dient vielmehr als Übersicht der Käuferrechte iS einer **Rechtsgrundverweisung**.[167] Die Vorschrift verweist zum größten Teil auf das allgemeine Leistungsstörungsrecht, stellt allerdings auch klar („soweit nicht ein anderes bestimmt ist"), dass die Modifikationen durch das Kaufrecht gem §§ 438–441 BGB zu beachten sind.[168] Auch wenn es sich § 437 BGB nicht unmittelbar entnehmen lässt, so ist doch **vorrangiger Rechtsbehelf des Käufers die Nacherfüllung (Nr 1)**. Nachrangig kommen in Betracht: die Gestaltungsrechte **Minderung bzw Rücktritt (Nr 2)** sowie der Anspruch auf **Schadensersatz bzw auf Aufwendungsersatz (Nr 3)**.

Übersicht Mängelrechte im Kaufrecht unter Hinweis auf typische Fragen

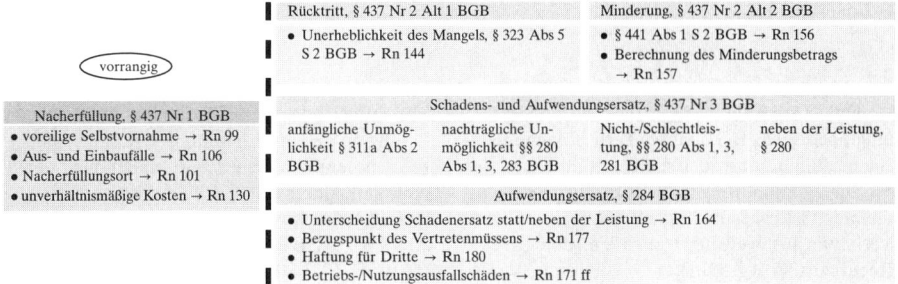

---

[164] PALANDT/WEIDENKAFF (77. Aufl 2018) § 437 Rn 50.
[165] Dazu auch KAISER, in: STAUDINGER/Eckpfeiler I. Rn 216 ff. Vgl auch BGH 20.7.2005 – VIII ZR 275/04, NJW 2005, 2848, wonach Aufwendungsersatz eine Alternative allein zum Schadensersatz *statt der Leistung* ist, nicht zum Schadensersatz schlechthin.
[166] Dazu KAISER, in: STAUDINGER/Eckpfeiler I. Rn 2 ff.
[167] BeckOK/FAUST (15.6.2017) § 437 Rn 1; STAUDINGER/MATUSCHE-BECKMANN (2014) § 437 Rn 11; zur zeitlichen Anwendung der §§ 437 ff BGB Rn 216.
[168] „Brückenfunktion" (BeckOK/FAUST [15.6. 2017] § 437 Rn 2).

a) Nacherfüllung, §§ 437 Nr 1, 439
aa) Grundlagen

90 Der Nacherfüllungsanspruch gem §§ 437 Nr 1, 439 BGB stellt die **modifizierte Fortsetzung des primären Erfüllungsanspruchs** des Käufers aus § 433 Abs 1 S 2 BGB dar.[169] Das Regelungssystem des § 437 BGB wirkt zugleich auch zugunsten des Verkäufers und gibt diesem durch ein „**Recht zur zweiten Andienung**"[170] die Möglichkeit, den Vertrag durch Behebung des Mangels zu erfüllen, ohne sogleich Rücktritts-, Minderungs- oder Schadensersatzforderungen ausgesetzt zu sein.[171] Hierzu statuiert das Gesetz indirekt einen **Vorrang der Nacherfüllung**. Dieser Vorrang der Nacherfüllung wird gesichert, indem die Sekundärrechte des Käufers grundsätzlich voraussetzen, dass der Käufer dem Verkäufer zuvor ordnungsgemäß, aber erfolglos eine Frist zur Nacherfüllung gesetzt hat. Es besteht insoweit eine Obliegenheit des Käufers, dem Verkäufer die Nacherfüllung zu ermöglichen.[172] Diese Obliegenheit umfasst nach der Rspr des BGH auch die Bereitschaft des Käufers, dem Verkäufer die Kaufsache zur Überprüfung der erhobenen Mängelrügen für eine entsprechende Untersuchung am Erfüllungsort der Nacherfüllung zur Verfügung zu stellen.[173] Kommt der Käufer dieser Obliegenheit nicht nach bzw fordert der Käufer den Verkäufer nicht ordnungsgemäß zur Nacherfüllung auf, so kann er (grundsätzlich) keine weiteren Mängelrechte geltend machen (vgl auch Rn 141). Für den Rücktritt folgt dies aus §§ 437 Nr 2, 323 Abs 1 BGB, bzgl des Schadensersatzanspruches statt der Leistung aus §§ 437 Nr 3, 281 Abs 1 S 1 BGB. Mindern kann der Käufer gem § 441 Abs 1 S 1 BGB „statt zurückzutreten", sodass auch insoweit die Voraussetzungen des Rücktritts, insbesondere die Fristsetzung zur Nacherfüllung (§ 323 Abs 1 BGB), vorliegen müssen. Entsprechendes gilt für einen Aufwendungsersatzanspruch, der gem §§ 437 Nr 3, 284 BGB „anstelle des Schadensersatzes statt der Leistung" in Betracht kommt. Der Vorrang gilt indes nur im Hinblick auf einen Schadensersatzanspruch *statt der Leistung*. Ein (einfacher) Schadensersatzanspruch gem §§ 437 Nr 3, 280 Abs 1 BGB kann auch neben dem Nacherfüllungsanspruch (Schadensersatz „neben der Leistung") geltend gemacht werden, zB wenn durch die mangelhafte Kaufsache andere Rechtsgüter des Käufers verletzt oder beschädigt worden sind.

---

[169] Daher kann der Käufer die Kaufpreiszahlung nach § 320 BGB verweigern, solange der Nacherfüllungsanspruch nicht erfüllt ist.
[170] Die Formulierung „Recht zur zweiten Andienung" ist indes nicht ganz präzise, weil dem Verkäufer insoweit nicht etwa ein subjektives Recht zusteht; vgl OETKER/MAULTZSCH, Vertragliche Schuldverhältnisse (4. Aufl 2013) § 2 Rn 235. Gleichwohl wird der Begriff vielfach verwandt; vgl etwa BGH 23.2.2005 – VIII ZR 100/04, NJW 2005, 1348, 1350; BeckOK/FAUST (15.6.2017) § 439 Rn 2.
[171] STAUDINGER/MATUSCHE-BECKMANN (2014) § 439 Rn 5; SCHLECHTRIEM, Schuldrecht Besonderer Teil (6. Aufl 2003) § 3 Rn 71.
[172] BGH 10.3.2010 – VIII ZR 310/08, NJW 2010, 1448; BGH 21.12.2005 – VIII ZR 49/05, NJW 2006, 1195, 1197, wonach der Käufer dem Verkäufer auch dann Gelegenheit zur Nacherfüllung zu geben hat, wenn der Käufer nicht weiß, ob ein binnen sechs Monaten nach der Übergabe durch den Verkäufer aufgetretener Defekt auf einen Sachmangel im Sinne des § 434 Abs 1 S 1 BGB zurückzuführen ist.
[173] BGH 10.3.2010 – VIII ZR 310/08, NJW 2010, 1448; bestätigt durch BGH 13.4.2011 – VIII ZR 220/10, NJW 2011, 2278; BGH 19.12.2012 – VIII ZR 96/12, NJW 2013, 1074, 1076; BGH 1.7.2015 – VIII ZR 226/14, NJW 2015, 3455, 3457 mit Anm LOOSCHELDERS JA 2016, 385; BGH 26.10.2016 – VIII ZR 240/15, NJW 2017, 153, 155 mit Anm MANKOWSKI; BGH 19.7.2017 – VIII ZR 278/16 Rn 27, NJW 2017, 2758, 2761; kritisch gegenüber einer solchen Transportobliegenheit GSELL JZ 2013, 423 f.

bb) Arten der Nacherfüllung

Ein vertragsgemäßer Zustand, nämlich die Mangelfreiheit der Kaufsache, kann grundsätzlich auf zwei Wegen erreicht werden: einerseits durch Beseitigung des Mangels (**Nachbesserung**), andererseits durch Lieferung einer mangelfreien Sache (**Ersatzlieferung**). Nach § 439 Abs 1 BGB steht das **Wahlrecht** zwischen diesen beiden Möglichkeiten dem Käufer zu. Dabei handelt es sich allerdings nicht um eine Wahlschuld nach § 262 BGB, sondern vielmehr um einen Fall sog **elektiver Konkurrenz**, dh der Käufer kann seine getroffene Entscheidung revidieren und die jeweils andere Art der Nacherfüllung verlangen.[174] Ginge man von einer Wahlschuld aus, wäre der Käufer auch bei einem Fehlschlagen der Nacherfüllung an seine Wahl gebunden, § 263 Abs 2 BGB. Er könnte sich nicht mehr anders entscheiden, was seinem Interesse an der Leistung in Natur nicht gerecht werden würde. Nach § 242 BGB kann der Käufer aber ab einem gewissen Zeitpunkt an seine Wahl gebunden sein, etwa wenn der Verkäufer die konkrete Art der Nacherfüllung bereits begonnen hat, oder es keine sachlichen Gründe gibt, die gegen die zuerst gewählte Art der Nacherfüllung sprechen, und sich der Käufer dennoch plötzlich für die andere Art entscheidet.[175]

(1) Beseitigung des Mangels (Nachbesserung)

Im Rahmen der Nachbesserung stehen uU verschiedene Methoden der Mangelbeseitigung zur Verfügung (zB Reparatur oder Austausch von Einzelteilen), zwischen welchen wiederum der Verkäufer wählen kann.[176] Der Verkäufer hat dabei den ursprünglichen, bei Gefahrübergang vorliegenden Mangel zu beseitigen, ohne Spuren der Reparatur zu hinterlassen;[177] geschuldet ist eine vollständige und nachhaltige Beseitigung des Mangels.[178]

Fraglich kann dennoch die genaue Reichweite der Nachbesserungspflicht sein, beispielsweise bei einer nachteiligen Veränderung der Kaufsache in der Zeit zwischen Gefahrübergang und Nacherfüllung. Hat sich ein bei Gefahrübergang bereits vorhandener Mangel „verschlimmert", muss der Verkäufer auch die eingetretene **Verschlimmerung** beseitigen.[179] Dies gilt ebenso, wenn sich der Mangel auf andere Teile der Kaufsache ausgeweitet hat (sog **Weiterfresserschaden**, siehe auch Rn 168 und Rn 229 f).[180] Dafür spricht schon die richtlinienkonforme Auslegung des § 439 Abs 1 BGB. Nach Art 3 Abs 2 der Verbrauchsgüterkaufrichtlinie ist der vertragsgemäße Zustand herzustellen, also nicht nur der (ursprüngliche) Mangel zu beseitigen. Anders als bei einer weiteren Verschlechterung der Kaufsache in der Zeit zwischen Gefahrübergang und Nacherfüllung ist die Rechtslage jedoch zu beurteilen, wenn durch den Mangel andere Gegenstände des Käufers beschädigt werden. Der Nacherfüllungsanspruch beinhaltet die Beseitigung des Mangels oder die Lieferung einer mangelfreien Sache, sodass die Beseitigung von Schäden an anderen Rechtsgütern des Käufers im

---

[174] STAUDINGER/MATUSCHE-BECKMANN (2014) § 439 Rn 9; BeckOK/FAUST (15.6.2017) § 439 Rn 9; **aA** NK-BGB/BÜDENBENDER (3. Aufl 2016) § 439 Rn 19; SCHELLHAMMER MDR 2002, 301.

[175] OLG Saarbrücken 29.5.2008 – 8 U 494/07, NJW 2009, 369; BeckOK/FAUST (15.6.2017) § 439 Rn 10.

[176] STAUDINGER/MATUSCHE-BECKMANN (2014) § 439 Rn 31; BeckOK/FAUST (15.6.2017) § 439 Rn 26.

[177] MünchKomm/WESTERMANN (7. Aufl 2016) § 439 Rn 10.

[178] BGH 6.2.2013 – VII ZR 374/11 Rn 12, NJW 2013, 1365.

[179] Vgl BeckOK/FAUST (15.6.2017) § 439 Rn 15; STAUDINGER/MATUSCHE-BECKMANN (2014) § 439 Rn 35 ff.

[180] BeckOK/FAUST (15.6.2017) § 439 Rn 15; STAUDINGER/MATUSCHE-BECKMANN (2014) § 439 Rn 38 ff.

Zuge der Nacherfüllung grundsätzlich nicht verlangt werden kann. Der Käufer ist insoweit prinzipiell auf die Geltendmachung von Schadensersatzansprüchen beschränkt (siehe noch Rn 168 f); etwas anderes gilt aber, wenn es sich um einen Aus- und Einbaufall handelt (Rn 106 ff).

94 Ein **unberechtigtes Mangelbeseitigungsverlangen** nach § 439 Abs 1 BGB wiederum stellt nach der Rspr eine zum Schadensersatz verpflichtende Vertragsverletzung dar, wenn der Käufer erkannt oder fahrlässig nicht erkannt hat, dass ein Mangel nicht vorliegt, sondern die Ursache für die von ihm beanstandete Erscheinung in seinem eigenen Verantwortungsbereich liegt.[181] Zudem ist – unabhängig vom Verschulden des Käufers – ein Anspruch des Verkäufers gegen den Käufer auf Ersatz der durch das unberechtigte Mangelbeseitigungsverlangen entstandenen Kosten aus der Geschäftsführung ohne Auftrag denkbar.[182]

(2) Lieferung einer mangelfreien Sache (Ersatzlieferung, Nachlieferung)
95 Alternativ zur Nachbesserung kann der Käufer die Lieferung einer mangelfreien Sache verlangen. Soweit ein **Gattungskauf** im Raum steht, bereitet eine solche Ersatzlieferung grundsätzlich keine Schwierigkeiten. Umstritten ist indes die Frage, inwieweit der Verkäufer beim **Stückkauf** zur Nachlieferung verpflichtet sein kann. Zum Teil wird ein entsprechender Anspruch des Käufers mit der Erwägung abgelehnt, die Nachlieferung sei dem Verkäufer beim Stückkauf, solange nicht ein Identitätsaliud (§ 434 Abs 3 BGB) geliefert wurde, nach § 275 Abs 1 BGB unmöglich.[183] Die Verschaffungspflicht des Verkäufers sei auf den einen (wenn auch mangelhaften) Kaufgegenstand konkretisiert, sodass es keine andere erfüllungstaugliche Sache geben könne. Danach käme eine Nachlieferung nur bei Gattungskäufen in Betracht. Dem Gewährleistungsrecht nach der Schuldrechtsreform ist eine solche strikte Trennung zwischen Gattungs- und Stückschuld allerdings fremd.[184] Unabhängig hiervon lässt sich beim Stückkauf grundsätzlich zwischen neuwertigen und gebrauchten Sachen differenzieren. So heißt es auch in der Begründungserwägung 16 zur Verbrauchsgüterkaufrichtlinie,[185] dass gebrauchte Güter aufgrund ihrer Eigenart im Allgemeinen nicht ersetzt werden könnten; deshalb habe der Verbraucher bei diesen Gütern idR keinen Anspruch auf Ersatzlieferung. Nach der Gesetzesbegründung zur Schuldrechtsreform sei „Nacherfüllung […] nicht bei jedem Stückkauf möglich" und beim Kauf einer bestimmten gebrauchten Sache scheide ein Nachlieferungsanspruch zumeist von vornherein aus.[186] Beim Stückkauf neuwertiger Sachen soll demnach grundsätzlich ein Anspruch auf Ersatzlieferung bestehen, beim Kauf gebrauchter Güter nur ausnahmsweise. Zum Teil wird auch zwischen unvertretbaren und vertretbaren Sachen nach § 91 BGB differenziert. Dabei sollen vertretbare Sachen (zB Serienprodukte) nach dem Parteiwillen regelmäßig austauschbar sein, unvertretbare Sachen indes nicht;[187] gebrauchte Sachen sollen grund-

---

[181] BGH 23.1.2008 – VIII ZR 246/06 Rn 12, NJW 2008, 1147, 1148; kritisch hierzu EMMERICH, BGB-Schuldrecht Besonderer Teil (14. Aufl 2015) § 5 Rn 9.
[182] LOOSCHELDERS, Schuldrecht Besonderer Teil (12. Aufl 2017) Rn 98b; Fallbesprechung mit weiteren Problemen iRd § 434 bei HEINEMEYER JA 2016, 406.
[183] BeckOK/FAUST (15.6.2017) § 439 Rn 27; HUBER NJW 2002, 1004, 1006; ACKERMANN JZ 2002, 378, 379.
[184] Vgl BGH 7.6.2006 – VIII ZR 209/05 Rn 20, NJW 2006, 2839, 2841 unter Hinweis auf BT-Drucks 14/6040, 230.
[185] Richtlinie 1999/44/EG, ABl EG Nr L 171/12 v 7.7.1999.
[186] BT-Drucks 14/6040, 209, 232.
[187] LG Ellwangen 13.12.2002 – 3 O 219/02, NJW 2003, 517; OLG Braunschweig 4.2.2003 – 8 W 83/02, NJW 2003, 1053; PAMMLER NJW 2003, 1992, 1993; OECHSLER NJW 2004, 1825, 1829.

sätzlich zu den unvertretbaren Sachen zählen, sodass auch hiernach ein Anspruch auf Ersatzlieferung bei gebrauchten Sachen grundsätzlich nicht besteht. Ganz ähnlich beantwortet der BGH die Frage, ob eine Ersatzlieferung in Betracht kommt, indem er zu Recht darauf abstellt, ob die Kaufsache im Falle ihrer Mangelhaftigkeit durch eine **gleichartige und gleichwertige ersetzt** werden kann.[188] Maßgeblich entscheidend sind hierbei der Wille und die Vorstellung der Vertragsparteien.[189]

96 Wählt der Käufer als Nacherfüllung die Lieferung einer mangelfreien Ware, so hat er dem Verkäufer die mangelhafte Sache zurückzugewähren, § 439 Abs 5 BGB iVm §§ 346–348 BGB.[190] Dies beinhaltet jedenfalls nach den Gesetzesmaterialien auch die Herausgabe gezogener Nutzungen[191] (§ 346 Abs 1 BGB); somit hat der Käufer insbesondere eine **Nutzungsentschädigung** im Hinblick auf Gebrauchsvorteile zu zahlen,[192] die dadurch entstanden sind, dass der Käufer durch die Ersatzlieferung eine neue mangelfreie Sache erhält, die alte (wenn auch mangelhafte) aber zuvor nutzen konnte. Hiergegen lässt sich generell argumentieren, dass dem Käufer aufgrund des Kaufvertrages, der ja nicht insgesamt rückabgewickelt wird, die Nutzung des Kaufgegenstandes ab der Übergabe zusteht.[193]

97 Mit Einfügung des § 474 Abs 2 S 1 aF im Jahre 2008 (jetzt: § 475 Abs 3 S 1 BGB) ist für den **Verbrauchsgüterkauf** klargestellt worden, dass im Rahmen der Neulieferung bei einem Verbrauchsgüterkauf der Verbraucher keine Nutzungsentschädigung zu zahlen hat. Vorausgegangen war der Gesetzesänderung ein Vorlagebeschluss des BGH zum EuGH.[194] Dabei ging es darum, dass die zugrunde liegende Verbrauchsgüterkaufrichtlinie (Art 3 Abs 2, 3) ausdrücklich vorsieht, dass die Ersatzlieferung „unentgeltlich" und ohne „erhebliche Unannehmlichkeiten" für den Verbraucher erfolgen muss. Der EuGH hat daraufhin entschieden, dass der Verbraucher im Falle der Nachlieferung keinen Nutzungsersatz zu leisten hat.[195] Andernfalls könne er von der Ausübung seines Nacherfüllungsanspruchs abgehalten werden, wenn er sogleich Nutzungsersatz leisten müsse. Da die damalige Rechtslage aber ihrem Wortlaut nach für den Nutzungsersatzanspruch des Verkäufers sprach, wurde im Anschluss an diese Entscheidung der § 474 Abs 2 S 1 aF eingeführt.[196] Im Umkehrschluss lässt sich aufgrund systematischer Aus-

---

[188] BGH 7.6.2006 – VIII ZR 209/05 Rn 23, NJW 2006, 2839, 2841; bestätigt BGH 29.11.2006 – VIII ZR 92/06 Rn 17, NJW 2007, 1346, 1347 f; OLG Düsseldorf 24.5.2011 – I 22 U 36/11 Rn 9; ebenso H ROTH NJW 2006, 2953 ff; ERMAN/GRUNEWALD (15. Aufl 2017) § 439 Rn 5 mwNw.
[189] BGH 7.6.2006 – VIII ZR 209/05, NJW 2006, 2839 (beim Autokauf idR keine Nachlieferung, weil der Kauf auf persönlicher Besichtigung beruht).
[190] Wobei der Käufer umgekehrt auch einen Anspruch auf Rücknahme der mangelhaften Sache hat; vgl BGH 9.3.1983 – VIII ZR 11/82, NJW 1983, 1479 (zur früheren Rechtslage); LORENZ ZGS 2004, 408, 410 f (zur aktuellen Rechtslage).
[191] Vgl die Legaldefinition des § 100 BGB.
[192] BT-Drucks 14/6040, 232 f.
[193] Vgl STAUDINGER/MATUSCHE-BECKMANN (2014) § 439 Rn 136 ff; OETKER/MAULTZSCH, Vertragliche Schuldverhältnisse (4. Aufl 2013) § 2 Rn 230; **aA** HOFFMANN ZRP 2001, 347, 349; einschränkend auf einen Ausgleich „neu für alt" GSELL NJW 2003, 1969, 1970 ff.
[194] BGH 16.8.2006 – VIII ZR 200/05, NJW 2006, 3200; kritisch gegenüber dieser Vorlage etwa LORENZ NJW 2007, 1, 6.
[195] EuGH 17.4.2008 – C-404/06, NJW 2008, 1433, 1435; sich dem anschließend BGH 26.11.2008 – VIII ZR 200/05, NJW 2009, 427.
[196] Der BGH hatte im darauffolgenden Urteil – noch vor Einführung des § 474 Abs 2 S 1 aF (§ 475 Abs 3 S 1 BGB nF) – im Sinne einer richtlinienkonformen Rechtsfortbildung den § 439 Abs 4 aF (§ 439 Abs 5 BGB nF) derart teleologisch reduziert, dass ein Verbraucher keinen Nutzungsersatz mehr leisten muss; vgl BGH 26.11.2008 – VIII ZR 200/05, NJW 2009,

legung feststellen, dass der Käufer außerhalb des Anwendungsbereichs der §§ 474 ff BGB Nutzungsersatz zu zahlen hat.[197]

98 Im Falle der Lieferung einer mangelfreien Sache erfolgt im Rahmen der Nachlieferung praktisch eine teilweise Rückabwicklung (Austausch der mangelhaften durch eine mangelfreie Sache), indes bleibt der Kaufvertrag aufrechterhalten. Diese Konstellation ist jedoch anders zu behandeln als der Rücktritt vom Kaufvertrag insgesamt gem § 437 Nr 2 BGB (iVm §§ 346 ff BGB); in diesem Falle kommt es zu einer beidseitigen Vertragsrückabwicklung unter Einschluss einer Rückgewähr der gezogenen Nutzungen; auch beim Verbrauchsgüterkauf hat der Verbraucher im Falle eines Rücktritts vom Vertrag ggf gezogene Nutzungen zu ersetzen.[198]

cc) „Voreilige Selbstvornahme" durch den Käufer

99 Insbesondere im Schrifttum sind die Rechtsfolgen einer sog „**voreiligen Selbstvornahme" der Mängelbeseitigung durch den Käufer** intensiv erörtert worden.[199] Dabei geht es um die Fallkonstellation, dass der Käufer eine Mängelbeseitigung auf eigene Kosten durchführt, ohne zuvor dem Verkäufer eine an sich erforderliche Frist zur Nacherfüllung zu setzen. Der BGH hat wiederholt in solchen Fällen Ansprüche des Käufers auf Erstattung von Kosten der Selbstvornahme grundsätzlich verneint.[200] Mängelrechte (Minderung, Schadensersatz statt der Leistung) setzen – wenn nicht einer der gesetzlich geregelten Ausnahmetatbestände eingreift – voraus, dass der Käufer dem Verkäufer erfolglos eine angemessene Frist zur Nacherfüllung bestimmt hat (siehe bereits Rn 90). Ein Schadensersatzanspruch wegen Unmöglichkeit der Nacherfüllung, §§ 280 Abs 1, 3, 283 BGB, aufgrund Zweckerreichung scheitert zumindest am fehlenden Vertretenmüssen des Verkäufers.[201] Selbst wenn man mit dem BGH § 439 Abs 2 BGB als Anspruchsgrundlage des Käufers ansieht (siehe Rn 100), so ist die voreilige Selbstvornahme des Käufers nicht „erforderlich" iSd Vorschrift.[202] Auch die im Schrifttum als eine Lösungsmöglichkeit zugunsten des Käufers vertretene Auffassung, dass sich der Verkäufer seine ersparten Aufwendungen gem § 326 Abs 2 S 2 BGB analog anrechnen lassen müsse,[203] hat der BGH wegen des Vorrangs der Nacherfüllung abgelehnt. Gegen diesen Lösungsansatz spricht in der Tat, dass über diesen Weg letztlich ein Selbstvornahmerecht des Käufers akzeptiert und damit das „Recht des Verkäufers zur zweiten Andienung" (Rn 90) unterlaufen würde. Ein Anspruch aus § 637 BGB analog scheidet mangels planwidriger Regelungslücke aus; der Gesetzgeber hat bewusst (nur) für das Werkvertragsrecht ein Recht zur Selbstvornahme des Bestellers in § 637 BGB gere-

---

427; dieser Auslegung bedarf es nach der Gesetzesänderung nun nicht mehr.
[197] JurisPK/Ball (8. Aufl 2017) § 474 Rn 70; aA Gsell JZ 2009, 522 für eine generelle Ablehnung des Nutzungsersatzanspruchs nach § 439 Abs 4 aF (§ 439 Abs 5 BGB nF) iVm § 346 BGB.
[198] BGH 16.9.2009 – VIII ZR 243/08, NJW 2010, 148, 149; vgl auch EuGH 17.4.2008 – C-404/06, NJW 2008, 1433, 1435; BGH 26.11.2008 – VIII ZR 200/05, NJW 2009, 427, 431.
[199] Vgl etwa Lorenz NJW 2003, 1417; Staudinger/Matusche-Beckmann (2014) § 439 Rn 54 f. Fallbesprechung zu dieser Problematik bei Zurth JA 2014, 494.
[200] BGH 23.2.2005 – VIII ZR 100/04, NJW 2005, 1348; BGH 22.6.2005 – VIII ZR 1/05, NJW 2005, 3211, 3212; BGH 7.12.2005 – VIII ZR 126/05 Rn 10, 14 f, NJW 2006, 988, 989; BGH 21.12.2005 – VIII ZR 49/05 Rn 18, NJW 2006, 1195, 1196; zuvor schon Dauner-Lieb/Arnold ZGS 2005, 10; krit gegenüber der Rspr des BGH etwa Lorenz NJW 2005, 1321.
[201] Zurth JA 2014, 494; insgesamt dazu Staudinger/Matusche-Beckmann (2014) § 439 Rn 57.
[202] Huber/Bach, Examens-Repetitorium Besonderes Schuldrecht 1 (5. Aufl 2016) Rn 87a.
[203] Vgl etwa Lorenz NJW 2003, 1417; Katzenstein ZGS 2004, 349; Oetker/Maultzsch, Vertragliche Schuldverhältnisse (4. Aufl 2013) § 2 Rn 226 f.

gelt.²⁰⁴ Ein Anspruch aus GoA nach §§ 677, 683, 670 BGB bzw § 684 S 1 BGB scheitert am entgegenstehenden Willen des Verkäufers und am Vorrang der Nacherfüllung.²⁰⁵ Auch einen Anspruch aus § 812 Abs 1 S 1 Alt 1 BGB hat der BGH wegen des Vorrangs der Nacherfüllung abgelehnt.²⁰⁶ Bedarf es ausnahmsweise keiner Frist zur Nachbesserung (zB § 281 Abs 2 BGB), so kommt ohnehin ein Anspruch des Käufers auf Erstattung von „Selbstvornahmekosten" unter dem rechtlichen Gesichtspunkt des Schadensersatzes statt der Leistung in Betracht.²⁰⁷

dd) Kosten der Nacherfüllung
Nach § 439 Abs 2 BGB trägt der Verkäufer die zum Zwecke der Nacherfüllung erforderlichen **Kosten**.²⁰⁸ Dies folgt prinzipiell bereits aus der Natur des Nacherfüllungsanspruchs, der als fortgeführter Erfüllungsanspruch des Käufers durch den Kaufpreis abzugelten ist. Die Nacherfüllung hat daher für den Käufer grundsätzlich kostenlos zu erfolgen. Tritt er in Vorleistung, indem er beispielsweise die Sache auf seine Kosten an den Verkäufer versendet oder ein Sachverständigengutachten zur Feststellung der Mangelursache beauftragt, kann er vom Verkäufer Ersatz verlangen; § 439 Abs 2 BGB ist eine **Kostentragungsregelung jedenfalls mit Anspruchscharakter**.²⁰⁹ Auch der neue § 309 Nr 8 lit b cc BGB geht insoweit von einer „Verpflichtung" des Verkäufers aus. Freilich setzt ein Anspruch aus § 439 Abs 2 BGB eine Nacherfüllungspflicht des Verkäufers voraus; ansonsten kann Kostenersatz nur über einen verschuldensabhängigen Schadens- oder Aufwendungsersatzanspruch statt der Leistung, etwa nach §§ 437 Nr 3, 280 Abs 1, 3, 283 BGB, erreicht werden.²⁰⁹ᵃ Grundsätzlich ist der Kostenerstattungsanspruch aus § 439 Abs 2 BGB durch das Tatbestandsmerkmal der **„Erforderlichkeit"** begrenzt; eine Ersatzpflicht besteht nach der Rspr des BGH nur für diejenigen Aufwendungen, deren Anfall unter Berücksichtigung der beiderseitigen Interessen nach objektiven Maßstäben billigerweise notwendig und angemessen war.²⁰⁹ᵇ An der Kostentragung durch den Verkäufer ändert sich auch nichts, wenn aufgrund der Mangelbeseitigung eine **Wertverbesserung** eintritt. Der Verkäufer erfüllt durch Behebung des Mangels seine ursprüngliche kaufvertragliche Pflicht. Eine Kostenbeteiligung des Käufers nach den Grundsätzen „neu für alt" ist deshalb abzulehnen.²¹⁰ Ist der Käufer

---

²⁰⁴ BT-Drucks 14/6040, 229.
²⁰⁵ BGH 22.6.2005 – VIII ZR 1/05, NJW 2005, 3211, 3212; aA BeckOGK/HÖPFNER (1.5.2017) § 437 Rn 101.
²⁰⁶ Allein der Kauf eines Ersatzteils macht die Nacherfüllung indes nicht unmöglich und stellt keine Selbstvornahme dar, BVerfG 26.9.2006 – 1 BvR 2389/04, ZGS 2006, 470 ff.
²⁰⁷ BGH 22.6.2005 – VIII ZR 1/05 Rn 12 ff, NJW 2005, 3211 ff: Behandlungskosten für ein Tier, wenn der Zustand des Tieres eine unverzügliche tierärztliche Behandlung als Notmaßnahme erforderlich erscheinen lässt, die vom Verkäufer nicht rechtzeitig veranlasst werden könnte.
²⁰⁸ Der BGH hat diese Regelung als Anspruchsgrundlage angesehen: BGH 15.7.2008 – VIII ZR 211/07 Rn 9, NJW 2008, 2837; BGH 13.4.2011 – VIII ZR 220/10 Rn 37, NJW 2011, 2278; vgl auch Fn 209; ebenso LORENZ NJW 2009, 1633, 1635; UNBERATH/CZIUPKA JZ 2009, 313, 315; STÖBER ZGS 2011, 346, 350; aA (§ 439 Abs 2 BGB als reine Kostenzuordnungsvorschrift) HELLWEGE AcP 206 (2006) 136 ff; SCHNEIDER ZGS 2008, 177, 178; KATZENSTEIN ZGS 2009, 29, 34 f.
²⁰⁹ BGH 30.4.2014 – VIII ZR 275/13 Rn 11, NJW 2014, 2351; BGH 19.7.2017 – VIII ZR 278/16 Rn 29, NJW 2017, 2758, 2761: sowie Vorschussanspruch des Verbrauchers (noch vor Inkrafttreten des § 475 Abs 6 BGB).
²⁰⁹ᵃ BGH 18.10.2017 – VIII ZR 86/16 Rn 18, NJW 2018, 291, 292 mit Anm TAMM.
²⁰⁹ᵇ BGH 18.10.2017 – VIII ZR 86/16 Rn 25, NJW 2018, 291, 293 mit Anm TAMM.
²¹⁰ STAUDINGER/MATUSCHE-BECKMANN (2014) § 439 Rn 52 f; ebenso BeckOK/FAUST (15.6.2017) § 439 Rn 24; PALANDT/WEIDENKAFF (77. Aufl 2018) § 439 Rn 13; aA GSELL NJW 2003, 1969; OECHSLER, Vertragliche Schuldverhältnisse (2. Aufl 2017) § 2 Rn 226.

Verbraucher, kann er nach § 475 Abs 6 BGB vom Verkäufer **Vorschuss** verlangen. Diese Kostentragungspflicht des Verkäufers kann für den Bereich des Verbrauchsgüterkaufes (§ 476 Abs 1 BGB) und auch in AGB gem § 309 Nr 8 lit b cc BGB nicht abbedungen werden. Zum noch weitergehenden Anspruch des Käufers auf Erstattung etwaiger Aus- und Einbaukosten gem § 439 Abs 3 BGB vgl noch Rn 118 ff.

ee) Erfüllungsort der Nacherfüllung

101 Für die Praxis ausgesprochen bedeutsam ist die Frage nach dem **Erfüllungsort der Nacherfüllung**, also die Frage, an welchem Ort der Verkäufer die von ihm geschuldete Nacherfüllung vorzunehmen hat. Zunächst hat sich die weit verbreitete Ansicht entwickelt, die Nacherfüllung habe am **aktuellen Belegenheitsort** der Sache, regelmäßig also beim Käufer zu erfolgen.[211] Dies wurde ua mit der Entstehungsgeschichte der Norm und der Verbrauchsgüterkaufrichtlinie begründet.[212] Nach einer Gegenansicht ist der Nacherfüllungsort identisch mit dem ursprünglichen Erfüllungsort der Primärleistungspflicht.[213] Darüber hinaus stellt eine differenzierende Ansicht auf die jeweiligen Umstände (vgl § 269 Abs 1 BGB) ab.[214]

102 Mit Entscheidung vom 13.4.2011 hat sich der BGH in der „**Faltanhänger-Entscheidung**" dahingehend ausgesprochen, dass sich der Erfüllungsort des Nacherfüllungsanspruchs **nach der allgemeinen Regelung des § 269 BGB** bemisst.[215] Dabei ging es um einen in Frankreich ansässigen Käufer, der in Deutschland einen Camping-Faltanhänger erworben hatte. Der Käufer rügte später Mängel und forderte den Verkäufer zur Abholung und Beseitigung der Mängel auf. Als der Verkäufer dem nicht nachkam, trat der Käufer vom Kaufvertrag zurück. Im Raum stand die nach deutschem Recht zu beurteilende Frage nach einem ordnungsgemäßen Nacherfüllungsverlangen durch den Käufer, mithin ob der Käufer den Faltanhänger zur Vornahme der Nacherfüllung an den Firmensitz des Verkäufers hätte verbringen müssen. Dies bejaht der BGH durch Bestimmung des Nacherfüllungsorts gem § 269 Abs 1 BGB. So argumentiert der BGH, aus dem Kaufrecht ergäben sich keine dem § 269 BGB vorrangigen Regelungen: Insbesondere aus der Verwendung des Begriffs „Lieferung" in § 439 Abs 1 BGB lasse sich keine Regelung über den Ort der Nacherfüllung ableiten; auch der Regelung des § 439 Abs 2 BGB komme insoweit keine Bedeutung zu, zumal diese ausschließlich der Umsetzung des Art 3 Abs 4 der Verbrauchsgüterkaufrichtlinie diene und ihr keine darüber hinausgehende Intention innewohne.[216] Für die Bestimmung des Erfüllungsorts bei der Nacherfüllung sei deshalb die allgemeine Vorschrift des § 269 Abs 1 BGB maßgebend: Primär komme es danach auf eine **Parteiabrede** über den Nacherfüllungsort an; fehlt – wie vielfach – eine solche Abrede, sei auf die **jeweiligen Umstände**, insbesondere auf

---

[211] OLG Celle 10.12.2009 – 11 U 32/09, MDR 2010, 372; OLG München 12.10.2005 – 15 U 2190/05, NJW 2006, 449, 450; HUBER NJW 2002, 1004, 1006; REINICKE/TIEDTKE, Kaufrecht (8. Aufl 2009) Rn 417.
[212] HUBER NJW 2002, 1004, 1006.
[213] OLG Koblenz 16.7.2010 – 8 U 812/09, ZGS 2010, 570, 571; OLG München 20.6.2007 – 20 U 2204/07, NJW 2007, 3214; LORENZ NJW 2009, 1633, 1635 mwNw; SKAMEL ZGS 2006, 227 ff; AYAD/SCHNELL BB 2010, 3051.
[214] PILZ JuS 2008, 767 ff; auch PALANDT/GRÜNEBERG (77. Aufl 2018) § 269 Rn 15.

[215] BGH 13.4.2011 – VIII ZR 220/10, NJW 2011, 2278, 2279 ff; bestätigt BGH 19.12.2012 – VIII ZR 96/12 Rn 24, NJW 2013, 1074, 1076; BGH 19.7.2017 – VIII ZR 278/16 Rn 21 ff, NJW 2017, 2758, 2759; OECHSLER, Vertragliche Schuldverhältnisse (2. Aufl 2017) § 2 Rn 182 ff; zuvor offen gelassen BGH 15.7.2008 – VIII ZR 211/07 Rn 27, NJW 2008, 2837.
[216] BGH 13.4.2011 – VIII ZR 220/10 Rn 22 ff, NJW 2011, 2278, 2279 f mwNw; so schon UNBERATH/CZIUPKA JZ 2008, 867, 872; insoweit krit FAUST JuS 2011, 748, 751.

die Natur des Schuldverhältnisses abzustellen. Lassen sich auch hieraus keine Schlussfolgerungen ziehen, sei die Nacherfüllung danach letztlich an dem Ort zu bewirken, an dem der Schuldner zur Zeit der Entstehung des Schuldverhältnisses seinen Wohnsitz bzw seine gewerbliche Niederlassung (§ 269 Abs 2 BGB) hatte.[217] Die Bestimmung des Erfüllungsorts nach § 269 BGB unter Berücksichtigung der Umstände des Einzelfalls stehe auch mit Art 3 der Verbrauchsgüterkaufrichtlinie in Einklang; die Richtlinie erfordere es nicht, als Erfüllungsort der Nacherfüllung stets den Belegenheitsort der Sache anzusehen.[218]

Unter Zugrundelegung dieses Standpunkts des BGH ergibt sich aus § 269 BGB, dass **103** der Erfüllungsort nach den Umständen des Falls **vielfach am Sitz des Verkäufers** anzusiedeln sei; insbesondere bei Geschäften des täglichen Lebens, etwa beim Kauf kleinerer Waren im Ladengeschäft (zB Laptop, Kaffemaschine etc), entspreche es der Verkehrsauffassung, dass die Kunden ihre Reklamationen unter Vorlage der mangelhaften Ware am Sitz des Verkäufers vorbringen. Auch beim Fahrzeugkauf vom Händler erfordern Nachbesserungsarbeiten in der Regel technisch aufwändige Diagnose- oder Reparaturarbeiten des Verkäufers, die wegen der dort vorhandenen materiellen und personellen Möglichkeiten sinnvoll nur am Betriebsort des Händlers vorgenommen werden könnten. Vor diesem Hintergrund hat der BGH auch in der „Faltanhänger-Entscheidung" als Nacherfüllungsort den Sitz des Verkäufers angenommen; es bestand keine Verpflichtung des Verkäufers, den Anhänger in Frankreich abzuholen (BGH 13.4.2011 – VIII ZR 220/10 Rn 14). Demgegenüber komme der Sitz des Verkäufers als Nacherfüllungsort in den Fällen nicht in Frage, in denen es um die Nachbesserung von Gegenständen gehe, die der Käufer an deren Bestimmungsort auf- oder eingebaut hat, oder in denen ein Rücktransport aus anderen Gründen nicht oder nur unter erschwerten Bedingungen zu bewerkstelligen wäre.[219] Danach befindet sich der Nacherfüllungsort auch beim Käufer, wenn eine Kaufsache bestimmungsgemäß zB in das Haus des Käufers eingebaut worden ist und dort im Rahmen der Nachbesserung vom Verkäufer repariert werden muss[220] (zu den Aus- und Einbaufällen im Übrigen noch Rn 106 ff).

Die Entscheidung des BGH ist im Schrifttum auf unterschiedliche Resonanz gestoß- **104** en.[221] Ablehnende Stimmen kritisieren unter anderem zu Recht eine hiermit verbundene **Rechtsunsicherheit**, auch im Hinblick auf das ordnungsgemäße Nacherfüllungsbegehren durch den Käufer.[222] Diese Rechtsunsicherheit geht zulasten des Käufers: Wenn er die Durchführung der Nacherfüllung am „falschen" Ort verlangt, ist seine Fristsetzung wirkungslos.[223]

---

[217] BGH 13.4.2011 – VIII ZR 220/10 Rn 29, NJW 2011, 2278 f; für das Werkvertragsrecht vgl BGH 8.1.2008 – X ZR 97/05 Rn 11, NJW-RR 2008, 724.
[218] BGH 13.4.2011 – VIII ZR 220/10 Rn 35 ff, NJW 2011, 2278, 2281; krit insoweit FAUST JuS 2011, 748, 750, wonach sich der BGH angemaßt hätte, selbst über die Auslegung der Verbrauchsgüterkaufrichtlinie zu entscheiden; zur weiteren Kritik Rn 104 f.
[219] Zum Vorstehenden BGH 13.4.2011 – VIII ZR 220/10 Rn 33 f, NJW 2011, 2278, 2281.
[220] LOOSCHELDERS, Schuldrecht Besonderer Teil (12. Aufl 2017) Rn 96a.
[221] Die Begründung befürwortend PICKER/NEMECZEK ZGS 2011, 447, 449; krit FAUST JuS 2011, 748, 750 f.
[222] FAUST JuS 2011, 748, 750 f; NEMECZEK NJW 2016, 2375.
[223] BGH 19.12.2012 – VIII ZR 96/12 Rn 23, NJW 2013, 1074, 1076; LOOSCHELDERS, Schuldrecht Besonderer Teil (12. Aufl 2017) Rn 96a.

105 Auch wenn der BGH geäußert hat, die Bestimmung des Nacherfüllungsorts nach § 269 Abs 1 BGB sei mit der Verbrauchsgüterkaufrichtlinie vereinbar,[224] ist darüber hinaus vorgebracht worden, der BGH hätte die Frage nach dem Ort der Nacherfüllung dem EuGH vorlegen müssen; die Beantwortung dieser Frage orientiere sich für den Verbrauchsgüterkauf nach der Verbrauchsgüterkaufrichtlinie.[225] Noch schwerer wiegt der Vorwurf, die Entscheidung des BGH sei mit der zeitlich danach ergangenen Entscheidung des EuGH zur Reichweite der Nacherfüllung (unten Rn 110 ff) überholt.[226] Indes hat der Verkäufer die Transportkosten gem § 439 Abs 2 BGB zu tragen und nach dem (seit 1.1.2018 geltenden) § 475 Abs 6 BGB steht dem Verbraucher insoweit auch ein gesetzlicher Vorschussanspruch zur Seite, sodass sich durchaus gute Gründe für die Vereinbarkeit dieser BGH-Rechtsprechung mit den Vorgaben des EuGH ins Feld führen lassen. Gleichwohl wäre es nicht gänzlich überraschend, wenn sich bei entsprechender Gelegenheit auch der EuGH zur Frage nach dem Erfüllungsort der Nacherfüllung äußern würde. Nach derzeitiger Rechtslage sind jedenfalls für die Rechtspraxis die Vorgaben des BGH zugrunde zu legen.

ff) Reichweite der Nacherfüllung, insbesondere Behandlung der sog Aus- und Einbaufälle

106 Besondere Diskussionen haben die praxis- und ebenso examensrelevanten **Aus- und Einbaufälle** hervorgerufen, die erst vor kurzer Zeit im Kaufrecht gesetzlich normiert wurden. **Wichtige gesetzliche Neuregelungen** sind insbesondere § 439 Abs 3 BGB, § 475 Abs 4 BGB sowie §§ 445a, 445b BGB. Diese Gesetzesänderungen sind besser in Kenntnis der Entwicklung der **Rechtsprechung** des EuGH und des BGH zu verstehen, weshalb im Folgenden – nach Beschreibung der in Rede stehenden Fallkonstellation (Rn 107) – zunächst die Entwicklung in gebotener Kürze nachzuzeichnen ist (Rn 108 ff); sodann wird die neue, seit 1.1.2018 geltende Rechtslage beleuchtet (Rn 118 ff).

(1) Problemstellung

107 Es geht um Konstellationen, in denen der Käufer eine Kaufsache – entsprechend ihrem Verwendungszweck – in eine andere Sache eingebaut hat (zB Verlegen von Parkettboden, Fliesen in ein Haus). Stellt sich nach dem Einbau heraus, dass die **eingebaute Sache mangelhaft** ist und die mangelhafte Kaufsache wieder ausgebaut und durch eine neue mangelfreie ersetzt werden muss, so sind hiermit vielfach hoher Aufwand und entsprechend hohe Kosten verbunden. Es stellt sich die Frage, welche Ansprüche dem Käufer gegen den Verkäufer (zumeist ein Händler) zustehen. Zu denken ist zunächst an einen Schadensersatzanspruch gem §§ 437 Nr 3, 280 BGB.[227] Im Wege eines **verschuldensabhängigen Schadensersatzanspruchs** ist es grundsätzlich denkbar,

---

[224] BGH 13.4.2011 – VIII ZR 220/10 Rn 35 ff, NJW 2011, 2278, 2281 f.
[225] Augenhofer/Appenzeller/Holm JuS 2011, 680, 685; Faust JuS 2011, 748, 750; Staudinger/Artz NJW 2011, 3121.
[226] Augenhofer/Appenzeller/Holm JuS 2011, 680, 685; **aA** Looschelders, Schuldrecht Besonderer Teil (12. Aufl 2017) Rn 96a, wonach die BGH-Entscheidung mit der Verbrauchsgüterkaufrichtlinie vereinbar sei; wohl auch Faust JuS 2011, 748, 750.
[227] Ob es sich um einen Schadensersatz neben der Leistung gem § 437 Nr 3 BGB iVm § 280 Abs 1 BGB oder Schadensersatz statt der Leistung gem § 437 Nr 3 BGB iVm §§ 280 ff BGB handelt, richtet sich danach, wozu der Verkäufer iRd Nacherfüllung verpflichtet ist (dazu sogleich). Besteht keine Pflicht zum Aus- und Einbau des Verkäufers iRv § 439 Abs 1 BGB (so die neue Rechtslage vgl Rn 119), so handelt es sich um einen Anspruch auf Schadensersatz neben der Leistung gem § 437 Nr 3 BGB iVm § 280 Abs 1 BGB; ebenso Faust JuS 2011, 744, 745.

dass der Käufer entsprechende Schadenspositionen (Kosten für Ausbau der mangelhaften Sache und Einbau einer neuen mangelfreien Sache) geltend machen kann; indes scheitert ein Schadensersatzanspruch zugunsten des Käufers vielfach am mangelnden Vertretenmüssen des Verkäufers. Deshalb steht stattdessen ein **verschuldensunabhängiger Nacherfüllungsanspruch** gem §§ 437 Nr 1, 439 Abs 1 BGB im Fokus, und es stellt sich die Frage, zu welcher konkreten Leistung der Verkäufer im Rahmen der Nacherfüllung verpflichtet ist. Mit anderen Worten steht die Frage nach der **Reichweite der Nacherfüllung** im Raum. In den von der Rechtsprechung entschiedenen Fällen ging es dabei regelmäßig um die Reichweite der Nach*lieferung*, da in diesen Fällen eine Nach*besserung* (Reparatur) nicht möglich war. Unproblematisch ist der Verkäufer gem § 439 Abs 1 Alt 2 BGB jedenfalls zur Lieferung einer mangelfreien Sache (Ersatzlieferung) verpflichtet. Darüber hinaus geht es um die Frage, ob der Verkäufer im Rahmen der verschuldensunabhängigen Nacherfüllung **zum Ausbau der mangelhaften Sache und auch zum Einbau der mangelfreien Sache verpflichtet ist bzw ob er die Kosten für den Ausbau und den Einbau zu tragen hat.**

(2) Überblick über die Entwicklung der Aus- und Einbaufälle
Insbesondere Instanzgerichte und Stimmen im Schrifttum hatten nach der Schuldrechtsreform anfangs angenommen, dass der **Ausbau der eingebauten mangelhaften Sache** zum verschuldensunabhängigen Anspruch auf Nacherfüllung gem § 439 Abs 1 BGB gehört.[228] Der BGH hat mit Entscheidung vom 14.1.2009, die einen Verbrauchsgüterkauf betraf, einen solchen Anspruch des Käufers jedenfalls allein aus dem Wortlaut des § 439 Abs 1 BGB verneint.[229] Dennoch hat er dem EuGH die Frage zur **Vorabentscheidung** vorgelegt, ob der Verkäufer die Kosten des Ausbaus der mangelhaften Sache tragen muss, wenn diese vom Verbraucher (Käufer) entsprechend deren Art und Verwendungszweck eingebaut wurde (dazu noch Rn 110 ff) und darüber hinaus, ob der Verkäufer die verlangte Art der Nacherfüllung auch dann verweigern kann, wenn diese Kosten verursachen würde, die absolut unverhältnismäßig sind (dazu noch Rn 116).

Mit der weiteren Verpflichtung zum **Einbau einer mangelfreien Ersatzlieferung** hatte sich der BGH bereits im Parkettstäbe-Fall vom 15.7.2008, dem ebenfalls ein Verbrauchsgüterkauf zugrunde lag, auseinanderzusetzen und entschieden, dass es sich beim **Einbau** (Verlegung) der neuen mangelfreien Ersatzlieferung nicht um einen Bestandteil der Nacherfüllungspflicht handele.[230] Zur Begründung hat der BGH unter anderem angeführt, dass der Verkäufer nach seiner ursprünglichen Leistungspflicht gem § 433 Abs 1 BGB lediglich Lieferung (Übergabe und Übereignung) der Ware, „nicht weniger, aber auch nicht mehr", schulde, sodass der Einbau auch nicht im Rahmen der Ersatzlieferung geschuldet werde. Trotz dieser klaren Entscheidung legte das AG Schorndorf knapp ein Jahr nach dieser BGH-Entscheidung dem EuGH die

---

[228] Vgl OLG Karlsruhe 2.9.2004 – 12 U 144/04, ZGS 2004, 432; LORENZ ZGS 2004, 408, 410 f; ders zweifelnd NJW 2007, 1, 5; SCHNEIDER/KATERNDAHL NJW 2007, 2215, 2216; SCHNEIDER ZGS 2008, 177 f; TERRAHE VersR 2004, 680, 682; WITT ZGS 2008, 369, 370. Für diesen Standpunkt wurden teilweise Argumente zum sog Dachziegelfall aus der Zeit vor der Schuldrechtsreform (BGH 9.3.1983 – VIII ZR 11/82, NJW 1983, 1479) herangezogen, wonach der Verkäufer bei Rückabwicklung des Vertrages wegen Mangelhaftigkeit der Kaufsache zum Abtransport der Sache verpflichtet sei.

[229] BGH 14.1.2009 – VIII ZR 70/08 Rn 19 ff, NJW 2009, 1660, 1661 f.

[230] BGH 15.7.2008 – VIII ZR 211/07, NJW 2008, 2837; bestätigt BGH 14.1.2009 – VIII ZR 70/08, NJW 2009, 1660, 1663; OLG Karlsruhe 14.3.2008 – 10 U 68/07, NJW-RR 2009, 777.

Frage zur **Vorabentscheidung** vor, ob Art 3 Abs 2, Abs 3 UAbs 3 der Verbrauchsgüterkaufrichtlinie dahin auszulegen sei, dass der Verkäufer im Rahmen der Ersatzlieferung die **Einbaukosten und die Ausbaukosten** zu tragen habe.[231]

110 Der **EuGH** hat mit einer als spektakulär zu bezeichnenden Entscheidung vom 16.6.2011 die beiden genannten Vorlageverfahren des BGH (oben Rn 108) und des AG Schorndorf (oben Rn 109) miteinander verbunden und in der Sache in ein ganz anderes Fahrwasser gebracht. Entgegen den Schlussanträgen des Generalanwalts[232] gelangte der EuGH zu dem Ergebnis, dass der Verkäufer verpflichtet sei, entweder selbst den **Ausbau des vertragswidrigen Verbrauchsguts** vorzunehmen und auch den **Einbau** des als Ersatz gelieferten Verbrauchsguts auszuführen, oder die hierfür **notwendigen Kosten** zu tragen, sofern die mangelbehaftete Kaufsache nach ihrer Art und ihrem Verwendungszweck gutgläubig eingebaut wurde.[233]

111 In seiner **Begründung** stellt der EuGH insbesondere auf die aus Art 3 Abs 2, 3 der Verbrauchsgüterkaufrichtlinie resultierende Verpflichtung des Verkäufers **zur unentgeltlichen Herstellung des vertragsgemäßen Zustands** ab (EuGH 16.6.2011 – C-65/09 Rn 45 ff); müsste der Verbraucher (Käufer) den Aus- und Einbau selbst vornehmen bzw die hierfür erforderlichen Kosten selbst tragen, wäre die Ersatzlieferung nicht mehr als „unentgeltlich" im Sinne des Art 3 Abs 2, 3 der RL anzusehen (EuGH 16.6.2011 – C-65/09 Rn 48 f). Diese dem Verkäufer auferlegte Verpflichtung, die Herstellung des vertragsgemäßen Zustands des Verbrauchsguts unentgeltlich zu bewirken – sei es durch Nachbesserung, sei es durch Austausch des vertragswidrigen Verbrauchsguts – solle den Verbraucher vor drohenden finanziellen Belastungen schützen, die ihn in Ermangelung eines solchen Schutzes davon abhalten könnten, seine Ansprüche geltend zu machen (EuGH 16.6.2011 – C-65/09 Rn 46). Darüber hinaus stellt der EuGH darauf ab, dass die Nachbesserung oder die Ersatzlieferung gem Art 3 Abs 3 UAbs 3 der RL **ohne erhebliche Unannehmlichkeiten für den Verbraucher** zu erfolgen habe.

112 Die Entscheidung des EuGH ist auf zum Teil außergewöhnlich scharfe Kritik[234] gestoßen, hat aber auch Zustimmung[235] gefunden. Die Kritik wurde damit begründet, dass der EuGH nicht hinreichend zwischen einer verschuldensunabhängigen Nacherfüllung und einer verschuldensabhängigen Schadensersatzhaftung des Verkäufers differenziert habe.[236] Nur über einen verschuldensabhängigen Schadensersatzanspruch

---

[231] AG Schorndorf 25.2.2009 – 2 C 818/08, ZGS 2009, 525.
[232] Nach diesen Schlussanträgen sind weder die Kosten für den Ausbau noch für den Einbau seitens des Verkäufers als Bestandteil des Nacherfüllungsanspruchs zu tragen, siehe Rechtssache EuGH 16.6.2011 – C-65/09, ZGS 2010, 361 sowie Rechtssache EuGH 18.5.2010 – C-87/09, BeckRS 2010, 90584.
[233] EuGH 16.6.2011 – C-65/09 und C-87/09 Rn 62, NJW 2011, 2269, 2273; ablehnend FÖRSTER ZIP 2011, 1493, 1494 ff; KAISER JZ 2011, 978 f; LORENZ NJW 2011, 2241 ff; STAUDINGER DAR 2011, 502; befürwortend KLEES EWiR 2011, 489, 490.

[234] LORENZ NJW 2011, 2241, 2245 („erschreckend niedrige[n] Begründungstiefe des EuGH"; die „zivilrechtliche Kompetenz des EuGH muss gestärkt werden"); STAUDINGER DAR 2011, 502 (Privilegierung des Verbrauchers gegenüber dem Unternehmer, „welche im Widerspruch zu dem auch im Unionsrecht verankerten Gebot der Verhältnismäßigkeit steht"); KAISER JZ 2011, 978 („Der EuGH hat [...] unklar und im Ergebnis erschreckend geantwortet [...]").
[235] KLEES EWiR 2011, 489, 490; teilweise auch SCHULTE-NÖLKE ZGS 2011, 289.
[236] LORENZ NJW 2011, 2241, 2242 f.

könne man dem Verkäufer Kosten auferlegen, die infolge der Mangelhaftigkeit der Kaufsache verursacht worden seien. Andererseits darf nicht außer Acht gelassen werden, dass die Verbrauchsgüterkaufrichtlinie die eingeforderte Differenzierung zwischen verschuldensunabhängiger Nacherfüllung und verschuldensabhängigem Schadensersatz gar nicht kennt. Beurteilungsgrundlage war die in Art 3 Abs 3 der RL geregelte „unentgeltliche Nachlieferung", und der Begriff „unentgeltlich" umfasst gem Art 3 Abs 4 der RL die für die Herstellung des vertragsgemäßen Zustands des Verbrauchsgutes notwendigen Kosten, insbesondere Versand-, Arbeits- und Materialkosten.

In der Folgezeit stellte sich die Frage, auf welche Weise die Vorgaben des EuGH im Rahmen der nationalen Rechtsordnung umzusetzen seien. Der BGH entschied sich in seinem Urteil vom 21.12.2011 für eine **richtlinienkonforme Auslegung des § 439 Abs 1 Alt 2 BGB**.[237] Danach sei § 439 Abs 1 Alt 2 BGB richtlinienkonform dahingehend auszulegen, dass die dort genannte Nacherfüllungsvariante „Lieferung einer mangelfreien Sache" auch den Ausbau und den Abtransport der mangelhaften Kaufsache umfasse. Die Entscheidung bezog sich lediglich auf den **Ausbau** bzw die Ausbaukosten; in einer späteren Entscheidung stellte er klar, dass auch der **Einbau** der mangelfreien Sache von § 439 Abs 1 Alt 2 BGB umfasst sei.[238]

Die vom EuGH alternativ zum Aus- und Einbau (dh Vornahme der Aus- und Ein- **114** bau*handlung*) für möglich gehaltene **Pflicht zur Tragung der Kosten** für den Aus- und Einbau (oben Rn 110 f) leitete der BGH als Folge einer durch den Verkäufer erhobenen Einrede aus dem teleologisch reduzierten § 439 Abs 3 aF ab (BGH aaO Rn 43; dazu Rn 113).[239]

Die Entscheidung des EuGH bezieht sich auf Verbrauchsgüterkaufverträge im Sinne **115** der Richtlinie. Deshalb hat sich die weitere Frage gestellt, ob die Vorgaben des EuGH nur für Verbrauchsgüterkaufverträge gelten (gespaltene Lösung) oder auch **außerhalb des Anwendungsbereichs der Verbrauchsgüterkaufrichtlinie** und damit für Nicht-Verbrauchsgüterkaufverträge Bedeutung haben. In der „Granulat-Entscheidung" hat der BGH indes klargestellt, dass sich die richtlinienkonforme Auslegung des § 439 Abs 1 BGB auf den Verbrauchsgüterkauf (§ 474 BGB) beschränkt und sich nicht auf Kaufverträge zwischen Unternehmern oder solchen zwischen Verbrauchern erstreckt.[240] Zur Begründung stellt der BGH insbesondere darauf ab, dass eine Ausdehnung der Nachlieferungspflicht im Sinne des Urteils des EuGH auf Kaufverträge außerhalb des Verbrauchsgüterkaufs nicht dem Willen des deutschen Gesetzgebers entspreche.

Gleichzeitig stellte sich im Rahmen der Aus- und Einbaufälle die Frage, inwiefern sich **116** der Verkäufer auf die **Unverhältnismäßigkeit der Nacherfüllungskosten** nach § 439

---

[237] BGH 21.12.2011 – VIII ZR 70/08 Rn 25, NJW 2012, 1073, 1075 mit Anm etwa von Faust JuS 2012, 456; Looschelders JA 2012, 386; ablehnend Kaiser JZ 2011, 978, 980.
[238] BGH 17.10.2012 – VIII ZR 226/11 Rn 16, NJW 2013, 220 („Granulat-Entscheidung").
[239] Stimmen im Schrifttum präferierten als Rechtsgrundlage die Heranziehung von § 439 Abs 2 BGB; vgl etwa Kaiser JZ 2011, 978, 984; Lorenz NJW 2011, 2241, 2243.
[240] BGH 17.10.2012 – VIII ZR 226/11 Rn 17 ff, NJW 2013, 220, 221 f („Granulat-Entscheidung"); zustimmend Gsell LMK 2013, 343739 (krit indes im Hinblick auf die Begründung); Looschelders JA 2013, 149 f; insgesamt krit Fornasier EuZW 2013, 159, 160; Szalai/Hofmann VuR 2013, 104 f.

Abs 3 aF berufen kann. Da die Nach*besserung* der eingebauten Kaufsache in der Regel unmöglich ist, beschränkt sich das Verweigerungsrecht des Verkäufers auf die sog **absolute Unverhältnismäßigkeit** (zum Begriff Rn 131). Gleichwohl kann sich der Verkäufer seit der in Rede stehenden Entscheidung des EuGH im Rahmen eines Verbrauchsgüterkaufs nicht mehr auf eine absolute Unverhältnismäßigkeit berufen[241] (hierzu und zu dem entsprechenden an die EuGH-Rechtsprechung angepassten § 475 Abs 4 BGB vgl Rn 132 ff).

117   **Überblick: Entwicklung der Behandlung der Aus- und Einbaufälle im Rahmen der verschuldensunabhängigen Nacherfüllung**

BGH, 15.7.2008, NJW 2008, 2837	• kein Anspruch auf *Einbau* der mangelfreien Ersatzlieferung im Rahmen der Nacherfüllung → Rn 109
BGH, 14.1.2009, NJW 2009, 1660	• kein Anspruch auf *Ausbau* der mangelhaften Kaufsache; aber: diesbezüglich Vorlage an EuGH → Rn 108
AG Schorndorf, 25.2.2009, ZGS 2009, 525	• Vorlage an EuGH bzgl Pflichten zur Kostentragung für Einbau der mangelfreien Sache → Rn 109
EuGH, 16.6.2011, NJW 2011, 2269	• unter Verbindung beider Vorlagefragen Anspruch des Käufers auf Ein- als auch Ausbau oder Kostentragung durch Verkäufer → Rn 110
BGH, 21.12.2011, NJW 2012, 1073	• richtlinienkonforme Auslegung § 439 Abs 1 Alt 2 BGB: „Lieferung einer mangelfreien Sache" umfasst auch Ausbau und Abtransport der mangelhaften Sache → Rn 113
BGH, 17.10.2012, NJW 2013, 220	• richtlinienkonforme Auslegung § 439 Abs 1 Alt 2 BGB: „Lieferung einer mangelfreien Sache" umfasst auch Einbau der mangelfreien Sache → Rn 113 • Geltung der Grundsätze nur im Rahmen von Verbrauchsgüterkaufverträgen → Rn 115
Gesetzesreform zum 1.1.2018, unter anderem:	• neuer § 439 Abs 3 BGB: Anspruch des Käufers gegen den Verkäufer auf Ersatz der Kosten für den Aus- und Einbau → Rn 118 • Geltung für alle Kaufverträge → Rn 126

(3)   Gesetzesreform zum 1.1.2018

118 Angesichts der mit dem EuGH-Urteil (Rn 110) verbundenen Rechtsunsicherheiten und Folgeprobleme hat man sich vielerorts frühzeitig für eine gesetzliche Umsetzung der Rechtsprechung zu den Aus- und Einbaufällen ausgesprochen.[242] Die gesetzliche Normierung hat lange auf sich warten lassen und erfolgte schließlich im Rahmen des Gesetzes ua zur Reform des Bauvertragsrechts und zur Änderung der kaufrechtlichen Mängelhaftung.[243] Die Änderungen sind am 1.1.2018 in Kraft getreten und an ver-

---

[241] EuGH 16.6.2011 – C-65/09 und C-87/09 Rn 63 ff, NJW 2011, 2269, 2273 f.
[242] BECKMANN, in: STAUDINGER/Eckpfeiler (2012) N. Rn 97 f; LOOSCHELDERS JA 2012, 386, 388; ebenso BGH 21.12.2011 – VIII ZR 70/08 Rn 35, NJW 2012, 1073, 1077.
[243] Gesetz zur Reform des Bauvertragsrechts, zur Änderung der kaufrechtlichen Mängelhaftung, zur Stärkung des zivilprozessualen Rechtsschutzes und zum maschinellen Siegel im Grundbuch- und Schiffsregisterverfahren vom 28.4.2017 (BGBl 2017 I 969); zu den Änderungen im Kaufrecht LOOSCHELDERS JA 2018, 81 ff; LORENZ JuS 2018, 10 ff; MARKWORTH Jura 2018, 1; NIETSCH/OSMANOVIC NJW 2018, 1; HÖPFNER/FALLMANN NJW 2017, 3745; PICHT JZ 2017, 807.

schiedenen Stellen im Gesetz verortet. Im Zusammenhang mit der Reichweite der Nacherfüllung ist zunächst der **neu geschaffene § 439 Abs 3 BGB** relevant.[244]

(a) Anspruch auf Aufwendungsersatz

Hat der Käufer die mangelhafte Sache gemäß ihrer Art und ihrem Verwendungszweck **119** in eine andere Sache **eingebaut** oder an eine andere Sache **angebracht**, ist der Verkäufer nach § 439 Abs 3 BGB im Rahmen der Nacherfüllung verpflichtet, dem Käufer die erforderlichen Aufwendungen für das Entfernen der mangelhaften und den Einbau oder das Anbringen der nachgebesserten oder gelieferten mangelfreien Sache zu ersetzen. Damit steht dem Käufer ein **verschuldensunabhängiger Anspruch** gegen den Verkäufer der mangelhaften Sache auf Ersatz von Aus- und Einbaukosten zu. Dem Wortlaut nach bezieht sich die Vorschrift auf einen **Aufwendungserstattungsanspruch**. Darüber hinaus ist der Verkäufer nicht selbst zur Aus- und Einbau*handlung* verpflichtet. Dies überrascht auf den ersten Blick. Denn zum einen entschied der BGH ausdrücklich, dass der Anspruch auf Nacherfüllung aus § 439 Abs 1 BGB sowohl den Ein- als auch den Ausbau (und damit die notwendige Handlung) umfasse.[245] Zum anderen ist nach der Rspr des EuGH der Verkäufer verpflichtet, entweder selbst den Ausbau des Verbrauchsguts aus der Sache, in die es eingebaut wurde, vorzunehmen und das als Ersatz gelieferte Verbrauchsgut in diese Sache einzubauen, oder die Kosten zu tragen, die für den Ausbau und den Einbau des als Ersatz gelieferten Verbrauchsguts notwendig sind (oben Rn 110). Entsprechend dieser Rechtsprechung sollte **nach der im Gesetzesentwurf geplanten Vorschrift** der Verkäufer im Rahmen der Nacherfüllung verpflichtet sein, nach seiner Wahl entweder selbst den erforderlichen Ausbau der mangelhaften und den Einbau der nachgebesserten oder gelieferten mangelfreien Sache vorzunehmen oder dem Käufer die hierfür erforderlichen Aufwendungen zu ersetzen.[246] Mithin sollte **dem Verkäufer ein Wahlrecht** zustehen, ob er den Aus- und Einbau selbst vornehmen oder Wertersatz leisten möchte. Im Rechtsausschuss des Bundestages wurde indes gegenüber dem Gesetzesentwurf eingewandt, dass der Verkäufer mit dem Aus- und Einbau in ein fremdes Vertragsverhältnis (wenn der Käufer die mangelhafte Kaufsache von einem Dritten hat einbauen lassen) eingreifen könne.[247] Deshalb erfolgte noch eine Änderung dieser Vorschrift im Gesetzgebungsverfahren: Nach dem Wortlaut des § 439 Abs 3 BGB trifft den Verkäufer nur eine Pflicht zum Ersatz der dem Käufer entstanden Aus- und Einbaukosten (und keine Verpflichtung zur Vornahme des Aus- und Einbaus). Diese Änderung im Gesetzgebungsverfahren ist auf unterschiedliche Resonanz gestoßen. Einerseits wurde geäußert, der Verkäufer sei auch nach bzw trotz der gesetzlichen Neuregelung entweder zum Aus- und Einbau oder zum Aufwendungsersatz verpflichtet.[248] Ferner wird die Beschränkung auf den Aufwendungsersatzanspruch für bestimmte Konstellationen als unsachgemäß bewertet; schließlich könnte es sowohl für den Käufer wie auch für den Verkäufer effizienter sein, wenn der Verkäufer den Aus- und Einbau im Rahmen der Nacherfüllung selbst

---

[244] Darüber hinaus zum neuen § 475 Abs 6 BGB noch Rn 290 und zu §§ 445a, 445b BGB noch Rn 232 ff.
[245] BGH 21.12.2011 – VIII ZR 70/08, NJW 2012, 1073 und BGH 17.10.2012 – VIII ZR 226/11 Rn 16, NJW 2013, 220 („Granulat-Entscheidung").
[246] Entwurf des § 439 Abs 3 BGB, BT-Drucks 18/11437, 9.
[247] BT-Drucks 18/11437, 46; vgl zu denkbaren Fallkonstellationen auch MARKWORTH Jura 2018, 1, 7.
[248] Im Erg so wohl nur GRUNEWALD/TASSIUS/LANGENBACH BB 2017, 1673; ERMAN/GRUNEWALD (15. Auflage 2017) § 439 Rn 3, 6 (indes jeweils allein auf den unveränderten Wortlaut des § 439 Abs 1 BGB abstellend); aA zu Recht HÖPFNER/FALLMANN NJW 2017, 3745, 3748; MARKWORTH JA 2018, 1, 6; PICHT JZ 2017, 807, 808 f.

vornimmt.²⁴⁹ Indes hat der Gesetzgeber – wie oben beschrieben – nach einem Einwand im Rechtsausschuss bewusst allein die Pflicht des Verkäufers zur Erstattung von Aufwendungen des Käufers in § 439 Abs 3 S 1 BGB normiert. Die Annahme allein einer Aufwendungserstattungspflicht statt einer Handlungspflicht ist zudem mit der Rspr des EuGH vereinbar. Dieser hat eine Verpflichtung des Verkäufers zum Aus- und Einbau *oder* zur Kostenerstattung angenommen. Ein Wahlrecht hat der EuGH dem Käufer insoweit nicht eingeräumt.²⁵⁰ Mithin ist die Neuregelung in § 439 Abs 3 BGB wörtlich zu verstehen; über die Erstattungspflicht hinaus ist der Verkäufer nicht verpflichtet, den Aus- und Einbau selbst vorzunehmen.²⁵¹

(b) Weitere tatbestandliche Aspekte

120 Mit der Neuregelung des § 439 Abs 3 BGB gehen mehrere Änderungen einher: Klargestellt ist zunächst die Rechtsgrundlage des Anspruchs des Käufers gegen den Verkäufer.²⁵²

121 Des Weiteren erfasst § 439 Abs 3 BGB nicht nur den Einbau von Sachen (Fliesen etc), sondern – im Sinne einer Klarstellung – auch das **Anbringen einer Sache**. Diese Erweiterung ist in den Beratungen des Rechtsausschusses vorgeschlagen worden, um § 439 Abs 3 BGB auch auf Konstellationen anzuwenden, bei denen die Kaufsache nicht im Wortsinne eingebaut, sondern mit einer anderen Sache verbunden wird (Anbringen einer Dachrinne oder auch Anstrich mit einer gekauften Farbe).²⁵³ Die offene Formulierung der Voraussetzung des Einbaus der mangelhaften Sache **gemäß ihrer Art und ihrem Verwendungszweck** lässt der Rechtsprechung einigen Spielraum. Es erscheint möglich (in den Grenzen unionsrechtskonformer Auslegung) auch Fälle schadhafter Software und hiermit verbundener De- oder Reinstallation zu erfassen.²⁵³ᵃ

122 Die bisherige Rechtsprechung um die Aus- und Einbaufälle bezog sich zumeist auf die Reichweite der Nach*lieferung*; nach der Gesetzesbegründung des Regierungsentwurfs gilt § 439 Abs 3 BGB für beide Arten der Nacherfüllung (dh Nachbesserung und Nachlieferung).²⁵⁴

123 Im Rahmen des Tatbestands soll durch das Merkmal der **Erforderlichkeit** sichergestellt werden, dass der Verkäufer nur Ersatz für vertretbare, dh geeignete und erfolgversprechende Maßnahmen leisten muss.²⁵⁵ Zu berücksichtigen ist des Weiteren, dass der Anspruch gem §§ 439 Abs 3 S 2, 442 Abs 1 S 1 BGB **ausgeschlossen** ist, soweit der Käufer den Mangel im **Zeitpunkt des Einbaus bzw der Anbringung kannte** (unter Mo-

---

²⁴⁹ Vgl HÖPFNER/FALLMANN NJW 2017, 3745, 3747 ff, die eine Lösung durch vertragliche Vereinbarung der Aus- und Einbaupflicht erwägen; PICHT JZ 2017, 807, 809; s auch MARKWORTH Jura 2018, 1, der die Reform unter dem Gesichtspunkt einer Einschränkung des Rechts zur zweiten Andienung diskutiert.
²⁵⁰ BGH 21.12.2011 – VIII ZR 70/08 Rn 27, NJW 2012, 1073, 1076; LOOSCHELDERS JA 2018, 81, 83.
²⁵¹ LOOSCHELDERS JA 2018, 81, 83.
²⁵² Zu früheren unterschiedlichen Sichtweisen BECKMANN, in: STAUDINGER/Eckpfeiler (2014) N. Rn 96.

²⁵³ BT-Drucks 18/11437, 46.
²⁵³ᵃ Vgl LOOSCHELDERS JA 2018, 81, 82; HÖPFNER/FALLMANN NJW 2017, 3745, 3746, die sich ferner gegen eine objektive und für eine an der Parteivereinbarung ausgerichtete Bestimmung des Verwendungszwecks aussprechen; BT-Drucks 18/8486, 95 f.
²⁵⁴ BT-Drucks 18/8486, 39.
²⁵⁵ Insgesamt soll zur Auslegung auf die Rechtsprechung zum Selbstvornahmerecht des Bestellers nach § 637 BGB zurückgegriffen werden, BT-Drucks 18/11437, 46.

difikation des maßgeblichen Zeitpunkts gelten die allgemeinen Grundsätze, dazu Rn 198 ff). Auf den Fall **grobfahrlässiger Unkenntnis** ist konsequent § 442 Abs 1 S 2 BGB anzuwenden; der Anspruch kann nur geltend gemacht werden, wenn der Verkäufer den Mangel arglistig verschwiegen oder eine Beschaffenheitsgarantie übernommen hat.

Zu beachten ist außerdem, dass der Käufer im Rahmen eines **Verbrauchsgüterkauf-** **124** **vertrages** vom Verkäufer zudem **Vorschuss** verlangen kann; diese Regelung findet sich in § 475 Abs 6 BGB (dazu Rn 290). In der Sache entspricht dies der früheren Rechtsprechung.[256]

(c) Vorschussanspruch und Abdingbarkeit
Der Aufwendungserstattungsanspruch ist aufgrund des neuen § 309 Nr 8 lit b cc) BGB **125** **formularvertraglich nicht abdingbar**. Indes ist der Wirkungsbereich der AGB-Vorschrift gering. Verbraucherkäufer sind bereits hinreichend durch § 476 Abs 1 BGB geschützt; gegenüber Unternehmern ist § 309 Nr 8 lit b cc) BGB nicht unmittelbar anwendbar, § 310 Abs 1 S 1 BGB.[257]

(d) Erweiterter Anwendungsbereich
Ein **ganz wesentlicher Unterschied** zwischen der Behandlung der Aus- und Einbaufälle **126** durch die bisherige Rechtsprechung und der neuen Gesetzeslage betrifft den **Geltungsbereich**. Während nach der BGH-Rechtsprechung die Grundsätze zu den Aus- und Einbaufällen nur im Rahmen eines **Verbrauchsgüterkaufs** Geltung haben sollten,[258] ist der neue **Aufwendungserstattungsanspruch gem § 439 Abs 3 BGB nicht auf den Verbrauchsgüterkauf beschränkt**, sondern gilt insbesondere **auch bei einem Kaufvertrag zwischen Unternehmern**. Mit dieser wichtigen Erweiterung sind ganz erhebliche Rechtsänderungen verbunden. Sie bezwecken insbesondere den **Schutz von Handwerkern und Bauunternehmern** (Werkunternehmern):[259] Nach früherem Recht trugen Werkunternehmer ein finanzielles Risiko, wenn sie Baumaterialien bei einem Verkäufer erworben hatten und diese Baumaterialien aufgrund eines Werkvertrages bei einem Kunden in andere Sachen einbauten. Aufgrund der werkvertraglichen Mängelgewährleistung ist der Werkunternehmer gegenüber seinem Kunden (Besteller) ggf zum Ausbau des fehlerhaften Materials und zum Einbau neuen fehlerfreien Materials verpflichtet. Diese Kosten konnte der Werkunternehmer gegenüber seinem Verkäufer nur im Rahmen eines kaufrechtlichen Schadensersatzanspruchs geltend machen, mithin nur bei – regelmäßig nicht vorliegendem – Vertretenmüssen des Verkäufers; nicht hingegen im Wege einer verschuldensunabhängigen Nacherfüllung. Im Gegensatz zu den früheren Rechtsprechungsgrundsätzen der „Granulat-Entscheidung"[260] beschränkt sich der neue § 439 Abs 3 BGB nicht auf den Verbrauchsgüterkauf. Deshalb besteht nun über § 439 Abs 3 BGB die Möglichkeit auch des Werkunternehmers, seine Kosten des Aus- und Einbaus auf „seinen" Verkäufer abzuwälzen, auch wenn der Verkäufer die Schlechtleistung nicht zu vertreten hat. § 439 Abs 3 BGB erfasst seinem Wortlaut sowie der ratio legis nach nicht nur den Letztabnehmer als (Verbrauchsgüter-)Käufer, sondern auch den Fall, dass der Käufer ein Werkunternehmer ist, welcher

---

[256] BGH 21.12.2011 – VIII ZR 70/08 Rn 49, NJW 2012, 1073, 1073.
[257] MEDICUS/PETERSEN, Bürgerliches Recht (26. Aufl 2017) Rn 291b.
[258] BGH 17.10.2012 – VIII ZR 226/11, NJW 2013, 220 („Granulat-Entscheidung"); dazu oben Rn 115.
[259] BT-Drucks 18/8486, 39.
[260] BGH 17.10.2012 – VIII ZR 226/11, NJW 2013, 220 („Granulat-Entscheidung").

die Kaufsache im Rahmen eines Werkvertrages mit einem Kunden verbaut bzw anbringt.[261] Damit der Verkäufer seinerseits nicht gegenüber seinem Vorlieferanten in eine sog „Regressfalle" bzw „Haftungsfalle" gerät, hat der Gesetzgeber dem Verkäufer nunmehr für alle Kaufverträge über eine neu hergestellte Sache (nach früherer Rechtslage nur beim Verkauf an einen Verbraucher gem §§ 478, 479 aF) ein erleichtertes Rückgriffsrecht wiederum gegen seinen Lieferanten aufgrund der seit 1.1.2018 geltenden §§ 445a, 445b BGB gewährt (dazu Rn 232 ff).

127 Das Schaubild zeigt die Regressmöglichkeiten nach Beseitigung früher bestehender „Regressfallen" allein auf der Grundlage von Kostenerstattungsansprüchen gem § 439 Abs 3 BGB (daneben sind bei Verschulden Schadensersatzansprüche denkbar):

Rückgriff in der Lieferkette bei Aus- und Einbaufällen

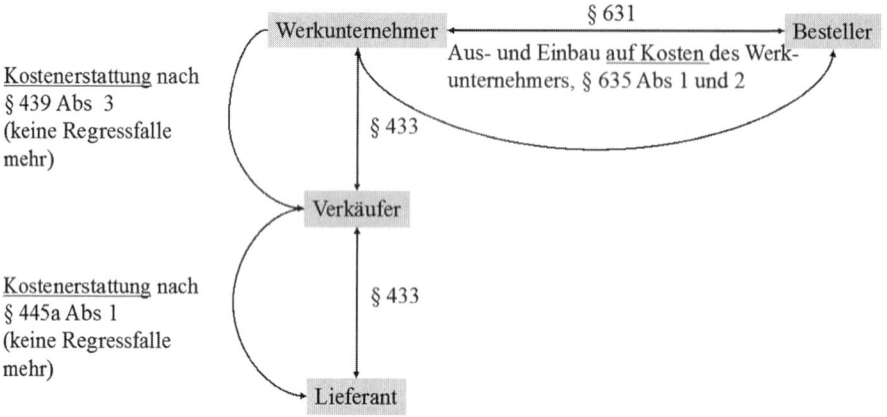

gg) Ausschluss des Nacherfüllungsanspruchs
(1) Unmöglichkeit, § 275

128 Soweit die **Nacherfüllung unmöglich** ist, ist der Verkäufer nach § 275 Abs 1 BGB von der Nacherfüllungspflicht befreit. Aus der Formulierung „soweit" folgt (neben der Regelung zur zeitweisen Unmöglichkeit), dass die Unmöglichkeit nur einer Alternative der Nacherfüllung (Nachbesserung oder Ersatzlieferung) die Geltendmachung der jeweils anderen nicht ausschließt. Ist demnach die Nachbesserung unmöglich, ist nur der Anspruch auf Nachbesserung ausgeschlossen, der Anspruch auf Ersatzlieferung besteht fort. Erst wenn beide Formen der Nacherfüllung unmöglich sind, ist der Anspruch auf Nacherfüllung insgesamt ausgeschlossen. Darüber hinaus kann der Käufer selbst dann Nacherfüllung verlangen, wenn der Mangel nicht vollständig behoben, zumindest aber die Funktionsfähigkeit hergestellt werden kann. Insoweit bleibt die Nacherfüllung jedenfalls möglich.

129 Daneben kann der Verkäufer – wie § 439 Abs 4 S 1 BGB auch zum Ausdruck bringt – die Nacherfüllung wegen § 275 Abs 2 BGB (unzumutbarer Aufwand) oder Abs 3 (Un-

---

[261] SCHREINER/PISAL BauR 2016, 181, 183; LORENZ JuS 2018, 10, 11; BT-Drucks 18/8486, 39.

zumutbarkeit persönlicher Leistungserbringung) verweigern. Diese beiden Fallvarianten haben für das Kaufrecht indes geringere Bedeutung. § 275 Abs 2 BGB stellt im Vergleich zu § 439 Abs 4 BGB (dazu sogleich) strengere Voraussetzungen auf und § 275 Abs 3 BGB greift im Kaufrecht mangels persönlicher Leistungspflichten in der Regel nicht ein.

(2) Unverhältnismäßige Kosten, § 439 Abs 4

Ferner kann der Verkäufer die vom Käufer gewählte Art der Nacherfüllung gem § 439 Abs 4 BGB (bis 31.12.2017 § 439 Abs 3) **verweigern**, wenn sie nur mit unverhältnismäßigen Kosten möglich ist.[262] Wie bei § 275 Abs 2 und 3 BGB gewährt die Vorschrift dem Schuldner eine Einrede. Eine nicht abschließende Aufzählung von Kriterien, anhand derer die Unverhältnismäßigkeit zu bestimmen ist, findet sich in § 439 Abs 4 S 2 BGB. Zentraler Faktor der Abwägung bleiben im Ergebnis die Kosten der Nacherfüllung. Überdies kann auch das Verschulden an der Schlechtleistung eine Rolle spielen.[263] Mehrkosten aufgrund einer unzureichenden Organisation des Verkäufers sind hingegen nicht zu berücksichtigen. Eine vom Käufer verlangte Nachbesserung ist auch nicht allein deshalb unverhältnismäßig, weil der Verkäufer keine eigene Werkstatt besitzt und sich daher der Hilfe Dritter bedienen muss.[264] Ebenso ist eine Art der Nacherfüllung nicht bereits dann unverhältnismäßig, wenn sie im Vergleich zu der anderen teurer ist. Dadurch würde das Wahlrecht des Käufers aus § 439 Abs 1 BGB entwertet. Der Ausschluss nach § 439 Abs 4 BGB soll vielmehr nur verhindern, den Verkäufer über die Grenzen wirtschaftlicher Vernunft hinaus zu verpflichten. Dabei sind die Interessen des Käufers an der gewählten Nacherfüllungsmethode mit dem Interesse des Verkäufers an einer möglichst kostengünstigen Nacherfüllung abzuwägen. Prozentgrenzen sind dabei nicht zwingend; sie können aber zumindest Anhaltspunkte geben.[265] Insbesondere sind der Wert der Sache in mangelfreiem Zustand und das Ausmaß des Mangels in Bezug auf die Funktionsfähigkeit von Bedeutung. Letzten Endes wird dies zumeist dazu führen, bei geringwertigeren Massenprodukten die Nachbesserung im Vergleich zur Nachlieferung als unverhältnismäßig anzusehen, während bei hochwertigen Sachen mit geringeren Mängeln im Zweifel (nur) Nachbesserung verlangt werden kann.

§ 439 Abs 4 BGB erfasst zum einen die sog **relative Unverhältnismäßigkeit**; sie liegt vor, wenn die vom Käufer gewählte Art der Nacherfüllung im Vergleich zu der nicht gewählten Art der Nacherfüllung unverhältnismäßige Kosten verursacht (vgl § 439 Abs 4 S 2 aE BGB).[266] § 439 Abs 4 BGB erfasst zum anderen grundsätzlich auch die sog

---

[262] Dies gilt auch dann, wenn er zuvor die Nacherfüllung an sich zu Unrecht verweigert hat oder eine Frist des Käufers hat ablaufen lassen, BGH 16.10.2013 – VIII ZR 273/12, NJW 2014, 213 f.
[263] BGH 4.4.2014 – V ZR 275/12, NJW 2015, 468, 472; BGH 16.4.2009 – VII ZR 177/07, NJW 2009, 2123 (zum Werkvertragsrecht), wonach der Grad des Verschuldens bei der Zulässigkeit der Einrede zu berücksichtigen ist. Alleine durch die vorsätzliche oder grob fahrlässige Herbeiführung des Mangels kann die Einrede dem Verkäufer aber nicht verweigert werden.
[264] Vgl STAUDINGER/MATUSCHE-BECKMANN (2014) § 439 Rn 117; einschränkend MünchKomm/WESTERMANN (7. Aufl 2016) § 439 Rn 22 f.
[265] Vgl STAUDINGER/MATUSCHE-BECKMANN (2014) § 439 Rn 115; dazu hier Fn 266, 267.
[266] BGH 4.4.2014 – V ZR 275/12 Rn 41, NJW 2015, 468, 472; BGH 14.1.2009 – VIII ZR 70/08, NJW 2009, 1660, 1661. Als Prozentgrenzen werden für den Fall relativer Unverhältnismäßigkeit vorgeschlagen: Mehrkosten in Höhe von 10% (REINICKE/TIEDTKE, Kaufrecht [8. Aufl 2009] Rn 446; BITTER/MEIDT ZIP 2001, 2114, 2122), 20% (LG Ellwangen 13.12.2002 – 3 O 219/02, NJW 2003, 517), 25% (HENSSLER/

absolute Unverhältnismäßigkeit;[267] diese bezeichnet den Fall, dass die vom Käufer gewählte oder die einzig mögliche Art der Nacherfüllung schon für sich allein unverhältnismäßige Kosten verursacht (es findet also kein Vergleich zu der anderen Art der Nacherfüllung statt, sondern zwischen den Nacherfüllungskosten an sich und dem Interesse des Käufers an der Nacherfüllung).[268] Auf den ersten Blick mag die Entscheidung des Gesetzgebers, dem Verkäufer auch im Rahmen von § 439 Abs 4 S 3 HS 2 BGB im b2b-Geschäft eine Möglichkeit zur vollständigen Verweigerung der Nacherfüllung zu belassen (im Gegensatz zum Verbrauchsgüterkauf; dazu sogleich Rn 132 ff) überraschen. Es scheint, als könne der Werkunternehmer bei Inanspruchnahme durch den Besteller hierdurch in eine Haftungsfalle gegenüber seinem Lieferanten geraten. Indes folgt die Lösung für diesen Konflikt aus dem Recht des Werkunternehmers, die Nacherfüllung wegen unverhältnismäßiger Kosten (unabhängig von einer absoluten oder relativen Unverhältnismäßigkeit) gem § 635 Abs 3 BGB gegenüber dem Besteller zu verweigern.[268a]

(3) Unverhältnismäßige Kosten beim Verbrauchsgüterkauf, § 439 Abs 4, § 475 Abs 4

132 Indes kann sich der Verkäufer im Rahmen eines Verbrauchsgüterkaufs nicht immer auf die absolute Unverhältnismäßigkeit berufen. Dies folgt seit dem 1.1.2018 aus § 475 Abs 4 BGB. Diese Regelung ist wiederum vor dem Hintergrund der Entscheidung des EuGH vom 16.6.2011 zu sehen, die zur Behandlung der Aus- und Einbaufälle ergangen ist (Rn 110). Hierin hat der EuGH ein Verweigerungsrecht des Verkäufers **bei Vorliegen absoluter Unverhältnismäßigkeit als Verstoß gegen die Verbrauchsgüterkaufrichtlinie** angesehen.[269] Zur Begründung verwies der EuGH auf Art 3 Abs 3 UAbs 2 der RL, wonach eine Abhilfe als unverhältnismäßig gilt, „wenn sie dem Verkäufer Kosten verursachen würde, die (...) verglichen mit der alternativen Abhilfemöglichkeit unzumutbar wären" und die Unverhältnismäßigkeit insoweit „ausschließlich in Beziehung zur anderen Abhilfemöglichkeit definiert" werde.[270] Nach Art 3 Abs 3

---

vWestphalen/vWestphalen, Praxis der Schuldrechtsreform [2. Aufl 2003] § 439 Rn 27); kritisch gegenüber solchen starren Grenzen Oetker/Maultzsch, Vertragliche Schuldverhältnisse (4. Aufl 2013) § 2 Rn 215.
[267] BGH 4.4.2014 – V ZR 275/12, NJW 2015, 468, 472; BGH 14.1.2009 – VIII ZR 70/08, NJW 2009, 1660, 1661. Auch für die absolute Unverhältnismäßigkeit werden Prozentsätze vorgeschlagen, bei deren Überschreitung die Kosten der Nacherfüllung absolut unverhältnismäßig sein sollen (vgl zB bei BeckOK/Faust [15.6.2017] § 439 Rn 49.1 f; Überblick auch bei BGH 4.4.2014 – V ZR 275/12 Rn 40 ff, NJW 2015, 468, 472). So soll zB bei mangelndem Verschulden des Verkäufers absolute Unverhältnismäßigkeit anzunehmen sein, wenn die Kosten der Nacherfüllung 150% des Werts der Sache in mangelfreiem Zustand oder 200% des mangelbedingten Minderwerts übersteigen (Bitter/Meidt ZIP 2001, 2114, 2121). Auch nach Auffassung des BGH vermögen derartige Grenzwerte zwar eine Bewertung aller Umstände des Einzelfalls nicht zu ersetzen, geben jedoch in Form einer Faustregel einen ersten Anhaltspunkt; vgl BGH 4.4.2014 – V ZR 275/12 Rn 41, NJW 2015, 468, 472; BGH 14.1.2009 – VIII ZR 70/08, NJW 2009, 1660, 1661 aE; ähnlich BeckOGK/Höpfner (1.5.2017) § 439 Rn 132 („Indizfunktion").
[268] MünchKomm/Westermann (7. Aufl 2016) § 439 Rn 23.
[268a] Looschelders JA 2018, 81, 84.
[269] EuGH 16.6.2011 – C-65/09 und C-87/09, NJW 2011, 2269, 2273 f; aA Schlussantrag des Generalanwalts vom 18.5.2010 – C-65/09, ZGS 2010, 361, Rn 81 ff; Stöber ZGS 2011, 346, 349; Förster ZIP 2011, 1493, 1498 f.
[270] EuGH 16.6.2011 – C-65/09 und C-87/09, NJW 2011, 2269, 2273 f; ebenso BGH 14.1.2009 – VIII ZR 70/08 Rn 17, NJW 2009, 1660. Auch nach dem elften Erwägungsgrund der RL ist im Hinblick auf die Unzumutbarkeit maßgeblich, ob die Kosten der Abhilfe deutlich höher sind als die Kosten einer anderen Abhilfe.

der RL sei die Nacherfüllung überdies als vorrangig gegenüber den subsidiären Mitteln der Vertragsauflösung und der Kaufpreisminderung anzusehen.[271] Sofern nur eine Nacherfüllungsart in Betracht komme, könne der Verkäufer diese daher nicht verweigern.[272] Mithin lasse die RL lediglich ein Berufen auf die relative Unverhältnismäßigkeit zu.

Trotz der Entscheidung gegen ein Verweigerungsrecht bei absoluter Unverhältnismäßigkeit hat der EuGH aber letztlich doch eine **Deckelung der Kosten**, die der Verkäufer im Rahmen der Nacherfüllung zu tragen hat, für möglich erachtet: So sei nach Art 3 Abs 3 der RL nicht ausgeschlossen, den Anspruch des Verbrauchsgüterkäufers – zum Schutz der berechtigten finanziellen Interessen des Verkäufers – auf einen Betrag zu beschränken, welcher dem Wert des Verbrauchsgutes in vertragsgemäßem Zustand wie auch der Bedeutung der Vertragswidrigkeit angemessen ist.[273] Problematisch ist insoweit, dass sich diese Deckelungsmöglichkeit zugunsten des Verkäufers nicht unmittelbar aus der RL ergibt.[274]

133

Eine Umsetzung dieser Vorgaben ließ sich im Rahmen des klaren § 439 Abs 3 aF (heute Abs 4) nicht mehr durch richtlinienkonforme Auslegung in deutsches Recht umsetzen. Vielmehr bemühte der BGH eine richtlinienkonforme Rechtsfortbildung durch teleologische Reduktion.[275] Die Vorschrift sei teleologisch dahingehend zu reduzieren, dass ein Verweigerungsrecht des Verkäufers nicht besteht, wenn nur eine Art der Nacherfüllung möglich ist oder der Verkäufer die andere Art der Nacherfüllung zu Recht verweigert. In diesen Fällen beschränke sich das Recht des Verkäufers, die Nacherfüllung in Gestalt der Ersatzlieferung wegen unverhältnismäßiger Kosten zu verweigern, aber auf das Recht den Käufer bezüglich des Aus- und Einbaus auf die **Kostenerstattung in Höhe eines angemessenen Betrages** zu verweisen (BGH aaO Rn 35).

134

Offen blieb die Frage, wie diese Begrenzung im konkreten Fall zu erfolgen habe und umzusetzen sei.[276] So wurde im Schrifttum vorgeschlagen, eine Grenze – in Anlehnung an die bislang zur Beurteilung der absoluten Unverhältnismäßigkeit als Faustformel verwendeten Prozentsätze (dazu Rn 131) – bei 150% des Wertes der Sache in mangelfreiem Zustand anzusiedeln.[277] Der BGH näherte sich in seiner Entscheidung vom 21.12.2011 der 150%-Grenze an, indem er dem Käufer neben der bereits vom Berufungsgericht zugesprochenen Neulieferung mangelfreier Fliesen (Wert circa 1200 €)

135

---

[271] Vgl EuGH 16.6.2011 – C-65/09 und C-87/09 Rn 72, NJW 2011, 2269, 2274.
[272] So EuGH 16.6.2011 – C-65/09 und C-87/09 Rn 71, NJW 2011, 2269, 2274.
[273] EuGH 16.6.2011 – C-65/09 und C-87/09 Rn 74, NJW 2011, 2269, 2274.
[274] Vgl STÖBER ZGS 2011, 346, 349, der ausführt, dass diese „Hilfskonstruktion" nicht auf die Richtlinie zurückgeführt werden könne; ähnlich SZALAI ZAP Fach 3, 267, 271 aE; s auch SCHULTE-NÖLKE ZGS 2011, 289, welcher diese Beschränkung auf einen angemessenen Betrag als eine nicht vom Wortlaut der Richtlinie gedeckte „Erfindung" des EuGH bezeichnet; LOOSCHELDERS, Schuldrecht Besonderer Teil (12. Aufl 2017) Rn 95a.

[275] BGH 21.12.2011 – VIII ZR 70/08 Rn 28 ff, NJW 2012, 1073, 1076. Zu Recht kritisch LOOSCHELDERS, Schuldrecht Besonderer Teil (12. Aufl 2017) Rn 95c. Zur Unterscheidung zwischen richtlinienkonformer Auslegung und richtlinienkonformer Rechtsfortbildung BGH 26.11.2008 – VIII ZR 200/05 Rn 19 ff, NJW 2009, 427, 428 f („Quelle-Entscheidung").
[276] Vgl auch FAUST JuS 2011, 744, 747.
[277] So etwa SCHULTE-NÖLKE ZGS 2011, 289; LOOSCHELDERS JA 2011, 629, 631; SZALAI ZAP Fach 3, 267, 271 aE; ablehnend STAUDINGER DAR 2011, 502, 504; BÜDENBENDER/BINDER DB 2011, 1736, 1741.

einen Kostenerstattungsanspruch von 600 € gewährte (insgesamt also 1800 €).[278] Aber auch der BGH sah ausdrücklich davon ab, feste Grenz- oder Richtwerte für die Bestimmung der angemessenen Höhe der Erstattungspflicht des Verkäufers zu determinieren. Darüber hinaus verblieben unterschiedliche Auffassungen, **auf welche Weise** diese Vorgaben einerseits zur Richtlinienwidrigkeit der **absoluten Unverhältnismäßigkeit** und andererseits zur gleichwohl **möglichen Kürzung des Erstattungsanspruchs** im nationalen Recht methodisch umzusetzen seien. Insoweit stellte sich die Frage, ob der Sichtweise des EuGH nach deutschem Recht tatsächlich im Wege richtlinienkonformer Rechtsfortbildung entsprochen werden könne oder ob es zur Herstellung der Richtlinienkonformität einer Änderung des BGB bedürfe.[279]

136 Im Rahmen der zum 1.1.2018 in Kraft getretenen gesetzlichen Regelung zu den Aus- und Einbaufällen (dazu bereits Rn 118 ff) wurde die **Problematik um die absolute Unverhältnismäßigkeit beim Verbrauchsgüterkauf** im neuen § 475 Abs 4 BGB aufgegriffen und nach den Vorgaben des EuGH gelöst. § 475 Abs 4 BGB stellt für den **Verbrauchsgüterkauf eine Sonderbestimmung** zu § 439 Abs 4 BGB (inhaltlich unveränderte Fassung des § 439 Abs 3 aF) dar. So kann sich der Unternehmer(-verkäufer) nach § 475 Abs 4 S 1 BGB ausdrücklich **nicht mehr auf die absolute Unverhältnismäßigkeit** berufen, wenn die andere Art der Nacherfüllung bereits wegen § 275 Abs 1 BGB ausgeschlossen ist oder der Unternehmer diese wegen § 275 Abs 2, 3 BGB oder § 439 Abs 4 S 1 BGB verweigert hat. Nach S 2 kann der Unternehmer den Aufwendungsersatz aber auf einen angemessenen Betrag beschränken, wenn die andere Art der Nacherfüllung wegen der Höhe der Aufwendungen nach § 439 Abs 2 oder Abs 3 S 1 BGB unverhältnismäßig ist, sodass auch die vom EuGH zugelassene **Deckelung der Kosten** Eingang ins Gesetz gefunden hat. Um festzustellen, welcher Betrag angemessen ist, ist nach S 3 insbesondere der Wert der Sache in mangelfreiem Zustand und die Bedeutung des Mangels zu berücksichtigen. Auch insoweit folgt der Gesetzgeber den Vorgaben des EuGH und der Rechtsprechung des BGH.[280] Auch wenn sich schon lange an anderer Stelle – § 439 Abs 4 S 2 BGB (früher Abs 3 S 2) – eine fast wortlautgleiche Formulierung findet, dürfte diese Regelung in der alltäglichen Rechtspraxis mit nicht unerheblichen Rechtsunsicherheiten verbunden sein. Hier macht es sich der Gesetzgeber mit der bloßen Übernahme der Rechtsprechung ein wenig einfach, auch wenn in der Begründung des Regierungsentwurfs gewisse Kriterien genannt werden: So soll es etwa darauf ankommen, ob der Mangel der eingebauten Sache deren Verwendungsfähigkeit beeinträchtigt oder lediglich ästhetischer Natur ist. Einem lediglich ästhetischen Mangel der Kaufsache komme zumeist eine deutlich geringere Bedeutung zu, als

---

[278] Sofern man die Selbstkosten des Verkäufers zur Lieferung einer mangelfreien Sache in die Kalkulation miteinbezieht (vgl BGH 14.1.2009 – VIII ZR 70/08 Rn 16, NJW 2009, 1660, 1662 und bereits Fn 245).

[279] Hinsichtlich des in § 439 Abs 3 S 3 aF (heute § 439 Abs 4 S 3 BGB) vorgesehenen Verweigerungsrechts im Ganzen wurde im Schrifttum vertreten, ein Tätigwerden des deutschen Gesetzgebers sei wegen des eindeutigen Wortlauts der Norm notwendig, da es für eine richtlinienkonforme Rechtsfortbildung, wie sie der BGH in der Quelle-Entscheidung (BGH 26.11.2008 – VIII ZR 200/05, NJW 2009, 427, 428 ff) in Bezug auf § 439 Abs 4 aF (heute § 439 Abs 5 BGB) vorgenommen hatte, jedenfalls an der Erkennbarkeit eines konkreten Konformitätswillens des deutschen Gesetzgebers fehle (LORENZ NJW 2011, 2241, 2244; KAISER JZ 2011, 978, 986). Für gesetzgeberisches Handeln auch BECKMANN, in: STAUDINGER/Eckpfeiler (2014) N. Rn 97 f.

[280] EuGH 16.6.2011 – C-65/09 und C-87/09 Rn 74, NJW 2011, 2269, 2274; BGH 21.12.2011 – VIII ZR 70/08 Rn 35, NJW 2012, 1073, 1077. Krit zur Richtlinienkonformität des § 475 Abs 4 S 1 BGB GEORG NJW 2018, 199, 202.

wenn die Kaufsache ihre bestimmungsgemäße Funktion infolge des Mangels nicht oder nur eingeschränkt erfüllen kann.[281]

Die Möglichkeit der Reduzierung des Kostenerstattungsanspruchs gem § 475 Abs 4 S 2 und 3 BGB zugunsten des Verkäufers kann die Interessen des Käufers erheblich einschränken. Er kann die Beseitigung der Folgen des Einbaus der mangelhaften Sache nur herbeiführen, indem er einen Teil der Kosten selbst trägt; hierauf läuft ein nur teilweiser Ersatz der Aus- und Einbaukosten aufgrund der Deckelung faktisch hinaus.[282] Diesen Aspekt greift wiederum § 475 Abs 5 BGB auf: Beschränkt der Verkäufer den Aufwendungsersatz gem § 475 Abs 4 S 2 BGB auf einen angemessenen Betrag, so ist § 440 S 1 BGB anzuwenden. Dies bewirkt, dass der Käufer ohne die grundsätzlich erforderliche Fristsetzung vom Vertrag **zurücktreten** oder **Minderung** geltend machen kann. Da es sich – wenn der Verkäufer die Nacherfüllung gem § 475 Abs 4 S 2 BGB beschränkt – um eine erhebliche Unannehmlichkeit für den Käufer handelt,[283] soll der Käufer direkt auf die Sekundärrechte übergehen können. Auch diese Neuregelung entspricht wiederum den Vorgaben des EuGH und auch der Rechtsprechung des BGH.[284] Im Falle des vom Käufer gewählten Rücktritts stellt sich insbesondere die Frage, ob der Verkäufer im Rahmen der Rückabwicklung des Kaufvertrages ein Recht auf Rücknahme der Kaufsache hat oder ob sogar eine **Rücknahmepflicht** des Verkäufers besteht.[285] Ein Indiz zur Klärung dieser Frage könnte sich aus dem Nacherfüllungsort der Rückgewähr ergeben, welcher nach den §§ 269, 270 BGB bei Fehlen einer vertraglichen Übereinkunft bzw einer Abweichung nach der Natur des Schuldverhältnisses oder sonstigen Umständen jedoch als Holschuld am Ort des Schuldners (der Rückgabepflicht), also idR dem Belegenheitsort der bestimmungsgemäß verbauten Sache entsprechend, qualifiziert werden muss.[286] Während bisweilen eine Pflicht zum Ausbau der Sache iRd Rückabwicklung durch den Verkäufer am Leistungsort pauschal abgelehnt wird,[287] lässt sich neuerdings auch die ratio legis der Neuregelungen im Kaufrecht, insbesondere des § 439 Abs 3 BGB gegen eine Pflicht zur Vornahme des Ausbaus anführen. Eine solche Handlungspflicht konstituiert die Norm gerade nicht (s Rn 119); diese Weichenstellung lässt sich grundsätzlich auch auf den Rücktritt übertragen.

Insgesamt gestaltet sich die Handhabung der Aus- und Einbau-Fälle – bildlich gesprochen – fast wie ein Ping-Pong-Spiel: Dem Aufwendungserstattungsanspruch des Käufers gem § 439 Abs 3 BGB steht das Recht des Verkäufers zur Beschränkung gem § 474 Abs 4 S 2 BGB gegenüber; dieses Recht wird wieder ausgeglichen durch die Möglichkeit des Käufers, gem § 475 Abs 5 BGB auf die Sekundärrechte überzugehen.

---

[281] BT Drucks 18/8486, 44.
[282] BT Drucks 18/8486, 45.
[283] BT Drucks 18/8486, 45.
[284] EuGH 16.6.2011 – C-65/09 und C-87/09 Rn 77, NJW 2011, 2269, 2274; BGH 21.12.2011 – VIII ZR 70/08 Rn 48, NJW 2012, 1073, 1079.
[285] Nach PALANDT/GRÜNEBERG (77. Aufl 2018) § 346 Rn 5 besteht zumindest dann eine Rücknahmepflicht (Beseitigung) der Leistung, wenn der Rücktrittsberechtigte ein schutzwürdiges Interesse an der Rücknahme hat. Grds gegen Rücknahmepflicht STAUDINGER/KAISER (2012) § 346 Rn 91 mwNw.
[286] BeckOGK/SCHALL (15.8.2017) § 346 Rn 402 f; wohl auch BeckOK/H SCHMIDT (15.6.2017) § 346 Rn 41.
[287] BeckOGK/SCHALL (15.8.2017) § 346 Rn 403.

(4) Sonstiger Ausschluss

139 Hat der Käufer den Mangel allein oder weit überwiegend zu verantworten, ist der Nacherfüllungsanspruch in entsprechender Anwendung von § 323 Abs 6 BGB ausgeschlossen.[288] Soweit er für den Mangel mitverantwortlich ist, muss sich der Käufer an den Kosten der Nacherfüllung analog § 254 BGB beteiligen.

b) Rücktritt, §§ 437 Nr 2, 440, 323, 326 Abs 5
aa) Grundlagen

140 Die Schuldrechtsmodernisierung hat das frühere Institut der Wandelung durch einen Verweis auf das allgemeine **Rücktrittsrecht** ersetzt, §§ 437 Nr 2, 323, 326 Abs 5 BGB. Kaufrechtsspezifische Modifikationen des allgemeinen Rücktrittsrechts enthält § 440 BGB. Dadurch wird dem Käufer im Gegensatz zum früheren Recht ein **Gestaltungsrecht** an die Hand gegeben, das allerdings nunmehr den erfolglosen Ablauf einer gesetzten, angemessenen **Nacherfüllungsfrist** voraussetzt, § 323 Abs 1 BGB (Vorrang der Nacherfüllung, siehe bereits oben Rn 90). Zur Setzung der Nachfrist durch den Käufer ist dessen Aufforderung an den Verkäufer zur Erbringung der geschuldeten Leistung binnen einer angemessenen Frist notwendig.[289] Die Frist muss angemessen sein, dh sie muss es dem Verkäufer objektiv ermöglichen, seiner Nacherfüllungspflicht nachzukommen;[290] wird eine unangemessen kurze Frist gesetzt, so ist diese nicht unwirksam, sondern setzt eine angemessene Frist in Gang.[291] Der BGH hat es für eine Fristsetzung als ausreichend erachtet, wenn der Gläubiger eine „umgehende" Mängelbeseitigung verlangt, weil daraus erkennbar sei, dass der Gläubiger nach umgehender bzw unverzüglicher Leistung verlange und dem Schuldner daher nur ein begrenzter (bestimmbarer) Erfüllungszeitraum zur Verfügung stehe.[292] Dies gilt auch bei einer „Bitte um schnelle Behebung".[293]

141 Gleichwohl bedarf es grundsätzlich einer „ordnungsgemäßen" Fristsetzung: So muss der Käufer klarstellen, in welcher Form er Nacherfüllung begehrt oder zumindest (konkludent) zum Ausdruck bringen, dass ihm die Art der Nacherfüllung gleichgültig ist bzw dem Verkäufer überlassen sein soll.[294] Keine wirksame Fristsetzung liegt vor, wenn der Käufer die Durchführung der Nacherfüllung am „falschen" Nacherfüllungsort verlangt.[295] Auch ist die Bereitschaft des Käufers erforderlich, dem Verkäufer die Kaufsache zur Überprüfung der erhobenen Mängelrügen für eine entsprechende Untersuchung am Erfüllungsort der Nacherfüllung zur Verfügung zu stellen (dazu bereits oben Rn 90, 101 ff).[296]

---

[288] BeckOK/Faust (15.6.2017) § 439 Rn 59.
[289] MünchKomm/Ernst (7. Aufl 2016) § 323 Rn 60.
[290] Dabei kommt es auch auf die Parteivereinbarung an; eine vom Schuldner selbst vorgeschlagene Frist ist auch dann als angemessen anzusehen, wenn sie objektiv zu kurz ist, BGH 13.7.2016 – VII ZR 49/15, NJW 2016, 3654, 3655 mit Anm Schwab JuS 2017, 67.
[291] MünchKomm/Ernst (7. Aufl 2016) § 323 Rn 79.
[292] BGH 12.8.2009 – VII ZR 254/08, NJW 2009, 3153, 3154; bestätigt durch BGH 18.3.2015 – VIII ZR 176/14, NJW 2015, 2564, 2565 mit Anm Gutzeit; BGH 13.7.2016 – VII ZR 49/15, NJW 2016, 3654, 3655 mit Anm Schwab JuS 2017, 67.
[293] BGH 13.7.2016 – VII ZR 49/15, NJW 2016, 3654, 3655 mit Anm Schwab JuS 2017, 67.
[294] Vgl MünchKomm/Ernst (7. Aufl 2016) § 323 Rn 257.
[295] BGH 19.12.2012 – VIII ZR 96/12 Rn 23, NJW 2013, 1074, 1076; Looschelders, Schuldrecht Besonderer Teil (12. Aufl 2017) Rn 96a; vgl auch hier Rn 90, 101 ff.
[296] BGH 10.3.2010 – VIII ZR 310/08, NJW 2010, 1448; bestätigt durch BGH 13.4.2011 – VIII ZR 220/10, NJW 2011, 2278; BGH 19.12.2012 – VIII ZR 96/12, NJW 2013, 1074, 1076; BGH 1.7.2015 – VIII ZR 226/14, NJW 2015, 3455, 3457 mit Anm Looschelders JA 2016, 385; BGH 26.10.2016 – VIII ZR 240/15, NJW 2017, 153, 155 mit Anm Mankowski; BGH

142 Eine Einschränkung zum Erfordernis der angemessenen Nachfristsetzung gilt für die mangelhafte Leistung beim **Verbrauchsgüterkauf**: Um einen mit der Verbrauchsgüterkaufrichtlinie vereinbaren Zustand herzustellen, wird im Wege richtlinienkonformer Auslegung des § 323 Abs 2 Nr 3 BGB auf das Erfordernis einer Frist*setzung* verzichtet.[297] Art 3 Abs 5 der RL setzt nämlich nur den Ablauf einer angemessenen *Frist* voraus. Demnach ist für den Rücktritt ausreichend, dass der Käufer zur Nacherfüllung aufgefordert hat und eine angemessene Frist abgelaufen ist.[298] Diese richtlinienkonforme Auslegung ist auf Verbrauchsgüterkäufe beschränkt und nicht auf andere Kaufverträge übertragbar.[299] Zudem gilt sie nicht für Schadensersatzansprüche, da solche nicht von der Verbrauchsgüterkaufrichtlinie umfasst sind.

143 Die Frist ist **erfolglos abgelaufen**, wenn der Verkäufer in der gesetzten Frist nicht, nicht vollständig oder nicht ordnungsgemäß nacherfüllt hat.[300] Ist die Kaufsache bei Gefahrübergang mit mehreren Mängeln behaftet und rügt der Käufer nur einen Teil von ihnen, kann er nicht zurücktreten, wenn der Verkäufer nur die gerügten Mängel behebt. Da der Verkäufer nicht zur Mangelerforschung verpflichtet ist, hat er das Nacherfüllungsverlangen insoweit erfüllt. Der Käufer ist daher zur erneuten Fristsetzung bzgl der zunächst nicht gerügten Mängel gehalten.[301] Dies wird man auch dann annehmen können, wenn der Verkäufer den gerügten Mangel zwar behebt, aber bei der Reparatur einen anderen Mangel verursacht („mangelhafte Nacherfüllung");[302] da sich das Nachbesserungsverlangen auf einen konkreten Mangel bezieht, wird man indes für einen anderen Mangel grundsätzlich wieder eine Nachfristsetzung verlangen müssen. Dies setzt aber voraus, dass auf einen neuen Mangel überhaupt die Mängelrechte des Käufers zur Anwendung gelangen.[303] Wenn der Verkäufer bei Fälligkeit nicht leistet und innerhalb der vom Käufer gesetzten Leistungsfrist nun eine mangelhafte Sache liefert, ist im Hinblick auf die nun erforderliche Nacherfüllung eine erneute Fristsetzung erforderlich.[304] Eine nach Ablauf der Frist zur Nacherfüllung angebotene Nacherfüllungsleistung des Verkäufers kann der Käufer grundsätzlich zurückweisen und vom Vertrag zurücktreten.[305]

19.7.2017 – VIII ZR 278/16 Rn 27, NJW 2017, 2758, 2761.
[297] BeckOK/Faust (1.2.2017) § 437 Rn 18a; Staudinger/Schwarze (2015) § 323 Rn A 45; jurisPK/Pammler (8. Aufl 2017) § 437 Rn 43. Eine vom LG Hannover (22.4.2016 – 17 O 43/15, juris) hierzu zur Vorabentscheidung ergangene Frage hat der EuGH (7.9.2017 – C-247/16, NJW 2017, 2758, 2761 mit Anm Mankowski) mangels Anwendbarkeit der Verbrauchsgüterkauf-RL im zugrundeliegenden Fall nicht beantworten müssen, da ein Werkvertrag vorlag.
[298] BeckOK/Faust (1.2.2017) § 437 Rn 21; Staudinger/Schwarze (2015) § 323 Rn A 45; jurisPK/Pammler (8. Aufl 2017) § 437 Rn 43.
[299] BeckOK/Faust (15.6.2017) § 437 Rn 19.
[300] BeckOK/H Schmidt (15.6.2017) § 323 Rn 18; aus der Rspr BGH 22.6.2005 – VIII ZR 281/04 Rn 19, NJW 2005, 2852, 2854.
[301] Eckert/Maifeld/Matthiessen, Handbuch des Kaufrechts (2. Aufl 2014) Rn 692; Palandt/Grüneberg (77. Aufl 2018) § 323 Rn 16.

[302] BeckOK/Faust (15.6.2017) § 439 Rn 63 f; gegen ein erneutes Fristsetzungserfordernis hingegen Reinicke/Tiedtke, Kaufrecht (8. Aufl 2009) Rn 470. Vgl aber OLG Saarbrücken 25.7.2007 – 1 U 467/06-145, NJW 2007, 3503 ff, wonach kein Rücktrittsrecht bestehen soll, wenn der Verkäufer bei der Nacherfüllung durch Nachbesserung einen nicht vollständig zu beseitigenden, vom ursprünglichen Mangel verschiedenen Sachschaden am Kaufgegenstand verursacht.
[303] So ausdrücklich BeckOK/Faust (15.6.2017) § 439 Rn 63 f; **aA** offenbar OLG Saarbrücken 25.7.2007 – 1 U 467/06-145, NJW 2007, 3503 ff.
[304] MünchKomm/Ernst (7. Aufl 2016) § 323 Rn 90; aA Reinicke/Tiedtke, Kaufrecht (8. Aufl 2009) Rn 471 f mwNw.
[305] Indes str; zumindest bis zum Zeitpunkt des Nacherfüllungsangebots, vgl dazu jurisPK/Beckmann (8. Aufl 2017) § 323 Rn 78 mwNw.

bb) Ausschluss des Rücktrittsrechts

144 Aus Sicht des Kaufrechts ein wenig versteckt, aber in der Rechtspraxis sehr bedeutsam, ist der **Ausschluss des Rücktrittsrechts gem § 323 Abs 5 S 2 BGB bei unerheblichen Mängeln**. Dadurch soll die Auflösung des Kaufvertrages wegen Bagatellen (zB einer defekten Bremsleuchte bei einem Neuwagen) verhindert werden.[306] Für das Vorliegen der Unerheblichkeit ist auf den Zeitpunkt der Rücktrittserklärung abzustellen.[307] Zur Feststellung bedarf es einer umfassenden Abwägung der beiderseitigen Interessen, wobei die Bedeutung des Mangels in der Verkehrsanschauung und alle Umstände des Einzelfalls zu würdigen sind.[308] Insbesondere sind dabei der für die Mängelbeseitigung erforderliche Aufwand, die Qualität des Vertragsgegenstandes, die Anzahl der Mängel, die Auswirkung auf die beeinträchtigte Leistung und die für die Kaufentscheidung maßgeblichen Kriterien heranzuziehen. Bei behebbaren Mängeln ist grundsätzlich auf die Kosten der Mängelbeseitigung und nicht auf das Ausmaß der Funktionsbeeinträchtigung abzustellen.[309] Ferner sind nach der Rspr jedenfalls solche Mängel „unzweifelhaft" als unerheblich anzusehen, deren Mängelbeseitigungsaufwand sich lediglich auf knapp ein Prozent des Kaufpreises beläuft,[310] und solche als erheblich, die über fünf Prozent liegen.[311]

145 Unerheblichkeit liegt dann nicht vor, wenn der Verkäufer für die Beschaffenheit, von der (wenn auch nur geringfügig) abgewichen wird, eine Garantie übernommen hat. Auch ein Verstoß gegen eine Beschaffenheitsvereinbarung indiziert in der Regel die Erheblichkeit der Pflichtverletzung.[312] Nach Auffassung des BGH ist § 323 Abs 5 S 2 BGB ferner dahingehend auszulegen, dass von einer Unerheblichkeit der Pflichtverletzung regelmäßig nicht ausgegangen werden kann, wenn dem Verkäufer ein arglistiges Verhalten vorzuwerfen ist.[313]

146 Insbesondere im sog **VW-Abgasskandal** ist für einen Rücktritt vom Fahrzeugkauf die Frage nach der Unerheblichkeit des Mangels gem § 323 Abs 5 S 2 BGB mitentschei-

---

[306] Nach der Rspr des BGH zum alten Schuldrecht (etwa BGH 14.2.1996 – VIII ZR 65/95, NJW 1996, 1337) stellte es zB eine nur unerhebliche Minderung des Fahrzeugwerts im Sinne des § 459 Abs 1 S 2 aF dar, wenn der Kraftstoffverbrauch eines verkauften Neufahrzeugs um weniger als 10 % von den Herstellerangaben abweicht; der BGH hat klargestellt, dass § 323 Abs 5 S 2 BGB gerade in den früheren Fällen des § 459 Abs 1 S 2 aF Anwendung finden soll (BGH 8.5.2007 – VIII ZR 19/05 Rn 3, NJW 2007, 2111, 2112).

[307] BGH 26.10.2016 – VIII ZR 240/15, NJW 2017, 153, 155; BGH 4.2.2016 – IX ZR 133/15, WM 2017, 254; BGH 28.5.2014 – VIII ZR 94/13, NJW 2014, 3229, 3229 f; BGH 6.2.2013 – VII ZR 374/11, NJW 2013, 1365, 1366; BGH 9.3.2011 – VIII ZR 266/09 Rn 18, NJW 2011, 1664, 1665; BGH 5.11.2008 – VIII ZR 166/07, NJW 2009, 508, 509.

[308] BGH 26.10.2016 – VIII ZR 240/15, NJW 2017, 153, 155; BGH 4.2.2016 – IX ZR 133/15, WM 2017, 254; BGH 28.5.2014 – VIII ZR 94/13, NJW 2014, 3229, 3229 f; BGH 6.2.2013 – VII ZR 374/11, NJW 2013, 1365, 1366; BGH 17.2.2010 – VIII ZR 70/07, NJW-RR 2010, 1289, 1291.

[309] BGH 28.5.2014 – VIII ZR 94/13, NJW 2014, 3229, 3229 f; BGH 29.6.2011 – VIII ZR 202/10, NJW 2011, 2872, 2874; LG Stuttgart, 30.6.2017 – 20 O 425/16 juris Rn 63.

[310] BGH 14.9.2005 – VIII ZR 363/04, NJW 2005, 3490, 3493; BGH 12.3.2008 – VIII ZR 153/05 Rn 22, NJW 2008, 1517, 1519; BGH 29.6.2011 – VIII ZR 202/10 Rn 19, NJW 2011, 2872, 2874.

[311] BGH 26.10.2016 – VIII ZR 240/15, NJW 2017, 153, 155; BGH 28.5.2014 – VIII ZR 94/13 Rn 38, NJW 2014, 3229, 3232.

[312] BGH 26.10.2016 – VIII ZR 211/15, NJW 2017, 1100, 1101; BGH 28.5.2014 – VIII ZR 94/13, NJW 2014, 3229, 3229; BGH 6.2.2013 – VII ZR 374/11 Rn 16, NJW 2013, 1365, 1366; vgl STAUDINGER/MATUSCHE-BECKMANN (2014) § 437 Rn 21.

[313] BGH 24.3.2006 – V ZR 173/05, NJW 2006, 1960, 1961; kritisch LORENZ NJW 2006, 1925, 1926 f.

dend (zum Mangel Rn 53); bereits die Behebbarkeit des Mangels lässt sich erörtern.[314] Erste in diesem Zusammenhang ergangene Entscheidungen verschiedener Landgerichte sind zu unterschiedlichen Ergebnissen gelangt.[315] Insoweit muss ua berücksichtigt werden, dass die geeigneten Maßnahmen zur Behebung des abweichenden Schadstoffausstoßes noch entwickelt und zugelassen werden müssen.[316]

Einen weiteren **Ausschluss des Rücktrittsrechts** statuiert § 323 Abs 6 BGB: Ist der **Käufer** für den Rücktrittsgrund **allein oder weit überwiegend verantwortlich**, bleibt ihm danach der Rücktritt verwehrt.[317] Dabei kann der Käufer auf der einen Seite für den Mangel selbst verantwortlich sein, wenn er ihn vor Gefahrübergang verursacht hat. Andererseits kann der Käufer aber auch das Ausscheiden der Nacherfüllung zu verantworten haben, indem er die mangelhafte Kaufsache beispielsweise zerstört. Ersparte Nacherfüllungskosten muss sich der Verkäufer in diesen Fällen allerdings analog § 326 Abs 2 S 2 BGB anrechnen lassen.[318]   **147**

cc) **Ausnahmen vom Erfordernis der Fristsetzung**
Die mangelbedingte Auflösung des Kaufvertrages ist ein gegenüber der Nacherfüllung subsidiärer Rechtsbehelf des Käufers. Dem Verkäufer ist daher grundsätzlich die Möglichkeit zu eröffnen, den Vertrag durch Nachbesserung oder Nachlieferung zu „retten". Diesem Zweck trägt das Fristerfordernis zunächst Rechnung. Ausnahmen ergeben sich aus dem allgemeinen Schuldrecht sowie aus § 440 BGB.   **148**

Einer Nachfristsetzung bedarf es nicht, wenn der Schuldner nach § 275 Abs 1 bis 3 BGB nicht zu leisten braucht, § 326 Abs 5 BGB. Bezieht sich die Befreiung von der Primärpflicht hingegen nur auf eine Nacherfüllungsvariante, bleibt der Käufer zur Fristsetzung bzgl der jeweils anderen Nacherfüllungsvariante verpflichtet, ehe er zurücktreten kann.[319]   **149**

Der Käufer kann gem § 323 Abs 2 Nr 1 BGB ohne Nachfristsetzung zurücktreten, wenn der Verkäufer die gewählte Art der **Nacherfüllung** zu Unrecht ernsthaft und endgültig **verweigert**. Eine Verweigerung idS ist nur gegeben, sofern der Verkäufer eindeutig zum Ausdruck bringt, dass er seinen vertraglichen Verpflichtungen unter   **150**

---

[314] OLG Celle 30.6.2016 – 7 W 26/16 juris Rn 6.
[315] Erheblichkeit bejahend LG München I 14.4.2016 – 23 O 23033/15 juris Rn 39 ff; LG Krefeld 14.9.2016 – 2 O 83/16 juris Rn 45 ff; LG Oldenburg 1.9.2016 – 16 O 790/16 juris Rn 28 ff; LG Dortmund 29.9.2016 – 25 O 49/16 juris Rn 31 f; Erheblichkeit verneinend LG Münster 14.3.2016 – 11 O 341/15 juris Rn 24, DAR 2016, 274 f; LG Dortmund 12.5.2016 – 25 O 6/16 juris Rn 27; dazu jurisPK/BECKMANN (8. Aufl 2017) § 323 Rn 68.
[316] Dazu BENDIG ZFS 2017, 8, 11; HORN NJW 2017, 289, 293.
[317] Für den Haftungsmaßstab der eigenüblichen Sorgfalt (§ 277 BGB), OETKER/MAULTZSCH, Vertragliche Schuldverhältnisse (4. Aufl 2013) § 2 Rn 251. Indes ist auch zu berücksichtigen, dass gesetzliche Regelungen, die die Verantwortlichkeit des *Gläubigers* bestimmen, fehlen (vgl BeckOK/H SCHMIDT [15.6.2017] § 323 Rn 35 f).
[318] BeckOK/FAUST (15.6.2017) § 437 Rn 37; REINICKE/TIEDTKE, Kaufrecht (8. Aufl 2009) Rn 490.
[319] STAUDINGER/MATUSCHE-BECKMANN (2014) § 440 Rn 10. Zu beachten ist, dass § 275 Abs 2 und 3 BGB erst zu einer Befreiung des Schuldners von seiner Primärleistungspflicht führen, wenn er sich hierauf unter Geltendmachung seines Leistungsverweigerungsrechts beruft (BGH 19.12.2012 – VIII ZR 96/12 Rn 28, NJW 2013, 1074, 1077; kritisch im konkreten Fall GSELL JZ 2013, 423, 424).

keinen Umständen nachkommen wird; das bloße Bestreiten des Mangels genügt insoweit nicht.[320]

151 Weitere Ausnahmen ergeben sich aus § 323 Abs 2 BGB, § 437 Nr 2 BGB iVm § 440 BGB. Verweigert der Verkäufer zu Unrecht beide Arten der Nacherfüllung nach § 439 Abs 4 BGB, ist eine Nachfristsetzung gem § 440 S 1 Var 1 BGB entbehrlich (vgl dazu aber auch Rn 130 ff). Dies gilt entsprechend, wenn eine Variante der Nacherfüllung wegen § 439 Abs 4 BGB und die andere wegen § 275 BGB ausgeschlossen ist.[321]

152 Der Käufer kann gem § 440 S 1 Var 2 BGB auch ohne Setzen einer Nachfrist zurücktreten, sobald die ihm zustehende Art der **Nacherfüllung fehlgeschlagen** ist.[322] Entscheidend ist dabei, dass der Verkäufer zu einer ordnungsgemäßen Nacherfüllung letztlich nicht in der Lage ist. Für den Bereich der Nachbesserung wird dies in § 440 S 2 BGB nach zwei erfolglosen Versuchen vermutet.[323] Im Falle der Ersatzlieferung wird man von einem Fehlschlagen ausgehen können, wenn sich durch das Auftreten gleicher Mängel Konstruktions- oder Fabrikationsfehler zeigen; jedenfalls in diesem Falle muss bei der Nachlieferung also grundsätzlich kein zweiter Versuch abgewartet werden.[324]

153 Ein sofortiges Rücktrittsrecht steht dem Käufer nach § 440 S 1 Var 3 BGB auch bei **Unzumutbarkeit** der ihm zustehenden Art der Nacherfüllung zu. Nach der Rspr des BGH sind dazu alle Umstände des Einzelfalles zu berücksichtigen. Dazu zählen neben Art und Ausmaß einer Beeinträchtigung der Interessen des Käufers etwa auch die Zuverlässigkeit des Verkäufers und diesem vorzuwerfende Nebenpflichtverletzungen sowie ein dadurch möglicherweise gestörtes Vertrauensverhältnis zwischen den Parteien.[325] So wird die Nacherfüllung im Falle arglistiger Täuschung durch den Verkäufer regelmäßig[326] unzumutbar sein.[327] Indes ist nach der Rspr des BGH zu beachten, dass im Falle der Behebung des Mangels innerhalb der vom Käufer hierzu gesetzten Frist das Recht des Käufers zum Rücktritt auch dann erlischt, wenn es wegen eines arg-

---

[320] So BGH 18.3.16 – V ZR 89/15 Rn 37, NJW 2016, 3235, 3238 mit Anm KAISER (zu § 281 Abs 2 BGB); BGH 1.7.2015 – VIII ZR 226/14, NJW 2015, 3455, 3457 mit Anm LOOSCHELDERS JA 2016, 385; BGH 29.6.2011 – VIII ZR 202/10 Rn 14, NJW 2011, 2872, 2874; BGH 21.12.2005 – VIII ZR 49/05 Rn 25, NJW 2006, 1195, 1197 mwNw.
[321] OETKER/MAULTZSCH, Vertragliche Schuldverhältnisse (4. Aufl 2013) § 2 Rn 243.
[322] Umfassend zum Fehlschlag und zur Unzumutbarkeit BGH 26.10.2016 – VIII ZR 240/15, NJW 2017, 153, 153 f mit Anm MANKOWSKI.
[323] Sofern der Käufer die Kaufsache nach einer erfolglosen Nachbesserung wieder entgegengenommen hat, findet die Beweislastregelung des § 363 BGB Anwendung. Die Beweislast für das Fehlschlagen der Nachbesserung trägt demgemäß der Käufer. Dieser Beweislast kommt der Käufer nach, sofern er nachweist, dass das von ihm gerügte Mangelsymptom weiterhin auftritt. Anders ist dies nur, sofern das erneute Auftreten des Mangelsymptoms möglicherweise auf einer unsachgemäßen Behandlung der Kaufsache nach deren erneuter Übernahme durch den Käufer beruht, vgl hierzu BGH 11.2.2009 – VIII ZR 274/07 Rn 15, NJW 2009, 1341, 1342 sowie BGH 9.3.2011 – VIII ZR 266/09 Rn 16, NJW 2011, 1664, 1665.
[324] BeckOK/FAUST (15.6.2017) § 440 Rn 33 mwNw.
[325] BGH 26.10.2016 – VIII ZR 240/15, NJW 2017, 153, 154 f mit Anm MANKOWSKI; BGH 15.4.2015 – VIII ZR 80/14, NJW 2015, 1669, 1670.
[326] Anders, wenn der Käufer in Kenntnis der Arglist eine Frist zur Mängelbeseitigung setzt und damit zu verstehen gibt, dass das Vertrauensverhältnis nicht gestört ist, BGH 12.3.2010 – V ZR 147/09, NJW 2010, 1805.
[327] STAUDINGER/MATUSCHE-BECKMANN (2014) § 440 Rn 25; iE auch BGH 8.12.2006 – V ZR 249/05 Rn 12 f, NJW 2007, 835, 836 f, jedoch gestützt auf § 281 Abs 2 Alt 2, § 323 Abs 2 Nr 3 BGB, ebenso BeckOK/FAUST (15.6.2017) § 440 Rn 37; BGH 12.3.2010 – V ZR 147/09 Rn 9, NJW 2010, 1805.

listigen Verhaltens des Verkäufers einer Frist zur Nacherfüllung gar nicht bedurft hätte.[328] Von der Unzumutbarkeit der Nachbesserung ist zB auch dann auszugehen, wenn die Vielzahl von Mängeln zur Annahme berechtigt, dass weitere unentdeckte Mängel vorhanden sind.[329] Im Gegensatz dazu führt der Zeitfaktor allein grundsätzlich nicht zur Unzumutbarkeit, wie sich gerade aus dem Erfordernis der Nachfristsetzung ergibt.

Die Rechtsfolgen des wirksamen Rücktritts durch den Käufer bestimmen sich nach allgemeinem Schuldrecht, nämlich den §§ 346 ff BGB. Insbesondere sind Nutzungen des Käufers bei der Rückabwicklung nach § 346 Abs 1 S 2 BGB ersatzfähig (zum Nutzungsersatz des Verkäufers im Falle der Neulieferung vgl Rn 96 f).

c) Minderung, §§ 437 Nr 2, 441
Als weiteres mangelbedingtes Gestaltungsrecht sehen §§ 437 Nr 2, 441 BGB die Minderung vor. Minderung bedeutet Herabsetzung des Kaufpreises und erfolgt durch Erklärung des Käufers gegenüber dem Verkäufer. Sind auf Käufer- oder Verkäuferseite mehrere Personen beteiligt, muss die Erklärung durch alle bzw gegenüber allen Beteiligten erfolgen.[330] Mit dem Zugang der Erklärung ist die Minderung wirksam und auch für den Käufer bindend und unwiderruflich (vgl § 130 Abs 1 S 1, 2 BGB). Eine Bezifferung des Minderungsbetrages ist dafür nicht erforderlich, da sich dessen Umfang aus dem Gesetz ergibt.[331]

Nach §§ 437 Nr 2, 441 Abs 1 S 1 BGB kann der Käufer mindern **statt zurückzutreten**. Daraus folgt, dass die Rücktrittsvoraussetzungen auch für die Minderung gegeben sein müssen. Dazu gehört insbesondere der erfolglose Ablauf einer Nacherfüllungsfrist (vgl Rn 143). Im Gegensatz zum Rücktritt ist die Minderung allerdings auch bei unerheblichen Mängeln zulässig, § 441 Abs 1 S 2 BGB.

Die **Berechnung** der Minderung ergibt sich aus § 441 Abs 3 S 1 BGB.[332] Durch die hierin geregelte **relative Methode** wird das kaufvertraglich vereinbarte „Preis-Leistungs-Verhältnis" trotz Minderung beibehalten. Danach ist der Kaufpreis in dem Verhältnis herabzusetzen, in welchem zur Zeit des Vertragsschlusses der Wert der Sache in mangelfreiem Zustand zu dem wirklichen Wert (der mangelhaften Sache) gestanden haben würde. Somit verhält sich der Wert der mangelfreien Sache (a) zum Wert der mangelhaften Sache (b) wie der vereinbarte Preis (p) zum geminderten Preis (x). Die **Formel** zur Ermittlung des geminderten Kaufpreises lautet daher:

$$geminderter\ Preis\ (x) = \frac{Wert\ mangelhafte\ Sache\ (b) \cdot vereinbarter\ Preis\ (p)}{Wert\ mangelfreie\ Sache\ (a)}$$

Beispiel: Wird dem Käufer eine Sache, die im mangelfreien Zustand einen Wert von 2000 € hat, zum Preis von 1500 € verkauft, kann er den Kaufpreis selbst dann mindern,

---

[328] BGH 12.3.2010 – V ZR 147/09 Rn 9 f, NJW 2010, 1805.
[329] Mit weiteren Beispielen STAUDINGER/MATUSCHE-BECKMANN (2014) § 440 Rn 23 ff.
[330] Dazu STAUDINGER/MATUSCHE-BECKMANN (2014) § 441 Rn 6 ff.
[331] BeckOK/FAUST (15.6.2017) § 441 Rn 6; STAUDINGER/MATUSCHE-BECKMANN (2014) § 441 Rn 5; aA PALANDT/WEIDENKAFF (77. Aufl 2018) § 441 Rn 10.
[332] Zum Folgenden vgl STAUDINGER/MATUSCHE-BECKMANN (2014) § 441 Rn 9 ff.

wenn der Wert der Sache unter Berücksichtigung des Mangels 1600 € beträgt und somit über dem vereinbarten Kaufpreis liegt. Der Kaufpreis ist auch in diesem Fall verhältnismäßig herabzusetzen und beträgt nunmehr 1200 €:

$$1200\ € = \frac{1600\ € \cdot 1500\ €}{2000\ €}$$

158 Für die Ermittlung des Wertes der Sache (in mangelhaftem sowie mangelfreiem Zustand) ist der objektive Verkehrswert im Zeitpunkt des Vertragsschlusses maßgebend. Veränderungen des Marktwertes in der Zeit zwischen Vertragsschluss und Minderung werden somit nicht berücksichtigt.[333] Nach § 441 Abs 3 S 2 BGB besteht die Möglichkeit, die Minderung durch **Schätzung** zu ermitteln. Geschätzt wird der jeweilige Wert der Kaufsache in mangelfreiem und mangelhaftem Zustand, welcher dann als Berechnungsgrundlage für den herabgesetzten Kaufpreis dient.

159 Eine wirksame Minderungserklärung bewirkt unmittelbar die Umgestaltung des Kaufvertrages. Der Anspruch des Verkäufers auf den Kaufpreis erlischt in Höhe des Minderungsbetrages. Gleichzeitig verliert der Käufer sein Recht auf Nacherfüllung bzgl des der Minderung zugrunde liegenden Mangels. Hat der Käufer bereits den vollen Kaufpreis gezahlt, gibt ihm § 441 Abs 4 BGB mit dem Verweis auf die Rechtsfolge des § 346 Abs 1 BGB einen entsprechenden Anspruch auf Rückzahlung des zu viel entrichteten Betrages.

d) Schadensersatz, §§ 437 Nr 3, 440, 280, 281, 283 und 311a
aa) Überblick über die verschiedenen Ansprüche

160 Einen weiteren Verweis in das allgemeine Leistungsstörungsrecht enthält § 437 Nr 3 BGB in Bezug auf Schadensersatzansprüche des Käufers *wegen Mangelhaftigkeit der Kaufsache*. Damit haftet der Verkäufer umfassend und für jede von ihm zu vertretende Pflichtverletzung auf Schadensersatz. Diese Haftung unterliegt allerdings in zweierlei Hinsicht Einschränkungen. Zum einen setzt sie grundsätzlich ein Verschulden des Verkäufers voraus (dazu Rn 175 ff). Zum anderen ist der Anspruch auf Schadensersatz statt der Leistung – jedenfalls bei behebbaren Mängeln – ebenso wie Rücktritt und Minderung gegenüber der Nacherfüllung grundsätzlich subsidiär (Vorrang der Nacherfüllung). Keiner entsprechenden Nacherfüllungsfrist bedarf es nur in den Fällen der §§ 281 Abs 2, 440 iVm § 437 Nr 3 BGB (s Rn 151 ff).

161 Für die Frage, welche der schadensersatzrechtlichen Vorschriften einschlägig ist, muss zunächst geklärt werden, ob der beim Käufer eingetretene Schaden auf einem Mangel der Kaufsache beruht. Hat der Verkäufer beispielsweise bei Anlieferung eines unhandlichen Möbelstückes andere Einrichtungsgegenstände des Käufers beschädigt, betrifft dies nicht die kaufvertragliche Hauptpflicht des Käufers zur Leistung einer mangelfreien Kaufsache. In einem solchen Fall handelt es sich vielmehr um die Verletzung einer Nebenpflicht (Rn 81); in Betracht kommt dann ein Schadensersatzanspruch unmittelbar aus § 280 Abs 1 BGB (bzw § 280 Abs 1 und 3 BGB iVm § 282 BGB).

---

[333] Für die Berücksichtigung aller wertmindernden Veränderungen, die in den Verantwortungsbereich des Verkäufers fallen: BeckOK/ FAUST (15.6.2017) § 441 Rn 11 ff; REINICKE/ TIEDTKE, Kaufrecht (8. Aufl 2009) Rn 497.

Geht der beim Käufer eingetretene Schaden hingegen auf einen Mangel der Kaufsache zurück, kann sich ein Ersatzanspruch des Käufers aus §§ 437 Nr 3, 280 Abs 1 und 3 BGB iVm §§ 281, 283 BGB oder § 437 Nr 3, § 311a Abs 2 BGB (Schadensersatz statt der Leistung) oder §§ 437 Nr 3, 280 Abs 1 BGB (Schadensersatz neben der Leistung) bzw §§ 437 Nr 3, 280 Abs 1 und 2, 286 BGB (Schadensersatz wegen Verzögerung der Leistung) ergeben. **162**

Anstelle des Schadensersatzes statt der Leistung kann der Käufer auch Ersatz vergeblicher Aufwendungen verlangen, §§ 437 Nr 3, 284 BGB.[334] **163**

bb) Schadensersatz statt der Leistung
Wird der Mangel des Kaufgegenstandes nicht behoben, etwa weil keine Form der Nacherfüllung möglich ist oder der Verkäufer eine angemessene Nacherfüllungsfrist untätig verstreichen lässt, kann der Käufer mittels des **Schadensersatzes statt der Leistung** einen Ausgleich seines Interesses an einem mangelfreien Gegenstand verlangen **(Erfüllungsinteresse)**. Im Raum stehen Schäden, die anstelle des primären Leistungsanspruchs bzw des Nacherfüllungsanspruchs geltend gemacht werden. Kompensiert werden so Schäden, die vermieden worden wären, wenn der Verkäufer im spätestmöglichen Zeitpunkt noch nacherfüllt hätte.[335] Demgegenüber tritt der „Schadensersatz neben der Leistung" – wie durch die Bezeichnung zum Ausdruck kommt – neben den primären Leistungsanspruch bzw den Nacherfüllungsanspruch (dazu Rn 168 ff). Grundsätzlich ist beim Schadensersatz statt der Leistung zwischen nicht behebbaren und behebbaren Mängeln zu unterscheiden: **164**

Handelt es sich um einen **nicht behebbaren Mangel**, ist weiter zu differenzieren: Lag der Mangel bereits bei Vertragsschluss vor (anfänglich nicht behebbarer Mangel), bestimmt sich der Schadensersatzanspruch des Käufers nach §§ 437 Nr 3, 311a Abs 2 BGB. **Beispiel**: Kauf eines ganz konkreten Fahrzeugs, das sich später als Unfallfahrzeug herausstellt. Entsteht der nicht behebbare Mangel hingegen nach Abschluss des Kaufvertrages oder wird der bereits bei Vertragsschluss vorhandene Mangel erst später nicht behebbar, greifen §§ 437 Nr 3, 280 Abs 1 und 3, 283 BGB ein. **Beispiel**: Irreparable Beschädigung eines Gemäldes (Unikat) nach Vertragsschluss. In beiden Fällen ist die Unmöglichkeit bzw Unzumutbarkeit (§ 275 BGB) aller Nacherfüllungsvarianten Anspruchsvoraussetzung. **165**

Soweit ein **behebbarer Mangel** vorliegt und damit eine Nacherfüllung möglich ist, hat der Käufer dem Verkäufer hierzu eine angemessene Frist zu setzen (Vorrang der Nacherfüllung; oben Rn 90). Läuft diese Nacherfüllungsfrist erfolglos ab, kann der Käufer Schadensersatz statt der Leistung nach §§ 437 Nr 3, 280 Abs 1 und 3, 281 BGB verlangen. „Nicht wie geschuldet" iSv § 281 Abs 1 S 1 Alt 2 BGB ist die Leistung schon aufgrund der Mangelhaftigkeit des Kaufgegenstandes, §§ 434, 435 BGB. **166**

Für die **Berechnung des Schadensersatzes statt der Leistung** bestehen im Grunde zwei Möglichkeiten.[336] Der Käufer kann die mangelhafte Sache behalten und die aufgrund **167**

---
[334] Zum Verhältnis zum Rücktrittsrecht BGH 20.7.2005 – VIII ZR 275/04, NJW 2005, 2848, 2849; OLG Koblenz 19.6.2008 – 6 U 1424/07, NJW 2009, 151, 154.
[335] Vgl REINICKE/TIEDTKE, Kaufrecht (8. Aufl 2009) Rn 507; BeckOK/FAUST (15.6.2017) § 437 Rn 59; im Einzelnen str.
[336] Vgl KAISER, in: STAUDINGER/Eckpfeiler I. Rn 174 ff.

der Mangelhaftigkeit bestehende Differenz zwischen der geschuldeten (mangelfreien) Leistung und der letztendlich erbrachten Leistung als Schadensersatz geltend machen. Dieser sog **kleine Schadensersatz** bildet den Grundfall der schadensersatzrechtlichen Kompensation des Erfüllungsinteresses, da der Käufer nach § 281 Abs 1 S 1 BGB Schadensersatz verlangen kann, **soweit** die fällige Leistung nicht wie geschuldet erbracht wurde. Der Käufer kann allerdings auch ein Interesse daran haben, die gelieferte Sache zurückzugeben, um seinen gesamten Nichterfüllungsschaden, der nach §§ 249 ff BGB auch den entgangenen Gewinn umfasst, geltend machen zu können **(großer Schadensersatz)**. Ob der Käufer dieses Interesse an einem **Schadensersatz statt der ganzen Leistung** (§ 281 Abs 5 BGB) durchsetzen kann, bestimmt sich nach § 281 Abs 1 S 3 BGB.[337] Danach steht dem Käufer der große Schadensersatz dann nicht zu, wenn die Pflichtverletzung, dh die mangelhafte Leistung des Verkäufers unerheblich ist.[338] Dies entspricht der Regelung des § 323 Abs 5 S 2 BGB für das Rücktrittsrecht und gilt wegen der Verweisung in § 283 S 2 BGB bzw § 311a Abs 2 S 3 BGB auch in den Fällen eines unbehebbaren Mangels (vgl auch Rn 144 ff). Kann sich der Verkäufer indes erfolgreich auf die Unverhältnismäßigkeit der Nacherfüllungskosten berufen, § 439 Abs 4 BGB (vgl Rn 130 ff), ist der Schadensersatzanspruch statt der Leistung entsprechend § 251 Abs 2 S 1 BGB auf den mangelbedingten Minderwert der Sache beschränkt.[339]

cc) **Schadensersatz neben der Leistung, §§ 437 Nr 3, 280 Abs 1**

168 Erleidet der Käufer aufgrund der Mangelhaftigkeit der Kaufsache Schäden an anderen Rechtsgütern, geht es in erster Linie nicht um einen Ausgleich seines Interesses an einer mangelfreien Leistung. **Beispiel**: Ein erworbenes defektes Haushaltsgerät führt beim Käufer zu körperlichen Schäden. Hierbei handelt es sich um einen typischen **Mangelfolgeschaden**. In diesem Fall ist vor allem das **Integritätsinteresse** des Käufers betroffen.[340] Der entsprechende Schadensersatzanspruch des Käufers ergibt sich aus §§ 437 Nr 3, 280 Abs 1 BGB (einfacher Schadensersatz).[341] Im Gegensatz zum Schadensersatz statt der Leistung geht es um Schäden, die auch bei ordnungsgemäßer Nacherfüllung im spätestmöglichen Zeitpunkt bestehen geblieben wären, sodass eine Fristsetzung nicht sinnvoll gewesen wäre.[342] Nicht unter einen solchen Anspruch auf Schadensersatz neben der Leistung fallen demnach sämtliche Schäden, die der Verkäufer im Rahmen der Nacherfüllung zu beseitigen hat. Dies gilt insbesondere für sog Weiterfresserschäden (vgl Rn 93, 229 f). Da diese Schäden das Erfüllungsinteresse des Käufers betreffen, sind sie im Rahmen des Schadensersatzes statt der Leistung auszugleichen.[343]

169 Die im Rahmen von § 437 Nr 3 BGB iVm §§ 280 ff BGB bekannte Differenzierung zwischen Schadensersatz statt der Leistung und Schadensersatz neben der Leistung kommt auch im Rahmen von § 311a Abs 2 BGB zum Ausdruck, wo jedenfalls expres-

---

[337] Vgl ERMAN/GRUNEWALD (15. Aufl 2017) § 437 Rn 15 ff.
[338] Zum Begriff der Unerheblichkeit oben Rn 144 f.
[339] BGH 4.4.2014 – V ZR 275/12, NJW 2015, 468, 472 mit Anm LOOSCHELDERS JA 2015, 230.
[340] MünchKomm/WESTERMANN (7. Aufl 2016) § 437 Rn 32.
[341] Ggf kommt daneben ein Anspruch aus §§ 437 Nr 3, 280 Abs 1, 241 Abs 2 BGB in Betracht, vgl LOOSCHELDERS, Schuldrecht Besonderer Teil (12. Aufl 2017) Rn 134; ausführlich zu den möglichen Anspruchsgrundlagen auch HKK/ERNST (2013) §§ 437–445 Rn 25.
[342] BeckOK/FAUST (15.6.2017) § 437 Rn 61.
[343] Siehe zur Abgrenzung von Schadensersatz statt der Leistung und Schadensersatz neben der Leistung aber auch BeckOK/FAUST (15.6.2017) § 437 Rn 59 ff; LORENZ JuS 2008, 203, 204.

sis verbis von Schadensersatz statt der Leistung die Rede ist. Deshalb stellt sich die Frage, nach welchen Regelungen der einfache Schadensersatz im Falle des anfänglichen unbehebbaren Mangels zu ersetzen ist. Es geht um Fallkonstellationen, in denen durch einen anfänglichen, nicht behebbaren Mangel Schäden an anderen Rechtsgütern des Käufers entstehen. Teilweise wird vertreten, dass diese Schäden über § 311a Abs 2 BGB miterfasst sein sollen.[344] Zu Recht wird dem entgegen gehalten, dass dann der Begriff „Schadensersatz statt der Leistung" iRv § 311a Abs 2 BGB weiter ausgelegt wird als bei den §§ 280 ff BGB.[345] Diese Ansicht möchte solche Folgeschäden auf der Grundlage einer Nebenpflichtverletzung über § 280 Abs 1 BGB abwickeln; die Pflichtverletzung bestehe darin, dass der Verkäufer den Käufer bei Lieferung nicht über den Mangel aufgeklärt habe. Dieser Weg erscheint indes konstruiert. Näher liegt es, solche Folgeschäden direkt über §§ 437 Nr 3, 280 Abs 1 BGB abzuwickeln. § 311a Abs 2 BGB stellt beim anfänglichen und unbehebbaren Mangel lediglich für den Schadensersatz statt der Leistung eine Sonderregel dar; bei Schadensersatz neben der Leistung greifen – auch beim anfänglichen und unbehebbaren Mangel – §§ 437 Nr 3, 280 Abs 1 BGB ein.

dd) Schadensersatz wegen Verzögerung der Leistung, §§ 437 Nr 3, 280 Abs 1 und 2, 286

Befindet sich der Verkäufer mit der Nacherfüllung in Verzug und entsteht dem Käufer dadurch ein Schaden, bestimmt sich sein entsprechender Schadensersatzanspruch nach §§ 437 Nr 3, 280 Abs 1 und 2, 286 BGB. In der Aufforderung zur Nacherfüllung liegt grundsätzlich die für den Verzug erforderliche Mahnung.[346]

In diesem Zusammenhang ist insbesondere die Behandlung von **Nutzungsausfallschäden** problematisch. **Beispiel:** Liefert der Verkäufer eine defekte Maschine und kommt dadurch die Produktion des Käufers zum Stillstand, ist fraglich, aufgrund welcher Anspruchsgrundlage die dem Käufer hierdurch entstandenen Schäden zu ersetzen sind.

Ist der Schaden zB nach erfolgloser Fristsetzung zur Nacherfüllung entstanden, so lässt sich ein solcher Nutzungsausfallschaden als Schadensersatz statt der Leistung einordnen und ist unter den Voraussetzungen des § 437 Nr 3 iVm §§ 280 Abs 1 und 3, 281 BGB erstattungsfähig.[347] Dies gilt auch grundsätzlich neben einem eventuell erklärten Rücktritt vom Kaufvertrag, § 325 BGB.[348]

Unterschiedlich beantwortet worden ist insbesondere die Frage, nach welchen Vorschriften sich der **Ersatz des Nutzungsausfallschadens bis zur Nacherfüllung** richtet; da ein solcher Ausfallschaden neben dem Anspruch auf Nacherfüllung geltend gemacht werden kann, handelt es sich um Schadensersatz neben der Leistung.[349] Es stellt sich die Frage, ob ein solcher Anspruch aus §§ 437 Nr 3, 280 Abs 1 BGB oder aber aus

---

[344] BeckOK/GEHRLEIN (15.6.2017) § 311a Rn 6.
[345] HUBER/BACH, Examens-Repetitorium Besonderes Schuldrecht 1 (5. Aufl 2016) Rn 201 f.
[346] BT-Drucks 14/6040, 138; OETKER/MAULTZSCH, Vertragliche Schuldverhältnisse (4. Aufl 2013) § 2 Rn 266; LOOSCHELDERS, Schuldrecht Besonderer Teil (12. Aufl 2017) Rn 136.
[347] BGH 28.11.2007 – VIII ZR 16/07, NJW 2008, 911; BGH 19.6.2009 – V ZR 93/08, NJW 2009, 2674, 2675.
[348] BGH 14.4.2010 – VIII ZR 145/09, NJW 2010, 2426, 2427 ff.
[349] BGH 19.6.2009 – V ZR 93/08, NJW 2009, 2674, 2675; LOOSCHELDERS, Schuldrecht Allgemeiner Teil (15. Aufl 2017) Rn 575.

§§ 437 Nr 3, 280 Abs 1 und 2, 286 BGB folgt; im letzteren Fall käme es zusätzlich auf die Voraussetzungen des Schuldnerverzugs gem § 286 BGB an. Die Gesetzesbegründung hat dazu wie folgt Stellung bezogen: „Liefert der Verkäufer [...] schuldhaft eine mangelhafte Maschine und verzögert sich deswegen die Inbetriebnahme, so ist der Betriebsausfallschaden unabhängig von den weiteren Voraussetzungen des Verzugs unmittelbar nach § 280 Abs 1 RE zu ersetzen."[350] Die Verspätung der mangelfreien Leistung spielt danach keine Rolle, da haftungsrechtlicher Anknüpfungspunkt die ursprünglich mangelhafte Lieferung sein soll.[351] Diesem Standpunkt ist entgegengehalten worden, der Schaden entstehe dadurch, dass der Käufer die Sache (noch) nicht nutzen kann. Damit stehe letztlich ein Schadensersatz wegen Verzögerung der Leistung im Raum; durch die Anwendung des § 280 Abs 1 BGB würden deshalb die besonderen Verzugsvoraussetzungen des § 286 BGB umgangen. Es sei wertungsmäßig schwer nachvollziehbar, dass der Verkäufer, der überhaupt nicht leistet, schadensersatzrechtlich wegen der Verzugsschwelle günstiger stünde als der Verkäufer, der immerhin leistet, aber eine mangelhafte Leistung erbringt. Konsequenz ist nach diesem Standpunkt die Anwendung der Verzugsvoraussetzungen gem § 286 BGB für solche Schäden.[352]

174 Zu Recht wird im Schrifttum und nunmehr auch vom BGH indes angenommen, dass mangelbedingter Nutzungsausfall der Sache des am Vertrag festhaltenden Käufers nach §§ 437 Nr 3, 280 Abs 1 BGB ersatzfähig ist.[353] Einerseits wird argumentiert, dass der oben aufgeführte gesetzgeberische Wille in § 437 Nr 3 BGB zum Ausdruck komme. Die Vorschrift verweist ausdrücklich auf § 280 BGB, sodass zwar auf den ersten Blick § 286 BGB (über § 280 Abs 2 BGB) anwendbar sein könnte; andererseits nimmt § 437 Nr 3 BGB ausdrücklich auf § 281 BGB und § 283 BGB Bezug, obwohl auf diese ebenfalls schon in § 280 Abs 3 verwiesen wird. Daraus lässt sich der Umkehrschluss ziehen, dass die anderen zusätzliche Voraussetzungen aufstellenden Schadensersatzvorschriften, auf die § 280 BGB verweist, im Falle eines Schadensersatzanspruchs aufgrund der Mangelhaftigkeit der Kaufsache nicht anwendbar sein sollen. Dazu gehört eben § 286 BGB.[354] Überdies lässt sich zugunsten dieser Ansicht anführen, dass der Käufer im Falle der Nichtleistung frühzeitig erkennt, dass er dem Verkäufer eine Frist zur Nacherfüllung setzen muss, hingegen im Falle einer mangelhaften Leistung oftmals eine gewisse Zeit vergehen wird, bis sich der Mangel offenbart und dem Käufer erkennbar wird. Würde man in diesem Fall eine Mahnung (bzw Fristsetzung) als erforderlich ansehen, so wäre der bereits eingetretene Nutzungsausfallschaden nicht mehr ersatzfähig.[355] Überdies verweist der BGH darauf, dass ein angemessener Interessenausgleich zwischen den Parteien im Wege des Vertretenmüssens hergestellt werden kann, sodass mit einer isolierten Anwendung des § 280 Abs 1 BGB auch keine unangemessene Überforderung des Verkäufers einhergeht.[356] Diese Grundsätze lassen

---

[350] BT-Drucks 14/6040, 225.
[351] Zustimmend BeckOK/Faust (15.6.2017) § 437 Rn 70c f; Reinicke/Tiedtke, Kaufrecht (8. Aufl 2009) Rn 520 mwNw.
[352] NK-BGB/Büdenbender (3. Aufl 2016) § 437 Rn 74 ff; Oetker/Maultzsch, Vertragliche Schuldverhältnisse (4. Aufl 2013) § 2 Rn 268.
[353] So BGH 19.6.2009 – V ZR 93/08, NJW 2009, 2674, 2675 f (zustimmend Looschelders JA 2009, 819, 820; Lorenz LMK 2009, 286449);

ebenso BeckOK/Faust (15.6.2017) § 437 Rn 70c; Reinicke/Tiedtke, Kaufrecht (8. Aufl 2009) Rn 520; Canaris ZIP 2003, 321, 326.
[354] Vgl BGH 19.6.2009 – V ZR 93/08, NJW 2009, 2674, 2676; Reinicke/Tiedtke, Kaufrecht (8. Aufl 2009) Rn 520 ff mit einer Reihe von Argumenten.
[355] Ebenso BGH 19.6.2009 – V ZR 93/08, NJW 2009, 2674, 2676; so auch Lorenz JuS 2008, 203, 205; Medicus JuS 2003, 521, 528.

sich auf den Fall übertragen, dass aufgrund der Mangelhaftigkeit ein Weiterverkauf des Käufers scheitert oder sich verzögert, übertragbar.[357]

ee) Vertretenmüssen
(1) Allgemeines
Sämtliche Schadensersatzansprüche des Käufers setzen ein **Vertretenmüssen** des Verkäufers voraus (Verschuldensprinzip). Dies ergibt sich aus §§ 280 Abs 1, 281 Abs 1 S 1 BGB, §§ 282, 283 S 1 BGB. Eine Ausnahme gilt im Fall des anfänglich (dh bei Vertragsschluss) unbehebbaren Mangels. Hier kommt es nach § 311a Abs 2 S 2 BGB darauf an, dass der Verkäufer den Mangel bei Vertragsschluss gekannt hat oder hätte kennen müssen. Des Weiteren soll nach hM erforderlich sein, dass der Verkäufer die Unbehebbarkeit des Mangels kannte oder kennen musste.[358] 175

Das Vertretenmüssen gem § 280 Abs 1 S 2 BGB bezieht sich auf die jeweils im Raum stehende Pflichtverletzung (dazu sogleich Rn 177). Von wesentlicher praktischer Bedeutung ist, dass das Vertretenmüssen gem § 280 Abs 1 S 2 BGB einer Beweislastumkehr unterliegt und somit **widerleglich vermutet** wird („Dies gilt nicht, […]"). Der Verkäufer muss sich danach exkulpieren, will er eine Schadensersatzforderung abwehren. 176

(2) Grundsätzlicher Bezugspunkt des Vertretenmüssens beim Schadensersatz statt der Leistung
Im Rahmen des Anspruchs auf Schadensersatz statt der Leistung wird diskutiert, worauf bzw auf welchen Bezugspunkt sich das Vertretenmüssen bezieht. Beim Anspruch gem §§ 437 Nr 3, 280 Abs 1 und 3, 281 BGB kommen **zwei Bezugspunkte für das Vertretenmüssen** des Verkäufers in Betracht: Zum einen lässt sich auf die mangelhafte Lieferung bei Fälligkeit, zum anderen auf die Nichtleistung der Nacherfüllung bei Fristablauf abstellen (bei Entbehrlichkeit der Fristsetzung kommt eine entsprechende Pflichtverletzung in Betracht, die die Fristsetzung entbehrlich macht). Nach wohl überwiegender Meinung im Schrifttum reicht es aus, dass zu irgendeinem Zeitpunkt ein Vertretenmüssen des Schuldners vorliegt, dh entweder im Zeitpunkt der ursprünglichen Schlechtleistung oder im Zeitpunkt der Nichtleistung nach Fristsetzung.[359] Ohne die Frage – wie mitunter auch im Schrifttum[360] – näher zu erörtern, geht auch der BGH hiervon aus.[361] Nach anderer Ansicht ist allein auf die Verletzung der Nacherfüllungspflicht abzustellen.[362] Zur Begründung wird ua auf den Wortlaut von § 281 BGB verwiesen, der auf die Verletzung einer fälligen Pflicht abstellt, wofür nach Gefahrübergang nur noch die Nacherfüllungspflicht in Betracht kommt. Hiergegen lässt sich indes einwenden, dass iRv § 281 Abs 1 S 1 BGB Fälligkeit im Zeitpunkt der Pflichtverlet- 177

---

[356] BGH 19.6.2009 – V ZR 93/08, NJW 2009, 2674, 2676.
[357] HUBER/BACH, Examens-Repetitorium Besonderes Schuldrecht 1 (5. Aufl 2016) Rn 196.
[358] BeckOK/FAUST (15.6.2017) § 437 Rn 111; LOOSCHELDERS, Schuldrecht Besonderer Teil (12. Aufl 2017) Rn 130 (was bei Kenntnis bzw Kennenmüssen aber regelmäßig ohnehin der Fall sei).
[359] LOOSCHELDERS, Schuldrecht Besonderer Teil (12. Aufl 2017) Rn 120, 124 f; BeckOK/FAUST (15.6.2017) § 437 Rn 73a; SCHLECHT-RIEM, Schuldrecht Besonderer Teil (6. Aufl 2003) § 5 Rn 25; KAISER, in: STAUDINGER/Eckpfeiler I. Rn 161 mwNw; im Einzelnen str.
[360] Vgl BeckOK/FAUST (15.6.2017) § 437 Rn 73 ff.
[361] Vgl etwa BGH 29.4.2015 – VIII ZR 104/14 Rn 12, NJW 2015, 2244; BGH 18.3.2015 – VIII ZR 176/14 Rn 15, NJW 2015, 2564, 2565.
[362] MEDICUS/LORENZ, Schuldrecht Besonderer Teil (17. Aufl 2014) Rn 175; OETKER/MAULTZSCH, Vertragliche Schuldverhältnisse (4. Aufl 2013) § 2 Rn 274.

zung ausreicht. Zudem ist die ursprüngliche Schlechtleistung auch bei einer fruchtlosen Fristsetzung für den eingetretenen Schaden kausal.[363]

178 Auch beim Schadensersatz statt der Leistung gem §§ 437 Nr 3, 280 Abs 1 und 3, 283 BGB kommen im Hinblick auf das Vertretenmüssen zwei **Bezugspunkte** in Betracht; zum einen das Vertretenmüssen der Unmöglichkeit der Nacherfüllung, zum anderen das Vertretenmüssen im Hinblick auf die ursprüngliche Schlechtleistung. **Beispiel**: Im Rahmen einer Vorratsschuld liefert der Verkäufer – was er weiß – eine mangelhafte Ware. Nach der Übergabe geht der gesamte Vorrat – vom Verkäufer unverschuldet – unter. Die wohl hM stellt für das Vertretenmüssen allein auf die Unmöglichkeit der Nacherfüllung ab.[364] Im Beispiel scheitert danach ein Schadensersatzanspruch am mangelnden Vertretenmüssen des Verkäufers. Hält man es indes für möglich, auch im Rahmen des Anspruchs aus §§ 437 Nr 3, 280 Abs 1 und 3, 283 BGB das Vertretenmüssen alternativ auf die ursprüngliche Schlechtleistung zu beziehen,[365] kommt ein Schadensersatzanspruch zugunsten des Käufers im Beispiel in Betracht. Hierfür lässt sich ua ins Feld führen, dass es wertungswidersprüchlich wäre, zwar im Rahmen von § 281 BGB einen zu vertretenden Verstoß gegen § 433 Abs 1 S 2 BGB genügen zu lassen (vgl Rn 177), im Rahmen von § 283 BGB dagegen allein darauf abzustellen, dass der Schuldner die Unmöglichkeit der Nacherfüllung zu vertreten hat.[366]

(3) Eigenes Verschulden des Verkäufers

179 Bezüglich der mangelhaften Lieferung kann sich ein Verschuldensvorwurf zum einen daraus ergeben, dass der Verkäufer den Mangel schuldhaft verursacht hat. In Betracht kommen etwa Fehler bei der (eigenen) Herstellung,[367] der Aufbewahrung oder dem Transport. Anknüpfungspunkt kann aber auch die Nichtbeseitigung des Mangels vor Lieferung sein, wenn etwa der Verkäufer mangelhafte Sachen beim Hersteller bezieht und diese an seine Kunden „weiterreicht". Dazu ist erforderlich, dass der Verkäufer den Mangel erkannt hat oder zumindest hätte erkennen müssen und ihn bei verkehrsüblicher Sorgfalt beseitigt hätte.[368] Dabei ist allerdings zu beachten, dass eine allgemeine **Untersuchungspflicht** des Verkäufers gegenüber dem Käufer insofern grundsätzlich nicht besteht.[369] Eine solche Pflicht setzt besondere Umstände wie ein erhöhtes Schadensrisiko[370] oder das Vorliegen greifbarer Anhaltspunkte für einen Verdacht auf Mängel voraus. Zu berücksichtigen ist dabei vor allem die Fachkunde des Verkäufers, die den Sorgfaltsmaßstab wesentlich bestimmt.[371] Sobald der Verkäufer den Mangel kennt oder hätte kennen müssen, kann er sich nicht darauf berufen, weder die not-

---

[363] So zu Recht LOOSCHELDERS, Schuldrecht Besonderer Teil (12. Aufl 2017) Rn 126.
[364] MEDICUS/LORENZ, Schuldrecht Besonderer Teil (17. Aufl 2014) Rn 179; BeckOK/UNBERATH (15.6.2017) § 283 Rn 3.
[365] So LOOSCHELDERS, Schuldrecht Besonderer Teil (12. Aufl 2017) Rn 129; BeckOK/FAUST (15.6.2017) § 437 Rn 115.
[366] Zu Recht BeckOK/FAUST (15.6.2017) § 437 Rn 115.
[367] MünchKomm/WESTERMANN (7. Aufl 2016) § 437 Rn 29; zum früheren Recht: BGH 4.10.1972 – VIII ZR 117/71, NJW 1972, 2300, 2301 f.
[368] LOOSCHELDERS, Schuldrecht Besonderer Teil (12. Aufl 2017) Rn 124.
[369] BGH 18.2.1981 – VIII ZR 14/80, NJW 1981, 1269, 1270; BGH 15.4.2015 – VIII ZR 80/14 Rn 14 mwNw, NJW 2015, 1669, 1670 mit Anm CZIUPKA (st Rspr); STAUDINGER/BECKMANN (2014) § 433 Rn 147; OETKER/MAULTZSCH, Vertragliche Schuldverhältnisse (4. Aufl 2013) § 2 Rn 286; aA SCHLECHTRIEM, Schuldrecht Besonderer Teil (6. Aufl 2003) § 3 Rn 85.
[370] ZB Überprüfung auf zulassungserhebliche Mängel beim Gebrauchtwagenhandel, BGH 5.7.1978 – VIII ZR 172/77, NJW 1978, 2241, 2243; BGH 3.11.1982 – VIII ZR 282/81, NJW 1983, 217 f; BGH 14.4.2010 – VIII ZR 145/09, NJW 2010, 2426, 2429.
[371] STAUDINGER/BECKMANN (2014) § 433 Rn 147 f; REINICKE/TIEDTKE, Kaufrecht (8. Aufl 2009) Rn 567.

wendigen Mittel noch die erforderliche Sachkunde für dessen Beseitigung zu besitzen.[372] Er muss sich im Zweifel der Hilfe Dritter bedienen. Dies gilt auch, wenn die dem Verkäufer vorzuwerfende Pflichtverletzung in einer nicht ordnungsgemäßen oder unterbliebenen Nachbesserung besteht.

(4) Zurechnung des Verhaltens Dritter
Grundsätzlich hat der Verkäufer eigenes Verschulden sowie das seiner **Erfüllungsgehilfen** gem §§ 276 Abs 1 S 1, 278 S 1 BGB zu vertreten. Von enormer praktischer Bedeutung ist dabei die Frage, ob insbesondere auch **Hersteller und Lieferanten** als Erfüllungsgehilfen des Verkäufers anzusehen sind. Die ganz hM und bisherige Rspr verneint eine Erfüllungsgehilfeneigenschaft des Herstellers und Lieferanten des Verkäufers.[373] Zur Begründung wird angeführt, dass Herstellung und Beschaffung des Kaufgegenstandes keine Pflichten des Verkäufers gegenüber dem Käufer darstellten, sodass der Hersteller oder Lieferant nicht im Pflichtenkreis des Verkäufers tätig werde. Der hM hält eine Gegenauffassung entgegen, dass der Verkäufer seit der Schuldrechtsreform gem § 433 Abs 1 S 2 BGB die Verpflichtung habe, dem Käufer die Sache frei von Sach- und Rechtsmängel zu verschaffen, weshalb Hersteller und Lieferanten bei dieser Verpflichtung als Erfüllungsgehilfen des Verkäufers einzuordnen seien.[374] Diesem Standpunkt hat der BGH indes eine Absage erteilt und argumentiert, in der Gesetzesbegründung zu § 433 BGB (wonach die Verpflichtung des Verkäufers, dem Käufer die Sache frei von Sachmängeln zu verschaffen, nicht zu einer unangemessenen Verschärfung der Haftung des Verkäufers führe) werde auf die bisherige Rspr des BGH zu § 278 BGB Bezug genommen und deren Fortgeltung zum Ausdruck gebracht.[375] **Hinweis**: Noch intensiver wird die Einordnung des Herstellers als Erfüllungsgehilfe des Verkäufers beim Werklieferungsvertrag gem § 650 BGB diskutiert (hierzu bereits Rn 17).

180

(5) Verschuldensunabhängige Haftung des Verkäufers
Eine verschuldensunabhängige Haftung des Verkäufers kann sich gem § 276 Abs 1 S 1 BGB aus der Übernahme einer **Garantie** ergeben (zur Garantie sogleich Rn 182 ff). Hierunter fallen insbesondere Eigenschaftszusicherungen durch den Verkäufer. Beim Gattungskauf übernimmt der Verkäufer idR das **Beschaffungsrisiko** iSv § 276 Abs 1 S 1 BGB. Bei Fehlen besonderer Vereinbarungen oder Umstände beschränkt sich dieses jedoch darauf, dass der Verkäufer die Kaufsache überhaupt besorgt; er übernimmt mit dem Beschaffungsrisiko keine Garantie für eine bestimmte Beschaffenheit.[376]

181

---

[372] Zur Kenntnis der Vorschädigung eines zu veräußernden Fahrzeugs: BGH 14.4.2010 – VIII ZR 145/09 Rn 29, NJW 2010, 2426, 2429; BGH 15.4.2015 – VIII ZR 80/14 Rn 14, NJW 2015, 1669, 1670 mit Anm CZIUPKA.
[373] St Rspr, vgl RG 4.1.1921 – II 374/20, RGZ 101, 157, 158; BGH 12.1.1989 – III ZR 231/87, NJW-RR 1989, 1189, 1190; BGH 15.7.2008 – VIII ZR 211/07, NJW 2008, 2837, 2840; BGH 19.6.2009 – V ZR 93/08, NJW 2009, 2674, 2676; BGH 2.4.2014 – VIII ZR 46/13, NJW 2014, 2183, 2185 mit Anm LOOSCHELDERS JA 2015, 68; BeckOK/FAUST (15.6.2017) § 437 Rn 84.

[374] MünchKomm/GRUNDMANN (7. Aufl 2016) § 278 Rn 31; WITT NJW 2014, 2156, 2157; PETERS ZGS 2010, 24, 27.
[375] BGH 2.4.2014 – VIII ZR 46/13 Rn 32, NJW 2014, 2183, 2185 unter Hinweis auf BT-Drucks 14/6040, 209 f; zustimmend LORENZ LMK 2014, 359378; LOOSCHELDERS, Schuldrecht Besonderer Teil (12. Aufl 2017) Rn 142.
[376] LOOSCHELDERS, Schuldrecht Besonderer Teil (12. Aufl 2017) Rn 141; **aA** SCHLECHTRIEM, Schuldrecht Besonderer Teil (6. Aufl 2003) § 3 Rn 85.

e) Garantie
aa) Begriff und kaufrechtliche Verankerungen

182 Aus kaufrechtlicher Sicht sind Garantien vertragliche Vereinbarungen, die den Käufer durch über die gesetzliche Mängelhaftung hinausgehende Rechte privilegieren. Einen rechtlichen Rahmen bildet § 443 BGB, der im Zuge der Umsetzung der Verbraucherrechterichtlinie mit Wirkung zum 13.6.2014 neu gefasst wurde. § 443 Abs 1 BGB unterscheidet nicht mehr wie früher zwischen Beschaffenheits- und Haltbarkeitsgarantie, sondern definiert den allgemeinen **Begriff der „Garantie"**. Anknüpfungspunkt für die in § 443 Abs 1 BGB geregelte Garantie ist nicht mehr allein die Beschaffenheit der Kaufsache als mängelfrei iSd § 434 BGB; es wird auch der Fall erfasst, dass die Kaufsache „andere als die Mängelfreiheit betreffende Anforderungen nicht erfüllt". Der neue Garantiebegriff ist insofern weiter als der Begriff der Beschaffenheitsgarantie in der bis zum 12.6.2014 geltenden Fassung.[377] Zwar enthält § 443 Abs 1 BGB eine Definition des Garantiebegriffs, doch beziehen sich etwa § 276 Abs 1 S 1 BGB, § 442 Abs 1 S 2 BGB, § 444 BGB, § 445 BGB nur auf bestimmte Formen der Garantie. Deren spezielle Anforderungen müssen für eine Anwendbarkeit im Einzelfall zusätzlich zu denjenigen des Garantiebegriffs vorliegen.[378] § 443 Abs 2 BGB enthält nach der Neufassung nun die Definition der Haltbarkeitsgarantie. § 479 BGB sieht ferner für Garantien beim Verbrauchsgüterkauf Sonderbestimmungen vor (dazu Rn 297).

(1) Selbständige und unselbständige Garantien

183 Der Gesetzgeber hat die häufig anzutreffende Differenzierung **zwischen selbständiger und unselbständiger Garantie**, die aber keine festen Konturen aufweist, nicht übernommen.[379] Dennoch ist eine solche Unterscheidung weit verbreitet. Danach versteht man unter einer **selbständigen Garantie** gemeinhin einen von den kaufrechtlichen Mängelrechten abgekoppelten Vertrag nach § 311 Abs 1 BGB, in dem sich der Verkäufer oder ein Dritter (zB Hersteller, Großhändler, Importeur) verpflichtet, für einen bestimmten Erfolg, der über Sachmängelfreiheit hinausgeht,[380] einzustehen. Dies kann sich daraus ergeben, dass der Garant für einen Umstand einsteht, der keine Beschaffenheit des Kaufgegenstandes darstellt, oder, dass auch für Schäden gehaftet werden soll, die von § 437 Nr 3 BGB nicht erfasst sind, zB unverschuldete zufällige und künftige Schäden.[381] Letztere Fallgruppe wird von einem Teil des Schrifttums zu Recht auch als unselbständige Garantie eingeordnet. **Unselbständige Garantien** erweitern und modifizieren die kaufrechtlichen Mängelrechte zugunsten des Käufers. Haltbarkeits- und Beschaffenheitsgarantien, die grundsätzlich mit einem Sachmangel in Verbindung stehen, sind somit unselbständige Garantien.[382]

---

[377] BT-Drucks 17/12637, 68 f.
[378] BeckOK/Faust (15.6.2017) § 443 Rn 9; Looschelders, Schuldrecht Besonderer Teil (12. Aufl 2017) Rn 169.
[379] BT-Drucks 14/6040, 237; vgl auch BeckOK/Faust (15.6.2017) § 443 Rn 17, wonach die Begriffe nicht einheitlich verwendet werden und die Abgrenzung zu keinem Erkenntniswert führe.
[380] ZB Zusicherung über künftige Bebaubarkeit eines Grundstücks.
[381] Vgl Reinicke/Tiedtke, Kaufrecht (8. Aufl 2009) Rn 882 ff.
[382] Hoeren/Martinek/Wolff, SKK (2002) § 443 Rn 13; Oetker/Maultzsch, Vertragliche Schuldverhältnisse (4. Aufl 2013) § 2 Rn 351; **aA** ordnet Beschaffenheits- und Haltbarkeitsgarantien als selbständige Garantien ein, so Henssler/vWestphalen/vWestphalen, Praxis der Schuldrechtsreform (2. Aufl 2003) § 443 Rn 25 ff.

(2) Beschaffenheits- und Haltbarkeitsgarantie

Es kann auch nach der Überarbeitung der Vorschrift weiterhin zwischen einer Beschaffenheitsgarantie und einer Haltbarkeitsgarantie unter dem Oberbegriff der Garantie differenziert werden.[383] Mit einer **Beschaffenheitsgarantie** steht der Verkäufer dafür ein, dass der Kaufgegenstand bei Gefahrübergang bestimmte Merkmale aufweist;[384] bei Nichtvorhandensein der zugesagten Beschaffenheit können dem Käufer Rechte zustehen, die er nach dem Gesetz nicht hätte.[385] Eine **Haltbarkeitsgarantie** des Garantiegebers gibt dem Garantienehmer innerhalb der Garantiefrist die Möglichkeit, die in der vertraglichen Vereinbarung festgelegten Mängelrechte geltend zu machen. Der Verkäufer oder Hersteller steht nicht nur dafür ein, dass der Kaufgegenstand bei Gefahrübergang mangelfrei ist, sondern insbesondere dafür, dass während der Garantiefrist kein Mangel auftritt.[386]

184

bb) Inhalt und Rechtsfolgen von Beschaffenheits- und Haltbarkeitsgarantien

Der Inhalt (Garantiefall, Bedingungen) und die Rechtsfolgen sind grundsätzlich anhand der konkreten vertraglichen Vereinbarungen (Garantieerklärungen) gem §§ 133, 157 BGB zu ermitteln. Sind die Vereinbarungen lückenhaft, so müssen die Grundsätze der ergänzenden Vertragsauslegung herangezogen werden. Die Ansprüche aus Garantien können unbeschadet der gesetzlichen Mängelrechte geltend gemacht werden bzw ergänzen diese.

185

(1) Beschaffenheitsgarantie

Das Vorliegen der Einstandspflicht für eine bestimmte Eigenschaft geht über eine Beschaffenheitsvereinbarung hinaus und erfordert damit strengere Voraussetzungen. Der BGH hat bei der Zusicherung von Eigenschaften (§ 459 Abs 2 aF) darauf abgestellt, „wie das Verhalten des Verkäufers aus der Sicht des Käufers unter Berücksichtigung des Erwartungshorizonts bei objektiver Würdigung der Umstände nach Treu und Glauben zu bewerten ist".[387] Dieser allgemeine Ansatz lässt sich auch für die Frage nach dem Vorliegen einer Garantie gem § 443 BGB zugrunde legen.[388] Indizien für eine Garantie sind zB eine besondere Sachkunde des Verkäufers oder ein Handelsbrauch. Zur Bestimmung der Garantie**bedingungen**, nicht hingegen dafür, ob überhaupt eine Garantie vorliegt,[389] ist darüber hinaus „die einschlägige Werbung" heran-

186

---

[383] EMMERICH, BGB-Schuldrecht Besonderer Teil (14. Aufl 2015) § 5 Rn 42.
[384] OETKER/MAULTZSCH, Vertragliche Schuldverhältnisse (4. Aufl 2013) § 2 Rn 352.
[385] MünchKomm/WESTERMANN (7. Aufl 2016) § 443 Rn 8; auf der Grundlage der zugesicherten Eigenschaft iSd § 459 Abs 2 aF weitergehend BT-Drucks 14/6040, 132, wonach der Verkäufer verspricht, für alle Folgen ihres Fehlens einzustehen (so zu § 459 Abs 2 aF auch BGH 12.4.1996 – V ZR 83/95, NJW 1996, 2027).
[386] BGH 27.9.2017 – VIII ZR 99/16 Rn 27, NJW 2018, 387, 388; STAUDINGER/MATUSCHE-BECKMANN (2014) § 443 Rn 14ff; BeckOK/FAUST (15.6.2017) § 443 Rn 14.
[387] BGH 17.4.1991 – VIII ZR 114/90, NJW 1991, 1880; BGH 12.4.1996 – V ZR 83/95, NJW 1996, 2027; ähnlich BGH 6.7.2005 – VIII ZR 136/04, NJW 2005, 3205, 3207f.

[388] Ob Eigenschaftszusicherungen nach früherem Recht (§ 459 Abs 2 aF) aus heutiger Sicht als Beschaffenheitsgarantie iSd § 443 BGB anzusehen sind, hat der BGH (22.11.2006 – VIII ZR 72/06 Rn 21, NJW 2007, 759, 761) offengelassen.
[389] BGH 14.4.2011 – I ZR 133/09 Rn 32, NJW 2011, 2653, 2656; STAUDINGER/MATUSCHE-BECKMANN (2014) § 443 Rn 35; BeckOK/FAUST (15.6.2017) § 443 Rn 18, 31f; aA OLG Frankfurt 8.7.2009 – 4 U 85/08, BB 2009, 2225, wonach allein durch die Werbung für ein Produkt eine selbständige Garantie nach § 443 BGB entstehen könne; jurisPK/PAMMLER (8. Aufl 2017) § 443 Rn 33 spricht von einer „verpflichtenden Wirkung der Garantieerklärung"; krit zur Begründung einer Garantie durch Vertrag mittlerweile auch BGH 5.12.2012 – I ZR 146/11 Rn 13, WRP 2013, 1029.

zuziehen.³⁹⁰ Nicht jede Werbeaussage, die als Beschaffenheitsvereinbarung iSd § 434 Abs 1 S 2 Nr 2, S 3 BGB einzuordnen ist, erfüllt zugleich die Voraussetzungen einer Garantie.³⁹¹ Die Werbeangaben müssen vielmehr im Zusammenhang mit der gewährten Garantie stehen und die Bedingungen konkretisieren.³⁹² Dabei sind Herstellergarantien nicht dem Händler und umgekehrt Händlergarantien nicht dem Hersteller zuzurechnen, es sei denn, es wird ein konkreter Bezug hergestellt.³⁹³

187 Die **Rechtsfolgen** bei Eintritt des Garantiefalls ergeben sich primär aus der Garantieerklärung. Es können zugunsten des Käufers bei Eintritt des Garantiefalls über die gesetzlichen Mängelrechte hinausgehende andere Rechtsfolgen oder eine Ausweitung der Mängelrechte zugunsten des Käufers vereinbart werden, zB Rücktrittsmöglichkeit auch bei unerheblichen Mängeln, Austausch der Kaufsache gegen das nächstbessere Modell. Liegen keine Regelungen vor, die die gesetzlichen Rechte erleichtern und ist die garantierte Eigenschaft nicht vorhanden, ist von einer verschuldensunabhängigen Haftung auf Schadensersatz iSd § 276 BGB auszugehen.³⁹⁴

(2) Haltbarkeitsgarantie

188 Für die Haltbarkeitsgarantie gelten hinsichtlich Inhalt und Rechtsfolgen die für die Beschaffenheitsgarantie erörterten Grundsätze. § 443 Abs 2 BGB sieht darüber hinaus für die Haltbarkeitsgarantie eine **Beweiserleichterung zugunsten des Käufers** vor. Der Käufer muss die Übernahme einer Garantie durch den Verkäufer und das Auftreten eines von der Garantie erfassten Mangels nachweisen. Zu seinen Gunsten wird vermutet, dass der Mangel unter die Garantie fällt. Es obliegt dem Verkäufer, die Vermutung mit dem Nachweis der unsachgemäßen Handhabung durch den Käufer zu entkräften.³⁹⁵

cc) Verjährung

189 Bei einem selbständigen Garantievertrag gilt gem §§ 195, 199 BGB die Regelverjährung von drei Jahren. Bei einer Beschaffenheits- und einer Haltbarkeitsgarantie, die in engem Zusammenhang mit den Mängelrechten steht, geht eine Ansicht im Zweifel von einer analogen Anwendung des § 438 BGB aus.³⁹⁶ Überzeugender ist aber die Gegenansicht, die auch hier von der allgemeinen dreijährigen Verjährungsfrist ausgeht, da eine Privilegierung für den Garantiegeber, der eine über die gesetzliche Maßgabe hinausgehende Verpflichtung übernimmt, nicht interessengerecht ist.³⁹⁷ Problematisch ist daneben der Fristbeginn bei der Haltbarkeitsgarantie. Die Rspr³⁹⁸ hat,

---

³⁹⁰ MünchKomm/WESTERMANN (7. Aufl 2016) § 443 Rn 11; LOOSCHELDERS, Schuldrecht Besonderer Teil (12. Aufl 2017) Rn 167.
³⁹¹ STAUDINGER/MATUSCHE-BECKMANN (2014) § 443 Rn 36.
³⁹² HOEREN/MARTINEK/WOLFF, SKK (2002) § 443 Rn 33; STAUDINGER/MATUSCHE-BECKMANN (2014) § 443 Rn 36.
³⁹³ Wohl aA OETKER/MAULTZSCH, Vertragliche Schuldverhältnisse (4. Aufl 2013) § 2 Rn 359.
³⁹⁴ OETKER/MAULTZSCH, Vertragliche Schuldverhältnisse (4. Aufl 2013) § 2 Rn 352.
³⁹⁵ ERMAN/GRUNEWALD (15. Aufl 2017) § 443 Rn 17.
³⁹⁶ BeckOK/FAUST (15.6.2017) § 443 Rn 48; OETKER/MAULTZSCH, Vertragliche Schuldverhältnisse (4. Aufl 2013) § 2 Rn 360, 364; bei Garantien Dritter gilt hingegen die allgemeine Verjährungsfrist, da zwischen Drittem und Käufer idR kein Kaufvertrag besteht und somit auch keine Mängelrechte geltend gemacht werden können.
³⁹⁷ PALANDT/WEIDENKAFF (77. Aufl 2018) § 443 Rn 15; STAUDINGER/MATUSCHE-BECKMANN (2014) § 443 Rn 46.
³⁹⁸ BGH 21.12.1960 – V ZR 9/60, NJW 1961, 730; BGH 24.6.1981 – VIII ZR 96/80, NJW 1981, 2248; BGH 10.2.1992 – II ZR 54/91, NJW 1992, 1615; STAUDINGER/MATUSCHE-BECKMANN (2014) § 443 Rn 43.

wenn die Garantiefrist wie nach der alten Rechtslage länger als die Verjährungsfrist war, den Fristbeginn auf den Zeitpunkt der Entdeckung des Mangels hinausgeschoben. Dieser Grundsatz wird wohl auch weiterhin Anwendung finden.

f) Ausschluss der Mängelrechte
aa) Vertraglich vereinbarter Haftungsausschluss

Individualvertraglich vereinbarte Haftungsausschlüsse sind prinzipiell möglich (vgl aber § 276 Abs 3 BGB). Sie sind gem § 444 BGB aber unwirksam, soweit der Verkäufer einen Mangel arglistig verschwiegen[399] oder eine Garantie übernommen hat. Dadurch soll ein widersprüchliches Verhalten des Verkäufers verhindert werden. **190**

Unwirksam sind hingegen **Vereinbarungen in AGB**, die die Haftung für Schäden bei Verletzung von Leben, Körper und Gesundheit (§ 309 Nr 7 lit a BGB) beschränken und solche, die die Haftung für grobes Verschulden (§ 309 Nr 7 lit b BGB) ausschließen oder begrenzen.[400] Bei Modifizierungen in AGB sind des Weiteren bei **neu hergestellten Sachen** die Grenzen des § 309 Nr 8 lit b BGB zu berücksichtigen. Im Hinblick auf die Behandlung insbesondere der Aus- und Einbaufälle, aber auch insgesamt zur Kostentragung der Nacherfüllung ist das seit 1.1.2018 geltende Klauselverbot gem § 309 Nr 8 lit b cc BGB zu beachten, wonach die sich aus §§ 439 Abs 2 und 3 BGB (sowie aus § 635 Abs 2 BGB) ergebende Kostentragungspflicht des Verkäufers nicht eingeschränkt werden kann. **191**

Steht auf der Käuferseite ein Unternehmer, finden die §§ 308, 309 BGB gem § 310 Abs 1 BGB indes keine unmittelbare Anwendung. Die Wertungen kommen ggf bei der Inhaltskontrolle gem § 307 Abs 2 BGB zum Tragen, wenn ermittelt wird, ob eine unangemessene Benachteiligung vorliegt.[401] **192**

Beim Verbrauchsgüterkauf können gem § 476 BGB grundsätzlich **keine abweichenden Vereinbarungen zu Lasten des Käufers** getroffen werden (vgl Rn 283). Eine Änderung oder ein Ausschluss kann gem § 476 Abs 3 BGB allein für Schadensersatzansprüche erfolgen und, sofern dies in AGB geschieht, nur in den Grenzen der §§ 307–309 BGB. **193**

Gesetzlich nicht geregelt ist die Frage, ob beim **Kauf von gebrauchten Sachen** (wenn kein Verbrauchsgüterkauf vorliegt) ein vollständiger Ausschluss der Mängelrechte durch AGB wirksam ist. Der Ausschluss kann insbesondere nur innerhalb der Grenzen **194**

---

[399] Das Eingreifen des § 444 BGB erfordert nicht, dass ein arglistig verschwiegener Sachmangel für den Willensentschluss des Käufers ursächlich war (BGH 15.7.2011 – V ZR 171/10 Rn 12 f, NJW 2011, 3640; BGH 8.7.2016 – V ZR 35/15 Rn 16, NJW-RR 2017, 468, 469); handelt einer von mehreren Verkäufern arglistig, so können sich sämtliche Verkäufer gem § 444 Alt 1 BGB nicht auf den Ausschluss berufen (str, vgl hierzu BGH 8.4.2016 – V ZR 150/15 Rn 8, VersR 2017, 766, 767; LOOSCHELDERS JA 2016, 787; THIELEN/UNGERER, ZIP 2016, 1953); vgl zur Arglist auch BGH 12.4.2013 – V ZR 266/11, NJW 2013, 2182, 2183; OLG Düsseldorf 23.2.2016 – I-24 U 145/15 Rn 6.

[400] So ist auch ein allgemeiner Haftungsausschluss wegen Sachmängeln in AGB gem § 309 Nr 7 lit a BGB unzulässig, wenn er etwaige Schadensersatzansprüche wegen Körper- und Gesundheitsschäden infolge eines Mangels nicht ausdrücklich ausnimmt (BGH 9.10.2013 – VIII ZR 224/12, NJW 2013, 3570, 3571 [„Buddha-Fall"]). Dies gilt auch, wenn die Klausel den Zusatz „soweit das gesetzlich zulässig ist" enthält, BGH 4.2.2015 – VIII ZR 26/14, NJW-RR 2015, 738, 739; bestätigt durch BGH 22.9.2015 – II ZR 340/14, MDR 2016, 40.

[401] Dazu WENDLAND, in: STAUDINGER/Eckpfeiler E. Rn 46.

von § 309 Nr 7 lit a und b BGB erfolgen. Des Weiteren ist die Generalklausel des § 307 BGB zu beachten, etwa zu der Frage nach der Zulässigkeit einer Freizeichnung von Vermögensschäden bei leichter Fahrlässigkeit.[402]

195 Im Einzelfall bedarf es der **Auslegung eines Haftungsausschlusses**. Sind in einem Kaufvertrag zugleich eine bestimmte Beschaffenheit der Kaufsache und ein pauschaler Ausschluss der Sachmängelhaftung vereinbart, so ist dies nach der Rspr des BGH regelmäßig dahin auszulegen, dass der **pauschale Haftungsausschluss nicht für das Fehlen der vereinbarten Beschaffenheit** gem § 434 Abs 1 S 1 BGB, sondern nur für Mängel gem § 434 Abs 1 S 2 BGB gelten soll; andernfalls wäre die Beschaffenheitsvereinbarung für den Käufer – außer im Falle der Arglist des Verkäufers (§ 444 Alt 1 BGB) – ohne Sinn und Wert.[403] **Beispiel:** Einigen sich Käufer und Verkäufer über den Verkauf eines Kunstwerks von *van Gogh*, schließt eine pauschale Haftungsausschlussklausel des Verkäufers (Gewährleistungs-)Ansprüche des Käufers wegen einer Fälschung nicht aus.

196 Ein pauschaler Haftungsausschluss erfasst aber grundsätzlich die Haftung für das Fehlen von nach **§ 434 Abs 1 S 2 BGB** geschuldeten Eigenschaften.[404] Nunmehr hat der BGH dies auch auf das Fehlen von Eigenschaften, deren Vorhandensein der Käufer *nach öffentlichen Äußerungen des Verkäufers gem § 434 Abs 1 S 3 BGB* erwarten kann, klargestellt.[404a] Der Gesetzgeber habe zum Ausdruck gebracht, dass er eine Haftung nach § 434 Abs 1 S 3 BGB gerade nicht mit dem Fehlen einer vertraglich vereinbarten Beschaffenheit nach § 434 Abs 1 S 1 BGB gleichstellen wolle. Aus diesem Grund **umfasse ein genereller Haftungsausschluss** grundsätzlich **auch Sachmängel nach § 434 Abs 1 S 3 BGB**.[404b] Speziell für einen Grundstückskaufvertrag hatte der BGH zuvor schon angenommen, dass der in dem Vertrag vereinbarte umfassende Haftungsausschluss für Sachmängel auch die nach öffentlichen Äußerungen des Verkäufers zu erwartenden Eigenschaften eines Grundstücks oder des aufstehenden Gebäudes erfasst; maßgeblich sei das, was in der notariellen Urkunde vereinbart werde. Hieraus ergebe sich, wofür der Verkäufer letztlich einstehen will.[405]

bb) Gesetzliche Ausschlussgründe

197 Die kaufrechtlichen Regelungen des BGB sehen in § 442 BGB und § 445 BGB Haftungsbegrenzungen bzw -ausschlüsse vor. Ein Verlust der Mängelrechte des Käufers

---

[402] Für möglich erachtend etwa REINICKE/TIEDTKE, Kaufrecht (8. Aufl 2009) Rn 646 f; bejahend nur dann, wenn die betreffenden Pflichten abstrakt erläutert sind und die Haftungsbeschränkung auf die Vertragsschluss vorhersehbare, verkehrstypische Schäden bezogen ist ERMAN/ROLOFF (15. Aufl 2017) § 307 Rn 23, unter Hinweis auf BGH 18.7.2012 – VIII ZR 337/11 Rn 39, NJW 2013, 291, 295; LITZENBURGER NJW 2002, 1244, 1245 weist darauf hin, dass bei gebrauchten Sachen ein umfassender Ausschluss des Rücktrittsrechts möglich ist und überträgt diese Wertung auf den Schadensersatzanspruch für Vermögensschäden.
[403] BGH 29.11.2006 – VIII ZR 92/06 Rn 30 f, NJW 2007, 1346, 1349; BGH 19.12.2012 – VIII ZR 117/12 Rn 15, NJW 2013, 1733, 1734; Fortentwicklung durch BGH 26.4.2017 – VIII ZR 233/15 Rn 22, NJW 2017, 3292, 3294: keine Geltung eines generellen Gewährleistungsausschlusses für Rechtsmängel, wenn Rechtsmängelfreiheit vereinbart wurde.
[404] BGH 22.4.2016 – V ZR 23/15 Rn 14, NJW 2017, 150, 151; vgl bereits oben Rn 195.
[404a] BGH 27.9.2017 – VIII ZR 271/16 Rn 24, NJW 2018, 146, 147 mit Anm STÖBER; noch offengelassen BGH 22.4.2016 – V ZR 23/15 Rn 15, NJW 2017, 150, 151.
[404b] BGH 27.9.2017 – VIII ZR 271/16 Rn 20 ff, NJW 2018, 146, 147 mit Anm STÖBER.
[405] BGH 22.4.2016 – V ZR 23/15 Rn 16 ff, NJW 2017, 150, 151.

tritt auch dann ein, wenn der Käufer im kaufmännischen Rechtsverkehr seine Untersuchungs- und Rügeobliegenheit gem § 377 HGB verletzt (dazu noch Rn 204).

§ 442 BGB ist Ausdruck des grundsätzlichen Verbots des „venire contra factum proprium". Derjenige, der sehenden Auges eine mangelbehaftete Sache kauft, soll keine Mängelrechte geltend machen können. **198**

Kenntnis des Mangels (iSv § 442 Abs 1 S 1 BGB) liegt dann vor, wenn der Käufer positiv weiß, dass die von ihm festgestellte Beeinträchtigung der Kaufsache einen Sachmangel iSd § 434 BGB darstellt und der Wert oder die Verwendbarkeit des Kaufobjekts dadurch reduziert ist.[406] Dabei reicht ein dringender Verdacht oder, dass der Käufer den Mangel für möglich hält, nicht aus. Bei mehreren Beeinträchtigungen sind die Mängelrechte gem § 437 BGB nur für die dem Käufer bekannten Mängel ausgeschlossen. Aus einem Umkehrschluss zu § 442 Abs 1 S 2 BGB ergibt sich, dass ein Ausschluss bei positiver Kenntnis selbst dann eingreift, wenn der Verkäufer den Mangel arglistig verschwiegen oder eine Garantie übernommen hat. Arglist des Verkäufers und die Übernahme einer Garantie erhalten dem Käufer hingegen bei **grob fahrlässiger Unkenntnis** des Sachmangels die Mängelrechte. Grob fahrlässige Unkenntnis ist dann gegeben, wenn der Käufer die im Verkehr erforderliche Sorgfalt besonders schwerwiegend vernachlässigt hat.[407] Grundsätzlich besteht für den Käufer zum Zeitpunkt des Vertragsschlusses keine allgemeine Untersuchungs- und Nachforschungspflicht durch ihn selbst oder einen Sachverständigen.[408] Eine erhöhte Sorgfaltspflicht kann vom Käufer aber dann verlangt werden, wenn er im Gegensatz zum Verkäufer über besondere Sachkunde verfügt,[409] er auf Mängel hingewiesen worden ist, aber dennoch keine Besichtigung vornimmt oder weitere Erkundigungen einholt, wenn er wegen eigener Nachlässigkeit evidente Mängel übersieht oder die Verkehrssitte eine weitergehende Untersuchung erfordert.[410] **199**

Bei **Rechtsmängeln** genügt es nicht, dass der Käufer die Tatsachen kennt, die den Rechtsmangel begründen, sondern es ist darüber hinaus erforderlich, dass er die rechtlichen Folgen in ihrem Kern und die etwaigen Ansprüche, die Dritte ihm gegenüber geltend machen können, überblickt.[411] **200**

Maßgeblicher Zeitpunkt für die Kenntnis oder die grob fahrlässige Unkenntnis des Mangels auf Seiten des Käufers ist der **Vertragsschluss** und hierbei der Zeitpunkt der Abgabe der eigenen Willenserklärung. Dies gilt auch dann, wenn ein formnichtiger Vertrag, zB gem § 311b Abs 1 S 2 BGB, erst mit Eintragung geheilt wird oder ein Vertrag unter einer aufschiebenden Bedingung zustande kommt.[412] **201**

---

[406] BGH 28.6.1961 – V ZR 201/60, NJW 1961, 1860; BGH 13.5.1981 – VIII ZR 113/80, NJW 1981, 2640.
[407] BGH 11.5.1953 – IV ZR 170/52, NJW 1953, 1139; STAUDINGER/MATUSCHE-BECKMANN (2014) § 442 Rn 25.
[408] EMMERICH, BGB-Schuldrecht Besonderer Teil (14. Aufl 2015) § 5 Rn 36 f. Dies gilt auch für den Handelskauf, wo die Rügeobliegenheit den Käufer erst nach Ablieferung der Sache trifft.
[409] RG 19.2.1931 – VI 389/30, RGZ 131, 343, 354.
[410] Bei Häusern, Gebrauchtwagen, Kunstwerken und Antiquitäten; ob eine versäumte *due diligence* beim Unternehmenskauf grob fahrlässig ist, ist str (STAUDINGER/MATUSCHE-BECKMANN [2014] § 442 Rn 25 ff mwNw).
[411] BGH 29.5.1954 – II ZR 163/53, NJW 1954, 1366; BGH 20.12.1978 – VIII ZR 114/77, NJW 1979, 713 f; BGH 31.1.1990 – VIII ZR 314/88, NJW 1990, 1106, 1108.
[412] STAUDINGER/MATUSCHE-BECKMANN (2014)

202 Kenntnis bzw grob fahrlässige Unkenntnis des Mangels durch den Käufer führt **zum Ausschluss der Mängelrechte gem § 437 BGB und deren einredeweiser Geltendmachung**. Teilweise wird vertreten, dass der Erfüllungsanspruch im Hinblick auf eine mangelfreie Verschaffung der Sache gem § 433 Abs 1 S 2 BGB fortbesteht.[413] Zwar sprechen Wortlaut und Systematik dafür, dass sich § 442 BGB nur auf die Mängelrechte gem § 437 BGB bezieht. Folgt man aber dem Zweck der Vorschrift, dem unredlichen Käufer keine weiteren Rechte zuzubilligen, ist es überzeugender, anzunehmen, dass der Käufer vom Verkäufer bereits keine mangelfreie Sache verlangen kann.[414] Eine Zurückweisung der Sache und ein Geltendmachen des allgemeinen Leistungsstörungsrechts durch den Käufer wären in gleicher Weise unredlich. Der Käufer muss durch seine Kenntnis vom Mangel so gestellt werden, als habe er auf die vom Verkäufer zu erfüllende Hauptleistungspflicht hinsichtlich der Mangelfreiheit verzichtet. § 442 BGB trifft als lex specialis zu § 254 BGB eine abschließende Regelung. Ansprüche des Käufers aus § 285 BGB und deliktische Ansprüche[415] werden allerdings von dem Haftungsausschluss nicht erfasst.

203 Mängelrechte sind gem **§ 445 BGB** prinzipiell ausgeschlossen, wenn eine Sache auf Grund eines Pfandrechts in einer öffentlichen Versteigerung[416] iSd § 1235 BGB veräußert wird. Der Haftungsausschluss greift nicht ein, wenn der Verkäufer den Mangel arglistig verschwiegen oder eine Garantie übernommen hat (§ 445 BGB aE). Der Verkäufer kann sich darüber hinaus wegen rechtsmissbräuchlichen Verhaltens dann nicht auf den Ausschluss berufen, wenn er dem Käufer keine ausreichende Besichtigungsmöglichkeit des zu versteigernden Kaufobjekts eingeräumt hat.[417] Der Anwendungsbereich des § 445 BGB ist des Weiteren nicht eröffnet, wenn es sich bei der Versteigerung um einen Verbrauchsgüterkauf handelt (vgl § 475 Abs 3 S 2 BGB; zu beachten bleibt aber § 474 Abs 2 S 2 BGB).

204 Neben den kaufrechtlichen Ausschlussgründen ist die **Untersuchungs- und Rügeobliegenheit des § 377 HGB** im Handelsverkehr von hoher praktischer Bedeutung. § 377 HGB ist anwendbar, wenn der Kauf für beide Teile ein Handelsgeschäft gem § 343 HGB darstellt, also beide Parteien Kaufleute iSd §§ 1 ff HGB sind und das Geschäft jeweils zum Betrieb des Handelsgewerbes gehört. Gem § 377 Abs 1 HGB trifft den Käufer die Obliegenheit, unverzüglich nach der Ablieferung der Ware diese auf ihre Mängelfreiheit hin zu überprüfen und etwaige Mängel dem Verkäufer unverzüglich anzuzeigen. Unterlässt der Käufer die unverzügliche Anzeige,[418] so gilt die Ware nach

---

§ 442 Rn 15 ff; MünchKomm/Westermann (7. Aufl 2016) § 442 Rn 6. Nur wenn der Käufer selbst den Bedingungseintritt herbeiführen kann, ist unter Billigkeitsgesichtspunkten auf eine Kenntnis zum Zeitpunkt des Bedingungseintritts abzustellen. Demzufolge sind dem Käufer die Mängelrechte zu versagen; so auch MünchKomm/Westermann (7. Aufl 2016) § 442 Rn 6.
[413] Erman/Grunewald (15. Aufl 2017) § 442 Rn 21.
[414] Oetker/Maultzsch, Vertragliche Schuldverhältnisse (4. Aufl 2013) § 2 Rn 97; BeckOK/Faust (15.6.2017) § 442 Rn 30.
[415] Ggf ist hier § 254 BGB anwendbar.
[416] Der Haftungsausschluss ist nicht auf den Selbsthilfeverkauf iSd § 383 BGB oder den freihändigen Pfandverkauf anwendbar. Einen weitergehenden Haftungsausschluss enthält § 806 ZPO und § 56 S 3 ZVG für den Verkauf in der Zwangsvollstreckung.
[417] BGH 6.11.1985 – VIII ZR 14/85, NJW 1986, 836, 837: kein Missbrauch, da Gelegenheit zur Besichtigung des Versteigerungsguts gegeben war.
[418] Nach allgemeiner Ansicht kommt es nicht darauf an, ob der Anzeige tatsächlich eine Untersuchung vorausgegangen ist. Die Anzeige muss jedoch den geltend gemachten Mangel erkennen lassen, OLG Düsseldorf 19.1.2001 – 22 U 99/00, NJW-RR 2001, 821.

§ 377 Abs 2 HGB als genehmigt; die Ware ist als vertragsmäßig anzusehen. Rechtsfolge ist, dass der Käufer keine Mängelrechte mehr gegenüber dem Verkäufer geltend machen kann. Im Hinblick auf die Frage, wann ein Mangel gerügt werden muss, unterscheidet § 377 Abs 2, 3 HGB zwischen **offenen und verdeckten Mängeln**. Offene Mängel sind solche, die entweder sofort oder zumindest nach ordnungsgemäßer Überprüfung der Ware erkennbar sind. Die Art und Weise der Untersuchung richtet sich dabei maßgeblich nach dem Kaufgegenstand. Bei größeren Mengen sind zB für die verkehrsübliche Untersuchung angemessene Stichproben ausreichend, aber auch notwendig. Verdeckte Mängel sind solche, die bei einer solchen Untersuchung nicht erkennbar waren. Bei offenen Mängeln hat der Käufer unverzüglich – also ohne schuldhaftes Zögern gem § 121 Abs 1 S 1 BGB – den Mangel anzuzeigen. Die Zeitspanne, innerhalb der die Anzeige noch rechtzeitig erfolgt, hängt von der Art des Mangels sowie den jeweiligen Umständen ab. Sie kann zwischen einem Tag und etwa einer Woche betragen. Bei verdeckten Mängeln hat der Käufer den Mangel unverzüglich nach der Entdeckung des Mangels anzuzeigen, § 377 Abs 3 HGB. Besondere Schwierigkeiten können sich beim sog **Streckengeschäft** bzw bei Durchlieferung der Ware ergeben. In solchen Fällen liefert der Verkäufer die Ware auf Anweisung des Käufers direkt an einen Dritten. Auch wenn der Dritte nicht Kaufmann ist, bleibt es im Verhältnis zwischen Verkäufer und Käufer bei der Anwendbarkeit des § 377 HGB.[419] Den Käufer der Ware trifft demnach im Verhältnis zum Verkäufer die Untersuchungs- und Rügeobliegenheit. Der Käufer ist hierbei aber auf den Dritten angewiesen, den im Verhältnis zum Käufer gerade keine Obliegenheit gem § 377 HGB trifft. Das kann dazu führen, dass der Dritte gegen den Käufer der Ware Mängelrechte geltend machen kann, während der Käufer der Ware seinerseits mit seinen Mängelrechten gegenüber dem Verkäufer ausgeschlossen ist.

g) Verjährung der Mängelansprüche

In § 438 BGB sind spezielle Verjährungsfristen für die in § 437 Nr 1 und Nr 3 BGB geregelten **Ansprüche** (Nacherfüllungsanspruch, Schadensersatzansprüche und Aufwendungsersatzanspruch) vorgesehen, die die allgemeinen Verjährungsregeln der §§ 195 ff BGB verdrängen.[420] Neben den Verjährungsfristen trifft § 438 Abs 2 BGB auch für den Beginn der Verjährung eine Sonderregelung.

aa) Anwendungsbereich

Die speziellen Verjährungsvorschriften sind auf den Sachkauf und über § 453 Abs 1 auch auf den Rechtskauf sowie den Kauf sonstiger Gegenstände anwendbar. Für den primären Erfüllungsanspruch und den Kaufpreiszahlungsanspruch gilt die allgemeine Verjährungsfrist (gem §§ 195 ff BGB). Die kürzere Frist für Mängelansprüche kommt erst zum Tragen, wenn der Käufer die Sache als Erfüllung angenommen hat.[421] § 438 BGB erfasst alle Schadensersatzansprüche für Mangel- und Mangelfolgeschäden iSd § 437 Nr 3 BGB.[422] Den **allgemeinen Verjährungsfristen** unterliegen hingegen die Ansprüche aus culpa in contrahendo (§§ 280, 241 Abs 2, 311 Abs 2 BGB), Ansprüche aus nicht auf den Mangel bezogenen Nebenpflichtverletzungen gem §§ 280 Abs 1, 241 Abs 2 BGB,[423] konkurrierende Deliktsansprüche, Ansprüche aus Beschaffenheits-

---

[419] BGH 24.1.1990 – VIII ZR 22/89, NJW 1990, 1290 ff; Lange JZ 2008, 661.
[420] Zu den Verjährungsfristen bei Minderung und mangelbedingtem Rücktritt vgl Peters NJW 2008, 119.
[421] BeckOK/Faust (15.6.2017) § 438 Rn 7.
[422] BT-Drucks 14/6040, 94, 133; Staudinger/Matusche-Beckmann (2014) § 438 Rn 30.
[423] Für die Verletzung von Beratungs- und Aufklärungspflichten mit Bezug zu Eigenschaf-

und Haltbarkeitsgarantie (vgl Rn 189) sowie Ansprüche[424] infolge erklärten Rücktritts oder Minderung.[425]

bb) Unterschiedliche Verjährungsfristen

207 Je nach Kaufgegenstand werden drei Verjährungsfristen unterschieden. § 438 Abs 1 BGB stellt eine Rangfolge von Verjährungsfristen auf. Für den überwiegenden Teil der Anwendungsfälle greift die zweijährige Verjährung gem § 438 Abs 1 Nr 3 BGB ein; deshalb ist vielfach von einer **Regelverjährung von zwei Jahren** die Rede.

208 Ist der Mangel gem § 438 Abs 1 Nr 1 lit a BGB in einem dinglichen Recht (zB Erbbaurecht, Nießbrauch, Pfandrecht eines Dritten, der die Sache auf Grundlage dessen herausverlangen kann) begründet, korrespondiert die mängelrechtliche Verjährungsfrist von 30 Jahren mit der Frist für dingliche Herausgabeansprüche gem § 197 Abs 1 Nr 2 BGB. Ursache für diese gleichlaufenden Fristen ist, den Käufer davor zu schützen, dass er seinen Regressanspruch gegen den Verkäufer nicht durchsetzen kann. Die 30-jährige Frist ist gem § 438 Abs 1 Nr 1 lit b BGB auch dann einschlägig, wenn der Mangel in einer Buchbelastung, wie zB Grundpfandrechten oder Grunddienstbarkeiten, besteht.

209 Die fünfjährige Verjährungsfrist (§ 438 Abs 1 Nr 2 BGB) greift für Mängel an einem Bauwerk ein.[426] Insoweit hat eine Angleichung der kauf- und werkvertraglichen Verjährungsfristen gem § 634a Abs 1 Nr 2 BGB stattgefunden. Die fünfjährige Verjährung findet gem § 438 Abs 1 Nr 2 lit b BGB auch für Baumaterialien, die entsprechend ihrer üblichen Verwendungsweise für ein Bauwerk verwendet worden und die kausal für die Mangelhaftigkeit des Bauwerks geworden sind, Anwendung.[427] Erhebt der Besteller Mängelansprüche gegen den Werkunternehmer, sollen diesem in seiner Rolle als Käufer Regressmöglichkeiten gegenüber seinem Verkäufer erhalten bleiben.

210 Auch wenn die zweijährige Verjährungsfrist gem § 438 Abs 1 Nr 3 BGB im Normalfall zur Anwendung kommt, greift diese Frist nur „im Übrigen" ein, also nur dann, wenn kein vorrangiger Verjährungstatbestand gilt. Deshalb trägt der Verkäufer, der sich auf den Ablauf der zweijährigen Verjährungsfrist gem § 438 Abs 1 Nr 3 BGB beruft, nach Ansicht des BGH die **Beweislast** dafür, dass kein Verjährungstatbestand vorliegt (zB § 438 Abs 1 Nr 2 lit b BGB), der eine längere Verjährungsfrist vorsieht.[428]

---

ten und Sachbeschaffenheit gelten die Fristen des § 438 BGB.
[424] Diese *Ansprüche* sind vom Rücktritts- bzw Minderungs*recht* (Gestaltungsrechte) des Käufers zu unterscheiden (vgl auch Rn 214).
[425] Vgl STAUDINGER/MATUSCHE-BECKMANN (2014) § 438 Rn 32 ff.
[426] Ob ein gebrauchtes oder neues Gebäude betroffen ist oder ob Erneuerungs- oder Umbauarbeiten an dem Gebäude durchgeführt worden sind, spielt für Nr 2 keine Rolle. Ebenso ist es bei Nr 2 unerheblich, ob ein Eigen- oder Fremdeinbau vorliegt, BGH 9.10.2013 – VIII ZR 318/12, NJW 2014, 845, 846.
[427] Für Mängelansprüche des Käufers von Komponenten einer Photovoltaikanlage, die der Käufer auf dem bereits vorhandenen Dach einer Scheune angebracht hat, hat der BGH nicht die fünfjährige Verjährung nach § 438 Abs 1 Nr 2 lit b BGB, sondern die zweijährige Verjährung nach § 438 Abs 1 Nr 3 BGB herangezogen; zur Begründung hat der VIII. Senat darauf abgestellt, die Teile der Solaranlage seien nicht „für ein Bauwerk" verwendet worden, sondern dienten eigenen Zwecken (BGH 9.10.2013 – VIII ZR 318/12, NJW 2014, 845, 846). Dieser Auffassung ist der VII. Senat nicht gefolgt und wendet in einem vergleichbaren Sachverhalt (Photovoltaikanlage auf einer Tennishalle) § 438 Abs 1 Nr 2 BGB an (BGH 2.6.2016 – VII ZR 348/13, NJW 2016, 2876, 2877 f).
[428] BGH 24.2.2016 – VIII ZR 38/15 Rn 40 ff, NJW 2016, 2645, 2648.

cc) Verjährungsbeginn

211 Die Verjährung der Mängelansprüche beginnt gem § 438 Abs 2 BGB bei Grundstücken mit der **Übergabe** und bei beweglichen Sachen mit der **Ablieferung**. Unter Ablieferung versteht man die Abnahme der Sache durch den Käufer und somit den tatsächlichen Vorgang, wenn der Verkäufer die Sache in Erfüllung des Kaufvertrages aus seiner Verfügungsgewalt entlassen und in einer Weise in den Machtbereich des Käufers verbracht hat, dass dieser sie untersuchen kann.[429] Werden mehrere zusammengehörende Sachen verkauft, beginnt die Verjährungsfrist mit Abnahme der Sache, die zuletzt ausgehändigt wird.[430] Ist hingegen ein Sukzessivlieferungsvertrag über Sachen, die keine funktionale Einheit bilden, geschlossen, ist die Aushändigung der jeweiligen Sache maßgeblich. Bei Grundstücken beginnt die Verjährung mit der Übergabe, wobei ein Übergabesurrogat nach wohl hM nicht genügen soll, um die Verjährungsfrist in Gang zu setzen.[431]

dd) Verjährung bei arglistigem Verschweigen eines Mangels

212 Eine Sonderregelung wird gem § 438 Abs 3 BGB für den Fall getroffen, dass der Verkäufer dem Käufer den Mangel arglistig verschweigt. Für diese Konstellationen gilt die **allgemeine Verjährungsfrist von drei Jahren**, die gem § 199 Abs 1 Nr 1 BGB mit Ende des Jahres, in dem der Anspruch entstanden ist, zu laufen beginnt. Abweichend davon gilt für die Fälle des § 438 Abs 1 Nr 2 BGB die Frist von fünf Jahren, um den Käufer nicht zu benachteiligen.

213 Der Käufer kann zwar nicht damit rechnen, dass der Verkäufer ihn über alle ungünstigen Eigenschaften informiert. Er muss dem Käufer aber die Mängel der Kaufsache offenbaren.[432] Dabei handelt bei einer Täuschung über einen offenbarungspflichtigen Mangel derjenige arglistig, „der den Fehler mindestens für möglich hält, gleichzeitig weiß oder damit rechnet und billigend in Kauf nimmt, dass der Vertragsgegner den Fehler nicht kennt und bei Offenbarung den Vertrag nicht oder nicht mit dem vereinbarten Inhalt geschlossen hätte".[433] Es genügt somit bedingter Vorsatz. Ausreichend ist allerdings, dass der Verkäufer ohne konkrete Anhaltspunkte unrichtige Angaben „ins Blaue hinein" macht.[434] Auf das Vorspiegeln einer nicht vorhandenen Eigenschaft sind die Verjährungsfristen, die beim arglistigen Verschweigen eines Mangels gelten, analog anwendbar.[435] Maßgeblich ist, dass die Arglist des Verkäufers zum Zeitpunkt des Gefahrübergangs vorliegt.

---

[429] BGH 30.1.1985 – VIII ZR 238/83, NJW 1985, 1333, 1334; BGH 20.4.1988 – VIII ZR 1/87, NJW 1988, 2609; jurisPK/Pammler (8. Aufl 2017) § 438 Rn 74.

[430] Beispielsweise eine EDV-Anlage. Der Beginn der Verjährungsfrist wird zeitlich nicht durch Probelauf und Einarbeitungsphase verschoben. Die Verjährung beginnt, sobald sich die Anlage im Machtbereich des Käufers befindet: BGH 27.4.1994 – VIII ZR 154/93, NJW 1994, 1720, 1721; BGH 22.12.1999 – VIII ZR 299/98, NJW 2000, 1415, 1416.

[431] BGH 24.11.1995 – V ZR 234/94, NJW 1996, 586, 587; BeckOK/Faust (15.6.2017) § 438 Rn 29; Reinicke/Tiedtke, Kaufrecht (8. Aufl 2009) Rn 692; aA Erman/Grunewald (15. Aufl 2017) § 438 Rn 15.

[432] Zu Aufklärungspflichten vgl Rn 81.

[433] BGH 7.7.1989 – V ZR 21/88, NJW 1990, 42; BGH 7.3.2003 – V ZR 437/01, NJW-RR 2003, 989, 990.

[434] BGH 18.3.1981 – VIII ZR 44/80, NJW 1981, 1441; OLG München 13.2.1992 – 24 U 797/91, NJW-RR 1992, 1081.

[435] BGH 25.3.1992 – VIII ZR 74/91, NJW-RR 1992, 1076.

ee) Keine Durchsetzbarkeit von Gestaltungsrechten bei Verjährung des Nacherfüllungsanspruchs

214 Da es sich bei den Gestaltungsrechten des Rücktritts und der Minderung nicht um Ansprüche handelt, die der Verjährung unterliegen können (§ 194 Abs 1 BGB), wird in § 438 Abs 4 S 1 und Abs 5 S 1 BGB auf § 218 Abs 1 BGB verwiesen. Dort ist vorgesehen, dass der Rücktritt bzw die Minderung dann unwirksam ist, wenn der Nacherfüllungsanspruch verjährt ist und der Verkäufer die Verjährungseinrede gem § 214 BGB erhoben hat. Hat der Käufer den Kaufpreis **noch nicht gezahlt**, kann er bei einer mangelhaften Sache die Zahlung trotz Unwirksamkeit des Rücktritts wegen eines verjährten Nacherfüllungsanspruchs verweigern (§ 438 Abs 4 S 2 BGB). Diese Mängeleinrede kann aber nur geltend gemacht werden, wenn die sonstigen Voraussetzungen des Rücktritts gem § 323 BGB erfüllt sind. In diesem Fall kann der Verkäufer seinerseits gem § 438 Abs 4 S 3 BGB vom Vertrag zurücktreten und den bereits geleisteten Gegenstand zurückerhalten. Hat der Käufer den Kaufpreis allerdings **schon gezahlt**, hat er nach hM keinen Rückforderungsanspruch nach Bereicherungsrecht.[436]

ff) Nacherfüllungsanspruch und Lauf der Verjährungsfrist

215 Problematisch ist, ob und unter welchen Voraussetzungen die Verjährungsfrist mit Aufforderung durch den Käufer zur Nacherfüllung weiterläuft. Erkennt der Verkäufer einen Nacherfüllungsanspruch an, beginnt die Verjährungsfrist gem § 212 Abs 1 Nr 1 BGB erneut zu laufen. Über das Vorliegen eines solchen Anerkenntnisses ist unter Würdigung aller Umstände des Einzelfalles zu entscheiden. Maßgeblich ist dabei, ob der Verkäufer aus der Sicht des Käufers nicht nur aus Kulanz oder zur gütlichen Beilegung eines Streits, sondern in dem Bewusstsein handelt, zur Nachbesserung verpflichtet zu sein.[437] Greift § 212 Abs 1 Nr 1 BGB nicht ein, so kommt zumindest die Hemmung der Verjährung gem § 203 BGB in Betracht. Verspricht der Verkäufer etwa Nacherfüllung nach Untersuchung, ist die Verjährung für diesen Zeitraum iSd § 203 gehemmt. Äußert sich der Verkäufer hingegen nicht zu der Mängelrüge oder lehnt er jegliche Gewährleistung ab, kann die Verjährung nur durch Rechtsverfolgung gem § 204 BGB gehemmt werden

h) Konkurrenz der Mängelansprüche gem § 437 mit anderen Rechten des Käufers
aa) Allgemeines Leistungsstörungsrecht
(1) Zeitliche Anwendung der §§ 437 ff

216 Auch wenn § 437 BGB – insbesondere was Rücktritt, Minderung und Schadensersatz anbelangt – mit dem allgemeinen Leistungsstörungsrecht verzahnt ist, bedarf es einer Abgrenzung, wann allein das allgemeine Leistungsstörungsrecht und wann die Mängel gem § 437 BGB eingreifen. Eine solche **Abgrenzung** ist von Bedeutung, da die Anwendung des allgemeinen Leistungsstörungsrechts oder des Gewährleistungsrechts ua für Beginn und Länge der Verjährungsfrist relevant ist; § 438 BGB gilt für die Män-

---

[436] OETKER/MAULTZSCH, Vertragliche Schuldverhältnisse (4. Aufl 2013) § 2 Rn 313; RG 22.11.1929 – II 148/29, RGZ 128, 211, 215.
[437] BGH 23.8.2012 – VII ZR 155/10, NJW 2012, 3229, 3230; BGH 9.7.2014 – VII ZR 161/13 Rn 15, NJW 2014, 3368, 3369 (für einen Werkvertrag); BeckOK/FAUST (15.6.2017) § 438 Rn 58; vgl auch BGH 5.10.2005 – VIII ZR 16/05 Rn 18, NJW 2006, 47, 48, wonach dies bei der Lieferung einer Ersatzsache nach § 439 BGB sogar die Regel sein dürfte; eine Nachbesserung werde demgegenüber, sofern sie überhaupt einen Neubeginn der Verjährung bewirken könne, regelmäßig nur insoweit Einfluss auf die Verjährung nach § 438 BGB haben, als es sich um denselben Mangel oder um die Folgen einer mangelhaften Nachbesserung handele.

gelrechte gem § 437 BGB, nicht aber im Rahmen des allgemeinen Leistungsstörungsrechts.

§ 434 BGB stellt für den Sachmangel maßgeblich auf den Gefahrübergang ab. In 217 Anlehnung hieran stellt eine Ansicht für die Anwendbarkeit der §§ 437 ff BGB auf den Zeitpunkt des (fiktiven) **Gefahrübergangs** ab, also auf den Zeitpunkt, in dem die Gefahr bei Mangelfreiheit übergegangen wäre.[438] Statt auf den Gefahrübergang stellt eine andere Ansicht für das zeitliche Eingreifen der §§ 437 ff BGB entsprechend § 363 BGB auf die Annahme des Kaufgegenstands als Erfüllung ab.[439] Hiergegen sprechen jedoch insbesondere Wortlaut und Systematik des § 434 BGB und des § 437 BGB.[440] Die Relevanz dieses Meinungsstreits zeigt sich beispielsweise, wenn der Käufer bei einer Schickschuld die von der Transportperson angebotene Kaufsache wegen Mangelhaftigkeit sofort zurückweist. Nach der hier vertretenen Auffassung ist der Gefahrübergang bereits mit der Übergabe an die Transportperson eingetreten, sodass die §§ 437 ff BGB eingreifen. Nach der Gegenauffassung fehlt es an einer Annahme gem § 363 BGB, sodass es bei der Anwendung des allgemeinen Leistungsstörungsrechts verbliebe.[441]

(2) Allgemeine Mängeleinrede des Käufers

Vor Gefahrübergang kann sich der Käufer im Falle der Mangelhaftigkeit der Kaufsache 218 auf Rechte des Leistungsstörungsrechts berufen. Er verfügt grundsätzlich über die Ansprüche und Gestaltungsrechte des allgemeinen Leistungsstörungsrechts und (noch) nicht des Gewährleistungsrechts (vgl Rn 216 f). Insbesondere kann er die Zahlung des Kaufpreises gem § 320 BGB grundsätzlich verweigern. Dies gilt insbesondere auch bei geringfügigen behebbaren Mängeln.[442] Das Leistungsverweigerungsrecht gem § 320 BGB ergibt sich daraus, dass der Käufer einen (Gegen-)Anspruch auf eine mangelfreie Leistung gem § 433 Abs 1 S 2 BGB hat. Indes steht dem Käufer dieser Anspruch nur bei einem behebbaren Mangel zu.

Ist der **Mangel nicht behebbar**, so ist die mangelfreie Leistung des Verkäufers insoweit 219 unmöglich (**qualitative Unmöglichkeit**) und der Käufer hat gem § 275 Abs 1 BGB keinen entsprechenden Leistungsanspruch. Er kann nur Übergabe und Übereignung der mangelhaften Kaufsache verlangen (§ 433 Abs 1 S 1 BGB).[443] Mithin steht ihm die Einrede aus § 320 BGB grundsätzlich nicht zu. Auch führt die Unmöglichkeit in qualitativer Hinsicht vor Gefahrübergang wegen § 326 Abs 1 S 2 BGB nicht zu einem Wegfall der Gegenleistungspflicht.[444] Um seine Zahlungspflicht zu verhindern, müsste der Käufer gem § 326 Abs 5 BGB, § 323 BGB unmittelbar von dem Vertrag zurück-

---

[438] HUBER, in: HUBER/FAUST, Schuldrechtsmodernisierung (2002) Kap 13 Rn 51; STAUDINGER/BECKMANN Vorbem 20 ff zu §§ 433 ff.
[439] REINICKE/TIEDTKE, Kaufrecht (8. Aufl 2009) Rn 397 ff; BeckOK/FAUST (15. 6. 2017) § 437 Rn 6.
[440] STAUDINGER/BECKMANN (2014) Vorbem zu §§ 433 ff Rn 22 mwNw zum Streitstand.
[441] HUBER/BACH, Examens-Repetitorium Besonderes Schuldrecht 1 (5. Aufl 2016) Rn 76; STAUDINGER/BECKMANN (2014) Vorbem 21 zu §§ 433 ff.
[442] BGH 26. 10. 2016 – VIII ZR 211/15, NJW 2017, 1100, 1102 mit Anm BECKMANN LMK 2017, 388491; RIEHM JuS 2017, 463.
[443] Str, vgl insoweit STAUDINGER/BECKMANN (2014) Vorbem 25 zu §§ 433 ff mwNw.
[444] HUBER/BACH, Examens-Repetitorium Besonderes Schuldrecht 1 (5. Aufl 2016) Rn 226. Auch wenn man § 326 Abs 1 S 2 BGB wegen seines Wortlautes nicht vor Annahme der Leistung anwenden wollte, bliebe die Zahlungspflicht des Käufers hinsichtlich der mangelhaften Leistung teilweise bestehen; indes ließe sich § 326 Abs 1 S 2 BGB auch vor Leistung analog anwenden, anderenfalls würde systemwidrig ein

treten. Eine Minderungsmöglichkeit steht dem Käufer nach allgemeinem Leistungsstörungsrecht nicht zu; er hat danach keine Möglichkeit, den Kaufvertrag aufrechtzuerhalten und im Hinblick auf den Mangel eine Preisherabsetzung (wie bei einer Minderung) vor Leistungsaustausch durchzusetzen.[445] Diese für ihn missliche Situation lässt sich vermeiden, wenn man dem Käufer bereits vor Gefahrübergang die Mängelrechte, insbesondere auch das Minderungsrecht einräumt.[446] Bis zu seiner Entscheidung (Rücktritt oder Minderung), müsste dem Käufer darüber hinaus eine **allgemeine Mängeleinrede** eingeräumt werden.[447] Hierdurch erhält der Käufer Gelegenheit, seine Rechte abzuwägen. Nach Gefahrübergang stehen dem Käufer unproblematisch die Mängelrechte gem § 437 ff BGB zu (vgl Rn 217); hat er aber keinen Gegenanspruch iSd § 320 BGB, hilft ihm auch hier bis zu der zu treffenden Entscheidung (Rücktritt oder Minderung) eine allgemeine Mängeleinrede weiter.

bb) Anfechtungsregeln

220 Eine **Anfechtung wegen eines Inhalts- oder Erklärungsirrtums nach § 119 Abs 1 BGB** bereitet in der Regel keine Konkurrenzprobleme zu den kaufrechtlichen Gewährleistungsrechten, da der Irrtum nicht die Beschaffenheit betrifft.[448]

221 Abgrenzungsprobleme ergeben sich aber bei der Anfechtung wegen Irrtums über **verkehrswesentliche Eigenschaften gem § 119 Abs 2 BGB**. Irrt sich der Käufer über eine Eigenschaft, die zugleich einen Mangel iSd § 434 BGB darstellt, gelten nach der hM jedenfalls **ab dem Zeitpunkt des Gefahrübergangs** die Mängelrechte iSd § 437 BGB als leges speciales.[449] Die strengeren Anforderungen der kaufrechtlichen Regelungen, die dem Käufer grundsätzlich nur gestatten, sich vom Kaufvertrag zu lösen, wenn eine Nacherfüllung scheitert und die darüber hinaus eine kürzere Verjährungsfrist vorsehen, sollen nicht ausgehebelt werden. Daher verbleibt, auch wenn Mängelrechte über § 442 BGB bzw vertraglich ausgeschlossen oder Mängelansprüche verjährt sind, kein Raum für die Anfechtungsregeln.

222 Noch kontroverser diskutiert wird, ob eine Anfechtung wegen Eigenschaftsirrtums **vor Gefahrübergang** zuzulassen ist. Im Schrifttum wird dies vielfach verneint.[450] Zur Begründung wird ua auf einen Wertungswiderspruch zu § 442 Abs 1 S 2 BGB hingewiesen; der Käufer solle sich nicht bei grob fahrlässiger Unkenntnis des Mangels von dem Vertrag lösen können.[451] Außerdem werde durch die Möglichkeit der Anfechtung das

---

„allgemeines Minderungsrecht" konstruiert, vgl BeckOK/H Schmidt (15.6.2017) § 326 Rn 23.
[445] Huber, in: Huber/Faust, Schuldrechtsmodernisierung (2002) Kap 13, Rn 151 ff.
[446] Staudinger/Beckmann (2014) Vorbem 26 zu §§ 433 ff.
[447] Huber, in: Huber/Faust, Schuldrechtsmodernisierung (2002) Kap 13 Rn 153. Staudinger/Beckmann (2014) Vorbem 30 zu §§ 433 ff, vgl auch Huber/Bach, Examens-Repetitorium Besonderes Schuldrecht 1 (5. Aufl 2016) Rn 226 f; aA BeckOK/Faust (15.6.2017) § 437 Rn 168.
[448] Staudinger/Matusche-Beckmann (2014) § 437 Rn 40.
[449] St Rspr BGH 14.12.1960 – V ZR 40/60, NJW 1961, 772, 773; BGH 15.1.1975 – VIII ZR 80/73, BGHZ 63, 369, 376; BGH 9.10.1980 – VII ZR 332/79, NJW 1981, 224, 225; BT-Drucks 14/6040, 210; Staudinger/Matusche-Beckmann (2014) § 437 Rn 27 f; Looschelders, Schuldrecht Besonderer Teil (12. Aufl 2017) Rn 173; Oetker/Maultzsch, Vertragliche Schuldverhältnisse (4. Aufl 2013) § 2 Rn 317 ff; aA Emmerich, BGB-Schuldrecht Besonderer Teil (14. Aufl 2015) § 5 Rn 51 f; BeckOK/Faust (15.6.2017) § 437 Rn 182.
[450] Staudinger/Matusche-Beckmann (2014) § 437 Rn 31; Reinicke/Tiedtke, Kaufrecht (8. Aufl 2009) Rn 799; BT-Drucks 14/6040, 210; aA Erman/Grunewald (15. Aufl 2017) Vor § 437 Rn 25.
[451] Dies will Looschelders, Schuldrecht Besonderer Teil (12. Aufl 2017) Rn 174, durch

Recht des Verkäufers zur „zweiten Andienung" ausgehebelt. Insbesondere die frühere Rspr[452], aber auch Literaturstimmen[453] halten § 119 Abs 2 BGB dagegen vor Gefahrübergang für anwendbar. Das dem Verkäufer nach Kaufrecht zustehende Recht zur „zweiten Andienung" sei lediglich bei behebbaren Mängeln beeinträchtigt; in diesem Falle fehle es aber tatbestandlich an einem Irrtum über eine *verkehrswesentliche* Eigenschaft.[454] Eine Möglichkeit zur Lösung vom Vertrag durch Anfechtung besteht jedenfalls dann, wenn es sich zwar um eine verkehrswesentliche Eigenschaft, nicht aber um einen Mangel iSd § 434 BGB handelt.[455]

Eine Anfechtung **durch den Verkäufer** wegen Irrtums über verkehrswesentliche Eigenschaften ist nur möglich, wenn dadurch dem Käufer seine Mängelrechte nicht abgeschnitten werden. Dies ist etwa dann der Fall, wenn der Verkäufer irrig eine werterhöhende, wesentliche Eigenschaft nicht kennt.[456]

223

Eine **Anfechtung wegen arglistiger Täuschung gem § 123 BGB** durch den Käufer wird nach einhelliger Auffassung[457] nicht durch die Mängelrechte ausgeschlossen. Das Interesse an der Vertragsdurchführung ist bei dieser Konstellation reduziert und der Verkäufer ist nicht schutzwürdig. Dem Käufer stehen beide Rechtsbehelfe nebeneinander zu.

224

cc) Störung der Geschäftsgrundlage

Die Mängelrechte gem § 437 BGB sind gegenüber § 313 BGB leges speciales, wenn Sachmängel iSd § 434 BGB im Raum stehen; die Mängelrechte gewährleisten den sachgerechten Ausgleich der sich gegenüberstehenden Interessen der Parteien eines Kaufvertrages.[458] Ist der maßgebliche Umstand nicht geeignet, Sachmängelansprüche auszulösen, kommt die Anwendung der Grundsätze über die Störung bzw den Wegfall der Geschäftsgrundlage in Betracht.[459]

225

dd) Haftung aus culpa in contrahendo gem §§ 280 Abs 1, 241 Abs 2, 311 Abs 2

Verletzt der Verkäufer **fahrlässig** insbesondere vorvertragliche Aufklärungspflichten, verschweigt Fehler oder macht er falsche Angaben, stellt sich die Frage nach dem Verhältnis der Mängelrechte zu Ansprüchen aus culpa in contrahendo (cic) gem §§ 280 Abs 1, 241 Abs 2, 311 Abs 2 BGB. Bei Anwendbarkeit dieses Rechtsinstituts stehen dem Käufer Ansprüche auf Ersatz des negativen Interesses zu. Denkbar ist etwa auch

226

---

entsprechende Anwendung des § 442 BGB iRv § 119 Abs 2 BGB vermeiden.

[452] Zur alten Rechtslage BGH 14.12.1960 – V ZR 40/60, NJW 1961, 772, 774.

[453] LOOSCHELDERS, Schuldrecht Besonderer Teil (12. Aufl 2017) Rn 174.

[454] LOOSCHELDERS, Schuldrecht Besonderer Teil (12. Aufl 2017) Rn 174.

[455] BGH 26.10.1978 – VII ZR 202/76, NJW 1979, 160, 161 (Alter eines Fahrzeugs); BGH 9.10.1980 – VII ZR 332/79, NJW 1981, 224 (Alter eines Mähdreschers).

[456] BGH 8.6.1988 – VIII ZR 135/87, NJW 1988, 2597, 2598; RG 22.2.1929 – II 357/28, RGZ 124, 115 (Verkauf einer chinesischen Mingvase als neue Vase); STAUDINGER/MATUSCHE-BECKMANN (2014) § 437 Rn 35.

[457] GUTZEIT NJW 2008, 1359; RG 24.6.1919 – III 573/18, RGZ 96, 156; RG 12.12.1921 – VI 455/21, RGZ 104, 1; BGH 8.1.1970 – VII ZR 130/68, NJW 1970, 656 f; BGH 14.10.1971 – VII ZR 313/69, NJW 1972, 36.

[458] Vgl BGH 6.6.1986 – V ZR 67/85, NJW 1986, 2824; BGH 30.9.2011 – V ZR 17/11 Rn 12, NJW 2012, 373, 314; STAUDINGER/MATUSCHE-BECKMANN (2014) § 437 Rn 43.

[459] BGH 30.9.2011 – V ZR 17/11 Rn 3, NJW 2012, 373, 374; BGH 15.10.1976 – V ZR 245/74, WM 1977, 118 (zukünftige Bebaubarkeit eines Grundstücks); vgl MünchKomm/WESTERMANN (7. Aufl 2016) § 437 Rn 56.

ein Anspruch auf Aufhebung des geschlossenen Kaufvertrages.[460] Ein solcher Anspruch setzt aber gerade keine vorherige Fristsetzung an den Verkäufer voraus und steht damit in direkter Konkurrenz zu seinem „Recht zur zweiten Andienung". Wenn sich die **Aufklärungspflichtverletzung auf eine Beschaffenheit der Kaufsache** bezieht, bejaht deshalb die überwiegende Literatur[461] und sich anschließend nunmehr auch der BGH[462] die **Vorrangstellung der Mängelrechte als leges speciales** gegenüber der cic. Bezieht sich zB eine (selbständige) Beratungspflicht des Verkäufers nicht auf eine Beschaffenheit, kommt ein Schadensersatzanspruch aus cic in Betracht.[463]

227 Das Eingreifen dieser Sperrwirkung ist abzulehnen, wenn der Verkäufer **vorsätzlich bzw arglistig** gehandelt hat;[464] wie bei der Anfechtung nach § 123 BGB ist der Verkäufer in diesem Falle nicht schutzwürdig.

ee) Haftung gem §§ 280 Abs 1, 241 Abs 2

228 Macht der Verkäufer **bei der Durchführung des Vertrages** falsche Angaben zur Sache und klärt er über Mängel nicht auf, sind die Mängelrechte gem § 437 BGB einschlägig.[465] Besteht hingegen kein Zusammenhang zwischen dem Sachmangel und der verletzten Informationspflicht oder verursacht der Verkäufer nach Gefahrübergang einen Mangel der Kaufsache bzw beschädigt bei der Vertragsdurchführung andere Rechtsgüter des Käufers, ergeben sich keine Konkurrenzprobleme mit der kaufrechtlichen Gewährleistung. Der Verkäufer haftet vielmehr gem §§ 280 Abs 1, 241 Abs 2 BGB nach allgemeinem Schuldrecht (auch als positive Vertragsverletzung bezeichnet).

ff) Haftung aus Deliktsrecht

229 Grundsätzlich besteht zwischen den kaufrechtlichen Mängelrechten und den Ansprüchen der §§ 823 ff BGB echte Anspruchskonkurrenz.[466] Beide Anspruchsgrundlagen sind auch dann einschlägig, wenn der Verkäufer zugleich Hersteller ist und aus Produzentenhaftung bei Verkehrspflichtverletzungen für Schäden an anderen Rechtsgütern als der Kaufsache in Anspruch genommen wird. Problematisch ist die Abgrenzung bei dem so genannten **„weiterfressenden Mangel"** (s auch Rn 93). **Beispiel:** Aufgrund eines fehlerhaften Gaszugs fährt das vom Käufer erworbene Fahrzeug ungebremst gegen einen Zaun.[467]

---

[460] LOOSCHELDERS, Schuldrecht Allgemeiner Teil (15. Aufl 2017) Rn 154.
[461] REINICKE/TIEDTKE, Kaufrecht (8. Aufl 2009) Rn 860; ERMAN/GRUNEWALD (15. Aufl 2017) Vor § 437 Rn 15 f; **aA** BeckOK/FAUST (15.6. 2017) § 437 Rn 190.
[462] BGH 27.3.2009 – V ZR 30/08, NJW 2009, 2120; BGH 16.12.2009 – VIII ZR 38/09, NJW 2010, 858; dazu STAUDINGER/EWERT JA 2010, 241; zur alten Rechtslage: BGH 16.3.1973 – V ZR 118/71, NJW 1973, 1234; BGH 16.1.1985 – VIII ZR 317/83, NJW 1985, 1769; BGH 31.1. 1996 – VIII ZR 297/94, NJW 1996, 1205.
[463] LOOSCHELDERS, Schuldrecht Besonderer Teil (12. Aufl 2017) Rn 178; keine Sperrwirkung auch bei Sachwalterhaftung, zB durch besondere Sachkunde bedingtes Vertrauen eines Kfz-Händlers: BGH 25.5.1983 – VIII ZR 55/82, NJW 1983, 2192, 2193; BGH 28.1.1981 – VIII ZR 88/80, NJW 1981, 922.
[464] BGH 27.3.2009 – V ZR 30/08, NJW 2009, 2120; BGH 16.12.2009 – VIII ZR 38/09, NJW 2010, 858, 859; BGH 10.7.1987 – V ZR 236/85, NJW-RR 1988, 10, 11; REINICKE/TIEDTKE, Kaufrecht (8. Aufl 2009) Rn 861.
[465] Die allgemeinen Haftungsregelungen gelten indes bei selbständigen Beratungsverträgen.
[466] BGH 24.5.1976 – VIII ZR 10/74, NJW 1976, 1505; BGH 24.11.1976 – VIII ZR 137/75, NJW 1977, 379, 380; BGH 16.9.1987 – VIII ZR 334/ 86, NJW 1988, 52, 53.
[467] BGH 18.1.1983 – VI ZR 310/79, NJW 1983, 810, 811 (Pkw-Gaszug).

Prinzipiell stellt ein Sachmangel keine Eigentumsverletzung des Käufers – er hat nie **230** mangelfreies Eigentum erworben –, sondern eine bloße Vertragsverletzung dar. Hat sich der Sachmangel später jedoch auf andere Teile des Kaufgegenstandes ausgedehnt und besteht **keine Stoffgleichheit** zwischen dem ursprünglichen Mangelunwert und der nachfolgenden Beschädigung, so ergeben sich nach Auffassung der Rspr auch bei Eigentumsverletzungen neben den kaufrechtlichen Mängelrechten Ansprüche aus Deliktsrecht, da nicht das Äquivalenz-, sondern das Integritätsinteresse betroffen ist.[468] Keine Stoffgleichheit soll dann vorliegen, wenn der ursprüngliche Mangel ein funktionell abgrenzbares Einzelteil betrifft, der Mangel mit vertretbarem Aufwand hätte behoben werden können und der ursprüngliche Mangelunwert verglichen mit der späteren Schadenshöhe relativ geringfügig ist. Diese Rspr ist in der Literatur zu Recht kritisiert worden.[469] Das Kriterium der „Stoffgleichheit" weist keine eindeutigen Konturen auf und ist dem Vorwurf der Rechtsunsicherheit ausgesetzt. Ob sich der Mangel des Kaufgegenstandes bereits vor oder erst nach Gefahrübergang auf einen anderen Teil der Kaufsache ausweitet, hängt vom Zufall ab. Der Ausgleich aller Mängel, die unmittelbar die Kaufsache betreffen, dient dem Äquivalenzinteresse und wird somit von den kaufrechtlichen Mängelrechten erfasst. Von den Stimmen in der Literatur, die nach der Schuldrechtsreform eine Aufgabe der Rspr fordern,[470] wird darauf hingewiesen, dass durch die verschuldensabhängige kaufrechtliche Schadensersatzhaftung und Annäherung der Verjährungsfristen kein Bedarf mehr für die Anwendung der deliktischen Regelungen bestehe. Die Anwendung des Deliktsrechts neben dem abgeschlossenen System der kaufrechtlichen Regelungen unterlaufe den Nacherfüllungsanspruch und die kurzen Verjährungsfristen. Soweit eine Anwendung des Deliktsrechts neben der kaufrechtlichen Gewährleistung jedoch zugelassen wird, bedarf die Konkurrenzsituation hinsichtlich der divergierenden Anspruchsvoraussetzungen einer Klärung. Vorgeschlagen wird im Schrifttum etwa die Übertragung des gewährleistungsrechtlichen Fristsetzungserfordernisses auf den deliktischen Anspruch mit dem Zweck, den Vorrang der Nacherfüllung zu sichern.[471] Ferner wird eine Übertragung der kürzeren kaufrechtlichen Verjährung (§ 438 BGB) auf den deliktischen Anspruch erwogen.[472]

3. Haftung des Verkäufers bei Nebenpflichtverletzungen

Der Verkäufer hat bei Verletzung von Nebenpflichten (vgl Rn 80 f, 228) einen Anspruch auf Schadensersatz gem §§ 280 Abs 1, 241 Abs 2 BGB. Darüber hinaus kann der Käufer, wenn ihm die Vertragserfüllung durch den Verkäufer nicht mehr zumutbar ist, bei nicht leistungsbezogenen Nebenpflichtverletzungen gem § 324 BGB vom Ver- **231**

---

[468] BGH 24.11.1976 – VIII ZR 137/75, NJW 1977, 379 (Schwimmerschalter); BGH 18.1.1983 – VI ZR 310/79, NJW 1983, 810, 811 (Pkw-Gaszug); zum Nichtvorliegen der Stoffgleichheit BGH 12.12.2000 – VI ZR 242/99, NJW 2001, 1346, 1347 mit krit Anm HONSELL DNotZ 2001, 373 ff. Hierzu HAGER, in STAUDINGER/Eckpfeiler S. Rn 236 ff.
[469] BRÜGGEMEIER/HERBST JZ 1992, 802; STAUDINGER/HAGER (2017) § 823 Rn B 110.
[470] Dagegen BRÜGGEMEIER WM 2002, 1376, 1384; GRIGOLEIT ZGS 2002, 78 ff; OETKER/MAULTZSCH, Vertragliche Schuldverhältnisse (4. Aufl 2013) § 2 Rn 346; **aA** STAUDINGER ZGS 2002, 145; vgl auch LOOSCHELDERS, Schuldrecht Besonderer Teil (12. Aufl 2017) Rn 185.
[471] STAUDINGER/MATUSCHE-BECKMANN (2014) § 437 Rn 70 mwNw.; aA LOOSCHELDERS, Schuldrecht Besonderer Teil (12. Aufl 2017) Rn 185.
[472] Kritisch hierzu HUBER/BACH, Examens-Repetitorium Besonderes Schuldrecht 1 (5. Aufl 2016) Rn 259.

trag zurücktreten und daneben Schadensersatz statt der Leistung gem §§ 280 Abs 1, 3, 282 BGB verlangen, was § 325 BGB ausdrücklich zulässt.

4. Rückgriff des Verkäufers gem § 445a, § 445b

232 Nach der Rspr des EuGH und insbesondere des BGH galten die zu den Aus- und Einbaufällen entwickelten Grundsätze nur im Rahmen eines Verbrauchsgüterkaufs (dazu Rn 110, 115), nicht hingegen bei b2b-Geschäften.[473] Hierdurch konnte allerdings eine sog **Regressfalle** (vgl auch Rn 126 f) insbesondere für Werkunternehmer entstehen, die von einem Verkäufer erworbene Baumaterialien bei einem Kunden verbauten. Stellte sich später die eingebaute Sache als mangelhaft heraus, so konnte sich für den Werkunternehmer eine „missliche Lage"[474] ergeben: Da der BGH den Kostenersatz für Aus- und Einbau im Kaufrecht nur bei einem Verbrauchsgüterkauf gewährte (sog gespaltene Lösung),[475] stand dem Werkunternehmer gegen seinen Lieferanten kein Anspruch auf Ersatz der Aus- und Einbaukosten im Wege der kaufrechtlichen Nacherfüllung zu; er konnte nur die Lieferung mangelfreier Ware verlangen.[476] Gleichzeitig scheiterten Schadensersatzansprüche des Werkunternehmers gegen „seinen" Verkäufer zumeist am fehlenden Vertretenmüssen des Verkäufers (dazu Rn 126). Der Werkunternehmer blieb dann auf den Kosten für Aus- und Einbau sitzen (vgl bereits Rn 126).[477] Diese früher bestehende Rechtslage hat sich für den Werkunternehmer durch die neue Gesetzeslage gem § 439 Abs 3 BGB – der auch bei b2b-Geschäften gilt – dadurch entschärft, dass er die Kosten des Aus- und Einbaus auf „seinen" Verkäufer abwälzen kann, auch wenn der Verkäufer die Schlechtleistung nicht zu vertreten hat.[478] Auf den ersten Blick könnte man meinen, dass durch den neuen § 439 Abs 3 BGB und die damit ausgeweitete Mängelhaftung für den Verkäufer, der dem Werkunternehmer über diese Vorschrift die Aufwendungen für den Aus- und Einbau ersetzen muss, praktisch eine neue Regressfalle entstanden ist: Hat der Verkäufer die Kaufsache wiederum selbst gekauft (bei einem Vorlieferanten), hätte er jedenfalls dann Schwierigkeiten, die ihm gem § 439 Abs 3 BGB entstandenen Kosten an den Vorlieferanten weiterzureichen, wenn den Vorlieferanten kein Vertretenmüssen trifft. Der frühere § 478 Abs 2 aF (Geltung bis 31. 12. 2017) hätte nicht weitergeholfen, da es sich – was § 478 Abs 2 aF voraussetzte – bei dem Letztverkauf (Verkäufer an Werkunternehmer) nicht um einen Verbrauchsgüterkauf handelt; eine analoge Anwendung der §§ 478, 479 aF hatte der BGH wiederholt abgelehnt.[479]

233 Lag hingegen ein Verbrauchsgüterkauf als Letztverkauf vor (also insbesondere dann, wenn der Verbraucher die gekaufte mangelhafte Sache selbst verbaut), schuldete der Verkäufer zwar den Ersatz der Aus- und Einbaukosten, doch bestand für ihn die Möglichkeit gem § 478 Abs 2 aF Ersatz von seinem Lieferanten zu fordern.[480] Er

---

[473] Zum Begriff Gsell, in: Staudinger/Eckpfeiler L. Rn 4.
[474] v Westphalen BB 2015 2883, 2885; vgl auch Höpfner/Fallmann NJW 2017, 3745, 3747.
[475] BGH 17. 10. 2012 – VIII ZR 226/11, NJW 2013, 220 („Granulat-Entscheidung"); dazu Rn 115.
[476] RegE, BT-Drucks 18/8486.
[477] Schreiner/Pisal BauR 2016, 181, 183; Lorenz JuS 2016, 872, 874 f; BT-Drucks 18/8486, 1 f; 39.
[478] BT-Drucks 18/8486, 39.
[479] BGH 16. 4. 2013 – VIII ZR 375/11 Rn 9, IBR 2013, 593; BGH 2. 4. 2014 – VIII ZR 46/13 Rn 38, NJW 2014, 2183, 2185.
[480] Weiss EuZW 2012, 733, 736; vgl auch BGH 16. 4. 2013 – VIII ZR 375/11, IBR 2013, 593; Schreiner/Pisal BauR 2016, 181 f; Wollseifer DRiZ 2016, 137.

wurde daher nach der bisherigen Rspr bessergestellt als der Werkunternehmer, der die Sache weiter verbaute.

Diesen Umständen – also der Behandlung der Aus- und Einbaufälle durch die Rspr sowie dem neu eingeführten § 439 Abs 3 BGB – trat der Gesetzgeber mit einer **Novellierung des Verkäuferrückgriffs** im Rahmen des Gesetzes zur Änderung der kaufrechtlichen Mängelhaftung[481] entgegen. Der Anwendungsbereich der Regressvorschriften – gem §§ 478, 479 aF früher nur eröffnet für den Fall, dass der letzte Vertrag in einer Lieferkette ein **Verbrauchsgüterkauf** ist – wurde ausgeweitet und gilt zugunsten des Verkäufers nun für alle Kaufverträge am Ende der Lieferkette, insbesondere auch für **Unternehmergeschäfte**. Seit dem 1.1.2018 gelten insoweit die neu eingeführten §§ 445a, 445b BGB (sowie im **Anwendungsbereich des Verbrauchsgüterkaufs** die Modifizierung gem § 478 BGB nF; dazu Rn 298 ff). 234

Die Sonderbestimmungen über den sog Unternehmerregress gem § 478 aF verfolgten primär den Zweck, dass ein Letztverkäufer nicht auf den für ihn nachteiligen Wirkungen des verstärkten Verbraucherschutzes „sitzen bleibt", sondern diese zumindest partiell auf den Lieferanten übertragen kann. Diese Grundüberlegung setzt sich in §§ 445a, 445b BGB nF fort (hierzu sogleich Rn 236 ff). Nun eröffnen die §§ 445a, 445b BGB die bisher nur bei Letztverkauf an einen Verbraucher vorgesehenen Regressmöglichkeiten zugunsten des Verkäufers auch bei Verkauf der Ware an einen Unternehmer. Mit Ausnahme der sehr relevanten Erweiterung des Anwendungsbereichs auch auf Unternehmergeschäfte ist die Neuerung ohne größere Auswirkungen auf die Tatbestandsvoraussetzungen der Vorschriften geblieben.[482] Die bereits vor dem 1.1.2018 bestehenden tatbestandlichen Auslegungsfragen hat die Reform folglich unberührt gelassen; sie sind auch für die neue Rechtslage von Bedeutung. 235

a) Aufwendungsersatz gem § 445a Abs 1
§ 445a Abs 1 BGB, der inhaltlich dem früher im Recht des Verbrauchsgüterkaufs angesiedelten § 478 Abs 2 aF entspricht, gewährt dem (Letzt-)Verkäufer, der vom Käufer im Wege der Nacherfüllung in Anspruch genommen wurde, gegen den Lieferanten[483] einen Anspruch auf Ersatz der Nacherfüllungsaufwendungen, welche der (Letzt-)Verkäufer nach §§ 439 Abs 2 und 3 BGB sowie § 475 Abs 4 und 6 BGB im Verhältnis zum Käufer zu tragen hat.[484] § 445a Abs 1 BGB stellt (wie § 478 Abs 2 aF) eine **eigenständige, verschuldensunabhängige Anspruchsgrundlage** dar. Die vormals in § 478 Abs 1 aF enthaltene Legaldefinition des Lieferanten findet sich in § 445a Abs 1 BGB wieder und knüpft denknotwendig nicht mehr an einen Unternehmer als Verkäufer an. Die Voraussetzungen der Vorschrift wurden lediglich an die novellierten § 439 Abs 3 BGB, § 475 Abs 4 und 6 BGB angepasst. 236

§ 445a Abs 1 BGB setzt den Verkauf einer **neu hergestellten Sache** voraus. Entstehen dem Verkäufer im Rahmen der Nacherfüllung gegenüber dem Käufer gem § 439 Abs 2 und 3 BGB, § 475 Abs 4 und 6 BGB Aufwendungen, so kann er diese gegenüber seinem Lieferanten geltend machen, wenn der die Nacherfüllung begründende Sachmangel bereits bei **Übergang der Gefahr vom Lieferanten auf den Verkäufer** vorhanden war. Die Aufwendungen müssen sich aus einer **rechtlichen Verpflichtung** des Verkäu- 237

---
[481] Vgl Rn 126.
[482] So wohl auch vWestphalen BB 2015, 2883, 2888.
[483] Begriffsbestimmung in § 445a Abs 1 BGB (früher in § 478 Abs 1 aF).
[484] BT-Drucks 18/8486, 41.

fers nach den bezeichneten Vorschriften ergeben. Der Verweis auf § 439 Abs 2 und 3 BGB (wo von „**erforderlichen** Aufwendungen" die Rede ist) vermeidet die Erstattungsfähigkeit unwirtschaftlicher Aufwendungen.[485] Sie dürfen also nicht aus Kulanz oder aufgrund einer vom Unternehmer versprochenen selbstständigen Garantie entstanden sein. Daneben darf kein Ausschluss der Mängelrechte zwischen dem Lieferanten und dem Verkäufer vorliegen (zur Ausschlussmöglichkeit noch Rn 242). Die Aufwendungen iSd § 445a Abs 1 BGB umfassen etwa die Kosten für die Mangelfeststellung, sog Handlingkosten (Schadensbearbeitungskosten) und die Kosten für Nachlieferung bzw Reparatur, dh insbesondere auch die Kosten für den Ausbau der mangelhaften und den Einbau der mangelfreien Kaufsache (dazu Rn 118 ff).[486] Verweigert der Verkäufer die Nacherfüllung trotz unverhältnismäßiger Kosten gem § 439 Abs 4 BGB nicht, kann der Lieferant seinen Aufwendungsersatzanspruch gem § 254 Abs 1 BGB analog kürzen.[487] Neben einem Anspruch aus § 445a Abs 1 BGB kommen Schadensersatzansprüche neben und statt der Leistung in Betracht.[488]

b) Privilegierung gem § 445a Abs 2

238 Seit dem 1.1.2018 findet sich in § 445a Abs 2 BGB eine dem bisherigen § 478 Abs 1 aF inhaltlich entsprechende Regelung, welche nach systematischer Stellung und Wortlaut nun auf alle Kaufverträge anwendbar ist. Auch der neue § 445a Abs 2 BGB stellt **keine eigene Anspruchsgrundlage dar**, sondern eine Modifizierung der allgemeinen Mängelrechte gem § 437 BGB. Ein Letztverkäufer, der von seinem Käufer wegen eines Mangels in Anspruch genommen wird, und deshalb seinerseits gegen seinen Vorlieferanten Mängelrechte geltend macht, wird insoweit von dem Erfordernis einer eigentlich notwendigen Nachfristsetzung befreit.

§ 445a Abs 2 BGB setzt – ebenso wie Abs 1 – eine **neu hergestellte Sache** voraus.[489] Wesentlich ist des Weiteren, dass der Verkäufer die **Sache wegen Mangelhaftigkeit zurücknehmen musste oder eine Minderung** durch den Käufer vorliegt; die Rücknahmepflicht des Verkäufers kann sich als Folge eines Rücktritts, aber auch aufgrund der Geltendmachung eines Schadensersatzes statt der ganzen Leistung ergeben.[490] Auch bei Verpflichtung des Verkäufers zur Ersatzlieferung ist anzunehmen, dass der Verkäufer die (mangelhafte) Sache iSd § 445a Abs 2 BGB zurücknehmen musste.[491] Eine

---

[485] IE ebenso MEDICUS/PETERSEN, Bürgerliches Recht (26. Aufl 2017) Rn 315 (indes unter Hinweis auf andere Begründungsmöglichkeiten, etwa Heranziehung des Maßstabs von § 670 BGB).
[486] Übertragbar auf die neue Rechtslage, STAUDINGER/MATUSCHE-BECKMANN (2014) § 478 Rn 58; KEISER JuS 2014, 961, 963.
[487] Vgl STAUDINGER/MATUSCHE-BECKMANN (2014) § 478 Rn 71; KEISER JuS 2014, 961, 964; kritisch hinsichtlich des Verschuldens MEDICUS/PETERSEN, Bürgerliches Recht (26. Aufl 2017) Rn 315.
[488] Siehe zur Anspruchskonkurrenz KEISER JuS 2014, 961, 967.
[489] Die Sache muss in der Lieferkette stets als neu verkauft worden sein; zur Problematik der Anwendbarkeit der Vorschriften des Rückgriffs (in der Fassung vor dem 1.1.2018) auf das Rechtsverhältnis zwischen Hersteller und Zulieferer vgl MATUSCHE-BECKMANN BB 2002, 2561, 2565.
[490] Die hL geht – wegen der Vergleichbarkeit mit der Minderung – auch bei Geltendmachung eines kleinen Schadensersatzanspruchs von einer (analogen) Anwendung aus, vgl STAUDINGER/MATUSCHE-BECKMANN (2014) § 478 Rn 22.
[491] OECHSLER, Vertragliche Schuldverhältnisse (2. Aufl 2017) § 2 Rn 506; aA REINICKE/TIEDTKE, Kaufrecht (8. Aufl 2009) Rn 770 jeweils zu § 478 Abs 1 aF; zur Anwendbarkeit der Regressprivilegierung im Falle der Nachbesserung durch den Verkäufer STAUDINGER/MATUSCHE-BECKMANN (2014) § 478 Rn 24; BeckOK/FAUST (15.6.2017) § 478 Rn 20; so mit Vorsicht bei der Übertragung des bisherigen Diskurses zu § 478 aF auf § 445a BGB auch NIETSCH/OSMANOVIC NJW 2018, 1, 4.

Rücknahme des Verkäufers aus Kulanzgründen oder aufgrund anderer gesetzlicher Widerrufsrechte reicht hingegen nicht aus.[492] Diskutiert wird der sog „provozierte Rücktritt", also der Fall, dass der Verkäufer seiner Nacherfüllungspflicht in zu vertretender Weise nicht nachgekommen ist und so den Rücktritt des Käufers „provoziert" hat. Das Gesetz trifft insofern keine Unterscheidung und spricht nur von „zurücknehmen müssen", sodass auch in dieser Konstellation dem Verkäufer der Rückgriff erleichtert werden soll;[493] eine andere Frage ist es, inwieweit das Unterlassen der Nacherfüllung durch den Verkäufer eine Pflichtverletzung gegenüber dem Lieferanten darstellt und zugunsten des Lieferanten einen Schadensersatzanspruch gem § 280 Abs 1 BGB auslöst.[494]

239 Die wichtige **Rechtsfolge** gem § 445a Abs 2 BGB besteht darin, dass der Verkäufer gegenüber seinem Lieferanten oder Hersteller bei Vorliegen der Voraussetzungen des § 445a Abs 2 BGB die Mängelrechte des § 437 BGB geltend machen kann, **ohne** dass es auf die ansonsten grundsätzlich erforderliche **Fristsetzung** ankommt. Das Prinzip der vorrangigen Nacherfüllung wird somit im Verhältnis zwischen dem Letztverkäufer und seinem Lieferanten aufgegeben.

c) **Verjährung von Rückgriffsansprüchen gem § 445b**

240 § 445b BGB regelt die **Verjährung des Aufwendungsersatzanspruchs** gem § 445a Abs 1 BGB (abgesehen von dem weiteren Anwendungsbereich) nahezu identisch mit § 479 Abs 1 aF.[495] Fristbeginn ist die Ablieferung der Sache an den Letztverkäufer. § 445b Abs 2 BGB sieht für Ansprüche iSd § 437 BGB und § 445a Abs 1 BGB eine Ablaufhemmung der Verjährungsfrist vor. Die Verjährung dieser Ansprüche tritt danach frühestens zwei Monate nach Erfüllung der Mängelansprüche des Käufers durch den Verkäufer ein. Die Ablaufhemmung sorgt dafür, dass der Verkäufer Mängelansprüche gegenüber dem Lieferanten, die zum Zeitpunkt des Weiterverkaufs an den Käufer bereits verjährt wären, geltend machen kann. Als Obergrenze für die Beendigung der Ablaufhemmung sieht § 445b Abs 2 S 2 BGB (zur Herstellung von Rechtssicherheit) fünf Jahre nach Ablieferung an den Unternehmer vor.

d) **Rückgriff in der Lieferkette**

241 Große praktische Bedeutung hat § 445a Abs 3 BGB. Danach gelten die Vorschriften über den Regress für alle **Unternehmer** (§ 14 BGB) in der **Lieferkette** (unter Umständen bis hin zum Hersteller). Voraussetzung ist stets, dass der Aufwendungsersatzanspruch bzw Gewährleistungsrechte im jeweiligen Vertragsverhältnis geltend gemacht werden. Der Zweck dieser Vorschrift im Besonderen – und der §§ 445a und 445b BGB im Allgemeinen – besteht darin, dass ein Regress zu dem letztlich für den Mangel Verantwortlichen – in aller Regel der Hersteller – möglich ist.[496] Zu beachten ist im

---

[492] STAUDINGER/MATUSCHE-BECKMANN (2014) § 478 Rn 14; LORENZ JuS 2016, 872, 873.
[493] STAUDINGER/MATUSCHE-BECKMANN (2014) § 478 Rn 18; iE ebenso MEDICUS/PETERSEN, Bürgerliches Recht (26. Aufl 2017) Rn 315; **aA** NIETSCH AcP 210 (2010) 722, 732; tendenziell ebenso OECHSLER, Vertragliche Schuldverhältnisse (2. Aufl 2017) § 2 Rn 510.
[494] MEDICUS/PETERSEN, Bürgerliches Recht (26. Aufl 2017) Rn 315.
[495] Teile des Schrifttums wollen (noch betr § 479 aF) bei arglistigem Verschweigen des Mangels die Frist des § 438 Abs 3 BGB analog anwenden, so zB OETKER/MAULTZSCH, Vertragliche Schuldverhältnisse (4. Aufl 2013) § 2 Rn 588; STAUDINGER/MATUSCHE-BECKMANN (2014) § 479 Rn 2; **aA** ERMAN/GRUNEWALD (14. Aufl 2014) § 479 Rn 1; REINICKE/TIEDTKE, Kaufrecht (8. Aufl 2009) Rn 782.
[496] Zur weitergehenden Problematik im Verhältnis von Hersteller und Zulieferern vgl

Rahmen von § 445a BGB des Weiteren: Zum einen bleibt gem Abs 4 § **377 HGB** unberührt. Zum anderen ist § 478 BGB zu berücksichtigen, wenn der letzte Vertrag in der Lieferkette ein **Verbrauchsgüterkauf** ist (dazu Rn 298 ff).

e) Abweichende Vereinbarungen

242 Dem Verkäufer ist es gem § 476 Abs 1, 3 BGB im Falle eines Verbrauchsgüterkaufes verwehrt, zum Nachteil des Verbrauchers von den §§ 433 bis 435 BGB, § 437 BGB, §§ 439 bis 443 BGB (mit Ausnahme der Ansprüche auf Schadensersatz) abzuweichen. Daher sah § 478 Abs 4 aF für den Regress einen parallelen Ausschluss abweichender Vereinbarungen vor. Der Lieferant sollte nicht die Möglichkeit haben, den Ausgleich für Sachmängel auf den Verkäufer abzuwälzen.[497] Im Rahmen von § 445a BGB ist eine solche Vorschrift nicht mehr notwendig. Außerhalb des Verbrauchsgüterkaufes sind abweichende Vereinbarungen auch innerhalb der Lieferkette möglich[498]. Für den Verbrauchsgüterkauf hingegen trat § 478 Abs 2 BGB nF an die Stelle der alten Regelung (§ 478 Abs 4 aF; vgl Rn 300).

IV. Pflichten und Haftung des Käufers

1. Kaufpreiszahlung (§ 433 Abs 2)

243 Die Pflicht zur Zahlung des vereinbarten Kaufpreises ist als wesentliche **Hauptleistungspflicht** des Käufers mit der Pflicht des Verkäufers zur Eigentumsverschaffung an der Kaufsache und deren Übergabe synallagmatisch verbunden. Sie unterliegt daher den Regelungen der §§ 320 ff BGB (zu Gefahrtragung und Gefahrübergang siehe Rn 250 ff).

244 Aus § 433 Abs 2 BGB („Kaufpreis zu zahlen") ergibt sich, dass es sich bei der Leistung des Käufers um eine **Geldschuld** handelt. Ist vertraglich eine andere Gegenleistung vereinbart, zB die Übereignung von Gegenständen oder die Erbringung von Dienstleistungen, liegt kein Kaufvertrag, sondern ein Tausch oder gemischter Vertrag vor.[499]

245 Die Höhe des Kaufpreises bestimmt sich nach den Vereinbarungen der Vertragsparteien. Ist ein konkreter Kaufpreis nicht festgelegt worden, kann darin ein das Zustandekommen des Kaufvertrages hindernder Einigungsmangel liegen.[500] Liegt gleichwohl eine Einigung vor, so steht das Leistungsbestimmungsrecht gem § 316 BGB im Zweifel dem Verkäufer zu.[501] Insbesondere bei längerfristigen Lieferverträgen können **Preiserhöhungsklauseln** in den AGB des Verkäufers eine wichtige Rolle spielen. Außerhalb des Anwendungsbereichs des § 309 Nr 1 BGB richtet sich ihre Wirksamkeit nach § 307 BGB. Problematisch ist insoweit zum einen die Konkretisierung solcher Klauseln; zum anderen dürfen sie nach wohl überwiegender Meinung nur zur Weitergabe von zwi-

---

WEISS EuZW 2012, 733, 736; MATUSCHE-BECKMANN BB 2002, 2561, 2564.
[497] BT-Drucks 14/7052, 199.
[498] Beachte für einen Gewährleistungsausschluss durch AGB jedoch § 309 Nr 8 lit b cc BGB mit potenzieller Indizwirkung auch für § 307 Abs 1 BGB bei Unternehmergeschäften, vgl WEIDT NJW 2018, 263; krit hierzu auch NIETSCH/OSMANOVIC NJW 2018, 1, 6.

[499] Bei dem die kaufvertraglichen Vorschriften uU gleichwohl Anwendung finden, siehe § 480 BGB; dazu auch OETKER/MAULTZSCH, Vertragliche Schuldverhältnisse (4. Aufl 2013) § 16 Rn 27.
[500] SCHLECHTRIEM, Schuldrecht Besonderer Teil (6. Aufl 2003) § 4 Rn 129.
[501] Im Rahmen billigen Ermessens, § 315 Abs 1 BGB.

schenzeitlich entstandenen Kostenerhöhungen, nicht aber zu Gewinnsteigerungen genutzt werden.[502]

a) Zahlungsmodalitäten

Soweit nichts anderes vereinbart wurde, geht das Gesetz von einer **Barzahlung** aus.[503] Die Tilgung der Kaufpreisschuld durch bargeldlose Zahlung setzt das (konkludente) Einverständnis des Verkäufers voraus.[504]

Beim Kauf von Kraftfahrzeugen ist der Käufer häufig vertraglich berechtigt, den Kaufpreis teilweise durch eine andere Leistung, nämlich durch **Inzahlunggabe seines Gebrauchtwagens** zu erfüllen. Bei einer solchen vertraglichen Abrede handelt es sich in der Regel um eine Ersetzungsbefugnis mit Wirkung einer Leistung an Erfüllungs statt.[505] Kommt es in einem solchen Falle zur Rückabwicklung des Kaufvertrages, kann der Käufer nicht den vollen Kaufpreis, sondern lediglich den tatsächlich bezahlten Betrag und den hingegebenen Altwagen zurückverlangen, § 365 BGB.[506]

Der Kaufpreis ist grundsätzlich **sofort fällig**, § 271 Abs 1 BGB.[507] Wegen des Gegenseitigkeitsverhältnisses zwischen Zahlungspflicht des Käufers und Übereignungspflicht des Verkäufers ist der Käufer allerdings gem § 320 Abs 1 BGB berechtigt, die Zahlung solange zu verweigern, bis auch der Verkäufer seine vertragliche Hauptleistungspflicht **Zug um Zug** (§ 322 BGB) erfüllt. Dies gilt insbesondere wenn der Verkäufer eine mangelhafte Leistung erbringt, auch bei einem geringfügigen Mangel;[508] zu den Rechten des Käufers bei einem unbehebbaren Mangel Rn 86, 169.

Die Kaufpreiszahlungspflicht des Käufers ist eine Geldschuld. **Leistungs- und Erfolgsort** der Kaufpreiszahlung ergeben sich nach allgemeinen Grundsätzen aus § 270 BGB.[509]

---

[502] Vgl STAUDINGER/BECKMANN (2014) § 433 Rn 92 ff.
[503] BGH 5.5.1986 – II ZR 150/85, NJW 1986, 2428, 2429; STAUDINGER/BECKMANN (2014) § 433 Rn 169; einschränkend HOEREN/MARTINEK/STALLBERG, SKK (2002) Teil 1 Rn 262 mwNw.
[504] Dazu allgemein LUGANI, in STAUDINGER/Eckpfeiler G. Rn 47 ff. Zur Kaufpreiszahlung im Internetversandhandel via PayPal und Wiederaufleben der Kaufpreisforderung nach Rückbuchung im Rahmen des PayPal-Käuferschutzes BGH 22.11.2017 – VIII ZR 83/16 Rn 28 ff, WM 2018, 32–37.
[505] BGH 18.1.1967 – VIII ZR 209/64, NJW 1967, 553, 554; BGH 30.11.1983 – VIII ZR 190/82, NJW 1984, 429; BGH 28.11.1994 – VIII ZR 53/94, NJW 1995, 518, 519; STAUDINGER/BECKMANN (2014) § 433 Rn 192; OETKER/MAULTZSCH, Vertragliche Schuldverhältnisse (4. Aufl 2013) § 2 Rn 372 ff; zur **aA** OLG Oldenburg 28.7.1994 – 14 U 63/93, NJW-RR 1995, 689, 690; MEDICUS/PETERSEN, Bürgerliches Recht (26. Aufl 2017) Rn 756 (grds gemischter Vertrag aus Kauf und Tausch).
[506] BGH 30.11.1983 – VIII ZR 190/82, NJW 1984, 429, 430; ebenso bei Leasing eines Neufahrzeuges BGH 30.10.2002 – VIII ZR 119/02, NJW 2003, 505, 506; Gleiches gilt, wenn der Händler den Gebrauchtwagen des Käufers übernimmt und im Gegenzug den noch laufenden Kredit für das Altfahrzeug durch Zahlung eines Betrages an die Bank ablöst, der über dem vereinbarten Wert für das Altfahrzeug liegt, BGH 20.2.2008 – VIII ZR 334/06, NJW 2008, 2028; vgl auch OLG Koblenz 1.4.2010 – 2 U 1120/09, NJW-RR 2010, 1501, 1502.
[507] Dh bei Vertragsschluss, BGH 17.2.1971 – VIII ZR 4/70, NJW 1971, 979.
[508] BGH 26.10.2016 – VIII ZR 211/15, NJW 2017, 1100, 1102 mit Anm BECKMANN LMK 2017, 388491; RIEHM JuS 2017, 463; zur Verweigerung der Abnahme vgl Rn 267.
[509] Dazu BACH, in: STAUDINGER/Eckpfeiler D. Rn 123; KAISER, in: STAUDINGER/Eckpfeiler I. Rn 45; jeweils auch zur Einordnung als qualifizierte Schickschuld bzw nach der Entscheidung des EuGH 3.4.2008 – C-306/06, NJW 2008, 1935 als qualifizierte Bringschuld.

b) Übergang der Preisgefahr (Gegenleistungsgefahr)

250 Wie jeder andere Vertrag birgt auch der Kaufvertrag das Risiko der Unmöglichkeit der Leistungserbringung. So ist es möglich, dass der Verkäufer seine Pflicht zur Leistung nicht mehr erfüllen kann, weil sie (etwa wegen Zerstörung oder Diebstahls der Kaufsache) unmöglich geworden ist. In solchen Fällen stellt sich die Frage nach dem Schicksal der Zahlungspflicht des Käufers. Die Regelungen zur Gefahrtragung schaffen ein System zur Verteilung dieses vertraglichen Risikos. Zu unterscheiden ist dabei zwischen der Leistungsgefahr (Sachgefahr) einerseits und der Gegenleistungsgefahr (Preisgefahr) andererseits. Nach § 275 Abs 1 BGB wird der Verkäufer (Schuldner) von seiner Verpflichtung zur Leistung frei, soweit diese für ihn oder für jedermann unmöglich ist. Der Käufer verliert danach den Anspruch auf die Sachleistung und trägt daher die **Leistungsgefahr**.[510]

251 Schuldrechtliche Grundnorm zur **Preisgefahr** ist § 326 Abs 1 S 1 BGB. Aufgrund der synallagmatischen Verknüpfung von Leistung und Gegenleistung bei einem Kaufvertrag (s bereits Rn 10) entfällt nach § 326 Abs 1 S 1 BGB der Anspruch auf die Kaufpreiszahlung, wenn der Verkäufer nach § 275 Abs 1 bis 3 BGB nicht zu leisten braucht. Die Preisgefahr trägt daher grundsätzlich der Verkäufer. Von dieser Grundregel des § 326 Abs 1 S 1 BGB gibt es **Ausnahmen**, die sich zunächst aus dem allgemeinen Leistungsstörungsrecht ergeben können. Nach § 326 Abs 2 S 1 Alt 1 BGB trägt der Käufer die Preisgefahr, dh die Pflicht zur Kaufpreiszahlung bleibt bestehen, wenn er für den Grund der Leistungsbefreiung des Verkäufers entweder allein oder weit überwiegend verantwortlich ist. Die Kaufpreiszahlungspflicht bleibt gem § 326 Abs 2 S 1 Alt 2 BGB zudem bestehen, wenn die dem Verkäufer obliegende Leistung infolge eines von ihm nicht zu vertretenden Umstandes zu einer Zeit unmöglich wird, zu welcher sich der Käufer in Annahmeverzug befindet.[511]

252 Auch außerhalb des allgemeinen Schuldrechts sind speziellere Regelungen zur Preisgefahr anzutreffen. So finden sich in den §§ 446, 447 BGB besondere Ausnahmeregelungen vom Grundsatz des § 326 Abs 1 S 1 BGB bei Kaufverträgen. Sie regeln die Gefahr des zufälligen Untergangs und der zufälligen Verschlechterung der Kaufsache. **Untergang** bedeutet dabei zunächst die körperliche Vernichtung, darüber hinaus aber auch den tatsächlichen Verlust der Sache, zB durch Diebstahl, wenn sie dem Käufer dadurch unwiederbringlich entzogen und dem Verkäufer die Erfüllung seiner Leistungspflicht unmöglich wird.[512] **Verschlechterung** ist jede Qualitätsminderung, insbesondere Beschädigung oder Verderb der Sache. Unter **Zufall** ist ein Umstand zu verstehen, den weder Verkäufer noch Käufer zu vertreten haben.[513] Hat der Käufer die Unmöglichkeit der Leistung zu vertreten oder befand er sich bei Eintritt der Leistungsbefreiung nach § 275 BGB in Annahmeverzug, bleibt er wegen § 326 Abs 2 S 1 BGB zur Zahlung des Kaufpreises verpflichtet (siehe oben Rn 251). Im umgekehrten Fall, dh wenn der Verkäufer das Leistungshindernis zu vertreten hat, kann der Käufer vom Vertrag zurücktreten, Schadensersatz nach §§ 280 ff BGB verlangen oder die Rechte aus § 326 BGB geltend machen. Jedenfalls verliert der Verkäufer nach § 326

---

[510] Vgl STAUDINGER/BECKMANN (2014) § 446 Rn 4; OETKER/MAULTZSCH, Vertragliche Schuldverhältnisse (4. Aufl 2013) § 2 Rn 375; REINICKE/TIEDTKE, Kaufrecht (8. Aufl 2009) Rn 148.
[511] Zum System der Leistungsstörung wegen Unmöglichkeit bereits KAISER, in: STAUDINGER/ Eckpfeiler I. Rn 90 ff.
[512] Dazu STAUDINGER/BECKMANN (2014) § 446 Rn 33 f.
[513] STAUDINGER/BECKMANN (2014) § 446 Rn 36.

Abs 1 S 1 BGB den Anspruch auf Kaufpreiszahlung.[514] Nur für die Fälle der zufälligen, von keiner Partei zu vertretenden Unmöglichkeit enthalten die §§ 446, 447 BGB kaufrechtliche Sonderregeln der Gefahrtragung.

aa) Übergabe und Annahmeverzug (§ 446)

§ 446 S 1 BGB lässt die Preisgefahr bei zufälligem Untergang oder zufälliger Verschlechterung der Kaufsache mit **Übergabe** auf den Käufer übergehen. Wirkung entfaltet die Vorschrift nur in den Fällen, in denen der Verkäufer den Kaufgegenstand bei Übergabe (noch) nicht an den Käufer übereignet. Erlangt der Käufer mit Übergabe der Sache Eigentum, hat der Verkäufer seine kaufvertragliche Pflicht erfüllt.[515] Eine Leistungsbefreiung nach § 275 BGB kommt dann nicht mehr in Betracht. § 446 S 1 BGB greift daher insbesondere beim Kauf unter Eigentumsvorbehalt ein (dazu Rn 303 ff).

Grund der Vorverlagerung des Gefahrübergangs auf den Moment der Übergabe ist, dass der Käufer schon von diesem Zeitpunkt an anstelle des Verkäufers die maßgebliche Einwirkungs- und Überwachungsmöglichkeit hat. Die Kaufsache befindet sich in seinem Einflussbereich.[516] Zudem kann er sie tatsächlich und wirtschaftlich nutzen.[517]

Die Übergabe iSv § 446 BGB muss zum Zwecke der Erfüllung des Kaufvertrages erfolgen.[518] Im Regelfall bedeutet dies, dass der Käufer die tatsächliche Gewalt über die Sache erlangt, § 854 Abs 1 BGB. Die Verschaffung mittelbaren Besitzes lässt die Preisgefahr im Zweifel nur dann nach § 446 S 1 BGB auf den Käufer übergehen, wenn dieser auch die volle wirtschaftliche Nutzung zugewiesen bekommt.[519]

Nach § 446 S 3 BGB steht der Annahmeverzug des Käufers (§§ 293 ff BGB) der Übergabe gleich, sodass die Preisgefahr auch dann auf den Käufer übergeht, wenn er einen vereinbarten Liefertermin nicht wahrnimmt und die Kaufsache danach durch Zufall zerstört oder beschädigt wird.[520]

bb) Versendungskauf (§ 447)

Nicht selten muss die verkaufte Sache zum Zwecke der Besitzverschaffung transportiert werden. Versendet der Verkäufer die Sache in diesen Fällen auf Verlangen des Käufers an einen anderen Ort als den Erfüllungsort, geht die Preisgefahr nach § 447 Abs 1 BGB bereits mit Aushändigung der Kaufsache an die Transportperson auf den Käufer über. Unter den Voraussetzungen des § 447 BGB bleibt der Käufer also zur Zahlung des Kaufpreises verpflichtet, auch wenn er den Kaufgegenstand nicht oder in

---

[514] Es sei denn, der Käufer verlangt nach § 285 BGB das stellvertretende commodum. Dann bleibt er wegen § 326 Abs 3 BGB zur Gegenleistung verpflichtet.
[515] Vorbehaltlich der Mangelfreiheit der Kaufsache.
[516] Vgl STAUDINGER/BECKMANN (2014) § 446 Rn 9.
[517] Nach § 446 S 2 BGB gebühren dem Käufer von der Übergabe an die Nutzungen. Er hat zudem die Lasten der Sache zu tragen.
[518] RG 13.10.1914 – II 253/14, RGZ 85, 320, 322.

[519] STAUDINGER/BECKMANN (2014) § 446 Rn 23; anders allerdings, wenn der Verkäufer kaufvertraglich nur Übereignung nach §§ 930, 931 BGB schuldet; dann tritt Gefahrübergang in jedem Fall mit Verschaffung des mittelbaren Besitzes ein, so ua BeckOK/FAUST (15.6.2017) § 446 Rn 8.
[520] Diese Rechtsfolge ergibt sich bereits aus § 326 Abs 2 S 1 Alt 2, wobei § 446 S 3 die speziellere Vorschrift ist (str), vgl STAUDINGER/BECKMANN (2014) § 446 Rn 31.

beschädigtem Zustand erhält. Diese im Vergleich zu § 446 BGB noch weitergehende Vorverlagerung der Preisgefahr zu Lasten des Käufers ist dann gerechtfertigt, wenn der Verkäufer nicht verpflichtet ist, den Transport der Kaufsache selbst durchzuführen, die damit verbundenen Risiken also nicht in seiner Verantwortung stehen.[521] § 447 BGB setzt daher zunächst voraus, dass der Ort, an den die Ware zu versenden ist (**Bestimmungs- oder Erfolgsort**), vom Ort, an dem die geschuldete Leistungshandlung vorzunehmen ist (**Erfüllungs- oder Leistungsort**), **verschieden** ist.[522] Ein Gefahrübergang nach § 447 BGB kommt demnach bei Bringschulden und Holschulden nicht in Betracht. Bei der Bringschuld sind Bestimmungsort und Erfüllungsort identisch, da der Verkäufer seine vertragliche Leistungshandlung am Bestimmungsort, dem Wohnsitz oder der Niederlassung des Käufers vorzunehmen hat. Dasselbe gilt im umgekehrten Fall einer Holschuld, bei der der Käufer die Sache am Wohnsitz oder der Niederlassung des Verkäufers abzuholen hat. Ein Versendungskauf iSv § 447 BGB setzt deshalb typischerweise die Vereinbarung einer **Schickschuld** voraus.[523]

258 Erfolgt die Versendung der Kaufsache nicht vom Erfüllungsort, also dem Wohnsitz oder der Niederlassung des Verkäufers, sondern von einem anderen Ort, zB dem herstellenden Werk oder einem Lager, tritt Gefahrübergang bei Übergabe an die Transportperson nur ein, wenn dies mit Einverständnis des Käufers geschieht.[524] Der Bestimmungsort muss nicht zwingend der Wohnsitz oder die Niederlassung des Käufers sein. So ist § 447 BGB auch dann anwendbar, wenn die Versendung auf Anweisung des Käufers an einen Dritten erfolgt (zB beim Streckengeschäft).

259 Die Versendung muss „auf Verlangen des Käufers" erfolgen. Entgegen dem Wortlaut setzt dies nicht voraus, dass die Versendung allein auf Veranlassung – quasi auf Anweisung – des Käufers hin erfolgt. Vielmehr darf sie lediglich nicht ohne oder gegen seinen Willen geschehen. Bei Vereinbarung einer Holschuld kann der Verkäufer den Gefahrübergang nach § 447 BGB also nicht dadurch herbeiführen, dass er dem Käufer die Ware eigenmächtig zuschickt, selbst wenn sich dieser in Annahmeverzug befindet.[525] § 447 BGB setzt zudem voraus, dass der Verkäufer die Kaufsache an die zur Versendung bestimmte Person ausgeliefert hat. Die Auslieferung ist erfolgt, wenn der Verkäufer alles seinerseits Erforderliche getan hat, um den Transport in die Wege zu leiten und die spätere Ablieferung beim Käufer zu ermöglichen. Hierzu gehört neben dem Abschluss von Beförderungsverträgen vor allem die tatsächliche Übergabe der Sache an die Transportperson.[526] Führt der Verkäufer den Transport selbst oder mittels

---

[521] STAUDINGER/BECKMANN (2014) § 447 Rn 6; siehe auch WERTENBRUCH JuS 2003, 625.
[522] „Ort" ist dabei nicht iS einer politischen Gemeinde zu verstehen; § 447 BGB ist daher auch beim Kauf innerhalb einer Ortschaft (Platzkauf) einschlägig, solange eine Versendung erforderlich ist, STAUDINGER/BECKMANN (2014) § 447 Rn 11; aA SOERGEL/HUBER (12. Aufl 1991) § 447 Rn 24.
[523] Zum Fall der Holschuld, bei der der Verkäufer die Ware auf Wunsch des Käufers aus Gefälligkeit übersendet, STAUDINGER/BECKMANN (2014) § 447 Rn 19; BeckOK/FAUST (15.6.17) § 447 Rn 7.

[524] BGH 5.12.1990 – VIII ZR 75/90, NJW 1991, 915 f; STAUDINGER/BECKMANN (2014) § 447 Rn 15; anders LG Köln 7.6.1989 – 9 S 434/88, NJW-RR 1989, 1457 f; SOERGEL/HUBER (12. Aufl 1991) § 447 Rn 20, wonach es auf die Erhöhung der Transportgefahr aufgrund der Streckenabweichung ankommen soll.
[525] In diesem Fall geht die Gegenleistungsgefahr nach § 446 S 3 BGB auf den Käufer über.
[526] BGH 5.12.1990 – VIII ZR 75/90, NJW 1991, 915 f; siehe zur Auslieferung STAUDINGER/BECKMANN (2014) § 447 Rn 20 ff.

eigener Mitarbeiter durch (sog **Selbsttransport**), ist § 447 BGB ebenfalls anwendbar, solange nicht in Wahrheit eine Bringschuld vorliegt.[527]

§ 447 BGB greift, wie sich aus dem Regelungszusammenhang mit § 446 BGB ergibt, nur bei zufälligem Eintritt von Leistungshindernissen ein. Die Preisgefahr geht also dann nicht auf den Käufer über, wenn der Verkäufer die Leistungsbefreiung zu vertreten hat. Dies ist zB der Fall, wenn der Verkäufer eine ungeeignete Transportperson ausgewählt oder die Ware falsch adressiert oder verpackt hat.[528] Befindet sich der Verkäufer mit seiner Lieferpflicht in Verzug, haftet er nach § 287 BGB auch für zufällige Leistungshindernisse. Ein Gefahrübergang nach § 447 BGB kommt dann nur in Betracht, wenn die Verzögerung der Versendung für die eingetretene zufällige Leistungsbefreiung nicht ursächlich war, § 287 S 2 BGB.[529] **260**

Liegen die Voraussetzungen von § 447 BGB vor, so geht die Preisgefahr auf den Käufer über. Der Käufer bleibt trotz des Eintritts bestimmter Leistungshindernisse zur Kaufpreiszahlung verpflichtet. § 447 BGB erfasst wie § 446 BGB dabei zunächst Leistungshindernisse, die auf dem Untergang oder der Verschlechterung der Kaufsache beruhen. Erfasst werden darüber hinaus aber auch andere Fälle: So gilt § 447 BGB zB ebenso, wenn der Verbleib der vom Spediteur abgeholten Sache nicht aufzuklären ist[530] oder die Sache während des Transports von einem Rechtsmangel erfasst wird.[531] Eine Beschränkung auf Gefahren, die gerade mit dem Transport zusammenhängen (**spezifische Transportrisiken**), ist dabei abzulehnen.[532] Der Käufer, auf dessen Verlangen die Versendung der Kaufsache erfolgt, ist so zu behandeln, als sei ihm die Sache selbst ausgeliefert worden. Daher hat er vom Zeitpunkt der Auslieferung an sämtliche Risiken zu tragen. Dies gilt allerdings nicht für Risiken, die sich zwar während des Transportes verwirklichen, aber bereits vorher angelegt waren.[533] **261**

Hat der Verkäufer die Ware ordnungsgemäß an die Transportperson übergeben, ist er für deren weiteres Schicksal grundsätzlich nicht mehr verantwortlich. Er hat das im Rahmen einer Schickschuld seinerseits Erforderliche zur Herbeiführung des Leistungserfolges getan. So muss er sich insbesondere das **Verschulden einer selbständigen Transportperson** bzw der bei ihr tätigen Personen **nicht** nach § 278 BGB zurechnen lassen.[534] Die Leistungshandlung des Verkäufers ist mit der ordnungsgemäßen Übergabe an die Transportperson abgeschlossen. Der eigentliche Transport gehört nicht mehr zum Pflichtenkatalog des Verkäufers, da die Transportperson insoweit kein Er- **262**

---

[527] HM, MünchKomm/WESTERMANN (7. Aufl 2016) § 447 Rn 16 f; STAUDINGER/BECKMANN (2014) § 447 Rn 23; OETKER/MAULTZSCH, Vertragliche Schuldverhältnisse (4. Aufl 2013) § 2 Rn 401 ff; zur **aA** WERTENBRUCH JuS 2003, 625, 629.
[528] EMMERICH, BGB-Schuldrecht Besonderer Teil (14. Aufl 2015) § 3 Rn 25; dazu STAUDINGER/BECKMANN (2014) § 447 Rn 29 ff.
[529] STAUDINGER/BECKMANN (2014) § 447 Rn 34; **aA** SOERGEL/HUBER (12. Aufl 1991) § 447 Rn 56.
[530] BGH 24.3.1965 – VIII ZR 71/63, NJW 1965, 1324.
[531] Vermischung von Dieselkraftstoff mit Heizöl, BGH 5.12.1990 – VIII ZR 75/90, NJW 1991, 915 f.
[532] STAUDINGER/BECKMANN (2014) § 447 Rn 26; OETKER/MAULTZSCH, Vertragliche Schuldverhältnisse (4. Aufl 2013) § 2 Rn 408; REINICKE/TIEDTKE, Kaufrecht (8. Aufl 2009) Rn 165; **aA** RG 1.10.1918 – II 178/18, RGZ 93, 330; RG 22.1.1927 – I 25/26, RGZ 116, 15, 17; PALANDT/WEIDENKAFF (76. Aufl 2017) § 447 Rn 15.
[533] ZB Beschlagnahme aufgrund der Herkunft der Ware.
[534] BGH 27.3.1968 – VIII ZR 10/66, NJW 1968, 1569 f; STAUDINGER/BECKMANN (2014) § 447 Rn 37.

füllungsgehilfe des Verkäufers ist. Führt der Verkäufer den Transport hingegen selbst oder durch eigene Mitarbeiter durch, haftet er für schuldhaftes Verhalten nach den §§ 276, 278 BGB.[535] Ihn trifft insofern eine fortdauernde Leistungstreuepflicht, da sich die Kaufsache noch in seinem Einflussbereich befindet. Eine solche Haftung ist auch deshalb gerechtfertigt, weil der Käufer andernfalls rechtlos wäre. Gegen die selbständige Transportperson kann er Ansprüche geltend machen (dazu sogleich Rn 263). Diese Möglichkeit muss ihm auch dann erhalten bleiben, wenn der Verkäufer den Transport in Eigenregie durchführt.

263 Wird die Kaufsache nach Auslieferung, aber vor der Übergabe an den Käufer durch einen Dritten beschädigt, hat der Verkäufer dem Grunde nach Ansprüche aus Vertrag (gegen die Transportperson), aus Gefährdungshaftung oder unerlaubter Handlung, weil er zu diesem Zeitpunkt noch Eigentümer der Sache ist. Er erleidet jedoch keinen Schaden, da er nach § 447 BGB trotz der Leistungsstörung den Anspruch auf den Kaufpreis behält. Geschädigt ist vielmehr der Käufer, der zur Zahlung verpflichtet bleibt, ohne einen Anspruch gegen die Transportperson zu besitzen (mangels Vertrages bzw mangels Rechtsgutsverletzung).[536] Die Gefahrtragungsregel des § 447 BGB bewirkt eine zufällige Schadensverlagerung vom Verkäufer auf den Käufer und damit eine ungewollte Entlastung des Dritten (**obligatorische Gefahrentlastung**).[537] Da die Gefahrtragungsregel aber nur den Verkäufer (gegenüber der Regelung des § 326 Abs 1 S 1 BGB) besser stellen soll, muss das dadurch bewirkte **Auseinanderfallen von Rechtsposition** (Eigentum des Verkäufers) **und Risikotragung** (Gefahrübergang auf den Käufer) durch eine Drittschadensliquidation korrigiert werden.[538] Daher kann der Verkäufer im eigenen Namen einen Ersatzanspruch gegen den Schädiger geltend machen („der Schaden wird zum Anspruch gezogen"), den er gem § 285 an den Käufer abzutreten hat. Die Höhe des Ersatzanspruchs bestimmt sich dabei nach der Höhe des hypothetischen Schadens des Verkäufers (Kaufpreis).[539] Diese Grundsätze gelten freilich nicht, sobald der Käufer einen eigenen Anspruch gegen den Drittschädiger besitzt. Ein solcher Anspruch kann sich aus **§§ 425, 421 Abs 1 S 2 HGB** ergeben, wenn das Vertragsverhältnis zwischen dem Verkäufer als Absender und der Transportperson dem Frachtrecht unterliegt (§ 407 HGB).[540]

264 Zu beachten ist, dass nach § 475 Abs 2 BGB die Anwendung des § 447 BGB beim **Verbrauchsgüterkauf** weitreichend ausgeschlossen ist, sodass es in diesen Fällen bei der Regelung des § 446 BGB verbleibt. Eine Anwendung von § 447 Abs 1 BGB kommt unter den Voraussetzungen des § 475 Abs 2 BGB nur in Betracht, wenn der Verbrau-

---

[535] SOERGEL/HUBER (12. Aufl 1991) § 447 Rn 37; STAUDINGER/BECKMANN (2014) § 447 Rn 39; FIKENTSCHER/HEINEMANN, Schuldrecht (11. Aufl 2017) Rn 825; **aA** BeckOK/FAUST (15.6.2017) § 447 Rn 26.
[536] Vgl REINICKE/TIEDTKE, Kaufrecht (8. Aufl 2009) Rn 168.
[537] BGH 29.1.1968 – II ZR 18/65, NJW 1968, 1567 f; OETKER/MAULTZSCH, Vertragliche Schuldverhältnisse (4. Aufl 2013) § 2 Rn 412; kritisch zum Gefahrbegriff und der Drittschadensliquidation im Zusammenhang mit § 447 BGB STAMM AcP 2017, 166.
[538] Zur Drittschadensliquidation VIEWEG, in: STAUDINGER/Eckpfeiler J. Rn 73 ff.
[539] „Normativer Schaden", vgl STAUDINGER/BECKMANN (2014) § 447 Rn 48 mwNw; die hM geht indes hierbei von einem typischen Fall der Drittschadensliquidation aus, wodurch der Verkäufer den Schaden des Käufers geltend machen kann; BGH 10.7.1963 – VIII ZR 204/61, NJW 1963, 2071, 2074 ff; PALANDT/GRÜNEBERG (77. Aufl 2018) Vor § 249 Rn 110; REINICKE/TIEDTKE, Kaufrecht (8. Aufl 2009) Rn 168.
[540] Siehe STAUDINGER/BECKMANN (2014) § 447 Rn 53.

cher selbst eine (ihm nicht durch den Verkäufer vorgeschlagene) Transportperson beauftragt (vgl Rn 280).

c) Rechte des Verkäufers bei Nichtzahlung

Zahlt der Käufer den vereinbarten Kaufpreis nicht, kommt eine prozessuale Durchsetzung der Kaufpreiszahlungspflicht in Betracht. Der Verkäufer kann allerdings auch nach § 323 BGB vom Vertrag zurücktreten und/oder (§ 325 BGB) Schadensersatz statt der Leistung (§§ 280 Abs 1, 3, 281 BGB) bzw den Verzugsschaden gem §§ 280 Abs 1, 2, 286 BGB geltend machen.[541]

2. Die Abnahmepflicht (§ 433 Abs 2)

Nach § 433 Abs 2 BGB ist der Käufer zur Abnahme der Kaufsache verpflichtet. Dadurch soll der Verkäufer von der Last der Aufbewahrung und Obhut sowie von mit dem Eigentum verbundenen Lasten befreit werden. Abnahme ist dabei der tatsächliche Akt der Hinwegnahme der gekauften Ware.[542] Dies entspricht typischerweise der Handlung, durch die der Käufer bei der Übergabe mitwirkt. Beim Verkauf von Grundstücken genügt die bloße Inbesitznahme durch den Käufer nicht,[543] um den Eigentumswechsel und damit den Übergang der privaten und öffentlichen Grundstückslasten auf den Käufer zu erreichen. Vielmehr muss der Käufer die Auflassung entgegennehmen[544] und, soweit nötig, bei der Grundbucheintragung mitwirken.[545]

Der Käufer ist nur dann zur Abnahme verpflichtet, wenn sie ihm möglich und zumutbar ist. Dazu muss die Ware zunächst beim Verkäufer oder einem Dritten vorhanden sein und zur Entgegennahme bereitstehen.[546] Dabei muss sie sich in vertragsgemäßem Zustand befinden. So hat der BGH bestätigt, dass der Käufer eine mangelbehaftete Kaufsache grundsätzlich zurückweisen kann, ohne dadurch in Schuldnerverzug hinsichtlich der Abnahmeverpflichtung zu geraten; dies gilt selbst dann, wenn es sich um einen geringfügigen Mangel handelt.[547]

---

[541] Dazu REINICKE/TIEDTKE, Kaufrecht (8. Aufl 2009) Rn 181 ff.
[542] RG 22.12.1903 – II 200/03, RGZ 56, 173, 175; BGH 30.9.1971 – VII ZR 20/70, NJW 1972, 99. Abzugrenzen ist der Begriff der „Abnahme" iSv § 433 Abs 2 BGB von dem in § 640 BGB. Abnahme nach § 433 Abs 2 BGB bedeutet nicht die Billigung der Ware als vertragsgemäß (BGH 16.2.1966 – VIII ZR 104/64, DB 1966, 414, 416) und folglich auch keine Annahme als Erfüllung, sodass die Rechtswirkungen des § 341 Abs 3 BGB oder des § 363 BGB (Beweislastumkehr) nicht eintreten (vgl etwa MünchKomm/WESTERMANN [7. Aufl 2016] § 433 Rn 70).
[543] Im Unterschied zur Übereignung beweglicher Sachen, wo regelmäßig eine Übergabe zur Eigentumsübertragung erforderlich ist (§ 929 S 1 BGB), erlangt die Verpflichtung zur Besitzverschaffung bei der Veräußerung von Grundstücken eine besondere Bedeutung, zumal dort eine Verschaffung des Besitzes nicht Voraussetzung der Eigentumsübertragung ist (§§ 873, 925 BGB).
[544] RG 22.11.1902 – V 277/02, RGZ 53, 70; BGH 30.11.1988 – VIII ZR 305/87, NJW-RR 1989, 651.
[545] KG 16.11.1925 – 9 U 5104/25, JW 1927, 1026.
[546] Bei Gattungskäufen ist Ausscheidung aus der Gattung nicht erforderlich, solange dadurch die Abnahme nicht verzögert wird, STAUDINGER/BECKMANN (2014) § 433 Rn 220; offengelassen in RG 9.12.1902 – II 265/02, RGZ 53, 161, 163.
[547] BGH 26.10.2016 – VIII ZR 211/15, NJW 2017, 1100, 1102 mit Anm BECKMANN LMK 2017, 388491; RIEHM JuS 2017, 463; noch offengelassen von BGH 6.2.2013 – VII ZR 374/11, NJW 2013, 1365, 1366.

268 Die Abnahmepflicht des Käufers ist trotz deren scheinbar gleichberechtigter Stellung in § 433 Abs 2 BGB im Gegensatz zur Kaufpreiszahlungspflicht in der Regel keine synallagmatische Hauptpflicht.[548] Der Verkäufer schließt den Kaufvertrag in den meisten Fällen nicht, um sich der Verfügungsgewalt über den Kaufgegenstand zu entledigen, sondern in erster Linie um einen Kaufpreis zu erzielen.[549] Die Abnahmeverpflichtung ist daher **grundsätzlich** eine selbstständig einklagbare, kaufvertragliche **Nebenpflicht**.[550] Etwas anderes kann sich durch ausdrückliche Vereinbarung der Parteien oder aus den besonderen Umständen des Vertrages ergeben. So ist die Abnahme dann eine Hauptpflicht des Käufers, wenn der Verkäufer erkennbar ein besonderes Interesse daran hat, den Kaufgegenstand loszuwerden.[551]

269 Kommt der Käufer mit der Abnahmeverpflichtung in Verzug (§ 286 BGB), hat er dem Verkäufer den daraus entstehenden Verzögerungsschaden zu ersetzen (§ 280 Abs 1, 2 BGB).[552] Unter den Voraussetzungen der §§ 280 Abs 1, 3, 281 BGB kann der Verkäufer zudem Schadensersatz statt der Leistung verlangen und/oder (§ 325 BGB) nach § 323 BGB vom Vertrag zurücktreten.[553] Überdies ist zu berücksichtigen, dass der Käufer neben dem Schuldnerverzug im Hinblick auf die Abnahmeverpflichtung gleichzeitig in Annahmeverzug (§§ 293 ff BGB) geraten kann.

3. Weitere (Neben-)Pflichten des Käufers

270 Nebenleistungspflichten des Käufers können sich unmittelbar aus dem Gesetz ergeben. Beispiele hierfür sind § 446 S 2 BGB (Lastentragung nach Übergabe), § 448 Abs 1 BGB (Kosten der Abnahme und der Versendung an einen anderen Ort als den Erfüllungsort) sowie bei Grundstückskaufverträgen gem § 448 Abs 2 BGB (Kosten der Beurkundung von Kaufvertrag und Auflassung und der dazu erforderlichen Erklärungen).

271 Nebenpflichten können vereinbart oder Ergebnis einer Auslegung des Kaufvertrages sein. Vorvertraglich trifft den Käufer uU die Pflicht, den Verkäufer über vertragsrelevante Umstände aufzuklären. Dies gilt zumindest, wenn der Verkäufer danach fragt[554] oder es sich um Umstände handelt, die der Gültigkeit des Vertrages entgegenstehen, dem Verkäufer aber ersichtlich unbekannt sind.[555] Eine darüber hinausgehende allgemeine **Offenbarungspflicht** hinsichtlich sämtlicher Tatsachen, die den Verkäufer vom Vertragsschluss abhalten könnten, besteht jedoch nicht.[556]

---

[548] BGH 26.10.2016 – VIII ZR 211/15, NJW 2017, 1100, 1102 mit Anm OSTENDORF.
[549] REINICKE/TIEDTKE, Kaufrecht (8. Aufl 2009) Rn 174.
[550] RG 9.12.1902 – II 265/02, RGZ 53, 161, 164 f; BGH 30.9.1971 – VII ZR 20/70, NJW 1972, 99; MünchKomm/WESTERMANN (7. Aufl 2016) § 433 Rn 69; STAUDINGER/BECKMANN (2014) § 433 Rn 223; aA SOERGEL/HUBER (12. Aufl 1991) § 433 Rn 275.
[551] So beim Räumungsverkauf oder dem Verkauf leicht verderblicher Waren; weitere Beispiele: STAUDINGER/BECKMANN (2014) § 433 Rn 224.
[552] ZB Kosten der Lagerung etc.
[553] Im Gegensatz zu § 326 aF gilt insbesondere § 323 BGB auch für Pflichten, die nicht im Gegenseitigkeitsverhältnis stehen, sodass es insoweit auf die Einordnung der Abnahme als Haupt- oder Nebenpflicht nicht mehr ankommt. BeckOK/FAUST (15.6.2017) § 433 Rn 59; HOEREN/MARTINEK/STALLBERG, SKK (2002) Teil 1 Rn 299 f.
[554] BGH 23.2.1983 – VIII ZR 325/81, NJW 1983, 1607, 1608 f; BGH 27.6.1991 – IX ZR 84/90, WM 1991, 1731, 1733.
[555] BGH 14.3.1955 – II ZR 330/53, WM 1955, 1125; BGH 15.12.1955 – II ZR 231/54, WM 1956, 493.
[556] RG 16.1.1912 – 397/11 II, JW 1912, 342; Ausnahmen können sich im Einzelfall aus Treu

Wird die Ware vom Käufer wegen Mangelhaftigkeit beanstandet, muss er sie wegen 272
einer etwaigen Rückgewähr an den Verkäufer bei sich oder einem verlässlichen
Dritten aufbewahren. Ihn trifft insofern eine **Obhutspflicht** hinsichtlich des Kaufgegenstandes.[557] Nach Vertragsabwicklung, dh nach Erfüllung der gegenseitigen kaufvertraglichen Hauptpflichten, bestehen grundsätzlich auch keine Treuepflichten des Käufers
mehr. So ist er insbesondere bei der Verwendung des Kaufgegenstandes frei.[558] Gleichwohl kann sich aus § 242 BGB im Einzelfall eine Pflicht zur Rücksichtnahme auf die
Verkäuferinteressen ergeben, sog **culpa post contractum finitum** (so zB die Duldung
eines Umzugsschildes beim Verkauf eines Hauses).[559]

Verletzt der Käufer eine Nebenpflicht, kann der Verkäufer unter den Voraussetzungen 273
des § 280 BGB Schadensersatz verlangen. Für einen Anspruch auf Schadensersatz statt
der Leistung ist zwischen leistungs- (§§ 280 Abs 1, 3, 281 BGB) und nicht leistungsbezogenen Nebenpflichten (§§ 280 Abs 1, 3, 282 BGB, §§ 280 Abs 1, 241 Abs 2 BGB)
zu unterscheiden. Gleiches gilt für das Rücktrittsrecht des Verkäufers, welches sich je
nach Einordnung der verletzten Käuferpflicht aus § 323 BGB oder § 324 BGB ergibt.

V. Verbrauchsgüterkauf

1. Begriff und Anwendungsbereich

Der Verbrauchsgüterkauf ist eine besondere Form des Kaufvertrags, der spezielle 274
Schutzmechanismen für den Käufer vorsieht (vgl bereits Rn 1 ff). Die §§ 474 ff BGB
enthalten Modifizierungen gegenüber den allgemeinen kaufrechtlichen Regelungen,
insbesondere zur Mängelhaftung. Im Zuge der Reform des Bauvertragsrechts (Rn 4)
kam es nicht nur zu inhaltlichen Neuregelungen (dazu Rn 118 ff, 232 ff), sondern insbesondere im Rahmen des Verbrauchsgüterkaufs auch zu Umstellungen ohne inhaltliche Veränderungen: So erfolgte insbesondere eine Aufteilung des § 474 aF in § 474
BGB nF und § 475 BGB nF; und unter anderem wurde § 475 aF (Abweichende Vereinbarungen) zu § 476 BGB und § 476 aF (Beweislastumkehr) wurde § 477 BGB nF.

a) Persönlicher Anwendungsbereich
Maßgeblich für die Anwendbarkeit der §§ 474 ff BGB ist, dass es sich bei **dem Ver-** 275
käufer um einen Unternehmer iSd § 14 Abs 1 BGB und bei **dem Käufer um einen Verbraucher iSd § 13 BGB** handelt, § 474 Abs 1 S 1 BGB. Für die Abgrenzung zwischen
Unternehmer- und Verbraucherhandeln ist nach hM auf die objektiv zu bestimmende
Zweckrichtung des Rechtsgeschäfts abzustellen und nicht – wie die Gegenansicht es
befürwortet – auf die für den Vertragspartner erkennbaren Umstände.[560] Für die

---

und Glauben ergeben, siehe dazu STAUDINGER/BECKMANN (2014) § 433 Rn 236 f.
[557] RG 23, 1, 1920 – II 397/19, RGZ 98, 69; STAUDINGER/BECKMANN (2014) § 433 Rn 242 (auch zu weiteren vertraglichen Treuepflichten); bei einem beiderseitigen Handelskauf ergibt sich diese Pflicht aus § 379 Abs 1 HGB.
[558] Anders freilich bei entsprechenden vertraglichen Nebenabreden.
[559] RG 5.10.1939 – V 87/39, RGZ 161, 330; ua zur Terminologie BODEWIG Jura 2005, 505.
[560] BGH 27.9.2017 – VIII ZR 271/16 Rn 41, NJW 2018, 146, 149; MünchKomm/MICKLITZ/PURNHAGEN (7. Aufl 2016) § 13 Rn 45; **aA** LG Hamburg 19.5.2010 – 313 O 294/09 juris Rn 18; PALANDT/ELLENBERGER (76. Aufl 2017) § 13 Rn 4; offengelassen durch BGH 30.9.2009 – VIII ZR 7/09, NJW 2009, 3780 f; nach LIAUW Jura 2014, 388, 389 folgt aus einer Abgrenzung nach objektiven Kriterien weiter, dass auch dann ein Verbrauchsgüterkauf vorliegt, wenn sich der Unternehmer gegenüber dem Verbraucher wahrheitswidrig als Verbraucher zu erkennen gibt.

Unternehmereigenschaft kommt es nicht darauf an, ob der Unternehmer die Kaufverträge im Rahmen seines Kerngeschäfts tätigt, sondern darauf, dass er den Vertragsschluss **im Rahmen seiner gewerblichen oder selbständigen beruflichen Tätigkeit** vornimmt.[561] Auch branchenfremde (Neben-)Geschäfte unterliegen den §§ 474ff BGB;[562] im Hinblick auf den Bezug zur gewerblichen Tätigkeit hat der BGH in der zuvor genannten Entscheidung – für den Fall einer GmbH (als Formkaufmann gem § 6 Abs 1 HGB, § 13 Abs 3 GmbHG) – zudem die Vermutungswirkung des § 344 Abs 1 HGB herangezogen. Indes sei ein entsprechender allgemeiner, auf alle selbständig Erwerbstätigen anzuwendender Rechtsgedanke dem § 344 Abs 1 HGB nicht zu entnehmen.[562a] Die Beweislast für die Verbrauchereigenschaft wiederum trägt der Käufer.[563] Bei einem gemischten Zweck, zB Kauf eines PKW für private und selbständige berufliche Verwendung **(dual use)**, ist nach § 13 BGB der überwiegende Nutzungszweck für die Qualifizierung als Verbrauchsgüterkauf ausschlaggebend. Schließt der Käufer den Kaufvertrag für seine berufliche, nicht aber seine selbständige berufliche Tätigkeit ab, zB Kauf von Arbeitskleidung, ist der Arbeitnehmer Verbraucher iSd § 13 BGB.[564] Der persönliche Anwendungsbereich der §§ 474ff BGB ist hingegen nicht eröffnet, wenn sich der Verbraucher gegenüber dem Unternehmer bei Vertragsabschluss bewusst wahrheitswidrig als Unternehmer geriert.[565] Er wird durch eine solche Täuschung nicht zum Unternehmer, da die Verbrauchereigenschaft objektiv zu bestimmen bleibt. Allerdings kann er sich nicht auf eine hiernach bestehende Verbrauchereigenschaft berufen, sondern muss sich wegen des Verbots widersprüchlichen Verhaltens (venire contra factum proprium) gem § 242 BGB als Unternehmer behandeln lassen. Dies gilt auch, wenn der Verbraucher als Verkäufer (der unter Vorspiegelung einer Unternehmereigenschaft an einen Verbraucher verkauft) auftritt; sein Verhalten bindet ihn auch in diesem Fall.[566]

b)   Sachlicher Anwendungsbereich

276 Des Weiteren setzt ein Verbrauchsgüterkauf im Hinblick auf den **sachlichen Anwendungsbereich** gem § 474 Abs 1 S 1 BGB den **Kauf einer beweglichen Sache** voraus. §§ 474ff BGB sind somit nicht einschlägig, wenn Rechte, Grundstücke oder sonstige nicht körperliche Gegenstände veräußert werden.[567] Abgrenzungsschwierigkeiten ergeben sich bei digitalen Produkten. Eine bewegliche Sache ist dann gegeben, wenn die Standardsoftware oder die digitalisierte Musik etc in verkörperter Form, zB als CD-ROM, vorliegt (vgl Rn 27). Um dem Umgehungsverbot des § 476 Abs 1 S 2 BGB gerecht zu werden, wendet die hM die Regelungen des Verbrauchsgüterkaufs

---

[561] Nicht erforderlich hierfür ist, dass der Unternehmer mit Gewinnerzielungsabsicht handelt, BGH 29.3.2006 – VIII ZR 173/05 Rn 16, NJW 2006, 2250, 2251.
[562] BGH 13.7.2011 – VIII ZR 215/10 Rn 18ff, ZGS 2011, 406, 408 mwNw = NJW 2011, 3435ff.
[562a] BGH 18.10.2017 – VIII ZR 32/16 Rn 37, NJW 2018, 150, 154 mit Anm MÜLLER und LOOSCHELDERS, JA 2018, 146.
[563] BGH 11.7.2007 – VIII ZR 110/06, NJW 2007, 2619.
[564] STAUDINGER/MATUSCHE-BECKMANN (2014) § 474 Rn 6.
[565] BGH 22.12.2004 – VIII ZR 91/04, NJW 2005, 1045ff; MünchKomm/LORENZ (7. Aufl 2016) § 474 Rn 24.
[566] BGH 22.12.2004 – VIII ZR 91/04, NJW 2005, 1045ff; LIAUW Jura 2014, 388, 389.
[567] Käufe aufgrund von Zwangsvollstreckung und anderen gerichtlichen Maßnahmen sowie Energielieferverträge über Strom, Wasser und Gas, die nicht in einem begrenzten Volumen oder in einer bestimmten Menge abgefüllt sind, sind keine Verbrauchsgüterkäufe iSd der Verbrauchsgüterrichtlinie; für die §§ 474ff BGB ist indes umstritten, ob der Verkauf von Strom, Wasser, Gas etc von diesen Sonderregeln erfasst ist (vgl STAUDINGER/MATUSCHE-BECKMANN [2014] § 474 Rn 40f).

aber auch dann an, wenn keine Datenträger verkauft werden, sondern dem Käufer die Software überspielt wird.[568]

Ein Verbrauchsgüterkauf liegt nach der Regelung des § 474 Abs 1 S 2 BGB auch bei einem Vertrag vor, der neben dem Verkauf einer beweglichen Sache die Erbringung einer Dienstleitung durch den Unternehmer zum Gegenstand hat.[569] Dienstleistungen in diesem Sinne sollen vor allem solche sein, die der Unternehmer als Nebenleistung zu seiner Hauptleistungspflicht aus § 433 Abs 1 S 1 BGB erbringt. Dazu zählen etwa die Montage, die Installation oder die Anpassung der Kaufsache.[570] Die Dienstleistung muss indes einen Bezug zur Kaufsache bzw zur Übergabe und Übereignung der Kaufsache aufweisen.[571] Kommt ihr eigenständige Bedeutung zu, so ist sie nicht von §§ 474 ff BGB erfasst; ist sie von untergeordneter Bedeutung, so ist sie den §§ 474 ff BGB zu unterstellen.[572] Liegt ein Verbrauchsgüterkauf mit Dienstleistungsteil vor, so soll der ganze Vertrag mitsamt dem Dienstleistungsteil nicht nur unter die §§ 474 ff BGB (als Modifikationen der §§ 433 ff BGB) zu subsumieren sein, sondern auch unter die §§ 433 ff BGB, sodass auch das Mängelgewährleistungsrecht der §§ 434 ff BGB hinsichtlich des Dienstleistungsteils gilt.[573]

Gem § 474 Abs 2 S 2 BGB finden die Sonderbestimmungen über den Verbrauchsgüterkauf **keine Anwendung**, wenn **gebrauchte Sachen in öffentlich *zugänglichen* Versteigerungen**, an denen der Verbraucher persönlich teilnehmen kann, veräußert werden. Bis zur Umsetzung der Verbraucherrechterichtlinie im Jahre 2014 verlangte die Bereichsausnahme des § 474 Abs 1 S 2 aF eine **öffentliche Versteigerung**. Überwiegend orientierte man sich insoweit an der Legaldefinition des § 383 Abs 3 S 1 BGB.[574] Fraglich daran war aber, dass § 383 Abs 3 S 1 BGB einen besonders legitimierten Versteigerer voraussetzt und daher die Bereichausnahme im deutschen Recht wohl enger gezogen wurde, als von der Verbrauchsgüterkaufrichtlinie vorgesehen.[575] Gleichwohl hat der Gesetzgeber in der seit 13.6.2014 geltenden Fassung des § 474 Abs 2 S 2 BGB eine neue Form der Versteigerung, die **öffentlich zugängliche Versteigerung** als Tatbestandsvoraussetzung statuiert und diese wiederum in **§ 312g Abs 2 S 1 Nr 10 BGB legaldefiniert**, sodass sich der Streit um § 383 Abs 3 BGB erledigt hat.[576] Einer besonderen Legitimation des Versteigerers bedarf es nicht (mehr). Der Verbraucher muss zumindest die Möglichkeit zu persönlicher Anwesenheit gehabt haben. Darüber hinaus muss es sich um eine Versteigerung im Rechtssinne handeln,[577] der Vertragsschluss mithin durch einen Zuschlag zustande kommen. Beide zuletzt genannten Vorausset-

---

[568] Vgl BeckOK/Faust (15.6.2017) § 474 Rn 14 mwNw; dies gilt freilich nur für Standardsoftware, vgl bereits Fn 47. Instruktiv zu dieser Thematik Haberstumpf NJOZ 2015, 793 f.
[569] Gesetz zur Umsetzung der Verbraucherrechterichtlinie und zur Änderung des Gesetzes zur Regelung der Wohnungsvermittlung v 20.9.2013 (BGBl 2013 I 3642); zu den Änderungen der ab 13.6.2014 geltenden Neufassung des § 474 BGB vgl Martinek, in: Staudinger/ Eckpfeiler (Voraufl 2014) A. Rn 69 ff.
[570] Begr RegE BT-Drucks 17/12637, 69; jurisPK/Ball (8. Aufl 2017) § 474 Rn 14.
[571] Beck Jura 2014, 666, 676.
[572] Beck Jura 2014, 666, 676; Lorenz JuS 2016, 398, 399.
[573] Beck Jura 2014, 666, 676.
[574] Dies bejahte die wohl ganz hM: BGH 9.11.2005 – VIII ZR 116/05, NJW 2006, 613 f mwNw; bestätigt durch BGH 24.2.2010 – VIII ZR 71/09, NJW-RR 2010, 1210, 1211; Staudinger/ Matusche-Beckmann (2014) § 474 Rn 57; aA Wertenbruch NJW 2004, 1977, 1981.
[575] BeckOK/Faust (15.6.2017) § 474 Rn 28; Staudinger/Matusche-Beckmann (2014) § 474 Rn 57.
[576] MünchKomm/Lorenz (7. Aufl 2016) § 474 Rn 13.
[577] MünchKomm/Lorenz (7. Aufl 2016) § 474 Rn 13.

zungen liegen bei Internetversteigerungen regelmäßig nicht vor, sodass diese weiterhin nicht von der Bereichsausnahme erfasst sind.[578] Ob ein Gegenstand **als gebraucht oder neu** anzusehen ist, kann im Einzelfall – etwa bei Tieren oder Kunstgegenständen – schwierig zu ermitteln sein. Für die Beurteilung kommt es im Falle eines Verbrauchsgüterkaufes alleine auf objektive Kriterien an.[579] Die Parteien selbst können nicht im Sinne einer Beschaffenheitsvereinbarung (subjektiv) bestimmen, dass eine objektiv neue Sache als gebrauchte Sache verkauft wird; dies würde den Schutz des Verbrauchers unterlaufen.[580] Entscheidend ist vielmehr, ob die Sache bereits bestimmungsgemäß verwendet wurde oder, wenn sich die Sache nicht physisch abnutzen kann, ob sie hinsichtlich ihrer Herkunft und Echtheit durch Zeitablauf einem erhöhten Sachmängelrisiko ausgesetzt ist.[581] Diese Grundsätze gelten auch für den Tierkauf. So hat der BGH zu Recht ein sechs Monate altes Fohlen, das bis zum Verkauf weder als Reittier noch zur Zucht verwendet worden ist, nicht als „gebrauchte Sache" iSd § 474 Abs 1 S 2 BGB angesehen.[582]

2. Zwingende und dispositive Vorschriften

a) Ausschluss und Modifizierung allgemeiner Vorschriften

279 Grundsätzlich sind auf den Verbrauchsgüterkauf als Sonderform eines Kaufvertrages die kaufrechtlichen Vorschriften der §§ 433 bis 473 BGB anwendbar. Gem § 475 Abs 3 S 1 BGB ist die Regelung des § 439 Abs 5 BGB auf Verbrauchsgüterkaufverträge mit der Maßgabe anzuwenden, dass **Nutzungen** im Falle der Nachlieferung nicht herauszugeben oder durch ihren Wert zu ersetzen sind (s auch Rn 96 ff). Gem § 475 Abs 3 S 2 BGB sind überdies die § 445 und § 447 Abs 2 BGB ausdrücklich ausgenommen. **§ 445 BGB** sieht einen Ausschluss der Mängelrechte vor, wenn eine Sache aufgrund eines Pfandrechts versteigert wird und keine Arglist bzw Garantie des Verkäufers vorliegt. **§ 447 Abs 2 BGB** gewährt dem Käufer gegen den Verkäufer einen Anspruch auf Ersatz des Schadens, der dadurch entstanden ist, dass der Verkäufer ohne dringenden Grund von einer Anweisung des Käufers über die Art der Versendung abgewichen ist.[583]

280 Bis zum 12.6.2014 sah § 474 Abs 2 S 2 aF den gänzlichen Ausschluss des **§ 447 BGB** für den Verbrauchsgüterkauf vor. Im Wege der Umsetzung der Verbraucherrechterichtlinie ist gemäß der **praxisrelevanten Regelung des heute geltenden § 475 Abs 2 BGB** die Regelung des § 447 Abs 1 BGB bei Verbrauchsgüterkaufverträgen nunmehr mit der Maßgabe anzuwenden, dass die Gefahr des zufälligen Untergangs und der zufälligen Verschlechterung auf den Käufer übergeht, wenn der Käufer den Spediteur, den Frachtführer oder die sonst zur Ausführung der Versendung bestimmte Person oder Anstalt mit der Ausführung beauftragt hat und der Unternehmer dem Käufer diese

---

[578] MünchKomm/LORENZ (7. Aufl 2016) § 474 Rn 13.
[579] BGH 15.11.2006 – VIII ZR 3/06 Rn 33, NJW 2007, 674, 677; LORENZ JuS 2016, 398, 399; aA etwa BeckOK/FAUST (15.6.2017) § 474 Rn 25, wonach auf den Vertragsinhalt abzustellen sei.
[580] BGH 15.11.2006 – VIII ZR 3/06, NJW 2007, 674, 677.
[581] LORENZ JuS 2016, 398, 399.
[582] BGH 15.11.2006 – VIII ZR 3/06, NJW 2007, 674, 676; vgl auch noch Rn 283 f.

[583] STAUDINGER/BECKMANN (2014) § 447 Rn 57; aA MünchKomm/WESTERMANN (7. Aufl 2016) § 447 Rn 21, danach stelle § 447 Abs 2 BGB keine eigenständige Anspruchsgrundlage dar, sondern normiere lediglich Pflichten des Verkäufers hinsichtlich der Art der Versendung, aus deren Verletzung ein Anspruch des Käufers gegen den Verkäufer auf Schadensersatz nach den §§ 280 Abs 1, 3, 281 Abs 1 BGB oder ggf gem §§ 280 Abs 1, 241 Abs 2 BGB folge.

Person oder Anstalt nicht zuvor benannt hat. Nur in diesen engen Grenzen ist § 447 Abs 1 BGB auch bei einem Verbrauchsgüterkauf anwendbar, im Übrigen ist die Anwendung des § 447 BGB ausgeschlossen. § 475 Abs 2 BGB hat aber nicht zur Folge, dass jeder Verbrauchsgüterkauf eine Bringschuld zum Gegenstand hat.[584] Der teilweise Ausschluss des § 447 BGB führt lediglich dazu, dass der Käufer die Preisgefahr nicht schon mit der Übergabe an die Transportperson, sondern erst ab einem späteren Zeitpunkt – gem § 446 BGB mit Übergabe an den Käufer – trägt. Bis dahin erfolgt der Transport der Kaufsache auf Gefahr des Verkäufers.[585]

Gleichfalls seit dem 13.6.2014 ist in Umsetzung der Verbraucherrechterichtlinie **mit § 475 Abs 1 S 1 BGB** die Fälligkeit abweichend von § 271 Abs 1 BGB geregelt. Danach kann der Gläubiger (dh Verkäufer oder Käufer) die nach § 433 BGB zu erbringenden Leistungen, wenn weder etwas anderes bestimmt noch aus den Umständen zu entnehmen ist, nicht sofort (§ 271 Abs 1 BGB), sondern **unverzüglich** (§ 121 Abs 1 S 1 BGB) verlangen. Der Verkäufer muss gem § 475 Abs 1 S 2 BGB spätestens nach 30 Tagen liefern, wodurch für die Praxis Rechtssicherheit geschaffen wird.[586] § 475 Abs 1 S 1 BGB gilt indes nur für die Fälligkeit von kaufrechtlichen Primärleistungspflichten und nicht für andere Pflichten wie etwa Mängelrechte.[587]

Weiterhin ist seit dem 1.1.2018 im Rahmen eines Verbrauchsgüterkaufs nach **§ 475 Abs 4 BGB** ausdrücklich eine Berufung auf die **absolute Unverhältnismäßigkeit** durch den Verkäufer (§ 439 Abs 4 BGB) nicht möglich. Der Unternehmerverkäufer kann den Aufwendungsersatz indes auf einen angemessenen Betrag beschränken (ausführlich dazu Rn 133 ff).

b) Abweichende Vereinbarungen
aa) Haftungsbeschränkungen, § 476 Abs 1 S 1, Abs 2 und 3
§ 476 Abs 1 S 1 BGB (§ 475 Abs 1 S 1 aF) sieht einen **praxisrelevanten Schutz des Verbrauchers** im Hinblick auf seine Mängelrechte vor. Danach kann sich der Unternehmer nicht auf eine vor Mitteilung eines Mangels getroffene Vereinbarung, die zum Nachteil des Verbrauchers von den §§ 433 bis 435 BGB, § 437 BGB, §§ 439 bis 443 BGB sowie von den Vorschriften der §§ 474 ff BGB abweicht, berufen. Dem Verbraucher darf durch die Vereinbarung kein unmittelbarer oder mittelbarer Nachteil entstehen.[588] Entsprechende Abreden – sei es in Form einer AGB, sei es in Form einer Individualabrede – sind **unwirksam**. In Abweichung von § 139 BGB ist nicht der gesamte Kaufvertrag als unwirksam anzusehen. Vielmehr gelten die gesetzlichen Regelungen.[589]

---

[584] BGH 16.7.2003 – VIII ZR 302/02, NJW 2003, 3341, 3342; vgl auch BGH 6.11.2013 – VIII ZR 353/12, NJW 2014, 454, 455.
[585] BT-Drucks 14/6040, 244; BeckOK/Faust (15.6.2017) § 474 Rn 43.
[586] Hierzu Lorenz JuS 2016, 398, 399; jurisPK/Ball (8. Aufl 2017) § 474 Rn 55 ff; Kohler NJW 2014, 2817, 2820.
[587] Looschelders, Schuldrecht Besonderer Teil (12. Aufl 2017) Rn 263.
[588] Beispiele: Ausschluss der Mängelrechte, Fristverkürzungen, für den Käufer ungünstige Beweislastregelung, Vereinbarung einer Rügeobliegenheit; Durchsetzung der Mängelrechte wird mit Kostenübernahme durch den Verbraucher verknüpft; vgl aber § 476 Abs 3 BGB im Hinblick auf die Beschränkung eines Schadensersatzanspruchs.
[589] Die Unwirksamkeit eines Gewährleistungsausschlusses beim Verbrauchsgüterkauf „führt […] nicht ohne Weiteres dazu, dass der Verbraucher mindern, zurücktreten oder Schadensersatz statt der Leistung verlangen könnte, ohne dem Verkäufer zuvor Gelegenheit zur Nacherfüllung gegeben zu haben", so BGH 13.7.2011 – VIII ZR 215/10 Rn 29 ff, ZGS 2011, 406, 409 f unter Aufgabe von BGH 15.11.2006 – VIII ZR 3/06 Rn 44, NJW 2007, 674, 678.

Vereinbarungen (zB) zur Mängelhaftung, die nach Mitteilung des Sachmangels getroffen werden, sind hingegen zulässig.[590]

284 Indes kann die **Verjährungsfrist der Mängelansprüche**, nicht jedoch der Fristbeginn, gem § 476 Abs 2 BGB eingeschränkt werden. Für neue Sachen muss die Verjährung ab dem gesetzlichen Verjährungsbeginn mindestens zwei Jahre, für gebrauchte Sachen mindestens ein Jahr betragen (vgl auch Rn 207 ff). Ob Sachen als neu oder als gebraucht angesehen werden, richtet sich nach objektiven Kriterien.[591]

285 Dispositiv ist gem § 476 Abs 3 BGB allerdings der **Anspruch auf Schadensersatz** gem § 437 Nr 3 BGB, was darauf zurückzuführen ist, dass Schadensersatzansprüche nicht vom Anwendungsbereich der Verbrauchsgüterkaufrichtlinie umfasst werden.[592] Eröffnet bleibt aber eine etwaige AGB-Kontrolle gem §§ 305 ff BGB.

bb) Umgehungsverbot gem § 476 Abs 1 S 2

286 Neben dem Verbot abweichender Vereinbarungen normiert § 476 Abs 1 S 2 BGB (§ 475 Abs 1 S 2 aF) ein **Umgehungsverbot** durch anderweitige Gestaltungen. Ein Verbrauchsgüterkauf liegt hiernach etwa vor, wenn der Käufer bei Vertragsschluss wahrheitswidrig (zB in einem Formular) bestätigt, dass er als Unternehmer auftrete, der Verkäufer jedoch um die tatsächlich bestehende Verbrauchereigenschaft des Käufers weiß;[593] täuscht der Käufer dem Verkäufer hingegen eine Unternehmereigenschaft vor, bleibt es bei der Unanwendbarkeit der §§ 474 ff BGB (vgl bereits oben Rn 275). Im Zusammenhang mit dem Umgehungsverbot werden weiterhin folgende Konstellationen erörtert:

(1) Umgehung durch Beschaffenheitsvereinbarungen

287 Grundsätzlich können die Vertragspartner den geschuldeten Qualitätszustand einer Sache festlegen. Die Verbrauchsgüterkaufregelungen würden aber ausgehebelt, wenn die Vertragspartner zB jegliches Vorliegen eines Sachmangels durch eine entsprechende Beschaffenheitsvereinbarung vereiteln könnten und dem Käufer dann de facto keine Mängelrechte zustünden. Deswegen ist die Abgrenzung von einer noch zulässigen (negativen) Beschaffenheitsvereinbarung zu einer bereits unzulässigen Umgehung von entscheidender Bedeutung. Als Abgrenzungskriterium kann die Eignung zur gewöhnlichen Verwendung und die übliche Beschaffenheit der Kaufsache herangezogen werden.[594] Bei davon abweichenden Vereinbarungen muss dem Käufer die Beschaffenheit durch den Hinweis auf konkrete Mängel vor Augen geführt werden.[595] Eine

---

[590] ZB in einem Prozess- oder Anwaltsvergleich.
[591] BGH 15.11.2006 – VIII ZR 3/06 Rn 27 ff, NJW 2007, 674, 676 (s schon Rn 278); vgl bereits STAUDINGER/MATUSCHE-BECKMANN (2014) § 475 Rn 91: Eine formale Zulassung eines Kraftfahrzeugs, die nicht zu einer Ingebrauchnahme des Fahrzeugs im Straßenverkehr erfolgt ist, rechtfertigt keine Veräußerung des Pkw als Gebrauchtwagen.
[592] Da ein Aufwendungsersatzanspruch nach §§ 437 Nr 3, 284 BGB das Vorliegen der Voraussetzungen eines Schadensersatzanspruchs statt der Leistung voraussetzt, wirkt sich § 476

Abs 3 BGB auch auf solche Ansprüche aus (vgl STAUDINGER/MATUSCHE-BECKMANN [2014] § 475 Rn 113). Für den Ausschluss von Schadensersatzansprüchen gelten die allgemeinen Regeln, insbesondere § 444 BGB und bei AGB vor allem § 309 Nr 7 lit a, b BGB.
[593] LOOSCHELDERS, Schuldrecht Besonderer Teil (12. Aufl 2017) Rn 269.
[594] REINICKE/TIEDTKE, Kaufrecht (8. Aufl 2009) Rn 751. Daraus ergibt sich, dass an gebrauchte Sachen nicht die gleichen Qualitätsanforderungen gestellt werden wie an neue Sachen.
[595] STAUDINGER/MATUSCHE-BECKMANN (2014) § 475 Rn 60.

Aussage, die einen Mangel lediglich für möglich hält, entspricht nicht der Konkretisierung und Transparenz, die einer Beschaffenheitsvereinbarung zugrunde gelegt werden muss.[596] Die Sache darf nicht schlechter dargestellt bzw als minderwertiger beschrieben werden, als es objektiv feststellbare Tatsachen erkennen lassen.[597] Eine pauschale Angabe, die beispielsweise einen Gebrauchtwagen als „Bastlerfahrzeug" bezeichnet, obwohl er noch zum Fahren bestimmt ist, ist unzulässig.[598]

(2) Umgehung durch Wahl eines anderen Vertragstyps
Diskutiert wird insbesondere, ob ein **Agenturgeschäft**[599] eine unzulässige Umgehung der Verbrauchsgüterkaufregelungen darstellen kann.[600] Ein solches Agenturgeschäft kommt zB im Gebrauchtwagenhandel vor, wenn ein Verbraucher seinen Gebrauchtwagen durch einen Unternehmer (Kfz-Händler) weiterveräußern lässt und dem Verbraucher der erzielte Preis im Hinblick auf den Kauf eines neuen Fahrzeugs angerechnet wird. Der Kfz-Händler tritt dabei als Vertreter des Gebrauchtwageneigentümers auf, in dessen Namen und auf dessen Rechnung der Verkauf des Gebrauchtwagens erfolgt.[601] Während solche Agenturverträge teilweise grundsätzlich als Umgehungsgeschäft iSd § 476 Abs 1 S 2 BGB eingeordnet werden,[602] sehen andere Literaturansichten diese Konstruktion demgegenüber prinzipiell ohne Einschränkung als zulässig an.[603] Nach wohl hM und nach der Rspr des BGH sind Agenturgeschäfte auch im Bereich des gewerblichen Handels mit gebrauchten Sachen Privater nicht generell als Umgehungsgeschäfte im Sinne des § 476 Abs 1 S 2 BGB anzusehen. Im Einzelfall kann dieser Ansicht nach jedoch eine Umgehung des für den Verbrauchsgüterkauf bezweckten Verbraucherschutzes anzunehmen sein, wenn das Agenturgeschäft missbräuchlich dazu eingesetzt wird, ein in Wahrheit vorliegendes Eigengeschäft des Unternehmers zu verschleiern.[604] Ob dies der Fall ist, richtet sich danach, wie bei **wirtschaftlicher Betrachtung** die Chancen und Risiken des Gebrauchtwagenverkaufs zwischen dem bisherigen Eigentümer des Fahrzeugs und dem Fahrzeughändler verteilt sind. Im Falle der Inzahlungnahme des Fahrzeugs durch den Händler dergestalt, dass er dem Eigentümer des Fahrzeugs einen **bestimmten Mindestverkaufspreis** für das Altfahrzeug garantiert und ihm beim Kauf eines Neuwagens den entsprechenden Teil des Kaufpreises für das Neufahrzeug gestundet hat, hat der BGH das Geschäft wirtschaftlich als Ankauf des Altfahrzeugs durch den Händler angesehen. Folge ist, dass der Händler beim Weiterverkauf des Gebrauchtwagens als dessen Verkäufer anzusehen ist und das gleichwohl gewählte Agenturgeschäft nach § 476 Abs 1 S 2 BGB keine An-

---

[596] MünchKomm/LORENZ (7. Aufl 2016) § 475 Rn 10.
[597] Neue Sachen können beispielsweise nicht als gebraucht verkauft werden; so bereits BGH 15.11.2006 – VIII ZR 3/06, NJW 2007, 674, 677; STAUDINGER/MATUSCHE-BECKMANN (2014) § 475 Rn 66 f.
[598] OLG Oldenburg 22.9.2003 – 9 W 30/03, ZGS 2004, 75.
[599] Vor 1990 konnte der Händler durch eine solche Vertragsgestaltung das Anfallen von Umsatzsteuer vermeiden. Der „Agenturvertrag" wurde vom BGH grds als zulässig akzeptiert: BGH 5.4.1978 – VIII ZR 83/77, NJW 1978, 1482; BGH 18.6.1980 – VIII ZR 139/79, NJW 1980, 2184.

[600] Beim Finanzierungsleasingvertrag hat der BGH indes eine Umgehung verneint (BGH 21.12.2005 – VIII ZR 85/05, NJW 2006, 1066); kritisch H BECKMANN WuB I J 2 – 1.06, S 373, 374 ff; STOFFELS LMK 2006, 170499.
[601] BGH 28.5.1980 – VIII ZR 147/79, NJW 1980, 2190; BGH 31.3.1982 – VIII ZR 65/81, NJW 1982, 1699.
[602] HOFMANN JuS 2005, 8, 10.
[603] ERMAN/GRUNEWALD (15. Aufl 2017) § 476 Rn 8; vgl auch M MÜLLER NJW 2003, 1975.
[604] BGH 26.1.2005 – VIII ZR 175/04, NJW 2005, 1039, 1040; BGH 22.11.2006 – VIII ZR 72/06 Rn 16, NJW 2007, 759, 760 mit krit Anm BRUNS; STAUDINGER/MATUSCHE-BECKMANN (2014) § 475 Rn 48 ff, 49.

erkennung finden kann.⁶⁰⁵ Der Händler muss sich danach also **beim Weiterverkauf** des Gebrauchtwagens gem § 476 Abs 1 S 2 BGB so behandeln lassen, als hätte er selbst das Fahrzeug an den Käufer verkauft.⁶⁰⁶ Offengelassen hat der BGH bisher die dogmatische Begründung der Einstandspflicht des Händlers als Verkäufer, insbesondere „ob die (ausschließliche) Haftung des Händlers dogmatisch so zu begründen ist, dass der ‚vorgeschobene' Kaufvertrag (zwischen den Verbrauchern) als Scheingeschäft unwirksam ist und nach § 476 Abs 1 S 2 BGB ausschließlich ein Verbrauchsgüterkauf zwischen dem Käufer (Verbraucher) und dem Händler (Unternehmer) besteht ..., oder ob der durch den Händler als Vertreter vermittelte Kaufvertrag (mit dem vereinbarten Gewährleistungsausschluss) unangetastet bleibt und die Anwendung des § 476 Abs 1 S 2 BGB daneben zu einer Eigenhaftung des Händlers für Sachmängel führt"⁶⁰⁷ (vgl aber auch sogleich zum Strohmanngeschäft Rn 289).

(3) Strohmanngeschäft

289 Mit einer wiederum anderen Fallkonstellation hat sich der BGH in seiner Entscheidung vom 12.12.2012 auseinandergesetzt:⁶⁰⁸ Ein Kfz-Händler hatte beim Verkauf eines Fahrzeugs an einen Verbraucher seine Ehefrau als Strohmann vorgeschoben, um Mängelrechte ausschließen zu können. Es wurde deshalb ein Kaufvertrag zwischen der Ehefrau des Kfz-Händlers als Verkäuferin und dem Käufer geschlossen. Nach Verjährung möglicher Mängelansprüche verlangte der Käufer von der Verkäuferin Rückzahlung des Kaufpreises. Ein bereicherungsrechtlicher Rückzahlungsanspruch käme in Betracht, wenn der zwischen dem Käufer und der Ehefrau des Kfz-Händlers zustande gekommene Kaufvertrag als Scheingeschäft gem § 117 Abs 1 BGB unwirksam wäre. Dies hat der BGH aber abgelehnt, da das Zustandekommen dieses Vertrags zwischen den Parteien tatsächlich ernstlich gewollt gewesen sei, um den erstrebten wirtschaftlichen Zweck des Geschäfts dauerhaft zu erreichen (BGH 12.12.2012 – VIII ZR 89/12 Rn 15 f). Das Vorliegen eines Scheingeschäfts komme aber dann in Betracht, wenn der Vertragspartner (Käufer) mit dem Auftreten der vorgeschobenen Person als „Strohmann" einverstanden war (BGH 12.12.2012 – VIII ZR 89/12 Rn 16). Eine Unwirksamkeit des Vertrages ergebe sich auch nicht aufgrund einer Umgehung iSd § 476 Abs 1 S 2 BGB. Auch bei Annahme eines solchen Umgehungsgeschäfts bleibe der vorgeschobene Kaufvertrag (hier zwischen dem Käufer und der Ehefrau des Kfz-

---

⁶⁰⁵ BGH 26.1.2005 – VIII ZR 175/04, NJW 2005, 1039, 1040. Im Schrifttum sind die Rechtsfolgen bei Annahme des Umgehungstatbestands umstritten: Teilweise werden zwei Kaufverträge konstruiert, zum einen zwischen Eigentümer und Händler, zum anderen zwischen Händler und Käufer (vgl BeckOK/FAUST [15.6.2017] § 475 Rn 7b). Nach **aA** ist die Fiktion eines Kaufvertrages zwischen Händler und Käufer abzulehnen, aber dem Käufer sind gegen den Händler Ansprüche, die § 476 Abs 1 BGB (bis zum 31.12.2017: § 475 Abs 1) als zwingend vorschreibt, zu gewähren (HOFMANN JuS 2005, 8, 11; **aA** KATZENMAIER NJW 2004, 2632, 2633). Nach Ansicht von LORENZ (in: MünchKomm [7. Aufl 2016] § 475 Rn 40) führt der Verstoß gegen das Umgehungsverbot lediglich zur Unwirksamkeit der gegen die §§ 474 ff BGB verstoßenden Haftungsfreizeichnungen und -begrenzungen, nicht aber zu einem Wechsel der Vertragspartei. Nach einer weiteren Ansicht sind auf den Agenturvertrag die §§ 474 ff BGB nicht anwendbar; zugunsten des Käufers greife in dem Verhältnis zum Unternehmer aber unter Umständen ein Schutzpflichtverhältnis nach den §§ 311 Abs 3, 241 Abs 2 BGB ein, aus dem insbesondere Aufklärungspflichten folgen könnten (KATZENMAIER NJW 2004, 2632, 2633); vgl auch LOOSCHELDERS, Schuldrecht Besonderer Teil (12. Aufl 2017) Rn 268.
⁶⁰⁶ BGH 22.11.2006 – VIII ZR 72/06, NJW 2007, 759, 760 mit Anm LOOSCHELDERS JR 2008, 45.
⁶⁰⁷ BGH 22.11.2006 – VIII ZR 72/06, NJW 2007, 759, 760; vgl auch BGH 12.12.2012 – VIII ZR 89/12, NJW-RR 2013, 687, 688.
⁶⁰⁸ BGH 12.12.2012 – VIII ZR 89/12, NJW-RR 2013, 687.

Händlers) wirksam.[609] Unabhängig hiervon geht man im Schrifttum davon aus, dass ein Umgehungsgeschäft iSd § 476 Abs 1 S 2 BGB vorliegt, wenn mit dem Vorschieben des Strohmanns die zwingenden Regelungen der §§ 474 ff BGB umgangen werden sollen.[610]

3. Weitere Besonderheiten beim Verbrauchsgüterkauf

a) Kostenvorschussanspruch

Seit dem 1.1.2018 gewährt **§ 475 Abs 6 BGB** dem Verbraucher ausdrücklich einen **Vorschussanspruch** gegen den Unternehmer **für die Kosten der nach § 439 Abs 2, 3 BGB erforderlichen Maßnahmen**. § 439 Abs 2 BGB wird als Kostentragungsregelung mit Anspruchscharakter betrachtet.[611] Darüber hinaus wird der Verkäufer – in gesetzlicher Umsetzung der durch die Rechtsprechung entwickelten Grundsätze zu den Aus- und Einbaufällen (dazu Rn 118 ff) – gem § 439 Abs 3 BGB mit den Kosten für den Aus- und Einbau im Rahmen der Nacherfüllung belastet. Für den Käufer ergibt sich die Problematik, dass er durch eine Vorleistung der Kosten der jeweiligen Maßnahmen in wirtschaftliche Bedrängnis geraten könnte. Ferner trägt er das Risiko der Insolvenz des Verkäufers. Schon der EuGH hatte in seiner Entscheidung vom 16.6.2011 betont, dass Art 3 der Verbrauchsgüterkaufrichtlinie es gebiete, den Verbraucher vor finanziellen Belastungen zu schützen, welche ihn von der Geltendmachung seiner Rechte abhalten könnten.[612] Hieraus entwickelte zunächst die Rspr einen Vorschussanspruch für den Verbraucher,[613] welcher mit § 475 Abs 6 BGB Eingang in das Gesetz gefunden hat. Neben dem Vorliegen eines Verbrauchsgüterkaufs ist es hierfür auch erforderlich, dass der Unternehmer tatsächlich zur Kostentragung nach § 439 Abs 2, 3 BGB verpflichtet ist. 290

b) Beweislastumkehr gem § 477

Von besonderer Praxis- und Examensrelevanz ist die Beweislastumkehr gem § 477 HS 1 BGB (bis zum 31.12.2017: § 476). Diese Vorschrift sieht eine **Beweislastumkehr zugunsten des Käufers** vor; diese Beweislastumkehr ist gem § 476 Abs 1 S 1 BGB nicht zum Nachteil des Käufers abdingbar. Zeigt sich innerhalb von sechs Monaten seit Gefahrübergang ein Sachmangel, so wird vermutet, dass die Sache bereits bei Gefahrübergang mangelhaft war (zur Ausnahme aufgrund des zweiten Halbsatzes siehe unten Rn 295). Damit wird der Verbraucher gegenüber den allgemeinen Grundsätzen erheblich privilegiert. Außerhalb des Anwendungsbereichs der §§ 474 ff BGB trifft den Käufer die Darlegungs- und Beweislast für alle tatsächlichen Voraussetzungen des geltend gemachten Mängelanspruchs, insbesondere dafür, dass der Sachmangel bereits bei Gefahrübergang vorhanden war (vgl Rn 72 f). Der Verkäufer kann die gesetzliche Vermutung des § 477 BGB durch den vollen Beweis des Gegenteils (§ 292 ZPO) wi- 291

---

[609] Ebenso MEDICUS/PETERSEN, Bürgerliches Recht (26. Aufl 2017) Rn 312.
[610] Ausführlich hierzu STAUDINGER/MATUSCHE-BECKMANN (2014) § 475 Rn 53 ff mwNw; LOOSCHELDERS, Schuldrecht Besonderer Teil (12. Aufl 2017) Rn 268.
[611] BGH 30.4.2014 – VIII ZR 275/13 Rn 11, NJW 2014, 2351; BGH 13.4.2011 – VIII ZR 220/10 Rn 37, NJW 2011, 2278, 2281; vgl Rn 100.

[612] EuGH 16.6.2011 – C-65/09 und C-87/09 Rn 46, NJW 2011, 2269, 2271.
[613] Noch offenlassend BGH 13.4.2011 – VIII ZR 220/10 Rn 37, NJW 2011, 2278, 2281; klar sodann BGH 21.12.2011 – VIII ZR 70/08 Rn 49 f, NJW 2012, 1073; BGH 19.7.2017 – VIII ZR 278/16 Rn 29, NJW 2017, 2758, 2761.

derlegen, indem er etwa nachweist, dass die Kaufsache zum Zeitpunkt des Gefahrübergangs mangelfrei war.[614]

292 Trotz des prima facie eindeutigen Wortlauts von § 477 BGB hat insbesondere die Frage nach der Reichweite der Vermutungsregelung lange Zeit Diskussionen ausgelöst und schon wiederholt den BGH und im Rahmen der Auslegung der Verbrauchsgüterkaufrichtlinie auch den EuGH beschäftigt. Dabei wurde vor allem die Anwendbarkeit des § 477 BGB problematisiert, wenn offen ist, ob ein nachweislich erst **nach** Gefahrübergang aufgetretener Sachmangel („Hauptmangel" - bspw ein Motorschaden) Folge eines bereits bei Gefahrübergang bestehenden „Grundmangels" (bspw ein defekter Zahnriemen) war.[615] Der BGH[616] hat im sog **„Zahnriemenfall"** die Anwendung der Beweislastumkehr bei folgender Fallkonstellation abgelehnt: Ein vom Käufer (Verbraucher) erworbenes Kraftfahrzeug erlitt innerhalb von sechs Monaten nach Gefahrübergang einen Motorschaden; dieser Mangel war unstreitig, aber auch ebenso unstreitig erst nach Gefahrübergang eingetreten. Ob dieser Motorschaden auf einen bereits bei Gefahrübergang defekten Zahnriemen oder auf unsachgemäße Fahrweise des Käufers zurückzuführen war, war noch nicht abschließend aufklärbar; mithin war die **Ursache** (defekter Zahnriemen oder Fahrweise des Käufers) für den Motorschaden **streitig**.[617] Der BGH lehnte im „Zahnriemen-Fall" das Eingreifen der Vermutung zugunsten des Verbrauchers ab, weil - vereinfacht zusammengefasst - ein Defekt des Zahnriemens nicht feststand und der aufgetretene Motorschaden eben bei Gefahrübergang unstreitig nicht vorgelegen hatte. Die Entscheidung ist im Schrifttum teilweise erheblich kritisiert worden, weil § 476 BGB hierdurch zu eng ausgelegt werde. Es genüge der vom Käufer zu führende Nachweis der gegenwärtigen Mangelhaftigkeit (Motorschaden), nicht erforderlich sei jedoch der Beweis, dass andere als mangelbedingte Ursachen (Fahrfehler) für den Zustand der Kaufsache ausgeschlossen sind.[618] Wenn innerhalb der ersten sechs Monate nach Gefahrübergang ein Sachmangel auftrete, werde nicht lediglich vermutet, dass eben dieser Sachmangel bereits zur Zeit des Gefahrübergangs vorlag, sondern es werde darüber hinaus auch vermutet, dass ein erst nach Gefahrübergang eintretender Sachmangel („Hauptmangel") auf einen (anderen) „Grundmangel" der Sache zurückzuführen ist, der seinerseits bereits bei Gefahrübergang vorlag.[619] In der Folgezeit hatte sich zur Anwendung des § 477 BGB eine fast unüberschaubare Kasuistik entwickelt.[620]

---

[614] BGH 29.3.2006 - VIII ZR 173/05 Rn 32, NJW 2006, 2250, 2253; BGH 12.10.2016 - VIII ZR 103/15 Rn 59, NJW 2017, 1093, 1099 mwNw; OLG Celle 4.8.2004 - 7 U 30/04, NJW 2004, 3566; REINICKE/TIEDTKE, Kaufrecht (8. Aufl 2009) Rn 737.
[615] Fallbesprechung SCHULZE JuS 2017, 424 ff.
[616] BGH 2.6.2004 - VIII ZR 329/03, NJW 2004, 2299, 2300; ebenso BGH 23.11.2005 - VIII ZR 43/05, NJW 2006, 434, 436; so auch KEIL DZWiR 2004, 385 f; WERTENBRUCH LMK 2004, 156; wohl auch vWESTPHALEN BB 2005, 1 f.
[617] Anders war dies hingegen im sog Zylinderkopfdichtungsfall, in welchem unstreitig ein Sachmangel vorgelegen hatte, jedoch nicht sicher war, ob der Mangel vor oder nach Gefahrübergang eingetreten war und die Vermutung des § 476 BGB daher auch nach Auffassung des BGH anwendbar war, BGH 18.7.2007 - VIII ZR 259/06, NJW 2007, 2621; vgl auch noch BGH 11.11.2008 - VIII ZR 265/07, NJW 2009, 580, wo als Mangel nur ein übermäßiger Verschleiß als Grundmangel in Betracht kam und deshalb die Vermutung des § 476 BGB einschlägig war.
[618] Vgl GSELL EWiR 2004, 903 f; ablehnend ebenfalls H ROTH ZIP 2004, 2025 ff.
[619] LORENZ NJW 2004, 3020, 3021 f.
[620] Gelungene Übersicht bei jurisPK/BALL (8. Aufl 2017) § 476 Rn 11-23.

Eine Wendung trat durch das Urteil des EuGH vom 4.6.2015 in der Rechtssache **293** „Faber" („Fahrzeugbrand-Fall") im Rahmen der Auslegung von Art 5 Abs 3 der Verbrauchsgüterkaufrichtlinie ein: Der Käufer erwarb im Autohaus des Verkäufers einen Gebrauchtwagen für private Zwecke. Knapp vier Monate später fing das Fahrzeug während einer Fahrt Feuer und brannte vollständig aus. Eine technische Untersuchung zur Ermittlung der Brandursache konnte nicht mehr durchgeführt werden, da das Fahrzeug verschrottet worden war. Der EuGH entschied, dass der Verbraucher „nur das Vorliegen der Vertragswidrigkeit beweisen [muss]. Er muss weder den Grund für die Vertragswidrigkeit noch den Umstand beweisen, dass sie dem Verkäufer zuzurechnen ist. [...] Es ist dann also Sache des Gewerbetreibenden, gegebenenfalls den Beweis zu erbringen, dass die Vertragswidrigkeit zum Zeitpunkt der Lieferung des Guts noch nicht vorlag, indem er dartut, dass sie ihren Grund oder Ursprung in einem Handeln oder Unterlassen nach dieser Lieferung hat."[621]

Aufgrund dieser verbraucherfreundlichen Auslegung durch den EuGH gab der BGH **294** mit Urteil vom 12.10.2016 seine bisherige Rechtsprechung ausdrücklich auf und schloss sich der Ansicht des EuGH an.[622] Im Wege richtlinienkonformer Auslegung greift § 477 BGB schon dann ein, „wenn dem Käufer der Nachweis gelingt, dass sich innerhalb von sechs Monaten ab Gefahrübergang ein mangelhafter Zustand (eine **Mangelerscheinung**) gezeigt hat, der – unterstellt, er hätte seine Ursache in einem dem Verkäufer zuzurechnenden Umstand – dessen Haftung wegen Abweichung von der geschuldeten Beschaffenheit (§ 434 Abs 1 BGB) begründen würde. Dagegen muss der Käufer weder darlegen und nachweisen, auf welche Ursache dieser Zustand zurückzuführen ist, noch dass diese in den Verantwortungsbereich des Verkäufers fällt."[623] Die im „Zahnriemen-Fall" gegebene Problematik (Rn 292) ist somit obsolet geworden.[624] Heute würde dieser Fall anders entschieden.[625]

§ 477 HS 2 BGB enthält zwei wichtige **Ausnahmen zur Beweislastumkehr**. Die Vermu- **295** tung gilt danach nicht, wenn sie **mit der Art der Sache** oder **des Mangels** unvereinbar ist. Nach hM greift die Vermutung gem § 477 HS 1 BGB sowohl bei gebrauchten Sachen[626] als auch bei Tieren[627] grundsätzlich ein. Hingegen wird der Ausschlussgrund des § 477 HS 2 BGB beispielsweise idR im Falle von leicht verderblichen Waren vorliegen.[628] Die Vermutung, ein Sachmangel habe bereits bei Gefahrübergang vorgelegen, ist nicht schon dann mit der Art des Mangels unvereinbar, wenn der Mangel typischerweise

---

[621] EuGH 4.6.2015 – C-497/13 Rn 70 bzw 73, NJW 2015, 2237, 2240 f mit Anm L Hübner; vgl auch Oechsler BB 2015, 1923.
[622] BGH 12.10.2016 – VIII ZR 103/15, NJW 2017, 1093, 1097 mit Anm Gutzeit JuS 2017, 357 und Koch NJW 2017, 1068.
[623] BGH 12.10.2016 – VIII ZR 103/15, NJW 2017, 1093, 1097. Darüber hinaus ist die bisherige Unterscheidung zwischen akutem und latentem Mangel hinfällig, da vermutet wird, dass „der binnen sechs Monaten nach Gefahrübergang zu Tage getretene mangelhafte Zustand zumindest im Ansatz schon bei Gefahrübergang vorgelegen hat".
[624] Medicus/Petersen, Bürgerliches Recht (26. Aufl 2017) Rn 313.
[625] Vgl etwa Gsell JZ 2017, 576, 577.
[626] BGH 14.9.2005 – VIII ZR 363/04, NJW 2005, 3490, 3492; OLG Köln 11.11.2003 – 22 U 88/03, NJW-RR 2004, 268; OLG Stuttgart 31.1.2005 – 5 U 153/04, 5 U 153/2004, ZGS 2005, 156; Staudinger/Matusche-Beckmann (2014) § 476 Rn 38 f.
[627] BGH 29.3.2006 – VIII ZR 173/05 Rn 22, NJW 2006, 2250, 2252 mwNw; BGH 11.7.2007 – VIII ZR 110/06 Rn 9, NJW 2007, 2619, 2620.
[628] MünchKomm/Lorenz (7. Aufl 2016) § 476 Rn 16.

jederzeit auftreten kann und deshalb keinen hinreichenden Rückschluss darauf zulässt, dass er schon bei Gefahrübergang vorlag;[629] insbesondere bei Tieren kommt es auf eine differenzierte Betrachtung je nach Art der Erkrankung oder des sonstigen Mangels an.[630] In Anbetracht des Wortlauts („es sei denn") trifft den Verkäufer die Beweislast für den Ausschluss der Vermutung gem § 477 HS 2 BGB.[631]

296 Grundsätzlich beginnt die sechsmonatige Frist **ab Gefahrübergang** zu laufen. Ein Problem im Hinblick auf den Fristbeginn stellt sich, wenn der Käufer die Annahme der Kaufsache wegen Mangels zunächst zurückweist und sie später doch entgegennimmt. Kommt es wegen der ursprünglichen Ablehnung zwar nicht zum Gefahrübergang nach § 446 S 1 BGB, könnte man auf den ersten Blick wegen **Annahmeverzugs des Käufers gem § 446 S 3 BGB** den Gefahrübergang im Zeitpunkt der Zurückweisung bejahen. Indes gerät der Käufer überhaupt nicht in Annahmeverzug, wenn der Verkäufer eine mangelhafte Leistung anbietet; es fehlt bereits an einer angebotenen Sache **mittlerer Art und Güte**. Gleichwohl obliegt dem Verkäufer grundsätzlich die Beweislast hinsichtlich des Annahmeverzugs des Käufers. Er müsste nachweisen, dass die von ihm angebotene Sache mittlerer Art und Güte entsprach, mithin also mangelfrei war. Gelingt ihm dies, bedarf es indes keines Rückgriffs auf § 477 BGB mehr; dem Käufer stehen dann offensichtlich keine Gewährleistungsrechte zu. Damit hat § 446 S 3 BGB im Rahmen des § 477 BGB keinen Anwendungsbereich: Entweder kann der Verkäufer nicht nachweisen, dass die von ihm angebotene Kaufsache mangelfrei war, dann gelangt der Käufer mit der Verweigerung der Abnahme nicht in Gläubigerverzug, oder dem Verkäufer gelingt der Nachweis, dann bedarf es keines Rückgriffs auf die Beweislastumkehr mehr. Dieses Ergebnis wird auch in der Literatur als unbefriedigend empfunden. Als Lösung wird beispielsweise vorgeschlagen, hinsichtlich des Annahmeverzugs die Mangelfreiheit der Kaufsache zu unterstellen.[632]

c) Sonderbestimmungen für Garantien, § 479

297 § 479 BGB dient dem Schutz des Käufers. Die Vorschrift gewährt dem Verbraucher keine Sonderrechte gegenüber anderen Käufern, sondern normiert zusätzliche formelle Voraussetzungen für Garantien, um eine Irreführung des Verbrauchers zu verhindern und ihm die Durchsetzung seiner Rechte so transparent wie möglich zu machen. Umfasst werden alle Garantien iSd § 443 BGB, also Haltbarkeits- und Beschaffenheitsgarantien, sei es durch den Verkäufer, den Hersteller oder sonstige Dritte.[633] Wie sich unter anderem aus einem Vergleich mit dem Wortlaut des § 443 BGB ergibt, bezieht sich § 479 BGB nur auf die Garantieerklärung als solche, also die Willenserklärung, die zum Abschluss eines Kaufvertrags (unselbstständige Garantie) oder

---

[629] BGH 14.9.2005 – VIII ZR 363/04, NJW 2005, 3490; BGH 29.3.2006 – VIII ZR 173/05 Rn 26, NJW 2006, 2250, 2252; BGH 11.7.2007 – VIII ZR 110/06 Rn 10, NJW 2007, 2619, 2620.
[630] BGH 29.3.2006 – VIII ZR 173/05 Rn 27 f, NJW 2006, 2250, 2252 f.
[631] BeckOK/Faust (15.6.2017) § 476 Rn 15 mwNw; aA Lorenz NJW 2004, 3020, 3022, wonach es sich um eine Rechtsfrage handeln soll.
[632] MünchKomm/Lorenz (7. Aufl 2016) § 476 Rn 10; Oetker/Maultzsch, Vertragliche Schuldverhältnisse (4. Aufl 2013) § 2 Rn 549; aA BeckOK/Faust (15.6.2017) § 476 Rn 6.1, der es ausreichen lässt, dass der Verkäufer die Entbehrlichkeit seines Angebots (§ 296 BGB) oder aber, dass ein wörtliches Angebot seinerseits ausreicht und er ein solches gemacht hat (§ 295 BGB), beweist und damit zum Annahmeverzug des Käufers gelangt; umfassend zur Problematik Staudinger/Matusche-Beckmann (2014) § 446 Rn 19 ff.
[633] Dabei muss der Garantiegeber Unternehmer iSd § 14 Abs 1 BGB und der Garantienehmer Verbraucher iSd § 13 BGB sein.

eines eigenständigen Garantievertrags führt, nicht dagegen auf die Werbung mit einer Garantie.[634] Die Garantie muss gem § 479 Abs 1 S 1 BGB einfach und verständlich, dh in deutscher Sprache abgefasst sein, wenn das Verkaufsgespräch nicht in einer anderen Sprache geführt worden ist;[635] vgl im Übrigen § 479 Abs 1 S 2 Nr 1 und 2 BGB. Hält der Garantiegeber die Vorgaben des § 479 Abs 1 BGB nicht ein, resultiert aus dem Verstoß indes keine direkte Sanktion und insbesondere nicht die Nichtigkeit der Garantieverpflichtung, § 479 Abs 3 BGB. Unklare Regelungen gehen – ggf auch über § 305c Abs 2 BGB – zu Lasten des Verkäufers.[636] Zum Zweck der Beweiserleichterung kann der Verbraucher gem § 479 Abs 2 BGB eine Garantie in Textform iSd § 126b BGB, zB auch per Telefax oder E-Mail, verlangen. Der Verbraucher hat einen Anspruch auf Erfüllung der Mitteilungspflichten und Einhaltung der Voraussetzungen iSd § 479 Abs 1, 2 BGB. Bei einer schuldhaften Verletzung der Schutz- und Aufklärungspflichten kommt ein Anspruch auf Schadensersatz gem §§ 280 Abs 1, 311 Abs 2, 241 Abs 2 BGB in Betracht.[637]

d) Sonderbestimmungen für den Unternehmerregress gem § 478 nF
Die durch den Verbrauchsgüterkauf gem §§ 474 ff BGB geschaffenen Privilegien des Verbrauchers gegenüber dem Letztverkäufer (Unternehmer) wurden bisher durch die Sonderbestimmungen über den Unternehmerregress gem § 478 aF, § 479 aF kompensiert. Durch die neu geschaffenen §§ 445a, 445b BGB wurden weite Teile des bisher nur bei Verbrauchsgüterkauf als Letztgeschäft möglichen Rückgriffs mit Wirkung zum 1.1.2018 auf **alle Kaufverträge** übertragen (Rn 232 ff). Gleichwohl bleiben einzelne Sonderbestimmungen zwecks Ausgleichs bestehender Vorteile des Verbrauchers gegenüber einem Unternehmer dem Verbrauchsgüterkaufrecht vorbehalten. § 478 BGB nF gewährt dem Unternehmer gegen seinen Lieferanten über § 445a BGB hinausgehende Privilegien, die (wegen § 478 Abs 2 BGB nF) im wirtschaftlichen Ergebnis sogar zwingend angelegt sind.[638]

aa) Beweislastumkehr gem § 478 Abs 1
Macht der Unternehmer gegenüber seinem Lieferanten die durch § 445a Abs 2 BGB privilegierten Mängelrechte oder den Aufwendungsersatzanspruch gem § 445a Abs 1 BGB geltend, kommt ihm nach **§ 478 Abs 1 BGB** die Beweislastumkehr des § 477 BGB (§ 476 aF) zugute. Danach wird vermutet, dass ein innerhalb von sechs Monaten nach Gefahrübergang auf den Verbraucher sichtbar gewordener Mangel, bereits zum Zeitpunkt des **Gefahrübergangs** vom Lieferanten **auf** den **regressnehmenden Unternehmer** vorhanden war. Die Mängelvermutung wirkt somit in der ganzen Lieferkette (§ 478 Abs 3 BGB). Die Beweislastvermutung greift auch hier bei Unvereinbarkeit mit der Art der Sache oder des Mangels nicht ein (§ 477 HS 2 BGB).[639] Bei der Bestimmung dieser Ausnahme ist auf das Verhältnis von Unternehmer und Lieferant abzustellen.[640] Die Beweislastumkehr hilft nicht über einen Ausschluss der Mängelrechte, zB durch Verletzung der Rügeobliegenheit nach § 377 HGB (Rn 204) im Verhältnis Unternehmer/Lieferant hinweg, vgl § 445a Abs 4 BGB.

---

[634] BGH 14.4.2011 – I ZR 133/09, NJW 2011, 2653, 2655 f; BGH 5.12.2012 – I ZR 146/11 Rn 10, MMR 2013, 589; OLG Hamm 14.2.2013 – I-4 U 182/12, MMR 2013, 375, 376 mit Anm Dehisselles.
[635] BT-Drucks 14/6040, 246.
[636] BeckOK/Faust (15.6.2017) § 477 Rn 12; jurisPK/Ball (8. Aufl 2017) § 477 Rn 18.

[637] Staudinger/Matusche-Beckmann (2014) § 477 Rn 38.
[638] MünchKomm/Lorenz (7. Aufl 2016) § 478 Rn 1 f; zur Kritik an diesen Regelungen ders Rn 7.
[639] ZB typische Lagerschäden.
[640] Staudinger/Matusche-Beckmann (2014) § 478 Rn 96.

bb) Abweichende Vereinbarungen gem § 478 Abs 2

300 § 478 Abs 2 BGB (§ 478 Abs 4 aF) steht in Korrelation mit § 476 Abs 1, 3 BGB. Dem Lieferanten soll nicht die Möglichkeit eröffnet sein, den Ausgleich für Sachmängel auf den Unternehmer (Letztverkäufer) abzuwälzen.[641] Anders als § 476 Abs 1 BGB verhindert § 478 Abs 2 BGB nicht jede Abweichung zum Nachteil des Unternehmers; möglich sind Abweichungen, wenn ein gleichwertiger Ausgleich geschaffen wird. Abweichungen werden dann als zulässig angesehen, wenn eine Beschränkung der Rechte wirtschaftlich gleichwertig, zB über pauschale Ausgleichsysteme in Form von Rabatten, Stundungen, pauschalen Mehrlieferungen, über Verrechnungsvereinbarungen oder Warengutschriften kompensiert wird.[642] Gleichwohl besteht für die Kautelarpraxis immer noch Unsicherheit darüber, welche Ausgestaltungen den Vorgaben des § 478 Abs 2 BGB nF genügen.[643]

301 Umstritten war bereits vor dem 1.1.2018 das Eingreifen eines Regresses gemäß der früheren §§ 478, 479 aF, wenn es noch gar nicht zum Verkauf der mangelhaften Ware an einen Verbraucher gekommen ist, mithin die Lieferkette „abbricht" und es an einem Verbrauchsgüterkauf fehlt. Gegen eine Anwendung ließ sich einwenden, dass es in dieser Situation noch nicht aufgrund der §§ 474 ff BGB zu Nachteilen des Letztverkäufers gekommen ist, die es auszugleichen gälte.[644] Die Problematik stellt sich indes nur noch im Rahmen der aktuellen Sonderbestimmungen für den Regress gem § 478 BGB.

cc) Rückgriff in der Lieferkette

302 Gem § 445b Abs 3 BGB gelten die Sonderbestimmungen über den Unternehmerregress für alle Unternehmer in einer Lieferkette (Rn 241). Speziell für die Regelungen von § 478 Abs 1 und 2 BGB wird dies durch § 478 Abs 3 BGB angeordnet. Voraussetzung ist jedoch, dass der Letztverkauf als Verbrauchsgüterkauf zu qualifizieren ist und der Anspruch im jeweiligen Vertragsverhältnis geltend gemacht wird.

VI. Weitere besondere Formen des Kaufvertrages

1. Eigentumsvorbehalt

303 Der Verkäufer ist nach den §§ 320 ff BGB grundsätzlich nicht zur Vorleistung verpflichtet. Trotzdem liegt es nicht selten im wirtschaftlichen Interesse des Käufers, den Kaufgegenstand bereits vor vollständiger Kaufpreiszahlung nutzen zu können. Um diesem Interesse gerecht zu werden, aber gleichzeitig die Rechte des Verkäufers zu sichern, können die Vertragsparteien beim Kauf von beweglichen Sachen einen – äußerst praxis- und examensrelevanten – Eigentumsvorbehalt[645] vereinbaren. Dabei erlangt der Käufer **erst nach vollständiger Zahlung des Kaufpreises Eigentum** an der ihm bereits zuvor übergebenen Kaufsache. Der Eigentumsvorbehalt schließt somit die Lücke eines fehlenden besitzlosen Pfandrechts für bewegliche Sachen und ermöglicht den Warenkredit.[646]

---

[641] BT-Drucks 14/7052, 199.
[642] ERMAN/GRUNEWALD (15. Aufl 2017) § 478 Rn 5; LORENZ JuS 2016, 872, 874.
[643] Noch zu § 478 aF MünchKomm/LORENZ (7. Aufl 2016) § 478 Rn 46.
[644] So etwa MATUSCHE-BECKMANN BB 2002, 2561, 2563 f; aA NK-BGB/BÜDENBENDER (3. Aufl 2016) § 478 Rn 12 für noch nicht verkaufte mangelhafte Produkte, wenn es bereits bei vergleichbaren Produkten zu einem Verbrauchsgüterkauf gekommen ist.
[645] Zum Eigentumsvorbehalt, insbesondere der dinglichen Konstruktion, vgl HERRESTHAL, in: STAUDINGER/Eckpfeiler K. Rn 204 ff.

Zur Begründung des Eigentumsvorbehalts ist zwischen Kaufvertrag (schuldrechtliche **304** Ebene) und Verfügungsgeschäft (sachenrechtliche Ebene) zu unterscheiden. Grundsätzlich muss der Eigentumsvorbehalt zunächst Inhalt des Kaufvertrages geworden sein. Dabei ist die Vereinbarung eines einfachen Eigentumsvorbehalts[647] als **sichernder Ausgleich der Vorleistung** des Verkäufers mittels Allgemeiner Geschäftsbedingung ohne Weiteres zulässig.[648] Ob sich allein mit der Vereinbarung einer Ratenzahlung ein konkludent vereinbarter Eigentumsvorbehalt begründen lässt, ist zweifelhaft; vielmehr bedarf es weiterer Umstände, um einen solchen bejahen zu können.[649] Ebenso ist eine Änderung des Verpflichtungsgeschäfts hinsichtlich eines **nachträglichen** Eigentumsvorbehalts möglich. So kann in der widerspruchslosen Annahme der Kaufsache durch den Käufer in Kenntnis eines vom Verkäufer zum Zeitpunkt der Übergabe erklärten Eigentumsvorbehalts eine stillschweigende Änderung des Kaufvertrages liegen.[650] Auf der sachenrechtlichen Ebene enthält § 449 Abs 1 BGB für den Eigentumsvorbehalt eine Auslegungsregel, wonach die Übereignung des Kaufgegenstandes unter der aufschiebenden Bedingung vollständiger Kaufpreiszahlung erfolgt, § 929 S 1 BGB, § 158 Abs 1 BGB.[651] Bis zum Eintritt dieser Bedingung bleibt der Verkäufer Eigentümer und mittelbarer Besitzer. Der Käufer hingegen erlangt aufgrund der bedingten Übereignung ein **Anwartschaftsrecht** an der Kaufsache.[652] Zahlt der Käufer nicht, muss der Verkäufer vom Vertrag zurücktreten, um die Kaufsache herausverlangen zu können, § 449 Abs 2 BGB.

2. Kauf auf Probe

Bei dieser besonderen Art des Kaufs wird der Vertrag unter der (im Zweifel aufschie- **305** benden) Bedingung der **Billigung** des gekauften Gegenstandes durch den Käufer geschlossen, § 454 BGB. Die Billigung ist dabei eine empfangsbedürftige Willenserklärung und steht nach § 454 Abs 1 S 1 BGB im freien Belieben des Käufers. Mit Billigung wird der ursprünglich auf Probe geschlossene Vertrag voll wirksam. Von diesem Zeitpunkt an trägt der Käufer auch die Preisgefahr.[653]

Ein Kauf auf Probe liegt hingegen nicht vor, wenn der Käufer vertraglich verpflichtet **306** ist, die Nichtbilligung und Rückgabe der Ware zu begründen.[654] Abzugrenzen ist der Kauf auf Probe auch von einem **Kauf zur Probe**. Dabei handelt es sich um einen unbedingten Kauf, bei dem der Käufer unter der Voraussetzung positiver Erfahrungen

---

[646] BÜLOW, Recht der Kreditsicherheiten (9. Aufl 2017) Rn 722.
[647] Auch Sonderformen sind möglich; dazu HERRESTHAL, in: STAUDINGER/Eckpfeiler K. Rn 222 ff; STAUDINGER/BECKMANN (2014) § 449 Rn 120 ff.
[648] Vgl STAUDINGER/BECKMANN (2014) § 449 Rn 19 ff.
[649] STAUDINGER/BECKMANN (2014) § 449 Rn 17 mwNw; ECKERT/MAIFELD/MATTHIESSEN, Handbuch des Kaufrechts (2. Aufl 2014) Rn 264; NK-BGB/MELLER-HANNICH (4. Aufl 2016) § 929 Rn 73; **aA** tendenziell MünchKomm/WESTERMANN (7. Aufl 2016) § 449 Rn 15; offengelassen durch BGH 13.9.2006 – VIII ZR 184/05 Rn 12, NJW 2006, 3488, 3489.
[650] RG JW 1930, 1421; dazu auch STAUDINGER/BECKMANN (2014) § 449 Rn 30 ff.
[651] Da es sich insoweit um eine Auslegungsregel handelt, ist ebenso die Vereinbarung einer auflösend bedingten Übereignung möglich.
[652] Zu den sachenrechtlichen Fragen und Formen des Eigentumsvorbehalts HERRESTHAL, in: STAUDINGER/Eckpfeiler K. Rn 204 ff sowie KLINCK, in: STAUDINGER/Eckpfeiler T. Rn 120; STAUDINGER/BECKMANN (2014) § 449 Rn 120 ff.
[653] BGH 19.2.1975 – VIII ZR 175/13, NJW 1975, 776, 777; BGH 17.3.2004 – VIII ZR 265/03, NJW-RR 2004, 1058, 1059; STAUDINGER/MADER/SCHERMAIER (2014) § 454 Rn 22.
[654] So beim Prüfungskauf, BGH 25.5.1970, VIII ZR 253/68, WM 1970, 877, 878; STAUDINGER/MADER/SCHERMAIER (2014) § 454 Rn 9.

mit der Ware Anschlussaufträge in Aussicht stellt.[655] Ein unbedingter Kaufvertrag kommt ebenso zustande, wenn dem Käufer ein **Umtauschrecht** eingeräumt wird.[656]

3. Wiederkauf

307 Will sich der Verkäufer die Möglichkeit erhalten, die getätigte Veräußerung rückgängig zu machen, kann ihm im Kaufvertrag oder zu einem späteren Zeitpunkt ein Recht zum Wiederkauf eingeräumt werden.[657] Dabei handelt es sich um eine Vereinbarung, wonach der Verkäufer den Käufer durch eine einseitige Erklärung dazu verpflichten kann, den Kaufgegenstand gegen Erstattung des Wiederkaufpreises herauszugeben.[658] Eine solche denselben Formerfordernissen wie das entsprechende Rechtsgeschäft unterliegende[659] Vereinbarung stellt eine rein **schuldrechtliche Verpflichtung** dar. Der Käufer ist daher dinglich nicht gehindert, entgegen der Absprache über die Kaufsache zu verfügen. Verschuldet der Verkäufer allerdings **vor Ausübung** des Wiederkaufsrechts eine Verschlechterung, den Untergang oder eine sonstige Unmöglichkeit der Herausgabe des Kaufgegenstandes, ist er nach § 457 Abs 2 S 1 BGB zum Schadensersatz verpflichtet. Die Regelung des § 457 BGB ersetzt damit das allgemeine Gewährleistungsrecht. Für wertsteigernde Verwendungen kann der Wiederverkäufer nach § 459 S 1 BGB Ersatz verlangen. **Nach Ausübung** des Wiederkaufsrechts bestimmen sich die Pflichten von Wiederverkäufer und Wiederkäufer nach § 433 BGB und es gelten die allgemeinen Regeln, einschließlich der §§ 434 ff BGB.

4. Vorkauf

308 Bei Vereinbarung eines Vorkaufsrechts hat der Vorkaufsberechtigte die Möglichkeit, einen bestimmten Gegenstand zu erwerben, sobald der Vorkaufsverpflichtete einen Kaufvertrag über ebendiesen Gegenstand mit einem Dritten schließt, § 463 BGB. Der Zweck eines Vorkaufsrechts kann darin bestehen, dem Vorkaufsberechtigten eine Erwerbschance zu ermöglichen (Erwerbsinteresse) oder aber den Erwerb eines Dritten zu verhindern (Abwehrinteresse).[660] Neben dem **vertraglich** begründeten gibt es auch **gesetzliche** Vorkaufsrechte. So sieht zB § 2034 BGB ein Vorkaufsrecht des Miterben, § 577 BGB ein solches des Mieters vor.[661] Vom Vorkaufsrecht des § 463 BGB ist das **dingliche** Vorkaufsrecht der §§ 1094 ff BGB zu unterscheiden, welches ein eigenständiges dingliches Recht darstellt.[662] Auch das schuldrechtliche Vorkaufsrecht kann al-

---

[655] STAUDINGER/MADER/SCHERMAIER (2014) Vorbem 10 zu §§ 454 f.

[656] Siehe zum Kauf mit Umtauschvorbehalt STAUDINGER/MADER/SCHERMAIER (2014) Vorbem 3 ff zu §§ 454 f mwNw; OETKER/MAULTZSCH, Vertragliche Schuldverhältnisse (4. Aufl 2013) § 2 Rn 460.

[657] Ursprünglich eingesetzt in der Kautelarpraxis als Kreditsicherungsinstrument (wirtschaftlich war Verpfändung bezweckt), vgl HKK/THIESSEN (2013) §§ 454–473 Rn 41; zur Abgrenzung zum Wiederverkaufsrecht siehe STAUDINGER/MADER/SCHERMAIER (2014) Vorbem 12 zu §§ 456 ff; REINICKE/TIEDTKE, Kaufrecht (8. Aufl 2009) Rn 1104 ff.

[658] Die Rechtsnatur des Wiederkaufsrechts ist umstritten. Während eine Ansicht vom Abschluss eines aufschiebend bedingten Kaufvertrags ausgeht, handelt es sich nach anderer Auffassung um ein Gestaltungsrecht; siehe die Übersicht bei STAUDINGER/MADER/SCHERMAIER (2014) Vorbem 5 ff zu §§ 456 ff mwNw.

[659] So zB § 311b Abs 1 BGB bei Grundstücksverkäufen.

[660] Vgl STAUDINGER/MADER/SCHERMAIER (2014) Vorbem 2 zu §§ 463 ff; GRUNEWALD, Kaufrecht (2006) § 15 Rn 38.

[661] Zu weiteren gesetzlichen Vorkaufsrechten, STAUDINGER/MADER/SCHERMAIER (2014) Vorbem 9 ff zu §§ 463 ff.

[662] Siehe auch OETKER/MAULTZSCH, Vertragliche Schuldverhältnisse (4. Aufl 2013) § 2 Rn 494 f.

lerdings durch Eintragung einer Vormerkung (zur Sicherung des bedingten Übereignungsanspruchs) dinglich gesichert werden.

Die **Rechtsnatur** des Vorkaufs ist ähnlich wie beim Kauf auf Probe und beim Wiederkauf umstritten. Nach einer Ansicht begründet bereits die Vereinbarung des Vorkaufsrechts einen doppelt (zum einen durch den Eintritt des Vorkaufsfalls, zum anderen durch die Abgabe der Vorkaufserklärung) bedingten Kaufvertrag. Eine andere Ansicht geht davon aus, dem Vorkaufsberechtigten werde durch Einräumung des Vorkaufsrechts ein Gestaltungsrecht zur einseitigen Begründung des Kaufvertrages gewährt.[663]

Nutzt der Vorkaufsberechtigte das vereinbarte Vorkaufsrecht, kommt zwischen ihm und dem Vorkaufsverpflichteten ein selbständiger Kaufvertrag unter den Bedingungen des Vertrages zwischen dem Verpflichteten und dem Dritten zustande, § 464 Abs 2 BGB.[664] Dazu müssen zwei Voraussetzungen erfüllt sein:

Zum einen muss der Vorkaufsfall eingetreten sein. Soweit der Vorkaufsvertrag andere Veräußerungsgeschäfte nicht umfasst, wird der Vorkaufsfall nach § 463 BGB nur durch den Abschluss eines Kaufvertrages zwischen dem Vorkaufsverpflichteten und einem Dritten ausgelöst. Der Vertrag mit dem Dritten muss rechtsgültig und wirksam sein. Nichtige oder vor Abgabe der Vorkaufserklärung angefochtene Verträge lösen den Vorkaufsfall demnach nicht aus.[665] Rücktrittsvorbehalte oder Unwirksamkeitsklauseln für den Fall der Ausübung des Vorkaufsrechts schließen den Vorkaufsfall indes nicht aus, § 465 BGB.

Zweite Voraussetzung des Vorkaufs ist die Ausübung des Vorkaufsrechtes durch Abgabe einer einseitigen, empfangsbedürftigen, an den Vorkaufsverpflichteten gerichteten Willenserklärung durch den Vorkaufsberechtigten. Diese Willenserklärung bedarf keiner Form (§ 464 Abs 1 S 2 BGB)[666] und ist innerhalb einer bestimmten Frist abzugeben. Ist eine entsprechende **Frist** vertraglich nicht vereinbart, bestimmt § 469 Abs 2 S 1 BGB eine solche von zwei Monaten bei Grundstücken bzw einer Woche für andere Gegenstände. Die Frist beginnt, sobald der Vorkaufsberechtigte durch Mitteilung vom Inhalt des Vertrages zwischen Vorkaufsverpflichtetem und Drittem Kenntnis erlangt. Diese Mitteilung hat nach § 469 Abs 1 S 1 BGB unverzüglich durch den Verpflichteten zu erfolgen, kann aber auch vom Dritten vorgenommen werden, § 469 Abs 1 S 2 BGB.

---

[663] Vgl dazu die Übersicht bei STAUDINGER/MADER/SCHERMAIER (2014) Vorbem 29 ff zu §§ 463 ff mwNw, wonach sich beide Ansichten im Ergebnis nicht ausschließen.
[664] Wird die Zahlung einer unüblich hohen Maklerprovision vereinbart, so gehört diese nicht zum Kaufvertrag und verpflichtet den Dritten nicht zur Erstattung; § 464 Abs 2 BGB findet keine Anwendung (vgl hierzu BGH 12.5. 2016 – I ZR 5/15, NJW 2016, 3233, wonach in diesem Fall auch eine auf ein übliches Maß reduzierte Provision nicht durch den Vorkaufsberechtigten erstattet werden muss).
[665] Siehe ausführlich STAUDINGER/MADER/ SCHERMAIER (2014) § 463 Rn 35 ff.
[666] Dies gilt nach hM auch für § 311b Abs 1 S 1 BGB; vgl OETKER/MAULTZSCH, Vertragliche Schuldverhältnisse (4. Aufl 2013) § 2 Rn 505; zur aA STAUDINGER/MADER/SCHERMAIER (2014) § 464 Rn 6.

VII. Überblick über das UN-Kaufrecht

313 Mit **UN-Kaufrecht** ist das Übereinkommen der Vereinten Nationen über Verträge über den internationalen Warenkauf vom 11.4.1980 gemeint, das am 1.1.1991 in der Bundesrepublik Deutschland in Kraft getreten ist. Das als **CISG**[667] bezeichnete Abkommen verdrängt in seinem Anwendungsbereich (dazu sogleich) das nationale Kaufrecht. Da das CISG Bestandteil des deutschen Rechts ist, reicht es für den Ausschluss des CISG gem Art 6 CISG[668] nicht aus, dass die Parteien deutsches Recht für anwendbar erklären.[669] Vielmehr müssten sie sich zB speziell auf die Anwendung des BGB einigen.

1. Anwendungsbereich

314 Grundsätzlich fallen Kaufverträge[670] über Waren – mithin bewegliche körperliche Sachen – gem Art 1 Abs 1 CISG in den sachlichen Anwendungsbereich des CISG, soweit kein Anwendungsausschluss iSd Art 2 CISG vorliegt.[671] Erfasst werden vom Warenbegriff des CISG aber auch Software,[672] transportables Gas oder ein Firmenlogo. Ausgeschlossen sind gem Art 2 lit a CISG hingegen zB Waren für den persönlichen Gebrauch des Käufers, den Gebrauch in der Familie oder im Haushalt. Dies gilt indes nicht, wenn der Verkäufer weder wusste noch wissen musste, dass die Ware für einen solchen Gebrauch gekauft worden ist, Art 2 lit a CISG; dann gilt der Vorrang des CISG gegenüber dem nationalen Verbraucherschutzrecht iSd §§ 474 ff BGB.[673] Die Staatsangehörigkeit der Vertragsparteien und deren Kaufmannseigenschaft ist gem Art 1 Abs 3 CISG für die Anwendbarkeit des CISG ohne Bedeutung.[674]

315 In persönlich-räumlicher Hinsicht ist der Anwendungsbereich des CISG eröffnet, wenn der Kaufvertrag auch international ist, dh die Vertragsparteien bei Vertragsschluss ihre Niederlassung in verschiedenen Staaten haben.[675] Weiterhin ist nach Art 1 Abs 1 CISG zur Anwendbarkeit des UN-Kaufrechts auch eine bestimmte Beziehung zu einem oder mehreren Vertragsstaaten nötig[676]: Entweder müssen die vertragsschließenden Parteien ihre Niederlassung in verschiedenen Vertragsstaaten des CISG haben (Art 1 Abs 1 lit a CISG) oder das maßgebliche Internationale Privatrecht (IPR) muss das Recht eines Vertragsstaates zur Anwendung berufen (Art 1 Abs 1 lit b CISG).

---

[667] United Nations Convention on Contracts for the International Sale of Goods; zu aktuellen Entwicklungen etwa MAGNUS ZEuP 2017, 140 ff.
[668] Vgl PILTZ NJW 2003, 2056, 2059; SCHLECHTRIEM/SCHROETER, Internationales UN-Kaufrecht (6. Aufl 2016) Rn 46.
[669] REINICKE/TIEDTKE, Kaufrecht (8. Aufl 2009) Rn 1153 mwNw.
[670] Nicht erfasst werden gem Art 3 Abs 2 CISG Verträge, bei denen kauffremde Inhalte überwiegen, zB ein Vertriebshändlervertrag als Rahmenvertrag, der keine Lieferabsprachen trifft. Zur Abgrenzung bei einem Liefervertrag für eine Produktionsanlage vgl BGH 7.12.2017 – VII ZR 101/14 Rn 42 ff, ZIP 2018, 130.
[671] ZB Käufe bei Versteigerungen, Käufe von elektrischer Energie.
[672] STAUDINGER/MAGNUS (2018) Art 1 CISG Rn 44; SCHLECHTRIEM/SCHROETER, Internationales UN-Kaufrecht (6. Aufl 2016) Rn 85 ff.
[673] SCHLECHTRIEM/SCHWENZER/FERRARI, UN-Kaufrecht (6. Aufl 2013) Art 2 CISG Rn 15 ff; STAUDINGER/MAGNUS (2018) Art 2 CISG Rn 30; STAUDINGER/BECKMANN (2014) Vorbem 302 zu §§ 433 ff; zum Verhältnis CISG/Richtlinienrecht: ERNST/GSELL ZIP 2000, 1410, 1412.
[674] MünchKomm/HUBER (7. Aufl 2016) Art 1 CISG Rn 63 f.
[675] SCHLECHTRIEM/SCHWENZER/FERRARI, UN-Kaufrecht (6. Aufl 2013) Art 1 CISG Rn 8.
[676] SCHLECHTRIEM/SCHWENZER/FERRARI, UN-Kaufrecht (6. Aufl 2013) Art 1 CISG Rn 61.

2. Überblick über den Inhalt des CISG

Das CISG gliedert sich in 4 Teile. Teil I (Art 1–13 CISG) normiert den Anwendungsbereich und allgemeine Bestimmungen (zB Auslegungsfragen sowie die Geltung von Handelsbräuchen). Teil II (Art 14–24 CISG) betrifft den Abschluss des Vertrages, mithin allgemeine Regelungen über Angebot und Annahme. Teil III (Art 25–88 CISG) bestimmt Rechte und Pflichten der Vertragsparteien des Warenkaufs. In Teil IV (Art 89–101 CISG) finden sich Schlussbestimmungen, wie etwa über die Ratifikation des Übereinkommens oder das Inkrafttreten. Die durch das Übereinkommen nicht geregelten Aspekte bestimmen sich vorrangig nach den allgemeinen Grundsätzen, die dem CISG zugrunde liegen (zB Privatautonomie, vgl Art 6 CISG), Art 7 Abs 1 CISG. Bei fehlenden Regelungen ist das anwendbare nationale Recht, das über die Regelungen des IPR bestimmt wird, heranzuziehen, Art 7 Abs 2 CISG.

3. Regelungen über den Warenkauf

a) Abschluss des Kaufvertrages

Das wirksame Zustandekommen des Kaufvertrages bestimmt sich nach den allgemeinen Bestimmungen gem Art 14–24 CISG. Der Vertrag basiert auf dem herkömmlichen Konsensprinzip und wird durch Angebot und Annahme geschlossen. Beim Vertragsschluss finden sich auch einige Abweichungen des CISG zum deutschen Recht. Im Gegensatz zu § 145 BGB ist ein Angebot gem Art 16 CISG widerruflich. Abweichend zu § 150 Abs 2 BGB entfaltet gem Art 19 Abs 2 CISG eine Annahmeerklärung unter Einschränkungen bindende Wirkung, wenn die Abänderung nicht wesentlich ist und der Anbietende das Fehlen der Übereinstimmung nicht unverzüglich beanstandet. Die materielle Wirksamkeit des Vertrages (zB Geschäftsfähigkeit der Vertragsparteien, Freiheit von Willensmängeln, Verbotsgesetze), die nicht im CISG geregelt ist, richtet sich nach dem anwendbaren nationalen Recht (vgl Art 4 S 2 lit a CISG).[677]

b) Rechte und Pflichten der Vertragsparteien
aa) Pflichten des Verkäufers

Der Verkäufer ist nach Art 30, 35 CISG dazu verpflichtet, die vertragsmäßige Ware frei von Sach- (Art 35 CISG) und Rechtsmängeln (Art 41 CISG) zu liefern, die betreffenden Dokumente zu übergeben und das Eigentum an der Ware zu übertragen.

bb) Rechte des Käufers bei Vertragsverletzungen des Verkäufers

Der Käufer kann bei einer Vertragsverletzung die in Art 45 CISG aufgezählten Rechtsbehelfe geltend machen. Dabei gibt es abweichend vom nationalen Recht nur **eine Leistungsstörungsart**.[678] Für das Vorliegen einer Vertragsverletzung mit einheitlichen Rechtsfolgen spielt es keine Rolle, ob die verletzte Pflicht als Unmöglichkeit, Verzug, Schlechtleistung, Sach- bzw Rechtsmangel bzw Verletzung einer Haupt- oder Nebenpflicht zu qualifizieren ist.[679] Die Einordnung einer **Vertragsverletzung** als **wesentlich** iSd Art 25 CISG ist nur relevant, wenn der jeweilige Rechtsbehelf die Wesentlichkeit voraussetzt (zB Art 46 Abs 2 CISG).

---

[677] STAUDINGER/MAGNUS (2013) Art 4 CISG Rn 20; SCHLECHTRIEM/SCHROETER, Internationales UN-Kaufrecht (6. Aufl 2016) Rn 116.
[678] STAUDINGER/BECKMANN (2014) Vorbem 307 zu §§ 433 ff.
[679] REINICKE/TIEDTKE, Kaufrecht (8. Aufl 2009) Rn 1183; STAUDINGER/MAGNUS (2013) Art 45 CISG Rn 10.

320 In erster Linie hat der Käufer einen Anspruch auf Erfüllung gem Art 46 Abs 1 CISG. Wenn ihm keine vertragsgemäße Ware geliefert worden ist, kann er einen **Anspruch auf Nachbesserung** (Art 46 Abs 3 CISG) – falls diese für den Verkäufer zumutbar ist – oder bei einer wesentlichen Vertragsverletzung einen **Anspruch auf Ersatzlieferung** (Art 46 Abs 2 CISG) geltend machen. Nur bei einer wesentlichen Vertragsverletzung oder alternativ bei einer Nichtlieferung nach erfolgloser Nachfristsetzung und zusätzlich einer Aufhebungserklärung innerhalb einer angemessenen Frist ist die **Vertragsaufhebung** als stärkste Form des Mangelrechts möglich (Art 49 CISG). Gem Art 50 CISG steht dem Käufer bei Lieferung einer nicht vertragsgemäßen Ware ein **Minderungsrecht** zu. Schadensersatzansprüche kann der Käufer gem Art 45 Abs 2 CISG stets neben den anderen Rechtsbehelfen geltend machen. Die Rechtsbehelfe des Käufers setzen **kein Verschulden** des Verkäufers voraus.[680] Lediglich der Schadensersatzanspruch kann durch einen Hinderungsgrund außerhalb des Einflussbereichs des Schuldners gem Art 79 CISG ausgeschlossen sein. Der Umfang des Schadensersatzanspruchs beschränkt sich nach Art 74 CISG auf das bei Vertragsschluss vorhersehbare Maß. Eine solche Risikobeschränkung findet sich im deutschen Recht nicht.[681]

321 Abweichend von den nationalen Kaufrechtsregelungen des BGB muss der Käufer die **Mängelrüge** gem Art 39 CISG erheben, um sich sämtliche Rechtsbehelfe bei Vertragswidrigkeit der Ware zu erhalten. Diese Untersuchungs- und Rügeobliegenheit gem Art 38, 39 CISG kann uU auch einen Verbraucher treffen, wenn für ihn gem Art 2 lit a CISG der Anwendungsbereich des CISG eröffnet ist.[682] Eine vergleichbare Regelung findet sich im nationalen Recht nur im kaufmännischen Geschäftsverkehr gem § 377 HGB. Die im CISG vorgesehene Mängelrüge ist indes weniger stringent. Sie fordert im Gegensatz zum deutschen Handelsrecht eine Rüge nicht „unverzüglich", sondern innerhalb einer „angemessenen" Frist und wird – im Einzelfall nötige Korrekturen (zB wegen Verderblichkeit der Ware) außer Acht gelassen – in der Regel bei einem Monat gesehen.[683] Des Weiteren verbleibt dem Verkäufer das Recht auf Minderung und Schadensersatz, wenn er für die Unterlassung der Anzeige eine vernünftige Entschuldigung vorbringen kann (vgl Art 44 CISG).

cc) Pflichten des Käufers

322 Der Käufer ist gem Art 53 CISG zur Zahlung des Kaufpreises und zur Abnahme der Sache, die eine körperliche Übernahme der Ware und die zur Übergabe notwendige Mitwirkungshandlung des Käufers beinhaltet (Art 60 CISG) verpflichtet. Mit dem Gefahrübergang geht die Preisgefahr auf den Käufer über (Art 66 CISG). Beim Versendungskauf trägt der Käufer gem Art 67 CISG ab Übergabe an den ersten Beförderer alle mit dem Transport verbundenen Risiken, zB auch für hoheitliche Eingriffe wie Beschlagnahme.[684]

---

[680] STAUDINGER/MAGNUS (2018) Art 79 CISG Rn 1.
[681] STAUDINGER/MAGNUS (2018) Einl 32 zum CISG.
[682] STAUDINGER/BECKMANN (2014) Vorbem 309 zu §§ 433 ff; SCHLECHTRIEM/SCHROETER, Internationales UN-Kaufrecht (6. Aufl 2016) Rn 402.
[683] SCHLECHTRIEM/SCHROETER, Internationales UN-Kaufrecht (6. Aufl 2016) Rn 413 f; Münch-Komm/GRUBER (7. Aufl 2016) Art 39 CISG Rn 33 ff; SCHLECHTRIEM/SCHWENZER/SCHWENZER, UN-Kaufrecht (6. Aufl 2013) Art 39 CISG Rn 15 ff; STAUDINGER/MAGNUS (2018) Art 39 CISG Rn 35 ff; kritisch FERRARI/KIENINGER/MANKOWSKI/FERRARI, Internationales Vertragsrecht (3. Aufl 2018) Art 39 CISG Rn 24 ff.
[684] STAUDINGER/MAGNUS (2018) Art 66 CISG Rn 6; REINICKE/TIEDTKE, Kaufrecht (8. Aufl 2009) Rn 1202.

dd) Rechte des Verkäufers

Verletzt der Käufer seine Pflichten, stehen dem Verkäufer die in Art 61 CISG auf- **323** gezählten Rechtsbehelfe zu. Er kann zB gem Art 62 CISG Erfüllung insbesondere der Kaufpreiszahlungspflicht verlangen und gem Art 63 CISG eine angemessene Nachfrist zur Pflichterfüllung setzen. Eine Vertragsaufhebung ist unter den Voraussetzungen des Art 64 CISG möglich. Daneben sind Schadensersatzansprüche des Verkäufers denkbar (vgl Art 61 Abs 2 CISG).

4. Verhältnis des UN-Kaufrechts zum nationalen Recht

Explizit aus dem Anwendungsbereich des CISG ausgeschlossen sind gem Art 4 CISG **324** Fragen zur materiellen Gültigkeit des Vertrages (Geschäftsfähigkeit, Sittenwidrigkeit, Anfechtbarkeit etc) und die Wirkung des Vertrags auf die Eigentumslage, die sich nach dem anzuwendenden nationalen Recht richtet. Das CISG enthält einige Regelungslücken, bei denen kontrovers diskutiert wird, ob das nationale Recht Anwendung findet oder ob das CISG Sperrwirkung entfaltet.[685] Die Rechtsbehelfe für Vertragsverletzungen (Sach- und Rechtsmängelhaftung) sind zwar grundsätzlich abschließend im CISG geregelt. Allerdings werden von der Konvention deliktsähnliche, vorvertragliche Ansprüche nicht verdrängt, soweit diese auf Drohung oder Täuschung einer Partei zurückgehen.[686]

---

[685] Einzelne Fallgruppen vgl STAUDINGER/ MAGNUS (2018) Art 4 CISG Rn 35 ff.

[686] STAUDINGER/MAGNUS (2018) Art 4 CISG Rn 43.

O. Miete

Volker Emmerich

Systematische Übersicht

I.	Begriff und Abgrenzung	1
II.	Geschichte	3
III.	**Stellung im BGB und Erscheinungsformen**	
1.	Schuldvertrag	7
2.	Erscheinungsformen	9
IV.	**Fragen des Vertragsabschlusses**	
1.	Aufklärungspflichten	11
2.	Einigung der Parteien, Verbrauchervertrag	12
3.	Sittenwidrigkeit	13
4.	Anfechtung	15
5.	Form	16
6.	Mehrheit von Personen	20
V.	**Pflichten des Vermieters**	
1.	Hauptleistungspflichten	21
2.	Vertragsgemäßer Gebrauch	24
3.	Heizung	26
4.	Gebrauchsüberlassung an Dritte, insbesondere Untermiete	28
a)	Nur mit Erlaubnis des Vermieters	28
b)	Der Untermietvertrag	31
c)	Bestandsschutz	33
VI.	**Pflichten des Mieters**	
1.	Miete	34
2.	Nebenpflichten	37
3.	Zutrittsrecht des Vermieters	41
4.	Erhaltungs- und Modernisierungsmaßnahmen	42
5.	Schönheitsreparaturen	45
6.	Reparaturpflicht	52
VII.	**Mängelhaftung**	
1.	Sachmangel	54
a)	Begriff	54
b)	Ausschlusstatbestände	56a
2.	Fehlen zugesicherter Eigenschaften	57
3.	Rechtsmängel	58
4.	Zurückbehaltungsrecht	59
5.	Minderung	60
6.	Schadensersatz	61
7.	Ausschlusstatbestände	63
VIII.	**Sicherung des Vermieters**	64
1.	Vermieterpfandrecht	65
2.	Kaution	69
IX.	**Der Schutz des Mieters gegen Dritte**	
1.	Kauf bricht nicht Miete	73
a)	Grundgedanken	73
b)	Voraussetzungen	76
c)	Rechtsfolgen	78
2.	§ 567	79
3.	Vorausverfügungen	80
4.	Mietsicherheit	84
X.	**Miete**	
1.	Überblick	85
2.	Vergleichsmietensystem	86
a)	Ortsübliche Vergleichsmiete (§ 558)	86
b)	Mieterhöhungsverfahren (§§ 558c–558e)	88
3.	Mietpreisbremse	91a
4.	Modernisierungsmaßnahmen (§ 559 nF)	92
5.	Betriebskostenpauschale (§ 560)	94
XI.	**Beendigung des Mietverhältnisses**	
1.	Zeitablauf	95
2.	Ordentliche Kündigung	98
a)	Überblick, berechtigtes Interesse	98
b)	Eigenbedarf	101
c)	Pflichtverletzung	104
d)	Verwertungskündigung	105
3.	Außerordentliche befristete Kündigung	106
4.	Außerordentliche fristlose Kündigung	107
a)	Generalklausel (§ 543 Abs 1)	107

b)	Mängel der Mietsache (§ 543 Abs 2 Nr 1 109, 569 Abs 1)		109
c)	Zahlungsverzug (§§ 543 Abs 2 Nr 3 und 569 Abs 2a und 3)		111
d)	Weitere Fälle (§ 543 Abs 2 Nr 2, 569 Abs 2)		113
	5. Rechtsfolgen		115
	6. Verjährung		118
XII.	**Perspektiven**		120

I. Begriff und Abgrenzung

1 Die Miete ist die wichtigste Erscheinungsform der in den §§ 535 bis 609 BGB geregelten Gebrauchsüberlassungsverträge, zu denen außer der Miete (§§ 535 bis 580a BGB) insbesondere noch die allgemeine Pacht (§§ 581 bis 584b BGB), die Landpacht (§§ 585 bis 597 BGB) und die Leihe (§§ 598 bis 606 BGB) gehören.[1] Miete, Pacht und Leihe unterscheiden sich von den in den §§ 433 bis 534 BGB geregelten Veräußerungsverträgen vor allem dadurch, dass sie *nicht* auf die endgültige Übertragung eines Gegenstandes von einer Person auf eine andere, sondern auf die bloße **vorübergehende Überlassung des Gebrauchs** eines Gegenstandes an eine andere Person gerichtet sind.

2 Innerhalb der Gebrauchsüberlassungsverträge hat man weiter namentlich zwischen entgeltlichen und unentgeltlichen Verträgen zu unterscheiden. Grundform aller unentgeltlichen Gebrauchsüberlassungsverträge ist die **Leihe** iSd §§ 598 bis 606 BGB. Entgeltliche Gebrauchsüberlassungsverträge können dagegen (nur) entweder **Miete oder Pacht** sein. Die Unterschiede zwischen Miete und Pacht sind gering (s § 581 Abs 2 BGB). Sie betreffen im Wesentlichen den Gegenstand des Vertrages und die Befugnisse von Mietern und Pächtern: Während **Gegenstand** eines Mietvertrages allein bewegliche und unbewegliche *Sachen*, Sachteile und Sachgesamtheiten sein können, kommen als Gegenstand eines Pachtvertrages *auch Rechte* in Betracht (vgl § 581 Abs 1 BGB gegenüber § 535 Abs 1 BGB), sodass Verträge über die entgeltliche vorübergehende Nutzung fremder *Rechte* stets Pachtverträge sind. Bei Verträgen über die Gebrauchsüberlassung von *Sachen* richtet sich die Abgrenzung von Miete und Pacht dagegen nach den **Befugnissen** des Sachleistungsgläubigers. Um Miete handelt es sich, wenn ihm lediglich der vorübergehende **Gebrauch der Sachen** gestattet ist (§ 535 Abs 1 BGB), während Pacht anzunehmen ist, falls der Gläubiger **zusätzlich zur Fruchtziehung** berechtigt ist (§ 581 Abs 1 BGB). Das Gesetz behandelt Miete und Pacht im Wesentlichen gleich (§ 581 Abs 2 BGB), sodass in der Mehrzahl der Fälle die Abgrenzung letztlich offenbleiben kann, weil die Rechtsfolgen in jedem Fall dieselben sind.

II. Geschichte

3 Die soziale und wirtschaftliche **Bedeutung** der Miete kann kaum überschätzt werden, weil nach wie vor der größte Teil der deutschen Bevölkerung, rund 60 %, „zur Miete" wohnt. Gleichwohl hatte das BGB auf diesen Umstand ursprünglich nur wenig Rücksicht genommen, da die meisten seiner Vorschriften dispositiv waren – mit der Folge einer weitgehenden Entrechtung der meistens (nicht immer) sozial schwächeren Mieter durch die üblichen Mietvertragsformulare der Vermieterverbände. Erst unter dem

---

[1] Das Sachdarlehen (§§ 607–609 BGB) kann hier von vornherein als praktisch bedeutungslose Sonderform des Gelddarlehens (§§ 488 ff BGB) aus der weiteren Betrachtung ausgeklammert werden.

Eindruck der wachsenden kriegsbedingten Wohnungsnot kam es **nach 1917** zu einer **Fülle gesetzgeberischer Interventionen**, die sich sodann – nach einem kurzen liberalen Zwischenspiel – **nach 1936** wiederholten. Die Folge war ein selbst für den Fachmann zuletzt nur noch schwer überschaubares **Mietnotrecht**, das durch die hoheitliche Erfassung und Verteilung des gesamten Wohnraums, durch einen umfassenden Kündigungsschutz sowie durch einen totalen Mietpreisstopp gekennzeichnet war. Diese generelle Wohnraumbewirtschaftung ist erst in den Jahren **nach 1960** Schritt für Schritt aufgrund des sogenannten **Lücke-Plans** bis auf wenige Reste wieder abgebaut worden.[2] An seine Stelle trat das neue **soziale Mietrecht**, das durch eine deutliche Verstärkung der Position des Mieters gegenüber dem früheren Rechtszustand gekennzeichnet ist.

Die damit verbundene, schrittweise Freigabe des Wohnungsmarktes führte indessen (nur) in einigen Ballungszentren, keineswegs überall, wie vielfach behauptet, seit Ende der sechziger Jahre zu erheblichen Mietpreissteigerungen, sodass sich der Gesetzgeber **ab 1971** zu einer **partiellen Rückkehr zu** dem längst überwunden geglaubten **Mieterschutzrecht** veranlasst sah. Die wichtigsten Stationen auf diesem Wege waren das 1. Wohnraumkündigungsschutzgesetz vom 25.11.1971[3] sowie das 2. Wohnraumkündigungsschutzgesetz vom 18.12.1974,[4] deren Kern die Beschränkung der Möglichkeiten des Vermieters zur ordentlichen Kündigung des Vertrages und zur Mieterhöhung war. Den Ausgleich bildete das neue sog Miethöheregelungsgesetz (**MHRG**). Die Folge war freilich erneut eine beklagenswerte Rechtszersplitterung, sodass der Gesetzgeber schließlich durch das **Mietrechtsreformgesetz von 2001**[5] die Materie neu regelte, wobei zugleich das MHRG von 1974 in das BGB eingearbeitet wurde.

Seit der Reform von 2001 steht die **Wohnraummiete** ganz im Mittelpunkt der gesetzlichen Regelung (§§ 549 ff BGB), während die anderen Mietverhältnisse einschließlich der Geschäftsraummiete nur noch anhangsweise in den §§ 578 ff BGB geregelt sind, in großem Umfang freilich durch Verweisung auf die Vorschriften über die Wohnraummiete. Vorausgeschickt sind in den §§ 535 bis 548 BGB außerdem einige Vorschriften, die gleichermaßen für sämtliche Mietverhältnisse gelten. Unter den späteren Änderungen ist das Mietrechtsänderungsgesetz von 2013 hervorzuheben, in Kraft getreten am 1. Mai 2013.[6] Mit diesem Gesetz wurde vor allem eine Erleichterung energetischer Modernisierungen im Rahmen der sogenannten Energiewende bezweckt (Rn 92 ff). Die nächste Intervention des Gesetzgebers in den Mietwohnungsmarkt brachte das Mietrechtsnovellierungsgesetz von 2015[7] durch Einführung der sog **Mietpreisbremse** in Gestalt der neuen §§ 556d bis 556g BGB. Auslöser waren wiederum erhebliche Mietpreissteigerungen in verschiedenen Ballungsgebieten wie Berlin München und Hamburg. Um hier gegenzusteuern, wurden die Landesregierungen durch das genannte Gesetz ermächtigt, durch Rechtsverordnungen Gebiete mit angespanntem Wohnungsmarkt zu bestimmen, in denen fortan (vorerst) für max 5 Jahre die Miete bei Abschluss eines neuen Mietvertrages die ortsübliche Vergleichsmiete nur noch um höchstens 10% übersteigen darf (so genannte 100 + 10-Regel; s u Rn 92a ff).

Die Interventionen des Gesetzgebers in den Mietwohnungsmarkt beschränkten sich niemals auf das Privatrecht, sondern griffen weit darüber hinaus. Hervorzuheben ist

---

[2] Maßgebend war das sogenannte Abbaugesetz vom 23.6.1960 (BGBl I 389).
[3] BGBl I 1339.
[4] BGBl I 3603.
[5] BGBl I 1149.
[6] BGBl I 434.
[7] BGBl I 610.

vor allem die umfangreiche **Förderung des Mietwohnungsbaus** durch immer neue Subventionen und Steuervergünstigungen. Die Rechtsgrundlagen haben ständig gewechselt. Maßgebend sind jetzt in erster Linie das **Wohnraumförderungsgesetz** (WoFG) vom 13.9.2001[8] sowie das durch dieses Gesetz partiell aufrechterhaltene **II. Wohnungsbaugesetz** (WoBauG) in der Fassung der Bekanntmachung vom 19.8.1994 (§§ 87a ff II. WoBauG).[9] Der Preis für die Inanspruchnahme öffentlicher Mittel ist die **Beschränkung der Miethöhe** für sogenannte Sozialwohnungen aufgrund des **Wohnungsbindungsgesetzes** (WoBindG) vom 31.1.1974 in der Fassung der Bekanntmachung vom 13.9.2001,[10] nach dem öffentlich geförderte Wohnungen nur an bestimmte einkommensschwache Mieter und nur zur Kostenmiete vermietet werden dürfen.

III. Stellung im BGB und Erscheinungsformen

1. Schuldvertrag

7 In Anbetracht der Stellung des Mietrechts im 8. Abschnitt des Zweiten Buchs des BGB („Einzelne Schuldverhältnisse") kann kein Zweifel daran bestehen, dass der Mietvertrag, jedenfalls nach den Vorstellungen der Gesetzesverfasser, nichts anderes als ein normaler **gegenseitiger schuldrechtlicher Vertrag** ist, durch den ein Dauerschuldverhältnis begründet wird.[11] Nach einer verbreiteten Meinung wird indessen diese allein schuldrechtliche Betrachtung des Mietvertrages nicht der besonderen Stellung jedenfalls des Wohnraummieters gerecht, dessen Position durch den Gesetzgeber in der Tat in den letzten Jahren derartig verfestigt wurde, dass sich die **Wohnraummiete** langsam einer auf dem Grundstück ruhenden dinglichen Last annähert. Ausdruck dieser Entwicklung sind vor allem der ständig ausgebaute Kündigungsschutz, der dem Vermieter eine Kündigung für den Regelfall praktisch unmöglich macht (§§ 573 ff BGB), der umfassende Bestandsschutz bei Umwandlungen und bei Tod des Mieters (§§ 563 ff BGB) sowie der fortwährenden Druck auf die Mieten. Es passt in dieses Bild, dass das BVerfG in jüngster Zeit das Besitzrecht des Mieters wiederholt geradezu als **Eigentum im Sinne des Art 14 GG** apostrophiert hat.[12]

8 In dieselbe Richtung weist bei der Grundstücksmiete der umfassende Schutz, den der Mieter schon seit Inkrafttreten des BGB aufgrund des § 566 BGB bei einer **Veräußerung des Grundstücks** seitens des Vermieters genießt (s u Rn 86 ff). Gleichwohl wäre es *verfehlt*, aus den geschilderten Einzelregelungen auf eine weitgehende **Verdinglichung** der Grundstücksmiete oder auch nur der Wohnraummiete zu schließen. Der Mietvertrag ist und bleibt vielmehr im Kern ein gegenseitiger schuldrechtlicher Vertrag, weshalb es die Gerichte bisher auch noch stets abgelehnt haben, die Vermietung eines Grundstücks durch einen Nichteigentümer als Verfügung etwa im Sinne der §§ 892 und 893 BGB einzustufen.[13]

---

[8] BGBl I 2376.
[9] BGBl I 2137.
[10] BGBl I 2404.
[11] S insbesondere WELLER JZ 2012, 881.
[12] BVerfGE 89, 1, 5 ff = NJW 1993, 2035; ebenso BGHZ 165, 75, 79 = NJW 2006, 220 Tz 12; BGHZ 179, 289, 293 f Tz 14 = NJW 2009, 1200; BGHZ 202, 39 (52 Rn 36) = NJW 2014, 2864; kritisch dazu EMMERICH, in: FS Gitter (1995) 241; ders, in: (1.) FS Mestmäcker (1996) 989.
[13] RGZ 106, 109, 111 ff; 124, 325, 327.

2. Erscheinungsformen

Die ständige Verstärkung der Rechtsstellung (nur) des Wohnraummieters nötigt dazu, heute genau zwischen der Miete beweglicher und unbeweglicher Sachen und innerhalb der letzteren weiter zwischen der reinen Grundstücksmiete, der (im Vordergrund des Interesses stehenden) Wohnraummiete und der sonstigen Raummiete zu unterscheiden. Die **Abgrenzung** zwischen der Wohnraummiete und der sonstigen Raummiete, häufig auch gewerbliche Miete oder Geschäftsraummiete genannt, richtet sich allein nach dem von den Parteien mit dem Vertrag (wirklich) verfolgten **Zweck**. **Wohnraummiete** ist nur anzunehmen, wenn zum privaten Aufenthalt von Menschen geeignete Räume gerade zu Wohnzwecken, und zwar durch den Mieter selbst, vermietet werden.[14] Die Folge ist zB, dass es sich um gewerbliche Miete und nicht etwa um Wohnraummiete handelt, wenn die Anmietung von Wohnräumen zum Zwecke der Weitervermietung, etwa an die Mitarbeiter des Mieters, erfolgt.[15]

Schwierigkeiten bereitet die Grenzziehung vor allem bei den sogenannten **Mischmietverhältnissen**. Man versteht darunter die gleichzeitige Vermietung von Wohnräumen *und* gewerblich genutzten Räumen, zB einer Gastwirtschaft oder einer Praxis mit Wohnung. Derartige Verträge sind stets einheitlich entweder als gewerbliche Miete oder als Wohnraummiete zu behandeln (sog **Einheitsbehandlung**). Maßgeblich ist, worauf nach dem Willen der Parteien der Schwerpunkt ihres Vertragsverhältnisses liegen soll. In Zweifelsfällen, dh wenn sich nicht eindeutig das Überwiegen des gewerblichen Nutzungszwecks feststellen lässt, ist heute zum Schutz des Mieters für den gesamten Vertrag von der Anwendung des **Wohnraummietrechts** auszugehen.[16]

IV. Fragen des Vertragsabschlusses

1. Aufklärungspflichten

Bei den Vertragsverhandlungen bestehen für beide Parteien im Rahmen der §§ 311 Abs 2 und 241 Abs 2 BGB Aufklärungspflichten über die für den anderen Teil wesentlichen Punkte.[17] Dabei sind zwei Punkte besonders zu beachten. Der erste Punkt ist, dass dem deutschen Recht eine allgemeine Auskunftspflicht der Parteien bei Vertragsverhandlungen fremd ist, sodass die Annahme einer derartigen Auskunfts- oder Aufklärungspflicht immer einer besonderen Begründung im Einzelfall bedarf, wobei vor allem auf das Informationsgefälle zwischen den Parteien abzustellen ist. Der zweite Punkt ist, dass sich die Frage einer Aufklärungspflicht des Vermieters oder des Mieters aus § 242 BGB von vornherein nicht stellt, wenn sich bereits aus dem *Verhalten* einer Partei (konkludent) eine Erklärung ergibt, durch die die andere getäuscht wird.[18] So verhält es sich zB, wenn das gesamte Verhalten des Mieters bei den Vertragsverhandlungen nur als konkludente Erklärung verstanden werden kann, er sei selbstverständlich jederzeit zur Bezahlung der geforderten Miete in der Lage, obwohl tatsächlich

---

[14] RGZ 124, 4, 6; BGHZ 94, 11, 14 ff = NJW 1985, 1772; BGHZ 135, 269, 272 = NJW 1997, 1845; BGHZ 202, 39 (50 Rn 28 f) = NJW 2014, 2864.
[15] BGHZ 133, 142, 147 = NJW 1996, 2862; BGH, LM Nr 45 zu § 249 (Bb) BGB = NJW 1988, 486; NJW 2008, 3361 = NZM 2008, 804 Tz 1; OLG Frankfurt ZMR 2011, 119, 120.
[16] BGHZ 202, 39 (53, 56 ff) = NJW 2014, 2864; EMMERICH JuS 2014, 1034.
[17] Wegen der Einzelheiten s STAUDINGER/ EMMERICH (2018) Vorbem 62 ff zu § 535; EMMERICH NJW 2011, 2321.
[18] S EMMERICH NJW 2011, 2321.

davon keine Rede sein kann. Die Rechtslage wird weiter dadurch kompliziert, dass nach einer verbreiteten Meinung die **§§ 536 ff BGB**, soweit es um Mängel der Mietsache geht, eine die cic ausschließende **Sonderregelung** enthalten.[19] Maßgeblich sind letztlich immer die Umstände des Einzelfalls. Danach muss der Mieter zB den Vermieter informieren, wenn er in den gemieteten Räumen den Betrieb eines Geschäfts beabsichtigt, von dem anzunehmen ist, dass es in der Öffentlichkeit negative Reaktionen hervorrufen wird.[20]

2. Einigung der Parteien, Verbrauchervertrag

12 Ein Mietvertrag kommt zustande, sobald sich die Parteien über die essentialia des Geschäfts, dh über Gegenstand und Dauer des Vertrages sowie über die Höhe der Miete geeinigt haben. Das kann auch konkludent geschehen, wobei die Gerichte in der Regel großzügig verfahren, um nicht zur Annahme eines vertragslosen Zustandes zwischen den Parteien genötigt zu sein, der nach Bereicherungsrecht abzuwickeln ist.[21] Vermieter und Mieter müssen aber verschiedene Personen sein, sodass der Mietvertrag (durch Konfusion) erlischt, wenn zB der Mieter nachträglich das Mietgrundstück erwirbt.[22]

12a Mietverträge sind **Verbraucherverträge** iS des § 310 Abs 3 BGB, wenn zwischen einem Unternehmer als Vermieter und einem Verbraucher als Mieter abgeschlossen. Paradigma sind Verträge zwischen gewerblichen Wohnungsunternehmen und Privatpersonen.[23] Für derartige Verbraucherverträge enthält das BGB heute eine Reihe von Sondervorschriften, wobei vor allem das **Widerrufsrecht** des Verbrauchers und Mieters erhebliche Bedeutung erlangen kann (s im Einzelnen § 312 Abs 4 und Abs 3 Nr 7 BGB sowie § 312g BGB).[24]

3. Sittenwidrigkeit

13 Für Mietverträge gelten ebenso wie für andere Verträge die allgemeinen Schranken der Vertragsfreiheit (s insbesondere §§ 134, 138 BGB). Praktische Bedeutung kommt im Mietrecht insbesondere den verschiedenen **Wucherverboten** zu, da hier das allgemeine Wucherverbot des § 138 BGB noch durch zwei spezielle Wucherverbote für die *Wohnraummiete* in § 5 WiStG und in § 291 StGB ergänzt wird. Ein Verstoß gegen **§ 5 WiStG** – mit der Folge der Teilnichtigkeit des Wohnraummietvertrages – wird, unter der Voraussetzung der Ausnutzung einer Mangellage, bereits angenommen, wenn die vereinbarte Miete die ortsübliche Vergleichsmiete um 20% übersteigt, während der Straftatbestand des **§ 291 StGB** erst bei einer Überschreitung der ortsüblichen Vergleichsmiete um 50% erfüllt ist. In dem zuletzt genannten Fall greift (nur) bei der **Wohnraummiete** häufig zugleich **§ 138 Abs 1 BGB** unter dem Gesichtspunkt des wucherähnlichen Geschäfts ein, sofern weitere erschwerende Umstände wie insbesondere eine verwerfliche Gesinnung des Vermieters hinzukommen.[25]

---

[19] BGHZ 136, 102, 106 f = NJW 1997, 2813; BGH NJW 2008, 2771 Tz 21 = NZM 2008, 644.
[20] BGH NJW 2010, 3362; NZM 2010, 788 „Thor Steinar I und II".
[21] ZB OLG Karlsruhe WuM 2012, 666.
[22] BGH NZM 2016, 4667 = WuM 2016, 431 Rn 18.
[23] EuGH NJW 2013, 2579 Rn 28–34.
[24] S zB GSELL WuM 2014, 375; HINZ WuM 2016, 76; LINDNER ZMR 2015, 261.
[25] OLG München ZMR 1996, 550, 551 = OLGR 1997, 50.

O. Miete 14–17

Anders ist die Rechtslage bei sonstigen Mietverhältnissen, insbesondere also bei der **gewerblichen Raummiete** (§ 578 BGB), da hier ein wucherähnliches Geschäft iS des § 138 Abs 1 BGB grundsätzlich erst angenommen werden kann, wenn die vereinbarte Miete die Vergleichsmiete um rund 100 % übersteigt. Als Vergleichsmaßstab kommt grundsätzlich nur die Marktmiete in Betracht, während die Kosten des Vermieters in diesem Zusammenhang keine Rolle spielen.[26] **14**

4. Anfechtung

Mietverträge können ebenso wie andere Verträge nach den §§ 119 bis 123 BGB angefochten werden.[27] Die Wirkungen der Anfechtung richten sich nach den §§ 142 und 812 ff BGB. Dies gilt **auch** in der Zeit **nach Übergabe** des Mietobjekts an den Mieter. Der verbreiteten abweichenden Meinung, die in der Zeit nach Übergabe der Mietsache das Anfechtungsrecht auf der Seite des Vermieters durch die Kündigung aus wichtigem Grunde (§ 543 Abs 1 BGB) und auf der Seite des Mieters durch die Gewährleistungsregeln ersetzen will, ist nicht zu folgen. „Fehlerhafte Mietverträge" gibt es nicht. Für eine Einschränkung der §§ 142 ff und 812 ff BGB besteht weder eine Notwendigkeit noch überhaupt eine Möglichkeit.[28] Der Mieter kann daher zB nach § 119 Abs 2 BGB anfechten, wenn er sich über verkehrswesentliche Eigenschaften der Mietsache geirrt hat (str), während eine Anfechtung des Vermieters nach § 123 Abs 2 BGB vor allem in Betracht kommt, wenn der Mieter ihn über seine Zahlungsfähigkeit vorsätzlich getäuscht hat. **15**

5. Form

Für Mietverträge besteht grundsätzlich *kein* Formzwang. Eine (wichtige) **Ausnahme** gilt jedoch aufgrund der §§ 550 und 578 Abs 1 BGB für Grundstücksmietverträge einschließlich der Wohnraummietverträge, sofern sie für eine **längere Zeit als ein Jahr** abgeschlossen werden. In diesem Fall bedarf der Vertrag der Schriftform (**§ 550 S 1 BGB**), in erster Linie, um es dem nach § 566 in den Mietvertrag eintretenden Grundstückserwerber (s u Rn 73 ff) zu ermöglichen, sich zuverlässig über den Umfang der auf ihn übergehenden Rechte und Pflichten zu unterrichten.[29] **16**

Für die Einhaltung der **Schriftform** ist nach **§ 126 Abs 1 BGB** erforderlich, dass *alle* Vertragsparteien dieselbe Vertragsurkunde unterzeichnen. Im Falle der **Vertretung** einzelner Parteien muss in der Urkunde zumindest die Vertretung offengelegt werden (§§ 126, 164 Abs 1 S 2 BGB), – wogegen in der Praxis vielfach verstoßen wird.[30] Schwierigkeiten haben sich daraus in der Vertragspraxis vor allem bei Abschluss von Mietverträgen durch **Gesellschaften und sonstige Personenmehrheiten** ergeben.[31] Grundsatz ist auch hier, dass die Vertragsurkunde nach § 126 BGB von allen Parteien oder ihren Vertretern unterschrieben werden muss. Wird eine Partei oder ihr Vertreter auch für andere Beteiligte tätig, so muss sich dieses Handeln zugleich für andere **17**

---

[26] BGHZ 141, 257, 263 ff = NJW 1999, 3187; BGHZ 154, 154, 158 f = NJW 2003, 1596, 1597; BGH NJW 2012, 2099 Tz 13 ff.
[27] S Fischer NZM 2005, 567; ders ZMR 2007, 157.
[28] BGHZ 178, 16, 27 ff Tz 33 ff = NJW 2009, 1266; BGH NJW 2010, 3362 Tz 18.
[29] S Emmerich, in: FS Spellenberg (2010) 3; ders, in: FS Roth (2011) S 103.
[30] BGH NJW 2003, 3053 = NZM 2003, 801, 802; ZIP 2003, 667, 669 f; NJW 2004, 1103 = NZM 2004, 97; NJW 2013, 1082 Tz 10 f.
[31] S dazu Günter WuM 2012, 5t87; Lindner-Figura, in: FS Blank (2010) 301; Schultz, in: FS Bub (2007) 377; Weitemeyer NZG 2006, 10.

ebenfalls aus der Urkunde ergeben, wofür insbesondere ein so genannter **Vertreterzusatz** in Betracht kommt (§ 164 Abs 1 S 2 BGB).[32]

18 Besteht die Vertragsurkunde aus mehreren Seiten, so ist die erforderliche **Einheit der Urkunde** (§ 126 Abs 2 BGB) (nur) gewahrt, wenn die Zusammengehörigkeit der Blätter durch körperliche Verbindung oder sonst in geeigneter Weise kenntlich gemacht wird.[33] Außerdem müssen, wenn sich die Urkunde aus einem Hauptteil und **Anlagen** zusammensetzt, die Anlagen in der Haupturkunde so genau bezeichnet sein, dass eine zweifelsfreie Zuordnung möglich ist.[34]

19 Das Schriftformerfordernis umfasst **sämtliche Abreden** der Parteien, aus denen sich nach ihrem Willen der Vertrag zusammensetzen soll, einschließlich etwaiger Nebenabreden. Ausgenommen sind lediglich unwichtige Abreden über nebensächliche Punkte, die für einen möglichen Grundstückserwerber allenfalls von marginaler Bedeutung sind. Beurkundungsbedürftig sind dagegen grundsätzlich die Abreden über Gegenstand, Beginn und Dauer des Vertrages sowie über die Höhe der Miete.[35] Das Schriftformerfordernis gilt ferner auch für (wichtige) **Vertragsänderungen**. Ein **Verstoß** gegen § 550 BGB hat zwar – abweichend von § 125 BGB – nicht die Nichtigkeit des Vertrages, wohl aber den **Wegfall der Abrede über die Vertragsdauer** zur Folge, sodass der Mietvertrag dann als für unbestimmte Zeit geschlossen gilt (§ 550 S 1 BGB) und (frühestens) zum Ablauf eines Jahres nach Überlassung des Grundstücks an den Mieter gekündigt werden kann (§ 550 S 2 BGB). Der Vertragspraxis ist diese Regelung ausgesprochen lästig, weshalb sich hier eine Fülle von Vertragsgestaltungen entwickelt hat, mittels derer die Parteien versuchen, die gesetzliche Regelung (§ 550 BGB) zu umgehen. Hervorzuheben sind Schriftform- und Schriftformheilungsklauseln, denen indessen die Rechtsprechung – zu Recht – zunehmend kritisch gegenübersteht.[36]

6. Mehrheit von Personen

20 **Vermieten mehrere Miteigentümer** oder **Miterben** eine Sache, so können sie über die Verwaltung der vermieteten Sache nach hM gemäß den §§ 745, 749, 754, 2038 und 2040 BGB durch Mehrheit entscheiden, wodurch dann zugleich die Befugnis der Mehrheit zur Vertretung der Minderheit zB bei der Kündigung des Mietvertrages begründet wird.[37] **Mieten** dagegen **mehrere Personen** gemeinsam eine Wohnung, so werden sie in der Regel eine **BGB-Gesellschaft** bilden. Die Folge ist eine eigenartige Überlagerung von Mietrecht und Gesellschaftsrecht, deren Konsequenzen vielfältig umstritten sind. Überwiegend wird der Mietvertrag in diesem Fall als **Einheit** angesehen, sodass er nur einheitlich vom Vermieter gegenüber allen Mietern oder von sämtlichen Mietern zusammen gegenüber dem Vermieter **gekündigt** werden kann.[38] Vermag sich ein auszugswilliger Mieter nicht mit seinen Mitmietern über eine gemeinsame Kündigung des Vertrages zu einigen, so muss er folglich zunächst die Gesellschaft nach § 723 BGB kündigen und auf **Auseinandersetzung** der Gesellschaft klagen. Vorbehaltlich abwei-

---

[32] S STAUDINGER/EMMERICH (2018) § 550 Rn 12 ff.
[33] BGHZ 136, 357, 361 ff = NJW 1998, 58; BGHZ 142, 158, 161 ff = NJW 1999, 2591; BGH NJW 2009, 2195 Tz 22.
[34] BGH NJW 2003, 1248 = NZM 2003, 281; NZM 2005, 61, 62 = WuM 2004, 666; NJW 2008, 2181 Tz 24; NJW 2009, 2195 Tz 22.
[35] ZB BGH NZM 2010, 704 Tz 21; 2012, 502 Tz 3; NEUHAUS ZMR 2011, 1.
[36] Grdl BGH NZM 2018, 38; s STAUDINGER/EMMERICH (2018) § 550 Rn 43 ff.
[37] BGH NJW 2010, 765 = NZM 2010, 161; NJW 2011, 61, 63 Tz 20.
[38] BGHZ 196, 318 (323 f) = NJW 2013, 3232.

chender Vereinbarungen sind hierfür die §§ 730 ff BGB maßgebend. Nach überwiegender Meinung ergibt sich daraus ein Anspruch des kündigungswilligen Mieters gegen die anderen auf **Mitwirkung an der Kündigung** des (ganzen) Mietvertrages, sofern dem nicht ausnahmsweise berechtigte Interessen der anderen Mieter entgegenstehen.[39] Will ein Mieter wohnen bleiben, so muss er gegebenenfalls mit dem Vermieter einen neuen Mietvertrag abschließen. Dies ist natürlich alles sehr umständlich. Deshalb nimmt der BGH an, dass der Mieter, der mit der Kündigung nicht einverstanden ist und mit Zustimmung des Vermieters in der Wohnung verbleibt, sich nach Treu und Glauben fortan so behandeln lassen muss, als habe er mit dem Vermieter allein einen neuen Mietvertrag abgeschlossen, sofern sich dieser zugleich mit dem auszugswilligen Mieter über eine Aufhebung des Vertrags einigt (§ 242 BGB).[40] Ebenso wird die Rechtslage in der Regel bei **Eheleuten** angesehen.[41] Sonderregelungen für die Wohnungszuweisung während des Getrenntlebens der Eheleute sowie nach Scheidung der Ehe finden sich in den §§ 1361b und 1568a BGB sowie ergänzend in den §§ 49 ff, 200 und 266 FamFG.

V. Pflichten des Vermieters

1. Hauptleistungspflichten

Den Vermieter treffen nach § 535 Abs 1 S 1 und S 2 BGB zwei Hauptleistungspflichten, für die sich die Bezeichnungen Überlassungs- und Erhaltungspflicht eingebürgert haben. Es handelt sich dabei um **Dauerverpflichtungen**, die der Vermieter während der ganzen Dauer des Vertrages erfüllen muss und die deshalb auch nicht verjähren können.[42] Als **Überlassungspflicht** bezeichnet man die Verpflichtung des Vermieters, dem Mieter die Mietsache in einem zum vertragsgemäßen Gebrauch geeigneten Zustand, dh insbesondere mangelfrei zu überlassen (§ 535 Abs 1 S 2 BGB). **Überlassung** bedeutet für den Regelfall, aber nicht notwendig, dass die Sache dem Mieter zu übergeben ist[43] und dass etwa vorhandene Mängel vorher vom Vermieter beseitigt werden müssen. Die Überlassungspflicht des Vermieters steht im **Gegenseitigkeitsverhältnis** mit der **Zahlungspflicht** des Mieters, sodass der Vermieter, wenn und solange er der Verpflichtung zur mangelfreien Übergabe der Mietsache nicht nachkommt, vom Mieter auch nicht die Zahlung der Miete verlangen kann (§ 320 Abs 1 BGB). Die weiteren Rechte des Mieters hängen dann davon ab, ob es sich um einen Fall (anfänglicher oder nachträglicher) Unmöglichkeit oder um einen Fall bloßen Verzugs handelt. **Verzug** liegt vor, wenn die infolge der Verzögerung der Übergabe verlorene Zeit noch nachgeholt werde. Fehlt es daran, so handelt es sich um einen Fall der **Unmöglichkeit**. Häufig wird das Letztere der Fall sein, weil insbesondere die Raummiete meistens Fixcharakter hat.[44] Es wird sich dann meistens um einen Fall **anfänglichen Unvermögens** handeln, sodass sich die Haftung des Vermieters grundsätzlich nach § 311a Abs 2 BGB richtet; es kommt folglich darauf an, ob der Vermieter das Leistungshindernis kannte oder kennen musste (§ 311a Abs 2 S 2 BGB). Lediglich dann, wenn das Unvermögen des Vermieters seinen Grund in vorgehenden Rechten Dritter, zB in dem Eigentum eines

---

[39] BGH NJW 2004, 1797 = NZM 2004, 419; NJW 2005, 1715 = WuM 2005, 341.
[40] BGH NJW 2004, 1797 = NZM 2004, 419; NJW 2005, 1715; 2005, 2620.
[41] Paschke WuM 2008, 59; Streyl NZM 2011, 377.
[42] BGHZ 184, 253 = NJW 2010, 1292; BGHZ 206, 1 (17 Rn 49) = NJW 2015, 3027.
[43] BGHZ 65, 137, 139 ff = NJW 1976, 105; BGH LM Nr 120 zu § 535 BGB = NJW-RR 1989, 589; ZMR 2004, 813, 814 = NJW-RR 2004, 1566.
[44] Emmerich NZM 2002, 361, 364; ders PiG Bd 46 (1995) 119, 132 f.

nicht zur Herausgabe bereiten Dritten hat, greift stattdessen die **Garantiehaftung** des Vermieters für anfängliche Rechtsmängel aufgrund der §§ 536 Abs 3 und 536a Abs 1 BGB ein.

22 Die zweite Hauptleistungspflicht des Vermieters ist die **Erhaltungspflicht**. Ihr Kern besteht nach § 535 Abs 1 S 2 BGB in der Verpflichtung des Vermieters, die Mietsache während der gesamten Vertragsdauer in einem zum vertragsgemäßen Gebrauch geeigneten Zustand zu erhalten, vor allem also etwaige Mängel der Mietsache zu beseitigen, wobei man im Einzelnen die **Instandhaltungs-** und die **Instandsetzungspflicht** des Vermieters zu unterscheiden hat. Idealtypisch geht es dabei um die Unterscheidung zwischen den Maßnahmen, die nötig sind, um dem Auftreten von Mängeln vorzubeugen, und der Reparatur der inzwischen gleichwohl aufgetretenen Mängel. Alle diese Maßnahmen obliegen mithin grundsätzlich dem Vermieter, können aber in unterschiedlichem Umfang vertraglich auf den Mieter abgewälzt werden, wovon in der Praxis in großem Umfang Gebrauch gemacht wird, woraus sich eine Fülle von Problemen ergeben hat (s u Rn 45 ff und Rn 52 f). Paradigma ist die Problemkreis der Schönheitsreparaturen (Rn 45 ff).

23 Die Instandhaltungs- und Instandsetzungspflicht (Rn 22) erschöpft nicht die umfassend zu verstehende Erhaltungspflicht des Vermieters aufgrund des § 535 Abs 1 S 2 BGB. Weitere wichtige Ausprägungen der Erhaltungspflicht sind die **Verkehrssicherungspflicht** des Vermieters durch Schutz des Mieters vor vermeidbaren Gefahren bei Ausübung des vertragsgemäßen Gebrauchs, in erster Linie durch den Schutz des Mieters vor Einbrüchen und durch die Reinigung und Beleuchtung des vermieteten Gebäudes, sowie die **Prüfungspflicht** hinsichtlich der technischen Anlagen, die jedenfalls ausgelöst wird, wenn sich Unregelmäßigkeiten abzeichnen oder Gefahren drohen (vgl § 536c BGB).[45] Aber auch damit ist der Kreis möglicher Pflichten des Vermieters aufgrund seiner Erhaltungspflicht noch nicht erschöpft. Weitere **Beispiele** sind etwa die Pflicht des Vermieters, den Mieter nicht im vertragsgemäßen Gebrauch zu stören, sowie seine Pflicht, den Mieter nach Möglichkeit vor Schäden zu bewahren und Störungen Dritter, zB durch übermäßigen Lärm, abzuwehren. In allen diesen Beziehungen hat der Mieter in erster Linie den **Erfüllungsanspruch**, sodass er vom Vermieter zB die Beseitigung von Mängeln verlangen kann, und zwar einschließlich der so genannten Schönheitsreparaturen, die somit grundsätzlich dem Vermieter und nicht etwa dem Mieter obliegen (§§ 535 Abs 1 S 2, 536 Abs 1 BGB; u Rn 45 ff). Kommt der Vermieter diesen Pflichten nicht nach, so hat der Mieter in erster Linie die Rechte aus den §§ 536, 536a, 543 und 569 BGB (Rn 54 ff); hinzutreten je nach den Umständen des Falles die allgemeinen Rechte des Mieters bei Leistungsstörungen aufgrund der §§ 280 ff und 320 ff BGB.

2. Vertragsgemäßer Gebrauch

24 Der vertragsgemäße Gebrauch ist der Schlüsselbegriff des Mietrechts, nach dem sich letztlich sämtliche Rechte und Pflichten der Parteien richten (o Rn 21 ff). Der Vermieter hat während der ganzen Vertragsdauer alles zu tun, um dem Mieter den vertragsgemäßen Gebrauch zu ermöglichen (§ 535 Abs 1 S 2 BGB), während sich der Mieter bei dem Gebrauch der Mietsache seinerseits an die Grenzen des vertragsge-

---

[45] BGH NJW 2009, 143 = NZM 2008, 927; WuM 2011, 46.

mäßen Gebrauchs halten muss (§§ 538, 541 BGB). Der **Umfang** des dem Mieter geschuldeten vertragsgemäßen Gebrauchs richtet sich in erster Linie nach dem **Mietvertrag**; ergänzend zu berücksichtigen sind die Verkehrssitte sowie Art und Lage des Mietobjekts (§§ 133, 157, 242, 311, 535 BGB). Die **Grenzen** des dem Mieter danach jeweils gestatteten vertragsgemäßen Gebrauchs lassen sich infolgedessen nur schwer allgemein bestimmen. Die Rechtsprechung ist redundant und reicht von der Frage der Tierhaltung oder der Musikausübung des Mieters über die Frage der gewerblichen Nutzung von Wohnräumen und des Schutzes gewerblicher Mieter vor der Konkurrenz anderer Mieter bis hin zu der Frage der Hofnutzung als Parkplatz oder der Kellernutzung.

Das kann hier nicht im Einzelnen geschildert werden; nur so viel: Lebhaft umstritten ist zB die Frage, welchen **Wohnungsstandard** der Mieter jeweils vom Vermieter verlangen kann. Maßgebend sind natürlich in erster Linie die Abreden der Parteien, ob es sich zB um eine Luxuswohnung oder um eine einfache Wohnung in einem nicht renovierten Altbau oder was sonst handelt. Klar ist etwa, dass der Mieter einer Altbauwohnung idR nicht denselben Ausstattungsstandard wie der Mieter einer modernen Wohnung verlangen kann.[46] In jedem Fall muss aber dem Mieter ein zeitgemäßes Wohnen – als **Mindeststandard** – ermöglicht werden.[47] Dazu gehört insbesondere, dass in jeder Wohnung die nötigen Anschlüsse für Gas, Wasser und Strom vorhanden sind, die dem Mieter überhaupt erst die Nutzung moderner Haushaltsgeräte und die Aufstellung von Rundfunk- und Fernsehgeräten erlauben, außer wenn ausdrücklich das Gegenteil vereinbart wird (§ 311 Abs 1 BGB). Bei Wohnraummietverhältnissen hat der Mieter außerdem zB das Recht zur **Aufnahme der nächsten Angehörigen** in die Wohnung – im Gegensatz zu der auf eine gewisse Dauer angelegten Aufnahme anderer Personen wie etwa Lebensgefährten (§§ 540, 553 BGB),[48] weiter das Recht zur **Benutzung von Kellern und Böden, Fluren, Treppen und Eingängen**[49] sowie zum Anschluss an eines der Kabelnetze oder, wo dies noch nicht möglich ist, zur Aufstellung einer **Parabolantenne**.[50] Der vertragsgemäße Gebrauch umfasst ferner zB die **Musikausübung** durch den Mieter, sofern sie sich im normalen Rahmen hält. Die **Grenzen** des vertragsgemäßen Gebrauchs werden dagegen überschritten, wenn der Mieter durch übermäßigen Lärm Mitmieter und Dritte stört, wenn er die vermietete Sache beschädigt oder gefährdet (§ 538 BGB), wenn er sie weitervermietet (§ 540 BGB; s u Rn 28 f) oder wenn er große oder gefährliche **Tiere** in der Wohnung hält, während es bei der Haltung von Hunden und Katzen in einer Wohnung jetzt auf eine umfassende Interessenabwägung im Einzelfall ankommen soll,[51] – ein besonders bemerkenswerter Beitrag des BGH zur Rechtssicherheit und Rechtsklarheit im Mietrecht.

3. Heizung

Räume, insbesondere also Wohnungen, können mit oder ohne Heizung vermietet werden. Im ersten Fall (der heute die Regel bilden dürfte) gehört die Versorgung der Räume mit ausreichender Wärme dann zu dem dem Mieter geschuldeten vertrags-

---

[46] BGH NJW 2004, 3174 = NZM 2004, 736.
[47] S Rn 54; BGH NJW 2004, 3174 = NZM 2004, 736; WuM 2009, 659 Tz 11 = NZM 2009, 855; NJW 2010, 356 Tz 32 f; NJW 2015, 934 Rn 21 = NZM 2015, 198; Gsell WuM 2011, 491, 498 f.
[48] BGHZ 151, 1 = NJW 2004, 56.
[49] BGH NJW 2007, 146 m Anm Derleder NJW 2007, 812.
[50] BGHZ 157, 322, 326 ff = NJW 2004, 937; BGH NJW-RR 2005, 596 = NZM 2005, 335.
[51] S BGHZ 129, 329, 334 = NJW 1995, 2036; BGH NJW 2013, 1526 Tz 16 ff; NZM 2013, 265 und 380.

mäßigen Gebrauch, sodass der Vermieter eine Wohnung (auf die sich die folgenden Ausführungen beschränken sollen) spätestens heizen muss, wenn die Zimmertemperatur unter 20°C abzusinken droht. Das Problem ist nur, dass dadurch natürlich Kosten entstehen, die zudem in Deutschland infolge einer grundsätzlich verfehlten Energiepolitik unaufhörlich ansteigen. Deshalb ist die Frage so dringend, wer letztlich diese Kosten zu tragen hat. Die gesetzliche Antwort auf diese Frage findet sich in den §§ 535 Abs 1 S 3 und 556 Abs 1 S 1 BGB. Danach treffen die **Lasten** der Mietsache ebenso wie die **Betriebskosten** grundsätzlich den Vermieter, sodass gesetzliche Regel die Brutto- oder **Inklusivmiete** ist, soweit das Gesetz nicht etwas anderes bestimmt oder die Parteien eine abweichende Vereinbarung treffen (s für die Heizkosten Rn 27). Die Begriffe Lasten und Betriebskosten decken sich weithin, wenn auch vielleicht nicht völlig. Unter den Lasten der Mietsache versteht man gemeinhin die den Vermieter in seiner Eigenschaft als Eigentümer der Mietsache treffenden und mit der Sache verbundenen öffentlich-rechtlichen oder privatrechtlichen Verbindlichkeiten, während das Gesetz als Betriebskosten diejenigen Kosten bezeichnet, die dem Vermieter durch sein Eigentum oder durch den bestimmungsgemäßen Gebrauch des Gebäudes entstehen (§ 556 Abs 1 S 2 BGB). Eine Aufzählung der wichtigsten Betriebskosten findet sich gemäß § 556 Abs 1 S 3 BGB in § 2 der Betriebskostenverordnung (BetrKV) von 2003.[52]

27 Den „größten Brocken" bei den Betriebskosten bilden durchweg die **Heizkosten**, für die die **HeizkV** von 1983 idF von 2008[53] freilich, um die Beteiligten zu einem sparsamen Umgang mit der Heizenergie anzuhalten, – abweichend von § 535 Abs 1 S 3 BGB – die sogenannte **Kaltmiete** als zwingende gesetzliche Regel mit Vorrang vor den Vereinbarungen der Parteien vorschreibt.[54] Die Folge ist, dass in der Praxis immer häufiger an die Stelle der früher üblichen Bruttomiete in unterschiedlichem Umfang sogenannte **Nettomieten** treten, gekennzeichnet durch die gesonderte Abrechnung über die Heizkosten sowie gegebenenfalls über weitere Betriebskosten. Am meisten verbreitet sind heute offenbar Abreden über **Vorauszahlungen** des Mieters auf die zu erwartenden Betriebskosten, über die dann jährlich nach den §§ 259, 556 Abs 3 und 556a BGB abzurechnen ist. Möglich ist stattdessen auch die Vereinbarung von **Betriebskostenpauschalen** (s dazu auch § 560 BGB).

4. Gebrauchsüberlassung an Dritte, insbesondere Untermiete

a) Nur mit Erlaubnis des Vermieters

28 Wenn der Mieter den Gebrauch der gemieteten Sache einem Dritten überlassen will, kommen unterschiedliche Gestaltungen in Betracht. Neben der verbreiteten Untermiete (Rn 29 ff) ist insbesondere an einen Eintritt des Dritten neben oder anstelle des bisherigen Mieters in den Mietvertrag zu denken. Ein derartiger Eintritt Dritter neben dem Mieter oder an dessen Stelle durch Übertragung des Mietvertrages auf den Dritten ist – trotz Fehlens einer speziellen gesetzlichen Regelung – unter Mitwirkung aller Beteiligten jederzeit möglich (§ 311 Abs 1 BGB).[55] Das Gesetz regelt stattdessen in § 540 Abs 1 BGB allein den von dem Eintritt eines Dritten in den Mietvertrag zu unterscheidenden Fall, dass der Mieter lediglich den Gebrauch der gemieteten Sache einem Dritten überlassen will, und zwar durch die Bestimmung, dass der Mieter dazu

---

[52] BGBl, I S 2346.
[53] BGBl 1989 I 2375; 2009 I 435.
[54] BGH NZM 2006, 655 = WuM 2006, 518; LG Heidelberg ZMR 2011, 638.
[55] S Emmerich JuS 1998, 495; ders PiG 70 (2005) 95.

grundsätzlich der Erlaubnis des Vermieters bedarf. Dadurch soll verhindert werden, dass der Mieter dem Vermieter im Ergebnis einen neuen Mieter auch gegen dessen Willen aufdrängen kann, etwa durch Abtretung seiner Ansprüche aus dem Mietvertrag oder eben durch die Untervermietung der Sache.[56] Verweigert der Vermieter jedoch die deshalb grundsätzlich erforderliche Erlaubnis zur Gebrauchsüberlassung an einen Dritten, so kann der Mieter das Mietverhältnis außerordentlich mit der gesetzlichen Frist kündigen, sofern nicht in der Person des Dritten ein wichtiger Grund vorliegt (§ 540 Abs 1 S 2 BGB; Rn 29). Eine stärkere Stellung hat der Mieter lediglich bei der Wohnraummiete (s § 553 BGB; Rn 30).

Die wichtigste Erscheinungsform der Gebrauchsüberlassung der Mietsache an einen **29** Dritten ist die verbreitete **Untermiete**. § 540 Abs 1 BGB bedeutet daher, dass die Untervermietung der Sache grundsätzlich, dh mangels abweichender Vereinbarungen der Parteien, *nicht* vom vertragsgemäßen Gebrauch (o Rn 24) umfasst wird, sondern einer besonderen **Erlaubnis** des Vermieters **bedarf**, deren Einholung allein Sache des Mieters ist.[57] Der Mieter muss dabei dem Vermieter die **Person** des Untermieters benennen und, jedenfalls bei der gewerblichen Miete, auf Verlangen des Vermieters außerdem auch **Auskünfte** über die Zahlungsfähigkeit des Untermieters sowie über die von diesem geplante Nutzung der Räume geben, um dem Vermieter eine Entscheidung über die Erteilung oder die Verweigerung der erforderlichen Erlaubnis zu ermöglichen.[58] Einen **Anspruch** auf die Erteilung der Erlaubnis hat der Mieter nach § 553 BGB lediglich **bei der Wohnraummiete** (s sogleich Rn 30); sonst steht ihm bei Verweigerung der Erlaubnis allein ein außerordentliches befristetes **Kündigungsrecht** zu, außer wenn in der Person des Dritten ein wichtiger Grund vorliegt (S 2 des § 540 Abs 1 BGB; s dazu u Rn 106). Ein **wichtiger Grund,** der die Verweigerung der Erlaubnis seitens des Vermieters zu rechtfertigen geeignet ist, ist anzunehmen, wenn dem Vermieter die Überlassung des Gebrauchs seiner Sache an einen bestimmten Dritten *nicht zuzumuten* ist, insbesondere, weil die Überlassung der Räume an den Dritten zu einer Änderung des Verwendungszwecks der Sache führte, weil der Dritte zB in den gemieteten Räumen ein völlig anderes Gewerbe als der Mieter betreiben möchte.[59]

Besonderheiten gelten bei der **Wohnraummiete**, bei der der Mieter anders als sonst **30** (Rn 29) einen **Anspruch** auf die Erlaubniserteilung hat, wenn für ihn *nach* Abschluss des Mietvertrages ein berechtigtes Interesse entstanden ist, (nur) einen beliebigen *Teil* des Wohnraums (im Gegensatz zu der ganzen Wohnung) einem Dritten zum Gebrauch zu überlassen (§ 553 Abs 1 S 1 BGB). Dafür genügt **jedes vernünftige Interesse** des Mieters einschließlich bloßer wirtschaftlicher und persönlicher Umstände, dh jeder einleuchtende, vernünftige Grund, sofern er nur gerade *nach* Vertragsabschluss entstanden und mit der Rechtsordnung vereinbar ist.[60] Dies wird idR ganz *weit* ausgelegt. **Beispiele** sind die Aufnahme naher Angehöriger, soweit nicht ohnehin schon durch den vertragsgemäßen Gebrauch gedeckt (s o Rn 24 f), sowie die Verkleinerung der Familie durch den Tod oder den Auszug einzelner Familienangehöriger, ebenso aber auch ein berufsbedingter längerer Auslandsaufenthalt, der es angeraten erscheinen lässt, einen

---

[56] Protokolle Bd II, 182 ff.
[57] BGH NZM 2008, 728 Tz 18; OLG Koblenz WuM 2012, 613.
[58] BGH NJW 2007, 288, 289 = NZM 2007, 127.
[59] OLG Hamburg ZMR 2003, 180 = WuM 2003, 268, 269; OLG Düsseldorf WuM 2003, 136.
[60] BGHZ 92, 213, 218 ff = NJW 1985, 130; BGHZ 157, 1, 8 = NJW 2004, 56; BGH NJW 2014, 2717 Rn 13 ff = NZM 2014, 633 = JuS 2015, 171.

Teil der Wohnung vorübergehend unterzuvermieten.[61] Der Anspruch des Mieters auf Erlaubniserteilung **entfällt** jedoch, wenn in der Person des Dritten ein **wichtiger Grund** vorliegt, wenn der Wohnraum durch die Untervermietung übermäßig belegt würde oder wenn dem Vermieter die Aufnahme des Dritten durch den Mieter nach den Umständen nicht zugemutet werden kann (s § 553 Abs 1 S 2 BGB).

b) Der Untermietvertrag

31 Untermietverträge sind, da der Vermieter nicht zugleich der Eigentümer des Mietobjekts zu sein braucht, **normale Mietverträge**, für die keine Besonderheiten gelten.[62] Ohne Erlaubnis des Vermieters stellt freilich die Untervermietung durch den Mieter gemäß § 540 Abs 1 BGB eine **Vertragsverletzung** dar, gegen die der Vermieter nach den §§ 541 und 543 Abs 2 Nr 2 BGB vorgehen kann (s u Rn 113). Anders verhält es sich nur bei der Wohnraummiete, sofern der Mieter nach § 553 Abs 1 BGB einen Anspruch auf Erlaubniserteilung hat, weil in solchem Fall in der nur formell unerlaubten Untervermietung, jedenfalls im Regelfall, keine *erhebliche* Verletzung der Vermieterrechte im Sinne des § 543 Abs 2 Nr 2 BGB gesehen werden kann.[63]

32 Auch nach Erlaubniserteilung entstehen grundsätzlich **keine vertraglichen Beziehungen** zwischen Untermieter und Hauptvermieter.[64] Das Gesetz gewährt jedoch in § 546 Abs 2 dem Hauptvermieter zu seinem Schutz bei Beendigung des *Haupt*mietvertrages einen quasivertraglichen **Herausgabeanspruch** gegen den Untermieter, sodass der Untermieter mit Ende des Hauptmietvertrages grundsätzlich sein Besitzrecht einbüßt und in Verzug gerät, wenn er jetzt die Sache nicht unverzüglich trotz Mahnung an den Vermieter herausgibt (§ 286 BGB). Unberührt bleiben seine Ansprüche gegen *seinen* Vertragspartner, den Untervermieter (und Hauptmieter) aus dem fortbestehenden Untermietvertrag. Deshalb kann er von dem Letzteren nach § 536a Abs 1 BGB Schadensersatz verlangen, wenn ihm durch den Hauptvermieter der Besitz der Mietsache nach § 546 Abs 2 BGB oder nach § 985 BGB entzogen wird, sofern der Mieter die Beendigung des Hauptmietvertrages (wie in aller Regel) zu vertreten ist.[65]

c) Bestandsschutz

33 Die Rechtsstellung des Untermieters ist nach dem Gesagten (Rn 31 f) ausgesprochen *schwach*, da er in jedem Fall bei Beendigung des Hauptmietvertrages sein Besitzrecht zu verlieren droht (so § 546 Abs 2 BGB). Das ist angesichts der Verbreitung der Untermiete besonders misslich, wenn in den Vertrag, in erster Linie aus steuerlichen Gründen, **gewerbliche Zwischenvermieter** eingeschaltet sind. Allein für diese Fälle hat deshalb auch der Gesetzgeber 1993 aufgrund entsprechender Vorgaben des BVerfG[66] den Schutz des Untermieters deutlich verstärkt, freilich nur unter engen, genau zu beachtenden Voraussetzungen. Maßgebend ist heute § 565 Abs 1 S 1 BGB, nach dem der Hauptvermieter bei Beendigung des Untermietvertrages in den Mietvertrag mit dem Untermieter (als neuer Vermieter) eintreten muss, wenn nach dem *Inhalt* des Hauptmietvertrages der Wohnraum *gewerblich* an Dritte (nur) *zu Wohn-*

---

[61] BGH NJW 2014, 2717 Rn 13 ff = NZM 2014, 633 = JuS 2015, 171.
[62] BGHZ 157, 233, 238 = NJW 2004, 848.
[63] BayObLGZ 1995, 162, 165 ff = WuM 1995, 378; OLG Düsseldorf ZMR 2003, 177 = WuM 2002, 673; ebenso wohl BGH NJW 2011, 1065 Tz 19 ff = NZM 2011, 275; LG Berlin WuM 2016, 734 = ZMR 2016, 238.
[64] BGHZ 70, 327, 329 = NJW 1978, 833; BGH LM Nr 9 zu § 69 ZPO = NZM 2001, 286; NJW-RR 2006, 1385 = NZM 2006, 699, 700 Tz 31.
[65] S BGHZ 63, 132, 137 ff = NJW 1975, 44; BGH NJW 1996, 46.
[66] BVerfGE 84, 19, 199 ff = NJW 1991, 2272; BVerfG NJW 1993, 2601.

zwecken weitervermietet werden sollte; dasselbe gilt nach S 2 der Vorschrift, wenn der Vermieter mit einem Dritten erneut einen Mietvertrag zur gewerblichen Weitervermietung abschließt, sodass dann dieser Dritte (als Hauptmieter und Untervermieter) den Untermietvertrag übernehmen muss. In den übrigen Fällen der Untermiete, insbesondere also, wenn der Untervermieter (und Hauptmieter) **nicht gewerblich**, dh nicht mit Gewinnerzielungsabsicht am Markt handelt, bleibt es dagegen grundsätzlich bei der geschilderten, für den Untermieter so nachteiligen gesetzlichen Regelung (§ 546 Abs 2 BGB). Dies hat sich insbesondere bei der Einschaltung von Untervermietern mit **gemeinnütziger, mildtätiger oder karitativer Zielsetzung** als problematisch erwiesen, die Wohnraum am Markt anbieten, um damit so genannte Problemgruppen zu versorgen, die normalerweise am Wohnungsmarkt keine Chancen haben.[67] Auf diese Vermieter kann § 565 BGB jedenfalls nicht unmittelbar angewandt werden, weil sie nicht gewerblich, dh mit Gewinnerzielungsabsicht handeln. Aber auch die vielfältig geforderte entsprechende Anwendung des § 565 BGB auf die genannten Unternehmen wird von der Rechtsprechung mit Rücksicht auf den Wortlaut der Vorschrift und auf den Zweck der gesetzlichen Regelung abgelehnt.[68]

VI. Pflichten des Mieters

1. Miete

Hauptleistungspflicht des Mieters ist die Bezahlung der Miete (§ 535 Abs 2 BGB). Im Regelfall wird die Miete in **Geld** bestehen und periodisch, zB monatlich zu zahlen sein. Notwendig ist indessen beides nicht; möglich sind vielmehr, etwa bei einer kurzfristigen Vermietung von Sachen, auch eine sogenannte Einmalmiete ebenso wie die Vereinbarung von **Dienstleistungen** als Gegenleistung des Mieters; ein Beispiel ist der sogenannte Hausmeistervertrag. **34**

Der Anspruch des Vermieters auf die Miete ist eine **normale Geldforderung**, die abgetreten oder gepfändet werden kann.[69] Hervorzuheben sind folgende Punkte: **Erfüllungsort** ist prinzipiell der Wohnsitz oder der Ort der gewerblichen Niederlassung des Mieters bei Vertragsabschluss, selbst wenn das Mietgrundstück an einem anderen Ort belegen ist (§ 269 Abs 1 BGB); im letzteren Fall wird sich allerdings oftmals aus den Abreden der Parteien etwas anderes ergeben. Haben die Parteien nichts anderes vereinbart, so ist die Mietschuld außerdem bloße **Schickschuld**, keine Bringschuld (§ 270 BGB). Da aber § 270 BGB an die Regelung über den Erfüllungsort nichts ändert (so § 270 Abs 4 BGB), folgt aus dem Gesagten zunächst für die **Wohnraummiete**, dass der Mieter zwar die Transportgefahr, nicht aber die **Verzögerungsgefahr** trägt, sodass er bereits dann rechtzeitig gezahlt hat, wenn er den geschuldeten Betrag nur fristgerecht *abgesandt* hat, während es keine Rolle spielt, wann der Betrag bei dem Vermieter eintrifft. Die Frage ist freilich umstritten, weil (nur) für das Verhältnis **zwischen Unternehmen** die **Zahlungsverzugs-Richtlinie von 2000**[70] mit Billigung des EuGH[71] ausdrücklich für den Regelfall das Gegenteil bestimmt. Seitdem steht fest, dass im kaufmännischen Verkehr die Rechtzeitigkeit der Zahlung voraussetzt, dass die Miete auch noch innerhalb der Zahlungsfrist dem Konto des Vermieters gutgeschrie- **35**

---

[67] S Kunze NZM 2012, 740.
[68] BGH NJW 2016, 1086 Rn 22 ff = JuS 2016, 648 mNw.
[69] BGH NJW 2003, 2987 = NZM 2003, 716.

[70] ABl EG Nr L 200/35.
[71] EuGH Slg 2008, I-1932 = NJW 2008, 1935 Tz 23 ff; OLG Düsseldorf ZMR 2010, 958.

ben wird. Für den Verkehr mit Verbrauchern, insbesondere also für die Wohnraummiete bleibt es dagegen richtiger Meinung nach bei der bisherigen Rechtslage, sodass es genügt, wenn der Mieter die Miete zB innerhalb der Frist des § 556b Abs 1 BGB absendet, während es nicht auf den Zeitpunkt der Gutschrift bei dem Vermieter ankommt.[72] In Formularverträgen kann nichts anderes durch so genannte **Rechtzeitigkeitsklauseln** bestimmt werden (§ 307 Abs 1 und Abs 2 Nr 1 BGB).[73] Holschuld ist die Miete lediglich dann, wenn der Mieter dem Vermieter (nur) durch Individualvereinbarung eine **Einzugsermächtigung** erteilt hat.[74]

36 Kommt der Mieter mit seiner Zahlungspflicht in **Verzug**, so gelten grundsätzlich die §§ 280, 281, 286 ff und 323 BGB.[75] Jedoch wird nach Übergabe der Mietsache an den Mieter das Rücktrittsrecht des Vermieters (§ 323 BGB) durch das Recht zur fristlosen **Kündigung** ersetzt (§§ 543 Abs 2 Nr 3, 569 Abs 3 BGB; s u Rn 107 ff). Die Kündigung schließt **Schadensersatzansprüche** des Vermieters wegen der vom Mieter zu vertretenden vorzeitigen Beendigung des Vertrags nicht aus (s §§ 280 Abs 1 und 2, 286, 314 Abs 4 BGB), wobei meistens im Anschluss an die frühere Praxis auf eine Fristsetzung des Vermieters nach § 281 Abs 1 verzichtet wird (§§ 280 Abs 1, 281 Abs 2 BGB).[76] Ein Verzug mit der Mietzahlung kann infolgedessen für den Mieter ausgesprochen teuer werden.

2. Nebenpflichten

37 Neben der Pflicht zur Zahlung der Miete (Rn 34 ff) können den Mieter je den Umständen des Falles noch weitere Pflichten treffen, die nur zT eine gesetzliche Regelung gefunden haben (§§ 241 Abs 2, 242, 535 BGB). Die wichtigste derartige Nebenpflicht ist die **Obhutspflicht** des Mieters. Sie beginnt, sobald dem Mieter die Sache überlassen wird, und endet erst mit ihrer tatsächlichen Rückgabe. In dieser ganzen Zeit hat der Mieter bei seinem Verhalten im Auge zu behalten, dass er eine *fremde* Sache nutzt, die er nach Ablauf des Vertrages in ordnungsmäßigem Zustand zurückgeben muss (§§ 546, 538 und 280 BGB; s Rn 39). Er muss deshalb die Mietsache schonend und pfleglich behandeln und alles unterlassen, was zu einer (von § 538 BGB nicht gedeckten) Verschlechterung oder zu einer Beschädigung der Mietsache führen kann; dagegen verstößt zB die Aufbewahrung illegaler Betäubungsmittel in der Wohnung.[77] Außerdem muss er die gemieteten **Räume** im Rahmen des Zumutbaren und Möglichen **reinigen und lüften**. Unterlässt er eine ausreichende Lüftung, etwa um Heizkosten zu sparen, so kann er wegen der dadurch verursachten Feuchtigkeitsschäden, wobei vor allem an die gefürchtete Schimmelbildung zu denken ist (ein Dauerthema), nicht mehr nach § 536 BGB mindern (§ 326 Abs 2 BGB), sondern ist seinerseits schadensersatzpflichtig (§§ 276, 280 Abs 1, 535 Abs 1, 538 BGB; Rn 63).

38 Eine gesetzliche Ausprägung der Obhutspflicht des Mieters ist die **Anzeigepflicht** des § 536c BGB. Der Mieter ist danach verpflichtet, dem Vermieter neu auftauchende Mängel oder Gefahren für die Sache unverzüglich anzuzeigen, widrigenfalls er sich ebenfalls ersatzpflichtig macht (§ 536c Abs 2 S 1 BGB). Voraussetzung der Anzeige-

---

[72] BGHZ 212, 140, 144 f, Rn 17 ff = NJW 2017, 1596 = JuS 2017, 466; alles str, s im Einzelnen o Rn D 133.
[73] BGHZ 212, 140, 151 f, Rn 38 ff = NJW 2017, 1596 = JuS 2017, 466.
[74] ZB KG ZMR 2009, 30, 31.
[75] S dazu o Rn I 34, 171 ff.
[76] BGH NZM 2005, 340, 341.
[77] BGH NZM 2017, 144 Rn 14 f = WuM 2017, 10.

pflicht ist, dass der Mieter den Mangel überhaupt erkannt oder nur infolge grober Fahrlässigkeit verkannt hat.[78]

Der Mieter ist ferner verpflichtet, die **Grenzen** des **vertragsgemäßen Gebrauchs** einzuhalten. Verstößt er gegen diese Pflicht, so kann der Vermieter nach Abmahnung **Unterlassung** verlangen (§ 541 BGB) oder **fristlos kündigen**, sofern seine Rechte durch das Verhalten des Mieters erheblich verletzt werden (§ 543 Abs 2 Nr 2 BGB; s u Rn 107 ff). Bei Verschulden des Mieters kann er außerdem **Schadensersatz** fordern (§ 280 Abs 1 BGB), wobei sich der Mieter ein Verschulden seiner Angehörigen und Angestellten sowie des Untermieters zurechnen lassen muss (§§ 278, 540 Abs 2 BGB). **39**

Dagegen trifft den Mieter im Regelfall weder eine Abnahme- noch eine **Gebrauchspflicht** (vgl demgegenüber § 433 Abs 2 BGB). Er ist zum vertragsgemäßen Gebrauch der Sache lediglich berechtigt, nicht jedoch verpflichtet (§ 535 Abs 1 S 1 BGB), sodass er durch die Ablehnung der Entgegennahme der Sache allein in Annahmeverzug (§ 293 BGB), nicht dagegen in Schuldnerverzug gerät (§ 286 BGB). Daraus folgt zugleich, dass der Mieter jederzeit berechtigt ist, die Mietsache vorzeitig zurückzugeben, ohne dass sich dadurch freilich etwas an seiner Pflicht zur Zahlung der Miete änderte (§ 537 BGB). All dies ist aber kein zwingendes Recht, sodass jedenfalls bei der Geschäftsraummiete auch die Vereinbarung einer Abnahme- und **Betriebspflicht** möglich ist. Verbreitet sind solche Absprachen insbesondere bei der Miete von Geschäftslokalen in Einkaufszentren, die darauf angewiesen sind, dass immer sämtliche Geschäfte gleichzeitig geöffnet sind. Deshalb wird hier die Betriebspflicht idR noch durch eine **Offenhaltungspflicht** für die gemieteten Räume ergänzt, wodurch freilich der Mieter, etwa bei Krankheit, erheblich belastet werden kann, sodass häufig die Grenzen der §§ 138 und 275 Abs 2 BGB und Abs 3 überschritten sein dürften (sehr str). **40**

3. Zutrittsrecht des Vermieters

Bei dem Zutrittsrecht des Vermieters geht es um die (gesetzlich nicht geregelte) Frage, ob und wann der Vermieter die von ihm vermieteten und dem Mieter überlassenen Räume wieder betreten oder besichtigen darf. Was zunächst das Recht zum **Betreten** der Räume angeht, so hat der Vermieter ein solches Recht nach § 242 BGB immer nur im Einzelfall bei Vorliegen eines **konkreten sachlichen Grundes**,[79] zB wenn er dringende Reparaturen durchführen muss (§ 555a BGB) oder wenn er genötigt ist, die Messgeräte abzulesen, um über die Betriebskosten fristgerecht abrechnen zu können (§ 556a BGB). Noch engere Grenzen gelten für ein **Besichtigungsrecht** des Vermieters. Ein solches kommt grundsätzlich nur in Betracht, wenn zB der Sache schwere Gefahren drohen oder wenn der Mieter Mängel behauptet. Der Vermieter ist ferner berechtigt, Kaufinteressenten das Grundstück zu zeigen. Weitergehende Besichtigungsrechte des Vermieters, etwa, um sich fortlaufend vom Zustand der Mietsache zu überzeugen, können auch nicht durch Formularvertrag, sondern höchstens individualvertraglich begründet werden (§§ 242, 307 BGB).[80] **41**

---

[78] BGHZ 68, 281, 284 ff = NJW 1977, 1236.
[79] BGH NJW 2015, 2566 Rn 20 = NZM 2015, 633.
[80] BGH NJW 2015, 2566 Rn 17 = NZM 2015, 633.

4. Erhaltungs- und Modernisierungsmaßnahmen

42 Nach § 555a Abs 1 BGB muss der Mieter ferner etwaige **Erhaltungsmaßnahmen** des Vermieters dulden, die zur Instandhaltung oder Instandsetzung der Mietsache erforderlich sind (§ 555a BGB). Dem Vermieter soll dadurch die Erfüllung seiner Erhaltungspflicht aus § 535 Abs 1 S 2 ermöglicht werden, sodass das Gesetz hier insbesondere sämtliche Maßnahmen des Vermieters zur **Verhütung** oder **Beseitigung von Mängeln** und **Schäden** im Auge hat.[81] Die Duldungspflicht des Mieters geht grundsätzlich sehr weit. Soweit erforderlich, kann er aufgrund des § 555a BGB sogar verpflichtet sein, vorübergehend seine Wohnung zu verlassen, wenn anders dem Vermieter eine Erfüllung seiner Erhaltungspflicht nicht möglich ist.[82]

43 Von den Erhaltungsmaßnahmen iS des § 555a BGB müssen insbesondere die **Modernisierungsmaßnahmen** unterschieden werden. Das Gesetz versteht darunter nach § 555b BGB bauliche Veränderungen zur Einsparung von Energie und Wasser (Nr 1–3 des § 555b BGB), bauliche Veränderungen zur Erhöhung des Gebrauchswerts der Mietsache und zur Verbesserung der allgemeinen Wohnverhältnisse (Nr 4 und 5 des § 555b BGB) sowie schließlich noch bauliche Veränderungen, die aufgrund von Umständen durchgeführt werden, die der Vermieter nicht zu vertreten hat, oder durch die neuer Wohnraum geschaffen wird (Nr 6 und 7 des § 555b BGB). Eine **bauliche Veränderung** iS des § 555b BGB liegt nur vor, wenn ein neuer baulicher Zustand geschaffen wird, wofür aber zB bereits der Einbau von Rauchwarnmeldern genügt.[83] Bauliche Veränderungen stellen nach § 555b Nr 4 und Nr 5 BGB vor allem dann Modernisierungsmaßnahmen dar, wenn durch sie **objektiv** der **Gebrauchs- und Substanzwert** der gemieteten Räume oder des Gebäudes **erhöht** wird, sodass das Wohnen in den Räumen angenehmer, bequemer, sicherer, gesünder oder weniger arbeitsaufwendig als zuvor wird und sich die Räume infolgedessen leichter als vorher vermieten lassen.[84] **Beispiele** sind neben dem Einbau einer Heizung oder neuer sanitärer Anlagen die Ersetzung einfacher Fenster durch isolierverglaste Fenster oder der Anschluss an ein Kabelfernsehnetz. Modernisierungsmaßnahmen muss der Mieter ebenso wie Erhaltungsmaßnahmen (Rn 42) nach § 555d Abs 1 BGB grundsätzlich **dulden**. Anders verhält es sich nur, wenn die Maßnahmen für den Mieter oder seine Familie, etwa wegen der damit verbundenen Belästigungen, eine nicht zu rechtfertigende **Härte** bedeuten (§ 555c Abs 2 BGB).

44 Die Duldungspflicht des Mieters setzt die rechtzeitige und vollständige **Ankündigung** der geplanten Maßnahmen durch den Vermieter voraus (§ 555c BGB). Vor solcher Mitteilung wird die Duldungspflicht des Mieters nicht fällig. Aufgrund der Mitteilung erlangt der Mieter ein besonderes Kündigungsrecht (§ 555e BGB). Der Vermieter muss außerdem etwaige **Aufwendungen** des Mieters infolge der Maßnahmen wie zB Umzugs-, Reinigungs- und Reparaturkosten ersetzen (§ 555d Abs 6 BGB iVm § 555a Abs 3 BGB). Nach Abschluss der Modernisierungsmaßnahmen kann der Vermieter (allein) bei der Wohnraummiete die Miete im Rahmen des § 559 BGB erhöhen (s u Rn 92).

---

[81] BGH, LM Nr 1 zu § 541a BGB = NJW 1972, 723; KG WuM 1985, 248.
[82] BGHZ 204, 1 (4 Rn 17) = NJW 2015, 624.
[83] BGH NJW 2015, 2487 Rn 4 = NZM 2015, 587.
[84] BGH NJW 2005, 2995 = NZM 2005, 697; NJW 2008, 1218 = NZM 2008, 283 Tz 21; NJW 2011, 3514 Tz 23; 2012, 2954 Tz 14, 16.

5. Schönheitsreparaturen

Alle während der Vertragszeit etwa notwendig werdenden Reparaturen der Mietsache einschließlich insbesondere der Beseitigung von Mängeln obliegen an sich dem Vermieter aufgrund seiner umfassenden Erhaltungspflicht (§ 535 Abs 1 S 2 BGB; u Rn 22 f). Das gilt nicht zuletzt auch für die sogenannten Schönheitsreparaturen, worunter man allgemein in Anlehnung an die (preisrechtliche) Definition das § 28 Abs 4 S 3 der II. BV die **malermäßige Beseitigung der üblichen Dekorationsmängel** infolge der unvermeidlichen Abnutzung der Räume durch den vertragsgemäßen Gebrauch des Mieters, in erster Linie also das Tapezieren, Anstreichen oder Kalken der Wände und Decken, versteht.[85] Davon zu unterscheiden ist die Beseitigung **sonstiger Mängel** wie etwa die Reparatur von Rissen im Außenputz oder in der Zimmerdecke.[86] Die Unterscheidung ist notwendig, weil sich für die Abwälzung speziell der Schönheitsreparaturen auf den Mieter in einer buchstäblich jahrzehntelangen Praxis besondere Regeln herausgebildet haben, die nicht auf die Abwälzung sonstiger Reparaturen übertragen werden können (dazu u Rn 52 f).

Nach dem Gesagten (Rn 45) muss der Vermieter die Schönheitsreparaturen nach § 535 Abs 1 S 2 BGB spätestens durchführen, wenn Renovierungsbedarf besteht, dh wenn die Räume infolge des normalen Verschleißes durch den vertragsgemäßen Gebrauch Mängel aufweisen.[87] Das ist jedoch kein zwingendes Recht, sodass die Schönheitsreparaturen nach überwiegender Meinung selbst bei der Wohnraummiete nicht nur individualvertraglich, sondern auch durch **Formularvertrag** insoweit auf den Mieter abgewälzt werden können, wie ohne solche Abrede der Vermieter nach § 535 Abs 1 S 2 BGB die Schönheitsreparaturen tragen müsste.[88] In der Mietvertragspraxis ist deshalb als späte Folge des totalen Mietpreisstopps nach den beiden Weltkriegen mittlerweile die Abwälzung der Schönheitsreparaturen auf den Mieter, obwohl mit dem gesetzlichen Leitbild der Miete *unvereinbar* (§§ 535 Abs 1 S 2 und 307 Abs 2 BGB), weit verbreitet. Die Rechtsprechung wird aber – zu Recht – immer kritischer. Dadurch ist in den letzten Jahren eine Fülle neuer Probleme aufgeworfen worden, die zur Folge haben, dass die ganze Materie ständig im Fluss ist und langsam – Schritt für Schritt – in einem Regulierungsdschungel zu versinken droht.[89] Die **Rückkehr zum Gesetz** (§§ 535 Abs 1 S 2, 307 Abs 2 BGB) ist deshalb schon lange überfällig. Es ist bemerkenswert, dass dies auch einzelne Gerichte inzwischen so sehen.[90]

In der Frage, in welchem Umfang heute (noch) die Schönheitsreparaturen tatsächlich durch Formularvertrag auf den Wohnraummieter abgewälzt werden können, ist aus den genannten Gründen (Rn 46) immer nur eine Momentaufnahme möglich, die schon morgen wegen der ständigen Wendungen der Rechtsprechung überholt sein kann. So können zB heute dem Mieter – anders als noch vor wenigen Jahren – in dem Mietvertrag **keine starren Fristen** für die Vornahme der Schönheitsreparaturen mehr vorgeschrieben werden, binnen derer die fraglichen Arbeiten – ungeachtet des tatsächli-

---

[85] BGHZ 92, 363, 368 = NJW 1985, 480; BGH NJW-RR 1995, 123, 125; NJW 2009, 519; 2009, 1408 Tz 10; 2010, 674 Tz 11.
[86] ZB LG Berlin WuM 1989, 282; 2017, 134.
[87] BGH NZM 2006, 691 = WuM 2006, 513 m Anm Emmerich NZM 2006, 761.
[88] BGHZ 92, 363, 367 ff; 101, 253, 261 ff; 105, 71, 76 ff; 178, 158, 162 f Rn 12; 200, 133, 139 ff Rn 15 ff.
[89] S Emmerich, in: FS Graf von Westphalen (2010) 127; Staudinger/Emmerich (2018) § 535 Rn 101 ff.
[90] LG Berlin WuM 2017, 189.

chen Zustands der Räume – spätestens durchgeführt werden müssen.[91] Zulässig sind vielmehr jetzt nur noch „weiche" Fristen, die auf den jeweiligen tatsächlichen Renovierungsbedarf der Räume abstellen. Vereinbaren die Parteien, wie nach wie vor sehr häufig, (offen oder versteckt) starre Fristen, so ist die Folge grundsätzlich – wegen der Unzulässigkeit einer geltungserhaltenden Reduktion – die Unwirksamkeit der gesamten Regelung über die Schönheitsreparaturen, sodass die Pflicht zur Vornahme der Schönheitsreparaturen entsprechend der gesetzlichen Regel (§ 535 Abs 1 S 2 BGB) wieder den Vermieter trifft (§§ 307 Abs 1 S 1 und 306 Abs 2 BGB).[92] Führt der **Mieter** trotz Unwirksamkeit der einschlägigen Klauseln des Mietvertrages Schönheitsreparaturen durch – in Verkennung der Rechtslage –, so hat er sowohl einen Bereicherungsanspruch (§§ 684 S 1, 812 Abs 1 S 1, 818 BGB) als auch in der Regel einen Schadensersatzanspruch gegen den Vermieter (wegen der Verwendung unwirksamer Geschäftsbedingungen, § 311 Abs 2 BGB).[93]

48 Es verwundert angesichts dessen nicht, dass die Vermieter in der Praxis in wachsendem Maße auf andere Klauseln auszuweichen versuchen, um im Ergebnis doch eine möglichst umfassende Abwälzung der Schönheitsreparaturen auf den Mieter zu erreichen. Der Erfindungsreichtum, den die Anwaltschaft insoweit an den Tag legt, ist beachtlich. Besonderer Beliebtheit erfreuen sich neuerdings so genannte **Freizeichnungsklauseln** oder Beschaffenheitsvereinbarungen, durch die einfach der gegenwärtige oder zukünftige mangelhafte Zustand der Wohnung als vertragsgemäß festgeschrieben und die Renovierung auf diese Weise dem Mieter zugeschoben werden soll. Aber derartige Klauseln sind nicht ernst gemeint und verstoßen ohnehin gegen die §§ 307 Abs 2 Nr 1, 536 Abs 4 und 569 Abs 5 BGB. Dasselbe Schicksal hat mittlerweile auch die früher beliebten **Quoten- oder Abgeltungsklauseln** ereilt, aufgrund derer der Mieter bei Auszug *vor* Fälligkeit der nächsten Schönheitsreparaturen „wenigstens" *zeitanteilig* an den Kosten der noch nicht fälligen Schönheitsreparaturen beteiligt werden sollte. Sie gelten heute – anders als früher – wegen ihrer Intransparenz, die dem Mieter eine Abschätzung der auf ihn zukommenden Belastungen unmöglich macht, als ebenfalls grundsätzlich unzulässig (§ 307 Abs 1 S 2 BGB).[94] Nicht besser steht es mit den **Endrenovierungsklauseln**, nach denen der Mieter bei Vertragsende zur erneuten *vollständigen* Renovierung der Wohnung verpflichtet ist, selbst wenn er vor Fälligkeit der Schönheitsreparaturen auszieht. Derartige Klauseln sind heute ebenso unzulässig[95] wie **Anfangsrenovierungsklauseln**, die dem Mieter, dem eine nichtrenovierte Wohnung übergeben wurde, zusätzlich zu den laufenden Schönheitsreparaturen auch die Anfangsrenovierung auferlegen. Die Unzulässigkeit von Endrenovierungsklauseln gilt auch für die **gewerbliche Raummiete**, weil sich solche Klauseln besonders weit von dem gesetzlichen Leitbild des § 535 Abs 1 S 2 BGB entfernen (§ 307 BGB).[96] Ebenso negativ fällt heute das Urteil über offene oder versteckte **Fachhandwerkerklauseln** aus, weil sie dem Mieter die Möglichkeit nehmen, die Schönheitsreparaturen „kostenspa-

---

[91] BGHZ 178, 158, 160 f Rn 17 n = NJW 2008, 3772; BGHZ 204, 316, 321 f Rn 26 = NJW 2015, 1871; BGH NJW 2012, 1572 Tz 4; NZM 2012, 527 Tz 3 ff; NJW 2015, 1874 Rn 14.
[92] BGH NZM 2006, 691 = WuM 2006, 513; NJW 2006, 3778 Tz 27 = NZM 2006, 924; EMMERICH NZM 2006, 761.
[93] BGHZ 181, 188, 198 Rn 25 = NJW 2009, 2590; BGH NJW 2011, 1866 Tz 12, 14 = NZM 2011, 452; WuM 2011, 418; NJW 2012, 3031 Tz 13.
[94] BGHZ 204, 316, 323 f Rn 29 ff = NJW 2015. 1871; EMMERICH, in: (2.) FS Derleder (2015) 75.
[95] BGH NJW 2003, 3192 = NZM 2003, 755; NJW 2004, 2087 = NZM 2004, 497; NJW 2005, 2006 = NZM 2005, 504; NJW 2007, 3776; NZM 2009, 313.
[96] BGH NJW 2005, 2006 f = NZM 2005, 504; NJW 2014, 1444 Rn 26 = NZM 2014, 306.

rend" selbst durchzuführen.⁹⁷ Völlig verworren, um nicht zu sagen: chaotisch ist die Rechtslage schließlich bei den beliebten **Farbwahlklauseln**: Während des Laufs des Vertrages werden sie heute wohl meistens verworfen, dagegen für den Zeitpunkt der Rückgabe der Mietsache in der Regel noch hingenommen, sofern sie nur dem Mieter einen „gewissen Spielraum" bei der Farbwahl belassen, was immer das heißen mag.⁹⁸

Die vom Mieter übernommene Verpflichtung zur Vornahme der Schönheitsreparaturen stellt eine weitere Hauptleistungspflicht des Mieters dar, die gleichberechtigt neben seiner Verpflichtung zur Zahlung der Miete steht. Folglich kann der Vermieter von dem Mieter *während* des Laufs des Vertrags (spätestens) dann **Erfüllung** durch Vornahme der Schönheitsreparaturen verlangen, wenn Renovierungsbedarf besteht; stattdessen kann er aber auch, jedenfalls nach Meinung des BGH, einen **Vorschuss** auf die zukünftigen Renovierungskosten fordern.⁹⁹ **49**

Die **Beendigung** des Mietvertrages ändert an den Pflichten des Mieters grundsätzlich nichts, sodass der Vermieter von dem Mieter weiterhin Erfüllung durch Vornahme der wirksam übernommenen Schönheitsreparaturen verlangen kann.¹⁰⁰ Kommt der Mieter dieser Pflicht nicht nach, zieht er zB jetzt aus, ohne die geschuldeten Schönheitsreparaturen durchgeführt zu haben, so kann der Vermieter unter den Voraussetzungen des § 281 BGB von ihm statt dessen auch **Schadensersatz** statt der Leistung (oder Aufwendungsersatz, § 284 BGB) verlangen, dh grundsätzlich erst **nach** fruchtloser **Fristsetzung**.¹⁰¹ Auf die Fristsetzung kann nur unter den zusätzlichen Voraussetzungen des § 281 Abs 2 BGB verzichtet werden, insbesondere also, wenn der Mieter die Vornahme der Schönheitsreparaturen ernsthaft und endgültig verweigert. Eine **Erfüllungsverweigerung** wird dabei vielfach, um dem Vermieter die schwierige Rechtsverfolgung zu erleichtern, bereits in dem bloßen Auszug des Mieters ohne Durchführung der Schönheitsreparaturen gesehen, sodass der Vermieter dann in der Regel sofort berechtigt ist, Schadensersatz statt der Leistung oder Aufwendungsersatz zu verlangen (§§ 281 Abs 2, 284 BGB).¹⁰² **50**

Der **Schaden** des Vermieters wird – neben einer Minderung des Werts der Wohnung – vor allem in dem ihm entgehenden Gewinn aus einer andernfalls sofort möglichen Weitervermietung der Wohnung bestehen (§§ 249, 252 BGB). Ein Schaden des Vermieters **entfällt** jedoch, wenn es ihm gelingt, die Wohnung wieder zu vermieten und dabei die nötigen Schönheitsreparaturen auf den neuen Mieter abzuwälzen, da es sich von selbst verstehen sollte, dass der Vermieter Ersatz für die (an sich ihm obliegenden) Schönheitsreparaturen nicht zweimal, nämlich von dem alten *und* von dem neuen Mieter verlangen kann.¹⁰³ **51**

---

⁹⁷ BGH WuM 2010, 476; OLG Düsseldorf NZM 2011, 244.
⁹⁸ S die Kritik bei STAUDINGER/EMMERICH (2018) § 535 Rn 124.
⁹⁹ BGH NZM 2005, 450 = WuM 2005, 383; NJW 2006, 1588 f Tz 12 = NZM 2006, 503.
¹⁰⁰ Rn 49; BGHZ 200, 133, 142 Rn 21 = NJW 2014, 1521.
¹⁰¹ S BGHZ 200, 133, 142 Rn 21 = NJW 2014, 1521; BGH WuM 2009, 36.
¹⁰² S STAUDINGER/EMMERICH (2018) § 535 Rn 140 f; str.
¹⁰³ So aber BGHZ 49, 56, 61 ff = NJW 1968, 491; KG NZM 2005, 181.

6. Reparaturpflicht

52 Die Schönheitsreparaturen (Rn 45 ff) bilden nur einen Ausschnitt aus der allgemeinen Instandhaltungs- und Instandsetzungspflicht des Vermieters (§ 535 Abs 1 BGB), sodass sich für sonstige Reparaturen gleichfalls die Frage stellt, in welchem Umfang sie im Mietvertrag auf den Mieter abgewälzt werden können. Bei der **gewerblichen Miete** ist dies durch **Individualvereinbarung** in den Grenzen der §§ 138 und 242 BGB jederzeit möglich (§ 311 Abs 1 BGB), während gegenüber einer *vollständigen* Abwälzung der Instandhaltungspflicht oder gar der weitergehenden Instandsetzungspflicht **durch Formularvertrag** auch bei der gewerblichen Miete erhebliche Bedenken bestehen (§ 307 BGB).[104]

53 Bei der **Wohnraummiete** ist es ebenfalls im Grundsatz unbedenklich, die Instandhaltungs- oder Instandsetzungspflicht zumindest in beschränktem Umfang **individualvertraglich** auf den Mieter abzuwälzen. Schranken können sich hier nur im Einzelfall aus § 536 Abs 4 BGB sowie bei preisgebundenem Wohnraum aus § 28 Abs 3 S 1 der II. BV ergeben. Wesentlich engere Zulässigkeitsgrenzen gelten dagegen für Reparaturklauseln in **Formularverträgen** (§ 307 Abs 2 Nr 1 BGB). Reparaturklauseln sind hier nur zulässig, wenn sie sich auf sogenannte **Bagatellschäden** an solchen Teilen des Mietobjekts beschränken, die der Mieter häufig benutzt und die deshalb seinem ständigen Zugriff unterliegen, wobei sich die Abgrenzung im Einzelnen nach dem entsprechend anwendbaren § 28 Abs 3 S 2 der II. BV richtet. Voraussetzung ist außerdem, dass in der Klausel zugleich **Obergrenzen** für die einzelnen Schäden *und* für die Gesamtbelastung in einem Jahr festgelegt werden. Diese Obergrenzen belaufen sich im Augenblick auf ungefähr 50 bis 100 € für jeden einzelnen Schaden sowie auf 6 bis 8 % der Jahresbruttomiete oder absolut 500 € als Höchstbetrag der Reparaturkosten für das gesamte Jahr.[105]

VII. Mängelhaftung

1. Sachmangel

54 Bei Vertragsverletzungen des Vermieters ergeben sich die Rechte des Mieters in erster Linie aus den **Gewährleistungsregeln** des Mietrechts (§§ 536 bis 536d) sowie ergänzend aus den allgemeinen Vorschriften über Leistungsstörungen (§§ 275, 280 ff, 311a, 320, 323 ff BGB). An der Spitze der gesetzlichen Regelung steht § **536 Abs 1 und 3**, nach dem die Miete bei Vorliegen eines Sach- oder Rechtsmangels kraft Gesetzes gemindert wird. Abweichende Vereinbarungen zum Nachteil des Mieters sind bei der Wohnraummiete unwirksam (§ 536 Abs 4 BGB). Ein **Sachmangel** liegt nach § 536 Abs 1 S 1 BGB vor, wenn die Mietsache zum Vertragszweck untauglich ist. **Maßstab** ist somit allein die zum jeweiligen vertragsgemäßen Gebrauch erforderliche Beschaffenheit der Sache, dh die nach dem Vertrag bei Berücksichtigung der §§ 133 und 157 BGB vom Vermieter geschuldete so genannte **Sollbeschaffenheit** des Mietobjekts. Jede ungünstige Abweichung der Mietsache von dieser Sollbeschaffenheit stellt einen Mangel dar.[106] Maßgebend sind maW immer die Abreden der Parteien, zB über den vom Vermieter jeweils geschuldeten Standard der vermieteten Räume, etwa hinsichtlich

---

[104] BGH NZM 2005, 863; NJW 2013, 41 = WuM 2012, 662 Tz 17; NJW 2014, 3722 Rn 21 f = NZM 2014, 830, 832; Fallak ZMR 2013, 161.
[105] BGHZ 108, 1, 9 ff = NJW 1989, 2247; BGHZ 118, 194, 197 = NJW 1992, 1759; Bayer NZM 2011, 697, 700 f.
[106] BGHZ 195, 50 (57 Rn 30); 203, 148 (159 Rn 41); 205, 177 (187 Rn 18).

des Schallschutzes oder der Isolierung der Wände, Böden und Decken. Fehlen ausdrückliche Abreden über diese (zentralen) Punkte, so ist im Zweifel davon auszugehen, dass die **bei Errichtung** des Gebäudes geltenden **Maßstäbe** den jeweils geschuldeten Standard definieren.[107] Außerdem kann jeder Mieter einen **Mindeststandard** verlangen, der ein zeitgemäßes Wohnen ermöglicht, sodass in jeder Wohnung zumindest die nach heutigen Anschauungen unabdingbaren Anschlüsse für Wasser und Strom vorhanden sein müssen, sofern nicht ausdrücklich das Gegenteil vereinbart ist.[108] Schließlich darf jeder Mieter erwarten, dass die gemieteten Räume dem jeweils *neuesten* Standard auf dem Gebiet des **Gesundheitsschutzes** entsprechen.

Die wichtigste Fallgruppe der Sachmängel bilden **Baumängel**. Ein Baumangel liegt vor, wenn die vermieteten Räume baulich nicht dem jeweils geschuldeten Standard (s Rn 54) entsprechen, wenn etwa bei einem gewerblichen Mietvertrag die Räume nicht zur Aufnahme des bezweckten Gewerbebetriebs geeignet sind, weil die Böden und Decken nicht die nötige Tragfähigkeit aufweisen.[109] Die vermieteten Räume sind ferner mangelhaft, wenn die **Fläche** der vermieteten Räume, berechnet im Zweifel nach der Verordnung zur Berechnung der Wohnfläche von 2003, um **mehr als 10%** hinter der im Mietvertrag vereinbarten Fläche zurückbleibt.[110]   55

Öffentlich-rechtliche Benutzungsverbote, durch die der Mieter am vertragsgemäßen Gebrauch der Mietsache gehindert wird, bilden gleichfalls einen Sachmangel, sofern sie auf der Beschaffenheit oder der Lage der Mietsache beruhen und sie ihre Ursache nicht lediglich in den persönlichen Verhältnissen des Mieters finden.[111] So verhält es sich zB, wenn die als Wohnung vermieteten Räume ohne Bauerlaubnis errichtet wurden oder wenn es sich bei ihnen in Wirklichkeit um Gewerberäume handelt, die nicht als Wohnung genutzt werden dürfen. Sog **Umweltfehler**, allen voran Störungen des Mieters im vertragsgemäßen Gebrauch durch Immissionen wie zB **Gerüche oder Lärm** aus der Nachbarschaft führen ebenfalls zur Anwendung des § 536 BGB, sofern der Mieter nach dem Vertrag die fraglichen Immissionen nicht zu dulden braucht, wofür es allein darauf ankommt, welchen **Standard** er nach den Abreden der Parteien verlangen kann (Rn 54). Anders ist die Rechtslage nur zu beurteilen, wenn die Parteien durch eine sogenannte Beschaffenheitsvereinbarung das Gegenteil festgelegt haben oder wenn die Voraussetzungen des § 536b vorliegen, insbesondere also, wenn der Mieter die Lärmquelle bei Vertragsabschluss kennt (s u Rn 63). Die daraus resultierende weitgehende Haftung des Vermieters für Umweltfehler gilt indessen vielfach als unangemessen, weil der Vermieter auf die schlimmsten Lärmquellen wie Flugplätze, Durchgangsstraßen oder große Baustellen nahezu keinen Einfluss besitzt, weshalb der BGH heute – entgegen dem Gesetz – die Haftung des Vermieters in derartigen besonders kritischen Fällen auf wenige Ausnahmefälle einer entsprechenden Vereinbarung der Parteien beschränken will.[112]   56

---

[107] BGH NZM 2010, 618 Tz 13 ff; NJW 2013, 2417 Rn 14 ff.
[108] S Rn 25, BGH NZM 2009, 855; 2010, 356 Tz 32 f; NJW 2015, 934 Rn 21.
[109] BGH LM Nr 11 zu § 537 BGB = MDR 1964, 229; LM Nr 12/13 zu § 537 BGB = MDR 1964, 915.
[110] BGHZ 208, 18 (21 Rn 9) = NJW 2016, 239; BGH NJW 2009, 2880; NJW 2010, 292 = NZM 2010, 36 Tz 16, 19; NJW 2011, 1282 Tz 9 f = NZM 2011, 309.
[111] BGHZ 68, 294, 296 = NJW 1977, 1285; BGH ZMR 2008, 274; NJW 2011, 3151 Tz 8.
[112] BGHZ 205, 177 (184 ff) = NJW 2015, 2127 = JuS 2015, 1040; „Bolzplatz" sehr str, s STAUDINGER/EMMERICH (2018) § 536 Rn 57 ff mNw.

56a Die Haftung des Vermieters für Sachmängel ist nach § 536 BGB in zwei Fällen **ausgeschlossen**. Der erste Fall ergibt sich aus § 536 Abs 1 S 3 BGB, nach dem eine **unerhebliche Minderung** der Tauglichkeit außer Betracht bleibt. Dies wird angenommen, wenn die Minderung der Gebrauchstauglichkeit der Mietsache durch den fraglichen Sachmangel objektiv nicht ins Gewicht fällt oder leicht und schnell zu beheben ist.[113] Ein zweiter Ausschlusstatbestand ist im Jahre 2013 in Gestalt des neuen Abs 1a des § 536 BGB hinzugekommen. Danach bleibt eine Minderung der Tauglichkeit für die Dauer von *drei Monaten* außer Betracht, soweit sie die Folge einer Maßnahme ist, die einer **energetischen Modernisierung** im Sinne des § 555b Nr 1 BGB dient. Dadurch sollen energetische Modernisierungen von Wohnraum im Zuge der so genannte Energiewende erleichtert werden.[114] Weitere Ausschlusstatbestände ergeben sich von Fall zu Fall insbesondere noch aus den §§ 326 Abs 2, 536b und 536c BGB (s dazu u Rn 63).

2. Fehlen zugesicherter Eigenschaften

57 Nach § 536 Abs 2 BGB gelten die Sätze 1 und 2 des ersten Absatzes der Vorschrift entsprechend, wenn eine zugesicherte Eigenschaft fehlt oder später wegfällt. Eine **Zusicherung** liegt vor, wenn der Vermieter in vertraglich bindender Weise versprochen hat, *unbedingt* für das Vorhandensein oder Nichtvorhandensein einer bestimmten Eigenschaft einstehen zu wollen.[115] Der Begriff der zusicherungsfähigen **Eigenschaften** wird in diesem Zusammenhang üblicherweise ganz weit ausgelegt. Er umfasst nicht nur die physische Beschaffenheit der Mietsache, sondern auch alle sonstigen rechtlichen und tatsächlichen Verhältnisse der Sache, die vermöge ihrer Art und Dauer für die Wertschätzung oder die Brauchbarkeit der Sache von Einfluss sein können, gleichgültig, ob sie in der Vergangenheit oder Gegenwart liegen, vorausgesetzt nur, dass sie ihren Grund gerade in der Beschaffenheit der Mietsache haben, von ihr ausgehen und ihr auch für eine gewisse Dauer anhaften.[116] **Beispiele** sind ein bestimmter Umsatz des verpachteten Geschäfts[117] sowie die Möglichkeit, nach einem Umbau von Räumen eine Gaststättenkonzession zu erhalten.[118]

3. Rechtsmängel

58 Nach § **536 Abs 3 BGB** gelten die Abs 1 und 2 der Vorschrift ferner entsprechend für sog Rechtsmängel. Ein Rechtsmangel liegt nach § 536 Abs 3 BGB vor, wenn durch das (private) Recht eines Dritten dem Mieter der vertragsgemäße Gebrauch der Sache ganz oder zum Teil entzogen wird. Darunter fallen gleichermaßen **dingliche wie obligatorische Rechte Dritter**, durch die der **Mieter** tatsächlich in dem ihm zustehenden vertragsgemäßen Gebrauch **gestört** wird.[119] Keine Rolle spielt, ob dem Mieter die Sache ganz oder zum Teil wieder entzogen oder von vornherein nicht überlassen wird,[120] sowie ob das Recht des Dritten von Anfang an bestand oder erst nachträglich, etwa durch Pfändung der vermieteten Sache, begründet wurde.[121] Die wichtigsten **Beispiele** sind das Eigentum oder der Nießbrauch eines Dritten an der Mietsache. Aber auch der

---

[113] BGH NZM 2004, 767; NJW 2009, 664 Tz 18 ff.
[114] S dazu zB Hinz NZM 2012, 777; 2013, 209.
[115] BGH, LM Nr 51 zu § 537 BGB (Bl 4) = NJW 2000, 1714; NJW 2005, 2152 = NZM 2005, 500; NZM 2006, 54, 56 Tz 26.
[116] BGH, LM Nr 51 zu § 537 BGB (Bl 3 R) = NJW 2000, 1714; NZM 2006, 54, 56 Tz 27 f.

[117] RG JW 1937, 675, 676.
[118] KG NZM 2000, 461; OLG Frankfurt NZM 2005, 619.
[119] BGHZ 114, 277, 280 = NJW 1991, 3280.
[120] BGH, LM Nr 3 zu § 541 BGB = NJW 1961, 917; LM Nr 27 zu § 325 BGB = NJW 1991, 3277.
[121] BGHZ 63, 132, 138 = NJW 1975, 44.

O. Miete

Fall der **Doppelvermietung** gehört hierher, sofern ein anderer Mieter in den Besitz der Mietsache gelangt ist und er sodann mit Rücksicht auf sein (gleichrangiges) Besitzrecht den übrigen Mietern die Herausgabe der Sache verweigert.[122] Voraussetzung für die Annahme eines Rechtsmangels ist in jedem Fall, dass das **Recht** des Dritten überhaupt **geltend gemacht** wird, weil es andernfalls an einer *Störung* des Mieters fehlt.[123] Dafür kann auch schon die bloße mündliche Geltendmachung des Rechts durch den Dritten genügen, sofern sie nur für den Mieter Anlass ist, darauf hin den Gebrauch zu unterlassen oder aufzugeben.[124] Anders dagegen, wenn der Dritte sein Recht nicht geltend macht. Besteht etwa im Falle der Doppelvermietung der anderen Mieter nicht auf seinem Anspruch auf Übergabe der Sache aus § 535 Abs 1 BGB, so ist kein Raum für die Anwendung des § 536 Abs 3 BGB.

4. Zurückbehaltungsrecht

Liegt ein Sach- oder Rechtsmangel vor, so kann der Mieter nach § 535 Abs 1 S 2 BGB in erster Linie von dem Vermieter die Beseitigung des Mangels verlangen (o Rn 22); außerdem kann er, wenn und solange der Vermieter den Mangel nicht beseitigt, nach § 320 BGB vorgehen. § 536 BGB hat keinen Vorrang vor § 320 BGB, sodass der Mieter, solange der Mangel nicht behoben ist, die **Miete** ganz oder zum Teil **zurückbehalten** kann,[125] nach der jüngsten Rechtsprechung des BGH freilich nur noch in engen zeitlichen und summenmäßigen Grenzen, um zu verhindern, dass der Mieter möglicherweise auf längere Zeit überhaupt keine Miete mehr zu zahlen braucht, wenn der Vermieter seiner Reparaturpflicht aufgrund des § 535 Abs 1 S 2 BGB nicht umgehend nachkommt.[126] Diese Auffassung widerspricht unmittelbar dem Gesetz (§§ 320 Abs 1 und 535 Abs 1 S 2 BGB) und ist auch in der Sache unhaltbar.[127] Das Zurückbehaltungsrecht des Mieters bezieht sich jeweils auf die *weiteren*, von der Minderung *nicht* umfassten Teile der Miete, um einen *zusätzlichen* Druck auf den Vermieter zur Erfüllung seiner Pflichten aus § 535 BGB auszuüben.

5. Minderung

Die Minderung der Miete ist nach § 536 Abs 1 BGB das zentrale Recht des Mieters bei Vorliegen eines Sach- oder Rechtsmangels sowie im Falle des Fehlens zugesicherter Eigenschaften (§ 536 Abs 2 BGB). Ihr Zweck ist es, die Gleichwertigkeit der beiderseitigen Leistungen wiederherzustellen, solange die Mängel nicht beseitigt sind.[128] Sie berechnet sich deshalb nach der **Bruttomiete**, dh nach der gesamten vom Mieter geschuldeten Miete einschließlich etwaiger Betriebskostenvorauszahlungen oder -pauschalen.[129] Das **Ausmaß** der Minderung hängt von der Schwere des Mangels ab. Ist die Gebrauchstauglichkeit der Sache lediglich eingeschränkt, so kommt nur eine entsprechende **Herabsetzung** der Miete in Betracht, wobei in erster Linie auf das Ausmaß

---

[122] BGHZ 167, 312 = NJW 2006, 2323; BGH, LM Nr 27 zu § 325 BGB = NJW 1991, 3277; KG ZMR 2003, 439.
[123] BGH NJW-RR 1995, 715; NZM 1999, 461; NJW 2008, 2771 Tz 9 f.
[124] BGH, LM Nr 10 zu § 539 BGB (Bl 3) = NJW 1996, 46; LM Nr 33 zu § 265 ZPO = NJW 2000, 291; OLG Düsseldorf ZMR 2012, 436.
[125] BGHZ 84, 42, 45 f = NJW 1982, 2242; BGHZ 127, 245, 253 = NJW 1995, 254; BGH NJW 2011, 514 Tz 18.
[126] BGHZ 206, 1 (21 ff) = NJW 2015, 3087 = JuS 2016, 167; BGH WuM 2016, 98 Rn 15.
[127] S mNw STAUDINGER/EMMERICH (2018) § 536 Rn 106.
[128] BGHZ 163, 1, 4 ff = NJW 2005, 1713.
[129] BGHZ 163, 1, 4 ff; BGH NJW 2005, 2773, 2774 = NZM 2005, 699; NZM 2010, 618; NJW 2011, 1282 Tz 11; 2011, 1806 Tz 11.

der durch den Mangel bewirkten Beeinträchtigung der Gebrauchstauglichkeit der vermieteten Sache abzustellen ist (§ 536 Abs 1 S 2 BGB). Dagegen wird der Mieter von der Verpflichtung zur Zahlung der Miete **ganz befreit**, wenn die Gebrauchstauglichkeit der Mietsache infolge des Mangels (ausnahmsweise) völlig aufgehoben ist (§ 536 Abs 1 S 1 BGB). Beispiele sind die Verweigerung der Übergabe der Schlüssel zu der Wohnung oder der totale Ausfall der Heizung im Winter.[130]

6. Schadensersatz

61 Nach § 536a BGB ist der Mieter bei Vorliegen eines Rechts- oder Sachmangels in drei Fällen befugt, vom Vermieter außerdem Schadensersatz zu verlangen: erstens, wenn der Mangel schon bei Abschluss des Vertrages vorhanden war, zweitens, wenn der Mangel später infolge eines Umstandes entsteht, den der Vermieter zu vertreten hat, sowie drittens, wenn der Vermieter mit der Beseitigung des Mangels in Verzug ist. Hervorzuheben ist die von einem Verschulden unabhängige **Garantiehaftung** des Vermieters **für anfängliche Mängel** nach § 536a Abs 1, 1. Alt. Ihre Voraussetzung ist allein, dass *bei Vertragsabschluss* bereits die *Ursachen* der späteren Schädigung vorlagen, während der Mangel selbst noch nicht hervorgetreten zu sein brauchte. Erst recht nicht erforderlich ist, dass seinerzeit bereits ein Schaden entstanden war; der Vermieter trägt vielmehr auch die Gefahr geheimer Mängel.[131] Der Ersatzanspruch des Mieters umfasst in diesen Fällen seinen gesamten **Nichterfüllungsschaden**, wobei nicht weiter zwischen Mangel- und Mangelfolgeschäden unterschieden wird.

62 Wenn der Vermieter mit der Beseitigung von Mängeln in **Verzug** ist, wozu grundsätzlich eine Mahnung des Mieters erforderlich ist (§§ 286, 535 BGB), kann der Mieter den Mangel selbst beseitigen und **Ersatz der** erforderlichen **Aufwendungen** verlangen (§ 536a Abs 2 Nr 1 BGB); davon umfasst wird der Anspruch auf Zahlung eines Vorschusses.[132] Beseitigt der Mieter dagegen Mängel, *bevor* der Vermieter in Verzug geraten ist, so handelt er auf eigene Gefahr, sodass er, von Notfällen abgesehen (s § 536a Abs 2 Nr 2 BGB), keinen Anspruch auf Ersatz seiner Aufwendungen hat.[133]

7. Ausschlusstatbestände

63 Die Haftung des Vermieters für Sachmängel ist ausgeschlossen in den Fällen des § 536 Abs 1 S 3 und Abs 1a BGB (dazu o Rn 56a). Seine Haftung entfällt außerdem, wenn es der **Mieter selbst** ist, der den fraglichen Mangel zu **vertreten** hat (§ 326 Abs 2 BGB). So verhält es sich zB, wenn der Mieter den vom Vermieter beauftragten Handwerkern den Zutritt verweigert, sodass sie die vom Mieter gerügten Mängel nicht beseitigen können,[134] oder wenn Feuchtigkeitsschäden in den vermieteten Räumen darauf zurückzuführen sind, dass er nicht ausreichend lüftet oder heizt. Die Anforderungen, die insoweit an das Heizungs- und Lüftungsverhalten des Mieters in der Rechtsprechung gestellt werden, schwanken stark. Hier sollte, um eine übermäßige Belastung des Mieters zu verhindern, als Grundsatz davon ausgegangen werden, dass ein Haus mangelhaft ist, wenn der Mieter nur durch unvernünftiges oder nicht zumutbares Heizungs-

---

[130] OLG Düsseldorf WuM 2005, 655; LG Berlin ZMR 1992, 302.
[131] BGHZ 68, 294, 297 f = NJW 1977, 1285; BGH NJW 2010, 3152 Rn 14; NJW 2017, 1109 = WuM 2017, 18.
[132] BGHZ 56, 136, 141 = NJW 1971, 1450.
[133] BGH NJW 2008, 1216; NJW 2017, 1109 = WuM 2017, 18; EMMERICH NZM 1998, 49.
[134] BGH NJW 2010, 3015; NZM 2011, 97 Tz 18.

O. Miete   64–66

und Lüftungsverhalten, insbesondere durch täglich mehrfach wiederholtes Stoßlüften, Schäden vermeiden kann.[135] Die Haftung des Vermieters für Mängel entfällt nach § 536b BGB außerdem bei **Kenntnis** und grundsätzlich auch bei **grob fahrlässiger Unkenntnis** des Mieters vom Mangel im Zeitpunkt des Vertragsabschlusses sowie bei **vorbehaltloser Annahme** der Sache in Kenntnis des Mangels. Schließlich kann auch noch ein Verstoß des Mieters gegen seine **Anzeigepflicht** bezüglich der Mängel aus § 536c Abs 1 BGB zum Verlust des Minderungsrechts und des Schadensersatzanspruchs führen (s § 536c Abs 2 S 2 BGB).

VIII. Sicherung des Vermieters

Die Mietforderung des Vermieters gilt allgemein als in besonderem Maße durch Zahlungsunwilligkeit oder Insolvenz des Mieters gefährdet. Zum Schutze des Vermieters sieht deshalb das Gesetz in den §§ 562 bis 562d BGB ein **gesetzliches Pfandrecht** des Vermieters an den eingebrachten Sachen des Mieters vor (u Rn 65 ff). Daneben hat sich in der Praxis vielfach die Vereinbarung sonstiger Mietsicherheiten, häufig auch **Kautionen** genannt, eingebürgert, für die sich seit 1982 unter Beschränkung auf die Wohnraummiete eine partielle Regelung in § 551 BGB findet (u Rn 69 ff).   64

1. Vermieterpfandrecht

Das Gesetz gewährt dem Vermieter bei der Raummiete in den §§ **562 und 578 Abs 1 BGB** unter bestimmten Voraussetzungen ein Pfandrecht für seine Forderungen aus dem Mietverhältnis an den vom Mieter eingebrachten, diesem gehörenden, pfändbaren Sachen. Es handelt sich dabei um ein **besitzloses gesetzliches Pfandrecht**, sodass nach § 1257 BGB ergänzend die Vorschriften über das durch Rechtsgeschäft bestellte Pfandrecht Anwendung finden, soweit diese Vorschriften nicht einen Besitz des Pfandgläubigers voraussetzen (§§ 1209 ff BGB). In der **Insolvenz** des Mieters gibt das Vermieterpfandrecht dem Vermieter ein Recht auf abgesonderte Befriedigung aus den ihm haftenden Sachen des Mieters (§ 50 InsO), während es in der **Einzelvollstreckung** die Klage auf vorzugsweise Befriedigung nach § 805 ZPO begründet (Rn 68).   65

Gegenstand des Vermieterpfandrechts sind allein die **eingebrachten** pfändbaren **Sachen** (nur) **des Mieters** (§ 562 Abs 1 S 1 und 2 BGB), nicht also Forderungen und sonstige Rechte und auch nicht Sachen Dritter einschließlich der Angehörigen des Mieters. Ein gutgläubiger Erwerb des Pfandrechts an Sachen Dritter scheidet aus (§§ 1257, 1205, 1207 BGB).[136] Zusätzliche Voraussetzung ist, dass die fraglichen Sachen **vom Mieter** „eingebracht" wurden (§ 562 Abs 1 BGB). Das Vermieterpfandrecht wird dadurch auf solche Sachen des Mieters beschränkt, die in einem sachlichen Zusammenhang mit seinem Mietgebrauch stehen. Deshalb erfordert die Einbringung von Sachen das willentliche Hineinschaffen der Sachen durch den Mieter in den durch das Mietverhältnis vermittelten Machtbereich des Vermieters,[137] womit das Vermieterpfandrecht entsteht, und zwar auch, soweit es für zukünftige Forderungen geltend gemacht werden kann (§ 562 Abs 2 BGB).[138] Den Gegensatz bildet die bloße **Einstellung** von Sachen auf dem vermieteten Grundstück ohne jeden Zusammenhang mit dem Mietverhältnis. Kraft-   66

---

[135] S mNw STAUDINGER/EMMERICH (2018) § 536 Rn 112 ff.
[136] BGHZ 34, 153, 154 = NJW 1961, 502; OLG Düsseldorf ZMR 1999, 474, 478; FEHRENBACH NZM 2012, 1.
[137] OLG Frankfurt ZMR 2006, 609.
[138] BGHZ 170, 196, 200 Tz 11 = NZM 2007, 212.

fahrzeuge und Arbeitsgeräte, die im Rahmen des vertragsgemäßen Gebrauchs auf dem Grundstück abgestellt werden, gelten jedoch allgemein als vom Mieter eingebracht.[139] **Gesichert** sind nur fällige Entschädigungsforderungen sowie die Miete für das laufende und das folgende Mietjahr, nicht dagegen künftige Entschädigungsforderungen sowie Mieten für spätere Mietjahre (§ 562 Abs 2 BGB).

67 Gemäß § 562a S 1 BGB erlischt das Pfandrecht des Vermieters grundsätzlich mit der **Entfernung** der Sachen von dem Grundstück, außer wenn die Entfernung ohne Wissen des Vermieters *oder* trotz seines Widerspruchs erfolgt. *Kein* Widerspruchsrecht hat der Vermieter jedoch nach § 562a S 2 BGB, wenn die Entfernung den gewöhnlichen Lebensverhältnissen entspricht oder wenn das Sicherungsbedürfnis des Vermieters deswegen entfällt, weil die verbleibenden Sachen zu seiner Befriedigung ausreichen; Beispiele für eine danach zulässige Entfernung der Sachen sind die Benutzung von Fahrzeugen oder die Verbringung beschädigter Sachen in eine Reparaturwerkstätte. Soweit dem Vermieter nach dem Gesagten ein Widerspruchsrecht gegen die Entfernung der seinem Pfandrecht unterliegenden Sachen nach § 562a BGB zusteht, darf er die Entfernung dieser Sachen notfalls auch ohne Anrufung des Gerichts verhindern (§ 562b Abs 1 BGB). Sind die Sachen bereits fortgeschafft, so kann der Vermieter vom Mieter außerdem verlangen, sie wieder auf das Grundstück zu verbringen (§ 562 Abs 2 BGB). Das **Selbsthilferecht** des Vermieters aus § 562b Abs 1 BGB trägt ausgesprochenen Ausnahmecharakter, sodass für seine Ausübung der Verhältnismäßigkeitsgrundsatz in voller Strenge gilt.[140]

68 Nach § 562c BGB hat der Mieter zu seinem Schutz ein **Ablösungsrecht**. Wird die dem Vermieterpfandrecht unterliegende Sache von einem Dritten gepfändet, so hat der Vermieter zwar die **Klage auf vorzugsweise Befriedigung** (§ 805 ZPO; Rn 63); jedoch beschränkt § 562d BGB das Vermieterpfandrecht für diesen Fall durch die Bestimmung, dass dem Dritten gegenüber das Pfandrecht nicht wegen der Miete für eine frühere Zeit als das letzte Jahr vor der Pfändung geltend gemacht werden kann. Eine ergänzende Regelung für die **Räumungsvollstreckung** unter gleichzeitiger Geltendmachung des Vermieterpfandrechts an den Sachen des Mieters (so genanntes Berliner Modell) findet sich seit 2013 in dem neuen § 885a ZPO.

2. Kaution

69 In der Praxis der Wohnraummiete ist an die Stelle des umständlichen Vermieterpfandrechts mittlerweile weitgehend die Sicherheitsleistung des Mieters, meistens Kaution genannt, getreten. Eine partielle gesetzliche Regelung findet sich seit 1982 (nur) für die **Wohnraummiete** in dem grundsätzlich zwingenden § 551 BGB idF von 2013. § 551 Abs 1 BGB begrenzt insbesondere die **Höhe der Sicherheitsleistung** auf das *Dreifache* der auf einen Monat entfallenden Miete *ohne* die als Pauschale oder Vorauszahlung ausgewiesenen Betriebskosten. Sind mehrere Sicherheiten vereinbart, so dürfen diese zusammen gleichfalls nicht die Obergrenze des § 551 Abs 1 BGB überschreiten.[141] Ein **Verstoß** gegen § 551 Abs 1 BGB hat regelmäßig nur zur Folge, dass die Sicherheitsleistung auf den nach § 551 Abs 1 BGB zulässigen Rahmen beschränkt wird.[142] § 551

---

[139] BGH 6.12.2017 – XII ZR 95/16 Rn 19 ff; OLG Frankfurt ZMR 2006, 609 f.
[140] OLG München NJW-RR 1989, 1499; OLG Karlsruhe NZM 2005, 542.
[141] BGHZ 107, 210, 213 = NJW 1989, 1853; BGH NJW 2004, 3045 = NZM 2004, 613.
[142] BGHZ 107, 210, 212 ff; BGH NJW 2004, 1240 = NZM 2004, 217.

BGB beschränkt dagegen nicht die Freiheit der Parteien in der Wahl der Art der Sicherheitsleistung. Neben der verbreiteten Geld- oder Barkaution kommt zB als Sicherheitsleistung auch die Übernahme einer Bürgschaft durch einen Dritten oder die Hinterlegung von Wertpapieren in Betracht. Die Rechtsnatur der **Geldkaution** ist umstritten. Im Regelfall dürfte es sich bei ihr um ein treuhänderisch gebundenes Darlehen handeln (§§ 488, 242, 662 BGB).[143] Kommt der Mieter mit der Leistung der Kaution in **Verzug**, so hat der Vermieter nach § 569 Abs 2a BGB unter erleichterten Voraussetzungen ein Recht zur außerordentlichen fristlosen Kündigung des Mietvertrages.

Bei einer **Geldkaution** ist der Mieter berechtigt, den Kautionsbetrag in **drei** gleichen monatlichen **Teilzahlungen** zu erbringen, die erste Rate bei Beginn des Mietverhältnisses (§ 551 Abs 2 S 2 BGB) und die beiden folgenden zusammen mit den unmittelbar folgenden Mietzahlungen (§ 551 Abs 2 S 3 BGB). Wenn die Parteien stattdessen die sofortige Fälligkeit der gesamten Geldkaution vereinbaren, zieht der darin liegende **Verstoß** gegen § 551 Abs 2 BGB gleichfalls nicht die Unwirksamkeit der Kautionsabrede insgesamt, sondern nur die der Fälligkeitsbestimmung nach sich.[144] **70**

Der Vermieter muss eine **Geldkaution** grundsätzlich bei einem Kreditinstitut zu dem für Spareinlagen mit dreimonatiger Kündigungsfrist üblichen Zinssatz anlegen, sofern nicht die Parteien eine beliebige andere Anlageform wie beispielsweise die Beteiligung an einem Aktien- oder Immobilienfonds wählen (§ 551 Abs 3 S 1 und 2 BGB). In jedem Fall aber ist eine vom übrigen Vermögen des Vermieters **getrennte Anlage** erforderlich (§ 551 Abs 3 S 3 BGB), um einen Zugriff der Gläubiger des Vermieters auf die Kaution zu verhindern. In Betracht kommt dafür in erster Linie die Anlage einer Geldkaution auf einem Treuhand- oder Anderkonto, wobei die Zinsen dem Mieter zustehen und die Sicherheit erhöhen (§ 551 Abs 3 S 4 BGB). Der Mieter hat bereits bei der Leistung der Kaution einen Anspruch auf eine dem Gesetz entsprechende Anlage der von ihm erbrachten Sicherheitsleistung (§ 320 BGB).[145] Ist der Vermieter der Verpflichtung zur getrennten Anlage der Kaution ordnungsgemäß nachgekommen, so steht dem Mieter bei einer Pfändung des Betrags durch Gläubiger des Vermieters in der Einzelvollstreckung die Drittwiderspruchsklage zu (§ 771 ZPO), während er im Falle der Insolvenz des Vermieters ein Aussonderungsrecht hat (§ 47 InsO).[146] **71**

Während des **Bestandes** des Mietverhältnisses ist dem Vermieter nach hM ein **Zugriff** auf die Sicherheitsleistung nur gestattet, wenn er eine liquide, dh unbestrittene, sofort beweisbare oder rechtskräftig festgestellte Forderung hat. Außerdem kann er dann von dem Mieter aufgrund des Vertrages verlangen, die Kaution wieder auf die ursprünglich vereinbarte Summe aufzufüllen.[147] **Nach Beendigung** des Mietverhältnisses und Ablauf einer angemessenen Abrechnungsfrist wird der bereits mit Abschluss des Mietvertrags entstandene und durch dessen Beendigung aufschiebend bedingte **Anspruch auf Rückzahlung** der Kaution fällig, sodass der Mieter jetzt Rückgewähr seiner Sicherheit verlangen kann. Die Abrechnungsfrist wird in der Regel auf sechs Monate bemessen, kann aber in einfachen Verhältnissen auch wesentlich kürzer sein.[148] **72**

---

[143] S zB Kiessling JZ 2004, 1146; anders zB Mülbert, in: FS Köndgen (2016) 413.
[144] BGH NJW 2003, 2899, 2900 = NZM 2003, 754; NJW 2011, 59 Tz 14.
[145] BGH NJW 2011, 59 Tz 18 f = NZM 2011, 28.
[146] BGHSt 41, 224, 227 ff = NJW 1996, 65 f; BGH NJW 2008, 1152; 2011, 59 Tz 18 ff.
[147] OLG Düsseldorf ZMR 2006, 686; 2006, 923; LG Duisburg NZM 2006, 774.
[148] BGHZ 101, 244, 250 f = NJW 1987, 2372; BGH NJW 2006, 1422 = NZM 2006, 343 Tz 8 f.

IX. Der Schutz des Mieters gegen Dritte

1. Kauf bricht nicht Miete

a) Grundgedanken

73 Die schuldrechtliche Einordnung der Miete durch das BGB (o Rn 7 ff) ist für den Mieter insbesondere im Falle einer Veräußerung des Mietgrundstücks durch den Vermieter gefährlich, da der Mieter dann Gefahr läuft, sein Besitzrecht zu verlieren. Denn der Erwerber ist grundsätzlich nicht an obligatorische Verträge des Veräußerers gebunden, weil diese immer nur „inter partes" wirken (vgl Art 1134 Code civil von 1804). Diesem Prinzip: „**Kauf bricht Miete**" war zunächst tatsächlich auch noch (mit Einschränkungen) der erste Entwurf zum BGB im Anschluss an das gemeine Recht, aber in Abweichung von vielen Partikularrechten gefolgt.[149] Das Ergebnis war indessen ein derartiger **Sturm der Empörung** in der Öffentlichkeit, dass die zweite Kommission (widerwillig) zum gegenteiligen Prinzip überging, meistens umschrieben mit der Rechtsparömie: „**Kauf bricht nicht Miete**" (§ 571 aF). Die gesetzliche Regelung findet sich heute in den §§ 566 und 578 BGB. Der Erwerber des vermieteten Grundstücks[150] tritt danach an Stelle des Vermieters in die sich während der Dauer seines Eigentums aus dem Mietverhältnis ergebenden Rechte und Pflichten ein, wenn das Grundstück *nach* der *Überlassung* an den Mieter von dem *Vermieter* (als Eigentümer) an einen Dritten *veräußert* wird (§ 566 Abs 1 BGB).

74 Die vom Gesetz gewählte Lösung in den §§ 566 und 578 Abs 1 BGB wird unterschiedlich interpretiert. Herrschend ist die Auffassung, dass nach § 566 Abs 1 BGB im Augenblick des Eigentumsübergangs in der Person des Grundstückserwerbers kraft Gesetzes ein *neues* Mietverhältnis entsteht, freilich mit demselben Inhalt wie das alte (sog **Novationslösung**).[151] Daraus wird sodann der weitere Schluss gezogen, dass es sich bei dem „Übergang des Mietverhältnisses" nach § 566 Abs 1 BGB nicht etwa um einen Fall der Rechtsnachfolge handele, sodass hier auch kein Raum für die Anwendung der Schuldnerschutzvorschriften der §§ 404 ff BGB sei.[152] Um dieses wenig angemessene Ergebnis zu vermeiden, spricht wohl mehr für die Interpretation des § 566 BGB als Ausdruck eines auch sonst vorkommenden Sukzessionsschutzes, dh als besonderer Fall eines gesetzlich angeordneten **Übergangs des Mietverhältnisses** auf den Erwerber, sodass von Fall zu Fall auch Raum für eine entsprechende Anwendung der §§ 404 ff BGB ist.[153]

75 § 566 BGB verleiht der Miete, vor allem, wenn man ihn im Zusammenhang mit § 567 BGB sieht (u Rn 79), unbestreitbar in einzelnen Beziehungen dingliche Züge; gleichwohl wäre es verfehlt, aus den genannten Vorschriften auf eine **Verdinglichung** der Miete zu schließen,[154] sodass die Vermietung eines Grundstücks insbesondere *keine* Verfügung über das Grundstück, etwa im Sinne der §§ 893 und 2367 BGB darstellt.[155]

---

[149] Wegen der Einzelheiten s EMMERICH PiG Bd 37 (1993) 35.
[150] Das Gesetz spricht ungenau von „vermietetem Wohnraum".
[151] BGHZ 166, 125, 130 f = NJW 2006, 1800; BGH NJW 2012, 3032 Tz 25; 2015, 39 Rn 41; 2016, 467 Rn 20 f.
[152] So in der Tat BGHZ 166, 125, 131 Tz 15 = NJW 2006, 1800, 1801.
[153] Ebenso im Einzelfall BGH NJW-RR 2002, 730 = NZM 2002, 291; insbes BGH NJW 2012, 1881 Tz 15 ff = NZM 2012, 638.
[154] So aber zB WIELING, in: GS Sonnenschein (2003) 201, 212 ff.
[155] RGZ 106, 109, 111 f; 124, 325, 327; str.

b) Voraussetzungen

Der Eintritt des Erwerbers in die Position des Vermieters setzt nach § 566 Abs 1 BGB **76** voraus, dass er gerade von dem Vermieter das Eigentum an dem Grundstück nach dessen Überlassung an den Mieter erwirbt (dazu Rn 77). Zwischen dem Vermieter, dem Grundstückseigentümer und dem Veräußerer des Grundstücks muss folglich **Personenidentität** bestehen, weil nur der Eigentümer des Grundstücks auch zu dessen Veräußerung berechtigt ist.[156] Von diesem so genannten **Identitätserfordernis** werden jedoch, vor allem aus Billigkeitsgründen, in wachsender Zahl Ausnahmen anerkannt, zB bei einer Vermietung von Räumen durch Hausverwaltungen oder sonstige Treuhänder.[156a] Außerdem genügt es, wenn das Identitätserfordernis erst **im Augenblick der Veräußerung** des Grundstücks erfüllt ist.[157]

§ 566 Abs 1 BGB ordnet den Eintritt des Erwerbers in den Mietvertrag (nur) für den **77** Fall der **Veräußerung** des Grundstücks an. Veräußerung bedeutet rechtsgeschäftliche **Übertragung des Eigentums** an dem Grundstück. Solange der Erwerber nicht Eigentümer des Grundstücks geworden ist, bleibt es daher bei der Vermieterposition des bisherigen Eigentümers. Daran ändert auch die etwaige Übergabe des Grundstücks schon vor Eintragung des Erwerbers ins Grundbuch nichts.[158] Hinzukommen muss schließlich noch, dass im Augenblick des Eigentumsübergangs das Grundstück bereits dem Mieter überlassen war (§ 566 Abs 1 BGB). Der Begriff der **Überlassung** ist hier derselbe wie in § 535 Abs 1 S 2 BGB (s o Rn 21 ff), sodass dazu in aller Regel die *Übergabe* des Grundstücks oder der vermieteten Räume an den Mieter erforderlich sein wird, und zwar noch in der Zeitspanne vor Veräußerung des Grundstücks. Bei einer Veräußerung des Grundstücks bereits *vor* Übergabe an den Mieter kommt es gemäß § 566 Abs 1 BGB nicht zum Eintritt des Grundstückserwerbers in den Mietvertrag. Anders verhält es sich nach **§ 567a BGB** lediglich dann, wenn der Erwerber gegenüber dem Vermieter die Erfüllung der sich aus dem Mietverhältnis ergebenden Pflichten übernommen hat.

c) Rechtsfolgen

Rechtsfolge des § 566 BGB ist der (gesetzliche) Eintritt des Erwerbers in das Miet- **78** verhältnis (nur) für die Dauer seines Eigentums, sodass es im Augenblick des Eigentumsübergangs zu einer **Zäsur** in dem Mietverhältnis kommt. Bereits **vorher** begründete und **fällige** Ansprüche wie zB Schadensersatzansprüche wegen Zahlungsverzugs des Mieters noch aus Zeit vor Eigentumsübergang verbleiben bei dem ursprünglichen Vermieter, während die erst **nach** dem Eigentumswechsel **fällig** werdenden Ansprüche allein dem nunmehrigen Grundstückseigentümer zustehen (sog **Fälligkeitsprinzip**).[159] Der Eintritt des Erwerbers beschränkt sich ferner auf die **mietvertraglichen Rechte und Pflichten**, während Rechte und Pflichten aus sonstigen Abreden, mögen sie auch in wirtschaftlichem Zusammenhang mit dem Mietvertrag stehen, nicht übergehen.[160] Für die Abgrenzung kommt es ausschließlich darauf an, ob die fraglichen Abreden

---

[156] BVerfG NZM 2014, 69; BGHZ 154, 171, 175 = NJW 2003, 2158; BGH NJW 2004, 657 = NZM 2004, 300; NZM 2010, 471 Tz 15; 2012, 150 Tz 12.
[156a] Grdl BGH GE 2017, 1086 = JuS 2017, 1213.
[157] OLG Düsseldorf ZMR 2013, 276; anders zB OLG Köln ZMR 2001, 967.
[158] BGH NJW 2003, 2987 = NZM 2003, 716.
[159] BGHZ 204, 354, 358 Rn 13 = NJW 2014, 3775; BGH NJW 2004, 851 = NZM 2004, 188; NZM 2005, 253 = WuM 2005, 201, 202.
[160] BGHZ 141, 160, 166 f = NJW 1999, 1857; BGHZ 166, 125, 130 f Tz 15 = NJW 2006, 1800; zu dem problematischen Übergang von Gestaltungsrechten s EMMERICH, in: 10 Jahre Mietrechtsreformgesetz (2011) 722.

einen Teil des Mietvertrags bilden oder nicht.[161] Zum Ausgleich für den Eintritt in die mietvertraglichen Pflichten gebührt dem Erwerber die nach Eigentumsübergang fällig werdende Miete, sodass der Mieter jetzt mit befreiender Wirkung nur noch an den Erwerber leisten kann (s u Rn 80 ff).

2. § 567

79 § 567 BGB ergänzt den Schutz des Mieters durch die Anordnung der entsprechenden Anwendung der §§ 566 bis 566e BGB im Falle der **Belastung** des vermieteten Grundstücks nach dessen Überlassung an den Mieter zugunsten Dritter, wobei das Gesetz danach unterscheidet, ob dem Mieter durch die Ausübung des Rechts des Dritten, zu dessen Gunsten das Grundstück belastet wird, der vertragsgemäße Gebrauch *ganz entzogen* wird (§ 567 S 1 BGB) oder ob er durch die Ausübung des Rechts lediglich in dem vertragsgemäßen Gebrauch *beschränkt* wird (§ 567 S 2 BGB). Während in dem zuerst genannten Fall die §§ 566 bis 566e BGB entsprechende Anwendung finden, steht in dem zweiten Fall dem Mieter nur ein Unterlassungsanspruch gegen den Dritten zu. Unter § 567 S 1 BGB fallen insbesondere die nachträgliche Bestellung eines **Nießbrauchs** (§ 1030 BGB),[162] eines Wohnungsrechts (§ 1093 BGB) oder eines Erbbaurechts (§ 1 ErbbauRG) an dem vermieteten Grundstück, während sich aus *S 2* des § 567 zB der Vorrang des Mieters vor nachträglich bestellten Grunddienstbarkeiten und beschränkten persönlichen Dienstbarkeiten ergibt.

3. Vorausverfügungen

80 Der Eintritt des Grundstückserwerbers in den Mietvertrag aufgrund des § 566 Abs 1 BGB hat insbesondere zur Folge, dass dem Erwerber grundsätzlich von dem Augenblick seines Eigentumserwerbs an die Miete aus dem Mietvertrag gebührt, in den er eintreten muss (s Rn 78). Diese Regelung wirft nur dann keine Probleme auf, wenn die ursprünglichen Vertragsparteien, der Vermieter und der Mieter, nicht in der einen oder anderen Weise bereits *vor* Übergang des Eigentums über die Miete für die *spätere* Zeit verfügt hatten, zB durch Vorauszahlungen der Miete, durch Abtretung des Anspruchs auf die zukünftige Miete an Dritte oder durch Erlass der Miete für die Zukunft. In derartigen Fällen kollidieren offenbar die Interessen des Vermieters, des Mieters des Grundstückserwerbers sowie gegebenenfalls die des Dritten, zu dessen Gunsten der Vermieter über die Miete im Voraus verfügt hatte. Hier einen sämtlichen Beteiligten gerecht werdenden Ausgleich zu finden, ist ausgesprochen schwierig. Das BGB unterscheidet zu diesem Zweck in den §§ 566b bis 566d BGB im Einzelnen **drei Fälle**, nämlich 1. Verfügungen des Vermieters über die Miete (§ 566b BGB; Rn 81), 2. Rechtsgeschäfte von Mieter und Vermieter über die Mietforderung einschließlich der Entrichtung der Miete (§ 566c BGB; Rn 82) sowie 3. Aufrechnungen des Mieters gegenüber dem Erwerber mit Forderungen gegen den ursprünglichen Vermieter und Veräußerer (§ 566d BGB; Rn 83). Die **Abgrenzung** der einzelnen Fälle bereitet häufig Schwierigkeiten und ist deshalb vielfältig umstritten, wobei die Rechtsprechung zunehmend den Schutz des Erwerbers gegen ihn belastende Vorausverfügungen des

---

[161] Str, s STAUDINGER/EMMERICH (2018) § 566 Rn 39.

[162] S dazu EMMERICH, in: 10 Jahre Mietrechtsreformgesetz (2011) 729.

Vermieters in den Vordergrund rückt,[163] – worüber freilich der ebenso wichtige Mieterschutz Gefahr läuft, immer mehr zurückgedrängt zu werden.[164]

81 Den ersten Fall regelt § 566b Abs 1 BGB durch die Bestimmung, dass die Wirksamkeit (einseitiger) **Verfügungen des Vermieters** über die Mietforderungen in der Zeit noch *vor* Eigentumsübergang auf den bei Eigentumsübergang laufenden Kalendermonat (S 1) und, soweit der Eigentumsübergang nach dem 15. eines Monats stattgefunden hat, auf den folgenden Kalendermonat (S 2) beschränkt ist. Paradigma ist die **Aufrechnung** des Vermieters. Gleich stehen Verfügungen durch Vertrag mit Dritten wie insbesondere die **Abtretung** oder die Verpfändung sowie die **Pfändung** der Forderungen durch Gläubiger des Vermieters. Nur bei positiver **Kenntnis** des Erwerbers von den Verfügungen im Zeitpunkt des Eigentumsübergangs muss er sich diese darüber hinaus auf Dauer entgegenhalten lassen (§ 566b Abs 2 BGB), weil er dann keines Schutzes bedarf.

82 § 566c BGB hat im Gegensatz zu § 566b BGB (Rn 81) Fälle im Auge, in denen die **ursprünglichen Mietvertragsparteien** selbst **Rechtsgeschäfte über** die **Mietforderung** abschließen, wozu das Gesetz insbesondere auch die Entrichtung der Miete zählt. Handelt es sich bei diesen Rechtsgeschäften um eine über den Einzelfall hinausreichende **(dauernde) Vertragsänderung**, so wirkt diese freilich ohnehin schon nach § 566 Abs 1 BGB gegen den Erwerber, da dieser in das Mietverhältnis immer mit dem jeweils bei Eigentumsübergang maßgeblichen Inhalt eintritt. Ein Beispiel ist eine nachträgliche Vereinbarung über die **Vorauszahlung** der Miete, sofern es sich dabei wie wohl in der Regel um eine Änderung des Mietvertrages handelt; anders freilich die Rechtsprechung, die in diesen Fällen vielfach statt des allein einschlägigen § 566 Abs 1 BGB die Vorschrift des § 566c BGB anwendet – zum offenbaren Nachteil des Mieters, der infolgedessen Gefahr läuft, gegebenenfalls über lange Zeit die Miete zweimal zahlen zu müssen.[165] § 566c BGB betrifft richtiger Meinung nach allein Vereinbarungen wie den **Erlass oder** die **Stundung** der Mietforderung im Einzelfall, also ohne gleichzeitige Vertragsänderung. Die Wirksamkeit solcher Vereinbarungen richtet sich nach § 566c S 1 und 2 BGB. Danach behalten die Vereinbarungen zum Schutze des *Mieters* bis zum Ende desjenigen Kalendermonats (und gegebenenfalls auch desjenigen Folgemonats, S 2) ihre Gültigkeit, in dem der *Mieter* Kenntnis vom Übergang des Eigentums erlangt. **Vereinbarungen**, die erst **nach Eigentumsübergang** zwischen dem inzwischen nicht mehr berechtigten Vermieter und dem Mieter getroffen werden, sind dagegen nach § 566c S 3 BGB mangels Schutzbedürftigkeit des Mieters unwirksam, sofern der Mieter bei Vornahme des Rechtsgeschäfts Kenntnis von dem Eigentumsübergang hatte.

83 § 566d BGB bringt schließlich eine Sonderregelung für die Aufrechnung des Mieters.[166] Zweck der Regelung ist es, dem Mieter eine einmal entstandene **Aufrechnungslage** gegenüber dem Vermieter auch dann zu **erhalten**, wenn er zwischenzeitlich von dem Eigentumsübergang auf den Erwerber erfährt, sodass an sich eine Aufrechnung nicht mehr möglich wäre. Voraussetzung ist, dass die Aufrechnungslage bereits zu einem Zeitpunkt entstanden war, in dem der Mieter noch schutzbedürftig war, in

---

[163] Ein Beispiel in BGHZ 201, 91 = NJW 2014, 2720.
[164] S Dötsch NZM 2012, 296; Emmerich NZM 1999, 49; Streyl NZM 2010, 343; Staudinger/Emmerich (2018) § 566b Rn 10 ff.
[165] S dagegen mNw Staudinger/Emmerich (2018) § 566b Rn 10 ff.
[166] Zur Aufrechnung des Vermieters s o Rn 81.

erster Linie also **vor Kenntnis** vom Eigentumsübergang. § 566d S 1 BGB verlangt darüber hinaus nur, dass die Forderung, gegen die aufgerechnet wird, eine Mietforderung des Erwerbers aus dem Mietverhältnis ist, während die Forderung gegen den Vermieter, mit der der Mieter aufrechnet, ihren Ursprung auch außerhalb des Mietverhältnisses haben kann. S 2 der Vorschrift enthält hiervon wiederum **Ausnahmen**. Eine Aufrechnung ist danach unzulässig, wenn der Mieter seine zur Aufrechnung gestellte Forderung gegen den Vermieter erst in einem Zeitpunkt erworben hat, in dem der Eigentumsübergang schon vollzogen war und er davon auch Kenntnis hatte. Gleich steht der Fall, dass die Forderung des Mieters zwar bei Eigentumsübergang bereits dem Grunde nach begründet war, aber erst später als die Mietforderung fällig wurde. Denn in beiden Fällen ist der Mieter nicht mehr schutzwürdig.

4. Mietsicherheit

84 Nach § 566a tritt der Erwerber des vermieteten Grundstücks, wenn der Mieter dem Vermieter für die Erfüllung seiner Verpflichtungen Sicherheit geleistet hatte, auch in die dadurch begründeten Rechte *und* Pflichten ein (§ 566a S 1 BGB). Mit Übergang des Eigentums an dem vermieteten Grundstück gehen folglich die **Rechte** aus der vom Mieter bereits geleisteten Sicherheit kraft Gesetzes auf den Erwerber über; zum Ausgleich treffen ihn fortan auch die durch die Sicherheitsleistung begründeten **Pflichten**. Zu denken ist hier in erster Linie an die Rückgewährpflicht des Vermieters hinsichtlich der Sicherheit nach Mietvertragsende (o Rn 72), die den Erwerber heute zum Schutze des Mieters (anders als früher) selbst dann trifft, wenn ihm die Sicherheit von dem Veräußerer nicht ausgehändigt wurde. Der Schutz des Mieters wird noch weiter dadurch verstärkt, dass § 566a S 2 BGB zusätzlich eine subsidiäre **Forthaftung** des Veräußerers neben dem Erwerber für den Rückgewähranspruch des Mieters anordnet.

X. Miete

1. Überblick

85 Hohe Mieten und starke Mieterhöhungen gehören zwar zu einem marktwirtschaftlichen System, weil sie den Wohnungsbau, das einzige wirksame Mittel gegen hohe Mieten, beflügeln, sind aber – aus naheliegenden Gründen – politisch unerwünscht. Deshalb überbieten sich die Parteien mit Vorschlägen für Eingriffe in die Preisbildungsfreiheit der Mietvertragsparteien, wobei man zwischen Maßnahmen zur Beschränkung der Miethöhe bei dem Abschluss neuer Mietverträge und Maßnahmen zur Begrenzung der Erhöhung der sogenannten Bestandsmieten in laufenden Mietverträgen unterscheiden muss. Am Anfang der Entwicklung zu einer neuen staatlichen Preiskontrolle auf den Mietwohnungsmärkten standen im Jahre 1971 (seitdem ständig verschärfte) Interventionen des Gesetzgebers gegen die **Erhöhung der Bestandsmieten** in laufenden Mietverträgen. Die gesetzliche Regelung findet sich heute insbesondere in den §§ 558–558e BGB, die dem Vermieter in einem Abstand von 15 Monaten einen **Anspruch auf Anpassung** der Miete (nur) an die jeweilige **ortsübliche Vergleichsmiete** gewähren (s u Rn 86 ff), während die ebenfalls auf die Jahre nach 1971 zurückgehenden §§ 559 ff und 560 BGB dem Vermieter unter bestimmten Voraussetzungen eine **einseitige Mieterhöhung** im Falle von Modernisierungsmaßnahmen sowie bei Erhöhung der Betriebskosten gestatten, immer vorausgesetzt, dass nicht die Parteien solche Mieterhöhungen durch Vereinbarung nach § 557 Abs 3 BGB ausgeschlossen haben (s u Rn 92 ff). Vorrang haben aber stets die Abreden der Parteien, sofern sie sich nur einig sind (§§ 311 Abs 1 und 557 Abs 1 BGB).

Vertragsfreiheit bestand innerhalb der gesetzlichen Grenzen (s insbesondere § 138 BGB und § 5 WiStG sowie § 291 StGB) bis ins Jahr 2015 auch bei dem **Abschluss neuer Mietverträge**, sodass jede Abrede über die Höhe der Miete in einem neuen Mietvertrag bis zu den verschiedenen Wucherverboten erlaubt war. Die Folge waren freilich starke Mietpreissteigerungen in einigen Ballungszentren wie München, Berlin oder Hamburg. Wieder intervenierte die Politik gegen den Markt. Anstatt für einen verstärkten Bau neuer Wohnungen zu sorgen, wurde der Wohnungsbau aus ökologischen und energetischen Gründen systematisch verteuert und zugleich eine – offenkundig wirkungslose – **Mietpreisbremse** durch Deckelung der Neuvertragsmieten eingeführt, die zudem durch zahlreiche Ausnahmen durchbrochen ist und ohnehin leicht umgangen werden kann (§§ 556d bis 556g BGB; dazu unten Rn 91a ff).

2. Vergleichsmietensystem

a) Ortsübliche Vergleichsmiete (§ 558)

Nach § 558 Abs 1 S 1 BGB kann der Vermieter die Zustimmung des Mieters zu einer Erhöhung der Miete bis zur ortsüblichen Vergleichsmiete verlangen, sofern die Miete in dem Zeitpunkt, zu dem die Erhöhung eintreten soll, dh bei Fälligkeit der erhöhten Miete, seit fünfzehn Monaten unverändert ist. Diese sogenannte **Wartefrist** von grundsätzlich 15 Monaten setzt sich gewöhnlich aus der einjährigen **Sperrfrist** für die Wiederholung eines Mieterhöhungsverlangens (§ 558 Abs 1 S 2 BGB) und der anschließenden **Zustimmungs- oder Überlegungsfrist** von maximal drei Monaten zusammen (§ 558b Abs 1 BGB), binnen derer sich der Mieter darüber schlüssig werden muss, ob er dem Mieterhöhungsverlangen des Vermieters ganz oder teilweise zustimmen will oder ob er es auf einen Rechtsstreit ankommen lassen will. Das Mieterhöhungsverlangen des Vermieters ist berechtigt, wenn ein **Vergleich** zwischen der vereinbarten Miete, der sogenannten Ausgangsmiete, und der ortsüblichen Vergleichsmiete eine Differenz zum Nachteil des Vermieters ergibt (§ 558 Abs 1 S 1 BGB). Bei der **Ausgangsmiete** kann es sich je nach den Abreden der Parteien um eine Teilinklusiv- oder Nettomiete handeln, während Bruttomieten mit Rücksicht auf § 2 der HeizkostenVO zuvor in Teilinklusivmieten umzurechnen sind.[167] Bei dem anschließenden Vergleich der Ausgangsmiete mit der ortsüblichen Vergleichsmiete ist darauf zu achten, dass **nur Gleiches mit Gleichem** verglichen werden kann. Deshalb müssen Teilinklusivmieten, falls die Vergleichsmiete wie in der Mehrzahl der Fälle aus einem Mietspiegel mit Nettomieten abgeleitet wird, durch die Herausrechnung der tatsächlichen, aktuellen Betriebskosten in Nettomieten umgerechnet werden.[168]

Die **ortsübliche Vergleichsmiete** wird nach § 558 Abs 2 BGB idF von 2013 aus den üblichen Entgelten gebildet, die in der Gemeinde oder in einer vergleichbaren Gemeinde für Wohnraum vergleichbarer Art, Größe, Ausstattung, Beschaffenheit und Lage einschließlich (seit 2013) der energetischen Ausstattung und Beschaffenheit in den letzten vier Jahren vereinbart oder, von Erhöhungen nach § 560 BGB wegen Betriebskostensteigerungen abgesehen, geändert worden sind. Die Vergleichsmiete

---

[167] BGH NJW-RR 2006, 1305 = NZM 2006, 652, 653 Tz 19.
[168] BGH NJW-RR 2006, 227 = NZM 2006, 101 f

Tz 15 ff; NZM 2006, 864; 2010, 436; 2012, 80 Tz 19 ff.

darf *nicht* mit der (idR deutlich höheren) aktuellen **Marktmiete** verwechselt werden. Es handelt sich bei ihr vielmehr um einen **statistischen Durchschnittswert**, ermittelt anhand der in der Regel sehr unterschiedlichen tatsächlichen Mieten für einen repräsentativen Querschnitt von nach Wohnwertmerkmalen vergleichbaren Wohnungen. Obwohl sich dabei meistens nur große Spannen ergeben, innerhalb derer sich am Markt die Vergleichsmieten bewegen, verlangt der BGH hier doch neuerdings die konkrete Feststellung der ortsüblichen Vergleichsmiete im Sinne einer **Einzelvergleichsmiete**.[169] Der BGH räumt lediglich ein, dass sich auch die Einzelvergleichsmiete innerhalb einer „gewissen **Bandbreite**" bewegen kann, die der Vermieter dann mit seinem Mieterhöhungsverlangen voll ausschöpfen darf, wobei diese „Bandbreite" durch die Üblichkeit oder Verbreitung von Mieten (innerhalb der Spanne) für die konkret vergleichbaren Wohnungen definiert wird.[170] Der Sache nach dürfte es sich damit bei der „Einzelvergleichsmiete" um die am Markt feststellbare *Schwerpunktmiete* für ungefähr 60 % der vergleichbaren Wohnungen handeln.[171]

87a Natürlich stößt die **Ermittlung** einer derartigen „Einzelvergleichsmiete" unter den gegebenen Umständen auf erhebliche Schwierigkeiten, sodass die Gerichte jedenfalls dort, wo noch keine Mietspiegel zur Verfügung stehen, meistens zur Einholung eines **Sachverständigengutachtens** genötigt sind.[172] Wo jedoch **Mietspiegel** existieren, behelfen sich die Gerichte wegen der hohen Kosten von Sachverständigengutachten in aller Regel nach Möglichkeit mit einer Schätzung der ortsüblichen Vergleichsmiete an Hand des Mietspiegels auf der Grundlage des § 287 ZPO, und zwar nicht nur bei den qualifizierten Mietspiegeln (s § 558d Abs 3 BGB und dazu u Rn 90), sondern auch bei den einfachen Mietspiegeln, denen die Gerichte (unter bestimmten Voraussetzungen) ebenfalls zumindest eine **Indizwirkung** hinsichtlich der Höhe der ortsüblichen Vergleichsmiete beimessen.[173] Erhebliche weitere Probleme wirft sodann die nach Meinung der Gerichte hier ebenfalls erforderliche Ermittlung der **Bandbreite** auf, innerhalb derer sich die Einzelvergleichsmiete *innerhalb* der aus dem Mietspiegel abgelesenen *Spanne* bewegen soll. Das dafür an sich nötige, umfangreiche wissenschaftlich aufgearbeitete statistische Material liegt eigentlich nie vor, sodass guter Rat teuer ist. Die Gerichte orientieren sich deshalb meistens einfach an dem Mittelwert der Spanne – faute de mieux.[174]

87b Ergibt sich auf diese Weise bei dem Vergleich der Ausgangsmiete mit der ortsüblichen Miete, dass die Ausgangsmiete hinter der letzteren zurückbleibt, so kann der Vermieter unter den weiteren Voraussetzungen des § 558 BGB die **Zustimmung des Mieters** zu einer Änderung des Vertrages durch Anpassung der vertraglichen Miete an die Vergleichsmiete verlangen. Etwas anderes gilt nur, wenn der Vermieter **Drittmittel** im Sinne des § 559a BGB erhalten hat, die mittelbar durch eine Begrenzung der Mieterhöhung gemäß § 558 Abs 5 BGB auch dem Mieter zugutekommen sollen. Um übermäßige Miethöhungssprünge zu vermeiden, muss der Vermieter seit 1983 zusätzlich in aller Regel die **Kappungsgrenze** des § 558 Abs 3 BGB idF von 2013 beachten, die ursprünglich 30 % und seit 2001 nur noch 20 % der Ausgangsmiete beträgt. Eine weitere Ab-

---

[169] BGH NJW 2005, 2074 = NZM 2005, 498; NJW 2005, 2621, 2622 = WuM 2005, 516, 517.
[170] BGH NJW 2010, 149 = NZM 2010, 122 Tz 14 f; NJW 2011, 2284 Tz 16 f; 2013, 1351; NZM 2013, 138 Tz 13.
[171] S im Einzelnen Börstinghaus WuM 2011, 338; 2012, 244.

[172] BGH NJW 2005, 2621 = NZM 2005, 660; NJW 2011, 2284 = NZM 2011, 511 Tz 20.
[173] BGH NJW 2010, 2946 Rn 12 ff; 2013, 775 Rn 14.
[174] S LG Dortmund WuM 2010, 633; 2015, 737, 738.

senkung der Kappungsgrenze auf 15 % ist seit Mai 2013 für zunächst maximal fünf Jahre durch Verordnungen der Länder in solchen Gemeinden möglich, die durch besonders hohe Mietpreissteigerungen gekennzeichnet sind wie insbesondere Berlin, Düsseldorf oder München. Bedenken gegen diese zudem kontinuierlich verschärften Eingriffe in das Eigentum und den Markt haben die Gerichte nicht,[175] sodass der Vermieter aufgrund des § 558 BGB heute in keinem Fall mehr als diese 15 oder 20 % der Ausgangsmiete verlangen kann, selbst wenn die Vergleichsmiete deutlich höher sein sollte.

b) Mieterhöhungsverfahren (§§ 558a bis 558e)

Der Vermieter kann seinen **Anspruch auf Zustimmung** zu der für eine Mieterhöhung erforderlichen Vertragsänderung aus § 558 Abs 1 BGB (o Rn 87) gegen den Mieter *nur* in dem in den §§ 558a bis 558e BGB minutiös geregelten Verfahren durchsetzen. Das Verfahren wird gemäß § 558a Abs 1 BGB durch ein sog **Mieterhöhungsverlangen** eingeleitet, bei dem es sich der Sache nach um nichts anderes als um einen besonders formalisierten **Antrag** auf Abschluss eines Änderungsvertrages im Sinne der §§ 145, 311 Abs 1 und 557 Abs 1 BGB handelt, dessen Besonderheit insbesondere in der Notwendigkeit einer **Begründung** besteht, mit der bezweckt wird, dem Mieter eine erste grobe Nachprüfung der Schlüssigkeit des Erhöhungsverlangens zu ermöglichen, damit er selbst beurteilen kann, ob er dem Erhöhungsverlangen zustimmen will oder nicht. Deshalb reicht es für die Begründung im Kern aus, wenn der Vermieter dem Mieter sein Erhöhungsverlangen im Rahmen des § 558 BGB *plausibel* macht.[176] Akzeptiert der Miete das Mieterhöhungsverlangen des Vermieters ganz oder teilweise, so wird der Mietvertrag entsprechend geändert (§§ 311 Abs 1 und 557 Abs 1 BGB). Die Zustimmung zu der vom Vermieter verlangten Vertragsänderung in Gestalt der Mieterhöhung kann **auch konkludent** erfolgen, zB durch einmalige oder mehrmalige vorbehaltlose Zahlung der erhöhten Miete.[177] Stimmt der Mieter dagegen nicht zu, so muss der Vermieter rechtzeitig **Klage auf Zustimmung** des Mieters zu der verlangten Mieterhöhung erheben, wenn er an seinem Verlangen festhalten will (§ 558b Abs 2 BGB in Verbindung mit § 894 ZPO).

Die Besonderheit des Mieterhöhungsverlangens (Rn 88) besteht in der Notwendigkeit einer **Begründung** (§ 558a Abs 1 BGB). Die wichtigsten **Begründungsmittel** zählt das Gesetz selbst in § 558a Abs 2 Nrn 1 bis 4 BGB auf. Es sind dies neben den ganz im Vordergrund des Interesses stehenden Mietspiegeln (§ 558a Abs 2 Nr 1 BGB) der Reihe nach noch die Auskunft einer Mietdatenbank iS des § 558e BGB,[178] das begründete **Gutachten** eines öffentlich bestellten und vereidigten Sachverständigen sowie die Entgelte für wenigstens drei vergleichbare Wohnungen (Nr 2 – Nr 4 des § 558a Abs 2 BGB). **Mietspiegel** sind nach § 558c Abs 1 und 2 BGB Übersichten über die ortsübliche Vergleichsmiete im Sinne des § 558 Abs 2 BGB für eine Gemeinde, für den Teil einer Gemeinde *oder* für mehrere Gemeinden, vorausgesetzt, dass die Übersichten von der Gemeinde *oder* von Interessenvertretern der Vermieter und der Mieter gemeinsam aufgestellt *oder* anerkannt sind. In der Regel werden die Miet-

---

[175] S insbes ausf BGHZ 207, 246, 260 ff = NJW 2016, 477.
[176] S o Rn 89 sowie BVerfGE 49, 244, 249 f = NJW 1979, 31; BGH NJW 2008, 573 Tz 12; NJW 2008, 848 Tz 9, 18.
[177] BGH LM Nr 35 zu § 571 BGB (Bl 3 f) = NJW 1998, 445; NZM 2005, 736 = WuM 2005, 518; NZM 2005, 735; sehr str.
[178] Eine solche gab es bisher nur eine Zeit lang in Hannover.

spiegel von den Gemeinden in Tabellenform aufgestellt; es gibt jedoch auch andere Formen.[179]

90 Seit 2001 kennt das Gesetz *zwei* verschiedene Formen von Mietspiegeln, meistens einfache und qualifizierte Mietspiegel genannt. Die **qualifizierten Mietspiegel** unterscheiden sich von den ersteren dadurch, dass sie nach anerkannten wissenschaftlichen Grundsätzen erstellt *und* von der Gemeinde oder von Interessenvertretern der Vermieter und der Mieter anerkannt worden sind (§ 558d Abs 1 BGB). Daraus ergeben sich vor allem hohe Anforderungen an die Repräsentativität der erhobenen Daten und die Wissenschaftlichkeit ihrer Auswertung.[180] Bei qualifizierten Mietspiegeln wird vermutet, dass die in ihnen bezeichneten Entgelte die ortsübliche Vergleichsmiete wiedergeben (§ 558d Abs 3 BGB). Aus diesem Grunde müssen sie außerdem in jedem Fall in der Begründung des Mieterhöhungsverlangens genannt werden, selbst wenn der Vermieter sein Erhöhungsverlangen an sich auf andere Weise begründet (§ 558a Abs 3 BGB). Bei der Vermutung des § 558d Abs 3 BGB handelt es sich um eine **gesetzliche Vermutung** im Sinne des § 292 ZPO, deren Eingreifen indessen voraussetzt, dass der Mietspiegel tatsächlich auf einem hinreichend breiten Datenmaterial beruht und nach anerkannten empirisch-statistischen Verfahren aufgestellt ist. Wird das Vorliegen dieser **Voraussetzungen** für die Annahme eines qualifizierten Mietspiegels im Rechtsstreit von derjenigen Partei, die sich gegen die Mietspiegelwerte wendet, substantiiert bestritten, so muss das Gericht diesen Einwänden nachgehen und gegebenenfalls in eine aufwendige Beweisaufnahme durch Einholung von Sachverständigengutachten und amtlichen Auskünften eintreten.[181] Die Gerichte verfahren insoweit aus naheliegenden Gründen ausgesprochen restriktiv. Für eine verwaltungsgerichtliche Kontrolle der von den Gemeinden anerkannten qualifizierten Mietspiegel ist daneben kein Raum.[182]

91 In den zahlreichen Gemeinden, in denen bisher keine Mietspiegel existieren, kommen als Begründungsmittel lediglich **Gutachten** von Sachverständigen und **Vergleichswohnungen** in Betracht (§ 558a Abs 2 Nr 3 und Nr 4 BGB). Sowohl an derartige Gutachten von Sachverständigen als auch an die Auswahl von Vergleichswohnungen werden durchweg nur relativ geringe Anforderungen gestellt, um das ohnehin komplizierte und teure Mieterhöhungsverfahren nicht noch weiter zu belasten. Stimmt der Mieter dem Mieterhöhungsverlangen des Vermieters nicht zu, so muss der Vermieter, wenn er an seiner Forderung festhalten will, alsbald Klage auf Zustimmung des Mieters erheben (§ 558b Abs 2 BGB iVm § 894 ZPO). Die Klage ist nur zulässig, wenn der Vermieter die **Zustimmungs-** und die **Klagefrist** des § 558b Abs 2 BGB einhält, die zudem nur ausgelöst werden, wenn das vorausgegangene Mieterhöhungsverlangen der gesetzlichen Regelung entsprach, insbesondere ordnungsgemäß entsprechend § 558a begründet war. Bei Erfolg der Klage wird die Zustimmung des Mieters zu der nötigen Vertragsänderung durch Erhöhung der Miete ersetzt (§ 894 ZPO). Die **Fälligkeit** der erhöhten Miete richtet sich nach § 558b Abs 1 BGB, sofern die Parteien im Einzelfall nichts anderes vereinbaren, was ihnen jederzeit freisteht (§§ 311 Abs 1, 557 BGB). Der Mieter hat jedoch die Möglichkeit, den Vertrag außerordentlich zu kündigen, wenn er

---

[179] S Bundesministerium für Verkehr, Bau- und Wohnungswesen, Hinweise zur Erstellung von Mietspiegeln (Berlin 2000); BÖRSTINGHAUS/CLAR, Mietspiegel (2. Aufl 2013).

[180] S BÖRSTINGHAUS NZM 2000, 1087; 2003, 377.

[181] BGH NJW 2013, 775 Tz 19 ff = NZM 2013, 138; NZM 2014, 24 = NJW 2014, 292 Rn 21 f.

[182] OVG Münster WuM 2006, 623.

die Erhöhung der Miete nicht hinnehmen will (§ 561 Abs 1 S 1 BGB); in diesem Fall erledigt sich das Erhöhungsverlangen des Vermieters (§ 561 Abs 1 S 2 BGB).

3. Mietpreisbremse

Die §§ 558 ff BGB begrenzen bei preisfreiem Wohnraum lediglich den Spielraum des Vermieters für Mieterhöhungen „im Bestand" durch die Bestimmung der ortsüblichen Vergleichsmiete als Obergrenze für die zulässige Miete (s Rn 85 ff). Für die Mietpreisbildung bei dem **Abschluss neuer Mietverträge** hatten dagegen die §§ 558 ff BGB bis 2015 keine Bedeutung. Die Politik sah darin (unter anderem) einen Grund für unerwünschte erhebliche Mietpreissteigerungen in einigen Ballungszentren und entschloss sich deshalb im Jahr 2015, ergänzend auch gegen die Preisbildungsfreiheit der Mietvertragsparteien bei dem Abschluss neuer Verträge – unter relativ engen Voraussetzungen – zu intervenieren (s schon o Rn 85a). Ergebnis ist die am 1. Juni 2015 in Kraft getretene Regelung der §§ 556d bis 556e BGB über die sogenannte Mietpreisbremse. Die Regelung ist im Einzelnen unnötig kompliziert ausgefallen. Eher zweifelhaft ist, ob sie irgendwelche spürbaren Auswirkungen auf das Mietpreisniveau hat oder doch haben wird.[183] Aus diesem Grund soll im Folgenden lediglich ein kurzer Überblick über die gesetzliche Regelung gegeben werden.[184] **91a**

Kern der gesetzlichen Regelung ist die Bestimmung des § 556d Abs 1 BGB, nach der bei Abschluss eines neuen Mietvertrags über Wohnraum (nur) in einem Gebiet mit einem angespannten Wohnungsmarkt die Miete die ortsübliche Vergleichsmiete im Sinne des § 558 Abs 2 BGB nur um 10 % übersteigen darf (so genannte **100 + 10-Regel**). Die **Gebiete mit angespannten Wohnungsmarkt** werden nach § 556d Abs 2 BGB durch Rechtsverordnungen der Länder festgelegt, für die an sich sehr enge Voraussetzungen gelten, über die sich jedoch die Länder durchweg aus politischen Gründen hinwegzusetzen pflegen. § 556d Abs 1 BGB verlangt somit von den Parteien bei Abschluss eines neuen Mietvertrages in den Gebieten mit angespanntem Wohnungsmarkt, sich an der ortsüblichen Vergleichsmiete im Sinne des § 558 Abs 2 BGB zu orientieren. Wie bereits ausgeführt (Rn 86 ff), ist jedoch die Ermittlung der ortsüblichen Vergleichsmiete (die, nota bene, nicht mit der aktuellen Marktmiete verwechselt werden darf, sondern üblicherweise niedriger ist) selbst für so genannte Fachleute ebenso wie für die Gerichte ausgesprochen schwierig – und daher für die Mietvertragsparteien bei Abschluss eines neuen Mietvertrages nahezu unmöglich, sofern nicht für das fragliche Gebiet zufällig ein qualifizierter Mietspiegel im Sinne des § 558d BGB existiert, den die Parteien dann ohne Weiteres der Preisbildung in ihrem Vertrag zu Grunde legen können (s Rn 90). In sämtlichen anderen Gebieten stößt dagegen die Anwendung der Mietpreisbremse von vornherein auf nur schwer überwindbare Hindernisse. **91b**

Es kommt hinzu, dass die gesetzliche Regelung von zahlreichen **Ausnahmen** durchbrochen ist. Um Investitionen in den Wohnungsbau nicht unnötig zu behindern, findet das Gesetz zunächst überhaupt keine Anwendung auf nach dem 1. Oktober 2014 **neu gebauten Wohnraum** sowie (nur) auf die erste Vermietung einer **umfassend moderni- 91c**

---

[183] Beispiele in LG Berlin NZM 2017, 332; AG Berlin-Lichtenberg WuM 2016, 665; AG Hamburg-St Georg WuM 2017, 469; AG Hamburg-Altona WuM 2017, 696.

[184] Wegen der Einzelheiten s zB BLANK WuM 2014, 641; FLATOW WuM 2015, 191.

sierten Wohnung (s § 556f BGB). Außerdem genießt der Vermieter Bestandsschutz für die sogenannte **Vormiete**, worunter das Gesetz hier merkwürdigerweise die im letzten Mietvertrag vereinbarte Miete versteht, selbst wenn sie höher als die nach § 556d Abs 1 BGB an sich nur zulässige Miete ist; diese (überhöhte) Miete darf folglich weiter verlangt werden. Schließlich darf der Vermieter im Falle einfacher Modernisierungen die nach § 556d Abs 1 BGB zulässige Miete weiter um den **Modernisierungszuschlag** nach den §§ 559 und 559a BGB erhöhen (§ 556e Abs 2 BGB; s u Rn 93 f).

91d Die **Rechtsfolgen** von Verstößen gegen die §§ 556d bis 556f BGB haben eine partielle Regelung in § 556g BGB gefunden. Die gesetzliche Regelung ist danach zu Gunsten des Mieters grundsätzlich zwingend (§ 556g Abs 1 S 1 BGB). Speziell eine Überschreitung der nach § 556d Abs 1 BGB höchstens zulässigen Miete hat indessen nur zur Folge, dass der Vertrag unwirksam ist, *soweit* die Vereinbarung gegen die 100 + 10-Regel verstößt, im Übrigen also wirksam bleibt. Die danach zu viel gezahlte Miete kann der Mieter in engen Grenzen nach **Bereicherungsrecht** zurückfordern (§§ 556g Abs 1 S 3 und 812 Abs 1 S 1 BGB), gemäß § 556g Abs 2 BGB freilich erstaunlicherweise (zum Schutze redlicher Vermieter) erst, nachdem er den Verstoß in qualifizierter Weise gerügt hat (§ 556g Abs 2 BGB).[185] Unberührt bleiben jedoch weitergehende Ansprüche des Mieters aus cic (§ 311 Abs 2 BGB), aus Vertrag (§ 280 Abs 1 BGB) und aus Delikt (§ 823 Abs 1 und Abs 2, 826 BGB; str). Damit der Mieter die ihm danach zustehenden Ansprüche überhaupt durchzusetzen vermag, billigt ihm das Gesetz außerdem noch einen **Auskunftsanspruch** gegen den Vermieter über die für die Zulässigkeit der Miete relevanten Tatsachen zu (§ 556g Abs 3 BGB). Oder: Warum einfach, wenn es kompliziert geht.

4. Modernisierungsmaßnahmen (§ 559 nF)

92 § 559 Abs 1 BGB gestattet dem Vermieter ferner (nur) bei der Wohnraummiete (s § 578 Abs 2 BGB) eine **einseitige Mieterhöhung** bei Modernisierungsmaßnahmen im Sinne der Nr 1 und der Nr 3 bis Nr 6 des § 555b BGB (s o Rn 43), also insbesondere bei energetischen Modernisierungen (Nr 1 des § 555b BGB) sowie bei baulichen Maßnahmen, durch die der Gebrauchswert der Mietsache nachhaltig erhöht wird (Nr 4 des § 555b BGB), und zwar in Höhe von **11 % der** für die einzelne Wohnung aufgewandten **Kosten** (§ 559 BGB). **Beispiele** für derartige Modernisierungen sind der Einbau eines Aufzugs, einer Zentralheizung oder einer Warmwasserversorgungsanlage, der Anschluss an ein Breitbandkabelnetz, die Verfliesung des Bades, der Ersatz einfacher Fenster durch Doppelfenster oder durch Isolierverglasung sowie Maßnahmen zur Verbesserung der Wärmedämmung und zur Verringerung des Energieverlustes und des Energieverbrauchs. Von der Umlage ausgeschlossen sind jedoch in den Modernisierungskosten enthaltene Kosten für ohnehin erforderliche **Erhaltungsmaßnahmen** im Sinne des § 555a BGB (§ 559 Abs 2 BGB).

93 War der Mieter nach § 555d BGB zur **Duldung** der genannten Maßnahmen verpflichtet – das muss in jedem Fall hinzukommen (s o Rn 43) –, so kann der Vermieter nach ihrer Durchführung die **Kosten** der Modernisierungsmaßnahmen unter den Voraussetzungen und im Rahmen der §§ 559 bis 559b BGB *einseitig* auf die Mieter umlegen, wobei Drittmittel zuvor abzuziehen sind (§ 559a BGB). Es handelt sich dabei (anders als im Falle des § 558 BGB) um ein **Gestaltungsrecht** des Vermieters, durch dessen

---
[185] Dazu ausf FLEINDL WuM 2015, 212.

O. Miete

Ausübung der Mietvertrag hinsichtlich der Miethöhe geändert wird, im Ergebnis also um einen sehr weitgehenden Eingriff in die Rechte des Wohnraummieters. Dieses Gestaltungsrecht des Vermieters entfällt nur in zwei Fällen, einmal, wenn die Parteien im Mietvertrag ausdrücklich eine Mieterhöhung nach § 559 BGB ausgeschlossen haben (§§ 311 Abs 1 und 557 Abs 3 BGB), zum anderen unter den Voraussetzungen der **Härteklausel** des § 559 Abs 4 S 1 BGB, dh wenn die Mieterhöhung für den Mieter eine Härte bedeutete, die auch unter Würdigung der berechtigten Interessen des Vermieters nicht mehr zu rechtfertigen ist, vorausgesetzt freilich, dass die Härtegründe dem Vermieter rechtzeitig mitgeteilt worden sind (§ 559 Abs 4 iVm § 555d Abs 3–5 BGB). In zwei Fällen ist jedoch für die Anwendung der Härteklausel kein Raum (sodass der Vermieter die Miete trotz des Vorliegens eines Härtegrundes doch einseitig erhöhen kann), nämlich 1., wenn die Mietsache durch die fragliche Maßnahme lediglich in einen Zustand versetzt wurde, der allgemein üblich ist (§ 559 Abs 4 S 2 Nr 1 BGB, ein ausgesprochen seltener Fall), sowie 2., wenn die Modernisierungsmaßnahme aufgrund von Umständen durchgeführt wurde, die der Vermieter nicht zu vertreten hat (Nr 2 des § 559 Abs 4 S 2 BGB), wobei insbesondere an behördliche Modernisierungsauflagen zu denken ist, zB im Zuge der so genannten Energiewende, deren Kosten mithin immer der Mieter tragen muss.

In der **Gestaltungserklärung** des Vermieters, durch die die Miete erhöht wird, muss die **93a** Erhöhung aufgrund der entstandenen Kosten **berechnet und** entsprechend den gesetzlichen Voraussetzungen **erläutert** werden, damit der Mieter erkennen kann, ob die Forderung des Vermieters berechtigt ist (§ 559b Abs 1 BGB). Bei Maßnahmen zur Einsparung von Heizenergie genügt es dafür, wenn der Vermieter Tatsachen mitteilt, aus denen sich als Folge der durchgeführten baulichen Maßnahmen eine nachhaltige, dh messbare und dauerhafte Energieeinsparung ergibt; mehr ist nicht erforderlich.[186] Hatte der Vermieter zuvor gegen seine **Ankündigungspflicht** aus § 555d BGB verstoßen (Rn 44), so hat dies nur zur Folge, dass sich die Fälligkeit der erhöhten Miete um sechs Monate verschiebt (§ 559b Abs 2 Nr 1 BGB idF von 2013).

5. Betriebskostenpauschale (§ 560)

Wenn die Parteien für die Betriebskosten eine Betriebskostenpauschale vereinbart **94** haben (nur dann), kann der Vermieter ferner unter den Voraussetzungen des § 560 BGB im Falle einer Steigerung der Betriebskosten die Pauschale einseitig erhöhen, *sofern* die Parteien dies im Mietvertrag vorgesehen haben, sonst also nicht. Bei Vereinbarung einer Brutto- oder Teilinklusivmiete scheidet dagegen eine Erhöhung selbst bei einem Anstieg der Betriebskosten aus. Dieses Risiko trägt hier mithin der Vermieter, daher die heutige Bevorzugung von Nettomieten.

XI. Beendigung des Mietverhältnisses

1. Zeitablauf

Mietverhältnisse erledigen sich als Dauerschuldverhältnisse idR nicht durch beiderseitige **95** Erfüllung. Sie bedürfen vielmehr eines besonderen Beendigungsgrundes. Als derartige Beendigungsgründe kennt das Gesetz gemäß **§ 542 BGB** allein die Vereinbarung

---
[186] BGHZ 150, 277, 283 ff = NJW 2002, 2036; BGH NZM 2004, 252; NJW 2006, 1126.

eines festen Endtermins (u Rn 96) sowie die Kündigung, wobei das Gesetz zwischen der ordentlichen und der außerordentlichen Kündigung unterscheidet (u Rn 98, 106 ff). Hinzu tritt die jederzeit mögliche Aufhebung des Mietvertrages nach § 311 Abs 1 BGB durch Einigung der Parteien (Rn 96).

96 Wenn die Mietvertragsparteien einen **Endtermin** für das Mietverhältnis vereinbart haben (§ 311 Abs 1 BGB; Rn 95), endet der Vertrag zu diesem Termin (§ 542 Abs 2 BGB). Dies kann bereits bei Abschluss des Vertrages geschehen oder nachträglich während des Laufs des Vertrages zu einem beliebigen Zeitpunkt. Im ersten Fall spricht man auch von einem (von vornherein befristeten) Zeitmietvertrag, im zweiten Fall dagegen von einem Aufhebungsvertrag. Beide Varianten werden bei der Wohnraummiete heute ganz unterschiedlich behandelt. Nachträgliche **Aufhebungsverträge** sind, weil beide Parteien zustimmen müssen (§ 311 Abs 1 BGB), immer unbeschränkt möglich; kein Mieter wird gegen seinen Willen an einem Mietvertrag festgehalten. Ganz anders dagegen, wenn die Befristung des Wohnraummietverhältnisses von vornherein vorgesehen wird. Derartige **Zeitmietverträge** sind, um eine Umgehung der Kündigungsschutzbestimmungen der §§ 573 ff BGB zu verhindern, seit 2001 nur noch in den engen Grenzen des **§ 575 BGB** zulässig (sogenannte *qualifizierte Zeitmietverträge*), also nur, wenn ein sogenannter **Befristungsgrund** vorliegt und dieser auch nicht später wegfällt (s § 575 Abs 1 Nr 1 bis Nr 3 und Abs 3 S 2 BGB). Der wichtigste Befristungsgrund ist die Nutzung der Wohnung durch den Vermieter oder seine Familie selbst nach Ablauf der Mietzeit (§ 575 Abs 1 Nr 1 BGB). Die praktische Bedeutung dieser Regelung ist begrenzt, da das Gesetz auch bei Wohnraummietverträgen weder einem einseitigen noch einem beiderseitigen **befristeten Kündigungsverzicht** entgegensteht, wodurch im Ergebnis in mancher Hinsicht dieselbe Wirkung wie mit einem Zeitmietvertrag erreicht werden kann, indessen mit dem wichtigen Unterschied, dass nach Ende des Verzichts zwingend der Vertrag auf unbestimmte Zeit weiterläuft und vom Vermieter dann nur noch ordentlich unter den engen Voraussetzungen der §§ 573 ff BGB gekündigt werden kann.

97 Individualvertraglich ist ein Kündigungsverzicht einseitig oder beiderseitig (höchstens) für acht bis zehn Jahre möglich, nicht jedoch für einen längeren Zeitraum, wie vor allem aus § 544 BGB zu entnehmen ist.[187] Deutlich engere Grenzen gelten dagegen für beiderseitige **formularvertragliche Kündigungsverzichtsklauseln**. Die zulässige Obergrenze beträgt hier analog § 557a Abs 3 S 1 BGB vier Jahre (§ 307 Abs 1 BGB), während die Vereinbarung eines längeren Kündigungsverzichts zur Unwirksamkeit der Kündigungsverzichtsklausel insgesamt (und nicht nur hinsichtlich des über vier Jahre hinausgehenden Zeitraums) führt.[188] Wieder anders zu beurteilen ist ein **einseitiger formularvertraglicher Kündigungsverzicht** nur zu Lasten **des Mieters**: In Verbindung mit einer Staffelmietvereinbarung ist eine derartige Klausel für maximal vier Jahre schon mit Rücksicht auf § 557a Abs 3 S 1 BGB unbedenklich,[189] während ohne Verbindung mit einer Staffelmietvereinbarung der Mieter durch eine einseitige Kündigungsverzichtsklausel unangemessen benachteiligt wird, sodass die Klausel unwirksam ist (§ 307 Abs 1 BGB).[190]

---

[187] BGH NJW 2004, 1448 = NZM 2004, 216.
[188] BGH NJW 2004, 2117 = NZM 2004, 733; NJW 2006, 1059 = NZM 2006, 254, 255.
[189] BGH NJW 2006, 1056 = NZM 2006, 256 Tz 12 f.
[190] LG Duisburg NZM 2003, 354; STAUDINGER/ROLFS (2018) § 573c Rn 51; offengelassen in BGH NJW 2006, 1056 = NZM 2006, 256 f Tz 13.

2. Ordentliche Kündigung

a) Überblick, berechtigtes Interesse

Die Beendigung von Mietverhältnissen, die auf *unbestimmte* Zeit eingegangen sind, bedarf grundsätzlich einer Kündigung (§ 542 Abs 1 BGB), sofern sich die Parteien nicht auf eine Aufhebung des Vertrages zu einem beliebigen Termin zu einigen vermögen (§ 311 Abs 1 BGB; Rn 95 f). Im Einzelnen hat man die ordentliche und die außerordentliche Kündigung aus wichtigem Grunde zu unterscheiden. Die praktisch bedeutsamste Kündigungsform ist die ordentliche Kündigung unter Einhaltung der gesetzlichen oder vertraglichen Kündigungsfrist (§§ 573, 580a BGB). Die ordentliche Kündigung ist grundsätzlich an **keine** besonderen **Gründe** gebunden, sondern unter Beachtung der Kündigungsfristen jederzeit möglich. Anders verhält es sich jedoch bei **Wohnraummietverhältnissen**, bei denen die ordentliche Kündigung (nur) des **Vermieters** zusätzlich voraussetzt, dass der Vermieter ein **berechtigtes Interesse** an der Kündigung hat (§ 573 Abs 1 S 1 BGB). Die wichtigsten Fälle dieser Art zählt das Gesetz in § 573 Abs 2 BGB auf (s u Rn 101 ff). Bestimmte Wohnraummietverhältnisse sind jedoch – in unterschiedlichem Ausmaß – **von** dem **Mieterschutz** aufgrund des § 573 BGB **ausgenommen**. Hervorzuheben sind Mietverhältnisse über Einliegerwohnungen, über Wohnungen, die nur zu vorübergehendem Gebrauch vermietet sind, sowie über Wohnraum, der Teil der vom Vermieter selbst bewohnten Wohnung ist (s im einzelnen die §§ 549 Abs 2, 573a BGB).

Durch die ordentliche Kündigung eines Mietvertrages wird das Mietverhältnis grundsätzlich erst mit Ablauf der gesetzlichen oder vertraglichen **Kündigungsfrist** beendet (§§ 573c, 580a BGB). Bei **Wohnraummietverhältnissen** beträgt diese Frist nach § 573c Abs 1 S 1 BGB im Regelfall drei Monate. Für den Mieter gilt dies heute – anders als früher – generell, während sich die Kündigungsfrist (nur) für den Vermieter nach fünf oder acht Jahren seit der Überlassung des Wohnraums an den Mieter um jeweils drei Monate verlängert (§ 573c Abs 1 S 2 BGB). Diese Ungleichbehandlung von Mietern und Vermietern ist gewollt, um auf der einen Seite den Mieterschutz weiter zu verstärken, auf der anderen Seite aber Mietern einen gegebenenfalls nötigen, schnellen Wohnungswechsel zu ermöglichen.

Der Mieter kann auch einer auf § 573 BGB gestützten ordentlichen Kündigung des Vermieters nach der sogenannten **Sozialklausel** des **§ 574 BGB** widersprechen, wenn die Kündigung für ihn oder seine Angehörigen eine übermäßige **Härte** bedeutete. Die Einzelheiten ergeben sich aus den §§ 574a bis 574c BGB. Damit der Mieter die Einhaltung der Schutzvorschriften durch den Vermieter kontrollieren kann, muss die ordentliche **Kündigung** außerdem **schriftlich** erfolgen, **begründet** werden und einen **Hinweis** auf die §§ 574 bis 574b BGB enthalten (§§ 568, 573 Abs 3 BGB). Mit dem Erfordernis einer schriftlichen Begründung der Kündigung (§§ 568 Abs 1, 573 Abs 3 S 1 BGB) wird **bezweckt**, dem Mieter alsbald Klarheit über seine Situation zu verschaffen, um ihm die Entscheidung zu ermöglichen, ob sich eine Verteidigung gegen die Kündigung lohnt. Dafür muss der Kündigungsgrund in dem Kündigungsschreiben so genau bezeichnet werden, dass er von anderen unterschieden werden kann (s § 573 Abs 3 S 2 BGB); mehr ist nicht erforderlich.[191] Bei einem **Verstoß** gegen das Begründungserfor-

---

[191] BGH NZM 2011, 706 Tz 8 ff; NJW 2015, 3368 Rn 11 f = NZM 2015, 812; kritisch dazu FLEINDL NZM 2013, 7 mNw.

dernis des § 573 Abs 3 BGB ist die Kündigung des Vermieters unwirksam, löst aber keine weitere Ersatzpflicht des Vermieters aus.[192]

100a Voraussetzung der ordentlichen Kündigung des Vermieters ist, dass er ein **berechtigtes Interesse** an der Beendigung des Mietverhältnisses hat (§ 573 Abs 1 S 1 BGB). Zweck der Regelung ist es, den vertragstreuen Mieter vor einer willkürlichen Kündigung zu schützen, auf der anderen Seite aber dem Vermieter die Möglichkeit zu eröffnen, sich bei Vorliegen eines triftigen Grundes von einem lästig gewordenen Mietvertrag zu lösen.[193] Ein berechtigtes Interesse des Vermieters ist deshalb bereits anzunehmen, wenn er vernünftige und nachvollziehbare Gründe für den Wunsch zur Inanspruchnahme der Wohnung hat, die in ihrem Gewicht mit den Regelbeispielen des § 573 Abs 2 BGB vergleichbar sind.[194] Ob dies der Fall ist, lässt sich nur im Einzelfall aufgrund einer umfassenden Interessenabwägung unter Berücksichtigung der gesetzlichen Wertungen beurteilen.[195] Das gilt insbesondere dann, wenn der Vermieter die Wohnung für freiberufliche oder gewerbliche Zwecke, zB zum Betrieb einer Anwaltskanzlei benötigt (sog Berufs- oder Betriebsbedarf); auch in diesem Fall kommt folglich alles auf die Umstände des Einzelfalles an.[196]

100b Die wichtigsten Fälle eines berechtigten Interesses des Vermieters iS des § 573 Abs 1 BGB nennt das Gesetz selbst in § 573 Abs 2 Nr 1 bis Nr 3 BGB. Es sind dies der Reihe nach eine nicht unerhebliche Pflichtverletzung des Mieters (Nr 1 des § 573 Abs 2 BGB; dazu u Rn 104), weiter der ganz im Vordergrund des Interesses stehende sog Eigenbedarf des Vermieters (Nr 2 des § 573 Abs 2 BGB; dazu u Rn 101 f) sowie die so genannte Verwertungskündigung (Nr 3 des § 573 Abs 2 BGB; dazu u Rn 105 f). In diesen drei Fällen ist ohne Weiteres, dh ohne weitere Abwägung von einem berechtigten Interesse des Vermieters iS des § 573 Abs 1 BGB auszugehen.[197] Etwaige entgegenstehende Interessen des Mieters werden hier nur im Rahmen der sog Sozialklausel des § 574 BGB berücksichtigt (dazu Rn 100). In sämtlichen anderen Fällen wie zB dem bereits erwähnten Betriebs- oder Berufsbedarf (Rn 100a) muss dagegen auf die Generalklausel des § 573 Abs 1 BGB rekurriert werden, sodass eine Entscheidung nur aufgrund einer umfassenden Interessenabwägung unter Berücksichtigung der gesetzlichen Wertungen möglich ist, wie sie – außer in Art 14 Abs 1 GG – vor allem in § 573 Abs 2 BGB zum Ausdruck gelangen.[198]

b) Eigenbedarf[199]

101 Der mit Abstand wichtigste ordentliche Kündigungsgrund des Vermieters ist heute der sogenannte Eigenbedarf des Vermieters iS des § 573 Abs 2 Nr 2 BGB. Der Vermieter kann danach kündigen, wenn er die Räume als Wohnung für sich, für seine Familien-

---

[192] BGH NJW 2011, 119 Tz 9 f = WuM 2011, 33.
[193] BGH NZM 2017, 111 (114) = NJW 2017, 548 Rn 26.
[194] BGHZ 204, 216 (222 Rn 15) = NJW 2015, 1590; BGH NZM 2013, 22; dagegen BLANK WuM 2013, 47; WIEK WuM 2005, 781; 2013, 271.
[195] Grdl BGHZ 212, Rn 15 ff = NZM 2017, 405 = WuM 2017, 333; WuM 2017, 410 (414 ff Rn 36 ff).
[196] S Rn 105a; BGH NZM 2017, 405 = WuM 2017, 333 Rn 18 f; großzügiger noch BGH NZM 2005, 943, 944; NZM 2012, 501 = NJW 2012, 2342 Tz 13 f; NZM 2013, 22 Tz 13 = NJW 2013, 225; dagegen schon BLANK WuM 2013, 47; HINZ NZM 2017, 412; WIEK WuM 2013, 271.
[197] BGH NZM 2017, 111 (114) = NJW 2017, 548 Rn 37.
[198] BGH NZM 2017, 405 Rn 18 f.
[199] Dazu ausf zuletzt zB FLEINDL NZM 2016, 289 mNw.

angehörigen, zB seine Kinder, Geschwister oder Nichten und Neffen,[200] oder für die zu seinem Hausstand gehörenden Personen benötigt.

Bei der Bejahung des Eigenbedarfs sind die Gerichte heute – nach langem Zögern – **102** verhältnismäßig großzügig, da der Wunsch des Eigentümers, sein Haus selbst zu nutzen, grundsätzlich respektiert werden muss, sofern nur der Vermieter für seinen Wunsch **vernünftige und nachvollziehbare Gründe** anzuführen vermag.[201] Hinzukommen muss lediglich noch, dass es sich um möglichst aktuelle, dh konkret vorliegende Gründe handelt. § 573 Abs 2 Nr 2 BGB erlaubt keine sog **Vorratskündigung** aufgrund eines noch unbestimmten Interesses an einer nur möglichen zukünftigen Eigennutzung der Wohnung.[202] Bei einer **Mehrheit von Vermietern** genügt außerdem bereits der Eigenbedarf nur *eines* der Vermieter, um eine Kündigung nach § 573 Abs 2 Nr 2 BGB zu rechtfertigen. Das gilt nicht nur, wenn Vermieter eine Erben- oder Miteigentümergemeinschaft ist, sondern auch wenn dem Mieter als Vermieter eine BGB-Gesellschaft gegenübersteht (Ausnahme in § 577a BGB), während sich (natürlich) eine juristische Person ebenso wenig wie eine Personenhandelsgesellschaft in der Rolle des Vermieters auf Eigenbedarf berufen kann.[203]

Die Kündigung wegen Eigenbedarfs ist unwirksam, wenn der Vermieter den Wunsch **103** zur eigenen Nutzung seines Hauses überhaupt nicht ernsthaft verfolgt, wenn er seinen (legitimen) Wohnbedarf in einer anderen, freien Wohnung desselben Hauses ohne Weiteres ebenfalls zu befriedigen vermag oder wenn er sonst **missbräuchlich** handelt, etwa, weil der von ihm geltend gemachte Wohnbedarf nach den Umständen des Einzelfalles weit „überhöht" ist oder weil die gekündigte Wohnung die Nutzungswünsche des Vermieters offenkundig überhaupt nicht zu befriedigen vermag.[204] Der Vermieter handelt außerdem zB missbräuchlich, weil widersprüchlich, wenn er die Wohnung auf unbestimmte Zeit vermietet, obwohl er bereits im Augenblick des Vertragsabschlusses entschlossen ist oder doch ernsthaft erwägt, die Wohnung alsbald selbst in Gebrauch zu nehmen (venire contra factum proprium, § 242 BGB).[205] In den genannten Missbrauchsfällen ist die Kündigung unwirksam und stellt außerdem eine **Pflichtverletzung** dar, sodass der Vermieter, sofern er zumindest fahrlässig gehandelt hat, dem Mieter den gesamten Schaden infolge der unberechtigten Kündigung ersetzen muss (§§ 241, 276, 280 Abs 1, 249 Abs 1 BGB).[206] Das Vorliegen einer derartigen Pflichtverletzung wird zudem grundsätzlich **vermutet**, wenn der Vermieter nach der Kündigung wegen Eigenbedarfs die Wohnung selbst gar nicht nutzt, sondern etwa wieder anderweitig vermietet. Es ist dann Sache des Vermieters, diese Vermutung zu widerlegen, insbesondere unter Hinweis auf die Gründe, warum der Eigenbedarf später wieder entfallen ist.[207]

---

[200] BGH NJW 2003, 2604 = NZM 2003, 681.
[201] S schon o Rn 100a sowie BGHZ 103, 91, 99 f = NJW 1988, 904; BGHZ 204, 216 (222 f Rn 14 ff) = NJW 2015, 1590 mNw.
[202] So BGH NJW 2015, 3368 Rn 22 = NZM 2015, 812.
[203] Grdl BGH NZM 2017, 548; im Einzelnen sehr str, s FLEINDL NZM 2016, 289 (297 f) mwNw.
[204] BGHZ 204, 216, (222 ff Rn 15 ff) = NJW 2015 1590; BGH NJW 2017, 548 = NZM 2017, 111 (119 Rn 59); FLEINDL NZM 2016, 289 (298 ff mwNw).
[205] BGH NZM 2013, 419 Tz 12.
[206] BGH NJW 2005, 2395 = NZM 2005, 580; NJW 2009, 2059 = NZM 2009, 429 Tz 11 ff; WuM 2010, 165 Tz 12; NJW 2011, 119 Tz 8.
[207] ZB BGH NZM 2017, 23 (25 f Rn 25); SCHÜLLER NZM 2017, 26.

103a Eine *wirksame* Kündigung wegen Eigenbedarfs löst außerdem nach den §§ 241 Abs 2 und 242 BGB verschiedene **weitere Pflichten** des Vermieters aus, die sich aus dessen Verpflichtung zum loyalen Umgang mit einem an sich vertragstreuen Mieter ergeben. Die wichtigste dieser zusätzlichen Pflichten ist die Pflicht, dem Mieter als Ersatz für die gekündigte Wohnung eine andere in demselben Haus oder derselben Wohnanlage freigewordene Wohnung anzubieten, die der Vermieter ebenfalls vermieten möchte, dies freilich nur bis zum Ende der Kündigungsfrist, mit der die Pflicht zum Angebot einer Alternativwohnung ihr Ende findet.[208] Dasselbe gilt im Ergebnis, wenn der **Kündigungsgrund** nachträglich, aber noch vor Ablauf der Kündigungsfrist **wegfällt**; in diesem Fall folgt aus den §§ 241 Abs 2 und 242 BGB die zusätzliche Pflicht des Vermieters, dem Mieter den Wegfall des Kündigungsgrundes **mitzuteilen**, um ihm einen unnötigen Umzug zu ersparen.[209] In diesen beiden Fallgestaltungen bleibt es freilich bei der Wirksamkeit der Kündigung, die sich immer nach der Rechtslage im Augenblick des Zugangs der Kündigungserklärung bei dem Mieter beurteilt. Deshalb besteht die Rechtsfolge der Verletzung der genannten Nebenpflichten allein in einer Schadensersatzpflicht des Vermieters (§§ 241 Abs 2 und 280 Abs 1 BGB).[210]

c) Pflichtverletzung

104 Ein berechtigtes Interesse des Vermieters an der Beendigung des Mietverhältnisses, das eine ordentliche Kündigung des Vermieters gemäß § 573 Abs 1 S 1 BGB zu rechtfertigen vermag, ist nach Abs 2 Nr 1 der Vorschrift ferner anzunehmen, wenn der Mieter seine vertraglichen Pflichten schuldhaft nicht unerheblich verletzt hat. Dieser Kündigungstatbestand steht selbstständig neben dem Tatbestand des § 543 BGB, sodass in den meisten mit § 543 BGB erfassten Fällen einer Vertragsverletzung des Mieters zugleich auch § 573 Abs 2 Nr 1 BGB angewandt werden kann. Die Folge ist, dass eine Kündigung wegen einer schweren Vertragsverletzung des Mieters nach § 543 BGB häufig, wenn nicht in der Regel zugleich hilfsweise auf § 573 Abs 2 Nr 1 BGB gestützt wird. **Beispiele** (auch) für § 573 Abs 2 Nr 1 BGB sind daher ein vertragswidriger Gebrauch der Sache, die unbefugte Überlassung der Sache an Dritte, Beleidigungen des Vermieters, eine ständige unpünktliche Zahlung der Miete sowie insbesondere ein **Zahlungsverzug** des Mieters, vorausgesetzt, dass der Zahlungsrückstand eine Monatsmiete übersteigt und seit mindestens einem Monat besteht.[211] Trotz der somit naheliegenden Parallele zu den §§ 543 Abs 2 Nr 3 und 569 Abs 3 BGB lehnt die Rechtsprechung doch bisher eine analoge Anwendung der **Schonfrist** des § 569 Abs 3 Nr 2 BGB und der **Sperrfrist** des § 569 Abs 3 Nr 3 BGB auf die ordentliche Kündigung des Vermieters wegen Zahlungsverzugs oder unpünktlicher Zahlungsweise des Mieters aufgrund des § 573 Abs 2 Nr 1 BGB ab[212] – mit der unerwarteten Folge, dass insbesondere die Schonfrist des § 569 Abs 3 Nr 2 BGB in der Praxis nahezu jede Bedeutung eingebüßt hat.

d) Verwertungskündigung

105 Der Vermieter kann nach § 573 Abs 2 Nr 3 BGB schließlich noch ordentlich kündigen, wenn er durch die Fortsetzung des Mietverhältnisses an einer angemessenen wirtschaftlichen Verwertung des Grundstücks gehindert würde *und* dadurch erhebliche

---

[208] BGH NJW 2017, 548 = NZM 2017, 111 (118 f mwNw).
[209] BGHZ 165, 75, 79 ff = NJW 2006, 220.
[210] BGH NJW 2017, 548 = NZM 2017, 111 (118 f Rn 57 ff).

[211] BGHZ 195, 64 (68 f Rn 18, 23 ff) = NJW 2013, 159; sehr str.
[212] BGHZ 195, 64 (71 f Rn 27 ff) = NJW 2013, 159 f; BGH WuM 2016, 682 Rn 8; str.

Nachteile erlitte, wobei jedoch die Möglichkeit, durch eine anderweitige Vermietung des Wohnraums eine höhere Miete zu erzielen, ebenso außer Betracht bleibt wie eine Veräußerung der Wohnung aufgrund nachträglich begründeten Wohnungseigentums. Durch diese Bestimmung soll verhindert werden, dass der Vermieter durch den Bestandsschutz für einen Wohnraummietvertrag übermäßige, sachlich nicht mehr zu rechtfertigende wirtschaftliche Nachteile erleidet. Ob dies der Fall ist, ist eine Frage des Einzelfalles. Die Rechtsprechung ist sehr uneinheitlich und lässt sich nur schwer verallgemeinern. Insgesamt scheint sich aber in jüngster Zeit eine etwas großzügigere Linie als früher bei der Bejahung dieses Kündigungsgrundes durchzusetzen.[213]

Mit der **wirtschaftlichen Verwertung** des Grundstücks ist in § 573 Abs 2 Nr 3 BGB die Realisierung des der Sache innewohnenden materiellen Werts durch eine anderweitige Nutzung an Stelle der Vermietung als Wohnraum gemeint.[214] Wichtigster Fall ist die *Veräußerung* des Grundstücks (vgl § 573 Abs 2 Nr 3, 2. und 3. HS BGB); gleich stehen zB der *Abriss* des Gebäudes und dessen Ersetzung durch einen *Neubau*, sofern wirtschaftlich vernünftig, etwa weil das Gebäude alt und baufällig ist oder heutigen Wohnbedürfnissen nicht mehr genügt,[215] nicht dagegen die Nutzung der bisher für Wohnzwecke genutzten Räume für *berufliche* oder *gewerbliche Zwecke*.[216] **105a**

Hinzu kommen muss, dass die aus wirtschaftlichen Gründen geplante anderweitige Nutzung des Grundstücks (s Rn 105a) auch „**angemessen**" ist, dh auf vernünftigen und nachvollziehbaren wirtschaftlichen Erwägungen beruht.[217] Davon ist zB auszugehen, wenn die „Vollsanierung" eines Gebäudes nicht mehr aufzuschieben ist, wenn der bestehende Wohnraum heutigen Anforderungen nicht mehr genügt und mit zumutbarem Aufwand auch nicht saniert werden kann oder wenn der Vermieter die Mittel aus der Verwertung des Grundstücks dringend, etwa zur Tilgung von Verbindlichkeiten benötigt. Eine Kündigung nach § 573 Abs 2 Nr 3 BGB setzt weiter voraus, dass der Vermieter durch die Aufrechterhaltung des bestehenden Mietvertrages erhebliche **Nachteile** erlitte. Gemeint sind damit Vermögenseinbußen insbesondere durch eine mangelnde oder viel zu geringe Rentabilität des Grundstücks bei Fortbestand des Mietvertrages, etwa infolge zu hoher Kosten, die durch die bisher erzielte Miete nicht oder kaum gedeckt sind. Die Nachteile müssen freilich **erheblich** sein, sodass nur schwerwiegende und andauernde Verluste oder Vermögenseinbußen berücksichtigt werden, wobei in der Praxis ganz unterschiedliche Maßstäbe angelegt zu werden pflegen.[218] Schließlich ist noch erforderlich, dass zwischen der Fortsetzung des Mietverhältnisses und der Verhinderung einer angemessenen Verwertung ein **Kausalzusammenhang** besteht, dass maW eine angemessene wirtschaftliche Verwertung des Grundstücks nicht auf andere Weise als gerade durch eine Kündigung, sondern zB durch bloße Modernisierung oder Mieterhöhung sichergestellt werden kann. **105b**

---

[213] Wegen der Einzelheiten s zB STAUDINGER/ROLFS (2018) § 573 Rn 142 ff mwNw.
[214] Vgl BVerfGE 79, 283, 289 ff = NJW 1989, 972; BGH NJW 2004, 1736, 1737 = NZM 2004, 377; NZM 2008, 281; 2011, 773.
[215] BGHZ 179, 289, 293 ff = NJW 2009, 1200; BGH NJW 2011, 1135 Tz 17 = WuM 2011, 171; WuM 2017, 656 Rn 15 ff.
[216] Sehr str; s o Rn 100a; grdl BGH NZM 2017, 405 ff.
[217] BGHZ 179, 289, 293 Tz 12 = NJW 2009, 1200; BGH NJW 2011, 1135 Tz 17 = WuM 2011, 171; WuM 2017, 410 (413 ff Rn 31 ff).
[218] S BGH NJW 2011, 1135, 1137 Tz 219 f = WuM 2011, 171; kritisch insbesondere BLANK WuM 2013, 47; WIEK WuM 2013, 271.

3. Außerordentliche befristete Kündigung

106 Von einer außerordentlichen befristeten Kündigung spricht man, wenn eine Partei kraft Gesetzes bei Mietverhältnissen, die für eine bestimmte Zeit eingegangen sind, sowie bei Mietverhältnissen auf unbestimmte Zeit unter Abkürzung der gegebenenfalls längeren vertraglichen Kündigungsfrist aus einem besonderen Grund **vorzeitig unter Einhaltung der gesetzlichen Kündigungsfrist kündigen** kann.[219] Die wichtigsten hierher gehörigen **Fälle** sind auf **Mieterseite** die Ankündigung von Modernisierungsmaßnahmen (§ 555e BGB; s o Rn 44), die Verweigerung der Erlaubnis zur Untervermietung (§ 540 Abs 1 S 2 BGB; s o Rn 28) sowie eine Mieterhöhung nach den §§ 558 oder 559 BGB (§ 561 BGB; s o Rn 92 ff), auf **Vermieterseite** der Erwerb des Grundstücks in der Zwangsversteigerung (§ 57a ZVG) sowie für **beide Parteien** der Tod des Mieters (§ 564 S 2 BGB) und die Vereinbarung eines Mietverhältnisses für eine längere Zeit als dreißig Jahre (§ 544 BGB). Will der **Vermieter** bei Wohnraummietverhältnissen von diesen besonderen Kündigungsrechten Gebrauch machen, so müssen freilich zum Schutze des Mieters **zusätzlich** die Kündigungsvoraussetzungen des **§ 573 BGB** erfüllt sein (§ 573d Abs 1 BGB).

4. Außerordentliche fristlose Kündigung

107 a) Generalklausel (§ 543 Abs 1)
Die zweite Form der außerordentlichen Kündigung neben der befristeten (o Rn 106) ist die fristlose Kündigung, die einer Partei aus besonderem Anlass (ausnahmsweise) die *sofortige* Lösung der Vertragsbeziehungen zu der anderen Partei ermöglicht. Die Einzelheiten ergeben sich aus den §§ 543 und 569 BGB. An der Spitze der Regelung steht eine Generalklausel in Gestalt des § 543 Abs 1 BGB (u Rn 108), die sodann in § 543 Abs 2 Nrn 1 bis 3 BGB und in § 569 Abs 1, 2 und 2a BGB durch insgesamt sechs Beispielstatbestände ergänzt wird, bei deren Erfüllung *immer* von dem Vorliegen eines wichtigen Grundes iS des § 543 Abs 1 BGB auszugehen ist (u Rn 109 ff).

108 Nach der Generalklausel des § 543 Abs 1 S 1 BGB kann *jede* Vertragspartei das Mietverhältnis aus wichtigem Grund außerordentlich fristlos kündigen. S 2 der Vorschrift fügt hinzu, dass ein **wichtiger Grund** vorliegt, wenn dem Kündigenden unter Berücksichtigung aller Umstände des Einzelfalles, insbesondere eines Verschuldens der Vertragsparteien, und unter Abwägung der beiderseitigen Interessen die Fortsetzung des Mietverhältnisses bis zum Ablauf der Kündigungsfrist oder bis zur sonstigen Beendigung des Mietverhältnisses nicht mehr zugemutet werden kann. Die wichtigsten **Fallgruppen** des Kündigungsrechts aufgrund des § 543 Abs 1 BGB sind auf der Seite des **Vermieters** die Verletzung von Aufklärungs- oder Treuepflichten durch den Mieter und schwere Beleidigungen oder Tätlichkeiten sowie auf der Seite des **Mieters** gleichfalls in erster Linie Täuschungsversuche sowie noch sonstige Treuepflichtverletzungen des Vermieters, vor allem durch eine Erfüllungsverweigerung. Der Vermieter kann außerdem idR nach § 543 Abs 1 BGB fristlos kündigen, wenn der Mieter **ständig unpünktlich zahlt**, sofern der Mieter trotz einer Abmahnung unter Androhung der fristlosen Kündigung des Vermieters an seinem vertragswidrigen Verhalten festhält.[220] Eine weitere in jeder Hinsicht vergleichbare Generalklausel enthält das Gesetz ferner für die Kün-

---

[219] Zur Berechnung der Kündigungsfristen in diesen Fällen s § 573d BGB.
[220] BGH NJW 2006, 1585 Tz 14 ff; 2011, 2201 Tz 19, 22; 2011, 2570 Tz 14 ff; NZM 2012, 22 Tz 14 f.

digung von Dauerschuldverhältnissen in § 314 BGB. § 314 BGB wird jedoch von der Rechtsprechung als subsidiär gegenüber § 543 BGB und § 569 BGB angesehen, sodass auf § 314 BGB auch insoweit nicht zurückgegriffen werden kann, wie die Vorschriften der §§ 543 und 569 BGB gar keine Regelung enthalten. Das ist wichtig vor allem für die **Kündigungsfrist** (§ 314 Abs 3 BGB). Infolge der (angeblichen) Unanwendbarkeit insbesondere dieser Vorschrift kann sich, wenn der Vermieter mit der Kündigung zu lange zuwartet, nur um Einzelfall die Frage stellen, ob er damit sein Kündigungsrecht **verwirkt** hat.[221]

b) Mängel der Mietsache (§§ 543 Abs 2 Nr 1, 569 Abs 1)
Nach dem ersten Beispielstatbestand des § 543 Abs 2 Nr 1 BGB kann (nur) der Mieter **109** fristlos kündigen, wenn ihm der vertragsgemäße Gebrauch der gemieteten Sache ganz oder zum Teil nicht rechtzeitig gewährt oder wieder entzogen wird. Die fristlose Kündigung setzt in diesem Fall idR zusätzlich voraus, dass der Vermieter eine ihm vom Mieter bestimmte angemessene Frist zur Abhilfe fruchtlos verstreichen lässt (§ 543 Abs 3 BGB). Unter § 543 Abs 2 Nr 1 BGB fallen insbesondere **Rechts- und Sachmängel**, sodass das Kündigungsrecht des Mieters hier letztlich dieselbe Funktion wie der Rücktritt beim Kauf oder beim Werkvertrag hat.

Bei der Raummiete kommt eine fristlose Kündigung des Mieters nach § 569 Abs 1 **110** iVm § 578 Abs 2 S 2 BGB ferner in Betracht, wenn die Räume so beschaffen sind, dass ihre Benutzung mit einer erheblichen **Gefährdung der Gesundheit** des Mieters, seiner Angehörigen oder seiner Mitarbeiter verbunden ist. Ob diese Voraussetzung erfüllt ist, beurteilt sich nach allgemeinen gesundheitlichen Anforderungen an Räume, die in Zweifelsfällen nur durch ein medizinisches Sachverständigengutachten geklärt werden können, während es auf eine besondere, alters- oder krankheitsbedingte Empfindlichkeit des Mieters hier nicht ankommt.[222] Von § 543 Abs 2 Nr 1 BGB (s Rn 109) unterscheidet sich § 569 Abs 1 BGB im Grunde allein dadurch, dass die Kündigung nach § 569 Abs 1 idR *sofort*, dh ohne vorherige Fristsetzung (§ 543 Abs 3 BGB) möglich ist, da § 569 Abs 1 BGB allein auf Abs 1 des § 543 BGB und nicht auch auf Abs 3 dieser Vorschrift verweist.[223] Aus der Begründung der Kündigung (§ 569 Abs 4 BGB) muss sich jedoch ergeben, welche Gesundheitsgefahren nach Meinung des Mieters bestehen.[224]

c) Zahlungsverzug (§§ 543 Abs 2 Nr 3 und 569 Abs 2a und 3)
Der (mit Abstand) wichtigste außerordentliche Kündigungsgrund für den Vermieter **111** ist der Zahlungsverzug des Mieters (§§ 543 Abs 2 Nr 3 und 569 Abs 2a und 3 BGB). Eine fristlose Kündigung kommt nach § 543 Abs 2 Nr 3 BGB zunächst in zwei Fällen in Betracht, *einmal*, wenn der Mieter für zwei aufeinanderfolgende Termine mit der Entrichtung der Miete oder eines nicht unerheblichen Teils der Miete in Verzug ist (lit a des § 543 Abs 2 Nr 3 iVm § 569 Abs 3 Nr 1 BGB), *zum anderen*, wenn er in einem Zeitraum, der sich über mehr als zwei Termine erstreckt, mit der Entrichtung der Miete in Höhe eines Betrages in Verzug ist, der die Miete für zwei Monate erreicht (lit b des § 543 Abs 2 Nr 3 BGB). Ob der Mieter mit den genannten Beträgen in

---
[221] So (zu Unrecht) BGH NJW 2016, 3720 = NZM 2016, 791; s Emmerich JuS 2017, 69.
[222] BGH NJW 2007, 2171 = NZM 2007, 439 Tz 30; OLG Brandenburg ZMR 2009, 190; NZM 2013, 151.
[223] Str, anders offenbar BGH NJW 2007, 2177 = NZM 2007, 439 Tz 12.
[224] BGH WuM 2005, 584, 585.

Verzug ist, beurteilt sich nach § 286 BGB, wobei zu beachten ist, dass die Miete nach den §§ 269 und 270 BGB grundsätzlich eine **qualifizierte Schickschuld** ist, keine Bringschuld, sodass es zur Vermeidung des Verzugs bereits ausreicht, wenn der Mieter den geschuldeten Betrag nur rechtzeitig abgesandt hat, während es nicht darauf ankommt, wann die Miete bei dem Vermieter eintrifft. Daran ist für die Wohnraummiete auch heute festzuhalten,[225] während für den kaufmännischen Verkehr meistens aufgrund der Zahlungsverzugsrichtlinie von 2000 anders entschieden wird.[226] Die Kündigung wird *unwirksam*, wenn der Mieter **aufrechnen** konnte und unverzüglich nach der Kündigung aufrechnet (§ 543 Abs 2 S 3 BGB) oder wenn bei der Wohnraummiete der Vermieter nachträglich befriedigt wird (§ 569 Abs 3 Nr 2 BGB, so genanntes **Nachholrecht** binnen einer Schonfrist von zwei Monaten).

112 Weitere hierher gehörende Fälle sind die ständige unpünktliche Zahlung der Miete durch den Mieter, bei der der Vermieter gegebenenfalls nach § 543 Abs 1 BGB fristlos kündigen kann (Rn 108) sowie – merkwürdigerweise allein bei der Wohnraummiete – der so genannte **Kautionsverzug**. Ein solcher liegt nach § 569 Abs 2a BGB vor, wenn der Mieter mit einer Sicherheitsleistung in der Höhe von zwei Monatsmieten (ohne Vorauszahlungen oder Pauschalen für Betriebskosten) in Verzug ist.[227] Hilfsweise greift in sämtlichen genannten Fällen noch § 573 Abs 2 Nr 1 BGB ein (Rn 104). Die Wirksamkeit der fristlosen Kündigung insbesondere wegen Zahlungsverzugs setzt (nur) bei der Wohnraummiete zusätzlich voraus, dass der zur Kündigung führende wichtige **Grund** in dem **Kündigungsschreiben** angegeben wird (§ 569 Abs 4 BGB). Dafür genügt es grundsätzlich, wenn der Vermieter den Zahlungsverzug als Kündigungsgrund benennt und zugleich den Gesamtbetrag der rückständigen Miete beziffert.[228] Zu beachten ist, dass durch eine fristlose Kündigung des Vermieters **Schadensersatzansprüche** des Vermieters wegen des Zahlungsverzugs des Mieters nicht ausgeschlossen werden (§§ 314 Abs 4, 280 Abs 1, 281 BGB).[229] Der Ersatzanspruch des Vermieters umfasst dann den gesamten Schaden, der ihm durch die vorzeitige Beendigung des Mietvertrages entsteht (§§ 249, 252 BGB), – sodass insgesamt ein Zahlungsverzug für den Mieter ausgesprochen teuer werden kann.

d) Weitere Fälle (§§ 543 Abs 2 Nr 2, 569 Abs 2)

113 Nach § 543 Abs 2 Nr 2 BGB kann der Vermieter ferner fristlos kündigen, wenn der Mieter die **Rechte** des Vermieters dadurch in erheblichem Maße **verletzt**, dass er die Mietsache durch Vernachlässigung der ihm obliegenden Sorgfalt erheblich gefährdet oder sie unbefugt einem Dritten überlässt. Wichtigster Fall ist die **unbefugte Untervermietung**, außer wenn der Mieter nach § 553 Abs 1 BGB einen Anspruch auf Erlaubnis der Untermieter hat.[230] Weitere Beispiele sind die Überbelegung der Wohnung,[231] die Aufnahme eines Gewerbebetriebs in Wohnräumen sowie größere bauliche Veränderungen ohne Erlaubnis des Vermieters.

---

[225] So BGHZ 212, 140, 149 ff Rn 31 ff = NJW 2017, 1596 = NZM 2017, 120; s EMMERICH JuS 2017, 466; sehr str.
[226] EuGH Slg 2008, I-1931 Rn 23 ff = NJW 2008, 1935.
[227] S dazu J EMMERICH WuM 2013, 325; WIEK WuM 2013, 195.
[228] BGH NJW 2006, 1585 Tz 21 = NZM 2006, 338; NJW 2010, 3015 = NZM 2010, 548 Tz 25 ff, sehr str.
[229] BGH NZM 2005, 340, 341 = ZMR 2005, 433.
[230] Str, s schon o Rn 31 sowie BGH NJW 2011, 1065 Tz 19 ff = NZM 2010, 275.
[231] S dazu sehr restriktiv BGHZ 123, 233, 238 ff = NJW 1993, 2528.

(Nur) für die Raummiete (s § 578 Abs 2 S 1 BGB) ergibt sich schließlich noch ein **114** letzter Kündigungsgrund, und zwar für *beide* Parteien, aus § 569 Abs 2 BGB, nach dem ein wichtiger Grund im Sinne des § 543 Abs 1 BGB vorliegt, wenn eine Vertragspartei den **Hausfrieden** so nachhaltig **stört**, dass dem Kündigenden unter Berücksichtigung aller Umstände des Einzelfalls, insbesondere eines Verschuldens der Vertragsparteien, und unter Abwägung der beiderseitigen Interessen die Fortsetzung des Mietverhältnisses bis zum Ablauf der Kündigungsfrist oder bis zur sonstigen Beendigung des Mietverhältnisses nicht mehr zugemutet werden kann. Mit dem „Hausfrieden" sind in diesem Zusammenhang die selbstverständlichen Gebote gegenseitiger Rücksichtnahme gemeint, die das Zusammenleben mehrerer Menschen in einem Haus überhaupt erst erträglich machen.[232] **Beispiele** sind vor allem schwerwiegende Verletzungen der Hausordnung in Mehrfamilienhäusern, erhebliche Belästigungen der anderen Vertragspartei durch Beleidigungen, Tätlichkeiten oder übermäßige Lärmentwicklung sowie schließlich Treuepflichtverletzungen durch eine ernstliche und endgültige Erfüllungsverweigerung oder durch Täuschungsversuche, etwa bei der Abrechnung über die Betriebskosten. In den meisten dieser Fälle sind zugleich die Tatbestände des § 543 Abs 1 und (hilfsweise) auch des § 573 Abs 2 Nr 1 BGB erfüllt.

5. Rechtsfolgen

Der Mieter ist nach Beendigung des Mietverhältnisses (§ 542 BGB) zur **Rückgabe** der **115** gemieteten Sache verpflichtet (§ 546 Abs 1 BGB sowie gegebenenfalls § 985 BGB). Gläubiger des Rückgabeanspruchs ist der Vermieter, der mit dem Eigentümer nicht identisch zu sein braucht. Mehrere Mieter haften als Gesamtschuldner (§§ 427, 431 BGB). Unter der „Rückgabe der Sache" ist in § 546 Abs 1 BGB die **Verschaffung des unmittelbaren Besitzes** an der Mietsache zu verstehen. Der Mieter hat folglich seine Rückgabepflicht so lange nicht erfüllt, wie er die Mietsache dem Vermieter ganz oder teilweise vorenthält, indem er etwa ihm gehörige Sachen in den gemieteten Räumen zurücklässt oder Einrichtungen, mit denen er die gemietete Sache versehen hat, nicht beseitigt. Keine Rolle spielt, in welchem **Zustand** sich die Sache befindet. Ist sie verwahrlost, so kann der Vermieter deshalb zwar gegebenenfalls Schadensersatz verlangen (s §§ 538, 280); er darf jedoch nicht die Rücknahme der Sache ablehnen, will er nicht in Annahmeverzug geraten (§ 293 BGB).[233]

Solange der Mieter seine Rückgabepflicht nicht vollständig erfüllt hat, ist er nach **116** § 546a Abs 1 BGB zur **Fortzahlung der** vereinbarten **Miete** oder zur Zahlung der ortsüblichen Miete verpflichtet. Mit der ortsüblichen Miete ist hier – anders als in § 558 Abs 2 BGB – die gegebenenfalls deutlich höhere aktuelle Marktmiete gemeint, – wodurch nicht zuletzt auf den Mieter ein Druck ausgeübt werden soll, seiner Rückgabepflicht umgehend nachzukommen.[234] Unerheblich ist, ob der Mieter noch im Besitz der Mietsache ist und ob ihm die Herausgabe überhaupt möglich ist. § 546a BGB greift zB auch ein, wenn er die Sache untervermietet hat und der Untermieter die Herausgabe verweigert.[235] Unberührt bleiben nach § 546a Abs 2 BGB **weitergehende Ansprüche** des Vermieters aus Verzug des Mieters mit der Rückgabe (§§ 546, 280, 286 BGB) sowie aus Bereicherung (s §§ 546 Abs 2 S 2, 812 Abs 1 S 2 Fall 1, 818 Abs 1 und 2

---

[232] BGH NJW 2015, 1239 Rn 13 = NZM 2015, 302.
[233] BGHZ 86, 204, 208 ff = NJW 1983, 1049.
[234] So BGH NZM 2017, 186 Rn 10, 16 ff = WuM 2017, 134.
[235] BGHZ 90, 145, 148 ff = NJW 1984, 1527.

BGB).²³⁶ Einschränkungen gelten jedoch insoweit zum Schutze des Mieters bei der Wohnraummiete (s § 571 BGB).

117 Setzt der Mieter den bisherigen Mietgebrauch trotz der Beendigung des Mietverhältnisses unverändert fort, ohne dass der Vermieter auf sofortiger Räumung besteht, so könnte es zu einem längeren vertragslosen Zustand kommen. Um dies zu verhindern, ordnet in diesem Fall der (häufig übersehene) § 545 BGB eine **Verlängerung** des Mietverhältnisses kraft Gesetzes auf unbestimmte Zeit an, sofern nicht eine Partei binnen einer Frist von zwei Wochen widerspricht. Die Frist beginnt für den Mieter mit der Fortsetzung des Gebrauchs und für den Vermieter mit der Kenntnisnahme davon (§ 545 S 2 BGB). Der **Widerspruch** ist eine einseitige empfangsbedürftige Willenserklärung, die auch schon mit der Kündigung verbunden werden kann.

6. Verjährung

118 Im Interesse einer raschen Auseinandersetzung der Parteien unterwirft das Gesetz in § 548 BGB die Ersatzansprüche des Vermieters wegen Veränderungen oder Verschlechterungen der Mietsache sowie die Ansprüche des Mieters auf Ersatz von Aufwendungen oder auf Gestattung der Wegnahme einer Einrichtung einer **kurzen Verjährungsfrist** von sechs Monaten, die auf der Seite des Vermieters mit dem Zeitpunkt beginnt, in dem er die Mietsache zurückerhält (§ 548 Abs 1 S 1 und 2 BGB; Rn 119), und auf der Seite des Mieters mit der Beendigung des Mietverhältnisses (§ 548 Abs 2 BGB). § 548 BGB wird allgemein **weit ausgelegt**. Es spielt insbesondere keine Rolle, auf welchem Rechtsgrund die **Ersatzansprüche** des Vermieters beruhen und ebenso wenig, ob der Vermieter den Wiederherstellungs- oder den Zahlungsanspruch verfolgt. Unter § 548 BGB fallen daher insbesondere auch **konkurrierende Deliktsansprüche** des Vermieters, und zwar selbst bei Vorsatz des Mieters, außer im Falle des § 826 BGB.²³⁷ Wichtigstes **Beispiel** sind die Ersatzansprüche des Vermieters wegen unterlassener oder mangelhaft durchgeführter Schönheitsreparaturen (Rn 45 ff, 119). *Keine* Anwendung findet § 548 BGB dagegen auf den **Erfüllungsanspruch** des Vermieters sowie auf etwaige Ersatzansprüche wegen einer völligen **Zerstörung** der Mietsache, weil dann von einer bloßen „Verschlechterung" iS des § 548 Abs 1 BGB nicht mehr die Rede sein kann.²³⁸ Für diese Ansprüche verbleibt es somit bei der Regelverjährung nach den §§ 195 und 199 BGB.

119 Die kurze Verjährungsfrist für die Ersatzansprüche des Vermieters **beginnt** in dem Zeitpunkt zu laufen, in dem er die Mietsache **zurückerhält** (§ 548 Abs 1 S 2 BGB). Dafür ist grundsätzlich erforderlich, dass er wieder die unmittelbare Herrschaft über das Mietobjekt in einer Weise erlangt, die ihm die Untersuchung der Sache auf etwaige Mängel erlaubt, während es auf die rechtliche Vertragsbeendigung nicht ankommt. In aller Regel wird dazu die körperliche **Rückgabe** der Sache an den Vermieter erforderlich sein.²³⁹ Äußerliches Kennzeichen ist insbesondere die Rückgabe aller Schlüssel durch den Mieter an den Vermieter. Der Regelung des § 548 Abs 1 S 2 BGB kommt

---

²³⁶ BGHZ 44, 241, 242 f = NJW 1966, 248; BGHZ 68, 307, 309 f = NJW 1977, 1335.
²³⁷ BGHZ 98, 235, 237 f = NJW 1987, 187; BGHZ 119, 35, 41 = NJW 1992, 2413; BGHZ 178, 137, 146 Tz 26 = NJW 2009, 139; BGH NJW 2011, 2217 Tz 12.
²³⁸ BGH, LM Nr 191 zu § 675 BGB = ZMR 1993, 458; NJW 2006, 2399, 2440 = NZM 2006, 624.
²³⁹ BGHZ 125, 217, 280 f = NJW 1994, 1858; BGH NJW-RR 2004, 1566; NZM 2005, 534; NJW 2006, 2399, 2400 f = NZM 2006, 624.

der **Vorrang vor § 199 BGB** zu (s § 200 S 1 BGB). Die (wichtige) Konsequenz ist, dass die Verjährung der Schadensersatzansprüche des Vermieters wegen unterlassener Schönheitsreparaturen nach § 281 BGB (s Rn 118) nicht erst beginnt, wenn eine vom Vermieter dem Mieter gesetzte Nachfrist fruchtlos abgelaufen ist (womit der Ersatzanspruch erst fällig wird, s § 281 Abs 1 BGB), sondern gemäß § 548 Abs 1 S 2 BGB bereits dann, wenn der Vermieter die Mietsache zurückerhält.[240]

XII. Perspektiven

Das Mietrecht ist eines der politisch sensibelsten Rechtsgebiete. Noch jede Bundesregierung hat sich bemüht, durch Änderungen des Mietrechts, überwiegend natürlich zu Gunsten der Mieterseite, ihr soziales Engagement unter Beweis zu stellen. Diesem sozialen Engagement der Politik verdanken wir als Ergebnis der vorletzten Legislaturperiode das Mietrechtsänderungsgesetz von 2013. 2015 folgte dann als Frucht der nächsten Legislaturperiode die unsinnige Mietpreisbremse (dazu Rn 91a f), während ein geplantes 2. Mietrechtsnovellierungsgesetz, das weitere scharfe Eingriffe in den Mietmarkt bringen sollte, an dem Streit der Parteien scheiterte. Wir dürfen gespannt sein, was uns die laufende Legislaturperiode bescheren wird.

Die Europäische Kommission fördert bekanntlich auf verschiedene Weise Vorarbeiten der Wissenschaft für ein **europäisches Vertragsrecht**. Von einer Expertengruppe wurde zu diesem Zweck tatsächlich ein sog „**Draft Common Frame of Reference**", dh der Entwurf eines gemeinsamen Referenzrahmens für das Vertragsrecht vorgelegt.[241] Der Entwurf enthält auch eine komplette Regelung des Mietrechts, freilich unter Beschränkung auf die **Fahrnismiete**,[242] während eine europäische Regelung der Grundstücksmiete einschließlich insbesondere der Wohnraummiete wohl auf absehbare Zeit in das Reich der Utopie gehört.[243]

---

[240] BGH NJW 2005, 739 = NZM 2005, 176; NZM 2005, 534 = WuM 2005, 381, 382; NJW 2006, 1588 Tz 9 = NZM 2006, 503.
[241] S Hau WuM 2010, 131.
[242] Text in: WuM 2010, 132 ff.
[243] Ebenso Börstinghaus WuM 2009, 637, 641 (r Sp).

P. Dienstvertrag

Reinhard Richardi

Systematische Übersicht

I.	**Abgrenzung des Vertragstyps im Zivilrechtssystem**	
1.	Aufbau der Gesetzesregelung	1
2.	Rechtshistorische Entwicklung	5
3.	Abgrenzung vom Werkvertrag	8
II.	**Dienstvertrag als Eckpfeiler des Arbeitsrechts**	
1.	Unvollständigkeit der BGB-Regelung	14
2.	Dienstvertrag als Element der Arbeitnehmereigenschaft	17
3.	Dienstvertrag als Kriterium der Abhängigkeit	21
4.	Dienstvertrag als Vertragstyp außerhalb des Arbeitsrechts	25
III.	**Abschluss des Dienstvertrags**	
1.	Besonderheit der Arbeit als Leistungsgegenstand	26
2.	Konstitutive Formvorschriften für den Abschluss eines Arbeitsvertrags	29
3.	Grenzen in der Auswahl des Dienstverpflichteten	31
4.	Rechtslage bei fehlerhafter Vertragsgrundlage	35
IV.	**Bestimmungsgründe für den Inhalt des Dienstverhältnisses**	
1.	Gesetz und Rechtsgeschäft als Bestimmungsgründe	37
2.	Gestaltungsformen kollektiver Arbeitnehmerbeteiligung	39
3.	Einseitig gestellte Vertragsbedingungen	42
4.	Betriebliche Übung	43
5.	Pflicht zur Gleichbehandlung	44
a)	Abgrenzung von Gleichbehandlungsgeboten zur Begrenzung der Vertragsfreiheit	44
b)	Geltungsgrund der Pflicht zur Gleichbehandlung	46
c)	Gegenstand und Inhalt der Pflicht zur Gleichbehandlung	49
V.	**Verpflichtung zur Leistung der versprochenen Dienste und Nebenpflichten des Dienstverpflichteten**	
1.	Pflicht zur Leistung der versprochenen Dienste	54
2.	Zeitliche Fixierung der Dienstleistungsschuld	58
3.	Nebenpflichten	60
4.	Nichtleistung und Schlechtleistung der Dienste	65
5.	Haftungserleichterung für Arbeitnehmer	70
VI.	**Vergütungspflicht und Nebenpflichten des Dienstberechtigten**	
1.	Vergütung für die Leistung der versprochenen Dienste	74
a)	Vergütung als Gegenleistung des Dienstberechtigten	74
b)	Höhe der Vergütung	78
c)	Mindestlohn	80
d)	Gestaltungsformen der Vergütung	84
e)	Grundsatz des gleichen Entgelts als Schranke einer Vergütungsregelung	88
f)	Sicherung der Vergütung	90
g)	Verjährung und Ausschlussfrist	92
2.	Vergütung trotz Nichtleistung der Dienste	96
a)	Vergütung bei Annahmeverzug und bei Betriebsrisiko	96
b)	Vergütung bei vorübergehender Verhinderung	102
c)	Arbeitsrechtliche Sonderregelungen	105
3.	Fürsorgepflicht des Dienstberechtigten	109
4.	Beschäftigungspflicht	113
5.	Maßregelungsverbot	115

VII. Beendigung des Dienstverhältnisses	c) Ausschlussfrist für die Geltendmachung eines wichtigen Grundes ___ 153
1. Überblick	
a) Struktur des Beendigungsrechts ___ 116	d) Teilvergütung und Schadensersatz bei fristloser Kündigung ___ 155
b) Wesensverschiedenheit zwischen Beendigung und Erlöschen des Dienstverhältnisses ___ 117	**XI. Kündigungsschutz und Geltendmachung einer rechtsunwirksamen Arbeitgeberkündigung**
2. Aufhebungsvertrag ___ 119	1. Beschränkung der Kündigungsfreiheit des Arbeitgebers durch den gesetzlichen Kündigungsschutz ___ 157
VIII. Betriebsübergang als arbeitsrechtlicher Sondertatbestand ___ 121	2. Soziale Rechtfertigung einer ordentlichen Kündigung ___ 163
1. Übergang eines Betriebs oder Betriebsteils durch Rechtsgeschäft ___ 122	3. Geltendmachung der Rechtsunwirksamkeit einer Kündigung ___ 167
2. Wechsel des Arbeitgebers ___ 126	
IX. Arbeitsrechtliche Sonderregelungen für die Befristung und auflösende Bedingung als Beendigungsgrund	**XII. Digitale Beschäftigung** ___ 170
	XIII. Leiharbeit als drittbezogener Personaleinsatz ___ 173
1. Befristeter und auflösend bedingter Arbeitsvertrag ___ 129	**XIV. Behandlungsvertrag als Vertragstyp für die Erbringung medizinischer Leistungen**
2. Befristungsabrede ___ 133	
3. Feststellung und Rechtsfolgen unwirksamer Befristung ___ 135	1. Gestaltungsformen für die Erbringung medizinischer Leistungen ___ 179
X. Ordentliche und außerordentliche Kündigung	2. Inhalt der ärztlichen Behandlungspflicht ___ 181
1. Gemeinsame Bestimmungen ___ 138	3. Haftung für ärztliche Fehlleistungen 184
2. Ordentliche Kündigung ___ 142	
3. Außerordentliche Kündigung ___ 147	
a) Rechtsdogmatische Einordnung ___ 147	
b) Wichtiger Grund ___ 150	

I. Abgrenzung des Vertragstyps im Zivilrechtssystem

1. Aufbau der Gesetzesregelung

1 Das BGB regelt in seinem Zweiten Buch unter dem Abschnitt 8, der den „einzelnen Schuldverhältnissen" gewidmet ist, im Titel 8 den Dienstvertrag in §§ 611 bis 630. Durch das Gesetz zur Verbesserung der Rechte von Patientinnen und Patienten vom 20.2.2013 wurde als zweiter Untertitel eine Regelung über den Behandlungsvertrag angefügt (§§ 630a bis 630h BGB).

2 Die gesetzliche Regelung des Dienstvertrags ist dürftig und trotz der vielfachen Einfügungen und Ergänzungen seit Inkrafttreten des BGB bei den für den Dienstvertrag wesentlichen Bestimmungen durch kein Wort verändert. Eingefügt wurden durch die Neubekanntmachung des BGB auf Grund des Schuldrechtsmodernisierungsgesetzes 2001 amtliche Überschriften zu den Paragrafen. Da bei Erlass des BGB das Arbeitsrecht noch kein eigenes Rechtsgebiet bildete, werden in den damals ergangenen Bestimmungen noch nicht die arbeitsrechtlichen Begriffe verwandt. Dem zur Dienstleistung Verpflichteten wird der Dienstberechtigte gegenübergestellt. Da für den Dienstvertrag kein Begriffsmerkmal ist, dass die Arbeitsleistung im Dienst eines anderen erbracht wird, bildet der Titel über den Dienstvertrag auch die Grundlage für Verträge über selbständig zu erbringende Dienstleistungen, die man nicht dem Werkvertragsrecht unterstellen kann. Auf sie finden aber die Vorschriften keine Anwendung, die wegen der Abhängigkeit bei der Erbringung der Dienstleistung vom Dienstberechtigten den Schutz des Dienstverpflichteten bezwecken. Der Gesetzgeber hat deshalb in den Titel über den Dienstvertrag Bestimmungen eingefügt, die bereits nach ihrer Formulierung nur Anwendung finden, wenn durch den Dienstvertrag ein Arbeitsverhältnis begründet wird. Seit dem Ersten Arbeitsrechtsbereinigungsgesetz vom 14.8.1969, dem kein Zweites Arbeitsrechtsbereinigungsgesetz folgte, unterscheidet der Gesetzgeber für die Kündigungsfristen bei einer ordentlichen Kündigung zwischen dem „Dienstverhältnis, das kein Arbeitsverhältnis im Sinne des § 622 BGB ist" (§ 621 BGB), und dem „Arbeitsverhältnis eines Arbeiters oder eines Angestellten (Arbeitnehmers)" (§ 622 BGB).

Der Titel über den Dienstvertrag wurde deshalb der Standort für eine Vielzahl von Grundsatzbestimmungen, die bereits nach dem Gesetzestext nur für Arbeitsverhältnisse gelten, wie § 612a BGB (Maßregelungsverbot), § 613a BGB (Rechte und Pflichten bei Betriebsübergang), § 615 S 3 BGB (Vergütung bei Betriebsrisiko), § 619a BGB (Beweislast bei Haftung des Arbeitnehmers), § 620 Abs 3 (Verweis auf das Teilzeit- und Befristungsgesetz für Arbeitsverträge, die auf bestimmte Zeit geschlossen werden), § 622 BGB (Kündigungsfristen bei Arbeitsverhältnissen), § 623 BGB (Schriftform der Beendigung von Arbeitsverhältnissen durch Kündigung oder Auflösungsvertrag) und § 630 S 4 BGB (Verweisung für die Pflicht zur Zeugniserteilung auf § 109 GewO). 3

Um, wie er meint, den Missbrauch von Werkvertragsgestaltungen zu verhindern, hat der Gesetzgeber bei der Reform der Arbeitnehmerüberlassung mit Inkrafttreten am 1.4.2017 in einem neuen § 611a BGB erstmals eine Regelung über den „Arbeitsvertrag" getroffen. Unter Rückgriff auf die Rechtsprechung des Bundesarbeitsgerichts bestimmt Abs 1 S 1: „Durch den Arbeitsvertrag wird der Arbeitnehmer im Dienste eines anderen zur Leistung weisungsgebundener, fremdbestimmter Arbeit in persönlicher Abhängigkeit verpflichtet." Doch ansonsten blieb der Titel über den Dienstvertrag unverändert. 4

2. Rechtshistorische Entwicklung

Die Verselbstständigung eines Vertragstyps des Dienstvertrags im BGB bildet den Abschluss einer Rechtsentwicklung. Das römische Recht hatte den Gebrauch einer Arbeitskraft dem Gebrauch einer Sache gleichgestellt und ihm einheitlich dem Kontrakt der *locatio conductio* zugeordnet.[1] Dieser Konsensualkontrakt umfasste als Vertrag auf entgeltliche Gebrauchsüberlassung sowohl Miete und Pacht wie auch Dienst- und Werkvertrag. Begrifflich unterschied man im gemeinen Recht von der Sachmiete, der *locatio conductio rei*, die *locatio conductio operis* (Werkvertrag) und die *locatio conductio operarum* (Dienstvertrag). Modell war die als Sachmiete konstruierte Sklavenmiete. 5

---

[1] Vgl ZIMMERMANN, The Law of Obligations (1996) 338 ff.

6 Von den großen Gesetzbüchern brach zuerst das preußische Allgemeine Landrecht mit der Unterstellung unter den Gattungsbegriff der Miete, indem es Dienst- und Werkverträge unter der Kategorie der Verträge über Handlungen regelte (ALR I 1 1 §§ 869 ff, 894 ff, 925 ff). Das österreichische Allgemeine Bürgerliche Gesetzbuch erfasst sie in dem Hauptstück „Von Verträgen über Dienstleistungen" (§§ 1151 ff ABGB). Trotz der Verselbstständigung spiegelt die systematische Einordnung die Herkunft wider, und auch § 611 Abs 1 BGB erhielt seine Fassung in Anlehnung an den Mietvertrag „im Hinblicke auf die nahe Verwandtschaft beider Verträge".[2] Noch im Ersten Entwurf waren Dienstvertrag und Werkvertrag in einem Titel behandelt (E I §§ 559 ff). Grundlage waren die Vorschriften über „Dienstverdingung, Werkverdingung und Mäklervertrag" nach den Bestimmungen des Dresdener Entwurfs.[3] Trotz der Zusammenfassung in einem Titel war aber die Regelung über den Dienstvertrag bereits verselbstständigt. Den Unterschied erblickte man darin, dass bei dem Dienstvertrag für die Arbeit als solche, bei dem Werkvertrag für das Arbeitsprodukt die Vergütung versprochen wird.[4]

7 Der Ursprung aus der römisch-rechtlichen locatio conductio hatte den Dienstvertrag auf solche Dienste beschränkt, die nach römisch-rechtlichem Verständnis üblicherweise von Unfreien geleistet wurden *(operae illiberales)*. Dienste höherer Art, wie die Erteilung von wissenschaftlichem Unterricht und die Dienstleistungen der Ärzte und Advokaten, bildeten nicht den Gegenstand der Dienstmiete; denn ursprünglich galt es als unanständig, dass man sich für die eines freien Mannes würdige Tätigkeit entlohnen ließ. Sozial gehobene Stände stellten ihre Dienste nicht gegen Entgelt zur Verfügung; sie erhielten den zugesagten Lohn nicht als eine vertragsmäßige Gegenleistung, sondern als *honorarium*. Operae liberales bildeten deshalb den Gegenstand des *mandatum*, das als Konsensualkontrakt durch das Merkmal der Unentgeltlichkeit geprägt war. Trotz der Bedenken, welche Anwälte und Ärzte gegen die Anwendung der Vorschriften über den Dienst- oder Werkvertrag geltend gemacht hatten,[5] hat das BGB die Unterscheidung aufgegeben. § 611 Abs 2 BGB bestimmt ausdrücklich: „Gegenstand des Dienstvertrags können Dienste jeder Art sein." Damit wurde der Dienstvertrag zu einem sämtliche Dienstleistungen umfassenden Vertragstyp. Lediglich in § 627 BGB ist noch eine Sondervorschrift erhalten, die sich auf Dienste höherer Art bezieht.

3. Abgrenzung vom Werkvertrag

8 Der Dienstvertrag ist ein Vertrag, durch den jemand Dienste gegen Entgelt zusagt (§ 611 Abs 1 BGB). Wegen der unterschiedlichen Risikogestaltung bildet neben ihm der Werkvertrag den anderen Haupttyp des Vertrags auf Arbeit. Gemeinsames Element des Dienst- und des Werkvertrags ist die Verpflichtung zu einer Tätigkeit gegen Entgelt. Dadurch unterscheiden sie sich von den Sachleistungsverträgen, deren Hauptzweck in der Verschaffung eines Vermögensgegenstandes besteht, wie Kauf, Tausch und Schenkung sowie Miete, Pacht, Leihe und Darlehen.

9 Dienstvertrag und Werkvertrag lassen sich von den besonders geregelten Verträgen auf Arbeit, wie dem Auftrag (§ 662 BGB), dem Behandlungsvertrag (§ 630a BGB) und

---

[2] Mot II 455.
[3] Vgl JAKOBS/SCHUBERT, Die Beratung des Bürgerlichen Gesetzbuchs in systematischer Zusammenstellung der unveröffentlichten Quellen: Recht der Schuldverhältnisse, Bd II (1980) 553 ff.
[4] Mot II 471.
[5] Vgl Prot II 277.

P. Dienstvertrag

dem Verwahrungsvertrag (§ 688 BGB), dadurch einfach und zweifelsfrei abgrenzen, dass es sich beim Auftrag begrifflich um eine unentgeltliche Arbeitsleistung, bei den anderen Verträgen um eine Arbeit ganz bestimmter Gestaltung und Art handelt. Außerhalb des BGB sind spezialgesetzlich geregelt die Transportverträge, zB der Frachtvertrag (§§ 425 ff HGB), sowie der Handelsvertretervertrag (§§ 84 ff HGB), der Kommissionsvertrag (§§ 383 ff HGB) und der Speditionsvertrag (§§ 407 ff HGB). Bei diesen Verträgen stellt sich aber stets, soweit eine gesetzliche Sonderregelung fehlt, die Frage, ob zur Lückenschließung das Recht des Dienstvertrags oder des Werkvertrags Anwendung findet.

Durch den Dienstvertrag wird „derjenige, welcher Dienste zusagt, zur Leistung der **10** versprochenen Dienste" (§ 611 Abs 1 BGB), durch den Werkvertrag dagegen „der Unternehmer zur Herstellung des versprochenen Werkes" (§ 631 Abs 1 BGB) verpflichtet, wobei Gegenstand des Werkvertrages „sowohl die Herstellung oder Veränderung einer Sache als ein anderer durch Arbeit oder Dienstleistung herbeizuführender Erfolg" sein kann (§ 631 Abs 2 BGB). Der Unterschied besteht also darin, ob „eine Dienstleistung als solche oder als Arbeitsergebnis deren Erfolg geschuldet wird".[6] Die in diesem Zusammenhang herangezogene Umschreibung, beim Dienstvertrag werde ein Wirken, beim Werkvertrag ein Werk geschuldet, ermöglicht keine Abgrenzung im Zweifelsfall. Das gilt insbesondere, wenn es um die Erbringung von Dienstleistungen geht, die nicht in der Herstellung oder Veränderung einer Sache bestehen. Für sie besteht in der Rechtsprechung die Tendenz, auch bei selbständiger Tätigkeit der Annahme eines Dienstvertrags den Vorzug zu geben, wenn es sich um Dienst höherer Art handelt. So wird der Vertrag zur Prozessvertretung durch einen Rechtsanwalt als Dienstvertrag angesehen,[7] während der Architektenvertrag, selbst wenn er nicht die Bauplanung, sondern nur die Bauführung (örtliche Bauaufsicht) betrifft, ein Werkvertrag sein soll.[8] Die Verlagerung in das Dienstvertragsrecht hat, wie bereits ausgeführt, rechtshistorische Gründe. Auf ihr beruht auch die Gesetzgebung, wenn sie den Behandlungsvertrag als dem Dienstvertrag ähnlichen Vertrag in §§ 630a bis 630h BGB regelt und in § 630b BGB anordnet, dass auf das Behandlungsverhältnis die Vorschriften über das Dienstverhältnis, das kein Arbeitsverhältnis i S des § 622 BGB ist, anzuwenden sind, soweit nicht in dem Untertitel über den Behandlungsvertrag etwas anderes bestimmt ist.

Der für den Werkvertrag maßgebliche Erfolg ist der nach dem Leistungsversprechen **11** in der Arbeit liegende Erfolg, nicht der Erfolg des Arbeitserfolgs.[9] Auf der Verkennung dieses Unterschiedes beruht es, wenn der medizinische Behandlungsvertrag nur deshalb dem Dienstvertrag zugeordnet wird, weil der Arzt nicht den Heilerfolg seiner Bemühungen schuldet. Der für die Abgrenzung zwischen Dienst- und Werkvertrag wesentliche Unterschied liegt in der Gefahrtragungsregelung für das Entgelt.[10] Die Gesetzesmaterialien sind insoweit eindeutig: „Bei dem Dienstvertrage wird für die Arbeit als solche, bei dem Werkvertrage für das Arbeitsprodukt die Vergütung versprochen."[11] Beim Werkvertrag trägt deshalb der Unternehmer die Gefahr bis zur

---

[6] BGHZ 151, 330, 332.
[7] Vgl BGH NJW 1965, 106; 1967, 719 (720); 1987, 315, 316; HIRTE, Berufshaftung (1996) 12.
[8] BGHZ 82, 100, 105 f; vgl auch HIRTE, Berufshaftung (1996) 120.
[9] So bereits LOTMAR, Der Arbeitsvertrag nach dem Privatrecht des Deutschen Reiches, Bd II (1908) 432 f.
[10] So zutreffend bereits RÜMELIN, Dienstvertrag und Werkvertrag (1905) 21.
[11] Mot II 471.

Abnahme des Werkes (§ 644 Abs 1 S 1 BGB); ist nach der Beschaffenheit des Werkes die Abnahme ausgeschlossen, so trifft ihn das Risiko jedenfalls bis zur Vollendung des Werkes (§ 646 BGB).

12 Kein Abgrenzungskriterium ist die Entgeltgestaltung. Für die Annahme eines Dienstvertrags ist es zwar ein Indiz, wenn das Arbeitsentgelt nach der Zeit der Tätigkeit bemessen wird, und entsprechend spricht es für einen Werkvertrag, wenn die Vergütung, ohne auf die Dauer der Arbeit Bezug zu nehmen, für das Arbeitsergebnis gezahlt wird. Es ist aber durchaus möglich, dass bei einem Dienstvertrag die Vergütung nicht zeitbezogen, sondern leistungsbezogen gestaltet ist, während bei einem Werkvertrag die Vergütung nach der Zeit der Arbeit bemessen wird. Der Anspruch auf die Vergütung besteht aber bei einem Werkvertrag nur im Fall des erreichten Erfolgs, während es gerade darauf beim Dienstvertrag nicht ankommt, auch wenn die Vergütung nach dem Arbeitsergebnis bemessen wird. Der Unterschied wird deutlich, sobald trotz der aufgewandten Arbeit der mit ihr bezweckte Arbeitserfolg nicht eintritt: Beim Werkvertrag besteht im Prinzip kein Anspruch auf das Entgelt; beim Dienstvertrag ist er dagegen gegeben, weil lediglich die Arbeitsleistung geschuldet wird.

13 Die Alternativität der Entgeltrisikozuweisung hat ihren materiellen Geltungsgrund in der Verschiedenheit des Leistungsversprechens. Den Vertragstyp des Dienstvertrages prägt, dass der Schuldner seine Dienste demjenigen, dem er sie versprochen hat, für eine Zeit zur Disposition stellt. Seine Verpflichtung wird dadurch geprägt, dass er eine *zeitbestimmte Leistung* erbringt.[12] Die Grenze zum Werkvertrag wird überschritten, wenn der Zweck, der mit der Arbeitsleistung verfolgt wird, zum Inhalt des Leistungsversprechens gehört. Die Erbringung einer Dienstleistung bildet daher den Gegenstand eines Werkvertrags, wenn sie nicht durch die zeitliche Dauer ihrer Erbringung, sondern durch andere Kriterien spezifiziert wird.

II. Dienstvertrag als Eckpfeiler des Arbeitsrechts

1. Unvollständigkeit der BGB-Regelung

14 Das BGB blieb nach den Worten OTTO vGIERKES „von dem Versuch einer Kodifikation des modernen Arbeitsvertragsrechts weit entfernt".[13] Dieser Mangel war bei seinem Erlass keineswegs verborgen. Der Reichstag sprach nach Verabschiedung des BGB in einer Resolution vom 11.12.1896 die Erwartung aus, „dass die Verträge, durch welche jemand sich verpflichtet, einen Theil seiner geistigen oder körperlichen Arbeitskraft für die häusliche Gemeinschaft, ein wirthschaftliches oder gewerbliches Unternehmen eines anderen gegen einen vereinbarten Lohn zu verwenden, für das Deutsche Reich baldthunlichst einheitlich geregelt werden".[14] Die Forderung nach einer einheitlichen Regelung richtete sich primär gegen die Zersplitterung des für Arbeiter und vor allem für Angestellte geltenden Rechts, das nach den verschiedenen Berufsgruppen, zB für Handlungsgehilfen im Handelsgesetzbuch und für gewerbliche Arbei-

---

[12] So zutreffend bereits NIKISCH, Die Grundformen des Arbeitsvertrags und der Anstellungsvertrag (1926) 14 ff.
[13] vGIERKE, Deutsches Privatrecht, Bd II: Schuldrecht (1917) 600.
[14] Vgl den Antrag der XII. Kommission, abgedruckt in: Stenographische Berichte über die Verhandlungen des Reichstages, 9. Legislaturperiode IV. Session 1895/97, Dritter Anlageband, S 2119; verabschiedet in der Sitzung des Reichstages am 11.12.1896, Stenographische Berichte über die Verhandlung des Reichstages, 9. Legislaturperiode IV. Session 1895/96, Erster Band S 3846, siehe auch dort S 3823.

ter und Angestellte verschieden in der Gewerbeordnung, geregelt war. In der Bemühung um Vereinheitlichung versprach die Weimarer Reichsverfassung in Art 157 Abs 2: „Das Reich schafft ein einheitliches Arbeitsrecht." Erfolg hatten die Kodifikationsbemühungen aber nicht – damals nicht und auch nicht in der Bundesrepublik Deutschland.

WILLY BRANDT hatte bei der Bildung der sozialliberalen Koalition im Regierungsprogramm vom 28.10.1969 versprochen, zur Verwirklichung des verfassungsrechtlichen Auftrags eines sozialen Rechtsstaats das „unübersichtlich gewordene Arbeitsrecht in einem *Arbeitsgesetzbuch* zusammen[zu]fassen".[15] Der von einer Sachverständigenkommission erarbeitete, im September 1977 publizierte „Entwurf eines Arbeitsgesetzbuches – Allgemeines Arbeitsvertragsrecht" wurde aber schon nicht mehr in das Gesetzgebungsverfahren eingebracht. Im Einigungsvertrag vom 31.8.1990 wurde dem gesamtdeutschen Gesetzgeber die Aufgabe zugewiesen, das Arbeitsvertragsrecht möglichst bald einheitlich neu zu kodifizieren (Art 30 Abs 1 Nr 1); aber auch dieser Auftrag blieb unerfüllt.

Der im BGB geregelte Dienstvertrag bildet daher nach wie vor den Eckpfeiler des Arbeitsverhältnisses. Durch die Zugehörigkeit der Bundesrepublik Deutschland zur Europäischen Union erlangt deren Recht zunehmend Bedeutung für das Arbeitsrecht. Es garantiert die Freizügigkeit der Arbeitnehmer innerhalb der Union. Im Mittelpunkt der Unionsgesetzgebung steht neben der Charta der Grundrechte der Europäischen Union vom 12.12.2007 nicht der Erlass unmittelbar geltenden Rechts, sondern eine Angleichung der verschiedenen Arbeitsrechtsordnungen durch Richtlinien. Doch gibt es auch Unionsrecht, das unmittelbare Rechtswirkungen für den einzelnen Marktbürger entfaltet. Steht es zu innerstaatlichem Gesetzesrecht in Widerspruch, so hat es Anwendungsvorrang. Zu ihm gehört insbesondere das Gebot gleichen Entgelts für Männer und Frauen bei gleicher oder gleichwertiger Arbeit (Art 157 AEUV, bis zum Inkrafttreten des Vertrags von Lissabon am 1.12.2009 Art 141 EGV).

2. Dienstvertrag als Element der Arbeitnehmereigenschaft

Soweit Bestimmungen des BGB den Begriff des Arbeitnehmers verwenden, findet ihre Regelung nur auf einen abhängigen Dienstvertrag Anwendung, der in Abgrenzung vom freien Dienstvertrag als Arbeitsvertrag bezeichnet wird. § 611a BGB enthält für ihn eine besondere Bestimmung, so dass der Arbeitsvertrag in der BGB-Systematik als Unterfall des Dienstvertrags in Erscheinung tritt. Nach der Legaldefinition in Abs 1 S 1 wird durch ihn der Arbeitnehmer im Dienste eines anderen zur Leistung weisungsgebundener, fremdbestimmter Arbeit in persönlicher Abhängigkeit verpflichtet. Gemäß dem folgenden Satz 2 kann das Weisungsrecht Inhalt, Durchführung, Zeit und Ort der Tätigkeit betreffen. Satz 3 enthält eine Definition: „Weisungsgebunden ist, wer nicht im Wesentlichen frei seine Tätigkeit gestalten und seine Arbeitszeit bestimmen kann." Es folgt in Satz 4: „Der Grad der persönlichen Abhängigkeit hängt dabei auch von der Eigenart der jeweiligen Tätigkeit ab." Schließlich ist gemäß Satz 5 für die Feststellung, ob ein Arbeitsvertrag vorliegt, eine Gesamtwürdigung aller Umstände vorzunehmen. Satz 6 belehrt: „Zeigt die tatsächliche Durchführung des Vertragsver-

---

[15] Abgedruckt in: RdA 1969, 353, 354 – Hervorhebung in der Regierungserklärung.

hältnisses, dass es sich um ein Arbeitsverhältnis handelt, kommt es auf die Bezeichnung im Vertrag nicht an."

18 Hilfreich ist diese Regelung nicht, die Bausteine aus der Rechtsprechung des Bundesarbeitsgerichts zur Bestimmung der Arbeitnehmereigenschaft zusammenträgt. § 622 Abs 1 BGB enthält den Arbeitnehmerbegriff in einem Klammerzusatz als Oberbegriff für Arbeiter und Angestellte; aber es fehlt eine Legaldefinition, wer Arbeiter und wer Angestellter ist, so dass im Gesetzestext letztlich offenbleibt, wie die Merkmale der Arbeitnehmereigenschaft zu bestimmen sind. Die Gesetzgebung im Arbeitsrecht trifft nicht mehr eine für Arbeiter und Angestellte verschiedene Regelung.

19 Die Notwendigkeit, zu einer vom Beruf unabhängigen Begriffsbestimmung zu gelangen, stellte sich, als in den achtziger Jahren des 19. Jahrhunderts die gesetzliche Sozialversicherung geschaffen wurde. Da eine Versicherungspflicht bei selbständiger Erwerbstätigkeit ausschied, griff man auf das Merkmal der Abhängigkeit zurück, wobei sich bald die Erkenntnis durchsetzte, dass eine wirtschaftliche Abhängigkeit weder erforderlich noch ausreichend ist.[16] So griff man auf das Merkmal der persönlichen Abhängigkeit zurück, wobei auch heute noch Beachtung verdient, dass die Notwendigkeit der Abgrenzung nur für die Fälle entschieden wurde, in denen jemand auf Grund eines Dienstvertrags tätig war.[17] Wer Arbeit auf Grund eines Werkvertrags leistete, kam von vornherein nicht als Arbeitnehmer in Betracht.

20 Dieser Linie folgt das Bundesarbeitsgericht in seiner Rechtsprechung bis auf den heutigen Tag. Seine Begriffsbestimmung ist an der Definition von ALFRED HUECK orientiert, die er bereits in der ersten Auflage seines mit NIPPERDEY verfassten Lehrbuchs 1927 verwendet: „Arbeitnehmer sind die auf Grund privatrechtlichen Vertrags im Dienst eines anderen zur Arbeit verpflichteten Personen".[18] Nach dieser Begriffsbestimmung muss ein Dienstvertrag vorliegen, wobei als weiteres Merkmal das Kriterium hinzutritt, dass die Arbeit im Dienst eines anderen geleistet wird. Der Meinungsstreit um den Arbeitnehmerbegriff bezieht sich vor allem auf dieses Merkmal, das man durch den Begriff der persönlichen Abhängigkeit definiert. Dadurch ist in den Hintergrund getreten, dass für die Rechtsprechung lange Zeit bis in die 1960er Jahre auch noch die Abgrenzung vom Werkvertrag herangezogen wurde, um die Arbeitnehmereigenschaft zu bestimmen. Ein Werkunternehmer ist, wie das Bundesarbeitsgericht noch in seinem Urteil vom 23.4.1980 angenommen hat, niemals Arbeitnehmer, sondern kann lediglich zum Kreis der arbeitnehmerähnlichen Personen gehören.[19]

3. Dienstvertrag als Kriterium der Abhängigkeit

21 Nach der Rechtsprechung ist Kriterium der Arbeitnehmereigenschaft die Erbringung fremdbestimmter Arbeit.[20] Fremdbestimmt ist eine Arbeit, wenn für ihre Leistung eine Weisungsabhängigkeit besteht. Wie die Fälle gezeigt haben, dass ein Chefarzt Arbeit-

---

[16] Vgl HROMADKA, Arbeitnehmerbegriff und Arbeitsrecht, NZA 1997, 569 ff.
[17] Vgl RICHARDI, Das Individualarbeitsrecht als Teil der Zivilrechtsordnung, in: Festgabe 50 Jahre Bundesgerichtshof (2000) Bd II, 29, 38 f.
[18] HUECK/NIPPERDEY, Lehrbuch des Arbeitsrechts, Bd I (1927) 33, mit der Ergänzung: „oder eines ihm gleichgestellten Rechtsverhältnisses" in der 6. Aufl 1959, S 34, 7. Aufl 1963, S 34 f.
[19] BAG AP Nr 34 zu § 611 BGB Abhängigkeit.
[20] BAG AP Nr 26 zu § 611 BGB Abhängigkeit; siehe auch die Vielzahl der BAG-Entscheidungen in der AP zu § 611 BGB Abhängigkeit.

nehmer sein kann,[21] ist aber eine fachliche Weisungsgebundenheit weder ausreichend noch erforderlich, um eine Arbeitnehmereigenschaft anzuerkennen. Daher hat das Bundesarbeitsgericht schon in den ersten Entscheidungen zum Arbeitnehmerbegriff vor allem darauf abgestellt, ob eine Weisungsgebundenheit nach Ort und Zeit der Arbeitsleistung vorliegt.[22] Vorbild bot die Unterscheidung zwischen Handelsvertretern und Handlungsgehilfen in § 84 Abs 1 S 2 HGB. Diese Vorschrift ist durch das Gesetz zur Änderung des Handelsgesetzbuchs (Recht der Handelsvertreter) vom 6.8.1953 eingefügt worden, um den selbständigen Handelsvertreter von dem als Handlungsgehilfen angestellten Arbeitnehmer abzugrenzen. Nach der Legaldefinition in § 84 Abs 1 S 2 HGB ist selbständig, „wer im Wesentlichen frei seine Tätigkeit gestalten und seine Arbeitszeit bestimmen kann". Nach Ansicht des Bundesarbeitsgerichts können diese Kriterien über den unmittelbaren Anwendungsbereich hinaus „auch auf andere Mitarbeiter in vergleichbarer Lage angewendet werden".[23]

Fragt man, wonach sich richtet, ob jemand in diesem Sinn als Arbeitnehmer oder als **22** Selbständiger tätig wird, so kann die Antwort nur lauten, dass dafür die Vertragsgestaltung maßgebend ist. Wer für das Erreichen seiner unternehmerischen Ziele die Tätigkeit anderer „einplant", wird daher nicht notwendigerweise deren Arbeitgeber. Ob und inwieweit die anderen wirtschaftlich darauf angewiesen sind, den Auftrag zu erhalten, spielt keine Rolle, und zwar auch dann nicht, wenn ihr Vertragspartner der einzige Auftraggeber bleibt. Die Beurteilung kann sich nicht dadurch ändern, dass ihr Auftraggeber wirtschaftlich Erfolg hat und sie deshalb so „verplant" sind, dass sie nur noch für ihn tätig werden können. Die Arbeitnehmereigenschaft kommt erst in Betracht, wenn jemand mit seiner Arbeitskraft seinem Vertragspartner zur Verfügung steht, also nicht mehr selbst organisatorisch die Erbringung der Dienstleitung gewährleistet. Wer auf Grund eines Werkvertrags tätig wird, ist kein Arbeitnehmer; denn wer ein Werk, also den Erfolg der Arbeit schuldet, arbeitet „selbständig und nicht in persönlicher Abhängigkeit vom Besteller".[24] Das gilt auch, wenn er dessen Weisungen unterliegt.[25]

Daraus folgt: Die für das Arbeitsverhältnis maßgebliche Vertragsform ist der Arbeits- **23** vertrag als Unterfall des Dienstvertrags. Bei ihm ist die zugesagte Arbeitsleistung keine im Voraus bestimmte, abgegrenzte Einzelleistung, sondern eine nur der Art nach bestimmte Tätigkeit.[26] Wer in einem derartigen Vertragsverhältnis steht, ist im Allgemeinen für die Erbringung der Dienstleistung von deren Empfänger abhängig, also auf dessen Mitwirkungshandlung angewiesen. Daraus folgt die Arbeitnehmereigenschaft. Etwas anderes gilt nur, wenn besondere Umstände es ausschließen, dass arbeitsrechtliche Grundsätze auf das Vertragsverhältnis Anwendung finden, weil entweder wie beim Handelsvertreter die Selbständigkeit gewahrt bleibt und es daher ge-

---

[21] Vgl BAG AP Nr 2 zu § 611 BGB Beschäftigungspflicht; BAG AP Nr 24 und 26 zu § 611 BGB Ärzte, Gehaltsansprüche.
[22] BAG AP Nr 3 zu § 554 ZPO; BAG AP Nr 18 zu § 611 Urlaubsrecht; BAG AP Nr 24 zu § 611 BGB Ärzte, Gehaltsansprüche; BAG AP Nr 24 und 26 zu § 611 BGB Abhängigkeit.
[23] BAG AP Nr 26 zu § 611 BGB Abhängigkeit.
[24] ALFRED HUECK, in: HUECK/NIPPERDEY, Lehrbuch des Arbeitsrecht (7. Aufl) Bd I (1963) 135.

[25] Ebenso MASCHMANN, Arbeitsverträge und Verträge mit Selbständigen (2001) 317.
[26] Ebenso bereits NIKISCH, Die Grundformen des Arbeitsvertrags und der Anstellungsvertrag (1926) 85 ff; JACOBI, Grundlehren des Arbeitsrechts (1927) 45 ff; so schon SCHMOLLER, Die Natur des Arbeitsvertrages und der Kontraktbruch (1874), abgedruckt in: SCHMOLLER, Zur Social- und Gewerbepolitik der Gegenwart (1890) 64, 65.

rechtfertigt ist, dass ihn das Unternehmerrisiko trifft, oder jemand bei einer Kapitalgesellschaft oder Genossenschaft als Mitglied des gesetzlichen Vertretungsorgans in einem Anstellungsverhältnis zur juristischen Person steht und damit eine unternehmerische Funktion wahrnimmt. Doch zeigen gerade diese Fälle, dass die Nichtanwendung von Arbeitsrecht immer dort zum Problem wird, wo eine Dauerrechtsbeziehung besteht. Die Ständigkeit der Betrauung, für einen anderen Unternehmer Geschäfte zu vermitteln oder in dessen Namen abzuschließen (§ 84 Abs 1 S 1 HGB), begründet für die Handelsvertreter eine Sonderstellung unter den Unternehmern; sie hat dazu geführt, dass im Handelsvertreterrecht ein besonderer, zwingend gestalteter Sozialschutz eingeräumt wird (§§ 84–92c HGB).

24 Das „Dienstverhältnis, das kein Arbeitsverhältnis im Sinne des § 622 BGB ist", wie es §§ 621, 627 BGB voraussetzen, hat deshalb Seltenheitswert. Die Arbeitnehmereigenschaft wird nicht personenrechtlich, sondern sie wird vertragsrechtlich bestimmt. Die für sie maßgebliche Vertragsform ist der Dienstvertrag, der im Gegensatz zum Werkvertrag für die Leistung der versprochenen Dienste eine Mitwirkungshandlung des Dienstberechtigten verlangt. Darauf beruht § 615, der dem Dienstberechtigten die Gefahr bei Erbringung der Dienstleistung zuweist.

4. Dienstvertrag als Vertragstyp außerhalb des Arbeitsrechts

25 Die Abgrenzung vom Arbeitsverhältnis hat zur Folge, dass der Dienstvertrag als Vertragstyp auch bei selbständiger Tätigkeit in Erscheinung tritt. Bei ihr handelt es sich um Verträge mit Dienstleistungscharakter, die auf der Grenzlinie zum Werkvertrag liegen. Zu ihnen gehören der medizinische Behandlungsvertrag und der mit einem Rechtsanwalt geschlossene Geschäftsbesorgungsvertrag.[27] Auch soweit die Verpflichtung des Schuldners dadurch geprägt wird, dass er eine zeitbestimmte Leistung erbringt, ist für die Beurteilung wesentlich, dass er der Herr der Arbeitsorganisation ist, die zur Erbringung der Dienstleistung notwendig ist. Das Entgeltrisiko trägt deshalb hier nicht wie sonst im Dienstvertragsrecht der Empfänger der Dienstleistung, sondern bei ärztlicher Versorgung der Arzt bzw der Krankenhausträger und beim Anwaltsvertrag der Rechtsanwalt. Soweit es um die Berufshaftung geht, ist es sachlich nicht gerechtfertigt, ihrer Struktur das Modell des Dienstvertragsrechts zugrunde zu legen; sie ist prinzipiell nicht anders gestaltet als die Haftung für auf der Grundlage eines Werkvertrags erbrachte Unternehmertätigkeit.[28]

III. Abschluss des Dienstvertrags

1. Besonderheit der Arbeit als Leistungsgegenstand

26 Für den Abschluss des Dienstvertrags besteht kein gesetzlicher Formzwang. Der Vertrag kann mündlich und sogar ohne Worte durch konkludentes Verhalten zustande kommen. Macht der Dienstberechtigte wie im Regelfall das Vertragsangebot, so ergibt sich aus § 151 S 1 BGB, dass für die Annahme des Vertragsangebots die tatsächlich erfolgte Arbeitsaufnahme genügt.

27 Der Dienstvertrag ist, wie sich aus § 611 Abs 1 BGB ergibt, ein gegenseitiger Vertrag. Bei einem gegenseitigen Vertrag hängt die Wirksamkeit des Leistungsversprechens

---

[27] Siehe auch hier Rn 10.   [28] Vgl HIRTE, Berufshaftung (1996) 313 ff.

von der Gültigkeit des Gegenversprechens ab. Der gegenseitige Vertrag ist daher nur geschlossen, wenn beide Leistungen wirksam versprochen sind, also insbesondere auch für die Zusage des Entgelts ein rechtsgeschäftliches Leistungsversprechen vorliegt. Für die Verträge auf Arbeit, den Dienstvertrag und den Werkvertrag, gilt jedoch, wie sich aus §§ 612 Abs 1, 632 Abs 1 BGB ergibt, die Besonderheit, dass der Tatbestand eines rechtsgeschäftlichen Leistungsversprechens nur für die Verpflichtung zur Erbringung der Dienstleistung vorliegen muss. Für die Pflicht zur Gewährung der Vergütung kann dagegen die Willenserklärung, durch die eine Zusage erfolgt, fehlen; denn insoweit greift eine Auslegungsregel ein, die für den Dienstvertrag § 612 Abs 1 BGB enthält: „Eine Vergütung gilt als stillschweigend vereinbart, wenn die Dienstleistung den Umständen nach nur gegen eine Vergütung zu erwarten ist."

28 Die Bestimmung wird fehlerhaft auch dann herangezogen, wenn ohne Rücksicht auf das Bestehen einer Verpflichtung zur Dienstleistung für die erbrachten Dienste eine Vergütung erwartet worden ist, diese Erwartung aber fehlschlug.[29] Der Gesetzgeber habe mit § 612 Abs 1 BGB „ein bereicherungsrechtliches Element in das Recht des Dienstvertrages eingeführt, das dann zu einem gerechten Ausgleich zugunsten des Dienstverpflichteten führen soll, wenn für das an diesen zu zahlende Entgelt eine sonstige Rechtsgrundlage fehlt".[30] Diese Begründung berücksichtigt jedoch nicht, dass die Bestimmung nur Anwendung findet, wenn die Erbringung der Dienstleistung rechtsgeschäftlich zugesagt ist. Fehlt es daran, so findet § 612 Abs 1 BGB keine Anwendung.

2. Konstitutive Formvorschriften für den Abschluss eines Arbeitsvertrags

29 Wird durch den Dienstvertrag ein Arbeitsverhältnis begründet, so bedarf dessen Befristung zu ihrer Wirksamkeit der Schriftform (§ 14 Abs 4 TzBfG). Gleiches gilt, wenn der Arbeitsvertrag unter einer auflösenden Bedingung geschlossen wird (§ 21 TzBfG). Bei Nichtbeachtung der Schriftform gilt der Vertrag als auf unbestimmte Zeit geschlossen (§ 16 S 1 HS 1 TzBfG). Eine Schranke für die Geltendmachung, dass die Befristung oder Bedingung rechtsunwirksam ist, ergibt sich aus § 17 TzBfG: Der Arbeitnehmer muss innerhalb von drei Wochen nach dem vereinbarten Ende des Arbeitsvertrags Klage beim Arbeitsgericht auf Feststellung erheben, dass das Arbeitsverhältnis auf Grund der Befristung bzw auflösenden Bedingung nicht beendet ist.

30 Keine konstitutive Formvorschrift enthält das Nachweisgesetz vom 20.7.1995, durch das die sog Nachweis-Richtlinie der EG vom 14.10.1991 in nationales staatliches Recht umgesetzt wurde. Das Gesetz verpflichtet den Arbeitgeber, wenn dem Arbeitnehmer kein schriftlicher Arbeitsvertrag ausgehändigt worden ist, spätestens einen Monat nach dem vereinbarten Beginn des Arbeitsverhältnisses die wesentlichen Vertragsbedingungen schriftlich niederzulegen, die Niederschrift zu unterzeichnen und dem Arbeitnehmer auszuhändigen (vgl § 2 NachwG). Diese Pflicht besteht für ihn auch bei einer Änderung der wesentlichen Vertragsbedingungen (§ 3 NachwG). Welche Vertragsbedingungen in die Niederschrift mindestens aufzunehmen sind, ist detailliert festgelegt. Erfüllt der Arbeitgeber seine Nachweispflicht nicht, so haftet er dem Arbeitnehmer nach § 280 Abs 1 BGB auf Schadensersatz.[31]

---

[29] BGH AP Nr 3 zu § 196 BGB; BAG AP Nr 13, 15, 20, 22, 23, 24 und 27 zu § 612 BGB.
[30] BAG AP Nr 2 zu § 24 BAT aE.
[31] BAG AP Nr 6 zu § 2 NachwG.

3. Grenzen bei der Auswahl des Dienstverpflichteten

31 Da Vertragsfreiheit gilt, entscheiden die Vertragsteile nicht nur autonom, ob sie überhaupt eine vertragliche Bindung eingehen wollen (Abschlussfreiheit), sondern auch, mit wem sie den Vertrag abschließen (Auswahlfreiheit). Wird durch den Dienstvertrag jedoch ein Arbeitsverhältnis begründet, so bestehen insoweit erhebliche Ausnahmen. Grenzen ergeben sich nicht nur aus den Beschäftigungsverboten, sondern vor allem aus den Diskriminierungsverboten, wie sie insbesondere das Allgemeine Gleichbehandlungsgesetz vom 14. 8. 2006 enthält.

32 Für die Beschäftigung Minderjähriger gilt nicht nur die Regelung über die Geschäftsfähigkeit (§§ 106 ff BGB), sondern auch das Beschäftigungsverbot für Kinder nach § 5 Abs 1 JArbSchG. Kind iS dieses Gesetzes ist, wer noch nicht 15 Jahre alt ist (§ 2 Abs 1 JArbSchG). Selbst wenn wegen der Geschäftsfähigkeit keine Bedenken gegen die Rechtswirksamkeit eines Arbeitsvertrags bestehen, ist dieser gemäß § 134 nichtig, wenn die Dienstleistung von jemandem erbracht werden soll, der noch nicht das gesetzlich vorgesehene Mindestalter für eine Beschäftigung erreicht hat.

33 Grenzen der Auswahlfreiheit ergeben sich mittelbar auch aus den Schranken der Informationsbeschaffung. Ein Fragerecht wird nur insoweit anerkannt, als der Arbeitgeber ein berechtigtes, billigenswertes und schutzwürdiges Interesse an der Beantwortung seiner Frage für das Arbeitsverhältnis hat.[32] So ist zB die Frage nach der Schwangerschaft selbst dann unzulässig, wenn die vorgesehene Tätigkeit wegen eines mutterschutzrechtlichen Beschäftigungsverbots zunächst nicht aufgenommen werden kann.[33] § 3 Abs 1 S 2 AGG bestimmt nunmehr ausdrücklich, dass eine unmittelbare Benachteiligung wegen des Geschlechts „auch im Falle einer ungünstigeren Behandlung einer Frau wegen Schwangerschaft" vorliegt. Als Verordnung, die unmittelbar in den Mitgliedstaaten der Europäischen Union gilt und am 25. 5. 2018 in Kraft tritt, erging auf europarechtlicher Grundlage die Datenschutz-Grundverordnung, die für den Beschäftigtendatenschutz eine Sonderregelung in Art 88 enthält.

34 Für die Rechtswirksamkeit eines Dienstvertrags ist es unerheblich, welchem Staat die Vertragsparteien angehören. Eine Schranke besteht nur, wenn durch den Dienstvertrag ein Arbeitsverhältnis begründet wird; denn für Ausländer gilt als Prinzip, dass ihnen eine Aufenthaltserlaubnis zur Ausübung einer Beschäftigung erteilt sein muss (§ 18 AufenthG). Ein Verstoß hat aber nicht zur Folge, dass der Arbeitsvertrag nichtig ist; es wird lediglich ein Beschäftigungsverbot begründet.[34] Außerdem ist nach Art 45 Abs 1 AEUV innerhalb der Europäischen Union die Freizügigkeit der Arbeitnehmer gewährleistet. Sie umfasst die Abschaffung jeder auf der Staatsangehörigkeit beruhenden unterschiedlichen Behandlung der Arbeitnehmer der Mitgliedstaaten in Bezug auf Beschäftigung, Entlohnung und sonstige Arbeitsbedingungen (Art 45 Abs 2 AEUV). Staatsangehörige eines Mitgliedstaats der Europäischen Union, denen nach deren Rechtsvorschriften Freizügigkeit zu gewähren ist, können unter den gleichen Voraussetzung wie Deutsche ein Arbeitsverhältnis eingehen.

---

[32] Vgl vor allem BAG AP Nr 26 zu § 123 BGB.
[33] BAG AP Nr 21 zu § 611a BGB unter Aufgabe von BAG AP Nr 36 zu § 123 BGB.
[34] Vgl BAG AP Nr 4 zu § 19 AFG.

P. Dienstvertrag

4. Rechtslage bei fehlerhafter Vertragsgrundlage

Für Dienstverträge gelten die gleichen Nichtigkeitsgründe wie sonst für Rechtsgeschäfte. Die Rechtswirksamkeit kann an fehlender oder beschränkter Geschäftsfähigkeit (§§ 104 ff BGB) oder fehlender Vertretungsmacht (§ 177 BGB) scheitern. Nichtigkeitsgründe sind auch hier Scheingeschäft (§ 117 BGB), Scherz (§ 118 BGB) sowie Verstoß gegen ein gesetzliches Verbot (§ 134 BGB) und Sittenwidrigkeit (§ 138 BGB). Wie bei jedem Vertrag kann auch beim Dienstvertrag die Willenserklärung wegen Irrtums (§ 119 BGB), Falschübermittlung (§ 120 BGB), rechtswidriger Drohung oder arglistiger Täuschung (§ 123 BGB) angefochten werden.

Da bei rechtsgrundlos erbrachten Dienstleistungen der Inhalt des Bereicherungsanspruchs schwierig zu bestimmen ist, insbesondere wegen der für den Regelfall geltenden Vorleistungspflicht des Dienstverpflichteten, dessen Interessenlage keine angemessene Berücksichtigung erfährt, hat durch Rechtsfortbildung das Prinzip Anerkennung gefunden, dass die Nichtigkeitsfolgen nicht rückwirkend geltend gemacht werden können, wenn das fehlerhaft begründete Arbeitsverhältnis durch die Aufnahme der Arbeit bereits in Funktion gesetzt wurde. Die Anfechtung wirkt daher in diesem Fall entgegen § 142 Abs 1 BGB nur für die Zukunft. Wenn jedoch Anfechtungsgrund eine arglistige Täuschung oder rechtswidrige Drohung ist, verdient das Vertrauen des Arbeitnehmers keinen Schutz.[35]

IV. Bestimmungsgründe für den Inhalt des Dienstverhältnisses

1. Gesetz und Rechtsgeschäft als Bestimmungsgründe

Für den Dienstvertrag gilt wie sonst bei einem rechtsgeschäftlich begründeten Schuldverhältnis, dass soweit nicht zwingende Regeln des Gesetzes Platz greifen, der Inhalt der Rechtsbeziehungen durch den Vertrag festgelegt wird. Die dispositiven (nachgiebigen) Gesetzesvorschriften sind nur maßgebend, wenn nicht die Vertragsparteien eine andere Regelung getroffen haben. Ergänzend greifen die Grundsätze ein, die zur Konkretisierung der §§ 157, 242 BGB entwickelt wurden; insoweit kann insbesondere auch die Verkehrssitte ein Bestimmungsgrund für den Vertragsinhalt sein.

Wird durch den Vertrag ein Arbeitsverhältnis begründet, so sind Gesetze, die dem Schutz des Arbeitnehmers dienen, zumeist zwingend. Das gilt auch für Bestimmungen im BGB wie § 613a BGB (Betriebsübergang) und § 622 BGB (Kündigungsfristen). Aus dem Normzweck ergibt sich aber, dass eine abweichende Regelung zugunsten des Arbeitnehmers im Allgemeinen zulässig ist. Für zwingendes Gesetzesrecht besteht deshalb als Auslegungsregel das Günstigkeitsprinzip. Bei einer Vielzahl zwingender Gesetzesbestimmungen wird aber eine Abweichung durch Tarifvertrag nicht nur zugunsten, sondern auch zu Lasten der Arbeitnehmer gestattet, so in § 622 Abs 4 S 1 BGB (tarifdispositives Gesetzesrecht). Der Gesetzgeber berücksichtigt durch den Vorrang des Tarifvertrags, dass die Tarifautonomie darauf angelegt ist, „die strukturelle Unterlegenheit der einzelnen Arbeitnehmer beim Abschluss von Arbeitsverträgen

---

[35] Vgl BAG AP Nr 49 zu § 123 BGB bei einem zuletzt wegen Arbeitsunfähigkeit außer Vollzug gesetzten Arbeitsverhältnis (Aufgabe von BAG AP Nr 32 zu § 63 HGB).

durch kollektives Handeln auszugleichen und damit ein annähernd gleichgewichtiges Aushandeln der Löhne und Arbeitsbedingungen zu ermöglichen".[36]

2. Gestaltungsformen kollektiver Arbeitnehmerbeteiligung

39 Für die Erbringung von Dienstleistungen durch Arbeitnehmer und Selbständige besteht eine völlig verschiedene Marktordnung. Soweit die Dienstleistung auf Grund eines Arbeitsverhältnisses erbracht wird, ist die Koalitionsfreiheit durch Art 9 Abs 3 GG als Grundrecht verfassungsrechtlich gewährleistet. Sie garantiert den Zusammenschluss zur Wahrung und Förderung der Arbeits- und Wirtschaftsbedingungen. Verfassungsrechtlich geschützt ist deshalb der Abschluss von Tarifverträgen, durch die Rechtsnormen für den Inhalt des Arbeitsverhältnisses aufgestellt werden. Sie gelten unmittelbar und zwingend zwischen den beiderseits tarifgebundenen Arbeitsvertragsparteien (§ 4 Abs 1 TVG). Abweichende Abmachungen sind nur zulässig, soweit sie durch den Tarifvertrag gestattet sind oder eine Änderung der Regelung zugunsten des Arbeitnehmers enthalten (§ 4 Abs 3 TVG). Voraussetzung für die Tarifgeltung ist, dass sowohl der Arbeitgeber als auch der Arbeitnehmer tarifgebunden ist, der Arbeitgeber also entweder selbst Partei des Tarifvertrags ist oder dem tarifschließenden Arbeitgeberverband angehört, und der Arbeitnehmer Mitglied der Gewerkschaft ist, die den Tarifvertrag abgeschlossen hat (§ 3 Abs 1 TVG). Möglich ist eine Erstreckung auf nichttarifgebundene Arbeitsvertragsparteien durch staatliche Allgemeinverbindlicherklärung (§ 5 TVG) oder im Geltungsbereich des Arbeitnehmer-Entsendegesetzes durch Rechtsverordnung (§§ 7, 7a AEntG). Aber auch wenn wie in der Mehrzahl der Arbeitsverhältnisse diese Voraussetzungen nicht vorliegen, finden Tarifverträge Anwendung, weil auf sie regelmäßig im Arbeitsvertrag Bezug genommen wird. Die Rechtsnormen des Tarifvertrags gelten in diesem Fall zwar nicht normativ; sie sind aber als Bestandteil des Arbeitsvertrags verbindlich.

40 Neben dem Tarifvertragssystem enthält eine andere Form kollektiver Beteiligung zur Interessenwahrnehmung die durch Gesetz geschaffene Betriebsverfassung, die für den Bereich des öffentlichen Dienstes durch das Personalvertretungsrecht geregelt ist. Die Mitbestimmungsregelung beruht hier auf Beteiligungsbefugnissen, die von Gesetzes wegen einem durch Wahl demokratisch legitimierten Repräsentanten der Beschäftigten, des Betriebsrats bzw der Personalvertretung, eingeräumt sind. Außerdem dient der Interessenvertretung die Beteiligung der Arbeitnehmervertreter in der Unternehmensorganisation bestimmter Kapitalgesellschaften und Genossenschaften. Einschlägig sind neben dem Montan-Mitbestimmungsgesetz und dem Montan-Mitbestimmungsergänzungsgesetz das Mitbestimmungsgesetz und das Drittelbeteiligungsgesetz. Sonderregeln bestehen für den Bereich des Europäischen Unionsrechts. So gilt für eine nach dem EU-Recht gebildete Europäische (Aktien-)Gesellschaft das SE-Beteiligungsgesetz. Entsprechend gestaltet sind die Mitbestimmungsregeln für die Europäische Genossenschaft und bei Verschmelzung von Kapitalgesellschaften aus verschiedenen Mitgliedstaaten. Die Mitbestimmungsgesetze beteiligen Arbeitnehmervertreter im Aufsichtsrat und geben ihnen damit Einfluss auf die Auswahl und Kontrolle der Unternehmensleitung. Rechtssystematisch sind sie daher dem Gesellschaftsrecht zuzuordnen.

---

[36] BVerfGE 84, 212, 229; bestätigt BVerfG vom 11.7.2017, NZA 2017, 915, 918 (Rn 146).

Besteht im Betrieb, dem der Arbeitnehmer angehört, ein Betriebsrat, so kommt für die **41** Regelung der Arbeitsentgelte und sonstigen Arbeitsbedingungen eine Betriebsvereinbarung in Betracht, die für den Inhalt der Arbeitsverhältnisse unmittelbar und zwingend gilt (§ 77 Abs 4 BetrVG). Obwohl im Gesetzestext nicht abgesichert, ist auch hier eine abweichende Vertragsabrede zugunsten des Arbeitnehmers zulässig.[37] Gegenstand einer Betriebsvereinbarung können Angelegenheiten sein, über die der Betriebsrat nach § 87 BetrVG mitzubestimmen hat (erzwingbare Betriebsvereinbarung); es können durch sie aber auch sonstige Arbeitsbedingungen geregelt werden, insbesondere die Gewährung zusätzlicher Entgeltleistungen (freiwillige Betriebsvereinbarung). Zur Sicherung des Initiativvorrangs der Tarifvertragsparteien bestimmt aber § 77 Abs 3 BetrVG, dass Arbeitsentgelte und sonstige Arbeitsbedingungen, die durch Tarifvertrag geregelt sind oder üblicherweise geregelt werden, nicht Gegenstand einer Betriebsvereinbarung sein können; etwas anderes gilt nur, soweit der Tarifvertrag den Abschluss ergänzender oder abweichender Betriebsvereinbarungen ausdrücklich zulässt (Tarifvorbehalt). Die Bestimmung findet aber keine Anwendung, wenn Gegenstand der Betriebsvereinbarung eine mitbestimmungspflichtige Angelegenheit ist.[38]

3. Einseitig gestellte Vertragsbedingungen

Bei Einbeziehung Allgemeiner Geschäftsbedingungen in den Vertrag gelten §§ 305 ff **42** BGB. Wird durch den Dienstvertrag aber ein Arbeitsverhältnis begründet, so finden diese Bestimmungen auf Tarifverträge sowie Betriebs- und Dienstvereinbarungen keine Anwendung (§ 310 Abs 4 S 1 BGB). Bei der Anwendung auf Arbeitsverträge sind die im Arbeitsrecht geltenden Besonderheiten angemessen zu berücksichtigen (§ 310 Abs 4 S 2 BGB). Wie die Grenzen zu ziehen sind, ist daher der Rechtsprechung überlassen.[39] Die Ausnahme von der Geltung der §§ 305 ff BGB für Tarifverträge gilt allerdings auch bei Fehlen der Tarifgebundenheit, wenn der Arbeitsvertrag auf einen für das Arbeitsverhältnis einschlägigen Tarifvertrag Bezug nimmt. Da die Legaldefinition der Allgemeinen Geschäftsbedingungen in § 305 Abs 1 S 1 BGB auch für Arbeitsverträge gilt, unterliegen dem Recht der Allgemeinen Geschäftsbedingungen „alle für eine Vielzahl von Verträgen vorformulierten Vertragsbedingungen", die der Arbeitgeber „der anderen Vertragspartei bei Abschluss eines Vertrags stellt", wobei gleichgültig ist, „ob die Bestimmungen einen äußerlich gesonderten Bestandteil des Vertrags bilden oder in der Vertragsurkunde selbst aufgenommen werden, welchen Umfang sie haben, in welcher Schriftart sie verfasst sind und welche Form der Vertrag hat" (§ 305 Abs 1 S 1 und 2 BGB). Nicht notwendig ist, dass der Arbeitgeber die Vertragsbedingungen einseitig vorformuliert hat, es genügt, dass sie für eine Vielzahl von Verträgen vorformuliert sind, also nicht, wie in § 305 Abs 1 S 3 BGB klargestellt wird, „zwischen den Vertragsparteien im Einzelnen ausgehandelt sind". Da der Arbeitnehmer im Verhältnis zum Arbeitgeber Verbraucher iS des § 13 BGB ist, findet § 310 Abs 3 BGB Anwendung.[40] Die vorformulierten Vertragsbedingungen gelten auch dann vom Arbeitgeber gestellt, wenn sie nur zur einmaligen Verwendung bestimmt sind.

---

[37] Grundlegend BAG (Großer Senat) AP Nr 17 zu § 77 BetrVG 1972.
[38] BAG AP Nr 21 zu § 77 BetrVG 1972; bestätigt BAG (Großer Senat) AP Nr 51 zu § 87 BetrVG 1972 Lohngestaltung.
[39] Vgl BAG AP Nr 3 zu § 309 BGB; RICHARDI, „Die im Arbeitsrecht geltenden Besonderheiten" als integraler Bestandteil der Zivilrechtsordnung, in: FS Picker (2010) 1095 ff.
[40] So jedenfalls BAG AP Nr 1 und 13 zu § 310 BGB.

4. Betriebliche Übung

43 Bestimmungsgrund für den Vertragsinhalt kann bei Arbeitsverhältnissen eine betriebliche Übung sein. Bei ihr geht es zunächst um den Sachverhalt, dass bestimmte Bräuche und Gewohnheiten wie nach §§ 157, 242 BGB für die Auslegung des Arbeitsvertrags und die Erbringung der Leistung eine Rolle spielen. Eine besondere Bedeutung hat das Problem aber vor allem für den Fall erlangt, dass der Arbeitgeber Leistungen gewährt, die nicht durch Gesetz, Tarifvertrag, Betriebsvereinbarung oder Einzelarbeitsvertrag festgelegt sind. Ein zur festen Übung gewordener Brauch kann eine rechtliche Bindung des Arbeitgebers erzeugen.[41] So nimmt das Bundesarbeitsgericht an, dass eine Bindung eintritt, wenn ein Arbeitgeber eine freiwillige Jahresleistung vorbehaltlos in drei aufeinanderfolgenden Jahren erbracht hat.[42] Die rechtsdogmatische Begründung ist bestritten. Die Rechtsprechung beschränkt sich im Allgemeinen auf die Feststellung, dass der Tatbestand einer stillschweigenden Vereinbarung vorliege (Vertragstheorie).[43] Nach einer im Schrifttum vertretenen Auffassung handelt es sich um einen außervertraglichen Vertrauenstatbestand, dessen Berücksichtigung hier eine Rechtsbindung für die Zukunft begründet (Vertrauenshaftungstheorie).[44] Die Bindungswirkung greift nicht ein, wenn der Arbeitgeber bei Erbringung der Leistung klargestellt hat, dass Ansprüche für die Zukunft aus der Gewährung nicht hergeleitet werden können (Freiwilligkeitsvorbehalt). Die Festlegung einer Schriftform genügt dagegen nicht, da die Vertragsparteien sie jederzeit formlos aufheben können.[45]

5. Pflicht zur Gleichbehandlung

a) Abgrenzung von Gleichbehandlungsgeboten zur Begrenzung der Vertragsfreiheit

44 Das Dienstvertragsverhältnis eines Arbeitnehmers kennzeichnet, dass er die Dienstleistung im Regelfall in Zusammenarbeit mit anderen Arbeitnehmern erbringt. Der Arbeitgeber ist deshalb zur Gleichbehandlung im Rahmen des Vertrags verpflichtet, darf also Arbeitnehmer, die sich in einer vergleichbaren Lage befinden, nicht aus sachfremden Gründen unterschiedlich behandeln.

45 Diese Pflicht zur Gleichbehandlung darf nicht mit Gleichbehandlungsgeboten verwechselt werden, die der Vertragsfreiheit eine Grenze ziehen.[46] Im letzteren Fall handelt es sich um Benachteiligungsverbote, wie sie vor allem das Allgemeine Gleichbehandlungsgesetz vom 14.8.2006 enthält. Dieses Gesetz kodifiziert, obwohl es sich im Schwerpunkt auf Beschäftigte bezieht, trotz seines Namens nicht die mit der Gleichbehandlung verbundene Grundsatzproblematik. Es beschränkt sich auf eine Umsetzung Europäischer Antidiskriminierungsrichtlinien, insbesondere der EG-Richtlinie 2000/78. Ziel des Gesetzes ist es, wie es in § 1 AGG heißt, „Benachteiligungen aus Gründen der Rasse oder wegen der ethnischen Herkunft, des Geschlechts, der Religion oder

---

[41] So bereits BAG AP Nr 2 zu § 242 BGB Betriebliche Übung; st Rspr, vgl BAG AP Nr 59 zu § 242 BGB Betriebliche Übung.
[42] So zu einer Weihnachtsgratifikation bereits BAG AP Nr 3 zu § 611 BGB Gratifikation.
[43] BAG AP Nr 5, 8, 9, 11, 22 und zuletzt Nr 59 zu § 242 BGB Betriebliche Übung.
[44] Begründet von SEITER, Die Betriebsübung (1967) 92 ff; ebenso CANARIS, Die Vertrauenshaftung im deutschen Privatrecht (1971) 254 ff; zu Recht ablehnend aber CHRISTIAN PICKER, Die betriebliche Übung (2011) 189 ff.
[45] Vgl BAG AP Nr 35 zu § 307 BGB.
[46] Vgl zur Wesensverschiedenheit RICHARDI, Janusköpfigkeit der Pflicht zur Gleichbehandlung im Arbeitsrecht, in: Zeitschrift für Arbeitsrecht 2008, 31 ff.

Weltanschauung, einer Behinderung, des Alters oder der sexuellen Identität zu verhindern oder zu beseitigen". Weitere Benachteiligungsverbote enthält § 4 TzBfG für Teilzeitbeschäftigte und befristet beschäftigte Arbeitnehmer. Unmittelbar in den Mitgliedstaaten der Europäischen Union gilt das Gebot der Entgeltgleichheit für Männer und Frauen nach Art 157 AEUV.

b) Geltungsgrund der Pflicht zur Gleichbehandlung

Bei der Pflicht zur Gleichbehandlung geht es nicht um die Geltung oder Nichtgeltung einer kollektiv- oder individualvertraglich vereinbarten Regelung, sondern um die Rechtsfolgengestaltung bei Fehlen einer Regelung. Sie bezieht sich auch nicht auf eine Störung der Vertragsparität, die durch eine Bindung an das Billigkeitsgebot, eine Angemessenheitskontrolle, kompensiert wird. Gleichbehandlungsgrundsatz und Angemessenheitskontrolle sind nicht nur rechtsdogmatisch streng voneinander zu unterscheiden, sondern sie sind auch rechtsethisch selbständige, klar voneinander getrennte Erscheinungsformen der Gerechtigkeit. Die Gleichbehandlung dient der Verwirklichung *austeilender Gerechtigkeit* (iustitia distributiva); die Angemessenheitskontrolle bezieht sich dagegen auf das Gleichgewicht von Leistung und Gegenleistung und dient damit der *ausgleichenden Gerechtigkeit* (iustitia commutativa). Die Gleichbehandlung hat notwendigerweise einen kollektiven Bezug; sie setzt ein Nebeneinander voraus. Ergibt ein Vergleich, dass die Fälle gleich liegen, so ist auch gleich zu entscheiden. Daraus folgt als rechtliches Gebot, dass vergleichbare Fälle nur dann ungleich zu behandeln sind, wenn die Differenzierung sachlich gerechtfertigt ist.

Der Unterschied in Funktion und materiellem Geltungsgrund macht den Gleichbehandlungsgrundsatz und das Billigkeitsgebot zu wesensverschiedenen Rechtsgrundsätzen. Hinzu kommt, dass die Rechtsbindung an das Billigkeitsgebot einen völlig verschiedenen Inhalt haben kann. Soweit für sie Rechtsgrundlage §§ 315, 317 BGB sind, handelt es sich bloß um eine Auslegungsregel (vgl § 319 BGB). Es geht um eine *Vertragsergänzung*. Mit dem Begriff der Billigkeitskontrolle hat das BAG aber auch eine gerichtliche Kompetenz zur *Korrektur des Vertragsinhalts* nach Billigkeitsgründen begründet.[47] Gesetzesgrundlage seit dem Schuldrechtsmodernisierungsgesetz 2001 sind für vorformulierte Vertragsbedingungen §§ 305 ff BGB, die auch für Arbeitsverträge gelten (§ 310 Abs 4 S 2 BGB); neben Klauselverboten (§§ 308, 309 BGB) gilt allgemein, dass Bestimmungen unwirksam sind, wenn sie den Arbeitnehmer entgegen den Geboten von Treu und Glauben unangemessen benachteiligen.

Fragt man nach dem Geltungsgrund der Gleichbehandlungspflicht, so kann man ihn nicht aus der Festlegung einer allgemeinen Schranke für den Privatrechtsverkehr ableiten. Eine Pflicht zur Gleichbehandlung von Schuldnern besteht im Allgemeinen nicht. Das gilt im Prinzip auch gegenüber Vertragsparteien, die eine Dienstleistung erbringen. Etwas anders gilt nur dort, wo der Leistungswettbewerb nicht seine Funktion erfüllen kann: Marktbeherrschende Unternehmen und Unternehmen, die Preisbindungen durchführen, dürfen ein anderes Unternehmen gegenüber gleichartigen Unternehmen ohne sachlich gerechtfertigten Grund weder unmittelbar noch mittelbar unterschiedlich behandeln (§ 20 Abs 1 GWB). Auch im Arbeitsverhältnis ist ein entscheidender Gesichtspunkt, dass die Norm, nach der verfahren wird, einseitig vom

---

[47] BAG 31.10.1969 AP Nr 1 zu § 242 BGB Ruhegehalt-Unterstützungskassen; 21.12.1970 und 22.12.1970 AP Nr 1 und 2 zu § 305 BGB Billigkeitskontrolle; BAG 4.7.1972 AP Nr 6 zu § 65 HGB.

Arbeitgeber aufgestellt wird. Der Gleichbehandlungsgrundsatz ist weiterhin ein Prinzip des Gesellschaftsrechts; er ist dort eine immanente Schranke der Mehrheitsherrschaft. Es besteht daher insoweit eine Parallelität.[48] Der besondere Tatbestand, der das Arbeitsverhältnis von anderen schuldrechtlichen Austauschverhältnissen unterscheidet, besteht darin, dass bei Herstellung einer Arbeitsorganisation durch den Arbeitgeber die Arbeitsverhältnisse nicht isoliert nebeneinander stehen, sondern einen Gemeinschaftsbezug haben, der in der Betriebsverfassung seine rechtliche Anerkennung findet. Er prägt daher auch das Arbeitsverhältnis in seinen individualrechtlichen Beziehungen im Gegensatz zu den Austauschverhältnissen, aber in Annäherung an den Gesellschaftsvertrag.

c) Gegenstand und Inhalt der Pflicht zur Gleichbehandlung

49 Der arbeitsrechtliche Gleichbehandlungsgrundsatz ist für die Gewährung zusätzlicher Entgeltleistungen entwickelt worden;[49] er hat seine Herrschaft aber auch auf die laufenden Entgelte erstreckt, die in einem Gegenseitigkeitsverhältnis zur Dienstleistung stehen.[50] Er greift ein, wenn der Arbeitgeber Leistungen gewährt oder zusagt, ohne dazu rechtlich verpflichtet zu sein, sei es auch nur auf Grund einer betrieblichen Übung. Der Gleichbehandlungsgrundsatz verbietet sowohl die sachfremde Schlechterstellung einzelner Arbeitnehmer in vergleichbarer Lage als auch eine sachfremde Gruppenbildung.[51] Er ist nicht Bestimmungsgrund für den Vertragsinhalt, bei einem kollektiven Bezug aber für den Inhalt der Rechtsbeziehungen. Eine Versorgungsanwartschaft kann deshalb auf einer Verletzung der Pflicht zur Gleichbehandlung beruhen (§ 1b Abs 1 S 4 BetrAVG).

50 Die Pflicht zur Gleichbehandlung verbietet dem Arbeitgeber, einzelne Arbeitnehmer oder Arbeitnehmergruppen von einer allgemeinen begünstigenden Regelung willkürlich, dh ohne Vorliegen eines sachlichen Grundes, auszunehmen. Sie beschränkt sich nicht auf den Vollzug der vom Arbeitgeber aufgestellten Regel, sondern es muss diese so abgegrenzt sein, dass die Unterscheidung nach dem Zweck der Leistung oder Zusage gerechtfertigt ist. Bereits aus der Schutzpflicht für die Geltung der Grundrechte ergeben sich Differenzierungsverbote, wie sie vor allem in Art 3 Abs 2 und 3 GG niedergelegt sind. Auch die in § 1 AGG genannten Benachteiligungsverbote konkretisieren die Pflicht zur Gleichbehandlung. Bei diesen Verboten kann man im Regelfall davon ausgehen, dass sie keine Differenzierung rechtfertigen. Sie haben dann den Charakter eines absoluten Differenzierungsverbots. Aber auch bei ihnen geht es letztlich darum, ob der Gegenstand der Gleichbehandlungspflicht eine Differenzierung rechtfertigt. So ist beispielsweise eine unterschiedliche Behandlung wegen der Religion bei der Beschäftigung durch eine Religionsgesellschaft oder einer ihr zugeordneten Einrichtung nach § 9 Abs 1 AGG zulässig, wenn die Religion unter Beachtung des Selbstverständnisses der Religionsgesellschaft „im Hinblick auf ihr Selbstbestimmungsrecht oder nach der Art der Tätigkeit eine gerechtfertigte berufliche Anforderung darstellt". Für die Erbringung von Entgeltleistungen kann dagegen die Religion keine verschiedene Behandlung sachlich rechtfertigen.

---

[48] Grundlegend G Hueck, Der Grundsatz der gleichmäßigen Behandlung im Privatrecht (1958).
[49] Vgl RAG ARS 33, 172 ff.
[50] Vgl BAG AP Nr 15, 36, 38, 40, 47, 76, 83 und 121 zu § 242 BGB Gleichbehandlung.
[51] BAG AP Nr 179 zu § 242 BGB Gleichbehandlung (unter 2a der Gründe).

P. Dienstvertrag

Von diesen Differenzierungsverboten sind die Differenzierungsverbote zu unterscheiden, die sich aus einer inadäquaten Relation von Grund und Folge ergeben. Man kann sie als relative Differenzierungsverbote bezeichnen, für die im Regelfall eine Festlegung im Gesetzesrecht fehlt. Eine Ausnahme besteht hier insoweit für das in § 1 AGG genannte Alter; denn nach § 10 S 1 AGG ist eine unterschiedliche Behandlung wegen des Alters zulässig, „wenn sie objektiv und angemessen und durch ein legitimes Ziel gerechtfertigt ist", wobei Satz 2 klarstellt, dass die Mittel zur Erreichung dieses Ziel angemessen und erforderlich sein müssen, und Satz 3 Beispiele für die Zulässigkeit einer unterschiedlichen Behandlung nennt. Sieht man von diesem Fall ab, so gilt allgemein, dass der Zweck, den der Arbeitgeber mit der Aufstellung einer Regel verfolgt, den Bemessungsmaßstab bildet, um zu entscheiden, ob eine Gruppenbildung sachlich gerechtfertigt ist. **51**

Für die Beurteilung bildet daher den Ausgangspunkt der Zweck, den der Arbeitgeber mit der Aufstellung der Regel verfolgt. Nach ihm richtet sich, ob ein verschiedener Bemessungsmaßstab sachlich gerechtfertigt ist. Nicht sachlich gerechtfertigt ist es daher, wenn ausgeschiedene Arbeitnehmer nicht in den Genuss einer allgemein gewährten Lohnerhöhung kommen, die rückwirkend für die Zeit gewährleistet wird, in der sie im Arbeitsverhältnis standen; denn Anknüpfungspunkt ist hier der Tatbestand der erbrachten Arbeitsleistung.[52] Bei Gewährung einer Gratifikation ist nicht gerechtfertigt, für Angestellte und Arbeiter einen verschiedenen Bemessungsmaßstab festzulegen.[53] Dagegen verstößt der Arbeitgeber nicht gegen den Gleichbehandlungsgrundsatz, wenn er bei einem von ihm geplanten Personalabbau Abfindungen nur den Arbeitnehmern verspricht, die sich bereitfinden, eine betriebsbedingte Kündigung hinzunehmen.[54] **52**

Der Gleichbehandlungsgrundsatz ersetzt nicht die rechtsgeschäftliche Zusage, die eine Aufstockung im Vermögen des Berechtigten begründet, sondern es geht um die Beseitigung einer Benachteiligung. Bei Verletzung der Gleichbehandlungspflicht hat deshalb der Arbeitnehmer nur einen Anspruch auf Gleichstellung für die Zukunft, wobei dem Arbeitgeber überlassen bleibt, wie er sie herbeiführt. Hat er Leistungen bereits erbracht, so hat ein willkürlich übergangener Arbeitnehmer Anspruch auf Schadensersatz. Nach dem Prinzip der Naturalrestitution (§ 249 S 1 BGB) kann er verlangen, dass der Arbeitgeber die Leistung auch ihm gewährt, wenn eine Gleichstellung rückwirkend nicht mehr herbeigeführt werden kann. **53**

V. Verpflichtung zur Leistung der versprochenen Dienste und Nebenpflichten des Dienstverpflichteten

1. Pflicht zur Leistung der versprochenen Dienste

Der Dienstverpflichtete ist zur „Leistung der versprochenen Dienste" verpflichtet (§ 611 Abs 1 BGB). Im Gegensatz zum Werkvertrag schuldet er also nicht einen durch Dienstleistung herbeizuführenden Erfolg. Der Inhalt seiner Leistungspflicht besteht nicht in der Erzielung eines bestimmten quantitativen oder qualitativen Arbeitsergeb- **54**

---

[52] BAG AP Nr 47 zu § 242 BGB Gleichbehandlung.
[53] BAG AP Nr 44 zu § 242 BGB Gleichbehandlung; vgl auch BAG AP Nr 66, 67 und 68 zu § 242 BGB Gleichbehandlung.
[54] BAG AP Nr 179 zu § 242 BGB Gleichbehandlung.

nisses, sondern der Dienstverpflichtete stellt seine Dienste demjenigen, dem er sie versprochen hat, für eine Zeit zur Disposition.

55 Wegen dieses Inhalts der rechtsgeschäftlichen Leistungspflicht ist der Dienstvertrag der Vertragstyp des Arbeitsverhältnisses. Da die Leistungspflicht nicht erfolgsbezogen bestimmt ist, hat der Dienstberechtigte für den Regelfall ein Weisungsrecht zur Konkretisierung der zu erbringenden Dienstleistung. Für das Arbeitsverhältnis bestimmt § 106 GewO, der auf alle Arbeitnehmer Anwendung findet (§ 6 Abs 2 GewO), dass der Arbeitgeber Inhalt, Ort und Zeit der Arbeitsleistung nach billigem Ermessen näher bestimmen kann, soweit diese Arbeitsbedingungen nicht durch den Arbeitsvertrag, Bestimmungen einer Betriebsvereinbarung, eines anwendbaren Tarifvertrags oder gesetzliche Vorschriften festgelegt sind. Nach § 613 S 1 BGB hat der zur Dienstleistung Verpflichtete die Dienste im Zweifel in Person zu leisten; gemäß § 613 S 2 BGB ist der Anspruch auf die Dienste im Zweifel nicht übertragbar.

56 Die versprochene Dienstleistung kann deshalb für den Regelfall nicht von der Person des Dienstverpflichteten getrennt werden; sie besteht nicht in einer von dessen Person abstrahierten „Normalleistung". Deshalb prägt den Inhalt der Leistungspflicht das individuelle Leistungsvermögen. Das Dienstvertragsrecht kennt aus diesem Grund keine Gewährleistungsansprüche wie das Kauf- und Werkvertragsrecht. Das ändert aber nichts daran, dass der Dienstverpflichtete im Rahmen seiner Leistungsfähigkeit bei der Erbringung der Dienstleistung die im Verkehr erforderliche Sorgfalt zu beachten hat, wie für die rechtsgeschäftliche Leistungspflicht sich mittelbar aus § 276 Abs 2 BGB ergibt.

57 Die Leistungspflicht erschöpft sich nicht darin, dass der Dienstverpflichtete seine Arbeitskraft dem Dienstberechtigten für eine bestimmte Zeit zur Verfügung stellt. Seine Leistungspflicht hat er vielmehr nur erfüllt, wenn er die Dienste auch erbringt.[55] Der Dienstberechtigte trägt aber, wie sich aus § 615 BGB ergibt, das Entgeltrisiko, wenn die Dienstleistung nicht erbracht werden kann, obwohl der Arbeitnehmer seine Arbeitskraft während der Arbeitszeit bereithält.[56]

2. Zeitliche Fixierung der Dienstleistungsschuld

58 Neben der Art der Dienste gehört die Zeit der Dienstleistung zum Inhalt der Leistungspflicht. Dabei hat man den zeitlichen Umfang der vertraglich geschuldeten Dienstleistung von deren Verteilung auf Tag und Stunde in der Woche oder im Monat zu unterscheiden. Durch den zeitlichen Umfang der Dienstleistung wird das Verhältnis von Leistung und Gegenleistung festgelegt; die Bestimmung der Leistungszeit durch Festlegung von Beginn und Ende der täglichen Arbeitszeit und der Pausen sowie die Verteilung der Arbeitszeit auf die einzelnen Wochen- oder Monatstage gibt der Dienstleistungsschuld ihre zeitliche Fixierung. Beide Elemente bestimmen den Inhalt der Dienstleistungspflicht. Durch die Bestimmung der Lage der Arbeitszeit wird sie zur absoluten Fixschuld. Auf dieser Konzeption beruht § 615 BGB, der davon ausgeht, dass die mangelnde Mitwirkung des Gläubigers zugleich die Möglichkeit der Leistungserbringung beseitigt, und auch dem § 616 BGB liegt die Vorstellung zugrunde,

---

[55] So auch Mot II 461.
[56] Vgl Picker, Arbeitsvertragliche Lohngefahr und dienstvertragliche Vergütungsgefahr, in: FS Kissel (1994) 813 ff.

dass bei einer persönlichen Verhinderung des Schuldners die Dienstleistung nicht nachgeholt werden kann.

Wird durch den Dienstvertrag ein Arbeitsverhältnis begründet, so besteht für Dauer und Lage der Arbeitszeit ein öffentlich-rechtlicher Arbeitszeitschutz, der vor allem durch das Arbeitszeitgesetz geregelt ist. Im Gegensatz zur Arbeitszeitmenge, die nicht zur Disposition des Arbeitgebers steht, sondern das rechtsgeschäftliche Leistungsversprechen des Arbeitnehmers prägt und deshalb ohne dessen Einverständnis nicht geändert werden kann, ist die Lage der Arbeitszeit am Tag und in der Woche im Allgemeinen nicht durch vertragliche Abrede festgelegt, sondern fällt unter das Weisungsrecht des Arbeitgebers. Der Betriebsrat hat dabei insoweit nach § 87 Abs 1 Nr 2 BetrVG mitzubestimmen, und auch im Personalvertretungsrecht ist im Allgemeinen ein entsprechendes Mitbestimmungsrecht für die Personalvertretung vorgesehen (vgl für den Bereich des Bundes § 75 Abs 3 Nr 2 BPersVG). Soweit es um die Arbeitszeitmenge geht, hat der Betriebsrat nur bei deren vorübergehender Verkürzung oder Verlängerung, also bei der Einführung von Mehrarbeit oder Kurzarbeit, mitzubestimmen (§ 87 Abs 1 Nr 3 BetrVG). 59

3. Nebenpflichten

Der Dienstverpflichtete hat die versprochenen Dienste so zu erbringen, wie Treu und Glauben mit Rücksicht auf die Verkehrssitte es erfordern (§ 242 BGB). Er schuldet zwar nicht einen durch die Dienstleistung herbeizuführenden Erfolg; er handelt aber treuwidrig, wenn er den mit der Dienstleistung vom Dienstberechtigten verfolgten Zweck vereitelt. 60

Daraus folgt, dass ein Arbeitnehmer seinem Arbeitgeber während des Arbeitsverhältnisses keinen Wettbewerb machen darf. Für Handlungsgehilfen hat das Wettbewerbsverbot in §§ 60, 61 HGB eine besondere Regelung erfahren, die wegen der staatlichen Schutzpflicht für das Grundrecht der Berufsfreiheit restriktiv zu interpretieren ist: § 60 Abs 1 HGB verbietet den Betrieb eines Handelsgewerbes nicht, wie der Gesetzestext nahelegt, schlechthin, sondern nur im Handelszweig des Arbeitgebers.[57] Ein Wettbewerbsverbot nach Beendigung des Arbeitsverhältnisses besteht nur bei entsprechender Vereinbarung in den Grenzen der §§ 74 ff HGB, die gemäß § 6 Abs 2 iVm § 110 GewO auf alle Arbeitsverhältnisse Anwendung finden. 61

Wegen der staatlichen Schutzpflicht für das Grundrecht der Berufsfreiheit kann durch Vertragsabrede nicht generell festgelegt werden, dass eine Nebenbeschäftigung verboten ist oder von der Genehmigung des Arbeitgebers abhängt.[58] Verboten ist sie nur, wenn durch sie die Erbringung der vertraglich geschuldeten Leistung beeinträchtigt wird. 62

Treu und Glauben gebieten es, dass der zur Dienstleistung verpflichtete Betriebs- und Geschäftsgeheimnisse seines Vertragspartners zu wahren hat. Wer als Angestellter oder Beauftragter eines geschäftlichen Betriebs im geschäftlichen Verkehr einen Vorteil für sich oder einen Dritten als Gegenleistung dafür fordert, sich versprechen lässt oder annimmt, dass er einen anderen bei dem Bezug von Waren oder gewerblichen 63

---

[57] Vgl BAG AP Nr 4 und 10 zu § 60 HGB.

[58] BAG AP Nr 60 und 68 zu § 626 BGB; BAG AP Nr 5 und 8 zu § 611 BGB Nebentätigkeit.

Leistungen im Wettbewerb in unlauterer Weise bevorzuge, handelt nicht nur pflichtwidrig, sondern macht sich nach § 299 Abs 1 StGB strafbar.

64 Da bei einem Arbeitsverhältnis der Arbeitnehmer verpflichtet ist, seine Arbeitsleistung im Zusammenwirken mit den im Betrieb beschäftigten Arbeitnehmern zu erbringen, hat er auch die Verhaltensregeln zur Sicherung des ungestörten Arbeitsablaufs und der Ordnung im Betrieb einzuhalten. Er ist verpflichtet, die Sicherheits- und Unfallverhütungsvorschriften zu befolgen. Wie ein Arbeitnehmer dagegen sein außerdienstliches Verhalten einrichtet, bleibt ihm überlassen; er darf aber durch sein Verhalten nicht die Glaubwürdigkeit der von ihm vertraglich zugesagten Arbeitsleistung für die Zielsetzung seines Arbeitgebers in Frage stellen. Insoweit handelt es sich aber nicht um eine Pflicht, der ein Anspruch des Arbeitgebers auf Durchsetzung aus dem Arbeitsverhältnis entspricht, sondern es geht um eine Loyalitätsobliegenheit, deren Nichtbeachtung zur Folge haben kann, dass der Arbeitgeber den Arbeitnehmer nicht mehr zu beschäftigen braucht, also insbesondere eine Kündigung rechtfertigen kann.

4. Nichtleistung und Schlechtleistung der Dienste

65 Unterbleibt die geschuldete Dienstleistung, so kann der Dienstberechtigte zwar auf ihre Erbringung klagen, sie aber bei einer Verurteilung nicht im Wege der Zwangsvollstreckung erzwingen (§ 888 Abs 3 ZPO). Im arbeitsgerichtlichen Verfahren ist aber mit der Verurteilung zur Arbeitsleistung auf Antrag des Arbeitgebers zugleich eine Entschädigung für den Fall festzusetzen, dass der Arbeitnehmer nicht innerhalb einer im Urteil festzusetzenden Frist seiner Arbeitsleistung nachkommt (§ 61 Abs 2 ArbGG). Es handelt sich insoweit nicht um eine Zwangsvollstreckungsmaßnahme, sondern um eine Schadensersatzleistung; auf eine Entschädigung kann daher nicht erkannt werden, wenn feststeht, dass dem Arbeitgeber kein Schaden entstehen kann.

66 Für die Haftung bei Nichtleistung und Schlechtleistung der versprochenen Dienste trifft das BGB in §§ 611 ff BGB keine besondere Regelung, wenn man von § 619a absieht, der eine im Regelungsinhalt missglückte Bestimmung über die Beweislast bei Haftung des Arbeitnehmers trifft. Bei Heranziehung der Bestimmungen des allgemeinen Schuldrechts muss aber die Besonderheit des rechtsgeschäftlichen Dienstleistungsversprechens beachtet werden, und eine Modifikation ergibt sich aus der richterrechtlich entwickelten Haftungserleichterung für Arbeitnehmer.

67 Wenn die rechtsgeschäftlich zugesagte Dienstleistung nicht, verspätet oder schlecht erbracht wird, tritt bei Erfüllung der Haftungsvoraussetzungen der Schadensersatz als Sekundärleistung an die Stelle der Primärleistung. Wird die Dienstleistung wie im Regelfall zu oder innerhalb einer fest bestimmten Zeit geschuldet, so wird sie, wenn der Dienstverpflichtete seine Arbeit dauernd oder vorübergehend nicht leistet, ganz oder teilweise unmöglich. Versäumt ein Arbeitnehmer also seine Arbeitszeit, so liegt darin eine von ihm zu vertretende teilweise Unmöglichkeit der Leistung, kein Schuldnerverzug.[59] Für seine Verantwortlichkeit gilt der allgemeine Haftungsmaßstab, wie er in § 276 BGB festgelegt ist. Stellt sich der Erbringung der Leistung ein Hindernis entgegen, so hat zu dessen Behebung auch ein Arbeitnehmer die im Verkehr

---

[59] Ebenso ZÖLLNER/LORITZ/HERGENRÖDER, Arbeitsrecht (7. Aufl 2015) § 21 Rn 3 f; bereits NIKISCH, Arbeitsrecht, Bd I (3. Aufl 1961) 275.

erforderliche Sorgfalt zu wahren, wobei durch § 275 Abs 3 BGB klargestellt ist, dass bei persönlicher Unzumutbarkeit ein Leistungsverweigerungsrecht besteht.

Von der Nichtleistung der Arbeit ist deren Schlechtleistung als Leistungsstörungstat- **68** bestand zu unterscheiden. Sie liegt vor, wenn der Dienstverpflichtete die Dienste zwar erbracht, sie aber mangelhaft geleistet hat. Die Art der Schlechtleistung kann sehr verschieden sein. Sie kann darin bestehen, dass die Arbeit schlecht ausgeführt wurde, das Arbeitsergebnis also nicht gelungen ist. Zu ihr zählt man aber auch die Fälle, in denen der Arbeitnehmer zu langsam arbeitet, und schließlich bezeichnet man als Schlechtleistung auch die Beschädigung der dem Dienstverpflichteten zur Verfügung gestellten Gerätschaften, Werkzeuge, Maschinen und Materialien. In Betracht kann schließlich auch kommen, dass einem Dritten ein Schaden zugefügt wird, der vom Dienstberechtigten zu ersetzen ist.

Rechtsdogmatisch muss man bei der Schlechtleistung unterscheiden, ob der Dienst- **69** berechtigte nicht die ihm rechtsgeschäftlich zugesagte Dienstleistung erhält oder ob er durch sie eine Minderung seiner gegenwärtigen Güterlage erfährt. Soweit es um die Nichteinhaltung der rechtsgeschäftlichen Zusage geht, hat man zu beachten, dass der Inhalt der Leistungspflicht nicht durch den Arbeitserfolg bestimmt wird; es besteht keine Gewährleistungshaftung. Entsprechend gibt es deshalb auch keinen Anspruch auf Entgeltminderung, sondern in Betracht kommt nur, wenn der Dienstverpflichtete bei der Erbringung der Arbeit nicht die im Verkehr erforderliche Sorgfalt wahrt, ein Anspruch auf Schadensersatz, also auf Ersatz des Zustandes, der bestehen würde, wenn der zum Ersatz verpflichtende Umstand nicht eingetreten wäre (§ 249 BGB). Daraus kann sich ergeben, dass die Dienste ordnungsgemäß nachzuleisten sind; es kann an die Stelle aber auch ein Geldersatz treten, wenn der Dienstberechtigte mit der Nachleistung einen Dritten beauftragt und deshalb ein entsprechend erhöhtes Entgelt gewähren muss.

5. Haftungserleichterung für Arbeitnehmer

Von der Verletzung der rechtsgeschäftlich übernommenen Pflicht, das Vermögen des **70** Gläubigers um die Erbringung der Dienstleistung aufzustocken, ist die Integritätsverletzung als Haftungstatbestand zu unterscheiden. Für sie spielt keine Rolle, ob sie durch eine Schlechtleistung eintritt oder ob Neben- und Schutzpflichten verletzt sind, die nicht rechtsgeschäftlich begründet sind, sondern sich bereits aus Kontakten iS des § 311 Abs 2 BGB ergeben. Anspruchsnorm für den Schadensersatz ist zwar auch insoweit § 280 Abs 1 BGB; die Schadensersatzpflicht bei einer Integritätsverletzung des Gläubigers beruht aber auf demselben Rechtsgrund wie die Deliktshaftung. Verletzt ist nicht die rechtsgeschäftlich übernommene Pflicht, das Vermögen des Gläubigers um die Erbringung der Dienstleistung aufzustocken, sondern es geht bei dem Integritätsschutz eines Gläubigers ausschließlich darum, dass eine bei der Vertragsanbahnung oder -durchführung herbeigeführte Verletzung seiner schon vorhandenen Güter und damit also eine Einbuße wiedergutzumachen ist.[60]

---

[60] Vgl zu dieser Unterscheidung Picker, Vertragliche und deliktische Schadenshaftung, JZ 1987, 1041, 1044.

71 Für Integritätsverletzungen hat die Rechtsprechung die Haftung eines Arbeitnehmers durch Rechtsfortbildung eingeschränkt, wobei der typische Ausgangsfall die Haftung für die Beschädigung eines Kraftwagens war, also der Fall einer sog gefahrengeneigten oder schadensgeneigten Arbeit.[61] Eine Gesetzesregelung ist bisher nicht erfolgt; auch das Schuldrechtsmodernisierungsgesetz 2001 hat daran nichts geändert. Die Haftungserleichterung ergibt sich insbesondere auch nicht aus dem neu gefassten § 276 Abs 1 S 1 BGB. Für Arbeitslose, die nach Hartz IV auf Grund eines Verwaltungsakts beschäftigt werden (sog Ein-Euro-Jobber), die also keine Arbeitnehmer sind, bestimmt der Gesetzgeber, dass sie für Schäden bei der Ausübung ihrer Tätigkeit nur wie Arbeitnehmer haften (§ 16d Abs 7 S 3 SGB II), obwohl er nicht geregelt hat, wie Arbeitnehmer haften.

72 Da die Durchsetzung von Rechtserkenntnissen in der Rechtsprechung von der Notwendigkeit einer abweichenden Fallbeurteilung abhängt, gelang es erst durch den Beschluss des Großen Senats des Bundesarbeitsgerichts vom 27.9.1994, die Beschränkung der Arbeitnehmerhaftung auf alle Arbeiten zu erstrecken, die durch den Betrieb veranlasst sind und auf Grund eines Arbeitsverhältnisses geleistet werden, auch wenn diese Arbeiten nicht gefahrengeneigt sind.[62] Geändert wurde nur die Voraussetzung der Haftungsbegrenzung, nicht aber deren Inhalt. Bei Vorsatz hat der Arbeitnehmer den vollen Schaden zu ersetzen, wenn er bezogen auf den Schadenserfolg vorsätzlich gehandelt hat.[63] Bei grober Fahrlässigkeit haftet der Arbeitnehmer regelmäßig auch in vollem Umfang. Der Gesichtspunkt der Äquivalenz von Arbeitsentgelt und Risiko führt hier aber zu einer Einschränkung der Haftung, wenn der zu ersetzende Schaden eine Größenordnung übersteigt, die den Arbeitnehmer in seiner wirtschaftlichen Existenz gefährdet.[64] Bei normaler Fahrlässigkeit reduziert sich die Haftung auf eine Beteiligung an den Schadensfolgen in entsprechender Anwendung des § 254 BGB,[65] und bei leichter Fahrlässigkeit (häufig auch als leichteste Fahrlässigkeit bezeichnet) entfällt die Arbeitnehmerhaftung, um sicherzustellen, dass wegen der objektiven Definition des Fahrlässigkeitsbegriffs in § 276 Abs 2 BGB nicht die Grenze zur Gefährdungshaftung überschritten wird. Da diese Haftungsbeschränkungen nicht gegenüber Dritten wirken, wird dem Arbeitnehmer zu seiner Entlastung in entsprechendem Umfang ein Rückgriffsanspruch gegen den Arbeitgeber in analoger Anwendung des § 670 BGB eingeräumt.

73 Für die Haftungsfreistellung hat jedoch die Gestaltung der gesetzlichen Unfallversicherung zur Folge, dass der Arbeitnehmer nach § 105 SGB VII – wie der Arbeitgeber nach § 104 SGB VII – einem Arbeitskollegen bei einem Arbeitsunfall für einen Personenschaden, also einen Schaden wegen Verletzung von Leben und Gesundheit, nur bei Vorsatz haftet, sofern der Arbeitsunfall nicht bei Teilnahme am allgemeinen Verkehr eingetreten ist. Der Haftungsausschluss umfasst auch den Anspruch auf das Schmerzensgeld, obwohl ein Schmerzensgeld nicht zu den Leistungen der gesetzlichen Unfallversicherung gehört.[66] Zweifelhaft ist aber, ob die Einbeziehung des Schmerzensgeldanspruchs in den Haftungsausschluss aufrechterhalten werden kann, nachdem

---

[61] BGHZ 16, 111, 116 ff; BAG AP Nr 4 zu §§ 898, 899 RVO; BAG AP Nr 8 zu § 611 BGB Haftung des Arbeitnehmers.
[62] BAG AP Nr 103 zu § 611 BGB Haftung des Arbeitnehmers.
[63] BAG AP Nr 2 zu § 611 BGB Mankohaftung.
[64] BAG AP Nr 97, zuletzt Nr 136, 137 und 143 zu § 611 BGB Haftung des Arbeitnehmers.
[65] Vgl BAG AP Nr 103 zu § 611 BGB Haftung des Arbeitnehmers; vor allem BGH AP Nr 102 zu § 611 BGB Haftung des Arbeitnehmers.
[66] BAG AP Nr 1 zu § 636 RVO; bestätigt durch BVerfGE 34, 118 ff.

das Zweite Schadensersatzänderungsgesetz vom 19.7.2002 durch § 253 Abs 2 BGB den Schmerzensgeldanspruch in das Recht der Leistungsstörungen einbezogen hat, wenn ein Personenschaden verursacht wird.

VI. Vergütungspflicht und Nebenpflichten des Dienstberechtigten

1. Vergütung für die Leistung der versprochenen Dienste

a) Vergütung als Gegenleistung des Dienstberechtigten

Der Dienstberechtigte ist zur „Gewährung der vereinbarten Vergütung" verpflichtet (§ 611 Abs 1 BGB, bei einem Arbeitsvertrag § 611a Abs 2 BGB). Bei ihr handelt es sich um die Gegenleistung für die bereits erbrachten oder noch zu erbringenden Dienste. Gemeint mit dem Begriff der Vergütung ist das Arbeitsentgelt, für das bei einem Arbeitsverhältnis auch die Bezeichnung als Lohn, Gehalt oder Honorar gebräuchlich ist. Die Vergütung steht zur Leistung der versprochenen Dienste in einem Gegenseitigkeitsverhältnis; es besteht hier aber die Besonderheit, dass nach § 612 Abs 1 BGB eine Vergütung als stillschweigend vereinbart gilt, wenn die Dienstleistung den Umständen nach nur gegen eine Vergütung zu erwarten ist.

Die Vergütung ist gemäß § 614 S 1 BGB nach der Leistung der Dienste zu entrichten. Ist die Vergütung nach Zeitabschnitten bemessen, so ist sie nach dem Ablauf der einzelnen Zeitabschnitte zu entrichten (§ 614 S 2 BGB). § 614 enthält eine Sonderregelung nicht nur gegenüber § 271 BGB, sondern auch gegenüber § 320 Abs 1 BGB. Die dadurch dem Dienstverpflichteten auferlegte Vorleistung ist zwar nicht rechtsdogmatisch, aber im ökonomischen Sinne eine Kreditierung oder Stundung der Vergütungsverpflichtung. Soll dies vermieden werden, so kann, sofern man § 614 BGB nicht abbedingt, die Gewährung einer Vorschusszahlung vereinbart werden, die kein Darlehen ist, da die Zahlung hier nicht obligandi animo, sondern solvendi animo geschieht.[67]

Da die Vergütung zur Leistung der versprochenen Dienste in einem Gegenseitigkeitsverhältnis steht, entfällt der Anspruch auf sie, wenn der Dienstverpflichtete nach § 275 Abs 1–3 BGB die Dienste nicht zu erbringen braucht. Von dieser für ein Schuldverhältnis geltenden Grundsatzregelung gibt es aber Ausnahmen nach § 615 BGB und § 616 BGB. Handelt es sich um ein Arbeitsverhältnis, so wird das Gegenseitigkeitsverhältnis darüber hinaus durch spezifisch arbeitsrechtliche Regelungen gelockert und aufgehoben, zB durch die Zahlung des Urlaubsentgelts bei Gewährung bezahlter Freizeit in Gestalt des Erholungsurlaubs oder die Lohnfortzahlung an Feiertagen oder bei einer Arbeitsunfähigkeit infolge Krankheit nach dem Entgeltfortzahlungsgesetz. Der Sache nach geht es in diesen Fällen darum, dass der Arbeitnehmer trotz Nichtleistung der Arbeit gegen den Arbeitgeber einen Vergütungsanspruch hat, der entweder in der Fortzahlung des Arbeitsentgelts besteht oder nach Faktoren bemessen wird, die sich nach der Gewährung der laufenden Bezüge bei Erbringung der Arbeitsleistung richten.

---

[67] So zutreffend schon LOTMAR, Der Arbeitsvertrag nach dem Privatrecht des Deutschen Reiches, Bd I (1902) 393 f.

77 Von diesen laufenden Entgelten sind Sondervergütungen zu unterscheiden, die der Arbeitgeber nach der Legaldefinition in § 4a EFG als Entgeltleistungen zusätzlich zum laufenden Arbeitsentgelt erbringt. Bei ihnen handelt es sich um Gratifikationen oder Leistungen der betrieblichen Altersversorgung. Sie stehen nicht in einem Gegenseitigkeitsverhältnis zur Dienstleistung, sind aber auch Gegenleistungen für die Arbeit aus dem Arbeitsverhältnis. Ihr Rechtsgrund ist keine Schenkung, sondern der Arbeitsvertrag.

b) Höhe der Vergütung

78 Die Höhe der Vergütung richtet sich primär nach der Vereinbarung im Dienstvertrag. Ist sie in ihm nicht bestimmt, so ist nach der Auslegungsregel des § 612 Abs 2 BGB „bei dem Bestehen einer Taxe die taxmäßige Vergütung, in Ermangelung einer Taxe die übliche Vergütung als vereinbart anzusehen". Taxen sind auf Bundes- oder Landesrecht beruhende, staatlich festgesetzte Vergütungssätze. Sie bestehen bei der Vergütung für Ärzte und Rechtsanwälte, wenn sie freiberuflich tätig werden.

79 Wird durch den Dienstvertrag ein Arbeitsverhältnis begründet, so kann sich die Höhe der Vergütung aus einem Tarifvertrag ergeben. Dessen Rechtsnormen gelten für das Arbeitsentgelt im Regelfall normativ nur bei beiderseitiger Tarifgebundenheit der Arbeitsvertragsparteien (§ 4 Abs 1 S 1 iVm § 3 Abs 1 und 3 TVG). Aber auch bei fehlender Tarifgeltung richtet sich die Vergütung nach dem einschlägigen Tarifvertrag, wenn der Arbeitsvertrag auf ihn Bezug nimmt. Die Auslegungsregel, nach der die übliche Vergütung als vereinbart anzusehen ist, greift deshalb nur ein, wenn der Arbeitsvertrag auf keinen Tarifvertrag Bezug nimmt oder wenn eine Vergütungsabrede fehlt, die Vergütung aber gemäß § 612 Abs 1 BGB als stillschweigend vereinbart gilt. Üblich ist die Vergütung, die am gleichen Ort in gleichen oder ähnlichen Gewerben oder Berufen für entsprechende Arbeit unter Berücksichtigung der Verhältnisse des Dienstleistenden bezahlt zu werden pflegt. Bei Arbeitnehmern kann deshalb die übliche Vergütung der Tariflohn sein. Das Fehlen der Tarifgebundenheit darf aber nicht dadurch ersetzt werden, dass man in ihm die übliche Vergütung sieht. Deshalb müssen stets besondere Anhaltspunkte gegeben sein, die es rechtfertigen, im Tariflohn die übliche Vergütung zu erblicken. Vor allem wenn der Arbeitgeber nicht tarifgebunden ist, kann nicht unterstellt werden, dass der übliche Lohn der Vergütung entspricht, wie sie für die gleiche Arbeit in einem Tarifvertrag vorgesehen ist, auch wenn das Arbeitsverhältnis unter seinen sachlichen Geltungsbereich fällt.[68]

c) Mindestlohn

80 Der Staat hat das Recht, Mindestarbeitsbedingungen festzusetzen, wenn die Tarifautonomie ihre Funktion nicht erfüllen kann, weil Arbeitgeber oder Arbeitnehmer nicht oder nur in völlig unzureichendem Umfang organisiert sind. Da die Ordnung des Arbeitslebens durch Tarifverträge in den letzten Jahren deutlich zurückgegangen ist, erging das Gesetz zur Stärkung der Tarifautonomie (Tarifautonomiestärkungsgesetz) vom 11.8.2014. Es enthält in Art 1 das Gesetz zur Regelung eines allgemeinen Mindestlohns (Mindestlohngesetz – MiLoG). Nach ihm hat jeder Arbeitnehmer Anspruch auf Zahlung eines Arbeitsentgelts mindestens in Höhe des Mindestlohns durch den Arbeitgeber (§ 1 Abs 1 MiLoG); die Höhe beträgt ab dem 1.1.2015 brutto 8,50 Euro, ab dem 1.1.2017 brutto 8,84 Euro je „Zeitstunde" (§ 1 Abs 2 S 1 MiLoG). Dadurch werden andere Vergütungsformen nicht ausgeschlossen, wenn gewährleistet ist, dass

---

[68] Vgl auch BAG AP Nr 55 zu § 612 BGB.

der nach § 3 MiLoG zwingend festgelegte Mindestlohn für die geleisteten Arbeitsstunden erreicht wird.

Der Mindestlohnanspruch ist ein „gesetzlicher Anspruch, der eigenständig neben den arbeits- oder tarifvertraglichen Entgeltanspruch tritt".[69] Durch ihn entsteht eine Anspruchskonkurrenz zu den rechtsgeschäftlich begründeten Entgeltansprüchen. Schief ist es aber, dass das Bundesarbeitsgericht zur Abgrenzung vom „arbeits- oder tarifvertraglichen Entgeltanspruch" spricht. Arbeitsvertrag und Tarifvertrag sind vielmehr verschiedene *Bestimmungsgründe* für den Inhalt des Entgeltanspruchs, der seine Rechtsgrundlage im Arbeitsvertrag hat. Gleichwohl ist beim gesetzlichen Mindestlohnanspruch die Beurteilung als Anspruchsgrundlage rechtsdogmatisch richtig, um die Verschiedenheit der Rechtsfolgen zutreffend einzuordnen. Der gesetzliche Mindestlohnanspruch ist zeitbezogen gestaltet. Daraus ergibt sich ein Spannungsverhältnis zu anders strukturierten Entlohnungssystemen.

Den gesetzlichen Mindestlohnanspruch, der tariffest ist, hat auch, wer einen rechtsgeschäftlich begründeten Entgeltanspruch hat. § 3 MiLoG sichert die Unabdingbarkeit des gesetzlichen Mindestlohnanspruchs, schließt aber Entgeltabreden, die mit ihm vereinbar, nicht aus. In Betracht kann daher kommen, dass sie gleichwohl sittenwidrig und deshalb nach § 138 BGB nichtig sind. Der gesetzliche Mindestlohnanspruch schließt diese Rechtsfolge nicht aus. Er ersetzt sie nicht, sondern es ist nach § 612 Abs 2 BGB die übliche Vergütung als vereinbart anzusehen. Der sich daraus ergebende Anspruch tritt neben den gesetzlichen Mindestlohnanspruch. Das gilt sogar für Arbeitsverhältnisse, bei denen eine Vergütungszusage fehlt, so dass nach § 612 Abs 1 BGB eine Vergütung als stillschweigend vereinbart gilt. Diese Vergütung kann höher als der gesetzliche Mindestlohn sein. Bei Erfüllung erlischt der gesetzliche Mindestlohnanspruch nach § 362 BGB, soweit ihre Vereinbarung, mag sie auch stillschweigend zustande gekommen sein, nicht nach § 3 MiLoG unwirksam ist.

Neben dem Mindestlohngesetz findet das Gesetz über zwingende Arbeitsbedingungen für grenzüberschreitend entsandte und für regelmäßig im Inland beschäftigte Arbeitnehmer und Arbeitnehmerinnen (Arbeitnehmer-Entsendegesetz – AEntG) vom 20.4.2009 Anwendung, das durch Art 6 Tarifautonomiestärkungsgesetz mit Änderungen in Kraft blieb. Es verdankt seine amtliche Bezeichnung seiner Herkunft; denn es hat das Arbeitnehmer-Entsendegesetz (AEntG) vom 26.2.1996 ersetzt, das zur Bekämpfung eines Sozialdumpings beim Einsatz ausländischer Arbeitnehmer durch ausländische Bauunternehmen auf Baustellen in Deutschland ergangen war. Das Gesetz bietet in der geltenden Fassung nach wie vor den Rechtsrahmen, um tarifvertragliche Mindestlöhne für alle Arbeitnehmer einer Branche verbindlich zu machen, unabhängig davon, ob der Arbeitgeber seinen Sitz im Inland oder Ausland hat. Den Tarifvertragsparteien wird die Möglichkeit eröffnet, die Erstreckung der von ihnen geschlossenen Tarifverträge auf alle Arbeitnehmer durch Allgemeinverbindlicherklärung oder Rechtsverordnung zu erreichen. Für den Pflegebereich enthält das Gesetz eine Sonderregelung in §§ 10–13 AEntG, weil in diesem Bereich häufig kirchliche Rechtsträger tätig sind, für die keine Tarifverträge geschlossen werden, sondern das Arbeitsrechtsregelungsverfahren des „Dritten Weges" Anwendung findet.

---

[69] So BAG NZA 2016, 1327 Rn 22, NZA 2017, 378 Rn 16 und NZA 2017, 1463 Rn 10.

d) Gestaltungsformen der Vergütung

84 Die Feststellung, was der Dienstverpflichtete im konkreten Fall für die Dienstleistung erhält, richtet sich nicht nur nach der Höhe der Vergütung, sondern auch nach der Entgeltfindungsmethode. Deren verbreiteste Form ist der Zeitlohn, bei dem die Vergütung nach der Dauer der Arbeitszeit bemessen wird, wobei unerheblich ist, welches Arbeitsergebnis der zur Dienstleistung Verpflichtete dabei erzielt. Vom Zeitlohn sind die leistungsbezogenen Entgelte zu unterscheiden, deren Richtleistung für die Bemessung der Vergütung nicht nach der Dauer der Arbeitszeit, sondern nach dem Arbeitsergebnis bestimmt wird. Dadurch wird aber nicht die Entgeltrisikoregelung geändert; im Unterschied zum Werkvertrag trägt nicht der Dienstverpflichtete, sondern der Dienstberechtigte die Vergütungsgefahr.

85 Anknüpfungspunkt für ein leistungsbezogenes Entgeltsystem kann die Menge oder Qualität der geleisteten Arbeit sein (arbeitsabhängige Leistungsentgelte). Möglich ist es aber auch, dass mit dem Entlohnungsgrundsatz ergebnisorientierte Ziele verfolgt werden oder die Gewährung des Entgelts sich sogar ausschließlich nach dem Erfolg richtet (erfolgsabhängige Leistungsentgelte). Zu den Leistungsentgelten im ersteren Sinn zählen der Akkord- und der Prämienlohn; Leistungsentgelte im letzteren Sinn sind die Provision und die als umsatzabhängiger Lohn gewährten Bedienungsgelder in Hotels und Gaststätten. Die Provision ist die für den Handelsvertreter typische Form des Entgelts (§§ 87 ff HGB). Sie kann aber auch für Arbeitnehmer vereinbart werden. Für Handlungsgehilfen gilt gemäß § 65 HGB, dass in diesem Fall § 87 Abs 1 und 3 sowie §§ 87a–87c HGB anzuwenden sind.

86 Von den leistungsbezogenen Entgelten sind schließlich die Vergütungen zu unterscheiden, die wie eine Umsatz- und Gewinnbeteiligung ausschließlich erfolgsbezogen ist. Maßstab der Vergütung ist hier nicht die Arbeitsleistung des Arbeitnehmers, sondern das Ergebnis des unternehmerischen Erfolgs.

87 Fragen der betrieblichen Lohngestaltung unterliegen der Mitbestimmung des Betriebsrats, soweit eine gesetzliche oder tarifliche Regelung nicht besteht (§ 87 Abs 1 Nr 10 BetrVG; ebenso im Personalvertretungsrecht zB nach § 75 Abs 3 Nr 4 BPersVG). Der Betriebsrat wird darüber hinaus nach § 87 Abs 1 Nr 11 BetrVG an der Festsetzung der Akkord- und Prämiensätze und vergleichbarer – also arbeitsabhängiger, nicht erfolgsabhängiger – leistungsbezogener Entgelte einschließlich der Geldfaktoren beteiligt, um die Leistungsgerechtigkeit der Entlohnung zu sichern. Eine Änderung der Entgeltgestaltung darf der Arbeitgeber Entgeltabreden nur zugrunde legen, wenn er das Mitbestimmungsrecht des Betriebsrats gewahrt hat.

e) Grundsatz des gleichen Entgelts als Schranke einer Vergütungsregelung

88 Europarechtlich gesichert ist gemäß Art 157 AEUV (bis zum Inkrafttreten des Vertrags von Lissabon am 1.12.2009 Art 141 EGV) der Grundsatz des gleichen Entgelts für Männer und Frauen bei gleicher oder gleichwertiger Arbeit. Das Verbot der Entgeltdiskriminierung ist unmittelbar geltendes Recht in den Mitgliedstaaten der Europäischen Union.[70] Es gilt nur bei einem Arbeitsverhältnis, also nicht schlechthin für jeden Dienstvertrag. § 612 Abs 3 BGB, der unter Erweiterung auf die in § 1 AGG

---

[70] So bereits EuGH NJW 1976, 2068 ff; weiterhin EuGH AP Nr 10, 20 und 21 zu Art 119 EWG-Vertrag.

genannten Diskriminierungsgründe durch § 2 Abs 1 Nr 2 iVm §§ 7, 8 Abs 2 AGG ersetzt wurde, hat das europarechtliche Verbot der Entgeltdiskriminierung innerstaatlich umgesetzt.

Demselben Zweck dient das Gesetz zur Förderung der Transparenz von Entgeltstrukturen (Entgelttransparenzgesetz – EntgTranspG) vom 30.6.2017, das am 6.7.2017 in Kraft trat. Materiell-rechtlich enthält es zum Grundsatz des gleichen Entgelts nichts Neues. Beschäftigte haben in Betrieben mit in der Regel mehr als 200 Beschäftigten einen individuellen Anspruch auf Auskunft über die Kriterien und das Verfahren zur Festlegung des Entgelts sowie Informationen über das Entgelt für eine vergleichbare Tätigkeit (§§ 10 ff EntgTranspG). Bei tarifgebundenen oder tarifanwendenden Arbeitgebern ist das Auskunftsverlangen an den Betriebsrat zu richten. Materiell-rechtlich ist aber auch in diesem Fall der Arbeitgeber Auskunftsschuldner. Unternehmen mit mehr als 500 Beschäftigten sind „aufgefordert", ein Prüfverfahren zur Entgeltgleichheit durchzuführen (§§ 17 ff EntgTranspG); eine Berichtspflicht besteht für sie aber nur, wenn sie gemäß §§ 264 ff und § 289 HGB lageberichtspflichtig sind (§§ 21 f EntgTranspG). 89

f) Sicherung der Vergütung

Sofern nichts anderes vereinbart ist, wird die Vergütung in Geld berechnet und ausgezahlt. Bei Arbeitsverhältnissen ist dies für den Regelfall sogar zwingend gesichert: Das Arbeitsentgelt ist in Euro zu berechnen und auszuzahlen; Sachbezüge als Teil des Arbeitsentgelts können nur vereinbart werden, wenn dies dem Interesse des Arbeitnehmers oder der Eigenart des Arbeitsverhältnisses entspricht (§ 6 Abs 2 iVm § 107 Abs 1 und Abs 2 S 1 GewO). 90

Während der Anspruch auf die Dienste im Zweifel nicht übertragbar ist (§ 613 S 2 BGB), besteht für den Anspruch auf die Vergütung keine derartige Auslegungsregel. Die Lohnforderung geht daher beim Tod des Dienstverpflichteten nach den allgemeinen erbrechtlichen Grundsätzen auf den Erben über. Aber auch durch Rechtsgeschäft unter Lebenden kann der Dienstverpflichtete über seinen Vergütungsanspruch verfügen, ihn auch ganz oder teilweise abtreten. Beim Arbeitsverhältnis verhindert jedoch die der Lohnsicherung dienende Beschränkung der Lohnpfändung (§§ 850 ff ZPO), dass der Arbeitnehmer durch Abtretung, Verpfändung oder Aufrechnung den Lohnanspruch verliert; denn nach § 400 BGB kann eine Forderung nicht abgetreten und daher gemäß § 1274 Abs 2 BGB nicht verpfändet sowie nach § 394 S 1 BGB gegen die Forderung nicht aufgerechnet werden, soweit sie der Pfändung nicht unterworfen ist. 91

g) Verjährung und Ausschlussfrist

Seit der Neugestaltung des Verjährungsrechts durch das Schuldrechtsmodernisierungsgesetz 2001 gilt für den Dienstvertrag und damit den Arbeitsvertrag keine Sonderregelung. Lediglich für das Betriebsrentenrecht enthält § 18a BetrAVG die Klarstellung, dass das Rentenstammrecht in dreißig Jahren verjährt, während Ansprüche auf regelmäßig wiederkehrende Leistungen der regelmäßigen Verjährungsfrist nach den Vorschriften des BGB unterliegen. 92

Die regelmäßige Verjährungsfrist beträgt drei Jahre (§ 195 BGB). Durch vertragliche Abrede kann sie, wenn man von der Haftung wegen Vorsatzes absieht, verkürzt werden (§ 202 Abs 1 BGB). Eine Erleichterung der Verjährung durch Allgemeine Geschäftsbedingungen im Vertrag darf aber den Dienstverpflichteten nicht entgegen den 93

Geboten von Treu und Glauben unangemessen benachteiligen (§ 307 Abs 1 S 1 BGB). Von einer Vertragsabrede über die Verkürzung der Verjährungsfrist werden tarifliche Rechte, also Ansprüche, die sich aus einer Tarifnorm mit unmittelbarer und zwingender Wirkung ergeben, nicht erfasst, und Gleiches gilt für Rechte aus einer Betriebsvereinbarung (§ 77 Abs 4 S 3 BetrVG). Für tarifliche Rechte können die gesetzlichen Verjährungsfristen nur in einem Tarifvertrag, für Ansprüche, die durch Betriebsvereinbarung eingeräumt sind, nur in einem Tarifvertrag oder einer Betriebsvereinbarung abgekürzt werden (analog § 4 Abs 4 S 3 TVG bzw unmittelbar § 77 Abs 4 S 3 BetrVG). Die Inhaltskontrolle nach § 307 findet auf Tarifverträge sowie Betriebs- und Dienstvereinbarungen allerdings keine Anwendung (§ 310 Abs 4 S 1 BGB).

94 Von der Verjährung ist der Ablauf einer Ausschlussfrist zu unterscheiden. Die Verjährung gibt nur ein Leistungsverweigerungsrecht, eine Einrede (§ 214 BGB). Die Festlegung einer Ausschlussfrist begründet dagegen eine Einwendung, die bei entsprechendem Sachvortrag von Amts wegen zu berücksichtigen ist. Während die Verjährung kraft Gesetzes eintritt, gilt eine Ausschlussfrist nur, wenn sie besonders vereinbart oder durch Tarifvertrag oder Betriebsvereinbarung festgelegt ist.[71] Handelt es sich um tarifliche Rechte, so können für ihre Geltendmachung Ausschlussfristen nur im Tarifvertrag, nicht in einer Betriebsvereinbarung oder durch einzelvertragliche Abrede vereinbart werden (§ 4 Abs 4 S 3 TVG). Werden Ansprüche durch Betriebsvereinbarung festgelegt, so sind Ausschlussfristen für ihre Geltendmachung nur insoweit zulässig, als sie in einem Tarifvertrag oder einer Betriebsvereinbarung vereinbart werden (§ 77 Abs 4 S 4 BetrVG). Beruhen sie auf Allgemeinen Geschäftsbedingungen im Vertrag, so dürfen sie wie bei einer Verkürzung der gesetzlichen Verjährungsfrist den Dienstverpflichteten nicht entgegen den Geboten von Treu und Glauben unangemessen benachteiligen (§ 307 Abs 1 S 1 BGB).[72]

95 Enthält ein Tarifvertrag, der auf das Arbeitsverhältnis anwendbar ist, eine Ausschlussfrist, genügt der Arbeitgeber seiner Nachweispflicht nach § 2 Abs 1 NachwG, wenn er in die Niederschrift den Hinweis auf den Tarifvertrag (§ 2 Abs 1 S 2 Nr 10 NachwG) aufgenommen hat. Verstößt er gegen diese Pflicht und hat deshalb der Arbeitnehmer keine Kenntnis von der Ausschlussfrist, so muss der Arbeitnehmer nach Schadensersatzgrundsätzen so gestellt werden, als wäre der Anspruch nicht verfallen (§§ 280, 286 BGB).[73]

2. Vergütung trotz Nichtleistung der Dienste

a) Vergütung bei Annahmeverzug und bei Betriebsrisiko

96 Obwohl sonst im Schuldverhältnis der Annahmeverzug nicht zur Folge hat, dass der Gläubiger den Anspruch auf die Leistung verliert, sondern nur, dass das Haftungsrisiko anders verteilt wird (vgl § 300 Abs 1 und 2 BGB, § 326 Abs 2 BGB), ist die Rechtslage beim Dienstvertrag eine wesentlich andere: Der Dienstverpflichtete kann nach § 615 S 1 BGB die vereinbarte Vergütung fordern, ohne seinerseits zur Nachleistung der Arbeit verpflichtet zu sein. Die Bestimmung entspricht der Besonderheit der Dienstleistungsschuld, die in der Erbringung einer zeitbezogenen Leistung besteht. Da nach ihr die Pflicht zur Vergütung vom Eintritt des Annahmeverzugs abhängt, trifft sie

---

[71] Vgl KRAUSE, Vereinbarte Ausschlussfristen, RdA 2004, 36 ff, 106 ff.
[72] Vgl BAG AP Nr 1 zu § 310 BGB; weiterhin BAG AP Nr 7 zu § 307 BGB: Frist von weniger als drei Monaten ab Fälligkeit.
[73] BAG AP Nr 7 zu § 2 NachwG.

zugleich eine Gefahrtragungsregelung. Sie soll sicherstellen, dass das für die Sachmiete geltende Prinzip (§ 537 Abs 1 BGB) auch auf die Dienstleistungsschuld Anwendung findet, wobei in der Positivierung dem Umstand Rechnung getragen wird, dass der Dienstverpflichtete die ihm obliegende Leistung nicht schon dann erbracht hat, wenn er zur Erbringung der Dienste bereit und in der Lage ist, dem Dienstberechtigten also zur Verfügung steht, sondern seine Verbindlichkeit erst erfüllt hat, wenn er die reale Dienstleistung bewirkt hat.

Da das Reichsgericht und ihm zunächst folgend das Bundesarbeitsgericht den gesetzessystematischen Zusammenhang nicht richtig erkannt hatten, sahen sie in der Nichtleistung der Dienste infolge einer Betriebsstörung keinen Fall des § 615 BGB, sondern eine Lücke im BGB, zu deren Schließung sie das Betriebsrisiko dem Arbeitgeber zuwiesen.[74] Nicht aber aus der richterrechtlichen Schließung einer Regelungslücke, sondern unmittelbar aus der durch § 615 BGB rezipierten Substratsgefahrtragung des Dienstberechtigten ergibt sich, dass der Arbeitgeber die Gefahr trägt, wenn die Ereignisse, die die Arbeitsleistung unmöglich machen, aus seinem Bereich kommen, zB Unterbrechung der Strom- oder Gasversorgung, Mangel an Kohlen oder Rohmaterial, Brand einer Fabrik, Bruch einer Maschine, Überschwemmung, übermäßiger Frost. Durch die Annahmeverzugskonstruktion sind ihm die Risiken zugewiesen, die durch die besondere Art des Betriebs bedingt sind.[75]

Der Annahmeverzug, mit dem § 615 S 1 BGB die Vergütungspflicht verbindet, kommt vor allem in Betracht, wenn die Kündigung oder Befristung eines Arbeitsverhältnisses rechtsunwirksam ist. Notwendig ist zwar für den Regelfall, dass die Leistung dem Gläubiger so, wie sie zu bewirken ist, tatsächlich angeboten wird (§ 294 BGB), wobei ein wörtliches Angebot des Schuldners genügt, wenn der Gläubiger ihm erklärt hat, dass er die Leistung nicht annehmen werde (§ 295 S 1 BGB). Bei Rechtsunwirksamkeit einer Kündigung oder Befristung fehlt aber im Allgemeinen ein tatsächliches oder wörtliches Angebot. Doch muss hier berücksichtigt werden, dass es für den Eintritt des Annahmeverzugs keines Angebots bedarf, wenn für die von dem Dienstberechtigten vorzunehmende Mitwirkungshandlung eine Zeit nach dem Kalender bestimmt ist und er sie nicht rechtzeitig vornimmt (§ 296 S 1 BGB). Beim Arbeitsverhältnis hängt die Erbringung der realen Dienstleistung im Allgemeinen davon ab, dass der Arbeitgeber dem Arbeitnehmer einen funktionsfähigen Arbeitsplatz zur Verfügung stellt und ihm die Arbeit zuweist. Diese Mitwirkungshandlung ist durch die Festlegung der Lage der Arbeitszeit nach dem Kalender bestimmt. Kündigt der Arbeitgeber das Arbeitsverhältnis, so gibt er dem Arbeitnehmer zu erkennen, dass er die für den Leistungsvollzug notwendige Mitwirkungshandlung nicht vornehmen werde, wenn nach seiner Auffassung das Arbeitsverhältnis durch die Kündigung oder bei Befristung durch den Zeitablauf beendet ist. Das Bundesarbeitsgericht vertritt deshalb zutreffend die Auffassung, dass der Arbeitgeber in Annahmeverzug komme, ohne dass es eines Arbeitsangebots des Arbeitnehmers bedürfe, sofern dieser zum vorgesehenen Zeitpunkt der Beendigung leistungsbereit und leistungsfähig sei (§ 297 BGB).[76]

---

[74] RGZ 106, 272, 275 f; BAG AP Nr 2 zu § 615 BGB Betriebsrisiko.
[75] Grundlegend PICKER, Betriebsrisikolehre und Arbeitskampf, JZ 1979, 285 ff.

[76] BAG AP Nr 34, 35, 45, 50, 53 und 60, zuletzt Nr 131 (Rn 22) und Nr 136 (Rn 41) zu § 615 BGB.

99 Der Anspruch auf die Gewährung der vereinbarten Vergütung, ohne zur Nachleistung der Dienste verpflichtet zu sein, soll dem Dienstverpflichteten keinen Vorteil geben. Deshalb bestimmt § 615 S 2 BGB, dass er sich auf die ihm geschuldete Gegenleistung anrechnen lassen muss, was er infolge des Unterbleibens der Dienstleistung erspart oder durch anderweitige Verwendung seiner Dienste erwirbt oder zu erwerben böswillig unterlässt. Böswilligkeit kann vorliegen, wenn ein Dienstverpflichteter eine anderweitige Verwendung seiner Dienste durch den Dienstberechtigten ablehnt. Bei einem Rechtsstreit über die Beendigung des Arbeitsverhältnisses führt daher ein Beschäftigungsangebot für die Dauer des Rechtsstreits zwar nicht zur Beendigung des Annahmeverzugs, weil der Arbeitgeber die ihm geschuldete Dienstleistung nicht als Erfüllung des Arbeitsvertrags entgegennimmt; die Ablehnung kann aber ein böswilliges Unterlassen anderweitigen Erwerbs iS des § 615 S 2 BGB darstellen. Entscheidend ist, ob die vorläufige Weiterbeschäftigung dem Arbeitnehmer zumutbar ist.[77]

100 Nach § 615 S 3 BGB gelten die Sätze 1 und 2 entsprechend in den Fällen, in denen der Arbeitgeber das Risiko des Arbeitsausfalls trägt. Orientiert man sich am Wortlaut, so lässt die Bestimmung offen, ob der Arbeitgeber das Risiko trägt. Aber die Bestimmung gibt nur einen Sinn, wenn man in ihr mittelbar die Bestätigung sieht, dass durch die Annahmeverzugskonstruktion dem Arbeitgeber die Substratsgefahr zugewiesen ist. Sähe man den Inhalt der Dienstleistungsschuld im Bereithalten zur Erbringung der Dienstleistungsschuld, so wäre bei einer Nichtbeschäftigung infolge einer Betriebsstörung die Leistung gleichwohl erbracht und deshalb der Anspruch auf die Vergütung gegeben. Da aber das BGB diese Verkürzung der Dienstleistungsschuld ablehnt, aber für den Annahmeverzug die „nackte Thatsache der Nichtannahme der angebotenen Leistung seitens des Gläubigers" genügen lässt,[78] rezipierte es mit der Anknüpfung der Vergütungspflicht an den Annahmeverzug des Dienstberechtigten eine Gefahrtragungsregel, die bereits im 19. Jahrhundert Anerkennung gefunden hatte.[79]

101 Die Entgeltrisikoregelung für den Normalfall findet keine Anwendung, wenn der Arbeitsausfall infolge eines Arbeitskampfes eintritt. Für diesen Fall hat das Bundesarbeitsgericht die Arbeitskampfrisikolehre entwickelt.[80] Zur Sicherung der Kampfparität entfällt der Anspruch auf die Vergütung, wenn als Fernwirkung eines Arbeitskampfes die Fortsetzung des Betriebs unmöglich oder wegen eines arbeitskampfbedingten Auftrags- oder Absatzmangels wirtschaftlich sinnlos wird und die Störung eine Paritätsrelevanz für die Kampfparteien hat.

b) Vergütung bei vorübergehender Verhinderung

102 Durch § 616 BGB wird der Dienstberechtigte begrenzt an den Lebensrisiken des zur Dienstleistung Verpflichteten beteiligt. Dieser wird des Anspruchs auf die Vergütung nicht dadurch verlustig, dass er für eine verhältnismäßig nicht erhebliche Zeit durch einen in seiner Person liegenden Grund ohne sein Verschulden an der Dienstleistung verhindert wird. Er muss sich jedoch den Betrag anrechnen lassen, welcher ihm für die Zeit der Verhinderung aus einer auf Grund gesetzlicher Verpflichtung bestehenden Kranken- oder Unfallversicherung zukommt.

---

[77] Vgl BAG AP Nr 39 zu § 615 BGB.
[78] Mot II 69.
[79] Mot II 462 f; vgl PICKER, Betriebsrisikolehre und Arbeitskampf, JZ 1979, 285, 290 ff; ders, Betriebsstillstand und Lohngefahrtragung, in: GS Hofmeister (1996) 549, 564 ff.
[80] BAG AP Nr 70 und 71 zu Art 9 GG Arbeitskampf.

§ 616 BGB, der dispositiv ist, hat wieder denselben Wortlaut wie bei Erlass des BGB. **103**
Er war zwischenzeitlich vielfach geändert worden. Durch Notverordnungen des
Reichspräsidenten vom 1.12.1930 und 5.6.1931 war für den Hauptanwendungsfall
der Bestimmung, die Verhinderung durch Arbeitsunfähigkeit infolge Krankheit, für
den Anspruch eines Angestellten ein Abs 2 angefügt worden, der – in Ergänzung zu
den für Handlungsgehilfen und gewerbliche Angestellte geltenden §§ 63 HGB aF, 133c
GewO aF – zwingend vorsah, dass für den Vergütungsanspruch im Krankheitsfall eine
Zeit von sechs Wochen als eine nicht erhebliche Zeit galt.[81] Der Anspruch wurde
durch das Strafrechtsreform-Ergänzungsgesetz vom 28.8.1975 auf die Fälle der Sterilisation und des Abbruchs der Schwangerschaft durch einen Arzt erweitert. Durch das
Lohnfortzahlungsgesetz vom 27.7.1969 war ein Abs 3 angefügt worden, um klarzustellen, dass der Anspruch eines Arbeiters sich nach diesem Gesetz richtet, wenn er durch
Arbeitsunfähigkeit infolge Krankheit oder durch eine Vorbeugungs-, Heil- oder Genesungskur an der Dienstleistung verhindert war. Die Vereinheitlichung des Rechts
zur Entgeltfortzahlung im Krankheitsfall brachte erst das Entgeltfortzahlungsgesetz,
das als Art 53 des Pflege-Versicherungsgesetzes vom 26.5.1994 erging. Abs 2 und 3
wurden aufgehoben; § 616 BGB erhielt wieder seine ursprüngliche Fassung.

Die Bestimmung erfasst nach ihrem Wortlaut die Arbeitsunfähigkeit eines Dienstver- **104**
pflichteten infolge Krankheit. Für Arbeitnehmer gilt insoweit aber nunmehr die zwingend gestaltete Sonderregelung in §§ 3 ff EFZG. Dennoch hat § 616 BGB einen weiten
Anwendungsbereich behalten. So gilt er zB für die Pflege erkrankter Familienangehöriger und Lebenspartner.[82] Der Anspruch setzt voraus, dass der zur Dienstleistung
Verpflichtete „ohne sein Verschulden" an der Dienstleistung verhindert wird. Gemeint
ist hier nicht ein Verschulden iS des § 276 Abs 1 S 1 BGB, sondern ein „Verschulden
gegen sich selbst".[83] Es führt als negatives Tatbestandsmerkmal zum Ausschluss des
Vergütungsanspruchs, wenn der Dienstverpflichtete gröblich gegen das von einem verständigen Menschen im eigenen Interesse zu erwartende Verhalten verstoßen hat.[84]

c) Arbeitsrechtliche Sonderregelungen
Neben der Entgeltfortzahlung im Krankheitsfall gibt das Entgeltfortzahlungsgesetz in **105**
§ 2 Arbeitnehmern einen Anspruch auf Fortzahlung des Arbeitsentgelts, wenn die
Arbeitszeit infolge eines gesetzlichen Feiertags ausfällt. Betriebs- und Personalratsmitglieder sowie andere Funktionsinhaber in der Betriebsverfassung und der Personalvertretung haben nach Maßgabe der jeweiligen gesetzlichen Regelung Ansprüche
auf Befreiung von ihrer beruflichen Tätigkeit ohne Minderung des Arbeitsentgelts (vgl
zB § 37 Abs 2 BetrVG).

Ein Fall der Vergütung trotz Nichtleistung der Dienste ergibt sich für Arbeitnehmer **106**
aus deren Anspruch auf Erholungsurlaub, der im Bundesurlaubsgesetz (BUrlG) geregelt ist. Der Arbeitnehmer wird für die Dauer des Erholungsurlaubs von der nach
dem Arbeitsverhältnis bestehenden Arbeitspflicht befreit und hat Anspruch auf Fortzahlung seines Arbeitsentgelts als Urlaubsentgelt, für dessen Berechnung § 11 BUrlG
maßgebend ist, soweit durch Tarifvertrag keine andere Berechnungsmethode festgelegt wird (§ 13 Abs 1 BUrlG).

---

[81] Vgl STAUDINGER/BGB-Synopse (2006) § 616; zur Entstehungsgeschichte ausführlich BAG (Großer Senat) AP Nr 22 zu § 616 BGB.
[82] Vgl BAG AP Nr 48 zu § 616 BGB.
[83] So zB BAG AP Nr 44 und 46 zu § 1 LohnFG.
[84] BAG AP Nr 62 und 75 zu § 616 BGB; st Rspr.

107 Einen besonderen Fall der Arbeitsbefreiung stellt die Elternzeit nach § 15 BEEG dar. Das Arbeitsverhältnis besteht fort, es werden aber die gegenseitigen Hauptpflichten suspendiert, so dass insbesondere auch kein Anspruch auf Fortzahlung des Arbeitsentgelts besteht; stattdessen hat der Arbeitnehmer einen Anspruch gegen den Staat auf Gewährung von Elterngeld (§§ 1 ff BEEG). Ein gemischtes System enthält das Mutterschutzgesetz für Frauen vor und nach der Entbindung: Damit die erwerbstätige Frau durch die Beschäftigungsverbote, Schutz- und Stillfristen keinen Einkommensverlust erleidet, besteht ein besonders gestalteter Entgeltschutz: Während der Schutzfristen vor und nach der Entbindung erhalten Frauen Mutterschaftsgeld von der Krankenkasse (§ 13 Abs 1 iVm SGB V) bzw vom Bundesversicherungsamt (§ 13 Abs 2 SGB V). Ergänzend besteht für die Zeiten der Schutzfristen gegen den Arbeitgeber ein Anspruch auf Zuschuss zum Mutterschaftsgeld (§ 14 SGB V). Bei den sonstigen Beschäftigungsverboten und für die Stillzeit ist der Arbeitgeber verpflichtet, das bisherige Arbeitsentgelt fortzuzahlen; man spricht hier von Mutterschaftslohn (§ 11 SGB V).

108 Das Pflegezeitgesetz gibt Beschäftigten bei akutem Pflegebedarf naher Angehöriger sowohl ein auf maximal zehn Arbeitstage beschränktes Leistungsverweigerungsrecht (§ 2 PflegeZG), als auch einen Anspruch auf Freistellung bis zu sechs Monate (§ 3 PflegeZG). In beiden Fällen folgt aus diesem Gesetz jedoch kein Anspruch auf Fortzahlung des Arbeitsentgelts; ein solcher besteht daher nur, wenn er aus anderen gesetzlichen Vorschriften (zB § 616 BGB) oder vertraglichen Abreden folgt. Auch das Familienpflegezeitgesetz ermöglicht Beschäftigten lediglich, ihre wöchentliche Arbeitszeit zwei Jahre lang auf einen Mindestumfang von 15 Stunden zu verringern, um Angehörige zu pflegen.

3. Fürsorgepflicht des Dienstberechtigten

109 Eine Sonderstellung im Titel über den Dienstvertrag nehmen §§ 617–619 BGB ein, die dem Dienstberechtigten Fürsorgepflichten auferlegen. Sie waren in den Entwürfen des BGB nicht enthalten und wurden vor allem durch die Kritik Otto vGierkes und Mengers im Gesetzgebungsverfahren eingefügt.[85] Durch § 617 BGB wird dem Dienstberechtigten eine Pflicht zur Krankenfürsorge auferlegt, wenn bei einem dauernden Dienstverhältnis, das die Erwerbstätigkeit des Verpflichteten vollständig oder hauptsächlich in Anspruch nimmt, der Verpflichtete in die häusliche Gemeinschaft aufgenommen ist. Diese noch geltende Bestimmung hatte bei ihrer Schaffung eine Auffangfunktion für die Arbeitsverhältnisse, die nicht von der gesetzlichen Krankenversicherung erfasst wurden. Sie hat nur noch einen geringen praktischen Anwendungsbereich.

110 Dagegen ist auch heute noch von grundlegender Bedeutung § 618 BGB, der in seinem Abs 1 den Dienstberechtigten verpflichtet, „Räume, Vorrichtungen oder Gerätschaften, die er zur Verrichtung der Dienste zu beschaffen hat, so einzurichten und zu unterhalten und Dienstleistungen, die unter seiner Anordnung oder seiner Leitung vorzunehmen sind, so zu regeln, dass der Verpflichtete gegen Gefahr für Leben und Gesundheit soweit geschützt ist, als die Natur der Dienstleistung es gestattet". Diese

---

[85] vGierke, Der Entwurf eines Bürgerlichen Gesetzbuchs und das deutsche Recht (1889) 247; Menger, Das bürgerliche Recht und die besitzlosen Volksklassen (1890) (5. Aufl 1927) 171 ff.

P. Dienstvertrag

Generalklausel wird durch die Vorschriften des öffentlich-rechtlichen Gefahrenschutzes konkretisiert. Sie ist daher die bürgerlich-rechtliche Grundnorm, durch die aus dem grundsätzlich an den Arbeitgeber gerichteten öffentlich-rechtlichen Arbeitsschutz- und Unfallverhütungsrecht Reflexwirkungen auf das Arbeitsverhältnis abgeleitet werden, so dass der Arbeitnehmer einen Anspruch auf Beachtung der Schutzmaßnahmen erhält.[86] Erfüllt der Dienstberechtigte die ihm obliegenden Verpflichtungen nicht, so finden auf seine Verpflichtungen zum Schadensersatz die für unerlaubte Handlungen geltenden Vorschriften der §§ 842–846 BGB entsprechende Anwendung (§ 618 Abs 3 BGB). Für Arbeitnehmer hat die Schadensersatzpflicht allerdings nur geringe Bedeutung, weil nach § 104 SGB VII der Arbeitgeber den Arbeitnehmern aus dem Arbeitsverhältnis wie auch nach dem Deliktsrecht zum Ersatz des Personenschadens, den ein Arbeitsunfall verursacht hat, nur dann verpflichtet ist, wenn er ihn vorsätzlich herbeigeführt hat (sozialversicherungsrechtliches Haftungsprivileg).

Die nach dem Gesetzestext auf den Schutz von Leben und Gesundheit des Dienstverpflichteten bezogene Pflicht hat die Rechtsprechung auch auf die Vermögensgegenstände des Dienstverpflichteten, also namentlich auf sein Eigentum erstreckt.[87] Vor allem unter dem Einfluss OTTO vGIERKES entnahm man der Gesetzesregelung unter Hinweis auf personenrechtliche Elemente des Arbeitsverhältnisses sogar einen allgemeinen Rechtsgrundsatz.[88] Zu dem das Arbeitsverhältnis beherrschenden Grundprinzip wurde die Fürsorgepflicht in der nationalsozialistischen Arbeitsverfassung entwickelt. § 2 Abs 2 des Gesetzes zur Ordnung der nationalen Arbeit vom 20.1.1934 enthielt die Bestimmung, dass der als „Führer des Betriebes" bezeichnete Arbeitgeber für das „Wohl der Gefolgschaft" zu sorgen habe, wobei diese ihm die „in der Betriebsgemeinschaft begründete Treue" zu halten habe. Eine Mindermeinung sah deshalb in der Lohnzahlungspflicht sogar nur noch einen Unterfall der Fürsorgepflicht des Arbeitgebers.[89] Nach Beseitigung der Arbeitsverfassung des Nationalsozialismus ist dieser Regelungsinhalt der Fürsorgepflicht entfallen. **111**

Soweit man den Begriff der Fürsorgepflicht überhaupt noch verwenden will, ist er auf die Pflichten zu begrenzen, die den Arbeitgeber als Korrelat der Unterordnung des Arbeitnehmers unter fremder Organisationsgewalt treffen. Dabei geht es nicht nur um den Schutz von Leben und Gesundheit des Arbeitnehmers, sondern auch um die Sicherung von vermögensrechtlichen Belangen und den Persönlichkeitsschutz. Das allgemeine Persönlichkeitsrecht des Art 2 Abs 1 iVm Art 1 Abs 1 GG umfasst unter den Bedingungen der modernen Datenverarbeitung den Schutz des einzelnen gegen unbegrenzte Erhebung, Speicherung, Veränderung und Weitergabe seiner persönlichen Daten.[90] Dem einzelnen ist dadurch verfassungsrechtlich garantiert, grundsätzlich selbst über die Preisgabe und Verwendung seiner persönlichen Daten zu bestimmen (Recht auf „informationelle Selbstbestimmung"). Für den Datenschutz im Arbeitsverhältnis gilt neben den spezifisch arbeitsrechtlichen Schutzpflichten das Bundesdatenschutzgesetz. Als Verordnung, die unmittelbar in den Mitgliedstaaten der Europäischen Union gilt, erging auf europarechtlicher Grundlage die Datenschutz-Grundverord- **112**

---

[86] Grundlegend NIPPERDEY, Die privatrechtliche Bedeutung des Arbeiterschutzrechts, in: Festgabe zum 50jährigen Bestehen des Reichsgerichts (1929) Bd IV, 203 ff.
[87] BAG AP Nr 26 zu § 611 BGB Fürsorgepflicht.
[88] vGIERKE, Deutsches Privatrecht, Bd III (1917) 620 ff; siehe zur Entwicklung RICHARDI, Entwicklungstendenzen der Treue- und Fürsorgepflicht in Deutschland, in: TOMANDL, Treue- und Fürsorgepflicht im Arbeitsrecht (1975) 41 ff.
[89] SIEBERT, Das Arbeitsverhältnis in der nationalen Arbeit (1935) 56 ff.
[90] Grundlegend BVerfGE 65, 1 ff.

nung, die für den Beschäftigtendatenschutz eine Sonderregelung in Art 88 enthält. Sie tritt am 25.5.2018 in Kraft.

4. Beschäftigungspflicht

113 Das Dienstvertragsrecht des BGB wahrt die Interessen des Dienstverpflichteten dadurch, dass er bei Annahmeverzug des Dienstberechtigten den Anspruch auf die vereinbarte Vergütung behält, ohne zur Nachleistung verpflichtet zu sein (§ 615 S 1 BGB). Ein Beschäftigungsanspruch wurde daher ursprünglich grundsätzlich auch für einen Arbeitnehmer nicht anerkannt. Erst als nach dem Gesetz zur Ordnung der nationalen Arbeit eine Veränderung der rechtlichen Grundlagen eintrat, gelangte man zur Beschäftigungspflicht des Arbeitgebers; denn die Arbeit im Betrieb diene nicht der Förderung des Betriebszwecks nur um des Unternehmers willen, sondern sei „Dienst an Volk und Staat".[91] Am Ergebnis hielt das Bundesarbeitsgericht fest, sah aber nunmehr den entscheidenden Gesichtspunkt im Persönlichkeitsschutz des Arbeitnehmers.[92] Nach Ansicht seines Großen Senats ist der Anspruch auf Beschäftigung „abzuleiten aus den §§ 611, 613 BGB in Verbindung mit § 242 BGB"; die Generalklausel des § 242 BGB werde „dabei ausgefüllt durch die Wertentscheidung des Art 1 und 2 GG".[93]

114 Diese Begründung widerspricht dem Dienstvertragsrecht des BGB, das die Interessenlage des zur Dienstleistung Verpflichteten bei einer Nichtbeschäftigung durch die Entgeltpflicht des Dienstberechtigten sichert. Ein Beschäftigungsanspruch ist daher folgerichtig nicht vorgesehen. Seine Anerkennung beruht auf einem Akt richterlicher Rechtsfortbildung zur Ergänzung des Kündigungsschutzes; denn wer nicht beschäftigt wird, ist im Betrieb überflüssig.

5. Maßregelungsverbot

115 Für das Arbeitsverhältnis enthält § 612a BGB ein Maßregelungsverbot: Der Arbeitgeber darf einen Arbeitnehmer bei einer Vereinbarung oder einer Maßnahme nicht benachteiligen, weil der Arbeitnehmer in zulässiger Weise seine Rechte ausübt. Das hier festgelegte Maßregelungsverbot regelt einen Sonderfall der Sittenwidrigkeit.[94]

VII. Beendigung des Dienstverhältnisses

1. Überblick

a) Struktur des Beendigungsrechts

116 Das BGB geht von dem Regelfall des befristeten Dienstverhältnisses aus. Nach § 620 Abs 1 BGB endigt das Dienstverhältnis mit dem Ablauf der Zeit, für die es eingegangen ist. Ist die Dauer des Dienstverhältnisses weder bestimmt noch aus der Beschaffenheit oder dem Zweck der Dienste zu entnehmen, so kann jeder Teil das Dienstverhältnis nach Maßgabe der §§ 621–623 BGB kündigen (§ 620 Abs 2 BGB). Diese Bestimmung gilt auch, wenn durch den Dienstvertrag ein Arbeitsverhältnis begründet

---

[91] Dietz, in: Hueck/Nipperdey/Dietz, AOG (1934) § 2 Rn 18.
[92] So bereits BAG AP Nr 2 zu § 611 Beschäftigungspflicht.
[93] BAG (Großer Senat) AP Nr 14 zu § 611 BGB Beschäftigungspflicht (unter C I 2 vor a der Gründe).
[94] BAG AP Nr 1 zu § 612a BGB (unter II 1 d der Gründe).

wird. Damit der gesetzliche Kündigungsschutz nicht umgangen wird, ist der Vertrag auf unbestimmte Zeit die Regelform des Arbeitsverhältnisses geworden. Die Rechtsprechung verlangte für die Befristungsabrede einen sachlichen Grund, der die Befristung und deren Dauer rechtfertigt.[95] Die Befristungskontrolle enthält heute das Teilzeit- und Befristungsgesetz, auf das § 620 Abs 3 BGB für Arbeitsverträge, die auf bestimmte Zeit abgeschlossen werden, verweist. Da die Aufrechterhaltung der Vertragsbindung unter dem Vorbehalt der Zumutbarkeit steht, gibt § 626 Abs 1 BGB das Recht zur fristlosen Kündigung aus wichtigem Grund.

b) Wesensverschiedenheit zwischen Beendigung und Erlöschen des Dienstverhältnisses

Das BGB spricht in § 620 Abs 1 davon, dass das Dienstverhältnis mit dem Auflauf der Zeit, für die es eingegangen ist, „endigt", und auch § 623 BGB spricht von der „Beendigung von Arbeitsverhältnissen durch Kündigung oder Auflösungsvertrag". Diese Vorstellung steht in Kontrast mit der Regelung des § 362 BGB, nach der ein Schuldverhältnis „erlischt", wenn die geschuldete Leistung an den Gläubiger bewirkt wird. Es handelt sich aber nur um einen scheinbaren Gegensatz, wenn man berücksichtigt, dass für das allgemeine Schuldrecht das Schuldverhältnis lediglich die Gläubiger-Schuldner-Beziehung ist, während im besonderen Schuldrecht das Schuldverhältnis ein Gefüge schuldrechtlicher Beziehungen darstellt. Das ist vor allem bei Dauerschuldverhältnissen zu beachten, zu denen im Regelfall das Dienstverhältnis, insbesondere das Arbeitsverhältnis gehört.

Der Beendigungstatbestand bezieht sich nur auf die im Gegenseitigkeitsverhältnis stehenden Hauptpflichten, also auf die Pflicht zur Leistung der versprochenen Dienste und die Vergütungspflicht, und auch insoweit führt er nur zur Beendigung der sonst fortlaufenden weiteren Entstehung dieser Pflichten für die Zukunft. Eine rückständige Lohnzahlungspflicht wird also durch die Beendigung des Dienstverhältnisses in ihrem Fortbestand nicht berührt. Für Nebenpflichten gilt sogar, dass sie auch noch nach Beendigung des Dienstverhältnisses entstehen können, ja gerade erst durch den Tatbestand der Beendigung hervorgerufen werden. Nach der Kündigung eines dauernden Dienstverhältnisses hat der Dienstberechtigte gem § 629 BGB dem Verpflichteten auf Verlangen angemessene Zeit zum Aufsuchen eines anderen Dienstverhältnisses zu gewähren. Außerdem kann gem § 630 BGB bei der Beendigung eines derartigen Dienstverhältnisses der Verpflichtete von dem anderen Teil ein schriftliches Zeugnis über das Dienstverhältnis und dessen Dauer fordern, wobei auf Verlangen das Zeugnis auf die Leistungen und die Führung im Dienst zu erstrecken ist. Wenn der Verpflichtete ein Arbeitnehmer ist, findet nach Satz 4 des § 630 BGB der weitestgehend inhaltsgleiche § 109 GewO Anwendung. Wenn auch nicht im Gesetz geregelt, muss auf Veranlassung des zur Dienstleistung Verpflichteten der Dienstberechtigte einem Arbeitgeber, bei dem der Verpflichtete sich als Arbeitnehmer bewirbt, Auskunft über Person und Leistung des Arbeitnehmers erteilen. Dabei muss er sich an die Grenzen des Zeugnisrechts halten, weil er sich anderenfalls gegenüber seinem bisherigen Vertragspartner aus dem Dienstverhältnis schadensersatzpflichtig macht.

---

[95] Grundlegend BAG (Großer Senat) AP Nr 16 zu § 620 BGB Befristeter Arbeitsvertrag.

2. Aufhebungsvertrag

119 Der Grundsatz der Vertragsfreiheit gestattet, dass die Parteien eines Dienstvertrags jederzeit für die Zukunft einvernehmlich, also durch Aufhebungsvertrag (§ 311 Abs 1 BGB), das Dienstverhältnis beenden können. Das gilt auch, wenn durch den Dienstvertrag ein Arbeitsverhältnis begründet wurde. Der Auflösungsvertrag bedarf aber, wie das BGB den Aufhebungsvertrag hier nennt, zur Beendigung des Arbeitsverhältnisses der Schriftform (§ 623 BGB). Auf ihn sind die Bestimmungen über den Kündigungsschutz nicht anwendbar. Der Kündigungsschutz hat nur mittelbar Auswirkungen auf die Beurteilung, ob ein Aufhebungsvertrag fehlerfrei zustande gekommen ist. Ist nämlich ein Arbeitnehmer durch arglistige Täuschung oder rechtswidrige Drohung zum Abschluss des Aufhebungsvertrags bestimmt worden, so kann er seine Willenserklärung nach § 123 BGB anfechten. Das gilt zB, wenn der Arbeitgeber ihn mit einer außerordentlichen oder ordentlichen Kündigung bedroht hat, ein verständiger Arbeitgeber die Verknüpfung mit ihr aber nicht ernsthaft erwogen hätte.[96]

120 Wird der Aufhebungsvertrag am Arbeitsplatz geschlossen, so besteht gleichwohl kein Widerrufsrecht wie sonst bei einem Haustürgeschäft nach §§ 312g, 355 BGB. Dabei kann offenbleiben, ob der Arbeitnehmer ein Verbraucher iS des § 13 BGB ist. § 312 BGB erfasst nicht die arbeitsrechtliche Beendigungsvereinbarung.[97]

VIII. Betriebsübergang als arbeitsrechtlicher Sondertatbestand

121 Bei der Novellierung des Betriebsverfassungsgesetzes 1972 wurde § 613a in das BGB eingefügt. Abs 1 S 1, Abs 2 und Abs 3 beruhen auf § 122 BetrVG; die weiteren Vorschriften verdanken ihre Entstehung der Angleichung an die EG-Betriebsübergangsrichtlinie vom 14.2.1977. Wegen des Umsetzungsbedarfs auf Grund der Änderungsrichtlinie 98/50/EWG wurden durch Gesetz vom 23.3.2002 Abs 5 und 6 angefügt.

1. Übergang eines Betriebs oder Betriebsteils durch Rechtsgeschäft

122 Nach § 613a Abs 1 S 1 BGB tritt, wenn ein Betrieb oder Betriebsteil durch Rechtsgeschäft auf einen anderen Inhaber übergeht, dieser in die Rechte und Pflichten aus den im Zeitpunkt des Übergangs bestehenden Arbeitsverhältnissen ein. Modell dieser Bestimmung ist § 566 BGB, der für vermieteten Wohnraum anordnet, dass ein Erwerber anstelle des Vermieters in die sich während der Dauer seines Eigentums aus dem Mietverhältnis ergebenden Rechte und Pflichten eintritt. Mit der Anknüpfung an den Betrieb oder Betriebsteil handelt es sich aber um einen wesensverschiedenen Tatbestand, der für Inhalt und Reichweite des § 613a BGB kontrovers gelöste Interpretationsprobleme aufwirft.

123 § 613a BGB bezweckt die Schließung einer Lücke im Kündigungsschutzsystem. Er soll gewährleisten, dass dem Arbeitnehmer der Arbeitsplatz erhalten bleibt, wenn die Dispositionsbefugnis über die Arbeitsorganisation, in die er eingefügt ist, auf einen anderen übergeht. Die Bestimmung setzt aber nicht voraus, dass ein Arbeitnehmer bereits für sein Arbeitsverhältnis Kündigungsschutz genießt. Sie soll nämlich auch sicherstellen, dass durch den Übergang von Betrieben und Betriebsteilen nicht der

---

[96] BAG AP Nr 16 zu § 123 BGB; st Rspr, vgl BAG AP Nr 1 zu § 312 BGB.

[97] BAG AP Nr 1 und 2 zu § 312 BGB.

Erwerb des Kündigungsschutzes vereitelt wird. § 613a BGB findet deshalb auch Anwendung, wenn der Inhaber des Betriebs oder Betriebsteils nach dem Umwandlungsgesetz durch Verschmelzung, Spaltung oder Vermögensübertragung ein anderer wird (§ 324 UmwG).

Der gesetzlich angeordnete Wechsel des Arbeitgebers setzt voraus, dass ein Betrieb **124** oder Betriebsteil auf einen anderen Inhaber übergeht. Der Begriff des Betriebs wird als bekannt vorausgesetzt, obwohl es bisher nicht gelungen ist, ihn objektiv zu definieren.[98] Wie zur Betriebsverfassung wird der Betrieb als arbeitstechnische Organisationseinheit definiert. Soweit es um den Betriebsteil geht, wird nach einem Wechsel in der Rechtsprechung des Bundesarbeitsgerichts die vom Europäischen Gerichtshof zur EG-Betriebsübergangsrichtlinie vertretene Interpretation der „wirtschaftlichen Einheit" der Beurteilung zugrunde gelegt.[99] Erforderlich ist, dass jemand die tatsächliche Dispositionsmöglichkeit über eine arbeitstechnische Organisationseinheit erhält und dies auf einer privatautonomen Gestaltung beruht (Fortführung der bisherigen Wirtschaftseinheit). Der Übergang eines Betriebsteils kommt daher auch in Betracht, wenn der für die arbeitstechnische Zweckbestimmung nach Zahl und Sachkunde wesentliche Teil der Belegschaft übernommen wird.

Für das bürgerliche Recht systemwidrig im Tatbestand des § 613a BGB sind nicht nur **125** Betrieb und Betriebsteil als Gegenstand einer Zuordnung, sondern in deren Zusammenhang auch die Begriffe des Übergangs durch Rechtsgeschäft. Die Bestimmung verlangt nicht, dass die Gegenstände, die den Betrieb oder Betriebsteil bilden, auf den Erwerber übergehen, sondern es genügt, dass er sie nutzen kann, um den Betrieb oder Betriebsteil fortzuführen. Ein Hauptanwendungsfall ist deshalb der Betriebspachtvertrag. Da die betriebliche Leitungsmacht nicht Gegenstand eines Rechtsgeschäfts sein kann, ist es auch unerheblich, ob das den Übergang des Betriebs oder Betriebsteils zugrunde liegende Rechtsgeschäft unwirksam ist oder angefochten wird.[100]

2. Wechsel des Arbeitgebers

Bei Erfüllung der Tatbestandsmerkmale tritt als Rechtsfolge von Gesetzes wegen ein, **126** dass der Erwerber in die Rechte und Pflichten aus den Arbeitsverhältnissen eintritt (§ 613a Abs 1 S 1 BGB). Es handelt sich also um den gesetzlichen Übergang eines Vertragsverhältnisses auf Arbeitgeberseite. Der neue Inhaber wird nicht bloß Gläubiger iS einer cessio legis (§ 412 BGB) und Schuldner gemäß dem Modell der in §§ 414 ff BGB geregelten befreienden Schuldübernahme, sondern es handelt sich um die Sondernachfolge in die Rechtsstellung des Arbeitgebers mit allen Rechten und Pflichten. Das gilt auch, wenn Rechte und Pflichten nicht im Arbeitsvertrag, sondern normativ durch Rechtsnormen eines Tarifvertrags oder durch eine Betriebsvereinbarung geregelt sind. Soweit der Erwerber nicht kollektivrechtlich unter den Tarifvertrag oder die Betriebsvereinbarung fällt, trifft § 613a Abs 1 S 2 BGB eine normative Fortgeltungsanordnung, die nicht vor Ablauf eines Jahres nach dem Zeitpunkt des Übergangs zum Nachteil des Arbeitnehmers geändert werden darf. Diese Fortgeltung entfällt nur, wenn die Rechte und Pflichten bei dem neuen Inhaber durch Rechtsnormen eines

---

[98] Vgl RICHARDI, Betriebsbegriff als Chamäleon, in: FS Wiedemann (2002) 493 ff.
[99] Vgl BAG AP Nr 189 zu § 613a BGB; ausführlich STAUDINGER/ANNUSS (2016) § 613a Rn 43 ff.
[100] BAG AP Nr 44 zu § 613a BGB.

anderen Tarifvertrags oder durch eine andere Betriebsvereinbarung geregelt werden (§ 613a Abs 1 S 3 BGB). Bei Bezugnahme auf einen Tarifvertrag im Arbeitsvertrag greift die Gleichstellung aber nur ein, wenn die Einbeziehungsabrede sich auf den jeweils für den Betrieb geltenden Tarifvertrag bezieht.

127 Der bisherige und der neue Betriebsinhaber können den Arbeitgeberwechsel nicht vertraglich ausschließen. Um zu verhindern, dass diese zwingende Anordnung durch eine Kündigung unterlaufen wird, bestimmt § 613a Abs 4 S 1 BGB, dass die Kündigung des Arbeitsverhältnisses eines Arbeitnehmers durch den bisherigen Arbeitgeber oder durch den neuen Inhaber wegen des Übergangs eines Betriebs oder eines Betriebsteils unwirksam ist. Klargestellt ist, dass das Recht zur Kündigung des Arbeitsverhältnisses aus anderen Gründen unberührt bleibt (§ 613a Abs 4 S 2 BGB). Bei einer Einschränkung des Betriebs kann deshalb eine betriebsbedingte Kündigung nach § 1 Abs 2 S 1 KSchG sozial gerechtfertigt sein.

128 Der Arbeitgeberwechsel tritt ohne, aber nicht gegen den Willen des Arbeitnehmers ein. Deshalb verlangt § 613a Abs 5 BGB, dass der bisherige Arbeitgeber oder der neue Inhaber die von einem Übergang betroffenen Arbeitnehmer vor dem Übergang in Textform über den Zeitpunkt oder den geplanten Zeitpunkt des Übergangs und den Grund für ihn sowie die rechtlichen, wirtschaftlichen und sozialen Folgen für die Arbeitnehmer und die hinsichtlich der Arbeitnehmer in Aussicht genommenen Maßnahmen unterrichtet. Wie bisher schon von der Rechtsprechung des Bundesarbeitsgerichts anerkannt,[101] hat der Arbeitnehmer ein Widerspruchsrecht: Er kann dem Übergang des Arbeitsverhältnisses innerhalb eines Monats nach Zugang der gesetzlich vorgesehenen Unterrichtung schriftlich widersprechen (§ 613a Abs 6 BGB).

IX. Arbeitsrechtliche Sonderregelung für die Befristung und auflösende Bedingung als Beendigungsgrund

1. Befristeter und auflösend bedingter Arbeitsvertrag

129 Das BGB bestimmt in § 620 Abs 3 BGB, dass für Arbeitsverträge, die auf bestimmte Zeit abgeschlossen werden, das Teilzeit- und Befristungsgesetz gilt. Es berücksichtigt mit der Einbeziehung dieses Gesetzes, dass durch den Kündigungsschutz der Arbeitsvertrag auf unbestimmte Zeit die Regelform des Arbeitsverhältnisses geworden ist. Das Teilzeit- und Befristungsgesetz (TzBfG) vom 21.12.2000 unterscheidet in § 3 Abs 1 S 2 TzBfG den kalendermäßig befristeten und den zweckbefristeten Arbeitsvertrag. Ein kalendermäßig befristeter Arbeitsvertrag liegt nach der dort getroffenen Legaldefinition vor, wenn seine Dauer kalendermäßig bestimmt ist, ein zweckbefristeter Arbeitsvertrag, wenn seine Dauer sich aus Art, Zweck oder Beschaffenheit der Arbeitsleistung ergibt, zB bei Beschäftigung bis zur Rückkehr eines krankheitsbedingt fehlenden Arbeitnehmers. Ein kalendermäßig befristeter Arbeitsvertrag endet mit Ablauf der vereinbarten Zeit (§ 15 Abs 1 TzBfG), ein zweckbefristeter Arbeitsvertrag mit Erreichen des Zwecks, frühestens jedoch zwei Wochen nach Zugang der schriftlichen Unterrichtung des Arbeitnehmers durch den Arbeitgeber über den Zeitpunkt der Zweckerreichung (§ 15 Abs 2 TzBfG).

---

[101] Bereits BAG AP Nr 1 zu § 613a BGB.

P. Dienstvertrag

Vom befristeten Arbeitsvertrag unterscheidet das Teilzeit- und Befristungsgesetz den auflösend bedingten Arbeitsvertrag, bei dem das Arbeitsverhältnis mit dem Eintritt eines ungewissen Ereignisses endet. Die Abgrenzung zur Befristung kann im Einzelfall Schwierigkeiten bereiten. So erblickte das Bundesarbeitsgericht in der Vereinbarung einer Altersgrenze als Beendigungsgrund zunächst eine auflösende Bedingung,[102] korrigierte diese Einordnung aber und sieht nunmehr in der Festlegung der Altersgrenze eine Befristung.[103] Die Unterscheidung fällt aber nicht erheblich ins Gewicht, weil die gesetzliche Befristungsregelung entsprechend gilt, wenn der Arbeitsvertrag unter einer auflösenden Bedingung geschlossen wird (§ 21 TzBfG). **130**

Nach der Grundkonzeption des BGB ist, wie bereits ausgeführt, der Normalfall für die Beendigung des Dienstverhältnisses bei Befristung der Zeitablauf (§ 620 Abs 1 BGB) und bei dem Dienstverhältnis auf unbestimmte Zeit die Kündigung „nach Maßgabe der §§ 621 bis 623", also die ordentliche Kündigung (§ 620 Abs 2 BGB). Daraus folgt, dass bei einer Befristung eine ordentliche Kündigung, die zur Beendigung des Dienstverhältnisses vor Zeitablauf führt, ausscheidet, wenn sie nicht zwischen den Vertragsparteien vereinbart ist. Entsprechend bestimmt § 15 Abs 3 TzBfG, dass ein befristetes Arbeitsverhältnis nur dann der ordentlichen Kündigung unterliegt, wenn dies einzelvertraglich oder im anwendbaren Tarifvertrag vereinbart ist. **131**

Wird dagegen das Dienstverhältnis nach dem Ablauf der Dienstzeit von dem Verpflichteten mit Wissen des anderen Teils fortgesetzt, so gilt es nach § 625 BGB als auf unbestimmte Zeit verlängert, sofern nicht der andere Teil unverzüglich widerspricht. § 15 Abs 5 TzBfG konkretisiert diese Bestimmung für das Arbeitsverhältnis, wobei er für den Fall der Zweckbefristung dem fehlenden Widerspruch des Arbeitgebers gleichstellt, dass dieser dem Arbeitnehmer die Zweckerreichung nicht unverzüglich mitteilt. **132**

2. Befristungsabrede

Die Befristung eines Arbeitsvertrags bedarf zu ihrer Wirksamkeit der Schriftform (§ 14 Abs 4 TzBfG). Sie ist grundsätzlich nur zulässig, wenn sie durch einen sachlichen Grund gerechtfertigt ist (§ 14 Abs 1 S 1 TzBfG). Als Ausnahme kann eine kalendermäßige Befristung ohne Sachgrund unter den Voraussetzungen und in den zeitlichen Grenzen des § 14 Abs 2 und 2a TzBfG vereinbart werden. Hat der Arbeitnehmer bei Beginn des Arbeitsverhältnisses das 52. Lebensjahr vollendet, so ist die Befristung bis zu einer Dauer von fünf Jahren zulässig, wenn er mindestens vier Monate beschäftigungslos war bzw in einer sozialrechtlich gleichgestellten Situation stand (§ 14 Abs 3 TzBfG). Die Zulässigkeit einer Befristung ohne Sachgrund ergibt sich weiterhin aus Sondergesetzen wie dem Wissenschaftszeitvertragsgesetz und dem Gesetz über befristete Arbeitsverträge mit Ärzten in der Weiterbildung. **133**

Das Gesetz gibt für den sachlichen Grund keine Legaldefinition, sondern beschränkt sich in § 14 Abs 1 S 2 TzBfG auf beispielhaft genannte Fallgruppen. Zu ihnen zählt, dass der betriebliche Bedarf an der Arbeitsleistung nur vorübergehend besteht (Nr 1), der Arbeitnehmer zur Vertretung eines anderen Arbeitnehmers beschäftigt wird (Nr 3), die Eigenart der Arbeitsleistung die Befristung rechtfertigt (Nr 4), die Befristung zur Erprobung erfolgt (Nr 5) oder der Arbeitnehmer aus Haushaltsmitteln ver- **134**

---

[102] BAG AP Nr 9 zu § 620 BGB Bedingung. [103] BAG AP Nr 20 zu § 620 BGB Altersgrenze.

gütet wird, die haushaltsrechtlich für eine befristete Beschäftigung bestimmt sind, und er entsprechend beschäftigt wird (Nr 7). Nicht ausdrücklich genannt ist der Fall, dass die Befristung auf einem Wunsch des Arbeitnehmers beruht; er wird aber von der Fallgruppe, dass in der Person des Arbeitnehmers liegende Gründe die Befristung rechtfertigen (Nr 6), miterfasst.

3. Feststellung und Rechtsfolgen unwirksamer Befristung

135 Da das Gesetz EG-Richtlinien, insbesondere die Rahmenvereinbarung über befristete Arbeitsverträge umgesetzt hat, ist für die Zulässigkeit der Befristungsabrede konstitutiv, ob die Interpretation durch die nationalen Arbeitsgerichte mit ihnen vereinbar ist.[104] Der Europäische Gerichtshof, in dessen Kompetenz die Beantwortung der Frage fällt, hat in der sog *Kücük*-Entscheidung vom 26.1.2012 anerkannt, dass eine nach deutschem Recht zulässige Kettenbefristung, um vorübergehenden Vertretungsbedürfnissen zu entsprechen, europarechtskonform ist und daher insoweit keinen Rechtsmissbrauch darstellt.[105]

136 Ist die Befristung – wegen des Mangels der Schriftform oder der Unzulässigkeit der Befristungsabrede – rechtsunwirksam, so gilt der befristete Arbeitsvertrag als auf unbestimmte Zeit geschlossen (§ 16 S 1 TzBfG). Das Schriftformerfordernis bezieht sich nur auf die Befristung, nicht auf den gesamten befristeten Arbeitsvertrag. Für die Einhaltung der Schriftform gilt § 126 BGB; es genügt daher nicht ein Austausch von Telefaxen. Nach § 126 Abs 3 BGB kann aber die schriftliche Form durch die elektronische Form (§ 126a BGB) ersetzt werden. Obwohl der Arbeitsvertrag bei Rechtsunwirksamkeit der Befristung als auf unbestimmte Zeit geschlossen gilt, kann er, wenn man von der Rechtsunwirksamkeit allein wegen des Mangels der Schriftform absieht, vom Arbeitgeber frühestens zum vereinbarten Ende nur ordentlich gekündigt werden, wenn die Zulässigkeit einer ordentlichen Kündigung während der Befristung einzelvertraglich oder im anwendbaren Tarifvertrag vereinbart ist (§ 16 iVm § 15 Abs 3 TzBfG).

137 Trotz der Fiktion eines auf unbestimmte Zeit geschlossenen Vertrags kann eine rechtsunwirksame Befristung zur Beendigung des Arbeitsverhältnisses mit Zeitablauf auf Grund der Befristung führen. Nach § 17 TzBfG muss nämlich der Arbeitnehmer, der die Rechtsunwirksamkeit der Befristung geltend machen will, innerhalb von drei Wochen nach dem vereinbarten Ende des befristeten Arbeitsvertrags Klage beim Arbeitsgericht auf Feststellung erheben, dass das Arbeitsverhältnis auf Grund der Befristung nicht beendet ist. Wird die Befristungsklage nicht rechtzeitig erhoben, so ist das Arbeitsverhältnis auf Grund der Befristung beendet.

X. Ordentliche und außerordentliche Kündigung

1. Gemeinsame Bestimmungen

138 Ist der Dienstvertrag auf unbestimmte Zeit geschlossen, so kann grundsätzlich jeder Teil das Dienstverhältnis durch ordentliche Kündigung auflösen; sie erfolgt „nach Maßgabe der §§ 621 bis 623" (§ 620 Abs 2 BGB). Von ihr ist die außerordentliche Kündigung zu unterscheiden, die in § 626 BGB geregelt ist.

---

[104] Siehe auch Rn 16.   [105] EuGH NZA 2012, 135 ff.

Die Kündigung ist eine einseitige empfangsbedürftige Willenserklärung, durch die, **139** soweit das Recht zur Kündigung besteht, die Vertragsbindung aufgelöst wird. Wenn durch den Dienstvertrag ein Arbeitsverhältnis begründet ist, bedarf die Kündigung der Schriftform (§ 623 BGB). Deren Wahrung richtet sich wie für die Befristungsabrede nach § 126 BGB; im Gegensatz zu dort ist aber die elektronische Form ausgeschlossen. Neben § 623 BGB gelten die Vorschriften des Allgemeinen Teils des BGB über Willenserklärungen. Die Kündigung entfaltet deshalb ihre Wirkung erst mit Zugang der Willenserklärung (§ 130 BGB). Kann sie nur unter Einhaltung einer Frist erklärt werden, so ist für den Fristbeginn auf das Wirksamwerden der Kündigung als Willenserklärung abzustellen. Da die Kündigung ein einseitiges Rechtsgeschäft ist, kann sie bei Erklärung durch einen Bevollmächtigten zurückgewiesen werden, wenn der Bevollmächtigte eine Vollmachtsurkunde nicht vorlegt; die Zurückweisung ist aber ausgeschlossen, wenn der Vollmachtgeber den anderen von der Bevollmächtigung in Kenntnis gesetzt hatte (§ 174 BGB).

Eine Teilkündigung des Dienstvertrags ist nur zulässig, wenn sie vereinbart ist. Soweit **140** sie sich auf Entgeltleistungen bezieht, handelt es sich aber rechtsdogmatisch um keine Kündigung, sondern um einen Widerruf der Entgeltzusage, der nur in Grenzen zulässig ist (vgl § 315 BGB sowie bei der Verwendung vorformulierter Vertragsbedingungen § 308 Nr 4 BGB).

Die Kündigung kann als einseitiges Rechtsgeschäft unter einer Bedingung nur vorge- **141** nommen werden, wenn deren Eintritt vom Willen des Erklärungsgegners abhängt. Damit ist aber die Möglichkeit eröffnet, dass der Kündigende mit der Kündigung ein Vertragsangebot verbindet, wenn er mit ihr nicht die Beendigung des Dienstverhältnisses, sondern nur eine Änderung des Vertragsinhalts bezweckt. Aber auch eine derartige Änderungskündigung ist eine Kündigung, auf die das Kündigungsrecht Anwendung findet.

2. Ordentliche Kündigung

Für die ordentliche Kündigung sieht das BGB Fristen vor. Es unterscheidet für sie **142** das „Dienstverhältnis, das kein Arbeitsverhältnis im Sinne des § 622 ist", für das § 621 BGB gilt, von dem „Arbeitsverhältnis eines Arbeiters oder eines Angestellten (Arbeitnehmers)", für das die Kündigungsfristen in § 622 BGB festgelegt sind. In den Fällen des § 621 BGB richtet sich die Kündigungsfrist nach der zeitlichen Bemessung der Vergütung; sie kann aber auch abweichend vom Gesetz vereinbart werden.

Für ein Arbeitsverhältnis gilt dagegen die Regelung des § 622 BGB, von der nur in **143** dessen Rahmen abgewichen werden kann. Das Kündigungsrecht war ursprünglich sehr zersplittert. Erst das Erste Arbeitsrechtsbereinigungsgesetz vom 14.8.1969 brachte eine einheitliche Regelung über die Kündigungsfristen und die außerordentliche Kündigung im BGB. Sie sah für Arbeiter und Angestellte noch unterschiedliche Kündigungsfristen vor. Nachdem das Bundesverfassungsgericht sie wegen Verstoßes gegen den Gleichheitssatz (Art 3 Abs 1 GG) für verfassungswidrig erklärt hatte,[106] erhielt § 622 BGB durch das Gesetz zur Vereinheitlichung der Kündigungsfristen von Arbei-

---

[106] BVerfGE 82, 126 ff.

tern und Angestellten (Kündigungsfristengesetz) vom 7.10.1993 die Regelung, die einheitlich für alle Arbeitnehmer gilt.

144 Die Regelkündigungsfrist beträgt vier Wochen zum Fünfzehnten oder zum Ende eines Kalendermonats (§ 622 Abs 1 BGB). Für die Kündigung durch den Arbeitgeber richtet sich die Kündigungsfrist nach der Beschäftigungsdauer im Betrieb oder Unternehmen (§ 622 Abs 2 S 1 BGB).[107] Den Tarifvertragsparteien ist gestattet, von der Gesetzesregelung abzuweichen (§ 622 Abs 4 S 1 BGB). Auch wenn Arbeitgeber und Arbeitnehmer nicht tarifgebunden sind, können sie die tarifvertraglichen Bestimmungen übernehmen (§ 622 Abs 4 S 2 BGB).

145 Die Vereinbarung einer Probezeit bedeutet für den Regelfall nicht, dass das Arbeitsverhältnis zur Erprobung befristet ist; es wird vielmehr ein Arbeitsverhältnis auf unbestimmte Zeit begründet. Für diesen Fall ist aber vorgesehen, dass während der vereinbarten Probezeit, längstens jedoch für die Dauer von sechs Monaten, das Arbeitsverhältnis mit einer Frist von zwei Wochen gekündigt werden kann. Im Übrigen kann einzelvertraglich eine kürzere als die Regelkündigungsfrist nur bei einer Einstellung zur vorübergehenden Aushilfe in den ersten drei Monaten und bei Beschäftigung von in der Regel nicht mehr als zwanzig Arbeitnehmern vereinbart werden, wobei im letzteren Fall die Kündigungsfrist vier Wochen nicht unterschreiten darf (§ 622 Abs 5 S 1 BGB). Dagegen ist ohne weiteres zulässig, dass längere als die gesetzlich vorgesehenen Kündigungsfristen einzelvertraglich vereinbart werden können (§ 622 Abs 5 S 2 BGB), wobei für die Kündigung durch den Arbeitnehmer keine längere Frist vereinbart werden darf als für die Kündigung durch den Arbeitgeber (§ 622 Abs 6 BGB).

146 Die ordentliche Kündigung kann durch Vertrag ausgeschlossen werden. Das BGB sichert aber die Freiheit des zur Dienstleistung Verpflichteten. Ist das Dienstverhältnis für die Lebenszeit einer Person oder für längere Zeit als fünf Jahre eingegangen, so kann es von dem Verpflichteten nach dem Ablauf von fünf Jahren gekündigt werden; die Kündigungsfrist beträgt in diesem Fall sechs Monate (§ 624 BGB). Dieselbe Bestimmung wiederholt § 15 Abs 4 TzBfG für das Arbeitsverhältnis. Sie gilt nicht für den Dienstberechtigten, so dass bei Ausschluss der Kündigung ein Arbeitnehmer ordentlich unkündbar wird.

3. Außerordentliche Kündigung

a) Rechtsdogmatische Einordnung

147 Nach § 626 Abs 1 BGB kann das Dienstverhältnis von jedem Vertragsteil aus wichtigem Grund ohne Einhaltung einer Kündigungsfrist gekündigt werden, wenn die Fortsetzung des Dienstverhältnisses entweder bis zum Ablauf der Kündigungsfrist oder bis zu der vereinbarten Beendigung des Dienstverhältnisses nicht zugemutet werden kann. Trotz der amtlichen Überschrift „Fristlose Kündigung aus wichtigem Grund", die § 626 BGB erhalten hat, ist das für diese Kündigungsart wesentliche Merkmal nicht der Verzicht auf die Einhaltung einer Kündigungsfrist. Wenn man vom Arbeitsverhältnis

---

[107] § 622 Abs 2 S 2 BGB nach dem bei der Berechnung der Beschäftigungsdauer Zeiten, die vor der Vollendung des 25. Lebensjahrs des Arbeitnehmers liegen, nicht berücksichtigt werden, verstößt gegen das Diskriminierungsverbot wegen des Alters, das als ein allgemeiner Grundsatz des Europäischen Unionsrechts anzusehen ist, und ist deshalb nicht mehr anwendbar; so EuGH NJW 2010, 427 ff.

absieht, kann nämlich auch für eine ordentliche Kündigung vereinbart werden, dass sie ohne Einhaltung einer Frist ausgesprochen werden kann. Für die BGB-Gesellschaft gilt dies sogar von Gesetzes wegen, wenn keine Kündigungsfrist vereinbart ist (§ 723 BGB). Ebenfalls fristlos ist bei einem Dienstverhältnis, das kein Arbeitsverhältnis ist, nach § 627 Abs 1 BGB die Kündigung auch ohne die in § 626 BGB bezeichnete Voraussetzung zulässig, wenn der zur Dienstleistung Verpflichtete, ohne in einem dauernden Dienstverhältnis mit festen Bezügen zu stehen, Dienste höherer Art zu leisten hat, die auf Grund besonderen Vertrauens übertragen zu werden pflegen. Bei der Einräumung dieses Sonderkündigungsrechts dachte der Gesetzgeber an die Dienste der Ärzte, Lehrer und Rechtsanwälte.[108] Erfasst werden aber auch Partnerschafts- oder Eheanbahnungsdienstverträge.[109] Eine Grenze besteht hier insoweit, als der Verpflichtete nur in der Art kündigen darf, dass sich der Dienstberechtigte die Dienste anderweitig beschaffen kann, wenn kein wichtiger Grund für die unzeitige Kündigung vorliegt (§ 627 Abs 2 BGB).

148 Die Besonderheit der in § 626 BGB geregelten Kündigung liegt nicht in deren Fristlosigkeit, sondern in der Notwendigkeit eines wichtigen Grundes. Sie ist als *außerordentliche Kündigung* konzipiert. Sie kommt nicht nur in Betracht, wenn wie im Regelfall bei einem befristeten Dienstverhältnis die ordentliche Kündigung ausscheidet, sondern sie ist auch bei der Möglichkeit einer ordentlichen Kündigung zulässig, wenn dem Kündigenden der Ablauf der Kündigungsfrist nicht zugemutet werden kann. Sie bildet einen Sonderfall der in § 314 BGB geregelten Kündigung von Dauerschuldverhältnissen aus wichtigem Grund.

149 Da die außerordentliche Kündigung voraussetzt, dass die Fortsetzung des Dienstverhältnisses dem Kündigenden nicht zugemutet werden kann, kann sie im Gegensatz zur ordentlichen Kündigung nicht durch Vertrag ausgeschlossen werden. Die Vertragstreue steht unter dem Vorbehalt der Zumutbarkeit (vgl auch § 275 Abs 3 BGB). Durch Vertrag kann deshalb nicht verbindlich festgelegt werden, was unzumutbar ist. Entsprechend bestimmt für die Gesellschaft § 723 Abs 3 BGB, dass eine Vereinbarung, die das Kündigungsrecht aus wichtigem Grund ausschließt, nichtig ist. In Betracht kann nur kommen, dass die Vertragsparteien festlegen, dass bestimmte Tatsachen keinen wichtigen Grund iS des § 626 Abs 1 BGB darstellen, weil durch eine derartige Vertragsabrede klargestellt ist, dass beim Eintritt dieser Tatsachen die Fortsetzung des Dienstverhältnisses zugemutet werden kann.

b) Wichtiger Grund

150 Jeder Vertragsteil ist zur fristlosen Kündigung aus wichtigem Grund berechtigt, wenn Tatsachen vorliegen, auf Grund derer ihm, wie es im Gesetzestext heißt, „unter Berücksichtigung aller Umstände des Einzelfalles und unter Abwägung der Interessen beider Vertragsteile die Fortsetzung des Dienstverhältnisses bis zum Ablauf der Kündigungsfrist oder bis zu der vereinbarten Beendigung des Dienstverhältnisses nicht zugemutet werden kann" (§ 626 Abs 1 BGB). Daraus folgt, dass es keine absoluten Kündigungsgründe gibt, die eine außerordentliche Kündigung rechtfertigen. Soweit es um die Kündigung durch den Arbeitgeber geht, prüft deshalb das Bundesarbeitsgericht zweistufig. Zunächst wird gefragt, ob ein bestimmter Sachverhalt ohne die besonderen Umstände des Einzelfalles an sich geeignet ist, einen wichtigen Kündigungs-

---

[108] Prot II 302.

[109] BGHZ 106, 341, 345 f; BGH NJW 1999, 276 ff.

grund abzugeben.[110] Liegt ein solcher Sachverhalt vor, so prüft es sodann, ob die Fortsetzung des Arbeitsverhältnisses unter Berücksichtigung der konkreten Umstände des Einzelfalles und der Abwägung der Interessen beider Vertragsteile zumutbar ist oder nicht.

151 Eine außerordentliche Kündigung kommt vor allem bei Vertragsstörungen in Betracht. Für deren Beurteilung gilt zur sachlichen Rechtfertigung der Kündigung das Prognoseprinzip.[111] Rechtssystematisch geht es nicht um die Abwicklung einer Leistungsstörung in der Vergangenheit, sondern um die Belastung des Dienstverhältnisses in der Zukunft durch eine in der Vergangenheit begangene Störung der Vertragsbeziehung. Daraus folgt zugleich, dass § 314 Abs 2 BGB auch im Rahmen des § 626 BGB Anwendung findet: Für den Regelfall gilt, dass bei Verletzung einer Pflicht aus dem Vertrag die Kündigung erst nach erfolglosem Ablauf einer zur Abhilfe bestimmten Frist oder nach erfolgloser Abmahnung zulässig ist.

152 Da es um die Belastung der Vertragsbeziehung für die Zukunft geht, ist ein Verschulden keine notwendige Voraussetzung zur sachlichen Rechtfertigung einer außerordentlichen Kündigung. Das ist vor allem zu beachten, wenn der zur Dienstleistung Verpflichtete die Fähigkeit oder die Eignung verloren hat, die geschuldeten Dienste ganz oder teilweise zu erbringen. Aus betrieblichen Gründen besteht im Allgemeinen kein Recht zur außerordentlichen Kündigung. Wenn aber die ordentliche Kündigung ausgeschlossen ist, können betriebliche Gründe in besonders gelagerten Fällen gleichwohl eine Kündigung rechtfertigen, wobei nach dem Bundesarbeitsgericht eine der Frist für die ordentliche Kündigung entsprechende Auslauffrist zu wahren ist.[112]

c) Ausschlussfrist für die Geltendmachung eines wichtigen Grundes

153 Die außerordentliche Kündigung kann nur innerhalb von zwei Wochen erfolgen (§ 626 Abs 2 S 1 BGB). Die Frist beginnt mit dem Zeitpunkt, in dem der Kündigungsberechtigte von den für die Kündigung maßgebenden Tatsachen Kenntnis erlangt (§ 626 Abs 2 S 2 BGB). Nach Ablauf der Frist wird unwiderleglich vermutet, dass die Fortsetzung des Dienstverhältnisses für den Kündigenden nicht mehr unzumutbar ist. Wenn für den Dienstberechtigten wie im Regelfall bei einer juristischen Person ein Kollegialorgan vertretungsberechtigt ist, stellt sich das Problem der Wissensvertretung. Prinzipiell genügt das Wissen eines Mitglieds des zuständigen Vertretungsorgans.[113] Die Kenntnis eines Dritten muss der Kündigungsberechtigte sich dann zurechnen lassen, wenn er eine ähnlich selbständige Stellung hat wie gesetzliche oder rechtsgeschäftliche Vertreter des Dienstberechtigten.[114]

154 Keine Wirksamkeitsvoraussetzung der außerordentlichen Kündigung ist die Mitteilung des Kündigungsgrunds. Nach § 626 Abs 2 S 3 BGB muss der Kündigende aber dem anderen Teil auf Verlangen den Kündigungsgrund unverzüglich schriftlich mitteilen. Beim Arbeitsverhältnis hat man aber zu beachten, dass der Arbeitgeber gegenüber dem Betriebsrat den Kündigungsentschluss begründen muss. Geschieht dies nicht, so ist der Betriebsrat nicht ordnungsgemäß beteiligt worden. Eine ohne Anhörung des

---

[110] BAG AP Nr 101 zu § 626 BGB (unter I 2 b bb der Gründe).
[111] Grundlegend PREIS, Prinzipien des Kündigungsrechts bei Arbeitsverhältnissen (1987) 322 ff.
[112] Vgl BAG AP Nr 181 zu § 626 BGB.
[113] Vgl STAUDINGER/PREIS (2016) § 626 Rn 304.
[114] Vgl zur Wissensvertretung RICHARDI, Die Wissensvertretung, AcP 169 (1969) 385 ff.

Betriebsrats ausgesprochene Kündigung ist aber unwirksam (§ 102 Abs 1 S 3 BetrVG). Die gleiche Rechtslage besteht bei Arbeitnehmern des öffentlichen Dienstes, wenn die Personalvertretung nicht beteiligt worden ist (§§ 79 Abs 4, 108 Abs 2 BPersVG).

d) Teilvergütung und Schadensersatz bei fristloser Kündigung

Bei fristloser Kündigung kann der Verpflichtete einen seinen bisherigen Leistungen entsprechenden Teil der Vergütung verlangen (§ 628 Abs 1 S 1 BGB). Hat er aber durch sein vertragswidriges Verhalten die Kündigung veranlasst, so steht ihm ein Anspruch auf die Vergütung insoweit nicht zu, als seine bisherigen Leistungen infolge der Kündigung für den anderen Teil kein Interesse haben (§ 628 Abs 1 S 2 BGB). **155**

Hat der andere Teil durch vertragswidriges Verhalten Anlass zur außerordentlichen Kündigung gegeben, so ist er zum Ersatz des durch die Aufhebung des Dienstverhältnisses entstehenden Schadens verpflichtet (§ 628 Abs 2 BGB). Diese Bestimmung ist dispositiv; die Vereinbarung einer Pauschale kann aber bei Verwendung Allgemeiner Geschäftsbedingungen nur in den Grenzen des § 309 Nr 5 BGB vereinbart werden. Die Festlegung einer Vertragsstrafe in Allgemeinen Geschäftsbedingungen ist gemäß § 309 Nr 6 BGB unwirksam. Nicht erfasst werden aber Arbeitsverträge, da bei der Anwendung auf sie die im Arbeitsrecht geltenden Besonderheiten angemessen zu berücksichtigen sind (§ 310 Abs 4 S 2 BGB); die Unwirksamkeit einer formularmäßigen Vertragsstrafenabrede kann sich jedoch daraus ergeben, dass sie den Arbeitnehmer entgegen den Geboten von Treu und Glauben unangemessen benachteiligt (§ 307 Abs 1 S 1 BGB).[115] **156**

XI. Kündigungsschutz und Geltendmachung einer rechtsunwirksamen Arbeitgeberkündigung

1. Beschränkung der Kündigungsfreiheit des Arbeitgebers durch den gesetzlichen Kündigungsschutz

Die Kündigungsfreiheit des Arbeitgebers ist durch den allgemeinen und besonderen Kündigungsschutz eingeschränkt. Das Kündigungsschutzgesetz regelt den allgemeinen Kündigungsschutz in seinem Ersten Abschnitt (§§ 1 bis 14 KSchG). Unter den Geltungsbereich dieser Regelung fallen nicht Kleinbetriebe. Die Abgrenzung ist gesetzestechnisch missglückt. Seit dem Gesetz zu Reformen am Arbeitsmarkt vom 24.12.2003 gilt nach § 23 Abs 1 S 3 KSchG die Regelung über den allgemeinen Kündigungsschutz nicht für Betriebe, in denen in der Regel zehn oder weniger Arbeitnehmer ausschließlich der zu ihrer Berufsbildung Beschäftigten beschäftigt werden, wobei teilzeitbeschäftigte Arbeitnehmer von nicht mehr als 20 Stunden zur Hälfte und von nicht mehr als 30 Stunden zu 75 Prozent berücksichtigt werden (§ 23 Abs 1 S 4 KSchG). Für Arbeitnehmer, deren Arbeitsverhältnis vor dem Inkrafttreten der Neuregelung begonnen hat, liegt die Grenze, wie sich aus Satz 2 des § 23 Abs 1 KSchG ergibt, wie vor dem Inkrafttreten des Satzes 3 bei fünf Arbeitnehmern. Durch die Erhöhung des Schwellenwerts verlieren aber auch sie den Kündigungsschutz, wenn von ihnen nur noch fünf beschäftigt werden, auch wenn durch Neueinstellungen diese Zahl überschritten wird. Der Gesetzestext berücksichtigt außerdem nicht, dass bei verfassungskonformer Interpretation die Bereichsausnahme für einen Kleinbetrieb innerhalb **157**

---

[115] Vgl BAG AP Nr 3 zu § 309 BGB.

eines Unternehmens gegenüber den betroffenen Arbeitnehmern sachlich begründet sein muss.[116]

158 Soweit das Arbeitsverhältnis vom Geltungsbereich der Gesetzesregelung erfasst wird, ist die Kündigung gegenüber einem Arbeitnehmer, dessen Arbeitsverhältnis in demselben Betrieb oder Unternehmen ohne Unterbrechung länger als sechs Monate bestanden hat, rechtsunwirksam, wenn sie sozial nicht gerechtfertigt ist (§ 1 Abs 1 KSchG). Der Mangel der Sozialwidrigkeit ist geheilt, wenn der Arbeitnehmer versäumt, ihn rechtzeitig gerichtlich geltend zu machen (§§ 4 S 1, 7 KSchG).

159 Der Kündigungsschutz gilt auch, wenn der Arbeitgeber mit der Kündigung ein Vertragsangebot verbindet, das Arbeitsverhältnis zu geänderten Arbeitsbedingungen fortzusetzen. Bei einer derartigen Änderungskündigung kann der Arbeitnehmer wählen, ob er gegen die Beendigung des Arbeitsverhältnisses durch die Kündigung oder nur gegen die Änderung der Arbeitsbedingungen vorgehen will. Im letzteren Fall muss er das Angebot des Arbeitgebers innerhalb der Kündigungsfrist, spätestens jedoch innerhalb von drei Wochen nach Zugang der Kündigung unter dem Vorbehalt annehmen, dass die Änderung der Arbeitsbedingungen nicht sozial ungerechtfertigt ist, und er muss sodann fristgerecht die Klage auf Feststellung erheben, dass die Änderung der Arbeitsbedingungen sozial ungerechtfertigt ist (§§ 2, 4 S 2 KSchG). Der Vorteil dieser Befugnis (als Ausnahme zu § 150 Abs 2) liegt darin, dass der Arbeitnehmer nicht seinen Arbeitsplatz verliert, wenn sich herausstellt, dass der Arbeitgeber im Recht ist.

160 Neben dem allgemeinen Kündigungsschutz regelt das Kündigungsschutzgesetz den besonderen Kündigungsschutz im Rahmen der Betriebsverfassung und der Personalvertretung: Mitgliedern eines Betriebsrats, einer Personalvertretung oder einer Jugend- und Auszubildendenvertretung gegenüber ist grundsätzlich nur eine außerordentliche Kündigung aus wichtigem Grund zulässig, die der Zustimmung des Betriebsrats bzw der zuständigen Personalvertretung bedarf (§§ 15, 16 KSchG iVm § 103 BetrVG bzw §§ 47, 108 BPersVG). Der besondere Kündigungsschutz besteht noch innerhalb eines Jahres nach Erlöschen der Mitgliedschaft. Doch bedarf in diesem Fall die außerordentliche Kündigung nicht der Zustimmung des Betriebsrats bzw der zuständigen Personalvertretung. Der besondere Kündigungsschutz gilt weiterhin für Mitglieder des Wahlvorstands und für Wahlbewerber, hier allerdings nur in einem Nachwirkungszeitraum von sechs Monaten nach Bekanntgabe des Wahlergebnisses.

161 Einen besonderen Kündigungsschutz haben Frauen während der Schwangerschaft, bis zum Ablauf von vier Monaten nach einer Fehlgeburt nach der zwölften Schwangerschaftswoche und bis zum Ende ihrer Schutzfrist nach der Entbindung, mindestens jedoch bis zum Ablauf von vier Monaten nach der Entbindung. Er verbietet dem Arbeitgeber nicht nur eine ordentliche, sondern auch eine außerordentliche Kündigung aus wichtigem Grund, wenn ihm zur Zeit der Kündigung die Schwangerschaft, Fehlgeburt oder Entbindung bekannt war oder innerhalb von zwei Wochen nach Zugang der Kündigung mitgeteilt wird (§ 17 MuSchG). Es genügt, dass die Arbeitnehmerin mitteilt, eine Schwangerschaft sei wahrscheinlich oder werde vermutet, sofern sie den Nachweis in angemessener Frist erbringt. Das Überschreiten der Frist ist unschädlich, wenn sie ohne ihr Verschulden dem Arbeitgeber nicht innerhalb zweier

---
[116] Vgl BVerfGE 97, 169 ff; BAG AP Nr 48 zu § 23 KSchG 1969.

Wochen mitteilen kann, dass sie schwanger ist, dies aber unverzüglich nachholt. Zur Sicherung der Kindesbetreuung in den ersten drei Jahren gewährt das Bundeselterngeld- und Elternzeitgesetz einen Anspruch auf Elternzeit. Der Arbeitgeber darf das Arbeitsverhältnis ab Verlangen und während der Elternzeit nicht kündigen (§ 18 BEEG).

Schließlich besteht für schwerbehinderte Menschen ein besonderer Kündigungsschutz **162** (§§ 168–175 SGB IX). Sofern keine Ausnahme eingreift, bedarf die Kündigung eines Schwerbehinderten durch den Arbeitgeber der vorherigen Zustimmung des Integrationsamts (§ 168 SGB IX). Dies gilt auch bei einer außerordentlichen Kündigung, und zwar unabhängig davon, ob die Kündigung ihre Ursache in der Behinderung hat oder nicht. Der Unterschied besteht lediglich darin, dass bei der außerordentlichen Kündigung die Zustimmung als erteilt gilt, wenn das Integrationsamt seine Entscheidung nicht fristgerecht trifft.

2. Soziale Rechtfertigung einer ordentlichen Kündigung

Unterliegt ein Arbeitnehmer für sein Arbeitsverhältnis dem allgemeinen Kündigungs- **163** schutz, so muss eine ordentliche Kündigung durch den Arbeitgeber sozial gerechtfertigt sein. Der Unterschied zur außerordentlichen Kündigung ist daher in diesem Fall nur noch graduell. Der Arbeitgeber muss auch für die ordentliche Kündigung einen Grund haben. Stammt die Kündigungsursache aus der Sphäre des Arbeitnehmers, so muss ein Grund in seiner Person oder seinem Verhalten sie rechtfertigen (§ 1 Abs 2 S 1 KSchG). Stammt die Kündigungsursache aus der Sphäre des Arbeitgebers, so ist die Kündigung nur sozial gerechtfertigt, wenn dringende betriebliche Erfordernisse einer Weiterbeschäftigung entgegenstehen und der Arbeitgeber der sozialen Auswahlpflicht genügt hat (§ 1 Abs 2 bis 5 KSchG).

Die verhaltensbedingte Kündigung ist ein Unterfall der personenbedingten Kündi- **164** gung. Sie unterscheidet sich von ihr nur dadurch, dass der Kündigungsgrund in einem Verhalten des Arbeitnehmers liegt, regelmäßig also in einer Vertragspflichtverletzung, wobei wie bei der außerordentlichen Kündigung ein Fehlverhalten in der Vergangenheit nur dann die Kündigung rechtfertigt, wenn es in Zukunft das Arbeitsverhältnis belastet. Deshalb besteht die Notwendigkeit einer Abmahnung vor Ausspruch der Kündigung.

Bei der personenbedingten Kündigung im engeren Sinn handelt es sich um Fälle, in **165** denen der Arbeitnehmer die Eignung oder Fähigkeit verliert, die geschuldete Arbeitsleistung ganz oder teilweise zu erbringen, zB wegen einer Krankheit. Doch muss gerade hier berücksichtigt werden, dass eine Erkrankung im Allgemeinen kein Grund zur Kündigung ist; denn der Arbeitgeber hat, wenn Arbeitsunfähigkeit infolge einer Erkrankung eintritt, sogar für die Dauer von sechs Wochen das Entgelt fortzuzahlen. Es muss sich deshalb um eine langanhaltende oder häufige krankheitsbedingte Arbeitsunfähigkeit handeln. Dann kann eine ordentliche Kündigung in Betracht kommen, wenn die Wiederherstellung der Leistungsfähigkeit nicht abzusehen ist und aus betrieblichen Gründen eine Wiederbesetzung des Arbeitsplatzes notwendig wird.

Da dem Arbeitgeber durch das Grundrecht der Berufsfreiheit (Art 12 Abs 1 GG) **166** gewährleistet ist, seine Funktion als Arbeitgeber aufzugeben, kann der Kündigungsschutz dies nicht ausschließen. Nach § 1 Abs 2 S 1 KSchG reicht aber nicht jeder betriebsbedingte Kündigungsgrund für die Kündigung, sondern nur ein dringendes betriebliches Erfordernis, das einer Weiterbeschäftigung im Betrieb entgegensteht, wobei auch hier letztlich auf das Unternehmen abzustellen ist. Damit wird der Grundsatz der Erforderlichkeit zum Leitgedanken der Rechtfertigung einer Kündigung. Die dringenden betrieblichen Erfordernisse begrenzen und legitimieren die betriebsbedingte Kündigung zugleich. Sie kann nur sozial gerechtfertigt sein, wenn mit ihr der Zweck, den Personalbestand dem Personalbedarf anzupassen, verfolgt wird. Von weiteren Ausführungen zur sozialen Rechtfertigung einer ordentlichen Kündigung wird hier abgesehen und auf die umfangreiche Literatur verwiesen.[117]

3. Geltendmachung der Rechtsunwirksamkeit einer Kündigung

167 Nach § 1 Abs 1 KSchG ist die Kündigung des Arbeitsverhältnisses gegenüber einem Arbeitnehmer rechtsunwirksam, wenn sie sozial ungerechtfertigt ist. Damit dies aber nicht in der Schwebe bleibt, hat das Kündigungsschutzgesetz vom 10.8.1951 schon von seinem Anfang an verlangt, dass die Sozialwidrigkeit innerhalb von drei Wochen nach Zugang der Kündigung durch Erhebung einer Klage beim Arbeitsgericht auf Feststellung geltend gemacht wird, dass das Arbeitsverhältnis durch die Kündigung nicht aufgelöst ist (§ 4 S 1 KSchG). Geschieht dies nicht, so gilt die Kündigung als von Anfang an rechtswirksam (§ 7 KSchG). Diese Regelung wurde auf die Geltendmachung der Rechtsunwirksamkeit einer außerordentlichen Kündigung erstreckt (§ 13 Abs 1 S 2 KSchG).

168 Die für den Kündigungsschutz und die Rechtsunwirksamkeit einer außerordentlichen Kündigung wegen des Fehlens eines wichtigen Grundes vorgesehene Dreiwochenfrist zur Erhebung einer Feststellungsklage hat das Gesetz zu Reformen am Arbeitsmarkt vom 24.12.2003, wenn man von der Beachtung der Schriftform (§ 623 BGB) absieht, auf alle Gründe der Rechtsunwirksamkeit einer Kündigung erstreckt. Diese Obliegenheit gilt für Arbeitnehmer auch, soweit kein Kündigungsschutz besteht; denn in höchst gekünstelter Form ist in § 23 Abs 1 S 2 und 3 KSchG festgelegt, dass die Ausnahme der Gesetzesregelung über den allgemeinen Kündigungsschutz „mit Ausnahme der §§ 4 bis 7 und des § 13 Abs 1 S 1 und 2" gilt. Daraus folgt generell für jedes Arbeitsverhältnis: Will ein Arbeitnehmer geltend machen, dass eine Kündigung rechtsunwirksam ist, so muss er innerhalb von drei Wochen nach Zugang der schriftlichen Kündigung Klage beim Arbeitsgericht auf Feststellung erheben, dass das Arbeitsverhältnis durch die Kündigung nicht aufgelöst ist (§ 4 S 1 KSchG). Wird die Rechtsunwirksamkeit nicht rechtzeitig geltend gemacht, so gilt die Kündigung als von Anfang an wirksam (§ 7 KSchG).

169 Dieses Beispiel missglückter Gesetzgebungstechnik zeigt, dass zur Bewahrung und Sicherung eines sozialen Rechtsstaats eine Kodifikation des Arbeitsvertragsrechts notwendig ist, die nur glücken kann, wenn man die bis auf das römische Recht zurückreichende Regelung über den Dienstvertrag im BGB einbezieht.

---

[117] Vgl zB ASCHEID/PREIS/SCHMIDT (Hrsg), Kündigungsrecht: Großkommentar zum gesamten Recht der Beendigung des Arbeitsverhältnisses (4. Aufl 2012); ETZEL/BADER und andere, Gemeinschaftskommentar zum Kündigungsschutzgesetz und zu sonstigen kündigungsschutzrechtlichen Vorschriften (KR) (11. Aufl 2016); vHOYNINGEN-HUENE/LINCK/KRAUSE, KSchG (15. Aufl 2013); ANNUSS, Betriebsbedingte Kündigung und arbeitsvertragliche Bindung (2004).

XII. Digitale Beschäftigung

Digitale Informations- und Kommunikationstechnologien beherrschen zunehmend den Alltag und damit auch die Arbeitswelt. Nach der Legaldefinition in § 312 f Abs 3 BGB sind digitale Inhalte die nicht auf einem körperlichen Datenträger befindlichen Daten, die in digitaler Form hergestellt und bereitgestellt werden. Schlagworte wie „Industrie 4.0" und „Arbeiten 4.0" sollen die Herausforderung an die Arbeitswelt bestimmen. Der digitale Wandel stellt die Zivilrechtsordnung vor Rechtsanwendungsprobleme, berührt aber nicht ihre Rechtsgrundlagen.

170

Die computergesteuerte Informationstechnik ermöglicht es, dass Arbeitsleistungen, die bisher nur in einer Betriebsstätte erbracht werden konnten, an einen anderen Ort, insbesondere in den Privatbereich verlagert werden. Nach der Klarstellung im zweiten Satzteil des § 5 Abs 1 S 1 BetrVG spielt für den betriebsverfassungsrechtlichen Arbeitnehmerbegriff keine Rolle, ob die Arbeitnehmer „im Betrieb, im Außendienst oder mit Telearbeit beschäftigt werden". Das gilt auch allgemein für den Dienstvertrag. Die Besonderheit der Telearbeit besteht darin, dass die vom Arbeitnehmer erzielten Arbeitsergebnisse durch Einrichtungen der Kommunikationstechnik an einen anderen Ort übermittelt werden, um den Betriebszweck zu erfüllen. Bei einem Arbeitsvertrag ist darauf abzustellen, ob der Arbeitgeber innerhalb eines bestimmten zeitlichen Rahmens über die Arbeitsleistung des Mitarbeiters verfügen kann. Es ist kein durch die Besonderheit der technischen Überwachung geprägter Arbeitnehmerbegriff zu bilden. Der technische Tatbestand ist nur insoweit von Bedeutung, als man es als Indiz für die Arbeitnehmereigenschaft werten kann, wenn der mit einem entsprechenden Programm ausgestattete Rechner dem Auftraggeber ermöglicht, die Arbeit zu überwachen.

171

Die Telearbeit ermöglicht es, eine virtuelle Arbeitsorganisation zu bilden, in der die arbeitstechnischen Zwecke losgelöst von einer physischen Betriebsstätte verfolgt werden. In einem matrixorganisierten Unternehmen oder Konzern können daher virtuelle „Matrixbetriebe" bestehen. Das wird aber höchst selten sein. Zumeist erhalten „Matrixmanager" die Möglichkeit, Weisungen im Betrieb zu erteilen, für deren Verbindlichkeit das Rechtsinstitut der Stellvertretung die Rechtsgrundlage bildet, wenn der „Matrixmanager" nicht zur Betriebsleitung gehört. Eine neue Form der Beschäftigung wird unter dem Begriff des Crowdwork erfasst. Die Erscheinungsformen sind vielfältig.[118] Bestimmte Arbeitsaufgaben sind auf eine Internetplattform gestellt und können im Internet erfüllt werden. Beim externen Crowdworking, das jedem Internetnutzer offensteht, fehlt zumeist die rechtliche Bindung des Nutzers, so dass insoweit kein Beschäftigungsverhältnis besteht. Sollte sie bestehen, so scheitert die Anerkennung eines Arbeitsverhältnisses daran, dass kein bestimmter zeitlicher Rahmen für die Arbeitsleistung verbindlich festgelegt ist. In Betracht kann nur kommen, dass der Crowdworker zu den arbeitnehmerähnlichen Personen zählt. Beim internen Crowdworking erfolgt die Leistung der digitalen Dienste durch im Unternehmen oder Konzern beschäftigte Arbeitnehmer. Hier besteht stets ein Arbeitsvertrag, auch wenn die Leistungen der digitalen Inhalte einem Dritten erbracht werden.

172

---

[118] Vgl Däubler/Klebe NZA 215, 1032 ff.

XIII. Leiharbeit als drittbezogener Personaleinsatz

173 Von einem Leiharbeitsverhältnis spricht man, wenn ein Arbeitgeber (Verleiher) einem anderen Unternehmen (Entleiher) Arbeitskräfte zur Arbeitsleistung zur Verfügung stellt, die voll in den Betrieb des Entleihers eingegliedert sind und ihre Arbeiten allein nach dessen Weisungen ausführen. Nach traditioneller Unterscheidung bezeichnete man es als echtes Leiharbeitsverhältnis, wenn der Arbeitnehmer nur gelegentlich einem anderen zur Beschäftigung überlassen wird, seine Einstellung aber zum Zweck der Arbeitsleistung im eigenen Betrieb erfolgt, im Gegensatz zum unechten Leiharbeitsverhältnis, bei dem er von vornherein nur oder in erster Linie angestellt wird, um ihn einem Dritten zur Arbeitsleistung zu überlassen. Im letzteren Fall geht es vor allem um die sog Zeitarbeit, bei der ein Unternehmer von ihm angestellte Arbeitnehmer Dritten gewerbsmäßig zur Arbeitsleistung überlässt.

174 Für die Zeitarbeit, von der heute circa eine Million Beschäftigte erfasst werden, erging das Gesetz zur Regelung der Arbeitnehmerüberlassung (Arbeitnehmerüberlassungsgesetz – AÜG) zur Sicherung einer Abgrenzung von der Arbeitsvermittlung. Es ist daher in seiner ursprünglichen Fassung als gewerberechtliche Regelung konzipiert. Es soll sichergestellt werden, dass der Verleiher eine Betriebsorganisation hat, die ihn befähigt, die üblichen Arbeitgeberpflichten ordnungsgemäß zu erfüllen und das Arbeitgeberrisiko zu tragen (vgl § 3 AÜG). Das Gesetz enthält heute auf Grund von Novellierungen, insbesondere der AÜG-Reform 2017 vor allem arbeitsrechtliche Bestimmungen für das Leiharbeitsverhältnis.

175 Nach der früheren, bis zum 30.11.2011 geltenden Rechtslage unterschied das Gesetz danach, ob der Arbeitgeber die Arbeitnehmerüberlassung gewerbsmäßig oder nicht gewerbsmäßig betrieb, und nahm nur für den ersteren Fall eine Erlaubnispflicht an. Das Gesetz knüpft in der seitdem geänderten Fassung nunmehr daran an, dass Verleiher die Arbeitnehmerüberlassung „im Rahmen ihrer wirtschaftlichen Tätigkeit" erbringen (§ 1 Abs 1 S 1 AÜG). Dies bedeutet eine erhebliche Ausweitung des Anwendungsbereichs, weil nunmehr, anders als früher, eine Gewinnerzielungsabsicht des Verleihers nicht mehr erforderlich ist und daher auch gemeinnützig handelnde, zB karitative Unternehmen, und Personalführungsgesellschaften im Konzern erfasst sind sowie die Personalgestellungen von Arbeitnehmern des öffentlichen Dienstes außerhalb des hoheitlichen Bereichs. Ausnahmen vom Anwendungsbereich normiert § 1 Abs 3 AÜG, nach dessen Nr 2a das AÜG weitgehend nicht anwendbar ist, wenn die Überlassung nur gelegentlich erfolgt und der Arbeitnehmer nicht zum Zweck der Überlassung eingestellt und beschäftigt wird.

176 Soweit das Gesetz Anwendung findet, bedürfen Arbeitgeber, die als Verleiher Arbeitnehmer im Rahmen ihrer wirtschaftlichen Tätigkeit zur Arbeitsleistung überlassen wollen, der Erlaubnis (§ 1 Abs 1 S 1 AÜG). Die Überlassung und das Tätigwerdenlassen von Arbeitnehmern als Leiharbeitnehmer sind nur zulässig, soweit zwischen dem Verleiher und dem Leiharbeitnehmer ein Arbeitsverhältnis besteht. Verleiher und Entleiher haben die Überlassung von Leiharbeitnehmern in ihrem Vertrag ausdrücklich als Arbeitnehmerüberlassung zu bezeichnen, bevor sie den Leiharbeitnehmer überlassen oder tätig werden lassen. Vor der Überlassung haben sie die Person des Leiharbeitnehmers unter Bezugnahme auf diesen Vertrag zu konkretisieren. Verfügt der Verleiher nicht über die erforderliche Erlaubnis, so ist der Vertrag zwischen ihm und dem Leiharbeitnehmer nach § 9 Abs 1 Nr 1 AÜG unwirksam, sobald mit der

Überlassung die Fiktion nach § 10 Abs 1 S 1 AÜG eintritt, dass ein Arbeitsverhältnis mit dem Entleiher als zustande gekommen gilt.[119] Sie tritt nicht ein, wenn der Leiharbeitnehmer erklärt, dass er an dem Arbeitsvertrag mit dem Verleiher festhält (§ 9 Abs 1 Nr 1 AÜG).

Die Überlassung von Arbeitnehmern an Entleiher erfolgt vorübergehend, und zwar ab dem 1.4.2017 im Regelfall bis zu einer Überlassungsdauer von 18 Monaten (§ 1b AÜG). Der Verleiher darf denselben Leiharbeitnehmer nicht länger als 18 aufeinander folgende Monate demselben Entleiher überlassen; der Entleiher darf denselben Leiharbeitnehmer nicht länger als 18 aufeinander folgende Monate tätig werden lassen. Der Zeitraum vorheriger Überlassungen durch denselben oder einen anderen Verleiher an denselben Entleiher ist vollständig anzurechnen, wenn zwischen den Einsätzen jeweils nicht mehr als drei Monate liegen. In einem Tarifvertrag von Tarifvertragsparteien der Einsatzbranche kann eine abweichende Überlassungshöchstdauer festgelegt werden. Im Geltungsbereich eines derartigen Tarifvertrages können abweichende tarifvertragliche Regelungen im Betrieb eines nicht tarifgebundenen Entleihers durch Betriebs- oder Dienstvereinbarung bis zu einer Überlassungshöchstdauer von 24 Monaten übernommen werden, soweit nicht durch den Tarifvertrag eine abweichende Überlassungshöchstdauer für Betriebs- oder Dienstvereinbarungen festgelegt ist. Die Kirchen und die öffentlich-rechtlichen Religionsgesellschaften können abweichende Überlassungshöchstdauern in ihren Regelungen vorsehen.

Als Schranke des Arbeitsvertrags ist der Gleichstellungsgrundsatz konzipiert. Nach der Legaldefinition dieses Grundsatzes ist der Verleiher verpflichtet, dem Leiharbeitnehmer für die Zeit der Überlassung die im Betrieb des Entleihers für einen vergleichbaren Arbeitnehmer des Entleihers geltenden wesentlichen Arbeitsbedingungen einschließlich des Arbeitsentgelts zu gewähren (§ 8 Abs 1 S 1 AÜG). Ein Tarifvertrag kann abweichende Regelungen zulassen (§ 8 Abs 2 AÜG), nach Inkrafttreten der Novellierung am 1.4.2017 im Regelfall nur für neun Monate (§ 8 Abs 4 AÜG). Durch Rechtsverordnung kann eine verbindliche Lohnuntergrenze festgelegt werden (§ 3a AÜG). Der Entleiher darf Leiharbeitnehmer nicht tätig werden lassen, wenn sein Betrieb unmittelbar durch einen Arbeitskampf betroffen ist (§ 11 Abs 5 S 1 AÜG). Das gilt aber nur für Tätigkeiten von Arbeitnehmern, die sich im Arbeitskampf befinden (§ 11 Abs 5 S 2 AÜG).

XIV. Behandlungsvertrag als Vertragstyp für die Erbringung medizinischer Leistungen

1. Gestaltungsformen für die Erbringung medizinischer Leistungen

Das Gesetz zur Verbesserung der Rechte von Patientinnen und Patienten vom 20.2. 2013 fügte den „Untertitel 2. Behandlungsvertrag" in das BGB ein. Durch ihn erhielt der Vertrag über die medizinische Behandlung eines Patienten eine knappe Kodifikation (§§ 630a bis 630h BGB). Das Gesetz erfasst nicht nur die ärztliche Behandlung, sondern auch andere Formen medizinischer Behandlung. Der Gesetzestext ist ungenau; denn Behandelnder ist nach der Legaldefinition des § 630a Abs 1 BGB „derjenige, welcher die medizinische Behandlung eines Patienten zusagt", also bei ärztlicher Behandlung der Arzt. Vertragspartner kann jedoch auch ein Krankenhausträger sein,

---

[119] So jedenfalls BAG NZA 2016, 1168.

für den der Arzt als Erfüllungsgehilfe tätig wird. Entsprechend verschieden sind deshalb die Rechtsbeziehungen zum Patienten.

180 Der Behandlungsvertrag bildet auch die Rechtsgrundlage für den Vergütungsanspruch. Soweit nicht ausdrücklich etwas anderes vereinbart ist, richtet sich das Honorar nach den Gebührenordnungen für Ärzte und Zahnärzte. Die Vergütungspflicht trifft den Patienten als Vertragspartner jedoch nur, „soweit nicht ein Dritter zur Zahlung verpflichtet ist" (§ 630a Abs 1 BGB); denn wer in der gesetzlichen Krankenversicherung versichert ist, erhält die ärztliche Behandlung grundsätzlich als Sach- und Dienstleistung (§§ 2, 11 ff SGB V). Rechtsgrundlage für die Behandlung ist aber auch in diesem Fall der Behandlungsvertrag mit dem Patienten.

2. Inhalt der ärztlichen Behandlungspflicht

181 Die ärztlichen Leistungen, die auf Grund des Behandlungsvertrags zu erbringen sind, bestehen darin, den Patienten nach den Regeln der medizinischen Wissenschaft zu untersuchen und zu behandeln sowie ihn zu informieren. Diagnose und Behandlung haben dem Stand der Wissenschaft zur Behandlungszeit zu entsprechen (§ 630a Abs 2 BGB). Vom Arzt durchgeführte Maßnahmen müssen medizinisch indiziert sein; ist das nicht der Fall, ändert auch eine eventuell vorliegende Einwilligung nichts an der Rechtswidrigkeit des Eingriffs.

182 Die Leistung kann nur durch einen Arzt erbracht werden, auch wenn Vertragspartner kein Arzt, sondern ein Krankenhausträger ist. Für den Arzt als Vertragspartner gilt der Grundsatz der persönlichen Leistungserbringung. Vor Durchführung einer medizinischen Maßnahme, insbesondere eines Eingriffs in den Körper oder die Gesundheit, ist der Behandelnde verpflichtet, die Einwilligung des Patienten einzuholen (§ 630d BGB). Ihre Wirksamkeit setzt im Regelfall dessen Aufklärung voraus (§ 630e BGB).

183 Zur Leistungspflicht gehört, dass zum Zweck der Dokumentation eine Patientenakte geführt wird (§ 630f BGB), in die dem Patienten Einsicht zu gewähren ist (§ 630g BGB).

3. Haftung für ärztliche Fehlleistungen

184 Das Gesetz regelt nicht den Inhalt, sondern nur die Beweislast bei Haftung für Behandlungs- und Aufklärungsfehler (§ 630h BGB). Die Haftung für ärztliche Fehlleistungen folgt der allgemeinen zivilistischen Haftung aus Vertrag und Delikt. Durch Rückgriff auf § 276 Abs 2 BGB hat die Rspr aber beide Seiten miteinander verschmolzen. Abgestellt wird darauf, ob ein Arzt seine berufsspezifische Sorgfaltspflicht verletzt hat, die sich primär nach medizinischen Maßstäben richtet.[120] Soweit es um die Vertragsbeziehungen zum Patienten geht, schuldet der Arzt bzw der Rechtsträger eines Krankenhauses dem Patienten die ärztlichen Maßnahmen, die nach dem Erkenntnisstand der medizinischen Wissenschaft bei gehöriger Sorgfalt geboten sind (§ 630a Abs 2 BGB). Ein Verstoß gegen diese Pflichten stellt eine Vertragsverletzung dar (§ 280 Abs 1 BGB). Soweit es um die deliktische Haftung geht, ist Haftungsgrund die Verletzung von Körper oder Gesundheit iS des § 823 Abs 1 BGB. Die Haftung

---

[120] BGH NJW 1995, 776 (777).

kann sich hier vor allem auch daraus ergeben, dass die zu einer Behandlung notwendige Einwilligung des Patienten fehlt.

Für die Haftung ist der Unterschied wesentlich, ob ein Behandlungsfehler vorliegt, ob **185** der Schaden auf einem Organisationsfehler beruht oder ob die Pflicht zur Aufklärung verletzt wurde. Ist der Arzt, der für eine Fehlleistung in Anspruch genommen wird, nicht Partei des Behandlungsvertrags, so ist seine deliktische Haftung gegenüber dem Patienten nicht eingeschränkt; er kann aber einen Freistellungsanspruch gegen seinen Arbeitgeber haben, soweit dieser im Verhältnis zu ihm den Schaden tragen muss.[121]

---

[121] Siehe hier Rn 70 ff.

Q. Werkvertrag

Frank Peters/Florian Jacoby

Systematische Übersicht

I.	**Entwicklung**	
1.	Vorgeschichte des BGB	1
2.	Das BGB von 1900	2
3.	Weiterentwicklungen	5
4.	Gesetzgeberische Aktivitäten	6
a)	Absicherung des Werklohnanspruchs	7
b)	Die Problematik der Abnahme	8
c)	Die Modernisierung des Schuldrechts	9
5.	G zur Reform des Bauvertragsrechts	10
a)	Neue Vertragstypen	10a
b)	Verbaucherbauvertrag	10b
c)	Planänderung	10c
6.	Europäische Dimension	11
II.	**Der Bauvertrag, Rechtsgrundlagen, die VOB**	14
1.	Entstehung der VOB	15
2.	Die VOB/B	18
a)	Inhalt der VOB/B	19
b)	Rechtsnatur, Einbeziehung	24
c)	Inhaltskontrolle nach den §§ 307 ff	25
III.	**Typische Werkverträge; Abgrenzung zu anderen Vertragstypen**	
1.	Werk, Erfolg	27
a)	Körperliche Werke	27
b)	Geistige Werke	29
2.	Werkvertrag und Dienstvertrag	30
a)	Grundsätzliches	30
b)	Einzelne Verträge	31
3.	Werkvertrag und Kaufvertrag	32
IV.	**Planung und Ausführung**	34
1.	Rechtsnatur der eigenen Planung des Bestellers	35
2.	Planung und Sollbeschaffenheit des Werkes	36
a)	Haftung des Architekten	36
b)	Haftung des Bauunternehmers	37
c)	Sich überschneidende Haftung	44
V.	**Die Parteien des Werkvertrages**	46
1.	Der Besteller	47
a)	Hilfspersonen	48
b)	Einbeziehung Dritter in den Vertrag	51
2.	Der Unternehmer	53
a)	Allgemeines	53
b)	Die Erbringung der Werkleistung	54
c)	Subunternehmer	58
d)	Kein Anspruch auf Durchführung des Vertrages	59
VI.	**Die Flexibilität des Werkvertrages**	62
1.	Notwendige Planungsänderungen	64
2.	Willkürliche Planungsänderungen	67
VII.	**Der Abschluss des Werkvertrages**	
1.	Das vorvertragliche Verhältnis	71
a)	Aufklärungspflichten	71
b)	Kosten der Vertragsanbahnung	72
2.	Form	73
3.	AGB	74
4.	Gesetzliche Verbote	75
VIII.	**Die Entgeltlichkeit des Werkvertrages**	79
1.	Fehlende Preisabrede	80
a)	Rechtsnatur des § 632 Abs 1	81
b)	Die dortigen Umstände	82
c)	Die sich ergebende Vergütung	83
d)	Zur Beweislast	84
2.	Struktur der Vergütung	86
a)	Pauschalpreisvertrag	87
b)	Einheitspreisvertrag	88
c)	Stundenlohnvertrag	91
3.	Die mit der Vergütung abgegoltene Leistung	92
4.	Rechnung und Prüfvermerk	94
IX.	**Die Zahlung des Werklohns**	96
1.	Vorauszahlungen	97
2.	Abschlagszahlungen	98
a)	Die Abschlagszahlung des Bestellers	99

b)	Die ausbleibende Abschlagszahlung	100	c) Gefahrtragung	136
c)	Fälligkeit der Abschlagszahlung	102	**XIII. Die Mängelhaftung des Unternehmers**	
3.	Die Schlusszahlung	105		
a)	Rechnungserteilung	105	1. Der Mängelbegriff	137
b)	Abnahme	107	2. Abnahme	137a
c)	Vorbehaltlose Annahme der Schlusszahlung	113	3. Nacherfüllung	138
			4. Die Fristsetzung und ihre Entbehrlichkeit	143
X.	**Die Absicherung des Werklohnanspruchs**	114	a) Bemessung der Frist	144
1.	Bearbeitung beweglicher Sachen	115	b) Entbehrlichkeit der Fristsetzung	146
2.	Baubereich	116	5. Eigene Nacherfüllung des Bestellers	148
a)	Abschlagszahlungen und § 320	116	6. Schadensersatz	151
b)	Absicherung am Objekt	117	7. Rücktritt	153
c)	Die Bauhandwerkersicherung nach § 648a	118	8. Minderung	155
			9. Verjährung	156
XI.	**Die Erstellung des Werkes**		10. Beschränkungen der Haftung	159
1.	Allgemeines	120	a) Individualvertraglich	159
2.	Dispositionsfreiheit des Unternehmers	125	b) In AGB	160
			11. Erweiterungen der Haftung	161
3.	Zeitrahmen des Vertrages	127	**XIV. Die Kündigung des Werkvertrages**	161a
4.	Behinderungen des Unternehmers	129	1. Die freie Kündigung des Bestellers nach § 648	162
5.	Weitere Einzelheiten	132	a) Die Rechtsnatur der Kündigung	164
XII.	**Die Abnahme**		b) Modifizierter Zahlungsanspruch des Unternehmers	165
1.	Allgemeines	133		
2.	Die Abnahme in ihren Regelungszusammenhängen	134	c) Entsprechende Anwendung	166
a)	Leistungsaustausch	134	2. Kündigung aus wichtigem Grund	167
b)	Gewährleistung	135	3. § 650	171

I. Entwicklung

1. Vorgeschichte des BGB

1 Während der Kauf bis hin zur Modernisierung des Schuldrechts seine Herkunft aus dem klassischen römischen Recht deutlich zum Ausdruck brachte,[1] ist dem Werkvertrag eine derart traditionsreiche Geschichte fremd.[2] Zwar kannten die römischen Juristen durchaus die ihm entsprechende locatio conductio operis, aber wenn sie diese gleichwohl mit Miete, Pacht und Dienstvertrag in dem einen Vertragstyp der *locatio conductio* zusammenfassten, konnte die Eigenständigkeit von Werkleistungen noch nicht hinreichend erfasst werden. Dabei wird man das geringe Interesse wohl mit dem Vorliegen unfreier Arbeit erklären können. So wenden erstmalig die neueren

---

[1] Vgl die Eviktionshaftung des § 440 Abs 2 aF, die Fälle der Schadensersatzpflicht des § 463 aF.
[2] Zur Geschichte des Werkvertrages vgl RIEZLER, Der Werkvertrag (1900) 1 ff; ROTHENBÜCHER, Werkvertrag (Diss München 1906); FELS, Die Sachmängelgewährleistung im Werkvertragsrecht des BGB (Diss Hamburg 2000).

Kodifikationen dem Werkvertrag besondere Aufmerksamkeit zu, voran das preußische Allgemeine Landrecht.[3] Noch in der dem römischen Recht verpflichteten Pandektistik bleibt aber der Werkvertrag ein eher peripherer Betrachtungsgegenstand.[4]

2. Das BGB von 1900

Angesichts dieser Vorgeschichte könnte man erstaunt sein, dass im Jahre 1900 eine gesetzliche Regelung in Kraft treten konnte, die nahezu 100 Jahre lang kaum verändert[5] die Bedürfnisse zu befriedigen vermochte und die auch durch die mehrfachen neuerlichen gesetzgeberischen Eingriffe in ihren Grundstrukturen nicht verändert worden ist. Freilich wird wohl eher das Fehlen historischen Ballasts die Freiheit zu einer sachgerechten Regelung eröffnet haben. **2**

Denn so können die §§ 631 ff BGB in ihrer ursprünglichen Fassung durchaus gewürdigt werden. Insbesondere im Bereich der Gewährleistung ist schon damals der für Besteller wie Unternehmer nützliche *Vorrang der Nachbesserung*[6] vor Wandlung (heute: Rücktritt) und Minderung erkannt worden[7] und hat man den Schadensersatzanspruch des Bestellers in § 635 aF an sachgerechtere Voraussetzungen geknüpft als beim Kauf in § 463 aF (Fahrlässigkeit gegenüber Zusicherung oder Arglist). Vorbildlich nimmt sich aber auch die Regelung des § 648 BGB (§ 649 aF) aus, die es dem Besteller erlaubt, um den Preis der Schadloshaltung des Unternehmers auf die Vollendung des Werkes zu verzichten. **3**

Dabei hat das BGB einen gewissen Paradigmenwechsel vollzogen. Denn die römische Zusammenfassung des Werkvertrages mit der Miete und dem Dienstvertrag betont den Langzeitcharakter des Vertrages, während das BGB in § 641 Abs 1 S 1 BGB dem Kauf ähnlich den einmaligen Austausch von Erfolg und Werklohn herausstellt. Die Erbringung der Werkleistung rückt damit in das Vorfeld dieses Leistungsaustausches. Die Annäherung an den Kauf wird unterstrichen durch die Übernahme der dortigen Begriffe der Wandlung[8] (heute: Rücktritt) und der Minderung; die Gefahrtragungsregelung des § 644 BGB entspricht dem. Vollends leugnet das herkömmliche BGB den Langzeitcharakter des Werkvertrages freilich nicht, wenn es in den §§ 643, 648, 649 BGB gleich drei Möglichkeiten der Kündigung eröffnet. Letztere passt im Vergleich zum Rücktritt regelmäßig besser im Werkvertrag, der sich nur mühsam rückabwickeln lässt. **4**

3. Weiterentwicklungen

Dass der Wortlaut der §§ 631 ff BGB bis hin zum Ausgang des vorigen Jahrhunderts nahezu unverändert blieb, hat Fortentwicklungen durch die Rechtsprechung nicht verhindert. Schon früh hat man gesehen, dass Mängel nicht nur Mangelschäden, sondern auch Mangelfolgeschäden verursachen können, die Verjährung der entsprechenden Ansprüche aber von der Verjährung der Gewährleistungsansprüche getrennt: Anders **5**

---

[3] PrALR I, 11, §§ 925–980.
[4] Vgl nur die karge Darstellung der „Dienstmiethe" bei WINDSCHEID, Lehrbuch der Pandekten (7. Aufl 1891) § 441.
[5] Neu geschaffen wurden 1940 § 648 Abs 2 BGB, 1976 § 633 Abs 2 S 2 aF (= § 635 Abs 2 BGB).

[6] Jetzt §§ 634 Nr 1, 635 BGB, vgl auch die vorrangige *Nachbesserungsbefugnis des Unternehmers*, die sich aus der Notwendigkeit ergibt, ihm vorab dazu eine Frist zu setzen.
[7] § 634 Abs 1 aF.
[8] § 634 aF.

als § 477 aF ist § 638 aF gerade nicht auf Mangelfolgeschäden angewendet worden. Die Unzulänglichkeiten der kaufrechtlichen Gewährleistung haben dazu geführt, dass die Gewährleistung beim Erwerb vom Bauträger[9] im Wesentlichen nach Werkvertragsrecht behandelt wurde,[10] so dass sich die Stellung des Erwerbers deutlich verbesserte. Innerhalb des Gewährleistungsrechts fristete die Befugnis des Bestellers, einen Mangel selbst zu beseitigen, so lange ein Schattendasein, bis man ihm den heute in § 637 Abs 3 BGB ausgewiesenen *Anspruch auf Kostenvorschuss* zur Verfügung stellte.[11] Weitere Verfeinerungen des Gewährleistungsrechts sind hinzugetreten.[12] Außerhalb dieser Materie ist ein allgemeines Recht des Bestellers anerkannt worden, den Vertrag aus wichtigem Grund zu kündigen, heute § 648a BGB.[13]

4. Gesetzgeberische Aktivitäten

6   Seit 1993 sind vielfältige gesetzgeberische Aktivitäten zu verzeichnen. Hier lassen sich vier Anliegen unterscheiden.

7   a)   Ein seit jeher bestehendes Problem ist die *Absicherung des Werklohnanspruchs* des Unternehmers, der diese Vergütung im Wesentlichen erst nach Abschluss seiner oft langwierigen und kostenintensiven Arbeiten erhält. Es ergibt sich weniger bei der Bearbeitung beweglicher Sachen, wo das Unternehmerpfandrecht nach § 647 BGB und jedenfalls § 320 BGB idR dafür sorgen, dass die Sache nicht ohne Bezahlung aus der Hand gegeben werden muss, wohl aber im *Baubereich* (näher u Rn 116 ff). Hier hilft die Bauhandwerkersicherungshypothek nach § 648 wenig, wenn das Grundstück denn zumeist schon wertausschöpfend belastet sein wird. Der Anspruch auf Abschlagszahlungen des § 632a BGB des G zur Beschleunigung fälliger Zahlungen[14] hat immense Bedeutung, insbesondere nachdem nunmehr das G zur Reform des Bauvertragsrechts[15] die Voraussetzungen für den Unternehmer erheblich erleichtert hat (u Rn 102). Vorab ist schon 1993 § 648a BGB (heute § 650f BGB) geschaffen worden.[16] Freilich ist auch dessen Sicherheitsleistung mit mehrfachen Schwächen behaftet: Zunächst treibt sie die Kosten, und verlangt der Unternehmer die Sicherheit vorab, bringt er sich um den Auftrag. Verlangt er sie später,[17] wird sich der Besteller überrumpelt fühlen und verärgert reagieren. So wird die Bestimmung in der Praxis erst nachträglich aktiviert, wenn die Beziehungen in der Phase der Nacherfüllung ohnehin zerrüttet sind,[18] hier wird sie die Gräben zwischen den Parteien eher noch vertiefen.

---

[9] Der Erwerb schlüsselfertiger Häuser oder Wohnungen, bei denen das Kaufrecht die Erwerber ohne einen Nachbesserungsanspruch belassen, sie einer einjährigen Verjährungsfrist ausgesetzt und ihre etwaigen Schadensersatzansprüche an die allzu engen Voraussetzungen des § 463 aF geknüpft hätte.
[10] BGHZ 68, 372 = NJW 1977, 1336; BGH NJW 1973, 1235.
[11] Seit BGHZ 47, 272; jüngst instruktiv BGH NJW 2010, 1192.
[12] Zur Anwendung des § 254 BGB und zum Phänomen der Sowieso-Kosten u Rn 40 f.

[13] Vgl BGHZ 45, 372; 136, 33, 39; 31, 224, 229. Das vermeidet die Probleme der Rückabwicklung, wie sie bei Wandlung/Rücktritt zwingend, beim Schadensersatz fakultativ auf dem Programm stehen.
[14] V 30.3.2000 (BGBl I 330).
[15] V 28.4.2017 (BGBl I 969).
[16] G v 27.4.1993 (BGBl I 509).
[17] Das ermöglicht problemlos § 650f Abs 7 BGB.
[18] BGHZ 157, 335 = NJW 2004, 1525.

Q. Werkvertrag

b) Dem Unternehmer wird die Durchsetzung seiner Werklohnforderung dadurch 8 erschwert, dass die *Abnahme* – in Übereinstimmung mit der heute amtlichen Überschrift des § 641 BGB – *als Fälligkeitsvoraussetzung* angesehen wird. Dagegen sprechen der Wortlaut der Bestimmung, weil es schon sprachlich nicht nachvollziehbar ist, dass das „bei der Abnahme" des § 641 Abs 1 S 1 BGB ein „nach der Abnahme" bedeuten soll,[19] ferner die Gesetzesmaterialien[20]. Eigentlich folgt die Fälligkeit des Werklohns den Kriterien des § 271 Abs 1 BGB und bringt § 641 Abs 1 BGB nur das Synallagma der Leistungen in Konkretisierung des aus § 320 BGB folgenden Zurückbehaltungsrechts zum Ausdruck (u Rn 107 ff). Die Interpretation der Abnahme als Fälligkeitsvoraussetzung belastet den Unternehmer vor allem deswegen, weil sich zahlungsunwillige Besteller dazu herausgefordert fühlen, Mängel zu behaupten, um so eine Abweisung der Werklohnklage als zurzeit unbegründet[21] zu erreichen. Dieses Vorgehen ist von § 640 Abs 1 S 1 BGB gedeckt, weil der Besteller nur „das vertragsmäßig hergestellte Werk" abzunehmen hat. Die Abhängigkeit des Zahlungsanspruchs von der Billigung des Werkes durch den Besteller hat man zwar schon bald dadurch gemindert, dass man die Abnahmereife des Werkes für die Fälligkeit des Werklohns genügen lässt;[22] jedenfalls unbegründete Mängelrügen gehen damit ins Leere, verzögern aber immerhin die Erledigung der Werklohnklage. Doch werden nicht alle Rügen unbegründet sein; immerhin lässt § 640 Abs 1 S 2 BGB seit dem G zur Beschleunigung fälliger Zahlungen bei unwesentlichen Mängeln eine Verweigerung der Abnahme nicht mehr zu. Außerdem kennt seitdem das BGB eine fingierte Abnahme (nach Fristsetzung des Unternehmers, u Rn 110), die das G zur Reform des Bauvertragsrechts nunmehr in § 641 Abs 2 BGB verfeinert hat.

c) Weiter war dem geänderten Recht der Leistungsstörungen des Gesetzes zur 9 *Modernisierung des Schuldrechts* Rechnung zu tragen. Dabei haben sich freilich §§ 633 ff BGB äußerlich stärker gewandelt als in der Sache. Es bedeutet nicht viel, dass § 633 Abs 2, 3 BGB Rechtsmangel, aliud und minus eigens anspricht, denn derlei spielt im Werkvertragsrecht keine praktisch relevante Rolle. Ebenso bedeutet es nicht viel, dass jetzt der einseitige Rücktritt die Wandlung mit ihrer Vertragsnatur ersetzt. Letztlich *relevant* sind *Änderungen im Bereich der Verjährung*: Zum einen beträgt die Verjährungsfrist nun mindestens zwei Jahre (§ 634a Abs 1 Nr 1 BGB). Zum anderen gelten die neuen Verjährungsfristen (§ 634a Abs 1, 3 BGB) im Gegensatz zur Vorgängernorm (§ 638 Abs 1 aF) auch für Ansprüche wegen Mangelfolgeschäden. Und – jedenfalls gesetzestechnisch – relevant ist die Verschiebung der Gewährleistung bei der Herstellung von beweglichen Sachen durch § 651 BGB (heute § 650 BGB) vom Werkvertrag zum Kauf.[23]

---

[19] Darauf läuft es praktisch hinaus. Zum weiteren Erfordernis einer Schlussrechnung aus § 650g Abs 4 Nr 2 BGB sowie § 16 Abs 3 Nr 1 VOB/B u Rn 105.
[20] Vgl die Motive (II 492), wo es heißt, dass es keine Billigung verdiene, wenn der Besteller erst nach Ablieferung des Werkes zu zahlen habe. Eine solche Regelung – wie sie die heute hM in § 641 BGB hineinliest – nötige den Unternehmer, das Werk aus der Hand zu geben, bevor er die Gegenleistung empfangen hat, und bringe ihn damit „in eine schlimme Lage", verkümmere sein Zurückbehaltungs- bzw Pfandrecht. Dazu ferner STAUDINGER/PETERS/JACOBY (2014) § 640 Rn 2 ff.
[21] Diese Konsequenz zieht die hM, vgl nur PALANDT/SPRAU (76. Aufl 2017) § 641 Rn 4; BeckOK/VOIT (1.2.2017) § 641 Rn 14.
[22] Heute wird der Unternehmer dann freilich noch die Frist des § 640 Abs 1 S 3 BGB zu setzen haben.
[23] Dazu u Rn 28.

5. G zur Reform des Bauvertragsrechts

10 Die größte Veränderung des geschrieben Rechts brachte das G zur Reform des Bauvertragsrechts mit Wirkung zum 1.1.2018 mit sich. Eine Vielzahl von Veränderungen beschränkt sich dabei freilich auf die etwas verwirrende Umnummerierung zT wichtiger Bestimmungen: §§ 648, 649, 650 BGB waren §§ 649, 650, 651 aF, §§ 650e f BGB schreiben §§ 648 f aF fort. Neu im Gesetz ist die außerordentliche Kündigung aus § 648a BGB, diese war aber der Sache nach auch zuvor anerkannt. Gesetzgeberische Mängel der Vorgängerregelung haben die Neufassung des Anspruchs auf Abschlagzahlung in § 632a Abs 1 BGB sowie die Abnahmefiktion in § 641 Abs 2 BGB bekämpft.[24]

10a a) Das BGB enthält nunmehr als typisierte besondere Werkverträge Bestimmungen zum Bauvertrag, § 650a BGB, zum Architekten- und Ingenieurvertrag, § 650p BGB, und zum Bauträgervertrag, § 650t BGB.

10b b) Ohne dass europäische Vorgaben umzusetzen waren, wurden besondere Regelungen zum Verbraucherbauvertrag geschaffen. Der Sache nach aus dem spezifischen Verbraucherrecht bekannt sind die Informationspflichten, § 650j BGB, sowie das Widerrufsrecht, § 650l BGB. Die Bestimmungen zum Vertragsinhalt in § 650k BGB und zu Unterlagen in § 650n BGB tragen nicht allein Verbraucherinteressen Rechnung, so dass diese auch auf Verträge im unternehmerischen Verkehr Anwendung finden sollten.

10c c) Enorme Bedeutung für die Baupraxis werden §§ 650b BGB bis 650d BGB über nachträgliche Planänderungen zeitigen. Im Vorfeld wurden diese Bestimmungen intensiv diskutiert. Es bleibt abzuwarten, ob sie sich in der Praxis bewähren.

6. Europäische Dimension

11 Das europäische Recht kennt nicht wie das BGB den Werkvertrag als speziellen Vertragstyp, sondern behandelt ihn als Unterfall der Dienstleistung. Einschlägig ist daher die Dienstleistungsrichtlinie (Richtlinie 2006/123/EG), die aber nicht das private Vertragsrecht zum Gegenstand hat, sondern im Schwerpunkt gewerberechtliche Regelungen enthält, die auf die Herstellung eines Gemeinsamen Marktes abzielen.

12 Eine Vielzahl anderer europäischer Rechtsakte, die das Vertragsrecht betreffen, wirken sich freilich auch auf das Werkvertragsrecht aus. So wurde die Klauselrichtlinie (Richtlinie 93/13/EWG) zwar im allgemeinen Schuldrecht (§§ 305 ff BGB) in deutsches Recht umgesetzt. Diese Regelungen haben allerdings bei vielen Werk- und insbesondere Bauverträgen große Bedeutung (dazu u Rn 74). Etwa entstammt die auf Vorlage des BGH[25] ergangene Entscheidung des EuGH „Freiburger Kommunalbauten" dem Baurecht. Der EuGH erkannte hier die Kompetenz der nationalen Gerichte festzustellen, ob eine Vertragsklausel als missbräuchlich iS Art 3 der Richtlinie zu qualifizieren ist.[26] Enge Verknüpfungen zum Bauvertrag weist auch die Verzugsrichtlinie (Richtlinie 2000/35/EG) auf. Das gilt umso mehr, wenn man bedenkt, dass der deutsche Gesetzgeber bei seinen Bemühungen, Zahlungen zu beschleunigen, gerade

---

[24] Vgl o Rn 7 u 8.
[25] BGH NZBau 2002, 499.
[26] EuGH NJW 2004, 1647.

den Bauvertrag im Auge hat.²⁷ Eine Beschränkung des Anwendungsbereichs des Werkvertrages gegenüber dem Kaufvertrag hat schließlich die Umsetzung der Verbrauchsgüterkaufrichtlinie (Richtlinie 1999/44/EG) mit der Neufassung des heutigen § 650 BGB gebracht.²⁸

Was den Rechtsvergleich betrifft, kann hier nur auf zwei große Projekte verwiesen werden. Der DCFR kennt den Werkvertrag entsprechend seiner europarechtlichen Wurzeln als Bestandteil der Dienstleistungen, vgl den Anwendungsbereich von Buch IV, Teil C in IV.C.–1:101.²⁹ Spezielle Regelungen zum Bauvertrag enthält das dritte Kapitel dieses Buches, siehe IV.C.–3:101. Eigens zum Baurecht verhält sich die „Rechtsvergleichende Untersuchung zu Kernfragen des Privaten Baurechts", die im Auftrag des Bundesministeriums für Ernährung, Landwirtschaft und Verbraucherschutz von THOMAS PFEIFFER, BURKHARD HESS sowie STEFAN HUBER im Jahre 2008 vorgelegt wurde.³⁰

II. Der Bauvertrag, Rechtsgrundlagen, die VOB

Der Bauvertrag ist der mit Abstand wichtigste Anwendungsbereich des Werkvertragsrechts. Auch nach seiner Typisierung in §§ 650a ff BGB ist weithin das allgemeine Werkvertragsrecht anwendbar. So haben Abschlagszahlung, § 632a BGB, und außerordentliche Kündigung, § 648a BGB, ihr Hauptanwendungsgebiet beim Bauvertrag. Zentrale Bedeutung kommt darüber hinaus der Abnahme, § 640 BGB, sowie den Mängelrechten nach §§ 633 ff BGB zu. Die neuen Bestimmungen in §§ 650a ff BGB beschränken sich so nur auf wenige Regelungsbereiche. Eine der wichtigsten Rechtsquellen des Bauvertrags findet sich aber außerhalb des BGB. Denn in der Praxis wird deutlich überwiegend die Geltung der Vergabe- und Vertragsordnung für Bauleistungen Teil B (VOB/B)³¹ verabredet.

1. Entstehung der VOB

Im 19. Jahrhundert (und früher) hatte es erhebliche *Missstände bei der Vergabe öffentlicher Bauaufträge* gegeben. Dies hatte man 1921 zum Anlass genommen, einen Ausschuss (Reichsverdingungsausschuss, RVA) einzusetzen, der unter Beteiligung der öffentlichen Auftraggeber, der Bauwirtschaft, der Gewerkschaften, der Architekten und Ingenieure ein faires Vergabeverfahren erarbeiten sollte und seine Arbeiten 1926 mit der Verabschiedung der Verdingungsordnung für Bauleistungen (VOB) abschloss.

Die VOB ist dann ständig weiterentwickelt worden; seit 1947 betreut sie der DVA, der seit 2000 als Deutscher Vergabe- und Vertragsausschuss für Bauleistungen firmiert. Aktuelle Fassung ist die VOB Teile A und B, v 26.6.2012 (BAnz AT 13.7.2012 B3). Dabei enthält Teil A der VOB eine Regelung des Vergabewesens als solchem, Teil B einen Musterbauvertrag.³²

---

²⁷ Dazu gerade o Rn 8.
²⁸ BGHZ 182, 140 = NJW 2009, 2877; dazu u Rn 28.
²⁹ Dazu PFEIFFER BauR 2010, 1294, 1298 ff.
³⁰ Dazu PFEIFFER BauR 2010, 1294, 1297 f.
³¹ Schrifttum zu ihr bei STAUDINGER/PETERS/JACOBY (2014) Vorbem 81 zu §§ 631 ff.
³² Vgl zur Entstehung und Fortentwicklung der VOB INGENSTAU/KORBION/LEUPERTZ/vWIETERSHEIM, VOB (20. Aufl 2017) Einleitung Rn 7 ff.

17 Insbesondere unter europarechtlichem Einfluss durch die Richtlinie 2004/18/EG über die Koordinierung der Verfahren zur Vergabe öffentlicher Bauaufträge, Lieferaufträge und Dienstleistungsaufträge (ABl L 134 v 30.4.2004, 114) hat die VOB/A ihr Gesicht verändert. Die Vorgaben dieser Richtlinie hat der deutsche Gesetzgeber nämlich in der VOB/A umgesetzt, deren Beachtung § 6 Vergabeverordnung (VgV, zuletzt geändert durch 7. Verordnung zur Änderung der Verordnung über die Vergabe öffentlicher Aufträge v 15.10.2013 [BGBl I 3854]) dem öffentlichen Bauauftraggeber vorschreibt. Diese Anordnung gilt aber nur im Anwendungsbereich der Richtlinie, deren Art 7 vor allem eine Bausumme in Höhe von gut 6 Millionen Euro verlangt. Auf diesen Schwellenwert verweist § 2 Abs 1 VgV. Die VgV beruht ihrseits auf der Verordnungsermächtigung der §§ 97 Abs 6, 127 GWB, speziell nimmt § 100 Abs 1 GWB zur Bestimmung des Schwellenwertes auf § 2 VgV Bezug. Unterhalb des Schwellenwertes stellen jedenfalls innerdienstliche Anweisungen die Anwendung der VOB/A durch die öffentliche Hand sicher. Gilt die VOB/A, ist dann auch die Mustervertragsordnung der VOB/B anzuwenden, vgl einerseits – oberhalb des Schwellenwertes – die Kette §§ 97 Abs 6 GWB / 6 VgV / 8 Abs 3 VOB/A, andererseits wiederum innerdienstliche Anweisungen auf der Basis des Haushaltsrechts.[33]

2. Die VOB/B

18 Die VOB/B wird Bauverträgen nicht nur durch öffentliche Auftraggeber zugrunde gelegt, sondern wird weithin auch im Verhältnis unter Privaten verwendet.

a) Inhalt der VOB/B

19 aa) Die VOB/B ist aus Bedürfnissen der Praxis heraus erwachsen. Damit lässt sich zunächst eine erste Schicht ihrer Regelungsgegenstände feststellen: Es finden sich detaillierte Regelungen zum Ablauf des Baugeschehens (§ 3 VOB/B Ausführungsunterlagen, § 4 VOB/B Ausführung, § 5 VOB/B Ausführungsfristen, § 6 VOB/B Behinderung oder Unterbrechung der Ausführung), zu Zahlungen (§ 2 VOB/B Vergütung, § 16 VOB/B Zahlung), zu Sicherheiten (§ 17 VOB/B), zu den Mängelansprüchen (§ 13 VOB/B). Viele der hier einschlägigen Vorschriften präzisieren nur das, was sich im Grunde schon aus den §§ 241 Abs 2, 242 BGB ergibt und damit allgemein gilt; zB muss der Unternehmer nach § 4 Abs 3 VOB/B etwaige Bedenken gegen die ihm vorgelegte Planung auch ohne Vereinbarung der VOB/B äußern.

20 bb) Teilweise paraphrasiert die VOB/B auch nur das BGB. Markant ist hier § 8 Abs 1 VOB/B, der § 648 nur wiederholt.

21 cc) Die VOB/B ist kein erschöpfendes Regelwerk; neben ihr muss immer wieder auf das BGB zurückgegriffen werden. Anwendbar bleiben neben ihr etwa die §§ 642, 644, 645, 649, § 650e, § 650f BGB.

22 dd) Die VOB/B gibt auch nicht zu allen Fragen eine eigene Antwort, die sich aus dem BGB nicht ohne weiteres beantworten lassen. Genannt sei die Konstellation, dass für einen Mangel Unternehmer und Besteller nebeneinander verantwortlich sind, oder die preisliche Frage, wer die Kostenrisiken trägt, die sich daraus ergeben, dass der Baugrund stets Überraschungen bergen kann.[34]

---

[33] Sie tragen den Vergabeanforderungen zB des § 55 BHO Rechnung.

[34] Im Ergebnis wird das Risiko allgemein dem Besteller zugewiesen. Die Anzahl der Lösungs-

ee) Mit einigen ihrer Regelungen gerät die VOB/B schließlich in ein *Spannungsver-* 23
hältnis zu den Bestimmungen des BGB.[35] Das gilt insbesondere auch im Verhältnis zu
den neuen Bestimmungen über nachträgliche Planänderungen in §§ 650b ff.

b) Rechtsnatur, Einbeziehung
Die VOB/B stellt kein Gewohnheitsrecht dar, sondern ist eine Gesamtheit von All- 24
gemeinen Geschäftsbedingungen, was § 310 Abs 1 S 3 BGB bestätigt. Das bedeutet,
dass die Geltung der VOB/B im konkreten Fall vereinbart werden muss, wobei die
Anforderungen an ihre Einbeziehung freilich stark differieren, vgl BGHZ 109, 192:
Unter bauerfahrenen Parteien genügt ihre Benennung; gegenüber der nicht bauerfahrenen Partei genügt das nicht. Allerdings kann letztere selbst in die Rolle des Verwenders dieser AGB schlüpfen, wenn sie sich nämlich eines Architekten bedient und
dieser in den von ihm vorbereiteten Verträgen die VOB/B benennt.[36]

c) Inhaltskontrolle nach den §§ 307 ff
Man hat – wohl wegen der Macht der Gewohnheit erst sehr spät – anerkannt, dass die 25
VOB/B Bestimmungen enthält, die einer Inhaltskontrolle nach den §§ 307 ff BGB
nicht standhalten;[37] nur zögernd hat sich der BGH einer solchen Einsicht geöffnet,
dies mit der Erwägung, dass die VOB/B bei unmodifizierter Vereinbarung insgesamt
ausgewogen sei.[38]

Bei ihrer Verwendung gegenüber dem Unternehmer iSd § 14 BGB greift heute § 310 26
Abs 1 S 3 BGB diese Rechtsprechung auf. Freilich muss man sich vergegenwärtigen,
dass die unmodifizierte Zugrundelegung der VOB/B in der Praxis eine seltene Ausnahme bildet – dann ist eine uneingeschränkte Inhaltskontrolle geboten, wie sie bei
der Verwendung der VOB/B gegenüber Verbrauchern heute ohnehin stattfindet.

Die Privilegierung der VOB/B im unternehmerischen Verkehr durch § 310 Abs 1 S 3
BGB ist doppelt bedenklich. Zunächst nötigt sie zum „Kadavergehorsam" gegenüber
der VOB/B, wo doch der konkrete Fall andere Regelungen rechtfertigen könnte. Schwerer wiegt noch, dass sie dem DVA (Rn 16) mit der Freistellung von § 307 Abs 2 BGB
Regelungsmöglichkeiten eröffnet, die wegen Art 80 Abs 1 S 2 GG einem Verord-
nungsgeber niemals eingeräumt werden könnten. Der DVA darf wesentliche Grundgedanken der gesetzlichen Regelung missachten und Kardinalpflichten der Parteien in
einer den Vertragszweck gefährdenden Weise einschränken!

III. Typische Werkverträge; Abgrenzung zu anderen Vertragstypen

1. Werk, Erfolg

a) Körperliche Werke
§ 631 Abs 1 BGB spricht von der Herstellung eines Werkes, Abs 2 der Bestimmung 27
sinngleich von der Herbeiführung eines Erfolges.

---

ansätze ist verwirrend. Vorzugswürdig dürfte
der Weg über eine ergänzende Vertragsauslegung sein: Hätte man diese Bodenverhält-
nisse bei Vertragsschluss gekannt, hätte sich der Besteller den Kostenfolgen redlicherweise nicht
verschließen können.

[35] Siehe Beispiele unten Rn 105, 113, 122, 132 iVm Rn 57.
[36] Was er meist tun wird.
[37] Siehe Beispiele unten Rn 105, 113, 122, 132 iVm Rn 57.
[38] Seit BGHZ 86, 135.

Einen Erfolg dieser Art hat insbesondere die Bearbeitung eines Grundstücks durch gärtnerische und vor allem bauliche Leistungen zum Ziel. Damit gehört der *Bauvertrag* zum Kernbereich des Werkvertragsrechts, § 650a BGB.

28 Bei beweglichen Sachen führt die Formulierung des § 631 Abs 2 BGB in die Irre, dass ihre „Herstellung oder Veränderung" werkvertraglich zu sehen sei. Denn dies trägt § 650 BGB (vgl o Rn 9) nicht Rechnung, nach dem die Lieferung herzustellender beweglicher Sachen (im Wesentlichen) dem Kaufrecht unterliegen soll:[39] Heute „kauft" man sich also den Maßanzug, den der Schneider fertigt, dies selbst dann, wenn der Kunde den Stoff geliefert hat. Bei *beweglichen Sachen* hat also die Bearbeitung auf der *Ebene der Reparatur* zu verbleiben, wenn Werkvertragsrecht anwendbar sein soll; es darf keine neue Sache entstehen.

b) Geistige Werke

29 Eine typische Werkleistung ist aber auch das Bewirken eines *geistigen Erfolges*: Das Gutachten des Rechtsanwalts oder des Arztes, also zweier Berufe, die sonst auf dienstvertraglicher Basis tätig werden, der Plan des Architekten, § 650p BGB, die (selbständige) künstlerische Leistung des Malers, des Komponisten, des Theaters oder des Orchesters. Hierher zu rechnen ist auch die Entwicklung individuell angepasster Software. Dass diese Leistungen weithin ein körperliches Substrat haben werden, ändert daran nichts.

2. Werkvertrag und Dienstvertrag

a) Grundsätzliches

30 Auch der Dienstverpflichtete schuldet eine Tätigkeit, die nach der Vorstellung der Parteien einen Erfolg haben soll, so zB die Prozessführung des Rechtsanwalts den Sieg oder doch jedenfalls das optimale Prozessergebnis. Beim Dienstvertrag gehört dieser Erfolg jedoch nicht mehr zum Programm des Vertrages. Das hat mehrfache nachhaltige Konsequenzen: Wenn der Dienstverpflichtete den Erfolg nicht schuldet, hat dessen Ausbleiben keinen Einfluss auf seinen Vergütungsanspruch, für diesen genügt es vielmehr, dass seine eigenen, engeren Voraussetzungen erfüllt sind, zB das Arbeiten innerhalb des vereinbarten Zeitraums oder die Erfüllung bestimmter Gebührentatbestände. Der Werkunternehmer muss demgegenüber den vereinbarten Erfolg vorweisen. Der Dienstverpflichtete erhält seine Vergütung schon bei Annahmeverzug des Dienstberechtigten und braucht nicht nachzuleisten (§ 615 BGB). Dem Unternehmer erwachsen hier nur die Rechte aus den §§ 642, 643 BGB; jedenfalls muss dieser nachleisten. Wenn er den Erfolg schuldet, darf ihm grundsätzlich in seine Arbeitsmethode nicht hineingeredet werden;[40] der Dienstberechtigte darf dies, wenn das Erreichen oder Verfehlen des Erfolgs sein Risiko ist. Bei mangelhafter Tätigkeit kann der Besteller die Leistung zurückweisen und behält so seinen Erfüllungsanspruch. Weist er nicht zurück, folgen seine weiteren Rechte aus den §§ 634 ff BGB; dem Dienstberechtigten kann in dieser Konstellation allenfalls ein Schadensersatzanspruch erwachsen (§§ 280 Abs 1, 241 Abs 2 BGB).

---

[39] BGHZ 182, 140 = NJW 2009, 2877.

[40] Zur Dispositionsfreiheit des Werkunternehmers u Rn 125.

b) Einzelne Verträge

Dienst- und Werkvertrag sind austauschbar; das belegt schon das Beispiel, dass die- 31
selben Leistungen von den Mitarbeitern des Bauunternehmers dienstvertraglich, von
einem selbständigen Subunternehmer werkvertraglich erbracht werden. So beruht die
Zuordnung eines Vertrages zu der einen oder anderen Materie zunächst auf der konkreten Vereinbarung der Parteien. Wo diese fehlt, gibt weithin die Konvention den
Ausschlag:[41] Wenn man meint, dass Arzt oder Rechtsanwalt den Erfolg ihrer Tätigkeit
in Form von Prozesssieg oder Heilung nicht schulden, könnten sie doch jedenfalls den
Erfolg der optimalen Tätigkeit schulden. Mehr als eine optimale Tätigkeit ist letztlich
auch von dem Architekten nicht zu erwarten, der nur zur Bauaufsicht eingesetzt ist.
Gleichwohl werden aber Arzt und Rechtsanwalt dienstvertraglich tätig: Man meint
eben, die weniger „gemütliche" Stellung des Unternehmers sei ihnen nicht zumutbar.
Indessen qualifizieren § 650p Abs 1 BGB, § 650q Abs 1 BGB die Planungs- und Aufsichtspflichten des Architekten als werkvertraglich. Eine differenzierende Qualifikation ergibt sich schließlich bei dem Steuerberater, dessen dauernde Betreuung dienstvertraglich gesehen wird, der die einzelne Steuererklärung aber werkvertraglich erstellt (namentlich mit der Nachbesserung des § 634 Nr 1 BGB). Die Paradoxien der
Zuordnung setzen sich im Detail fort. So reduziert sich die werkvertragliche Sicht des
Architektenvertrages in der Gewährleistung, wenn die fehlerhafte Planung – wie
meist – schon umgesetzt und nicht mehr nachzubessern ist, auf eine Schadensersatzpflicht nach § 634 Nr 4 BGB, wie man sie dienstvertraglich auch ohne Änderungen des
Ergebnisses aus den §§ 280 Abs 1, 241 Abs 2 BGB herleiten könnte.

3. Werkvertrag und Kaufvertrag

Zur Abgrenzung dieser beiden Vertragstypen ist einleitend schon das Wesentliche 32
gesagt worden.[42] Es verbleiben Zweifelsfälle:

Wer sich einen neuen Heizkessel für seine Gasheizung oder eine Solaranlage liefern 33
lässt, erhält dabei auch Montageleistungen. Dann lässt sich entweder ein Werkvertrag
annehmen oder ein Kauf mit Montageverpflichtung. Hier ist eine Gesamtbetrachtung
notwendig, wo das Schwergewicht liegt: Art des Gegenstandes, Wertverhältnis von
Lieferung und Montage, Besonderheiten des geschuldeten Ergebnisses, wie sie insbesondere in der erhöhten Notwendigkeit liegen können, Eigenheiten dieses Kunden zu
berücksichtigen. Danach hat der VIII. Zivilsenat des BGH bei der montierten Solaranlage in einem Fall das Schwergewicht im Kaufrecht gesehen,[43] in einem anderen hat
der VII. Zivilsenat Werkvertragsrecht angewendet.[44] So verbieten sich pauschale Lösungen.[45] Jedenfalls sollte einer werkvertraglichen Qualifikation nicht entgegenstehen,
dass der Wert des Gegenstandes den Wert der Arbeitsleistungen erheblich übersteigt.
Den Ausschlag mag geben, ob der Kunde denn typischerweise selbst montieren könnte
(dann Kauf) oder ob bei der Montage nicht vielmehr besonderer eigener Sachverstand
eines Werkunternehmers notwendig ist (dann Werkvertrag).

---

[41] Überblick über die Zuordnung einzelner Verträge bei STAUDINGER/PETERS/JACOBY (2014) Vorbem 17 ff zu §§ 631 ff.
[42] Oben Rn 27 f.
[43] BGH NJW-RR 2004, 850.
[44] BGH NJW 2016, 2876 Rn 11.
[45] Vgl JACOBY NJW 2016, 2048, 2049; dort auch zur bedeutsamen Folgefrage nach der einschlägigen Verjährungsfrist.

IV. Planung und Ausführung

34 Das historische Leitbild des Werkvertragsrechts ist die kleinere und damit übersichtlichere Leistung des Handwerkers. Zwar weist § 650 BGB das anschauliche Beispiel des einen Anzug fertigenden Schneiders dem Kaufrecht zu, es bleibt aber eben noch jenes des reparierenden Uhrmachers. Dem entspricht es, dass das überkommene und auch das jetzige BGB einen typischen Dualismus des Werkvertragsrechts nicht näher berücksichtigen, dass nämlich Planung und Ausführung der Leistung nicht einheitlich in der Hand des Unternehmers liegen, sondern dass erstere Sache des Bestellers ist:[46] Im Baubereich plant er idR (selbst oder) durch einen Architekten. Neben Planung und Ausführung tritt ggf im Baubereich noch die dem Besteller obliegende Koordinierung mehrerer Unternehmer.

1. Rechtsnatur der eigenen Planung des Bestellers

35 Der Besteller erfüllt mit der eigenen Planung keine Schuldnerpflicht, sondern eine ihn als Gläubiger treffende Obliegenheit: Legt er dem Unternehmer keine oder keine gehörige Planung vor, so erwächst dem Unternehmer kein Anspruch auf diese und ergeben sich aus einem Fehlverhalten des Bestellers die Rechte aus Annahmeverzug nach den §§ 642, 643 BGB.

2. Planung und Sollbeschaffenheit des Werkes

a) Haftung des Architekten

36 Im Ergebnis hat die *Planung des Architekten den Kriterien des § 633 Abs 2 S 2 Nr 2 BGB* zu genügen, also ein Bauwerk vorzubereiten, das sich zur gewöhnlichen Verwendung eignet, zB ausreichend beheizt, hinreichend schallisoliert und genügend gegen Grundfeuchtigkeit abgesichert ist. Den Parteien steht es frei, einen höheren Standard zu vereinbaren (§ 633 Abs 2 S 1 BGB); ein minderer Standard bedarf der bewussten Vereinbarung. Von dem danach geltenden Standard Abweichendes führt zur Haftung des Architekten nach § 634 Nr 4 BGB.

b) Haftung des Bauunternehmers

37 Das Werk des Bauunternehmers ist nach der Rechtsprechung[47] und der hM nicht schon dann mangelfrei, wenn er Planung und Ausschreibung buchstabengetreu abarbeitet. Auch er schulde nämlich eine Werkleistung, die den Kriterien des § 633 Abs 2 S 2 Nr 2 BGB genügt, und es ist denkbar – und nicht selten –, dass dieses Ziel nach dieser Planung nicht erreicht werden kann; zB mag eine zu geringe Zahl von Heizkörpern eingeplant worden sein.

38 aa) In einer Konstellation dieser Art muss der Unternehmer zunächst *remonstrieren*, wenn ihm kraft seiner fachlichen Sachkunde Bedenken gegenüber der ihm vorgelegten Planung kommen müssen; § 4 Abs 3 VOB/B enthält insoweit Grundsätze, die mittels § 242 BGB auch für den BGB-Vertrag gelten.[48] Der Unternehmer ist zwar zu beson-

---

[46] Von dieser Aufspaltung geht die VOB/B aus, vgl § 3 Abs 1 VOB/B.
[47] Vgl BGH NJW 1998, 3707; BGHZ 174, 110 = NJW 2008, 511, 513; NJW 2013, 684; NJW 2011, 3780; NJW 2011, 1442.
[48] Vgl BGH NJW 2000, 280; 1960, 1813. Zu den Einzelheiten STAUDINGER/PETERS/JACOBY (2014) § 633 Rn 62 ff, 184a ff.

deren Untersuchungen und Prüfungen nicht gehalten, muss aber eben seine allfälligen Bedenken artikulieren, und dies mit Nachdruck. Es ist zB denkbar, dass sich der Architekt als die natürliche Anlaufstelle des Unternehmers den Bedenken verschließt und nicht bereit ist, Zweifeln an seiner Planung nachzugehen. Dann hat sich der Unternehmer direkt an den Bauherrn zu wenden.[49]

bb) Auszuführen hat der Unternehmer nach dieser Rechtsprechung nicht das planerisch Vorgegebene, sondern das sachlich Notwendige. Sein eigenes Werk gerät also mangelhaft, wenn letzteres verfehlt wird, weil der Unternehmer der mangelhaften Planung gefolgt ist (sog funktionaler Mangelbegriff). **39**

Dem Umstand, dass der Planungsmangel aus der Sphäre des Bestellers stammt, der in entsprechender Anwendung des § 278 BGB für Fehler seines Architekten einzustehen hat, ist *auf der Ebene der Vergütung* in doppelter Weise *Rechnung zu tragen*:

(1) Zunächst gebühren dem Unternehmer die sog *Sowieso-Kosten*, als jene Mehrkosten, die angefallen wären, wenn sogleich korrekt geplant und ausgeführt worden wäre.[50] Das ist aus einer ergänzenden Vertragsauslegung herzuleiten.[51] Bemerkt man den Planungsmangel erst nachträglich, hat der Besteller einen entsprechenden Kostenzuschuss zur Nachbesserung zu leisten. **40**

(2) Sodann sind nachträgliche Nachbesserungsarbeiten unvermeidlich mit zusätzlichen Kosten verbunden: Vorarbeiten, Nacharbeiten, wiederholte Erbringung der eigentlichen Werkleistung. Diese sind nach Maßgabe des § 254 Abs 1 BGB zwischen Bauherrn und Unternehmer aufzuteilen;[52] es mag der Unternehmer seine Prüfungs- und Hinweispflicht verletzt haben. Freilich steht es im Vordergrund, dass der Mangel aus der Sphäre des Bestellers stammt. In der Regel wird er also die überwiegende Kostenlast zu tragen haben, uU die volle, falls der Unternehmer keine Bedenken zu haben brauchte oder seine Bedenken hinreichend vorgetragen hat. **41**

cc) Demgegenüber ist aber doch der dogmatische Ansatz anders zu wählen. **42**

(1) War dem Unternehmer der Planungsmangel nicht erkennbar, geht es nicht an, seine Leistung als mangelhaft zu bezeichnen. Es ist schon denkbar, dass der Planungsmangel auf verschiedene Weise behoben werden kann, und dann verschwimmt das, was der Unternehmer schuldet.

(2) War der Planungsmangel erkennbar, löst das – wie anderweitig auch – eine Haftung aus den §§ 280 Abs 1, 241 Abs 2 BGB aus, die sich nur in der praktischen Abwicklung an den §§ 634 ff BGB zu orientieren hat. **43**

---

[49] BGH NJW 1969, 653, 655.
[50] Vgl BGHZ 90, 344; STAUDINGER/PETERS/ JACOBY (2014) § 634 Rn 24.
[51] Hätte man gleich bedacht, dass es so nicht geht, dann hätte man gleich aufwendiger geplant und redlicherweise hätte sich der Besteller den damit verbundenen Mehrkosten nicht verschließen können.
[52] § 254 Abs 1 BGB kann nicht nur dann Anwendung finden, wenn der Besteller Schadensersatz verlangt, sondern heischt Geltung auch schon bei der vorgelagerten Nacherfüllung.

c) Sich überschneidende Haftung

44–45 Nach dem Gesagten können Architekt und Unternehmer nebeneinander einzustehen haben. Dann haften sie als *Gesamtschuldner*, obwohl sie keine gleichartigen Leistungen zu erbringen haben, wenn der Architekt auf Schadensersatz haftet, der Unternehmer aber zunächst auf Nachbesserung.[53] Außerdem ist ihre Haftung quantitativ nicht deckungsgleich. Denn nur der Architekt haftet dem Besteller vollen Umfangs, der Bauunternehmer indessen von vornherein nur nach § 254 BGB verkürzt, weil dem Besteller nach §§ 254, 278 BGB das Planungsverschulden des Architekten zuzurechnen ist.[54] Nicht einschlägig ist in diesem Falle § 650t BGB. Denn diese Bestimmung handelt zwar auch von der gesamtschuldnerischen Haftung von Bauunternehmer und Architekt, aber nur für den Fall, dass die Haftung des Architekten auf einem Überwachungsfehler bei der Bauaufsicht, nicht aber wie hier auf einem Fehler bei der Bauplanung beruht.

V. Die Parteien des Werkvertrages

46 Die Parteien des Werkvertrages bezeichnet das BGB als Besteller und Unternehmer, die VOB/B sinngleich als Auftraggeber und Auftragnehmer.

1. Der Besteller

47 Besteller kann jede beliebige natürliche oder juristische Person sein. Zu beachten ist dabei, dass bei einer Auftragsvergabe der öffentlichen Hand stets diese die Verwenderin der VOB/B als ihrer AGB ist, wenn sie denn nicht bereit ist, zu anderen Konditionen abzuschließen.[55]

a) Hilfspersonen

48 Der Besteller ist im Hinblick auf die Werkleistung Gläubiger. Auch insoweit kann er sich Hilfspersonen bedienen, deren Verschulden ihm dann zuzurechnen ist. In diesem Rahmen wurde bereits der Architekt benannt.[56]

49 Nicht unmittelbar durchsichtig ist die Lage, wenn der Besteller mehrere Unternehmer beauftragt, die neben- oder vor allem nacheinander tätig werden müssen, wie die einzelnen Gewerke am Bau. Hier muss für die später eingesetzten Unternehmer zunächst die Basis dafür gelegt werden, dass sie tätig werden können, und dies hat einerseits termingerecht zu geschehen, weil Verzögerungen mit Kostensteigerungen verbunden sein können, andererseits mangelfrei, weil der Nachunternehmer selbst nur mangelfrei auf einer mangelfreien Basis arbeiten kann. Dies hat zu der Frage geführt, ob denn der eine Unternehmer Erfüllungsgehilfe des Bestellers gegenüber dem anderen Unternehmer ist.

50 Diese Frage ist indessen schief gestellt. Über die Figur des Erfüllungsgehilfen nach § 278 BGB werden dem Schuldner schuldhafte Pflichtverletzungen von Personen zugerechnet, derer er sich zur Erfüllung seiner Pflichten bedient. Der Besteller ist dem Unternehmer gegenüber nur zur Zahlung des Werklohns verpflichtet. Hinsichtlich des

---

[53] BGH 43, 227 = NJW 1965, 1175; allgemeiner zum Verhältnis von Vor- und Nachunternehmer BGHZ 155, 265 = NJW 2003, 2980.

[54] Vgl dazu näher STAUDINGER/PETERS/JACOBY (2014) Anh II zu § 638 Rn 52 ff.

[55] Oben Rn 25.

[56] Oben Rn 34.

Werkes treffen ihn in erster Linie Gläubigerobliegenheiten, dem Unternehmer dessen Bearbeitungsgrundlage rechtzeitig und mangelfrei bearbeitungsfähig zur Verfügung zu stellen.[57] Die Verletzung dieser Obliegenheiten ist nach der Konzeption der §§ 293 ff BGB ohne Verschulden möglich. Infolgedessen erwachsen dem späteren Unternehmer in beiderlei Beziehung ohne weiteres die Rechte aus den §§ 642, 643 BGB, kann er also namentlich etwaige Mehrkosten nach § 642 BGB liquidieren.[58]

b) Einbeziehung Dritter in den Vertrag

aa) Die Werkleistung kann einen Gegenstand betreffen, der dem Besteller selbst nicht gehört. Es mag der Ehemann das Grundstück der Ehefrau bebauen lassen. Vor allem ergibt sich diese Konstellation, wenn ein Hauptunternehmer bestimmte Leistungen seinerseits an einen Subunternehmer weitervergibt. Es ist dann der Werkvertrag grundsätzlich kein Vertrag zugunsten des betroffenen Dritten iSd § 328 BGB: Will der Dritte vertragliche Ansprüche auf Erfüllung oder Nacherfüllung geltend machen, so setzt dies ihre Abtretung an ihn voraus (§ 398 BGB), der freilich praktische Schwierigkeiten nicht entgegenstehen, namentlich nicht aus § 399 BGB, denn die Abtretung führt nicht zu einer inhaltlichen Änderung des Anspruchs, und einen vereinbarten Abtretungsausschluss wird der Unternehmer nicht durchsetzen wollen oder jedenfalls können.[59]

51

bb) Das schließt es nicht aus, dass der Werkvertrag *Schutzwirkungen* für Dritte erzeugt: die Familienangehörigen des Bestellers, seine Mitarbeiter, seine – auch künftigen – Mieter. Dabei darf der Kreis der solcherart Einbezogenen aber nicht überdehnt werden. ZB ist der Vertrag des Bestellers mit einem Unternehmer wegen eines Gewerks keineswegs ein Vertrag mit Schutzwirkungen für einen anderen Unternehmer, der ein anderes Gewerk zu besorgen hat, jedenfalls soweit die Werkleistung selbst betroffen ist: Schädigt der eine Unternehmer das vom anderen Hergestellte,[60] stehen letzterem allerdings ggf deliktische Ansprüche (aus Besitzverletzung) zu,[61] ein Anspruch aus Eigentumsverletzung wird indes idR an den §§ 946 f BGB scheitern, die den Besteller als Grundstückseigner zum Eigentümer machen. Da wegen § 644 Abs 1 S 1 BGB der Unternehmer jedoch bis zur Abnahme die Gefahr trägt, behält der Eigentümer seinen Leistungsanspruch ungeachtet der Schädigung. Angesichts dieser atypischen Schadensverlagerung sind die Beteiligten darauf angewiesen, dass der Besteller die entstandenen Schäden im Wege der *Drittschadensliquidation* geltend macht. Fehler des Subunternehmers lösen nur entsprechende Ansprüche des Hauptunternehmers gegen ihn und des Bestellers gegen den Hauptunternehmer aus. Die Möglichkeit einer unmittelbaren Haftung ergibt sich in den letztgenannten Konstellationen nur bei Begleitschäden (Körperverletzung durch mangelhafte Baustellenabsicherung).[62]

52

---

[57] PETERS NZBau 2011, 641.
[58] BGHZ 143, 32 = NJW 2000, 1336.
[59] In dogmatischer Hinsicht ist die Abtretung der Gestaltungsrechte des Rücktritts oder der Minderung pikant, vgl dazu STAUDINGER/PETERS/JACOBY (2014) Anh III zu § 638 Rn 5 f.
[60] Vgl BGH NJW-RR 1996, 591: Der Installateur der Einbruchs- und Zugangskontrolle beschädigt zuvor bereits von einem anderen Unternehmer fertiggestellte Türen und Decken.
[61] Vgl BGH NJW 1984, 2569.
[62] Auch dann ist aber die Anspruchsgrundlage in den §§ 823 ff BGB zu suchen.

2. Der Unternehmer

a) Allgemeines

53 Unternehmer können natürliche oder juristische Personen namentlich des Handelsrechts sein. Besondere praktische Bedeutung hat es, dass sich mehrere Unternehmer zur gemeinsamen Werkleistung zusammenschließen; das gibt es bei komplexen (Bau-)Leistungen, wenn die eigene Kapazität oder Kompetenz jeweils beschränkt ist. Eine solche Arbeitsgemeinschaft *("ARGE")* stellt eine Gesellschaft bürgerlichen Rechts iSd §§ 705 ff BGB dar mit der Haftung ihrer Mitglieder in entsprechender Anwendung des § 128 HGB.[63]

b) Die Erbringung der Werkleistung

54 Werkleistungen sind in aller Regel nicht persönlich zu erbringen; eine Bestimmung nach Art des § 613 BGB gilt hier gerade nicht. Ausnahmen können sich aus der Natur der Sache ergeben, so etwa bei künstlerischen oder wissenschaftlichen (Gutachter) Leistungen, bei denen es gerade auf die persönliche Kompetenz ankommt, auch hier ist aber doch in einem gewissen Rahmen die Zuarbeit Dritter möglich und gestattet. Sonst ist die *Werkleistung* vielmehr grundsätzlich *im eigenen Betrieb des Unternehmers* auszuführen, so zutreffend § 4 Abs 8 Nr 1 S 1 VOB/B. Auch dieses Prinzip kennt aber Ausnahmen.

55 Eine erste Ausnahme ergibt sich, wenn der Unternehmer nur als *Generalunternehmer* auftritt, die zugesagte Leistung also gar nicht selbst erbringen kann, sondern sie an einen oder mehrere Subunternehmer weitervergeben muss.

56 Eine weitere Ausnahme ergibt sich dann, wenn der Unternehmer Teile seiner Leistung aus Kompetenzgründen nicht selbst erbringen kann; § 4 Abs 8 Nr 1 S 2 VOB/B spricht von Leistungen, auf die der Betrieb des Auftragnehmers nicht eingerichtet ist: So kann es bei bestimmten Spezialarbeiten liegen. Eine darüber hinausgehende *Weitervergabe* bedarf der *Zustimmung des Bestellers*, zB wenn ihr reine Gründe der Kapazität zugrunde liegen. Freilich wird der Besteller mit einer Zustimmung oft gut beraten sein, wenn denn Engpässe bei dem Unternehmer auf ihn durchschlagen können. Wenn diese Engpässe gar unvorhersehbar waren und ein zuverlässiger Subunternehmer präsentiert wird, dürften im Übrigen Treu und Glauben (§ 242 BGB) den Besteller zur Zustimmung verpflichten.

57 Das in der VOB/B einschlägige Regelwerk des § 4 Abs 8 VOB/B benachteiligt den Unternehmer jedenfalls unangemessen (§ 307 Abs 2 Nr 1 BGB), wenn es die Zustimmung an die Schriftform bindet, einen uU gegebenen Anspruch auf Zustimmung unerwähnt lässt und den Auftragsentzug nach Abmahnung vorsieht. Diese Sanktion, dem Besteller eine Kündigungsmöglichkeit einzuräumen, kann zwar gerechtfertigt sein, wenn die Weitergabe an einen Nachunternehmer ungeachtet der Abmahnung eine nicht hinnehmbare Pflichtverletzung darstellt. Es braucht aber nicht durchweg so zu liegen, insbesondere dann nicht, wenn sogar ein Anspruch auf Zustimmung zur Übertragung der Aufgaben besteht.

---

[63] BGHZ 154, 370 = NJW 2003, 1803; BGHZ 154, 88 = NJW 2003, 1445; BGHZ 150, 1 = NJW 2002, 1642; BGHZ 146, 341 = NJW 2001, 1056; BGHZ 142, 315 = NJW 1999, 3483.

Es versteht sich, dass der Unternehmer für seine eigenen Leute wie für Subunternehmer nach § 278 BGB einzustehen hat.

c) Subunternehmer

Werden zulässigerweise Sub- oder Nachunternehmer eingesetzt, sind die beiden vertraglichen Beziehungen zwischen Bauherrn und Hauptunternehmer einerseits und Haupt- und Subunternehmer andererseits strikt zu trennen. Der Mangel in dem einen Verhältnis braucht nicht zugleich auch einen Mangel in dem anderen Verhältnis darzustellen, weil nämlich Unterschiedliches vereinbart sein kann. Der Hauptunternehmer benachteiligt den Subunternehmer unangemessen iSd § 307 Abs 1 BGB, wenn er Risiken aus seinem Verhältnis zum Besteller in seinen AGB auf den Subunternehmer durchstellt, zB Zahlung an den letzteren erst bei eigener Bezahlung durch den Bauherrn oder Abnahme der Leistung des letzteren erst bei Abnahme der eigenen Leistung. Umgekehrt kann sich auch der Subunternehmer nicht auf das andere Verhältnis berufen. Kann zB der Hauptunternehmer seine Mängelhaftung gegenüber dem Besteller mit Verjährung abblocken, kommt dies dem Subunternehmer nicht zugute. Das versteht sich für die Minderung in seinem Verhältnis, weil dies die eigene minderwertige Leistung nicht aufwerten kann, dann aber auch für den Schadensersatzanspruch des Hauptunternehmers, wie er ebenfalls letztlich nur das Äquivalenzverhältnis des Subunternehmervertrages erhalten soll.[64]

d) Kein Anspruch auf Durchführung des Vertrages

Nach der Konzeption des BGB hat der Unternehmer keinen Anspruch darauf, dass der Vertrag durchgeführt wird. Das belegen zunächst die §§ 642, 643 BGB, die eine etwa notwendige Mitwirkung des Bestellers nicht als Schuldnerpflicht sehen, sondern als nicht erzwingbare Gläubigerobliegenheit. Mit Nachdruck bestätigt dies § 648 BGB, der dem Besteller die jederzeitige „grundlose" Kündigung erlaubt; er setzt sich damit nur dem nach § 648 S 2 BGB „abgespeckten" Werklohnanspruch des Unternehmers aus, der also finanziell schadlos bleibt.

Damit erkennt das BGB *nur das finanzielle Interesse des Unternehmers* an dem Vertrag als schutzwürdig an, nicht auch jene weiteren ideellen, die denkbar sind: Der Unternehmer mag mit dem Werk für sich werben wollen, und nicht nur dem Künstler wird an dem Werk selbst liegen.

Natürlich erlaubt es die Vertragsfreiheit, die Mitwirkung des Bestellers zur Pflicht zu machen und die Kündigungsmöglichkeit nach § 648 BGB auszuschließen. Gegenüber der Annahme solcher Abreden ist aber äußerste Vorsicht geboten. Die §§ 642, 643, 648 BGB schützen die *Entschließungsfreiheit des Bestellers* und bewahren ihn vor einer Zwangsbeglückung; auch das sind hohe Werte.

VI. Die Flexibilität des Werkvertrages

Namentlich – aber nicht nur – Bauleistungen sind *langfristig zu erbringen* bzw in deutlicher zeitlicher Distanz zum Vertragsabschluss.[65] Bei diesem sind also Prognosen

---

[64] AA BGH NJW 2007, 2695, unter dem Aspekt der Vorteilsausgleichung; im Ergebnis wie hier nunmehr BGH ZIP 2013, 1824 allerdings ausdrücklich nur zum Leistungsverweigerungsrecht.

[65] Zu einem eigentlichen Dauerschuldverhältnis iSd § 314 BGB wird der Werkvertrag damit

mit den ihnen eigenen Fehlermöglichkeiten zugrunde zu legen. Dies hat mehrfache Konsequenzen. Es wurde bereits darauf hingewiesen, dass die Planung nicht verbindlich ist, wenn sie nicht zu einem Werk führt, dass den Kriterien des § 633 Abs 2 S 2 Nr 2 BGB entspricht.[66] Bei der Vergütung meiden die Beteiligten tunlichst einen Pauschalpreis, sondern legen nur die Bemessungsgrundlagen für die späterhin exakt zu ermittelnde Vergütung fest.[67]

63 Es kann aber auch zu *inhaltlichen Änderungen* des Vertrages kommen. Seit jeher behält es § 1 Abs 3 VOB/B dem Besteller vor, Planungsänderungen vorzunehmen. Diese Bestimmung sieht eine einseitige Befugnis vor, die eo ipso den Vertrag umgestaltet. Den Interessen des Unternehmers soll dann durch Anpassung des Preises nach Maßgabe von § 2 Abs 5 VOB/B genügt werden. Das BGB kannte – abseits von § 242 BGB – herkömmlich keine solche Änderungsbefugnis des Bestellers. Diese Lücke schließt nun § 650b BGB. Diese Regelung verlangt in Abs 1 vom Besteller zunächst, Einvernehmen über die Änderung herbeizuführen. Erst wenn das binnen 30 Tagen nicht gelingt, erwächst dem Besteller nach Abs 2 ein Recht, die Änderung einseitig anzuordnen. § 650b BGB unterscheidet zwei Arten von Änderungen:

1. Notwendige Planungsänderungen

64 § 650b Abs 1 S 1 Nr 2 BGB nennt die Änderung, die zur Erreichung des vereinbarten Werkerfolgs notwendig ist. In diesen Fällen wäre also die Durchführung des Werkvertrags ohne diese Änderung gar nicht möglich. Dazu zählt zunächst die bereits erwähnte Sachlage, dass sich die Planung als unzulänglich erweist und korrigiert werden muss. Dann liegt freilich eigentlich gar keine Vertragsänderung vor, weil das, was der jetzigen besseren Erkenntnis entspricht, mitsamt seinen preislichen Konsequenzen von vornherein Vertragsinhalt war und nur bislang nicht als solcher erkannt worden ist.[68]

65 *Echte Vertragsänderungen* können sich ergeben, wenn die zuständigen Behörden die Werkleistung nicht in der vereinbarten Form genehmigen, aber in anderer Form genehmigen würden, oder wenn sie Auflagen erteilen. Ähnliche Effekte können sich aber auch aus dem tatsächlichen Bereich ergeben, zB mag die unerwartete Beschaffenheit des Baugrunds Änderungen der Ausführung erforderlich machen.

66 Im Einzelfall ist die Abgrenzung schwierig, ob die Vertragsparteien durch ihre Übereinkunft den Inhalt des bereits geschlossenen Vertrags entweder durch Auslegung klären oder durch Änderungsvertrag umgestalten. Diese Abgrenzung macht § 650b BGB entbehrlich, der auf alle Sachlagen anzuwenden ist. Danach hat der Unternehmer auf das Änderungsbegehren des Bestellers ein Angebot zu unterbreiten, zu welcher Vergütung er die geänderte Leistung auszuführen bereit ist. Die Vergütung kann sich abhängig von der Art der Planänderung mindern oder erhöhen. Der Unternehmer hat die Vergütungsänderung grundsätzlich nicht am bisherigen Preisniveau des Vertrags, sondern an den tatsächlich erforderlichen Kosten nach Maßgabe von § 650c Abs 1 S 1 BGB zu berechnen. Anders liegt es allerdings, falls der Unternehmer seine Urkalkulation vertragsgemäß hinterlegt hatte. Dann kann er nach § 650c Abs 2 BGB das Preisniveau dieser Kalkulation zugrunde legen.

---

nicht. Aber gleich einem solchen kennt er die Möglichkeit der Kündigung aus wichtigem Grund, vgl u Rn 167 f.

[66] Oben Rn 37.
[67] Unten Rn 86.
[68] Vgl schon o Rn 37.

2. Willkürliche Planungsänderungen

§ 650b Abs 1 S 1 Nr 1 BGB betrifft Änderungen, mit denen der Besteller nunmehr einen anderen Werkerfolg begehrt. Es handelt sich um Sachlagen, in denen der Besteller es sich einfach nur anders überlegt, ohne dass ein zwingender Grund für eine Änderung der Planung vorläge. So mag der Besteller – zB aus Kostengründen – auf einen Teil des Geplanten verzichten oder die Planung erweitern. Ähnliche Effekte kann die Änderung der Ausführungsart haben, zB eine Ausführung in Holz statt in Metall.

Im Unterschied zur notwendigen Planungsänderung kann sich der Unternehmer gegen die willkürliche nach § 650b Abs 1 S 2 BGB damit verteidigen, dass die geänderte Ausführung ihm unzumutbar ist. Ist sie das aber nicht oder erhebt der Unternehmer diesen Einwand nicht, gelten die gleichen Rechtsfolgen wie bei der notwendigen Änderung. Insbesondere ist die Mehr- oder Mindervergütung ebenfalls nach § 650c Abs 1 BGB oder Abs 2 zu berechnen.

VII. Der Abschluss des Werkvertrages

1. Das vorvertragliche Verhältnis

a) Aufklärungspflichten

Wenn die Parteien in Vertragsverhandlungen treten, gilt es zu bedenken, dass der *Sachverstand* unter ihnen typischerweise *ungleich verteilt* ist: Der Unternehmer ist „vom Fach", der Besteller nur ausnahmsweise, etwa der Hauptunternehmer im Verhältnis zum Subunternehmer oder der von einem Architekten betreute Besteller; selbst dann können Wissensvorsprünge bestehen, wie § 4 Abs 3 VOB/B sie voraussetzt und anerkennt: Der Unternehmer hat etwaige Bedenken gegen die ihm vorgelegte Planung zu äußern. Der Unternehmer ist also zur Aufklärung und Beratung des Bestellers gehalten. Die Verletzung dieser Pflichten führt regelmäßig zur Gewährleistung, wenn im Ergebnis das Werk nicht den Erwartungen des Bestellers entspricht (§ 633 Abs 2 S 2 Nr 1 BGB). Sind die nachteiligen Folgen andere, werden die §§ 280 Abs 1, 241 Abs 2, 311 Abs 2 BGB die Anspruchsgrundlage sein, wenn es zB um den Kostenpunkt geht.[69] Bei nachhaltiger Überschreitung eines Kostenvoranschlags erwächst dem Besteller das Kündigungsrecht des § 649 BGB.

b) Kosten der Vertragsanbahnung

Sein Angebot zu unterbreiten kann für den Unternehmer mit erheblichem Aufwand und damit beträchtlichen Kosten verbunden sein, wenn denn uU gründliche Ermittlungen und Berechnungen anzustellen sind. Wie bei allen anderen Verträgen auch müssen hier die frustrierten Kosten vergeblicher Bewerbungen durch die Erlöse aus erfolgreichen finanziert werden. Der einschlägige § 632 Abs 3 BGB hätte also systematisch in den Allgemeinen Teil des BGB gehört. Zugleich ist er zu eng gefasst, wenn es um die gesamten Kosten der Akquisition geht.

---

[69] Dieser Schadensersatzanspruch ist freilich idR wertlos, weil es einen Schaden des Bestellers ausschließt, wenn er ein entsprechend werthaltigeres Werk erhält.

2. Form

73 Eigenen Formbedürfnissen unterliegt der Werkvertrag nicht; der Umfang des Regelwerks legt weithin eine – nicht konstitutive – Schriftlichkeit nahe.

Allerdings kann im Einzelfall § 311b Abs 1 BGB zu beachten sein:[70] Der Erwerber schließt einen Bauvertrag im Hinblick auf ein von ihm noch zu erwerbendes Grundstück ab. Dann soll idR aus der dem Bauunternehmer erkennbaren Sicht des Bestellers der Bauvertrag mit dem Grundstücksgeschäft stehen und fallen, so dass sich das Formbedürfnis auf den Bauvertrag erstreckt. Das gilt jedenfalls dann, wenn der Bauunternehmer das Grundstück vermittelt hat.

3. AGB

74 Zur Einbeziehung und Kontrolle der VOB/B im Baubereich vgl schon o Rn 24. Dem Baubereich ist es eigentümlich, dass zu dem Vertrag und der naturgemäß umfangreichen Leistungsbeschreibung oft weitere eingehende Klauselwerke treten. § 1 Abs 2 VOB/B nennt sie und gliedert ihren Geltungsrang, weil die Bestimmung mit „Widersprüchen im Vertrag" rechnet. Damit ist aber doch nur formal Ordnung geschaffen. Derartige verschachtelte Regelwerke müssen sich zunächst und vor allem am *Transparenzgebot* des § 307 Abs 1 S 2 BGB messen lassen.

4. Gesetzliche Verbote

75 Von immenser Bedeutung für den Bereich des Werkvertrages ist der Katalog des § 1 Abs 2 *SchwarzArbG*, der die nach § 8 SchwarzArbG bußgeldbewährte Schwarzarbeit definiert.[71] Freilich lässt allein ein einseitiges gewinnsüchtiges Handeln des Unternehmers auch in erheblichem Umfang den Vertrag noch nicht nach § 134 BGB nichtig sein, sondern nur dann, wenn der Besteller dies kennt und zu seinem Vorteil ausnutzt.[72] Unter dieser Voraussetzung hat die Rechtsprechung ihre Linie in den letzten Jahren deutlich verschärft und verweigert den Beteiligten im Ergebnis jeglichen durchsetzbaren Anspruch.[73]

76 Einem vertraglichen Anspruch sowie einem auf Verletzung vertraglicher Pflichten gerichteten Anspruch aus §§ 280 Abs 1 BGB, ggf über §§ 634 ff BGB steht die Nichtigkeit des Vertrags nach § 134 BGB in Verbindung mit § 1 Abs 2 SchwarzArbG entgegen. Dabei unterscheidet der BGH nicht zwischen den Varianten der Schwarzarbeit, ob also etwa der Unternehmer nicht in die Handwerksrolle eingetragen ist (Nr 5) oder Steuern hinterzogen werden sollen (Nr 2). Den bedeutendsten Fall dieser Variante des § 1 Abs 2 Nr 2 SchwarzArbG stellt die sog „Ohne-Rechnung-Abrede" dar, in der die Parteien von der Erteilung einer Rechnung absehen, um zu verschleiern, dass Umsatzsteuer anfällt, und diese dann auch nicht abzuführen. Die ganz hM unterwirft auch diese Gestaltung der Nichtigkeit nach § 134 BGB, gleich ob die Abrede von Anfang an

---

[70] Vgl BGHZ 186, 345; BGH NJW 2002, 2559; NJW 1994, 721.
[71] G zur Bekämpfung der Schwarzarbeit und illegalen Beschäftigung v 23.7.2004 (BGBl I 1842); zur Vorgängerregelung BGH NJW 2013, 3167 Rn 14 ff.
[72] Vgl BGHZ 89, 369, 373 = NJW 1984, 1175; NJW-RR 2002, 557; NJW 2013, 3167 Rn 23.
[73] Einschneidend zu § 817 BGH NJW 2015, 2406 unter Aufgabe von BGH NJW 1990, 2542.

oder nachträglich getroffen wird.⁷⁴ Diese Einordnung ist freilich nicht unproblematisch.⁷⁵ Denn das Verbot der Steuerhinterziehung erstreckt sich nicht auf den Abschluss von Verträgen, deren Abwicklung erst den Steuertatbestand verwirklicht. Der Wille zur Steuerhinterziehung ist außerhalb der Vertragsabwicklung liegendes Motiv.

Der BGH schließt aber auch Ansprüche von Schwarzarbeiter und Schwarzbesteller auf Rückforderung von Leistungen aus, die einer von beiden auf den nach § 134 BGB nichtigen Vertrag erbracht hat. Herkömmlich wollte der BGH vermeiden, dass uU der Besteller wertvolle Leistungen erhält, aber durch § 817 S 2 BGB von Bereicherungsansprüchen des Unternehmers abgeschirmt wird. Daher ließ er einen Gegeneinwand aus § 242 BGB zu.⁷⁶ Zur wirkungsvollen Bekämpfung von Schwarzarbeit hält der BGH es aber heute für geboten, den Beteiligten jegliche Ansprüche und damit Hilfe bei der Klärung ihrer gescheiterten Rechtsbeziehung zu verweigern. Daher sperrt die zivilrechtliche Strafvorschrift des § 817 S 2 BGB etwaige Bereicherungsansprüche.⁷⁷ So trägt der vorleistende Vertragsteil bei Schwarzarbeit das Risiko, dass die unwirksam versprochene Gegenleistung ausbleibt, der Besteller zusätzlich noch die Gefahr, dass sich die erbrachte Werkleistung als mangelhaft erweist.

Unwirksam ist eine Vereinbarung, durch die sich der Erwerber eines Grundstücks verpflichtet, bei der Bebauung des Grundstücks die Leistungen eines bestimmten Architekten oder Ingenieurs in Anspruch zu nehmen.⁷⁸

VIII. Die Entgeltlichkeit des Werkvertrages

Konstitutiv für den Werkvertrag ist die Entgeltlichkeit der erbrachten Leistung. Bei Unentgeltlichkeit liegt ein Auftrag vor (§§ 662 ff BGB).

1.   Fehlende Preisabrede

Daraus, dass der Werklohn ein essentiale negotii ist, folgt nicht, dass die Parteien bei Abschluss des Vertrages diesen Punkt besonders ansprechen müssten. Eine besondere Preisabrede gibt es natürlich weithin, teils ausdrücklich, teils stillschweigend, Letzteres dann, wenn vor dem Hintergrund aushängender Preislisten oder im Anschluss an einen kürzlich durchgeführten Vertrag kontrahiert wird. Die Bestimmung des § 632 Abs 1 BGB erlässt aber auch derartige Kriterien: Ein Entgelt wird geschuldet, wenn die Herstellung des Werkes nach den Umständen nur gegen eine Vergütung zu erwarten ist.

---

[74] BGH NJW 2013, 3167; zustimmend JERGER NZBau 2013, 608; bestätigend BGH NJW 2015, 2406; zur nachträglichen Abrede BGH NJW 2017, 1808.
[75] PETERS NZBau 2017, 200.
[76] BGH NJW 1990, 2542.
[77] Grundlegend BGH NJW 2015, 2406; ferner BGH NJW 2017, 1808 Rn 26.
[78] Sog *Koppelungsverbot* des Art 10 § 3 des MietrechtsverbesserungsG v 4.11.1971 (BGBl I 1745): Architekten sollen sich nicht Wettbewerbsvorteile dadurch verschaffen können, dass sie zu ihren Leistungen zugleich rares Bauland anbieten. Die Regelung benachteiligt die Architekten im Wettbewerb der Leistungsanbieter, ist aber nicht deshalb verfassungswidrig, BVerfG NJW 2011, 2782.

a) Rechtsnatur des § 632 Abs 1

81 § 632 Abs 1 BGB enthält eine *Fiktion* („gilt"), woraus folgt, dass der Besteller, der diese Umstände unzutreffend gewürdigt hat, nicht etwa wegen Irrtums anfechten kann.[79] Er kann sich seiner vertraglichen Zahlungspflicht auch nicht durch einen Anspruch aus culpa in contrahendo mit der Begründung entziehen, der Unternehmer hätte ihn über die Entgeltlichkeit seiner Leistung aufklären müssen.

b) Die dortigen Umstände

82 Im Rahmen des § 632 Abs 1 BGB sind grundsätzlich alle Umstände des Falles zu würdigen. Von besonderer Bedeutung ist es zugunsten des Unternehmers, dass die erbrachte Leistung in den Bereich seiner gewerblichen oder beruflichen Tätigkeit fällt, zu seinen Lasten das Bestehen freundschaftlicher Beziehungen zu dem Nachfrager seiner Leistung; bei dem häufigen Zusammentreffen beider Kriterien gibt aber idR das erstere den Ausschlag. Daneben hat Bedeutung zB der Umfang der Tätigkeit und auch schon ihre äußere Umgebung: Die Frage an den Rechtsanwalt ist kostenlos auf der Party, entgeltlich in seiner Kanzlei. Und dieselbe Tätigkeit kann kostenlos (§ 632 Abs 3 BGB) im Rahmen der Vertragsanbahnung erbracht worden sein und entgeltlich nach Abschluss.[80]

c) Die sich ergebende Vergütung

83 Wenn sich die Entgeltlichkeit der Werkleistung nur aus den Umständen ergibt, kommt es für ihre Höhe letztlich auf das Übliche an (§ 632 Abs 2 BGB).[81] Soweit sich daraus eine gewisse Bandbreite ergibt, soll dem Unternehmer kein Bestimmungsrecht nach § 315 BGB erwachsen, sondern ein Mittelwert zu bilden sein.[82]

d) Zur Beweislast

84 Die Bestimmungen des § 632 Abs 1, 2 BGB sind subsidiär, treten hinter eine ausdrückliche Preisabrede zurück. Mithin hat der Unternehmer eine entsprechende Behauptung des Bestellers zu widerlegen, wobei letzteren freilich die Last konkreter Darlegung trifft.

85 Nicht anders verteilt sich die Darlegungs- und Beweislast dort, wo der Unternehmer einer vom Besteller behaupteten Preisabsprache die eigene Behauptung einer anderen, ihm günstigeren, gegenüberstellt.[83]

---

[79] Vgl BGB-RGRK/GLANZMANN § 632 Rn 5; STAUDINGER/PETERS/JACOBY (2014) § 632 Rn 45.

[80] Das ist besonders bei Architekten oft problematisch, deren vorläufigen Planungen teils die Hoffnung auf den Auftrag zugrunde liegen kann, teils das – dann vertragliche – Einverständnis des Bauherrn. Bei letzterer Gestaltung ist es wiederum möglich, dass die Tätigkeit des Architekten nach § 632 Abs 1 BGB zu vergüten ist oder dass – von der HOAI nicht ausgeschlossen – Unentgeltlichkeit verabredet wurde. Letzteres hätte der Architekt zu widerlegen. Vgl zum Themenkreis STAUDINGER/PETERS/JACOBY (2014) § 632 Rn 43 f.

[81] Es können vorrangig Gebührenordnungen gelten, zB beim Architekten die HOAI.

[82] So BGHZ 94, 98 zur parallelen Problematik beim Makler (§ 653 Abs 2 BGB).

[83] Vgl STAUDINGER/PETERS/JACOBY (2014) § 632 Rn 139 f. – Die Umstände iSd § 632 Abs 1 BGB hat jeweils jene Partei darzulegen und zu beweisen, der sie günstig sind.

2. Struktur der Vergütung

Mit der Zukunftsbezogenheit des Werkvertrages ist es verbunden, dass der Umfang 86
der zu erbringenden Leistungen oft nicht konkret abzuschätzen ist oder dass sich
Prognosen zu diesem Punkt als verfehlt erweisen. Das gilt es bei der Preisbildung zu
bedenken.

a) Pauschalpreisvertrag

Damit grundsätzlich zwar möglich, aber nicht ratsam ist der Pauschalpreisvertrag, bei 87
dem der Preis von vornherein konkret festgelegt ist. Kommt der Unternehmer im
Ergebnis mit wenig Aufwand aus, wird der Besteller benachteiligt, für den es dann
ein geringer Trost ist, dass er immerhin eine feste Kalkulationsbasis hatte. Wird der
Aufwand hoch, geht dies zu Lasten des Unternehmers.

b) Einheitspreisvertrag

Die angemessene und von § 2 Abs 2 VOB/B für ihren Bereich bevorzugte Vergütungs- 88
struktur ergibt sich bei der *Vereinbarung von Einheitspreisen*. Hier wird die Gesamtleistung in Einzelpositionen aufgesplittet und für diese jeweils ein Einzel-/Einheits-
preis festgelegt (1 qm Mauerwerk, 1 Fenster). In deren sog Vordersätzen wird die
Menge benannt, mit der man im Ergebnis rechnet, die also die Basis der Kalkulation
bildet (135 qm Mauerwerk, 20 Fenster). Nach Abschluss der Leistung wird dann das
Aufmaß genommen, also festgestellt, welche Mengen jeweils tatsächlich angefallen
sind, und so die zunächst nur erwartete Gesamtvergütung festgelegt.

Einheitspreise erleichtern die Vergleichbarkeit mehrerer Gebote. 89

Die Kalkulation des Unternehmers wird wesentlich beeinflusst durch die Gesamtmenge, mit der zu rechnen ist. Folgerichtig sieht § 2 Abs 3 VOB/B *Korrekturen der Einheitspreise* vor, wenn die erwartete Gesamtmenge nachhaltig über- oder unterschritten
wird, wobei die kritische Grenze jeweils starr auf 10% festgelegt wird.[84]

Ist der Unternehmer insoweit auch von Kalkulationsrisiken befreit, so ist die Ermitt- 90
lung auskömmlicher Einheitspreise doch eine verantwortungsvolle Tätigkeit, weil mit
ihnen ja die *Gesamtheit der Kosten* des Unternehmers erfasst werden muss, also über
die konkreten Arbeits- und Materialkosten hinaus überhaupt schon die Gemeinkosten
des Unternehmers und auch mögliche besondere Kosten dieses Auftrages, unter denen
beispielhaft die Transportkosten zu einer schwer zugänglichen Baustelle genannt sei-
en.[85]

c) Stundenlohnvertrag

Zuweilen lässt sich die vorgesehene Werkleistung in ihren Details nicht sicher prog- 91
nostizieren. (Nur) dann empfiehlt sich der sog Stundenlohnvertrag, bei dem nach dem
konkreten Aufwand an Zeit und Material abgerechnet wird. Er birgt freilich Gefahren,

---

[84] Die erwartete Menge ist Geschäftsgrundlage der Preisbildung. Mithin muss es ggf auch außerhalb des Anwendungsbereichs der VOB/B Möglichkeiten der Preiskorrektur geben.

[85] Richtungsweisend zu diesem Fall des Kalkulationsirrtums BGH NJW 1998, 3192: Der Besteller kann der vorvertraglichen Pflicht unterliegen, den Unternehmer auf einen *Kalkulationsirrtum* hinzuweisen, dies aber doch nur dann, wenn er ihn erkannt hat. Das wird durchweg nicht der Fall sein. Der Unternehmer war ja vielleicht in der Lage, diese Teilleistung besonders günstig anzubieten, und sein Gesamtpreis hält sich im Rahmen des Üblichen.

wenn er geeignet ist, den Unternehmer zu einem umständlichen Vorgehen zu verleiten, zudem etwaige Auseinandersetzungen mit schwierigen Feststellungen zu der einen Frage belastet, was namentlich an Zeit tatsächlich aufgewendet worden ist, und zu der anderen, was davon den anzuwendenden Kriterien des § 670 BGB entsprach; nur Letzteres kann schließlich vergütungsfähig sein.[86]

3. Die mit der Vergütung abgegoltene Leistung

92 a) Auch bei Vereinbarung eines Pauschalpreises kann der Besteller für diesen *nur die vorgesehene Leistung* beanspruchen. Ihr Umfang steht zu seiner Beweislast. Es versteht sich von selbst, dass Änderungen und Erweiterungen der zunächst vereinbarten Leistung zu einer Änderung oder Erhöhung der Vergütung führen müssen; für den Pauschalpreis bringt dies § 2 Abs 7 Nr 1 S 3 VOB/B zum Ausdruck.

93 b) Bei einem Einheitspreisvertrag ist es häufig nicht unmittelbar ersichtlich, was der konkrete Einheitspreis alles abdeckt, zB der des Mauerwerks auch das Gerüst. Für den Bereich der VOB/B schafft hier die VOB/C Klarheit, weil sie Detailregelungen zu den einzelnen Gewerken enthält und dabei unter der jeweiligen Ordnungsziffer 4 *nicht eigens vergütungspflichtige Nebenleistungen* von besonders zu vergütenden *Besonderen Leistungen* abgrenzt. Es versteht sich, dass dabei die konkrete Abrede der Parteien den Vorrang genießt; fehlt es an einer solchen, kann die Abgrenzung der VOB/C auch dann Vorbildfunktion haben, wenn die VOB/B nicht vereinbart wurde, wenn in ihr denn die Kriterien des § 157 BGB – Treu und Glauben und vor allem die Verkehrssitte – zum Ausdruck kommen.

4. Rechnung und Prüfvermerk

94 a) Gerade im Baubereich kommt der Rechnung des Unternehmers erhebliche praktische Bedeutung zu, wenn denn seine Leistung komplex ist.[87] § 650g Abs 4 BGB macht die Fälligkeit des Baulohns über § 641 BGB hinausgehend davon abhängig, dass nicht nur die Abnahme erfolgt ist, sondern der Unternehmer dem Besteller auch eine Schlussrechnung erstellt hat.[88] Die einmal erteilte Rechnung bindet den Unternehmer grundsätzlich nicht, schließt also Nachforderungen nicht aus. Diese können nur verjährt oder verwirkt sein, wobei es für die Verwirkung freilich in aller Regel daran fehlen wird, dass der Besteller im Vertrauen auf die Vollständigkeit der Rechnung besondere Vermögensdispositionen getroffen hat.

95 b) Auch Prüfvermerken auf Bestellerseite kommt nur eine vergleichsweise geringe Bedeutung zu. Dass Stundenlohnzettel abgezeichnet werden, begründet nur die widerlegliche Vermutung des tatsächlichen Anfalls, keine der Notwendigkeit. Der Prüfvermerk des Architekten namentlich auf der Schlussrechnung hat nur interne Bedeutung im Verhältnis zum Bauherrn, keine externe gegenüber dem Unternehmer; dazu würde

---

[86] Zweifelhaft ist die Beweislast für die Angemessenheit des realen Aufwands. Nach BGH NJW 2000, 1107 ist dem Unternehmer zunächst der reale Aufwand zu vergüten, jedoch könne der Besteller mit einem von ihm zu beweisenden Schadensersatzanspruch wegen unwirtschaftlicher Arbeitsweise aufrechnen. Richtiger dürfte die Beweislast des Unternehmers für die Erforderlichkeit der Aufwendungen sein. So ist es auch im Falle des § 670 BGB.

[87] § 16 Abs 3 Nr 1 VOB/B macht eine prüfungsfähige Schlussrechnung zur Voraussetzung der Fälligkeit des restierenden Werklohnanspruchs.

[88] Unten Rn 105.

dem Architekten schon die Vertretungsmacht fehlen. Es steht auf einem anderen Blatt, dass das Bestreiten der Höhe der Werklohnforderung durch den Besteller keine starke Position begründen wird, soweit sein eigener Architekt sie nicht beanstandet hat.

IX. Die Zahlung des Werklohns

Wenn sich insbesondere Bauverträge oft über erhebliche Zeiträume erstrecken und gleichzeitig mit einem hohen Finanzierungsvolumen belastet sind, wird die Frage wichtig, wann gezahlt wird. Dabei lassen sich drei Arten von Zahlungen unterscheiden: Die Vorauszahlung, die Abschlagszahlung und die Schlusszahlung.

1. Vorauszahlungen

Vorauszahlungen steht ein entsprechender Leistungsstand des Unternehmers noch nicht gegenüber. Auf sie hat der Unternehmer keinen Anspruch, auch wenn er dringend auf sie angewiesen sein mag. Der Besteller wird sie bei individueller Vereinbarung von einer entsprechenden Sicherheit abhängig machen,[89] namentlich einer sog Erfüllungsbürgschaft (zB einer Bank). Allgemeine Geschäftsbedingungen können sie vor dem Hintergrund der §§ 632a, 641, 307 Abs 2 Nr 1 BGB nur gegen angemessene Sicherheit vorsehen.

2. Abschlagszahlungen

Demgegenüber begegnen Abschlagszahlungen keinen grundsätzlichen Bedenken, wenn ihnen denn ein *entsprechender Leistungsstand* des Unternehmers gegenübersteht. Vielmehr sind sie besonders geeignet, das Synallagma des Werkvertrages umzusetzen.

Bedenklich sind am Baufortschritt orientierte Zahlungspläne,[90] können deren Raten doch statt Abschlägen in Wahrheit verkappte Vorauszahlungen sein. Wo aber der Unternehmer seine nunmehrige Leistung rechnerisch zu belegen vermag, spricht alles für und nichts gegen Abschlagszahlungen.[91]

a) Die Abschlagszahlung des Bestellers
Seine Abschlagszahlung kann der Besteller (nur) im Hinblick auf konkrete Mängel, § 632a Abs 1 S 2 BGB, entsprechend kürzen,[92] nicht auch schon pauschal im Hinblick auf befürchtete spätere Mängel. Dabei ist seine Zahlung nur provisorisch. Treffend § 16 Abs 1 Nr 4 VOB/B: Eine Billigung oder gar Abnahme der bisherigen Leistung liegt in ihnen nicht. Außerdem und vor allem stehen Abschlagszahlungen unter dem *Vorbehalt der endgültigen Abrechnung*. Endet zB der Vertrag vorzeitig, erwächst dem Besteller ggf ein vertraglicher Erstattungsanspruch, bei dem dem Unternehmer immer

---

[89] Vgl § 16 Abs 2 VOB/B.
[90] Dieses Modell verwendet § 3 Abs 2 MaBV für den Fall des Erwerbs vom Bauträger.
[91] Sinnvoll sieht § 16 Abs 1 Nr 1 VOB/B nur vor, dass Abschlagszahlungen prüfbar belegt werden müssen.

[92] Die Fälligkeit der Abschlagszahlung macht § 320 BGB anwendbar. Bei der Höhe des mangelbedingten Einbehalts ist freilich ein Druckzuschlag möglich.

noch – gegenüber § 812 BGB – Darlegung und Beweis dafür obliegen, dass seine Abschlagsforderung berechtigt war.[93]

b) Die ausbleibende Abschlagszahlung

100 Auch die ausbleibende Abschlagszahlung hat ihren Wert für den Unternehmer. Das klingt zwar paradox. Aber der Unternehmer erhält so frühzeitig einen Hinweis darauf, dass die Durchsetzung seiner gesamten Werklohnansprüche gefährdet ist. Um ein Anwachsen der Risiken zu meiden, kann er gut beraten sein, seine Arbeit einzustellen. Dazu berechtigt ihn die ausbleibende Abschlagszahlung nach § 320 BGB.

101 An dieser Stelle benachteiligt die VOB/B den Unternehmer unangemessen. § 16 Abs 1 Nr 3 VOB/B gibt dem Besteller ein Zahlungsziel von 18 Werktagen, § 16 Abs 5 Nr 3 VOB/B schiebt Verzugszinsen um eine weitere noch zu setzende Nachfrist hinaus. Und nach § 16 Abs 5 Nr 5 VOB/B ist vor allem auch die Arbeitseinstellung erst nach Ablauf der Nachfrist zulässig. Dieses Regelwerk kann nur als grotesk bezeichnet werden, wenn es die elementaren Befugnisse aus § 320 BGB nachhaltig aufschiebt und dabei noch formelle Stolpersteine einbaut.

c) Fälligkeit der Abschlagszahlung

102 Entsprechend verpflichtet § 632a Abs 1 BGB den Besteller zu Abschlagszahlungen. Etwas unglücklich knüpft § 632a Abs 1 S 1 BGB die Höhe der Abschlagszahlungen an den Wert der erbrachten Leistungen. Das ist unglücklich, weil dieses ein objektiv zu bestimmendes Kriterium zu sein scheint. Maßgeblich muss aber sein, welchen Preis die Parteien im Vertrag für die Teilleistung vereinbart haben, gleich ob der Verkehr dieser einen entsprechenden Wert beimisst. Der Besteller mag „Schnickschnack" in Auftrag gegeben haben, den außer ihm sonst niemand schätzt. Auch dann verdient der Unternehmer Abschlagszahlungen.

103–104 Daraus, dass der Unternehmer seine Leistung durch eine – prüfbare – Aufstellung nachzuweisen hat, § 632a Abs 1 S 5 BGB, ergibt sich, dass sie selbständig abrechenbar sein muss. Das sind zB bei einem Rohbau nicht das einzelne Stockwerk, wohl aber das Fundament, die Gesamtheit der Stockwerke sowie das Dach. Typischerweise selbständig abrechenbar ist ferner das einzelne Gewerk, zB die Elektroarbeiten.

3. Die Schlusszahlung

a) Rechnungserteilung

105 § 650g Abs 4 S 1 Nr 2 macht ebenso wie § 16 Abs 3 Nr 1 VOB/B, § 8 Abs 1 HOAI die Schlusszahlung des Bestellers von der Erteilung einer Schlussrechnung abhängig. Diese Bestimmungen fordern dabei die Prüfungsfähigkeit der Rechnung. Das ist eine sinnvolle Zahlungsvoraussetzung, denn Bauleistungen sind idR komplex, Architektenhonorare ergeben sich aus komplizierten Rechenvorgängen. Die Anforderungen an die Prüfbarkeit stellt § 650g Abs 4 S 2 BGB näher dar; mit der Richtigkeit der Rechnung ist sie nicht zu verwechseln. Fehlt sie als Fälligkeitsvoraussetzung, ist die Werklohnklage als zurzeit nicht fällig abzuweisen. Freilich ist der Besteller gehalten, die Rüge mangelnder Prüfbarkeit binnen 30 Tagen vorzubringen.[94] Tut er das nicht, findet eine Sachprüfung der Werklohnforderung statt, die freilich immer noch – und dann

---

[93] BGH NJW 2002, 1567.
[94] Vgl BGHZ 157, 118 = NJW-RR 2004, 445 (Architekt); BGH NJW-RR 2006, 445; 2005, 167 (VOB-Vertrag).

endgültig – daran scheitern kann, dass das Rechenwerk des Unternehmers nicht nachvollziehbar ist.

Wo der Unternehmer seine Forderung endgültig berechnen kann, muss er zur Schlussrechnung übergehen und kann nicht bei doch nur provisorischen Abschlagsrechnungen verbleiben. Im Prozess ist der Übergang ohne weiteres möglich, da sich der Streitgegenstand – die Werklohnforderung – nicht verändert.[95]

b) Abnahme
Außerdem wird allgemein die *Fälligkeit* der Schlusszahlung von der *Abnahme des Werkes* abhängig gemacht, so auch die amtliche Überschrift des § 641 BGB.[96] Diese Auffassung wurde schon o Rn 8 in Frage gestellt.[97] Die Vorleistungspflicht des Unternehmers beschränkt sich auf die Herstellung des Werkes. Das hergestellte Werk ist entsprechend § 320 BGB Zug um Zug gegen den Werklohn zu erbringen. Dem entspricht auch der Wortlaut von § 641 Abs 1 BGB: Die Vergütung ist *bei der Abnahme*, eben nicht nach der Abnahme zu entrichten. Das hat folgende Konsequenzen:

aa) Das Werk muss fertiggestellt sein. Das unfertige Werk kann der Besteller zurückweisen. Dass er dann auch nicht zu zahlen braucht, folgt freilich nicht aus § 641 BGB, sondern aus § 320 BGB.

bb) Wenn der Besteller die Zahlung verweigert, braucht ihm der Unternehmer das Werk auch nicht zu überlassen. Auch dies folgt aus § 320 BGB; § 641 BGB bestätigt dies nur. Jedenfalls liegt in der Ankündigung der Vorenthaltung des Werkes weder eine Nötigung iSd § 240 StGB noch eine widerrechtliche Drohung iSd § 123 BGB.

cc) Mit einer unberechtigten Verweigerung der Abnahme kann der Besteller seine Zahlungspflicht nicht aufhalten; es genügt die *Abnahmereife* des Werkes.[98] Dieses einzig richtige Ergebnis kann die hM nur mit dem Kunstgriff erreichen, Abnahme und Abnahmereife gleichzusetzen.[99] Darauf, dass der Unternehmer dem Besteller eine angemessene Frist zur Abnahme setzt, sollte es nicht ankommen. Zwar fingiert § 640 Abs 2 BGB nach Ablauf einer solchen Frist die Abnahme. Diese Regelung soll aber die Rechtsposition des Unternehmers stärken, nicht aber ihm weitere Pflichten auf dem Weg zur Durchsetzung seines Anspruchs auferlegen.

dd) Jedenfalls wird die Werklohnforderung durchsetzbar, wenn der Besteller – trotz Mängeln – abnimmt, zB weil sein Interesse an der Auslieferung des Werkes überwiegt. Der Besteller kann freilich einen angesichts der Mängel angemessenen Teil der Vergütung zurückhalten (§ 641 Abs 3 BGB).

---

[95] BGH NJW-RR 2006, 390; 2005, 318.
[96] BGHZ 167, 345 = NJW 2006, 2475 Rn 22.
[97] Ausführlich PETERS NZBau 2006, 559; STAUDINGER/PETERS/JACOBY (2014) § 641 Rn 2 ff.
[98] Eine Stufenklage (erst Abnahme, dann Zahlung) würde dem Unternehmer schon unbillige Zinsverluste bescheren, vgl § 641 Abs 4 BGB.
[99] BGH NJW 1996, 1280, 1281; konsequent **aA** MünchKomm/BUSCHE (6. Aufl 2012) § 641 Rn 30.

112 ee) Zu einem von dem hier vertretenen Ansatz abweichenden Ergebnis kommt die hM allein, wenn der Besteller *die Abnahme berechtigt verweigert*. Die Werklohnklage soll dann mangels Fälligkeit abzuweisen sein.[100] Vorzugswürdig ist demgegenüber aber auf Grundlage von § 320 BGB die Verurteilung zur Zahlung des Werklohns Zug um Zug gegen Mängelbeseitigung. Zur Klarstellung: Nicht in Streit steht, dass der Unternehmer seine – infolge von Mängeln freilich reduzierte – Vergütung auch dann verlangen kann, wenn eine Mängelbeseitigung aus tatsächlichen oder rechtlichen Gründen ausgeschlossen ist. So mag der Besteller nicht mehr Erfüllung, sondern Minderung oder Schadensersatz verlangen.[101]

c) Vorbehaltlose Annahme der Schlusszahlung

113 Guter alter Gutsherrenart entspricht das Regelwerk des § 16 Abs 3 Nr 2–6 VOB/B: Wenn der Besteller eine als solche gekennzeichnete Schlusszahlung leistet, soll der Unternehmer danach mit weiteren Forderungen ausgeschlossen sein, sofern er sich diese nicht fristgerecht vorbehält und diesen Vorbehalt binnen weiterer Frist begründet. Diese Regelung wird weder dadurch besser, dass der Unternehmer über das Weitere schriftlich zu unterrichten ist,[102] noch dadurch, dass die Rechtsprechung Schadensbegrenzung betreibt, indem sie den Ausschluss der Nachforderung herabstuft zu einer verjährungsähnlichen Einrede.[103]

X. Die Absicherung des Werklohnanspruchs

114 Schon einleitend wurde es als ungelöstes Problem bezeichnet, dass die Werklohnforderung des Unternehmers stets gefährdet ist,[104] idR ist er bei Vertragsanbahnung der schwächere Teil, der kommode Zahlungsbedingungen am Markt nicht durchsetzen kann. Und er arbeitet eben, bevor er seinen Werklohn erhält, dies auch bei Abschlagszahlungen.

1. Bearbeitung beweglicher Sachen

115 Die Gefährdung der Werklohnforderung ist allerdings bei der Bearbeitung beweglicher Sachen vergleichsweise geringer. Die §§ 320, 647 BGB bewirken, dass der Unternehmer den Bearbeitungsgegenstand nicht ohne Vergütung auszuliefern braucht. Bei Zahlungsunfähigkeit des Bestellers gibt ihm letztere Bestimmung ggf die Befriedigungsmöglichkeit. Probleme können hier daraus resultieren, dass das gesetzliche Pfandrecht nur an bestellereigenen Sachen entstehen kann. Die von der Rechtsprechung gebilligte Praxis behilft sich mit einer rechtsgeschäftlichen Verpfändung in den AGB des Unternehmers, die den Weg zu den §§ 1207, 932 BGB erlauben soll.[105]

---

[100] ZB MünchKomm/Busche (6. Aufl 2012) § 641 Rn 6.
[101] BGHZ 167, 345 = NJW 2006, 2475 Rn 26.
[102] Die Regelung verstößt gegen § 307 BGB, so zutreffend BGHZ 138, 176 = NJW 1998, 2053 zu § 9 AGBG. Zur Beschränkung des Anwendungsbereichs der AGB-Kontrolle durch § 310 Abs 1 S 3 o Rn 26.
[103] BGHZ 62, 15 = NJW 1974, 236.
[104] Rn 7.
[105] Vgl BGHZ 68, 323; BGH NJW 1983, 2140, 2141. Das ist äußerst bedenklich, wenn die rechtsgeschäftliche Verpfändung nur bei Bestellerfremdheit der Sache relevant ist. Vgl zum Gesamtkomplex fehlenden Bestellereigentums STAUDINGER/PETERS/JACOBY (2014) § 647 Rn 10 ff; eingehend ferner K SCHMIDT NJW 2014, 1 ff.

2. Baubereich

a) Abschlagszahlungen und § 320

Die Normierung eines Anspruchs auf Abschlagszahlungen in § 632a BGB lässt § 320 **116**
BGB anwendbar werden, der es dem Unternehmer wenigstens gestattet, das Ausmaß
seiner ungesicherten Vorleistungen zu limitieren.[106]

b) Absicherung am Objekt

Die Bauhandwerkersicherungshypothek nach § 650e BGB kann schon während der **117**
laufenden Arbeiten in Höhe des realen Wertes der bereits erbrachten Leistungen in
Anspruch genommen werden.[107] Wegen der ihr vorangehenden, meist wertausschöpfenden Belastungen ist ihr eigener Wert zu vernachlässigen. Doch ist wegen § 885
Abs 1 S 2 BGB eine Vormerkung für sie leicht zu erlangen, ihre Eintragung in das
Grundbuch aber lässt den Besteller in den Augen möglicher Geldgeber als entweder
schwierig oder klamm erscheinen. Das wird die Motivation des Bestellers steigern, den
„Schandfleck" im Grundbuch doch irgendwie zu beseitigen.

c) Die Bauhandwerkersicherung nach § 650f

§ 650f BGB scheint den Werklohnanspruch des Bauhandwerkers verlässlich abzusi- **118**
chern. Der Bauhandwerker kann – außer von der öffentlichen Hand oder dem Bauherrn eines Eigenheims –[108] eine Bankgarantie für den zu erwartenden Werklohnanspruch verlangen. Die Position des Bauhandwerkers erweist sich dann aber doch aus
tatsächlichen Gründen als schwächer: Wenn er sein Sicherungsbegehren vorab stellt,
bringt er sich um den Auftrag. Wenn er sich das Begehren insgeheim – wegen der
Unabdingbarkeit[109] gefahrlos[110] – vorbehält, verscherzt er sich Folgeaufträge. So erhält
der Bauhandwerker durch § 650f BGB einschneidende Befugnisse nur für den Fall,
dass die Beziehungen zu diesem Besteller ohnehin zerrüttet sind, insbesondere wenn
man nach Auftragsdurchführung über die Mängelbeseitigung streitet. Auch dann kann
der Handwerker dem Anspruch auf Mängelbeseitigung das Sicherungsbegehren entgegenhalten, § 650f Abs 1 S 3 BGB.

Dem Bauhandwerker steht ein Anspruch auf die Sicherheit zu. Wenn der Besteller auf **119**
Fristsetzung nicht Sicherheit leistet, gewährt § 650f Abs 5 BGB dem Bauhandwerker
zum einen ein Leistungsverweigerungsrecht und zum anderen ein Kündigungsrecht.
Die dann nach Kündigung notwendige Abrechnung muss unterscheiden zwischen der
Vergütung für die erbrachte Leistung und dem durch § 650f Abs 5 BGB wie bei § 648
BGB modifizierten Anspruch wegen des nicht durchgeführten Vertragsteils (dazu
u Rn 165). Die erbrachte Leistung ist nach den vereinbarten Sätzen zu vergüten.
Ein Abzug ist für vorhandene Mängel vorzunehmen.[111] Das wirkt sich insbesondere
aus, wenn der Handwerker nach Vertragsdurchführung auf ein Mängelbeseitigungsverlangen von den Rechten aus § 650f BGB Gebrauch macht. Die Höhe der Vergütung bestimmt sich dann wie nach einer Minderung. Die Kosten einer anderweitigen
Mängelbeseitigung können einen Orientierungspunkt geben, wenn sie nicht unverhältnismäßig hoch sind.

---

[106] Dazu o Rn 100.
[107] Etwaige Mängel sind dabei mit ihrem „Wert" in Abzug zu bringen, BGHZ 68, 180.
[108] § 650f Abs 6 BGB.
[109] § 650f Abs 7 BGB.
[110] Eine arglistige Täuschung kann in dem Verschweigen der Sicherungsabsicht nicht gesehen werden.
[111] BGHZ 157, 335, 344 f = NJW 2004, 1525, 1527; BGH NJW-RR 2005, 609.

XI. Die Erstellung des Werkes

1. Allgemeines

120 Das BGB konzipiert in § 641 BGB den Werkvertrag kaufähnlich als den *einmaligen Austausch des fertigen* (und mangelfreien) *Werkes gegen die Vergütung*.[112] Dabei verbleibt die Aufbringung des Werklohns – obwohl uU mühsam – ebenso im Vorfeld dieses Austausches wie dann eben auch die Erstellung des Werkes. Positive Maßnahmen, die Mangelfreiheit rechtzeitig zu sichern, versagt die lex scripta der §§ 631 ff BGB dem Besteller. Zwar hat er einstweilen seinen Erfüllungsanspruch, aber dieser scheint brachzuliegen, wenn er denn nur auf ein Geschehen am künftigen Tage X gerichtet ist. Nimmt man das BGB beim Worte, ist der Besteller bei drohender Unbill auf die Rücktrittsmöglichkeit des § 323 Abs 4 BGB beschränkt.

121 a) Damit kann es indessen sein Bewenden nicht haben. Deutlich sachgerechter ist die Regelung der VOB/B. § 4 Abs 1 Nr 2 VOB/B gibt dem Besteller Kontrollbefugnisse, denn anders wird er später seine Gewährleistungsrechte weniger effektiv ausüben können. Sachgerecht gibt § 4 Abs 6 VOB/B dem Besteller einen Anspruch auf Entfernung vertragswidriger Stoffe und Bauteile von der Baustelle und vor allem § 4 Abs 7 VOB/B einen Anspruch darauf, dass etwaige Mängel schon jetzt – wo es noch besser möglich ist – beseitigt werden. Sachgerecht kann der Besteller nach § 5 Abs 3 verlangen, dass die Baustelle so besetzt wird, dass die Termine auch gehalten werden können. Dabei werden jedenfalls die Pflichten zur sofortigen Mängelbeseitigung und zum hinreichend zügigen Betrieb in den §§ 4 Abs 7, 5 Abs 4, 8 Abs 3 VOB/B mit Schadensersatzpflichten und Kündigungsmöglichkeiten unterfüttert. Gegenüber vertragswidrigen Stoffen und Bauteilen kann es nach § 4 Abs 6 VOB/B gar zu einem Selbsthilferecht des Bestellers kommen.

122 Jedenfalls Selbsthilferechte des Bestellers lassen sich aus dem BGB nicht ableiten; soweit die VOB/B sie kennt, kann man zweifeln, ob damit die Grenzen des § 307 Abs 2 Nr 1 BGB noch gewahrt werden.[113] Im Übrigen ist aber daran zu erinnern, dass § 241 Abs 2 BGB es dem Unternehmer gebietet, auf die Interessen des Bestellers Rücksicht zu nehmen, anders gewendet: Er darf nicht dadurch an dessen Nerven zerren, dass er erkannte und gerügte Mängel einstweilen ohne triftigen Grund bestehen lässt oder aufreizend langsam arbeitet.

123 b) Mit der Verlagerung der Materie in das allgemeine Schuldrecht und seiner Präferenz für einen Rücktritt in den §§ 323 Abs 4, 324 BGB wird das BGB seiner Aufgabe nicht hinreichend gerecht, die Befugnisse des Bestellers sachgerecht zu dimensionieren:

Sicher ist, dass schon eingetretene Schäden des Bestellers nach den §§ 280 Abs 1, 241 Abs 2 BGB zu liquidieren sind. ZB kann er Probleme bei der Finanzierung haben, wenn er nicht rechtzeitig einen bestimmten Bautenstand belegen kann.

124 Sicher ist weiterhin, dass ein Abhilfeanspruch gegenüber Mängeln gerichtlich nicht schnell genug durchgesetzt werden kann, immerhin würde seine Normierung die Stel-

---

[112] Vgl schon o Rn 4, 8.

[113] Derlei dürfte mit den strikten Schranken der §§ 227 ff BGB nicht vereinbar sein.

lung des Bestellers gegenüber dem Unternehmer kräftigen. So bleibt er auf die Abmahnung der §§ 281 Abs 3, 323 Abs 3 BGB beschränkt.

Äußerstes Druckmittel des Bestellers ist die Vertragsauflösung, die aber nur ausnahmsweise der Rücktritt des § 323 (Abs 4 BGB) sein kann. Angemessener ist vielmehr, ggf nach dem Vorbild der §§ 4 Abs 7, 5 Abs 4, 8 Abs 3 VOB/B einen Grund zur Kündigung aus wichtigem Grund nach § 648a BGB anzunehmen.[114]

2. Dispositionsfreiheit des Unternehmers

a) Wenn der Unternehmer einen Erfolg schuldet, muss es – vorbehaltlich von Vorgaben des Vertrages – ihm überlassen bleiben, welche Arbeitsmethode er wählt. § 4 Abs 2 Nr 1 VOB/B spricht von seiner eigenen Verantwortung. Diese Dispositionsfreiheit klingt in dem Wahlrecht des § 635 Abs 1 BGB an.[115] **125**

b) Innerhalb des vom Vertrag vorgegebenen Rahmens ist der Unternehmer ebenfalls in seiner Disposition frei, sofern er nicht die Interessen des Bestellers gefährdet (§ 241 Abs 2 BGB). **126**

3. Zeitrahmen des Vertrages

Von zentraler Bedeutung ist der vorgesehene Ablieferungstermin für das fertige Werk. Wenn er erreicht ist, kann der Unternehmer in Verzug geraten und es erwachsen dem Besteller die regulären Rechte der §§ 280, 281 und 323 BGB. **127**

Die Bestimmung des Ablieferungstermins obliegt zuvorderst der Vereinbarung der Parteien. Wenn es an einer konkreten Festlegung fehlt, entscheiden nach § 271 Abs 1 BGB die Umstände:[116] Eine angemessene Vorlaufzeit[117] und dann jener Zeitraum, der bei angemessener Anstrengung objektiv für das Werk erforderlich ist. Dabei darf der Unternehmer einerseits nicht „trödeln", braucht aber andererseits auch nicht schnellstmöglich – gar mit Überstunden – zu arbeiten. **128**

§ 5 Abs 1 VOB/B stellt klar, dass Einzelfristen eines Bauzeitenplans nur bei ausdrücklicher Vereinbarung Vertragsfristen sind.

4. Behinderungen des Unternehmers

Es können sich Behinderungen des Unternehmers ergeben. Dabei kennt das BGB diesen Begriff nicht, sondern regelt nur in den §§ 642 f BGB den Sonderfall, dass diese sich aus unterlassener Mitwirkung des Bestellers ergeben; in § 6 VOB/B enthält die VOB/B ein eigenes Regelwerk. **129**

---

[114] Dazu u Rn 168.
[115] § 635 Abs 1 BGB greift viel zu kurz: Es geht nicht nur nach der Abnahme um die Frage, ob Nachbesserung oder Neuherstellung sinnvoll sind, sondern auch innerhalb der Nachbesserung können sich Alternativen anbieten, und so gibt es dann vor allem auch schon vor der Abnahme Alternativen des Vorgehens.
[116] Vgl dazu STAUDINGER/PETERS/JACOBY (2014) § 633 Rn 121 ff.
[117] Von § 5 Abs 2 VOB/B mit 12 Werktagen ab Abruf der Leistung bemessen.

130 Quelle von Behinderungen können unvorhersehbare Witterungsverhältnisse sein, vgl § 6 Abs 2 Nr 2 VOB/B. Sonst kommen namentlich in Betracht verspätete oder mangelhafte Leistungen anderer Unternehmer, auf denen dieser Unternehmer aufzubauen hat. Auch sie sind unmittelbar mit den §§ 642, 643 BGB zu erfassen, wenn denn ihr Ergebnis ist, dass der Besteller (selbst!) ein bearbeitungsfähiges Leistungssubstrat verspätet zur Verfügung stellt.[118]

131 § 6 VOB/B enthält einige verallgemeinerungsfähige Detailregelungen: Eine Anzeigepflicht des Unternehmers (Abs 1), die Auswirkung auf die Fristen des Vertrages (Abs 2), zwischenzeitliche Pflichten des Unternehmers, eine Abrechnungspflicht bei voraussichtlich längerer Unterbrechung (Abs 5), eine Kündigungsmöglichkeit bei längerer Unterbrechung (Abs 7). Nicht alles kann freilich vermittels des § 241 Abs 2 BGB in das allgemeine Recht rezipiert werden, vgl die überaus problematische Schadensersatzregelung des Abs 6 und den Umfang des Rechtsverlustes des Unternehmers bei unterlassener Anzeige.

5. Weitere Einzelheiten

132 Weitere wichtige Detailfragen spricht § 4 VOB/B an. Verallgemeinerungsfähig sind die Pflicht des Unternehmers nach § 4 Abs 3 VOB/B, auf Bedenken gegen Planung oder Vorarbeiten zu seinem Gewerk hinzuweisen, die Abgrenzung dessen, was dem Unternehmer an Zufahrtswegen oder Anschlüssen für Wasser und Energie unentgeltlich zur Verfügung zu stellen ist (§ 4 Abs 4 VOB/B), seine Schutzpflicht für das eigene unfertige Werk (Abs 5), der Grundgedanke des § 4 Abs 8 VOB/B, dass der Einsatz von Subunternehmern der Gestattung bedarf; mit Details gängelt diese Bestimmung den Unternehmer freilich unangemessen iSd § 307 BGB.

Zur Behandlung bereits jetzt erkannter Mängel oder Kapazität unzureichender Arbeitsweise schon oben.[119]

XII. Die Abnahme

1. Allgemeines

133 Zentrale Bedeutung im Ablauf des Werkvertrages kommt der Abnahme des Werkes durch den Besteller zu, wie sie die hM als einen idR zweigliedrigen Vorgang versteht: – wo möglich – die körperliche Entgegennahme des Werkes und – immer möglich – seine Billigung als im Wesentlichen vertragsgerecht. Das inkorporiert die Annahme als Erfüllung, § 363 BGB, in den Begriff der Abnahme und führt so zu einem unterschiedlichen Abnahmebegriff bei Werkvertrag und Kauf, bei dem man nur die Entgegennahme der Sache als geschuldete Abnahme ansieht, nicht auch ihre Billigung. Richtigerweise sollte man auch beim Werkvertrag die Abnahme nur als Entgegennahme der Sache verstehen.[120] Der Besteller kann eine Billigung des Werkes nicht nach § 640 Abs 1 S 1 BGB schulden, denn dann müsste er eine Meinung äußern, die vielleicht nicht die seinige ist; die hoheitliche Durchsetzung einer solchen Pflicht würde daher gar in Konflikt mit Art 5 GG geraten. Außerdem kennen die §§ 640 Abs 1, 646

---

[118] BGHZ 143, 32 = NJW 2000, 1336.
[119] Rn 120.

[120] STAUDINGER/PETERS/JACOBY (2014) § 640 Rn 7 ff.

BGB Werke, deren Beschaffenheit eine Abnahme ausschließt;[121] § 646 BGB reagiert darauf. Diese Bestimmung hätte aber keinen Anwendungsbereich, wenn der Kern der Abnahme die Billigung sein sollte. Denn eine solche Billigung ist ja immer möglich. Dagegen kann die körperliche Entgegennahme des Werkes vielfach ausgeschlossen sein, vgl Theateraufführung oder Konzert, die Bauleitung eines Architekten. In Fällen dieser Art macht es guten Sinn, an die Stelle der Übergabe des Werkes mit § 646 BGB seine Vollendung treten zu lassen.

2. Die Abnahme in ihren Regelungszusammenhängen

a) Leistungsaustausch
Der wünschenswerte Gleichklang beim Abnahmebegriff als bloßer Entgegennahme der Sache bewährt sich bei § 641 BGB, dem es darum geht, dass der Leistungsaustausch Zug um Zug erfolgt:[122] ohne Zahlung kein Besitz am Werk.

b) Gewährleistung
Es ist auch sinnvoll, mit § 634a Abs 2 BGB den Verjährungsbeginn für die Mängelrechte an die Entgegennahme der Leistung zu knüpfen. Denn dadurch wird es dem Besteller ermöglicht, das Werk auf Mängel zu überprüfen.

c) Gefahrtragung
Schließlich kann mit der Entgegennahme des Werkes auch nach § 644 Abs 1 S 1 BGB die Gefahr auf den Besteller übergehen.

XIII. Die Mängelhaftung des Unternehmers

1. Der Mängelbegriff

Der Begriff des Mangels ergibt sich aus § 633 BGB. Wenn denn Rechtsmängel (Abs 3) im Werkvertragsrecht kaum Bedeutung haben und aliud und minus (Abs 2 S 3) nicht eigentlich vorstellbar sind, konzentriert sich das Interesse auf den *Sachmangel* des Abs 2. Hier wiederum bilden den *Mittelpunkt der Regelung* die Pleonasmen des Abs 2 S 2 Nr 2, die mit vielen Worten nur immer dasselbe umschreiben. Was Abs 2 S 2 Nr 1 vermerkt, geht auch in ihnen auf. Die *Beschaffenheitsvereinbarung* des Abs 2 S 1 läuft weithin leer. Auf sie ist abzustellen, wo ein besonderes Werk in Auftrag gegeben wird, auf das die allgemeingültigen Kriterien des Abs 2 S 2 Nr 2 nicht anwendbar sind. Für den Regelfall des „normalen" Werkes hat die Beschaffenheitsvereinbarung dann Bedeutung, wenn Überdurchschnittliches vereinbart wird. Die *Vereinbarung von Unterdurchschnittlichem* muss klipp und klar und dem Besteller unmissverständlich und so vermittelt werden, dass dieser es versteht; sonst setzen sich dessen berechtigten Erwartungen durch.[123]

---

[121] Nach BGH NJW 2013, 3022 Rn 16 scheidet eine Abnahme, verstanden als Billigung des Werkes, ihrer Natur nach aus, wenn der Unternehmer „Winterdienst" zu erbringen hat, weil der Besteller davon freigestellt sein soll, vor Ort zu erscheinen.
[122] Vgl o Rn 8, 107.
[123] Vgl BGHZ 139, 244 = NJW 1998, 3707.

2. Abnahme

137a Dem Besteller stehen Mängelrechte nach § 634 BGB grundsätzlich erst nach Abnahme des Werks zu.[124] Zwar stellt § 633 BGB – im Unterschied zur kaufrechtlichen Parallelvorschrift in § 434 BGB – nicht ausdrücklich klar, dass für die Feststellung von Mängeln auf den mit der Abnahme verbundenen Zeitpunkt des Gefahrübergang abzustellen ist. Daraus ergeben sich aber keine sachlichen Unterschiede. Erfüllungs- und Nacherfüllungsansprüche sind streng zu scheiden. Für sie gelten nicht nur unterschiedliche Verjährungsregelungen mit einerseits §§ 195, 199 BGB und anderseits § 634a BGB. Auch gesteht § 635 Abs 3 BGB dem Unternehmer ein erleichtertes Leistungsverweigerungsrecht gegenüber den Bestimmungen in § 275 BGB zu. Vor allem aber gilt ein unterschiedliches Leistungsstörungsrecht. Für den Erfüllungsanspruch gilt allein das allgemeine Leistungsstörungsrecht, während dieses §§ 634 ff BGB für die Nacherfüllung modifiziert.

137b Bedeutung hat diese Weichenstellung insbesondere insoweit, als dem Besteller spezifische Mängelrechte wie Minderung, § 638 BGB, oder der Anspruch auf Kostenvorschuss, § 637 Abs 3 BGB, nur nach Abnahme zustehen. Davon macht der BGH freilich gerade im Falle der Minderung eine Ausnahme, wenn sog „Abrechnungsreife" eingetreten ist, ein Primäranspruch auf Erfüllung oder Nacherfüllung etwa wegen § 281 Abs 4 BGB ausgeschlossen ist. Dann soll der Besteller auch Minderung geltend machen können.[125] Diese Begründung befremdet ein wenig, weil der Begriff der Abrechnungsreife gerade im Interesse des Unternehmers geprägt wurde, um die Fälligkeit der Werklohnforderung ohne Abnahme zu begründen.[126] Etwa die Anwendung der spezifischen Verjährung des § 634a BGB mag sie indessen nicht zu rechtfertigen. Dogmatisch ehrlicher scheint es zu fragen, ob im Einzelfall das allgemeine Leistungsstörungsrecht um spezifische Mängelrechte zu ergänzen ist.

3. Nacherfüllung

138 Den Ausgangspunkt der Befugnisse des Bestellers bildet sein Anspruch auf Nacherfüllung nach den §§ 634 Nr 1, 635 BGB; die Notwendigkeit einer Fristsetzung vor anderem belegt, dass die Nacherfüllung auch ein *Recht des Unternehmers* ist, die ihm die Chance eröffnet, den Werklohn doch noch ungeschmälert zu verdienen.

139 Die Art der Nacherfüllung (Nachbesserung oder Neuherstellung, innerhalb der Nachbesserung das konkrete Vorgehen) steht in der Dispositionsfreiheit des Unternehmers. Ihr Ziel ist der mangelfreie Zustand des Werkes oder jedenfalls ein ihm näherkommender, ggf sind verbleibende Differenzen durch zusätzliche Minderung oder Schadensersatz auszugleichen. Zur Nacherfüllung gehören namentlich auch etwaige *Vor- und Nacharbeiten* (Diagnose, Freilegen der betroffenen Stelle, Wiederherrichten), dies alles kostenmäßig zu Lasten des Unternehmers, vgl § 635 Abs 2 BGB. Seine Kostenlast erfährt freilich Einschränkungen. Zunächst kann der *Besteller* für einen Mangel *mitverantwortlich*[127] sein, zB wegen mangelhafter Planung seines Architekten (§ 278 BGB): Dann kann er die Nacherfüllung nur Zug um Zug gegen einen nach § 254

---

[124] BGH NJW 2017, 1604 Rn 31 ff; NJW 2017, 1607 Rn 32 ff; dazu VOIT NZBau 2017, 521.
[125] BGH NJW 2017, 1604 Rn 44; NJW 2017, 1607 Rn 44.
[126] Oben Rn 110, 112.
[127] Näheres bei STAUDINGER/PETERS/JACOBY (2014) § 634 Rn 17 ff.

Abs 1 BGB zu bemessenden Teil der anfallenden Kosten verlangen. Sodann ist es denkbar, dass aufwendiger als zunächst vereinbart verfahren werden muss. Dann treffen ihn die sog *Sowieso-Kosten*, jene Kosten, die angefallen wären, wenn man sogleich gehörig verfahren wäre.[128]

Im Gegensatz zur erstmaligen Erstellung des Werkes kann die Nacherfüllung wegen unverhältnismäßiger Kosten verweigert werden (§ 633 Abs 3 BGB). Freilich hat der Besteller einen Anspruch auf eine mangelfreie Leistung. Das Leistungsverweigerungsrecht des Unternehmers ist also eng auf den Fall zu limitieren, dass der Mangel in zumutbarer Weise hingenommen werden kann.[129] **140**

Es ist der Fall denkbar, dass die Mängel mehrerer Gewerke nur durch einheitliche Maßnahmen abgestellt werden können. Dann haften die mehreren Gewerke gesamtschuldnerisch mit dem allfälligen späteren Ausgleich nach § 426 Abs 1 BGB. **141**

Wenn noch Werklohn offen ist, stehen der *Anspruch auf Nacherfüllung* einerseits und der *Werklohnanspruch* andererseits im *Synallagma* des § 320 BGB. Es kann also der Besteller weitere Zahlungen nach der quantitativen Maßgabe des § 641 Abs 3 BGB verweigern. Der dort einberechnete *Druckzuschlag* entfällt freilich, wenn der Besteller wegen der Nacherfüllung in Annahmeverzug gerät oder wenn nur noch sekundäre Rechte, nicht mehr die Nacherfüllung selbst, in Betracht kommen.[130] Umgekehrt kann sich aber auch der Unternehmer diese Situation zu Nutze machen, indem er wegen des restlichen Werklohns Sicherheit nach § 648a BGB verlangt, zunächst die Arbeit verweigert oder einstellt und dann gar seinerseits kündigt.[131] **142**

4. Die Fristsetzung und ihre Entbehrlichkeit

Bevor der Besteller aus dem Mangel andere Konsequenzen als die des Anspruchs auf Nacherfüllung zieht, muss er dem Unternehmer vorab eine Frist zur Nacherfüllung setzen, vgl § 637 Abs 1 BGB und die in § 634 BGB in Bezug genommenen §§ 281 Abs 1, 323 Abs 1 BGB. **143**

a) Bemessung der Frist

Die mehrfache Erwähnung dieser Frist beruht nur auf Ausdrucksschwäche des Gesetzgebers: Es ist *immer dieselbe und damit nach einheitlichen Kriterien zu bemessende Frist*, wie sie zur Beseitigung des Mangels erforderlich, aber auch genügend zu sein hat, wobei der Unternehmer einerseits zügig zu arbeiten, andererseits auf die Belange des Bestellers Rücksicht zu nehmen hat: Eine Nachbesserung kann leicht stören und damit unzumutbar iSd § 637 Abs 2 BGB aE werden. **144**

Der Besteller kann sich bei der Bemessung der Frist leicht vertun. Eine unangemessen knappe Frist ist nicht wirkungslos, sondern setzt eine angemessene in Lauf. Umgekehrt bindet freilich eine längere Frist als nötig einstweilen dem Besteller die Hände, solange sich nicht während des Laufs der Frist neue Tatsachen[132] ergeben. **145**

---

[128] Dazu STAUDINGER/PETERS/JACOBY (2014) § 634 Rn 24.
[129] Das wird in der Praxis der unteren Gerichte oft verkannt.
[130] Der Druckzuschlag ist nur ein Hilfsmittel, den Nacherfüllungsanspruch effektiv auszugestalten.
[131] Vgl BGHZ 157, 335 = NJW 2004, 1525.
[132] Im Sinne der §§ 281 Abs 2, 323 Abs 2, 637 Abs 2 BGB.

b) Entbehrlichkeit der Fristsetzung

146 Die Fristsetzung ist nach Maßgabe der weitestgehend kongruenten §§ 281 Abs 2, 323 Abs 2, 637 Abs 2 BGB entbehrlich; die verwirrende Vielfalt im Ausdruck des Gesetzes darf über diese Kongruenz nicht hinwegtäuschen.

147 Die Frist ist an sich zur vollständigen Durchführung der notwendigen Maßnahmen zu setzen. Das ist im Bereich des Werkvertrages aber problematisch, weil die Frist dazu oft weiträumig bemessen sein müsste. Also wird der Besteller die *Frist* nur zur *Arbeitsaufnahme* oder gar nur zur *Erklärung über die Leistungsbereitschaft* setzen. Bleibt die Reaktion des Unternehmers aus, so kann darin eine *ernsthafte und endgültige Erfüllungsverweigerung* liegen, bzw dies begründet besondere Umstände, beides iSd §§ 281 Abs 2, 323 Abs 2 BGB.

5. Eigene Nacherfüllung des Bestellers

148 Wenn dem Besteller gerade an einer Beseitigung des Mangels gelegen ist (und er nicht nur „Kasse machen" möchte), sind die Rechte aus den §§ 634 Nr 2, 637 BGB das Mittel seiner Wahl: Sie setzen ein Verschulden des Unternehmers am Mangel nicht voraus, ermöglichen die Beiziehung eines anderen Unternehmers, zu dem das Verhältnis noch nicht belastet ist, und erlauben schließlich im Gegensatz zu Schadensersatz (vgl § 281 Abs 4 BGB) und Rücktritt die reuevolle Rückkehr zur Nacherfüllung dieses Unternehmers.

149 Vor allem empfiehlt sich der *Anspruch auf Kostenvorschuss* nach § 637 Abs 3. Er entbindet vom Einsatz eigener Mittel. Außerdem wird die oft streitige Frage, ob denn ein Mangel vorlag, vorab geklärt. Dass nachher abzurechnen ist, kann hingenommen werden.

150 Ein Anspruch aus § 637 BGB setzt freilich den Ablauf einer gesetzten Nachfrist voraus. Bessert der Besteller eigenmächtig nach, ohne eine nicht entbehrliche Nachfrist gesetzt zu haben, steht der Besteller – wie im Kaufrecht der eigenmächtig nachbessernde Käufer –[133] rechtlos.[134] Die Rechte des § 634 BGB sind abschließend. Nach Abnahme kann der Besteller also auch nicht mehr kündigen und Anrechnung der ersparten Aufwendungen nach § 648 S 2 BGB[135] verlangen.

6. Schadensersatz

151 § 634 Nr 4 regelt den Ersatz von auf Mängeln beruhenden Schäden, indem er auf die allgemeinen Anspruchsgrundlagen in §§ 280, 281, 283 BGB verweist. Voraussetzung ist also auch hier Verschulden, das § 280 Abs 1 S 2 BGB vermutet. Anders als Verkäufer haben Unternehmer Mängel meist auch zu vertreten. Während vom Verkäufer gerade im Massengeschäft nicht erwartet wird, dass er vor dem Verkauf die von einem Dritten hergestellte Sache auf Mängel untersucht, stellt der Unternehmer das Werk selbst her.[136] Aus der Mangelhaftigkeit wird sich regelmäßig auch der Sorgfaltsverstoß iSd § 276 Abs 2 ergeben.

---

[133] BGHZ 162, 291 = NJW 2005, 1348; **aA** HERRESTHAL/RIEHM NJW 2005, 1457; LORENZ NJW 2005, 1321.
[134] MünchKomm/BUSCHE (6. Aufl 2012) § 637 Rn 7; DAUNER-LIEB/DÖTSCH NZBau 2004, 233; zum Mietrecht vgl auch BGH NJW 2008, 1216.
[135] Dazu u Rn 165.
[136] Siehe zur Zurechnung des Verschuldens von

Die zu ersetzenden Schäden können unterschiedlicher Art sein: Kosten der eigenen **152**
Nachbesserung, entgehender Gewinn, wozu namentlich auch die *Betriebsunterbrechung während und durch die Nachbesserung* gehört, der *„Rest" des Mangels*, der durch die Nachbesserung nicht mehr aufgefangen werden kann oder nach (beschränkter) Nachbesserung *verbleibt*, insoweit also in Kombination der Nrn 1 und 4 des § 634 BGB. Hat das eben Gesagte von Schadensersatz statt der Leistung gehandelt, so erfasst § 634 Nr 4 BGB aber insbesondere auch jene *Mangelfolgeschäden*,[137] die der Mangel an anderen Rechtsgütern des Bestellers verursacht; insoweit kann der Anspruch neben einem weiteren aus § 823 Abs 1 BGB bestehen, von Bedeutung namentlich in der Frage der Verjährung. Einerseits gilt § 634a BGB, andererseits gelten §§ 195, 199 BGB.

7. Rücktritt

§ 634 Nr 3 BGB gewährt dem Besteller bei einem hinreichend erheblichen (§ 323 **153**
Abs 5 S 2 BGB) Mangel das Recht zum Rücktritt. Das ist in jener Mehrzahl der Verträge problematisch, in denen die Werkleistung in einer Bearbeitung von Sachen des Bestellers besteht. Folgerichtig lässt dann auch § 309 Nr 8 b bb BGB den formularmäßigen Ausschluss des Rücktritts jedenfalls bei Bauverträgen zu. Im Übrigen läuft der Rücktritt beim Werkvertrag idR leer: Wenn die Werkleistung bei dem Besteller verbleibt, ist sie nach § 346 Abs 2 S 2 BGB mit den vertraglichen Sätzen zu vergüten. Dann ist das Ergebnis kein anderes als das der Minderung.

Eigenständige Bedeutung hätte der Rücktritt neben der Minderung, wenn er dem **154**
Besteller einen verschuldensunabhängigen *Anspruch auf Beseitigung des Werkes* verschaffen würde.[138] Zu dieser in der Literatur vertretenen Auffassung[139] hat sich der Gesetzgeber des G zur Modernisierung des Schuldrechts nicht geäußert.

8. Minderung

Praktisch bedeutsam ist die Minderung nach den §§ 634 Nr 3, 638 BGB. Wenn sie auch **155**
bei Bagatellen zulässig ist,[140] führt sie bei ihnen weithin zu einer angemessenen Problemlösung. Gerade – aber nicht nur – bei ihnen bereitet freilich die doktrinäre Berechnungsweise des § 637 Abs 3 BGB einer seriösen Ermittlung erhebliche Schwierigkeiten. Die Schätzungsmöglichkeit, auf die die Bestimmung hilfsweise verweist, übertüncht das Fehlen handhabbarer Kriterien.[141]

Hilfspersonen o Rn 54 ff und zum Mitverschulden des Bestellers Rn 34, 48.

[137] Bei ihrem Ersatz ist zu beachten, dass er eine Fristsetzung zur Nacherfüllung nicht voraussetzt, denn durch eine Nacherfüllung könnten sie nicht mehr abgefangen werden. Dieses Phänomen kann sich im Übrigen auch bei den eigentlichen Mangelschäden ergeben, wenn die Nacherfüllung nicht möglich ist.

[138] Vgl zum parallelen Problem beim Kauf BGHZ 87, 104 = NJW 1983, 1479 (Demontage von Dachziegeln); OLG Köln NJW-RR 2006, 677 (Demontage von Bodenfliesen).

[139] Vgl dazu STAUDINGER/KAISER (2012) § 346 Rn 91 ff, 98; STAUDINGER/PETERS/JACOBY (2014) § 634 Rn 103 f.

[140] Vgl § 638 Abs 1 S 2 BGB.

[141] Man kann sich hilfsweise an den Kosten der Mängelbeseitigung orientieren. Aber das versagt dort, wo gemindert wird, weil diese Kosten unverhältnismäßig sind.

9. Verjährung

156 § 634a BGB nennt in Abs 1 gestaffelte Fristen, die idR mit der Abnahme einsetzen, Abs 2, aber im Falle der Arglist oder des § 634a Abs 1 Nr 3 BGB dem Regime der §§ 195, 199 BGB Raum lassen. Wenn die Verjährung nach § 634a BGB sonst meist schneller eintreten wird als nach den §§ 195, 199 BGB, bleibt also die Frage weiterhin attraktiv, ob sich neben den Rechten aus § 634 BGB nicht doch auch solche aus den §§ 823 ff BGB konstruieren lassen.

157 Die regelmäßige Verjährungsfrist bleibt dem Besteller also jedenfalls im Falle der Arglist (§ 634a Abs 3 BGB). Hier ist von Bedeutung die Rechtsprechung zum Organisationsmangel, die Arglist annimmt, wenn nach der Struktur des Betriebes die Aufdeckung von Mängeln nicht hinreichend gesichert ist (und man einen solchen Organisationsmangel schon durch die Schwere des Mangels belegt sieht).[142]

158 Der Verjährung müssen auch die Befugnisse zu Rücktritt oder Minderung unterliegen, die aber ja keine Ansprüche darstellen. Das hat den Gesetzgeber in den §§ 218, 634a Abs 4, 5 BGB zu einem wenig durchsichtigen Regelwerk geführt.

10. Beschränkungen der Haftung

a) Individualvertraglich

159 Bei individualvertraglichen Gewährleistungsbeschränkungen gilt § 639 BGB. Einerseits sind Gewährleistungsausschluss und Garantie innere Widersprüche, andererseits präzisiert die Schranke der Arglist nur § 138 Abs 1 BGB.

b) In AGB

160 Allgemeine Geschäftsbedingungen des Unternehmers unterliegen insbesondere § 308 Nr 8 b BGB, soweit er Verbrauchern gegenübertritt; die Details können hier nicht nachgezeichnet werden.[143] Wenn denn die Besteller weithin § 310 Abs 1 BGB unterfallen, zB als Hauptunternehmer, bietet § 307 BGB letztlich keinen geringeren Schutz; die Rügelast des § 308 Nr 8 b ff BGB kann ihnen natürlich – mit den Grenzen des § 377 HGB – auferlegt werden.

11. Erweiterungen der Haftung

161 Die §§ 308 f BGB sind leider ebenso wie schon die §§ 10 f AGBG blind gegenüber der Tatsache, dass die Marktmacht auf der Nachfragerseite liegen kann; es braucht sich ja nur der private Bauherr der Hilfe eines Architekten und dann der von diesem entwickelten AGB zu bedienen, bei großen Nachfragern gilt dies ohnehin. Hier kann der gebotene Schutz nur mit § 307 BGB erzielt werden, wobei als grobe Richtlinie gelten mag, dass das Regelwerk namentlich der §§ 634 ff BGB auch zugunsten des Unternehmers durchweg Leitbildfunktion iSd § 307 Abs 2 Nr 1 BGB hat.[144]

---

[142] BGHZ 117, 318 = NJW 1992, 1754.
[143] Ausführlich dazu STAUDINGER/PETERS/JACOBY (2014) § 639 Rn 33 ff.
[144] Zu Erweiterungen der Gewährleistung STAUDINGER/PETERS/JACOBY (2014) § 639 Rn 76 ff.

XIV. Die Kündigung des Werkvertrages

Für die Kündigung eines Bauvertrags verlangt § 650h BGB die Schriftform des § 126 BGB. **161a**

1. Die freie Kündigung des Bestellers nach § 648

§ 648 BGB gestattet es dem Besteller, den Werkvertrag jederzeit bis hin zur Vollendung des Werkes zu kündigen, ohne dass er dafür irgendwelche sachlichen Gründe zu benennen hätte. Er hat nur den Unternehmer nach Maßgabe des § 648 S 2 BGB schadlos zu halten. **162**

Zu einer solchen Kündigung kann es in zwei Konstellationen kommen. Die erste ist durch einen Fortfall des Interesses des Bestellers an dem fertigen Werk gekennzeichnet. Er mag ein Haus für sich und seine Familie errichten wollen, und dann scheitert seine Ehe oder er verliert den Arbeitsplatz. Der gewerblich Tätige erkennt, dass sich das Objekt nicht rentieren wird. In der anderen Konstellation soll das Objekt zwar fertiggestellt werden, aber das Verhältnis zu diesem Unternehmer ist zerrüttet, ohne dass doch ein Grund zur Kündigung aus wichtigem Grund (u Rn 168) gegeben wäre. **163**

a) Die Rechtsnatur der Kündigung

Mit „Kündigung" ist der Vorgang des § 648 BGB irreführend bezeichnet. Normalerweise lässt eine Kündigung die Erfüllungspflichten beider Seiten in demselben Zeitpunkt ihres Wirksamwerdens erlöschen. Hier erhält § 648 S 2 BGB den Werklohnanspruch des Unternehmers aufrecht, reduziert ihn nur in einer Weise, die § 326 Abs 2 BGB entspricht. Das Erlöschen bezieht sich einseitig auf die Ansprüche des Bestellers; laut § 648 S 2 BGB kommt es zur „Aufhebung" des Vertrages. Der Sache nach liegt die ernsthafte und endgültige Verweigerung der Annahme der Leistung vor – das Spiegelbild also zu den Fällen der §§ 281 Abs 2 Alt 1, 323 Abs 2 Nr 1 BGB. Der Besteller könnte dem Unternehmer ja ohnehin seine Leistung unmöglich oder unzumutbar machen, etwa wenn er ihm den zu verarbeitenden Gegenstand nicht zur Verfügung stellt. Eine entsprechende Mitwirkung könnte der Unternehmer nicht einklagen. Der Besteller ist nur zur Zahlung verpflichtet (dazu Rn 165), die Entgegennahme der Leistung ist bloße Obliegenheit (o Rn 50). **164**

b) Modifizierter Zahlungsanspruch des Unternehmers

§ 648 S 2 HS 1 BGB erhält den Werklohnanspruch im Prinzip aufrecht.[145] Anzurechnen sind – natürlich – ersparte Aufwendungen. Zu anzurechnendem anderweitigen Erwerb wird es nur selten kommen, weil davon auszugehen ist, dass der Unternehmer einen weiteren Auftrag zusätzlich erledigen könnte: Dann fehlt es an der Kausalität der Kündigung. Aber der Besteller kann dem Unternehmer vielleicht einen Ersatzauftrag vermitteln. Die Anrechnungsposition des böswillig unterlassenen Erwerbs belegt eine gewisse „Schadens"minderungspflicht des Unternehmers. Primär wird es um ersparte Aufwendungen gehen. Ihr Nachweis ist für den beweisbelasteten Besteller schwierig. Deshalb vermutet § 648 S 3 BGB die ersparten Aufwendungen mit 95%. **165**

---

[145] Den Zahlungsanspruch des Unternehmers erst mit einer Abnahme des bisher Geleisteten fällig werden zu lassen, so BGHZ 167, 345, ist verfehlt. Die Voraussetzungen einer Abnahme nach § 640 Abs 1 S 1 BGB liegen nicht vor. Die Abnahme gehört in den Kontext der regulären Abwicklung des Vertrages, nicht seiner Liquidierung.

c) Entsprechende Anwendung

166 Eine ernsthafte und endgültige Annahmeverweigerung des Gläubigers ist keineswegs nur ein Phänomen des Werkvertrages, sondern kann sich zB auch beim Kauf ergeben.[146] Dann ist ebenfalls eine Abrechnung nach Maßgabe des § 648 S 2 BGB geboten.

2. Kündigung aus wichtigem Grund

167 § 648a räumt nunmehr beiden Parteien ausdrücklich das Recht ein, den Vertrag aus wichtigem Grund zu kündigen. Diese Möglichkeit war zuvor auch anerkannt, aber abgesehen von Einzelfällen wie § 643 BGB oder § 650f Abs 5 BGB nicht eigens geregelt. Wie in den sonstigen Fällen einer (außerordentlichen) Kündigung aus wichtigem Grund ist ein Vertragsteil dazu berechtigt, wenn die Fortsetzung des Vertrags unzumutbar ist, § 648a Abs 1 BGB. § 314 BGB ist nicht direkt einschlägig, weil der Werkvertrag mit seinem sich ständig ändernden Leistungsprogramm und mit seiner Ausrichtung auf den Leistungsaustausch bei Abnahme kein Dauerschuldverhältnis darstellt. Freilich verweist § 648a Abs 3 BGB auf die besonderen Voraussetzungen von § 314 Abs 2 u 3 BGB zu Abmahnung und Frist.

168 Vielfach wird die Kündigung während der Ausführung der Werkleistung erfolgen. So mag etwa der Rohbau bereits errichtet sein. Dann steht dem Unternehmer, gleich wer gekündigt hat, für den bereits errichteten Werkteil seine Vergütung nach den vertraglichen Sätzen zu, § 648a Abs 5 BGB. § 648a Abs 4 BGB verpflichtet beide Vertragsparteien darauf, den zur Berechnung der Vergütung maßgeblichen Leistungsstand festzustellen.

169 Der zur Kündigung berechtigende Grund wird vielfach auch eine schuldhafte Pflichtverletzung darstellen, die nach Maßgabe von §§ 280 ff BGB zum Schadensersatz verpflichtet. Dass diese Ansprüche neben der Kündigung stehen, stellt § 648a Abs 6 BGB klar. Typische Schadenspositionen des Bestellers können darauf beruhen, dass das Werk sich verzögert, aber auch Mehrkosten für die Fertigstellung des Werks durch einen anderen Unternehmer.

170 Der kündigende Unternehmer wird als Schaden insbesondere seine Vergütung für den nicht mehr ausgeführten Werkteil geltend machen. Sein Anspruch muss sich insoweit nach § 648 S 2 BGB bemessen. Für den Sonderfall der Kündigung des Unternehmers nach § 650f Abs 5 S 1 BGB ist das in dem dortigen S 2 vorgesehen. Bedenken weckt indessen § 643 BGB. Diese Bestimmung sieht eine Kündigung des Unternehmers aus wichtigem Grund dann vor, wenn der Besteller notwendige Mitwirkungshandlungen beharrlich verweigert. Misslungen ist, dass der sich aus § 645 Abs 1 S 2 BGB ergebende Vergütungsanspruch für den noch offenen Vertragsteil auf Auslagenersatz beschränkt ist.[147]

---

[146] Vgl die in Voraussetzungen und Folgen nicht aufeinander abgestimmten Bestimmungen der §§ 490 Abs 2 BGB (Darlehen), 537 BGB (Miete), 650 S 3 BGB (Teilbereich des Kaufes), 651h BGB (Reisevertrag).

[147] STAUDINGER/PETERS/JACOBY (2014) § 643 Rn 18 f.

3. § 649

Die Kündigung des Bestellers wegen wesentlicher Überschreitung eines Kostenanschlags nach § 649 BGB ist ein Fall der Störung der Geschäftsgrundlage.

R. Das Recht der ungerechtfertigten Bereicherung und der Geschäftsführung ohne Auftrag
Marietta Auer

Systematische Übersicht

I.	**Einleitung: Konfliktlagen und Regelungsanliegen**	
1.	Trügerische Normtextkontinuität	1
2.	Funktionen des Bereicherungsrechts	2
3.	Funktionen der Geschäftsführung ohne Auftrag	6
II.	**Ungerechtfertigte Bereicherung**	
1.	Historische Entwicklungslinien	9
a)	Römischrechtliche und naturrechtliche Ursprünge	9
b)	Pandektistik und BGB-Entstehung	12
2.	Grundzüge der Theorieentwicklung	15
a)	Von der Einheitslehre zur Entdeckung der Eingriffskondiktion	15
b)	Die moderne Trennungslehre	17
c)	Finaler Leistungsbegriff und Risikozurechnungslehre	19
3.	Leistungskondiktionen	23
a)	Arten und Funktionen der Leistungskondiktion	23
b)	Kondiktion wegen Fehlens des Rechtsgrunds	26
c)	Kondiktion wegen Wegfalls des Rechtsgrunds	27
d)	Kondiktion wegen Nichteintritt des bezweckten Erfolgs	28
e)	Kondiktion wegen Bestehens einer dauerhaften Einrede	31
f)	Kondiktion wegen gesetzes- oder sittenwidrigen Empfangs	33
4.	Kondiktionssperren	34
a)	Die vier Kondiktionssperren nach §§ 814 und 815 BGB	34
b)	Kondiktionssperre bei Gesetzes- oder Sittenverstoß des Leistenden	36
5.	Nichtleistungskondiktionen	41
a)	Arten und Funktionen der Nichtleistungskondiktion	41
b)	Die allgemeine Eingriffskondiktion	43
c)	Verfügung eines Nichtberechtigten	47
d)	Unentgeltliche Verfügung eines Nichtberechtigten	49
e)	Einziehung fremder Forderungen	51
f)	Kettendurchgriffskondiktion gegen den unentgeltlichen Zweitempfänger	53
g)	Sonstige Nichtleistungskondiktionen	55
6.	Bereicherungsrechtliche Dreipersonenverhältnisse	57
a)	Problemstellung	57
b)	Das Wertungsmodell der Anweisungslage	59
aa)	Abgekürzte Lieferung und Anweisungslage	59
bb)	Entscheidungsregeln zur Rückabwicklung	61
c)	Einzelne Dreipersonenverhältnisse	67
aa)	Banküberweisung und Zahlungsdiensterecht	67
bb)	Drittleistung auf fremde Schuld	70
cc)	Vertrag zugunsten Dritter	72
dd)	Zession und Pfändung	75
7.	Rechtsfolgen der Bereicherungshaftung	78
a)	Primärer Bereicherungsgegenstand und einheitliche Rechtsfolgen	78
b)	Surrogate und Wertersatz	80
c)	Der Entreicherungseinwand	82
aa)	Wegfall des Erlangten und vermögensmäßige Folgenachteile	82
bb)	Bereicherungsausgleich bei gegenseitigen Verträgen	85
cc)	Aufgedrängte Bereicherung	89
d)	Verschärfte Bereicherungshaftung	90
8.	Konkurrenzen	91
a)	Bereicherungsrecht und Eigentümer-Besitzer-Verhältnis	91
b)	Bereicherungsrecht und Geschäftsführung ohne Auftrag	96

III.	**Geschäftsführung ohne Auftrag**	b)	Geschäftsführung im öffentlichen Interesse ... 129
1.	Historische Entwicklungslinien ... 97	6.	Rechtsfolgen der Geschäftsführung ohne Auftrag ... 131
a)	Die beiden Wurzeln der negotiorum gestio ... 97	a)	Aufwendungsersatzanspruch bei berechtigter GoA ... 131
b)	Grundzüge der Theorieentwicklung ... 98	b)	Aufwendungsersatzanspruch bei unberechtigter GoA ... 134
c)	Einheits- und Trennungslehre ... 100	c)	Ansprüche bei irrtümlicher und angemaßter Eigengeschäftsführung ... 136
2.	Tatbestandliche Grundstrukturen ... 101	d)	Pflichtenstellung des Geschäftsführers, Übernahme- und Ausführungshaftung ... 138
a)	Echte und unechte Geschäftsführung ohne Auftrag ... 102		
b)	Berechtigte und unberechtigte Geschäftsführung ohne Auftrag ... 103	**IV.**	**Europäische Perspektiven**
3.	Geschäftsführung für einen anderen ... 105	1.	Ungerechtfertigte Bereicherung und GoA im Kollisionsrecht ... 143
a)	Objektives Element: Fremdes, neutrales und eigenes Geschäft ... 105	2.	Ungerechtfertigte Bereicherung und GoA im europäischen Privatrecht ... 146
b)	Subjektives Element: Fremdgeschäftsführungswille ... 110	**V.**	**Gelöste und ungelöste Aufgaben**
c)	Fallgruppen ... 113	1.	Dogmatische „Abrüstung" des Bereicherungsrechts ... 148
aa)	Rettung und Selbstaufopferung ... 113	2.	Funktionsbestimmung und -begrenzung der GoA ... 150
bb)	Selbsthilfe, Abmahnung und Rechtsverfolgung ... 115		
cc)	Tilgung fremder Schulden ... 118	**VI.**	**Schluss** ... 152
dd)	Pflichtengebundene Geschäftsführung ... 120		
4.	Ohne Auftrag und sonstige Berechtigung ... 122		
5.	Besondere Voraussetzungen der berechtigten Geschäftsführung ohne Auftrag ... 124		
a)	Wille und Interesse des Geschäftsherrn ... 124		

I. Einleitung: Konfliktlagen und Regelungsanliegen

1. Trügerische Normtextkontinuität

1 Im zweiten Buch des BGB, dem Recht der Schuldverhältnisse, finden sich im Abschnitt 8 („Einzelne Schuldverhältnisse") die Vorschriften der §§ 812 bis 822 BGB im Titel 26 zur ungerechtfertigten Bereicherung und die der §§ 677 bis 687 BGB im Titel 13 zur Geschäftsführung ohne Auftrag, kurz „GoA" – und kein Wort hat sich seit Inkrafttreten des BGB verändert.[1] Bei allem Wandel der Lebens- und Wirtschaftsverhältnisse vom korporativen nationalen Liberalismus des Kaiserreichs vor hundert Jahren bis zur heutigen unionsrechtlich integrierten, sozialstaatlich-marktwirtschaftlichen Dienstleistungsgesellschaft blieben die beiden bürgerlich-rechtlichen Regelungsprogramme des Bereicherungsrechts und der GoA jedenfalls in ihrer abstrakt-gene-

---

[1] Vgl STAUDINGER, BGB-Synopse (2006) §§ 812–822 BGB und §§ 677–687 BGB; lediglich in § 813 Abs 1 S 2 BGB ist durch die Schuldrechtsmodernisierung – ohne inhaltliche Änderung – statt des früheren Verweises auf § 222 Abs 2 BGB der Verweis auf den gleichlautenden § 214 Abs 2 BGB getreten.

rellen Textfassung unangetastet.² Selbst die Schuldrechtsmodernisierung von 2002 hat diesen beiden gesetzlichen Schuldverhältnissen kein Haar gekrümmt, wenn man von der Verkürzung der regelmäßigen Verjährung der Ansprüche von früher 30 auf inzwischen drei Jahre (§ 195 BGB) und von der Einfügung amtlicher Überschriften zu den Paragraphen absieht.³ Auf den ersten Blick hat man es also bei beiden Regelungskomplexen mit wahrhaften „Eckpfeilern des Zivilrechts" zu tun, die nicht nur die Jahrzehnte des BGB überdauert haben, sondern auf eine jahrhundertelange Geschichte mit Wurzeln im römischen Recht zurückblicken können und deren Ordnungsaufträge fundamentale Konfliktlagen des bürgerlichen Rechts betreffen. Auf den zweiten Blick stellt sich die Sachlage indessen komplizierter dar. Beide Rechtsinstitute sind in ihrer heutigen Gestalt das Produkt mehrfachen ideengeschichtlichen Wandels und zeitgebundener dogmatischer Weichenstellungen, die heute vielfach überholt sind. Das gilt namentlich für das Bereicherungsrecht, dessen durch die Pandektistik des 19. Jahrhunderts geprägte Gestalt „geradezu ein Musterbeispiel für die Eigenlogik dysfunktionaler dogmatischer Entwicklungen"⁴ bildet. Wie lassen sich die zugrundeliegenden Konfliktlagen und Regelungsanliegen vor diesem Hintergrund zeitgemäß fassen und veranschaulichen?

2. Funktionen des Bereicherungsrechts

Das *Bereicherungsrecht* stellt eine schuldrechtliche Ausgleichsordnung für unrechtmäßige Vermögenszuordnungen dar. Durch den Bereicherungsanspruch (sog *Kondiktionsanspruch*) wird ein gesetzliches Schuldverhältnis begründet, das auf die Abschöpfung ungerechtfertigter Vermögensvorteile beim Begünstigten zielt. Das Bereicherungsrecht erfüllt damit hinsichtlich unrechtmäßiger Vermögenszuordnungen eine Ergänzungsfunktion gegenüber dem Vertragsrecht, dem Deliktsrecht sowie gegenüber anderen gesetzlichen Schuldverhältnissen. Diese Ergänzungsfunktion kommt sowohl auf der Tatbestandsseite als auch auf der Rechtsfolgenseite des Bereicherungsanspruchs zum Ausdruck.⁵ **2**

Die *Tatbestandsseite* der Bereicherungsansprüche ist dadurch gekennzeichnet, dass der Bereicherungsschuldner durch Leistung des Gläubigers oder in sonstiger Weise etwas auf Kosten des Gläubigers ohne Rechtsgrund erlangt hat. Im Unterschied zur Haftung aus Vertrag muss die Bereicherungshaftung nicht auf wirksame privatautonome Willensentscheidungen der Parteien zurückgeführt werden. Entsprechendes gilt auch im Vergleich mit der GoA, da der Bereicherungsausgleich im Grundsatz unabhängig vom Willen der Beteiligten ist, wohingegen sich die Bedeutung der Privatautonomie bei der GoA etwa im Fremdgeschäftsführungswillen des Geschäftsführers (§ 677 BGB) sowie im Willen des Geschäftsherrn als Voraussetzung der berechtigten GoA (§ 683 BGB) manifestiert. Besonders wichtig ist schließlich die tatbestandliche Abgrenzung gegenüber dem Deliktsrecht. Während für das Deliktsrecht das Verschuldensprinzip prä- **3**

---

² Allerdings dürften vor allem Wechselwirkungen mit unionsrechtlich überformten Regelungskomplexen wie mit dem im Jahre 2009 novellierten Zahlungsdiensterecht (§§ 675c ff BGB) künftig zunehmen; dazu paradigmatisch BGHZ 205, 377 = NJW 2015, 3093; näher u Rn 69.
³ KÖNIG, Ungerechtfertigte Bereicherung, in: Gutachten und Vorschläge zur Überarbeitung des Schuldrechts, hrsgg v Bundesministerium der Justiz, Bd I und II (1981) 1515 ff und HELM, Geschäftsführung ohne Auftrag, ebd, Bd III (1983) 335 ff.
⁴ JANSEN AcP 216 (2016) 112, 132 f.
⁵ Zum Nachfolgenden näher GRIGOLEIT/AUER, Schuldrecht III, Bereicherungsrecht (2. Aufl 2016) Rn 1 ff.

gend ist, setzt die Bereicherungshaftung kein Verschulden, ja noch nicht einmal ein bestimmtes, für die Vermögensverschiebung kausales Verhalten des Schuldners voraus.

4 Auf der Rechtsfolgenseite liegt das Charakteristikum der Bereicherungshaftung in ihrer *Abschöpfungsfunktion*. Der Bereicherungsanspruch richtet sich primär auf die Herausgabe des „erlangten Etwas" (§ 812 Abs 1 S 1 BGB) sowie der Nutzungen bzw Surrogate (§ 818 Abs 1 BGB); ersatzweise ist bei Unmöglichkeit der Herausgabe Wertersatz geschuldet (§ 818 Abs 2 BGB). Dabei tritt die Abschöpfungsfunktion vor allem darin zutage, dass der Ausgleich grundsätzlich unter den Vorbehalt der fortbestehenden Bereicherung gestellt ist, also einen werthaltigen Niederschlag des Bereicherungsgegenstands im Vermögen des Bereicherungsschuldners voraussetzt (§ 818 Abs 3 BGB). Die bereicherungsrechtstypische Abschöpfung des Überschusses im Vermögen des Schuldners steht damit im Gegensatz zur deliktsrechtlichen bzw schadensrechtlichen Bemessung des Ausgleichs nach der Einbuße im Vermögen des Gläubigers (§§ 249 ff BGB). Sofern bereicherungs- und schadensrechtlicher Ausgleich tatbestandlich zusammentreffen, wird letzterer häufig weitergehend sein: Schadensrechtlich sind sämtliche Folgeschäden im Vermögen des Gläubigers ersatzfähig; der Schadensersatzschuldner kann sich nicht auf den Wegfall bzw das Fehlen einer Bereicherung berufen. Mitunter kann der Bereicherungsanspruch den Gläubiger aber auch besser stellen als ein Schadensersatzanspruch. Dies ist der Fall, wenn der Schuldner einen ungerechtfertigten Vorteil gezogen hat, den der Gläubiger selbst nicht gezogen hätte, so dass letzterem kein Schaden im Sinne der Differenzhypothese (§ 249 Abs 1 BGB) entstanden ist (Beispiel: Der Schuldner nutzt eine rechtsgrundlos erlangte Wiese, die beim Gläubiger brachgelegen hätte, ertragreich als Weideland).

5 Elementar für die Ergänzungsfunktion des Bereicherungsrechts sowie für die sachgerechte Anwendung bereicherungsrechtlicher Anspruchsgrundlagen ist, dass das Bereicherungsrecht selbst – anders als etwa das Deliktsrecht oder die GoA – in den meisten Fällen *keine eigene Entscheidung* darüber trifft, ob eine bestimmte Güterzuordnung rechtmäßig oder rechtswidrig ist. Im Rahmen der Prüfung der „Rechtsgrundlosigkeit" kommt es vielmehr auf die materielle Güterzuordnung an, die aus den Wertungen anderer Rechtsgebiete, etwa des Vertrags- oder Sachenrechts, folgt. Daraus folgen *zwei Grundregeln*: Zum einen darf das Bereicherungsrecht die Rechtsbeständigkeit eines nach anderen, etwa sachenrechtlichen Regeln materiell bestandskräftigen Erwerbs nicht durchkreuzen. Zum anderen muss es die Rückabwicklung immer dann ermöglichen, wenn für eine Bereicherung aus fremdem Vermögen ein solcher rechtlicher Grund fehlt und in dem maßgeblichen Regelungskomplex keine vorrangige, eigenständige Abwicklungsordnung vorgesehen ist. Die Unrechtmäßigkeit der Güterzuordnung, die das Bereicherungsrecht ausgleichen soll, kann sich dabei aus verschiedenen materiellrechtlichen Gesichtspunkten ergeben: So beruht das Fehlen eines Rechtsgrunds bei der Leistungskondiktion zumeist auf der Nichtigkeit des der Leistung zugrundeliegenden Vertrags (§ 812 Abs 1 S 1, 1. Fall BGB). Bei den Nichtleistungskondiktionen steht hingegen die Verletzung fremder Rechtspositionen im Vordergrund (insbesondere iRd Eingriffskondiktion).

3. Funktionen der Geschäftsführung ohne Auftrag

6 Auch das Recht der *Geschäftsführung ohne Auftrag* lässt sich als eine gesetzliche Ausgleichsordnung zur Korrektur unrechtmäßiger Vermögenslagen verstehen, doch liegt der Akzent hier auf der richtigen Verteilung von Gütern, Lasten und Schadensrisiken

bei einer bewussten fremdnützigen Tätigkeit außerhalb eines Vertragsverhältnisses. Der tragende Gedanke der GoA ist nach überkommener Auffassung die rechtliche Bewältigung des Spannungsverhältnisses zwischen dem *förderungswürdigen uneigennützigen Hilfseinsatz* zugunsten abwesender oder notleidender Mitbürger einerseits und der *Abwehr unerwünschter Einmischung* in fremde Angelegenheiten andererseits. Wenn A während der Abwesenheit seines Nachbarn N dessen leckgeschlagene Ölheizung instand setzt und damit weiteren Ölausfluss oder gar einen Feuerausbruch in dessen Wohnräumen verhindert, verdient er für seinen fremdnützigen Einsatz zur Interessenwahrung seines Mitbürgers N jedenfalls Ersatz seiner Aufwendungen (§§ 683 S 1, 670 BGB) und darf nicht von vornherein dadurch entmutigt werden, dass ihm etwa bei leicht fahrlässig verursachten Schäden während der Heizungsreparatur ein Schadensersatzanspruch des N angedroht wird (§ 680 BGB). Andererseits muss von dem Geschäftsführer A erwartet werden, dass er sich bei seinem Einsatz dem wirklichen oder mutmaßlichen Willen des Geschäftsherrn N bzw dessen objektiven Interessen dienend unterwirft (§ 677 BGB), dass er ferner den Geschäftsherrn loyal unterrichtet (§ 681 BGB) und ihm Rechenschaft ablegt (§§ 681 S 2, 666 BGB). Wenn sich A dagegen ungebeten und wider besseren Wissens in fremde Angelegenheiten einmischt, etwa eine „Spritztour" mit dem Auto seines verreisten Mitbewohners N wagt, darf er sich nicht wundern, wenn ihm sogar Zufallsschäden angelastet werden (§ 678 BGB). Kurz: Der „gute Samariter" muss je nach den Umständen einerseits ermuntert und entschädigt, andererseits aber auch in die Pflicht genommen und diszipliniert werden, während der unerbetenen Einmischung mit drastischen Sanktionen entgegengetreten werden muss. Die GoA hat einen heiklen Regelungsauftrag zu bewältigen; ihr wird ein normativer Seiltanz abverlangt, den sie nur durch verschiedene, teils konträre Tatbestände wie die *berechtigte* (§ 683 BGB), die *unberechtigte* (§ 684 BGB) oder die *angemaßte* (§ 687 Abs 2 BGB) Geschäftsführung ohne Auftrag zu konkretisieren vermag.

Die verschiedenen Ausgestaltungen der GoA nach §§ 677 ff BGB begründen mithin **7** gleichfalls gesetzliche Ausgleichsschuldverhältnisse und stehen teils dem Vertragsrecht, teils dem Bereicherungsrecht sowie teils wiederum dem Deliktsrecht nahe. Die berechtigte GoA (§ 683 BGB) folgt weitgehend dem vertraglichen Auftragsrecht,[6] während die unberechtigte GoA dem Bereicherungsrecht verwandt ist (§ 684 BGB) und der angemaßten GoA (§ 687 Abs 2 BGB) quasi-deliktische Natur zukommt. Geht es um Verwendungsersatz des Geschäftsführers, ist zudem die Konkordanz mit den Wertungen des Eigentümer-Besitzer-Verhältnisses zu beachten (§§ 994 ff BGB). Auch die Regelungsanliegen der GoA lassen sich damit nur in Gesamtschau und unter Abstimmung mit den teils konkurrierenden, teils gleichlaufenden Wertungen des Vertrags-, Bereicherungs-, Delikts- und Sachenrechts angemessen erfassen.

Sowohl Bereicherungsrecht als auch Geschäftsführungsrecht haben seit Inkrafttreten **8** des BGB wie kaum andere „Eckpfeiler des Zivilrechts" *komplexe dogmatische Ausdifferenzierungen* durch Rechtswissenschaft und Rechtsprechung erfahren, die sich bei der Lektüre der Rechtsvorschriften kaum erahnen lassen. Diese sind symptomatisch für die historischen Wandlungen ebenso wie für die aus heutiger Perspektive teilweise dysfunktionale begrifflich-dogmatische Gestalt beider Rechtsinstitute, die auf der zä-

---

[6] Im nachklassischen römischen Recht konnte der *dominus negotii* im Wege einer *ratihabitio* die *negotiorum gestio* in ein vertragliches Auftragsverhältnis *(mandatum)* umwandeln, vgl Ulp D 46, 3, 12, 4 und Ulp D 50, 17, 60.

hen Fortwirkung überkommener und oft überholter Dogmen beruht. Ihre – hier nur skizzenhafte – Darstellung und Würdigung offenbart damit zugleich einen tieferen Einblick in die deutsche Rechtskultur, ihren Diskursstil und ihre dogmatische Innovationskraft, freilich auch in ihre bleibenden Aporien und Defizite.

II. Ungerechtfertigte Bereicherung

1. Historische Entwicklungslinien

a) Römischrechtliche und naturrechtliche Ursprünge

9 Das Bereicherungsrecht des BGB ist das Produkt zweier sich überschneidender Entwicklungslinien, die einerseits in den Kondiktionen des römischen und gemeinen Rechts, andererseits in der aus der frühen Neuzeit stammenden naturrechtlichen Lehre von der Restitution zu finden sind.[7] Es ist also trotz der im Bereicherungsrecht bis in die Gegenwart hinein verbreiteten Vorliebe für römischrechtliche Parömien sowie lateinische Terminologie durchaus irreführend, sich dieses Rechtsgebiet als begrifflich und dogmatisch kohärentes Erbe des römischen Rechts vorzustellen. Das moderne Bereicherungsrecht beruht vielmehr auf einer Verbindung ganz unterschiedlicher Rechtsgedanken, die bis in die gegenwärtige Dogmatik hinein fortwirken und es bis heute ausschließen, von einem einheitlichen Prinzip der ungerechtfertigten Bereicherung zu sprechen. Vielmehr sind seine beiden voneinander unabhängigen Wurzeln ideengeschichtlich klar zu trennen und bis in die gegenwärtige Dogmatik hinein als solche nachvollziehbar.

10 So ist die Prägung durch die Kondiktionen des römischen und gemeinen Rechts heute vor allem im Bereich der Leistungskondiktionen erkennbar. Bei der *condictio* des römischen Rechts *(legis actio per condictionem)* handelte es sich um eine im 3. Jahrhundert vChr eingeführte, formal strengrechtliche und „abstrakte" Klage und Prozessart, bei der der Kläger den Rechtsgrund des Anspruchs verschweigen und sich in der Behauptung eines Anspruchs auf eine bestimmte Geldsumme oder Sache erschöpfen konnte.[8] Um ein „Bereicherungsrecht" im Sinne des Rechtsgedankens der Abschöpfung ungerechtfertigter Bereicherung im Vermögen des Schuldners handelte es sich dabei gerade nicht. Ohne ein allgemeines Prinzip zu formulieren, entwickelten die Klassiker des römischen Rechts vielmehr verschiedene, als kondiktionswürdig angesehene Einzeltatbestände wie die *condictio indebiti*, die *condictio ob turpem vel iniustam causam*, die *condictio ob causam datorum*, die *condictio causa data causa non secuta* oder die *condictio furtiva*, deren Ziel jeweils in der Rückgängigmachung missbilligter Vermögensbewegungen bestand. Herausragende Bedeutung besaß die *condictio indebiti*, die vor allem der Rückforderung einer in entschuldbarem Irrtum gezahlten Nichtschuld diente, aber auch in Fällen der Fehlerhaftigkeit einer (nichtigen, angefochtenen oder einredebehafteten) Verbindlichkeit Anwendung fand. Erst die spätrömische Jurisprudenz und insbesondere das Gesetzgebungswerk JUSTINIANS prägten den Kondiktionen den Stempel von Billigkeitsinstituten auf und formten

---

[7] Zum Ganzen instruktiv JANSEN AcP 216 (2016) 112, 132 ff.
[8] SCHWARZ, Die Grundlagen der condictio im klassischen römischen Recht (1952); vLÜBTOW, Beiträge zur Lehre von der condictio nach römischem und geltendem Recht (1952); vgl auch FLUME, in: FS Niedermeyer (1953) 103 ff; ferner KUPISCH, Ungerechtfertigte Bereicherung – Geschichtliche Entwicklungen (1987); KASER, Römisches Privatrecht (21. Aufl 2017) 296 ff; HONSELL, Römisches Recht (8. Aufl 2015) 158 ff.

den Auffangtatbestand einer *condictio sine causa (generalis)* aus, die als Billigkeitsklage *ex aequo et bono* die Einzeltatbestände überwucherte und mit der seit Jahrhunderten zitierten *Pomponius*-Maxime begründet wurde: *Iure naturae aequum est neminem cum alterius detrimento et iniuria fieri locupletiorem.*[9]

Seine moderne Gestalt erhielt das Bereicherungsrecht indessen erst durch den Einfluss **11** des aus dem theologisch begründeten Naturrecht der spanischen Spätscholastik stammenden Restitutionsgedankens. Grundlage der Restitutionsverpflichtung war der Gedanke, dass ein Eingriff in einen fremden Rechtskreis *(dominium)* den Eingreifer zur Herausgabe der aus fremdem Recht erlangten Bereicherung verpflichtete.[10] Zum Ersatz verpflichtet war danach, wer fremdes Gut an sich genommen *(restitutio ratione acceptionis)* oder etwas durch Eingriff in fremdes Recht erlangt hatte *(restitutio ratione rei)*; die Haftung war wie im modernen Bereicherungsrecht auf die beim Schuldner verbliebene Bereicherung beschränkt.[11] Grundlage des Restitutionsanspruchs war also ein Rechtsfortwirkungsgedanke, der im modernen Bereicherungsrecht namentlich im Rahmen der Nichtleistungskondiktionen (§§ 812 Abs 1 S 1, 2. Fall, 816 BGB) verwirklicht ist. Erst aus der Zusammenschau beider bereicherungsrechtlicher Wurzeln ergibt sich die vollständige Wertungsgestalt der heutigen §§ 812 ff BGB. Namentlich die Nichtleistungskondiktionen sind ohne Berücksichtigung des naturrechtlichen Rechtsfortwirkungsgedankens nicht erschließbar, auch wenn sich schon im römischen Recht einzelne Eingriffskondiktionen fanden wie vor allem die *condictio furtiva* als Rückforderungsanspruch gegen den Dieb. Die Herausbildung näher umrissener Tatbestände der Nichtleistungskondiktion unterblieb jedoch nach der Rezeption des römischen Rechts angesichts der Faszination der bereicherungsrechtlichen Generalklausel der *condictio sine causa*. Die Gesetzbücher der Naturrechtsepoche, das preußische ALR, das österreichische ABGB und der französische *code civil*, regelten nur die Leistungskondiktion eingehend.

b) Pandektistik und BGB-Entstehung
Die weitere Entfaltung des Bereicherungsrechts von der Rezeption, den Glossatoren **12** und Postglossatoren, über den *usus modernus* und die Naturrechtslehre bis zum gemeinen Recht bietet ein recht diffuses Bild. Zu Beginn des 19. Jahrhunderts war im Bereicherungsrecht „die Kasuistik in Wahrheit Rechtsquelle".[12] Zum Durchbruch kam der Gedanke einer allgemeinen Bereicherungshaftung erst bei Friedrich Carl von Savigny, dem es gelang, sämtliche Kondiktionen auf das einheitliche Grundprinzip der „grundlosen Bereicherung des Anderen aus unserem Vermögen"[13] zurückzuführen. vSavigny gab dem Bereicherungsrecht damit die für das weitere 19. Jahrhundert sowie für die Kodifikation im BGB prägende Gestalt, die bis in die gegenwärtige dogmatische Diskussion ausstrahlt. Unter dem unverkennbaren Einfluss Kantischer Individualethik stellte vSavigny den Vermögensinhaber und seine willentlichen Vermögensdispositionen in den Mittelpunkt des Verständnisses der Bereicherungsansprüche als Ausgleichsbehelfe für rechtsgrundlos erlittene Vermögensverluste. Das Bereicherungsrecht erhielt in diesem System vor allem die technische Aufgabe der ausnahmsweisen Überwindung des Abstraktionsprinzips bei dinglich wirksamen, aber schuldrechtlich

---

[9] D 50, 17, 206 *(De diversis regulis iuris antiqui)*; D 12, 6, 14 *(De condictione indebiti)*.
[10] Jansen AcP 216 (2016) 112, 135 ff.
[11] Jansen AcP 216 (2016) 112, 135 f.
[12] Esser, Grundsatz und Norm in der richterlichen Fortbildung des Privatrechts (4. Aufl 1990) 269.
[13] vSavigny, System des heutigen römischen Rechts, Bd V (1841) 525 f, 564 f, 567.

nicht gerechtfertigten Vermögensverschiebungen.¹⁴ vSAVIGNY brachte in ideengeschichtlichem Anschluss an das Naturrecht auch erstmals den folgenreichen Gedanken der *condictio* als Ersatz für die verloren gegangene Vindikation *(Rechtsfortwirkung)* zum Ausdruck¹⁵ und rechtfertigte die Kondiktion insgesamt aus einem die Wirksamkeit des Rechtsgrunds beeinträchtigenden Willensfehler (Irrtum). Damit gelang ihm eine systematische Verbindung der römischrechtlichen Kondiktionen mit der naturrechtlichen Restitutionslehre.¹⁶ Diese Gedanken wurden insbesondere von ALBRECHT ERXLEBEN, HERMANN WITTE und SIMON LEONHARD JACOBI in der Pandektenwissenschaft weiterentwickelt und für die gemeinrechtliche Praxis des 19. Jahrhunderts fruchtbar gemacht.¹⁷

13 Die Kodifikatoren des BGB bauten auf der pandektistischen Doktrin auf. Der Teilentwurf des Redaktors FRANZ VON KÜBEL von 1882 und der Erste Entwurf boten ein getreues Abbild der römisch-rechtlichen Spezialkondiktionen, standen aber unter dem Einfluss der *Einheitstheorie* vSAVIGNYS: Die Fälle, in denen jemand ohne rechtswirksamen Willen des Kondiktionsgläubigers aus dessen Vermögen rechtsgrundlos bereichert ist, sollten durch einen Auffangtatbestand *(condictio sine causa)* erfasst werden. Auch der durch vSAVIGNY entwickelte Gedanke der *Vermögensverschiebung* als Voraussetzung jedes Bereicherungsanspruchs fand in die Entstehungsgeschichte des BGB Eingang.¹⁸ Ohne Unterscheidung zwischen den einzelnen Kondiktionen sollte jeder Bereicherungsanspruch schließlich auf die bloße *Abschöpfung* des im Schuldnervermögen noch *vorhandenen* Vermögenszuwachses beschränkt sein. Aufgrund der Kritik von OTTO VON GIERKE und OTTO LENEL an der Aufzählung der einzelnen Bereicherungsansprüche im Ersten Entwurf wollte sodann die Zweite Kommission den *allgemeinen Grundsatz* den Einzelfällen voranstellen. Der heutige § 812 Abs 1 S 1 BGB war als kondiktionsrechtliche Generalklausel gedacht, in der die *condicito indebiti* aufgehen und der einzelne Sonderfälle folgen sollten.

14 Für die weitere Entwicklung des Bereicherungsrechts, insbesondere für das spätere Prinzip der Subsidiarität der Eingriffs- gegenüber der Leistungskondiktion, sollte es sich zudem als bedeutsam und folgenreich erweisen, dass die Gesetzgeber des BGB die gemeinrechtliche *Versionsklage* für das neue Recht verwarfen. Diese „allgemeine Verwendungsklage" hatte sich zunächst in nachklassischer Zeit auf Erstattung gerichtet, wenn Vermögenswerte zum Nutzen eines anderen verwendet worden waren, war aber unter dem Einfluss naturrechtlicher Anschauungen zu einer konturenlosen Erstattungsklage für unstatthafte Bereicherungen erweitert worden *(actio de in rem verso utilis)*.¹⁹ Die Ablehnung der Versionsklage mündete im BGB für die Bereicherungsansprüche in Dreipersonenverhältnissen in das Erfordernis der *Unmittelbarkeit der Vermögensverschiebung* sowie in das *Subsidiaritätsdogma*, auf dessen Grundlage man

---

¹⁴ Dazu HONSELL, Die Rückabwicklung sittenwidriger oder verbotener Geschäfte (1974) 68 f.
¹⁵ vSAVIGNY, System des heutigen römischen Rechts, Bd V (1841) 515, 565 ff; dazu WILHELM, Rechtsverletzung und Vermögensentscheidung als Grundlagen und Grenzen des Anspruchs aus ungerechtfertigter Bereicherung (1973) 19 ff; JAKOBS, Eingriffserwerb und Vermögensverschiebung in der Lehre von der ungerechtfertigten Bereicherung (1964) 48; JANSEN AcP 216 (2016) 112, 141.

¹⁶ JANSEN AcP 216 (2016) 112, 141.
¹⁷ ERXLEBEN, Condictiones sine causa, 1. Abt (1850), 2. Abt (1853); WITTE, Die Bereicherungsklagen des gemeinen Rechts (1859); JACOBI Jherings Jahrb Bd 4 (1861) 159 ff.
¹⁸ MUGDAN Mot II 463 f.
¹⁹ Ausführlich hierzu KUPISCH, Die Versionsklage (1965); CHIUSI, Die actio de in rem verso (2001); THOMALE/ZIMMERMANN AcP 217 (2017) 246, 258 ff.

einen Durchgriff auf nur entfernt Bereicherte bis heute zu vermeiden sucht. Insgesamt verwirklicht die bis heute gültige Gestalt der §§ 812 ff BGB damit drei dogmatische Grundgedanken des 19. Jahrhunderts: Das *Vermögensverschiebungsmodell*, die Lehre von der *Zweckverfehlung* sowie den *Abschöpfungsgedanken*, der den Bereicherungsausgleich auf das Maß der beim Schuldner noch vorhandenen Bereicherung beschränkt.[20]

2. Grundzüge der Theorieentwicklung

a) Von der Einheitslehre zur Entdeckung der Eingriffskondiktion

Nach Inkrafttreten des BGB betrachtete man die §§ 812 ff BGB zunächst überwiegend als Fortschreibung der pandektistischen Kondiktionslehre und sah in § 812 Abs 1 S 1 BGB einen unmittelbar subsumtionsfähigen „allgemeinen Bereicherungsanspruch".[21] Dabei war es „von untergeordneter Bedeutung", dass das Tatbestandsmerkmal der Bereicherung durch Leistung oder in sonstiger Weise „alternativ bestimmt" sei.[22] Bei der „alternierenden Generalklausel" komme es „einzig und allein auf das ungerechtfertigte Haben der Bereicherung auf Kosten eines anderen an".[23] Das allen Bereicherungsansprüchen „gemeinsame Fundament" bestehe „in dem Gegensatze zwischen Haben und Behaltendürfen".[24] In den ersten BGB-Kommentaren,[25] Lehrbüchern[26] und bereicherungsrechtlichen Gesamtdarstellungen[27] wurde mithin überwiegend die *spätpandektische Einheitslehre* prolongiert, die das Bereicherungsrecht unterschiedslos für alle Kondiktionstatbestände als einheitliches Prinzip des *Billigkeitsausgleichs* und als Recht höherer Ordnung verstand, das bei rechtsgrundlosen Vermögensverschiebungen der ausgleichenden Gerechtigkeit zum Durchbruch verhelfen sollte. Von dieser Tendenz zeugte auch die Meinung, „der" Bereicherungsanspruch gehöre eher in den allgemeinen Teil des BGB,[28] ebenso wie die „Neigung junger Juristen für die Anwendung des Bereicherungsrechts als Allheilmittel".[29] Die bereicherungsrechtlichen Dreipersonenverhältnisse wurden auf der Grundlage der Lehre von der Unmittelbarkeit der Vermögensverschiebung und der abgelehnten Versionsklage entschieden.[30]

---

[20] Jansen AcP 216 (2016) 112, 145 f.
[21] Vgl vMayr, Der Bereicherungsanspruch des deutschen Bürgerlichen Rechts (1903) 422 f; Krawielicki, Grundlagen des Bereicherungsrechts (1936) 1 ff.
[22] Krawielicki, Grundlagen des Bereicherungsrechts (1936) 1 ff.
[23] Plessen, Die Grundlagen der modernen condictio (1904) 28.
[24] Hartmann, ArchBürgerlRecht Bd 21 (1902) 224, 231.
[25] Vgl etwa die ersten Auflagen des Kommentars von Planck/Oertmann oder des Kommentars der Reichsgerichtsräte sowie vor allem Staudinger/Engelmann (1901, Reprint 1997), wo sich die §§ 812 bis 822 BGB auf 15 Seiten *(sic!)* kommentiert finden – zum Vergleich: der Band Staudinger/S Lorenz (2007) zu den §§ 812 bis 822 BGB umfasst 404 Seiten.
[26] Crome, System des deutschen Bürgerlichen Rechts, Bd 2 (1902) 977 ff; Cosack/Mitteis, Lehrbuch des Bürgerlichen Rechts, Bd I: Die allgemeinen Lehren und das Schuldrecht (8. Aufl 1927) 803 ff; Dernburg, Das bürgerliche Recht des Deutschen Reichs und Preußens, Bd 2: Die Schuldverhältnisse, Abt 2 (4. Aufl 1906) §§ 374 ff; Endemann, Lehrbuch des Bürgerlichen Rechts (6. Aufl 1928) 894 ff; Hedemann, Schuldrecht des Bürgerlichen Gesetzbuches (1. Aufl 1921) 232 ff und (2. Aufl 1931) 417 ff.
[27] vMayr, Der Bereicherungsanspruch des deutschen Bürgerlichen Rechts (1903) 422 f; Krawielicki, Grundlagen des Bereicherungsrechts (1936) 1 ff; Plessen, Die Grundlagen der modernen condictio (1904) 28.
[28] Heck, Grundriß des Schuldrechts (1929) 427.
[29] Schulz AcP 105 (1909) 1 ff.
[30] Nebenzahl, Das Erfordernis der unmittelbaren Vermögensverschiebung in der Lehre von der ungerechtfertigten Bereicherung (1930).

16 Mit dem Namen Fritz Schulz ist schließlich die „Entdeckung der Eingriffskondiktion" am Ende des ersten Jahrzehnts des 20. Jahrhunderts und damit ein erster Ausbruch aus der pandektistischen Dogmatik verbunden.[31] Für Schulz steht nicht die rechtsgrundlose Vermögensverschiebung im Mittelpunkt des Bereicherungsrechts, sondern die widerrechtliche *Handlung*, die als solche ein Eigengewicht in der Begründung des Bereicherungsanspruchs erhält. An die Stelle der Widerrechtlichkeit des Habens tritt die Widerrechtlichkeit des Nehmens: „Es gibt kein rechtswidriges Eigentum, es gibt nur rechtswidrige Handlungen."[32] Der Kerngedanke des Bereicherungsrechts lautet danach: „Grundsätzlich darf niemand aus einem widerrechtlichen Eingriff Gewinn machen",[33] oder: Kein Gewinn aus Unrecht. Mit dieser Umdeutung des Bereicherungsanspruchs vom Tatbestand der rechtsgrundlosen Vermögensverschiebung zum Rechtsverletzungstatbestand befreite Schulz die Bereicherungsdogmatik aus dem einheitlichen Vermögensverschiebungsmodell der pandektistischen Bereicherungsdogmatik.

b) Die moderne Trennungslehre

17 Auf der von Fritz Schulz gelegten Grundlage setzte sich nach Vorarbeiten von Ernst Jung (1902) auf der Basis der späteren Studien von Walter Wilburg (1934) und Ernst von Caemmerer (1954) nach dem zweiten Weltkrieg die sogenannte *Trennungslehre* durch.[34] Ihr zentraler Gedanke ist die Trennung des § 812 Abs 1 S 1 BGB in die Tatbestände der Leistungskondiktion und der Nichtleistungskondiktion mit dem Hauptfall der Eingriffskondiktion. Wilburg führte den „offenbare(n) Misserfolg der Bereicherungsdogmatik"[35] seiner Zeit auf das Einheits- und Billigkeitsdenken zurück. Er stellte für § 812 Abs 1 S 1, 1. Fall BGB als Grundfall der Leistungskondiktion die Forderung auf, statt einer Vermögensverschiebung Inhalt und Zweck einer *Leistung* zum Ausgangspunkt zu erheben (sog *finaler Leistungsbegriff*): „Wer Leistungsempfänger ist, ergibt sich aus dem Inhalt und dem Zweck der Leistung."[36] Neben der Leistungskondiktion etablierte Wilburg die Eingriffskondiktion als Hauptfall des § 812 Abs 1 S 1, 2. Fall BGB (Bereicherung „in sonstiger Weise") und als ein eigenständiges dogmatisches Institut, das er weniger – wie noch Fritz Schulz – als deliktsähnlichen Rechtsverletzungsanspruch denn als Rechtsfortwirkungsanspruch zur Verwirklichung des *Zuweisungsgehalts* des verkürzten Rechts (Verwendung eines Rechtsguts zu fremdem Nutzen) ansah.[37] Zwanzig Jahre nach den Arbeiten Wilburgs hat sodann Ernst von Caemmerer die Typologie der Bereicherungsansprüche auch unter rechtsvergleichendem Aspekt weiterentwickelt. Neben die Leistungskondiktion als Rückabwicklungsanspruch und die Eingriffskondiktion als Rechtsfortwirkungsanspruch stellte er die Rückgriffs- und die Verwendungskondiktion und begründete damit eine – nicht abschließende – Typologie in Anknüpfung an verschiedene *Ursachen* der Bereicherung oder „Bereicherungsvorgänge". Damit wird das Bereicherungsrecht seines von der Einheitslehre behaupteten Charakters als autonomes Billigkeitsrecht entkleidet und

---

[31] Schulz AcP 105 (1909) 1 ff.
[32] Schulz AcP 105 (1909) 1, 438.
[33] Schulz AcP 105 (1909) 1, 443.
[34] Jung, Die Bereicherungsansprüche und der Mangel des „rechtlichen Grundes" (1902); Wilburg, Die Lehre von der ungerechtfertigten Bereicherung nach österreichischem und deutschen Recht (1934); vCaemmerer, in: FS Rabel (1954) 333 ff = Gesammelte Schriften Bd 1 (1968) 209 ff; vgl auch ders JZ 1962, 385 ff.
[35] Wilburg, Die Lehre von der ungerechtfertigten Bereicherung nach österreichischem und deutschen Recht (1934) 23.
[36] Wilburg, Die Lehre von der ungerechtfertigten Bereicherung nach österreichischem und deutschen Recht (1934) 113.
[37] Wilburg, Die Lehre von der ungerechtfertigten Bereicherung nach österreichischem und deutschen Recht (1934) 27, 49.

erstarkt zu einem *integrierten Ausgleichsrecht* mit dienender Funktion, das rückabwicklungsauslösende Wertungen nachvollzieht, die der Gesetzgeber an anderer Stelle, etwa im Vertrags- oder Sachenrecht, vorgenommen hat.[38]

Die von WILBURG und vCAEMMERER entworfene Gestalt der bereicherungsrechtlichen **18** Dogmatik ist in den vergangenen Jahrzehnten ungeachtet einer wahren Lawine bereicherungsrechtlichen Schrifttums grundsätzlich unverändert geblieben.[39] Insbesondere konnten sich immer wieder angestrengte Bemühungen in Richtung auf eine neue Einheitslehre in der Literatur nicht durchsetzen.[40] Sie müssen sich vorhalten lassen, einem historisch überkommenen rein begrifflichen Denken zu folgen, ohne nach der teleologischen Folgerichtigkeit der so erzielten Lösungen zu fragen.[41] Tatsächlich hat sich das auf der Grundlage der Trennungslehre entwickelte System des jüngeren deutschen Bereicherungsrechts, dessen historische Ironie darin besteht, die beiden ursprünglich unverbundenen Wurzeln des Bereicherungsrechts gegen das Einheitsdenken der Pandektistik wieder freigelegt zu haben,[42] „bisher im Ganzen als leistungsfähiger und verlässlicher dogmatisch-formaler Bezugsrahmen für die Entscheidungsfindung erwiesen",[43] und zwar gerade für die heute im Mittelpunkt der akademischen Diskussion stehenden Dreipersonenverhältnisse. Deren Lösung war auf der Grundlage des mit der alten Einheitstheorie verbundenen Vermögensverschiebungsmodells nur unzulänglich unter Rückgriff auf das Tatbestandsmerkmal „auf Kosten" und das Erfordernis der Unmittelbarkeit der Vermögensverschiebung möglich.[44]

c) Finaler Leistungsbegriff und Risikozurechnungslehre
Ausgehend von der Trennungstheorie wurde die Lösung der Dreipersonenverhältnisse **19** zunächst auf der Grundlage des *finalen Leistungsbegriffs* gesucht, der an die Stelle des alten Erfordernisses der Unmittelbarkeit der Vermögensverschiebung trat. Zur Bestimmung der Parteien der Leistungsverhältnisse setzte sich die auf HANS-WILHELM KÖTTER zurückgehende Formel von der „bewussten und zweckgerichteten Vermehrung fremden Vermögens" durch.[45] Die Tilgungs- und Zweckbestimmung einer Leis-

---

[38] vCAEMMERER, in: FS Rabel (1954) 333 ff = Gesammelte Schriften Bd 1 (1968) 209 ff; vgl auch ders JZ 1962, 385 ff; ESSER/WEYERS, Schuldrecht Bd II, Teilbd 2 (8. Aufl 2000) 27 ff; MEDICUS/PETERSEN, Bürgerliches Recht (26. Aufl 2017) Rn 660 ff.
[39] Vgl die umfangreichen Literaturnachweise an den jeweiligen Paragraphen- oder Kapitelanfängen bei MünchKomm/SCHWAB (7. Aufl 2017); REUTER/MARTINEK, Ungerechtfertigte Bereicherung, Teilbd 2 (2. Aufl 2016); STAUDINGER/S LORENZ (2007) oder LARENZ/CANARIS, Schuldrecht Bd II/2 (13. Aufl 1994).
[40] KELLMANN, Grundsätze der Gewinnhaftung – Rechtsvergleichender Beitrag zum Recht der ungerechtfertigten Bereicherung (1969) 97 ff; ders NJW 1971, 862 ff; WILHELM, Rechtsverletzung und Vermögensentscheidung als Grundlagen und Grenzen des Anspruchs aus ungerechtfertigter Bereicherung (1973) 173 ff; ders JuS 1973, 1 ff; KUPISCH, Gesetzespositivismus im Bereicherungsrecht (1978); ders, in: FG vLübtow (1980) 501 ff; COSTEDE, Dogmatische und methodologische Überlegungen zum Verständnis des Bereicherungsrechts (1977); KAEHLER, Bereicherungsausgleich und Vindikation. Allgemeine Prinzipien der Restitution (1972); SCHALL, Leistungskondiktion und „Sonstige Kondiktion" auf der Grundlage des einheitlichen gesetzlichen Kondiktionsprinzips (2003); ders JZ 2013, 753 ff.
[41] REUTER/MARTINEK, Ungerechtfertigte Bereicherung, Teilbd 2 (2. Aufl 2016) 601 f.
[42] JANSEN AcP 216 (2016) 112, 138.
[43] ESSER/WEYERS, Schuldrecht Bd II, Teilbd 2 (8. Aufl 2000) 35.
[44] JANSEN AcP 216 (2016) 112, 152.
[45] KÖTTER AcP 153 (1954) 193 ff; vgl auch ESSER, Schuldrecht, Allgemeiner und Besonderer Teil (2. Aufl 1960) 779 ff; ZEISS JZ 1963, 7 ff; BERG AcP 160 (1961) 505 ff; SCHEYHING AcP 157 (1958/1959) 371 ff; BEUTHIEN JZ 1968, 323 ff.

tung dient danach in Mehrpersonenverhältnissen zugleich der Bestimmung der Parteien des Konditionsverhältnisses. Der finale Leistungsbegriff wird in Dreipersonenkonstellationen bis heute zusätzlich durch das *Subsidiaritätsdogma* im Verhältnis zwischen Leistungs- und Nichtleistungsbeziehung sowie durch die *Lehre vom Empfängerhorizont* abgestützt.[46] Nach dem – im Schrifttum allerdings umstrittenen und richtigerweise neben dem Versionsverbot sowie dem Vorrang dinglicher Rechtszuordnungen entbehrlichen[47] – *Subsidiaritätsdogma* ist die Nichtleistungskondiktion in Mehrpersonenverhältnissen grundsätzlich ausgeschlossen, wenn der Bereicherungsschuldner die Sache durch vorrangige Leistung eines Dritten erlangt hat.[48] Der aus seiner Sicht durch Leistung Bereicherte darf danach grundsätzlich keiner Nichtleistungskondiktion eines Dritten ausgesetzt werden, sondern muss in seinem Vertrauen auf den Bestand des Leistungsverhältnisses zu seinem Vertragspartner geschützt werden.

20 Eine konsistente Lösung der Dreipersonenverhältnisse gelingt jedoch auch auf der Grundlage des finalen Leistungsbegriffs nicht durchgängig. So kann dieser insbesondere die Fälle der Zession und des Vertrags zugunsten Dritter nicht schlüssig erklären, in denen der Leistungsanspruch anerkanntermaßen dem Zessionar bzw Drittbegünstigten zusteht, während die bereicherungsrechtliche Rückabwicklung nach hM in der Regel im Verhältnis zum Zedenten bzw Versprechensempfänger stattfindet.[49] Zur Lösung dieser Fallkonstellationen bedient sich die heute herrschende Auffassung daher einer *teleologischen* Betrachtungsweise, die für die Bestimmung der Parteien der Leistungskondiktion unter Abkehr von der rein begrifflichen Dogmatik des finalen Leistungsbegriffs und seiner Hilfsdogmen unmittelbar an die Parteirolle im rückabzuwickelnden Schuldverhältnis anknüpft[50] und das Bereicherungsrecht folglich konsequent als Ergänzung des Vertrags- und Erfüllungsrechts deutet.[51] Einen wesentlichen Beitrag zur teleologischen Präzisierung und Vertiefung der Rückabwicklungsregeln in Dreipersonenverhältnissen leistete dabei insbesondere die von CLAUS-WILHELM CANARIS entwickelte *Risikozurechnungslehre*.[52] Deren Hauptanliegen ist es, die Lösung bereicherungsrechtlicher Mehrpersonenverhältnisse nicht mehr auf der Grundlage des finalen Leistungsbegriffs, sondern vielmehr mit Hilfe teleologisch aussagekräftiger Rechtsprinzipien wie dem Gedanken der Risikozurechnung und dem Abstraktionsprinzip zu suchen.[53] Nach CANARIS liegt der entscheidende Grund für die heute allgemein anerkannte Rückabwicklung von Dreipersonenverhältnissen „übers Eck" nach dem Modell der *Anweisungslage* darin, dass nur auf dieser Grundlage eine angemessene Verteilung der Prozess-, Einwendungs- und Insolvenzrisiken zwischen den Kon-

---

[46] Zur Bedeutung der Lehre vom Empfängerhorizont SCHNAUDER JuS 1994, 537, 539 ff; kritisch etwa LIEB JZ 1983, 960, 961: „viel missbrauchte Lehre vom Empfängerhorizont"; vgl auch KUPISCH, Gesetzespositivismus im Bereicherungsrecht (1978) 69 f; SOLOMON, Der Bereicherungsausgleich in Anweisungsfällen (2004) 21.
[47] Zutreffend THOMALE/ZIMMERMANN AcP 217 (2017) 246 ff.
[48] Zur Erläuterung und Kritik vgl nur LARENZ/CANARIS, Lehrbuch des Schuldrechts, Bd II/2 (13. Aufl 1994) § 70 III 2d, IV 5b; THOMALE/ZIMMERMANN AcP 217 (2017) 246 ff.

[49] SCHALL JZ 2013, 753, 754; dazu vgl u Rn 72 ff.
[50] LARENZ/CANARIS, Lehrbuch des Schuldrechts, Bd II/2 (13. Aufl 1994) § 67 II 1b.
[51] JANSEN AcP 216 (2016) 112, 153.
[52] Grundlegend CANARIS, in: FS Larenz (1973) 799 ff; vgl auch LARENZ/CANARIS, Schuldrecht Bd II/2 (13. Aufl 1994) § 70 VI.
[53] Zur Kritik des finalen Leistungsbegriffs CANARIS, in: FS Larenz (1973) 799, 857 ff; vgl auch KUPISCH, Gesetzespositivismus im Bereicherungsrecht (1978) 58 ff.

diktionsparteien sichergestellt werden könne.⁵⁴ Die Rückabwicklung von Dreipersonenverhältnissen erfolgt danach in der Regel innerhalb der jeweiligen Kausalverhältnisse, während zwecks Vermeidung von Einwendungsverlust und Einwendungen aus Drittverhältnissen in der Regel keine Direktkondiktion gegenüber vertragsfremden Dritten zulässig ist. Ob diese inzwischen auch von der Rechtsprechung weitgehend rezipierte Lehre mit Blick auf rechtsvergleichende und unionsrechtliche Entwicklungsbedürfnisse der bereicherungsrechtlichen Dogmatik auch künftig noch unverändert aufrechterhalten werden kann, bleibt indessen abzuwarten.⁵⁵

In den vergangenen Jahrzehnten hat die herrschende Meinung im Dialog mit der Rechtsprechung erhebliche dogmatische Feinarbeit geleistet, um die Einbettung der Leistungskondiktion in das Recht der Güterbewegung und der Eingriffskondiktion in das Recht des Güterschutzes zu perfektionieren. Dabei ist die Leistungskondiktion wegen ihrer auf gescheiterte Leistungen gerichteten Rückabwicklungsfunktion mit den Wertungen des Rücktrittsrechts der §§ 346 ff BGB sowie des Erfüllungsrechts der §§ 362 ff BGB abzustimmen, während die Eingriffskondiktion wegen ihrer Güterschutzfunktion mit dem deliktischen Schadensersatzrecht in Einklang zu bringen ist. Für die alte Idee der Abschöpfung eines bloßen „unrechtmäßigen Habens aus fremdem Vermögen" verbleiben lediglich die nicht der Eingriffskondiktion zuzurechnenden Fallgruppen sonstiger Nichtleistungskondiktionen auf der Grundlage von § 812 Abs 1 S 1, 2. Fall BGB, zu denen namentlich die Aufwendungskondiktionen mit den Untergruppen Rückgriffs- und Verwendungskondiktion, darüber hinaus aber auch noch weitere Tatbestände wie die Naturvorgangskondiktion (Beispiel: Schafe des A grasen die Weide des B ab) oder die Zeitablaufskondiktion (Beispiel: Bereicherungsanspruch des Sachverlierers bei Fund, § 977 BGB) zählen.⁵⁶ Jüngere wissenschaftliche Publikationen betonen auch aus rechtsvergleichender und rechtshistorischer Perspektive die Abkehr vom Einheitsprinzip und die Notwendigkeit der Differenzierung zwischen verschiedenen, jeweils sachbezogenen bereicherungsrechtlichen Tatbeständen.⁵⁷

Die *Rechtsprechung zum Bereicherungsrecht* unter der Geltung des BGB spiegelt dessen dogmatische Fortentwicklung in der Wissenschaft wider. Das Reichsgericht hatte nach dem Inkrafttreten des BGB zunächst die Lehre vom einheitlichen Bereicherungstatbestand und die Dogmatik der „Vermögensverschiebung", der „Unmittelbarkeit" und der „Rechtsgrundlosigkeit" übernommen und als Grundlage des Bereicherungsrechts einen „allgemeinen Grundsatz der Billigkeit und Gerechtigkeit" postuliert.⁵⁸ Der BGH hatte diese Einheitskonzeption in der Nachkriegszeit zunächst übernommen, sich jedoch Anfang der sechziger Jahre ebenfalls die moderne Trennungslehre in der Tradition WILBURGS und vCAEMMERERS zu eigen gemacht.⁵⁹ Die jüngere Recht-

---

⁵⁴ Grundlegend CANARIS, in: FS Larenz (1973) 799, 802 ff; 860 ff.
⁵⁵ Dazu namentlich mit Blick auf §§ 675c ff BGB AUER ZfPW 2016, 479 ff; dies, in: FS Canaris (2017) 509 ff; vgl auch u Rn 69.
⁵⁶ Die Aufzählung ist nicht abschließend. Zu weiteren Nichtleistungskondiktionen LARENZ/CANARIS, Schuldrecht Bd II/2 (13. Aufl 1994) § 69 IV.
⁵⁷ Insbes SCHLECHTRIEM, Restitution und Bereicherungsausgleich in Europa Bd I (2000) und Bd II (2001); SCHÄFER, Das Bereicherungsrecht in Europa – Einheits- und Trennungslehren im gemeinen, deutschen und englischen Recht (2001); ZIMMERMANN (Hrsg), Grundstrukturen eines Europäischen Bereicherungsrechts (2005); JANSEN AcP 216 (2016) 112, 132 ff; näher u Rn 143 ff.
⁵⁸ Etwa RGZ 63, 346; RGZ 86, 343, 348; RGZ 120, 297, 299; RGZ 147, 280, 285.
⁵⁹ BGHZ 48, 70, 73; BGHZ 50, 227, 230 ff; BGHZ 58, 184, 188; BGHZ 68, 276, 277; BGHZ 72, 246, 248 f.

sprechung ist schließlich von der weitreichenden Rezeption der Grundwertungen der Risikozurechnungslehre im Sinne von CANARIS geprägt. Zwischen dem finalen Leistungsbegriff und den in Dreipersonenverhältnissen maßgeblichen Rechtsschein- und Vertrauensschutzgesichtspunkten wird dabei ein pragmatischer Kompromiss gesucht, der einerseits an der Dogmatik des finalen Leistungsbegriffs festhält,[60] andererseits jedoch den der Anweisungslage zugrundeliegenden Wertungen zunehmend konsistent Raum gewährt.[61] Dabei wird der überkommene Billigkeitsvorbehalt, wonach sich bei der Rückabwicklung bereicherungsrechtlicher Dreipersonenkonstellationen jede schematische Lösung verbiete und in erster Linie die Besonderheiten des einzelnen Falles zu beachten seien, in jüngeren Entscheidungen seit 2001 zunehmend weggelassen.[62]

3. Leistungskondiktionen

a) Arten und Funktionen der Leistungskondiktion

23 Mit der Leistungskondiktion hält das Bereicherungsrecht ein Abwicklungsprogramm für fehlgeschlagene Schuldverhältnisse bereit, bei denen es zu einer Divergenz zwischen der Zweckvorstellung des Leistenden und dem erreichten Erfolg gekommen ist. Die Eigenart aller in §§ 812, 813 und 817 S 1 BGB enthaltener Leistungskondiktionen ist durch die spätestens mit der Leistung geschaffene Sonderbeziehung zwischen den Beteiligten gekennzeichnet, deren Kern in der „Umkehr eines Leistungsverhältnisses" liegt.[63] Der Widerspruch zwischen der mangelhaften schuldrechtlichen Planungsgrundlage (Kausalgeschäft) und der sachenrechtlichen Zuordnungslage (Verfügungsgeschäft) soll damit aufgelöst werden. Nach einem Wort von HEINRICH DERNBURG soll die Leistungskondiktion die vom Abstraktionsprinzip bewusst geschlagenen Wunden notdürftig heilen[64] – notdürftig, weil dem „schwachen" Bereicherungsanspruch im Unterschied zur verloren gegangenen *rei vindicatio* – wie sich in der Insolvenz des Empfängers zeigt – keine Aussonderungskraft eignet, sondern nur obligatorische Wirkung zukommt.

24 Die zentrale Voraussetzung aller Leistungskondiktionen ist das Vorliegen einer *Leistung*, die bis heute mit KÖTTER als bewusste und zweckgerichtete Mehrung fremden Vermögens definiert wird.[65] Dabei kommt es nicht darauf an, zwischen welchen Parteien tatsächlich eine Vermögensverschiebung stattgefunden hat, sondern vielmehr darauf, in welchem Verhältnis ein Leistungszweck verfolgt wurde. Damit wird die Leistungskondiktion an die Typologie der Leistungszwecke *(datio solvendi causa, datio donandi* bzw *obligandi causa, datio acquirendi causa, datio ob rem)* angebunden.[66]

---

[60] Etwa BGHZ 40, 272, 277; BGHZ 58, 184, 188; BGHZ 69, 186, 188; BGHZ 72, 246, 248; BGHZ 105, 365, 369; BGHZ 111, 382, 385.
[61] StRspr; aus jüngerer Zeit etwa BGHZ 176, 234, 236 f; BGHZ 205, 377, 382; näher u Rn 61 ff.
[62] So oder sinngemäß ständige Formel seit BGHZ 61, 289, 292; anders etwa BGHZ 147, 145; BGHZ 147, 269; BGHZ 151, 127, 129 f; BGHZ 176, 234, 236 ff; dazu STAUDINGER/ S LORENZ (2007) § 812 Rn 5; JANSEN JZ 2015, 952, 955; ders AcP 216 (2016) 112, 153 mwNw.
[63] KÖTTER AcP 153 (1954) 193, 224 ff; WELKER, Bereicherungsausgleich bei Zweckverfehlung? (1974) 20.

[64] DERNBURG, Das bürgerliche Recht, Die Schuldverhältnisse, Bd II/2 (4. Aufl 1915) § 374, S 722.
[65] KÖTTER AcP 153 (1954) 193 ff; vgl o Rn 19.
[66] W LORENZ JuS 1968, 441 ff; S LORENZ JuS 2003, 729 ff; WIELING JuS 1978, 801, 802; vgl aber auch THOMALE, Leistung als Freiheit (2012) 163 ff, 198 ff, der in Gefolgschaft einer Idee von LENEL AcP 79 (1892) 49 ff sämtliche *causae* auf ein einheitliches Prinzip zurückführt und nur die Leistung zur Erfüllung einer Verbindlichkeit als bereicherungsrechtlich relevanten Leistungszweck anerkennt.

Neben dem Leistungsbegriff ist das gesetzliche Merkmal „auf Kosten" in § 812 Abs 1 S 1 BGB für die Leistungskondiktion entbehrlich, weil ein Erwerb durch Leistung des Bereicherungsgläubigers notwendigerweise auf dessen Kosten gegangen sein muss.[67] Für die Ermittlung der Zweckbestimmung einer Leistung ist dabei auf die *Tilgungsbestimmung* abzustellen, die der Zuwendung vorausgeht, sie begleitet oder ihr nachfolgt. Dadurch wird der bereicherungsrechtliche Leistungsbegriff an die allgemeinen Regeln des Vertrags- und Erfüllungsrechts (§§ 362 Abs 1, 366 Abs 1 und 2 BGB) rückgebunden.[68] Die Zweckbestimmung ist nach verbreiteter Auffassung als Willenserklärung bzw als einseitiges Rechtsgeschäft zu qualifizieren;[69] nach anderer Ansicht handelt es sich um eine rechtsgeschäftsähnliche Erklärung.[70] Die Unterscheidung kann jedoch zumeist dahinstehen, da jedenfalls über die zumindest analoge Anwendbarkeit der Vorschriften über Rechtsgeschäfte Einigkeit besteht.[71]

Das Merkmal der „Rechtsgrundlosigkeit" in § 812 Abs 1 S 1 BGB ist bei der Leistungskondiktion nicht mehr – wie noch zum Teil nach der Einheitslehre – als Rückforderungsausschluss im Sinne eines Rechtfertigungsgrundes zu deuten. Vorherrschend ist heute eine *objektive* Deutung des Rechtsgrundbegriffs, wonach der Rechtsgrund einer Leistung in dem *Kausalverhältnis* liegt, auf das sich diese bezieht. Die vordringende *subjektive* Rechtsgrundtheorie interpretiert den Rechtsgrundbegriff demgegenüber als Erreichung des konkret vom Leistenden verfolgten Zwecks, also zB bei einer Leistung *solvendi causa* als Erfüllung der zugrundeliegenden Forderung.[72] In der praktischen Anwendung ist der Unterschied zwischen beiden Rechtsgrundtheorien allerdings gering, da einerseits auch die objektive Theorie an die subjektive Zweckbestimmung durch den Leistenden anknüpft und andererseits auch die subjektive Theorie das Vorhandensein eines Rechtsgrunds von einem objektiv gültigen Kausalverhältnis abhängig macht. 25

b) Kondiktion wegen Fehlens des Rechtsgrunds
Die Rückforderung wegen Nichtschuld *(condictio indebiti)* nach § 812 Abs 1 S 1, 1. Fall BGB ist die praktisch wichtigste und häufigste Leistungskondiktion. Der verfehlte Zweck liegt im Nichtbestehen der Schuld, so dass die Zweckbestimmung des Scheinschuldners völlig ins Leere geht. Bei der Rückforderung wegen Nichtschuld wird die Funktion der Leistungskondiktion als Annex des Schuldrechts dadurch sinnfällig, dass die Frage des Bestehens einer Verbindlichkeit nur im Rekurs auf die jeweiligen Regeln des Vertrags- und Schuldrechts beantwortet werden kann: Ob die Verbindlichkeit, zu deren Erfüllung geleistet wurde, überhaupt bestanden hat oder erst im Zeitpunkt der Leistung erloschen ist, ob sie wegen Dissenses (§ 154 BGB), Geschäftsunfähigkeit (§§ 104, 105 Abs 1 BGB), Gesetzes- oder Sittenwidrigkeit (§§ 134, 138 BGB) anfänglich unwirksam war oder dies endgültig erst nach Verweigerung der Genehmigung des 26

---

[67] Dazu offen MünchKomm/Schwab (7. Aufl 2017) § 812 Rn 50; aA Wilhelm JuS 1973, 1 ff.
[68] Entgegen der älteren Lehre kann die Annahme eines eigenständigen bereicherungsrechtlichen Leistungsbegriffs nicht mehr aufrechterhalten werden. Dazu Thomale, Leistung als Freiheit (2012) 1 ff; Jansen AcP 216 (2016) 112, 164.
[69] Canaris, in: FS Larenz (1973) 799, 827; Reuter/Martinek, Ungerechtfertigte Bereicherung (1. Aufl 1983) 91 ff; Grigoleit, in: FS Medicus (2009) 125, 131 ff; Thomale, Leistung als Freiheit (2012) 18 ff.
[70] Beuthien, Zweckerreichung und Zweckstörung im Schuldverhältnis (1969) 292 ff; Berg NJW 1964, 720 f; Koppensteiner/Kramer, Ungerechtfertigte Bereicherung (2. Aufl 1988) 14.
[71] Larenz/Canaris, Schuldrecht Bd II/2 (13. Aufl 1994) § 67 II 1e.
[72] Darstellung des Streits bei MünchKomm/Schwab (7. Aufl 2017) § 812 Rn 396 ff.

gesetzlichen Vertreters des Minderjährigen wurde (§§ 108, 184 BGB) – alle derartigen Fragen der Wirksamkeit der Verbindlichkeit als Grundlage der Leistung sind nach den jeweils einschlägigen Regelungen *außerhalb* des Bereicherungsrechts zu prüfen. Grundsätzlich ohne Bedeutung ist auch die Rechtsnatur der Verbindlichkeit: Schuld-, sachen-, familien- und erbrechtliche, vertragliche und gesetzliche Forderungen unterfallen der *condictio indebiti* prinzipiell in gleicher Weise.[73] Bei Wegfall des Rechtsgrunds mit Wirkung *ex tunc*, wie im Fall der Anfechtung gemäß § 142 Abs 1 BGB, will die Rechtsordnung den Leistungszweck gleichfalls als von Anfang an fehlend angesehen wissen, so dass es die systematische Schlüssigkeit erfordert, hier gleichfalls eine *condictio indebiti* und nicht eine *condictio ob causam finitam* nach § 812 Abs 1 S 2, 1. Fall BGB zugrunde zu legen.[74]

c) Kondiktion wegen Wegfalls des Rechtsgrunds

27 Die Rückforderung wegen Wegfalls des Rechtsgrundes *(condictio ob causam finitam)* nach § 812 Abs 1 S 2, 1. Fall BGB kommt zum Zuge, wenn zur Zeit der Leistung ein Rechtsgrund vorlag bzw – wie bei der Handschenkung – mit der Leistung zustande kam, der Leistungszweck also zunächst erreicht wurde, dann aber später endgültig weggefallen ist.[75] Dies kann etwa bei Leistungen aufgrund eines auflösend bedingten oder mit einem Endtermin geschlossenen Vertrags (§§ 158 Abs 2, 163 BGB) oder bei vorzeitig beendeten Dauerschuldverhältnissen und nicht abgegoltenen Vorleistungen der Fall sein.

d) Kondiktion wegen Nichteintritt des bezweckten Erfolgs

28 Die Rückforderung wegen Misserfolgs nach § 812 Abs 1 S 2, 2. Fall BGB *(condictio ob rem)* ist der am schwierigsten zu handhabende Tatbestand der Leistungskondiktionen.[76] „Kein Bereicherungsanspruch der §§ 812 ff", klagte JOSEF ESSER, „wird von Rechtsprechung und Schrifttum seinem Wesen und seiner Bedeutung nach so oft missverstanden".[77] Der Schlüssel zum Verständnis ergibt sich aus der Frage, was der „nach dem Inhalte des Rechtsgeschäfts bezweckte Erfolg" ist: *Zum einen* darf sich bei der *condictio ob rem* der Erfolg, dh der Leistungszweck, nicht auf die Erfüllung einer Verbindlichkeit beziehen, weil bei einer Zweckverfehlung insoweit schon die *condictio indebiti* bzw – bei Wegfall der Verbindlichkeit nach der Leistung – die *condictio ob causam finitam* zum Einsatz gelangt. *Zum anderen* darf das „Rechtsgeschäft" nicht in dem Sinne rechtlich bindend sein, dass die Parteien die Durchsetzung des verfolgten Zwecks erzwingen können, denn dann bestimmt sich die Abwicklung der Zweckverfehlung nach Vertragsrecht. Entgegen dem Wortlaut darf mithin das „Rechtsgeschäft" nicht voll rechtsgeschäftlich ausgebildet und forderungsbewehrt sein, sondern muss unterhalb dieser Verbindlichkeitsschwelle einen „bezweckten Erfolg" beinhalten, dessen Erwartung mit der Leistung verknüpft ist. Freilich darf die Erwartung des Leistenden, er leiste zu einem bestimmten Zweck, auch *nicht bloß einseitiges Motiv* geblie-

---

[73] Zu beachten sind aber Einschränkungen der bereicherungsrechtlichen Rückabwicklungsregeln bei fehlerhaften Gesellschafts- und Arbeitsverträgen; dazu Übersicht bei GRIGOLEIT/AUER, Schuldrecht III, Bereicherungsrecht (2. Aufl 2016) Rn 398 ff.

[74] LARENZ/CANARIS, Schuldrecht Bd II/2 (13. Aufl 1994) § 68 I 1. Nach der Gegenauffassung soll dagegen § 812 Abs 1 S 2, 1. Fall BGB zur Anwendung kommen, da die fiktive Rückwirkung der Anfechtung nicht ausnahmslos gilt und der Rechtsgrund bis zur Erklärung der Anfechtung tatsächlich besteht; so etwa PALANDT/SPRAU (77. Aufl 2018) § 812 Rn 26.

[75] Vgl MUGDAN Mot II 472 f.

[76] Vgl LIEBS JZ 1978, 697 ff; SÖLLNER AcP 163 (1963) 20 ff; SIMSHÄUSER AcP 172 (1972) 19 ff; BATSCH NJW 1973, 1639.

[77] ESSER, Schuldrecht, Allgemeiner und Besonderer Teil (2. Aufl 1960) 793.

ben sein; ein solches Motiv wäre nach den allgemeinen Grundsätzen des Vertragsrechts unbeachtlich. Der Begriff des „Rechtsgeschäfts" im Sinne von § 812 Abs 1 S 2, 2. Fall BGB verlangt vielmehr eine Willenseinigung (die auch konkludent erfolgen kann, sei es vor der Leistung, sei es bei der Leistung), wonach der Empfänger die Zweckbestimmung des Leistenden kennt und „durch die Annahme zu verstehen gibt, dass er die Zweckbestimmung billigt."[78] Das schlüssige Einigsein über die Erwartung der Gegenleistung bei dieser Abrede begründet also keinen Erfüllungsanspruch, ist aber als Grund für das Behaltendürfen gedacht. Es handelt sich damit um eine zwischen Motiv und rechtsgeschäftlicher Verpflichtung angesiedelte *Rechtsgrundabrede*. Sie stellt für den Leistungsempfänger nach dem Willen der Parteien solange einen Behaltensgrund mit der Folge eines Kondiktionsausschlusses dar, wie der bezweckte Erfolg noch nicht endgültig eingetreten oder gescheitert ist. Die Rechtsgrundabrede gibt also eine *vorläufige Behaltensberechtigung* für den vom Leistenden und Empfänger bewusst in Kauf genommenen Schwebezustand bis zur Entscheidung über die Zweckerreichung oder Zweckverfehlung.

Auf der Grundlage dieser Überlegungen wird verständlich, dass nur zwei Anwendungsmöglichkeiten der *condictio ob rem* diskutiert werden. In den *Vorleistungs- und Veranlassungsfällen* wird eine Leistung auf ein noch nicht bestehendes Rechtsverhältnis in der Erwartung erbracht, dass dieses später zustande kommt, wie etwa bei der Anzahlung auf eine noch nicht rechtswirksam begründete Kaufpreisschuld.[79] In den *Vorleistungsfällen* ist unter dem bezweckten Erfolg das Äquivalent zu verstehen, welches durch die *causa acquirendi* vorgenommene Leistung erworben werden soll – eine *condictio indebiti* wäre hier durch § 814 BGB gesperrt. Ähnlich bezweckt der Leistende auch in den *Veranlassungsfällen*, den Empfänger mit der Leistung zu einem bestimmten, nicht erzwingbaren Verhalten zu veranlassen, zu dem sich der Empfänger nicht rechtlich verpflichten kann oder will, zB dazu, den Leistenden als Erben einzusetzen, ihn durch ein Vermächtnis zu begünstigen, ihn zu adoptieren oder von einer Strafanzeige abzusehen.[80] Auch hier ist die Rechtsgrundabrede im Vorfeld rechtsgeschäftlicher Verbindlichkeit kennzeichnend. Bei der zweiten Fallgruppe, den *Verwendungs-* oder *Zweckverwendungsfällen,* soll der Empfänger den Gegenstand der Leistung hingegen nach der Rechtsgrundabrede in bestimmter Weise verwenden. Beispiele sind die Mitgift bei nicht zustande gekommener Ehe, das Geld der Tante für „Bude und Bücher" bei Abbruch des Studiums durch die Nichte oder das für eine Forschungsreise gespendete Geld bei Unterbleiben des Projekts. In der jüngeren Rechtsprechung spielten Ausgleichsansprüche der Lebenspartner nach Scheitern einer nichtehelichen Lebensgemeinschaft[81] sowie Rückforderungsansprüche der Schwiegereltern wegen Zuwendungen nach Scheitern der Ehe ihres Kindes eine zunehmende Rolle.[82] In die-

---

[78] So BGHZ 44, 321, 323; aus jüngerer Zeit auch BGH NJW 2013, 3364 zum Hausbau auf fremdem Grund in Erwartung der Einräumung eines Erbbaurechts sowie BGH NJW 2013, 2025 zur Vererblichkeit des Anspruchs aus § 812 Abs 1 S 2, 2. Fall BGB.
[79] RGZ 72, 343; RGZ 98, 237; RGZ 129, 308; BGH NJW 1952, 144.
[80] Etwa RGZ 116, 336; RGZ 118, 358.
[81] Grundlegend BGHZ 177, 193 = NJW 2008, 3277: Maßgebend ist, dass ein Partner „das Vermögen des anderen in der Erwartung vermehrt, an dem erworbenen Gegenstand langfristig partizipieren zu können"; in der Folge ebenso BGHZ 183, 242 = NJW 2010, 998; BGH NJW 2008, 3282; BGH NJW 2011, 2880; BGH NJW 2013, 2187; BGH NJW 2014, 2638; BGH NJW 2015, 1523; zum Ganzen auch Sorge JZ 2011, 660; Scherpe JZ 2014, 659; MünchKomm/Schwab (7. Aufl 2017) § 812 Rn 499 ff.
[82] BGHZ 184, 190 = NJW 2010, 2202; in der Folge BGH NJW 2010, 2884; BGH NJW 2012, 523; BGH NJW 2015, 1014; BGH NJW 2015, 1523; vgl auch BGH NJW 2008, 1005.

ser Fallgruppe ist stets zu prüfen, ob nicht ein bloß einseitiges unbeachtliches Motiv, eine Schenkung unter Auflage mit der Folge einer Rückabwicklung über § 527 BGB oder ein Wegfall der Geschäftsgrundlage nach § 313 BGB vorliegt.

30 Zeitweilig wandten die Rechtsprechung und Teile der Literatur die *condictio ob rem* auch in den sogenannten *Zweckanstaffelungsfällen* an, in denen „ein über die Gegenleistung hinausgehender Erfolg, wie es geschehen kann, Vertragsinhalt geworden und verfehlt worden ist".[83] Beispielhaft ist ein vom Reichsgericht im Jahre 1931 entschiedener Fall, in dem die Klägerin ihr Grundstück an den Reichsmilitärfiskus „zur Anlage eines fortifikatorischen Werks" (Festungsanlage) verkauft und übereignet hat, dann aber Rückübereignung verlangte, weil die Festung nie errichtet wurde.[84] Hier sollte trotz Erreichung des Erfüllungszwecks wegen der Verfehlung des angestaffelten Zwecks der Errichtung der militärischen Anlage das Auflassungsversprechen kondizierbar sein. Inzwischen werden solche Fälle über das Institut des Fehlens oder Wegfalls der Geschäftsgrundlage nach § 313 BGB gelöst. Indessen hat sich noch vor wenigen Jahrzehnten eine *moderne Zweckanstaffelungstheorie* zu behaupten versucht, die die *condictio ob rem* immer dann anwenden wollte, wenn jene weiteren Zwecke mehr als nur Beweggrund sind und zum ausdrücklichen oder konkludent konsentierten Vertragsinhalt geworden sind.[85] Durchgesetzt hat sich die Anstaffelungstheorie nicht; sie musste sich eine Perplexität der schuldrechtlichen Grundkategorien von Motiv, Bedingung, Geschäftsgrundlage, Geschäftszweck und Leistungszweck vorwerfen lassen. Zudem ist das Bereicherungsrecht in seiner Kapazität zur Erfassung von Zweckvorstellungen der Parteien begrenzt. Deshalb kann als kondiktionsrechtlich relevanter Leistungszweck, dessen Verfehlung eine Rückforderung aus Leistungskondiktion rechtfertigen kann, allein der mit der Zuwendung verfolgte *primäre Verkehrszweck*, dh der unmittelbar mit einer Leistung erstrebte Rechtserfolg (Schulderfüllung, Schenkung, Anspruchserwerb, Veranlassung) anerkannt werden. Dieser Primärzweck entfaltet gegenüber etwaigen weiteren mit der Zuwendung verfolgten Zwecken eine Sperrwirkung.

e) Kondiktion wegen Bestehens einer dauerhaften Einrede

31 Die Kondiktion wegen einredebehafteter Forderung nach § 813 Abs 1 S 1 BGB setzt anders als die *condictio indebiti* das Bestehen einer wirksamen Verbindlichkeit voraus, auf die *causa solvendi* geleistet wurde. Der Tilgungszweck wird hier jedoch verfehlt, weil dem Anspruch im Leistungszeitpunkt eine peremptorische Einrede entgegenstand. § 813 Abs 1 S 1 BGB besitzt lediglich einen schmalen Anwendungsbereich, da sich die Vorschrift nur auf *Einreden* im materiellrechtlichen Sinne bezieht; bei materiellrechtlichen *Einwendungen* greift bereits § 812 Abs 1 S 1, 1. Fall BGB ein. Einen Anspruch aus § 813 Abs 1 S 1 BGB begründen daher lediglich die Arglisteinrede (§ 853 BGB), die Einrede der Bereicherung (§ 821 BGB) sowie die dauernden Einreden des Erbrechts (§§ 1973, 1990 BGB). Gemäß § 813 Abs 2 BGB ist der Anspruch ausgeschlossen, soweit die Leistung auf eine noch nicht fällige, im Übrigen aber einredefreie Forderung erfolgt ist. Diese Norm besitzt lediglich klarstellende Funktion, da die Einrede mangelnder Fälligkeit ohnehin keine dauernde im Sinne des Gesetzes ist.[86]

---

[83] RGZ 66, 132, 134; RGZ 106, 93, 98; RGZ 132, 238, 242; BGH MDR 1952, 33, 34.
[84] RGZ 132, 238.
[85] EHMANN, Die Gesamtschuld (1972) 173 f, 168 ff; ders NJW 1973, 1035; WEITNAUER, in: FS vCaemmerer (1978) 255, 260 f; LIEBS JZ 1978, 698.
[86] MünchKomm/SCHWAB (7. Aufl 2017) § 813 Rn 16.

Der praktisch wichtigste Fall einer materiellrechtlichen Einrede, die Einrede der Verjährung, berechtigt hingegen nach §§ 813 Abs 1 S 2, 214 Abs 2 BGB nicht zur Kondiktion des nach Ablauf der Verjährungsfrist Geleisteten: Die verjährte Forderung gewährt als Naturalobligation eine *causa acquirendi*. Der Grund für diese Ausnahme liegt in der geringen rechtsethischen Schutzwürdigkeit des Schuldners, der allein durch den zufälligen Zeitablauf privilegiert wird. Darüber hinaus tragen die §§ 813 Abs 1 S 2, 214 Abs 2 BGB der Befriedungsfunktion der Verjährung Rechnung, indem sie nach Ablauf der Verjährungsfrist weiteren Streit über die Forderung vermeiden sollen. Diese Erwägungen gelten nach zutreffender hM auch für die Mängeleinrede aus § 438 Abs 4 S 2 BGB. Der Käufer kann den Kaufpreis nach Ablauf der Verjährung seiner Mängelrechte also nicht unter Berufung auf § 813 BGB zurückfordern.[87] Keine Einreden im Sinne von § 813 Abs 1 S 1 BGB enthalten ferner lediglich vorübergehende Leistungsverweigerungsrechte wie das allgemeine Zurückbehaltungsrecht (§ 273 BGB) sowie die Einrede des nichterfüllten Vertrages (§ 320 BGB).[88] Abzulehnen ist § 813 Abs 1 S 1 BGB im Regelfall auch als Grundlage eines Rückforderungsdurchgriffs gegen den Kreditgeber im Fall von verbundenen Verträgen, weil das Bestehen einer zum Einwendungsdurchgriff berechtigenden Einwendung gemäß § 359 Abs 1 S 1 BGB nicht notwendigerweise eine dauernde Einrede im Sinne von § 813 BGB darstellt.[89]

f) Kondiktion wegen gesetzes- oder sittenwidrigen Empfangs

Gemäß § 817 S 1 BGB schuldet derjenige, der durch den Empfang einer Leistung gegen die guten Sitten oder gegen ein gesetzliches Verbot verstößt, Herausgabe des Erlangten *(condictio ob turpem vel iniustam causam)*. Die eigenständige Bedeutung dieses Kondiktionstatbestandes ist gering, da bei einem Gesetzes- oder Sittenverstoß des Empfängers in der Regel auch das Kausalgeschäft nach §§ 134, 138 BGB nichtig ist, so dass die erbrachten Leistungen praktisch immer auch im Wege der *condictio indebiti* gemäß § 812 Abs 1 S 1, 1. Fall BGB zurückgefordert werden können.[90] Eine gewisse eigenständige Bedeutung besitzt die Anordnung des § 817 S 1 BGB allerdings in Fällen, in denen § 812 Abs 1 S 1, 1. Fall BGB gemäß § 814 BGB wegen Kenntnis der Nichtschuld ausgeschlossen ist, denn dieser Ausschlussgrund gilt nach hM nicht für die Fälle des sitten- bzw gesetzeswidrigen Empfangs.[91] Jedenfalls sind die Kondiktionen aus § 812 BGB und § 817 S 1 BGB nebeneinander anwendbar, da beiden Vorschriften unterschiedliche Rechtsgedanken zugrunde liegen: *Zweckverfehlung* (§ 812 BGB) versus *Zweckmissbilligung* (§ 817 S 1 BGB). Anders als bei § 817 S 2 BGB ist im Rahmen des § 817 S 1 BGB in subjektiver Hinsicht kein vorsätzliches Handeln des Leistenden erforderlich, da die Vorschrift letztlich auf die Wiederherstellung einer rechtmäßigen Güterzuordnung abzielt. Für diesen Zweck sind subjektive Momente in der Person des Leistenden jedoch unerheblich.[92]

---

[87] PALANDT/SPRAU (77. Aufl 2018) § 813 Rn 4.
[88] MünchKomm/SCHWAB (7. Aufl 2017) § 813 Rn 6.
[89] MünchKomm/HABERSACK (7. Aufl 2016) § 359 Rn 75. Zu einem Ausnahmefall vgl OLG Naumburg NJW 2013, 3455.
[90] Die in den Kommentaren angeführten Beispiele für Leistungen im Sinne von § 817 S 1 BGB, die nicht auch auf einem unwirksamen Verpflichtungsgeschäft beruhen, sind zumeist nicht stichhaltig bzw überholt. Aus der älteren Rspr etwa RGZ 96, 343, 345; RGZ 97, 82; RGZ 99, 161, 165.
[91] BAG NJW 1983, 783; MünchKomm/SCHWAB (7. Aufl 2017) § 817 Rn 9.
[92] Zum Ganzen auch GRIGOLEIT/AUER, Schuldrecht III, Bereicherungsrecht (2. Aufl 2016) Rn 37.

4. Kondiktionssperren

a) Die vier Kondiktionssperren nach §§ 814 und 815 BGB

34 Das Kondiktionsrecht sieht im Bereich der Leistungskondiktionen verschiedene Ausschlusstatbestände (sog *Kondiktionssperren*) vor, die als rechtshindernde Einwendungen von Amts wegen zu berücksichtigen sind. Der Ausschlussgrund der Kenntnis der Nichtschuld nach § 814, 1. Fall BGB bezieht sich nur auf die *condictio indebiti* gemäß § 812 Abs 1 S 1, 1. Fall BGB und § 813 BGB; hinsichtlich der in § 812 Abs 1 S 2 BGB verankerten Kondiktionstatbestände ist der Ausschlussgrund der Kenntnis hingegen unpassend.[93] § 814, 1. Fall BGB stellt sich als Ausprägung des Grundsatzes von Treu und Glauben in der Form des Verbots des *venire contra factum proprium* dar:[94] Der Empfänger soll darauf vertrauen dürfen, dass er das bewusst zur Erfüllung einer nicht bestehenden Verbindlichkeit Geleistete behalten darf. Daneben mag man – mit PHILIPP HECK – auch den Leistenden für nicht schutzwürdig halten: „Wenn der Leistende gewusst hat, dass die Verbindlichkeit nicht bestand, so hat er in Wirklichkeit den Erfolg der Tilgung nicht gewollt, sondern etwas anderes, sei es, dass er schenkungshalber, vergleichshalber, zur Erfüllung einer Anstandspflicht oder um einer verdeckten Gegenleistung willen gezahlt hat. Wenn ihm jetzt dieser Erfolg nicht mehr ausreichend erscheint, so hat die Rechtsordnung kein Interesse daran, die Änderung seines Willens zu schützen."[95] Pointiert gesagt wird bei § 814, 1. Fall BGB also die Mentalreservation des Leistenden bestraft. Dabei reicht die bloße Kenntnis der Tatsachen, aus denen sich die Unwirksamkeit der Verpflichtung ergibt, nicht aus. Der Leistende muss seine Nichtschuld vielmehr zumindest als Ergebnis einer Parallelwertung in der Laiensphäre positiv erkannt haben, wobei Kenntnis der Anfechtbarkeit gemäß § 142 Abs 2 BGB Kenntnis der Nichtschuld gleichsteht.[96] Zweifel an der Rechtslage oder Rechtsirrtümer schließen die Anwendbarkeit von § 814, 1. Fall BGB ebenso aus wie eine Leistung unter Vorbehalt der Nichtschuld, unter Druck oder in Erwartung der Heilung eines unwirksamen Rechtsgeschäfts.[97]

35 Die Kondiktionssperre des § 814, 2. Fall BGB zielt auf die Fälle ab, in denen der Leistende eine bloße Anstands- oder Sittenpflicht für eine Rechtspflicht hält (Beispiel: Unterhaltsleistung unter Geschwistern in der irrigen Annahme, dass insoweit eine Unterhaltspflicht bestehe), und kompensiert das Nichtbestehen einer Schuld durch eine *causa acquirendi* eigener Art. Für die Beurteilung des Vorliegens einer solchen Pflicht kommt es auf eine objektive Betrachtungsweise an.[98] Die Regelung des § 815, 1. Fall BGB (Kenntnis der Unmöglichkeit des Erfolgseintritts) überträgt den Grundgedanken des § 814 BGB schließlich auf die *condictio ob rem* aus § 812 Abs 1 S 2, 2. Fall BGB. Diese ist ebenfalls ausgeschlossen, wenn der Leistende positiv wusste, dass der bezweckte Erfolg nicht eintreten konnte. Entsprechendes gilt gemäß § 815, 2. Fall BGB (treuwidrige Verhinderung des Erfolgseintritts), wenn der Leistende den

---

[93] MünchKomm/SCHWAB (7. Aufl 2017) § 814 Rn 3 ff. Beim nachträglichen Wegfall des Rechtsgrunds scheidet Kenntnis von dessen Fehlen im Zeitpunkt der Leistung begrifflich aus; bei der *condictio ob rem* besteht von vornherein keine Verpflichtung zur Leistung.

[94] BGHZ 36, 232, 235; BGHZ 73, 202, 205; BGH NJW 2009, 363, 365; STAUDINGER/S LORENZ (2007) § 814 Rn 2.

[95] HECK, Grundriß des Schuldrechts (1929) 427.

[96] BGH NJW 1979, 763; vgl auch BGH NJW 2008, 1878, 1879, wo § 814 BGB unanwendbar war, weil der Vertrag lediglich von der Gegenseite angefochten werden konnte.

[97] Dazu PALANDT/SPRAU (77. Aufl 2018) § 814 Rn 5 f.

[98] PALANDT/SPRAU (77. Aufl 2018) § 814 Rn 8; MünchKomm/SCHWAB (7. Aufl 2017) § 814 Rn 24.

Eintritt des Erfolgs wider Treu und Glauben verhindert hat (etwa gegenüber dem Anspruch des Verlobten auf Rückgabe der Brautgeschenke, wenn dieser das Zustandekommen der Ehe treuwidrig verhindert hat).[99]

b) Kondiktionssperre bei Gesetzes- oder Sittenverstoß des Leistenden
Die Kondiktionssperre des § 817 S 2 BGB bei Gesetzes- oder Sittenverstoß des Leistenden hat die Rechtsanwendung seit ihrem Inkrafttreten vor Probleme gestellt.[100] Ihre Funktion hat sich im Laufe ihrer Jahrhunderte währenden Geschichte verschoben. Heute wird die Vorschrift über ihren systematischen Zusammenhang mit § 817 S 1 BGB hinaus auf alle Leistungskondiktionen bezogen, da sie andernfalls wegen des meist parallel gegebenen Anspruchs aus § 812 Abs 1 S 1, 1. Fall BGB weitgehend leerliefe. Mit demselben Argument lässt sich darüber hinaus sogar die Anwendung von § 817 S 2 BGB auf außerbereicherungsrechtliche Ansprüche, namentlich auf die in Fällen der Doppelnichtigkeit konkurrierende Vindikation begründen.[101] Dagegen wird vor allem von der Rechtsprechung der privatrechtsfremde Strafcharakter der Vorschrift ins Feld geführt, der ihrer Ausdehnung auf weitere Tatbestände entgegenstehe.[102] Teilweise wird sie deshalb umgekehrt als rechtspolitisch verfehlt angesehen – sogar ihre völlige Abschaffung wurde gefordert.[103] Sachgerecht ist es indessen, der Regelung des § 817 S 2 BGB keinen Strafzweck, sondern lediglich einen Präventionszweck zuzumessen, der im Privatrecht keineswegs irregulären Charakter hat.[104] Im Übrigen erscheint es konsequenter, Vorbehalten gegen die Rechtsfolgen des § 817 S 2 BGB in typischen Fallgruppen durch geeignete teleologische Reduktionen Rechnung zu tragen als durch eine starre und wertungswidersprüchliche Begrenzung ihres Anwendungsbereichs.

Entgegen seinem Wortlaut („gleichfalls") fordert § 817 S 2 BGB nicht auch auf Seiten des Empfängers einen Gesetzes- oder Sittenverstoß. Die Vorschrift ist vielmehr auch dann anzuwenden, wenn nur auf Seiten des Leistenden ein Gesetzes- oder Sittenverstoß vorliegt, da der sittenwidrig Leistende sonst bei Redlichkeit des Empfängers grundlos privilegiert würde.[105] Weiterhin setzt § 817 S 2 BGB – anders als § 817 S 1 BGB – positive Kenntnis des Gesetzes- oder Sittenverstoßes voraus. Diese Einschränkung trägt dem der Vorschrift zugrundeliegenden Präventionszweck Rechnung. Danach soll der Ausschluss des Bereicherungsausgleichs gemäß § 817 S 2 BGB verhindern, dass sich der Leistende durch seinen Gesetzes- oder Sittenverstoß bewusst gegen die Rechtsordnung stellt.[106] Hinreichende Kenntnis liegt freilich schon dann vor, wenn der Leistende die für den Regelverstoß maßgeblichen Umstände kennt; ein Bewusst-

---

[99] BGHZ 45, 258, 262 ff; Gegenbeispiel: BGH NJW 1999, 2892, 2893 (bloße Lossagung von formnichtigem Grundstückskaufvertrag schließt Rückforderung des Kaufpreises nicht aus).
[100] Dazu ausführlich Honsell, Die Rückabwicklung sittenwidriger oder verbotener Geschäfte (1974); Staudinger/S Lorenz (2007) § 817 Rn 4 f.
[101] Larenz/Canaris, Schuldrecht Bd II/2 (13. Aufl 1994) § 68 III 3e; Medicus/Petersen, Bürgerliches Recht (26. Aufl 2017) Rn 697.
[102] BGH NJW 1951, 643; BGHZ 63, 365, 369; ebenso BGH NJW 1992, 310 zu § 826 BGB.
[103] Honsell, Die Rückabwicklung sittenwidriger oder verbotener Geschäfte (1974); Seiler, in: FS Felgentraeger (1969) 379 ff.
[104] Larenz/Canaris, Schuldrecht Bd II/2 (13. Aufl 1994) § 68 III 3a.
[105] BGH NJW-RR 1993, 1457, 1458; Larenz/Canaris, Schuldrecht Bd II/2 (13. Aufl 1994) § 68 III 3c; Medicus/Petersen, Bürgerliches Recht (26. Aufl 2017) Rn 696.
[106] Larenz/Canaris, Schuldrecht Bd II/2 (13. Aufl 1994) § 68 III 3a.

sein der Gesetzes- oder Sittenwidrigkeit ist nicht erforderlich, da andernfalls ein unausgeprägtes Rechts- oder Moralempfinden prämiert würde.[107]

38 Wegen der einschneidenden Rechtsfolge der Versagung des Rückforderungsanspruchs ist bei der Anwendung des § 817 S 2 BGB stets zu prüfen, ob Gründe für eine teleologische Reduktion sprechen. Dabei ist von der Frage auszugehen, ob die durch § 817 S 2 BGB bewirkte Rechtsschutzverweigerung nach dem konkreten Sinn und Zweck des in der verletzten Norm enthaltenen Unwerturteils gerechtfertigt ist. Dies ist vor allem dann nicht der Fall, wenn gerade der Ausschluss der Rückforderung den sittenwidrigen Zustand perpetuieren würde. Illustrative Beispiele aus der Rechtsprechung betrafen lange Zeit die sog *Bordellverkaufs- und Bordellpachtfälle*.[108] Aktuelle Anwendungsbeispiele betreffen neben der sittenwidrigen Eingehung von Verbindlichkeiten[109] insbesondere sog *Schenkkreise* und *Schneeballsysteme*.[110] In den Schenkkreisfällen würde eine Kondiktionssperre zum Weitermachen geradezu einladen, wenn die Mitglieder des Schenkkreises die mit sittenwidrigen Methoden erlangten Gelder behalten dürften. Deshalb sprechen Grund und Schutzzweck der Nichtigkeitssanktion – so der BGH[111] – „ausnahmsweise" gegen eine Kondiktionssperre. Das Wort „ausnahmsweise" lässt dabei die Möglichkeit zu, dass die teleologische Reduktion des § 817 S 2 BGB beim Schenkkreis in gewissen Grenzfällen (etwa bei Kondiktionsansprüchen gerade der Initiatoren eines Schenkkreises) unterbleiben muss, soweit der Gedanke der Generalprävention in Abwägung mit der konkreten Schutzwürdigkeit des Leistenden Vorrang beansprucht.[112]

39 Einschränkungen erfordert die Anwendung von § 817 S 2 BGB auch bei der Rückabwicklung von *Wuchergeschäften* (Kredit- und Mietwucher), bei denen der Darlehens- oder Mietvertrag gemäß § 138 Abs 1 oder Abs 2 BGB nichtig ist. Hier führt § 817 S 2 BGB nicht dazu, dass der bewucherte Empfänger das Geleistete (die Darlehensvaluta, die Mietwohnung) überhaupt nicht mehr zurückzugeben braucht.[113] Andernfalls wäre nichts lukrativer als sich bewuchern zu lassen; „das zu Lasten des Bewucherten geplante Missverhältnis zwischen Leistung und Gegenleistung" hätte sich „in ein Missverhältnis zu Lasten des Wucherers gewandelt".[114] Als „Erlangtes" ist vielmehr lediglich die Nutzung des Kapitals bzw der Mietsache auf Zeit zu qualifizieren, so dass § 817 S 2 BGB nur der Rückforderung vor dem vertraglich vereinbarten Fälligkeitstermin entgegensteht, nicht aber der Rückforderung schlechthin.[115] Beim Wucherdarlehen kann der Wucherer dafür weder das vereinbarte Entgelt (Zins) – dies

---

[107] Dazu etwa BGH NJW 2005, 1490 (Kauf eines Radarwarngeräts); zum Ganzen auch MünchKomm/Schwab (7. Aufl 2017) § 817 Rn 83 ff.
[108] Vgl BGHZ 41, 341, 344; BGHZ 63, 365, 367; BGH WM 1969, 1083; vgl auch die fragwürdigen Konstruktionen von RGZ 63, 179, 189; dazu Staudinger/S Lorenz (2007) § 817 Rn 11. Zum Einfluss von § 1 ProstG zusammenfassend Palandt/Ellenberger (77. Aufl 2018) § 138 Rn 52.
[109] Vgl § 821 BGB sowie BGH NJW 1994, 187.
[110] BGHZ 179, 137 = NJW 2009, 363; BGH NJW 2009, 984; BGH NJW 2008, 1942; BGH NJW 2006, 45; BGH NJW 1997, 2314; dazu Schmidt-Recla JZ 2008, 60; Riesenkampff/Schuba NJW 2010, 571; MünchKomm/Schwab (7. Aufl 2017) § 817 Rn 24 ff.
[111] BGH NJW 2008, 1942.
[112] Dazu Möller NJW 2006, 268; Amend-Traut KJ 2008, 417; Martinek JZ 2009, 364; Martinek, in: FS Reuter (2010) 171, 203 f.
[113] So aber noch RGZ 151, 70.
[114] Medicus, in: GS Dietz (1973) 61.
[115] Grundlegend RGZ 161, 52, 57 und schon vorher OLG Dresden SeuffArch 59 Nr 81; jetzt BGH NJW 1963, 1870; BGHZ 41, 343; Zimmermann, Richterliches Moderationsrecht oder Totalnichtigkeit? (1979) 159 f; Larenz/Canaris, Schuldrecht Bd II/2 (13. Aufl 1994) § 68 III 3c.

folgt aus der Nichtigkeit des Geschäfts – noch überhaupt irgendein Entgelt – dies folgt aus § 817 S 2 BGB – vom Bewucherten verlangen.[116] Dafür spricht neben dem Interesse des Bewucherten vor allem die Schutzfunktion der Rechtsordnung, da das Wuchergeschäft andernfalls für den Wucherer risikolos wäre und somit der Präventionszweck des § 817 S 2 BGB verfehlt würde. Mit Blick darauf kann die Gegenansicht nicht überzeugen, wonach der Darlehensnehmer stets den marktüblichen Zins gemäß § 818 Abs 2 BGB schuldet und die völlige Versagung des Zinsausgleichs zu einer systemwidrigen Bestrafung des Wucherers führe.[117] Im Fall des Mietwuchers wird der Vertrag allerdings nach der Rechtsprechung mit der (gerade noch) angemessenen Miete aufrechterhalten.[118]

Im Übrigen ist im Einzelfall zu prüfen, ob die gravierenden Folgen des § 817 S 2 BGB **40** unter dem Gesichtspunkt von Treu und Glauben (§ 242 BGB) korrigiert werden müssen. Eine solche Korrektur wurde von der früheren Rechtsprechung etwa angenommen, wenn ein Werkvertrag aufgrund beiderseitigen Verstoßes gegen das Schwarzarbeitsbekämpfungsgesetz nichtig war und der Unternehmer Ausgleich für den Wert seiner Leistung im Wege der Leistungskondiktion verlangte.[119] Diese Rechtsprechung hat der BGH jedoch in jüngerer Zeit aufgegeben.[120] Der Bereicherungsanspruch des Schwarzarbeiters bleibt danach gemäß § 817 S 2 BGB ausgeschlossen, da die Gewährung bereicherungsrechtlicher Ausgleichsansprüche den Schutzzweck des Schwarzarbeitsverbots untergraben würde. Die Entscheidung greift damit die gegen die frühere Rechtsprechung erhobene Kritik auf, wonach Fehlanreize zugunsten der Schwarzarbeit gesetzt würden, wenn dem Unternehmer aufgrund der Außerkraftsetzung von § 817 S 2 BGB das Risiko seines rechtswidrigen Tuns abgenommen würde.[121] Der Kondiktionsausschluss gemäß § 817 S 2 BGB wird jedoch weiterhin dann nicht zur Anwendung gebracht, wenn ein von der Rechtsordnung nicht gebilligter Zustand durch Ausschluss eines Rückforderungsrechts nach § 817 S 2 BGB faktisch legalisiert würde, zB im Fall der sittenwidrigen Absprache über eine Vermögensverschiebung.[122]

5. Nichtleistungskondiktionen

a) Arten und Funktionen der Nichtleistungskondiktion

Im Gegensatz zu den Leistungskondiktionen bezwecken *Nichtleistungskondiktionen* **41** die Korrektur rechtsgrundloser Vermögenslagen, die nicht durch Leistung, sondern „in sonstiger Weise" (§ 812 Abs 1 S 1, 2. Fall BGB) entstanden sind. Zur Bestimmung der Parteien des Kondiktionsanspruchs steht der Leistungsbegriff also nicht zur Verfügung. Stattdessen dient bei den Nichtleistungskondiktionen des § 812 Abs 1 S 1, 2. Fall BGB das Tatbestandsmerkmal „auf dessen Kosten" dazu, die spezifisch bereicherungsrechtliche Relevanz der Güterverschiebung zu definieren. Das Kriterium „auf dessen Kosten" bzw die funktionsgleichen Tatbestandsmerkmale der speziellen Ein-

---

[116] BGH NJW 1983, 1420.
[117] So aber Staudinger/S Lorenz (2007) § 817 Rn 12 mwNw.
[118] BGH NJW 1983, 1420.
[119] BGHZ 111, 308; zum Ganzen Staudinger/ S Lorenz (2007) § 817 Rn 10 ff; Tiedtke DB 1990, 2307, 2310; Köhler JZ 1990, 466, 469; Armgardt NJW 2006, 2070; Larenz/Canaris, Schuldrecht Bd II/2 (13. Aufl 1994) § 68 III.
[120] Grundlegend BGHZ 201, 1 = NJW 2014, 1805; BGHZ 206, 69 = NJW 2015, 2406; BGH NJW 2017, 1808 m Anm Stamm; dazu etwa Heinemeyer JZ 2017, 918 ff; vgl auch Münch-Komm/Schwab (7. Aufl 2017) § 817 Rn 27 ff.
[121] Dazu Larenz/Canaris, Schuldrecht Bd II/2 (13. Aufl 1994) § 68 III 3g; Stamm NJW 2014, 2145 ff.
[122] BGH NJW 1990, 2542; OLG München NJW 2011, 80 ff.

griffskondiktionen der §§ 816 Abs 1 S 1 und S 2, 816 Abs 2 sowie § 822 BGB entsprechen damit funktional dem Leistungsbegriff bei der Leistungskondiktion. Aufgrund dieser unterschiedlichen Tatbestandscharakteristik stellt sich auch die Frage nach dem Rechtsgrund bei den Nichtleistungskondiktionen anders als bei den Leistungskondiktionen, da eine Rechtfertigung nicht leistungszweckgebundener Güterverschiebungen meist nur aufgrund gesetzlicher Wertungen wie §§ 932 ff, 937 ff, 892, 879, 1207, 2366 BGB möglich ist.[123]

42 Anspruchsziel der *allgemeinen Eingriffskondiktion* ist die Abschöpfung unberechtigter Vermögenszuwächse, die aus einem Eingriff in fremde Rechtspositionen resultieren. Die allgemeine Eingriffskondiktion ergänzt damit das Deliktsrecht im Bereich schuldloser Eingriffe. Zweck der *Aufwendungskondiktionen* ist hingegen, einen Ausgleich für bewusste oder unbewusste Aufwendungen zu schaffen, die, ohne Gegenstand einer Leistung zu sein, auf dem eigenen Verhalten des Bereicherungsgläubigers beruhen. Zu den Aufwendungskondiktionen gehören insbesondere die *Verwendungskondiktion*, die den Ausgleich von sachbezogenen Aufwendungen auf fremde körperliche Gegenstände (Verwendungen) bezweckt, sowie die *Rückgriffskondiktion* als subsidiärer Regressweg bei Leistung auf fremde Schuld neben speziellen Ausgleichsansprüchen wie §§ 426 Abs 1, 670, 683 S 1, 285, 255 BGB. Als Aufwendungskondiktion lässt sich auch die *Direkt-* bzw *Durchgriffskondiktion* in Mehrpersonenverhältnissen einordnen.

b) Die allgemeine Eingriffskondiktion

43 Die allgemeine Eingriffskondiktion des § 812 Abs 1 S 1, 2. Fall BGB nimmt in ihrer Zielrichtung auf die Restitution eines Eingriffserwerbs die zentrale Stellung unter den Nichtleistungskondiktionen ein. Sie soll nach heute herrschendem Verständnis als *Rechtsfortwirkungsanspruch* den *Zuweisungsgehalt* des durch den Erwerb des Bereicherten verkürzten Rechts des Kondiktionsgläubigers verwirklichen.[124] Bereicherungsgläubiger ist also immer derjenige, dem die Nutzung eines Rechtsguts nach der Rechtsordnung zugewiesen ist. Voraussetzung dafür ist nach dem Modell des Eigentums (§ 903 BGB) der Ausschluss- und Zuweisungscharakter der entsprechenden Rechtsposition. Danach besitzen grundsätzlich alle Rechtspositionen Zuweisungsgehalt, die deliktisch geschützt und nach der Rechts- und Wirtschaftsordnung entgeltfähig sind, also vor allem Eigentum, beschränkt dingliche Rechte, berechtigter Besitz, Immaterialgüterrechte sowie einzelne Ausformungen des allgemeinen Persönlichkeitsrechts.

44 Der zentrale Leitgedanke der Eingriffskondiktion ist danach der der *Usurpation*; es geht um einen Ausgleich für den Berechtigten, dessen Rechtsgut ohne Erlaubnis gebraucht oder genutzt, verbraucht oder verwertet wurde. An die Stelle der für die Leistungskondiktion anspruchsbegründenden Zweckverfehlung oder (bei § 817 S 1 BGB) Zweckmißbilligung tritt bei der Eingriffskondiktion also die *Zuweisungsverfehlung* oder *Zuweisungswidrigkeit* des Bereicherungsvorgangs.[125] Demgegenüber konnte sich die *Rechtswidrigkeitstheorie* nicht durchsetzen, die – in der Gefolgschaft von FRITZ

---

[123] Näher LARENZ/CANARIS, Schuldrecht Bd II/2 (13. Aufl 1994) § 67 I 2; dazu auch GRIGOLEIT/AUER, Schuldrecht III, Bereicherungsrecht (2. Aufl 2016) Rn 95 ff.
[124] WILBURG, Die Lehre von der ungerechtfertigten Bereicherung nach österreichischem und deutschem Recht (1934) 28 ff; ders AcP 163 (1963) 346, 438; vCAEMMERER, in: FS Rabel (1954) 333, 354 ff; MESTMÄCKER JZ 1958, 521 ff; LARENZ/CANARIS, Schuldrecht Bd II/2 (13. Aufl 1994) § 69 I 1; aus der Rechtsprechung etwa BGH NJW 2007, 216; BGHZ 107, 117; BGH WM 1981, 129.
[125] HÜFFER JuS 1981, 263 ff.

R. Ungerechtfertigte Bereicherung und GoA

SCHULZ[126] – zu einer Rückbesinnung auf die Rechtswidrigkeit des Eingriffsakts als des *nervus rerum* der Eingriffskondiktion aufrief.[127] Denn der Gesichtspunkt der Rechtswidrigkeit kann nur erklären, dass der Gläubiger den in Frage stehenden Eingriff verbieten und Ausgleich seiner Nachteile verlangen kann, nicht hingegen begründen, wem die erlangten Vorteile positiv gebühren.[128]

Die wirtschaftlich-praktische Bedeutung der Eingriffskondiktion ist erheblich; das Spektrum möglicher Fallgestaltungen ist ausweislich einer lebensbunten Rechtsprechung fast unübersehbar. Es reicht von der Verwendung eines fremden Bauzaunes zu Reklamezwecken[129] über die Benutzung fremder Gleisanlagen,[130] den zeitweiligen Einsatz fremden Kapitals,[131] den Anbau an eine fremde Giebelmauer,[132] die Vermietung fremder Sachen[133] bis hin zum Betreiben der Zwangsvollstreckung ohne gültigen Titel.[134] Ein zentraler Anwendungsbereich betrifft die Eingriffskondiktion des Rechtsverlierers gemäß §§ 951 Abs 1, 812 Abs 1 S 1, 2. Fall BGB in den sog *Einbaufällen* bei einem aufgrund §§ 946 ff BGB eingetretenen Rechtsverlust. Der Anspruch ist gegeben, wenn der Kondiktionsschuldner *selbst* den ihn bereichernden Eingriff vorgenommen, zB fremdes Material in *sein* Haus mit der Folge des gesetzlichen Eigentumserwerbs eingebaut hat. Baut jemand *eigenes* Material in ein *fremdes* Haus, kann demgegenüber als Bereicherungsanspruch nur die Verwendungskondiktion zum Tragen kommen, falls er nicht (etwa zur Erfüllung eines vermeintlichen Werkvertrags) im Rechtssinne geleistet hat (dann: Leistungskondiktion). Baut schließlich jemand das einem *Dritten* gehörende Material in ein fremdes Haus ein, so entsteht ein sog sachenrechtliches Dreipersonenverhältnis, an dem sich die kondiktionsausschließende Wirkung gesetzlicher Güterzuordnungstatbestände bei der Eingriffskondiktion paradigmatisch darstellen lässt:[135] Hat der frühere Eigentümer die Materialien freiwillig aus der Hand gegeben und ist der Erwerber gutgläubig, steht dem Eigentümer lediglich ein Anspruch gegen den Einbauenden aus der speziellen Eingriffskondiktion des § 816 Abs 1 S 1 BGB zu,[136] während die Kondiktion gegen den Erwerber (Hauseigentümer) aus §§ 951 Abs 1 S 1, 812 Abs 1 S 1, 2. Fall BGB gesperrt ist. Sind die eingebauten Materialien hingegen dem Eigentümer abhandengekommen oder ist der Erwerber bösgläubig, kann der Eigentümer im Wege der Eingriffskondiktion gemäß §§ 951 Abs 1 S 1, 812 Abs 1 S 1, 2. Fall BGB vom Hauseigentümer Wertersatz verlangen. Dies folgt – unabhängig davon, ob man dies in das „Wertungskürzel" einer notwendigen Ausnahme vom Subsidiaritätsdogma verpackt[137] – daraus, dass dem Wertungsmodell

---

[126] SCHULZ AcP 105 (1909) 1, 427 ff.
[127] KELLMANN, Grundsätze der Gewinnhaftung (1969) 90 ff; JAKOBS, Eingriffserwerb und Vermögensverschiebung in der Lehre von der ungerechtfertigten Bereicherung (1964) 50 ff; HAINES, Bereicherungsansprüche bei Warenzeichenverletzungen und unlauterem Wettbewerb (1970); WILHELM, Rechtsverletzung und Vermögensentscheidung als Grundlagen und Grenzen des Anspruchs aus ungerechtfertigter Bereicherung (1973) 77 ff.
[128] Etwa im Fall unberechtigter Untervermietung; dazu BGHZ 131, 297; vgl auch BGHZ 167, 312 = BGH NJW 2006, 2323 bei Doppelvermietung.
[129] BGHZ 22, 395, 400.
[130] RGZ 97, 310.
[131] RGZ 151, 123.
[132] BGHZ 27, 203 = JZ 1970, 323 (m Anm KLEMPT); BGHZ 35, 46; BGHZ 43, 127.
[133] BGH NJW 1973, 1281, 1283.
[134] RGZ 156, 395, 399; BGHZ 32, 240, 245.
[135] Grundlegend BGHZ 40, 272, 276 ff; BGHZ 55, 176, 178 f; BGHZ 56, 228, 241; zum Ganzen LARENZ/CANARIS, Schuldrecht Bd II/2 (13. Aufl 1994) § 70 III; vgl auch GRIGOLEIT/AUER, Schuldrecht III, Bereicherungsrecht (2. Aufl 2016) Rn 440 ff.
[136] Bei Genehmigung der Verfügung durch den Einbauenden analog § 185 Abs 2 BGB; vgl BGHZ 56, 131.
[137] Dagegen explizit kritisch THOMALE/ZIMMERMANN AcP 217 (2017) 246, 258 ff.

des sachenrechtlichen Gutglaubensschutzes nach §§ 932 ff, 935, 816 BGB auch bei einem gesetzlichen Eigentumserwerb Rechnung getragen werden muss.

46 Ebenfalls im Zentrum des Problemfeldes der Eingriffskondiktion stehen Eingriffe in *Nutzungsmöglichkeiten*, die vom Gebrauch oder Verbrauch körperlicher Gegenstände unabhängig sind. Dies betrifft vor allem die eigenmächtige Besetzung von Rechtspositionen, die sonst nur gegen Entgelt im Rahmen von Dienst- oder Werkverträgen eingeräumt werden, sowie die Ausnutzung fremder gewerblicher Schutzrechte. Weil das Deliktsrecht wegen seines Erfordernisses einer Schädigung des Verletzten die unbefugte Nutzung nicht zu erfassen vermag, kommt der Eingriffskondiktion in diesem Teilbereich des Rechtsgüterschutzes besondere Bedeutung zu. Wenn hier der bösgläubige Eingreifer jedenfalls Wertersatz in Höhe des objektiven Verkehrswerts zu leisten hat, so läuft dies auf ein angemessenes Entgelt für die Usurpation hinaus.[138] Im Wettbewerbsrecht und im (nicht nur gewerblichen) Immaterialgüterrecht hat sich das Kriterium der *anerkannten marktfähigen Verwertungsmöglichkeit* als nützliche Leitlinie erwiesen, um die Verdichtung einer geschützten Rechtsposition zum kondiktionsfähigen Ausschließlichkeitsrecht zu markieren. Unbestritten ist etwa der bereicherungsrechtliche Schutz des allgemeinen Persönlichkeitsrechts. Paradebeispiel ist der *Paul-Dahlke-Fall* des BGH, in dem ein Pressefotograf ein Foto, das den Schauspieler Paul Dahlke auf einem Motorroller zeigte, an die Rollerherstellerfirma weitergeleitet hatte, die es mit der Unterschrift „Berühmter Mann auf berühmtem Fahrzeug" zu Werbezwecken verwandte.[139] Der BGH hat dem Schauspieler für die Verletzung des Rechts am eigenen Bild einen Bereicherungsanspruch gegen den schuldlosen Pressefotografen in Höhe der üblichen Vergütung der Nutzung des Bildes zugesprochen.[140]

c) Verfügung eines Nichtberechtigten

47 Die spezielle Eingriffskondiktion gegen den nichtberechtigt Verfügenden nach § 816 Abs 1 S 1 BGB erfüllt die Aufgabe eines Ausgleichs für einen aufgrund gutgläubigen Erwerbs eingetretenen Rechtsverlust; sie besitzt insoweit *Vindikationsersatzfunktion*. Der zum Bereicherungsausgleich verpflichtende Eingriff liegt dabei nicht im Gutglaubenserwerb des Empfängers, sondern in der den Rechtsverlust herbeiführenden Verfügung des Nichtberechtigten. Mit vCaemmerer: „Die wirksame Veräußerung einer fremden Sache unter dem Schutze des Rechtsscheins ... ist eine Art des Verbrauchs der Sache."[141] Die mangelnde Berechtigung des Verfügenden impliziert die Rechtsgrundlosigkeit des Eingriffs in den Zuweisungsgehalt des durch die Verfügung verletzten Herrschaftsrechts. Dagegen erfährt der Vermögenszuwachs auf Seiten des gutgläubigen Erwerbers keine bereicherungsrechtliche Rückabwicklung, da der gutgläubige Erwerb einen *materiellen Sachzuweisungsgrund* bildet, der *kondiktionsfest* und damit auch schuldrechtlich abgesichert ist. Die Regelung des § 816 Abs 1 S 1 BGB korrigiert so zugunsten des früher Berechtigten den im Interesse des Verkehrsschutzes sehr weitreichenden Gutglaubensschutz, indem er gegen den Eingreifer einen schuldrechtlichen Ausgleichsanspruch gewährt.[142] Hierdurch ist § 816 Abs 1 S 1 BGB dem Delikts-

---

[138] Dazu auch u Rn 137 mit Fn 372.
[139] BGHZ 20, 345 ff; ähnlich aus jüngerer Zeit BGHZ 169, 340 = NJW 2007, 689 („Fall Lafontaine").
[140] Vgl dazu Schlechtriem, in: FS Fikentscher (1976) 445 ff.
[141] vCaemmerer, in: FS Lewald (1953) 443, 446.

[142] Nach **aA** (Ersatzanspruchstheorie) besteht die Funktion des Anspruchs aus § 816 Abs 1 S 1 BGB hingegen im Ausschluss der Nichtleistungskondiktion zugunsten des *Verfügungsempfängers* und in der Überleitung des Ausgleichsanspruchs auf den Verfügenden als Kondikti-

schutz absoluter Rechte (§ 823 Abs 1 BGB) und der angemaßten Eigengeschäftsführung (§ 687 Abs 2 BGB) verwandt; er statuiert einen von Verschulden und bösem Glauben unabhängigen Ausgleichsanspruch, dessen praktische Bedeutung bei schwieriger Beweislage bezüglich der subjektiven Voraussetzungen konkurrierender Tatbestände groß ist. Der Anspruch ergänzt zudem in freier Anspruchskonkurrenz die Regeln des Eigentümer-Besitzer-Verhältnisses, die in §§ 987 ff BGB keine Regelung über die Zuweisung des Substanzwerts einer veräußerten Sache enthalten. § 816 Abs 1 S 1 BGB lässt sich schließlich als Bestätigung der Unzulässigkeit der Versionsklage und als gesetzlicher Ausdruck des grundsätzlichen Vorrangs der Leistungsbeziehung deuten.

Der Anspruch aus § 816 Abs 1 BGB ist auch dann gegeben, wenn der Berechtigte eine **48** zunächst unwirksame Verfügung des Nichtberechtigten nachträglich genehmigt und damit rückwirkend ihre Wirksamkeit gemäß §§ 185 Abs 2 S 1, 184 BGB herbeiführt. Hierdurch eröffnet sich der Berechtigte einen Zugriff auf den in der Hand des Nichtberechtigten befindlichen Erlös, und zwar wahlweise zur Vindikation der Sache vom Erwerber.[143] Bei Veräußerungsketten kann er sogar sein Wahlrecht *ad libitum* plazieren, um den solventesten Schuldner zu treffen. Konsequente Folge der Vindikationsersatzfunktion des Anspruchs ist es schließlich, mit der herrschenden Auffassung die gesamte Gegenleistung des Erwerbers als „durch die Verfügung erlangt" anzusehen, so dass der volle Gewinn aus der Veräußerung und nicht nur wie bei § 818 Abs 1 BGB das sog *commodum ex re* bzw Wertersatz für den Gegenstand der Verfügung herauszugeben ist.[144]

d) Unentgeltliche Verfügung eines Nichtberechtigten
Gemäß § 816 Abs 1 S 2 BGB richtet sich die Verpflichtung zur Herausgabe im Fall **49** unentgeltlicher Verfügung gegen denjenigen, welcher auf Grund der Verfügung unmittelbar einen rechtlichen Vorteil erlangt hat. Die Vorschrift ergänzt § 816 Abs 1 S 1 BGB, da der nichtberechtigte Veräußerer bei unentgeltlicher Verfügung keine Gegenleistung und damit nichts erlangt hat. Stattdessen erlaubt § 816 Abs 1 S 2 BGB ausnahmsweise den Durchgriff auf den gutgläubig-unentgeltlichen Erwerber der Sache. Damit kommt in § 816 Abs 1 S 2 BGB die im BGB an vielen Stellen zutage tretende relative Schwäche des unentgeltlichen Erwerbs zum Ausdruck. Indem § 816 Abs 1 S 2 BGB den sonst verbotenen Durchgriff auf den gutgläubigen Erwerber der Sache eröffnet, lässt sich die Vorschrift außerdem ebenfalls als Ausnahme vom Verbot der Versionsklage sowie von dem in § 816 Abs 1 S 1 BGB als Wertungskürzel angelegten grundsätzlichen Vorrang der Rückabwicklung innerhalb der Leistungsbeziehung deuten.

Dem Ausnahmecharakter der Vorschrift entsprechend kommt dabei nach herrschen- **50** der Auffassung keine Gleichstellung des *rechtsgrundlosen* mit dem *unentgeltlichen* Erwerb in Betracht.[145] Die Frage stellt sich etwa in dem Fall, dass der Eigentümer einer

---

onsschuldner; vgl MünchKomm/Schwab (7. Aufl 2017) § 816 Rn 2 ff.
[143] RGZ 105, 84; RGZ 106, 44; RGZ 115, 31; BGH NJW 1959, 668; BGH NJW 1968, 1326; BGH NJW 1972, 1197; BGHZ 56, 131; Dölle, in: Reichsgerichts-FS Bd III (1929) 22 ff.
[144] RGZ 88, 351, 359 f; BGHZ 29, 157, 159 f; Larenz/Canaris, Schuldrecht Bd II/2 (13. Aufl 1994) § 72 I 2a; aA Wilburg, Die Lehre von der ungerechtfertigten Bereicherung nach österreichischem und deutschem Recht (1934) 132 f; vCaemmerer, in: FS Rabel (1954) 333, 357; MünchKomm/Schwab (7. Aufl 2017) § 816 Rn 44 ff; Medicus/Petersen, Bürgerliches Recht (26. Aufl 2017) Rn 723; differenzierend Staudinger/S Lorenz (2007) § 816 Rn 25.
[145] MünchKomm/Schwab (7. Aufl 2017) § 816 Rn 61 f; zur Gegenansicht Grunsky JZ 1962,

beweglichen Sache diese an einen anderen verleiht, der sie wiederum unberechtigt und aufgrund unwirksamen Kaufvertrags und mithin *rechtsgrundlos* an einen Dritten veräußert. Denn anders als bei einer *causa lucrativa* ist bei einem nichtigen entgeltlichen Vertrag das Erlangte durchaus in ein faktisches Synallagma eingebunden: Der rechtsgrundlose Erwerber ist zwar nicht zur Erbringung einer Gegenleistung verpflichtet, wird sie jedoch oft tatsächlich bereits erbracht haben, so dass ihm durch die Zulassung der Direktkondiktion des ursprünglich Berechtigten mögliche Gegenrechte gegen den nichtberechtigt Verfügenden als seinen Leistungs- und Rückabwicklungspartner abgeschnitten würden.

e) Einziehung fremder Forderungen

51 Die spezielle Eingriffskondiktion gegen den nichtberechtigten Empfänger nach § 816 Abs 2 BGB steht im systematischen Zusammenhang mit jenen Vorschriften des Privatrechts, die ein ausnahmsweises Freiwerden des Schuldners bei der Leistung an einen nicht empfangszuständigen Nichtberechtigten anordnen. Zu diesen Vorschriften zählen namentlich die Schuldnerschutzvorschriften des Abtretungsrechts der §§ 404 ff BGB, die mietrechtlichen Befreiungstatbestände der §§ 566c, 566e, 567b, 578 BGB, die deliktsrechtliche Regelung des § 851 BGB zur befreienden Schadensersatzzahlung an den besitzenden Nichteigentümer bei Beschädigung beweglicher Sachen sowie die Regelungen über die befreiende Leistung an den durch Grundbucheintragung, Erbschein oder Testamentsvollstreckerzeugnis Legitimierten gemäß §§ 893, 2367 f BGB. Möglich ist es nach herrschender Auffassung darüber hinaus bei § 816 Abs 2 BGB ebenso wie bei § 816 Abs 1 S 1 BGB, dass der wahre Gläubiger einer zunächst unwirksamen Leistung an einen Nichtberechtigten durch Genehmigung nachträglich zur Wirksamkeit verhilft (§§ 362 Abs 2, 185 Abs 2, 184 BGB); der Berechtigte kann damit wählen, ob er gegen den Schuldner oder den Nichtberechtigten vorgehen will.[146] Die Befreiungswirkung (sog *Liberationswirkung*) erfolgt in all diesen Fällen auf Kosten des wahren Gläubigers, der seine Forderung verliert, so dass § 816 Abs 2 BGB einen Ausgleich zwischen dem nichtberechtigten Empfänger und dem wahren Gläubiger herstellen muss. Den gutgläubigen Schuldner hält § 816 Abs 2 BGB aus der bereicherungsrechtlichen Abwicklung heraus.

52 Weil die nach § 407 BGB wirksamen Rechtshandlungen und Rechtsgeschäfte keine absolute, sondern nur relative Wirkung besitzen, wird durch ihre Vornahme die Forderung nicht endgültig aufgehoben, sondern dem Schuldner steht ein Wahlrecht darüber zu, ob er sich auf § 407 BGB berufen will. Der dadurch eingetretene Schwebezustand kann freilich für den wahren Gläubiger und den Scheingläubiger unangenehm sein. Das zeigt sich an einem von PHILIPP HECK angeführten Beispiel:[147] B hat seine Forderung gegen A an C abgetreten. A rechnet gegen B vor Kenntnis von der Zession auf. Nach Kenntnis von der Zession möchte er die Aufrechnung gegen B ungeschehen machen und lieber gegen C aufrechnen, denn er hat nicht nur eine Forderung gegen B, die ihm sicher ist, sondern auch eine gegen C, die ihm unsicher ist. Soll dem Schuldner dieses Wahlrecht zustehen? Hier wird man entgegen HECK den Schwebezustand und den gesetzlich möglicherweise überzogenen Schutz des Schuldners dem wahren Gläubiger und dem Scheingläubiger zumuten müssen, denn grundsätzlich ist es Aufgabe des

---

207 ff. Zu den Parallelproblemen bei §§ 822, 988 BGB vgl u Rn 53 sowie Rn 93.
[146] So etwa BGH NJW 1972, 1197; LARENZ/ CANARIS, Schuldrecht Bd II/2 (13. Aufl 1994) § 69 II 3d.
[147] HECK, Grundriß des Schuldrechts (1929) 205 f.

Zessionars, durch rechtzeitige Benachrichtigung des Schuldners von der erfolgten Abtretung die Wirkung des § 407 BGB auszuschalten und damit die aufgezeigten Schwierigkeiten zu vermeiden.[148]

f) Kettendurchgriffskondiktion gegen den unentgeltlichen Zweitempfänger

Die Regelung des § 822 BGB begründet einen selbständigen Kondiktionstatbestand für den Fall, dass der dem Bereicherungsgläubiger gehörende Bereicherungsgegenstand zunächst rechtsgrundlos in das Vermögen eines Erstempfängers gelangt ist und sodann von diesem unentgeltlich einem Zweitempfänger zugewendet wurde. § 822 BGB gestattet dem Rechtsverlierer in diesem Fall den Durchgriff auf den unentgeltlichen Zweitempfänger, soweit die Primärkondiktion (gleich welcher Art) gegen den Erstempfänger infolge der unentgeltlichen Weitergabe ausgeschlossen ist.[149] Die ursprüngliche Rechtsposition lebt in der Durchgriffskondiktion des § 822 BGB also gleichsam zweifach bereicherungsrechtlich gebrochen oder „prismatisiert" fort. Im Gegensatz zu § 816 Abs 1 S 2 BGB richtet sich die Direkt- bzw Kettendurchgriffskondiktion gemäß § 822 BGB gegen einen Zweitempfänger, der von einem *Berechtigten* erworben hat, dessen Zwischenerwerb „nur" rechtsgrundlos war, während § 816 Abs 1 S 2 BGB den Durchgriff gegenüber dem unentgeltlichen Zweiterwerber nach einem *nichtberechtigten* Ersterwerber zum Gegenstand hat. Somit besitzt § 822 BGB anders als § 816 Abs 1 S 2 BGB keine Vindikationsersatz-, sondern lediglich eine *Kondiktionsersatzfunktion*, die in der Fortführung der aufgrund § 818 Abs 3 BGB ausgeschlossenen Bereicherungshaftung des Erstempfängers liegt. Die Gemeinsamkeit von § 816 Abs 1 S 2 BGB und § 822 BGB liegt jedoch darin, dass beide Tatbestände gleichermaßen auf dem Gedanken der verminderten Schutzwürdigkeit des unentgeltlichen Erwerbs beruhen. Eine Gleichstellung von rechtsgrundlosem und unentgeltlichem Erwerb scheidet dabei aus den bereits zu § 816 Abs 1 S 2 BGB ausgesprochenen Erwägungen auch im Rahmen von § 822 BGB aus.[150]

Umstritten ist, ob § 822 BGB analog anzuwenden ist, wenn der Anspruch gegen den Erstempfänger nicht aus rechtlichen, sondern aus *tatsächlichen* Gründen ausgeschlossen ist. Dies betrifft insbesondere den Fall der Insolvenz des Erstempfängers. Nach herrschender Auffassung scheidet eine solche Analogie aufgrund der Wesensverschiedenheit beider Sachverhalte aus.[151] Dagegen wird jedoch geltend gemacht, dass der faktische Ausschluss der Primärkondiktion gegen den Erstempfänger letztlich eine unverdiente Privilegierung des unentgeltlichen Zweitempfängers zur Folge habe. Insbesondere werde der unentgeltliche Zweitempfänger beim Erwerb vom insolventen und bösgläubigen Primärempfänger wegen § 819 Abs 1 BGB angesichts der Subsidiarität der Haftung nach § 822 BGB aus bloßen Zufallsgründen bessergestellt als beim Erwerb vom gutgläubigen Primärempfänger, ohne dass einsichtig ist, warum der Entreicherte leer ausgehen soll, obwohl ein anderer auf seine Kosten *ohne eigene Aufwendungen* eine Vermögensposition erworben hat.[152] Entscheidend für das Verständnis

---

[148] Die *ratio* der meisten Schuldnerschutzvorschriften erlaubt es, dass der Schuldner auf ihren Schutz verzichtet und sich mit der Rückforderung seiner erbrachten Leistung an den nichtberechtigten Scheingläubiger nach § 812 Abs 1 S 1, 1. Fall BGB wendet; vgl BGHZ 52, 150, 154; RGZ 83, 184, 188.
[149] Vgl etwa BGHZ 158, 63 = BGH NJW 2004, 1314.
[150] HM; so etwa STAUDINGER/S LORENZ (2007) § 822 Rn 9. Zu den Parallelproblemen bei §§ 816 Abs 1 S 2, 988 BGB vgl bereits o Rn 50 sowie u Rn 93.
[151] BGH NJW 1999, 1026, 1028.
[152] So LARENZ/CANARIS, Schuldrecht Bd II/2 (13. Aufl 1994) § 69 IV 1a; **aA** MünchKomm/SCHWAB (7. Aufl 2017) § 822 Rn 17.

des § 822 BGB ist danach die Erwägung, dass die geringere Schutzwürdigkeit des unentgeltlichen Zweitempfängers, der mangels eigener Gegenleistung nur eine *causa minor* besitzt, *im weitestmöglichen Sinne* zu einer Herausgabepflicht führen sollte, wenn eine Befriedigung des Restitutionsinteresses des Kondiktionsgläubigers nicht anders realisierbar ist. Nach dieser Auffassung ist es auch folgerichtig, § 822 BGB im Wege der Analogie über das Bereicherungsrecht hinaus anzuwenden, wenn ein außerbereicherungsrechtlicher Anspruch durch unentgeltliche Weitergabe des Anspruchsgegenstands erlischt (etwa in dem Fall, dass ein Erbe die von ihm aufgrund eines ihm unbekannten Vermächtnisses an den Vermächtnisnehmer zu leistende Sache an einen Dritten verschenkt und dadurch nach § 275 BGB frei wird).[153]

g) Sonstige Nichtleistungskondiktionen

55 Erwähnenswert unter den sonstigen in § 812 Abs 1 S 1, 2. Fall BGB angesiedelten Nichtleistungskondiktionen sind die *Aufwendungskondiktionen*, zu denen insbesondere *Verwendungs-* und *Rückgriffskondiktionen* zählen. Zweck der Aufwendungskondiktionen ist es, einen Ausgleich für bewusste oder unbewusste Aufwendungen zu schaffen, die auf einer – irrtümlichen oder bewussten – willentlichen Handlung des Bereicherungsgläubigers selbst beruhen, jedoch nicht durch Leistung erfolgt sind.[154] Im Rahmen des Tatbestandsmerkmals „auf Kosten" kommt es folglich nicht auf die ursprüngliche Zuweisung des Bereicherungsgegenstands zum Vermögen des Bereicherungsgläubigers, sondern auf die *Unmittelbarkeit* der Vermögensverschiebung an: Der Schuldner hat etwas auf Kosten des Gläubigers erlangt, wenn ihm die von diesem veranlassten Aufwendungen nicht auf dem Umweg über das Vermögen eines Dritten zugeflossen sind.[155] Im Vergleich mit anderen Regelungen über Aufwendungsersatz wie §§ 994 ff, 670, 683 S 1 BGB sowie vertragsrechtlichen Anspruchsgrundlagen bilden Aufwendungskondiktionen oft die mildeste Ausgleichsordnung, da sie nicht auf Wertersatz für die getätigte Aufwendung, sondern lediglich auf Abschöpfung der beim Begünstigten noch vorhandenen Bereicherung gerichtet sind.

56 *Verwendungskondiktionen* bezwecken den Ausgleich von sachbezogenen Aufwendungen auf fremde körperliche Gegenstände; § 812 Abs 1 S 1, 2. Fall BGB kommt insoweit oft in Verbindung mit § 951 Abs 1 S 1 BGB zur Anwendung.[156] Möglich sind Aufwendungskondiktionen jedoch auch wegen Aufwendungen auf unkörperliche Gegenstände, etwa zur Sicherung von Rechten. Zweck der *Rückgriffskondiktionen* ist die Erlangung von Wertausgleich für die Befreiung des Bereicherungsschuldners von seiner Verbindlichkeit gegenüber einem Dritten infolge einer Leistung des Bereicherungsgläubigers auf fremde Schuld gemäß § 267 BGB. Neben speziellen Regresswegen wie §§ 426 Abs 1, 670, 683 S 1, 285, 255 BGB stellt die Rückgriffskondiktion einen subsidiären Auffangtatbestand dar. Im Bereich von Legalzessionen wie §§ 268 Abs 3, 426 Abs 2, 774 Abs 1 S 1, 1143 Abs 1 S 1, 1150, 1225 BGB sowie § 6 EFZG oder § 67 VVG ist sie bereits tatbestandlich ausgeschlossen. Umstritten ist die Anwendbarkeit der Rückgriffskondiktion neben den Regelungen des Leistungsstörungsrechts im Fall der Selbsterfüllung durch den Gläubiger (Beispiel: eigenmächtige Mängelbeseitigung

---

[153] LARENZ/CANARIS, Schuldrecht Bd II/2 (13. Aufl 1994) § 69 IV 1a.
[154] Zum Begriff der Aufwendung PALANDT/GRÜNEBERG (77. Aufl 2018) § 256 Rn 1.
[155] Zur Ablehnung der Zuweisungstheorie und Maßgeblichkeit des Unmittelbarkeitskriteriums BGHZ 68, 276, 277 f; LARENZ/CANARIS, Schuldrecht Bd II/2 (13. Aufl 1994) §§ 67 II 2b, c, 69 III 1b.
[156] Vgl etwa BGH NJW 2015, 229 in einem Fall von Verwendungen des Untermieters.

durch den Käufer oder Werkbesteller)[157] sowie bei der Selbstvornahme hinsichtlich der Beseitigungspflicht aus § 1004 BGB (Beispiel: eigenmächtige Beseitigung von aus dem Nachbargrundstück eindringenden Baumwurzeln).[158] Bei den Rechtsfolgen der Rückgriffskondiktion ist die analoge Anwendung der Schuldnerschutzvorschriften der §§ 404 ff BGB im Rahmen von § 818 Abs 3 BGB zu beachten, da der Gläubiger der Rückgriffskondiktion als „einfacher" Drittleistender gemäß § 267 BGB andernfalls besser stünde als ein ablösungsberechtigter Dritter im Sinne von § 268 BGB.[159] Zu den Aufwendungskondiktionen zählen schließlich auch die *Direkt-* oder *Durchgriffskondiktionen*, die dem direkten Ausgleich rechtsgrundloser Zuwendungen in Mehrpersonenverhältnissen dienen.[160]

6. Bereicherungsrechtliche Dreipersonenverhältnisse

a) Problemstellung

In der Mehrzahl der Fälle lässt sich bei der Leistungskondiktion das Leistungsverhältnis einfach feststellen. Wer Gläubiger und wer Schuldner des Ausgleichsanspruchs ist, ist leicht zu ermitteln, wenn am Leistungsvorgang nicht mehr als zwei Personen beteiligt sind. Eine Nichtleistungskondiktion („in sonstiger Weise") ist zwischen denselben Parteien dann schon begrifflich ausgeschlossen. Diese begriffliche Abgrenzung versagt jedoch in Drei- und Mehrpersonenverhältnissen. Derselbe Gegenstand kann etwa aus der Sicht des Letztempfängers C sowohl Objekt einer Leistung seines Vertragspartners B als auch einer Bereicherung in sonstiger Weise im Verhältnis zum ursprünglichen (nicht durch eine Leistungsbeziehung mit C verbundenen) Inhaber A sein. Da im Verhältnis zwischen dem ursprünglichen Inhaber des Gegenstands und dem Letzterwerber oft kein Leistungsverhältnis besteht, geht die konstruktive Spezialität der Leistungskondiktion im Mehrpersonenverhältnis verloren. Die zentrale Frage lautet dann, ob die Rückabwicklung allein innerhalb der jeweils unmittelbaren Leistungsbeziehungen (zwischen A und B bzw B und C) oder auch im Wege einer Direktkondiktion zwischen dem ursprünglichen Inhaber und dem letzten Empfänger des Gegenstands (also zwischen A und C) erfolgen darf. Die praktische Bedeutung der Frage ist erheblich, da mehrgliedrige Kettenlieferverhältnisse mit abgekürzten Leistungs- und Lieferwegen, die sich nicht auf ein Zweipersonenverhältnis beschränken, sondern mehrere Rechtsverhältnisse gleichzeitig betreffen, in der modernen arbeitsteiligen Wirtschaft den Normalfall bilden.

Zur Lösung der Dreipersonenkonstellationen hat sich inzwischen auch in der Rechtsprechung eine vermittelnde Auffassung durchgesetzt, die eine auf dem finalen Leistungsbegriff beruhende Dogmatik mit teleologischen Kriterien verbindet, die die *vertraglich vereinbarte Risikoverteilung* und das *schutzwürdige Vertrauen* der Parteien in

---

[157] Ablehnend BGHZ 162, 219, 228 f = NJW 2005, 1348; BGH NJW 2006, 988; BGH NJW 2006, 1195; DAUNER-LIEB/ARNOLD ZGS 2005, 10; MünchKomm/WESTERMANN (7. Aufl 2016) § 439 Rn 11; PALANDT/GRÜNEBERG (77. Aufl 2018) § 326 Rn 13; PALANDT/WEIDENKAFF (77. Aufl 2018) § 437 Rn 4a; **aA** (für Ersatz ersparter Aufwendungen) etwa HERRESTHAL/RIEHM NJW 2005, 1457 ff; S LORENZ NJW 2005, 1321 ff; zum Parallelproblem bei der GoA u Rn 123.

[158] Für Ersatz ersparter Aufwendungen (hier hM) etwa BGHZ 97, 231 = NJW 1986, 2640; BGH NJW 1991, 2826; BGH NJW 2004, 603; kritisch GURSKY JZ 1992, 310, 312 ff; zum Parallelproblem bei der GoA u Rn 115.

[159] HM; etwa LARENZ/CANARIS, Schuldrecht Bd II/2 (13. Aufl 1994) § 69 II 2b; MEDICUS/PETERSEN, Bürgerliches Recht (26. Aufl 2017) Rn 952.

[160] LARENZ/CANARIS, Schuldrecht Bd II/2 (13. Aufl 1994) § 69 III 3.

den Mittelpunkt stellen.¹⁶¹ Aus dieser Betrachtungsweise folgt eine grundsätzliche Entscheidungsregel: Danach ist ein *Durchgriff auf den Letztempfänger* im Wege der Nichtleistungskondiktion in Drei- und Mehrpersonenverhältnissen *grundsätzlich ausgeschlossen*. Die Rückabwicklung findet im Regelfall, abgesehen von im Folgenden noch zu diskutierenden Ausnahmen, *zwischen den Parteien der jeweiligen Leistungsverhältnisse* statt. Grundlage dieser Entscheidungsregel ist das Wertungsmodell der sog *Liefer- oder Leistungskette*. Darunter sind zwei oder mehrere hintereinander geschaltete Leistungsvorgänge über dieselbe Sache zu verstehen, die jeweils sowohl ein Kausalgeschäft als auch einen dinglichen Übereignungsvorgang umfassen und damit zum Eigentumserwerb in der Person des Zwischenmanns B (Zwischenerwerb bzw Durchgangseigentum) führen. Bei Unwirksamkeit eines oder beider Kausalverhältnisse stehen jedem Gläubiger in dieser Konstellation grundsätzlich nur Ansprüche gegen seinen Schuldner zu.¹⁶²

b) Das Wertungsmodell der Anweisungslage
aa) Abgekürzte Lieferung und Anweisungslage

59 Entscheidend für das Verständnis der modernen Entscheidungsregeln der Dreipersonenverhältnisse ist der Gedanke, dass sich an den Entscheidungsregeln zur Rückabwicklung in der Lieferkette grundsätzlich nichts ändert, wenn der Lieferweg durch Direktlieferung von A an C unter Überspringen des Zwischenmanns B abgekürzt wird. Diese sog *abgekürzte Lieferung* dient nach herrschender Auffassung lediglich technischen Vereinfachungszwecken und berührt daher die Gültigkeit der anhand der Lieferkette entwickelten Wertungen nicht.¹⁶³ Selbst dann, wenn C das Eigentum unmittelbar von A erlangt hat, ist dieser also grundsätzlich so zu stellen, wie er bei einem Zwischenerwerb des B stünde (sog normative „Als-ob-Betrachtung" im Vergleich mit der Lieferkette).¹⁶⁴ Die abgekürzte Lieferung bildet damit ihrerseits das Grundmodell der sog *Anweisungslage*, deren Struktur nach hM die meisten bereicherungsrechtlichen Dreipersonenverhältnisse entsprechen: Der Schuldner B (Anweisender) weist einen Dritten, etwa seinen Schuldner A (Angewiesenen) an, den geschuldeten Gegenstand, etwa eine weiterverkaufte Kaufsache oder einen Geldbetrag, nicht an ihn selbst, sondern vielmehr an seinen Gläubiger C (Anweisungsempfänger) zu übertragen. Mit „Anweisung" ist dabei nur selten das Rechtsinstitut der §§ 783 ff BGB gemeint; zumeist handelt es sich schuldrechtlich um eine auftrags- oder geschäftsbesorgungsrechtliche Weisung nach § 665 BGB im Rahmen des Vertragsverhältnisses zwischen A und B. Ihrer Rechtsnatur nach stellt diese sog *Anweisung im weiteren Sinne*¹⁶⁵ ebenso wie im Rahmen von §§ 783, 787 Abs 1 BGB eine Doppelermächtigung dar, die einerseits als Einzugsermächtigung gemäß §§ 362 Abs 2, 185 BGB den Empfänger C berechtigt, Anspruch auf die Leistung im eigenen Namen beim Angewiesenen A zu erheben

---

¹⁶¹ Dazu bereits o Rn 19 f.
¹⁶² Ausnahmen bestehen lediglich bei dinglichen Mängeln des Erwerbsvorgangs sowie beim unentgeltlichen Erwerb des Letztempfängers gemäß §§ 816 Abs 1 S 2, 822 BGB; vgl LARENZ/CANARIS, Schuldrecht Bd II/2 (13. Aufl 1994) § 70 I; GRIGOLEIT/AUER, Schuldrecht III, Bereicherungsrecht (2. Aufl 2016) Rn 420 ff.
¹⁶³ LARENZ/CANARIS, Schuldrecht Bd II/2 (13. Aufl 1994) § 70 II 1a; REUTER/MARTINEK, Ungerechtfertigte Bereicherung, Teilbd 2 (2. Aufl 2016) 45 f; kritisch dagegen SCHALL JZ 2013, 753, 757; AUER ZfPW 2016, 479, 491.
¹⁶⁴ LARENZ/CANARIS, Schuldrecht Bd II/2 (13. Aufl 1994) § 70 II 2a, b; GRIGOLEIT/AUER, Schuldrecht III, Bereicherungsrecht (2. Aufl 2016) Rn 430 ff.
¹⁶⁵ Dazu bereits ULMER AcP 126 (1926) 129, 130 f; gegenwärtig repräsentativ LARENZ/CANARIS, Schuldrecht Bd II/2 (13. Aufl 1994) § 62 I 2e, § 70 VI 4; MünchKomm/SCHWAB (7. Aufl 2017) § 812 Rn 67 ff; MEDICUS/PETERSEN, Bürgerliches Recht (26. Aufl 2017) Rn 674 ff.

sowie andererseits diesen ermächtigt, für Rechnung des Anweisenden B an den Zuwendungsempfänger C zu leisten. Das zwischen Anweisendem B und Angewiesenem A bestehende Kausalgeschäft wird als *Deckungsverhältnis* bezeichnet, weil der Angewiesene A für seine Zuwendung an den Empfänger C die wirtschaftliche „Deckung" aus dem Verhältnis zum Anweisenden B erfährt. Das Verhältnis, in dem die wirtschaftliche Wertbewegung stattfinden soll, also dasjenige zwischen Anweisendem B und Zuwendungsempfänger C, wird *Valutaverhältnis* genannt. Zwischen Angewiesenem A und Empfänger C bestehen derartige schuldrechtliche Bindungen regelmäßig nicht; hier liegt ein bloßes *Zuwendungsverhältnis* (nicht: „Leistungsverhältnis") vor. Führt der Angewiesene die Anweisung aus, so tritt dadurch gleichzeitig sowohl im Deckungsverhältnis als auch im Valutaverhältnis Erfüllung ein. Infolge dieser Doppelwirkung ist auch von *Simultanleistung* zu sprechen.[166]

Bei rechtswirksamen Kausalverhältnissen bewirkt die intakte Anweisung nach hM **60** *erstens*, dass die tatsächliche Zuwendung des Angewiesenen A an den Anweisungsempfänger C rechtlich als eine Leistung des Anweisenden B an den Anweisungsempfänger C anzusehen ist, denn A, der nur Leistungsgehilfe des B ist, transportiert als Bote oder Stellvertreter des B eine von diesem zumindest konkludent an den Anweisungsempfänger C abgegebene Tilgungs- und Leistungszweckbestimmung analog §§ 267, 366 BGB, wonach die Zuwendung des A als *Leistung des B an C* auf das Valutaverhältnis anzusehen sein soll. *Zweitens* bewirkt die Anweisung, dass die Zuwendung des A an C rechtlich auch als eine *Leistung des A an B* anzusehen ist, denn B ermächtigt nach §§ 362 Abs 2, 185 BGB den Anweisungsempfänger C als „Dritten" zum Empfang der Leistung mit Erfüllungswirkung für das Deckungsverhältnis zwischen B und A; auch im Verhältnis zum Anweisenden B gibt der Angewiesene A zumindest konkludent eine Zweck- oder Tilgungsbestimmung analog § 366 BGB ab, wonach die Zuwendung an den Anweisungsempfänger C eine Leistung des A an den B im Deckungsverhältnis sein soll.[167] Dabei werden hier wie auch sonst die Tilgungs- und Zweckbestimmungen als unerlässliches Element einer Leistung angesehen und zumindest analog dem Recht der Willenserklärungen nach §§ 104 ff BGB einschließlich des Anfechtungs-, Boten- und Stellvertretungsrechts unterstellt.

bb) Entscheidungsregeln zur Rückabwicklung
Grundsätzlich vollzieht sich der Bereicherungsausgleich bei fehlgeschlagenen Leis- **61** tungsversuchen in Anweisungsfällen stets innerhalb derjenigen Beziehung, in der der Leistungszweck nicht erreicht wurde. Bei Unwirksamkeit des *Kausalgeschäfts* im Deckungs- oder Valutaverhältnis kommt mithin lediglich eine Leistungskondiktion innerhalb des jeweils gestörten Verhältnisses, also zwischen A und B oder zwischen B und C in Betracht.[168] Dies gilt auch dann, wenn der Leistungszweck sowohl im Valutaverhältnis wie auch im Deckungsverhältnis verfehlt wird (sog *Doppelmangel*). Auch hier findet die Abwicklung außer im Fall des § 822 BGB[169] grundsätzlich entlang der Leistungsverhältnisse und damit „übers Eck" statt, so dass A bei B und dieser bei C kondiziert (sog *Doppelkondiktion*),[170] während eine Gleichstellung von unentgeltli-

---

[166] GRIGOLEIT/AUER, Schuldrecht III, Bereicherungsrecht (2. Aufl 2016) Rn 431.
[167] So die ganz hM; kritisch dagegen SCHALL JZ 2013, 753, 757; AUER ZfPW 2016, 479, 489 ff sowie dies, in: FS Canaris (2017) 509, 542.
[168] BGHZ 89, 376, 378 = NJW 1984, 1348; BGHZ 147, 269, 273 = NJW 2001, 2880; aus dem Schrifttum LARENZ/CANARIS, Schuldrecht Bd II/2 (13. Aufl 1994) § 70 II 2a, § 70 IV 1a; MünchKomm/SCHWAB (7. Aufl 2017) § 812 Rn 78 ff.
[169] BGHZ 88, 232, 234 = NJW 1984, 483.
[170] LARENZ/CANARIS, Schuldrecht Bd II/2

chem und rechtsgrundlosem Erwerb analog § 822 BGB auch hier nicht in Betracht kommt.[171] Die Doppelkondiktion hat freilich das Zusatzproblem zur Folge, dass B, der die Sache selbst nicht erlangt und den (nichtbestehenden) Anspruch des C nicht erfüllt hat, nicht um die Sache selbst oder deren Wert, sondern lediglich um seinen eigenen Bereicherungsanspruch gegen C bereichert ist und folglich gegenüber A gemäß § 818 Abs 3 BGB lediglich dessen Abtretung schuldet (sog *Kondiktion der Kondiktion*). Dies hätte indessen die Kumulation sämtlicher Einwendungs- und Insolvenzrisiken in der Person des Letztkondizierenden A zur Folge. B hat daher in Wertungsparallele mit der Leistungskette nach hM grundsätzlich vollen Wertersatz zu leisten und kann sich gegenüber A nicht unter Berufung auf § 818 Abs 3 BGB auf eine Abtretung seines Bereicherungsanspruchs gegen C beschränken.[172]

62 Anders als bloße Mängel der Kausalverhältnisse sind hingegen die Fälle gelagert, in denen die *Anweisung selbst fehlerhaft* ist.[173] Die Möglichkeiten, die zum Fehlen einer wirksamen Anweisung führen können, sind vielgestaltig: Die Anweisung ist in Wirklichkeit gar nicht oder durch einen Geschäftsunfähigen erfolgt; sie kann vor Ausführung widerrufen oder angefochten worden sein; der Anweisende kann dem Angewiesenen die erforderliche Vertretungs- oder Botenmacht zur Übermittlung der Tilgungs- und Zweckbestimmung an den Zuwendungsempfänger nachträglich, etwa durch Anfechtung nach §§ 119 ff, 142 BGB, wirksam entzogen haben. Dabei ist nach inzwischen auch in der Rspr weithin verbreiteter Ansicht zwischen absolut wirkenden *Zurechenbarkeitsmängeln* sowie nach Rechtsschein- und Vertrauensgrundsätzen überwindbaren *Gültigkeitsmängeln* der Anweisung zu unterscheiden:

63 *Zurechenbarkeitsmängel*[174] wie das völlige Fehlen, die Fälschung, Zuvielleistung oder versehentliche Doppelausführung der Anweisung sowie das Handeln eines *falsus procurator* oder eines geschäftsunfähigen Anweisenden lösen in jedem Fall unabhängig von der Gutgläubigkeit des Anweisungsempfängers einen Durchgriff auf den Empfänger im Wege der Nichtleistungskondiktion aus.[175] Mangels Anweisung fehlt eine wirksame Bestimmung des Leistungszwecks (von B vermittelt durch A an C) im Valutaverhältnis analog §§ 267, 366 BGB und eine Empfangsermächtigung des C durch B gegenüber A im Deckungsverhältnis nach §§ 362 Abs 2, 185 BGB. Folglich kann allein dem Angewiesenen A eine Direktkondiktion als Nichtleistungskondiktion gegen den Empfänger C zustehen. Dies gilt *auch bei wirksamer Kausalbeziehung* im Valutaverhältnis, da der Gegenstand dort mangels wirksamer Anweisung nicht „geleistet" wurde. Ein Bereicherungsausgleich „übers Eck" scheidet mithin aus. Dem (vermeintlich)

(13. Aufl 1994) § 70 II 2a; MünchKomm/ SCHWAB (7. Aufl 2017) § 812 Rn 83 ff.
[171] Dazu bereits o Rn 53.
[172] LARENZ/CANARIS, Schuldrecht Bd II/2 (13. Aufl 1994) § 70 II 2b; MünchKomm/ SCHWAB (7. Aufl 2017) § 812 Rn 84; STAUDINGER/S LORENZ (2007) § 812 Rn 54; kritisch dazu AUER ZfPW 2016, 479, 491.
[173] Dies gilt auch bei gleichzeitiger Unwirksamkeit eines oder beider Kausalverhältnisse; vgl MünchKomm/SCHWAB (7. Aufl 2017) § 812 Rn 91.
[174] Zum Begriff CANARIS WM 1980, 354, 355;

LARENZ/CANARIS, Schuldrecht Bd II/2 (13. Aufl 1994) § 70 IV 2.
[175] StRspr; BGHZ 66, 362, 364 = NJW 1976, 1448; BGHZ 66, 372, 374 = NJW 1976, 1449; BGHZ 111, 382, 385 = NJW 1990, 3194; BGHZ 147, 145 = NJW 2001, 1855; BGHZ 152, 307, 312 = NJW 2003, 582; BGHZ 158, 1, 5 = BGH NJW 2004, 1315; BGHZ 205, 334 = BGH NJW 2015, 2725; BGH NJW 2011, 66, 69; abweichend zur Zuvielüberweisung in einem Sonderfall aber BGHZ 176, 234 = BGH NJW 2008, 2331. Zum Ganzen LARENZ/CANARIS, Schuldrecht Bd II/2 (13. Aufl 1994) § 70 IV 2; MünchKomm/SCHWAB (7. Aufl 2017) § 812 Rn 91 ff.

Anweisenden B steht mangels Leistung im Valutaverhältnis keine Leistungskondiktion gegen den Empfänger C zu. Er hat auch keine Nichtleistungskondiktion, weil C nicht auf Kosten des B, sondern des Angewiesenen A bereichert ist. Im Deckungsverhältnis zwischen A und B tritt ebenfalls keine Erfüllung ein, weil es an der Ermächtigung zum Leistungsempfang des C durch B gegenüber A nach §§ 362 Abs 2, 185 BGB fehlt. Eine Leistungskondiktion scheidet daher auch zwischen A und B aus; ebenso die Nichtleistungskondiktion, weil B mangels Befreiung von seiner Verbindlichkeit gegenüber C im Valutaverhältnis nicht auf Kosten des A bereichert ist. Im Bereich der Zurechenbarkeitsmängel ist damit anerkanntermaßen eine Ausnahme vom Grundsatz der Subsidiarität der Nichtleistungskondiktion geboten, die aufgrund vorrangiger Wertungen gerechtfertigt ist.

Für bloße *Gültigkeitsmängel*,[176] die die Zurechenbarkeit des unwirksamen Anweisungstatbestands zum Anweisenden unberührt lassen, ist hingegen auf der Grundlage von Rechtsscheins- und Vertrauensschutzprinzipien bislang eine Rückausnahme anerkannt. Danach erfolgt die Rückabwicklung namentlich in den Fällen des nachträglichen Widerrufs oder der Anfechtung der Anweisung doch wieder „übers Eck" und damit unter Einbeziehung des Anweisenden und unter Ausschluss der Direktkondiktion, wenn der Anweisungsempfänger hinsichtlich der Wirksamkeit der Anweisung gutgläubig war.[177] Begründet wird dies mit allgemeinen Vertrauensschutz- und Zurechenbarkeitserwägungen: Hat der (vermeintlich bzw ursprünglich) Anweisende B den ihm zurechenbaren Rechtsschein einer wirksamen Anweisung und Tilgungsbestimmung in die Welt gesetzt, so darf der gutgläubige und schutzwürdige Anweisungsempfänger C prinzipiell darauf vertrauen, dass durch die Zuwendung des A eine wirksame Leistung des B erfolgt ist und er den Leistungsgegenstand behalten darf. A kann wegen des Vorrangs der Leistungsbeziehung B – C dann nicht im Wege der Nichtleistungskondiktion gegen C vorgehen. Wohl aber hat A gemäß § 812 Abs 1 S 1, 2. Fall BGB eine *Nichtleistungskondiktion* (!) gegen B, der die Befreiung von seiner Verbindlichkeit gegenüber dem gutgläubigen C erlangt hat. Ist das Valutaverhältnis unwirksam, steht B gegen C freilich nur eine Leistungskondiktion zu, die sodann von A kondiziert werden kann *(Kondiktion der Kondiktion)*. Bei Zurechenbarkeitsmängeln hängt also alles davon ab, ob ein zurechenbarer Rechtsschein einer wirksamen Anweisung gesetzt wurde und ob der Anweisungsempfänger gutgläubig war, wobei nicht nur – mit früherer Rechtsprechung – positive Kenntnis, sondern – mit neuerer Rechtsprechung und überwiegender Literaturansicht – analog §§ 170 ff, 173 BGB bereits fahrlässige Unkenntnis schadet.[178]

---

[176] Zum Begriff CANARIS WM 1980, 354, 355 f; LARENZ/CANARIS, Schuldrecht Bd II/2 (13. Aufl 1994) § 70 IV 3.
[177] Etwa BGHZ 61, 289, 291 = NJW 1974, 39; BGHZ 87, 393, 395 = NJW 1983, 2499; BGHZ 176, 234, 237 = NJW 2008, 2331; abweichend aber BGHZ 205, 377, 383 = NJW 2015, 3093 zum Zahlungsdiensterecht: Stets Direktkondiktion. Zum Ganzen auch LARENZ/CANARIS, Schuldrecht Bd II/2 (13. Aufl 1994) § 70 IV 3; MünchKomm/SCHWAB (7. Aufl 2017) § 812 Rn 124 ff.

[178] Zum Maßstab des guten Glaubens analog §§ 170 ff BGB WILHELM AcP 175 (1975) 304, 338 ff, 347 f sowie in der Folge etwa CANARIS WM 1980, 354, 356; LARENZ/CANARIS, Schuldrecht Bd II/2 (13. Aufl 1994) § 70 IV 3b; aA noch BGHZ 61, 289, 293 f; BGHZ 87, 246, 249 f; BGHZ 87, 393, 997 ff; BGHZ 89, 376, 380 ff; wonach nur positive Kenntnis des Empfängers schaden und dem Widerrufenden die Beweislast hinsichtlich dieser Kenntnis obliegen sollte.

65 In den schwierigen Fällen des Irrtums über den Leistenden, in denen Zuwender und Empfänger unterschiedliche Vorstellungen darüber haben, in welcher Personenbeziehung die Leistung erbracht wird (Beispiel: Der Zuwender A will selbst leisten, doch glaubt der Empfänger C an eine Leistung des B mittels A; Gegenbeispiel: B will mittels A leisten, doch glaubt C an eine eigene Leistung des Zuwenders A), kommt es nach der *Lehre vom Empfängerhorizont* darauf an, wie die Zuwendung aus der (normativ objektivierten) Sicht des Empfängers verstanden werden muss.[179] Dies ist die Konsequenz aus der Rechtsnatur der Tilgungs- und Zweckbestimmung als einer Willenserklärung oder rechtsgeschäftsähnlichen Handlung, für die die Auslegungsgrundsätze der §§ 133, 157 BGB maßgeblich sind.

66 Das damit entworfene differenzierte System einer Unterscheidung der bereicherungsrechtlichen Rückabwicklungsfolgen nach Art und Lage des *konditionsauslösenden Mangels*[180] führt in den Anweisungsfällen nach weithin geteilter Auffassung zu einer angemessenen Verteilung der Einwendungs- und Insolvenzrisiken zwischen den Beteiligten. Es setzt die Lehre vom Empfängerhorizont und die Rechtsscheingrundsätze der §§ 170 ff BGB aus privatrechtsdogmatischer Binnenperspektive konsequent in der Rückabwicklung bereicherungsrechtlicher Dreipersonenverhältnissen um. Zu beachten ist allerdings, dass dieses dogmatische System aufgrund der 2009 in Kraft getretenen Neufassung des Zahlungsdiensterechts in §§ 675c ff BGB auf der Grundlage der Ersten Zahlungsdiensterichtlinie[181] inzwischen zunehmend unter Druck gerät. Nach vordringender Ansicht, der sich jüngst auch der BGH angeschlossen hat, kommt künftig in allen Fällen nicht autorisierter Banküberweisungen lediglich ein Ausgleich im Wege der *Direktkondiktion* beim Zahlungsempfänger in Betracht, während die Kondiktion beim scheinbar Anweisenden selbst bei Zurechenbarkeit der fehlerhaften Anweisung und Gutgläubigkeit des Empfängers in allen Fällen ausgeschlossen ist.[182] Es bleibt damit abzuwarten, ob und inwieweit sich die heute anerkannten Risikozurechnungs- und Rechtsscheingrundsätze in Fällen widerrufener oder angefochtener Anweisungen künftig auch in anderen Fällen noch aufrechterhalten lassen. Dies gilt insbesondere mit Blick auf die aus §§ 267 Abs 1, 362 Abs 2, 185 BGB folgende Wertung, wonach Leistender bzw Leistungsempfänger im Fall der Drittbeteiligung an einem Schuldverhältnis gerade nicht der Schuldner bzw Gläubiger der jeweiligen Leistung, sondern vielmehr der jeweilige *Dritte* ist.[183]

c) **Einzelne Dreipersonenverhältnisse**
aa) **Banküberweisung und Zahlungsdiensterecht**

67 Bei der Banküberweisung handelt es sich um den Grundfall des bargeldlosen Zahlungsverkehrs und zugleich bislang um die paradigmatische Konstellation eines bereicherungsrechtlichen Mehrpersonenverhältnisses, das seiner Struktur nach der Anweisungslage entspricht. Bis zu der im Jahr 1997 einsetzenden Europäisierung des bargeldlosen Überweisungsverkehrs und der Einführung eines „Überweisungsvertrags"

---

[179] Vgl dazu SCHNAUDER JuS 1994, 537, 539 ff; SOLOMON, Der Bereicherungsausgleich in Anweisungsfällen (2004) 21; MÜLLER WM 2010, 1293; THOMALE, Leistung als Freiheit (2012) 23 ff.
[180] LARENZ/CANARIS, Schuldrecht Bd II/2 (13. Aufl 1994) § 70 II 5, III 5.
[181] Richtlinie 2007/64/EG v 13.11.2007, nunmehr ersetzt durch Richtlinie (EU) 2015/2366 v 25.11.2015 (Zweite Zahlungsdiensterichtlinie), umgesetzt durch Gesetz vom 17.7.2017. Die erneute Novellierung hat die Grundzüge der am 31.10.2009 in Kraft getretenen Neufassung der §§ 675c ff BGB unverändert gelassen.
[182] Grundlegend BGHZ 205, 377, 385; zum Ganzen sogleich u Rn 69.
[183] Zum Ganzen AUER ZfPW 2016, 479, 483 ff; dies, in: FS Canaris (2017) 509, 531 ff.

(§§ 676a ff aF BGB) sowie eines „Zahlungsvertrags" (§§ 676d ff aF BGB) ins BGB im Jahre 1999[184] fanden die dogmatischen Grundsätze der Rückabwicklung nach der Anweisungslage in diesem praktisch wichtigen Rechtsgebiet nicht nur uneingeschränkte Anwendung, sondern wurden in diesem Bereich durch Rechtsprechung und Literatur überhaupt erst richtig ausgeformt.[185] Auch die Institute des Überweisungs- und des Zahlungsvertrags ließen sich – mit einigen Abweichungen und Besonderheiten – im Ergebnis mit der klassischen Dogmatik der Anweisungsfälle ganz überwiegend in Übereinstimmung bringen.[186]

Inzwischen ist die Europäisierung des bargeldlosen Zahlungsverkehrs jedoch weiter fortgeschritten. In Umsetzung des zivilrechtlichen Teils der Ersten Zahlungsdiensterichtlinie sind die §§ 675c ff BGB mit Wirkung zum 31.10.2009 erneut vollständig umgestaltet worden.[187] Die Erste Zahlungsdiensterichtlinie hat nicht nur eine Neuregelung des Überweisungsrechts veranlasst, sondern das gesamte Recht des Zahlungsverkehrs einschließlich des Lastschriftverkehrs und der Kartenzahlung einer neuen systematischen Konzeption zugeführt. Grundlage der vertraglichen Beziehungen bei einer Überweisung ist nunmehr entweder ein auf einmaligen Leistungsaustausch beschränkter *Einzelzahlungsvertrag* gemäß § 675f Abs 1 BGB oder – im Regelfall einer Überweisung auf der Grundlage eines bestehenden Girovertrags – ein *Zahlungsdiensterahmenvertrag* gemäß § 675f Abs 2 BGB zwischen der Bank als Zahlungsdienstleister sowie dem Bankkunden als dem den Zahlungsauftrag erteilenden Zahlungsdienstnutzer. Die Überweisung erfolgt durch Erteilung des Zahlungsauftrags gemäß § 675f Abs 3 S 2 BGB. Der Zahlungsauftrag ist anders als der Überweisungsvertrag der §§ 676a ff aF BGB nicht mehr als Vertrag bzw zweiseitiges Rechtsgeschäft ausgestaltet. Es handelt sich vielmehr um eine einseitige Weisung gemäß §§ 665, 675c Abs 1 BGB des Kontoinhabers gegenüber der Bank.[188] **68**

Hinsichtlich der bereicherungsrechtlichen Rückabwicklung der Banküberweisung bestand auf der Grundlage der bis 2009 geltenden Rechtslage Einigkeit über die Anwendbarkeit der zur Anweisungslage entwickelten Grundsätze.[189] Danach war eine fehlerhafte Überweisung grundsätzlich im Wege der Leistungskondiktion zwischen Bank und Bankkunden sowie zwischen Bankkunden und Überweisungsempfänger rückabzuwickeln, während eine Direktkondiktion zwischen Bank und Überweisungsempfänger lediglich ausnahmsweise bei Mängeln der Anweisung in Betracht kam, wobei nach den oben ausgeführten Grundsätzen zwischen Zurechenbarkeits- und Gültigkeitsmängeln zu differenzieren war. Seit der 2009 in Kraft getretenen Neuregelung **69**

---

[184] Überweisungsgesetz vom 21.7.1999 (BGBl I 1999, 1642), in Kraft getreten am 14.8.1999.
[185] Vgl etwa Canaris WM 1980, 354; Flume NJW 1984, 464; Wilhelm AcP 175 (1975) 304; Kupisch ZIP 1983, 1412; Seiler, Der Bereicherungsausgleich im Überweisungsverkehr – unter besonderer Berücksichtigung des Zurückweisungsrechts des Gutschriftempfängers und der Stornierungsbefugnis der Kreditinstitute (1998) 48 f.
[186] Näher Staudinger/Omlor (2012) § 676c Rn 16 ff.
[187] Dazu ausführlich Staudinger/Omlor (2012) §§ 675c bis 676c; Winkelhaus, Der Bereicherungsausgleich bei fehlerhafter Überweisung nach Umsetzung des neuen Zahlungsdiensterechts (2012) 27 ff; Grundmann WM 2009, 1109 ff und 1157 ff; Rösler/Werner BKR 2009, 1 ff.
[188] Zum Ganzen Fornasier AcP 212 (2012) 410, 415, 419; MünchKomm/Casper (7. Aufl 2017) § 675f Rn 29; Grigoleit/Auer, Schuldrecht III, Bereicherungsrecht (2. Aufl 2016) Rn 457 ff.
[189] Larenz/Canaris, Schuldrecht Bd II/2 (13. Aufl 1994) § 70 IV; Fornasier AcP 212 (2012) 410, 424 ff mwNw.

des Zahlungsdiensterechts ist die Fortgeltung dieser Grundsätze jedoch umstritten. Nach vordringender Ansicht soll der Bereicherungsausgleich aufgrund der Neuregelung des § 675u BGB nunmehr in allen Fällen fehlender Autorisierung des Zahlungsvorgangs ausschließlich im Wege der Direktkondiktion zwischen Bank und Zahlungsempfänger stattfinden.[190] Nach der Gegenansicht ist hingegen auch nach der Neuregelung an den bisherigen Grundsätzen zur Rückabwicklung fehlerhafter Überweisungen festzuhalten.[191] Dagegen und für die vordringende Auffassung spricht jedoch ganz unabhängig von der Tragweite des § 675u BGB die Überlegung, dass es sich letztlich als der interessengerechtere und auch von der Ersten Zahlungsdiensterichtlinie intendierte Weg herausstellen dürfte, den Zahlungsdienstnutzer aus der Auseinandersetzung um nicht autorisierte Zahlungsvorgänge herauszuhalten und den Streitstoff prozessökonomisch in einem einzigen Prozess zwischen Bank und Zahlungsempfänger zu bündeln. Absehbar ist, dass die hergebrachten Grundsätze der bereicherungsrechtlichen Rückabwicklung nach Rechtsscheins- und Veranlassungsgrundsätzen damit künftig auch in weiteren Dreipersonenverhältnissen auf dem Prüfstand stehen werden.[192]

bb) Drittleistung auf fremde Schuld

70 Eine weitere häufige Konstellation eines schuldrechtlichen Dreipersonenverhältnisses, bei dem sich die Frage nach der Vergleichbarkeit mit der Anweisungslage stellt, ist der Fall der *Drittleistung auf fremde nichtbestehende Schuld*. Dabei zahlt ein Dritter A gemäß § 267 BGB oder als Ablösungsberechtigter gemäß § 268 BGB entweder auf Veranlassung des Putativschuldners B (Beispiel: Zahlung des Versicherers auf eine vermeintliche Schuld des Versicherungsnehmers) oder aus eigenem Antrieb (Beispiel: Tante begleicht die vermeintliche Mietzinsschuld ihrer Nichte) auf eine nur scheinbar bestehende Forderung des C gegenüber B. In beiden Konstellationen gibt A gegenüber C jedoch eine eigene Tilgungs- und Zweckbestimmung ab, derzufolge er als Dritter auf die (vermeintliche) Schuld des B gegenüber C leistet. Erfolgt diese Drittleistung aus eigenem Antrieb, überwiegt nach ganz herrschender Auffassung das Interesse des Putativschuldners B, nicht in den von ihm unveranlassten Bereicherungsausgleich zwischen dem Drittleistenden A und dem Putativgläubiger C hineingezogen zu werden, so dass insoweit die direkte Leistungsbeziehung in diesem Verhältnis zu respektieren und die Direktkondiktion als Leistungskondition nach § 812 Abs 1 S 1, 1. Fall BGB zulässig ist. Dafür spricht zudem die Ähnlichkeit dieses Falles mit dem der fehlenden Anweisung, bei dem ebenfalls stets die Direktkondiktion gegeben ist.[193]

---

[190] Grundlegend BGHZ 205, 377 = NJW 2015, 3093; zuvor schon LG Hannover ZIP 2011, 1406, 1407 f; LG Berlin WM 2015, 376, 377; AG Schorndorf WM 2015, 1239, 1240; aus dem Schrifttum etwa BELLING/BELLING JZ 2010, 708, 710 f; BARTELS WM 2010, 1828, 1833; MADAUS EWiR 2011, 589, 590; WINKELHAUS BKR 2010, 441; ders, Der Bereicherungsausgleich bei fehlerhafter Überweisung nach Umsetzung des neuen Zahlungsdiensterechts (2012) 129 ff, 222 ff; PALANDT/SPRAU (77. Aufl 2018) § 812 Rn 107a; MünchKomm/ZETZSCHE (7. Aufl 2017) § 675u Rn 29.

[191] AG Hamburg-Harburg WM 2014, 352, 353; FORNASIER AcP 212 (2012) 410, 433; GRUNDMANN WM 2009, 1109, 1117; REUTER, in: FS Möschel (2011) 955 ff; RADEMACHER NJW 2011, 2169 ff; THOMALE, Leistung als Freiheit (2012) 320 ff; MünchKomm/SCHWAB (7. Aufl 2017) § 812 Rn 139 ff; JANSEN JZ 2015, 953 ff; ders AcP 216 (2016) 112, 155.

[192] Dazu im Einzelnen AUER ZfPW 2016, 479 ff; dies, in: FS Canaris (2017) 509, 531 ff; vgl auch GRIGOLEIT/AUER, Schuldrecht III, Bereicherungsrecht (2. Aufl 2016) Rn 464.

[193] BGHZ 72, 248; aus dem Schrifttum etwa LARENZ/CANARIS, Schuldrecht Bd II/2 (13. Aufl 1994) § 70 V 3b; MünchKomm/SCHWAB (7. Aufl 2017) § 812 Rn 182; STAUDINGER/S LORENZ (2007) § 812 Rn 43; MEDICUS/PETERSEN, Bürgerliches Recht (26. Aufl 2017) Rn 685. Nach **aA** lässt sich dagegen ein Leistungsverhältnis A gegenüber B aus GoA konstruieren (Leistung

71 Wird die Drittleistung hingegen durch Veranlassung oder Aufforderung des A durch B initiiert, dann fragt sich, ob diese „veranlasste Drittleistung" bei Nichtbestehen der Schuld nicht nach dem Modell der klassischen Anweisungslage „übers Eck" rückabgewickelt werden muss. Die wohl überwiegende Meinung im Schrifttum befürwortet dies auf der Grundlage der Vergleichbarkeit beider Konstellationen sowie der dem Risikozurechnungsprinzip zugrundeliegenden Wertungen, wonach vor allem der Putativgläubiger C daran interessiert sei, sich über den Bestand der Forderung nur mit dem Putativschuldner B auseinandersetzen zu müssen.[194] Dagegen spricht jedoch, dass der Drittleistende nach den Wertungen der §§ 267, 362 Abs 2, 185 BGB unbestreitbar eine eigene Leistung erbringt, die auch im Rahmen des bereicherungsrechtlichen Leistungsbegriffs beachtlich ist. Dies legt eine Gleichbehandlung von veranlasster Drittleistung und Drittleistung aus eigenem Antrieb nahe.[195] Denn A leistet hier wie dort auf eigene Rechnung und auf eigenes Risiko: Die „Veranlassung" der Leistung durch B macht diesen nicht zum Leistungs- und Risikoträger. Damit sind zugleich die Insolvenz- und die Einwendungsrisiken angemessen verteilt. Denn indem sich A durch eine eigene Leistungszweckbestimmung gegenüber C zum Drittleistenden macht, übernimmt er selbst das Erfolgsrisiko der Leistung.

cc) Vertrag zugunsten Dritter

72 Beim *echten Vertrag zugunsten Dritter* erwirbt der Begünstigte C aufgrund der im Deckungsverhältnis bestehenden Vereinbarung zwischen dem Versprechenden A und dem Versprechensempfänger B gemäß § 328 Abs 1 BGB einen eigenen Anspruch auf die Leistung. Daneben ist jedoch auch der Versprechensempfänger B berechtigt, Leistung an den Dritten C zu fordern (§ 335 BGB). Der Leistungsbegriff liefert also auf die Frage, gegen wen sich die Kondiktion des Leistenden bzw Versprechenden bei Unwirksamkeit des Vertrags zugunsten Dritter richtet, keine eindeutige Antwort. Nach überwiegender Auffassung ist die Lösung daher wie in anderen Dreipersonenkonstellationen mit Hilfe der für das Anweisungsmodell zentralen Regel zu suchen, dass es für die Parteien des Bereicherungsausgleichs allein auf die Lage der Kausalverhältnisse und des konditionsauslösenden Mangels ankommt. Dafür wird weiter angeführt, dass der Vertrag zugunsten Dritter nur der Abkürzung des Leistungswegs diene und damit dieselbe Funktion wie die Anweisung erfülle, wobei die Stellung des Begünstigten durch die Gewährung eines eigenen Anspruchs eher noch verstärkt werden solle, so dass er insoweit im Rahmen der Rückabwicklung keine Schlechterstellung erfahren dürfe als der bloße Anweisungsempfänger. Das bedeutet, dass es – ungeachtet der unbestreitbaren Leistung im Verhältnis zwischen A und C – grundsätzlich bei der Rückabwicklung innerhalb der Kausalverhältnisse, dh innerhalb des jeweils gestörten Deckungs- oder Valutaverhältnisses verbleibt, während die Direktkondiktion als Leistungs- oder Nichtleistungskondiktion grundsätzlich ausgeschlossen ist.[196]

---

obligandi causa); so etwa SCHMIDT JZ 1971, 606 f; KÖNDGEN, in: FS Esser (1975) 55, 67 f.
[194] So etwa LARENZ/CANARIS, Schuldrecht Bd II/2 (13. Aufl 1994) § 70 V 3a; MünchKomm/SCHWAB (7. Aufl 2017) § 812 Rn 186, 188; WIELING JuS 1978, 801, 803; SCHMIDT JZ 1971, 601, 606.
[195] So auch BGHZ 113, 62 = JuS 1991, 693; BGH NJW 2000, 1718 f; zustimmend STAUDINGER/S LORENZ (2007) § 812 Rn 43 ff; PALANDT/SPRAU (77. Aufl 2018) § 812 Rn 62; MEDICUS/PETERSEN, Bürgerliches Recht (26. Aufl 2017) Rn 685.
[196] So etwa BGHZ 72, 246, 251 sowie STAUDINGER/S LORENZ (2007) § 812 Rn 37 ff; LARENZ/CANARIS, Schuldrecht Bd II/2 (13. Aufl 1994) § 70 V 2a; MünchKomm/SCHWAB (7. Aufl 2017) § 812 Rn 223 f; THOMALE, Leistung als Freiheit (2012) 330 ff.

73 Freilich lässt sich diese Lösung nicht bruchlos durchhalten. So ist ebenfalls anerkannt, dass die Direktkondiktion des Versprechenden gegen den Dritten analog § 822 BGB, ja geradezu im Wege des Erst-recht-Schlusses, möglich sein muss, wenn der Dritte im Valutaverhältnis zum Versprechensempfänger unentgeltlich erwirbt. Dies gilt insbesondere für die sog *Versorgungsfälle* des § 330 BGB, bei denen der Vertrag zugunsten Dritter der Absicherung des Dritten dient (etwa Lebensversicherung).[197] Dabei ist jedoch die Subsidiarität des Durchgriffs analog § 822 BGB gegenüber der verschärften Haftung des Versprechensempfängers gemäß §§ 818 Abs 4, 819 Abs 1 BGB zu beachten.[198] Abgesehen davon ist die Direktkondiktion auch in den sonstigen Ausnahmefällen des Anweisungsmodells bei Mängeln der Anweisung anerkannt, etwa wenn B als Leistender für C nicht erkennbar hervortritt[199] oder ein Zurechenbarkeitsmangel vorliegt, A etwa versehentlich doppelt bezahlt.

74 Diese breiten Ausnahmeerfordernisse werfen indessen ein Schlaglicht darauf, dass das Rückabwicklungsmodell der Anweisungslage dem Vertrag zugunsten Dritter mit seiner Zentralstellung der Leistungsbeziehung zwischen Versprechendem und Drittem möglicherweise insgesamt nicht gerecht wird. Tatsächlich lässt sich das Anweisungsmodell hier nur unter direktem Bruch mit der Zentralität des eigenständigen Leistungsanspruchs des Dritten zur Anwendung bringen. Dies ist aber kaum interessengerecht, da der Vertrag zugunsten Dritter seiner ganzen Risikostruktur, ökonomischen Bedeutung und gesetzlichen Ausgestaltung nach dazu dienen soll, gerade dem Dritten und nur dem Dritten ein Forderungsrecht zuzuweisen, so dass konsequenterweise auch die Leistung des Versprechenden A nur im Verhältnis zum Dritten C zuzurechnen ist.[200] Daraus folgt, dass auch die Rückabwicklung allein in diesem Verhältnis im Wege der *Leistungskondiktion* erfolgen sollte. Dies wird dadurch bekräftigt, dass § 335 BGB den Versprechensempfänger lediglich zur Forderung der Leistungserbringung an den *Dritten* (!) ermächtigt und damit bereits seinem Wortlaut nach lediglich eine Hilfsfunktion zur Verwirklichung dieser auch für das Bereicherungsrecht maßgeblichen Leistungsbeziehung besitzt. Zu berücksichtigen ist schließlich, dass der Erst-recht-Schluss zur schwächeren Stellung des Anweisungsempfängers, aus dem nach hM der Ausschluss der Direktkondiktion beim Vertrag zugunsten Dritter folgen soll, mit Blick auf die geänderte Rechtsprechung zur Zulässigkeit der Direktkondiktion bei der Banküberweisung künftig wohl der Revision bedarf.[201]

dd) Zession und Pfändung

75 In den *Zessionsfällen* ist die bereicherungsrechtliche Rückabwicklung vor allem in folgender Konstellation umstritten: B glaubt gegen seine Versicherung A einen Zahlungsanspruch zu haben und tritt diesen zur Sicherung einer (bestehenden) Forderung des C gegen B an C ab. Die Versicherung A zahlt an C. Später stellt sich heraus, dass keine Forderung gegen A bestanden hatte. Hier fragt sich, ob der Putativschuldner A das auf die in Wahrheit nicht bestehende Forderung gezahlte Geld vom Scheinzessionar und Scheingläubiger C oder aber vom Scheinzedenten B zurückverlangen kann.

---

[197] BGHZ 58, 184, 188 f; LARENZ/CANARIS, Schuldrecht Bd II/2 (13. Aufl 1994) § 70 V 2b; MünchKomm/SCHWAB (7. Aufl 2017) § 812 Rn 225 ff; GRIGOLEIT/AUER, Schuldrecht III, Bereicherungsrecht (2. Aufl 2016) Rn 470 mwNw.
[198] LARENZ/CANARIS, Schuldrecht Bd II/2 (13. Aufl 1994) § 70 V 2b.
[199] REUTER/MARTINEK, Ungerechtfertigte Bereicherung, Teilbd 2 (2. Aufl 2016) 145 ff.
[200] Eingehend dazu bereits KUPISCH, Gesetzespositivismus im Bereicherungsrecht (1978) 100 ff.
[201] Dazu vgl o Rn 69.

Nach herrschender Auffassung muss sich der vermeintliche Schuldner A wiederum in Gleichbehandlung mit den Anweisungsfällen grundsätzlich an den Zedenten B halten.[202] Dafür wird der Gesichtspunkt der angemessenen Verteilung der Einwendungs- und Insolvenzrisiken ins Feld geführt, da der Zedent B sowohl über das Deckungs- als auch über das Valutaverhältnis in den Leistungsaustausch zwischen A und C einbezogen bleibe und A lediglich das Insolvenzrisiko seines ursprünglichen Schuldners B tragen solle. Eine Durchgriffskondiktion gegen den Scheinzessionar C widerspricht nach dieser Auffassung dem das Zessionsrecht beherrschenden Grundsatz, dass sich die Stellung des Schuldners durch die Zession nicht verschlechtern dürfe. Zudem wird für eine Gleichbehandlung mit der Anweisungslage ähnlich wie beim Vertrag zugunsten Dritter argumentiert, dass auch die Zession funktional oft der Anweisung entspreche, ja die Rechtsstellung des Zessionars im Vergleich zur Anweisungslage eher noch verstärken solle.[203] Nach Auffassung des BGH ist die Tilgungs- und Zweckbestimmung des Putativschuldners A daher aus Sicht des Zahlungsempfängers C als Leistung des A an den Scheinzedenten und Versicherungsnehmer B anzusehen. Die Versicherung zahle, um von ihrer Leistungspflicht gegenüber B frei zu werden.

Nur in Ausnahmefällen erkennt der BGH eine Durchgriffskondiktion gegen den Zessionar an, etwa wenn der Scheinzessionar C in besonderer Weise auf die Zahlung gedrängt hat. Dann beruhe es auf seinem Verhalten, dass er vor endgültiger Klärung über das Bestehen der zedierten Forderung die Auszahlung erhalten hat, so dass es gerechtfertigt sei, die Kondiktion direkt gegen ihn zuzulassen.[204] Darüber hinaus gelten nach hM auch bei der Zession die üblichen Ausnahmefälle zulässiger Direktkondiktion bei unentgeltlichem Grundgeschäft im Valutaverhältnis (§ 822 BGB) sowie bei vom Zedenten unveranlassten Zahlungen des Schuldners (etwa Doppelüberweisung, Irrtum über die Höhe der Forderung).[205] In Fällen der *Forderungspfändung* und Zahlung des Drittschuldners auf die in Wirklichkeit nicht bestehende oder nicht dem Hauptschuldner zustehende verpfändete bzw gepfändete Forderung an den Pfand- oder Vollstreckungsgläubiger erfolgt die Rückabwicklung schließlich im Einklang mit den zur Anweisungslage entwickelten Grundsätzen stets im Wege der Direktkondiktion, da der Zahlungsvorgang in diesen Fällen nie durch den Hauptschuldner, sondern stets durch die Vollstreckungsmaßnahme des Pfandgläubigers „veranlasst" wurde.[206]

Strukturanalog wie beim Vertrag zugunsten Dritter stellt sich angesichts dieser vielfach unüberschaubaren Ausnahmeerfordernisse indessen auch bei der Zession die Frage, ob die Rückabwicklung im Wege der Direktkondiktion beim Zessionar nicht grundsätzlich der sachgerechtere Weg ist. Für diese von einer starken Gegenströmung in der Literatur vertretenen Auffassung[207] sprechen tatsächlich gute Gründe. Zwar greift es zu kurz, die Zession wegen des Ausscheidens des Zedenten nicht als Dreipersonen-

---

[202] Grundlegend BGHZ 105, 365 („Feuerversicherungsfall"); in der Folge etwa BGHZ 122, 46, 51; BGHZ 162, 157 = BGH NJW 2005, 1369; BGH NJW 2012, 3373; aus dem Schrifttum STAUDINGER/S LORENZ (2007) § 812 Rn 41; LARENZ/CANARIS, Schuldrecht Bd II/2 (13. Aufl 1994) § 70 V 1a; THOMALE, Leistung als Freiheit (2012) 349 ff.
[203] Zu diesem Argument GRIGOLEIT/AUER, Schuldrecht III, Bereicherungsrecht (2. Aufl 2016) Rn 472.
[204] BGHZ 105, 365, 370; BGH NJW 1989, 161.
[205] GRIGOLEIT/AUER, Schuldrecht III, Bereicherungsrecht (2. Aufl 2016) Rn 474.
[206] Dazu näher GRIGOLEIT/AUER, Schuldrecht III, Bereicherungsrecht (2. Aufl 2016) Rn 475 f.
[207] KÖNDGEN, in: FS Esser (1975) 55, 66 f; REUTER/MARTINEK, Ungerechtfertigte Bereicherung, Teilbd 2 (2. Aufl 2016) 154 ff; MEDICUS/PETERSEN, Bürgerliches Recht (26. Aufl 2017) Rn 685a.

verhältnis, sondern lediglich als Zweipersonenverhältnis zu deuten, in dem ein Bereicherungsausgleich von vornherein nur zwischen vermeintlichem Schuldner und Zessionar in Betracht kommen könne.[208] Vielmehr ist wiederum ebenso wie bei Drittleistung und Vertrag zugunsten Dritter entscheidend, dass der Putativschuldner A lediglich im Verhältnis zum Zessionar C einen Leistungszweck verfolgt, der es rechtfertigt, ihm auch das entsprechende Rückabwicklungsrisiko im Leistungsverhältnis zu C einschließlich der damit verbundenen Insolvenz- und Einwendungsrisiken aufzuerlegen. Der Schuldner wird hierdurch nicht interessenwidrig belastet, zumal er sich durch Vereinbarung eines Abtretungsverbots gegen die Aufdrängung eines neuen Gläubigers schützen kann. Ebenso ist der Scheinzessionar C durch die Belastung mit der Rückabwicklungspflicht nicht ungebührlich betroffen, da er sich seinerseits auf die Zession einer aus einer ihm unbekannten Vertragsbeziehung stammenden Forderung eingelassen hat und zudem „konkreten" Vertrauensschutz gemäß § 818 Abs 3 BGB genießt. Die Bereicherung des Zedenten B, der den Leistungsgegenstand nie erlangt hat, lässt sich hingegen nur unter erheblichen konstruktiven Mühen begründen.[209] Damit sprechen – neben der auch hier zu berücksichtigenden Wertungsverschiebung durch die neue Rechtslage bei der Banküberweisung[210] – schließlich auch gewichtige Gründe der Rechtssicherheit, Einfachheit und Prozessökonomie für die Vorzugswürdigkeit der *Direktkondiktion* als *Leistungskondiktion* beim Zessionar.

7. Rechtsfolgen der Bereicherungshaftung

a) Primärer Bereicherungsgegenstand und einheitliche Rechtsfolgen

78 Primärer Inhalt der Bereicherungshaftung nach §§ 812, 816, 817 BGB ist die Herausgabe des „Erlangten", dh des konkret erworbenen Gegenstands oder Vermögensvorteils, nicht hingegen die der verbleibenden „Bereicherung". Dies gilt entgegen einer älteren Auffassung der Rspr auch für ungegenständliche Vermögensvorteile.[211] Bei Unmöglichkeit der Herausgabe tritt nach § 818 Abs 2, 3 BGB an die Stelle der Herausgabepflicht eine Wertersatzpflicht, soweit der Empfänger noch bereichert ist. Die §§ 818 Abs 4, 819, 820 BGB sehen bei Rechtshängigkeit und Bösgläubigkeit hingegen eine Haftung nach den „allgemeinen Vorschriften" vor. Diese Gesamtregelung zur Ermittlung der abschöpfbaren Vermögensdifferenz erinnert nicht zufällig an das Schadensersatzrecht der §§ 249 ff BGB; Schadens- und Bereicherungsausgleich erscheinen „gleichsam spiegelsymmetrisch strukturiert",[212] soweit das Schadensersatzrecht auf das unrechtmäßige Vermögensminus beim Gläubiger und das Bereicherungsrecht auf das rechtsgrundlose Vermögensplus beim Schuldner schaut. So mag der historische Gesetzgeber den Bereicherungsumfang konzeptionell angelegt und dabei das Wesen des Kondiktionsrechts in der Haftung auf die noch vorhandene Bereicherung erblickt haben.[213] Diese Tradition einer reinen Vermögensorientierung

---

[208] So aber MEDICUS/PETERSEN, Bürgerliches Recht (26. Aufl 2017) Rn 685a.
[209] Dazu kritisch KÖNDGEN, in: FS Esser (1975) 55, 66: „petitio principii"; dagegen LARENZ/CANARIS, Schuldrecht Bd II/2 (13. Aufl 1994) § 70 V 1a.
[210] Dazu vgl o Rn 69.
[211] Anders noch BGHZ 55, 128, 130 ff („Flugreisefall"); ebenso BGHZ 94, 160, 165 = JuS 1985, 912; dagegen zutreffend etwa LARENZ/

CANARIS, Schuldrecht Bd II/2 (13. Aufl 1994) § 71 I 1.
[212] Wenn sich der verklagte oder bösgläubige Bereicherungsschuldner nach §§ 818 Abs 4, 819 BGB Minderungen der Bereicherung teilweise anrechnen lassen muss, so mag man darin etwa eine Parallele zur Schadensminderungsobliegenheit des § 254 BGB erkennen. Dazu HAGEN, in: FS Larenz (1973) 867, 868.
[213] MUGDAN Mot II 467.

des als Billigkeitshaftung verstandenen Bereicherungsanspruchs ist heute indessen obsolet.[214]

Die Vorschriften der §§ 818 ff BGB regeln die Rechtsfolgen der Bereicherungshaftung einheitlich für alle Bereicherungsansprüche. Dadurch entsteht vor dem Hintergrund der modernen Trennungstheorie ein Spannungsverhältnis zu den unterschiedlichen Rechtsschutzzielen von Leistungs- und Nichtleistungskondiktionen.[215] In der Rspr und Literatur haben sich daher teilweise differenzierende Rechtsfolgen herausgebildet, die diesen unterschiedlichen Rechtsschutzzielen vor allem im Rahmen der Anwendung von § 818 Abs 3 BGB Rechnung tragen. So ist bei der *Leistungskondiktion* die unter den Stichworten *Saldotheorie* bzw *modifizierte Zweikondiktionentheorie* diskutierte Verknüpfung von Leistung und Gegenleistung bei der Rückabwicklung gescheiterter Verträge zu beachten, die zu einer weitreichenden Modifikation des § 818 Abs 3 BGB sowie Angleichung an das Regelungsprogramm des Rücktrittsrechts der §§ 346 ff BGB führt.[216] Für die Rechtsfolgen der *Eingriffskondiktion* ist mit Blick auf deren Güterschutz- und Vindikationsersatzfunktion die Erkenntnis wesentlich, dass Erwerbsaufwendungen, die der Vindikation des verletzten Rechts nicht hätten entgegengesetzt werden können, auch nicht im Rahmen von § 818 Abs 3 BGB bereicherungsmindernd geltend gemacht werden können.[217] Im Rahmen der *Aufwendungs-* und *Verwendungskondiktionen* spielt typischerweise der Gedanke der aufgedrängten Bereicherung eine tragende Rolle.[218] Bei der *Rückgriffskondiktion* ist schließlich aufgrund der Ähnlichkeit zu gesetzlichen Regresswegen die Analogie zu §§ 404 ff BGB zu beachten.[219] Für die Verjährung gelten davon abgesehen grundsätzlich die allgemeinen Regeln der §§ 195, 199 Abs 1 BGB.[220]

b) Surrogate und Wertersatz

Nach § 818 Abs 1 BGB sind auch die gezogenen Nutzungen, dh Früchte und Gebrauchsvorteile (§§ 99, 100 BGB), sowie Surrogate herauszugeben. Zu den Surrogaten zählt lediglich das sog *commodum ex re*, dh der aus der Sache selbst erlangte Vorteil. Die Vorschrift erfasst mit dem Erwerb „aufgrund eines erlangten Rechts" (§ 818 Abs 1, 1. Fall BGB) insbesondere den Vermögensvorteil aus der Einziehung einer rechtsgrundlos abgetretenen Forderung oder aus der Verwertung eines rechtsgrundlos bestellten Sicherungsrechts, während „als Ersatz für die Zerstörung, Beschädigung oder Entziehung des erlangten Gegenstands" (§ 818 Abs 1, 2. Fall BGB) vor allem Ansprüche auf Versicherungsleistungen, Schadensersatzzahlungen oder Enteignungsentschädigungen in Betracht kommen. Zu den Surrogaten gehört hingegen nicht das sogenannte *commodum ex negotiatione cum re*, dh der durch ein Rechtsgeschäft über die Sache erzielte Veräußerungserlös.[221] Insofern ist die Lage bei § 818 Abs 1 BGB

---

[214] Vgl aber noch FLUME, in: FS Niedermeyer (1953) 103, 147; JAKOBS, Eingriffserwerb und Vermögensverschiebung in der Lehre von der ungerechtfertigten Bereicherung (1964) 18 ff, 54 ff; WILHELM, Rechtsverletzung und Vermögensentscheidung als Grundlagen und Grenzen des Anspruchs aus ungerechtfertigter Bereicherung (1973) 51 ff, 62 ff; zum Ganzen STAUDINGER/S LORENZ (2007) § 818 Rn 1 f.
[215] Eingehend JANSEN AcP 216 (2016) 112, 149 f.
[216] Näher u Rn 85 ff.

[217] Grundlegend BGHZ 55, 176, 179 f („Jungbullenfall"); dazu auch JANSEN AcP 216 (2016) 112, 150.
[218] Näher u Rn 89 ff.
[219] Dazu bereits o Rn 56.
[220] Vgl aber BGHZ 203, 115 = NJW 2014, 3713; BGH NJW 2017, 2986 für die Verjährung bei der Rückforderung unwirksamer Bearbeitungsgebühren für Verbraucherdarlehen.
[221] BGHZ 112, 288; LARENZ/CANARIS, Schuldrecht Bd II/2 (13. Aufl 1994) § 72 I 1c; MünchKomm/SCHWAB (7. Aufl 2017) § 818 Rn 46 f.

eine andere als bei § 816 Abs 1 BGB, wo nach herrschender Auffassung die gesamte Gegenleistung des Erwerbers als „durch die Verfügung erlangt" anzusehen und folglich volle Gewinnherausgabe geschuldet ist;[222] die Formulierung des § 816 Abs 1 BGB weicht insoweit deutlich von der unstreitig lediglich auf das *commodum ex re* bezogenen Regelung des § 818 Abs 1 BGB ab. Ihre Rechtfertigung findet die Unterscheidung in der Vindikationsersatzfunktion des § 816 Abs 1 BGB. Dort war die vom Bereicherungsschuldner veräußerte Sache dem Bereicherungsgläubiger dinglich zugewiesen, so dass eine Surrogation näher liegt als bei der Verletzung einer nur obligatorischen Zuweisung nach § 818 Abs 1 BGB.

81 § 818 Abs 2 BGB verpflichtet den Bereicherungsschuldner zum Wertersatz, soweit die Herausgabe des Erlangten wegen dessen Beschaffenheit – insbesondere bei ungegenständlichen Bereicherungsgegenständen wie Gebrauchsvorteilen, Dienst- und Werkleistungen – oder aus einem anderen Grund objektiv oder subjektiv unmöglich ist. Diese Pflicht erstreckt sich auf natural nicht herausgabefähige Nutzungen und Surrogate im Sinne von § 818 Abs 1 BGB.[223] Gegenüber dem rein *objektiven Wertbegriff* der hM (Verkehrswert ohne Rücksicht auf die persönlichen Verhältnisse des Bereicherungsschuldners und auf eine konkrete Nützlichkeit) haben sich Tendenzen zu einer *Subjektivierung* („konkret-individueller" oder „subjektiver" Wertbegriff) zu Recht nicht durchsetzen können. Letztere vermengen die Wertersatzpflicht des § 818 Abs 2 BGB mit dem Entreicherungseinwand des § 818 Abs 3 BGB. Maßgeblicher Zeitpunkt für die Wertermittlung ist grundsätzlich die Entstehung des Wertersatzanspruchs, dh der Eintritt der Unmöglichkeit der Herausgabe in Natur.[224]

c) **Der Entreicherungseinwand**
aa) **Wegfall des Erlangten und vermögensmäßige Folgenachteile**
82 Die Regelung des § 818 Abs 3 BGB, wonach „die Verpflichtung zur Herausgabe oder zum Ersatz des Wertes" ausgeschlossen ist, „soweit der Empfänger nicht mehr bereichert ist", bringt nach dem Willen des historischen Gesetzgebers und der Rechtsprechung den „obersten Grundsatz des Bereicherungsrechts" zum Ausdruck, wonach die Herausgabepflicht des Bereicherungsschuldners „keinesfalls zu einer Verminderung des Vermögens über den Betrag der wirklichen Bereicherung hinaus führen darf".[225] § 818 Abs 3 BGB beschränkt die Herausgabepflicht des gutgläubigen und unverklagten Bereicherungsschuldners hinsichtlich des Erlangten einschließlich der Nutzungen, der Surrogate und des Wertersatzes auf die im Schuldnervermögen noch vorhandene Bereicherung und realisiert damit die Abschöpfungsfunktion des Bereicherungsrechts sowie die besondere „Milde" der Bereicherungshaftung. Tatsächlich ist der Anwendungsbereich von § 818 Abs 3 BGB jedoch wegen der im Rahmen der Rückabwicklung gegenseitiger Austauschverträge erforderlichen Modifikationen erheblich eingeschränkt.[226] § 818 Abs 3 BGB stellt eine im Prozess von Amts wegen zu berücksichtigende Einwendung dar, die bei Gleichartigkeit von Be- und Entreicherung zur

---

[222] Dazu bereits o Rn 48.
[223] Zur Herausgabepflicht bei Nutzungen als primärem Bereicherungsgegenstand vgl BGHZ 196, 285 = BGH NJW 2013, 202. Kein Wertersatz ist für bloßen Besitz iRd Besitzkondiktion zu leisten; vgl BGHZ 198, 381 = NJW 2014, 1095. Zum Wertersatz bei unwirksamer Schönheitsreparaturklausel vgl BGHZ 181, 188 =

BGH NJW 2009, 2590; dazu Lorenz NJW 2009, 2576.
[224] Dazu Larenz/Canaris, Schuldrecht Bd II/2 (13. Aufl 1994) § 72 III 5.
[225] BGHZ 55, 128, 131; zum Ganzen auch Staudinger/S Lorenz (2007) § 818 Rn 1 f.
[226] Dazu sogleich u Rn 85 ff.

Verrechnung sowie bei Ungleichartigkeit zur naturalen Herausgabe des Bereicherungsgegenstands Zug um Zug gegen Ausgleich der Entreicherung in Geld führt.[227]

Ein Wegfall der Bereicherung kann sich in zwei Konstellationen ergeben. Zum einen **83** kann der *Gegenstand* der Herausgabepflicht ersatzlos aus dem Vermögen des Bereicherungsschuldners ausgeschieden sein. Die Ursache des Bereicherungsfortfalls – ob Zufall, Verbrauch, Unachtsamkeit oder mutwillige Zerstörung durch den gutgläubigen Schuldner – spielt dabei keine Rolle. Eine endgültige Entreicherung kommt dabei praktisch nur in den Fällen der Sachzerstörung ohne Ausgleich durch Schadensersatzansprüche oder Versicherungsleistungen sowie bei reinen Luxusaufwendungen in Betracht, die zu keiner bleibenden Vermögensmehrung geführt haben (zB Reise). In den meisten Fällen des Wegfalls des primären Bereicherungsgegenstands besteht die wertmäßige Bereicherung des Schuldners jedoch fort, weil mit dem Wegfall des Bereicherungsgegenstands kompensatorische Effekte verbunden sind. Dies gilt insbesondere in den Fällen ersparter Aufwendungen sowie fortbestehender Bereicherung des Schuldners durch einen aus der Sache erzielten Veräußerungserlös.[228]

Zum anderen ist die Inanspruchnahme des Schuldners gemäß § 818 Abs 3 BGB auch **84** dann ausgeschlossen, wenn der Bereicherungsgegenstand bzw dessen Wert zwar noch vorhanden ist, der Schuldner im Zusammenhang mit dem Bereicherungsvorgang jedoch *Folgenachteile* in seinem übrigen Vermögen erlitten hat. Dabei ist umstritten, unter welchen Voraussetzungen ein hinreichender Zusammenhang zwischen bereicherungsrechtlich relevanten Vor- und Nachteilen besteht. Im Gegensatz zur älteren Rechtsprechung, die jeden adäquat kausalen Zusammenhang hatte ausreichen lassen und damit etwa auch bloße Zufallsschäden bereicherungsmindernd in Abzug brachte,[229] können nach heute herrschender Auffassung nur solche Vermögenseinbußen bereicherungsmindernd geltend gemacht werden, die gerade im Vertrauen auf die Rechtsbeständigkeit des Erwerbs entstanden sind. Dies folgt aus dem Zweck des § 818 Abs 3 BGB, der dem Schutz des guten Glaubens an die Rechtsbeständigkeit des Erwerbs dient und damit nicht vor den Folgen des Erwerbs als solchen, sondern lediglich vor dessen Rechtsgrundlosigkeit schützen soll. Grundsätzlich abzugsfähig sind danach etwa auf die Sache aufgewandte Erwerbskosten oder Verwendungen.[230]

bb) Bereicherungsausgleich bei gegenseitigen Verträgen

Ein Sonderproblem im Rahmen des § 818 Abs 3 BGB bildet die Rückabwicklung **85** fehlgeschlagener Austauschbeziehungen, die meist mit den Stichworten *Zweikonditionentheorie* und *Saldotheorie* verbunden wird. Dabei stellt sich die Frage, ob die Partei, in deren Herrschaftsbereich der Gegenstand untergegangen ist, nach § 818 Abs 3 BGB von ihrer Rückgabepflicht befreit wird, aber gleichwohl die erbrachte Gegenleistung nach § 812 Abs 1 S 1, 1. Fall BGB zurückfordern kann. Würde man eine solche Entlastung des Empfängers des nicht mehr herausgabefähigen Gegenstands annehmen, so hätte dies ein nachträgliches Zurückfallen des Sachrisikos an

---

[227] BGH NJW 1988, 3011; LARENZ/CANARIS, Schuldrecht Bd II/2 (13. Aufl 1994) § 73 I 4a.
[228] Dazu im Einzelnen MünchKomm/SCHWAB (7. Aufl 2017) § 818 Rn 182 ff; LARENZ/CANARIS, Schuldrecht Bd II/2 (13. Aufl 1994) § 73 I 3 mwNw.
[229] Etwa RGZ 141, 310, 311.
[230] Näher MünchKomm/SCHWAB (7. Aufl 2017) § 818 Rn 136 ff, 151 ff; LARENZ/CANARIS, Schuldrecht Bd II/2 (13. Aufl 1994) § 73 I 1, 2 mwNw.

den Leistenden zur Folge, obwohl die Risikokontrolle allein beim Leistungsempfänger liegt.

86 Der gesetzlichen Ausgangslage entspricht die nach Inkrafttreten des Bürgerlichen Gesetzbuchs zunächst herrschende sog *strenge Zweikondiktionentheorie*.[231] Danach sollten sich im Fall der Unwirksamkeit eines vollzogenen Austauschvertrages zwei in Voraussetzungen und Rechtsfolgen voneinander unabhängige Bereicherungsansprüche gegenüberstehen, die nur durch eine Aufrechnungsmöglichkeit oder ein Zurückbehaltungsrecht miteinander verbunden werden konnten. Jede Vertragspartei sollte die von ihr erbrachte Leistung ungeachtet der von ihr erhaltenen Gegenleistung kondizieren können. Diese separate Betrachtung führt allerdings nur zu angemessenen Ergebnissen, sofern beide Leistungen noch vorhanden sind. Ist die Leistung einer Partei hingegen beim Empfänger untergegangen oder im Wert gemindert, wird dieser sogar bei einem von ihm verschuldeten Untergang gemäß § 818 Abs 3 BGB von seiner Rückgabepflicht frei, während er seine eigene Gegenleistung in vollem Umfang zurückfordern kann. Die strenge Zweikondiktionentheorie erlegt mithin jedem Partner eines nichtigen gegenseitigen Vertrags das *Rückholrisiko* für die von ihm erbrachte Leistung auf. Demnach trägt der jeweilige Leistungserbringer vollumfänglich das Risiko eines Untergangs oder einer Verschlechterung seines Leistungsgegenstands beim Vertragspartner, während der Leistungsempfänger umgekehrt sogar vom Risiko einer fahrlässig oder vorsätzlich herbeigeführten Wertminderung des in seine Vermögenssphäre aufgenommenen Gegenstands entlastet wird. Dieses Ergebnis wurde bereits unter der Rechtsprechung des Reichsgerichts und wird heute allgemein als korrekturbedürftig erachtet. Die vollständige Risikoentlastung des Leistungsempfängers stellt einen Zufallsvorteil dar, der mit dem allgemeinen Gedanken der Korrespondenz von Vorteil und Risikotragung unvereinbar ist. Diese Risikoentlastung widerspricht zudem der Risikoverteilung beim Rücktrittsrecht, das die Gefahr der Verschlechterung oder des Untergangs gemäß § 346 Abs 2 S 1 Nr 3 BGB grundsätzlich dem Rückgewährschuldner auferlegt und diesen nur in besonderen Konstellationen fehlender Verantwortlichkeit entlastet (insbes § 346 Abs 3 S 1 Nr 3 BGB), sowie der Gefahrtragungsregeln der §§ 446, 447 BGB,[232] wonach der Käufer als Leistungsempfänger nach Übergabe bzw Versendung der Sache das Risiko der bei ihm eingetretenen Wertminderung bzw des Untergangs der geleisteten Sache trägt: *casum sentit dominus.*

87 Zur Korrektur dieses Ergebnisses wurde bereits von der Rechtsprechung des Reichsgerichts die sog *Saldotheorie* entwickelt.[233] Deren Grundgedanke besteht darin, dass sich der Entreicherungseinwand des § 818 Abs 3 BGB nicht nur auf den Wegfall der empfangenen Leistung, sondern auch auf die *Hingabe* der eigenen *Gegenleistung* bezieht. Gegenüber der Zweikondiktionentheorie wird damit der Anwendungsbereich des § 818 Abs 3 BGB wesentlich erweitert. Rechtstechnisch wird der Grundgedanke der Saldotheorie dadurch verwirklicht, dass Leistung und Gegenleistung sowie die damit verbundenen Vorteile und Nachteile auf beiden Seiten miteinander verrechnet werden („Gesamtrechnung"). Im Ergebnis verbleibt damit nur *ein einheitlicher Bereicherungsanspruch* auf die verbleibende Vermögensdifferenz, den Saldo, dh auf das *Mehr der einen Bereicherung über die andere.*[234] Als theoretische Grundlage der Saldo-

---

[231] OERTMANN DJZ 1915, 1063; vTHUR DJZ 1916, 582; dazu auch MünchKomm/SCHWAB (7. Aufl 2017) § 818 Rn 234.

[232] Zum Anwendungsbereich des § 447 BGB beachte § 474 Abs 2 BGB.

[233] Dazu ausführlich MünchKomm/SCHWAB (7. Aufl 2017) § 818 Rn 235 ff mwNw.

theorie wurde ursprünglich ein bereicherungsrechtliches Prinzip des Gesamtvermögensvergleichs postuliert. In jüngerer Zeit wird hingegen meist auf die fortbestehende synallagmatische Verknüpfung beider Rückgewähransprüche abgestellt (sog *Lehre vom faktischen Synallagma*).[235] Die Saldotheorie ist indessen auch in dieser theoretischen Neufassung gewichtigen Einwänden ausgesetzt. So liegt ein elementarer und unheilbarer Mangel darin, dass die Saldotheorie infolge ihrer rechtstechnischen Anknüpfung an das Prinzip der Saldierung nicht einmal den Normalfall der naturalen Rückabwicklung beiderseits noch vorhandener Leistungen befriedigend erklären kann. Auch die zahlreichen darüber hinaus anerkannten Ausnahmenotwendigkeiten etwa in Vorleistungsfällen[236] sowie zugunsten von Minderjährigen[237] oder arglistig Getäuschten,[238] denen der Schutz des § 818 Abs 3 BGB nicht versagt werden darf, lassen sich nicht in überzeugender Weise mit dem Grundansatz der Saldotheorie harmonisieren und deuten daher auf ein grundsätzliches Defizit im konzeptionellen Ansatz hin. Tatsächlich verstellt das Saldierungsprinzip den Blick auf die entscheidende Frage der Risikotragung für den empfangenen Gegenstand, da der scheinbar rein rechnerische Vorgang der Saldierung die tatsächlich beabsichtigte Korrektur der in § 818 Abs 3 BGB angelegten Risikoverteilung verdeckt und in die dogmatisch irreführenden und überholten Kategorien einer rein vermögensbezogenen Bereicherungshaftung kleidet. Der defensive, asymmetrische Charakter der Saldotheorie (Berücksichtigung der erbrachten Gegenleistung als bloße *Einwendung* im Rahmen der Kondiktion der Leistung) steuert an der direkten Frage nach dem Schicksal der Leistung beim Empfänger gezielt vorbei und ist mit der differenzierenden Risikotragung im Rücktrittsrecht gemäß § 346 BGB unvereinbar.[239]

Angesichts dieser gravierenden Schwächen der Saldotheorie wurden im Schrifttum **88** diverse Alternativkonzeptionen entwickelt. Ausgangspunkt ist dabei stets die Erwägung, dass eine generelle Entlastung des Leistungsempfängers bei fehlgeschlagenen Austauschverträgen zu Wertungswidersprüchen mit der von den Parteien kontrahierten Verteilung der Rückabwicklungsrisiken sowie mit den Wertungen anderer Rückgewährschuldverhältnisse führt. Auf dieser Grundlage hat sich ausgehend von FLUMES *Lehre von der eigenen vermögensmäßigen Entscheidung*, wonach der Bereicherungsschuldner „durch die Vereinbarung der Gegenleistung bewußt sein Vermögen in Höhe der von ihm vereinbarten Gegenleistung für die zu erhaltende Leistung eingesetzt" und folglich „das Erlangte seinem Vermögen anstelle der Gegenleistung inkorporiert hat",[240] ein Ansatz als am ehesten tragfähig herauskristallisiert, der die beiden Bereicherungsansprüche dem gesetzlichen Ausgangspunkt entsprechend wieder getrennt behandelt und die Berufung des Leistungsempfängers auf § 818 Abs 3 BGB mit Blick auf dessen bewusste Risikoentscheidung im Wege der *teleologischen Reduktion einschränkt*. Die untergegangene Gegenleistung wird dadurch also – in konstruktivem Gegensatz zur Saldotheorie – nicht im Rahmen einer erweiterten Anwendung von

---

[234] So etwa RGZ 54, 137 ff; BGHZ 72, 252, 256; BGHZ 78, 216, 223; BGH NJW 1988, 3011; BGH NJW 1995, 454, 455; BGH NJW 1995, 2627, 2628; BGH NJW 1999, 1181; BGH NJW 2008, 1878.
[235] Grundlegend vCAEMMERER, in: FS Rabel (1954) 333, 385 ff; vgl auch REUTER/MARTINEK, Ungerechtfertigte Bereicherung, Teilbd 2 (2. Aufl 2016) 381 ff; kritisch FLUME AcP 194 (1994) 427 ff.
[236] Dazu LARENZ/CANARIS, Schuldrecht Bd II/2 (13. Aufl 1994) § 73 III 2d, 7a.
[237] BGHZ 126, 105.
[238] BGHZ 53, 144; BGHZ 57, 137.
[239] Zur Kritik eingehend MünchKomm/SCHWAB (7. Aufl 2017) § 818 Rn 247 ff; LARENZ/CANARIS, Schuldrecht Bd II/2 (13. Aufl 1994) § 73 III 1d; GRIGOLEIT/AUER, Schuldrecht III, Bereicherungsrecht (2. Aufl 2016) Rn 150.
[240] FLUME, in: FS Niedermeyer (1953) 103, 173.

§ 818 Abs 3 BGB auf Seiten des Leistenden, sondern gerade umgekehrt als Frage der Reduktion von § 818 Abs 3 BGB auf Seiten des Empfängers berücksichtigt (sog *Lehre von der Gegenleistungskondiktion* bzw *modifizierte Zweikondiktionentheorie*): Danach bleibt dem Empfänger der untergegangenen Leistung bis zur Höhe der eigenen Gegenleistung die Berufung auf § 818 Abs 3 BGB versagt.[241] Grundlegend ist dafür die Überlegung, dass das durch § 818 Abs 3 BGB geschützte Vertrauen in die Rechtsbeständigkeit des Erwerbs bei gegenseitigen Verträgen auch die endgültige Hingabe der eigenen Gegenleistung umfasst. Der Leistungsempfänger muss folglich davon ausgehen, dass die Verwendung des Leistungsgegenstandes in seiner eigenen Risikosphäre nur um den Preis des endgültigen Verlusts der Gegenleistung zu haben ist. Der Höhe nach wird die freiwillige Risikoübernahme konsequenterweise durch den Wert der eigenen Gegenleistung beschränkt. Dieser Gedanke trägt dem Risikozurechnungsproblem dort Rechnung, wo es entsteht, nämlich beim Entreicherungseinwand auf Seiten des Empfängers der untergegangenen Leistung. Die wertungsoffene Figur der teleologischen Reduktion erlaubt dabei eine methodisch stimmige Angleichung des § 818 Abs 3 BGB an die Wertungen der §§ 346 ff BGB sowie der gesetzlichen Unwirksamkeitsgründe, während die Gegenstandsbezogenheit des Bereicherungsrechts aufrechterhalten bleibt. Auch die Vorleistungsfälle lassen sich auf dieser Grundlage überzeugend lösen. Insgesamt ist die modifizierte Zweikondiktionentheorie der Saldotheorie sowohl konstruktiv als auch sachlich überlegen. Dennoch bleibt das komplexe Problem der Rückabwicklung gegenseitiger Verträge in Literatur und Rechtsprechung bis heute unübersichtlich und umstritten.

cc) Aufgedrängte Bereicherung

89 Ein weiteres Sonderproblem des § 818 Abs 3 BGB, das vor allem im Rahmen der Aufwendungskondiktionen auftritt, ist das der *aufgedrängten Bereicherung*.[242] Kennzeichnend dafür ist, dass der Bereicherungsgegenstand so im Vermögen des Bereicherten aufgegangen ist, dass er nicht mehr in Natur herausgegeben werden kann (Beispiele: Die beauftragte Kfz-Werkstatt repariert nicht vereinbarungsgemäß den Motor, sondern lackiert das Kfz neu; der Besitzer errichtet auf fremdem Grund ein Haus). „Aufgedrängt" ist eine solche Bereicherung insoweit, als der fragliche Vorgang der Dispositionsfreiheit des Bereicherten widerspricht bzw dieser dadurch einen objektiven wirtschaftlichen Vorteil erlangt hat, aus dem er keinen subjektiven Nutzen zieht. Eine Verpflichtung zum Wertersatz gemäß § 818 Abs 2 BGB kann in diesen Fällen unbillig sein, da sie den Bereicherungsschuldner zwingt, zum Ausgleich für den nicht erwünschten Vorteil auf sein Stammvermögen zuzugreifen. Andererseits ist zu berücksichtigen, dass der Schuldner die Bereicherung möglicherweise realisieren und sich damit seinerseits auf Kosten des Gläubigers bereichern kann. Damit stellt sich die Frage, wie die beiderseitigen Interessen in diesen Fällen zum Ausgleich zu bringen sind. Hat der Bereicherungsschuldner die Bereicherung *realisiert*, dh ihren Wert in Geld seinem Vermögen zugeführt (etwa durch Verkauf oder Vermietung des bebauten Grundstücks), so besteht kein Grund, ihn nach § 818 Abs 3 BGB nur deswegen zu schützen, weil die ursprüngliche Bereicherung unerwünscht war. Eine Berücksichti-

---

[241] Grundlegend Canaris, in: FS Lorenz (1991) 19 ff; vgl auch Larenz/Canaris, Schuldrecht Bd II/2 (13. Aufl 1994) § 73 III 2; dazu ferner Grigoleit/Auer, Schuldrecht III, Bereicherungsrecht (2. Aufl 2016) Rn 151 ff; kritisch Reuter/Martinek, Ungerechtfertigte Bereicherung, Teilbd 2 (2. Aufl 2016) 387 ff.

[242] Zum Ganzen MünchKomm/Schwab (7. Aufl 2017) § 818 Rn 217 ff; Larenz/Canaris, Schuldrecht Bd II/2 (13. Aufl 1994) § 72 IV; Grigoleit/Auer, Schuldrecht III, Bereicherungsrecht (2. Aufl 2016) Rn 155 ff.

gung der aufgedrängten Bereicherung iRd § 818 Abs 3 BGB kommt daher von vornherein nur in Betracht, wenn die Bereicherung *nicht* realisiert wurde. Auch in diesem Fall bleibt es indessen nach zutreffender Auffassung bei der Wertersatzpflicht des Schuldners gemäß § 818 Abs 2 BGB, wenn der Bereicherungsgläubiger *gutgläubig* war, dh die Beeinträchtigung der Interessen des Bereicherungsschuldners nicht kannte oder kennen musste. Dies folgt aus der Wertung des § 993 Abs 1 aE BGB, wonach der gutgläubige Besitzer eines Gegenstands diesen sogar beschädigen oder zerstören könnte, ohne dem Eigentümer zum Ausgleich verpflichtet zu sein. Im Hinblick auf bloße werterhöhende Aufwendungen ist die Schutzwürdigkeit des gutgläubig-nichtberechtigten Verwenders also erst recht höher zu gewichten als diejenige des Eigentümers. In dieselbe Richtung weist auch die Wertung der §§ 818 Abs 4, 819 Abs 1 BGB, wonach bereicherungsrechtliche Privilegierungen ebenfalls nur zulasten des Bösgläubigen aufgehoben sind.

d)   Verschärfte Bereicherungshaftung
Die in § 818 Abs 3 BGB zum Ausdruck kommende Milde der bereicherungsrechtlichen Sekundärhaftung ist schließlich nur dann gerechtfertigt, wenn der Bereicherungsschuldner schutzwürdig ist. Der Vorbehalt der Schutzwürdigkeit ist in §§ 818 Abs 4, 819, 820 BGB näher ausgestaltet. Nach § 818 Abs 4 BGB haftet der nicht schutzwürdige Bereicherungsschuldner nach den „allgemeinen Vorschriften". Die Vorschrift hebt die Privilegierung des gutgläubigen Bereicherungsschuldners nach § 818 Abs 3 BGB auf und verweist zurück auf das allgemeine Schuldrecht, insbesondere auf §§ 291, 292 BGB mit Weiterverweisung auf das Haftungsregime des verklagten Besitzers im Eigentümer-Besitzer-Verhältnis gemäß §§ 987 ff BGB.[243] Wichtigster Anwendungsfall der verschärften Bereicherungshaftung ist der Fall der positiven Kenntnis des Bereicherungsschuldners vom Fehlen des rechtlichen Grundes gemäß § 819 Abs 1 BGB. Vorausgesetzt ist dabei ebenso wie bei § 814 BGB Tatsachenkenntnis und zutreffende rechtliche Würdigung; die Kenntnis der Anfechtbarkeit steht gemäß § 142 Abs 2 BGB der Kenntnis der Rechtsgrundlosigkeit gleich. Umstritten ist, auf wessen Kenntnis es bei einem nicht voll geschäftsfähigen Bereicherungsschuldner ankommt: Teilweise wird nach den rechtsgeschäftlichen Regeln der §§ 104 ff, 166 Abs 1 BGB auf die Kenntnis des gesetzlichen Vertreters, nach anderer Ansicht hingegen deliktsanalog auf die Kenntnis des einsichtsfähigen Minderjährigen gemäß § 828 BGB abgestellt. Wohl herrschend ist eine differenzierende Auffassung, die bei der Leistungskondiktion wegen deren größerer Rechtsgeschäftsnähe die rechtsgeschäftlichen Zurechnungsregeln, bei der Eingriffskondiktion infolge größerer Sachnähe zum deliktischen Rechtsgüterschutz hingegen §§ 827 f BGB zur Anwendung bringen will.[244]

8.   Konkurrenzen

a)   Bereicherungsrecht und Eigentümer-Besitzer-Verhältnis
Die Vorschriften über die ungerechtfertigte Bereicherung stehen vor allem im Verhältnis zum Eigentümer-Besitzer-Verhältnis und zur GoA in einem schwer übersehbaren Beziehungsgeflecht und Konkurrenzverhältnis, bei dem der ergänzenden Funk-

---

[243] Zur daraus folgenden Haftung auf sämtliche Vermögensschäden vgl BGH NJW 2014, 2790. Zum Ganzen auch Prütting AcP 216 (2016) 459 ff; MünchKomm/Schwab (7. Aufl 2017) § 818 Rn 303 ff; Larenz/Canaris, Schuldrecht Bd II/2 (13. Aufl 1994) § 73 II 3.
[244] BGHZ 55, 128, 137 („Flugreisefall"); dazu Larenz/Canaris, Schuldrecht Bd II/2 (13. Aufl 1994) § 73 II 2.

tion des Bereicherungsrechts und seiner Wertungskohärenz mit den anderen Regelungsprogrammen Rechnung zu tragen ist. Auch auf diesem Gebiet der Konkurrenzen haben Rechtsprechung und Schrifttum erhebliche dogmatisierende und systematisierende Kraftanstrengungen geleistet, um eine befriedigende Ordnung zu schaffen. Davon zeugen folgende Überlegungen:[245]

92 Einvernehmen besteht darüber, dass bei unwirksamem Kaufvertrag und unwirksamer Übereignung der Herausgabeanspruch des Eigentümers gegen den unrechtmäßigen Besitzer aus § 985 BGB und die *condictio possessionis* aus § 812 Abs 1 S 1, 1. Fall BGB nebeneinander Anwendung finden. Wenn die Besitzkondiktion wegen einer Kondiktionssperre nach §§ 814, 815 BGB oder § 817 S 2 BGB ausscheidet, bleibt die *rei vindicatio* hiervon unberührt, da es andernfalls zu einem dauerhaften Auseinanderfallen von Eigentum und Besitz käme.[246] Etwas anderes gilt grundsätzlich auch dann nicht, wenn die Leistung in einer vorübergehenden Gebrauchs- bzw Nutzungsüberlassung der Sache besteht, etwa bei unwirksamen Miet- oder Darlehensverträgen. Der primäre Vindikationsanspruch aus § 985 BGB konkurriert auch insoweit frei mit § 812 Abs 1 S 1, 1. Fall BGB. Allerdings kann die Gebrauchsüberlassung unter den Voraussetzungen der §§ 814, 815, 817 S 2 BGB dann ein vorübergehendes Recht zum Besitz nach § 986 BGB begründen.[247]

93 Schwieriger stellt sich die Lage dar, wenn es um die Konkurrenz von Nebenfolgen der Vindikation (§§ 987 ff BGB) mit Nebenfolgen der Kondiktion (§§ 818 ff BGB) geht. Hier drohen Wertungswidersprüche: Einerseits darf der gutgläubige Vindikationsschuldner die gezogenen Nutzungen außer im Fall des § 988 BGB behalten, während der gutgläubige Kondiktionsschuldner nach § 818 Abs 1 BGB herausgabepflichtig ist; andererseits kann sich der gutgläubige Kondiktionsschuldner nach § 818 Abs 3 BGB weitergehend auf bereicherungsmindernde Nachteile berufen als der gutgläubige Vindikationsschuldner nach §§ 994 ff BGB. Die Rechtsprechung spricht sich für einen generellen Vorrang der §§ 987 ff BGB aus und sucht Wertungswidersprüche durch eine analoge Anwendung des § 988 BGB auf den rechtsgrundlosen Besitzerwerb zu vermeiden.[248] Die hM im Schrifttum lehnt diese Analogie hingegen ebenso wie im Rahmen der §§ 816 Abs 1 S 2, 822 BGB zu Recht ab und befürwortet eine Lösung, die für die Konkurrenz mit den Vindikationsnebenfolgen zwischen *Leistungs-* und *Eingriffskondiktion* differenziert.

94 Danach kommt die auf Nutzungsherausgabe gerichtete *Leistungskondiktion* in freier Anspruchskonkurrenz neben §§ 987 ff BGB zur Anwendung. Dahinter steht die Erwägung, dass es wertungswidersprüchlich wäre, den Leistenden im Hinblick auf die Nutzungsherausgabe besserzustellen, wenn er sein Eigentum verloren hätte (Fall bloßer Kausalnichtigkeit), als wenn er es behalten hätte (Fall der Doppelnichtigkeit). Denn im Fall des doppelnichtigen Erwerbs, dh bei rechtsgrundloser Leistung *und*

---

[245] Eine umfassende Übersicht über alle Konkurrenzfragen kann hier nicht gegeben werden. Zu Einzelheiten etwa LARENZ/CANARIS, Schuldrecht Bd II/2 (13. Aufl 1994) § 74; GRIGOLEIT/AUER, Schuldrecht III, Bereicherungsrecht (2. Aufl 2016) Rn 12 ff.

[246] Teils str; für die analoge Anwendung von § 817 S 2 BGB etwa LARENZ/CANARIS, Schuldrecht Bd II/2 (13. Aufl 1994) § 68 III 3e; vgl bereits o Rn 36.

[247] Zu demselben Ergebnis gelangt man, wenn man bei nichtigen Gebrauchsüberlassungen §§ 814, 815 BGB und § 817 S 2 BGB analog auf § 985 BGB anwendet; dazu vgl bereits die vorstehende Fn 246.

[248] Zu den Parallelproblemen bei §§ 816 Abs 1 S 2, 822 BGB vgl o Rn 50 sowie Rn 53.

zusätzlicher Nichtigkeit der dinglichen Verfügung, kämen nach dem Wortlaut von § 993 Abs 1 BGB keine Ansprüche auf Nutzungsherausgabe in Betracht, während der Empfänger bei bloßer Kausalnichtigkeit, dh zwar rechtsgrundloser, aber dinglich wirksamer Leistung mangels Bestehens einer Vindikationslage gemäß § 818 Abs 1 BGB uneingeschränkt auf Nutzungsherausgabe haftet. Dieser Wertungswiderspruch ist richtigerweise nicht durch analoge Anwendung von § 988 BGB, sondern vielmehr mittels teleologischer Reduktion von § 993 Abs 1 BGB aufzulösen, so dass die Leistungskondiktion des Eigentümers gegen den Besitzer auf Nutzungsherausgabe neben §§ 987 ff BGB anwendbar bleibt.[249] Auch gegenüber den Verwendungsersatzansprüchen des Vindikationsrechts gilt der Vorrang der Nebenfolgen der Leistungskondiktion. Denn es vermag nicht einzuleuchten, dass der Werkunternehmer, der Besitzer geworden ist, an die limitierten Verwendungsersatzregelungen der §§ 994 ff BGB gebunden sein sollte, während der nichtbesitzende Werkunternehmer bei Unwirksamkeit des Vertrages ohne derartige Beschränkungen die dem Besteller durch seine Werkleistung zugeflossene Bereicherung kondizieren kann.[250]

Was die Konkurrenz von Nebenfolgen der Vindikation und Nebenfolgen der *Eingriffskondiktion* und der *Verwendungskondiktion* betrifft, ist zunächst festzustellen, dass die bereicherungsrechtlichen Wertersatzansprüche des Eigentümers gegen den früheren Besitzer wegen der Verwertung der Sache – Verbrauch, Verbindung, Verarbeitung, wirksame Veräußerung – nicht durch die §§ 987 ff BGB ausgeschlossen werden können, denn das Eigentümer-Besitzer-Verhältnis enthält für Wertersatzansprüche keine Regelungen und kann insoweit auch keine Verdrängungswirkung entfalten. Dies gilt insbesondere für die Ansprüche aus § 816 Abs 1 S 1 BGB sowie §§ 951 Abs 1 S 1, 812 BGB. Anders verhält es sich in Bezug auf Nutzungsherausgabe und Verwendungsersatz. Hier müssen die Konditionsvorschriften gegenüber §§ 987 ff BGB zurücktreten, da deren abgestufte Anspruchsvoraussetzungen und Durchsetzungsbeschränkungen andernfalls außer Kraft gesetzt würden. Nutzungen und Verwendungen, für die §§ 987 ff BGB keinen Ausgleich gewähren, gelten deshalb im Rahmen der Nichtleistungskondiktionen als *mit rechtlichem Grund erlangt*.

b) Bereicherungsrecht und Geschäftsführung ohne Auftrag
Das Konkurrenzverhältnis von Bereicherungsrecht und Geschäftsführung ohne Auftrag stellt sich insgesamt übersichtlicher dar.[251] Liegen die Voraussetzungen der *berechtigten GoA* vor, so besteht ein rechtfertigender Rechtsgrund für die Vermögensverschiebungen, die mit dem Tätigwerden im fremden Rechtskreis verbunden sind. Das Bereicherungsrecht findet dann grundsätzlich keine Anwendung. Der Ausgleich zwischen Geschäftsherrn und Geschäftsführer richtet sich gemäß §§ 683 S 1, 670 BGB nach den Bestimmungen des Auftragsrechts. Im Bereich der Rückabwicklung nichtiger Verträge genießt die Leistungskondiktion nach § 812 Abs 1 S 1, 1. Fall BGB nach zutreffender Auffassung jedoch Vorrang vor der GoA, weil die Rückabwicklung fehlgeschlagener Leistungsverhältnisse ausschließlich Sache des Bereicherungsrechts ist und durch die Anwendung der §§ 677 ff BGB das komplexe Ordnungsgefüge der

---

[249] Vgl dazu LARENZ/CANARIS, Schuldrecht Bd II/2 (13. Aufl 1994) 338 ff; KOPPENSTEINER/KRAMER, Ungerechtfertigte Bereicherung (2. Aufl 1988) 198 ff; vertiefend REUTER/MARTINEK, Ungerechtfertigte Bereicherung, Teilbd 2 (2. Aufl 2016) 483 ff.
[250] Vgl dazu insbesondere KÖBL, Das Eigentümer-Besitzer-Verhältnis im Anspruchssystem des BGB (1971) 275; REUTER/MARTINEK, Ungerechtfertigte Bereicherung (1. Aufl 1983) 690; KOPPENSTEINER/KRAMER, Ungerechtfertigte Bereicherung (2. Aufl 1988) 207.
[251] Dazu etwa COESTER-WALTJEN Jura 1990, 608 ff.

§§ 818 ff BGB umgangen würde.[252] Bei der *unberechtigten* GoA, die gemäß §§ 684 S 1, 818 BGB auf die Rechtsfolgen des Bereicherungsrechts verweist, besteht für die eingetretene Vermögensverschiebung hingegen kein Rechtsgrund; GoA und Aufwendungs- oder Rückgriffskondiktion kommen daher in der Regel in freier Anspruchskonkurrenz nebeneinander zur Anwendung.[253]

III. Geschäftsführung ohne Auftrag

1. Historische Entwicklungslinien

a) Die beiden Wurzeln der negotiorum gestio

97 Das Recht der Geschäftsführung ohne Auftrag in den §§ 677 bis 687 BGB kann als das in Gesetzesform gegossene Pandektenrecht zur *negotiorum gestio* verstanden werden, das sich – keineswegs geradlinig – aus dem klassischen *ius civile* heraus entwickelt hat.[254] Man hat versucht, die *negotiorum gestio* als typisches Beispiel für die Sozialethik des römischen Zivilrechts anzusehen, deren Wertsystem für die Häuser des Patriziats neben der Freiheit des Individuums *(libertas)* auch Treuebindungen gegenüber Freunden und Verantwortlichkeiten gegenüber den Mitmenschen *(amicitia, humanitas, officium)* kannte. Jedenfalls war wohl der Gedanke der belohnungswürdigen fremdnützigen und wohlwollenden Hilfsbereitschaft gegenüber dem in Not geratenen Mitbürger und sein Spannungsverhältnis zur Abwehr unerwünschter und störender fremder Einmischungen in die eigenen Angelegenheiten der römischen Sozialethik nicht fremd[255] – ungeachtet der *Pomponius*-Stelle „culpa est immiscere se rei ad se non pertinenti".[256] Die *negotiorum gestio* des römischen *ius civile* hat allerdings neben dem uneigennützigen Einsatz zu Hilfeleistungen zugunsten eines Abwesenden *(negotia absentis)* noch eine *zweite Wurzel*, nämlich die außerhalb des Vertragsrechts angesiedelte allgemeine Geschäftsbesorgung und Vermögensverwaltung *(procuratio omnium rerum)*, die eher auf die Interessen des Geschäftsherrn als auf die Rechtsstellung des Gestors ausgerichtet war.[257] Beide Wurzeln haben sich in nachklassischer Zeit zu einem unscharf konturierten Billigkeitsinstitut verbunden, das im Laufe seiner Rezeptionsgeschichte verschiedene Funktionsverschiebungen erlebte. In der JUSTINIAN'schen Kodifikation von 533/534 nChr wurden die Fälle der *negotiorum gestio* ebenso wie die der ungerechtfertigten Bereicherung als dem Vertragsrecht nahestehende gesetzliche Schuldverhältnisse *(obligationes quasi ex contractu)* betrachtet.[258] Bemerkenswert erscheint dabei, dass die GoA keineswegs in allen Epochen als ein unverzichtbares zivilrecht-

---

[252] Dazu näher u Rn 120.
[253] Dazu näher u Rn 119, 135.
[254] Zu den historischen Funktionserweiterungen und -verschiebungen der GoA WITTMANN, Begriff und Funktionen der Geschäftsführung ohne Auftrag (1981) 32 ff; JANSEN AcP 216 (2016) 112, 166 ff.
[255] Vgl ZIMMERMANN, The Law of Obligations (1990) 433 ff.
[256] So frag 36 de reg iur (D 50, 17, 36 Pomp 27 ad Sab).
[257] Zum Ganzen SEILER, Der Tatbestand der negotiorum gestio im römischen Recht (1968); vgl auch ders, in: FS Kaser (1973) 195 ff; KÖNDGEN, Die Geschäftsführung ohne Auftrag im Wandel der Zeiten, in: ZIMMERMANN ua (Hrsg), Rechtsgeschichte und Rechtsdogmatik (1999) 371 ff; JANSEN, in: SCHMOECKEL/RÜCKERT/ZIMMERMANN (Hrsg), Historisch-Kritischer Kommentar zum BGB Bd III (2013) §§ 677 ff; immer noch bedeutsam: WLASSAK, Zur Geschichte der negotiorum gestio. Eine rechtshistorische Untersuchung (1879).
[258] Vgl Inst 3, 27. Nach dem Ersten Entwurf des BGB sollte die GoA hinter dem Bereicherungsrecht im zweiten Titel eines vierten Abschnitts „Schuldverhältnisse aus anderen Gründen" geregelt werden; vgl MUGDAN Mot II 463 ff.

liches Institut aufgefasst wurde. Im preußischen Allgemeinen Landrecht von 1794 und im österreichischen Allgemeinen Bürgerlichen Gesetzbuch von 1811 findet sich kein vergleichbar generelles Rechtsinstitut. Auch in den Rechtsordnungen des *Common Law* lassen sich angesichts der traditionellen Skepsis des englischen Rechts gegenüber einem *management of another's affairs* durch einen *officious intermeddler*[259] nur vereinzelte und schwache Parallelen zu unserer GoA ausmachen.[260]

b) Grundzüge der Theorieentwicklung

Mit dem Namen JOSEPH KOHLER ist der Versuch verbunden, die *negotiorum gestio* als ein Rechtsinstitut des Altruismus zu deuten.[261] KOHLER entwarf für die auftragslose Geschäftsführung eine umfassende Theorie der Menschenhilfe, die bis in unsere Zeit ausstrahlt. „Der Hilfeleistende soll seinen vollen Einsatz gesichert haben; würde ihm diese Garantie fehlen, wer sollte sich noch die undankbare Mühe geben, sich fremder Interessen anzunehmen?"[262] Die Theorie KOHLERS hat allerdings die Gesetzgeber des BGB wenig beeindruckt, die bei der Konzeption der Tatbestände und Rechtsfolgen der GoA eher den Akzent auf die Begünstigung des Geschäftsherrn legten, um diesem „freiwillige Hilfe ... zu sichern";[263] der Altruismus des Geschäftsführers war für die Verfasser des BGB hingegen ein „rechtlich unerhebliches Motiv".[264] Namentlich WINDSCHEID, unter dessen Einfluss die Vorschriften des Ersten Entwurfs gefasst wurden, lehnte ein „höheres Prinzip" der *negotiorum gestio* ab und verstand das Institut „ganz positiv".[265] Eine Diskussion darüber, welche spezifische Funktion der GoA neben dem Vertrags-, Bereicherungs- und Haftungsrecht zukommen soll, fand nicht statt; „zu keinem Zeitpunkt verfügten die Gesetzgeber des BGB über eine klare oder auch nur gemeinsame Vorstellung von der Funktion der Geschäftsführung ohne Auftrag."[266]

98

Auch nach Inkrafttreten des BGB blieben Versuche zu einer einheitlich materiell- prinzipiengeleiteten Sicht der GoA ergebnislos. KOHLERS Theorie der Menschenhilfe fand zwar im Nationalsozialismus bei der Rechtsprechung und in der Literatur Anklang, wo der Liberalismus des BGB beargwöhnt und die Opferbereitschaft der Volksgenossen glorifiziert wurde; die Rede vom „barmherzigen Samariter" durchzieht bis heute das Schrifttum zur GoA.[267] Die §§ 677 ff BGB lassen sich aufgrund der zugrun-

99

---

[259] In der englischsprachigen Literatur wird die kontinentaleuropäische *negotiorum gestio* als „benevolent intervention in another's affairs" bezeichnet, womit freilich nur die *berechtigte* GoA abgedeckt sein dürfte; vgl dazu Study Group on a European Civil Code/vBAR (Hrsg), Benevolent Intervention in Another's Affairs (2006); JANSEN ZEuP 2007, 958.

[260] Dazu DAWSON, Unjust enrichment (1951) 139 ff; vgl auch WELLMANN, Der Aufwendungsersatz des Geschäftsführers ohne Auftrag in der Rechtsprechung der angloamerikanischen Gerichte (1959). Im *Common Law* mag allerdings die *agency by necessity* einen guten Teil unserer GoA-Situationen abdecken können, vgl STOLJAR, Negotiorum gestio, in: International Encyclopedia of Comparative Law, Vol X, 17 (1984) 6 ff.

[261] KOHLER JheringsJahrb Bd 25, NF Bd 13 (1887) 1, 42 ff.

[262] KOHLER JheringsJahrb Bd 25, NF Bd 13 (1887) 1, 47.

[263] Kommission zur Ausarbeitung des Entwurfs eines bürgerlichen Gesetzbuches, Recht der Schuldverhältnisse, II. Bes Th mit Begründung, Vorlage des Redaktors Dr F PH VKÜBEL (Berlin 1882) §§ 233–245 (Teilentwurf GoA), Begr 1.

[264] WOLLSCHLÄGER, Die Geschäftsführung ohne Auftrag: Theorie und Rechtsprechung (1976) 37.

[265] WINDSCHEID, Pandekten II (1. Aufl 1865) § 430 Fn 17; ebenso in den folgenden Auflagen bis 9. Aufl (1906).

[266] JANSEN AcP 216 (2016) 112, 172.

[267] Zum „Menschenfreund im Lehrbuch" vgl WOLLSCHLÄGER, Die Geschäftsführung ohne Auftrag: Theorie und Rechtsprechung (1976) 24 ff.

deliegenden vielschichtigen Interessen von Geschäftsherr, Geschäftsführer ebenso wie beteiligten Dritten und der Allgemeinheit jedoch kaum auf ein einheitliches materielles Rechtsprinzip wie „Altruismus" oder „Quasivertrag" zurückführen. Nach „objektivistischer" Deutung ist die GoA schlicht „derjenige Teil der gesetzlichen Ausgleichsordnung, welcher unrechtmäßige Vermögenslagen, die aus auftragslosem Handeln für andere entstehen, korrigiert. Ihr Zweck ist die richtige Zuweisung von Gütern, Lasten und Schadensrisiken aus bewusster fremdnütziger Tätigkeit, die ohne Vertrag erfolgt."[268] Nach der „subjektivistischen" Gegenposition schützt die GoA hingegen den Geschäftsführer in seiner fremdnützigen Tätigkeit und grenzt das durch diese Tätigkeit entstehende gesetzliche Schuldverhältnis einerseits vom Bereicherungsrecht und andererseits vom Deliktsrecht ab.[269] Indessen ist es bisher keinem einzelnen Ansatz überzeugend gelungen, die GoA als kohärentes gesetzliches Schuldverhältnis zu deuten und mit den konkurrierenden Wertungen des Vertrags-, Bereicherungs-, Delikts- und sachenrechtlichen Verwendungsersatzrechts überzeugend in Einklang zu bringen.[270] Nicht zuletzt deswegen ist die Rechtsprechung zur GoA seit geraumer Zeit wiederkehrender Kritik der Ausuferung und Konturenlosigkeit ausgesetzt,[271] die sich insbesondere an der ständigen Rechtsprechung zum sog „auch-fremden-Geschäft" festmacht.[272]

c) Einheits- und Trennungslehre

100 Nachdem es den Gesetzesverfassern der §§ 677 ff BGB nur bedingt gelungen war, die der GoA zugrundeliegenden disparaten Regelungsinteressen zwischen Ermutigung willkommener Hilfeleistung und Abwehr unerwünschter Einmischung überzeugend zu einem einheitlichen Regelungsmodell zusammenzufügen, setzte sich nach Inkrafttreten des BGB zunächst eine maßgeblich auf ERNST ZITELMANN[273] zurückgehende vermittelnde Lehre durch, die innerhalb der echten GoA einerseits eine klare Trennlinie zwischen „gerechtfertigter" und „ungerechtfertigter", „zulässiger" und „unzulässiger" bzw „nützlicher" und „nicht nützlicher" Geschäftsführung zog und damit die heutige Unterscheidung zwischen gerechtfertigter und ungerechtfertigter GoA vorwegnahm, andererseits aber dennoch nicht in Frage stellte, dass die GoA als einheitliches gesetzliches Schuldverhältnis zu deuten sei, so dass grundsätzlich alle Normen der §§ 677 ff BGB mit Ausnahme der auf die berechtigte Geschäftsführung zugeschnittenen §§ 679, 683 BGB auch auf die unberechtigte GoA Anwendung finden. Gegen diese Kompromissformel bildete sich in der späteren Literatur ähnlich wie im Bereicherungsrecht eine *Trennungslehre* heraus, die den Gegensatz zwischen berechtigter und unberechtigter Geschäftsführung wesentlich schärfer akzentuierte als die Literatur um 1900.[274] Danach sollte nur noch die berechtigte Geschäftsführung Teil des gesetzlichen Schuldverhältnisses der §§ 677 ff BGB sein, die unberechtigte hingegen ganz aus dem gesetzlichen Schuldverhältnis ausscheiden und ausschließlich Gegenstand des Delikts- und Bereicherungsrechts sein, da der unberechtigte Geschäftsführer

---

[268] Etwa WOLLSCHLÄGER, Die Geschäftsführung ohne Auftrag: Theorie und Rechtsprechung (1976) 52 ff, 60 ff und 319.
[269] Etwa WITTMANN, Begriff und Funktionen der Geschäftsführung ohne Auftrag (1981) 1 ff, 18 ff.
[270] Eingehend dazu JANSEN AcP 216 (2016) 112, 173 ff, 177 ff.
[271] Dazu HELM, Geschäftsführung ohne Auftrag, in: Gutachten und Vorschläge zur Überarbeitung des Schuldrechts, hrsgg v Bundesministerium der Justiz, Bd III (1983) 335 ff.
[272] Dazu näher u Rn 108, 112.
[273] Grundlegend ZITELMANN AcP 99 (1906) 1, 107.
[274] Etwa LENT, Wille und Interesse bei der Geschäftsbesorgung (1938) 7; STAUDINGER/NIPPERDEY (10. Aufl 1941) Vorbem 9 zu §§ 677 ff.

das Geschäft nicht pflichtgebunden zu Ende zu führen, sondern vielmehr ganz zu unterlassen habe. Danach wäre es konsequent, die §§ 677 ff BGB mit Ausnahme von §§ 678, 684 S 1 BGB auf die unberechtigte Geschäftsführung völlig unangewendet zu lassen. Dagegen spricht jedoch, dass es widersprüchlich wäre, den unberechtigten Geschäftsführer gegenüber dem Geschäftsherrn etwa bei der Gewinnabschöpfung nach §§ 681 S 2, 667 BGB oder der Anzeige-, Auskunfts- und Rechenschaftspflicht nach §§ 681 S 1, S 2, 666 BGB besser zu stellen als den berechtigten Geschäftsführer. Auch der unberechtigte Geschäftsführer kann und sollte zu Rücksichtnahme auf die Interessen des Geschäftsherrn verpflichtet werden. Im jüngeren Schrifttum befindet sich dementsprechend eine *Einheitslehre* im Vordringen, die auch die unberechtigte GoA als gesetzliches Schuldverhältnis im Sinne der umfassend anwendbaren §§ 677 ff BGB begreift und den Unterschied zwischen berechtigter und unberechtigter Geschäftsführung als systematische Unterscheidung aufgeben will.[275] Dennoch ist es auch dieser Auffassung bislang nicht überzeugend gelungen, die im geltenden Recht der GoA vereinigten disparaten Interessen überzeugend auf ein einheitliches Prinzip zurückzuführen. Nach wie vor die größte Überzeugungskraft besitzt daher die klassische vermittelnde Linie, die die §§ 677 ff BGB insgesamt als gesetzliches Schuldverhältnis begreift, darin aber klar die beiden einander ausschließenden Unterfälle der berechtigten und unberechtigten GoA unterscheidet.[276]

2. Tatbestandliche Grundstrukturen

Nach alledem lässt sich den Vorschriften der §§ 677 ff BGB kein einheitlicher Tatbestand der auftragslosen Geschäftsführung entnehmen. Vielmehr lassen sich im Rahmen der §§ 677, 683, 687 Abs 1 und 2 BGB *vier verschiedene Tatbestände* oder Typen unterscheiden, die durch die Gemeinsamkeit verbunden sind, dass der Geschäftsführer ein *für ihn fremdes Geschäft ohne Auftrag oder sonstige Berechtigung* führt. Die Feststellung einer *Fremdgeschäftsführung*, objektiv verstanden als Einwirkung auf fremde Angelegenheiten, bildet das Portal zum Recht der GoA und beruft die Regeln der §§ 677 ff BGB. Die *objektive Fremdgeschäftsführung*, dh Einwirkung in einen fremden Rechtskreis, ist dabei allen GoA-Typen gemeinsam. Diese Einwirkung kann bewusst oder unbewusst geschehen, als zielgerichtete Intervention vom Geschäftsführer geplant sein oder sich als versehentlicher Übergriff ereignen; sie kann dem Geschäftsherrn als Hilfeleistung willkommen oder als Einmischung unerbeten sein. Grundvoraussetzung der GoA ist weiterhin, dass der Geschäftsführer zur Geschäftsführung nicht vom Geschäftsherrn *beauftragt oder ihm gegenüber sonst dazu berechtigt* war (§ 677 BGB). Handelt der Geschäftsführer auf der Grundlage eines Auftrags oder einer sonstigen Berechtigung, scheiden Ansprüche aus GoA tatbestandlich aus. Ansprüche der Beteiligten untereinander folgen dann grundsätzlich allein aus dem jewei-

---

[275] So insbesondere BERGMANN, Die Geschäftsführung ohne Auftrag als Subordinationsverhältnis: Die Rechtsinstitute der negotiorum gestio in subordinationsrechtlicher Betrachtungsweise (2010) 104; STAUDINGER/BERGMANN (2015) Vorbem 28 ff, 116 ff, 171 ff zu § 677 ff. Nach STAUDINGER/BERGMANN ist die GoA als „Subordinationsverhältnis" zu verstehen und an das Recht des Auftrags (§§ 662 ff BGB) und der Geschäftsbesorgung (§ 675 Abs 1 BGB) anzubinden. In der Konsequenz soll die Rückabwicklung unwirksamer Geschäftsbesorgungsverträge nicht nach §§ 812 ff BGB, sondern ausschließlich nach §§ 677 ff BGB erfolgen. Dagegen kritisch JANSEN AcP 216 (2016) 112, 176 f mit Fn 388; REUTER/MARTINEK, Ungerechtfertigte Bereicherung, Teilbd 2 (2. Aufl 2016) 548 ff.

[276] So überzeugend und mwNw zum Ganzen MünchKomm/SCHÄFER (7. Aufl 2017) § 677 Rn 5 ff.

ligen Rechtsverhältnis, das die GoA verdrängt. An diese Grundvoraussetzungen knüpfen die vier Tatbestände der GoA mit ihren unterschiedlichen Rechtsfolgen an. Zwei davon lassen sich als Fälle der *echten* GoA bezeichnen, nämlich die *berechtigte* und die *unberechtigte* GoA. Die beiden anderen Typen sind die *irrtümliche* und die *angemaßte* GoA, die gemeinsam die *unechte* GoA bilden.

a) Echte und unechte Geschäftsführung ohne Auftrag

102 Ob eine echte oder eine unechte GoA vorliegt, entscheidet sich nach dem *subjektiven* Merkmal des *Fremdgeschäftsführungswillens*. Bei den Tatbeständen der *echten* GoA (also der berechtigten und der unberechtigten GoA) handelt der Geschäftsführer mit, bei den beiden Tatbeständen der *unechten* GoA (also der vermeintlichen und der angemaßten GoA) ohne Fremdgeschäftsführungswille.[277] Fehlt dem Geschäftsführer trotz Fremdheit des Geschäfts der Fremdgeschäftsführungswille, liegt zwar objektiv, nicht aber subjektiv ein fremdes Geschäft vor. Dann handelt es sich nicht mehr um eine echte Geschäftsführung „*für* einen anderen", sondern vielmehr um eine *unechte* GoA oder *Eigengeschäftsführung*. Diese ist sowohl in ihrer irrtümlichen als auch in ihrer angemaßten Variante in § 687 BGB geregelt. Für die *irrtümliche Eigengeschäftsführung* gelten gemäß § 687 Abs 1 BGB nicht die Regelungen der §§ 677 bis 686 BGB, sondern die allgemeinen Vorschriften insbesondere des Delikts- und Bereicherungsrechts. Entsprechendes gilt gemäß § 687 Abs 2 BGB grundsätzlich für die *angemaßte Eigengeschäftsführung*. Bei dieser hat der Geschäftsherr jedoch das Recht, die Geschäftsführung durch Geltendmachung der Ansprüche aus §§ 677 ff BGB „an sich zu ziehen" und sie insoweit gegen sich gelten zu lassen; er ist dem angemaßten Eigengeschäftsführer dann seinerseits nach den Regeln der unberechtigten GoA zum Bereicherungsausgleich verpflichtet (§§ 687 Abs 2 S 2, 684 S 1, 818 BGB).

b) Berechtigte und unberechtigte Geschäftsführung ohne Auftrag

103 Zwischen *berechtigter* und *unberechtigter* GoA ist gemäß § 683 S 1 BGB danach zu unterscheiden, ob die Übernahme der Geschäftsführung dem Interesse und dem wirklichen oder mutmaßlichen Willen des Geschäftsherrn entsprach.[278] Liegen die Voraussetzungen des § 683 S 1 BGB vor, kann der berechtigte Geschäftsführer gemäß der dort enthaltenen Verweisung auf § 670 BGB Ersatz seiner Aufwendungen wie ein Beauftragter verlangen. Der unberechtigte Geschäftsführer kann hingegen lediglich gemäß §§ 684 S 1, 818 BGB die beim Geschäftsherrn noch vorhandene Bereicherung abschöpfen, während sich dieser auf den Entreicherungseinwand des § 818 Abs 3 BGB berufen kann, der den Anspruch des Geschäftsführers insbesondere unter den Voraussetzungen einer aufgedrängten Bereicherung ausschließt oder mindert.[279] Der für § 683 S 1 BGB maßgebliche Wille des Geschäftsherrn bezüglich der *Übernahme* der Geschäftsführung (sog *Übernahmewille*) ist dabei strikt vom Geschäftsherrnwillen hinsichtlich der *Ausführung* des Geschäfts zu unterscheiden (sog *Ausführungswille*). Letzterer kommt in § 677 BGB zum Ausdruck, wonach der Geschäftsführer verpflichtet ist, das Geschäft so zu führen, wie es das Interesse des Geschäftsherrn mit Rück-

---

[277] Hinzu kommen schließlich Fälle, in denen Vorschriften der GoA aufgrund einer Verweisungsnorm Anwendung finden; vgl etwa §§ 539 Abs 1, 601 Abs 2 S 1, 994 Abs 2, 1049 Abs 1, 1959 Abs 1, 1978 Abs 1 S 2 und Abs 3, 2125 Abs 1 BGB. Soweit solche Normen auf §§ 677 ff BGB verweisen, werden sie meist als Rechts*folgen*verweisungen oder etwa im Falle des § 994 Abs 2 BGB als partielle Rechtsgrundverweisung angesehen, so dass das Vorliegen eines Fremdgeschäftsführungswillens nicht eigens geprüft werden muss; vgl dazu STAUDINGER/BERGMANN (2015) Vorbem 252 zu §§ 677 ff.
[278] Dazu u Rn 124 ff.
[279] Dazu o Rn 89.

sicht auf dessen wirklichen oder mutmaßlichen Willen erfordert. Entspricht die konkrete Ausführung des Geschäfts nicht dem Willen des Geschäftsherrn, kann dies zu Schadensersatzansprüchen gemäß §§ 677, 280 Abs 1 S 1 BGB führen (sog *Ausführungshaftung*).[280] Für die Entstehung des Aufwendungsersatzanspruchs des Geschäftsführers bleibt jedoch allein entscheidend, ob die *Übernahme* der Geschäftsführung mit dem Willen des Geschäftsherrn übereinstimmte.

Mit der in §§ 683, 684 BGB getroffenen Unterscheidung nach dem Interesse und Willen des Geschäftsherrn ist schließlich die Frage verbunden, ob für den Aufwendungsersatzanspruch des Geschäftsführers bei der berechtigten GoA nach § 683 S 1 BGB eine *tatsächliche Nützlichkeit* der Geschäftsführung für den Geschäftsherrn erforderlich ist. Hier ist sorgfältig zu unterscheiden. Für die Frage nach der *Berechtigung* der Geschäftsführung kommt es allein auf den Willen des *Geschäftsherrn* an; Irrtümer und Fehleinschätzungen des Geschäftsführers sind insoweit unbeachtlich (so handelt etwa der Nachbar, der Rauch aus der Nebenwohnung kommen sieht und daraufhin die Tür einschlägt, aber statt des erwarteten Zimmerbrands nur einen dampfenden Kochtopf auf dem Herd vorfindet, nicht in berechtigter GoA). Liegen die Voraussetzungen der berechtigten GoA vor, kann sich der Geschäftsherr jedoch nicht mit dem Hinweis auf die Vergeblichkeit oder Nutzlosigkeit der Fremdgeschäftsführung seiner Erstattungspflicht entziehen. Entscheidend für den Aufwendungsersatzanspruch nach §§ 683 S 1, 670 BGB ist dann allein, dass der *Geschäftsführer* die Aufwendungen für erforderlich halten durfte[281] – ist die Geschäftsführung nach Maßgabe des *Geschäftsherrnwillens* einmal berechtigt, kommt also wiederum die subjektive Einschätzung des *Geschäftsführers* zum Tragen. **104**

3. Geschäftsführung für einen anderen

a) Objektives Element: Fremdes, neutrales und eigenes Geschäft

Wendet man sich vor diesem Hintergrund den Voraussetzungen der echten GoA zu, so umfasst das in § 677 BGB vorausgesetzte erste Tatbestandsmerkmal der Geschäftsbesorgung „für einen anderen" sowohl das *objektive* Element des fremden Geschäfts als auch das *subjektive* Merkmal des Fremdgeschäftsführungswillens, wobei letzterer in der Präposition „für" zum Ausdruck kommt. Obwohl eine rein subjektive Lesart des Fremdgeschäftsführungsbegriffs nach dem Gesetzeswortlaut des § 677 BGB nicht ausgeschlossen wäre, entspricht eine solche rein subjektive Theorie weder dem Willen des Gesetzgebers noch der Interessenlage. Beispielhaft kommt der in den §§ 677 ff BGB angestrebte Kompromiss zwischen subjektiven und objektiven Elementen etwa in § 686 BGB zum Ausdruck, wo bei einem Irrtum über die Person des Geschäftsherrn nicht etwa der vom Geschäftsführer eigentlich gemeinte, sondern vielmehr der wirkliche Geschäftsherr aus der Geschäftsführung berechtigt und verpflichtet wird.[282] Zutreffend geht daher die vorherrschende Auffassung in Rspr und Literatur von einer Kombination objektiver und subjektiver Merkmale innerhalb des Fremdgeschäftsführungsbegriffs aus. Das objektive Element kommt bei der Einteilung möglicher Geschäfte aus Sicht des Geschäftsführers in *objektiv fremde*, *objektiv eigene* und *objektiv neutrale* zum Ausdruck. Dabei ist jeweils zu ermitteln, welcher Person das jeweilige **105**

---

[280] Dazu u Rn 138 ff.
[281] MünchKomm/SCHÄFER (7. Aufl 2017) § 670 Rn 22; STAUDINGER/BERGMANN (2015) § 683 Rn 20 ff; ESSER/WEYERS, Schuldrecht Bd II, Teilbd 2 (8. Aufl 2000) 22; WOLLSCHLÄGER JA 1979, 57, 59 f.
[282] Anschaulich dazu MünchKomm/SCHÄFER (7. Aufl 2017) § 677 Rn 33.

Geschäft aufgrund objektiver vertraglicher oder gesetzlicher Regelung zugewiesen ist.[283] Liegt bereits ein objektiv fremdes Geschäft vor, dient die subjektive Bestimmung des Fremdgeschäftsführungswillens nur der Binnenabgrenzung zu den Fällen der unechten GoA. Handelt es sich hingegen um ein objektiv neutrales Geschäft, ist eine typologische Zuordnung zur GoA erst auf der Grundlage der Bestimmung des Fremdgeschäftsführungswillens möglich.[284]

106 Ein *objektiv fremdes Geschäft* setzt nach einer von der Rspr geprägten Formel voraus, dass der Geschäftsführer dem Inhalt des Geschäfts nach in einen fremden Rechts- und Interessenkreis eingegriffen hat.[285] Dies ist der Fall, wenn für die Besorgung des Geschäfts eine aus rechtlichen Wertungen folgende fremde Zuständigkeit besteht, dh wenn aus außerhalb der GoA liegenden Normen abgeleitet werden kann, dass nicht dem Geschäftsführer, sondern einem anderen, namentlich dem Geschäftsherrn, die Kosten der Geschäftsführung auferlegt und die Nutzungen zuerkannt werden sollen. Entscheidend ist mit anderen Worten die rechtliche Zuweisung von Vorteil und Risiko des Geschäfts zum Geschäftsherrn, die sich an der Zuweisung von Schadensersatz-, Herausgabe-, Nutzungs- und Verwendungsersatzansprüchen zu dessen Rechtskreis bemisst und danach eine Zwischenstellung zwischen der rein vertragsrechtlichen Zuweisung des Erlangten nach Auftragsrecht gemäß § 667 BGB und dem gesetzlichen Zuweisungsgehalt absoluter Rechte einnimmt, auf den es bei der Eingriffskondiktion oder Deliktshaftung ankommt.[286] Der „andere" braucht dabei als Person nicht bestimmt oder dem Geschäftsführer bekannt zu sein (arg § 686 BGB; sog *Geschäftsführung für den, den es angeht*).[287]

107 Um ein *objektiv eigenes Geschäft* handelt es sich hingegen, wenn der Geschäftsführer durch die Geschäftsführung in seine eigene Rechtsposition eingreift. Dabei wird ein objektiv fremdes Geschäft aber nicht bereits durch das Handeln des Geschäftsführers im eigenen Namen oder eigenen Interesse zum eigenen Geschäft. So stellt die Zahlung einer fremden Schuld auch dann ein fremdes Geschäft dar, wenn der Zahlende ausschließlich im eigenen Namen und Interesse gehandelt hat. Entscheidend ist allein, dass die Tilgung der Schuld in die rechtliche Zuständigkeit des Schuldners fällt.[288] Umgekehrt wird auch ein eigenes Geschäft nicht schon durch die Verpflichtung des Geschäftsführers zu dessen Vornahme oder Nichtvornahme gegenüber Dritten zum fremden Geschäft.[289] Liegt ausschließlich ein eigenes Geschäft des Geschäftsführers vor, sind die Voraussetzungen der Geschäftsführung „für einen anderen" bereits tatbestandlich ausgeschlossen.

108 Unschädlich ist das eigene Geschäft jedoch dann, wenn es mit einem objektiv fremden Geschäft zusammenfällt. Dann handelt es sich um eine sog *Auch-Gestion* oder ein *auch-fremdes-Geschäft*, das bereits nach Ansicht des historischen Gesetzgebers ohne

---

[283] Ähnlich WOLLSCHLÄGER, Die Geschäftsführung ohne Auftrag: Theorie und Rechtsprechung (1976) 52 ff; vgl auch MünchKomm/SCHÄFER (7. Aufl 2017) § 677 Rn 34.
[284] Näher MünchKomm/SCHÄFER (7. Aufl 2017) § 677 Rn 34.
[285] Etwa BGHZ 181, 188, 195 = NJW 2009, 2590; BGH NJW 2000, 72; RGZ 138, 45, 48.
[286] Dazu näher MünchKomm/SCHÄFER (7. Aufl 2017) § 677 Rn 36; vgl auch WOLLSCHLÄGER,

Die Geschäftsführung ohne Auftrag: Theorie und Rechtsprechung (1976) 52 ff, 72 ff.
[287] STAUDINGER/BERGMANN (2015) Vorbem 166 zu §§ 677 ff; MünchKomm/SCHÄFER (7. Aufl 2017) § 686 Rn 4; SEILER JuS 1987, 368, 370.
[288] WOLLSCHLÄGER, Die Geschäftsführung ohne Auftrag: Theorie und Rechtsprechung (1976) 99.
[289] STAUDINGER/BERGMANN (2015) Vorbem 133 zu §§ 677 ff.

weiteres ausreichen sollte, um das gesetzliche Schuldverhältnis der GoA zu begründen.[290] Diese Wertung ist auch vom heutigen Standpunkt aus tragfähig und teleologisch angemessen, da sich eine Überschneidung individueller Rechtskreise bzw das gleichzeitige Handeln des Geschäftsführers in zwei Wirkungskreisen in der Praxis nicht ausschließen lassen. Ein auch-fremdes-Geschäft liegt auch dann vor, wenn der Geschäftsführer gleichzeitig eigene privat- oder öffentlich-rechtliche Pflichten wahrnimmt (sog *pflichtengebundener Geschäftsführer*).[291] Die Frage der Konkurrenz zwischen den verschiedenen Pflichtenkreisen lässt sich in solchen Fällen nicht pauschal durch tatbestandlichen Ausschluss der GoA, sondern nur differenziert nach Fallgruppen unter Berücksichtigung des Vorrangs der Leistungskondiktion bei der Rückabwicklung nichtiger Verträge, des Versionsverbots sowie vorrangiger öffentlich-rechtlicher Ausgleichsmechanismen lösen.[292]

109 Möglich sind schließlich auch *objektiv neutrale Geschäfte*, die weder dem Geschäftsführer noch einer anderen Person als eigene Geschäfte zugeordnet werden können. Dabei handelt es sich um „Jedermanngeschäfte", die wie etwa der Rechtserwerb durch Rechtsgeschäft grundsätzlich von beliebigen Personen vorgenommen werden können und damit keinen spezifischen personalen Zuweisungsgehalt besitzen. Ein objektiv neutrales Geschäft wird erst dann zu einem fremden Geschäft im Sinne des § 677 BGB, wenn der Geschäftsführer es durch seinen Fremdgeschäftsführungswillen dem Rechtskreis einer anderen Person zuordnet (sog *subjektiv fremdes Geschäft*).[293]

b) Subjektives Element: Fremdgeschäftsführungswille

110 Subjektives Tatbestandselement der Fremdgeschäftsführung im Sinne von § 677 BGB und zugleich Abgrenzungsmerkmal zur unechten GoA gemäß § 687 BGB ist der *Fremdgeschäftsführungswille*. Der Fremdgeschäftsführungswille umfasst zwei Bestandteile, nämlich ein kognitives *Bewusstseinselement* und ein voluntatives, finales *Willenselement*. Der Geschäftsführer muss einerseits erkennen oder es zumindest billigend in Kauf nehmen *(dolus eventualis)*, dass er das Geschäft eines anderen führt (sog *Fremdgeschäftsführungsbewusstsein*) und andererseits mit der Absicht handeln, jedenfalls auch im fremden Rechtskreis tätig zu werden bzw das Geschäft eines anderen zu führen *(Fremdgeschäftsführungsabsicht* oder *-wille ieS)*.[294] Erforderlich ist keine rechtsgeschäftliche Absicht, sondern als Voraussetzung eines gesetzlichen Schuldverhältnisses ein empirischer tatsächlicher Wille, der nicht erkennbar nach außen zutage treten muss. Ausreichend ist dabei wie auf der objektiven Ebene das Bewusstsein und der Wille, zugleich ein eigenes und ein fremdes Geschäft zu führen (sog *subjektiv auch-fremdes-Geschäft*). Dabei kommt es nicht darauf an, ob der Geschäftsführer zutreffend oder irrig davon ausgeht, neben der Geschäftsführung zugleich eine eigene Pflicht gegenüber dem Geschäftsherrn oder Dritten zu erfüllen. Handelt der Geschäftsführer mit Fremdgeschäftsführungsbewusstsein, aber ohne Fremdgeschäftsführungsabsicht, liegt keine echte GoA, sondern eine angemaßte Eigengeschäftsführung gemäß § 687 Abs 2 BGB vor; fehlt es auch am Fremdgeschäftsführungsbewusstsein, kommt lediglich eine irrtümliche Eigengeschäftsführung gemäß § 687 Abs 1 BGB in Betracht.

---

[290] MUGDAN Mot II 485.
[291] Näher sogleich u Rn 112, 120 f.
[292] Zum Ganzen instruktiv MünchKomm/SCHÄFER (7. Aufl 2017) § 677 Rn 38.
[293] Näher MünchKomm/SCHÄFER (7. Aufl 2017) § 677 Rn 39.

[294] Dazu etwa MünchKomm/SCHÄFER (7. Aufl 2017) § 677 Rn 43 ff; STAUDINGER/BERGMANN (2015) Vorbem 163 ff zu §§ 677; WOLLSCHLÄGER, Die Geschäftsführung ohne Auftrag: Theorie und Rechtsprechung (1976) 24 ff, 52 ff, 72 ff; GURSKY AcP 185 (1985) 13, 28 ff.

111 Führt der Geschäftsführer ein ausschließlich objektiv fremdes Geschäft, so ist der Fremdgeschäftsführungswille nach allgemeiner Auffassung zu *vermuten*.[295] Dabei handelt es sich nicht um eine gesetzliche (§ 292 ZPO), sondern um eine tatsächliche Vermutung, die der typischen Lebenserfahrung Ausdruck verleiht, dass bei objektivem Vorliegen eines erkennbaren Fremdgeschäfts auf einen entsprechenden Fremdgeschäftsführungswillen geschlossen werden kann, und die folglich bereits durch substantiierten Vortrag der ernsthaften Möglichkeit eines entgegenstehenden Willens erschüttert werden kann.[296] Die Vermutung hilft bei objektiv fremden Geschäften über das typische Beweisproblem hinweg, dass sich der Fremdgeschäftsführungswille als rein subjektives Element im Normalfall der Beweisführung entzieht.[297] Sie kann daher nicht auf objektiv neutrale oder objektiv eigene Geschäfte des Geschäftsführers erstreckt werden.[298] Bei derartigen Geschäften fehlt die Grundlage für die typische Annahme eines Fremdgeschäftsführungswillens. Eine Geschäftsführung für einen anderen kann in solchen Fällen nur angenommen werden, wenn der Fremdgeschäftsführungswille nachweisbar in Erscheinung getreten ist.[299] Im Ergebnis ist der Fremdgeschäftsführungswille beim objektiv fremden Geschäft unabhängig davon zu vermuten, ob er sichtbar zutage getreten ist, während bei einem sichtbar zutage getretenen Fremdgeschäftsführungswillen auch bei einem objektiv neutralen oder objektiv eigenen Geschäft des Geschäftsführers eine Fremdgeschäftsführung anzunehmen ist.

112 Stark umstritten ist dagegen, ob und inwieweit die Vermutung des Fremdgeschäftsführungswillens auch beim *auch-fremden-Geschäft* anzunehmen ist. Nach ständiger Rechtsprechung gilt sie jedenfalls dann, wenn der Geschäftsführer bei der Auch-Gestion gleichzeitig eigene Interessen wahrnimmt,[300] wohl nicht hingegen dann, wenn er gleichzeitig eigene privat- oder öffentlich-rechtliche Pflichten erfüllt *(pflichtengebundener Geschäftsführer)*.[301] Für die Vermutung spricht auch in diesen Fällen, dass sich das Beweisproblem hinsichtlich des Fremdgeschäftsführungswillens hier nicht anders darstellt als beim objektiv fremden Geschäft. Lässt man die Auch-Gestion als typische lebensweltliche Ausprägung der Fremdgeschäftsführung zu, ist es inkonsequent, nur in diesen Fällen die Vermutung abzulehnen und die GoA damit in typischen Fällen gemischter Interessenlagen prozessual zu entwerten.[302] Tatsächlich zeigt die gerichtliche Praxis, dass eine positive Bestimmung des Fremdgeschäftsführungswillens selbst in solchen Fällen vermieden wird, in denen die Vermutung als widerlegt angesehen wur-

---

[295] StRspr; etwa BGHZ 38, 270, 276 = NJW 1963, 390; BGHZ 181, 188, 195 = NJW 2009, 2590; BGHZ 191, 325, 332 = NJW 2012, 1648.
[296] MünchKomm/Schäfer (7. Aufl 2017) § 677 Rn 126.
[297] Schwark JuS 1984, 321, 322.
[298] BGHZ 62, 186, 189; BGHZ 82, 323, 330 f; BGHZ 114, 248, 249 f = NJW 1991, 2638; BGHZ 181, 188, 195 = NJW 2009, 2590; MünchKomm/Schäfer (7. Aufl 2017) § 677 Rn 127; Staudinger/Bergmann (2015) § 677 Rn 137; Erman/Dornis (15. Aufl 2017) § 677 Rn 14; Henssler JuS 1991, 924, 925.
[299] BGHZ 16, 12, 16; BGHZ 40, 28, 31; BGHZ 63, 167, 169; BGHZ 65, 354, 357; BGHZ 181, 188, 195 = NJW 2009, 2590, 2591; vgl auch BGH NJW-RR 2004, 81; BGH NJW 2009, 1080 mit Anm Molitoris, NJW 2009, 1049.
[300] BGHZ 33, 251, 254 ff; BGHZ 40, 28, 30 ff; BGHZ 47, 370, 371; BGHZ 63, 167 ff; BGHZ 143, 9, 14 f; BGH NJW 2000, 72; BGHZ 181, 188, 195 = NJW 2009, 2590; aus der älteren Rspr RGZ 82, 206, 214 ff („Dombrandfall") sowie zum vermuteten Fremdgeschäftsführungswillen bei Veräußerung fremder Sachen RGZ 138, 45, 48; dazu auch Schreiber Jura 1991, 155 ff; Thole NJW 2010, 1243.
[301] Etwa BGH NJW-RR 1989, 970; BGH NJW-RR 2010, 590; vgl auch MünchKomm/Schäfer (7. Aufl 2017) § 677 Rn 127. Näher u Rn 120 f.
[302] Ähnlich MünchKomm/Schäfer (7. Aufl 2017) § 677 Rn 126.

de.³⁰³ Der erheblichen Kritik des Schrifttums, die Vermutung eines Fremdgeschäftsführungswillens sei in der Rechtsprechung zu einer aus dem objektiv fremden Geschäft abgeleiteten bloßen Fiktion geworden, ja das Erfordernis des subjektiven Elements eines Fremdgeschäftsführungswillens sei zum bloßen Lippenbekenntnis verkommen,³⁰⁴ ist daher entgegenzuhalten, dass eine pauschale Versagung von Beweiserleichterungen den extrem disparaten Fallgruppen der Auch-Gestion nicht gerecht wird. Sachgerecht ist es vielmehr, einer Ausuferung der GoA in diesen Fällen dadurch zu begegnen, dass man diejenigen Fallgruppen, in denen sich die nach der Konzeption der Rechtsprechung eigentlich berufenen Regeln der GoA als unpassend erweisen, identifiziert und mit überzeugenden Argumenten aus dem Anwendungsbereich der §§ 677 ff BGB ausscheidet. Dies betrifft insbesondere die bereits erwähnten Fälle des Vorrangs der Leistungskondiktion bei der Rückabwicklung nichtiger Verträge, das Versionsverbot sowie vorrangige öffentlich-rechtliche Ausgleichsmechanismen beim pflichtengebundenen Auch-Geschäftsführer.³⁰⁵

c) Fallgruppen
aa) Rettung und Selbstaufopferung
Grundsätzlich führt eine Person, die einer anderen Person als Retter in einer Gefahrensituation zur Hilfe kommt, deren Geschäft sowie ggf die Geschäfte weiterer zur Rettung verpflichteter Personen, aber auch derjenigen Dritten, die die Gefahr oder Notsituation verursacht haben und als Störer zu deren Beseitigung verpflichtet sind.³⁰⁶ Dabei handelt es sich aus Sicht des zur Rettung tätigen Geschäftsführers jeweils um objektiv fremde Geschäfte, die voneinander unabhängige GoA-Verhältnisse zum jeweiligen Geschäftsherrn begründen. Der Fremdgeschäftsführungswille ist wie sonst auch bei objektiv fremden Geschäften zu vermuten, so dass jedenfalls ein Handeln zugunsten des Geretteten anzunehmen ist; im Übrigen gilt § 686 BGB auch im Verhältnis zwischen mehreren Geschäftsherren. So führt etwa der Helfer, der einen Brand löscht, sowohl das Geschäft des vom Feuer Bedrohten als auch das des Eigentümers, des Brandverursachers und der Feuerwehr.³⁰⁷ Zwischen mehreren Rettern kann ein Verhältnis der Mitgeschäftsführung bestehen; Hilfeleistungen können aber auch – wie im Verhältnis zwischen hilferufendem Passanten, Ersthelfer und Notarzt – konsekutiv und unabhängig voneinander erbracht werden und dann jeweils eigenständige GoA-Verhältnisse begründen; möglich und anspruchsbegründend sind sie in jeder Phase der Gefahr von der Vorsorge bis zur Schadensminderung und Schadensbeseitigung. Um GoA handelt es sich schließlich auch dann, wenn die Gefahr lediglich scheinbar besteht. Allerdings kommen dann lediglich die Regeln der unberechtigten GoA zur Anwendung; § 683 BGB sowie § 680 BGB sind unanwendbar. Der Geschäftsherr haftet aber nach allgemeinen deliktischen Regeln, wenn er die Rettung durch sein Verhalten herausgefordert hat.³⁰⁸

---

³⁰³ Vgl etwa BGHZ 64, 260, 262: Wer eine Insassenunfallversicherung abschließt, führt kein Geschäft für Mitfahrer, die von dieser Versicherung im Falle eines Unfalls profitieren.
³⁰⁴ WOLLSCHLÄGER, Die Geschäftsführung ohne Auftrag: Theorie und Rechtsprechung (1976) 20 ff; WITTMANN, Begriff und Funktion der Geschäftsführung ohne Auftrag (1981) 37; SCHUBERT AcP 178 (1978) 425, 434 f; PESCH Jura 1995, 361 ff; S LORENZ NJW 1996, 883, 887, der dem BGH eine „gezielt ergebnisorientierte Billigkeitsrechtsprechung" vorwirft; FALK Jura 2003, 833 ff.
³⁰⁵ Vgl bereits o Rn 108.
³⁰⁶ Zum Ganzen ausführlich MünchKomm/SCHÄFER (7. Aufl 2017) § 677 Rn 49 ff.
³⁰⁷ Beispiel bei MünchKomm/SCHÄFER (7. Aufl 2017) § 677 Rn 51.
³⁰⁸ Beispielhaft BGHZ 192, 261 = NJW 2012, 1951; zur deliktischen Handhabung der Herausforderungsfälle MünchKomm/WAGNER (7. Aufl 2017) § 823 Rn 453 ff.

114 Schwierigkeiten bereiten die disparaten Fälle der Rettung und Selbstaufopferung vor allem im Hinblick auf Konkurrenzen und Wertungswidersprüche zu deliktischen Haftungsprinzipien, die sowohl auf Seiten des Geschäftsherrn als auch des Geschäftsführers zu beachten sind. Auf Seiten des Geschäftsherrn ist die Wertung zu berücksichtigen, dass dieser als Gefahrverursacher durch einen dritten Helfer nicht nach den Regeln der GoA in Anspruch genommen werden kann, wenn er selbst der gefährdeten Person gegenüber nicht nach §§ 862, 1004 BGB als Störer oder §§ 823 ff BGB als Schädiger haftet. Ist der Gefahrverursacher dem direkt Geschädigten nicht verantwortlich, kann seine Haftung nicht auf einem Umweg dadurch erwirkt werden, dass zugunsten des dritten Helfers die GoA eingreift.[309] Spiegelbildlich dazu sind die Fälle der *Selbstaufopferung* zu beurteilen, bei denen der Retter durch die Rettung einen Schaden an seinen eigenen Rechtsgütern erleidet. Beispielhaft zu nennen sind Fälle der Rettung im Straßenverkehr, bei denen ein Autofahrer zur Vermeidung einer Kollision einem anderen Verkehrsteilnehmer ausweicht und dadurch selbst Unfallschäden erleidet.[310] In einem solchen Fall führt der Retter nur dann das Geschäft der geretteten Person und kann Aufwendungsersatz für seine Schäden verlangen, wenn er bei hypothetischer Prüfung einer Schädigung der anderen Person *nicht* selbst haftet.[311] Dies lässt sich vordergründig an der Überlegung festmachen, dass der Retter bei hypothetischer Eigenhaftung in Auch-Gestion und dabei ohne Fremdgeschäftsführungswillen handelt, da er durch die Rettung primär die eigene Haftung abwenden will. Tatsächlich geht es jedoch um ein Wertungsproblem, das das Konkurrenzverhältnis zwischen GoA und Deliktsrecht betrifft. Dies folgt aus einem einfachen Erst-recht-Schluss: Wäre der Schädiger für den Schaden der anderen Person deliktisch verantwortlich, müsste er erst recht seinen eigenen Schaden tragen. Es wäre daher widersprüchlich, ihm einen Aufwendungsersatzanspruch wegen des Eigenschadens zuzubilligen, wenn er gleichzeitig für einen hypothetischen Fremdschaden haften würde. Bei Fällen der Rettung im Straßenverkehr kommt es folglich darauf an, ob der Retter als Kfz-Halter oder -Führer gegenüber dem Geretteten gemäß §§ 7 Abs 1, 18 Abs 1 S 1 StVG haftbar wäre; Aufwendungsersatz für Eigenschäden kommt nur in den Ausnahmefällen in Betracht, in denen die Haftung gemäß §§ 7 Abs 2, 8, 17 Abs 3, 18 Abs 1 S 2 StVG ausgeschlossen ist.

bb) Selbsthilfe, Abmahnung und Rechtsverfolgung

115 In den Selbsthilfefällen wendet eine Person eine Gefahr von ihrem Eigentum oder anderen Rechtsgütern ab, für die ein anderer als Störer oder deliktischer Schädiger gemäß oder analog §§ 862 Abs 1, 1004 Abs 1 BGB bzw §§ 823 ff BGB verantwortlich ist. Beseitigt der Rechtsinhaber die Störung im Wege der Selbsthilfe, führt er das Geschäft derjenigen Person, die als Störer oder Schädiger für die Gefahr verantwortlich ist.[312] Dabei ist es nach den Regeln der Auch-Gestion wiederum unschädlich, dass

---

[309] Daraus folgt indessen kein Ausschluss der GoA gegenüber dem Geretteten selbst. Näher zum Ganzen MünchKomm/SCHÄFER (7. Aufl 2017) § 677 Rn 52 gegen BGHZ 65, 384, 386 f = NJW 1976, 748; dazu auch ESSER/WEYERS, Schuldrecht Bd II, Teilbd 2 (8. Aufl 2000) 15 f; CANARIS JZ 1963, 655 ff; DEUTSCH AcP 165 (1965) 193, 202 ff; FRANK JZ 1992, 737 ff.
[310] Beispielhaft BGHZ 38, 270: Ein auf der rechten Seite fahrender Autofahrer will einem auf der Gegenfahrbahn entgegenkommenden und plötzlich in die Fahrbahnmitte ausscherenden neunjährigen Radfahrer ausweichen, lenkt geistesgegenwärtig seinen Wagen nach rechts und prallt gegen einen Baum.
[311] Näher zum Ganzen MünchKomm/SCHÄFER (7. Aufl 2017) § 677 Rn 54.
[312] Beispielhaft BGHZ 110, 313, 315 = NJW 1990, 2058; BGH NJW 2015, 2037; näher zum Ganzen MünchKomm/SCHÄFER (7. Aufl 2017) § 677 Rn 55 ff.

der Rechtsinhaber durch die Beseitigung zugleich ein eigenes Geschäft führt oder zur Erfüllung einer öffentlich-rechtlichen Pflicht handelt. Wiederum lässt sich eine angemessene Reichweite der Geschäftsführungshaftung nicht begrifflich durch Ausschluss des Fremdgeschäftsführungswillens, sondern nur durch Abgleich mit den konkurrierenden Regeln des Deliktsrechts und der negatorischen Unterlassungs- und Beseitigungsansprüche erzielen. Danach ist über die bloße Verursachung der Gefahr hinaus auch hier die Verantwortlichkeit des Störers oder Schädigers gemäß §§ 862, 1004, 823 ff BGB erforderlich, um ein objektiv fremdes Geschäft in dessen Rechtskreis und damit die Ersatzfähigkeit von Selbsthilfeaufwendungen des Rechtsinhabers zu begründen. Nicht umfasst sind dabei nach dem Versionsverbot die Aufwendungen dritter Hilfspersonen, die zur Beseitigung der Störung aufgrund Vertrags mit dem Rechtsinhaber tätig geworden sind.

In den für die Fallgruppe zentralen *Abschleppfällen* bedeutet dies, dass ein Grundstückseigentümer, der ein auf seinem Grundstück oder vor seiner Garageneinfahrt widerrechtlich geparktes fremdes Kfz abschleppen lässt, zur Erfüllung einer Verpflichtung des störenden Kfz-Halters oder -Führers tätig wird und mithin dessen Geschäft führt.[313] Die Fallgruppe kann auch in das öffentliche Recht hineinragen, wenn eine öffentlich-rechtliche Beseitigungspflicht gemäß § 12 StVO oder eine Ersatzvornahme durch Polizeibehörden in Rede steht.[314] Der Grundstückseigentümer kann in diesen Fällen Ersatz der verauslagten Abschleppkosten vom Störer verlangen, wenn die Voraussetzungen der §§ 683 S 1, 670 BGB oder jedenfalls §§ 684 S 1, 818 BGB erfüllt sind; dies gilt hingegen nicht für den vertraglich beauftragten Abschleppunternehmer oder die Ordnungsbehörde.[315] Der Berechtigung der Geschäftsführung steht dabei allerdings entgegen, dass das Abschleppen im Regelfall nicht dem Willen des störenden Falschparkers entspricht.[316] Etwas anderes gilt jedoch, wenn der Wille des Geschäftsherrn gemäß § 679 BGB unbeachtlich ist (etwa bei konkreter Gefahrsituation oder beim Abschleppen von besonders geschützten Stellflächen wie Feuerwehrausfahrten oder Behindertenparkplätzen)[317] oder wenn dadurch drohende Haftungskosten vermieden werden, die die Abschleppkosten übersteigen. Letzteres kann nach dem Modell des *Fleetfalls* dann der Fall sein, wenn die Eigentumsstörung nicht nur das Grundstück, sondern auch den Wagen des Eigentümers blockiert und damit dessen Nutzbarkeit in einer als Eigentumsstörung deliktsrechtlich relevanten Weise beeinträchtigt.[318] In einem solchen Fall besteht Raum für die Vermutung eines Fremdgeschäftsführungswillens, weil die Schadensminderung auch im Interesse des Störers vorgenommen wird. Festzuhalten ist, dass die Reichweite der GoA in den Selbsthilfefällen maßgeblich von den konkurrierenden Wertungen des Deliktsrechts abhängt, gleich auf welcher dogmatischen Ebene man diese innerhalb der Geschäftsführungsregeln berücksichtigen will.

116

---

[313] Etwa BGHZ 181, 233 = NJW 2009, 2530; BGH NJW 2014, 3727.
[314] Dazu etwa WOLLSCHLÄGER, Die Geschäftsführung ohne Auftrag: Theorie und Rechtsprechung (1976) 163 ff.
[315] Dies folgt aus dem Versionsverbot bzw dem Vorrang öffentlich-rechtlicher Kostentragungspflichten; vgl MünchKomm/SCHÄFER (7. Aufl 2017) § 677 Rn 92, 100.

[316] MünchKomm/SCHÄFER (7. Aufl 2017) § 683 Rn 10.
[317] MünchKomm/SCHÄFER (7. Aufl 2017) § 679 Rn 11.
[318] Grundlegend BGHZ 53, 153, 159 („Fleetfall"); dazu sowie zu der im Einzelnen umstrittenen Reichweite dieser Grundsätze bei Blockade- und Abschleppfällen MünchKomm/WAGNER (7. Aufl 2017) § 823 Rn 236 ff.

117 Diese Überlegungen sind zugleich für die Anwendbarkeit der GoA in weiteren Fällen rechtlicher Selbsthilfe entscheidend. In den Fällen der wettbewerbsrechtlichen *Abmahnung* eines Mitbewerbers gewährte die Rechtsprechung dem Abmahner einen Aufwendungsersatzanspruch wegen der entstandenen Abmahnkosten, wenn die Abmahnung berechtigt war;[319] eine Regel, die später auf die Abmahnung bei Urheberrechtsverletzung ausgedehnt wurde[320] und die inzwischen für beide Tatbestände in Spezialnormen kodifiziert ist (§§ 12 Abs 1 S 2 UWG, 97a Abs 3 S 21 UrhG).[321] Dagegen wurde im Schrifttum zutreffend eingewandt, dass der Abmahner ausschließlich sein eigenes Geschäft führe.[322] Tatsächlich liegt der wesentliche Unterschied zur Selbsthilfe bei §§ 862, 1004, 823 ff BGB darin, dass der Abmahner gerade nicht im Wege fremder Pflichterfüllung die geschuldete Unterlassung vornimmt. Abmahnung und Unterlassung sind nicht deckungsgleich: Der Abmahner weist wie jeder sonstige Litigant lediglich im eigenen Interesse auf die Rechtslage hin bzw bemüht sich um deren Durchsetzung.[323] Die Prozessführung aus eigenem Recht des Klägers ist jedoch selbst dann kein Fremdgeschäft des Beklagten, wenn der Klageanspruch gegen diesen materiell berechtigt ist. Der für die Anwendbarkeit der GoA entscheidende Unterschied zu den Fällen der §§ 862, 1004, 823 ff BGB liegt damit wiederum in der deliktsrechtlich oder negatorisch relevanten Verletzung oder Störung der Rechtssphäre des Geschäftsführers.

cc) Tilgung fremder Schulden

118 Ebenso wie die Selbsthilfe bildet auch die *Tilgung fremder Schulden* einen typischen Anwendungsfall der Erfüllung fremder Pflichten. Bewirkt ein Dritter gemäß § 267 Abs 1 S 1 BGB die Leistung anstelle des Schuldners, führt er objektiv dessen Geschäft,[324] nicht hingegen das Geschäft des Gläubigers, dem die Tilgung nur als Reflexvorteil zugutekommt. Bewirkt die Tilgung der fremden Schuld die Legalzession der Forderung zugunsten des Drittleistenden (etwa gemäß §§ 268 Abs 3, 774 Abs 1 BGB), führt der Leistende jedoch zumindest auch sein eigenes Geschäft, so dass wiederum die Regeln der Auch-Gestion zur Anwendung kommen. Ein ausschließlich eigenes Geschäft führt der Leistende hingegen beim Ausgleich unter Gesamtschuldnern oder Mitbürgen (§§ 426 Abs 1, 2, 774 Abs 2 BGB); darüber hinaus spricht die in § 426 Abs 1 BGB enthaltene spezielle Leistungsverpflichtung im Binnenverhältnis der Gesamtschuldner für einen Vorrang vor den Regeln der GoA.[325]

119 Soweit danach die GoA in Betracht kommt, ist für deren Berechtigung gemäß § 683 BGB danach zu differenzieren, ob die Drittleistung dem Willen und Interesse des Schuldners entsprach. Grundsätzlich ist das der Fall, da die Tilgung einer Stundung gleichkommt und der Schuldner die Einwirkung des Dritten nach der Wertung der §§ 267, 398 BGB auch nicht verbieten könnte; dies gilt erst recht, wenn der Schuldner

---

[319] BGHZ 149, 371, 374 f = NJW 2002, 1494; BGHZ 115, 210, 212 = NJW 1992, 429; BGHZ 52, 393, 399 = NJW 1970, 243.
[320] BGHZ 200, 76 = NJW 2014, 2360; BGH GRUR 2016, 184; BGH NJW 2008, 3565; aktuell zur Abmahnung in Filesharing-Fällen BGHZ 200, 76 = NJW 2014, 2360; BGH NJW 2017, 78.
[321] Näher MünchKomm/Schäfer (7. Aufl 2017) § 677 Rn 57.
[322] Gursky AcP 185 (1985) 13, 54; Oppermann AcP 193 (1993) 497, 524.
[323] Zum Ganzen zutreffend MünchKomm/Schäfer (7. Aufl 2017) § 677 Rn 58.
[324] BGHZ 198, 381 = NJW 2014, 1095.
[325] Zum Ganzen MünchKomm/Schäfer (7. Aufl 2017) § 677 Rn 60 ff, dort auch (Rn 62) zu den differenzierend zu beurteilenden Fällen der unechten Gesamtschuld; vgl auch Staudinger/Bergmann (2015) Vorbem 146, 258 ff zu §§ 677 ff.

seinerseits mit Ansprüchen gegen den tilgenden Geschäftsführer aufrechnen kann.³²⁶ Etwas anderes gilt nach der Rechtsprechung, wenn die Drittzahlung auf eine Forderung erfolgt, die einwendungs- oder einredebehaftet ist oder etwa durch Anfechtung, Aufrechnung, Rücktritt oder Widerruf vernichtet werden kann.³²⁷ Diese Wertung erscheint allerdings jedenfalls in Fällen der Legalzession nicht zwingend, da die Gegenrechte des Schuldners dort aufgrund §§ 404 ff BGB auch gegenüber dem drittleistenden Neugläubiger erhalten bleiben; entsprechendes muss in analoger Anwendung der §§ 404 ff BGB ebenso wie bei der Rückgriffskondiktion auch in anderen Fällen der Drittzahlung gelten.³²⁸ Ein Handeln in berechtigter GoA ist aber wohl zu verneinen, wenn die Drittleistung geradezu in der Absicht erfolgt, die Interessen des Schuldners zu konterkarieren, etwa um den befreiten Schuldner auf Rückzahlung verklagen und nach gewonnenem Prozess ein bestimmtes Gemälde pfänden und ersteigern zu können, das der Schuldner niemals freiwillig verkauft hätte. Bei nichtberechtigter Geschäftsführung kommt es in den Fällen der Drittleistung zur Anspruchskonkurrenz zwischen dem Aufwendungsersatzanspruch gemäß §§ 684 S 1, 818 BGB und der auf dieselben Fälle zugeschnittenen allgemeinen Rückgriffskondiktion gemäß § 812 Abs 1 S 1, 2. Fall BGB.³²⁹ Beide Ansprüche sind in freier Anspruchskonkurrenz nebeneinander anwendbar, da aus der technischen Rechtsfolgenverweisung des § 684 BGB kein Ausschließlichkeitscharakter der GoA gegenüber dem Bereicherungsrecht folgt.³³⁰

dd) Pflichtengebundene Geschäftsführung

Von *pflichtengebundener Geschäftsführung* ist die Rede, wenn der Geschäftsführer bei der Führung des Geschäfts für einen anderen zugleich mit dem Bewusstsein und Willen handelt, eine eigene, tatsächliche oder vermeintliche, privat- oder öffentlich-rechtliche Pflicht zu erfüllen. Wiederum handelt es sich also um einen Fall der Auch-Gestion, bei dem sich die Problematik der Anwendbarkeit der Regeln über die GoA vordergründig am Fremdgeschäftsführungswillen festmachen lässt. Führt etwa der vom Hauseigentümer beauftragte Maler aufgrund eines später als nichtig erkannten Vertrags Renovierungsarbeiten durch, stellt sich die Frage, ob der Maler vom Hauseigentümer Ersatz seiner Aufwendungen nach den Regeln der berechtigten GoA verlangen kann. Nach bisher in der Rechtsprechung zumeist vertretener Ansicht ist das zu bejahen, da die angenommene Verpflichtung zur Leistung dem Willen, für einen anderen tätig zu werden, nicht entgegenstehe.³³¹ Entscheidend gegen dieses Argument spricht wiederum nicht, dass es demjenigen, der aufgrund eines unwirksamen Vertrags tätig wird, am Fremdgeschäftsführungswillen fehle, weil der zur Erfüllung einer eigenen vertraglichen Pflicht Handelnde stets ein ausschließlich eigenes Geschäft führe,³³² sondern vielmehr abermals eine grundlegender ansetzende Überlegung zum Standort der GoA im gesetzlichen Ordnungsgefüge des außervertraglichen Schuldrechts: Da-

120

---

³²⁶ Vgl BGHZ 47, 370, 373 f sowie zum Ganzen MünchKomm/SCHÄFER (7. Aufl 2017) § 683 Rn 9.
³²⁷ BGHZ 98, 235, 241 f = NJW 1987, 187; BGHZ 47, 370, 373 f.
³²⁸ Zur Anwendbarkeit der §§ 404 ff BGB bei der Rückgriffskondiktion vgl bereits o Rn 56.
³²⁹ Beispielhaft BGHZ 207, 40 = BGH NJW 2016, 1310.
³³⁰ MünchKomm/SCHÄFER (7. Aufl 2017) § 677 Rn 86; zur Konkurrenzproblematik bereits o Rn 96.

³³¹ StRspr; BGHZ 37, 258, 262 f = NJW 1962, 2010; BGHZ 143, 9, 15 f = NJW 2000, 422; BGHZ 157, 168, 175 f; BGHZ 201, 1, 3 = NJW 2014, 1805; BGH NJW 2015, 1020; zustimmend LOYAL, Die „entgeltliche" Geschäftsführung ohne Auftrag: Grundlagen und Grenzen eines außervertraglichen Leistungsaustauschs (2011) 287 ff; differenzierend WITTMANN, Begriff und Funktionen der Geschäftsführung ohne Auftrag (1981) 118 ff.
³³² SCHUBERT AcP 178 (1978) 425, 436; PFEIFER JA 2008, 17.

nach ist richtigerweise vom *Vorrang der Leistungskondiktion bei der Rückabwicklung nichtiger Verträge* auszugehen.³³³ Die Anwendung der GoA würde hier nicht nur zur Aushöhlung des Entreicherungseinwands gemäß § 818 Abs 3 BGB sowie der Kondiktionssperren der §§ 814, 817 S 2 BGB führen, sondern auch Wertungswidersprüche gegenüber dem Vertragsrecht verursachen, da der Geschäftsherr dann bei mangelhafter Leistung (solange die Verpflichtung zur ordnungsgemäßen Geschäftsführung nach § 677 BGB nicht schuldhaft verletzt wurde) im Ergebnis Aufwendungsersatz nahezu in der Höhe des vereinbarten Werklohns entrichten müsste und damit *schlechter* stünde als bei wirksamer Vertragsbeziehung. Dem lässt sich nicht umgekehrt entgegenhalten, dass derjenige, der aufgrund eines nichtigen Vertrags für einen anderen tätig wird, bei Ausschluss der §§ 677 ff BGB schlechter stünde als derjenige, der ganz ohne Vertrag tätig wird, da ein subsidiärer Ausgleich nach den Regeln der GoA dort, wo eine vertragliche Absprache möglich und üblich gewesen wäre oder im Vorfeld gescheitert ist, richtigerweise ganz zu versagen ist.³³⁴ Ist der Vertrag wirksam, scheidet die Anwendung der §§ 677 ff BGB im Verhältnis zwischen den Vertragsparteien dagegen bereits tatbestandlich aus; einem Aufwendungsersatzanspruch des Leistenden gegenüber Dritten steht insoweit das Versionsverbot entgegen.³³⁵

121 In den Fällen der *öffentlich-rechtlich gebundenen Geschäftsführung* stellt sich die Frage, ob die öffentliche Hand von einem Störer oder Verursacher im Sinne des Polizei- und Ordnungsrechts Kostenerstattung für ihr Einschreiten nach den Regeln der GoA verlangen kann, soweit sie zum Tätigwerden öffentlich-rechtlich verpflichtet war.³³⁶ In der Regel ist die Frage wegen des Vorrangs öffentlich-rechtlicher Kostentragungspflichten, die der GoA aufgrund des Gesetzesvorbehalts als abschließende Spezialnormen vorgehen, zu verneinen.³³⁷ Damit erübrigt sich auch hier die weitgehend fruchtlose Auseinandersetzung darüber, ob und inwieweit das Tätigwerden in zwei verschiedenen Rechts- und Pflichtenkreisen mit der Möglichkeit oder gar Vermutung eines Fremdgeschäftsführungswillens vereinbar ist.

4. Ohne Auftrag und sonstige Berechtigung

122 Neben der Fremdgeschäftsführung erfordert der Tatbestand der GoA gemäß § 677 BGB weiterhin, dass der Geschäftsführer für den Geschäftsherrn tätig geworden ist, „ohne von ihm beauftragt oder ihm gegenüber sonst dazu berechtigt zu sein". Dieses

---

³³³ So auch MünchKomm/SCHÄFER (7. Aufl 2017) § 677 Rn 87; MEDICUS/PETERSEN, Bürgerliches Recht (26. Aufl 2017) Rn 412; JANSEN AcP 216 (2016) 112, 173; REUTER/MARTINEK, Ungerechtfertigte Bereicherung, Teilbd 2 (2. Aufl 2016) 545 ff; LARENZ/CANARIS, Lehrbuch des Schuldrechts, Bd II/2 (13. Aufl 1994) § 74 III 2; so nun teilweise auch die Rechtsprechung, etwa BGHZ 111, 308 = NJW 1990, 2542; BGH NJW 1995, 727; zum Problem ferner WEISHAUPT NJW 2000, 1002; HADER, Die Geschäftsführung ohne Auftrag als Anspruchsgrundlage bei gescheiterten Verträgen (2006); SIPPEL, Geschäftsführung ohne Auftrag und die Abwicklung fehlgeschlagener Vertragsbeziehungen mit Geschäftsbesorgungscharakter (2005).

³³⁴ JANSEN AcP 216 (2016) 112, 175.
³³⁵ Dazu MünchKomm/SCHÄFER (7. Aufl 2017) § 677 Rn 92 ff.
³³⁶ BGHZ 40, 28 („Funkenflugfall"); vgl auch BGHZ 65, 384 („Ankerfall"); BGHZ 63, 167 („Tankwagenfall"); vgl auch RGZ 82, 206 („Dombrandfall"); dazu WOLLSCHLÄGER JA 1979, 126, 130; LARENZ/CANARIS, Schuldrecht Bd II/2 (13. Aufl 1994) 410; MEDICUS/PETERSEN, Bürgerliches Recht (26. Aufl 2017) Rn 412; SCHWERDTNER Jura 1982, 593 ff, 596; ESSER/WEYERS, Schuldrecht Bd II, Teilbd 2 (8. Aufl 2000) 13.
³³⁷ So etwa BGHZ 156, 394, 398 ff = NJW 2004, 513; **aA** BGHZ 40, 28, 32 = NJW 1963, 1825; zum Ganzen MünchKomm/SCHÄFER (7. Aufl 2017) § 677 Rn 77 mwNw.

negative Tatbestandsmerkmal dient der Abgrenzung der GoA gegenüber vorrangigen vertraglichen und gesetzlichen Regelungen zur Geschäftsbesorgung. Der Umfang des Ausschlusstatbestands reicht dabei weit über das ausdrücklich genannte Auftragsrecht (§§ 662 ff BGB) hinaus und lässt sich als Grundlage der allgemeinen Wertung deuten, dass die Regeln über die GoA hinter andere speziellere Rechtsinstitute zurücktreten, die die Berechtigung oder Verpflichtung zum Tätigwerden in einem fremden Rechtskreis zum Gegenstand haben.[338] Das Tatbestandsmerkmal der fehlenden Berechtigung steht insoweit auf einer Ebene mit anderen allgemeinen Ausschlusstatbeständen der GoA, die sich etwa aus dem Versionsverbot oder § 241a BGB ergeben.[339]

Die Voraussetzungen des Ausschlusstatbestands sind erfüllt, wenn der Geschäftsführer gegenüber dem Geschäftsherrn objektiv zur Geschäftsführung berechtigt oder verpflichtet ist. Die Berechtigung oder Verpflichtung kann sich aus vertraglichen oder gesetzlichen Regelungen ergeben. Zu den vertraglichen Spezialregelungen zählen dabei nicht nur solche, die wie das Auftrags- oder Geschäftsbesorgungsrecht (§§ 662 ff, 675 ff BGB) ausdrückliche Geschäftsführungsbefugnisse zum Gegenstand haben, sondern insbesondere auch die Leistungsstörungsrechte anderer Verträge wie Kauf-, Miet- und Werkverträge (insbesondere §§ 536a Abs 2, 637 BGB), die die Selbstvornahme bei Mängelbeseitigung grundsätzlich abschließend regeln;[340] dasselbe gilt im Bereich vorvertraglicher Aufwendungen für § 311 Abs 2 BGB bzw für die *culpa in contrahendo*. Auch Statusverhältnisse wie Betreuung, elterliche Sorge, Insolvenz- und Nachlassverwaltung, die zu einem umfassenden Tätigwerden im fremden Wirkungskreis berechtigen und verpflichten, schließen die Anwendung der GoA aus. Entsprechendes gilt schließlich für öffentlich-rechtliche Spezialregelungen des Polizei- und Ordnungsrechts, die grundsätzlich abschließende Regelungen zur Kostenerstattung enthalten.[341]

5. Besondere Voraussetzungen der berechtigten Geschäftsführung ohne Auftrag

a) Wille und Interesse des Geschäftsherrn

Der Geschäftsführer handelt in *berechtigter* GoA und hat Anspruch auf Aufwendungsersatz gemäß §§ 683 S 1, 670 BGB, wenn die Übernahme der Geschäftsführung „dem Interesse und dem wirklichen oder mutmaßlichen Willen des Geschäftsherrn" entsprach (§ 683 S 1 BGB); umgekehrt haftet der Geschäftsherr dem Geschäftsführer auf Herausgabe des Erlangten nach §§ 681 S 2, 667 BGB. Von diesem sog *Übernahmewillen* des Geschäftsherrn hängt die Weichenstellung zwischen *berechtigter* (§ 683 BGB) und *unberechtigter* (§ 684 BGB) GoA ab. Bei fehlendem Übernahmewillen des Geschäftsherrn hat man es mit einer unberechtigten GoA zu tun, bei der der Geschäftsherr dem Geschäftsführer nach §§ 684 S 1, 818 BGB Bereicherungsausgleich und umgekehrt der Geschäftsführer im Falle eines sog Übernahmeverschuldens dem

---

[338] Ausgeschlossen ist die GoA auch in Gefälligkeitsverhältnissen; vgl etwa BGHZ 206, 254 = NJW 2015, 2880.
[339] Zum Ganzen MünchKomm/SCHÄFER (7. Aufl 2017) § 677 Rn 66.
[340] Aus dem Fehlen einer entsprechenden Regelung im Kaufrecht folgt nach hM im Umkehrschluss die Unzulässigkeit der Selbstvornahme der Nacherfüllung außer unter den engen Voraussetzungen der Haftung auf Schadensersatz; vgl BGHZ 162, 219, 228 f = NJW 2005, 1348; aA etwa HERRESTHAL/RIEHM NJW 2005, 1457 ff; S LORENZ NJW 2005, 1321 ff; zum Parallelproblem bei der Rückgriffskondiktion o Rn 56.
[341] Näher MünchKomm/SCHÄFER (7. Aufl 2017) § 677 Rn 67 ff mwNw.

Geschäftsherrn nach § 678 BGB Schadensersatz auch für schuldlos verursachte Schäden schuldet *(Zufallshaftung)*. Fehlt der Übernahmewille des Geschäftsherrn, kommt eine berechtigte GoA ausnahmsweise unter den Voraussetzungen des § 679 BGB (Unbeachtlichkeit des Geschäftsherrnwillens bei Geschäftsführung im öffentlichen Interesse) oder § 684 S 2 BGB (Genehmigung der unberechtigten GoA) in Betracht.

125 Die gesetzliche Formulierung des § 683 S 1 BGB ist missverständlich, da sie das Verhältnis zwischen den relevanten subjektiven Tatbestandselementen auf Seiten des Geschäftsherrn unrichtig als kumulatives Erfordernis der Übereinstimmung mit Wille *und* Interesse des Geschäftsherrn darstellt und auch zwischen wirklichem und mutmaßlichem Geschäftsherrenwillen keine Abstufung erkennen lässt. Tatsächlich genießt der *wirkliche Wille* des Geschäftsherrn jedoch Vorrang vor dem Interesse und mutmaßlichen Willen und muss als genuiner Ausdruck des Geschäftsherreninteresses in jedem Falle beachtet werden. Unter dem wirklichen Willen ist der tatsächliche, innere Wille des Geschäftsherrn zu verstehen. Der Geschäftsherr muss zum Zeitpunkt der Geschäftsübernahme mit der Geschäftsbesorgung einverstanden gewesen sein, wobei dieser Übernahmewille mangels rechtsgeschäftlicher Natur weder nach außen gedrungen noch erst recht dem Geschäftsführer mitgeteilt oder erkennbar gewesen sein muss.[342] Der wirkliche Übernahmewille des Geschäftsherrn determiniert privatautonom das vom Rechtsanwender zu respektierende Interesse des Geschäftsherrn: Kann der wirkliche Wille ermittelt werden, richtet sich die Berechtigung der GoA *allein danach*, während dem mutmaßlichen Willen lediglich subsidiäre Bedeutung zukommt. Lässt sich der wirkliche Wille ermitteln, rückt damit nicht nur der mutmaßliche Wille, sondern auch das objektive Interesse des Geschäftsherrn in den Hintergrund.[343] Auch wenn der wirkliche Wille dem objektiven wohlverstandenen Interesse des Geschäftsherrn widerspricht, macht er den mutmaßlichen Willen unbeachtlich.[344] Dies kann dazu führen, dass der feststellbare wirkliche Wille für die Berechtigung der GoA auch dann von Bedeutung ist, wenn er sich, nach objektiven Interessenmaßstäben beurteilt, als „unvernünftiger" Wille herausstellt. Der Wortlaut des § 683 S 1 BGB bedarf im Lichte dieses Verständnisses mithin einer Korrektur, wonach *in erster Linie eine subjektive*, am *wirklichen* Willen des Geschäftsherrn orientierte, und erst *in zweiter Linie eine objektivierende Betrachtungsweise* zur Anwendung kommt.

126 Erst bei nicht feststellbarem wirklichen Willen ist sonach auf den *mutmaßlichen Willen* des Geschäftsherrn zu rekurrieren. Dabei kommt es auf die hypothetische Frage an, ob der Geschäftsherr bei der Übernahme mit der Geschäftsführung einverstanden gewesen wäre. Bei der Ermittlung des mutmaßlichen Willens ist entscheidend auf die individuelle Person des Geschäftsherrn, auf dessen konkrete Eigenheiten und Vorlieben abzustellen, selbst wenn sie dessen Interessen widersprechen; unzutreffend ist mithin die These, dass der mutmaßliche Wille stets mit dem wohlverstandenen, objektiven Interesse des Geschäftsherrn übereinstimme und folglich aus letzterem auf ersteren

---

[342] AA teilweise die Rechtsprechung, die eine erkennbare Äußerung fordert, damit jedoch materielle und prozessuale Anforderungen unzulässig vermischt; vgl etwa OLG Koblenz NJW-RR 1995, 15; OLG München NJW-RR 1988, 1013, 1015; zum Ganzen MünchKomm/SCHÄFER (7. Aufl 2017) § 683 Rn 5.

[343] STAUDINGER/BERGMANN (2015) § 683 Rn 23 ff, 28; MünchKomm/SCHÄFER (7. Aufl 2017) § 683 Rn 5; MEDICUS/PETERSEN, Bürgerliches Recht (26. Aufl 2017) Rn 422; ESSER/WEYERS, Schuldrecht Bd II, Teilbd 2 (8. Aufl 2000) 18 ff; GIESEN Jura 1996, 288 f; SCHWERDTNER Jura 1982, 642.

[344] MünchKomm/SCHÄFER (7. Aufl 2017) § 683 Rn 6; ESSER/WEYERS, Schuldrecht Bd II, Teilbd 2 (8. Aufl 2000) 18 ff.

geschlossen werden könne.³⁴⁵ Aufrechterhalten lässt sich lediglich die schwächere These, dass zur Ermittlung des mutmaßlichen Willens in Ermangelung entgegenstehender Indizien unter Berücksichtigung der konkreten Situation auf das wohlverstandene Interesse des Geschäftsherrn abgestellt werden kann, wobei der Geschäftsführer keine Mutmaßungen nach seinem eigenen Gutdünken zum Willen des Geschäftsherrn anstellen darf, sondern sich stets eine Würdigung der Umstände *aus Sicht des Geschäftsherrn* zu eigen machen muss.³⁴⁶ Für die Ermittlung des *Interesses des Geschäftsherrn* kommt es erst dann, wenn subjektive Anhaltspunkte nicht vorliegen, auf eine objektive Sichtweise und eine Kosten-Nutzen-Analyse an, bei der die Vorteile für den Geschäftsherrn die anfallenden Kosten übersteigen müssen.³⁴⁷

Der *gute Glaube des Geschäftsführers*, die Geschäftsführung entspreche dem Willen des Geschäftsherrn, ist dem tatsächlichen, wirklichen oder mutmaßlichen Willen des Geschäftsherrn nicht gleichzustellen.³⁴⁸ Die Idee einer gutgläubigen berechtigten GoA findet keine Stütze in der gesetzlichen Konzeption, die durch den Aufwendungsersatzanspruch zwar eine willkommene Wahrnehmung fremder Interessen fördern, gleichzeitig aber eine nicht erkennbar willkommene und objektiv interessenwidrige Einmischung in fremde Angelegenheiten bekämpfen und schutzlos stellen will. Da § 683 S 1 BGB kein Vertrauensschutzprinzip zugunsten des Geschäftsführers normiert, schafft dessen guter Glaube keine berechtigte Geschäftsführung und keinen Aufwendungsersatzanspruch nach §§ 683 S 1, 670 BGB, sondern führt geradewegs in die unberechtigte GoA. Der Geschäftsführer bleibt also mit den Folgen einer falschen Einschätzung der tatsächlich gegebenen Lage belastet. Dies gilt auch dann, wenn sich ein wirklicher Wille des Geschäftsherrn nicht feststellen lässt sowie sogar dann, wenn ein Fall der Notgeschäftsführung nach § 680 BGB vorliegt und der Geschäftsherr fälschlich, aber zurechenbar den Anschein erweckt hat, er sei mit der Geschäftsführung einverstanden.³⁴⁹ Auf die subjektive Einschätzung des Geschäftsführers kommt es bei der berechtigten GoA erst auf der Rechtsfolgenseite insoweit an, als der Aufwendungsersatzanspruch gemäß §§ 683, 670 BGB davon abhängt, ob der Geschäftsführer die Aufwendungen für erforderlich halten durfte. **127**

Abzugrenzen ist der für § 683 S 1 BGB relevante *Übernahmewille* des Geschäftsherrn schließlich von dessen Willen hinsichtlich der *Durchführung oder Ausführung* des Geschäfts. Anders als der für §§ 683 S 1, 684 S 1, 678 BGB maßgebliche *Übernahmewille* des Geschäftsherrn ist der sog *Ausführungswille* für die Zuerkennung eines Aufwendungsersatzanspruches unmaßgeblich. Der Ausführungswille des Geschäftsherrn ist in § 677 BGB normiert. Danach ist der (berechtigte oder unberechtigte³⁵⁰) Geschäftsführer verpflichtet, das Geschäft so zu führen, wie es das Interesse des Geschäftsherrn mit Rücksicht auf dessen wirklichen oder mutmaßlichen Willen erfordert. Entspricht die Durchführung des Geschäfts nicht dem Willen des Geschäftsherrn, kann dies zur Ent- **128**

---

³⁴⁵ MünchKomm/SCHÄFER (7. Aufl 2017) § 683 Rn 6; weniger restriktiv MEDICUS/PETERSEN, Bürgerliches Recht (26. Aufl 2017) Rn 423.
³⁴⁶ STAUDINGER/BERGMANN (2015) § 683 Rn 30: „Das objektive Interesse begründet lediglich eine widerlegbare Vermutung dahin, dass das objektiv Nützliche auch dem Willen des Geschäftsherrn entspricht."
³⁴⁷ MünchKomm/SCHÄFER (7. Aufl 2017) § 683 Rn 7.

³⁴⁸ MEDICUS/PETERSEN, Bürgerliches Recht (26. Aufl 2017) Rn 424; STAUDINGER/BERGMANN (2015) § 683 Rn 13; MünchKomm/SCHÄFER (7. Aufl 2017) § 683 Rn 7; ESSER/WEYERS, Schuldrecht Bd II, Teilbd 2 (8. Aufl 2000) 18 f.
³⁴⁹ MünchKomm/SCHÄFER (7. Aufl 2017) § 683 Rn 7; STAUDINGER/BERGMANN (2015) § 683 Rn 13.
³⁵⁰ Dazu bereits o Rn 100.

stehung von Schadensersatzansprüchen gemäß §§ 677, 280 Abs 1 S 1 BGB führen (sog *Ausführungshaftung*).[351] Übernahme- und Ausführungswille sind dabei nicht deckungsgleich; insbesondere kann es nach der Teleologie der Ausführungshaftung schon wegen deren Verschuldensabhängigkeit (§ 276 BGB) anders als bei § 683 S 1 BGB nicht permanent auf den wirklichen inneren Willen des Geschäftsherrn ankommen. Einigkeit besteht darüber, dass bei der Auslegung des Ausführungswillens ein objektivierter Maßstab zur Anwendung kommen muss, der dem erkennbaren Interesse des Geschäftsherrn im Rahmen der verkehrsüblichen Sorgfalt breiteren Raum gewährt als bei § 683 S 1 BGB; inwieweit aus der abweichenden Wortlautfassung von § 677 BGB gegenüber § 683 S 1 BGB darüber hinaus auf einen Vorrang des Geschäftsherrninteresses zu schließen ist, bleibt umstritten.[352]

b) Geschäftsführung im öffentlichen Interesse

129 § 679 BGB erklärt den die Fremdgeschäftsführung ablehnenden Willen des Geschäftsherrn in zwei Fällen für irrelevant: Zum einen gilt dies dann, wenn eine Pflicht des Geschäftsherrn, deren Erfüllung im qualifizierten öffentlichen Interesse liegt, sonst nicht rechtzeitig erfüllt werden würde. Zum anderen erklärt die Vorschrift den Geschäftsherrenwillen auch dann für unbeachtlich, wenn die Nichterfüllung seiner gesetzlichen Unterhaltspflicht droht. Hierfür bildet § 679 BGB im Rahmen aller Normen der echten GoA, die auf den Willen des Geschäftsherrn basieren, namentlich §§ 677, 678, 683 S 1 BGB, einen Ausnahmetatbestand.[353] Die Vorschrift findet also bereits auf die Lage bei der *Geschäftsübernahme* Anwendung und ist dabei als Erweiterung des § 683 S 1 BGB für die Weichenstellung zwischen berechtigter und unberechtigter GoA bedeutsam; zudem bewirkt sie eine Einschränkung der *Ausführungshaftung* gemäß §§ 677, 280 Abs 1 S 1 BGB und hebt die *Übernahmehaftung* gemäß § 678 BGB auf. Für die Anwendung von § 679 BGB genügt es nicht, wenn lediglich die Pflicht des Geschäftsherrn als solche im öffentlichen Interesse liegt. Entscheidend ist vielmehr, dass die *rechtzeitige Erfüllung* der Pflicht auch durch eine *andere Person* als den Geschäftsherrn im *qualifizierten* öffentlichen Interesse liegen muss. Das qualifizierte öffentliche Interesse an der Pflichterfüllung ist dabei nur anzunehmen, wenn durch die Nichterfüllung der Pflicht *Belange der Allgemeinheit* bedroht werden (Beispiele: Handeln zur Gefahrenabwehr, etwa drohender Einsturz eines Bauwerks, Sicherung einer Unfallstelle, Rettungseinsätze). Bei rein privatrechtlichen Pflichten des Geschäftsherrn ist diese Voraussetzung in der Regel nicht erfüllt.[354]

130 Die Grenzen des Anwendungsbereichs der Vorschrift treten in den sog *Selbstmordfällen* zutage, in denen ein Suizid von einem Retter verhindert wird. § 679 BGB kommt hier nicht zum Tragen, weil es keine Verpflichtung eines Menschen gibt, am Leben zu bleiben, und erst recht keine derartige Verpflichtung, die im öffentlichen Interesse läge.[355] Teilweise wird in Selbstmordfällen daher mit der Unbeachtlichkeit des Geschäftsherrenwillens gemäß §§ 134, 138 BGB argumentiert. Dem ist jedoch entgegenzuhalten, dass der Wille des suizidalen Geschäftsherrn nach heutigen gesellschaftlichen

---

[351] Näher MünchKomm/SCHÄFER (7. Aufl 2017) § 677 Rn 109 ff.
[352] Zum Ganzen MünchKomm/SCHÄFER (7. Aufl 2017) § 677 Rn 114 f; STAUDINGER/BERGMANN (2015) § 677 Rn 16 ff; ERMAN/DORNIS (15. Aufl 2017) § 677 Rn 4 f.
[353] Zum Ganzen MünchKomm/SCHÄFER (7. Aufl 2017) § 679 Rn 1, 3.
[354] Näher MünchKomm/SCHÄFER (7. Aufl 2017) § 679 Rn 6 ff; STAUDINGER/BERGMANN (2015) § 679 Rn 15 ff.
[355] BayObLG VersR 1968, 951 mit Anm MAURER JuS 1970, 561; GEILEN JZ 1974, 145; ZIMMERMANN FamRZ 1979, 103; MünchKomm/SCHÄFER (7. Aufl 2017) § 679 Rn 13.

Maßstäben nicht mit dem Verdikt der Sittenwidrigkeit belegt werden kann. Teils wird daher auch auf die §§ 104 ff BGB rekurriert, die allerdings mangels rechtsgeschäftlicher Natur des Geschäftsherrenwillens ebenfalls keine direkte Anwendung finden können. Es bleibt damit zur Begründung der Anwendung des § 683 BGB nur die letztlich offen rechtspolitische, völlig vom Geschäftsherrenwille gelöste Erwägung, dass die Verhinderung eines Selbstmords durch uneigennützige Helfer eine gesellschaftlich erwünschte und daher durch positive Anreize förderungswürdige Verhaltensweise darstellt. In dieselbe Richtung zielt auch die Argumentation, dass der Retter nach § 323c StGB zum Eingreifen verpflichtet sein kann und sich bei einem Unterlassen möglicherweise strafbar machen würde.[356]

6. Rechtsfolgen der Geschäftsführung ohne Auftrag

a) Aufwendungsersatzanspruch bei berechtigter GoA

Die Unterteilung der GoA in die vier vorgestellten Typen versteht sich nicht als Selbstzweck, sondern dient der Bestimmung unterschiedlicher Rechtsverhältnisse und Rechtsfolgen zwischen Geschäftsführer und Geschäftsherrn. So kann der Geschäftsführer bei der *berechtigten* GoA – und nur dort – einen Aufwendungsersatzanspruch nach §§ 683 S 1, 670 BGB geltend machen. Dies ist die alte römisch-rechtliche *actio negotiorum gestorum contraria* (Gegenklage) des Geschäftsführers gegen den Geschäftsherrn. Die Rechtsordnung gewährt dem Geschäftsführer über die Kostenerstattung hinaus keine besondere „Belohnung" für seinen uneigennützigen Einsatz.[357] Der Aufwendungsersatzanspruch nach §§ 683 S 1, 670 BGB steht daher seit jeher im Mittelpunkt der Rechtsprechung zur GoA.[358] Unter Aufwendungen sind dabei grundsätzlich wie auch sonst im BGB *freiwillige Vermögensopfer* zu verstehen, die der Geschäftsführer aufgrund der Geschäftsausführung erbringt. Erforderlich ist ein kausaler Zusammenhang mit der Geschäftsführung. Darüber hinaus muss der Geschäftsführer die Aufwendung gemäß § 670 BGB *für erforderlich halten dürfen*. Die Erforderlichkeit ist dabei nach einem objektiven Maßstab, ergänzt durch Vertrauensschutzelemente und normative Wertungen, zu beurteilen: Danach kommt es primär auf eine wirksame

---

[356] Zum Ganzen RGZ 167, 85; BGHZ 92, 270 ff; STAUDINGER/BERGMANN (2015) § 683 Rn 17; MünchKomm/SCHÄFER (7. Aufl 2017) § 683 Rn 20; OTTO JuS 1984, 684, 688 ff; WOLLSCHLÄGER JA 1979, 126, 129. Treffend auch die Einschätzung von WOLLSCHLÄGER, Die Geschäftsführung ohne Auftrag: Theorie und Rechtsprechung (1976) 311: „Der Selbstmord ist eine Situation extremer menschlicher Not, die frei von rechtlichen Sanktionen jeder Art bleiben muß. Einerseits hat der rechtmäßig handelnde Retter weder Bestrafung noch Schadensersatzforderungen zu gewärtigen. ... (Andererseits darf) die Entschädigung ... einem Rechtszwang nicht unterworfen werden. Wenn der Errettete nicht selbst zu der Einsicht gelangt, daß seinem ‚Interesse' gedient wurde, und den Helfer freiwillig entschädigt, muß dieser sich mit den Sozialversicherungsleistungen bescheiden. Die höchstpersönliche Entscheidung über den Wert des eigenen Lebens nachzuvollziehen, ist nicht Aufgabe der Gerichte. Abgesehen von einer einzigen Klage einer taktlosen Bürokratie (Hinweis auf BayObLG MDR 1968, 920 = VersR 1968, 951) ist denn auch ausweislich der veröffentlichten Judikatur aus diesem Anlaß noch nicht gestritten worden."

[357] Abgesehen vom Spezialfall des Finderlohns im Fundrecht, das man als mit der GoA verwandt ansehen kann; vgl STAUDINGER/GURSKY/WIEGAND (2017) Vorbem 3 zu §§ 965 ff. Für eine Belohnung bei der berechtigten GoA KOHLER JheringsJahrb Bd 25, NF Bd 13 (1887) 1, 134 ff; zum Ganzen auch STAUDINGER/BERGMANN (2015) § 683 Rn 54 ff.

[358] WOLLSCHLÄGER, Die Geschäftsführung ohne Auftrag: Theorie und Rechtsprechung (1976) 32; HELM, Geschäftsführung ohne Auftrag, in: Gutachten und Vorschläge zur Überarbeitung des Schuldrechts, hrsg v Bundesministerium der Justiz, Bd III (1983) 345; CHIUSI, in: FS Ress (2005) 1425.

Weisung des Geschäftsherrn, in Ermangelung einer solchen auf eine objektive Beurteilung der Verhältnismäßigkeit gemessen am Interesse des Geschäftsherrn aus einer *ex-post*-Perspektive und schließlich lediglich bei unverschuldeten Fehleinschätzungen des Geschäftsführers auf dessen Einschätzung *ex ante* an, wobei einfache Fahrlässigkeit im Fall der Notgeschäftsführung gemäß § 680 BGB nicht schadet. Die Erforderlichkeit der Aufwendungen ist stets ausgeschlossen, wenn die Geschäftsbesorgung gemäß §§ 134, 138 BGB gesetzes- oder sittenwidrig war.[359]

132 Darüber hinaus kommt in zwei Fällen ein erweiterter Aufwendungsbegriff zum Tragen. Zum einen kann der auftragslose Geschäftsführer in zwei Konstellationen eine *Vergütung für seine Arbeitskraft* verlangen. Erstens ist dies dann der Fall, wenn er infolge der Geschäftsbesorgung einen eigenen Erwerb unterlässt und dadurch einen *Verdienstausfall* erleidet. Dieser ist als freiwilliges Vermögensopfer als Aufwendung gemäß §§ 683 S 1, 670 BGB ersatzfähig. Zweitens und wichtiger ist der Fall, dass der Geschäftsführer die Geschäftsbesorgung im Rahmen seines Gewerbes oder Berufs durchführt und dafür üblicherweise ein Entgelt erhält. Gegen eine allgemeine Entgeltpflicht bei der auftragslosen Geschäftsführung spricht, dass der Beauftragte nach § 662 BGB unentgeltlich tätig wird und folglich auch der auf das Auftragsrecht verweisende Aufwendungsersatzanspruch aus §§ 683 S 1, 670 BGB regelmäßig keinen Kostenersatz für die aufgewandte Zeit und Arbeitskraft des Geschäftsführers vorsieht. Die *eigene Arbeitskraft des Geschäftsführers* stellt danach als solche keinen Vermögenswert dar.[360] Dennoch ist anerkannt, dass dem Geschäftsführer im Rahmen von §§ 683 S 1, 670 BGB die übliche Vergütung zu gewähren ist, wenn er das Geschäft im Rahmen seines Berufs oder Gewerbes führt. Dafür spricht nicht nur eine Analogie zu § 1835 Abs 3 BGB, sondern auch die Erwägung, dass das Fehlen eines Vergütungsanspruchs im Recht der GoA auf einem Redaktionsversehen der BGB-Gesetzgeber beruht, die sich erst spät für die Unentgeltlichkeit des Auftrags entschieden und dabei die Schaffung eines eigenständigen Vergütungsanspruchs bei der GoA versäumt haben. Zu korrigieren ist das Redaktionsversehen durch die entsprechende Anwendung der §§ 612 Abs 1, 632 Abs 1 BGB, wenn die Übernahme der Geschäftsführung nach der Verkehrsauffassung nur gegen Entgelt zu erwarten war.[361]

133 Zum anderen kann der Geschäftsführer im Rahmen des Anspruchs aus § 683 S 1 BGB nicht nur freiwillige Vermögensopfer, sondern analog § 670 BGB auch *risikotypische Begleitschäden* geltend machen, soweit sie auf einem geschäftsbesorgungsimmanenten Risiko beruhen (etwa Körperschäden bei Rettung; Kfz-Schäden bei Selbstaufopferung im Straßenverkehr),[362] weil der Geschäftsherr, der aus der Geschäftsführung Nutzen zieht, gerechterweise auch die unvermeidlichen Nachteile tragen muss, die mit der Nutznießung verbunden sind.[363] Dabei darf sich freilich nicht nur das allgemeine Lebensrisiko verwirklicht haben (Beispiel: Verkehrsunfall des zur Rettung herbeieilen-

---

[359] Zum Ganzen MünchKomm/SCHÄFER (7. Aufl 2017) § 683 Rn 22 ff.
[360] MünchKomm/SCHÄFER (7. Aufl 2017) § 683 Rn 28.
[361] Zum Ganzen MünchKomm/SCHÄFER (7. Aufl 2017) § 683 Rn 28; MEDICUS/PETERSEN, Bürgerliches Recht (26. Aufl 2017) Rn 430; WOLLSCHLÄGER, Die Geschäftsführung ohne Auftrag: Theorie und Rechtsprechung (1976) 311 ff; OTTO JuS 1984, 684, 685; SEILER, in: FS Hübner (1984) 239 ff; KÖHLER JZ 1985, 359 ff sowie ausführlich LOYAL, Die „entgeltliche" Geschäftsführung ohne Auftrag (2011).
[362] Näher MünchKomm/SCHÄFER (7. Aufl 2017) § 683 Rn 29 f, § 670 Rn 11 ff; STAUDINGER/BERGMANN (2015) § 683 Rn 62 ff; MEDICUS/PETERSEN, Bürgerliches Recht (26. Aufl 2017) Rn 428 f; OTTO JuS 1984, 684, 687.
[363] RGZ 167, 85; BGHZ 38, 270, 277; HONSELL, in: FG vLübtow (1980) 485, 499 f.

den Geschäftsführers).³⁶⁴ Umstritten ist jedoch, ob es sich um reine Zufallsschäden handeln muss, für die weder Geschäftsherr noch Geschäftsführer verantwortlich sind. Nach einer Auffassung ist das im Umkehrschluss zu § 110 HGB zu bejahen; nach der Gegenauffassung ist hingegen im Wege der Analogie zu dieser Vorschrift auch eine Einbeziehung weiterer Schäden und die Anwendung schadensersatzrechtlicher Normen wie insbesondere § 254 BGB möglich.³⁶⁵ Teilweise wird dafür auch auf die arbeitsrechtliche Figur der Risikohaftung bei schadensgeneigter Tätigkeit in fremdem Interesse zurückgegriffen.³⁶⁶

b) Aufwendungsersatzanspruch bei unberechtigter GoA

Bei einer *unberechtigten* GoA hat der Geschäftsführer keinen Aufwendungsersatzanspruch nach §§ 683 S 1, 670 BGB. Wohl aber kann er ausweislich des § 684 S 1 BGB vom Geschäftsherrn nach bereicherungsrechtlichen Vorschriften dasjenige herausverlangen, was dieser durch die Geschäftsführung erlangt hat. Auch dabei handelt es sich typologisch um einen Aufwendungsersatzanspruch und um ein Minus gegenüber §§ 683, 670 S 1 BGB, nicht hingegen um eine Aufwendungskondiktion. Denn typischerweise beruht die Bereicherung des Geschäftsherrn gerade darauf, dass der Geschäftsführer bestimmte Aufwendungen (freiwillige Vermögensopfer) oder Verwendungen (Aufwendungen auf eine Sache) erbringt, die sich wertsteigernd im Vermögen des Geschäftsherrn niederschlagen. Anders als nach §§ 683 S 1, 670 BGB, die allein darauf abstellen, ob der berechtigte Geschäftsführer seine Aufwendungen für erforderlich halten durfte, ist jedoch für die unberechtigte GoA entscheidend, ob die Geschäftsführung für den Geschäftsherrn tatsächlich von Nutzen ist. Rechtstechnisch wird dies durch die in § 684 S 1 BGB enthaltene *Rechtsfolgenverweisung* auf das Bereicherungsrecht verwirklicht, die spezifisch § 818 Abs 3 BGB umfasst.³⁶⁷ Nach herrschender Meinung beschreibt § 684 BGB die unberechtigte GoA als den Aufwendungsersatzanspruch begründenden Tatbestand abschließend. Die Tatbestandsvoraussetzungen des § 812 BGB sind danach ebenso wenig zu prüfen wie die in §§ 814, 815, 817 S 2 BGB vorgesehenen Kondiktionssperren, die aufgrund ihres Bezugs zur Leistungskondiktion ohnehin tatbestandlich nicht einschlägig sind.³⁶⁸

Umstritten ist darüber hinaus, ob der Anspruch aus §§ 684 S 1, 818 BGB der Höhe nach durch die Anspruchshöhe des § 670 BGB beschränkt ist.³⁶⁹ Dies wird nur in dem Ausnahmefall relevant, dass der Vorteil des Geschäftsherrn über die Vermögensminderung des Geschäftsführers durch die Aufwendung hinausreicht und die Regeln der aufgedrängten Bereicherung im Rahmen von § 818 Abs 3 BGB nicht eingreifen. In

---

³⁶⁴ MünchKomm/Schäfer (7. Aufl 2017) § 683 Rn 29; Otto JuS 1984, 684, 687.
³⁶⁵ Restriktiv MünchKomm/Schäfer (7. Aufl 2017) § 670 Rn 11 ff, insbes 15; für die differenzierte Anwendung schadensersatzrechtlicher Prinzipien dagegen Staudinger/Bergmann (2015) § 683 Rn 67 ff.
³⁶⁶ Canaris RdA 1966, 41, 42; vgl auch Huber, Die Haftung des Geschäftsherrn für schuldlos erlittene Schäden des Geschäftsführers beim Auftrag und bei der berechtigten Geschäftsführung ohne Auftrag (1965) 49 ff; Genius AcP 173 (1973) 481, 515 ff.
³⁶⁷ Zur Einordnung als Rechtsfolgenverweisung MünchKomm/Schäfer (7. Aufl 2017) § 684 Rn 6; Staudinger/Bergmann (2015) § 684 Rn 5; aA Henssler JuS 1991, 924, 928; OLG Hamm NJW 1974, 951 ff; Loyal JZ 2012, 1102 ff.
³⁶⁸ So auch MünchKomm/Schäfer (7. Aufl 2017) § 684 Rn 10.
³⁶⁹ So Staudinger/Bergmann (2015) § 684 Rn 10; MünchKomm/Schäfer (7. Aufl 2017) § 684 Rn 8; Medicus/Petersen, Bürgerliches Recht (26. Aufl 2017) Rn 884, 900; aA Reuter/Martinek, Ungerechtfertigte Bereicherung (1. Aufl 1983) 716.

diesem Fall spricht für die Anspruchsbegrenzung, dass der unberechtigte Geschäftsführer hinsichtlich des Aufwendungsersatzes nicht besser stehen sollte als der berechtigte; der Anspruch aus § 684 BGB ist insoweit als Anspruch auf Aufwendungsersatz, beschränkt durch die noch vorhandene Bereicherung, zu verstehen. Dem lässt sich nicht entgegenhalten, dass der Geschäftsherr die Geschäftsführung nach § 684 S 2 BGB genehmigen und dadurch nachträglich in eine berechtigte GoA einschließlich Beschränkung der Anspruchshöhe nach § 670 BGB umwandeln könnte, denn dies würde bedeuten, dem Geschäftsherrn doch wieder die ungewollte Geschäftsführung mit allen Nebenfolgen aufzudrängen.[370]

c) Ansprüche bei irrtümlicher und angemaßter Eigengeschäftsführung

136 Bei der *irrtümlichen Eigengeschäftsführung* bestimmt sich der Aufwendungsersatz ausweislich des § 687 Abs 1 BGB nach den allgemeinen Regeln. Je nach Art der Geschäftsführung kann daher Aufwendungsersatz nach Bereicherungsrecht, deliktischer Schadensersatz oder Verwendungsersatz nach den Vorschriften des Eigentümer-Besitzer-Verhältnisses (§§ 994, 996 BGB) verlangt werden. Die Regelung des § 687 Abs 1 BGB hat eine *Aussonderungsfunktion*: Die irrtümliche Eigengeschäftsführung wird dem gesetzlichen Schuldverhältnis der GoA *a limine* entzogen; eine Genehmigung durch den Geschäftsherrn ist anders als bei § 684 S 2 BGB nicht möglich.

137 Anders ist die Rechtslage bei der *angemaßten Eigengeschäftsführung*. Hier steht dem Geschäftsherrn gemäß § 687 Abs 2 S 1 BGB das Wahlrecht zu, die Ansprüche aus §§ 677, 678, 681, 682 BGB geltend zu machen und die Geschäftsanmaßung damit weitgehend nach den Regeln der unberechtigten GoA zu behandeln.[371] Dies dient vor allem dazu, über §§ 681 S 2, 667, 2. Fall BGB die Abschöpfung von Erträgen aus Eingriffen in fremde absolute Rechte oder geschützte Rechtspositionen über das Delikts- und das Bereicherungsrecht hinaus zu ermöglichen.[372] Macht der Geschäftsherr diese Ansprüche geltend, so ist er dem Geschäftsanmaßer seinerseits nach §§ 687 Abs 2 S 2, 684 S 1, 818 BGB zur Leistung von Aufwendungsersatz bis zur Höhe der vorhandenen Bereicherung verpflichtet. Macht der Geschäftsherr von seinem Wahlrecht keinen Gebrauch, scheint zunächst nichts dagegen zu sprechen, den Geschäftsanmaßer auch in diesem Fall auf Bereicherungsherausgabe nach den allgemeinen Regeln zu verweisen. Nach allgemeiner Auffassung enthält § 687 Abs 2 S 2 BGB jedoch eine abschließende Regelung und gewährt Aufwendungsersatz bei der Geschäftsanmaßung *ausschließlich* bei positiver Ausübung des Wahlrechts durch den Geschäftsherrn. Für den Geschäftsanmaßer bedeutet dies, dass er dem Geschäftsherrn nach §§ 987 ff, 812 ff, 823 ff BGB haftet und seinerseits keine Aufwendungsersatzansprüche

---

[370] Zu beachten ist freilich die Konkurrenz mit der gleichzeitig gegebenen Aufwendungskondiktion, in deren Rahmen sich dieselbe Frage stellt; dazu bereits o Rn 96.

[371] Die Ausübung des Wahlrechts bedeutet keine Genehmigung der Geschäftsführung im Sinne des § 684 S 2 BGB. Der Geschäftsführer kann einen Aufwendungsersatzanspruch deshalb nur auf § 684 S 1 BGB und nicht auf §§ 683 S 1, 670 BGB stützen.

[372] Einen wichtigen Anwendungsbereich bildet die Gewinnabschöpfung bei Verletzung gewerblicher Schutzrechte (Patente, Gebrauchsmuster, Marken) sowie Urheber- und Persönlichkeitsrechte. Nach stRspr kann der Betroffene analog §§ 687 Abs 2, 681 S 2, 667 BGB Herausgabe des Verletzergewinns verlangen, wodurch der Grundsatz der Gewinnherausgabe als allgemeine Methode der Schadensberechnung bei schuldhafter Verletzung fremder Ausschließlichkeitsrechte anerkannt wurde; vgl RGZ 35, 63, 71; RGZ 108, 1, 5; RGZ 156, 65, 67; RGZ 156, 321, 325; BGHZ 34, 320; BGHZ 44, 372, 374; dazu STAUDINGER/BERGMANN (2015) § 687 Rn 65 ff; MünchKomm/SCHÄFER (7. Aufl 2017) § 687 Rn 16, 30 f.

nach § 684 BGB oder § 812 BGB geltend machen kann.³⁷³ Diese die Bösgläubigkeit des Geschäftsanmaßers sanktionierende Rechtsfolge erfährt lediglich im Spezialfall des § 994 Abs 2 BGB (partielle Rechtsgrundverweisung) eine Ausnahme, da nach dieser Vorschrift auch dem bösgläubigen Besitzer immerhin ein Verwendungsersatzanspruch nach § 683 BGB oder § 684 BGB eingeräumt wird.

d) Pflichtenstellung des Geschäftsführers, Übernahme- und Ausführungshaftung

Gemäß § 677 BGB hat der Geschäftsführer das Geschäft „so zu führen, wie das Interesse des Geschäftsherrn mit Rücksicht auf dessen wirklichen oder mutmaßlichen Willen es erfordert." Das daraus folgende besondere gesetzliche Schuldverhältnis mit den in §§ 677–686 BGB geregelten Rechten und Pflichten entsteht nach klassischer Auffassung sowohl bei der berechtigten als auch bei der unberechtigten GoA.³⁷⁴ Dem kann nicht entgegengehalten werden, dass der unberechtigte Geschäftsführer die Geschäftsführung richtigerweise ganz zu unterlassen habe,³⁷⁵ da dessenungeachtet ein Interesse des Geschäftsherrn zum rücksichtsvollen Umgang mit seinen Rechtsgütern anzuerkennen ist und folglich die Notwendigkeit besteht, auch den unberechtigten Geschäftsführer an den Willen des Geschäftsherrn zu binden.³⁷⁶ Aus § 677 BGB folgt indessen auch für den berechtigten Geschäftsführer keine Pflicht, das Geschäft nach der Übernahme *weiterzuführen*. Da der Geschäftsführer frei entscheiden kann, ob er die Geschäftsführung übernimmt, hat er auch das Recht, die Geschäftsführung jederzeit zu beenden, solange die Aufgabe der Geschäftsführung nicht gegen Treu und Glauben verstößt.³⁷⁷ Führt er das Geschäft allerdings weiter, ist er an den Willen des Geschäftsherrn gebunden und macht sich im Falle der schuldhaften Verletzung dieser Verpflichtung gemäß §§ 677, 280 Abs 1 S 1 BGB schadensersatzpflichtig (sog *Ausführungshaftung)*. Grundlage der Haftung ist das besondere Schutzpflichtverhältnis, das mit der Übernahme eigenverantwortlicher Obhut über eine fremde Sache oder fremdes Vermögen entsteht.³⁷⁸ Der Verschuldensmaßstab richtet sich nach den allgemeinen Regeln (§ 276 BGB), wird aber durch die §§ 680, 682 BGB teilweise modifiziert. So haftet nach § 682 BGB ein nicht voll geschäftsfähiger Geschäftsführer nur nach Delikts- und Bereicherungsrecht, womit er in den Genuss der Haftungserleichterungen nach §§ 827–829 BGB sowie § 818 Abs 3 BGB gelangt.³⁷⁹ Im Rahmen der

---

³⁷³ BGHZ 39, 186, 189; MünchKomm/SCHÄFER (7. Aufl 2017) § 687 Rn 41; HENSSLER JuS 1991, 924, 929; WOLLSCHLÄGER, Die Geschäftsführung ohne Auftrag: Theorie und Rechtsprechung (1976) 142 f.
³⁷⁴ Ebenso MünchKomm/SCHÄFER (7. Aufl 2017) § 670 Rn 109; STAUDINGER/BERGMANN (2015) § 677 Rn 13; MEDICUS/PETERSEN, Bürgerliches Recht (26. Aufl 2017) Rn 426, 432.
³⁷⁵ REUTER/MARTINEK, Ungerechtfertigte Bereicherung, Teilbd 2 (2. Aufl 2016) 557.
³⁷⁶ So auch MünchKomm/SCHÄFER (7. Aufl 2017) § 677 Rn 9, 109; vgl bereits o Rn 100.
³⁷⁷ Die Vorschrift des § 242 BGB käme etwa zum Zuge, wenn dem Geschäftsherrn bei Beendigung der Geschäftsführung Nachteile drohten, die im Falle einer Nicht-Übernahme der Geschäftsführung nicht eingetreten wären;

so ausdrücklich die Motive, vgl MUGDAN Mot II 480.
³⁷⁸ WOLLSCHLÄGER, Die Geschäftsführung ohne Auftrag: Theorie und Rechtsprechung (1976) 324.
³⁷⁹ Aus § 682 BGB darf nicht geschlossen werden, dass nicht voll Geschäftsfähige zur Geschäftsführung uneingeschränkt in der Lage wären. Unumstritten finden im Außenverhältnis zu etwaigen Dritten, die der Geschäftsführer zur Geschäftsbesorgung heranzieht, die allgemeinen Regeln (§§ 104 ff BGB) Anwendung, so dass der Geschäftsführer Rechtsgeschäfte entweder gar nicht (§§ 105, 111 BGB) oder nur entsprechend den §§ 107 f, 110 BGB vornehmen kann. Im Innenverhältnis zum Geschäftsherrn ist der nicht voll Geschäftsfähige durch § 682 BGB vor einer Inanspruchnahme durch den Geschäftsherrn

Rechtsfolge hat der Geschäftsführer den Geschäftsherrn so zu stellen, wie dieser bei ordentlicher Geschäftsführung stünde.[380]

139 Darüber hinaus statuiert § 678 BGB für die sog *Übernahmehaftung* (auch: *Übernahmeverschulden*) eine verschärfte Haftung des Geschäftsführers.[381] Es handelt sich um eine eigenständige Anspruchsgrundlage, die neben die Haftung gemäß §§ 677, 280 Abs 1 S 1 BGB tritt und in den Fällen, in denen der Geschäftsführer die unberechtigte Übernahme der Geschäftsführung zu vertreten hat, die Haftung bereits an die vorgelagerte Pflichtverletzung anknüpft, die in der unberechtigten Übernahme liegt.[382] Der Vorteil für den Geschäftsherrn besteht darin, dass der Schadensersatzanspruch nicht von einer konkret nachzuweisenden Pflichtverletzung in der Ausführung der Geschäftsführung abhängt; vielmehr genügt bereits der allgemeine Vorwurf, die Geschäftsübernahme sei in zumindest fahrlässig zu vertretender Weise (arg § 122 Abs 2 BGB) gegen den Willen des Geschäftsherrn erfolgt. Gegenüber der sonst eingreifenden Delikshaftung erfährt der Geschäftsherr damit eine dreifache Privilegierung:[383] Erstens haftet der Geschäftsführer auch außerhalb von § 823 Abs 2 BGB und §§ 824, 826 BGB für Vermögensschäden; zweitens genügt anders als im Deliktsrecht der Kausalzusammenhang zwischen Geschäftsübernahme und Schaden, ohne dass es auf ein weiteres Verschulden ankäme, und schließlich haftet der Geschäftsführer gemäß § 278 BGB für Erfüllungsgehilfen. Bei der angemaßten Eigengeschäftsführung kommt § 678 BGB gemäß § 687 Abs 2 S 1 BGB zur Anwendung, wenn der Geschäftsherr sein Wahlrecht zugunsten der Geschäftsführungsregeln ausübt.

140 Nach § 680 BGB gilt im Fall der *Notgeschäftsführung* eine Haftungsmilderung zugunsten des Geschäftsführers, wenn die Geschäftsführung der Abwendung einer dem Geschäftsherrn drohenden dringenden Gefahr dient. In diesem Fall hat der Geschäftsführer nur Vorsatz und grobe Fahrlässigkeit zu vertreten. Auch diese Vorschrift gilt nach hier vertretener Ansicht sowohl für die berechtigte als auch für die unberechtigte GoA;[384] sie steht im Zusammenhang mit der Aufhebung der Wartepflicht auf die Entschließung des Geschäftsherrn bei Gefahr im Verzug gemäß § 681 S 1 HS 2 BGB. Voraussetzung des § 680 BGB ist, dass die Geschäftsführung die Abwendung einer „dem Geschäftsherrn drohenden und dringenden Gefahr" bezweckt. Diese ist dann gegeben, wenn der Eintritt eines Schadens mit hoher Wahrscheinlichkeit unmittelbar bevorsteht und die Hilfe deshalb keinen Aufschub duldet; die Gefahr muss zudem den Geschäftsherrn selbst oder ihm nahestehende Personen betreffen. Umstritten ist dabei ähnlich wie im Zusammenhang anderer subjektivistisch formulierter Normen im Bereich der §§ 677 ff BGB, ob die in § 680 BGB angesprochene Gefahr *objektiv* „drohen und dringen" muss oder ob es ausreicht, dass der Geschäftsführer ohne Verschulden eine solche Gefahrenlage annimmt, so dass das Haftungsprivileg schon bei bloßer *Scheingefahr* zur Anwendung käme. Richtigerweise ist ersteres anzunehmen, also an einer *objektiven* Interpretation des Gefahrbegriffs festzuhalten.[385] Verkennt der Ge-

---

geschützt; vgl MünchKomm/SCHÄFER (7. Aufl 2017) § 682 Rn 3.
[380] Vgl MünchKomm/SCHÄFER (7. Aufl 2017) § 677 Rn 122.
[381] Zum Ganzen MünchKomm/SCHÄFER (7. Aufl 2017) § 678 Rn 1 ff.
[382] Vgl MünchKomm/SCHÄFER (7. Aufl 2017) § 678 Rn 1; STAUDINGER/BERGMANN (2015) § 678 Rn 4; jeweils mit dem Hinweis, dass die tradierte Bezeichnung „Übernahmeverschulden" terminologisch unpräzise sei; hier ist deshalb von „Übernahmehaftung" die Rede.
[383] MünchKomm/SCHÄFER (7. Aufl 2017) § 678 Rn 2; STAUDINGER/BERGMANN (2015) § 678 Rn 20; HENSSLER JuS 1991, 924, 927.
[384] Vgl MünchKomm/SCHÄFER (7. Aufl 2017) § 680 Rn 3.
[385] So auch MünchKomm/SCHÄFER (7. Aufl

schäftsführer die objektive Ungefährlichkeit der Situation, so besteht kein Anlass, ihn über das übliche Haftungsmaß des § 276 BGB hinaus zusätzlich zu privilegieren; es ist ihm dann vielmehr erst recht zuzumuten, die verkehrsübliche Sorgfalt (§ 276 Abs 2 BGB) einzuhalten. Nur dies entspricht auch der allein auf den Geschäftsherrenwillen bezogenen Interpretation der Berechtigung der Geschäftsführung in § 683 BGB und der zugrundeliegenden Wertung, keine Fehlanreize für die unnötige und unerbetene Einmischung in fremde Rechtssphären zu setzen.[386] Mit dieser Maßgabe schränkt § 680 BGB sowohl die Übernahme- als auch die Ausführungshaftung gemäß § 678 BGB bzw §§ 677, 280 Abs 1 S 1 BGB ein und erweitert den Aufwendungsersatz auf der Grundlage von §§ 683 S 1, 670 BGB im Bereich der für erforderlich gehaltenen Aufwendungen und Zufallsschäden, *nicht* dagegen den Anwendungsbereich der berechtigen GoA gemäß § 683 BGB.[387]

141 Neben der Hauptpflicht des § 677 BGB hat der Geschäftsführer schließlich die in § 681 BGB enthaltenen *Nebenpflichten* zu erfüllen. Auch § 681 BGB ist nach hier vertretener Auffassung sowohl auf die berechtigte als auch auf die unberechtigte GoA anwendbar.[388] Große Bedeutung besitzt dabei vor allem der *Herausgabeanspruch des Geschäftsherrn* gemäß §§ 681 S 2, 667 BGB, der die alte *actio negotiorum gestorum directa* gegen den Geschäftsführer kodifiziert. Im Einzelnen schuldet der Geschäftsführer gemäß §§ 681 S 2, 667, 1. Fall BGB Herausgabe der ihm zur Geschäftsausführung überlassenen, noch vorhandenen Mittel sowie gemäß §§ 681 S 2, 667, 2. Fall BGB Herausgabe des aus der Geschäftsführung Erlangten; davon umfasst ist insbesondere der gesamte durch die Geschäftsführung zurechenbar erzielte *Gewinn* nebst Nutzungen und rechtsgeschäftlichen Surrogaten *(commodum ex negotiatione cum re)*. Herauszugeben ist der *Bruttogewinn*; Aufwendungen des Geschäftsführers sind über die Gegenansprüche aus §§ 683, 684 BGB geltend zu machen. Unerheblich ist schließlich, ob der Geschäftsherr den Gewinn selbst hätte erzielen können oder wollen; auch ist der Anspruch nicht den Einschränkungen der Bereicherungshaftung gemäß §§ 817 S 2, 818 Abs 3 BGB unterworfen und reicht damit weiter als die reguläre Bereicherungshaftung des Geschäftsführers aus Eingriffs- oder Zweckverfehlungskondiktion.[389]

142 Zu den weiteren Nebenpflichten des Geschäftsführers gehört die Pflicht zur *Anzeige der Übernahme* gemäß § 681 S 1 HS 1 BGB, die dem Geschäftsherrn eine Entscheidung darüber ermöglichen soll, ob überhaupt und gegebenenfalls in welcher Weise weitergehandelt werden soll. Versäumt der Geschäftsführer schuldhaft diese Pflicht, begibt er sich mit der Folge des § 679 BGB fahrlässig der Möglichkeit, den wirklichen Willen des Geschäftsherrn zu erforschen. Nach §§ 681 S 2, 666 BGB trifft den Geschäftsführer weiter eine *Auskunfts- und Rechenschaftspflicht*, die dem Geschäftsherrn die Entscheidung darüber erleichtern soll, ob er die Geschäftsführung genehmigt oder nicht, und die es ihm ermöglichen soll, die nach Beendigung der GoA eventuell noch erforderlichen Handlungen selbst vorzunehmen. §§ 681 S 2, 668 BGB statuieren schließlich zusätzlich zur Herausgabepflicht und unabhängig von einem Schaden des

---

2017) § 680 Rn 7; Staudinger/Bergmann (2015) § 680 Rn 12 f; jeweils mwNw auch zur Gegenauffassung.
[386] Zur ökonomischen Anreizstruktur des § 683 BGB Staudinger/Bergmann (2015) § 683 Rn 13.
[387] Zum Ganzen MünchKomm/Schäfer

(7. Aufl 2017) § 680 Rn 13 f; Staudinger/ Bergmann (2015) § 680 Rn 18 ff.
[388] Ebenso MünchKomm/Schäfer (7. Aufl 2017) § 681 Rn 3.
[389] Zum Ganzen MünchKomm/Schäfer (7. Aufl 2017) § 681 Rn 17.

Geschäftsherrn einen Zinsanspruch in gesetzlicher Höhe, soweit der Geschäftsführer den erlangten Vorteil zweckwidrig für sich selbst verwendet.

IV. Europäische Perspektiven

1. Ungerechtfertigte Bereicherung und GoA im Kollisionsrecht

143 In den Mitgliedstaaten der Europäischen Union begründet das Recht der ungerechtfertigten Bereicherung *(unjustified enrichment, enrichissement sans cause, arricchimento senza causa, enriquecimiento injustificada, ongerechtvaardigde verrijking, bestämmelser om obehörig vinst* etc) sowie das Recht der GoA *(negotiorum gestio, zaakwarneming, gestion d'affaires d'autrui, gestione di affari altrui, agency by necessity without authority, benevolent intervention in another's affaires* etc) jeweils einen traditionsreichen Bereich der nationalen Privatrechtsordnungen. Wenn sich schon die nationalen materiellen, substanziellen Rechtsmaterien nicht vereinheitlichen und nicht zu einem *loi uniforme* ausgestalten lassen, sollte man sich wenigstens um einheitliche allseitige Kollisionsregeln bemühen, um bei Fällen mit Auslandsberührung unabhängig vom Ort des Forums eine Entscheidungsharmonie bezüglich des anwendbaren Rechts zu erreichen. Seit dem 11.1.2009 bestimmt nun die gemeinschaftsrechtliche Rom II-VO[390] das auf außervertragliche Schuldverhältnisse anzuwendende Recht in allen Zivil- und Handelssachen, die eine Verbindung zum Recht verschiedener Staaten aufweisen, mit Ausnahme der in Art 1 Abs 2 genannten Bereiche (zB außervertragliche Schuldverhältnisse aus ehelichen Güterständen, aus Wechseln und Schecks, aus dem Gesellschafts- und Vereinsrecht oder aus Persönlichkeitsrechtsverletzungen).[391] Im Mittelpunkt der Rom II-VO steht nach dem Kap II zum Recht der unerlaubten Handlungen (Art 4 bis 9 Rom II-VO) das Kap III zum Recht der ungerechtfertigten Bereicherung (Art 10 Rom II-VO), der Geschäftsführung ohne Auftrag (Art 11 Rom II-VO) sowie des Verschuldens bei Vertragsverhandlungen (Art 12 Rom II-VO). Nach Art 14 Rom II-VO können die Parteien das Recht, das dem außervertraglichen Schuldverhältnis unterliegen soll, in Wahrnehmung ihrer Parteiautonomie wählen, allerdings grds nur „nach Eintritt des schadensbegründenden Ereignisses"; falls allerdings alle Parteien einer kommerziellen Tätigkeit nachgehen, kann auch vorher schon eine Rechtswahl durch „frei ausgehandelte Vereinbarung" erfolgen. Die gesetzlichen Kollisionsregeln der Rom II-VO zum internationalen Bereicherungs- und GoA-Recht in Art 10 und 11 Rom II-VO gelten also immer nur mangels einer parteiautonomen Rechtswahl. Das nach der VO bezeichnete Recht ist nach dem Prinzip der universellen Anwendung gemäß Art 3 Rom II-VO „auch dann anzuwenden, wenn es nicht das Recht eines Mitgliedstaates ist".

144 Die Rom II-VO bestimmt das anwendbare Sachrecht in Fällen der ungerechtfertigten Bereicherung und der GoA primär nach dem Recht, das für ein bestehendes Rechtsverhältnis zwischen den Parteien gilt. Für die ungerechtfertigte Bereicherung ist Art 10 Abs 1 Rom II-VO einschlägig: „Knüpft ein außervertragliches Schuldverhältnis aus ungerechtfertigter Bereicherung, einschließlich von Zahlungen auf eine nicht beste-

---

[390] VO (EG) Nr 864/2007 des Europäischen Parlaments und des Rates v 11.7.2009 ABl EU 2007 L 199/ 40; vgl hierzu CZAPLINSKI/STAUDINGER NJW 2009, 2249 ff; NUGEL NJW-Spezial 2010, 9; vHEIN ZEuP 2009, 6 ff; LÜTTRINGHAUS RIW 2008, 193 ff; COLLIN ZfSch 2009, 242 ff.
[391] Vgl Art 3 EGBGB nF zum verbleibenden Anwendungsbereich der nicht aufgehobenen Art 38 ff EGBGB.

hende Schuld, an ein zwischen den Parteien bestehendes Rechtsverhältnis – wie einen Vertrag oder eine unerlaubte Handlung – an, das eine enge Verbindung mit dieser ungerechtfertigten Bereicherung aufweist, so ist das Recht anzuwenden, dem dieses Rechtsverhältnis unterliegt." Eine entsprechende, weithin wortgleiche Bestimmung findet sich für die GoA in Art 11 Abs 1 Rom II-VO; auch hier wird zuvörderst auf das Vertrags- oder Deliktsstatut der Parteien rekurriert. Lässt sich danach das anzuwendende Recht nicht bestimmen, sind nach den abgestuften Regelungen in Art 10 Abs 2 und 3 Rom II-VO und Art 11 Abs 2 bis 3 Rom II-VO subsidiär zunächst der gemeinsame gewöhnliche Aufenthaltsort der Parteien und schließlich der Eintrittsort einer ungerechtfertigten Bereicherung bzw der Ort, an dem die Geschäftsführung erfolgt ist, ausschlaggebend. Dies gilt aber nach den Ausweichklauseln in Art 10 Abs 4 Rom II-VO bzw Art 11 Abs 4 Rom II-VO nur insoweit, als nicht zu einem anderen Staat eine offensichtlich engere Verbindung besteht.

Diese differenzierte Regelung unterscheidet sich vom Regelungsgehalt her kaum von den früher geltenden Regelungen in Art 38 und 39 EGBGB, die nunmehr nur noch für die vom Anwendungsbereich der Rom II-VO ausgeschlossenen Fälle gelten. Art 38 EGBGB zur ungerechtfertigten Bereicherung trifft zwar in seinen drei Absätzen eine Unterscheidung zwischen Leistungs-, Eingriffs- und sonstigen Kondiktionen, die einer *lex fori*-Qualifikation von Bereicherungsfällen nach dem deutschen System des Kondiktionsrechts besonders entgegenkam. Damit lässt sich jedoch auch die autonome Kollisionsnorm des Art 10 Rom II-VO gut in Einklang bringen. Dies gilt umso mehr, als auch Art 41 EGBGB eine Ausweichklausel bei einer wesentlichen engeren Verbindung eines Falles mit einem bestimmten Recht kennt und damit ebenfalls eine Anknüpfung an einen gemeinsamen Aufenthaltsort der Beteiligten ermöglicht. Entsprechend stellt sich auch die Lage für das Kollisionsrecht der GoA bei einem Vergleich des neuen Art 11 Rom II-VO mit dem bislang regelmäßig geltenden Art 39 EGBGB dar. Das neue europäische Kollisionsrecht der außervertraglichen Schuldverhältnisse aus ungerechtfertigter Bereicherung und GoA nach der Rom II-VO ist noch ein junges Rechtsgebiet; höchstrichterliche Rechtsprechung – und das höchste Gericht ist hier der EuGH – ist noch nicht bekannt.[392]

2. Ungerechtfertigte Bereicherung und GoA im europäischen Privatrecht

Im Mittelpunkt der Diskussion über ein europäisches Privatrecht stand in jüngerer Zeit der *Draft Common Frame of Reference* – DCFR, der auf eine Verständigung über die Harmonisierung des bürgerlichen Vermögensrechts in den Mitgliedstaaten abzielt. Seit Oktober 2009 liegt die sechsbändige Vollversion „*Principles, Definitions and Model Rules of European Private Law – Draft Common Frame of Reference (DCFR)*" vor.[393] Das Werk enthält in seinem „Book VII – Unjustified enrichment" sieben Kapitel, die mit einer „Basic rule" in chapter I eingeleitet werden (VII.–1:101 (1)): „A person who obtains an unjustified enrichment which is attributable to another's dis-

---

[392] Vgl etwa OLG Düsseldorf RdTW 2014, 318 zur internationalprivatrechtlichen Qualifikation der seerechtlichen Großen Haverei als GoA im Sinne von Art 11 Rom II-VO.
[393] vBar/Clive (eds), Principles, Definitions and Model Rules of European Private Law – Draft Common Frame of Reference (DCFR) (2009), prepared by the Study Group of a European Civil Code and the Research Group on EC Private Law (Acquis Group), 6 Volumes; dazu http://ec.europa.eu/justice/contract/files/european-private-law_en.pdf; vgl auch vBar, Principles of European Law – Benevolent Intervention in Another's Affairs (2006); vBar/Swann, Principles of European Law – Unjustified Enrichment (2010).

advantage is obliged to that other to reverse the enrichment." Die folgenden chapter 2 bis chapter 7 tragen die Überschriften: When enrichment unjustified; Enrichment and disadvantage; Attribution; Reversal of enrichment; Defenses; Relation to other legal rules. Auch der GoA, für die sich im Harmonisierungsdiskurs der Gemeinschaft die Bezeichnung „Benevolent intervention in another's affairs" durchgesetzt hat, ist im DCFR ein eigenes Buch, Book V, gewidmet, das aus drei Kapiteln mit folgenden Überschriften besteht: Scope of application; Duties of intervener; Rights and authority of intervener. Die „Regelungen" des DCFR zur GoA gelten nach V.–1:101 (1) „where a person, the intervener, acts with the predominant intention of benefitting another, the principal, and: (a) the intervener has a reasonable ground for acting; or (b) the principal approves the act without such undue delay as would adversely affect the intervener."

147 Die Bücher VII und V des DCFR bilden mit ihren *Model Rules, Notes, Comments* und *Definitions* für Wissenschaftler in allen Mitgliedstaaten Europas einen unschätzbaren Schatz für die wissenschaftliche Rechtsvergleichung sowie für die politisch-konzeptionelle Arbeit an einer Rechtsvereinheitlichung. Daran ändert die teilweise harsche Kritik nichts, die bereits während der Vorarbeiten an den *Model Rules* geäußert wurde und die darauf hinausläuft, dass die doch sehr einschneidenden und manchmal unüberbrückbar erscheinenden Unterschiede in den bereicherungs- und geschäftsführungsrechtlichen Grundkonzeptionen und Einzelregelungen der verschiedenen europäischen Länder bisweilen im DCFR allzu brachial eingeebnet würden.[394] Es mag durchaus zutreffend sein, dass sich mit den *Model Rules* in den Büchern VII und V zum Bereicherungsrecht und zur GoA, über deren Einzelheiten man gewiss heftig streiten kann, derzeit wohl kaum ein Mitgliedstaat der Gemeinschaft zu identifizieren vermag. In manchen Ländern würde eine „Ersetzung" ihrer traditionellen Regelungsprogramme zum Recht der ungerechtfertigten Bereicherung und der GoA durch die *Model Rules* möglicherweise gar als eine unhistorische Barbarisierung und als ein destruktiver Atavismus empfunden.[395] Aber eine solche Ersetzung steht in absehbarer Zeit nicht in Rede; abgesehen davon gibt es auch in der Rechtsentwicklung „schöpferische Zerstörungen" (SCHUMPETER), wofür die Rechtsgeschichte zahlreiche Beispiele und Lehren bereithält. Der unbestreitbare Wert des DCFR besteht vor allem in den profund erarbeiteten, tiefschürfenden Materialien als Diskussions- und Harmonisierungsgrundlage. Der DCFR hat zentrale Wertungen herausgearbeitet und grundlegende Begriffe definiert. Gleichviel, ob und inwieweit der wissenschaftliche DCFR in einen politischen CFR transformiert werden sollte – der Weg zu einem europäischen Privatrecht ist auch für die außervertraglichen Schuldverhältnisse der ungerechtfertigten Bereicherung und der GoA nicht nur gebahnt, er ist bereits beschritten.

V. Gelöste und ungelöste Aufgaben

1. Dogmatische „Abrüstung" des Bereicherungsrechts

148 Das *Recht der ungerechtfertigten Bereicherung*, das als eines der schwierigsten Gebiete des bürgerlichen Rechts gilt, hat zwar in den hundert Jahren nach Inkrafttreten des BGB turbulente dogmatische Wendungen erlebt, ist aber inzwischen in ruhigeres Fahr-

---

[394] Vgl etwa JANSEN ZEuP 2007, 958; RADEMACHER Jura 2008, 87; WESTERMANN, in: FS Medicus (2009) 611, 628 f.

[395] Dazu auch SCHMIDT-RECLA JZ 2010, 1150.

wasser geraten. Inzwischen wird es von der Literatur und wohl auch, wiewohl noch zögerlich, von der Rechtsprechung nicht mehr als autonomes Billigkeitsrecht, sondern als ein integriertes Ausgleichsrecht verstanden, das seine Maßstäbe für das Ob, Warum, Wie und Inwieweit eines Ausgleichs rechtsgrundloser Vermögensverschiebungen in den jeweils einschlägigen Regelungsprogrammen des BGB sucht und findet. Zu den fest etablierten Grundpfeilern der bereicherungsrechtlichen Dogmatik gehören die *Trennungslehre* mit der darauf basierenden tatbestandlichen Differenzierung zwischen Leistungs- und Nichtleistungskondiktionen, namentlich Eingriffs-, Verwendungs- und Rückgriffskondiktion; bei der *Leistungskondiktion* die Grundzüge der Verknüpfung von Leistung und Gegenleistung bei der Rückabwicklung gescheiterter Austauschverträge; bei der *Eingriffskondiktion* der Vindikationsersatzgedanke und die daraus folgende Einschränkung des § 818 Abs 3 BGB hinsichtlich der Abzugsfähigkeit von Erwerbsaufwendungen; bei der *Verwendungs-* und *Rückgriffskondiktion* die Grundzüge der aufgedrängten Bereicherung und des Schuldnerschutzes analog §§ 404 ff BGB sowie schließlich die Grundzüge der Rückabwicklung im *Dreipersonenverhältnis*.[396]

Dabei hat sich das dogmatische Problembewusstsein gegenüber früheren Befundbeschreibungen in den letzten Jahren verschoben. War es bis vor wenigen Jahren noch ein Zustand der „Regellosigkeit"[397] oder der notorische einzelfallbezogene Billigkeitsvorbehalt der Rechtsprechung, die als dogmatisches Skandalon empfunden wurden, so scheint das Problem heute nicht ein Zuwenig, sondern eher ein Zuviel an dogmatischer Regelgeleitetheit zu sein, die der Lösbarkeit bereicherungsrechtlicher Fälle inzwischen zunehmend im Wege steht. Gerade in den seit langem im Mittelpunkt der Diskussion stehenden Dreipersonenverhältnissen hat sich das herrschende teleologische Ausgleichsmodell nach Risikozurechnungsgrundsätzen nicht trotz, sondern gerade *wegen* seiner extrem hohen systematischen Konsistenz inzwischen in Komplexitätsgrade verstrickt, die die klassische privatrechtsdogmatische Wissenschaft an die Grenzen ihrer Leistungsfähigkeit führen. Zu den Aufgaben der künftigen Bereicherungsrechtsdogmatik wird daher auch die wesentliche Vereinfachung, ja „Abrüstung"[398] des dogmatischen Systems des Bereicherungsausgleichs in Dreipersonenverhältnissen gehören müssen, die nicht zuletzt deren Lehrbarkeit im akademischen Unterricht wiederherstellen sollte. Dabei wird es auch wesentlich darum gehen, den Argumentationsrahmen der klassischen Bereicherungsrechtsdogmatik durch die Einbeziehung rechtsvergleichender und rechtsökonomischer Strukturanalysen zu erweitern.[399]

---

[396] Vgl auch JANSEN AcP 216 (2016) 112, 149 f.
[397] JAKOBS NJW 1992, 2524; dagegen CANARIS NJW 1992, 3143 ff.
[398] So der treffende Titel des Beitrags von SCHALL JZ 2013, 753 ff; vgl auch WESEL NJW 1994, 2594, 2595: „Vereinfachen, vereinfachen, vereinfachen." Zum Ganzen näher AUER ZfPW 2016, 479 ff; dies, in: FS Canaris (2017) 509, 531 ff.
[399] Wegweisend SCHLECHTRIEM, Restitution und Bereicherungsausgleich in Europa Bd I (2000) und Bd II (2001); ZIMMERMANN (Hrsg), Grundstrukturen eines Europäischen Bereicherungsrechts (2005). Speziell zum englischen Recht, das keinen dem deutschen Recht entsprechenden Verkehrsschutz zugunsten des gutgläubigen Empfängers anerkennt, existieren zahlreiche rechtsvergleichende Studien, etwa SCHALL Restitution Law Review 2004, 110 ff; SOLOMON, Der Bereicherungsausgleich in Anweisungsfällen (2004); HÄCKER, Consequences of Impaired Consent Transfers (2009); RADEMACHER, Verkehrsschutz im englischen Privatrecht (2016). Aus ökonomischer Perspektive beispielhaft für § 817 BGB WAGNER AcP 206 (2006) 352, 364 ff.

2. Funktionsbestimmung und -begrenzung der GoA

150 Im *Recht der Geschäftsführung ohne Auftrag* bereitet seit Inkrafttreten des BGB die stark subjektivistische Fassung vieler Vorschriften erhebliche Schwierigkeiten. Der Eindruck einer kaum vermeidbaren Subsumtions- und Rechtsunsicherheit erzeugt vielfach auch bei Studierenden eine bis zum Examen anhaltende Angst vor diesem Rechtsgebiet, die wohl nur noch von dem studentischen Horror vor den bereicherungsrechtlichen Dreipersonenverhältnissen übertroffen wird: Als erstes subjektives Element begegnet dem Rechtsanwender in §§ 677, 687 Abs 1 BGB der Fremdgeschäftsführungswille des Geschäftsführers. Ist diese Hürde genommen, stellt sich sogleich das zweite subjektive Element in Gestalt des Willens des Geschäftsherrn zur Geschäftsübernahme nach § 683 BGB in den Weg. Als drittes subjektives Element ist vielfach der Ausführungswille des Geschäftsherrn nach § 677 BGB zu prüfen. Als viertes subjektives Element ist bei einem Aufwendungsersatzanspruch nach §§ 683 S 1, 670 BGB schließlich zu ermitteln, ob der Geschäftsführer Aufwendungen aus seiner Sicht für erforderlich halten durfte. Diese geballte Subjektivität der Normadressierung im Recht der auftragslosen Geschäftsführung scheint fast zwangsläufig in eine schwer berechenbare Subjektivität der Rechtsanwendung umzuschlagen.

151 Zu den Aufgaben der Rechtswissenschaft und Rechtsprechung wird es hier künftig gehören, im Interesse der Rechtssicherheit nach allgemein konsentierten Regeln zu suchen, um den Anwendungsbereich der GoA möglichst klar zu bestimmen und vermeidbare Subjektivismen zu eliminieren bzw zu objektivieren. Dabei wird es zielführend sein, subjektivistische Dogmatiken wie die des „auch-fremden-Geschäfts" dort zurückzudrängen, wo diese keinen klaren Interessengehalt zur Falllösung beitragen, sondern letztlich Sachfragen verstellen, die auf grundlegenderen Ebenen der tatbestandlichen Abgrenzung und wertungsmäßigen Harmonisierung der GoA mit anderen Ausgleichsverhältnissen, namentlich solchen des Bereicherungsrechts, des Deliktsrechts und des Eigentümer-Besitzer-Verhältnisses, zu lösen sind. Als Desiderate für die künftige dogmatische Funktionsbestimmung und -begrenzung der GoA seien an dieser Stelle vier Problemfelder genannt:[400] Ein wesentlicher dogmatischer Fortschritt bestünde zunächst schon darin, mit der Literatur gegen die noch überwiegende Rechtsprechung die GoA künftig bei der *Rückabwicklung nichtiger Verträge* konsequent unangewendet zu lassen und stattdessen den Vorrang der Leistungskondiktion anzuerkennen. Zweitens ist in den Fallgruppen der *Rettung und Selbstaufopferung* eine Harmonisierung des Aufwendungsersatzes nach GoA-Regeln mit deliktischen Haftungsprinzipien geboten, die dort ebenfalls die weitgehende Entbehrlichkeit der subjektivistischen Doktrin des auch-fremden-Geschäfts zur Folge hat. Bei Fällen des *unabgesprochenen Handelns* für einen anderen sollte die Grundwertung lauten, dass ein Ausgleichsanspruch nach den Regeln der GoA grundsätzlich zu versagen ist, soweit eine vertragliche Absprache möglich und üblich gewesen wäre oder sogar versucht wurde und gescheitert ist; die GoA ist kein Auffangtatbestand für das speziellere Vertragsrecht und die *culpa in contrahendo*. Eine Fülle von nach wie vor ungelösten Problemen bereitet schließlich die Abstimmung von *Aufwendungs- und Verwendungsersatz* nach GoA-Vorschriften bei der Zahlung fremder Schulden in Konkurrenz mit der Rückgriffskondiktion sowie bei Sachaufwendungen mit den konkurrierenden Re-

---

[400] Näher JANSEN AcP 216 (2016) 112, 173 ff, 177 ff, insbesondere 180 zur Konkurrenz mit §§ 994 ff BGB. Die komplexen Probleme können im vorliegenden Rahmen nicht im Einzelnen ausgebreitet werden.

gelungen des Eigentümer-Besitzer-Verhältnisses gemäß §§ 994 ff BGB – hier bleibt viel zu tun.

VI. Schluss

Im Bereicherungsrecht wie im Recht der GoA haben wir es mit zwei zentralen Rechtsinstituten des bürgerlichen Rechts und mit „Eckpfeilern des Zivilrechts" zu tun, die eine gewaltige Last an Konfliktlagen, Ordnungs- und Regelungsaufgaben zu tragen haben und dabei ihrerseits nicht ohne ergänzende Stützen und absichernde Verstrebungen auskommen. Dem Bereicherungsrecht wurden solche Stützen und Streben in der Vergangenheit nicht nur überreichlich (und teils schief) eingezogen, sondern jenes wurde auch noch durch aufgesetzte Zinnen, Erker und Türmchen derart üppig verziert, dass der Gesamtbau der deutschen Bereicherungsrechtsdogmatik heute eher unter dem Problem leidet, dass seine Nutzer – Wissenschaftler, Praktiker, Studierende – die Eingangstür nicht mehr finden oder sich im Treppenhaus verirren. Hier scheint also ein vorsichtiger Rückbau angezeigt, während die bescheidenere Hütte der auftragslosen Geschäftsführung von vornherein auf sumpfigem, subjektivistischem Untergrund errichtet wurde und daher zunächst mit soliden Fundamenten bedacht werden sollte, ehe man an den Dachausbau gehen kann. An künftigen dogmatischen Aufgaben besteht also kein Mangel. Der gerade erst angelaufene Harmonisierungsprozess in Richtung auf ein gemeinsames europäisches Privatrecht ist für das deutsche System der ungerechtfertigten Bereicherung und der Geschäftsführung ohne Auftrag insoweit Risiko und Chance zugleich.

S. Das Recht der unerlaubten Handlungen

Johannes Hager

Systematische Übersicht

§ 1 Einführung

I. Die Funktion des Deliktsrechts — 100

II. Das System der §§ 823 ff — 105

III. Deliktshaftung und Gefährdungshaftung — 107

IV. Delikt und Vertrag — 109

V. Die Erweiterung durch den (vorbeugenden) Unterlassungsanspruch und den Beseitigungsanspruch — 112

VI. Verfassungsrecht und Deliktsrecht — 114

§ 2 Die geschützten Rechtsgüter und Rechte

I. Der Schutz des Lebens — 200

II. Körper und Gesundheit — 203

III. Die Freiheit — 220

IV. Das Eigentum — 223

V. Sonstige Rechte — 238

§ 3 Die Persönlichkeit

I. Die Geschichte — 300

II. Der verfassungsrechtliche Ausgangspunkt — 301

III. Die Träger des Persönlichkeitsrechts — 303

IV. Der postmortale Persönlichkeitsschutz — 308

V. Die Passivlegitimation — 311

VI. Der Schutz gegen Herabwürdigung und Entstellung — 315

VII. Der Schutz der persönlichen Sphäre — 338

VIII. Der Schutz vor Belästigungen und Diskriminierung — 361

IX. Das Recht auf Selbstbestimmung — 363

X. Das Recht auf Kenntnis der Abstammung — 363a

XI. Die Rechtsfolgen — 364

§ 4 Das Recht am Gewerbebetrieb

I. Die Entwicklung und die Funktion — 400

II. Die Dogmatik — 402

III. Der Gegenstand des Schutzes — 404

IV. Die Eingriffsmodalität — 408

V. Die Subsidiarität — 414

VI. Die Fallgruppen — 415

§ 5 Die Verkehrspflichten

I. Die Funktion der Verkehrspflichten — 500

II.	Die Begründung von Verkehrspflichten	501	§ 7 Die Verletzung eines Schutzgesetzes	
			I. Die Funktion und das Verhältnis zu anderen Normen	700
III.	Der Umfang der Verkehrspflichten	506		
IV.	Der geschützte Personenkreis und der Schutzzweckzusammenhang	516	II. Der Begriff des Gesetzes	701
			III. Die Kriterien des Schutzgesetzes	702
V.	Der Verkehrspflichtige	523	IV. Die Passivlegitimation	704
VI.	Die Besonderheiten des Verschuldens und der Beweislast	534	V. Das Verschulden	705
			VI. Die Beweislast	706

§ 6 Die Produkthaftung

I.	Entwicklung und dogmatische Grundlagen	600	§ 8 Die sonstigen Voraussetzungen der deliktischen Haftung	
II.	Der Begriff des Produkts	604	I. Die Handlung	800
III.	Der Umfang der Pflicht	606	II. Das zurechenbare Unterlassen	801
IV.	Die Verkehrspflichten des Herstellers	608	III. Die Kausalität und die Regel des § 830 Abs 1 S 2 BGB	804
V.	Der Verantwortliche	613	§ 9 Die vorsätzliche sittenwidrige Schädigung	
VI.	Der geschützte Personenkreis	617		
VII.	Die Darlegungs- und Beweislast	618	I. Die Voraussetzungen	900
			II. Fallgruppen	902

§ 1 Einführung

I. Die Funktion des Deliktsrechts

100 1. Die Hauptfunktion des deutschen Deliktsrechts ist es natürlich, für den Ausgleich erlittener Schäden zu sorgen. Man spricht von einer Befriedungsfunktion. Der Geschädigte darf sich auf den Schutz seiner Rechte verlassen. Das Deliktsrecht enthält so den Gedanken der Rechtsverfolgung und der Genugtuung, aber auch – vor allem bei der Gefährdungshaftung und im Bereich der Verkehrspflicht – denjenigen der Kompensation.[1] Schließlich geht es um die Rechtsfortsetzung, also die Kompensation für den Verlust.

---

[1] STAUDINGER/J HAGER (2017) Vorbem 9 zu §§ 823 ff; vgl auch LARENZ/CANARIS, Lehrbuch des Schuldrechts, Bd II, 2. Hbd (13. Aufl 1994) § 75 I 2i, der zwischen Unrecht und Unglück unterscheidet; diese Formel ist inzwischen vom BGH aufgegriffen worden; vgl BGH NJW 2006, 610, 611; 2006, 2326; NJW-RR 2003, 1459, 1460.

2. Eng verwoben damit ist die Präventionsfunktion. Der Einzelne soll sein Verhalten so einrichten, dass er Schadensersatzansprüche nach Möglichkeit vermeidet. Das ist trotz der Überlagerung durch den Versicherungsschutz sicher richtig, insbesondere soweit es um nicht kompensierbare Schäden geht. Begreift man Schadensersatzansprüche als Produktionskosten, so sind sie zu vermeiden oder mit einem Aufwand zu senken, der geringer ist als die entsprechenden Kosten.[2]

3. Kein Ziel ist die Straffunktion, mögen auch gewisse pönale Effekte nicht zu verneinen sein.[3] Das Deliktsrecht steht sogar in einem ausgesprochenen Spannungsverhältnis zur Handlungsfreiheit des Täters. Je stärker man das Opfer schützt, desto mehr beschneidet man die Entfaltungsfreiheit des anderen Teils.[4] Auf der anderen Seite geht es, was indes selten gesehen wird, auch um die Handlungsfreiheit des Opfers. Werden die Haftungsrisiken zu groß, werden die Tätigkeiten eingestellt oder aber die Preise gesteigert. Nicht selten hat das Opfer starke Beeinträchtigungen der eigenen Bewegungsfreiheit hinzunehmen, mit denen der Handelnde sich vor der Haftung schützen will. Der Zugang zu Bademöglichkeiten wird etwa beschränkt, damit es nicht zu Unfällen kommt.

4. Das Deliktsrecht steuert das Verhalten der Beteiligten. Je schärfer beispielsweise die Verkehrspflichten gefasst werden, desto sorgloser kann sich der Geschützte verhalten. Umgekehrt geht mit einer Erhöhung der Verkehrspflichten eine Steigerung der Vorsichtsmaßnahmen einher, die auch das potenzielle Opfer treffen, das in seiner Bewegungsfreiheit eingeschränkt werden kann.

5. Dagegen ist bei der ökonomischen Analyse des Deliktsrechts – wie generell gegenüber diesem Ansatz – Zurückhaltung angebracht. Das gilt etwa gegenüber dem Vorschlag, das Sorgfaltsniveau sei so festzulegen, wie das eine Person täte, die Opfer und Täter in einer Person sei.[5] Ersichtlich stößt dieser Ansatz rasch an seine Grenzen. Zum einen ist es oft schwierig, die relevanten Daten zu erfassen; zum anderen ist die Allokation nicht verteilungsneutral; über die Verteilung zu befinden ist jedoch nicht Aufgabe der Ökonomie.[6]

II. Das System der §§ 823 ff BGB

1. Das BGB kennt in § 823 Abs 1 BGB den Schutz der dort benannten Rechtsgüter und Rechte, wobei sich gewohnheitsrechtlich noch der Schutz der Persönlichkeit und – zum Teil immer noch bestritten[7] – des Gewerbebetriebs herausgebildet hat. § 823 Abs 2 BGB stellt auf die Existenz eines Schutzgesetzes, also auf Verhaltensanforderungen ab, die aus anderen Gebieten in das Deliktsrecht hineinwirken. Schließlich deckt § 826 BGB Verhaltensweisen ab, die gegen das rechtsethische Minimum verstoßen und daher einen besonderen Unrechtsgehalt aufweisen. Nicht durch das Deliktsrecht geschützt sind jedoch primäre Vermögensschäden und die allgemeine Hand-

---

[2] STAUDINGER/J HAGER (2017) Vorbem 10 zu §§ 823 ff; KOLLER VersR 1980, 3.
[3] STAUDINGER/J HAGER (2017) Vorbem 11 zu §§ 823 ff.
[4] STAUDINGER/J HAGER (2017) Vorbem 12 zu §§ 823 ff.
[5] ADAMS, Ökonomische Analyse der Verschuldens- und Gefährdungshaftung (1985) 165, 167.
[6] STAUDINGER/J HAGER (2017) Vorbem 17 f zu §§ 823 ff.
[7] LARENZ/CANARIS § 81 IV; abl – jedenfalls für Schutzrechtsverwarnungen – BGH NJW 2004, 3322, 3323 f; wie die hM BGH GS BGHZ 164, 1 ff.

lungsfreiheit. Desgleichen genießt der mittelbar Geschädigte grundsätzlich keinen Schutz, wenn und soweit kein eigenes Rechtsgut oder Recht in Mitleidenschaft gezogen ist. So kann eine Eiskunstläuferin, deren Partner bei einem Unfall verletzt wurde, vom Schädiger keinen Ersatz dafür verlangen, dass sie nicht mit ihrem Partner auftreten kann.[8]

106 2. Diese Position hat sich bislang gegenüber ihren Kritikern[9] durchgesetzt, allerdings mit erheblichen Konzessionen. Denn ein Großteil der Probleme wird mit Hilfe des Vertragsrechts gelöst, sodass sich im Ergebnis kaum Unterschiede zeigen. Die hM nimmt etwa einen Vertragsschluss zwischen dem Kunden und der beratenden Bank an[10], soweit die Bank nicht erklärt, sich auf die Übersendung von Informationsbroschüren zu beschränken[10a] oder erstreckt – namentlich bei Verträgen mit Sachverständigen – die Schutzrichtung auch auf Dritte,[11] die sogar gegenläufige Interessen haben können.[12]

III. Deliktshaftung und Gefährdungshaftung

107 1. Im Gebiet der Deliktshaftung sind Voraussetzungen nicht nur die Verwirklichung des Tatbestandes, sondern auch die Rechtswidrigkeit und das Verschulden. Die Regeln der §§ 823 ff BGB gelten für unerlaubte Handlungen innerhalb und außerhalb des BGB, soweit nicht – wie etwa im Wettbewerbsrecht – die Kodifikation abschließend ist. Dagegen gehört die Haftung aus Sonderbeziehungen – zB die §§ 122 Abs 1, 179 Abs 1 BGB – nicht hierher.

108 2. Die Gefährdungshaftung – etwa das Produkthaftungsgesetz – verzichtet jedenfalls auf das Erfordernis des Verschuldens und nach überwiegender Auffassung auch auf die Rechtswidrigkeit.[13] Tragender Grund ist die Zusammengehörigkeit von Vorteil und Risiko. Daneben spielen die Prävention und die Möglichkeit der Versicherung eine Rolle. Das bislang in der Rechtsprechung zugrunde gelegte Präventionsprinzip wirft die Frage nach der Analogie auf. Eine Gesamtanalogie wird von der hM abgelehnt.[13a] Dagegen ist eine Einzelanalogie durchaus möglich. Gefährdungs- und Verschuldenshaftung können miteinander konkurrieren. Die Frage hat allerdings nach der Reform des § 253 Abs 2 BGB, der nunmehr – im Unterschied zu § 847 aF – auch eine Kompensation für immaterielle Schäden außerhalb des Deliktrechts vorsieht, viel an Bedeutung verloren.

IV. Delikt und Vertrag

109 1. Es gibt eine Reihe von Unterschieden zwischen vertraglicher und deliktischer Haftung. Die unerlaubte Handlung setzt die Verletzung einer Pflicht voraus, die gegenüber jedermann besteht; vertragliche Pflichten sind dagegen nur zwischen den Parteien begründet.[14] Primäre Vermögensschäden sind nur abgedeckt, wenn vertrag-

---

[8] BGH NJW 2003, 1040, 1041; vgl auch BGH NJW 2001, 971, 972 f; 2004, 356, 358.
[9] Vgl zB MünchKomm/WAGNER § 823 Rn 184 ff; BRÜGGEMEIER, Deliktsrecht (1986) Rn 457.
[10] BGHZ 123, 126, 128; BGH NJW 1979, 1595, 1596; BGH BKR 2008, 199, 200 Rn 12.
[10a] BGHZ 196, 370, 377 Rn 17.
[11] BGHZ 193, 293, 301 Rn 13; BGH NJW 1984, 355, 356; 2001, 3115, 3116.
[12] BGH NJW 1987, 1758, 1759; 2002, 1196, 1197; NJW-RR 2004, 1356, 1357.
[13] STAUDINGER/J HAGER (2017) Vorbem 30 zu §§ 823 ff.
[13a] BGHZ 122, 363, 368; STAUDINGER/J HAGER (2017) Vorbem 29 zu §§ 823 ff.

liche oder vertragsähnliche Beziehungen bestehen. Im Rahmen von Sonderbeziehungen werden die Pflichtverletzung und das Verschulden von Erfüllungsgehilfen und gesetzlichen Vertretern nach § 278 BGB zugerechnet. § 831 BGB knüpft dagegen an das vermutete Auswahlverschulden an; jedoch ist der Begriff des Verrichtungsgehilfen enger, da er Weisungsgebundenheit voraussetzt; obendrein steht der Entlastungsbeweis offen. Die Beweislastumkehr des § 280 Abs 1 S 2 BGB gilt nur im vertraglichen Bereich, mögen auch im Deliktsrecht in einer Reihe von Fällen Beweiserleichterungen bestehen. Unterschiede beim Ersatz immaterieller Schäden und in der Verjährung sind weitgehend beseitigt, sieht man von den Besonderheiten der §§ 438, 634a BGB bei der Sachmängelgewährleistung ab.

2. Nach ganz hM können deliktische und vertragliche Ansprüche konkurrieren.[15] Der älteren Mindermeinung, die das Deliktsrecht durch die vertragliche Haftung als verdrängt ansieht,[16] ist nicht zu folgen, da sie denjenigen schlechter stellt, der mit dem Schädiger zusätzlich in Vertragsbeziehungen steht.

3. Allerdings können sich vertragliche Vereinbarungen, namentlich Haftungsbegrenzungen, auch im Deliktsrecht auswirken.[17] Dabei sind indes eine Reihe von Begrenzungen zu beachten, beispielsweise die §§ 309 Nr 7 Buchst a, 307 BGB, aber auch die §§ 7 HaftPflG, 8a S 1 StVG, 49 LuftVG. Und natürlich müssen die rechtsgeschäftlichen Voraussetzungen erfüllt sein, also etwa die Geschäftsfähigkeit. Ein konkludenter Haftungsausschluss ist in der Regel zu verneinen. Ausnahmen sind zu machen, wenn der Geschädigte, wäre über die Frage gesprochen worden, eine Haftungsmilderung nicht hätte ablehnen dürfen, etwa weil er ein besonderes Interesse daran hat, dass ihm der – spätere – Schädiger einen Gefallen erwies, sich zB als Fahrer zur Verfügung stellte.[18] Dasselbe gilt, wenn der Geschädigte eine Versicherung abgeschlossen hatte und ein entsprechender Anhaltspunkt im Vertrag vorliegt[19] und der Geschädigte – wie etwa der Händler bei einer Probefahrt – der Einzige ist, der sich sinnvollerweise versichern kann.[20] Dabei ist der Haftungsverzicht aber auf Fälle leichter Fahrlässigkeit beschränkt.[21] Der Zweck der kurzen Verjährung etwa des § 548 BGB kann die Erstreckung auf deliktische Ansprüche erfordern.[22]

V. Die Erweiterung durch den (vorbeugenden) Unterlassungsanspruch und den Beseitigungsanspruch

1. Zahlreiche Vorschriften im BGB gewähren einen Unterlassungsanspruch gegen drohende Beeinträchtigungen; man denke etwa an die §§ 12, 862, 1004 BGB. Darin liegt ein allgemeiner Rechtsgedanke, der auf die übrigen Rechte des § 823 Abs 1 BGB, aber auch auf die Schutzpositionen erstreckt wird, die § 823 Abs 2 BGB unterfallen; dasselbe gilt für § 826 BGB.[23] Schadensverhütung geht der Schadensregulierung vor.[24]

---

[14] BGH NJW 1992, 1511, 1512.
[15] Vgl zB BGHZ 116, 297, 300; 123, 394, 398; 162, 86, 93.
[16] STAUB/HELM, Handelsgesetzbuch (4. Aufl 1993) § 429 Rn 292.
[17] BGHZ 123, 394, 399.
[18] BGH NJW 1979, 414, 415.
[19] BGHZ 131, 288, 298; 145, 393, 398; 169, 86, 89 Rn 8; 184, 148, 151g Rn 8 f; 203, 256, 266 f Rn 28.
[20] BGH NJW 1979, 643, 644; 1980, 1681, 1682; 1986, 1099.
[21] BGH NJW 1979, 643, 644.
[22] BGHZ 71, 175, 179 f; 98, 59, 64; 135, 152, 156; BGH NJW 1968, 694, 695; 1993, 2797, 2798; 2006, 2399 f.
[23] BGHZ 99, 133, 136; BGH NJW 1997, 55.
[24] STAUDINGER/J HAGER (2017) Vorbem 63 zu §§ 823 ff.

Umgekehrt kann sich auch ein Anspruch ergeben, wenn die konkrete Verletzung einer Verkehrspflicht droht.

113 2. Beim Beseitigungsanspruch stellt sich namentlich das Problem, wie er vom Schadensersatzanspruch abgegrenzt werden kann.[25] Das ist nötig, um das Verschuldenserfordernis des § 823 Abs 1 BGB nicht zu unterlaufen.

VI. Verfassungsrecht und Deliktsrecht

114 1. Dass der Gesetzgeber des BGB an die Grundrechte gebunden ist, folgt schon aus Art 1 Abs 3 GG und entspricht der ständigen Rechtsprechung namentlich des Bundesverfassungsgerichts.[26] Die Gegenthese, die auch hier nur eine mittelbare Bindung verficht,[27] muss sich über diese Norm hinwegsetzen.

115 2. Damit darf nicht das Problem vermengt werden, dass die Grundrechte – wie aber auch in anderen Rechtsgebieten, etwa dem öffentlichen Recht oder dem Strafrecht – mehrere Funktionen haben. Sie sind Abwehrrechte, wenn der Staat dem Täter eine Handlung verbietet, sie sind dagegen in ihrer Funktion als Schutzgebote einschlägig, wenn das Opfer den Schutz gegen einen Dritten – eben den Täter – einfordert. Um eine grundsätzliche Asymmetrie zugunsten des Täters zu vermeiden, muss die Reichweite im Gleichlauf bestimmt werden. Der Voraussetzung, dass das Schutzgebot durch den Erlass von Gesetzen umgesetzt werden muss, ist durch die §§ 823 ff BGB Genüge getan.

116 3. Ein davon wiederum zu trennendes Problem ist die Überprüfungsintensität durch das Bundesverfassungsgericht. Hier lautet die Formel, das Gericht überprüfe, wenn die Bedeutung und Tragweite der Grundrechte unrichtig oder unvollkommen bestimmt oder das Gewicht unrichtig eingeschätzt sei; darin liege kein Unterschied zu anderen Bundesgerichten.[28]

117 4. Der Anwendungsbereich ist inzwischen beachtlich angewachsen. So wurde und wird namentlich das Persönlichkeitsrecht durch Vorgaben der Verfassung näher ausgeformt. Auch der Gewerbebetrieb kommt ohne derartige Rückgriffe nicht aus – man denke nur an die zulässige Kritik an gewerblichen Leistungen. Der Schutz des Embryos vor Verletzungen lässt sich am überzeugendsten mit dem Grundgesetz begründen. Auch im Arzthaftungsprozess ist die Notwendigkeit der Einwilligung des Patienten auf sein Recht aus Art 2 Abs 2 GG gegründet. Und schließlich kann sich die Verfassung auch im Prozessrecht, namentlich in der Beweislastverteilung, auswirken.

---

[25] Vgl zB WENZEL NJW 2005, 243.
[26] Vgl zB BVerfGE 97, 125, 145 f; 97, 157, 164; ferner etwa BVerfGE 108, 82, 99.
[27] Am deutlichsten wohl DIEDERICHSEN Jura 1997, 57 ff.
[28] BVerfGE 18, 85, 93; 97, 391, 401; 101, 361, 388; BVerfG NJW 2005, 3271, 3272; 2008, 358.

§ 2 Die geschützten Rechtsgüter und Rechte

I. Der Schutz des Lebens

1. Die Verletzung des Lebens ist gleichbedeutend mit der Tötung. Namentlich im Bereich der Transplantationsmedizin ist entscheidend, wann der Tod eingetreten ist; würde früher transplantiert, so wäre das eine Tötung auch im zivilrechtlichen Sinne. Wie im Strafrecht hat man sich auch im Zivilrecht auf den Hirntod als die entscheidende Zäsur geeinigt.[29] Beihilfe zum Selbstmord begründet keine Haftung; anders ist es natürlich, wenn das Opfer in den Suizid getrieben wird[30] oder wenn der Selbstmord Folge einer vom Täter verursachten traumatischen Neurose ist.[31]

2. Anspruchsberechtigt nach dem Tod sind die in den §§ 844f BGB genannten Personen. Im Gegensatz zur hM sollte auch bei Totgeburten, die auf Verschulden des Täters zurückzuführen sind, wie bei pränatalen Schädigungen § 823 Abs 1 BGB angewendet werden.[32] Das spielt eine Rolle namentlich für Beerdigungskosten.

3. Eine besondere Problematik bildet hier die Frage, ob es einen vorbeugenden Unterlassungsanspruch des Embryos gegen die Abtreibung gibt, den etwa sein Vater gegenüber der Mutter im Wege der Klage geltend machen kann. Das ist nach ganz hM nicht der Fall. Auch das Bundesverfassungsgericht ist in seiner zweiten Schwangerschaftsabbruchentscheidung der Auffassung, dass gegen das Handeln der Frau von Dritten Nothilfe zugunsten des Ungeborenen nicht geleistet werden könne.[33]

II. Körper und Gesundheit

1. Beide Rechtsgüter sind in gleicher Weise geschützt, sodass sich eine exakte Abgrenzung erübrigt. Will man sie trotzdem ziehen, so ist Körperverletzung die Verletzung der äußeren Integrität, Gesundheitsbeschädigung die Störung der körperlichen, geistigen oder seelischen Funktionen.

a) Die Beispiele für Körperverletzung sind sehr zahlreich; sie reichen vom Entfernen eines Organs[34] über das Zufügen einer Wunde bis zur körperlichen Züchtigung. Wie stets genügen auch mittelbare Beschädigungen. Einer der wichtigsten Fälle ist die durch den Täter veranlasste Selbstschädigung des Opfers. Sie spielt vor allem eine Rolle in den sog Verfolgungsfällen, in denen der Täter durch Davonlaufen das spätere Opfer animiert, ihm hinterherzulaufen und das Opfer dabei einen Schaden erleidet. Es kommt dann darauf an, ob sich das Opfer zu dieser Selbstgefährdung herausgefordert fühlen durfte.[35]

b) Natürlich gehören auch Sportverletzungen zu den Körperverletzungen. Schwerpunkt der Diskussion ist in diesem Kontext, ob und inwieweit die Beachtung der Sportregeln die Rechtswidrigkeit der Verletzung oder jedenfalls die Haftung entfallen

---

[29] OLG Köln NJW-RR 1992, 1480, 1481; OLG Frankfurt NJW 1997, 3099, 3100.
[30] BAG NJW 2009, 251, 254 Rn 51; DEUTSCH/AHRENS, Deliktsrecht (5. Aufl 2009) Rn 233.
[31] BAG NJW 2009, 251, 254 Rn 51.
[32] STAUDINGER/J HAGER (2017) § 823 Rn B 3; SOERGEL/SPICKHOFF § 823 Rn 31; aA BGHZ 58, 48, 50 (obiter).
[33] BVerfGE 88, 203, 279 f.
[34] BGHZ 105, 215, 217.
[35] BGHZ 132, 164, 166; BGH NJW 2002, 2232, 2233.

lässt. Dies wird von der hM dann bejaht, wenn die Regeln eingehalten[36] oder nur leicht fahrlässig verletzt wurden.[37]

206 2. a) Nach wie vor heftig umstritten ist die Frage, ob der kunstgemäße ärztliche Heileingriff eine Körperverletzung darstellt. Das ist nach hM der Fall; nicht nur die fehlerhafte, sondern auch die eigenmächtige Behandlung greift in die körperliche Unversehrtheit ein.[38] Die Gegenauffassung, die darin nur einen Verstoß gegen das Selbstbestimmungs- oder Persönlichkeitsrecht des Patienten sehen will,[39] hat sich letztendlich nicht durchgesetzt. Denn die Entscheidung darüber, ob eine medizinisch zwar indizierte, jedoch mit Leiden verbundene Maßnahme ergriffen werden soll, ist dem Patienten als letztentscheidender Instanz zugewiesen. Hier kann der Arzt auch dann nicht eingreifen, wenn die Operation medizinisch notwendig sein sollte. Die Entscheidung darüber hat eben der Patient zu treffen.

207 b) Besondere Probleme werfen die fehlerhafte Sterilisation und die missglückte Abtreibung auf. Man ist sich im Prinzip darüber einig, dass jedenfalls bei einer fehlerhaften Sterilisation eine Körperverletzung vorliegt.[40] Eine andere, davon zu trennende Frage ist, ob aufgrund dieser deliktischen Körperverletzung der Unterhaltsanspruch des Kindes geschuldet ist; dies dürfte regelmäßig zu verneinen sein. Insofern gibt es nur vertragliche Ansprüche.[41] Beim missglückten Abbruch hat man zu unterscheiden. Soweit der Abbruch medizinisch indiziert war, ist sicher der volle Schadensersatz geschuldet.[42] Anders ist dagegen zu entscheiden, wenn sich die Frau zwar hat beraten lassen, der Abbruch jedoch nicht durch mütterliche Gründe indiziert war. Hier verneint die Rechtsprechung einen Anspruch aus § 823 Abs 1 BGB.[43]

208 c) Abgetrennte Körperteile sind Sachen und werden als Eigentum geschützt, es sei denn, sie sind dazu bestimmt, wieder in den Körper zurückgeführt zu werden, wie das etwa bei einer Eigenblutspende der Fall ist. Dasselbe gilt, wenn konserviertes Sperma vernichtet wird.[44]

209 3. a) Dass Rauchen schwere Gesundheitsschäden verursacht, ist unbestreitbar.[45] Aber auch Passivrauchen ist offensichtlich geeignet, Gesundheitsschäden nach sich zu ziehen.[46]

210 b) Als Verletzung der Gesundheit ist auch die Ansteckung mit einer Krankheit zu werten;[47] dazu kann schon genügen, wenn durch die Möglichkeit einer Ansteckung ein Schock ausgelöst wird. So liegt es etwa, wenn dem Empfänger einer Blutkonserve bekannt wird, dass der Spender HIV-positiv ist.

211 c) Eine schwierig zu beurteilende Gruppe ist die sog psychische Verursachung. Hier müssen allerdings mehrere Fälle unterschieden werden.

---

[36] BGHZ 63, 140, 145.
[37] OLG Oldenburg VersR 1995, 670, 671; STAUDINGER/J HAGER (2017) Vorbem 50 zu §§ 823 ff.
[38] BGHZ 106, 391, 394.
[39] LARENZ/CANARIS § 76 II 1 g.
[40] BGH NJW 1984, 2625.
[41] BGHZ 76, 259, 261.
[42] BGHZ 149, 236, 239.
[43] BGHZ 149, 236, 245 f.
[44] BGHZ 124, 52, 56.
[45] BVerfGE 95, 173, 184; BGHZ 124, 230, 235.
[46] BAGE 90, 316, 327.
[47] BGHZ 114, 284, 289; 163, 209, 212.

(1) Klar gegeben ist der Tatbestand der Gesundheitsverletzung, wenn eine psychische Krankheit erregt wird.[48] Allerdings muss ein pathologischer, behandlungsbedürftiger Zustand vorliegen; bloße Aufregungen werden dazu in aller Regel nicht ausreichen.

(2) Des Weiteren ist unstrittig, dass eine Krankheit auch auf psychische Ursachen zurückgehen kann.[49] So liegt es etwa, wenn der unfallbedingte Schock anschließend zu einer Herzattacke führt oder die Aufregung einen Schlaganfall verursacht.[50] Nach Auffassung des Bundesgerichtshofs reichen dagegen falsche Anschuldigungen und massive Drohungen gegenüber dem unschuldigen Opfer eines Verkehrsunfalls nicht aus.[51] Dem ist nicht zu folgen.[52] In diese Fallgruppe gehört auch die Veranlassung zur Selbstschädigung des Opfers, etwa wenn dieses zum missglückten Selbstmord mit bleibenden Folgen getrieben wird.

(3) Und schließlich kann eine psychische Beeinträchtigung als Sekundärschaden eines anderweitig verursachten Primärschadens auftreten.[53] Hier allerdings macht die Rechtsprechung eine Ausnahme, wenn die psychische Reaktion unverhältnismäßig und schlechthin nicht mehr verständlich ist,[54] wenn der Unfall in neurotischem Streben zum Anlass genommen wird, um Schwierigkeiten und Belastungen des Erwerbslebens auszuweichen.[55] Es darf sich also nicht um eine Bagatelle handeln.[56]

(4) Die schwierigste Gruppe sind Schockschäden Dritter. Wichtigstes Beispiel ist die durch die Tötung oder Verletzung eines nahen Angehörigen oder die durch die Nachricht vom Unfall oder gar sein unmittelbares Miterleben ausgelöste Beeinträchtigung. Nach der Rechtsprechung hat der Schädiger im Grundsatz auch diese auf einem Schock basierenden Beeinträchtigungen zu ersetzen.[57] Allerdings ist die Rechtsprechung bemüht, die Ansprüche zu begrenzen. Eine Gesundheitsverletzung sei daher nur dann zu bejahen, wenn die psychopathologischen Beeinträchtigungen von Gewicht und einiger Dauer seien.[58] Namentlich beim Tod naher Angehöriger müssten die Beeinträchtigungen pathologisch feststellbar sein und über die gesundheitlichen Beeinträchtigungen hinausgehen, denen Hinterbliebene bei der Benachrichtigung vom Tod eines nahen Angehörigen erfahrungsgemäß ausgesetzt seien.[59] Und schließlich wird gefordert, dass der Anlass den Schock verständlich erscheinen lasse.[60] Auch der Kreis der Ersatzberechtigten wird stark eingeschränkt. Es bedarf einer engen persönlichen Bindung.[61] Im Wesentlichen sind nur nahe Angehörige des Opfers in den Schutzbereich einbezogen;[62] dazu gehören auch Partner einer nichtehelichen Lebensgemein-

---

[48] BGH NJW 1976, 1143, 1144; 1991, 2347.
[49] BGHZ 107, 359, 363.
[50] BGH NJW 1976, 1143, 1144.
[51] BGHZ 107, 359, 364 f.
[52] SOERGEL/EKKENGA/KUNTZ (13. Aufl 2014) vor § 249 Rn 156; STAUDINGER/J HAGER (2017) § 823 Rn B 28.
[53] BGHZ 132, 341, 343 f; 137, 142, 145; BGH NJW 2000, 862, 863.
[54] BGHZ 132, 341, 346; 137, 142, 146; BGH NJW 1998, 813, 814.
[55] BGHZ 132, 341, 346; 137, 142, 150; BGH NJW 2015, 2246, 2247 Rn 11.
[56] BGHZ 132, 341, 346; BGH NJW 2012, 2964 Rn 8; 2015, 2246, 2247 Rn 11.
[57] BGHZ 107, 359, 363; 132, 341, 344; 172, 263, 265 f Rn 12; 193, 34, 36 Rn 8; BGH NJW 1989, 2317; 2015, 1451 Rn 6.
[58] BGHZ 172, 263, 266; BGH NJW 1989, 2317, 2318.
[59] BGHZ 193, 34, 36 Rn 8, BGH NJW 1984, 1405; 1989, 2317; 2001, 1431, 1432; 2015, 1451, 1452 Rn 7, 11; 2015, 2246, 2247 Rn 9; NJW-RR 2007, 1395 Rn 6; VersR 1976, 539, 540.
[60] PALANDT/GRÜNEBERG vor § 249 Rn 71.
[61] BGHZ 163, 209, 220 f; 193, 34, 37 Rn 8.
[62] OLG Stuttgart NJW-RR 1989, 477, 478.

schaft bzw Verlobte;⁶³ die Regeln gelten nicht bei der Tötung von Tieren.⁶⁴ Forderungsberechtigt sollen nur solche Opfer sein, die direkt am Unfall als dem Ereignis beteiligt waren, das den Schock auslöste;⁶⁵ das ist wenig überzeugend, da auch die Nachricht vom Tod eines nahestehenden Menschen zum Schock führen kann.⁶⁶ Einen Teil des Problems entschärft jetzt § 844 Abs 3 BGB. Zudem will die Rechtsprechung den Anspruch um den Mitverschuldensanteil des zunächst Verletzten kürzen. Das eigene Verschulden des ursprünglich Geschädigten könne nicht ohne Folge bleiben; schließlich müsse der durch den Schock in Mitleidenschaft Gezogene auch hinnehmen, wenn das Opfer seinen Tod allein verursacht habe.⁶⁷

216 d) Schwierigkeiten in mehrfacher Hinsicht wirft die Frage nach der Haftung für die Schädigung eines noch nicht geborenen Kindes auf. Die Schädigung kann nach der Zeugung liegen, aber auch schon vorher, etwa wenn die Keimbahnen der Eltern beschädigt werden.

217 (1) Die frühere Rechtsprechung hatte hier eine Haftung abgelehnt, weil der Geschädigte noch nicht rechtsfähig im Sinne des § 1 BGB sei. Diese Linie hat der Bundesgerichtshof jedoch bald aufgegeben⁶⁸ und seinen Neuansatz in ständiger Rechtsprechung vertieft.⁶⁹ Der Schädiger hafte sowohl für Schädigungen vor als auch für Schädigungen nach der Zeugung. Die Begründung ist etwas schwierig. Der Hinweis auf das zeitliche Distanzdelikt⁷⁰ reicht nicht aus, da bei diesem im Augenblick der Schädigung bereits ein rechtsfähiger Geschädigter vorliegt. Wenig befriedigend ist auch der Hinweis auf das Naturrecht, schon deswegen, weil dieses schwer zu fassen ist. Am sachgerechtesten erscheint eine verfassungskonforme Interpretation des § 823 Abs 1 BGB. Hat der Gesetzgeber der Wahrung der menschlichen Identität auch und gerade mit zivilrechtlichen Mitteln zu dienen,⁷¹ so würde es sich mit diesem Postulat nicht vertragen, wenn das Gesetz den später Geborenen ohne Ersatz der von anderen schuldhaft zugefügten Beeinträchtigungen ließe.

218 (2) Eine besondere Problematik ist die Frage der Schädigung durch die Eltern selbst. Hier ist man sich darüber einig, dass keine Rechtspflicht der Eltern besteht, auf Kinder zu verzichten, weil die Gefahr erbkranken Nachwuchses besteht;⁷² das würde sich mit dem Persönlichkeitsrecht der Eltern nicht vertragen. Dagegen haftet der Vater nach den allgemeinen zivilrechtlichen Regeln, etwa wenn er einen Verkehrsunfall verursacht. Auch bei Inzest genießt das behinderte Kind Schutz.⁷²ᵃ Auf der anderen Seite wird man eine Pflicht der Mutter, etwa Rauchen oder eine ähnliche ungesunde Lebensweise zu unterlassen, nicht annehmen können.

219 (3) Das schwierigste Problem in diesem Fragenkreis ist mit dem Stichwort wrongful life verbunden. Hier wird der Embryo nicht durch Dritte verletzt, sondern bereits mit Behinderungen gezeugt oder aber durch eine Krankheit der Mutter ohne Drittverschulden während der Schwangerschaft geschädigt. Bei dieser Frage verneint die ganz hM einen eigenen deliktsrechtlichen Anspruch des Kindes aus § 823 Abs 1 BGB gegen

---

⁶³ Palandt/Grüneberg vor § 249 Rn 71.
⁶⁴ BGHZ 193, 34, 37 Rn 9.
⁶⁵ BGHZ 172, 263, 266; BGH NJW 2015, 1451, 1452 Rn 10.
⁶⁶ Vgl zB BGH NJW-RR 2007, 1395; vgl auch J Hager JA 2007, 813.
⁶⁷ BGHZ 56, 163, 170 f.
⁶⁸ BGHZ 8, 243, 246 ff.
⁶⁹ BGHZ 86, 240, 253.
⁷⁰ Larenz/Canaris § 76 II 1 h.
⁷¹ BVerfGE 88, 203, 260.
⁷² Staudinger/J Hager (2017) § 823 Rn B 47; **aA** Soergel/Spickhoff § 823 Rn 40.
⁷²ᵃ BSG NJW 2002, 3123 ff.

den Arzt.[73] Daran ist richtig, dass es keine deliktsrechtliche Pflicht gibt, die Geburt eines Kindes zu verhindern, weil es voraussichtlich mit Gebrechen behaftet sein wird.[74] Doch überzeugt das Ergebnis – dem Kind jeden eigenen Anspruch zu versagen – letztendlich nicht. Man kann nämlich durchaus mit einem Vertrag mit Schutzwirkung zugunsten Dritter, also des Kindes, arbeiten. Ziel des Behandlungsvertrages ist es gerade, die Belastungen durch ein behindertes Kind zu vermeiden. Dieser Vertrag wird nicht nur im eigenen Interesse vereinbart, sondern für den Arzt erkennbar auch und gerade zu dem Zweck, die finanzielle Not des Kindes zu verhindern.[75] Dies gilt ebenso, wenn das Verschulden des Arztes darin besteht, dass er über einen drohenden Keimschaden nicht aufgeklärt hat.[76]

III. Die Freiheit

1. Unter Freiheitsverletzung versteht die hM nur die Einschränkung der körperlichen Bewegungsfreiheit, nicht jedoch die Möglichkeit wirtschaftlicher Entfaltung.[77] Das ist deswegen nahezu zwingend, weil man sonst über den Schutz der Freiheit doch zu einem Ersatz primärer Vermögensschäden käme. Jede Beeinträchtigung der wirtschaftlichen Freiheit hätte dann zur Folge, dass der „Schädiger" die Einbuße des anderen Teils zu ersetzen hätte.

2. Der Begriff ist sogar noch weiter einzugrenzen. Es geht nur um die Möglichkeit, einen Ort verlassen zu können; eine Freiheitsverletzung scheidet dagegen aus, wenn nur das Betreten eines Ortes nicht möglich ist.

3. Dagegen spielt es keine Rolle, mit welchen Mitteln die Freiheit eingeschränkt wird. Eine Freiheitsberaubung ist insbesondere die medizinisch nicht indizierte Fixierung von psychisch kranken Patienten,[78] oder die unberechtigte Verhaftung oder Unterbringung einer Person. Da die Freiheitsberaubung auch mittelbar erfolgen kann, kann sie auch durch ein falsches Sachverständigengutachten verursacht werden, das zur Inhaftierung führt. Hier sieht allerdings § 839a BGB eine Beschränkung auf Vorsatz und grobe Fahrlässigkeit vor.

IV. Das Eigentum

1. Gegenstand des Eigentumsschutzes sind bewegliche und unbewegliche Sachen, nicht dagegen Forderungen und sonstige Rechte. Allerdings ist der Schutzbereich des Eigentums weit; er umfasst zB auch Software[79] und ähnliche auf Datenträger gespeicherte Informationen. Vom Vermögen wird das Eigentum durch die Modalität der Beeinträchtigung abgegrenzt. Notwendig ist nach hM eine Einwirkung auf die Sache selbst, die deren Benutzung verhindert.[80]

2. Das Eigentum wird verletzt, wenn das Recht selbst entzogen wird. Das kann zB geschehen, indem ein Nichtberechtigter über eine Sache verfügt.[81] Der Erwerber selbst

---

[73] BGHZ 86, 240, 251.
[74] BGHZ 86, 240, 251.
[75] Staudinger/J Hager (2017) § 823 Rn B 51.
[76] Staudinger/J Hager (2017) § 823 Rn B 52.
[77] Erman/Wilhelmi § 823 Rn 23.
[78] LG Freiburg MedR 1995, 411, 414.
[79] OLG Karlsruhe NJW 1996, 200, 201.
[80] BGHZ 63, 203, 206; 86, 152, 154 f.
[81] BGHZ 56, 73, 77; BGH NJW 1996, 1535, 1537; NJW-RR 2002, 516, 518; das wird von BGH NJW-RR 2005, 315, 316 wohl übersehen.

haftet nach § 823 Abs 1 BGB regelmäßig nicht. Entweder scheitert der redliche Erwerb angesichts seiner Bösgläubigkeit; dann ist schon keine Eigentumsverletzung durch Entzug des Rechts gegeben. Oder er gelingt; dann darf die Wertung des redlichen Erwerbs nicht durch § 823 Abs 1 BGB unterlaufen werden.[82] Analoge Regeln gelten beim Einbau beweglicher Sachen, die nach § 946 BGB in das Eigentum des Grundstückeigentümers übergehen, bzw bei der Herstellung einer neuen Sache nach § 950 BGB. Hier haftet – Verschulden vorausgesetzt – gemäß § 946 BGB der Einbauende bzw eine neue Sache nach § 950 BGB Herstellende,[83] nicht dagegen der Bauherr, der den Einbau nur duldet;[84] das kann allerdings nur dann richtig sein, wenn der Bauherr oder Hersteller die Herkunft der Materialien nicht kennt und auch nicht grob fahrlässig handelt.[85] Eine weitere wichtige Fallgruppe bildet die Verwertung schuldnerfremder Sachen in der Zwangsversteigerung. Hier haftet der vollstreckende Gläubiger,[86] wenn ihn der Vorwurf des Verschuldens trifft,[87] namentlich also, wenn er vom Eigentümer über die Schuldnerfremdheit der Sache informiert wurde.[88] Dabei ist allerdings zu beachten, dass entgegen der hM[89] die §§ 987 ff BGB vorrangig sind, da § 771 ZPO nur in verfahrensrechtlicher Sicht § 985 BGB verdrängt, die Folgeansprüche aber nicht tangiert. Daher haftet der Eingreifende nur bei grober Fahrlässigkeit; umgekehrt ist ihm das Verschulden des Anwalts nach § 278 BGB zuzurechnen.[90]

225 3. Natürlich ist eine Eigentumsverletzung auch der Eingriff in die Substanz, namentlich ihre Zerstörung oder Beschädigung.[91] Geschützt ist das Eigentum zum Zeitpunkt des Schadenseintritts[92] und dabei in der Gestalt und mit der Bestimmung abgesichert, die der Berechtigte ihm gegeben hat. Daher verletzt auch derjenige fremdes Eigentum, der die Ordnung in einer Kartei, Bibliothek oder in einem Archiv durcheinander bringt, ohne die dort aufbewahrten Sachen selbst zu beschädigen.[93] Software kann durch Löschen oder durch Computerviren verletzt werden. Auch den Aggregatzustand kann der Eigentümer festlegen, mit der Konsequenz, dass seine Veränderung das Eigentum verletzt, etwa die Umwandlung von Eis in Wasser oder von flüssigem in festes Material.[94] Schließlich kann auch die Störung der Entwicklung, etwa des Wachstums, eine Eigentumsverletzung bedeuten.[95] Auch die Eigentumsberührung kann eine Beeinträchtigung bedeuten.[96] Dagegen soll nach hM die Veranlassung zur Selbstbeschädigung keine Eigentumsverletzung beinhalten.[97]

226 4. Das Eigentum wird ferner verletzt durch unbefugte Benutzung durch Dritte. Das ist evident bei Diebstahl oder Unterschlagung.[98] Es haftet auch der Verwahrer oder das Transportunternehmen, die die Sache nicht hinreichend sichern und so den Diebstahl ermöglichen.[99] Schwierig ist die Rechtslage bei unerlaubtem Photographieren. Nach mehreren Schwankungen in der Rechtsprechung des Bundesgerichtshofs ist das Photographieren einer fremden Sache nach Auffassung des Gerichts jedenfalls dann

---

[82] BGHZ 37, 363, 368.
[83] BGHZ 77, 274, 279; 109, 298, 300.
[84] BGHZ 56, 228, 237 f; 102, 292, 309.
[85] STAUDINGER/J HAGER (2017) § 823 Rn B 68.
[86] BGHZ 58, 207, 210; 100, 95, 107; 118, 201, 205.
[87] BGHZ 100, 95, 107; 118, 201, 205.
[88] So zB in BGHZ 58, 207, 210.
[89] BGHZ 100, 95, 107; 118, 201, 205.
[90] Vgl iE STAUDINGER/J HAGER (2017) § 823 Rn B 72 ff.
[91] BGHZ 41, 123, 125 f; 105, 346, 350.
[92] BGH NJW 1993, 655, 656 f.
[93] BGHZ 76, 216, 219 f.
[94] LARENZ/CANARIS § 76 II 3 b.
[95] BGH NJW-RR 1993, 793.
[96] BGH NJW 2006, 689.
[97] LARENZ/CANARIS § 76 II 3.
[98] BGHZ 75, 230, 231.
[99] BGH NJW-RR 2000, 330 f.

keine Eigentumsverletzung, wenn sie vom öffentlichen Straßengrund aus geschieht;[100] das folge aus der Parallelwertung zu § 59 UrhG.[101] Anders liegt es dagegen, wenn die Photographie nach einem widerrechtlichen Eindringen, also nach einem Hausfriedensbruch oder zumindest nach einer Verletzung des Besitzes erlangt ist.[102] Ein weiteres Problem ergibt sich, wenn der Eigentümer zwar das Betreten, nicht jedoch das Photographieren erlaubt. Hier bejaht die hM die Eigentumsverletzung, wenn gegen das Verbot verstoßen wird;[103] die Verwertungsbefugnis beruht in diesem Fall auf dem Eigentum selbst.[104] Nach der Rechtsprechung wird das Eigentum des Vermieters eines Tanks verletzt, wenn der Mieter ihn abredewidrig befüllen lässt.[105] Dasselbe gilt bei der Benutzung einer Gebäudewand als Projektionsfläche.[106]

5. Nach wie vor nicht abschließend geklärt ist die Abgrenzung zwischen der Eigentumsverletzung und der Dispositionsbeeinträchtigung, die zu einem von § 823 Abs 1 BGB nicht erfassten primären Vermögensschaden führt.[107] Die Grundentscheidung des deutschen Rechts hat unterschiedliche Ergebnisse zur Konsequenz, je nachdem, ob ein absolutes Recht des Geschädigten verletzt ist oder nicht.

a) Im sog Bruteierfall hatte der spätere Beklagte bei der Fällung von Bäumen ein Stromkabel beschädigt und dadurch die Versorgung einer Geflügelzucht mit Strom unterbrochen. Der Brutapparat war sechs Stunden ohne Energie; die Eier verdarben daher zum großen Teil. Der Bundesgerichtshof bejaht einen Anspruch aus § 823 Abs 1 BGB. Dass der Schaden über weitere Stationen – Ausfall des Stromes, dadurch Ausfall des Brutapparats – vermittelt sei, spiele keine Rolle. Das Eigentum der Klägerin sei beschädigt, da es auf die gleichmäßige Zufuhr von Energie angewiesen gewesen sei. Anders als in den Fällen der Produktionsunterbrechung sei hier das Eigentum des Klägers endgültig vernichtet. Das gehe auch nicht über den Schutzzweck des § 823 Abs 1 BGB hinaus.[108] Wenn dagegen nur die Stromzufuhr unterbrochen und dadurch die Produktion lahmgelegt wird, verneint die Rechtsprechung einen Anspruch aus § 823 Abs 1 BGB.[109] Die Fälle liegen allerdings sehr nahe beieinander;[110] daher fragt es sich, ob man nicht andere Kriterien zu Rate ziehen kann. Die Lösung ist darin zu suchen, dass eine Eigentumsverletzung jedenfalls bei einer nicht nur unerheblichen Beeinträchtigung der bestimmungsgemäßen Verwendung anzunehmen ist.[111]

b) Unsicherheit gibt es auch bei sonstigen Nutzungsbeeinträchtigungen.

(1) Die Verletzung kann darin gesehen werden, dass der Berechtigte an der Benutzung der Sache gehindert und ihm der bestimmungsgemäße Gebrauch entzogen

---

[100] BGH NJW 1989, 2251, 2252; 2011, 749, 750 Rn 12; ZUM 2011, 333, 334 Rn 12.
[101] BGH NJW 2011, 749, 750 Rn 12; ZUM 2011, 333, 334 Rn 12.
[102] BGH NJW 1989, 2251, 2252; 2011, 749, 750 Rn 13 ff; ZUM 2011, 333, 334 f Rn 13 ff.
[103] BGH NJW 1989, 2251, 2252; 2011, 749, 750 Rn 13; ZUM 2011, 3334, 334 Rn 13.
[104] BGH NJW 2011, 749, 750 Rn 15; 2013, 1809, 1810 f Rn 12 ff; ZUM 2011, 333, 334 Rn 13.
[105] BGH NJW 2003, 3702; 2011, 749, 750 Rn 17; NJW-RR 2006, 270, 271; ZUM 2011, 333, 334 Rn 17.
[106] OLG Dresden NJW 2005, 1871.
[107] BGHZ 86, 152, 155.
[108] BGHZ 41, 123, 125 f.
[109] BGHZ 66, 388, 393 f.
[110] MEDICUS/PETERSEN, Bürgerliches Recht (26. Aufl 2017) Rn 613.
[111] STAUDINGER/J HAGER (2017) § 823 Rn B 97; dies entspricht einer Formel, die auch die Rechtsprechung verwendet; vgl zB BGHZ 55, 153, 159; 105, 346, 350; 138, 230, 235.

wird.¹¹² So sei es eine Eigentumsverletzung, wenn ein Schiff eine gesperrte Wasserstraße nicht verlassen könne¹¹³ oder ein Grundstück wegen Explosionsgefahr auf dem Nachbargrundstück gesperrt werden müsse.¹¹⁴ Diese Formel des Eingriffs in die Gebrauchsfähigkeit einer Sache taucht auch in anderen Entscheidungen auf. Ein Eingriff in das Eigentum erfordert keine Substanzbeschädigung;¹¹⁵ dasselbe gilt auch beim Besitz.¹¹⁶ Wer etwa ein stark riechendes Mittel beim Schneiden von Rohren einsetzt, so dass diese Rohre anschließend aufwendig gespült werden müssen, damit sie wieder verwendet werden können, verletzt das Eigentum desjenigen, dem das Rohr gehört.¹¹⁷

231 (2) Auf der anderen Seite ist die Rechtsprechung sehr zurückhaltend. So sei es keine Eigentumsverletzung, wenn Wein wegen schadhafter Korken umgefüllt werden müsse, ohne dass der Wein selbst an Qualität verloren habe,¹¹⁸ wenn eine Zufahrt kurzfristig blockiert sei und Autos das Grundstück deshalb nicht erreichen könnten¹¹⁹ oder wenn eine Autobahn teilweise durch ein hereinragendes Autoteil unpassierbar sei.¹²⁰ Besonders problematisch ist die Lage, wenn der Hafen des Klägers wegen der Sperre seiner einzigen Zufahrt nicht erreicht werden kann. Auch hier will die Rechtsprechung die Eigentumsverletzung verneinen, da die Anlage als solche benutzt werden kann.¹²¹ Dasselbe soll gelten, wenn eine Raststätte wegen Sperrung der Autobahn nicht angefahren werden kann.¹²² Dem wird indes heftig widersprochen. Ein Hafen, der nicht mehr von Schiffen, eine Raststätte, die nicht mehr mit Autos angefahren werden kann, verlieren ihre einzigen Verwendungsmöglichkeiten. Damit ist das Eigentum des Betroffenen nicht mehr bestimmungsgemäß einsetzbar und letztendlich entwertet.¹²³

232 c) Die Haftung für schuldhaft unrichtige Beratung lässt sich nicht auf das Deliktsrecht stützen, da es insoweit nur um den Ersatz primärer Vermögensschäden geht.¹²⁴ Das Eigentum einer Person wird daher nicht verletzt, wenn sie einem – auch schuldhaft schlecht erteilten – Rat folgt und deshalb etwa in ein Vorhaben investiert, das sich nachträglich wirtschaftlich als Verlustgeschäft entpuppt.

233 6. Eines der meist diskutierten Probleme bei der Eigentumsverletzung sind die sog weiterfressenden Mängel. Man versteht darunter den Fall, dass eine mangelhafte Sache geliefert wird und dieser Mangel nach einiger Zeit zur gänzlichen Zerstörung oder teilweisen Beschädigung der Sache führt. Wie diese Fälle zu lösen sind, ist sehr strittig.

234 a) Nach ständiger Rechtsprechung können Ansprüche wegen Sachmängeln bei einem Kauf- oder Werkvertrag und solche aus unerlaubter Handlung konkurrieren.¹²⁵ Das bedeutet, dass trotz des Vorliegens von Sachmängelgewährleistungsrechten auch

---

[112] BGHZ 137, 90, 97.
[113] BGHZ 55, 153, 159; BGH NJW-RR 2017, 219, 221 Rn 17, 19.
[114] BGH NJW 1977, 264, 265.
[115] BGHZ 55, 153, 159; 137, 89, 97; BGH NJW 1977, 2264, 2265; 2012, 163, 164 Rn 7; 2015, 1174, 1175 Rn 18; NJW-RR 2005, 673, 674; 2017, 219, 221 Rn 17.
[116] BGHZ 137, 89, 98; BGH NJW-RR 2005, 673, 674 f; 2017, 219, 221 Rn 20.
[117] BGH NJW 1984, 517, 518.
[118] BGH NJW 1990, 908, 909.
[119] BGH NJW 1977, 2264, 2265; NJW-RR 2005, 673, 674; 2017, 219, 221 Rn 18.
[120] BGH NJW-RR 2012, 163 Rn 7.
[121] BGHZ 86, 152, 155.
[122] BGH NJW 2015, 1174, 1175 Rn 18.
[123] STAUDINGER/J HAGER (2017) § 823 Rn B 97.
[124] BGHZ 175, 276, 281 f Rn 20.
[125] BGHZ 66, 315, 317; 101, 337, 344; 162, 86, 93; BGH NJW 1985, 2411, 2412; 2004, 1032, 1033; aA SCHWARK AcP 179 (1979) 64 f.

deliktische Ansprüche des Käufers möglich sind. Diese Konkurrenz ist nahezu zwingend. Denn sonst würde der Käufer einer Sache schlechter geschützt als ein beliebiger Dritter[125a]. Dazu besteht kein Anlass.

b) Auf der anderen Seite ist klar, dass es keinen Deliktsschutz gibt, wenn eine total mangelhafte Sache geliefert wird. Beispiel ist ein Grundstück, dessen Gebäude später Risse bekommt, weil der Grund mit Schlacke befüllt ist, die sich ausdehnt.[126] Hier ist ausschließlich das Sachmängelgewährleistungsrecht einschlägig. Es ist in gewisser Beziehung schwächer ausgestaltet als das Deliktsrecht, namentlich unterliegt es grundsätzlich einer kürzeren Verjährung.

c) Die meisten Schwierigkeiten macht die Lieferung einer teilweise mangelhaften Sache. Die Rechtsprechung hatte früher Ansprüche verneint.[127] In einer spektakulären Entscheidung ist die Rechtsprechung später umgeschwenkt und bejaht im Grundsatz die Haftung des Verkäufers bzw Werkunternehmers. Es ging um einen sog Schwimmschalter, der eine teure Maschine bei Überhitzung abschalten und so ihre Zerstörung vermeiden sollte. Dieser Schwimmschalter war defekt, sodass die Maschine abbrannte. Der Bundesgerichtshof bejahte hier im Prinzip eine Eigentumsverletzung.[128] Schwierigkeiten bereitet allerdings die Festlegung des Kriteriums, mit dessen Hilfe man den von § 823 Abs 1 BGB geschützten Teil abgrenzt. Denn es besteht Einigkeit darin, dass § 823 Abs 1 BGB insoweit nicht einschlägig ist, als der Mangel der Sache bereits beim Eigentumsübergang anhaftete. Heute differenziert die Rechtsprechung nach der sog Stoffgleichheit zwischen dem Minderwert, welcher der Sache aufgrund des Mangels anhaftet, und dem später verursachten Schaden. Soweit diese Stoffgleichheit reicht, ist eine deliktische Haftung ausgeschlossen.[129] Wird etwa ein Auto mit mangelhaften Reifen geliefert, so ist das übrige Auto deliktisch geschützt, nicht jedoch die Reifen.[130] Dagegen ist das Eigentum nicht verletzt, wenn ein Grundstück wegen seines Bodens von vornherein nicht zur Bebauung geeignet war.[131]

d) Diese Rechtsprechung wird zwar nach wie vor von der Literatur sehr heftig kritisiert, indes kaum zu Recht. So ist es evident, dass der Tatbestand einer Eigentumsverletzung vorliegt,[132] was den noch intakten Teil des gelieferten Gegenstandes angeht. Das zeigt etwa ein Vergleich mit einem Drittschädiger. Wenn dieses (teilweise) mangelhafte Produkt von einem Dritten beschädigt wird, so kann sich dieser nicht darauf berufen, er habe kein Eigentum verletzt.[133] Nicht anders ist es konsequenterweise, wenn der Verkäufer selbst diese Beschädigung verursacht. Desgleichen lässt sich nicht behaupten, dass ein Schaden zu verneinen ist.[134] Auch dies ergibt der Vergleich mit einem Drittschädiger; er hat den Schaden in der Höhe zu ersetzen, die der Gegenstand trotz des Mangels noch hatte. Auch das Argument aus § 1 Abs 1 S 2 ProdHaftG, der auf einer EG-Richtlinie beruht, greift letztendlich nicht. Dort ist zwar niedergelegt, dass die Produkthaftung nur eingreift, wenn eine andere Sache als das fehlerhafte Produkt beschädigt wird. Jedoch ist es gerade die Frage, wie das Produkt

---

[125a] Vgl Rn 110.
[126] BGHZ 146, 144, 152.
[127] BGHZ 39, 366, 367.
[128] BGHZ 67, 359, 363 ff.
[129] BGHZ 86, 256, 259, 260 ff; 117, 183, 188; 138, 230, 237 f; 162, 86, 94, 97 f; BGH NJW 2005, 1423, 1425.
[130] BGH NJW 1978, 2241, 2242.
[131] BGHZ 146, 144, 148 ff.
[132] **AA** Schubert JR 1977, 459; Rengier JZ 1977, 346 f.
[133] BGHZ 146, 144, 148 ff; BGH NJW 1978, 2241, 2242; MünchKomm/Wagner § 823 Rn 125.
[134] So indes Reinicke/Tiedtke, Kaufrecht (8. Aufl 2009) Rn 955 ff.

im Sinne des § 1 Abs 1 S 2 ProdHaftG abgegrenzt wird. Man kann den Fall der defekten Reifen nehmen: Wenn man das Auto als Produkt begreift, so wäre es in der Tat nicht geschützt. Wenn man dagegen die Reifen als Produkt auffasst, so ist das restliche Auto eine andere Sache. Danach führt dieses Argument letztendlich nicht weiter.[135] Der Vorrang der kaufvertraglichen und werkvertraglichen Regeln[136] überzeugt nicht. Denn er setzt voraus, die Sache sei wegen der – später sich tatsächlich verwirklichenden – Gefahr von vornherein zur Gänze mangelhaft. Wenn der Fehler entdeckt wird und der Kaufpreis herabgesetzt wird, so geschieht dies natürlich nur in Relation zum Fehler; der Preis wird nicht etwa mit Null angesetzt. Der ursprüngliche Mangel und der später eintretende Schaden sind also keineswegs identisch.[137]

V. Sonstige Rechte

238 1. § 823 Abs 1 BGB schützt auch sonstige Rechte. Man ist sich darüber einig, dass darunter nur absolute Rechte zu verstehen sind, geriete man doch sonst wieder in die Schwierigkeit, zum primären Vermögensschaden kaum abgrenzen zu können. Absolute Rechte sind dadurch gekennzeichnet, dass sie – wie das Eigentum – Zuweisungsgehalt und Ausschlussfunktion besitzen.[138] Der Inhaber kann also andere vom Gebrauch dieser Rechte ausschließen, da sie ihm exklusiv zugewiesen sind.

239 2. Das Hauptanwendungsgebiet der sonstigen Rechte im Sinne des § 823 Abs 1 BGB sind natürlich beschränkt dingliche Rechte.[139] Die Verwirklichung des Rechts muss durch rechtliche oder tatsächliche Maßnahmen beeinträchtigt sein.[140] Dazu gehören ferner Immaterialgüterrechte. Allerdings sind die Vorschriften in den jeweiligen Spezialgesetzen regelmäßig abschließend. § 823 Abs 1 BGB darf nicht herangezogen werden, um einen nicht bestehenden Schutz zu ersetzen.[141] Absolute Rechte sind aber das Jagdausübungs-[142] und Fischereirecht.[143]

240 3. Mitgliedschaftsrechte gehören im Prinzip zu den absoluten Rechten des § 823 Abs 1 BGB.[144] Sie sind etwa betroffen, wenn die Mitgliedschaft unberechtigt entzogen wird, etwa ein GmbH-Anteil oder eine Aktie rechtswidrig verwertet werden.[145] Ebenfalls tangiert ist die Mitgliedschaft, wenn ein Mitglied von der Ausübung seiner Rechte ferngehalten wird. So liegt es namentlich, wenn etwa ein Mitglied rechtswidrig daran gehindert wird, an Wettbewerben beispielsweise im Sport teilzunehmen.[146] Es haften dann die Organe des Vereins und auch dieser selbst, da das fehlerhafte Handeln dem Verein zugerechnet wird.[147] Keinen Anspruch hat das Mitglied dagegen, wenn lediglich

---

[135] STAUDINGER/J HAGER (2017) § 823 Rn B 117.
[136] So wohl GRUNEWALD, Kaufrecht § 9 Rn 30.
[137] STAUDINGER/J HAGER (2017) § 823 Rn B 119.
[138] OLG Brandenburg OLG-NL 1997, 127, 129; MünchKomm/WAGNER § 823 Rn 136.
[139] BGH NJW 2001, 971, 972; NJW-RR 2007, 1319; 2012, 1048 Rn 8; VersR 1964, 1201, 1202.
[140] BGH NJW 2001, 971, 972; NJW-RR 2012, 1048 Rn 10: grundstücksbezogener Eingriff.
[141] BGHZ 5, 1, 9; 138, 349, 351; 147, 56, 60; 149, 191, 195 f; MünchKomm/WAGNER § 823 Rn 265; STAUDINGER/J HAGER (2017) § 823 Rn B 137.
[142] BGHZ 84, 261, 264; 132, 63, 64; 143, 321, 324; BGH NJW-RR 2004, 100, 101.
[143] BGHZ 147, 125, 128; BGH NJW-RR 2007, 1319, 1320; BGH 31.5.2007 – III ZR 260/06 Rn 12; 18.12.2013 – III ZR 219/13 Rn 7.
[144] RGZ 100, 274, 278; 158, 248, 255; BGHZ 110, 323, 327, 334.
[145] RGZ 100, 274, 278; 158, 248, 255.
[146] BGHZ 110, 323, 327, 334.
[147] BGHZ 110, 323, 334 f; aA ZÖLLNER/NOACK, in: BAUMBACH/HUECK, GmbHG (21. Aufl 2017) § 43 Rn 65.

die Ertragsfähigkeit der Mitgliedschaft tangiert wird;[148] dann liegt ein reiner Vermögensschaden vor.[149]

4. a) Eine dingliche Anwartschaft liegt nach ganz hM vor, wenn von einem mehraktigen Entstehungstatbestand eines Rechts schon so viele Erfordernisse erfüllt sind, dass der Veräußerer die Position des Erwerbers nicht mehr durch einseitige Erklärung zerstören kann.[150] Dazu gehört etwa die Stellung des Käufers einer beweglichen Sache unter Eigentumsvorbehalt; hier kann der Käufer durch Bezahlung des Kaufpreises die Bedingung herbeiführen und so Eigentümer werden. Dasselbe gilt für den Auflassungsempfänger im Grundstücksverkehr, der einen Antrag auf Eintragung gestellt hat; auch hier kann der Verkäufer die Eintragung des Käufers und damit seinen Eigentumserwerb nicht mehr verhindern.[151]

b) Nach herrschender Rechtsprechung ist die Anwartschaft durch § 823 Abs 1 BGB geschützt – und zwar sowohl bei beweglichen Sachen[152] als auch im Immobiliarsachenrecht.[153] Keinen Schutz genießt der Anwartschaftsberechtigte allerdings gegen einen redlichen Erwerb; das folgt aus einem Erst-recht-Schluss zum Eigentum, das ebenfalls der Gefahr des redlichen Erwerbs durch einen Dritten ausgesetzt ist.[154]

c) Schwierigkeiten macht die Aufteilung des Anspruches, etwa wenn die unter Eigentumsvorbehalt gekaufte Sache zur Hälfte bezahlt ist. Die Rechtsprechung begrenzt den Schaden des Anwärters auf den Wert der Sache abzüglich der noch geschuldeten Zahlungen;[155] in der Lehre wird mehrheitlich eine Analogie zu § 432 befürwortet.[156]

5. Die Vormerkung führt zwar nicht zu einer Grundbuchsperre; der Berechtigte kann jedoch bei vormerkungswidrigen Verfügungen sein Recht letztendlich effektiv durchsetzen. Außenstehenden Schädigern gegenüber ist (nur) der vormerkungswidrige Erwerber aktivlegitimiert.[157] Dagegen schützt die hM die Stellung des Vormerkungsberechtigten bereits über § 823 Abs 1 BGB, etwa wenn der vormerkungswidrige Zwischenerwerber beginnt, das Grundstück grundlegend umzugestalten, zB das Haus abzureißen.[158]

6. a) Nach ganz hM ist die Forderung kein absolutes Recht im Sinne des § 823 Abs 1 BGB.[159] Das hat zB zur Konsequenz, dass im Fall eines Doppelverkaufs der übergangene Käufer sich nicht an seinen Konkurrenten wenden kann, weil dieser seine Forderung entwertet habe. Einziger Anspruchsgegner bleibt vielmehr – von der Ausnahme des § 826 BGB, also einer vorsätzlichen sittenwidrigen Schädigung abgesehen – der Verkäufer als der Schuldner.

b) Sehr strittig ist dagegen, ob die sog Forderungszuständigkeit ein absolutes Recht im Sinne des § 823 Abs 1 BGB bildet. Die hM lehnt das ab,[160] da ansonsten der Schutz

---

[148] RGZ 158, 248, 255.
[149] JAUERNIG/TEICHMANN § 823 Rn 18.
[150] Vgl zB BGHZ 37, 319, 322; 114, 161, 164.
[151] BGHZ 45, 186, 190; 49, 197, 200; 83, 395, 399; 114, 161, 166.
[152] BGHZ 55, 20, 25 f; BGH NJW 1970, 699.
[153] BGHZ 114, 161, 164 f.
[154] OLG Celle NJW 1960, 967, 968; STAUDINGER/J HAGER (2017) § 823 Rn B 154.
[155] BGHZ 55, 20, 31 f.
[156] BAUR/STÜRNER § 59 Rn 45.
[157] STAUDINGER/J HAGER (2017) § 823 Rn B 158.
[158] STAUDINGER/J HAGER (2017) § 823 Rn B 157; aA OLG München NJW 1963, 301, 303.
[159] BGHZ 29, 65, 73 f.
[160] RGZ 57, 353, 354 f; NK-BGB/KATZENMEIER

des Schuldners nach § 407 Abs 1 BGB unterlaufen werden könnte.¹⁶¹ Die Mindermeinung spricht dagegen den Schutz zu.¹⁶² Das wird namentlich relevant, wenn der Geschäftsführer einer GmbH Zessionen nicht offenlegt, obwohl er dazu verpflichtet wäre, und der Schuldner an die GmbH als den falschen Gläubiger leistet, diese inzwischen aber insolvent ist.

247 7. Die Rechtsprechung schützt den Besitz gleich einem absoluten Recht iSd § 823 Abs 1 BGB.¹⁶³ Das spielt vor allem eine Rolle, wenn der Geschädigte nicht Eigentümer der Sache ist, aber – wie bei einer Betriebsblockade – die Sache nicht bestimmungsgemäß verwenden kann. Dies ist regelmäßig nur der Fall, wenn der Geschädigte zum Besitz auch berechtigt ist.¹⁶⁴ Nach hM ist auch der mittelbare Besitzer über § 823 Abs 1 BGB geschützt, allerdings nicht im Verhältnis zum unmittelbaren; hier sind die Vorschriften des Besitzschutzes vorrangig.¹⁶⁵

248 8. a) Einen deliktischen Schutz der Ehe kennt das deutsche Recht nur in sehr begrenztem Umfang; abgesichert ist allein der räumlich-gegenständliche Bereich der Ehe als solcher.¹⁶⁶ Die eheliche Lebensgemeinschaft ist dagegen nicht deliktisch gegen Angriffe von außen geschützt. Insofern ist das Familienrecht abschließend;¹⁶⁷ allerdings kann § 826 BGB als Anspruchsgrundlage in Betracht kommen.¹⁶⁸

249 b) Dagegen ist Schutzgut im Sinne des § 823 Abs 1 BGB die elterliche Sorge.¹⁶⁹ Weithin ist allerdings dem Interesse der Eltern durch das Recht der Umgangsgestaltung mit Wirkung auch gegenüber Dritten nach § 1632 Abs 2 BGB Rechnung getragen. Wichtig ist § 823 Abs 1 BGB namentlich für den Unterlassungsanspruch gegen Störungen, etwa die Entziehung des Kindes. Auch das Umgangsrecht ist als absolutes Recht einzustufen.¹⁷⁰

250 9. Kein sonstiges Recht sind dagegen das Wertguthaben, das ein Arbeitnehmer in Altersteilzeit anspart,¹⁷¹ und nach der nicht überzeugenden Rechtsprechung des Bundesgerichtshofs die Registrierung eines Domainnamens bei der DENIC.¹⁷²

---

§ 823 Rn 91; PALANDT/GRÜNEBERG Einl v § 241 Rn 5.
¹⁶¹ MEDICUS/PETERSEN, Bürgerliches Recht (26. Aufl 2017) Rn 610.
¹⁶² SOERGEL/SPICKHOFF § 823 Rn 88; STAUDINGER/J HAGER (2017) § 823 Rn B 164; LARENZ/CANARIS § 76 II 4g; J HAGER, in: FS für H P WESTERMANN (2008) 5.
¹⁶³ BGHZ 137, 89, 98.
¹⁶⁴ BGHZ 73, 355, 362; 79, 232, 237; 114, 305, 312; nach MEDICUS/PETERSEN, Bürgerliches Recht (26. Aufl 2017 Rn 607) ist jedoch auch der unrechtmäßige entgeltliche redliche Besitz vor Rechtshängigkeit geschützt, da insoweit Ausschluss- und Nutzungsfunktion gegeben sei.
¹⁶⁵ BGHZ 32, 194, 205; 62, 243, 248 f.
¹⁶⁶ BGHZ 35, 302, 304; 37, 38, 41; BGH NJW 1990, 706, 708, 2014, 1243 Rn 9 f.
¹⁶⁷ BGHZ 57, 229, 232; 80, 235, 238; BGH NJW 1990, 706 f; 2013, 2108, 2109 Rn 15; auch beim Vorliegen nur eines Umgangsrechts zum Schutz durch § 823 Abs 1 BGB tendierend BGHZ 151, 155, 158 f.
¹⁶⁸ BGH NJW 1990, 706, 708; 2013, 2108, 2109 Rn 16 ff.
¹⁶⁹ BGHZ 111, 168, 172; OLG Bremen NZFam 2018, 28, 30.
¹⁷⁰ So in der Tendenz BGHZ 151, 155, 158 f.
¹⁷¹ BAGE 116, 293, 299; BAG NJW 2007, 2573, 2574 Rn 17; NZA 2006, 1052, 1054 Rn 23 ff; AP Nr 24 zu § 1 TVG Altersteilzeit unter III.1.
¹⁷² BGHZ 192, 204, 210, Rn 22 ff – Die Entscheidung überzeugt schon deswegen nicht, dass der Bundesgerichtshof in derselben Entscheidung eine Eingriffskondiktion bejaht (Rn 40 ff). Das absolute Recht des § 823 Abs 1 BGB und der Zuweisungsgehalt des § 812 Abs 1 S 1 F 2 BGB entsprechen sich; vgl dazu J HAGER JA 2012, 549.

§ 3 Die Persönlichkeit

I. Die Geschichte

Der Gesetzgeber hat die Persönlichkeit nicht als Schutzgut des § 823 Abs 1 BGB **300** normiert. Daran hielt sich die Rechtsprechung des Reichsgerichts zunächst,[173] wenngleich sie zum Teil auf § 826 BGB auswich.[174] Erst der Bundesgerichtshof erkannte 1954 das Persönlichkeitsrecht als sonstiges Recht iSd § 823 Abs 1 BGB an.[175] Auch in der Rechtsprechung des Bundesverfassungsgerichts begann wenig später eine ähnliche Entwicklung.[176] Die Terminologie schwankt, ohne dass das in der Sache einen Unterschied machte. Zum Teil geht man von einem sonstigen Recht aus.[177] Andere nehmen einen offenen Tatbestand an[178] oder sprechen schlicht von der Persönlichkeit.[179]

II. Der verfassungsrechtliche Ausgangspunkt

1. Das Persönlichkeitsrecht ist verfassungsrechtlich geschützt.[180] Da zumeist auf **301** Seiten des möglichen Verletzers ebenfalls Grundrechte betroffen sind, geht es um die bekannte Frage der Abwägung.[181] Betroffen ist auf Seiten des Verletzten das Schutzgebot der Art 1 Abs 1, 2 Abs 1 GG,[182] auf Seiten des Verletzers Art 5 Abs 1 GG in seiner Abwehrfunktion.[183] Dies ist keine Frage der nur mittelbaren Drittwirkung der Grundrechte.[184] Das Problem taucht auch im öffentlichen Recht und im Strafrecht auf; zudem sind die Belange in gleicher Weise geschützt.[185] Dabei spielen Gesetzesvorbehalte allenfalls eine untergeordnete Rolle.[186] Wenn die vermögensrechtlichen Belange der Persönlichkeit nach Auffassung des Bundesgerichtshofs nur einfachrechtlich geschützt[187] sein sollen, so ist das nicht unproblematisch, da diese Belange dann in der Abwägung mit grundrechtlichen Garantien – etwa der Pressefreiheit – stets zurückzutreten hätten.

2. Kein spezielles Problem des Persönlichkeitsrechts ist die Frage, wie intensiv die **302** verfassungsgerichtliche Prüfung ausfallen darf. Man arbeitet hier in der Regel mit der Formel, es müsse spezifisches Verfassungsrecht verletzt sein.[188] Allerdings gibt es Gebiete, in denen die Prüfung intensiviert ist, etwa bei der richterlichen Rechtsfortbildung.[189] Auch im Rahmen der Meinungsfreiheit ist die Kontrolle durch das Bundesverfassungsgericht umfassender, wenn dem Betroffenen Äußerungen in den Mund gelegt werden, die er nicht getan hat,[190] wenn die zur Verurteilung führende Interpre-

---

[173] RGZ 51, 369, 373; 69, 401, 403 f; 79, 397, 400; 113, 413, 414 f.
[174] RGZ 72, 175, 176 f; 162, 7, 11 f.
[175] BGHZ 13, 334, 338.
[176] BVerfGE 7, 198, 207 ff; 12, 113, 125 ff.
[177] BAG NZA 2007, 1154, 1158 Rn 47; NJW 2009, 251, 254 Rn 45; 2009, 1990, 1992 Rn 20.
[178] PALANDT/SPRAU § 823 Rn 25.
[179] BGH NJW 2010, 1533, 1534 Rn 11.
[180] BVerfGE 34, 269, 281; 97, 125, 146; BVerfG NJW 2004, 590 f; 2006, 3409.
[181] BGH NJW-RR 2017, 31, 32 Rn 18.
[182] BVerfGE 114, 339, 346; BGHZ 198, 346, 349 f Rn 13.
[183] BVerfGE 120, 180, 196 f; BGH NJW 2015, 782, 784 Rn 8.
[184] So aber BGHZ 202, 242, 250 Rn 25.
[185] EGMR NJW 2016, 781, 783 Rn 46; ausf STAUDINGER/J HAGER (2017) § 823 Rn C 65 ff.
[186] STAUDINGER/J HAGER (2017) § 823 Rn C 11.
[187] BGHZ 169, 340, 348 Rn 21; BGH NJW 2008, 3782, 3783 Rn 14; NJW-RR 2010, 855, 857 Rn 20.
[188] Vgl oben § 1 VI 3 = Rn S. 116.
[189] BVerfGE 34, 269, 280; 73, 261, 269; zurückhaltend BVerfGE 96, 375, 395; BVerfG NJW 2006, 3409; vgl genauer unten VI 2 d = Rn S. 320.
[190] BVerfGE 85, 1, 13; 86, 126, 129.

tation zugrunde gelegt wird, ohne dass die andere mit überzeugenden Gründen auszuschließen ist[191] und schließlich bei einer unzutreffenden Einordnung einer Aussage als Tatsachenbehauptung, Formalbeleidigung oder Schmähkritik.[192]

III. Die Träger des Persönlichkeitsrechts

303 1. Der Schutz der Persönlichkeit ist unabhängig von Geschlecht, Rasse, Nationalität, Alter, intellektuellen Fähigkeiten und ähnlichen Eigenschaften der Person. Es ist außerdem nicht notwendig, dass die Verletzung als solche wahrgenommen wird. Kinder sind dabei besonders abgesichert.[193] Auch der Nasciturus genießt den Schutz seiner Persönlichkeit.[194] Der Persönlichkeitsschutz gilt ebenso für denjenigen, der im Verdacht steht, eine Straftat begangen zu haben.[195]

304 2. Auch durch Kollektivbezeichnungen kann die Persönlichkeit beeinträchtigt werden. Dabei sind zwei Fallgruppen zu unterscheiden.

305 a) Die Kollektivbezeichnung kann als Angriff auf einzelne Personen zu verstehen sein. Doch ist insoweit Voraussetzung, dass der Kreis der Betroffenen klar abgegrenzt ist.[196] Nach der Rechtsprechung kann auch ein großes Kollektiv beleidigt werden,[197] während die Literatur einen Angriff nur dann annimmt, wenn der Einzelne individuell betroffen ist.[198] Eine Ausnahme gilt wegen der deutschen Geschichte aber für die Verfolgten des NS-Regimes.[199]

306 b) Davon zu unterscheiden ist der Angriff auf eine Personengesamtheit, die eine rechtlich anerkannte Funktion ausübt, etwa eine juristische Person,[200] einschließlich juristischer Personen des öffentlichen Rechts, wie die Bundeswehr,[201] oder Stiftungen des öffentlichen Rechts.[202] Doch ist auch hier eine restriktive Interpretation angezeigt. Ein derartiger Angriff wird nur bei relativ kleinen Gruppen in Betracht kommen.[203]

307 3. Dieselbe Dichotomie taucht auch beim Schutz von Verbänden auf. Wiederum können natürliche Personen als solche von einer Attacke auf den Verband betroffen sein oder dieser selbst. Über das Schutzgut herrscht im letzten Fall allerdings noch wenig Übereinstimmung. Zum Teil spricht man von einer allgemeinen Verbandspersönlichkeit,[204] zum Teil vom Funktionsschutz.[205] Den Schutz genießen Vereine, teilrechtsfähige Personen und politische Parteien. Nachdem die Rechtsfähigkeit der Außengesellschaft bürgerlichen Rechts anerkannt ist,[206] ist auch diese als solche geschützt. Ob sich Wirtschaftsunternehmen neben Art 12 Abs 1 GG auch auf ein grund-

---

[191] BVerfGE 85, 1, 13 f; 86, 122, 129; 94, 1, 9.
[192] BVerfGE 82, 43, 51; 82, 272, 281, 85, 1, 14; 86, 1, 10; 96, 1, 8 f.
[193] BVerfGE 101, 361, 375; 119, 1, 24; 120, 180, 199; BGHZ 198, 347, 351 Rn 17; 206, 347, 355 Rn 18; BGH NJW 2014, 2076, 2077 Rn 9.
[194] WOLF/NEUNER § 11 Rn 14.
[195] BGHZ 24, 72, 81.
[196] BVerfGE 93, 266, 302 f; BVerfG NJW 2016, 2643, 2644 Rn 17; 2017, 2607 Rn 5; BGHZ 75, 160, 163.
[197] BGHSt 36, 83, 87.
[198] STAUDINGER/J HAGER (2017) § 823 Rn C 24.
[199] BGHZ 75, 160, 163.
[200] BGHZ 206, 289, 299 f Rn 27; BGH NJW 2005, 2766, 2769; 2006, 601, 602; 2017, 773, 774 Rn 12 f.
[201] BGHSt 6, 186 ff; 36, 83, 85.
[202] BGH NJW-RR 2017, 98, 102, Rn 27 (jedenfalls strafrechtlicher Ehrschutz).
[203] STAUDINGER/J HAGER (2017) § 823 Rn C 26.
[204] KLIPPEL JZ 1988, 633 f.
[205] ERMANN/KLASS Anh zu § 12 Rn 57.
[206] BGHZ 146, 341, 343 ff.

rechtlich geschütztes Persönlichkeitsrecht berufen können, hat das Bundesverfassungsgericht bislang offen gelassen;[207] der BGH bejaht es.[208]

IV. Der postmortale Persönlichkeitsschutz

1. Der Persönlichkeitsschutz erlischt nicht mit dem Tod.[209] Schutzgut ist das Persönlichkeitsrecht des Verstorbenen selbst; er soll zu Lebzeiten nicht zu befürchten haben, nach dem Tod ohne Absicherung zu sein.[210] Das Recht der Angehörigen steht neben dem postmortalen Schutz und umfasst etwa die Entscheidung über die letzte Ruhestätte als Teil des allgemeinen Persönlichkeitsrechts.[211] Beides ist jedoch nicht identisch. Gewisse Probleme macht die Rechtsinhaberschaft; am ehesten überzeugt die These, dass den Angehörigen oder den dazu vom Verstorbenen Berufenen das Recht treuhänderisch zugeordnet ist.

2. Schutzobjekt ist das Persönlichkeitsrecht des Verstorbenen in seinen wie auch bei lebenden üblichen Ausformungen.[212] Dazu gehört ebenso der Name.[213] Auch vermögensrechtliche Interessen sind geschützt, namentlich die Verwendung zur Werbung.[214] An die Einwilligung des Verstorbenen, hilfsweise seiner Angehörigen, ist mithin die Entnahme von Organen geknüpft. Auf § 34 StGB kann dagegen die Entnahme nicht gestützt werden.[215] Im Lauf der Zeit nimmt die Intensität des Schutzes ab. Die Dauer soll bei vermögenswerten Bestandteilen 10 Jahre,[216] bei ideellen Persönlichkeitsverletzungen wohl 30 Jahre betragen, bei Nachahmungen des Stils eines Künstlers durchaus auch länger[216a].

3. Die Rechtsfolgen entsprechen den sonst anzuwendenden Regeln. Der Bundesgerichtshof spricht nunmehr auch materiellen Ersatz für die unberechtigte Inanspruchnahme des Verstorbenen als Werbeträger zu.[217] Umstritten ist, ob Entschädigung für immaterielle Einbußen geschuldet ist. Der Bundesgerichtshof hat dies in einer Entscheidung älteren Datums verneint[218] und diese Haltung mehrfach bekräftigt,[219] das Oberlandesgericht München bejaht dagegen einen Anspruch.[220] Nach Meinung des BGH soll der Anspruch ferner nicht vererblich sein.[221] Dem ist nicht zu folgen; es gibt keinen Grund, die Vererblichkeit zu verneinen, zumal vermögensrechtliche und nicht vermögensrechtliche Bestandteile oft nicht hinreichend trennscharf voneinander abgegrenzt werden können.[222]

---

[207] BVerfGE 106, 28, 42; BVerfGK 3, 337, 343; 12, 95, 99; BVerfG NJW 2008, 358, 359; NJW 2010, 3501, 3502 Rn 25.
[208] BGH GRUR 2017, 918, 921 f Rn 36 ff.
[209] BVerfGE 30, 173, 194; BVerfG NJW 2006, 3409; BGHZ 50, 133, 136 ff; 107, 384, 391; 143, 214, 217 f; der BGH bejaht den Schutz des Verbandes; es ging jeweils um juristische Personen, z.B. BGHZ 206, 289, 299 f Rn 27.
[210] BGHZ 50, 133, 138 f.
[211] BVerfG NJW 2017, 947 Rn 15.
[212] BGH NJW 2014, 3786, 3788 Rn 31.
[213] LARENZ/CANARIS § 80 VI 1d; aA noch BGHZ 8, 318, 324.
[214] BVerfG NJW 2006, 3409, 3410; BGHZ 141, 214, 219 ff; 143, 214, 220.
[215] STAUDINGER/J HAGER (2017) § 823 Rn C 44; aA LARENZ/CANARIS § 80 VI 3b.
[216] BGHZ 169, 194, 199.
[216a] BGHZ 103, 384, 392 f.
[217] BGH 143, 214, 219 ff.
[218] BGH GRUR 1974, 797, 800.
[219] BGHZ 165, 203, 206 f; 201, 45, 48 Rn 9.
[220] OLG München ZUM 2002, 744, 745 f.
[221] BGHZ 201, 45, 49 Rn 12; BGH NJW 2017, 800, 801 Rn 8; 2017, 3004 f Rn 12 ff.
[222] J HAGER JA 2014, 629.

V. Die Passivlegitimation

311 1. Verantwortlich ist jeder Störer; auf ein Verschulden kommt es für den Unterlassungsanspruch nicht an.[223] Passivlegitimiert ist in erster Linie derjenige, der die Verletzung begangen hat. Das gilt für den Autor, Redakteur und Moderator. Ferner genügt es, wenn sich jemand fremde Informationen zu Eigen macht[223a], nicht jedoch, wenn er nur darüber berichtet.[224] Bei überwiegendem Informationsinteresse darf auch dann berichtet werden, wenn die Berichterstattung eine unzweifelhaft rechtswidrige Äußerung zum Gegenstand hat.[225] Es haften der Herausgeber und der Verleger; überträgt er die Pflicht einem Dritten, so ist diesem Organstellung einzuräumen. Damit hat der Verleger für Säumnisse des Dritten nach § 31 BGB ohne Exkulpationsmöglichkeit einzustehen.[226] Auch der Informant kann verantwortlich sein.[227]

312 2. Zu unterscheiden ist nach Art der Publikation. An den redaktionellen Text einer Zeitung sind höhere Anforderungen zu stellen als an den Anzeigenteil. Hier ist ein Einschreiten erst bei Vorliegen konkreter Anhaltspunkte für einen Missbrauch erforderlich.[228] Eine weitergehende Prüfung ist indes bei Kontaktanzeigen notwendig.[229]

313 3. Schließlich können auch technische Verteiler zur Verantwortung gezogen werden.[230] Doch bedarf der Kreis der Eingrenzung; Tatbeiträge von untergeordneter Bedeutung scheiden aus.

314 4. Die Verantwortlichkeit von Internetanbietern ist in den §§ 7 ff TMG geregelt. Die Privilegien gelten nicht für Unterlassungsansprüche, wenn die Provider informiert sind.[231] Entgegen der Rechtsprechung[232] sind diese dann aber Täter und nicht nur Störer. Verantwortlich für den Inhalt sind Provider, wenn sie sich die Aussagen zu Eigen machen.[233] So liegt es bei der Autocomplete-Funktion einer Suchmaschine;[234] dasselbe muss für Snippets gelten.[235] Auch für die Host-Provider gelten besondere Regeln. Sind bereits rechtswidrige Taten erfolgt, so trifft sie eine Pflicht, vorab Verstöße durch Prüfungen zu verhindern.[236] Der Host-Provider soll nach der Rechtsprechung des BGH ferner verpflichtet sein, Beschwerden des Opfers an den Täter weiterzugeben. Bleibe eine befriedigende Antwort aus, so sei der beanstandete Beitrag zu löschen.[237] Dagegen solle der Provider wegen § 12 Abs 2 TMG nicht berechtigt sein, den Namen des Täters zu nennen.[238] Beides überzeugt nicht. Der Portalbetreiber darf

---

[223] BGH NJW 1986, 2503, 2504.
[223a] Vgl die Nw in Fn 252.
[224] BVerfG NJW 2004, 590, 591; NJW-RR 2007, 1684, 1685 Rn 19; BGHZ 132, 13, 18 f; 187, 240, 252 Rn 26; BGH NJW 1997, 1148, 1150.
[225] BVerfG NJW-RR 2007, 1684, 1685 Rn 19; BGHZ 187, 240, 253 Rn 26.
[226] BGHZ 24, 200, 213 f; 39, 124, 130; BGH NJW 1980, 2810, 2811.
[227] BGHZ 50, 1, 3; BGH NJW 1973, 1460; BGHZ 199, 237, 267 Rn 63.
[228] BGHZ 59, 76, 80.
[229] BGHZ 59, 76, 80.
[230] BGH NJW 1976, 799, 800.
[231] BGHZ 158, 236, 246 f (zum TDG); 172, 119, 126 Rn 19; 191, 219, 225 Rn 19; BGH NJW 2007, 2558 f Rn 7; 2010, 2061, 2062 f Rn 24; 2011, 753, 754 Rn 13; 2012, 2345, 2346 Rn 19; 2013, 2348, 2350 Rn 30; 2016, 2106, 2107 Rn 19; NJW-RR 2009, 1413, 1414 Rn 17; zur Verkehrssicherungspflicht im Internet vgl auch unten Rn S. 533.
[232] Vgl die Nachweise in Fn 231.
[233] Vgl dazu genauer unten Rn S. 318.
[234] BGHZ 197, 213, 220 Rn 20.
[235] STAUDINGER/J HAGER (2017) § 823 Rn C 62c.
[236] BGH NJW 2016, 794, 796 Rn 27 für Urheberrechtsverstöße; OLG Schleswig CR 2017, 817.
[237] BGHZ 191, 219, 227 f Rn 27.
[238] BGHZ 201, 380, 383 ff Rn 10 ff.

nicht mit Aufgaben betraut werden, die dem Richter vorbehalten sind.[239] Der Access-Provider schließlich ist verpflichtet, den Zugang zu rechtswidrigen Inhalten zu sperren.[240] Einen Vorrang der Inanspruchnahme des Host-Providers, wie vom Bundesgerichtshof praktiziert,[241] kennt das deutsche Recht nicht.[242]

VI. Der Schutz gegen Herabwürdigung und Entstellung

1. Anstelle des wenig konturierten Begriffs der Ehre ist auf die Eingriffsmodalität abzustellen. Geschützt ist die Persönlichkeit vor herabsetzenden Werturteilen und vor unwahren Tatsachenbehauptungen – mögen sie ehrenrührig sein oder nicht.

2. Zur Ermittlung des Inhalts einer Äußerung gelten die allgemeinen Interpretationsregeln.

a) Entscheidend ist die Sicht des unbefangenen Lesers oder Hörers,[243] des unvoreingenommenen und verständigen Publikums.[244] Dabei geht es um den Gesamtgehalt des Berichts.[245] Die Äußerung darf nicht aus dem Kontext gelöst und isoliert betrachtet werden.[246] Wie eine Aussage zu verstehen ist, hängt nicht von der subjektiven Sicht des Erklärenden oder seinem Verschulden ab.[247] Im Hinblick auf den Adressatenkreis ist dabei zu differenzieren. Bei längeren Texten darf nicht der flüchtige Leser als Interpretationsmaßstab herangezogen werden.[248] Es entscheidet nicht allein der philologische Sprachgebrauch, sondern das Verständnis der angesprochenen Kreise. Das gilt auch für Rechtsbegriffe.[249] Zu beachten ist der Bedeutungswandel von Begriffen und nicht zuletzt der Gesamtzusammenhang.[250] Die Erklärung kann sich jeder Form bedienen, auch der Metapher oder Satire. Auch Bildnisse können Aussagen enthalten.[250a]

b) Behauptungen können auch in konkludenter und versteckter Form erfolgen. Vorliegen muss aber eine eigene Äußerung des Autors in Form einer zusätzlichen Sachaussage; es genügt, wenn diese dem Leser als unausweichliche Schlussfolgerung nahegelegt wird.[251] Hierher zählt auch, wenn sich der Äußernde die Aussage eines Anderen zu Eigen macht.[252] Das ist der Fall, wenn der Äußernde erkennbar die Verantwortung für die veröffentlichten Texte oder verbreiteten Äußerungen über-

---

[239] STAUDINGER/J HAGER (2017) § 823 Rn C 62h.
[240] BGH NJW 2016, 794, 796 Rn 25.
[241] BGH NJW 2016, 794, 803 Rn 82 ff.
[242] STAUDINGER/J HAGER (2017) § 823 Rn C 62j.
[243] BGHZ 95, 212, 215; 128, 1, 6; 139, 95, 102; BGH NJW 2004, 598, 600; 2014, 3154, 3155 Rn 14.
[244] BVerfGE 93, 266, 295; BVerfG NJW 2004, 1942, 1943; 2008, 1654, 1655 Rn 30; BVerfG NJW 2012, 1643, 1644, Beschluss vom 7.12. 2011 – 1 BvR 2678/10 Rn 42; BGHZ 139, 95, 102; BGH NJW 2004, 598, 600; 2016, 1584, 1585 Rn 17.
[245] BGHZ 78, 9, 15; BGH NJW 1985, 1621, 1622; 1992, 1312, 1313.
[246] BGHZ 132, 13, 20; BGH NJW 1994, 2614, 2615; 2005, 279, 281 f; 2009, 1872, 1873 Rn 11; 2009, 3590 Rn 11; 2017, 1687, 1688 Rn 13.
[247] KG ZUM-RD 2010, 224, 226.
[248] BVerfGE 43, 130, 140.
[249] BVerfGE 85, 1, 19.
[250] BVerfGE 94, 1, 9; BGHZ 132, 13, 20; 139, 95, 102.
[250a] BGHZ 151, 26, 30.
[251] BVerfG NJW 2004, 1942; 2008, 1654, 1655 Rn 29; BGHZ 78, 9, 14 f; BGH NJW 2000, 656, 657.
[252] BVerfG NJW 2004, 590, 591; NJW-RR 2010, 470, 473 Rn 67; BGHZ 132, 13, 18; 199, 237, 248 Rn 19; 209, 139, 145 Rn 17; BGH NJW 2010, 760, 761 Rn 11; 2012, 2345 Rn 11; 2015, 3443, 3444 Rn 25; 2017, 2029, 2030 Rn 18.

nimmt.²⁵³ Dabei ist allerdings Zurückhaltung geboten.²⁵⁴ Soll sich der Leser aber ein eigenes Bild machen, so dürfen nicht wesentliche Tatsachen verschwiegen werden, die dem Vorgang ein anderes Gewicht geben können.²⁵⁵ Bei Äußerungen im engsten Familienkreis tritt das Persönlichkeitsrecht des Betroffenen zurück.²⁵⁶ Das gilt auch für Strafgefangene, die sich nur schriftlich äußern können.²⁵⁷

319 c) Die Anforderungen an die Überprüfung durch den Bundesgerichtshof, aber auch durch das Bundesverfassungsgericht, sind in diesem Fall intensiver.²⁵⁸

320 d) Bei der Interpretation hat das Bundesverfassungsgericht eine spektakuläre Modifikation seiner Rechtsprechung vorgenommen. Bei mehrdeutigen Aussagen war nach der ursprünglichen Judikatur diejenige zu wählen, die nicht zur Verurteilung führte, wenn solche Deutungen nicht mit schlüssigen Gründen ausgeschlossen waren. Diese Regel beschränkt das Gericht nunmehr auf Strafurteile, Urteile auf Schadensersatz, auf Widerruf, Berichtigung²⁵⁹ und Gegendarstellung.²⁶⁰ Während das früher auch für die Unterlassung künftiger Äußerungen angenommen wurde,²⁶¹ soll das nunmehr nicht mehr gelten, da es dem Äußernden angesonnen werden könne, sich in Zukunft eindeutiger auszudrücken.²⁶² Dem ist nicht zu folgen; Satire beispielsweise lebt vom schillernden Begriff.²⁶³ Auch nach Auffassung des Bundesverfassungsgerichts kommt eine Untersagung wegen Mehrdeutigkeit zumindest bei unvollständigen und ergänzungsbedürftigen Slogans und schlagwortartigen Äußerungen nicht in Betracht.²⁶⁴

321 3. Tatsachenbehauptungen und Werturteile müssen zum einen wegen des unterschiedlich weit reichenden Schutzes des Art 5 Abs 1 GG, zum anderen wegen der abweichenden Rechtsfolgen voneinander unterschieden werden.

322 a) Ob Behauptungen über Tatsachen vorliegen, wird mit Hilfe der Frage abgegrenzt, ob der Gehalt der Äußerung der objektiven Klärung mit Hilfe des Beweises zugänglich ist.²⁶⁵ Dagegen ist nicht beweisbar, ob eine Meinung richtig oder falsch ist.²⁶⁶ Sie ist nämlich durch Elemente der Stellungnahme, des Dafürhaltens und des Meinens geprägt.²⁶⁷ Dass die Äußerung eines Verdachts nur Tatsachenbehauptung sei,

---

[253] BGHZ 209, 139, 145 Rn 17; BGH NJW 2012, 2345 Rn 11; 2015, 3443, 3444 Rn 25; 2017, 2029, 2030 Rn 18.
[254] BGHZ 209, 139, 146 Rn 17; BGH NJW 2012, 2345 Rn 11; 2015, 3443, 3444 Rn 25; 2017, 2029, 2030 Rn 18; STAUDINGER/J HAGER (2017) § 823 Rn C 85a.
[255] BGH NJW 2000, 656, 657; 2006, 601, 603.
[256] BVerfGE 90, 255, 260; BVerfG NJW 2007, 1194, 1195.
[257] BVerfGE 90, 255, 261; BVerfG NJW 2007, 1194, 1195.
[258] Vgl oben § 1 VI 3 = Rn 116.
[259] BVerfGE 114, 339, 349; BVerfG NJW 2006, 3769, 3773; 2008, 1654, 1655 Rn 32; 2008, 2907, 2908.
[260] BVerfG NJW 2008, 1654, 1656 Rn 38.
[261] BVerfGE 82, 43, 52; 94, 1, 9.
[262] BVerfGE 114, 339, 349; BVerfG NJW 2006, 3769, 3773; 2008, 1654, 1656 Rn 35.
[263] Vgl als Beispiele BGHZ 169, 340, 347 f Rn 20; BGH NJW 2008, 3782, 3783 Rn 16 f.
[264] BVerfG NJW 2010, 3501, 3502 Rn 23.
[265] BVerfGE 94, 1, 8; BVerfG NJW 2008, 358, 359; NJW-RR 2006, 1130, 1131; BVerfG NJW 2012, 1643, 1644 Rn 34; BGHZ 132, 13, 21; 139, 95, 102; BGH NJW 1993, 525, 526; 1993, 930, 931; 2004, 598, 599; 2005, 279, 281; 2010, 760, 761 f Rn 15; 2016, 1584, 1585 Rn 16; NJW-RR 1999, 1251, 1252; 2014, 1508, 1510 Rn 20.
[266] BVerfG NJW-RR 2006, 1130, 1131; BGH NJW 1978, 751; 1992, 1314, 1316.
[267] BVerfGE 61, 1, 9; 85, 1, 14; 90, 241, 247; BVerfG NJW 2009, 3016, 3017 Rn 27; BGH NJW 2009, 1872, 1874 Rn 15; 2009, 3580, 3581 Rn 11 f; so in der Sache schon BVerfGE 7, 198, 210.

die einer Vermutung hingegen Meinungsäußerung, ist nicht mehr als nur ein erster Anhaltspunkt. Spekulative Äußerungen sind Tatsachenbehauptungen, unsubstanziierte Urteile dagegen Meinungsäußerungen. Fragen bilden, soweit es sich nicht um eine rhetorische Frage handelt, eine eigene Kategorie.[268] Die Ankündigung künftigen Verhaltens ist nach der Rechtsprechung keine Tatsachenbehauptung;[269] das ist schief, da die Absicht als solche ja besteht.[270] Die Fälle sind mit Hilfe des Wettbewerbsrechts zu lösen.[271] Auch Zitate sind als Tatsachenbehauptungen zu werten.[272]

b) Tatsachenbehauptungen und Meinungsäußerungen können ineinander übergehen. Dann ist zunächst einmal zu ermitteln, was die Aussage im Kern meint. Sind die Bestandteile nicht trennbar, so ist nach hM der Gesamtbeitrag als Meinungsäußerung zu werten.[273] Doch dürfte für die Lösung zu differenzieren sein. Besteht die Äußerung aus einem Tatsachenkern, so gelten dafür die Regeln über Tatsachenbehauptungen.[274] Übertreibungen sind nach den Grundsätzen der Meinungsäußerung zu werten;[275] dasselbe gilt bei Äußerungen wie Slogans, die keinen konkreten Inhalt haben.[276] Äußerungen über strafrechtliche oder deliktsrechtliche Tatsachen, die eine umfassende Subsumtion erfordern, deuten auf eine subjektive Beurteilung, also auf eine Meinungsäußerung hin.[277] Eine Tatsachenbehauptung liegt indes vor, wenn beim Adressaten zugleich die Vorstellung von konkreten, in die Wertung eingekleideten tatsächlichen Vorgängen hervorgerufen wird.[278] **323**

c) Bei Aussagen über Normen ist zu differenzieren. Sie sind Tatsachenbehauptungen, wenn sie die Vorstellung über konkrete Geschehnisse erzeugen;[279] reine Rechtsauffassungen sind dagegen Werturteile.[280] Wissenschaftliche Äußerungen sind Werturteile, soweit es um die Schlussfolgerung geht, Tatsachenbehauptungen, soweit die Grundlagen betroffen sind. Die ärztliche Diagnose ist nach hM Werturteil.[281] Das ist jedenfalls dann nicht überzeugend, wenn dem Gutachten unrichtige Tatsachen zugrunde liegen, etwa die Analysen verschiedener Personen verwechselt wurden.[282] **324**

4. Die Meinungsäußerung und im Prinzip auch die Tatsachenbehauptung sind verfassungsrechtlich durch Art 5 Abs 1 GG geschützt. **325**

a) Die Meinungsäußerung dient der Persönlichkeitsentfaltung und dem demokratischen Prozess.[283] Sie ist in gewissem Sinn Grundlage jeder Freiheit.[284] Das Grund- **326**

---

[268] BVerfGE 85, 23, 32; BGH NJW 2004, 1034; 2017, 482, 483 Rn 13 f.
[269] BGH NJW 1998, 1223, 1224.
[270] STAUDINGER/J HAGER (2017) § 823 Rn C 76.
[271] So iE auch BGH NJW 1998, 1223, 1224.
[272] BGH VersR 2011, 1408 Rn 11 mwNw; das Urteil ist im Ergebnis nicht überzeugend, da die beurteilte Äußerung mehrdeutig ist; so schon die Vorinstanz OLG Köln ZUM 2011, 69, 72 f.
[273] BGH NJW 1994, 2614, 2615; 2008, 358, 359; 2010, 760, 762 Rn 15.
[274] BVerfG NJW 2013, 1643, 1644 Rn 34; 2017, 482, 485 Rn 35.
[275] BVerfG NJW 2007, 2686, 2687; 2008, 358, 359; BGHZ 132, 13, 21; 181, 328, 340; STAUDINGER/J HAGER (2017) § 823 Rn C 80.
[276] BVerfG NJW 2010, 3501, 3502 Rn 23.
[277] BGH NJW 1982, 2248, 2249; 2016, 1584, 1585 Rn 19 f; NJW-RR 1999, 1251, 1252; 2014, 1508, 1510 Rn 20.
[278] BVerfG NJW 2008, 358, 359; BGH NJW 1982, 2248, 2249; 2016, 1584, 1585 Rn 20; 2017, 482, 484 Rn 26; NJW-RR 1999, 1251, 1252 f; 2014, 1508, 1510 Rn 20.
[279] BVerfG NJW 2008, 358, 359; BGH NJW 1982, 2248, 2249.
[280] BGH NJW 2009, 3580, 3581 Rn 15.
[281] BGH NJW 1989, 2941, 2942; 1999, 2736, 2737.
[282] STAUDINGER/J HAGER (2017) § 823 Rn C 83.
[283] BVerfGE 82, 272, 281; 85, 23, 31.
[284] BVerfGE 7, 198, 208.

recht ist aus dem besonderen Schutzbedürfnis der Machtkritik erwachsen.[285] Es ist nicht Aufgabe der Gerichte, zu entscheiden, ob ein bestimmtes Thema berichtenswert ist oder nicht.[286] Die Qualität der Meinung spielt keine Rolle;[287] der Staat hat sich einer Bewertung der Meinung zu enthalten.[288] Auch braucht der Kritiker keine nachprüfbaren Gründe anzuführen.[289] Die Ausdrucksform kann frei gewählt werden.[290] Der Adressat soll selbst entscheiden, was er von einer derartigen Kritik halten soll. Das Grundrecht schützt aber nicht Tätigkeiten, um anderen seine Meinung aufzuzwingen.[291] Als Schranke fungiert das Persönlichkeitsrecht des Betroffenen.[292] Schmähkritik braucht nicht hingenommen zu werden.[293] Dann geht es nämlich nicht mehr um die Auseinandersetzung in der Sache; im Vordergrund steht die Diffamierung der Person.[293a] Der Begriff ist allerdings eng auszulegen und regelmäßig auf die Privatfehde beschränkt.[294]

327 b) Die Tatsachenbehauptung ist verfassungsrechtlich geschützt, soweit sie Voraussetzung dafür ist, sich eine eigene Auffassung zu bilden.[295] Die bewusst unwahre Information ist dagegen nicht durch das Grundrecht gedeckt;[296] dasselbe gilt für die erwiesen unwahre Behauptung[297] sowie eine solche, deren Unwahrheit zum Zeitpunkt der Äußerung feststeht.[298] Es dürfen keine Tatsachen verschwiegen werden, die geeignet sind, den geschilderten Vorgang in einem anderen Licht erscheinen zu lassen.[299] Dagegen dürfen Behauptungen auch verbreitet werden, wenn ihr Wahrheitsgehalt zunächst nicht geklärt werden kann,[300] soweit die übrigen Sorgfaltspflichten eingehalten sind.[301] Sonst müssten auch zulässige Äußerungen aus Furcht vor Sanktionen unterbleiben.[302]

328 5. Die Abwägung folgt nicht dem Grundsatz der Verhältnismäßigkeit in seinen drei Ausprägungen; die Frage nach der Erforderlichkeit und nach dem schonendsten Mittel würde der Meinungsfreiheit zuwiderlaufen. Der Erklärende kann die Form wählen; erlaubt sind daher scharfe und abwertende Kritik, übersteigerte Polemik und ironische Ausdrücke.[303] Die Zulässigkeit der freien Rede bei (potenziell) die Öffentlichkeit we-

---

[285] BVerfGE 93, 266, 293; BVerfG NJW-RR 2007, 1340, 1341.
[286] EGMR NJW 2000, 1015, 1017 Rn 63; BVerfG NJW 2001, 1921, 1922; NJW-RR 2010, 1195, 1196 Rn 29; BGHZ 187, 240, 250 Rn 21, 252 Rn 24.
[287] BVerfGE 90, 241, 247; 93, 266, 293.
[288] BVerfGE 61, 1, 12.
[289] BVerfGE 42, 163, 170; 61, 1, 7; 90, 1, 14; 90, 255, 259.
[290] BVerfGE 54, 129, 139; 75, 171, 192; 90, 241, 247; 93, 266, 293; BGHZ 187, 240, 252 Rn 21.
[291] BVerfG NJW 2011, 47, 48 Rn 23.
[292] BVerfGE 90, 241, 248; BVerfG NJW 2003, 660, 661.
[293] BVerfGE 82, 272, 284; BVerfG NJW 2013, 1643, 1644 Rn 40; 2017, 1460 f Rn 40
[293a] BVerfGE 82, 272, 283 f; 85, 1, 16; 93, 266, 294; BVerfG NJW 2017, 1460 f Rn 14.
[294] BVerfGE 82, 272, 284; BVerfG NJW 2013, 1643, 1644 Rn 40; 2017, 1460 f Rn 14.
[295] BVerfGE 61, 1, 8; 65, 1, 41; 85, 1, 15; 85, 23, 31; 90, 241, 247; 94, 1, 7; 97, 391, 397; 99, 185, 197; BVerfG NJW 2007, 2686, 2687; 2010, 1587, 1588 Rn 21; 2011, 47, 48 Rn 19; BGH WRP 2008, 813, 815; VersR 2012, 192, 193 Rn 14.
[296] BVerfGE 90, 1, 15; 90, 241, 247; BVerfG NJW 2007, 2686, 2687; BGH NJW 2013, 790 f Rn 12; WRP 2008, 813, 815.
[297] BVerfGE 94, 1, 8; 97, 125, 156; BVerfG NJW 2007, 2686, 2687; AfP 2006, 550, 552.
[298] BGH NJW 2013, 790 Rn 17; BGH, Urt v 17. 12. 2013 – VI ZR 211/12 Rn 23.
[299] BVerfGE 12, 113, 130; 114, 339, 353 f; BVerfG NJW 2010, 1787, 1789 Rn 27; BGH NJW 2006, 601, 603.
[300] BVerfG NJW-RR 2010, 470, 471 Rn 62; BGHZ 176, 175, 189 Rn 34; BGH NJW 2013, 790 f Rn 12; BGHZ 199, 237, 250 Rn 23.
[301] Vgl Rn 329.
[302] BVerfGE 54, 129, 139; 54, 208, 219 f; 61, 1, 8; 85, 1, 15; 90, 241, 248; BGHZ 132, 13, 23; 139, 95, 106; BGH NJW 2007, 686, 688.
[303] BVerfGE 82, 272, 282; 90, 241, 247.

S. Das Recht der unerlaubten Handlungen   329

sentlich berührenden Fragen wird vermutet,[304] namentlich in Wahlkampfauseinandersetzungen.[305] Eine Grenze ist dort zu ziehen, wo es um Schmähkritik,[306] also um persönliche Herabsetzung in Diffamierungsabsicht geht[307] bzw die Menschenwürde verletzt ist.[308] Selbst im Fall der anprangernden Wirkung einer Aussage ist aber die Einzelfallabwägung nicht von vornherein ausgeschlossen.[309] Hatte der Angegriffene seinerseits die Kritik herausgefordert oder zu ihr zumindest Anlass gegeben, so kann der Betroffene ein Recht auf den Gegenschlag haben.[310] Doch ist auch dieses Recht kein Freibrief für maßlose Polemik.[311] Aber auch andere verfassungsrechtliche Wertungen, etwa das Diskriminierungsverbot des Art 3 Abs 3 GG, können sich auswirken.[312]

6. Wahre Tatsachenbehauptungen sind im Prinzip erlaubt,[313] selbst wenn sie für den **329** Betroffenen nachteilig sind.[314] soweit sie nicht die Intim- oder Privatsphäre betreffen.[315] Unwahre Tatsachenbehauptungen dürfen nicht aufgestellt werden.[316] Eine Tatsachenbehauptung darf aber auch dann aufgestellt werden, wenn der Behauptende sich der Wahrheit nicht zur Gänze sicher ist.[317] Er ist jedoch zur Recherche verpflichtet, und zwar umso mehr, je schwerer der Vorwurf wiegt und je schärfer die Konsequenzen für den Betroffenen sind.[318] Der Bundesgerichtshof will dem Publizierenden die Darlegungs- und Beweislast für die ordnungsgemäße Recherche auferlegen;[319] das ist zumindest bei Informationen, die von Dritten stammen, nicht unproblematisch.[320] Bei Massenmedien sind wegen der breiten Wirkung strengere Anforderungen als etwa bei Privatleuten zu stellen.[321] Die Presse muss all das ihr Mögliche tun, um die Gefahr, etwas Falsches zu melden, auszuschließen.[322] Je schwerer der Vorwurf ist, desto sorgfältiger muss recherchiert werden.[323] Regelmäßig muss dem Betroffenen Gelegenheit zur Stellungnahme gegeben werden.[324] Aussagen Dritter sind nur zuzurechnen, wenn sie Teil einer Gesamtausgabe sind oder vom Täter ersichtlich gestützt werden.[325] Be-

---

[304] BVerfGE 90, 241, 248, 254; 93, 266, 294 f; BGHZ 139, 95, 102; 166, 84, 110; BGH NJW 2008, 2110, 2115 Rn 31; 2017, 482, 484 Rn 34; WRP 2008, 813, 818 f.
[305] BVerfGE 61, 1, 12 f.
[306] BVerfGE 93, 266, 294; BVerfG NJW 2008, 358, 359; BGH NJW 2005, 2766, 2770; 2007, 686, 687, 688; 2008, 2110, 2115 Rn 29; 2017, 482, 485 Rn 36; NJW-RR 2008, 913, 914 Rn 15.
[307] BVerfGE 82, 43, 51; 85, 1, 16; 90, 241, 248; 93, 266, 294, 303; 99, 185, 196; BVerfG NJW 2009, 3016, 3017 Rn 28; BGHZ 143, 199, 209; BGH NJW 2007, 686, 688 Rn 18; 2008, 996, 998 Rn 22; 2008, 2110, 2115 Rn 29; 2009, 1872, 1874 Rn 18; 2009, 3580, 3581 Rn 17.
[308] BVerfGE 93, 266, 293; 102, 347, 366 f; 107, 275, 283 f; BVerfG NJW 2006, 3266, 3267; 2009, 3089, 3090 Rn 19.
[309] BVerfGK 8, 107, 115; BVerfG NJW 2011, 47, 48 Rn 21.
[310] BVerfGE 12, 113, 131.
[311] BGH NJW 1974, 1762, 1763.
[312] So für den Rechtszustand bereits vor Erlass des Art 3 Abs 3 GG BVerfGE 86, 1, 13.
[313] BVerfGE 97, 391, 403; 99, 185, 196; BVerfG NJW 2008, 358, 359; 2012, 1500, 1501 f Rn 39; BGH NJW-RR 2014, 1508, 1510 Rn 23.
[314] BVerfGE 99, 185, 196; BVerfG NJW 2012, 1500, 1501 f Rn 39; BGH NJW-RR 2014, 1508, 1510 Rn 23.
[315] Vgl genauer Rn 350.
[316] Vgl soeben Rn 327.
[317] BVerfG NJW 2007, 2686, 2687.
[318] BVerfGE 114, 339, 353 f; BVerfG NJW-RR 2010, 470, 471 Rn 62; BGHZ 95, 212, 220; 176, 175, 189 f Rn 35; BGH NJW 1993, 525, 527; 2013, 790, 792 Rn 26; BGHZ 199, 237, 251 f Rn 26.
[319] BGHZ 139, 95, 106; BGH NJW 2013, 790, 792 Rn 26.
[320] STAUDINGER/J HAGER (2017) § 823 Rn C 119.
[321] BVerfG NJW-RR 2010, 470, 471 Rn 62; Rn 64; BGHZ 199, 237, 251 f Rn 26.
[322] BGHZ 31, 308, 313; BGH NJW 1977, 1288, 1289.
[323] BGHZ 132, 13, 24; 199, 237 Rn 26; BGH NJW-RR 1988, 733.
[324] BGHZ 132, 13, 25 f; BGH NJW 2013, 790, 792 Rn 26; NJW-RR 1988, 733, 734; BGHZ 199, 237, 255 f Rn 35.

richte Dritter dürfen daher übernommen werden, wenn es sich um amtliche Verlautbarungen handelt[326] oder wenn sie von anerkannten Agenturen oder Presseunternehmen stammen und der Zweitberichter keine eigene Recherchemöglichkeit hat. Einem Presseorgan darf die Publikation einer fremden Meinungsäußerung nicht verboten werden, wenn dem Dritten selbst die Verbreitung gestattet ist.[327] Bei einer Presseschau ist in der Regel klar, dass ihr keine eigenen Recherchen zugrunde liegen.[328] Anders ist es, wenn fremde Berichte so übernommen werden, dass sie als eigene erscheinen, der Publizierende sie sich also zu Eigen gemacht hat.[329] Das gilt auch für Suchmaschinen, wenn bei einer Autocomplete-Funktion konkrete Vorschläge gemacht werden, die – im vorliegenden Fall: unwahre – Tatsachenbehauptungen enthalten;[330] dasselbe hat für Snippets zu gelten.[331]

330 7. Das Handeln kann ferner durch das Grundrecht der Kunstfreiheit gerechtfertigt sein.

331 a) Allerdings ist die Definition dessen, was Kunst ist, schwierig. Jedenfalls darf keine Niveaukontrolle durch die Gerichte stattfinden.[332] Die hM wählt drei Ansätze, die sie alternativ ausreichen lässt. Die materielle Umschreibung betont die freie schöpferische Gestaltung, die formale Betrachtung stellt auf das Vorliegen eines gewissen Werktyps ab; schließlich untersucht der dritte Ansatz, ob die Variationsbreite des Aussagegehalts immer neue Interpretationen zulässt. Im Zweifel ist ein weites Verständnis von Kunst zugrunde zu legen.[333]

332 b) Die Kunst schützt den Künstler und denjenigen, der das Werk zugänglich macht.[334] Da Art 5 Abs 3 GG keinen Gesetzesvorbehalt enthält, wird die Kunst nur durch verfassungsimmanente Schranken begrenzt.[335] Geschützt sind der Wirkbereich, aber auch der Werkbereich, also die Vermittlung an Dritte.[336] Bei der werkgerechten Interpretation spielt insbesondere der Wahrheitsgehalt eine entscheidende Rolle. Je realistischer eine Figur wirken soll, desto weniger fiktiv darf das erzählte Geschehen sein. Satire kann Kunst sein, nicht jede Satire ist aber Kunst.[337] Bei ihr sind Aussagekern und Einkleidung je gesondert auf ihre Zulässigkeit hin zu untersuchen;[338] die Maßstäbe für die Einkleidung sind weniger streng, weil die Verfremdung für sie typisch ist.[339] Eine Rolle spielt, ob der Empfänger erkennen kann, dass es sich um eine

---

[325] BVerfGE 82, 49, 52.
[326] BGH NJW 2013, 790, 793 Rn 30 – Bundesbeauftragter für die Unterlagen des Staatssicherheitsdienstes der DDR; BGH 17.12.2013 – VI ZR 211/12 Rn 30.
[327] BVerfGE 102, 347, 359; BVerfG NJW 2007, 2686, 2687; BGH NJW 2007, 686, 688.
[328] BVerfG NJW-RR 2010, 470, 472 Rn 67; BGH 17.12.2013 – VI ZR 211/12 Rn 19.
[329] BGH NJW 2004, 590, 591; BGH NJW 2010, 760, 761 Rn 10 f; 2012, 2345 Rn 10 f; 2013, 790, 791 Rn 14; NJW-RR 2009, 1413, 1415 Rn 19; BGHZ 199, 237, 248 f Rn 19.
[330] BGHZ 193, 231, 219 Rn 17; J HAGER öJBl 2013, 283.
[331] J HAGER öJBl 2013, 282 f; SEITZ ZUM 2012, 985; aA OLG Hamburg CR 2011, 667, 670, 671.
[332] BVerfGE 75, 369, 377; 83, 130, 133; BVerfG NJW 2008, 39, 40.
[333] JARASS, in: JARASS/PIEROTH, Grundgesetz für die Bundesrepublik Deutschland (14. Aufl 2016) Art 5 Rn 106.
[334] BVerfGE 81, 278, 282; BVerfG NJW 2008, 39, 40.
[335] BVerfGE 81, 278, 292; 83, 136, 139; 119, 1, 23 Rn 68; BVerfG NJW 2001, 556, 558; 2009, 3576, 3577 Rn 18.
[336] BVerfGE 77, 240, 251; 81, 278, 292; 119, 1, 22 Rn 63; BVerfG NJW 2001, 536, 537; 2005, 2844, 2846; 2009, 3576, 3577 Rn 17.
[337] BVerfGE 86, 1, 9; BVerfG NJW 2002, 3767; BGHZ 156, 206, 208.
[338] BGH NJW 2017, 1617, 1618 Rn 14.
[339] BVerfGE 75, 369, 377; BGH NJW 2017, 1617, 1618 Rn 14.

satiretypische Verfremdung oder Übertreibung handelt.[340] Die Grenze bildet die Menschenwürde; sie soll nach der Rechtsprechung ohne die Möglichkeit einer Abwägung zu beachten sein.[341] In dieser Apodiktik überzeugt das nicht. Wer etwa vorher bis an die Grenze des Zulässigen gegangen ist, hat mit dem Gegenschlag zu rechnen.[342]

8. Auch die Wissenschaftsfreiheit kann Beeinträchtigungen der Persönlichkeit erlauben. **333**

a) Schutzgegenstand sind die auf wissenschaftlicher Eigengesetzlichkeit beruhenden Prozesse, Verhaltensweisen und Entscheidungen bei der Suche nach Erkenntnis. Der Schutz hängt nicht von der Richtigkeit der Methoden und Erkenntnisse ab; das ändert sich, wenn das Werk den Wissenschaftlichkeitsanspruch systematisch verfehlt.[343] Geschützt werden Wissenschaftler und Verbreiter der Ergebnisse.[344] **334**

b) Als Schranken kommen wiederum nur Grundrechte Dritter in Betracht.[345] Erneut bedarf es einer Abwägung der miteinander kollidierenden Rechte.[346] Ein Rückgriff auf Art 5 Abs 1 S 1 GG bleibt daneben möglich.[347] Die Wissenschaftsfreiheit erlaubt es indessen nicht, unwahre Behauptungen aufzustellen. Die hM will wissenschaftliche Publikationen auch privilegieren, wenn dem Autor hinsichtlich der Unwahrheit nur leichte Fahrlässigkeit vorzuwerfen sei.[348] Präziser wird man hier auf die Pflicht zur Recherche abzustellen haben.[349] **335**

c) Nach diesen Regeln sollen auch Sachverständigengutachten zu beurteilen sein. Der Gutachter brauche keine Rücksicht auf die Belange des Betroffenen zu nehmen, solange ihm keine grobe Fahrlässigkeit zur Last falle. Er könne dann auch nicht auf Widerruf verklagt werden.[350] Dem ist nicht zu folgen. Erweisen sich die ermittelten Tatsachen als unwahr, so ist die Pflicht zum Widerruf gegeben; zumindest darf die Behauptung nicht aufrechterhalten werden.[351] Nur hinsichtlich des vom Gutachter gezogenen Schlusses kann sich dieser auf Art 5 Abs 3 GG stützen. Allerdings ist nicht zu verkennen, dass die Abgrenzung im Einzelnen Probleme machen kann. Ob etwas empirisch festzustellen ist, kann oft nur mit wissenschaftlichen Methoden beurteilt werden. **336**

9. Kränkende Äußerungen, die zur Verfolgung und Verteidigung des eigenen Standpunkts vor Gericht oder Behörden abgegeben werden, können nach hM nicht mit der Unterlassungsklage abgewehrt werden.[352] Dafür werden von der hM im Wesentlichen zwei Gründe genannt. Zum einen soll die Partei alles vorbringen können, was dem eigenen Standpunkt dient; das Gericht hat dann den Wahrheitsgehalt zu **337**

---

[340] BGH NJW 2017, 1617, 1618 Rn 14.
[341] BVerfGE 75, 369, 380.
[342] Staudinger/J Hager (2017) § 823 Rn C 134.
[343] BVerfGE 90, 1, 13.
[344] Staudinger/J Hager (2017) § 823 Rn C 143.
[345] BVerfGE 90, 1, 12.
[346] BVerfGE 47, 327, 369 f; 57, 70, 99.
[347] BVerfGE 90, 1, 14.
[348] Larenz/Canaris § 80 V 2 f.
[349] Staudinger/J Hager (2017) § 823 Rn C 144.
[350] BGH NJW 1989, 2941, 2942; ähnlich BGH NJW 1999, 2736, 2737, der Ausnahmen nur bei Vortäuschung von Fähigkeiten oder bei grob leichtfertigem Vorgehen zulässt.
[351] Staudinger/J Hager (2017) § 823 Rn C 145.
[352] BVerfG NJW-RR 2007, 840, 841; BGH NJW 1992, 1314, 1315; 1995, 397; 1998, 1399, 1400 f; 2005, 279, 280 f; 2008, 996, 997; 2012, 1659 Rn 7 f; NJW-RR 2010, 554 Rn 12.

untersuchen.³⁵³ Zum anderen soll eine Partei nicht mittels eines zweiten Prozesses in den ersten Rechtsstreit eingreifen können.³⁵⁴ Doch dürfte die hM zu weit gehen, wenn sie auch bei Schmähungen des Gegners³⁵⁵ oder gar Dritter den Verletzer privilegiert.³⁵⁶ Ihn zu bevorzugen ist nur bei Tatsachenbehauptungen angebracht, und auch dann nur während des laufenden Prozesses und nur, wenn die Behauptungen nicht bewusst oder leichtfertig unwahr sind.³⁵⁷

VII. Der Schutz der persönlichen Sphäre

338 1. Das allgemeine Persönlichkeitsrecht umfasst das Recht auf Achtung der Privatsphäre; jedem steht ein Bereich der allgemeinen Lebensgestaltung zu, in dem er seine Individualität unter Ausschluss anderer entwickeln kann, namentlich den Einblick verwehren kann.³⁵⁸ Der Bereich ist thematisch und räumlich bestimmt, umfasst Angelegenheiten, die von ihrem Informationsgehalt als privat eingestuft werden.³⁵⁹ In der Regel werden unterschiedliche Schutzgüter genannt.

339 a) Schutzgut ist zunächst das eigene Bildnis.³⁶⁰ Nur der Abgebildete selbst soll darüber befinden dürfen, ob und wie er sich in der Öffentlichkeit oder gegenüber Dritten darstellt.³⁶¹ Obendrein ist das Bildnis stets reproduzierbar.³⁶² Ein Bildnis liegt vor, wenn die Person erkennbar ist,³⁶³ mag sich die Erkennbarkeit auch erst aus dem Begleittext ergeben.³⁶⁴ Das ist bei Bildnissen aus der Intimsphäre stets der Fall, da mit Aufdeckung durch den Verletzer zu rechnen ist.³⁶⁵ Auch eine Darstellung durch Doubles kann das Recht verletzen, wenn dies zum Zwecke der Täuschung geschieht. Das allgemeine Persönlichkeitsrecht schützt auch vor der Verbreitung eines technisch manipulierten Bildes, das den Anschein erweckt, ein authentisches Bild zu sein.³⁶⁶ Der Betreffende braucht auch das Herstellen eines Bildnisses nicht zu dulden; es besteht ja jederzeit die Gefahr der späteren Veröffentlichung. Auch die Art, wie das Foto aufgenommen wurde, kann eine Rolle spielen.³⁶⁷

340 b) Zu den geschützten Ausprägungen der Persönlichkeit gehört die Nennung des Namens.³⁶⁸ Die Freiheit der Wortberichterstattung kann weiter reichen als diejenige der Bildberichterstattung.³⁶⁹ Die hM begreift auch das gesprochene Wort als Bestand-

---

³⁵³ BVerfG NJW 1991, 2074, 2075; NJW-RR 2007, 840, 841; BGH NJW 1998, 1399, 1401; 2005, 279, 281; 2012, 1659 Rn 7.
³⁵⁴ BVerfG NJW-RR 2007, 840, 841; BGH NJW 1992, 1314, 1315; 1995, 397; 2005, 279, 281; 2012, 1659 Rn 7; NJW-RR 2010, 554, 555 Rn 14.
³⁵⁵ BVerfG NJW-RR 2007, 840, 841.
³⁵⁶ So indes BGH NJW 2008, 996, 997; aA STAUDINGER/J HAGER (2017) § 823 Rn C 141; J HAGER, in: FS Medicus (2009) S 176 ff; ders JA 2008, 388 f; differenzierend nach Intensität des Eingriffs BGH NJW-RR 2010, 554, 555 Rn 17.
³⁵⁷ BVerfG NJW-RR 2007, 840, 841.
³⁵⁸ BVerfG NJW 2011, 740, 741 Rn 55 f; BGHZ 131, 332, 337; 187, 200, 204 f Rn 10, 206 f Rn 13; BGH NJW 2012, 763, 764 Rn 10; 2012, 3645 Rn 12.
³⁵⁹ BGH NJW 2012, 763, 764 Rn 10; 2012, 3645 Rn 12.
³⁶⁰ BVerfGE 35, 202, 224; BGHZ 20, 345, 347; 26, 349, 355; 156, 206, 209; BGH NJW 1996, 593, 594; 1996, 985, 986.
³⁶¹ BVerfGE 63, 131, 142; BGHZ 20, 345, 347; BGH NJW 1996, 985, 986; 2006, 603, 604.
³⁶² BVerfG NJW 1996, 581, 583.
³⁶³ BGHZ 156, 206, 209.
³⁶⁴ BGH NJW 1979, 2205.
³⁶⁵ So iE auch BGH NJW 1974, 1797, 1799.
³⁶⁶ BGH NJW 2005, 3271, 3272; BGH NJW 2006, 603, 604.
³⁶⁷ BGH VersR 2012, 192, 195 Rn 30.
³⁶⁸ BVerfGE 97, 391, 399; BGHZ 32, 103, 111; 81, 75, 80.
³⁶⁹ BVerfG NJW 2011, 740, 742 Rn 52; BGHZ 187, 200, 203 ff Rn 8 ff; BGH NJW 2012, 763, 764 Rn 7.

teil.³⁷⁰ Das geht zu weit. Natürlich darf man grundsätzlich über Äußerungen berichten, die jemand während eines Gespräches gemacht hat. Es kann daher primär nur um die Art der Informationserlangung und das schutzwürdige Geheimhaltungsinteresse des Betroffenen gehen. Rechtswidrige Eingriffe sind die Aufnahme des nicht öffentlich gesprochenen Wortes auf einen Tonträger,³⁷¹ das Abhören mit Hilfe besonderer Vorrichtungen,³⁷² das heimliche Belauschen durch versteckte Zeugen³⁷³ sowie das Einschleichen unter fremdem Namen,³⁷⁴ schließlich die Veröffentlichung rechtswidrig hergestellter Aufnahmen. Keine Verletzung der Persönlichkeit ist dagegen die Weitergabe vertraulicher Mitteilungen; wer sich einem anderen, etwa der Presse, anvertraut, tut dies auf eigene Gefahr.³⁷⁵ Das ist anders bei Personengruppen, die zur Verschwiegenheit verpflichtet sind.

c)   Hierher ist das geschriebene Wort zwar nicht in jedem Fall zu rechnen, aber **341** dann, wenn der Wunsch der Geheimhaltung zu Tage tritt. Im Zivilrecht ist der Begriff relativ weit; es gehören auch sonstige Aufzeichnungen wie lose Zettel dazu. Geschützt ist der Betroffene auch gegen das unbefugte Öffnen eines Briefes, und zwar sowohl der Absender als auch der Empfänger. Das Gleiche gilt für die Weitergabe von Daten. Nach der Rechtsprechung ist die Persönlichkeit jedoch nur dann verletzt, wenn das BDSG keine abschließende Regelung bildet.³⁷⁶

2.   Der Eingriff ist gedeckt, wenn der Betroffene seine Einwilligung erteilt hat. Es **342** handelt sich nach umstrittener Ansicht um einen Vertrag,³⁷⁷ für den die allgemeinen Regeln gelten, namentlich die Voraussetzung der Geschäftsfähigkeit und die Auslegungsmaximen. Die Einwilligung beschränkt sich in der Regel auf die Art der Veröffentlichung, die Anlass für die Erteilung war, deckt hingegen nicht die Verwendung zur Werbung, wenn dies nicht Gegenstand des Vertrages war. Eng ist die Einwilligung vor allem bei Bildnissen aus der persönlichen Sphäre zu interpretieren. Intime Fotos sind nach Ende der Beziehung an den Abgebildeten herauszugeben.³⁷⁸ Allerdings kann die Einwilligung auch stillschweigend³⁷⁹ oder konkludent erteilt werden. So liegt es etwa, wenn sich der Betroffene bereitfindet, sich von einem Pressephotographen aufnehmen zu lassen.³⁸⁰ Um eine solche konkludente Erklärung geht es wohl in Fällen, in denen der Betroffene selbst Tatsachen der Öffentlichkeit preisgibt.³⁸¹ Schwierig ist die Frage, ob die Einwilligung später zurückgezogen werden kann. Nach der Wertung des § 42 UrhG ist dies möglich; dabei ist nach § 42 Abs 3 UrhG auch eine angemessene Entschädigung geschuldet.

3.   Auch ohne seine Einwilligung muss es der Betroffene in bestimmten Fallgruppen **343** hinnehmen, dass sein Bildnis gezeigt und über ihn berichtet wird. Der Schutz vor der Veröffentlichung von Bildnissen ist dabei intensiver als vor Wortberichterstattung.³⁸² Die Veröffentlichung von Bildnissen begründet grundsätzlich eine rechtfertigungsbe-

---

³⁷⁰ BVerfGE 34, 238, 246; 54, 148, 154; 54, 208, 217; 106, 28, 39; BGHZ 27, 284, 289; BGH NJW 1987, 2667, 2668; 1988, 1016, 1017; 2013, 3029, 3030 Rn 15.
³⁷¹ BGHZ 73, 120, 123; 80, 25, 42; BGH NJW 1998, 155.
³⁷² BVerfGE 106, 28, 39 f.
³⁷³ BGH NJW 1970, 1848 f; 1991, 1180.
³⁷⁴ BVerfGE 66, 116, 137.
³⁷⁵ BGHZ 36, 77, 83.
³⁷⁶ BGHZ 80, 311, 319; 91, 233, 237 f.
³⁷⁷ STAUDINGER/J HAGER (2017) § 823 Rn C 176.
³⁷⁸ BGH NJW 2016, 1094, 1097 Rn 37 ff.
³⁷⁹ BGHZ 49, 288, 295; BGH NJW 1996, 593, 594; 2005, 56, 57.
³⁸⁰ BVerfG NJW 2011, 740, 743 Rn 63.
³⁸¹ BVerfGE 101, 361, 385; BVerfG NJW 2006, 3406, 3408; BGH NJW 2005, 594, 595.
³⁸² Vgl die Nw in Fn 369.

dürftige Beschränkung des allgemeinen Persönlichkeitsrechts. Bei der Wortberichterstattung ist dies dagegen nicht immer der Fall.

344 a)   Die Sphäre spielt im Rahmen der Abwägung eine wichtige Rolle. Die Intimsphäre, namentlich die Sexualsphäre,[383] ist weitgehend geschützt, nach hM sogar absolut.[384] Das führt nach der Rechtsprechung allerdings dazu, etwa Tagebücher nicht mehr zur Intimsphäre zu zählen.[385] Sinnvoller ist es, das Gegenteil anzunehmen, also auch bei der Intimsphäre eine Abwägung zuzulassen.[386] Sexualstraftaten gehören für den Täter, der in die Integrität des Opfers eingegriffen hat, nicht zum unantastbaren Kernbereich höchstpersönlicher, privater Lebensgestaltung.[387] Weniger stark gesichert ist die Individualsphäre, also das, was der Betroffene nicht öffentlich machen will.[388] Die Privatsphäre ist sowohl thematisch wie räumlich geschützt; zu ihr gehört zB eine Liebesbeziehung, die der Betroffene geheim halten will[389], soweit nicht etwa die Interessen der Öffentlichkeit überwiegen[390], etwa weil und soweit der Betroffene die Tatsachen selbst der Öffentlichkeit preisgegeben hat[391]. Von einer – beschränkten – Öffentlichkeit kann die soziale Sphäre wahrgenommen werden. Sie ist stärker geöffnet, etwa auch wenn es um Kritik am beruflichen Auftreten des Betroffenen geht.[392] Eine Grenze bildet die Gefahr der Stigmatisierung, sozialen Ausgrenzung oder Prangerwirkung.[393] Das soll auch bei Ärztebewertungsportalen so sein.[394] Das überzeugt aber bei unwahren Tatsachenbehauptungen nicht.[395] Entgegen der Auffassung des BGH ist Anspruchsgegner nicht nur der Host-Provider, sondern auch derjenige, der die Meldung verbreitet.[396] Gegenüber einer Wortberichterstattung über Umstände aus der Sozialsphäre bietet das Persönlichkeitsrecht dagegen jedenfalls dann keinen Schutz, wenn der Betroffene freiwillig Veranstaltungen besucht, bei denen mit einer Berichterstattung durch die Medien zu rechnen ist.[397] Abweichend von den Maßstäben der Bildberichterstattung[398] darf sich eine Wortberichterstattung ein gesellschaftliches Ereignis zum Anlass nehmen, um sich in erster Linie mit einer dort erschienen Person zu beschäftigen.[399] Der Betroffene darf im Ausgangspunkt entscheiden, ob, wann und in welchen Grenzen seine Daten in die Öffentlichkeit gebracht werden,[400] er hat aber keinen Anspruch darauf, öffentlich so dargestellt zu werden, wie es ihm selbst genehm ist.[401] Besonderen Schutz genießen Kinder; sie müssen die Gelegenheit haben, sich ungestört kindgemäß zu entwickeln.[402] Ihre Persönlichkeitsentwicklung kann durch die Veröffentlichung wesentlich stärker beeinträchtigt werden als diejenige Erwachse-

---

[383] BGH NJW 2012, 771, 772 Rn 13; BGH NJW 2012, 763, 764 Rn 10.
[384] BVerfGE 34, 238, 245; BVerfG NJW 2008, 39, 42; BGHZ 73, 120, 124; 181, 328, 338 Rn 30.
[385] BVerfGE 80, 367, 374 f.
[386] STAUDINGER/J HAGER (2017) § 823 Rn C 188.
[387] BGHZ 199, 237, 247 Rn 17, 268 Rn 66 vgl auch die Nw in Fn 472.
[388] BVerfG NJW 2008, 39, 42; BGHZ 73, 120, 122 f.
[389] BGH NJW 2012, 763, 764 Rn 11; 2017, 1550, 1551 Rn 9; GRUR 2017, 850, 851 f Rn 19 f.
[390] BGH NJW 2012, 763, 765 Rn 16 ff.
[391] BGH NJW 2017, 1550, 1551, Rn 12 f.
[392] BGH NJW 2017, 482, 483 Rn 17; 484 Rn 21.
[393] BVerfG NJW 2010, 1587, 1589 Rn 25; BGHZ 181, 328, 339 Rn 31; BGH NJW 2010, 750, 763 Rn 21 f; 2012, 771, 773 Rn 20.
[394] BGHZ 202, 242, 254 f Rn 35 f.
[395] So auch BGHZ 202, 242, 254 f Rn 36.
[396] STAUDINGER/J HAGER (2017) § 823 Rn C 62h.
[397] BVerfG NJW 2011, 740, 742 Rn 52, 56.
[398] BGHZ 158, 218, 223; 187, 200, 208 Rn 18; BGH NJW 2011, 746, 748 Rn 17, 22.
[399] BGHZ 187, 200, 208 f Rn 19; vgl dazu auch Fn 369.
[400] BGH NJW 2012, 771, 772 Rn 14.
[401] BVerfGE 97, 125, 149; 97, 391, 403; BVerfG NJW 2010, 1587, 1589 Rn 24.
[402] BVerfG 8, 173, 175; BVerfG NJW 2000, 2191, 2192; 2003, 3262, 3263; 2017, 466, 467 Rn 10; BGHZ 198, 346, 351 Rn 17; 206, 347, 354 Rn 18.

S. Das Recht der unerlaubten Handlungen

ner.[403] Das kann allerdings anders sein, wenn die Eltern vorab die Informationen preisgegeben haben.[404] Zur geschützten Sphäre gehört auch, was dem Mitteilenden in seiner Eigenschaft als Lehrer oder Ausbilder bekannt wird. Auch die Noten eines Studenten dürfen im Grundsatz nicht publiziert werden. Aufzeichnungen über eine Lehranalyse sind aber an den Patienten herauszugeben; der Analytiker hat ein Schwärzungsrecht, was seine persönliche Einschätzung angeht.[405]

b) Die Eignung und Erforderlichkeit spielen bei der Verhältnismäßigkeitsprüfung im Rahmen des Privatrechts keine Rolle; der Bürger braucht bei seiner Tätigkeit nicht nach dem mildesten Mittel zu fragen. Es geht also wiederum nur um die Verhältnismäßigkeit im engeren Sinne, also um eine Kollisionslösung. Dabei kommt es neben der betroffenen Sphäre auf die Art der Verbreitung an. Gerade die Prangerwirkung einer Meldung kann dazu führen, dass sie nicht veröffentlicht werden darf, obwohl sie nur wahre Tatsachen enthält.[406]

c) Paradigmatisch hat § 23 KUG diesen Konflikt gelöst; die Norm kann als Regelungsmuster verwendet werden.

(1) Berichte und Veröffentlichung von Bildnissen der Zeitgeschichte sind zulässig. Die Presse selbst darf entscheiden, was sie des öffentlichen Interesses für wert hält;[407] auch unterhaltende Beiträge, etwa über prominente Personen, nehmen am Schutz der Pressefreiheit teil.[408] Seit langem unterschied man absolute und relative Personen der Zeitgeschichte;[409] die Differenzierung ist allerdings nicht verfassungsrechtlich vorgegeben.[410]

(a) Als absolute Personen der Zeitgeschichte wurden in der früheren Rechtsprechung angesehen Persönlichkeiten, die sich durch Geburt, Stellung, Leistungen, aber auch durch Untaten positiv oder negativ aus dem Kreis der Mitmenschen hervorhoben,[411] die unabhängig von einzelnen Ereignissen aufgrund ihres Status und ihrer Bedeutung allgemein öffentliche Aufmerksamkeit fanden,[412] etwa Träger berühmter Namen, Monarchen, Politiker, führende Industrielle, berühmte Wissenschaftler, bekannte Künstler und Sportler, Personen des öffentlichen Lebens,[413] nicht dagegen Angehörige dieser Personen[413a] und Träger unpolitischer öffentlicher Ämter.

---

[403] BVerfGE 119, 1, 24; 120, 180, 199; BGHZ 198, 346, 351 Rn 17; 206, 347, 354 Rn 18; BGH NJW 2014, 2276, 2277 Rn 9; STAUDINGER/ J HAGER (2017) § 823 Rn C 174.
[404] BVerfG NJW 2017, 466, 467 Rn 12 ff; BGHZ 198, 346, 352 ff Rn 19 ff; BGH NJW 2014, 2276, 2277 f Rn 10 ff.
[405] BGH NJW 2014, 298, 299 f Rn 18 ff, 24.
[406] BVerfGE 35, 202, 233; BVerfGK 108, 107, 115; BVerfG NJW 2010, 1587, 1589 Rn 25; BGH NJW 1987, 2746, 2747; 2005, 592; AfP 2006, 550, 553.
[407] BVerfGE 101, 361, 392; 120, 180, 197; BVerfG NJW 2000, 1859, 1860; BGHZ 187, 240, 249 f Rn 20 f; BGHZ 180, 114, 118 Rn 11; BGH NJW 2008, 3138, 3139 Rn 14; 2009, 754, 755 Rn 11; 2009, 3032, 3033 Rn 14; VersR 2008, 1411, 1413 Rn 14.
[408] BVerfGE 101, 361, 389 f; 120, 180, 197 Rn 42; BVerfG NJW 2000, 1859, 1860; BGHZ 187, 240, 250 Rn 21; BGH NJW 2008, 3138, 3139 Rn 14; 2011, 744, 746 Rn 19; 2012, 767, 769 f Rn 27; 2012, 3645, 3646 Rn 23; VersR 2008, 1411, 1413 Rn 14.
[409] Grundlegend NEUMANN-DUESBERG JZ 1960, 115 f.
[410] BVerfGE 120, 180, 212.
[411] STAUDINGER/J HAGER (2017) § 823 Rn C 200.
[412] BVerfGE 101, 361, 392.
[413] BVerfGE 101, 361, 391.
[413a] BGHZ 158, 218, 220 f.

349 α) Über sie durfte nach der früheren Rechtsprechung berichtet werden, soweit keine gegenläufigen Interessen der Betroffenen tangiert waren.[414] Der Europäische Gerichtshof für Menschenrechte fasst in einer Entscheidung die Gruppe der absoluten Personen der Zeitgeschichte sehr viel enger und beschränkt sie auf Träger politischer Ämter.[415] Das überzeugt nicht, da das berechtigte öffentliche Interesse nicht nur auf Politiker oder andere Personen mit amtlichen Funktionen beschränkt ist, sondern eben auch berühmte Sportler oder vergleichbare Personen umfassen kann. Über die genannten Personen darf berichtet werden, soweit die Öffentlichkeit ein gerechtfertigtes Interesse hat.[416] Auch das sieht der Europäische Gerichtshof für Menschenrechte enger; es müsse um eine öffentliche Diskussion über eine Frage allgemeinen Interesses gehen.[417] Das ist ebenfalls nicht überzeugend. Zum einen muss es der Presse möglich sein, ein Problem erst in das öffentliche Interesse zu rücken. Zum anderen müsste der Richter so zu einer Bewertung darüber kommen, wie wichtig eine Information ist. Dafür gibt es keine Maßstäbe. Das zeigen auch die neueren Entscheidungen des Bundesgerichtshofs, der dem Urteil des Europäischen Gerichtshofs für Menschenrechte Rechnung tragen will. Es müsse – so Bundesverfassungsgericht und Bundesgerichtshof – zudem um ein zeitgeschichtliches Ereignis gehen.[418] Ist ein solches gegeben, kann ein Informationsinteresse nur verneint werden, wenn der Bericht lediglich als äußerer Anlass dient, um über den Lebenswandel der Abgebildeten zu berichten und um Fotos zu veröffentlichen.[419] Zwar verbiete sich eine Beurteilung des Beitrags nach seinem inhaltlichen Wert und seiner Seriosität.[420] Die Presse sei aber nicht von der Abwägung befreit, in welchem Ausmaß der Bereich zur Meinungsbildung beitragen könne;[421] ihr Selbstbestimmungsrecht umfasse nicht die Entscheidung, wie das Informationsinteresse bei den kollidierenden Rechtsgütern zu gewichten sei.[422] Bei der Frage, ob eine Veröffentlichung der Meinungsbildung zu Fragen von allgemeinem Interesse dienen kann, beschränkt sich das Bundesverfassungsgericht auf eine Vertretbarkeitsprüfung.[423] Das steht in Widerspruch zur intensivierten Prüfung, die das Bundesverfassungsgericht bei der Deutung von Äußerungen vornimmt.[424]

350 β) Als Ausgangspunkt will der Bundesgerichtshof zwischen dem Persönlichkeitsrecht des Betroffenen nach Art 1 Abs 1, 2 Abs 1 GG, Art 8 EMRK – der oft zudem abgebildet ist – und dem Recht der Presse aus Art 5 Abs 1 GG, Art 10 EMRK nach dem abgestuften Schutzkonzept der §§ 22, 23 KUG abwägen,[425] das sowohl mit verfassungsrechtlichen Vorgaben[426] als auch mit der Rechtsprechung des Europäischen Gerichtshofs für Menschenrechte[427] im Einklang stehe.[428] Entscheidend ist eine um-

---

[414] Vgl etwa BVerfGE 101, 361, 380 ff, 391 ff.
[415] EGMR NJW 2004, 2647, 2650 Rn 72.
[416] STAUDINGER/J HAGER (2017) § 823 Rn C 199.
[417] EGMR NJW 2004, 2647, 2649 Rn 60; anders BVerfGE 101, 361, 392 f.
[418] BVerfGE 120, 180, 203; BGHZ 171, 275, 281 f; BGH NJW 2007, 1981, 1982; 2009, 2823, 2824 Rn 10; 2011, 746, 747 Rn 13; 2012, 762, 763 Rn 9; 2012, 3645, 3646 f Rn 26; 2015, 2500 Rn 14; VersR 2007, 1135, 1136; 2007, 1282, 1284.
[419] BGH NJW 2011, 746, 748 Rn 22; vgl BVerfG, NJW 2011, 740, 741 Rn 22 sowie zuvor BGHZ 171, 275, 285 Rn 28; BGH ZUM 2010, 701, 702 Rn 8.
[420] BVerfGE 120, 180, 206; BGH NJW 2009, 3032, 3034 Rn 19.
[421] BGH NJW 2009, 3032, 3034 Rn 19.
[422] BVerfGE 120, 180, 205; BGHZ 171, 275, 282 f Rn 20; BGH NJW 2009, 3032, 3034 Rn 19.
[423] BVerfG NJW 2011, 740, 741 f Rn 45 ff.
[424] Vgl Rn 319.
[425] BGHZ 171, 275, 278 ff Rn 9 ff; 177, 119, 123 ff Rn 14 ff; 180, 114, 117 Rn 9; BGH NJW 2007, 3440, 3441 Rn 12; 2008, 749, 750 Rn 5 ff; 2008, 3138 Rn 11; 2008, 3141 Rn 11; 2009, 754 Rn 8 f; 2009, 757 f Rn 8; 2009, 3032, 3033 Rn 20; 2013, 2890, 2891 Rn 12; 2013, 3029 Rn 7; 2017, 804 Rn 5.
[426] BVerfGE 120, 180, 199 ff.

fassende Güter- und Interessenabwägung der betroffenen Grundrechte.[429] Das Zeitgeschehen ist vom Informationsinteresse der Öffentlichkeit her zu bestimmen; es umfasst nicht nur historisch-politisch bedeutsame Ereignisse, sondern allgemein alle Fragen von gesellschaftlichem Interesse.[430] Dazu können auch Normalitäten des Alltags gehören, wenn diese der Meinungsbildung dienen können.[431] Der Presse kommt dabei ein Spielraum zu, was berichtet wird und ob die Nachricht bebildert wird.[432] Die konkrete Abwägung hängt von den Informationsbelangen der Öffentlichkeit und der Schwere der Beeinträchtigung des Betroffenen ab.[433] Der Eingriff in die persönliche Sphäre wird durch den Grundsatz der Verhältnismäßigkeit begrenzt.[434] Bei der Kunstfreiheit gibt es wiederum nur Schranken unmittelbar aus der Verfassung.[435] Wahre Aussagen sind hinzunehmen, es sei denn, sie beträfen die Intim- und Privatsphäre;[436] in der Sozialsphäre sind sie regelmäßig hinzunehmen,[437] es sei denn, sie hätten stigmatisierende Wirkung.[438] Die Entscheidung, ob und in welcher Weise das eigene Bild zu Werbezwecken zur Verfügung gestellt werden soll, ist wesentlicher Bestandteil des Persönlichkeitsrechts.[439] § 23 Abs 1 Nr 1 KUG ist aber wegen des Informationsinteresses der Öffentlichkeit einschlägig, wenn eine Werbeanzeige nicht ausschließlich den Interessen des mit der Abbildung werbenden Unternehmers dient, sondern eben auch dem Informationsinteresse der Öffentlichkeit.[440]

γ) Die neue Rechtsprechung namentlich des Bundesgerichtshofs krankt daran, dass es kaum objektive Beurteilungsmaßstäbe gibt. Sie führt demgemäß zu einer bunten Palette von Entscheidungen. Berichtet werden darf, dass es dem Vater der Abgebildeten – einem regierenden Fürsten – sehr schlecht gehe und die Abgebildete ihn derzeit nicht besuche.[441] Dasselbe gilt, wenn ein begütertes Paar seine Ferienvilla vermietet.[442] Über das gesellschaftliche Leben einer Prinzessin darf nicht mit einem Bildnis berichtet werden, wenn es an einem Bezug zu allgemeinen gesellschaftlichen Problemen fehlt.[443] Ein Bild darf nicht mit einem Bericht über den Rosenball in Monaco gezeigt werden, wenn kein Zusammenhang besteht;[444] anders ist es nun dagegen, wenn

---

[427] EGMR NJW 2012, 1053, 1055 ff Rn 108 ff; 2012, 1058, 1060 ff Rn 89 ff.
[428] BGH NJW 2013, 2890, 2891 Rn 10; 2013, 3029 Rn 7.
[429] BGH NJW 1999, 2893, 2894; 2004, 762, 764; 2009, 3575, 3577 Rn 14; 2010, 3025, 3026 Rn 12; 2012, 3645 f Rn 8; 2013, 3029 f Rn 9.
[430] BGH NJW 2013, 2890, 2891 Rn 12; 2013, 3029 f Rn 9; 2017, 804, 805 Rn 7.
[431] BVerfGE 120, 180, 220 ff; BGH NJW 2009, 757, 758 Rn 13; BGH NJW 2013, 2890, 2892 Rn 17.
[432] BVerfGE 101, 361, 389; 120, 180, 196; BGH NJW 2009, 757, 758 Rn 15; VersR 2012, 192, 194 Rn 19.
[433] BGH NJW 2009, 757, 759 Rn 18; 2017, 804, 805 Rn 8.
[434] BGH NJW 2008, 3138, 3139 Rn 13; 2013, 3029 f Rn 9; VersR 2008, 1411, 1412 Rn 13.
[435] BVerfGE 67, 213, 228; 119, 1, 23 Rn 68; BVerfG NJW 2001, 598; BGH NJW 2009, 3575, 3577 Rn 18.
[436] BGH NJW 2009, 3575, 3577 f Rn 19; 2012, 771 Rn 13; 2012, 2197, 2199 Rn 37; VersR 2012, 192, 194 Rn 19.
[437] BVerfGE 99, 185, 196 f; BVerfG NJW 2010, 1587, 1589 Rn 29; VersR 2012, 192, 193 f Rn 15; BGH NJW 2012, 771 Rn 13.
[438] Vgl Rn 344 mit Fn 393.
[439] BGHZ 169, 340, 347 Rn 19; BGH NJW 2009, 3032, 3034 Rn 26; NJW-RR 2010, 855, 856 Rn 14; 2011, 1132, 1133 Rn 12.
[440] BGHZ 169, 340, 345 f Rn 15; BGH NJW 2009, 3032, 3034 Rn 26; NJW-RR 2010, 855, 856 Rn 15; 2011, 1132, 1133 Rn 15.
[441] BGH NJW 2007, 1981, 1982 Rn 26 f.
[442] BVerfGE 120, 180, 220 ff; BGH NJW 2008, 3141, 3142 Rn 27 ff; anders in derselben Sache noch BGH ZUM 2007, 470, 473 Rn 25 ff BVerfG NJW 2011, 740, 743 Rn 64 spricht jetzt von Kontrastfunktion.
[443] BVerfG NJW 2011, 740, 741 f Rn 46 f.
[444] BGH NJW 2007, 1977, 1980 Rn 30.

es die Betroffene beim Rosenball zeigt.[445] Die neue Lebensgefährtin eines Musikers darf nicht abgebildet werden, auch wenn dieser den Tod seiner ersten Frau in Liedertexten verarbeitet hatte; dies gilt jedenfalls dann, wenn es sich um ein privates Bild handelt.[446] Unzulässig ist auch das Photo eines verheirateten Stars mit seiner Freundin.[447] Das Bildnis eines soeben zurückgetretenen Ministerpräsidenten beim Einkaufen darf gezeigt werden,[448] dasjenige einer bekannten Fernsehmoderatorin ohne aktuellen Anlass dagegen nicht.[449] Zulässig ist die Nachricht, ein prominenter Strafgefangener dürfe bereits nach einigen Tagen als Freigänger arbeiten.[450] Berichtet werden darf über den Enkel eines verstorbenen Fürsten mit Bildnissen aus zurückliegenden Ereignissen,[451] desgleichen über den Hauskauf eines Politikers, wenn die Nachricht im Zusammenhang mit dessen Rückzug aus der Politik steht.[452] Über ein Mieterfest darf mit Bild berichtet werden.[453] Eine erneute Liebesbeziehung einer bekannten Fernsehmoderatorin darf nicht zum Gegenstand eines Berichts gemacht werden.[454] Erkrankungen von Prominenten haben in der Regel keinen Bezug zum Zeitgeschehen, soweit es sich nicht um wichtige Politiker handelt.[455] Ein Ereignis der Zeitgeschichte liegt nicht vor, wenn eine Dame in Badebekleidung mit einem Fußballspieler abgebildet wird.[456] Ohnehin ist unklar, wie ein später erfolgender Überfall auf den Fußballspieler das vorher aufgenommene Foto als Ereignis der Zeitgeschichte rechtfertigen kann.

352 (b) Relative Personen der Zeitgeschichte zeichnen sich dadurch aus, dass sie durch ein einmaliges Ereignis bekannt werden. In diesem Kontext darf über sie berichtet werden. Dazu zählen die Vorstände von Unternehmen, wenn diese in die öffentliche Diskussion geraten sind.[457] Die Möglichkeit des Berichts gilt im Prinzip auch für Straftäter.

353 α) Bei Personen, die einer Straftat verdächtigt werden, ist aber die Unschuldsvermutung des Art 6 Abs 2 EMRK zu beachten;[458] Erforderlich ist Zurückhaltung, jedenfalls eine ausgewogene Berichterstattung.[459] Zu berücksichtigen ist ferner eine mögliche Prangerwirkung.[460] Bis zum erstinstanzlichen Freispruch kann das Persönlichkeitsrecht die Freiheit der Berichterstattung überwiegen.[461] Namen und Bilder von Verdächtigen dürfen daher nur ausnahmsweise veröffentlicht werden. Außerdem muss der Verdächtige die Gelegenheit erhalten, sich zu den Vorwürfen zu äußern.[462] So liegt es etwa bei Taten von erheblichem Gewicht,[463] zumal von Prominenten,[464] bei schwerwiegendem Verdacht[465] und dann, wenn die Meldung die Aufklärung der Tat fördern

---

[445] BGH NJW 2010, 3025, 3027 Rn 17; 2011, 746, 748 Rn 21.
[446] BGH NJW 2007, 3440, 3443 Rn 25 ff.
[447] BGH NJW 2008, 749, 751 Rn 11 ff.
[448] BGHZ 177, 119, 128 Rn 25 f.
[449] BGH NJW 2008, 3138, 3140 f Rn 27 ff.
[450] BGHZ 178, 213, 221 ff Rn 25 ff.
[451] BGHZ 180, 114, 120 ff Rn 13 ff.
[452] BGH NJW 2009, 3030, 3031 Rn 14 ff.
[453] BGH NJW-RR 2014, 1193, 1194 Rn 10.
[454] BGH NJW 2009, 1502, 1503 f Rn 14 ff.
[455] BGH NJW 2009, 754, 756 Rn 19 ff.
[456] BGH NJW 2015, 2500, 2501 Rn 20.
[457] BGHZ 156, 206, 209 f.
[458] BVerfGE 119, 309, 323; BVerfG NJW 2009, 350, 351 Rn 14; BGH NJW 2013, 1681, 1683 Rn 19.
[459] BVerfGE 35, 202, 232; BVerfG NJW 2009, 350, 351 Rn 14; BGH NJW 2013, 1681, 1682 Rn 19.
[460] BVerfGE 35, 202, 233; BVerfG (K) NJW 2009, 350, 351 Rn 14; 2009, 3357, 3358 Rn 20; BGH NJW 2013, 229, 230 Rn 14; 2013, 1681, 1682 Rn 19.
[461] BVerfG NJW 2009, 3357, 3358 Rn 20; BGHZ 190, 52, 62 f Rn 25; BGH NJW 2013, 1681, 1682 Rn 19.
[462] BGHZ 132, 13, 25; 143, 199, 204.
[463] BVerfGE 35, 202, 231.
[464] BVerfG NJW 2006, 2835; BGH NJW 2006, 599, 600; 2013, 229, 231 Rn 20.
[465] BGH NJW 1994, 1950, 1952.

kann;⁴⁶⁶ die Voraussetzungen eines Steckbriefes dürfen jedoch nicht umgangen werden.⁴⁶⁷

β) Bei der aktuellen Berichterstattung über Straftaten hat das Informationsinteresse der Öffentlichkeit im Allgemeinen den Vorrang.⁴⁶⁸ Das gilt bei einer Aufsehen erregenden schweren Straftat – jedenfalls ab dem Zeitpunkt einer erstinstanzlichen Verurteilung⁴⁶⁹ – auch für nicht anonymisierte Photos.⁴⁷⁰ Auch hier spielt allerdings die betroffene Sphäre eine Rolle. Sexualität gehört im Prinzip zum nicht antastbaren Bereich,⁴⁷¹ nicht jedoch bei dem Täter einer Sexualstraftat.⁴⁷² Mit der zeitlichen Distanz gewinnt das Interesse des Verurteilten, nicht wiederholt mit seiner Tat konfrontiert zu werden, zunehmende Bedeutung.⁴⁷³ Im Prinzip hat daher mit dem Zeitpunkt der Entlassung das Persönlichkeitsrecht den Vorrang.⁴⁷⁴ Das gilt jedenfalls, wenn es um eine Neumeldung geht. Bei wiederholten Berichten über die zurückliegende Tat ist allerdings eine Ausnahme zu machen, wenn es um ein geschichtlich interessantes, Aufsehen erregendes Verbrechen ging und der Betroffene von Außenstehenden nicht identifiziert werden kann.⁴⁷⁵ Gleiches gilt bei Archiven – auch im Internet. Denn sonst würde die Möglichkeit genommen, vergangene zeitgeschichtliche Ereignisse zu recherchieren.⁴⁷⁶

(2) Zulässig sind Bildnisse von Personen, die nur ein Beiwerk auf dem Foto darstellen; sie müssen entfallen können, ohne dass Gegenstand und Charakter des Bildes sich ändern.⁴⁷⁷ Dazu gehört nicht die Abbildung einer zufällig anwesenden Person in Badebekleidung.⁴⁷⁸ Erlaubt sind auch Bildnisse von Versammlungen, soweit nicht bestimmte Personen im Vordergrund stehen, die herausgegriffen werden, was sich der Publikation erweist und schließlich Bildnisse im Interesse der Kunst. Entsprechendes gilt für wissenschaftliche Belange, wobei allerdings im Interesse des Betroffenen seine Gesichtszüge und Erkennungsmerkmale unkenntlich gemacht werden müssen.

4. Der Eingriff kann nach allgemeinen Regeln gerechtfertigt sein, etwa wenn der Täter seinerseits Opfer einer Erpressung ist. Ebenso liegt es, wenn die Verfolgung einer Straftat ermöglicht werden soll. Zu Beweiszwecken ist dagegen eine Beeinträchtigung der Persönlichkeit in der Regel unzulässig;⁴⁷⁹ so darf nicht ein Spitzel versteckt

---

⁴⁶⁶ OLG Frankfurt NJW 1971, 47, 49.
⁴⁶⁷ OLG Hamm NJW 1993, 1209, 1210.
⁴⁶⁸ BVerfGE 35, 202, 231 f; BVerfG NJW 2006, 2835 Rn 11; 2009, 3357, 3358 Rn 19; BGHZ 183, 353, Rn 15; BGH NJW 2010, 2432, 2434 Rn 17; 2010, 2728, 2729 Rn 16; 2011, 2285, 2287 Rn 16; 2011, 3153, 3154 Rn 19; 2012, 2197, 2200 Rn 38 f; 2013, 229, 230 Rn 13; GRUR 2010, 549, 551 Rn 18; 2013, 200, 201 Rn 12; AfP 2011, 176, 178 Rn 16; 2011, 180, 182 Rn 15.
⁴⁶⁹ BVerfG NJW 2009, 350, 351 f Rn 14 f; vgl auch die Nachweise in Fn 461.
⁴⁷⁰ BGH NJW 2011, 3153, 3155 Rn 24.
⁴⁷¹ BVerfGE 119, 1, 29 f; BVerfG NJW 2009, 3357, 3359 Rn 25; BGH NJW 2013, 1681, 1682 Rn 23.
⁴⁷² BVerfG NJW 2009, 3357, 3359 Rn 26; BGH NJW 2013, 1681, 1682 Rn 24; BGHZ 199, 237, 247 Rn 17, 268 Rn 66.
⁴⁷³ BVerfGE 35, 202, 233; BVerfG NJW 2009, 3357, 3358 Rn 21; BGH NJW 2010, 2432, 2434 Rn 19; 2010, 2728, 2729 Rn 17; 2011, 2285, 2287 Rn 17; 2012, 2179, 2200 Rn 40; AfP 2011, 176, 178 Rn 17; 2011, 180, 182 Rn 16; GRUR 2013, 200, 201 Rn 13.
⁴⁷⁴ BVerfGE 35, 202, 235; BVerfG NJW 1993, 1463, 1464.
⁴⁷⁵ BVerfG NJW 2000, 1859, 1860.
⁴⁷⁶ BGH NJW 2010, 757, 759 Rn 20; 2010, 2432, 2435 Rn 21; 2010, 2728, 2730 Rn 21; 2012, 2197, 2201 Rn 44; 2013, 229, 232 Rn 27 f; GRUR 2010, 549, 552 Rn 23; 2013, 200, 201 Rn 17, 20.
⁴⁷⁷ OLG Oldenburg NJW 1989, 400, 401.
⁴⁷⁸ BGH NJW 2015, 2500, 2501 Rn 25.
⁴⁷⁹ BGH NJW 1988, 1016, 1017.

werden, um der eigenen Beweisnot vorzubauen.[480] Umgekehrt ist die Mitteilung eines Arztes an die Straßenverkehrsbehörde rechtmäßig, wenn der Patient zum Führen eines Kfz nicht mehr in der Lage ist.[481]

357 5. Im Prinzip kann auch die Kunstfreiheit einen Eingriff in die Persönlichkeit rechtfertigen. Jedoch ist insbesondere die Intimsphäre der Betroffenen zu achten, wenn diese identifizierbar sind.[482]

358 6. Daneben kommt präventiver Schutz als Rechtfertigung in Betracht. Hier gibt es allerdings eine Reihe unterschiedlicher Gestaltungen. Bei der Dokumentation rechtswidriger Handlungen bejaht die hM die Rechtfertigung,[483] indes gibt es Grenzen. Der Argwohn, der Nachbar habe Unrat auf den gemeinsamen Weg gekippt, rechtfertigt nicht eine Überwachung des Weges durch eine Videokamera.[484] Kunden dürfen im Prinzip überwacht werden, um Diebstähle zu verhindern; doch ist die Dokumentation zu löschen, wenn klar ist, dass es zu keiner Straftat gekommen ist. Eine präventive Überwachung von Arbeitnehmern ist unzulässig; der permanente Überwachungsdruck beeinträchtigt auch und gerade den Arbeitnehmer, der sich nichts zuschulden kommen lässt. Eine Ausnahme gilt nur, wenn die Überwachung der einzige Weg ist, nennenswerten Warenverlusten vorzubauen.[485]

359 7. § 23 Abs 2 KUG spielt wiederum eine paradigmatische Rolle, wenn es um Gegeninteressen des Betroffenen geht. Dazu zählen einmal die Verletzung der Intim- und Privatsphäre durch Fotos und Berichte, entstellende Berichterstattung, Reportagen, die den Betreffenden gefährden, und solche, die ihn in wirtschaftlicher Hinsicht – etwa durch Verwendung als Werbeträger[486] – ausnutzen. In Werbeanzeigen kann eine Bildveröffentlichung allerdings zulässig sein, wenn die Anzeige nicht ausschließlich den Geschäftsinteressen des werbenden Unternehmens, sondern auch einem Informationsinteresse der Öffentlichkeit dient.[487] Art 6 GG gebietet bei Kindern eine besondere Zurückhaltung;[488] allerdings fehlt es am Schutzbedürfnis, wenn die Eltern bewusst mit ihren Kindern in die Öffentlichkeit gehen.[489] Auch der Zeitablauf spielt namentlich bei Straftätern eine Rolle. Spätestens im Augenblick der Haftentlassung haben sie das Recht, in Ruhe gelassen zu werden, soweit nicht besondere gegenläufige Interessen des Opfers etwas Abweichendes erfordern.[490] Rechtswidrig beschaffte Informationen darf der Täter nicht verwenden.[491] Anders kann es dagegen bei der Verbreitung liegen, wenn der Publizierende am Rechtsbruch nicht beteiligt war.[492] Kein Fall des § 23 Abs 2 KUG ist dagegen die – auch satirische – Auseinandersetzung mit Demonstranten.[493]

---

[480] BGH NJW 1970, 1848 f; 1991, 1980; aA zB ERMAN/EHMANN (12. Aufl 2008) Anh § 12 Rn 239.
[481] BGH NJW 1968, 2288, 2290.
[482] BVerfG NJW 2008, 39, 42 ff Rn 88 f.
[483] STAUDINGER/J HAGER (2017) § 823 Rn C 217.
[484] BGH NJW 1995, 1955, 1957.
[485] BAG NJW 2005, 313, 316.
[486] BGHZ 169, 340, 347.
[487] BGHZ 169, 340, 347 Rn 15; BGH NJW 2009, 3032, 3034 f Rn 26; NJW-RR 2010, 855, 856 Rn 15; GRUR 2011, 647, 648 f Rn 15.
[488] BVerfGE 101, 361, 386; 119, 1, 24; 120, 180, 199; BVerfG NJW 2005, 1857, 1858; 2008, 39, 40; BGHZ 160, 298, 304 f; BGH NJW 2013, 2890, 2892 Rn 19.
[489] BGH NJW 2013, 2890, 2892 f Rn 20 f.
[490] BVerfGE 97, 391, 402 f.
[491] BVerfGE 66, 116, 137.
[492] STAUDINGER/J HAGER (2017) § 823 Rn C 227.
[493] BGH NJW 2013, 3029, 3030 Rn 12 f.

8. Der presseintern bleibende Abruf von Bildnissen durch Presseunternehmen 360
stellt keine Verbreitungshandlung des Betreibers eines Bildarchivs im Sinne des § 22
KUG dar. Der Schutzbereich des Persönlichkeitsrechts wird in diesem Fall mangels
Außenwirkung nicht berührt.[494]

VIII. Der Schutz vor Belästigungen und Diskriminierung

1. Der Empfänger unerlaubter Zusendungen hat das Recht auch aufgrund seiner 361
Persönlichkeit, von derartigen unerwünschten Sendungen verschont zu bleiben, wenn
er dies – etwa durch einen Aufkleber an seinem Briefkasten – deutlich macht.[495] Unverlangte E-Mails mit Werbung verletzen bereits bei erstmaliger Zusendung das Recht
des Empfängers, der sich gezwungen sieht, die E-Mails zu sichten und auszusortieren.[496] Das Verbot der unerlaubten Zusendung gilt auch für Wahlwerbung,[497] während
bei staatlicher Öffentlichkeitsarbeit der Betroffene die Zusendung zu dulden hat, zumal sie – etwa bei Warnungen im Gesundheitsbereich – seinen Interessen dient. Anders ist die Situation auch, soweit es um Beilagen in Zeitungen geht; das ergibt sich aus
dem Vertrag zwischen der Zeitung und dem Abnehmer.[498] Schließlich schützt das
Persönlichkeitsrecht auch nicht vor unerwünschten Mahnungen einer Partei persönlich, wenn sich ein Rechtsanwalt bestellt hat.[499] Soweit ein Unterlassungsanspruch
besteht, sind unmittelbare Störer die Unternehmer, die die Werbung vertreiben, also
auch die Deutsche Post. Mittelbare Störer sind die Besteller der Werbeaktion; sie
müssen alle in Betracht kommen und Erfolg versprechenden Maßnahmen ergreifen, um die Eingriffe zu verhindern;[500] dazu kann der Abschluss von Vertragsstrafeversprechen gehören.[501] All das gilt auch für unerlaubte Werbung mittels Telefon,
Telex, Telefax oder E-Mails.[502]

2. Auch die Diskriminierung kann die Persönlichkeit verletzen. Das spielt neben 362
§ 15 Abs 1 AGG kaum eine Rolle, kann aber in Ergänzung zu § 15 Abs 3 AGG zum
Tragen kommen. „Mobbing" ist als solches zwar kein Rechtsbegriff;[503] eine Persönlichkeitsrechtsverletzung kann sich aber aus systematischen Anfeindungen, Schikanen
und Diskriminierungen ergeben, welche die Tätigkeit etwa des Arbeitnehmers nachhaltig beeinträchtigen.[504] Auch hier kommt dem Persönlichkeitsrecht neben dem Verbot von Belästigungen durch § 3 Abs 3 AGG aber allenfalls eine sehr eingeschränkte
selbstständige Bedeutung zu.

IX. Das Recht auf Selbstbestimmung

Geschützt ist zwar nicht die allgemeine Handlungsfreiheit, jedoch einzelne Facetten. 363
Dazu gehört die Freiheit, am rechtsgeschäftlichen Verkehr teilzunehmen,[505] die Ent-

---

[494] BGH NJW 2011, 755, 756 Rn 10; ZUM 2011, 240, 242 Rn 10.
[495] BGHZ 60, 296, 299; 106, 229, 232.
[496] BGH NJW 2009, 2958, 2959 Rn 12; 2016, 3445, 3448 Rn 41; 2017, 2119f Rn 14f, 2121 Rn 28 im Rahmen des Eingriffs in den Gewerbebetrieb; 2016, 870, 872 Rn 17 ff.
[497] BVerfG NJW 2002, 2938, 2939; OLG Bremen NJW 1990, 2140 f.
[498] OLG Karlsruhe NJW 1991, 2193, 2194.
[499] BGH NJW 2011, 1005, 1007 Rn 10 ff.
[500] BGHZ 106, 229, 235.
[501] BGHZ 106, 229, 236.
[502] BGHZ 103, 203, 206; 113, 282, 285, jeweils unter dem Aspekt des § 1 aF UWG, nunmehr § 7 Abs 2 UWG.
[503] BAGE 122, 304, 317 Rn 56; 124, 295, 302 f Rn 56.
[504] BAGE 122, 304, 317 f Rn 58, 60; PALANDT/SPRAU § 823 Rn 110 mwNw.
[505] STAUDINGER/J HAGER (2017) § 823 Rn C 241.

scheidung hinsichtlich medizinischer Eingriffe, über die Verwendung von Körperbestandteilen,[506] und auch betreffend medizinische Analysen, etwa einen HIV-Test.[507] Dasselbe gilt für die unerbetene Mitteilung des Testergebnisses.[508] Zur Persönlichkeit zählen auch die sexuelle Selbstbestimmung und die Freiheit der Familienplanung. Dagegen wird kein über § 823 Abs 1 BGB geschütztes Recht verletzt, wenn etwa eine Frau entgegen einer vorher getroffenen Vereinbarung keine empfängnisverhütenden Mittel nimmt und daher ein Kind geboren wird.[509]

X. Das Recht auf Kenntnis der Abstammung

363a 1. Grundsätzlich hat das Kind einen Anspruch gegen die Mutter, zu erfahren, wer als Erzeuger in Frage kommt.[510] Ein isoliertes, neben § 1600d BGB stehendes Feststellungsverfahren wird jedenfalls von der Verfassung und der EMRK nicht gefordert.[511] Dagegen ist der Arzt verpflichtet, den Samenspender bei einer heterologen Insemination zu dokumentieren und auf Anforderung dem Kind zu nennen.[512]

363b 2. Einen Anspruch des rechtlichen Vaters, von der Mutter zu erfahren, wer als leiblicher Vater in Frage komme, hat das Bundesverfassungsgericht[513] im Gegensatz zum Bundesgerichtshof[514] abgelehnt. Dazu bedürfe es einer gesetzlichen Regelung; die Grenzen der richterlichen Rechtsfortbildung seien überschritten.[515] Das ist in der Begründung wenig überzeugend. Denn entweder verstößt der Auskunftsanspruch gegen das Persönlichkeitsrecht der Frau; dann ist die Regelung auch dem Gesetzgeber verwehrt. Oder das Persönlichkeitsrecht als solches gebietet den Anspruch; dann darf er nicht vorenthalten werden.[516]

XI. Die Rechtsfolgen

364 1. Als Folge der Persönlichkeitsverletzung ist zunächst an Bereicherungsansprüche zu denken. Das Persönlichkeitsrecht besitzt Zuweisungsgehalt; ein Eingriff ist auch rechtswidrig. Im Zwei-Personen-Verhältnis ist das Ergebnis – Herausgabe der Bereicherung in Form der üblichen Lizenzgebühr[517] – auch unproblematisch; dasselbe gilt aber auch im Drei-Personen-Verhältnis, etwa in dem Fall, in dem dem Verletzer das Bildnis des Betroffenen ohne dessen Einwilligung von einem Dritten zur Verfügung gestellt wurde. Angesichts der Unmöglichkeit des redlichen Erwerbs der Befugnis zur Nutzung der Persönlichkeit hätte der Betroffene die Veröffentlichung des Bildnisses verhindern können und kann konsequenterweise nach der Veröffentlichung den Anspruch aus der Nichtleistungskondiktion geltend machen. Das Erlangte ist in der Regel objektiv zu bestimmen.[518] Das gilt unabhängig davon, ob der Betroffene seine Einwilligung gegeben hätte.[519] Sehr umstritten ist die Problematik der Gewinnabschöpfung; sie wird von der Rechtsprechung abgelehnt, wenngleich sie bei der Ermittlung der

---

[506] BGHZ 124, 52, 55.
[507] OLG Düsseldorf VersR 1995, 339, 340.
[508] STAUDINGER/J HAGER (2017) § 823 Rn C 243.
[509] BGHZ 97, 372, 373 f.
[510] BVerfGE 79, 256, 268 f; 90, 263, 271.
[511] BVerfG NJW 2016, 1939, 1944 Rn 66 ff.
[512] BGH NJW 2015, 1098, 1102 ff Rn 40 ff.
[513] BVerfGE 138, 377, 392 Rn 41.

[514] BGHZ 191, 259, 265 Rn 18 ff; 18, 207, 216 Rn 28 ff; BGH NJW 2014, 2571 f Rn 12 ff.
[515] BVerfGE 138, 377, 396 f Rn 50.
[516] STAUDINGER/J HAGER (2017) § 823 Rn C 244d.
[517] BGHZ 169, 340, 344 f Rn 12; BGH NJW 2009, 3032, 3035 Rn 34.
[518] STAUDINGER/J HAGER (2017) § 823 Rn C 253.
[519] BGHZ 169, 340, 344 f.

Geldentschädigung nach rücksichtsloser Kommerzialisierung der Persönlichkeit eine Rolle spielt.[520] In der Literatur plädieren einige für die volle Abschöpfung.[521] Allerdings ist die Wertung des § 687 Abs 2 S 1 BGB, also das Vorsatzerfordernis, zu beachten.[522] Die Berufung auf Entreicherung ist dem Verletzer jedenfalls abgeschnitten.[523]

2. Daneben stehen Ansprüche auf (vorbeugende) Unterlassung, die auch ohne Verschulden bei jeder Art einer rechtswidrigen Verletzung der Persönlichkeit gegeben sind. Anspruchsgrundlage sind die §§ 1004 Abs 1 analog, 823 BGB iVm Art 2 Abs 1, 1 Abs 1 GG.[523a] Schwieriger zu beantworten ist die Frage der Wiederholungsgefahr. War die vorangegangene Verletzung rechtswidrig, wird die Wiederholungsgefahr vermutet. Anders ist es dagegen, wenn die Mitteilung ursprünglich in Wahrnehmung berechtigter Interessen nach § 193 StGB erfolgt war; dann geht es um die Gefahr der Erstbegehung, für die keine Vermutung spricht. Die Beweislast trifft zwar nach § 823 Abs 2 BGB iVm § 186 StGB den Beklagten;[524] namentlich bei der Verletzung der Recherchepflicht,[525] verlagert sich aber auf den Attackierten, wenn der Täter in Wahrnehmung berechtigter Interessen handelt.[526] Die vorbeugende Unterlassung „kerngleicher" Bilder kann indes nicht verlangt werden.[527] Ist der Anspruch begründet, so ist der Betroffene berechtigt, die Unterlassungsverpflichtung zu veröffentlichen, wenn dies zur Beseitigung der Störung erforderlich ist.[528] Eng verwandt ist der Beseitigungsanspruch, der bei Beeinträchtigungen einschlägig ist, die nicht in der Behauptung unwahrer Tatsachen bestehen. 365

3. Als Weiteres kommen Ansprüche auf Widerruf und Richtigstellung in Betracht, hauptsächlich gestützt auf § 1004 BGB. 366

a) Sie sind auf Tatsachenbehauptungen beschränkt.[529] Der Täter kann aus zwei Gründen nicht gezwungen werden, Werturteile zu widerrufen. Zum einen vertrüge sich das nicht mit dem Grundrecht aus Art 5 Abs 1 GG, das davor bewahrt, dass Werturteile auf ihre Richtigkeit untersucht werden.[530] Zum anderen wäre eine derart erzwungene Distanzierung von Kritik für das Opfer nahezu wertlos.[531] 367

b) Auch wenn der Täter nicht in Ausübung berechtigter Interessen gehandelt hat, ist ein Widerruf nicht geschuldet, wenn die Unwahrheit nicht feststeht;[532] sonst würde der Täter gezwungen, etwas als unwahr zu bezeichnen, was möglicherweise doch wahr sein kann.[533] Dem ist trotz der Kritik[534] zu folgen. Denn der Betroffene müsste einräumen, die Unwahrheit gesagt zu haben, obwohl die Behauptung doch zutreffen und 368

---

[520] BGHZ 128, 1, 16; BGH NJW 1996, 984, 985.
[521] WEYERS KF 1996, 87; TAUPITZ KF 1996, 75.
[522] STAUDINGER/J HAGER (2017) § 823 Rn C 254.
[523] STAUDINGER/J HAGER (2017) § 823 Rn C 257.
[523a] BGH NJW 2017, 2416 Rn 13.
[524] BGHZ 132, 13, 23.
[525] BGHZ 132, 13, 27; BGH NJW 1998, 1391, 1393.
[526] BGH NJW 1985, 1621, 1622; 1987, 2225, 2227; 1993, 525, 528.
[527] BGHZ 174, 262, 266 f Rn 14; BGH NJW 2008, 1593, 1594 Rn 14; 2008, 3138 Rn 7; 2009, 2823 f Rn 8 ff; VersR 2008, 552 f; ZUM 2010, 262, 263 Rn 7.
[528] BGHZ 99, 133, 139 f.
[529] BGHZ 31, 308, 318; 65, 327, 337; 128, 1, 6.
[530] BVerfGE 97, 125, 147; BGH NJW 1978, 751; 1982, 2246; 1989, 2941, 2942.
[531] LARENZ/CANARIS § 88 I 1a.
[532] BGHZ 37, 187, 197; 69, 181, 183 f.
[533] BGHZ 31, 187, 191.
[534] SÄCKER MDR 1970, 893 f; RÖTHELMANN NJW 1971, 1638.

nur deswegen nicht bewiesen werden kann, weil beispielsweise ein wichtiger Informant nicht zu benennen ist.[535]

369 c) Zu beachten ist in diesem Zusammenhang – also bei den Rechtsfolgen – der Grundsatz der Verhältnismäßigkeit. Der Widerruf darf nicht über das hinausgehen, was unbedingt erforderlich ist;[536] zu wählen ist auch das schonendste Mittel.[537] Schließlich muss der Widerruf dem Täter zumutbar sein; das ist nicht der Fall, wenn es nur um die Wiederherstellung des gekränkten Ehrgefühls geht.[538] So kann es bei Äußerungen im kleinen Kreis liegen.[539]

370 d) Der Anspruch auf Widerruf bezieht sich auf den nächstmöglichen Zeitpunkt. Umgekehrt kann es rechtsmissbräuchlich sein, wenn der Anspruch erst nach einiger Zeit erhoben wird, wozu allerdings die bloße Prozessdauer nicht genügt.[540]

371 e) Der Umfang des Widerrufs hängt davon ab, wie weit die Unwahrheit reicht. Ist nur ein Teil der ursprünglichen Behauptung unwahr, ist eine Richtigstellung geschuldet,[541] bei entstellender Darstellung ist das Vorbringen zu ergänzen,[542] bei mehrdeutigen Äußerungen kommt eine Klarstellung in Betracht,[543] bei einer Weitergabe muss der Täter von der Behauptung abrücken.[544] Fehlen ernsthafte Anhaltspunkte für die Wahrheit der Aussage, so hat der Täter zu erklären, er sei nicht in der Lage, seine Behauptung aufrechtzuerhalten.[545]

372 f) War die Behauptung in Wahrnehmung berechtigter Interessen aufgestellt, so ist der Behauptende, wenn sich nunmehr die Unwahrheit herausstellt, verpflichtet, zu erklären, er halte die frühere Aussage angesichts der nunmehr erfolgten Klärung nicht aufrecht.[546] War die Mitteilung ursprünglich wahr, so hat der Betroffene keinen Anspruch auf Ergänzung, wenn sich der Sachverhalt ändert. Anders liegt es dagegen bei einer Änderung der rechtlichen Bewertung, also etwa der Aufhebung eines Schuldspruchs in zweiter Instanz; dies muss mitgeteilt werden.[547]

373 g) Die Form des Widerrufs muss derjenigen der unwahren Behauptung entsprechen, was Größe und Platzierung angeht. Er muss also im selben Organ erfolgen wie die Ausgangsmeldung, gegebenenfalls auch auf der Titelseite, um auch den sog Kioskleser zu informieren. Allerdings hat noch Platz für Hinweise auf andere Beiträge in dem Heft zu bleiben.[548] Ein Widerruf nur oder auch gegenüber dem Opfer kann dagegen nicht verlangt werden.[549]

374 4. Auch materiell-rechtliche Schäden aufgrund der Verletzung der Persönlichkeit sind zu ersetzen – etwa Gesundheitsbeeinträchtigungen aufgrund der Aufregungen über die Persönlichkeitsverletzung. Doch ist auch die Persönlichkeit als solches

---

[535] STAUDINGER/J HAGER (2017) § 823 Rn C 276.
[536] BVerfG NJW 2004, 1942, 1943; BGHZ 31, 308, 320 f; 99, 133, 138; 107, 384, 393.
[537] BGHZ 57, 325, 333.
[538] BGHZ 10, 104, 105 f; 31, 308, 320 f.
[539] BGHZ 10, 104, 106.
[540] BGHZ 128, 1, 8.
[541] BVerfGE 97, 125, 143; BGHZ 128, 1, 10, 11.
[542] BVerfGE 97, 125, 150.
[543] STAUDINGER/J HAGER (2017) § 823 Rn C 280.
[544] BVerfGE 97, 125, 150; BGHZ 66, 182, 183.
[545] BGHZ 37, 187, 190; 65, 325, 327; 69, 181, 182.
[546] BGH NJW 1958, 1043 f; 1959, 2011, 2012.
[547] BGHZ 57, 325, 328 f.
[548] BVerfGE 97, 125, 151 f; BGHZ 128, 1, 9.
[549] BGH NJW 1989, 774.

Schutzgut; so liegt es etwa, wenn aufgrund der Verletzung der Verlust des Arbeitsplatzes als Sekundärschaden eintritt.[550] Als Berechnungsarten kommen im Prinzip drei Wege in Betracht: die Liquidation des konkreten Schadens, eine angemessene Lizenzgebühr oder die Herausgabe des Gewinns. Die hM spricht sich für die angemessene Lizenzgebühr aus,[551] lehnt dagegen implizit die Herausgabe des Gewinns ab.[552] Nach der Wertung des § 687 Abs 2 S 1 BGB ist die Gewinnabführung bei Vorsatz indes die überzeugende Lösung. Problematischer sind Abwehrmaßnahmen des Betroffenen, mit denen dieser der Beeinträchtigung seines – auch wirtschaftlichen – Rufes entgegentreten will. Sie sind zwar im Grundsatz zu ersetzen,[553] jedoch sind Grenzen zu beachten. Soweit der Betroffene sich durch eine Gegendarstellung wehren kann, ist es ihm verwehrt, den Verantwortlichen mit den höheren Kosten einer berichtigenden Darstellung zu belasten.[554] Nur wenn die Gegendarstellung eine geringere Wirkung hat, darf sich der Verletzte mit Anzeigen wehren; das ist allerdings bei sachgerechtem Vorgehen bei der Gegendarstellung kaum vorstellbar.

5. Die Verletzung begründet einen Anspruch auf Geldentschädigung, wenn es sich um einen schwerwiegenden Eingriff handelt und die Beeinträchtigung auf anderem Weg nicht ausgeglichen werden kann. Das ist im Einzelfall zu beurteilen, wobei Bedeutung und Tragweite des Eingriffs, Anlass, Beweggrund und Grad des Verschuldens des Handelnden eine Rolle spielen.[555]

§ 4 Das Recht am Gewerbebetrieb

I. Die Entwicklung und die Funktion

1. Das Recht am Gewerbebetrieb ist eine richterrechtliche Schöpfung. Schon vor dem Inkrafttreten des BGB argumentierte das Reichsgericht hinsichtlich der Problematik von Boykottaufrufen mit der Freiheit der gewerblichen Betätigung.[556] Auch bei einer unberechtigten Patentverwarnung gewährte das Gericht einen Unterlassungsanspruch, weil in den Gewerbebetrieb eines anderen eingegriffen worden sei.[557] Der Bundesgerichtshof hat diese Rechtsprechung aufgegriffen und weiterentwickelt. Für das Bundesarbeitsgericht ist das Recht am Gewerbebetrieb Grundlage der Haftung für rechtswidrige Streiks.[558] Der 1. Zivilsenat des Bundesgerichtshofs hat in einer Vorlageentscheidung zunächst die unberechtigte Schutzrechtsverwarnung nicht als Eingriff in den Gewerbebetrieb angesehen;[559] es wäre dann wohl konsequent, den Gewerbebetrieb generell als Schutzgut des § 823 Abs 1 BGB abzulehnen.[560] Der Große Senat des Bundesgerichtshofs in Zivilsachen hat dagegen die bisherige Linie bestätigt.[561]

2. Das Recht am Gewerbebetrieb hat die Funktion, den Schutz gegen primäre Vermögensschäden und gegen Beeinträchtigungen der wirtschaftlichen Betätigung auszudehnen, und zwar über den Bereich hinaus, den das Wettbewerbsrecht absichert.

---

[550] BGH NJW 1997, 1148, 1150.
[551] BGHZ 20, 345, 353 mwNw.
[552] BGHZ 128, 1, 14 ff, 16.
[553] BGHZ 66, 182, 192; 70, 39, 42; 78, 274, 280.
[554] BGHZ 66, 182, 193 f; 70, 39, 42.
[555] BGHZ 128, 1, 12; 132, 13, 27; 160, 289, 301; 183, 227, 231 Rn 11; 199, 237, 256 f Rn 38; BGH NJW 2012, 1728 Rn 15.
[556] RGZ 28, 238, 242.
[557] RG JW 1899, 749, 750.
[558] BAGE 48, 160, 165; 58, 364, 389; 104, 155, 159.
[559] BGH NJW 2004, 3322, 3323 f.
[560] ZB Canaris VersR 2005, 582 f.
[561] BGHZ 164, 1, 5 ff.

Ein Bedürfnis dafür sieht die Rechtsprechung angesichts der Lückenhaftigkeit der gesetzlichen Regelung, die den Unternehmer vielfach gegen fahrlässige Eingriffe schutzlos stelle.[562] Daneben garantiert das Recht am Gewerbebetrieb grundrechtlich gewährte Positionen, namentlich von Presseunternehmen. Doch kann das Recht nicht schrankenlos geschützt werden. Zum einen muss das vorhandene Instrumentarium in der Tat lückenhaft sein, zum anderen muss eine privilegierte Behandlung von Unternehmen verhindert werden. Sie können nicht Ersatz für primäre Vermögensschäden verlangen, während ein Privatmann diese entschädigungslos hinzunehmen hat.[563] Ein Gewerbebetrieb ist nichts Statisches. Der Unternehmer ist nicht nur dem lauteren Wettbewerb und dem Eingriff seiner Konkurrenten ausgesetzt, er muss sich auch der Veränderung von Märkten und Kundengewohnheiten stellen.[564]

II. Die Dogmatik

402 1. Sehr umstritten ist die Frage nach der dogmatischen Einordnung des Rechts am Gewerbebetrieb. Die Rechtsprechung versteht es als sonstiges Recht im Sinne des § 823 Abs 1 BGB.[565] Allerdings gibt diese dogmatische Konstruktion für die Grenzziehung wenig Hilfe. Die Funktion der Definition ist es, das Schutzobjekt festzulegen. Von ihm ist die Frage der Modalität des Eingriffs zu unterscheiden. Dabei besteht die Besonderheit darin, dass beim Gewerbebetrieb die Schutzbeschreibung durch andere Vorschriften recht vage ausfällt und daher im Rahmen des § 823 Abs 1 BGB selbst konkretisiert werden muss.

403 2. Im Gegensatz zu den übrigen Rechtsgütern und Rechten des § 823 Abs 1 BGB, liegt die Besonderheit beim Gewerbebetrieb darin, dass die Rechtswidrigkeit nicht indiziert ist, sondern – in Übereinstimmung mit der Dogmatik des Persönlichkeitsrechts[566] – nur aufgrund einer umfassenden Güter- und Interessenabwägung ermittelt werden kann.[567] Denn der Gewerbebetrieb ist seiner Natur nach ständig Angriffen ausgesetzt, sei es durch die Konkurrenz, sei es in sonstiger Weise. Daher ist es grundsätzlich nicht Sache des Eingreifenden, einen Rechtfertigungsgrund darzutun.[568] Das bedeutet allerdings primär nur eine Verschiebung der Behauptungs- und Beweislast.[569] Jedenfalls ist es kein rechtswidriger Eingriff, wenn für einen Betreuer der gesetzlich festgesetzte Lohn bewilligt wird.[570]

III. Der Gegenstand des Schutzes

404 1. Der Gewerbebetrieb folgt den allgemein anerkannten Merkmalen; vorausgesetzt werden also Selbstständigkeit, Entgeltlichkeit, Nachhaltigkeit und Auftreten nach außen. Eine abstrakte Definition umschreibt den Gewerbebetrieb als auf die ungestörte Betätigung und Entfaltung des funktionierenden Betriebs im Wirtschaftsleben aufgrund der schon getroffenen Betriebsveranstaltungen,[571] er umfasst also alles, was in

---

[562] BGHZ 36, 252, 256 f; 69, 128, 139.
[563] BGH NJW 1977, 2264, 2265; 2003, 1040, 1041; 2004, 356, 358.
[564] Staudinger/J Hager (2017) § 823 Rn D 2.
[565] BGHZ 69, 128, 139; 90, 113, 123; BAG NJW 2010, 631, 633 Rn 21.
[566] BGHZ 193, 227, 236 Rn 27.
[567] Vgl zB BGHZ 45, 296, 307 f; 90, 113, 123; 91, 117, 121; 138, 311, 318; 166, 84, 109 Rn 97; 193, 227, 235 f Rn 27; BGH NJW 2013, 2760, 2761 Rn 18; BGH NJW-RR 2014, 391, 392 Rn 16; BAG NJW 2009, 1990, 1992 Rn 24.
[568] BGH NJW 1977, 628, 630.
[569] BGHZ 74, 9, 14.
[570] BGH NJW-RR 2014, 391, 392 Rn 16.
[571] BGHZ 23, 157, 162 f; BGH NJW 1969, 1207, 1208; BAG NJW 2009, 1990, 1992 Rn 24.

seiner Gesamtheit den wirtschaftlichen Wert des Betriebs als bestehende Einheit ausmacht.[572] Nach der traditionellen Umschreibung sind die freiberuflich Tätigen dagegen ausgenommen, also etwa Ärzte, Rechtsanwälte usw. Dieser Ansatz wird jedoch für den Schutz durch § 823 Abs 1 BGB weitgehend als zu eng angesehen; der Anwendungsbereich wird daher auch auf Angehörige von freien Berufen erstreckt. Entscheidend ist nämlich der auch beim Freiberufler verkörperte Vermögenswert. Die Gründe, die dazu führten, die freien Berufe nicht dem Gewerbebegriff zu unterstellen, sind ohnedies fragwürdig. Jedenfalls taugen sie nicht dazu, beim Schutz durch § 823 Abs 1 BGB Abstriche zu machen.

2. Einerlei ist, wer Inhaber des Gewerbebetriebs ist. Das ist für natürliche und **405** juristische Personen ebenso selbstverständlich wie für Handelsgesellschaften und Gesellschaften des Bürgerlichen Rechts. Auch konkurrierende Verbände oder Gewerkschaften unterstehen dem Schutz des Gewerbebetriebs. Das gilt namentlich für Arbeitgeberverbände, die sich auf diese Weise gegen unrechtmäßige Streiks wehren können.

3. Der Schutz des Gewerbebetriebs umfasst neben dem Bestand die einzelnen Er- **406** scheinungsformen des Gewerbes, wozu die gesamte gewerbliche Tätigkeit gehört.[573] Dazu zählt alles, was den Gewerbebetrieb in seiner Gesamtheit zur Entfaltung und Beteiligung in der Wirtschaft befähigt, also Betriebsräume und Betriebsgrundstücke, Maschinen, Gerätschaften, Einrichtungsgegenstände und Warenvorräte. Darüber hinaus zählen aber auch Betriebsgeheimnisse und Geschäftsverbindungen, Rechte gegenüber den Vertragspartnern, der Kundenkreis und Außenstände hierzu.[574] Damit soll das Unternehmen in seiner wirtschaftlichen Tätigkeit, in seinem Funktionieren vor widerrechtlichen Eingriffen bewahrt bleiben.[575] Da die Formulierung als solche allerdings zu weit ist, muss sie hinsichtlich des Eingriffs mit Hilfe des Merkmals der Betriebsbezogenheit wieder eingeschränkt werden.

4. Auch geplante Unternehmen genießen den Schutz des Gewerbebetriebs. Das **407** erklärt sich aus der grundrechtlichen Freiheit, durch die auch der Zugang zur gewerblichen Betätigung als solcher geschützt ist.

IV. Die Eingriffsmodalität

1. Angesichts der generalklauselartigen Weite des Schutzumfangs liegt das Haupt- **408** problem des Gewerbebetriebs in der sachgerechten Beschränkung der Eingriffshandlung. Es soll nicht ein Sonderrecht für Gewerbetreibende geschaffen werden, während andere mittelbar Geschädigte ohne Schadensausgleich blieben.[576] Die Rechtsprechung sucht die Einschränkung im Begriff der sog Betriebsbezogenheit[577] bzw Unmittelbarkeit.[578] Das bedeutet, dass der Eingriff gegen den Betrieb als solchen gerichtet sein

---

[572] BGHZ 163, 9, 15 BAG NJW 2010, 631, 633 Rn 21.
[573] BGHZ 193, 227, 232 Rn 19; BGH NJW 1983, 2195, 2196.
[574] BGHZ 107, 117, 122; 193, 227, 232 Rn 19.
[575] BGHZ 193, 227, 233 Rn 19.
[576] Vgl die Nw in Fn 563.
[577] Vgl zB BGHZ 29, 65, 74; 138, 311, 314; 163, 9, 15; BGH NJW 1999, 279, 281; 2003, 1040, 1041; 2004, 356, 358; 2009, 2958, 2959 Rn 12; 2012, 2034, 2036 f Rn 31; 2013, 2760, 2761 Rn 16; NJW-RR 2005, 673, 675, 2014, 391, 392 Rn 16; GRUR 2011, 1018, 1024 f Rn 75; BAGE 59, 48, 55; BAG NJW 2009, 1090, 1092 Rn 24; 2010, 631, 633 Rn 22.
[578] BGHZ 29, 66, 70; 193, 227, 233 Rn 21.

muss,[579] die Grundlagen des Betriebes bedrohen, gerade den Funktionszusammenhang der Betriebsmittel auf längere Zeit aufheben oder seine Tätigkeit als solche in Frage stellen muss.[580]

409 a) Aufgrund dieses Merkmals lehnt die hM bei der Beschädigung eines Stromkabels und bei nachfolgender Produktionsunterbrechung den Eingriff in den Gewerbebetrieb ab.[581] Dasselbe wird für Versorgungsleitungen und Versorgungswege angenommen.[582]

410 b) Ebenso wird die Betriebsbezogenheit verneint, wenn ein Hersteller mit mangelhafter Ware beliefert wird, wenn eine missverständliche Verbandsbezeichnung geführt wird oder wenn eine Wasserstraße gesperrt ist; die Schiffbarkeit gehört nicht zum Gewerbebetrieb des Schifffahrttreibenden.[583] Dasselbe gilt für die Sperrung einer Autobahn, die dazu führt, dass eine Raststätte nicht erreicht werden kann.[584]

411 2. Mittels des Merkmals der Betriebsbezogenheit werden ferner Eingriffe ausgesondert, die nicht die Intention haben, den Betrieb zu treffen. Das gilt natürlich auch umgekehrt. Bei vorsätzlichem Handeln ergibt sich die Betriebsbezogenheit aus der Tendenz des Eingriffs, namentlich der Willensrichtung des Verletzers, den Betrieb durch bestimmte Maßnahmen zu beeinträchtigen.[585] Vorsatz bedeutet im Zweifel Betriebsbezogenheit;[586] bloße Kenntnis genügt dagegen nicht. Bei fahrlässigem Handeln ist hingegen die Betriebsbezogenheit in vielen Fällen zu verneinen.

412 3. Keinen Schutz durch den Gewerbebetrieb genießen vom Betrieb ablösbare Rechte und Rechtsgüter.[587] Daher ist das Recht am Gewerbebetrieb nicht verletzt, wenn eine zum Betrieb gehörige Person oder der Betriebsinhaber selbst verletzt werden.[588] Die Verletzung des Partners einer Eiskunstläuferin ist demgemäß nicht betriebsbezogen.[589] Dasselbe gilt, wenn ein Betriebsfahrzeug beschädigt oder eine Maschine in Mitleidenschaft gezogen wird.[590] Auch vom Betrieb vorgefundene Vorteile und Chancen, denen der konkrete Bezug zum Gewerbebetrieb fehlt, sind nicht geschützt.[591] Die Zusendung unverlangter Werbung per E-Mail verletzt dagegen den Gewerbebetrieb.[592]

413 4. Und schließlich scheidet nach hM ein Reflexschaden ebenfalls wegen Fehlens der Betriebsbezogenheit aus.[593] Das spielt namentlich beim Warentest eine Rolle. Weder die positive Einordnung eines Konkurrenzprodukts, noch die Nichteinbeziehung noch schlechterer Produkte sind ein Grund, einen betriebsbezogenen Eingriff zu bejahen, vorausgesetzt das Produkt des betroffenen Unternehmens als solches ist nicht unrichtig bewertet.[594]

---

[579] BGHZ 55, 153, 161.
[580] BGH NJW 1983, 812, 813; BAG NJW 2010, 631, 633 Rn 22.
[581] BGHZ 29, 65, 74 f; 41, 123, 126 f; 66, 388, 393.
[582] BGH NJW 1977, 1147 – Telefonkabel.
[583] BGHZ 55, 153, 161; 86, 152, 156.
[584] BGH NJW 2015, 1174, 1176 Rn 20.
[585] BGHZ 69, 128, 139 – Fluglotsenstreik.
[586] BGHZ 90, 113, 126.
[587] BGHZ 29, 65, 74; 69, 128, 139; 86, 152, 156; 193, 227, 233 Rn 21; BGH NJW 2009, 2958, 2959 Rn 12; 2011, 3443, 3450 Rn 75; 2013, 2760, 2761 Rn 16.
[588] BGHZ 29, 65, 73; 193, 227, 233 Rn 21; BGH NZV 2017, 318 Rn 9.
[589] BGH NJW 2003, 1040, 1041.
[590] BGH NJW 1983, 812, 813.
[591] BGHZ 76, 387, 394.
[592] BGH NJW 2009, 2958, 2959 Rn 12.
[593] BGH NJW 1987, 2222, 2225.
[594] BGH NJW 1987, 2222, 2225.

V. Die Subsidiarität

Nach ständiger Rechtsprechung ist das Recht am Gewerbebetrieb subsidiär, greift also **414** nur ein, wenn das geschriebene Recht eine Lückenfüllung zulässt.[595] Man spricht – was inhaltlich dasselbe meint – vom Schutz des Gewerbebetriebs als Auffangtatbestand.[596] Namentlich sind die Regeln des Wettbewerbsrechts vorrangig.[597]

VI. Die Fallgruppen

1. Die Aufzählung ist nicht abschließend[598], sie hat oft Ähnlichkeit mit dem Per- **415** sönlichkeitsrecht. So dürfen im Prinzip wahre Tatsachen auch dann verbreitet werden, wenn sie geschäftsschädigend sind. Namentlich ist die Persönlichkeit im geschäftlichen Bereich weniger geschützt als im privaten.[599] Der Gewerbetreibende hat es daher grundsätzlich hinzunehmen, dass sein Geschäftsgebaren auch in der Presse erörtert wird, etwa die Betätigung einer Bank im Waffenhandel,[600] die Stellung des Betroffenen am Markt[601] und Bonitätsbeurteilungen, die auf zutreffenden Tatsachengrundlagen beruhen.[602] Generell muss der Gewerbetreibende auch kritische Berichte ertragen, solange diese der Wahrheit entsprechen.[603] Eine Ausnahme ist nur dort vonnöten, wo der Bericht der wahren Tatsachen Prangerwirkung hat oder auf sachfremden Erwägungen beruht.[604] Das hat der Bundesgerichtshof – wenig überzeugend – bei der Analyse einer Bilanz unter Nennung des Namens des Betroffenen durch einen Experten bejaht, obwohl sich dieser auf eine – ebenfalls mit voller Namensnennung versehene – Publikation im Bundesanzeiger stützen konnte; der Betroffene werde gezielt einem zahlenmäßig beachtlichen Personenkreis, von dem jeder noch als Multiplikator gewertet werden könne, vorgeführt.[605]

2. Dagegen dürfen unwahre Tatsachen im Prinzip nicht verbreitet werden.[606] Wie **416** beim Persönlichkeitsrecht dürfen jedoch Tatsachen publiziert werden, deren Wahrheitsgehalt sich letztendlich nicht abschließend klären lässt, wenn die Recherchepflicht erfüllt wurde.

3. Kritik, die in Wettbewerbsabsicht erfolgt, ist ausschließlich nach den Vorschrif- **417** ten des Wettbewerbsrechts zu beurteilen. Bei sonstiger Kritik ist danach zu unterscheiden, ob sie einen Beitrag zum Meinungskampf in einer die Öffentlichkeit (potenziell) interessierenden Frage darstellt; ist dies der Fall, so spricht die Vermutung für die freie Rede; eine Grenze zieht erst das Verbot der Schmähkritik.[607] So muss der Gewerbetreibende auch Kritik hinnehmen, wenn es um die Modalitäten einer Kreditvergabe oder die Probleme hormonhaltiger Hautcremes bei der Anwendung durch junge Mäd-

---

[595] Statt aller BGHZ 38, 200, 204.
[596] BGHZ 105, 346, 350.
[597] BGHZ 43, 359, 361.
[598] Zu unerwünschten Mails vgl Rn 361.
[599] BGHZ 36, 77, 80.
[600] BGHZ 36, 77, 82 f.
[601] BGHZ 50, 40, 45.
[602] BGH NJW 2011, 2204, 2206 Rn 18 ff.
[603] EGMR 2006, 1255, 1259 Rn 94; ÖJZ 1995, 436, 438 f; BGHZ 36, 77, 81; 138, 311, 320; BGH NJW 2002, 1192, 1193; 2009, 3580, 3582 Rn 21; 2015, 773, 775 Rn 21.

[604] BGH NJW 2015, 773, 774 Rn 13.
[605] BGH NJW 1994, 1281, 1282; bestätigt von BVerfG NJW 1994, 1784; **aA** STAUDINGER/ J HAGER (2017) § 823 Rn C 32; ders ZHR 1995, 677 f, 680; relativiert nunmehr von BGHZ 166, 84, 112 Rn 110.
[606] BGH NJW 2015, 773, 774 Rn 13.
[607] Vgl zB BGHZ 45, 296, 308, 310; 138, 311, 320; BGH NJW 2002, 1192, 1193; 2008, 2110, 2115 Rn 29.

chen geht.⁶⁰⁸ Desgleichen darf der Täter allgemein kritisch behandelte Erscheinungen durch Beispiele verdeutlichen.⁶⁰⁹ Hier zieht allerdings das Herausgreifen oder die Anprangerung schneller eine Grenze als in den sonstigen Fällen. Das ergibt sich vor allem aus der Breitenwirkung der Presse. Und schließlich dürfen auch berühmte Marken satirisch verfremdet werden. So kann der Name einer Zigarette leicht geändert werden, um auf die Gefahren des Rauchens hinzuweisen.⁶¹⁰

418 4. Bei Warentests scheidet mangels Betriebsbezogenheit ein Eingriff in den Gewerbebetrieb bei bloßen Systemvergleichen aus. Der Testende muss sich allerdings um Objektivität bemühen und über die nötige Sachkunde verfügen.⁶¹¹ Es darf auch nicht die Möglichkeit testfremder Einflussnahme bestehen. Benötigt der Testende Hilfe, etwa durch aufwendige Apparate, so darf er hierzu nur einen seinerseits Neutralen, nicht aber einen Wettbewerber des Untersuchten einschalten. Der Bewertungsmaßstab unterliegt nur einer eingeschränkten, das Ermessen des Prüfers grundsätzlich respektierenden Richtigkeitskontrolle; er darf nur nicht offensichtlich unrichtig, muss also diskutabel sein.⁶¹² Dasselbe gilt im Prinzip auch für Gastronomiekritik. Hier hat es vorwiegend mit dem Verbot der Schmähkritik sein Bewenden.⁶¹³ Diese liegt nicht schon vor, wenn ein Besuch in einem Lokal als totaler Reinfall bezeichnet wird;⁶¹⁴ die Schwelle zur Verunglimpfung ist jedoch überschritten, wenn der Artikel auf einem einzigen Besuch und dem Konsum nur einer Tasse Cappuccino beruht und dieser als „widerwärtig hinuntergewürgter Magenspüler" bezeichnet wird.⁶¹⁵

419 5. a) Unter Boykott versteht man das planmäßige Zusammenwirken des Aufrufenden und des Adressaten mit dem Ziel, den Betroffenen vom Geschäftsverkehr auszuschließen.⁶¹⁶ Vorausgesetzt werden also mindestens drei Beteiligte, nämlich der Initiator, der Adressat und der Boykottierte.⁶¹⁷ Es schadet allerdings nicht, wenn die Rollen von Verrufer und Adressat zusammenfallen, solange nur mehrere Personen daran beteiligt sind und sich dementsprechend gegenseitig beeinflussen, mit dem Boykottierten keine Geschäfte zu schließen. Dagegen scheidet ein Boykott schon begrifflich aus, wenn es um firmeninterne Anweisungen geht, mit einem bestimmten Partner den geschäftlichen Kontakt abzubrechen.⁶¹⁸ Das gilt auch für die öffentliche Hand; sie ist im Rahmen des Vergaberechts in der Wahl ihrer Geschäftspartner grundsätzlich frei. Doch muss in allen derartigen Fällen Weisungsgebundenheit vorliegen und der Adressat demgemäß ohne eigenen Entscheidungsspielraum handeln. Das ist im Verhältnis zwischen der allgemeinen Ortskrankenkasse und Krankenhäusern, die von jener aufgefordert werden, bestimmte Rettungsunternehmen nicht mehr zu beauftragen, nicht der Fall; in der Aufforderung kann also ein Boykottaufruf liegen.⁶¹⁹ Die drei Beteiligten sind allerdings nur eine Mindestzahl. So braucht der Adressat des Aufrufs nicht mit demjenigen identisch zu sein, der die Liefersperre verhängen soll. Es genügt vielmehr, wenn der Adressat veranlasst werden soll, seinerseits mit den ihm zu Gebote stehenden Mitteln auf einen Boykott des Betroffenen durch dessen Lieferanten oder Kunden hinzuwirken. Diese Regeln gelten auch für boykottähnliche Maßnahmen.⁶²⁰

---

⁶⁰⁸ BGH NJW 1970, 187, 189.
⁶⁰⁹ BGH NJW 1970, 187, 190.
⁶¹⁰ BGHZ 91, 117, 122.
⁶¹¹ BGH NJW 1997, 2593, 2594.
⁶¹² BGH NJW 1997, 2593, 2594.
⁶¹³ BGH NJW 1987, 1082, 1084.
⁶¹⁴ BGH NJW 1987, 1082, 1083.
⁶¹⁵ OLG München NJW 1994, 1964, 1965.
⁶¹⁶ BGH NJW 1985, 60, 61; vgl auch oben Rn 400.
⁶¹⁷ BGHZ 19, 72, 77.
⁶¹⁸ BGHZ 19, 72, 77.
⁶¹⁹ BGH NJW 1990, 1531, 1532.
⁶²⁰ BGHZ 193, 227, 235 Rn 26.

b) Der Boykottaufruf bedeutet den Versuch, auf die freie Willensbildung des **420** Adressaten, mit Dritten Lieferungsbeziehungen aufzunehmen oder aufrechtzuerhalten, einen negativen, die Beziehung hindernden Einfluss zu nehmen.[621] Davon abzugrenzen sind Anregungen, die nicht geeignet sind, die freie Willensbildung zu beeinflussen. Die Grenzziehung ist allerdings fließend und damit schwierig. Die Rechtsprechung ist relativ großzügig in der Annahme der Beeinflussung. Ein suggestiv gemachter Vorschlag in einer emotional aufgeheizten Situation soll hierfür genügen. Der zweite Gegenbegriff ist derjenige der (berechtigten) Abmahnung. Wer von seinem Partner verlangt, er möge nicht vertragswidrig an Dritte liefern oder sich nicht wettbewerbswidrig verhalten, weist nur auf die Rechtslage hin und fordert dazu auf, Rechtsbrüche zu beenden, ruft indes nicht zum Boykott auf. Ebenso wenig genügt eine Warnung vor gefährlichen Waren oder Mitteln durch Behörden oder durch Dritte.

c) Die schwierigste Problematik ist die Feststellung der Rechtswidrigkeit des Boy- **421** kotts. Hier sind mehrere Fälle zu unterscheiden.

(1) Bei Aufrufen zu Wettbewerbszwecken liegt regelmäßig Rechtswidrigkeit vor, **422** wenn Ziel und Zweck der Aufforderung im eigenen Interesse wirtschaftlicher Art liegen. Auf der anderen Seite scheidet die Rechtswidrigkeit aus, wenn es um die Sorge um die politischen, wirtschaftlichen, sozialen oder kulturellen Belange der Allgemeinheit und um die Einwirkung auf die öffentliche Meinung geht.

(2) Dagegen spricht eine Vermutung für das Fehlen der Rechtswidrigkeit, wenn **423** zwischen dem Aufrufer und dem Boykottierten kein Wettbewerbsverhältnis besteht. Hier zieht erst das Verbot der Schmähkritik eine Grenze. Boykottaufrufe sind regelmäßig gerechtfertigt, wenn sie auf wahre Tatsachen und ausreichend sachlich motivierte Gründe gestützt sind.[622] Dagegen dürfen nicht unwahre Tatsachen verbreitet werden; das folgt schon aus den allgemeinen Regeln. Rechtswidrig ist ein Aufruf zum Boykott jedoch auch dann, wenn wirtschaftliche Macht eingesetzt werden soll. So lag es etwa, als das Verlagshaus Springer die Belieferung von Kiosken einzustellen drohte, an denen auch eine Zeitung mit dem Fernsehprogramm der DDR zu erhalten war.[623] Dasselbe soll nach der Rechtsprechung gelten, wenn soziale Abhängigkeit ausgenützt wird[623a]. Doch dürfte hier ein differenzierender Maßstab angezeigt sein, um auch sozial mächtigen Gruppen wie Kirchen, Verbänden und Arbeitgebern das Grundrecht auf Meinungsfreiheit zu erhalten.

6. Bei Betriebsblockaden unterscheidet die Rechtsprechung. Ist die Blockade als **424** solche nicht intendiert, sondern etwa nur die Folge einer fahrlässigen Versperrung des Zugangs, so fehlt die Betriebsbezogenheit.[624] Allerdings kann aus der Dauer der Behinderung etwas Abweichendes folgen. So liegt ein Eingriff in einer länger dauernden Erschwerung des Zugangs zu einem Ladengeschäft oder gar in seiner völligen Verhinderung, auch wenn diese nicht beabsichtigt gewesen sein sollte. Anders ist dagegen bei vorsätzlichen Blockaden zu entscheiden.[625] Auch ist bei gewalttätigen Demonstrationen die Rechtswidrigkeit des Angriffs zu bejahen, da die Grundrechte aus Art 5

---

[621] BGH NJW 1990, 1531, 1532.
[622] BGHZ 193, 227, 235 Rn 26.
[623] BVerfGE 25, 256, 266 f.

[623a] BVerfGE 25, 256, 265; BVerfG NJW 1989, 381, 382 – jeweils obiter.
[624] BGHZ 86, 152, 156.
[625] BGHZ 59, 30, 35.

Abs 1 und 8 Abs 1 GG nur die gewaltfreie Kundgabe von Meinungen und die friedliche Versammlung schützen.[626] Allerdings ist Zurückhaltung bei der Bejahung von Gewalt nötig. Bloße Sitzblockaden sind nicht nur keine Gewalt im Sinne des § 240 StGB,[627] sondern erfüllen auch nicht den Tatbestand des rechtswidrigen Eingriffs in den Gewerbebetrieb.

425 7. Nach hM wird durch einen rechtswidrigen Streik in den Gewerbebetrieb des Arbeitgebers eingegriffen.[628] Details können hier nicht nachgezeichnet werden; es geht insofern um ein Spezialgebiet des Arbeitsrechts.

426 8. Eine schwierige Gruppe ist die sog unberechtigte Schutzrechtsverwarnung.

427 a) Man unterscheidet regelmäßig zwei Arten. Bei der Herstellerverwarnung wird ein Unternehmer zur Einstellung seiner gewerblichen Tätigkeit aufgefordert, weil er ein Schutzrecht, ein Patent, ein Urheberrecht, ein Geschmacksmuster oder eine Marke verletze. Von einer Abnehmerverwarnung spricht man, wenn ein Kunde unter Androhung gerichtlicher Schritte zum Abbruch der Lieferbeziehungen aufgefordert wird. Unberechtigt ist die Verwarnung, wenn sich die Behauptung des Rechts als unrichtig entpuppt, sei es, weil es von vornherein nicht bestand,[629] sei es, weil es später rückwirkend wegfiel[630] oder aber weil das Recht der Handlung nicht entgegenstand.[631]

428 b) Eine Verwarnung setzt ein ernsthaftes und endgültiges Begehren des Unterlassens voraus. Dazu genügt nicht, dass der andere Teilnehmer ausdrücklich zu einer Stellungnahme zum Umfang oder zu den Modalitäten der angeblichen Rechtseinräumung und damit zu seiner Rechtsstellung aufgefordert wird. Es geht dann noch um den vorgelagerten Meinungsaustausch über die Inhaberschaft der in Rede stehenden Nutzungsbefugnisse; diese Diskussion dient zunächst der Rechtswahrung.

429 c) Nach Rechtsprechung und wohl hL verletzt die unberechtigte Schutzrechtsverwarnung den Gewerbebetrieb des Herstellers.[632] Er steht nämlich vor der Frage, ob er weiter produzieren soll. Die Rechtslage zu beurteilen ist zumeist schwierig, zumal der Verwarnte oft an das Bestehen seines Schutzrechts glauben wird, andererseits massive Schadensersatzforderungen bis hin zum Anspruch auf Herausgabe des erzielten Gewinns drohen,[633] und zwar auch dann, wenn ihn der Verletzte nicht erzielt hätte.[634] Umgekehrt ist die Entscheidung, der Verwarnung nachzugeben, ebenfalls mit einschneidenden wirtschaftlichen Folgen verbunden. Der Hersteller befindet sich damit regelmäßig in einer ernsteren Konfliktlage als derjenigen, die üblicherweise mit einem Leistungsbegehren verknüpft ist.[635] Auch der Anwalt, der zur Verwarnung rät, kann nach der Rechtsprechung ersatzpflichtig werden.[636]

430 d) Die Betriebsbezogenheit des Eingriffs ist problematisch, weil erst die Willensentscheidung des Verwarnten, sich zu beugen, den unternehmensschädigenden Erfolg herbeiführt. Trotzdem spricht der Bundesgerichtshof hier von Betriebsbezogenheit;

---

[626] BGHZ 137, 89, 100.
[627] BVerfGE 92, 1, 16 ff.
[628] Vgl zB BAGE 58, 364, 389; BAG NJW 2010, 631, 633 Rn 21.
[629] Vgl zB BGH NJW 1979, 916.
[630] Vgl zB BGHZ 62, 29, 33.
[631] Vgl BGH NJW 1996, 397, 399.
[632] Vgl zB BGHZ GS 164, 1, 5; BGHZ 74, 9, 14; 165, 311, 314 f.
[633] BGH NJW 1996, 397, 399.
[634] BGH NJW-RR 1998, 331, 332.
[635] BGH NJW-RR 1998, 331, 332.
[636] BGHZ 208, 119, 125 ff Rn 17 ff.

solange die Lücke nicht anders geschlossen sei, könne auf den Gewerbebetrieb als Schutzgut nicht verzichtet werden. Es wäre untragbar, wenn der Schutzrechtsinhaber Dritte behindern könnte, ohne selbst bei grober Fahrlässigkeit den Schaden ersetzen zu müssen.[637]

e) Auch bei der Abnehmerverwarnung hat der Bundesgerichtshof die Betriebsbezogenheit bejaht.[638] Der Eingriff sei deswegen besonders gefährlich, weil es nunmehr nicht mehr vom Hersteller allein abhänge, ob er die Ware weiter vertreibe und das Haftungsrisiko auf sich nähme, sondern weil jetzt auch Dritte darüber befänden,[639] die geneigt sein könnten, sich der Verwarnung zu beugen, um einem Rechtsstreit aus dem Wege zu gehen. Vielleicht erfährt der Hersteller zunächst nicht einmal etwas von der Verwarnung und kann daher auch keine Gegenmaßnahmen ergreifen.[640] Dagegen ist ein betriebsbezogener Eingriff zu verneinen, wenn die Entscheidung, ob das angegriffene Verhalten fortgesetzt werden soll, ausschließlich beim Verwarnten liegt. Dass auch der Zulieferer des Verwarnten durch sie tangiert wird, genügt für den Betriebsbezug nicht.[641]

f) Die Frage, ob der Eingriff rechtswidrig ist, hängt auf das Engste mit der Problematik der Haftung für die prozessuale und vorprozessuale Geltendmachung von Ansprüchen zusammen. Der Maßstab ist nach hM ein objektiver. Der Eingriff ist rechtswidrig, wenn das Schutzrecht nicht oder nicht in dem angenommenen Umfang existiert. Ob der Verwarnende von der Richtigkeit seiner Auffassung habe ausgehen können, sei unerheblich und spiele erst für das Verschulden eine Rolle.[642] Zwar hatte der 1. Zivilsenat des Bundesgerichtshofs den Großen Senat für Zivilsachen beim Bundesgerichtshof angerufen, weil er diese Rechtsprechung aufgeben wollte. Eine Behinderung, die sich aus der rechtmäßigen Ausübung von Schutzrechten ergebe, sei grundsätzlich wettbewerbskonform. Derjenige, der eine Schutzrechtsverwarnung ausspreche, mache nur von einem staatlich eingerichteten, gesetzlich geregelten Verfahren Gebrauch; bei subjektiver Redlichkeit greife er damit nicht rechtswidrig in ein geschütztes Rechtsgut seines Verfahrensgegners ein, auch wenn sein Begehren sachlich nicht gerechtfertigt sei und dem anderen Teil aus dem Verfahren über dieses hinaus Nachteile erwüchsen.[643] Der Große Senat hat aber die bisherige Rechtsprechung aufrechterhalten.[644] Wo es nicht um eine Einleitung staatlicher, insbesondere gerichtlicher Verfahren gehe, müsse es bei dem uneingeschränkten Rechtsschutz durch § 823 Abs 1 BGB und § 826 BGB bleiben.[645]

g) Die neuere Judikatur ist mit der Annahme des Verschuldens zurückhaltend. Da das Risiko des Verwarnenden höher einzuschätzen sei als dasjenige des Verwarnten und da einer Entwertung der Schutzrechte vorzubauen sei, dürfe es dem Verwarner nicht als Verschulden angerechnet werden, wenn er nach sorgfältiger Prüfung vorgegangen sei und die von dem durchaus vertretbaren Ergebnis seiner Prüfung abweichende Entscheidung nicht vorausgesehen habe.[646] Jedenfalls in Gebieten, die in technischer Hinsicht überschaubar seien, genüge der Rat des eigenen Anwalts.[647] Die bei

---

[637] BGHZ 62, 29, 33.
[638] BGHZ 71, 86, 90; BGH NJW 2006, 1432, 1433.
[639] BGH NJW 1979, 916.
[640] BGH NJW 1979, 916.
[641] BGH NJW 1977, 2313, 2314.
[642] BGH NJW 1996, 397, 399.
[643] BGH NJW 2004, 3322, 3323 f.
[644] BGHZ 164, 1, 5 ff.
[645] BGHZ 164, 1, 6; 165, 311, 315; BGH NJW-RR 2011, 338, 339 Rn 16.
[646] BGHZ 62, 29, 35.
[647] BGHZ 62, 29, 39; BGH NJW 1996, 397, 399.

Streitigkeiten stets vorhandenen Zweifel müssten konkrete Bezugspunkte haben. Bei ungeprüften Rechten ist ein höherer Maßstab an die Sorgfalt anzulegen als bei dem Vorgehen aus geprüften Rechten.[648] Ein Irrtum über die Erfindungshöhe fällt weniger stark ins Gewicht als eine unvollständige Berücksichtigung des Standes der Technik. Verschulden liegt namentlich vor, wenn der Verwarner eine eigene Vorbenutzung und die daraus folgende Löschungsreife der Eintragung eines Rechts übersieht.[649] Richtet sich die Verwarnung nicht gegen den Hersteller, sondern gegen einen Abnehmer, so gelten wegen der spezifischen Gefahren einer solchen Verwarnung erhöhte Anforderungen; sie ist erst zulässig, wenn die Herstellerverwarnung erfolglos geblieben ist oder ausnahmsweise als unangebracht erscheint.[650]

434 h) Der Verwarnte kann unter dem Gesichtspunkt des Mitverschuldens verpflichtet sein, zu prüfen, ob er dem Unterlassen des Begehrens sofort nachgeben bzw nachkommen soll, wenn ihm neue Umstände bekannt werden.[651] Allerdings ist der völlige Ausschluss der Ersatzhaftung die Ausnahme; er wird von der Rechtsprechung erwogen, wenn dem Verwarnten der Vorwurf des voreiligen Nachgebens gemacht werden muss.[652]

435 Im Prozess trifft den Verwarnenden die sekundäre Behauptungslast; er muss auf Nachfrage darlegen auf welche Ausschließlichkeitsrechte er seine Verwarnung gestützt habe.[652a]

436 9. Schließlich kann ein Eingriff in den Gewerbebetrieb auch in einer Verwässerung von berühmten Marken mit überragender Verkehrsgeltung liegen. Doch sind insoweit das MarkenG und das UWG vorrangig. Die Regeln über die unberechtigte Schutzrechtsverwarnung sind auf die unberechtigte wettbewerbliche Abmahnung nicht anwendbar.[653] Der Betroffene kann sie ohne größeres Risiko unbeachtet lassen.[654]

§ 5 Die Verkehrspflichten

I. Die Funktion der Verkehrspflichten

500 Die Verkehrspflichten haben eine doppelte Funktion. Zum einen ist vielfach eine Unterscheidung zwischen positivem Tun und zurechenbarem Unterlassen schwer möglich. Hier kommt es dann darauf an, ob eine Verkehrspflicht verletzt ist. Zum anderen hat die Verkehrspflicht beschränkende Funktion. Bei nur mittelbarer Schädigung, etwa bei der Auslieferung von gefährlichen Gegenständen wie Autos, ist der Produzent entlastet, wenn er alles getan hat, was der Gefahrvermeidung und Gefahrabwehr dient.[655] Keine Erweiterung bringt die Verkehrspflicht dagegen bei den geschützten Rechtsgütern. Auch angesichts der Verkehrspflichten bleibt das primäre Vermögen ohne Schutz durch § 823 Abs 1 BGB.

---

[648] BGHZ 62, 29, 37; BGH NJW-RR 1998, 331, 332.
[649] BGH NJW-RR 1998, 331, 332.
[650] BGH NJW 1979, 916.
[651] BGHZ 71, 86, 93.
[652] BGH NJW-RR 1998, 331, 332.
[652a] BGH VersR 2017, 1545 Rn 5.
[653] Vgl BGH MMR 2011, 172, 174 Rn 63.
[654] BGH MMR 2011, 172, 174 Rn 63.
[655] STAUDINGER/J HAGER (2009) § 823 Rn E 3.

II. Die Begründung von Verkehrspflichten

1. Die wichtigste Fallgruppe ist die Schaffung einer Gefahr.[656] So liegt es etwa, wenn jemand eine Waffe nicht ordentlich sichert, mit Feuerwerkskörpern unvorsichtig hantiert, Sprengstoff und Chemikalien an Kinder abgibt oder Natronlauge in Bierflaschen abfüllt. Hierher gehört auch die unzureichende Sicherung des Grundstücks durch einen Zaun, wenn ein gefährlicher Hund gehalten wird.[657] Verkehrspflichtig ist auch, wer eine in seinem Verantwortungsbereich entstandene Gefahr andauern lässt.[658]

2. Die zweite Fallgruppe ist die Haftung für den Zustand des eigenen Bereichs.[659] Darunter sind insbesondere die Fälle zu verstehen, in denen jemand eine Anlage betreibt, von der Gefahren ausgehen können.

3. Verkehrspflichten werden begründet, wenn ein Verkehr eröffnet wird.[660] Dabei kommt es nur auf die faktische Eröffnung an; die Berechtigung oder ähnliche Überlegungen spielen dagegen keine Rolle. Die Intensität der Verkehrspflicht kann allerdings bei bloßer Duldung der Benutzung durch an sich nicht berechtigte Dritte herabgesenkt sein[661]

4. Verkehrspflichtig ist, wer Sachen in Verkehr bringt, die andere gefährden können. Paradebeispiel dieser Fallgruppe ist die deliktische Produkthaftung.[662]

5. Verkehrspflichten können sich aus der Übernahme einer Aufgabe ergeben.[663] Architekten und Bauleiter etwa haften nicht nur ihren Vertragspartnern für fehlende Sicherung, sondern auch gegenüber Dritten.[664] Dabei gibt es auch sogenannte sekundäre Verkehrspflichten; sie halten etwa den Architekten an, erkannte und erkennbare baustellentypische Gefahren zu beseitigen.[665] Das Gleiche gilt für den Inhaber einer Werkstatt, wenn durch fehlerhafte Reparaturen oder die mangelhafte Wartung einer Sache Gefahren für die Rechtsgüter anderer entstehen. Der Bauunternehmer, der Baggerarbeiten ausführt, muss sich nach der Lage von Kabeln erkundigen, die beim Aufbaggern zerstört werden können.[666] Beförderungsunternehmen müssen ihnen anvertraute Güter auch nach Ende der Beförderung bewachen bzw dafür sorgen, dass sie ausgeliefert werden.[667] Die Rechtsprechung hat teilweise auch die Rolle des Berufes als Anknüpfungspunkt für eine deliktische Haftung genommen.[668]

---

[656] BGHZ 121, 367, 375; 123, 102, 105 f; 136, 69, 77; 195, 30, 32 f Rn 6; BGH NJW 1990, 1236; 2004, 1449, 1450; 2006, 610, 611; 2006, 3628, 3629; 2007, 762, 763; 2007, 1683, 1684; 2008, 3775, 3776 Rn 9; 2010, 1967 Rn 5; 2014, 2104, 2105 Rn 8; 2016, 2111, 2112 Rn 9; NJW-RR 2002, 525, 526; 2003, 1459, 1460; 2004, 1449, 1450; 2007, 1027, 1028; NZV 2014, 167, 168 Rn 13; VersR 2006, 665; 2006, 803 f; BeckRS 2017, 117493 Rn 6.
[657] BGH NJW 2016, 2737, 2738 Rn 13.
[658] BGHZ 195, 30, 32 f Rn 6; BGH NZV 2014, 167, 168 Rn 13.
[659] BGHZ 195, 30, 32 f Rn 6; BGH NJW 1966, 40; 1994, 3348; 2004, 1448, 1449; NVwZ 2018, 8 10 Rn 13.
[660] BGHZ 5, 378, 380; 14, 83, 85; 16, 95, 96; BGH NJW 2012, 2727 Rn 10.
[661] OLG Hamm NJW-RR 2013, 1362, 1363.
[662] Vgl Rn 600 ff.
[663] BGHZ 68, 169, 175; BGH NJW 1993, 655, 656.
[664] BGHZ 68, 169, 175; BGH NJW-RR 2007, 1027.
[665] BGH NJW 1984, 360, 361; NJW-RR 2007, 1027, 1028.
[666] BGH NJW 1996, 387.
[667] BGH NJW-RR 1996, 1121, 1122.
[668] ZB BGH NJW 1987, 2510, 2511 bei der Verwahrung fremder Sachen.

III. Der Umfang der Verkehrspflichten

506 1. Eine Verkehrspflicht existiert nur, wenn eines der genannten Aufgreifkriterien erfüllt ist. Es gibt keine allgemeine Rechtspflicht, andere vor Schäden zu bewahren.[669] Ein Passant, der Zeuge eines Unfalls wird, muss ebenso wenig eingreifen wie ein Gärtner, der beim Spazierengehen in einem öffentlichen Park entdeckt, dass ein Baum morsch ist.

507 2. Eindeutig ist die Lage, wenn die Gefahr infolge einer falschen Anweisung geschaffen wird; eine solche Anweisung ist zu unterlassen. Ansonsten kann man der Gefahr grundsätzlich auf drei Wegen begegnen. Man kann dem potenziellen Opfer zumuten, ihr von sich aus aus dem Weg zu gehen oder aber den Verkehrspflichtigen anhalten, vor ihr zu warnen oder sie zu beseitigen bzw erst gar nicht entstehen zu lassen.

508 3. **a)** Es gibt eine Reihe von Abwägungskriterien. Die Verkehrspflicht wird von den legitimen Erwartungen der Verkehrsteilnehmer geprägt. Zunächst geht es um die Ranghöhe des bedrohten Rechtsguts. Leben und Gesundheit sind intensiver zu schützen als Eigentum.[670] Typischen Gefahrenquellen mit schweren Schadensfolgen ist auch dann zu begegnen, wenn sie selten eintreten.[671] Maßstab ist die schutzbedürftigste Personengruppe.[672] Spielplätze sind etwa so zu gestalten, dass Eltern und Kinder sich uneingeschränkt darauf verlassen können, dass sich Kinder der Spielgeräte bedienen können.[673] Ein Gastwirt muss sich auch auf ältere, gehbehinderte und ungeschickte Personen einstellen und sie daher etwa vor den Gefahren zu leicht rutschender Stühle bewahren.[674] Der Betreiber eines Supermarkts hat schon bei der Auswahl der Bodenbeläge darauf Rücksicht zu nehmen, dass Gedränge herrschen kann und dass die Kunden durch Auslagen und Verkaufsstände abgelenkt werden und somit nicht ständig auf die Bodenbeschaffenheit achten.[675] Wer auf privatem Grund eine Massenveranstaltung ausrichtet, ist daher in erhöhtem Maße zu Sicherheitsvorkehrungen verpflichtet.[676] Der Verkehrspflichtige muss Gefahren ausräumen oder vor ihnen warnen, wenn sorgfältige Benutzer sie nicht erkennen und sich nicht rechtzeitig auf sie einstellen können.[677]

509 b) Dass die Verkehrspflicht mit Hilfe der legitimen Verkehrserwartungen konkretisiert wird, bedeutet aber auch, dass schon deswegen nicht jede Gefahr beseitigt werden muss. So brauchen Spielgeräte auf Kinderspielplätzen nicht frei von allen Risiken zu sein, solange diese überschaubar sind und für das Kind einen erzieherischen Wert haben.[678] Eine kindgerechte Ferienwohnung darf dagegen nicht über eine schwer erkennbare Glastüre erreichbar sein.[679] Bei vorübergehenden Umleitungen im Straßenverkehr kann der Standard gegenüber den üblichen Anforderungen gesenkt werden. Ebenso kann sich aus den Umständen ergeben, dass eine sofortige Beseitigung der Gefahr nicht erwartet werden kann. So muss nach einem Unfall auf der Straße nur vor der Gefahr durch liegen gebliebene Fahrzeuge gewarnt werden. Der Veranstalter einer

---

[669] BGH NJW 1997, 660, 661.
[670] BGHZ 58, 149, 156.
[671] BGH NJW 1990, 906, 907.
[672] BGHZ 103, 338, 340.
[673] BGHZ 103, 338, 340.
[674] BGH NJW 1991, 921.
[675] BGH NJW 1994, 2617, 2618.
[676] BGH NJW 1980, 223.
[677] BGH NJW 1979, 2043, 2044; 1980, 2194, 2195; VersR 1979, 1055; OLG Saarbrücken 10.1. 2012 – 4 U 480/10 Rn 41.
[678] BGHZ 103, 338, 341.
[679] BGH NJW 2006, 2918, 2919.

Treibjagd muss keine besonderen Vorkehrungen treffen, um Reiter in der Nähe vor Schussgeräuschen zu warnen.[680]

c) Solange eine Gefahr als solche für den Verkehrspflichtigen nicht erkennbar ist, **510** braucht ihr nicht vorgebeugt zu werden. Bei Zweifeln hat sich der Pflichtige allerdings zu erkundigen. Tritt die Gefahr später zutage, so müssen jetzt aber die Vorkehrungen getroffen werden, sie zu beseitigen bzw wenigstens vor ihr zu warnen, solange die Beseitigung noch nicht möglich oder soweit sie wegen des Aufwandes nicht zumutbar ist.[681] Es hängt vom Grund der Gefahr ab, wie schnell der Verkehrspflichtige auf die Entwicklung des Standes der Technik zu reagieren hat.[682]

d) Auf der anderen Seite ist der Aufwand in Rechnung zu stellen.[683] Je größer die **511** Gefahr ist, desto eher sind Sicherheitsmaßnahmen zumutbar.[684] Ist die Gefahr groß und sind die Kosten gering, wie etwa beim Entladen und Wegsperren von Waffen oder beim sicheren Verwahren von Schlüsseln,[685] ist der Pflichtige auch gehalten, die Sicherungen zu beachten, um die Gefahr auszuschalten. Besucher eines Salzbergwerks dürfen nicht ohne Not an gefährliche Stellen geführt werden.[686] Wer eine Skipiste betreibt, muss nicht nur Zäune entfernen, sondern auch die Liftstützen mit Strohballen absichern.[687] Der Veranstalter eines Eishockeyspiels hat auch teure Maßnahmen zu ergreifen, um zu verhindern, dass Zuschauer vom Puck getroffen werden.[688]

e) Ebenso ist der Gesichtspunkt der zumutbaren eigenen Vorsorge des Geschädig- **512** ten zu beachten.[689] Er kann dazu führen, dass die Gefahr nicht beseitigt werden muss. Das ist evident, wenn der später Geschädigte gerade dazu bestellt war, die Gefahr zu bannen oder als Fachmann zu begutachten, wie die Gefahr zu beseitigen ist. Der Sicherungsposten auf einer Baustelle etwa darf einem arbeitenden Bagger nicht den Rücken zukehren und auch nicht in ganz kurzem Abstand hinter dem Bagger vorbeigehen. In Fällen, in denen die Gefahr mit Händen zu greifen und ihr ohne weiteres auszuweichen ist, ist nicht einmal eine Warnung vonnöten. Entscheidend ist, ob die Gefahr von einem sorgfältig handelnden Verkehrsteilnehmer rechtzeitig erkannt werden kann und dieser in der Lage ist, sich auf die Gefahr einzustellen; dann kann die Pflicht, sofort tätig zu werden, entfallen.[690] Ist beispielsweise für den Mieter hinreichend deutlich, dass eine Loggia noch nicht fertig gestellt ist und das Brüstungsbrett nur als optische Begrenzung dient, so braucht er nicht darauf hingewiesen zu werden, dass er sich nicht gegen die Brüstung lehnen darf.[691]

f) Die Haftung ist nicht deshalb ausgeschlossen, weil die Gefahr durch vorsätz- **513** liches oder fahrlässiges Verhalten Dritter geschaffen wurde.[692] Wer etwa eine Großveranstaltung ausrichtet, hat dafür Sorge zu tragen, dass es nicht zu Übergriffen von Zuschauern auf benachbarte Grundstücke kommt.[693]

---

[680] BGH NJW-RR 2011, 888, 890 Rn 9, 15.
[681] BGH LM Nr 188 zu § 823 [Dc] BGB.
[682] BGH NJW 2010, 1967 Rn 6.
[683] STAUDINGER/J HAGER (2009) § 823 Rn E 31.
[684] BGH NJW 2006, 3628, 3629 Rn 10; 2007, 762, 763 Rn 11; 2007, 1683, 1684 Rn 15.
[685] BGH LM Nr 175 zu § 823 [Dc] BGB.
[686] BGH VersR 1986, 991, 992.
[687] BGH NJW 1982, 762, 763.
[688] BGH NJW 1984, 801, 802.
[689] STAUDINGER/J HAGER (2009) § 823 Rn E 32.
[690] BGH VersR 1993, 39.
[691] BGH NJW 1985, 1076 f.
[692] BGH NJW 1990, 1236, 1237; 2007, 1683, 1684.
[693] BGH NJW 1980, 223.

514 g) Gesetzliche und behördliche Gebote und Verbote legen jedenfalls einen Mindeststandard fest; er darf nicht unterschritten werden. DIN-Normen spiegeln den Stand der Technik wider und sind zur Bestimmung des nach der Verkehrsauffassung Gebotenen in besonderer Weise geeignet.[694] Nach ganz hM kann die Verkehrspflicht jedoch weiter gehen, da behördliche Gebote zum einen dem Schutz der Opfer und nicht der Entlastung des Verkehrspflichtigen dienen sollen, zum anderen oft das Ziel der behördlichen Aufgaben weniger umfassend ist als dasjenige der Verkehrspflicht.[695] Auch Unfallverhütungsvorschriften enthalten im Allgemeinen keine abschließenden Verhaltensanforderungen.[696] Welche Maßnahmen im Einzelfall erforderlich sind, hängt von den jeweiligen Umständen ab.[697]

515 h) Begrenzt wird die Verkehrspflicht durch die Möglichkeit und Zumutbarkeit der Gefahrbeseitigung.[698] Die rechtlich gebotene Verkehrssicherung umfasst das, was ein umsichtiger, verständiger und in vernünftigen Grenzen vorsichtiger Mensch für notwendig und ausreichend hält, um andere vor Schäden zu bewahren.[699] Es muss vorausehend für ein sachkundiges Urteil die naheliegende Gefahr bestehen, dass die Rechtsgüter anderer verletzt werden können.[700] Ein allgemeines Verbot, andere zu gefährden, wäre utopisch.[701] Es sind nur die Vorkehrungen zu treffen, die geeignet sind, die Schädigungen anderer tunlichst abzuwenden.[702] Kommt es trotz Beachtung dieser Grundsätze gleichwohl zu einem Schaden, so hat der Geschädigte Unglück erlitten, nicht jedoch Unrecht.[703] Nicht jeder Gefahr muss vorgebaut werden; Sicherungen von absoluter Wirksamkeit sind kaum möglich. Der Träger einer Schule etwa ist nicht verpflichtet, die Schüler auf dem Weg zur Schule zu überwachen und dazu einzelne Lehrer am Weg zu postieren. Im Schwimmbad ist zwar eine lückenlose Aufsicht nicht erforderlich;[704] indes ist regelmäßig zu kontrollieren, ob Gefahrensituationen für Badegäste auftreten.[704a] Die Verkehrspflicht will nicht das allgemeine Lebensrisiko auf den Sicherungspflichtigen abwälzen.[705]

IV. Der geschützte Personenkreis und der Schutzzzweckzusammenhang

516 1. Die Haftung wegen Schaffung einer Gefahrenquelle besteht in der Regel allen Dritten gegenüber. Gewehre sind so zu sichern, dass sie keinen Schaden anrichten. Die

---

[694] BGHZ 103, 338, 341 f; 139, 79, 83; BGH NJW 1997, 582, 583; 2001, 2019, 2020; 2004, 1449, 1450; NJW-RR 2003, 1459, 1460; 2005, 386, 387 (vertragliche Haftung).
[695] BGH NJW 1990, 1236, 1237; 2001, 2019, 2020; 2004, 1449, 1450; 2008, 3775, 3777 Rn 18; 2008, 3778, 3779 Rn 16; NJW-RR 2003, 1459, 1460.
[696] BGH NJW-RR 2011, 888, 890 Rn 14.
[697] BGH NJW 2008, 3775, 3777 Rn 18; 2008, 3778, 3779 Rn 16.
[698] BGHZ 112, 74, 75 f.
[699] BGHZ 187, 86, 91 Rn 15; 195, 30, 33 Rn 6 f; BGH NJW 1990, 1236, 1237; 1994, 3344; 2004, 1449, 1450; 2006, 610, 611; 2006, 2326; 2007, 762, 763; 2007, 1683, 1684; 2014, 2104, 2105 Rn 9; NJW-RR 2003, 1459, 1460; 2006, 674, 676; NZV 2014, 167, 168 Rn 14; VersR 2006, 665; NVwZ-RR 2018, 8, 10 Rn 13.
[700] BGH NJW 2004, 1449, 1450; 2006, 610, 611; 2006, 2326; 2007, 762, 763; 2007, 1683, 1684; 2008, 3775, 3776 Rn 9; 2010, 1967 Rn 7; NJW-RR 2003, 1459, 1460; 2006, 674, 676; 2008, 3775, 3776 Rn 9; VersR 2006, 665.
[701] BGHZ 195, 30, 33 Rn 7; BGH NJW 2004, 1449, 1451; 2008, 3775, 3776 Rn 9; 2010, 1967 Rn 7.
[702] BGH NJW 2006, 610, 611 Rn 9; 2007, 1683, 1684 Rn 14; 2008, 3775, 3776 Rn 9; 2010, 1967 Rn 6.
[703] BGH NJW 2006, 610, 611; 2006, 2326; 2007, 1683, 1684; NJW-RR 2003, 1459, 1460; 2010, 1967 Rn 7; 2014, 2104, 2105 Rn 9; NZV 2014, 167, 168 Rn 15.
[704] BGH NJW 2004, 1449, 1451; NJW-RR 2005, 251, 253.
[704a] BGH NJW 2018, 301, 302 Rn 18.
[705] OLG Koblenz OLGR 1998, 404, 405; OLG

Frage, ob sich das Opfer befugt an der Stelle aufhielt, an der es verletzt wurde, wird sich regelmäßig kaum stellen und spielt letztendlich auch keine Rolle. Wer mit einem Auto fährt, dessen Bremsen bekanntermaßen defekt sind, haftet auch dann, wenn sein Unfallgegner das Fahrzeug gestohlen hatte oder ohne Führerschein benutzte. Dies spielt auch bei unvernünftigem Verhalten von Kindern eine Rolle. Wird etwa eine Gaspistole nicht ordentlich verwahrt und schießt sich das jugendliche Opfer selbst in den Kopf, so haftet der Verkehrspflichtige.[706]

2. Bei der Übernahmehaftung werden Verkehrspflichten primär, aber nicht ausschließlich gegenüber Personen wahrgenommen, die mit dem Handeln des Pflichtigen bestimmungsgemäß in Berührung kommen.

a) Die befugte bzw bestimmungsgemäße Benutzung richtet sich nach der Widmung bzw Gestattung. Die Eröffnung kann ausdrücklich, aber auch konkludent erfolgen. Keine Rolle spielen die Motive, weswegen auch eine gefälligkeitshalber erlaubte Benutzung genügt. Die Gestattung bzw Verkehrseröffnung kann zurückgezogen werden. Allerdings hat der bislang Verkehrspflichtige diese entsprechend deutlich zu machen und vor allem dafür zu sorgen, dass nicht von den im Gefahrenbereich befindlichen Gegenständen ein Anreiz ausgeht, der zur weiteren Benutzung einlädt.

b) Die Beschränkung des Benutzerkreises kann sich einmal aus der Funktion des später Verletzten ergeben. So liegt es etwa, wenn zur Sicherung verkehrsrichtigen Verhaltens Polizeibeamte eingesetzt werden; sie sind nicht in den Schutzbereich der Verkehrspflicht des Veranstalters einbezogen, sondern sollen gerade für ihre Durchsetzung sorgen. Wer Müll zu beseitigen hat, wird selbst gegen die Gefahren und Kosten der Abfallbeseitigung nicht geschützt. Dasselbe gilt für den Vermieter des Grundstücks, auf dem der Mieter den Müll lagert; der Vermieter kann dann nicht den Müllproduzenten in Anspruch nehmen.[707] Der Verkehrspflichtige ist ferner berechtigt, den Kreis der befugten Teilnehmer zu beschränken, mit der Folge, dass er keine Sicherungsmaßnahmen zugunsten unbefugter Personen ergreifen muss. Demgemäß brauchen etwa Straßen, die für Lastkraftwagen durch Schilder gesperrt oder schon vom äußeren Zustand her ungeeignet sind, nicht für solche Lastkraftwagen ausgelegt zu sein. Wie groß der Kreis der berechtigten Benutzer ist, hängt von den Umständen ab. Er umfasst etwa die auf der Baustelle Beschäftigten,[708] und zwar auch nach Feierabend, da Beschäftigte erfahrungsgemäß etwas vergessen und daher die Baustelle auch nach Arbeitsende nochmals aufsuchen.[709] Bei einem Mietshaus sind die Mieter,[710] aber auch die Besucher und das Personal des Mieters in den Schutzbereich einbezogen,[711] desgleichen potenzielle Kunden einer Diskothek oder eines Lokals. Der Bundesgerichtshof nimmt eine entsprechende Erwartung sogar dann an, wenn der Passant nicht plane, das Lokal zu betreten, aber auf den Gehsteigen vor dieser Gaststätte wegen der gegenüber den Gästen bestehenden Verkehrspflicht des Inhabers eine höhere Sicherheit erwarte und deswegen den Weg wähle.[712]

Saarbrücken, Urteil vom 10.1.2012 – 4 U 480/10 Rn 41.
[706] BGH LM Nr 2 zu WaffenG unter II 3.
[707] BGH NJW 2006, 3628, 3629 f.
[708] BGH NJW 2002, 1263, 1264.
[709] STAUDINGER/J HAGER (2009) § 823 Rn E 40.
[710] BGH NJW 1994, 2232 f.
[711] STAUDINGER/J HAGER (2009) § 823 Rn E 40.
[712] BGH NJW 1987, 2761, 2762.

520 c)   Die Höhe des Standards richtet sich nach der Gruppe befugter, aber besonders schutzbedürftiger Personen[712a]. Die Verkehrspflicht zugunsten ortsunkundiger Gäste kommt aber auch dem Stammgast einer Gastwirtschaft zugute.[713]

521 d)   Normalerweise gibt es keine Verkehrspflichten gegenüber Personen, die sich unbefugterweise im Gefahrenbereich aufhalten, doch gibt es davon Ausnahmen. Dazu zählt einmal die Haftung bei außerordentlichen Gefahren, etwa bei scharfen Sprengkörpern auf einer Kohlenhalde, einer nicht gesicherten Grube neben einem viel benutzten, aber nicht erleuchteten Fußweg und ähnliche Fälle. Dazu gehört außerdem die bestimmungswidrige Nutzung, die nicht ganz fern liegt.[714] Der Verkehrspflichtige muss etwa damit rechnen, dass Radfahrer eine Fußgängerbrücke als Abkürzung verwenden, und darf sie nicht durch einen nicht beleuchteten und in der Dunkelheit kaum wahrnehmbaren Bauzaun sperren.[715] Wenn ferner mit unvernünftigem Verhalten, namentlich wegen des Einflusses von Alkohol, gerechnet werden muss, ist dem durch Sicherheitsmaßnahmen vorzubauen. So muss in Gaststätten die Tür, hinter der eine Treppe nach unten führt, auch dann verschlossen werden, wenn der Gast diese Treppe gar nicht benutzen soll.[716] Wer in einem Rohbau des Nachbarn Richtfest feiert, hat Vorsorge zu treffen, dass neugierige Gäste nicht im eigenen Rohbau durch ungesicherte Löcher fallen. In diese Gruppe gehört vor allem die Haftung gegenüber Kindern. Es ist nämlich damit zu rechnen, dass sich Kinder unbefugterweise in den Gefahrenbereich begeben. In besonderem Maße sind Spieltrieb, Unerfahrenheit, Leichtsinn, aber auch die Neigung, Verbote nicht zu beachten, in Rechnung zu stellen.[717] Die Schutzmaßnahmen müssen umso weiter gehen, je größer der Reiz ist, den die gefährlichen Gegenstände auf Kinder ausüben, sei es, weil die dort befindlichen Sachen für Kinder attraktiv sind, sei es, weil sie beispielsweise im Lauf des Spiels Veranlassung sehen, ein fremdes Grundstück zu betreten.[718]

522 e)   Allerdings ist der Aspekt des Selbstschutzes auch hier nicht ohne Bedeutung. Der Wald wird in der Regel auf eigene Gefahr besucht,[719] soweit es nicht um atypische Gefahren geht.[720] Drängt sich die Gefahr offensichtlich auf, so darf der Verkehrspflichtige darauf vertrauen, dass Kinder und Jugendliche sich ihr aus natürlichem Angstgefühl heraus nicht aussetzen.[721] Aus dem Gedanken des Selbstschutzes folgt auch die Verantwortung der Eltern; sie begrenzt die Verkehrspflicht. Das Fehlen von Sicherheitsvorkehrungen ist gegebenenfalls über § 254 Abs 1 BGB zu berücksichtigen.[721a]

V. Der Verkehrspflichtige

523 1.   Die Verantwortung für die Schaffung einer Gefahr trifft den Verursacher, in Fällen einer Verkehrspflicht kraft Übernahme den Übernehmenden.

524 2.   Mehrere Verkehrspflichtige haften gemeinschaftlich. Die Verkehrspflicht besteht unabhängig davon, ob auch ein Dritter zum Einschreiten verpflichtet ist. Aller-

---

[712a] Vgl oben Rn 508.
[713] BGH VersR 1961, 798, 799.
[714] BGHZ 105, 346, 351; 106, 273, 283; 116, 60, 65; 139, 79, 84; OLG Hamm NJW-RR 2013, 1362, 1363.
[715] OLG Düsseldorf VersR 1998, 1021 f.
[716] BGH NJW 1988, 1588.
[717] BGH NJW 1975, 108; 1997, 582, 583; ähnlich BGH NJW 2004, 1449, 1450.
[718] BGH NJW 1995, 2631; 1997, 582, 583; 1999, 2364.
[719] BGHZ 195, 30, 34 f Rn 12 f.
[720] BGHZ 195, 30, 36 Rn 14 f.
[721] BGH NJW 1995, 2631 f; 1999, 2364 f.
[721a] BGH NVwZ-RR 2018, 8, 11 Rn 22.

dings kann es Abstufungen geben. Der Bauunternehmer ist primär verkehrspflichtig, der Architekt erst in zweiter Linie.[722] Der Architekt wird jedoch selbst verkehrspflichtig, wenn er Anhaltspunkte dafür hat, dass der Unternehmer nicht hinreichend sachkundig oder zuverlässig ist.[723]

3. Die Verkehrspflicht endet mit der Beseitigung der Gefahr bzw mit der Rücknahme der Gestattung, die Sache zu benutzen.

4. Die Verkehrspflicht kann grundsätzlich delegiert werden.[724] Dies geschieht allerdings nicht, wenn nur der Verrichtungsgehilfe eingeschaltet wird.[725]

a) Wie weit die Übertragung der Pflicht geht, hängt von den Umständen des Einzelfalls ab. Selbst die Pflicht, eine Gefahr zu beseitigen, kann delegiert werden, etwa wenn der Mieter es übernehmen soll, die baulichen Voraussetzungen für den geplanten Verwendungszweck erst zu schaffen.[726] Die deliktische Pflicht des Übernehmenden besteht auch dann, wenn der Vertrag mit dem in erster Linie Verkehrspflichtigen nicht wirksam zustande gekommen ist,[727] soweit der Betroffene faktisch die Verkehrssicherung für den Gefahrenbereich übernimmt.[728]

b) Mit der Einschaltung eines Dritten delegiert der Pflichtige die Verkehrspflicht an den Dritten. Allerdings gibt es in der Regel keine zur Gänze haftungsbefreiende Delegation; die Verkehrspflicht wandelt sich in eine Pflicht zur ordentlichen Auswahl, zur exakten Anweisung und zur Überwachung, ob denn der Dritte die ihm übertragenen Pflichten ordnungsgemäß erfüllt.[729] Dies gilt namentlich bei Reiseveranstaltern, die ihre Leistungserbringer regelmäßig zu kontrollieren haben.[730] Die Lage ist aber anders, wenn der Betroffene sein privates Recht nicht mehr ausüben kann, weil etwa die öffentliche Hand bereits in den Besitz eingewiesen ist.[731]

c) Der Umfang der Auswahl- und Überwachungspflicht richtet sich nach den Umständen. Wird etwa ein sorgfältiger Unternehmer betraut, der obendrein über die nötige Sachkunde verfügt, dann erübrigt sich regelmäßig eine Beaufsichtigung durch den Auftraggeber. Allerdings muss er eingreifen, wenn er Zweifel bekommt, ob der Unternehmer den Gefahren und Sicherheitsanforderungen in der notwendigen Weise Rechnung trägt.[732] Eine Kontrolle auf Schritt und Tritt kann aber nicht verlangt werden.[733]

d) Wenn der Verkehrspflichtige ordnungsgemäß delegiert und überwacht hat, so haftet er nicht für das Fehlverhalten des Übernehmers.[734]

---

[722] BGHZ 203, 224, 228 Rn 11.
[723] BGHZ 203, 224, 228 f Rn 12.
[724] BGHZ 142, 227, 233; BGH NJW 1985, 270, 271; 1985, 482, 483; 1997, 2671 f; 2006, 3628, 3629; 2008, 1440, 1441 Rn 9; 2017, 2905, 2906 Rn 9; BayObLG NJW-RR 2005, 100.
[725] BGH NJW 2014, 3580, 3581 Rn 19.
[726] BGH NJW 1996, 2646.
[727] BGH NJW 2008, 1440, 1441 Rn 9; Staudinger/J Hager (2009) § 823 Rn E 64.
[728] BGH NJW 2008, 1440, 1441 Rn 9.
[729] BGHZ 110, 114, 121; 142, 227, 233; BGH NJW 1983, 2669, 2670; 1996, 2646; 2017, 2905, 2906 Rn 9; BayObLG NJW-RR 2005, 100.
[730] BGHZ 103, 298, 308; BGH NJW 2000, 1188, 1190; 2000, 3268, 3270; 2003, 2549, 2550.
[731] BGH NJW 2017, 2905, 2906 Rn 10.
[732] BGHZ 142, 227, 233; BGH NJW 1994, 2232, 2233; BayObLG NJW-RR 2005, 100.
[733] BGH NJW 2006, 3628, 3629.
[734] BGHZ 4, 1, 3 f; Staudinger/J Hager (2009) § 823 Rn E 62.

531 e) Dagegen ist der Übernehmer verantwortlich, wenn er die Verkehrspflicht verletzt.[735] Dabei ist allerdings auf die Reichweite der Übernahme abzustellen. Der vertraglich vorgesehene Übergang von Gefahren, Nutzungen und Lasten bedeutet keine vertragliche Übernahme der Räum- und Streupflicht, da diese nicht wie die genannten Lasten aus dem Grundstück zu erbringen sind.[736] Gibt der Übertragende dagegen exakte Weisungen, so hat der Ausführende nur die Funktion eines Werkzeugs, mit der Konsequenz, dass eine eigene Verkehrspflicht entfällt.

532 f) Nach hL haftet auch der für ein Unternehmen Verantwortliche, namentlich der Vorstand einer Aktiengesellschaft, für die Fehlorganisation innerhalb der juristischen Person, wenn dadurch Leben, Gesundheit oder Eigentum Dritter verletzt werden. Dies gilt auch bei mittelbaren Verletzungen. So hat der Geschäftsführer einer GmbH sicherzustellen, dass nicht unbefugt Sachen Dritter, die unter verlängertem Eigentumsvorbehalt geliefert werden, durch Mitarbeiter eingebaut werden und dadurch das Eigentum verloren geht.[737]

533 5. Der geschäftsmäßige Betreiber einer Internetplattform verletzt seine Verkehrssicherungspflicht im Internet erst ab Erkennbarkeit einer Verletzung von absoluten Rechten.[738] Auf Private ist dieser Maßstab nicht übertragbar:[739] Sie müssen jedoch ihren WLAN-Anschluss unabhängig von der Erkennbarkeit einer Rechtsverletzung angemessen gegen Missbrauch durch Dritte sichern.[740]

VI. Die Besonderheiten des Verschuldens und der Beweislast

534 1. Die Rechtsprechung stellt relativ strenge Anforderungen an den Verkehrspflichtigen. Doch bleibt die Haftung wegen einer Verkehrspflichtverletzung im Ausgangspunkt eine Haftung für rechtswidriges und schuldhaftes Verhalten. Die Sorgfalt muss umso höher sein, je unsinniger die Aktivität ist. Beispiel sind wilde Autorennen.

535 2. Der Geschädigte hat darzulegen und zu beweisen, dass eine Verkehrspflicht bestand[741] und dass sie verletzt wurde.[742] Dazu zählt auch der Nachweis, die Erfüllung der Verkehrspflicht hätte den Unfall verhindert.[743] Steht aber der objektive Verstoß gegen eine Verkehrspflicht fest, so spricht der Anscheinsbeweis für die Kausalität zwischen der Pflichtverletzung und der eingetretenen Rechtsgutsverletzung.[744] Das gilt vor allem, wenn sich in dem Schadensfall diejenige Gefahr verwirklicht hat, der die Verhaltenspflicht beggnen soll.[745] Die Verletzung der äußeren Sorgfalt indiziert zudem diejenige der inneren Sorgfalt; zumindest spricht ein Anscheinsbeweis für das

---

[735] BGH NJW 2006, 3628, 3629; 2008, 1440, 1441 Rn 9.
[736] BGH NJW 1990, 111, 112.
[737] BGHZ 109, 297, 303 ff.
[738] BGH NJW 2011, 753, 754 Rn 17; zur Haftung des Internetproviders vgl auch oben Rn 314.
[739] BGHZ 185, 330, 337 Rn 24.
[740] BGHZ 185, 330, 335 Rn 18 ff.
[741] BGH NJW 2009, 3302, 3303 Rn 5; 2012, 2727 Rn 9.
[742] BGH NJW 2012, 2727 Rn 9; NJW-RR 2005, 1185.
[743] BGH WuM 2009, 677 f Rn 5 für die Streupflicht, wenn sich der Unfall nach Ablauf der Zeit ereignete, für die die Pflicht bestand.
[744] BGHZ 114, 273, 276; BGH NJW 1994, 945, 946; 2005, 2454; 2008, 3775, 3777 Rn 17; BGH 23.11.2017 – III ZR 60/16 Rn 31; OLG Celle 17.8.2017 – 8 U 123/17, NJW-RR 2017, 1300, 1302.
[745] BGH NJW 1983, 1380; 1994, 945, 946; 2006, 3268, 3270; 2008, 3775, 3777 Rn 17; 2008, 3778, 3779 Rn 20; 2009, 3302, 3303 Rn 5; NJW-RR 1986, 1350.

Verschulden.⁷⁴⁶ Der Verkehrspflichtige muss beweisen, dass die Vorkehrungen, etwa das Streuen, sinnlos gewesen wären.⁷⁴⁷ Wird die Verkehrspflicht grob fahrlässig verletzt, dreht sich – wie im Arzthaftungsrecht – die Beweislast um.⁷⁴⁷ᵃ Die Haftung besteht nicht, wenn es keine Anhaltspunkte für eine drohende Gefahr gibt.⁷⁴⁸

§ 6 Die Produkthaftung

I. Entwicklung und dogmatische Grundlagen

1. Eine spezielle Regelung für die Haftung für Fehler von Produkten hatte der Gesetzgeber zunächst nicht vorgesehen; die Rechtsprechung zog daher die allgemeinen deliktsrechtlichen Regeln heran. Dogmatisch ist die Produkthaftung eine spezielle Ausprägung der Haftung für die Verletzung einer Verkehrspflicht. Wer Produkte in den Verkehr bringt, muss die von diesen Produkten ausgehenden Gefahren nach Kräften gering halten.⁷⁴⁹ Er hat die deliktische Sorgfaltspflicht, Beschädigungen oder Zerstörungen zu vermeiden.⁷⁵⁰ Geschützt sind die üblichen Rechte und Rechtsgüter; nach allgemeinen Grundsätzen ist also der primäre Vermögensschaden nicht umfasst.

2. Wegen der spezifischen Interessenlage hat die Rechtsprechung einige besondere Grundsätze entwickelt. So werden als Pflichten des Herstellers unterschieden: die Pflicht zur fehlerfreien Entwicklung, Konstruktion, Fabrikation, Instruktion sowie zur Produktbeobachtung. Diese Differenzierung hat Folgen für das Verschulden und für die Beweislast. Bei Fehlern in der Konstruktion, Instruktion und Produktbeobachtung haftet der Hersteller stets, bei Fabrikationsfehlern ebenfalls, soweit es sich nicht um nicht verhinderbare Ausreißer handelt. Das hat er zu beweisen. Dagegen scheidet die Haftung bei Entwicklungsfehlern aus, die nach dem Stand der Technik nicht vermeidbar waren.

3. Nach allgemeinen Regeln tritt die Haftung des Produzenten neben die Verantwortlichkeit des Verkäufers; hierbei kann der Verkäufer im Rahmen der vertraglichen Ansprüche auch für primäre Vermögensschäden haften. Vor allem lässt sich die Produkthaftung nicht auf diejenigen Fälle beschränken, in denen kein direkter Anspruch zwischen dem Kunden und dem Hersteller besteht. Die Produkthaftung besitzt also insbesondere keinen subsidiären Charakter.

4. Im Jahre 1990 wurde aufgrund einer EG-Richtlinie das Produkthaftungsgesetz erlassen. Es steht nach § 15 Abs 2 ProdHaftG in Konkurrenz zur deliktischen Produkthaftung, so dass beide Haftungsordnungen nebeneinander eingreifen können. Die Begriffe sind teilweise identisch; die Sicherungserwartungen nach § 3 Abs 1 ProdHaftG entsprechen den Verkehrspflichten, die der Hersteller nach § 823 Abs 1 BGB zu beachten hat.⁷⁵¹ Auch der Fehlerbegriff ist gleich.⁷⁵² Doch bleiben zahlreiche Unterschiede. Die deliktische Produkthaftung setzt Verschulden voraus, gewährt aber auch Ersatz bei gewerblich genutzten Sachen, kennt keine Selbstbeteiligung bei Sach-

---

⁷⁴⁶ BGH NJW 1994, 2232, 2233.
⁷⁴⁷ BGH NJW-RR 2005, 1189.
⁷⁴⁷ᵃ BGH NJW 2018, 301, 304 Rn 27.
⁷⁴⁸ BGH NJW-RR 2017, 858, 859 Rn 8.
⁷⁴⁹ Vgl zB BGHZ 51, 91, 105.
⁷⁵⁰ BGHZ 86, 256, 258.
⁷⁵¹ BGHZ 181, 253, 258 Rn 12; 200, 242, 244 Rn 8.
⁷⁵² BGHZ 181, 253, 258 Rn 12.

schäden und keinen Haftungshöchstbetrag bei Personenschäden. Schließlich ist die Produktbeobachtungspflicht nur als deliktische Pflicht zu begründen.

II. Der Begriff des Produkts

604 1. Der Begriff des Produkts ist im umfassenden Sinn zu verstehen. Er enthält technische Anlagen, Maschinen, Kraftfahrzeuge und Motorräder, chemische Erzeugnisse, Verpackungsmaterial und Abfall, aber auch Strom.[753] Der Aggregatzustand spielt keine Rolle. Auch unbewegliche Sachen können darunter fallen, etwa asbestverseuchte Häuser.

605 2. Nach hM sind auch Verlagserzeugnisse, insbesondere Bücher, Produkte, für die die Hersteller haften, wenn sie falsche Tatsachen enthalten.[754]

III. Der Umfang der Pflicht

606 1. Bei der Bestimmung des Pflichtenumfangs wiederholen sich die bei der allgemeinen Verkehrspflicht genannten Kriterien, nämlich der Rang des gefährdeten Rechtsguts, die legitimen Schutzerwartungen des Verkehrs, der zumutbare Aufwand für den Produzenten sowie die Entwicklung von erhöhten Standards. Es geht daher um die Sicherheit, die der im entsprechenden Bereich herrschenden Verkehrsauffassung entspricht.[755] Ein Produkt kann auch dann fehlerhaft sein, wenn Erzeugnisse derselben Produktionsgruppe ein erhebliches Ausfallrisiko haben; das spielt namentlich bei medizinischen Produkten eine Rolle.[756] Eine Besonderheit der Produkthaftung ist, dass das Preisargument zu beachten ist. Erhöhte Sicherheit hat ihren Preis; von einem teureren Produkt kann man im Allgemeinen auch mehr erwarten.[757] Allerdings ist die Basissicherheit stets zu gewährleisten, vor allem dann, wenn sich der geringere Sicherheitsstandard dem Kunden nicht von selbst offenbart.

607 2. Auch im Rahmen der Produkthaftung spielt der Gedanke des Selbstschutzes eine je nach Lage mehr oder weniger ausschlaggebende Rolle.[758] Öffentlich-rechtliche Normen und DIN-Vorschriften legen wiederum nur den Mindeststandard fest, der zwar keineswegs unterschritten werden darf, der jedoch überschritten werden muss, wenn die technische Entwicklung darüber hinausgegangen ist.[759]

IV. Die Verkehrspflichten des Herstellers

608 1. Der Hersteller haftet für Konstruktionsfehler. Er hat die erforderliche, nicht jedoch die optimale Sicherheit zu leisten. Ein Konstruktionsfehler liegt vor, wenn das Produkt schon seiner Konzeption nach hinter dem gebotenen Sicherheitsstand zurückbleibt.[760] Der Hersteller hat bereits bei der Konzeption und bei der Planung die erforderlichen und zumutbaren Maßnahmen zu treffen.[761] Notfalls darf das Produkt nicht in den Verkehr gebracht werden.[762] Der Fehler kann einmal darauf basie-

---

[753] BGHZ 200, 242, 244 Rn 7.
[754] BGH NJW 1973, 843, 845.
[755] BGHZ 200, 242, 244 Rn 8.
[756] BGH NJW 2015, 2507, 2508 Rn 29; 2015, 3096, 3097 Rn 14 jeweils in Anlehnung an EuGH NJW 2015, 1013 Rn 40.
[757] BGH NJW 1990, 906, 907.
[758] BGHZ 104, 323, 328.
[759] BGH NJW 1994, 3349, 3350.
[760] BGHZ 181, 253, 258 Rn 15.
[761] BGHZ 181, 253, 258 Rn 15.
[762] BGHZ 181, 253, 258 Rn 17.

ren, dass von vornherein ungeeignete Werkstoffe oder Einzelteile eingesetzt werden, oder aber in der Bauweise selbst zu finden sein. Eine Grenze für Konstruktionsfehler zieht der Stand der Technik; was noch nicht bekannt ist, kann natürlich nicht der Konstruktion zugrunde gelegt werden.

2. Der Hersteller hat vor spezifischen Gefahren zu warnen, die von seinem Produkt ausgehen und über sie aufzuklären,[763] und zwar auch vor einem naheliegenden Fehlgebrauch.[764] Inhalt und Umfang der Aufklärungspflicht werden wesentlich durch die Größe der Gefahr und den Rang des gefährdeten Rechtsguts bestimmt.[765] Auch hier gibt es natürlich eine Grenze. Was auf dem Gebiet des allgemeinen Erfahrungswissens des in Betracht kommenden Abnehmerkreises liegt, braucht nicht zum Inhalt einer Gebrauchsbelehrung gemacht zu werden.[766] Der Informationsstand kann je nach Zeitablauf variieren. Auch ist dem Aspekt der Produktgewöhnung Rechnung zu tragen; in der Umstellungsphase muss daher die Warnung stärker ins Auge fallen.[767] Zum einen soll der Verbraucher durch die Instruktion auf Gefahren aufmerksam gemacht werden, zum anderen soll seine Entscheidungsfreiheit geschützt werden. Je größer die Gefahren sind, desto intensiver muss natürlich auch die Instruktion ausfallen.[768]

3. Von Fabrikationsfehlern sind nur einzelne Stücke betroffen. Ein solcher liegt etwa vor, wenn verseuchte Milch verarbeitet wird, wenn Speisen mit Salmonellen verseucht sind,[769] wenn Lebensmittel mit Hepatitiserregern infiziert sind,[770] wenn ein Impfstoff verunreinigt ist[771] oder wenn sich Antibiotika im Fischfutter befinden.[772]

4. Aus dem zur Instruktionspflicht Gesagten ergibt sich, dass für Entwicklungsfehler, die nach dem Stand der Technik trotz Anwendung aller zumutbarer Sorgfalt nicht erkennbar waren, nicht gehaftet wird.[773] Dabei kommt es auf das Fehlerrisiko der gewählten Konzeption und das objektiv zugängliche Gefahrwissen an, nicht auf die subjektive Erkenntnismöglichkeit des einzelnen Herstellers.[774]

5. Dies spricht auf der anderen Seite dafür, dass der Hersteller das Produkt zu beobachten hat, um reagieren zu können, wenn sich nunmehr Entwicklungsfehler zeigen.[775] Diese Produktbeobachtungspflicht umfasst nicht nur das eigene Produkt, sondern auch andere Produkte. Dies ist selbstverständlich etwa bei der Wechselwirkung von Medikamenten, aber auch, wenn das eigene Produkt mit notwendigem Zubehör oder Kombinationsprodukten anderer Hersteller zu versehen ist. Darüber hinaus hat der Bundesgerichtshof auch eine Produktbeobachtungspflicht bei allgemein üblichem Zubehör angenommen. Sobald der ernstzunehmende Verdacht einer Gefahr für die Gesundheit oder die körperliche Unversehrtheit auftaucht, muss gewarnt werden.[776] Nicht so streng sind die Anforderungen bei bloßen Sachschäden. Wenn ein

---

[763] BGHZ 116, 60, 65; BGH NJW 1987, 372, 373; 1999, 2815; 2009, 2952, 2954 Rn 22.
[764] BGHZ 105, 346, 351; 106, 273, 283; 116, 60, 65; 139, 79, 84; BGH NJW 1999, 2815 f; 2009, 2952, 2954 Rn 23.
[765] BVerfG NJW 1997, 249 f; BGH NJW 2009, 2952, 2954 f Rn 24.
[766] BGHZ 116, 60, 65 f; 139, 79, 84 f; BGH NJW 1999, 2815, 2816.
[767] BGH NJW 1995, 1286, 1287.
[768] BGHZ 106, 273, 281, 283.
[769] BGHZ 116, 104, 107.
[770] OLG Frankfurt NJW 1995, 2498.
[771] BGHZ 51, 91, 102 f.
[772] BGHZ 105, 346, 350.
[773] BGHZ 51, 91, 105 f; 80, 186, 193; 163, 209, 222 f; BGH NJW 1996, 2507, 2508; 2009, 2952, 2955 Rn 27.
[774] BGH NJW 2009, 2952, 2955 Rn 28.
[775] BGHZ 80, 186, 191; 80, 199, 202 f; 99, 167, 171; 179, 157, 160 Rn 10.
[776] BGHZ 99, 167, 174.

Entwicklungsfehler eines Produktes sichtbar wird, muss der Hersteller zumindest warnen. Regelmäßig hat er aber auch das Produkt zurückzurufen und zu reparieren. Sehr strittig ist, wer dabei die Kosten zu tragen hat. Der Bundesgerichtshof verneint insofern eine Pflicht des Herstellers zur Übernahme der Kosten, da deliktsrechtlich nicht die Bereitstellung eines mangelfreien, benutzbaren Produkts geschuldet werde, sondern nur eine Beseitigung der vom Produkt ausgehenden Gefahr.[777] Es genüge eine Warnung, die Sache nicht mehr zu benutzen.[778] Dem ist nicht zu folgen. Denn es ist nicht einzusehen, warum der Produzent, der etwa die Konstruktionspflicht verletzt hat, sich nunmehr mit einer bloßen Warnung der Verantwortung soll entziehen können. Die Pflicht zur Reparatur mag wie eine Nachbesserung wirken. Das ist auch bei der Nachholung einer Instruktionspflicht so; auch sie ist identisch mit der ursprünglichen Pflicht, den Betroffenen einzuweisen.[779]

V. Der Verantwortliche

613 1. Verantwortlich für die Produktsicherheit ist der Hersteller, wenn das Produkt zur Gänze in seinem Unternehmen produziert wird.[780] In den Verkehr gebracht ist das Produkt, wenn es der Unternehmer einem anderen in dessen Verfügungsmacht gegeben hat;[781] das ist bei Strom erst beim Endverbraucher der Fall.[782] Soweit er dazu auch Produkte anderer Hersteller heranzieht, hat er durch eine sorgfältige Auswahl des Lieferanten, des Materials und durch eine Wareneingangskontrolle dafür zu sorgen, dass nur sichere Teile eingebaut werden.[783]

614 2. Auch der Zulieferer haftet für Schäden Dritter, wenn durch das Endprodukt, das wegen der zugelieferten Teile mangelhaft war, ein Schaden entsteht.[784] Nach hM ist auch das Produkt selbst durch die deliktische Produkthaftung geschützt. Das bedeutet, dass der Endproduzent den Schaden am Produkt gegen den Zulieferer geltend machen kann, der auf dessen fehlerhaftem Teil beruht.

615 3. Vertriebshändler haften dagegen in aller Regel nicht, da sie grundsätzlich keinen Einfluss auf die Produktsicherheit haben.[785] Das ändert sich, wenn den Händler aufgrund einer Übernahme eine eigene deliktische Produkthaftung trifft, etwa wenn er mit der Instruktion betraut ist, oder wenn ihn eine eigene originäre Produktbeobachtungspflicht trifft. So liegt es etwa im Autohandel. Der Händler hat zu überprüfen, ob das von ihm in den Verkehr gebrachte gebrauchte Auto den Zulassungsvorschriften entspricht; er muss beispielsweise Reifen, die diesen Anforderungen nicht mehr genügen, auswechseln.[786] Importeure haften dann, wenn sie Waren aus Ländern einführen, in denen der technische Standard der Europäischen Union nicht gewahrt ist.[787]

616 4. Wie bei der Verkehrspflicht kann es auch eine Haftung von Organen – also Vorständen bzw Geschäftsführern – geben.[788]

---

[777] BGHZ 179, 157, 162 ff Rn 15 ff.
[778] BGHZ 179, 157, 166 f Rn 24.
[779] STAUDINGER/J HAGER (2009) § 823 Rn F 26; ders, in: FS Prölss (2009) 77; ders JA 2009, 388.
[780] BGHZ 200, 242, 246 Rn 13, 248, Rn 16; BGH NJW 1994, 517, 519; 1994, 932, 933; 1995, 1286, 1287.
[781] BGHZ 200, 242, 250 Rn 20.
[782] BGHZ 200, 242, 251 Rn 21.
[783] BGHZ 116, 104, 112 f.
[784] BGH NJW 1968, 427, 428.
[785] BGHZ 99, 167, 170.
[786] BGH NJW 2004, 1032, 1033.
[787] BGH NJW 1980, 1219 f.
[788] STAUDINGER/J HAGER (2009) § 823 Rn F 34.

VI. Der geschützte Personenkreis

Geschützt ist jeder Dritte, der mit dem Produkt bestimmungsgemäß zu tun hat. Bei einem Produkt, das nur von Fachleuten bedient wird, ist auf deren Fertigkeit und Wissen abzustellen. Bei nicht bestimmungsgemäßem Gebrauch haftet der Produzent, wenn dieser Gebrauch noch im Rahmen der allgemeinen Zweckbestimmung liegt und von dem Hersteller objektiv vorausgesehen werden kann.[789] Bei Medikamenten ist die Warnpflicht relativ hoch. So muss bei Arzneien, die in dramatischen Situationen eingenommen werden – etwa bei einem Asthmaanfall –, auf die Gefahren exzessiver Dosierung hingewiesen werden.[790] Auch vor sorglosem Umgang muss der Produzent warnen. Eine Grenze ist erreicht, wenn es um einen offensichtlichen Missbrauch oder eine völlig zweckfremde Anwendung geht. So braucht man nicht vor der Verwendung eines Lösungsmittels zur Berauschung zu warnen.[791] Erhöht ist die Produktpflicht wieder gegenüber Kindern. So müssen Flaschen mit gefährlichem Inhalt durch Sicherheitsverschlüsse vor dem Öffnen durch Kinder gesichert sein; generell dürfen gefährliche Produkte nicht an Kinder verkauft werden.[792]

VII. Die Darlegungs- und Beweislast

1. Der Verbraucher muss nach hM den Fehler des Produkts, die Verletzung des Rechts bzw Rechtsguts und die Kausalität zwischen dem Fehler und der Verletzung darlegen.[793] Allerdings wird diese Beweislast durch den Anscheinsbeweis erleichtert. Als Indiz für einen Fehler der Bremsanlage kann es etwa angesehen werden, wenn ein Fahrer mit langjähriger Praxis auf gerader trockener Fahrbahn bremst und das Fahrzeug daraufhin ins Schleudern gerät.[794] Ein Indiz für einen Fehler des Produkts liegt ferner vor, wenn sich Glasstücke im Salz befinden,[795] oder wenn elf Wochen nach Errichtung eines Baus ohne ersichtlichen Anlass ein größeres Stück aus einer Betondecke fällt.[796] Dagegen gibt es keinen Anscheinsbeweis dafür, dass sich in einem Hackfleischgericht ein fester Fremdkörper befand, der zum Abbrechen eines Zahnes führte.[797]

2. Wenn ein Fehler erst nach der Auslieferung entstanden sein kann, scheidet ein derartiger Anscheinsbeweis allerdings aus. Diese Grundsätze sind jedoch durch die sog Befundsicherungspflicht des Produzenten modifiziert worden. Der Hersteller ist im Interesse des Verbrauchers gehalten, das Produkt auf seine einwandfreie Beschaffenheit hin zu untersuchen. Er muss also ein Kontrollverfahren einrichten, soweit dies technisch möglich und ihm zumutbar ist. Der Hersteller hat mithin zu verhindern, dass fehlerhafte Produkte sein Haus verlassen.[798]

3. Ist der Beweis geführt, dass der Schaden durch einen Produktfehler ausgelöst wurde, so hat sich nunmehr der Produzent zu entlasten – und zwar sowohl hinsichtlich der objektiven Pflichtwidrigkeit, als auch hinsichtlich des Verschuldens. Hierbei wird differenziert. Liegt ein Konstruktions- oder Entwicklungsfehler vor, so misslingt der

---

[789] BGHZ 105, 346, 351.
[790] BGHZ 106, 273, 281.
[791] BGH NJW 1981, 2514, 2515.
[792] BGHZ 139, 79, 86.
[793] BGHZ 51, 91, 102, 104; 80, 186, 196; 104, 323, 332; 114, 284, 296.
[794] BGH LM Nr 36 zu § 433 BGB unter B I 2a.
[795] RGZ 87, 1, 3.
[796] BGH VersR 1958, 107.
[797] BGH NJW 2006, 2262, 2263.
[798] BGHZ 104, 323, 333; 129, 353, 361.

Entlastungsbeweis;⁷⁹⁹ die Verletzung dieser Pflichten bedeutet stets eine zumindest fahrlässige Verletzung einer Organisationspflicht des Produzenten. Dagegen kann sich der Hersteller entlasten, wenn er nachweist, dass es um einen Entwicklungsfehler ging, der nach dem damaligen Stand der Technik nicht erkennbar war. Desgleichen kann er sich bei einem Produktionsfehler entlasten, wenn ein Ausreißer vorliegt, also ein Fehler, der trotz aller Sorgfalt nicht zu erkennen und zu verhindern war.⁸⁰⁰ Allerdings hat der Hersteller den Produktionsprozess so zu organisieren und zu überwachen, dass möglichst keine derartigen Fehler passieren. Hat sich ein solcher Fehler eingeschlichen, so muss der Hersteller alle Mitarbeiter benennen, die dafür als ursächlich in Frage kommen und sich hinsichtlich jedes einzelnen Mitarbeiters entlasten.⁸⁰¹ Bei der Verletzung der Instruktions- und Produktbeobachtungspflicht differenziert die Rechtsprechung. Hinsichtlich einer Verletzung der ursprünglichen Instruktionspflicht gilt dasselbe wie für die Fabrikationspflicht; der Entlastungsbeweis misslingt also regelmäßig. Dagegen soll es bei einer behaupteten Verletzung der nachträglichen Produktbeobachtungspflicht Sache des Kunden sein, dem Hersteller die Pflichtverletzung nachzuweisen, wenn dieser Nachweis mit Hilfe von allgemein zugänglichen Quellen möglich ist.⁸⁰²

621   4.   Diese Beweislastverteilung gilt auch für Kleinbetriebe⁸⁰³ und nach der Rechtsprechung auch für Organe und leitende Mitarbeiter.⁸⁰⁴

622   5.   Nach hM sind die Regeln der Produkthaftung zwingend. Selbst wenn man Erleichterungen zugunsten des Produzenten zulässt, so sind Schranken vertraglicher Abrede zu beachten. Beispiel ist § 309 Nr 7 a BGB, der einen Ausschluss oder eine Begrenzung der Haftung für Schäden aus der Verletzung des Lebens, des Körpers oder der Gesundheit, die auch nur auf leichter Fahrlässigkeit beruhen, verbietet.

§ 7   Die Verletzung eines Schutzgesetzes

I.   Die Funktion und das Verhältnis zu anderen Normen

700   Die Haftung nach § 823 Abs 2 BGB verlagert zum Teil die Verantwortlichkeit vor, da bereits eine abstrakte Gefährdung ausreichen kann.⁸⁰⁵ Die Norm dient der Durchsetzung von Verhaltensanforderungen aus anderen Rechtsgebieten im Zivilrecht.⁸⁰⁶ Und schließlich kann über § 823 Abs 2 BGB auch primärer Vermögensschaden abgedeckt sein. Nach hM greift die Norm nur ein, wenn dieselben Belange des Geschädigten nicht bereits anderweitig abgesichert sind;⁸⁰⁷ dies gilt allerdings nicht für strafbewehrte Normen.⁸⁰⁸

---

⁷⁹⁹ BGHZ 51, 91, 105 f; 67, 359, 361; 116, 60, 72; BGH NJW 2009, 2952, 2955 Rn 29.
⁸⁰⁰ BGHZ 51, 91, 105; 80, 186, 197; BGH NJW 1996, 2507, 2508.
⁸⁰¹ BGHZ 59, 303, 309.
⁸⁰² BGHZ 80, 186, 198 f.
⁸⁰³ BGHZ 116, 104, 109.

⁸⁰⁴ BGH NJW 1975, 1827, 1828; STAUDINGER/J HAGER (2009) § 823 Rn F 46.
⁸⁰⁵ BGHZ 103, 197, 202.
⁸⁰⁶ BGHZ 122, 1, 8.
⁸⁰⁷ BGHZ 84, 312, 317; 125, 366, 374.
⁸⁰⁸ BGHZ 116, 7, 14.

II. Der Begriff des Gesetzes

Nach Art 2 EGBGB ist Gesetz im Sinn des BGB jede Rechtsnorm, also nicht nur Gesetze im formellen Sinn, sondern auch Verordnungen und Satzungen, nach § 31 BVerfGG auch Entscheidungen des Bundesverfassungsgerichts. Dazu gehören auch Verwaltungsakte, sobald sie, gestützt auf eine Norm, erlassen sind,[809] ebenso gewohnheits- und gesetzesvertretendes Richterrecht, sowie kommunale Satzungen. Bei privater Rechtssetzung gibt den Ausschlag, ob der Staat eine entsprechende Ermächtigung erteilt hat. Das ist bei Tarifverträgen der Fall, bei Satzungen privater Verbände, etwa den DIN, abzulehnen. Nach hM sind Unfallverhütungsvorschriften keine Schutzgesetze; auch Verwaltungsvorschriften gehören nicht dazu.[810] Es fallen aber nur nationale sowie solche internationale Rechtsvorschriften unter den Begriff des Gesetzes, die für den Bürger unmittelbar im Inland gelten.[811]

III. Die Kriterien des Schutzgesetzes

1. Die Versuche, den Charakter des Schutzgesetzes nach durchgängigen Kriterien zu klären, sind bisher nicht erfolgreich gewesen. Auch das Merkmal der Strafbarkeit, ohnehin nur hinreichende, aber nicht notwendige Voraussetzung,[812] hat sich bislang nicht durchgesetzt, weil die Gründe, eine Strafe anzudrohen, andere sind als diejenigen des zugrunde liegenden Schutzgesetzes.[813] Die Strafbewehrung ist daher nur Indiz.

2. Vielmehr prüft die hM, ob das Gesetz gezielt dem Individualschutz dient.[814] Daneben kann durchaus der Schutz der Allgemeinheit intendiert sein;[815] ja er kann sogar im Vordergrund stehen.[816] Der Individualschutz muss dabei beabsichtigt, nicht nur objektiv bewirkt werden;[817] er muss im Aufgabenbereich der Norm liegen.[818] Der Gesetzgeber muss den Rechtsschutz zugunsten von Einzelpersonen oder bestimmter Personengruppen gewollt oder mitgewollt haben.[819] Das geschützte Interesse, die Art der Verletzung und der Kreis der geschützten Personen müssen hinreichend klargestellt und bestimmt sein.[820] Die Schaffung eines individuellen Schadensersatzanspruchs muss sinnvoll und im Lichte des haftungsrechtlichen Gesamtergebnisses tragbar erscheinen;[821] dies gilt namentlich, soweit es um Beweiserleichterungen für den Geschädigten geht.[822] Es ist unter Würdigung des gesamten Regelungszusammenhangs zu

---

[809] BGHZ 122, 1, 5; BGH NJW 1997, 55; 2000, 356, 357.
[810] STAUDINGER/J HAGER (2009) § 823 Rn G 15.
[811] BGH NJW-RR 2013, 48, 49 Rn 17.
[812] LARENZ/CANARIS § 77 II 4c.
[813] ERMAN/WILHELMI § 823 Rn 158.
[814] BGHZ 69, 1, 16; 84, 312, 314; 142, 345, 356; 160, 134, 140; 175, 276, 281 Rn 17; 192, 90, 98 f Rn 21; 197, 225, 227 f Rn 7; BGH DB 2013, 1776, 1779 Rn 35.
[815] BGHZ 105, 121, 124; 106, 204, 206; 116, 7, 13; 122, 1, 4; 125, 366, 374; 160, 134, 140; 192, 90, 98 f Rn 21; 197, 225, 227 f Rn 7; BGH NJW 2015, 2737, 2738 Rn 20; DB 2013, 1776, 1779 Rn 35.
[816] BGHZ 106, 204, 206; 116, 7, 13; 186, 58, 66 Rn 26; 192, 90, 98 f Rn 21; 197, 225, 227 f Rn 7; BGH NJW 2005, 2923, 2924; 2006, 2110, 2112 Rn 13; NJW-RR 2005, 673; BAGE 116, 293, 304.
[817] BGHZ 66, 354, 355; 116, 7, 13; 186, 58, 66 f Rn 26; 192, 90, 98 f Rn 21; BGH NJW 2005, 2923, 2924; 2006, 2110, 2112 Rn 17; NJW-RR 2005, 673; 2006, 680; BAGE 116, 293, 303.
[818] BGHZ 100, 13, 14 f; 186, 58, 66 f Rn 26; 192, 90, 98 f Rn 21; 197, 225, 227 f Rn 7; BGH NJW 2004, 356, 357; 2004, 1949; 2005, 2923, 2924; 2006, 2110, 2112 Rn 17; NJW-RR 2005, 680.
[819] BGHZ 186, 58, 66 f Rn 26.
[820] BGHZ 40, 306, 307; BAGE 116, 293, 303.
[821] BGHZ 66, 388, 390; 175, 276, 281 Rn 17; 186, 58, 66 f Rn 26; 192, 90, 98 f Rn 21; 197, 225, 227 f Rn 7; BGH DB 2013, 1776, 1779 Rn 35.
[822] BGHZ 84, 312, 314; 175, 276, 281 Rn 18; 186, 58, 66 f Rn 26; 192, 90, 98 f Rn 21; BGH NJW 2005, 2923, 2924; 2006, 2110, 2112 Rn 17.

prüfen, ob es im Sinne des Gesetzgebers sein konnte, eine inhaltliche Ersatzpflicht bei Verletzung des geschützten Interesses zu begründen.[823] Der Anwendungsbereich von Schutzgesetzen soll nicht ausufern.[824] Die Schutzvoraussetzungen müssen mit denen des § 823 Abs 1 BGB und § 826 BGB vergleichbar sein.[825] So darf die auf § 826 BGB beschränkte Gewährleistung des primären Vermögensschadens nicht unterlaufen werden.[826] Zudem muss er speziell mit Mitteln des Privatrechts erfolgen, so dass dem Einzelnen die Rechtsmacht an die Hand gegeben ist, sich gegen den Störer zu schützen.[827] Und schließlich müssen gerade die verletzte Person[828] und das betroffene Rechtsgut[829] geschützt werden – und zwar vor demjenigen Risiko, das sich verwirklicht hat.[830] Schutzumfang und Kreis der geschützten Personen müssen deutlich erkennbar sein.[831] Nur so kann die Entscheidung des Gesetzgebers verwirklicht werden, dass es grundsätzlich keine allgemeine Haftung für primäre Vermögensschäden geben soll.[832] Die Haftung aus § 823 Abs 2 BGB darf spezialgesetzliche Verjährungsregelungen nicht unterlaufen;[833] es bliebe allerdings die Möglichkeit der Anpassung an die kürzere Frist.

IV. Die Passivlegitimation

704 Die Verantwortung trifft denjenigen, der das Schutzgesetz verletzt. Die Norm selbst gibt darüber Auskunft, für wen sie die Pflichten begründet, etwa bei der Verletzung des § 909 BGB. Wer die Vertiefung pflichtwidrig und schuldhaft verursacht, ist für den Schaden verantwortlich.[834] Eine Straftat nicht zu verhindern, kann den Tatbestand des § 323c StGB verwirklichen und damit die Verletzung eines Schutzgesetzes bedeuten.[835] Auch Organe können prinzipiell persönlich haften;[836] in Anlehnung an § 14 Abs 1 Nr 1 StGB jedoch nur die Organe selbst und Mitglieder von Organen.[837] Zwar ist eine Delegation möglich, doch bleiben – wie stets – Überwachungspflichten.

V. Das Verschulden

705 Das Verschulden bezieht sich nur auf die Verletzung des Schutzgesetzes, nicht auf die Verletzung des betroffenen Rechtsguts.[838] Auszugehen ist von der im Schutzgesetz geforderten Schuldform,[839] auch bei Vorsatztaten wie § 263 StGB. Ein Irrtum bei einem strafrechtlichen Tatbestand wird nicht nach der Vorsatz-, sondern nach der eingeschränkten Schuldtheorie bewertet. Eine Haftung scheidet aus, wenn eine sachgerechte Auskunft die Fehlvorstellung des Täters bestätigt hätte, selbst wenn dies nicht

---

[823] BGHZ 186, 58, 66 f Rn 26; 192, 90, 98 f Rn 21; BGH NJW 2015, 2737, 2738 Rn 20; DB 2013, 1776, 1779 Rn 35.
[824] BGHZ 186, 58, 66 f Rn 26; BGH NJW 2015, 2737, 2738 Rn 20.
[825] BGHZ 175, 276, 282 Rn 20; Prütting/Wegen/Weinreich/Schaub § 823 Rn 220.
[826] BGHZ 175, 276, 281 f Rn 20; 192, 90, 101 Rn 26.
[827] BGHZ 40, 306, 307.
[828] BGHZ 84, 312, 314; 110, 342, 359 f; 125, 366, 375; BGH NJW 2012, 3439, 3441 Rn 23; BAGE 116, 293, 303.
[829] BGHZ 114, 161, 163; BGH NJW 2012, 3177, 3181 Rn 33; 2012, 2510, 2511 Rn 13; BAGE 116, 293, 303 f.
[830] BGHZ 105, 121, 124.
[831] BGH NJW-RR 2005, 680.
[832] BGHZ 66, 388, 391; BAGE 116, 293, 304.
[833] BGHZ 175, 276, 283 Rn 23; BGH DB 2013, 1776, 1779 Rn 36.
[834] BGHZ 85, 375, 378 ff; 101, 290, 291; BGH NJW 1998, 3205, 3206; VersR 2005, 1534; NZM 2008, 377, 378.
[835] BGHZ 197, 225, 229 ff Rn 10 ff.
[836] BGHZ 133, 370, 375; 134, 304, 313.
[837] BGH DB 2013, 1776, 1777 Rn 13.
[838] BGHZ 34, 375, 381; 101, 197, 200; BGH NJW 2007, 2854, 2855; NJW-RR 1987, 1311, 1312.
[839] BGHZ 46, 17, 21.

geschehen ist;[840] es kann aber fundierter Gutachten bedürfen.[841] § 823 Abs 2 S 2 BGB setzt bei Schutzgesetzen, die nicht an ein Verschuldenserfordernis geknüpft sind, zumindest Fahrlässigkeit voraus.

VI. Die Beweislast

1. Den Geschädigten trifft die Darlegungs- und Beweislast für den Verstoß gegen das Verbotsgesetz.[842] Das bedeutet bei der Verletzung eines Strafgesetzes, dass der Vorsatz zu beweisen ist, den das Gesetz fordert.[843] Allerdings können die Regeln der sekundären Darlegungslast eingreifen, wenn ihm die Darlegung der relevanten Umstände ohne Weiteres zumutbar ist.[844] Hinsichtlich der Kausalität lässt die Rechtsprechung den Anscheinsbeweis zu, wenn das vom Gesetz vorgeschriebene Verhalten eine bestimmte Gefahrmöglichkeit herabsetzen soll und feststeht, dass gegen das Schutzgesetz verstoßen wurde und sich die bekämpfte Gefahr verwirklicht hat.[845] Gebieten es Wesen und Inhalt der Schutznorm, so kehrt sich nach der Rechtsprechung die Beweislast sogar um.[846]

706

2. Der Täter, der ein Schutzgesetz verletzt hat, muss sich hinsichtlich des Verschuldens entlasten,[847] es sei denn, der Schadensersatzanspruch setzt Vorsatz voraus.[848] Allerdings muss das Gesetz das geforderte Verhalten so konkret umschreiben, dass die Verwirklichung des objektiven Tatbestands den Schluss auf das Verschulden nahelegt.[849]

707

§ 8 Die sonstigen Voraussetzungen der deliktischen Haftung

I. Die Handlung

Eine Handlung im deliktsrechtlichen Sinn liegt vor, wenn das Verhalten der Bewusstseinskontrolle und der Willensbildung unterliegt und somit beherrschbar ist,[850] also bei jeder willensabhängigen Tätigkeit. Keine Handlung liegt vor in Fällen der vis absoluta sowie von nicht steuerbaren Bewegungen im Schlaf. Den Verletzten trifft nach allgemeinen Regeln die Beweislast für das Vorliegen einer Handlung.[851] Davon macht die Rechtsprechung eine Ausnahme, wenn der Täter möglicherweise bewusstlos war.[852] Wie stets kann natürlich an ein vorgelagertes Verhalten angeknüpft werden – etwa die fehlende kritische Selbstbeurteilung der Fahrtüchtigkeit[853] oder die Hoffnung des Fahrzeuglenkers, er werde trotz Müdigkeit nicht einschlafen.[854]

800

---

840 BGH NJW-RR 2017, 1004, 1005 Rn 16.
841 BGH NJW 2017, 2463, 2465 Rn 30.
842 BGHZ 100, 190, 195; BGH NJW 2002, 1123, 1124f; 2013, 1304, 1305 Rn 14; NJW-RR 2011, 1661, 1662 Rn 13; 2014, 307, 309 Rn 17.
843 BGH NJW 2016, 1823, 1824 Rn 10; 2017, 886, 887 Rn 15.
844 BGH NJW 2017, 886, 887 Rn 18 f; NJW-RR 2014, 307, 309 Rn 17; 2015, 1279, 1280 Rn 11.
845 BGH NJW 1985, 1774, 1775; 1994, 945, 946.
846 BGH NJW 1984, 432, 433; 1985, 1774, 1775.
847 BGHZ 51, 91, 103; 116, 104, 114; 126, 181, 200; BGH NJW 1985, 1774, 1775; OLG Schleswig 21.12.2011 – 9 U 57/11 Rn 44; aA BGH NJW 1999, 714 f; 2002, 1123, 1124; WM 2012, 260, 261 Rn 8; 2012, 702, 704 Rn 25. In den letztgenannten Fällen wandte der Bundesgerichtshof die Regeln der sekundären Behauptungslast an.
848 BGH NJW 2013, 1304, 1305 Rn 15.
849 BGHZ 116, 104, 115.
850 BGHZ 39, 103, 106; 98, 135, 137.
851 BGHZ 39, 103, 106 f.
852 BGHZ 98, 135, 137 ff.
853 BGH NJW 1988, 909.
854 BGH NJW 1974, 948, 949.

II. Das zurechenbare Unterlassen

801 1. Es besteht keine allgemeine Rechtspflicht, einen Dritten vor Schaden an seinen Rechtsgütern und absoluten Rechten zu bewahren.[855] Voraussetzung ist vielmehr die Rechtspflicht zum Handeln,[856] also eine Garantenstellung[857] und die Möglichkeit der Erfolgsabwehr.[858] Eine sittliche Pflicht oder die bloße Möglichkeit der Erfolgsabwendung genügt nicht.[859] Die Abgrenzung zum Handeln zieht die hM mit Hilfe des Kriteriums der Gefahrerhöhung.

802 2. Bei den Verkehrspflichten geht es um die Pflicht, auf die Gefahr einzuwirken. In den Fällen der Unterlassung steht die besondere Nähe zum geschädigten Rechtsgut im Vordergrund.[860]

803 3. Die Pflicht kann sich aus Gesetz, etwa dem Eltern-Kind-Verhältnis,[861] nicht jedoch aus den §§ 138, 323 c StGB ergeben,[862] ferner aus enger Lebens- und Gefahrgemeinschaft, sowie aus vorangegangenem, auch rechtmäßigem Tun.[863]

III. Die Kausalität und die Regel des § 830 Abs 1 S 2 BGB

804 1. Die Kausalität hat ihren Ausgangspunkt bei der Äquivalenztheorie. Kausal ist eine Handlung dann, wenn sie nicht hinweggedacht werden kann, ohne dass der Erfolg in seiner konkreten Gestalt entfiele.[864] Die Formel bedarf der Korrektur im Falle der Doppelkausalität.[865] Sind beide Ereignisse geeignet, den Erfolg allein herbeizuführen, so sind beide kausal im Rechtssinne. Schulbeispiel ist die Übersendung je eines halben Liters vergifteten Weines; jede Giftmenge allein hätte den Tod des Opfers herbeigeführt. Das Opfer hatte aber beide Mengen getrunken. Die Täter dürfen sich nicht dadurch entlasten können, dass der andere den Erfolg herbeigeführt hätte. Sonst müsste es als Schaden angesehen werden, dass dem Opfer durch die Tat des ersten Täters der Schadensersatzanspruch gegen den anderen Täter entgangen ist. Keine eigentliche Korrektur der Äquivalenzformel ist dagegen die kumulative Kausalität. Hier führen erst beide Tatbeiträge zum Erfolg. Die Giftmenge etwa eines einzelnen Täters hätte den Tod nicht verursacht; er trat erst auf das Zusammenwirken der beiden Beiträge ein. Hier genügt die allgemeine Regel, dass die Schädigung dem Täter auch dann als kausal zugerechnet wird, wenn sie erst in Kombination mit der Tat eines anderen den Erfolg herbeiführt.[866]

805 2. § 830 Abs 1 S 2 BGB bringt zugunsten des Geschädigten eine Beweiserleichterung, wenn sich nicht ermitteln lässt, wer von den mehreren Beteiligten den Schaden durch seine Handlung verursacht hat. Es darf sich nicht zulasten des Geschädigten auswirken, dass zwei potenzielle Schädiger beteiligt waren. Der Geschädigte soll nicht

---

[855] BGHZ 9, 301, 307; BGH NJW 1991, 418, 419.
[856] BGHZ 71, 86, 93; BGH NJW 1992, 1511, 1512; BeckRS 2014, 23725 Rn 13.
[857] BGHZ 194, 26, 32 f Rn 18; BGH BeckRS 2014, 23725 Rn 13.
[858] STAUDINGER/J HAGER (2009) § 823 Rn H 5.
[859] BGHZ 194, 26, 32 f Rn 18; BGH BeckRS 2014, 23725 Rn 13.
[860] STAUDINGER/J HAGER (2009) § 823 Rn H 7.
[861] BGHZ 73, 190, 193 f.
[862] STAUDINGER/J HAGER (2009) § 823 Rn H 9.
[863] BGHZ 71, 86, 92 f.
[864] Vgl statt aller BGHZ 189, 299, 311 Rn 35; BGH NJW 1995, 126, 127; PALANT/GRÜNEBERG (77. Aufl 2018) Vorb v § 249 Rn 25.
[865] BGH NJW 2013, 2018, 2019 Rn 27; 2015, 468, 470 Rn 16.
[866] BGHZ 30, 203, 206; BGH NJW 1990, 2888, 2883 f; 2002, 504, 505; 2002, 2708, 2709.

deshalb leer ausgehen, weil er mit Sicherheit entweder gegen den einen oder den anderen Täter einen Anspruch hat.[867] Wenn die Rechtsprechung § 830 Abs 1 S 2 BGB als Anspruchsgrundlage bezeichnet,[868] so ist das wenig überzeugend. Haftungsgrund ist die Verwirklichung sämtlicher Elemente eines Haftungstatbestandes außer der Kausalität; die Ersatzberechtigung des Geschädigten muss also feststehen. Nach materiellem Recht wird die bloß potenzielle Kausalität als ausreichend angesehen[869] bzw die Kausalität vermutet.[870] Dabei wird generell zwischen Urheberzweifeln und Anteilszweifeln unterschieden.[871] Im erstgenannten Fall hat einer der beiden Täter den Schaden allein verursacht. Es ist unklar, welcher der Täter das war; es kann jedoch nur einer gewesen sein. Zwei Jäger geben je einen Schuss ab; das Opfer wird von einem getroffen, ohne dass sich klären lässt, aus welchem Gewehr der Schuss stammt. Bei Anteilszweifeln ist unklar, zu welchem Anteil jeder Täter beteiligt war. Doch ist § 830 Abs 1 S 2 BGB hierfür nicht notwendig, da das Ergebnis regelmäßig bereits aus den Regeln der kumulativen Kausalität folgt.[872] Das könnte allenfalls anders sein, wenn etwa mehrere Täter sukzessive das Opfer bestehlen. Steht aber fest, dass ein Täter nicht den gesamten Schaden verursacht haben kann, greift § 830 Abs 1 S 2 BGB nicht zu seinen Lasten ein; der Schaden ist dann nach § 287 Abs 1 ZPO zu setzen.

3. Bei der Fallgruppe der Urheberzweifel gibt es nach ständiger Rechtsprechung drei Voraussetzungen. Es muss erstens bei jedem der potenziell beteiligten Täter ein anspruchsbegründendes Verhalten gegeben sein, sieht man vom Nachweis der Kausalität ab, einer der mehreren Beteiligten muss zweitens den Schaden verursacht haben, es darf drittens nicht feststellbar sein, wer den Schaden verursacht hat.[873] Weitere Voraussetzungen gibt es nicht.

a) Das Erfordernis des anspruchsbegründenden Verhaltens wirft mehrere Probleme auf.

(1) Fehlt es bei nur einem der potenziellen Täter schon an der unerlaubten Handlung, so ist § 830 Abs 1 S 2 BGB nicht anwendbar; darüber besteht weitgehend Einigkeit. Ist etwa unklar, ob ein Arzt die Blutgruppe unrichtig bestimmt hat, da nicht sicher ist, ob es sich um eine Blutprobe eines Dritten und nicht der Geschädigten handelt, ist schon der Beweis der unerlaubten Handlung nicht geführt. § 830 Abs 1 S 2 BGB kommt dann nicht zur Anwendung.[874] So liegt es etwa auch, wenn nicht bekannt ist, ob der Betroffene erst nach Eintritt des Schadens schon den Tatbestand einer unerlaubten Handlung verwirklicht hat.[875]

(2) Umstritten ist dagegen, ob die Norm eingreift, wenn einem der potenziellen Beteiligten ein Rechtfertigungsgrund zur Seite steht[876] oder das Verschulden fehlt.[877] Die herrschende Meinung verneint hier das Eingreifen des § 830 Abs 1 S 2 BGB. Dem

---

[867] BGHZ 67, 14, 19; LARENZ/CANARIS § 82 II 2 b.
[868] BGHZ 67, 14, 17; 72, 355, 358; BGH NJW 1994, 932, 934.
[869] KOZIOL, Grundlagen des Schadensersatzrechtes (2010) Rn 5/78; LARENZ/CANARIS § 82 II 2 a.
[870] MünchKomm/WAGNER § 830 Rn 46.
[871] MünchKomm/WAGNER § 830 Rn 68.
[872] Vgl Rn 804.
[873] BGHZ 72, 355, 358 ff; 101, 106, 108; BGH NJW 1994, 932, 934; 1996, 3205, 3207; BVerwG NJW 1999, 3727, 3728.
[874] BGH NJW 1989, 2943, 2944; LARENZ/CANARIS § 82 II 2 a
[875] BGHZ 89, 383, 399 f.
[876] BGH VersR 1979, 822.
[877] BGH NJW 1986, 52; MünchKomm/WAGNER § 830 Rn 53.

wird zum Teil widersprochen; es sei unbefriedigend, dass Haftungsausschlussgründe in der Person eines der potenziellen Schädiger auch die Haftung der anderen potenziellen Schädiger beseitige. Dem Ausfall eines Regressschuldners sei dadurch Rechnung zu tragen, dass man diesen Anteil den Geschädigten zurechne. Die Parallele zur gestörten Gesamtschuld ergebe, dass den Geschädigten nur der Anteil des privilegierten Gesamtschuldners abzuziehen sei.[878] Der Unterschied zur gestörten Gesamtschuld besteht allerdings darin, dass dort die prinzipielle Verantwortlichkeit des Täters nachgewiesen ist, ihm allerdings ein gesetzliches oder vertragliches Haftungsprivileg zur Seite steht, während bei § 830 Abs 1 S 2 BGB die Täterschaft gerade nicht feststeht.

809 b)   Hat der Geschädigte den Schaden mitverursacht, so stellt sich das Problem der Haftung der potenziell Beteiligten. Hier sind zwei Fallgruppen zu unterscheiden.

810 (1)   Hat der Geschädigte den Schaden möglicherweise allein verursacht, so scheidet eine Haftung zur Gänze aus. Dem steht es gleich, wenn der Schaden durch Zufall eintritt. Beispiel ist der Fall, dass je ein Stein von einem Täter und von einem wilden Tier, für das niemand haftet, losgetreten wurde.[879] Auch hier vertritt die Mindermeinung die Anwendung des § 830 Abs 1 S 2 BGB, kürzt aber um die Quote, die dem Zufall zuzurechnen ist.[880] Mit dem Gesetzeszweck, der Beweisnot des Opfers, dessen Anspruch im Prinzip feststeht, ist dies allerdings schwer zu vereinbaren.[881] Anders ist das allerdings, wenn man eine Gruppe von Geschädigten zusammenfassen kann und so statistische Prozentzahlen erreicht.[882] Dies ist indes nicht zu verwechseln mit einer Proportionalhaftung, wie sie zum Teil verfochten wird.[883] Für sie gibt es im deutschen Recht keine Grundlage.

811 (2)   Anders ist es dagegen, wenn die Haftung zweier Schädiger nach § 830 Abs 1 S 2 BGB feststeht, den Geschädigten aber den Vorwurf des Mitverschuldens trifft. Hier ist der Anspruch des Geschädigten um seinen Anteil zu kürzen.[884]

812 c)   Heftig umstritten ist der Fall, dass bei zwei Tätern die Haftung des einen zur Gänze feststeht, diejenige des anderen jedoch unklar ist. Der eine Täter überfährt das Opfer, lässt es auf der Fahrbahn liegen, wo es vom zweiten Täter nochmals überfahren wird. Es lässt sich nicht feststellen, ob der Tod vor oder nach dem zweiten Unfall eingetreten ist. Hier haftet der Ersttäter nach den normalen Regeln für den gesamten Schaden. Für diesen Fall lehnt die Rechtsprechung eine Anwendung des § 830 Abs 1 S 2 BGB ab.[885] Die Gegenmeinung stützt sich auf § 830 Abs 1 S 2 BGB[885a]. Das spielt eine Rolle namentlich, wenn der Ersttäter unbekannt oder insolvent ist.[886] Das allerdings ist das Risiko jedes Geschädigten; für eine zusätzliche Haftung des potenziellen Zweittäters besteht daher kein Anlass. Davon zu unterscheiden ist allerdings ein bekanntes Beispiel, das der BGH erfunden hat. Der erste Täter deckt einen Kanalschacht nicht sorgfältig ab. Das Opfer wird von einem von weiteren zwei potenziellen Tätern gestoßen und fällt in den Schacht. Der BGH bejaht hier die Haftung der beiden potenziellen Täter.[887] Hätte es nur einen Täter gegeben, der gestoßen hätte, so stünde

---

[878] LARENZ/CANARIS § 82 II 2 a.
[879] MünchKomm/WAGNER § 830 Rn 66.
[880] LARENZ/CANARIS § 83 II 2 b.
[881] MünchKomm/WAGNER § 830 Rn 65.
[882] J HAGER, in: Festschrift Canaris I (2007) 418 f.
[883] MünchKomm/WAGNER § 830 Rn 77.

[884] BGH NJW 1982, 2307; MünchKomm/WAGNER § 830 Rn 62.
[885] BGHZ 60, 177, 181; 67, 14, 19 ff.
[885a] LARENZ/CANARIS § 82 II 2 f.
[886] LARENZ/CANARIS § 82 II 3 f.
[887] BGHZ 67, 14, 20; 72, 355, 359.

seine Haftung nach den Regeln der kumulativen Kausalität fest. Diese Beweisschwierigkeit bei zwei (potenziellen) Tätern überwindet § 830 Abs 1 S 2 BGB.

d) Gelegentlich wird gefordert, es müsste eine innere Beziehung[888] oder örtlicher und zeitlicher Zusammenhang bestehen.[889] Dem ist indes nicht zu folgen. Abgesehen von den Unschärfen des Begriffs gibt es auch keine sachliche Rechtfertigung für dieses Erfordernis Die zeitliche Nähe ist ebenso unbeachtlich wie etwa der räumliche Zusammenhang. Das zeigt etwa die Schädigung eines kindlichen Gebisses durch übersüßten Tee zweier Hersteller. Wann diese konsumiert wurden, spielt keine Rolle. Dasselbe gilt, wenn der Schaden aufgrund der Einnahme von Medikamenten entsteht.

813

§ 9 Die vorsätzliche sittenwidrige Schädigung

I. Die Voraussetzungen

1. Voraussetzung ist zunächst vorsätzliches Handeln, wobei allerdings dolus eventualis genügt.[890] Seit langem lässt die Rechtsprechung auch Behauptungen ins Blaue ausreichen.[891] Der Vorsatztäter soll zum Schutz seines Opfers disprivilegiert sein.[892]

900

2. Das Handeln des Täters muss sittenwidrig sein. Der Begriff lehnt sich an § 138 Abs 1 BGB an.[893] Es geht nach hM nicht um religiöse oder philosophische, sondern um spezifisch-rechtliche Wertungen, also um das rechtsethische Minimum.[894] Paradefälle sind Täuschungen und rechtswidrige Drohungen.[895] Es genügt, dass der Schädiger Kenntnis von den Tatumständen hat, die sein Verhalten als sittenwidrig erscheinen lassen.[896] Der Vorsatz muss die gesamte Schadensfolge sowie Richtung und Art des Schadens umfassen.[897] Unter Umständen reicht es aus, wenn sich der Schädiger der Kenntnis der Tatsachen bewusst verschließt.[898] Den Grundsatz der Wissenszurechnung und -zusammenrechnung wendet der BGH im Rahmen des § 826 BGB nicht an.[899]

901

II. Fallgruppen

1. Bei Verletzung von vertraglichen Rechten Dritter ist zu unterscheiden:

902

a) Die bloße Ausnutzung des vertragswidrigen Verhaltens eines Dritten oder die einfache Aufforderung zum Vertragsbruch sind für die Annahme von Sittenwidrigkeit nicht ausreichend.[900] Dies steht im Einklang mit der Wertung, Forderungen nicht als deliktisch geschützte absolute Rechte im Sinne des § 823 Abs 1 BGB anzusehen; außerdem wäre es in Anbetracht der Tatsache, dass der vertragsbrüchige Schuldner

903

---

[888] BGHZ 33, 286, 292; 75, 271, 75.
[889] BGHZ 55, 92 f, 95.
[890] BGH NJW 2013, 2108, 2109 Rn 17.
[891] BGH NJW 1986, 180, 181; 1991, 3282, 3283.
[892] Staudinger/Oechsler (2009) § 826 Rn 15.
[893] Larenz/Canaris § 78 II 2a.
[894] Staudinger/Oechsler (2018) § 826 Rn 30; Larenz/Canaris § 78 II 1b.
[895] Larenz/Canaris § 78 II 2b.
[896] BGHZ 8, 83, 87 f; 8, 387, 393; 74, 281, 284; BGH NJW 1973, 2285, 2286; 1986, 1751, 1754; NJW-RR 2009, 1207, 1209 Rn 20; 2015, 675, 676 Rn 17; WM 2012, 260, 261 Rn 10.
[897] BGH NJW 2004, 446, 448; ZIP 2017, 273, 278 Rn 63.
[898] BGHZ 129, 136, 175; 176, 281, 296; BGH NJW 1994, 2289, 2291; NJW-RR 2009, 1207, 1209 Rn 20.
[899] BGH NJW 2017, 250, 252 f Rn 23.
[900] BGH NJW 1981, 2184, 2185; 1994, 128, 129 mwNw.

selbst grundsätzlich nicht gemäß § 826 BGB, sondern allein nach Leistungsstörungsrecht haftet, widersprüchlich, das Verhalten des am Vertragsbruch beteiligten Dritten als sittenwidrig einzustufen. Im Falle eines Doppelverkaufs kann der Zweitkäufer daher grundsätzlich nicht vom Erstkäufer in Anspruch genommen werden.[901]

904 b) Vielmehr muss der Schädiger, um die Schwelle der Sittenwidrigkeit zu erreichen, selbst auf den Vertragsbruch hinwirken, etwa indem er den Dritten von Regressansprüchen des Geschädigten freistellt,[902] eine Vertragsstrafe übernimmt,[903] oder durch die Zahlung von Schmiergeldern zum Vertragsbruch anstiftet.[904] Als sittenwidrig kann sich ebenso eine reine Beihilfe zur Vertragsverletzung darstellen, wenn der Schuldner in Kenntnis des Schädigers einer Treuepflicht zuwider handelt. Ferner kann sich die Sittenwidrigkeit auch aus einer Verwerflichkeit der Mittel oder der Relation von Mittel und Zweck ergeben.[905]

905 c) Dieselben Grundsätze gelten auch in Fällen, in denen ein Missbrauch der Vertretungsmacht vom Schädiger bewusst ausgenutzt wird.[906]

906 2. Auch die grundlose Ablehnung eines Vertragsschlusses kann nach hM – neben der Verletzung spezieller Normen, insbesondere des Kartellrechts – eine sittenwidrige Schädigung gemäß § 826 BGB darstellen, wenn sie unter Ausnutzung einer Monopolstellung oder jedenfalls einer überragenden Machtstellung im wirtschaftlichen oder sozialen Bereich erfolgt. Die gemäß § 249 Abs 1 BGB geschuldete Naturalrestitution führt dann zu einem Kontrahierungszwang.[907] Indes unterliegt nicht jeder Unternehmer, der eine Monopolstellung innehat, per se schon einem Kontrahierungszwang; dies wäre mit dem Grundsatz der Vertragsabschlussfreiheit nicht mehr vereinbar.[908] Vielmehr muss das Monopol Leistungen und Bedürfnisse zum Gegenstand haben, deren Gewährung und Befriedigung so schützenswert erscheinen, dass eine Einschränkung des Grundsatzes der Vertragsfreiheit gerechtfertigt ist.[909] Ob dies der Fall ist, ist durch Abwägung der Umstände im Einzelfall zu ermitteln.[910]

907 a) So kann etwa eine Gewerkschaft, die in dem von ihr repräsentierten Wirtschaftszweig eine überragende Stellung einnimmt, zur Aufnahme eines Bewerbers verpflichtet sein, wenn die Ablehnung der Aufnahme zu einer im Verhältnis zu bereits aufgenommenen Mitgliedern sachlich nicht gerechtfertigten ungleichen Behandlung und unbilligen Benachteiligung des Bewerbers führen würde.[911] Dagegen unterliegt eine politische Partei keinem Aufnahmezwang, sofern die Ablehnung das Ergebnis einer demokratischen, verfassungsrechtlichen Grundprinzipien wie Art 3 Abs 3 GG genügenden innerparteilichen Willensbildung war.[912]

---

[901] BGHZ 12, 308, 318; BGH NJW 2014, 1380 Rn 8.
[902] BGH NJW 1981, 2184, 2186; 1992, 2152, 2153; 1994, 128, 129; aA Köhler, in: FS Canaris, I (2007) 595 ff.
[903] RGZ 81, 86, 91 im Rahmen von § 1 UWG.
[904] BGH NJW 1962, 1099.
[905] BGH NJW 1981, 2184, 2185.
[906] BGH DB 2011, 2371, 2372 Rn 9; Palandt/Sprau § 826 Rn 21.
[907] RGZ 132, 273, 276; BGH NJW 1990, 761, 762; NVwZ 1994, 1240, 1241; Erman/Armbrüster Vor § 145 Rn 29; Larenz/Canaris § 78 I 1 c; krit Staudinger/Oechsler (2018) § 826 Rn 429 ff.
[908] RGZ 133, 388, 391; BGH NJW 1990, 761, 763.
[909] BGH NVwZ 1994, 1240, 1241.
[910] RGZ 133, 388, 391; Staudinger/Bork (2015) Vorbem 22 zu §§ 145 ff.
[911] BGHZ 93, 151, 153 f.
[912] BGHZ 101, 193, 200 ff.

b) Ein Theater darf einem Kritiker nicht allein deshalb den Zutritt verweigern, weil **908** es eine ungünstige Kritik fürchtet.[913] Dies folgt aus der grundrechtlich in den Art 5 Abs 1, 12 Abs 1 GG gewährleisteten Presse- und Berufsfreiheit, die bei der Auslegung des Tatbestandsmerkmals der Sittenwidrigkeit auch im Rahmen des § 826 BGB zu beachten sind. Im Ergebnis zutreffend ist deshalb auch ein Anspruch eines Sportreporters auf Besuch eines Fußballspiels bejaht worden.[914] Im Gegensatz zu solchen kulturellen und sportlichen Einrichtungen unterliegt eine Spielbank jedoch keinem Kontrahierungszwang, selbst wenn der Kunde vorträgt, beruflich zu spielen;[915] das Glücksspiel ist, wie die restriktiven gesetzlichen Regeln[916] zeigen, keine Leistung, die derart schutzwürdig ist, dass eine Einschränkung des Grundsatzes der Vertragsabschlussfreiheit gerechtfertigt wäre.[917]

c) Die Presse kann, auch wenn sie marktbeherrschend ist, den Abdruck von politischen Anzeigen und Leserzuschriften grundsätzlich verweigern.[918] Es ist Ausfluss der Pressefreiheit, dass sie bei der Auswahl der Nachrichten und in der Verbreitung von Meinungen grundsätzlich frei ist.[919] **909**

3. § 826 BGB erfasst als weiteren repräsentativen Fall die Haftung im Rahmen des **910** Erwerbs von Kapitalanlagen.[920] Veranlassen Vorstandsmitglieder einer AG wissentlich und wiederholt grob unrichtige ad hoc-Mitteilungen, haften sie den geschädigten Anlegern persönlich; zu erstatten ist der gezahlte Kaufpreis.[921] Dasselbe gilt, wenn das Geschäftsmodell von vornherein auf Täuschung und Schädigung von Kunden angelegt ist, es sich mithin um ein „Schwindelunternehmen" handelt.[922] Auch haben Fondsinitiatoren, Gründungsgesellschafter und Hintermänner des Fonds über ihnen gewährte Sondervorteile aufzuklären.[923] Dasselbe gilt für Vertreiber von Kapitalanlagen.[924] Ein Vermittler haftet, wenn es ihm allein darum geht, hohe Gewinne zu machen, in dem er möglichst viele Geschäfte realisiert, die für den Anleger aufgrund überhöhter Gebühren und Aufschläge chancenlos sind und er sich auf Kosten leichtgläubiger Menschen unter sittenwidriger Ausnutzung von deren Gewinnstreben und Leichtsinn bereichern will.[925] Das gilt auch für einen anwaltlichen Treuhänder, der Vertrauen schafft.[926] Die bloße Verletzung einer Pflicht, über Bedenken der BaFin aufzuklären, ist allerdings ohne Weiteres nicht sittenwidrig.[927] Der Nachweis des Kausalzusammenhangs zwischen der fehlerhaften ad hoc-Mitteilung und der Entscheidung zum Kauf obliegt dem Anleger; ein Anscheinsbeweis kommt ihm nicht zugute.[928] Wie lange eine Anlagestimmung von einer ad hoc-Mitteilung ausgehen kann, ist anhand der konkreten Um-

---

[913] STAUDINGER/BORK (2015) Vorbem 23 zu §§ 145 ff; ERMAN/ARMBRÜSTER Vor § 145 Rn 30; anders noch RGZ 133, 388, 392.
[914] LG Münster NJW 1978, 1329 f.
[915] BGH NVwZ 1994, 1240 f.
[916] Vor allem die §§ 284 ff StGB.
[917] BGH NVwZ 1994, 1240, 1241.
[918] BVerfGE 42, 53, 62; ERMAN/ARMBRÜSTER Vor § 145 Rn 30.
[919] BVerfGE 37, 84, 91; 42, 53, 62.
[920] PALANDT/SPRAU § 826 Rn 30.
[921] BGHZ 160, 149, 153; BGH NJW 2004, 2668, 2669 f; 2005, 2450, 2453 f; OLG Frankfurt ZIP 2005, 710, 711.
[922] BGH WM 1989, 1047, 1048 f; VersR 2015, 1574, 1576 Rn 24; ähnlich BGH NZG 2015, 714, 716 Rn 26 ff; BeckRS 2015, 07405 Rn 26 ff.
[923] BGH NJW 2014, 1098, 1099 Rn 24; VersR 2015, 1574, 1576 Rn 24.
[924] BGHZ 175, 276, 285, Rn 29; BGH ZIP 2009, 2237, 2238 Rn 20.
[925] BGHZ 184, 365, 373 Rn 26 f; BGH NJW-RR 2011, 551, 552 Rn 40; 2015, 941, 943 Rn 26; WM 2011, 1028, 1029 Rn 19; 2011, 1465, 1468 Rn 43.
[926] BGH NJW 2005, 3706, 3710; NJW-RR 2015, 675, 676 Rn 11.
[927] BGH VersR 2010, 1659, 1660 Rn 13 f.
[928] BGHZ 160, 134, 144 ff; BGH NJW 2004, 2664, 2666 f; 2004, 2668, 2671; NJW-RR 2007, 1532, 1533; NZG 2007, 711, 712 Rn 13; 2013, 992, 995 Rn 25.

stände des Einzelfalls zu beurteilen.[929] § 306 KAGB ist nicht abschließend,[930] sondern lässt eine Haftung nach § 826 BGB für jede Person, die die Voraussetzungen der gesetzlichen sittenwidrigen Schädigung erfüllt, etwa den Vermittler chancenloser Geschäfte[931], aber auch Vorstandsmitglieder zu.[932] Erteilt ein Aktionär einem Dritten aus eigennützigen Interessen eine bewusst unrichtige Auskunft über seine Absicht, sich durch Zahlung zusätzlicher Barmittel an der Erhaltung der AG zu beteiligen, ist darin ein sittenwidriges Verhalten zu sehen; Sanierungsversuche rechtfertigen nicht die vorsätzliche Schädigung Dritter.[933]

911 4. Die Haftung wegen sittenwidriger vorsätzlicher Schädigung eines Dritten durch ein fehlerhaftes Gutachten – zumeist über die Bewertung von Grundstücken und Gebäuden – erfordert, dass der Sachverständige bei der Erstellung des Gutachtens leichtfertig, gewissenlos und mindestens mit bedingtem Vorsatz gehandelt hat.[934]

912 a) Ein fehlerhaftes Gutachten allein reicht zur Haftungsbegründung nicht aus.[935] Bleiben dem Sachverständigen beurteilungsrelevante Umstände trotz Recherche unbekannt und kennzeichnet er dies im Gutachten, ist der Vorwurf nachlässiger Ermittlungen nicht gerechtfertigt.[936] Leichtfertigkeit kommt dagegen in Betracht, wenn die Wertermittlung auf der Grundlage einer beabsichtigten Bebauung des Grundstücks mit Wohn- und Geschäftshäusern erfolgt, ohne dass hierauf im Gutachten hingewiesen wird[937] oder das Gutachten nicht im Mindesten den an Experten zu richtenden Ansprüchen genügt.[938]

913 b) Ähnlich liegt es bei unrichtigen Expertisen, insbesondere von Rechtsanwälten, Steuerberatern und Wirtschaftsprüfern.[939] Testiert etwa ein Wirtschaftsprüfer im Rahmen eines Kapitalanlagemodells wahrheitswidrig, er habe die Einzahlungen und die Mittelverwendung im versprochenen Umfang überprüft, haftet er späteren Anlegern, die im Vertrauen auf die Richtigkeit früherer Testate Geldanlagen getätigt haben, grundsätzlich auch aus § 826 BGB.[940] Dasselbe gilt für einen fehlerhaften uneingeschränkten Bestätigungsvermerk eines Wirtschaftsprüfers für einen Jahresabschluss.[941] Ähnlich liegt es im Fall des Abschlussprüfers, der damit rechnen muss, sein unzutreffendes Testat könne als Grundlage von Kreditverhandlungen mit Dritten dienen.[942] Neben der Vorlage eines fehlerhaften Testats ist erforderlich, dass der Wirtschaftsprüfer leichtfertig bzw gewissenlos gehandelt hat; der Einsicht in die Unrichtigkeit seines Bestätigungsvermerks darf er sich nicht verschließen.[943] Sagt ein Unternehmen Anlegern Kapitalerhaltungsgarantien zu, ohne diese jedoch mit Eigenkapital zu unterlegen, handelt es sittenwidrig. Ein externer Berater, der für die Einhaltung der gesetzlichen Vorgaben zuständig ist, muss gegen eine derartige Geschäftspraxis einschreiten, will er der Haftung aus §§ 826, 830 BGB entgehen.[944] Die Kausalität liegt regelmäßig vor; die Vermutung des aufklärungsrichtigen Verhaltens spricht dafür, dass

---

[929] BGHZ 160, 134, 146; BGH NJW 2004, 2668, 2671.
[930] MünchKomm/WAGNER § 826 Rn 106.
[931] BGH NZG 2011, 1348, 1349 Rn 21.
[932] BGH NZG 2018, 714, 716 Rn 26.
[933] BGH NJW 1992, 3167, 3174 f.
[934] BGH NJW 1991, 3282, 3283; 2003, 2825, 2826; 2004, 3035, 3038.
[935] BGH NJW 2003, 2825, 2827.
[936] BGH NJW 2003, 2825, 2827.
[937] BGH NJW 2004, 3035, 3039.
[938] BGH NJW 2014, 383, 384 Rn 10.
[939] BGH NJW 2013, 1877, 1878 Rn 14.
[940] BGH NJW 2001, 360, 365.
[941] BGH NJW 2013, 1877, 1878 Rn 14; 2014, 383, 384 Rn 10.
[942] BGH NJW 1987, 1758, 1759; HEPPE WM 2003, 753, 761.
[943] BGH NJW 2001, 360, 365.
[944] KG ZIP 2003, 2305, 2306.

der Fehler ursächlich für den Erwerb der Anlage war;[945] das gilt nicht für die davon zu trennende Frage, ob der Anleger rechtzeitig gekündigt hätte; das hat er zu beweisen.[946]

c) Der Vorwurf vorsätzlicher sittenwidriger Schädigung durch Fehlinformationen **914** steht auch dann in Rede, wenn der Arbeitgeber über den Arbeitnehmer wissentlich ein falsches Zeugnis ausstellt und hierbei die Schädigung anderer Arbeitgeber billigend in Kauf nimmt.[947] Das ist der Fall, wenn Unterschlagungen des Arbeitnehmers vorsätzlich verschwiegen werden.[948] Entwendete der Arbeitnehmer viereinhalb Jahre vor der Zeugnisausstellung einen Gesamtbetrag von ca 35 000 €, ist das insoweit lückenhafte und damit falsche Zeugnis geeignet, einen künftigen Arbeitgeber über die negativen Eigenschaften des Arbeitnehmers zu täuschen.[949] Bleibt eine einmalige Verfehlung im Zeugnis in der Hoffnung unerwähnt, Ähnliches werde sich nicht wiederholen, soll § 826 BGB dagegen nicht eingreifen.[950] Soweit hiervon auch strafbare Handlungen erheblichen Umfangs umfasst sein sollen, die mit dem Arbeitsverhältnis in einem unmittelbaren Zusammenhang stehen,[951] ist dem nicht zu folgen.

d) Nicht nur eine falsche Auskunft vermag den Vorwurf sittenwidrigen Verhaltens **915** zu begründen, sondern auch eine unzureichende oder gar unterbliebene Aufklärung, soweit es sich um einen Missbrauch geschäftlicher Überlegenheit handelt.[952] Das wird vor allem bei besonders risikobehafteten und komplizierten Verträgen, namentlich bei Warentermin- oder Börsengeschäften relevant.[953] Ähnlich wie bei den fehlerhaften ad hoc-Mitteilungen liegt die Bedeutung von § 826 BGB darin, neben dem Vertragspartner auch Dritte in die Haftung einzubeziehen, ohne dass es auf die Voraussetzungen der §§ 280 Abs 1, 241 Abs 2, 311 Abs 3 BGB ankommt.[954] So hat der Geschäftsführer einer Optionsvermittlungs-GmbH dafür Sorge zu tragen, den unerfahrenen Kaufinteressenten vor Vertragsschluss schriftlich die Kenntnis zu vermitteln, die sie in die Lage versetzt, den Umfang ihres Verlustrisikos und die Verringerung ihrer Gewinnchancen durch Gebührenaufschläge auf die Optionsprämie richtig einzuschätzen.[955] Bei derartigen Aufschlägen, auch einem Disagio, bedarf es des unmissverständlichen Hinweises, dass sich hierdurch die Gewinnerwartung verschlechtert, weil ein höherer Kursausschlag als der vom Börsenfachhandel als realistisch angesehene notwendig ist, um in die Gewinnzone zu kommen; gegebenenfalls ist über die Chancenlosigkeit, Gewinne zu erzielen, aufzuklären.[956] Diese Pflichten treffen etwa auch den Telefonverkäufer eines Vermittlungsunternehmens, der mithilft, das sittenwidrige Geschäftskonzept in die Tat umzusetzen.[957]

---

[945] BGHZ 177, 25, 34 Rn 19; BGH NJW 2010, 1077, 1079 Rn 23; 2013, 1877, 1878 Rn 15; NJW-RR 2007, 1329, 1332 Rn 21; 2012, 937, 939 Rn 30.
[946] BGH VersR 2013, 367, 369 Rn 23; aA STAUDINGER/OECHSLER (2018) § 826 Rn 223c.
[947] ErfK/MÜLLER-GLÖGE (18. Aufl 2018) § 109 GewO Rn 68.
[948] BGH NJW 1970, 2291, 2292.
[949] OLG München OLGR 2000, 337.
[950] ErfK/MÜLLER-GLÖGE (18. Aufl 2018) § 109 GewO Rn 69.
[951] BGH NJW 1970, 2291, 2292.
[952] BGH NJW 2002, 2777; OLG Frankfurt NJW-RR 2003, 1044, 1045.
[953] LARENZ/CANARIS § 78 IV 3; BeckOK-BGB FÖRSTER (Stand: 15.6.2017) § 826 Rn 75, 75.1.
[954] Vgl LARENZ/CANARIS § 78 IV 3; zur Eigenhaftung des Verhandelnden aus cic etwa PALANDT/GRÜNEBERG § 311 Rn 60, 63.
[955] St Rspr, etwa BGH NJW 2002, 2777.
[956] BGH NJW 2002, 2777; NJW-RR 2003, 923 f; 2004, 203, 206.
[957] OLG Düsseldorf NJW 1995, 404, 405; OLG Frankfurt NJOZ 2004, 2262, 2265 f.

916 5. Eine sittenwidrige Schädigung kann in einer Gläubigerbenachteiligung liegen. § 826 BGB tritt hier neben die speziellen Gläubigerschutzvorschriften, zB die §§ 30, 31, 64 GmbHG; §§ 1 ff AnfG; §§ 129 ff InsO.

917 a) So haften etwa Gesellschafter oder Geschäftsführer einer juristischen Person den Gläubigern der juristischen Person wegen eines existenzvernichtenden Eingriffs nach § 826 BGB, wenn sie planmäßig die Zugriffsmasse dieser Gläubiger verringern, indem sie der juristischen Person Vermögen entziehen, welches diese für die Erfüllung ihrer Verbindlichkeiten benötigt hätte, und sie dadurch in die Insolvenz führt oder die Insolvenz vertieft.[958] Gläubigerin ist die Gesellschaft.[959] Der Geschäftsführer haftet nicht, wenn er mit den Mitteln Schulden der Gesellschaft begleicht und darüber hinaus eigenes Vermögen einsetzt.[960]

918 b) Auch durch einen Kredit können andere Gläubiger des Kreditnehmers sittenwidrig geschädigt werden.[961] Hier kann die Gefahr bestehen, dass durch den Kredit für Dritte der unzutreffende Anschein erweckt wird, der Schuldner sei noch liquide und kreditwürdig. Allein die Tatsache, dass der Kreditgeber, der um die wirtschaftlich aussichtslose Lage des Schuldners weiß, versucht, den Schuldner durch neuen Kredit zu stützen (Sanierungskredit) oder er einen bestehenden Kredit nicht gleich kündigt, rechtfertigt das Verdikt der Sittenwidrigkeit indes noch nicht.[962] Es müssen weitere Umstände hinzutreten, die auf einen übersteigerten Eigennutz des Kreditgebers auf Kosten der Mitgläubiger schließen lassen, etwa dass der Kreditgeber zu seinem eigenen Nutzen die unausweichliche Insolvenz des Schuldners hinauszögert,[963] sich im eigenen Interesse aktiv in die Bemühungen des Schuldners um neue Kredit- oder Auftragsgeber einschaltet, ohne über dessen Kreditunwürdigkeit aufzuklären,[964] die Geschäftsführung des Schuldners durch eine Person seines Vertrauens ersetzt[965] oder seine wirtschaftliche Machtstellung gegenüber dem Schuldner dazu einsetzt, um sich Vorteile gegenüber Mitgläubigern zu verschaffen.[966] Letzteres ist namentlich anzunehmen, wenn die kreditierende Bank als Zahlstelle im Rahmen eines Einzugsermächtigungsverfahrens den zahlungspflichtigen Schuldner zum Widerspruch veranlasst, um so das Insolvenzrisiko auf den einziehenden Gläubiger abzuwälzen.[967] Veranlasst der Gläubiger den Schuldner, den Antrag auf Eröffnung des Insolvenzverfahrens zu verzögern, um die Anfechtungsfristen verstreichen zu lassen, haftet er nach § 826 BGB.[968]

---

[958] BGHZ 151, 181, 185 – „KBV-Urteil"; zustimmend WILHELM NJW 2003, 175, 179; BGHZ 173, 246, 251 Rn 14, 256 ff Rn 25 ff; 176, 204, 209 f Rn 10; 179, 344, 352 ff Rn 17 ff; 193, 96, 99 Rn 13; NJW-RR 2012, 1240, 1241 Rn 25; NZI 2013, 500, 501 Rn 20; VersR 2008, 495, 496 Rn 15.
[959] BGHZ 173, 246, 267 f; 176, 204, 209 f Rn 10; 179, 344, 350 Rn 16; BGH NZI 2008, 196, 197; WM 2008, 395, 396; NJW-RR 2012, 1240, 1242 Rn 29.
[960] BGH NJW-RR 2008, 1417, 1418 Rn 5.
[961] BGH NJW 2001, 2632, 2633; PALANDT/SPRAU § 826 Rn 31; ERMAN/WILHELMI § 826 Rn 31; KOLLER JZ 1985, 1013 ff.
[962] BGHZ 90, 381, 399; BGH NJW 2001, 2632, 2633.
[963] BGHZ 90, 381, 399.
[964] BGH WM 1978, 896, 897; 1985, 866, 868.
[965] BGH WM 1965, 475 f.
[966] BGHZ 19, 12, 16 f; OLG Köln ZIP 2000, 742, 745.
[967] BGHZ 74, 309, 311; 95, 103, 107; 101, 153, 156 f; 137, 69, 73; BGH NJW 1979, 2145, 2147; 1985, 847; 2001, 2632, 2633; NJW-RR 2009, 1207, 1208 Rn 11; BGHSt 50, 147, 151 ff.
[968] BGHZ 162, 143, 156.

6. Der Missbrauch gerichtlicher Verfahren kann ebenfalls die Haftung nach § 826 BGB auslösen. **919**

a) Das Betreiben eines gesetzlich geregelten Verfahrens der Rechtspflege kann im Allgemeinen allerdings selbst dann, wenn sich das Begehren als sachlich nicht gerechtfertigt herausstellt und dem Verfahrensgegner Nachteile verursacht, nicht als rechtswidriger Eingriff gewertet werden; insbesondere besteht grundsätzlich keine Pflicht des Klägers, die sachliche Berechtigung seines Begehrens in tatsächlicher und rechtlicher Hinsicht sorgfältig zu prüfen oder gar die Interessen des Beklagten gegen die seinen abzuwägen.[969] In Ausnahmefällen, in denen das gerichtliche Verfahren zur Schädigung des Beklagten oder Dritter missbraucht wird, indem es mit unlauteren Mitteln – etwa Prozessbetrug oder Erschleichen gerichtlicher Handlungen – betrieben wird, kann jedoch Sittenwidrigkeit vorliegen.[970] **920**

b) § 826 BGB kann ferner einschlägig sein bei Missbrauch von gerichtlichen Titeln. **921**

(1) Die ZPO sieht mit den Regelungen über die Wiederaufnahme des Verfahrens (§§ 578 ff ZPO) in Ausnahmekonstellationen unter strengen Voraussetzungen die Möglichkeit der Rechtskraftdurchbrechung vor. Daneben lässt die Rechtsprechung eine Durchbrechung der Rechtskraft in bestimmten Ausnahmefällen über § 826 BGB zu.[971] Dem Schädiger muss die Unrichtigkeit des sachlich falschen, aber rechtskräftigen Urteils bekannt sein. Hinzutreten müssen ferner besondere Umstände, durch die sich die Zwangsvollstreckung im Einzelfall als sittenwidrig darstellt;[972] denn grundsätzlich können die Geltendmachung eines Rechts und die Durchsetzung in dem dafür gesetzlich eingerichteten Verfahren nicht als sittenwidrig betrachtet werden. Die Sittenwidrigkeit kann sich aus dem Weg ergeben, auf dem der vollstreckbare Titel erlangt wurde, etwa weil in der Verhandlung bewusst gelogen wurde[973] oder weil Zeugen bestochen wurden. Auch wenn die Art und Weise der Erlangung des als unrichtig erkannten Urteils selbst nicht sittenwidrig war, kann im Einzelfall über § 826 BGB eine Rechtskraftdurchbrechung erreicht werden, wenn sich die Ausnutzung des Titels als in hohem Maße unbillig und geradezu unerträglich darstellt.[974] Das soll nicht der Fall sein, wenn trotz der Erfüllung durch den Schuldner der darüber nicht informierte Gläubiger ein Versäumnisurteil erwirkt und aus diesem vollstreckt, der Schuldner keinen Einspruch einlegt und daher die Erfüllung im Wege der Vollstreckungsgegenklage wegen § 767 Abs 2 ZPO nicht mehr geltend gemacht werden kann;[975] näher liegt es, hier die Sittenwidrigkeit zu bejahen.[976] **922**

(2) Nach entsprechenden Kriterien bestimmt sich auch die Sittenwidrigkeit hinsichtlich eines Vollstreckungsbescheids, der einen Anspruch aus einem sittenwidrigen Vertrag tituliert.[977] Dabei muss es sich jedoch um eine Fallgestaltung handeln, in der nach **923**

---

[969] BVerfGE 74, 257, 259 ff; BGH NJW 2003, 1934, 1935.
[970] BGHZ 36, 18, 21; BGH NJW 2003, 1934, 1935.
[971] BGHZ 50, 115, 117; krit dazu große Teile der Literatur, Nachweise bei STAUDINGER/OECHSLER (2018) § 826 Rn 479.
[972] BGH NJW 1998, 2818; 1999, 1257, 1258; WM 2012, 144, 145 Rn 15.
[973] BGHZ 40, 130, 134.
[974] BGHZ 26, 391, 397 f; 112, 54, 57.
[975] BGH NJW-RR 2012, 304, 305 Rn 15 f.
[976] So wohl auch PREUSS, in: VORWERK/WOLF, BeckOnline-Kommentar ZPO (Stand: 15.6.2017) § 767 Rn 44.
[977] BGHZ 101, 380, 383 ff; 151, 316, 327 ff; BGH NJW 1999, 1257, 1258.

der Art der zugrunde liegenden Rechtsbeziehungen eine sittenwidrige Typik und ein besonderes Schutzbedürfnis des Schuldners gegeben sind;[978] die Titulierung im Falle sittenwidriger Verbraucherkredite im Wege des Mahnverfahrens wird teilweise freilich bereits durch die §§ 688 Abs 2 Nr 1, 690 Abs 1 Nr 3 ZPO ausgeschlossen. Neben der Kenntnis des Gläubigers von der materiellen Unrichtigkeit des Vollstreckungsbescheids muss er diesen erwirkt haben, obwohl er hätte erkennen können, dass im Falle der Wahl des Klageverfahrens die Sittenwidrigkeit seines Anspruchs sich bereits bei der gerichtlichen Schlüssigkeitsprüfung offenbart hätte.[979]

924 (3) Sittenwidrigkeit kann hier im Einzelfall auch gegeben sein, wenn der Zuschlag bei einer Zwangsversteigerung durch unlauteres Verhalten erschlichen wird,[980] beispielsweise indem andere Bieter von der Abgabe von Geboten abgehalten werden.

---

[978] BGHZ 103, 44, 50; BGH NJW 1999, 1257, 1259.
[979] BGHZ 101, 380, 387; BGH NJW 2002, 2940, 2943; offenlassend, ob in Extremfällen eindeutiger und schwerwiegender Unrichtigkeit des Titels, die jede Vollstreckung schon deshalb als unerträgliche Verletzung des Rechtsgefühls erscheinen ließe, daneben auf die grundsätzlich erforderlichen besonderen, die Sittenwidrigkeit begründenden Umstände verzichtet werden kann, BGH NJW 1998, 2818, 2819.
[980] BGH NJW 1979, 162, 163.

T. Sachenrecht

Fabian Klinck

Systematische Übersicht

I.	**Grundlagen**	
1.	Sachenrecht im System des Zivilrechts	1
2.	Dingliche Rechtsgeschäfte	5
a)	Trennung und Abstraktion	5
b)	Publizität und Typenzwang	10
c)	Spezialität und Bestimmtheit	12
3.	Sachen	14
a)	Sachbegriff	14
b)	Wesentliche Bestandteile	17
c)	Früchte	19
d)	Zubehör	20
II.	**Besitz**	
1.	Faktischer Tatbestand mit rechtlicher Relevanz	21
2.	Erwerb und Verlust des unmittelbaren Besitzes	23
a)	Der Tatbestand des unmittelbaren Besitzes	23
aa)	Objektive Sachherrschaft	24
bb)	Besitzwille	28
cc)	Mögliche Besitzobjekte	31
dd)	Unmittelbarer Besitz bei Personenmehrheit und juristischen Personen	34
b)	Besitzerwerb	36
aa)	Derivativer Besitzerwerb	37
bb)	Originärer Besitzerwerb	39
c)	Fortdauer und Verlust des unmittelbaren Besitzes	40
aa)	Verlust der tatsächlichen Gewalt	41
bb)	Verlust des Besitzwillens	44
3.	Possessorischer Besitzschutz	45
a)	Grund und Zweck des Besitzschutzes	46
b)	Verbotene Eigenmacht	51
c)	Selbsthilferechte	60
d)	Schutzansprüche	66
aa)	Anspruchsberechtigte	67
bb)	Anspruchsgegner	68
cc)	Verteidigungen des Anspruchsgegners	71
dd)	Anspruchsinhalte	76
ee)	Einstweiliger Rechtsschutz	80
4.	Sonstiger Besitzschutz	81
a)	Der Anspruch aus § 1007	81
b)	Besitz als dingliches Recht	84
5.	Besitz durch Dritte	86
a)	Besitzmittlung	86
aa)	Grundlagen	86
bb)	Tatbestand	89
cc)	Erwerb, Übertragung und sonstiger Verlust	95
dd)	Rechtsfolgen	99
b)	Besitzdienerschaft	102
c)	Stellvertretung im Besitzerwerb	106
III.	**Eigentum**	
1.	Grundlagen	109
a)	Bedeutung, Natur und Inhalt des Eigentums	109
b)	Gegenstand des Eigentums	113
c)	Eigentum mehrerer	114
2.	Rechtsgeschäftlicher Erwerb des Eigentums an beweglichen Sachen	117
a)	Die dingliche Einigung	118
b)	Übergabe und Übergabesurrogate	124
aa)	Das Traditionsprinzip	124
bb)	Exkurs: Die Rechtsvermutung aus dem Besitz	127
cc)	Übergabe iSd § 929 S 1	131
dd)	Traditio brevi manu, § 929 S 2	135
ee)	Übergabesurrogate, §§ 930, 931	136
c)	Verfügungsbefugnis	142
d)	Erwerb vom Nichtberechtigten	145
aa)	Guter Glaube und Verkehrsschutz	147
bb)	Besitzerwerb	151
cc)	Abhandenkommen als Ausschlusstatbestand	154
dd)	Weitere Folgen des gutgläubigen Erwerbs	158
e)	Lastenfreier Erwerb, § 936	161
3.	Erwerb des Eigentums an beweglichen Sachen kraft Gesetzes	162

a)	Ersitzung	162	aa)	Allgemeines	207
b)	Verbindung, Vermischung, Verarbeitung	165	bb)	Schadensersatz	213
			cc)	Nutzungsherausgabe	218
c)	Fruchtziehung und sonstige Sachtrennung	168	d)	Anspruch des Besitzers auf Verwendungsersatz	222
d)	Aneignung und Fund	172	7.	Der Schutz des Eigentums im Übrigen	229
4.	Erwerb von Grundeigentum	175			
a)	Das Grundstück als Rechtsobjekt	175	a)	Zuweisungsfunktion und gesetzliche Schuldverhältnisse	229
b)	Rechtsgeschäftlicher Erwerb vom Berechtigten	177	b)	Störungsabwehr nach § 1004	230
aa)	Auflassung	177	c)	Insbesondere: Nachbarrechtliche und sonstige Duldungspflichten	235
bb)	Eintragung	179			
c)	Erwerb vom Nichtberechtigten	183	**IV.**	**Beschränkte dingliche Rechte**	
d)	Erwerb durch Ersitzung oder Aneignung	188	1.	Grundlagen	240
			2.	Sicherungs- und Erwerbsrechte	242
5.	Der Herausgabeanspruch aus dem Eigentum	190	a)	Vormerkung	243
a)	Die Vindikationslage	191	b)	Dingliches Vorkaufsrecht	245
b)	Inhalt des Herausgabeanspruchs	195	3.	Nutzungsrechte	246
c)	Konkurrenzen	197	a)	Nießbrauch	247
d)	Verjährung	199	b)	Grunddienstbarkeit	249
6.	Das Eigentümer-Besitzer-Verhältnis	200	c)	Erbbaurecht	250
a)	Natur und Funktion	200			
b)	Anwendungsbereich	202	**V.**	**Europäische Rechtsvereinheitlichung**	253
c)	Haftung des Besitzers auf Schadensersatz und Nutzungsherausgabe	207			

I. Grundlagen

1. Sachenrecht im System des Zivilrechts

1 Das (objektive) Sachenrecht ist im dritten Buch des BGB geregelt. Seine Gegenstände sind in erster Linie die subjektiven Rechte an Sachen, also die Rechtsbeziehungen zwischen Rechtssubjekten und körperlichen Gegenständen. Subjektive Sachenrechte werden auch als dingliche Rechte bezeichnet. Sie ordnen eine Sache der Herrschaft eines Rechtssubjekts zu: das Eigentum umfassend, beschränkte dingliche Rechte wie (Grund-)Pfandrechte, Dienstbarkeiten und Nießbrauch in einer bestimmten Hinsicht. Diese Zuordnung beansprucht allen anderen Rechtssubjekten gegenüber Geltung; der Inhaber des dinglichen Rechts kann im Grundsatz jede Beeinträchtigung abwehren: den unberechtigten Zugriff in der Zwangsvollstreckung mit der Drittwiderspruchsklage nach § 771 ZPO und in einem Insolvenzverfahren mit der Aussonderung nach § 47 InsO; sonstige Beeinträchtigungen mit einem Abwehranspruch nach oder analog § 1004 Abs 1 BGB. Ein Eingriff in die Zuordnung verpflichtet denjenigen, der einen Schaden verursacht hat, nach § 823 Abs 1 BGB zum Ersatz, und denjenigen, der sich durch diesen Eingriff auf Kosten des Rechtsinhabers bereichert hat, nach § 812 Abs 1

§ 1 Alt 2 BGB zur Herausgabe der Bereicherung. Abwehr- und Zuordnungsfunktion sind mithin die wesentlichen Merkmale eines dinglichen Rechts.[1]

Da dingliche Rechte allen anderen Rechtssubjekten gegenüber Geltung beanspruchen, handelt es sich bei ihnen um absolute Rechte. Nach einer tief in der römischen Rechtstradition[2] verwurzelten Unterscheidung stehen sie den relativen, nur gegen einzelne Rechtssubjekte gerichteten Rechten gegenüber, die etwa durch Verträge begründet werden. Ist von einem Recht *auf* eine Sache die Rede, so ist ein bloß zwischen Schuldner und Gläubiger wirkender Anspruch auf Verschaffung der Sache gemeint; als Rechte *an* einer Sache dagegen bezeichnet das Gesetz die absoluten, dinglichen Rechte. Absolut wirkende Ansprüche auf Sachverschaffung kennt das geltende Recht nicht mehr.[3] Nicht alle absoluten Rechte sind dinglich; auch Persönlichkeits- oder Immaterialgüterrechte sowie bestimmte Familienrechte sind absolute Rechte. Da das BGB keine allgemeinen Vorschriften für absolute Rechte enthält, werden auf diese teils sachenrechtliche Vorschriften analog angewendet, insbesondere etwa der Schutzanspruch aus § 1004 Abs 1 BGB (u Rn 230 ff).

Das Sachenrecht regelt nicht nur die Begründung, die Übertragung und das Erlöschen absoluter, dinglicher Rechte, sondern auch relative Rechte, die aus dinglichen Rechtspositionen folgen. Solche dinglichen Ansprüche dienen oftmals dem Schutz des dinglichen Rechts: Der Herausgabeanspruch aus § 985 BGB schützt den Eigentümer vor unberechtigter Vorenthaltung des Besitzes, § 1004 Abs 1 BGB schützt ihn vor sonstigen Beeinträchtigungen. Mithilfe dieser Schutzansprüche soll die Sachherrschaft verwirklicht werden, die das Recht seinem Inhaber zuweist; sie können daher nicht von dem dinglichen Recht, dem sie entspringen, getrennt werden. Man kann sie als dingliche Ansprüche im engeren Sinne bezeichnen, weil sie untrennbar mit dem dinglichen Recht, das sie schützen, verbunden sind.[4] Andere Ansprüche folgen ebenfalls aus einer dinglichen Rechtsposition, sind also in diesem Sinne ebenfalls dinglich, aber nach ihrer Entstehung nicht mehr mit dem dinglichen Recht verbunden: Gläubiger des Anspruchs auf Schadensersatz aus §§ 989, 990 BGB oder auf Herausgabe von Nutzungen aus §§ 987, 988 BGB ist derjenige, der bei Eintritt des anspruchsbegründenden Ereignisses Eigentümer war; spätere Änderungen der Eigentumslage wirken sich darauf nicht aus.

Sachenrechtliche Regelungen finden sich nicht nur im dritten Buch des BGB. Der Allgemeine Teil enthält in §§ 90–103 BGB Vorschriften darüber, was Sachen, ihre

---

[1] Vgl WIELING, Sachenrecht I (2. Aufl 2006) § 1 II 2; PRÜTTING, Sachenrecht (36. Aufl 2017) § 43 Rn 18; MÜLLER/GRUBER, Sachenrecht (2016) Rn 16; WESTERMANN/WESTERMANN, Sachenrecht (12. Aufl 2011) § 1 Rn 4–7, § 2 Rn 2; CANARIS, in: FS Flume I (1978), 370, 373 f.
[2] Inst 4, 6, 1 *Omnium actionum summa divisio in duo genera deducitur: aut enim in rem sunt aut in personam ...* – „Alle Klagen werden ganz zunächst in zwei Arten unterteilt: sie richten sich nämlich entweder auf eine Sache oder auf eine Person." Schon das älteste historisch greifbare römische Gerichtsverfahren unterscheidet zwischen *(legis) actiones in rem*, mit denen über Herrschaftsrechte an Personen und Sachen entschieden wird, und solchen *in personam*.
[3] Dazu etwa WIELING (Fn 1) § 1 II 3 c; zu „Zwischenformen zwischen relativem und absolutem Recht" WILHELM, Sachenrecht (5. Aufl 2016) Rn 79–81.
[4] WIELING (Fn 1) § 1 I 3, II 2 b. Überwiegend werden heute überhaupt nur diese Ansprüche als dingliche bezeichnet, vgl etwa STAUDINGER/SEILER (2012) Einl Sachenrecht Rn 24; WILHELM (Fn 3) Rn 109; BAUR/STÜRNER, Sachenrecht (18. Aufl 2009) § 2 Rn 4, bezeichnen überhaupt nur diese Ansprüche als dinglich.

wesentlichen Bestandteile, Zubehör und Nutzungen sind. Die allgemeinen Vorschriften über die Rechtsgeschäftslehre gelten auch für die dinglichen Rechtsgeschäfte (sogleich Rn 6). Die Regelungen des Allgemeinen Schuldrechts dagegen gelten für die im Sachenrecht geregelten Ansprüche nicht ohne Einschränkung.[5] Vorrangig zu beachten sind allemal Sondervorschriften wie etwa § 990 Abs 2 BGB, wonach nur der bösgläubige Besitzer mit der Erfüllung des Herausgabeanspruchs aus § 985 BGB in Verzug kommen kann. Besondere Zurückhaltung ist bei der Anwendung des Allgemeinen Schuldrechts auf dingliche Ansprüche im engeren Sinne geboten, da sie das Schicksal des dinglichen Rechts, dessen Durchsetzung sie dienen, teilen müssen.[6] Auf dingliche Ansprüche im weiteren Sinne dagegen finden die Regelungen des Allgemeinen Schuldrechts grundsätzlich Anwendung:[7] Sie sind nach § 398 BGB abtretbar, ihre Erfüllung kann nach § 275 Abs 1 BGB unmöglich werden, und ihre Nichterfüllung kann nach §§ 280 Abs 1, 3, 281–283 BGB Schadensersatzpflichten auslösen.

2. Dingliche Rechtsgeschäfte

a) Trennung und Abstraktion

5 Das deutsche Recht unterscheidet bei den Rechtsgeschäften scharf nach ihrer Wirkung: Verpflichtungsgeschäfte sind solche Rechtsgeschäfte, die Ansprüche begründen, Verfügungen dagegen solche, die unmittelbar ein Recht aufheben, übertragen, belasten oder inhaltlich ändern.[8] In aller Regel hat ein Rechtsgeschäft entweder nur verpflichtende oder nur verfügende Wirkung. Daher überträgt etwa nicht schon der Kaufvertrag das Eigentum an der verkauften Sache; hierfür bedarf es vielmehr eines weiteren Rechtsgeschäfts mit einem von dem Kaufvertrag selbständigen Tatbestand (Trennungsprinzip).

6 Rechtsgeschäfte, mit denen über ein dingliches Recht verfügt wird, heißen dingliche Rechtsgeschäfte. Ihr Tatbestand besteht typischerweise aus einer Einigung der Parteien und einem tatsächlichen Akt, der diese Rechtsänderung erkennbar macht (Rn 10). Die Einigung bezieht sich allein auf die Änderung der dinglichen Rechtslage: den Übergang des Eigentums (§ 929 S 1 BGB und §§ 873 Abs 1, 925 Abs 1 S 1 BGB), die Entstehung des Pfandrechts für den Gläubiger (§ 1205 Abs 1 S 1 BGB) usf. Der wirtschaftliche oder rechtliche Grund für die Rechtsveränderung ist nicht Gegenstand dieser dinglichen Einigung (inhaltliche Abstraktion); die Wirksamkeit des dinglichen Rechtsgeschäfts hängt nicht davon ab, ob ihm ein (wirksames) Verpflichtungsgeschäft zugrunde liegt (äußerliche Abstraktion).[9] Das bedeutet allerdings nicht, dass Verpflichtungsgeschäft und dingliches Rechtsgeschäft völlig beziehungslos nebeneinanderstehen. Das Verpflichtungsgeschäft bestimmt den Zweck des dinglichen Rechtsgeschäfts: Die Übereignung erfolgt, um etwa die entsprechende Pflicht aus dem Kaufvertrag zu erfüllen; die Bestellung eines Pfandrechts soll die entsprechende Pflicht aus einer Sicherungsabrede erfüllen. Verfehlt das dingliche Rechtsgeschäft seinen Zweck – etwa weil die Pflicht, deren Erfüllung es diente, in Wahrheit nicht bestand –, ist der-

---

[5] Allgemein etwa STAUDINGER/SEILER (2012) Einl 85 f zum Sachenrecht; WIELING (Fn 1) § 1 I 3; PRÜTTING (Fn 1) § 5 Rn 42.
[6] Zur Anwendung des Allgemeinen Schuldrechts auf den Anspruch aus § 985 BGB u Rn 196, auf den Anspruch aus § 1004 Abs 1 BGB u Rn 234.
[7] WIELING (Fn 1) § 1 I 3.
[8] SCHIEMANN, in: STAUDINGER/Eckpfeiler C. Rn 15.
[9] Der Ausdruck stammt von JAHR AcP 168 (1968) 9 (16); vgl auch dens SZ 80 (1963) 141 (147 ff). Zu den historischen Grundlagen WIELING (Fn 1) § 1 III 1 a-c.

jenige, der durch das dingliche Rechtsgeschäft einen Vorteil erlangt hat, idR nach Bereicherungsrecht verpflichtet, diesen Vorteil zurückzugewähren.[10]

Wegen dieser Korrektur durch das Bereicherungsrecht wirkt sich die äußerliche Abstraktion in Zweipersonenverhältnissen im Ergebnis kaum aus: Hat V dem K eine Sache verkauft und übergeben, und ist der Kaufvertrag unwirksam, kann die Übereignung an K nach dem Abstraktionsprinzip zwar wirksam sein, doch kann V von K nach § 812 Abs 1 S 1 Alt 1 BGB Rückübereignung und Rückgabe der Kaufsache verlangen, da der entsprechenden Leistung des V der Rechtsgrund fehlt. Die eigentliche Funktion des Abstraktionsprinzips liegt im Verkehrsschutz und wird daher erst deutlich, wenn Dritte ins Spiel kommen: Veräußert K die Sache weiter an D, erwirbt dieser nach dem Abstraktionsprinzip vom Berechtigten, also unabhängig davon, ob er die Unwirksamkeit des Verpflichtungsgeschäfts zwischen K und V kennt oder kennen muss. Das Abstraktionsprinzip hat also den großen Vorteil, dass Dritte sich um die Wirksamkeit von Verpflichtungsgeschäften, deren Inhalt sie auch sonst nichts angeht, nicht scheren müssen.[11]

Das Abstraktionsprinzip kann zwar nicht als solches durch Parteivereinbarung aufgehoben werden; es bleibt den Parteien aber unbenommen, die dingliche Einigung unter die („uneigentliche")[12] Bedingung zu stellen, dass das zugrundeliegende Verpflichtungsgeschäft wirksam ist. Dass sie dies stillschweigend getan hätten, lässt sich allerdings nur annehmen, wenn die Parteien die Unwirksamkeit des Verpflichtungsgeschäfts überhaupt in Betracht gezogen haben; für eine entsprechende Auslegung nach einem bloß hypothetischen Willen der Parteien, für den die Umstände keine konkreten Anhaltspunkte bieten, lässt das Abstraktionsprinzip keinen Raum.[13]

Das Abstraktionsprinzip schließt nicht aus, dass die dingliche Einigung aus demselben Grund nichtig sein kann wie das ihr zugrundeliegende Verpflichtungsgeschäft. Bei der Annahme einer solchen „Fehleridentität"[14] ist allerdings Vorsicht geboten. Die dingliche Einigung ist gemäß § 134 BGB nichtig, wenn sie gegen ein Verbotsgesetz verstößt, das (auch) gerade die Verfügung verhindern soll, wie etwa ein Handelsverbot für Waffen. Ob die dingliche Einigung dagegen auch sittenwidrig und daher nach § 138 BGB nichtig sein kann, ist fraglich. So kann eine dingliche Einigung niemals den Tatbestand des § 138 Abs 2 BGB erfüllen, denn dieser verlangt ein Missverhältnis von Leistung und Gegenleistung, die niemals Gegenstand der dinglichen Einigung, sondern immer nur des der Übereignung zugrunde liegenden Verpflichtungsgeschäfts sind. Ist aber dieses nach § 138 Abs 2 BGB nichtig, soll die Nichtigkeit nach ganz herrschender Meinung – unter Durchbrechung des Abstraktionsprinzips – auf das vom Bewucherten vorgenommene Erfüllungsgeschäft durchschlagen, also auch eine von ihm vorgenommene Übereignung erfassen.[15] Dafür wird auf den Wortlaut („...

---

[10] BeckOGK/KLINCK § 929 Rn 3.
[11] Zum Vorstehenden BeckOGK/KLINCK § 929 Rn 3. 1. Zur rechtspolitischen Diskussion vor dem Hintergrund der europäischen Rechtsvereinheitlichung etwa WIELING ZEuP 2001, 301 ff; STADLER, Gestaltungsfreiheit und Verkehrsschutz durch Abstraktion (1996), insbes 728 ff; HUBER, in: FS Canaris (2007) 471, 503 ff; HARKE GPR 2012, 292 ff.
[12] Vgl STAUDINGER/BORK (2015) Vorbem 2 zu §§ 158–163.
[13] Zum Vorstehenden BeckOGK/KLINCK § 929 Rn 5.
[14] Dazu SCHIEMANN, in: STAUDINGER/Eckpfeiler C. Rn 17.
[15] STAUDINGER/WIEGAND (2017) § 929 Rn 23; STAUDINGER/SACK/FISCHINGER (2017) § 138 Rn 215; SOERGEL/STÜRNER (13. Aufl 2002) § 873 Rn 9; SOERGEL/HENSSLER Vor § 929 Rn 13,

oder gewähren lässt ...") und den Zweck des § 138 Abs 2 BGB verwiesen, den Bewucherten zu schützen. Dass eine dingliche Einigung auch gemäß § 138 Abs 1 BGB nichtig sein kann, wurde früher bestritten: Ihr Inhalt sei festgelegt und könne daher nicht sittenwidrig sein. Dem ist mit der heute wohl allgemeinen Meinung zu widersprechen, weil sich die Sittenwidrigkeit eines Rechtsgeschäfts auch aus den mit ihm verfolgten Zielen ergeben kann, und unter diesem Aspekt kann etwa eine Eigentumsübertragung durchaus sittenwidrig sein, wenn sie beispielsweise den alleinigen Zweck verfolgt, Dritte zu schädigen.[16]

b) Publizität und Typenzwang

10 Während Verpflichtungsgeschäfte grundsätzlich nur zwischen deren Parteien rechtliche Wirkung entfalten, beanspruchen dingliche Rechtsgeschäfte, da sie absolute Rechte betreffen, jedermann gegenüber Beachtung. Daher gilt für dingliche Rechtsgeschäfte anders als für schuldrechtliche das Publizitätsprinzip: Die gesetzlich geregelten Verfügungstatbestände enthalten ein tatsächliches Element, das sicherstellen soll, dass die Rechtsveränderung dem Rechtsverkehr gegenüber sichtbar wird. Bei Verfügungen über dingliche Rechte an beweglichen Sachen ist dies die Übergabe (vgl §§ 929 S 1, 1032 S 1, 1205 Abs 1 S 1 BGB; dazu u Rn 124 ff), für Verfügungen über Rechte an Grundstücken die Eintragung in das Grundbuch (§ 873 Abs 1 BGB; dazu Rn 179 ff).

11 Da die schuldrechtliche Rechtslage grundsätzlich nur die jeweiligen Schuldner und Gläubiger betrifft, sind sie auch darin frei, die Inhalte der Schuldverhältnisse zu bestimmen; insbesondere sind sie nicht an die gesetzlich geregelten Typen von Schuldverhältnissen gebunden, sondern können auch ganz neue Schuldverhältnisse schaffen. Eine solche inhaltliche Gestaltungsfreiheit genießen die Parteien dinglicher Rechtsgeschäfte nach hM nicht: Sie können nur aus dem geschlossenen Kreis *(numerus clausus)* der gesetzlich geregelten Sachenrechte wählen und keine neuen dinglichen Rechte erschaffen – weil diese eben gegenüber jedermann wirken und der Rechtsverkehr nicht mit Rechten konfrontiert werden soll, deren Inhalt er nicht kennt.[17]

c) Spezialität und Bestimmtheit

12 Dingliche Rechtsgeschäfte unterliegen dem Spezialitätsprinzip und dem Bestimmtheitsgrundsatz, die allerdings nicht immer klar voneinander getrennt werden.[18] Nach dem Spezialitätsprinzip kann sich ein dingliches Rechtsgeschäft immer nur auf eine einzelne Sache beziehen. Das bedeutet zum einen, dass es die Sache insgesamt erfassen muss und sich nicht auf Teile derselben beschränken kann; so sieht es auch § 93 BGB vor. Zum anderen schließt das Spezialitätsprinzip „Gattungsverfügungen", also Verfügungen über Sachgesamtheiten (Viehherde, Warenlager etc) als solche, aus. In-

---

§ 929 Rn 37; WIELING (Fn 1) § 1 III 4 c aa; WESTERMANN/WESTERMANN (Fn 1) § 3 Rn 10.
[16] STAUDINGER/SACK/FISCHINGER (2017) § 138 Rn 219; SOERGEL/STÜRNER (Fn 15) § 873 Rn 9; SOERGEL/HENSSLER (Fn 15) Vor § 929 Rn 13, § 929 Rn 36; WIELING (Fn 1) § 1 III 4 c aa; WESTERMANN/WESTERMANN (Fn 1) § 3 Rn 10; BAUR/STÜRNER (Fn 4) § 5 Rn 51. Weitergehend für ein regelmäßiges Durchschlagen der Nichtigkeit auf das Erfüllungsgeschäft auch im Falle des § 138 Abs 1 STAUDINGER/WIEGAND (2017) § 929 Rn 24.

[17] MÜLLER/GRUBER (Fn 1) Rn 12–15; WESTERMANN/WESTERMANN (Fn 1) § 2 Rn 15–17; WOLFF/RAISER, Sachenrecht (10. Aufl 1957) § 2 II 1; PRÜTTING (Fn 1) § 3 Rn 20; WILHELM (Fn 3) Rn 13–16. Stark einschränkend WIELING (Fn 1) § 1 II 4 f, insbes mit Blick auf § 1007; dazu unten Rn 81 ff.
[18] Eine Differenzierung ablehnend etwa STAUDINGER/WIEGAND (2017) Anh zu §§ 929 ff Rn 95; WILHELM (Fn 3) Rn 21.

soweit hat es allerdings kaum praktische Relevanz: Bezeichnen die Parteien der dinglichen Einigung die Sachen, die von ihr betroffen sein sollen, nur der Gattung nach, sind ihre Erklärungen als eine Vielzahl auf die einzelnen Sachen bezogener dinglicher Einigungen auszulegen. Es ist also kaum denkbar, dass ein dingliches Rechtsgeschäft unter diesem Aspekt wegen Verstoßes gegen das Spezialitätsprinzip unwirksam sein könnte.

Erhebliche praktische Bedeutung kommt dagegen dem Bestimmtheitsgrundsatz zu. **13** Nach Ansicht des BGH verlangt er, dass „infolge der Wahl einfacher, äußerer Abgrenzungskriterien für jeden, der die Parteiabreden in dem für den Eigentumsübergang vereinbarten Zeitpunkt kennt, ohne Weiteres ersichtlich ist, welche individuell bestimmten Sachen übereignet worden sind".[19] Er flankiert das Publizitätsprinzip: Wäre nicht eindeutig, welche einzelne Sache von dem dinglichen Rechtsgeschäft erfasst ist, könnte auch der Rechtsverkehr nicht erkennen, auf welche konkrete Sache sich die Änderung in der dinglichen Rechtslage bezieht.[20] Eine dingliche Einigung über den in seiner Zusammensetzung unbestimmten Teil einer Sachgesamtheit – „die Hälfte der Bücher meiner Bibliothek" – ist daher schlechthin unwirksam. Soll nur über einen Teil einer Sachgesamtheit verfügt werden, muss dieser so bestimmt sein, dass für einen Außenstehenden im Zeitpunkt der Einigung erkennbar ist, welche einzelnen Sachen von dem dinglichen Rechtsgeschäft betroffen sein sollen und welche nicht.[21] Das lässt sich etwa dadurch sicherstellen, dass die Sachen, die von der Verfügung erfasst sein sollen, markiert oder räumlich von den anderen abgegrenzt werden.

3. Sachen

a) Sachbegriff

Sachen sind ausweislich § 90 nur körperliche Gegenstände. „Gegenstand" ist also der **14** Oberbegriff für alle Rechtsobjekte, und unkörperliche Gegenstände sind keine Sachen. Das „nur" im Wortlaut der Norm erklärt sich historisch: Nach gemeinem Recht, das vor Inkrafttreten des BGB in weiten Teilen Deutschlands galt, bezeichnete *res*, Sache, alle Gegenstände. Von dieser Terminologie geht teilweise etwa noch die ZPO aus (etwa § 808 Abs 1 ZPO: „körperliche Sachen"). Im materiellen Sachenrecht hat sich davon erhalten, dass vereinzelt auch dingliche Rechte an Rechten bestellt werden können: ein Pfandrecht (§§ 1273–1296 BGB) oder ein Nießbrauch (§§ 1068–1084 BGB).

„Körperlich" meint, dass ein Gegenstand räumlich abgrenzbar und beherrschbar sein **15** muss, um als Sache qualifiziert werden zu können. Keine Sachen sind daher elektrischer Strom oder elektrische Ladungen, also etwa auch Daten[22] (wohl aber Datenträger!). Auf den Aggregatzustand kommt es nicht an, so dass nicht nur feste Körper, sondern auch Flüssigkeiten und Gase Sachen sein können – allerdings nur, wenn sie abgrenzbar und beherrschbar sind, also nicht das Wasser im Ozean oder die Luft in einem Raum, wohl aber Flüssigkeiten oder Gase in einem Behältnis.[23] Nach diesen

---

[19] Vgl etwa BGH NJW 2000, 2898. Kritisch zur „Beobachterklausel" STAUDINGER/WIEGAND (2017) Anh zu §§ 929 ff Rn 99, 101.
[20] BeckOGK/KLINCK § 929 Rn 10. 1.
[21] BGH NJW 1994, 133, 134.
[22] Gegen ein *de lege ferenda* zu schaffendes dingliches Privatrecht an Daten FAUST, Digitale Wirtschaft – Analoges Recht: Braucht das BGB ein Update?, Gutachten zum 71. Deutschen Juristentag 2016 S A 1 f; gegen Eigentum an Daten *de lege lata* DORNER CR 2014, 617 ff. Einen sehr knappen Überblick über die Diskussion geben BRÄUTIGAM/KLINDT NJW 2015, 1137, 1139.
[23] WIELING (Fn 1) § 2 1; MÜLLER/GRUBER

Maßstäben ist zwar auch der menschliche Körper eine Sache; soweit er aber unter dem Schutz des Persönlichkeitsrechts steht, ist er dem Rechtsverkehr entzogen und kann daher nicht Gegenstand eines dinglichen Rechts sein.[24]

16 Das Gesetz unterscheidet zwischen beweglichen Sachen und Grundstücken, definiert diese beiden Begriffe aber nicht. Grundstücke sind durch amtliche Vermessung bestimmte und durch die Art ihrer Buchung im Grundbuch individualisierte, räumlich abgegrenzte Teile der Erdoberfläche;[25] bewegliche Sachen sind all solche, die keine Grundstücke sind. Weitere im Gesetz angelegte Unterscheidungen wie diejenige zwischen teilbaren und unteilbaren (vgl § 752 BGB), vertretbaren und nicht vertretbaren (§ 91 BGB) verbrauchbaren und nicht verbrauchbaren (§ 92 BGB) Sachen sind für das Sachenrecht ohne Bedeutung.

b) Wesentliche Bestandteile

17 Besteht eine Sache aus mehreren Teilen, stellt sich die Frage, ob es sich dabei rechtlich um eine einheitliche (zusammengesetzte) Sache handelt oder ob um mehrere Sachen; anders gesagt: ob an den einzelnen Teilen unterschiedliche Rechte bestehen können. § 93 BGB beantwortet diese Frage danach, ob es sich bei den Teilen um „wesentliche Bestandteile" handelt, und definiert diese als „Bestandteile …, die voneinander nicht getrennt werden können, ohne dass der eine oder der andere zerstört oder in seinem Wesen verändert wird". Dieser Norm liegt die Erfahrung zugrunde, dass die Existenz unterschiedlicher Rechte an Sachteilen leicht dazu führen kann, dass die Verbindung gelöst wird. Dies wiederum kann wirtschaftliche Werte vernichten, da der Wert der zusammengesetzten Sache durchaus wesentlich höher sein kann als die Summe des Wertes ihrer Einzelteile. Den geistigen Vätern des § 93 BGB ging es darum, diesen Mehrwert zu schützen.[26] Diesem Anliegen wird die Norm bei beweglichen Sachen allerdings nicht gerecht: Für die Frage, ob ein wesentlicher Bestandteil vorliegt, kommt es nach ihrem Wortlaut und dessen heute[27] herrschender Auslegung nicht darauf an, ob nach der Abtrennung des fraglichen Bestandteils das Sachganze noch funktionsfähig ist, sondern allein darauf, ob die entstehenden Teile – der abgetrennte Bestandteil und der „Sachrest" – zerstört oder in ihrem Wesen verändert werden.[28] Daher sind die Räder eines Pkw keine wesentlichen Bestandteile desselben, obwohl der Pkw nicht mehr bestimmungsgemäß genutzt werden kann, nachdem die Räder abmontiert wurden. Denn die Räder einerseits können noch bestimmungsgemäß genutzt werden, wenn man sie nämlich an einen anderen Pkw montiert; und auch der Pkw andererseits lässt sich noch nutzen, wenn man nämlich wieder Räder montiert. Der Pkw wird durch das Abmontieren der Räder auch nicht in seinem Wesen geändert. Mit diesem wenig treffenden Ausdruck sollte nur der Fall erfasst werden, dass der abgetrennte Teil oder

---

(Fn 1) Rn 25; WILHELM (Fn 3) Rn 59; Münch-Komm/STRESEMANN (7. Aufl 2015) § 90 Rn 8 f.
[24] Näher etwa WIELING (Fn 1) § 2 II 2; Beck-OGK/MÖSSNER § 90 Rn 14–33.
[25] STAUDINGER/GURSKY (2012) Vorbem 16 zu §§ 873 ff; WILHELM (Fn 3) Rn 570; Münch-Komm/KOHLER (7. Aufl 2017) Vor § 873 Rn 1–3; BAUR/STÜRNER (Fn 4) § 3 Rn 5.
[26] Motive bei MUGDAN III, 22 f. Allein hierauf abhebend BGH NJW 1988, 2789, 2790; Beck-OGK/MÖSSNER § 93 Rn 4; MünchKomm/STRESEMANN (Fn 23) § 93 Rn 1. Kritisch WIELING (Fn 1) § 2 III 2 c.
[27] Anders etwa noch RGZ 50, 241, 243.
[28] WIELING (Fn 1) § 2 III 3; MÜLLER/GRUBER (Fn 1) Rn 36; STAUDINGER/STIEPER (2017) § 93 Rn 16–19; MünchKomm/STRESEMANN (Fn 23) § 93 Rn 10; BGH NJW 2012, 778, 778 Rn 16.

die Restsache durch die Trennung unbrauchbar werden, ohne dass ihre Substanz zerstört wird. Daher sind etwa Schubladen wesentliche Bestandteile einer Kommode, wenn sie nur in diese passen,[29] nicht aber die Räder eines Pkw, die auch für einen anderen Pkw verwendbar sind. Der Mehrwert, der in der Verbindung von Pkw und Rädern liegt, wird also keineswegs geschützt. Hier wird lediglich das weitere Anliegen, dass der Norm zugrunde liegt, umgesetzt: nämlich zu verhindern, dass durch Abtrennung die einzelnen Teile zerstört werden.[30]

§§ 94 f BGB enthalten Sonderregelungen darüber, was wesentliche Bestandteile eines Grundstücks sind. § 94 Abs 1 S 1 BGB normiert zunächst den Grundsatz *superficies solo cedit*: Die mit dem Grund und Boden fest verbundenen Sachen, insbesondere die Gebäude, zählen zu den wesentlichen Bestandteilen des Grundstücks. Dieser Grundsatz wird eingeschränkt durch § 95 Abs 1 BGB: Ist die Sache nur zu einem vorübergehenden Zweck mit dem Grundstück verbunden (Bauzaun, Bäume in einer Baumschule)[31], ist sie kein wesentlicher Bestandteil, bleibt also sonderrechtsfähig; das Gleiche gilt für Gebäude, die in Ausübung eines Rechts an einem fremden Grundstücks – insbesondere eines Erbbaurechts (vgl § 12 Abs 1 ErbbauRG, u Rn 251) – vom Berechtigten auf diesem errichtet werden. Zu den wesentlichen Bestandteilen eines Gebäudes wiederum – und damit wegen § 94 Abs 1 S 1 BGB idR zu den wesentlichen Bestandteilen des Grundstücks – gehören alle beweglichen Sachen, die zur Herstellung *(perfectio)* des Gebäudes in dieses eingefügt wurden, es sei denn, dies erfolgte zu einem vorübergehenden Zweck, § 95 Abs 2 BGB. Zu den wesentlichen Bestandteilen eines Gebäudes und damit des Grundstücks zählen also etwa Türen, Fenster, sanitäre Anlagen oder Leitungen. § 94 Abs 1 S 1, 2 BGB setzen damit das Anliegen, den wirtschaftlichen Verbund vor einem Wertverlust durch Teilung zu schützen (Rn 17) wesentlich effektiver um als die Grundregel des § 93 BGB. Dies wirkt sich insbesondere im Kreditsicherungsrecht aus: Wer Türen, Fenster etc unter Eigentumsvorbehalt[32] geliefert hat, verliert diese Sicherheit wegen § 946 BGB mit dem Einbau in das Gebäude; die damit verbundene Werterhöhung kommt demjenigen zugute, zu dessen Gunsten das Grundstück mit einem Grundpfandrecht[33] belastet wurde.

c) Früchte

Früchte einer Sache sind nach § 99 Abs 1 BGB ihre Erzeugnisse und die bestimmungsgemäß aus ihr gewonnene Ausbeute. Erzeugnisse sind alle organischen Produkte der Muttersache: der Apfel vom Apfelbaum, die Milch oder auch das Kalb von der Kuh etc. Dabei muss die Substanz der Muttersache erhalten bleiben,[34] weshalb etwa das aus der Schlachtung eines Rindes gewonnene Fleisch nicht zu dessen Früchten zählt. Die Ausbeute dagegen kann durchaus zulasten der Sachsubstanz gehen, solange sie nur der Bestimmung der Sache gemäß gewonnen wird und die Muttersache erhalten bleibt.[35] Das Fleisch eines Rindes ist also auch keine Ausbeute – und damit keine Frucht. Ausbeute sind vor allem Abbauprodukte aus einem Grundstücke: Kies, Sand, Lehm, Torf etc.

---

[29] Wieling (Fn 1) § 2 III 3 c.
[30] Hierauf abstellend Staudinger/Stieper (2017) § 93 Rn 3.
[31] Bspe von Wieling (Fn 1) § 2 III 6 a.
[32] Zu ihm Herresthal, in: Staudinger/Eckpfeiler K. Rn 204 ff.
[33] Vgl Herresthal, in: Staudinger/Eckpfeiler K. Rn 166 ff.
[34] Staudinger/Stieper (2017) § 90 Rn 6; Wieling (Fn 1) § 2 III 1 a bb.
[35] Staudinger/Stieper (2017) § 90 Rn 9; BeckOGK/Mössner § 99 Rn 9.

d) Zubehör

20 Die Frage, ob eine Sache Zubehör einer anderen ist, stellt sich etwa bei der Zuordnung zum Haftungsverband eines Grundpfandrechts (§ 1120 BGB), aber auch bei Veräußerungs- oder Sicherungsgeschäften: Die Verpflichtung, eine Sache zu veräußern oder zu belasten, erstreckt sich nach § 311c BGB im Zweifel auch auf ihr Zubehör, und das Zubehör zu einem Grundstück wird nach § 926 Abs 1 S 2 BGB im Zweifel mit diesem übereignet. Ob eine Sache Zubehör einer anderen ist, hängt nicht von den Eigentumsverhältnissen ab. Voraussetzung ist nach § 97 Abs 1 BGB vielmehr, dass die Sache beweglich ist, dem wirtschaftlichen Zweck der Hauptsache dient und zu ihr in einem entsprechenden räumlichen Verhältnis steht. § 98 BGB enthält Beispiele für Sachen, die dem wirtschaftlichen Zweck einer anderen Sache dienen. § 97 Abs 2 BGB stellt klar, dass die vorübergehende Zweckwidmung die Zubehöreigenschaft nicht begründet und eine vorübergehende räumliche Trennung sie nicht aufhebt.

II. Besitz

1. Faktischer Tatbestand mit rechtlicher Relevanz

21 Die zentralen Institute des Sachenrechts sind das Eigentum und der Besitz. Als tatsächliche Sachherrschaft ist Besitz auch ohne Rechtsordnung denkbar – anders als das Eigentum, das als rein rechtliche Erscheinung nur in dem Rahmen bestehen kann, den eine Rechtsordnung vorgibt. Einen bestimmten tatsächlichen Zustand rechtlich als „Besitz" zu qualifizieren, hat aber nur dann einen Sinn, wenn er rechtlich relevant ist; das ist der Besitz in zweierlei Hinsicht. Zum einen ist er als solcher rechtlich geschützt: Der Besitzer darf sich gegen jeden, der ihn in seiner Sachgewalt stört, wehren und kann die Beseitigung solcher Störungen verlangen (dazu Rn 45 ff). Zum anderen dient der Besitz als Publizitätsträger: Von dem Besitzer einer beweglichen Sache wird vermutet, dass er aufgrund eines dinglichen Rechts zum Besitz berechtigt sei; die Übertragung eines dinglichen Rechts an einer beweglichen Sache verlangt grundsätzlich die Übertragung des Besitzes vom Veräußerer auf den Erwerber, damit der Rechtsverkehr erkennen kann, dass die Berechtigung wechselt.

22 Mit dieser Doppelfunktionalität korrelierte im römischen Recht ein doppelter Besitztatbestand: Die für manche Eigentumserwerbsvorgänge erforderliche *possessio (ad usucapionem)* setzte stets Eigenbesitz voraus, der Besitzer durfte also kein höherrangiges fremdes Recht an der Sache anerkennen (vgl heute § 872 BGB und u Rn 30). Auch der Schutz durch amtliche Gewaltverbote *(interdicta)* wurde grundsätzlich nur Eigenbesitzern gewährt *(possessio ad interdicta)*.[36] Das geltende deutsche Recht dagegen geht mit §§ 854 ff BGB zwar von einem einheitlichen Tatbestand des unmittelbaren Besitzes aus, für den es auf einen Eigenbesitzwillen zunächst nicht ankommt.[37]

---

[36] Daneben waren nur bestimmte Fremdbesitzer geschützt: neben dem Erbpächter derjenige, dem die Sache auf jederzeit widerrufliche Bittleihe *(precarium)* hin überlassen worden war, ferner der Inhaber eines Pfandrechts an der Sache und schließlich der Sequester, der die Sache während eines um sie geführten Rechtsstreits treuhänderisch zu verwahren hatte; vgl hierzu mit Quellen WIELING, in: KNÜTEL (Hrsg), 100 Jahre japanisches Zivilgesetzbuch (2004) 361, 363 ff; KASER, Das römische Privatrecht I (2. Aufl 1971) § 94 III 2 b–e; KASER/KNÜTEL/LOHSSE, Römisches Privatrecht (21. Aufl 2017) § 19 Rn 12 ff.

[37] Anders ERNST, Eigenbesitz und Mobiliarerwerb (1992) 25 ff: In §§ 854 ff sei nur der Besitz als Grundlage des Besitzschutzes geregelt, während der für den Rechtserwerb erforderliche Eigenbesitz als selbständiger Tatbestand bei den einzelnen Erwerbsgründen (§§ 929 ff) nor-

Der historische doppelte Besitzbegriff scheint jedoch immer wieder auf, wenn es um die verschiedenen rechtlichen Funktionen geht, die der Besitz erfüllt (vgl insbesondere Rn 99 ff).

2. Erwerb und Verlust des unmittelbaren Besitzes

a) Der Tatbestand des unmittelbaren Besitzes

Nach § 854 Abs 1 BGB wird der Besitz einer Sache durch die Erlangung der tatsächlichen Gewalt über die Sache erworben. Ausweislich des Wortlauts der Norm umschreibt diese zwar nur Erwerbsvoraussetzungen, nicht aber den Tatbestand des unmittelbaren Besitzes. Schon aus logischen Gründen allerdings muss der Tatbestand des Besitzes erfüllt sein, wenn die Voraussetzungen für seinen Erwerb vorliegen, und in diesem Sinne ist es nicht falsch, wenn man § 854 Abs 1 BGB auch als Definition des Besitztatbestandes versteht. Als solche taugt die Norm allerdings wenig: Zum einen führt das ihr zufolge einzige Merkmal „tatsächliche Gewalt über die Sache" unmittelbar zu weiteren Definitionsfragen (sogleich Rn 24 ff); zum anderen ist der Tatbestand nach heute ganz herrschender Meinung insoweit unvollständig, als in § 854 Abs 1 BGB von einem Besitzwillen keine Rede ist (u Rn 28 ff).

aa) Objektive Sachherrschaft

Wann genau jemand tatsächliche Gewalt über eine Sache hat, lässt sich nicht allgemeingültig definieren. Es liegt zwar nahe, tatsächliche Gewalt erst dann anzunehmen, wenn der Besitzer mit der Sache verfahren kann, wie er will, und insbesondere in der Lage ist, den Zugriff eines jeden Dritten abzuwehren. § 858 Abs 1 BGB aber belegt, dass Besitz auch dann vorliegt, wenn ein Dritter den Besitzer ohne dessen Willen im Besitz stören, ihm diesen sogar entziehen kann. Die Möglichkeit, Dritte von der Sache vollständig auszuschließen, kann also nicht Voraussetzung des Besitzes sein. Dem Willen der Gesetzesverfasser[38] folgend, wird meist darauf verwiesen, dass der Besitz eine soziale Tatsache sei; Besitzer sei daher, wer nach der Verkehrsanschauung die Möglichkeit habe, die tatsächliche Gewalt über die Sache auszuüben.[39]

An diesem Rekurs auf die Verkehrsanschauung wird seit langem Kritik geübt.[40] In der Tat hilft er gerade in Zweifelsfällen, in denen eine Definition ihren Wert beweisen muss, wenig weiter: So mag man sich in eindeutigen Fällen unterstützend auf eine angebliche Verkehrsanschauung berufen, etwa um den Besitz am Portemonnaie zu bejahen, wenn es sich in der Hosentasche befindet, oder zu verneinen, wenn es noch auf dem Tisch eines belebten Gasthauses liegt, während der frühere Besitzer zuhause seinen Rausch ausschläft; was aber sagt „die Verkehrsanschauung" darüber, ob noch Besitz an dem Portemonnaie besteht, das in einer belebten Bahnhofshalle aus der Tasche gefallen ist und nun zehn Meter entfernt auf dem Boden liegt? Wäre die Anerkennung durch „die Verkehrsanschauung" eine tatsächliche Voraussetzung des Be-

---

miert sei. Gegen die Vorstellung vom Eigenbesitz als einem von §§ 854 ff selbständigen Besitztatbestand Wilhelm (Fn 3) Rn 435 Fn 885, und Wieling NJW 1993, 510.
[38] Mugdan III 502 (Zweite Kommission).
[39] Vgl etwa Soergel/Stadler (Fn 15) § 854 Rn 4; Erman/Lorenz (15. Aufl 2017) § 854 Rn 2; PWW/Prütting (12. Aufl 2017) § 854 Rn 7; Wieling (Fn 1) § 4 I 1 a; Wolff/Raiser (Fn 17) § 5 III pr; Westermann/Gursky (Fn 1) § 8 Rn 2; Baur/Stürner (Fn 4) § 7 Rn 5.
[40] MünchKomm/Joost (Fn 25) § 854 Rn 4; E Wolf, Sachenrecht (2. Aufl 1979) § 2 A II b; Heck, Grundriß des Sachenrechts (1930) S. 4–5; Schreiber, Sachenrecht (6. Aufl 2015) Rn 40; Ernst (Fn 37) 42 f; Hartung, Besitz und Sachherrschaft (2001) 129 ff.

sitzes, müsste ein Richter, der darüber zu entscheiden hat, wer zu einem bestimmten Zeitpunkt Besitzer der Sache war, im Streitfall über sie Beweis erheben. Stattdessen wird er eine bestimmte Verkehrsanschauung behaupten, hinter der sich in Wahrheit seine eigene Anschauung verbirgt. „Die Verkehrsanschauung" kann daher leicht zum Scheinargument verkommen, zu einem Blankett,[41] mit dem das als richtig empfundene Ergebnis begründet werden soll. Auf eine angebliche Verkehrsanschauung abzustellen führt also wenig weiter; teils führt es sogar in die Irre. Denn es wird suggeriert, dass Besitz zu verneinen sei, wenn der Besitzer die Gewalt nach „der Verkehrsanschauung" nicht unmittelbar ausüben könne. Das ist aber nicht gemeint. So ist im Ergebnis weitgehend unstreitig, dass man Besitz an Briefen erwirbt, die in den eigenen Briefkasten geworfen werden, mag man sich auch gerade im Schlafzimmer, im einige Kilometer entfernten Büro oder gar auf der anderen Erdhalbkugel im Urlaub befinden und an einer unmittelbaren Gewaltausübung daher gehindert sein.[42]

26 Allerdings ist mit der herrschenden Meinung davon auszugehen, dass der Besitz eine soziale Tatsache ist: Nur als solche erfüllt er seine Funktionen, eine dingliche Berechtigung an der Sache anzuzeigen und die Sachsphäre abzugrenzen, binnen derer sich eine Person eigenmächtiger Zugriffe Dritter mit Gewalt erwehren darf. Insoweit ist es auch richtig, auf den Rechtsverkehr abzustellen, allerdings nicht auf eine angebliche allgemeine (?) Anschauung darüber, ob Gewalt über eine Sache gegeben ist oder nicht, sondern auf die feststellbare, der Willkür des Betrachters entzogene tatsächliche mehrheitliche Übung. So ist der Hinweis auf die Verkehrsanschauung von den meisten Vertretern der herrschenden Ansicht auch gemeint:[43] Tatsächliche Gewalt über eine Sache ist gegeben, wenn der Wille einer Person, diese Sache zu beherrschen, im Allgemeinen (noch) respektiert wird. Bei aller Vorsicht ließe sich als etwas anschaulichere Faustregel formulieren: Eine Person hat tatsächliche Gewalt über eine Sache, wenn der ungefragte Zugriff eines Dritten auf diese Sache als Eingriff in ihre Individualsphäre, als Affront begriffen würde.[44] Die tatsächliche Übung ist freilich nichts anderes als eine tatsächlich praktizierte „Verkehrsanschauung"; über jene wird der Richter im Zweifels- und Streitfall ebenso wenig Beweis erheben wie über diese und über beide lässt sich oft trefflich streiten. Auf die tatsächliche Übung statt auf die „Verkehrsanschauung" abzustellen hat aber immerhin den Vorteil, dass sich mit der tatsächlichen Übung weniger willkürlich argumentieren lässt als mit einer bloßen inneren „Verkehrsanschauung".

27 Nach herrschender Meinung genügt nicht jede Gewalt über die Sache; vielmehr soll erforderlich sein, dass sie sich in einer räumlichen Beziehung der Person zur Sache äußere und für eine gewisse Dauer Bestand habe.[45] Beides ist abzulehnen.[46] Die Ver-

---

[41] Insbesondere HECK (Fn 40) § 5. 5 und 6, vertritt die These, der Besitz sei als solcher ein Blankettbegriff, den der Richter „durch Abwägung der Interessen und nach Maßgabe der gesetzlichen Werturteile, der *ratio legis*, zu vollziehen" habe. Damit wird eine allgemeingültige Definition des Besitzes verweigert, derer es aus Gründen der Rechtssicherheit und nicht nur mit Blick auf die Gewaltrechte des Besitzers (unten Rn 40) dringend bedarf!
[42] Vgl nur STAUDINGER/GUTZEIT (2018) § 854 Rn 38; WESTERMANN/GURSKY (Fn 1) § 12 Rn 3 f.
[43] STAUDINGER/GUTZEIT (2018) § 854 Rn 6; WIELING (Fn 1) § 4 I 1 a; WESTERMANN/GURSKY (Fn 1) § 8 Rn 4; MÜLLER/GRUBER (Fn 1) Rn 236. Vgl auch bereits E WOLF (Fn 40) § 2 A II a.
[44] Ähnlich WIELING (Fn 1) § 4 I 1 a: „psychische Schranke für einen fremden Zugriff auf die Sache".
[45] BGH NJW-RR 2017, 818, 820 Rn 18; SOERGEL/STADLER (Fn 15) § 854 Rn 5, 8; PALANDT/

treter der herrschenden Meinung machen selbst nicht immer deutlich, welche Anforderungen an die räumliche Beziehung zu stellen sind; bejahen sie etwa – zu Recht! – die Möglichkeit, Briefe in einem tausende Kilometer entfernten Briefkasten zu besitzen, fragt sich, worin diese Einschränkung überhaupt liegen soll. Die These, dass bei kurzfristiger Gewalt kein Besitz vorliegen soll, ist dadurch motiviert, dass man dem Inhaber von vornherein kurzfristiger Gewalt die Gewaltrechte nach § 859 BGB verwehren will. Das ist nicht in allen Fällen gerechtfertigt: So sollte sich auch derjenige, der die gerade gekaufte Eiswaffel sofort verzehren will, nach Maßgabe des § 859 Abs 1 BGB gegen deren Wegnahme wehren dürfen! In anderen Fällen mag das Anliegen berechtigt sein, etwa wenn sich der Sitznachbar in der Oper das Opernglas borgt und danach nicht mehr herausgeben will oder der Gast in der Kneipe das gerade geleerte Bierglas mit sich nehmen möchte.[47] Wenn sich der Sitznachbar sein Opernglas oder der Wirt sein Bierglas sodann mit Gewalt wiederholen möchte, sollte man ihm dies erlauben und nicht etwa dem anderen das Recht zusprechen, sich mit Gewalt zu wehren; es sollte also derjenige den wehrfähigen Besitz behalten, der die Sache nur kurz aus der Hand gegeben hat. Dazu muss aber kurzfristigem Gewahrsam nicht generell jede besitzrechtliche Bedeutung abgesprochen werden: Warum etwa sollte sich derjenige, der das Opernglas geliehen hat oder in der Kneipe sein Bier trinkt, nicht dagegen wehren dürfen, wenn Dritte ihm das Glas wegnehmen wollen? Sachgerechter ist es daher, solche „Momentanbesitzer",[48] die den Gewahrsam kurzfristig an einen anderen zurückzugeben haben, als dessen Besitzdiener im Sinne des § 855 BGB anzusehen:[49] Dann können sie sich nach Maßgabe der §§ 860, 859 BGB gegen jede von dritter Seite verübte Besitzstörung wehren, nur nicht gegen denjenigen, von dem sie den Gewahrsam erlangt haben und an den sie ihn zurückgeben müssen, weil dieser nämlich im Besitz geblieben ist (vgl noch Rn 53, 103).

bb) Besitzwille

Da in § 854 Abs 1 BGB nur von der „tatsächlichen Gewalt über die Sache" die Rede ist, meinten nach Inkrafttreten des BGB viele, dass der Tatbestand des Besitzes das subjektive Element eines Besitzwillens nicht voraussetze.[50] Einen solchen Bruch mit einer Jahrtausende alten Rechtstradition hatten die Gesetzesverfasser indes keineswegs beabsichtigt,[51] und so erkennt auch die heute herrschende Meinung an, dass ohne Besitzwillen kein Besitz bestehen kann.[52] Das ist schon aus logischen Gründen zwin-

---

HERRLER (76. Aufl 2017) § 854 Rn 3, 5; WOLFF/RAISER (Fn 17) § 5 III 1, 4; BAUR/STÜRNER (Fn 4) § 7 Rn 6, 7; für das Erfordernis einer bestimmten Dauer auch PRÜTTING (Fn 1) Rn 53. Differenzierend MünchKomm/JOOST (Fn 25) § 854 Rn 5 (für die Erforderlichkeit eines räumlichen Verhältnisses) und Rn 11 f (gegen das Erfordernis einer bestimmten Dauer), umgekehrt MÜLLER/GRUBER (Fn 1) Rn 240 f.

46 Zum Folgenden bereits WIELING (Fn 1) § 4 I 1 a.

47 Den Stuhl, auf dem der Gast sitzt, hat er dagegen gemietet; ihn besitzt er, E WOLF (Fn 40) § 2 C II d. Zu Besitz und Besitzschutz eines Hotelgastes bezüglich „seines" Zimmers ZEISING ZMR 2009, 578 ff.

48 Kritisch zum Begriff WIELING (Fn 1) § 4 IV 1 a cc Fn 33.

49 WIELING (Fn 1) § 4 IV 1 a aa, cc; E WOLF (Fn 40) § 2 C II d. Dezidiert **aA** BGH NJW-RR 2017, 818, 819 Rn 14 ff.

50 So etwa noch STROHAL, Der Sachbesitz nach dem Bürgerlichen Gesetzbuch für das Deutsche Reich (1897) 66; KNIEP, Der Besitz des Bürgerlichen Gesetzbuches gegenübergestellt dem römischen und gemeinen Recht (1900) 91 ff; RÜMELIN AcP 93 (1902) 181; ROSENBERG, Sachenrecht (1919) § 854 Anm I 2; CROME, System des deutschen Bürgerlichen Rechts III (1905), § 344 II 2; O GIERKE, Die Bedeutung des Fahrnisbesitzes für streitiges Recht (1897) 4; HECK (Fn 40) § 6. 4 und § 10. 4 a.

51 MUGDAN III, 503 (Zweite Kommission).

52 BGH NJW 1987, 2812, 2813; OLG Koblenz

gend: Da Sachherrschaft die Unterwerfung der Sache unter den eigenen Willen bedeutet, kann von ihr ohne einen solchen Willen keine Rede sein; will jemand eine Sache nicht beherrschen, hat er sie auch nicht in seiner tatsächlichen Gewalt.[53] Entsprechend gering sind allerdings auch die Anforderungen an einen hinreichenden Besitzwillen: Es genügt ein rein tatsächlicher, „natürlicher" Herrschaftswille, der keine Geschäftsfähigkeit verlangt,[54] so dass auch schon kleinste Kinder eigenen Besitzwillen fassen können.[55]

29 Dass Besitz auch ohne Besitzwillen bestehen kann, wird heute nur noch vereinzelt behauptet, und dabei vor allem für den Fall, dass eine Sache in die organisatorische Herrschaftssphäre des Besitzers eingefügt werde.[56] Diese Ansicht unterscheidet sich in ihren Ergebnissen kaum von der herrschenden, weil mit dieser an den Besitzwillen keine allzu hohen Anforderungen zu stellen sind: Insbesondere ist es nicht erforderlich, dass er sich auf eine konkrete Sache richtet. Vielmehr reicht ein abstrakt-genereller Wille aus, der namentlich darauf gerichtet sein kann, alle Sachen zu besitzen, die sich in einer bestimmten Sphäre befinden: der eigenen Wohnung, dem Ladengeschäft, dem Briefkasten. Ob man in solchen Fällen das Erfordernis eines Besitzwillens verneint oder davon ausgeht, es liege ein abstrakt-genereller Besitzwille vor, spielt im Ergebnis keine Rolle. Die Ergebnisse unterscheiden sich, wenn derjenige, in dessen Organisationssphäre die Sache gelangt, zuvor geäußert hatte, den Besitz nicht erwerben zu wollen, denn während nach herrschender Meinung in diesem Fall mangels Besitzwillens kein Besitz erworben wurde, bejahen die Vertreter der Gegenansicht einen Besitzerwerb.[57] Bei dieser Nagelprobe erweist sich die herrschende Meinung als sachgerechter: Weil schon der bloße Besitz eine Haftung begründen kann, etwa mit Blick auf die Herausgabepflicht aus § 985 BGB, geht es nicht an, einer Person unabhängig von deren Willen den Besitz zuzusprechen.[58]

30 Nach römischem und gemeinem Recht hatte grundsätzlich nur derjenige die *possessio*, der kein besseres Recht an der Sache anerkannte, der die Sache also für sein Eigentum hielt oder, etwa als Dieb, den Eigentümer von ihr ausschließen wollte. Einen solchen

---

NJW-RR 1994, 1351; STAUDINGER/GUTZEIT (2018) § 854 Rn 14 f; MünchKomm/JOOST (Fn 25) § 854 Rn 8; SOERGEL/STADLER (Fn 15) § 854 Rn 9; PALANDT/HERRLER (Fn 45) § 854 Rn 4; WIELING (Fn 1) § 4 I 2; MÜLLER/GRUBER (Fn 1) Rn 249; WOLFF/RAISER (Fn 17) § 10 II; PRÜTTING (Fn 1) Rn 54; PETERSEN Jura 2002, 160, 161.
[53] Treffend DERNBURG, Das Bürgerliche Recht des Deutschen Reichs und Preußens III (1908) § 17. 1: „Der Wille ist ... Schöpfer des Besitzes."
[54] STAUDINGER/GUTZEIT (2018) § 854 Rn 17; MünchKomm/JOOST (Fn 25) § 854 Rn 9; WIELING (Fn 1) § 4 I 1 b cc; WOLFF/RAISER (Fn 17) § 10 III 2; WILHELM (Fn 3) Rn 470.
[55] Einschränkend OLG Düsseldorf FamRZ 1999, 652, 653: Das Kind müsse „aufgrund seiner psychischen und physischen Reife zur Ausübung der tatsächlichen Sachherrschaft über die konkrete Sache in der Lage" sein (verneint bei einem siebenjährigen Kind bezüglich eines Pkw).
[56] WESTERMANN/GURSKY (Fn 1) § 12 Rn 3 f. Grundsätzlich gegen das Erfordernis eines Besitzwillens aber HARTUNG (Fn 40) 175 ff, 184 ff.
[57] WESTERMANN/GURSKY (Fn 1) § 12 Rn 4.
[58] Diesem Argument setzt WESTERMANN/GURSKY (Fn 1) § 13 I 2, entgegen, dass eine solche willensunabhängig begründete Haftung nicht ohne Beispiel ist. Das ändert freilich nichts daran, dass sie grundsätzlich vermieden werden sollte. GURSKY verweist ferner darauf, dass der Besitzer die gegen ihn gerichteten Ansprüche sogleich erfüllen und gemäß § 93 ZPO den Kosten eines gegen ihn angestrengten Rechtsstreits entgehen kann. Dies aber mindert die Haftungsrisiken nur. Wenn es möglich ist, sie gänzlich zu vermeiden, sollte von dieser Möglichkeit Gebrauch gemacht werden, indem man eben einen Besitzerwerb ohne Willen von vornherein ausschließt.

animus domini setzt der Besitz des BGB nicht voraus; gemäß § 872 BGB unterscheidet er jedoch den Eigen- vom Fremdbesitz. Auf diese Unterscheidung kommt es zwar nicht für den Besitzschutz nach §§ 858 ff BGB an, die für Eigen- und Fremdbesitz gleichermaßen gelten, wohl aber für manche Rechtserwerbstatbestände, die Eigenbesitz voraussetzen. Wie der Besitzwille ist auch der Eigenbesitzwille ein rein natürlicher Tatbestand, der keine Geschäftsfähigkeit voraussetzt.[59]

cc) Mögliche Besitzobjekte

Grundsätzlich können nur körperliche Gegenstände besessen werden, also Sachen im Sinne des § 90 BGB und nach § 90a S 3 BGB auch Tiere. Besitz kann auch an Sachgesamtheiten bestehen, wobei es im Ergebnis irrelevant ist, ob man einen solchen Besitz als Besitz an den einzelnen Sachen oder an der Sachgesamtheit als solcher versteht. Das sachenrechtliche Spezialitätsprinzip (Rn 12) jedenfalls gilt für den Besitz nicht; es bezieht sich lediglich auf den Erwerb von Rechten an einer Sache.[60] Besitz kann auch an öffentlichen Sachen bestehen, etwa an einer Parklücke. Diese ist zwar nur Teil der Straße als einheitlicher Sache, doch können ausweislich § 865 BGB auch Sachteile besessen werden, sofern sie nur selbständig beherrschbar sind. Dabei kommt es nicht darauf an, ob es sich um wesentliche Bestandteile im Sinne des § 93 BGB handelt. **31**

Besitz kann auch an Sachen bestehen, deren Besitz generell verboten oder nur bestimmten Personen erlaubt ist: etwa an Schusswaffen, Betäubungsmitteln oder geschützten Tieren oder Pflanzen.[61] Zwar ist der Erwerb von Rechten an solchen Sachen unter Umständen gemäß § 134 BGB unwirksam, doch wäre es gefährlich, einen rechtsfreien Raum entstehen zu lassen und dem Besitzer etwa die Schutzrechte aus § 859 BGB zu verweigern – auch deshalb, weil er sich nicht mit einem ihm gleichgeordneten Bürger darüber streiten muss, ob gerade er zum Besitz der Sache berechtigt ist. **32**

An unkörperlichen Gegenständen, namentlich an Rechten, ist grundsätzlich kein Besitz möglich,[62] auch nicht an Rechten, die gemäß § 96 BGB als Bestandteile eines Grundstücks gelten.[63] Eine Ausnahme gilt gemäß § 1029 BGB lediglich für die Grunddienstbarkeit: Wird der Besitzer eines Grundstücks, für dessen Eigentümer an einem anderen Grundstück eine Grunddienstbarkeit besteht, in der Ausübung dieser Dienstbarkeit gestört, kann er gegen diese Störung nach Maßgabe der §§ 858 ff BGB vorgehen.[64] **33**

---

[59] STAUDINGER/GUTZEIT (2018) § 872 Rn 2; SOERGEL/STADLER (Fn 15) § 872 Rn 2; WIELING (Fn 1) § 4 I 5; WOLFF/RAISER (Fn 17) § 7 I 1. Anders ERNST (Fn 37) 64.
[60] WIELING (Fn 1) § 4 I 3 a.
[61] Ablehnend WIELING (Fn 1) § 4 I 3 a.
[62] Das ist keine Selbstverständlichkeit. Schon das klassische römische Recht erkannte den Besitz an bestimmten Rechten an; die Figur des Rechtsbesitzes wurde im Mittelalter verallgemeinert und war auch dem späten gemeinen Recht durchaus geläufig, vgl hierzu etwa KLINCK, in: KATZ/LUIG et al (Hrsg), Oxford International Encyclopedia of Legal History (2009) s v Possession (Medieval and Post-Medieval Roman Law). Die Funktion des Rechtsbesitzes lag stets darin, dem Inhaber des Rechts die effektiven Besitzschutzklagen gewähren zu können, wenn er in der Rechtsausübung gestört wurde.
[63] WIELING (Fn 1) § 7 pr; WESTERMANN/GURSKY (Fn 1) § 26 Rn 1; HECK (Fn 40) § 16. 5. Anders etwa noch DERNBURG (Fn 53) § 19. 3.
[64] Einzelheiten bei WIELING (Fn 1) § 7.

dd) Unmittelbarer Besitz bei Personenmehrheit und juristischen Personen

34 Eine Sache kann nicht in dem Sinne von mehreren Personen zugleich besessen werden, dass jede Person unabhängig von der anderen die Sache besitzt, denn die volle Sachherrschaft des einen schließt die eines anderen aus. Daher gibt es keinen unmittelbaren Nebenbesitz.[65] Mehrere Personen können sich jedoch eine gemeinsame Sachgewalt teilen, indem sie sie gemeinsam ausüben: Mitbesitzer in diesem Sinne sind etwa die Mitglieder einer Wohngemeinschaft an den Gemeinschaftsräumen. Gemäß § 866 BGB können Mitbesitzer untereinander keine Besitzschutzrechte geltend machen, soweit sie um die Grenzen des dem einzelnen zustehenden Gebrauchs streiten, denn bei einem solchen Streit geht es nicht um die Sachherrschaft als solche, sondern um dahinter stehende rechtliche Befugnisse. Anders liegt es, wenn ein Mitbesitzer dem anderen die Sachherrschaft insgesamt streitig macht, beispielsweise der eine Bewohner der Wohngemeinschaft dem anderen den Zutritt zur Gemeinschaftsküche nicht nur für bestimmte Zeiten, sondern generell verwehrt. In diesem Fall entzieht er seinem Mitbewohner den Besitz, und diesem stehen Besitzschutzrechte zu. Im Ergebnis ist der Besitzschutz des einen Mitbesitzers gegen den anderen also regelmäßig auf Fälle der Besitzentziehung begrenzt.[66]

35 Eine juristische Person als solche kann mangels eigener Körperlichkeit nicht selbst Sachgewalt ausüben, also auch nichts besitzen. Sie übt ihren Besitz durch ihre Organe aus, wobei es sich nach richtiger, bislang aber nur vereinzelt vertretener Ansicht um eine Stellvertretung im Besitz handelt, während nach herrschender Meinung dogmatisch nicht näher identifizierter „Organbesitz" vorliegen soll (näher u Rn 106 f). Gleiches gilt für Personengesellschaften, sofern es auf deren Besitz überhaupt ankommt, was letztlich nur der Fall ist, wenn sie selbständig Rechte erwerben können.

b) Besitzerwerb

36 Erfolgt der Besitzerwerb durch einseitigen Zugriffsakt, wird der Besitz originär erworben, geht also nicht – wie im Falle des derivativen Besitzerwerbs – vom früheren auf den neuen Besitzer über, sondern entsteht in der Person des Erwerbers neu. Die Unterscheidung zwischen derivativem und originärem Besitzerwerb spielt namentlich für die Verjährung von Ansprüchen aus dinglichen Rechten eine Rolle:[67] Besitzt B eine Sache, die D zuvor ihrem Eigentümer E gestohlen hatte, und macht E nun gegenüber B seinen Herausgabeanspruch aus § 985 BGB geltend, der gemäß § 197 Abs 1 Nr 1 BGB in dreißig Jahren verjährt, so kommt B die während des Besitzes des D verstrichene Verjährungszeit gemäß § 198 BGB nur dann „zugute", wenn der Besitz „durch Rechtsnachfolge" von D auf B übergegangen war. Das ist nicht wörtlich zu nehmen, weil der Besitz kein Recht ist (eingehend noch u Rn 84 f) und es auch nicht darauf ankommt, ob der neue Besitzer ein dingliches Recht an der Sache erworben hat, welches den „dinglichen Anspruch", um dessen Verjährung es geht, in der Regel ja ohnehin gänzlich ausschlösse. Mit „Rechtsnachfolge" ist vielmehr derivativer Besitzerwerb gemeint:[68] also der Erwerb mit Willen und Mitwirkung des vorigen Besitzers oder im Wege des Erbgangs gemäß § 857 BGB.

---

[65] WIELING (Fn 4) § 4 I 3 c. Zum mittelbaren Nebenbesitz noch u Rn 94.
[66] STAUDINGER/GUTZEIT (2018) § 866 Rn 25; SOERGEL/STADLER (Fn 15) § 866 Rn 15; WESTERMANN/GURSKY (Fn 1) § 24 Rn 2; WIELING (Fn 1) § 5 IV 4 b mit Fn 125.
[67] Einzelheiten bei FINKENAUER JZ 2000, 241 ff.
[68] STAUDINGER/PETERS/JACOBY (2014) § 198 Rn 4, 5; MünchKomm/GROTHE (7. Aufl 2015) § 198 Rn 2; FINKENAUER JZ 2000, 241, 243 f.

aa) Derivativer Besitzerwerb

Originärer wie derivativer Besitzerwerb setzen voraus, dass der Besitzer in seiner Person den Tatbestand des unmittelbaren Besitzes verwirklicht, also die tatsächliche Gewalt über die Sache erlangt und einen Besitzwillen fasst. Die Anforderungen an das tatsächliche Gewaltverhältnis sind beim derivativen Besitzerwerb allerdings niedriger, weil die Sache aus einer Gewaltsphäre in eine andere übergeht. Daher lässt § 854 Abs 2 BGB die bloße Einigung mit dem bisherigen Besitzer der Sache genügen, wenn der Erwerber die Gewalt über sie ausüben *kann*. Es genügt also die bloße Möglichkeit der Sachbeherrschung; insbesondere bedarf es keiner Übergabe der Sache im Sinne eines tatsächlichen Gebens und Nehmens, sofern nur der Besitz dem Zugriff des Erwerbers offensteht („offener Besitz"). Besitz an einem allgemeinzugänglich im Wald gelagerten Holzstapel geht also schon dann über, wenn sich Veräußerer und Erwerber im Gasthaus entsprechend einigen. Da es nach Funktion und Tatbestand des Besitzes allein auf die tatsächlichen Verhältnisse ankommt, ist auch die in § 854 Abs 2 genannte Einigung entgegen der herrschenden Ansicht[69] kein Rechtsgeschäft; weder kann sie wegen Irrtums angefochten werden, noch scheitert ihre Wirksamkeit daran, dass die Parteien nicht (voll) geschäftsfähig sind.[70] Dass es allemal zu weit geht, einer Anfechtung der Einigung nach § 854 Abs 2 BGB die Wirkung beizumessen, dass die Sache aufgrund der Rückwirkung nach § 142 Abs 1 BGB im Sinne des § 935 Abs 1 BGB abhanden gekommen sei, haben auch viele Vertreter der herrschenden Ansicht erkannt.[71]

Einen Sonderfall des derivativen Besitzerwerbs, nämlich denjenigen im Wege des Erbgangs, regelt § 857 BGB. Dass der Besitz ohne weiteres auf den (wirklichen!) Erben übergeht, ist eine Fiktion,[72] denn die Voraussetzungen des Besitztatbestands werden in der Person des Erben jedenfalls zur Zeit des Erbfalls, wenn die Wirkung des § 857 BGB eintritt, kaum jemals vorliegen: Vielfach fehlt es schon an einem Besitzwillen, weil der Erbe vom Eintritt des Erbfalls noch nichts weiß. Die Fiktion des § 857 BGB dient dem Schutz des Erben: Die zuvor im Besitz des Erblassers stehenden Sachen sollen mit dem Erbgang nicht besitzlos werden, damit dem Erben gegen jeden, der sich eigenmächtig am Nachlass zu schaffen macht, nach Maßgabe der §§ 858 ff BGB die effektiven Besitzschutzrechte zustehen, und um gemäß § 935 Abs 1 BGB einen gutgläubigen Erwerb an Sachen auszuschließen, die ohne Willen des Erben dem Nachlass entnommen wurden. Dass der Besitz auf den Erben übergeht, setzt voraus, dass der Erblasser Besitzer war, und der Besitz geht so auf den Erben über, wie er beim Erb-

---

[69] STAUDINGER/GUTZEIT (2018) § 854 Rn 29; ERMAN/LORENZ (Fn 39) § 854 Rn 15; SOERGEL/STADLER (Fn 15) § 854 Rn 3; WOLFF/RAISER (Fn 17) § 11 II; WESTERMANN/GURSKY (Fn 1) § 13 III 2; WILHELM (Fn 3) Rn 471a; MÜLLER/GRUBER (Fn 1) Rn 262; BAUR/STÜRNER (Fn 4) § 7 Rn 22; PRÜTTING (Fn 1) Rn 56; KOLLHOSSER JuS 1992, 215, 217.
[70] Wie hier WIELING (Fn 1) § 4 II 1 a bb und § 4 II 2 b; MünchKomm/JOOST (Fn 25) § 854 Rn 32; ders., in: GS Dietrich Schultz (1987) 167, 169 ff; HARTUNG (Fn 40) 200 ff.
[71] STAUDINGER/GUTZEIT (2018) § 854 Rn 30; BAUR/STÜRNER (Fn 4) § 7 Rn 23; WESTERMANN/GURSKY (Fn 1) § 12 Rn 10.
[72] WIELING (Fn 1) § 4 V 1 b; SOSNITZA, Besitz und Besitzschutz (2003) 14 f. Anders die heute herrschende Meinung, die von einem besonderen Besitztatbestand ausgeht, der keine Sachherrschaft voraussetze: STAUDINGER/GUTZEIT (2018) § 857 Rn 4; SOERGEL/STADLER (Fn 15) § 857 Rn 1; ERMAN/LORENZ (Fn 39) § 857 Rn 5; WOLFF/RAISER (Fn 17) § 12 I 4; BAUR/STÜRNER (Fn 4) § 8 Rn 2 („vergeistigte Sachherrschaft"); WILHELM (Fn 3) Rn 483 („rein rechtlicher Besitz"). Da der Besitz ein Faktum ist, steht es nicht im Belieben des Gesetzgebers, einen Zustand ohne tatsächliche Sachgewalt als Besitz zu definieren. Der Gesetzgeber kann Besitz nur fingieren, also die Rechtsfolgen des Besitzes an einen Tatbestand knüpfen, der die tatsächlichen Voraussetzungen des Besitzes nicht erfüllt.

lasser bestand. War der Erblasser mittelbarer Besitzer, erwirbt der Erbe mittelbaren Besitz – es sei denn, er selbst mittelte dem Erblasser den Besitz; in diesem Fall erlischt das Besitzmittlungsverhältnis durch Konfusion.[73] Der Besitzerwerb vollzieht sich nicht etwa schon nach §§ 1922 Abs 1, 870 BGB, indem der Erbe den Herausgabeanspruch gegen den Besitzmittler erbt; vielmehr bedarf es auch hier der Fiktion des § 857 BGB, weil auch der mittelbare Besitz eigenen Besitzwillen des mittelbaren Besitzers voraussetzt (dazu u Rn 90), der dem Erben schon mangels Kenntnis von der Sache oder gar vom Eintritt des Erbfalls vielfach fehlt. Der Fiktion des § 857 BGB liegt ein allgemeiner Rechtsgedanke zugrunde, der auch in anderen Fällen der Gesamtrechtsnachfolge Geltung verlangt:[74] Fällt etwa gemäß § 45 Abs 1 BGB das Vermögen eines aufgelösten Vereins an die in dessen Satzung bestimmten Personen, geht auf diese analog § 857 BGB auch der Besitz an den im Vereinsvermögen befindlichen Sachen über.

bb) Originärer Besitzerwerb

39 Bei originärem Besitzerwerb wird die Sachgewalt neu begründet, was einen deutlicheren Akt voraussetzt, als im Fall der bloßen Übernahme zuvor bestehender Sachgewalt erforderlich ist. Das gilt, wenn die Sache zuvor besitzlos war, vor allem aber dann, wenn der vorherige Besitz an der Sache gebrochen wird. Bei beweglichen Sachen ist daher immer ein körperliches Ergreifen der Sache erforderlich.[75] Wer originär Besitz an einem Grundstück erwerben will, muss es betreten und gegebenenfalls den vorherigen Besitzer dazu bewegen, seine Sachherrschaft aufzugeben.

c) Fortdauer und Verlust des unmittelbaren Besitzes

40 Der unmittelbare Besitz geht verloren, wenn eine seiner beiden Tatbestandsvoraussetzungen, also die tatsächliche Gewalt oder der Besitzwille, verloren geht. Die Anforderungen an die Aufrechterhaltung dieser Tatbestandsmerkmale sind allerdings weniger streng als diejenigen an ihre erstmalige Verwirklichung, wie sich auch aus § 859 BGB ergibt. Der Grund dafür liegt darin, dass der Verkehr die Fortdauer der einmal begründeten Sachherrschaft leichter respektiert als deren erstmalige Begründung, die sich unter Umständen gegen Widerstände durchsetzen muss, und dass der Zweifel dafür streitet, dass ein einmal gefasster Besitzwille fortbesteht.

aa) Verlust der tatsächlichen Gewalt

41 Gemäß § 856 Abs 1 BGB wird der Besitz dadurch beendigt, dass der Besitzer die tatsächliche Gewalt über die Sache aufgibt oder in anderer Weise verliert. Die Aufgabe ist ein Realakt, der keinen rechtsgeschäftlichen Willen erfordert.[76] Die Sachgewalt kann durch einseitigen Akt aufgegeben werden, etwa indem sich der Besitzer von der Sache entfernt. Oftmals wird die tatsächliche Gewalt an einer Sache jedoch dadurch aufgegeben, dass die Sache einem anderen übergeben wird; offener Besitz kann also gemäß § 854 Abs 2 BGB durch bloße Einigung aufgegeben werden. Auf sonstige Weise, also gegen seinen Willen, kann der Besitzer die Sachgewalt etwa dadurch verlieren, dass er die Sache selbst verliert, dass ihm das zuvor besessene Tier entläuft, dass

---

[73] STAUDINGER/GUTZEIT (2018) § 857 Rn 8; SOERGEL/STADLER (Fn 15) § 857 Rn 2; ERMAN/LORENZ (Fn 39) § 857 Rn 3.
[74] STAUDINGER/GUTZEIT (2018) § 857 Rn 28; MünchKomm/JOOST (Fn 25) § 857 Rn 14; SOERGEL/STADLER (Fn 15) § 857 Rn 9; WOLFF/RAISER (Fn 17) § 12 II; BAUR/STÜRNER (Fn 4) § 8 Rn 4.
[75] MünchKomm/JOOST (Fn 25) § 854 Rn 27; WIELING (Fn 1) § 4 II 1 a aa; E WOLF (Fn 40) § 2 E I b 2 bb.
[76] STAUDINGER/GUTZEIT (2018) § 856 Rn 11; WOLFF/RAISER (Fn 17) § 15 I 1; BAUR/STÜRNER (Fn 4) § 7 Rn 26; WIELING (Fn 1) § 4 III 2 a.

die Sache vernichtet wird und namentlich auch dadurch, dass ein anderer die Sachgewalt an sich reißt, indem er die Sache okkupiert.

Da Sachgewalt keine unmittelbare körperliche Beziehung des Besitzers zur Sache **42** erfordert, geht sie nicht verloren, wenn sich der Besitzer von der Sache entfernt, solange seine Sachgewalt noch respektiert wird (vgl o Rn 7). § 856 Abs 2 BGB betrifft nicht solche Fälle einer bloßen Gewahrsamslockerung, sondern Fälle, in denen der Besitzer die Sachgewalt vollständig verloren hat. Da Besitz als tatsächlicher Zustand ohne wirkliche Sachherrschaft nicht bestehen kann, handelt es sich wie bei § 857 BGB (o Rn 38) um eine Fiktion.[77] Das Fortbestehen des Besitzes wird also fingiert, wenn die Verhinderung in der Ausübung der Sachgewalt „ihrer Natur nach" vorübergehend ist. Das ist der Fall, solange eine Wiedererlangung der Gewalt durch den bisherigen Besitzer überwiegend wahrscheinlich ist.[78] So liegt es etwa, wenn ein Hausgrundstück in den Bergen aufgrund von Schneemassen nicht erreichbar oder wenn ein Grundstück durch Hochwasser überschwemmt ist. Der Besitz geht allerdings verloren, wenn sich das anfangs vorübergehend erscheinende Hindernis als dauerhaft erweist, in den Beispielen also etwa der Schnee auf dem Grundstück vergletschert oder sich das Flussbett auf das Grundstück verlagert.

Übergibt der unmittelbare Besitzer die Sache einem Besitzdiener im Sinne des **43** § 855 BGB, gibt er die tatsächliche Gewalt dadurch nicht auf; vielmehr übt er sie fortan durch den Besitzdiener aus, der sich insoweit seinem Willen unterwirft (vgl u Rn 102 ff). Begehrt der Besitzdiener gegen diesen Willen auf, geht diese Sachgewalt verloren; der Besitzdiener schwingt sich zum Besitzer auf und entzieht damit dem vorherigen Besitzherrn den Besitz. Geschieht dies ohne dessen Willen, liegt darin eine verbotene Eigenmacht, welche die Besitzschutzrechte auslöst (Rn 105).

bb) Verlust des Besitzwillens

§ 856 BGB ist ebenso unvollständig wie § 854 Abs 1 BGB: Der Besitz geht auch ver- **44** loren, wenn nur der Besitzwille als subjektive Tatbestandsvoraussetzung entfällt. Jedoch wirkt auch der einmal gefasste Besitzwille grundsätzlich fort, muss also nicht fortlaufend erneuert oder gar betätigt werden. Es ist nicht erforderlich, dass der Besitzer sich der Sache weiterhin bewusst ist, und der Besitz endet nicht einmal, wenn, etwa durch Verfall in ein dauerhaftes Koma, der Besitzer keinen natürlichen Besitzwillen mehr fassen kann.[79] Der Besitzwille endet vielmehr erst, wenn er aktiv aufgegeben wird, der Besitzer also den Beschluss fasst, die Sache fortan nicht mehr besitzen zu wollen. Eines äußerlich erkennbaren Aktes, einer Betätigung dieser Willensänderung bedarf es für den Fortfall dieser rein subjektiven Tatbestandsvoraussetzung entgegen der herrschenden Meinung[80] nicht. Jedoch spricht eine tatsächliche Vermutung dafür, dass der Besitzwille fortbestand, wenn sich die tatsächliche Beziehung des Be-

---

[77] Anders etwa WIELING (Fn 1) § 4 III 2 c, und wohl auch STAUDINGER/GUTZEIT (2018) § 856 Rn 21: § 856 Abs 2 BGB enthalte nur die Klarstellung, dass nach der Verkehrsanschauung der Besitz bei vorübergehendem Verlust der Sachgewalt nicht endet. Aber die „Verkehrsanschauung" kann allenfalls über das Vorliegen der tatsächlichen Sachgewalt entscheiden, nicht hingegen darüber, ob ein tatsächlicher Zustand die Rechtsfolgen des Besitzes zeitigt.

[78] STAUDINGER/GUTZEIT (2018) § 856 Rn 22; MünchKomm/JOOST (Fn 25) § 856 Rn 14; (zweifelhaftes) Beispiel aus der Praxis KG NJW-RR 2007, 239, 240 (Aufrechterhaltung des Besitzes an einer in einer Bankfiliale liegen gelassenen Geldtasche).

[79] WIELING (Fn 1) § 4 III 1.

[80] STAUDINGER/GUTZEIT (2018) § 856 Rn 8; PALANDT/HERRLER (Fn 45) § 856 Rn 1; WIELING (Fn 1) § 4 I 1 b, § 4 III 2 pr.

sitzers zur Sache nicht geändert hat. Derjenige, dem Besitzerwerb nachgewiesen wurde, wird also kaum beweisen können, er habe den Besitz durch inneren Entschluss wieder aufgegeben, wenn sich dieser Entschluss nicht in irgendeiner Form äußerte.

3. Possessorischer Besitzschutz

45 § 858 Abs 1 BGB verbietet es grundsätzlich, einer anderen Person ohne deren Willen den Besitz zu entziehen oder sie im Besitz der Sache zu stören (verbotene Eigenmacht, näher sogleich unter b). Dass dieser allein auf dem Besitz als solchen fußende Besitzschutz etwas redundant „possessorischer" Besitzschutz genannt wird, hat den Sinn, ihn vom „petitorischen" Besitzschutz abzugrenzen, der durch die Verletzung eines Rechts ausgelöst wird, das an der Sache besteht und zu deren Besitz berechtigt (dazu u Rn 81). Auf ein solches Recht kommt es für den possessorischen Besitzschutz nicht an, so dass auch der Eigentümer dem Dieb die Sache nicht ohne weiteres wieder wegnehmen darf. Verstößt der Eigentümer gegen dieses Verbot, darf der Dieb sich mit Gewalt wehren (§ 859 BGB, näher unter Rn 60 ff) und kann vom Eigentümer, der ihm die Sache abgenommen hat, unter Umständen deren Rückgabe verlangen (§ 861, näher unter Rn 66 ff).

a) Grund und Zweck des Besitzschutzes

46 Der Grund, aus dem das Recht den bloßen Besitz ohne Rücksicht auf seine Berechtigung schützt, ist nicht leicht erkennbar. Nach der wohl herrschenden „Friedenstheorie" wird mit dem Besitz der öffentliche Rechtsfrieden geschützt.[81] So lässt sich erklären, warum etwa auch der Eigentümer eine Sache zunächst an den Dieb zurückgeben muss, die er ihm eigenmächtig abnahm: Damit wird private Rechtsdurchsetzung sanktioniert, die mit dem rechtsstaatlichen Gewaltmonopol unvereinbar ist und schon als solche die öffentliche Ordnung bedroht. Der Besitzschutz effektiviert das allgemeine Selbsthilfeverbot, das seinen Grund unter anderem darin findet, dass der Dieb zunächst eben nur ein vermeintlicher Dieb und der Eigentümer ein angeblicher Eigentümer ist, vor zwangsweiser Durchsetzung irgendwelcher Rechte an der Sache also geklärt werden muss, welche Rechte wirklich an ihr bestehen.

47 Diesem Ansatz steht die „Kontinuitätstheorie"[82] gegenüber, derzufolge mit dem Besitz die Kontinuität in der Beziehung des Besitzers zu den Sachen geschützt wird, mit denen dieser sich umgibt, zumeist, aber nicht immer, als „Wirtschaftssphäre". Dieses Interesse des Besitzers habe nur hinter dem nachgewiesenen besseren Recht zum Besitz zurückzutreten. Damit ist ebenfalls, wenn auch aus der Perspektive des Besitzers, nur gesagt, dass die Rechtsschutzinitiativlast bei demjenigen liegen muss, der die derzeit von einem anderen ausgeübte Sachgewalt für sich einfordert, und dass (vermeintliche) Rechte an einer Sache grundsätzlich nicht im Wege der Selbsthilfe durchgesetzt werden dürfen.

---

[81] MünchKomm/Joost (Fn 25) Vorbemerkung vor § 854 Rn 15 f; Soergel/Stadler (Fn 15) Vor § 854 Rn 2; Wolff/Raiser (Fn 17) § 17 pr; Prütting (Fn 1) Rn 48; Sosnitza (Fn 72), 40 ff, 152; Kodek, Die Besitzstörung (2002) 23 ff, 36 ff.
[82] Heck (Fn 40) § 3. 7 und Exkurs 1. Diesem (weitgehend) folgend etwa Staudinger/Gutzeit (2018) Vorbem 18 zu §§ 854 ff; Bund, in: FS Thieme (1993) 363, 371; Baur/Stürner (Fn 4) § 9 Rn 9; Hartung (Fn 40) 44 ff. Für eine Kombination mit der Friedenstheorie Soergel/Stadler (Fn 15) Vor § 854 Rn 2; Westermann/Gursky (Fn 1) § 7 Rn 6.

Gegen die „Friedenstheorie" wird zweierlei eingewandt: Zum einen vermöge sie nicht zu erklären, dass sich der Besitzer verbotener Eigenmacht nach Maßgabe des § 859 BGB auch selbst mit Gewalt erwehren darf; es liege auf der Hand, dass solche Gewaltrechte dem öffentlichen Frieden nicht zuträglich sind.[83] Zum anderen liege nicht in jeder verbotenen Eigenmacht eine Störung der öffentlichen Ordnung, wie sich etwa in dem Beispiel zeige, dass ein Gast statt des mitgebrachten Hutes aus Versehen einen fremden Hut aus dem Gasthaus mit nach Hause nehme.[84] Mit dem Besitz würden vielmehr die Persönlichkeitsrechte des Besitzers geschützt: Da sich der freie Wille einer Person nicht nur in der Ausübung ihrer Rechte, sondern auch in der Nutzung der Sachen entfalte, welche die Person in ihrer Gewalt habe, werde durch eine Störung im Besitz unmittelbar die Persönlichkeit des Besitzers angegriffen, nämlich ihr Wille missachtet, die Sache ungestört zu haben („Persönlichkeitstheorie").[85]

Das gegen die „Friedenstheorie" vorgebrachte Argument, Gewaltrechte würden den Frieden eher stören als wahren, mag zwar im konkreten Einzelfall zutreffen, in dem es zu einer Ausübung solcher Gewaltrechte kommt. Abstrakt-generell aber schützen auch Gewaltrechte den öffentlichen Rechtsfrieden, indem sie nämlich generalpräventive Wirkung entfalten:[86] Weiß der Berechtigte, dass sich auch der an der Sache nicht berechtigte Besitzer gewaltsam gegen eine eigenmächtige Rechtsdurchsetzung wehren darf, wird er im Zweifel vor ihr zurückschrecken. Auch das weitere Argument, nicht in jeder verbotenen Eigenmacht liege zugleich eine Störung des öffentlichen Friedens, ist zweifelhaft, das dafür gebrachte Beispiel wenig aufschlussreich: Stört A, der aus einem Gasthaus den Hut des B mit nach Hause nimmt, weil er ihn für den eigenen hält, den öffentlichen Frieden deshalb nicht, weil er ohne böse Absicht handelt, oder deshalb nicht, weil B ihn unbehelligt ziehen lässt und es nicht zur Gewaltanwendung kommt? Sollte es auf die Arglosigkeit des Störers ankommen, richtete sich dieses Argument auch gegen die „Persönlichkeitstheorie", denn es kann auch keine Rede davon sein, dass der Störer, der sich der Störung überhaupt nicht bewusst ist, den Willen des Besitzers zum ungestörten Haben und damit seine Persönlichkeit „missachtet". Wusste A, dass der Hut dem B gehört, liegt ein Diebstahl und damit allemal eine Störung des öffentlichen Friedens vor, auch wenn B es nicht zur Gewaltanwendung kommen lässt. Gleiches gilt, wenn A glaubt, er sei Eigentümer des Hutes, den B ihm gestohlen habe, und den Hut an sich nimmt, um eigenmächtig sein Eigentum durchzusetzen. Es liegt indes auf der Hand, dass der Besitzschutz von der subjektiven Einstellung des Störers nicht abhängen kann; insbesondere die Frage, ob der Besitzer Gewalt anwenden darf, muss sich schon angesichts seines Haftungsrisikos nach leicht erkennbaren, objektiven Voraussetzungen richten. Daher ist es auch vom Boden der „Friedenstheorie" aus schlüssig, grundsätzlich jede Besitzstörung, mag sie auch arg- und gewaltlos geschehen, als zu unterbindende Störung des öffentlichen Friedens anzusehen; andernfalls würde das Ziel einer effektiven Friedenssicherung sicher verfehlt.

Ohnehin löst sich der Gegensatz zwischen der „Friedenstheorie" und den übrigen Begründungsansätzen weitgehend auf, wenn man bedenkt, dass mit dem öffentlichen

---

[83] WIELING (Fn 1) § 3 III b; ders, in: FG vLübtow (1980) 565, 576.
[84] WIELING (Fn 1) § 3 III b, unter Hinweis auf vSAVIGNY, Das Recht des Besitzes (7. Aufl ND 1967) 63, und HECK (Fn 40) § 3. 6.
[85] WIELING (Fn 1) § 3 III b; ders, in: FG vLübtow (1980) 568 ff mit zahlreichen Nachweisen dieser unter den Spätpandektisten weit verbreiteten Ansicht; vgl auch WILHELM (Fn 3) Rn 445, 450.
[86] So mit Recht SOSNITZA (Fn 72) 42 ff, und auch bereits WESTERMANN/GURSKY (Fn 1) § 7 Rn 5.

Rechtsfrieden das staatliche Gewaltmonopol und mit diesem natürlich auch und gerade die Kontinuität der Wirtschaftssphäre des Einzelnen sowie dessen Persönlichkeitsrechte geschützt werden:[87] Wer eine Sache besitzt, hat nur den Zugriff des übergeordneten Staates, nicht den eines gleichgeordneten Bürgers zu dulden, jeder unberechtigte private Eingriff in die Besitzsphäre verletzt den Besitzer in der Entfaltung seiner Persönlichkeit. Da mit dem Rechtsfrieden also auch die Persönlichkeit des Besitzers geschützt wird, sind „Persönlichkeits-" oder „Kontinuitätstheorie" einerseits und „Friedenstheorie" andererseits nur die individualistische und die kollektive Seite derselben Medaille. Zusammengefasst liegen Grund und Zweck des Besitzschutzes mithin letztlich darin, in dem praktisch besonders wichtigen Bereich der Sachherrschaft das Selbsthilfeverbot zu effektivieren und so das staatliche Gewaltmonopol und durch dieses die Persönlichkeitsrechte der Bürger zu schützen.

b) Verbotene Eigenmacht

51 Auf die gerade angestellten Erwägungen lässt sich das in § 858 Abs 1 BGB angeordnete grundsätzliche Verbot zurückführen, den Besitzer ohne dessen Willen im Besitz zu stören oder ihm den Besitz gar zu entziehen. Dieses Verbot wird insbesondere durch die in § 859 BGB geregelten Gewaltrechte des Besitzers sowie durch die Schutzansprüche aus §§ 861, 862 BGB sanktioniert. In ihren jeweiligen Tatbeständen verweisen diese Sanktionsnormen auf § 858 Abs 1 und 2 BGB zurück, indem sie an die dort definierten Zentralbegriffe des possessorischen Besitzschutzes anknüpfen: die verbotene Eigenmacht (§ 858 Abs 1 BGB) und den fehlerhaften Besitz (§ 858 Abs 2 BGB).

52 „Besitz" im Sinne des § 858 Abs 1 BGB ist ausschließlich der unmittelbare Besitz. Dem mittelbaren Besitzer (u Rn 86 ff) stehen die Gewaltrechte aus § 859 BGB nicht zu und die Besitzansprüche aus §§ 861, 862 nach näherer Maßgabe des § 869 BGB nur, wenn gegen „den Besitzer", also den unmittelbaren Besitzer, verbotene Eigenmacht verübt wird. Der Vermieter einer möblierten Wohnung kann sich also nicht auf § 859 Abs 1 BGB berufen, wenn er den Mieter mit Gewalt daran hindern will, die Möbel an Dritte zu veräußern; ihm steht der Anspruch aus § 861 Abs 1 BGB nicht zu, wenn der Mieter Möbel weggeschafft hat, sondern nur, wenn ein Dritter die Möbel ohne Willen des Mieters wegnahm und damit gegen den Mieter als unmittelbaren Besitzer verbotene Eigenmacht übte.

53 Der Besitzdiener kann umgekehrt nicht die Besitzschutzansprüche aus §§ 861, 862 BGB geltend machen, sondern gemäß § 860 BGB nur die „dem Besitzer nach § 859 BGB zustehenden Rechte". Die Norm ist genau beim Wort zu nehmen: Die Gewaltrechte aus § 859 BGB stehen allein dem Besitzer zu, der Besitzdiener kann sie lediglich geltend machen. Daraus folgt, dass der Besitzdiener diese Rechte nicht gegen den Willen des Besitzers geltend machen und daher insbesondere nicht gegen diesen selbst

---

[87] In diesem Sinne wohl schon WILHELM (Fn 3) Rn 445: Die Rechtsordnung achte die Herrschaft des Einzelnen über die in seiner persönlichen Sphäre befindlichen Sachen insofern, als diese Herrschaft grundsätzlich nur im rechtlich geordneten Verfahren durch Organe der Rechtsordnung überwindbar sein soll. Vgl auch bereits STAUDINGER/GUTZEIT (2018) Vorbem 19 zu §§ 854 ff („Kontinuitätstheorie als eine bedeutende Ergänzung der Friedenstheorie"); WESTERMANN/GURSKY (Fn 1) § 7 Rn 6; nun auch MÜLLER, Besitzschutz in Europa (2009) 247 ff. Einschränkend SOSNITZA (Fn 72) 47 f (Kombination der „Kontinuitäts-" mit der „Friedenstheorie" führe über diese nicht hinaus).

richten kann; er darf sich also nicht mit Gewalt dagegen wehren, dass der Besitzer ihm die Sache wegnimmt.[88]

§ 858 Abs 1 BGB verbietet zunächst die eigenmächtige Entziehung des Besitzes. Entscheidend ist stets die Perspektive des Besitzers. So kommt es für das Vorliegen einer Besitzentziehung nicht darauf an, ob der Störer den Besitz erwirbt, sondern nur darauf, dass der Besitzer ihn verliert. Besitz kann auch durch mittelbare Täterschaft entzogen werden, etwa dadurch, dass jemand durch Falschangaben eine Behörde dazu bringt, die Sache dem Besitzer wegzunehmen.[89] **54**

Ferner untersagt § 858 Abs 1 BGB jede sonstige Störung im Besitz. Besitzstörung ist jede Beeinträchtigung der Möglichkeit des Besitzers, mit der Sache nach Belieben zu verfahren.[90] Dabei kommt es weder auf die Dauer oder Erheblichkeit der Störung noch darauf an, ob der Besitzer die Sache oder den von der Störung betroffenen Teil gerade nutzen wollte. Daher liegt etwa eine Besitzstörung vor, wenn ein Grundstück unbefugt betreten wird, wenn eine Anlage in den Luftraum des Grundstücks hineinragt oder wenn eine Wand mit Plakaten beklebt wird. In Betracht kommen jedoch nur Beeinträchtigungen, die sich auf die Sache auswirken, nicht dagegen solche, die sich auf die Person des Besitzers beschränken.[91] So wird der Besitz der Mietwohnung zwar gestört, wenn der Vermieter den Mieter aussperrt, nicht aber, wenn er den Mieter anderswo einsperrt, und schon gar nicht, wenn er zwar den Mieter, nicht aber dessen Gäste in die Wohnung lässt.[92] Entgegen verbreiteter Meinung wird der Besitz an einer Mietwohnung auch nicht dadurch gestört, dass der Vermieter die Leitungen abdreht, durch welche die Wohnung mit Strom, Wasser oder Gas versorgt wird (sogenannte „kalte Räumung" oder „sibirische Methode"), denn dadurch wird die Sachherrschaft des Mieters über die Räume als solche nicht beeinträchtigt.[93] Da §§ 858 ff BGB nicht vor Vertragsverletzungen schützen sollen, kann es für das Vorliegen einer verbotenen Eigenmacht nicht darauf ankommen, ob der Vermieter zur Versorgung der Wohnung vertraglich verpflichtet war.[94] **55**

Der Begriff der „Eigenmacht" darf nicht dahin missverstanden werden, dass es darauf ankäme, ob der Störer die Sache absichtsvoll seinem Willen, seiner Macht unterwirft; vielmehr ist gemäß § 858 Abs 1 BGB jede ohne den Willen des Besitzers verübte Besitzstörung unabhängig davon verboten, ob der Störer schuldhaft handelte. Es kommt nicht einmal darauf an, ob der Störer überhaupt erkannte oder auch nur erkennen konnte, dass er fremden Besitz entzog oder störte. Besitzstörung und Entziehung sind aber nur dann verboten, wenn sie ohne den Willen des Besitzers erfolgen. Willigt der Besitzer in den Entzug oder die „Störung" ein, liegt also keine verbotene **56**

---

[88] WIELING (Fn 1) § 5 III 1 b.
[89] Vgl OLG Köln NJW-RR 1994, 557; OLG Saarbrücken NJW-RR 2003, 1717.
[90] WIELING (Fn 1) § 5 IV 2 a.
[91] WIELING (Fn 1) § 5 IV 2 a.
[92] WIELING (Fn 1) § 5 IV 2 a; anders aber WOLFF/RAISER (Fn 17) § 17 I 2 c.
[93] BGH NJW 2009, 1947, 1948 f = JuS 2009, 865 f (FAUST); KG NJW-RR 2004, 1665, 1666 f; WIELING (Fn 1) § 5 IV 2 a; WESTERMANN/GURSKY (Fn 1) § 21 Rn 2; STREYL WuM 2006, 234, 236. Anders aber etwa OLG Köln NJW-RR 2005, 99; STAUDINGER/GUTZEIT (2018) § 858 Rn 14, 53; PALANDT/HERRLER (Fn 45) § 862 Rn 4; BAUR/STÜRNER (Fn 4) § 9 Rn 22; ULRICI ZMR 2003, 895, 897; GAIER ZWE 2004, 109, 112 f.
[94] Danach aber will MünchKomm/JOOST (Fn 25) § 858 Rn 6, ders, in: FS Reuter (2010) 157 ff, differenzieren. In die gleiche Richtung geht es, wenn nach STAUDINGER/GUTZEIT (2018) § 858 Rn 53 und ULRICI ZMR 2003, 895, 897, ein Zurückbehaltungsrecht verbotene Eigenmacht ausschließen soll.

Eigenmacht vor. Diese Einwilligung kann auch konkludent und im Voraus erteilt werden; da es für § 858 Abs 1 BGB jedoch auf den aktuellen Willen des Besitzers ankommt, kann sie immer widerrufen werden, auch wenn sie als unwiderruflich erteilt wurde.[95] In ihrer Rechtsnatur kann die Einwilligung nicht anders beurteilt werden als die Besitzaufgabe; ebenso wenig wie diese ist sie ein Rechtsgeschäft. Die Einwilligung kann also auch von einem geschäftsunfähigen Besitzer wirksam erklärt werden; sie kann nicht mit der Folge angefochten werden, dass der Erwerber verbotene Eigenmacht verübt hätte.[96] Die Einwilligung des Besitzers schließt verbotene Eigenmacht sogar dann aus, wenn sie durch Drohung abgenötigt wurde, es sei denn, dass von der Drohung ein derart unerträglicher Druck ausginge, dass sie physischer Gewalt gleichzustellen ist.[97] Stets sind aber die Grenzen der Einwilligung zu beachten; geht die Besitzstörung über sie hinaus, liegt verbotene Eigenmacht vor.[98]

57 Schon aus § 858 Abs 1 BGB folgt, dass auch eine eigenmächtige Besitzstörung oder -entziehung ausnahmsweise erlaubt sein kann. Das ist namentlich der Fall, wenn der jetzige Besitzer den Besitz seinerseits durch verbotene Eigenmacht erlangt hatte und der frühere Besitzer ihm die Sache in Ausübung seines Rechts aus § 859 Abs 2 BGB unmittelbar wieder abnimmt. Es kommen aber auch viele andere Rechtfertigungsgründe in Betracht, etwa Notwehr (§ 227 BGB), Notstand (§ 228 BGB oder § 904 BGB) oder auch das Recht des Vermieters aus § 562b Abs 1 S 1 BGB, die Entfernung solcher Sachen zu verhindern, die seinem gesetzlichen Pfandrecht unterliegen. Im Übrigen aber berechtigen weder ein Recht an der Sache, also etwa das Eigentum, noch ein Recht auf die Sache, etwa der Verschaffungsanspruch aus einem Kaufvertrag, schon als solche zu deren eigenmächtiger Durchsetzung; solche Rechte lassen das Verbot des § 858 Abs 1 BGB unberührt, das eine eigenmächtige Rechtsdurchsetzung gerade unterbinden soll.

58 Der durch verbotene Eigenmacht erlangte Besitz ist gemäß § 858 Abs 2 S 1 BGB „fehlerhaft". Wer fehlerhaft besitzt, sieht sich gemäß § 859 Abs 4 BGB unter weiteren Voraussetzungen den Gewaltrechten sowie den aus §§ 861 Abs 1, 862 Abs 1 S 1 BGB folgenden Besitzschutzansprüchen des früheren Besitzers ausgesetzt. Der fehlerhafte Besitz ist zudem in geringerem Maße geschützt: Wer gegenüber dem Störer fehlerhaft besitzt, kann sich gegen dessen verbotene Eigenmacht zwar nach Maßgabe des § 859 BGB mit Gewalt wehren, gemäß § 861 Abs 2, § 862 Abs 2 BGB aber keine Besitzschutzansprüche geltend machen, wenn er den Besitz seinerseits im Laufe des letzten Jahres durch verbotene Eigenmacht vom jetzigen Störer erlangt hat. Ein Jahr nach der von ihm selbst gegenüber dem nunmehrigen Störer verübten Eigenmacht (§ 864 Abs 1 BGB!) ist der jetzige Besitzer ja seinerseits den Ansprüchen des Störers aus §§ 861, 862 BGB ausgesetzt. In einem solchen Konflikt inhaltsgleicher wechselsei-

---

[95] KG ZMR 2000, 818, 819; STAUDINGER/GUTZEIT (2018) § 858 Rn 19; MünchKomm/JOOST (Fn 25) § 858 Rn 7; WIELING (Fn 1) § 5 II 1 b.
[96] STAUDINGER/GUTZEIT (2018) § 858 Rn 18; MünchKomm/JOOST (Fn 25) § 858 Rn 7; SOERGEL/STADLER (Fn 15) § 858 Rn 9; WIELING (Fn 1) § 4 III 2, § 5 II 1 b; WOLFF/RAISER (Fn 17) § 17 I 4; WESTERMANN/GURSKY (Fn 1) § 21 Rn 4; RÖTHEL/SPARMANN Jura 2005, 456, 458. Anders aber PRÜTTING (Fn 1) Rn 109; E WOLF (Fn 40) D III c 3.
[97] STAUDINGER/GUTZEIT (2018) § 858 Rn 21; WIELING (Fn 1) § 5 II 1 b. Weitergehend WESTERMANN/GURSKY (Fn 1) § 21 Rn 4 (bereits durch „ernsthafte" Drohung abgepresste Einwilligung sei unbeachtlich).
[98] BGH NJW 2016, 863, 864 f Rn 16 ff = JuS 2016, 1128 ff (K SCHMIDT), der allerdings zu Unrecht darauf abstellt, ob „eine unbedingte Besitzverschaffung" geschuldet ist; vgl noch u Rn 65 aE.

tiger Verpflichtungen zieht sich das Recht zurück und verweigert eine Veränderung des *status quo*. Damit gilt der schon dem klassischen römischen Recht bekannte Satz fort, dass im Zweifel die Lage des (jetzigen) Besitzers die bessere ist.[99]

Die Fehlerhaftigkeit des Besitzes ist immer nur relativ (vgl besonders deutlich § 861 Abs 1 BGB: „*ihm gegenüber* fehlerhaft besitzt"): Grundsätzlich besitzt also immer nur derjenige, der den Besitz durch verbotene Eigenmacht erlangt hat, gegenüber demjenigen fehlerhaft, der den Besitz dadurch verloren hat. Anderen gegenüber ist der Besitz fehlerfrei, also in vollem Umfang nach §§ 859, 861, 862 BGB geschützt. Die Fehlerhaftigkeit des Besitzes setzt sich bei derivativem Besitzerwerb nach Maßgabe des § 858 Abs 2 S 2 BGB beim neuen Besitzer fort, und zwar stets, wenn dieser Erbe ist, im Übrigen nur, wenn er die Fehlerhaftigkeit des Besitzes bei dessen Erwerb kannte. **59**

c) Selbsthilferechte

§ 859 Abs 1 BGB erlaubt es dem Besitzer, sich verbotener Eigenmacht mit Gewalt zu erwehren; der Besitzer handelt in diesem Fall also nicht widerrechtlich. Daher haftet er nicht nach §§ 823 ff BGB, wenn er den Störer bei der Gewaltanwendung verletzt oder eine in dessen Eigentum stehende Sache beschädigt; wehrt der Störer die Gewaltanwendung des Besitzers seinerseits mit Gewalt ab, ist er nicht durch § 227 BGB gerechtfertigt, denn der Angriff des Besitzers ist nicht widerrechtlich. **60**

Bei dem Selbsthilferecht des Besitzers handelt es sich um eine besondere Ausprägung des Notwehrrechts nach § 227 Abs 1 BGB. Daher ist auch hier Nothilfe möglich: Entgegen der herrschenden Ansicht kann sich also auch ein Dritter, der den Besitzer gegen verbotene Eigenmacht verteidigt, auf § 859 Abs 1 BGB berufen.[100] Auch § 227 Abs 2 BGB ist anwendbar: Der Besitzer darf sich daher nur wehren, solange die Störung andauert, also „gegenwärtig" ist.[101] Er darf sich zur Störungsabwehr nur solcher Mittel bedienen, die erforderlich sind; stehen ihm mehrere gleich effektive Mittel zur Wahl, muss er das für den Störer mildeste wählen.[102] Tut er dies nicht, greift der Erlaubnissatz des § 859 Abs 1 BGB nicht ein, und der Besitzer handelt widerrechtlich. Eine Güterabwägung im Sinne einer Angemessenheitsprüfung findet dagegen nicht statt:[103] Der Besitzer darf auch harmlose Störungen mit harten Mitteln abwehren, wenn keine milderen zur Verfügung stehen. Hat der Besitzer allerdings kein hinreichendes Interesse an der Störungsabwehr, kann ihm die Berufung auf § 859 Abs 1 BGB als rechtsmissbräuchlich verwehrt werden, so etwa, wenn der Besitzer eines Grundstücks gutgläubige Wanderer mit Hunden und Flinte daran hindern will, einen über sein Grundstück führenden, nicht als privat gekennzeichneten Weg zu benutzen.[104] **61**

---

[99] Vgl etwa PAULUS D 42, 1, 19 pr.
[100] WIELING (Fn 1) § 5 III 1 a. **AA** etwa STAUDINGER/GUTZEIT (2018) § 859 Rn 3; MünchKomm/JOOST (Fn 25) § 859 Rn 3; ERMAN/LORENZ (Fn 39) § 859 Rn 1. Für die Vertreter der herrschenden Meinung tun sich aufgrund dieser Ansicht nur deshalb keine Schutzlücken auf, weil sie (zu Unrecht, u IV. 2.) davon ausgehen, dass der Besitz ein Recht sei, der Nothelfer sich also ohnehin auf § 227 BGB berufen könne.

[101] WIELING (Fn 1) § 5 III 1 b.
[102] BIERMANN, Sachenrecht (3. Aufl 1914) § 859 Anm 2; WIELING (Fn 1) § 5 III 1 a; E WOLF (Fn 5) § 2 D III e 1 cc.
[103] Unklar BGH NJW 2009, 2530, 2531: Das Gericht will zwar den „auf Treu und Glauben beruhenden Verhältnismäßigkeitsgrundsatz" anwenden, prüft sodann aber nur, ob das eingesetzte Mittel zur Störungsabwehr erforderlich war.
[104] BayObLG NJW 1965, 163, 164.

62 Das Selbsthilferecht aus § 859 Abs 1 BGB steht jedem unmittelbaren Besitzer zu, natürlich auch dem unberechtigten und sogar demjenigen, der dem Störer gegenüber im Sinne des § 858 Abs 2 BGB fehlerhaft besitzt. Das ergibt sich aus einem Gegenschluss zu §§ 861 Abs 2, 862 Abs 2 BGB und auch aus der Funktion des Besitzschutzes: Dieser soll die eigenmächtige Rechtsdurchsetzung ja gerade unterbinden. Daher darf sich auch der durch verbotene Eigenmacht seines Besitzes Beraubte nur in den engen Grenzen des § 859 Abs 2 BGB den Besitz mit Gewalt wiederverschaffen; ist die Besitzentziehung keine frische Tat mehr, wird der ehemalige Besitzer mit seinem Anspruch aus § 861 Abs 1 BGB auf den Gerichtsweg verwiesen. Beschreitet er diesen nicht, sondern versucht er, sich den Besitz dennoch mit Gewalt wiederzuholen, verübt er also seinerseits verbotene Eigenmacht, gegen die sich der nunmehrige Besitzer nach § 859 Abs 1 BGB wehren darf. Dringt der frühere Besitzer jedoch durch und erobert er den Besitz zurück, hat allerdings derjenige, der zwischenzeitlich aufgrund verbotener Eigenmacht besaß, wegen § 861 Abs 2 BGB keinen Wiedereinräumungsanspruch.

63 Im Fall des § 859 Abs 1 BGB spricht man von Besitzwehr; § 859 Abs 2 BGB erlaubt darüber hinaus die Besitzkehr, also die gewaltsame Wiederbeschaffung bereits verlorenen Besitzes. Damit wird dem früheren Besitzer gestattet, was das Institut des possessorischen Besitzschutzes insgesamt gerade verhindern soll: dass er einen Anspruch – hier denjenigen aus § 861 Abs 1 BGB – ohne Beschreitung des Rechtswegs eigenmächtig durchsetzt. Bei der Besitzkehr handelt es sich um einen Sonderfall der in §§ 229, 230 BGB geregelten Selbsthilfe, deren einschränkende Voraussetzungen allerdings nicht zu beachten sind; vielmehr sanktioniert der Gesetzgeber hier Faustrecht! Mit der Erwägung, dass §§ 858 ff BGB den Frieden des öffentlichen Rechtsverkehrs und die Persönlichkeit seiner Teilnehmer schützen sollen, ist dies gleichwohl vereinbar, weil gerade dieses Faustrecht gegenüber potenziellen Störern abschreckende Wirkung zeitigt und somit manche Störung von vornherein verhindert. In jedem konkreten Einzelfall, in dem gewaltsame Besitzkehr geübt wird, ist der Rechtsfrieden allerdings gestört, und es bedarf einer klaren Einschränkung des Tatbestands, der zur Besitzkehr berechtigt, um diese Störung möglichst gering zu halten. Zu diesem Zweck haben die Gesetzesverfasser der Besitzkehr eine enge zeitliche Grenze gezogen: Der frühere Besitzer muss den Störer auf frischer Tat betroffen oder verfolgt haben; zwischen Eigenmacht und Besitzkehr muss also ein unmittelbarer zeitlicher Zusammenhang bestehen. Daneben gelten die bereits dargestellten Voraussetzungen des § 859 Abs 1 BGB. Insbesondere darf nur dasjenige Maß an Gewalt angewendet werden, das zur erfolgreichen Besitzkehr erforderlich ist. Auch bezüglich der zur Besitzkehr Berechtigten gilt das zur Besitzwehr Gesagte.[105]

64 Einen Sonderfall der Besitzkehr regelt § 859 Abs 3 BGB: Wer durch verbotene Eigenmacht den Besitz an einem Grundstück verloren hat, darf sich des Grundstücks durch –

---

[105] Nur bei der Besitzkehr, erstaunlicher Weise aber nicht bei der Besitzwehr wird diskutiert, ob Dritte das Gewaltrecht unter dem Schutz des § 859 Abs 2 BGB ausüben dürfen, wenn die Voraussetzungen einer Geschäftsführung ohne Auftrag vorliegen; dafür STAUDINGER/GUTZEIT (2018) § 859 Rn 18 und WIELING (Fn 1) § 5 III 2 a. Da es hierbei nicht darauf ankommen soll, ob die in der von dem Dritten ausgeübten Besitzkehr liegende Geschäftsführung im Sinne des § 683 BGB berechtigt ist oder der Besitzer nach § 684 BGB genehmigt, erschöpfen sich diese Voraussetzungen in einem Fremdgeschäftsführungswillen des Dritten. Dieses Willens bedarf es für eine tatbestandsmäßige Nothilfe aber ohnehin, so dass sich diese Ansicht letztlich nicht von der hier vertretenen unterscheidet, nach welcher die Gewaltrechte aus § 859 Abs 1, 2 BGB im Wege der Nothilfe auch von Dritten ausgeübt werden können.

T. Sachenrecht

notfalls gewaltsame – Entsetzung des Täters wieder bemächtigen, aber nur „sofort" nach der Entziehung. Die zeitliche Grenze der Besitzkehr wird bei Grundstücken also anders gezogen als bei beweglichen Sachen: Auf die Frische der Tat kommt es nicht an. Mit „sofort" scheint ein noch engerer zeitlicher Zusammenhang zwischen Bemächtigung und Entsetzung erforderlich zu sein, doch täuscht dies. Die Gesetzesverfasser wollten lediglich klarstellen, dass es nicht ausreicht, wenn die Entsetzung „unverzüglich", also ohne schuldhaftes Zögern (§ 121 Abs 1 BGB) erfolgt. Man wollte namentlich vermeiden, dass der ehemalige Grundstücksbesitzer, der von der verbotenen Eigenmacht etwa schuldlos keine Kenntnis erlangt hatte, noch lange Zeit später Gewaltrechte ausüben könnte; dies würde, so glaubte man, den Rechtsfrieden zu sehr belasten.[106] Der ehemalige Grundstücksbesitzer muss gleichwohl nicht im eigentlichen Wortsinne sofort, also ohne jede Verzögerung handeln, sondern nur so schnell, wie in der konkreten Situation vernünftigerweise gehandelt werden konnte.[107] Verzögerungen, die dadurch entstehen, dass der frühere Besitzer mit dem Störer verhandelt oder notwendige Vorbereitungshandlungen trifft – etwa den Wagen herbeiruft, der den ohne Erlaubnis auf dem Grundstück abgestellten Pkw abschleppen soll –, sind daher unschädlich.[108] § 859 Abs 3 BGB gilt auch, wenn nur der Besitz eines Grundstücksteils entzogen wurde, etwa indem ein Pkw auf einem Grundstück abgestellt wird, ohne dass dessen Besitzer dies erlaubt hätte.[109]

Die Unterscheidung des Gesetzgebers scheint zunächst klar: Liegt die verbotene **65** Eigenmacht in einer Störung des Besitzes, kann der Besitzer sich gemäß § 859 Abs 1 BGB gewaltsam dagegen wehren, solange diese Störung andauert; liegt die verbotene Eigenmacht im Entzug des Besitzes, kann der frühere Besitzer, der den Besitz nicht gemäß § 859 Abs 1 verteidigen konnte, nur in den engen zeitlichen Grenzen der § 859 Abs 2, Abs 3 BGB gewaltsame Besitzkehr üben. Wird A der Besitz an einem Pkw durch gewaltsame Eigenmacht des B entzogen, kann A sich gemäß § 859 Abs 1 BGB gegen den Entzug wehren oder versuchen, dem auf frischer Tat betroffenen oder verfolgten B den Pkw gemäß § 859 Abs 2 BGB wieder abzunehmen. Schlägt beides fehl und trifft A den B samt Pkw am nächsten Tag wieder, darf er gegen B keine Gewalt mehr üben, sondern muss seinen Anspruch aus § 861 Abs 1 BGB gerichtlich durchsetzen. Insbesondere kann A nicht behaupten, dass B ihn weiterhin im Besitz am Pkw störe, indem er ihm diesem vorenthalte; denn A hat den Besitz am Pkw bereits verloren, kann in diesem also nicht mehr gestört werden. Etwas anderes soll nach herrschender Ansicht in den Fällen des Teilentzugs gelten: Stellt B auf dem Grundstück seines Nachbarn A einen Gartentisch auf, so entzieht er A an dem Teil des Grundstücks, den der Tisch bedeckt, den Besitz; nach herrschender Ansicht soll B den A durch Entzug eines Grundstücksteils aber zugleich im Besitz des übrigen Grundstücks stören.[110] Folgt man dem, muss man sich fragen, ob A gegen diese dauernde Besitz-

---

[106] MUGDAN III, 508 f (Zweite Kommission).
[107] MünchKomm/JOOST (Fn 25) § 859 Rn 14; ERMAN/LORENZ (Fn 39) § 859 Rn 4; WIELING (Fn 1) § 5 III 2 b; WESTERMANN/GURSKY (Fn 1) § 22 Rn 7.
[108] STAUDINGER/GUTZEIT (2018) § 859 Rn 20; WIELING (Fn 1) § 5 III 2 b; WESTERMANN/GURSKY (Fn 1) § 22 Rn 7; RÖTHEL/SPARMANN Jura 2005, 456, 458.
[109] STAUDINGER/GUTZEIT (2018) § 859 Rn 21, § 858 Rn 49.

[110] Entsprechend etwa ERMAN/LORENZ (Fn 39) § 859 Rn 4; WIELING (Fn 1) § 5 III 2 c; BAUR/STÜRNER (Fn 4) § 9 Rn 13. Grundsätzlich ablehnend E WOLF (Fn 40) § 2 D III e 3 cc: Es gebe keine Teilentziehung, vielmehr liege Besitzentzug nur bei Entziehung der Gesamtsache vor, und jede andere Entziehung sei eine Besitzstörung. Genau umgekehrt WESTERMANN/GURSKY (Fn 1) § 22 Rn 5: Die partielle Entziehung sei keine Besitzstörung. Offenlassend BGH NJW 2009, 2530, 2531.

störung wirklich zeitlich unbegrenzt nach § 859 Abs 1 BGB Besitzwehr üben kann. Nach herrschender Meinung ist dies zu verneinen; vielmehr sollen die zeitlichen Grenzen des § 859 Abs 3 BGB gelten, wenn die Besitzstörung dadurch beseitigt werden würde, dass der Besitzer an dem entzogenen Grundstücksteil wieder Besitz ergreift.[111] Dieses Ergebnis wird teilweise damit begründet, dass es an einem gegenwärtigen Angriff fehle, sobald der teilweise Besitzentzug, in welchem hier die Störung liege, abgeschlossen sei.[112] Das ist inkonsequent: Sieht man in dem teilweisen Entzug des Besitzes eine Besitzstörung, so erschöpft sich diese nicht in dem Entziehungsakt, sondern dauert fort, solange der Teilbesitz vorenthalten wird; so lange dauert auch der Angriff auf den Besitz an.[113] Das gilt ganz allgemein, wenn ein besitzstörender Dauerzustand geschaffen wird: Stellt B seinen Pkw auf einer öffentlichen Straße derart ab, dass dieser die Zufahrt zum Grundstück des A versperrt, ist der abwehrfähige gegenwärtige Angriff auf den Besitz des A nicht etwa mit dem Parkvorgang abgeschlossen, sondern dauert an, solange die Störung andauert. A darf sich dieser Störung also auch dann noch gemäß § 859 Abs 1 BGB erwehren, wenn er den Pkw des B erst nach Tagen bemerkt.[114] Sieht man genauer hin, lassen sich Besitzentzug und Besitzstörung auch in solchen Fällen meist strikt trennen: So hat im zuvor genannten Beispielsfall B dem A den Besitz an dem Grundstücksteil, den der Tisch bedeckt, entzogen; im Besitz an diesem Teil des Grundstücks kann B den A nicht mehr stören, weil A schon keinen Besitz mehr hat. Das Grundstück im Übrigen besitzt A noch; da der Tisch sich dort aber nicht befindet, stört er diesen Besitz so wenig, wie er ihn stören würde, stünde der Tisch diesseits der Grenze auf dem Grundstück des B. Der Entzug eines Grundstücksteils bedeutet nur dann zugleich eine Störung im Besitz des übrigen Grundstücks, wenn der entzogene Teil für die Benutzung des Grundstücksrests eine besondere Bedeutung hat: so etwa, wenn B den Tisch gerade in einem schmalen Durchgang zwischen zwei Grundstücksteilen gestellt hat, zwischen denen A nun nicht mehr ungehindert wechseln kann. In einem solchen Ausnahmefall ist nicht zu erkennen, warum die Abwehrrechte des Besitzers zeitlich beschränkt werden sollten: Solange der Teilentzug im Besitz des Grundstücksrests stört, darf der Grundstücksbesitzer die Störung nach § 859 Abs 1 BGB notfalls mit Gewalt beseitigen. Hat der Besitzer eines Grundstücks anderen erlaubt, eine bestimmte Zeit lang ihren Pkw auf dem Grundstück abzustellen, hat er damit in den Besitzentzug an dem Grundstücksteil, auf den der Pkw abgestellt wird, eingewilligt. Überschreitet der Parkende die erlaubte Parkdauer, entzieht er dem Besitzer des Grundstücks damit weder den Besitz an diesem Grundstücksteil, noch stört er ihn im Besitz an dem Grundstück im Übrigen, so dass in diesem Fall entgegen der Ansicht des BGH[115] keine verbotene Eigenmacht vorliegt.

d) Schutzansprüche

66 Der Besitzschutz erschöpft sich nicht darin, dass der Besitzer sich verbotener Eigenmacht mit Gewalt erwehren darf; konnte oder wollte er dies nicht, stehen ihm Ansprüche zu, die auf Beseitigung der durch die verbotene Eigenmacht eingetretenen Folgen gerichtet sind. Lag diese in einem Besitzentzug, kann er nach Maßgabe des

---

[111] BGH NJW 1967, 46 f; ERMAN/LORENZ (Fn 39) § 859 Rn 4; BAUR/STÜRNER (Fn 4) § 9 Rn 13, 15; im Ausgangspunkt auch Münch-Komm/JOOST (Fn 25) § 859 Rn 5.
[112] WIELING (Fn 1) § 5 III 2 c, und diesem folgend WESTERMANN/GURSKY (Fn 1) § 22 Rn 5.
[113] STAUDINGER/GUTZEIT (2018) § 859 Rn 7.
[114] STAUDINGER/GUTZEIT (2018) § 859 Rn 21,

§ 858 Rn 49; BAUR/STÜRNER (Fn 4) § 9 Rn 15. Dagegen wollen WIELING (Fn 1) § 5 III 2 c, und diesem folgend WESTERMANN/GURSKY (Fn 1) § 22 Rn 5, in solchen Fällen § 859 Abs 3 analog anwenden.
[115] BGH NJW 2016, 863, 864 f Rn 16 ff = JuS 2016, 1128 ff (K SCHMIDT).

§ 861 BGB Wiedereinräumung des Besitzes verlangen; lag die verbotene Eigenmacht in einer (sonstigen) Störung, hat der Besitzer gemäß § 862 Abs 1 BGB Anspruch auf Beseitigung und bei Wiederholungsgefahr auch auf künftige Unterlassung der Störung.

aa) Anspruchsberechtigte
Die Ansprüche aus §§ 861 Abs 1, 862 Abs 1 BGB stehen jedem Besitzer zu, und zwar gemäß § 869 S 1 BGB auch dem mittelbaren Besitzer, nicht aber dem Besitzdiener, der gemäß § 855 BGB selbst nicht besitzt. Es kommt nicht darauf an, ob der Anspruchsteller zum Besitz berechtigt ist. War (im Falle des § 861 Abs 1 BGB) oder ist (im Falle des § 862 Abs 1 BGB) der Besitz des Anspruchstellers gegenüber dem Anspruchsgegner dagegen fehlerhaft (o Rn 58 f), so sieht sich der Anspruchsteller selbst Ansprüchen des Anspruchsgegners aus § 861 Abs 1 BGB ausgesetzt, solange die Jahresfrist des § 864 Abs 1 BGB noch nicht abgelaufen ist. Die Wechselseitigkeit der Ansprüche führt zu einem Patt, in dem sich das Recht enthält, es also beim gegenwärtigen Zustand belässt.[116] Daher schließen §§ 861 Abs 2, 862 Abs 2 BGB in einem solchen Fall die Ansprüche aus §§ 861 Abs 1, 862 Abs 1 BGB aus.

bb) Anspruchsgegner
Der Wiedereinräumungsanspruch aus § 861 Abs 1 BGB richtet sich gegen jeden, der dem Anspruchsteller gegenüber im Sinne des § 858 Abs 2 BGB fehlerhaft besitzt (o Rn 58 f), also nicht nur gegen denjenigen, der selbst die Besitzentziehung verübt hat, sondern auch gegen dessen Nachfolger im Besitz, wenn er Erbe ist oder bei Besitzerwerb von der Fehlerhaftigkeit des Besitzes seines Vorgängers wusste (§ 858 Abs 2 S 2 BGB). Da ein Besitzdiener gemäß § 855 BGB nicht selbst besitzt (näher u Rn 102 ff), kann er nicht Anspruchsgegner sein, wohl aber ein mittelbarer Besitzer.[117]

Der Beseitigungs- und der Unterlassungsanspruch aus § 862 Abs 1 BGB richten sich allein gegen den Störer als denjenigen, von dem die Besitzstörung ausgeht. Wird der Besitz durch eine Handlung gestört, etwa durch das unbefugte Betreten eines Grundstücks oder durch die Einleitung von Stoffen auf ein Grundstück, so ist der Handelnde Störer und Schuldner des Beseitigungsanspruchs (Handlungsstörer). Wird der Besitz durch einen bestimmten Zustand gestört, ist derjenige Störer, der diesen Zustand beherrscht (Zustandsstörer); da nur er die Störung abstellen kann, ist auch er allein der richtige Anspruchsgegner. Wenn also B auf seinem Grundstück einen Graben ausgehoben hat, der Wasser auf das Nachbargrundstück des A leitet, so ist er Störer, solange er das Grundstück samt Graben besitzt. Überträgt er den Besitz auf C, ist allein dieser Störer, weil er den störenden Zustand von nun an allein beherrscht. Gegen B hat A dagegen keinen Anspruch mehr, weil dessen Störungshandlung – das Ausheben des Grabens – beendet und damit als Anknüpfungspunkt der Störerhaftung weggefallen

---

[116] Hat nicht der Anspruchsteller, sondern dessen Vorgänger die verbotene Eigenmacht verübt, die gemäß § 858 Abs 2 S 1 BGB zur Fehlerhaftigkeit des Besitzes des Anspruchstellers führt, passt die Formulierung der §§ 861 Abs 2, 862 Abs 2 BGB nicht; denn in solchen Fällen kann es nicht darauf ankommen, wann der Anspruchsteller den Besitz erlangt hat, sondern nur darauf, wann der gegen ihn gerichtete Anspruch aus § 861 Abs 1 BGB, der zu dem Anspruchspatt führt, erlischt. Die dafür maßgebliche Jahresfrist des § 864 Abs 1 BGB läuft stets ab dem Zeitpunkt, in dem die verbotene Eigenmacht verübt wurde, auf ihn kommt es also nach korrigierender Auslegung auch im Rahmen der §§ 861 Abs 2, 862 Abs 2 BGB an; WIELING (Fn 1) § 5 IV 3 c Fn 97; WESTERMANN/GURSKY (Fn 1) § 23 Rn 4.

[117] STAUDINGER/GUTZEIT (2018) § 861 Rn 9; MünchKomm/JOOST (Fn 25) § 861 Rn 6; WIELING (Fn 1) § 5 IV 1 a.

ist.[118] Der BGH meint dagegen, dass nur derjenige Zustandsstörer sein könne, dem die Beeinträchtigung zuzurechnen sei, weil sie wenigstens mittelbar auf seinem Willen beruhe: Daher sei der Halter eines Pkw für die von dessen Fahrer verursachte Besitzstörung nur verantwortlich, wenn er ihm den Pkw freiwillig überlassen habe.[119]

70 Der Besitzer muss eine verbotene Eigenmacht nicht dulden; steht sie absehbar bevor, kann er vorbeugend Unterlassung verlangen. Ausdrücklich geregelt ist dies nur für die Besitzstörung. Dabei setzt der Unterlassungsanspruch aus § 862 Abs 1 S 2 BGB entgegen seinem Wortlaut („weitere") nicht voraus, dass bereits eine Störung eingetreten ist; vielmehr kann der Besitzer verlangen, dass schon die erste Störung unterlassen wird – sofern er nachweist, dass sie tatsächlich droht.[120] Es gibt keinen Grund, bei der Besitzentziehung anders zu entscheiden: Droht sie, kann der Besitzer analog § 862 Abs 1 S 2 BGB Unterlassung verlangen.[121]

cc) Verteidigungen des Anspruchsgegners

71 Gemäß § 864 Abs 1 BGB können die Ansprüche aus §§ 861, 862 BGB nur innerhalb eines Jahres geltend gemacht werden. Diese Frist läuft ab dem Zeitpunkt, in dem die Besitzentziehung vollendet wurde;[122] im Fall der Besitzstörung beginnt sie mit jeder Störungshandlung neu.[123] Dass die Ansprüche aus §§ 861 Abs 1, 862 Abs 1 BGB nach Jahresfrist erlöschen, wird auf den Gedanken zurückgeführt, dass sich nach Ablauf eines Jahres der durch verbotene Eigenmacht geschaffene Besitzzustand verfestigt habe und der (frühere) Besitzer nicht mehr allein aufgrund seiner Besitzposition als schutzwürdig erscheine.[124] Mit Blick auf die Funktion der §§ 858 ff BGB lässt sich dies dahingehend konkretisieren, dass der Besitzschutz nur dann dem öffentlichen Rechtsfrieden dient, wenn zwischen verbotener Eigenmacht als sanktioniertem Verhalten und Restitutionsansprüchen als Sanktion ein einigermaßen enger zeitlicher Zusammenhang besteht.

72 Gemäß § 863 BGB kann sich der Anspruchsgegner mit einem Recht zum Besitz oder zur Vornahme der störenden Handlung nur insoweit verteidigen, als er geltend macht, dass seine Eigenmacht aufgrund dieses Rechts nicht verboten gewesen sei. Kurz gesagt: Petitorische – aus einem Recht an der Sache oder gegen deren Besitzer abgeleitete – Einwendungen dringen gegen possessorische – allein aus der Besitzstörung folgende – Ansprüche grundsätzlich nicht durch. Der Störer soll sich auf ein Recht auf die oder an der Sache nicht berufen können, damit die eigenmächtige Durchsetzung dieses Rechts, die §§ 858 ff BGB gerade verhindern sollen, nicht sanktionslos bleibt. Etwas anderes gilt, wenn der Störer das fragliche Recht auch eigenmächtig durchsetzen durfte, also die Voraussetzungen etwa der §§ 227, 229, 859, 904 BGB vorliegen; dann fehlt es bereits an einer verbotenen Eigenmacht, weil „das Gesetz die Entziehung oder die Störung gestattet". Nur dies ist auch mit der undeutlich formulierten Einschränkung des § 863 BGB aE („nur zur Begründung ... nicht verbotene Eigenmacht

---

[118] Wieling (Fn 1) § 5 IV 1 b.
[119] BGH NJW 2016, 863, 865 Rn 21 f = JuS 2016, 1128 ff (K Schmidt),
[120] MünchKomm/Joost (Fn 25) § 862 Rn 3; tendenziell ablehnend Soergel/Stadler (Fn 15) § 862 Rn 2.
[121] Staudinger/Gutzeit (2018) § 861 Rn 3; MünchKomm/Joost (Fn 25) § 861 Rn 17.
[122] BGH NJW 2008, 580, 582 = JuS 2008, 466 f

(K Schmidt); Staudinger/Gutzeit (2018) § 864 Rn 3; MünchKomm/Joost (Fn 5) § 864 Rn 2.
[123] Staudinger/Gutzeit (2018) § 864 Rn 3; MünchKomm/Joost (Fn 25) § 864 Rn 2; Wieling (Fn 1) § 5 III 3 b; Baur/Stürner (Fn 4) § 9 Rn 19.
[124] Staudinger/Gutzeit (2018) § 864 Rn 1; MünchKomm/Joost (Fn 25) § 864 Rn 1.

sei") gemeint. Nach richtiger, allerdings heftig umstrittener Ansicht sind diese Grundsätze auch in den praktisch besonders relevanten, von §§ 1361a, 1361b BGB erfassten Fällen zu beachten: Wenn Ehemann M bei der Trennung ohne oder gar gegen den Willen seiner Ehefrau F Gegenstände aus dem zuvor gemeinsam besessenen Haushalt mit sich nimmt, kann F von M daher nach § 861 Abs 1 BGB deren Herausgabe verlangen, ohne dass M hiergegen einwenden könnte, diese Gegenstände seien nach § 1361a BGB ohnehin ihm zuzuweisen gewesen. Der Friedensschutz verlangt auch hier eine Sanktion der Eigenmacht des M und die vorläufige Wiederherstellung des Besitzes der F; will M sich die Gegenstände gemäß § 1361a BGB zuweisen lassen, muss er das entsprechende Verfahren anstrengen.[125]

73 Nach herrschender Meinung soll sich der Störer gegen den Herausgabeanspruch aus § 861 Abs 1 allerdings darauf berufen können, dass ihm aufgrund von Aufwendungen, die er nach Besitzentzug auf die Sache tätigte, ein Zurückbehaltungsrecht nach Maßgabe § 273 Abs 2 BGB oder § 1000 BGB zustehe; schließlich sei dieses gemäß §§ 273 Abs 2 aE, 1000 S 2 BGB nur ausgeschlossen, wenn der Besitz durch eine vorsätzliche unerlaubte Handlung erlangt worden sei.[126] Dem ist nicht zu folgen.[127] Zwar geht es hier nicht um ein Recht zum Besitz, das der Störer eigenmächtig durchsetzen wollte und auf das er sich deshalb nicht berufen darf; denn das Zurückbehaltungsrecht ist ja erst nach der verbotenen Eigenmacht entstanden. Jedoch wäre es mit dem Schutz- und Sanktionscharakter des § 861 Abs 1 BGB nicht zu vereinbaren, wenn der frühere Besitzer die Wiederherstellung des *status quo ante* mit Verwendungsersatz bezahlen müsste.

74 Von dem Grundsatz, dass einem possessorischen Anspruch keine petitorischen Einwendungen entgegengehalten werden können, macht § 864 Abs 2 BGB eine Ausnahme: Erwirkt der Störer ein rechtskräftiges Urteil, nach welchem er kraft eines Rechts an der Sache die Herstellung genau des Zustands verlangen kann, den er durch seine verbotene Eigenmacht bereits selbst hergestellt hat,[128] sind die Ansprüche aus §§ 861, 862 BGB ausgeschlossen. Damit soll ein sinnloses Hin und Her verhindert werden: Der Störer soll die Folgen seiner verbotenen Eigenmacht nicht beseitigen müssen, wenn er sie kraft des erwirkten Titels sogleich wieder herstellen dürfte. Entsprechend ist die unglücklich formulierte Norm auch auszulegen. Daher muss das Recht des Störers, aus dem der mit dem Urteil titulierte Anspruch folgt, entgegen dem Wortlaut des § 864 Abs 2 BGB nicht gerade ein „Recht an der Sache", also ein dingliches Recht sein: Bei dieser Formulierung handelt es sich um ein Redaktionsversehen, die Gesetzesverfasser wollten jedes Recht auf Herstellung des jetzigen Besitzstands genügen lassen, was nur konsequent ist. Der Anspruch aus § 861 BGB ist also etwa auch dann ausgeschlossen, wenn das Urteil einen Herausgabeanspruch des Störers aus einem Kaufvertrag tituliert.[129] Ein Hin und Her droht zwar auch dann, wenn das Urteil schon

---

[125] Wie hier etwa STAUDINGER/GUTZEIT (2018) § 858 Rn 35; STAUDINGER/VOPPEL (2012) § 1361a Rn 58; MünchKomm/WEBER-MONECKE (7. Aufl 2017) § 1361a Rn 24; SOSNITZA (Fn 72) 174. Instruktiv zur in der Rechtsprechung herrschenden Ansicht, die eine Berufung auf § 1361a in Ausnahmefällen zulassen will, OLG Koblenz NJW 2007, 2337 ff = JuS 2007, 967 ff (K SCHMIDT).
[126] STAUDINGER/GUTZEIT (2018) § 863 Rn 7; MünchKomm/JOOST (Fn 25) § 863 Rn 5; PALANDT/HERRLER (Fn 45) § 863 Rn 2; HECK (Fn 40) § 14. 5a.
[127] So auch WIELING (Fn 1) § 5 IV 3 a.
[128] Nach dem Wortlaut des § 864 Abs 2 genügt ein Feststellungsurteil; kritisch dazu HAGER KTS 1989, 515, 516 ff.
[129] STAUDINGER/GUTZEIT (2018) § 864 Rn 6; MünchKomm/JOOST (Fn 25) § 864 Rn 7; WIELING (Fn 1) § 5 IV 3 d; WESTERMANN/GURSKY

vor der verbotenen Eigenmacht ergangen ist; entgegen einer verbreiteten Ansicht[130] ist § 864 Abs 2 BGB in diesem Fall jedoch – getreu seinem Wortlaut – nicht anwendbar: Müsste der eigenmächtig das rechtskräftige Urteil Vollstreckende im Erfolgsfall die Sanktion der Ansprüche aus §§ 861, 862 BGB nicht fürchten, würde die friedensschützende Funktion des Besitzschutzes zu stark eingeschränkt.[131] Auch auf Grundlage der Gegenansicht darf § 864 Abs 2 BGB jedenfalls nicht dahingehend missverstanden werden, dass die Norm eine eigenmächtige Vollstreckung des Urteils schlechthin erlaubt: Nimmt etwa der Gläubiger eines titulierten Herausgabeanspruchs aus § 985 BGB die Sache dem Besitzer weg, stehen dem Besitzer gegen diese verbotene Eigenmacht allemal die Gewaltrechte aus § 859 Abs 1, 2 BGB zu.

75 Aus §§ 863, 864 Abs 2 BGB folgt also: Wird der Eigentümer E einer Sache, der diese dem B durch verbotene Eigenmacht entzogen hatte, von B aus § 861 Abs 1 S 1 BGB auf Herausgabe verklagt, kann E sich mit dem Hinweis, er sei doch ohnehin Eigentümer, nur dann erfolgreich verteidigen, wenn sein Eigentum nach Begehung der verbotenen Eigenmacht rechtskräftig festgestellt wurde, denn mit diesem Urteil erlosch der nun eingeklagte Anspruch des B aus § 861 Abs 1 BGB. Liegt ein solches Urteil nicht vor, wird er mit dem Einwand, er sei Eigentümer, nicht gehört; B gewinnt also den Prozess und kann seinen Herausgabeanspruch aus § 861 Abs 1 BGB nötigenfalls sogar vollstrecken. Will E den Besitz der Sache sodann wiedererlangen, muss er seinerseits den B aus § 985 BGB auf Herausgabe verklagen und nötigenfalls aus dem damit errungenen Urteil vollstrecken. Es stellt sich die Frage, ob man dieses zeit- und kostenintensive Hin und Her nicht dadurch abkürzen sollte, dass man es dem E erlaubt, schon auf die Herausgabeklage des B aus § 861 Abs 1 BGB mit einer auf § 985 BGB gestützten Widerklage (§ 33 ZPO) zu reagieren. Lässt man diese zu und sind beide Klagen gleichzeitig entscheidungsreif, kann das Gericht, wenn es keine in sich widersprüchliche Entscheidung treffen will, nicht zugleich den E zur Herausgabe an B und den B zur Herausgabe an E verurteilen (oder dessen Eigentum feststellen);[132] analog § 864 Abs 2 BGB wird es die Klage des B abweisen und der Klage des E stattgeben, der die Sache also behalten darf. Dass dies dem Zweck des § 863 BGB widerspricht, liegt auf der Hand, denn auf diese Weise wird der Störer nun doch damit gehört, dass er ein besseres Recht auf die Sache habe, zwar nicht verteidigungsweise gegen den Anspruch des (ehemaligen) Besitzers, aber angriffsweise aufgrund der Widerklage und mit dem gleichen Erfolg, den § 863 BGB gerade verhindern will: Die Eigenmacht bleibt aufgrund der Berechtigung des Störers an der Sache letztlich ohne Sanktion. Viele wollen eine petitorische Widerklage gegen eine possessorische Klage

---

(Fn 1) § 23 Rn 9. – Da § 864 Abs 2 BGB den gemeinrechtlichen Grundsatz „*petitorium absorbet possessorium*" kodifizieren soll – vgl nur WIELING (Fn 1) § 5 IV 3 d –, greift die Norm jedoch nicht, wenn der in dem Urteil titulierte Anspruch des Störers seinerseits aus § 861 Abs 1 BGB oder § 862 Abs 1 BGB folgt; in solchen Fällen ist der Anspruch freilich zumeist schon nach §§ 861 Abs 2, 862 Abs 2 BGB ausgeschlossen.
[130] MünchKomm/JOOST (Fn 25) § 864 Rn 11; WESTERMANN/GURSKY (Fn 1) § 23 Rn 9; BAUR/STÜRNER (Fn 4) § 9 Rn 18; MÜLLER/GRUBER (Fn 1) Rn 341 f; HAGER KTS 1989, 515, 526; PETERSEN Jura 2002, 255, 256.
[131] STAUDINGER/GUTZEIT (2018) § 864 Rn 11; SOERGEL/STADLER (Fn 15) § 864 Rn 5; WIELING (Fn 1) § 5 IV 3 d; SOSNITZA (Fn 72) 167 f; ZEISING Jura 2010, 248, 251.
[132] So aber MünchKomm/JOOST (Fn 25) § 863 Rn 11; PWW/PRÜTTING (Fn 39) § 861 Rn 7; HAGER KTS 1989, 515, 520 ff; ZEISING Jura 2010, 248, 252 f (§ 864 Abs 2 BGB greife nur, wenn beide Entscheidungen ausnahmsweise zugleich rechtskräftig werden); ähnlich BAUR/STÜRNER (Fn 4) § 19 Rn 18. Vgl dagegen WIELING (Fn 1) § 5 IV 3 e.

daher von vornherein nicht zulassen.¹³³ Die Gegenansicht¹³⁴ könnte nicht überzeugen, wenn für sie allein die prozessökonomische Erwägung spräche, dass die Zulassung einer petitorischen Widerklage einen zweiten Prozess vermeidet; dass dieser nötig werden kann, liegt in der provisorischen Natur des possessorischen Besitzschutzes und in der Konsequenz des § 863 BGB.¹³⁵ Für eine Zulassung der Widerklage aber spricht der Gedanke des § 864 Abs 2 BGB: Sobald die petitorisch-endgültige Rechtslage geklärt ist, tritt der Schutz des Rechtsfriedens hinter die Berechtigung an der Sache zurück. Ob das über diese Berechtigung entscheidende Urteil nach demjenigen ergeht, das über das *possessorium* entscheidet, oder gleichzeitig mit diesem, sollte keinen Unterschied machen.

dd) Anspruchsinhalte

Der Anspruch aus § 861 Abs 1 BGB zielt auf Wiedereinräumung des durch verbotene Eigenmacht entzogenen Besitzes. Der Anspruchsgegner hat den Besitz so wiederherzustellen, wie er vor der verbotenen Eigenmacht bestand: Er hat die Sache also herauszugeben, und zwar an dem Ort, an dem er den Besitz entzogen hat.¹³⁶ **76**

Gemäß § 862 Abs 1 S 1 BGB kann die Beseitigung einer Besitzstörung (Rn 55) verlangt werden. Wird die Störung durch eine Handlung hervorgerufen, kann deren Unterlassung verlangt werden, nach § 862 Abs 1 S 1 BGB jedoch nur, wenn die Handlung andauert. Ist sie beendet, ist damit auch die Störung entfallen; vorbeugende Unterlassung kann dann nur gemäß § 862 Abs 1 S 2 BGB verlangt werden, wenn also eine erneute Störung zu besorgen ist. Liegt die Störung in einem Zustand, kann dessen Beseitigung verlangt werden, solange er andauert. Dabei ist jedoch nur der Zustand herzustellen, der vor Eintritt der Störung bestand, nicht etwa derjenige, der ohne die Störung jetzt bestünde. Denn bei einem solchen Anspruch handelte es sich um Schadensersatz (vgl § 249 Abs 1 BGB), den § 862 Abs 1 S 1 BGB nicht gewährt. Wenn die Störung also darin liegt, dass der Störer Wasser auf das Grundstück seines Nachbarn leitet, kann der Nachbar verlangen, dass die Einleitung eingestellt wird; wurden Gegenstände auf das Grundstück geschwemmt, geht auch von diesen eine Störung aus, der Nachbar kann nach § 862 Abs 1 S 1 BGB auch deren Beseitigung verlangen. Feuchtigkeitsschäden am Haus des Nachbarn, die durch die Überschwemmung eingetreten sind, stören den Nachbarn nicht im Besitz; die Beseitigung solcher Schäden kann der Nachbar daher nur unter den Voraussetzungen eines Schadensersatzanspruchs, etwa aus § 823 Abs 1 BGB, verlangen. **77**

Geldzahlungen als solche vermögen eine Besitzstörung nicht zu beseitigen, die Ansprüche aus §§ 861 Abs 1, 862 Abs 1 S 1 BGB können also niemals auf eine Geldzahlung gerichtet sein. Diese Beschränkung darf entgegen der herrschenden Meinung **78**

---

¹³³ So STAUDINGER/GUTZEIT (2018) § 863 Rn 8; JAUERNIG/BERGER (16. Aufl 2015), §§ 861–864 Rn 7; WESTERMANN/GURSKY (Fn 1) § 23 Rn 7; WOLFF/RAISER Fn 17) § 19 Fn 14; PRÜTTING (Fn 1) Rn 124; SOSNITZA (Fn 72) 157 ff, 162; WACKE, in: FS Jayme II (2004) 1605, 1618; differenzierend AMEND JuS 2001, 124, 128 f (petitorische Widerklage zulässig, wenn der Kläger sich neben possessorischen auch auf petitorische Ansprüche stützt).
¹³⁴ BGH NJW 1999, 425, 427; BGH NJW 1979, 1358 f; KG ZMR 2000, 818, 819; WIELING (Fn 1) § 5 IV 3 e; WILHELM (Fn 3) Rn 528; WESTERMANN, Sachenrecht (5. Aufl 1966) § 24 II 4; HECK (Fn 40) § 14. 5b; LOPAU JuS 1980, 501, 504; ZEISING Jura 2010, 248, 251 f.
¹³⁵ STAUDINGER/GUTZEIT (2018) § 863 Rn 8.
¹³⁶ STAUDINGER/GUTZEIT (2018) § 861 Rn 3; MünchKomm/JOOST (Fn 25) § 861 Rn 4; WIELING (Fn 1) § 5 IV 1 b. Anders WESTERMANN/GURSKY (Fn 1) § 23 Rn 6.

auch nicht dadurch umgangen werden, dass man § 858 BGB als Schutzgesetz im Sinne des § 823 Abs 2 BGB einordnet und auf diesem Wege Ersatz für jeden durch schuldhafte verbotene Eigenmacht verursachten Schaden an der Sache gewährt.[137] In Betracht kommt aber eine verschuldensunabhängige Schadensersatzhaftung aus § 231 BGB, wenn die verbotene Eigenmacht zugleich eine Selbsthilfe im Sinne des § 229 BGB darstellt und die Voraussetzungen dieser Norm nicht vorliegen – wenn etwa der Vermieter eigenmächtig die Mietwohnung in Besitz nimmt, ohne einen Räumungstitel erwirkt zu haben.[138] Beseitigt der Besitzer die Störung auf eigene Kosten selbst, indem er etwa den Pkw, der die Zufahrt zu seinem Grundstück versperrt, abschleppen lässt, können sich namentlich aus Geschäftsführung ohne Auftrag oder ungerechtfertigter Bereicherung Kostenersatzansprüche ergeben.[139]

79 Die Ansprüche nach §§ 861 Abs 1, 862 Abs 1 BGB dienen nicht dem Schutz eines dinglichen Rechts (vgl noch u Rn 84 f). Da es sich folglich nicht um dingliche Ansprüche (im engeren Sinne) handelt, müsste das allgemeine Leistungsstörungsrecht auf sie anwendbar sein (Rn 2):[140] Der Anspruchsteller müsste also nach Maßgabe der §§ 280 Abs 1, 3, 281–283 BGB statt der Herausgabe Schadensersatz, nach § 285 BGB ein Surrogat oder neben der Herausgabe gemäß §§ 280 Abs 2, 286 BGB einen Verzugsschaden ersetzt verlangen können, nach Rechtshängigkeit des Herausgabeanspruchs gar Schadens- und Nutzungsersatz nach Maßgabe der §§ 292 Abs 1, 987 ff BGB. Diese Ansprüche setzen indes allesamt voraus, dass die Sache selbst dem Vermögen des Anspruchstellers zugewiesen ist; sie treten an die Stelle dieses Vermögenswerts bzw neben ihn. Die Ansprüche aus §§ 861 Abs 1, 862 Abs 1 BGB beruhen aber gerade nicht auf einer solchen Vermögenszuweisung, sondern auf dem bloßen Besitz; nach ihrer Funktion, den öffentlichen Rechtsfrieden vor verbotener Eigenmacht zu schützen, erschöpfen sie sich darin, den *status quo ante* wiederherzustellen. Schadensersatzansprüche wären ohne Rücksicht auf ein Recht an der Sache ohnehin nicht zu bemessen: Welchen Wert soll der Besitz etwa für den Dieb haben, der die Sache und aus ihr gezogene Nutzungen jederzeit an den Eigentümer herausgeben muss? Es ist daher der herrschenden Meinung beizupflichten, dass die Verletzung eines Anspruchs aus § 861 Abs 1 BGB oder § 862 Abs 1 BGB nicht zu weiteren Ansprüchen aus allgemeinem Leistungsstörungsrecht führt.[141]

---

[137] So aber, jedenfalls für den berechtigten Besitz, BGH NJW 2009, 2530, 2531; BGH NJW 1991, 2420, 2422; STAUDINGER/HAGER (2009) § 823 Rn G41; MünchKomm/JOOST (Fn 25) Vorbemerkung zu §§ 854 ff Rn 14; ERMAN/WILHELMI (Fn 39) § 823 Rn 161; PWW/SCHAUB (Fn 39) § 823 Rn 235; HARTUNG (Fn 40) 69 ff, 71. Offen SOERGEL/STADLER (Fn 15) Vor § 854 Rn 13; BAUR/STÜRNER (Fn 4) § 9 Rn 36. Ablehnend WESTERMANN/GURSKY (Fn 1) § 7 Rn 8; MEDICUS AcP 165 (1965) 115, 136. Richtig WIELING, in: FG vLübtow (1980) 565, 581 f (vgl nun aber auch dens (Fn 1) § 5 IV 6 c Fn 176): Nach Sinn und Zweck des § 858 BGB kann auch über §§ 823 Abs 2, 249 BGB nur die Beseitigung der durch die Eigenmacht verursachten Störung, gegebenenfalls Herausgabe der Sache verlangt werden, darüber hinaus aber kein Schadensersatz in Geld; so auch SOSNITZA (Fn 72) 311 ff, der aber zusätzlich Rechtsverfolgungskosten für ersatzfähig hält.

[138] BGH NJW 2010, 3434 ff, mit weitreichender Umkehr der Darlegungs- und Beweislast auch hinsichtlich des Schadens.

[139] Vgl dazu BGH NJW 2016, 2407 ff, BGH NJW 2009, 2530 ff = JuS 2009, 762 f (K SCHMIDT) und LORENZ NJW 2009, 1025 ff, KOCH NJW 2014, 3696 ff, sowie die Klausuren von PÖSCHKE/SONNTAG JuS 2009, 711 ff; HUNEKE Jura 2010, 852 ff. Zu Einzelfragen nun BGH NJW 2016, 863, 866 Rn 30 ff (Halteranfrage)

[140] Allenfalls eine analoge Anwendung erwägen STAUDINGER/GUTZEIT (2018) § 861 Rn 4; WESTERMANN/GURSKY (Fn 1) § 23 Rn 6.

[141] STAUDINGER/GUTZEIT (2018) § 861 Rn 4; MünchKomm/JOOST (Fn 25) § 861 Rn 4; WIE-

ee) Einstweiliger Rechtsschutz

Ist die zeitliche Schranke der Selbsthilferechte nach § 859 BGB überschritten, wird der im Besitz Gestörte auf die Ansprüche aus §§ 861 Abs 1, 862 Abs 1 BGB und damit auf den Rechtsweg verwiesen. Schon bis zum ersten vollstreckungsfähigen Urteil kann einige Zeit vergehen; Jahre werden verstreichen, wenn der Rechtsweg gar bis zur letzten Instanz durchschritten wird. Diese Langwierigkeit verträgt sich schlecht mit der Funktion des possessorischen Besitzschutzes: Zum Schutz des öffentlichen Rechtsfriedens taugen §§ 858 ff BGB nur, wenn die verbotene Eigenmacht effektiv – und das heißt auch: schnell! – sanktioniert wird. Denn darf der Störer davon ausgehen, dass ihm der Genuss der Sache lange Zeit verbleiben wird, bis der ursprüngliche Besitzer seinen Anspruch aus § 861 Abs 1 BGB gegen ihn tituliert hat und vollstrecken kann, schmälert dies seine Furcht vor dieser Sanktion und damit deren generalpräventive Wirkung. Dem lässt sich freilich auf prozessualer Ebene begegnen: Der gestörte Besitzer kann im Wege des Eilrechtsschutzes gemäß § 940 ZPO eine einstweilige Verfügung beantragen, gerichtet auf (sofortige!) Unterlassung der Störung (im Falle des § 862 Abs 1 S 1 BGB) oder Herausgabe der Sache (im Falle des § 861 Abs 1 BGB). Aufgrund der besonderen Natur der possessorischen Besitzschutzansprüche ist er dabei in doppelter Hinsicht privilegiert: Zum einen ist eine einstweilige Verfügung in diesen Fällen auch ohne besonderen Anordnungsgrund (wie etwa der Gefährdung der Durchsetzung des Anspruchs) möglich;[142] zum anderen wird ausnahmsweise hingenommen, dass der Anspruch schon in Vollzug der Verfügung, also bereits in der Phase des vorläufigen Rechtsschutzes, befriedigt, nämlich die Sache herausgegeben oder die weitere Störung verboten wird.[143]

4. Sonstiger Besitzschutz

a) Der Anspruch aus § 1007 BGB

Der Herausgabeanspruch aus § 1007 BGB steht in einem schlechten Ruf: Die Norm sei praktisch überflüssig und redaktionell missglückt.[144] Tatsächlich erschließt sich die Struktur des Anspruchs aus § 1007 BGB nicht auf den ersten Blick. Der Anspruch setzt zunächst früheren – unmittelbaren oder mittelbaren – Besitz des Anspruchstellers voraus. Wegen § 1007 Abs 3 S 1 BGB ist ferner erforderlich, dass der Anspruchsteller diesen Besitz nicht freiwillig aufgegeben, sondern auf andere Weise verloren hat und dass er bei Erwerb des Besitzes in gutem Glauben war – was nach der Formulierung des § 1007 Abs 3 S 1 BGB allerdings vermutet wird. Eine Besitzaufgabe liegt nur dann vor, wenn der frühere Besitzer freiwillig jede Besitzbeziehung zu der Sache aufgegeben hat, also etwa nicht schon dann, wenn er sie einer Person übergeben hat, die ihm nach § 868 BGB den Besitz mitteln sollte.[145] Bösgläubigkeit, die den Anspruch ebenfalls ausschließt, liegt vor, wenn der Anspruchsteller bei Besitzerwerb wusste oder aus

---

LING (Fn 1) § 5 IV 1 b; WESTERMANN/GURSKY (Fn 1) § 23 Rn 6.
[142] OLG Stuttgart NJW 2012, 625, 626 f; KG ZMR 2000, 818, 821, und dazu SCHUR ZMR 2000, 802, 807; STEIN/JONAS/GURSKY (22. Aufl 2002) vor § 935 Rn 44; HINZ NZM 2005, 841, 846.
[143] STAUDINGER/GUTZEIT (2018) § 859 Rn 23.
[144] ERMAN/EBBING (Fn 39) § 1007 Rn 2, 5; WOLFF/RAISER (Fn 17) § 23 Fn 1; WESTER-MANN/GURSKY (Fn 1) § 34 Rn 6. Relativierend aber STAUDINGER/GURSKY (2012) § 1007 Rn 5; WIELING (Fn 1) § 12 X 2 a.
[145] WESTERMANN/GURSKY (Fn 1) § 34 Rn 9; MÜLLER/GRUBER (Fn 1) Rn 393. – Ist die Sache abhanden gekommen, kann keine freiwillige Besitzaufgabe vorliegen; daher passt der Ausschluss nach § 1007 Abs 3 S 1 Alt 2 BGB trotz seiner Stellung nur für § 1007 Abs 1 BGB, nicht auch für § 1007 Abs 2 BGB.

grober Fahrlässigkeit nicht wusste, dass er zum Besitz der Sache nicht berechtigt war.[146] War der Anspruchsteller also bei Besitzerwerb gutgläubig und hat er den Besitz nicht freiwillig aufgegeben, kommt es darauf an, ob der Anspruchsgegner bei seinem Besitzerwerb gutgläubig war. War er bösgläubig, kann der Anspruch gemäß §§ 1007 Abs 1, Abs 3 S 1 Alt 2, 986 BGB nur noch daran scheitern, dass der Anspruchsgegner dem Anspruchsteller gegenüber (mittlerweile) zum Besitz berechtigt ist. War der Anspruchsgegner bei Besitzerwerb dagegen, was zu vermuten ist, gutgläubig, kommt ein Herausgabeanspruch gemäß § 1007 Abs 2 BGB nur in Betracht, wenn die Sache dem Anspruchsteller abhanden gekommen ist (u Rn 154 ff); auch dann ist der Anspruch jedoch ausgeschlossen, wenn die Sache zuvor bereits dem Anspruchsgegner abhanden gekommen war oder der Anspruchsgegner Eigentümer der Sache ist.

82 Dieser Tatbestand des § 1007 BGB ist derart schwer zu durchschauen, dass noch nicht einmal Klarheit darüber herrscht, ob die Norm mit den ersten beiden Absätzen zwei unterschiedliche Anspruchsgrundlagen enthält[147] oder doch nur eine Anspruchsgrundlage mit alternativen Voraussetzungen.[148] Streitig ist ferner, worauf sich der Anspruch eigentlich gründet: auf den bloßen (früheren) Besitz des Anspruchstellers,[149] auf ein (im Vergleich zum Anspruchsgegner) besseres Recht zum Besitz[150] oder ein zu vermutendes dingliches Recht an der Sache.[151] Die Antwort auf diese Fragen fällt deshalb so schwer, weil § 1007 BGB, wie ein Blick auf seine Entstehungsgeschichte zeigt,[152] ganz unterschiedliche Ansprüche aus der römischen und der deutschen Rechtstradition zusammenfassen soll. Der im Ersten Entwurf enthaltene Vorläufer des § 1007 BGB sollte – modifiziert – die römisch-rechtliche *actio Publiciana* kodifizieren. Mit dieser Klage wurde der Ersitzungsbesitzer geschützt, indem man den Ablauf der Ersitzungsfrist fingierte und damit so tat, als sei er bereits Eigentümer geworden; kraft dieses fingierten Eigentums konnte er von jedem Dritten Herausgabe der Sache verlangen, nur nicht (ohne weiteres) vom wahren Eigentümer.[153] Die Zweite Kommission hielt einen solchen Schutz des Ersitzungsbesitzers aufgrund der Vermutungsregel des heutigen § 1006 BGB für überflüssig, wollte ihn jedoch nicht streichen, sondern verallgemeinern: Man wollte dem Vorbild des preußischen Rechts folgen und auch den Fremdbesitzer gegen den schlechter Berechtigten schützen, namentlich also den Mieter, Entleiher, Verwahrer etc.[154] Nach dem damit invozierten Allgemeinen Landrecht

---

[146] STAUDINGER/GURSKY (2012) § 1007 Rn 14; MünchKomm/BALDUS (Fn 25) § 1007 Rn 23; WESTERMANN/GURSKY (Fn 1) § 34 Rn 7; WILHELM (Fn 3) Rn 1354.

[147] So die herrschende Meinung: STAUDINGER/GURSKY (2012) § 1007 Rn 1, 9; MünchKomm/BALDUS (Fn 25) § 1007 Rn 30; SOERGEL/MÜNCH (13. Aufl 2007) § 1007 Rn 4; WESTERMANN/GURSKY (Fn 1) § 34 Rn 6; MÜLLER/GRUBER (Fn 1) Rn 387; SCHREIBER (Fn 40) Rn 112; PETERSEN Jura 2002, 160, 164.

[148] So insbesondere WIELING (Fn 1) § 12 X 2 b.

[149] STAUDINGER/GURSKY (2012) § 1007 Rn 1; SOERGEL/MÜNCH (Fn 147) § 1007 Rn 2; WOLFF/RAISER (Fn 17) § 23 pr („Recht zum Besitz aus Besitz"); WESTERMANN/GURSKY (Fn 1) § 34 Rn 4; MÜLLER/GRUBER (Fn 1) Rn 387; PRÜTTING (Fn 1) Rn 587.

[150] SCHREIBER (Fn 40) Rn 112.

[151] CANARIS, in: FS Flume I (1978) 370, 398; HECK (Fn 40) § 34. 1, 2 (höhere Wahrscheinlichkeit des besseren Rechts). – Anders, nämlich prozessual, wird § 1007 BGB gedeutet von WEBER § 1007 BGB – Prozessuale Regelungen im materiell-rechtlichen Gewand (1988) zusammenfassend 71 f, vgl dazu KOHLER AcP 189 (1989) 299 ff.

[152] Vgl dazu KOCH § 1007 BGB – Neues Verständnis auf der Grundlage alten Rechts (1986) 2 ff; WEBER (Fn 119) 12 ff; SOSNITZA (Fn 72) 177 ff; vor allem aber WIELING (Fn 1) § 12 X 1 und § 13 I 1 ff, und umfassend ders, in: FS Hattenhauer (2003) 557 ff.

[153] Zur *actio Publiciana* etwa KASER (Fn 1) § 104; KASER/KNÜTEL/LOHSSE (Fn 36) § 27 Rn 25 ff.

[154] MUGDAN III, 698 f (Zweite Kommission), 980 (Denkschrift).

T. Sachenrecht

für die Preußischen Staaten erwarb derjenige, der Anspruch auf Überlassung einer Sache hatte, mit der Besitzeinräumung ein dingliches Recht an der Sache – umgekehrt formuliert: der Anspruch auf Besitzüberlassung wurde mit Besitzeinräumung verdinglicht.[155] Das geschah auch, wenn der Erwerber nur glaubte, zum Besitz berechtigt zu sein.[156] Mit § 1007 BGB ist also sowohl die römisch-rechtliche Vorstellung eines relativen Eigentums des Ersitzungsbesitzers als auch die preußische Vorstellung von einem durch Besitzeinräumung verdinglichten Überlassungsanspruch Gesetz geworden, was sich angesichts der Entstehungsgeschichte auch nicht mit dem Hinweis verleugnen lässt, solche Vorstellungen hätten „systemsprengende Wirkung".[157] Der – einheitliche – Anspruch aus § 1007 BGB schützt also den Besitzer als Inhaber eines dinglichen Rechts: nämlich den Ersitzungsbesitzer in seinem im Vorgriff auf den Ablauf der Ersitzungsfrist fingierten Eigentum und den Fremdbesitzer in seinem durch Besitzeinräumung verdinglichten Anspruch auf Besitzüberlassung.[158] Nur so ist schlüssig zu erklären, dass der Anspruchsteller nach §§ 1007 Abs 3 S 2, 987 ff BGB auch Schadens- und Nutzungsersatz verlangen kann, denn dies belegt, dass die Sache als solche seinem Vermögen zugewiesen ist, und das ist wiederum nur denkbar, wenn er ein dingliches Recht an dieser Sache hat.[159] Aus alledem lässt sich freilich nicht ableiten, dass als erste Voraussetzung eines Anspruchs aus § 1007 BGB zu prüfen ist, ob dem Anspruchsteller eines der genannten dinglichen Rechte – Ersitzungsbesitz oder verdinglichter Überlassungsanspruch – zusteht. Eine solche Prüfung wäre auch nicht durchführbar, weil die Voraussetzungen für Erwerb und Verlust dieser Rechte nicht eigens geregelt sind, sondern nur mittelbar dem Tatbestand des § 1007 BGB entnommen werden können.[160] Sind die dort genannten Voraussetzungen erfüllt, besteht das entsprechende dingliche Recht, und der Herausgabeanspruch aus ihm ist gegeben.

Seinem Wortlaut nach ist § 1007 BGB nur auf bewegliche Sachen anwendbar. Der BGH hat die Norm jedoch in einem vereinzelt gebliebenen Urteil analog auf Grundbesitz angewendet.[161] Die meisten lehnen eine solche Analogie ab,[162] zu Unrecht.[163]

---

[155] Vgl ALR I 2 §§ 123–135, 161, I 21 § 21 und dazu WIELING (Fn 1) § 13 I 2; vgl auch OTTE, in: FS Wieacker (1970) 463 ff.
[156] ALR I 7 §§ 162 ff, 177, 178.
[157] So aber lautet die Kritik von STAUDINGER/GURSKY (2012) § 1007 Rn 3 („gewaltsame Konstruktionen"); ähnlich MünchKomm/BALDUS (Fn 25) § 1007 Rn 9; ablehnend auch SOSNITZA (Fn 72) 281 ff.
[158] Vgl bereits WIELING (Fn 1) §§ 12 X, 13; KOCH (Fn 120) 80 ff; ders ZMR 1985, 187, 190 f; DULCKEIT, Die Verdinglichung obligatorischer Rechte (1951) 13 ff; CANARIS, in: FS Flume I (1978) 371, 392 ff, 398 ff.
[159] Nach herrschender Ansicht kann nur derjenige Besitzer Herausgabe von Nutzungen verlangen, der zur Zeit ihrer Ziehung selbst nutzungsberechtigt war (also etwa nur der Pächter, nicht der Mieter): STAUDINGER/GURSKY (2012) § 1007 Rn 43 f; BAMBERGER/ROTH/FRITZSCHE (3. Aufl 2012) § 1007 Rn 23; PALANDT/HERRLER (Fn 45) § 1007 Rn 13; WIELING (Fn 1) § 13 II 6 b; WESTERMANN/GURSKY (Fn 1) § 34 Rn 13.

Das ist richtig: Der Überlassungsanspruch wird eben nur mit seinem jeweiligen Inhalt verdinglicht.
[160] Dazu im Einzelnen WIELING (Fn 1) § 12 X 2–4 und § 13 II, III; dort, § 12 Fn 23, auch gegen die von STAUDINGER/GURSKY (2012) § 1007 Rn 3, geübte Kritik, es sei angesichts des Tatbestands des § 1007 überflüssig, ein „Mutterrecht" zu konstruieren; ähnlich aber auch SOSNITZA (Fn 72) 187 ff.
[161] BGHZ 7, 208 ff. Aufgegeben in BGH BeckRS 2009, 78.
[162] STAUDINGER/GURSKY (2012) § 1007 Rn 6; MünchKomm/BALDUS (Fn 25) § 1007 Rn 21; SOERGEL/MÜNCH (Fn 147) § 1007 Rn 4; WESTERMANN/GURSKY (Fn 1) § 34 Rn 3; BAUR/STÜRNER (Fn 4) § 9 Rn 27 mit Fn 4; SOSNITZA (Fn 72) 197 f.
[163] Für eine Anwendung des § 1007 auf Grundstücke neben WIELING (Fn 1) § 12 X 6 d, etwa auch CANARIS, in: FS Flume I (1978) 370, 401.

Der Gesetzgeber hatte § 1007 BGB auf bewegliche Sachen beschränkt, weil er meinte, dass Inhaber von Grundstücksrechten wegen § 891 BGB keine Schwierigkeiten haben würden, ihr Recht zu beweisen; jenseits der Grenzen des possessorischen Besitzschutzes könnten sie sich also auf dieses Recht berufen und bedürften keines weiteren Schutzes. Bei dieser Annahme hat man augenscheinlich vergessen, dass man den heutigen § 1007 BGB auf berechtigte Fremdbesitzer erstrecken wollte; solche Rechte zum Besitz, namentlich Miete und Pacht, weist das Grundbuch nicht aus. Wie der BGH mit Recht festgestellt hat, bietet die Vermutung nach § 891 BGB für berechtigte Grundstücksbesitzer also keineswegs einen hinreichenden Schutz.[164] Diese Schutzlücke ist durch analoge Anwendung des § 1007 BGB zu schließen, da kein Grund dafür ersichtlich ist, Besitzer von Grundstücken insoweit schlechter zu stellen als Besitzer beweglicher Sachen.

b) Besitz als dingliches Recht

84 Der durch §§ 859 ff BGB und § 1007 BGB gewährte Schutz ist nicht lückenlos. Es stellt sich die Frage, ob derjenige, der eine Sache besitzt, ohne sonst ein dingliches Recht an ihr geltend machen zu können, wegen eines Eingriffs in die Sache auch nach § 823 Abs 1 BGB Schadensersatz oder nach § 812 Abs 1 S 1 Alt 1 BGB Bereicherungsausgleich verlangen oder mittels Drittwiderspruchsklage nach § 771 ZPO geltend machen kann, dass eine Zwangsvollstreckung in die Sache nur aus einem gegen ihn gerichteten Vollstreckungstitel möglich ist. Bejahte man dies, würde schon der Besitz die Sache dem Vermögen des Besitzers zuordnen, denn in dieses flössen ja der Ausgleich eines durch Beschädigung der Sache eingetretenen Minderwerts oder durch deren unberechtigte Nutzung erzielten Mehrwerts. Die Klagebefugnis aus § 771 ZPO gäbe dem Besitzer die Möglichkeit, schon aufgrund seines Besitzes Zugriffe Dritter auf die Sache abzuwehren. Abwehr- und Zuordnungsfunktion sind die wesentlichen Merkmale eines dinglichen Rechts (o Rn 1); der Besitz wird also als dingliches Recht qualifiziert, wenn man ihn auf diese Weise schützt. Wie gesehen, ist der Besitz eine Tatsache; als solche zeitigt er aber – schon mit dem Besitzschutz nach §§ 858 ff BGB – gewisse Rechtsfolgen. Wird nun ein tatsächlicher Tatbestand selbst zu einer Art Recht, indem man ihm rechtliche Relevanz beilegt? Diese Frage hat schon die klassisch-römische Rechtswissenschaft ambivalent beantwortet: Der Besitz sei zwar eine bloße Tatsache (res facti),[165] aber er entlehne doch vieles einem Recht.[166] Der „Kampf der Rechtswissenschaft, den im Besitze vorhandenen Dualismus von Recht und factum zu überwinden",[167] ist bis heute nicht gewonnen: Während manche den Besitz für ein (dingliches)

---

[164] Insofern kann trotz der auf die Nachkriegsverhältnisse gemünzten Begründung keine Rede davon sein, dass das Urteil ausschließlich diesen Verhältnissen geschuldet sei; so aber MünchKomm/BALDUS (Fn 25) § 1007 Rn 21; SOERGEL/MÜNCH (Fn 147) § 1007 Rn 4 Fn 26; BAUR/STÜRNER (Fn 4) § 9 Rn 27 Fn 4; SOSNITZA (Fn 72) 197 f.
[165] PAULUS D 41, 2, 1, 4 (Das klassisch-römische Schenkungsverbot zwischen Ehegatten kann nicht verhindern, dass der Ehemann seiner Frau schenkungshalber den Besitz verschafft, weil das Zivilrecht Tatsachen nicht beseitigen kann); vgl weiter etwa PAPINIAN D 4, 6, 19 (Das Rückkehrrecht des im Krieg gefangenen römischen Bürgers – ius postliminii – kann nicht zum rückwirkenden Besitzerwerb führen, weil es Tatsachen nicht betrifft).
[166] PAPINIAN D 41, 2, 49 pr (Auch wer an einem Sklaven nur einen Nießbrauch hat, kann durch diesen Besitz erwerben, weil der Besitz insofern wie ein Recht behandelt wird); vgl weiter etwa PAPINIAN D 41, 2, 49, 1 (Unter fremder Rechtsgewalt Stehende können für sich selbst nichts besitzen, weil der Besitz nicht nur eine Frage des Körpers, sondern auch des Rechts ist).
[167] MEISCHEIDER, Besitz und Besitzschutz (1876) 1, 6 ff.

T. Sachenrecht

Recht halten,[168] meint die große Mehrheit, nur der berechtigte Besitz sei ein solches Recht oder doch jedenfalls gegen Eingriffe Dritter delikts-, bereicherungs- und vollstreckungsrechtlich geschützt.[169]

Der Besitz entfaltet Zuordnungs- und Abwehrfunktion und ist damit als solcher ein **85** dingliches Recht, wenn er durch §§ 823 Abs 1, 812 Abs 1 S 1 Alt 1 BGB, § 771 ZPO geschützt ist; umgekehrt ist der Besitz durch diese Normen aber nur geschützt, wenn er ein dingliches Recht ist. Da §§ 823 Abs 1, 812 Abs 1 S 1 Alt 1 BGB, § 771 ZPO den Besitz nicht ausdrücklich nennen, kann dieser Zirkel nur durchbrochen werden, indem man die Rechtsordnung im Übrigen daraufhin untersucht, ob sie dem Besitz Abwehr- und Zuordnungsfunktion beilegt und ihn damit als dingliches Recht identifiziert. Der bloße Besitz scheint aufgrund des possessorischen Besitzschutzes eine Abwehrfunktion zu entfalten, doch dient dieser nicht dem Schutz des Besitzes um seiner selbst Willen, sondern dem Schutz der Persönlichkeit des Besitzers und des öffentlichen Rechtsfriedens (o Rn 46 ff).[170] Dass eine Sache nicht dem Vermögen des Besitzers als solchem zugeordnet ist, zeigt wohl am deutlichsten das Beispiel des Diebs: Er ist Besitzer, doch gehört der wirtschaftliche Wert der Sache nicht in sein Vermögen, sondern in dasjenige des Eigentümers oder eines sonstigen Berechtigten. Die Antwort auf die Frage, inwieweit unsere Rechtsordnung dem Besitz eine Abwehr- und Zuordnungsfunktion beimisst, liegt in Entstehungsgeschichte und Tatbestand des § 1007 BGB (dazu soeben Rn 82). Die Norm dient dem Schutz des Ersitzungsbesitzers und vor allem des berechtigten oder gutgläubigen Fremdbesitzers. Dessen Position wird aufgrund seines Besitzes verdinglicht: Abwehr- und Zuordnungsfunktion zeigen sich vor allem darin, dass der Anspruchsberechtigte gemäß §§ 1007 Abs 3 S 2, 987 ff BGB auch Nutzungs- und Schadensersatz verlangen kann. Nach alledem ist der Besitz als solcher kein Recht, schon gar kein dingliches Recht, sondern eine bloße Tatsache. Auch ein Recht zum Besitz macht aus einer Tatsache kein Recht. Im Ergebnis ist der herrschenden Ansicht, die den berechtigten Besitz wie ein dingliches Recht nach §§ 823 Abs 1, 812 Abs 1 S 1 Alt 1 BGB, § 771 ZPO schützen will, dennoch zuzustimmen. Schutzobjekt ist aber nicht der Besitz, sondern das Recht zum Besitz,[171] genauer: der Besitzüberlassungsanspruch. Ausweislich § 1007 BGB wird dieser durch Einräumung des Besitzes von einem relativen, nur gegen den Vertragspartner gerichteten Recht zu einem dinglichen, von jedem Dritten zu achtenden Recht an der überlasse-

---

[168] So namentlich noch WOLFF/RAISER (Fn 17) § 3 III; E WOLF (Fn 40) § 2 A I; HARTUNG (Fn 40) 63 ff, 69; wohl auch ERMAN/LORENZ (Fn 39) Vor § 854 Rn 3.
[169] BGH NJW 1979, 1358, 1359; STAUDINGER/ GUTZEIT (2018) Vorbem 36 u 64 zu §§ 854 ff; MünchKomm/WAGNER (7. Aufl 2017) § 823 Rn 287 ff; MünchKomm/JOOST (Fn 25) Vorbemerkung zu §§ 854 ff Rn 14; PWW/SCHAUB (Fn 39) § 823 Rn 67; WIELING FG vLübtow (1980) 565, 582 f; ders (Fn 4) § 5 IV 6 c; PRÜTTING (Fn 1) Rn 49; SCHREIBER (Fn 40) Rn 118 f; differenzierend SOSNITZA (Fn 72) 249 ff (Schutz durch die Eingriffskondiktion) und 291 ff (kein unmittelbarer deliktsrechtlicher Schutz). Weitergehend MEDICUS AcP 165 (1965) 115 ff, 135 f, ders/PETERSEN, Bürgerliches Recht (26. Aufl 2017) Rn 607 und MEDICUS folgend SOERGEL/ STADLER (Fn 15) Vor § 854 Rn 13, SOERGEL/ SPICKHOFF (13. Aufl 2005) § 823 Rn 98, ERMAN/ WILHELMI (Fn 39) § 823 Rn 43, BAUR/STÜRNER (Fn 4) § 9 Rn 34: Auch der nichtberechtigte Besitzer sei geschützt, sofern er nach der gesetzlichen Regelung die Nutzungen behalten darf. Vgl zur Entwicklung der herrschenden Meinung KLINCK, in: DAJCZAK/KNOTHE (Hrsg), Deutsches Sachenrecht in polnischer Gerichtspraxis (2005) 214 ff. Zur Frage, ob § 858 BGB ein Schutzgesetz im Sinne des § 823 Abs 2 BGB darstellt, bereits o III. 4. d.
[170] SOSNITZA (Fn 72) 62 f.
[171] So auch schon CANARIS, in: FS Flume I (1978) 371, 401.

nen Sache, das namentlich durch §§ 823 Abs 1, 812 Abs 1 S 1 Alt 1 BGB und § 771 ZPO geschützt ist.[172]

5. Besitz durch Dritte

a) Besitzmittlung
aa) Grundlagen

86 Nach römischem Recht war grundsätzlich nur derjenige im Rechtssinne Besitzer *(possessor)* einer Sache, der sie als eigene besaß. Insbesondere der Mieter einer Sache war daher nicht ihr Besitzer; er wurde weder gegen eigenmächtigen Besitzentzug geschützt noch konnte er die Sache ersitzen. Besitzer war allein der Vermieter; nach römischer Vorstellung übte er seine Sachgewalt durch den Mieter aus. Die germanischen Rechtsvorstellungen waren anders: Die *gewere* als gegen unfreiwilligen Verlust geschützte Rechtsposition an der Sache stand dem Mieter zu; bei Grundstücken konnte daneben eine *brukende gewere* des Vermieters bestehen. Lange vor Beginn der Arbeiten am BGB hatten sich beide Rechtstraditionen dahingehend miteinander verbunden, dass man sowohl den Mieter als auch den Vermieter possessorisch schützte. Hieran hielt der Erste Entwurf fest: Wer die tatsächliche Gewalt über eine Sache hatte, war als „Inhaber" possessorisch geschützt, auch wenn „Besitzer" nach der Terminologie des Ersten Entwurfs nur ein Inhaber war, der die Sache als eigene in seiner Gewalt hatte. Geschützter Besitz blieb erhalten, wenn die Sache an einen Inhaber übergeben wurde; so blieb etwa der Vermieter Besitzer, wenn er die Sache dem Mieter überließ; dem Vermieter blieb „Besitz ohne Inhabung". Als man mit dem Zweiten Entwurf zur heutigen Terminologie wechselte und jeden Inhaber als Besitzer bezeichnete, wollte man diese Differenzierungen nicht aufgeben, musste also neue Begrifflichkeiten an die Stelle der alten Gegensätze „Besitz" – „Inhabung" setzen: So nennt man das, was nach dem Ersten Entwurf allein „Besitz" war, heute Eigenbesitz (§ 872 BGB); der „Besitz ohne Inhabung" wurde zum mittelbaren Besitz (§ 868 BGB).[173]

87 Schon aus dieser knappen Darstellung der Entstehungsgeschichte wird deutlich, dass der „mittelbare Besitz" keine natürliche Erscheinung ist, sondern ein rechtliches Konstrukt mit bestimmter Funktion. Wer eine Sache einem anderen überlässt oder belässt, hat zwar keine eigene Sachgewalt und damit – streng genommen – keinen Besitz. Weil und solange die Sachgewalt aber in seinem Interesse ausgeübt wird und er Aussicht darauf hat, die unmittelbare Gewalt über sie zurückzuerlangen, ist es sachgerecht, ihn gleichwohl wie einen Besitzer zu behandeln: ihm also die Besitzschutzansprüche aus §§ 861 Abs 1, 862 Abs 1 BGB zuzusprechen, wenn verbotene Eigenmacht verübt wird (§ 869 BGB), und ihm auch den Eigentumserwerb zu ermöglichen, soweit dieser Besitz verlangt. Diesen Zwecken dient es, wenn § 868 BGB die Rechtsfolgen des Besitzes auf eine Person erstreckt, die mangels Sachgewalt „eigentlich" nicht Besitzer ist.

88 Damit ist die Streitfrage nach der Natur des mittelbaren Besitzes angesprochen. Nach herrschender Meinung soll es sich um eine Form wirklichen Besitzes handeln: Der mittelbare Besitzer übe eigene („vergeistigte") Sachgewalt aus, und zwar durch den

---

[172] Da § 1007 BGB auch den gutgläubigen unberechtigten Fremdbesitzer schützt, ist im Ergebnis der von MEDICUS begründeten Variante der herrschenden Meinung zuzustimmen (vgl oben Fn 138).

[173] Zu alledem WIELING (Fn 1) § 6 I 1, § 3 II; ders AcP 184 (1984) 439 f; ders, Studi in onore di Cesare Sanfilippo I (1982) 713, 715 ff.

unmittelbaren Besitzer, der ihm gegenüber nur auf Zeit und nur in den beiderseits vereinbarten Grenzen zum Besitz berechtigt sei.[174] Dass dies nicht richtig ist, belegt schon das Paradigma des mittelbaren Besitzes: die Miete. Denn der Mieter darf den Vermieter von einem Zugriff auf die Sache weitgehend ausschließen; dass er dem Vermieter Sachgewalt vermittle, kann nicht behauptet werden. Ob Sachgewalt vorliegt, ist überdies eine Tatsachen- und keine Rechtsfrage; auch wenn der Besitzmittler rechtlich verpflichtet ist, bestimmte sachbezogene Weisungen des mittelbaren Besitzers zu befolgen, wird diesem damit schon deshalb keine *tatsächliche* Sachherrschaft verschafft, weil der Besitzmittler diese Pflichten verletzen und mit der Sache umgehen kann, wie er will. Richtig ist daher die Ansicht, dass der mittelbare Besitzer keinerlei Sachgewalt hat; mittelbarer Besitz beruht darauf, dass diese Sachgewalt aus Rechtsgründen fingiert wird.[175]

bb) Tatbestand

Der in § 868 BGB normierte Tatbestand des mittelbaren Besitzes setzt zunächst voraus, dass jemand die Sache besitzt; damit ist unmittelbarer Besitz gemeint, also der o Rn 23 erläuterte Tatbestand. Der mittelbare Besitz hat ferner einen komplexen subjektiven Tatbestand. Der Besitzmittler muss, um überhaupt Besitzer zu sein, die Sache beherrschen wollen (o Rn 28 ff); ferner muss er dem mittelbaren Besitzer den Besitz mitteln wollen,[176] genauer: Er muss bereit sein, die Sache herauszugeben, wenn bestimmte Bedingungen eintreten.[177] Durch diese Bereitschaft unterscheidet sich der Besitzmittler grundsätzlich vom Eigenbesitzer im Sinne des § 872 BGB; er ist Fremdbesitzer. Für den Tatbestand des mittelbaren Besitzes ist dies ganz entscheidend, denn wenn der Besitzer die Sache nicht an eine bestimmte Person herausgeben will, hat es auch keinen Sinn, die Rechtsfolgen des Besitzes auf diese zu beziehen.

89

Verbreitet wird behauptet, dass auf Seiten des mittelbaren Besitzers kein Besitzwille vorliegen müsse.[178] Dem ist nicht zu folgen: In keinem Fall, auch nicht wenn der

90

---

[174] STAUDINGER/GUTZEIT (2018) § 868 Rn 5; ERMAN/LORENZ (Fn 39) § 868 Rn 2; WESTERMANN/GURSKY (Fn 1) § 16 Rn 9; E WOLF (Fn 40) § 2 B II b 2; WOLFF/RAISER (Fn 17) § 8 I 1.

[175] BIERMANN (Fn 67) § 868 Anm I b; WIELING (Fn 1) § 6 I 2; ders AcP 184 (1984), 440 f; ders, Studi in onore di Cesare Sanfilippo I (1982) 713, 728 ff; BÖMER, Besitzmittlungswille und mittelbarer Besitz (2009) 65 f, 143, 260 f. Ähnlich („Besitz ohne Sachherrschaft") PRÜTTING (Fn 1) Rn 82, sowie MünchKomm/JOOST (Fn 25) § 868 Rn 6, und HARTUNG (Fn 40) 256 ff, 281, die den mittelbaren Besitz als ein „Rechtsverhältnis" im Sinne einer Rechtsfolgenerstreckung begreifen, das im Herausgabeanspruch des mittelbaren Besitzers seinen „Kristallisationspunkt" finde. Dies darf freilich nicht zu dem Missverständnis verleiten, dass der Besitz selbst ein Recht sei (dazu oben Rn 84 f).

[176] STAUDINGER/GUTZEIT (2018) § 868 Rn 24; MünchKomm/JOOST (Fn 25) § 868 Rn 17; SOERGEL/STADLER (Fn 15) § 868 Rn 4; PWW/

PRÜTTING (Fn 39) § 868 Rn 8; WILHELM (Fn 3) Rn 497.

[177] WIELING (Fn 1) § 6 II 4; ders AcP 184 (1984) 439, 452. Nach ERMAN/LORENZ (Fn 39) § 868 Rn 6, soll bei einem „gesetzlichen Besitzmittlungsverhältnis" (Eltern-Kind-Verhältnis, Testaments- oder Zwangsvollstreckung) kein Besitzmittlungswille des Besitzmittlers erforderlich sein; hiergegen STAUDINGER/GUTZEIT (2018) § 868 Rn 24; MünchKomm/JOOST (Fn 25) § 868 Rn 17; BAMBERGER/ROTH/FRITZSCHE (Fn 159) § 868 Rn 7; WESTERMANN/GURSKY (Fn 1) § 18 Rn 2. Für einen „normativierten Besitzwillen" VOIGT, Die Funktion des mittelbaren Besitzes beim Mobiliarerwerb (2012) 86 ff, 329 ff HARTUNG (Fn 40) 264 ff, 281, und nun ausf BÖMER (Fn 175) lehnen das Erfordernis eines Besitzmittlungswillens gar gänzlich ab; jedenfalls stark relativierend ERNST (Fn 37) 190 ff (zum antizipierten Besitzkonstitut), 242 (zum Verlust des mittelbaren Besitzes durch Untreue des Besitzmittlers).

[178] MünchKomm/JOOST (Fn 25) § 868 Rn 21; PWW/PRÜTTING (Fn 39) § 868 Rn 9; SCHREIBER

Besitzmittlung ein kraft Gesetzes entstandenes Rechtsverhältnis zugrunde liegt, darf einer Person der Besitz an einer Sache ohne oder gar gegen (!) ihren Willen aufgedrängt werden; es geht nicht an, sie ohne ihr Zutun Ansprüchen etwa aus §§ 985 ff BGB auszusetzen (vgl schon o Rn 30). Die praktischen Probleme, die sich aus dem Erfordernis eines eigenen Besitzwillens des mittelbaren Besitzers etwa beim Erwerb durch einen auftraglosen Geschäftsführer ergeben, wenn dieser vor Ablieferung an der Sache an den Geschäftsherrn insolvent wird, lassen sich sach- und interessegerechter dadurch lösen, dass man eine Stellvertretung im Besitzerwerb zulässt (dazu noch eingehend u Rn 106 ff).

91 Nach § 868 muss der Besitzmittler „als Nießbraucher, Pfandgläubiger, Pächter, Mieter oder in einem ähnlichen Verhältnis" besitzen, „vermöge dessen er einem anderen gegenüber auf Zeit zum Besitz berechtigt oder verpflichtet ist". Mittelbarer Besitz scheint nach diesem Wortlaut nur zu bestehen, wenn zwischen Besitzmittler und mittelbarem Besitzer ein Rechtsverhältnis besteht. Dass das Besitzmittlungsverhältnis nicht mit diesem Rechtsverhältnis identisch ist, wird weithin anerkannt;[179] doch tritt immer wieder terminologische Verwirrung ein. So ist noch heute fast allgemein von „gesetzlichen Besitzmittlungsverhältnissen" die Rede, wenn Besitzmittlungsverhältnisse gemeint sind, denen ein kraft Gesetzes bestehendes Rechtsverhältnis zugrunde liegt. Diese begriffliche Unschärfe hat zu einem lange währenden Streit darüber geführt, ob das der Besitzmittlung zugrunde liegende Rechtsverhältnis rechtlich wirksam sein muss. Nach heute hM ist dies zu verneinen,[180] doch müsse das Rechtsverhältnis in dem Sinne „konkret" sein, dass es die Rechte und Pflichten der Parteien in Bezug auf die (bestimmte) Sache festlegt; dafür soll zwar selbst die Vereinbarung eines Eigentumsvorbehalts (§ 449 BGB) genügen, nicht aber das von einem bestimmten Rechtsverhältnis abstrakte Versprechen, die Sache nach einer gewissen Zeit zurückzugeben.[181] Ferner sei erforderlich, dass der mittelbare Besitzer von dem unmittelbaren Herausgabe der Sache verlangen könne, wobei ein Anspruch aus § 985 BGB oder ungerechtfertigter Bereicherung genügen soll, der Anspruch noch nicht fällig sein müsse und sogar bedingt sein könne.[182] Und schließlich soll mittelbarer Besitz nur

---

(Fn 40) Rn 68; WILHELM (Fn 3) Rn 498. Das Erfordernis eines Besitzwillens des mittelbaren Besitzers betont dagegen etwa PALANDT/HERRLER (Fn 45) § 868 Rn 8. WESTERMANN/GURSKY (Fn 1) § 18 Rn 2, verlangt zwar grundsätzlich einen Besitzwillen des mittelbaren Besitzers, doch soll dieser ausnahmsweise nicht erforderlich sein, wenn der Besitzmittler Vertreter des mittelbaren Besitzers sei oder doch wenigstens eine „vertreterähnliche" Stellung habe; dem folgt SOERGEL/STADLER (Fn 15) § 868 Rn 9. WIELING (Fn 1) § 6 II 4, verlangt ebenfalls eigenen Besitzwillen des mittelbaren Besitzers, meint aber, dieser wirke nach § 184 Abs 1 BGB auf den Zeitpunkt des Erwerbs durch den Besitzmittler zurück, wenn der mittelbare Besitzer diesen genehmige.
[179] STAUDINGER/GUTZEIT (2018) § 868 Rn 15; MünchKomm/OECHSLER (Fn 25) § 930 Rn 9, 13; WIELING (Fn 1) § 9 III 2 b ee.
[180] BGH NJW 1955, 499; BGH NJW 1986, 2438, 2439; STAUDINGER/GUTZEIT (2018) § 868 Rn 16; MünchKomm/JOOST (Fn 25) § 868 Rn 15; WIELING (Fn 1) § 6 I 2; ders AcP 184 (1984) 439, 440 f; WESTERMANN/GURSKY (Fn 1) § 16 Rn 7; E WOLF (Fn 40) § 2 B II b 3; WOLFF/RAISER (Fn 17) § 8 I 2; BAUR/STÜRNER (Fn 4) § 7 Rn 45.
[181] STAUDINGER/GUTZEIT (2018) § 868 Rn 20; MünchKomm/OECHSLER (Fn 25) § 930 Rn 15 f; PALANDT/HERRLER (Fn 45) § 868 Rn 6; WESTERMANN/GURSKY (Fn 1) § 17 Rn 3; E WOLF (Fn 40) § 2 B II b 3; SCHREIBER (Fn 40) Rn 64; WILHELM (Fn 3) Rn 491; BAUR/STÜRNER (Fn 4) § 7 Rn 47 f; PETERSEN Jura 2002, 160, 163. Ein „abstraktes" Besitzmittlungsverhältnis genügt nach STAUDINGER/WIEGAND (2017) § 930 Rn 25; MünchKomm/JOOST (Fn 25) § 868 Rn 14; HECK (Fn 40) Exkurs 5; WIELING (Fn 1) § 9 III 2 b aa.
[182] STAUDINGER/GUTZEIT (2018) § 868 Rn 16, 23; MünchKomm/JOOST (Fn 25) § 868 Rn 16;

vorliegen, wenn der Besitzmittler sein Besitzrecht vom mittelbaren Besitzer „ableitet" und sich dem mittelbaren Besitzer unterordnet.[183]

Richtigerweise ist die in § 868 BGB enthaltene Aufzählung so zu verstehen, dass damit nur das Erfordernis einer wenigstens latenten Herausgabebereitschaft des Besitzmittlers ausgedrückt sein soll, die in der Tat den Kern des mittelbaren Besitzes ausmacht. Nach Sinn und Zweck des mittelbaren Besitzes, die Rechtsfolgen des Besitzes auf den Nutznießer dieser Herausgabebereitschaft zu beziehen, sind jedoch keine weiteren Anforderungen an das Besitzmittlungsverhältnis zu stellen. So ist der herrschenden Meinung darin zu folgen, dass dieses nicht wirksam sein muss. Dafür spricht zwar nicht der Wortlaut „als Nießbraucher" etc., weil § 868 BGB andererseits verlangt, dass der Besitzer zum Besitz „berechtigt oder verpflichtet" sei. Jedoch kann es nach Sinn und Zweck des § 868 BGB, die Rechtsfolgen des Besitzes auf die Person zu erstrecken, in deren Interesse die tatsächliche Sachgewalt ausgeübt wird, auf die Wirksamkeit des zugrunde liegenden Rechtsverhältnisses nicht ankommen, denn diese hat nichts damit zu tun, ob der mittelbare Besitzer im Verhältnis zu Dritten schutzwürdig ist: Ob der Vermieter einer Sache diese weiter ersitzen kann und ob ihm die Ansprüche aus §§ 861 Abs 1, 862 Abs 1 BGB zustehen, wenn gegen den Mieter verbotene Eigenmacht verübt wird, sollte nicht davon abhängen, ob der Mietvertrag wirksam ist oder nicht.[184] Aus diesen Gründen ist nicht nur die Wirksamkeit, sondern auch der weitere Inhalt des Rechtsverhältnisses ohne Bedeutung. Die herrschende Ansicht, das Besitzmittlungsverhältnis müsse „konkret" sein, hat ohnehin keine erkennbare praktische Relevanz, wenn selbst die Vereinbarung eines Eigentumsvorbehalts genügen soll. Da Rechtsverhältnisse auch konkludent begründet werden können und die Vertreter der herrschenden Meinung in solche Rechtsverhältnisse bereitwillig ein ausdifferenziertes Rechte- und Pflichtenprogramm hineinlesen – man denke an die einer Sicherungsübereignung zugrunde liegende Sicherungsabrede[185] –, stellt sich die Frage, ob ein „abstraktes" Besitzmittlungsverhältnis ausreicht, wohl nur, wenn die Parteien Umgangs- und Verhaltenspflichten ausdrücklich ausschließen.[186] Auch in einem solchen Ausnahmefall kann man mittelbaren Besitz nicht mit dem Argument ablehnen, ohne konkrete Umgangspflichten des Besitzers könne von einer Sachherrschaft des mittelbaren Besitzers keine Rede sein; denn er hat ohnehin keine Sachherrschaft, sie wird fingiert (Rn 88). Daher verfängt auch das für die Erforderlichkeit eines Herausgabeanspruchs des Besitzmittlers vorgebrachte Argument nicht, dass ohne Herausgabeanspruch von einer Sachherrschaft des mittelbaren Besitzers keine Rede sein könne.[187] Kaum schwerer wiegen die weiteren Argumente, dass ohne einen wenigstens bedingten Herausgabe-

92

SOERGEL/STADLER (Fn 15) § 868 Rn 10; ERMAN/LORENZ (Fn 39) § 868 Rn 10; WESTERMANN/GURSKY (Fn 1) § 17 Rn 8; WOLFF/RAISER (Fn 17) § 8 I 2; BAUR/STÜRNER (Fn 4) § 7 Rn 43; HARTUNG (Fn 40) 285 ff. Gegen die Erforderlichkeit eines Herausgabeanspruchs BAMBERGER/ROTH/FRITZSCHE (Fn 159) § 868 Rn 17; WIELING (Fn 1) § 6 II 3; ders AcP 184 (1984) 439, 445 ff; E WOLF (Fn 40) § 2 B II b 4; im Ergebnis nun auch BGH NJW 2016, 495, 496 Rn 11 und dazu KIM LMK 2016, 375135.
[183] PWW/PRÜTTING (Fn 39) § 868 Rn 6; WESTERMANN/GURSKY (Fn 1) § 17 Rn 4, 6; WOLFF/RAISER (Fn 17) § 8 I 1 a; BAUR/STÜRNER (Fn 4) § 7 Rn 37 ff. Ablehnend STAUDINGER/GUTZEIT (2018) § 868 Rn 21 f; MünchKomm/JOOST (Fn 25) § 868 Rn 22; BAMBERGER/ROTH/FRITZSCHE (Fn 159) § 868 Rn 8; WIELING (Fn 1) § 6 II 2; ders AcP 184 (1984) 439, 443 f.
[184] Treffend WIELING (Fn 1) § 6 II 1; ders AcP 184 (1984) 439, 441.
[185] Ein beredtes Beispiel hierfür liegt in BGH NJW-RR 2005, 280, 281 (zirkulär: Es genüge „im Ergebnis jedes besitzbegründende Rechtsverhältnis").
[186] Vgl auch bereits WIELING (Fn 1) § 9 III 2 b.
[187] So aber etwa STAUDINGER/GUTZEIT (2018) § 868 Rn 16, 23.

anspruch die nach § 868 BGB erforderliche zeitliche Begrenzung („auf Zeit") nicht gegeben sei und § 870 BGB die Übertragung des mittelbaren Besitzes an die Abtretung des Herausgabeanspruchs knüpfe.[188] Die zeitliche Begrenzung folgt schon aus dem Herausgabewillen des Besitzmittlers, also dem subjektiven Tatbestand des mittelbaren Besitzes; auf eine rechtliche Verpflichtung kann es für den Besitz als Tatsachenfrage nicht ankommen. Auch aus dem Hinweis auf § 870 BGB ergibt sich kein zwingendes Argument: Die Norm zeigt nur eine Übertragungsmöglichkeit auf, die einen Herausgabeanspruch voraussetzt; mittelbarer Besitz kann aber auch dadurch übertragen werden, dass der Veräußerer den Besitzmittler anweist, die Sache an den Erwerber herauszugeben, und der Besitzmittler einen entsprechenden Willen fasst (Rn 97). Eines Herausgabeanspruchs bedarf es hierfür nicht. Entscheidend ist auch hier die Erwägung, dass sich derjenige, der gegen den Besitzmittler verbotene Eigenmacht übt, gegen die Ansprüche des mittelbaren Besitzers aus §§ 869, 861, 862 BGB nicht damit verteidigen können sollte, der Besitzmittler habe gegen den Besitzer keinen Herausgabeanspruch gehabt.[189] Wenn nach herrschender Ansicht ferner eine „Unterordnung" des Besitzmittlers erforderlich sein soll, kann dies nicht wörtlich genommen werden, denn auch ein Mieter ordnet sich keineswegs seinem Vermieter unter, sondern nutzt die Sache nach seinem Willen. Sollte mit einer „Unterordnung" nur die latente Herausgabebereitschaft verlangt sein, ist dies richtig, aber eine Frage des subjektiven Tatbestands. Die Behauptung, mittelbarer Besitz liege nur vor, wenn der Besitzmittler seinen Besitz oder sein Besitzrecht vom mittelbaren Besitzer ableite, beruht teils auf einem Fehlverständnis der §§ 939, 986, 991 BGB, in denen zwar von einer „Besitzrechtsableitung" die Rede, aber nur der Tatbestand des mittelbaren Besitzes gemeint ist; teils beruht sie auf aus dem römischen Recht überkommenen Vorstellungen, die mit dem heutigen einheitlichen Besitzbegriff überwunden sind.[190] Zusammengefasst liegt ein Besitzmittlungsverhältnis vor, wenn der unmittelbare Besitzer unter bestimmten Voraussetzungen zur Herausgabe der Sache an den mittelbaren Besitzer bereit ist und dieser die Sache auch besitzen will.[191]

93 § 871 BGB stellt klar, dass auch mehr als zwei Personen am Tatbestand des mittelbaren Besitzes beteiligt sein können, dass der mittelbare Besitzer nämlich seinerseits einem Dritten den Besitz mitteln kann. Vermietet also etwa V einen Pkw an M und vermietet dieser den Pkw an U unter, mittelt U dem M und M dem V den Besitz. U ist unmittelbarer Besitzer, M mittelbarer Besitzer erster und V mittelbarer Besitzer zweiter Stufe.

94 Ob es auch auf einer Stufe mehrere, voneinander unabhängige mittelbare Besitzer geben kann, ist heftig umstritten. Zum klassischen Schulfall ist der vom Reichsgericht entschiedene „Zuckerfall" geworden:[192] A hatte bei L Zucker eingelagert und von L entsprechende Lagerscheine erhalten. Diesen Zucker verkaufte A unter Eigentumsvorbehalt an B; ohne dass B den Zucker bezahlt hätte, veräußerte er ihn weiter an C. L

---

[188] MünchKomm/Joost (Fn 25) § 868 Rn 15; Erman/Lorenz (Fn 39) § 868 Rn 10; Westermann/Gursky (Fn 1) § 17 Rn 8.
[189] Wieling (Fn 1) § 6 II 3 b; ders AcP 184 (1984) 439, 448 ff. Anders Westermann/Gursky (Fn 1) § 17 Rn 8; Baur/Stürner (Fn 4) § 7 Rn 46.
[190] Staudinger/Gutzeit (2018) § 868 Rn 21; Wieling (Fn 1) § 6 II 3 b; ders AcP 184 (1984) 439, 443 ff: vSavigny hatte die Fälle, in denen das klassische römische Recht auch Fremdbesitzern den Interdiktenschutz gewährte (vgl o Fn 1), damit erklärt, dass sich dieser ausnahmsweise von dem Eigenbesitzer herleite.
[191] Staudinger/Wiegand (2017) § 930 Rn 25; Wieling (Fn 1) § 6 II 4, § 9 III 2 b aa; ders AcP 184 (1984) 439, 451 ff; Kim LMK 2016, 375135.
[192] RGZ 135, 75 ff; vgl auch RGZ 138, 265 ff.

stellte daraufhin auch dem C Lagerscheine aus, folgte aber weiterhin den Weisungen des A, Zucker an Kunden des B auszuliefern. Mit seinem Verhalten verlieh L dem Willen Ausdruck, sowohl A als auch C den Besitz mitteln zu wollen; ob er nur einem von beiden „wirklich" den Besitz mitteln wollte, wurde – wohl auch mangels Erfolgsaussicht – nicht ermittelt. Mitbesitzer (Rn 34) sind A und C in diesem Falle nicht, weil sie sich die (fingierte) Sachgewalt nicht teilen, sondern sie unabhängig voneinander ausüben. Viele meinen, dass A und C dennoch zugleich mittelbare Besitzer des Zuckers seien, und zwar unabhängig voneinander – es bestehe gleichstufiger mittelbarer „Nebenbesitz".[193] Das widerspricht der seit dem klassischen römischen Recht anerkannten Regel, dass eine Sache nicht unabhängig voneinander von mehreren Personen zugleich besessen werden kann.[194] Die Bedeutung dieser Regel ist nicht zu unterschätzen, denn nur bei einer solchen Exklusivität kann der Besitz seinen Funktionen gerecht werden; entsprechend führt die Annahme eines unabhängigen Nebenbesitzes zu erheblichen praktischen Schwierigkeiten.[195] Soll A etwa im Falle des § 869 S 2 HS 2 verlangen können, dass die Sache an ihn herausgegeben wird, wenn auch B mittelbarer Besitzer ist, oder müsste er ihre Hinterlegung verlangen, was beider Besitzschutz erheblich entwertete? Sollen A und B die Sache, wenn sie keinem von beiden gehört und beide gutgläubig sind, aufgrund ihres mittelbaren Nebenbesitzes zugleich gemäß § 937 Abs 1 ersitzen können, und wie sollten sie ihr Eigentum dann untereinander aufteilen? Diese Fragen zeigen, wie systemfremd die Figur eines „Nebenbesitzes" ist; sie ist mit der herrschenden Ansicht abzulehnen.[196] Nun bleibt allerdings zu entscheiden, ob in Fällen wie dem gerade geschilderten der ursprüngliche mittelbare Besitzer A den Besitz behalten oder durch die Untreue des Besitzmittlers L an C verlieren soll. Auf den Besitzmittlungswillen des L kann es nicht ankommen, denn dieser ist ambivalent, und ein steter Wechsel des mittelbaren Besitzes je nachdem, ob L gerade die Weisungen des A oder die des C befolgt, ist nicht sachgerecht. Auch Vertrauensschutzaspekte können keine Rolle spielen, denn der ursprüngliche mittelbare Besitzer verlässt sich auf die Treue seines Besitzmittlers ebenso wie der potenzielle neue. Der Konflikt kann damit nur unter Rückgriff auf ein formales Ordnungskriterium gelöst werden: die Priorität. Es ist also der schon für das römische Recht überlieferten Lösung zu folgen und anzunehmen, dass der ursprüngliche mittelbare Besitzer (A) allein den Besitz

---

[193] SOERGEL/STADLER (Fn 15) § 868 Rn 21; WIELING (Fn 1) § 6 III 3 b; WOLFF/RAISER (Fn 17) § 15 II 2, § 8 II; MEDICUS/PETERSEN (Fn 169) Rn 558; WACKE, Das Übergabesurrogat in Rechtsgeschichte und Rechtsdogmatik (1974) 55 f; MICHALSKI AcP 181 (1981) 384, 414; PETERSEN Jura 2002, 255, 258. Unentschieden STAUDINGER/GUTZEIT (2018) § 868 Rn 9 f.

[194] PAULUS D 41, 2, 3, 5 (plures eandem rem in solidum possidere non possunt). PAULUS D 41, 2, 32, 1 behandelt den mit dem vorliegenden vergleichbaren Fall, dass L eine Sache von A mietet, sie an B verkauft, von diesem zurückmietet und fortan A und B den Mietzins zahlt. PAULUS entscheidet mit Nachdruck (rectissime), dass A seinen Besitz durch das Verhalten des L nicht verliert. Dass er die Lehre vom Nebenbesitz anerkannt habe, ist damit jedoch nicht bewiesen, da keine Rede davon ist, dass B Besitzer wird; vgl mwNw BRANDSMA TR 78 (2010) 209 ff, gegen WACKE (Fn 193) 56 f, und WIELING (Fn 1) § 6 III 3 b mit Fn 55, 59.

[195] Vgl dazu namentlich PICKER AcP 188 (1988) 511, 537 ff, gegen MEDICUS, in: FS Hübner (1984) 611 ff, 625, der dem mittelbaren Nebenbesitz allein die negative Folge beilegen will, dass die Rechtsfolgen des mittelbaren Besitzes für keinen der Nebenbesitzer gelten.

[196] RGZ 135, 75, 78 ff; 138, 265, 267; MünchKomm/JOOST (Fn 25) § 868 Rn 20; ERMAN/LORENZ (Fn 39) § 868 Rn 42; PALANDT/HERRLER (Fn 45) § 868 Rn 2; PWW/PRÜTTING (Fn 39) § 868 Rn 5; WILHELM (Fn 3) Rn 508; BAUR/STÜRNER (Fn 4) § 7 Rn 59; PICKER AcP 188 (1988) 511, 536 ff; KOLLHOSSER JuS 1992, 215, 219 f; KINDL AcP 201 (2001) 391, 400 ff; GIESEN AcP 203 (2003) 210, 225.

behält und erst dann verliert, wenn der Besitzmittler (L) sein doppeltes Spiel aufgibt und (nachweislich) den Willen fasst, fortan nur noch für den Dritten (B) zu besitzen.[197]

cc) Erwerb, Übertragung und sonstiger Verlust

95 Mittelbarer Besitz wird erworben, wenn sein Tatbestand komplettiert wird. In welcher Reihenfolge die einzelnen Tatbestandsvoraussetzungen eintreten, ist irrelevant. So wird unmittelbarer Besitz zu mittelbarem, wenn der Besitzer die Sache an eine Person übergibt, die fortan für ihn besitzen will, die Sache also etwa verleiht, vermietet, verpachtet, verpfändet oder ähnliches. Entschließt sich umgekehrt ein unmittelbarer Besitzer einer Sache, diese fortan für einen anderen zu besitzen, sie etwa von diesem zu leihen, zu mieten oder zu pachten, so erwirbt der andere dadurch mittelbaren Besitz, wenn er dies will. Diesen Entschluss des unmittelbaren Besitzers, einem anderen fortan den Besitz zu mitteln, nennt man Besitzkonstitut (von lat *constituere* = beschließen). Der künftige Besitzmittler kann einen solchen Entschluss auch schon zu einem Zeitpunkt fassen, in dem er selbst den unmittelbaren Besitz noch nicht erworben hat (antizipiertes Besitzkonstitut, von lat *anticipare*[198] = vorwegnehmen). Ist derjenige, der den mittelbaren Besitz erwerben soll, einverstanden, so wird er in dem Moment mittelbarer Besitzer, in dem der Besitzmittler den unmittelbaren Besitz erwirbt.

96 Gemäß § 870 BGB kann der mittelbare Besitz dadurch auf einen anderen übertragen werden, dass diesem der Anspruch auf Herausgabe der Sache abgetreten wird. Eine Abtretung erfolgt nach § 398 S 1 BGB durch bloße Einigung zwischen Veräußerer und Erwerber; der Besitzmittler muss an ihr also nicht mitwirken und noch nicht einmal Kenntnis von ihr haben. Dies widerspricht der Natur des mittelbaren Besitzes, denn dessen wesentliches Element ist der Besitzmittlungswille des unmittelbaren Besitzers, auf den es bei einer Übertragung nach § 870 BGB nicht ankommt. Hierdurch kann also zunächst eine Anomalie entstehen: mittelbarer Besitz des Erwerbers, dem der unmittelbare Besitzer den Besitz überhaupt nicht mitteln will (näher sogleich Rn 98). Der Gesetzgeber erkannte diesen Bruch nicht nur, er beabsichtigte ihn regelrecht: § 870 BGB wurde von der Zweiten Kommission eingefügt, um das Besitzrecht mit § 931 BGB zu harmonisieren; diese Norm wiederum sollte es dem mittelbaren Besitzer einer Sache ermöglichen, sie zu veräußern, und zwar gerade unabhängig davon, ob der Besitzmittler auch dem Erwerber den Besitz mitteln will.[199] Gegenstand der Abtretung nach §§ 870, 398 S 1 BGB ist in der Regel der Herausgabeanspruch aus dem der Besitzmittlung zugrunde liegenden Rechtsverhältnis, also etwa derjenige aus § 546 BGB, wenn die Sache vermietet wurde, oder derjenige aus § 1223 Abs 1 BGB, wenn sie verpfändet wurde. Besteht kein wirksames vertragliches Rechtsverhältnis, kann der

---

[197] Entsprechend im Ergebnis SOERGEL/STADLER (Fn 15) § 868 Rn 21; ERNST (Fn 37) 242 ff; PICKER AcP 188 (1988) 511, 564 f (trotz 542 f). Nach herrschender Meinung erwirbt dagegen der Dritte den Besitz, da in der Begründung eines neuen Besitzmittlungsverhältnisses zwingend immer auch die Kundgabe des Willens liege, dem ursprünglichen mittelbaren Besitzer den Besitz fortan nicht mehr mitteln zu wollen: BGH NJW 1978, 696, 697; RGZ 135, 75, 77 f; 138, 265, 267; MünchKomm/JOOST (Fn 25) § 868 Rn 20; BAMBERGER/ROTH/FRITZSCHE (Fn 159) § 868 Rn 42; PWW/PRÜTTING (Fn 39) § 868 Rn 5; ERMAN/LORENZ (Fn 39) § 868 Rn 42; PALANDT/HERRLER (Fn 45) § 868 Rn 2; WILHELM (Fn 3) Rn 511; WESTERMANN/GURSKY (Fn 1) § 18 Rn 7; MICHALSKI AcP 181 (1981) 384, 400.
[198] Nicht etwa von *antecapere*, so dass es von „antizipiertes" Besitzkonstitut heißt (so aber etwa BAUR/STÜRNER (Fn 4) § 51 Rn 31 mit Fn 3, „didaktisch besser"); vgl dazu die Glosse von LIEBS JZ 1972, 751 („Das antekapierte Besitzkonstitut").
[199] MUGDAN III, 627 f (Zweite Kommission). Kritisch dazu WIELING AcP 184 (1984) 439, 457.

mittelbare Besitz durch Abtretung der Ansprüche etwa aus § 985 BGB oder §§ 823 Abs 1, 249 Abs 1 oder § 812 BGB übertragen werden. In allen Fällen ist der Besitzmittler nach §§ 404 ff BGB dagegen geschützt, dass sich seine Position durch die Abtretung verschlechtert; namentlich kann er dem Herausgabeanspruch des Erwerbers alle Einwendungen und Einreden entgegenhalten, die ihm gegen den Veräußerer zustanden. Nach ganz herrschender Meinung ist im Übrigen auch der rechtsgeschäftliche Charakter der Abtretung ernst zu nehmen, es seien also auch die Regeln über Geschäftsfähigkeit und Anfechtung zu beachten.[200] Dies widerspricht zwar nicht schon der Natur des mittelbaren Besitzes, denn er ist keine Tatsache, sondern eine Fiktion, die man durchaus an rechtliche Voraussetzungen knüpfen könnte. Mittelbarer Besitz ist jedoch auch Rechtsscheinträger für das Eigentum und wäre als solcher allzu unzuverlässig, könnte er etwa durch Anfechtung rückwirkend vernichtet werden. Nach richtiger Ansicht ist die Abtretung im Falle des § 870 BGB daher ebenso wenig als Rechtsgeschäft zu qualifizieren wie die Einigung im Sinne des § 854 Abs 2 BGB.[201]

Schon aus dem Wortlaut des § 870 BGB („kann") folgt, dass der mittelbare Besitz nicht nur durch Abtretung des Herausgabeanspruchs, sondern auch auf andere Art übertragen werden kann; die Gesetzgebungsmaterialien bestätigen diesen Befund.[202] Diese andere Art der Übertragung des mittelbaren Besitzes liegt in der Besitzanweisung: Weist der mittelbar besitzende Veräußerer den unmittelbaren Besitzer an, fortan für den Erwerber zu besitzen, fasst der unmittelbare Besitzer einen entsprechenden Willen – wovon im Zweifel auszugehen ist[203] – und will der Erwerber den Besitz erwerben, so wird er mittelbarer Besitzer.[204] Das ist vom hier vertretenen Standpunkt aus gar nicht anders denkbar, weil in der Person des Erwerbers alle Tatbestandsvoraussetzungen des mittelbaren Besitzers erfüllt sind. Ob es sich hierbei um eine Übertragung des mittelbaren Besitzes handelt oder ob – so die herrschende Ansicht[205] – der mittelbare Besitz in der Person des Erwerbers neu entsteht, spielt für die Frage eine Rolle, ob die Besitzanweisung als Übergabe oder Übergabesurrogat im Sinne der §§ 929 ff BGB fungieren kann, und wird in diesem Zusammenhang (Rn 124 ff) näher zu erörtern sein.

Mittelbarer Besitz geht verloren, wenn eine seiner Tatbestandsvoraussetzungen entfällt: Wenn der mittelbare Besitzer seinen Besitzwillen aufgibt, der Besitzmittler den unmittelbaren Besitz verliert oder den Willen aufgibt, den Besitz zu mitteln. Wurde der mittelbare Besitz nach § 870 BGB durch Abtretung des Herausgabeanspruchs übertragen und wusste der Besitzmittler hiervon zunächst nichts, erwirbt der Zessionar den mittelbaren Besitz zwar, ohne dass ihm der Besitzmittler den Besitz mitteln will.

---

[200] STAUDINGER/GUTZEIT (2018) § 870 Rn 5; MünchKomm/JOOST (Fn 25) § 870 Rn 3; SOERGEL/STADLER (Fn 15) § 870 Rn 1; ERMAN/LORENZ (Fn 39) § 870 Rn 1.
[201] WIELING AcP 184 (1984) 439, 460 f, mit überzeugendem Fallbeispiel; im Ergebnis auch E WOLF (Fn 40) § 2 E II b 1.
[202] MUGDAN III, 629 (Zweite Kommission), und hierzu WIELING (Fn 1) § 6 III 2 a; ders AcP 184 (1984) 439, 456. Manche meinen dagegen, ohne Übertragung des Herausgabeanspruchs könne auch der mittelbare Besitz nicht übergehen, so etwa WOLFF/RAISER (Fn 17) § 14 II 1.
[203] WIELING (Fn 1) § 6 III 2 a.
[204] STAUDINGER/GUTZEIT (2018) § 870 Rn 13; MünchKomm/JOOST (Fn 25) § 870 Rn 10; SOERGEL/STADLER (Fn 15) § 870 Rn 3; WIELING (Fn 1) § 6 III 2 a; ders AcP 184 (1984) 439, 456; einschränkend (Begründung eines *wirksamen* Besitzmittlungsverhältnisses zwischen unmittelbarem Besitzer und Erwerber erforderlich) WESTERMANN/GURSKY (Fn 1) § 18 Rn 12.
[205] STAUDINGER/GUTZEIT (2018) § 870 Rn 13 (trotz Rn 1 aE!); MünchKomm/JOOST (Fn 25) § 870 Rn 10; SOERGEL/STADLER (Fn 15) § 870 Rn 3; WESTERMANN/GURSKY (Fn 1) § 18 Rn 12.

Der Besitzmittlungswille wird in diesem Fall jedoch wieder relevant, wenn der Besitzmittler von der Abtretung erfährt: Fasst er dann den Beschluss, dem Zessionar den Besitz nicht mitteln zu wollen, verliert der Zessionar den mittelbaren Besitz.[206] Hat der Besitzmittler im Vorhinein erfahren, dass der mittelbare Besitz durch Abtretung des Herausgabeanspruchs nach § 870 BGB übertragen werden soll, und den Entschluss gefasst, dem Zessionar keinesfalls den Besitz mitteln zu wollen, so erwirbt der Zessionar den Besitz nur für eine logische Sekunde und verliert ihn mangels Besitzmittlungswillens des Besitzmittlers sofort wieder.[207] Ob der Beschluss des Besitzmittlers, den Besitz nicht mehr mitteln zu wollen, in irgendeiner Weise betätigt oder sonst erkennbar wurde, ist dabei und in allen anderen Fällen entgegen der herrschenden Meinung[208] irrelevant. Wer sich darauf beruft, der mittelbare Besitz sei durch Aufgabe des Besitzmittlungswillens entfallen, wird dies im Streitfall allerdings kaum beweisen können, wenn diese Willensänderung nicht auch äußerlich erkennbar geworden ist.

dd) Rechtsfolgen

99 Die Begründung mittelbaren Besitzes scheint zu einer Verdopplung der Besitzerstellung zu führen, da der Besitzmittler (unmittelbarer) Besitzer bleibt, zugleich aber eine andere Person an derselben Sache (mittelbaren) Besitz erhält. Sieht man genauer hin, verdoppelt sich der Besitz jedoch nicht, sondern er spaltet sich auf, und zwar nach seinen beiden rechtlichen Funktionen: Der mittelbare Eigenbesitz ist vor allem für den Erwerb von Rechten an der Sache relevant, während sich die Bedeutung des unmittelbaren Fremdbesitzes im Schutz nach §§ 858 ff BGB erschöpft – oder in den Kategorien des klassischen römischen Rechts ausgedrückt (vgl o Rn 22): Der mittelbare Besitzer ist *possessor ad usucapionem*, der unmittelbar besitzende Besitzmittler *possessor ad interdicta*.

100 Da nur eine Störung oder Entziehung des unmittelbaren Besitzes verbotene Eigenmacht im Sinne des § 858 Abs 1 BGB darstellen kann (o Rn 51 ff), stehen dem mittelbaren Besitzer die Gewaltrechte aus § 859 BGB allenfalls im Wege der Nothilfe zu, wenn gegen den unmittelbaren Besitzer verbotene Eigenmacht verübt wird.[209] Nur für diesen Fall weist § 869 S 1 BGB dem mittelbaren Besitzer auch die Ansprüche aus §§ 861, 862 BGB zu; auch solche ergeben sich also immer nur aus der Verletzung des unmittelbaren, nie des mittelbaren Besitzes. Schon deshalb kann der unmittelbare Besitzer gegen den mittelbaren keine verbotene Eigenmacht üben, dieser genießt gegenüber jenem also keinen Besitzschutz;[210] wohl aber ist umgekehrt der unmittelbare

---

[206] SOERGEL/STADLER (Fn 15) § 870 Rn 2; WIELING AcP 184 (1984) 439, 457.
[207] WIELING AcP 184 (1984) 439, 457 f.
[208] BGH NJW 2005, 359, 364; STAUDINGER/GUTZEIT (2018) § 868 Rn 86; MünchKomm/JOOST (Fn 25) § 868 Rn 30; WIELING (Fn 1) § 6 III 3 a; WESTERMANN/GURSKY (Fn 1) § 18 Rn 6; WILHELM (Fn 3) Rn 505 ff; BAUR/STÜRNER (Fn 4) § 7 Rn 58.
[209] WIELING (Fn 1) § 6 IV 2. Nach verbreiteter Ansicht soll der Besitzmittler nur nach Maßgabe der §§ 227 ff Nothilfe leisten dürfen: MünchKomm/JOOST (Fn 25) § 869 Rn 7 f; ERMAN/LORENZ (Fn 39) § 869 Rn 4; PRÜTTING (Fn 1) Rn 87; WILHELM (Fn 3) Rn 535; SOSNITZA (Fn 72) 170. Nach aA sollen dagegen auch dem mittelbaren Besitzer die Gewaltrechte aus § 859 zustehen, wenn gegen den unmittelbaren Besitzer verbotene Eigenmacht verübt wird: STAUDINGER/GUTZEIT (2018) § 869 Rn 2; SOERGEL/STADLER (Fn 15) § 869 Rn 3; PALANDT/HERRLER (Fn 45) § 869 Rn 2; WESTERMANN/GURSKY (Fn 1) § 25 Rn 6; BAUR/STÜRNER (Fn 4) § 9 Rn 23; SCHREIBER (Fn 40) Rn 100; KOLLHOSSER JuS 1992, 567, 570; LOPAU JuS 1980, 501, 503; PETERSEN Jura 2002, 160, 163.
[210] WIELING (Fn 1) § 6 IV 1; WESTERMANN/GURSKY (Fn 1) § 25 Rn 3. Anders noch HECK (Fn 40) § 8. 3 für den Fall, dass der Besitzmittler seine Befugnisse aus dem Besitzmittlungsverhältnis überschreitet.

Besitz des Besitzmittlers auch gegen den mittelbaren Besitzer geschützt. Zusammengefasst gilt also: Der mittelbare Besitzer kann Besitzschutzrechte nur aus einer Verletzung des unmittelbaren Besitzes seines Besitzmittlers ableiten; der mittelbare Besitz als solcher aber wird durch die §§ 858 ff BGB nicht geschützt.

Seine praktische Bedeutung entfaltet der mittelbare Besitz vor allem, wenn es um den Erwerb von Rechten an der Sache geht: Die Übertragung des mittelbaren Besitzes kann nach § 931 BGB im Rahmen einer Übereignung (oder etwa der Bestellung eines Nießbrauchs, § 1033 BGB) die Übergabe ersetzen; auch der mittelbare Eigenbesitzer kann eine Sache nach § 937 BGB ersitzen; die aus dem Besitz abgeleitete Eigentumsvermutung greift gemäß § 1006 Abs 3 BGB auch für den mittelbaren Besitzer. Der vom Besitzmittler gehaltene unmittelbare Fremdbesitz dagegen taugt weder als Rechtsscheins- noch als Erwerbsgrundlage.

b) Besitzdienerschaft

Der eben behandelte mittelbare Besitz ist Besitz ohne Sachherrschaft. § 855 BGB legt nahe, dass es auch umgekehrt Fälle der Sachherrschaft ohne Besitz gibt. Der Schein trügt. Denn wer „die tatsächliche Gewalt über eine Sache für einen anderen in dessen Haushalt oder Erwerbsgeschäft oder in einem ähnlichen Verhältnis" ausübt, „vermöge dessen er den sich auf die Sache beziehenden Weisungen des anderen Folge zu leisten hat", hat aufgrund dieser Weisungsgebundenheit keine eigene Sachherrschaft: Es ist ja nicht sein Wille, dem er die Sache unterwirft, sondern derjenige des Weisungsbefugten. Dieser also übt durch den Weisungsunterworfenen eigene Sachherrschaft aus, was ihn von einem mittelbareren Besitzer unterscheidet: Der Weisungsbefugte ist deshalb selbst unmittelbarer Besitzer – natürlich nur, wenn er auch den erforderlichen Besitzwillen (Rn 28 ff) hat.[211] Die dogmatische Bedeutung des § 855 BGB erschöpft sich nach alledem in der Klarstellung, dass die in § 854 Abs 1 BGB angesprochene tatsächliche Gewalt auch durch eine andere Person ausgeübt werden kann und diese Person nicht Besitzer, sondern eben bloßer „Besitzdiener" ist.[212]

Diese Klarstellung zielt auf den Besitzschutz: Da der weisungsunterworfene Besitzdiener kein Besitzer ist, kann gegen ihn auch keine verbotene Eigenmacht verübt werden, und die Selbsthilferechte aus § 859 BGB stehen allein dem Besitzer zu. Dies bestätigt § 860 BGB, der dem Besitzdiener nur „die Ausübung der dem *Besitzer* nach § 859 BGB zustehenden Rechte" erlaubt. Der Besitzdiener darf sich folglich nur gegen Störungen wehren, die von Dritten ausgehen, nicht jedoch gegen Handlungen des Besitzers selbst; diese können keine verbotene Eigenmacht darstellen, weil der Besitzer sich nicht selbst im Besitz stören kann. Umgekehrt begeht jedoch der Besitzdiener verbotene Eigenmacht, wenn er dem Besitzer die Sachherrschaft und damit den Besitz entzieht, etwa indem er dessen Weisungen nicht mehr folgt oder gar den Zugriff des Besitzers auf die Sache unterbindet und sich so selbst zum Besitzer aufschwingt (vgl noch Rn 105). In diesem Fall kann der Besitzer seine zuvor durch den untreu gewordenen Besitzdiener ausgeübte Sachherrschaft nach Maßgabe des § 859 BGB verteidigen, namentlich die Sache mit Gewalt an sich nehmen. Schlägt diese Verteidigung fehl, kann der frühere Besitzer die Sache von demjenigen, der sich vom Besitzdiener zum Besitzer aufgeschwungen hat, nach § 861 Abs 1 BGB herausverlangen. Verbotene

---

[211] STAUDINGER/GUTZEIT (2018) § 855 Rn 24; WIELING (Fn 1) § 4 IV 1 b.
[212] WIELING (Fn 1) § 4 IV 1 a. Anders („Abweichen vom Begriff des Besitzes als tatsächlicher Sachherrschaft") etwa MünchKomm/JOOST (Fn 25) § 855 Rn 1.

Eigenmacht liegt auch vor, wenn der Besitzdiener die Sache ohne den Willen des Besitzers an einen Dritten herausgibt. In diesem Fall verübt schon der Besitzdiener die Eigenmacht, nicht erst der Dritte, der also gemäß § 858 Abs 2 S 2 BGB aE nur dann fehlerhaft besitzt, wenn er die Eigenmacht des Besitzdieners gekannt hat.[213] Nur unter dieser Voraussetzung also kann der frühere Besitzer die Sache gemäß § 861 Abs 1 BGB von dem Dritten herausverlangen.

104 Wenn A die Sachgewalt für B ausübt, ist es für den Besitzschutz des A gegenüber B also von entscheidender Bedeutung, ob A Besitzdiener oder Besitzmittler des B ist; denn gegenüber B genießt A nur Besitzschutz, wenn er selbst unmittelbarer und B mittelbarer Besitzer ist, nicht aber, wenn A Besitzdiener und damit allein B Besitzer ist. Die Abgrenzung zwischen Besitzdienerschaft und Besitzmittlung fällt indes oftmals schwer. Weisungsbefugnis und -unterworfenheit allein können dabei nicht den Ausschlag geben, denn in gewissem Umfang ist auch der Vermieter gegenüber dem Mieter oder der Mandant gegenüber dem Anwalt zu Weisungen über den Umgang mit einer diesen überlassenen Sache befugt, und doch werden Mieter und Anwalt mit Recht nicht als Besitzdiener, sondern als (Fremd-)Besitzer angesehen. Nach herrschender Meinung soll als Besitzdiener nur eine Person in Frage kommen, die zum Besitzer in einem Abhängigkeitsverhältnis steht, und zwar einem sozialen, nicht bloß wirtschaftlichen,[214] das zudem äußerlich erkennbar sein müsse.[215] Das ist zumindest missverständlich[216] und kann jedenfalls nicht damit begründet werden, dass die weisungsunterworfene Person – auch in der nun amtlichen Überschrift des § 855 BGB – „Besitz*diener*" genannt wird; denn dies leitet sich nicht etwa aus einer sozial untergeordneten Stellung dieser Person ab, sondern daraus, dass sie „fremdem Besitz ihren Dienst leistet".[217] § 855 BGB enthält keine Ausnahmeregelung zu § 854 BGB, sondern stellt nur klar, dass Sachgewalt auch durch eine andere Person ausgeübt werden kann. Es muss also nach der tatsächlichen Verkehrsübung entschieden werden, ob in unserem Fall A dem B Sachgewalt über eine Sache verschafft, so dass B Besitzer ist, oder eigene Sachgewalt ausübt, so dass A selbst Besitzer ist.[218] In der Regel ist eine

---

[213] WIELING (Fn 1) § 5 II 2 b bb. Dass der Dritte gemäß § 858 Abs 2 S 1 BGB ohne Weiteres fehlerhaft besitze, lässt sich auch nicht damit begründen, dass er den Besitz unmittelbar durch die verbotene Eigenmacht des Besitzdieners erworben habe, weil dieser keinen transitorischen eigenen Besitz begründet habe; so aber STAUDINGER/GUTZEIT (2018) § 858 Rn 63, und WESTERMANN/GURSKY (Fn 1) § 21 Rn 8. Denn wie der Bezug zu § 858 Abs 1 BGB belegt, meint § 858 Abs 2 S 1 BGB nur den Fall, dass der Erwerber selbst verbotene Eigenmacht verübt hat. Der Dritte besitzt daher nur dann im Sinne des § 858 Abs 2 S 1 BGB fehlerhaft, wenn er die verbotene Eigenmacht des Besitzdieners erkannt hat.
[214] BGH LM Nr 2 zu § 1006; OLG Hamm NZM 2003, 26; STAUDINGER/GUTZEIT (2018) § 855 Rn 6 f; ERMAN/LORENZ (Fn 39) § 855 Rn 2; PWW/PRÜTTING (Fn 39) § 855 Rn 2; WOLFF/RAISER (Fn 17) § 6 III; WESTERMANN/GURSKY (Fn 1) § 9 Rn 4; HECK (Fn 40) § 7. 3; MÜLLER/GRUBER (Fn 1) Rn 432 (doch vgl auch Rn 434); BAUR/STÜRNER (Fn 4) § 7 Rn 64, 67 ff; PETERSEN Jura 2002, 160, 162.
[215] Nach manchen ist Erkennbarkeit des Besitzdienerverhältnisses nur beim Besitzerwerb erforderlich: SOERGEL/STADLER (Fn 15) § 855 Rn 4; WESTERMANN/GURSKY (Fn 1) § 9 Rn 7; ERMAN/LORENZ (Fn 39) § 855 Rn 9, noch weiter einschränkend STAUDINGER/GUTZEIT (2018) § 855 Rn 15; MünchKomm/JOOST (Fn 25) § 855 Rn 10.
[216] Ablehnend auch OLG Köln MDR 2000, 152; MünchKomm/JOOST (Fn 25) § 855 Rn 5; WIELING (Fn 1) § 4 IV 1 a bb; HARTUNG (Fn 40) 211 ff. Jedenfalls einschränkend SOERGEL/STADLER (Fn 15) § 855 Rn 3; BAMBERGER/ROTH/FRITZSCHE (Fn 159) § 855 Rn 8 ff.
[217] CELSUS D 41, 2, 18 pr (*alienae possessioni praestat ministerium*); vgl mwNw KLINCK AcP 205 (2005) 487, 508 f.
[218] WIELING (Fn 1) § 4 IV 1 a.

Person Inhaber der tatsächlichen Gewalt und damit Besitzer, wenn ein ohne ihre Erlaubnis erfolgender Zugriff auf die Sache als Affront begriffen würde (vgl o Rn 26). A ist also nur dann Besitzdiener, wenn es nicht als Affront gegenüber A angesehen würde, wenn B seine sachbezogenen Weisungen durch direkten Zugriff auf die Sache durchsetzt[219] oder die Sache gar vollständig an sich nimmt: wenn es der Übung entspricht, dass A einen solchen Zugriff ohne Widerstand duldet. Andernfalls ist A selbst Besitzer und mittelt B gegebenenfalls den Besitz. Indiz für eine solche Duldungsbereitschaft ist meist das im Verhältnis zum Besitzer fehlende wirtschaftliche Eigeninteresse an der Sachgewalt. So ist Besitzdiener etwa der Arbeiter oder Angestellte bezüglich der Sachen, die ihm sein Arbeitgeber überlassen hat,[220] auch wenn es sich um einen leitenden Angestellten wie einen Filialleiter handelt;[221] Besitzdiener ist aber auch derjenige, der sich von seinem Sitznachbarn in der Oper kurz dessen Opernglas leiht (vgl schon Rn 27).

Da die Besitzdienerschaft nur für die objektive Sachgewalt des Besitzers eine Rolle spielt und über diese nach der tatsächlichen Verkehrsübung zu entscheiden ist, kommt es nicht darauf an, ob der Besitzdiener die Sachgewalt für den Besitzherrn ausüben will oder sich insgeheim vorbehält, dessen Weisungen nicht mehr zu befolgen. Wird die Sache einer Person übergeben, die nach der Verkehrsübung Besitzdiener ist, erwirbt der Besitzherr den Besitz daher auch dann, wenn der Besitzdiener die Sache insgeheim für sich selbst haben will[222] – vorausgesetzt, der Besitzherr selbst hat den erforderlichen Besitzwillen. Aus den gleichen Gründen geht der durch einen Besitzdiener ausgeübte Besitz auch nicht schon durch dessen inneren Beschluss verloren, die Sache fortan für sich selbst haben zu wollen. Erst wenn der Besitzdiener durch sein Verhalten nahelegt, dass er den Zugriff des Besitzers nicht mehr dulden werde, verdrängt er diesen – durch verbotene Eigenmacht – aus dem Besitz.[223] **105**

c) **Stellvertretung im Besitzerwerb**
Nach ganz herrschender, heute nahezu allgemeiner Ansicht ist eine Stellvertretung im Besitzerwerb nicht möglich.[224] Dass diese Meinung durchgedrungen ist, ist eine eigen- **106**

---

[219] MünchKomm/Joost (Fn 25) § 855 Rn 5; Soergel/Stadler (Fn 15) § 855 Rn 8; Müller/Gruber (Fn 1) Rn 432.
[220] Vgl nur Staudinger/Gutzeit (2018) § 855 Rn 21; Soergel/Stadler (Fn 15) § 855 Rn 10; Erman/Lorenz (Fn 39) § 855 Rn 12.
[221] RGZ 112, 109, 113; Staudinger/Gutzeit (2018) § 855 Rn 8, 21.
[222] Staudinger/Gutzeit (2018) § 855 Rn 14, 24; Erman/Lorenz (Fn 39) § 855 Rn 5; PWW/Prütting (Fn 39) § 855 Rn 4, 6; Westermann/Gursky (Fn 1) § 9 Rn 5; Wilhelm (Fn 3) Rn 481. Im Ergebnis wie hier MünchKomm/Joost (Fn 25) § 855 Rn 13; Wieling (Fn 1) § 4 IV 1 a bb, b: Der Besitzdiener müsse für den Besitzer erwerben wollen, doch entscheide nicht der innere, sondern der nach außen erkennbare, nach der Verkehrsanschauung anzunehmende Wille. Anders womöglich Soergel/Stadler (Fn 15) § 855 Rn 6.
[223] Staudinger/Gutzeit (2018) § 855 Rn 27; MünchKomm/Joost (Fn 25) § 855 Rn 18; Soergel/Stadler (Fn 15) § 855 Rn 6; Bamberger/Roth/Fritzsche (Fn 159) § 855 Rn 6; Erman/Lorenz (Fn 39) § 855 Rn 5; PWW/Prütting (Fn 39) § 855 Rn 7; Wieling (Fn 1) § 4 IV 1 c; Westermann/Gursky (Fn 1) § 9 Rn 5; Prütting (Fn 1) § 9 Rn 75.
[224] RGZ 137, 23, 26; BGHZ 8, 130, 132; 16, 259, 263; Staudinger/Gutzeit (2018) § 854 Rn 52; MünchKomm/Joost (Fn 25) § 854 Rn 38; Soergel/Stadler (Fn 15) § 854 Rn 12; Erman/Lorenz (Fn 39) § 854 Rn 17; Flume, Allgemeiner Teil des Bürgerlichen Rechts II (4. Aufl 1992) § 9. 2 a bb, und § 43. 1; Heck (Fn 40) § 11. 9; Westermann/Gursky (Fn 1) § 9 Rn 1, § 13 Rn 2; Wilhelm (Fn 3) Rn 454; Baur/Stürner (Fn 4) § 8 Rn 5; Prütting (Fn 1) Rn 72. – Für Zulassung der Stellvertretung im Besitzerwerb dagegen Dernburg (Fn 53) § 161 IV; Kress, Besitz und Recht (1909) 225 ff; Kiefner JA 1984, 189, 193; Wieling (Fn 1) § 4

artige Laune der Rechtsgeschichte. Das römische Recht hatte den Gedanken der Stellvertretung überhaupt weitgehend negiert;[225] ab der Mitte des zweiten nachchristlichen Jahrhunderts begannen die römischen Juristen zögerlich, Stellvertretung zuzulassen – jedoch nur im Besitzerwerb![226] Die heutige allgemeine Stellvertretungslehre entwickelte sich erst im Laufe der zweiten Hälfte des 19. Jahrhunderts, und zwar an den in den Quellen des römischen Rechts vorgefundenen Fällen der Stellvertretung im Besitzerwerb. Da diese als Matrix für die allgemeine Stellvertretungslehre diente, war es aus der Sicht der Gesetzesverfasser selbstverständlich, dass eine Stellvertretung im Besitzerwerb allemal möglich ist, wenn sie die Stellvertretung sogar bei Abgabe einer Willenserklärung zuließen – so selbstverständlich, dass man § 801 BGB des Ersten Entwurfs, der für den Besitzerwerb durch Vertreter auf „die Vorschriften über den Erwerb aus einem von dem Vertreter vorgenommenen Rechtsgeschäfte" verwies, aus dem Gesetz strich, weil „auch ohne eine solche Bestimmung die Analogie nicht verkannt werden würde".[227]

107 Dass die Analogie heute dennoch von fast allen verkannt und die Möglichkeit einer Stellvertretung im Besitzerwerb verneint wird, wäre unschädlich, wenn es für eine Stellvertretung im Besitzerwerb kein praktisches Bedürfnis gäbe. Ein solches Bedürfnis besteht jedoch in allen Fällen, in denen der Erwerber keinen eigenen Besitzwillen bilden kann. Dann nämlich helfen auch Besitzmittlung oder Besitzdienerschaft nicht weiter, die vom Erfordernis eines eigenen Besitzwillens des (mittelbaren) Besitzers nicht entbinden (vgl o Rn 90, 102). Schwierigkeiten bereiten daher insbesondere drei Fallgruppen:[228] (1) der Besitz einer Kapitalgesellschaft durch ihre Organe; (2) der Besitz eines nicht einmal zur Bildung eines natürlichen Besitzwillens fähigen Kindes durch seine Eltern; (3) der unmittelbare[229] Besitzerwerb für den ahnungslosen Geschäftsherrn durch einen Geschäftsführer ohne Auftrag. Die Vertreter der herrschenden Meinung „lösen" die sich hier ergebenden Probleme wie folgt: In Fallgruppe (1) werde der Besitz der Organe der Kapitalgesellschaft einfach „zugerechnet" („Organbesitz");[230] in Fallgruppe (2) wird angenommen, die Eltern könnten ihrem Kind den Besitz mitteln, und das Problem, dass das Kind keinen eigenen Besitzwillen fassen kann, entweder schlicht ausgeblendet[231] oder behauptet, in Fällen, denen der Besitzmittlung ein kraft Gesetzes entstehendes Rechtsverhältnisse zugrunde liege, bedürfe es ausnahmsweise keines Besitzwillens des mittelbaren Besitzers;[232] mit diesem Argument wird schließlich auch begründet, warum der ahnungslose Geschäftsherr in Fallgruppe (3) durch den Geschäftsführer ohne Auftrag sogleich mittelbaren Besitz und

---

IV 2; für den Eigenbesitz auch ERNST (Fn 37) 157 ff.
[225] Vgl dazu mit Blick auf die Ausnahmen nun insbesondere FINKENAUER SZ 125 (2008) 440 ff.
[226] Dazu und zum Folgenden KLINCK AcP 205 (2005) 487, 501 ff.
[227] MUGDAN III, 505 (Zweite Kommission).
[228] KLINCK AcP 205 (2005) 487, 496 ff.
[229] Auf diese Unmittelbarkeit kommt es etwa an, wenn der Geschäftsführer insolvent wird, bevor er die Sache dem Geschäftsherrn übergeben (und übereignen) kann; hat der Geschäftsherr nicht schon durch den Erwerbsakt des Geschäftsführers erworben, fällt die Sache in die Masse und ist für ihn verloren.

[230] BGH NJW 2004, 217, 219; MünchKomm/JOOST (Fn 25) § 854 Rn 17; SOERGEL/STADLER (Fn 15) § 854 Rn 14; ERMAN/LORENZ (Fn 39) § 854 Rn 5; FLUME, Allgemeiner Teil des Bürgerlichen Rechts I/2 (1983) § 10 II 1; WOLFF/RAISER (Fn 17) § 5 I; BAUR/STÜRNER (Fn 4) § 7 Rn 70; WILHELM (Fn 3) Rn 482a Fn 968; WESTERMANN/GURSKY (Fn 1) § 19 Rn 5 f.
[231] BGH WM 1989, 1393, 1395.
[232] RGZ 98, 131, 134 f; OLG Düsseldorf FamRZ 1999, 652, 653; PALANDT/HERRLER (Fn 45) § 868 Rn 8; ERMAN/LORENZ (Fn 39) § 868 Rn 6; SCHREIBER (Fn 40) Rn 68.

dadurch etwa auch unmittelbar das Eigentum erwerben kann, ohne selbst einen Besitzwillen gefasst zu haben.[233] In Wahrheit wird der Erwerber in allen genannten Fallgruppen analog § 164 Abs 1 BGB in der Fassung des erforderlichen Besitzwillens vertreten: Die Vertretungsmacht folgt in Fallgruppe (1) aus der Organschaft und in Fallgruppe (2) aus dem elterlichen Sorgerecht (§§ 1626, 1629 BGB); in Fallgruppe (3) liegt zunächst keine Vertretungsmacht vor, doch kann der Geschäftsherr, wenn er Besitz (und Eigentum) an der Sache erwerben will, analog §§ 177 Abs 1, 184 Abs 1 BGB mit rückwirkender Kraft genehmigen.[234]

Dass die Stellvertretungsregeln auf den Besitzerwerb nicht anwendbar seien, wird vor allem wie folgt begründet: Der Besitzerwerb sei auf einen tatsächlichen Erfolg und nicht wie ein Rechtsgeschäft darauf gerichtet, eine rechtliche Regelung zu statuieren; nur für diese aber passe das Rechtsinstitut der Stellvertretung, das Tatsachen wie den Besitz nicht verändern könne.[235] Diese Argumentation geht fehl:[236] Wie schon aus dem Wortlaut des § 164 Abs 1 BGB deutlich genug folgt, ändert auch die Stellvertretung bei der Abgabe einer Willenserklärung nichts an der Tatsache, dass der Vertreter, nicht etwa der Vertretene die Willenserklärung abgibt; die Vertretung führt nur dazu, dass die Rechtsfolgen aus dieser Tatsache „Abgabe einer Willenserklärung" auf den Vertretenen bezogen werden. Genauso verhält es sich bei der Stellvertretung im Besitzerwerb: Sie stellt in der Person des Vertretenen nicht etwa die Tatsache „Besitz" her, sondern führt nur dazu, dass sich die Rechtsfolgen des Besitzes auf den Vertretenen beziehen,[237] namentlich etwa der Eigentumserwerb nach § 929 S 1 BGB, wenn dessen übrige Voraussetzungen vorliegen. Anders ausgedrückt: Aufgrund der Stellvertretung wird der Besitz des Vertretenen für rechtliche Zwecke fingiert.[238] Für die Zwecke der Stellvertretung ist der Besitzerwerb also als rechtsgeschäftsähnlicher Akt zu behandeln. Dies zwingt keineswegs dazu, ihn insgesamt den für Rechtsgeschäfte geltenden Regeln, namentlich denjenigen über die Geschäftsfähigkeit, zu unterwerfen,[239] und auch vor der analogen Anwendung der einzelnen Stellvertretungsregeln ist stets zu prüfen, ob die fragliche Norm für den Besitzerwerb passt.[240]

---

[233] MünchKomm/Joost (Fn 25) § 868 Rn 52, 21; Palandt/Herrler (Fn 45) § 868 Rn 8; Schreiber (Fn 40) Rn 68; offen Staudinger/Gutzeit (2018) § 868 Rn 39.
[234] § 180 BGB gilt hier nicht, vgl Klinck AcP 205 (2005) 487, 516 f.
[235] Vgl etwa Staudinger/Gutzeit (2018) § 854 Rn 52 (aber auch § 855 Rn 25!); Flume, AT II (Fn 192) § 9. 2 a bb, und § 43. 1 Westermann (Fn 134) § 14. 2.
[236] Hierzu eingehend Klinck AcP 205 (2005) 487, 488 ff.
[237] Anders Staudinger/Schilken (2014) Vorbem 38 zu §§ 164 ff: Während die Besitzverschaffung ohne rechtsgeschäftsähnliche Willensäußerung nur die Änderung der tatsächlichen Sachherrschaft als Tatbestand betreffe, erfasse die Stellvertretung durch Abgabe einer Willenserklärung Tatbestand und Rechtsfolge.
[238] Näher zur Beschaffenheit des fingierten Besitzes Klinck AcP 205 (2005) 487, 507 ff.
[239] Dies gegen die Behauptung von Bamberger/Roth/Fritzsche (Fn 159) § 854 Rn 27, meine Ansicht bringe „im Bereich der Geschäftsfähigkeit" „Probleme" mit sich; vgl schon Klinck AcP 205 (2005) 487, 519 Fn 142.
[240] Dazu im Einzelnen Kress (Fn 192) 229 ff, und Klinck AcP 205 (2005) 487, 516 ff.

III. Eigentum

1. Grundlagen

a) Bedeutung, Natur und Inhalt des Eigentums

109 Besitz ist die tatsächliche Herrschaft über eine Sache; das Recht zur umfassenden Sachherrschaft ist Eigentum.[241] Entsprechend beschreibt § 903 S 1 BGB die rechtlichen Befugnisse des Eigentümers mit dem, was der Besitzer tatsächlich kann, nämlich (positiv) mit der Sache nach seinem Belieben verfahren und (negativ) andere von jeder Einwirkung ausschließen.[242] Sachherrschaft ist Ausdruck der Selbstbestimmung des Menschen, denn seine Persönlichkeit entfaltet sich auch und vor allem durch die Einwirkung auf seine Umwelt. Indem die Rechtsordnung das Eigentum anerkennt und bestimmte Sachen dem exklusiven Zugriff des Eigentümers zuweist, schützt sie also die Persönlichkeit des Eigentümers.[243]

110 Während Besitz als ein rein tatsächlicher Tatbestand ohne weiteres auch unabhängig von einer Rechtsordnung denkbar ist, kann es den rechtlichen Tatbestand Eigentum nicht ohne eine Rechtsordnung geben, die seinen Inhalt beschreibt: „Eigentum ist ohne rechtliche ‚Infrastruktur' eine leere und nichtssagende Worthülse".[244] Auf diese „Infrastruktur" nimmt auch § 903 S 1 BGB Bezug: Die Befugnisse des Eigentümers sind grundsätzlich zwar umfassend, werden aber durch „das Gesetz oder Rechte Dritter" begrenzt. Daraus wird indes nicht deutlich, wie sich Rechtsordnung und Eigentum zueinander verhalten: Man kann sich das Eigentum als ein Recht vorstellen, das der Rechtsordnung als unbeschränkt vorgegeben ist und von dieser erst in einem nächsten logischen Schritt eingeschränkt wird; es lässt sich aber auch als ein reines Produkt der Rechtsordnung denken, das von vornherein nur in dem Umfang besteht, den ihm die Rechtsordnung lässt.[245] Diese höchst theoretisch anmutende Frage wird heute vor allem virulent, wenn es darum geht, den Schutzbereich des Grundrechts aus Art 14 Abs 1 S 1 GG zu bestimmen. Denn das Eigentum – jetzt im weiteren, verfassungsrechtlichen Sinne[246] – ist zwar auch und gerade vor Eingriffen durch den Gesetzgeber geschützt; gemäß Art 14 Abs 1 S 2 GG bestimmt der Gesetzgeber aber zugleich Inhalt und Schranken des Eigentums. Es liegt auf der Hand, dass der grundrechtliche Eigentumsschutz letztlich leerliefe, wenn der Gesetzgeber frei bestimmten könnte, was als Eigentum nach Art 14 GG zu schützen ist. Ob es dem BVerfG, dessen Rechtsprechung die Praxis bestimmt, gelungen ist, dieses logische Dilemma befriedigend aufzulösen, ist eine rein verfassungsrechtliche Frage und hier nicht zu erörtern.

111 Inhalt und Schranken des Eigentums werden durch Gesetze öffentlich- und zivilrechtlichen Charakters bestimmt. Auch bei Erlass und Anwendung zivilrechtlicher Gesetze ist die öffentliche Gewalt an das Eigentumsgrundrecht aus Art 14 GG gebunden, also auch dann, wenn es um die Auflösung von Konflikten zwischen zwei Privatpersonen

---

[241] Einen Überblick über die geschichtliche Entwicklung des zivilrechtlichen Eigentumsbegriffs gibt OLZEN JuS 1984, 328, 330 ff.
[242] WIELING (Fn 1) § 3 I pr mit Fn 1.
[243] WIELING (Fn 1) § 8 I 1 pr; MÜLLER/GRUBER (Fn 1) Rn 107; PRÜTTING (Fn 1) Rn 303.
[244] BÖHMER NJW 1988, 2561, 2568.
[245] So steht die „Außen-" der „Immanenztheorie" gegenüber, vgl dazu mit Blick auf öffentlich-rechtliche Beschränkungen etwa BÖHMER NJW 1988, 2561, 2569 f.
[246] Als „Eigentum" iSd Art 14 GG kommt grundsätzlich jede privat genutzte vermögenswerte Position in Frage; vgl nur RUFFERT, Vorrang der Verfassung und Eigenständigkeit des Privatrechts (2001) 361 mit zahlreichen Nachweisen aus der Rspr des BVerfG.

geht.²⁴⁷ Oftmals stoßen dabei zwei durch Art 14 GG geschützte Positionen aufeinander, die nach den Regeln der praktischen Konkordanz zu einem für beide Seiten möglichst schonenden Ausgleich zu bringen sind.²⁴⁸ Besonderes Aufsehen hat ein Urteil des BVerfG erregt, das den Besitz des Wohnraummieters als Eigentum iSd Art 14 GG einordnete und dem ebenfalls durch Art 14 GG geschützten Eigentum des Vermieters gegenüberstellte.²⁴⁹ Die Einwirkung der Grundrechte auf die Zivilrechts- und besonders die Eigentumsordnung wird verbreitet kritisiert;²⁵⁰ zahlreiche Grundsatz- und Detailfragen harren noch einer erschöpfenden Erörterung. Allemal ist Zurückhaltung geboten: Die starke verfassungsrechtliche Durchwirkung des Mietrechts ist ein abschreckendes Beispiel dafür, wie leicht die sorgfältig austarierte Zivilrechtsordnung durch vorschnellen Rückgriff auf „grundrechtliche Wertungen" ins Ungleichgewicht geraten kann, zumal auf diese Weise oft genug politische Wertvorstellungen einzelner an die Stelle der Wertungen des parlamentarischen Gesetzgebers gesetzt werden. Die diesem gebührende Achtung verlangt, im Zweifel davon auszugehen, dass die zivilrechtliche Eigentumsordnung den Ansprüchen genügt, die der Grundrechtsschutz der Beteiligten an sie stellt.

Die aus zivilrechtlicher Perspektive²⁵¹ wichtigsten Gesetze, die iSd § 903 S 1 BGB die grundsätzlich umfassenden Befugnisse des Eigentümers beschränken, folgen § 903 BGB im BGB unmittelbar nach: das in § 904 BGB geregelte Notstands- und – für Grundstücke – das in §§ 905 ff BGB normierte Nachbarrecht. Als Rechte Dritter, welche die Eigentümerbefugnisse beschränken, kommen vor allem dingliche Rechte in Frage, also etwa (Grund-)Pfandrechte, Dienstbarkeiten oder Nießbrauchsrechte (u Rn 240 ff). Von den Befugnissen des Rechtsinhabers her gesehen ist das Eigentum also zwar das „umfassendste Herrschaftsrecht, das die Rechtsordnung an einer Sache zulässt",²⁵² zugleich aber auch das schwächste, denn alle beschränkten Rechte an derselben Sache gehen ihm vor. „Rechte Dritter" können auch relative Rechte sein, also schuldrechtliche Bindungen des Eigentümers; auch sie können seine Befugnisse beschränken: So muss der Vermieter dem Mieter die Sache überlassen; dem Pächter muss der Verpächter gar die Nutzung der Sache gewähren. All diese Schranken äußern ihre Wirkung naturgemäß im Konfliktfall, wenn sich also der Eigentümer durch Eingriffe Dritter gestört fühlt oder sich Dritte durch den Gebrauch des Eigentums gestört

112

---

²⁴⁷ Instruktiv zur Diskussion um die „Geltung" der Grundrechte bei der Setzung und Anwendung von Privatrecht etwa CANARIS AcP 184 (1984) 201 ff, mit Erwiderung von SCHWABE AcP 185 (1985) 1 ff und Schlusswort von CANARIS AcP 185 (1985) 9 ff, sowie ders, Grundrechte und Privatrecht (1999).
²⁴⁸ Vgl etwa BVerfGE 89, 214, 232. Beispielhaft sei auf die Diskussion darüber verwiesen, ob der Eigentumsentzug durch Erwerb vom Nichtberechtigten nach §§ 932 ff BGB das Grundrecht des früheren Eigentümers aus Art 14 GG verletzt; dazu insbes PETERS, Der Entzug des Eigentums an beweglichen Sachen durch gutgläubigen Erwerb (1991); HAGER, Verkehrsschutz durch redlichen Erwerb (1990) 75 ff; LEUSCHNER AcP 205 (2005) 205 ff.
²⁴⁹ BVerfGE 89, 1 ff. Kritisch hierzu etwa EMMERICH, in: FS Gitter (1995) 242 ff; DEPEN-

HEUER NJW 1993, 2561 ff; RÜTHERS NJW 1993, 2587 ff; SENDLER NJW 1994, 709 f; DIEDERICHSEN Jura 1997, 57, 62; CANARIS (Fn 247) 85.
²⁵⁰ Besonders plastisch DIEDERICHSEN AcP 198 (1998) 171, 220: Die vom BVerfG vertretene Einwirkung der Grundrechte besonders auf das Mietrecht sei „Wurmfraß im Möbel der Zivilrechtsdogmatik". OSSENBÜHL DVBl 1995, 904, 910: Die Ausstrahlungswirkung der Grundrechte auf das Privatrecht habe sich zu einer „gefährlichen Radioaktivität" ausgewachsen.
²⁵¹ Vgl die Zusammenstellung öffentlich-rechtlicher Beschränkungen bei STAUDINGER/ALTHAMMER (2016) § 903 Rn 16 ff; STAUDINGER/GURSKY (2012) § 1004 Rn 179 ff.
²⁵² So das immer wieder bemühte Diktum von WOLFF, enthalten noch in WOLFF/RAISER (Fn 17) § 51 II pr.

fühlen und gestritten wird, ob es sich jeweils um abwehrfähige oder zum Schadensersatz verpflichtende Störungen handelt (dazu noch u Rn 230 ff, 235 ff).

b) Gegenstand des Eigentums

113 Eigentum kann nur an Sachen, also körperlichen Gegenständen (§ 90 S 1 BGB, o Rn 14 ff), bestehen, nach Maßgabe des § 90a S 3 BGB auch an Tieren. Eigentum an Rechten gibt es nicht, in Wahrheit also auch kein „geistiges Eigentum", womit das Urheberrecht gemeint ist.[253] Aufgrund des Spezialitätsprinzips (o Rn 12) kann Eigentum immer nur an einzelnen Sachen bestehen, nicht an Sachgesamtheiten wie einem Nachlass oder einem Unternehmen.

c) Eigentum mehrerer

114 Weil einzelne („wesentliche") Bestandteile einer Sache gemäß § 93 BGB nicht Gegenstand besonderer Rechte sein können, kann es auch kein Eigentum an einzelnen Sachteilen geben; es erstreckt sich immer auf die ganze Sache. Eine Sache kann daher grundsätzlich nicht in der Weise im Eigentum mehrerer Personen stehen, dass jeder von ihnen abgrenzbare Teile der Sache gehören; mit der bedeutsamen Ausnahme des Wohnungseigentums nach dem WEG gibt es im Eigentumsrecht also keine dem Teilbesitz (§ 865 BGB) entsprechende Figur. Ohne weiteres möglich ist dagegen, dass die ganze Sache mehreren Personen zugleich gehört. Hier ist das Bruchteils- vom Gesamthandseigentum zu unterscheiden.

115 Der gesetzliche Regelfall ist das in §§ 1008–1011 BGB geregelte Bruchteilseigentum. Zwischen den Miteigentümern besteht ein Gemeinschaftsverhältnis nach §§ 741 ff BGB. Das Eigentum zerfällt in ideelle Quoten, über die gemäß § 747 S 1 BGB jeder Miteigentümer unabhängig von den anderen verfügen kann. Über die Sache als solche können gemäß § 747 S 2 BGB dagegen nur alle Miteigentümer gemeinsam verfügen. Dritten gegenüber kann gemäß § 1011 BGB jeder Miteigentümer das Eigentum „in Ansehung der ganzen Sache" geltend machen.[254] Herausgabe kann er nach Maßgabe des § 432 Abs 1 S 1 BGB jedoch nur an alle verlangen; gleiches muss für Schadensersatz oder Bereicherungsausgleich gelten, wenn ein Miteigentümer in diesem Rahmen das Eigentum an der ganzen Sache und nicht nur seine Quote geltend macht.[255] Bruchteilseigentum kann durch Gesetz entstehen (§§ 923 Abs 1, 947 Abs 1, 948 Abs 1, 963, 984 BGB) oder durch Übereignung nach §§ 929 ff BGB; 873, 925 BGB, indem eine Sache an mehrere Personen übereignet wird oder der vorherige Alleineigentümer einen Eigentumsanteil auf einen anderen überträgt; Bruchteilseigentum entsteht auch, gegebenenfalls in einer Hand, wenn eine Sache nur zu einem Bruchteil mit einem dinglichen Recht belastet wird.[256]

116 Gesamthandseigentum entsteht nur kraft besonderer gesetzlicher Anordnung und setzt als Subjekt eine Gesamthandsgemeinschaft voraus, also eine Gesellschaft bürgerlichen Rechts (§ 718 BGB), eine eheliche Gütergemeinschaft (§ 1416 BGB), eine Erbengemeinschaft (§ 2032 BGB), eine offene Handelsgesellschaft (§ 105 Abs 2 HGB)

---

[253] Hierzu STAUDINGER/ALTHAMMER (2016) Vorbem 16 f zu §§ 903 ff.
[254] Dabei handelt es sich um einen Fall der gesetzlichen Prozessstandschaft: BGH NJW 1997, 2115, 2116; STAUDINGER/GURSKY (2012) § 1011 Rn 8; SOERGEL/STÜRNER (Fn 147) § 1011 Rn 2; WIELING (Fn 1) § 8 III 3 d.
[255] STAUDINGER/GURSKY (2012) § 1011 Rn 2; SOERGEL/STÜRNER (Fn 147) § 1011 Rn 2; MünchKomm/K SCHMIDT (Fn 25) § 1011 Rn 4; PALANDT/HERRLER (Fn 45) § 1011 Rn 3; WIELING (Fn 1) § 8 III 3; BAUR/STÜRNER (Fn 4) § 3 Rn 28.
[256] WIELING (Fn 1) § 8 III 3 b.

oder eine Kommanditgesellschaft (§ 161 Abs 1 HGB). Die „gesamthänderische Bindung" drückt sich darin aus, dass ein Gesamthänder typischerweise weder über seinen Anteil am Gesamthandsvermögen noch über einen Anteil an dessen einzelnen Gegenständen verfügen kann (vgl §§ 719 Abs 1, 1419 Abs 1, 2033 Abs 2 BGB, aber auch die Ausnahme nach § 2033 Abs 1 BGB). Ob die Gesamthänder über die im Gesamthandseigentum stehenden Sachen selbst einzeln oder nur gemeinschaftlich verfügen können, richtet sich nach den Bestimmungen des jeweiligen Gesamthandsverhältnisses.

2. Rechtsgeschäftlicher Erwerb des Eigentums an beweglichen Sachen

Die gesetzliche Regelung über den Eigentumserwerb unterscheidet zunächst zwischen beweglichen Sachen und Grundstücken (zu diesen u Rn 175 ff), bezüglich des Erwerbs von Eigentum an beweglichen Sachen sodann zwischen Erwerb durch Übertragung, also durch Rechtsgeschäft mit dem (angeblichen) Rechtsvorgänger, der hier zuerst behandelt wird, und originärem, nicht unmittelbar auf ein solches Rechtsgeschäft zurückgehenden Erwerb (§§ 937 ff, dazu u Rn 162 ff). **117**

a) Die dingliche Einigung

Als Grundtatbestand der Übereignung beweglicher Sachen knüpft § 929 S 1 BGB den Eigentumsübergang an zwei Voraussetzungen: Der Veräußerer muss dem Erwerber die Sache übergeben (u b) und beide müssen sich darüber einig sein, dass das Eigentum übergehen soll. Die Übergabe kann nach Maßgabe der §§ 929 S 2, 930, 931 BGB verzichtbar sein oder durch einen anderen Akt ersetzt werden; eines „Einigseins" über den Eigentumsübergang aber bedarf es immer. Diese Einigung nennt man nach ihrem Inhalt „dingliche Einigung", denn sie bezieht sich allein auf die Veränderung der dinglichen Rechtslage. Sie ist nichts anderes als ein Vertrag, für den grundsätzlich die Regeln des Allgemeinen Teils über Rechtsgeschäfte, also §§ 104 ff BGB gelten (Rn 4).[257] **118**

Neben der zu übereignenden Sache (o Rn 12) müssen Veräußerer und grundsätzlich auch der Erwerber[258] feststehen: Folgt man der herrschenden Meinung, nach der die dingliche Einigung nicht analog § 328 BGB einen Dritten begünstigen kann,[259] handelt es sich hierbei stets um die Parteien der Einigung, die sich allerdings nach Maßgabe der §§ 164 ff BGB vertreten lassen können. Das bedeutet allerdings nicht, dass die Parteien einander kennen müssten: Solange nur eine dingliche Einigung zustande kommt, ist eine Übereignungsofferte *ad incertas personas* ebenso möglich wie die Annahme eines von einer unbekannten Person ausgesprochenen Übereignungsangebots.[260] **119**

---

[257] STAUDINGER/WIEGAND (2017) Vorbem 14 zu §§ 929 ff, § 929 Rn 8; WESTERMANN/WESTERMANN (Fn 1) § 37 Rn 6 f; BAUR/STÜRNER (Fn 4) § 5 Rn 5 ff, § 51 Rn 6.
[258] Bei „Bargeschäften des täglichen Lebens" ist nach herrschender Meinung jedoch auch eine Übereignung an eine dem Veräußerer unbekannte Person („den, den es angeht") möglich: MünchKomm/OECHSLER (Fn 25) § 930 Rn 31; BAUR/STÜRNER (Fn 4) § 51 Rn 43; ablehnend E WOLF (Fn 40) § 5 A VIII e.
[259] BGH NJW 1993, 2617 (allgemein zur Bestellung dinglicher Rechte); STAUDINGER/SEILER (2012) Einl 83 zum Sachenrecht; STAUDINGER/WIEGAND (2017) § 929 Rn 44; STAUDINGER/GURSKY (2012) § 873 Rn 111. Eine dingliche Einigung zugunsten Dritter halten dagegen für möglich: MünchKomm/KOHLER (Fn 25) § 873 Rn 58; SOERGEL/HENSSLER (Fn 15) § 929 Rn 48; WIELING (Fn 1) § 1 III 2 d; WESTERMANN/WESTERMANN (Fn 1) § 2 Rn 14; BAUR/STÜRNER (Fn 4) § 5 Rn 28.
[260] BeckOGK/KLINCK § 929 Rn 14, 34.

120 Mit diesem notwendigen Inhalt der dinglichen Einigung ist zugleich auch der zulässige Inhalt beschrieben; anders als bei Verpflichtungsverträgen ist die Gestaltungsfreiheit der Parteien eng begrenzt (Rn 10 f). Die dingliche Einigung bezieht sich eben allein auf den Eigentumsübergang, und so bleiben insbesondere die Gründe, aus denen dieser erfolgt, ob aufgrund von Kauf, Tausch, Schenkung, Darlehen etc, außer Betracht (Rn 5 f). Als weiteren Inhalt kann die dingliche Einigung lediglich Bedingungen oder Befristungen aufnehmen, was auch nicht selten geschieht. Besonders verbreitet ist der Eigentumsvorbehalt beim Kauf auf Kredit: Hat sich der Verkäufer einer beweglichen Sache das Eigentum bis zur Zahlung des Kaufpreises vorbehalten, so ist die dingliche Einigung gemäß § 449 Abs 1 BGB im Zweifel dahin auszulegen, dass sie unter der aufschiebenden Bedingung der vollständigen Kaufpreiszahlung steht. Sie wird dann gemäß § 158 Abs 1 BGB erst mit Zahlung der letzten Kaufpreisrate wirksam, erst in diesem Moment wird der Käufer Eigentümer; zuvor hat er jedoch eine durch §§ 161, 936 Abs 3, 986 Abs 2 BGB geschützte Erwerbsanwartschaft.[261] Die Einigung kann auch unter eine auflösende Bedingung gestellt werden, was insbesondere bei der Sicherungsübereignung[262] naheliegt: Sie wird dann gemäß § 158 Abs 2 BGB unwirksam, wenn der Sicherungsfall erledigt ist, und das Eigentum fällt damit ohne weiteres an den Sicherungsgeber zurück.[263]

121 BERNHARD WINDSCHEID sah in der Übergabe keine eigenständige Voraussetzung der Übereignung, sondern die Form, in der die Einigung über den Eigentumsübergang ihren Ausdruck finden musste, um Wirkung zu entfalten.[264] Die Zweite Kommission lehnte diese Ansicht nachdrücklich ab.[265] Da die Übergabe also nicht die Form der dinglichen Einigung ist, kann diese auch zeitlich getrennt von der Übergabe und namentlich vor ihr erfolgen.[266] Die Ansicht WINDSCHEIDS wirkt aber noch in der heute herrschenden Meinung nach, dass die dingliche Einigung bis zur Übergabe frei widerruflich sei und keine der Parteien binde.[267] Zur Begründung beruft man sich auf § 873 Abs 2 BGB, der die Bindung der Parteien an eine dingliche Einigung über Grundstücksrechte nur in bestimmten Fällen vorsieht, und auf den Wortlaut des § 929 S 1 BGB („... einig *sind*, ..."). Dieser Meinung ist nicht zu folgen:[268] Die nur für Grundstücke geltende Regelung des § 873 Abs 2 BGB legt für bewegliche Sachen eher den Gegenschluss nahe, denn sie dient dem Übereilungsschutz, den das Gesetz bei der Übereignung beweglicher Sachen nicht gewährt; und bei dem Wortlaut „... einig sind, ..." dachten seine Verfasser keineswegs daran, dass sich die Parteien vor der Übergabe wieder von der dinglichen Einigung lösen könnten.[269] Sie ist verbindlich wie jeder

---

[261] Zu dieser HERRESTHAL, in: STAUDINGER/Eckpfeiler K. Rn 215; BeckOGK/KLINCK § 929 Rn 157 ff; WIELING (Fn 1) § 17; HARKE JuS 2006, 385 ff.
[262] Zu dieser HERRESTHAL, in: STAUDINGER/Eckpfeiler K. Rn 230 ff.
[263] Nach herrschender Meinung soll eine solche auflösende Bedingung allerdings im Zweifel nicht anzunehmen sein, vgl namentlich mit zweifelhafter, bankenfreundlicher Argumentation BGH NJW 1984, 1184, 1185 f.
[264] WINDSCHEID, Lehrbuch des Pandektenrechts I (8. Aufl 1900) § 171. 2 mit Fn 3.
[265] MUGDAN III, 624.
[266] WIELING (Fn 1) § 9 I 1 b.

[267] BGH NJW 1979, 213, 214; STAUDINGER/WIEGAND (2017) § 929 Rn 84; MünchKomm/OECHSLER (Fn 25) § 929 Rn 41; SOERGEL/HENSSLER Fn 15) § 929 Rn 38; ERMAN/BAYER (Fn 39) § 929 Rn 4; BAUR/STÜRNER (Fn 4) § 5 Rn 36; E WOLF (Fn 40) § 5 A III i; WILHELM (Fn 3) Rn 873; SCHREIBER (Fn 40) Rn 155; WEBER JuS 1998, 577, 578.
[268] WIELING (Fn 1) § 1 III 2 b; BeckOGK/KLINCK § 929 Rn 57–60; WESTERMANN/WESTERMANN (Fn 1) § 37 Rn 11; HECK (Fn 40) § 55. 7; SCHÖDERMEIER/WOOPEN JA 1985, 622 ff; WANK/KAMANABROU Jura 2000, 154, 155 ff.
[269] Zur Entstehungsgeschichte unter diesem Aspekt WIELING (Fn 1) § 1 III 2 b Fn 91.

andere Vertrag auch. Der praktische Unterschied zwischen dieser und der herrschenden Meinung ist allerdings gering, weil nach der herrschenden Meinung im Zweifel davon auszugehen ist, dass die einmal erfolgte Einigung fortbesteht.[270]

Da die dingliche Einigung über die Übereignung beweglicher Sachen keiner Form bedarf, kann sie auch konkludent erfolgen, und dies ist die praktische Regel. Oft ist daher zweifelhaft, ob nur ein Verpflichtungsvertrag geschlossen wurde oder auch schon eine dingliche Einigung vorliegt und ob diese gegebenenfalls unbedingt erfolgte. Diese Fragen sind durch Auslegung nach §§ 133, 157 BGB zu beantworten, für welche es auf die weiteren Umstände, insbesondere das Verhalten der Parteien ankommt. Besondere Bedeutung kommt dabei naturgemäß der Übergabe zu: Wer verpflichtet ist, eine Sache zu übereignen, und den Eigenbesitz an ihr auf den Gläubiger des Übereignungsanspruchs überträgt, ist sich mit diesem im Zweifel auch über den Eigentumsübergang einig.[271] Für den Inhalt der dinglichen Einigung, insbesondere für die Frage, ob die Übereignung aufschiebend bedingt ist, kann trotz Trennungsprinzips auf das Verpflichtungsgeschäft abgehoben werden: War darin kein Eigentumsvorbehalt vorgesehen, verhält sich der Veräußerer im Zweifel vertragstreu und will unbedingt übereignen, auch wenn der Kaufpreis noch nicht bezahlt wurde.

122

Die dingliche Einigung unterliegt den Regeln der allgemeinen Rechtsgeschäftslehre; daher können die auf sie gerichteten Willenserklärungen nach §§ 119 ff BGB anfechtbar sein; sie verlangen nach Maßgabe der §§ 107 ff BGB Geschäftsfähigkeit der Parteien. Das Abstraktionsprinzip schließt nicht aus, dass im Einzelfall (auch) die dingliche Einigung nach §§ 134 oder 138 BGB nichtig sein kann (Rn 9).

123

b) Übergabe und Übergabesurrogate
aa) Das Traditionsprinzip
In § 929 S 1 BGB hat neben dem Trennungs- und dem Abstraktionsprinzip auch das Traditions- oder Übergabeprinzip seinen Niederschlag gefunden: Der Erwerb eines dinglichen Rechts an beweglichen Sachen setzt grundsätzlich die Übertragung des Besitzes voraus. Das Traditionsprinzip ist ein Vermächtnis des römischen Rechts, das neben anderen die Möglichkeit der Übereignung beweglicher Sachen und Grundstücke durch Übergabe *(traditio)* kannte.[272] Dieses Vermächtnis trägt den Kern seiner Aufhebung allerdings bereits in sich: das Besitzkonstitut (o Rn 95).[273] Sollte der Veräußerer die Sache selbst zunächst behalten, ließen es schon die römischen Juristen für eine zur Übereignung der Sache führende *traditio* genügen, wenn der Veräußerer beschloss, fortan für den Erwerber zu besitzen; damit erübrigte sich die als überflüssig empfundene Hin- und Rückgabe der Sache. Da ein solches Besitzkonstitut es den Parteien ersparte, in Gegenwart der zu übereignenden Sache zusammenzukommen, wurde es schnell in allen Fällen üblich, in denen die zu übereignende Sache nicht unmittelbar präsent war und es dem Erwerber nicht darauf ankam, sofort den unmit-

124

---

[270] STAUDINGER/WIEGAND (2017) § 929 Rn 84; SOERGEL/HENSSLER (Fn 15) § 929 Rn 38; ERMAN/BAYER (Fn 39) § 929 Rn 4; BAUR/STÜRNER (Fn 4) § 5 Rn 37; SCHREIBER (Fn 40) Rn 155.
[271] WIELING (Fn 1) § 1 III 2 a, § 9 I 1 pr; WESTERMANN/WESTERMANN (Fn 1) § 37 Rn 4; BAUR/STÜRNER (Fn 4) § 51 Rn 7. Zur Bestätigungsfunktion der Übergabe noch unten Rn 16.
[272] Zu den weiteren Erfordernissen der Übereignung durch *traditio* vgl KASER, Das römische Privatrecht I (2. Aufl 1971), § 100 IV; KASER/KNÜTEL/LOHSSE (Fn 36) § 24 Rn 10 ff.
[273] Zum Besitzkonstitut im klassischen römischen Recht ausführlich und mit zahlreichen Quellen KLINCK, Erwerb durch Übergabe an Dritte nach klassischem römischen Recht (2004) 257 ff.

telbaren Besitz an ihr zu erwerben. Vor allem bei der Übereignung von Grundstücken eroberte das Besitzkonstitut so schon in der Antike die Praxis; im Mittelalter wurde es gar im Wege ergänzender Vertragsauslegung auch in solche Veräußerungsurkunden hineingelesen, in denen von ihm keine Rede war. Da es für eine Übereignung damit letztlich genügte, wenn die Parteien den Eigentumsübergang wollten, wurde das Traditionsprinzip auf diese Weise praktisch aufgegeben. In der Theorie hielt man jedoch an ihm fest. Erst der Code Civil rückte auch von diesem Lippenbekenntnis ab und brachte die historische Entwicklung mit dem Vertragsprinzip zu ihrem konsequenten Abschluss: Danach genügt für die Übereignung die entsprechende (schuldrechtliche) Einigung zwischen Veräußerer und Erwerber. Manche europäische Rechtsordnungen folgten diesem Beispiel.[274] In Deutschland aber waren die Beharrungskräfte stärker, und nicht erst vSavigny mahnte eine strengere Durchführung des Traditionsprinzips an.[275] Vor allem auch seiner Autorität dürfte geschuldet sein, dass sich die Erste Kommission mit knapper Mehrheit dafür entschied, am Traditionsprinzip, das am Vorabend des BGB in den meisten deutschen Regionen galt,[276] festzuhalten,[277] und die Zweite Kommission dieser Entscheidung folgte. Zwei Erwägungen gaben dabei den Ausschlag. Zum einen wollte man, in Umsetzung des Publizitätsgrundsatzes (o Rn 10), den Wechsel in der Inhaberschaft des dinglichen Rechts sichtbar machen; zum anderen sollte durch das Übergabeerfordernis sichergestellt werden, dass die Parteien auch wirklich den Rechtsübergang und nicht etwa eine bloß schuldrechtliche Abrede wollen.[278]

125 Zugleich allerdings ließ die Zweite Kommission mit dem heutigen § 930 BGB die Übereignung durch Einigung und Besitzkonstitut zu. Schon aufgrund der eben skizzierten historischen Entwicklung war man sich darüber im Klaren, dass damit die Geltung des Traditionsprinzips – verstanden als Erfordernis der Übertragung des unmittelbaren Besitzes – stark eingeschränkt war.[279] Dass man auch anders hätte verfahren können, belegt die Regelung des Faustpfandrechts. Hier ist das Traditionsprinzip mit größerer Konsequenz in Geltung gesetzt: Insbesondere kann die für die Bestellung eines Pfandrechts an einer beweglichen Sache erforderliche Übergabe nicht durch ein einfaches Besitzkonstitut des Verpfänders ersetzt werden. Selbst in seinem Bestand hängt das Pfandrecht vom Besitz des Pfandgläubigers ab: Es geht gemäß § 1253 Abs 1 BGB unter, wenn der Pfandgläubiger das Pfand dem Verpfänder oder dem Eigentümer zurückgibt. Der Gesetzgeber nahm das Traditionsprinzip hier wegen seiner publizitätswahrenden Wirkung besonders ernst: Die Gläubiger einer Person sollten darauf vertrauen können, dass grundsätzlich alle Sachen, die ihr Schuldner in seinem Besitz hatte, im Ernstfall ihrem Haftungszugriff unterlagen.[280] Das Faustpfand ist allerdings auch ein Lehrstück dafür, wie sehr das Traditionsprinzip den Bedürfnissen der Wirtschaft widerspricht: Gerade wegen der strikten Umsetzung des Traditionsprinzips hat es sich als Sicherungsmittel nie gegen die besitz- und publizitätslose Sicherungs-

---

[274] So etwa das portugiesische (vgl Art 408, 1316 Código Civil) und das italienische Recht (Art 922 Codice civile).
[275] Vgl zum Vorstehenden den konzisen Überblick von Wacke (Fn 193) 15 ff, und Süss, in: FS M Wolff (1952) 141, 145 ff.
[276] Zum (räumlichen) Geltungsbereich des Traditionsprinzips vor Inkrafttreten des BGB vgl Wacke (Fn 193) 4 mit Fn 10.
[277] Vgl zur Diskussion Schubert, Die Entstehung der Vorschriften des BGB über Besitz und Eigentumserwerb (1966) 144 f, 155, 161.
[278] Mudgan III, 185 (Erste Kommission), 624 f, 628 (Zweite Kommission).
[279] Vgl zu den weiteren in §§ 929 ff angelegten Durchbrechungen des so verstandenen Traditionsprinzips bereits eingehend Süss, in: FS M Wolff (1952) 141, 151 ff.
[280] Besonders deutlich in diesem Sinne die Materialien zur KO, Hahn IV, 191.

übereignung durchsetzen können. Mit Sicherheit hätte es in der Praxis ebenso starke Bestrebungen gegeben, die schon immer als hinderlich empfundenen Restriktionen des Traditionsprinzips zu umgehen, wäre dieses für die Übereignung strenger umgesetzt worden.

Der Gesetzgeber hat allerdings nicht allen wirklichen oder vermeintlichen Bedürfnissen des Wirtschaftsverkehrs nachzugeben, so dass diese allein keineswegs für eine endgültige Aufgabe des Traditionsprinzips sprechen. Im Gegenteil wäre dafür zu plädieren, es strikter durchzusetzen und die Aufweichungen einzuschränken,[281] wenn dies den berechtigten Zielen, welche der Gesetzgeber mit ihm verfolgte, dienlich wäre. Das ist indes nicht der Fall. Seine Funktion als Prüfstein für den Übereignungswillen der Parteien kann das Traditionsprinzip auch in der gelockerten Form erfüllen, in der es mit §§ 929 ff BGB kodifiziert wurde. Zwar liegt nicht jeder Übergabe der Sache ein Übereignungswille zugrunde, und umgekehrt kann eine Übereignung auch dann gewollt sein, wenn die Sache zunächst beim Veräußerer verbleiben soll. Der Besitz, dessen Übergang dem Übergabeerfordernis genügt, ist jedoch allein der Eigenbesitz iSd § 872 BGB (Rn 30, 86). Eigenbesitz aber wird tatsächlich nur oder jedenfalls in aller Regel übertragen, wenn auch das Eigentum übergehen soll; mit geringerer, aber doch hinreichender Gewissheit lässt sich umgekehrt sagen, dass das Eigentum idR erst übergehen soll, wenn der Erwerber Eigenbesitz erhält. Diesen Zweck kann das Traditionsprinzip also durchaus erfüllen: sicherzustellen, dass mit der Verschaffung des Eigenbesitzes der Übereignungswille bestätigt werden muss. Insoweit wird es in §§ 929 ff BGB auch (fast) konsequent durchgehalten; namentlich das Besitzkonstitut entbindet gerade nicht von dem Erfordernis, dem Erwerber Eigenbesitz zu verschaffen. Dieser ist zwar nur mittelbar, doch dürfte es zur Bestätigung des Übereignungswillens genügen, dass der Veräußerer mit dem Erwerber in ein Besitzmittlungsverhältnis – und sei es ein abstraktes (Rn 91 f) – eintritt.[282] Ähnlich verhält es sich mit der Publizitätsfunktion. Selbst bei strengster Umsetzung, wenn man für die Übertragung eines dinglichen Rechts also die Übertragung des unmittelbaren Besitzes vom Veräußerer auf den Erwerber verlangte, ist die Publizitätswirkung des Traditionsprinzips zwar äußerst flüchtig, nämlich auf den Moment der Rechtsübertragung beschränkt.[283] Das genügt allerdings, da ja auch nur der Rechtswechsel, nicht der Rechtszustand deutlich werden soll.[284] Dies hat vor allem für den gutgläubigen Erwerb Bedeutung: Der Erwerber muss von einer wahrnehmbaren Position des Veräußerers auf dessen Eigentum schließen können, um schutzwürdig zu erscheinen. Auch hier aber ist keine strikte Umsetzung des Traditionsprinzips in dem Sinne erforderlich, dass nur die Übertragung des unmittelbaren Besitzes diesen Rechtsschein setzen könnte: Schon die Macht des Veräußerers, dem Erwerber Eigenbesitz zu verschaffen, setzt einen hinreichenden Rechtsschein für sein Eigentum (vgl noch u Rn 161). Auch in seiner gelockerten Form, in der es für eine Übergabe auch die Verschaffung des mittelbaren Besitzes genügen lässt, ist das Traditionsprinzip also keineswegs ein wertloser Atavismus[285] und auch nicht „nur das historische Kostüm, in dem das Vertragsprinzip den

---

[281] So WIELING (Fn 1) § 1 III 1 d aa.
[282] BAUER, in: FS Bosch (1976) 1, 16. Anders mit Blick auf den Schenkungsvollzug nach § 518 Abs 2 WACKE (Fn 41) 80 ff; ausf ders AcP 201 (2001) 256 ff.
[283] Vgl auch schon die Erwägungen der Zweiten Kommission zur Zulässigkeit des Besitzkonstituts, MUGDAN III, 624 f.
[284] Zur Vermutung aus § 1006 und ihrem Verhältnis zur Publizitätsfunktion des Traditionsprinzips u Rn 127 ff.
[285] SÜSS im Titel seines Beitrags zur FS M Wolff (1952) 141 ff.

Eingang in das geltende Recht gefunden hat".²⁸⁶ Im Gegenteil kommen selbst Rechtsordnungen, die dem Vertragsprinzip folgen, nicht ganz ohne das Traditionsprinzip aus.²⁸⁷ Für Auslegung und Anwendung der §§ 929–936 BGB gilt ohnehin: Das Traditionsprinzip ist schon deshalb zu beachten, weil es nach dem Willen der Schöpfer des BGB Bestandteil, sogar Grundlage des gesetzlichen Systems der Übereignung beweglicher Sachen ist.²⁸⁸

bb) Exkurs: Die Rechtsvermutung aus dem Besitz

127 Auf das Traditionsprinzip werden auch die zwei – nach Maßgabe des § 292 ZPO widerleglichen²⁸⁹ – Rechtsvermutungen des § 1006 BGB zurückgeführt:²⁹⁰ Gemäß § 1006 Abs 1 S 1 BGB wird zugunsten des unmittelbaren und gemäß § 1006 Abs 3 BGB auch des mittelbaren Besitzers einer beweglichen Sache vermutet, dass er ihr Eigentümer sei; das Gleiche gilt gemäß § 1006 Abs 2 BGB für einen früheren Besitzer für die Zeit, in der er die Sache besaß. Der Schluss vom Besitz auf das Eigentum wird damit gerechtfertigt, dass man annimmt, der Besitzer habe mit dem Besitz gemäß §§ 929 ff BGB – jedenfalls kraft guten Glaubens, §§ 932 ff BGB – das Eigentum an der Sache erworben.²⁹¹ So erklärt sich auch die Einschränkung des § 1006 Abs 1 S 2 BGB: Wenn gemäß § 935 BGB ein gutgläubiger Erwerb abhanden gekommener Sachen ausscheidet, Eigentum also nur übergehen konnte, wenn der Veräußerer verfügungsberechtigt war, liegt sehr viel näher, dass der Erwerber mit Besitzerwerb nicht Eigentümer wurde, und die Eigentumsvermutung ist nicht mehr im gleichen Maße gerechtfertigt.²⁹²

128 Der enge Zusammenhang zwischen Traditionsprinzip und Eigentumsvermutung aus dem Besitz ist auch bei der Auslegung des § 1006 BGB zu berücksichtigen, dessen Wortlaut in mehrfacher Hinsicht zu weit gefasst ist. Zunächst kann die Vermutung nicht alle beweglichen Sachen erfassen, sondern nur solche, die nach §§ 929 ff BGB übereignet werden;²⁹³ sie gilt daher etwa nicht für Sparbücher.²⁹⁴ Ferner greift die Eigentumsvermutung nur für den Eigenbesitzer,²⁹⁵ weil der Eigentumserwerb nach §§ 929 ff BGB den Erwerb von Eigenbesitz voraussetzt. Das folgt idR schon aus § 1006 Abs 3 BGB, weil die Eigentumsvermutung danach im Falle der Besitzmittlung nur für den mittelbaren Besitzer und nicht für den Besitzmittler als unmittelbaren Fremdbesitzer gilt. Im Übrigen wird diese Frage kaum praktisch, denn Fremdbesitz definiert sich dadurch, dass der Besitzer fremdes Eigentum an der Sache anerkennt; wer unter

---

²⁸⁶ Heck (Fn 40) § 56. 11.
²⁸⁷ Vgl etwa Art 1141 Code civil und Art 1153 Abs 1, 1147 Codice civile: Wird eine Sache zweimal verkauft, wird derjenige Käufer Eigentümer, der zuerst den Besitz erhält.
²⁸⁸ So auch bereits Staudinger/Wiegand (2017) Vorbem 20 zu §§ 929 ff; Martinek AcP 188 (1988) 573, 581; einschränkend hingegen Westermann/Westermann (Fn 1) § 36 Rn 1 („keine allzu große Tragweite für die Ableitung von Lösungen neuer Probleme").
²⁸⁹ Wieling (Fn 1) § 12 IX 2 pr.
²⁹⁰ Dass der Zusammenhang allerdings kein logisch zwingender ist, zeigt sich daran, dass auch das französische Recht eine Rechtsvermutung aus dem Besitz kennt, Art 2279 Abs 1 Code civil: „En fait de meubles, la possession vaut titre".

²⁹¹ BGH NJW 1967, 2008; Staudinger/Gursky (2012) § 1006 Rn 7.
²⁹² Wenig konsequent ist allerdings, dass die Eigentumsvermutung nur gegenüber dem früheren Besitzer ausscheidet, dem die Sache abhanden kam, Dritten gegenüber aber fortbesteht, vgl dazu Staudinger/Gursky (2012) § 1006 Rn 15; Wieling (Fn 1) § 12 IX 2 b.
²⁹³ Staudinger/Gursky (2012) § 1006 Rn 2; Wieling (Fn 1) § 12 IX 2 pr.
²⁹⁴ Das Eigentum an ihnen geht gemäß § 952 Abs 1 BGB durch Abtretung der Forderungen über, für die sie ausgestellt sind, Staudinger/Gursky (2017) § 952 Rn 5.
²⁹⁵ Staudinger/Gursky (2012) § 1006 Rn 6; Soergel/Münch (Fn 147) § 1006 Rn 4; Schreiber Jura 2003, 392, 393.

Berufung auf § 1006 BGB behauptet, Eigentümer zu sein, ist daher ohnehin kein Fremdbesitzer.[296] Schließlich und vor allem gelten die Vermutungen des § 1006 BGB nur für den Zeitpunkt des Besitzerwerbs: Es wird also lediglich vermutet, dass der Besitzer den Besitz als Eigenbesitz und mit diesem das Eigentum erworben habe, und nur wenn diese Vermutung greift, wird nach allgemeinen Grundsätzen weiter vermutet, dass der Besitzer auch Eigentümer geblieben sei.[297] Die Vermutungen des § 1006 BGB sind also schon dann widerlegt, wenn der Gegner nachweist, dass bei Besitzerwerb kein Eigentum überging. Behauptet der Besitzer, er habe die Sache gemäß § 937 Abs 1 BGB ersessen oder durch Übereignung nach § 929 S 2 BGB erworben, kann er sich von vornherein nicht auf § 1006 BGB berufen. In diesen Fällen muss er seinen Eigentumserwerb beweisen, und es greift einstweilen die Eigentumsvermutung zugunsten des früheren Besitzers gemäß § 1006 Abs 2 BGB, die entgegen ihrem Wortlaut dessen Besitzverlust überdauert.[298]

Wie die systematische Stellung des § 1006 BGB belegt, schützt diese Norm das Eigentum, indem sie dem (vermutlichen) Eigentümer im Streitfall den Nachweis seines Rechts erleichtert. Sie gilt also ihrem Wortlaut entsprechend immer nur zugunsten des Besitzers, niemals zu seinen Lasten, aber auch dann, wenn sich jemand auf das Eigentum eines Dritten beruft, von dem er Rechte herleitet.[299] Die Vermutung gilt entsprechend für dingliche Rechte an beweglichen Sachen, soweit diese kraft Verweisung wie Eigentum geschützt werden sollen, namentlich also für das Pfandrecht (§ 1227 BGB) und den Nießbrauch (§ 1065 BGB).[300]

129

Der Schluss vom Besitz auf das Eigentum des Besitzers scheint auf den ersten Blick nach den tatsächlichen Verhältnissen kaum gerechtfertigt. Schließlich gibt es viele Gründe, aufgrund derer jemand eine Sache, an der er kein Recht hat, in seinem Besitz haben kann, und zwar gerade nicht nur unrechtmäßige wie Diebstahl, sondern vor allem rechtmäßige wie Miete, Pacht oder Leasing. In diesen letztgenannten Fällen aber greifen die Vermutungen aus § 1006 BGB nicht, denn sie verlangen Eigenbesitz (soeben Rn 128). Die Fälle, in denen der Besitzer mit dem Eigenbesitz nicht das Eigentum an der Sache erworben hat, nämlich Diebstahl und Erwerb vom Nichtberechtigten, der wegen Abhandenkommens der Sache oder Bösgläubigkeit des Erwerbers fehlschlug, bilden die absolute Ausnahme. Daher sind die Vermutungen des § 1006 BGB unter den Voraussetzungen, welche nach herrschender Meinung in ihre Tatbestände hineinzulesen sind, durchaus gerechtfertigt. Dem steht nicht entgegen, dass die Rechtsvermutung aus dem Besitz eng mit dem Traditionsprinzip zusammenhängt und dieses – wie gezeigt (Rn 126) – nur eine eingeschränkte Publizitätsfunktion hat; denn die Vermutungen des § 1006 BGB beruhen keineswegs unmittelbar auf der

130

---

[296] Praktisch relevant wird diese Einschränkung nur, wenn sich eine Prozesspartei für das Eigentum eines Dritten auf § 1006 BGB beruft, etwa ein Pfändungspfandgläubiger im Interventionsprozess, STAUDINGER/GURSKY (2012) § 1006 Rn 6.
[297] STAUDINGER/GURSKY (2012) § 1006 Rn 7; WIELING (Fn 1) § 12 IX 2 a; BAUR/STÜRNER (Fn 4) § 10 Rn 6; PRÜTTING (Fn 1) Rn 584; SCHREIBER Jura 2003, 392, 393. Ablehnend etwa HARTUNG (Fn 40) 160 ff; kritisch auch WOLF JuS 1985, 941, 943.

[298] BGH NJW 2005, 359, 363; STAUDINGER/GURSKY (2012) § 1006 Rn 19; WIELING (Fn 1) § 12 IX 2 c.
[299] BGH NZM 2017, 479 f Rn 9–16 = JuS 2017, 1026 ff (M SCHWAB); BGH NJW 2005, 359, 363; STAUDINGER/GURSKY (2012) § 1006 Rn 35 (weitergehend Rn 36); SOERGEL/MÜNCH (Fn 147) § 1006 Rn 8; WIELING (Fn 1) § 12 IX 2 e aa; SCHREIBER Jura 2003, 392, 394.
[300] WIELING (Fn 1) § 12 IX 2 g; STAUDINGER/GURSKY (2012) § 1006 Rn 25; BeckOGK/SPOHNHEIMER § 1006 Rn 25.

Publizitätsfunktion des Besitzes.[301] Es wird eben nicht vom jetzt bestehenden, erkennbaren Besitz auf das Eigentum geschlossen, sondern nur vom früheren, nicht mehr erkennbaren Erwerb des Eigenbesitzes auf den Eigentumserwerb. Dafür, ob dieser Schluss berechtigt ist, kommt es nicht darauf an, ob der Besitzerwerb den Eigentumswechsel seinerzeit erkennbar gemacht hat, sondern nur darauf, ob es hinreichend wahrscheinlich ist, dass mit dem Eigenbesitz auch das Eigentum an der Sache erworben wurde. Das ist beim Erwerb des weitgehend publizitätslosen mittelbaren Eigenbesitzes genauso der Fall wie beim Erwerb des unmittelbaren, weil jener wie dieser gutgläubigen Eigentumserwerb ermöglicht.

cc) Übergabe iSd § 929 S 1 BGB

131 Um dem Erwerber gemäß § 929 S 1 BGB das Eigentum an einer Sache zu verschaffen, muss der Veräußerer sie ihm übergeben. Es hätte nahegelegen, hier auf eine Übertragung des Besitzes abzustellen; nach der Absicht der Zweiten Kommission aber sollten die heutigen §§ 854 ff BGB den Besitz nur für die Zwecke des Besitzschutzes, nicht auch des Eigentumserwerbs regeln.[302] Allzu großes Gewicht sollte man auf diese Aussage allerdings nicht legen: Der heutige § 870 BGB ist Beleg dafür, dass die Besitzregeln gerade auch mit Blick auf den Eigentumserwerb konzipiert wurden (o Rn 96). Sie können daher auf den Eigentumserwerb angewandt werden, soweit sie für ihn passen.[303] Entscheidend ist dabei stets allein der Eigenbesitz: Wer die Sache nicht als ihm gehörend besitzt, erwirbt auch kein Eigentum an ihr. Wie sogleich im Einzelnen ausgeführt wird, liegt eine Übergabe iSd § 929 S 1 BGB im Allgemeinen vor, wenn in gegenseitigen Einverständnis der Veräußerer den mittelbaren oder unmittelbaren Besitz verliert, der Erwerber den mittelbaren oder unmittelbaren Besitz erwirbt und dabei der Gewahrsam an der Sache wechselt.[304]

132 Das in aller Regel unbeachtet bleibende[305] Erfordernis eines Gewahrsamswechsels ergibt sich aus der Gesetzgebungsgeschichte,[306] die sich in den §§ 929–931 BGB deutlich genug niedergeschlagen hat. In allen anderen Fällen als dem des § 929 S 1 BGB wechselt der Gewahrsam nicht: Im Falle des § 929 S 2 BGB bleibt er beim Erwerber, im Falle des § 930 BGB beim Veräußerer und im Falle des § 931 BGB bei dem Dritten. Wenn § 929 S 1 BGB im Gegensatz dazu die Übergabe der Sache verlangt, dann bedeutet dies also, dass die Person, die sie in Händen hält, wechseln muss: Übergabe ist mithin grundsätzlich wörtlich zu nehmen. Daher liegt keine Übergabe iSd § 929 S 1

---

[301] Vgl bereits BAUER, in: FS Bosch (1976) 1, 11 ff. **Anders** ohne weitere Begründung MARTINEK AcP 188 (1988) 573, 580: Die „Vermutungsfunktion" der Übergabe sei mit deren „Rechtsscheinsfunktion" gekoppelt. Ähnlich SOERGEL/HENSSLER (Fn 15) Vor § 929 Rn 9, PRÜTTING (Fn 1) Rn 38 und WOLF JuS 1985, 941, 942: § 1006 sei eine Ausprägung des Publizitätsprinzips; entsprechend etwa auch MÜLLER/GRUBER (Fn 1) Rn 516; WIEGAND JuS 1974, 201, 206; ders JuS 1978, 145, 147. Die Vermutungen nach § 1006 hängt mit der Publizitätsfunktion indes nur mittelbar über den gutgläubigen Erwerb zusammen, dazu sogleich.

[302] MUDGAN III, 502. Vgl zur Gesetzgebungsgeschichte ERNST (Fn 37) 3 ff, der daraus weitreichende Folgerungen zieht.

[303] MünchKomm/OECHSLER (Fn 25) § 929 Rn 50 f; WIELING (Fn 1) § 9 I 2 pr.

[304] WIELING (Fn 1) § 9 I 2 a. Vorsichtiger mit Blick auf den Geheißerwerb (u Rn 134) STAUDINGER/WIEGAND (2017) § 929 Rn 65: Es müsse zu einer Begründung von Sachherrschaft auf Seiten des Erwerbers kommen, die eine eventuelle Sachherrschaft auf Seiten des Veräußerers vollkommen und endgültig ausschließt.

[305] Vgl etwa STAUDINGER/WIEGAND (2017) § 929 Rn 49; SOERGEL/HENSSLER (Fn 15) § 929 Rn 52; BAUR/STÜRNER (Fn 4) § 51 Rn 19; WELLENHOFER, Sachenrecht (32. Aufl 2017) § 7 Rn 7; andererseits aber auch – bezogen auf den Besitzwechsel – MARTINEK AcP 188 (1988) 573, 582 ff, 598.

[306] Dazu WIELING (Fn 1) § 9 I 2 a.

BGB vor, wenn zwar der unmittelbare Besitz wechselt, nicht aber der Gewahrsam, was bei Beteiligung eines Besitzdieners vorkommen kann: Die Veräußerung der Sache an den Besitzdiener erfolgt daher nach § 929 S 2 BGB;[307] soll der Veräußerer die Sache als Besitzdiener des Erwerbers behalten, ist dies ein Fall des § 930 BGB.[308] Erst recht liegt keine Übergabe vor, wenn nicht einmal der unmittelbare, sondern nur der mittelbare Besitz wechselt, wenn also der Veräußerer seinen Besitzmittler anweist, fortan dem Erwerber den Besitz zu mitteln, und dieser der Anweisung nachkommt: Die Übereignung erfolgt dann nicht nach § 929 S 1 BGB, sondern nach § 931 BGB.[309] Ein Gewahrsamswechsel ist lediglich dann obsolet, wenn an der Sache nur offener Besitz (Rn 37) besteht; für eine Übergabe genügt dann dessen Übertragung nach § 854 Abs 2 BGB. Die Notwendigkeit eines Gewahrsamswechsels und die soeben aus ihr gezogenen Folgerungen werden beim Erwerb vom Berechtigten im Ergebnis wegen §§ 929 S 1, 930, 931 BGB kaum relevant, wohl aber beim Erwerb vom Nichtberechtigten, denn dieser setzt in fast allen Fällen eine wirkliche Übergabe voraus (u Rn 152).

Für eine Übergabe iSd § 929 S 1 BGB ist ferner erforderlich, dass der Veräußerer jede Einwirkungsmöglichkeit auf die Sache, schon gar also jeden Besitz, restlos und – mit Blick auf § 856 Abs 2 BGB – dauerhaft aufgibt, sofern er sie zuvor hatte.[310] Daher wird etwa kein Alleineigentum erworben, wenn der Veräußerer Mitbesitz als Eigenbesitz behält.[311] Der Veräußerer muss die Sache allerdings nicht selbst in die Hand nehmen und dem Erwerber übergeben; es genügt, wenn dies auf seine Weisung hin sein Besitzdiener oder Besitzmittler tut. Stets aber muss der Besitzwechsel auf eine Veranlassung des Veräußerers zurückgehen und gerade zum Zwecke der Übereignung[312] erfolgt sein. Eine Übergabe iSd § 929 S 1 BGB liegt also nicht vor, wenn der Erwerber nach dem Willen des vermeintlichen Veräußerers nur Besitzdiener oder Fremdbesitzer werden sollte[313] oder wenn die Sache dem Erwerber gar ohne den Willen des vermeintlichen Veräußerers von dessen Besitzmittler oder Besitzdiener übergeben wurde. Auf der anderen Seite muss der Erwerber den Besitz an der Sache annehmen, jedoch muss dies wiederum nicht unbedingt unmittelbarer Besitz sein, den er selbst ausübt, so dass eine Übergabe an den Besitzdiener oder den Besitzmittler des Erwerbers genügt.[314]

---

[307] Wieling (Fn 1) § 9 I 2 b, II 1; Westermann/Westermann (Fn 1) § 38 Rn 8. **Anders** (§ 929 S 1 BGB) Staudinger/Wiegand (2017) § 929 Rn 49, 125; Baur/Stürner (Fn 4) § 51 Rn 14; Martinek AcP 188 (1988) 573, 584 f.

[308] Wieling (Fn 1) § 9 I 2 b, III 2 a. **Anders** (§ 929 S 1 BGB) Staudinger/Wiegand (2017) § 929 Rn 49; Soergel/Henssler (Fn 15) § 929 Rn 59; Baur/Stürner (Fn 4) § 51 Rn 14; Martinek AcP 188 (1988) 573, 584 f; Weber JuS 1998, 577, 579; wohl auch Westermann/Westermann (Fn 1) § 38 Rn 9.

[309] Wieling AcP 184 (1984) 439, 456, ders (Fn 2) § 9 I 2 c; Westermann/Westermann (Fn 1) § 38 Rn 9; Prütting (Fn 1) Rn 376; Martinek AcP 188 (1988) 573, 587 f. **Anders** (§ 929 S 1 BGB) BGH NJW-RR 2010, 983, 984; RGZ 103, 151, 153; Staudinger/Gutzeit (2018) § 870 Rn 13; MünchKomm/Oechsler (Fn 25) § 929 Rn 55, 66; Soergel/Henssler (Fn 15) § 929 Rn 55; Palandt/Herrler (Fn 45) § 929 Rn 16; Baur/Stürner (Fn 4) § 51 Rn 14.

[310] BGH NJW 1996, 2654, 2655; Staudinger/Wiegand (2017) § 929 Rn 65; MünchKomm/Oechsler (Fn 25) § 929 Rn 53; Soergel/Henssler (Fn 23) § 929 Rn 59; Wieling (Fn 1) § 9 I 2 d; Martinek AcP 188 (1988) 573, 591.

[311] BGH NJW 1979, 714, 715; Soergel/Henssler (Fn 15) § 929 Rn 54; Wieling (Fn 1) § 9 I 2 e; Westermann/Westermann (Fn 1) § 38 Rn 3; Prütting (Fn 1) Rn 376; Schreiber (Fn 40) Rn 157.

[312] Wolff/Raiser (Fn 17) § 66 II 4 Fn 27; Martinek AcP 188 (1988) 573, 582 f. Vom Standpunkt der herrschenden Meinung aus, die die Bindungswirkung der dinglichen Einigung verneint (o Rn 11), hat dieses Erfordernis kaum eigenständige Relevanz, vgl Staudinger/Wiegand (2017) § 929 Rn 88.

[313] Wieling (Fn 1) § 9 I 2 a.

[314] MünchKomm/Oechsler (Fn 25) § 929

Entgegen der ganz herrschenden Meinung kann sich der Erwerber nicht nur bei der dinglichen Einigung, sondern auch in dem für die Übergabe erforderlichen Besitzerwerb vertreten lassen (o Rn 106 ff).

134 Wie eben deutlich wurde, können auf Veräußerer- wie Erwerberseite in vielen Kombinationen Dritte in die Übergabe eingeschaltet sein, solange dabei nur die Person des Gewahrsamsinhabers wechselt. Die bislang genannten Varianten haben gemeinsam, dass die Sache – und sei es über Besitzdiener oder Besitzmittler – von der Besitzsphäre des Veräußerers in diejenige des Erwerbers gelangt. Dieser Besitzwechsel soll nach herrschender Meinung für eine Übergabe iSd § 929 S 1 BGB jedoch nicht schlechthin erforderlich sein; vielmehr soll auf Seiten des Veräußerers genügen, wenn auf sein Geheiß hin ein Dritter die Sache dem Erwerber übergibt, und auf Seiten des Erwerbers soll genügen, wenn die Sache auf dessen Geheiß einem Dritten übergeben wird, ohne dass diese Dritten Besitzdiener oder Besitzmittler der Parteien sein müssten.[315] Dieser sogenannte Geheißerwerb wird bei Streckengeschäften relevant:[316] V verkauft eine Sache an K, dieser verkauft sie weiter an D, und V soll direkt an D liefern. In einem solchen Fall ist es nicht interessengerecht, wenn das Eigentum durch die Lieferung direkt von V auf D übergeht, denn V will nur seinen Vertrag mit K erfüllen, also an diesen leisten und übereignen; dagegen weiß V nicht, ob D überhaupt Eigentümer werden soll, denn das ist eine Angelegenheit, die zwischen K und D zu klären ist. Also soll das Eigentum zunächst von V auf K übergehen, ohne dass dieser Besitz erwürbe,[317] und sodann, wenn K und D sich entsprechend einig sind, von K auf D. Noch weiter geht man bei einer Verlängerung der Veräußerungskette: Verkauft V an K, K an D1 und D1 an D2, und liefert V direkt an D2, kann V auch hier nicht wissen, wer in der Veräußerungskette Eigentümer werden soll, und er will daher nur an seinen Vertragspartner K, nicht aber unmittelbar an D2 übereignen. Aufgrund der Lieferung des V und vorheriger dinglicher Einigungen erwirbt also zunächst K und sodann jeder Käufer von seinem Verkäufer das Eigentum. Im Zuge dessen geht das Eigentum auch von K auf D1 über, ohne dass auch nur einer von ihnen jemals mittelbaren oder unmittelbaren Besitz an der Sache erworben hätte. Für die nach § 929 S 1 BGB erforderliche Übergabe genügt es, dass V als „Geheißperson" des Veräußerers K den Besitz auf D2 als „Geheißperson" des Erwerbers D1 überträgt. Erst hier zeigt sich eine vollständige Abkoppelung der Übergabe von der allgemeinen Besitzlehre (vgl Rn 131).

Rn 56; SOERGEL/HENSSLER (Fn 15) § 929 Rn 55 f; WIELING (Fn 1) § 9 I 2 b; PRÜTTING (Fn 1) Rn 376.
[315] BGH NJW 1999, 425; STAUDINGER/WIEGAND (2017) § 929 Rn 55, 98; MünchKomm/OECHSLER (Fn 25) § 929 Rn 54, 57, 67 ff; SOERGEL/HENSSLER (Fn 15) § 929 Rn 61 ff; WIELING (Fn 1) § 9 VIII b; WESTERMANN/WESTERMANN (Fn 1) § 38 Rn 5, 10; WILHELM (Fn 3) Rn 893 ff; WELLENHOFER (Fn 305) § 7 Rn 16 f; WADLE JZ 1974, 659, 693 f; eingehend MARTINEK AcP 188 (1988) 573, 599 ff. Für die Erwerberseite abweichend BAUR/STÜRNER (Fn 4) § 51 Rn 17 (sogleich Fn 317).

[316] Die rechtshistorische Keimzelle des Geheißerwerbs bildet ULPIAN-CELSUS D 24, 1, 3, 12: Ein Ehemann will das nach römischem Recht bestehende Verbot der Schenkung zwischen Ehegatten umgehen, indem er seinen Schuldner anweist, Geld an seine Frau zu zahlen. Das Schenkungsverbot greift und verhindert den Erwerb der Frau, doch wird der Schuldner frei und der Mann Eigentümer des Geldes. Vgl hierzu KLINCK (Fn 273) 300 ff.
[317] Nach BAUR/STÜRNER (Fn 4) § 51 Rn 17 mittelt in einer solchen Konstellation K dem V den Besitz, wenn er sich dessen Auslieferungsanweisung unterwirft.

dd) Traditio brevi manu, § 929 S 2

Ist der Erwerber bereits im Besitz der Sache, wird er gemäß § 929 S 2 BGB schon mit der bloßen dinglichen Einigung Eigentümer. Einer Übergabe bedarf es in diesem Fall nicht. Sie wäre ja auch nur möglich, wenn der Erwerber die Sache zuvor dem Veräußerer aushändigt, damit dieser sie ihm wieder zurückgeben kann. Dieses sinnlose Hin und Her haben schon die römischen Juristen vermieden;[318] der Ausdruck *brevi manu traditio* (Übergabe kurzer Hand) aber, der für die heute in § 929 S 2 BGB geregelte Übereignungsform üblich geworden ist, ist jünger.[319] § 929 S 2 BGB ist unabhängig davon anwendbar, ob der Erwerber zuvor nur Fremd- oder gar bereits Eigenbesitz an der Sache hatte, und über seinen Wortlaut hinaus auch dann, wenn er zuvor bloßer Besitzdiener des Veräußerers war.[320] Es genügt, wenn der Erwerber nur mittelbarer Besitzer ist.[321] Ob der Erwerber Besitz oder Gewahrsam vom Veräußerer erhalten hat, ist nur für den gutgläubigen Erwerb nach § 932 Abs 1 S 2 BGB relevant, nicht aber für den Erwerb vom Berechtigten nach § 929 S 2 BGB. Die Veräußerung besitzloser, also etwa verlorener Sachen fällt jedoch nicht unter § 929 S 2 BGB, auch nicht in dem Sinne, dass die dingliche Einigung antizipiert wird und das Eigentum an der Sache übergeht, wenn der Erwerber später den Besitz erhält.[322] Vielmehr wird das Eigentum an besitzlosen Sachen entsprechend § 931 BGB durch bloße dingliche Einigung übertragen, ohne dass es eines Besitzerwerbs bedürfte.[323]

ee) Übergabesurrogate, §§ 930, 931

Wie § 929 S 2 BGB ermöglichen es auch die Übereignungstatbestände der §§ 930, 931 BGB, eine Sache zu veräußern, ohne dass der unmittelbare Besitz an ihr wechselt. Ausweislich des Wortlauts („… so kann die Übergabe dadurch ersetzt werden, …") wird das Erfordernis der Übergabe hierfür aber anders als im Fall des § 929 S 2 BGB nicht vollständig aufgegeben, sondern durch Ersatzkonstruktionen, „Surrogate", ersetzt.

Soll der Veräußerer vorläufig im Besitz der veräußerten Sache bleiben, etwa um sie weiterhin zu nutzen, scheidet eine Übereignung nach § 929 S 1 BGB mangels Übergabe aus. Diese kann jedoch nach § 930 BGB dadurch ersetzt werden, dass der Veräußerer mit dem Erwerber ein Besitzmittlungsverhältnis iSd § 868 BGB begründet: Der Veräußerer beschließt, fortan für den Erwerber zu besitzen (Besitzkonstitut, zu den Voraussetzungen o Rn 89 ff). Einer Übereignung nach § 930 BGB steht nicht entgegen, dass der Veräußerer nur mittelbarer Besitzer der Sache ist; auch in diesem Fall kann er dem Erwerber den Besitz mitteln, er macht ihn dann zum mittelbaren Besitzer zweiter oder einer höheren Stufe. Eigentum geht in diesem Fall über, ohne dass der

---

[318] Ulpian D 6, 2, 9, 1. 2; Pomponius D 41, 1, 21, 1.
[319] Auch er aber geht auf die Quellen des klassischen römischen Rechts zurück, vgl Paulus D 23, 3, 43, 1.
[320] Soeben Rn 132.
[321] Staudinger/Wiegand (2017) § 929 Rn 123; Westermann/Westermann (Fn 1) § 38 Rn 16; Prütting (Fn 1) Rn 377.
[322] So aber Staudinger/Wiegand (2017) § 929 Rn 119 ff; Baur/Stürner (Fn 4) § 51 Rn 20; für möglich hält dies auch Westermann/Westermann (Fn 1) § 38 Rn 17. Wie hier dagegen Wieling (Fn 1) § 9 II 2 b; Wolff/Raiser (Fn 17) § 66 II.
[323] Soergel/Henssler (Fn 15) § 931 Rn 7; MünchKomm/Oechsler (Fn 25) § 931 Rn 11, 14; Wieling (Fn 1) § 9 IV 5; Heck (Fn 40) § 57 II. Erstaunlicherweise auch diejenigen, denen zufolge die Übereignung verlorener Sachen nach § 929 S 2 BGB unter der Bedingung des späteren Besitzerwerbs erfolgen (können) soll: Staudinger/Wiegand (2017) § 931 Rn 17; Westermann/Westermann (Fn 1) § 40 Rn 4; Baur/Stürner (Fn 4) § 51 Rn 37.

Erwerber den unmittelbaren Besitzer kennen oder diesem das Besitzmittlungsverhältnis zwischen Veräußerer und Erwerber bekannt sein müsste.[324]

138 Da die Begründung eines Besitzmittlungsverhältnisses keiner ausdrücklichen Abrede bedarf, ist oft zweifelhaft, ob es vorliegt und das Eigentum damit nach § 930 BGB bereits übergegangen ist oder noch nicht. Diese Frage ist durch Auslegung zu klären, für die das weitere Parteiverhalten und die Interessenlage ausschlaggebend sind. Dabei ist eine gewisse Zurückhaltung geboten; nähme man eine Übereignung nach § 930 BGB in jedem Fall an, wenn der Käufer die Sache noch beim Verkäufer belässt, würde man damit letztlich das Trennungsprinzip aufgeben.[325] Beim Spezieskauf soll Eigentum idR übergehen, wenn der Käufer die Sache bezahlt hat, weil dies der Interessenlage entspreche.[326]

139 Seine praktische Relevanz verdankt § 930 BGB vor allem der Sicherungsübereignung.[327] Hier entspricht es in besonderem Maße dem Parteiinteresse, dass die zu übereignende Sache im Besitz des veräußernden Schuldners (Sicherungsgebers) bleibt, damit dieser sie weiter nutzen kann; der Gläubiger (Sicherungsnehmer) soll die ihm übereignete Sache überhaupt nicht nutzen, sondern nur verwerten können, wenn der Schuldner die gesicherte Forderung nicht begleicht, und zurückübereignen müssen, wenn er dies tut. Auch Sachgesamtheiten können zur Sicherheit übereignet werden, wobei der Bestimmtheitsgrundsatz (o Rn 9) besondere Beachtung verdient. Möglich ist auch die Sicherungsübereignung einer Sachgesamtheit in ihrem wechselnden Bestand, etwa aller Waren, die sich in einem bestimmten Lager befinden („Raumsicherungsvertrag"). Dies wird verbreitet als „revolvierende" Globalsicherheit bezeichnet, was verwunderlich ist, denn *revolvere* bedeutet „zurückrollen".[328] Der Sicherheitenbestand kann sich in diesem Fall vermindern, weil der Sicherungsgeber die einzelnen Sachen trotz Übereignung (zunächst) weiterhin veräußern kann, kraft entsprechender Einwilligung des Sicherungsnehmers gemäß § 185 Abs 1 BGB. Der Bestand vermehrt sich jedoch wieder, wenn der Sicherungsnehmer neue Sachen erwirbt, die der Sicherungsübereignung unterfallen; für die Übereignung an den Sicherungsgeber nach § 930 BGB wird nicht nur die dingliche Einigung, sondern auch das Besitzkonstitut antizipiert.[329] Das Eigentum geht über, wenn der Sicherungsgeber den Besitz erhält oder, im Falle des verbreiteten „Raumsicherungsvertrags", wenn die Sache in den designierten Raum verbracht wird. Auch wenn der Eigentumserwerb des Sicherungsgebers mit demjenigen des Sicherungsnehmers äußerlich zusammenfallen kann, erwirbt der Sicherungsnehmer doch immer vom Sicherungsgeber: Das Eigentum geht mindestens für eine „logische Sekunde" durch diesen hindurch („Durchgangserwerb"),[330] fällt also etwa in die Insolvenzmasse, wenn über das Vermögen des Sicherungsgebers bereits das Insolvenzverfahren eröffnet wurde.

---

[324] Wieling (Fn 1) § 9 III 2 b bb.
[325] BeckOGK/Klinck § 930 Rn 10; Wieling (Fn 1) § 9 III 2 b; Wolff/Raiser (Fn 17) § 67 I 1; Prütting (Fn 1) Rn 380.
[326] Soergel/Henssler (Fn 15) § 930 Rn 23; Wieling (Fn 1) § 9 III 2 b; Wilhelm (Fn 3) Rn 905; Baur/Stürner (Fn 4) § 51 Rn 33.
[327] Zu dieser Herresthal, in: Staudinger/Eckpfeiler K. Rn 230 ff; eingehend Wieling (Fn 1) § 18.
[328] Wieling (Fn 1) § 18 II 3 c mit Fn 34.

[329] Zum antizipierten Besitzkonstitut o Rn 95.
[330] Staudinger/Wiegand (2017) § 930 Rn 33, Anh zu §§ 929 ff Rn 122; MünchKomm/Oechsler (Fn 25) § 930 Rn 27; Westermann/Westermann (Fn 15) § 39 Rn 13; Baur/Stürner (Fn 4) § 51 Rn 32; Weber JuS 1998, 577, 581. Ablehnend etwa Heck (Fn 40) § 57 VII; Ernst (Fn 37) 186; Marotzke AcP 191 (1991) 177, 187 ff; bezüglich der weiteren aus dem Durchgangserwerb gezogenen Folgerungen einschränkend Wieling (Fn 1) § 9 VII 4 b cc.

Der Übereignungstatbestand des § 931 BGB setzt voraus, dass unmittelbarer Besitzer **140** der Sache nicht eine der beiden Parteien, sondern ein Dritter ist, von dem der Veräußerer Herausgabe der Sache verlangen kann. Die Gesetzesverfasser wollten es dem Veräußerer mit § 931 BGB ermöglichen, die Sache in einem solchen Fall unabhängig vom Willen des unmittelbar besitzenden Dritten zu übereignen.[331] Die Übergabe wird daher dadurch ersetzt, dass der Veräußerer den gegen den Dritten gerichteten Herausgabeanspruch an den Erwerber abtritt, was nach § 398 BGB ohne dessen Mitwirkung möglich ist. Gegenstand der Abtretung kann ein Herausgabeanspruch aus dem Besitzmittlungsverhältnis zwischen Veräußerer und Drittem sein, wenn ein solches besteht, aber etwa auch ein Anspruch des Veräußerers aus §§ 823 Abs 1, 2, 249 BGB oder § 812 BGB; auf die Durchsetzbarkeit des Anspruchs kommt es nicht an.[332] Die Abtretung des Anspruchs nach § 985, der aus dem Eigentum selbst folgt, ist dagegen nicht möglich, denn dieser ist an das Eigentum gebunden und geht im Falle einer Übereignung unter, um in der Person des Erwerbers neu zu entstehen.[333] Hat der Veräußerer nur einen Herausgabeanspruch nach § 985 BGB, genügt für eine Übereignung nach § 931 BGB die bloße dingliche Einigung.[334] Die Abtretung kann formlos erfolgen; ob sie und damit der Eigentumsübergang gewollt war, ist wie beim Besitzkonstitut nach § 930 BGB (o Rn 138) eine Auslegungsfrage, die nach der Interessenlage zu beantworten ist. So ist etwa eine Abtretung des Herausgabeanspruchs und damit eine Übereignung nach § 931 BGB anzunehmen, wenn der Verkäufer eines Pkw, der sich im Besitz eines Dritten befindet, den Kfz-Brief übersendet.[335]

Es ist Aufgabe des § 870 BGB, auch bei einer nach § 931 BGB erfolgenden Übereig- **141** nung Besitz- und Eigentumsübergang aneinander zu koppeln (Rn 96): Mit der Abtretung des Herausgabeanspruchs, die gemäß § 931 BGB zum Eigentumsübergang führt, geht auch der mittelbare Besitz des Veräußerers über. Im Falle des § 931 BGB folgt der Eigentumserwerb also nicht etwa aus dem Besitzerwerb; vielmehr ist umgekehrt der Besitzerwerb, wenn er denn eintritt, eine Nebenfolge des Tatbestands der Eigentumsübertragung. § 870 BGB kann den Gleichlauf von Besitz- und Eigentumsübergang jedoch nicht für alle Fälle garantieren, denn mittelbarer Besitz setzt vor allem einen Besitzmittlungswillen des Dritten voraus (Rn 89, 92). Fehlt dieser, etwa wenn der Dritte die Sache dem Veräußerer gestohlen hatte, hatte schon der Veräußerer keinen mittelbaren Besitz, der gemäß § 870 BGB mit der Abtretung des Herausgabeanspruchs auf den Erwerber übergehen könnte. Der Erwerber erhält dann Eigentum ohne Besitz. Nach dem Willen der Gesetzesverfasser ist § 931 BGB nicht als abschließende Regelung zu verstehen; vielmehr bleibt es dem mittelbar besitzenden Veräußerer unbenommen, den mittelbaren Besitz und mit ihm gegebenenfalls das Eigentum auf andere Weise als nach § 870 BGB zu übertragen, nämlich durch Besitzanweisung

---

[331] MUGDAN III, 627 f (Zweite Kommission).
[332] STAUDINGER/WIEGAND (2017) § 931 Rn 12; SOERGEL/HENSSLER (Fn 15) § 931 Rn 8 ff; MünchKomm/OECHSLER (Fn 25) § 931 Rn 15 f.
[333] STAUDINGER/WIEGAND (2017) § 931 Rn 15, 18; SOERGEL/HENSSLER (Fn 15) § 931 Rn 8; WIELING (Fn 1) § 9 IV 2 a; WESTERMANN/WESTERMANN (Fn 1) § 40 Rn 5; E WOLF (Fn 40) § 5 A VII c 4; PRÜTTING (Fn 1) Rn 382; WEBER JuS 1998, 577, 582. **AA** WILHELM (Fn 3) Rn 914.
[334] STAUDINGER/WIEGAND (2017) § 931 Rn 16; MünchKomm/OECHSLER (Fn 25) § 931 Rn 11;

SOERGEL/HENSSLER (Fn 15) § 931 Rn 7; WOLFF/RAISER (Fn 17) § 67 II 2; WESTERMANN/WESTERMANN (Fn 1) § 40 Rn 7. Teils wird in dieser Einigung auch die Abtretung des Anspruchs aus § 985 BGB gesehen, die in diesem Fall also offenbar möglich sein soll: WIELING (Fn 1) § IV 4; BAUR/STÜRNER (Fn 4) § 51 Rn 37.
[335] STAUDINGER/WIEGAND (2017) § 931 Rn 21, 44; OLG Saarbrücken NJW-RR 1998, 1068; WIELING (Fn 1) § 9 IV 2 b. Zahlreiche Bspe aus der Rspr bei SOERGEL/HENSSLER (Fn 15) § 931 Rn 13 f.

an den mittelbaren Besitzer.³³⁶ Dieses Übergabesurrogat entspricht dem des § 931 BGB, so dass sich der gutgläubige Erwerb ebenfalls nach § 934 BGB richtet.³³⁷

c) **Verfügungsbefugnis**

142 Dass eine Übereignung nach §§ 929–931 BGB grundsätzlich nur wirksam ist, wenn die Veräußerung durch den Eigentümer erfolgt, setzten die Gesetzesverfasser als selbstverständlich voraus; diese unbestrittene Regel lässt sich sowohl der Formulierung des § 929 S 1 BGB („der Eigentümer") als auch einem Umkehrschluss aus § 932 Abs 1 BGB entnehmen. Bei genauerer Betrachtung ist die Wirksamkeit einer Übereignung nach §§ 929–931 BGB allerdings – trotz des Wortlauts der §§ 929 S 1 BGB, 932 Abs 1 BGB – nicht an das Eigentum des Veräußerers als solches geknüpft, sondern an seine Verfügungsbefugnis.³³⁸ Wie § 903 BGB andeutet, folgt diese zwar grundsätzlich aus dem Eigentum, fällt aber nicht immer mit ihm zusammen. So kann auch ein Nichteigentümer verfügungsbefugt sein und nach §§ 929–931 BGB das Eigentum an einer Sache in eigenem Namen auf einen anderen übertragen. Das ist der Fall, wenn ihm der Eigentümer die Verfügungsbefugnis rechtsgeschäftlich erteilt hat, indem er gemäß § 185 Abs 1 BGB in die Übereignung einwilligte, oder wenn die Verfügungsbefugnis kraft Gesetzes auf ihn übergegangen ist: Der Insolvenzverwalter beispielsweise kann gemäß § 80 Abs 1 InsO über alle Gegenstände verfügen, die zur Insolvenzmasse (§§ 35 f InsO) gehören. Umgekehrt kann dem Eigentümer einer Sache die Befugnis fehlen, wirksam über sie zu verfügen, so dass eine nach §§ 929–931 BGB erfolgte Übereignung unwirksam ist: Das gilt in Umkehrung des eben genannten Beispiels für den Insolvenzschuldner bezüglich der in die Insolvenzmasse fallenden Sachen, gemäß § 1369 BGB aber etwa auch für den einzelnen im gesetzlichen Güterstand lebenden Ehegatten bezüglich des Hausrats.

143 Die Verfügungsberechtigung muss in dem Zeitpunkt vorliegen, in dem die Verfügung wirksam werden soll, also ihr letztes Tatbestandsmerkmal erfüllt wird. Folgt die Übergabe oder das Übergabesurrogat der dinglichen Einigung nach, kommt es also auf den Zeitpunkt der Übergabe oder der Vornahme des Surrogats an.³³⁹ Ist die Einigung aufschiebend bedingt, muss die Verfügungsbefugnis des Veräußerers allerdings, dem Rechtsgedanken des § 161 BGB entsprechend, nicht auch noch bei Eintritt der Bedingung vorliegen.³⁴⁰

144 Fehlt es an der Verfügungsberechtigung des Veräußerers, kommt ein gutgläubiger Erwerb nach §§ 932 ff BGB in Betracht (dazu sogleich Rn 145 f). Liegen auch dessen Voraussetzungen nicht vor, wird die Übereignung nach § 185 Abs 2 S 1 BGB gleichwohl wirksam, wenn der Berechtigte³⁴¹ sie genehmigt, der Veräußerer das Eigentum an

---

³³⁶ MUGDAN III, 629 (Zweite Kommission). Unzutreffend daher STAUDINGER/WIEGAND (2017) § 931 Rn 1 f (man habe die Figur der Besitzanweisung aufgegeben und die Abtretung des Herausgabeanspruchs an ihre Stelle gesetzt). Zur Besitzanweisung Rn 96.
³³⁷ WIELING (Fn 1) § 9 IV 3. **Anders** (§ 929 S 1 BGB) offenbar BGH NJW-RR 2010, 983, 984.
³³⁸ Hierzu nun ausf SCHREIBER Jura 2010, 599 ff.
³³⁹ SOERGEL/HENSSLER (Fn 15) § 929 Rn 14; WIELING (Fn 1) § 9 I 1 c Fn 32; § 9 I 2 a.
³⁴⁰ Anders liegt dies jedoch, wenn die Übereignung nach § 930 erfolgt, weil der Veräußerer bis zum Eintritt der Bedingung im Zweifel für sich besitzen will, der Erwerber also erst mit Bedingungseintritt den mittelbaren Besitz erlangt und daher der Erwerbstatbestand als solcher erst mit Bedingungseintritt erfüllt wird. Daher muss der Veräußerer noch in diesem Zeitpunkt verfügungsbefugt sein, WIELING (Fn 1) § 9 III 2 b cc.
³⁴¹ Zur Frage, ob es für die Berechtigung auf den Zeitpunkt der Veräußerung oder den der Genehmigung ankommt vgl (gegen die hM im

d) Erwerb vom Nichtberechtigten

Das germanische Recht kannte nur eine Art von dinglicher Berechtigung: die *gewere*. **145** Sie fiel bei beweglichen Sachen mit der Sachherrschaft zusammen, ging mit dieser also auch verloren.[342] Wurde die *gewere* ihrem Inhaber entzogen, konnte er die Sache aus verlorener *gewere* von jedem Dritten herausverlangen. Hatte der Inhaber der *gewere* die Sache aber freiwillig aus der Hand gegeben, etwa um sie zu vermieten, ging die *gewere* damit ersatzlos unter. Veräußerte der Mieter nun die Sache, konnte der frühere Inhaber der *gewere* nicht gegen den Erwerber vorgehen, sondern musste sich an denjenigen halten, dem er die Sache gegeben hatte: „Hand wahre Hand!" oder „Wo Du Deinen Glauben gelassen hast, da sollst Du ihn suchen!". Im entwickelten römischen Recht dagegen galt das Vindikationsprinzip: Die dingliche Berechtigung an der Sache ging auch mit einer freiwilligen Aufgabe der Sachherrschaft nicht verloren, sie konnte gegenüber jedem Dritten geltend gemacht werden; der Eigentümer konnte die Sache grundsätzlich von jedem herausverlangen, der sie hatte. Dieser wesentliche Fortschritt für den Eigentumsschutz barg eine Gefahr für den Rechtsverkehr in sich, denn niemand konnte ganz sicher sein, die Sache vom Eigentümer und damit auch das Eigentum an ihr erworben zu haben. Jeder, der eine Sache von einem anderen erworben hatte, musste daher damit rechnen, dass ihn später der wahre Eigentümer auf Herausgabe verklagte. Um den Bedürfnissen des Warenverkehrs Rechnung zu tragen, wurde diese Klagemöglichkeit eingeschränkt: Schon die XII Tafeln enthielten (mittelbar) den Rechtssatz, dass nicht mehr erfolgreich auf Herausgabe verklagt werden konnte, wer die Sache ein Jahr, bei Grundstücken zwei Jahre lang besessen hatte;[343] damit war das Rechtsinstitut der Ersitzung geschaffen. Die Ersitzung gestohlener und unterschlagener Sachen aber war ausgeschlossen: Ihr Eigentümer konnte die Sache „ewig" herausverlangen.

Die Schöpfer des BGB[344] folgten der römischen Vorstellung vom Eigentum als einem **146** dinglichen Recht, das auch die freiwillige Weggabe der Sache überdauert, gingen mit dem Verkehrsschutz aber weiter als das römische Recht, indem sie nicht nur eine Ersitzung, sondern vor allem einen sofortigen Erwerb vom Nichtberechtigten ermöglichten.[345] Sie drängten damit die Bestandsinteressen des Eigentümers noch weiter zurück, versuchten jedoch auch, einen Ausgleich zwischen ihnen und den Verkehrsschutzinteressen zu schaffen. Der Erwerb vom Nichtberechtigten tritt nach ihrer Konzeption nur ein, wenn der Erwerber auf die Berechtigung des Veräußerers vertrauen

---

erstgenannten Sinne) FINKENAUER AcP 203 (2003) 282, 297 ff.

[342] Hierzu und zum Folgenden WIELING (Fn 1) § 10 I 2; OLZEN Jura 1990, 505, 506 ff.

[343] XII tab 6, 3 *Usus auctoritas fundi biennium, ceterarum rerum anno esto*. „Die Gewährschaft des Verkäufers soll bei Grundstücken zwei Jahre, bei anderen Sachen ein Jahr dauern". Der Verkäufer haftete seinem Käufer für den Fall, dass ein Dritter den Käufer später erfolgreich auf Herausgabe verklagte; diese Haftung erlosch aber in der genannten Zeit, weil der Käufer dann nicht mehr erfolgreich verklagt werden konnte. Die weiteren Voraussetzungen der Ersitzung (guter Glaube, Erwerbstitel) bildeten sich erst später aus; vgl zu alledem KASER (Fn 38) § 101; KASER/KNÜTEL/LOHSSE (Fn 36) § 25.

[344] Zur Gesetzgebungsgeschichte Münch-Komm/OECHSLER (Fn 25) § 932 Rn 1 ff; SCHUBERT (Fn 43) 149 ff, 157 ff, 165 ff; zur Geschichte des gutgläubigen Erwerbs OLZEN Jura 1990, 505 ff.

[345] STAGL AcP 211 (2011) 530 ff deutet §§ 932 ff BGB vor ihrem historischen Hintergrund als „sofortige Ersitzung".

durfte (sogleich Rn 147 ff), und dieses Vertrauen wird an die Besitzverschaffungsmacht des Veräußerers geknüpft (u Rn 151 ff). Voraussetzungen des Vertrauensschutzes und der damit einhergehenden Belastung des Eigentümers sollte zudem stets sein, dass es dem Eigentümer zuzurechnen ist, dass der Vertrauensschutz überhaupt nötig wurde, dass nämlich Recht (Eigentum) und Rechtsschein (Besitz) auseinandergefallen sind. Daher schloss man den Erwerb vom Nichtberechtigten nach Maßgabe des § 935 BGB aus, wenn der Eigentümer den Besitz unfreiwillig verloren hat, oder, positiv gewendet, er sollte nur möglich sein, wenn der Eigentümer den Besitz freiwillig aus der Hand gegeben hat (u Rn 154 ff). Wer dies tut, läuft nun Gefahr, sein Eigentum zu verlieren; er ist in diesem Fall wie im germanischen Recht im Wesentlichen auf Ersatzansprüche gegen denjenigen verwiesen, dem er den Besitz anvertraut hat (u Rn 158 ff).

aa) Guter Glaube und Verkehrsschutz

147 Gemäß § 932 Abs 1 S 1 BGB wird der Erwerber durch eine nach § 929 BGB erfolgte Veräußerung auch dann Eigentümer, wenn die Sache dem Veräußerer nicht gehörte. Voraussetzung für diesen Erwerb vom Nichtberechtigten ist, dass der Erwerber zu dem Zeitpunkt, in dem er das Eigentum erworben hätte, in gutem Glauben war; nach der Formulierung des § 932 Abs 1 S 1 BGB („…, es sei denn, …") wird der gute Glaube allerdings vermutet. Nicht der Erwerber muss seinen guten Glauben beweisen, sondern wer seinen Erwerb bestreitet, muss darlegen und beweisen, dass der Erwerber nicht in gutem Glauben war.

148 Bezugspunkt des guten Glaubens ist allein das Eigentum.[346] Wer also weiß, dass der Veräußerer nicht der Eigentümer ist, aber glaubte, er sei dennoch verfügungsbefugt, kann das Eigentum grundsätzlich nicht nach §§ 932 ff BGB erwerben; ebenso wenig derjenige, der vom Eigentümer erworben hat und ohne grobe Fahrlässigkeit nicht wusste, dass dieser über die Sache ausnahmsweise nicht verfügen durfte. Diese einschränkende Ausrichtung des Gutglaubensschutzes folgt zwar schon aus dem Wortlaut des § 932 Abs 2 BGB, doch wäre dieser allein kein restlos überzeugendes Argument, denn es wäre nur konsequent, ihn insoweit wie den des § 932 Abs 1 S 1 BGB berichtigend auszulegen: Wenn der Erwerb nach §§ 929–931 BGB entgegen § 932 Abs 1 S 1 BGB nicht am fehlenden Eigentum des Veräußerers als solchem scheitert, sondern nur an der fehlenden Verfügungsbefugnis, müsste man den guten Glauben des Erwerbers konsequenterweise auch nicht auf das Eigentum des Veräußerers als solches beziehen, sondern auf seine Verfügungsbefugnis. Dass der gute Glaube an die Verfügungsbefugnis grundsätzlich aber eben nicht geschützt ist, folgt vor allem aus einem Gegenschluss zu Normen, die den Gutglaubensschutz ausnahmsweise auf die Verfügungsbefugnis des Veräußerers erweitern: namentlich etwa § 135 Abs 2 BGB für den Fall, dass die Verfügung des Rechtsinhabers gegen ein gesetzliches Veräußerungsverbot verstößt, und vor allem § 366 HGB für Veräußerungen, die ein Kaufmann im Betriebe seines Handelsgeschäftes vornimmt. Solche Vorschriften wären überflüssig, wenn der gute Glaube an die Verfügungsbefugnis des Veräußerers ohnehin schon nach §§ 932–934 BGB geschützt würde. §§ 932 ff BGB greifen jedoch unmittelbar ein, wenn der Erwerber zwar nicht an das Eigentum des Veräußerers glaubt, aber an dasjenige eines Dritten, der die Sache besitzt und der Verfügung nach § 185 Abs 1, 2 S 1 BGB zustimmt,[347]

---

[346] SOERGEL/HENSSLER (Fn 15) § 932 Rn 32; ERMAN/BAYER (Fn 39) Vor §§ 932–936 Rn 2; WIELING (Fn 1) § 10 III 2 a; BAUR/STÜRNER (Fn 4) § 52 Rn 29; MÜLLER/GRUBER (Fn 1) Rn 1435.

[347] PALANDT/HERRLER (Fn 45) § 932 Rn 8; WIELING (Fn 1) § 10 III 2 a; HECK (Fn 40) § 58

denn auch in diesem Fall ist Gegenstand seines guten Glaubens das Eigentum, nämlich des Zustimmenden. Ob dieser selbst verfügt oder einer Verfügung nur zustimmt, kann keinen Unterschied machen.

§ 932 Abs 2 BGB legt fest, wann der Erwerber nicht in gutem Glauben ist: wenn er weiß, dass der Veräußerer nicht der Eigentümer der Sache ist, oder wenn er dies aus grober Fahrlässigkeit nicht weiß. Da gemäß § 276 Abs 2 BGB fahrlässig handelt, wer die im Verkehr erforderliche Sorgfalt außer Acht lässt, folgt aus § 932 Abs 2 BGB, dass den Erwerber in Bezug auf seine Kenntnis von der Eigentumslage Sorgfaltspflichten^348 treffen. Diese können kaum einen anderen Inhalt haben, als unter gewissen Umständen Nachforschungen darüber anzustellen, ob der Veräußerer wirklich Eigentümer ist.[349] Genau dies wollten die Gesetzesverfasser auch zum Ausdruck bringen: Anders als im Immobilienrecht werde dem Erwerber eine gewisse Nachforschungspflicht auferlegt, weil der Besitz nur einen weit unsichereren Schluss auf den Rechtsstand zulasse als das Grundbuch.[350] Der Erwerber muss allerdings nicht in jedem Fall Nachforschungen anstellen, noch nicht einmal dann, wenn die Umstände seines Erwerbs einen Verdacht begründen, dem nachzugehen der Verkehr für erforderlich halten würde. Denn ihm schadet nicht schon einfache, sondern nur grobe Fahrlässigkeit. „Grob fahrlässig handelt, wer die im Verkehr erforderliche Sorgfalt nach den gesamten Umständen in ungewöhnlich hohem Maße verletzt und unbeachtet lässt, was im gegebenen Fall jedem hätte einleuchten müssen.[351] Im Gegensatz zur einfachen Fahrlässigkeit muss es sich bei einem grob fahrlässigen Verhalten um ein auch in subjektiver Hinsicht unentschuldbares Fehlverhalten handeln, das ein gewöhnliches Maß erheblich übersteigt."[352] Dass dem Erwerber das fehlende Eigentum des Veräußerers aus grober Fahrlässigkeit unbekannt geblieben ist, kann man ihm also nur vorwerfen, wenn er (1) einem Verdacht nicht nachgegangen ist, der jedem hätte auffallen müssen, und dies (2) auch subjektiv, also in der konkreten persönlichen Situation des Erwerbers mit seinen Erkenntnis- und Verhaltensmöglichkeiten, unentschuldbar war. Ob und welche Nachforschungen nötig sind, um dem Vorwurf grober Fahrlässigkeit zu entgehen, hängt natürlich von den Umständen des Erwerbs ab.[353] So wird sich ein Mensch von gewöhnlicher Einsichtsfähigkeit grobe Fahrlässigkeit vorwerfen lassen müssen, wenn er ohne weitere Nachforschungen in einem Lokal am Münchener Hauptbahnhof weit unter Wert eine 230 Jahre alte Gragnani-Geige erwirbt,[354] nicht aber, wenn er dieselbe Geige im Geschäft eines Fachhändlers erwirbt. Sehr streng ist die Rspr bei gebrauchten Pkw: Diese sollen *a priori* nur dann vom Nichtberechtigten

---

II 2; WESTERMANN/GURSKY (Fn 1) § 46 Rn 5; MÜLLER/GRUBER (Fn 1) Rn 1437 f.
[348] Entgegen STAUDINGER/WIEGAND (2017) § 932 Rn 43 handelt es sich nicht um bloße Obliegenheiten, deren Verletzung allein den Erwerber beträfe, sondern um echte Rechtspflichten, nämlich solche gegenüber dem wahren Eigentümer, deren grob fahrlässige oder vorsätzliche Verletzung einen Schadensersatzanspruch etwa aus § 823 Abs 1 BGB auslösen kann.
[349] Hierzu eingehend STAUDINGER/WIEGAND (2017) § 932 Rn 55 ff.
[350] MUGDAN III, 192 (Erste Kommission).
[351] Vgl schon ULPIAN D 50, 16, 213, 2 *Lata culpa est nimia neglegentia, id est non intellegere quod omnes intellegunt.*
[352] BGH NJW 2003, 1118, 1119. Entsprechend STAUDINGER/CASPERS (2014) § 276 Rn 93.
[353] Bspe bei BeckOGK/KLINCK § 932 Rn 45. 1–4. In diesem Sinne kann man von einer „Interdependenz von Rechtsscheintatbestand und Vertrauen" sprechen: STAUDINGER/WIEGAND (2017) Vorbem 9 zu §§ 932 ff, § 932 Rn 37; eingehend ders JuS 1974, 201, 207 f. Ablehnend („der Sachlogik widersprechend") aber BAUER, in: FS Bosch (1976) 1, 18.
[354] OLG München NJW 2003, 673. Zu den Anforderungen im internationalen Kunsthandel ANTON JR 2010, 415, 418 ff.

erworben werden können, wenn der Erwerber sich den Kfz-Brief (jetzt: „Zulassungsbescheinigung Teil II") vorlegen ließ; der bloße Besitz am Pkw begründe ohne Vorlage des Kfz-Briefs schon keinen Rechtsschein für das Eigentum des Veräußerers![355]

150 Dass der wahre Eigentümer durch Verfügung eines Nichtberechtigten sein Eigentum verlieren kann, wird allein zu dem Zweck zugelassen, das Vertrauen des Rechtsverkehrs in das Eigentum des besitzenden Veräußerers zu schützen. Ist der Rechtsverkehr nicht im Spiel, weil Veräußerer und Erwerber identisch sind, ist Vertrauensschutz fehl am Platz, und die Eigentümerinteressen gehen vor: §§ 932 ff BGB sind nur auf „Verkehrsgeschäfte" anwendbar.[356] Ein Verkehrsgeschäft liegt jedenfalls immer vor, wenn auf Erwerberseite mindestens eine Person auftritt, die nicht zugleich Veräußerer ist.[357] Im Übrigen bestimmt sich nach wirtschaftlichen Gesichtspunkten und nicht nach der juristischen Personenlehre, ob Veräußerer und Erwerber identisch sind. So liegt namentlich dann kein Verkehrsgeschäft vor, wenn eine GmbH eine Sache an ihren Alleingesellschafter übereignet,[358] ferner nicht, wenn im Zuge der Auseinandersetzung einer Gesellschaft oder Gemeinschaft Eigentum übertragen werden soll.[359]

bb) Besitzerwerb

151 Wie eben dargestellt, darf sich der Erwerber in hohem Maße auf die Behauptung des Veräußerers verlassen, dass er Eigentümer der Sache sei. Voraussetzung und Grund für diesen Vertrauensschutz ist der Besitz des Veräußerers,[360] genauer: Die Macht des Veräußerers, einer Person seiner Wahl den Besitz zu verschaffen.[361] Hier zeigt sich die Publizitätsfunktion des Besitzes: Die tatsächliche Sachherrschaft kündet von der rechtlichen; die Behauptung, als Eigentümer rechtlich über die Sache verfügen zu können, wird durch die Verfügungsgewalt über den Besitz bestätigt. Der Schutz des Vertrauens in diese Legitimation reicht wesentlich weiter als die Vermutungen nach § 1006 BGB, denn es darf nicht nur vom Besitz- auf den Eigentumserwerb geschlossen werden, sondern vom gegenwärtigen Besitz auf gegenwärtiges Eigentum. Natürlich lässt sich

---

[355] BGH NJW 1996, 2226, 2227; vgl auch SOERGEL/HENSSLER (Fn 15) § 932 Rn 42. Nach anderer Ansicht soll der Erwerber, der bei Nichtvorlage des Kfz-Briefs keine Nachforschungen anstellt, idR grob fahrlässig sein, so etwa STAUDINGER/WIEGAND (2017) § 932 Rn 140 ff; STAUDINGER/CASPERS (2014) § 276 Rn 103; FRAHM/WÜRDINGER JuS 2008, 14, 16. Einschränkend und differenzierend WIELING (Fn 1) § 10 III 3 e, dort (§ 10 III 4 c) auch zu der umstrittenen Frage, ob dem Erwerber, der sich den Kfz-Brief nicht vorlegen lässt, auch dann grobe Fahrlässigkeit vorzuwerfen ist, wenn ihm der Veräußerer einen unerkennbar gefälschten Brief hätte vorlegen können. Zu alledem nun auch eingehend BeckOGK/KLINCK § 932 Rn 43, 47 ff.

[356] Eingehend STAUDINGER/GURSKY (2013) § 892 Rn 96 ff; MünchKomm/KOHLER (Fn 25) § 892 Rn 33 ff; WIELING (Fn 1) § 10 II 1 b.

[357] BGH NJW 2007, 3204, 3205; STAUDINGER/GURSKY (2013) § 892 Rn 100, 102; SOERGEL/HENSSLER (Fn 15) § 932 Rn 7.

[358] STAUDINGER/GURSKY (2013) § 892 Rn 107; WIELING (Fn 1) § 10 II 1 b.

[359] MünchKomm/KOHLER (Fn 25) § 892 Rn 34; WIELING (Fn 1) § 10 II 1 b. – Dagegen ist nach hM ein gutgläubiger Erwerb möglich, wenn ein Miteigentümer seinen Anteil an einen anderen Miteigentümer veräußert, vgl BGH NJW 2007, 3204, 3205 f = JuS 2008, 276 ff (K SCHMIDT) mit ausf Darstellung des Streitstands.

[360] BGHZ 56, 123, 128; ZERANSKI JuS 2002, 340, 341.

[361] STAUDINGER/WIEGAND (2017) Vorbem 12 ff zu §§ 932 ff; MünchKomm/OECHSLER (Fn 25) § 932 Rn 6; WIELING (Fn 1) § 10 IV 1 a; HECK (Fn 40) § 59. 2; MÜLLER/GRUBER (Fn 1) Rn 14312; QUANTZ, Besitz und Publizität im Recht der beweglichen Sachen (2005) 232 ff, 243; HAGER (Fn 8) 245 ff; MARTINEK AcP 188 (1988) 573, 629 f. Grundsätzlich ablehnend zur „Rechtsschein-Lehre" ERNST, in: FS Gitter (1995) 95 ff, und nun auch STAGL AcP 211 (2011) 530, 540 ff.

darüber streiten, ob dieser Schluss berechtigt und das Vertrauen in ihn schützenswert ist, denn bekanntlich fallen Besitz und Eigentum sehr häufig auseinander: Mieter, Entleiher, Pächter, Leasingnehmer, Verwahrer, Pfandgläubiger sind Besitzer, ohne Eigentümer zu sein.[362] Es ist aber niemals der bloße Besitz und schon gar nicht der Fremdbesitz, der den Rechtsschein für das Eigentum auslöst, sondern die – gegebenenfalls stillschweigende – Behauptung des besitzenden Veräußerers, Eigentümer zu sein:[363] Der Veräußerer muss als Eigenbesitzer auftreten. Dieses Auftreten des Veräußerers ist ein wesentliches Element des Rechtsscheins, denn der Verkehr darf allgemein darauf vertrauen, dass sich die anderen Verkehrsteilnehmer redlich verhalten.[364] Die Macht, über den Besitz zu disponieren, hat für den gutgläubigen Erwerb letztlich nur die Funktion, die Glaubwürdigkeit der Eigentumsbehauptung des Veräußerers, die man sonst als großtuerisches Geschwätz abtun könnte, zu stützen.

Dass der Besitz die Grundlage des Vertrauensschutzes ist, den der gutgläubige Erwerb **152** gewährt, bedeutet nicht etwa, dass Besitz oder Besitzverschaffungsmacht des Veräußerers als solche selbständige Voraussetzungen des gutgläubigen Erwerbs wären. Entscheidend sind vielmehr allein die Voraussetzungen, die §§ 932–934 BGB für den gutgläubigen Erwerb aufstellen. Schon auf den ersten Blick ist erkennbar, dass für den Erwerb vom Nichtberechtigten das Übergabeprinzip verschärft wird. Bei genauerem Hinsehen zeigen sich zwei Prinzipien. Erforderlich ist zunächst, dass der Erwerber den Besitz erhält, und zwar vom Veräußerer (vgl § 932 Abs 1 S 2 BGB), denn nur dann kann er sich auf das Wort des Veräußerers verlassen, dass dieser Eigentümer sei. Daher kann das Eigentum nicht ohne Weiteres nach §§ 929 S 1, 932 Abs 1 S 1 BGB übergehen, wenn der Erwerber Besitzdiener des Veräußerers war (o Rn 130); vielmehr gilt § 932 Abs 1 S 2 BGB entsprechend: Der Erwerber muss den Gewahrsam vom Veräußerer erhalten haben. Ausweislich § 934 BGB ist es hinreichend, aber auch erforderlich, dass der Erwerber wenigstens den mittelbaren Besitz erhält;[365] dies gilt gemäß § 930 BGB nur dann nicht, wenn gerade der Veräußerer ihm den Besitz mittelt. Der Grund hierfür liegt in einem zweiten Erfordernis: Der Veräußerer muss jede Herrschaftsbeziehung zur Sache, falls er eine solche innehatte, aufgeben.[366] Diese Voraussetzung des Erwerbs vom Nichtberechtigten lässt sich auf das Bestreben zurückführen, die Bestandsinteressen des Eigentümers mit den Erwerbsinteressen des Rechtsverkehrs auszugleichen. Oftmals hat der Veräußerer die Sache vom Eigentümer erhalten, dem er bislang den Besitz mittelt, andernfalls würde der gutgläubige Erwerb idR schon an § 935 Abs 1 BGB scheitern. Veräußert der Besitzmittler die Sache nun an einen Dritten, dem er aber ebenfalls nur den Besitz mittelt, so ist dessen Vertrauen in die Rechtschaffenheit des Veräußerers nicht höher zu bewerten als das des Eigentü-

---

[362] Vgl STAUDINGER/WIEGAND (2017) Vorbem 29 zu §§ 932 ff; ders JuS 1974, 201, 206; REBE AcP 173 (1973) 186, 193; BAUER, in: FS Bosch (1976) 1, 5 f, 18; ERNST, in: FS Gitter (1995) 95, 101; NEUNER JuS 2007, 401, 404; STAGL AcP 211 (2011) 530, 540.
[363] WIELING (Fn 1) § 10 I 7 a.
[364] *Quisquis praesumitur bonus, donec probetur contrarium*; vgl dazu LIEBS, Lateinische Rechtsregeln und Rechtssprichwörter (7. Aufl 2007) Q 53.
[365] Auch diejenigen, die entgegen der hier vertretenen Ansicht (Rn 94) die Figur eines mittelbaren Nebenbesitzes akzeptieren, lassen diesen für einen Erwerb vom Nichtberechtigten nicht ausreichen, wenn der Eigentümer Nebenbesitz behält, vgl nur WIELING (Fn 1) § 10 IV 4 d mwNw, anders aber MICHALSKI AcP 181 (1981) 384, 414 ff.
[366] So (für den Besitz) auch BGH NJW 1996, 2654, 2655; WIELING (Fn 1) § 10 IV 3 b; WESTERMANN/GURSKY (Fn 1) § 48 Rn 2; BAUR/STÜRNER (Fn 4) § 52 Rn 17; STAGL AcP 211 (2011) 530, 555 f.

mers, dessen Bestandsinteressen gehen daher vor.[367] Zwischen § 934 Alt 1 BGB und § 933 BGB besteht also kein Widerspruch, wie immer wieder behauptet wird:[368] Obwohl der Erwerber in beiden Fällen nur den mittelbaren Besitz erlangt, scheitert sein Erwerb in den Fällen des § 933 BGB daran, dass der Veräußerer, anders als in der von § 934 Alt 1 BGB erfassten Konstellation, nicht jede Herrschaftsbeziehung zur Sache aufgibt, sondern den unmittelbaren Besitz behält und die Sache weiter nutzen kann. Mit dem Erfordernis der Aufgabe jeder Herrschaftsbeziehung zur Sache erklärt sich auch, dass das Eigentum nicht ohne Weiteres nach §§ 929 S 1, 932 Abs 1 S 1 BGB übergehen kann, wenn sich der Veräußerer zum Besitzdiener des Erwerbers macht, denn er behält die Sache in seinem Gewahrsam.

153 Auch der Geheißerwerb fügt sich in dieses System ein. Da er § 929 S 1 BGB subsumiert wird, richtet sich der gutgläubige Erwerb konsequenter Weise nach § 932 Abs 1 S 1 BGB.[369] Anknüpfungspunkt des guten Glaubens ist auch hier die „Besitzverschaffungsmacht" des Veräußerers, also die Macht des Veräußerers, eine „Geheißperson" zur Auslieferung der Sache an den Erwerber oder eine vom ihm benannte Geheißperson[370] zu bewegen. Dass die Geheißperson die Anweisung des Veräußerers ausführt, muss dem Erwerber als Anerkennung des Eigentums des Veräußerers erscheinen.[371] Nach verbreiteter Meinung soll allerdings eine wirkliche Unterordnung der Geheißperson unter die Anordnung des Veräußerers erforderlich sein; es genüge nicht, wenn der Veräußerer den Besitzer durch Täuschung zur Auslieferung veranlasste.[372] Das ist inkonsequent. Wenn die Besitzverschaffungsmacht der wahrnehmbare Rechtsschein für das nicht wahrnehmbare Eigentum sein soll, muss es auch für die Frage, ob der Veräußerer Besitzverschaffungsmacht hat, auf den Erkenntnishorizont des Erwerbers ankommen. Sieht es aus seiner Perspektive objektiv so aus, als befolge die Person, von der er den Besitz erhält, damit eine Weisung des Veräußerers, so besteht darin ein Rechtsschein für dessen Eigentum, der nach §§ 929 S 1, 932 Abs 1 S 1 BGB zum Eigentumserwerb führt.[373]

---

[367] STAUDINGER/WIEGAND (2017) § 933 Rn 2; ERMAN/BAYER (Fn 39) § 933 Rn 2; WIELING (Fn 1) § 10 IV 3 a, b; WOLFF/RAISER (Fn 17) § 69 II 2 c. Kritisch HECK (Fn 40) § 59. 4.

[368] HECK (Fn 40) § 59. 5 c; WILHELM (Fn 3) Rn 987 ff; WACKE (Fn 41), 50 ff; PICKER AcP 188 (1988) 511, 515 ff; KINDL AcP 201 (2001) 391, 398 f, 405 f; MUSIELAK JuS 1992, 713, 721 f; offenbar auch LOHSSE AcP 206 (2006) 527 (trotz 528 f Fn 10). Einen Widerspruch verneinen zu Recht STAUDINGER/WIEGAND (2017) § 932 Rn 2; MünchKomm/OECHSLER (Fn 25) § 934 Rn 2; SOERGEL/HENSSLER (Fn 15) § 934 Rn 3; PWW/PRÜTTING (Fn 39) § 934 Rn 5; WIELING (Fn 1) § 10 IV 4 a; WESTERMANN/GURSKY (Fn 1) § 48 Rn 9; BAUR/STÜRNER (Fn 4) § 52 Rn 20 mit Fn 4; SCHREIBER (Fn 40) Rn 173; BAUER, in: FS Bosch (1976) 1, 21; MOHAMED JA 2017, 419, 422; MICHALSKI AcP 181 (1981) 384, 418 ff.

[369] BGH NJW 1974, 1132, 1133; STAUDINGER/WIEGAND (2017) § 932 Rn 18, 20; MünchKomm/OECHSLER (Fn 25) § 932 Rn 16; WIELING (Fn 1) § 10 IV 6; WESTERMANN/GURSKY (Fn 1) § 47 Rn 2; BAUR/STÜRNER (Fn 4) § 52 Rn 13; HECK (Fn 40) § 59. 2; WELLENHOFER (Fn 305) § 8 Rn 7; eingehend MARTINEK AcP 188 (1988) 573 ff.

[370] Nach WADLE JZ 1974, 689, 695 f, soll die Übergabe an eine Geheißperson des Erwerbers für dessen gutgläubigen Erwerb allerdings nicht ausreichen; hiergegen überzeugend WIELING (Fn 1) § 10 IV 6 Fn 104.

[371] WIELING (Fn 1) § 10 IV 6.

[372] PALANDT/HERRLER (Fn 45) § 932 Rn 4; BAUR/STÜRNER (Fn 4) § 52 Rn 13; SCHREIBER (Fn 40) Rn 168; MEDICUS/PETERSEN (Fn 169) Rn 564; WADLE JZ 1974, 689, 693, 696; MARTINEK AcP 188 (1988) 573, 630 ff; ZERANSKI JuS 2002, 340, 345.

[373] BGH NJW 1962, 299, 300 f; BGH NJW 1974, 1132, 1134; STAUDINGER/WIEGAND (2017) § 932 Rn 22 ff, 28; MünchKomm/OECHSLER (Fn 25) § 932 Rn 17; SOERGEL/HENSSLER (Fn 15) § 932 Rn 14; WIELING (Fn 1) § 10 IV 6; ders Jura 1980, 322, 326 f; WESTERMANN/GURSKY (Fn 1) § 47 Rn 3; PRÜTTING (Fn 1) Rn 428; WELLENHOFER (Fn 305) § 8 Rn 7;

cc) Abhandenkommen als Ausschlusstatbestand

154 Ein Erwerb vom Nichtberechtigten ist gemäß § 935 Abs 1 BGB ausgeschlossen, wenn die Sache dem Eigentümer oder seinem Besitzmittler abhanden gekommen ist. Dieser Ausschluss ist dem Rechtsscheinprinzip nicht immanent, denn der Sache sieht man nicht an, ob sie abhanden gekommen ist oder nicht. Dennoch ist er mit dem Rechtsscheinprinzip in Einklang zu bringen: Der Eigentumsverlust soll nur demjenigen zugemutet werden, dem die Entstehung des Rechtsscheins, das Auseinanderfallen von Eigentum und Besitz, zuzurechnen ist. Als Zurechnungsgrund reicht nicht schon die bloße Verursachung aus, ebenso wenig Fahrlässigkeit: Denn nach § 935 Abs 1 BGB kann auch eine verlorene Sache nicht vom Nichtberechtigten erworben werden, obwohl der Eigentümer, der seine Sache verliert, das Auseinanderfallen von Eigentum und Besitz verursacht hat, und zwar meist fahrlässig. Damit ihm die Entstehung des Rechtsscheins zuzurechnen und ein Erwerb vom Nichtberechtigten möglich ist, muss der Eigentümer vorsätzlich gehandelt haben: Er muss das Auseinanderfallen von Besitz und Eigentum bewusst und willentlich herbeigeführt haben, indem er den Besitz aus der Hand gab. § 935 Abs 1 S 2 BGB enthält insoweit eine weitere Einschränkung: Die Begründung des Rechtsscheins durch Weitergabe des Besitzes ist für den Eigentümer unschädlich, wenn derjenige, in dessen Hände er den Rechtsscheinträger legte, sein Vertrauen nicht enttäuscht hat, sondern den Besitz seinerseits unfreiwillig verlor.

155 Mit Diebstahl und Verlust nennt § 935 Abs 1 S 1 BGB nur zwei Beispiele für das Abhandenkommen einer Sache. Eine Sache ist dem Eigentümer immer dann abhanden gekommen, wenn er den unmittelbaren Besitz an ihr – auch den fingierten Erbenbesitz nach § 857 BGB[374] – ohne seinen Willen verliert.[375] Umgekehrt kann eine Sache dem Eigentümer also nicht abhanden gekommen sein, wenn er den unmittelbaren Besitz an ihr freiwillig aufgegeben hat. Hat er sie einer Person gegeben, die ihm den Besitz mittelt, und kommt sie dann dieser abhanden, ist gutgläubiger Erwerb jedoch nach § 935 Abs 1 S 2 BGB ausgeschlossen. Was gilt, wenn der Besitz durch einen Besitzdiener ausgeübt wird, ist indes fraglich und streitig. Durch Überlassung der Sache an den Besitzdiener hat der Eigentümer den Besitz nicht aus der Hand gegeben; erst wenn der Besitzdiener sich zum Besitzer aufschwingt und die Sache an einen Dritten veräußert, entzieht er dem Eigentümer den Besitz. Bei unbefangener Anwendung des § 935 Abs 1 BGB ist die Sache damit immer abhanden gekommen und ein Erwerb vom Nichtberechtigten ausgeschlossen.[376] Die Figur des Besitzdieners wurde jedoch mit Blick auf den Besitzschutz geschaffen (o Rn 103); daher sollten aus der mit ihr verbundenen Besitzsituation nicht unbesehen Folgerungen für den Eigentumserwerb gezogen werden. Für den Rechtsverkehr, dessen Schutz der Erwerb vom Nichtberechtigten dient, ist der Besitzdiener in vielen Fällen nicht von einem Besitzmittler unterscheidbar, dem die Sache anvertraut wurde und von dem daher gutgläubig er-

---

HAGER (Fn 8) 286 ff; QUANTZ (Fn 361) 244 f; MUSIELAK JuS 1992, 713, 717 f.

[374] STAUDINGER/GUTZEIT (2018) § 857 Rn 15; dort (Rn 22) auch zur Frage, was diesbezüglich gilt, wenn die Erbenstellung durch Anfechtung oder Ausschlagung rückwirkend beseitigt wird. Zu § 857 BGB o Rn 38.

[375] STAUDINGER/WIEGAND (2017) § 935 Rn 4; MünchKomm/OECHSLER (Fn 25) § 935 Rn 2; WIELING (Fn 1) § 10 V 3 a; WOLFF/RAISER (Fn 17) § 69 I 1; BAUR/STÜRNER (Fn 4) § 52 Rn 36.

[376] So tatsächlich RGZ 106, 4, 6; OLG München NJW 1987, 1830; STAUDINGER/GUTZEIT (2018) § 855 Rn 28; SOERGEL/HENSSLER (Fn 15) § 935 Rn 8; WESTERMANN/GURSKY (Fn 1) § 49 Rn 13; WOLFF/RAISER (Fn 17) § 69 I 1; BAUR/STÜRNER (Fn 4) § 52 Rn 39; MÜLLER/GRUBER (Fn 1) Rn 1513; MUSIELAK JuS 1992, 713, 723; SCHREIBER Jura 2004, 238, 240 f; ausf WITT AcP 201 (2001) 165, 180 ff, 185.

worben werden kann. Mit der wohl herrschenden Meinung ist folglich zu differenzieren: Ist die Weisungsgebundenheit des Besitzdieners und damit seine besitzrechtliche Stellung äußerlich nicht erkennbar, ist er für die Zwecke des § 935 Abs 1 BGB wie ein Besitzmittler zu behandeln;[377] veräußert er die Sache, ist sie nicht abhanden gekommen und kann gutgläubig erworben werden. Auf all diese Erwägungen kommt es freilich nicht an, wenn der Besitzdiener den Eigentümer bei der Veräußerung wirksam vertreten hat, denn dann liegt eine Veräußerung des Eigentümers als Berechtigten vor, deren Wirksamkeit sich allein nach §§ 929–931 BGB richtet.

156 Der nach alledem entscheidende Besitzaufgabewille des Eigentümers oder seines Besitzmittlers ist ein rein natürlicher Tatbestand, auf den die Regeln über Rechtsgeschäfte nicht anwendbar sind: Der Besitzer muss nur die Bedeutung der Besitzaufgabe erkennen können, aber nicht geschäftsfähig sein;[378] er kann die Besitzaufgabe auch nicht iSd § 142 Abs 1 BGB mit der Folge anfechten, dass die Sache iSd § 935 Abs 1 BGB abhanden gekommen ist. Die Sache ist auch dann nicht abhanden gekommen, wenn der Besitzer durch Täuschung zur Aufgabe des Besitzes gebracht wurde; wurde der Besitz durch widerrechtliche Drohung abgepresst, ist die Sache nur abhanden gekommen, wenn der dadurch verursachte psychische Zwang unwiderstehlicher (!) physischer Gewalt gleichkam.[379] Der Besitzaufgabewille muss sich auf die konkrete Sache beziehen: Hat A etwa vergessen, dass auf dem Dachboden noch seine wertvolle Geige liegt, kommt diese ihm abhanden, wenn er den Besitz an dem Hausgrundstück freiwillig auf B überträgt.[380]

157 Ausnahmsweise ist nach Maßgabe des § 935 Abs 2 BGB auch ein gutgläubiger Erwerb abhanden gekommener Sachen möglich. Das gilt zum einen für Geld und Wertpapiere, die besonders umlauffähig sein sollen und bei denen daher dem Verkehrsinteresse ein weitergehender Vorrang vor den Bestandsinteressen des Eigentümers eingeräumt wird. Die Ausnahme erstreckt sich weiter auf beliebige Sachen, die im Rahmen einer öffentlichen Versteigerung (§ 383 Abs 3 S 1 BGB!) veräußert werden. Dass die Eigentümerinteressen auch hier weiter zurückgedrängt werden, lässt sich wohl am ehesten mit dem Schutz der Funktionsfähigkeit öffentlich autorisierter Versteigerungen rechtfertigen.[381]

---

[377] STAUDINGER/WIEGAND (2017) § 935 Rn 14; ERMAN/BAYER (Fn 31) § 935 Rn 7; MünchKomm/JOOST (Fn 25) § 855 Rn 23; WIELING (Fn 1) § 10 V 3 c; REBE AcP 172 (1973) 186, 201 f. Weitergehend MünchKomm/OECHSLER (Fn 25) § 935 Rn 10; HAGER (Fn 8) 250 f, 404 f, und ERNST (Fn 37) 32 ff; NEUNER JuS 2007, 401, 405: Die Weitergabe durch Besitzdiener erfülle nie den Tatbestand des § 935 Abs 1 BGB.

[378] SOERGEL/HENSSLER (Fn 15) § 935 Rn 6; WIELING (Fn 1) § 10 V 3 a; WESTERMANN/GURSKY (Fn 1) § 49 Rn 5; PRÜTTING (Fn 1) Rn 433; BAUR/STÜRNER (Fn 4) § 52 Rn 42; MUSIELAK JuS 1992, 713, 722 f; NEUNER JuS 2007, 401, 404. Anders aber STAUDINGER/WIEGAND (2017) § 935 Rn 10; MünchKomm/OECHSLER (Fn 25) § 935 Rn 7; PALANDT/HERRLER (Fn 45) § 935 Rn 5: Die Sache sei bei Weggabe durch einen geschäftsunfähigen Eigentümer stets abhanden gekommen.

[379] MünchKomm/OECHSLER (Fn 25) § 935 Rn 7; SOERGEL/HENSSLER (Fn 15) § 935 Rn 5; NEUNER JuS 2007, 401, 404. Anders etwa STAUDINGER/WIEGAND (2017) § 935 Rn 11, STAUDINGER/GUTZEIT (2018) § 856 Rn 18, WESTERMANN/GURSKY (Fn 1) § 49 Rn 4 und BAUR/STÜRNER (Fn 4) § 52 Rn 43, die jede widerrechtliche Drohung für erheblich halten, und WIELING (Fn 1) § 10 V 3 a, der für ein Abhandenkommen genügen lässt, wenn der Eigentümer aufgrund der Drohung auf Widerstand verzichtet.

[380] Vgl dazu BALDUS JR 2002, 441, 443 f.

[381] BGH NJW 1990, 899, 900; MünchKomm/OECHSLER (Fn 25) § 935 Rn 17. Weniger überzeugend STAUDINGER/WIEGAND (2017) § 935 Rn 23 (der Eigentümer habe aufgrund der Öf-

T. Sachenrecht

dd) Weitere Folgen des gutgläubigen Erwerbs

Wer sein Eigentum durch die Verfügung eines Nichtberechtigten verloren hat, wird **158** fragen, ob er gegen die Beteiligten wenigstens Ausgleichsansprüche geltend machen kann. Gegen den Erwerber kann er in aller Regel nicht vorgehen. Auch wenn ihm aus leichter Fahrlässigkeit unbekannt geblieben ist, dass nicht der Veräußerer, sondern ein Dritter Eigentümer war, macht er sich dem Eigentümer gegenüber nach der Wertung des § 932 Abs 1 S 1 BGB dennoch nicht nach § 823 Abs 1 BGB schadensersatzpflichtig.[382] Und wie der Gegenschluss aus § 816 Abs 1 S 1 BGB belegt, ist der gutgläubige Erwerb grundsätzlich kondiktionsfest. Nur wenn er unentgeltlich erfolgte, kann der frühere Eigentümer vom Erwerber gemäß § 816 Abs 1 S 2 BGB Rückübereignung verlangen.

Zahlreich sind dagegen die möglichen Ansprüche des früheren Eigentümers gegen den **159** Veräußerer.[383] Bestand zwischen ihnen ein Vertragsverhältnis, kommen Ansprüche aus dessen Verletzung in Betracht; ferner solche aus Geschäftsführung ohne Auftrag, aus § 816 Abs 1 S 1 BGB und aus Delikt. Bestand kein Vertrags-, sondern ein Eigentümer-Besitzer-Verhältnis, ist an einen Schadensersatzanspruch aus §§ 989, 990 BGB zu denken, im Übrigen aber die „Sperrwirkung" nach § 993 Abs 1 BGB aE zu beachten, die allerdings nicht die Ansprüche aus Geschäftsführung ohne Auftrag oder aus § 816 Abs 1 S 1 BGB erfasst (u Rn 111).

Wer das Eigentum vom Nichtberechtigten erworben hat, verfügt fortan als Berechtig- **160** ter, kann das Eigentum also nach §§ 929–931 BGB auch an jemanden übertragen, der die Nichtberechtigung des vorigen Veräußerers kannte. Fraglich ist allerdings, ob dies auch gilt, wenn der Erwerber das Eigentum im Zuge der Rückabwicklung des Veräußerungsvorgangs auf den nicht berechtigten Veräußerer zurück überträgt, sei es nach einem Rücktritt, weil das Grundgeschäft nichtig war oder im Falle einer Sicherungsübereignung nach Erledigung des Sicherungsfalls. Da der gutgläubige Erwerb nicht, auch nicht über Umwege, dem unberechtigten Veräußerer nützen soll, ist es allein interessengerecht, das Eigentum ohne weiteres an den früheren Eigentümer zurückfallen zu lassen.[384] Wer dem entgegenhält, dass dies nicht stimmig konstruierbar sei,[385] hat darin Recht; wer wegen solcher Einwände aber das interessengerechte Ergebnis verwirft, betreibt Begriffsjurisprudenz.

---

fentlichkeit eine größere Chance, seine Rechte geltend zu machen und die Veräußerung zu verhindern); WIELING (Fn 1) § 10 V 5 c (öffentliche Versteigerungen verdienten „gesteigertes Vertrauen"); HECK (Fn 40) § 60. 2 (der Erwerber könne die Herkunft der Sache nicht nachprüfen).
[382] STAUDINGER/WIEGAND (2017) § 932 Rn 111; SOERGEL/HENSSLER (Fn 15) § 932 Rn 38; WIELING (Fn 1) § 10 VI 1; WILHELM (Fn 3) Rn 1026.
[383] Vgl etwa die Falllösung von KLINCK, in: Jura Sonderheft Examensklausurenkurs (3. Aufl 2008) Fall 3.
[384] MünchKomm/KOHLER (Fn 25) § 892 Rn 39; WIELING (Fn 1) § 10 VI 2 a; WOLFF/RAISER (Fn 17) § 69 IV; BAUR/STÜRNER (Fn 4) § 52 Rn 34; WILHELM (Fn 3) Rn 729, 1017 ff; PRÜTTING (Fn 1) Rn 438; WELLENHOFER (Fn 305) § 8 Rn 37; HOFFMANN AcP 215 (2015) 795, 809 ff; BRAUN ZIP 1998, 1469, 1472 f.
[385] So STAUDINGER/WIEGAND (2017) § 932 Rn 120 ff; MünchKomm/OECHSLER (Fn 25) § 932 Rn 25; SOERGEL/HENSSLER (Fn 15) § 932 Rn 40; ERMAN/BAYER (Fn 39) § 932 Rn 26; WESTERMANN/GURSKY (Fn 1) § 47 Rn 16; MÜLLER/GRUBER (Fn 1) Rn 1531; E WOLF (Fn 40) § 5 B IV i; MUSIELAK JuS 2010, 377, 378 (mit Übersicht über die verschiedenen Konstruktionsversuche).

e) Lastenfreier Erwerb, § 936

161 Mit dem Erwerb des Eigentums, sei es vom Berechtigten, sei es kraft guten Glaubens, erlöschen gemäß § 936 Abs 1 S 1 BGB auch eventuelle Rechte Dritter, welche die Sache belasten, also etwa Pfand- oder Nießbrauchsrechte. Ausweislich § 936 Abs 2 BGB handelt es sich hierbei um einen gutgläubigen („Weg-")Erwerb, der nach Maßgabe des § 936 Abs 1 S 2 BGB auch einen qualifizierten Besitzerwerb voraussetzt. Insoweit kann auf die soeben (o Rn 145 ff) gemachten Ausführungen verwiesen werden. Zwar nennt § 936 BGB nicht auch § 935 BGB, doch gilt diese Norm entsprechend: Ist die Sache dem Inhaber des dinglichen Rechts oder seinem Besitzmittler abhanden gekommen, erlischt sein Recht auch bei Gutgläubigkeit des Erwerbers nicht.[386] Besonderen Schutz genießt nach § 936 Abs 3 BGB derjenige, der die Sache aufgrund seines beschränkten dinglichen Rechts in Besitz hat, also etwa ein Pfandgläubiger: Sein Recht erlischt auch dann nicht, wenn der Erwerber gutgläubig ist und das Eigentum an der Sache nach §§ 929 S 1, 931 BGB oder § 934 Alt 1 BGB auf ihn übergeht.

3. Erwerb des Eigentums an beweglichen Sachen kraft Gesetzes

a) Ersitzung

162 Nicht von ungefähr schließt die gesetzliche Regelung an den rechtsgeschäftlichen Eigentumserwerb mit dem Eigentumserwerb durch Ersitzung an (§§ 937–945 BGB): Sie ist der dogmengeschichtliche Vorläufer des gutgläubigen Erwerbs (o Rn 145). Mit dessen Einführung hat sie ihre frühere praktische Relevanz für die Fälle des Erwerbs vom Nichtberechtigten weitgehend eingebüßt; sie kommt im Wesentlichen nur noch in Betracht, wenn die vom Nichtberechtigten veräußerte Sache iSd § 935 Abs 1 BGB abhanden gekommen war, ferner, wenn die Veräußerung des Berechtigten oder des Nichtberechtigten an fehlender Geschäftsfähigkeit scheiterte.

163 Der Eigentumserwerb durch Ersitzung setzt gemäß § 937 Abs 1 BGB zum einen voraus, dass der Erwerber die Sache zehn Jahre lang in Eigenbesitz (§ 872 BGB, o Rn 30, 96) hatte; §§ 939–944 BGB regeln den Lauf der Ersitzungsfrist näher. Zum anderen muss der Erwerber in dieser Zeit nach Maßgabe des § 937 Abs 2 BGB gutgläubig gewesen sein. Gegenstand des guten Glaubens des Ersitzenden ist ausweislich § 937 Abs 2 BGB aE sein vermeintliches Eigentum. Hinsichtlich der Anforderungen an den guten Glauben ist zu differenzieren: Für den Zeitpunkt des Erwerbs des Eigenbesitzes gilt der Maßstab des § 932 Abs 2 BGB entsprechend, so dass schon grob fahrlässige Unkenntnis schadet; hat der Erwerber den Eigenbesitz einmal gutgläubig erworben, schadet ihm danach nur noch positive Kenntnis davon, dass er nicht Eigentümer der Sache ist. Auch ein grob fahrlässiger Rechtsirrtum schadet dann nicht mehr. Jedoch wird man es positiver Kenntnis von der Nichtberechtigung gleichzustellen haben, wenn sich der Ersitzungsbesitzer ihrer Erkenntnis verschließt, obwohl sie ihm derart deutlich gemacht wurde, dass jeder Unbefangene sie akzeptiert hätte.[387]

164 Ob der Erwerb durch Ersitzung ebenso konditionsfest ist wie der gutgläubige Erwerb nach §§ 932–934 BGB, ist fraglich, da eine § 816 Abs 1 BGB entsprechende Norm für den originären Eigentumserwerb fehlt. Nach verbreiteter Ansicht ist zu differenzieren:

---

[386] STAUDINGER/WIEGAND (2017) § 936 Rn 12; WIELING (Fn 1) § 10 VII 2 c; WESTERMANN/GURSKY (Fn 1) § 50 Rn 1; BAUR/STÜRNER (Fn 4) § 52 Rn 52.

[387] STAUDINGER/WIEGAND (2017) § 937 Rn 9; MünchKomm/BALDUS (Fn 25) § 937 Rn 55. Ablehnend WIELING (Fn 1) § 11 I 2 b.

Im Hinblick auf eine Nichtleistungskondiktion nach § 812 Abs 1 S 1 Alt 2 BGB trage die Ersitzung ihren Rechtsgrund in sich;[388] habe der Erwerber den Eigenbesitz aber durch rechtsgrundlose Leistung erhalten, müsse er die Sache nach § 812 Abs 1 S 1 Alt 1 BGB an den Leistenden zurückübereignen, da der Ersitzende nicht besser stehen dürfe als derjenige, der schon durch die rechtsgrundlose Verfügung das Eigentum an der Sache erlangt habe.[389] Nach der Gegenansicht, der sich jüngst auch der BGH angeschlossen hat, soll dagegen auch eine Leistungskondiktion gegen den Ersitzungserwerber ausgeschlossen sein.[390] Die Frage wird indes kaum mehr relevant, denn nach Ablauf der zehnjährigen Ersitzungsfrist ist gemäß §§ 195, 199 Abs 1, 4 BGB meist auch die Leistungskondiktion verjährt.[391]

b) Verbindung, Vermischung, Verarbeitung

Der in §§ 946, 947 BGB geregelte Eigentumserwerb durch Verbindung steht in engem inhaltlichen Zusammenhang mit den allgemeinen Regeln über wesentliche Bestandteile, §§ 93–96 BGB (vgl o Rn 17 f). Ist eine Sache wesentlicher Bestandteil einer anderen Sache geworden, verliert sie nach § 93 BGB ihre Sonderrechtsfähigkeit; daher kann kein „Teileigentum" an ihr bestehen bleiben. Wurde die Sache mit einem Grundstück verbunden, erwirbt gemäß § 946 BGB der Grundstückseigentümer das Eigentum an ihr. Werden mehrere bewegliche Sachen miteinander verbunden, ohne dass darin eine Verarbeitung iSd § 950 BGB läge,[392] so werden die früheren Eigentümer der Einzelsachen gemäß § 947 Abs 1 BGB Miteigentümer der Gesamtsache. Ist nach der Verkehrsanschauung (ausnahmsweise!) eine der Sachen als Hauptsache anzusehen (etwa ein Anzug im Verhältnis zu den angenähten Knöpfen[393]), erwirbt deren Eigentümer gemäß § 947 Abs 2 BGB Alleineigentum. Dies gilt gemäß § 948 BGB entsprechend, wenn bewegliche Sachen derart miteinander vermischt werden, dass eine Trennung unmöglich ist oder unverhältnismäßig teuer wäre. **165**

Wird durch Verarbeitung oder Umbildung eine „neue" Sache hergestellt, erwirbt gemäß § 950 Abs 1 S 1 BGB der Hersteller das Eigentum an ihr, wenn der Wert der Verarbeitung oder der Umbildung nicht erheblich geringer ist als der Wert des Stoffes; andernfalls bleibt das Eigentum bei demjenigen, dem die „alte" Sache gehörte, aus der die „neue" hergestellt wurde. Erste Voraussetzung für den Eigentumserwerb nach § 950 Abs 1 S 1 BGB scheint demnach die Herstellung einer „neuen" Sache zu sein. Ob eine Sache „neu" oder doch noch die alte ist, soll nach herrschender Meinung die Verkehrsanschauung entscheiden,[394] die sich vor allem darin ausdrücke, ob die Sache **166**

---

[388] STAUDINGER/WIEGAND (2017) § 937 Rn 22; MünchKomm/BALDUS (Fn 25) § 937 Rn 69; BeckOGK/BUCHWITZ § 937 Rn 84; WIELING (Fn 1) § 11 I 3 a.
[389] So STAUDINGER/WIEGAND (2017) § 937 Rn 22; WESTERMANN/GURSKY (Fn 1) § 13 f; WOLFF/RAISER (Fn 17) § 71 IV; BAUR/STÜRNER (Fn 4) § 53 Rn 91; WILHELM (Fn 3) Rn 1133; SCHREIBER (Fn 40) Rn 179.
[390] BGH NJW 2016, 3162, 3165 f Rn 39 ff; MünchKomm/BALDUS (Fn 17) § 937 Rn 70 ff, 55; SOERGEL/HENSSLER (Fn 15) § 937 Rn 9 f; PALANDT/HERRLER (Fn 45) Vor §§ 937 ff Rn 2; HECK (Fn 40) § 61. 5; WIELING (Fn 1) § 11 II 1 b; PRÜTTING (Fn 1) Rn 450.
[391] Für Anwendung des § 197 Abs 1 Nr 2 BGB auf Ansprüche aus § 812 BGB, wenn diese wirtschaftlich an die Stelle der Ansprüche auf Herausgabe aus dem Eigentum getreten sind, jedoch MünchKomm/GROTHE (Fn 68) § 197 Rn 10; hiergegen mit Recht STAUDINGER/PETERS/JACOBY (2014) § 197 Rn 10.
[392] § 950 BGB geht § 947 BGB vor, WIELING (Fn 1) § 11 II 2 a; BeckOGK/SCHERMAIER § 950 Rn 36.
[393] SOERGEL/HENSSLER (Fn 15) § 950 Rn 7; WIELING (Fn 1) § 11 II 2 c Fn 37; PRÜTTING (Fn 1) Rn 456.
[394] BGH NJW 2016, 317, 318 Rn 17; BGH NJW 1995, 2633; STAUDINGER/WIEGAND (2017) § 950 Rn 9; BeckOGK/SCHERMAIER § 950 Rn 11; MünchKomm/FÜLLER (Fn 25) § 950 Rn 8;

einen neuen Name habe.³⁹⁵ Die Aufzucht eines Tieres oder einer Pflanze sollen ebenso wie die Reparatur einer Sache niemals § 950 BGB unterfallen, da die Sache die alte bleibe.³⁹⁶ Die Suche nach der Identität einer Sache führt allerdings schnell ins Metaphysische und von dort bald ins Lächerliche.³⁹⁷ Behält man den Zweck der Norm im Auge, eine durch Produktionsleistung herbeigeführte Wertsteigerung zu privilegieren, wird deutlich, dass die Herstellung einer „neuen" Sache in Wahrheit keine eigenständige Voraussetzung des § 950 Abs 1 BGB ist, sondern es entscheidend auf die durch den Verarbeitungsprozess eintretende Wertsteigerung ankommt.³⁹⁸ Nach richtiger Ansicht ist eine Sache also „neu" iSd § 950 Abs 1 BGB, wenn der Wert der Verarbeitung den Wert der Sache um einen Betrag gesteigert hat, der nicht wesentlich unter dem Stoffwert der „alten" Sache liegt; insbesondere kann daher auch die Reparatur einer Sache und die Aufzucht oder Dressur eines Tieres unter § 950 Abs 1 BGB fallen, solange nur der Wert der Verarbeitung nicht erheblich geringer war als der Stoffwert. Stoffwert ist nach richtiger, allerdings wiederum nicht unumstrittener Ansicht der Wert des Stoffes auf der Produktionsstufe, von dem aus der wertsteigernde Verarbeitungsprozess begann; wird eine Goldkette eingeschmolzen und aus dem Gold ein Armreif gefertigt, ist also nicht der Wert der Goldkette entscheidend, sondern der Wert des eingeschmolzenen Goldes.³⁹⁹ Der Wert der Verarbeitung ergibt sich, wenn man den Stoffwert vom Wert der neuen Sache abzieht. Er ist erheblich geringer als der Stoffwert, wenn er zu diesem in einem Verhältnis von 100 zu 60 steht, also um mindestens 40 % geringer ist als der Stoffwert.⁴⁰⁰ Ist er dies nicht, wird der Hersteller Eigentümer. Dies ist nicht immer derjenige, der die Sache mit eigenen Händen hergestellt hat, § 950 BGB ist nicht etwa eine sozialpolitische Entscheidung des Gesetzgebers für die Arbeit und gegen das Kapital.⁴⁰¹ Hersteller iSd § 950 BGB ist vielmehr derjenige, auf dessen Veranlassung und in dessen wirtschaftlichem Interesse der Verarbeitungsprozess erfolgt, bei fremdnütziger Arbeit also der Arbeitgeber und nicht der Arbeitnehmer, bei Bestellung einer anzufertigenden Sache gemäß § 651 BGB (früher: „Werklieferungsvertrag") der Besteller/Käufer und nicht der Unternehmer/Verkäufer.⁴⁰²

167 Der nach §§ 946–950 BGB eintretende Eigentumserwerb ist zwar als solcher kondiktionsfest, doch kann derjenige, der sein Eigentum nach §§ 946, 947 BGB durch Verbindung verloren hat, die Sache nach Maßgabe der §§ 951 Abs 2 S 1, 2, 997, 258 BGB abtrennen und sich wieder aneignen.[403] Zudem hat derjenige, der nach §§ 946–950 BGB ein Recht verloren hat, gegen den Nutznießer einen bereicherungsrechtlichen Wertersatzanspruch nach §§ 951 Abs 1 S 1, 812 Abs 1 S 1 Alt 2 BGB.[404] Dieser greift jedoch häufig nicht durch: Stellt sich der Vorgang, durch den der Rechtsverlust eintrat, als Leistung im bereicherungsrechtlichen Sinne dar, ist der Anspruch aufgrund der Subsidiarität der Nichtleistungskondiktion ausgeschlossen;[405] hat der Besitzer einer Sache nach §§ 946, 947 BGB ein Recht durch Verbindung mit dieser verloren, während eine Vindikationslage bestand, und handelte es sich dabei um eine Verwendung, richten sich die Ersatzansprüche gegen den Eigentümer allein nach §§ 994 ff BGB (u Rn 222 ff).

c) Fruchtziehung und sonstige Sachtrennung

168 Werden wesentliche Bestandteile, namentlich Sachfrüchte iSd § 99 Abs 1 BGB (o Rn 19),[406] von einer Sache abgetrennt oder wird gar die ganze Sache in ihre Bestandteile zerlegt, erhalten diese Teile (wieder) ihre Sonderrechtsfähigkeit, so dass darüber entschieden werden muss, wer ihr Eigentümer wird. § 953 BGB stellt den unmittelbar einsichtigen Grundsatz auf, dass sich das Eigentum an der Muttersache an ihren Früchten und sonstigen Bestandteilen fortsetzt (Substantialprinzip), verweist aber zugleich auf die in §§ 954–957 BGB geregelten, weitreichenden Ausnahmen. Da auch §§ 954 und 955 BGB ausweislich ihres Wortlauts nur eingreifen, wenn nicht der Tatbestand einer nachfolgenden Norm erfüllt ist, ist die Reihenfolge der §§ 953–957 BGB für die Prüfung eines Eigentumserwerbs an Früchten und sonstigen Bestandteilen umzukehren, also mit §§ 956, 957 BGB zu beginnen.[407]

169 Eigentümer von Früchten und sonstigen Bestandteilen, die von einer Sache getrennt werden, wird daher gemäß § 956 Abs 1 BGB in erster Linie derjenige, dem der Eigentümer die Aneignung gestattet hat, wenn er im Besitz der Muttersache ist oder den Besitz an dem abgetrennten Bestandteil erwirbt. Nach richtiger, aber umstrittener Ansicht („Übertragungstheorie") handelt es sich hierbei um einen Sonderfall der Übereignung nach § 929 BGB;[408] die Gestattung ist das Angebot auf Abschluss der dinglichen Einigung und folglich ein Rechtsgeschäft.[409] Der Gestattung des Eigentümers steht gemäß § 956 Abs 2 BGB die Gestattung durch denjenigen gleich, der sonst selbst Eigentümer der Früchte oder Bestandteile werden würde. Gestattet ein Nichtberechtigter die Aneignung, ist nach Maßgabe des § 957 BGB ein gutgläubiger Erwerb möglich. Obwohl § 957 BGB hierüber schweigt, setzt dieser allerdings voraus, dass der Gestattende die Muttersache besitzt.[410] Der Erwerb von Bestandteilen, die keine Er-

---

[403] Eingehend hierzu WIELING JZ 1985, 511, 515 ff.
[404] § 951 Abs 1 S 1 BGB ist eine Rechtsgrundverweisung auf die Nichtleistungskondiktion nach § 812 Abs 1 S 1 Alt BGB 2, STAUDINGER/GURSKY (2017) § 951 Rn 2; WIELING (Fn 1) § 11 II 2 5 a pr.
[405] Zu diesem Dogma MARTINEK, in: STAUDINGER/Eckpfeiler (2014) S. Rn 17.
[406] Obwohl in §§ 953 ff BGB (außer in § 955 Abs 1 BGB) nur von Erzeugnissen die Rede ist, unterfällt die nach § 99 Abs 1 BGB ebenfalls zu den Früchten einer Sache gehörende Ausbeute ebenfalls diesem Regelungsregime, WIELING (Fn 1) § 11 III 2.
[407] STAUDINGER/GURSKY (2017) Vorbem 3 zu §§ 953 ff; BAUR/STÜRNER (Fn 4) § 53 Rn 45.
[408] PALANDT/HERRLER (Fn 45) § 956 Rn 2; WIELING (Fn 1) § 11 III 5 a aa, dd; HECK (Fn 40) § 63. 5. Offen ERMAN/EBBING (Fn 39) § 956 Rn 4. **Anders** etwa STAUDINGER/GURSKY (2017) § 956 Rn 9; MünchKomm/OECHSLER (Fn 25) § 956 Rn 2 f; SOERGEL/HENSSLER (Fn 15) § 956 Rn 8; PRÜTTING (Fn 1) Rn 484.
[409] So alle in der vorigen Fn Genannten, also auch die Gegner der Übertragungstheorie.

zeugnisse sind, ist analog § 935 Abs 1 BGB ausgeschlossen, wenn die Muttersache dem Gestattungsberechtigten abhanden gekommen ist; andernfalls könnte etwa ein Dieb diese Vorschrift allzu leicht umgehen, indem er dem Erwerber gestattet, die gestohlene Sache zu zerlegen und sich die Bestandteile anzueignen.[411]

170 Liegt keine (wirksame) Aneignungsgestattung iSd §§ 956, 957 BGB vor, kommt es gemäß § 954 BGB darauf an, ob jemand aufgrund eines dinglichen Rechts an der Muttersache berechtigt ist, sich deren Früchte oder sonstigen Bestandteile anzueignen; in Betracht kommt hier vor allem ein Nießbrauchsrecht nach § 1030 BGB, aber etwa auch ein Nutzungspfand gemäß § 1213 BGB. Auch wenn ein solches Recht besteht, erwirbt der Berechtigte das Eigentum an Sachfrüchten gemäß § 955 Abs 1, 2 BGB dennoch nicht, wenn ein gutgläubiger Dritter die Sache in Besitz hat, der sich für den nutzungsberechtigten Eigentümer hält (Eigenbesitz, Abs 1) oder glaubt, ein dingliches Nutzungsrecht an der Sache zu haben (Fremdbesitz, Abs 2).[412] Der gute Glaube des Besitzers wird vermutet; bei Besitzerwerb schadet ihm schon grob fahrlässige Unkenntnis von seiner fehlenden Berechtigung, danach aber nur noch positive Kenntnis. Liegen die Voraussetzungen des § 955 Abs 1, 2 BGB vor, erwirbt der Besitzer das Eigentum an den gezogenen Sachfrüchten auch dann, wenn die Muttersache iSd § 935 Abs 1 BGB abhanden gekommen ist.[413]

171 Der Eigentumserwerb nach §§ 953–957 BGB trägt seinen Rechtsgrund nicht in sich. Ob derjenige, der nach diesen Vorschriften Eigentümer der Früchte oder Bestandteile wurde, Eigentum und ggf Besitz behalten darf, richtet sich nach den schuldrechtlichen Beziehungen der Beteiligten. Bestand bei der Trennung etwa ein Eigentümer-Besitzer-Verhältnis, sind §§ 987, 990, 988 BGB einschlägig (u Rn 208 ff).

d) Aneignung und Fund

172 Nicht jede Sache steht im Eigentum einer Person, manche sind herrenlos. Selten ist eine Sache allerdings deshalb herrenlos, weil sie neu entstanden ist, denn meist handelt es sich in diesem Fall um eine Frucht oder einen Bestandteil einer bereits bestehenden Sache, so dass sich die Eigentumsverhältnisse an ihr nach §§ 953–957 BGB richten. Herrenlos sind nach näherer Maßgabe der §§ 960 ff BGB Bienen und sonstige wilde Tiere; auch abgetrennte Leichenteile können herrenlose Sachen sein,[414] nicht dagegen abgetrennte Teile des lebenden Menschen.[415] Vor allem wird eine Sache durch Dereliktion nach § 959 BGB herrenlos, also dadurch, dass ihr Eigentümer in der Absicht, auf das Eigentum zu verzichten, den Besitz der Sache aufgibt. Die Dereliktion ist ein rechtsgeschäftlicher Akt,[416] sie verlangt also Geschäftsfähigkeit und kann im Falle

---

[410] STAUDINGER/GURSKY (2011) § 957 Rn 3; MünchKomm/OECHSLER (Fn 25) § 957 Rn 2; PALANDT/HERRLER (Fn 45) § 957 Rn 2; WIELING (Fn 1) § 11 III 6 a aa; WILHELM (Fn 3) Rn 1049.

[411] STAUDINGER/GURSKY (2017) § 957 Rn 8; MünchKomm/OECHSLER (Fn 25) § 957 Rn 3; WIELING (Fn 1) § 11 III 6 a cc; WITT AcP 201 (2001) 165, 189 f.

[412] Zur ratio des § 955 BGB PLATSCHEK JA 2009, 846.

[413] STAUDINGER/GURSKY (2017) § 955 Rn 9; SOERGEL/HENSSLER (Fn 15) § 955 Rn 5; WIE-

LING (Fn 1) § 11 III 4 c; BAUR/STÜRNER (Fn 4) § 53 Rn 53; NEUNER JuS 2007, 401, 407. Für eine analoge Anwendung des § 935 BGB aber etwa noch WOLFF/RAISER (Fn 17) § 77 III 4; E WOLF (Fn 40) § 4 J III b 3 cc.

[414] Vgl zu Zahngold nach Einäscherung OLG Hamburg NJW 2012, 1601, 1603.

[415] Dazu STAUDINGER/GURSKY (2017) § 958 Rn 3.

[416] STAUDINGER/GURSKY (2017) § 959 Rn 1; WIELING (Fn 1) § 11 IV 4 b; WILHELM (Fn 3) Rn 1035; BAUR/STÜRNER (Fn 4) § 53 Rn 70.

eines relevanten Irrtums angefochten werden, mit der Folge, dass das Eigentum rückwirkend zurückfällt. Immer ist genau zu prüfen, ob die erforderliche Absicht, das Eigentum aufzugeben, tatsächlich vorlag: Sie liegt nahe, wenn Müll zur Abholung bereitgestellt wird,[417] ist aber abzulehnen, wenn alte Möbel oder Kleidungsstücke für eine karitative Sammlung vor die Tür gestellt werden, denn an diesen soll nur der Träger der Sammlung, nicht aber ein beliebiger Fremder Eigentum erwerben.

Ist eine bewegliche Sache herrenlos, kann das Eigentum an ihr nach § 958 Abs 1 BGB **173** dadurch erworben werden, dass sie in Eigenbesitz genommen wird. Anders als die Dereliktion ist die Okkupation kein Rechtsgeschäft, erfordert also lediglich den natürlichen Willen, das Eigentum zu erwerben, den auch ein Geschäftsunfähiger bilden kann. Gemäß § 958 Abs 2 BGB ist eine herrenlose Sache nicht okkupierbar, wenn die Aneignung gesetzlich verboten ist (etwa nach Naturschutzrecht) oder durch die Aneignung das Aneignungsrecht eines Dritten verletzt würde. Ein solches Aneignungsrecht steht etwa dem Jagd- oder Fischereiberechtigten an den seinem Recht unterfallenden wilden Tieren[418] und dem Bergwerkseigentümer an den bergfreien Bodenschätzen (Rn 176) zu.

Eine Sache ist nicht schon deshalb herrenlos, weil niemand mehr Besitz an ihr hat,[419] **174** denn dadurch geht das Eigentum an ihr nicht unter. Ist eine Sache besitz- aber nicht herrenlos, so ist sie iSd § 965 BGB verloren.[420] Wer eine verlorene Sache findet, kann nach Maßgabe der §§ 973, 974, 978 BGB das Eigentum an ihr erwerben, doch hat der frühere Eigentümer aus § 977 BGB gegen ihn einen Anspruch auf Herausgabe der dadurch eintretenden Bereicherung. Bei einem Schatzfund erwirbt der Entdecker gemäß § 984 BGB sofort Eigentum, wenn er den Schatz aufgrund der Entdeckung in Besitz nimmt, muss es sich aber mit dem Eigentümer der Sache, in welcher der Schatz verborgen war, teilen.

4. Erwerb von Grundeigentum

a) Das Grundstück als Rechtsobjekt

Die bislang behandelten §§ 929–984 BGB regeln nur den Eigentumserwerb an beweglichen Sachen. Diesen stehen als unbewegliche Sachen die Grundstücke gegenüber. Grundstück iSd BGB ist ein mit Hilfe des Katasters in Lage und Größe bestimmter Teil der Erdoberfläche, der im Grundbuch als Grundstück geführt wird (o Rn 16). Der Erwerb des Grundeigentums ist in §§ 925–928 BGB geregelt; ergänzend gilt das in §§ 873 ff BGB normierte allgemeine Liegenschaftsrecht. **175**

Das Eigentum an einem Grundstück erstreckt sich grundsätzlich ungeteilt auf alle **176** wesentlichen Bestandteile iSd §§ 94 f BGB, insbesondere auch auf Gebäude. Ausnahmen von diesem Grundsatz bilden neben dem Gebäudeeigentum des Erbbauberechtigten (u Rn 251) das Wohnungseigentum iSd WEG als Sondereigentum an einzelnen Wohnungen eines Gebäudes, mit dem das Grundstück bebaut ist.[421] Die Wohnungsei-

---

[417] Zu Essensresten auf dem Teller eines Gastes im Restaurant Schall NJW 2012, 1248 ff.
[418] Vgl dazu Staudinger/Gursky (2017) § 958 Rn 11.
[419] Zu den Voraussetzungen des Besitzverlusts o Rn 40 ff.
[420] Staudinger/Gursky (2017) § 965 Rn 1; Wolff/Raiser (Fn 17) § 82 I pr. Gegen das Erfordernis der fehlenden Herrenlosigkeit Wilhelm (Fn 3) Rn 1144 ff; einschränkend zum Erfordernis der Besitzlosigkeit Wieling (Fn 1) § 11 V 1 a ee.
[421] Vgl hierzu etwa Baur/Stürner (Fn 4) § 29 Rn 5 ff.

gentümer sind gemäß § 1 Abs 5 WEG Miteigentümer des Grundstücks, auf dem das Gebäude steht. Nach § 905 S 1 BGB erstreckt sich das Grundstückseigentum auf den Luftraum über und den Erdkörper unter der Grundstücksoberfläche. Auch die dort lagernden Bodenschätze gehören dem Grundstückseigentümer, gemäß § 3 Abs 3 BBergG jedoch nicht die sogenannten bergfreien Bodenschätze, insbesondere Edelmetalle und Kohle. Sie dürfen gemäß § 6 S 1 BBergG nur aufgrund behördlich erteilter Bewilligung (§ 8 BBergG) oder behördlich verliehenen Bergwerkeigentums (§ 9 BBergG) gewonnen werden.

b) Rechtsgeschäftlicher Erwerb vom Berechtigten
aa) Auflassung

177 Zur Übereignung eines Grundstücks ist gemäß § 873 Abs 1 BGB eine entsprechende dingliche Einigung zwischen Veräußerer und Erwerber und die Eintragung in das Grundbuch erforderlich. Die auf die Übertragung von Grundstückseigentum zielende dingliche Einigung heißt gemäß § 925 BGB, der sie näher regelt, „Auflassung". Die Bezeichnung geht auf mittelalterliche Rechtsbräuche zurück, nach denen die Übertragung des Grundeigentums durch rituelle Handlungen, namentlich das feierliche Verlassen des Grundstücks vor Zeugen, kundbar zu machen war.[422] Man hat dies lange Zeit für rein germanisches Recht gehalten, doch geht die in den germanischen Rechtssammlungen aufscheinende Auflassung auf ein im Codex Theodosianus enthaltenes Gesetz des römischen Kaisers Konstantin zurück.[423]

178 Für die dingliche Einigung iSd §§ 873, 925 BGB gelten neben dem zur Einigung iSd § 929 S 1 BGB Gesagten (o Rn 118 ff) einige Besonderheiten. So ist die Auflassung nicht schlechthin bindend, sondern nach § 873 Abs 2 BGB nur, wenn sie notariell beurkundet oder vor dem Grundbuchamt abgegeben wurde oder der Veräußerer dem Erwerber eine Eintragungsbewilligung (u Rn 181) ausgehändigt hat. Ferner ist die Auflassung gemäß § 925 Abs 1 S 1 BGB formbedürftig: Sie ist bei gleichzeitiger Anwesenheit beider Parteien vor einer zuständigen Stelle zu erklären. Zuständige Stelle ist gemäß § 925 Abs 1 S 2 BGB in erster Linie der Notar.[424] Mit dem Erfordernis der gleichzeitigen Anwesenheit der Parteien wird nur die Stufenbeurkundung nach §§ 128, 152 BGB ausgeschlossen;[425] da aber keine persönliche Anwesenheit erforderlich ist, können sich die Parteien bei der Auflassung auch vertreten lassen. Ferner verlangt § 925 Abs 1 S 1 BGB keineswegs eine notarielle Beurkundung der Auflassung nach §§ 8 ff BeurkG, doch ist eine solche idR sinnvoll, um eine Bindung nach § 873 Abs 2 BGB zu erzeugen, und für den Erwerb letztlich auch erforderlich, da die Eintragung in das Grundbuch gemäß §§ 20, 29 Abs 1 GBO nur erfolgen soll, wenn die Auflassung durch öffentliche oder öffentlich beglaubigte Urkunde nachgewiesen wird. Aus Gründen der Rechtssicherheit ist die Auflassung gemäß § 925 Abs 2 BGB befristungs- und bedingungsfeindlich; ein Eigentumsvorbehalt lässt sich bei Grundstücken also nicht konstruieren.[426] Und schließlich ist noch auf § 926 BGB hinzuweisen, eine

---

[422] STAUDINGER/PFEIFER/DIEHN (2017) Vorbem 3 zu §§ 925 ff; WIELING ZRG (Germ Abt) 124 (2007) 287 f.

[423] CTh 8, 12, 1; vollständiger überliefert in fr vat 249. Eingehend hierzu WIELING ZRG (Germ Abt) 124 (2007) 287 ff.

[424] Weitere zuständige Stellen, deren Zuständigkeit allerdings eng begrenzt ist, nennt STAUDINGER/PFEIFER/DIEHN (2017) § 925 Rn 81.

[425] STAUDINGER/PFEIFER (2011) § 925 Rn 83; WESTERMANN/EICKMANN (Fn 1) § 75 Rn 2; BAUR/STÜRNER (Fn 4) § 22 Rn 4.

[426] Er wird durch andere Schutzkonstruktionen ersetzt, vgl dazu STAUDINGER/PFEIFER/DIEHN (2017) § 925 Rn 143 ff; BAUR/STÜRNER (Fn 4) § 22 Rn 7 ff.

Norm, die § 311c BGB auf Verfügungsebene ergänzt: Im Zweifel soll sich die Veräußerung auch auf das Zubehör des Grundstücks (§§ 97 f BGB) erstrecken; wird diese Auslegungsregel nicht widerlegt, geht das Eigentum an den einzelnen Zubehörstücken automatisch mit dem Grundeigentum über – also ein Eigentumserwerb an beweglichen Sachen durch Auflassung und Eintragung!

bb) Eintragung

Die Übereignung von Grundstücken ist wie diejenige von beweglichen Sachen ein Doppeltatbestand, der neben der dinglichen Einigung noch ein tatsächliches Element enthält. Zur Übereignung eines Grundstücks ist gemäß § 873 Abs 1 BGB allerdings nicht dessen Übergabe, sondern die Eintragung in das Grundbuch erforderlich. Ob die Eintragung vor oder nach der Einigung erfolgt, ist irrelevant, wie etwa §§ 879 Abs 2, 892 Abs 2 BGB belegen. Es bedarf auch keines irgendwie gearteten inneren Zusammenhangs zwischen Einigung und Eintragung;[427] Ist also etwa ein Scheinerbe zu Unrecht als Eigentümer im Grundbuch eingetragen, wird er Eigentümer, wenn er sich mit dem wahren Alleinerben entsprechend dinglich einigt; einer erneuten Eintragung bedarf es nicht. **179**

An die Stelle des auf bewegliche Sachen beschränkten Traditionsprinzips (o Rn 124) tritt bei Grundstücken also das Eintragungsprinzip.[428] Beide haben dieselben Funktionen: sicherzustellen, dass die Rechtsänderung tatsächlich gewollt ist und dass sie für den Rechtsverkehr sichtbar wird. Die Bedenken, die gegen die diesbezügliche Tauglichkeit des Traditionsprinzips vorgebracht werden (o Rn 126), treffen das Eintragungsprinzip nicht. Insbesondere die Erfüllung der Publizitätsfunktion steht außer Frage: Weil eine Rechtsänderung ohne Eintragung kaum möglich ist,[429] gibt das Grundbuch verlässliche und für jedermann einsehbare Auskunft über den Rechtszustand eines Grundstücks. Bildhaft spricht PHILIPP HECK von einem „juristischen Atlas".[430] Da das Grundbuch eine verlässlichere Auskunft über die Rechtsverhältnisse gibt als der Besitz, reichen auch die in § 891 BGB geregelten Vermutungen weiter als die in § 1006 BGB normierten: Nach Abs 1 wird vermutet, dass ein im Grundbuch eingetragenes Recht (gegenwärtig!) wirklich besteht und demjenigen zusteht, der als Berechtigter eingetragen ist, nach Abs 2, dass ein Recht nicht (mehr) besteht, wenn es gelöscht wurde. Volle negative Publizität in dem Sinne, dass vermutet würde, dass ein nicht eingetragenes Recht auch nicht besteht, entfaltet das Grundbuch jedoch nicht.[431] **180**

§ 873 Abs 1 BGB regelt nur das materiell-rechtliche Eintragungserfordernis. Wie die Eintragung in das Grundbuch erfolgt, richtet sich nach dem Grundbuchverfahrensrecht, insbesondere also nach der GBO und der hierzu erlassenen Durchführungsverordnung (Grundbuchverfügung, GBVfg), die Anlage und Aufbau des Grundbuchs **181**

---

[427] WIELING AcP 209 (2009) 577 ff. Einschränkend STAUDINGER/GURSKY (2012) § 873 Rn 213, MünchKomm/KOHLER (Fn 25) § 873 Rn 109: Einigung und Eintragung müssten dieselbe (?) Rechtsänderung betreffen, was im folgenden Beispielsfall nach KOHLER der Fall sein soll.
[428] Zur Diskussion um die Einführung des Eintragungsprinzips in der Entstehungsgeschichte des BGB SCHUBERT (Fn 43) 95 ff.
[429] Zu denken ist aber immerhin an den Rechtserwerb durch Erbgang nach § 1922 Abs 1 BGB oder – schon weitaus seltener – an den Erwerb einer Sicherungshypothek durch dingliche Surrogation nach § 1287 S 2 BGB.
[430] HECK (Fn 40) § 36. 2.
[431] STAUDINGER/GURSKY (2013) § 891 Rn 46; SOERGEL/STÜRNER (Fn 15) § 891 Rn 11; WIELING, Sachenrecht (5. Aufl 2007) § 20 II 2; WESTERMANN/EICKMANN (Fn 1) § 70 Rn 7; WILHELM (Fn 3) Rn 663.

regelt. Die Eintragung wird auf Antrag des Veräußerers oder Erwerbers vorgenommen (§ 13 GBO, Antragsgrundsatz) und setzt grundsätzlich voraus, dass der Veräußerer als Eigentümer im Grundbuch eingetragen ist (§ 39 Abs 1 GBO, Voreintragungsgrundsatz) und die Eintragung bewilligt (§ 19 GBO, Bewilligungsgrundsatz).[432] Diese verfahrensrechtlichen Erfordernisse stehen selbständig neben den materiell-rechtlichen Erwerbsvoraussetzungen. Das bedeutet einerseits, dass eine Bewilligung nach § 19 GBO erforderlich ist, obwohl sich die Zustimmung des Veräußerers schon in der dinglichen Einigung nach §§ 873 Abs 1, 925 BGB ausdrückt,[433] und andererseits, dass es für die materiell-rechtliche Wirksamkeit der Eintragung grundsätzlich nicht darauf ankommt, ob das nach der GBO vorgeschriebene Verfahren eingehalten wurde: Eine verfahrensfehlerhafte Eintragung führt nur dann nicht zum Eigentumserwerb, wenn der Eintragende sachlich unzuständig war oder die Eintragung durch Drohung oder Zwang erwirkt wurde.[434]

182 Trotz dieser Selbständigkeit haben die Grundbuchverfahrenshandlungen auch materiell-rechtliche Bedeutung. Händigt der Veräußerer dem Erwerber die Eintragungsbewilligung aus, ist er nach § 873 Abs 2 BGB an die dingliche Einigung gebunden. Von erheblicher Bedeutung ist in diesem Zusammenhang § 878 BGB. Die Norm regelt eine Ausnahme von dem Grundsatz, dass es für die Verfügungsbefugnis des Veräußerers auf den Zeitpunkt ankommt, in dem die letzte Voraussetzung des Verfügungstatbestands erfüllt wurde. Geht, wie zumeist, die Einigung der Eintragung voraus, kommt es also für die Frage, ob der Veräußerer verfügungsberechtigt war, eigentlich auf den Zeitpunkt der Eintragung an. § 878 BGB soll die Parteien vor den Nachteilen bewahren, die ihnen deshalb entstehen können, wenn sich die Eintragung durch das oft langwierige Grundbuchverfahren verzögert. Die Norm verlagert den für die Verfügungsbefugnis des Veräußerers maßgeblichen Zeitpunkt auf denjenigen vor, in dem die Parteien alles in ihrer Macht Stehende getan haben, um die Eintragung zu erreichen: sich nämlich bindend dinglich geeinigt und einen Eintragungsantrag gestellt haben. Wird die Verfügungsbefugnis des Veräußerers nach diesem Zeitpunkt beschränkt, schadet dies dem Erwerber nicht mehr. Wurde also am 1. Juni die dingliche Einigung zwischen V und E notariell beurkundet und ging am 3. Juni beim Grundbuchamt der Antrag auf Eintragung des E ein, erwirbt E trotz §§ 80 Abs 1, 81 Abs 1 S 1 InsO auch dann vom Berechtigten, wenn am 4. Juni ein Insolvenzverfahren über das Vermögen des V eröffnet wird und die Eintragung des E erst im Juli erfolgt. Nach seinem klaren Wortlaut gilt § 878 BGB allerdings nur für Verfügungsbeschränkungen; fehlt es an der Verfügungsbefugnis des Veräußerers, weil dieser in der Zwischenzeit das Eigentum verloren hat, greift § 878 BGB nicht ein.[435]

---

[432] Ausf zum Eintragungsverfahren STAUDINGER/GURSKY (2012) § 873 Rn 232 ff; ferner etwa WIELING (Fn 431) § 19 II.
[433] STAUDINGER/GURSKY (2012) § 873 Rn 257; anders aber WILHELM (Fn 3) Rn 590. Immerhin kann die Auflassungserklärung des Veräußerers so auszulegen sein, dass sie auch die Eintragungsbewilligung ausdrücken sollte: MünchKomm/KOHLER (Fn 25) § 873 Rn 101; BAUR/STÜRNER (Fn 4) § 16 Rn 24; PRÜTTING (Fn 1) Rn 280.
[434] BGH NJW 1952, 1289 f; STAUDINGER/GURSKY (2013) § 891 Rn 19 (zu § 891 BGB); MünchKomm/KOHLER (Fn 25) § 873 Rn 101.
[435] STAUDINGER/GURSKY (2012) § 878 Rn 18; MünchKomm/KOHLER (Fn 25) § 878 Rn 10; SOERGEL/STÜRNER (Fn 15) § 878 Rn 3; WIELING (Fn 431) § 20 I 3 g; WESTERMANN/EICKMANN (Fn 1) § 74 Rn 33; PRÜTTING (Fn 1) Rn 155.

c) Erwerb vom Nichtberechtigten

183 Ist der Veräußerer des Grundstücks im soeben beschriebenen maßgeblichen Zeitpunkt nicht verfügungsbefugt und handelt es sich bei der Veräußerung um ein Verkehrsgeschäft (o Rn 150), kommt ein Erwerb nach § 892 BGB in Betracht: Der eingetragene Eigentümer gilt gegenüber dem Erwerber gemäß § 892 Abs 1 S 1 BGB als wahrer Eigentümer, er erwirbt also wie vom Berechtigten, solange der Erwerber nicht positiv weiß, dass der Eingetragene in Wahrheit nicht Eigentümer ist. § 892 Abs 1 S 2 BGB erweitert diesen Verkehrsschutz auf Verfügungsbeschränkungen, die in das Grundbuch einzutragen sind (vgl etwa § 32 Abs 1 InsO). Und obwohl das Grundbuch keine volle negative Publizität entfaltet, ist auch ein lastenfreier Erwerb möglich: Ist ein das Grundstück belastendes, eintragungspflichtiges Recht wie etwa ein Grundpfandrecht nicht eingetragen, erlischt es unter den Voraussetzungen des § 892 Abs 1 S 1 BGB mit dem Erwerb des Grundstücks.

184 Weil das Grundbuch ein überaus verlässlicher Rechtsscheinträger ist, kann sich der Erwerber auf seine Richtigkeit und Vollständigkeit schlechthin verlassen; anders als iRd gutgläubigen Erwerbs nach §§ 932–934 BGB treffen ihn keinerlei Nachforschungspflichten, und auch gröbste Fahrlässigkeit schadet ihm nicht.[436] Zudem wird vermutet, dass der Erwerber die Unrichtigkeit des Grundbuchs nicht kannte; wer behauptet, ein Erwerb nach § 892 Abs 1 BGB sei an entsprechender Kenntnis des Erwerbers gescheitert, muss diese beweisen. Positiver Kenntnis ist es allerdings gleichzustellen, wenn der Erwerber sich der Kenntnisnahme von Tatsachen, welche die Unrichtigkeit des Grundbuchs belegen, geradezu absichtsvoll verschließt.[437] Dagegen hat der Erwerber keine Kenntnis von der Unrichtigkeit des Grundbuchs, wenn er zwar alle Tatsachen kennt, aus denen sie sich ergibt, daraus aber nicht die richtigen rechtlichen Schlüsse gezogen hat.[438]

185 Nach alledem ist die Gefahr erheblich, dass der wahre Eigentümer sein Eigentum durch eine Verfügung des nicht berechtigten, aber eingetragenen „Bucheigentümers" verliert. Er hat daher ein erhebliches Interesse daran, dass er als Eigentümer eingetragen und der von dem Grundbuch ausgehende Rechtsschein damit beseitigt wird. Verfahrensrechtlich setzt eine solche Grundbuchberichtigung gemäß § 19 GBO die entsprechende Bewilligung des Bucheigentümers voraus, die dieser aber nicht unbedingt freiwillig erteilen wird – etwa, weil er sich selbst für den wahren Eigentümer hält. Der wahre Eigentümer hat daher gemäß § 894 BGB einen materiell-rechtlichen Anspruch auf Erteilung dieser grundbuchrechtlichen Bewilligung (die § 894 BGB irreführend „Zustimmung" nennt), und ein aufgrund dieses Anspruchs gegen den Bucheigentümer erstrittenes Urteil ersetzt gemäß § 894 ZPO dessen Bewilligung, jedoch erst, wenn das Urteil rechtskräftig ist. Bis dahin können Jahre vergehen, und in der Zwischenzeit bleibt die Gefahr, dass der Bucheigentümer aufgrund des falschen Grundbuchs wirksam über das Eigentum verfügt. Daher kann der wahre Eigentümer gemäß § 899 BGB einen Widerspruch gegen die Richtigkeit des Grundbuchs eintragen lassen. Zwar ist auch hierfür grundsätzlich eine Bewilligung des Bucheigentümers erforder-

---

[436] MUGDAN III, 192 (Erste Kommission).
[437] STAUDINGER/GURSKY (2013) § 892 Rn 157, 162; WIELING (Fn 431) § 20 II 3 e; WESTERMANN/EICKMANN (Fn 1) § 83 Rn 19; MÜLLER/GRUBER (Fn 1) Rn 2806.
[438] MünchKomm/KOHLER (Fn 25) § 892 Rn 48; WIELING (Fn 431) § 20 II 3 e; BAUR/STÜRNER (Fn 4) § 23 Rn 30; WESTERMANN/EICKMANN (Fn 1) § 83 Rn 18; MÜLLER/GRUBER (Fn 1) Rn 2806; einschränkend etwa STAUDINGER/GURSKY (2013) § 892 Rn 162 (Kenntnis, wenn sich der richtige Schluss aufdrängte).

lich, doch kann diese gemäß § 899 Abs 2 BGB durch eine im Wege des Eilrechtsschutzes erstrittene einstweilige Verfügung ersetzt werden. Mit der Eintragung des Widerspruchs ist der von der Grundbucheintragung ausgehende Rechtsschein zerstört; folglich ist der Erwerb vom Bucheigentümer gemäß § 892 Abs 1 S 1 BGB unabhängig davon ausgeschlossen, ob der Erwerber den Widerspruch kannte oder auch nur kennen musste. Das gilt aber nur, wenn der Widerspruch für den wahren Berechtigten eingetragen wurde:[439] Hat also etwa D einen Widerspruch gegen das Eigentum des B eintragen lassen, ist aber in Wahrheit E Eigentümer, kann K das Eigentum trotz des Widerspruchs gemäß § 892 Abs 1 S 1 BGB von B erwerben.

186 Der Erwerb vom Nichtberechtigten nach § 892 Abs 1 S 1, 2 BGB setzt also voraus, dass (1) der Veräußerer als Eigentümer im Grundbuch eingetragen ist bzw eine Beschränkung seiner Verfügungsbefugnis dort nicht eingetragen ist, (2) der Erwerber die Unrichtigkeit des Grundbuchs nicht kennt und (3) auch kein Widerspruch gegen die Richtigkeit des Grundbuchs eingetragen ist. Nach allgemeinen Grundsätzen müssten alle drei Voraussetzungen in dem Zeitpunkt vorliegen, in dem sich der Erwerb vollendet, im Normalfall, in dem die Einigung der Eintragung vorausgeht, also zum Zeitpunkt der Eintragung des Erwerbers.[440] Tatsächlich gilt dies jedoch nur für die Eintragung des Veräußerers und die fehlende Eintragung eines Widerspruchs. Für die fehlende Kenntnis des Erwerbers von der Unrichtigkeit des Grundbuchs dagegen ist nach § 892 Abs 2 BGB auf den Zeitpunkt abzustellen, in dem die Parteien alles ihrerseits für den Rechtserwerb Erforderliche getan, sich also dinglich geeinigt und die Eintragung des Erwerbers beantragt haben.[441] Inhaltlich und funktionell entspricht diese Norm § 878 BGB; wie dieser soll sie vor Nachteilen schützen, die den Parteien aus einem langwierigen Eintragungsverfahren erwachsen könnten.

187 Für die Ausgleichsansprüche des früheren Eigentümers, die ein Erwerb vom Nichtberechtigten nach sich zieht, gilt das für den gutgläubigen Erwerb nach § 932 BGB Gesagte (o Rn 158 f) entsprechend. Hier wie dort fällt das Eigentum automatisch an den früheren Eigentümer zurück, wenn der Erwerber es im Zuge einer Rückabwicklung des Veräußerungsvorgangs auf den nicht berechtigten Veräußerer zurückübertragen will (o Rn 160).[442]

d) Erwerb durch Ersitzung oder Aneignung
188 Auch das Grundstückseigentum kann originär kraft Gesetzes erworben werden, jedoch nicht nach §§ 937–984 BGB, die nur für bewegliche Sachen gelten. Das Immobiliarsachenrecht kennt zwei Ersitzungsformen, die beide vom guten Glauben des Erwerbers an sein Eigentum unabhängig sind. Die Buch- oder Tabularersitzung nach

---

[439] STAUDINGER/GURSKY (2013) § 892 Rn 132; MünchKomm/KOHLER (Fn 25) § 892 Rn 41; SOERGEL/STÜRNER (Fn 15) § 892 Rn 27; WIELING (Fn 431) § 20 II 4 c bb; WELLENHOFER (Fn 305) § 19 Rn 29. Anders aber WOLFF/RAISER (Fn 17) § 47 III 1; PRÜTTING (Fn 1) Rn 249: Auf einen Widerspruch könne sich jeder berufen.
[440] BGH NJW 2001, 359, 360; STAUDINGER/GURSKY (2013) § 892 Rn 184, 188, 196.
[441] Wird das Grundbuch erst zu einem späteren Zeitpunkt unrichtig, ist dieser entscheidend, vgl STAUDINGER/GURSKY (2013) § 892 Rn 209; SOERGEL/STÜRNER (Fn 15) § 892 Rn 41; WIELING (Fn 431) § 20 II 3 g; WIEGAND JuS 1975, 205, 208.
[442] SOERGEL/STÜRNER (Fn 15) § 892 Rn 48; BAUR/STÜRNER (Fn 4) § 23 Rn 27a; PRÜTTING (Fn 1) Rn 232. Anders etwa mwNwn STAUDINGER/GURSKY (2013) § 892 Rn 237, und für Grundstücke auch WIELING (Fn 431) § 20 III 3 i bb (weil es an der erforderlichen Eintragung des ursprünglich Berechtigten fehle).

§ 900 Abs 1 S 1 BGB setzt voraus, dass der Erwerber dreißig Jahre lang als Eigentümer im Grundbuch eingetragen war und das Grundstück in Eigenbesitz hatte. Die Kontratabularersitzung nach § 927 Abs 1, 2 BGB dagegen lässt 30-jährigen Eigenbesitz des Erwerbers genügen, jedoch nur, wenn entweder auch der wahre Eigentümer nicht im Grundbuch eingetragen war oder wenn er gestorben oder verschollen ist und seit 30 Jahren keine Eintragung mehr vorgenommen wurde, die seiner Bewilligung bedurft hätte. Während der Eigentumserwerb bei der Tabularersitzung nach § 900 BGB von selbst eintritt, muss der Erwerber bei der Kontratabularersitzung gegen den Eigentümer ein Aufgebotsverfahren nach §§ 433 ff, 442 ff FamFG anstrengen und erwirbt das Eigentum gemäß § 927 Abs 2 BGB erst, wenn er nach Ergehen des Ausschließungsbeschlusses in das Grundbuch eingetragen wird.

Auch Grundstückseigentum kann durch Aneignung erworben werden, wenn das Grundstück herrenlos war – was allerdings sehr selten vorkommt. Die Dereliktion (vgl o Rn 172) von Grundeigentum erfolgt gemäß § 928 Abs 1 BGB durch Verzichtserklärung des Eigentümers gegenüber dem Grundbuchamt und Eintragung des Verzichts in das Grundbuch. Gemäß § 928 Abs 2 BGB ist zunächst allein der Fiskus aneignungsberechtigt; eine Privatperson kann sich das herrenlose Grundstück nur aneignen, wenn der Fiskus auf sein Aneignungsrecht verzichtet hat. Die Aneignung erfolgt durch Erklärung gegenüber dem Grundbuchamt und Eintragung in das Grundbuch.[443] **189**

5. Der Herausgabeanspruch aus dem Eigentum

Die Regelung des BGB über den Eigentumsschutz (§§ 985–1004 BGB) differenziert nicht zwischen beweglichen und unbeweglichen Sachen. Nach dem Vorbild des römischen Rechts wird vielmehr danach unterschieden, was für eine Störung des Eigentums es abzuwehren gilt: Die unberechtigte Vorenthaltung des Besitzes führt gemäß §§ 985, 986 BGB zu einem Herausgabeanspruch (dazu sogleich) und einem gesetzlichen Schuldverhältnis zwischen Eigentümer und Besitzer (§§ 987–1003 BGB, u Rn 200 ff); alle anderen Störungen kann der Eigentümer mit einem Beseitigungs- oder Unterlassungsanspruch abwehren, der in § 1004 BGB geregelt ist. **190**

a) Die Vindikationslage

Der Herausgabeanspruch aus § 985 BGB wird häufig auch als Vindikation bezeichnet, nach der lateinischen Bezeichnung der römisch rechtlichen Herausgabeklage des Eigentümers[444] gegen den Besitzer *(rei vindicatio)*.[445] Anspruchsberechtigt ist der Eigentümer der Sache, nach Maßgabe des § 1011 BGB (o Rn 115) auch ein Miteigentümer. Er kann den Anspruch gegen jeden Besitzer richten, also auch gegen einen Teil- oder Mitbesitzer, und nicht nur gegen den unmittelbaren, sondern auch gegen den mittelbaren Besitzer.[446] Ein Besitzdiener hingegen kann aus § 985 BGB nicht in Anspruch genommen werden, weil er gemäß § 855 BGB nicht Besitzer ist.[447] Mit der bloßen **191**

---

[443] BGH NJW 1990, 251, 252 f; STAUDINGER/PFEIFER/DIEHN (2017) § 928 Rn 25; WIELING (Fn 1) § 23 III 3 b; SCHREIBER (Fn 40) Rn 367.
[444] Der Ersitzungsbesitzer als „bonitarischer Eigentümer" konnte die der *rei vindicatio* nachgebildete *actio Publiciana* anstellen, vgl dazu KASER (Fn 38) § 101; KASER/KNÜTEL/LOHSSE (Fn 36) § 25.
[445] Zur Etymologie des Verbs *vindicare* MANT-

HE, Geschichte des römischen Rechts (4. Aufl 2011) 17 f.
[446] BGH NJW 1970, 241, 242; STAUDINGER/GURSKY (2012) § 985 Rn 43; MünchKomm/BALDUS (Fn 25) § 985 Rn 32 ff; WIELING (Fn 1) § 12 I 1 b aa. Die Haltung der Zweiten Kommission in dieser Frage schwankte zunächst, MUGDAN III, 666 ff.
[447] BGH NJW 1994, 852, 854; STAUDINGER/

Behauptung, Besitzdiener zu sein, kann sich der Gewahrsamsinhaber der Vindikation aber nicht entziehen; für seine Stellung als Besitzer spricht eine tatsächliche Vermutung, die er widerlegen muss.[448]

192 Nach § 986 Abs 1 S 1 Alt 1 BGB ist der Herausgabeanspruch ausgeschlossen, wenn der Besitzer dem Eigentümer gegenüber zum Besitz der Sache berechtigt ist. Trotz der Formulierung „kann ... verweigern" ist hier keine Einrede, sondern eine Einwendung normiert, die der Richter bei entsprechendem Tatsachenvortrag also von Amts wegen zu berücksichtigen hat: Ein Recht zum Besitz hemmt den Anspruch aus § 985 BGB nicht nur in seiner Durchsetzbarkeit, sondern schließt ihn ganz aus.[449] Es kann aus einer zwischen Besitzer und Eigentümer bestehenden vertraglichen Beziehung folgen, sei es, dass der Eigentümer den Besitz auf Zeit (etwa Miete, Pacht, Leasing, Leihe) oder endgültig (etwa Kauf, Tausch, Schenkung) zu überlassen hat, sei es, dass der Besitzübergang im Interesse des Eigentümers liegt (etwa Verwahrung, Auftrag).[450] Auch kraft Gesetzes entstehende Rechtsverhältnisse können ein Besitzrecht begründen, namentlich die berechtigte Geschäftsführung ohne Auftrag.[451] Schließlich können auch dingliche Rechte, je nach ihrem Inhalt, zum Besitz berechtigen, etwa ein Nießbrauch (§ 1036 Abs 1 BGB) oder ein Faustpfandrecht. Aus einem Zurückbehaltungsrecht nach § 273 BGB oder § 1000 BGB aber folgt entgegen verbreiteter Ansicht auch dann kein Recht zum Besitz, wenn es geltend gemacht wurde:[452] Es ist eine bloße Einrede, die den Anspruch aus § 985 BGB nicht ausschließt, sondern nur seine Durchsetzbarkeit betrifft.

193 Der dinglich Berechtigte ist gegenüber jedermann zum Besitz berechtigt; die aus einem Schuldverhältnis folgenden Besitzrechte dagegen wirken nur relativ, also zwischen den am Schuldverhältnis Beteiligten. Auf ein schuldrechtliches Besitzrecht kann sich der Besitzer daher grundsätzlich nur berufen, wenn der Eigentümer Partei des Schuldverhältnisses ist: Hat D dem Eigentümer E ein Fahrrad gestohlen und an B vermietet, kann B der Vindikation des E nicht entgegenhalten, dass er aus dem Mietvertrag mit D zum Besitz berechtigt sei. Von diesem Relativitätsgrundsatz macht § 986 BGB zwei Ausnahmen. Mittelt der Besitzer einer anderen Person den Besitz,[453] er-

---

Gursky (2012) § 985 Rn 56; Wieling (Fn 1) § 12 I 1 b pr; Petersen Jura 2002, 255. **AA** MünchKomm/Baldus (Fn 25) § 985 Rn 20 ff; Heck (Fn 40) § 66. 5. Nach Staudinger/Gutzeit (2018) § 855 Rn 29 soll (nur) der Besitzer seinen Besitzdiener aus § 985 BGB in Anspruch nehmen können.
[448] Für Beweislastumkehr Wieling (Fn 1) § 12 I 1 b Fn 13; Westermann/Gursky (Fn 1) § 29 Rn 12.
[449] BGH NJW 1999, 3716, 3717; Staudinger/Gursky (2012) § 986 Rn 1; Wieling (Fn 1) § 12 I 3 a pr; Baur/Stürner (Fn 4) § 11 Rn 26.
[450] Der Verwahrer (§ 695 BGB) und der Beauftragte (§§ 667, 671 Abs 1 BGB) müssen die Sache jederzeit herausgeben, weshalb manche meinen, dass in diesen Fällen kein Besitzrecht bestehe, vgl etwa Staudinger/Gursky (2012) § 986 Rn 22, anders Wieling (Fn 1) § 12 II 3 a.

Dass jedenfalls §§ 987 ff BGB unanwendbar sind, ist unstreitig.
[451] Zu ihren Voraussetzungen Martinek, in: Staudinger/Eckpfeiler (2014) S. Rn 78 ff – § 241a BGB gibt dem Verbraucher kein Recht, die unbestellte Ware zu besitzen, schließt aber alle Ansprüche des versendenden Unternehmers, also auch die aus §§ 985, 987 ff BGB folgenden, aus, vgl Staudinger/Gursky (2012) Vorbem 19 zu §§ 987–993.
[452] Staudinger/Gursky (2012) § 986 Rn 28; MünchKomm/Baldus (Fn 25) § 986 Rn 45; BeckOGK/Spohnheimer § 986 Rn 40; Wieling (Fn 1) § 12 I 3 a pr; Prütting (Fn 1) Rn 514; Wilhelm (Fn 3) Rn 1200 f; Müller/Gruber (Fn 1) Rn 599; Kindl JA 1996, 23, 29. **AA** BGH NJW 2002, 1050, 1052; Palandt/Grüneberg (Fn 45) § 273 Rn 20; Roussos JuS 1987, 606, 609 f.
[453] § 986 Abs 1 S 1 Alt 2 BGB greift aber auch

laubt ihm § 986 Abs 1 S 1 Alt 2, sich auf das Besitzrecht des mittelbaren Besitzers zu berufen:[454] Hat M von V eine Wohnung gemietet und an U untervermietet, kann U also unter Hinweis auf den Mietvertrag zwischen M und V dessen Vindikation abwehren. Dies gilt gemäß § 986 Abs 1 S 2 BGB jedoch nur, wenn M gegenüber V zur Untervermietung berechtigt war; andernfalls kann V von U verlangen, dass dieser die Wohnung an M herausgibt. Und schließlich setzt § 986 Abs 1 S 1 Alt 2 BGB eine ununterbrochene „Besitzrechtsbrücke" zwischen dem Eigentümer und dem unmittelbaren Besitzer voraus, dieser muss also auch gegenüber dem mittelbaren Besitzer zum Besitz berechtigt sein, im Fall muss also auch der Untermietvertrag zwischen M und U wirksam sein.

Die zweite Ausnahme vom Grundsatz der Relativität des Besitzrechts folgt aus § 986 Abs 2 BGB: Wurde die Sache nach § 931 BGB veräußert – was natürlich nur bei beweglichen Sachen möglich ist –, kann sich der Besitzer gegenüber dem neuen Eigentümer auf das Besitzrecht berufen, das aus dem Rechtsverhältnis zum früheren Eigentümer folgte. Auch ein vertragliches Besitzrecht genießt also Sukzessionsschutz, es wird durch Besitzeinräumung verdinglicht.[455] Dieser Schutz ist allerdings lückenhaft: Der Gesetzgeber glaubte offenbar, dass die Veräußerung einer einem Dritten überlassenen Sache nur nach § 931 BGB möglich sei, und übersah dabei, dass sie auch nach § 930 BGB erfolgen kann, dadurch nämlich, dass der Veräußerer dem Erwerber den Besitz mittelt, diesen also zum mittelbaren Besitzer zweiter Stufe macht. § 986 Abs 2 ist in diesem Fall analog anzuwenden.[456] **194**

b) Inhalt des Herausgabeanspruchs
Der unberechtigte Besitzer schuldet dem Eigentümer nach § 985 BGB Herausgabe und damit nicht nur die Duldung der Wegnahme, sondern ein positives Tun: Er muss den Besitz „auskehren", grundsätzlich also die Sache zur Abholung durch den Eigentümer bereitstellen. Hat der Besitzer die Sache verlegt, muss er sie suchen; hat er sie mit einer anderen Sache verbunden, muss er sie abtrennen.[457] Der Besitzer muss den Besitz jedoch grundsätzlich nur so herausgeben, wie er ihn hat: Ein Teilbesitzer muss also nur den Besitz an dem Teil der Sache herausgeben, den er hat; auch ein Mitbesitzer muss nicht etwa die ganze Sache herausgeben, was er ohne die Mitwirkungen der anderen Mitbesitzer oftmals auch gar nicht könnte und dürfte (§§ 858 Abs 1, 866 BGB!), sondern nur den Mitbesitz.[458] Gälte dieser Grundsatz auch für einen mittelbaren Besitzer, könnte der Eigentümer von ihm nur Übertragung des mittelbaren Besitzes verlangen, also Abtretung des Herausgabeanspruchs gegen den Besitzmittler **195**

---

dann, wenn der unmittelbare Besitzer Eigenbesitzer ist: Hat E eine Sache an A und dieser sie an B verkauft und übergeben, kann E sie entsprechend § 986 Abs 1 S 1 Alt 2 BGB nicht von B herausverlangen, vgl nur STAUDINGER/GURSKY (2012) § 986 Rn 37; SCHREIBER Jura 2005, 30, 31.
[454] Nach hM soll § 986 Abs 1 S 1 Alt 2 BGB dem unmittelbaren Besitzer dagegen ein eigenes Besitzrecht verleihen, vgl etwa STAUDINGER/GURSKY (2012) § 986 Rn 38.
[455] Zur Verdinglichung von Besitzüberlassungsansprüchen durch Besitzeinräumung mit Blick auf § 1007 BGB o Rn 192. Mieter und Pächter unbeweglicher Sachen werden nach §§ 566, 581 BGB dadurch geschützt, dass der Erwerber des Grundstücks kraft Gesetzes in das Miet- oder Pachtverhältnis eintritt und aus diesem zur weiteren Überlassung verpflichtet ist.
[456] BGH NJW 1990, 1914; STAUDINGER/GURSKY (2012) § 986 Rn 55; MünchKomm/BALDUS (Fn 25) § 986 Rn 57; WIELING (Fn 1) § 12 I 2 3 a aa; HECK (Fn 40) § 66. 10 c; einschränkend ROUSSOS JuS 1987, 606, 610 f.
[457] STAUDINGER/GURSKY (2012) § 985 Rn 61; WIELING (Fn 1) § 12 I 2 a.
[458] STAUDINGER/GURSKY (2012) § 985 Rn 66; WIELING (Fn 1) § 12 I 1 b bb.

(§ 870 BGB);[459] ein nur hierauf lautendes Urteil aber nützte dem Eigentümer nichts, wenn der mittelbare Besitzer im Nachhinein den unmittelbaren Besitz erlangt hat. Nach herrschender Meinung soll der Eigentümer daher auch den mittelbaren Besitzer schlicht auf Herausgabe verklagen können.[460] Hat dieser mittlerweile den unmittelbaren Besitz erlangt, wird ein entsprechendes Urteil nach § 883 ZPO dadurch vollstreckt, dass der Gerichtsvollzieher ihm die Sache wegnimmt und dem Eigentümer übergibt, andernfalls gemäß § 886 ZPO dadurch, dass ihm das Vollstreckungsgericht den Herausgabeanspruch des mittelbaren gegen den unmittelbaren Besitzer überweist.[461]

196 Das allgemeine Schuldrecht ist auf den Anspruch aus § 985 BGB nur mit erheblichen Einschränkungen anwendbar. Diese ergeben sich zum einen aus der besonders engen Verbindung des Anspruchs zu dem Eigentum, aus dem er entspringt, zum anderen daraus, dass §§ 987 ff BGB Sonderregeln enthalten, die das allgemeine Schuldrecht teilweise verdrängen. Aus dem erstgenannten Grund kann der Herausgabeanspruch nach § 985 BGB nicht nach § 398 BGB abgetreten werden;[462] er folgt stets unselbständig aus dem Eigentum. Der Eigentümer kann jedoch einen Dritten ermächtigen, den Herausgabeanspruch im eigenen Namen, also als gewillkürter Prozessstandschafter, prozessual geltend zu machen.[463] Aus einem Wertungsvorrang der §§ 989, 990 BGB erklärt sich, dass die allgemeinen Regeln über den Leistungsort für die Vindikation nicht gelten: Der Besitzer hat die Sache vielmehr grundsätzlich dort herauszugeben, wo sie sich befand, als er bösgläubig wurde oder die Rechtshängigkeit eintrat, denn der gutgläubige und unverklagte Besitzer hat für seine Handlungen gegenüber dem Eigentümer grundsätzlich nicht einzustehen (u Rn 200).[464] Auch § 275 BGB findet auf den Herausgabeanspruch aus § 985 BGB keine Anwendung: Hat der ursprüngliche Besitzer den Besitz verloren, geht der Anspruch aus § 985 BGB gegen ihn ohne weiteres unter.[465] Folglich sind auch §§ 283 und 285 BGB unanwendbar.[466] Dass dies auch für § 281 BGB gilt,[467] ergibt sich schon daraus, dass die Rechtsfolge des § 281 Abs 4

---

[459] So ERMAN/EBBING (Fn 39) § 985 Rn 22.

[460] BGH NJW-RR 2004, 570, 571; STAUDINGER/GURSKY (2012) § 985 Rn 71 ff; MünchKomm/BALDUS (Fn 25) § 985 Rn 32; BAMBERGER/ROTH/FRITZSCHE (Fn 159) § 985 Rn 18; WIELING (Fn 1) § 12 I 1 c; BAUR/STÜRNER (Fn 4) § 11 Rn 41; SCHREIBER (Fn 40) Rn 206.

[461] Mit Blick auf die strenge Schadensersatzhaftung aus § 283 BGB aF sollte der mittelbare Besitzer nach früher hM nur dann schlicht auf Herausgabe zu verurteilen sein, wenn er nach §§ 989, 990 haftete, vgl (noch zum alten Recht) BGH NJW-RR 2004, 570, 571, dazu GURSKY JZ 2005, 285, 291 f. Diese Ansicht hat sich mit der Schuldrechtsreform erledigt, da eine Haftung aus § 281 BGB nF voraussetzt, dass der Schuldner die Nichtherausgabe zu vertreten hat, vgl STAUDINGER/GURSKY (2012) § 985 Rn 73; SOERGEL/STADLER (Fn 147) § 985 Rn 17 f; PRÜTTING (Fn 1) Rn 521.

[462] STAUDINGER/GURSKY (2012) § 985 Rn 3; SOERGEL/STADLER (Fn 147) § 985 Rn 3; WIELING (Fn 1) § 12 I 2 e; BAUR/STÜRNER (Fn 4) § 11 Rn 45.

[463] BGH NJW-RR 1986, 158; SOERGEL/STADLER (Fn 147) § 985 Rn 3; KINDL JA 1996, 23, 26.

[464] BGH NJW 1981, 752, 753; STAUDINGER/BITTNER (2014) § 269 Rn 47; ERMAN/EBBING (Fn 39) § 985 Rn 23; WIELING (Fn 1) § 12 I 1 b (genauer differenzierend); PRÜTTING (Fn 1) Rn 519. AA aber etwa STAUDINGER/GURSKY (2012) § 985 Rn 61 und ausf PICKER, in: FG 50 Jahre BGH I (2000) 693, 727 ff, 743 f: Leistungsort sei immer der aktuelle Lageort der Sache, Verlagerungen nach Eintritt der Rechtshängigkeit/Bösgläubigkeit könnten allenfalls Schadensersatzansprüche nach §§ 989, 990 BGB auslösen.

[465] SOERGEL/STADLER (Fn 147) Vor § 985 Rn 3; PICKER, in: FG 50 Jahre BGH I (2000) 693, 704 f, 720.

[466] Für § 285 BGB ebenso STAUDINGER/GURSKY (2012) § 985 Rn 166; WILHELM (Fn 3) Rn 1186 f; PICKER, in: FG 50 Jahre BGH I (2000) 693, 721 f; KINDL JA 1996, 23, 28. **AA** aber HECK (Fn 40) § 32. 7, 8; E WOLF (Fn 40) § 3 E IV c 12.

[467] STAUDINGER/GURSKY (2012) § 985 Rn 82; MünchKomm/BALDUS (Fn 25) § 985 Rn 149;

BGB nicht passt: Der Herausgabeanspruch aus § 985 BGB ist untrennbar mit dem Eigentum verbunden und kann nicht erlöschen, solange dieses besteht; umgekehrt ist kaum zu ermitteln, welcher Schaden aus der Nichtherausgabe entsteht, wenn der Gläubiger das Eigentum behält.[468] § 281 BGB ist daher entgegen der mittlerweile wohl herrschenden Meinung[469] auch dann nicht anwendbar, wenn der Besitzer nach §§ 989, 990 BGB verschärft haftet, und auch nicht über § 990 Abs 2 BGB, wenn der Besitzer sich darüber hinaus in Verzug befindet.[470] Anwendbar sind immerhin die Vorschriften über den Gläubiger- und über den Schuldnerverzug,[471] diese jedoch nur nach Maßgabe des § 990 Abs 2 BGB (u Rn 215).

c) Konkurrenzen

Hat der Eigentümer die Sache dem Besitzer aufgrund eines entsprechenden Vertrags überlassen, kann er aus diesem Vertrag nach Ablauf der vereinbarten Überlassungszeit meist auch die Herausgabe verlangen (vgl §§ 546, 596, 604, 667, 695 BGB). Es fragt sich, ob er daneben auch den Herausgabeanspruch aus § 985 BGB geltend machen kann. Entgegen dem ersten Anschein ist die Relevanz dieser Frage erheblich, und zwar nicht nur im Hinblick darauf, dass die vertraglichen Herausgabeansprüche in kürzerer Frist verjähren (dazu u Rn 199): Schließen sie die Vindikation aus, ist auch die in §§ 987 ff BGB geregelte Vindikationsfolgeordnung nicht anwendbar! Nach ganz herrschender Meinung soll der Anspruch aus § 985 BGB durch vertragliche Herausgabeansprüche indes nicht verdrängt werden,[472] womit aber nicht unbedingt auch eine Aussage über die Anwendbarkeit der §§ 987 ff BGB getroffen sein soll (u Rn 204). Damit wird dem Eigentümer erlaubt, die Regeln der vertraglichen Rückabwicklung, auf die er sich freiwillig eingelassen hat, zulasten seines Vertragspartners durch Berufung auf § 985 BGB zu unterlaufen. Schon deshalb erscheint die Gegenansicht vorzugswürdig, nach der die Vindikation und mit ihr §§ 987 ff BGB bei der Rückabwicklung von Vertragsverhältnissen keine Anwendung finden.[473] Dies muss auch gelten, wenn das angestrebte Vertragsverhältnis nicht entstanden oder unwirksam ist: Entgegen der herrschenden Meinung ist der Anspruch aus § 985 BGB daher auch dann

---

SOERGEL/STADLER (Fn 147) § 985 Rn 18; WILHELM (Fn 3) Rn 1183, 1186 ff; GURSKY Jura 2004, 433 ff; eingehend KATZENSTEIN AcP 206 (2006) 96 ff.

[468] Das Problem besteht freilich auch für alle vertraglichen Herausgabeansprüche, deren Gläubiger Eigentümer der Sache ist; ob man auch hier die Anwendung des § 281 BGB ablehnen sollte oder aber dieses Problems Herr werden kann, indem man § 255 BGB analog anwendet, ist eine offene Frage; dafür aber wohl BGH NJW 2016, 3235, 3237 Rn 21 und etwa PALANDT/GRÜNEBERG (Fn 45) § 281 Rn 4, ablehnend STAUDINGER/GURSKY (2012) § 985 Rn 82.

[469] BGH NJW 2016, 3235, 3236 f Rn 16 ff = JuS 2016, 1024 ff (RIEHM); STAUDINGER/SCHWARZE (2014) § 281 Rn B 5; PALANDT/HERRLER (Fn 45) § 985 Rn 14; ERMAN/EBBING (Fn 39) Vor §§ 987–993 Rn 90; PALANDT/GRÜNEBERG (Fn 45) § 281 Rn 4; BAMBERGER/ROTH/FRITZSCHE (Fn 159) § 985 Rn 30. Für Anwendbarkeit nur auf den unredlichen Besitzer BeckOGK/SPOHNHEIMER § 985 Rn 26.

[470] So aber GEBAUER/HUBER ZGS 2005, 103, 105 f, und ihnen folgend WIELING (Fn 1) § 12 I 2 e; GRUBER/LÖSCHE NJW 2007, 2815, 2817 ff. Gegen sie zu Recht STAUDINGER/GURSKY (2012) § 985 Rn 84.

[471] SOERGEL/STADLER (Fn 147) § 985 Rn 3; BAUR/STÜRNER (Fn 4) § 11 Rn 45.

[472] BGH NJW-RR 2008, 869 f; BGH NJW 1996, 321, 322; STAUDINGER/GURSKY (2012) § 985 Rn 32 ff; MünchKomm/BALDUS (Fn 25) § 985 Rn 132; SOERGEL/STADLER (Fn 147) § 985 Rn 5; ERMAN/EBBING (Fn 39) § 985 Rn 27 ff; PRÜTTING (Fn 1) Rn 523; MÜLLER/GRUBER (Fn 1) Rn 582; SCHREIBER Jura 1992, 356, 357 f; MICHALSKI, in: FS Gitter (1995) 577, 582.

[473] Grundlegend RAISER, in: FS M Wolff (1952) 123 ff. Vgl nun auch WIELING (Fn 1) § 12 I 1 3 b; BAUR/STÜRNER (Fn 4) § 11 Rn 33; KLINCK ZRG Germ Abt 127 (2003) 813, 814; FINKENAUER JuS 1998, 986.

ausgeschlossen, wenn der Besitzer die Sache aufgrund eines unwirksamen Vertrags erhalten hat,[474] allerdings nur dann, wenn der Eigentümer selbst an diesem Vertrag beteiligt war[475] – auch die Leistungskondiktion ist gegenüber § 985 BGB spezieller.

198 Andere Herausgabeansprüche, namentlich solche aus §§ 812 Abs 1 S 1 Alt 2, 823 iVm 249, 861, 1007 und auch 2018 BGB,[476] lassen den Herausgabeanspruch aus § 985 BGB unberührt und bestehen ihrerseits neben der Vindikation.[477] Kein Herausgabeanspruch aus § 985 BGB besteht dagegen, wenn die Sache durch Hoheitsakt beschlagnahmt wurde; vielmehr ist der Eigentümer auf die jeweiligen verfahrensrechtlichen Rechtsbehelfe verwiesen, in der Zwangsvollstreckung also auf die Drittwiderspruchsklage nach § 771 ZPO oder die Erinnerung nach § 766 ZPO.[478]

d) Verjährung

199 Auch der Herausgabeanspruch aus § 985 BGB unterliegt der Verjährung;[479] ausgenommen ist gemäß § 902 Abs 1 S 1 BGB nur die Vindikation des im Grundbuch eingetragenen Grundstückseigentümers.[480] Die Verjährungsfrist beträgt gemäß § 197 Abs 1 Nr 1 BGB 30 Jahre; sie beginnt gemäß § 200 S 1 BGB mit der Entstehung der Vindikationslage und ist taggenau nach §§ 187 Abs 1, 188 Abs 2 Alt 1 BGB zu berechnen. Ist die Vindikation verjährt und hat der Eigentümer keine rechtmäßige Möglichkeit mehr, die Sache an sich zu ziehen, drohen Eigentum und Besitz dauerhaft auseinanderzufallen. Das Eigentum wird dann zu einem *nudum ius*, einem *dominium sine re*, einem nackten Recht ohne Zugriff auf die Sache. Sein Wert beschränkt sich auf die vage Hoffnung, der Besitzer möge seinen Besitz unfreiwillig – sonst greift § 198 BGB (o Rn 146)! – an einen Dritten verlieren, so dass die Vindikation gegen diesen unverjährt neu entsteht. Um diesen sinnlosen Rechtszustand zu vermeiden,[481] sollte man dem Besitzer nach Verjährung der Vindikation das Eigentum zusprechen und eine außerordentliche Ersitzung annehmen, die bei beweglichen Sachen entgegen § 937 BGB keinen gutgläubigen Eigenbesitz erfordert und bei Grundstücken analog § 927 BGB erfolgt.[482]

---

[474] Wieling (Fn 1) § 12 I 1 3 c; Klinck ZRG Germ Abt 127 (2003) 813, 814; Finkenauer JuS 1998, 986; ders NJW 2004, 1704, 1706 Fn 23; Waltjen AcP 175 (1975) 109, 113; wohl auch Roth JuS 2003, 937, 942. AA neben dem in Fn 244 zitierten Schrifttum noch Raiser, in: FS M Wolff (1952) 123, 140, und etwa Martinek, in: Staudinger/Eckpfeiler (2014) S. Rn 66.
[475] Weitergehend Wieling (Fn 1) § 12 I 1 3 c, III 1 b und wohl auch Roth JuS 2003, 937, 942.
[476] Vgl hierzu Richter JuS 2008, 97 ff.
[477] MünchKomm/Baldus (Fn 25) § 985 Rn 128.
[478] Staudinger/Gursky (2012) § 985 Rn 16; PWW/Englert (Fn 39) § 985 Rn 22; Wieling (Fn 1) § 12 I 1 c.
[479] Das wird nur vereinzelt bestritten, vgl mit verfassungsrechtlicher Argumentation Remien AcP 201 (2001) 730, 751 ff. Für Abschaffung der Vindikationsverjährung *de lege ferenda* Armbrüster, in: FS Westermann (2008) 53 ff.

[480] Zur Reichweite des § 902 BGB eingehend Finkenauer, Eigentum und Zeitablauf (2000) 91 ff; zur Möglichkeit einer Verwirkung des Herausgabeanspruchs BGH NJW 2007, 2183 f = JuS 2007, 869 f (K Schmidt).
[481] Zu den aus ihm entstehenden Schwierigkeiten Staudinger/Gursky (2012) § 985 Rn 103 und eingehend Finkenauer (Fn 480) 158 ff; zum Restwert des Eigentums, insbesondere zu Schadens- und Nutzungsersatzansprüchen des Eigentümers nach Verjährung der Vindikation dagegen Kähler NJW 2015, 1041 ff, mit gegensätzlicher Tendenz Effer-Uhe AcP 215 (2015) 245, 264 ff; Frank, in: FS Stürner (Bd 1, 2013) 123, 129 ff.
[482] Wieling (Fn 1) § 11 I 4 a; Finkenauer (Fn 480) 193 ff; tendenziell auch Effer-Uhe AcP 215 (2015) 245, 278 f (Beginn der Ersitzungsfrist mit Eintritt der Verjährung der Vindikation) Ablehnend Staudinger/Peters/Jacoby (2014) § 194 Rn 19; Staudinger/Gursky (2012) § 985 Rn 96; MünchKomm/Baldus

T. Sachenrecht

6. Das Eigentümer-Besitzer-Verhältnis

a) Natur und Funktion

Mit der Vindikationslage entsteht zwischen Eigentümer und nicht berechtigtem Besitzer ein gesetzliches Schuldverhältnis, dessen Inhalt und Abwicklung sich nach §§ 987–1003 BGB richten.[483] Diese Normen betreffen einerseits mögliche Ansprüche des Eigentümers gegen den Besitzer auf Schadensersatz und Herausgabe von Nutzungen, andererseits Ansprüche des Besitzers gegen den Eigentümer auf Ersatz von Verwendungen, die er für die Sache tätigte. Zweck jedenfalls der §§ 987–993 BGB ist es zwar auch, den Eigentumsschutz zu vervollständigen; vor allem aber sollen sie den redlichen, unverklagten Besitzer im Vergleich zu den sonst anwendbaren Regeln privilegieren:[484] Er hat nach Maßgabe der §§ 987 ff BGB grundsätzlich weder Schadensersatz zu leisten noch die gezogenen Nutzungen herauszugeben; gemäß § 993 Abs 1 BGB aE sind entsprechende Forderungen auch aus anderen, insbesondere delikts- oder bereicherungsrechtlichen Anspruchsgrundlagen ausgeschlossen. Aus dieser „Sperrwirkung des Eigentümer-Besitzer-Verhältnisses" ergibt sich auch seine systematische Stellung in der Fallprüfung: Es ist nach Ansprüchen aus Vertrag oder Geschäftsführung ohne Auftrag zu prüfen,[485] weil sich aus diesen Rechtsverhältnissen ein Recht zum Besitz ergeben könnte, das eine Vindikationslage und damit auch eine Anwendung der §§ 987 ff BGB ausschlösse (vgl sogleich Rn 202); es ist aber vor allen anderen Ansprüchen zu prüfen, weil es diese nach § 993 Abs 1 BGB aE ausschließen kann.

Einmal entstanden, sind die Ansprüche aus §§ 987 ff BGB von der Vindikation selbständig, können also etwa auch unabhängig vom Eigentum an der Sache übertragen werden und gehen umgekehrt nicht ohne weiteres auf den neuen Eigentümer über, wenn die Sache übereignet wird. Anders als für die Vindikation gilt für sie das allgemeine Schuldrecht grundsätzlich ohne Einschränkung, für Ansprüche aus Nutzungsherausgabe also auch das allgemeine Leistungsstörungsrecht (§§ 275 ff BGB, anders aber im Fall des § 988 BGB: § 818 BGB) und für die Schadensersatzansprüche das allgemeine Schadensrecht (§§ 249 ff BGB).[486] Die Ansprüche aus §§ 987 ff BGB unterliegen der regelmäßigen Verjährungsfrist nach §§ 195, 199 BGB; Ansprüche auf Schadensersatz oder Nutzungsherausgabe verjähren jedoch gemäß § 217 BGB spätestens mit der Vindikation.[487]

b) Anwendungsbereich

§§ 987 ff BGB sind nur dann unmittelbar anwendbar, wenn eine Vindikationslage besteht, genauer: wenn der Eigentümer zum Zeitpunkt des Ereignisses, um dessen recht-

---

(Fn 25) § 937 Rn 67; BeckOGK/Spohnheimer § 985 Rn 87; Baur/Stürner (Fn 4) § 11 Rn 47.
[483] Zur Entstehungsgeschichte der §§ 987–1003 BGB vgl den Überblick bei Wieling (Fn 1) § 12 II 1, 2.
[484] Staudinger/Gursky (2012) Vorbem 4 zu §§ 987–993; Michalski, in: FS Gitter (1995) 577, 593 ff. Abweichend Pinger, Funktion und dogmatische Einordnung des Eigentümer-Besitzer-Verhältnisses (1973), zusammenfassend ders JR 1973, 268 ff: §§ 987–993 BGB privilegierten den Eigentümer, §§ 994–1003 BGB den Besitzer.

[485] Auf Grundlage der hier vertretenen Ansicht sind auch Ansprüche aus einer Leistungskondiktion vorrangig zu prüfen, weil auch sie § 985 BGB verdrängt und damit eine Anwendung der §§ 987 ff BGB ausschließt (Rn 197).
[486] Staudinger/Gursky (2012) Vorbem 75 zu §§ 987–993.
[487] Staudinger/Gursky (2012) Vorbem 36 zu §§ 987–993. Andere beziehen § 217 BGB nur auf Nutzungsherausgabeansprüche: Staudinger/Peters/Jacoby (2014) § 217 Rn 6 f; MünchKomm/Grothe (Fn 68) § 217 Rn 1.

liche Folgen es geht – also der Schädigung, der Ziehung der Nutzung oder der Vornahme der Verwendung –, vom Besitzer gemäß §§ 985, 986 BGB Herausgabe der Sache verlangen konnte. Ist die Vindikationslage erst später eingetreten, greifen §§ 987 ff BGB nach richtiger Ansicht nicht ein. Der BGH will indes anders entscheiden: Sofern das Rechtsverhältnis, aus dem das Besitzrecht folgt, keine abweichenden Regelungen trifft, sollen §§ 987 ff BGB auch dann zur Anwendung kommen, wenn das Besitzrecht erst nach dem anspruchsauslösenden Ereignis weggefallen ist, denn der berechtigte Besitzer dürfe nicht schlechter stehen als der unberechtigte.[488] Dem ist nicht zu folgen.[489] Natürlich „darf" der berechtigte Besitzer schlechter stehen als der unberechtigte; leitet er sein Besitzrecht aus einem Vertrag ab, hat er dessen womöglich negative Folgen selbst mitbestimmt. §§ 987 ff BGB passen für den berechtigten Besitzer überhaupt nicht, weil sie danach unterscheiden, ob der Besitzer in Ansehung seines Besitzrechts gut- oder bösgläubig ist; der berechtigte Besitzer aber ist keins von beidem, sondern schlicht berechtigt.

203 Unter dem Schlagwort des „nicht-so-berechtigten" Besitzers wurde früher diskutiert, ob der Besitzer nach §§ 987 ff BGB haftet, wenn er zwar zum Besitz berechtigt ist, aber die Grenzen dieser Berechtigung überschreitet: also Nutzungen zieht, die er nach dem Inhalt seines Besitzrechts nicht ziehen darf, oder die Sache durch ein Verhalten beschädigt, das ihm sein Besitzrecht nicht erlaubt. Heute besteht weitgehende Einigkeit darüber, dass dies zu verneinen ist: Das Recht zum Besitz schließt schon die Vindikationslage und damit auch die Anwendung der §§ 987 ff BGB vollständig aus; das Rechtsverhältnis, aus dem das Besitzrecht folgt, bestimmt auch über die Folgen einer Besitzrechtsüberschreitung.[490]

204 Höchst umstritten ist dagegen, ob §§ 987 ff BGB gelten, wenn ein ursprünglich bestehendes Besitzrecht weggefallen ist, ob sie also namentlich auch dann zur Anwendung kommen, wenn eine vertragliche Besitzüberlassung rückabzuwickeln ist (sog „nicht-mehr-berechtigter" Besitzer). Nach der hier vertretenen Ansicht ist dies schon deshalb zu verneinen, weil die vertraglichen Herausgabeansprüche denjenigen aus § 985 BGB verdrängen, also schon keine Vindikationslage besteht (o Rn 197). Nach der ganz herrschenden Gegenansicht soll zwar ein Herausgabeanspruch aus § 985 BGB gegeben sein; einige Vertreter dieser Ansicht aber wollen §§ 987 ff BGB dennoch nicht anwenden, weil diese durch das speziellere vertragliche Rückabwicklungsrecht verdrängt würden.[491] Nach der wohl herrschenden Meinung sollen die §§ 987 ff BGB mit dem vertraglichen Rückabwicklungsrecht frei konkurrieren, es soll also auch umgekehrt die

---

[488] BGH NJW 2015, 229, 230 Rn 18 = JuS 2015, 363 ff (K Schmidt) und dazu Klocke JR 2015 455 ff; BGH NJW 2001, 3118; BGH NJW 1996, 921. Ebenso für §§ 994 ff BGB etwa Prütting (Fn 1) Rn 557; Wilhelm (Fn 3) Rn 1262 ff, 1318; Schreiber Jura 1992, 533, 538. Vgl nun aber BGH NJW 2010, 2664, 2665.

[489] Staudinger/Gursky (2012) Vorbem 16 zu §§ 987–993, Vorbem 31 u 34 zu §§ 994–1003; Soergel/Stadler (Fn 147) Vor § 987 Rn 13; Wieling (Fn 1) § 12 V 2 d; Baur/Stürner (Fn 4) § 11 Rn 29; Schreiber (Fn 40) Rn 226; Schiemann Jura 1981, 631, 643; Michalski, in: FS Gitter (1995) 577, 580.

[490] Staudinger/Gursky (2012) Vorbem 16 zu §§ 987–993; Erman/Ebbing (Fn 39) Vor §§ 987–993 Rn 20, 36 ff; Wieling (Fn 1) § 12 II 3 a; Prütting (Fn 1) Rn 540; Müller/Gruber (Fn 1) Rn 674; Baur/Stürner (Fn 4) § 11 Rn 27; Roth JuS 1997, 518, 520.

[491] Staudinger/Emmerich (2018) § 540 Rn 30; Soergel/Stadler (Fn 147) Vor § 987 Rn 11; Prütting (Fn 1) Rn 563; Schreiber (Fn 40) Rn 226; Schiemann Jura 1981, 631, 640; Schildt JuS 1995, 953, 955; Roth JuS 1997, 518, 522; Michalski, in: FS Gitter (1995) 577, 586.

„Sperrwirkung" des § 993 Abs 1 BGB aE nicht greifen.[492] Das wird vor allem damit begründet, dass der Eigentümer in seinen Ansprüchen aus §§ 987 ff BGB nicht verkürzt werden dürfe, nur weil der Besitzer früher einmal zum Besitz berechtigt gewesen sei, und es ihm im Hinblick auf die vertraglichen Ansprüche umgekehrt auch nicht schaden dürfe, wenn er zusätzlich Eigentümer der Sache sei.[493] Mit dieser Argumentation wird vorausgesetzt, was erst zu beweisen wäre: dass §§ 987 ff BGB neben vertraglichem Rückabwicklungsrecht „eigentlich" anwendbar sind, denn nur dann kann man davon sprechen, dass ihre Nichtanwendung die Rechte des Eigentümers „verkürzt". Der Eigentümer hat sich aber freiwillig dem Vertragsregime unterworfen; er muss es nun auch in der Abwicklungsphase gegen sich gelten lassen und darf es nicht über die §§ 987 ff BGB umgehen. Dies wird teilweise auch von den Vertretern der herrschenden Meinung eingestanden: Manche Regelungen des vertraglichen Rückabwicklungsrechts, namentlich die kurzen Verjährungsfristen für Schadensersatzansprüche, sollen nach ihrer Ansicht „auf die Vindikationsfolgeordnung ausstrahlen".[494]

Ähnlich umstritten ist die Anwendbarkeit der §§ 987 ff BGB in dem Fall, dass der Besitz aufgrund eines unwirksamen Vertrags überlassen wurde. Nach hier vertretener Ansicht wird schon die Vindikation durch die Leistungskondiktion verdrängt. Nach der Gegenansicht soll zwar der Herausgabeanspruch aus § 985 BGB bestehen, doch sollen nach Meinung einiger ihrer Vertreter §§ 987 ff BGB neben dem speziellen Bereicherungsrecht nicht anwendbar sein.[495] Die Rechtsprechung vertritt freilich den entgegengesetzten Standpunkt: Bei einer sowohl rechtsgrundlosen als auch dinglich unwirksamen Veräußerung schlössen §§ 987 ff BGB eine bereicherungsrechtliche Rückabwicklung grundsätzlich aus.[496] Auf diese und die in der vorigen Rn angesprochenen Konkurrenzfragen wird bei den einzelnen Ansprüchen zurückzukommen sein.

Kraft Verweises gelten §§ 987 ff BGB auch für denjenigen, der die Sache einem früheren Besitzer (§ 1007 Abs 3 S 2 BGB), einem Nießbraucher (§ 1065 BGB) oder einem Pfandgläubiger (§ 1227 BGB) herausgeben muss. Ferner gelten §§ 987 ff BGB gem § 292 BGB für jeden, der, aus welchem Grund auch immer, eine Sache herauszugeben hat, sobald der Herausgabeanspruch rechtshängig wurde (§§ 261 Abs 1, 253 Abs 1 ZPO), und damit über §§ 819, 818 Abs 4 BGB auch für einen unredlichen Bereicherungsschuldner. Darüber hinaus sind §§ 987 ff BGB nach herrschender Meinung vor allem in zwei Fällen analog anzuwenden. Zum einen sollen sie im Verhältnis des wahren Grundstückeigentümers zum Bucheigentümer gelten, der nicht unbedingt auch Besitzer des Grundstücks sein muss: Das Bucheigentum entspreche dem Sach-

---

[492] BGH NJW 1996, 321, 323; STAUDINGER/GURSKY (2012) Vorbem 22 ff zu §§ 987–993; MünchKomm/RAFF (Fn 25) Vorbemerkungen zu §§ 987–1003 Rn 37; PALANDT/HERRLER (Fn 45) Vorb v § 987 Rn 10; MÜLLER/GRUBER (Fn 1) Rn 661.
[493] So namentlich STAUDINGER/GURSKY (2012) Vorbem 22 zu §§ 987–993.
[494] STAUDINGER/GURSKY (2012) Vorbem 28 zu §§ 987–993.
[495] PRÜTTING (Fn 1) Rn 568; WILHELM (Fn 3) Rn 1342; SCHILDT JuS 1995, 953, 955, 956; MICHAELIS, in: FS Gitter (1995) 577, 596, 599. Für Anspruchskonkurrenz etwa STAUDINGER/

GURSKY (2012) Vorbem 49 zu §§ 987–993; PALANDT/HERRLER (Fn 45) § 988 Rn 8, § 993 Rn 3; ERMAN/EBBING (Fn 39) Vor §§ 987–933 Rn 85; ROTH JuS 1997, 897, 899 f.
[496] So jedenfalls für Verwendungsersatzansprüche des Besitzers BGH NJW 1996, 52, und BGH NJW 2001, 3118, 3119 = JuS 2001, 1226 f (K SCHMIDT), wo für die *condictio ob rem* nach § 812 Abs 2 S 2 Alt 2 BGB allerdings eine Ausnahme gemacht wird. – Die Saldotheorie soll nach Ansicht des BGH auch bei einer Rückabwicklung nach §§ 985 ff BGB Anwendung finden, BGH JZ 1996, 151, 153 (MEDICUS) = LM § 100 BGB Nr 4 (WIELING).

besitz, der Berichtigungsanspruch aus § 894 BGB entspreche der Vindikation.[497] Zum anderen sollen §§ 987 ff BGB grundsätzlich auch anwendbar sein, wenn ein Vormerkungsberechtigter (u Rn 243) gegen einen Dritterwerber vorgeht, der zwar Eigentümer wurde, dessen Erwerb aber gemäß § 883 Abs 2 S 1 BGB dem Vormerkungsberechtigten gegenüber unwirksam ist.[498]

c) Haftung des Besitzers auf Schadensersatz und Nutzungsherausgabe
aa) Allgemeines

207 Ob der Besitzer dem Eigentümer wegen einer Verschlechterung der Sache Schadensersatz zu leisten oder Nutzungen herauszugeben hat, richtet sich gemäß §§ 987, 989, 990 BGB vor allem danach, ob er bösgläubig ist oder bereits Rechtshängigkeit eingetreten ist. Die Rechtshängigkeit bezieht sich auf die (nicht unbedingt ausdrücklich auf § 985 BGB gestützte) Herausgabeklage des Eigentümers; sie tritt gemäß §§ 261 Abs 1, 253 Abs 1 ZPO in dem Moment ein, in welchem dem Besitzer die Klageschrift zugestellt wird. In diesem Augenblick verschärft sich seine Haftung, weil er spätestens jetzt damit rechnen muss, zur Herausgabe verurteilt zu werden;[499] er muss sich fortan als eine Art Verwalter der Sache im Dienste des Eigentümers betrachten.

208 Dem auf Herausgabe der Sache verklagten Besitzer stellt § 990 Abs 1 BGB denjenigen gleich, der bei Erwerb des Besitzes nicht in gutem Glauben war oder nach Besitzerwerb erfuhr, dass er zum Besitz nicht berechtigt ist. Mit dem Begriff des guten Glaubens verweist § 990 Abs 1 S 1 BGB auf § 932 Abs 2 BGB.[500] Dies gilt allerdings nur für den Maßstab: Bei Besitzerwerb schadet dem Besitzer also bereits grob fahrlässige Unkenntnis (vgl dazu Rn 149). Deren Bezugspunkt ist aber nicht wie bei § 932 Abs 2 BGB das Eigentum desjenigen, von dem der Besitzer den Besitz erworben hat, sondern das eigene Besitzrecht. Der Besitzer ist also etwa auch dann iSd § 990 Abs 1 S 1 BGB bösgläubig, wenn er die Sache vom Eigentümer gemietet hat, bei Übergabe aber aus grober Fahrlässigkeit nicht erkannte, dass der Mietvertrag unwirksam ist.

209 § 990 Abs 1 S 1 BGB differenziert nicht zwischen Besitz an beweglichen Sachen und Besitz an Grundstücken. Auf den ersten Blick erscheint es inkonsequent, dass demjenigen, der Besitz an einem Grundstück erwirbt, im Hinblick auf seine Haftung nach §§ 987 ff BGB schon grob fahrlässige Unkenntnis von seiner fehlenden Berechtigung schaden soll, während er nach § 892 Abs 1 S 1 BGB trotz grober Fahrlässigkeit sogar Eigentum vom Nichtberechtigten erwerben könnte.[501] Dass beim Rechtserwerb vom

---

[497] BGH NJW 1985, 382, 383 f; MünchKomm/KOHLER (Fn 25) § 894 Rn 48; SOERGEL/STÜRNER (Fn 15) § 894 Rn 3; WESTERMANN/EICKMANN (Fn 1) § 71 Rn 8. Skeptisch STAUDINGER/GURSKY (2013) § 894 Rn 173. AA HECK (Fn 40) § 42. 12 a, § 43 IV 4 c. Gegen eine entsprechende Anwendung des § 1000 auf den Anspruch aus § 894 BGB auch WIELING (Fn 431) § 20 II 1 a cc.

[498] Für Ansprüche aus Nutzungsherausgabe soll dies aber nur eingeschränkt gelten: BGH NJW 2000, 2899 f; SOERGEL/STADLER (Fn 147) vor § 987 Rn 7; ERMAN/ARTZ (Fn 39) § 888 Rn 10; WILHELM (Fn 3) Rn 1237. Ausführlich zu alledem STAUDINGER/GURSKY (2013) § 888 Rn 77 ff, 86 ff.

[499] Dass die Rechtshängigkeit zum Haftungskriterium erhoben wird, geht auf das römische Recht zurück, vgl überblicksartig WIELING (Fn 1) § 12 II 1, und eingehend etwa WIMMER, Besitz und Haftung des Vindikationsbeklagten (1995).

[500] Nach JOHOWS, Vorentwurf (§ 182) und dem Ersten Entwurf (§§ 931, 933) sollte nur derjenige als unredlicher Besitzer verschärft haften, der seine Nichtberechtigung positiv kennt; der heutige § 990 Abs 1 S 1 BGB wurde erst von der Zweiten Kommission eingeführt, um den Maßstab an den der Ersitzung anzupassen, MUGDAN III, 673.

[501] Vgl WIELING (Fn 1) § 12 II 3 c Fn 49. Durchaus bedenkenswert FERVERS AcP 217

eingetragenen Nichtberechtigten nur positive Kenntnis schadet, beruht jedoch darauf, dass das Grundbuch als Rechtsscheinträger besonders verlässlich ist. Richtigerweise ist also zu differenzieren: Wenn der Erwerber sein vermeintliches Besitzrecht von jemandem ableitet, der als Berechtigter im Grundbuch eingetragen war, schadet ihm analog § 892 Abs 1 BGB auch für die Zwecke der §§ 987 ff BGB nur Kenntnis von seiner fehlenden Berechtigung;[502] in allen anderen Fällen aber, wenn der Besitzer sein Besitzrecht also beispielsweise von einem Mieter ableitet, bleibt es auch für Grundstücke beim Wortlaut des § 990 Abs 1 S 1 BGB.[503]

War der Besitzer bei Besitzerwerb gutgläubig, kann sich seine Haftung gemäß § 990 Abs 1 S 2 BGB nur noch dadurch verschärfen, dass er später positive Kenntnis davon erlangt, dass er nicht zum Besitz berechtigt ist. Hier gilt das zu § 892 BGB Gesagte entsprechend (o Rn 184). Wenn der Fremdbesitzer zum Eigenbesitzer wird, wenn also etwa der Mieter glaubt, die Sache zu Eigentum zu erwerben, ist dies für die Zwecke seiner Haftung nach §§ 987 ff BGB allerdings einem Besitzerwerb gleichzustellen, weil der Besitzer nicht mehr auf das bei Besitzerwerb angenommene Besitzrecht vertraut: Es gilt also der strengere Maßstab des § 990 Abs 1 S 1 BGB, wonach bereits grob fahrlässige Unkenntnis vom Fehlen der (neuen) Besitzberechtigung schadet.[504]

210

Die Frage der Redlichkeit hat keine rechtsgeschäftliche Qualität.[505] Erwirbt ein Minderjähriger den Besitz, kommt es für die Frage, ob ihm seine Bösgläubigkeit schadet, also nicht auf seine Geschäftsfähigkeit an, sondern analog § 828 BGB auf seine Einsichtsfähigkeit.[506] Wird der Besitz durch einen Besitzdiener erworben, soll nach herrschender Ansicht zu differenzieren sein: § 166 BGB gelte nur, wenn der Besitzdiener in Bezug auf die Auswahl der Sache freie Hand gehabt habe, andernfalls sei § 831 BGB analog anzuwenden.[507] Andere halten nur § 831 BGB für analog anwendbar,[508] wieder

211

(2017) 34 ff, der diesen Gedanken verallgemeinert und daher Bösgläubigkeit iSd § 990 Abs 1 S 1 BGB immer (nur) dann bejahen will, wenn der Besitzer das Besitzrecht, auf das er sich beruft, unabhängig von § 935 BGB nicht erworben hätte.
[502] So neben WIELING (Fn 1) § 12 II 3 c Fn 49 nun auch FERVERS AcP 217 (2017) 34, 41 ff. Gegen eine korrigierende Auslegung des § 990 Abs 1 S 1 BGB aber etwa STAUDINGER/GURSKY (2012) § 990 Rn 11; BeckOGK/SPOHNHEIMER § 990 Rn 21. 1; PRÜTTING (Fn 1) Rn 528.
[503] Abweichend FERVERS AcP 217 (2017) 34, 47 ff, wonach demjenigen, der sich auf eine schuldrechtliche Besitzberechtigung beruft, auch bei beweglichen Sachen schon einfache Fahrlässigkeit schaden soll.
[504] BGH NJW 1960, 192 f; STAUDINGER/GURSKY (2012) § 990 Rn 29; MünchKomm/RAFF (Fn 25) § 990 Rn 13; MÜLLER/GRUBER (Fn 1) Rn 675; ERNST (Fn 37) 50 ff. **AA**, für Anwendbarkeit des § 990 Abs 1 S 2 BGB aber BAMBERGER/ROTH/FRITZSCHE (Fn 159) § 987 Rn 17; WIELING (Fn 1) § 12 II 3 c Fn 51; BAUR/STÜRNER (Fn 4) § 11 Rn 27; ROTH JuS 1997, 518, 521; SCHREIBER Jura 1992, 356, 364.

[505] Das gilt unabhängig davon, ob man den Besitzerwerb mit der hier vertretenen Ansicht (o Rn 108) für einen rechtsgeschäftsähnlichen Vorgang hält, denn auch für diesen ist die Anwendung der für Rechtsgeschäfte geltenden Normen stets von Fall zu Fall zu prüfen.
[506] BGHZ 55, 128, 135 f; WIELING (Fn 1) § 12 II 3 c; PRÜTTING (Fn 1) Rn 528; ROTH JuS 1997, 710, 711 f. Ebenso grundsätzlich etwa STAUDINGER/GURSKY (2012) § 990 Rn 40; SCHIEMANN Jura 1981, 631, 640 f; SCHMOLKE JA 2007, 101, 103: Bei Rückabwicklung eines nach §§ 107 ff BGB unwirksamen Vertrags sei jedoch auf die Kenntnis des gesetzlichen Vertreters abzustellen.
[507] BGHZ 32, 53, 58; PALANDT/HERRLER (Fn 45) § 990 Rn 6; MÜLLER/GRUBER (Fn 1) Rn 703, 715; PRÜTTING (Fn 1) Rn 73; WELLENHOFER (Fn 305) § 22 Rn 10; SCHREIBER (Fn 40) Rn 222.
[508] ERMAN/EBBING (Fn 39) § 990 Rn 24; HECK (Fn 40) § 69. 6; BAUR/STÜRNER (Fn 4) § 5 Rn 15; WILHELM AcP 183 (1983) 1, 24; PETERSEN Jura 2002, 255, 258.

andere nur § 166 Abs 1, 2 BGB.[509] Diese letzte Ansicht ist vorzuziehen: § 831 BGB passt weder von der dort vorgesehenen Rechtsfolge noch von den Voraussetzungen her, da es nicht um die Bewertung eines bereits verwirklichten Haftungstatbestandes geht, sondern um die vorgelagerte Frage, ob der Besitzer überhaupt haftet.

212 Die einmal eingetretene Haftungsverschärfung nach § 990 Abs 1 BGB entfällt wieder, wenn der Besitzer nachträglich gutgläubig wird, wenn er also etwa die Sache von einer Person kauft oder mietet, die er für den Eigentümer halten darf.[510] Da der einmal bösgläubig gewordene Besitzer dem Eigentümer nach §§ 989, 990 Abs 1 BGB aber für jedes Verschulden haftet, ist auch der Irrtum über die neuerliche Besitzberechtigung nur beachtlich, wenn er unverschuldet ist. Auf die nachträgliche Gutgläubigkeit ist also nicht etwa § 990 Abs 1 S 1 oder gar S 2 BGB analog anzuwenden; vielmehr bleibt es bei der Haftungsverschärfung, wenn dem Besitzer auch nur leichteste Fahrlässigkeit vorzuwerfen ist.[511]

bb) Schadensersatz

213 Wurde der Herausgabeanspruch rechtshängig oder ist der Besitzer iSd § 990 BGB bösgläubig, haftet er dem Eigentümer gemäß § 989 BGB dafür, dass er die Sache noch herausgeben kann. Wird ihm die Herausgabe nach Eintritt der Rechtshängigkeit oder seiner Bösgläubigkeit unmöglich oder verschlechtert sich die Sache nach diesem Zeitpunkt, so schuldet er dem Eigentümer Schadensersatz. Dieser Anspruch setzt Verschulden, also Vorsatz oder Fahrlässigkeit, voraus; dieses wird aber entsprechend § 280 Abs 1 S 2 BGB vermutet, wenn der Haftungstatbestand im Übrigen erfüllt ist.[512] Zudem muss sich der Besitzer nach § 278 BGB das Verschulden seiner Erfüllungsgehilfen und gesetzlichen Vertreter zurechnen lassen, weil es sich bei dem Eigentümer-Besitzer-Verhältnis um ein (gesetzliches) Schuldverhältnis handelt.[513]

214 Dem Besitzer kann die Herausgabe etwa dadurch unmöglich werden, dass er die Sache veräußert, ohne dass es darauf ankäme, ob die Übereignung wirksam ist; denn ist das Verpflichtungsgeschäft wirksam, kann er die Sache von ihrem Erwerber auch dann nicht herausverlangen, wenn dieser nicht Eigentümer geworden ist. Gleiches gilt, wenn der Besitzer die Sache vermietet oder verpachtet hat. Eine Verschlechterung der Sache, für die der Besitzer ebenfalls haftet, kann nicht nur in ihrer Beschädigung liegen, sondern etwa auch darin, dass sie wirksam mit einem Recht belastet wird, namentlich einem (Grund-)Pfandrecht.

---

[509] Wieling (Fn 1) § 12 II 3 c; E Wolf (Fn 40) § 6 A III c 10 bb; Schmolke JA 2007, 101, 103. Ähnlich Staudinger/Gursky (2012) § 990 Rn 49; Soergel/Stadler (Fn 147) § 990 Rn 17; Kindl JA 1996, 115, 116: § 166 Abs 1 BGB sei (nur) auf einen Besitzdiener mit vertreterähnlicher Stellung anwendbar.

[510] MünchKomm/Raff (Fn 25) § 990 Rn 17; Soergel/Stadler (Fn 147) § 990 Rn 13 ff, Erman/Ebbing (Fn 39) § 990 Rn 19; Wieling (Fn 1) § 12 II 3 c; Wolff/Raiser (Fn 17) § 80 II 1 pr; Müller-Gruber (Fn 1) Rn 732. AA, gegen die Möglichkeit einer Rückkehr zur Gutgläubigkeit aber Staudinger/Gursky (2012) § 990 Rn 34 ff; Palandt/Herrler (Fn 45) § 990 Rn 2; Bamberger/Roth/Fritzsche (Fn 159) § 990 Rn 23.

[511] Wieling (Fn 1) § 12 II 3 c Fn 57. Die übrigen in Fn 282 für diese Ansicht Genannten wenden dagegen den Maßstab des § 990 Abs 1 S 1 BGB an.

[512] Staudinger/Gursky (2012) § 989 Rn 38; Wieling (Fn 1) § 12 III 2 b.

[513] Staudinger/Gursky (2012) Vorbem 37 zu §§ 987–993; MünchKomm/Baldus (Fn 25) § 989 Rn 16; Wieling (Fn 1) § 12 III 2 b; Heck (Fn 40) § 69. 9; Prütting (Fn 1) Rn 543.

§ 990 Abs 2 BGB stellt klar, dass den Besitzer auch eine weitergehende Haftung wegen Verzugs treffen kann, namentlich eine solche für Zufall nach § 287 S 2 BGB. Das bedeutet im Umkehrschluss, dass Verzugsschäden, vor allem also auch ein Vorenthaltungsschaden, der dem Eigentümer daraus entsteht, dass ihm die Sache nicht sogleich herausgegeben wurde, nicht schon § 989 BGB unterfallen und nur unter den Voraussetzungen der §§ 280 Abs 1, 2, 286 BGB zu ersetzen sind. Wie sich aus der systematischen Stellung des § 990 Abs 2 BGB ergibt, haftet zudem nur der bösgläubige Besitzer für Verzugsschäden, nicht aber der redliche, auch wenn er bereits auf Herausgabe verklagt wurde.[514]

Wird die Sache verschlechtert oder gar ihre Herausgabe unmöglich, bevor der Besitzer bösgläubig oder auf Herausgabe verklagt wurde, haftet er dem Eigentümer nicht: Der gute Glaube an das eigene Besitzrecht schützt den Besitzer vor Schadensersatzansprüchen. Dieser Schutz geht aber nur so weit, wie das vermeintliche Besitzrecht gereicht hätte, auf dessen Bestehen der Besitzer vertraute: Er verdient keinen Schutz, wenn er sich selbst dann schadensersatzpflichtig gemacht hätte, wenn er tatsächlich so zum Besitz berechtigt gewesen wäre, wie er es sich vorstellte. Dies ist der Hintergrund des § 991 Abs 2 BGB: Leitet der Besitzer sein Besitzrecht von einem Dritten ab, der dem Eigentümer den Besitz mittelt, so haftet er dem Eigentümer nach §§ 991 Abs 2, 989 BGB insoweit auf Schadensersatz, als er nach seiner Vorstellung[515] auch dem Dritten haften würde. Wenn also E eine Sache an M vermietet, dieser sie ohne entsprechende Berechtigung an B untervermietet und B sie sodann schuldhaft beschädigt, haftet B dem E auch bei Gutgläubigkeit auf Schadensersatz, weil er auch dem M aus dem Untermietverhältnis haften würde. Der Besitzer ist natürlich auch dann nicht schutzwürdig, wenn er nicht einem Dritten, sondern dem Eigentümer den Besitz mittelt und sein vermeintliches Besitzrecht überschreitet. Seinem Wortlaut nach erfasst § 991 Abs 2 BGB diesen Fall jedoch nicht. Vom Boden der hier vertretenen Ansicht aus lässt sich dies leicht erklären: Leitet der Besitzer sein Besitzrecht vom Eigentümer ab, werden §§ 987 ff BGB insgesamt entweder von dem vertraglichen Rückabwicklungsregime oder, wenn kein wirksamer Überlassungsvertrag besteht, von der bereicherungsrechtlichen Rückabwicklung mit der Leistungskondiktion verdrängt (o Rn 205); daneben gelten §§ 823 ff BGB. Die Vertreter der herrschenden Meinung dagegen, nach der §§ 987 ff BGB auch hier Anwendung finden, stehen vor einem Wertungsproblem: Warum sollte im gerade gebildeten Fall der gutgläubige B dem E nur haften, wenn zwischen beiden der Mieter und Untervermieter M eingeschaltet ist, nicht aber, wenn B eine Sache beschädigt, die er aufgrund eines unwirksamen Mietvertrags unmittelbar von E erhalten hat? Die meisten plädieren in einem solchen Fall des „Fremdbesitzerexzesses" dafür, die Sperrwirkung des § 993 Abs 1 BGB aE außer Acht zu lassen und §§ 823 ff BGB unmittelbar anzuwenden, wobei allerdings der Haftungsmaßstab des Überlassungsverhältnisses gelten soll, an welches der Besitzer glaub-

---

[514] STAUDINGER/GURSKY (2012) § 990 Rn 100; WIELING (Fn 1) § 12 III 2 c, 3 b; HECK (Fn 40) § 68. 8. **AA** E WOLF (Fn 40) § 6 A I c 3. – Der Besitzer ist natürlich nicht schon deshalb bösgläubig, weil ihm eine Herausgabeklage zugestellt wurde; schließlich kann diese durchaus unbegründet sein.

[515] Ob der Besitzer tatsächlich haften würde oder ob eine Haftung entfiele, etwa weil der Überlassungsvertrag zwischen Besitzer und Dritten unwirksam ist, spielt keine Rolle, vgl etwa WIELING (Fn 1) § 12 III 4 c; aA STAUDINGER/GURSKY (2012) § 991 Rn 17; MOEBUS/SCHULZ Jura 2013, 189, 192.

te;⁵¹⁶ andere wenden mit weitgehend gleichem Ergebnis §§ 991 Abs 2, 989 BGB analog an.⁵¹⁷

217 Für Schäden an der Sache, die während einer Vindikationslage eintreten, haftet der Besitzer allein nach den eben dargestellten Grundsätzen der §§ 989–991 BGB. § 993 Abs 1 BGB aE schließt eine Schadensersatzhaftung nach anderen Vorschriften, namentlich also nach §§ 823 ff BGB, aus. Entgegen einer verbreiten Ansicht gilt dies nicht nur für den redlichen und unverklagten, sondern auch für den bösgläubigen oder verklagten Besitzer:⁵¹⁸ §§ 823 ff BGB sind gemäß § 992 BGB nur anwendbar, wenn der Besitzer sich den Besitz durch eine Straftat oder durch verbotene Eigenmacht (§ 858 Abs 1 BGB) verschafft hat. Letztere muss nach herrschender Meinung indes schuldhaft sein, um den Anwendungsbereich des Deliktsrechts zu eröffnen:⁵¹⁹ Da der Gesetzgeber einerseits eine Straftat verlangt, wäre es in der Tat kaum nachvollziehbar, wenn andererseits die Wegnahme der Sache aufgrund einer schuldlosen Verwechslung genügen würde, um eine deliktische Haftung auszulösen.

cc) Nutzungsherausgabe

218 Gemäß §§ 987 Abs 1, 990 Abs 1 BGB hat der Besitzer dem Eigentümer alle Nutzungen herauszugeben, die er zieht, nachdem er bösgläubig geworden ist oder der Herausgabeanspruch gegen ihn rechtshängig wurde. Nutzungen sind gemäß § 100 BGB die Gebrauchsvorteile⁵²⁰ und die Früchte der Sache (Rn 19). Ist der Besitzer gemäß §§ 955 ff BGB ihr Eigentümer geworden (Rn 165 ff), hat er sie dem Eigentümer der Muttersache im Falle der §§ 987 Abs 1, 990 Abs 1 BGB zu übereignen; ist dagegen der Eigentümer der Muttersache nach § 953 BGB Eigentümer der Früchte geworden, beschränkt sich der Anspruch aus § 987 BGB auf die bloße Herausgabe, er konkurriert dann mit einem auf die Frucht bezogenen Anspruch aus § 985 BGB.⁵²¹ Zu den Früchten zählen gemäß § 99 Abs 3 BGB auch die Erträge, welche die Sache vermöge eines Rechtsverhältnisses gewährt, also etwa der Mietzins, den der Besitzer durch Vermietung der Sache einnimmt. Auch ihn hat der unredliche oder verklagte Besitzer an den Eigentümer auszukehren.⁵²² Nach § 987 Abs 2 BGB schuldet er dem Eigentümer ferner Ersatz für Früchte, die er entgegen einer ordnungsgemäßen Wirtschaft schuldhaft nicht gezogen hat. Sobald der bösgläubige Besitzer mit der Herausgabe in Verzug gerät, haftet er gemäß §§ 990 Abs 2, 280 Abs 1, 2, 286, 252 BGB darüber hinaus auch

---

⁵¹⁶ STAUDINGER/GURSKY (2012) Vorbem 32 zu §§ 987–993; WELLENHOFER (Fn 305) § 22 Rn 42; SCHREIBER Jura 1992, 356, 361. Für Haftung nach Deliktsrecht MÜLLER/GRUBER (Fn 1) Rn 902.

⁵¹⁷ MünchKomm/RAFF (Fn 25) § 991 Rn 13, 19; BAUR/STÜRNER (Fn 4) § 11 Rn 32; WILHELM JZ 2004, 650, 652; KATZENSTEIN AcP 204 (2004) 1, 10. Vgl auch WIELING (Fn 1) § 12 III 4 b.

⁵¹⁸ STAUDINGER/GURSKY (2012) Vorbem 65 ff zu §§ 987–993; ERMAN/EBBING (Fn 39) Vor §§ 987–993 Rn 77 ff; PALANDT/HERRLER (Fn 45) Vor § 987 Rn 18; WIELING (Fn 1) § 12 III 6. AA etwa PRÜTTING (Fn 1) Rn 542; MÜLLER/GRUBER (Fn 1) Rn 929; SCHREIBER (Fn 40) Rn 229; MICHALSKI, in: FS Gitter (1995) 577, 608 f.

⁵¹⁹ STAUDINGER/GURSKY (2012) § 992 Rn 10; ERMAN/EBBING (Fn 39) § 992 Rn 6; PRÜTTING (Fn 1) Rn 541. AA SOERGEL/STADLER (Fn 147) § 992 Rn 6. WIELING (Fn 1) § 12 III 5 b, c, verlangt für die Eigenmacht sogar Vorsatz, lässt aber als „Straftat" jedes mindestens grob fahrlässig begangene zivilrechtliche Delikt genügen.

⁵²⁰ Zu deren Bewertung STAUDINGER/GURSKY (2012) § 987 Rn 17 ff.

⁵²¹ WIELING (Fn 1) § 12 II 3 e Fn 66, IV 2 a aa; ROTH JuS 1997, 897, 898. Anders aber STAUDINGER/GURSKY (2012) Vorbem 6 zu §§ 987–993: § 985 BGB verdränge § 987 BGB.

⁵²² Zur Frage, ob der Besitzer auch solche Nutzungen herausgeben hat, die er nur aufgrund von Verwendungen ziehen kann, für die er nach §§ 994 ff BGB keinen Ersatz erhält, vgl (verneinend) STAUDINGER/GURSKY (2012) § 987 Rn 23 ff.

für Nutzungen, die der Eigentümer gezogen hätte. Hat der Besitzer dem Eigentümer die Früchte herauszugeben, kann er von ihm gemäß § 102 BGB Zug um Zug Ersatz der Kosten verlangen, die ihm bei Gewinnung der Früchte entstanden sind.

Der redliche und unverklagte Besitzer hat dem Eigentümer gemäß § 993 Abs 1 BGB **219** die Früchte herauszugeben, die er entgegen den Regeln einer ordnungsgemäßen Wirtschaft gezogen hat („Übermaßfrüchte", etwa: Abholzung tragfähiger Obstbäume); im Übrigen kann er die von ihm gezogenen Nutzungen nach näherer Maßgabe der §§ 993 Abs 2, 101 BGB grundsätzlich behalten. Auch in Bezug auf Nutzungen ist der gutgläubige Besitzer jedoch nur insoweit schutzwürdig, wie das Besitzrecht reicht, das er zu haben glaubte: Analog § 991 Abs 2 BGB muss er also die Nutzungen herausgeben, die er auch bei Bestehen des vermeintlichen Besitzrechts nicht hätte ziehen dürfen.[523] Schließlich muss der redliche und unverklagte Besitzer dem Eigentümer die gezogenen Nutzungen gemäß § 988 BGB auch dann herausgeben, wenn er den Besitz an der Muttersache unentgeltlich erlangt hat. Nach dem Wortlaut des § 988 BGB gilt dies nur für den Eigenbesitzer und einen Fremdbesitzer, der glaubt, ihm stehe ein dingliches Recht an der Sache zu; darüber hinaus wird aber auch ein Fremdbesitzer erfasst, dem die Sache aufgrund eines unentgeltlichen schuldrechtlichen Vertrags überlassen, also etwa geliehen wurde.[524] Dem Umfang nach haftet der unentgeltliche Besitzer nur nach Bereicherungsrecht (§ 818 BGB).

Eine Schutzlücke scheint dem redlichen und unverklagten Besitzer zu drohen, wenn er **220** die Sache einem Dritten überlassen hat. Hat M dem P ein Grundstück verpachtet, das in Wahrheit dem E gehört, und ist P bösgläubig, könnte E von P eigentlich gemäß §§ 990 Abs 1, 987 Abs 1 BGB Herausgabe der Nutzungen verlangen. Dann aber könnte P seinerseits den M aus dem Pachtverhältnis in Regress nehmen, und auf diesem Umweg würden M die Nutzungen, die er als redlicher und unverklagter Besitzer behalten darf, im Ergebnis doch genommen. Dies soll § 991 Abs 1 BGB verhindern:[525] Dem Eigentümer ist es verwehrt, den bösgläubigen unmittelbaren Besitzer (P) auf Nutzungsersatz in Anspruch zu nehmen, solange der mittelbare Besitzer (M) unverklagt und redlich ist. Sinn und Zweck des § 991 Abs 1 BGB verlangen einerseits eine teleologische Reduktion in dem Fall, dass dem gutgläubigen Besitzmittler ausnahmsweise gar kein Regress droht; der bösgläubige Besitzmittler ist dann also doch Nutzungsersatzansprüchen des Eigentümers ausgesetzt.[526] Umgekehrt ist § 991 Abs 1 BGB aber analog anzuwenden, wenn der Besitzmittler zwar gutgläubig ist, aber auf Herausgabe verklagt wurde, denn wegen § 987 Abs 1 BGB droht der zu vermeidende Regress gegen den redlichen mittelbaren Besitzer auch in diesem Fall.[527]

Die Haftung des Besitzers auf Herausgabe von Nutzungen, die er während einer Vin- **221** dikationslage gezogen hat, richtet sich gemäß § 993 Abs 1 BGB aE ausschließlich nach §§ 987 ff BGB. Insbesondere §§ 812 ff BGB sind daneben nur anwendbar, wenn sie sich auf einen Vorgang beziehen, den §§ 987 ff BGB nicht erfassen, namentlich also eine Verfügung über die Sache: Sie ist keine Nutzung, von der Sperrwirkung des § 993

---

[523] STAUDINGER/GURSKY (2012) Vorbem 35 zu §§ 987–993; WIELING (Fn 1) § 12 IV 5 b.
[524] STAUDINGER/GURSKY (2012) § 988 Rn 4; WIELING (Fn 1) § 12 II 4; BAUR/STÜRNER (Fn 4) § 11 Rn 53.
[525] Vgl MUGDAN III, 675 (Zweite Kommission).
[526] MünchKomm/RAFF (Fn 25) § 991 Rn 7; WIELING (Fn 1) § 12 IV 5 b; SCHREIBER (Fn 40) Rn 224; ROTH JuS 1997, 897, 898; einschränkend STAUDINGER/GURSKY (2012) § 991 Rn 3. **AA** etwa PALANDT/HERRLER (Fn 45) § 991 Rn 2.
[527] MünchKomm/RAFF (Fn 25) § 991 Rn 6; WIELING (Fn 1) § 12 IV 5. **AA** aber etwa STAUDINGER/GURSKY (2012) § 991 Rn 3.

Abs 1 BGB aE daher auch nicht erfasst und kann folglich Ansprüche des Eigentümers aus § 816 Abs 1 S 1 BGB auslösen.[528] Beruht der Besitzerwerb auf einer rechtsgrundlosen Leistung des Eigentümers, richtet sich die Rückabwicklung und damit auch Haftung des Besitzers für Nutzungen nach der hier vertretenen Ansicht nach Bereicherungsrecht, das §§ 985 ff BGB in diesem Fall verdrängt (o Rn 197). Die Rechtsprechung geht dagegen umgekehrt davon aus, dass §§ 987 ff BGB auch auf die Rückabwicklung rechtsgrundloser Leistungen anwendbar sein können und dann das Bereicherungsrecht verdrängen. Im Falle einer rechtsgrundlosen Veräußerung müsste dies eigentlich dazu führen, dass der redliche Besitzer die gezogenen Nutzungen nach §§ 987 ff BGB behalten darf, wenn auch die Übereignung unwirksam war, er also kein Eigentum erlangte und daher eine Vindikationslage bestand, dass er sie aber nach Maßgabe des § 818 BGB herausgeben muss, wenn die Übereignung an ihn wirksam war und daher keine Vindikationslage vorlag. Man sieht sich zu Korrekturen genötigt: Die Rechtsprechung wendet § 988 BGB auf den rechtsgrundlos erlangten Besitz analog an;[529] nach herrschender Lehre soll dagegen trotz angeblicher Vindikationslage die Sperrwirkung des § 993 Abs 1 BGB aE ausnahmsweise nicht gelten, so dass der Eigentümer unmittelbar nach §§ 812 Abs 1 S 1 Alt 1, 818 Abs 1 BGB Nutzungsersatz verlangen kann (o Rn 198).[530]

d) Anspruch des Besitzers auf Verwendungsersatz

222 Das zwischen Eigentümer und unberechtigtem Besitzer bestehende Schuldverhältnis betrifft nicht nur die Haftung, sondern mit §§ 994–1003 BGB auch die Ansprüche des Besitzers wegen Verwendungen, die er auf die Sache tätigte. Entgegen der Ansicht des BGH sind §§ 994 ff BGB insgesamt nicht anwendbar, wenn der Verwender zum Zeitpunkt der Verwendung zum Besitz berechtigt war (o Rn 202): Wenn also etwa der Werkunternehmer einen Pkw repariert, den ihm ein inzwischen insolventer Vorbehaltskäufer in Reparatur gab, hat er gegen den Eigentümer keine Verwendungsersatzansprüche aus §§ 994 ff BGB.[531]

223 Verwendungen sind alle sachbezogenen Aufwendungen, also alle freiwilligen Vermögensopfer, die einer Sache zugutekommen. Auch Arbeitsleistungen können Verwendungen sein, etwa die Reparatur einer Sache: Der Einsatz eigener Arbeitskraft ist ein vermögenswertes „Opfer", unabhängig davon, ob dem Arbeitenden dadurch anderweitige Verdienstmöglichkeiten entgehen.[532] Keine Verwendung ist der Kaufpreis, den der Besitzer für die Sache bezahlt hat, denn er kommt der Sache nicht zugute. Nach der Rechtsprechung soll auch die Bebauung eines zuvor unbebauten Grundstücks keine Verwendung sein, weil sie das Wesen des Grundstücks verändere; daher könne aus §§ 994 ff BGB kein Verwendungsersatz verlangt werden (sondern aus § 242 BGB!).[533] Mit Recht wird diese Ansicht im Schrifttum nahezu einhellig abgelehnt:[534]

---

[528] Vgl dazu STAUDINGER/GURSKY (2012) Vorbem 43 f zu §§ 987–993; WIELING (Fn 1) § 12 II 3 f.
[529] Vgl etwa BGH NJW 2010, 2664, 2665; BGH NJW 1996, 2627, 2628. Zudem soll § 988 gelten, wenn der Besitz nach Ablauf des Besitzrechts unentgeltlich fortgesetzt wird, BGH NJW 2008, 221, 222 = JuS 2008, 378 ff (K SCHMIDT).
[530] Vgl zu alledem eingehend STAUDINGER/GURSKY (2012) Vorbem 45 ff, 54 zu §§ 987–993.
[531] So aber BGHZ 34, 122 ff; BGH NJW 2002, 2875 f = JuS 2002, 1230 f (K SCHMIDT). Vgl zu diesem vieldiskutierten Fall MEDICUS/PETERSEN (Fn 169) Rn 587 ff; VÖLZMANN JA 2005, 264 ff.
[532] BGH NJW 1996, 921, 922 f; WIELING (Fn 1) § 12 V 3 b; BAUR/STÜRNER (Fn 4) § 11 Rn 55; MünchKomm/RAFF (Fn 25) § 994 Rn 25. AA STAUDINGER/GURSKY (2012) Vorbem 12 zu §§ 994–1003.
[533] BGH NJW 1953, 1466, 1467; BGH NJW 1964, 1125, 1127.

Was immer das Wesen eines Grundstücks sein mag, durch den Bau eines Hauses wird es nicht verändert.

Nach dem Vorbild des römischen Rechts[535] unterscheiden §§ 994 ff BGB für die Frage des Verwendungsersatzes einerseits danach, ob der Besitzer zur Zeit der Verwendung bösgläubig oder eine Herausgabeklage rechtshängig war, andererseits nach der Art der Verwendung. Notwendige Verwendungen sind solche, die für die Erhaltung der Sache oder ihre Bewirtschaftung erforderlich sind, ohne die sich die Sache verschlechtern oder untergehen würde:[536] also etwa die Reparatur eines undicht gewordenen Hausdachs. Der redliche und unverklagte Besitzer kann für solche Verwendungen nach § 994 Abs 1 S 1 BGB unabhängig davon Ersatz verlangen, ob sie den Wert der Sache erhöhen, sofern es sich nicht um gewöhnliche Erhaltungskosten (etwa: Kosten der Fütterung eines Tieres) oder Lasten (etwa: Grundsteuern) handelt. Diese sind ihm gemäß §§ 994 Abs 1 S 2, 995 S 2 BGB nicht zu ersetzen, wenn ihm auch die Nutzungen verbleiben: Wer den Nutzen hat, soll auch die Kosten tragen. Der unredliche oder verklagte Besitzer kann für notwendige Verwendungen gemäß § 994 Abs 2 BGB nur nach den Vorschriften über die Geschäftsführung ohne Auftrag Ersatz verlangen. Es handelt sich um eine partielle Rechtsgrundverweisung:[537] Fremdgeschäftsführungswille ist nicht erforderlich, doch hängt der Verwendungsersatzanspruch gemäß § 683 BGB in erster Linie davon ab, ob die Verwendung dem Willen des Eigentümers entspricht. Bei Anwendung des § 684 BGB iRd § 994 Abs 2 BGB stellt sich oftmals die Frage, ob der Eigentümer auch dann bereichert ist, wenn die Verwendung zwar den Wert der Sache erhöhte, aber seinen Wünschen widersprach („aufgedrängte Bereicherung").[538]

Der Anspruch auf Ersatz für andere als notwendige Verwendungen ist in § 996 BGB geregelt. Danach kann nur für nützliche Verwendungen Ersatz verlangt werden, also solche, die den Wert der Sache erhöhen, ohne für ihre Erhaltung erforderlich zu sein, wie etwa die Erneuerung eines alten, aber noch dichten Hausdachs. Für solche Verwendungen kann der Besitzer zudem nur Ersatz verlangen, wenn er zur Zeit ihrer Vornahme noch redlich und unverklagt war, und auch nur insoweit, als der Wert der Sache durch sie noch erhöht war, als der Eigentümer sie wiedererlangte. Der unredliche oder verklagte Besitzer kann aus nützlichen Verwendungen dagegen keine Ansprüche herleiten; er ist allein auf das Wegnahmerecht nach § 997 BGB verwiesen.[539] Gleiches gilt unabhängig von der Redlichkeit des Besitzers oder der Rechtshängigkeit des Herausgabeanspruchs für Verwendungen, die noch nicht einmal den Wert der Sache erhöhen („Luxusverwendungen").

---

[534] Vgl etwa STAUDINGER/GURSKY (2012) Vorbem 8 zu §§ 994–1003 mwNw; SOERGEL/STADLER (Fn 147) § 994 Rn 2; PRÜTTING (Fn 1) Rn 555; WILHELM (Fn 3) Rn 1309; SCHIEMANN Jura 1981, 631, 644.

[535] Zur Entstehungsgeschichte der §§ 994 ff eingehend GREINER, Die Haftung auf Verwendungsersatz (2005) 70 ff, 125 ff.

[536] Vgl schon PAULUS D 50, 16, 79 pr. BGH NJW 1996, 221, 222; STAUDINGER/GURSKY (2012) § 994 Rn 2 ff; WIELING (Fn 1) § 12 V 3 e pr.

[537] STAUDINGER/GURSKY (2012) § 994 Rn 23; MünchKomm/RAFF (Fn 17) § 994 Rn 42; PRÜTTING (Fn 1) Rn 553.

[538] Zu diesem Problemkreis eingehend STAUDINGER/LORENZ (2007) Vorbem 46 f zu §§ 812 ff. Zu weit geht es, wenn STAUDINGER/GURSKY (2012) § 994 Rn 27 den Verweis des § 994 Abs 2 dagegen auf § 683 beschränken will.

[539] Zu diesem eingehend WIELING (Fn 1) § 12 V 9.

226 Die Entscheidung des Gesetzgebers, nur dem redlichen und unverklagten Besitzer Ersatz für nützliche Verwendungen zu gewähren, kann zu Härten führen: Baut der bösgläubige oder verklagte unberechtigte Besitzer eines Grundstücks auf diesem ein Haus, kann der Eigentümer das bebaute Grundstück herausverlangen, ohne für den Hausbau Ersatz leisten zu müssen. Manche wollen dieses Ergebnis korrigieren und meinen, dass das Eigentümer-Besitzer-Verhältnis für die Verwendungsersatzansprüche des Besitzers keine Sperrwirkung entfalte, so dass der Besitzer auch nach Bereicherungsrecht Verwendungsersatz verlangen könne.[540] Dieser Ansicht ist nicht zu folgen: Die genaue Abstufung der Verwendungsersatzansprüche nach §§ 994–996 BGB wäre sinnlos, könnte sie durch Rückgriff auf §§ 812 ff BGB nivelliert werden. Auch das immer wieder vorgebrachte Argument, der besitzende Verwender (der nur nach §§ 994 ff BGB Verwendungsersatz verlangen kann) dürfe nicht schlechter stehen als der nicht besitzende (der aus §§ 812 ff BGB vorgehen kann), geht fehl. Schon die Vergleichsbasis wankt: Fälle, in denen jemand auf eine Sache Verwendungen macht, der nicht einmal mittelbarer Besitzer ist, sind außerordentlich selten. Zudem ist der Vergleich schief: Die Einschränkungen der §§ 994 ff treffen vor allem den bösgläubigen Besitzer; in Bezug worauf aber sollte ein Nichtbesitzer, der die Sache ja auch nicht herauszugeben hat, bösgläubig sein? Auch §§ 994 ff BGB entfalten also eine Sperrwirkung; sie schließen Verwendungsersatzansprüche aus anderen Grundlagen aus.[541] Diese Entscheidung des Gesetzgebers ist zu akzeptieren, zumal sie sich sinnvoll erklären lässt: Der verklagte oder unredliche Besitzer hat es sich selbst zuzuschreiben, wenn er Vermögenswerte verliert, die er für die herauszugebende Sache aufwendet; umgekehrt ist der Eigentümer, dessen Willen die Verwendung womöglich gar nicht entsprach, vor aufgedrängten „Bereicherungen" zu schützen.[542] Die Sperrwirkung der §§ 994 ff BGB gilt natürlich nur für ihren Anwendungsbereich; eine Leistungskondiktion des Besitzers kann sie nach hier vertretener Ansicht also niemals ausschließen, weil §§ 985 ff BGB insgesamt im Fall der Rückabwicklung unwirksamer Austauschverhältnisse durch das Bereicherungsrecht verdrängt werden (o Rn 204). Die im Schrifttum wohl herrschende Meinung gelangt zum selben Ergebnis: Sie lockert die Sperrwirkung der §§ 994 ff BGB insoweit, als sie eine auf Verwendungsersatz gerichtete Leistungskondiktion des Besitzers zulässt.[543]

227 Gemäß § 999 Abs 1 BGB kann der Besitzer auch wegen Verwendungen Ersatz verlangen, die sein Vorgänger im Besitz gemacht hat: Wenn schon nicht das Eigentum, so gehen mit dem Besitz also wenigstens die Verwendungsersatzansprüche auf den Erwerber über. Er hat sie beim Erwerb der Sache im Zweifel mit einem entsprechend höheren Kaufpreis bezahlt, und dem Eigentümer sollen die aus der Verwendung folgenden Vorteile nicht ersatzlos zufallen. Wechselt das Eigentum, kann der Besitzer seine bereits entstandenen Verwendungsersatzansprüche gemäß § 999 Abs 2 BGB gegenüber dem neuen Eigentümer geltend machen; er soll nicht auf einen Anspruch gegen den Veräußerer verwiesen sein, dem gegenüber ihm etwa das Zurückbehal-

---

[540] E Wolf (Fn 40) § 6 B I c 4; Medicus/Petersen (Fn 169) Rn 897; Schildt JuS 1995, 953, 956; Häublein Jura 1999, 419, 421 f; Canaris JZ 1996, 344 ff.
[541] BGH NJW 1964, 1125, 1128; MünchKomm/Raff (Fn 25) § 996 Rn 12 ff; Waltjen AcP 175 (1975) 109, 125. Vgl aber auch noch den Text sogleich bei Fn 542.
[542] Mugdan III, 680 ff (Zweite Kommission).
[543] Staudinger/Gursky (2012) Vorbem 43 u 45 zu §§ 994–1003; Erman/Ebbing (Fn 39) Vor §§ 994–1003 Rn 42; Wilhelm (Fn 3) Rn 1322; Müller/Gruber (Fn 1) Rn 841 f; Roth JuS 1997, 1087, 1089 f; Kindl JA 1996, 201, 204, 207 f.

tungsrecht aus § 1000 BGB nichts nützt. Haftet der neue Eigentümer nach § 999 Abs 2 BGB, wird der alte grundsätzlich frei.[544]

Die Verwendungsersatzansprüche aus §§ 994–996 BGB stehen nach § 1001 BGB unter **228** einer Rechtsbedingung: Der Besitzer kann sie erst geltend machen, wenn der Eigentümer die Sache wiedererlangt oder die Verwendung genehmigt. Damit wird der Eigentümer davor geschützt, Verwendungen, die er selbst nicht vorgenommen hätte und sich womöglich gar nicht leisten kann, ohne weiteres bezahlen zu müssen. Nach der Rückgabe hat der Besitzer gemäß § 1002 BGB nur einen Monat, bei Grundstücken sechs Monate Zeit, seine Verwendungsersatzansprüche durchzusetzen; danach erlöschen sie. Da sie vor Rückgabe oder Genehmigung nicht durchsetzbar sind, darf der Besitzer die Sache ihretwegen auch nicht gemäß § 273 Abs 2 zurückbehalten, wenn der Eigentümer sie herausverlangt. Diese Schutzlücke schließt § 1000 BGB, der dem Besitzer für diesen Fall ein dem § 273 Abs 2 BGB entsprechendes Zurückbehaltungsrecht einräumt. Der Eigentümer hat also die Wahl, ob er die Sache gegen Zahlung des Verwendungsersatzes herausverlangen oder sich diesen ersparen und dem Besitzer die Sache belassen will. § 1003 BGB gibt dem Besitzer die Möglichkeit, diese für ihn nicht eben vorteilhafte Schwebelage zu beenden: Er kann dem Eigentümer eine angemessene Entscheidungsfrist setzen und sich nach deren Ablauf aus der Sache befriedigen.

7. Der Schutz des Eigentums im Übrigen

a) Zuweisungsfunktion und gesetzliche Schuldverhältnisse

Vorbehaltlich an der Sache eventuell bestehender Rechte weist das Eigentum den **229** Wert einer Sache allein dem Vermögen des Eigentümers zu. Greift ein Dritter in diesen Zuweisungsgehalt ein, kann dies kraft Gesetzes Schutzansprüche des Eigentümers begründen. Zu denken ist dabei nicht nur an den deliktsrechtlichen Schutz nach § 823 Abs 1 BGB oder § 823 Abs 2 BGB iVm einem das Eigentum schützenden Gesetz[545] oder an den bereicherungsrechtlichen Schutz durch die Eingriffskondiktion nach § 812 Abs 1 S 1 Alt 2 BGB,[546] sondern auch – und in der Prüfung zuerst! – daran, dass der Umgang mit einer Sache, insbesondere Verfügungen über sie, grundsätzlich Sache des Eigentümers und für jeden anderen ein fremdes Geschäft ist, dessen Führung Ansprüche nach den §§ 677 ff BGB auslösen kann.[547]

b) Störungsabwehr nach § 1004 BGB

In Ergänzung zu § 985 BGB soll § 1004 BGB es dem Eigentümer ermöglichen, seine **230** nach § 903 S 1 BGB aus dem Eigentum folgenden Befugnisse umfassend zu verteidigen: Mit § 985 kann er sich gegen eine Vorenthaltung des Besitzes, mit dem Beseitigungsanspruch aus § 1004 Abs 1 S 1 BGB gegen alle anderen Störungen wehren. Gemäß § 1004 Abs 1 S 2 BGB kann er Störungen sogar im Vorhinein abwehren, indem er auf Unterlassung klagt. Auch § 1004 BGB geht auf das römische Recht, nämlich die *actio negatoria*, zurück;[548] man spricht noch heute von einem „negatorischen" Anspruch.

---

[544] Nämlich nur dann nicht, wenn er die Verwendungen bereits nach § 1001 genehmigt hatte, STAUDINGER/GURSKY (2012) § 999 Rn 14; WIELING (Fn 1) § 12 V 7 b bb.

[545] Dazu J HAGER, in: STAUDINGER/Eckpfeiler S. Rn 223 ff, Rn 700 ff.

[546] Dazu AUER, in: STAUDINGER/Eckpfeiler R. Rn 43 ff.

[547] Dazu AUER, in: STAUDINGER/Eckpfeiler R. Rn 105 ff.

[548] Zur Rechtsentwicklung vgl den Überblick bei PICKER, Der negatorische Beseitigungsanspruch (1972) 61 ff, und eingehend KAWASUMI,

231 Jede Einschränkung der rechtlichen oder tatsächlichen Sachherrschaft stellt eine Eigentumsbeeinträchtigung iSd § 1004 Abs 1 BGB dar. Das Eigentum wird also etwa beeinträchtigt, wenn vom Nachbargrundstück Baumwurzeln herüberwachsen oder aus einem dort belegenen Teich lautes Gequake herüberschallt, aber auch schon dann, wenn Werbung in den Briefkasten geworfen oder ein Behältnis befüllt wird;[549] es genügt sogar, wenn sich ein Dritter des Eigentums an der Sache berühmt.[550] Nach Ansicht des BGH soll sogar das bloße Fotografieren eine Störung darstellen, wenn der Fotograf hierfür das öffentlich nicht zugängliche Grundstück betreten muss.[551] Da das Grundstückseigentum kein Recht auf Licht und Aussicht verleiht, wird es grundsätzlich auch dadurch nicht beeinträchtigt, dass ein auf dem Nachbargrundstück befindliches Gebäude dem Grundstück beides nimmt („negative Immissionen").[552] Das Grundstückseigentum schützt ferner nicht die sittliche Integrität seines Inhabers, so dass es auch durch „moralische Immissionen" nicht beeinträchtigt wird, die vom sichtbaren Betrieb im nachbarlichen Bordell ausgehen.[553]

232 Als Schuldner des Beseitigungsanspruchs nennt § 1004 Abs 1 BGB den „Störer". Nach der herkömmlichen und wohl noch herrschenden Meinung soll insoweit wie im Polizeirecht zwischen Handlungs- und Zustandsstörern zu unterscheiden sein.[554] Als Handlungsstörer hafte jeder, dessen Tun oder pflichtwidriges Unterlassen für die Beeinträchtigung adäquat kausal war. Da schon mittelbare Kausalität genügen soll, ist der Handlungs- oftmals kaum vom Zustandsstörer abzugrenzen: Als solcher soll grundsätzlich verantwortlich sein, wer die Tatsachenlage, von der die Beeinträchtigung herrührt, willentlich geschaffen hat, aufrechterhält oder sonst beherrscht. Besondere Schwierigkeiten bereiten Beeinträchtigungen, die unmittelbar auf Naturereignisse wie Unwetter zurückgehen. Wird durch einen heftigen Regenguss Erde und Geröll von einem Hanggrundstück auf das darunter liegende Nachbargrundstück geschwemmt, ist der Eigentümer des Hanggrundstücks nicht schon aufgrund seines Eigentums Zustandsstörer, sondern nur, wenn ihm die Störung irgendwie zuzurechnen ist: namentlich, weil er die Gefahr der Abschwemmung durch bauliche Maßnahmen erst begründet hatte oder solche Maßnahmen aufrechterhält.[555]

Von der römischen actio negatoria zum negatorischen Beseitigungsanspruch des BGB (2001).
[549] BGH NJW 2003, 3702 und NJW-RR 2006, 270 f (Flüssiggastanks). Kritisch hierzu KÖNIG NJW 2005, 191 ff.
[550] WIELING (Fn 431) § 23 IV 1 a aa. Einschränkend BGH NJW 2006, 689 f; STAUDINGER/GURSKY (2012) § 1004 Rn 31: nur, wenn die Anmaßung gegenüber Dritten erfolgt.
[551] BGH NJW 2011, 749 ff in Abgrenzung zu BGH NJW 1989, 2251, 2252. Vgl dazu etwa STAUDINGER/GURSKY (2012) § 1004 Rn 80.
[552] BGH NJW 1991, 1671, 1672; WIELING (Fn 431) § 23 II 4 a cc; BAUR/STÜRNER (Fn 4) § 25 Rn 26; WENZEL NJW 2005, 241, 247. AA wohl PRÜTTING (Fn 1) Rn 331 und für schwerste Beeinträchtigungen auch STAUDINGER/GURSKY (2012) § 1004 Rn 66 f; NEUNER JuS 2005, 487.
[553] BGH NJW 1985, 2823, 2824; STAUDINGER/GURSKY (2012) § 1004 Rn 78 f. Nach wohl hM ist auch gegen „ideelle Immissionen" Schutz zu gewähren, dieser aber analog § 906 BGB einzuschränken: STAUDINGER/ROTH (2016) § 906 Rn 132; ERMAN/EBBING (Fn 39) § 1004 Rn 22 f; WIELING (Fn 431) § 23 II 4 a dd; PRÜTTING (Fn 1) Rn 330.
[554] Vgl zum Stand der Diskussion etwa STAUDINGER/GURSKY (2012) § 1004 Rn 93 ff; MünchKomm/BALDUS (Fn 25) § 1004 Rn 149 ff; KATZENSTEIN AcP 211 (2011) 58 ff; WALTER JA 2012, 658, 659 f.
[555] Vgl BGH NJW 1991, 2770, 2771; WIELING (Fn 431) § 23 IV 1 a bb; RÖTHEL Jura 2005, 539, 541 f. Anders aber HERMANN, Der Störer nach § 1004 (1987) 403 ff, 506 ff; dies JuS 1994, 273, 277 ff: Der Besitzer hafte für pflichtwidrig unterlassene Sicherung des störenden Grundstücks. Entsprechend, aber auf den Eigentümer bezogen, STAUDINGER/GURSKY (2012) § 1004 Rn 102, 105 f. Anders auch NEUNER JuS 2005, 385, 390: Zustandsstörerhaftung kraft Grund-

Nach § 1004 Abs 1 S 2 BGB kann der Eigentümer schon präventiv gegen eine Beeinträchtigung vorgehen und ihre Unterlassung verlangen, wenn eine Wiederholungsgefahr besteht, über den Wortlaut der Norm („... weitere ...") hinaus aber auch dann, wenn eine Beeinträchtigung bislang noch nicht eingetreten war, nun aber erstmals droht.[556] Ist die Beeinträchtigung eingetreten, kann der Eigentümer gemäß § 1004 Abs 1 S 1 BGB ihre Beseitigung verlangen. Dabei kann der verschuldensunabhängige Beseitigungsanspruch aus § 1004 Abs 1 S 1 BGB nicht so weit reichen wie ein verschuldensabhängiger Schadensersatzanspruch: Es kann also nicht gemäß § 249 Abs 1 BGB schlicht Herstellung des Zustands verlangt werden, der jetzt bestünde, wenn die Beeinträchtigung nicht eingetreten wäre. Gestritten wird jedoch darüber, wo genau die Grenze zwischen Schadensersatz- und Beseitigungsanspruch zu ziehen ist. Manche wollen den Anspruch aus § 1004 Abs 1 S 1 BGB auf die Beseitigung der Störungsquelle beschränken;[557] nach herrschender Meinung kann darüber hinaus auch die Entfernung der störenden Personen oder Gegenstände aus der Eigentumssphäre verlangt werden.[558] Nach richtiger Ansicht sind auch die störenden Folgen zu beheben, die mit der Beseitigung der ursprünglichen Störung zwangsläufig verbunden sind: Der Störer hat daher auch das zur Beseitigung einer störenden Leitung aufgegrabene Grundstück wieder in den ursprünglichen Zustand zurückzuversetzen.[559] Zu weit geht es aber, wenn der BGH dem Störer aus § 1004 Abs 1 S 1 BGB die Pflicht auferlegt, auch die mit der Störung selbst einhergehenden weiteren Folgen zu beseitigen, also etwa durch Wurzelwuchs zerstörte Wasserleitungen[560] oder Tennisplatzbeläge[561] zu erneuern. Damit wird die Grenze zum Schadensersatzanspruch überschritten.[562]

233

Wenn die Beeinträchtigung nicht beseitigt werden kann, besteht auch kein entsprechender Anspruch; für diese logisch zwingende Feststellung muss man nicht auf § 275 Abs 1 BGB zurückgreifen.[563] Der BGH will allerdings auch § 275 Abs 2 BGB auf den Anspruch aus § 1004 Abs 1 S 1 BGB anwenden.[564] Das ist abzulehnen: Solange das Eigentum besteht, muss der Eigentümer die daraus folgenden Befugnisse auch durchsetzen können, soweit dies rechtlich und tatsächlich möglich ist; er muss sie sich auch nicht etwa analog § 251 Abs 2 BGB zwangsweise abkaufen lassen.[565] § 254 BGB dagegen enthält einen allgemeingültigen Rechtsgedanken; er ist auf § 1004 BGB entspre-

234

---

eigentums, aber nur bis zum Verkehrswert des Grundstücks.
[556] STAUDINGER/GURSKY (2012) § 1004 Rn 214; BAUR/STÜRNER (Fn 4) § 12 Rn 25.
[557] So BAUR AcP 160 (1961) 465, 489f; PICKER, in: FS Gernhuber (1993) 315 ff, 336; LETTL JuS 2005, 871, 872; LOBINGER JuS 1997, 981, 982f. Im Ergebnis nahestehend STAUDINGER/GURSKY (2012) § 1004 Rn 141f, trotz Rn 140.
[558] SOERGEL/MÜNCH (Fn 147) § 1004 Rn 295f, 300; WIELING (Fn 431) § 23 IV 1 b aa; BAUR/STÜRNER (Fn 4) § 12 Rn 20; NEUNER JuS 2005, 385, 391; MEDICUS, in: FS Hagen (1999) 157, 161, 164.
[559] BGH NJW-RR 2003, 953, 954; WIELING (Fn 431) § 23 IV 1 b aa.
[560] BGH NJW 2004, 1194, 1196.
[561] BGH NJW 2003, 603, 604.
[562] Ablehnend auch MünchKomm/BALDUS (Fn 25) § 1004 Rn 225 ff; WIELING (Fn 431) § 23 IV 1 b aa; BAUR/STÜRNER (Fn 4) § 12 Rn 20; MEDICUS, in: FS Hagen (1999) 157, 166f.
[563] So auch schon STAUDINGER/GURSKY (2012) § 1004 Rn 148.
[564] BGH NJW-RR 2010, 315; BGH NJW 2008, 3122, 3123 und 3123, 3124f. Mit Recht ablehnend STAUDINGER/GURSKY (2012) § 1004 Rn 155; GSELL LMK 2008, 266937; KOLBE NJW 2008, 316ff; KATZENSTEIN JZ 2010, 633, 634f. Weitergehend hält BEZZENBERGER JZ 2005, 373, 376, auch §§ 280 Abs 1, 3, 281 BGB für anwendbar.
[565] So aber zur Rechtslage vor der Schuldrechtsmodernisierung BGH NJW 2000, 512, 514; ebenso noch ERMAN/EBBING (Fn 39) § 1004 Rn 100; ARMBRÜSTER NJW 2003, 3087, 3090. Mit Recht ablehnend STAUDINGER/GURSKY (2012) § 1004 Rn 156; WIELING (Fn 431) § 23 IV 1 b aa; BAUR/STÜRNER (Fn 4) § 12 Rn 21.

chend anwendbar: Der Eigentümer ist an den Beseitigungskosten entsprechend seinem Verursachungsbeitrag zu beteiligen.[566]

c) **Insbesondere: Nachbarrechtliche und sonstige Duldungspflichten**

235 Die Ansprüche aus § 1004 Abs 1 BGB sind gemäß Abs 2 ausgeschlossen, wenn der Eigentümer zur Duldung verpflichtet ist. Wie bei § 986 BGB handelt es sich nicht um eine Einrede, sondern um eine Einwendung.[567] Sie spiegelt die schon in § 903 S 1 BGB genannte Beschränkung der Eigentümerbefugnisse durch Gesetz und Rechte Dritter wider. Hier sollen nur die privatrechtlichen Duldungspflichten kurz dargestellt werden.[568] Zu dulden hat der Eigentümer solche Beeinträchtigungen, die sich aus der Ausübung eines Rechts an der Sache ergeben, etwa deren Nutzung durch den Nießbraucher oder den Inhaber einer Grunddienstbarkeit. Ferner hat der Eigentümer Einwirkungen auf die Sache zu dulden, in die er wirksam eingewilligt hat, sei es durch einseitige Erklärung, sei es durch Vertrag. Kraft Gesetzes hat der Eigentümer etwa solche Eingriffe zu dulden, die zur Abwehr eines von ihm ausgehenden, gegenwärtigen und rechtswidrigen Angriffs (Notwehr, § 227 BGB) oder einer von der Sache ausgehenden Gefahr (Defensivnotstand, § 228 BGB) notwendig sind. Darüber hinaus erlaubt § 904 BGB den Zugriff auf fremdes Eigentum auch zur Abwehr einer gegenwärtigen Gefahr, die nicht von der Sache oder ihrem Eigentümer ausgeht, doch hat der Eigentümer in diesem Fall einen verschuldensunabhängigen Anspruch auf Ersatz des ihm daraus entstehenden Schadens.

236 Besondere Bedeutung kommt in diesem Zusammenhang dem in §§ 906 ff BGB geregelten Nachbarrecht zu. Einerseits ergänzt es den Eigentumsschutz durch spezielle vorbeugende Abwehransprüche, wenn vom Nachbargrundstück aufgrund einer Anlage (§ 907 BGB), eines einsturzgefährdeten Gebäudes (§ 908 BGB) oder einer Abgrabung (§ 909 BGB) Gefahr droht. Andererseits und vor allem aber erlegt es den Grundstücksnachbarn Duldungspflichten auf. So kann der Grundstückseigentümer sich nach Maßgabe des §§ 917 f BGB nicht dagegen wehren, dass sein Nachbar, dessen Grundstück nicht an das öffentliche Wege- und Straßennetz angeschlossen ist, sein Grundstück überquert; er muss auf seinem Grundstück nach § 912 Abs 1 S 1 BGB sogar ein Gebäude dulden, dass der Nachbar ohne Vorsatz oder grobe Fahrlässigkeit dort errichtet hat. In beiden Fällen kann er immerhin verlangen, durch Zahlung einer Geldrente entschädigt zu werden.

237 Weitreichende Duldungspflichten ergeben sich auch aus § 906 BGB. Ausweislich der amtlichen Überschrift der Norm betreffen sie nur die Zuführung unwägbarer Stoffe (Imponderabilien), was man schon angesichts der in § 906 Abs 1 S 1 BGB aufgezählten Beispiele aber nicht allzu wörtlich nehmen darf.[569] Werden solche Immissionen nicht gerade gezielt auf das Grundstück geleitet (§ 906 Abs 3 BGB), hat der Eigentümer sie gemäß § 906 Abs 1 S 1 BGB zu dulden, wenn sie die Nutzung seines Grundstücks nicht oder nur unwesentlich beeinträchtigen. Die Einwirkung ist wesentlich, wenn sie dem Nachbarn nach Eigenart, Stärke, Häufigkeit und Dauer billigerweise nicht mehr zu-

---

[566] BGH NJW 1997, 2234, 2235 = JuS 1997, 1042 (K Schmidt); Wieling (Fn 431) § 23 IV 1 b aa. AA Staudinger/Gursky (2012) § 1004 Rn 157.
[567] Staudinger/Gursky (2012) § 1004 Rn 172; Baur/Stürner (Fn 4) § 12 Rn 11.
[568] Vgl Fn 251.
[569] Vgl die Aufzählung „ähnlicher Einwirkungen" bei Staudinger/Roth (2016) § 906 Rn 164 ff (kleine Tiere, insbes Bienen; Laub, Pollen, Samen).

gemutet werden kann.⁵⁷⁰ Dabei soll zwar ein normativ-objektiver Maßstab anzulegen,⁵⁷¹ aber auch auf eine besondere Schutzwürdigkeit Rücksicht zu nehmen sein, die dem beeinträchtigten Grundstück aufgrund seiner Zweckbestimmung zukommt.⁵⁷² Nach § 906 Abs 1, S 2, 3 BGB ist die Beeinträchtigung idR unwesentlich, wenn die in den dort genannten Regelwerken festgelegten Grenzwerte nicht überschritten werden.

Gemäß § 906 Abs 2 BGB kann der Grundstückseigentümer auch wesentliche Beeinträchtigungen nicht nach § 1004 BGB abwehren, wenn sie ortsüblich sind, also die Mehrzahl der im Vergleichsgebiet belegenen Grundstücke ähnliche Emissionen verursacht,⁵⁷³ und durch (objektiv!) wirtschaftlich zumutbare Maßnahmen nicht zu verhindern sind. Ist die wesentliche Beeinträchtigung entweder ortsunüblich oder mit zumutbaren Mitteln zu verhindern, kann der Grundstückseigentümer gemäß § 1004 Abs 1 S 1 BGB ihre Beseitigung verlangen; andernfalls muss er sie dulden, kann aber nach § 906 Abs 2 S 2 BGB eine angemessene Entschädigung (nicht: Schadensersatz!)⁵⁷⁴ verlangen, wenn Nutzung oder Ertrag des Grundstücks über das zumutbare Maß hinaus beeinträchtigt werden. **238**

Dieser zivilrechtliche Aufopferungsanspruch beruht auf einem verallgemeinerungsfähigen Rechtsgedanken. § 906 Abs 2 S 2 BGB ist daher analog anzuwenden, wenn dem Eigentümer zwar ein Abwehranspruch aus § 1004 Abs 1 BGB zugestanden hätte, er aber außer Stande war, die Beeinträchtigung rechtzeitig abzuwehren,⁵⁷⁵ und zwar unabhängig davon, ob es sich um eine Immission iSd § 906 Abs 1 S 1 BGB handelt. Erforderlich ist jedoch, dass die Beeinträchtigung von einem Grundstück ausgeht und zu dessen konkreter Nutzung in einem sachlichen Bezug steht;⁵⁷⁶ sie muss zudem ein anderes Grundstück betreffen, so dass eine analoge Anwendung des § 906 Abs 2 S 2 BGB etwa im Verhältnis mehrerer auf demselben Grundstück befindlicher Wohnungsmieter oder -eigentümer zueinander nicht in Betracht kommt.⁵⁷⁷ Der Anspruch ist neben der deliktischen Schadensersatzhaftung von Bedeutung, weil er anders als dieser kein Verschulden des Störers voraussetzt. Er darf aber nicht dazu führen, dass das deliktsrechtliche Verschuldenserfordernis bedeutungslos wird. Daher ist stets genau zu prüfen, ob es im konkreten Fall wirklich um die Entschädigung für eine Störung geht, die der Eigentümer erdulden musste, oder aber um Ersatz für einen Schaden, dessen Beseitigung er auch nach § 1004 Abs 1 S 1 BGB nicht hätte verlangen können. Nur im ersten Fall ist § 906 Abs 2 S 2 BGB analog anzuwenden. Es geht daher viel zu weit, wenn der BGH analog § 906 Abs 2 S 2 BGB etwa dafür Entschädigung gewährt, dass ein Haus durch eine abwehrfähige Überschwemmung Schaden nahm,⁵⁷⁸ denn der **239**

---

⁵⁷⁰ WIELING (Fn 431) § 23 II 4 b.
⁵⁷¹ BGH NJW 2008, 1810, 1813: „Empfinden eines verständigen Durchschnittsmenschen"; vgl dazu STAUDINGER/ROTH (2016) § 906 Rn 178 ff; VIEWEG NJW 1999, 969 ff.
⁵⁷² BGH NJW 1999, 356, 357; STAUDINGER/ROTH (2016) § 906 Rn 142; WENZEL NJW 2005, 241, 244.
⁵⁷³ BGH NJW 1993, 925, 930; PRÜTTING (Fn 1) Rn 335; WENZEL NJW 2005, 241, 244; RÖTHEL Jura 2005, 539, 543.
⁵⁷⁴ BGH NJW 1998, 2896, 2897. Zur Ermittlung der Anspruchshöhe STAUDINGER/ROTH (2016) § 906 Rn 262 ff.

⁵⁷⁵ WIELING (Fn 431) § 23 II 4 i; WESTERMANN/WESTERMANN (Fn 1) § 61 Rn 33; PRÜTTING (Fn 1) Rn 339; LÜNEBORG NJW 2012, 3745 ff; SCHREIBER Jura 2011, 263, 266 f. Ablehnend NEUNER JuS 2005, 487, 491.
⁵⁷⁶ BGH NJW 2009, 3787, 3788 = LMK 2009, 294262 (ROTH): Keine Haftung, wenn eine abdriftende Silvesterrakete das Nachbarhaus in Brand setzt.
⁵⁷⁷ BGH NJW 2010, 2347, 2348 f; BGH NJW 2004, 775 (776 f). Das Kriterium der „Grenzüberschreitung" ablehnend LÜNEBORG NJW 2012, 3745, 3748 ff.
⁵⁷⁸ BGH NJW 2003, 2377, 2378 = LMK 2003,

Eigentümer hätte aus § 1004 Abs 1 S 1 BGB nur das Abpumpen des inzwischen ohnehin abgelaufenen Wassers, nicht aber Beseitigung der am Haus entstandenen Schäden verlangen können.

IV. Beschränkte dingliche Rechte

1. Grundlagen

240 Das Eigentum ist das für sich genommen umfassendste dingliche Recht: Der Eigentümer kann mit der Sache ausweislich § 903 S 1 BGB „nach Belieben" verfahren und andere von *jeder* Einwirkung ausschließen. Andere dingliche Rechte weisen ihrem Inhaber eine Sache nur in bestimmter Hinsicht zu; sie sind in diesem Sinne – inhaltlich – beschränkt. Die beschränkten dinglichen Rechte werden ihrem Inhalt nach üblicherweise in Nutzungsrechte, Sicherungs- und Erwerbsrechte eingeteilt.[579]

240a Überwiegend werden das Eigentum als „Stammrecht" und ein eventuell bestehendes beschränktes dingliches Recht an der Sache als „Abspaltung" des Eigentums begriffen.[580] Dieses Bild ist jedenfalls insofern treffend, als dem Eigentümer diejenigen Befugnisse, die Gegenstand eines an der Sache bestehenden dinglichen Rechts sind, nicht (mehr) zustehen: Besteht an einer Sache etwa ein Nießbrauch, darf der Eigentümer sie gegen den Willen des Nießbrauchers nicht mehr nutzen und kann der Eigentümer eine Nutzung durch den Nießbraucher nicht mehr abwehren (vgl o Rn 235). Das Eigentum ist also zwar das umfassendste dingliche Recht, zugleich aber auch das schwächste: Es tritt hinter alle beschränkten dinglichen Rechte an der Sache zurück (o Rn 112).

240b Beschränkte dingliche Rechte werden, sofern sie ihre Inhaber zum Besitz der Sache berechtigen, genauso geschützt wie das Eigentum, vgl § 1227 BGB für das Pfandrecht, § 1065 BGB für das Nießbrauchsrecht, § 1024 BGB für die Grunddienstbarkeit, § 11 Abs 1 ErbbauRG für das Erbbaurecht und andererseits § 1134 Abs 1 BGB für die Grundpfandrechte. Der Inhaber eines Pfand-, Nießbrauchs- oder Erbbaurechts kann also von jedem, der ihm gegenüber kein Recht zum Besitz hat, nach § 985 BGB Herausgabe der Sache verlangen. Er kann unter den Voraussetzungen der §§ 987 f BGB auch Herausgabe der gezogenen Früchte verlangen, wenn das dingliche Recht ihm auch diese zuweist – so etwa beim Nießbrauch und nach § 1213 BGB beim Nutzungspfand –, sowie nach §§ 989 f BGB Ersatz des Schadens, der ihm durch Beeinträchtigung seines Rechts entsteht (vgl o Rn 207 ff). Der Inhaber eines beschränkten dinglichen Rechts kann nach § 1004 BGB (Rn 230 ff) vorgehen, wenn er in der Ausübung seines Rechts gestört wird. Geht es um eine bewegliche Sache, erfasst der Verweis auf die Vorschriften zum Schutz des Eigentums schließlich auch § 1006 BGB: Nach Maßgabe der für diese Norm geltenden Grundsätze wird also zugunsten des Besitzers auch vermutet, dass er Inhaber eines von ihm behaupteten beschränkten dinglichen Rechts sei (o Rn 129).

---

183 ff (WIELING). Entsprechend BGH NJW 2008, 992, 993 = JuS 2008, 559 f (K SCHMIDT); BGH NJW 2004, 3701, 3702 = LMK 2005, 26 ff (WIELING).

[579] So etwa WOLFF/RAISER (Fn 17) § 2 III; MÜLLER/GRUBER (Fn 1) Rn 7–11; PRÜTTING (Fn 1) Rn 17; BAUR/STÜRNER (Fn 4) § 3 Rn 36–42.

[580] MÜLLER/GRUBER (Fn 1) Rn 3; BAUR/STÜRNER (Fn 4) § 3 Rn 23, 35; eingehend WILHELM (Fn 3) Rn 120 ff. Ablehnend etwa STADLER AcP 189 (1989) 425, 428 ff.

Die Inhaberschaft eines beschränkten dinglichen Rechts bringt grundsätzlich die Befugnis mit sich, das Recht auf einen Dritten zu übertragen. Unübertragbar ist aber etwa der Nießbrauch (§ 1059 S 1 BGB, doch vgl auch § 1059a BGB). Akzessorische Rechte[581] wie das Pfandrecht und die Hypothek können nicht isoliert übertragen werden, sondern gehen nach § 401 Abs 1 BGB ohne Weiteres mit der Abtretung der Forderung, die sie sichern, auf den neuen Gläubiger über. Die Grundschuld wird nach §§ 1192 Abs 1, 1154 BGB ebenfalls durch Abtretung übertragen, allerdings nicht einer Forderung, sondern der Grundschuld selbst.[582] Grunddienstbarkeiten können, sofern sie überhaupt übertragbar sind (vgl § 1092 Abs 1 S 1, Abs 3 BGB), nur gemeinsam mit dem Eigentum am herrschenden Grundstück (Rn 249) übertragen werden. **241**

2. Sicherungs- und Erwerbsrechte

Über die beschränkten dinglichen Rechte, die der Sicherung einer Forderung dienen, sowie über die Anwartschaft des Vorbehaltskäufers informiert das Kapitel über das Recht der Kreditsicherung.[583] Hier ist daher nur auf die Vormerkung und das dingliche Vorkaufsrecht näher einzugehen. **242**

a) Vormerkung

Die Vormerkung kann nach § 883 Abs 1 S 1 BGB insbesondere zur Sicherung des Anspruchs auf Einräumung eines Rechts an einem Grundstück eingetragen werden. Abweichend von den in § 873 Abs 1 BGB normierten allgemeinen Grundsätzen bedarf es zu ihrer Bestellung keiner Einigung, sondern nach § 885 BGB nur einer einseitigen Bewilligung durch den Grundstückseigentümer. Die Vormerkung ist akzessorisch, setzt also voraus, dass der zu sichernde Anspruch besteht, doch genügt nach § 883 Abs 1 S 2 BGB auch ein künftiger oder bedingter Anspruch. Ist eine Vormerkung eingetragen, so ist nach § 883 Abs 2 S 1 BGB dem Vormerkungsberechtigten gegenüber jede Verfügung unwirksam, die den Anspruch auf das vorgemerkte Recht vereiteln oder beeinträchtigen würde. Hat also etwa K von E dessen Grundstück gekauft und wurde zur Sicherung seines gegen E gerichteten Übereignungsanspruchs eine Auflassungsvormerkung eingetragen, so kann E, solange er Eigentümer des Grundstücks ist, das Eigentum an diesem noch auf einen Dritten D übertragen. Dem Inhaber der Vormerkung K gegenüber aber ist eine solche Übereignung unwirksam, da sie es E iSd § 275 Abs 1 BGB unmöglich machen würde, den durch Vormerkung gesicherten Anspruch zu erfüllen. Daher bleibt im Verhältnis zu K nach § 883 Abs 2 S 1 BGB der E Eigentümer, und nach § 888 BGB kann K von D verlangen, dass D, wenn er zwischenzeitlich als Eigentümer in das Grundbuch eingetragen wurde, die für den Eigentumserwerb des K erforderliche Eintragung des K in das Grundbuch bewilligt (vgl o Rn 181). Die Vormerkung führt also dazu, dass der schuldrechtliche Verschaffungsanspruch jedem Dritten gegenüber geschützt wird; in diesem Sinne „verdinglicht" sie den Anspruch. Gleichwohl soll es sich nach hM nicht um ein dingliches Recht handeln.[584] Praktisch relevant wird diese Frage nicht, denn sie wirkt sich auch auf den Erwerb einer Vormerkung vom Bucheigentümer nicht aus: Auf Grundlage der hM **243**

---

[581] HERRESTHAL, in: STAUDINGER/Eckpfeiler K. Rn 20 ff.
[582] HERRESTHAL, in: STAUDINGER/Eckpfeiler K. Rn 189.
[583] HERRESTHAL, in: STAUDINGER/Eckpfeiler K. Rn 215 ff.

[584] STAUDINGER/GURSKY (2013) § 883 Rn 328 f; BeckOGK/ASSMANN § 883 Rn 305; MünchKomm/KOHLER (Fn 25) § 883 Rn 5 (aber auch Rn 7); BGH NJW 1973, 323, 324. **AA** etwa WIELING, Sachenrecht (Fn 431) § 22 I 2; PRÜTTING (Fn 1) Rn 203; HECK (Fn 40) § 47 IV.

richtet er sich nach § 893 Alt 2 BGB, nach der zutreffenden Gegenansicht ist § 892 Abs 1 S 1 BGB einschlägig.

244 Da die Vormerkung akzessorisch ist, geht sie nach § 401 BGB ohne Weiteres auf den neuen Gläubiger über, wenn der durch sie gesicherte Anspruch abgetreten wird. Besteht der zu sichernde Anspruch nicht, kann wegen ihrer Akzessorietät auch keine Vormerkung bestehen; da ein Anspruch nicht gutgläubig erworben werden kann, kann eine Vormerkung nicht von demjenigen erworben werden, dem der zu sichernde Anspruch nicht zusteht. Der Erwerb einer Vormerkung von ihrem angeblichen Inhaber („Zweiterwerb") kommt also nur dann in Betracht, wenn die Forderung besteht und eine Vormerkung eingetragen, aber nicht wirksam bestellt wurde. Manche halten einen Erwerb vom scheinbaren Vormerkungsberechtigten nach § 892 Abs 1 S 1 BGB bzw § 893 Alt 2 BGB auch in diesem Fall für ausgeschlossen:[585] Es liege schon der für jeden Erwerb vom Nichtberechtigten erforderliche rechtsgeschäftliche Erwerbstatbestand nicht vor, weil die Vormerkung kraft Gesetzes übergehe; zudem fehle hier ein Rechtsscheinträger, denn der Erwerb durch Abtretung erfolge außerhalb des Grundbuchs. Nach zutreffender und wohl hM ist ein solcher Erwerb dagegen grundsätzlich möglich:[586] Der Erwerb der Vormerkung ist jedenfalls *Folge* der rechtsgeschäftlichen Abtretung, insofern liegt durchaus ein rechtsgeschäftlicher Erwerbstatbestand vor, so dass Verkehrsschutz veranlasst ist. Es kommt auch nicht darauf an, dass der Erwerbsvorgang selbst aus dem Grundbuch als Rechtsscheinträger hervorgeht, sondern nur darauf, dass der Veräußerer durch den Rechtsscheinträger Grundbuch als Berechtigter ausgewiesen wird – und das ist der Fall, wenn die Vormerkung zugunsten des Zedenten im Grundbuch eingetragen ist.

b) Dingliches Vorkaufsrecht

245 Neben dem schuldrechtlichen Vorkaufsrecht[587] kennt das BGB bei Grundstücken auch ein dingliches, §§ 1094–1104 BGB. Auch seine dogmatische Einordnung ist umstritten.[588] Dem Eigentümer des belasteten Grundstücks gegenüber hat das dingliche Vorkaufsrecht nach § 1098 Abs 1 BGB die Wirkung eines schuldrechtlichen. Der dingliche Charakter zeigt sich zum einen darin, dass das Vorkaufsrecht nicht nur denjenigen bindet, der es bestellt hat, sondern auch jeden künftigen Eigentümer des Grundstücks, zum andern und vor allem aber darin, dass es nach § 1098 Abs 2 BGB die Wirkung einer Vormerkung hat. Nach §§ 1098 Abs 2, 883 Abs 2 S 1 BGB ist daher jedenfalls die Übereignung des Grundstücks an einen Dritten dem Vorkaufsberechtigtem gegenüber unwirksam, so dass der Verkäufer dem Vorkaufsberechtigen gegenüber Eigentümer bleibt. Belastungen des Grundstücks dagegen sollen nach hM nur dann von der Vormerkungswirkung erfasst werden und dem Vorkaufsberechtigten gegenüber unwirksam sein, wenn sie nach Eintritt des Vorkaufsfalls vorgenommen werden – die Bestellung eines dinglichen Vorkaufsrechts soll dem Grundstückseigentümer nicht die Möglichkeit nehmen, das Grundstück in der Zwischenzeit zu belasten.[589] Nach der

---

[585] STAUDINGER/GURSKY (2013) § 892 Rn 58; BeckOGK/ASSMANN § 885 Rn 159–162; BAUR/STÜRNER (Fn 4) § 20 Rn 65; WILHELM (Fn 3) Rn 2290–2301; CANARIS, in: FS Flume I (1978) 370, 381, 389.
[586] MünchKomm/KOHLER (Fn 25) § 883 Rn 75; WIELING, Sachenrecht (Fn 431) § 22 III 2 b; WESTERMANN/EICKMANN (Fn 1) § 83 Rn 36;

MÜLLER/GRUBER (Fn 1) Rn 2968–2974; PRÜTTING (Fn 1) Rn 198; BGH NJW 1957, 1229.
[587] Dazu BECKMANN, in: STAUDINGER/Eckpfeiler N. Rn 308 ff.
[588] Näher BeckOGK/OMLOR § 1094 Rn 2–7; STAUDINGER/SCHERMAIER (2017) § 1094 Rn 9–12.
[589] STAUDINGER/SCHERMAIER (2017) § 1098 Rn 15; SOERGEL/STÜRNER (13. Aufl 2001) § 1098

zutreffenden Gegenansicht greift die Vormerkungswirkung auch insoweit von der Eintragung des Vorkaufsrechts an – erfasst werden also alle später eingetragenen Belastungen, aber wegen § 883 Abs 2 S 1 BGB nur dann, wenn sie den Anspruch des Vorkaufsberechtigten beeinträchtigen, also nur solche, zu deren Übernahme ihn der Kaufvertrag, der den Vorkaufsfall auslöst, nicht verpflichtet.[590]

3. Nutzungsrechte

Das BGB nennt die dinglichen Nutzungsrechte Dienstbarkeiten und unterscheidet hier zwischen Grunddienstbarkeiten und Nießbrauch. Besondere wirtschaftliche Bedeutung hat ferner das Erbbaurecht. **246**

a) Nießbrauch

Der Inhaber eines Nießbrauchs ist nach § 1030 Abs 1 BGB berechtigt, die Nutzungen der Sache zu ziehen, und zu diesen wiederum gehören nach § 100 BGB nicht nur die Früchte (o Rn 19), sondern auch alle sonstigen Gebrauchsvorteile. Diese umfassende Nutzungsberechtigung kann nach § 1030 Abs 2 BGB im Hinblick auf einzelne Nutzungen mit dinglicher Wirkung eingeschränkt werden. Neben dem grundsätzlich umfassenden Nutzungsrecht des Nießbrauchers verkümmert das Eigentum zu einer bloß formalen Rechtsposition, einem *nudum ius*. Da der Nießbrauch seinen Inhaber nicht dazu berechtigt, über die Sache zu verfügen,[591] die fortbestehende Verfügungsbefugnis des Eigentümers sich aber wirtschaftlich kaum nutzen lässt, solange der Nießbrauch besteht, ist die mit dem Nießbrauch belastete Sache dem Rechtsverkehr letztlich weitgehend entzogen. Um diesen Zustand zeitlich zu begrenzen, erklärt das Gesetz den Nießbrauch für grundsätzlich unübertragbar (Rn 241); er erlischt nach § 1061 S 1 BGB mit dem Tode desjenigen, zu dessen Gunsten er bestellt wurde, ist also unvererblich. **247**

An beweglichen Sachen wird der Nießbrauch nach § 1032 S 1 BGB durch Einigung (über die Bestellung des Nießbrauchs) und Übergabe der Sache bestellt; für Übergabesurrogate und einen gutgläubigen Erwerb gelten die Vorschriften über den Eigentumserwerb entsprechend. Zur Bestellung eines Nießbrauchs an einem Grundstück ist nach § 873 Abs 1 BGB die entsprechende Einigung und die Eintragung des Nießbrauchs in das Grundbuch erforderlich; der Erwerb vom Bucheigentümer richtet sich nach § 892 BGB. Mit der Bestellung des Nießbrauchs entsteht zwischen Nießbraucher und Eigentümer ein gesetzliches Schuldverhältnis mit dem in §§ 1034 ff BGB geregelten Inhalt – auch dann, wenn der Nießbrauch von einem Nichtberechtigten bestellt wurde.[592] **248**

b) Grunddienstbarkeit

Grunddienstbarkeiten werden nach § 1018 Abs 1 BGB im Grundsatz zugunsten des jeweiligen Eigentümers eines anderen – des „herrschenden" – Grundstücks bestellt. Sie können unterschiedliche Inhalte haben: (1) der Eigentümer des herrschenden Grundstücks darf das belastete („dienende") Grundstück in bestimmter Art und Weise **249**

Rn 4; MünchKomm/WESTERMANN (Fn 25) § 1098 Rn 8; BGH NJW 1973, 1278, 1281.
[590] BeckOGK/OMLOR § 1098 Rn 18–22 und WESTERMANN/GURSKY (Fn 1) § 124 Rn 12 in Anschluss an WIELING/KLINCK AcP 202 (2002) 745 ff.

[591] WIELING (Fn 1) § 14 I 1 b; BAUR/STÜRNER (Fn 4) § 32 Rn 14; WESTERMANN/GURSKY (Fn 1) § 120 Rn 8.
[592] WIELING (Fn 1) § 14 I 1 d; WESTERMANN/GURSKY (Fn 1) § 120 Rn 10.

nutzen, und der Eigentümer des dienenden Grundstücks hat diese Nutzung zu dulden; (2) der Eigentümer des herrschenden Grundstücks kann von demjenigen des dienenden Grundstücks verlangen, dass dieser eine bestimmte Nutzung seines Grundstücks unterlässt, (3) der Eigentümer des dienenden Grundstücks hat eine bestimmte Nutzung des herrschenden Grundstücks zu dulden, deren Unterlassung er sonst (nach § 1004 Abs 1 S 1 BGB) verlangen könnte. Nach § 1019 S 1 BGB muss die Dienstbarkeit dem herrschenden Grundstück einen Vorteil bieten; sie kann sonst aber als beschränkte persönliche Dienstbarkeit (§ 1090 BGB) bestellt werden. Die Bestellung der Dienstbarkeit erfolgt nach § 873 Abs 1 BGB durch Einigung und Eintragung; konstitutiv ist die Eintragung beim dienenden Grundstück, möglich ist nach § 9 Abs 1 S 1 GBO aber auf Antrag auch eine (zusätzliche) Eintragung beim herrschenden Grundstück. Auch die Grunddienstbarkeit wird von einem gesetzlichen Schuldverhältnis (§§ 1020 ff BGB) begleitet.

c) Erbbaurecht

250 Das Erbbaurecht verleiht seinem Inhaber nach § 1 Abs 1 ErbbauRG die Befugnis, auf oder unter der Oberfläche des belasteten Grundstücks ein Bauwerk zu haben. Es wird gem § 11 Abs 1 ErbbauRG nach den allgemeinen Vorschriften der §§ 873 ff BGB, also durch Einigung und Eintragung in das Grundbuch bestellt. In der Regel verpflichtet sich der Inhaber des Erbbaurechts, im Gegenzug einen Erbbauzins (§ 9 ErbbauRG) an den Eigentümer zu zahlen. Das Erbbaurecht schließt die Nutzung des Grundstücks durch seinen Eigentümer weitgehend aus, ist aber dennoch, anders als der Nießbrauch (Rn 247), ausweislich § 1 Abs 1 ErbbauRG vererblich und übertragbar. Da das Erbbaurecht nach § 11 Abs 1 ErbbauRG rechtlich wie Grundeigentum zu behandeln ist,[593] kann sein Inhaber es mit anderen Rechten belasten, insbesondere mit Grundpfandrechten.

251 Das in Ausübung eines Erbbaurechts auf dem Grundstück errichtete Gebäude wird gemäß § 95 Abs 1 S 1 BGB nicht wesentlicher Bestandteil des Grundstücks (o Rn 18), sondern gemäß § 12 Abs 1 S 1 ErbbauRG wesentlicher Bestandteil des Erbbaurechts: Es gehört also dem Erbbauberechtigten. Gleiches gilt nach § 12 Abs 1 S 2 ErbbauRG für ein Gebäude, das bei Bestellung des Erbbaurechts bereits errichtet war.

252 In der Praxis wird das Erbbaurecht nahezu immer auf (lange) Zeit bestellt. Mit deren Ablauf erlischt es ohne Weiteres. Gemäß § 12 Abs 3 ErbbauRG werden die Bestandteile des Erbbaurechts zu Bestandteilen des Grundstücks, und so wird der Eigentümer des Grundstücks auch Eigentümer des Gebäudes. Nach Maßgabe des § 27 ErbbauRG hat er den bisherigen Erbbauberechtigten dafür zu entschädigen.

V. Europäische Rechtsvereinheitlichung

253 Die Diskussion um eine (europaweite) Vereinheitlichung des Sachenrechts bezog sich bislang im Schwerpunkt auf das Kreditsicherungsrecht.[594] Der unlängst vorgelegte

---

[593] Mit dem Verweis auf das für „Grundstücke" geltende Recht ist das für Grundeigentum geltende Recht gemeint; das Erbbaurecht ist entgegen verbreiteter Diktion kein „grundstücksgleiches", sondern grundeigentumähnliches Recht, WIELING (Fn 1) § 1 I 4.

[594] Vgl zu Sicherungsrechten an beweglichen Sachen etwa KIENINGER AcP 208 (2008) 182 ff; zur Schaffung eines Europäischen Grundpfandrechts („Eurohypothek") BAUR/STÜRNER (Fn 4) § 64 Rn 76 ff.

„Draft Common Frame of Reference" (DCFR) enthält in Buch VIII jedoch auch detaillierte Regelungsvorschläge, die Erwerb, Verlust und Schutz des Eigentums an beweglichen Sachen betreffen.[595] Bei der Übereignung folgt man grundsätzlich einer Art Vertragsprinzip; eine Übergabe der Sache ist nach Art VIII.–2:101 Abs 1 (e) nur erforderlich, wenn die Parteien keine Vereinbarung über den Zeitpunkt des Eigentumsübergangs getroffen haben. Gemäß Art VIII.–2:101 Abs 1 (d), 2:202 ist die Übereignung kausalabhängig. Gutgläubiger Erwerb ist möglich, setzt aber nach Art VIII.–3:101 unter anderem die Übergabe der Sache und ferner voraus, dass der Erwerb entgeltlich ist. Dem Erwerber schadet nach Art VIII.–3:101 (d) schon einfache Fahrlässigkeit.[596] Die in Art VIII.–6:101 vorgeschlagenen Schutzansprüche des Eigentümers entsprechen §§ 985, 1004 BGB. Anders als das geltende deutsche Recht sieht der DCFR keine Privilegierung des gutgläubigen unverklagten Besitzers vor: Vielmehr soll der Besitzer gemäß Art VIII.–7:102 nach Deliktsrecht auf Schadensersatz und gemäß Art VIII.–7:103 nach Bereicherungsrecht auf Nutzungsherausgabe haften; seine Verwendungsersatzansprüche sollen sich gemäß Art VIII.–7:104 ebenfalls nach Bereicherungsrecht richten.

Der DCFR enthält auch Regelungsmodelle über Besitz und Besitzschutz; sie ähneln **254** weitgehend dem deutschen Recht. Das gilt insbesondere für die Definition des Besitzes (VIII.–1:205), des Eigenbesitzers („owner-possessor", VIII.–1:206) und des Besitzdieners („possession-agent", VIII.–1:208). Die Definition des Fremdbesitzers („limited-right possessor", VIII.–1:207) enthält diejenige der Besitzmittlung und orientiert sich in Bezug auf deren Voraussetzungen an der in Deutschland herrschenden Lehre, verlangt also insbesondere ein konkretes Besitzmittlungsverhältnis („specific legal/contractual relationship"). Der Begriff der verbotenen Eigenmacht („unlawful dispossession and interference", VIII.–6:201) entspricht dem in § 858 Abs 1 BGB normierten Tatbestand. Im Zusammenhang mit den Selbsthilferechten des Besitzers (VIII.–6:202) sind die Möglichkeit einer Nothilfe und die Voraussetzung der Erforderlichkeit und Angemessenheit („proportionate") der Besitzwehr ausdrücklich angesprochen. In Abweichung vom deutschen Recht soll der unmittelbare Fremdbesitzer Störungen, die vom mittelbaren Eigenbesitzer ausgehen, nur abwehren können, wenn der Eigenbesitzer damit seine Pflichten verletzt, die aus dem der Besitzmittlung zugrunde liegenden Rechtsverhältnis folgen. Die in VIII.–6:203, 204 vorgeschlagene Regelung der Besitzschutzansprüche stimmt in vielem mit §§ 861–864 BGB überein; die Möglichkeit einer petitorischen Widerklage und ihre Folgen werden jedoch ausdrücklich und teils abweichend von den zum deutschen Recht vertretenen Ansichten (o Rn 75) geregelt. Was den Besitzschutz im Übrigen angeht, so soll auch die Verletzung des berechtigten Besitzes zu deliktsrechtlichen Schadensersatzansprüchen führen können (VIII.–6:401, VI.–2:206), und schließlich kennt der DCFR einen Herausgabeanspruch aus „besserem" Besitz (VIII.–6:301), der sich allerdings erheblich von § 1007 BGB unterscheidet.[597]

---

[595] Eingehend und kritisch hierzu STADLER JZ 2010, 380 ff; positiver HARKE GPR 2012, 292 ff; vgl auch BAUR/STÜRNER (Fn 4) § 64 Rn 145 ff.
[596] Zu den erheblichen Einschränkungen des Rechtsverkehrs, die sich aus diesem strengen Maßstab iVm der Kausalabhängigkeit ergeben, vgl STADLER JZ 2010, 380, 387 f.

[597] Für die Frage, wessen Besitz „besser" ist, soll es vor allem darauf ankommen, ob der Besitzer zugleich gutgläubig und berechtigt ist. Das hat wenig Sinn, denn wer berechtigt ist, kann in Ansehung seiner Berechtigung weder gut- noch bösgläubig sein.

U. Familienrecht

Reinhard Voppel

Systematische Übersicht

I.	Einleitung	1
II.	**Eherecht**	11
1.	Verlöbnis und Eheschließung	12
2.	Allgemeine Ehewirkungen	20
a)	Eheliche Lebensgemeinschaft	21
b)	Verhältnisse der Ehegatten untereinander	28
aa)	Ehemodelle und Einvernehmen	28
bb)	Erwerbstätigkeit und Mitarbeit	30
cc)	Ehename	32
dd)	Haftungsminderung	35
c)	Verhältnis zu Dritten	36
aa)	Mitverpflichtung aus Geschäften zur Deckung des Lebensbedarfs	36
bb)	Eigentumsvermutungen	42
d)	Unterhalt	44
3.	Güterrecht	47
a)	Vertragsfreiheit	50
b)	Güterrechtsregister	60
c)	Zugewinngemeinschaft	66
d)	Gütertrennung	84
e)	Gütergemeinschaft	91
4.	Auflösung der Ehe	106
a)	Tod eines Ehegatten	107
b)	Ehescheidung	109
aa)	Scheidungsgrund	110
bb)	Getrenntleben	114
cc)	Gestaltender Beschluss	121
dd)	Scheidungsfolgen	122
c)	Aufhebung	148
III.	**Andere partnerschaftliche Verhältnisse**	
1.	Faktische Lebensgemeinschaft	151
2.	Eingetragene Lebenspartnerschaft	166
IV.	**Verwandtschaft**	
1.	Allgemeines	174
2.	Insbesondere Kindschaft	176
a)	Abstammung	177
aa)	Grundlagen	177
bb)	Der mit der Mutter verheiratete Mann	179
cc)	Vaterschaft kraft Anerkennung	181
dd)	Vaterschaftsanfechtung	183
ee)	Gerichtliche Feststellung der Vaterschaft	187
ff)	Kenntnis der Abstammung	188
b)	Elterliche Sorge	191
aa)	Begriff	191
bb)	Begründung der elterlichen Sorge	193
cc)	Ruhen und Beendigung der elterlichen Sorge	196
dd)	Ausübung der gemeinsamen Sorge, Konflikte	199
ee)	Elterliche Sorge nach Trennung und Scheidung	200
ff)	Personensorge	205
gg)	Vermögenssorge	207
hh)	Gesetzliche Vertretung	211
jj)	Rechtsverhältnis zwischen Kindern und Eltern	217
kk)	Staatliche Hilfen und Kontrolle der elterlichen Sorge	220
c)	Allgemeine Wirkungen der Kindschaft	227
3.	Unterhaltspflichten unter Verwandten	231
a)	Allgemeine Prinzipien	231
b)	Kindesunterhalt	245
c)	Besonderheiten bei Kindern, deren Eltern nicht miteinander verheiratet sind (bzw waren)	251
4.	Annahme als Kind	253
V.	**Vormundschaft, Pflegschaft, rechtliche Betreuung**	262
1.	Vormundschaft	264
2.	Pflegschaft	280
3.	Rechtliche Betreuung	286

I. Einleitung

1 Das Familienrecht regelt zum einen Begründung, Bestand, Auflösung und Nachwirkung der **Ehe**, zum anderen die **Verwandtschaft** und ihre Rechtsfolgen (insbesondere Unterhaltspflichten), wobei das **Kindschaftsrecht** als spezielle Materie herausgehoben ist. Aus historischen Gründen werden auch die Annahme an Kindes statt sowie Vormundschaft und Pflegschaft dem Familienrecht zugerechnet, weil sie als Ersatz der elterlichen Sorge entstanden sind; ebenso das Institut der Betreuung, das sich aus der Vormundschaft entwickelt hat. Die faktischen Lebensgemeinschaften[1] (darunter insbesondere die nichteheliche Lebensgemeinschaft), die grundsätzlich nach allgemeinem Zivilrecht zu behandeln sind, gehören als solche nicht zum Familienrecht, werden aber als Annex mitbehandelt, weil sie – als „Alternative" zur Ehe – Parallelen zum Eherecht aufweisen.

2 Der **Begriff der Familie** ist im BGB nicht definiert. Die Familie tritt **rechtlich** auch nicht als Einheit auf, sondern nur in Beziehungen unter den einzelnen Mitgliedern aufgrund von Verwandtschaft oder Ehe. Soweit das Recht den Begriff der Familie verwendet, ist jeweils im Einzelfall zu prüfen, was damit im Regelungszusammenhang gemeint ist.

3 Ehe und Familie sind **grundrechtlich besonders geschützt**. Art 6 Abs 1 GG stellt einerseits als Individualgrundrecht ein Abwehrrecht gegen den Staat dar, der sich inhaltlicher Eingriffe und Bevormundungen grundsätzlich zu enthalten und die autonome Ausgestaltung durch die Beteiligten zu respektieren hat, andererseits aber auch eine Institutsgarantie (aus der die Eheschließungsfreiheit und gewisse Strukturprinzipien folgen) und wertentscheidende Grundsatznorm. Der Verfassung liegt das Bild der „verweltlichten" bürgerlich-rechtlichen Ehe zugrunde.[2] Aus Art 6 Abs 1 GG wird schließlich auch ein Verbot abgeleitet, Ehe und Familie gegenüber anderen Formen der Lebensgemeinschaft schlechter zu stellen (etwa im Steuerrecht). Daraus folgt indessen nicht, dass andere Arten von Lebensgemeinschaften bekämpft oder behindert werden müssen.[3] Die eingetragene Lebenspartnerschaft und faktische Lebensgemeinschaften fallen als solche nicht unter den Schutz des Art 6 Abs 1 GG. Soweit in solchen Lebensgemeinschaften Kinder leben, greift Art 6 Abs 1 GG unter dem Gesichtspunkt der „Familie" ein. Mit der besonderen Privilegierung von Ehe (und Familie) soll insbesondere eine rechtliche Absicherung der Ehepartner bei der Gründung einer Familie mit gemeinsamen Kindern ermöglicht werden.[4] Art 6 Abs 2 GG weist Pflege und Erziehung der Kinder in erster Linie den Eltern zu und verpflichtet sie entsprechend. Der Staat hat ergänzende Funktion und übt ein Wächteramt aus, das nur bei Versagen der Eltern eingreift.

4 Das **Familienrecht ist weitgehend im 4. Buch des BGB** geregelt, ergänzt seit 2009 durch das VersAusglG. Es wird überwiegend dem **Privatrecht** zugerechnet, hat jedoch stärkere Anknüpfungspunkte zum öffentlichen Recht und insbesondere zum Sozialrecht als die anderen privatrechtlichen Materien. Das Recht der Vormundschaft, Pflegschaft

---

[1] Zum Begriff der faktischen Lebensgemeinschaft vgl STAUDINGER/LÖHNIG (2018) Anh 11 ff zu §§ 1297 ff.
[2] BVerfGE 53, 224, 245.
[3] BVerfG NJW 2002, 2543, 2548; FamRZ 2009, 1977, 1980.
[4] BVerfG NJW 1993, 3058. Dessen ungeachtet genießt auch eine Ehe, aus der keine Kinder hervorgehen (können), den grundrechtlichen Schutz.

und Betreuung ist zum Teil öffentliches Recht. Ergänzt wird das materielle Familienrecht durch **verfahrensrechtliche Regelungen** insbesondere im PStG und im FamFG. Für die Verfahren in Familiensachen (§ 111 FamFG; ebenso für Lebenspartnerschaftssachen, § 269 FamFG) sind Familiengerichte als besondere Abteilungen der Amtsgerichte zuständig (§ 23b GVG). Für Ehesachen und Verfahren über Unterhalt und Ansprüche aus dem Güterrecht (Familienstreitsachen; dasselbe gilt für die entsprechenden Lebenspartnerschaftssachen) wird in weitem Umfang auf die entsprechende Anwendung der Regelungen der ZPO verwiesen; für andere Familiensachen und Lebenspartnerschaftssachen sowie für Betreuungssachen (für die spezielle Betreuungsgerichte eingerichtet worden sind, vgl § 23c GVG) gelten die besonderen Verfahrensregelungen des FamFG, die allerdings auch zum Teil auf die ZPO verweisen.

Familienrechte zeichnen sich dadurch aus, dass sie vielfach personenrechtlich geprägt sind (Rechtsverhältnis zwischen Ehegatten oder Eltern und Kindern); die daraus fließenden einzelnen Ansprüche können aber schuldrechtlicher Art sein (etwa der Anspruch auf die konkrete Unterhaltsleistung). Grundsätzlich finden die Regeln des Allgemeinen Teils des BGB Anwendung, was aber im Einzelnen vielfach eingeschränkt ist. Insbesondere für die Rechtsfolgen von Willensmängeln, etwa bei der Eheschließung oder bei der Anerkennung der Vaterschaft, gibt es Sonderregelungen. Auch sonst ist jeweils im Einzelnen zu prüfen, ob die allgemeinen Regeln den speziellen Fragen des Familienrechts gerecht werden. 5

Das Familienrecht ist das Rechtsgebiet im Zivilrecht, das – auch nach der Schuldrechtsreform – seit Inkrafttreten des BGB den deutlichsten Änderungen unterworfen worden ist. Wesentliche Triebkräfte waren die zunehmende Anerkennung der Gleichberechtigung der Geschlechter und eine – vor allem in jüngerer Zeit hervorgetretene – Stärkung von Kindesrechten, die die ursprünglich hervorgehobene Stellung des Ehemannes als Haupt der Familie[5] zugunsten einer Familienstruktur abgelöst haben, bei der das **Einvernehmen** der Eheleute und **gegenseitige** Beistands- und Rücksichtspflichten auch zwischen Kindern und Eltern eine wesentliche Rolle spielen; an die Stelle der elterlichen Gewalt ist die elterliche Sorge getreten. 6

Wesentliche Stufen dieser Entwicklung[6], die vor allem nach dem 2. Weltkrieg und unter dem Einfluss des GG eingesetzt hat, waren zunächst das **GleichberG** von 1957 (Umgestaltung der allgemeinen Ehewirkungen und vor allem des Güterrechts mit Einführung der Zugewinngemeinschaft als gesetzlichem Güterstand) und das **NEhelG** von 1969 (nichtehel Kind und Vater sind rechtlich miteinander verwandt, es beerbt den Vater, allerdings in Form eines Erbersatzanspruches, Einführung eines Statusverfahrens zur Zuordnung des Kindes zu seinem Vater), mit denen jeweils – wenn auch verspätet und nur partiell – Verfassungsaufträgen nachgekommen wurde (Art 3 Abs 2 iVm Art 117 Abs 1, Art 6 Abs 5 GG).[7] Mit dem **1. EheRG** von 1976 wurde das Scheidungsrecht grundlegend umgestaltet (Scheitern der Ehe als einziger Scheidungsgrund, Aufgabe der Verschuldensprüfung, Neugestaltung des nachehelichen Unterhalts und Einführung des Versorgungsausgleichs; außerdem Aufgabe des Leitbildes der Hausfrauen- 7

---

[5] Zur familienrechtlichen Konzeption des BGB von 1900 vgl STAUDINGER/VOPPEL (2018) Einl 92 ff zum FamilienR.

[6] Vgl dazu auch PESCHEL-GUTZEIT NJW 2017, 2731.

[7] Zur Rechtslage in der Übergangszeit vom 31.3.1953 (Art 117 Abs 1 aF GG) bis zum Inkrafttreten des GleichberG vgl STAUDINGER/VOPPEL (2018) Einl 112 ff zum FamilienR.

ehe; ansatzweise Gleichberechtigung im Ehenamensrecht; Einführung der Familiengerichte). Das **BtG** von 1990 setzte an die Stelle von Vormundschaft und Pflegschaft über Volljährige sowie Gebrechlichkeitspflegschaft das einheitliche Rechtsinstitut der Betreuung. Mit dem **FamNamRG** von 1993 wurden Verfassungsgebote im Namensrecht für Ehegatten und Familien umgesetzt. Grundlegende Änderungen brachte die Reformgesetzgebung am Ende der 13. Legislaturperiode – insbesondere eine vollkommene Gleichstellung ehelicher und nichtehelicher Kinder und damit verbunden Änderungen im Sorgerecht und Unterhaltsrecht, vgl **BeistandschaftsG, KindRG** (beide von 1997) und **KindUG** von 1998 – mit sich; mit dem **EheschlRG** wurde das Eheschließungsrecht unter Aufhebung des EheG 1946 in das BGB reintegriert und modernisiert.

8 Zum 1.1.2008 ist das nacheheliche Unterhaltsrecht modifiziert worden; dabei ist insbesondere die Eigenverantwortung des geschiedenen Ehegatten stärker herausgestellt worden. Außerdem ist die Rangfolgenregelung für den Mangelfall zugunsten minderjähriger und ihnen gleichgestellter Kinder verändert worden. Ebenfalls 2008 hat das Gesetz zur Klärung der Vaterschaft unabhängig vom Anfechtungsverfahren § 1598a BGB eingeführt; das Gesetz zur Erleichterung familiengerichtlicher Maßnahmen bei Gefährdung des Kindeswohls hat zu einer Veränderung des Eingriffsmaßstabs des § 1666 geführt; durch das Gesetz zur Reform des Verfahrens in Familiensachen und in Angelegenheiten der freiwilligen Gerichtsbarkeit ist an die Stelle des FGG das FamFG getreten, das insbesondere sämtliche Verfahrensregeln für familienrechtliche Angelegenheiten zusammenfasst. 2009 hat es größere Änderungen durch das Gesetz zur Strukturreform des Versorgungsausgleichs (Ausgliederung des Rechts des Versorgungsausgleichs in das eigenständige VersAusglG und Modernisierung dieses Rechtsgebiets) sowie das Gesetz zur Änderung des Zugewinnausgleichs- und Vormundschaftsrechts gegeben. 2013 ist der Güterstand der Wahl-Zugewinngemeinschaft eingeführt und durch die Reform des Rechts der elterlichen Sorge nicht miteinander verheirateter Eltern ua die Position des leiblichen Vaters entscheidend gestärkt worden.

9 2017 ist durch das Gesetz zur Bekämpfung von Kinderehen[8] die bis dahin gegebene Möglichkeit, dass ein Ehepartner, der das 16. Lebensjahr vollendet hatte, heiraten konnte, wenn der andere Ehepartner volljährig war, entfallen und sind alle Regelungen, die minderjährige Ehegatten betrafen, gestrichen worden. Durch Art 4 des Gesetzes zur besseren Durchsetzung der Ausreisepflicht[9] ist das Verbot der missbräuchlichen Vaterschaftsanerkennung, § 1597a BGB, eingeführt und das Recht der Vaterschaftsanfechtung durch die Verwaltungsbehörde, § 1600 Abs 1 Nr 5 aF, entfallen.

10 Mit dem **LPartG** von 2001 hat der Gesetzgeber für gleichgeschlechtliche Paare eine an der Ehe orientierte rechtlich anerkannte Form des Zusammenlebens geschaffen, die an den weiteren Veränderungen des Familienrechts soweit einschlägig teilgenommen hat. Art 18 des Gesetzes zur Bereinigung des Rechts der Lebenspartner[10] hat weitere Anpassungen im BGB vorgenommen. Mit Wirkung vom 1.10.2017 haben nunmehr gleichgeschlechtliche Paare aufgrund des Gesetzes zur Einführung des Rechts auf Eheschließung für Personen gleichen Geschlechts[11] die Möglichkeit, eine Ehe einzugehen; eine eingetragene Lebenspartnerschaft kann seitdem nicht mehr neu begründet werden.

---

[8] BGBl 2017 I 2429.
[9] BGBl 2017 I 2780.
[10] BGBl 2015 I 2010.
[11] BGBl 2017 I 2787.

II. Eherecht

Das 4. Buch beginnt mit der Regelung der Bürgerlichen Ehe als der – zumindest zur Entstehungszeit des BGB – wichtigsten Grundlage der Familienbildung. Der Begriff der Familie setzt aber eine Ehe nicht voraus. Die Ehe ist nach wie vor die einzige rechtlich verfasste Ordnung für eine umfassende personale und auf Dauer angelegte Verbindung zwischen Mann und Frau. Sie ist für die Zukunft auch zwischen gleichgeschlechtlichen Partnern die einzige Möglichkeit, eine rechtlich geregelte Beziehung einzugehen.[12] Bei der Einordnung der Ehe stehen sich individuelle und institutionelle Ehelehren gegenüber. Gegenüber einer früher stark institutionell gedachten Auffassung der Ehe treten in jüngerer Zeit zunehmend individuelle Ansätze in den Vordergrund. Dem folgt auch das geltende Eherecht, das den Eheleuten Spielräume zur individuellen Gestaltung einräumt, ihnen damit allerdings auch eine „Gestaltungslast" auferlegt. Gleichwohl bleiben bestimmte institutionelle Ansätze, die das „Wesen" der Ehe beschreiben, weiterhin bedeutsam (insbesondere hinsichtlich Bedingungen und Befristungen bei der Eheschließung und der Vorstellung, dass über die Beendigung der Ehe durch die Ehegatten frei disponiert werden könne). Trotz der Begründung durch Konsens lässt sich die Ehe nicht in den Kategorien des Austauschvertrages oder eines interindividuellen Gemeinschaftsverhältnisses erfassen, sondern begründet eine rechtliche Bindung *sui generis*.[13]

1. Verlöbnis und Eheschließung

a) Unter **Verlöbnis** versteht man sowohl das gegenseitige Versprechen[14] zweier Ehewilligen, die Ehe einzugehen, als auch das daraus entspringende Rechtsverhältnis. Ein förmliches Verlöbnis ist nicht Voraussetzung der Eheschließung; tatsächlich wird zumindest in der gemeinsamen Anmeldung der Eheschließung beim Standesamt regelmäßig ein konkludentes Verlöbnis liegen.[15] Die rechtlichen Wirkungen des Verlöbnisses sind gering;[16] insbesondere kann die Erfüllung des sich aus dem Verlöbnis ergebenden Versprechens zur Eheschließung weder unmittelbar noch mittelbar durchgesetzt werden (§ 1297 BGB);[17] vom Verlöbnis kann jederzeit und ohne weitere Voraussetzungen zurückgetreten werden. Tritt einer der Verlobten ohne wichtigen Grund vom Verlöbnis zurück oder veranlasst er den Rücktritt des anderen Verlobten, kann diesem und gegebenenfalls seinen Eltern oder anderen Verwandten ein Anspruch auf Ersatz der im Hinblick auf die bevorstehende Eheschließung getätigten

---

[12] Nach Art 3 Abs 3 des Gesetzes zur Einführung des Rechts auf Eheschließung für Personen gleichen Geschlechts kann eine eingetragene Lebenspartnerschaft nach dem 1.10.2017 nicht mehr begründet werden.
[13] Vgl STAUDINGER/VOPPEL (2018) § 1353 Rn 11.
[14] Das Verlöbnis wird überwiegend als Vertrag angesehen; zT wird eine Vertrauenshaftungslehre vertreten, die das Verlöbnis als vom Willen der Verlobten unabhängiges gesetzliches Schuldverhältnis einordnet; vgl STAUDINGER/LÖHNIG (2018) Vorbem 20 ff zu §§ 1297 ff; RAUSCHER, FamR Rn 104 ff.
[15] RAUSCHER, FamR Rn 102.
[16] Vgl aber Erleichterungen für Verlobte in §§ 2275 Abs 3, 2290 Abs 3, 2291 Abs 1 S 2, 2347 Abs 1 S 1 BGB; § 11 Abs 1 Nr 1a StGB bezieht Verlobte in den Angehörigenbegriff ein; für Verlobte bestehen Zeugnisverweigerungsrechte, §§ 383 Abs 1 Nr 1 ZPO, 52 Abs 1 Nr 1 StPO, auf die in anderen Verfahrensgesetzen verwiesen wird, und Mitwirkungsverbote (für Notare §§ 3 Abs 1 S 1 Nr 2 BeurkG, 16 Abs 1 BNotO; § 20 Abs 1 S 1 Nr 2 iVm Abs 5 Nr 1 VwVfG).
[17] Nach hL soll allerdings aus dem Verlöbnis die – nicht durchsetzbare – Rechtspflicht zur Eheschließung entstehen, vgl etwa GERNHUBER/COESTER-WALTJEN, FamR § 8 Rn 27; MünchKomm/ROTH § 1297 BGB Rn 17; zutreffend aA STAUDINGER/LÖHNIG (2018) Vorbem 52 f zu §§ 1297 ff BGB; RAUSCHER, FamR Rn 112.

angemessenen Aufwendungen, dem anderen Verlobten auch ein Schadensersatzanspruch zustehen, der sich aber lediglich auf das negative Interesse richtet (§§ 1298 f BGB). Darüber hinaus kann jeder Verlobte im Falle des Rücktritts vom anderen die Rückgabe von Verlobungsgeschenken und -zeichen verlangen (§ 1301 BGB).

13 b)   Das Recht der Eheschließung ist geprägt durch die aus Art 6 Abs 1 GG abgeleitete Eheschließungsfreiheit, die es insbesondere verbietet, die Eingehung der Ehe unangemessen zu erschweren, aber die Einführung einer Eheschließungsform und sachlich begründeter Ehevoraussetzungen erlaubt.[18] **Voraussetzung** für die **Eheschließung ist mindestens beschränkte Geschäftsfähigkeit**; ein Geschäftsunfähiger (§ 104 Nr 2 BGB) kann eine Ehe nicht eingehen (§ 1304 BGB). Allerdings reicht eine partielle Geschäftsfähigkeit („Eheschließungsgeschäftsfähigkeit"), dh Einsicht in das Wesen der Ehe und die Fähigkeit zu einer darauf bezogenen freien Willensentschließung. Die Anordnung der Betreuung führt nicht zur Einschränkung der Geschäftsfähigkeit;[19] diese muss ggf gesondert geprüft werden. Die **Ehegatten müssen volljährig** (§ 2 BGB) **sein**, § 1303 BGB; von diesem Erfordernis kann seit dem 22. 7. 2017 keine Befreiung mehr erteilt werden.

14 Die Zahl der **Eheverbote** ist im Laufe der Zeit und zuletzt durch das EheschlRG 1998 deutlich verringert worden. Es gibt nunmehr nur noch vier Eheverbote: Eine Ehe *darf* nicht eingehen, wer **nicht volljährig** ist, § 1303 BGB, und wer mit einer anderen Person verheiratet ist bzw in einer eingetragenen Lebenspartnerschaft lebt, § 1306 BGB (**Doppelehe**, Bigamie).[20] Verboten ist eine Ehe **unter Verwandten**[21] in gerader Linie sowie zwischen Geschwistern, auch wenn sie nur ein Elternteil gemeinsam haben, § 1307 BGB.[22] Damit wird dem allgemein verbreiteten und weithin anerkannten Inzestverbot Rechnung getragen. Blutsmäßige Verwandtschaft begründet das Eheverbot auch dann, wenn die Verwandtschaft rechtlich durch Adoption erloschen ist. Andererseits gilt das Verbot, auch wenn keine blutsmäßige, sondern nur eine rechtliche Verwandtschaft besteht (§§ 1592 Nr 1, 2, 1591 BGB). Von diesen drei Eheverboten kann **keine Befreiung** erteilt werden. Schließlich *soll* eine Ehe nicht zwischen solchen Personen geschlossen werden, deren **Verwandtschaft iSd § 1307 BGB durch Adoption** begründet worden ist, § 1308 BGB. Im Falle von Geschwistern ist eine **Befreiung** durch das Familiengericht **möglich**, die nur aus wichtigen Gründen nicht erteilt wird. Eine ohne Befreiung geschlossene Ehe sowie auch eine Ehe zwischen durch Adoption in gerader Linie Verwandten ist jedoch vollgültig und auch nicht aufhebbar. Bei einer Eheschließung in gerader Linie wird das durch die Adoption begründete Rechtsverhältnis zwischen dem Annehmenden und dem Angenommenen kraft Gesetzes mit der Eheschließung aufgehoben, § 1766 BGB; das Adoptionsverhältnis bei Adoptivgeschwistern bleibt dagegen erhalten.

15 c)   Das deutsche Eheschließungsrecht geht von der **obligatorischen Zivilehe** aus:[23] Nur der staatlich, nicht aber der religiös geschlossenen Ehe kommen zivilrechtliche

---

18 BVerfGE 29, 166, 175.
19 Vgl Rn 289; ein Einwilligungsvorbehalt kann sich nicht auf Willenserklärungen erstrecken, die auf die Eingehung einer Ehe gerichtet sind, § 1903 Abs 2 BGB.
20 Die Eingehung einer Doppelehe ist für beide Teile nach § 127 StGB strafbar.
21 Das Eheverbot für Verschwägerte in gerader Linie, von dem aber Befreiung erteilt werden konnte, vgl § 4 Abs 1, 3 EheG 1946, ist aufgegeben worden.
22 Strafrechtlich relevant ist nicht eine Eheschließung zwischen Verwandten, sondern der Beischlaf unter Verwandten gerader Linie sowie unter Geschwistern, auch unabhängig von einer Eheschließung, § 173 StGB.

Wirkungen zu. Nach geltendem Recht ist eine der staatlichen Trauung vorangehende kirchliche Trauung nicht mehr verboten, hat aber keine rechtlichen Wirkungen. Im Übrigen lässt das staatliche Recht religiöse Fragen der Eheschließung unberührt, was deklaratorisch in § 1588 BGB zum Ausdruck gebracht ist.[24]

Die Eheschließenden müssen **persönlich** und **gleichzeitig erscheinen** und **vor dem Standesbeamten erklären**, die Ehe miteinander eingehen zu wollen (§§ 1310 Abs 1, 1311 BGB). Diese Erklärung kann nicht bedingt oder unter einer Befristung abgegeben werden; eine beigefügte Bedingung oder Befristung ist unwirksam, die Ehe wirksam aber nach § 1314 Abs 1 BGB aufhebbar.[25] Zum Ablauf der Trauungshandlung trifft § 1312 Abs 1 BGB eine Regelung, die allerdings eine bloße Sollvorschrift darstellt; ein Verstoß gegen diese Vorschrift hat keine Bedeutung für die Wirksamkeit der Ehe. Ebenso ist die im Anschluss an die Eheschließung vorzunehmende Eintragung in das Eheregister lediglich eine Sollvorschrift (§ 15 Abs 1 PStG). 16

Die Abgabe der Konserserklärung der Eheschließenden ist nur wirksam, wenn sie vor einem mitwirkungsbereiten Standesbeamten erfolgt; Erklärungen, die nicht vor einem Standesbeamten abgegeben werden, führen grundsätzlich – vorbehaltlich der Sonderregelung des § 1310 Abs 2 BGB bzw einer Heilung nach § 1310 Abs 3 BGB – zu einer **Nichtehe**, die ohne jede rechtliche Wirkung ist. 17

Die Mitwirkung des Standesbeamten dient in erster Linie der Publizität der Eheschließung,[26] daneben aber auch – wie Formvorschriften generell – dem Schutz vor Übereilung. Aus der grundgesetzlich gewährleisteten Eheschließungsfreiheit folgt, dass der Standesbeamte die Mitwirkung bei Vorliegen der entsprechenden Voraussetzungen nicht verweigern darf (§ 1310 Abs 1 S 2 BGB). Anders verhält es sich, wenn eine Voraussetzung für die Eheschließung fehlt. Er muss außerdem die Mitwirkung verweigern, wenn offenkundig ist, dass die Erklärung eines der Ehegatten an einem Willensmangel leiden wird oder die Eheschließenden heiraten, ohne den Willen zu haben, eine Lebensgemeinschaft im Sinne des § 1353 Abs 1 S 2 BGB zu begründen (§ 1310 Abs 1 S 3 Nr 1 BGB),[27] insbesondere weil es darum geht, einem der Eheschließenden ein Aufenthaltsrecht zu verschaffen. Hinsichtlich des letztgenannten Tatbestandes ist damit mittelbar das frühere Ehehindernis der Namensehe[28] wieder eingeführt worden. Der Standesbeamte muss ferner die Mitwirkung verweigern, wenn die Ehemündigkeit eines Verlobten ausländischem Recht unterliegt und dieser Verlobte minderjährig ist (§ 1310 Abs 1 S 3 Nr 2 iVm Art 13 Abs 3 EGBGB). Verweigert der 18

---

[23] Die obligatorische Zivilehe ist für ganz Deutschland während des Kulturkampfes mit dem PStG von 1875 eingeführt worden; zur historischen Entwicklung vgl STAUDINGER/LÖHNIG (2018) Vorbem 11 zu §§ 1310 ff. Neuerdings ist die obligatorische Zivilehe wieder – auch unter verfassungsrechtlichen Gesichtspunkten – umstritten, vgl RAUSCHER, FamR Rn 138 ff; überzeugend für verfassungsrechtliche Unbedenklichkeit GERNHUBER/COESTER-WALTJEN, FamR § 11 Rn 6.
[24] Nachfolgenorm des auf ausdrücklichen Wunsch Kaiser Wilhelms I. in das PStG 1875 aufgenommenen § 82 (sog „Kaiserparagraph"), vgl STAUDINGER/THIELE (2004) § 1588 Rn 1.
[25] STAUDINGER/LÖHNIG (2018) § 1311 Rn 20.
[26] Dem diente schon die erstmalige Einführung der öffentlichen Eheschließung vor dem Priester durch das Konzil von Trient 1563, vgl STAUDINGER/LÖHNIG (2018) Vorbem 9 f zu §§ 1310 ff.
[27] Wegen des zuletzt genannten Falles ist die Verpflichtung zur Weigerung eingeführt worden, vgl BT-Drucks 13/9416, 27 ff.
[28] §§ 1325a BGB 1933, 19 EheG 1946; § 23 EheG 1938 erfasste auch die Staatsangehörigkeitsehe, vgl STAUDINGER/LÖHNIG (2018) § 1310 Rn 38.

Standesbeamte die Mitwirkung, können die Verlobten nach § 49 Abs 1 PStG das Amtsgericht um Entscheidung anrufen.[29]

19 d) Die Eheschließung ist ein **familienrechtlicher**, durch Konsens der Eheschließenden begründeter **Vertrag**. Für ihn gelten allerdings gegenüber dem allgemeinen Vertragsrecht Sonderregelungen. Insbesondere sind die Regelungen über die Unwirksamkeit oder Anfechtbarkeit fehlerhafter Willenserklärungen nicht anwendbar; vielmehr wird eine mangelhaft zustande gekommene Ehe grundsätzlich als wirksam, aber – unter bestimmten Voraussetzungen – als aufhebbar behandelt.[30] Auch für die Durchführung und vor allem die Beendigung des Rechtsverhältnisses Ehe gelten besondere Regelungen des Eherechts.

2. Allgemeine Ehewirkungen

20 §§ 1353–1362 BGB enthalten das Recht der allgemeinen Ehewirkungen in persönlicher und vermögensrechtlicher Hinsicht, das für alle Ehen grundsätzlich unabhängig vom Güterstand[31] gilt. Dabei enthält sich das Gesetz weitgehend der Regelung, soweit nicht eine solche – insbesondere wegen damit verbundener Drittwirkungen – für zwingend notwendig erachtet wird. Insbesondere bleibt den Ehegatten die Gestaltung der persönlichen und vermögensrechtlichen Beziehungen untereinander freigestellt, soweit nicht grundlegende Strukturprinzipien betroffen sind. Zwingend sind die Einehe, das Lebenszeitprinzip,[32] die gegenseitige Treue und die grundsätzliche Gleichberechtigung der Ehegatten.[33] Das Erfordernis der Verschiedengeschlechtlichkeit ist mit Wirkung zum 1.10.2017 aufgegeben worden: Eine Ehe kann gleichermaßen von Personen verschiedenen und gleichen Geschlechts geschlossen werden.

a) **Eheliche Lebensgemeinschaft**
21 Am Anfang des Titels steht die Generalklausel des § 1353 Abs 1 BGB mit der Verpflichtung zur ehelichen Lebensgemeinschaft und zu gegenseitiger Verantwortung. § 1353 BGB begründet Rechte und Pflichten der Ehegatten; es handelt sich um echte Rechtspflichten, die auch überwiegend klagbar, aber im personalen Bereich nicht vollstreckbar sind (§ 120 Abs 3 FamFG).[34] Mittelbare Sanktionen ergeben sich insbesondere über die Härteklauseln im Unterhaltsrecht, beim Zugewinnausgleich und im Versorgungsausgleich (§§ 1579, 1381 BGB; § 27 VersAusglG). Darüber hinaus wirkt § 1353 Abs 1 S 2 BGB als Leitlinie für die Auslegung eherechtlicher Regelungen und dient der Lückenfüllung.

22 Die eheliche Lebensgemeinschaft wird realisiert durch die Aufnahme **häuslicher Gemeinschaft** zwischen den Ehegatten; ausnahmsweise kann aus beruflichen oder anderen Gründen zeitweise oder auch auf längere Sicht eine räumliche Trennung der Ehegatten erforderlich sein. Ungeachtet der Intentionen des Gesetzes ist allerdings auch eine einvernehmliche Gestaltung der Lebensgemeinschaft ohne häusliche Gemeinschaft anzuerkennen. Im Übrigen besteht aber die Verpflichtung, diesen Zustand als-

---

[29] In Zweifelsfällen kann auch das Standesamt eine Entscheidung des Amtsgerichts darüber herbeiführen, ob es eine bestimmte Amtshandlung vornehmen muss, § 49 Abs 2 PStG.
[30] Vgl Rn 148.
[31] Dazu Rn 47 ff.
[32] § 1353 Abs 1 S 1 BGB; dies gilt trotz der Möglichkeit der Ehescheidung, vgl STAUDINGER/VOPPEL (2018) § 1353 Rn 12 ff.
[33] Vgl insgesamt STAUDINGER/VOPPEL (2018) § 1353 Rn 29 ff.
[34] Vgl im Einzelnen STAUDINGER/VOPPEL (2018) § 1353 Rn 144 ff, 148 f.

bald zu überwinden.³⁵ Zur häuslichen Gemeinschaft gehört grundsätzlich auch die **Geschlechtsgemeinschaft**³⁶ der Ehegatten. Mangels abweichender Vereinbarung³⁷ darf jeder Ehegatte darauf vertrauen, der andere werde sich der Geschlechtsgemeinschaft und – bei verschiedengeschlechtlichen Paaren – auch der Zeugung bzw Empfängnis von Kindern nicht verweigern; eine grundlose einseitige Weigerung stellt eine Ehepflichtverletzung dar.³⁸ Die Pflicht zur Geschlechtsgemeinschaft kann allerdings nicht Gegenstand eines Herstellungsantrags sein. Ein Ehegatte darf sie nicht erzwingen (§§ 177 StGB). Mit der Verpflichtung zur Geschlechtsgemeinschaft verbunden ist die **Pflicht zur ehelichen Treue**. Eng mit der häuslichen Gemeinschaft verbunden ist das Recht beider Ehegatten auf **Überlassung und Mitbenutzung der Ehewohnung und der Haushaltsgegenstände** ohne Rücksicht auf die Eigentumsverhältnisse oder die Frage, welcher Ehegatte Vertragspartner des Vermieters ist. Daraus folgt, dass die Ehegatten bezüglich Ehewohnung und Haushaltsgegenständen in der Regel **Mitbesitzer** sind; Alleinbesitz besteht an den zum persönlichen Gebrauch eines Ehegatten bestimmten Gegenständen sowie solchen, die der Ausübung des Berufs oder Gewerbes dienen.

Die Ehegatten sind einander umfassend zur **Rücksichtnahme** verpflichtet. Die Ausübung ehelicher Rechte steht ebenso unter dem Vorbehalt der Rücksichtnahme wie auch die Geltendmachung anderer, nicht spezifisch ehelicher Ansprüche (etwa Schadensersatzansprüche); sie kann im Einzelfall eingeschränkt sein. Ein Ehegatte darf den anderen nicht schädigen (Anschwärzen des Ehegatten beim Arbeitgeber).³⁹ Im weiteren Sinne gehört zur Rücksichtnahme auch die Achtung des Persönlichkeitsrechts und der Intimsphäre des anderen Ehegatten (Wahrung des Briefgeheimnisses; grundsätzlich keine Bespitzelung des Ehegatten durch Privatdetektiv) sowie die Achtung seiner religiösen und weltanschaulichen Überzeugung. Von besonderer Bedeutung ist das Rücksichtnahmegebot in vermögensrechtlicher Hinsicht. Es ergeben sich Schutz- und Fürsorgepflichten, die auch über die Scheidung hinaus Nachwirkungen entfalten.⁴⁰ Es besteht eine Pflicht zur Mitwirkung bei der Steuererklärung, wenn die Ehegatten gemeinsam veranlagt werden; die Zustimmung dazu muss erfolgen, wenn dadurch die steuerliche Gesamtbelastung der Ehegatten gemindert werden kann. Der Ehegatte, der daraus Vorteile zieht, muss dem anderen ggf entstehende Nachteile ausgleichen. Entsprechend besteht eine Pflicht, dem begrenzten Realsplitting zuzustimmen; der Unterhaltsschuldner muss dem Gläubiger die Steuern erstatten, die dieser zahlen muss, wenn der Schuldner die Unterhaltszahlungen als Sonderausgaben abzieht.⁴¹ Aus dem Rücksichtnahmegebot wird schließlich die Sittenwidrigkeit von vermögensrechtlichen Verträgen unter den Ehegatten abgeleitet, wenn ein Ehegatte den anderen unter Ausnutzung der ehelichen Verbundenheit zum Abschluss eines wirtschaftlich nachteiligen Vertrages veranlasst. Unwirksam ist eine – grundsätzlich aus ehelicher Solidarität geschuldete – Mithaftung (auch Bürgschaft) eines Ehegatten für Schulden des anderen in Fällen, in denen der Partner nach seinen persönlichen Verhältnissen dadurch finanziell hoffnungslos überfordert und nur durch eine sittlich und rechtlich zu

---

³⁵ STAUDINGER/VOPPEL (2018) § 1353 Rn 71, 72 ff.
³⁶ Anders noch im Rahmen des § 2 LPartG, vgl STAUDINGER/VOPPEL (2010) § 2 LPartG Rn 27.
³⁷ Vereinbarungen im höchstpersönlichen Bereich binden die Ehegatten entgegen BGH FamRZ 2001, 541, 543, da nur im Vertrauen darauf eine auf die Zukunft gerichtete Gestaltung der Lebensgemeinschaft möglich ist; vgl STAUDINGER/VOPPEL (2018) § 1353 Rn 38.
³⁸ STAUDINGER/VOPPEL (2018) § 1353 Rn 35 ff, 38 ff.
³⁹ STAUDINGER/VOPPEL (2018) § 1353 Rn 43; vgl OLG Nürnberg FamRZ 1996, 32, 33.
⁴⁰ Vgl im Einzelnen STAUDINGER/VOPPEL (2018) § 1353 Rn 89.
⁴¹ STAUDINGER/VOPPEL (2018) § 1353 Rn 93 ff.

missbilligende Einwirkung des Ehegatten zur Haftungsübernahme bewegt wird; im Außenverhältnis ist eine solche Mithaftung regelmäßig sittenwidrig, wenn der Gläubiger diese Umstände erkennen konnte.[42] Aus der Verpflichtung zur ehelichen Lebensgemeinschaft resultiert des Weiteren eine Beistandspflicht gegenüber dem anderen Ehegatten auch in finanzieller Hinsicht.

24 Im strafrechtlichen Sinne folgt aus der Ehe eine Garantenpflicht der Ehegatten füreinander iSd § 13 StGB.[43] Die überwiegend unter Berufung auf § 1353 BGB angenommene Einschränkung des Notwehrrechts unter Ehegatten erscheint allerdings zweifelhaft, da der Ehegatte, der sich selbst durch einen Angriff auf den anderen außerhalb der Gemeinschaft stellt, nicht als schützenswert angesehen werden kann.[44]

25 Der **räumlich-gegenständliche Bereich der Ehe** (insbesondere die Ehewohnung und sonstige Räumlichkeiten, in denen sich die eheliche Lebensgemeinschaft abspielt) sowie die eheliche Treue sind als Grundlage für negatorische Ansprüche wegen **Ehestörung** anerkannt, wobei teilweise eine Grundlage in § 823 BGB (ggf iVm Art 6 Abs 1 GG), teilweise in § 1353 Abs 1 S 2 BGB gesehen wird.[45] Daraus folgen Unterlassungs- und Beseitigungsansprüche gegen den Ehegatten (Entfernung des Liebhabers aus der Wohnung, Unterlassung des Ehebruchs).[46] Umstritten ist, ob auch Schadensersatzansprüche gegeben sind; soweit solche zuerkannt werden, betreffen sie jedenfalls nur die Abwicklungskosten, da das Vertrauen auf den Bestand der Ehe nicht geschützt wird. Ansprüche bestehen auch gegen den Dritten als Störer; sie finden ihre Grundlage ebenfalls im räumlich-gegenständlichen Bereich der Ehe und in der Ungestörtheit der geschlechtlichen Beziehung in der Ehe als sonstigem Recht iSd § 823 Abs 2 BGB. Auch hieraus ergeben sich Unterlassungs- und Beseitigungsansprüche. Schadensersatzansprüche erstrecken sich auf die Abwicklungskosten sowie auf den Unterhalt, den der Ehemann wegen § 1592 Nr 1 BGB an ein von dem Störer gezeugtes Kind gezahlt hat.[47]

26 Die Pflicht zur Herstellung des ehelichen Lebens entfällt, wenn das Verlangen im Einzelfall rechtsmissbräuchlich ist, insbesondere aber dann, wenn die Ehe gescheitert ist, § 1353 Abs 2 BGB, oder ein Aufhebungsgrund besteht.

27 Das Gesetz trifft über § 1353 BGB hinaus noch weitere allgemeine Regelungen für das Zusammenleben der Ehegatten, die zum Teil das Verhältnis der Ehegatten untereinander, zum Teil das Verhältnis zu Dritten betreffen. Einer gesonderten Behandlung bedarf die Verpflichtung zum Familienunterhalt. Die ebenfalls unter den allgemeinen

---

[42] BGH FamRZ 1991, 667, 668 f; vgl auch BGH FamRZ 1995, 469, 470, wonach allerdings der Geschäftspartner wegen der unter Ehegatten bestehenden Wirtschafts- und Risikogemeinschaft grundsätzlich davon ausgehen darf, dass die Mithaftung ohne zu missbilligenden Druck zustande gekommen sei; vgl STAUDINGER/VOPPEL (2018) § 1353 Rn 54.

[43] Die Garantenpflicht ist aber auf Beschützerpflichten zugunsten des anderen Ehegatten beschränkt; Überwachungspflichten – Verpflichtung, den anderen von der Begehung von Straftaten abzuhalten – sind daraus nicht abzuleiten.

[44] STAUDINGER/VOPPEL (2018) § 1353 Rn 55 ff, 59.

[45] Hierzu und zum Folgenden STAUDINGER/VOPPEL (2018) § 1353 Rn 111 ff.

[46] Diese Ansprüche werden als vollstreckbar angesehen, soweit sie auf den Schutz des räumlich-gegenständlichen Bereichs gestützt werden, wegen § 120 Abs 3 FamFG dagegen als nicht vollstreckbar, soweit es um die eheliche Treue geht, STAUDINGER/VOPPEL (2018) § 1353 Rn 126.

[47] Vgl STAUDINGER/VOPPEL (2018) § 1353 Rn 135.

U. Familienrecht

Ehewirkungen aufgenommenen Regelungen über das Getrenntleben der Ehegatten werden im Rahmen der Auflösung der Ehe behandelt.[48]

b) **Verhältnisse der Ehegatten untereinander**
aa) **Ehemodelle und Einvernehmen**
Die Ehegatten sind selbst dafür verantwortlich, ihr Zusammenleben und -wirken in tatsächlicher und wirtschaftlicher Hinsicht zu gestalten. Das Gesetz gibt heute kein **Ehemodell** mehr vor.[49] Insbesondere ist hinsichtlich der Aufgabenverteilung unter den Ehegatten (Haushaltsführung, Berufstätigkeit) Einvernehmen herzustellen, § 1356 Abs 1 S 1 BGB. Grundsätzlich kommen im Rahmen einer Funktionsteilung drei Ehemodelle in Betracht: Bei der **Alleinverdienerehe** ist ein Ehegatte erwerbstätig, der andere – traditionell immer noch vielfach die Ehefrau – führt den Haushalt. In diesem Fall ist der haushaltführende Ehegatte für diesen Bereich allein verantwortlich, § 1356 Abs 1 S 2 BGB. Das Gegenmodell, das sich zunehmend durchsetzt, ist die **Doppelverdienerehe**, bei der beide Ehegatten erwerbstätig sind und sich entsprechend auch gemeinsam um die Haushaltsführung kümmern müssen. Dazwischen steht die **Zuverdienstehe**, bei der ein Ehegatte voll, der andere teilweise (Nebentätigkeit, Teilzeitstelle) erwerbstätig ist; die Haushaltsführung obliegt hier überwiegend dem teilweise erwerbstätigen Gatten. Der Gatte, der den Haushalt führt, tut dies in eigener Verantwortung unabhängig von Weisungen des anderen; der andere Ehegatte, der ist aus § 1353 Abs 1 S 2 BGB zur Mithilfe im Haushalt in üblichem Umfang verpflichtet.

Das für die Aufgabenverteilung – ebenso auch für andere gemeinschaftliche Angelegenheiten der Ehegatten (etwa die Erziehung der Kinder) – erforderliche **Einvernehmen** entzieht sich mangels Erklärungsbewusstseins und Rechtsfolgewillens regelmäßig einer rechtsgeschäftlichen oder rechtsgeschäftsähnlichen Qualifizierung. Vielmehr beruht es in der Regel auf dem **Schutz des Vertrauens** der Ehegatten in das geübte Verhalten; da sich daraus Dispositionen ergeben, bindet es auch für die Zukunft.[50] Eine einvernehmliche Regelung kann selbstverständlich einvernehmlich geändert werden. Bei wesentlichen Veränderungen der tatsächlichen Lebensumstände (Geburt eines Kindes, Wegfall der Kinderbetreuung) haben die Ehegatten einen Anspruch auf Anpassung an die neue Situation. In Einzelfall wird ein Recht zur Kündigung des Einvernehmens aus wichtigem Grund angenommen. Einvernehmen setzt Einigsein der Ehegatten voraus und kann daher nicht durch Richterspruch ersetzt werden. Können die Eheleute kein Einvernehmen erzielen (oder ist die einvernehmliche Regelung aus wichtigem Grund gekündigt worden), sind die Umstände des Einzelfalles für die Pflichtenverteilung maßgebend; die Ehegatten müssen dafür sorgen, dass der Haushalt nicht verkommt. Lässt sich Einvernehmen auf Dauer nicht herstellen, kann dies zur Zerrüttung der Ehe führen.

bb) **Erwerbstätigkeit und Mitarbeit**
Die Ehegatten haben grundsätzlich ein Recht auf Erwerbstätigkeit, haben bei der Wahl und Ausübung aber auf die Belange des anderen Ehegatten und der Familie Rücksicht zu nehmen, § 1356 Abs 2 BGB. Im Einzelfall kann unterhaltsrechtlich gegenüber dem Ehegatten, vor allem aber auch – wenn ein Ehegatte in der neuen Ehe die Haushaltsführung übernommen hat – gegenüber Unterhaltsberechtigten aus einer

---

[48] Vgl Rn 114 ff.
[49] Bis zum 1. EheRG von 1976 war die sog Hausfrauenehe gesetzliches Leitbild.
[50] STAUDINGER/VOPPEL (2018) § 1356 Rn 9 f.

früheren Ehe eine Pflicht zur Aufnahme einer Erwerbstätigkeit bestehen.[51] Der neue Ehegatte muss auf die unterhaltsrechtlich gebotene Notwendigkeit des anderen Ehegatten, eine Erwerbstätigkeit aufzunehmen, seinerseits Rücksicht nehmen. Die Pflicht zur Rücksichtnahme kann auch dazu führen, dass die Erwerbstätigkeit eines Ehegatten aufgegeben werden muss, wenn sie zum Unterhalt der Familie nicht ausreichend beitragen kann, damit der andere eine besser bezahlte Erwerbstätigkeit aufnehmen kann.

31 Unter Umständen – etwa in Notzeiten, bei Krankheit, beim Aufbau eines Betriebes – kann sich aus § 1353 Abs 1 S 2 BGB oder unterhaltsrechtlich auch eine **Pflicht zur Mitarbeit** im Geschäft oder Betrieb des Ehegatten ergeben.[52] Geht die Mitarbeit über den in diesem Sinne geschuldeten Umfang hinaus, ergeben sich, wenn keine Vereinbarung getroffen wird, insbesondere im Falle des Scheiterns der Ehe Ausgleichsprobleme.[53] Nur ausnahmsweise kann aus § 1353 Abs 1 S 2 BGB ein **Recht auf Mitarbeit** eines Ehegatten im Geschäft oder Betrieb des anderen abgeleitet werden.[54]

cc) **Ehename**

32 Das Recht des **Ehenamens** war in den letzten Jahren in besonderem Maße Veränderungen ausgesetzt, die auf Entscheidungen des Bundesverfassungsgerichts wegen Verstoßes gegen das Gleichheitsgebot und das Persönlichkeitsrecht beruhten.[55] Dadurch ist insbesondere der Zwang zu einem Ehenamen entfallen. Die Ehegatten **sollen** einen gemeinsamen Familiennamen (Ehenamen) führen, der der Geburtsname oder der zur Zeit der Eheschließung geführte (ggf „erheiratete", also als Ehe- oder Lebenspartnerschaftsname in einer früheren Ehe oder eingetragenen Lebenspartnerschaft erworbene) Name des einen oder anderen Ehegatten sein kann, § 1355 Abs 1 S 1, 2, Abs 2 BGB. Ein aus beiden Namen gebildeter Doppelname kann nicht Ehename werden. Dagegen kann ein in einer früheren Ehe (eingetragenen Lebenspartnerschaft) geführter und später nicht abgelegter Ehename (Lebenspartnerschaftsname) mit Begleitname insgesamt Ehename werden und dann zu einem echten Doppelnamen erstarken. Der Ehegatte, dessen Name nicht Ehename wird, kann dem Ehenamen durch Erklärung gegenüber dem Standesbeamten seinen Geburtsnamen oder den zur Zeit der Eheschließung geführten Namen voranstellen oder anfügen (sogenannter Begleitname), § 1355 Abs 4 BGB; daraus wird aber grundsätzlich kein echter Doppelname, der weitergegeben werden könnte. Ist der Geburtsname oder der zur Zeit der Eheschließung geführte Name ein Doppelname, kann nur ein Namensbestandteil beigefügt werden; ist der Ehename ein Doppelname, entfällt das Recht, einen Namen beizufügen, überhaupt.[56]

33 Die Ehegatten müssen keinen Ehenamen annehmen. Erklären sich die Ehegatten bei der Eheschließung nicht für einen Ehenamen (oder treffen sie eine unzulässige Bestimmung), führen sie ihren zur Zeit der Eheschließung geführten Namen weiter, § 1355 Abs 1 S 3 BGB. Die Entscheidung für einen Ehenamen kann auch noch nach-

---

[51] STAUDINGER/VOPPEL (2018) § 1356 Rn 20, 21 ff.
[52] Bis zum Inkrafttreten des 1. EheRG sah § 1356 Abs 2 BGB eine generelle Mitarbeitspflicht zunächst der Ehefrau, später beider Ehegatten vor. Vgl STAUDINGER/VOPPEL (2018) § 1356 Rn 34 ff.
[53] Vgl dazu näher Rn 86 ff.
[54] STAUDINGER/VOPPEL (2018) § 1356 Rn 38.
[55] Zuletzt BVerfG FamRZ 2009, 939; vgl allgemein STAUDINGER/VOPPEL (2018) § 1355 Rn 8 ff.
[56] Von BVerfG FamRZ 2009, 939 als verfassungsmäßig nicht zu beanstanden gebilligt.

träglich getroffen werden; dagegen kann der Ehename während bestehender Ehe nicht abgelegt werden.

Der verwitwete oder geschiedene Ehegatte behält grundsätzlich den Ehenamen, wenn **34** er nicht durch Erklärung gegenüber dem Standesbeamten seinen Geburtsnamen oder den zur Zeit der Bestimmung des Ehenamens geführten Namen wieder annimmt. Diese Namen kann er dem weitergeführten Ehenamen aber auch mit den bereits genannten Beschränkungen voranstellen oder anfügen, § 1355 Abs 5 BGB.

dd) Haftungsminderung

Aus der Rücksichtnahmepflicht des § 1353 Abs 1 S 2 BGB resultiert die **Haftungsmin- 35 derung** des § 1359 BGB: Einem Ehegatten, der Angelegenheiten des Partners erledigt, soll nicht zum Vorwurf gemacht werden können, dass er „nur" die eigenübliche Sorgfalt beachtet; der andere hat sich den Gatten mit seinen spezifischen Eigenschaften gewählt. Zudem ist in dem engen ehelichen Gemeinschaftsverhältnis die Wahrscheinlichkeit der Schädigung des anderen höher als im allgemeinen Rechtsverkehr; daher sollen die Anforderungen an die Sorgfalt nicht überspannt werden. § 1359 BGB stellt keine Anspruchsgrundlage dar, sondern setzt eine anspruchsbegründende Norm (regelmäßig § 280 BGB) voraus; er regelt nur den Haftungsmaßstab. § 1359 BGB gilt grundsätzlich nur im Rahmen der ehelichen Pflichten (auch im Rahmen des Güterrechts) einschließlich evtl konkurrierender deliktischer Ansprüche, nicht dagegen in Rechtsverhältnissen, die die Ehegatten wie Dritte miteinander eingehen (zB Arbeits- und Gesellschaftsverträge; dort gelten aber ggf Haftungsmilderungen auf anderer Grundlage), sowie aufgrund richterlicher Rechtsfortbildung auch nicht im Straßenverkehrsrecht.[57]

c) Verhältnis zu Dritten
aa) Mitverpflichtung aus Geschäften zur Deckung des Lebensbedarfs

Vor allem im Verhältnis zu Dritten wirkt die sog **Schlüsselgewalt** nach § 1357 BGB, die **36** jedem Ehegatten die Rechtsmacht verleiht, Geschäfte zur angemessenen Deckung des Lebensbedarfs mit unmittelbar berechtigender und verpflichtender Wirkung auch für den anderen Ehegatten vorzunehmen. Es handelt sich um ein familienrechtliches Institut *sui genereris*; von der Stellvertretung unterscheidet es sich dadurch, dass der Offenheitsgrundsatz hier nicht gilt.[58] § 1357 BGB dient der Stärkung der Unterhaltsgemeinschaft Ehe; der damit verbundene Gläubigerschutz ist nur Mittel zum Normzweck.[59]

Die Wirkungen des § 1357 BGB treten nur bei bestehender Ehe ein, wenn die Ehe- **37** gatten nicht getrennt leben. Mit dem Begriff des Lebensbedarfs, dessen Deckung die unter § 1357 BGB fallenden Geschäfte dienen müssen, knüpft das Gesetz an unterhaltsrechtliche Kategorien an; eine Einschränkung findet über den Begriff der Angemessenheit statt: Angemessen sind solche Geschäfte dann, wenn sie der regelmäßigen Bedarfsdeckung dienen und aufgrund ihres geringen Umfangs oder weil sie nicht zurückgestellt werden können normalerweise ohne Absprache unter den Ehegatten getätigt werden. Geschäfte größeren Umfangs und solche, bei denen regelmäßig eine

---

[57] St Rspr seit BGHZ 53, 352, 355; krit dazu STAUDINGER/VOPPEL (2018) § 1359 Rn 22.

[58] Vgl STAUDINGER/VOPPEL (2018) § 1357 Rn 21 ff, 24.

[59] STAUDINGER/VOPPEL (2018) § 1357 Rn 10 ff.

vorherige Abstimmung stattfindet, fallen nicht unter § 1357 BGB;[60] durch sie wird grundsätzlich nur der handelnde Ehegatte berechtigt und verpflichtet. Die Angemessenheit wird nicht aus der Sicht des Empfängerhorizonts, sondern objektiv nach den individuellen Lebensverhältnissen der Ehegatten bestimmt.[61]

38 Nach diesen Kriterien fallen die Einkäufe des täglichen Bedarfs der Familie (Lebensmittel, Kleidung, Medikamente) generell unter § 1357 BGB; auch die Anschaffung von Heizmaterial sowie Haushalts- und Einrichtungsgegenständen (bei letzteren aber nur in kleinerem Umfang, nicht die Wohnungseinrichtung insgesamt) und schließlich Anschaffungen zu kulturellen und Freizeitzwecken gehören regelmäßig zu den angemessenen Bedarfsdeckungsgeschäften.[62] Das gilt grundsätzlich auch dann, wenn die Anschaffung auf Kredit getätigt wird, wenn das Kreditvolumen in Anbetracht der familiären Verhältnisse angemessen ist (wobei es auf die Gesamtbelastung, nicht auf die Monatsraten bei einzelnen Geschäften ankommt). Nicht von § 1357 BGB gedeckt sind sogenannte Grundlagengeschäfte, insbesondere die Anmietung oder Kündigung einer Wohnung, der Abschluss von Kauf- oder Bauverträgen für ein Eigenheim sowie etwa die Buchung einer Ferienreise (da diese regelmäßig eine Abstimmung voraussetzt). Die Aufnahme von Krediten, der Abschluss von Versicherungsverträgen und Kapitalanlagen dienen nicht (unmittelbar) der Bedarfsdeckung. Dasselbe gilt für Anschaffungen für Beruf oder Gewerbe eines Ehegatten. Im Einzelnen umstritten ist die Einordnung von Arzt- und Krankenhausverträgen für ein Kind oder den handelnden Ehegatten selbst.[63] Sie dienen jedenfalls der Deckung des Lebensbedarfs; problematisch ist die Angemessenheit. Unabhängig von der Höhe der Kosten ist die Behandlung angemessen, wenn sie notwendig, medizinisch indiziert und unaufschiebbar ist; es kann sich allerdings im Einzelfall um Sonderbedarf handeln. Kostspielige Behandlungen, die aufschiebbar sind, sowie die Inanspruchnahme medizinisch nicht indizierter Sonderleistungen fallen grundsätzlich nicht unter die angemessenen Bedarfsdeckungsgeschäfte des § 1357 BGB.

39 Kommt § 1357 BGB zur Anwendung, werden die Ehegatten aus einem Rechtsgeschäft unabhängig vom Willen der beteiligten Parteien – soweit sich nicht aus den Umständen, insbesondere aus Erklärungen der Geschäftspartner, etwas anderes ergibt – Gesamtschuldner. Aus der Funktion des § 1357 BGB ergibt sich, dass die Ehegatten Gesamtgläubiger im Sinne des § 428 BGB sind.[64] Rechtsgeschäfte und Verhaltensweisen bei der Abwicklung des Bedarfsdeckungsgeschäfts (zB Anerkenntnis, Inverzugsetzung) wirken entgegen § 425 BGB auch bei Vornahme durch oder gegenüber einem Ehegatten für und gegen beide Ehegatten.[65] § 1357 BGB hat dagegen keine dinglichen Wirkungen; diese richten sich ausschließlich nach den allgemeinen Regeln der §§ 929 ff BGB.[66]

---

[60] STAUDINGER/VOPPEL (2018) § 1357 Rn 38.
[61] STAUDINGER/VOPPEL (2018) § 1357 Rn 41 mwNw zur **abw hM**.
[62] Aus der reichen Kasuistik können hier nur generalisierend einige Leitlinien dargestellt werden; vgl näher etwa STAUDINGER/VOPPEL (2018) § 1357 Rn 44 ff; RAUSCHER, FamR Rn 279.
[63] Problematisiert wird auch der Konflikt zwischen der höchstpersönlichen Natur des Behandlungsvertrages und der Mitverpflichtung und -berechtigung des anderen Ehegatten, die diesem ein Auskunftsrecht gewährt; der andere Ehegatte ist aber aus § 1353 Abs 1 S 2 BGB gehalten, die Intimsphäre seines Partners zu achten; vgl STAUDINGER/VOPPEL (2018) § 1357 Rn 53 f.
[64] STAUDINGER/VOPPEL (2018) § 1357 Rn 78 mwNw zur **aA**, die § 432 BGB anwendet.
[65] STAUDINGER/VOPPEL (2018) § 1357 Rn 79.
[66] BGH FamRZ 1991, 923; STAUDINGER/VOPPEL (2018) § 1357 Rn 88 ff mwNw zur **aA**.

Bedarfsdeckungsgeschäfte sind Verbrauchergeschäfte iSd § 13 BGB. Entgegen einer **40** zT vertretenen Ansicht kommt § 1357 BGB auch (und gerade) im Anwendungsbereich der **Verbraucherschutzregelungen** (insbesondere der §§ 312 ff BGB – Haustür- und Fernabsatzgeschäfte –, §§ 491 ff BGB – Verbraucherdarlehen – und §§ 507, 510 BGB – Teilzahlungsgeschäfte, Ratenlieferungsverträge –) ohne Einschränkungen zur Anwendung. Wenn ein Ehegatte einen derartigen Vertrag abschließt, ist die Einhaltung der Schriftform bzw die ausdrückliche schriftliche Belehrung über das Widerrufsrecht sowie die Erfüllung der Informationspflichten auch gegenüber dem anderen (mitverpflichteten) Ehegatten nicht erforderlich. Die entsprechenden Vorschriften sehen die Einhaltung der Förmlichkeiten ausschließlich gegenüber dem Vertragspartner vor. Vertragspartner in diesem Sinne ist der nach außen hin agierende Ehegatte; erst aufgrund des von diesem wirksam abgeschlossenen Vertrages wird der andere über § 1357 BGB in das Schuldverhältnis einbezogen. Die Einhaltung der Förmlichkeiten gegenüber dem vertragschließenden Ehegatten wirkt unter Heranziehung des Gedankens der Akzessorietät auch für den anderen Ehegatten.[67] Dem mitverpflichteten Ehegatten stehen die Schutzwirkungen der Verbraucherschutzregelungen und insbesondere auch das Widerrufsrecht zu; hinsichtlich der Widerrufsfrist wird ihm aber die Kenntnis des vertragschließenden Ehegatten zugerechnet. Auch sein Widerruf macht das Rechtsgeschäft insgesamt unwirksam.

Jeder Ehegatte kann die Mitverpflichtungsbefugnis des anderen Ehegatten durch **41** formlose Erklärung ausschließen oder beschränken, § 1357 Abs 3 BGB; Dritten gegenüber wirkt dies nur bei Eintragung in das Güterrechtsregister. Auf Antrag des anderen Ehegatten hat das Familiengericht über die Berechtigung des Ausschlusses bzw der Beschränkung zu entscheiden und diese ggf aufzuheben.

bb) Eigentumsvermutungen
Dem Schutz der Gläubiger gegen eine Verschleierung von Eigentumsverhältnissen **42** sowie die unbeabsichtigte Vermischung der Eigentumssphären unter den Ehegatten dient § 1362 BGB, ergänzt durch § 739 ZPO. Nach § 1362 Abs 1 BGB wird zugunsten der Gläubiger eines Ehegatten vermutet, dass die in seinem Besitz befindlichen beweglichen Sachen ihm gehören;[68] nach § 739 ZPO gilt dieser Ehegatte auch als alleiniger Gewahrsamsinhaber und Besitzer.[69] Dadurch wird die Zwangsvollstreckung für den Gläubiger, der die Interna der Ehe nicht kennt, wesentlich erleichtert, ggf überhaupt erst möglich. Voraussetzung ist, dass eine bewegliche Sache (oder ein ihr nach § 1362 Abs 1 S 2 BGB gleichgestelltes Inhaber- oder mit Blankoindossament versehenes Orderpapier) im (Mit-)Besitz des betreffenden Ehegatten steht und die Ehegatten nicht getrennt leben. Für ausschließlich zum persönlichen Gebrauch eines Ehegatten bestimmte Gegenstände gilt die Vermutung nach § 1362 Abs 1 BGB nicht. Die Vermutung kann entkräftet werden, insbesondere durch den Beweis, dass die fragliche Sache im Miteigentum der Ehegatten oder im Alleineigentum des nicht haftenden Ehegatten steht; der Nachweis fortbestehenden Eigentums ist nicht erforderlich, da dafür eine Vermutung gilt.

Nach § 1362 Abs 2 BGB wird im Verhältnis zu den Gläubigern, aber auch im Verhält- **43** nis der Ehegatten untereinander und auch nach Trennung vermutet, dass bewegliche

---

[67] Vgl im Einzelnen STAUDINGER/VOPPEL (2018) § 1357 Rn 71 ff.
[68] Vorrangig ist bei Gütergemeinschaft allerdings § 1416 BGB, wonach eine Sache zum Gesamtgut gehört.
[69] Ausschaltung der §§ 808, 809 ZPO.

Sachen, die ausschließlich dem persönlichen (zB Kleider, Schmuck, von einem Ehegatten genutzte Sportgeräte oder Musikinstrumente) oder beruflichen Gebrauch eines Ehegatten dienen, in dessen Eigentum stehen. Damit wird der persönliche Bereich der Ehegatten geschützt.

d) Unterhalt

44 Beide Ehegatten sind einander verpflichtet, durch ihre Arbeit und ihr Vermögen (regelmäßig die Erträge, nicht den Stamm) angemessen zum **Familienunterhalt** beizutragen, § 1360 S 1 BGB. Soweit nicht durch Verweisung etwas anderes geregelt ist, gelten die allgemeinen Regelungen über den Verwandtenunterhalt nicht. Abweichend davon wird insbesondere nicht nach Bedürftigkeit und Leistungsfähigkeit der Beteiligten gefragt;[70] die Ehegatten haben **verhältnismäßig** nach ihrem Vermögen und dem Ertrag ihrer Arbeit **zum Unterhalt beizutragen**.[71] Der Familienunterhalt wird nicht durch eine monatliche Geldrente, sondern je nach den Umständen durch unmittelbare Tätigkeit im Dienst der Familie (einschließlich der Pflege und Erziehung gemeinsamer Kinder), durch Zurverfügungstellung von Geld oder in sonstiger Weise geleistet (vgl § 1360a Abs 2 BGB), wobei § 1360 S 2 BGB ausdrücklich anordnet, dass der Ehegatte, dem die Haushaltsführung (allein) überlassen ist, damit regelmäßig seine Verpflichtung, zum Familienunterhalt beizutragen, erfüllt. Ist der haushaltführende Ehegatte, ohne dazu verpflichtet zu sein, auch erwerbstätig, hat er aus den daraus erzielten Einkünften unter Berücksichtigung seiner Doppelbelastung zum Familienunterhalt beizutragen. Die Unterhaltsansprüche der Kinder, die aus § 1360 BGB nicht berechtigt sind, bestehen unabhängig vom Familienunterhalt. Soweit der Familienunterhalt ihnen – wie regelmäßig – zugute kommt, sind sie jedoch nicht bedürftig.

45 Nach § 1360a Abs 1 BGB umfasst der Familienunterhalt alles, was erforderlich ist, um die Kosten des Haushalts (Wohnung, Haushaltsgegenstände, Nahrung etc) zu bestreiten und die Bedürfnisse der Eheleute und gemeinsamen Kinder[72] (Kleidung, ärztliche Behandlung, Ausgaben zur Befriedigung geistiger und kultureller Bedürfnisse) zu befriedigen. Dazu gehören auch die Kosten einer angemessenen Alters- und Krankenvorsorge. Der haushaltführende Ehegatte hat gegen den erwerbstätigen Ehegatten einen Anspruch auf Taschengeld zur Befriedigung persönlicher Interessen; es steht zur freien Verfügung; darüber ist nicht abzurechnen.[73] Das Maß des Familienunterhalts bestimmt sich nach den Lebensverhältnissen – insbesondere der wirtschaftlichen Lage – der Ehegatten, wobei ein objektiver Maßstab anzulegen ist, der sich daran orientiert, welcher Standard bei anderen Familien vergleichbaren Einkommenszuschnitts üblich ist.

46 Nach § 1360a Abs 4 BGB hat ein Ehegatte, der nicht in der Lage ist, die Kosten eines Rechtsstreits zu tragen, einen an der Billigkeit orientierten Anspruch auf Prozess- bzw Verfahrenskostenvorschuss gegen den anderen Ehegatten. Dies gilt nur für Verfahren, die persönliche Angelegenheiten des Ehegatten (zB Herstellungsantrag, Antrag auf

---

[70] STAUDINGER/VOPPEL (2018) § 1360 Rn 13 ff.
[71] Prinzip der Proportionalität, RAUSCHER, FamR Rn 311.
[72] Unterhalt für ein Stiefkind kann im Einzelfall aufgrund einer – auch stillschweigend möglichen – Vereinbarung geschuldet sein, vgl im Einzelnen STAUDINGER/VOPPEL (2018) § 1360a Rn 36 ff.
[73] Gegenüber dritten Unterhaltsberechtigten ist es relevantes Einkommen; Gläubiger des Ehegatten können im Wege der Zwangsvollstreckung auf das Taschengeld zugreifen; vgl im Einzelnen STAUDINGER/VOPPEL (2018) § 1360a Rn 17 ff.

Aufhebung oder Scheidung der Ehe, Statusverfahren, aber auch sonstige die eheliche Gemeinschaft betreffende Verfahren, etwa Nachbarklagen, Klage auf Baugenehmigung für das Familieneigenheim sowie alle nicht übertragbaren vermögensrechtlichen Angelegenheiten) betreffen, oder ein gegen ihn gerichtetes Strafverfahren. Der Vorschussanspruch ist gegenüber der Prozess-/Verfahrenskostenhilfe nach §§ 114 ff ZPO vorrangig.

3. Güterrecht

Das Güterrecht regelt einen Ausschnitt der vermögensrechtlichen Beziehungen zwischen den Ehegatten und ggf Dritten, die gerade auf der Ehe beruhen und nicht anderweitig normiert sind.[74] Außerhalb des Güterechts stehen die vermögensrechtlichen Fragen im Rahmen der allgemeinen Ehewirkungen (insbesondere §§ 1357, 1362 BGB), das Unterhaltsrecht und der Versorgungsausgleich.[75] Zum Güterrecht gehören danach die Fragen der Zuordnung und Verwaltung des Vermögens der Eheleute, der Haftung von Vermögensbestandteilen für Verbindlichkeiten der Eheleute sowie eventuelle Ausgleichsregelungen nach Beendigung des Güterstandes (insbesondere bei Auflösung der Ehe).

47

Grundsätzlich sieht das BGB auf dem Gebiet des Güterrechts Vertragsfreiheit vor (§§ 1408–1413 BGB). Das Gesetz bietet vier Typen von Güterständen an; die Ehegatten sind aber nicht auf diese festgelegt, sondern können diese Typen modifizieren, mischen oder eine völlig eigene Güterrechtsordnung vereinbaren.[76]

48

Für den (regelmäßigen) Fall, dass die Ehegatten keine (oder keine wirksame) Vereinbarung treffen, tritt ohne weiteres der **gesetzliche Güterstand** der Zugewinngemeinschaft (§§ 1363–1390 BGB) ein. Daneben regelt das Gesetz als typisierte (vollständig ausgeformte) **Wahlgüterstände** oder vertragliche Güterstände die Gütertrennung (§ 1414 BGB), die Gütergemeinschaft (§§ 1415–1518 BGB) und die Wahl-Zugewinngemeinschaft (§ 1519 BGB iVm dem Abkommen vom 4. Februar 2010 zwischen der Bundesrepublik Deutschland und der Französischen Republik über den Güterstand der Wahl-Zugewinngemeinschaft[77]). Die Gütertrennung ist zugleich **außerordentlicher gesetzlicher Güterstand** für die Fälle, in denen der gesetzliche Güterstand ausgeschlossen oder aufgehoben wird, ohne dass zugleich andere (wirksame) güterstandsrechtliche Abreden getroffen werden. Die gesetzlichen Güterstände sind subsidiär; sie kommen nur zur Anwendung, soweit die Ehegatten keine vertraglichen Vereinbarungen zum Güterrecht getroffen haben.

49

a) Vertragsfreiheit

§ 1408 Abs 1 BGB definiert den **Ehevertrag** als vertragliche Regelung der güterrechtlichen Verhältnisse zwischen den Ehegatten und impliziert damit zugleich, dass eine entsprechende Vertragsfreiheit gegeben ist, soweit sich nicht an anderer Stelle Grenzen zulässiger Vereinbarungen ergeben.

50

Als vertragschließende Parteien kommen grundsätzlich nur Ehegatten in Betracht; sie können einen Ehevertrag zu jeder Zeit während des Bestehens der Ehe abschließen, ändern und aufheben. Zukünftige Ehegatten können einen Ehevertrag auch bereits

51

---

[74] RAUSCHER, FamR Rn 352.
[75] Vgl dazu Rn 138 ff.
[76] Zu Bindungen vgl Rn 52.
[77] BGBl 2012 II, 180.

vor der Ehe abschließen; er wird – da es vorher *güterrechtliche* Verhältnisse zwischen den Vertragschließenden nicht geben kann – erst mit der Eheschließung wirksam. § 1410 BGB schreibt eine besondere Form vor: Ein Ehevertrag muss bei gleichzeitiger Anwesenheit der Ehegatten zur Niederschrift eines Notars geschlossen werden; allerdings wird Vertretung eines Ehegatten – auch durch den anderen Ehegatten – zugelassen;[78] ausgeschlossen ist nur die sog Stufenbeurkundung (§ 128 BGB).[79]

52 Hinsichtlich des Inhalts des Ehevertrages sind die Ehegatten grundsätzlich frei. Eine Grenze für den Inhalt der Vereinbarung setzt § 1409 BGB; danach ist es nicht zulässig, eine Vereinbarung durch Verweisung auf nicht mehr geltendes Recht oder auf ausländisches Recht zu treffen. Soweit die Ehegatten nicht durch Ehevertrag einen der derzeit im Gesetz vorgegebenen Typen vereinbaren und diesen ggf modifizieren, müssen sie selbst eine vollständige Regelung vornehmen (sog Kodifikationsvertrag). Beschränkungen dahingehend, dass die Ehegatten bei der Vereinbarung an die Einhaltung der typisierten Güterstände gebunden sind oder die Vereinbarung gemischter Güterstände oder von dem Gesetz unbekannten Güterständen generell unzulässig sein soll, sind nicht anzuerkennen **(kein Typenzwang)**.[80] Eine Schranke bilden insoweit nur zwingende Rechtsinstitute insbesondere des Sachenrechts; außerdem kann Gesamthandsvermögen nur in den gesetzlich vorgesehenen Fällen (im hier betrachteten Zusammenhang also nur bei der Gütergemeinschaft) gebildet werden; die rechtsgeschäftliche Vereinbarung dinglich wirkender Verfügungsbeschränkungen ist durch § 137 S 1 BGB ausgeschlossen; in Rechte Dritter kann nicht eingegriffen werden.

53 Der wichtigste Anwendungsbereich für Eheverträge neben der Vereinbarung eines Wahlgüterstandes oder dem bloßen Ausschluss oder der späteren Aufhebung des gesetzlichen Güterstandes sind Modifikationen im Rahmen eines der gesetzlichen Typen, soweit es sich um nachgiebiges Recht handelt. So kann etwa im gesetzlichen Güterstand der Zugewinn der Höhe nach begrenzt, auf bestimmte Vermögensmassen (Privatvermögen unter Ausschluss des Betriebsvermögens) oder bestimmte Zeiträume (Erziehung von Kindern) oder bestimmte Auflösungsgründe (nur bei Tod, nicht bei Ehescheidung) beschränkt werden.[81] Es kann das Anfangsvermögen vereinbart werden. Die Verfügungsbeschränkungen der §§ 1365, 1369 BGB können ausgeschlossen werden.[82] Bei der Gütergemeinschaft kann das gesamte bei Vertragsschluss vorhandene Vermögen zum Vorbehaltsgut erklärt werden, wodurch die Gütergemeinschaft zur spezielleren Form der Errungenschaftsgemeinschaft wird.[83]

54 Ausdrücklich als Gegenstand eines Ehevertrages werden in § 1408 Abs 2 BGB Vereinbarungen über den Versorgungsausgleich genannt; insoweit wird auf die Regelungen der §§ 6–8 VersAusglG verwiesen.

---

[78] Die Vollmacht bedarf dann selbst der Form des § 1410 BGB, wenn sie unwiderruflich oder sonst mit gleicher rechtlicher oder tatsächlicher Bindung erteilt ist; vgl ausführlich BGH NJW 1998, 1857, 1858 f; umstritten ist der Fall, dass dem Vertreter kein eigener Entscheidungsspielraum gelassen wird (nicht formbedürftig: STAUDINGER/THIELE [2018] § 1410 Rn 5 f mwNw; aA: BGH NJW 1998, 1857, 1858 f).
[79] Für die Vertretung bei Eheverträgen Betreuter oder Geschäftsunfähiger vgl § 1411 BGB.
[80] RAUSCHER, FamR Rn 362; STAUDINGER/THIELE (2018) Vorbem 33 ff zu §§ 1408 ff je mwNw zu den Gegenansichten.
[81] Vgl etwa RAUSCHER, FamR Rn 363; STAUDINGER/THIELE (2017) § 1363 Rn 38.
[82] STAUDINGER/THIELE (2017) § 1365 Rn 110 f.
[83] Vgl etwa SCHWAB, FamR Rn 223 sowie STAUDINGER/THIELE (2018) § 1408 Rn 17 zu den Einzelheiten der erforderlichen Vereinbarung.

Eheverträge unterliegen wie alle Rechtsgeschäfte den Grenzen der §§ 134, 138 BGB. **55** Eine weitere Schranke ergibt sich daraus, dass Eheverträge einer gerichtlichen **Inhaltskontrolle** unterzogen werden. Allerdings kann man Eheverträge nicht auf die Äquivalenz von Leistung und Gegenleistung hin kontrollieren. Auch wird man nicht (mehr) von einer generellen strukturellen Unterlegenheit der Ehefrau ausgehen können. Gegenüber der früher herrschenden Ansicht, die an die Annahme der Sittenwidrigkeit eines Ehevertrages hohe Anforderungen stellte und etwa Fälle, in denen Schwangere vor Eingehung der Ehe gegenüber ihrem zukünftigen Ehemann auf Unterhalt für den Fall der Scheidung verzichteten, unter Berücksichtigung der Eheschließungsfreiheit für wirksam erachtete,[84] hat das BVerfG unter Berufung auf Art 2 Abs 1 GG in solchen Fällen Sittenwidrigkeit angenommen und eine entsprechende Inhaltskontrolle durch die Zivilgerichte eingefordert; Verträge dieser Art seien nicht das Ergebnis gleichberechtigter Partnerschaft, sondern Ausdruck einseitiger Dominanz eines Ehegatten, so dass die vom Gesetz vorgesehene Selbstbestimmung durch den Ehevertrag sich für den anderen Ehegatten tatsächlich als Fremdbestimmung erweise (gestörte Vertragsparität).[85] Allerdings wird die Ausnahmesituation der Schwangeren nur als Indiz gesehen, zu dem die Betrachtung weiterer Faktoren (Vermögenslage, berufliche Situation, Ehemodell[86]) hinzutreten muss. Eine bloße einseitige Benachteiligung eines Ehegatten durch eine Ehevereinbarung macht diese noch nicht sittenwidrig; hinzukommen müssen zusätzliche Umstände, etwa die mit der Vereinbarung verbundene Schädigung Dritter (Sozialhilfe, Kindesinteressen)[87] oder die Ausnutzung einer Zwangslage, der Unerfahrenheit oder Willensschwäche des Ehepartners in verwerflicher Weise.[88] Maßgeblich ist eine Gesamtschau unter Berücksichtigung der konkreten Umstände des Einzelfalles.[89] Auch dann, wenn ein Ehevertrag nicht sittenwidrig ist, kann im Einzelfall die Berufung auf eine Vereinbarung gegen Treu und Glauben verstoßen.[90] Die Inhaltskontrolle kann nicht nur zugunsten des Ehegatten erfolgen, der Ansprüche geltend macht, sondern auch zugunsten des Inanspruchgenommenen.[91]

In seiner neueren Rechtsprechung[92] geht der BGH nach wie vor von einer grundsätz- **56** lichen Vertragsfreiheit und Disponibilität der Scheidungsfolgen aus,[93] die allerdings den Schutzzweck der gesetzlichen Regelung nicht unterlaufen dürfe, wie es bei einer evident einseitigen, durch die individuelle Gestaltung der ehelichen Lebensverhältnisse nicht gerechtfertigten und auch unter Berücksichtigung der Belange eines Ehegatten für den anderen nicht hinnehmbaren Lastenverteilung der Fall sei. Dies sei umso eher der Fall, je mehr in den Kernbereich des Scheidungsfolgenrechts eingegriffen werde.[94] Diesen bestimmt der BGH abgestuft: Im Zentrum stehe der Betreuungsunterhalt (§ 1570 BGB),[95] gefolgt von Krankheits- und Altersunterhalt (§§ 1572, 1571

---

[84] BGH FamRZ 1992, 1403; 1996, 1536; 1997, 156, 157 f; vgl auch RAUSCHER, FamR Rn 364 f.
[85] BVerfG FamRZ 2001, 343 m zust Anm SCHWAB ebd 349; FamRZ 2001, 985; STAUDINGER/THIELE (2018) Vorbem 15 zu §§ 1408 ff.
[86] Vgl Rn 28.
[87] BVerfG FamRZ 2001, 343, 347; auch etwa BGH FamRZ 1992, 1403.
[88] Vgl im Einzelnen PALANDT/BRUDERMÜLLER § 1408 Rn 11 f.
[89] BGH 11.2.2004 – XII ZR 265/02, FamRZ 2004, 601, 604.
[90] BGH FamRZ 1995, 291; 1997, 873; PALANDT/BRUDERMÜLLER § 1408 Rn 16.
[91] BGH FamRZ 2009, 198, 200; OLG Karlsruhe 11.9.2006 – 20 UF 164/05, FamRZ 2007, 477.
[92] FamRZ 2004, 601; 2005, 1444; 2007, 450; 2009, 198, 200; 2011, 1377, 1379; 29.1.2014 – XII ZB 303/13 Rn 16, FamRZ 2014, 629, 630.
[93] Nicht die Vertragsfreiheit muss begründet werden, sondern deren evtl Begrenzung, STAUDINGER/THIELE (2018) Vorbem 16 zu §§ 1408 ff.
[94] Krit zu diesem Maßstab RAUSCHER, FamR Rn 366e.
[95] Nach dem UÄndG 2008 dürfte dies aber

BGB), während die anderen Unterhaltstatbestände nachrangig seien. Wegen seiner Funktion als vorweggenommener Altersunterhalt stehe der Versorgungsausgleich diesem gleich und sei daher regelmäßig – anders möglicherweise bei gehobenen Vermögensverhältnissen – nur begrenzt disponierbar. Über den Zugewinnausgleich könne dagegen weitgehend frei disponiert werden, da die eheliche Lebensgemeinschaft nicht notwendig Vermögensgemeinschaft sei.

57 Eine evtl Korrektur wird in zwei Schritten vorgenommen:

Wenn ein Vertrag bereits im Zeitpunkt des Zustandekommens zu einer derart offenkundig einseitigen Lastenverteilung im Scheidungsfall führt, dass er als sittenwidrig einzustufen ist (§ 138 BGB – **Wirksamkeitskontrolle)**, wird ihm ganz oder teilweise die Wirksamkeit zugunsten der gesetzlichen Regelung versagt. Auf die konkrete Entwicklung der Ehe soll es dabei nicht ankommen. Eine Gesamtwürdigung hat die individuellen Verhältnisse bei Vertragsschluss (Einkommen und Vermögen), den geplanten Lebenszuschnitt und die Auswirkungen der Vereinbarung auf Ehegatten und Kinder in Betracht zu ziehen. Zwecke und Beweggründe, die die Ehegatten zur Gestaltung eines solchen Vertrages bzw zur Zustimmung dazu bewogen haben, sind einzubeziehen. Voraussetzung für die Annahme der (Teil-)Unwirksamkeit ist die objektive Benachteiligung eines Ehegatten und eine subjektive Ungleichgewichtslage (subjektive Unterlegenheit, ungleiche Verhandlungspositionen).[96] Sittenwidrig nach § 138 Abs 1 BGB ist ein Vertrag auch, wenn er den Träger der Sozialhilfe belastet.[97]

58 Hält ein Vertrag dieser Prüfung stand, kann gleichwohl die Berufung darauf gegen Treu und Glauben verstoßen (§ 242 BGB – **Ausübungskontrolle)**. Das ist insbesondere dann der Fall, wenn sich aufgrund der tatsächlichen Entwicklung der ehelichen Lebensverhältnisse zum Zeitpunkt des Scheiterns aus der Vereinbarung nunmehr eine evident einseitige Lastenverteilung ergibt, weil die einvernehmliche Gestaltung der Lebensverhältnisse von der Lebensplanung zur Zeit des Vertragsschlusses abweicht, ohne dass in dieser Hinsicht eine Partei das absehbare Risiko bewusst übernommen hat. Eine Berufung auf den Vertrag wird umso eher versagt bzw die Gründe für eine Rechtfertigung des Ausschlusses müssen umso gewichtiger sein, je stärker der Kernbereich des Scheidungsfolgenrechts betroffen ist. Lässt sich der Ausschluss nicht rechtfertigen, ist Folge nicht die Unwirksamkeit der vertraglichen und Geltung der gesetzlichen Regelung; vielmehr hat der Richter die Rechtsfolge anzuordnen, die den berechtigten Belangen (und begrenzt auch dem geäußerten Willen[98]) beider Parteien Rechnung trägt (Vertragsanpassung).[99]

---

wohl uneingeschränkt nur noch für den Basisunterhalt nach § 1570 Abs 1 S 1 BGB gelten, im Wesentlichen für kindbezogene Verlängerungsgründe; die elternbezogene Verlängerung nach § 1570 Abs 2 BGB dürfte dagegen auf niedrigerem Rang stehen; vgl MÜNCH FamRZ 2009, 171, 173.

[96] STAUDINGER/THIELE (2018) Vorbem 21 f zu §§ 1408 ff; Beispiel: BGH FamRZ 2007, 450, 451; BGH 31.10.2012 – XII ZR 129/10 Rn 16, 25 f, FamRZ 2013, 195, 196 f.

[97] BGH FamRZ 2009, 198, 202.

[98] BGH FamRZ 2005, 185, 187, zust MÜNCH FamRZ 2005, 570, 573: Ausschluss des Versorgungsausgleichs wird nicht zu vollem Versorgungsausgleich korrigiert, sondern nur zum Ausgleich ehebedingter Nachteile; aA HOPPENZ FamRZ 2013, 758.

[99] BGH FamRZ 2004, 601, 606; 2011, 1377, 1379 Tz 16, 28: Der benachteiligte Ehegatte darf durch die Anpassung nicht besser stehen, als er ohne die vertragliche Regelung stünde; ebenso BGH 27.2.2013 – XII ZB 90/11 Rn 21 f, FamRZ 2013, 770, 772.

Nicht dem Güterrecht zuzuordnen sind – und damit auch nicht dem § 1410 BGB unterfallen – dagegen Verträge zwischen den Ehegatten, die auch zwischen beliebigen anderen Personen abgeschlossen werden können (etwa Arbeits-, Gesellschaftsverträge, Schenkung). 59

b)   Güterrechtsregister
Güterrechtliche Verhältnisse und insbesondere Eheverträge können Außenwirkungen gegenüber Dritten haben. Dies betrifft etwa die Verfügungsbeschränkung nach § 1369 BGB im gesetzlichen Güterstand und die Zuordnung der Vermögens- und damit Haftungs- und Vollstreckungsmassen bei der Gütergemeinschaft. Um die güterrechtlichen Verhältnisse offenzulegen und dadurch Dritte im Hinblick auf solche außenwirksamen Umstände zu schützen, gibt es ein Güterrechtsregister, das vom Amtsgericht am Wohnsitz eines Ehegatten geführt wird, §§ 1558 f BGB. Die (nur) auf Antrag der Ehegatten (§§ 1560, 1561 Abs 1 BGB)[100] vorgenommenen Eintragungen werden öffentlich bekannt gemacht (§ 1562 BGB); jedermann kann in das Register ohne weiteres Einsicht nehmen (§ 1563 BGB). 60

Nach der Rechtsprechung des BGH[101] kommt dem Güterrechtsregister eine umfassende Publizitätsfunktion zu, so dass alle auf das Güterrecht bezogenen Tatsachen eintragungsfähig sind, die in irgendeiner Weise Außenwirkung besitzen, dh die Rechtsstellung der Ehegatten zu Dritten beeinflussen können. Nicht erforderlich ist, dass die Kenntnis dieser Tatsachen wegen ihrer unmittelbar rechtlich erheblichen Wirkung gegenüber Dritten zu deren Schutz erforderlich ist. Eintragungsfähig sind daher alle güterrechtlichen Regelungen, insbesondere Eheverträge, mit denen der gesetzliche Güterstand ausgeschlossen oder verändert wird (Ausschluss des Zugewinnausgleichs) oder durch die ein Wahlgüterstand ausgestaltet oder sonst eine Regelung des Güterstandes getroffen wird. Eintragungsfähig sind auch Änderungen solcher Regelungen, die im Register eingetragen sind. Eintragungsfähig ist schließlich die Beschränkung der Mitverpflichtungsbefugnis nach § 1357 Abs 2 BGB. 61

Der Eintragung kommt **keine konstitutive Wirkung** zu. Sie hat nur Bedeutung im Rahmen des § 1412 BGB. 62

Eintragungen im Güterrechtsregister kommt eine **negative Publizität** zu, § 1412 BGB: Abweichungen vom gesetzlichen Güterstand können einem gutgläubigen Dritten[102] im Rahmen eines Rechtsgeschäfts von den Ehegatten nur dann einwendungsweise entgegengehalten werden, wenn sie bei Vornahme des Rechtsgeschäfts im Register eingetragen waren. Es wird also zugunsten des Geschäftspartners der Ehegatten davon ausgegangen, dass eintragungsfähige aber nicht eingetragene Abweichungen vom gesetzlichen Güterstand nicht bestehen, § 1412 Abs 1 BGB. Ebenso wird zugunsten des Dritten davon ausgegangen, dass im Register eingetragene Regelungen nicht nachträglich geändert oder aufgehoben worden sind, wenn sich dies aus dem Register nicht ergibt, § 1412 Abs 2 BGB. Schließlich wirkt die Rechtskraft eines Urteils aus einem Prozess zwischen einem Ehegatten und einem gutgläubigen Dritten auch gegenüber dem anderen Ehegatten, wenn das Urteil der aus dem Register bei Eintritt der Rechts- 63

---

[100] Ausnahmsweise auch eines Ehegatten, § 1561 Abs 2 BGB.
[101] BGHZ 66, 203, 206 f; vgl dazu STAUDINGER/THIELE (2018) § 1412 Rn 4 f.
[102] Hat der Dritte anderweitig positive Kenntnis einer eintragungsfähigen Tatsache, kann sie ihm auch dann entgegengehalten werden, wenn sie nicht eingetragen ist.

hängigkeit ersichtlichen Lage entspricht. Durch § 1412 BGB werden nur Dritte im rechtsgeschäftlichen Verkehr gegenüber Ehegatten, nicht aber diese oder Dritte jeweils untereinander geschützt. Ein Dritter kann sich grundsätzlich nicht auf die im Register eingetragene Rechtslage berufen, wenn sie unrichtig ist (keine positive Publizität).[103] Dritte müssen den Schutz des § 1412 BGB nicht in Anspruch nehmen, sondern können sich auch auf die wahre Rechtslage berufen. Sie können sich jedoch nicht auf § 1412 BGB berufen, um daraus die Unwirksamkeit eines Rechtsgeschäfts herzuleiten; dies widerspräche dem Zweck des Verkehrsschutzes.

64 Nach herrschender,[104] aber nicht unbestrittener[105] Ansicht haben die allgemeinen Regelungen der §§ 892 f, 932 ff BGB Vorrang gegenüber § 1412 BGB, so dass ein gutgläubiger Erwerb trotz eingetragener Verfügungsbeschränkung des veräußernden Ehegatten möglich ist, wobei wiederum umstritten ist, ob Nichtkenntnis der Eintragung im Güterrechtsregister grobe Fahrlässigkeit begründet oder nicht.[106]

65 Die praktische Bedeutung des Güterrechtsregisters ist gering, weil Ehegatten nur selten von der Möglichkeit der Eintragung Gebrauch machen und Dritte das Register kaum einsehen.[107]

c) Zugewinngemeinschaft

66 Der Zugewinngemeinschaft liegt der Gedanke der **gleichmäßigen Beteiligung der Ehegatten an den während der Ehe eintretenden Vermögensmehrungen** zugrunde. Es handelt sich entgegen der Bezeichnung „Gemeinschaft" um eine Form der Gütertrennung, allerdings mit schuldrechtlichem Ausgleich bei Beendigung des Güterstandes. Die Vermögen der Ehegatten bleiben getrennt (§ 1363 Abs 2 S 1 BGB) und werden von diesen selbständig verwaltet (§ 1364 BGB). Jeder Ehegatte haftet grundsätzlich für seine Verbindlichkeiten nur mit seinem Vermögen. Grundsätzlich kann jeder Ehegatte über die Gegenstände seines Vermögens frei verfügen.

67 Ungeachtet der grundsätzlichen Gütertrennung kann gemeinschaftliches Vermögen (Miteigentum) nach allgemeinen Grundsätzen entstehen, so etwa bei gemeinschaftlichem Erwerb von Hausratsgegenständen oder Grundstücken. Unabhängig davon besteht (bzw entsteht) jedenfalls an der Ehewohnung und den Hausratsgegenständen regelmäßig Mitbesitz der Ehegatten.[108]

68 Trotz der Tatsache, dass jeder Ehegatte Eigentümer und Verwalter seines Vermögens ist, gibt es bestimmte **Verfügungsbeschränkungen**, die die Handlungsfreiheit der Ehegatten einschränken:

69 Zum einen kann ein Ehegatte nur mit Einwilligung des anderen über sein **Vermögen als Ganzes** verfügen bzw sich dazu verpflichten, § 1365 Abs 1 BGB; damit soll eine

---

[103] Es greifen aber allgemeine Rechtsscheingrundsätze ein: Wer eine unrichtige Eintragung in das Register veranlasst oder schuldhaft nicht beseitigt hat, muss sich einem gutgläubigen Dritten gegenüber im Rechtsverkehr so behandeln lassen, als sei die Eintragung richtig; vgl STAUDINGER/THIELE (2018) § 1412 Rn 51.
[104] RAUSCHER, FamR Rn 371; PALANDT/BRUDERMÜLLER § 1412 Rn 2.
[105] STAUDINGER/THIELE (2018) § 1412 Rn 47 ff mwNw.
[106] Dagegen RAUSCHER, FamR Rn 371 mwNw zu beiden Ansichten.
[107] STAUDINGER/THIELE (2018) § 1412 Rn 6; RAUSCHER, FamR Rn 369.
[108] BGH NJW 2004, 3041; STAUDINGER/THIELE (2017) § 1363 Rn 8.

Gefährdung des Bestandes der wirtschaftlichen Grundlage der Familie verhindert und der künftige Ausgleichsanspruch im Rahmen des Zugewinnausgleichs gesichert werden.[109] Im Einzelnen ist umstritten, was unter dem „Vermögen im Ganzen" zu verstehen ist. Im Rahmen der herrschenden sog Einzeltheorie reicht es aus, wenn sich das Geschäft auf einen Gegenstand bezieht, der objektiv das gesamte Vermögen ausmacht.[110] Es reicht weiter aus, wenn es sich wertmäßig zwar nicht um das ganze, jedoch um nahezu das ganze Vermögen handelt. Weitere Voraussetzung ist, dass der Geschäftsgegner positiv weiß, dass es sich bei dem Gegenstand um nahezu das ganze Vermögen handelt oder zumindest die Verhältnisse kennt, aus denen sich das ergibt (subjektive Theorie).[111] Erlangt der Erwerber erst nach Abschluss des Verpflichtungsgeschäfts diese Kenntnis, ist dieses ohne weiteres wirksam und bedarf das Erfüllungsgeschäft nicht mehr der Zustimmung des Ehegatten.[112]

70 Zum anderen kann ein Ehegatte über ihm gehörende **Gegenstände des ehelichen Haushalts** nur mit Einwilligung des anderen Ehegatten verfügen bzw sich zu einer entsprechenden Verfügung verpflichten, § 1369 BGB.[113] Gegenstände des ehelichen Haushalts sind solche, die dem Ge- oder Verbrauch beider Ehegatten bzw der Familie zu dienen bestimmt sind. Gegenstände, die der Berufsausübung eines Ehegatten oder seinem Hobby dienen, fallen nicht darunter; ebenso wenig generell Grundstücke, Wohnungseigentum und Wohnrechte. § 1369 BGB gilt grundsätzlich auch während des Getrenntlebens der Ehegatten; neu angeschaffte Gegenstände unterliegen der Beschränkung dann jedoch nicht.

71 Sowohl bei Geschäften über das Vermögen im Ganzen als auch über Haushaltsgegenstände kann das Familiengericht die Einwilligung des anderen Ehegatten ersetzen, wenn sie ohne ausreichenden Grund verweigert wird oder wegen Abwesenheit oder Krankheit nicht erlangt werden kann, §§ 1365 Abs 2, 1369 Abs 2 BGB.[114]

72 §§ 1366, 1367 BGB treffen Regelungen für den Fall eines ohne Einwilligung abgeschlossenen Rechtsgeschäfts, deren Gegenstand insbesondere der Schwebezustand bis zur Erteilung bzw endgültigen Verweigerung der Einwilligung ist; außerdem kann der andere Ehegatte Rechte, die sich aus der Unwirksamkeit der Verfügung ergeben, selbständig gegenüber dem Dritten geltend machen, § 1368 BGB.

73 Sinn des **Zugewinnausgleichs** ist es, den Grundsatz der Gleichberechtigung der Ehegatten sowie die eheliche Lebensgemeinschaft auch im Vermögensrecht zur Geltung

---

[109] BGHZ 35, 135, 137; 132, 218, 221; STAUDINGER/THIELE (2017) § 1365 Rn 2.
[110] BGH 22.10.2014 – XII ZR 194/13 Rn 28, FamRZ 2015, 121, 123; BGHZ 106, 253, 256 f; STAUDINGER/THIELE (2017) § 1365 Rn 17; dort auch zur abweichenden Gesamttheorie.
[111] BGH 22.10.2014 – XII ZR 194/13 Rn 28, FamRZ 2015, 121, 123; BGHZ 132, 218, 221; STAUDINGER/THIELE (2017) § 1365 Rn 20 ff; dort auch zur abweichenden objektiven Theorie und zur gemäßigten subjektiven Theorie.
[112] BGHZ 106, 253, 256 ff; STAUDINGER/THIELE (2017) § 1365 Rn 24.
[113] Eine Erstreckung des § 1369 BGB auf Hausratsgegenstände die im (Mit-)Eigentum des anderen Ehegatten oder im Eigentum Dritter steht, findet nicht statt; es gelten die allgemeinen Regeln über den gutgläubigen Erwerb, der bei regelmäßigem Mitbesitz der Ehegatten an § 935 BGB scheitert, str, wie hier STAUDINGER/THIELE (2017) § 1369 Rn 29 ff; **aA** etwa PALANDT/BRUDERMÜLLER § 1369 Rn 1; RAUSCHER, FamR Rn 393.
[114] Bei § 1365 Abs 2 BGB muss weiter Gefahr im Verzug sein und das Rechtsgeschäft den Grundsätzen einer ordnungsgemäßen Verwaltung entsprechen.

zu bringen und den arbeitsteilig im Rahmen der Ehe erzielten Vermögenszuwachs gerecht aufzuteilen (Vermögensteilhabe aufgrund vollzogener Lebens- und Schicksalsgemeinschaft).[115] Bei der Durchführung dieses Prinzips unterscheidet das Gesetz grundsätzlich danach, ob der Güterstand durch den Tod eines Ehegatten (§ 1371, „erbrechtliche Lösung") oder auf andere Weise (§§ 1373–1390 BGB, „güterrechtliche Lösung") beendet wird.

74 **Bei Tod eines Ehegatten** wird der Zugewinnausgleich für den anderen Ehegatten dadurch realisiert, dass dessen **gesetzlicher Erbteil**, der sich nach § 1931 BGB richtet, **um ein Viertel erhöht** wird (§ 1371 Abs 1 S 1 BGB). Dabei kommt es nicht darauf an, ob der Erblasser tatsächlich einen Zugewinn erzielt hat und ob dieser höher ist als der des überlebenden Ehegatten. Diese Form des Ausgleichs ist damit keine obligatorische Beteiligung am Vermögenszuwachs des Verstorbenen, sondern eine dingliche Beteiligung an dessen Vermögen, die mit praktischen Erwägungen begründet worden ist. Die erbrechtliche Lösung wird kritisiert, weil sie sich vom Prinzip der gleichmäßigen Teilhabe am Vermögenszuwachs während der Ehe löst und eine Neuverteilung des Vermögens vornimmt.[116] Wird der überlebende Ehegatte kraft letztwilliger Verfügung Erbe oder Vermächtnisnehmer, wird die Zuwendung nicht gemäß § 1371 Abs 1 BGB erhöht; vielmehr wird ein möglicher Zugewinnausgleichsanspruch als mit der Zuwendung abgegolten angesehen. Sowohl im Rahmen des gesetzlichen Erbrechts als auch bei letztwilliger Zuwendung wird – sofern relevant – der Pflichtteilsanspruch des Ehegatten nach dem gemäß § 1371 Abs 1 BGB erhöhten Erbteil berechnet (sog „großer Pflichtteil").[117] Beim gesetzlichen Erbrecht gelten Beschränkungen und Beschwerungen als nicht angeordnet, wenn der Erbteil den Wert des großen Pflichtteils nicht übersteigt (vgl § 2306 Abs 1 S 1, Abs 2 BGB); der Ehegatte kann Vermächtnisse und Auflagen soweit kürzen, dass ihm der große Pflichtteil verbleibt (§ 2318 BGB). Ist der Ehegatte kraft letztwilliger Verfügung Erbe oder Vermächtnisnehmer, hat er ggf einen Ergänzungsanspruch bis zur Höhe des großen Pflichtteils (vgl §§ 2305, 2307 Abs 1 S 2 BGB).

75 Wird der überlebende Ehegatte – gleich aus welchem Grund (Enterbung durch Verfügung von Todes wegen, gesetzlicher Ausschluss nach § 1933 BGB, Erbunwürdigkeit (§ 2344 BGB), Erbverzicht (§ 2346 BGB), Ausschlagung der Erbschaft (§§ 1953 Abs 1, 2180 Abs 3 BGB) – weder Erbe noch Vermächtnisnehmer, kommt die erbrechtliche Lösung nicht zum Tragen; in diesem Fall gelten vielmehr ausschließlich die Regelungen der güterrechtlichen Lösung (§ 1371 Abs 2 BGB, dazu sogleich); der Pflichtteil bestimmt sich dann nach den allgemeinen Regeln („kleiner Pflichtteil"); es kommt nicht der „große Pflichtteil" zur Anwendung. Den Pflichtteil kann der Ehegatte im Falle der Ausschlagung grundsätzlich auch dann beanspruchen, wenn er ihm nach erbrechtlichen Regelungen nicht zustünde (§ 1371 Abs 3 BGB). Der Zugewinnausgleich findet dann nur statt, wenn der verstorbene Ehegatte einen höheren Zugewinn erzielt hatte; dagegen können seine Erben im umgekehrten Fall nicht etwa einen Ausgleich vom überlebenden Ehegatten fordern.

---

[115] STAUDINGER/THIELE (2017) Vorbem 3 f zu § 1371. Krit zur Zugewinngemeinschaft als gesetzlichem Güterstand, der zwar im Fall der Alleinverdienerehe angemessen, bei der Doppelverdienerehe jedoch verfehlt erscheine, weil es nicht Aufgabe des Güterrechts sei, Leistungsunterschiede der Ehegatten im Beruf auszugleichen, RAUSCHER, FamR Rn 355; u Rn 356 f.

[116] Vgl RAUSCHER, FamR Rn 376 ff; abweichend STAUDINGER/THIELE (2017) Vorbem 11 zu § 1371.

[117] AllgM, vgl STAUDINGER/THIELE (2017) § 1371 Rn 74 f.

Bei anderweitiger Beendigung des Güterstandes (durch Ehevertrag, Aufhebung und 76 insbesondere Scheidung der Ehe) wird eine konkrete Berechnung der Zugewinne (§ 1373 BGB) der beiden Ehegatten durch Vergleich des **Endvermögens** (§ 1375 BGB, das bei Beendigung des Güterstandes, im Falle der Scheidung bei Rechtshängigkeit des Scheidungsantrages [§ 1384 BGB] vorhandene Vermögen) mit dem **Anfangsvermögen** (§ 1374 BGB, das bei Eintritt in den Güterstand vorhandene Vermögen) vorgenommen. Der Ehegatte mit dem geringeren Zugewinn hat einen **Ausgleichsanspruch** in Höhe der Hälfte der Differenz zwischen den Zugewinnen (§ 1378 Abs 1 BGB). Um den jeweiligen Vermögensstand zu ermitteln, werden die einzelnen Vermögensgegenstände jedes Ehegatten festgestellt und mit ihrem Wert zum jeweiligen Stichtag bewertet (§ 1376 Abs 1, 2 BGB). Davon werden die Verbindlichkeiten, bewertet zum Stichtag (§ 1376 Abs 3 BGB), abgezogen. Sowohl das Anfangsvermögen (Schulden bei Eintritt des Güterstandes) als auch das Endvermögen kann durch den Abzug der Verbindlichkeiten einen negativen Wert annehmen (§§ 1374 Abs 3, 1375 Abs 1 S 2 BGB).

Dem Anfangsvermögen wird bestimmter, nach Eintritt des Güterstandes erfolgter 77 Erwerb (Erwerb von Todes wegen oder mit Rücksicht auf ein künftiges Erbrecht, Schenkung, Ausstattung nach § 1624 BGB) mit dem Ziel zugerechnet, es im Hinblick auf den Zugewinn zu neutralisieren, da derartiger Erwerb schlechterdings nicht auf einer Mitwirkung des anderen Ehegatten beruhen kann und dieser daher nicht beteiligt werden soll, § 1374 Abs 2 BGB.[118] Mit umgekehrter Absicht werden bestimmte Beträge dem Endvermögen zugerechnet, obwohl sie darin tatsächlich nicht mehr enthalten sind, um sie für den Zugewinn zu aktivieren; es geht um Vermögensminderungen durch unentgeltliche Zuwendungen, die nicht einer sittlichen Pflicht oder einer auf den Anstand zu nehmenden Rücksicht entsprochen haben, durch Verschwendung von Vermögen und durch Handlungen in der Absicht, den anderen Ehegatten zu benachteiligen. Es wird also zugunsten des anderen Ehegatten ein höheres Endvermögen fingiert, außer die Handlungen liegen mehr als 10 Jahre vor der Beendigung des Güterstandes oder sind mit Einverständnis des anderen Ehegatten vorgenommen worden, § 1375 Abs 2, 3 BGB.

Problematisch ist die für die Ermittlung des Zugewinns entscheidende **Erfassung** und 78 **Bewertung des Anfangs- und des Endvermögens**. Beim Anfangsvermögen besteht das Problem insbesondere in der nachträglichen, rückblickenden Betrachtung. Um dem zu steuern, gibt § 1377 Abs 2 BGB jedem Ehegatten einen Anspruch gegen den anderen auf Mitwirkung an der Erstellung eines Inventars. Für ein solches Inventar über Bestand und Wert des einem Ehegatten gehörenden Anfangsvermögens gilt unter den Ehegatten eine Vermutung der Richtigkeit, § 1377 Abs 1 BGB. Gibt es kein derartiges Inventar, wird vermutet, dass das Endvermögen eines Ehegatten den Zugewinn darstellt, § 1377 Abs 3 BGB. Damit wird den Ehegatten die Beweislast für einen davon abweichendes Ergebnis auferlegt[119] und zugleich ggf ein Anreiz für die Erstellung eines Inventars geschaffen. Problematisch ist weiter ein scheinbarer Vermögenszuwachs, der lediglich auf der Geldentwertung beruht. Um derartige Einflüsse aus der Berechnung herauszuhalten, wird das Anfangsvermögen anhand des Index der Le-

---

[118] Nach hM abschließende, nicht analogiefähige Aufzählung, vgl STAUDINGER/THIELE (2017) § 1374 Rn 40.

[119] Dies wirkt sich bei negativem Anfangsvermögen zugunsten, sonst zulasten des jeweiligen Ehegatten aus.

benshaltungskosten nach Verbraucherpreisen des statistischen Bundesamtes auf den zum Zeitpunkt der Beendigung des Güterstandes maßgeblichen Wert umgerechnet.[120]

79 Der **Ausgleichsanspruch** des Berechtigten ist obligatorischer Natur; er entsteht mit der Beendigung des Güterstandes und ist ab diesem Zeitpunkt übertragbar und vererblich (§ 1378 Abs 3 BGB). Ein Verlustausgleich findet nicht statt, § 1373 BGB.[121] Die Ausgleichsforderung ist nach § 1378 Abs 2 S 1 BGB auf die Höhe des tatsächlich bei Ende des Güterstandes vorhandenen Vermögens abzüglich bestehender Verbindlichkeiten begrenzt.[122] Der Ausgleichspflichtige muss sich also nicht verschulden, um die Ausgleichsforderung zu befriedigen. Nur wenn nach § 1375 Abs 2 S 1 BGB illoyal verwendetes Vermögen dem Endvermögen zuzurechnen ist, ist der Ausgleichspflichtige über das tatsächlich vorhandene Vermögen hinaus ausgleichspflichtig, wobei das Prinzip der Halbteilung die Grenze bildet. Auf den Zugewinnanspruch werden bestimmte Vorausempfänge nach § 1380 BGB angerechnet. Die Ausgleichsforderung wird auf Antrag vom Familiengericht gestundet, wenn die sofortige Auszahlung zur Unzeit erfolgen würde (§ 1382 BGB). Bei bestimmten benachteiligenden Rechtshandlungen des an sich ausgleichspflichtigen Ehegatten hat der Ausgleichsberechtigte einen Anspruch gegen Dritte, die von diesen Handlungen profitiert haben, der sich nach Bereicherungsrecht richtet (§ 1390 BGB).

80 § 1381 Abs 1 BGB gibt dem Ausgleichspflichtigen eine **Einrede**, die als Generalklausel ausgestaltet ist: Danach kann die Erfüllung der Ausgleichsforderung verweigert werden, soweit der Zugewinnausgleich unter Berücksichtigung der Umstände des Einzelfalles grob unbillig wäre. Als (nicht abschließendes) Beispiel nennt § 1381 Abs 2 BGB den Fall, dass der an sich Ausgleichsberechtigte (schuldhaft) über längere Zeit aus der ehelichen Lebensgemeinschaft sich ergebende wirtschaftliche Verpflichtungen nicht erfüllt hat, insbesondere seine Unterhaltspflicht verletzt hat. Inwieweit andere vermögensbezogene Verhaltensweisen oder die schuldhafte Verletzung sonstiger Pflichten aus der ehelichen Lebensgemeinschaft die Einrede des § 1381 BGB begründen, hängt von den konkreten Umständen ab und ist im Einzelnen umstritten.[123] § 1381 BGB kann auch eingreifen, wenn die Ehegatten über lange Jahre getrennt gelebt haben, weil dann der Ausgleich des Zugewinns jeder Grundlage entbehrt, sowie dann, wenn trotz § 1378 Abs 2 BGB und § 1382 BGB eine (volle) Durchsetzung des Ausgleichsanspruchs zu einer Existenzgefährdung des Schuldners führen würde.[124]

81 Nach mindestens dreijährigem Getrenntleben, bei bestimmtem vermögensbezogenen Fehlverhalten eines Ehegatten (Befürchtung der Vornahme von Handlungen, die den Ausgleichsanspruch erheblich gefährden können, schuldhafter Verstoß gegen wirtschaftliche Verpflichtungen bei Wiederholungsgefahr) und bei dessen grundloser Ver-

---

[120] BGHZ 61, 385; vgl STAUDINGER/THIELE (2017) § 1373 Rn 11 ff, auch zur Kritik an dieser Methode.
[121] Krit RAUSCHER, FamR Rn 416.
[122] § 1384 BGB legt aber generell auch für die Berechnung der Höhe der Ausgleichsforderung den Stichtag auf die Rechtshängigkeit des Scheidungsantrags fest; damit wird manipulativen Vermögensminderungen begegnet. Dem Wortlaut nach wird aber auch allgemeiner Vermögensverfall neutralisiert, der vom Ausgleichspflichtigen nicht zu beeinflussen ist. Dies ist durch teleologische Reduktion der Regelung auszuklammern, vgl MünchKomm/KOCH § 1384 Rn 5; BORN NJW 2008, 2289, 2291; anders SCHWAB, FamR Rn 286, der das Problem über § 1381 Abs 1 BGB löst; aA PALANDT/BRUDERMÜLLER § 1378 Rn 8.
[123] Vgl STAUDINGER/THIELE (2017) § 1381 Rn 13 ff, 20 ff; RAUSCHER, FamR Rn 430.
[124] Umstr, vgl STAUDINGER/THIELE (2017) § 1381 Rn 29 ff; RAUSCHER, FamR Rn 430.

weigerung der Auskunft über den Bestand des Vermögens kann der ausgleichsberechtigte Ehegatte den **vorzeitigen Zugewinnausgleich** bei vorzeitiger Aufhebung der Zugewinngemeinschaft beantragen, § 1385 BGB (die Gründe sind abschließend aufgeführt). Jeder Ehegatte kann unter den vorgenannten Voraussetzungen die vorzeitige Aufhebung der Zugewinngemeinschaft (ohne Ausgleich) verlangen, § 1386 BGB; damit kann auch der potenziell ausgleichspflichtige Ehegatte verhindern, dass durch Handlungen des anderen dieser einen höheren Anspruch oder überhaupt einen Anspruch auf Zugewinn erwirbt.[125] Mit Rechtskraft einer Entscheidung, die die Zugewinngemeinschaft vorzeitig aufhebt, tritt von Gesetzes wegen (§ 1388 BGB) Gütertrennung ein.

§ 1379 BGB gibt den Ehegatten einen Auskunftsanspruch. Nach Abs 1 ist Voraussetzung, dass der Güterstand beendet ist oder ein Ehegatte die Scheidung oder Aufhebung der Ehe oder die vorzeitige Aufhebung der Zugewinngemeinschaft beantragt hat; der Anspruch richtet sich auf Auskunft über das Vermögen zum Zeitpunkt der Trennung und allgemein Auskunft über das Vermögen, soweit es für die Berechnung des Anfangs- und Endvermögens von Bedeutung ist. Abs 2 gewährt einen Anspruch auf Auskunft über das Vermögen zum Zeitpunkt der Trennung, wenn die Ehegatten getrennt leben. In beiden Fällen sind auf Verlangen Belege vorzulegen; jeder Ehegatte kann verlangen, bei der Aufnahme eines Verzeichnisses nach § 260 BGB hinzugezogen zu werden. Ebenfalls kann verlangt werden, dass der Wert des Vermögens und der Verbindlichkeiten ermittelt wird.

Um für deutsch-französische Ehepaare[126] die Ausgestaltung der güterrechtlichen Beziehungen zu erleichtern, wurde durch Vertrag die **Wahl-Zugewinngemeinschaft** geschaffen und mit § 1519 BGB ins BGB übernommen, der allerdings lediglich auf das Abkommen verweist. Dieser Güterstand ist seit 1.5.2013 wählbar.[127] Er ist stark an die deutsche Zugewinngemeinschaft angelehnt und modifiziert diese nur in einzelnen Punkten. Insgesamt ist dieser Güterstand deutlich knapper geregelt als die Zugewinngemeinschaft.

d) Gütertrennung

Gütertrennung bedeutet die **Negation güterrechtlicher Beziehungen und Bindungen** im eigentlichen Sinne. Es gibt kein kraft Güterstandes gemeinsames Vermögen, sondern jeder Ehegatte ist und bleibt Eigentümer seines Vermögens und verwaltet es selbst. Es findet kein güterrechtlicher Ausgleich bei Beendigung des Güterstandes statt. Es gibt keine Verfügungsbeschränkungen hinsichtlich bestimmter Vermögensgegenstände. Durch die Ehe begründete vermögensrechtliche Beziehungen bestehen indessen auch bei Gütertrennung im Rahmen der allgemeinen Ehewirkungen. Aus § 1353 BGB folgt die Verpflichtung zur ehelichen Lebensgemeinschaft auch in vermögensrechtlicher Hinsicht: Die Ehegatten haben etwa ein Recht auf Mitbenutzung der Ehewohnung

---

[125] Soweit § 1385 Nr 2 BGB auf die Gefährdung der Ausgleichsforderung abstellt, ist im Rahmen der entsprechenden Anwendung bei § 1386 BGB auch ausreichend, dass durch entsprechende Handlungen des (potenziell) Ausgleichsberechtigten die erhebliche Gefahr einer Erhöhung der Ausgleichsforderung zu befürchten ist; vgl MünchKomm/Koch §§ 1385, 1386 Rn 18.

[126] Davon soll es etwa 55.000 geben. Die Wahl-Zugewinngemeinschaft können aber auch rein deutsche oder französische bzw auch alle anderen Paare, deren Güterstand dem deutschen oder französischen unterliegt, wählen.

[127] Vgl im Einzelnen o bei Rn 49.

und der Haushaltsgegenstände unabhängig von der Eigentumslage.[128] Daneben gelten die allgemeinen Regeln des Vermögensrechts, so dass etwa Miteigentum (besonders an Hausrat und Immobilien) – unabhängig vom Güterrecht – durch Rechtsgeschäft entstehen kann.

85 **Gütertrennung kann** auf ehevertraglicher Grundlage dadurch **entstehen**, dass dieser Güterstand ausdrücklich vereinbart, aber auch dadurch, dass der gesetzliche Güterstand aufgehoben oder ausgeschlossen wird, ohne dass anderweitige güterstandsrechtliche Vereinbarungen getroffen werden (§ 1414 S 1 BGB), sowie durch Ausschluss des Zugewinnausgleichs oder Aufhebung der Gütergemeinschaft, wenn nichts anderes bestimmt wird (§ 1414 S 2 BGB). Kraft Gesetzes tritt Gütertrennung ein mit Rechtskraft einer Entscheidung über den vorzeitigen Zugewinnausgleich (§ 1388 BGB) oder über die Aufhebung der Gütergemeinschaft (§§ 1449 Abs 1, 1470 Abs 1 BGB). Die **Gütertrennung endet** durch anderweitige ehevertragliche Bestimmung über den Güterstand oder mit der Auflösung der Ehe.

86 Ein Sonderproblem insbesondere bei der Gütertrennung[129] stellt sich hinsichtlich des **Ausgleichs von Sach- oder Geld-** und **Arbeitsleistungen** eines Ehegatten insbesondere im Falle des Scheiterns der Ehe: Die Gütertrennung sieht einen solchen Ausgleich nicht vor, schließt ihn aber auch nicht *per se* aus. Er bedarf aber besonderer Instrumentarien und einer besonderen Rechtfertigung, damit die Gütertrennung nicht zu einer „Zugewinngemeinschaft kraft Richterrechts"[130] wird.

87 Unproblematisch ist der Ausgleich, wenn den Leistungen ein spezielles Rechtsgeschäft (Darlehen, Schenkung, Dienstvertrag) zugrunde liegt; der Ausgleich richtet sich dann mangels besonderer Vereinbarungen nach den gesetzlichen Vorschriften (zB Widerruf der Schenkung, § 530 BGB).

88 Ein Ausgleich nach gesellschaftsrechtlichen Grundsätzen (Anspruch auf Zahlung des Auseinandersetzungsguthabens entsprechend § 738 Abs 1 S 2 BGB) findet statt, wenn es sich um Beiträge handelt, die die Ehegatten im Rahmen einer **Ehegatteninnengesellschaft** erbracht haben; diese Gesellschaft wird mit dem Scheitern der Ehe aufgelöst. Die Höhe des Anspruchs ergibt sich nach § 722 Abs 1 BGB; in der Regel wird eine hälftige Teilung angebracht sein, wenn nicht die Beiträge deutlich unterschiedlich sind. Die Rechtsprechung fordert einen entsprechenden Gesellschaftsvertrag zwischen den Ehegatten, der aber auch stillschweigend abgeschlossen werden kann. Eine Innengesellschaft ist anzunehmen, wenn die Beiträge der Ehegatten einen über den typischen Rahmen der ehelichen Lebensgemeinschaft hinausgehenden Zweck verfolgen (Aufbau oder gemeinsamer Betrieb eines Unternehmens[131]) oder für andere Zwecke eine Gesellschaft ausdrücklich vereinbart wird (etwa Vermögensbildung durch Erwerb und Halten eines gemeinsamen Familieneigenheims[132]).

---

[128] STAUDINGER/VOPPEL (2018) § 1353 Rn 79 f.
[129] Vergleichbare Probleme gibt es auch in anderen Güterständen, wenn das Güterrecht den Zuwendungen und ihrem Ausgleich nicht gerecht wird; s STAUDINGER/VOPPEL (2018) § 1356 Rn 41.
[130] WEVER FamRZ 1996, 905, 910, 912; vgl STAUDINGER/THIELE (2018) Vorbem 21 zu § 1414.
[131] BGH FamRZ 1989, 147, 148; 1990, 1219, 1220.
[132] BGH NJW 1982, 170, 171 f; BGHZ 84, 361, 366 ff.

Liegt eine solche Gesellschaft nicht vor, kann es sich um eine **unbenannte ehebedingte** **89** **Zuwendung** bzw um einen familienrechtlichen Vertrag eigener Art (familienrechtlichen Kooperationsvertrag, in Fällen des Ausgleichs von geleisteter Mitarbeit, die keine Zuwendung darstellt) handeln; beide Formen haben den Fortbestand der Ehe zur Grundlage. Das Scheitern der Ehe führt damit zum Wegfall der Geschäftsgrundlage und zu einem Ausgleichsanspruch nach § 313 Abs 1 BGB.[133] Im Unterschied zur Innengesellschaft wird eine unbenannte ehebedingte Zuwendung dann angenommen, wenn ein über die eheliche Lebensgemeinschaft hinausgehender Zweck nicht festzustellen ist, etwa dann, wenn ein Ehegatte Beiträge zum Erwerb eines Familieneigenheims erbringt, das im Alleineigentum des anderen Ehegatten steht, oder dem anderen Ehegatten trotz alleiniger oder überwiegender Finanzierung hälftiges Miteigentum einräumt.[134] Von einer Schenkung unterscheidet sich die ehebedingte Zuwendung dadurch, dass sie nach dem Willen der Ehegatten an den Fortbestand der Ehe geknüpft ist.

Die vorgenannten Lösungen setzen rechtsgeschäftliche Beziehungen zwischen den **90** Ehegatten voraus, die oft nur fingiert werden können. Daher wird ein **familienrechtlicher Ausgleichsanspruch** unmittelbar aus § 1353 Abs 1 S 2 BGB vorgeschlagen: Aus der ehelichen Lebensgemeinschaft selbst folgt, dass Leistungen eines Ehegatten im Rahmen der ehelichen Lebensgemeinschaft durch den anderen Ehegatten durch **Beteiligung an dem gemeinsam erzielten Ergebnis** ausgeglichen werden müssen, soweit dies nicht schon durch güterrechtliche Regelungen sichergestellt ist. Der Annahme (konkludenter) Vereinbarungen zwischen den Ehegatten bedarf es dabei nicht.[135]

e) Gütergemeinschaft

Die Gütergemeinschaft wurde und wird zT noch als der ideale, dem Wesen der Ehe **91** entsprechende Güterstand angesehen. Sie erscheint indes wegen der Haftungsregelungen gefährlich und in verschiedener Hinsicht zu kompliziert.[136] Die praktische Bedeutung dieses Güterstandes nimmt in Deutschland ab.[137]

Die **Gütergemeinschaft entsteht** ausschließlich durch ehevertragliche Vereinbarung **92** (§ 1415 BGB). Charakteristisch für die Gütergemeinschaft ist das Bestehen von bis zu fünf getrennten Vermögensmassen:

Im Mittelpunkt steht das **Gesamtgut** (§ 1416 BGB): Das bei Eintritt der Gütergemein- **93** schaft vorhandene Vermögen des Ehemannes und das der Ehefrau wird im Wege der

---

[133] Der Anspruch setzt einen messbaren Vermögensvorteil beim anderen Ehegatten durch die Leistung des Ausgleichsberechtigten voraus; die unveränderte Aufrechterhaltung des erreichten Vermögenszustandes muss für den Ausgleich fordernden Ehegatten unzumutbar sein; im Übrigen soll es auf die Umstände des Einzelfalles (Dauer der Ehe, Alter der Ehegatten, Art und Umfang der Leistungen etc) ankommen, BGH FamRZ 1992, 293; dazu krit STAUDINGER/THIELE (2018) Vorbem 21 zu § 1414.
[134] BGH FamRZ 1982, 246, 247. Im Einzelnen ist die Abgrenzung unsicher und schwankend.

[135] Vgl im Einzelnen STAUDINGER/VOPPEL (2018) § 1356 Rn 64 ff.
[136] Vgl ausführlich zur Bewertung des Güterstandes STAUDINGER/THIELE (2018) Vorbem 9 f zu §§ 1415 ff; RAUSCHER, FamR Rn 444.
[137] In anderen europäischen Staaten ist dagegen die auf während der Ehe erworbene Gegenstände beschränkte Errungenschaftsgemeinschaft weitverbreitet, allerdings gegenüber der deutschen Gütergemeinschaft moderner und einfacher gestaltet, vgl GERNHUBER/COESTER-WALTJEN, FamR § 38 Rn 1 ff; krit RAUSCHER, FamR Rn 444a.

Universalsukzession, ohne einzelne Übertragungsakte, als Gesamthandseigentum gemeinschaftliches Vermögen beider Ehegatten; bei Grundstücken besteht ein gegenseitiger Anspruch auf Grundbuchberichtigung. Auch Erwerb während bestehender Gütergemeinschaft fällt grundsätzlich in das Gesamtgut. Das ist unproblematisch bei originärem Eigentumserwerb sowie bei abgeleitetem Erwerb, wenn beide Ehegatten oder ein Ehegatte für das Gesamtgut handelt. Handelt ein Ehegatte im eigenen Namen, wird nach herrschender Ansicht dieser, nicht unmittelbar die Gesamthand Eigentümer; § 1416 Abs 1 S 2 BGB leitet das Eigentum nach einer „logischen Sekunde" kraft Gesetzes auf die Gesamthand über (Durchgangstheorie).[138] Es besteht eine gegenüber § 1362 BGB vorrangige Vermutung dafür, dass ein Gegenstand zum Gesamtgut gehört.[139] Der Gerichtsvollzieher kann aber von der Regelung der §§ 1362 BGB, 739 ZPO ausgehen, solange ihm das Bestehen der Gütergemeinschaft nicht nachgewiesen ist.

94 Beiden Ehegatten kann jeweils ein **Sondergut** zustehen. Sondergut sind nach § 1417 Abs 2 BGB solche Gegenstände, die nicht durch Rechtsgeschäft übertragbar sind. Diese Regelung ist zwingend. Die Nichtübertragbarkeit kann auf Gesetz (zB Nießbrauch, § 1059 S 1 BGB) oder Rechtsgeschäft (§ 399, 2. HS BGB)[140] beruhen. In das Sondergut fallen etwa die Mitgliedschaft an einer Personengesellschaft, auch wenn sie nach Gesellschaftsvertrag für übertragbar erklärt worden ist,[141] und der Anteil eines Ehegatten an einer fortgesetzten Gütergemeinschaft. Dagegen fällt der Anteil eines Ehegatten an einem ungeteilten Nachlass wegen § 2033 Abs 1 S 1 BGB in das Gesamtgut. Nach § 399, 1. HS BGB nicht abtretbare Forderungen einschließlich solcher, die unpfändbar sind (§ 400 BGB, etwa unpfändbare Anteile des Arbeitseinkommens), fallen in das Sondergut.

95 Beiden Ehegatten kann jeweils ein **Vorbehaltsgut** zustehen. Vorbehaltsgut sind nach § 1418 Abs 2 BGB solche Gegenstände, die durch Ehevertrag dazu erklärt worden sind oder die ein Ehegatte von Todes wegen oder durch Schenkung erwirbt, wenn der Erblasser oder Schenkende bestimmt hat, dass sie Vorbehaltsgut werden sollen. Vorbehaltsgut entsteht schließlich durch Surrogation.

96 Sondergut und Vorbehaltsgut werden jeweils von dem Eigentümer-Ehegatten selbständig verwaltet, das Sondergut für Rechnung des Gesamtgutes (Erträge kommen dem Gesamtgut zugute, Lasten werden von diesem getragen, § 1417 Abs 3 BGB), das Vorbehaltsgut auf eigene Rechnung (§ 1418 Abs 3 BGB).

97 Hinsichtlich der **Verwaltung des Gesamtgutes** sollen die Ehegatten in dem Ehevertrag, mit dem die Gütergemeinschaft begründet wird, eine Regelung treffen. In Betracht kommt die Alleinverwaltung durch einen der beiden Ehegatten oder eine gemeinschaftliche Verwaltung (§ 1421 BGB). Alleinverwaltung beider Ehegatten ist nicht möglich.[142] Ist eine Vereinbarung nicht getroffen, tritt gemeinschaftliche Verwaltung ein.

---

[138] RAUSCHER, FamR Rn 447; STAUDINGER/THIELE (2018) § 1416 Rn 24; dort Rn 25 ausführlich zur sogenannten Unmittelbarkeitstheorie, wonach das Eigentum stets unmittelbar, ohne Durchgangserwerb, Gegenstand des Gesamtgutes wird.

[139] STAUDINGER/THIELE (2018) § 1416 Rn 12; RAUSCHER, FamR Rn 446.

[140] Umstritten, vgl die Nachweise bei STAUDINGER/THIELE (2018) § 1417 Rn 9.

[141] Umstritten, vgl STAUDINGER/THIELE (2018) § 1417 Rn 5.

[142] STAUDINGER/THIELE (2018) § 1421 Rn 10;

Bei **gemeinschaftlicher Verwaltung** sind die Ehegatten nur gemeinschaftlich berechtigt, **98** über das Gesamtgut zu verfügen und darauf bezogene Prozesse zu führen; die Ehegatten haben Mitbesitz an den zum Gesamtgut gehörigen Sachen (§ 1450 Abs 1 BGB). Gemeinschaftliche Verwaltung kann durch gemeinsames Handeln der Ehegatten oder dadurch realisiert werden, dass ein Ehegatte den Geschäften des anderen zustimmt;[143] die Ehegatten sind einander zur Mitwirkung an den zu einer ordnungsgemäßen Verwaltung erforderlichen Handlungen verpflichtet. Verweigert ein Ehegatte die Zustimmung zu einem Rechtsgeschäft oder zur Führung eines Rechtsstreits, die für die ordnungsgemäße Verwaltung erforderlich sind, ohne ausreichenden Grund, kann diese auf Antrag des anderen Ehegatten durch das Familiengericht ersetzt werden (§ 1452 Abs 1 BGB). Ist dagegen ein Ehegatte an der Mitwirkung verhindert, hat der andere nach § 1454 BGB bei Gefahr im Verzug ein Notverwaltungsrecht, das ihn zu alleinigem Handeln in seinem oder beider Ehegatten Namen berechtigt. Von der gemeinschaftlichen Verwaltung nimmt § 1455 BGB generell eine Reihe von Rechtshandlungen aus, die ein Ehegatte auch alleine vornehmen kann. Betreibt ein Ehegatte mit Einwilligung des anderen[144] selbständig ein Erwerbsgeschäft, können die darauf bezogenen Rechtsgeschäfte und Prozesshandlungen ohne Zustimmung des anderen Ehegatten vorgenommen werden, § 1456 BGB. Trotz dieser Ausnahmen ist die gemeinschaftliche Verwaltung schwerfällig und unpraktisch.

Verfügungen eines Ehegatten über das Gesamtgut ohne die Einwilligung des anderen **99** Ehegatten sind zunächst schwebend und bei Verweigerung der Genehmigung endgültig unwirksam, § 1453 BGB.

Bei **Alleinverwaltung** nimmt der entsprechende Ehegatte das Gesamtgut in Besitz und **100** ist berechtigt, darüber zu verfügen und darauf bezogene Prozesse zu führen, § 1422 S 1 BGB. Durch das Handeln des Verwalters wird neben diesem persönlich auch das Gesamtgut, nicht aber der andere Ehegatte persönlich verpflichtet, § 1422 S 2 BGB. Bestimmte Verfügungen (ua über das Gesamtgut als Ganzes sowie Schenkungen) kann auch der Alleinverwalter nur mit Zustimmung des anderen Ehegatten vornehmen (§§ 1423–1425 BGB).[145] Die Einwilligung kann auf Antrag durch das Familiengericht ersetzt werden, wenn sie ohne ausreichenden Grund verweigert wird oder der andere an der Einwilligung durch Abwesenheit oder Krankheit verhindert ist und durch den Aufschub Gefahr droht, § 1426 BGB. Der Verwalter ist dem anderen Ehegatten zu einer ordnungsgemäßen Verwaltung verpflichtet und muss ihm Rechenschaft geben; bei schuldhafter Minderung des Gesamtgutes haftet er dem Gesamtgut auf Schadensersatz, § 1435 BGB.

Der nicht verwaltende Ehegatte hat – soweit er nicht für Einzelfälle vom Verwalter zu **101** Handlungen für das Gesamtgut ermächtigt ist – lediglich ein Notverwaltungsrecht nach § 1429 BGB. Außerdem gilt zugunsten des nicht verwaltenden Ehegatten eine

---

Rauscher, FamR Rn 451. Möglich ist eine periodische abwechselnde oder nach Sach- oder Rechtsbereichen getrennte Alleinverwaltung der Ehegatten, Staudinger/Thiele (2018) § 1421 Rn 11 f.
[143] Durch die Zustimmung eines Ehegatten zu einem Rechtsgeschäft, das der andere im eigenen Namen abschließt, wird der zustimmende Ehegatte nicht Vertragspartner; das Gesamtgut haftet aber aufgrund der Zustimmung nach § 1460 Abs 1 BGB.
[144] Oder ohne dass dieser trotz Kenntnis davon widersprochen hat, § 1456 Abs 2 BGB.
[145] Zu den Rechtsfolgen bei Vornahme eines Geschäftes ohne erforderliche Einwilligung vgl § 1427 BGB, der auf §§ 1366 Abs 1, 3, 4 und 1367 BGB verweist, sowie § 1428 BGB.

dem § 1456 BGB entsprechende Regelung, wenn er mit Zustimmung oder ohne Widerspruch des Verwalters selbständig ein Erwerbsgeschäft führt, § 1431 BGB. Bestimmte Rechtshandlungen (insbesondere Annahme und Ausschlagung einer Erbschaft, Ablehnung eines Vertragsantrags oder einer Schenkung) kann – wenn sie ihn betreffen – nur der nicht verwaltende Ehegatte selbst vornehmen, § 1432 BGB.

102 Alleinverwaltung muss in das Güterrechtsregister eingetragen werden, um gegenüber Dritten wirksam zu sein; gemeinschaftliche Verwaltung grundsätzlich nicht, wenn nicht vorher Alleinverwaltung eingetragen war.

103 Da mehrere Vermögensmassen bestehen, bedürfen die **Haftung des Gesamtgutes** und die **persönliche Haftung** der Ehegatten der Regelung: Bei gemeinschaftlicher Verwaltung haftet das Gesamtgut für gemeinsam eingegangene Verbindlichkeiten (§ 1459 BGB). Bei Alleinverwaltung haftet das Gesamtgut für alle vom Verwalter eingegangenen Verbindlichkeiten (§ 1437 BGB). Das Gesamtgut haftet weiter für alle von den Ehegatten vor Eintritt der Gütergemeinschaft eingegangenen Verbindlichkeiten. Für Verbindlichkeiten, die der nicht verwaltende Ehegatte oder bei gemeinschaftlicher Verwaltung ein Ehegatte alleine eingegangen ist, haftet das Gesamtgut nur eingeschränkt (§§ 1438–1440, 1460–1462 BGB), insbesondere dann, wenn der andere Ehegatte dem Rechtsgeschäft zugestimmt hat oder dieses ausnahmsweise ohne Zustimmung für das Gesamtgut wirksam ist. Sonder- und Vorbehaltsgut eines Ehegatten haften für dessen Verbindlichkeiten; weiter haften sie bei dem oder den verwaltenden Ehegatten auch für alle Gesamtgutsverbindlichkeiten. Dagegen haftet der nicht verwaltende Ehegatte (bei Alleinverwaltung) mit seinem Sonder- oder Vorbehaltsgut weder für Gesamtgutsverbindlichkeiten noch für Verbindlichkeiten des Verwalters.

104 Die **Gütergemeinschaft endet** durch Auflösung der Ehe[146] oder durch eine entsprechende ehevertragliche Vereinbarung. Daneben kann die Gütergemeinschaft durch einen gerichtlichen Aufhebungsbeschluss beendet werden, §§ 1449, 1470 BGB. Der nicht verwaltende Ehegatte bei Alleinverwaltung, jeder Ehegatte bei gemeinschaftlicher Verwaltung kann Antrag auf Aufhebung stellen, wenn der andere Ehegatte zur Verwaltung unfähig ist oder sein Recht missbraucht bzw nur gemeinschaftlich vorzunehmende Verwaltungshandlungen ohne Zustimmung des antragstellenden Ehegatten vorgenommen hat und dadurch dessen Rechte in Zukunft erheblich gefährdet werden können, wenn der andere Ehegatte seine Pflicht, zum Familienunterhalt beizutragen, verletzt hat und eine Gefährdung für die Zukunft zu besorgen ist oder wenn das Gesamtgut durch Verbindlichkeiten des anderen Ehegatten so überschuldet ist, dass eigener Erwerb des Antragstellers gefährdet ist, §§ 1447, 1469 BGB. Bei Alleinverwaltung kann der Verwalter den Antrag zudem stellen, wenn das Gesamtgut durch Verbindlichkeiten des anderen Ehegatten überschuldet ist, § 1448 BGB; bei gemeinschaftlicher Verwaltung kann ein Ehegatte den Antrag auch stellen, wenn der andere sich beharrlich grundlos weigert, an der Verwaltung mitzuwirken, § 1469 BGB. Auf die Beendigung hin muss eine **Auseinandersetzung** des Gesamtgutes erfolgen, für die in §§ 1471 ff BGB detaillierte Regelungen getroffen sind. Bis zum Abschluss der Auseinandersetzung besteht die Gesamthandsgemeinschaft fort, es tritt gemeinschaftliche Verwaltung ein (§ 1472 Abs 1 BGB).

---

[146] Soweit nicht fortgesetzte Gütergemeinschaft vereinbart ist, dazu sogleich Rn 105.

U. Familienrecht

Durch Ehevertrag können die Ehegatten vereinbaren, dass die **Gütergemeinschaft** bei **105** Tod eines Ehegatten zwischen dem anderen Ehegatten und den gemeinschaftlichen Abkömmlingen **fortgesetzt** wird, §§ 1483–1518 BGB. Die Abkömmlinge treten dabei in die Anteilsrechte des verstorbenen Ehegatten am Gesamtgut ein. Damit soll der Kern des Familienvermögens vor einer erbbedingten Aufteilung bewahrt werden, insbesondere bei landwirtschaftlichem Besitz oder Familienbetrieb.[147]

4. Auflösung der Ehe

Nachdem die Nichtigkeit[148] und die Anfechtung der Ehe[149] einheitlich durch die Auf- **106** hebung der Ehe ersetzt worden sind, wirkt die Auflösung der Ehe grundsätzlich nur noch für die Zukunft, so dass sich Regelungen darüber, welche Wirkungen eine nichtige oder angefochtene Ehe vor der Geltendmachung des Nichtigkeits- oder Anfechtungsgrundes insbesondere hinsichtlich der Kinder aus dieser Verbindung und in Bezug auf Dritte hat, erübrigen.

a) Tod eines Ehegatten

Entsprechend dem Grundsatz der lebenslangen Ehe wird diese an sich nur durch den **107** Tod eines Ehegatten aufgelöst. Dem widerspricht allerdings die Rechtswirklichkeit in nicht unerheblichem Maße; derzeit wird etwa jede dritte Ehe durch Scheidung aufgelöst.

Dem Tod eines Ehegatten steht es gleich, wenn er nach dem VerschG für tot erklärt **108** worden ist. Stellt sich heraus, dass der Verschollene noch lebt, ist die frühere Ehe dennoch durch eine neue Eheschließung aufgelöst, es sei denn die beiden Ehegatten der neuen Ehe waren bei der Eheschließung hinsichtlich des Todes des anderen Ehegatten bösgläubig, § 1319 BGB. Der wiederverheiratete Ehegatte kann die Aufhebung der neuen Ehe beantragen, wenn er erfährt, dass der für tot erklärte Ehegatte noch lebt, § 1320 BGB.

b) Ehescheidung

Neben dem Tod eines Ehegatten ist die Ehescheidung der in der Praxis wichtigste Fall **109** der Auflösung der Ehe. Die Ehescheidung widerspricht dem Lebenszeitprinzip (§ 1353 Abs 1 S 1 BGB). Es muss jedoch eine Möglichkeit geben, das Dilemma einer gescheiterten Ehe zu bewältigen. Dass die Ehe **auf Dauer angelegt** ist, bedeutet danach nicht, dass sie unauflöslich ist. Das Lebenszeitprinzip ist – sehr schwach – in gewissen nachwirkenden Solidaritätspflichten, insbesondere (neuerdings abgeschwächt) hinsichtlich Unterhaltsansprüchen, aufrechterhalten.[150]

---

[147] STAUDINGER/THIELE (2018) Vorbem 1 zu §§ 1483–1518; RAUSCHER, FamR Rn 470: Grundlage einer Familienvermögensverfassung.
[148] §§ 1323 ff BGB 1900, §§ 20 ff EheG 1938, §§ 16 ff EheG 1946.
[149] §§ 1330 ff BGB 1900; bereits in §§ 33 ff EheG 1938 (entsprechend §§ 28 ff EheG 1946) durch die Aufhebung ersetzt.
[150] Krit und unter Betonung der grundsätzlichen nachehelichen Eigenverantwortung RAUSCHER, FamR Rn 556 ff. § 1569 S 1 BGB stellt nunmehr auch den Grundsatz der Eigenverantwortung der geschiedenen Ehegatten in den Vordergrund. Andererseits wird etwa die Billigkeitsregelung des § 1570 Abs 2 BGB unter Hinweis auf die nacheheliche Solidarität begründet, vgl BT-Drucks 16/6980, 17.

aa) Scheidungsgrund

110 Im deutschen Recht gilt das sogenannte **Zerrüttungsprinzip**: Die Ehe kann geschieden werden, wenn sie gescheitert ist, dh dann, wenn die Lebensgemeinschaft zwischen den Ehegatten nicht mehr besteht[151] und auch nicht zu erwarten ist, dass sie wiederhergestellt wird (§ 1565 Abs 1 S 2 BGB). Das Scheitern der Ehe ist der einzige Scheidungsgrund. Es handelt es sich um einen rein objektiven Tatbestand; Fehlverhalten eines oder beider Ehegatten oder ein Verschulden hinsichtlich des Scheiterns spielen für die Frage, ob die Ehe geschieden werden kann, keine Rolle.[152] Das Gericht hat danach Feststellungen über den derzeitigen Zustand und eine Prognose darüber zu treffen, ob dieser Zustand endgültig ist. Um zu vermeiden, dass das Gericht in jedem Fall – ggf im Wege einer Beweisaufnahme – in die Interna der Ehe eindringen muss, wird § 1565 Abs 1 BGB durch zwei unwiderlegliche Vermutungen hinsichtlich des Scheiterns der Ehe ergänzt, nämlich zum einen dann, wenn die Eheleute seit mindestens einem Jahr getrennt leben und beide die Scheidung beantragen bzw der eine Ehegatte dem Antrag des anderen zustimmt (§ 1566 Abs 1 BGB),[153] zum anderen dann, wenn die Eheleute seit mindestens drei Jahren getrennt leben (§ 1566 Abs 2 BGB). Liegen diese Voraussetzungen nicht vor, kann die Ehe nur geschieden werden, wenn das Scheitern positiv festgestellt worden ist.

111 Scheidungserschwerend wirken zwei Härteklauseln: Leben die Ehegatten noch nicht ein Jahr getrennt, darf die Ehe nur dann geschieden werden, wenn ihre Fortsetzung für den Antragsteller aus Gründen, die in der Person des anderen Ehegatten liegen, eine unzumutbare Härte darstellen würde (§ 1565 Abs 2 BGB). Auch dann, wenn die Ehe gescheitert ist, darf eine Scheidung nicht erfolgen, wenn und solange die Aufrechterhaltung der Ehe ausnahmsweise im Interesse minderjähriger Kinder der Ehegatten notwendig ist (deutliche Beeinträchtigung des Kindeswohls) bzw wenn und solange der Ausspruch der Scheidung (nicht bereits die Trennung) aus besonderen Gründen für den sie ablehnenden Antragsgegner eine so außergewöhnliche Härte darstellt, dass die Interessen des scheidungswilligen Ehegatten ausnahmsweise zurücktreten müssen (schwere Krankheit eines Ehegatten, schwerer Schicksalsschlag), § 1568 BGB. § 1568 BGB kann die Scheidung nicht dauerhaft, sondern nur zur Unzeit verhindern.

112 Eine **einvernehmliche Scheidung** (Konventionalscheidung) als Parteidisposition über den Bestand der Ehe kennt das deutsche Recht nicht. Das Einvernehmen der Ehegatten wird allerdings bei der Zerrüttungsvermutung des § 1566 Abs 1 BGB durch die kürzere Getrenntlebensfrist berücksichtigt.

113 Da es für die Zerrüttungsvermutungen auf bestimmte Zeiten des Getrenntlebens ankommt, könnten grundsätzlich erwünschte Versöhnungsversuche zwischen den Ehegatten durch eine versuchsweise Wiederaufnahme der häuslichen Gemeinschaft unter-

---

[151] Die Aufhebung der Lebensgemeinschaft ist mehr als nur die Aufhebung der häuslichen Gemeinschaft (Getrenntleben); diese ist aber ein starkes Indiz für jene, vgl STAUDINGER/RAUSCHER (2010) § 1565 Rn 33 f; PALANDT/BRUDERMÜLLER § 1565 Rn 2.

[152] Diese Umstände können aber bei den Scheidungsfolgen beachtlich sein, vgl Rn 135, 142.

[153] Die Antragsschrift muss nach § 133 Abs 1 FamFG bestimmte Angaben enthalten (Namen und Geburtsdaten sowie gewöhnlichen Aufenthalt gemeinsamer minderjähriger Kinder; eine Erklärung darüber, ob eine Regelung über Sorgerecht, Umgang und Unterhalt für gemeinsame Kinder, Scheidungsunterhalt, Haushaltsgegenstände und Ehewohnung getroffen wurde; Angaben über anderweitig anhängige Familiensachen, an denen die Ehegatten beteiligt sind).

bleiben, um nicht die bereits erfüllte Zeit des Getrenntlebens aufs Spiel zu setzen. Um Versöhnungsversuchen nicht im Wege zu stehen, regelt § 1567 Abs 2 BGB, dass ein kürzeres Zusammenleben zum Zwecke der Versöhnung die maßgeblichen Fristen nicht hemmt oder von neuem in Gang setzt.

bb) Getrenntleben

Getrenntleben ist nach § 1567 Abs 1 BGB[154] die **vollständige**, auf einem **Trennungswillen** und der **Ablehnung der ehelichen Lebensgemeinschaft** durch mindestens einen Ehegatten beruhende **Aufhebung der häuslichen Gemeinschaft**. Typischerweise ist es die Vorstufe zur Scheidung der Ehe;[155] Eheleute können aber auch auf Dauer ohne Scheidungsabsicht getrennt leben. Leben die Eheleute ohne Ablehnung der häuslichen Gemeinschaft nicht zusammen (wegen Berufstätigkeit an verschiedenen Orten, Haftstrafe eines Ehegatten), handelt es sich nicht um Getrenntleben im Rechtssinne. Ein **Getrenntleben** kann auch **innerhalb der Ehewohnung** erfolgen, § 1567 Abs 1 S 2 BGB. Da das Getrenntleben faktisch Scheidungsvoraussetzung ist, sich aber viele Ehepaare eine zweite Wohnung nicht leisten können, ist diese Vorschrift notwendig. Ein Getrenntleben innerhalb einer Wohnung ist indes wegen notwendiger Berührungspunkte problematisch. Die Rechtsprechung verlangt, dass eine vollständige Trennung der Lebensbereiche stattfindet, soweit eine Vermischung nicht durch äußere Gegebenheiten (Nutzung von Küche und Bad durch beide Ehegatten) erzwungen ist. Gelegentliches Zusammentreffen der Ehegatten muss ein räumliches Nebeneinander ohne persönliche Beziehungen sein. Es darf kein gemeinsamer Haushalt geführt werden.[156] Die gemeinsame Versorgung von und der gemeinsame Umgang mit den Kindern stehen der Trennung nicht zwingend entgegen.[157]

Durch das Getrenntleben werden die **allgemeinen Ehewirkungen umgestaltet**. Die eheliche Lebensgemeinschaft im Sinne des § 1353 Abs 1 S 2 BGB wird tatsächlich (unabhängig davon, ob dies berechtigt ist) aufgehoben. Die Haushaltsführung obliegt jedem Ehegatten für sich. Die Schlüsselgewalt entfällt (§ 1357 Abs 3 BGB). § 1359 BGB kommt nicht mehr zur Anwendung.[158] Die Vermutung des § 1362 Abs 1 S 1 BGB entfällt bei Getrenntleben.

Mit der Trennung wandelt sich die bisherige gegenseitige Verpflichtung der Ehegatten, durch Arbeit und Vermögen zum Familienunterhalt beizutragen (§ 1360 BGB), in den **Anspruch** eines (bedürftigen) Ehegatten gegen den anderen (leistungsfähigen) Ehegatten **auf Leistung** eines nach den Lebensverhältnissen und den Erwerbs- und Vermögensverhältnissen der Ehegatten **angemessenen Unterhalts** (§ 1361 Abs 1 S 1 BGB), der als Geldrente zu zahlen ist (§ 1361 Abs 4 BGB). Daneben treten ggf Ansprüche auf Kindesunterhalt nach § 1601 BGB. Die Frage der Leistungsfähigkeit bzw Bedürftigkeit der Ehegatten richtet sich nach den tatsächlich nachhaltig erzielten Einkünften

---

[154] Dieselbe Definition gilt nach hM auch im Rahmen der §§ 1361, 1361a, b BGB, vgl STAUDINGER/VOPPEL (2018) § 1361 Rn 14 mwNw.
[155] Zweck der Einführung des Trennungserfordernisses war aber jedenfalls auch der Schutz vor Übereilung, um die Aussichten auf Versöhnung nicht durch frühzeitige Einleitung des gerichtlichen Verfahrens zumindest zu erschweren, vgl – auch zu anderen Gesetzeszwecken – STAUDINGER/RAUSCHER (2010) § 1565 Rn 7 ff.
[156] BGH FamRZ 1978, 671; OLG Bremen FamRZ 2000, 1417; OLG Stuttgart FamRZ 2002, 239.
[157] OLG Köln FamRZ 2002, 1341; vgl im Einzelnen differenzierend STAUDINGER/RAUSCHER (2010) § 1567 Rn 70 ff; **aA** OLG München FamRZ 2001, 1457, 1458.
[158] Umstritten (**aA** die hM), vgl die Nw bei STAUDINGER/VOPPEL (2018) § 1359 Rn 14.

aus Erwerbstätigkeit und anderen Einkunftsquellen, gemindert durch den Abzug bestimmter Verbindlichkeiten. War ein Ehegatte während der bestehenden Lebensgemeinschaft abredegemäß nicht erwerbstätig (insbesondere weil er den Haushalt geführt oder die Kinder erzogen hat), wird er durch § 1361 Abs 2 BGB geschützt: Er soll nicht gezwungen sein, sogleich nach der Trennung eine Erwerbstätigkeit aufzunehmen. Ausnahmsweise ist das anders, wenn von ihm eine Erwerbstätigkeit nach seinen persönlichen Verhältnissen und den wirtschaftlichen Verhältnissen beider Ehegatten erwartet werden kann. Für die persönlichen Verhältnisse des Ehegatten spielen eine frühere Erwerbstätigkeit und die Dauer der Ehe eine Rolle (die Wiederaufnahme einer bis zur Eheschließung ausgeübten Tätigkeit nach nur kurzem Zusammenleben ist in der Regel zumutbar). Insbesondere ist die Betreuung (auch nicht gemeinsamer) Kinder durch den Unterhalt begehrenden Ehegatten zu berücksichtigen. Mit zunehmender Trennungsdauer und entsprechend geringerer Wahrscheinlichkeit, dass die Lebensgemeinschaft wiederaufgenommen wird, kann umso eher die Aufnahme einer Erwerbstätigkeit erwartet werden. §§ 1570 ff BGB können als Maßstab herangezogen werden; insbesondere darf ein getrenntlebender Ehegatte nicht schlechter gestellt werden als ein geschiedener. Die Trennungsgründe sind bei der Frage, ob ein Unterhaltsanspruch besteht, grundsätzlich nicht zu berücksichtigen; jedoch bildet die entsprechende Anwendung der Billigkeitsregelung des § 1579 Nr 2–8 BGB[159] gemäß § 1361 Abs 3 BGB ein Korrektiv.

117 Die Trennung nötigt in der Regel dazu, zum Zwecke der Führung zweier Haushalte die vorhandenen Haushaltsgegenstände aufzuteilen. Außerdem können Regelungen über die Ehewohnung erforderlich werden. Entsprechende Regelungen sind jedoch – anders als nach der Ehescheidung – im Rahmen der Trennung nur vorläufig; die Eigentumsverhältnisse werden grundsätzlich nicht berührt.

118 Hinsichtlich der **Haushaltsgegenstände** bestimmt § 1361a Abs 1 BGB, dass grundsätzlich jeder Ehegatte die ihm gehörenden Gegenstände herausverlangen kann; dies gilt nicht, wenn der andere Ehegatte die Gegenstände zur Führung eines getrennten Haushalts benötigt und die Überlassung an ihn der Billigkeit entspricht.[160] Haushaltsgegenstände, die im Miteigentum der Ehegatten stehen, sind nach Billigkeit unter ihnen aufzuteilen, § 1361a Abs 2 BGB. Kommt eine vorrangig angestrebte Einigung unter den Ehegatten nicht zustande, entscheidet auf Antrag das Familiengericht, das auch für die Überlassung von Gegenständen eine angemessene Vergütung festsetzen kann, § 1361a Abs 3 BGB.

119 Leben die Ehegatten getrennt oder will einer von ihnen getrennt leben, kann er nach § 1361b Abs 1 BGB von dem anderen die **Überlassung der Ehewohnung** oder eines Teils an ihn allein verlangen, wenn dies zur Vermeidung einer unbilligen Härte erforderlich ist. Bei der Entscheidung sind die dinglichen Verhältnisse an der Ehewohnung zu beachten. Es wird ausdrücklich hervorgehoben, dass eine Beeinträchtigung des Kindeswohls eine unbillige Härte begründen kann. Hat ein Ehegatte gegen den anderen Gewalt angewendet oder damit gedroht, ist dem anderen in der Regel die ganze Wohnung zu überlassen, es sei denn, weitere Verletzungen sind nicht zu befürchten, § 1361b Abs 2 BGB. Der Ehegatte, der die Wohnung überlassen muss, hat alles zu

---

[159] Vgl dazu Rn 135.
[160] Mit dem Kriterium der Billigkeit werden letztlich die Erfordernisse von Leistungsfähigkeit und Bedürftigkeit aus dem Unterhaltsrecht hierhin übertragen, vgl STAUDINGER/VOPPEL (2018) § 1361a Rn 30.

unterlassen, was die Nutzung durch den anderen Ehegatten beeinträchtigen könnte (zB Kündigung des Mietvertrages). Er kann, soweit dies der Billigkeit entspricht, eine Nutzungsvergütung beanspruchen, § 1361b Abs 3. § 1361b Abs 4 BGB beinhaltet eine zum Zwecke der Rechtsicherheit eingeführte unwiderlegliche Vermutung, wonach ein Ehegatte, der nach der Trennung aus der Ehewohnung ausgezogen ist und innerhalb von sechs Monaten nicht ernsthaft die Absicht zur Rückkehr bekundet hat, die Wohnung dem anderen zur alleinigen Nutzung überlassen hat. Im Streitfall entscheidet das Familiengericht.

120 Die Trennung der Ehegatten hat grundsätzlich von sich aus keine Auswirkungen auf das gemeinsame **Sorgerecht** als solches; aufgrund der faktischen Auswirkungen ändert sich aber regelmäßig die Art der Ausübung.[161]

cc) Gestaltender Beschluss

121 Die Ehe wird auf Antrag eines oder beider Ehegatten durch gerichtlichen gestaltenden Beschluss geschieden; die Ehe ist mit Rechtskraft des Beschlusses mit Wirkung für die Zukunft aufgelöst (§ 1564 BGB). Die Ehewirkungen entfallen; an ihre Stelle treten nachlaufende Wirkungen, die der Abwicklung der Lebensgemeinschaft dienen (endgültige Regelungen über Hausrat und Ehewohnung, Zugewinnausgleich, Versorgungsausgleich), Ausdruck einer wenn auch erheblich reduzierten Solidarität (Unterhalt) oder der gemeinsamen Verpflichtung gegenüber aus der Ehe hervorgegangenen Kindern sind (Sorgerechtsregelung). Diese Fragen (sogenannte Folgesachen) können von Amts wegen (Versorgungsausgleich nach §§ 6–19, 28 VersAusglG, § 137 Abs 2 S 2 FamFG) oder auf Antrag eines Ehegatten (übrige Fälle, § 137 Abs 2 S 1, Abs 3 FamFG) mit dem Verfahren auf Scheidung der Ehe verbunden werden; es wird dann einheitlich über die Scheidungs- und Folgesachen entschieden (§ 137 Abs 1 FamFG, „Verbund").

dd) Scheidungsfolgen

122 Als Scheidungsfolgen sind neben güterrechtlichen und sonstigen vermögensbezogenen Ausgleichsansprüchen[162] insbesondere nachehelicher Unterhalt, Versorgungsausgleich und Regelungen über Hausrat und Ehewohnung zu behandeln.

123 α) Nach der Scheidung der Ehe gehen die Ehegatten grundsätzlich getrennte Wege und haben eigenverantwortlich ihre Verhältnisse zu regeln. **Nachehelicher Unterhalt** ist in gewissem Sinne Ausdruck fortwirkender ehelicher Solidarität vor dem Hintergrund der auf Lebenszeit eingegangenen Ehe. Anders als in der früheren Fassung des § 1569 BGB wird nunmehr die Eigenverantwortlichkeit der geschiedenen Ehegatten, für ihren Unterhalt zu sorgen, ausdrücklich herausgestellt. Dieser Einfügung kommt aber nur Appellcharakter zu, da maßgeblich für einen Unterhaltsanspruch die Einzelregelungen der §§ 1570 ff BGB sind; auch diese sind allerdings zT in Richtung auf den Ausgleich ehebedingter Nachteile[163] modifiziert worden. Voraussetzung für einen Unterhaltsanspruch ist das Vorliegen eines Unterhaltstatbestandes nach §§ 1570–1576 BGB,[164] Bedürftigkeit des Berechtigten, § 1577 BGB, und Leistungsfähigkeit des Verpflichteten, § 1581 BGB. Die Unterhaltstatbestände betreffen Fälle, in denen es dem Berechtigten nicht möglich oder jedenfalls nicht zumutbar ist, für seinen Lebensun-

---

[161] Vgl näher Rn 200.
[162] Vgl dazu Rn 86 ff.
[163] Vgl auch RAUSCHER, FamR Rn 560.
[164] Die Tatbestände sind abschließend, unterliegen allerdings durch den Billigkeitsunterhalt nach § 1576 BGB einer gewissen Öffnung.

terhalt (in voller Höhe) durch Einnahmen aus Erwerbstätigkeit selbst aufzukommen. Einzelne Tatbestände weisen einen Bezug zu der geschiedenen Ehe auf, andere sind davon unabhängig.

124 Nach § 1570 Abs 1 S 1 BGB kann ein Ehegatte nach der Scheidung für mindestens drei Jahren nach der Geburt Unterhalt wegen der **Pflege oder Erziehung eines gemeinschaftlichen Kindes** beanspruchen („Basisunterhalt"), ohne dass es darauf ankommt, ob ihm eine Erwerbstätigkeit zugemutet werden kann („Betreuungsunterhalt"). Aus Billigkeitsgründen verlängert sich nach § 1570 Abs 1 S 2 BGB der Anspruch, wobei es vornehmlich auf die Belange des Kindes und die Möglichkeiten der Fremdbetreuung des Kindes ankommt. Das Kindeswohl lässt die grundsätzliche Eigenverantwortung des geschiedenen Ehegatten zurücktreten (kindbezogene Gründe). Wenn zumutbare Betreuungsmöglichkeiten bestehen, ist eine Erwerbstätigkeit aufzunehmen; je nach Alter und Anzahl der Kinder kann dem Ehegatten eine Teilzeitbeschäftigung zumutbar sein, was seinen Anspruch mindert (§ 1577 Abs 1 BGB). Das nach altem Recht von der Rechtsprechung entwickelte abstrakte Altersphasenmodell findet unter dem geltenden Recht keine Anwendung; es sind die konkreten Umstände zu bewerten.[165] § 1570 Abs 2 BGB sieht die Möglichkeit einer Verlängerung des Unterhaltsanspruchs des Abs 1 S 1 BGB aus nicht auf das Kindeswohl bezogenen Gründen vor; Grund ist hier vielmehr die nacheheliche Solidarität, insbesondere das Vertrauen der Ehegatten in die vereinbarte oder gehandhabte Rollenverteilung während der Ehe aus Anlass der Geburt eines Kindes (elternbezogene Gründe).

125 Nach § 1571 BGB kann ein Ehegatte Unterhalt beanspruchen, soweit ihm wegen seines **Alters** eine Erwerbstätigkeit nicht mehr zugemutet werden kann („Altersunterhalt"). Die Regelung knüpft weiter an sogenannte Einsatzzeitpunkte an: Es reicht nicht die Unzumutbarkeit einer Erwerbstätigkeit wegen Alters eines Ehegatten aus, sondern dies muss entweder bereits im Zeitpunkt der Scheidung oder bei Beendigung der Kindererziehung, bei Wegfall der Krankheit oder der Erwerbslosigkeit, also im Anschluss an einen anderen Unterhaltstatbestand der Fall sein. Damit wird eine zumindest mittelbare zeitliche Anknüpfung dieses Unterhaltstatbestandes an die Ehe erreicht. Entscheidend ist, ob dem Ehegatten nach längerer Zeit, in der er nicht berufstätig war, die (Wieder-)Aufnahme einer Erwerbstätigkeit unter Berücksichtigung des vorgerückten Alters noch zugemutet werden kann; eine feste Altersgrenze gibt es nicht. Insbesondere kann dieser Tatbestand auch schon vor dem gesetzlichen Rentenalter eintreten.[166] Altersunterhalt – das ist der Sinn der Einsatzzeitpunkte – wird dagegen nicht gewährt, wenn zwischenzeitlich der geschiedene Ehegatte sich selbst unterhalten konnte und später (wieder) bedürftig geworden ist.[167] Nach § 1572 BGB kann ein Ehegatte Unterhalt beanspruchen, solange und soweit von ihm wegen **Krankheit** oder anderer Gebrechen eine Erwerbstätigkeit nicht erwartet werden kann („Krankheitsunterhalt"); auch diese Regelung knüpft wiederum an Einsatzzeitpunkte an: Die Krankheit muss zum Zeitpunkt der Scheidung oder bei Wegfall der Voraussetzungen eines Unterhaltsanspruches wegen Kinderbetreuung, Ausbildung oder Erwerbslosigkeit eine Erwerbstätigkeit (teilweise) unmöglich machen. § 1576 BGB gewährt als Generalklausel einem Ehegatten einen Anspruch auf Unterhalt, wenn von ihm **aus anderen** als den bisher genannten, **schwerwiegenden Gründen** eine Erwerbstä-

---

[165] Rauscher, FamR Rn 565a; MünchKomm/Maurer § 1570 Rn 32 f (krit); Meier FamRZ 2008, 101, 104.
[166] Rauscher, FamR Rn 568.
[167] Palandt/Brudermüller § 1571 Rn 2.

U. Familienrecht

tigkeit nicht erwartet werden kann und die Versagung von Unterhalt unter Berücksichtigung der beiderseitigen Lebensverhältnisse grob unbillig wäre. Es handelt sich um eine Ausnahmevorschrift, die etwa eingreifen kann, wenn der Berechtigte nicht gemeinsame Kinder, für die aber gemeinsam Verantwortung übernommen worden ist, betreut oder besondere Opfer zugunsten des anderen Ehegatten erbracht hat.[168] Bei der Bewertung der schwerwiegenden Gründe spielt deren Ehebedingtheit eine entscheidende Rolle.[169]

126 Könnte der Berechtigte an sich eine Erwerbstätigkeit ausüben, vermag er aber keine zu finden, hat er – subsidiär zu den Ansprüchen aus §§ 1570–1572 BGB – nach § 1573 Abs 1 BGB einen Anspruch auf Unterhalt. Ist er zwar erwerbstätig, reichen die erzielten Einkünfte aber zum vollen Unterhalt nicht aus – sei es, weil er keine besser bezahlte Stelle findet, sei es, da er alters- oder krankheitsbedingt oder wegen der Kinderbetreuung nur einer Teilzeitbeschäftigung nachgehen kann, kann er **Aufstockungsunterhalt** verlangen, § 1573 Abs 2 BGB. Das gilt auch dann, wenn der Berechtigte nach Wegfall der Voraussetzungen der vorgenannten Unterhaltsansprüche keine oder keine ausreichende Erwerbstätigkeit findet, § 1573 Abs 3 BGB. Auch wenn der Berechtigte (zunächst) eine Erwerbstätigkeit gefunden hat, damit seinen Unterhalt aber nicht nachhaltig sichern kann, besteht ein Unterhaltsanspruch, § 1573 Abs 4 BGB. Der Begriff der **angemessenen Erwerbstätigkeit**, deren Ausübung dem geschiedenen Ehegatten obliegt (§ 1574 Abs 1 BGB), wird in § 1574 Abs 2 BGB definiert: Maßstab sind Ausbildung, Fähigkeiten, frühere Erwerbstätigkeit, Alter und Gesundheitszustand des geschiedenen Ehegatten; eine danach grundsätzlich angemessene Tätigkeit kann aber ausnahmsweise unangemessen sein, soweit ihre Aufnahme in Anbetracht der ehelichen Lebensverhältnisse unbillig wäre. Eine Unterwertigkeit der Tätigkeit ist bis zu einem gewissen Maß hinzunehmen. Ggf muss der Ehegatte sich aus- oder fortbilden oder umschulen lassen, wenn dies der Aufnahme einer angemessenen Erwerbstätigkeit dienlich ist, § 1574 Abs 3 BGB. Hat der Berechtigte ehebedingt eine **Ausbildung abgebrochen oder nicht aufgenommen**, kann er bei (Wieder-)Aufnahme dieser oder einer entsprechenden Ausbildung für deren Dauer ebenfalls Unterhalt einschließlich der Ausbildungskosten beanspruchen. Voraussetzung ist weiter, dass die Ausbildung der nachhaltigen Unterhaltssicherung dient und ein erfolgreicher Abschluss zu erwarten ist. Dasselbe gilt für Fortbildungs- oder Umschulungsmaßnahmen, um ehebedingte Nachteile auszugleichen, § 1575 Abs 1, 2 BGB.

127 Unter Beachtung der Einsatzzeitpunkte können verschiedene der vorgenannten Unterhaltstatbestände nacheinander zum Tragen kommen (nach Ende der Kinderbetreuung kann der Ehegatte wegen Krankheit nicht erwerbstätig sein); sie können aber ggf auch parallel zur Anwendung kommen (der Ehegatte wäre trotz Krankheit zu einer Teilerwerbstätigkeit in der Lage, findet aber keine angemessene Erwerbstätigkeit).

128 Ein Unterhaltsanspruch besteht nur, soweit der Berechtigte **bedürftig** ist, sich also aus Einkünften aus Erwerbstätigkeit oder Vermögen nicht selbst unterhalten kann, 1577 Abs 1 BGB. Angerechnet werden insbesondere zumutbare Einkünfte (etwa aus einer angemessenen Erwerbstätigkeit), deren Erzielung er unterlässt.[170] Einkünfte aus nicht zumutbarem Erwerb werden nach § 1577 Abs 2 BGB nur dann nach Billigkeit in An-

---

[168] STAUDINGER/VERSCHRAEGEN (2014) § 1576 Rn 25 ff.
[169] RAUSCHER, FamR Rn 585.

[170] BGH 24.10.1979 – IV ZR 171/78, NJW 1980, 393, 395.

satz gebracht, wenn sie zusammen mit Einkünften aus zumutbarem Erwerb und dem vom Verpflichteten geschuldeten Unterhalt über den vollen Unterhalt hinausgehen. Nach § 1577 Abs 3 BGB ist grundsätzlich auch der Stamm des Vermögens einzusetzen, bevor der andere Ehegatte in Anspruch genommen wird, wenn dies nicht unwirtschaftlich oder nach den beiderseitigen Verhältnissen unbillig ist.

129 Die Verpflichtung, Unterhalt zu leisten, setzt grundsätzlich entsprechende **Leistungsfähigkeit** des Verpflichteten voraus. Ist der Verpflichtete dazu nicht ohne Gefährdung des eigenen angemessenen Unterhalts in der Lage, wird seine Verpflichtung eingeschränkt, aber nicht aufgehoben: Er braucht dann Unterhalt nur insoweit zu gewähren, wie dies nach den Bedürfnissen sowie den Einkommens- und Erwerbsverhältnissen der geschiedenen Ehegatten der Billigkeit entspricht, § 1581 BGB. Dem Unterhaltsschuldner steht ein Selbstbehalt zu, der derzeit mit 1200 Euro/Monat angesetzt wird.[171]

130 Die Bemessung des Unterhaltsanspruchs richtet sich nach den **ehelichen Lebensverhältnissen**, § 1578 Abs 1 BGB. Der Lebensbedarf, der durch den Unterhalt abgedeckt werden soll (§ 1578 Abs 1 S 2 BGB), umfasst zum einen die ganz elementaren Bedürfnisse (Nahrung, Wohnen, Kleidung), zum anderen aber auch kulturelle Bedürfnisse, Freizeit und Erholung. Nach § 1578 Abs 2 BGB gehören auch die Kosten einer Kranken- und Pflegeversicherung sowie ggf für Aus- und Fortbildung sowie Umschulung zum Lebensbedarf. Auch Vorsorgebedarf ist nach § 1578 Abs 3 BGB abzudecken, wenn dem Anspruch die dort genannten Unterhaltstatbestände zugrunde liegen. Durch die Anknüpfung an die ehelichen Lebensverhältnisse soll grundsätzlich gewährleistet werden, dass der Unterhaltsberechtigte auf dem Niveau weiterleben kann, das aufgrund der gegebenen Einkommensverhältnisse während der bestehenden Ehe maßgeblich war. Dabei ist ein objektiver Maßstab anzulegen: Weder ein verschwenderischer Lebensstil noch eine besonders sparsame Lebensführung sind zu berücksichtigen.

131 An **Veränderungen** der die Lebensverhältnisse bestimmenden Vermögens- und **Einkommenssituation** nimmt der Unterhaltsberechtigte grundsätzlich teil, soweit sie auch bei fortbestehender Ehe die wirtschaftlichen Verhältnisse der Ehegatten beeinflusst hätten. Das gilt jedenfalls für Entwicklungen nach der Trennung. Der BGH hat aber auch nach der Rechtskraft der Scheidung die ehelichen Lebensverhältnisse als „wandelbar" angesehen, also auch danach liegende Umstände bei der Bedarfsbemessung berücksichtigt.[172] Die zuvor dargestellten Grundsätze sind vom BVerfG im Grundsatz gebilligt worden;[173] eine Absage hat das Gericht jedoch der Rechtsprechung des BGH erteilt, die auch in der Wiederverheiratung des Unterhaltsschuldners eine die „ehelichen" Lebensverhältnisse der aufgelösten Ehe beeinflussende Entwicklung sah[174] und damit die ehelichen Lebensverhältnisse im Ergebnis mit den tatsächlichen Lebensverhältnissen gleichsetzte.[175] Es ist umstritten, ob damit generell die Rechtsprechung des BGH zu den wandelbaren Lebensverhältnissen als verfassungswidrig anzusehen ist.[176]

---

[171] Vgl Düsseldorfer Tabelle B IV.
[172] BGH FamRZ 2006, 683, 685; 2008, 1911, 1913 f; krit zu dieser Rspr etwa BORN NJW 2008, 3089.
[173] BVerfG FamRZ 2011, 437, 442; vgl MAURER FamRZ 2011, 849, 854 f; SCHWAB, FamR Rn 404 ff.
[174] BGH FamRZ 2010, 111; 2008, 1911 (Ermittlung des Unterhaltsbedarfs im Wege der Dreiteilung, wenn der Unterhaltsschuldner sowohl einem geschiedenen als auch einem neuen Ehegatten Unterhalt schuldet).
[175] BVerfG FamRZ 2011, 437, 442 ff.
[176] So PALANDT/BRUDERMÜLLER § 1578 Rn 12; aA WENDL/GERHARDT § 4 Rn 430.

Der BGH hat seine frühere Rechtsprechung revidiert und kehrt für die Bedarfsbemessung zum Stichtagsprinzip (Rechtskraft der Scheidung als maßgeblicher Zeitpunkt für die Berücksichtigung der ehelichen Lebensverhältnisse) zurück: Grundsätzlich sind nur solche Umstände zu berücksichtigen, die das für Unterhaltszwecke verfügbare Einkommen auch schon vor Rechtskraft der Ehescheidung beeinflusst haben.[177] Auch vor diesem Stichtag werden solche Veränderungen nicht berücksichtigt, die auf einer vom Normalverlauf erheblich abweichenden Entwicklung („Karrieresprung", anders die normale berufliche Entwicklung einschließlich Beförderungen, allgemeiner Anstieg von Löhnen und Gehältern) beruhen. Zu berücksichtigen sind insbesondere alle Veränderungen, denen eine Entwicklung zugrunde liegt, die während der Ehe bereits angelegt war und die ehelichen Lebensverhältnisse bereits geprägt hat. Auch Einkommensminderungen werden entsprechend behandelt. Veränderungen nach Trennung und Scheidung sind auch dann zu berücksichtigen, wenn sie ein **Surrogat** von Einkünften bzw dem wirtschaftlichen Wert der Haushaltstätigkeit während der intakten Ehe darstellen. War der – nach § 1573 Abs 2 BGB – unterhaltsberechtigte Ehegatte schon während der Ehe erwerbstätig oder hat er danach eine (zumutbare) Erwerbstätigkeit aufgenommen,[178] wird dies nach der sogenannten Differenzmethode[179] berücksichtigt: Die Hälfte der Differenz zwischen den beiden Einkommen steht dem Unterhaltsberechtigten als Aufstockungsbetrag zu.

132 Grundsätzlich ist der konkrete Bedarf vom Unterhaltsberechtigten darzulegen und der Unterhalt danach zu bemessen. Jedenfalls bei durchschnittlichen oder unterdurchschnittlichen Einkommen kann jedoch davon ausgegangen werden, dass letztlich (nahezu) die gesamten Einkünfte für die Lebensführung und nicht für Vermögensbildung eingesetzt werden. Dann kann eine pauschalierte Bedarfsermittlung vorgenommen werden, die eine Quotelung der Verfügung stehenden Einkünfte vornimmt. Auszugehen ist grundsätzlich von einer hälftigen Teilung der für den Unterhalt zur Verfügung stehenden Mittel. Allerdings gewährt die Rechtsprechung dem Erwerbstätigen hinsichtlich Einkünften aus Erwerbstätigkeit einen Erwerbstätigkeitsbonus,[180] um nicht quantifizierbaren Mehraufwand auszugleichen und einen gewissen Anreiz zu geben, die Erwerbstätigkeit fortzusetzen.[181] Auch der Unterhaltspflichtige muss sich ggf ein fiktives Einkommen anrechnen lassen.[182]

133 Um eine einheitliche Handhabung insbesondere in Mangelfällen zu gewährleisten, haben verschiedene Oberlandesgerichte **Tabellen und Leitlinien** entwickelt, nach denen sie ihre Rechtsprechung – unter Beachtung der Besonderheiten des einzelnen Falles – ausrichten.[183]

---

[177] BGH 7.12.2011 – XII ZR 151/09 Rn 16 ff, FamRZ 2012, 281, 283.
[178] Anders als früher differenziert der BGH zwischen diesen Fällen seit BGH FamRZ 2001, 986 (nunmehr st Rspr) nicht mehr; es kommt lediglich darauf an, ob die Tätigkeit, aus der das Einkommen stammt, als „Surrogat" der Haushaltstätigkeit während bestehender Lebensgemeinschaft anzusehen ist. Vgl im Einzelnen STAUDINGER/VOPPEL (2018) § 1361 Rn 187 ff; krit dazu RAUSCHER, FamR Rn 591e.
[179] Zum selben Ergebnis kommt auf einem anderen Rechenweg die Additionsmethode, vgl STAUDINGER/VOPPEL (2018) § 1361 Rn 185.
[180] Nach der Düsseldorfer Tabelle wird im Verhältnis 4/7 zu 3/7 zugunsten des Unterhaltspflichtigen aufgeteilt; zu anderen Berechnungsweisen vgl STAUDINGER/VOPPEL (2018) § 1361 Rn 202.
[181] BGH FamRZ 1987, 913, 915; 1988, 265, 267.
[182] BGH NJW 1996, 517, 518.
[183] Am weitesten verbreitet ist die Düsseldorfer Tabelle (derzeit Stand 1.1.2017), die auch für die Bemessung des Kindesunterhalts von Bedeutung ist. Überblick über die verschiedenen

134 Für alle Unterhaltstatbestände sieht § 1578b BGB die Möglichkeit vor, den Anspruch herabzusetzen oder zeitlich zu begrenzen, wobei diese Möglichkeiten auch miteinander verbunden werden können. Eine Herabsetzung auf den angemessenen Lebensbedarf, der aber jedenfalls über dem Existenzminimum liegen muss,[184] bzw eine zeitliche Begrenzung ist dann vorzunehmen, wenn eine Bemessung des Anspruchs auf der Grundlage der ehelichen Lebensverhältnisse (§ 1578 BGB) bzw ein zeitlich unbegrenzter Anspruch unbillig wäre. In beiden Fällen sind die Belange gemeinschaftlicher Kinder zu wahren, die dem Unterhaltsberechtigten zur Pflege und Erziehung anvertraut sind. Bei der Frage der Unbilligkeit ist zu berücksichtigen, ob gerade die Ehe zu Nachteilen geführt hat, für den eigenen Unterhalt zu sorgen oder die Herabsetzung im Hinblick auf die Dauer der Ehe unbillig ist. Als Nachteile sind insbesondere die Betreuung von gemeinsamen Kindern und die Aufteilung von Erwerbstätigkeit und Haushaltsführung während der Ehe genannt.

135 Um bestimmten Fällen gerecht zu werden, in denen die volle oder zeitlich unbegrenzte Inanspruchnahme oder die Inanspruchnahme überhaupt des Verpflichteten auch unter Berücksichtigung der Interessen vom Berechtigten betreuter gemeinsamer Kinder grob unbillig wäre, lässt die sogenannte negative **Härteklausel** des § 1579 BGB Korrekturen zu. Neben objektiven Tatbeständen (kurze Ehedauer, Begründung einer verfestigten Lebensgemeinschaft durch den Berechtigten) spielt vor allem schuldhaftes Handeln des Berechtigten gegenüber dem Verpflichteten (etwa Verbrechen oder vorsätzliches Vergehen auch gegenüber Angehörigen des Verpflichteten, mutwillige Herbeiführung der Bedürftigkeit, nachhaltige, gröbliche Verletzung der Pflicht, zum Familienunterhalt beizutragen) eine wesentliche Rolle. Bedeutsam ist § 1579 Nr 7 BGB, der ein offensichtlich schwerwiegendes, eindeutig beim Berechtigten liegendes, also einseitiges Fehlverhalten gegen den Verpflichteten (zB schwerwiegende ehebrecherische Beziehungen des Anspruchstellers, Unterschieben eines nicht vom Ehegatten stammenden Kindes[185]) sanktioniert, sowie der Auffangtatbestand nach § 1579 Nr 8 BGB, bei dem auch objektive, nicht auf vorwerfbarem Verhalten beruhende Gesichtspunkte eine Rolle spielen können (Distanzierung von allen ehelichen Bindungen in verletzender Weise, etwa durch Zuwendung zu einem Dritten, die nicht Grund für das Scheitern war, ehrloser oder unsittlicher Lebenswandel[186]).

136 Vereinbarungen über den Unterhalt – auch ein Verzicht, § 1614 Abs 1 BGB gilt nicht – sind für die Zeit nach der Scheidung zulässig, § 1585c BGB. Ein Verzicht kann unter den Voraussetzungen des § 138 BGB nichtig sein; umstritten ist, ob wegen der dadurch zumindest mittelbar betroffenen Kinder auf Betreuungsunterhalt nach § 1570 BGB wirksam verzichtet werden kann.[187]

137 Der **Unterhaltsanspruch erlischt**, wenn die Voraussetzungen des jeweiligen Unterhaltstatbestandes nicht mehr gegeben sind und auch kein anderer Unterhaltstatbestand eingreift. Der Unterhaltsanspruch kann sich verringern, wenn – etwa wegen des Heranwachsens der Kinder oder einer Besserung der Krankheit eine teilweise Erwerbs-

---

Tabellen und Leitlinien bei NIEPMANN/ SCHWAMB Rn 5 ff.
[184] BGH FamRZ 1989, 483, 486.
[185] Vgl STAUDINGER/VOPPEL (2018) § 1361 Rn 267 ff mwNw aus der Rspr.
[186] Vgl STAUDINGER/VOPPEL (2018) § 1361 Rn 273 ff mwNw aus der Rspr; teilweise nunmehr in § 1579 Nr 2 BGB verlagert.
[187] Vgl RAUSCHER, FamR Rn 635, 638: Der Verzicht ist nicht als solcher sittenwidrig; die Berufung darauf kann dem Unterhaltspflichtigen jedoch nach § 242 BGB versagt sein; ebenso BGH FamRZ 1992, 1403, 1405.

tätigkeit möglich ist. Der Anspruch erlischt weiter durch Tod des Berechtigten oder Wiederheirat,[188] § 1586 BGB. Begründet der unterhaltsberechtigte Ehegatte eine faktische Lebensgemeinschaft, muss er sich auf seine Bedürftigkeit eine (fiktive) angemessene Vergütung für Versorgungsleistungen zugunsten des Partners, dem er etwa den Haushalt führt, anrechnen lassen.[189] Der Tod des Unterhaltspflichtigen bringt den Anspruch nicht zum Erlöschen; vielmehr haften dann die Erben nach Maßgabe des § 1586b.

β) Der **Versorgungsausgleich** ist vom Prinzip und Zweck her dem Zugewinnausgleich vergleichbar: Ausgehend von dem Gedanken, dass während der Ehe bei einem Ehegatten begründete Versorgungsanwartschaften vom anderen mitverdient sind (Gedanke der Versorgungsgemeinschaft), soll für den wirtschaftlich schwächeren Ehegatten nach der Scheidung eine eigenständige Sicherung für Alter und Invalidität aufgebaut oder ergänzt werden.[190] Dies geschieht bei Scheidung (ggf Aufhebung) der Ehe dadurch, dass die einzelnen während der Ehezeit erworbenen Versorgungsanrechte der Ehegatten jeweils hälftig geteilt und auf den anderen Ehegatten transferiert werden, § 1 Abs 1 VersAusglG. Der Versorgungsausgleich findet unabhängig vom Güterstand statt. **138**

Auszugleichen sind die während der Ehezeit[191] erworbenen Versorgungsansprüche. Zu berücksichtigen sind nur solche Ansprüche, die auf dem Einsatz eigener Arbeit oder eigenen Vermögens beruhen (keine Anrechnung unentgeltlich erworbener Ansprüche oder von Renten, die als Schadensersatz geleistet werden); es muss sich um Ansprüche handeln, die der Versorgung im Alter oder für den Fall der Invalidität dienen. Aussichten (Versorgungspositionen, die erst später unter bestimmten Bedingungen zu Anwartschaften erstarken) sind einzubeziehen. Es geht im Wesentlichen um Renten aus der gesetzlichen Rentenversicherung, Beamtenversorgung, berufsständische Versorgung, betriebliche Altersversorgung und private Alters- und Invaliditätsvorsorge. Der Ausgleich findet für jedes Anrecht gesondert statt, so dass jeder Ehegatte zugleich ausgleichspflichtig und ausgleichsberechtigt sein kann, § 1 VersAusglG. **139**

Der Ausgleich findet vorrangig im Wege des **Wertausgleichs bei der Scheidung** statt. Vorrangig ist dabei die **interne Teilung**, bei der das Familiengericht zugunsten der ausgleichsberechtigten Person und zu Lasten des Anrechts des Ausgleichspflichtigen in Höhe des Ausgleichswertes ein Anrecht bei demselben Versorgungsträger begründet, § 10 VersAusglG. Ausnahmsweise (§ 9 Abs 3 VersAusglG) findet der Wertausgleich bei der Scheidung im Wege der **externen Teilung** statt, wenn der Versorgungsträger des Ausgleichspflichtigen und der Ausgleichsberechtigte das vereinbaren oder der Versorgungsträger des Ausgleichspflichtigen dies bei bestimmtem niedrigem Ausgleichswert verlangt, § 14 Abs 2 VersAusglG, oder wenn in einem öffentlichen Dienst- oder Amtsverhältnis eine interne Teilung nicht vorgesehen ist[192] sowie bei Beamtenverhältnissen **140**

---

[188] Wird die spätere Ehe wieder aufgelöst, kann die Unterhaltspflicht des ersten Ehegatten wiederaufleben, wenn der Unterhaltstatbestand des § 1570 BGB noch gegeben ist, § 1586a BGB.
[189] Vgl etwa BGH FamRZ 2001, 1692, 1694; STAUDINGER/VOPPEL (2018) § 1361 Rn 154 ff.
[190] BGH NJW 1979, 1289; krit dazu STAUDINGER/REHME (2004) Vorbem 5 ff zu §§ 1587–1587p; RAUSCHER, FamR Rn 647.

[191] Diese beginnt mit dem ersten Tag des Monats, in dem die Ehe geschlossen worden ist und endet am letzten Tag des Monats vor Zustellung des Scheidungsantrags, § 3 Abs 1 VersAusglG.
[192] Der Bund sieht die interne Teilung mit dem BVersTG vor; ebenso § 55e SoldVG und § 25a AbgG; in den Ländern gibt es entsprechende Regelungen noch nicht.

auf Widerruf und Zeitsoldaten, § 16 VersAusglG. Der Ausgleichspflichtige hat in den Fällen des § 14 Abs 2 VersAusglG ein Wahlrecht hinsichtlich der Zielversorgung; hilfsweise greift die gesetzliche Rentenversicherung bzw bei einem Anrecht aus einer Betriebsrente die neu begründete Versorgungsausgleichskasse ein, § 15 Abs 5 VersAusglG. In den Fällen des § 16 VersAusgl ist ein Anrecht bei der gesetzlichen Rentenversicherung zu begründen.

141 Nachrangig (§ 9 Abs 1 VersAusglG) gegenüber dem Wertausgleich bei der Scheidung sind **Ausgleichsansprüche nach der Scheidung**. Solche kommen nur in Betracht, wenn die Eheleute entsprechende Regelungen getroffen haben oder bei der Scheidung bzw zum Zeitpunkt der Entscheidung über den Versorgungsausgleich ein Anrecht noch nicht ausgleichsreif ist, § 19 VersAusglG. Die Fälle fehlender Ausgleichsreife sind in § 19 Abs 2 VersAusglG abschließend geregelt; es geht um noch nicht hinreichend verfestigte Anrechte (etwa noch verfallbare Anrechte nach dem Betriebsrentengesetz), Anrechte, die auf abzuschmelzende Leistungen gerichtet sind,[193] Unwirtschaftlichkeit des Ausgleichs für den ausgleichsberechtigten Ehegatten und um Anrechte bei ausländischen, überstaatlichen oder zwischenstaatlichen Versorgungsträgern, über die der deutsche Gesetzgeber keine Gewalt hat. Der Ausgleich nach der Scheidung vollzieht sich derart, dass der Ausgleichsberechtigte dann, wenn der Ausgleichspflichtige aus dem bei der Scheidung nicht ausgeglichenen Anrecht eine laufende Versorgung bezieht und der Ausgleichsberechtigte ebenfalls eine laufende Versorgung bezieht oder die Voraussetzungen dafür erfüllt, einen schuldrechtlichen Anspruch gegen den Pflichtigen[194] auf Zahlung einer Rente in Höhe des Ausgleichswertes hat, § 20 Abs 1, 2 VersAusglG. Er kann Abtretung des Zahlungsanspruchs in dieser Höhe gegen den Versorgungsträger (§ 21 Abs 1 VersAusglG) und bei Zumutbarkeit für den Ausgleichspflichtigen eine zweckgebundene Abfindung, ggf in Raten, (§ 23 VersAusglG) verlangen.

142 Ein Versorgungsausgleich findet nach der **Härteklausel** des § 27 VersAusglG nicht statt, **soweit** er **grob unbillig** wäre, wobei die gesamten Umstände des Einzelfalles es rechtfertigen müssen, von der Halbteilung abzuweichen. Das kann etwa der Fall sein, wenn eine Versorgungsgemeinschaft bei sehr kurzer Ehe oder (im Verhältnis zur gelebten Lebensgemeinschaft) langer Trennungszeit nicht entstanden ist, wenn der Versorgungsausgleich seinen Zweck verfehlt (weil der Ausgleichsberechtigte hinreichend versorgt ist oder der Ausgleichspflichtige sozialhilfebedürftig würde) und andere Umstände hinzutreten, wenn dem Ausgleichspflichtigen ein doppeltes Vermögensopfer abverlangt würde, wenn der Berechtigte im Hinblick auf die Scheidung bewirkt hat, dass ihm zustehende Anwartschaften nicht entstanden oder entfallen sind, oder wenn der Berechtigte während der Ehe nachhaltig und gröblich seine Pflicht, zum Familienunterhalt beizutragen, verletzt hat.

143 Ein Ausgleich soll wegen **Geringfügigkeit** nicht stattfinden, wenn die Differenz der Ausgleichswerte vergleichbarer Anrechte oder der Ausgleichswert eines Anrechts ge-

---

[193] Etwa der nichtdynamische Teil der Rente in der gesetzlichen Rentenversicherung (zB §§ 307a Abs 6, 315a, 319a, 319b SGB VI, betrifft Übergangsrecht für das Beitrittsgebiet) oder die Abflachungsbeträge in der Beamtenversorgung aufgrund der schrittweisen Absenkung des Versorgungshöchstsatzes bis 2010; nur diese Teile fallen unter § 19 VersAusglG, die übrigen Teile sind bei der Scheidung auszugleichen.
[194] Ist dieser verstorben, besteht ein Anspruch gegen den Versorgungsträger in Höhe der Hinterbliebenenversorgung, wenn die Ehe beim Tod noch bestanden hätte, § 25 VersAusglG.

ring ist, § 18 VersAusglG mit Definition der Geringfügigkeit in Abs 3. Bei **kurzer Ehezeit** (bis drei Jahre) findet der Ausgleich nur auf Antrag eines Ehegatten statt, § 3 Abs 3 VersAusglG.

Vereinbarungen über den Versorgungsausgleich sind zulässig und erwünscht; nur beispielhaft zählt § 6 VersAusglG mögliche Inhalte auf. Vereinbarungen im Rahmen eines Ehevertrages unterliegen der Form des § 1410 BGB, § 7 Abs 3 VersAusglG; andere Vereinbarungen vor Rechtskraft der Entscheidung über den Wertausgleich bei der Scheidung bedürfen der notariellen Beurkundung, § 7 Abs 1 VersAusglG. Für Vereinbarungen nach Rechtskraft der Entscheidung über den Wertausgleich bei der Scheidung ist keine gesetzliche Form vorgesehen. Materiell unterliegen Vereinbarungen zum einen einer Inhalts- und Ausübungskontrolle, § 8 Abs 1 VersAusglG.[195] Zum anderen können sie nicht zu Lasten Dritter gehen; die vertragliche Begründung oder Übertragung von Anrechten ist daher nur mit Zustimmung der betroffenen Versorgungsträger und dann, wenn die maßgeblichen Regelungen des Versorgungssystems dies zulassen, möglich, § 8 Abs 2 VersAusglG. **144**

γ) Hinsichtlich **Haushaltsgegenständen** und **Ehewohnung** ist für die Zeit nach der Scheidung nunmehr eine endgültige Regelung vorzunehmen. Anders als nach bisherigem Recht (HausratsVO aF) gibt es aber keine Regelung der Rechtsverhältnisse nach billigem Ermessen durch das Gericht, wenn sich die Ehegatten nicht einigen können. Vielmehr geben §§ 1568a, b BGB den Ehegatten Ansprüche an die Hand.[196] Ein Ehegatte hat gegen den anderen einen Anspruch auf **Überlassung der Ehewohnung**, wenn er auf deren Nutzung auch unter Berücksichtigung des Wohls der im Haushalt lebenden Kinder stärker angewiesen ist oder die Überlassung aus anderen Gründen der Billigkeit entspricht, § 1568a Abs 1 BGB. Ist ein Ehegatte allein oder zusammen mit einem Dritten Eigentümer oder sonst dinglich berechtigt, besteht der Anspruch des anderen Ehegatten nur dann, wenn die Überlassung notwendig ist, um eine unbillige Härte zu vermeiden, § 1568a Abs 2 BGB. Im Falle einer Mietwohnung tritt der Ehegatte, dem die Wohnung überlassen wird, in ein vom anderen Ehegatten geschlossenes Mietverhältnis an dessen Stelle ein oder setzt einen von beiden eingegangenen Mietvertrag allein fort, wobei dem Vermieter im ersten Fall bei Vorliegen eines wichtigen Grundes in der Person des eingetretenen Mieters ein Sonderkündigungsrecht nach § 1568a Abs 3 S 2 BGB, § 563 Abs 4 BGB zusteht. Die Änderung des Mietvertrages tritt mit Rechtskraft einer gerichtlichen Entscheidung, aber auch mit Zugang einer entsprechenden Mitteilung der Ehegatten ein, § 1568a Abs 3 BGB. Besteht kein Mietverhältnis (eigene Wohnung, Wohnung von Eltern überlassen), kann der Ehegatte, der einen Überlassungsanspruch hat, den Abschluss eines Mietvertrages zu ortsüblichen Bedingungen beanspruchen, § 1568a Abs 5 BGB. Die **dingliche Lage** wird **nicht verändert**. **145**

Hinsichtlich **Haushaltsgegenständen** beschränkt sich der Anspruch nach § 1568b BGB auf solche Gegenstände, die im Miteigentum der Ehegatten stehen, § 1568b Abs 1 BGB; für während der Ehe für den gemeinsamen Haushalt angeschaffte Gegenstände stellt § 1568b Abs 2 BGB eine Miteigentumsvermutung auf. Jeder Ehegatte kann unter denselben Voraussetzungen wie bei der Ehewohnung die **Überlassung und Übereig-** **146**

---

[195] Vgl dazu Rn 55 ff.

[196] Krit dazu GERNHUBER/COESTER-WALTJEN, FamR § 29 Rn 10.

nung von Haushaltsgegenständen, § 1568b Abs 1 BGB, der andere Ehegatte eine angemessene Ausgleichszahlung verlangen, § 1568b Abs 3 BGB.

147 δ) Auch durch die Scheidung wird das **gemeinsame Sorgerecht** der Eltern nicht betroffen; im Idealfall besteht die gemeinsame Sorge fort. Ist dies nicht möglich, kann ein Antrag auf Übertragung der elterlichen Sorge oder eines Teils davon auf einen Elternteil gestellt werden, § 1671 BGB.[197]

c) Aufhebung

148 Anders als die Ehescheidung, die der Entwicklung der Ehe Rechnung trägt und bei unheilbarer Zerrüttung eine Auflösung zulässt, dient die Aufhebung der Auflösung solcher Ehen, die an Begründungsmängeln leiden. Die Gründe, aus denen eine Ehe aufgehoben werden kann, sind im Gesetz abschließend aufgeführt, § 1314 BGB. Es lassen sich drei Gruppen von Aufhebungsgründen unterscheiden: Verstöße gegen Eheverbote, Verstöße gegen Ehevoraussetzungen und Eheschließungsform sowie Willensmängel bzw die Eheschließung mit der Absicht, die eheliche Lebensgemeinschaft nicht zu begründen ("Scheinehe"). Die Eheverbote und der Tatbestand der Scheinehe sind bereits an anderer Stelle dargelegt.[198] Aufhebbar ist die Ehe darüber hinaus, wenn ein Ehegatte sich bei der Eheschließung im Zustand der Bewusstlosigkeit oder vorübergehenden Störung der Geistestätigkeit befand, darüber irrte, dass es sich um ein Eheschließung handelte, oder durch Täuschung über Umstände, deren Kenntnis ihn von der Eingehung der Ehe abgehalten hätte,[199] oder Drohung zur Eingehung der Ehe veranlasst worden ist, § 1314 Abs 2 Nr 1-4 BGB.

149 Eine Ehe kann nur durch richterliche Entscheidung aufgehoben werden. Mit der Rechtskraft der Entscheidung ist die Ehe mit Wirkung für die Zukunft aufgelöst (§ 1313 BGB); bis dahin ist eine Berufung auf die Aufhebbarkeit der Ehe grundsätzlich nicht möglich. Antragsberechtigt sind im Falle von Willensmängeln der davon betroffene Ehegatte, in allen anderen Fällen beide Ehegatten sowie die zuständige Verwaltungsbehörde; im Falle der Doppelehe kann zusätzlich der Ehegatte der ersten Ehe den Antrag stellen (§ 1316 Abs 1 BGB). Die Aufhebung ist in den Fällen eines Willensmangels jedoch ausgeschlossen, wenn die aufhebbare Ehe später – nach Erreichen der Volljährigkeit, nach Wegfall der Geschäftsunfähigkeit oder nach Entdeckung des Irrtums oder der Täuschung bzw nach Aufhören der Zwangslage – durch den betroffenen Ehegatten **bestätigt** wird, indem er im Bewusstsein der Tatsache, dass die Gültigkeit der Ehe zweifelhaft ist, zu erkennen gibt, dass er die Ehe fortsetzen will, § 1315 Abs 1 Nr 1-4 BGB. Dies kann insbesondere schlüssig durch längeres eheloyales Verhalten (Fortsetzung, Wiederaufnahme der ehelichen Lebensgemeinschaft) geschehen.[200] Im Falle der Scheinehe ist die Aufhebung ausgeschlossen, wenn die Ehegatten die eheliche Lebensgemeinschaft aufgenommen haben, § 1316 Abs 1 Nr 5 BGB. Im Falle der Doppelehe kann diese nicht aufgehoben werden, wenn zur Zeit der Eheschließung die Scheidung oder Aufhebung der ersten Ehe bereits ausgesprochen, aber noch nicht rechtskräftig war und später rechtskräftig geworden ist (§ 1315 Abs 2 Nr 1 BGB). Verstöße gegen § 1311 BGB werden geheilt, wenn die Ehegatten nach der Eheschließung mindestens fünf bzw, wenn ein Ehegatte vorher gestorben ist, mindes-

---

[197] Vgl näher Rn 200.
[198] Vgl Rn 14, 18.
[199] Ausdrücklich ausgenommen ist die Täuschung über Vermögensverhältnisse.
[200] STAUDINGER/VOPPEL (2018) § 1315 Rn 21; PALANDT/BRUDERMÜLLER § 1315 Rn 7.

tens drei Jahre in ehelicher Lebensgemeinschaft gelebt haben (§ 1315 Abs 2 Nr 2 BGB). Bei Irrtum, Täuschung und Drohung setzt § 1317 Abs 1 BGB zusätzlich eine als Ausschlussfrist anzusehende Antragsfrist von einem Jahr nach Entdeckung des Irrtums oder der Täuschung bzw von drei Jahren nach Aufhören der Zwangslage. Schließlich kann eine bereits anderweitig – insbesondere durch Scheidung – aufgelöste Ehe nicht mehr aufgehoben werden, § 1317 Abs 3 BGB. Allerdings wird ein Antrag für zulässig erachtet, mit dem begehrt wird, dass dem die Scheidung aussprechenden Beschluss nunmehr die Rechtsfolgen des § 1318 BGB beigelegt werden, wenn dies für den Antragsteller, der nachträglich feststellt, dass auch ein Aufhebungsgrund gegeben war, günstiger ist.[201] In anderen Fällen der Doppelehe, auch bei späterer Auflösung der Erstehe, und bei der Verwandtenehe ist eine Heilung nicht möglich.

Hinsichtlich der Folgen der Aufhebung verweist § 1318 BGB im Wesentlichen auf das Scheidungsfolgenrecht, das allerdings differenziert nach den verschiedenen Aufhebungsgründen zugunsten eines gutgläubigen Ehegatten modifiziert wird.

III. Andere partnerschaftliche Verhältnisse

1. Faktische Lebensgemeinschaft

Paaren steht als gesetzlich geregelte Form des Zusammenlebens die Ehe (und bis 30. 9. 2017 die eingetragene Lebenspartnerschaft) offen. Zunehmend leben Paare ohne Eheschließung zusammen, was gesellschaftlich inzwischen akzeptiert ist. Als nichteheliche Lebensgemeinschaft werden eheähnliche Formen des Zusammenlebens bezeichnet, die sich als umfassende (auch den Intimbereich berührende), ausschließliche Zweierbeziehungen ohne intendierte zeitliche Begrenzung darstellen. Diese Formen des Zusammenlebens werden auch als faktische Lebensgemeinschaften bezeichnet.[202]

Die durch Ablehnung der geregelten Modelle „Ehe" bzw „eingetragene Lebenspartnerschaft" gegebene Freiheit muss von den Partnern verantwortet werden. Es ist Sache der Partner der faktischen Lebensgemeinschaft, die erforderlichen Regelungen zu treffen. **Vereinbarungen** zwischen den Partnern der faktischen Lebensgemeinschaft über die personale Gestaltung sind problematisch und nur teilweise wirksam;[203] Vereinbarungen über die Gestaltung der Vermögensverhältnisse einschließlich einer evtl erforderlichen Auseinandersetzung sowie schließlich Unterhaltsvereinbarungen sind nicht nur grundsätzlich zulässig,[204] sondern mangels gesetzlicher Regelungen dringend zu empfehlen. Unzulässig sind solche Regelungen, mit denen die Partner auf ihre Selbstbestimmung verzichten, insbesondere Vereinbarungen, mit denen die Beendigung der faktischen Lebensgemeinschaft erschwert oder sonst eingeschränkt werden soll (zB Vertragsstrafe).[205]

---

[201] Im Anschluss an BGH FamRZ 1996, 1209, 1210; dies gilt auch im Rahmen des daraufhin eingeführten § 1317 Abs 3 BGB; vgl STAUDINGER/VOPPEL (2018) § 1317 Rn 43 f; PALANDT/BRUDERMÜLLER § 1317 Rn 10; BOSCH NJW 1998, 2005, 2011.
[202] Vgl STAUDINGER/LÖHNIG (2018) Anh zu §§ 1297 ff Rn 11; damit sollten insbesondere auch die rechtlich nicht verfassten Lebensgemeinschaften gleichgeschlechtlicher Paare erfasst werden.
[203] STAUDINGER/LÖHNIG (2018) Anh zu §§ 1297 ff Rn 30.
[204] STAUDINGER/LÖHNIG (2018) Anh zu §§ 1297 ff Rn 33.
[205] STAUDINGER/LÖHNIG (2018) Anh zu §§ 1297 ff Rn 31.

153 Treffen die Partner – wie regelmäßig – keine oder nur unzureichende Vereinbarungen, sind zur Klärung der entstehenden Fragen die **allgemeinen Regeln des BGB** heranzuziehen. Eine analoge Heranziehung von Regeln des Eherechts kommt wegen Art 6 Abs 1 GG sowie auch wegen der bewussten Ablehnung dieses Regelungsmodells durch die Partner (geschützt durch Art 2 Abs 1 GG) nicht in Betracht;[206] daraus kann aber nicht gefolgert werden, dass die Partner einen rechtsfreien Raum anstreben.[207]

154 Die Begründung einer faktischen Lebensgemeinschaft hat **keine Auswirkungen** auf den **Personenstand**, den **Namen** und die vermögensrechtlichen Verhältnisse (im Sinne eines „**Güterstandes**") der Partner.

155 **Schuldrechtliche Beziehungen** können zwischen den Partnern wie zwischen beliebigen anderen Personen bestehen. Im Verhältnis zu Dritten findet § 1357 BGB keine Anwendung; ggf kommen die Grundsätze rechtsgeschäftlicher Vertretungsmacht oder im Einzelfall der Anscheins- oder Duldungsvollmacht zur Anwendung. Zwischen den Partnern der faktischen Lebensgemeinschaft kommt der geminderte Haftungsmaßstab der eigenüblichen Sorgfalt (§ 277 BGB) zur Anwendung; dies wird nicht auf eine analoge Anwendung des § 1359 BGB, sondern auf eine Gesamtanalogie nach §§ 708, 1359, 1664 BGB für Fälle enger persönlicher Verbundenheit gestützt. Die **sachenrechtlichen Verhältnisse** richten sich nach den allgemeinen Regeln.[208] Im Einzelfall kann bei der Anschaffung gemeinsam genutzter Gegenstände der Wille zur Begründung von Miteigentum der Partner bestehen. Bei gemeinsamer Finanzierung entsteht regelmäßig Miteigentum im Verhältnis der Beiträge; ansonsten wird jedenfalls bei Anschaffungen von nicht unbedeutendem Wert der Partner Alleineigentümer, der die Mittel dafür bereitgestellt hat.[209] Eine analoge Anwendung des § 1362 BGB kommt mangels Vergleichbarkeit von Ehe und faktischer Lebensgemeinschaft nicht in Frage.[210]

156 Hinsichtlich der Außenbeziehungen standen Fragen des **Mietrechts** im Vordergrund, die allerdings im Rahmen neuerer Gesetzgebung weitgehend geklärt worden sind. Nach § 553 BGB ist die Frage zu beurteilen, ob ein Mieter eine andere Person in die Mietwohnung aufnehmen darf. Bei der Aufnahme eines faktischen Partners besteht ein berechtigtes Interesse an der Überlassung eines Teils der Mietwohnung an einen Dritten; der Mieter kann daher die Erlaubnis des Vermieters verlangen, wenn nicht ausnahmsweise in der Person des Partners ein wichtiger Grund vorliegt, die Wohnung übermäßig belegt wird oder die Überlassung sonst für den Vermieter nicht zumutbar ist; ggf kann der Vermieter die Erlaubnis davon abhängig machen, dass der Mieter einer Erhöhung des Mietzinses zustimmt. Der Dritte tritt nicht in vertragliche Beziehungen zum Vermieter, ist aber in den Schutzbereich des Mietvertrages miteinbezogen. Stirbt der Mieter, tritt der Partner der faktischen Lebensgemeinschaft als eine Person, die mit dem Mieter einen auf Dauer angelegten gemeinsamen Haushalt führt, kraft Gesetzes in den Mietvertrag ein (§ 563 Abs 2 S 4 BGB), soweit er nicht innerhalb eines Monats nach Kenntnis vom Tod des Mieters mitteilt, dass er das Mietverhältnis nicht fortsetzen will (§ 563 Abs 3 BGB). Der in die Mietwohnung aufge-

---

[206] STAUDINGER/LÖHNIG (2018) Anh zu §§ 1297 ff Rn 39; RAUSCHER, FamR Rn 37. Entsprechendes gilt auch für gleichgeschlechtliche Lebensgemeinschaften.
[207] STAUDINGER/LÖHNIG (2018) Anh zu §§ 1297 ff Rn 29.
[208] STAUDINGER/LÖHNIG (2018) Anh zu §§ 1297 ff Rn 54.
[209] RAUSCHER, FamR Rn 731.
[210] STAUDINGER/VOPPEL (2018) § 1362 Rn 11 ff mwNw zur Gegenmeinung; aA STAUDINGER/LÖHNIG (2018) Anh zu §§ 1297 ff Rn 266; RAUSCHER, FamR Rn 731.

nommene Lebenspartner ist von dem Mieter abhängig, auf dessen Gestattung der Mitgebrauch der Wohnung beruht; im Falle der Trennung bzw Aufhebung der Lebensgemeinschaft sind §§ 1361b, 1568a BGB nicht anwendbar. Ein Anspruch auf Zuweisung der Wohnung kann nur nach § 2 GewSchG geltend gemacht werden, wenn der in die Wohnung aufgenommene Partner Opfer einer vorsätzlichen Körperverletzung oder Freiheitsberaubung im Sinne des § 1 Abs 1 S 1 GewSchG durch seinen Partner ist.

Aus der Begründung einer faktischen Lebensgemeinschaft folgen **keine gesetzlichen Unterhaltsansprüche**; der Unterhaltsanspruch der mit dem Kindesvater nicht verheirateten Mutter aus Anlass der Geburt (§ 1615l Abs 1 BGB) bzw eines nicht verheirateten Elternteils wegen Kindesbetreuung nach § 1615l Abs 2 S 2 BGB beruht nicht auf der (dazu gar nicht erforderlichen) Lebensgemeinschaft, sondern auf der Elternschaft. Vertragliche Regeln sind möglich; hinsichtlich stillschweigender Abreden über Unterhalt ist die Praxis sehr zurückhaltend; der BGH hat nunmehr stillschweigende Abreden („gegenseitiger Einstandswille") unter den Partnern faktischer Lebensgemeinschaften im Rahmen des § 1603 BGB als relevant angesehen.[211] 157

Die faktische Lebensgemeinschaft kann von jedem Partner **jederzeit und ohne Gründe beendet** werden; einschränkende Vereinbarungen sind unwirksam. Im Einzelfall kann unter dem Gesichtspunkt von Treu und Glauben bzw in analoger Anwendung des § 732 Abs 2 BGB aus der Beendigung ein Schadensersatzanspruch folgen.[212] Eine eigenständige Trennungsphase wie vor der Ehescheidung gibt es nicht. Ebenso wenig wie die faktische Lebensgemeinschaft während ihres Bestehens gesetzliche Unterhaltsansprüche entstehen lässt, bestehen nach der Auflösung Ansprüche auf Unterhalt. 158

Kernproblem bei der rechtlichen Behandlung der faktischen Lebensgemeinschaft ist die Frage von **Ausgleichsansprüchen** nach Beendigung der Lebensgemeinschaft. Eherechtliche, insbesondere güterrechtliche Mechanismen kommen nicht in Betracht; die Konstruktion stillschweigender Verträge erweist sich auch hier[213] als problematisch. 159

Allgemein besteht Einigkeit darüber, dass **Beiträge zur täglichen gemeinsamen Lebensführung** (finanzielle Beiträge, Haushaltsführung, Erziehung gemeinsamer Kinder) **nicht ausgeglichen** werden. Es handelt sich überwiegend um tatsächliche Vorgänge, die sich im Zusammenleben erschöpfen und keinen darüber hinausgehenden Zweck haben oder deren Geschäftsgrundlage wegfallen könnte. Geleistete Beiträge werden nicht gegeneinander aufgerechnet.[214] 160

Leistungen und Beiträge, die über den Bereich der täglichen Lebensführung bzw über das im Rahmen einer Lebensgemeinschaft übliche hinausgehen, sind grundsätzlich auszugleichen. Es handelt sich um Fälle, in denen durch Mitfinanzierung oder Mitarbeit des einen Partners bei dem anderen Vermögen entstanden ist (vor allem Erwerb/ Errichtung eines Hauses auf dem Grundstück des anderen Partners, Aufbau des Ge- 161

---

[211] BGH 9.3.2016 – XII ZB 693/14 Rn 25 f; NJW 2016, 1511, 1512 f; STAUDINGER/LÖHNIG (2018) Anh zu §§ 1297 ff Rn 63 ff; LÖHNIG NJW 2016, 1487.
[212] Zurückhaltend STAUDINGER/LÖHNIG (2018) Anh zu §§ 1297 ff Rn 71.
[213] Vgl für das Eherecht Rn 90.
[214] BGH FamRZ 1997, 1533; STAUDINGER/ LÖHNIG (2018) Anh zu §§ 1297 ff Rn 86; RAUSCHER, FamR Rn 734.

schäftes oder Betriebes des anderen Partners). Weiter geht es um Fälle, in denen ein Partner zugunsten des anderen einen Kredit aufgenommen hat. Wenn die Partner einen über die Lebensgemeinschaft hinausgehenden Zweck verfolgten (Aufbau gemeinsamen Vermögens) und dabei die Vorstellung hatten, dass die Sache unabhängig von der Lebensgemeinschaft beiden gehören solle, kommt ein Ausgleich in entsprechender Anwendung gesellschaftsrechtlicher Regeln in Betracht.[215] Die Rechtsprechung ist in dieser Frage grundsätzlich zurückhaltend.[216] Die Auseinandersetzung findet gemäß §§ 730 ff BGB statt und führt zu einer Abfindung in Geld. Hinsichtlich der Aufnahme von Darlehen geht insbesondere die Rechtsprechung davon aus, dass ein Ausgleich unabhängig vom Darlehenszweck grundsätzlich nicht stattfindet, aber bei alleiniger Darlehensaufnahme eines Partners für nach Beendigung der faktischen Lebensgemeinschaft noch zu leistende Raten ein Aufwendungsersatzanspruch nach § 670 BGB gegen den anderen Partner bestehe.[217] Dies überzeugt nicht; vielmehr muss auch hier danach differenziert werden, ob die Darlehenssumme der Finanzierung der täglichen Lebensführung dient – dann überhaupt kein Ausgleich – oder darüber hinausgehenden Zwecken – dann kompletter Ausgleich auch hinsichtlich der Raten, die bei bestehender Lebensgemeinschaft gezahlt worden sind; denn im Ergebnis besteht kein Unterschied, ob die Beiträge eines Ehegatte aus Eigenmitteln oder kreditfinanziert erfolgen.[218]

162 Soweit es sich nicht um Beiträge der Partner zu einem gemeinsamen Zweck handelt, so dass Gesellschaftsrecht auch nicht entsprechend Anwendung finden kann, etwa bei der Übertragung von Vermögenswerten von einem auf den anderen Partner, kommt – soweit es sich nicht um eine Schenkung handelt und ein Widerruf nach § 530 zu bedenken ist – ein Ausgleich über das Institut des Wegfalls der Geschäftsgrundlage in Betracht. Die Situation entspricht der der unbenannten Zuwendungen unter Ehegatten.[219] Zuwendungen über die Leistungen zum gemeinsamen Lebensunterhalt hinaus werden regelmäßig in Erwartung des Fortbestandes der faktischen Lebensgemeinschaft gemacht.[220] Auch der Ausgleich von Arbeitsleistungen erfolgt auf diesem Wege über die Annahme eines Kooperationsvertrages eigener Art.[221]

163 Im Übrigen kann jeder Partner nach der Auflösung sein Eigentum nach § 985 herausverlangen. Auch gemeinsam genutzter Hausrat ist grundsätzlich nach sachenrechtlichen Regeln zu verteilen. Im Falle von Miteigentum – auch bei einer Wohnung – hat eine Auseinandersetzung nach Gemeinschaftsrecht (§§ 741 ff BGB) zu erfolgen.

---

[215] STAUDINGER/LÖHNIG (2018) Anh zu §§ 1297 ff Rn 95 ff; RAUSCHER, FamR Rn 736.
[216] ZT verzichtet die Rspr auf das Erfordernis einer (zumindest stillschweigenden) Vereinbarung, wenn die Partner durch gemeinschaftliche Leistung einen Vermögensgegenstand in der Absicht erworben haben, einen gemeinsamen Wert zu schaffen, der nicht nur gemeinsam genutzt wird, sondern auch beiden gehören soll, dazu krit STAUDINGER/LÖHNIG (2018) Anh zu §§ 1297 ff Rn 98a.
[217] Vgl etwa BGH FamRZ 1981, 530; OLG Saarbrücken FamRZ 1998, 738; der Rspr grundsätzlich zustimmend STAUDINGER/LÖHNIG (2018) Anh zu §§ 1297 ff Rn 143, soweit der Kredit nicht allein den Zwecken eines Partners dient.
[218] RAUSCHER, FamR Rn 738.
[219] Vgl Rn 89.
[220] RAUSCHER, FamR Rn 737; STAUDINGER/LÖHNIG (2018) Anh zu §§ 1297 ff Rn 130 ff; grundsätzlich ablehnend BGH FamRZ 1996, 1141; 1997, 1533.
[221] BGH FamRZ 2008, 1822; STAUDINGER/LÖHNIG (2018) Anh zu §§ 1297 ff Rn 128 f.

Die Partner der faktischen Lebensgemeinschaft haben **kein gesetzliches Erbrecht**. Verfügungen von Todes wegen zugunsten des Partners sind möglich und nach heutiger Anschauung grundsätzlich nicht sittenwidrig. Sie sind ggf belastet mit dem Pflichtteil Verwandter. Ein gemeinschaftliches Testament (§ 2265 BGB) können die Partner einer faktischen Lebensgemeinschaft nicht errichten.

Hinsichtlich gemeinsamer Kinder ist die Rechtslage durch die Reform des Kindschaftsrechts deutlich verändert worden. Bei Kindern, deren Eltern nicht verheiratet sind, steht das Sorgerecht nur noch subsidiär der Mutter zu (§ 1626a Abs 3 BGB). In erster Linie haben die Eltern gemeinsam die elterliche Sorge, § 1626a Abs 1 BGB, wenn sie dies entsprechend erklären, was schon vor der Geburt des Kindes geschehen kann (§ 1626b Abs 2 BGB), wenn sie (später) heiraten und wenn das Familiengericht die gemeinsame Sorge überträgt. Letzteres geschieht auf Antrag eines Elternteils, wenn die gemeinsame Sorge (die auch in Teilen begründet werden kann) dem Kindeswohl nicht widerspricht. Das wird vermutet, wenn der andere Elternteil keine Gründe vorträgt, die der gemeinsamen Sorge entgegenstehen können und solche auch anderweitig nicht ersichtlich sind, § 1626a Abs 2 BGB. Damit hat der nicht mit der Kindermutter verheiratete Vater nunmehr einseitig die Möglichkeit, seine Teilhabe an der elterlichen Sorge durchzusetzen.

2. Eingetragene Lebenspartnerschaft

Durch das Lebenspartnerschaftsgesetz vom 16.2.2001 ist die eingetragene Lebenspartnerschaft als gesetzlich legitimierte und organisierte Form des Zusammenlebens zweier gleichgeschlechtlicher Personen eingeführt worden. Gegen die Einführung eines solchen Rechtsinstituts sind zum einen rechtspolitische Bedenken geltend gemacht worden. Zum anderen wurde und wird verfassungsrechtlich ein Konflikt insbesondere mit Art 6 Abs 1 GG angenommen.[222] Das BVerfG hat entschieden, dass Art 6 Abs 1 GG den Gesetzgeber nicht hindere, für gleichgeschlechtliche Lebensgemeinschaften ein Regelwerk zu schaffen, dass den Regelungen über die Ehe gleich- oder nahekomme; dem Rechtsinstitut der Ehe drohe keine Einbuße durch ein Institut für Personen, die miteinander keine Ehe eingehen können.[223]

Der Gesetzgeber hat eine eigenständige Regelung außerhalb des BGB gewählt, dabei aber von Anfang an durch umfangreiche Verweisungen auf das für Eheleute geltende Recht des BGB und weitgehend gleichlautende Regelungen ein Rechtsinstitut geschaffen, das der Ehe sehr nahekommt. Im Rahmen der Reform des LPartG von 2004 ist eine weitere Annäherung erfolgt. Schließlich ist durch das am 26.11.2015 in Kraft getretene Gesetz zur Bereinigung des Rechts der Lebenspartner in 32 Bundesgesetzen eine Gleichstellung von Ehe und Lebenspartnerschaft vorgenommen worden. Bereits 2001 vorgesehene Folgeregelungen in anderen Rechtsgebieten (etwa im Steuerrecht) konnten seinerzeit aufgrund der Mehrheitsverhältnisse im Bundesrat nicht durchgesetzt werden und sind nach wie vor nicht vollständig geregelt.[224]

---

[222] Vgl insbes RAUSCHER, FamR Rn 747 ff; STAUDINGER/VOPPEL (2010) Einl 20 ff zum LPartG.
[223] BVerfG FamRZ 2002, 1169.
[224] Das BVerfG – FamRZ 2013, 1103 – hat den Ausschluss eingetragener Lebenspartnerschaften vom Ehegattensplitting für verfassungswidrig erklärt; die Regelungen sind bis zu einer gesetzlichen Neufassung auch auf eingetragene Lebenspartnerschaften anzuwenden.

168 Durch das Gesetz zur Einführung des Rechts auf Eheschließung für Personen gleichen Geschlechts ist nunmehr die Ehe auch für gleichgeschlechtliche Paare geöffnet worden; seit dem 1.7.2017 können eingetragene Lebenspartnerschaften nicht mehr begründet werden. Bestehende eingetragene Lebenspartnerschaften können fortgeführt werden. Insoweit gelten die Regelungen des LPartG fort.

169 Die eingetragene Lebenspartnerschaft konnte nur von zwei Personen gleichen Geschlechts[225] eingegangen werden, § 1 Abs 1 LPartG. Den Eheverboten vergleichbare aber nicht vollständig entsprechende Verbote galten auch für gleichgeschlechtliche Paare. Wegen Willensmängeln (für die abschließend auf § 1314 Abs 2 Nr 1–4 BGB verwiesen wird) wird die Lebenspartnerschaft auf Antrag des dadurch betroffenen Partners aufgehoben, § 14 Abs 2 S 2 LPartG.[226]

170 Die **Wirkungen der Lebenspartnerschaft** sind im 2. Abschnitt des LPartG geregelt, wobei am Anfang die Generalklausel des § 2 LPartG steht. Im Vordergrund stehen personale Bindungen zu einer Fürsorge- und Beistandsgemeinschaft mit der Verpflichtung, füreinander Verantwortung zu tragen. Die allgemeinen Wirkungen der eingetragenen Lebenspartnerschaft stimmen mit den allgemeinen Ehewirkungen überein. Dasselbe gilt für die Regelungen zum Güterstand, für die in §§ 6, 7 LPartG auf §§ 1363 Abs 2–1390, 1409–1563 BGB verwiesen wird. Für den Fall des **Getrenntlebens** haben die Lebenspartner gegeneinander Anspruch auf angemessenen Unterhalt nach Maßgabe der Lebens-, Erwerbs- und Vermögensverhältnisse während der Lebenspartnerschaft (§ 12 LPartG). Im Übrigen wird auf § 1361 BGB verwiesen. Über Haushaltsgegenstände und eine gemeinsame Wohnung treffen §§ 13, 14 LPartG weitgehend wortgleiche Regelungen zu § 1361a, b BGB.

171 Der Lebenspartner hat automatisch[227] das sogenannte „kleine" Sorgerecht (Befugnis zur Mitentscheidung in Angelegenheiten des täglichen Lebens des Kindes) über Kinder des anderen Lebenspartners, wenn dieser allein sorgeberechtigt ist, § 9 Abs 1 LPartG.[228] Daneben steht ihm ein Notsorgerecht bei Gefahr im Verzug zu, § 9 Abs 2 LPartG. § 9 Abs 5 LPartG ermöglicht die Einbenennung eines Kindes, das ein allein- oder mitsorgeberechtigter Lebenspartner in die eingetragene Lebenspartnerschaft mitbringt. Möglich ist auch die sogenannte **Stiefkindadoption**: Ein Lebenspartner kann das Kind des anderen Lebenspartners allein annehmen, § 9 Abs 7 LPartG; auf die entsprechenden Regelungen des BGB wird verwiesen. Dagegen können Lebenspartner nicht gemeinsam ein Kind annehmen; ebenso ist die Sukzessivadoption unzulässig: Ein Lebenspartner kann danach das vom anderen Lebenspartner adoptierte Kind nicht seinerseits adoptieren. § 9 Abs 7 LPartG ist vom BVerfG[229] insoweit wegen Ver-

---

[225] Obwohl die eingetragene Lebenspartnerschaft speziell im Interesse homosexueller Paare geschaffen worden ist, ist weder eine derartige Orientierung noch erst recht eine homosexuelle Beziehung Voraussetzung für ihre Eingehung.

[226] Die Aufhebung umfasst auch die Fälle, die bei der Ehe zur Scheidung führen. Die Rechtsfolgen sind einheitlich geregelt und differenzieren insbesondere auch nicht im Fall der arglistigen Täuschung oder Drohung.

[227] STAUDINGER/VOPPEL (2010) § 9 LPartG Rn 20 ff; dies ist umstritten, zT wird angenommen, die Befugnisse nach § 9 Abs 1 LPartG entstünden nur bei Einvernehmen des Eltern-Lebenspartners.

[228] Krit RAUSCHER, FamR Rn 753: Ausdruck einer Rechtspolitik, die in der Gesellschaft provokativ wirken wolle, indem sie die Gleichbewertung von Homosexualität und Familie bei der Erziehung der Kinder vorschreibe und damit gezielt Wertgrenzen vieler Menschen verletze.

[229] BVerfG FamRZ 2013, 521.

stoßes gegen Art 3 Abs 1 GG für verfassungswidrig erklärt worden; bis zu einer Neuregelung – die nicht erfolgt ist –[230] ist als Übergangsrecht die Sukzessivadoption möglich.

Die Lebenspartner haben ein **gesetzliches Erb- und Pflichtteilsrecht**, das im Wesentlichen den entsprechenden Instituten unter Ehegatten entspricht (§ 10 Abs 1–3, 5, 6 LPartG). Die Lebenspartner können wie Ehegatten ein gemeinschaftliches Testament errichten, auf das §§ 2266–2273 BGB anzuwenden sind (§ 10 Abs 4 LPartG). Ebenfalls anwendbar sind die Regelungen über den Erbverzicht, § 10 Abs 7 LPartG.

Der Ehescheidung entspricht die **Aufhebung der Lebenspartnerschaft** nach § 15 Abs 2 S 1 LPartG. Die Voraussetzungen der Aufhebung sind denen der Ehescheidung angenähert worden. Allerdings ist nicht „Scheitern" die maßgebliche Voraussetzung. Die eingetragene Lebenspartnerschaft wird nach einjährigem Getrenntleben auf gemeinsamen Antrag der Lebenspartner (oder bei Zustimmung des einen zum Antrag des andern) oder dann aufgehoben, wenn nicht zu erwarten ist, dass eine partnerschaftliche Lebensgemeinschaft wiederhergestellt werden kann; auf Antrag eines Partners erfolgt die Aufhebung nach dreijährigem Getrenntleben; schließlich ist die Aufhebung vorgesehen, wenn die Fortsetzung aus in der Person des anderen Partners liegenden Gründen für den Antragsteller eine unzumutbare Härte darstellen würde. Die eingetragene Lebenspartnerschaft wird nicht aufgehoben, wenn und solange dies für den anderen Partner eine besonders schwere Härte darstellt (§ 15 Abs 3 LPartG). Die unter den Lebenspartnern geschuldete Solidarität findet eine gewisse Fortsetzung im **nachpartnerschaftlichen Unterhalt**, § 16 Abs 1 LPartG, für den vollständig auf das Recht des nachehelichen Unterhalts verwiesen. § 20 LPartG sieht bei Verweis auf die entsprechende Anwendung des VersAusglG auch zwischen Lebenspartnern den **Versorgungsausgleich** vor, soweit die Lebenspartner in der Lebenspartnerschaftszeit ein Anrecht begründet oder aufrechterhalten haben. Hinsichtlich der Behandlung von **Haushaltsgegenständen** und **gemeinsamer Wohnung** nach der Aufhebung verweist § 17 LPartG auf §§ 1568a, b BGB.

IV. Verwandtschaft

1. Allgemeines

Verwandtschaft im Sinne des § 1589 Abs 1 BGB wird durch **Abstammung** einer Person von einer anderen (Verwandtschaft in gerader Linie) oder zweier Personen von einer Dritten (Verwandtschaft in der Seitenlinie) begründet, wobei der Grad (die Nähe) der Verwandtschaft durch die Zahl der sie vermittelnden Geburten bestimmt wird. Neben dieser Blutsverwandtschaft[231] gibt es eine Verwandtschaft im Rechtssinne, die durch Annahme als Kind (Adoption) begründet wird (§ 1754 Abs 1, 2 BGB).[232] Im Sinn dieser beiden Regelungskomplexe wird regelmäßig im BGB der Begriff der Verwandtschaft verstanden.[233] Im weiteren Sinne fällt auch die **Schwägerschaft** unter den Ver-

---

[230] Die Problematik hat sich durch die Zulassung der Eheschließung für gleichgeschlechtliche Paare und die Möglichkeit, von einer eingetragenen Lebenspartnerschaft zur Ehe überzugehen, entschärft.

[231] Verwandtschaft im Sinne des § 1589 BGB geht von der genetischen Abstammung aus; zT wird aber vom Gesetz eine (möglicherweise) von der genetischen Abstammung abweichende rechtliche Zuordnung vorgenommen, vgl §§ 1591, 1592 BGB und dazu sogleich Rn 178.

[232] Zur Adoption vgl Rn 253 ff.

[233] Vgl zu abweichenden Bestimmungen in an-

wandtschaftsbegriff; Schwägerschaft besteht zwischen einem Ehegatten (oder Lebenspartner) und den Verwandten des anderen Ehegatten (oder Lebenspartners), § 1590, 11 Abs 2 LPartG, geht aber entgegen dem allgemeinen Sprachgebrauch nicht darüber hinaus (die Verwandten des einen Ehegatten sind mit denen des anderen Ehegatten nicht verschwägert). Ehegatten sind miteinander weder verwandt noch verschwägert. Zivilrechtlich ist die Verwandtschaft etwa bedeutsam für das gesetzliche Erbrecht und Pflichtteilsrecht, für das Unterhaltsrecht, Eheverbote und bestimmte Regelungen im Vormundschaftsrecht (Vorrang von Verwandten als Vormund, Anhörung von Verwandten). In anderen Rechtsgebieten begründet die Verwandtschaft zB Mitwirkungsverbote (etwa als Richter oder Notar), gewährt das Recht zur Zeugnisverweigerung und hat auch im materiellen Strafrecht Bedeutung, das allerdings in § 11 Abs 1 Nr 1 StGB den weitergehenden Begriff des Angehörigen definiert.[234]

175 Die Verwandtschaft beginnt grundsätzlich mit der Geburt, ausnahmsweise durch Anerkennung oder Feststellung der Vaterschaft oder Annahme als Kind. Durch Tod wird nur die Verwandtschaft mit dem Verstorbenen beendet, nicht aber die durch diesen vermittelten weiteren Verwandtschaftsverhältnisse. Ansonsten kann die Verwandtschaft grundsätzlich nicht aufgelöst werden; Ausnahmen sind die Annahme als Kind, die regelmäßig bei der Minderjährigenadoption die Verwandtschaft zu den leiblichen Verwandten erlöschen lässt, sowie die Aufhebung der Adoption, die die Verwandtschaft zum Annehmenden und seinen Verwandten aufhebt. Die Schwägerschaft besteht fort, auch wenn die sie begründende Ehe oder eingetragene Lebenspartnerschaft aufgelöst worden ist (§ 1590 Abs 2 BGB, § 11 Abs 2 S 3 LPartG).

2. Insbesondere Kindschaft

176 Der wichtigste Ausschnitt des Rechts der Verwandtschaft ist das Kindschaftsrecht. Anders als bis zu der Reformgesetzgebung von 1997/1998 gibt es nur noch ein **einheitliches Kindschaftsrecht**; zwischen ehelich und nichtehelich geborenen Kindern wird nicht mehr grundsätzlich unterschieden; insbesondere sind mit der Unterscheidung statusrechtliche Folgen nicht mehr verbunden. Der Begriff des nichtehelichen Kindes ist im deutschen Recht aufgegeben. Soweit aus der Natur der Sache heraus besondere Regelungen erforderlich sind, knüpfen sie daran an, dass die Eltern des Kindes (bei der Geburt) nicht miteinander verheiratet sind.

a) Abstammung
aa) Grundlagen
177 Da die Verwandtschaft und die damit verbundenen Rechtsfolgen auf der Abstammung beruhen, ist diese vorab zu klären. Problematisch war früher nur die Frage der Vaterschaft; dagegen stand die **Mutter** fest *(mater semper certa)*[235]. Aufgrund neuer Formen künstlicher Fortpflanzung (Eizellen-, Embryonenspende)[236] kann die genetische Mutter von der Frau, die das Kind gebiert, verschieden sein. § 1591 BGB bestimmt abschließend – ein Verfahren zur Anfechtung der Mutterschaft gibt es nicht[237] – die Person zur Mutter, die das Kind geboren hat.

---

deren Rechtsgebieten, insbesondere im Sozialrecht, RAUSCHER, FamR Rn 754.
[234] Vgl zu den Wirkungen der Verwandtschaft außerhalb des BGB umfassend STAUDINGER/RAUSCHER (2011) Einl 51 f zu §§ 1589 ff.

[235] Nach Digesten 2, 4, 5.
[236] Eizellenspende, Embryonenspende und andere Formen der Ersatzmutterschaft sind durch §§ 1, 4 Embryonenschutzgesetz verboten und unter Strafe gestellt.

Für die **Zurechnung der Vaterschaft** im Rechtssinne gibt es drei Ansatzpunkte: Die Ehe **178** mit der Mutter des Kindes § 1592 Nr 1 BGB, die Anerkennung der Vaterschaft, § 1592 Nr 2, und die gerichtliche Feststellung der Vaterschaft, § 1592 Nr 3 BGB. Diese Tatbestände schließen einander aus: Grundsätzlich kann nur dann durch einen Mann die Vaterschaft wirksam anerkannt werden, wenn nicht der Ehemann der Mutter nach § 1592 Nr 1 BGB oder ein anderer Mann kraft Anerkennung Vater ist (§ 1594 Abs 2 BGB); eine gerichtliche Feststellung der Vaterschaft ist nur dann möglich, wenn keine Person anderweitig nach Gesetz als Vater anzusehen ist (§ 1600d Abs 1 BGB), sei es weil die Mutter nicht verheiratet ist und kein Mann die Vaterschaft anerkannt hat, sei es dass die Vaterschaft nach diesen Tatbeständen erfolgreich angefochten worden ist.

bb) Der mit der Mutter verheiratete Mann

In erster Linie ist der Mann **Vater des Kindes**, der **mit der Mutter zur Zeit der Geburt** **179** **verheiratet** ist. Ein vor der Ehe geborenes Kind wird dem späteren Ehemann nach § 1592 Nr 1 BGB ebenso wenig zugerechnet, wie ein nach rechtskräftiger Aufhebung oder Scheidung der Ehe geborenes Kind, auch wenn die Zeugung in die Zeit der bestehenden Ehe fällt. In diesen Fällen ist aber eine Zurechnung nach § 1592 Nr 2 oder 3 BGB möglich. Ein nach längerem Getrenntleben, aber noch vor Rechtskraft der Entscheidung, mit der die Scheidung ausgesprochen wird, geborenes Kind wird dagegen dem Ehemann zugeordnet. Wird die Ehe durch den Tod des Ehemannes aufgelöst, ist dieser Vater des Kindes, wenn das Kind innerhalb von 300 Tagen nach dem Tod geboren wird (ggf auch nach einem längeren Zeitraum, wenn feststeht, dass das Kind mehr als 300 Tage vor der Geburt empfangen wurde), § 1593 S 1, 2 BGB. Hier kann es zu einem Konflikt kommen, wenn die Mutter inzwischen wieder geheiratet hat und der neue Ehemann nach § 1592 Nr 1 BGB Vater ist; in diesem Fall ist nach § 1593 S 3 BGB nur der neue Ehemann als Vater anzusehen.[238]

Von dem Grundsatz, dass die Anerkennung der Vaterschaft nicht wirksam ist, solange **180** der Ehemann als Vater anzusehen ist, macht § 1599 Abs 2 BGB eine Ausnahme für den Fall, dass das Kind nach der Rechtshängigkeit des Scheidungsantrags aber vor dem Ausspruch der Scheidung geboren worden ist und innerhalb eines Jahres nach Rechtskraft der Entscheidung, mit der die Scheidung ausgesprochen wird, ein anderer Mann die Vaterschaft anerkennt; es ist die Zustimmung des zum Zeitpunkt der Geburt mit der Mutter verheirateten Mannes erforderlich. Damit trägt das Gesetz den Wahrscheinlichkeiten Rechnung und erspart den Beteiligten die ohne diese Ausnahmeregelung erforderliche vorherige Anfechtung der Vaterschaft des früheren Ehemannes der Mutter.

cc) Vaterschaft kraft Anerkennung

Die **Anerkennung der Vaterschaft** setzt voraus, dass ein Mann eine unbedingte und **181** unbefristete Anerkennungserklärung abgibt (§ 1594 BGB) und die Mutter des Kindes dieser Erklärung zustimmt (§ 1595 BGB); eine Zustimmung des Kindes selbst ist nur dann erforderlich, wenn der Mutter insoweit die elterliche Sorge nicht zusteht.[239] Eine

---

[237] Vgl krit RAUSCHER, FamR Rn 765.
[238] Wird dessen Vaterschaft aber erfolgreich angefochten, ist der frühere Ehemann der Mutter als Vater anzusehen, § 1593 S 4 BGB.
[239] Zur Form von Anerkennung und Zustimmung vgl § 1597 BGB; zur Anerkennung und Zustimmung bei beschränkter bzw fehlender Geschäftsfähigkeit vgl § 1596 BGB. Krit zur Zurückdrängung des Zustimmungsrecht des Kindes und der Zuweisung des Zustimmungsrechts an die Mutter aus eigenem Recht RAUSCHER, FamR Rn 793 f.

Zustimmung des Ehemannes der Mutter ist nur im Fall des § 1599 Abs 2 BGB erforderlich; in allen anderen Fällen wird die Anerkennung erst wirksam, wenn dessen Vaterschaft wirksam angefochten ist (§ 1594 Abs 2 BGB). Die Anerkennung und die erforderliche Zustimmung können schon vor der Geburt des Kindes abgegeben werden, so dass die werdenden nicht verheirateten Eltern bereits im Vorhinein klare Verhältnisse schaffen können. Im Übrigen sind weder Anerkennung noch Zustimmung an Fristen gebunden. Allerdings kann der Mann die Anerkennung widerrufen, wenn sie ein Jahr nach der Beurkundung noch nicht wirksam geworden ist (§ 1597 Abs 3 BGB); dies gilt sowohl, wenn die Wirksamkeit an der noch fortbestehenden Vaterschaft des Ehemannes als auch an der Zustimmung der Mutter oder des Kindes scheitert. Verweigert die Mutter die Zustimmung, kann diese nicht ersetzt werden; es kommt dann nur eine gerichtliche Feststellung der Vaterschaft in Betracht.

182 Anerkennung und Zustimmung sind Willenserklärungen; sie unterliegen aber hinsichtlich der Wirksamkeit nicht den allgemeinen Regeln für Willenserklärungen, sondern ihre Wirksamkeit bestimmt sich allein nach den Regeln der §§ 1594–1597 BGB (§ 1598 Abs 1 BGB). So ist etwa eine Anfechtung weder wegen Irrtums noch auch wegen Täuschung oder Drohung zulässig. Eine missbräuchliche Anerkennung der Vaterschaft, um die rechtlichen Voraussetzungen für die erlaubte Einreise oder den erlaubten Aufenthalt des Anerkennenden, der Mutter oder des Kindes ist verboten, § 1597a Abs 1 BGB; die Beurkundung ist auszusetzen und bei Feststellung des Vorliegens einer missbräuchlichen Anerkennung durch die nach § 85a AufenthG zuständige Behörde abzulehnen, § 1597a Abs 2 BGB.[240] Auch die Wirksamkeitserfordernisse der §§ 1594 ff spielen keine Rolle mehr, wenn seit der Eintragung der Anerkennung in ein deutsches Personenstandsregister fünf Jahre verstrichen sind (§ 1598 Abs 2 BGB). Der Stabilität der Zuordnung aufgrund einer Anerkennung wird damit ein hohes Gewicht eingeräumt.

dd) Vaterschaftsanfechtung

183 Die Wirkungen sowohl der Zuordnung kraft Ehe mit der Kindesmutter als auch der Anerkennung können nur durch **Anfechtung** im Rahmen eines Verfahrens vor dem Familiengericht beseitigt werden, § 1599 Abs 1 BGB. Die erfolgreiche Anfechtung einer bestehenden Vaterschaft ist Voraussetzung für die positive gerichtliche Feststellung der Vaterschaft, es sei denn, dass von Anfang an ein Vater nach § 1592 BGB nicht existierte. Die Anfechtung setzt aber nicht gleichzeitig die Feststellung eines anderen Mannes als Vater voraus; sie beschränkt sich auf die Beseitigung der bis dahin scheinbar bestehenden Vaterschaft. Sowohl die Anfechtung der Vaterschaft als auch deren Feststellung beruhen auf der gerichtlichen Feststellung biologischer Tatsachen, die die Vaterschaft eines Mannes belegen bzw ausschließen.

184 Anfechtungsberechtigt sind generell der Mann, dessen Vaterschaft sich aus §§ 1592 Nr 1, 2 oder 1593 BGB ergibt,[241] die Mutter und das Kind sowie der Mann, der an Eides Statt versichert, der Mutter während der Empfängniszeit beigewohnt zu haben, § 1600 Abs 1 BGB.[242] Die Eltern des Vaters haben kein Anfechtungsrecht mehr. Eine

---

[240] Dort werden auch bestimmte Indizien genannt, die für eine missbräuchliche Anerkennung sprechen können.
[241] Die Vaterschaft aufgrund gerichtlicher Feststellung kann nicht angefochten, sondern nur durch ein Wiederaufnahmeverfahren beseitigt werden, PALANDT/BRUDERMÜLLER § 1600 Rn 1.
[242] Die frühere Regelung, die dem biologischen Vater das Anfechtungsrecht stets versagte, war

Anfechtung des Mannes, der versichert, der Mutter während der Empfängniszeit beigewohnt zu haben, ist nach § 1600 Abs 2 BGB jedoch nur zulässig, wenn zwischen dem Kind und dem Mann, der nach §§ 1592 Nr 1, 2, 1593 BGB Vater ist, keine sozialfamiliäre Gemeinschaft besteht, die sich darin zeigt, dass er für das Kind tatsächlich Verantwortung trägt, insbesondere indem er mit der Mutter des Kindes verheiratet ist oder mit dem Kind längere Zeit in häuslicher Gemeinschaft gelebt hat, § 1600 Abs 3 BGB. Besteht also mit dem Scheinvater eine soziale Familie, wird die rechtliche Elternschaft weiterhin vor Angriffen von außen geschützt. Ausnahmsweise ist eine Anfechtung des rechtlichen Vaters oder der Mutter – nicht aber des Kindes – ausgeschlossen, wenn das Kind mit Einwilligung des rechtlichen Vaters durch künstliche Befruchtung mit dem Samen eines anderen Mannes gezeugt worden ist, § 1600 Abs 4 BGB. Hiermit wird ein Ausschnitt aus dem Problembereich der neuen Fortpflanzungsmedizin geregelt. An dem Anfechtungsverfahren sind das Kind, die Mutter und der Vater zu beteiligen, § 172 Abs 1 FamFG, ggf auch das Jugendamt, § 172 Abs 2 FamFG.

185 Für das Anfechtungsverfahren ist eine Frist von zwei Jahren ab dem Zeitpunkt einzuhalten, zu dem der Anfechtungsberechtigte von den Umständen erfährt, die gegen die Vaterschaft sprechen, § 1600b Abs 1 BGB. Zum Schutz der Beteiligten werden hinsichtlich des Fristbeginns mehrere Modifikationen vorgenommen: Die Frist beginnt nicht vor der Geburt des Kindes bzw vor dem Wirksamwerden der Anerkennungserklärung, § 1600b Abs 2 BGB; hat der gesetzliche Vertreter des minderjährigen Kindes oder eines geschäftsunfähigen Anfechtungsberechtigten die Anfechtung nicht rechtzeitig betrieben, kann der Anfechtungsberechtigte selbst die Anfechtung nach Eintritt der Volljährigkeit bzw Wegfall der Geschäftsunfähigkeit betreiben, wobei eine neue Frist ab diesem Zeitpunkt bzw ab Kenntnis von den entsprechenden Umständen läuft, § 1600b Abs 3, 4 BGB. Schließlich kann das Kind auch dann, wenn es innerhalb der vorgenannten Fristen nicht angefochten hat, innerhalb einer neuen Frist von zwei Jahren anfechten, wenn es Tatsachen erfährt, die die bestehende Vaterschaft für es unzumutbar werden lassen (etwa spätere Heirat von Mutter und biologischem Vater oder unsittlicher Lebenswandel oder schwere Vergehen des rechtlichen Vaters[243]), § 1600b Abs 6 BGB. Grundsätzlich gelten nach § 1600c Abs 1 BGB auch im Anfechtungsverfahren die Vermutungen der §§ 1592 Nr 1, 2, 1593 BGB.[244] Der Anfechtungsantrag ist begründet, wenn zur vollen Überzeugung des Gerichts feststeht, dass der rechtliche Vater nicht der biologische Vater ist. Der Beweis kann insbesondere über Sachverständigengutachten (Abstammungsgutachten) geführt werden. Wird dem Antrag stattgegeben, wird die Vaterschaft rückwirkend beseitigt. Der Scheinvater kann wegen des geleisteten Unterhalts und der Prozesskosten beim biologischen Vater – aber erst, wenn dieser rechtskräftig festgestellt ist – Regress nehmen, wobei er sich auf § 1607 Abs 3 S 2 BGB (gesetzlicher Forderungsübergang) stützen kann.

186 Die Anfechtung des Mannes, der versichert, der Mutter während der Empfängniszeit beigewohnt zu haben, hat aufgrund der besonderen Konstellation zugleich die Wir-

---

mit Art 6 Abs 2 S 1 GG nicht vereinbar, BVerfG FamRZ 2003, 816.
[243] Krit zu diesen Gründen STAUDINGER/RAUSCHER (2011) § 1600b Rn 90 ff, der den Kern des Anwendungsbereichs im Konflikt im Zusammenhang mit dem Zerbrechen der Beziehung der Mutter zum Scheinvater sieht.

[244] Anders verhält es sich gemäß § 1600c Abs 2 BGB, wenn der Mann, der seine Vaterschaft anficht, hinsichtlich der Anerkennung einen Willensmangel nach §§ 119 Abs 1, 123 BGB geltend macht; es gilt dann die Vermutung wie im Feststellungsverfahren nach § 1600d Abs 2, 3 BGB.

kung, dass seine Vaterschaft mit Rechtskraft des der Anfechtung stattgebenden Beschlusses festgestellt ist, § 182 Abs 1 FamFG.

ee) Gerichtliche Feststellung der Vaterschaft

187 Wenn von vornherein oder wegen erfolgreicher Anfechtung keine Vaterschaft nach §§ 1592 Nr 1, 2, 1593 besteht, kann die Vaterschaft (ausschließlich) auf Antrag der Mutter, des Kindes oder des Vaters **gerichtlich festgestellt** werden, § 1600d Abs 1 BGB. Neben der positiven Feststellung kann – unter denselben Voraussetzungen – auch die negative Feststellung betrieben werden.[245] Der Beweis (es gilt der Untersuchungsgrundsatz, §§ 26, 177 Abs 1 FamFG) für die Abstammung des Kindes ist grundsätzlich durch direkten Nachweis (typischerweise durch Zeugenaussagen und insbesondere mittels Gutachten) zu führen. Können auf diesem Wege Zweifel nicht ausgeräumt werden, gilt die Vermutung des § 1600d Abs 2 BGB: Danach wird als Vater vermutet, wer der Mutter während der Empfängniszeit – regelmäßig die Zeit vom 300. bis 181. Tag vor der Geburt, wenn eine abweichende Empfängniszeit feststeht, diese, § 1600d Abs 3 BGB – beigewohnt hat. Die Vermutung gilt nicht, wenn auch nach Ausschöpfung aller Beweismöglichkeiten schwerwiegende Zweifel an der Vaterschaft bestehen, § 1600d Abs 2 S 2 BGB, zB aufgrund eines Abstammungsgutachtens oder im Falle des Mehrverkehrs der Mutter, es sei denn die Vaterschaft des anderen in Betracht kommenden Mannes ist durch Gutachten ausgeschlossen.[246] Grundsätzlich können die Rechtswirkungen der Vaterschaft nur und erst ab dem Zeitpunkt der rechtskräftigen Feststellung geltend gemacht werden (§ 1600d Abs 4 BGB, sogenannte Sperrwirkung[247]); Unterhaltsansprüche des Kindes gegen den Vater entstehen aber rückwirkend und gehen ggf auf den Scheinvater über, der sie aber erst nach Feststellung gelten machen kann.

ff) Kenntnis der Abstammung

188 Ein **Recht des Kindes auf Kenntnis seiner genetischen Abstammung** ist – gestützt auf das Persönlichkeitsrecht des Kindes – durch das BVerfG anerkannt.[248]

189 Ob das Kind gegen die Mutter einen **Auskunftsanspruch** bezüglich des genetischen Vaters[249] hat, ist im Einzelnen umstritten, wird aber überwiegend bejaht.[250] Der Anspruch wird überwiegend auf § 1618a BGB gestützt. Bei der Entscheidung, ob die Mutter auskunftspflichtig ist, ist eine Abwägung der widerstreitenden, grundrechtlich geschützten Interessen des Kindes (Persönlichkeitsrecht) und der Mutter (Schutz der Intimsphäre, ebenfalls Persönlichkeitsrecht) vorzunehmen, die allerdings regelmäßig zugunsten des Kindes auszugehen hat, weil das Interesse an der Identitätsfindung überwiegt. Hat die Mutter im Empfängniszeitraum mit mehreren Männern verkehrt, sind alle zu benennen; deren Interessen sind in die Abwägung nach § 1618a BGB nicht einzubeziehen. Geht es allerdings lediglich um vermögensrechtliche Interessen – ins-

---

[245] GERNHUBER/COESTER-WALTJEN, FamR § 52 Rn 71, 73.
[246] Im Einzelnen STAUDINGER/RAUSCHER (2011) § 1600d Rn 52 ff.
[247] Vgl aber BGH FamRZ 2008, 1424; 2009, 32: Ausnahmsweise Inzidentfeststellung im Regressprozess des Scheinvaters, wenn der Kläger sonst rechtlos gestellt wäre, weil weder Mutter noch mutmaßlicher Erzeuger bereit sind, die Vaterschaft gerichtlich feststellen zu lassen.
[248] BVerfG NJW 1989, 891; 1997, 1769 (weiter Abwägungsspielraum).
[249] Oder anderer Familienangehöriger, etwa der Großeltern, vgl dazu bejahend AG Lüdinghausen, 6.7.2012 – 14 F 76/12, FamRZ 2013, 633.
[250] Vgl STAUDINGER/RAUSCHER (2011) Einl 119 ff zu §§ 1589 ff; STAUDINGER/HILBIG-LUGANI (2015) § 1618a Rn 47 ff.

besondere auch staatlicher Stellen, die beim Vater Rückgriff nehmen wollen – überwiegt regelmäßig das Interesse der Mutter an Wahrung ihrer Intimsphäre.[251] Ob der Auskunftsanspruch vollstreckbar ist, ist umstritten.[252]

§ 1598a gibt dem Vater, der Mutter und dem Kind einen Anspruch gegen die jeweils beiden anderen Personen auf Einwilligung in eine genetische Abstammungsuntersuchung und der dazu erforderlichen Probenentnahme zur Klärung der leiblichen Abstammung des Kindes. Statusrechtliche oder sonstige Konsequenzen folgen aus der Klärung der Abstammung nicht. Insbesondere folgt aus dem Ergebnis, dass der rechtliche nicht der leibliche Vater ist, keine Feststellung des wirklichen Vaters. Die Klärungsberechtigung besteht unabhängig von der Frage, ob der Berechtigte bereits Kenntnis von Umständen hat, die eine Anfechtung der Vaterschaft ermöglichen, sie besteht auch nach Ablauf der Anfechtungsfrist und unabhängig davon, ob überhaupt statusrechtliche Konsequenzen geplant sind.[253] Der biologische Vater hat keinen Anspruch aus § 1598a BGB, sondern bleibt auf das Anfechtungsverfahren verwiesen, womit sichergestellt ist, dass er nicht nur eine Klärung herbeiführt, sondern auch die Verantwortung für das Kind übernimmt.[254] **190**

b) Elterliche Sorge
aa) Begriff
Pflege und Erziehung der Kinder sind in erster Linie den Eltern als Pflicht und Recht in eigener Verantwortung zugewiesen (§§ 1626 Abs 1 S 1, 1627 S 1 BGB) und grundrechtlich durch Art 6 Abs 2 GG abgesichert; dem Staat kommt nur eine Wächterfunktion zu. Mit den Begriffen der Pflege und Erziehung wird gemeinhin der Begriff der Personensorge umschrieben; die grundrechtliche Gewährleistung umfasst jedoch die gesamte elterliche Verantwortung für die Kinder. Die elterliche Verantwortung beinhaltet zum einen die elterliche Sorge, bei der wiederum Personen- und Vermögenssorge unterschieden werden (§ 1626 Abs 1 BGB), und zum anderen den Umgang mit dem Kind und Unterhaltspflichten.[255] **191**

Die elterliche Sorge ist die **Pflicht** (und das Recht) **der Eltern, für ihre minderjährigen Kinder umfassend zu sorgen**, um die Möglichkeiten der Kinder zu entfalten und sie zu selbständigem Handeln anzuleiten,[256] sowie das Vermögen der Kinder zu bewahren. Soweit das Gesetz nicht einzelne Ausnahmen macht, ist die elterliche Sorge umfassend auf alle Angelegenheiten der Kinder bezogen. Das Gesetz unterscheidet die gemeinsame Sorge beider Eltern für ihre Kinder und die Alleinsorge eines Elternteils für seine Kinder. **192**

bb) Begründung der elterlichen Sorge
Die **elterliche Sorge** wird grundsätzlich **von Gesetzes wegen** erworben, und zwar als gemeinsame Sorge der bei der Geburt des Kindes miteinander verheirateten Eltern (vom Gesetz vorausgesetzt, *arg e* § 1626a Abs 1 BGB) bzw als gemeinsame Sorge der **193**

---

[251] OLG Hamm FamRZ 1991, 1229; LG Essen FamRZ 1994, 1347; STAUDINGER/RAUSCHER (2011) Einl 123 zu §§ 1589 ff.
[252] Dafür etwa STAUDINGER/HILBIG-LUGANI (2015) § 1618a Rn 51; zurückhaltend STAUDINGER/RAUSCHER (2011) Einl 132 zu §§ 1589 ff; dagegen etwa LG Münster NJW 1999, 3787.
[253] OLG Koblenz 21.6.2013 – 13 WF 522/13, FamRZ 2014, 406; PALANDT/BRUDERMÜLLER § 1598a Rn 2.
[254] STAUDINGER/RAUSCHER (2011) § 1598a Rn 9, 17 f; PALANDT/BRUDERMÜLLER § 1598a Rn 7.
[255] Dazu Rn 245 f.
[256] Vgl § 1626 Abs 2 BGB und dazu Rn 205.

bei der Geburt nicht miteinander verheirateten Eltern, wenn sie später heiraten (§ 1626a Abs 1 Nr 2 BGB). Kraft Gesetzes tritt Alleinsorge der Mutter ein, wenn die Eltern bei der Geburt des Kindes nicht miteinander verheiratet sind, keine Sorgeerklärungen abgeben und das Familiengericht den Eltern die gemeinsame Sorge nicht überträgt, § 1626a Abs 3 BGB.

194 Die bei der Geburt des Kindes nicht miteinander verheirateten Eltern können durch **Sorgeerklärungen** die gemeinsame Sorge begründen. Sowohl die Mutter als auch der Vater müssen dazu jeweils gesondert und nicht notwendigerweise zugleich in öffentlich beurkundeter Form erklären, die Sorge für das Kind gemeinsam ausüben zu wollen; dies kann auch schon vor der Geburt des Kindes geschehen (im Einzelnen zu Form und sonstigen Wirksamkeitsvoraussetzungen §§ 1626b ff BGB). Sorgerechtserklärungen können nicht wirksam abgegeben werden, wenn dadurch eine gerichtliche Entscheidung über das Sorgerecht unterlaufen würde (§ 1626b Abs 3 BGB). Sorgerechtserklärungen kommt eine besondere Bestandskraft zu: Sie sind nur dann unwirksam, wenn sie gegen die §§ 1626b ff BGB verstoßen (§ 1626e BGB); die allgemeinen Regeln über die Wirksamkeit von Willenserklärungen gelten nicht. Die durch Sorgeerklärungen begründete gemeinsame Sorge kann durch die Eltern nicht wieder rückgängig gemacht werden.

195 Schließlich kann das **Sorgerecht durch gerichtliche Entscheidung** begründet werden. Durch § 1626a Abs 1 Nr 3, Abs 2 BGB ist 2013 die Möglichkeit der gerichtlichen Sorgerechtsübertragung gemeinsam auf die nicht miteinander verheirateten Eltern auf Antrag eines Elternteils eingeführt worden. Die gemeinsame Sorge wird übertragen, wenn sie dem Kindeswohl nicht widerspricht; dafür spricht eine Vermutung, wenn der andere Elternteil keine (nachvollziehbaren) entgegenstehenden Gründe vorträgt und solche auch anderweitig nicht ersichtlich sind. Parallel dazu ist durch die Neufassung des § 1671 Abs 2 BGB die Möglichkeit geschaffen worden, durch gerichtlichen Beschluss dem nicht mit der Mutter verheirateten Vater das alleinige Sorgerecht zu übertragen, wenn die Mutter zustimmt oder eine gemeinsame Sorge nicht in Betracht kommt und die Übertragung auf den Vater dem Wohl des Kindes am besten entspricht. Bis dahin hatte der Vater keine Möglichkeit, ohne Zustimmung der Mutter das alleinige oder gemeinsame Sorgerecht zu erlangen. Dies widersprach Art 14 iVm Art 8 EMKR[257] und war wegen Verstoßes gegen Art 6 Abs 2 GG verfassungswidrig.[258] Eine gerichtliche Entscheidung über das Sorgerecht kommt weiter im Falle der Trennung der Ehegatten (§ 1671 Abs 1 BGB) sowie dann, wenn einem Elternteil die Sorge allein zustand und dessen Sorge vermutlich auf Dauer ruht oder er gestorben oder für Tod erklärt oder einem Ehegatten die Sorge entzogen worden ist (§§ 1678 Abs 2, 1680 Abs 2, 3, 1681 BGB), in Betracht.

cc) Ruhen und Beendigung der elterlichen Sorge

196 Die **elterliche Sorge ruht** zum einen, wenn der Elternteil geschäftsunfähig oder beschränkt geschäftsfähig ist (§ 1673 Abs 1, 2 BGB), zum anderen dann, wenn aus tatsächlichen Gründen ein Elternteil die Sorge auf längere Zeit (auch auf Dauer) nicht ausüben kann (§ 1674 Abs 1 BGB), etwa bei Strafhaft[259] oder bei einer geistiger Behinderung, die nicht zur Geschäftsunfähigkeit führt. Im Falle des § 1674 BGB bedarf es eines feststellenden Beschlusses des Familiengerichts als Voraussetzung für das Ruhen,

---

[257] EuGHMR FamRZ 2010, 103.
[258] BVerfG FamRZ 2010, 1403.
[259] Im Einzelnen umstritten, vgl Nw zur Rspr bei STAUDINGER/COESTER (2016) § 1674 Rn 14.

ebenso auch für das Wiederaufleben der Sorge, wenn der Grund weggefallen ist. Ruhen bedeutet, dass der Elternteil die elterliche Sorge nicht verliert, aber an der Ausübung gehindert ist (§ 1675 BGB). Der beschränkt geschäftsfähige Elternteil ist zur Ausübung der Personensorge in tatsächlicher Hinsicht berechtigt, jedoch nicht zur Vertretung des Kindes (§ 1673 Abs 2 BGB).

Die **elterliche Sorge endet** regulär, wenn das Kind volljährig wird. Die elterliche Sorge endet auch durch Tod des Sorgeberechtigten sowie durch Todeserklärung (§ 1677 BGB). Sie endet weiter durch gerichtliche Entscheidung, wenn die elterliche Sorge einem Elternteil nach § 1666 BGB entzogen wird oder im Falle des Getrenntlebens einem/dem anderen Elternteil übertragen wird, § 1671 BGB.

Sowohl bei Ruhen als auch bei Beendigung[260] der elterlichen Sorge steht bei bislang gemeinsamer Sorge dem anderen Elternteil allein die Sorge bzw ihre Ausübung zu (§§ 1678 Abs 1, 1680 Abs 1 und 3 BGB). War die Mutter nach § 1626a BGB oder ein Elternteil nach § 1671 BGB allein sorgeberechtigt, hat das Familiengericht die Sorge dem Vater bzw dem anderen Elternteil zu übertragen, wenn dies dem Wohl des Kindes nicht widerspricht (§§ 1678 Abs 2, 1680 Abs 2 und Abs 3 BGB), bei Ruhen der Sorge nur dann, wenn keine Aussicht besteht, dass der Grund wegfällt (also etwa nicht bei Minderjährigkeit der Mutter). Kommen die vorgenannten Möglichkeiten nicht in Betracht, ist ein Pfleger oder Vormund zu bestellen.

dd) Ausübung der gemeinsamen Sorge, Konflikte

Die gemeinsame Sorge ist in gegenseitigem Einvernehmen der Eltern auszuüben, wobei Maßstab – wie generell im Sorgerecht – das Kindeswohl ist, § 1627 BGB. Regelmäßig wird die Ausübung der Sorge in der faktischen Handhabung ohne weiteres aufgeteilt, wobei insbesondere dem haushaltführenden Ehegatten der überwiegende Teil der tatsächlichen Betreuung zukommen wird. Bei wichtigen Entscheidungen (Besuch einer weiterführenden Schule, schwerwiegender ärztlicher Eingriff) werden die Eltern gemeinsam beraten und eine Entscheidung treffen. § 1627 S 2 BGB statuiert eine Verpflichtung, sich bei Meinungsverschiedenheiten zu einigen. Ist eine Einigung im Einzelfall oder für eine bestimmte Art von Angelegenheiten – vorausgesetzt ist wegen der Subsidiarität staatlicher Eingriffe eine erhebliche Bedeutung[261] für das Kind – nicht möglich, kann ein Elternteil beim Familiengericht den Antrag stellen, die Entscheidung einem Elternteil zu übertragen, § 1628 BGB, der dann auch insoweit allein vertretungsbefugt ist, § 1629 Abs 1 S 3 BGB. Das Familiengericht trifft also nicht selbst die Entscheidung; es überträgt die Entscheidung unter Berücksichtigung des Kindeswohls dem Ehegatten, dessen Vorschlag unter diesem Gesichtspunkt vorzugswürdig ist.[262] Die Übertragung kann mit Beschränkungen oder Auflagen verbunden werden. Der danach entscheidungsbefugte Ehegatte ist nicht verpflichtet, so zu entscheiden, wie er es ursprünglich vorgeschlagen hat.[263]

---

[260] Außer im Falle der Volljährigkeit des Kindes.
[261] ZB Bestimmung des Vornamens des Kindes, Aufenthaltsbestimmung, Wahl der Schule oder der Ausbildung, ärztlicher Eingriff, vgl im Einzelnen STAUDINGER/PESCHEL-GUTZEIT (2015) § 1628 Rn 29.
[262] STAUDINGER/PESCHEL-GUTZEIT (2015) § 1628 Rn 41.
[263] STAUDINGER/PESCHEL-GUTZEIT (2015) § 1628 Rn 50.

ee) Elterliche Sorge nach Trennung und Scheidung

200 Trennung oder Scheidung haben nach der Konzeption des Gesetzes seit der Reform des Kindschaftsrechts von 1998 grundsätzlich **keine Auswirkung auf die elterliche Sorge**. Hatten die Eltern gemeinsam das Sorgerecht, bleibt es dabei. Das Sorgerecht verändert sich allerdings inhaltlich, da die räumliche Trennung eine (vollständig) gemeinsame Ausübung des Sorgerechts praktisch nicht zulässt. Nach § 1687 Abs 1 BGB haben die Eltern, wenn sie nicht nur vorübergehend getrennt leben,[264] Entscheidungen in Angelegenheiten, die für das Kind von erheblicher Bedeutung sind, im gegenseitigen Einvernehmen zu treffen; Entscheidungen in Angelegenheiten des täglichen Lebens dagegen trifft der Elternteil, bei dem sich das Kind aufgrund einer Einigung der Eltern oder aufgrund gerichtlicher Entscheidung gewöhnlich aufhält. Das Gesetz definiert in § 1687 Abs 1 S 3 BGB die alltäglichen Entscheidungen. Die – im Einzelfall schwierige – Abgrenzung zwischen alltäglichen und grundlegenden Entscheidungen ist danach vorzunehmen, ob die Entscheidungen später nur schwer oder gar nicht zu ändernde Auswirkungen auf die Entwicklung des Kindes haben; dann ist gegenseitiges Einvernehmen der Eltern erforderlich,[265] etwa bei größeren medizinischen Eingriffen, Entscheidungen über die Schullaufbahn und die Berufswahl, die religiöse Erziehung. Eine Alleinentscheidungsbefugnis in Angelegenheiten der tatsächlichen Betreuung steht auch dem anderen Elternteil zu, solange sich das Kind bei diesem (zeitweise) aufgrund einer Einigung oder einer gerichtlichen Entscheidung aufhält. Darüber hinaus kommt diesem auch das Notvertretungsrecht des § 1629 Abs 1 S 4 BGB zu.

201 Nur auf ausdrücklichen **Antrag** nach § 1671 Abs 1 BGB entscheidet das Familiengericht im Falle der nicht nur vorübergehenden Trennung der Eltern über das Sorgerecht, nicht notwendigerweise, aber bei rechtzeitiger Geltendmachung möglich, im Scheidungsverbundverfahren. Ein Elternteil kann beantragen, dass ihm die elterliche Sorge ganz oder teilweise allein übertragen wird. Das Gericht muss dem Antrag grundsätzlich stattgeben, wenn entweder der andere Elternteil ihm zustimmt (§ 1671 Abs 1 S 2 Nr 1 BGB) oder zu erwarten ist, dass sowohl die Aufhebung der gemeinsamen Sorge als auch die Übertragung der Sorge an den Antragsteller dem Kindeswohl am besten entspricht (§ 1671 Abs 1 S 2 Nr 2 BGB). Trotz übereinstimmender Haltung der Eltern kann nicht nach Abs 1 S 2 Nr 1 entschieden werden, wenn das mindestens 14 Jahre alte Kind dem widerspricht; es kommt dann nur eine Entscheidung nach Abs 1 S 2 Nr 2 in Betracht. In diesem Zusammenhang ist streitig, ob die gemeinsame Sorge grundsätzlich Vorrang vor der Alleinsorge eines Elternteils hat,[266] so dass allein Konflikte zwischen den Eltern nicht ausreichen, um zugunsten der Alleinsorge zu entscheiden, sondern vielmehr den Eltern die Aufgabe gestellt ist, zu gemeinsamen Lösungen zu kommen, oder ob beide Regelungsmodelle gleichrangig nebeneinander stehen.[267] Dem Antrag des Elternteils darf dann nicht stattgegeben werden, wenn nach anderen Regelungen die elterliche Sorge abweichend geregelt werden muss, § 1671 Abs 4 BGB. Eine solche Regelung kann im Einzelfall unter den Voraussetzungen

---

[264] Bei – auch nur kurzer – Wiederaufnahme der Lebensgemeinschaft im Rahmen eines Versöhnungsversuchs gelten wieder die allgemeinen Regeln der gemeinsamen Ausübung der Sorge, STAUDINGER/SALGO (2014) § 1687 Rn 11.

[265] STAUDINGER/SALGO (2014) § 1687 Rn 30 ff mit Fallgruppen Rn 35 ff; PALANDT/GÖTZ § 1687 Rn 7.

[266] So ein Teil der obergerichtlichen Rechtsprechung, vgl Nachweise bei STAUDINGER/COESTER (2009) § 1671 Rn 108; dort auch – Rn 109 ff – ausführliche Diskussion. STAUDINGER/COESTER (2016) § 1671 Rn 108 sieht diese Frage zugunsten der abweichenden Ansicht als erledigt an.

[267] So insbesondere BGH FamRZ 1999, 1646, 1647; 2005, 1167; BVerfG FamRZ 2004, 354, 355; 2007, 1876, 1877.

insbesondere des § 1666 vom Gericht auch von Amts wegen getroffen werden; eine entsprechende Regelung ist gegenüber einem Antrag gemäß § 1671 BGB vorrangig. Eine Regelung entsprechend § 1671 BGB – insbesondere wenn eine Teilübertragung der Sorge beabsichtigt wird – kann auch über § 1628 BGB erreicht werden; die Abgrenzung ist unsicher.[268]

Die grundsätzlich fortbestehende gemeinsame Sorge schließt Konflikte im praktischen Vollzug nicht aus und kann letztlich nur gelingen, wenn beide Elternteile Bereitschaft zu einer entsprechenden Handhabung zeigen. Konflikte können über § 1628 BGB geklärt werden; ggf muss eine Regelung nach § 1671 BGB erfolgen. **202**

Bestand keine gemeinsame elterliche Sorge, bleibt es grundsätzlich auch im Trennungsfall bei der Alleinsorge des bis dahin sorgeberechtigten Elternteils. § 1671 Abs 2 BGB lässt aber im Einzelfall auf Antrag abweichende Lösungen zu. **203**

Für den Fall der Trennung ordnet § 1629 Abs 3 BGB an, dass ein Ehegatte Unterhaltsansprüche gegen den anderen Ehegatten nur im Wege der Prozessstandschaft im eigenen Namen aber mit Wirkung für und gegen das Kind geltend machen kann. **204**

ff) Personensorge

Den Kernbereich der elterlichen Sorge macht die **Personensorge** aus. Sie umfasst zunächst die Pflege und Erziehung des Kindes (auch in religiöser Hinsicht), § 1631 Abs 1 BGB, wobei die Eltern die wachsende Fähigkeit und das wachsende Bedürfnis des Kindes zu selbständigem verantwortungsbewusstem Handeln zu berücksichtigen haben; sie sollen unter Beachtung des Entwicklungsstandes des Kindes Einzelfragen mit diesem besprechen und bei Entscheidungen Einvernehmen mit ihm anstreben (§ 1626 Abs 2 BGB). Soweit es um Ausbildung und Beruf geht, wird in § 1631a BGB ausdrücklich angeordnet, dass die Eltern auf Eignung und Neigung des Kindes Rücksicht zu nehmen haben; elterliche Wünsche haben demgegenüber zurückzutreten. Weiter haben die Eltern das Kind zu beaufsichtigen; bei Verletzung dieser Pflicht haften sie ggf nach § 832 BGB gegenüber Dritten. Zur Personensorge gehört auch die Bestimmung des Aufenthalts und des Umgangs des Kindes, §§ 1631 Abs 1, 1632 Abs 2 BGB. Dem korrespondiert ein eigener Herausgabeanspruch gegen Personen, die den Eltern bzw einem Elternteil das Kind widerrechtlich vorenthalten, § 1632 Abs 1 BGB. Hinsichtlich der Bestimmung des Umgangs gibt § 1626 Abs 3 BGB vor, dass der Umgang mit beiden Eltern in der Regel dem Kindeswohl entspricht; ebenso auch der Umgang mit anderen Personen, zu denen es Bindungen entwickelt hat. Diese Regelung ist insbesondere im Falle der Trennung und Scheidung von Bedeutung, damit das Kind nicht den Kontakt zu dem Elternteil, bei dem es nicht lebt, und dessen Verwandten verliert. Dazu treffen §§ 1684 f BGB Sonderregelungen, die gleichzeitig auch eine Pflicht zum Umgang für die Eltern statuieren. Zur Personensorge gehört auch die Erteilung des Vornamens und – soweit Wahlmöglichkeiten bestehen – des Familiennamens des Kindes.[269] **205**

Aus der vorstehenden – nicht abschließenden – Zusammenstellung wird deutlich, dass mit der Personensorge im Einzelfall rechtsgeschäftliche Handlungen (insbesondere auch bei gerichtlicher Durchsetzung von Rechten) verbunden sein können, aber nicht- **206**

---

[268] Ausführlich STAUDINGER/COESTER (2016) § 1671 Rn 55 ff.
[269] Vgl dazu Rn 228.

rechtsgeschäftliches Handeln im Vordergrund steht. Die Ausübung der Personensorge steht unter dem Maßstab des Kindeswohls, das in den Vorschriften verschiedentlich insbesondere als Entscheidungs- oder Abwägungsmaßstab herangezogen wird; die Personensorge findet insbesondere nicht im Eigeninteresse der Eltern statt. Die Personensorge ist in einer Weise auszuüben, die voraussichtlich der Entwicklung des Kindes und seiner Persönlichkeit am besten dienlich ist. Die Konkretisierung dieser eher groben Leitlinie steht – wenn auch innerhalb gewisser Grenzen – den Eltern zu; der Staat darf erst eingreifen, wenn die Erziehung nicht nur nicht optimal verläuft, sondern das Kindeswohl konkret gefährdet wird. Das Gesetz gibt für die Ausrichtung des elterlichen Handelns verschiedentlich allgemeine Leitlinien vor, die zum Teil (§§ 1626 Abs 2 und 3, 1631a BGB) schon angesprochen worden sind. Daneben steht das Recht des Kindes auf eine gewaltfreie Erziehung, wobei als Gewalt nicht nur körperliche Gewalt, sondern auch seelische Verletzungen und andere entwürdigende Maßnahmen anzusehen sind, die allesamt unzulässig sind, § 1631 Abs 2 BGB. Einer gesonderten Regelung ist die (medizinisch nicht erforderliche) Beschneidung männlicher Kinder unterworfen, die von der Personensorge umfasst ist, § 1631d BGB. Die Einwilligungsbefugnis steht unter dem Vorbehalt des Kindeswohls und der Befähigung der Person, die die Beschneidung vornehmen soll.

gg) Vermögenssorge

207 Die ebenfalls von den Eltern wahrzunehmende **Vermögenssorge** ist im Gesetz inhaltlich nicht bestimmt; auch die Vermögenssorge ist im Interesse des Kindes und zu dessen Nutzen auszuüben; Maßstab ist also auch hier das Kindeswohl. Sie umfasst die Inbesitznahme, Bewahrung und Vermehrung des Kindesvermögens sowie dessen Einsatz für den Unterhalt des Kindes. Im Rahmen der vom Gesetz gesetzten Grenzen sind die Eltern frei, solange sie im Kindesinteresse handeln.[270] Die Vermögenssorge umfasst vom Grundsatz her das gesamte Kindesvermögen; ausgeschlossen ist die Verwaltung hinsichtlich des Vermögens, das das Kind von Todes wegen oder durch Schenkung unter Lebenden mit der Bestimmung des Zuwendenden erhält, dass die Eltern es nicht verwalten sollen, § 1638 BGB. Im Übrigen haben die Eltern solche Zuwendungen entsprechend etwa getroffenen Anordnungen des Zuwendenden zu verwalten, § 1639 BGB. Über das Vermögen, das das Kind von Todes wegen erwirbt, haben die Eltern ein Verzeichnis anzufertigen, § 1640 BGB. Im Übrigen gibt das Gesetz für die Vermögensverwaltung nur punktuell Regelungen vor.

208 Soweit die Eltern Träger der Vermögenssorge sind, haben sie das Recht, die Vermögensgegenstände des Kindes in Besitz zu nehmen. Bargeld haben die Eltern entsprechend den Grundsätzen einer wirtschaftlichen Vermögensverwaltung – dh sicher und grundsätzlich gewinnbringend aber auch unter Beachtung der Liquidität – anzulegen, § 1642 BGB.[271] Das gilt für die Beträge, die nicht zur Bestreitung von Ausgaben – insbesondere für den persönlichen Bedarf des Kindes und, falls dieses ein Erwerbsgeschäft betreibt, für die laufende Geschäftstätigkeit sowie ggf für Unterhaltszwecke nach § 1649 Abs 2 BGB – bereitzuhalten sind. Der Erhaltungspflicht der Eltern entspricht es, dass sie – mit Ausnahme von Pflicht- und Anstandsschenkungen – keine Schenkungen aus dem ihnen fremden Vermögen vornehmen dürfen, § 1641 BGB. Soweit die Eltern mit Mitteln des Kindes bewegliche Sachen erwerben, werden diese kraft Surrogation Eigentum des Kindes, § 1646 BGB. Voraussetzung ist, dass die Eltern

---

[270] STAUDINGER/HEILMANN (2016) Vorbem 2 zu §§ 1638–1665.

[271] LG Kassel FamRZ 2003, 626; STAUDINGER/HEILMANN (2016) § 1642 Rn 7 ff.

den Willen haben, für Rechnung des Kindes zu erwerben, was nach der Gesetzesformulierung vermutet wird; wollten sie für eigene Rechnung erwerben, kann das Kind nur die Übereignung der erworbenen Gegenstände oder Ersatz der aus seinem Vermögen stammenden Mittel beanspruchen.

§ 1643 BGB unterwirft bestimmte Rechtsgeschäfte zum Schutz der Vermögensinteressen des Kindes zu ihrer Wirksamkeit dem Erfordernis einer familiengerichtlichen Genehmigung; dabei knüpft es an die entsprechenden Regelungen bei Vormündern an, gewährt aber den Eltern größere Freiheiten. Genehmigungsbedürftig sind Grundstücksgeschäfte, Geschäfte über das Vermögen des Kindes als Ganzes sowie über eine angefallene Erbschaft oder einen künftigen gesetzlichen Erb- oder Pflichtteil, Erwerb und Veräußerung von Erwerbsgeschäften,[272] Miet- oder Pachtverträge und andere Verträge, die das Kind zu wiederkehrenden Leistungen verpflichten, wenn diese Verträge länger als ein Jahr nach Volljährigkeit des Kindes fortdauern sollen, sowie eine Reihe besonders riskanter Geschäfte (Aufnahme von Geld auf den Kredit des Kindes, Ausstellung insbesondere von Schuldverschreibungen auf den Inhaber und Wechseln, Übernahme fremder Verbindlichkeiten, insbesondere durch Bürgschaft, Erteilung der Prokura), § 1643 Abs 1 BGB. Nach § 1643 Abs 2 BGB sind grundsätzlich die Ausschlagung einer Erbschaft oder eines Vermächtnisses sowie der Verzicht auf einen Pflichtteil genehmigungsbedürftig. Die Genehmigungsbedürftigkeit darf auch nicht dadurch umgangen werden, dass Gegenstände, die nur mit Genehmigung veräußert werden dürfen, dem Kind zur Erfüllung einer Verbindlichkeit überlassen werden (vgl § 110 BGB); auch dies ist nur mit Genehmigung des Familiengerichts wirksam, § 1644 BGB. **209**

Die Einkünfte aus dem Kindesvermögen sind in erster Linie für die Kosten der ordnungsmäßigen Verwaltung des Vermögens und dann für den Kindesunterhalt[273] zu verwenden. Für den Unterhalt sind (nur) dann ergänzend Einkünfte aus einer Erwerbstätigkeit des Kindes oder aus dem erlaubten Betrieb eines eigenen Erwerbsgeschäfts heranzuziehen, wenn die Vermögenseinkünfte nicht ausreichen, § 1649 Abs 1 BGB. § 1649 Abs 2 BGB berechtigt die Eltern dann, wenn die Vermögenseinkünfte die Verwaltungskosten und den Unterhalt des Kindes[274] übersteigen, den Überschuss für ihren eigenen und den Unterhalt minderjähriger Geschwister des Kindes zu verwenden; weitere Voraussetzung ist, dass dies unter Berücksichtigung der Einkommens- und Vermögensverhältnisse der Beteiligten der Billigkeit entspricht. Ziel der Regelung ist es, ein größeres Gefälle im Lebensstandard der – abschließend aufgeführten – Familienmitglieder auszugleichen, das dem Familienfrieden und erzieherischen Intentionen abträglich sein kann. Diese Zielsetzung leitet auch die anzustellende Billigkeitsprüfung. **210**

hh) Gesetzliche Vertretung
Sowohl hinsichtlich der Personen- als auch der Vermögenssorge kommt den Elternteilen die gesetzliche Vertretung des nach §§ 104, 106 BGB geschäftsunfähigen bzw **211**

---

[272] Ergänzt durch § 1645 BGB: Die Eltern sollen ohne familiengerichtliche Genehmigung kein neues Erwerbsgeschäft im Namen des Kindes beginnen.

[273] Da es sich nicht um einen Anspruch des Kindes gegen Dritte handelt, richtet sich das Maß des Unterhalts – auch unter Berücksichtigung des § 1649 Abs 2 BGB – in diesem Fall nicht nach § 1610 BGB; es kommt vielmehr darauf an, in welchem Umfang ein verständiger Mensch die Einkünfte in Anbetracht ihrer konkreten Höhe für Unterhaltszwecke einsetzen würde, STAUDINGER/HEILMANN (2016) § 1649 Rn 20.

[274] Wiederum im Sinne wie in Fn 273 zu verstehen.

beschränkt geschäftsfähigen Kindes im Umfang ihrer Sorgeberechtigung zu, § 1629 BGB. Bei gemeinsamer Sorge ist grundsätzlich gemeinschaftliche Aktivvertretung vorgesehen;[275] bei Alleinsorge vertritt der Sorgeberechtigte das Kind allein. Auch bei gemeinsamer Sorge vertritt ein Elternteil das Kind allein, wenn ihm in der entsprechenden Angelegenheit die Entscheidung nach § 1628 BGB übertragen worden ist oder wenn er für einen bestimmten Bereich allein sorgeberechtigt ist. Darüber hinaus hat jeder Elternteil in Notfällen das Recht, die zum Wohl des Kindes erforderlichen Rechtshandlungen vorzunehmen (Abschluss eines Behandlungsvertrages); der andere Elternteil ist unverzüglich zu unterrichten. § 1629 BGB regelt ergänzend zur tatsächlichen Sorge für das Kind im Innenverhältnis das Außenverhältnis. Die Eltern können in direkter Stellvertretung mit Wirkung für das Kind handeln. Auch die Einwilligung zu Rechtsgeschäften des beschränkt geschäftsfähigen Kindes nach § 107 BGB geschieht in Ausübung der gesetzlichen Vertretung. Bei gemeinsamer Sorge müssen die Eltern grundsätzlich gemeinsam handeln (etwa beide unterschreiben); allerdings kann ein Elternteil den anderen – auch konkludent – bevollmächtigen, zugleich für ihn als Untervertreter zu handeln. Vielfach nehmen die Eltern die Interessen des Kindes auch bei Handeln im eigenen Namen tatsächlich (mit) wahr, etwa wenn sie Lebensmittel oder Kleidung erwerben; das Kind wird ggf im Wege eines Vertrages mit Schutzwirkung zugunsten Dritter mittelbar berechtigt (etwa bei Anmietung einer Wohnung).[276]

212 Die vom Grundsatz her umfassend gegebene gesetzliche Vertretungsmacht ist in verschiedener Weise und aus verschiedenen Gründen begrenzt:

In bestimmten Fällen sieht Gesetz vor, dass das beschränkt geschäftsfähige Kind Rechtshandlungen nur selbst vornehmen kann, so etwa bei der Einwilligung in die Adoption (§ 1746 Abs 1 S 2 BGB), bei Anerkennung der Vaterschaft und Zustimmung der Mutter (§ 1596 Abs 1 BGB) – in den vorgenannten Fällen mit Zustimmung des gesetzlichen Vertreters –, Antrag auf Aufhebung der Ehe (§ 1316 Abs 2 S 2 BGB) ohne Zustimmungserfordernis. Damit wird dem höchstpersönlichen Charakter dieser Handlungen Rechnung getragen.

213 Soweit das Kind durch seinen gesetzlichen Vertreter zum selbständigen Betrieb eines Erwerbsgeschäftes oder zur Eingehung eines Dienst- oder Arbeitsverhältnisses ermächtigt worden ist (§§ 112, 113 BGB), hat dieser für die damit zusammenhängenden Rechtsgeschäfte keine Vertretungsmacht mehr.

214 Ist für bestimmte Angelegenheiten ein Pfleger bestellt worden,[277] entfällt insoweit die gesetzliche Vertretungsmacht der Eltern, § 1630 Abs 1 BGB.

215 Bestimmte gewichtige oder riskante Rechtsgeschäfte können von den Eltern gar nicht (§ 1631c BGB – Einwilligung in eine Sterilisation), nur mit Genehmigung (§ 1631b BGB – mit Freiheitsentziehung verbundene Unterbringung) oder Zustimmung des Familiengerichts vorgenommen werden (§ 1643 Abs 1 BGB iVm §§ 1821 f BGB).[278] Für Rechtsgeschäfte, bei denen vom Gesetz umschriebene Interessenkollisionen zu

---

[275] Bei der Passivvertretung – Abgabe einer Willenserklärung gegenüber dem Kind – genügt stets die Abgabe gegenüber einem Elternteil, § 1629 Abs 1 S 2 HS 2 BGB.

[276] Vgl dazu STAUDINGER/PESCHEL-GUTZEIT (2015) § 1629 Rn 15.

[277] Vgl Rn 281.

[278] Vgl zu den Fällen bereits oben Rn 209.

befürchten sind, sind die Eltern von der Vertretung ausgeschlossen (§ 1629 Abs 2 S 1 BGB iVm § 1795 BGB).[279] In Fällen eines Interessengegensatzes kann das Familiengericht den Eltern auch die Vertretungsmacht für einzelne Angelegenheiten oder einen Kreis von Angelegenheiten entziehen (§ 1629 Abs 2 S 3 BGB iVm § 1796 BGB).[280]

Um zu verhindern, dass für das volljährig gewordene Kind wegen einer durch Handeln der gesetzlichen Vertreter herbeigeführten Verschuldung eine eigenverantwortliche ökonomische Lebensgestaltung praktisch unmöglich ist,[281] hat der Gesetzgeber die Folgen der gesetzlichen Vertretung derart begrenzt, dass sich das volljährig gewordene Kind auf eine Haftungsbegrenzung auf das bei Eintritt der Volljährigkeit vorhandene Vermögen berufen kann, § 1629a Abs 1 BGB.[282] Dies gilt für Verbindlichkeiten, die im Rahmen der gesetzlichen Vertretungsmacht für das Kind begründet worden sind, aber auch für solche, die der Minderjährige nach §§ 107, 108, 111 BGB mit Zustimmung der Eltern oder diese mit Zustimmung des Familiengerichts eingegangen sind. Die Haftungsbegrenzung gilt nicht für Verbindlichkeiten aus einem selbständigen Erwerbsgeschäft (§ 112 BGB) oder aus Rechtsgeschäften, die allein der Befriedigung persönlicher Bedürfnisse dienten, § 1629a Abs 2 BGB. **216**

jj) Rechtsverhältnis zwischen Kindern und Eltern
Die Eltern üben das Sorgerecht unentgeltlich aus. Sie haben jedoch einen **Anspruch auf Ersatz von Aufwendungen** (einschließlich solcher, die in berufs- oder gewerbsmäßigen Diensten bestehen[283]), soweit sie diese für erforderlich halten durften, § 1648 BGB; ob die Aufwendungen von den Eltern für erforderlich gehalten werden durften, ist nach dem Maßstab des § 1664 BGB zu bestimmen.[284] Ein Aufwendungsersatzanspruch besteht dann nicht, wenn die Aufwendungen von den Eltern nach anderen Regelungen zu tragen sind, nämlich insbesondere Aufwendungen für Unterhalt nach §§ 1601 ff BGB. Ein Ersatzanspruch besteht auch insoweit nicht, als die Eltern von vornherein nicht die Absicht gehabt haben, Ersatz zu verlangen.[285] **217**

§ 1664 Abs 1 BGB beschränkt den **Haftungsmaßstab** der Eltern gegenüber dem Kind in Ausübung der elterlichen Sorge auf die Verletzung der eigenüblichen Sorgfalt. Entgegen der hM stellt § 1664 Abs 1 BGB nicht zugleich eine Anspruchsgrundlage für eine mögliche Haftung dar, sondern setzt eine solche voraus. Dies ergibt sich bereits aus dem Wortlaut und entspricht der Auslegung paralleler Regelungen (§§ 690, 708, 1359, 2131 BGB).[286] Haftungsgrundlage ist die Pflichtverletzung aus dem gesetzlichen **218**

---

[279] Vom Verweis ausgenommen ist jedoch die Geltendmachung von Unterhaltsansprüchen gegen den anderen Elternteil.
[280] Vom Verweis ausgenommen ist die Feststellung der Vaterschaft.
[281] Dies nach früherem Recht mögliche Ergebnis war verfassungswidrig, BVerfGE 72, 155.
[282] Beruft sich das Kind auf diese Haftungsbegrenzung, sind §§ 1990, 1191 BGB, die die Haftung des Erben bei Dürftigkeit des Nachlasses regeln, entsprechend anzuwenden.
[283] GERNHUBER/COESTER-WALTJEN, FamR § 57 Rn 31; aA etwa MünchKomm/HUBER § 1648 BGB Rn 5.
[284] STAUDINGER/HEILMANN (2016) § 1648 Rn 6.
[285] GERNHUBER/COESTER-WALTJEN, FamR § 57 Rn 32; eine Vermutung dafür besteht – anders als etwa nach § 1620 BGB – nicht.
[286] STAUDINGER/PESCHEL-GUTZEIT (2015) § 1626 Rn 74; RAUSCHER, FamR Rn 969; GERNHUBER/COESTER-WALTJEN, FamR § 57 Rn 37; aA etwa OLG Karlsruhe 22.9.2014 – 18 WF 219/13, FamRZ 2015, 860; STAUDINGER/HEILMANN (2016) § 1664 Rn 6; MünchKomm/HUBER § 1664 Rn 1.

Schuldverhältnis der elterlichen Sorge.[287] Die Eltern haften nur für eigenes Verschulden; sie sind nicht Erfüllungsgehilfen des jeweils anderen.[288] Haften sie jedoch beide, sind sie Gesamtschuldner, § 1664 Abs 2 BGB. Aus § 1618a BGB kann abgeleitet werden, dass der Haftungsmaßstab des § 1664 Abs 1 BGB auch umgekehrt zugunsten des Kindes anzuwenden ist.[289]

219 Ruht die elterliche Sorge oder ist sie – oder zumindest die Vermögenssorge – beendet, haben die Eltern dem Kind das **Vermögen herauszugeben** und auf Verlangen über die Verwaltung – grundsätzlich aber nicht über die Nutzungen[290] – des Vermögens **Rechenschaft abzulegen**, § 1698 BGB.

kk) Staatliche Hilfen und Kontrolle der elterlichen Sorge

220 Die elterliche Sorge wird begrenzt durch ein **staatliches Wächteramt**. Ergibt sich, dass die Eltern – verschuldet oder nicht – ihren Pflichten gegenüber den Kindern nicht nachkommen (können), müssen Möglichkeiten staatlichen Eingreifens – durch das Jugendamt oder das Familiengericht – zum Wohl der Kinder bestehen. Dazu gibt es ein abgestuftes System. Generell ist das Familiengericht nach § 1631 Abs 3 BGB verpflichtet, die Eltern auf – jederzeit zurücknehmbaren – Antrag bei der Ausübung der Personensorge zu unterstützen. Dies kann etwa in Gesprächen mit dem Kind, Ermahnungen oder Verwarnungen an das Kind, Anordnung seines persönlichen Erscheinens oä bestehen.

221 Für zwei abschließend aufgezählte Fälle – Feststellung der Vaterschaft und Geltendmachung von Unterhaltsansprüchen des Kindes – kann ein Elternteil auch schon vor der Geburt des Kindes Antrag auf **Beistandschaft** des Jugendamtes stellen, § 1712 Abs 1 BGB. Die Beistandschaft tritt ohne weiteres mit Zugang des Antrags beim Jugendamt ein, § 1714 BGB; sie endet, wenn entweder der Antragsteller dies schriftlich verlangt, § 1715 BGB[291] oder die jeweilige Angelegenheit beendet ist. Das Jugendamt erhält durch den Antrag die Stellung eines Pflegers,[292] jedoch mit der Besonderheit, dass die elterliche Sorge des Antragstellers dadurch nicht berührt wird, § 1716 BGB.

222 Staatliche Hilfestellung wird auch über die Kinder- und Jugendhilfe (SGB VIII) geboten. Träger der freien Jugendhilfe und – subsidiär, § 4 Abs 2 SGB VIII – die öffentliche Jugendhilfe bieten in weitem Umfang vorrangig Leistungen an, mit denen Eltern und Kinder unterstützt und gefördert werden sollen. Im Einzelfall sind auch Eingriffe in das elterliche Erziehungsrecht vorgesehen. Die Ziele sind in § 1 Abs 3 SGB VIII benannt: Danach sollen junge Menschen in ihrer individuellen und sozialen Entwicklung gefördert und etwaige Nachteile vermieden oder abgebaut werden; Eltern und andere Erziehungsberechtigte sollen beraten und unterstützt werden; Kinder und Jugendliche sollen vor Gefahren geschützt werden; die Kinder- und Jugendhilfe soll einen Beitrag dazu leisten, positive Lebensbedingungen für junge Menschen und

---

[287] STAUDINGER/PESCHEL-GUTZEIT (2015) § 1626 Rn 74; RAUSCHER, FamR Rn 969.
[288] RAUSCHER, FamR Rn 969; PALANDT/GÖTZ § 1664 Rn 5.
[289] STAUDINGER/HEILMANN (2016) § 1664 Rn 13; RAUSCHER, FamR Rn 967.
[290] Anders nur dann, wenn Grund zu der Annahme besteht, dass die Eltern Nutzungen entgegen der Regelung des § 1649 BGB verwendet haben.
[291] Entsprechendes gilt, wenn der Antragsteller nicht mehr für die entsprechende Angelegenheit sorgeberechtigt ist bzw bei gemeinsamer Sorge das Kind nicht mehr in der Obhut des Antragstellers lebt, § 1715 Abs 2 BGB.
[292] Vgl Rn 280 ff.

Familien sowie eine kinder- und familienfreundliche Umwelt zu schaffen und zu erhalten. Die Jugendhilfe verwirklicht diese Ziele durch Angebote an Erziehungsberechtigte und Kinder (zB Jugend- und Jugendsozialarbeit, Erziehungsförderung, Hilfe zur Erziehung, Hilfe für seelisch behinderte junge Menschen, Hilfe für junge Erwachsene, vgl § 2 Abs 2 SGB VIII) sowie auch durch Inobhutnahme von Kindern und Jugendlichen, Herausnahme von Kindern und Jugendlichen aus einer Institution oder von einer Person ohne Zustimmung des Personensorgeberechtigten, Mitwirkung bei einschlägigen gerichtlichen Verfahren, Beistandschaft, Amtspflegschaft und Vormundschaft durch das Jugendamt sowie weitere Aufgaben, § 2 Abs 3 SGB VIII.

Bei Gefährdungen des Kindeswohls (sowie des Kindesvermögens) und Unvermögen oder Unwillen der Eltern zur Gefahrenabwehr ist das **Familiengericht** aufgerufen, **Maßnahmen zur Gefahrenabwehr** zu ergreifen, § 1666 Abs 1 BGB; in dieser Norm äußert sich in besonderem Maße das staatliche Wächteramt. Nach der aktuellen Fassung findet keine Anknüpfung der Eingriffsbefugnis an ein Verhalten der Eltern (Sorgemissbrauch, Versagen, Vernachlässigung) oder Dritter statt. Dies soll insbesondere dazu dienen, ungehindert durch die hohe Hürde des elterlichen Erziehungsversagens frühzeitig das Familiengericht einschalten zu können.[293] Zugleich wird deutlich, dass es um Schutz des Kindes vor Gefahren, nicht aber um Sanktionierung elterlichen Fehlverhaltens geht.[294] Das elterliche Erziehungsrecht findet seine Berücksichtigung insbesondere im gestärkten Elternprimat zur Gefahrenabwendung. Unabhängig von den Ursachen ist die Gefährdung des Kindeswohls Ansatzpunkt richterlicher Maßnahmen, wenn die Eltern ihrerseits (auch unverschuldet; auf die Gründe kommt es nicht an) keine oder keine zureichenden Maßnahmen treffen. Das in Art 6 Abs 3 GG geforderte Versagen der Erziehungsberechtigten ist erfolgs-, nicht handlungsbezogen zu bestimmen.[295] Wegen des verfassungsmäßig garantierten Vorranges der elterlichen Erziehung und Verantwortung sind gerichtliche Eingriffe streng an das **Gebot der Verhältnismäßigkeit** gebunden, das zum Teil seinen Ausdruck in § 1666a BGB gefunden hat. Insbesondere ist bei der Eingriffsschwelle zu beachten, dass eine nicht optimale Erziehung, von der Norm abweichende Lebensformen, ein Zurückbleiben etwa von Sauberkeit und Ordnung der elterlichen Wohnung hinter einem wünschenswerten Maß, grundsätzlich noch keinen Eingriff rechtfertigen.[296]

Eingriffsvoraussetzung im Rahmen der Personensorge ist die **Gefährdung des körperlichen, geistigen oder seelischen Wohl des Kindes.** Einen Schwerpunkt bilden sexueller Missbrauch, die Gesundheitsgefährdung durch Misshandlungen, sonstige Formen der Gewaltanwendung entgegen § 1631 Abs 2 BGB oder die Verweigerung der Zustimmung zu Heileingriffen; ein weiterer Schwerpunkt ist die Vernachlässigung etwa durch mangelhafte Ernährung oder Kleidung, aber auch im seelisch-emotionalen Bereich. Die Verweigerung des Umgangs mit Personen, zu denen das Kind eine besondere Beziehung aufgebaut hat, Störungen der Bindungs- und Erziehungskontinuität oder die Verfehlung der Möglichkeit für das Kind, sich den Anlagen entsprechend entwickeln und entfalten zu können, können Anlass zu einem Eingriff sein; ebenso das

---

[293] Vgl im Einzelnen STAUDINGER/COESTER (2016) § 1666 Rn 60 ff.
[294] GERNHUBER/COESTER-WALTJEN, FamR § 57 Rn 104.
[295] STAUDINGER/COESTER (2016) § 1666 Rn 63 mit Hinweisen zur **abweichenden** Rspr des BVerfG.
[296] RAUSCHER, FamR Rn 1069; vgl STAUDINGER/COESTER (2016) § 1666 Rn 84 f, 117.

Miterleben von Prostitution oder Kriminalität der Eltern oder Verleitung dazu sowie insgesamt die Gefährdung der Wertbildung.

225 Das Gericht kann (vgl den nicht abschließenden Katalog des § 1666 Abs 3 BGB) Ermahnungen, Gebote oder Verbote gegenüber den Eltern aussprechen, das Kind von den Eltern trennen oder einem Elternteil die Nutzung der Familienwohnung vorübergehend oder auf unbestimmte Zeit untersagen (vgl § 1666a Abs 1 BGB). Die Entziehung – ganz oder zum Teil – der Personensorge ist letztes Mittel, wenn andere Maßnahmen erfolglos geblieben sind oder zu erwarten ist, dass sie zur Gefahrenabwendung nicht ausreichen, § 1666a Abs 2 BGB. Dritten kann das Gericht insbesondere den Kontakt zu dem Kind oder die Nutzung der vom Kind mitbewohnten oder einer anderen Wohnung untersagen (vgl § 1666a Abs 1 mit § 1666 Abs 4 BGB).

226 Eine **Gefährdung des Kindesvermögens** kann nach den – nicht abschließenden – Regelbeispielen des § 1666 Abs 2 BGB dann vorliegen, wenn der Sorgeberechtigte seine Unterhaltspflicht oder seine mit der Vermögenssorge verbundenen Pflichten, etwa durch eigennützige Verwendung des Vermögens, wirtschaftlich unsinnige oder riskante Maßnahmen, Nichtnutzung geläufiger Anlagemöglichkeiten, verletzt oder gerichtlichen Anordnungen nicht nachkommt und dadurch die Gefahr herbeiführt, dass das Vermögen des Kindes verloren geht oder geschmälert wird. Auch ein Vermögensverfall beim Sorgeberechtigten kann Anlass zu gerichtlichen Maßnahmen sein.[297] § 1667 BGB lassen sich beispielhaft Maßnahmen entnehmen, die das Familiengericht bei Gefährdung des Kindesvermögens anordnen kann. Dazu gehört die Verpflichtung der Eltern, ein Vermögensverzeichnis anzulegen und über die Verwaltung Rechenschaft abzulegen; ggf ist anzuordnen, dass das Verzeichnis von einer Behörde oder einem Notar aufgenommen wird (§ 1667 Abs 1 BGB). Das Gericht kann weiter anordnen, dass das Vermögen des Kindes in bestimmter Weise anzulegen ist und die Eltern nur mit Genehmigung des Gerichtes Abhebungen vornehmen dürfen (§ 1667 Abs 2). Schließlich kann das Gericht anordnen, dass für die weitere Verwaltung des Kindesvermögens Sicherheit geleistet wird (§ 1667 Abs 3 BGB). Möglich ist es auch, Erklärungen des Sorgeberechtigten durch das Gericht zu ersetzen (§ 1666 Abs 4 BGB). Reichen diese oder andere Maßnahmen nicht aus, kann die Vermögenssorge nach § 1666 Abs 1 BGB ganz oder teilweise entzogen werden.

c) **Allgemeine Wirkungen der Kindschaft**

227 Das Gesetz hat einzelne allgemeine Regelungen zum Rechtsverhältnis zwischen Eltern und Kindern gesondert zusammengefasst.

228 Das Kind erhält als **Geburtsnamen** den Ehenamen der Eltern, § 1616 BGB. Führen diese keinen Ehenamen, haben die Eltern bei gemeinsamer Sorge gegenüber dem Standesbeamten den Namen, den der Vater oder die Mutter zur Zeit der Erklärung führt, als Geburtsnamen zu bestimmen,[298] § 1617 Abs 1 BGB; treffen die Eltern innerhalb eines Monats nach der Geburt des Kindes keine Bestimmung, überträgt das Familiengericht einem Elternteil das Bestimmungsrecht; übt dieser das Recht innerhalb einer gerichtlich gesetzten Frist nicht aus, erhält das Kind den Namen dieses Elternteils, § 1617 Abs 2 BGB. Diesen Namen erhalten auch alle weiteren Kinder dieses Paares, § 1617 Abs 1 S 3 BGB. Führen die Eltern keinen Ehenamen und besteht

---

[297] STAUDINGER/COESTER (2016) § 1666 Rn 202.   [298] Die Bildung eines Doppelnamens aus den Elternnamen ist nicht zulässig.

Alleinsorge, erhält das Kind den Namen des sorgeberechtigten Elternteils, § 1617a Abs 1 BGB; dieser kann aber dem Kind den Namen des anderen Elternteils mit dessen Zustimmung (hat das Kind das fünfte Lebensjahr vollendet, muss es ebenfalls zustimmen) erteilen, § 1617a Abs 2 BGB. Der Name des Kindes kann sich nachträglich auf Antrag ändern, wenn erst später gemeinsame Sorge der Eltern hergestellt wird oder rechtskräftig festgestellt wird, dass der Mann, dessen Name das Kind trägt, nicht der Vater ist (im einzelnen § 1617b BGB). Namensänderungen der Eltern erstrecken sich ohne weiteres auf das Kind, wenn es das fünfte Lebensjahr noch nicht vollendet hat, danach nur, wenn es sich anschließt, was es ab Vollendung des 14. Lebensjahres nur selbst mit Zustimmung seines gesetzlichen Vertreters tun kann, § 1617c BGB. Ein sorgeberechtigter Elternteil kann dem Kind – grundsätzlich mit Zustimmung des anderen Elternteils – auch den Ehenamen erteilen, den er mit einem anderen Partner, der nicht Elternteil ist, führt, wenn das Kind in den gemeinsamen Haushalt aufgenommen worden ist (Einbenennung, § 1618 BGB). Möglich ist auch die Anfügung oder Voranstellung des Ehenamens an/vor den Namen des Kindes. Ab Vollendung des fünften Lebensjahres muss das Kind zustimmen. Die **Bestimmung des Vornamens** des Kindes ist Bestandteil der Personensorge; bei Konflikten gilt § 1628 BGB.

§ 1618a BGB verpflichtet Eltern und Kinder zu **gegenseitigem Beistand** und **gegenseitiger Rücksichtnahme**. Es handelt sich um echte Rechtspflichten,[299] die aber nicht sanktioniert sind. Grundsätzlich lassen sich aus dieser Regelung keine Leistungspflichten ableiten; sie kann auch nicht zur Grundlage von Schadensersatzpflichten gemacht werden. Sie wirkt – insbesondere im Rahmen von Generalklauseln – begrenzend auf subjektive Rechte und lenkt die Auslegung familienrechtlicher Vorschriften.[300]

§ 1619 BGB verpflichtet das Kind zur Dienstleistung im elterlichen Haushalt oder Geschäft.[301] Voraussetzung ist, dass das Kind im elterlichen Haushalt lebt und entweder erzogen wird (minderjährige Kinder) oder von den Eltern Unterhalt empfängt (minderjährige und volljährige Kinder). Die Mitarbeit ist unentgeltlich geschuldet; sie dient erzieherischen Zwecken, aber auch der Entlastung der Eltern. Ihr Umfang richtet sich nach den Kräften und der Lebensstellung des Kindes. Insbesondere ist zu beachten, dass ein in der Ausbildung befindliches Kind nur in dem Maße beansprucht werden darf, wie dies mit der erfolgreichen Weiterführung und dem Abschluss der Ausbildung zu vereinbaren ist. Bedeutung kommt § 1619 BGB im Schadensersatzrecht zu: Wird ein mitarbeitspflichtiges Kind durch einen Dritten verletzt oder getötet, haben die Eltern gegen den Schädiger Ersatzansprüche wegen der entgangenen Dienste, § 845 BGB.

3. Unterhaltspflichten unter Verwandten

a) Allgemeine Prinzipien
Das Gesetz trifft zum einen generelle Regelungen für das Unterhaltsverhältnis unter Verwandten, zum anderen besondere Regelungen für den Kindesunterhalt als Spezi-

---

[299] STAUDINGER/HILBIG-LUGANI (2015) § 1618a Rn 10.
[300] STAUDINGER/HILBIG-LUGANI (2015) § 1618a Rn 13 ff. Als anspruchsbegründende Norm wird § 1618a BGB für den Auskunftsanspruch des Kindes gegen die Mutter auf Benennung des Vaters herangezogen, vgl STAU-DINGER/HILBIG-LUGANI wie vor Rn 47 ff sowie Rn 193.
[301] Zur Berechtigung dieser Regelung vgl ausführlich STAUDINGER/HILBIG-LUGANI (2015) § 1619 Rn 9 ff (aber *de lege ferenda* zu streichen, Rn 16).

alfall des Verwandtenunterhalts und spezielle Regelungen für den Fall, dass die Eltern des Kindes nicht miteinander verheiratet sind.

232 Verwandte sind einander (nur) in gerader Linie unterhaltspflichtig, § 1601 BGB. Für den Fall, dass mehrere Unterhaltspflichtige in Betracht kommen (der Unterhaltsberechtigte hat Eltern und Kinder) stellt das Gesetz eine Rangfolge auf: Der Ehegatte oder Lebenspartner des Unterhaltsberechtigten haftet vor dessen Verwandten, soweit unter Berücksichtigung seiner sonstigen Verpflichtungen dadurch nicht sein eigener angemessener Unterhalt gefährdet ist, § 1608 BGB. Im Übrigen haften die Abkömmlinge vorrangig vor den Verwandten aufsteigender Linie (also das Kind des Unterhaltsberechtigten vor dessen Eltern), innerhalb dieser Gruppen die näheren Verwandten vorrangig vor den entfernteren Verwandten (also der Sohn des Unterhaltsberechtigten vor dessen Enkel); gleich nahe Verwandte (mehrere Kinder des Unterhaltsberechtigten) haften anteilsmäßig, jedoch nicht nach Köpfen, sondern entsprechend ihren Erwerbs- und Vermögensverhältnissen, § 1606 BGB.

233 Ist ein vorrangig leistungspflichtiger Verwandter nicht leistungsfähig oder ist die Rechtsverfolgung gegen ihn im Inland ausgeschlossen[302] oder erheblich erschwert,[303] treten die weiteren Verwandten gemäß der dargestellten Rangfolge an seine Stelle, § 1607 Abs 1, 2 S 1 BGB. In der zweiten Fallgruppe tritt ein gesetzlicher Forderungsübergang des Unterhaltsanspruchs auf den nachrangigen Verwandten ein, § 1607 Abs 2 S 2 BGB.

234 Muss eine Person mehreren Berechtigten Unterhalt leisten, ohne dass sie hinreichend leistungsfähig ist, um alle Unterhaltsansprüche zu befriedigen, regelt das Gesetz auch in dieser Situation eine **Rangfolge**, § 1609 BGB: An erster Stelle stehen die minderjährigen Kinder und solche unverheirateten Kinder bis zur Vollendung des 21. Lebensjahres, die im Haushalt des Unterhaltspflichtigen leben und sich in der allgemeinen Schulausbildung befinden – sie können in der Regel nicht selbst für sich sorgen –, dann folgen Elternteile, die wegen der Betreuung eines Kindes unterhaltsberechtigt sind oder im Fall einer Scheidung wären, ohne dass es darauf ankommt, ob sie mit dem Unterhaltspflichtigen verheiratet sind oder waren, sowie (geschiedene) Ehegatten bei einer Ehe von langer Dauer,[304] an dritter Stelle folgen Ehegatten, die nicht unter die zweite Gruppe gehören, danach andere Kinder; die weiteren Rangstellen nehmen Enkelkinder und andere Abkömmlinge, Eltern und schließlich weitere Verwandte aufsteigender Linie ein, wobei die näheren den entfernteren vorgehen. Erst wenn vorrangige Unterhaltsberechtigte – bei gleichem Rang anteilig nach der Höhe der einzelnen Unterhaltsansprüche – vollkommen befriedigt sind, kommen ggf nachrangige Un-

---

[302] Etwa bei Stillstand der Rechtspflege und insbesondere dann, wenn der Unterhaltsanspruch gegen den Kindesvater, der mit der Mutter nicht verheiratet ist, wegen der Ausübungssperre des § 1594 Abs 2 BGB vor Anerkennung oder gerichtlicher Feststellung der Vaterschaft nicht geltend gemacht werden kann.
[303] ZB Wohnsitz unbekannt oder ständiger Wohnungswechsel des Unterhaltsschuldners, kein Gerichtsstand im Inland.
[304] Für die „lange Dauer" kommt es entsprechend dem Verweis auf § 1578b Abs 1 S 2, 3 BGB nicht nur auf die absolute zeitliche Dauer der Ehe an, sondern es sind auch andere ehebedingte Nachteile zu berücksichtigen. Allein hinsichtlich der Dauer ist eine Ehe über 15 Jahren als lang anzusehen, unter 10 Jahren dagegen nicht. Dazwischen kommt es darauf an, ob sich ehebedingt eine besondere wirtschaftliche Abhängigkeit des Unterhaltsberechtigten ausgebildet hat; die zu § 1582 aF entwickelten Grundsätze zur langen Dauer gelten fort, vgl GERNHUBER/COESTER-WALTJEN, FamR § 30 Rn 126 ff.

terhaltsansprüche zum Zuge. § 1609 BGB gewährt den minderjährigen und diesen gleichgestellten Kindern absoluten Vorrang vor allen anderen Unterhaltsberechtigten. Eine Privilegierung des früheren vor dem neuen Ehegatten gibt es nicht mehr. Es kommt nicht auf die Priorität der Eheschließung sondern auf die Schutzbedürftigkeit des Ehegatten an, die sich aus der aktuellen Betreuung von Kindern und aus dem auf einer langen Ehedauer beruhenden Vertrauensschutz ergibt.

Auch beim Verwandtenunterhalt gelten die allgemeinen Voraussetzungen, dass der Unterhaltsberechtigte bedürftig, § 1602 BGB, und der Unterhaltspflichtige leistungsfähig sein muss, § 1603 BGB.

Bedürftigkeit ist gegeben, wenn der Unterhaltsberechtigte sich aus den Einkünften aus seinem Vermögen, seinen Erwerbseinkünften und auch aus der Verwertung des Stammes seines Vermögens nicht selbst unterhalten kann. Der Unterhaltsberechtigte ist gehalten, sich um ein Erwerbseinkommen zu bemühen; dabei muss er auch eine Tätigkeit aufnehmen, die gemessen an seiner Ausbildung und sozialen Stellung unterwertig ist, wenn er in angemessener Zeit keine adäquate Tätigkeit findet. Er muss Ortswechsel in Kauf nehmen. Es kann sich auch ergeben, dass der Unterhaltsberechtigte teilweise bedürftig ist, weil er zwar ein Einkommen hat, dieses aber zur Bedarfsdeckung nicht ausreicht. Es besteht dann nur ein Anspruch bezogen auf den nicht gedeckten Rest.

Unterhalt kann nur von einer Person beansprucht werden, die in der Lage ist, dem Bedürftigen unter Berücksichtigung ihrer sonstigen Verbindlichkeiten zu Hilfe zu kommen, ohne dabei den eigenen angemessenen Unterhalt (auch als Selbstbehalt bezeichnet) zu gefährden **(Leistungsfähigkeit)**. Neben den tatsächlich erzielten Einkünften werden dem Unterhaltspflichtigen auch fiktive Einkünfte zugerechnet, die er bei angemessener Verwertung seiner Arbeitskraft oder anderer Einkommensquellen in zumutbarer Weise erzielen könnte; ihn trifft insoweit eine Obliegenheit, seine Leistungsfähigkeit zu steigern.[305] Auch die Leistungsfähigkeit kann teilweise gegeben sein; dann ist der Unterhaltsschuldner nur im Rahmen des ihm Möglichen zur Leistung von Unterhalt verpflichtet.

Um das Bestehen eines Unterhaltsanspruches einschätzen zu können, besteht zwischen Verwandten gerader Linie ein **Anspruch auf Auskunft** über die Einkommens- und Vermögensverhältnisse (§ 1605 BGB), der ggf mit dem dann noch unbezifferten Antrag auf Zahlung von Unterhalt im Wege des Stufenantrags verbunden werden kann. Ergänzt wird der materiellrechtliche Anspruch durch eine verfahrensrechtlichen Auskunftspflicht der Beteiligten nach § 235 FamFG.

Der Unterhalt dient dazu, den gesamten Lebensbedarf des Berechtigten (Wohnung, Nahrung, Kleidung, kulturelle Bedürfnisse) zu befriedigen, § 1610 Abs 2 BGB. Das **Maß des Unterhalts** ergibt sich aus der Lebensstellung des Bedürftigen; der in diesem Sinne angemessene Unterhalt beinhaltet also mehr als nur das absolut zum Leben Notwendige (§ 1610 Abs 1 BGB). Dabei wird die Lebensstellung minderjähriger Kinder, regelmäßig bis zum Abschluss der Ausbildung auch die volljähriger Kinder, von der der Eltern abgeleitet.[306]

---

[305] STAUDINGER/KLINKHAMMER (2018) § 1603 Rn 117 ff.

[306] STAUDINGER/KLINKHAMMER (2000) § 1610 Rn 12 ff.

240 Der Unterhalt ist **monatlich im** Voraus grundsätzlich als **Geldrente** zu leisten; aus besonderen Gründen kann der Unterhaltspflichtige eine andere Art der Unterhaltsgewährung verlangen, § 1612 Abs 1, 3 BGB. Unterhalt[307] kann grundsätzlich **nicht für die Vergangenheit** beansprucht werden. Die Begründung, dass Unterhalt nach der Natur der Sache für die Vergangenheit nicht geleistet werden könne (*„in praeteritum non vivitur"*), ist für Naturalunterhalt zutreffend, nicht aber für die Leistung in Form einer Geldrente; maßgeblich ist vielmehr der Schutz des Unterhaltsschuldners vor Nachforderungen, auf die er sich bei seiner Lebensgestaltung nicht einzurichten brauchte.[308] Dementsprechend lässt das Gesetz Nachforderungen für die Vergangenheit ab dem Zeitpunkt zu, zu dem der Verpflichtete wegen der Geltendmachung von Unterhaltsansprüchen zur Auskunft über seine Erwerbs- und Vermögensverhältnisse aufgefordert worden oder in Verzug gekommen oder zu dem der Unterhaltsanspruch rechtshängig geworden ist: Jedenfalls ab diesen Zeitpunkten muss der Unterhaltspflichtige mit einem gegen ihn gerichteten Anspruch rechnen, § 1613 Abs 1 BGB. Generell kann Unterhalt für die Vergangenheit für Sonderbedarf[309] sowie dann gefordert werden, wenn der Berechtigte aus rechtlichen oder in den Verantwortungsbereich des Pflichtigen fallenden tatsächlichen Gründen an der Geltendmachung des Anspruchs gehindert war, § 1613 Abs 2 BGB; im letztgenannten Fall kann der Anspruch eingeschränkt werden oder entfallen, wenn die vollständige oder sofortige Erfüllung für den Verpflichteten eine unbillige Härte darstellen würde, § 1613 Abs 3 BGB.

241 Auf Unterhalt kann für die Zukunft nicht – auch nicht zum Teil – verzichtet werden, § 1614 Abs 1 BGB; Vereinbarungen, die in der Höhe von dem dem Berechtigten gesetzlich zustehenden Betrag innerhalb eines gewissen – im Einzelnen zweifelhaften – Spielraums abweichen, werden indessen als zulässig angesehen.[310]

242 Der Unterhaltsanspruch wird durch die Härteklausel des § 1611 Abs 1 BGB begrenzt: Wenn der Unterhaltsberechtigte seine Bedürftigkeit durch sittliches Verschulden[311] herbeigeführt, er seine Unterhaltspflicht gegenüber dem Unterhaltspflichtigen gröblich verletzt oder sich vorsätzlich einer schweren Verfehlung gegen den Unterhaltspflichtigen oder einen nahen Angehörigen dessen schuldig gemacht hat, wird nur noch Unterhalt in der Höhe geschuldet, wie dies der Billigkeit entspricht, ggf entfällt der Unterhaltsanspruch überhaupt. In einem solchen Fall kann der Unterhaltsberechtigte auch nicht auf andere (nachrangige) Unterhaltspflichtige zurückgreifen, § 1611 Abs 3 BGB.

---

[307] Ebenso Schadensersatz wegen Nichterfüllung der Unterhaltsverpflichtung.
[308] STAUDINGER/KLINKHAMMER (2018) § 1613 Rn 2 ff.
[309] Sonderbedarf ist ein unregelmäßiger außergewöhnlich hoher Bedarf; unregelmäßig ist der Bedarf, wenn er nicht fortlaufend (und damit bei der Bemessung der Rente berücksichtigungsfähig) ist, sondern nur vorübergehend auftritt; außergewöhnliche Höhe liegt vor, wenn er aus der regelmäßigen Unterhaltsrente oder eigenen Mitteln des Unterhaltsberechtigten nicht gedeckt werden kann; vgl STAUDINGER/KLINKHAMMER (2018) § 1613 Rn 82 f. Auch Sonderbedarf kann jedoch nur innerhalb eines Jahres seit seiner Entstehung geltend gemacht werden, es sei denn der Verpflichtete ist vorher in Verzug gekommen oder der Anspruch rechtshängig geworden.
[310] STAUDINGER/KLINKHAMMER (2018) § 1614 Rn 6, 10.
[311] Gemeint ist eine nicht nur fahrlässig oder vorsätzlich, sondern durch sittlich missbilligtes Verhalten selbstverschuldete Bedürftigkeit, etwa bei Alkohol- oder Drogenabhängigkeit, je nach den Umständen auch bei Verschwendung, vgl STAUDINGER/KLINKHAMMER (2018) § 1611 Rn 16.

Der Unterhaltsanspruch erlischt mit dem Tod des Berechtigten oder Verpflichteten, **243**
§ 1615 BGB.

Bedürftigkeit und Leistungsfähigkeit der beteiligten Parteien sind nicht statisch, son- **244**
dern können sich im Laufe der Zeit verändern. Für diese Fälle gibt es das spezielle
Rechtsinstitut des **Abänderungsantrags**, mit dem jeder Beteiligte die Veränderung einer durch gerichtliche Entscheidung herbeigeführten Verpflichtung zu künftig fällig
werdenden wiederkehrenden Leistung wegen einer wesentlichen Änderung der tatsächlichen oder rechtlichen Verhältnisse, die für die Bestimmung der Höhe und der
Dauer des Anspruchs maßgeblich waren, erreichen kann, § 238 Abs 1 FamFG. Zulässigkeitsvoraussetzung ist jedoch, dass die relevanten Gründe erst nach Schluss der
Tatsachenverhandlung des vorausgegangenen Verfahrens entstanden sind, § 238 Abs 2
FamFG.[312]

b) Kindesunterhalt

Hinsichtlich des Kindesunterhalts gelten im Grundsatz die Regelungen über den Ver- **245**
wandtenunterhalt, doch ist die **Unterhaltspflicht** der Eltern gegenüber ihren Kindern
gesteigert. Bei minderjährigen Kindern besteht **Bedürftigkeit** auch dann, wenn sie zwar
Vermögen besitzen, die daraus fließenden Einkünfte und die Erwerbseinkünfte aber
zum Unterhalt nicht ausreichen; der Stamm des Vermögens muss regelmäßig nicht
angegriffen werden, § 1602 Abs 2 BGB. Gegenüber minderjährigen Kindern und Kindern bis zur Vollendung des 21. Lebensjahrs, die im Haushalt der Eltern leben und
sich in der Schulausbildung befinden, können sich Eltern nicht auf mangelnde **Leistungsfähigkeit** in dem Sinne berufen, dass durch die Gewährung des Unterhalts der
eigene angemessene Unterhalt gefährdet wäre, § 1603 Abs 2 BGB; vielmehr sind die
verfügbaren Mittel gleichmäßig zwischen Eltern und Kindern aufzuteilen. Das gilt nur
dann nicht, wenn ein anderer Unterhaltspflichtiger (anderer – auch betreuender –
Elternteil, Großeltern) vorhanden ist oder das Kind seinen Unterhalt aus dem Stamm
seines Vermögens bestreiten kann. Abweichend vom Gesetzeswortlaut wird dem barunterhaltspflichtigen Elternteil zugestanden, dass ihm der notwendige Selbstbehalt –
dieser liegt unter dem angemessenen Selbstbehalt aber über dem Existenzminimum
bzw dem anzuwendenden Sozialhilfesatz – bleibt.[313] Beim **Maß des Unterhalts** sind
insbesondere die Kosten einer angemessenen Schul- und Berufsausbildung, orientiert
an Neigung und Begabung des Kindes, als Teil des Lebensbedarfs zu berücksichtigen.
Vorausgesetzt ist, dass das Kind seiner Ausbildungsobliegenheit nachkommt und die
Ausbildung in angemessener Zeit zu Ende bringt. Bei einem Wechsel der Ausbildung
bleiben die Eltern unterhaltspflichtig, wenn dieser auf sachlichen Gründen beruht. Für
eine Weiterbildung besteht ein Unterhaltsanspruch, wenn diese bei entsprechenden
Fähigkeiten des Kindes in engem sachlichem und zeitlichem Zusammenhang zur ursprünglichen Ausbildung steht. Unterhalt für eine Zweitausbildung dagegen wird
grundsätzlich nicht geschuldet.[314] Bei unverheirateten Kindern, die einen Unterhaltsanspruch gegen ihre Eltern haben, können die Eltern bestimmen, **in welcher Weise der
Unterhalt zu gewähren ist**, § 1612 Abs 2 BGB. Dabei ist zunächst zu beachten, dass der
Elternteil, der ein minderjähriges Kind betreut, mit der Pflege und Erziehung in der
Regel seinen Beitrag zum Unterhalt erfüllt, § 1606 Abs 3 S 2 BGB. Daneben können

---

[312] Schutz der Rechtskraft der Entscheidung; daher nicht beim Parallelfall der Abänderung eines Vergleichs oder einer vollstreckbaren Urkunde, § 239 FamFG.

[313] BGH FamRZ 1984, 682, 684; STAUDINGER/KLINKHAMMER (2018) § 1603 Rn 238 ff.

[314] Vgl zu diesen Fragen im Einzelnen STAUDINGER/KLINKHAMMER (2018) § 1610 Rn 117 ff.

die Eltern auch sonst durch Naturalleistung – Ernährung, Kleidung, Wohnung – ihrer Unterhaltspflicht nachkommen. Dies ist zumindest bei der intakten Familie der Regelfall. Die Bestimmung ist nur wirksam, sofern sie auf die Belange des Kindes Rücksicht nimmt. Insbesondere bei volljährigen, noch in der Ausbildung befindlichen Kindern kann dies zu Modifizierungen führen. Im Unterhaltsverfahren kann das Gericht in das Bestimmungsrecht der Eltern eingreifen, wenn diese es an der gebotenen Rücksicht haben fehlen lassen.

246 Nur dann, wenn die Eltern nicht zusammenleben, wird von Seiten des nicht betreuenden Elternteils die Zahlung einer Geldrente die Regel sein. Hinsichtlich des Maßes geben Unterhaltsleitlinien der Gerichte Hilfestellungen, die sich am Einkommen des Unterhaltspflichtigen, dem Alter des Kindes und der Zahl der Unterhaltsberechtigten orientieren. Liegt das Einkommen oberhalb der in den Leitlinien berücksichtigten Werte, muss das Kind seinen konkreten Lebensbedarf darlegen und beweisen.

247 In § 1612a BGB ist ausdrücklich ein – allerdings stets unter dem Vorbehalt der Leistungsfähigkeit des Unterhaltspflichtigen stehender – Mindestunterhalt eingeführt worden. Der Mindestunterhalt orientiert sich an dem Kinderfreibetrag des § 32 Abs 6 S 1 EStG, der auf der Grundlage des Existenzminimumberichts der Bundesregierung alle zwei Jahre neu festgesetzt wird, und wird für drei Altersstufen getrennt bestimmt, wobei mit steigendem Alter des Kindes auch der Unterhalt steigt. Zur Vereinfachung kann das Kind seinen Unterhalt von dem Elternteil, mit dem es nicht in einem Haushalt lebt, der also barunterhaltspflichtig ist, durch Angabe eines Prozentsatzes des letztlich als reine Rechengröße verstandenen Mindestunterhalts einfordern. Der titulierte Prozentsatz bezieht sich auf die jeweils maßgebliche Altersstufe und nimmt an der Veränderung des Mindestunterhalts teil, so dass sich insoweit eine gerichtliche Anpassung erübrigt. Soweit das Kind nicht mehr als das 1,2 fache des Mindestunterhalts fordert, kann es seinen Unterhalt in einem vereinfachten Verfahren nach §§ 249 ff FamFG geltend machen, zu dem es auch ein besonderes Abänderungsverfahren nach § 240 FamFG gibt. Macht das Kind höheren Unterhalt geltend, muss es das reguläre Verfahren in Anspruch nehmen. Der Betrag des Mindestunterhalts gibt keine Auskunft darüber, in welcher Höhe das Kind tatsächlich einen Anspruch gegen den Unterhaltspflichtigen hat; dies ist nach den allgemeinen Reglungen (ggf unter Zuhilfenahme der gerichtlichen Tabellen) festzustellen. Der Mindestunterhalt und die darauf durch eine Prozentangabe bezogene Unterhaltsforderung dienen nur der Dynamisierung des Unterhalts und der Abgrenzung des vereinfachten vom regulären Unterhaltsverfahren.

248 In § 1612b BGB ist geregelt, dass zivilrechtlich das Kindergeld für den Unterhalt des Kindes einzusetzen ist und dessen Barbedarf mindert.

249 Nach § 1607 Abs 3 S 1 BGB geht der Unterhaltsanspruch des Kindes gegen einen Elternteil auf den Verwandten oder den Ehegatten des anderen Elternteils, der dem Kind Unterhalt geleistet hat, über, wenn die Rechtsverfolgung gegen den unterhaltspflichtigen Elternteil im Inland erheblich erschwert oder ausgeschlossen war. Nach § 1607 Abs 3 S 2 BGB ist dies insbesondere auch dann der Fall, wenn der Scheinvater dem Kind Unterhalt geleistet hat; der Regress ist dann nach Anerkenntnis oder gerichtlicher Feststellung der Vaterschaft eines anderen Mannes gegen diesen eröffnet.

U. Familienrecht

Die Anwendung der **Härteklausel** des § 1611 Abs 1 BGB ist im Falle von Unterhaltsansprüchen unverheirateter Kinder **ausgeschlossen**, § 1611 Abs 2 BGB. Grund ist die besondere Verantwortung der Eltern gegenüber ihren Kindern, die sie zugleich aufgrund der Personensorge zu erziehen haben.[315]

250

c) Besonderheiten bei Kindern, deren Eltern nicht miteinander verheiratet sind (bzw waren)

Der Unterhaltsanspruch des Kindes richtet sich grundsätzlich nach den allgemeinen, für alle Kinder geltenden Regelungen, § 1615a BGB, ergänzt um die Möglichkeit einer einstweiligen Verfügung auf Leistung von Unterhalt für die ersten drei Monate nach der Geburt gegen den Mann, der nach § 1600d Abs 2 BGB als Vater vermutet wird, § 247 FamFG. Damit soll der erste, notwendigste Bedarf gedeckt werden. Der Antrag kann durch die Mutter oder einen für die Leibesfrucht bestellten Pfleger bereits vor der Geburt gestellt werden; es kann angeordnet werden, dass der erforderliche Betrag vor der Geburt hinterlegt wird. Darüber hinaus ist eine einstweilige Anordnung nur zulässig, wenn ein Verfahren auf Feststellung der Vaterschaft nach § 1600d BGB anhängig ist, § 248 FamFG.

251

Im Übrigen werden Unterhaltsansprüche der Mutter gegen den Vater für die Dauer von sechs Wochen vor bis acht Wochen nach der Geburt mit Einschluss auch von durch Schwangerschaft und Geburt außerhalb dieses Zeitraums verursachter Kosten (§ 1615l Abs 1 BGB), weiter über diesen Zeitraum hinaus für den Fall, dass die Mutter wegen der Schwangerschaft oder einer dadurch oder durch die Entbindung verursachten Krankheit einer Erwerbstätigkeit nicht nachgehen kann (§ 1615l Abs 2 S 1 BGB), sowie Ansprüche des Elternteils,[316] der das Kind pflegt und erzieht, so dass von ihm keine Erwerbstätigkeit erwartet werden kann (§ 1615l Abs 2 S 2, Abs 4 BGB), gewährt. Der Anspruch nach Abs 2, 4 besteht für einen Zeitraum von frühestens vier Monaten vor bis mindestens drei Jahren nach der Geburt; er verlängert sich, wenn dies der Billigkeit entspricht, wobei besonders die Belange des Kindes, aber auch Möglichkeiten der Kinderbetreuung zu berücksichtigen sind, § 1615l Abs 2 S 3 BGB. Es gilt derselbe Maßstab wie bei geschiedenen Eheleuten (§ 1570 BGB).

252

4. Annahme als Kind

Die Annahme als Kind oder **Adoption** stellt die rechtliche Begründung eines Kindschaftsverhältnisses zwischen dem Annehmenden und dem Angenommenen dar. Adoptionen sind vielfach (auch) im Interesse des Annehmenden (Erlangung eines Erben) vorgenommen worden. Im geltenden Recht ist die Minderjährigenadoption ausschließlich zum Wohl des Kindes zulässig (§ 1741 Abs 1 S 1 BGB), das die Möglichkeit erhalten soll, in einer intakten Familie aufzuwachsen. Die Adoption Volljähriger stellt einen Ausnahmefall dar. In Deutschland gilt das Dekretsystem, bei dem die Annahme durch einen Hoheitsakt – Beschluss des Familiengerichts – bewirkt wird.[317] Sie bedarf allerdings der Einwilligung verschiedener Beteiligter. Die Minderjährigen-

253

---

[315] STAUDINGER/KLINKHAMMER (2018) § 1611 Rn 47.
[316] Die Einbeziehung des Vaters durch Verweisung in § 1615l Abs 4 BGB ist redaktionell zum Teil misslungen; angestrebt ist eine Gleichbehandlung mit der Mutter mit Ausnahme der unmittelbar auf die Schwangerschaft bezogenen Unterhaltstatbestände, vgl STAUDINGER/KLINKHAMMER (2018) § 1615l Rn 95 f.
[317] Im Gegensatz dazu steht das Vertragssystem, bei dem ein Vertrag zwischen Annehmendem und Anzunehmendem die Annahme begründet.

adoption ist als Volladoption ausgestaltet, die den Angenommenen mit allen Wirkungen in die Familie des Annehmenden eingliedert; die Adoption Volljähriger geht weniger weit.

254 Voraussetzung der Adoption ist zunächst ein **notariell beurkundeter Antrag** des Annehmenden (§ 1752 Abs 1, 2 BGB). Der **Annehmende** muss grundsätzlich **mindestens 25 Jahre alt** sein; adoptiert jemand das Kind seines Ehegatten, reicht ein Mindestalter von 21 Jahren, ebenso bei gemeinschaftlicher Adoption durch Ehegatten, wenn der andere Ehegatte mindesten 25 Jahre alt ist (§ 1743 BGB). Wer nicht verheiratet ist,[318] kann ein Kind nur alleine annehmen, ein Ehepaar kann ein Kind nur gemeinschaftlich annehmen. Abweichend davon kann ein Ehegatte das Kind seines Ehegatten sowie generell ein Kind alleine annehmen, wenn sein Ehegatte wegen Geschäftsunfähigkeit oder eines Alters unter 21 Jahren das Kind nicht annehmen kann (§ 1741 Abs 2 BGB).

255 Das Gesetz fordert eine Reihe von **Einwilligungen** Beteiligter. Einwilligen muss das **Kind selbst**; bis zur Vollendung des 14. Lebensjahres oder bei Geschäftsunfähigkeit ist der gesetzliche Vertreter für die Einwilligung zuständig, ansonsten das Kind selbst mit Zustimmung des gesetzlichen Vertreters (§ 1746 Abs 1 BGB);[319] im zuletzt genannten Fall kann das Kind die Einwilligung ohne Zustimmung des gesetzlichen Vertreters in öffentlich beurkundeter Form bis zum Wirksamwerden des Beschlusses, mit dem die Annahme ausgesprochen wird, widerrufen (§ 1746 Abs 2 BGB). Einwilligen müssen die **leiblichen Eltern** (§ 1747 Abs 1 BGB). Um übereilten Entscheidungen in der besonderen Lebenssituation nach der Geburt vorzubeugen, können die Eltern erst wirksam einwilligen, wenn das Kind 8 Wochen alt ist; zur Wirksamkeit der Einwilligung ist nicht erforderlich, dass ihnen der Annehmende bekannt ist; dieser muss aber bereits feststehen (keine Blankoeinwilligung), § 1747 Abs 2 BGB.[320] Einwilligen muss grundsätzlich schließlich der **Ehegatte des Annehmenden**, wenn dieser das Kind alleine annimmt (§ 1749 Abs 1, 2 BGB). Die Einwilligungen müssen notariell beurkundet gegenüber dem Familiengericht erklärt werden, § 1750 Abs 1 BGB; sie werden mit Zugang beim Familiengericht wirksam und sind dann – außer im Fall des § 1746 Abs 2 BGB – unwiderruflich. Die Einwilligungen des Vormundes oder Pflegers des Kindes, der Eltern sowie des Ehegatten können unter bestimmten – im Falle der Einwilligung der Eltern sehr restriktiven[321] – Umständen unter Abwägung der Interessen durch das Familiengericht ersetzt werden (§§ 1746 Abs 3 S 1, 1748, 1749 Abs 1 S 2, 3 BGB).

256 Die Annahme als Kind soll in der Regel erst dann ausgesprochen werden, wenn der Annehmende das Kind für eine angemessene Zeit in Pflege hatte **(Probezeit,** § 1744

---

[318] Das gilt auch für Paare, die in faktischer Lebensgemeinschaft leben.

[319] Der Einwilligung oder Zustimmung der Eltern als Vertreter des Kindes bedarf es nicht, wenn diese als solche unwiderruflich in die Adoption eingewilligt haben oder deren Einwilligung durch das Familiengericht ersetzt worden ist, § 1746 Abs 3 BGB.

[320] Zu Besonderheiten hinsichtlich der Einwilligung des Vaters, der mit der Mutter nicht verheiratet ist, und der Vorgehensweise, wenn er einen Sorgerechtsantrag nach §§ 1626a Abs 2, 1671 Abs 2 BGB stellt, vgl § 1747 Abs 3 BGB.

[321] Anhaltende oder schwere Pflichtverletzung gegenüber dem Kind, Gleichgültigkeit, dauernde Unfähigkeit zur Pflege oder Erziehung des Kindes bei besonders schwerer psychischer Krankheit oder geistiger oder seelischer Behinderung. Es müssen abgestuft jeweils noch Nachteile für das Kind eintreten, wenn die Adoption unterbleibt, § 1748 BGB. Zur verfassungsrechtlichen Problematik sowie zu den Voraussetzungen für die Ersetzung im Einzelnen vgl STAUDINGER/FRANK (2007) § 1748 Rn 7 ff, 14 ff.

BGB); es soll festgestellt werden, ob Annehmender und Kind sich aneinander anpassen und damit im Sinne des § 1741 Abs 1 S 1 BGB zu erwarten ist, dass ein Eltern-Kind-Verhältnis entstehen wird.³²² Die Länge des Zeitraums hängt von den Umständen, insbesondere dem Alter des Kindes ab; bei Säuglingen und Kleinkindern wird eine Gewöhnung sehr schnell eintreten; bei älteren Kindern und „Problemkindern" wird eine verhältnismäßig längere Zeit als angemessen anzusehen sein.³²³

Die Annahme wird durch Beschluss des Familiengerichts ausgesprochen, § 1752 Abs 1 BGB; der Beschluss wird mit Zustellung an den Annehmenden wirksam, § 197 Abs 2 FamFG. Das Familiengericht prüft neben dem Vorliegen der vorgenannten Voraussetzungen, ob die Adoption dem Wohl des Kindes dient und ob zu erwarten ist, dass zwischen dem Annehmenden und dem Kind ein Eltern-Kind-Verhältnis entstehen wird, § 1741 Abs 1 S 1 BGB. Es prüft ferner, ob eine Adoption nach § 1745 BGB nicht ausgesprochen werden darf, weil dadurch überwiegende Interessen der Kinder des Annehmenden oder – bei Minderjährigenadoption selten – von Kindern des Anzunehmenden gefährdet werden oder weil zu befürchten ist, dass die Interessen des Anzunehmenden durch die Kinder des Annehmenden gefährdet werden. Bei diesen Erwägungen sollen vermögensrechtliche Interessen (der Erbteil der Kinder des Annehmenden wird durch den mit gleichen Rechten hinzutretenden Anzunehmenden geschmälert) nicht den Ausschlag geben. **257**

Durch die Annahme erlangt das Kind in jeder Hinsicht³²⁴ die rechtliche Stellung eines Kindes des Annehmenden bzw eine gemeinschaftlichen Kindes, wenn es von Ehegatten angenommen wird; die elterliche Sorge steht dem oder den Annehmenden zu (§ 1754 BGB). Das Kind tritt in volle verwandtschaftliche Beziehung zum Annehmenden und dessen Verwandten (Unterhaltsansprüche, gesetzliches Erbrecht usw). Zugleich erlöschen alle Rechte und Pflichten zu den leiblichen Verwandten, § 1755 Abs 1.³²⁵ Sind Annehmender und Kind im 3. oder 4. Grad miteinander verwandt oder verschwägert, beschränkt sich das Erlöschen auf die leiblichen Eltern, § 1756 Abs 1. Als äußerliche Dokumentation erhält das Kind den Familiennamen des Annehmenden als Geburtsnamen, § 1757 Abs 1 BGB. Aus Gründen des Kindeswohls kann das Familiengericht auf Antrag des Annehmenden und mit Zustimmung des Kindes diesem einen neuen Vornamen oder einen oder mehrere zusätzliche Vornamen geben oder den bisherigen Familiennamen des Kindes dem neuen Familiennamen beifügen (§ 1757 Abs 3 BGB). **258**

Der Beschluss des Familiengerichts ist unabänderlich und unanfechtbar; eine Wiederaufnahme ist nicht möglich, § 197 Abs 3 FamFG. Nur in abschließend aufgeführten Fällen kann das **Annahmeverhältnis aufgehoben** werden (§ 1759 BGB); die Aufhebung **259**

---

³²² Zur Kritik an dem Erfordernis einer Probezeit vgl – ablehnend – STAUDINGER/FRANK (2007) § 1744 Rn 4.
³²³ § 1751 BGB erleichtert die Probezeit: Mit der Einwilligung ruht die elterliche Sorge des Einwilligenden; der Annehmende ist dem Kind bereits dann vor den Verwandten zum Unterhalt verpflichtet, wenn das Kind – nach Einwilligung der Eltern – mit dem Ziel der Adoption in die Obhut des Annehmenden aufgenommen worden ist.

³²⁴ Zu wenigen Ausnahmen im öffentlichen Recht, die insbesondere spezifisch auf die *Geburt* eines Kindes abstellen, vgl STAUDINGER/ FRANK (2007) § 1754 Rn 13.
³²⁵ Adoptiert ein Ehegatte das Kind des anderen Ehegatten, erlöschen nur die verwandtschaftlichen Beziehungen zum anderen Elternteil und dessen Verwandten (§ 1755 Abs 2 BGB); das gilt nicht, wenn der andere Elternteil die elterliche Sorge innehatte und verstorben ist (§ 1756 Abs 2 BGB).

wirkt nur für die Zukunft (§ 1764 Abs 1 BGB).[326] Mit der Aufhebung erlöschen die durch die Adoption begründeten verwandtschaftlichen Beziehungen mit allen Rechten und Pflichten (§ 1764 Abs 2 BGB) und die Beziehungen zu den leiblichen Verwandten leben wieder auf (§ 1764 Abs 3 BGB). Das Sorgerecht muss allerdings vom Familiengericht gesondert auf die leiblichen Eltern zurückübertragen werden, was geschieht, soweit es dem Wohl des Kindes nicht widerspricht; ansonsten ist ein Vormund oder Pfleger zu bestellen (§ 1764 Abs 4 BGB).[327] Auf Antrag eines Betroffenen kann das Annahmeverhältnis aufgehoben werden, wenn die Adoption ohne (wirksamen) Antrag des Annehmenden oder ohne die (wirksame) Einwilligung des Kindes oder eines Elternteils zustande gekommen ist (§ 1760 BGB). Die Aufhebung ist ausgeschlossen, wenn Antrag oder Einwilligung nach Wegfall des Wirksamkeitshindernisses[328] nachgeholt werden oder die entsprechende Person sonst zu erkennen gegeben hat, dass es bei der Annahme bleiben soll (§ 1760 Abs 3 BGB), wenn die Voraussetzungen für eine Ersetzung der Einwilligung gegeben waren oder nunmehr gegeben sind (§ 1761 Abs 1 BGB) und wenn der Antrag nicht innerhalb von drei Jahren seit der Annahme erfolgt (§ 1762 Abs 2 BGB).[329] Die Aufhebung ist außerdem dann ausgeschlossen, wenn dadurch das Wohl des Kindes erheblich gefährdet würde, es sei denn, dass ausnahmsweise überwiegende Interessen des Annehmenden die Aufhebung erfordern (§ 1761 Abs 2 BGB). Von Amts wegen wird die Annahme aufgehoben, wenn dies aus schwerwiegenden Gründen zum Wohl des Kindes erforderlich ist und wenn entweder ein leiblicher Elternteil bereit ist die elterliche Sorge zu übernehmen (und dies dem Kindeswohl nicht widersprechen würde) oder dadurch eine erneute Adoption ermöglicht werden soll (§ 1763 BGB).

260 Von Gesetzes wegen ist das Rechtsverhältnis zwischen Annehmendem und Angenommenem aufgehoben, wenn diese entgegen § 1308 BGB die Ehe schließen; die Folgen der §§ 1764 f BGB treten jedoch nicht ein (§ 1766 BGB).

261 Auf Antrag des Annehmenden und eines **Volljährigen** (§ 1768 Abs 1 BGB) kann auch dieser angenommen werden, wenn dies sittlich gerechtfertigt ist, insbesondere weil zwischen ihnen ein Eltern-Kind-Verhältnis bereits besteht (§ 1767 Abs 1 BGB). Überwiegende Interessen der Kinder des Annehmenden oder des Anzunehmenden stehen einer Annahme entgegen (§ 1769 BGB). Die Annahme Volljähriger lässt die Rechte und Pflichten des Angenommenen zu seinen leiblichen Verwandten bestehen; die Wirkungen der Annahme erstrecken sich nicht auf die Verwandten des Annehmenden (§ 1770 Abs 1, 2 BGB). Ausnahmsweise kann das Familiengericht der Annahme die Wirkungen einer Minderjährigenadoption beilegen, wenn ein Geschwister des Anzunehmenden bereits angenommen worden ist oder zugleich angenommen wird, wenn der Angenommene bereits als Minderjähriger in die Familie des Anzunehmenden aufgenommen worden ist, wenn der Annehmende das Kind seines Ehegatten annimmt oder der Antrag gestellt worden ist, als der Anzunehmende noch minderjährig war (§ 1772 BGB). Im Übrigen gelten die Regelungen über die Minderjährigenadoption entsprechend (§ 1767 Abs 2 S 1 BGB). Soll eine Person, die verheiratet ist oder eine

---

[326] Wird das Annahmeverhältnis auf Antrag des Annehmenden oder des Kindes, aber erst nach deren Tod, aufgehoben, hat dies die Wirkung, als wäre die Aufhebung vor dem Tod ausgesprochen worden, § 1764 Abs 1 S 2 BGB.
[327] Zur Namensführung nach Aufhebung vgl im Einzelnen § 1765 BGB.

[328] Insbesondere Geschäftsunfähigkeit und Irrtum, vgl die abschließende Aufzählung in § 1760 Abs 2 BGB.
[329] Zusätzlich muss der Antragsteller eine Frist von einem Jahr nach Kenntnis des Irrtums, Eintritt der Geschäftsfähigkeit etc einhalten, im Einzelnen § 1762 Abs 2 BGB.

eingetragene Lebenspartnerschaft führt, angenommen werden, ist zusätzlich die Einwilligung des Ehegatten oder Lebenspartners erforderlich (§ 1767 Abs 2 S 2 BGB).

V. Vormundschaft, Pflegschaft, rechtliche Betreuung

Der dritte und letzte Abschnitt des vierten Buches des BGB befasst sich mit den Instituten der Vormundschaft, Pflegschaft und Betreuung. Es handelt sich dabei um Einrichtungen, bei denen die Personensorge[330] ganz oder teilweise auf eine Person oder eine Institution übertragen wird, weil die Eltern als Sorgeberechtigte (teilweise) ausfallen bzw der zu Betreuende hilfebedürftig ist. Ursprünglich lag der Schutz hilfebedürftiger Personen weitgehend bei der Familie; daraus resultiert auch die Stellung dieses Regelungskomplexes im Familienrecht. Zunehmend hat sich jedoch der Staat in diesen Bereich eingeschaltet, in dem sich heute öffentliches und Privatrecht überlagern.[331] Das Verhältnis des Mündels, Pflegebefohlenen oder Betreuten zu seinem Vormund, Pfleger oder Betreuer ist privatrechtlicher Natur. Anordnung der Vormundschaft, Pflegschaft und Betreuung sowie Bestellung, Kontrolle und Entlassung von Vormund, Pfleger und Betreuer durch das Familien- bzw Betreuungsgericht zeigen den staatlichen Einfluss auf diese Institute.[332]

Gesetzestechnisch ist die Vormundschaft als die Grundregelung dieses Komplexes ausgestaltet, auf die die Regelungen für Pflegschaft und Betreuung in weitem Umfang, aber mit zahlreichen Modifikationen im Einzelnen verweisen (§§ 1908i, 1915 BGB).

1. Vormundschaft

Nach der Reform von 1992 mit der Abschaffung der Entmündigung gibt es das Institut der Vormundschaft nur noch über Minderjährige; es endet mit der Volljährigkeit des Mündels. Für Volljährige, die ihre Angelegenheiten nicht selbst besorgen können, gibt es die Betreuung.

Das Familiengericht ordnet **von Amts wegen** (§ 1774 BGB) – ggf auch schon vor der Geburt eines Kindes, wenn anzunehmen ist, dass das Kind mit der Geburt eines Vormundes bedarf – die Vormundschaft an, **wenn ein Minderjähriger nicht unter elterlicher Sorge steht** (etwa weil die Eltern verstorben sind) oder die **Eltern insgesamt nicht zur Sorge berechtigt sind** (etwa weil ihnen die Sorge entzogen worden ist oder sie unter Betreuung stehen), § 1773 Abs 1 BGB, oder wenn sein Familienstand nicht zu ermitteln ist, § 1773 Abs 2 BGB. Als Vormund ist in erster Linie die Person zu bestellen, die **von den Eltern** – sofern sie zum Zeitpunkt ihres Todes sorgeberechtigt waren –, bei unterschiedlicher Benennung von dem zuletzt verstorbenen Elternteil, **benannt worden** ist, §§ 1776, 1777 BGB.[333] Eine von den Eltern benannte Person darf nur in den in § 1778 BGB abschließend aufgezählten Ausnahmefällen übergangen werden, insbesondere dann, wenn sie nach gesetzlichen Regelungen nicht zum Vormund bestellt werden kann oder soll, wenn sie verhindert ist, wenn durch ihre Berufung das Wohl des

---

[330] Bei der Pflegschaft ausnahmsweise auch die Sorge für ein Sammelvermögen, vgl § 1914 BGB.
[331] Vgl SCHWAB, FamR Rn 900; ausführlich STAUDINGER/VEIT (2014) Vorbem 15 ff zu §§ 1773 ff.
[332] SCHWAB, FamR Rn 900.
[333] Die Benennung muss in der Form einer letztwilligen Verfügung, also durch Testament oder Erbvertrag, erfolgen, § 1777 Abs 3 BGB, für die die allgemeinen erbrechtlichen Regeln gelten.

Mündels gefährdet wäre oder wenn der mindestens 14 Jahre alte, nicht geschäftsunfähige Mündel der Berufung widerspricht. Haben die Eltern keine Person benannt oder ist diese nicht zu bestellen, wählt das Familiengericht nach Anhörung des Jugendamtes einen Vormund aus (§ 1779 Abs 1 BGB); dabei sind Auswahlkriterien nach § 1779 Abs 2 BGB vorgegeben, die neben der Eignung des Vormundes und dem mutmaßlichen Willen der Eltern auch die Beziehung zu dem Mündel und dessen religiöses Bekenntnis berücksichtigen. Nach §§ 1791a, 1791b BGB kann unter bestimmten Umständen (insbesondere kein geeigneter Einzelvormund[334]) ein rechtsfähiger Verein, dem die Übernahme von Vormundschaften gemäß § 54 SGB VIII durch das Landesjugendamt erlaubt worden ist,[335] oder das Jugendamt[336] zum Vormund bestellt werden; in bestimmten Fällen wird das Jugendamt von Gesetzes wegen Vormund (§§ 1791c, 1751 Abs 1 S 2 BGB). Wer geschäftsunfähig ist kann nicht (§ 1780 BGB), wer minderjährig ist oder unter Betreuung steht (§ 1781 BGB) oder von den Eltern als Vormund ausgeschlossen ist (§ 1782 BGB), soll nicht zum Vormund bestellt werden. Für Deutsche besteht eine **Pflicht zur Übernahme** einer Vormundschaft (§ 1785 BGB), sofern nicht einer der in § 1786 abschließend aufgezählten **Ablehnungsgründe** vorliegt und vor der Bestellung geltend gemacht wird. Die **Bestellung** erfolgt bei persönlicher Anwesenheit durch Verpflichtung zu treuer und gewissenhafter Amtsführung (§ 1789 BGB); als Ausweis der Bestellung erhält der Vormund eine Bestallungsurkunde (§ 1791 BGB), der jedoch kein öffentlicher Glaube zukommt.

266 Neben dem Vormund kann – und soll, wenn mit der Vormundschaft eine erhebliche Vermögensverwaltung verbunden ist und nicht ausnahmsweise mehrere Vormünder bestellt sind – ein **Gegenvormund** bestellt werden (§ 1792 Abs 1, 2 BGB), dessen Aufgabe es ist, die pflichtgemäße Amtsführung des Vormundes zu überwachen (§ 1799 BGB). Der Gegenvormund muss bestimmte Geschäfte des Vormundes genehmigen (§§ 1809, 1810, 1812 BGB).

267 Die **Vormundschaft tritt an die Stelle der elterlichen Sorge** und umfasst wie diese dem Grunde nach die Personen- und Vermögenssorge sowie insbesondere die gesetzliche Vertretung des Mündels, § 1793 Abs 1 BGB. Ebenso wie die Eltern hat der Vormund bei seiner Tätigkeit den wachsenden Fähigkeiten des Mündels und seinem wachsenden Bedürfnis nach selbständigem Handeln Rechnung zu tragen. Neuerdings fordert das Gesetz ausdrücklich persönlichen Kontakt zu dem Mündel (§ 1793 Abs 1a BGB: in der Regel einmal im Monat; darüber ist nach § 1840 Abs 1 S 2 BGB auch zu berichten) und die persönliche Förderung und Gewährleistung der Pflege und Erziehung durch den Vormund (§ 1800 S 2 BGB).

268 Der Umfang der **Personensorge** entspricht durch Verweisung in § 1800 dem der elterlichen Personensorge nach §§ 1631–1632 BGB.[337] Die Sorge für die religiöse Erziehung kann dem Vormund entzogen und einem Pfleger übertragen werden (§ 1909 Abs 1 S 1 BGB), wenn der Vormund einem anderen Bekenntnis angehört als das, in dem der Mündel zu erziehen ist, § 1801 BGB.

---

[334] Eine natürliche Person als Vormund wird als Einzelvormund bezeichnet, auch wenn mehrere Vormünder oder ein Gegenvormund bestellt sind.

[335] Ein solcher kann auch von den Eltern nach § 1776 BGB benannt werden.

[336] Dieses kann von den Eltern weder benannt noch ausgeschlossen werden, § 1791b Abs 1 S 2 BGB.

[337] Vgl dazu Rn 205.

Hinsichtlich der **Vermögenssorge** findet keine Verweisung auf die für die Eltern gel- 269
tenden Regelungen statt. Der Vormund ist berechtigt, das Vermögen des Mündels in
Besitz zu nehmen. Über das Vermögen, das bei Amtsantritt vorhanden ist, sowie
solches, das der Mündel später erwirbt, hat der Vormund ein Verzeichnis aufzunehmen, dessen Richtigkeit und Vollständigkeit zu versichern und es beim Familiengericht
einzureichen, § 1802 Abs 1 BGB. Ziel der Vermögenssorge ist es, das Vermögen möglichst ungeschmälert zu erhalten, so dass es dem Mündel bei Eintritt der Volljährigkeit
zu Verfügung steht, und es ggf auch zu vermehren und zum Wohl des Mündels einzusetzen. Der Vormund kann verpflichtet sein, eine andere Art der Vermögensanlage
vorzunehmen, wenn die gegebene sich als unrentabel erweist. Das Vermögen ist ausschließlich zum Wohl des Mündels zu verwenden. Der Vormund darf daraus – mit
Ausnahme von Pflicht- und Anstandsschenkungen – keine Schenkungen vornehmen,
§ 1804 BGB. Erst recht darf er es nicht für sich selbst verwenden, § 1805 BGB; bei
Verstößen dagegen macht er sich schadensersatzpflichtig nach § 1833 BGB; für sich
verwendetes Geld hat er zu verzinsen, § 1834 BGB.

Geld hat der Vormund, sofern daraus nicht laufende Ausgaben bestritten werden, 270
verzinslich anzulegen (§ 1806 BGB), wofür das Gesetz detaillierte Regelungen aufstellt
(sog mündelsichere Anlage, § 1807 BGB): Es werden Anlageformen vorgeschrieben,
die als sicher angesehen werden; der Vormund hat die beste Anlageform auszuwäh-
len.[338] Das Familiengericht kann eine andere Anlageform gestatten, § 1811 BGB. Verfügungen über Forderungen oder andere Rechte, die einen Leistungsanspruch gewähren, und Wertpapiere sind nur mit Genehmigung des Gegenvormundes oder, falls ein
solcher nicht vorhanden ist, des Familiengerichts zulässig, soweit nicht ohnehin eine
Genehmigung des Familiengerichts nach anderen Vorschriften zwingend ist, § 1812
BGB (Ausnahmen in § 1813 BGB). Inhaberpapiere und Orderpapiere mit Blankoindossament sind grundsätzlich, wenn das Familiengericht davon nicht ausnahmsweise
nach § 1817 BGB Befreiung erteilt, zu hinterlegen, § 1814 BGB. Dasselbe gilt auf
Anordnung des Familiengerichts, die nur aus besonderen Gründen zu erfolgen hat,
für andere Wertpapiere und Kostbarkeiten, § 1818 BGB.

Von einem Teil dieser Beschränkungen sowie von der Verpflichtung zur Rechnungs- 271
legung während der Dauer des Amtes können die Eltern den Vormund befreien (sog
Befreite Vormundschaft, §§ 1852 ff BGB).[339] Das Familiengericht kann allerdings bei
Gefährdung der Interessen des Mündels diese Befreiungen außer Kraft setzen, § 1857
BGB.

Der Vormund ist als gesetzlicher Vertreter des Mündels hinsichtlich seiner Tätigkeit 272
erheblich stärkeren Einschränkungen unterworfen als die Eltern. Darauf ist im Rahmen der Vermögenssorge bereits eingegangen worden. Darüber hinaus bedürfen
Grundstücksgeschäfte generell einem Genehmigung des Familiengerichts (§ 1821
BGB), außerdem im Einzelnen aufgeführte, vom Gesetz als potenziell riskant angesehene Geschäfte nach § 1822 BGB (zusätzlich zu den auch von den Eltern zu beachtenden Genehmigungsvorbehalten[340] die Ausschlagung von Erbschaften und Vermächtnissen sowie der Verzicht auf den Pflichtteil, Abschluss eines Erbteilungsvertra-
ges, Pachtvertrages über ein Landgut oder einen Betrieb, Abschluss von Lehr-, Dienst-

---

[338] STAUDINGER/VEIT (2014) § 1807 Rn 5; PA-
LANDT/GÖTZ § 1807 Rn 1.
[339] Dem Amtsvormund und dem Vereinsvor-
mund stehen die entsprechenden Befreiungen
kraft Gesetzes zu, § 1857a BGB.
[340] Dazu Rn 209.

oder Arbeitsverhältnissen für die Dauer von mehr als einem Jahr) und die Aufnahme und Beendigung eines Erwerbsgeschäfts im Namen des Mündels (§ 1823 BGB). Zu einem Teil der in § 1822 BGB aufgeführten Rechtsgeschäfte und Verfügungen nach § 1812 BGB kann das Familiengericht dem Vormund eine allgemeine Ermächtigung erteilen, wenn dies insbesondere zum Betrieb eines Erwerbsgeschäfts oder sonst zur Vermögensverwaltung erforderlich ist, § 1825 BGB. Daneben finden sich im Ehegüterrecht und im Erbrecht einzelne Genehmigungsvorbehalte.[341] Die Genehmigung ist gegenüber dem Vormund zu erklären (§ 1828 BGB); für Geschäfte, die der Vormund ohne die erforderliche Genehmigung, die jedoch nachträglich erteilt werden kann, abgeschlossen hat, treffen §§ 1829–1831 BGB Regelungen. Auch hinsichtlich der Personensorge bestehen in verschiedenen Gesetzen Genehmigungsvorbehalte, etwa für den Antrag auf Scheidung oder Aufhebung der Ehe in § 125 Abs 2 S 2 FamFG oder im Rahmen der Anerkennung der Vaterschaft nach §§ 1596 Abs 1 S 3, 1597 Abs 3 S 2 BGB.[342]

273 Der Vormund ist in bestimmten Fällen möglicher Interessenkollisionen von der Vertretungsmacht ausgeschlossen (§§ 181, 1795 BGB); auf Angelegenheiten, für die eine Pflegschaft besteht, erstreckt sich von vornherein das Sorgerecht des Vormunds nicht (§ 1794 BGB).

274 Der Vormund wird **durch das Familiengericht**, das seinerseits nach § 53 Abs 3 SGB VIII vom Jugendamt unterstützt wird, hinsichtlich seiner gesamten Tätigkeit **überwacht** (§ 1837 Abs 2 BGB). Der Vormund ist dem Gericht gegenüber jederzeit auf Verlangen zur Auskunft über die Führung der Vormundschaft und die persönlichen Verhältnisse des Mündels verpflichtet (§ 1839 BGB); außerdem hat der Vormund jährlich Rechnung zu legen (§ 1840 BGB, zum Inhalt der Rechnungslegung § 1841). Stellt das Familiengericht Pflichtwidrigkeiten fest, hat es durch Verbote und Gebote einzuschreiten (§ 1837 Abs 2 BGB); zur Durchsetzung seiner Anordnungen kann es gegen den Vormund ein Zwangsgeld anordnen. Bei Gefahr für das Wohl des Mündels hat das Familiengericht die zur Abwendung der Gefahr erforderlichen Maßnahmen zu treffen (§ 1837 Abs 4 BGB mit §§ 1666, 1666a, 1696 BGB). Ggf kann das Gericht den Vormund nach § 1886 BGB entlassen. Neben der überwachenden hat das Familiengericht auch eine beratende Funktion (§ 1837 Abs 1 BGB); ebenso hat das Jugendamt den Vormund zu beraten und zu unterstützen (§ 53 Abs 2 SGB VIII).

275 Das **Rechtsverhältnis zwischen Vormund und Mündel** ist **privatrechtlicher Natur**;[343] die Vormundschaft stellt ein gesetzliches Dauerschuldverhältnis eigener Art dar, das in wesentlichen Punkten den Charakter einer unentgeltlichen Geschäftsbesorgung trägt.[344] Generell steht im Vordergrund nach wie vor die Idee der ehrenamtlichen, **unentgeltlichen Amtsführung**, § 1836 Abs 1 S 1 BGB. Der Vormund hat Anspruch auf Aufwendungsersatz und Vorschuss entsprechend den für den Auftrag geltenden Regelungen der §§ 669, 670 BGB (§ 1835 Abs 1 BGB); bei Mittellosigkeit des Mündels besteht ein Anspruch gegen die Staatskasse, § 1835 Abs 4 BGB. Zu den Aufwendungen zählen auch die Kosten einer angemessenen Haftpflichtversicherung für die Tätig-

---

[341] Die Zusammenstellung bei STAUDINGER/VEIT (2014) Vorbem 4 ff zu §§ 1821, 1822, ist insoweit nach Inkrafttreten des Gesetzes zur Bekämpfung von Kinderehen (dazu Rn 9) partiell überholt.

[342] Vgl auch die Zusammenstellung bei STAUDINGER/VEIT (2014) Vorbem 8 zu §§ 1821, 1822.
[343] STAUDINGER/VEIT (2014) Vorbem 17 zu §§ 1773 ff.
[344] SCHWAB, FamR Rn 918.

keit als Vormund, § 1835 Abs 2 BGB, sowie eine Vergütung für solche Dienstleistungen, die dem Beruf oder Gewerbe des Vormundes zuzurechnen sind, § 1835 Abs 3 BGB (ein Rechtsanwalt führt einen Prozess für seinen Mündel). Statt des Ersatzes konkreter Aufwendungen kann der Vormund eine pauschale Aufwandsentschädigung nach § 1835a BGB in Höhe von derzeit 399 Euro im Jahr beanspruchen. Von diesem Leitbild hat sich die Rechtswirklichkeit schon seit langem entfernt, weil nicht in hinreichender Zahl ehrenamtlich tätige Vormünder vorhanden sind. Daher ist in § 1836 Abs 1 S 2 BGB eine Vergütung für solche Vormünder vorgesehen, die Vormundschaften berufsmäßig, dh in erheblichem Umfang führen;[345] in anderen Fällen kann einem Vormund vom Familiengericht eine angemessene Vergütung bewilligt werden, wenn dies durch Umfang oder Schwierigkeit der vormundschaftlichen Geschäfte gerechtfertigt ist, § 1836 Abs 2 BGB.

276 Auch die **Haftung** des Vormunds ist ausschließlich privatrechtlicher Natur, § 1833 BGB. Für Pflichtverletzungen des Amtsvormundes haftet die entsprechende Körperschaft.

277 Die **Vormundschaft endet**, wenn die Voraussetzungen für ihre Begründung nach § 1773 BGB wegfallen, nämlich durch Tod oder Volljährigkeit des Mündels, Wiederaufleben der Berechtigung zur Personen- und Vermögenssorge bei den Eltern[346] sowie durch Adoption des Mündels, da nach § 1754 Abs 3 BGB der Annehmende die elterliche Sorge erlangt.

278 Das **Amt des Vormundes endet** mit der Vormundschaft; es endet aber auch in anderen Fällen, in denen die Vormundschaft als solche weiterbesteht und dementsprechend ein neuer Vormund zu bestellen ist. Das ist dann der Fall, wenn der Einzelvormund[347] vom Familiengericht entlassen wird, weil eine Fortführung durch ihn, insbesondere bei pflichtwidrigem Handeln, die Interessen des Mündels gefährden würde oder er im Sinne des § 1781 BGB untauglich wird (§ 1886 BGB); weiter dann, wenn der Vormund auf seinen Antrag hin entlassen wird, weil ein wichtiger Grund vorliegt, insbesondere wenn ein Umstand eintritt, der den Vormund berechtigen würde, die Übernahme des Amtes abzulehnen (§ 1889 mit § 1786 Abs 1 Nr 2–7 BGB). Das Amt des Vormundes endet auch mit dessen Tod.

279 Nach der Beendigung des Amtes muss der Vormund das Vermögen an den Mündel oder den neuen Vormund herausgeben und diesem Rechnung legen,[348] falls er dies nicht schon gegenüber dem Familiengericht getan hat (§ 1890 BGB). Solange der Vormund die Beendigung seines Amtes nicht kennt oder kennen muss, ist er zur Fortführung der Geschäfte berechtigt; im Falle des Todes des Mündels hat er Geschäfte, die nicht ohne Gefahr aufgeschoben werden können, fortzuführen, bis der Erbe dafür Sorge tragen kann (§ 1893 Abs 1 mit §§ 1698a, b BGB).

---

[345] Zu Einzelheiten vgl das Vormünder- und Betreuervergütungsgesetz.
[346] Erlangen die Eltern nur das Recht zur Personen- *oder* Vermögenssorge, entfällt zwar die Vormundschaft; es muss aber ein Pfleger für die nicht den Eltern zustehende Teilsorge bestellt werden.
[347] Zur Entlassung des Jugendamtes oder eines Vereins, wenn dies dem Wohl des Mündels dient und eine geeignete Person als Vormund vorhanden ist, vgl §§ 1887, 1889 Abs 2 BGB.
[348] Wenn ein Gegenvormund vorhanden ist, gelten §§ 1891 f BGB.

2. Pflegschaft

280 Pflegschaft bezeichnet die Fürsorge für Personen oder Sachen. Soweit sie sich auf Personen bezieht, ähnelt sie der Vormundschaft, deren Regeln auch weitgehend anzuwenden sind (§ 1915 Abs 1 BGB); im Unterschied zur Vormundschaft beinhaltet sie aber keine umfassende Sorge, sondern betrifft begrenzte Sorgebereiche. Ihr kommt im Wesentlichen eine ergänzende Funktion zu, die die Rechtsstellung des Pflegebefohlenen nicht beeinträchtigt.

281 Es werden verschiedene Arten der Pflegschaft unterschieden:

Die **Ergänzungspflegschaft** nach § 1909 BGB betrifft in erster Linie Fälle, in denen die sorgeberechtigten Eltern oder der Vormund an der Wahrnehmung von Angelegenheiten für ihr Kind bzw den Mündel verhindert sind und ein besonderes Bedürfnis[349] für die Bestellung eines Pflegers besteht. Die Verhinderung kann tatsächlicher (zB Krankheit, Abwesenheit) oder rechtlicher Natur (Ruhen der elterlichen Sorge, Entzug nur der Personen- oder der Vermögenssorge, Ausschluss von der Vertretung des Kindes/Mündels kraft Gesetzes[350]) sein. Im Umfang der Anordnung der Ergänzungspflegschaft ist die elterliche Sorge bzw die Sorge des Vormundes beschränkt (§§ 181, 1630 Abs 1, 1794 BGB). Zu Besonderheiten hinsichtlich der Berufung des Pflegers vgl §§ 1916 f BGB. Ergänzungspflegschaft – dann aber mit umfassender Sorgebefugnis – liegt auch dann vor, wenn bis zur Bestellung eines Vormundes die Pflegschaft angeordnet wird, § 1909 Abs 3 BGB (sog Ersatzpflegschaft).

282 Pflegschaften werden im Übrigen im Wesentlichen angeordnet, wenn der eigentliche Rechtsträger (eine volljährige Person) mit unbekanntem Aufenthalt abwesend oder zwar mit bekanntem Aufenthalt abwesend, aber an der Wahrnehmung seiner Angelegenheiten verhindert ist (§ 1911 BGB, **Abwesenheitspflegschaft)**, weiter wenn der Rechtsträger (noch) nicht bekannt ist (§ 1913 BGB) oder die Verwalter eines gesammelten Vermögens weggefallen sind (§ 1914 BGB). In diesen Zusammenhang gehört auch die Nachlasspflegschaft nach §§ 1960 ff BGB. Einen Sonderfall stellt die Pflegschaft für eine Leibesfrucht dar, die dann anzuordnen ist, wenn künftige Rechte, die unter der Bedingung der Geburt entstehen,[351] zu sichern sind (§ 1912 BGB).

283 Das Rechtsverhältnis der **Pflegschaft entsteht** entweder unmittelbar kraft Gesetzes oder aufgrund gerichtlicher Anordnung durch das Familiengericht, die ihrerseits einer gesetzlichen Grundlage bedarf.[352]

284 Die **Pflegschaft endet** kraft Gesetzes bei einer unter elterlicher Sorge oder Vormundschaft stehenden Person mit der Beendigung dieser Sorgeverhältnisse, bei der Pflegschaft für die Leibesfrucht mit der Geburt des Kindes und bei der für einzelne Angelegenheiten begründeten Pflegschaft mit deren Erledigung (§ 1918 BGB). Im Übrigen ist die Pflegschaft durch das Familiengericht aufzuheben, wenn ihr Grund wegfällt (§§ 1919, 1921 BGB).

---

[349] Zu dieser im Gesetz nicht genannten Voraussetzung STAUDINGER/BIENWALD (2017) § 1909 Rn 75.

[350] Zu den Fällen im Einzelnen STAUDINGER/BIENWALD (2017) § 1909 Rn 27 ff.

[351] Vgl dazu STAUDINGER/BIENWALD (2017) § 1912 Rn 1.

[352] Vgl zu Pflegschaften außerhalb des BGB STAUDINGER/BIENWALD (2017) Vorbem 55 zu §§ 1909–1921.

U. Familienrecht

Die Auswahl (begrenzt durch § 1917 BGB), die Bestellung und Überwachung des Pflegers obliegt dem Familiengericht ebenso wie ggf Anordnung und Aufhebung der Pflegschaft. **285**

3. Rechtliche Betreuung

Das Rechtsinstitut der Betreuung ist 1991 neu eingeführt worden und an die Stelle der Vormundschaft für entmündigte Erwachsene getreten. Ziel ist es, die Rechte der betroffenen Personen zu stärken, Eingriffe nur soweit vorzunehmen, wie sie erforderlich sind, und Wünschen und Vorstellungen des Betreuten möglichst weitgehend Rechnung zu tragen.[353] **286**

Das Betreuungsgericht bestellt nach § 1896 Abs 1 BGB einen Betreuer für einen Volljährigen,[354] wenn dieser wegen einer psychischen Krankheit oder einer körperlichen, geistigen oder seelischen Behinderung ganz oder teilweise nicht in der Lage ist, seine Angelegenheiten zu besorgen. Dies geschieht von Amts wegen oder auf Antrag des zu Betreuenden, der den Antrag auch wirksam stellen kann, wenn er geschäftsunfähig ist. Im Falle der körperlichen Behinderung kommt die Bestellung eines Betreuers grundsätzlich nur auf Antrag des zu Betreuenden in Betracht. Gegen den freien Willen des Betroffenen darf eine Betreuung nicht angeordnet werden (§ 1896 Abs 1a BGB). Anders als die Vormundschaft ist die Betreuung grundsätzlich nicht umfassend, sondern beschränkt auf die Aufgabenkreise, für die eine Betreuung erforderlich ist (§ 1896 Abs 2 S 1 BGB, vgl auch § 1901 Abs 1 BGB).[355] Dementsprechend ist eine Betreuung insbesondere dann nicht erforderlich, wenn die Angelegenheiten des Volljährigen durch einen Bevollmächtigten[356] oder durch andere Hilfen (Verwandte, Freunde, Nachbarn, soziale Dienste) wahrgenommen werden. Die Betreuung als staatlich organisierte Hilfe ist **subsidiär** gegenüber privaten bzw privat organisierten Hilfeleistungen.[357] **287**

Als Betreuer kommen vorrangig natürliche Personen in Betracht (§ 1897 Abs 1 BGB), wobei die Wünsche des zu Betreuenden hinsichtlich bestimmter Personen oder seine Ablehnung bestimmter Personen grundsätzlich zu beachten sind (§ 1897 Abs 4 BGB).[358] Macht der zu Betreuende keinen Vorschlag, ist bei der Auswahl auf seine verwandtschaftlichen und persönlichen Bindungen Rücksicht zu nehmen (§ 1897 Abs 5 BGB). Nur nachrangig soll eine Person zum Betreuer bestellt werden, die Betreuungen berufsmäßig führt (§ 1897 Abs 6 BGB). Nur wenn eine hinreichende Be- **288**

---

[353] STAUDINGER/BIENWALD (2017) Vorbem 61 zu §§ 1896 ff.
[354] Bei einem Minderjährigen ist ein Vormund zu bestellen. Nach § 1908a BGB kann bei einem 17-Jährigen vorsorglich ein Betreuer bestellt und ein Einwilligungsvorbehalt angeordnet werden, wenn anzunehmen ist, dass dies mit Eintritt der Volljährigkeit erforderlich sein wird; wirksam werden die Maßnahmen erst mit Eintritt der Volljährigkeit.
[355] Zum Grundsatz der Erforderlichkeit im Betreuungsrecht ausführlich STAUDINGER/BIENWALD (2017) § 1896 Rn 240 ff.
[356] Durch eine sog Vorsorgevollmacht (bedingte Vollmacht für den Fall des Verlustes der Geschäftsfähigkeit) kann rechtsgeschäftlich Vorkehrung getroffen und damit die Anordnung der Betreuung vermieden werden, vgl RAUSCHER, FamR Rn 1269a; PALANDT/GÖTZ Einf v § 1896 Rn 5.
[357] STAUDINGER/BIENWALD (2017) § 1896 Rn 263.
[358] Durch eine vorsorgliche Betreuungsverfügung können nicht nur hinsichtlich der Person des Betreuers sondern auch sonst für den Fall der Anordnung der Betreuung Vorgaben gemacht werden, vgl dazu §§ 1901 Abs 3 S 2, 1901c BGB.

treuung durch natürliche Personen nicht möglich ist, soll ein Verein, wenn auch ein solcher nicht in Betracht kommt, die zuständige Behörde zum Betreuer bestellt werden (§ 1900 Abs 1, 4 BGB). Es besteht eine Übernahmepflicht, wenn die vom Betreuungsgericht ausgewählte Person zur Betreuung geeignet und diese ihr nach ihren familiären, beruflichen und sonstigen Verhältnissen zumutbar ist (§ 1898 Abs 1 BGB).

289 Die Bestellung eines Betreuers als solche hat **keine Auswirkungen auf die Geschäftsfähigkeit** des Betreuten; diese richtet sich vielmehr nach den allgemeinen Vorschriften (§ 104 Nr 2 BGB, vgl auch § 105 Abs 2 BGB). Auch Ehefähigkeit, Testierfähigkeit und elterliche Sorge richten sich nach den allgemeinen Regelungen und werden durch die Betreuung nicht beeinflusst. Der Betreuer hat die Aufgabe, die Tätigkeiten vorzunehmen, die erforderlich sind, um das beim Betreuten bestehende Defizit in der Besorgung der eigenen Angelegenheiten aufzuheben, vgl § 1901 Abs 1 BGB. Die vom Betreuer entfaltete Tätigkeit hat selbstverständlich dem Wohl des Betreuten zu entsprechen, wobei insbesondere darauf zu achten ist, dass der Betreute möglichst weitgehend sein Leben im Rahmen seiner Fähigkeiten nach den eigenen Vorstellungen und Wünschen gestalten kann (§ 1901 Abs 2 BGB). Der Betreuer hat den Wünschen des Betreuten zu entsprechen sowie wichtige Angelegenheiten zunächst mit dem Betreuten zu besprechen, wenn dies dessen Wohl nicht zuwiderläuft (§ 1901 Abs 3 BGB). Aus all diesen Regeln wird das Bemühen deutlich, den Betreuten auch faktisch nicht zu „entmündigen" oder zu „bevormunden", sondern die Tätigkeit des Betreuers möglichst weitgehend an seinen Vorstellungen zu orientieren.

290 Dieser Gesichtspunkt spielt auch bei der **Patientenverfügung** eine Rolle: Hat die zu betreuende Person zu einem Zeitpunkt, zu dem sie einwilligungsfähig war, hinsichtlich bestimmter, wenn auch noch nicht unmittelbar bevorstehender Untersuchungen, Heilbehandlungen und ärztlicher Eingriffe für den Fall der Einwilligungsunfähigkeit schriftliche Festlegungen getroffen, ob sie in entsprechende Maßnahmen einwilligt oder nicht – so ist die Patientenverfügung legaldefiniert –, haben der Betreuer oder sonstige Bevollmächtigte diesem Willen grundsätzlich Geltung zu verschaffen, soweit er auf die aktuelle Lebens- und Behandlungssituation (noch) zutrifft, § 1901a Abs 1 BGB. Anderenfalls und dann, wenn keine Patientenverfügung vorliegt, sind die Behandlungswünsche bzw der mutmaßliche Wille festzustellen, wobei insbesondere auch frühere mündlich oder schriftlich geäußerte Wünsche sowie ethische und religiöse Überzeugungen und Wertvorstellungen zu beachten sind, § 1901a Abs 2 BGB; in diesem Zusammenhang sollen auch nahe Angehörige und Vertrauenspersonen des zu Betreuenden angehört werden, § 1901b Abs 2 BGB.

291 (Nur) im Rahmen des ihm übertragenen Aufgabenkreises ist der Betreuer der gesetzliche Vertreter des Betreuten, § 1902 BGB.

292 Nach § 1903 Abs 1 BGB kann das Betreuungsgericht zur Abwendung einer erheblichen Gefahr für Person oder Vermögen des Betreuten einen sogenannten **Einwilligungsvorbehalt** anordnen, der dazu führt, dass der Betreute für Willenserklärungen im Rahmen der Anordnung zur Wirksamkeit grundsätzlich der Einwilligung des Betreuers bedarf. Die gegenüber dem Betreuten abgegebene Willenserklärung wird erst wirksam, wenn sie dem Betreuer zugeht. Auf höchstpersönliche Erklärungen (Eingehung der Ehe, Errichtung einer Verfügung von Todes wegen und weitere Willenserklärungen, zu denen ein beschränkt Geschäftsfähiger nach dem 4. und 5. Buch des BGB keiner Zustimmung seines gesetzlichen Vertreters bedarf) kann sich der Einwilligungsvorbehalt nicht erstrecken, § 1903 Abs 2 BGB. Der Betreute bekommt damit in diesem Rahmen im Ergebnis die Stellung eines beschränkt geschäftsfähigen Minderjährigen;[359] die Regelungen der §§ 108–113, 131 Abs 2, 210 BGB finden entsprechend Anwendung. Für Willenserklärungen, die dem Betreuten lediglich einen rechtlichen Vorteil bringen, sowie für Willenserklärungen, die geringfügige Angelegenheiten des täglichen Lebens betreffen, bedarf es der Einwilligung des Betreuers nicht, § 1903 Abs 3 BGB. Dabei sind die Wirkungen der Anordnung eines Einwilligungsvorbehaltes grundsätzlich unabhängig davon, ob der Betreute generell oder partiell geschäftsunfähig oder geschäftsfähig ist. Dessen ungeachtet führt die Anordnung eines Einwilligungsvorbehalts bei einem geschäftsunfähigen Betreuten nicht dazu, dass seine Willenserklärungen mit Einwilligung des Betreuers wirksam würden; auch eine Umdeutung derart, dass in der Einwilligung die Vornahme des Rechtsgeschäfts durch den Betreuer zu sehen sei, erscheint zweifelhaft.[360] Erst recht dürfte es an der Intention des Gesetzes vorbeigehen, § 1903 Abs 3 S 2 BGB auf den geschäftsunfähigen Betreuten mit der Maßgabe anzuwenden, dass er, soweit ein Einwilligungsvorbehalt angeordnet ist, Willenserklärungen in geringfügigen Angelegenheiten des täglichen Lebens wirksam abgeben könnte.[361] Geschäfte des täglichen Lebens eines volljährigen Geschäftsunfähigen können aber nach § 105a BGB wirksam sein, wenn sie mit geringfügigen Mitteln bewirkt werden können und der Leistungsaustausch erfolgt ist.

Da die Anordnung der Betreuung als solche die Geschäftsfähigkeit nicht berührt, sind im Rechtsverkehr drei Fallgruppen zu unterscheiden: Ein nach allgemeinen Regeln geschäftsunfähiger Betreuter kann – auch im Rahmen des § 1903 Abs 3 BGB – keine wirksamen Willenserklärungen abgeben. Ein geschäftsfähiger Betreuter kann innerhalb des Aufgabenkreises des Betreuers grundsätzlich ohne dessen Einwilligung wirksam Willenserklärungen abgeben; sein Handeln tritt neben das des Betreuers. Dies kann im Einzelfall zu Kollisionen führen. Bei einander widersprechenden Rechtsgeschäften (mehrere Verfügungen über dieselbe Sache) gilt das Prioritätsprinzip; im Übrigen sind parallele Rechtsgeschäfte (Erwerb vergleichbarer Gegenstände durch Betreuer und Betreuten) nebeneinander wirksam. Im Innenverhältnis kann das Handeln des Betreuers in einem derartigen Fall eine Pflichtverletzung (Verstoß gegen § 1901 Abs 3 BGB) darstellen.[362] Ist ein Einwilligungsvorbehalt bei einem geschäftsfähigen Betreuten angeordnet, schränkt das seine Geschäftsfähigkeit ein; er kann innerhalb des Aufgabenkreises des Betreuers und im Rahmen des Einwilligungsvorbehalts grundsätzlich nur mit Einwilligung des Betreuers wirksam Willenserklärungen abgeben. **293**

Bei bestimmten bedeutenden Angelegenheiten der Personensorge (ärztliche Eingriffe, ärztliche Zwangsmaßnahmen, Sterilisation, Unterbringung, Aufgabe der Mietwohnung) bedarf der Betreuer der Genehmigung des Betreuungsgerichts, §§ 1904–1908 BGB. **294**

Der **Betreuer ist** durch das Betreuungsgericht **zu entlassen**, wenn seine Eignung für die Betreuung nicht mehr gewährleistet ist oder ein anderer wichtiger Grund vorliegt. Ein **295**

---

[359] STAUDINGER/BIENWALD (2013) § 1903 Rn 4.
[360] PALANDT/GÖTZ § 1903 Rn 10; RAUSCHER, FamR Rn 1289 (im Einzelfall Auslegung als Eigenerklärung) gegen die amtl Begr in BT-Drucks 11/4528, 137 f; krit dazu GERNHUBER/COESTER-WALTJEN, FamR § 76 Rn 67.
[361] So STAUDINGER/BIENWALD (2017) § 1903 Rn 12.
[362] Vgl RAUSCHER, FamR Rn 1288.

Vereins- oder Behördenbetreuer ist zu entlassen, wenn der Betreute durch natürliche Personen betreut werden kann; ein Berufsbetreuer soll entlassen werden, wenn eine Betreuung durch einen nicht berufsmäßigen Betreuer möglich ist. Der Betreuer kann seine Entlassung verlangen, wenn Umstände eintreten, die seine Tätigkeit unzumutbar machen; er kann entlassen werden, wenn der Betreute eine gleich geeignete, zur Übernahme der Betreuung bereite Person vorschlägt (für alles vorangegangene § 1908b BGB). Mit der Entlassung des Betreuers endet jedoch nicht die Betreuung; es ist daher in diesen Fällen sowie bei Tod des Betreuers ein neuer Betreuer zu bestellen § 1908c BGB.

296 Die **Betreuung ist aufzuheben** und endet damit, wenn sie nicht mehr erforderlich ist; sie ist teilweise aufzuheben, wenn Betreuungsbedarf nicht mehr im vollen angeordneten Umfang besteht, § 1908d Abs 1 BGB. Ist der Betreuer auf Antrag des Betreuten bestellt worden, ist sie auf dessen Antrag aufzuheben, wenn sie nicht von Amts wegen aufrechterhalten bleiben muss, § 1908d Abs 2 BGB.

297 Erforderlichenfalls ist der Aufgabenkreis des Betreuers auch zu erweitern, § 1908d Abs 3 BGB. Auch der Einwilligungsvorbehalts ist je nach Erfordernis aufzuheben, einzuschränken oder zu erweitern, § 1908d Abs 4 BGB.

298 Im Übrigen gelten nach § 1908i BGB die Regelungen über die Vormundschaft in großem Umfang entsprechend. Das betrifft insbesondere auch die Auskunfts-, Berichts- und Rechenschaftspflichten des Betreuers und die Kontrolle seiner Tätigkeit durch das Betreuungsgericht.

V. Erbrecht

Rudolf Meyer-Pritzl

Systematische Übersicht

I.	Einleitung: Funktionen des Erbrechts und Standort im BGB	1
II.	Historische Grundlagen der Eckpfeiler des Erbrechts	5
1.	Das Spannungsverhältnis zwischen Testierfreiheit und Familienerbfolge	6
a)	Das Prinzip der Familienerbfolge	6
b)	Das Prinzip der Testierfreiheit	7
c)	Kompromiss zwischen Familienerbfolge und Testierfreiheit	8
2.	Die Universalsukzession	13
III.	Die Entwicklung seit dem Inkrafttreten des BGB	15
IV.	Die gesetzliche Erbfolge und das Pflichtteilsrecht als Ausprägungen des Prinzips der Familienerbfolge	16
1.	Die gesetzliche Erbfolge	17
a)	Verwandtenerbrecht	18
b)	Ehegattenerbrecht	22
c)	Erbrecht nichtehelicher Kinder	28
d)	Erbrecht des Staates	29
2.	Das Pflichtteilsrecht	30
a)	Die Regelung des BGB	31
b)	Pflichtteilsrecht zwischen Testierfreiheit und Familienerbfolge	35
3.	Reichweite und Grenzen des Prinzips der Familienerbfolge	41
V.	Die rechtsgeschäftliche Erbfolge und das Prinzip der Testierfreiheit	43
1.	Typen- und Formzwang des Erbrechts	45
2.	Verfügungen von Todes wegen	48
a)	Einfaches Testament	49
b)	Gemeinschaftliches Testament	57
c)	Erbvertrag	63
3.	Gestaltungsmöglichkeiten des Erblassers	68
a)	Vor- und Nacherbschaft	69
b)	Vermächtnis	72
c)	Auflage	74
d)	Testamentsvollstreckung (§§ 2197–2228 BGB)	76
e)	Rechtsgeschäfte unter Lebenden	80
4.	Auslegung von Verfügungen von Todes wegen	84
5.	Unwirksamkeit von Verfügungen von Todes wegen	91
a)	Verstoß gegen ein gesetzliches Verbot gem § 134 BGB	92
b)	Verstoß gegen die guten Sitten gem § 138 Abs 1 BGB	94
6.	Reichweite und Grenzen des Prinzips der Testierfreiheit	100
VI.	Das Prinzip der Universalsukzession und das Prinzip des Vonselbsterwerbs	101
1.	Universalsukzession	102
a)	Grundsatz	103
b)	Postmortaler Persönlichkeitsschutz	105
c)	Sondererbfolgen	109
2.	Vonselbsterwerb	110
VII.	Rechtsstellung des Erben	
1.	Erbfähigkeit	111
2.	Annahme und Ausschlagung der Erbschaft	112
3.	Erbenhaftung	116
4.	Erbschaftsanspruch, §§ 2018–2031 BGB	118
5.	Mehrheit von Erben, §§ 2032–2063 BGB	121
6.	Erbschein, §§ 2353–2370 BGB	126
VIII.	Ausblick: Prinzipienkontinuität, Reformdiskussion und europäisches Erbrecht	128

I. Einleitung: Funktionen des Erbrechts und Standort im BGB

1 Das Erbrecht knüpft an ein soziales Faktum, den Tod eines Menschen, an. Regelungsgegenstand des 5. Buches ist der **Übergang der privaten Vermögensrechte des Erblassers auf die Erben**: „Das Erbrecht hat die Funktion, das Privateigentum als Grundlage der eigenverantwortlichen Lebensgestaltung mit dem Tod des Eigentümers nicht untergehen zu lassen, sondern seinen Fortbestand im Wege der Rechtsnachfolge zu sichern."[1] Erst das Vorhandensein des Erbrechts gewährleistet die **Beständigkeit des Privateigentums über den Tod hinaus** und trägt so wesentlich dazu bei, dass es seine Wirkung voll entfalten kann.[2] Das Grundgesetz garantiert in Art 14 Abs 1 GG Eigentum und Erbrecht. Das Erbrecht steht damit in einem engen Zusammenhang mit der privaten Eigentumsverfassung. Insofern wird gelegentlich auch von der „Akzessorietät des Erbrechts"[3] gesprochen: Nur in dem Umfang, in dem das Eigentum garantiert ist, kann das Erbrecht die Funktion der Weitergabe des Privateigentums ausüben. Aus der engen Verbindung zwischen Eigentum und Erbrecht ergibt sich auch die Testierfreiheit des Erblassers als eines der erbrechtlichen Grundprinzipien. Die Eigentumsfreiheit findet für Verfügungen von Todes wegen ihr Korrelat in der Testierfreiheit. Indem sich das Erbrecht auf den Willen des Erblassers fokussiert, weist es einen fast ausschließlich privaten Charakter auf. Der Staat ist grundsätzlich von der Erbfolge ausgeschlossen, es sei denn, dass sich überhaupt kein Erbe finden lässt. Das BGB, fest verankert in den liberalen Vorstellungen des 19. Jahrhunderts, weist der öffentlichen Hand keinen Anteil am Nachlass zu. Allerdings partizipiert auch der Staat an der Vererbung von Vermögenswerten, indem der Erwerb von Todes wegen einen steuerpflichtigen Vorgang darstellt (§ 1 Abs 1 Nr 1 ErbStG).

2 Daneben hat das Erbrecht die Funktion, die Familie, insbesondere die Nachkommen des Erblassers zu versorgen. Die Erbfolge ist insofern nicht zu Unrecht als „äußerste Form der Brutpflege" bezeichnet worden.[4] Die **Familienerbfolge** entspricht dem in der Rechtstradition und der allgemeinen Rechtsüberzeugung verankerten sittlichen Prinzip, dass die nächsten Angehörigen und der Ehegatte des Erblassers zur Rechtsnachfolge bestimmt sind.[5] Auf diese Weise sollte ursprünglich das über Generationen erworbene Familienvermögen, das vielfach die Existenzgrundlage der Angehörigen bildete, innerhalb des Familienverbandes weitergegeben werden. Heute ist diese Funktion in den Hintergrund getreten. Gleichwohl ist „die Legitimation des Familienerbrechts ungebrochen".[6]

3 Die genannten Funktionen der freien Verfügung des Erblassers über seine Vermögenswerte mit Wirkung über seinen Tod hinaus und der Familiengebundenheit des Vermögens stellen das Erbrecht in ein **Spannungsverhältnis zwischen der individuellen Freiheit des Erblassers und dem Schutz familiärer Interessen**. So wie man im Verfassungsrecht von einem Parallelogramm divergierender Kräfte spricht,[7] so gilt es auch im Erbrecht, stets von neuem die Resultante der beiden Vektoren der Freiheit des Erb-

---

[1] BVerfGE 93, 165, 173.
[2] KIPP/COING, Erbrecht (14. Bearb 1990) 1.
[3] LEIPOLD, Wandlungen in den Grundlagen des Erbrechts, AcP 180 (1980) 160, 163.
[4] HATTENHAUER, Grundbegriffe des Bürgerlichen Rechts (2. Aufl 2000) 204.
[5] BGH NJW 1983, 674, 675.
[6] MünchKomm/LEIPOLD (7. Aufl 2017) Einl Rn 13.
[7] BVerfGE 5, 85, 135; BVerfGE 69, 315, 345 f. Siehe auch schon vJHERING, Der Kampf ums Recht (1872) 8.

V. Erbrecht 4–6

lassers und des Schutzes der Familie zu finden, um ein den gesellschaftlichen Wandlungen entsprechendes Erbrecht zu garantieren.

Trotz der Bezüge zum Eigentums- und zum Familienrecht hat der Gesetzgeber des **4** BGB dem Erbrecht ein eigenes Buch gewidmet – und sogar das umfangreichste: 963 der 2385 Paragraphen des BGB betreffen diese Materie. Dass das Erbrecht überhaupt Gegenstand eines eigenen Buches ist, ergibt sich aus dem auf GUSTAV HUGO und GEORG ARNOLD HEISE zurückgehenden **Pandektensystem**, das sich im 19. Jahrhundert durchsetzte.[8] In dem bis dahin vorherrschenden, auf dem römischen Recht basierenden Institutionensystem hatte das Erbrecht seinen Platz bei den „Arten des Eigentumserwerbs". Diese Einordnung wirkt noch im Code civil (Livre III, Titre I und II: „Des différentes manières dont on acquiert la propriété") und im österreichischen ABGB (Sachenrecht, I. Abt, Hauptstücke 8 bis 15) nach. Das preußische ALR regelte nur das Testaments- und Erbvertragsrecht im Rahmen des Eigentumserwerbs (I. Teil, 12. Titel: „Von den Titeln zur Erwerbung des Eigentums, welche aus Verordnungen von Todes wegen entstehen"), das gesetzliche Erbrecht hingegen im Familienrecht (II. Teil, 2. Titel: „Von den wechselseitigen Rechten und Pflichten der Aelteren und Kinder"). Die erste Kodifikation, die eine selbständige Regelung des Erbrechts vorsah, war das Sächsische BGB von 1863. Ihm folgte das BGB, das ebenfalls das Pandektensystem verwirklichte.

II. Historische Grundlagen der Eckpfeiler des Erbrechts

Entsprechend seinen Funktionen kann das Erbrecht entweder die Freiheit des Erblas- **5** sers oder die Fürsorgepflicht gegenüber den nächsten Angehörigen stärker akzentuieren. In der Entstehungszeit des BGB, aber auch heute noch wirken die Verbindungen des Erbrechts mit dem Eigentum, wie sie aus dem römischen Recht abgeleitet werden, und mit dem Familienrecht, wie sie in der deutschrechtlichen Tradition verwurzelt sind, nach.[9] OTTO VON GIERKE brachte diese beiden erbrechtlichen Traditionen auf folgende Formel: „Auf dem Familienrecht beruht nach germanischer Anschauung das Erbrecht, während die romanistische Auffassung alles Erbrecht auf den über den Tod hinauswirkenden erklärten oder vermuteten Willen des Individuums gründet."[10] Eckpfeiler der erbrechtlichen Regelung des BGB sind die **Testierfreiheit** und die **Familienerbfolge** in der Form, wie sie sich in der historischen Entwicklung herausgebildet haben.

1. Das Spannungsverhältnis zwischen Testierfreiheit und Familienerbfolge

a) Das Prinzip der Familienerbfolge

Die Vorstellung, dass das Erbrecht ein Teil des Familienrechts sei, ist in der **deutsch-** **6** **rechtlichen Tradition** verwurzelt. Deutlich wird dies in dem aus dem frühen 13. Jahrhundert stammenden Sachsenspiegel. Dort wurden die einzelnen Mitglieder einer Sippe bildlich dem menschlichen Körper vom Haupt über den Hals, die Schulter, den Ellbogen und das Handgelenk bis zum Fingernagel zugeordnet. Am Haupte stehen Ehemann und Ehefrau. Es galt die erbrechtliche Regel: „Die zwischen dem Nagel und

---

[8] STAUDINGER/BOEHMER[11] Einl 4 ff zum ErbR.
[9] Zur geschichtlichen Entwicklung des Erbrechts: STAUDINGER/BOEHMER[11] Einl 1 ff zum ErbR; HATTENHAUER, Grundbegriffe des Bürgerlichen Rechts (2. Aufl 2000) 204 ff.
[10] vGIERKE, Die soziale Aufgabe des Privatrechts (1889) 38.

dem Haupt sich zu der Sippe abzählen können an gleicher Stelle, die nehmen das Erbe gleich" (Landrecht, I 3 § 3). Die Familie wird als eine naturgegebene Institution verstanden. Aufgabe des Erbrechts kann danach nur sein, den Erhalt des Familienvermögens und die Versorgung der Familie über den Tod des Erblassers hinaus zu garantieren. Testierfreiheit besteht daher nicht oder nur in sehr eingeschränktem Umfang. Auch die deutsche naturrechtliche Lehre favorisierte diese Herleitung des Erbrechts aus dem Familienrecht und begründete sie mit der Pflicht der Eltern, für ihre Kinder zu sorgen. Sie fand Eingang in das preußische ALR und klingt noch bei BLUNTSCHLI nach, der unter Hinweis auf die alte Parömie „Gott, nicht der Mensch macht die Erben" ein unbegrenztes Verwandtenerbrecht auf naturgesetzlicher Grundlage zu begründen versuchte.[11]

b)   Das Prinzip der Testierfreiheit

7 Die Testierfreiheit dient genauso wie das Eigentumsgrundrecht und der Grundsatz der Privatautonomie der Selbstbestimmung des Einzelnen im Rechtsleben.[12] Sie „umfasst die Befugnis des Erblassers, zu Lebzeiten einen von der gesetzlichen Erbfolge abweichenden Übergang seines Vermögens nach seinem Tode an einen oder mehrere Rechtsnachfolger anzuordnen, insbesondere einen gesetzlichen Erben von der Nachlassbeteiligung auszuschließen und wertmäßig auf den gesetzlichen Pflichtteil zu beschränken".[13] Die Testierfreiheit und die Verbindung zwischen Erbrecht und Eigentum haben ihre **Ursprünge im römischen Recht**. Bereits das frühe römische Recht kannte das Manzipationstestament, das der mancipatio, dem alten römischen Rechtsinstitut der Übereignung, nachgeformt war. Nachdem sich Rom in der Zeit der jüngeren Republik von einem agrarisch strukturierten Gemeinwesen zu einem Handel treibenden Reich fortentwickelt hatte, wurde die Testierfreiheit zum beherrschenden Prinzip des Erbrechts. Die Errichtung eines Testaments, damals noch weitgehend frei von den Beschränkungen zu Gunsten naher Angehöriger, stellte den Regelfall dar und drängte die Intestaterbfolge in den Hintergrund.[14] Dieser schon in der Antike erkannte Zusammenhang zwischen Eigentum und Erbrecht entwickelte sich später zu einem der bekanntesten Topoi für die Begründung des Erbrechts und kommt in einer von THEODOR KIPP geprägten Formel anschaulich zum Ausdruck: „Ohne das Erbrecht wäre das Privateigentum eine Halbheit; wir wären in Ansehung unseres Erwerbs nicht viel mehr als lebenslängliche Nießbraucher."[15] Unter dem Einfluss der Historischen Rechtsschule erlebte das römische Erbrecht im **19. Jahrhundert** eine Renaissance. Vor allem war es aber eine politische Forderung der **Liberalen**, das Erbrecht auf das Engste mit dem Eigentum zu verbinden. Das private Erbrecht stellte sich als „Konsequenz der privaten Eigentumsordnung"[16] dar und wurde „unter die schützenden Fittiche der Eigentumslehre genommen".[17] Die Bürgerfreiheit beinhaltete die Verfügung über das Eigentum unter Lebenden, aber auch von Todes wegen. Unter dieser Prämisse verlagerte sich der Schwerpunkt des Erbrechts von der gesetzlichen Erbfolge, die regelmäßig die nächsten Familienangehörigen begünstigen sollte, zum Testaterbrecht, in dem die Freiheit des Erblassers zum Ausdruck kam.

---

[11] BLUNTSCHLI, Gesammelte kleine Schriften I (1879) 238.
[12] BVerfGE 112, 332, 348 f.
[13] BVerfGE 112, 332, 349; BVerfGE 58, 377, 398.
[14] RABEL, Grundzüge des römischen Privatrechts (2. Aufl 1955) 203 ff.
[15] KIPP, Das Erbrecht (8. Bearb 1930) 1.
[16] MünchKomm/LEIPOLD (7. Aufl 2017) Einl Rn 10.
[17] HATTENHAUER, Grundbegriffe des Bürgerlichen Rechts (2. Aufl 2000) 218.

c) Kompromiss zwischen Familienerbfolge und Testierfreiheit

Sowohl die Testierfreiheit als auch die Familienerbfolge stießen auf Kritik. Gegen die naturrechtliche Ableitung des Erbrechts aus dem Familienrecht bezog bereits Mitte des 18. Jahrhunderts MONTESQUIEU Stellung: „Diese Gedanken stammen daher, dass man das Erbrecht der Kinder gegenüber den Eltern als einen Ausfluss des Naturrechts betrachtet hat, was es aber nicht ist. Das Naturrecht gebietet zwar den Eltern, ihre Kinder zu ernähren, aber es verpflichtet sie nicht, sie zu Erben einzusetzen."[18] Damit war die naturrechtliche Legitimation des Familienerbrechts erschüttert. Doch auch die auf das römische Recht aufbauende Verklammerung von Eigentum und Erbrecht begegnete folgenreicher Kritik. HEGEL traf in seiner „Philosophie des Rechts" über die Testierfreiheit das Verdikt, dass es zu der „Härte und Unsittlichkeit der römischen Gesetze gehörte ... diese Willkür innerhalb der Familie zum Haupt-Princip der Erbfolge zu machen".[19] Aufgabe des Erbrechts sei die Erhaltung der Familie; dies allein entspreche der natürlichen Sittlichkeit.

Damit standen sich im 19. Jahrhundert die römischrechtlich-individualistische und die an der Familie orientierte Sicht des Erbrechts unversöhnlich gegenüber. Die Auseinandersetzung gewann durch die zunehmende **Politisierung** zusätzlich an Schärfe. Setzten sich die Vertreter des Liberalismus dafür ein, die Testierfreiheit und damit den Willen des Erblassers zu gewährleisten, plädierten Sozialisten offen für die „Abschaffung des Erbrechts". Das Erbrecht hatte über Jahrhunderte die Funktion ausgeübt, das Privateigentum in den Händen weniger Personen zu konzentrieren und trug zur Festigung der feudalen Gesellschaftsordnung und später zur Vorherrschaft des Adels bei.[20] Mittel dazu war das Fideikommissrecht. Das liberale Bürgertum forderte ein Ende dieser generationenübergreifenden Konzentration des Eigentums und setzte schließlich die Abschaffung der Fideikommisse durch.[21]

Die politische Linke ging noch einen Schritt weiter und nahm die Verbindung von Eigentum und Erbrecht insgesamt ins Visier. Ausgehend vom Gleichheitsideal erschien die Eigentumsübertragung durch den Erblasser wie eine Perpetuierung sozialer und materieller Ungerechtigkeiten. Mit MARX, der allerdings privat eigene Erbschaftsansprüche und die seiner Frau durchaus sehr energisch verfolgte, und LASALLE setzten sich engagierte Sozialisten ausführlich und kritisch mit dem Erbrecht auseinander.[22] Ausdrücklich fand das Postulat einer **„Abschaffung des Erbrechts"** im „Manifest der Kommunistischen Partei" von 1848 Erwähnung. Diese Forderung konnte sich – abgesehen von einem kurzen Intermezzo in der frühen Sowjetunion zwischen 1918 und 1922 – nicht durchsetzen. Das ZGB der DDR vom 19.6.1975 erkannte das Erbrecht grundsätzlich an, betonte dabei aber besonders die gesellschaftliche Komponente: „Das Erbrecht sichert eine mit dem Willen des Erblassers, seinen familiären Bindungen und den gesellschaftlichen Interessen übereinstimmende Verteilung des Nachlasses. ..." (§ 162 Abs 1 ZGB). Die Forderung nach einer stärkeren Umverteilung privater Vermögen zu Gunsten der Allgemeinheit hat sich heute in die Debatten über die

---

[18] MONTESQUIEU, De l'esprit des loix (1748) XXVI, 6.
[19] HEGEL, Grundlinien der Philosophie des Rechts, hrsgg von EDUARD GANS (1833) §§ 179, 180.
[20] KIPP/COING, Erbrecht (14. Bearb 1990) 3.
[21] ECKERT, Der Kampf um die Familienfideikommisse in Deutschland (1992) 480 ff.

[22] LASALLE, Das System der erworbenen Rechte, 2 Bände (1861). Dazu schon vJHERING, Scherz und Ernst in der Jurisprudenz (13. Aufl 1924) 26 ff; MEINCKE, Ferdinand Lasalles Theorie des römischen Erbrechts, TR 46 (1978) 33 ff.

Reform und den Umfang der Erbschaftsteuer verlagert. In dieser Diskussion kehren verteilungspolitische Argumente wieder, die bereits im 19. Jahrhundert herangezogen wurden, als es um die Forderung nach einer Abschaffung des Erbrechts ging.

11 In den Beratungen zum BGB war die Abschaffung des Erbrechts kein Thema. Die erbrechtliche Regelung des BGB ist von dem Bemühen gekennzeichnet, die Freiheit des Erblassers und seine familiären Pflichten in Einklang zu bringen. Sie stellt einen **Kompromiss** zwischen der römischrechtlichen Wurzel der Testierfreiheit und der in der germanischen Rechtstradition verankerten Verbindung von Erb- und Familienrecht dar. Das Erbrecht wurde zwar vollständig vom Familienrecht getrennt und in einem eigenen Buch geregelt. Dieses beginnt jedoch mit der gesetzlichen Erbfolge, die auf der Verwandtenerbfolge basiert. Die Testierfreiheit wurde durch das Pflichtteilsrecht beschränkt, das die Interessen des Ehegatten und der nächsten Angehörigen schützen soll. Allerdings hat der Pflichtteilsberechtigte keine Erbenstellung, sondern lediglich einen schuldrechtlichen Anspruch gegen die Erben. In der immer noch weitreichenden Testierfreiheit zeichnet sich „neben dem individualistischen auch ein altbürgerlich-patriarchalischer Zug ab".[23]

12 Im **Grundgesetz** ist das Erbrecht institutionell garantiert. Während Art 154 der Weimarer Reichsverfassung lediglich vorsah, dass das Erbrecht „nach Maßgabe des bürgerlichen Rechtes gewährleistet" wird, bestimmt Art 14 Abs 1 GG: „Eigentum und Erbrecht werden gewährleistet. Inhalt und Schranken werden durch die Gesetze bestimmt." Die **Erbrechtsgarantie** ergänzt die Eigentumsgarantie und bildet zusammen mit dieser die Grundlage für die im Grundgesetz vorgegebene private Vermögensordnung.[24]

2. Die Universalsukzession

13 Testierfreiheit und Familienerbrecht sind die materialen Eckpfeiler des Erbrechts. In **rechtstechnischer Hinsicht** werden sie durch das Prinzip der Universalsukzession ergänzt, das römischen Ursprungs ist.[25] In das BGB fand es Eingang, nachdem zunächst Savigny den Übergang des Vermögens des Erblassers auf den neuen Inhaber mit diesem Prinzip begründet hatte. Er stellte fest, dass das Vermögen mit dem Tod zunächst herrenlos wird. Indem er jedoch den Verstorbenen „durch eine Art von Fiction ... als über seinen Tod hinaus fortwirkend" ansah, gelangte er zu der Auffassung, dass „die Erben mit dem Verstorbenen Eine Person ausmachen, also denselben fortsetzen oder repräsentieren".[26] Da alle Teile des zu vererbenden Vermögens ihren Grund in der gemeinsamen Beziehung zum Verstorbenen haben, muss das Vermögen als Einheit behandelt werden.

14 Diese Konstruktion fand nicht nur Zustimmung, sondern erntete auch Kritik. Jhering sprach ironisch von der juristischen Persönlichkeit, die „als verklärter Geist, frei und

---

[23] Wieacker, Privatrechtsgeschichte der Neuzeit (2. Aufl 1967) 482.
[24] BVerfGE 93, 165, 173 f. – Demgegenüber vertritt Kunz, Postmortale Privatautonomie und Willensvollstreckung. Von der kanonischen voluntas pia zur Gestaltungsmacht des Erblassers im deutsch-spanischen Rechtsvergleich (2015), 414 ff, 437 f, die Ansicht, dass es nicht das Eigentum sei, sondern die Rücksichtnahme der Nachwelt auf den Verstorbenen und seinen Willen, die dem letzten Willen des Erblassers die Kraft verleihe, über den Tod hinaus zu wirken.
[25] Gaius 2, 97; IJ 2, 9, 6.
[26] vSavigny, System des heutigen Römischen Rechts I (1840) 382.

V. Erbrecht

entfesselt von allen irdischen Banden, eine neue und höhere Stufe ihres Daseins beschreitet".[27] Die Rechtsnatur der herrenlosen Erbschaft und die Fiktion der über den Tod fortwirkenden Persönlichkeit machten das Erbrecht zu einem wichtigen Thema der **Pandektenwissenschaft**, aber auch der Kritiker der Konstruktionsjurisprudenz. Die Ableitung erbrechtlicher Grundsätze aus dem römischen Recht hatte schon THIBAUT hinsichtlich der gesetzlichen Erbfolge zu der verzweifelten Bemerkung veranlasst: „Zehn geistvolle Vorlesungen über die Rechtsverfassung der Perser und Chinesen würden in unseren Studierenden mehr wahren juristischen Sinn wecken, als hundert über die jämmerlichen Pfuschereien, denen die Intestaterbfolge von Augustus bis Justinianus unterlag."[28] Bis heute dürfte das Prinzip der Universalsukzession zu den erbrechtlichen Grundsätzen gehören, die mit den Vorstellungen in weiten Kreisen der Bevölkerung kaum vereinbar sind. In der juristischen Praxis sind die dogmatischen Streitigkeiten des 19. Jahrhunderts vergessen und findet die Universalsukzession Anerkennung.

III. Die Entwicklung seit dem Inkrafttreten des BGB

Obwohl die Regelungen im 5. Buch auf gesellschaftlichen, politischen und ökonomischen Prämissen beruhen, die in den folgenden Jahrzehnten einem grundlegenden Wandel unterworfen waren, haben sie sich – anders etwa als das Familienrecht – als **überaus beständig** erwiesen. Nach dem Inkrafttreten des BGB wurden weder das Erbrecht insgesamt noch seine Grundprinzipien ernsthaft in Frage gestellt. Die wichtigsten Reformen dienten der Lockerung des rigiden Formzwanges bei der Errichtung von Testamenten **(Testamentsgesetz vom 31.7.1938)**, den Änderungen des Ehegattenerbrechtes infolge des **Gleichberechtigungsgesetzes vom 18.6.1957**, der erbrechtlichen Gleichstellung nichtehelicher Kinder **(Nichtehelichengesetz vom 19.8.1969** sowie die beiden **Erbrechtsgleichstellungsgesetze vom 16.12.1997 und vom 12.4.2011)** und der Einführung des gesetzlichen Erbrechts sowie des Pflichtteilsrechts der Lebenspartner **(Gesetz über die eingetragene Lebenspartnerschaft vom 16.2.2001**, wobei zu beachten ist, dass der Gesetzgeber mit Wirkung zum 1.10.2017 das Recht auf Eheschließung auch für Personen gleichen Geschlechts eingeführt hat).[29] Das **Gesetz zur Änderung des Erb- und Verjährungsrechts vom 24.9.2009**, das am 1.1.2010 in Kraft getreten ist, führte in erster Linie zu einer behutsamen Reform des Pflichtteilsrechts, insbesondere der Pflichtteilsentziehungsgründe, und zur Anpassung der Verjährung erbrechtlicher Ansprüche an die dreijährige Regelverjährung. Durch das am 17.8.2015 in Kraft getretene **Gesetz zum Internationalen Erbrecht und zu Änderungen von Vorschriften zum Erbschein** wurde das deutsche Erbrecht an die EU-ErbVO angepasst; außerdem wurden die Regelungen des Erbscheinsverfahrens im BGB durch inhaltsgleiche Normen im FamFG ersetzt. Angesichts dieser sehr überschaubaren Modifikationen im Laufe der zurückliegenden fast 120 Jahre lässt sich feststellen, dass sich die erbrechtliche Regelung des BGB sehr gut bewährt hat. So überrascht es auch nicht, dass die auf dem 68. Deutschen Juristentag 2010 erörterte Frage, ob das Erbrecht noch zeitgemäß sei, abgesehen von wenigen Einzelpunkten bejaht wurde.

---

[27] vJHERING, Scherz und Ernst in der Jurisprudenz (13. Aufl 1924) 12.
[28] THIBAUT, Heidelbergische Jahrbücher der Literatur 7 (1814) 526, 527.
[29] Ausführlich zu den Gesetzesänderungen zwischen 1900 und 1999: STAUDINGER/OTTE (2000) Einl 32 ff zu §§ 1922 ff., zu den Änderungen zwischen 2000 bis 2007: STAUDINGER/OTTE (2008) Einl 36 ff zu §§ 1922 ff, zu den Änderungen seit 2007, insbesondere zum Erbrechtsänderungsgesetz von 2009: STAUDINGER/OTTE (2017) Einl 31 ff zu §§ 1922 ff.

IV. Die gesetzliche Erbfolge und das Pflichtteilsrecht als Ausprägungen des Prinzips der Familienerbfolge

16 Das Prinzip der Familienerbfolge kommt vor allem in der Regelung der gesetzlichen Erbfolge und im Pflichtteilsrecht zum Ausdruck. Daneben gibt es einige weitere Ausprägungen dieses Grundgedankens, die im 5. Buch verstreut sind. Fehlt es an einer letztwilligen Verfügung des Erblassers, geht sein Vermögen mit seinem Tod auf seine Verwandten und seinen Ehegatten über, wobei die nächsten Verwandten vor den entfernteren erben (§§ 1924 ff BGB). Dieser Grundsatz beinhaltet zum einen das Prinzip der **Privaterbfolge**, zum anderen die **Kombination von Ehegatten- und Verwandtenerbrecht**. Der Staat erlangt grundsätzlich keine Erbenstellung, es sei denn, dass sich überhaupt kein Verwandter auffinden lässt (§ 1936 BGB). Macht der Erblasser von seiner Testierfreiheit Gebrauch, kann er seine nächsten Angehörigen und seinen Ehegatten nicht vollständig ausschließen. Zwar gewährt ihnen das Gesetz kein Erbrecht, doch erhalten sie mit dem Pflichtteilsrecht einen schuldrechtlichen Anspruch gegen den Erben.

1. Die gesetzliche Erbfolge

17 Der Gesetzgeber des BGB hat – abweichend vom Vorschlag der Ersten Kommission – die gesetzliche Erbfolge am Anfang des 5. Buches und damit vor der gewillkürten geregelt. Dies überrascht, da das BGB vom unbedingten Vorrang des Testat- vor dem Intestaterbrecht ausgeht. Gleichwohl ist die gewählte Reihenfolge insofern plausibel, als die gesetzliche Erbfolge in der Rechtspraxis den **Regelfall** darstellt. Anders als Cato, dem nachgesagt wird, dass er es sich zum Vorwurf machte, einmal einen Tag ohne Testament gelebt zu haben,[30] denken die meisten Menschen nicht an die Errichtung letztwilliger Verfügungen. Für die Regelung der gesetzlichen vor der gewillkürten Erbfolge spricht auch, dass die §§ 1922–1936 BGB ein Modell darstellen, das der Gesetzgeber für die angemessene Lösung des Normalfalls einer Erbfolge hielt. In der gesetzlichen Erbfolge kommt **ein typisierter, vermuteter Erblasserwille** zum Ausdruck; ihr liegt ein eigenes „sittliches Prinzip" zugrunde, dem allerdings der konkrete autonome Wille des Erblassers grundsätzlich übergeordnet ist.[31]

a) Verwandtenerbrecht

18 Aufgabe des gesetzlichen Erbrechts ist es, zwischen den Verwandten, soweit sie zum Zeitpunkt des Erbfalls leben (§ 1923 Abs 1 BGB) oder bereits erzeugt sind (§ 1923 Abs 2 BGB), eine Reihenfolge herzustellen. Grundsätzlich gilt das aus der deutschen Rechtstradition stammende **Parentelsystem**, das aber durch das Grad-, das Stammes- und Liniensystem sowie durch das Repräsentationssystem und das Eintrittsrecht modifiziert und näher ausgestaltet wird. Das Parentelsystem orientiert sich am Stammbaum der Familie, nach dem Gruppen von Verwandten zu einer **Ordnung** zusammengefasst werden: Personen, die von einem gemeinsamen Vorfahren abstammen, bilden zusammen mit diesem Vorfahren selbst eine Parentel (Ordnung). So gehören der Erblasser und alle seine Abkömmlinge in die erste Ordnung, die Eltern des Erblassers und deren Abkömmlinge, also Geschwister, Neffen und Nichten, Großneffen und Großnichten des Erblassers, in die zweite Ordnung, die Großeltern des Erblassers und deren Abkömmlinge, also Onkel und Tanten sowie Vettern und Cousinen des Erblassers und deren Abkömmlinge, in die dritte Ordnung. Vorrang hat dabei immer die

---

[30] Plutarch, Cato maior, 9, 6.   [31] BGH NJW 1983, 674, 675.

V. Erbrecht

Parentel, die dem Erblasser am nächsten steht; sie schließt entferntere Ordnungen aus (§ 1930 BGB). Mit dem Parentelsystem hat sich der Gesetzgeber für eine **Begünstigung der jüngeren Generation vor der älteren** entschieden.

Innerhalb der so gefundenen Verwandtengruppe entscheidet bei der ersten, zweiten und dritten Ordnung das **Stammes- und Liniensystem**, ab der vierten Ordnung das **Gradsystem**, wer Erbe ist. Das Gradsystem führt dazu, dass derjenige, der mit dem Erblasser dem Grad nach am nächsten verwandt ist, Erbe wird. Nach dem Liniensystem erbt, wer den nächsten gemeinschaftlichen Vorfahren mit dem Erblasser hat. In den ersten drei Ordnungen gehören alle Verwandten einer Parentel, die durch eine und dieselbe Person mit dem Erblasser verwandt sind, einschließlich dieser Person, zu einem Stamm oder einer Linie. In der ersten Ordnung bilden jeder Sohn und jede Tochter des Erblassers mit ihren jeweiligen Abkömmlingen einen Stamm. Hingegen spricht man von Linien bei Vorfahren des Erblassers in der zweiten und dritten Ordnung, deren Nachkommen wiederum in Stämme eingeteilt werden.

Die Stämme bzw Linien in der ersten und zweiten Ordnung erben gem §§ 1924 Abs 3, 1925 Abs 3 BGB nebeneinander. Innerhalb einer Parentel schließt ein Verwandter seine eigenen Nachkommen von der Erbfolge aus **(Repräsentationsprinzip,** §§ 1925 Abs 2, 1926 Abs 2, 1928 Abs 2, 1929 Abs 2 BGB). Ist ein vorrangiger Verwandter nicht mehr vorhanden, so erben seine nächsten Abkömmlinge **(Eintrittsrecht,** §§ 1924 Abs 3, 1925 Abs 3 S 1, 1926 Abs 3 S 1 BGB). Erben die Urgroßeltern oder noch entferntere Vorfahren und deren Abkömmlinge, gilt das Gradsystem (§ 1928 BGB). Danach ist die Nähe der Verwandtschaft, wie sie sich aus der Zahl der Geburten ergibt, welche die Verwandtschaft mit dem Erblasser vermitteln, entscheidend. Die dem Grade nach näheren Verwandten schließen die entfernteren aus. Sind mehrere Personen gleichnah verwandt, erben sie nach Köpfen, dh zu gleichen Teilen (§§ 1928 Abs 3, 1929 Abs 2 BGB).

Dem **unbegrenzten Verwandtenerbrecht** ist „die Wirkung eines Lotteriespiels" nachgesagt worden.[32] Auf Kritik stößt, dass auf diese Weise unter Umständen ein weit entfernter Verwandter, der keinerlei Beziehung zum Erblasser hatte, Erbe werden kann. Bereits MENGER warnte davor, dass so „ein gläubiger Christ, die Bibel in der Hand, auf Grund seiner gemeinsamen Abstammung vom Vater der Menschheit, die Auslieferung einer erblosen Verlassenschaft begehren" könne.[33] Der Gesetzgeber entschied sich für das umfassende Erbrecht der Verwandten, um die Privaterbfolge zu gewährleisten und einem staatlichen Einfluss auf die Nachlässe, wie er von sozialistischer Seite gefordert wurde, von Anfang an entgegenzutreten.[34] Ein staatliches Erbrecht erscheint auch heute kaum einleuchtender als das unbegrenzte Verwandtenerbrecht, da der wirtschaftliche Ertrag für den Fiskus gering sein wird und über die Erbschaftsteuer ohnehin schon eine Nachlassbeteiligung gewährleistet ist.[35]

---

[32] LIEBS, Römisches Recht (6. Aufl 2004) 130. Siehe auch: STAUDINGER/WERNER (2017) Vorbem 56 ff zu §§ 1924 ff.
[33] MENGER, Das bürgerliche Recht und die besitzlosen Volksklassen (1890) 230.
[34] MERTENS, Die Entstehung der Vorschriften des BGB über die gesetzliche Erbfolge und das Pflichtteilsrecht (1970) 63.
[35] Skeptisch auch STAUDINGER/OTTE (2000) Vorbem 122 zu §§ 1922 ff.

b) Ehegattenerbrecht

22 Das Ehegattenerbrecht des BGB wird vom **Teilungsprinzip** beherrscht. Dies bedeutet, dass dem überlebenden Ehegatten neben den Verwandten des Erblassers ein Teil des Vermögens zu eigenem Recht zusteht. Damit hat sich das BGB gegen das Nutzungsprinzip, das dem überlebenden Ehegatten eine Nutzung des an die Verwandten fallenden Vermögens einräumt, und gegen das Sicherungsprinzip, demzufolge der Unterhalt des überlebenden Ehegatten aus dem Nachlass zu bestreiten ist, entschieden.[36]

23 Die Höhe des gesetzlichen Erbrechts des Ehegatten bestimmt sich nach dem Vorhandensein von Verwandten und nach dem jeweiligen Güterstand. Nach §§ 1931–1934 BGB wird dem überlebenden Ehegatten **ein fester Erbteil** zugewiesen: Neben Abkömmlingen des Erblassers erbt er ein Viertel, neben den Eltern und deren Abkömmlingen und neben allen Großeltern die Hälfte (§ 1931 Abs 2 BGB). Neben Erben der dritten und aller weiteren Ordnungen erbt der überlebende Ehegatte allein, sofern keine Großeltern vorhanden sind (§ 1931 Abs 2 BGB). Ein weitergehendes Erbrecht richtet sich nach dem jeweiligen **Güterstand**. Im Fall des gesetzlichen Güterstandes der Zugewinngemeinschaft erhöht sich der Erbteil des Ehegatten pauschal um ein Viertel (erbrechtliche Lösung, §§ 1931 Abs 3, 1371 Abs 1 BGB), bei Gütertrennung erbt der Ehegatte neben einem oder zwei Kindern des Erblassers den gleichen Anteil (§ 1931 Abs 4 BGB). Ist ausnahmsweise Gütergemeinschaft vereinbart, sind die §§ 1482 f BGB zu beachten.

24 Außerdem steht dem Ehegatten als gesetzliches Vermächtnis der **Voraus** gem § 1932 BGB zu. Dieser umfasst – unabhängig von ihrem Wert – die zum ehelichen Haushalt gehörenden Gegenstände, soweit sie nicht Zubehör eines Grundstücks sind, und die Hochzeitsgeschenke. Zweck dieser Vorschrift ist es, dem überlebenden Ehegatten die Fortführung des Haushalts in der bisher vertrauten Weise und Umgebung zu ermöglichen.[37] Der Voraus soll nicht nur eine rein wirtschaftliche Funktion erfüllen, sondern auch emotionalen Aspekten Rechnung tragen.

25 Das Ehegattenerbrecht setzt voraus, dass beim Erbfall eine **gültige Ehe** mit dem Erblasser bestand. Es entfällt auch schon vor Rechtskraft des Aufhebungs- oder Scheidungsurteils, wenn zum Zeitpunkt des Todes des Erblassers die Voraussetzungen der Ehescheidung gegeben waren und der Erblasser die Scheidung beantragt oder ihr zugestimmt hatte (§ 1933 S 1 BGB). Gleiches gilt, wenn der Erblasser berechtigt war, die Aufhebung der Ehe zu beantragen, und den Antrag schon gestellt hatte (§ 1933 S 2 BGB).

26 Mit Gesetz vom 20.7.2017 ist das **Recht auf Eheschließung für Personen gleichen Geschlechts** eingeführt worden.[38] Damit gilt für Personen gleichen Geschlechts, die nach dem Inkrafttreten des Gesetzes am 1.10.2017 geheiratet oder die zwischen 2001 und 2017 eine eingetragene Lebenspartnerschaft begründet und diese nach § 20a LPartG in eine Ehe umgewandelt haben, ebenfalls unmittelbar das Ehegattenerbrecht. Soweit eingetragene Lebenspartnerschaften begründet worden sind, die nicht in Ehen umgewandelt werden, findet weiterhin § 10 Abs 1 bis 3 LPartG Anwendung. Seit dem 1.10.

---

[36] LANGE/KUCHINKE, Erbrecht (5. Aufl 2001) 248; MUSCHELER, Erbrecht I (2010) Rn 1419 ff.
[37] Mot V 372 f; STAUDINGER/WERNER (2017) § 1932 Rn 1.
[38] Gesetz zur Einführung des Rechts auf Eheschließung für Personen gleichen Geschlechts (BGBl I 2787).

2017 können keine neuen Lebenspartnerschaften mehr eingegangen werden (Art 3 Abs 3 des Gesetzes vom 20.7.2017).

Das Ehegattenerbrecht wird vielfach als **reformbedürftig** angesehen. Die Diskussion bewegt sich in Richtung einer Stärkung der Stellung des überlebenden Ehegatten. Die Vorschläge reichen von einer Erhöhung seines Anteils neben Abkömmlingen und Eltern über Modelle einer Vor- und Nacherbschaft bis hin zur Alleinerbschaft des überlebenden Ehegatten.[39] Diese Forderungen werden damit begründet, dass der Ehegatte dem Verstorbenen in der Regel am nächsten stand, dass sich der Zuschnitt seines Lebens auch nach dem Tod des Ehepartners möglichst nicht verändern sollte und dass er oft der Versorgung bedarf. Auch der Aspekt der veränderten Lebenserwartung wirft die Frage auf, ob das gesetzliche Erbrecht noch zeitgemäß ist. Die bevorzugte Stellung der Abkömmlinge des Erblassers macht Sinn, wenn er früh verstirbt und die Kinder einer materiellen Unterstützung bedürfen. In den heute zahlreichen Fällen, in denen Menschen in einem Alter versterben, in dem ihre Kinder bereits selbständig sind, wird vielfach ein Vorrang des Ehegatten wirtschaftlich gebotener sein als die Erbenstellung der Abkömmlinge. Der 68. Deutsche Juristentag hat 2010 empfohlen, das gesetzliche Erbrecht des Ehegatten auf $1/2$ als güterstandsunabhängige Quote neben einem oder mehreren Kindern und neben übrigen Verwandten auf $3/4$ zu erhöhen; weitergehende Reformvorschläge wurden mit großer Mehrheit verworfen.

c) Erbrecht nichtehelicher Kinder

Zu den wesentlichen Fortschritten des Familienrechts im 20. Jahrhundert gehört die Gleichstellung nichtehelicher Kinder. Diese Reform – mit Recht als „ein langer kulturgeschichtlicher Prozess" gewürdigt[40] – stellt neben der Gleichberechtigung von Mann und Frau die zweite fundamentale Entwicklung im Familienrecht dar. Sie wirkte sich auch auf das Erbrecht aus. Der Auftrag des Art 6 Abs 5 GG wurde über zwei Jahrzehnte hinweg nicht erfüllt. Das **Gesetz über die rechtliche Stellung der nichtehelichen Kinder** vom 19.8.1969 brachte mit dem Erbersatzanspruch des nichtehelichen Kindes, dh einem Geldanspruch in Höhe des Wertes des gesetzlichen Erbteils, eine Verbesserung. Die endgültige Gleichstellung erfolgte aber erst mit Wirkung vom 1.4.1998 durch das **Erbrechtsgleichstellungsgesetz**. Es ließ allerdings das Erbrecht von nichtehelichen Kindern, die vor dem 1.7.1949 geboren worden sind, unberührt, so dass diesen Kindern auch weiterhin das gesetzliche Erbrecht nach dem Vater versagt blieb. Aufgrund des Urteils des Europäische Gerichtshofes für Menschenrechte vom 28.5.2009, das einen derartigen Fall betraf und in dem eine Verletzung von Art 8 iVm Art 14 EMRK festgestellt wurde,[41] wurde Art 12 § 10 Abs 2 NEhelG durch das Zweite Erbrechtsgleichstellungsgesetz vom 12.4.2011 so gefasst, dass die Benachteiligung der vor dem 1.7.1949 geborenen nichtehelichen Kinder für Erbfälle ab dem 29.5.2009, also einen Tag nach der Verkündung der Entscheidung des EGMR, beseitigt wurde.[42] Mit Urteil vom 9.2.2017 hat der EGMR entschieden, dass auch die somit weiterhin be-

---

[39] Kritische Würdigung der Reformvorschläge bei: STAUDINGER/OTTE (2000) Vorbem 120 ff zu §§ 1932 ff; LANGE/KUCHINKE, Erbrecht (5. Aufl 2001) 31 f.
[40] LANGE/KUCHINKE, Erbrecht (5. Aufl 2001) 33.
[41] EGMR 28.5.2009 – Brauer v Deutschland, ZEV 2009, 510 = FamRZ 2009, 1293; dazu: LEIPOLD, Erbrecht (19. Aufl 2012) Rn 95 ff.

[42] BGBl I 615; dazu ausführlich: MünchKomm/LEIPOLD (7. Aufl 2017) Einl Rn 94 ff; KREGEL-OLFF, Der Einfluss der Europäischen Menschenrechtskonvention und der Rechtsprechung des Europäischen Gerichtshofs für Menschenrechte auf das deutsche Erbrecht (Diss Kiel 2011) 120 ff.

stehende Benachteiligung von vor dem 1.7.1949 geborenen nichtehelichen Kindern in Erbfällen vor dem 29.5.2009 nicht mit der EMRK vereinbar ist.[43] Es erstaunt, dass die vollständige rechtliche Gleichstellung nichtehelicher Kinder immer noch nicht gänzlich abgeschlossen ist und bis heute zu Gerichtsverfahren führt.

d) Erbrecht des Staats

29 Ist weder ein Ehegatte noch ein Verwandter vorhanden, erbt der **Staat als subsidiärer Zwangserbe** (§ 1936 BGB). Das BGB folgt – anders als die meisten anderen europäischen Rechtsordnungen – der individualistischen Maxime der unbegrenzten Verwandtenerbfolge und weist dem Staat lediglich eine „Aschenbrödelrolle" zu.[44] Der Staat hat nur in den seltenen Fällen, in denen sich kein Verwandter als Erbe auffinden lässt, ein Noterbrecht. Ziel dieser Regelung ist es, herrenlose Nachlässe auszuschließen. Im Interesse der Nachlassgläubiger soll die Abwicklung des Nachlasses gewährleistet sein. Der Staat kann weder enterbt werden noch auf sein gesetzliches Erbrecht verzichten noch die Erbschaft ausschlagen. § 1936 BGB hat nicht den Zweck, dem Fiskus einen wesentlichen Anteil am Nachlasswert zu verschaffen. Diese Aufgabe erfüllt das **Erbschaftsteuerrecht**. Schon in der Zeit nach dem Inkrafttreten des BGB ist die Aufgabe des Staates, sich um die – nicht selten geringwertigen oder sogar überschuldeten – Nachlässe zu kümmern, für die sich keine Verwandten als Erben finden lassen, als undankbar angesehen und mit dem spöttischen Wort des „Reichströdelladens" oder des „Warenhauses der Nachlässe" bezeichnet worden.[45]

2. Das Pflichtteilsrecht

30 Nicht nur in der gesetzlichen Erbfolge wirkt sich das **Prinzip der Familienerbfolge** aus. Mit dem Pflichtteilsrecht (§§ 2303–2338 BGB, § 10 Abs 6 LPartG) hat der Gesetzgeber ein Instrument zum Schutz der Abkömmlinge, der Eltern und des Ehegatten des Erblassers in den Fällen geschaffen, in denen er von seiner Testierfreiheit in der Weise Gebrauch macht, dass er sie von der Erbfolge ausschließt. Der Pflichtteilsanspruch ist kein Erbfolgerecht, sondern lediglich **ein schuldrechtlicher Zahlungsanspruch** in Höhe des Wertes des Pflichtteils, der sich gegen den oder die Erben richtet.

a) Die Regelung des BGB

31 Der Gesetzgeber hatte bei der Ausgestaltung des Pflichtteilsrechts die Wahl zwischen dem Modell des Noterbrechts, wie es im Code civil (Art 912 ff Cc) verankert ist, und der Lösung eines bloßen Geldanspruchs der Pflichtteilsberechtigten nach dem Vorbild des ABGB (§§ 775, 776, 781 ABGB). Im französischen Recht bezieht sich die Testierfreiheit des Erblassers von vornherein lediglich auf die „quotité disponible", dh auf eine bestimmte Quote des Vermögens. Der Rest seines Vermögens steht mit dem Erbfall den Pflichtteilsberechtigten als echte Erbbeteiligung zu. Handelt es sich insofern um eine dingliche Nachlassbeteiligung der Pflichtteilsberechtigten, so führt der Geldpflichtteil, für den sich das österreichische und das deutsche Recht entschieden haben, lediglich zu einem obligatorischen Anspruch der Pflichtteilsberechtigten gegen den oder die Erben.

32 **Pflichtteilsberechtigt** sind die Abkömmlinge, die Eltern und der Ehegatte des Erblassers, sofern sie bei Eintritt der gesetzlichen Erbfolge als gesetzliche Erben berufen sein

---

[43] EGMR 9.2.2017 – *Mitzinger v Deutschland*, FamRZ 2017, 656.
[44] STAUDINGER/BOEHMER[11] Einl 10 zum ErbR.
[45] STAUDINGER/BOEHMER[11] Einl 18 zum ErbR.

V. Erbrecht

würden (§ 2303 BGB). Der Pflichtteilsanspruch umfasst **die Hälfte des Wertes des gesetzlichen Erbteils** (§ 2303 Abs 1 S 2 BGB). Mit dem Erbfall erwirbt der Berechtigte eine Geldforderung gegen die vom Erblasser berufenen Erben (§ 2317 BGB). Aus der Sicht der Erben stellt sich der Pflichtteilsanspruch als eine Nachlassverbindlichkeit iS des § 1967 BGB dar.

Der Pflichtteil ist vor Aushöhlung und Umgehung geschützt. Der Erblasser kann den Pflichtteilsanspruch nicht durch Verfügungen von Todes wegen beseitigen. Auch bei einem gemeinschaftlichen Testament, das den überlebenden Ehegatten zum Allein- und die Kinder zu Schlusserben einsetzt, sind die Kinder schon nach dem Tod des erstversterbenden Elternteils pflichtteilsberechtigt. Soweit der Erblasser einen Pflichtteilsberechtigten mit einem Erbteil bedenkt, der hinter der Pflichtteilsquote zurückbleibt, steht diesem ein **Pflichtteilsrestanspruch** auf Auffüllung bis zur Höhe des vollen Pflichtteils zu (§ 2305 BGB). Aber auch durch Verfügungen unter Lebenden kann der Erblasser den Pflichtteilsanspruch der Pflichtteilsberechtigten nicht schmälern. In diesen Fällen, etwa bei beeinträchtigenden Schenkungen, die der Erblasser zu Lebzeiten vornimmt, steht dem Pflichtteilsberechtigten unter den Voraussetzungen der §§ 2325 ff BGB ein **Pflichtteilsergänzungsanspruch** zu. Dieser richtet sich regelmäßig gegen den Erben, unter Umständen aber auch gegen den Beschenkten. Durch die Erbrechtsreform 2009 ist in § 2325 BGB eine „Abschmelzung" der Pflichtteilsergänzung eingeführt worden, so dass nur noch Zuwendungen aus dem letzten Jahr vor dem Erbfall vollständig Berücksichtigung finden, während länger zurückliegende nur in einer pro Jahr um jeweils ein Zehntel reduzierten Höhe des Zuwendungsbetrages anzurechnen sind. Diese Neuregelung stärkt die Testierfreiheit und begrenzt die Ergänzungspflicht. 33

Die Testierfreiheit manifestiert sich auch in der Möglichkeit des Erblassers, einem pflichtteilsberechtigten Abkömmling durch Verfügung von Todes wegen den Pflichtteil zu entziehen (§§ 2333 ff BGB). In dieser Regelung kommt die Wertung zum Ausdruck, dass eine Einschränkung der Testierfreiheit durch den Gedanken der Familienerbfolge in bestimmten Fällen, in denen der Abkömmling seine familiären Pflichten in grober Weise verletzt hat, nicht gerechtfertigt ist. Es ist nicht der Erblasser, der die Familienbande zerreißt, sondern der Pflichtteilsberechtigte hat sich selbst durch sein Verhalten außerhalb des Familienverbandes gestellt. Die **Pflichtteilsentziehung** wird mit einer Verwirkung, einer Sanktion[46] oder mit einem Erziehungszweck begründet. Die im Gesetz genannten Gründe für eine Pflichtteilsentziehung sind abschließend (§§ 2333–2335 BGB).[47] Die Erbrechtsreform 2009 führte zu einer Neuformulierung und behutsamen Erweiterung der Pflichtteilsentziehungsgründe, die auf eine Stärkung der Testierfreiheit abzielt. Soweit einem Abkömmling der Pflichtteil entzogen werden soll, nennt § 2333 Abs 1 BGB folgende Gründe: Der Abkömmling trachtet dem Erblasser, dem Ehegatten, einem anderen Abkömmling des Erblassers oder einer ihm ähnlich nahe stehenden Person nach dem Leben (Nr 1), er macht sich eines Verbrechens oder eines schweren vorsätzlichen Vergehens gegen eine der in Nr 1 genannten Personen schuldig (Nr 2), er verletzt böswillig seine Unterhaltspflicht gegenüber dem Erblasser (Nr 3) oder er wird wegen einer vorsätzlichen Straftat zu einer Freiheitsstrafe von mindestens einem Jahr ohne Bewährung rechtskräftig verurteilt und die Teilhabe des Abkömmlings am Nachlass ist deshalb für den Erblasser unzumutbar (Nr 4). 34

---

[46] So vor allem Prot V 557.
[47] RGZ 168, 39, 41; BGH NJW 1974, 1084, 1085; BGH NJW 1977, 339; STAUDINGER/OLSHAUSEN (2015) Vorbem 5 zu §§ 2333 ff.

b) Pflichtteilsrecht zwischen Testierfreiheit und Familienerbfolge

35 Da das Pflichtteilsrecht das **Spannungsverhältnis zwischen Testierfreiheit und Familienerbfolge** abmildern soll, überrascht es nicht, dass es zu den Teilen des Erbrechts gehört, die besonders **lebhaft umstritten** waren und sind. Vergleicht man die beiden Grundprinzipien des Erbrechts mit den Kontinentalplatten, die im Laufe der Zeit immer wieder aneinander stoßen und dabei an bestimmten Stellen Beben auslösen, so ist das Pflichtteilsrecht eines dieser Gebiete, das besonders sensibel auf Veränderungen der Testierfreiheit und der Familienerbfolge reagiert. Schon der 14. Deutsche Juristentag hatte 1878 darüber diskutiert, „ob und inwieweit die Testierfreiheit mit Rücksicht auf eine Pflichtteilsberechtigung eingeschränkt werden soll" – und auch 1949, 1972, 1992 und 2002 stand das Thema auf der Agenda dieser Institution. Die Debatte der letzten dreißig Jahre hat in dem dauernden Ringen zwischen Testierfreiheit und Familienerbfolge die Testierfreiheit besonders akzentuiert und eine Einschränkung des Pflichtteilsrechts favorisiert.[48] Der 64. Deutsche Juristentag sprach sich im Oktober 2002 dafür aus, das Pflichtteilsrecht grundsätzlich beizubehalten, es jedoch zu modifizieren und vor allem das Recht der Entziehung des Pflichtteils zu reformieren.[49] Der Gesetzgeber hat dann auch 2009 auf tiefer greifende Veränderungen des Pflichtteilsrechts verzichtet.

36 Die **rechtspolitische Notwendigkeit des Pflichtteilsrechts** wird unterschiedlich begründet. Allein das „Rechtsgefühl" zu beschwören, da der Erblasser eigentlich seiner Familie genommen habe, was ihr gebühre,[50] reicht allerdings nicht aus. Genannt werden vor allem die Funktionen der Existenzsicherung für nahe Angehörige, der Familienbindung des Nachlasses und der breiteren Streuung des Vermögens.[51] Der Aspekt der Alimentation der nächsten Angehörigen, der in den Motiven noch besonders betont wurde,[52] hat heute an Bedeutung verloren. An die Stelle der privaten Vorsorge sind die staatlichen sozialen Sicherungssysteme getreten. Im Übrigen wird die Funktion der Existenzsicherung vor allem durch das Unterhaltsrecht erfüllt. Schließlich führt auch die gestiegene Lebenserwartung dazu, dass der Erbfall in der Regel erst dann eintritt, wenn die pflichtteilsberechtigten Abkömmlinge bereits wirtschaftlich selbständig sind.

37 Das Pflichtteilsrecht soll dazu beitragen, die Konzentration von Vermögen zu verhindern und so ein „Minimum an Verteilungsgerechtigkeit" zu garantieren.[53] Diesen Faktor wird man allerdings in seiner praktischen Bedeutung nicht überschätzen dürfen, da die Vermögenskonzentration weniger natürliche als vielmehr juristische Personen betrifft.[54] Bei der Nachfolge in Unternehmen kann die Verteilungsfunktion im Übrigen unerwünschte Folgen haben, wenn nämlich Unternehmenseinheiten durch die Geltendmachung von Pflichtteilsansprüchen zerschlagen werden. Dies kann der Fall sein, wenn Kinder der Unternehmensleiter die Betriebe nicht fortführen wollen oder wenn sie in einem Ehegattentestament im ersten Erbfall enterbt werden und daher ihre Pflichtteilsansprüche geltend machen.[55]

---

[48] Diese Diskussion resümiert OTTE, Das Pflichtteilsrecht – Verfassungsrechtsprechung und Rechtspolitik, AcP 202 (2002) 317, der das Institut nachdrücklich befürwortet.
[49] 64. Deutscher Juristentag Berlin 2002: Die Beschlüsse, NJW 2002, 3073.
[50] vLÜBTOW, Erbrecht I (1971) 556.
[51] STAUDINGER/HAAS (2006) Vorbem 17 ff zu §§ 2303 ff; RAUSCHER, Reformfragen des gesetzlichen Erb- und Pflichtteilsrechts (1993).
[52] Mot V 382.
[53] SCHIEMANN, Die Renaissance des Erbrechts, ZEV 1995, 197, 199.
[54] STAUDINGER/HAAS (2006) Vorbem 20 zu §§ 2303 ff.
[55] OLZEN, Erbrecht (2. Aufl 2005) Rn 1022.

Schließlich dient das Pflichtteilsrecht der Teilhabe am Familienvermögen. Auch diese **38** Funktion knüpft an das Familienverständnis an, von dem der historische Gesetzgeber ausgehen musste, das aber mit der heutigen Wirklichkeit in vielen Fällen nicht mehr übereinstimmt. Weder ist heutzutage das Zusammengehörigkeitsgefühl innerhalb der Familie so ausgeprägt wie vor hundert Jahren noch ist die Existenz eines familiengebundenen Vermögens, das von Generation zu Generation weitergegeben wird, zeitgemäß. Das Vermögen wird oft nicht mehr über Generationen erwirtschaftet, sondern innerhalb einer Generation.[56]

Vor allem der Wandel des Familienbildes hat dazu geführt, dass das Pflichtteilsrecht **39** insgesamt in die **Kritik** geraten ist. Die Forderungen, die in der Diskussion der letzten Jahre erhoben wurden und zum Teil immer noch artikuliert werden, reichen von Modifikationen einzelner Regelungen im BGB über eine grundsätzlich abweichende Fundierung des Pflichtteilsrechts bis hin zu seiner vollständigen Abschaffung. Teilweise wird dafür plädiert, die Höhe der Pflichtteilsquote nicht schematisch festzulegen, sondern von der wirtschaftlichen Bedürftigkeit abhängig zu machen[57] und so zu einem unterhaltsergänzenden Anspruch zu gelangen. Was den Kreis der Pflichtteilsberechtigten angeht, ist die Einbeziehung der Eltern schon bei den Beratungen zum BGB in Zweifel gezogen worden. Ausschlaggebend für die Berücksichtigung der Eltern waren letztlich „Pietätserwägungen". Dieses Argument hat heute allerdings eine weitaus geringere Bedeutung als in der Zeit, als das BGB verfasst wurde. Man wird den Streit aber nicht überbewerten dürfen, da die praktische Relevanz der Pflichtteilsberechtigung der Eltern relativ gering ist. Auch trifft es zu, dass in rechtsvergleichender Hinsicht „eine Verengung des Kreises der Pflichtteilsberechtigten" festzustellen ist.[58] In Frankreich wurde die Pflichtteilsberechtigung der Aszendenten mit Wirkung zum 1.1. 2007 abgeschafft. Auch der überlebende Ehegatte kann gem Art 914 Code civil nur dann pflichtteilsberechtigt sein, wenn er nicht mit Abkömmlingen des Erblassers zusammentrifft. Diese Regelung dürfte zeitgemäßer sein als die in Deutschland gelegentlich erhobene Forderung, den Pflichtteil des Ehegatten zu erhöhen.[59]

Eine vollständige Abschaffung des Pflichtteilsrechts würde das im BGB vorgesehene **40** Verhältnis zwischen Testierfreiheit und Familienerbfolge nachhaltig stören und verbietet sich daher. Zumindest für die **Kinder des Erblassers** hat das BVerfG festgestellt, dass **eine grundsätzlich unentziehbare und bedarfsunabhängige wirtschaftliche Mindestbeteiligung am Nachlass** durch die Erbrechtsgarantie des Art 14 Abs 1 S 1 iVm Art 6 Abs 1 GG gewährleistet sei.[60] Nach Auffassung des BVerfG ist das Pflichtteilsrecht der Erblasserkinder „neben der Testierfreiheit und dem Erwerbsrecht des Erben Bestandteil des institutionell verbürgten Gehalts der Erbrechtsgarantie des Art 14 Abs 1 S 1 GG".[61] Aus Art 6 Abs 1 GG ergebe sich eine lebenslange Gemeinschaft, aus der Rechte, Pflichten und gegenseitige Verantwortung resultierten. Das Pflichtteilsrecht sei Ausdruck einer grundsätzlich unauflösbaren Familiensolidarität zwischen dem Erblasser und den Kindern. Die Entscheidung des BVerfG stellt in begrüßenswerter Weise nicht nur die Vereinbarkeit des Pflichtteilsrechts der Kinder des Erblassers mit dem

---

[56] STAUDINGER/HAAS (2006) Vorbem 21 zu §§ 2303 ff.
[57] STAUDINGER/HAAS (2006) Vorbem 25 zu §§ 2303 ff.
[58] MünchKomm/LANGE (7. Aufl 2017) § 2303 Rn 12.
[59] BOSCH, Familien- und Erbrecht als Themen der Rechtsangleichung nach dem Beitritt der DDR zur Bundesrepublik Deutschland, FamRZ 1992, 993, 999 f.
[60] BVerfGE 112, 332, 348.
[61] BVerfGE 112, 332, 349.

Grundgesetz klar, sondern stärkt auch den **Schutz der Familie**,[62] der in den vergangenen Jahrzehnten in den Diskussionen um das Pflichtteilsrecht gelegentlich vernachlässigt worden ist. Unter diesem Gesichtspunkt ist auch an einem Pflichtteilsrecht der Eltern festzuhalten.

3. Reichweite und Grenzen des Prinzips der Familienerbfolge

41 Der Gedanke der **Familiengebundenheit des Vermögens** kommt noch in etlichen weiteren Vorschriften des 5. Buches zum Ausdruck. Hervorzuheben sind die für Ehegatten vorgesehenen besonderen Gestaltungsformen für Verfügungen von Todes wegen: das gemeinschaftliche Testament (§§ 2265 ff BGB) und der Ehegattenerbvertrag (§ 2280 BGB). Auch bei den Auslegungsregeln (§ 2069 BGB), bei der Testamentsanfechtung wegen irrtümlicher Übergehung von Pflichtteilsberechtigten (§ 2079 BGB) und bei der Mehrheit von Erben (§§ 2050 ff BGB) finden sich Vorschriften, die Ehegatten oder Familienangehörige begünstigen. Schließlich ist in diesem Zusammenhang der sog Dreißigste (§ 1969 BGB) zu nennen. Dabei handelt es sich um ein gesetzliches Vermächtnis zu Gunsten der nächsten Angehörigen des Erblassers. Der Erbe muss Familienangehörigen des Erblassers, die zur Zeit seines Todes zu dessen Hausstand gehörten und von ihm Unterhalt bezogen haben, in den ersten dreißig Tagen nach dem Eintritt des Erbfalls in gleicher Weise Unterhalt gewähren und die Benutzung der Wohnung sowie der Haushaltsgegenstände gestatten.

42 Das **Prinzip der Familienerbfolge** hat sich – trotz der Wandlungen, denen die Familienstruktur unterworfen war und ist – **als beständig erwiesen**. Im praktischen Regelfall, der gesetzlichen Erbfolge, gilt unverändert die unbeschränkte Verwandtenerbfolge. Auch das Pflichtteilsrecht ist – allen Anfeindungen zum Trotz – erhalten geblieben. Dies ist zu begrüßen, da die Familie als Institution Schutz verdient und das Erbrecht des BGB einen wohlausgewogenen **Kompromiss zwischen Testierfreiheit und Familienerbfolge** darstellt, der an Rechtstraditionen anknüpft, die im allgemeinen Bewusstsein verankert sind, und der sich bewährt hat. Abgesehen von Modifikationen im Detail – etwa bei der Verwandten- und Ehegattenerbfolge – ist eine grundlegende Reform des Familienerbrechts derzeit nicht geboten.

V. Die rechtsgeschäftliche Erbfolge und das Prinzip der Testierfreiheit

43 Die Testierfreiheit folgt aus der historisch tradierten, auf das römische Recht zurückgehenden **Verbindung von Eigentum und Erbrecht**: Aus der Eigentumsfreiheit resultiert das Recht, auch über den Tod hinaus über das Eigentum verfügen zu können. Dieser Zusammenhang kommt in Art 14 Abs 1 S 1 GG klar zum Ausdruck.[63] Die Testierfreiheit beinhaltet das Recht des Erblassers, die Erbfolge nach seinem eigenen Willen durch Verfügungen von Todes wegen zu regeln. Ebenso wie die Vertrags-, Eigentums- und Vereinsfreiheit ergibt sich auch die Testierfreiheit aus dem Grundgedanken der **Privatautonomie**.

---

[62] Diesen Gesichtspunkt hebt mit Recht auch STAUDINGER/OTTE (2017) Einl 24 zu §§ 2303 ff hervor.
[63] BVerfGE 67, 329, 341: „Die Testierfreiheit ... ist als Verfügungsbefugnis des Eigentümers über den Tod hinaus eng mit der Garantie des Eigentums verknüpft."

Die Testierfreiheit findet ihre Grenzen lediglich im Pflichtteilsrecht naher Angehöri- 44
ger (§§ 2303 ff BGB, 10 Abs 6 LPartG) und im Verbot von Verfügungen, die gegen ein
Verbotsgesetz (§ 134 BGB) oder die guten Sitten (§ 138 Abs 1 BGB) verstoßen. Auch
der Typen- und Formzwang des Erbrechts führt zu einer gewissen Einschränkung der
Testierfreiheit. Die Testierfreiheit umfasst die Freiheit, überhaupt eine letztwillige
Verfügung zu errichten, sie inhaltlich frei zu gestalten und einen der gesetzlich vorgegebenen Gestaltungstypen zu wählen bzw mehrere von ihnen miteinander zu kombinieren. Sie kann nicht durch schuldrechtliche Verträge beschränkt werden; derartige
Verträge sind nichtig (§ 2302 BGB).

1. Typen- und Formzwang des Erbrechts

Zu den charakteristischen Eckpfeilern des Erbrechts gehört **der Typen- und Form-** 45
zwang, der die Testierfreiheit einerseits begrenzt, andererseits aber auch wesentlich
dazu beiträgt, dem unverfälschten Erblasserwillen zur Durchsetzung zu verhelfen. Der
Typenzwang unterstreicht die strukturelle, historisch bedingte **Verwandtschaft zwischen**
Sachen- und Erbrecht. Die Testierfreiheit ist an die Einhaltung bestimmter, vom Gesetzgeber vorgegebener Typen gebunden. Der Erblasser kann die Erbfolge durch Erbeinsetzung, Enterbung und unter Umständen auch durch Entziehung des Pflichtteils
regeln. Außerdem kommen Einzelzuwendungen durch Vermächtnisse, Auflagen sowie
Teilungs- oder Verwaltungsanordnungen in Betracht. Schließlich kann der Erblasser
Anordnungen für die künftige Verwaltung und Abwicklung des Nachlasses treffen.
Diese Anordnungen können Inhalt eines Testaments sein. Erbeinsetzungen, Vermächtnisse und Auflagen können auch Gegenstand eines Erbvertrages sein.

Erbvertrag und Testament unterliegen einem strengen **Formzwang** (§ 2276 BGB bzw 46
§§ 2231, 2247 BGB). Die Maxime „veritas praevalet solemnitati" gilt nicht.[64] In dieser
Hinsicht unterscheiden sich die Testierfreiheit, die nur im Rahmen bestimmter Formen
realisiert werden kann, und die Vertragsfreiheit, die von der Formfreiheit ausgeht,
erheblich. Hauptgrund für den Formzwang ist das Ziel, den möglichst klar formulierten **Willen des Erblassers** zu schützen und umsetzen zu können. Die letztwilligen Verfügungen müssen einem Formzwang unterliegen, da die Bezeugung eines nur mündlich
artikulierten letzten Willens des Erblassers durch Überlebende nicht annähernd die
Beweiskraft einer schriftlichen Erklärung des Erblassers selbst aufweist. Insofern gilt
allerdings auch für das Erbrecht JHERINGS berühmtes Wort, dass **die Form** „die ge-
schworene Feindin der Willkühr, **die Zwillingsschwester der Freiheit**" sei.[65] Erst der
Formzwang verhilft der Testierfreiheit zum Durchbruch. Aufgabe der Rechtsprechung
ist es, einerseits die Testierfreiheit durch die Beachtung der gesetzlich vorgeschriebenen Formen allgemein zu garantieren, andererseits aber auch bei Abweichungen von
diesen Vorgaben der Testierfreiheit im Einzelfall zur Anerkennung zu verhelfen.

Ausnahmen vom Formzwang für letztwillige Verfügungen gab es nach dem Inkrafttre- 47
ten des BGB lediglich in zwei besonderen historischen Lagen: Durch Verordnung vom
6.9.1943 wurde für Soldaten im Fall unmittelbarer Todesgefahr die Möglichkeit einer
formlosen Äußerung des letzten Willens geschaffen. Formlos gültig waren unter bestimmten weiteren Voraussetzungen auch die letztwilligen Anordnungen der unter der

---

[64] KIPP/COING, Erbrecht (14. Bearb 1990) 126.
[65] vJHERING, Geist des römischen Rechts auf
den verschiedenen Stufen seiner Entwicklung
II/2 (1869) 456. Dazu: HKK/MEYER-PRITZL
(2003) §§ 125–129 Rn 3 f.

NS-Diktatur Verfolgten, sofern sie in unmittelbarer Todesgefahr errichtet worden waren.

2. Verfügungen von Todes wegen

48 Mit dem Testament, dem gemeinschaftlichen Testament und dem Erbvertrag kennt das Erbrecht drei verschiedene **Arten von Verfügungen von Todes wegen**. Sie unterscheiden sich in erster Linie durch den **Grad der Bindungswirkung**. Während das Testament frei widerruflich ist, hat das gemeinschaftliche Testament eine stärkere Bindungswirkung und entfaltet der Erbvertrag eine grundsätzlich nicht mehr widerrufliche Bindung des Erblassers.

48a Die Errichtung eines Testaments setzt **Testierfähigkeit** voraus. Nach § 2229 Abs 1 BGB sind Minderjährige, die noch nicht das 16. Lebensjahr vollendet haben, und nach § 2229 Abs 4 BGB Personen, die wegen krankhafter Störung der Geistestätigkeit, wegen Geistesschwäche oder wegen einer Bewusstseinsstörung nicht in der Lage sind, die Bedeutung der von ihnen abgegebenen Willenserklärung einzusehen und nach dieser Einsicht zu handeln, nicht testierfähig. Angesichts der wachsenden Zahl hochbetagter Menschen ist die Frage der Testierunfähigkeit wegen altersbedingter Krankheiten wie Demenz von erheblicher praktischer Relevanz. Die Beweislast für das Vorliegen der Testierunfähigkeit trägt derjenige, der sich auf die Nichtigkeit des Testaments aus diesem Grund beruft.[66] Soweit de lege ferenda vorgeschlagen wird, für die Testierfähigkeit eine feste Altersobergrenze oder bestimmte medizinische und psychologische Tests verbindlich vorzusehen, sind diese Überlegungen mit der Testierfreiheit nicht vereinbar. Vorzugswürdig könnte es sein, unter bestimmten Voraussetzungen allein die Errichtung eines notariellen Testaments zuzulassen. Diese Regelung findet sich bereits jetzt im Gesetz für Minderjährige, die das 16. Lebensjahr, aber noch nicht das 18. Lebensjahr vollendet haben (§ 2233 Abs 1 BGB).

a) Einfaches Testament

49 Das Testament ist eine einseitige Verfügung von Todes wegen und jederzeit frei widerruflich (§ 2253 BGB). Das BGB differenziert zwischen ordentlichen und außerordentlichen Testamentsformen. Ein **Testament in ordentlicher Form** (§ 2231 BGB) liegt vor, wenn es zur Niederschrift eines Notars (§ 2232 BGB, **öffentliches Testament**) oder durch eine Erklärung nach § 2247 BGB (**eigenhändiges Testament**) errichtet worden ist. Daneben gibt es in besonderen Lebenslagen die Möglichkeit, auf **außerordentliche Testamentsformen** zurückzugreifen (**Nottestamente**, §§ 2249–2252 BGB). Die Nottestamente (Bürgermeister-, Dreizeugen- und Seetestament) kommen nur ausnahmsweise in Betracht und zeichnen sich durch Formerleichterungen aus, aber auch sie sind formgebunden.

50 Bei einem **öffentlichen Testament** hat der Erblasser die Möglichkeit, seinen letzten Willen gegenüber dem **Notar** mündlich zu erklären oder ihm eine Schrift mit der Erklärung zu übergeben, dass diese Schrift seinen letzten Willen enthalte (§ 2232 BGB). Die ursprüngliche Fassung des BGB führte dazu, dass Stumme, die zwar testierfähig waren, aber nicht schreiben oder nicht lesen konnten, keine Möglichkeit hatten, ein Testament zu errichten. Das BVerfG hat darin eine unverhältnismäßige

---

[66] BGH ZEV 2012, 100, 103; MünchKomm/Hagena (7. Aufl 2017) § 2229 Rn 57.

Beschränkung der Testierfähigkeit dieses Personenkreises gesehen und ihren Ausschluss für verfassungswidrig erklärt.[67] Daraufhin hat der Gesetzgeber 2002 § 2233 Abs 2 BGB so gefasst, dass ein Erblasser, der nicht in der Lage ist, Geschriebenes zu lesen, ein Testament durch eine Erklärung – nicht notwendig eine mündliche – gegenüber dem Notar errichten kann. Diese Gesetzesänderung entspricht nicht nur dem sensibleren Umgang mit den Problemen behinderter Menschen vor dem Hintergrund des allgemeinen Gleichheitssatzes des Art 3 Abs 1 GG und des Benachteiligungsverbotes des Art 3 Abs 3 S 2 GG, sondern auch der Tendenz, die Testierfreiheit in größtmöglichem Umfang zu gewährleisten. Personen, die sich überhaupt nicht verständlich machen können, haben allerdings auch weiterhin keine Möglichkeit, ein Testament zu errichten.[68]

51 Mit dem **privatschriftlichen Testament** hält das Gesetz ein Instrument bereit, das für den Erblasser mit geringerem Aufwand als das öffentliche Testament und ohne zusätzliche Kosten erstellt werden kann. Auch hat diese Testamentsart den Vorteil, dass der Erblasser seinen letzten Willen in vollem Umfang geheim halten kann. Andererseits kann es von Nachteil sein, dass eine rechtskundige Beratung durch einen Notar fehlt. Außerdem besteht die Gefahr, dass ein privatschriftliches Testament nach dem Tod des Erblassers unterdrückt oder gefälscht wird. Im Interesse von Rechtsklarheit und Rechtssicherheit favorisierte der Gesetzgeber daher das öffentliche Testament. Erst der Reichstag fügte – nach dem Vorbild des Code civil – das privatschriftliche Testament hinzu. Vor diesem Hintergrund werden **die besonders hohen Formerfordernisse des § 2247 BGB**, die über den Maßstab der bloßen Schriftform iSv § 126 BGB hinausgehen, verständlich. Hinzu kommen muss vor allem die **Eigenhändigkeit** der Abfassung des Testamentstextes und der Unterschrift. Ziel dieses verschärften Formzwanges ist es, die Identität des Erblassers, die Ernsthaftigkeit und die Endgültigkeit seiner Erklärung zu garantieren.

52 Im Laufe der Jahrzehnte hat sich eine breite Palette von Entscheidungen zu den einzelnen Voraussetzungen des § 2247 BGB entwickelt. Besondere Aufmerksamkeit erlangten die **Abgrenzung zwischen einem bloßen Entwurf und einem mit ernsthaftem Testierwillen verfassten Testament** – etwa bei Briefen, Postkarten, Eintragungen in Notiz- oder Tagebüchern – und die **Abschlussfunktion der eigenhändigen Unterschrift**. Die Unterschrift dient der Identifikation des Erblassers, bezeugt aber auch den Abschluss der Erklärung. Sie soll mit Vor- und Familiennamen erfolgen (§ 2247 Abs 3 S 1 BGB) und muss in jedem Fall den Erblasser hinreichend klar individualisieren, so dass auch allein der Vorname, ein Kosename oder ein Pseudonym unter Umständen ausreichen kann. Die Abschlussfunktion erlangt Bedeutung, wenn später noch Zusätze oder Nachträge ergänzt werden. Die Angabe über die Zeit und den Ort der Errichtung sind als Soll-Vorschriften (§ 2247 Abs 5 BGB) ausgestaltet worden und für die formelle Gültigkeit des Testaments nicht zwingend erforderlich.

53 Der Formzwang für eigenhändige Testamente, der in der heutigen Zeit, in der handschriftliche Äußerungen immer mehr durch digitale Kommunikationsformen verdrängt werden, gerade der jüngeren Generation nicht mehr als zeitgemäß erscheinen mag, war in der ursprünglichen Fassung des BGB noch deutlich rigider und hat erst durch das **Gesetz über die Errichtung von Testamenten und Erbverträgen vom 31.7.1938**

---

[67] BVerfGE 99, 341, 353 ff.
[68] Zu den Einzelheiten der verschiedenen Erklärungsformen: MünchKomm/HAGENA (7. Aufl 2017) § 2232 Rn 5 ff und 40 ff.

in mehreren Punkten eine spürbare **Lockerung** erfahren. In der Fassung des BGB von 1900 war die eigenhändige Angabe über Zeit und Ort der Errichtung zwingend vorgeschrieben. Auch wurden an die eigenhändige Unterschrift höhere Anforderungen gestellt. In die Gesetzgebungsarbeiten hatte sich Hitler persönlich eingeschaltet, nachdem er im Frühjahr 1938 ein Testament auf einem amtlichen Briefbogen aufgesetzt hatte und ihm mitgeteilt worden war, dass diese letztwillige Verfügung nicht der gesetzlichen Form entspreche, da er die Ortsangabe nicht eigenhändig geschrieben habe. Noch vier Jahre später ging Hitler in den Tischgesprächen auf diese Begebenheit ein: „… Er habe sich da an den Kopf gefasst und sich gefragt, ob das denn noch Recht sein könne, wenn noch nicht einmal das Testament des Reichskanzlers den gesetzlichen Vorschriften genüge. Und er sei zu dem Ergebnis gekommen, dass derartige Rechtsauffassungen ein absoluter Rechtsschwindel seien, aus dem man unbedingt wieder herauskommen müsse. Er habe deshalb den Justizminister Gürtner kommen lassen und ihn auf den Sachverhalt aufmerksam gemacht. Es habe aber extra ein Gesetz erlassen werden müssen, um diesen Unsinn zu beseitigen."[69]

54 Eine umfassende Testierfreiheit ist nur möglich, wenn sich der Erblasser jederzeit von seiner Verfügung von Todes wegen wieder lösen kann. Anders als bei Willenserklärungen unter Lebenden, bei denen die Interessen des Erklärungsempfängers am Fortbestand der Erklärung zu beachten sind, kann der Erblasser seine testamentarischen Verfügungen **jederzeit und ohne weitere Begründung widerrufen** (§ 2253 BGB). Dabei kommen vier Möglichkeiten des Widerrufs in Betracht: die Errichtung eines Widerrufstestaments (§ 2254 BGB) oder eines späteren, dem ersten widersprechenden Testaments (§ 2258 BGB), die Rücknahme eines öffentlichen Testaments aus der amtlichen Verwahrung (§ 2256 BGB) oder die Vernichtung bzw Veränderung der Testamentsurkunde (§ 2255 BGB). Erfolgt der Widerruf durch ein Widerrufstestament, so kann auch dieses widerrufen werden (§ 2257 BGB) mit der Folge, dass das ursprüngliche Testament Geltung erlangt oder aber dass gesetzliche Erbfolge eintritt.

55 Ziel des Erbrechts ist es, den **wahren Willen des Erblassers** zu verwirklichen. Daher kann der Erblasser, solange er lebt, seine Verfügung von Todes wegen widerrufen. Ein Anfechtungsrecht ist insoweit entbehrlich. Nach dem Tod des Erblassers kann derjenige, dem die Aufhebung der letztwilligen Verfügung unmittelbar zugute kommt, eine Verfügung des Erblassers, die auf einem Irrtum oder auf einer widerrechtlichen Drohung beruht, gem §§ 2078, 2080, 2081 BGB anfechten.

56 Die Regelung der **Anfechtung** wegen Willensmängeln in den §§ 2078 ff BGB folgt in den Grundzügen den §§ 119 ff BGB, modifiziert sie aber in wesentlichen Punkten. Die Anfechtungsgründe sind deutlich weiter gefasst. Während § 2078 Abs 1 BGB – entsprechend § 119 Abs 1 BGB – den Erklärungs- und den Inhaltsirrtum betrifft, erstreckt § 2078 Abs 2 BGB den Bereich der Irrtumsanfechtung erheblich über § 119 Abs 2 BGB hinaus. § 2078 Abs 2 BGB erfasst auch Grundlagenirrtümer in einem weiteren Sinn, so dass **jeder Motivirrtum** einen Anfechtungsgrund darstellen kann. § 2079 BGB regelt einen Sonderfall des Motivirrtums, nämlich das Übergehen eines beim Erbfall vorhandenen Pflichtteilsberechtigten, von dessen Existenz der Erblasser bei Errich-

---

[69] PICKER, Hitlers Tischgespräche im Führerhauptquartier 1941–42 (1951) 210f (am 29.3.1942 abends). Siehe dazu: GRUCHMANN, Die Entstehung des Testamentsgesetzes vom 31.7.1938: Nationalsozialistische „Rechtserneuerung" und Reformkontinuität, ZNR 7 (1985) 53 ff, 55.

tung des Testaments noch keine Kenntnis hatte. Für die Anfechtung gilt, dass sie „nur kassiert, nicht reformiert".[70] § 142 Abs 1 BGB ist anwendbar, so dass die Verfügung mit Wirkung **von Anfang an als nichtig anzusehen** ist. Dies führt dazu, dass die gesetzliche Erbfolge eintritt, sofern nicht ein früheres Testament vorliegt. Die Anfechtung beschränkt sich auf diese rein negative Wirkung und bedeutet nicht etwa, dass eine Verfügung, die dem hypothetischen Erblasserwillen entsprochen hätte, in Geltung gesetzt würde. Diese Lösung des Gesetzgebers ist gelegentlich als unbefriedigend empfunden worden, da sie in Einzelfällen zu wenig sachgerechten Ergebnissen führen kann.[71] Allerdings hat die Rechtsprechung diese Härten ausgeglichen, indem sie sich auf den Grundsatz „Auslegung eines Testaments geht der Anfechtung vor" stützt.[72] Lässt sich die Erklärung durch Auslegung mit dem Willen des Erblassers in Einklang bringen, hat der Erblasserwille Vorrang vor der Anfechtung.[73]

b) Gemeinschaftliches Testament

Ehegatten haben die Möglichkeit, ein gemeinschaftliches Testament zu errichten (§ 2265 BGB, für zwischen 2001 und 2017 eingegangene eingetragene Lebenspartnerschaften ist, soweit sie nicht in Ehen umgewandelt werden, weiterhin § 10 Abs 4 S 1 LPartG zu beachten). Voraussetzung ist das **Bestehen einer Ehe**. Das gemeinschaftliche Testament kann als öffentliches gemeinschaftliches oder als eigenhändiges gemeinschaftliches Testament errichtet werden. Beim eigenhändigen gemeinschaftlichen Testament reicht es aus, wenn einer der Ehegatten das Testament schreibt und unterschreibt und der andere die gemeinschaftliche Erklärung eigenhändig mitunterzeichnet (§ 2267 S 1 BGB). Auch sind gemeinschaftliche Nottestamente möglich, sofern sich nur einer der beiden Ehegatten in einer der in den §§ 2249 f BGB bezeichneten besonderen Lagen befindet (§ 2266 BGB).

Ein gemeinschaftliches Testament kann grundsätzlich den gleichen Inhalt haben, der auch in einem einfachen Testament zulässig ist. Die Besonderheit dieser Testamentsart sind die **wechselbezüglichen Verfügungen**, die sich dadurch auszeichnen, dass die Verfügung des einen Ehegatten nicht ohne die Verfügung des anderen getroffen sein würde (§ 2270 Abs 1 BGB), dh dass sie gegenseitig voneinander abhängen sollen. In diesen Fällen führt die Nichtigkeit oder der Widerruf der einen Verfügung zur Unwirksamkeit auch der anderen (§ 2270 Abs 1 BGB). Gem § 2270 Abs 3 BGB können nur Erbeinsetzungen, Vermächtnisse oder Auflagen wechselbezüglichen Charakter haben. Nach der – widerlegbaren – Vermutung, die die Auslegungsregel des § 2270 Abs 2 BGB enthält, sind Verfügungen im Zweifel dann wechselbezüglich, wenn sich die Ehegatten gegenseitig bedenken oder wenn dem einen Ehegatten von dem anderen eine Zuwendung gemacht und für den Fall des Überlebens des Bedachten eine Verfügung zu Gunsten einer Person getroffen wird, die mit dem anderen Ehegatten verwandt ist oder ihm sonst nahe steht.

In der Praxis findet das gemeinschaftliche Testament vielfach in der Form des sog **„Berliner Testaments"** Verwendung. Es hat dann zum Inhalt, dass sich die Ehegatten gegenseitig zu Erben und nach dem Tod des Letztversterbenden die Kinder als Nacherben einsetzen. Diese Gestaltung lässt zwei Auslegungsmöglichkeiten zu: Entweder soll der überlebende Ehegatte Vorerbe des Erstversterbenden und sollen die Kinder Nacherben des Erstversterbenden sowie Vollerben des Letztversterbenden sein **(Tren-**

---

[70] SIBER, in: FG RG III (1929) 350, 378.
[71] KIPP/COING (14. Bearb 1990) 168 f.
[72] OGHZ 1, 156, 157.
[73] LANGE/KUCHINKE (5. Aufl 2001) 842 f.

nungsprinzip) oder der überlebende Ehegatte wird alleiniger Vollerbe des Erstversterbenden, die Kinder werden lediglich Schlusserben des Letztversterbenden (**Einheitsprinzip**). Im Zweifel ist vom Einheitsprinzip auszugehen (§ 2269 BGB). Während nach dem Trennungsprinzip das Vermögen des überlebenden Ehegatten aus zwei Massen besteht – dem Vermögen des zuerst verstorbenen Ehegatten und dem Vermögen des überlebenden Ehegatten –, verschmilzt bei der Einheitslösung das Vermögen des Erstversterbenden, das der überlebende Ehegatte in vollem Umfang erbt, mit dem Vermögen des Überlebenden zu einer Einheit. Dieses Vermögen erben dann die Kinder als Schlusserben.

Übersicht:
Die Unterscheidung zwischen Trennungs- und Einheitsprinzip

Trennungsprinzip	**Einheitsprinzip**
Tod des ersten Ehegatten	
Folge: Der länger lebende Ehegatte wird **Vor**erbe.	**Folge:** Der länger lebende Ehegatte wird **Voll**erbe.
Das Vermögen des länger lebenden Ehegatten besteht (1) aus dem Nachlass des zuerst verstorbenen Ehegatten (Insofern ist der länger lebende Ehegatte Vorerbe, §§ 2100 ff BGB, und unterliegt den Verfügungsbeschränkungen der §§ 2113-2115 BGB) und – getrennt davon – (2) aus seinem eigenen Vermögen	Der Nachlass des zuerst verstorbenen Ehegatten und das eigene Vermögen des länger lebenden Ehegatten verschmelzen miteinander und bilden eine Einheit.
Tod des zweiten Ehegatten	
Nacherbfall bezüglich des Nachlasses des zuerst verstorbenen Ehegatten und Erbfall bezüglich des Nachlasses des zuletzt verstorbenen Ehegatten	Erbfall bezüglich des gesamten Vermögens (Nachlasses) des zuletzt verstorbenen Ehegatten (= Schlusserbfall)

60 Das Berliner Testament wird oft mit einer Pflichtteils- oder einer Wiederverheiratungsklausel kombiniert. Die **Pflichtteilsklausel** verhindert die Berufung eines Dritten zum Erben des überlebenden Ehegatten, wenn er nach dem Tod des ersten Ehegatten seinen Pflichtteil verlangt hat. Die Klausel soll dem überlebenden Ehegatten seine wirtschaftliche Existenzgrundlage sichern. Verlangt der Dritte seinen Pflichtteil nach dem Tod des erstversterbenden Ehegatten, dann verliert er auch nach dem Tod des anderen Ehegatten sein Erbrecht und kann ebenfalls nur den Pflichtteil verlangen. Eine derartige Klausel, die eine Sanktion für das Verlangen des Pflichtteils nach dem Tod des ersten Ehegatten enthält, ist grundsätzlich zulässig.

61 Die **Wiederverheiratungsklausel** dient dem Ziel, dass die erneute Heirat des überlebenden Ehegatten nicht zu einer Verschlechterung der erbrechtlichen Position der gemeinsamen Kinder führt. Die Klausel beinhaltet dementsprechend, dass im Falle der Wiederheirat des Überlebenden der Nachlass des Erstverstorbenen an die Kinder herauszugeben sei oder dass in diesem Fall gesetzliche Erbfolge eintreten solle. Der überlebende Ehegatte ist dann auflösend bedingter Vollerbe (die Kinder sind Schlusserben) und hinsichtlich der gesetzlichen Erbteile der Kinder zugleich aufschiebend bedingter Vorerbe (die Kinder sind Nacherben).

Das gemeinschaftliche Testament unterscheidet sich vom Erbvertrag vor allem hinsichtlich der **Bindungswirkung**. Vor dem Tod des Erstversterbenden haben beide Ehegatten die Möglichkeit, ihre Verfügung einseitig zu widerrufen. Mit dem Tod des Erstversterbenden erlischt dieses Widerrufsrecht (§ 2271 Abs 2 S 1 BGB). Danach kommt dem gemeinschaftlichen Testament die Bindungswirkung zu, die der Erbvertrag bereits vom Vertragsschluss an entfaltet. Nach **§ 2289 Abs 1 S 2 BGB analog** sind Verfügungen von Todes wegen des Überlebenden unwirksam, soweit sie Rechte von Drittbedachten beeinträchtigen würden. Der überlebende Ehegatte kann allerdings ohne Einschränkung Rechtsgeschäfte unter Lebenden durchführen (§ 2286 BGB), wobei jedoch **bei Schenkungen in Beeinträchtigungsabsicht die Ausgleichsansprüche gem §§ 2287 f BGB** zu beachten sind.

c) Erbvertrag

Mit dem Erbvertrag hat der Erblasser die Möglichkeit, vertraglich eine Verfügung von Todes wegen über sein Vermögen zu treffen, die grundsätzlich **bindend** ist. Das Institut des Erbvertrages stellt insofern eine „Enklave der Vertragsbindung" im Erbrecht dar.[74] Vertragsmäßige Verfügungen können nicht mehr einseitig geändert oder aufgehoben werden (§§ 1941 Abs 1, 2278 BGB). Diese Bindungswirkung führt zu einer **Beschränkung der Testierfreiheit nach Abschluss des Erbvertrages**. Der Erbvertrag hat als vertragliche Verfügung von Todes wegen eine **Doppelnatur**: Er ist **Verfügung von Todes wegen und Vertrag**.[75] Es handelt sich aber weder um einen schuldrechtlichen Verpflichtungs- noch um einen sachenrechtlichen Verfügungsvertrag, so dass die Vorschriften des 2. und 3. Buches auf ihn keine Anwendung finden.

Anders als das gemeinschaftliche Testament steht die Errichtung eines Erbvertrages nicht nur Ehegatten, sondern auch anderen Personen offen. In der Praxis sind Erbverträge zwischen Verlobten oder Ehegatten am häufigsten. Der Erbvertrag muss **bei gleichzeitiger Anwesenheit beider Vertragspartner zur Niederschrift eines Notars** geschlossen werden (§ 2276 Abs 1 S 1 BGB). Gem § 2276 Abs 1 S 2 BGB sind die für das öffentliche Testament geltenden Vorschriften (§§ 2231 Nr 1, 2232, 2233 BGB) anzuwenden, so dass ein Erbvertrag durch mündliche Erklärung oder Übergabe einer Schrift mit der Erklärung, dass sie eine Verfügung von Todes wegen enthalte, geschlossen werden kann.

Der Erbvertrag kann zum **Inhalt** haben, dass der Vertragspartner des Erblassers bedacht wird oder aber auch ein am Vertragsschluss unbeteiligter Dritter (§ 1942 Abs 2 BGB). Zu unterscheiden sind einseitige und vertragsmäßige Verfügungen. Als vertragsmäßige Verfügungen von Todes wegen, die bindend und grundsätzlich nicht widerruflich sind, kommen allein Erbeinsetzungen, Vermächtnisse und Auflagen in Betracht (§ 2278 Abs 2 BGB). Daneben können auch andere Verfügungen von Todes

---

[74] BYDLINSKI, System und Prinzipien des Privatrechts (1996) 405.

[75] BROX/WALKER, Erbrecht (27. Aufl 2016) Rn 145.

wegen Inhalt eines Erbvertrages sein. Sie sind jedoch nicht bindend und können jederzeit widerrufen werden.

66 Bei **vertragsmäßigen Verfügungen** verliert der Erblasser das Recht, in anderer Weise über sein Vermögen von Todes wegen zu verfügen (§ 2289 Abs 1 BGB). Er kann aber weiterhin über sein Vermögen durch Rechtsgeschäft unter Lebenden verfügen (§ 2286 BGB). Der Vertragserbe wird jedoch vor **Schenkungen des Erblassers in Beeinträchtigungsabsicht** geschützt. Der BGH hatte zunächst angenommen, die Beeinträchtigungsabsicht habe der „eigentlich leitende Beweggrund" für die Schenkung sein müssen, versuchte aber einer Aushöhlung der Erbverträge dadurch zu begegnen, dass er lebzeitige Verfügungen des Erblassers unter bestimmten Voraussetzungen nach §§ 134, 138 BGB für nichtig erachtete.[76] Inzwischen stellt er hingegen darauf ab, ob der Erblasser **ein anerkennenswertes lebzeitiges Eigeninteresse an der Schenkung** hatte, das eine Beeinträchtigungsabsicht ausschließt.[77] Der Vertragserbe kann nach dem Tode des Erblassers vom Beschenkten die Herausgabe des Geschenks nach dem Bereicherungsrecht verlangen (§ 2287 Abs 1 BGB), wobei es sich um eine **Rechtsfolgenverweisung** handelt.[78]

67 Nur in sehr eng umgrenzten Ausnahmefällen ist eine **Lösung von der Bindungswirkung des Erbvertrages** möglich. Die Vertragsparteien können einen Aufhebungsvertrag schließen (§ 2290 Abs 1 BGB), der der in § 2276 BGB für den Erbvertrag vorgeschriebenen Form bedarf. In Einzelfällen ist auch ein Rücktritt denkbar, insbesondere wenn sich der Erblasser ihn im Vertrag vorbehalten hat (§ 2293 BGB) oder wenn sich der Bedachte einer schweren Verfehlung schuldig gemacht hat (§ 2294 BGB iVm §§ 2333–2335 BGB). Auch kann ein Erbvertrag durch Anfechtung vernichtet werden (§§ 2281 ff BGB), wobei als Anfechtungsgründe ebenso wie beim Testament die §§ 2078 f in Betracht kommen. Schließlich kann ein Erbvertrag durch die Rücknahme aus der amtlichen oder notariellen Verwahrung widerrufen werden (§ 2300 BGB iVm § 2256 Abs 1 BGB).

3. Gestaltungsmöglichkeiten des Erblassers

68 Die **Testierfreiheit** gestattet es dem Erblasser, im Rahmen der vom Gesetz anerkannten erbrechtlichen Typen und Formen seinen Willen inhaltlich frei zu gestalten. Die größte Bedeutung kommt dabei der **Bestimmung des oder der Erben** zu, auf den bzw auf die das Vermögen des Erblassers unmittelbar und als Ganzes mit dem Erbfall übergeht. Während das römische Recht noch Erbeinsetzungsformeln kannte, aus denen sich eindeutig ergab, wer Erbe sein sollte,[79] ist heute im Wege der Auslegung zu bestimmen, ob und ggf zu wessen Gunsten eine Erbeinsetzung beabsichtigt ist. Wird dem Bedachten das gesamte Vermögen oder eine bestimmte Quote zugewendet, liegt gem § 2087 Abs 1 BGB eine Erbeinsetzung vor; werden hingegen nur einzelne Gegenstände zugewendet, ist von einem Vermächtnis auszugehen (vgl § 2087 Abs 2 BGB). Der Erblasser kann eine Person als Alleinerben einsetzen, aber auch mehrere als Miterben. Er kann eine **Vor- und Nacherbschaft** anordnen, dh mehrere Personen nacheinander als Erben einsetzen, oder auch einen **Ersatzerben** bestimmen, der Erbe wird, falls der zum Erben Berufene gar nicht Erbe wird, etwa weil er die Erbschaft ausschlägt oder weil er vor dem Erblasser stirbt (§ 2096 BGB). Fällt ein eingesetzter Erbe

---

[76] BGH DNotZ 1955, 85, 86.
[77] BGHZ 59, 343, 349 f.
[78] RGZ 139, 17, 22.
[79] GAIUS 2, 117: „Titius heres esto."

weg und ist kein Ersatzerbe vorgesehen, erhöhen sich die Erbteile der anderen Erben (Anwachsung, § 2094 Abs 1 BGB). Kommt auch eine Anwachsung nicht in Betracht, tritt die gesetzliche Erbfolge ein. Zu den wichtigsten Gestaltungsmöglichkeiten gehören die Anordnung einer Vor- und Nacherbschaft, die **Aussetzung eines Vermächtnisses**, die **Anordnung einer Auflage** und die **Einsetzung eines Testamentsvollstreckers**.

a) Vor- und Nacherbschaft

Die Testierfreiheit des Erblassers bezieht sich regelmäßig auf den Vermögensübergang bei seinem Tod. Das BGB **erweitert die Verfügungsbefugnis des Erblassers** unter bestimmten Voraussetzungen durch das Institut der Vor- und Nacherbschaft (§§ 2100 ff BGB). Auf diese Weise geht der Nachlass zunächst auf den Vorerben über und später, zu einem bestimmten Zeitpunkt oder bei Eintritt eines bestimmten Ereignisses, auf den Nacherben. Der Erblasser kann auch mehrere Nacherben hintereinander einsetzen, so dass er unter Umständen „über Generationen hinweg ‚weiterregieren' und die Freiheit der später Lebenden erheblich einengen" kann.[80] Diese Möglichkeit hat der Gesetzgeber allerdings insofern begrenzt, als die Einsetzung eines Nacherben mit dem Ablauf von 30 Jahren nach dem Erbfall unwirksam wird, wenn nicht vorher der Fall der Nacherbfolge eingetreten ist (§ 2109 BGB). Vor- und Nacherbschaft haben die Funktion, das Familienvermögen als Einheit zu bewahren. **69**

Das Institut steht in der Tradition des römischen Universalfideikommisses sowie der späteren deutsch- und naturrechtlichen Einflüsse.[81] Anders als im deutschen oder schweizerischen Recht (Art 488–492 ZGB) war die Vor- und Nacherbschaft in Frankreich bis zum 1.1.2007 grundsätzlich verboten. Die Abneigung gegen längerfristige Vermögensbindungen im Wege der Erbfolge, die auf Forderungen aus der Revolutionszeit zurückgeht, ist nun überwunden. In den Art 1048–1061 Code civil wurden 2007 die liberalité graduelle und die liberalité résiduelle neu eingeführt, die der Vor- und Nacherbschaft des deutschen Rechts stark ähneln. Die Entwicklung in Frankreich macht deutlich, dass das Rechtsinstitut der Vor- und Nacherbschaft auch gegenwärtig **von erheblicher praktischer Bedeutung** ist. Dies zeigt sich in Deutschland vor allem bei **Ehegattentestamenten**, neuerdings aber **auch bei der Unternehmensnachfolge**. Da die Anordnung einer Vor- und Nacherbschaft den **Nachteil einer doppelten erbschaftsteuerlichen Belastung** hat, wird in der Praxis allerdings nicht selten eine Gestaltung mittels eines Nießbrauchsvermächtnisses mit Testamentsvollstreckung vorgezogen.[82] **70**

Vor- und Nacherbe sind **beide Erben des Erblassers**. Der Vorerbe ist aber nur solange Erbe, bis die Erbschaft dem Nacherben anfällt; insofern ist seine Erbenstellung zwar vollständig, aber nur vorläufig, er **ist auflösend bedingter bzw befristeter Vorerbe**. Der Nacherbe erwirbt mit dem Tod des Erblassers ein Anwartschaftsrecht auf die Erbschaft. Mit dem Nacherbfall, vielfach der Tod oder die Wiederverheiratung des Vorerben, fällt die Erbschaft dem Nacherben von selbst an. Die Stellung des Vorerben unterliegt erheblichen **Beschränkungen**. Ihm stehen lediglich die Nutzungen zu; die Substanz des Vermögens darf er nicht antasten, so dass er praktisch weitgehend die **71**

---

[80] LEIPOLD, Erbrecht (21. Aufl 2016) Rn 673.
[81] KIPP/COING (14. Bearb 1990) 274: „rationalisierte Form des römischen Universalfideikommisses"; STAUDINGER/AVENARIUS (2013) Vorbem 2 ff zu §§ 2100 ff; ECKERT, Der Kampf um die Familienfideikommisse in Deutschland (1992) 23 ff.
[82] STAUDINGER/AVENARIUS (2013) Vorbem 26 zu §§ 2100 ff.

Stellung eines Nießbrauchers inne hat.[83] Zwar ist der Vorerbe gem § 2112 BGB befugt, über Nachlassgegenstände zu verfügen, doch ist er vor allem in der **Verfügung über ein zur Erbschaft gehörendes Grundstück** oder über ein Recht an einem Grundstück sowie bei **Verfügungen über bewegliche und unbewegliche Nachlassgegenstände, die unentgeltlich oder zur Erfüllung eines Schenkungsversprechens erfolgen**, beschränkt (§ 2113 BGB). Verfügungen, die der Vorerbe dennoch vornimmt, sind im Falle des Eintritts der Nacherbfolge insoweit unwirksam, als sie das Recht des Nacherben vereiteln oder beeinträchtigen würden (§ 2113 Abs 2 BGB). Derartige Verfügungen können allerdings gleichwohl wirksam sein, wenn sie im Rahmen der ordnungsgemäßen Verwaltung des Nachlasses erfolgen (§ 2120 BGB)[84] oder wenn der Nacherbe ihnen zugestimmt hat. Die Verfügungen des Vorerben sind auch dann wirksam, wenn der Erwerber gutgläubig ist (§ 2113 Abs 3 BGB iVm §§ 892 f, 932 ff, 1207 BGB). Dies setzt voraus, dass er die Zugehörigkeit des Grundstücks oder der Sache zu einer Vorerbschaft nicht kannte und auch nicht kennen musste. Bei Grundstücken scheidet ein gutgläubiger Erwerb aus, wenn das Recht des Nacherben im Grundbuch eingetragen ist, was regelmäßig der Fall sein wird (§ 51 GBO). Bei Schenkungen muss der Erwerber nach dem Eintritt des Nacherbfalls die erlangte Rechtsposition an den Nacherben herausgeben (§§ 2113 Abs 3, 816 Abs 1 S 2 BGB). Der Erblasser kann die Stellung des Vorerben stärken, indem er ihn von bestimmten Beschränkungen und Verpflichtungen, die in § 2136 BGB genannt sind, befreit **(befreiter Vorerbe)**. Eine Befreiung von der Beschränkung hinsichtlich unentgeltlicher Verfügungen ist danach jedoch im Interesse des Nacherben ausgeschlossen. Die weitreichendste Befreiung des Vorerben kann der Erblasser dadurch erreichen, dass er den Nacherben lediglich auf den Überrest, also das, was bei Eintritt der Nachfolge noch von der Nacherbschaft übrig ist, einsetzt (§ 2137 Abs 1 BGB). Dem Nacherben stehen dann unter bestimmten Voraussetzungen lediglich Schadenersatzansprüche zu (§ 2137 Abs 2 BGB).

b) Vermächtnis

Das Vermächtnis zählt zu den erbrechtlichen Instituten, die in weiten Bevölkerungskreisen missverstanden werden. Oft wird nämlich „vermachen" mit „vererben" gleichgesetzt, obwohl das Vermächtnis nach dem BGB eine viel engere Bedeutung hat. Mit dem Vermächtnis gibt das BGB dem Erblasser eine Gestaltungsmöglichkeit für **eine Verfügung von Todes wegen, mit der er einem anderen einen Vermögensvorteil zuwenden kann, ohne ihn als Erben einzusetzen** (§ 1939 BGB). Das Vermächtnis bedarf der Form des Testaments (§ 1939 BGB) oder des Erbvertrags (§ 1941 BGB). Beschwerter des Vermächtnisses ist der Erbe (so der Regelfall) oder ein Vermächtnisnehmer (§ 2147 S 2 BGB). Mit einem Vermächtnis kann damit nur beschwert werden, wer vom Erblasser etwas unmittelbar und zu eigenem Recht zugewendet erhält.[85] Im Unterschied zum Erben, der mit unmittelbarer Wirkung die Universalsukzession in den Nachlass antritt, erwirbt der Vermächtnisnehmer **nur einen schuldrechtlichen Anspruch gegen den Beschwerten auf Leistung einzelner Nachlassgegenstände**. Damit hat sich der Gesetzgeber für das (lediglich obligatorisch wirkende) Damnations- und gegen das (dinglich wirkende) Vindikationslegat entschieden. Dies hat zur Folge, dass der Vermächtnisnehmer aus der Sicht des Erben die **Stellung eines Nachlassgläubigers** hat, wobei er allerdings hinter den Gläubigern des Erblassers und hinter den Pflichtteilsberechtigten

---

[83] Kipp/Coing (14. Bearb 1990) 275; MünchKomm/Grunsky (7. Aufl 2017) § 2100 Rn 3.
[84] Staudinger/Avenarius (2013) § 2120 Rn 1.

[85] Lange/Kuchinke, Erbrecht (5. Aufl 2001) 628.

zurücktreten muss (vgl § 327 Abs 1 Nr 2 InsO). Damit ist der Erwerb des Vermächtnisnehmers mit einigen Risiken behaftet.

Die Vermächtnisanordnung hat eine **erhebliche praktische Bedeutung**. Dies gilt für Vermächtnisse von Geld oder Wertobjekten, neuerdings aber auch im Rahmen der Regelung von Unternehmensnachfolgen.[86] Praxisrelevant ist auch ein Nießbrauchsvermächtnis.[87] Gegenstand eines Vermächtnisses ist regelmäßig ein bestimmter Nachlassgegenstand (Stückvermächtnis). Meistens wird es sich dabei um die Übereignung einer beweglichen Sache oder eines Grundstücks oder um die Abtretung einer Forderung handeln. Ein Stückvermächtnis ist nur dann wirksam, wenn der Gegenstand zur Zeit des Erbfalles zur Erbschaft gehört. Ausnahmsweise ist aber auch ein Verschaffungsvermächtnis wirksam; dh der Gegenstand gehört zwar nicht zur Erbschaft, er soll dem Bedachten aber nach dem Willen des Erblassers auch gerade für diesen Fall zugewendet werden (§ 2169 Abs 1 BGB). Maßgeblich ist dabei der entsprechende qualifizierte Zuwendungswille des Erblassers. Das Gesetz sieht eine Reihe von besonderen **Vermächtnisarten** vor: das Wahlvermächtnis (§ 2154 BGB), bei dem der Vermächtnisnehmer von mehreren Gegenständen nach seiner Wahl nur einen erhalten soll, das Gattungsvermächtnis (§ 2155 BGB), bei dem der Erblasser nur eine der Gattung nach bestimmte Sache vermacht, oder das Zweckvermächtnis (§ 2156 BGB), bei dem der Erblasser nur den Zweck der Zuwendung selbst festlegt und die Bestimmung des Inhalts dem billigen Ermessen des Beschwerten oder eines Dritten überlässt. 73

c) **Auflage**

Bereits das römische Recht kannte die Auflage (modus), mit der eine testamentarische Zuwendung beschränkt wurde, indem sie dem Begünstigten ein bestimmtes Verhalten vorschrieb. In den Digesten finden sich Fälle, in denen der Empfänger eines Geldvermächtnisses das Grab des Erblassers pflegen sollte.[88] Dieser Sachverhalt zählt auch heute noch zu den wichtigsten Anwendungsfällen der Auflage. Wirtschaftliche Relevanz haben gegenwärtig Auflagen, die die Errichtung einer Stiftung zum Gegenstand haben.[89] **Mit einer Auflage verpflichtet der Erblasser den Erben oder einen Vermächtnisnehmer zu einer Leistung, ohne einem anderen ein Recht auf diese Leistung zuzuwenden (§ 1940 BGB).** Eine Auflage kann eine Begünstigung anderer Personen zum Inhalt haben, sie kann sich auf einen gemeinnützigen Zweck, wie die Öffnung einer Kunstsammlung, oder auf den Erblasser selbst beziehen (Grabpflege uä). Die Auflage unterscheidet sich vom Vermächtnis dadurch, dass der durch eine Auflage Begünstigte keinen Anspruch gegen den Beschwerten erwirbt. Außerdem bezieht sich eine Auflage nach ihrem Inhalt auf jedes Tun oder Unterlassen; die Leistung braucht – anders als bei einem Vermächtnis – keinen Vermögenswert darzustellen.[90] Auch eine Auflage kann der Erblasser nur durch Testament oder Erbvertrag anordnen (§§ 1940, 1041, 2270 Abs 3, 2278 Abs 2 BGB). 74

Der **Vollzug einer Auflage** kann Schwierigkeiten bereiten, da der Auflagenbegünstigte keinen entsprechenden Anspruch gegen den Beschwerten hat. Daher können gem § 2194 BGB andere Personen als ein eventueller Begünstigter vom Beschwerten die 75

---

[86] MünchKomm/Rudy (7. Aufl 2017) § 2147 Rn 8.
[87] MünchKomm/Rudy (7. Aufl 2017) § 2147 Rn 9; Lange/Kuchinke, Erbrecht (5. Aufl 2001) 628.
[88] D 35, 1, 40, 5.
[89] Staudinger/Otte (2017) § 1940 Rn 6.
[90] Staudinger/Otte (2017) § 1940 Rn 5.

Vollziehung der Auflage verlangen. Vollziehungsberechtigte sind danach der Erbe, jeder Miterbe und derjenige, dem der Wegfall des mit der Auflage zunächst Beschwerten unmittelbar zustatten kommen würde. Außerdem kann auch eine Behörde die Vollziehung verlangen, sofern ein öffentliches Interesse daran besteht.

d) Testamentsvollstreckung (§§ 2197–2228 BGB)

76 Die Testierfreiheit gibt dem Erblasser die Möglichkeit, in einem Testament oder in einem Erbvertrag einen Testamentsvollstrecker zu ernennen, der als Treuhänder bestimmte Aufgaben im Hinblick auf die Verwaltung des Nachlasses übernimmt. Für ein solches Vorgehen kann ein Bedürfnis bestehen, wenn der Erblasser Zweifel hat, ob seine Erben den Nachlass in seinem Sinn verteilen oder verwalten. In der Praxis wird der Weg der Testamentsvollstreckung relativ häufig beschritten, etwa wenn es um die Weiterführung eines Unternehmens geht. Die Testamentsvollstreckung geht auf das mittelalterliche, vor allem auf das kanonische Recht zurück.[91] Es gelang in den folgenden Jahrhunderten jedoch nicht, sie scharf zu konturieren. Der Gesetzgeber sah sich daher Ende des 19. Jahrhunderts in der Pflicht, „Klarheit in ein dunkles Institut zu bringen".[92] Dem BGB ist es gelungen, die Testamentsvollstreckung deutlich auszuformen: Der Testamentsvollstrecker übt **ein privatrechtliches Amt** aus.[93] Ihm steht eine bestimmt begrenzte Verwaltungs- und Verfügungsmacht am Nachlass zu, die er nach den Weisungen des Erblassers im Interesse der vom Erblasser begünstigten Personen auszuüben hat. Der Testamentsvollstrecker hat also nicht die Stellung eines Erben und ist auch von den Erben unabhängig. Allerdings binden seine Verwaltungs- und Verfügungsakte die Erben.

77 Der Erblasser kann den Testamentsvollstrecker selbst auswählen oder aber – im Unterschied zu § 2065 Abs 2 BGB – die Auswahl einem Dritten überlassen (§ 2198 Abs 1 BGB). Daneben kann er auch das Nachlassgericht ersuchen, einen Testamentsvollstrecker zu ernennen (§ 2200 Abs 1 BGB), oder den Testamentsvollstrecker ermächtigen, einen oder mehrere Mitvollstrecker (§ 2199 Abs 1 BGB) bzw einen Nachfolger zu ernennen (§ 2199 Abs 2 BGB). Zu den **Aufgaben** des Testamentsvollstreckers gehört es, die letztwilligen Verfügungen des Erblassers auszuführen (§ 2203 BGB), die Auseinandersetzung unter Miterben vorzunehmen (§ 2204 BGB) und den Nachlass zu verwalten (§ 2205 BGB). Der Testamentsvollstrecker ist berechtigt, den Nachlass in Besitz zu nehmen und über die Nachlassgegenstände zu verfügen (§ 2205 S 2 BGB) sowie entsprechende Verbindlichkeiten einzugehen (§ 2206 Abs 1 BGB). Er darf jedoch – abgesehen von Anstandsschenkungen – keine unentgeltlichen Verfügungen treffen (§ 2205 S 3 BGB). Der Erblasser kann die Verpflichtungs- und Verfügungsmacht des Testamentsvollstreckers gem §§ 2207, 2208 BGB modifizieren.

78 Der Testamentsvollstrecker hat einen **Anspruch auf angemessene Vergütung** für seine Tätigkeit (§ 2221 BGB). Bei der Bestimmung der Höhe der Vergütung hat sich in der Praxis die Orientierung an diversen Tabellen durchgesetzt, wobei vor allem die Neue Rheinische Tabelle zu sachgerechten Ergebnissen führt.[94] Der Testamentsvollstrecker ist zur ordnungsgemäßen Verwaltung des Nachlasses verpflichtet (§ 2216 Abs 1 BGB) und er hat den Erben unverzüglich nach der Annahme des Amts ein Verzeichnis der seiner Verwaltung unterliegenden Nachlassgegenstände sowie der bekannten Nach-

---

[91] KIPP/COING, Erbrecht (14. Bearb 1990) 368.
[92] Mot V 236.
[93] STAUDINGER/REIMANN (2016) Vorbem 19 zu §§ 2197 ff.
[94] OLG Schleswig ZEV 2009, 625, 629.

lassverbindlichkeiten mitzuteilen (§ 2215 BGB). Das Amt des Testamentsvollstreckers endet entweder zu dem vom Erblasser angeordneten Zeitpunkt oder wenn einer der im Gesetz genannten Fälle vorliegt (§§ 2210, 2225–2227 BGB).

Anders als in den sonstigen Erbfällen tritt bei Ernennung eines Testamentsvollstreckers **keine Vereinigung des Nachlasses mit dem Eigenvermögen der Erben** ein. Nach § 2211 BGB dürfen die Erben nicht über einen der Verwaltung des Testamentsvollstreckers unterliegenden Nachlassgegenstand verfügen. **79**

e) Rechtsgeschäfte unter Lebenden auf den Todesfall

Die letztwilligen Verfügungen sind historisch gesehen aus Zuwendungen unter Lebenden auf den Todesfall entstanden.[95] Heute noch umfasst die Testierfreiheit grundsätzlich auch das Recht, durch Schenkungen von Todes wegen oder durch Verträge zu Gunsten Dritter auf den Todesfall Zuwendungen vorzunehmen.[96] Derartige Rechtsgeschäfte weisen die Besonderheit auf, dass sie einerseits die Funktion letztwilliger Verfügungen haben, andererseits aber als Zuwendungen durch lebzeitige Rechtsgeschäfte vom Gesetzgeber nicht dem Erbrecht unterstellt worden sind. So hat der Erblasser die Möglichkeit, mit einem Rechtsgeschäft unter Lebenden auf den Todesfall das Ergebnis zu erzielen, das nach dem Plan des Gesetzgebers durch eine Verfügung von Todes wegen erreicht werden sollte.[97] Auf diesem Wege können die erbrechtlichen Formvorschriften und die Beschränkungen der Testierfreiheit zum Nachteil von Nachlassgläubigern, Erben, Vermächtnisnehmern und Pflichtteilsberechtigten umgangen werden. Dieser **Konflikt zwischen der Testierfreiheit des Erblassers, die für eine uneingeschränkte Verfügungsfreiheit auch schon zu Lebzeiten spricht, und dem Geltungsanspruch erbrechtlicher Formvorschriften zum Schutz der Nachlassbeteiligten** gehört zu den schwierigsten Problemen des Erbrechts. Die Lösung wird dadurch erschwert, dass der Gesetzgeber Rechtsgeschäfte unter Lebenden auf den Todesfall nur **sehr lückenhaft geregelt** hat: § 2301 BGB betrifft Schenkungen von Todes wegen, §§ 328, 331 BGB behandeln Verträge zu Gunsten Dritter auf den Todesfall. **80**

Gem § 2301 Abs 1 BGB finden die Vorschriften über Verfügungen von Todes wegen auf ein **Schenkungsversprechen** Anwendung, welches unter der Bedingung erteilt wird, dass der Beschenkte den Schenker überlebt. Handelt es sich um ein unbedingtes Schenkungsversprechen oder um ein Schenkungsversprechen, das mit einer anderen Bedingung verbunden wird, ist § 2301 nicht einschlägig; vielmehr gilt § 518 BGB. Die Vorschriften über Schenkungen unter Lebenden sind aber auch dann anzuwenden, wenn der Schenker die Schenkung durch Leistung des zugewendeten Gegenstands vollzieht (§ 2301 Abs 2). Die gesetzliche Regelung hat sich in der Praxis als problematisch erwiesen, da die **Abgrenzung zwischen bedingten und unbedingten Schenkungen sowie zwischen vollzogenen und nicht vollzogenen Schenkungen** in vielen Fällen nicht einfach vorzunehmen ist. **81**

Ein **Vollzug der Schenkung** ist gegeben, wenn der Schenker den Gegenstand schon zu Lebzeiten auf den Beschenkten überträgt. Eine vollzogene Schenkung ist aber auch dann anzunehmen, wenn der Erblasser zwischen Abgabe und Zugang des an den **82**

---

[95] WIEACKER, Zur lebzeitigen Zuwendung auf den Todesfall, in: FS Heinrich Lehmann I (1956) 271.

[96] HARDER/KROPPENBERG, Grundzüge des Erbrechts (5. Aufl 2002) 4.

[97] STAUDINGER/KANZLEITER (2014) § 2301 Rn 2.

Beschenkten gerichteten Übertragungsangebots zufällig verstirbt. Dieses Angebot ist regelmäßig wirksam und kann angenommen werden (§§ 130 Abs 2, 153, 151 BGB), es sei denn, dass der Erbe den Antrag des Erblassers noch rechtzeitig widerruft (§ 130 Abs 1 S 2 BGB). §§ 130 Abs 2, 153 BGB sind allerdings nicht anwendbar, wenn der Erblasser bewusst dafür Sorge trägt, dass dem Beschenkten das Übereignungsangebot erst nach seinem Tode zugeht.[98] Dies gilt auch, wenn der Erblasser einen Bevollmächtigten oder Boten mit der Übermittlung des Angebots beauftragt hat.[99]

83 **Verträge zu Gunsten Dritter auf den Todesfall** (§§ 330, 331 BGB) werden geschlossen, um einer bestimmten Person nach dem Tod des Erblassers einen Vermögenswert – oft ein Spargutachen oder eine Lebensversicherung – zukommen zu lassen, ohne dass dieser Teil des Nachlasses wird. Dabei handelt es sich regelmäßig im Valutaverhältnis zwischen dem Versprechensempfänger und dem begünstigten Dritten um Schenkungen. Insofern wäre daran zu denken, auch auf diese Fälle § 2301 BGB anzuwenden, da sonst möglicherweise die erbrechtlichen Formvorschriften unterlaufen würden.[100] Doch spricht mehr dafür, § 331 BGB als Spezialvorschrift zu verstehen, die § 2301 BGB verdrängt, so dass der Formzwang des Erbrechts nicht eingreift.

4. Auslegung von Verfügungen von Todes wegen

84 Eigenhändige Testamente, die ohne Rechtsberatung errichtet werden, sind oft unklar. Daher kommt der Auslegung von Testamenten besondere Bedeutung zu. Aber auch die anderen Verfügungen von Todes wegen können, insbesondere wenn zwischen ihrer Errichtung und dem Erbfall lange Zeit verstrichen ist, auslegungsbedürftig sein. Ziel der Auslegung muss es sein, die Testierfreiheit zu gewährleisten und so dem **Willen des Erblassers** zum Erfolg zu verhelfen: in testamentis plenius voluntates testantium interpretamur.[101] Außerdem sollen letztwillige Verfügungen möglichst aufrecht erhalten werden **(favor testamenti)**, um dem Willen des Erblassers gerecht zu werden. Die Auslegung zielt darauf ab, „den rechtlich maßgeblichen Inhalt zu vermitteln".[102] Da es sich um die Auslegung von Willenserklärungen handelt, ist **als Maßstab § 133 BGB** heranzuziehen, **bei Erbverträgen auch § 157 BGB**. Hinzu kommen die speziellen erbrechtlichen **Auslegungsregeln der §§ 2066 ff, des § 2084 BGB** und hinsichtlich der Erbeinsetzung die **§§ 2087 ff BGB**.[103]

85 Die Auslegung erbrechtlicher Willenserklärungen muss einerseits den tatsächlichen Willen des Erblassers verwirklichen, andererseits aber auch die strengen Formvorschriften des Erbrechts berücksichtigen. Dabei handelt es sich nicht um ein Spannungsverhältnis, da die Formvorschriften nicht einem Selbstzweck dienen, sondern den **wahren und unverfälschten Willen des Erblassers** schützen sollen. Um den Willen des Erblassers zu realisieren, werden bei der Auslegung von Testamenten oft weniger enge Grenzen gezogen, als dies bei anderen Rechtsgeschäften üblich ist.[104] Dies ist möglich, da bei Testamenten als einseitigen, nicht empfangsbedürftigen Willenserklä-

---

[98] STAUDINGER/KANZLEITER (2014) § 2301 Rn 23.
[99] RGZ 83, 223 („Bonifatius"-Fall).
[100] So KIPP/COING, Erbrecht (14. Bearb 1990) 451 f.
[101] D 50, 17, 12.
[102] BGH ZEV 1997, 376.
[103] Zu den allgemeinen Auslegungsregeln und -grundsätzen: SCHIEMANN, in: STAUDINGER/Eckpfeiler C. Rn 54 ff.
[104] LEIPOLD, Erbrecht (21. Aufl 2016) Rn 362.

rungen, die im Übrigen jederzeit widerrufen werden können, der **Vertrauensschutzaspekt entfällt**.[105]

Bereits in den Motiven wurde klargestellt, „dass das Willensdogma ... in Ansehung der letztwilligen Verfügungen strenger durchzuführen" sei als bei den Vorschriften des Allgemeinen Teils.[106] Im Erbrecht gilt der Grundgedanke, der auch in **§ 133 BGB** zum Ausdruck kommt, „dass der Wille des Erblassers zur Geltung zu bringen ist".[107] Unterschiedlich wird die Frage beantwortet, ob dabei auf den inneren Willen des Erblassers abzustellen ist oder ob der Wille nur insoweit Berücksichtigung finden kann, als er im Text des Testaments zumindest angedeutet worden ist. Teilweise wird die Ansicht vertreten, es komme allein auf den Willen des Erblassers an, unabhängig von einer Andeutung in der letztwilligen Verfügung.[108] Begründet wird diese Auffassung damit, dass die **Andeutungstheorie** den weitschweifigen Erblasser, der in seinem Testament viele Anknüpfungspunkte für Andeutungen bietet, gegenüber dem knapp formulierenden bevorzuge.[109] Auch spreche der Grundsatz „falsa demonstratio non nocet" gegen die Andeutungstheorie, da der tatsächlich ermittelte Erblasserwille nur wegen einer fehlenden Verankerung im Testament nicht umgesetzt werde. Die Andeutungstheorie führe zu „Wortklaubereien" und einer Überbetonung der Formvorschriften.[110] Schließlich wird auf eine drohende Rechtsunsicherheit verwiesen, da sich nicht genau vorhersagen lasse, ob ein Richter eine Andeutung als ausreichend ansehen werde oder nicht. Demgegenüber halten die Rechtsprechung und die überwiegende Zahl der Autoren mit Recht an der Andeutungstheorie fest.[111] Dabei geht es nicht um einen bloßen Formalismus. Vielmehr dient der Formzwang gerade dem **Schutz des wahren Erblasserwillens vor Verfälschung**.[112]

Neben der **erläuternden Auslegung**, die vom Wortlaut der Erklärung ausgeht und darauf abzielt, den Willen, den der Erblasser tatsächlich zum Ausdruck bringen wollte, zu ermitteln, ist auch die Zulässigkeit einer **ergänzenden Testamentsauslegung** allgemein anerkannt.[113] Sie ist dann vorzunehmen, wenn sich nach der Errichtung der Verfügung von Todes wegen die Umstände wesentlich geändert haben und der Erblasser in Kenntnis der wahren Sachlage eine andere Regelung getroffen hätte. Ebenso greift sie ein, wenn der Erblasser bei der Errichtung des Testaments bestimmte Umstände nicht kannte, bei deren Kenntnis er anders verfügt hätte. Die ergänzende Auslegung versucht, den **hypothetischen Erblasserwillen im Zeitpunkt der Testamentserrichtung** zu ermitteln.[114] Voraussetzung ist eine **planwidrige Lücke** der Verfügung von Todes wegen, die durch Testamentsergänzung geschlossen wird. Dabei muss die Willensrichtung oder Motivation des Erblassers in der Verfügung von Todes wegen eine Grundlage

---

[105] STAUDINGER/OTTE (2013) Vorbem 24 zu §§ 2064 ff.
[106] Mot V 45.
[107] Mot V 45.
[108] BROX/WALKER, Erbrecht (27. Aufl 2016) Rn 200; HARDER/KROPPENBERG, Grundzüge des Erbrechts (5. Aufl 2002) Rn 195; MünchKomm/BUSCHE (7. Aufl 2015) § 133 Rn 60; FLUME, Allgemeiner Teil des Bürgerlichen Rechts, Bd 2: Das Rechtsgeschäft (4. Aufl 1992) 334.
[109] BROX/WALKER, Erbrecht (27. Aufl 2016) Rn 200.
[110] HARDER/KROPPENBERG, Grundzüge des Erbrechts (5. Aufl 2002) Rn 195.
[111] BGHZ 80, 242, 244; BGH ZEV 2002, 20; STAUDINGER/OTTE (2013) Vorbem 28 ff zu §§ 2064 ff; MünchKomm/LEIPOLD (7. Aufl 2017) § 2084, Rn 14 ff; KIPP/COING, Erbrecht (14. Bearb 1990) 139.
[112] Ebenso STAUDINGER/OTTE (2013) Vorbem 39 zu §§ 2064 ff.
[113] RGZ 99, 82; STAUDINGER/OTTE (2013) Vorbem 80 zu §§ 2064 ff.
[114] STAUDINGER/OTTE (2013) Vorbem 77 zu §§ 2064 ff.

finden.¹¹⁵ Da der Feststellung eines hypothetischen Erblasserwillens immer ein gewisser Unsicherheitsfaktor anhaftet, ist mit der ergänzenden Testamentsauslegung überaus zurückhaltend umzugehen.

88 Auf das römische Recht geht die Auslegungsregel der **„benigna interpretatio"** zurück.¹¹⁶ Nach § 2084 ist in den Fällen, in denen der Inhalt einer letztwilligen Verfügung verschiedene Auslegungen zulässt, im Zweifel diejenige Auslegung vorzuziehen, bei der die Verfügung Erfolg haben kann. Der Grundsatz der wohlwollenden Auslegung ist heranzuziehen, wenn bei einer letztwilligen Verfügung zwei Auslegungsmöglichkeiten bestehen und die eine zur Nichtigkeit, die andere zur Wirksamkeit führen würde. Daneben findet die Regel auch Anwendung, wenn sich aus einer von mehreren Auslegungsmöglichkeiten eine einfachere Umsetzung des Erblasserwillens ergibt als aus den anderen.¹¹⁷

89 Das BGB sieht in den §§ 2066–2076, 2074–2077 BGB und in den §§ 2087 ff BGB eine Vielzahl **spezieller erbrechtlicher Auslegungsregeln** vor. Sie betreffen vor allem ungenaue Angaben zur Person des Bedachten sowie die Auslegung letztwilliger Verfügungen, die mit einer Bedingung verbunden worden sind. Die §§ 2087 ff BGB haben Auslegungsregeln zur Erbeinsetzung zum Gegenstand.

90 Neuerdings wird auch **eine grundrechts- bzw menschenrechtskonforme Auslegung** letztwilliger Verfügungen erwogen.¹¹⁸ Dieser Auslegungsansatz knüpft vor allem an die Judikatur des Europäischen Gerichtshofes für Menschenrechte an. Das Urteil *Pla und Puncernau v Andorra* aus dem Jahr 2004 betraf ein Testament aus dem Jahr 1939, in dem der Sohn der Erblasserin als Vorbehaltserbe eingesetzt und weiter verfügt worden war, dass der Nachlass an einen Sohn oder Enkel weitergegeben werden müsse, der einer gesetzlich anerkannten, kirchlich geschlossenen Ehe entstamme.¹¹⁹ Der Sohn lebte in einer solchen Ehe, hatte aber keine leiblichen, sondern zwei adoptierte Kinder. Der Oberste Gerichtshof Andorras legte die Klausel dahingehend aus, dass mit dem Begriff „Sohn" allein leibliche Söhne gemeint gewesen seien. In dieser Auslegung sah der Europäische Gerichtshof für Menschenrechte einen Verstoß gegen Art 8 iVm Art 14 EMRK. Vorrang muss allerdings stets der Erblasserwille haben. Daher wird man nur dann, wenn sich dieser überhaupt nicht feststellen lassen sollte, eine Auslegung unter Heranziehung der EMRK vornehmen können.

5. Unwirksamkeit von Verfügungen von Todes wegen

91 Die Testierfreiheit wird – neben dem Pflichtteilsrecht – vor allem durch die allgemeinen Nichtigkeitsgründe der §§ 134 und 138 Abs 1 BGB begrenzt. Ist bei der Berufung auf den Nichtigkeitsgrund der Sittenwidrigkeit in den letzten Jahren **eine restriktive Tendenz** zu beobachten, so erweist sich in bestimmten Fallkonstellationen § 134 BGB als ein Instrument zur Einschränkung der Testierfreiheit.

---

¹¹⁵ MünchKomm/Leipold (7. Aufl 2017) § 2084 Rn 95 f.
¹¹⁶ D 34, 5, 24: cum in testamento ambigue aut etiam perperam scriptum est, benigne interpratari et secundum id quod credibile est cogitatum, credendum est.
¹¹⁷ Harder/Kroppenberg, Grundzüge des Erbrechts (5. Aufl 2002) Rn 199.
¹¹⁸ Leipold, Erbrecht (21. Aufl 2016) Rn 257e.
¹¹⁹ EGMR NJW 2005, 875. Dazu: Meyer-Pritzl, in: FS Reuter (2010) 214 ff; Kregel-Olff, Der Einfluss der Europäischen Menschenrechtskonvention und der Rechtsprechung des Europäischen Gerichtshofs für Menschenrechte auf das deutsche Erbrecht (Diss Kiel 2011) 151 ff.

a) Verstoß gegen ein gesetzliches Verbot gem § 134 BGB

§ 134, demzufolge ein Rechtsgeschäft, das gegen ein gesetzliches Verbot verstößt, nichtig ist, wenn sich nicht aus dem Gesetz ein anderes ergibt, gilt auch für die erbrechtlichen Rechtsgeschäfte. Für Vermächtnisse (§ 2171 BGB) und Auflagen (§ 2192 BGB) ist dies im BGB ausdrücklich geregelt worden. Da das gesetzliche Verbot zu einer Einschränkung der grundrechtlich garantierten Testierfreiheit führt, ist besonders sorgfältig zu prüfen, ob letztwillige Verfügungen gem § 134 BGB nichtig sind. Ein Verbotsgesetz iS von § 134 BGB ist beispielsweise **§ 14 Abs 1 HeimG**.[120] Nach dieser Norm ist es dem Träger eines Heims sowie den Beschäftigten des Heims untersagt, sich von oder zu Gunsten von Heimbewohnern Geld oder geldwerte Leistungen versprechen oder gewähren zu lassen. Auch wenn der Wortlaut eine Bezugnahme auf letztwillige Verfügungen nicht erkennen lässt, ist unbestritten, dass ein Erbvertrag zu Gunsten einer der genannten Personen nichtig ist. Als Grund werden die **Schutzzwecke** der Regelung – eine Gefährdung der Testierfreiheit durch den eventuell von den Betreuern ausgeübten Druck, die Ausnutzung der besonderen Hilflosigkeit der Heimbewohner und der Schutz des „Heimklimas" – angeführt.

Rechtsprechung und der überwiegende Teil der Lehre ziehen diese Argumente heran, um § 14 HeimG auch auf Testamente anzuwenden, sofern dem Bedachten der Inhalt des Testaments schon zu Lebzeiten des Erblassers bekannt war oder wenn es mit dem Einverständnis des Bedachten errichtet worden ist. Diese Ansicht führt allerdings zu einer **erheblichen Einschränkung der Testierfreiheit von Heimbewohnern**. Eine derart weitreichende Beschränkung dürfte auch bei Berücksichtigung des Zwecks der Norm nicht gerechtfertigt sein.[121] Sinn der Vorschrift ist es, dass alte und pflegebedürftige Menschen, die sich einem Heim anvertrauen, in ihrer Hilf- oder Arglosigkeit nicht ausgenutzt werden und die unterschiedlichen Vermögensverhältnisse der Bewohner nicht zu einer Bevorzugung bzw Benachteiligung durch die Pfleger führen.[122] Dieser Zweck wird aber erfüllt, ohne dass ein derart weitreichendes Testierverbot geboten ist, da der Erblasser sein **Testament jederzeit widerrufen** kann.[123] Auch ist zu bedenken, dass § 14 HeimG auf das Verhältnis zwischen Betreutem und Betreuer[124] sowie auf die **Fälle der häuslichen Pflege**[125] mangels hinreichender Vergleichbarkeit der Interessenlage nicht analog anwendbar ist. Es ist aber – bei aller Unterschiedlichkeit der Sachverhalte – nicht recht einzusehen, wieso im Ergebnis ein Pfleger, der in einem Heim arbeitet, erbrechtlich anders zu behandeln sein soll als ein Pfleger, der seine Aufgaben im privaten Umfeld erfüllt. Ein Blick in die europäischen Nachbarländer zeigt, dass es dort keine § 14 HeimG entsprechende Regelung gibt und dass es gleichwohl nicht zu einer Häufung von Fällen kommt, in denen auf Heimbewohner Druck ausgeübt wird. Daher ist weiterhin zu fragen, ob man tatsächlich die Testierfreiheit im Heimbereich in der Weise schützen muss, dass man sie spürbar beschränkt.

---

[120] BGHZ 110, 235, 240. – Durch die Föderalismusreform 2006 wurde die Gesetzgebungskompetenz für das Heimrecht vom Bund auf die Länder übertragen. Soweit die Länder bereits gesetzliche Neuregelungen beschlossen haben, halten sie am Regelungsgehalt des § 14 HeimG fest.

[121] Ebenso HOLLSTEIN, Die Nichtigkeit letztwilliger Verfügungen wegen Verstoßes gegen das gesetzliche Verbot aus § 14 Abs 1, 5 HeimG vor und nach der Föderalisierung des Heimrechts (Diss Kiel 2011).

[122] BT-Drucks 7/180.

[123] BROX/WALKER, Erbrecht (bis 24. Aufl 2010, anders ab 25. Aufl 2012) Rn 261; siehe auch MUSCHELER, Erbrecht I (2010) Rn 218, 1918 ff; MEYER-PRITZL, in: FS Reuter (2010) 219 ff.

[124] BayObLGZ 1997, 374; BayObLG NJW 1998, 2369, 2370; BayObLG DNotZ 2003, 439.

[125] OLG Düsseldorf NJW 2001, 2338.

b) Verstoß gegen die guten Sitten gem § 138 Abs 1 BGB

94 Während unter Berufung auf § 14 HeimG eine Einschränkung der Testierfreiheit vorgenommen wird, hat die Nichtigkeit letztwilliger Verfügungen wegen eines Verstoßes gegen die guten Sitten in den letzten Jahren an Bedeutung stark verloren. Die Sittenwidrigkeit von Testamenten wird vor allem im Zusammenhang mit **drei Fallgruppen** diskutiert: dem Geliebtentestament, dem sogenannten Behindertentestament und den historisch tradierten Erbregelungen in Adelshäusern. Die Rechtsprechung greift auf § 138 Abs 1 BGB nur noch in seltenen Ausnahmefällen zurück. Der BGH hat, wie LEIPOLD festgestellt hat, „einen langen Weg von einer streng moralisierenden Betrachtung hin zu einer allein an rechtlichen Wertungen orientierten Sicht der Dinge durchschritten".[126] Diese **Verrechtlichung des Maßstabes** ermögliche eine **stärkere Akzentuierung der Testierfreiheit** als in der früheren Rechtsprechung.

95 Der Wandel der Rechtsprechung lässt sich besonders deutlich an den bereits vielfach analysierten Fällen der **Geliebtentestamente** nachzeichnen, die die höchstrichterliche Rechtsprechung besonders oft beschäftigt haben.[127] Der Gesetzgeber folgte einem Regelungsmodell, das die Testierfreiheit lediglich durch das Pflichtteilsrecht beschränken wollte. Daneben sollte § 138 Abs 1 BGB nur in besonders gelagerten Einzelfällen zur Nichtigkeit einer letztwilligen Verfügung führen. Dies war auch der Ausgangspunkt der **Judikatur des Reichsgerichts**, dessen Grundhaltung FALK als „zurückhaltend liberal und tolerant" charakterisiert.[128] Dabei unterschied die Rechtsprechung zwischen Prostituierten und Geliebten. Während letztwillige Verfügungen zu Gunsten von Prostituierten regelmäßig eine Nichtigkeit wegen Sittenwidrigkeit nach sich zogen, war man gegenüber Geliebtentestamenten großzügiger. Auf der Grundlage dieser Differenzierung entwickelte sich das Kriterium der „Belohnung für die geschlechtliche Hingabe", das bis heute von der Rechtsprechung herangezogen wird. Danach ist die Erbeinsetzung nur der Geliebten allein dann sittenwidrig, wenn der Nachweis gelingt, dass auf diese Weise einzig der ehebrecherische sexuelle Verkehr honoriert werden sollte.

96 Während der **NS-Zeit** veränderte sich sowohl die gesetzliche Grundlage zur Beurteilung für die Sittenwidrigkeit von letztwilligen Verfügungen als auch die Bewertung von Geliebtentestamenten. § 48 Abs 2 des 1938 in Kraft getretenen Testamentsgesetzes sah die Nichtigkeit einer Verfügung von Todes wegen vor, wenn sie in einer dem gesunden Volksempfinden gröblich widersprechenden Weise gegen die Rücksichten verstoße, die ein verantwortungsbewusster Erblasser gegen Familie und Volksgemeinschaft zu nehmen habe. Mit Hilfe dieser Norm wurde die Wertungsachse zwischen Testierfreiheit und Familienerbfolge in Richtung letzterer verschoben. Das Reichsgericht engte die Testierfreiheit ein und erweiterte den Bereich der Fälle, die dem Verdikt der Sittenwidrigkeit unterfielen. Dieser Judikatur folgten auch der OGH und zunächst der BGH. Die Entscheidungen wurden auf die „Erfahrungstatsache" gestützt, dass bei einem Konkubinat der Mann die letztwillige Verfügung zu Gunsten der Geliebten als Gegenleistung für die geschlechtliche Hingabe vornehme.[129] Der Geliebten oblag es, den Beweis zu erbringen, dass ihr Partner ausnahmsweise nicht aus diesem Motiv

---

[126] LEIPOLD, Testierfreiheit und Sittenwidrigkeit in der Rechtsprechung des BGH, in: FG 50 Jahre BGH I (2000) 1011, 1045.
[127] Instruktiv: LEIPOLD, in: FG 50 Jahre BGH I (2000) 1011 ff; KAROW, Die Sittenwidrigkeit von Verfügungen von Todes wegen in historischer Sicht (Diss Kiel 1997); HKK/HAFERKAMP (2003) § 138 Rn 26.
[128] FALK, Zur Sittenwidrigkeit von Testamenten, in: FALK/MOHNHAUPT (Hrsg), Das Bürgerliche Gesetzbuch und seine Richter (2000) 451, 483.
[129] OGHZ 1, 249, 251.

V. Erbrecht

heraus gehandelt habe, was aber in aller Regel kaum möglich war. MAYER-MALY stellte zutreffend fest, dass diese Rechtsprechung „lange Zeit die bedenkliche Nebenfunktion einer Erweiterung des Pflichtteilsrechts ausgefüllt" habe.[130] Unter den Vorzeichen gewandelter Moralvorstellungen nahm der **BGH** mit seiner grundlegenden Entscheidung vom 31.3.1970 eine **Korrektur seiner Rechtsprechung** vor.[131] Unter Berufung auf die Testierfreiheit, ihre grundrechtliche Garantie und ihre Beschränkung lediglich durch das Pflichtteilsrecht hat der BGH Geliebtentestamente regelmäßig für wirksam erachtet. Eine Nichtigkeit komme nur „in besonders hervorstechenden Ausnahmefällen" in Betracht.[132] Damit hat sich die Rechtsprechung von einer moralisierenden Perspektive verabschiedet und ist zum ursprünglichen Regelungsmodell des BGB zurückgekehrt. Heute sind vor dem Hintergrund der in § 1 des Prostitutionsgesetzes von 2001 zum Ausdruck kommenden Wertung keine Fälle mehr vorstellbar, in denen ein Gericht ein Geliebtentestament wegen Sittenwidrigkeit für nichtig erachten wird.

Aber nicht nur bei den Geliebtentestamenten setzte sich der Trend zu einer stärkeren Berücksichtigung der Testierfreiheit durch. Auch in zwei Entscheidungen zu sog **Behindertentestamenten** bestätigte der BGH die Linie, auf § 138 Abs 1 möglichst nicht zurückzugreifen.[133] Der Erblasser setzt in diesen Fällen das erbrechtliche Instrumentarium so ein, dass er dem Sozialhilfeträger, der für ein behindertes Kind des Erblassers eintritt, den Zugriff auf den Nachlass verwehrt. Dies wird durch die Kombination der Anordnung einer Vor- und Nacherbschaft mit einer Dauertestamentsvollstreckung erreicht. Diese Fälle betreffen die Reichweite der Testierfreiheit im Verhältnis zu öffentlich-rechtlichen Leistungsträgern. Zu fragen ist, ob die Testierfreiheit auch insofern Vorrang hat oder ob ihr Gebrauch in der geschilderten Form nicht gegen das sozialhilferechtliche Nachrangprinzip verstößt. Dem BGH ist zuzustimmen, dass die Testierfreiheit auch in diesen Fällen uneingeschränkt gelten muss.[134] Ebenso wie bei den Geliebtentestamenten hat die Beurteilung der Sittenwidrigkeit letztwilliger Verfügungen allein nach rechtlichen Kriterien und nicht nach allgemeinen Sittlichkeitswertungen zu erfolgen. Eine ähnliche Problematik wie bei den Behindertentestamenten stellt sich seit einiger Zeit auch bei den sogenannten **Bedürftigentestamenten**. **97**

Schließlich zeigt auch die Rechtsprechung zur Wirksamkeit von **Erbregelungen in Adelshäusern**, dass die Sittenwidrigkeit einer letztwilligen Verfügung nur in Ausnahmefällen angenommen wird. In der sog „**Hohenzollern-Entscheidung**" von 1998 stellte der BGH fest, dass die Bevorzugung eines männlichen Abkömmlings vor einem weiblichen sowie des Älteren vor dem Jüngeren ebenso wenig eine Nichtigkeit wegen Sittenwidrigkeit begründen wie eine Erbunfähigkeitsklausel, derzufolge nur ein Abkömmling erben kann, der eine ebenbürtige Ehe eingegangen ist.[135] Der IV. Zivilsenat hat bei der Sittenwidrigkeitsprüfung den Maßstab der Grundrechte, insbesondere des Art 3 Abs 3 S 1 GG und des Art 6 Abs 1 GG, zugrunde gelegt. Bei der Abwägung mit der Eheschließungsfreiheit der männlichen Abkömmlinge hat der BGH der Testierfreiheit den Vorrang eingeräumt. Das BVerfG hob das Urteil des BGH auf, da es **98**

---

[130] MünchKomm/MAYER-MALY/ARMBRÜSTER (4. Aufl 2001) § 138 Rn 59.
[131] BGHZ 53, 369, 374 f.
[132] BGHZ 111, 36, 39 f.
[133] BGHZ 111, 36 und BGHZ 123, 368.

[134] Ausführlich dazu: MEYER-DULHEUER, Gestaltungsformen des Behindertentestaments (Diss Kiel 2009), insbesondere zu Behindertentestamenten und Berliner Testamenten, 166 ff.
[135] BGHZ 140, 118.

dessen Abwägung im Hinblick auf die Erbunfähigkeitsklausel für unzureichend hielt, und verwies den Fall an das LG Hechingen zurück.[136]

99 Ob bei der Beurteilung der Sittenwidrigkeit auf den Zeitpunkt der Errichtung der letztwilligen Verfügung oder auf den Zeitpunkt des Erbfalls abzustellen ist, ist noch nicht abschließend geklärt. Es dürfte regelmäßig richtiger sein, auf den **Zeitpunkt des Erbfalls** zu rekurrieren[137] Dafür spricht, dass nicht eine verwerfliche Gesinnung des Erblassers sanktioniert, sondern ein rechtlich missbilligter Erfolg einer Verfügung verhindert werden soll.[138] Außerdem stellt § 2171 BGB hinsichtlich des Verstoßes eines Vermächtnisses gegen ein Verbotsgesetz auch auf den Zeitpunkt des Erbfalls ab.

Überblick:
Rechtsprechung zur Nichtigkeit letztwilliger Verfügungen nach § 134 und § 138 Abs 1 BGB

BVerfG, 3.7.1998, NJW 1998, 2964	• Nichtannahmebeschluss: Verfassungsmäßigkeit des Testierverbots in § 14 HeimG → Rn 92 f
BGH, 26.10.2011, ZEV 2012, 39	• Wirksamkeit eines Testaments mit Einsetzung des Heimträgers zum Nacherben durch einen Angehörigen eines Heimbewohners → Rn 92 f
BGH, 31.3.1970, BGHZ 53, 369	• Sittenwidrigkeit eines Geliebtentestaments nur dann, wenn es ausschließlich ein Entgelt für eine geschlechtliche Hingabe darstellt → Rn 96
BGH, 21.3.1990, BGHZ 111, 36	• Keine Sittenwidrigkeit eines Behindertentestaments, das den Rückgriff der Sozialbehörde gezielt vereitelt → Rn 97
BGH, 20.10.1993, BGHZ 123, 369	• Keine Sittenwidrigkeit eines Behindertentestaments, das den Rückgriff der Sozialbehörde gezielt vereitelt → Rn 97
BGH, 19.11.2011 BGHZ 188, 96	• Keine Sittenwidrigkeit des Pflichtteilsverzichts eines behinderten Sozialleistungsempfängers → Rn 97
BGH, 2.12.1998, BGHZ 140, 118	• Keine Sittenwidrigkeit einer Erbunfähigkeitsklausel („Hohenzollern") → Rn 98
BVerfG, 22.3.2004, BVerfGE 110, 141	• Eheschließungsfreiheit und Ebenbürtigkeitsklausel („Hohenzollern"), Aufhebung des Urteils des BGH und Zurückverweisung an das LG Hechingen → Rn 98

6. Reichweite und Grenzen des Prinzips der Testierfreiheit

100 Die Testierfreiheit ist das Prinzip, das das Erbrecht beherrscht. Der Gesetzgeber hat es grundsätzlich und in zahlreichen Einzelregelungen so ausgestaltet, dass der Erblasser bei seinen letztwilligen Verfügungen sehr große Freiräume hat. Während die Familienerbfolge angesichts veränderter Familienleitbilder an Bedeutung verloren hat und selbst das Pflichtteilsrecht teilweise bestritten wird, ist die Kritik an einer möglicherweise allzu weitreichenden Testierfreiheit verstummt. Als Grenzen der Testierfreiheit sind – neben dem Pflichtteilsrecht – in erster Linie nur § 134 BGB und § 138 BGB zu

---

[136] BVerfG NJW 2000, 2495; s a BVerfG NJW 2004, 2008, 2010.
[137] So auch: BROX/WALKER, Erbrecht (27. Aufl 2016) Rn 263d; ECKERT, Sittenwidrigkeit und Wertungswandel, AcP 199 (1999) 337, 357 f;
LEIPOLD, Testierfreiheit und Sittenwidrigkeit in der Rechtsprechung des BGH, in: FG BGH I (2000) 1011, 1029.
[138] BROX/WALKER, Erbrecht (27. Aufl 2016) Rn 263d.

beachten. Die restriktive Rechtsprechung des BGH zur Sittenwidrigkeit von Testamenten hat die Testierfreiheit noch weiter gestärkt. Angesichts der Verlagerung von Versorgungsaufgaben zu den staatlichen Systemen der sozialen Sicherung verdient vor allem Beachtung, dass der BGH bei den sog Behindertentestamenten nicht auf § 138 Abs 1 BGB rekurriert. Die **Tendenz zur Stärkung der Testierfreiheit** zeigt sich auch im internationalen Erbrecht. Vor dem Hintergrund des Konfliktes zwischen Testierfreiheit und Pflichtteilsrecht verwarf der Gesetzgeber zwar die Möglichkeit einer Festlegung des Erbstatuts durch Rechtswahl des Erblassers. 1986 wurde aber immerhin in Art 25 Abs 2 EGBGB aF für ausländische Erblasser die Möglichkeit geschaffen, hinsichtlich deutschen unbeweglichen Vermögens deutsches Erbrecht zu wählen. Art 22 EU-ErbVO hat nun die Rechtswahlmöglichkeiten deutlich erweitert: So kann der Erblasser in einer Verfügung von Todes wegen das Recht des Staates wählen, dem er zum Zeitpunkt der Rechtswahl oder zum Zeitpunkt seines Todes angehört. Soweit der erbrechtliche Formzwang in Zweifel gezogen wird, da er die Testierfreiheit zu sehr beschränke, ist auf die Bedeutung von Formen und Strukturen gerade zum Schutz des unverfälschten Erblasserwillens hinzuweisen.

VI. Das Prinzip der Universalsukzession und das Prinzip des Vonselbsterwerbs

101 Die Prinzipien der Universalsukzession (Gesamtrechtsnachfolge) und des Vonselbsterwerbs sind – anders als die Testierfreiheit und die Familienerbfolge – **rechtstechnischer Art**.

1. Universalsukzession

102 Das Prinzip der Universalsukzession legt den **Modus** für den Übergang des Vermögens des Erblassers auf den oder die Erben fest.[139] Sondererbfolgen sind nur in bestimmten Ausnahmefällen möglich.

a) Grundsatz

103 Nach § 1922 Abs 1 BGB geht mit dem Tode einer Person deren Vermögen als Ganzes – ohne einen weiteren Übertragungsakt – auf die Erben über. **Gesamtrechtsnachfolge** bedeutet, dass das Vermögen „als Ganzes" und einheitlich, dh unabhängig von der Natur und Art der einzelnen Objekte, an den oder die Erben übergeht. Damit wurde die aus der deutschen Rechtsgeschichte überlieferte erbrechtliche Differenzierung zwischen Fahrnis und Grundstücken überwunden. § 1922 Abs 1 BGB bildet den Rechtsgrund für die dingliche Zuordnung des Nachlasses zum Vermögen der Erben. In der Entstehungszeit des BGB maß man dem Prinzip der Universalsukzession eine derartige Akzeptanz in der Bevölkerung zu, dass man auf eine sorgfältige Begründung verzichtete.[140] LEIPOLD stellt zur Gesamtrechtsnachfolge demgegenüber zutreffend fest: „Volkstümlich scheint sie ohnehin nie recht geworden zu sein."[141] Vorzug der Gesamtrechtsnachfolge ist die **Rechtsklarheit**, die sie bewirkt.[142] Hauptzweck des Prin-

---

[139] Ausführlich: WINDEL, Über die Modi der Nachfolge in das Vermögen einer natürlichen Person beim Todesfall (1998); MUSCHELER, Universalsukzession und Vonselbsterwerb (2002).
[140] WINDEL, Über die Modi der Nachfolge in das Vermögen einer natürlichen Person beim Todesfall (1998) 10 f.
[141] LEIPOLD, Wandlungen in den Grundlagen des Erbrechts, AcP 180 (1980) 160, 209.
[142] MünchKomm/LEIPOLD (7. Aufl 2017) § 1922 Rn 145.

zips ist die **Erhaltung des Nachlasses als Haftungseinheit**, um so die Interessen der Nachlassbeteiligten zu schützen.[143]

104 Die Gesamtrechtsnachfolge bezieht sich auf sämtliche vererblichen Rechte und Pflichten des Erblassers. Vererblich sind insbesondere **alle vermögenswerten Rechte und Pflichten**. Hingegen sind die höchstpersönlichen Rechte und Rechtsverhältnisse grundsätzlich nicht vererblich: Das Gesetz nennt ua das Nießbrauchsrecht (§ 1061 S 1, 1068 Abs 2 BGB), das Recht der beschränkten persönlichen Dienstbarkeit (§§ 1090 Abs 2, 1061 S 1 BGB), die Ehe (§ 1353 Abs 1 S 1 BGB), das Vorkaufsrecht (§ 473 BGB), die Mitgliedschaft in einem Verein (§ 38 S 1 BGB), die Rechte als Gesellschafter (§ 727 Abs 1 BGB) sowie als Beauftragter und Stellvertreter (§§ 673, 168 S 1 BGB).

b) Postmortaler Persönlichkeitsschutz

105 Der Ausschluss höchstpersönlicher Rechte von der Gesamtrechtsnachfolge geht auf SAVIGNY zurück. Anders als KANT, der auch über den „Nachlass eines guten Namens nach dem Tode" nachgedacht hatte,[144] schränkte SAVIGNY den Gegenstand des Erbrechts **allein auf das Vermögen** ein.[145] Dementsprechend gilt bis heute der Grundsatz, dass das allgemeine Persönlichkeitsrecht – ebenso wie seine einzelnen Ausschnitte, etwa das Namensrecht oder das Recht am eigenen Bild – mit dem Tode des Erblassers endet. Die Anerkennung einer postmortalen Rechtssubjektivität hat sich (bisher) nicht durchsetzen können. Jedoch hat sich bereits frühzeitig ein praktisches **Bedürfnis für einen auch zivilrechtlichen postmortalen Persönlichkeitsschutz** gezeigt.[146] Der Fall „Bismarck auf dem Totenbett"[147] – zwei Fotografen hatten ohne Einwilligung der Erben Aufnahmen von Bismarck auf dem Sterbebett angefertigt, um sie kommerziell zu verwerten – trug zur Schaffung des § 22 S 3 KUG bei, demzufolge die Verbreitung oder öffentliche Zurschaustellung eines Bildnisses nach dem Tode des Abgebildeten bis zum Ablauf von zehn Jahren der Einwilligung der Angehörigen des Abgebildeten bedarf. Der postmortale Persönlichkeitsschutz beschränkte sich auf negatorische Ansprüche. Schadensersatzansprüche wurden regelmäßig unter Hinweis darauf, dass ein Verstorbener keinen Schaden erleiden könne oder dass nach dem Tod des Betroffenen eine Genugtuungsfunktion entfalle, abgelehnt.

106 Allerdings differenzierte der I. Zivilsenat des BGH in der „Mephisto"-Entscheidung **zwischen den vermögenswerten (vererblichen) und den nicht vermögenswerten (unvererblichen) Bestandteilen des Persönlichkeitsrechts**.[148] Doch zog die Rechtsprechung aus dieser Einsicht zunächst nicht die Konsequenz, bei Verletzungen des postmortalen Persönlichkeitsrechts Schmerzensgeld bzw eine Geldentschädigung zuzusprechen.[149] Erst die **„Marlene Dietrich"-Entscheidungen** des I. Zivilsenats brachten eine Wende. Der BGH entwickelte die **Unterscheidung zwischen dem Schutz ideeller und kommerzieller Interessen** beim zivilrechtlichen Persönlichkeitsschutz fort und erkannte die **Vererblichkeit der vermögenswerten Bestandteile des allgemeinen Persönlichkeitsrechts**

---

[143] MünchKomm/LEIPOLD (7. Aufl 2017) § 1922 Rn 146; WINDEL, Über die Modi der Nachfolge in das Vermögen einer natürlichen Person beim Todesfall (1998) 12.
[144] KANT, Die Metaphysik der Sitten (1797) § 34.
[145] vSAVIGNY, System des heutigen Römischen Rechts I (1840) 380.
[146] Zum postmortalen Persönlichkeitsschutz siehe auch HAGER, in: STAUDINGER/Eckpfeiler S. Rn 308 ff.
[147] RGZ 45, 170.
[148] BGHZ 50, 133, 137.
[149] BGH GRUR 1974, 797 („Fiete Schulze"); BGH („Willy Brandt-Abschiedsmedaille"); OLG Hamburg NJW 1990, 1995 („Heinz Erhardt"); OLG München NJW-RR 1990, 1328 („Franz Josef Strauß-Gedenkmedaille").

an.¹⁵⁰ Damit erstreckt sich die Zweispurigkeit des Persönlichkeitsrechts auch auf die Zeit nach dem Tod: Bei einer Verletzung ideeller Interessen der verstorbenen Person bestehen Abwehransprüche, die die Wahrnehmungsberechtigten ausüben können; hingegen kommt ein Schadensersatzanspruch nicht in Betracht. Anders verhält es sich, wenn die vermögenswerte Seite des postmortalen Persönlichkeitsrechts tangiert ist: Neben Abwehr- bestehen auch Schadensersatzansprüche, die mit dem Tod des Rechtsträgers auf die Erben übergehen.

Die Anerkennung der vermögenswerten Seite des Persönlichkeitsrechts und die effizientere Gestaltung des postmortalen Persönlichkeitsschutzes ist zu begrüßen. Man mag die zunehmende Kommerzialisierung der Persönlichkeit bedauern, doch ist es nicht Aufgabe des Rechts, dieser Tendenz entgegenzutreten, sondern vielmehr einen umfassenden Schutz der Persönlichkeit zu gewährleisten. Prominenz hat zusehends **eigentumsähnliche Qualitäten.** Daher kann man die vermögenswerte Seite der Persönlichkeit nicht aus dem Erbrecht ausklammern.

Hinsichtlich der vermögenswerten Komponente des postmortalen Persönlichkeitsschutzes hat der BGH die Frage nach der **Anspruchsberechtigung** zugunsten der Erben beantwortet und die Dauer des Schutzes auf zehn Jahre begrenzt. Als Anspruchsberechtigte kämen allerdings auch die Angehörigen in Betracht. Vielfach werden Angehörige und Erben identisch sein; dies muss aber nicht zwangsläufig so sein. Aus Gründen der Rechtsklarheit wird regelmäßig eine Anspruchsberechtigung der Erben zu befürworten sein. Bei der Festlegung der **Dauer des postmortalen Persönlichkeitsschutzes** geht der BGH von der Zehn-Jahres-Frist des § 22 S 3 KUG aus.¹⁵¹ Ob diese Frist, die in einem ganz anderen historischen Kontext eingeführt wurde, heute verallgemeinerungsfähig ist, darf bezweifelt werden. Im Interesse der Rechtssicherheit war es zwar richtig, einen bestimmten Zeitrahmen zu fixieren. Man hätte sich aber besser an den in der Diskussion genannten längeren Fristen (30 bis 70 Jahre) oder an den entsprechenden Regelungen in den amerikanischen Bundesstaaten, die einen Zeitraum von bis zu 100 Jahren festlegen, orientiert. Für eine sachgerechte Behandlung der Fälle hätte sich eine Parallele zum Urheberrecht (§ 64 UrhG) und damit eine Frist von 70 Jahren angeboten.

Von dem postmortalen Persönlichkeitsschutz zu trennen ist die Frage nach der **Vererblichkeit von Geldentschädigungsansprüchen** zum Ersatz immaterieller Schäden, die dem Erblasser zu seinen Lebzeiten wegen der Verletzung seines Persönlichkeitsrechts entstanden sind. Nach Ansicht des BGH sind diese Ansprüche grundsätzlich nicht vererblich, auch dann nicht, wenn sie noch zu Lebzeiten des Geschädigten anhängig oder rechtshängig geworden sind.¹⁵² Diese Entscheidungen sind in der Literatur zu Recht scharf kritisiert worden, da nach § 1922 Abs 1 BGB alle vermögensrechtlichen Ansprüche vererblich sind.¹⁵³

---

¹⁵⁰ BGHZ 143, 214 („Marlene Dietrich"); BGH NJW 2000, 2201 („Der Blaue Engel"); BGH NJW 2002, 2317 („Marlene II").
¹⁵¹ BGHZ 169, 193 („Klaus Kinski").
¹⁵² BGHZ 201, 45 und BGH FamRZ 2017, 1615.
¹⁵³ Kritisch: MünchKomm/LEIPOLD (7. Aufl 2017) § 1922 Rn 120 ff mwNw.

**Überblick:
Entwicklung der Rechtsprechung zum postmortalen Persönlichkeitsschutz**

RG, 28.12.1899, RGZ 45, 180	• „Bismarck auf dem Totenbett" → Rn 105
BGH, 20.3.1968, BGHZ 50, 133	• „Mephisto": Unterscheidung zwischen vermögenswerten und nicht vermögenswerten Bestandteilen des Persönlichkeitsrechts → Rn 106
BVerfG, 24.2.1971, BVerfGE 30, 173	• „Mephisto-Beschluss" → Rn 106
BGH, 8.6.1989, BGHZ 107, 384	• „Emil Nolde": Anspruch auf Beseitigung einer gefälschten Signatur auf einer Bildfälschung (auch noch 30 Jahre nach dem Tod des Künstlers)
BGH, 1.12.1999, BGHZ 143, 214	• „Marlene Dietrich" und „Der Blaue Engel": Anerkennung eines Schadensersatzanspruchs der Erben bei Verletzung der vermögenswerten Seite des postmortalen Persönlichkeitsrechts → Rn 106
BGH, 6.12.2005, BGHZ 165, 203	• Keine Geldentschädigung bei Verletzung der ideellen Seite des postmortalen Persönlichkeitsschutzes → Rn 106
BGH, 5.10.2006, BGHZ 169, 193	• „Klaus Kinski": Dauer des Schutzes der vermögenswerten Bestandteile des postmortalen Persönlichkeitsrechts: 10 Jahre → Rn 108

c) Sondererbfolgen

109 Abweichend von § 1922 Abs 1 BGB hat der Gesetzgeber in bestimmten Fällen auch Singularsukzessionen zugelassen. Derartige Sondererbfolgen führen für einzelne Nachlassgegenstände zu einem Erbgang, der von der Nachfolge in das sonstige Vermögen des Erblassers abweicht.[154] Von der Sondererbfolge ist die Sondernachfolge zu unterscheiden, bei der zwar auch ein bestimmter Vermögenswert einer dritten Person zufällt, diese aber nicht Erbe des Erblassers ist. Dies ist etwa der Fall bei der Nachfolge des Berechtigten in das Wohnraummietverhältnis des Erblassers (§§ 563 ff BGB). Sondererbfolgen betreffen vor allem das **Anerben- und Höferecht** sowie die **Nachfolge in Anteile von Personengesellschaften und in Kommanditbeteiligungen**. Das Anerbenrecht verfolgt das Ziel, die Zersplitterung landwirtschaftlicher Betriebe nach dem Tod des Erblassers zu verhindern. Um diesen Zweck zu erreichen, besteht für den Hof (das Anerbengut) eine Sondererbfolge zu Gunsten des Hoferben (Anerben). Auf diese Weise wird für den Hof das Prinzip der Gesamtrechtsnachfolge außer Kraft gesetzt. Nach § 4 HöfeO sind zwei Erbmassen zu bilden: zum einen der Hof, der dem Hoferben zufällt, zum anderen das sonstige Vermögen des Erblassers sowie der Wert des Hofes, die nach den allgemeinen erbrechtlichen Regeln des BGB vererbt werden.[155] Der 68. Deutsche Juristentag hat 2010 mit knapper Mehrheit empfohlen, die Sondererbfolge in landwirtschaftliche Betriebe unter privilegierter Miterbenhaftung abzuschaffen.[156] Dem ist jedoch entgegenzuhalten, dass zum **Erhalt wirtschaftlich überlebensfähiger landwirtschaftlicher Betriebe**, aber auch **aus Gründen des Landschaftsschutzes** an der Sondererbfolge festgehalten werden sollte. Im Sozialrecht sehen die §§ 56 ff SGB-I eine Sondererbfolge vor. Daneben hat der private Rechtsverkehr Wege gefunden, den Grundsatz der Universalsukzession in vielen Bereichen praktisch außer Kraft zu setzen. LEIPOLD hat bereits 1980 festgestellt, dass die Gesamtrechtsnachfolge „heute im

---

[154] HARDER/KROPPENBERG, Grundzüge des Erbrechts (5. Aufl 2002) Rn 27.
[155] Umfassend dazu: SÜDEL, Das landwirtschaftliche Erbrecht in Norddeutschland und in der Schweiz (Diss Kiel 2007).
[156] Kritisch auch: MUSCHELER, Erbrecht I (2010) Rn 965 ff.

V. Erbrecht

Wesentlichen dispositiv" sei und in erster Linie nur noch bei der Vererbung von Grundstücksvermögen Bedeutung habe.[157] Im Übrigen führen Verträge zu Gunsten Dritter und Schenkungen in Verbindung mit einer auf den Todesfall auflösend bedingten Übereignung zu einer **Aushöhlung des Prinzips der Universalsukzession**.[158]

2. Vonselbsterwerb

Nach § 1922 Abs 1 BGB geht mit dem Tod des Erblassers dessen Vermögen und nach § 857 BGB auch dessen Besitz auf den oder die Erben über. Zwischen Erbfall und Übergang des Erbrechts besteht also **kein Intervall und kein Schwebezustand**; eine Mitwirkung des Erben ist nicht erforderlich. Das BGB verwirklicht daher das Prinzip des Vonselbsterwerbs. Daneben sind rechtshistorisch und rechtsvergleichend andere Modelle denkbar. Der Antrittserwerb setzt für den Erwerb der Erbschaft ein eigenes Handeln des Erben voraus. Das österreichische ABGB favorisiert mit der Einantwortung die gerichtliche Einweisung in den Nachlass, im englischen Recht geht der Nachlass auf einen Treuhänder über, der ihn abwickeln muss. Der Grundsatz des ipso-iure-Erwerbs hat den Vorteil, dass die Abwicklung des Nachlasses ohne Einschaltung Dritter im Rahmen der Familie möglich ist. Das BGB hat das Prinzip des Vonselbsterwerbs aber nicht uneingeschränkt umgesetzt. Vielmehr ist es mit der **Möglichkeit der Ausschlagung** der Erbschaft verbunden worden.

VII. Die Rechtsstellung des Erben

1. Erbfähigkeit

Erbfähig ist jeder Rechtsfähige, also jeder Mensch und jede juristische Person. Erbe kann nur werden, wer zur Zeit des Erbfalls lebt (§ 1923 Abs 1 BGB). Danach kommt es nicht darauf an, dass der Erbe zum Zeitpunkt der Erbeinsetzung, sondern allein darauf, dass er beim Tod des Erblassers lebt. Es genügt, dass der Erbe den Erblasser um wenige Sekunden überlebt. Sterben zwei Personen genau im gleichen Moment, können sie sich nicht gegenseitig beerben. Kann, etwa bei einem Unfall oder einer Naturkatastrophe, die Reihenfolge der Todeszeitpunkte nicht geklärt werden, greift die **Kommorientenvermutung** des § 11 Abs 1 VerschG ein, nach der die betroffenen Personen als gleichzeitig verstorben gelten. Nach § 1923 Abs 2 BGB reicht es aus, dass der Erbe im Zeitpunkt des Erbfalls bereits gezeugt war. Damit folgt das BGB dem schon im römischen Recht bekannten Gedanken, dass auch der **nasciturus** erbfähig ist, sofern er später lebend geboren wird.

2. Annahme und Ausschlagung der Erbschaft

Nach dem Prinzip des Vonselbsterwerbs geht die Erbschaft mit dem Tod des Erblassers ipso iure auf den oder die Erben über. Aus dem Grundsatz der Privatautonomie folgt aber, dass dem Erben eine unerwünschte Erbschaft, sei es kraft gewillkürter, sei es kraft gesetzlicher Erbfolge, nicht aufgezwungen werden soll. Daher hat der Erbe die Möglichkeit, die Erbschaft auszuschlagen (§ 1942 Abs 1 BGB). Nach dem Erbfall be-

---

[157] LEIPOLD, Wandlungen in den Grundlagen des Erbrechts, AcP 180 (1980) 160, 208.
[158] Umfassend zu dieser grundsätzlichen Problematik und unter Einbeziehung der rechtsvergleichenden Perspektive: DUTTA, Warum Erbrecht? Das Vermögensrecht des Generationenwechsels in funktionaler Betrachtung (2014).

steht also, solange der Erbe die Erbschaft noch ausschlagen kann, ein **Zwischenstadium**, in dem der Erbe lediglich vorläufiger Erbe ist. Der Anfall der Erbschaft „steht also gleichsam unter der auflösenden Bedingung einer fristgemäßen Ausschlagung der Erbschaft".[159] Während der **sechswöchigen Ausschlagungsfrist** (§ 1944 Abs 1 BGB) kann der Erbe die Erbschaft annehmen, sie ausschlagen oder durch Verstreichenlassen der Frist die Annahme herbeiführen (§ 1943 BGB). Gründe für eine Ausschlagung können die Überschuldung des Nachlasses, das Desinteresse des Erben am Nachlass und an seiner Abwicklung oder der Übergang der Erbschaft auf den Nächstberufenen sein.

113 Die **Annahme der Erbschaft** ist erst nach dem Erbfall möglich (§ 1946 BGB) und bedarf keiner besonderen Form. Der Erbe kann sie **ausdrücklich** gegenüber einem der Nachlassbeteiligten, etwa den Nachlassgläubigern, oder dem Nachlassgericht erklären oder durch **konkludente Handlungen** (pro herede gestio) zum Ausdruck bringen. Erfolgt die Annahme stillschweigend, muss sich aus den Umständen eindeutig der Annahmewille des Erben ergeben. Dies ist beispielsweise bei der Beantragung eines Erbscheins der Fall.[160] Mit der Annahme der Erbschaft ist die Erbfolge endgültig; eine Ausschlagung ist nun nicht mehr möglich (§ 1943 BGB).

114 Die **Ausschlagung** unterliegt als amtsempfangsbedürftige Willenserklärung (§ 130 Abs 3 BGB) einem besonderen **Formzwang**. Gem § 1945 Abs 1 BGB erfolgt sie durch Erklärung gegenüber dem Nachlassgericht; sie ist zur Niederschrift des Nachlassgerichts oder in öffentlich beglaubigter Form abzugeben. Die sechswöchige Ausschlagungsfrist beginnt mit dem Zeitpunkt, in dem der Erbe von dem Anfall der Erbschaft und dem Grunde der Berufung Kenntnis erlangt hat (§ 1944 Abs 1 BGB). Ist die Ausschlagung wirksam, so gilt der Anfall an den Ausschlagenden rückwirkend als nicht erfolgt (§ 1953 Abs 1 BGB). Die Erbschaft fällt dann dem Nächstberufenen zu, dh demjenigen, der berufen worden wäre, wenn der Ausschlagende zum Zeitpunkt des Erbfalls nicht mehr gelebt hätte (§ 1953 Abs 2 BGB). Das Ausschlagungsrecht ist gem § 1952 Abs 1 BGB vererblich.

115 Da es sich bei Annahme und Ausschlagung der Erbschaft um (einseitige) Willenserklärungen handelt, können sie jeweils angefochten werden. Eine gültige **Anfechtung** der Annahme gilt als Ausschlagung, die Anfechtung einer Ausschlagung als Annahme (§ 1957 Abs 1 BGB). Die Anfechtung erfolgt durch Erklärung gegenüber dem Nachlassgericht (§ 1955 BGB). Ebenso wie die Ausschlagungsfrist beträgt auch die Anfechtungsfrist sechs Wochen (§ 1954 Abs 1 BGB). Als Anfechtungsgründe kommen die allgemeinen Tatbestände der §§ 119 Abs 1 und 2, 123 BGB in Betracht. Daneben kann eine Anfechtung auch auf die Versäumung der Ausschlagungsfrist gestützt werden (§ 1956 BGB). Praktische Bedeutung hat die Anfechtung der Ausschlagung bei Irrtümern über die erbrechtlichen Verhältnisse. Besondere Relevanz erhielt die Anfechtung einer Ausschlagung nach der Wiedervereinigung.[161] Ausreisewillige Erben mit Wohnsitz in der ehemaligen DDR waren vielfach gezwungen worden, die Erbschaft von Immobilien auszuschlagen, da ihnen sonst die Ausreise aus der DDR nicht gewährt worden wäre. Oft wurde das Erbe auch ausgeschlagen, da es aus der damaligen Sicht der Erben keinen nutzbaren Vermögenswert darstellte. In einigen Fällen schied eine Anfechtung derartiger Ausschlagungen aus, da die dreißigjährige Ausschlussfrist

---

[159] GURSKY, Erbrecht (5. Aufl 2007) 5.
[160] BayObLG FamRZ 1999, 1172, 1173.
[161] MEYER, Testamentsanfechtung und Anfechtung der Erbschaftsausschlagung wegen Irrtums über die politischen Veränderungen in der ehemaligen DDR, ZEV 1994, 12 ff.

des § 1954 Abs 4 BGB bereits abgelaufen war. Regelmäßig fehlte es an einem Anfechtungsgrund. Der Irrtum über die künftige politische Entwicklung der DDR wurde von der Rechtsprechung nicht als Eigenschaftsirrtum iSv § 119 Abs 2 BGB anerkannt.[162] Für den Beginn der sechswöchigen Ausschlagungsfrist setzte die Rechtsprechung die Öffnung der Grenze am 9.11.1989 an, so dass diese Frist meistens abgelaufen war.

3. Erbenhaftung

116 Aus dem Prinzip der Universalsukzession ergibt sich, dass auch die Verbindlichkeiten des Erblassers auf den Erben übergehen. Die **Haftung für die Nachlassverbindlichkeiten** ist – etwas übertrieben – als „Mausefalle für den Erben" bezeichnet worden.[163] Das BGB sieht eine unbeschränkte, aber beschränkbare Erbenhaftung vor (§ 1967 BGB). Eine unbeschränkte Erbenhaftung liegt vor, wenn der Erbe bei der Begleichung der ererbten Schulden ggf auch auf sein eigenes Vermögen zurückgreifen muss. Für die unbeschränkte Erbenhaftung sprechen vor allem die Interessen der Nachlassgläubiger sowie Gründe der Praktikabilität.[164] Andererseits lässt sich der Schutz des Erben wie auch seiner bisherigen Gläubiger als Argument für eine beschränkte Erbenhaftung anführen. Die Regelung des BGB geht von der **unbeschränkten Erbenhaftung** aus (§ 1967 BGB), bietet dem Erben aber die **Möglichkeit, die Haftung auf den Nachlass zu beschränken** (§ 1975 BGB). Dann muss jedoch eine **Nachlasspflegschaft** zum Zwecke der Befriedigung der Nachlassgläubiger (Nachlassverwaltung) oder ein **Nachlassinsolvenzverfahren** eröffnet worden sein (§ 1975 BGB). Der Erbe kann gem § 1993 BGB ein **Nachlassinventar** errichten. Errichtet er das Inventar absichtlich unrichtig oder nicht innerhalb der ihm vom Nachlassgericht gesetzten Frist (§ 2005 Abs 1 BGB), haftet er unbeschränkt. Bei geringfügigen Nachlässen haftet der Erbe grundsätzlich beschränkt.

117 Zu den Nachlassverbindlichkeiten gehören nach § 1967 Abs 2 BGB die **Schulden**, die vom Erblasser herrühren, und die **Verbindlichkeiten, die den Erben als solchen treffen**. Zu den letztgenannten Verbindlichkeiten zählen die Erbfallschulden, wie vor allem die Beerdigungskosten (§ 1968 BGB), und die Verbindlichkeiten aus Pflichtteilsrechten, Vermächtnissen, Auflagen und Erbersatzansprüchen sowie die gesetzlichen Vermächtnisse des Voraus des Ehegatten (§ 1932 BGB) und des Dreißigsten (§ 1969 BGB). Hinzu kommen die Kosten für die Verwaltung des Nachlasses, wie zB die Nachlasserbenschulden.

4. Erbschaftsanspruch, §§ 2018–2031 BGB

118 Da der Nachlass zwar rechtlich, oft aber nicht auch praktisch mit dem Erbfall dem Erben zufällt, besteht die Gefahr, dass Dritte unberechtigt auf ihn zugreifen. Vielfach ist die Rechtslage nach dem Tod des Erblassers unklar, auch kommt es vor, dass später ein Testament aufgefunden wird, das zunächst unbekannt war, oder dass letztwillige Verfügungen angefochten werden. Zum **Schutz des tatsächlichen Erben** ist der Erb-

---

[162] KG DtZ 1992, 355, 356; KG DtZ 1992, 187, 189.
[163] MÜNCHMEYER, Haftung des Erben und Miterben für die Nachlassverbindlichkeiten (1899) 5. Bezüglich der usucapio pro herede lucrativa sprach bereits vJHERING, Scherz und Ernst in der Jurisprudenz (13. Aufl 1924) 137 ff, von der „Mausefalle des alten Erbrechtes".
[164] KIPP/COING, Erbrecht (14. Bearb 1990) 518.

schaftsanspruch in das BGB eingeführt worden, der auf die hereditas petitio des römischen Rechts zurückgeht.[165] Gem § 2018 BGB kann der Erbe vom Erbschaftsbesitzer die Erbschaft herausverlangen. **Erbschaftsbesitzer** ist nach der Legaldefinition jeder, der auf Grund eines ihm in Wirklichkeit nicht zustehenden Erbrechts etwas aus der Erbschaft erlangt hat, also derjenige, der sich ausdrücklich oder durch schlüssiges Verhalten **eine Erbenstellung anmaßt**. Ziel des Erbschaftsanspruchs ist es, die Realisierung des Erbschaftserwerbs zu garantieren. Es handelt sich um einen einheitlichen, erbrechtlichen Gesamtanspruch,[166] der es dem Erben ermöglicht, nicht mit Einzelansprüchen gegen den Erbschaftsbesitzer vorzugehen.

119 Daneben bestehen die Einzelansprüche, insbesondere der Herausgabeanspruch des Eigentümers (§ 985 BGB), § 861 BGB, §§ 823 Abs 1, 249 Abs 1 BGB, unter Umständen vertragliche oder bereicherungsrechtliche Ansprüche und der petitorische Herausgabeanspruch des früheren Besitzers, § 1007 BGB. Der **Gesamtanspruch des § 2018 BGB** stellt für den Erben eine erhebliche Vereinfachung dar, um sein Recht geltend zu machen. Während er bei den Einzelansprüchen jeweils die Anspruchsvoraussetzungen beweisen müsste, muss er bei § 2018 lediglich beweisen, dass die Gegenstände zum Nachlass gehören. Für den Erben ist es überdies vorteilhaft, dass für den Gesamtanspruch nach § 2018 BGB als einheitlicher Gerichtsstand der Wohnsitz des Erblassers gilt (§§ 27 Abs 1 iVm 13 ZPO). Der Gesamtanspruch hindert den Erben aber nicht, auch die Einzelansprüche geltend zu machen.[167] Der Umfang der Haftung des Erbschaftsbesitzers bestimmt sich jedoch, wie sich aus § 2029 BGB ergibt, in jedem Fall nach den §§ 2019–2026 BGB.

120 Der Erbschaftsbesitzer muss nicht nur die **Erbschaft** herausgeben (§ 2018 BGB), sondern auch alle gezogenen **Nutzungen** (§ 2010 BGB) und die **Surrogate** (§ 2019 BGB). § 2019 BGB enthält – zum Schutz des Erben – eine dingliche Surrogation. Dies bedeutet, dass der Erbe auch an den Sachen, die der Erbschaftsbesitzer mit Mitteln der Erbschaft erworben hat, unmittelbar, ohne einen Durchgangserwerb des Erbschaftsbesitzers, Eigentum erwirbt.[168] Außerdem stehen dem Erben **Wertersatz- und Schadenersatzansprüche** gem §§ 2021 BGB, 2023 ff BGB zu. Das System dieser Ansprüche orientiert sich am **Eigentümer-Besitzer-Verhältnis** der §§ 987 ff BGB. Daher haftet der Erbschaftsbesitzer, sofern er zur Herausgabe außerstande ist, nur nach Bereicherungsrecht, § 2021 BGB. Bei Rechtshängigkeit (§ 2023 BGB), bösem Glauben (§ 2024 BGB) und Besitzerlangung durch eine Straftat oder durch verbotene Eigenmacht (§ 2025 BGB) tritt eine strengere Haftung des Erbschaftsbesitzers ein. Der Erbschaftsbesitzer hat seinerseits einen Anspruch auf Ersatz seiner Verwendungen (§ 2022 BGB).

5. Mehrheit von Erben, §§ 2032–2063 BGB

121 Das BGB geht – aus Gründen der systematischen Klarheit[169] – davon aus, dass der Erblasser von einem Alleinerben beerbt wird. Der Regelfall in der Praxis, dass nämlich mehrere Erben vorhanden sind, wird demgegenüber als Ausnahme in den §§ 2032–2063 BGB behandelt. Hinterlässt der Erblasser mehrere Erben, so wird der Nachlass gem § 2032 Abs 1 BGB gemeinschaftliches Vermögen der Erben. Die so entstehende **Miterbengemeinschaft** ist – ebenso wie die Gesellschaft bürgerlichen Rechts (§ 718

---

[165] vLübtow, Erbrecht II (1971) 1037 ff.
[166] Staudinger/Gursky (2010) Vorbem 5 zu §§ 2018 ff.
[167] Staudinger/Gursky (2010) § 2029 Rn 5.
[168] Staudinger/Gursky (2010) § 2019 Rn 4.
[169] vLübtow, Erbrecht II (1971) 795.

V. Erbrecht

Abs 1 BGB), die eheliche Gütergemeinschaft (§ 1416 BGB) und der nicht rechtsfähige Verein (§§ 54 S 1, 718 Abs 1 BGB) – eine **Gesamthandsgemeinschaft**.[170] Den Erben steht der Nachlass nur gemeinsam als einheitliches ungeteiltes Gesamtvermögen zu.[171] Damit ist die Verfügung einzelner Erben über einzelne Nachlassgegenstände ausgeschlossen (§ 2040 BGB). Ziel der Gemeinschaft ist die Auseinandersetzung.

Diese Regelung soll den verschiedenartigen Interessenlagen der Miterben und der Nachlassgläubiger gerecht werden. Der Gesetzgeber rückte die Interessen der Nachlassgläubiger an einem ungeteilten Nachlass, aus dem sie Befriedigung erlangen wollen, in den Vordergrund. Demgegenüber werden Miterben vielfach darauf bedacht sein, dass der Nachlass möglichst schnell geteilt wird, um selber über ihren Anteil verfügen zu können. In anderen Konstellationen, etwa bei der Erhaltung von Familienvermögen, werden hingegen auch die Miterben ein Interesse haben, dass der Nachlass als Einheit erhalten bleibt. Um auch den Interessen der Miterben zu entsprechen, enthalten die §§ 2032 ff BGB **mehrere Abweichungen** von den sonst für Gesamthandsgemeinschaften geltenden Grundsätzen. Insgesamt sind die Beziehungen zwischen den Gesamthändern gelockert und **die Individualrechte der einzelnen Gemeinschafter etwas stärker ausgebildet** worden.[172] Jeder Miterbe kann jederzeit die Auseinandersetzung der Gemeinschaft verlangen (§ 2042 BGB). Außerdem kann jeder Miterbe über seinen Nachlassanteil gem § 2033 Abs 1 BGB verfügen. Verkauft ein Miterbe seinen Anteil an einen Dritten, werden die übrigen Miterben durch Einräumung eines Vorkaufsrechts geschützt (§ 2034 BGB). Nachlassansprüche kann jeder Miterbe geltend machen, wobei allerdings nur die Leistung an alle Erben gefordert werden kann (§ 2039 S 1 BGB).

Umstritten ist die **Rechtsfähigkeit der Erbengemeinschaft**. Früher wurde ganz überwiegend die Meinung vertreten, die Erbengemeinschaft habe keine Rechts- und Parteifähigkeit, da sie nicht auf Dauer angelegt und von vornherein auf Auseinandersetzung gerichtet sei und im Übrigen zur Teilnahme am Rechtsverkehr weder geeignet noch bestimmt sei.[173] Demgegenüber wird im neueren Schrifttum vielfach für eine Anerkennung der Rechtsfähigkeit oder doch zumindest einer Teilrechtsfähigkeit plädiert.[174] Diese Ansicht sah sich durch die Entscheidung des II. Zivilsenats des BGH, in der die Rechts- und Parteifähigkeit der Gesellschaft bürgerlichen Rechts anerkannt wurde, soweit sie als Außengesellschaft durch Teilnahme am Rechtsverkehr eigene Rechten und Pflichten begründet, bestätigt und übertrug diese Auffassung auch auf die Erbengemeinschaft. Der XII. Zivilsenat stellte allerdings wenig später ausdrücklich klar, dass die Erbengemeinschaft keine juristische Person und damit auch nicht rechts- oder parteifähig ist.[175] Im Ergebnis sprechen in der Tat die besseren Argumente für eine Ablehnung einer Rechtsfähigkeit der Miterbengemeinschaft, da der Gesetzgeber die Erbengemeinschaft bewusst als **Liquidationsgemeinschaft** ausgestaltet

---

[170] Zu der Figur der Gesamthand und ihren rechtshistorischen Wurzeln ausführlich: LIMBACH, Gesamthand und Gesellschaft. Geschichte einer Begegnung (2016).
[171] HARDER/KROPPENBERG, Grundzüge des Erbrechts (5. Aufl 2002) Rn 588.
[172] BGB-RGRK/KREGEL (12. Aufl 1974) § 2032 Rn 4.
[173] MünchKomm/HELDRICH (4. Aufl 2004) § 2032 Rn 12.

[174] GRUNEWALD AcP 197 (1997) 305, 313 ff; ANN, Die Erbengemeinschaft (2001) 394 ff; HARDER/KROPPENBERG, Grundzüge des Erbrechts (5. Aufl 2002) Rn 590; EBERL-BORGES, Die Erbauseinandersetzung (2000) 31 ff; dies, Die Rechtsnatur der Erbengemeinschaft nach dem Urteil des BGH vom 29.1.2001 zur Rechtsfähigkeit der (Außen-)GbR, ZEV 2002, 125, 127.
[175] BGH NJW 2002, 3389, 3390.

hat.[176] So fehlen etwa Regelungen über die Geschäftsführung und die Vertretung. Die Position der Gegenansicht ist zwar mit der derzeitigen Gesetzeslage nicht vereinbar, verdient aber de lege ferenda Beachtung.

124 Bis zur Auseinandersetzung kann ein einzelner Miterbe zwar nicht über seinen Anteil an den einzelnen Nachlassgegenständen (§ 2033 Abs 2 BGB), **aber über seinen gesamten Anteil am Nachlass verfügen** (§ 2033 Abs 1 S 1 BGB). Verkauft der Miterbe seinen Erbteil an einen Dritten, steht den übrigen Miterben ein gesetzliches Vorkaufsrecht zu (§ 2034 Abs 1 BGB), um ein Eindringen Fremder in die Miterbengemeinschaft, die meistens aus Familienmitgliedern bestehen wird, zu verhindern.[177] Der Erwerber dieses Erbteils tritt dann in die Stellung des Erben ein. Über einzelne Nachlassgegenstände ist gem § 2040 BGB nur eine gemeinschaftliche Verfügung möglich. Auch die Verwaltung des Nachlasses steht den Erben grundsätzlich gemeinschaftlich zu (§ 2038 Abs 1 BGB).

125 Nach Befriedigung der Nachlassgläubiger erfolgt die **Auseinandersetzung des Nachlasses** entsprechend den Erbteilen der einzelnen Miterben. Jeder Miterbe kann jederzeit die Auseinandersetzung verlangen (§ 2042 BGB), sofern sie nicht ausgeschlossen ist, etwa weil die Erbteile noch nicht feststehen (§§ 2043 f BGB). Das Teilungsverfahren erfolgt gem §§ 2046 ff: Nach der Berichtigung der Nachlassverbindlichkeiten (§ 2046 BGB) gebührt der verbleibende Überschuss den Erben nach dem Verhältnis ihrer Erbteile (§ 2047 Abs 1 BGB). Ausgenommen sind persönliche Schriftstücke des Erblassers, wie Tagebücher, die gemeinschaftlich bleiben (§ 2047 Abs 2 BGB). Die gesetzlichen Teilungsvorschriften sind dispositiv. Der Erblasser kann durch letztwillige Verfügung Teilungsanordnungen für die Auseinandersetzung treffen (§ 2048 BGB). Die **Teilungsanordnung** ergibt sich aus der Testierfreiheit. Sie stellt die einzige Möglichkeit des Erblassers dar, einem einzelnen Erben bestimmte Gegenstände zuzuweisen.[178] Schwierigkeiten bereitet oft die **Abgrenzung zwischen einer Teilungsanordnung und einem Vorausvermächtnis**. Ein Vorausvermächtnis ist anzunehmen, wenn der Miterbe nach dem Willen des Erblassers einen Vermögensvorteil erhalten soll, der die ihm nach den Erbteilen zustehende Quote übertrifft und ihn insofern begünstigt.[179] Bei der Auseinandersetzung der Erbengemeinschaft ist schließlich die Ausgleichungspflicht zu beachten, die Abkömmlinge des Erblassers betrifft, soweit sie zu Lebzeiten des Erblassers erhebliche Zuwendungen erhalten haben.

6. Erbschein, §§ 2353–2370 BGB

126 Von großer praktischer Bedeutung ist es für den Erben, sein Erbrecht im rechtsgeschäftlichen Verkehr oder gegenüber dem Grundbuchamt nachweisen zu können.[180] Dazu kann er beim Nachlassgericht einen Erbschein, der ein **Zeugnis über sein Erbrecht** darstellt, beantragen (§ 2353 BGB). Der Erbschein gibt Auskunft über das Erbrecht und, wenn mehrere Erben vorhanden sind, über die Höhe der Erbquote. Außerdem sind in den Erbschein auch die Beschränkungen des Erben, wie die Anordnung

---

[176] So auch MünchKomm/GERGEN (7. Aufl 2017) § 2032 Rn 12.
[177] STAUDINGER/WERNER (2010) § 2034 Rn 1.
[178] STAUDINGER/WERNER (2010) § 2048 Rn 1.
[179] BGHZ 36, 115, 118 f.
[180] Banken und Sparkassen dürfen allerdings von den Erben ihrer Kunden nicht generell die Vorlage eines Erbscheins verlangen, wenn der Erbe den Nachweis seines Erbrechts auch in anderer Weise erbringen kann, etwa durch Vorlage eines notariellen Testaments und des Eröffnungsprotokolls des Nachlassgerichts, BGH WM 2013, 2166.

einer Vor- und Nacherbschaft (§ 352b Abs 1 FamFG) oder die Ernennung eines Testamentsvollstreckers (§ 352b Abs 2 FamFG), aufzunehmen. Der Erbschein begründet **eine (widerlegbare) Vermutung**, dass das Erbrecht der genannten Person zusteht und dass sie nicht durch andere als die angegebenen Anordnungen des Erblassers beschränkt ist (§ 2365 BGB). Außerdem begründet der Erbschein – ähnlich wie das Grundbuch – zu Gunsten redlicher Dritter **öffentlichen Glauben** (§§ 2366, 2367 BGB). Der öffentliche Glaube wirkt allerdings nur bei Verfügungen, und zwar bei Verfügungen über einzelne Nachlassgegenstände. Gegenüber Dritten gilt der Erbschein als richtig. Dabei kommt es nicht darauf an, ob der Dritte von dem Erbschein Kenntnis hat oder nicht. Die Fiktion des § 2366 BGB bezieht sich **allein auf die Erbenstellung des verfügenden Erbscheinserben**, nicht auf die Zugehörigkeit der Sachen zum Nachlass; insofern können ggf § 932 BGB oder § 892 BGB ergänzend heranzuziehen sein.

Durch das am 17.8.2015 in Kraft getretene Gesetz zum Internationalen Erbrecht und zur Änderung von Vorschriften zum Erbschein ist das deutsche Erbrecht an die EU-ErbVO vom 4.7.2012 angepasst worden.[181] Der Erbschein, der nach dem Vorbild der preußischen „Erbbescheinigung" in das BGB aufgenommen worden ist, konnte als Modell für das durch die EU-ErbVO eingeführte **„Europäisches Nachlasszeugnis"** herangezogen werden.[182] Dieses in den Art 62–73 EU-ErbVO geregelte Dokument stellt einen ersten wichtigen Beitrag zur Rechtsharmonisierung auf dem Gebiet des Erbrechts innerhalb der EU dar. Es kann allerdings nur zur Verwendung im Ausland beantragt werden, so dass in Erbfällen ohne Auslandsbezug weiterhin allein ein Erbschein als Zeugnis über das Erbrecht dienen kann. Die **Verfahrensvorschriften zur Erteilung eines Erbscheins** sind durch das Gesetz von 2015 im Wesentlichen in §§ 352 ff FamFG plaziert worden. Örtlich zuständig ist das Nachlassgericht, in dessen Bezirk der Erblasser seinen letzten gewöhnlichen Aufenthalt hatte (§ 343 Abs 1 FamFG). Funktional zuständig ist der Richter, wenn das Erbrecht auf einer Verfügung von Todes wegen beruht oder wenn es um einen gegenständlich beschränkten Erbschein im Sinne von § 352c FamFG geht (§ 16 Abs 1 Nr 6 RPflG), ansonsten der Rechtspfleger (§ 3 Nr 2c RPflG). Im Erbscheinsverfahren gilt – anders als im Zivilprozess über das Erbrecht – der **Amtsermittlungsgrundsatz** (§§ 26, 29 FamFG).

127

VIII. Ausblick: Prinzipienkontinuität, Reformdiskussion und europäisches Erbrecht

Der uralte Konflikt zwischen Testierfreiheit und Familienerbfolge hat in der Geschichte zu unterschiedlichen Lösungen geführt. So findet sich in PLATONS „Nomoi" (XI, 10) die Forderung, ein Erbrecht zu schaffen, das zuerst den ganzen Staat, dann das ganze Geschlecht und erst zuletzt das Interesse des Einzelnen berücksichtigt. Das BGB hat sich für ein diametral entgegengesetztes Modell entschieden: Die **Testierfreiheit** beherrscht das Erbrecht, flankiert vom Prinzip der Familienerbfolge. Der Staat kommt – nach der gesetzlichen Erbfolge – nur als Noterbe in Betracht. Die Prinzipien haben sich bewährt und niemand möchte sie ernsthaft grundsätzlich in Frage stellen.

128

Den Ruf als juristisches Meisterwerk verdankt das BGB nicht zuletzt dem 5. Buch, das in dogmatischer Hinsicht besonders gelungen ist. Die Regelungen sind lange zurückreichenden Traditionen verbunden, im Detail überaus präzise und führen die beiden

129

---

[181] EU-Erbrechtsverordnung Nr 650/2012 vom 4.7.2012, ABl EU Nr L 201, 107.

[182] Ausführlich dazu: KOUSOULA, Europäischer Erbschein (2008).

leitenden Prinzipien zu einer glücklichen **Synthese**. Das Erbrecht hat sich als sehr beständig erwiesen, was allerdings nicht nur an der Gesetzgebungskunst der Schöpfer des BGB liegt, sondern auch am Regelungsgegenstand. Die rege Betriebsamkeit des Gesetzgebers auf dem Gebiet des Schuldrechts, um den Verbraucherschutz zu verankern, oder im Familienrecht, um einem gewandelten Familienverständnis gerecht zu werden, blieben für das Erbrecht weitgehend ohne Bedeutung. Der von JUNKER im Zusammenhang mit der Umsetzung der Verbrauchsgüterkauf-Richtlinie bezeichnete Weg vom „bürgerlichen zum kleinbürgerlichen Gesetzbuch"[183] betrifft das Erbrecht nicht.

130 Allerdings begegnet auch das Erbrecht **neuen Herausforderungen**, die einer sorgfältigen Diskussion bedürfen. Dies gilt für die Rechtsprobleme, die sich im Zusammenhang mit dem digitalen Nachlass stellen, und die Frage, ob die Formvorschriften für eigenhändige Testamente angesichts der modernen Kommunikationsformen einer Modifikation bedürfen. Die Diskussion über das Thema „Digitalisierung und Erbrecht" befindet sich noch in den Anfängen.[184] Von wachsender Bedeutung sind auch die Schnittstellen zwischen Erb- und Sozialrecht, die nur selten fokussiert werden.[185] Außerdem ist zu erörtern, inwieweit „erhebliche Nachjustierungen" zum effektiven Schutz der Entschließungsfreiheit des Erblassers erforderlich sind.[186] Diskussionsbedarf besteht zudem beim Erbrecht nicht verheirateter Lebenspartner sowie bei den komplexen Fragen der Unternehmensnachfolgen, aber auch beim Ehegatten- und Verwandtenerbrecht.[187] Zu Recht wird schließlich auf die Notwendigkeit hingewiesen, das Verhältnis zwischen Rechtsgeschäften unter Lebenden und Verfügungen von Todes wegen näher zu bestimmen.[188] Aus der Sicht der Praxis besteht jedoch kein besonders dringender Bedarf, das 5. Buch des BGB zu reformieren, da das Gesetz so viele Gestaltungsmöglichkeiten bereit hält, dass sich bisher durch die **kreative Kombination vorhandener erbrechtlicher Institute** für nahezu alle Konstellationen passende Lösungen finden ließen.

131 Die **Bedeutung des Erbrechts** ist konjunkturellen Schwankungen unterworfen. Kriegszeiten, Inflationen und schwere Wirtschaftskrisen vernichten immer wieder Privatvermögen. Demgegenüber konstatierte WIEACKER schon 1967, dass die sozialpolitische Tragweite des Erbrechts „mit der Vermögensbildung des letzten Jahrzehnts wieder zuzunehmen scheint".[189] Inzwischen wird von einer **„Renaissance des Erbrechts"** gesprochen.[190] Dabei ist auch zu berücksichtigen, dass das Erbrecht seine Versorgungsfunktion für die Hinterbliebenen keineswegs vollständig zu Gunsten der staatlichen

---

[183] JUNKER, Vom bürgerlichen zum kleinbürgerlichen Gesetzbuch – Der Richtlinienvorschlag über den Verbrauchsgüterkauf, DZWiR 1997, 271, 280.
[184] SEIDLER, Digitaler Nachlass. Das postmortale Schicksal elektronischer Kommunikation (2016) und KUTSCHER, Der digitale Nachlass (2015).
[185] Dazu: MEYER-PRITZL, in: FS Reuter (2010) 205 ff.
[186] So RÖTHEL, Testierfreiheit und Testiermacht, AcP 210 (2010) 32, 65.
[187] Ausführlich zu den einzelnen Reformvorschlägen: STAUDINGER/OTTE (2008) Vorbem

120 ff zu §§ 1922 ff; LANGE/KUCHINKE, Erbrecht (5. Aufl 2001) 31 ff.
[188] STAUDINGER/OTTE (2008) Vorbem 141 zu §§ 1922 ff; MünchKomm/LEIPOLD (7. Aufl 2017) Einl Rn 58; ausführlich und unter Einbeziehung der rechtsvergleichenden Perspektive: DUTTA, Warum Erbrecht? Das Vermögensrecht des Generationenwechsels in funktionaler Betrachtung (2014).
[189] WIEACKER, Privatrechtsgeschichte der Neuzeit (2. Aufl 1967) 525.
[190] SCHIEMANN, Die Renaissance des Erbrechts, ZEV 1995, 197; ebenso sein Schüler ANN, Die Erbengemeinschaft (2001) 1.

Systeme sozialer Sicherung verloren hat.[191] In Zeiten ökonomischer Turbulenzen wird zusehends auch die **Versorgung von Nachkommen über Erbfolgen** wichtiger. Die verstärkte Beschäftigung mit dem Erbrecht ist aber nicht allein mit den derzeit zu vererbenden erheblichen Vermögenswerten zu erklären; vielmehr verdient das Erbrecht auch im Hinblick auf die eventuelle Schaffung eines europäischen Privatrechts besondere Beachtung. Die geglückte gesetzliche Regelung im 5. Buch des BGB könnte in vielen Abschnitten als ein Modell für die Rechtsvereinheitlichung von hohem Wert sein.

Im Rahmen der vielfältigen Vorarbeiten zur **Vereinheitlichung des europäischen Privatrechts** ist auch das Erbrecht in den Blickpunkt geraten, obwohl ihm oft nachgesagt worden ist, in besonderer Weise in historisch tradierten nationalen Denkmustern verhaftet und damit für eine Rechtsvereinheitlichung eher ungeeignet zu sein.[192] Demgegenüber ist jedoch daran zu erinnern, dass am Anfang der modernen vergleichenden Rechtswissenschaft mit EDUARD GANS' monumental angelegtem Werk „Das Erbrecht in weltgeschichtlicher Entwickelung" eine Untersuchung zum Erbrecht stand.[193] Man wird der Vereinheitlichung des Erbrechts vielleicht eine geringere Dringlichkeit zusprechen als den für den einheitlichen Binnenmarkt relevanteren Rechtsmaterien. In jedem Fall ist aber auch das Erbrecht zu berücksichtigen, wenn **ein einheitlicher Rechtsraum in Europa** entwickelt und ausgebaut werden soll. Angesichts der internationalen Mobilität der EU-Bürger besteht ein wachsendes Bedürfnis nach klaren und einheitlichen Regeln zunächst des Erbkollisionsrechts, schließlich aber auch des materiellen Erbrechts. Die Europäische Kommission hat 2005 mit ihrem „Grünbuch Erb- und Testamentsrecht" einen wichtigen Impuls für die Erbrechtsangleichung gegeben,[194] der schließlich zur EU-ErbVO von 2012 führte. Es bleibt zu hoffen, dass am Ende auf europäischer Ebene ein Erbrecht entstehen wird, das das hohe Niveau der erbrechtlichen Regelungen des BGB aufweist, und nicht etwa das „wüste, beängstigende Phantasiegebilde", das HEINRICH HEINE in einem Alptraum plagte, den er in seiner „Harzreise" beschreibt: „Aufführung einer juristischen Oper, die Falcidia geheißen, erbrechtlicher Text von Gans und Musik von Spontini."[195]

---

[191] Zu diesem Gesichtspunkt: BYDLINSKI, System und Prinzipien des Privatrechts (1996) 411.
[192] Kritisch zu dieser Sichtweise: ZIMMERMANN, Kulturelle Prägung des Erbrechts?, JZ 2016, 321–332.
[193] Es erschienen vier Bände (1824–1835).
[194] Dazu: DÖRNER ZEV 2005, 137 f; DÖRNER/HERTEL/LAGARDE/RIERING, Auf dem Weg zu einem europäischen Internationalen Erb- und Erbverfahrensrecht, IPRax 2005, 1 ff.
[195] HEINE nimmt in dem Zitat Bezug auf die lex Falcidia, ein erbrechtliches Plebiszit aus dem Jahr 40 v Chr (D 35, 2, 1 pr), auf den soeben erwähnten Rechtswissenschaftler Eduard Gans (1797–1839) sowie auf den damals bekannten italienischen Komponisten Gaspare Spontini (1774–1851).

Sachregister

Die fetten Zahlen beziehen sich auf die Randnummern. Die Großbuchstaben bezeichnen die Kapitel.

Abänderungsvertrag
　Schuldverhältnis, Beendigung **G 94**
Abbuchungsverfahren
　Lastschriftverfahren **G 45**
Abgasskandal N 53, 146
　Strafzahlungen **A 46**
Ablieferung
　Sachen, bewegliche **N 211**
Ablösungsrecht
　Forderungsabtretung **H 23**
　Leistung durch Dritte **D 151**
Abmahnung I 31 f
Abstammung
　Mutterschaft **U 177**
　Recht auf Kenntnis der
　　Abstammung **A 35**; **S 363a f**; **U 188 ff**
　– Auskunftsanspruch **U 189 f**
　– Persönlichkeitsschutz **A 35**; **S 363a f**
　Vaterschaft **U 177 ff**
Abstammungsklärung
　Vaterschaftsfeststellungsverfahren **A 35**;
　　U 8
Abstraktionsprinzip
　äußerliche Abstraktion **T 6 f**
　Fehleridentität **C 17**; **N 9**; **T 9**
　Geschäftseinheit **C 17**
　inhaltliche Abstraktion **T 6**
　Trennungsprinzip **N 9**; **T 5**
　Verfügungen **C 16 f**
　Verkehrsschutz **T 7**
Abtretung
　Abstraktheit **H 13**
　Abtretungsausschluss **H 27, 35 ff**
　Anzeige an den Schuldner **H 27, 31, 34, 38**
　Aufrechnung in Unkenntnis der
　　Abtretung **H 33**
　Aufrechnung vor Abtretung **H 32**
　Auskunftspflichten **H 7, 21**
　Einwendungen **H 28 ff**
　Empfangszuständigkeit **H 20**
　Folgeänderungen **H 25 f**
　Forderung, bestehende **H 14 ff**
　Forderung, künftige **H 15, 19**
　Form **H 18**
　Gläubigerwechsel **K 24**
　Honorarforderung **H 7**
　Kenntnis des Schuldners **H 27, 31**
　Leistung an den Zedenten **H 31**
　Leistung erfüllungshalber **G 32**
　mehrfache **H 32**
　Pflichtverletzungen, Rechtsfolgen **H 25**
　Rechte, höchstpersönliche **H 9**

Abtretung (Forts)
　Rechte, subjektive **H 6 f**
　Rechtsgeschäft, dingliches **K 96**
　Rechtshängigkeit **H 31**
　Rechtszuständigkeit, Wechsel **H 20**
　Schadensberechnung **H 25**
　Schuldnerschutz **D 149**; **H 27 ff**
　Schuldverhältnis im weiteren Sinne **H 20**
　Sicherungsrechte, akzessorische **H 22**
　stille Zession **H 5**; **K 256**
　Urkunde, öffentlich beglaubigte **H 21**
　Urkundenvorlage **H 34**
　Verfügung **C 15**; **G 82**; **H 13**
　Verfügung zugunsten Dritter **D 42**
　Verschlechterungsverbot **H 27**
　Vertrag **H 17, 20**
　Vertrauensschutz **H 31 ff**
　zugunsten eines Dritten **H 12**
　Zurückbehaltungsrechte **H 22**
　Zustimmung des Schuldners **H 27**
Abtretungsverbot H 7; **K 270**
Abzahlungsgesetz
　Verbraucherschutz **L 1, 15, 90**
Access-Provider-Vertrag M 41
Acquis communautaire A 48
Ad-hoc-Mitteilung S 910
Adoption
　Antrag **U 254**
　Aufhebung **U 259 f**
　Beschluss des Familiengerichts **U 257, 259**
　Einwilligungen Beteiligter **C 98**; **U 255, 261**
　Formzwang **C 154**
　Kindschaftsverhältnis **U 253, 258**
　Mindestalter **U 254**
　Probezeit **U 256**
　Verwandtschaft **U 174 f**
　Volljährigenadoption **U 261**
Änderungskündigung C 99
Äquivalenzpflichten
　Leistungspflichten **D 2**
Äquivalenzstörung
　Vertragsanpassung **D 132**
Ärztebewertungsportal
　Persönlichkeitsschutz **S 344**
Ärztliche Behandlung
　Einwilligung **C 13 f**
　Körperverletzung **S 206 f**
　Personensorge **C 14**
　Selbstbestimmungsrecht des
　　Patienten **C 13**
Äußerungen, öffentliche
　Sachmängelrecht **N 38, 55 f**

Äußerungen, öffentliche (Forts)
- Haftungsausschluss **N 196**

Affektionsinteresse
Leistungsverweigerungsrecht **I 85**
Nachbesserung **I 52**
Schadensersatz **J 18**

affirmative action B 34

Agenturgeschäft
Umgehungsgeschäft **L 70; N 288**

AGG-Hopper
Antidiskriminierungsrecht **A 47; B 28**

Akkreditivkredit K 75

Aktiengesellschaft
Gründung, Form **C 141**
Handelndenhaftung **H 46**
Vorstand, Verkehrspflichtigkeit **S 532**

Akzeptkredit K 75

Akzessorietät
Begründungsakzessorietät **K 21, 23, 99, 130, 151**
Einreden des Hauptschuldners **K 25 f**
Entwicklungsakzessorietät **K 21, 99, 130, 151**
Gläubigerwechsel **K 24**
Innenausgleich **K 27 ff**
Kreditsicherheiten **K 2, 18, 20 ff**
Quasi-Akzessorietät, gewillkürte **K 33**
Schuldnerwechsel **K 24**

aliud
Gattungskauf **I 15**
höherwertiges **I 16; N 38**
Identitätsaliud **A 42; I 15; N 38**

Allgemeine Geschäftsbedingungen
AGB-Gesetz **E 7 f**
Anhang zur Klauselrichtlinie **L 23**
Arbeitsrecht **E 14 ff, 19**
atypische/neuartige Verträge **E 52, 62**
Aushöhlungsverbot **E 53**
Auslegung **E 37 f**
Auslegung, kundenfeindlichste **E 39**
Auslegung, kundenfreundlichste **E 39**
Begriff **E 10, 22**
Benachteiligung, unangemessene **K 10**
Bereich, grauer **E 42**
Bereich, schwarzer **E 42**
Bereichsausnahmen **E 13**
Drittbedingungen **E 26; L 21**
Durchsetzung, prozessuale **E 10 f, 12**
Einbeziehungskonsens **E 27 ff**
Einbeziehungskontrolle **E 6, 15**
Einmalbedingungen **E 26; L 21**
Empfehlungen **E 20**
Ersatzordnung **E 70 ff**
Form, vereinbarte **C 142**
geltungserhaltende Reduktion **E 11, 12a, 73 f**
Generalklausel **E 46 ff, 59, 64**
Gerechtigkeitskern **E 48, 50, 55**
Gesamtunwirksamkeit **E 69**

Allgemeine Geschäftsbedingungen (Forts)
Gesetzesrecht, dispositives **E 70**
Haftungsausschluss **N 191 ff**
Haftungsbeschränkungen **N 191**
Hinweis, ausdrücklicher **E 28, 30, 66**
Individualabrede, Vorrang **E 35 f, 53**
Individualprozess **E 20, 38 f, 55**
Informationsasymmetrie **E 3**
Inhaltskontrolle **E 4, 38, 41 ff, 60 ff**
Integration des AGBG ins BGB **E 8; L 22**
Internet, Vertragsschluss im **A 32**
Kardinalpflichten **E 56**
Kenntnisnahmemöglichkeit **E 28, 66**
Klageverzichtsklausel **L 22**
Klauselrichtlinie **E 10 ff, 11d, 45**
Klauselteilung **E 73 f**
Klauselverbote **E 42 f, 64**
kollidierende **E 29**
Kontrollmaßstab **E 48 ff**
Leitbildfunktion des dispositiven
 Gesetzesrechts **E 8, 48; M 16, 18**
Lückenfüllung **E 70 f**
Mehrfachverwendungsabsicht **E 24**
Missbrauchskontrolle **E 10, 11a ff, 12**
Musterbedingungen **E 23 f**
Natur des Vertrages **E 54 f**
Prüfungspflicht von Amts wegen **E 12**
Rahmenvereinbarungen **E 28**
Rationalisierungsinteresse **E 51**
Rechtsangleichung **E 10**
Rechtslagenvergleich **E 49 ff, 57**
Rechtsvergleichung **E 82**
Reduktion, geltungserhaltende **E 12a**
Restklausel **E 69**
Restwirksamkeit des Vertrages **C 54; E 69 f**
Schadensersatz **J 162**
Schriftformklauseln **E 36**
Schuldrechtsmodernisierung **E 8; L 21**
Schutzzweck **E 4, 25c, 73**
Standard-AGB, europäische **E 81**
Stellen der Bedingungen **E 22 f, 25**
Teilharmonisierung **E 11, 80**
Textbausteine **E 23**
Transaktionskostenasymmetrie **E 3**
Transparenzgebot **E 34, 41, 66 ff; L 21 f**
Transparenzkontrolle **E 10, 11c; K 10**
überraschende Klauseln **E 34; L 20**
Unangemessenheit **E 42, 44, 47**
Unionsrecht **E 10 ff**
Unklarheitenregel **C 56; E 39, 66; L 20**
Unwirksamkeit **E 75**
Verbandsklage **E 8, 10, 39**
Verbraucherrechterichtlinie **E 10**
Verbraucherschutz **L 20 ff**
Verfahrensfragen **E 6**
Verschulden, grobes **N 191**
Vertrag, grenzüberschreitender **E 76 f**
Vertragsauslegung, ergänzende **E 12a, 71 ff**
Vertragsbedingungen **E 23, 27, 38**

Allgemeine Geschäftsbedingungen (Forts)
  Vertragsgerechtigkeit **E 9**
  Vertragstypen **M 38**
  Vertragszweckgefährdung **E 54, 58**
  Verwerfungspflicht von Amts wegen **E 12**
  Vielzahl von Verträgen **E 22, 24**
  Vorformulierung **E 22 f, 27, 38**
  Wesentlichkeit **E 56**
  zwingendes Recht **A 31**
Allgemeines Gleichbehandlungsgesetz
  Alter **B 10, 55, 65; C 4**
  Anforderungen, berufliche **B 31**
  Anpassung nach oben **B 50 f**
  Anpassung nach unten **B 51**
  Anspruchsgeltendmachung **B 45**
  Arbeitsrecht **B 2, 24 ff, 65; C 4; J 63**
  – Benachteiligungsverbot **B 30**
  – Eigenhaftung Dritter **B 43**
  – Kündigung **B 25**
  – Unwirksamkeitsfolge **B 51**
  Auskunftsobliegenheit **B 85**
  Auslegung, richtlinienkonforme **B 4**
  Ausschlussfrist **B 80**
  Bagatelldiskriminierungen **B 67**
  Behinderung **B 10, 12, 55, 65; C 4**
  Belästigung **B 13, 21 ff, 53**
  – Umfeld, feindliches **B 23**
  Benachteiligung, mittelbare **B 13, 17 ff**
  Benachteiligung, unmittelbare **B 13 ff**
  Benachteiligungsverbote **B 1 f; P 45**
  Bereicherungsrecht **B 47 f, 79**
  Bereichsausnahmen **B 55**
  Beschäftigte **B 26 f**
  Beschwerderecht **B 52**
  Beseitigungsanspruch **B 50, 70**
  Beweislast **B 2, 82 f**
  Dienstleistungen **B 61 f**
  Differenzierungsmerkmale **B 9 ff**
  Diskriminierung, assoziierte **B 12**
  Diskriminierung, intersektionelle **B 11**
  Diskriminierungsschutz **B 6 f; C 4**
  Diskriminierungsverbot **A 30, 47**
  Drittverhalten, Zurechnung **B 43, 76**
  Entlastungsfunktion **E 2**
  Erfüllungsgehilfenhaftung **B 76**
  Ethnie **B 10**
  Gegenbeweis **B 84**
  Geschlecht **B 10, 65; C 4**
  Gleichbehandlungsgebot, allgemeines **B 9**
  Güterversorgung **B 61 f**
  Herkunft, ethnische **B 10, 55, 61, 65, 68; C 4**
  Indizienbeweis **B 82 f**
  Inkrafttreten **B 1**
  Intimsphäre **B 67**
  Kausalität **B 14, 83**
  Kontrahierungszwang **B 8, 39, 50, 70, 74**
  Kopftuchverbot **B 11, 19**
  Kundenerwartungen **B 33, 46**
  Kundenwünsche **B 33**

Allgemeines Gleichbehandlungsgesetz (Forts)
  Leistungsverweigerungsrecht **B 53**
  Massengeschäfte **A 47; B 8, 55 ff**
  Maßnahmen, positive **B 34**
  Motivbündel **B 14**
  Nähebeziehung **B 12**
  Näheverhältnis **B 55**
  Nichtvermögensschäden **B 73**
  Persönlichkeitsrechtsschutz **B 6, 8, 57**
  Privatrecht **B 5 f, 12; C 4**
  Putativdiskriminierung **B 16**
  Rasse **B 10, 55, 61, 65, 68; C 4**
  Rationalisierungsinteresse **E 2**
  Rechtfertigungsgründe **B 17, 30 ff, 60**
  – allgemeiner Rechtfertigungsgrund **B 31 ff**
  – Sachgrund **B 65 f**
  – spezielle **B 35, 68 ff**
  – Verhältnismäßigkeit **B 66**
  Rechtsdurchsetzung **B 82 ff**
  Religion **B 10, 35, 55, 65, 67; C 4**
  Schaden, immaterieller **B 39, 41 f, 46, 75, 77**
  Schaden, materieller **B 39 f, 74, 77**
  Schadensersatz **B 39 ff, 72 ff**
  Schuldverhältnisse, zivilrechtliche **B 61 f**
  Schutz, negatorischer **B 51, 70**
  Schwangerschaft **B 15**
  sexuelle Belästigung **B 13, 21 ff, 53**
  sexuelle Identität **B 10, 55, 65; C 4**
  Sicherheit, persönliche **B 67**
  Terminologie **B 13**
  Typisierungsfunktion **E 2**
  Unterlassungsanspruch **B 49 f**
  – vorbeugender **B 50, 71**
  Vereinbarungen, abweichende **B 81**
  Verhaltenssteuerung **B 6**
  Verkehrssicherungspflichten **B 67**
  Vermögensschäden **B 73**
  Versicherungen, private **B 60, 68**
  Vertrauensverhältnis **B 55**
  Vertretenmüssen **B 44, 76 f**
  Vorteile, besondere **B 67**
  Weltanschauung **B 10, 35; C 4**
  Wohnraum, Vermietung von **B 69**
  Würdeverletzung **B 13, 23**
  Zivilrecht **B 2, 54 ff, 63 f, 76; J 64**
Altersdiskriminierung
  Antidiskriminierungsrecht **A 43, 47**
  Differenzierungsmerkmal **B 10**
  Immobilienerwerb **A 42**
  Rechtfertigung **B 36 ff**
  Richtlinien, Horizontalwirkung **B 4**
Amtshaftung
  Kompensation **J 28**
  Naturalrestitution, Ausschluss **J 33, 44**
Amtspflegschaft U 222
Analogie
  Auslegung **A 61**
  Gesetzesumgehung **A 66**

Analogie (Forts)
Induktionsschluss **A 61 ff**
Lehre vom negativen Satz **A 61, 65**
Lücke, planwidrige **A 61**
Lücke, unechte **A 64**
Rechtsfortbildung **A 57**
Wortlautgrenze **A 54, 62**
Analogieverbot
Gefährdungshaftung **A 62**
Strafrecht **A 62 f**
Anbieterwechsel
Dauerschuldverhältnis, Kündigung **L 58**
Anfechtung
Anfechtungserklärung **C 183; I 236**
– Adressat **C 183**
– Unverzüglichkeit **C 183**
– Willensmängel **I 236**
Anfechtungsfrist **C 193**
Anfechtungsgrund **C 185**
Auslegung geht vor Anfechtung **C 59, 182**
Bedingungsfeindlichkeit **C 98**
Einwendung, rechtsvernichtende **H 28**
ex tunc-Wirkung **C 181, 214; I 235**
Fehleridentität **C 17**
Gegenstand **C 182**
Gestaltungsrecht **C 181; I 234**
Sachmängelhaftung, Vorrang **I 240**
Schadensersatz **C 181; I 234**
Angehörigenschmerzensgeld
s Hinterbliebenengeld
Anlagenbau E 25e; M 40
Annahme
Annahmefrist **C 69 f, 75 f**
konkludente **D 24 f**
modifizierte **C 78, 81**
– Auftragsbestätigung **C 82**
Pflicht zur Annahme **C 79**
sofortige **C 71**
Tod des Annehmenden **C 74**
Überlegungsfrist **C 72**
Zugangsfiktion **C 76**
Annahmeerklärung
Verhalten, konkludentes **C 19**
Annahmeverzug
Gattungsschuld **D 120 ff**
Geldschuld **D 125**
Hinterlegung **G 51**
Preisgefahr **D 114**
Anpreisung
Äußerungen, öffentliche **N 38**
Anscheinsbeweis
Schadensersatz **J 155**
Anscheinsvollmacht
Vertretungsmacht **C 5**
Anspruch
betagter **C 109**
dinglicher **T 3**
– Abtretbarkeit **T 4**
– Nichterfüllung **T 4**

Anspruch (Forts)
– Unmöglichkeit **T 4**
Erlöschen **G 3**
negatorischer **T 230**
Antidiskriminierung
Allgemeines Gleichbehandlungsgesetz **A 14, 30, 47**
s a dort
Altersdiskriminierung **A 47**
Beseitigungsanspruch **C 79**
Beweislastregelung **A 47**
Diskriminierungsverbot **A 47**
Entschädigung **J 63 f**
Generalprävention **A 46**
Gleichbehandlungsgebot **A 47**
Kontrahierungszwang **C 240**
Massengeschäfte **A 47**
Persönlichkeitsrechtsverletzung **B 78; S 362**
im Privatrecht **A 47**
reasonable discrimination **A 47**
Schadensersatz **C 79**
Stellenbewerbung **A 47; B 84**
unerlaubte Handlung **B 78**
Unterlassungsanspruch **C 79**
Versicherungsvertragsrecht **A 47**
Wohnungsmiete **A 47**
Antrag
Abgrenzung Antrag/invitatio **C 65 f**
Ablehnung **C 75**
Annahmefähigkeit **C 74**
Bindungsfrist **C 71 f, 75 ff**
Bindungswirkung **C 63, 69, 73**
– Ausschluss **C 70**
Empfängerhorizont, objektiver **C 62**
Erlöschen **C 71, 75**
Geschäftsunfähigkeit des Antragenden **C 74**
Kommunikationsmedium, Funktionsfähigkeit **C 71**
Telefonunterbrechung **C 71**
Tod des Antragenden **C 74**
Übertragbarkeit der Rechtsposition des Antragsempfängers **C 73**
Vererblichkeit der Rechtsposition des Antragsempfängers **C 73**
Widerruf **C 69**
Willenserklärung, empfangsbedürftige **C 62**
Anwaltskosten
Verzugsschadensersatz **I 182**
Anwaltsvertrag
Geschäftsbesorgungsvertrag **P 25**
Anwartschaftsrecht
Minus, wesensgleiches **C 107**
Übertragung **H 24**
Application-Service-Provider-Vertrag M 41
Arbeiten 4.0 P 170
Arbeitgeberleistungen, freiwillige
Widerrufsvorbehalt **E 68**

Arbeitnehmer
  Abhängigkeit **P 19 ff**
  – persönliche **P 17, 20**
  – wirtschaftliche **P 19**
  Arbeitnehmereigenschaft **P 17 ff**
  Betriebsverfassungsrecht **P 171**
  Haftungserleichterung **P 70 ff**
  Legaldefinition **P 17 f**
  Leistung in Person **D 146**
  Verbrauchereigenschaft **E 16, 19**
  Weisungsgebundenheit **P 17, 21 f**
Arbeitnehmerfreizügigkeit P 16
Arbeitnehmerüberlassung
  Arbeitsverhältnis **P 176**
  Dauer **P 177**
  Erlaubnis **P 176**
  Gemeinnützigkeit **P 175**
  gewerbsmäßige/nicht gewerbsmäßige **P 175**
  Gewinnerzielungsabsicht **P 175**
  Gleichstellungsgrundsatz **P 178**
  Höchstdauer **P 177**
  Leiharbeitsverhältnis **P 173 ff**
  Lohnuntergrenze **P 178**
  Personalführungsgesellschaften **P 175**
  Personalgestellung **P 175**
  Zeitarbeit **P 173 f**
Arbeitsrecht
  AGB-Kontrolle **E 8**
  Allgemeines Gleichbehandlungsgesetz **B 2, 24**
  s a dort
  Antidiskriminierung **J 63**
  Arbeitnehmerschutz **A 31**
  Beschäftigtendatenschutz **P 33**
  Betriebsübergang **A 43**
  Dritter Weg **P 83**
  Gleichbehandlungsgebot **A 47**
  Kodifikation **P 14 f, 169**
  Lohnfortzahlung im Krankheitsfall **A 43**
  Pflichten, nachvertragliche **G 4**
  Tariflohn **G 81**
  Unionsrecht **P 16**
Arbeitsunfall
  Haftungsprivileg, sozialversicherungsrechtliches **P 110**
  Unfallversicherung, gesetzliche **P 73**
Arbeitsverhältnis
  Annahmeverzug **P 96 ff**
  Arbeitnehmerschutz **P 38**
  Arbeitsbefreiung **P 105 ff**
  Arbeitskampfrisikolehre **P 101**
  Arbeitsschutz **P 110**
  Arbeitszeitlage **P 58**
  Arbeitszeitschutz **P 59**
  Aufenthaltserlaubnis **P 34**
  Aufhebungsvertrag **P 119 f**
  Aufklärungspflicht **D 70**
  Auflösungsvertrag **P 3, 117**

Arbeitsverhältnis (Forts)
  Ausgleichsquittung **G 83**
  Beendigung **P 117 f**
  Befristung **P 3, 29, 116**
  Benachteiligungsverbote **P 45**
  Beschäftigungsverbote **P 31**
  betriebliche Übung **P 43**
  Betriebsgeheimnisse **P 63**
  Betriebsrisiko **P 3, 97**
  Betriebsübergang **P 3, 38, 121 ff**
  Billigkeitsgebot **P 46 f**
  Dauerschuldverhältnis **P 117**
  Dienstvertrag **P 55**
  Dienstvertragsrecht **P 2 f, 16**
  Differenzierungsverbote **P 50 f**
  digitale Beschäftigung **P 170 ff**
  Diskriminierungsverbote **P 31**
  Elternzeit **P 107**
  Entgeltfortzahlung **J 11 f, 101; P 104 ff**
  Entgeltgleichheit **P 16, 45, 88 f**
  – Auskunftsanspruch **P 89**
  – Berichtspflicht **P 89**
  – Prüfverfahren **P 89**
  Erholungsurlaub **P 106**
  fehlerhaftes **C 23 f**
  Fragerecht des Arbeitgebers **P 33**
  Fürsorgepflicht **P 110 ff**
  Geschäftsgeheimnisse **P 63**
  Gewinnbeteiligung **P 86**
  Gleichbehandlungsgebot **P 44 ff**
  Günstigkeitsprinzip **P 38**
  Kündigung **C 149; P 117**
  – ordentliche **P 143 ff, 163 ff**
  – personenbedingte **P 164 f**
  – Rechtfertigung, soziale **P 163 ff, 167**
  – Schriftform **P 3**
  – verhaltensbedingte **P 164**
  Kündigungsfristen **P 2 f, 38, 144**
  Kündigungsschutz **P 157 ff**
  – Betriebsgröße **P 157**
  – Dreiwochenfrist **P 167 f**
  – Schwangerschaft **P 161**
  – Schwerbehinderte **P 162**
  Leiharbeitsverhältnis **P 173 ff**
  Lohnpfändung **P 91**
  Maßregelungsverbot **P 3, 115**
  Mindestlohn **P 80 ff**
  Mutterschaftsgeld **P 107**
  Mutterschaftslohn **P 107**
  Nichtleistung **P 65 ff**
  Pflege erkrankter Familienangehöriger **P 104**
  Pflegezeit **P 108**
  Probezeit **P 145**
  Sachbezüge **P 90**
  Schlechtleistung **P 66 ff**
  Teilzeitarbeitsverhältnis **P 3, 29**
  Telearbeit **P 171 f**
  Umsatzbeteiligung **P 86**

Arbeitsverhältnis (Forts)
Vergütung **P 79**
Verhinderung, vorübergehende **P 104**
Weisungsrecht **P 17**
Wettbewerbsverbot **P 61**
Zeitarbeit **P 173 f**
Zeugniserteilung **P 3**
Arbeitsvertrag
AGB-Einbeziehung **E 33**
AGB-Kontrolle **E 14 ff, 19, 21; P 42**
Arbeitsverhältnis **P 23**
Ausschlussfrist **P 94 f**
Bedingung, auflösende **P 29, 130**
Befristung **A 43, 47; C 110; P 129 ff, 133 ff**
– Kettenbefristung **P 135**
– Schriftform **P 136**
– Unwirksamkeit **P 136 f**
Befristungsklage **P 137**
Definition **P 4**
Inhaltskontrolle **E 14, 21**
Kündigung aus wichtigem Grund **C 184**
Leistungsverweigerungsrecht **I 87**
Nachweisgesetz **P 30, 95**
Pflichtverletzung, Vertretenmüssen **I 157**
Verjährung **P 92 ff**
Architekt
Haftung **Q 36, 43**
– gesamtschuldnerische **Q 44–45**
Verkehrspflichten **S 524**
Architekten- und Ingenieurvertrag Q 10a
Architektenvertrag
Kopplungsverbot **Q 78**
Kündigungsrecht **L 109**
Planungsverschulden **Q 44–45**
Werkvertrag **P 10**
Werkvertragsrecht **L 109**
Arglisteinrede
exceptio doli **A 29; D 73**
Arglistige Täuschung
Anfechtungserklärung **C 183**
Anfechtungsgrund **C 17**
Anfechtungsrecht **C 194**
Anspruchsgeltendmachung,
 Unredlichkeit **D 81**
Arglist **C 196**
Ausschlussfrist **C 194**
durch Dritte **C 197**
Formerfordernis **C 160**
Fragen, Zulässigkeit **C 195**
Kaufvertrag, Anfechtung **N 224**
Kausalität **C 196**
Motivirrtum **C 185**
Nacherfüllung, Unzumutbarkeit **N 153**
Sachmängelhaftung **I 239, 241**
Schadensersatz **I 237**
Täuschungsbegriff **C 195 f**
Arzt
ärztliche Behandlung
 s dort

Arzt (Forts)
Leistung in Person **D 146; P 182**
Sorgfalt, berufsspezifische **P 184**
Arzthaftung
Behandlungsfehler **P 184 f**
Beweislastumkehr **J 157**
Einwilligung des Patienten **S 117**
Keimschaden, Aufklärung über **S 219**
wrongful life **S 219**
Arztvertrag
Lebensbedarfsdeckungsgeschäft **U 38**
AS-Stellen
Streitbeilegung, außergerichtliche **L 34**
AS-Verfahren
Streitbeilegung, außergerichtliche **L 34**
asset deal
Unternehmenskauf **N 31**
assumpsit
Leistungsstörungsrecht **M 6**
Atomrecht
Drittschäden **J 72**
Aufhebungsvertrag
Schuldverhältnis, Erlöschen **G 77, 90**
Aufklärungspflichten
Äquivalenzinteresse **D 72**
Erfüllungshindernisse **D 71**
Genehmigungserfordernisse **D 71**
Integritätsinteresse **D 72**
Leistungsgegenstand, Gefahren **D 71**
Sachkunde, besondere **D 70**
Schadensersatz **N 81**
Schutzpflichten, nachvertragliche **D 5**
Treu und Glauben **D 69 f**
Unerfahrenheit, besondere **D 70**
Auflassung
Anwartschaftsrecht **S 241 f**
Bedingungsfeindlichkeit **C 17, 98, 102;
 D 42; T 178**
Befristungsfeindlichkeit **T 178**
Einigung, dingliche **T 177 f**
Formzwang **C 141, 152 f; T 178**
Grundstückszubehör **T 178**
Nachweis, grundbuchrechtlicher **T 178**
zugunsten Dritter **D 42**
Auflassungsvormerkung T 243
Aufopferung
Emissionen, ortsübliche **T 238 f**
Kompensation **J 28**
Aufrechnung
Aufrechnungserklärung **G 63, 75**
Aufrechnungslage **G 64 ff**
– Ausschlussgrund **G 72 f**
– Bruchteilsgemeinschaft **G 68**
– Gegenforderung **G 71, 73**
– Gegenseitigkeit **G 65**
– Gesamtgläubigerschaft **G 69**
– Gesamtschuldner **G 67, 76**
– Gläubigermehrheit **G 66 ff, 76**
– Gläubigerschaft, gemeinschaftliche **G 68**

Aufrechnung (Forts)
- Gleichartigkeit **G 70**
- Hauptforderung **G 71, 73**
- Schuldnermehrheit **G 66 ff**
- Sicherheitsleistung **G 71**
- Teilgläubigerschaft **G 68**

Bedingungsfeindlichkeit **C 98**
Doppelnatur **G 63**
Erfüllungssurrogat **G 61, 63**
Forderungen, unpfändbare **G 74**
Forderungsdurchsetzung **G 63**
gestaltende **G 96**
Kollisionsrecht **G 96**
Legalaufrechnung **G 96**
Leistungsverweigerung **D 167**
Prozessaufrechnung **G 96**
Schuldverhältnis, Änderung **D 22**
Schuldverhältnis, Erlöschen **G 7, 11, 63, 76**
Teilaufrechnung **D 142**
Willenserklärung, einseitige empfangsbedürftige **G 62**

Auftrag
Gefälligkeitsvertrag **F 52**
Leistung in Person **D 146**
Leistungspflicht **D 20**
Schuldverhältnis **D 23**
Tod des Auftraggebers **C 213**
Tod des Beauftragten **C 213**
Unentgeltlichkeit **D 23**; **P 9**; **Q 79**; **R 132**
Vertrag, zufällig zweiseitig verpflichtender **D 20**
Vollmacht, Erlöschen **C 213**

Auftragsbestätigung C 82, 89

Aufwendungsersatz
Leistungsgegenstand **D 140**
Schadensersatz statt der Leistung **I 216 ff**
Verjährung **N 240**

Aus- und Einbaufälle
Anbringen von Sachen **I 112**; **N 121**
Gesetzesreform **N 118 ff, 136**
Nacherfüllung **N 106 ff**
Regressfalle **N 4, 126 f, 232**
Rücknahmepflicht **N 137**
Schadensersatz **N 127**

Ausbau-/Einbaukosten
Aufwendungserstattungsanspruch **N 119, 125 f**
Ausbaupflicht **I 55**
b2b-Geschäfte **N 126, 232, 234 f**
Ersatzanspruch **N 4**
Kenntnis des Mangels **I 67**; **N 123**
Kostenerstattung **I 1, 53 f, 63 ff**; **N 119 ff**
- Ausschluss **I 21**
Rücktritt **I 104**
Software, schadhafte **N 121**
Unkenntnis des Mangels, grob fahrlässige **N 123**
Unverhältnismäßigkeit **I 66**
Verbrauchsgüterkauf **N 126, 232 ff, 242**

Aushandeln E 25a
Unternehmensverkehr **E 25b**
Vertrag **E 1**
Vertragsbedingungen, vorformulierte **E 25a**

Auskunftsrecht
Leistungsgegenstand **D 140**

Auskunftsvertrag
Sachverständige, Haftung **F 40**

Auslegung
AGB-Klausel **E 37 f**
Auslegung geht vor Anfechtung **C 59, 182**
Auslegungsmaximen **C 56 ff**
Auslegungsregeln **C 55**
Auslegungssorgfalt **C 52, 56**
Ausnahmevorschriften **A 56, 63**
Begleitumstände der Erklärung **C 47**
einschränkende **A 64**
Empfängerhorizont, objektiver **C 52 f**
ergänzende **C 48, 51, 86**
ergänzende Vertragsauslegung **C 54**; **E 71 ff**
erläuternde **C 45, 48 f**; **V 87**
extensive **A 56, 62 f**
Gegenstand **C 42 ff**
Gesetzesrecht, dispositives **C 49 f, 55, 84, 86**
golden rule **A 50**
grammatische **A 53 f, 56**
Hermeneutik **A 50**
historische **A 53, 55**
Interessenlage **C 48**
logische **A 53, 56**
Lückenschließung **C 49 f, 55, 86**
objektive **A 60**
Parteiwille, hypothetischer **C 51**
Privatautonomie **C 50**
Rangfolge der Kriterien **A 59**
ratio legis **A 52, 54, 57, 60, 64**
Rechtsanwendung **A 49**
rechtsvergleichende **A 53, 58**
Reduktion, geltungserhaltende **C 85**
Regelungen, rechtsgeschäftliche **A 60**
Rhetorik **A 50 f, 57, 60**
richtlinienkonforme **A 53, 70**; **B 4**; **E 10, 40**; **L 10 f**
risikogerechte **C 48**
sens-clair-Regel **A 50**
Sprachgebrauch **C 46**
subjektive **A 60**
systematische **A 53, 56**
teleologische **A 53, 57, 59 f, 65, 74**
Treu und Glauben **C 43**
umdeutende **C 119**
Unionsrecht **E 10**
verfassungskonforme **A 53, 67 ff, 69**
Verkehrssitte **A 80**; **C 43**
Vertrag **C 43, 51, 54, 85**
Wille, wirklicher **C 43 f, 53, 59**
Willenserklärung **C 41 f, 51**
Wortlaut **A 50 ff**; **C 45**

Auslegung (Forts)
   Wortlautgrenze **A 54, 62**
Auslobung
   Rechtsgeschäft, einseitiges **D 13, 22**
Ausschlagung
   Amtsempfangsbedürftigkeit **V 114**
   Anfechtung **V 115**
   Anwachsung **V 68**
   Bedingungsfeindlichkeit **C 98**
   Erbschaftsannahme **V 113**
   Formzwang **V 114**
   Frist **V 114**
   Vererblichkeit des Ausschlagungsrechts **V 114**
   Vonselbsterwerb der Erbschaft **V 110**
   Willenserklärung **C 27**
Außergeschäftsraumvertrag
   Gerichtsstand **L 47**
   Informationspflichten **L 14, 42**
   Kaufvertrag **N 12**
   Kreditsicherheiten **K 106**
   Rückabwicklung, Höchstfrist **L 18**
   Rücksendekosten **L 18**
   Überrumpelungsschutz **L 42**
   Verbraucherbürgschaft **K 106**
   Vertragsanbahnung **L 43**
   Wertverlust der Ware **L 18**
   Widerrufsbelehrung **L 16**
   Widerrufsfrist **L 17**
   Widerrufsrecht **L 42, 45; N 12**
   Zuständigkeit, örtliche **L 47**
Austauschverhältnis
   iustitia correctiva **A 47**
Avalkredit K 75

b2b-Geschäfte
   AGB-Einbeziehung **E 32**
   AGB-Kontrolle **E 18, 25b ff**
   Aushandeln von Vertragsbedingungen **E 25b**
   elektronischer Geschäftsverkehr **L 55**
b2c-Geschäfte
   elektronischer Geschäftsverkehr **L 55**
   Nacherfüllungsverweigerung **N 131**
   Organisationspflichten **L 56**
   Streitbeilegung, außergerichtliche **L 34**
   Verbraucherschutz **L 6, 19**
Bankgeschäfte
   Informationspflichten **F 28**
Banküberweisung
   s Überweisung
Bankvertrag
   Forderungsabtretung **H 7**
Barzahlung
   Erfüllungswirkung **G 40**
   Geldschuld **D 126**
Basiszinssatz
   Zinshöhe **D 129**

Baubeschreibung
   Textform **L 111**
   Vertragsinhalt **L 111**
Baugenehmigung
   Sachmangel **N 78**
Bauhandwerkersicherung
   Verbraucherprivileg **L 113**
Bauträgervertrag
   Gewährleistung **Q 5**
   Kaufrecht **N 21**
   Vertragstyp **Q 10a**
   Werkvertragsrecht **N 21**
Bauunternehmer
   Haftung **Q 37f**
   – gesamtschuldnerische **Q 44–45**
   Verkehrspflichten **S 524**
Bauvertrag Q 63ff
   s a Werkvertrag
   Abnahme **Q 14**
   Abnahmefiktion **Q 8**
   Abschlagszahlungen **Q 14, 116**
   Auftraggeber/Auftragnehmer **Q 46**
   Form **Q 73**
   Gesetzesreform **Q 10**
   Haftung **Q 37ff**
   Kündigung, außerordentliche **Q 10, 14**
   Leistungsort **D 155**
   Mängelrechte **Q 14**
   Planänderungen, nachträgliche **Q 10c**
   Verbraucherbauvertrag
     s dort
   Verbraucherschutz **L 109**
   Vertragstyp **Q 10a**
   VOB/B **Q 14ff**
   Werkvertragsrecht **L 109; Q 14, 27**
Bauwerk
   Verjährungsfrist **N 209**
Bedienungsanleitung
   fehlerhafte **N 38, 63**
   Nebenpflicht **I 22**
Bedingung
   auflösende **C 96, 103; G 7**
   aufschiebende **C 96, 103**
   Bedingungsausfall **C 104**
   Bedingungseintritt **C 95f, 103**
   – Schwebeverhältnis **C 105**
   – Verhinderung, treuwidrige **C 104; D 80**
   – Zwischenverfügungen **C 106f**
   Bedingungsfeindlichkeit **C 98**
   Ereignis, zukünftiges ungewisses **C 95**
   Potestativbedingung **C 97, 99**
   Rechtsbedingung **C 97**
   Schuldverhältnis, Beendigung **G 94**
   Sittenverstoß **C 101**
   uneigentliche **T 8**
   Verbotsnormen **C 100**
Beerdigungskosten
   Ersatzfähigkeit **J 72; S 201**
   Nachlassverbindlichkeit **V 117**

Beförderungsvertrag
　AGB-Einbeziehung **E 31**
Befreiungsanspruch
　Abtretung **H 8**
Befristung
　Anfangstermin **C 108**
　Anspruch, betagter **C 109**
　Endtermin **C 108**
　Erfüllung vor Fälligkeit **C 109**
　Schuldverhältnis, Beendigung **G 94**
　Ungewissheit **C 108**
Begehrensneurose
　Schadensersatz **J 125**
Beglaubigung, öffentliche
　Informationsfunktion **C 155**
　Schriftform **C 151**
Begriffsjurisprudenz
　Analogie **A 65**
Behandelnder
　Legaldefinition **P 179**
Behandlungsabbruch
　Vorsorgevollmacht **C 14**
Behandlungsvertrag P 9
　Aufklärungspflichten **J 159**; **P 182**
　Aufklärungspflichtverletzung **P 184 f**
　Befundsicherungspflicht **J 158**
　Behandlung, ärztliche **P 179**, **181 ff**
　Behandlung, medizinische **P 179**
　Behandlungsfehler **J 157 f**; **P 184 f**
　– grober **J 157**
　– Haftung **P 184 f**
　Beweislast **J 157 ff**
　Dienstvertrag **P 10 f**, **25**
　Dokumentationspflichten **J 158**
　Einwilligung **P 182**, **184**; **S 117**
　Fehlleistungen, ärztliche **P 184 f**
　Indikation, medizinische **P 181**
　Kodifikation **P 179**
　Krankenhausträger als Vertrags-
　　partner **P 179**, **182**
　Krankenversicherung, gesetzliche **P 180**
　Organisationsfehler **P 185**
　Stand der Wissenschaft **P 181**
　Vergütungsanspruch **P 180**
　Vertragstyp **P 1**
Beherbergungsvertrag
　Typenkombinationsvertrag **M 35**
Beistandschaft
　Kinder- und Jugendhilfe **U 222**
　Unterhaltsansprüche des Kindes **U 221**
　Vaterschaftsfeststellung **U 221**
Beratungsvertrag
　Anlageberatung **F 30**
　Sachverständige, Haftung **F 40**
Bereicherungsrecht
　s Ungerechtfertigte Bereicherung
Bereicherungsverbot
　Schadensersatz **J 87 ff**
　Sowiesokosten **I 210**

Bergwerkseigentum T 176
Berufsfreiheit
　Arbeitsverhältnis **P 61 f**, **166**
　Deliktsschutz **S 908**
Berufungsfrist A 64a
Beschäftigte
　Diskriminierungsschutz **B 26 ff**
Beschaffenheit
　Begriff **N 38**, **41 f**
　Beziehungen der Sache zur Umwelt **N 41**
　Käufererwartung **N 52**
　übliche **N 38**, **49**, **51**
　vereinbarte **N 38 f**, **41**
Beschaffenheitsgarantie
　Garantiebegriff **N 182 ff**
　Sachmängelhaftung **I 21**
　Verbrauchsgüterkauf **N 297**
Beschaffenheitsvereinbarung
　Auslegung **N 44**
　Kaufvertrag **N 38 ff**, **195**
　Mietvertrag **O 48**, **56**
　Verbrauchsgüterkauf **L 70**; **N 287**
　Vereinbarung **N 43**
Beschaffenheitsvereinbarung, verkürzte
　Gattungsschuld **I 51**
Beschaffungsrisiko
　Gattungsschuld **D 108 f**; **I 162**, **168**; **N 181**
　Haftung **I 155**
Beschluss
　Rechtsgeschäft, mehrseitiges **C 15**
Beschneidung des männlichen Kindes U 206
Beschränkte dingliche Rechte
　Abspaltung des Eigentums **T 240a**
　Deliktsschutz **S 239**
　Erwerbsrechte **T 240**, **242**
　Herausgabeanspruch **T 240b**
　Nutzungsrechte **T 240**, **246**
　Schadensersatz **T 240b**
　Sicherungsrechte **T 240**, **242**
　Störungsabwehr **T 240b**
　Übertragbarkeit **T 241**
　Vermutung der Inhaberschaft **T 240b**
Beseitigungsanspruch
　Schadensersatz, Abgrenzung **S 113**
Besitz
　Abwehrfunktion **T 85**
　Bereicherungsausgleich **T 84 f**
　Besitzentziehung **T 45**, **51**, **54**, **65 f**
　– Einwilligung **T 56**, **65**
　– Teilentziehung **T 65**
　– Wiedereinräumung des Besitzes **T 66 ff**,
　　76
　Besitzerwerb **T 23 ff**
　– derivativer **T 36 f**
　– Eigenmacht, verbotene **T 107**
　– originärer **T 36 f**, **39**
　– Stellvertretung **T 106 ff**
　Besitzkehr **T 63 f**
　Besitzkonstitut **T 124 ff**, **137 ff**

Besitz (Forts)
Besitzschutz **T 21, 45 ff**
– einstweiliger Rechtsschutz **T 80**
– Einwendungen, petitorische **T 72, 74 f**
– Einwendungen, possessorische **T 72**
– Gewaltrechte **T 52, 60 ff**
– Jahresfrist **T 71, 80**
– mittelbarer Besitz **T 99 ff**
– petitorischer **T 45, 81 ff**
– possessorischer **T 45 ff, 80, 85**
– Zurückbehaltungsrecht **T 73**
Besitzstörung **T 45, 51, 55, 65 f**
– Beseitigungsanspruch **T 66 f, 69, 77 ff**
– Einwilligung **T 56**
– Geldzahlungen **T 78**
– Unterlassungsanspruch **T 66 f, 69, 77 ff**
– Unterlassungsanspruch, vorbeugender **T 70, 77 ff**
Besitzverlust **T 40 ff**
Besitzwehr **T 63**
Besitzwille **T 24, 28 ff, 37 f, 107**
– Kinder **T 28, 107**
– Verlust **T 44**
Deliktsschutz **S 247**
Drittwiderspruchsklage **T 84 f**
Eigenbesitz **T 22, 30, 86, 99, 128**
Eigenmacht, verbotene **T 45, 51, 56 ff, 65 f, 78, 107**
Eigentumsvermutung **T 101, 151**
Erbenbesitz **T 38, 155**
fehlerhafter **T 51, 58 f, 67**
Fiktion **T 38, 42, 155**
Fortbestand **T 42**
Fremdbesitz **T 30, 99, 128**
früherer **T 206**
Gegenstände, unkörperliche **T 33**
Geschäftsfähigkeit **C 10**
mehrere Besitzer **T 34**
Mietwohnung **T 55**
mittelbarer **T 86 ff**
– Besitzmittlungsverhältnis **T 91 f**
– Besitzmittlungswille **T 89**
– Besitzwille **T 90**
– Ersitzung **T 101**
– Erwerb **T 95**
– gestufter mittelbarer **T 93 f**
– Herausgabebereitschaft **T 89, 92**
– Rechtsnatur **T 88**
– Rechtsverhältnis, zugrundeliegendes **T 91**
– Übergabeersatz **T 101**
– Übertragung **T 96 f**
– Verlust **T 98**
Nebenbesitz **T 94**
Organbesitz **T 35, 107**
Publizitätsfunktion **C 15; T 21, 130, 151**
Recht, dingliches **T 84 f**
Recht zum Besitz **K 241 f; T 85, 192 ff, 201**
an Rechten **T 33**

Besitz (Forts)
an Sachen **T 31**
– öffentliche Sachen **T 31**
Sachgesamtheiten **T 31**
Sachherrschaft **C 10; T 21, 24, 109, 151**
– Besitz ohne Sachherrschaft **T 102**
– Sachherrschaft ohne Besitz **T 102**
Schadensersatz **T 84 f**
Selbsthilferechte **T 60 ff, 80**
– Nothilfe **T 61, 100**
Tatsache **T 85, 110**
Teilbesitz **T 31, 114**
unmittelbarer **T 22 ff, 37, 52**
Verbot **T 32**
Zuordnungsfunktion **T 85**
Besitzdienerschaft
Abhängigkeitsverhältnis **T 104**
Besitzausübung **T 43, 103 ff**
Besitzschutz **T 103 f**
Eigenmacht, verbotene **T 43, 53**
Übergabe **T 132**
Weisungsgebundenheit **T 102**
Besoldungsfortzahlung
Versorgung, einstweilige **J 11**
Bestätigung
Anfechtungsausschluss **C 184**
Formfreiheit **C 141**
Verhalten, konkludentes **C 19**
Bestätigungsschreiben, kaufmännisches
AGB, Einbeziehung **C 90**
Anwendungsbereich, persönlicher **C 91**
Geschäftsfähigkeit **C 92**
Irrtumsanfechtung **C 92**
Kaufvertrag **N 11**
Schweigen, rechtsgeschäftliche Bedeutung **C 19, 90 f, 188**
Verbindlichkeit **C 90**
Vertragsinhalt **C 88**
Vertragsverhandlungen, Abschluss **C 88 f**
Widerspruch, unverzüglicher **C 88**
Zugang **C 90**
Bestandteile, wesentliche T 4, 17
Grundstück **T 18**
Sonderrechtsfähigkeit **T 168**
Verbindung, vorübergehende **T 18**
Bestimmtheitsgrundsatz
Rechtsgeschäfte, dingliche **T 12 f**
Bestimmungsrechte
Übertragbarkeit **H 11**
Betagter Anspruch
Erfüllung vor Fälligkeit **C 109**
Betreuer
Behördenbetreuer **U 288**
Berufsbetreuer **U 288, 295**
Bestellung **U 287 ff**
Entlassung **U 295**
natürliche Personen **U 288**
Tod des Betreuers **U 295**
Vereine **U 288**

Betreuer (Forts)
  Vergütungsfestsetzung **S 403**
Betreuung
  ärztliche Eingriffe **U 290, 294**
  von Amts wegen **U 287, 296**
  Antrag **U 287, 296**
  Aufgabenkreise **U 287, 291**
  – Erweiterung **U 297**
  Aufhebung **U 296**
  Auskunftspflichten **U 298**
  Beendigung **U 295**
  Behandlung, ärztliche **C 14**
  Behinderung, geistige **U 287**
  Behinderung, körperliche **U 287**
  Behinderung, seelische **U 287**
  Berichtspflichten **U 298**
  Ehefähigkeit **U 289**
  Eheschließung **U 13**
  Einwilligungsvorbehalt **C 113; G 22; U 292 f, 297**
  – Erklärungen, höchstpersönliche **U 292**
  elterliche Sorge **U 289**
  Erforderlichkeit **U 287**
  Erwachsene **U 286**
  Geschäftsfähigkeit des Betreuten **C 113; U 289, 293**
  Kontrolle durch Betreuungsgericht **U 298**
  Krankheit, psychische **U 287**
  lediglich rechtlicher Vorteil **C 113**
  Leistung an den Gläubiger **G 22**
  Mietwohnung, Aufgabe **U 294**
  Personensorge, Übertragung **U 262 f**
  Rechenschaftspflichten **U 298**
  Sterilisation **U 294**
  Testierfähigkeit **U 289**
  Übernahmepflicht **U 288**
  Unterbringung **U 294**
  Vertretung, gesetzliche **C 116; U 291**
  Wünsche des Betreuten **U 289 f**
Betriebsausfallschaden
  Gewinn, entgangener **I 189 f**
  Leistung, mangelhafte **I 189 ff**
  Rücktritt **I 205**
  Schuldnerverzug **I 193**
Betriebsübergang
  Arbeitsverhältnis **P 3, 38, 121 ff**
  Eintritt des Betriebserwerbers **H 2, 67, 75; P 122 ff**
  Widerspruchsrecht des Arbeitnehmers **P 128**
Betriebsvereinbarung P 41
Betriebsverfassung P 40
Beurkundung
  Auslegung der Erklärung **C 58**
  Gesamtbeurkundung **C 58**
Beurkundung, notarielle
  Aufklärung **C 155**
  Auflassung **T 178**
  Belehrungspflichten des Notars **C 152**

Beurkundung, notarielle (Forts)
  Beratungsfunktion **C 155**
  Formart **C 152**
  Informationsfunktion **C 155**
  Stufenbeurkundung **T 178; U 51**
Beurkundungskosten
  Aufwendungsersatz **I 218**
Beweislast
  Auslegungsregeln **C 55**
Bewerbung
  Diskriminierungsschutz **A 47; B 84**
BGB
  Entwicklung **A 1 ff**
  Gesetzgebungsarbeiten **A 14 ff**
  Inkrafttreten **A 23**
  Integration von Spezialgesetzen **A 31, 37**
  – Richtlinienumsetzung **A 41**
  Legisvakanz **A 23**
  Pandektensystem **A 27**
  Rezeption **A 23**
  Sprache **A 23, 27**
  Überschriften, amtliche **A 37**
BGB-Informationspflichten-Verordnung L 14
Bienen T 172
Bodenschätze
  Aneignungsrecht **T 173**
  Eigentum **T 176**
bona fides
  Pflichtenbegründung **D 52, 59**
  Rechtsprinzip **A 29**
Bonität
  Haftung **N 76**
  Vertragsbegründungsfreiheit **F 5**
Bordellvertrag
  Sittenwidrigkeit **C 177**
brevi manu traditio
  Eigentumserwerb **T 135**
Brexit A 43a
Bringschuld
  Erfolgsort **D 154**
  Leistungsort **D 154**
  qualifizierte **D 158, 160**
  Sachleistungsgefahr **D 112**
Bruchteilsgemeinschaft
  Berechtigung, mehrseitige **H 84**
  Schuld, gemeinschaftliche **H 93**
  Schuldverhältnis, gesetzliches **D 10, 12**
Buchgeld
  Erfüllungswirkung **G 44**
  Geldschuld, Erfüllung **D 127**
Bürgschaft
  Abgrenzung **K 103, 137, 144**
  Akzessorietät **K 2, 22 ff, 99, 128, 130, 137, 139**
  Allgemeine Geschäftsbedingungen **E 34**
  Anfechtung **K 111**
  Angehörigenbürgschaft **K 112 ff, 115 ff**
  Arbeitnehmer-Bürgschaft **K 121**
  Aufklärungspflichten **K 129**

Bürgschaft (Forts)
  Aufwendungsersatz **K 30, 134**
  Ausfallbürgschaft **K 102**
  Außergeschäftsraumvertrag **K 106; L 44**
  Bau-Bürgschaft **K 136**
  Begriff **K 98 f, 103**
  Blankobürgschaft **K 109 f**
  Bürgeneinrede **K 130**
  Bürgenhaftung **K 102**
  Bürgenprivilegierung **K 71**
  Bürgschaftsabrede **K 103 ff**
  Bürgschaftserklärung **K 107**
  Bürgschaftsurkunde, Kondiktion **K 111**
  cessio legis **K 131**
  Ehegatten-Bürgschaft **D 77**
  Ehegatten, Zustimmung **K 106**
  Einrede der Vorausklage **K 130, 139**
  Einreden **K 98, 130, 133**
  Einwendungsverzicht **K 30**
  elektronische Form, Unanwendbarkeit **C 149**
  Erlöschen **K 130**
  auf erstes Anfordern **K 93, 137**
  Fälligkeit **K 129**
  Forderungsabtretung **H 22**
  Form **C 142, 147 f, 155 f, 210; K 98, 107 f, 128**
  Fremddisposition, Verbot der **K 104**
  Genehmigung, familiengerichtliche **K 106**
  Geschäftsbesorgungsvertrag **K 107**
  Gesellschafterbürge **K 123**
  Gläubigeridentität **K 24**
  Globalbürgschaft **K 44 ff, 50 f, 104 f, 136**
  Haftungsumfang **K 36**
  Handelsgeschäft **K 107, 130**
  Hauptforderung **K 99, 102, 104, 129 f**
  Haustürgeschäft **L 44**
  Höchstbetragsbürgschaft **K 51, 69, 105, 138**
  Informationspflicht **F 28**
  Innenverhältnis **K 101, 133**
  Kreditbürgschaft **K 106, 136; L 44**
  Kreditsicherung **K 1 f, 11**
  Mietbürgschaft **K 136**
  Mitbürgschaft **K 69, 98**
  Nachbürgschaft **K 140**
  Parteien **K 99**
  Personalsicherheit **K 98**
  Personenidentität **K 100**
  Rückforderungsprozess **K 137**
  Rückgriff **K 71, 131 ff, 135**
  Schadlosbürgschaft **K 102**
  Scheckbürgschaft **K 136**
  Schuldübernahme, privative **H 58 f**
  selbstschuldnerische **K 93, 139**
  Sicherheit, geborene **K 18**
  Sicherungsabrede **K 96, 101**
  Sittenwidrigkeit **C 175, 177 f; K 9, 112 ff, 125 f**
  Sorgfaltspflichten **K 112, 129**
  Subsidiarität **K 102, 139**

Bürgschaft (Forts)
  Verbraucherbürgschaft **K 106**
  Verbrauchereigenschaft, doppelte **L 44**
  Verbraucherkreditrecht **K 127 f; L 91**
  Verbürgungswille **K 103**
  Verjährungseinrede **K 130**
  Vertrag zugunsten Dritter **K 99**
  Verzug des Bürgen **K 128**
  Vollmacht **K 108**
  Vollstreckungssperre **K 124**
  Wechselbürgschaft **K 136**
  auf Zeit **K 136**
Bundesverfassungsgericht
  Verfassungsfortbildung **A 67, 77**
Button-Lösung
  elektronischer Geschäftsverkehr **L 57**

case law A 49, 75
cessio legis
  Anspruchsüberleitung durch Verwaltungsakt **H 44**
  Forderungsübergang kraft Gesetzes **H 43**
  Gläubigerwechsel **K 24**
  Schadenstragung **J 12**
  Vorteilsausgleichung **J 96**
CFR
  tool box **A 48; L 4**
Chefarzt
  Arbeitnehmereigenschaft **P 21**
CISG
  Abbedingung **E 76**
  AGB-Einbeziehung **E 76**
  Anfechtbarkeit **N 324**
  Anwendungsausschluss **N 313**
  Anwendungsbereich **N 314 f**
  Anwendungsvorrang **N 313, 324**
  Erfüllung **N 323**
  Formvereinbarung, Aufhebung **C 144**
  Geschäftsfähigkeit **N 317, 324**
  Handelskauf, grenzüberschreitender **N 1, 7**
  Inhalt **N 316**
  Inhaltskontrolle **E 76**
  Käuferpflichten **N 322**
  Mängelrüge **N 321**
  Minderung **N 320**
  Nachbesserung **N 320**
  Rechtswahlklausel **E 76**
  Schadensersatzanspruch **N 320, 323**
  Sittenwidrigkeit **N 324**
  Verbotsgesetze **N 317**
  Verkäuferpflichten **N 318**
  Versendungskauf **N 322**
  Vertragsaufhebung **N 320, 323**
  Vertragsschluss **E 76; N 317**
  Vertragsübernahme **H 71**
  Vertragsverletzung **N 319 ff**
  Warenbegriff **N 314**
  Willensmängel **N 317**

Code civil A 10 f, 14, 16, 27
commodum ex negotiatione cum re
 Veräußerungserlös R 80, 141
commodum ex re
 Bereicherungsanspruch R 48
 Herausgabeanspruch R 80
Corpus iuris civilis
 Bereicherungsrecht R 10
 Erfüllung G 13
 Vertragsschluss M 4
Crowdfunding
 Darlehen, partiarisches M 35
culpa in contrahendo
 Aufklärungspflicht F 23, 25 ff; I 227 f
 Aufwendungsersatz I 229
 Ausschluss I 238 f
 Bestimmung zum Vertragsabschluss I 227
 Dritthaftung F 34 ff
 – Eigeninteresse, wirtschaftliches F 37, 39
 – Inanspruchnahme besonderen
  Vertrauens F 37
 Erklärungshaftung F 13
 Informationsasymmetrie F 24 f, 27
 Informationspflicht F 23, 25 ff
 Integritätsinteresse I 227
 Interesse, negatives F 47; I 228
 Kaufvertrag N 226 f
 Kodifikation A 37; F 10
 Kontakt, ähnlicher geschäftlicher F 15 f, 19; I 226
 Kontakt, geschäftlicher F 14
 Loyalitätspflicht F 31 ff
 Naturalrestitution I 229
 Nutzungsanrechnung I 231
 Obhutspflicht F 22
 Rechtsgüterschutz F 17 f, 21 f
 Rücksichtnahmepflicht F 20, 24
 Rücktrittsrecht F 48
 Schadensersatz C 5; F 41 ff
 – zweistufiger I 232
 Schadensersatz statt der Leistung F 48
 Schuldnerleistung, Rückgewähr I 230
 Schuldverhältnis, vor-rechtsge-
  schäftliches D 27
 Sonderverbindung F 12 f
 Verkehrssicherungspflichten F 17 f, 20 ff
 Verletzungsschaden F 42
 Vermögensinteressen F 23 f, 43, 46
 Verschulden F 41
 Verschulden bei Vertragsschluss F 10 f, 13 f
 Vertragsanbahnung F 15 ff
 Vertragsanpassung F 44
 Vertragsaufhebung F 44, 48
 Vertragskosten I 229
 Vertragsverhandlungen F 15 ff
 – Abbruch F 31 ff; I 227
 Vertrauensprinzip F 13
 Vorteilsausgleichung I 230 f

damnum emergens J 20
Darlehen
 Einrede der endgültigen
  Nichtvalutierung K 95
 Erfüllung G 21
 Gelddarlehen K 74; L 91
 Informationspflicht F 28
 Konsensualvertrag K 76
 Leistung an Erfüllungs statt G 32
 Leistung erfüllungshalber G 32
 Mitunterzeichnung durch Dritte K 78
 Novation G 89
 partiarisches M 35
 Personalsicherheit K 11
 Rückzahlungsanspruch K 76
 Sachdarlehen K 74
 Sicherungsabrede K 37
 unentgeltliches L 17, 90, 91
 Verbraucherdarlehensvertrag
  s dort
 Vereinbarungsdarlehen G 89
 Wucher C 179
 Zahlungskredit K 76 f
Darlehensvermittlungsvertrag
 Informationspflichten L 14
 Verbraucherschutz L 106
Daseinsvorsorge A 47
Daten
 Sacheigenschaft T 15
Datenschutz
 Forderungsabtretung H 7
 Persönlichkeitsrecht, allgemeines S 341
Datenschutz-Grundverordnung
 Beschäftigtendatenschutz P 33
Datenträger
 Informationspflichten L 50
 Sacheigenschaft T 15
Dauerschuldverhältnis
 Aufhebungsvertrag G 90
 Aufklärungspflicht D 70
 Befristung C 110
 Erfüllung G 21
 Informationspflichten F 25
 Kündigung A 37; F 48; L 58
 Vertrag, faktischer C 23
DCFR
 Abtretung H 76
 acquis communautaire A 48
 Allgemeine Geschäftsbedingungen E 79
 Antidiskriminierung F 55
 Aufrechnung G 97
 Bauvertrag Q 13
 Besitz T 254
 Besitzschutz T 254
 CFR, politischer A 48
 Eigenmacht, verbotene T 254
 Eigentum an beweglichen Sachen T 253
 Erfüllung G 97
 Final Outline Edition F 54

DCFR (Forts)
  Fremdbesitz **T 254**
  Geschäftsführung ohne Auftrag **R 146 f**
  Gläubigermehrheit **H 125**
  gutgläubiger Erwerb **T 253**
  Informationspflichten **F 55 f**
  Konfusion **G 97**
  Mietrecht **O 121**
  Mobiliarsicherheiten **H 76**
  Pflichten, vorvertragliche **F 56**
  Privatrechtsvereinheitlichung **C 241**
  Rücksichtnahmepflicht **F 56**
  Schadensrecht **J 7**
  Schuldbeitritt **H 76**
  Schuldnermehrheit **H 125**
  Schuldübernahme **H 76**
  Schuldverhältnis **F 56; G 97**
  Tilgungsbestimmung **G 97**
  Übereignung **T 253**
  ungerechtfertigte Bereicherung **R 146 f**
  Verbrauchervertragsrecht **L 4**
  Verhandlungsfreiheit **F 56**
  Vertragsfreiheit **F 55**
  Vertragstypen **M 3**
  Vertragsübernahme **H 71, 76**
  Werkvertrag **Q 13**
Deckungskauf
  Schadensersatz statt der Leistung **I 173, 182**
Deckungsverhältnis
  Kreditsicherung **K 1**
Deduktionsschluss
  Rechtsanwendung **A 49**
Deliktsrecht
  Rechtsentwicklung **A 33**
Delkrederehaftung
  Personalsicherheit Dritter **K 11**
Depotakzept
  Personalsicherheit **K 11**
  Sicherheit, gekorene **K 19**
Dereliktion
  Anfechtbarkeit **T 172**
  Besitzaufgabe **T 172**
  Eigentumsaufgabewille **T 172**
  Geschäftsfähigkeit **T 172**
  Grundstücke **T 189**
Dienstbarkeiten
  beschränkt persönliche **T 249**
  – Abtretung **H 8**
  Nutzungsrechte, dingliche **T 246**
Dienstleistungen
  Dienstvertrag **P 10, 54 ff**
  Höchstpersönlichkeit **P 91**
  Widerrufsrecht **L 52**
Dienstleistungen, unbestellte
  s Unbestellte Waren/Dienstleistungen
Dienstvertrag
  AGB-Kontrolle **P 42**
  Anfechtung **P 35 f**
  Annahmeverzug **P 96 ff, 113; Q 30**

Dienstvertrag (Forts)
  Arbeitsentgelt **P 12 f, 74 ff; Q 30**
  Arbeitsrecht **A 31**
  Arbeitsverhältnis **P 2**
  Aufhebungsvertrag **P 119 f**
  Ausschlussfrist **P 94 f**
  Beendigung **P 117 f**
  Befristung **P 116, 131**
  Beschäftigungspflicht **P 113 f**
  Dauerschuldverhältnis **P 117**
  Dienste höherer Art **P 7, 10, 147**
  Entgeltlichkeit **P 8**
  Entgeltrisiko **P 57**
  Erfolg **Q 30**
  Erfüllung **G 6**
  Fortsetzung des Gebrauchs nach Ablauf der Dienstzeit **P 132**
  freier **P 17**
  Fürsorgepflicht **P 109 ff**
  Gefahrtragung **P 11**
  Inhalt **P 37**
  Kündigung **P 116, 138 ff**
  – außerordentliche **P 138, 147 ff**
  – ordentliche **P 2, 138, 142**
  – Schadensersatz **P 156**
  – Teilkündigung **P 140**
  – Teilvergütung **P 155**
  – wichtiger Grund **P 148, 150 ff**
  Kündigungsfrist **P 142**
  Leistung in Person **D 146; P 91**
  Leistungsverweigerungsrecht **I 87**
  Leistungszeit **P 58**
  Nebenpflichten **P 60 f**
  Nichtigkeitsgründe **P 35**
  Nichtleistung **P 65 ff**
  Pflichtverletzung, Vertretenmüssen **I 157**
  Schlechtleistung **P 66 ff**
  Tod des Dienstverpflichteten **P 91**
  Vergütung **P 74 ff, 84 ff**
  Vergütungsgefahr **P 84**
  Vergütungshöhe **P 78**
  Verhinderung, vorübergehende **P 102 ff**
  Verjährung **P 92 ff**
  Vertrag auf Arbeit **P 2, 8 f, 27**
  Vertrag, gegenseitiger **P 27**
  Vertragsschluss **P 26**
  Vertragstyp **P 1 ff**
  Vollmacht, Erlöschen **C 213**
  Vorleistungspflicht **P 36**
  Zeitablauf **P 116**
  Zweckerreichung/-fortfall **I 80**
Differenzhypothese
  Schadensersatz **J 16 f, 87, 97**
  Schadensersatz statt der Leistung **I 172**
Differenzmethode
  Schadensersatz statt der Leistung **I 174, 176 f, 180, 203**
Digitale Inhalte
  Informationspflichten **L 50**

Digitale Inhalte (Forts)
 integrierte **L 5**
 Legaldefinition **P 170**
 Richtlinienentwurf **F 57**; **L 5**; **N 8**
Digitale Produkte
 Verbrauchsgüterkauf **N 276**
Digitaler Binnenmarkt
 Rechtsangleichung **N 8**
 Vollharmonisierung **L 5**
Digitaler Nachlass
 Reformbedarf **V 130**
Digitalisierung
 Rechtsentwicklung **A 32**
Diskontgeschäft
 Kreditvertrag **K 74**
 Wechselforderungen, Handel mit **H 4**
Dissens
 Einigungsmangel **C 85**
 logischer **C 86**
 Schadensersatz **C 85**
 versteckter **C 87**
DNA-Test
 Anspruch auf Einwilligung **A 35**
do ut des D 16, 19; N 10
Dokumentenakkreditiv A 80
dolo agit, qui petit, quod statim redditurus est
 Rechtsmissbrauch **D 75 f**
Domainbeschaffung M 41
Doppelwirkung des Rechts
 Vertrag, unwirksamer **N 14**
Dresdner Entwurf A 16
Drittschadensliquidation
 Auseinanderfallen Schaden/Anspruch **J 73 f**
 Gefahrverlagerung, obligatorische **J 74, 77**; **N 263**
 Gläubigerinteresse **J 73**
 Obhutsverhältnisse **J 74, 78**
 Schaden, normativer **J 17**
 Schadensersatz **J 71, 73 ff**
 Sicherungsabtretung **H 42**
 Stellvertretung, mittelbare **J 74 f**
 Treuhandverhältnisse **J 74, 76**
 Vereinbarung **J 74, 79**
 Versendungskauf **N 263**
Drohung, widerrechtliche
 Anfechtungsgrund **C 17**
 Anfechtungsrecht **C 194**
 Ausschlussfrist **C 194**
 Motivirrtum **C 185**
 Nichtigkeitsfolge **C 194**
 Widerrechtlichkeit **C 198**
 Zweck-Mittel-Relation **C 198**
dual use
 Verbrauchereigenschaft **L 6**; **N 275**

E-Mail
 Vertragsschluss **A 32**
 Zusendung, unverlangte **S 361, 412**

ec-Karte
 Erfüllung **G 46**
Ehe
 Alleinverdienerehe **U 28**
 Auflösung **U 106 ff**
 Bindung sui generis **U 11**
 Deliktsschutz **S 248**
 Doppelehe **U 14, 149**
 Doppelverdienerehe **U 28**
 Ehe für alle **A 68**
 Eheaufhebung **U 148 ff**
 Ehegatteninnengesellschaft **U 88**
 Ehename **U 32 ff**
 Ehestörung **U 25**
 Eheverbote **U 14, 148**
 Ehewirkungen, allgemeine **U 20 ff, 47**
 Eigentumsvermutungen **U 42 f**
 Einehe **U 20**
 Familienrecht **A 35**; **U 11**
 Familienunterhalt **U 27, 44 f**
 Gemeinschaft, häusliche **U 22**
 Geschlechtsgemeinschaft **U 22**
 Gleichgeschlechtlichkeit **U 167**; **V 26**
 Grundrechtsschutz **U 3**
 Haftungsminderung **U 35**
 Lebensbedarfsdeckungsgeschäfte **U 36 ff**
 Lebensgemeinschaft, eheliche **U 18, 21 ff, 73, 115**
 Lebenszeitprinzip **U 20, 109**
 Mietvertrag **O 20**
 Namensehe **U 18**
 Nichtehe **U 17**
 Prozesskostenvorschuss **U 46**
 räumlich gegenständlicher Bereich **S 248**; **U 25**
 Realsplitting **U 23**
 Rücksichtnahmepflicht **U 23, 35**
 Scheinehe **U 148**
 Schlüsselgewalt **U 36 ff**
 Treue, gegenseitige **U 20, 22**
 Unterhalt **U 44 f, 47**
 Verwandtenehe **U 14, 149**
 Zivilehe, obligatorische **U 15**
 Zuverdienstehe **U 28**
 Zuwendungen, unbenannte ehebedingte **U 89**
Ehegatten
 Arbeitsvertrag **U 59**
 Aufgabenverteilung **U 28 f**
 Besitzverhältnisse **U 22**
 Einvernehmen **U 28 f**
 Erwerbstätigkeit **U 30**
 Garantenpflicht **U 24**
 Gesellschaftsvertrag **U 59**
 Gleichberechtigung **U 20, 73**
 Mitarbeit **U 31**
 Mithaftung **U 23**
 Mitverpflichtung **U 36 ff**
 Persönlichkeitsrecht **U 23**

Ehegatten (Forts)
  Rechtsverhältnis **U 5**
  Schenkung **U 59**
  Testament, gemeinschaftliches **V 57**
  Tod eines Ehegatten **U 74, 107 f**
Ehemündigkeit
  ausländisches Recht **U 18**
Ehescheidung
  Betreuungsunterhalt **U 56**
  Eheauflösung **U 109**
  Ehewohnung **U 117, 119, 121 f**
  einvernehmliche **U 112**
  Folgesachen **U 121 ff**
  Hausrat **U 117 f, 121 f**
  Konträraktsprinzip **A 35**
  Konventionalscheidung **U 112**
  Krankheitsunterhalt **U 56**
  Scheidungsfolgenrecht, Kernbereich **U 56**
  Scheitern der Ehe **U 110**
  Sorgerechtsregelung **U 121**
  Unterhalt, nachehelicher **U 8, 56, 122 ff**
  – Altersphasenmodell **U 124**
  – Altersunterhalt **U 125**
  – Aufstockungsunterhalt **U 126, 131**
  – Basisunterhalt **U 124**
  – Bedürftigkeit **U 128**
  – Befristung **U 134**
  – Betreuungsunterhalt **U 124, 136**
  – Eigenverantwortung **U 8, 123**
  – Einkommensminderungen **U 131**
  – Einsatzzeitpunkte **U 125 ff**
  – Entwicklung, berufliche **U 131**
  – Erlöschen des
    Unterhaltsanspruchs **U 137**
  – Erwerbstätigenbonus **U 132**
  – Erwerbstätigkeit des
    Unterhaltsberechtigten **U 131 f**
  – Härteklausel **U 111, 135**
  – Härteklausel, negative **U 135**
  – Herabsetzung **U 134**
  – Karrieresprung **U 131**
  – Krankheitsunterhalt **U 125**
  – Lebensverhältnisse, eheliche **U 130 f**
  – Lebensverhältnisse, Wandelbarkeit **U 131**
  – Leistungsfähigkeit **U 129**
  – Stichtagsprinzip **U 131**
  – Unterhaltsleitlinien **U 133**
  – Unterhaltstabellen **U 133**
  – Unterhaltsvereinbarungen **U 136**
  – Wiederverheiratung des
    Unterhaltsschuldners **U 131**
  Verbundverfahren **U 121**
  Versorgungsausgleich **U 8, 47, 121 f, 138 ff**
  – Ausgleichsansprüche **U 141**
  – Ehedauer, kurze **U 143**
  – Ehewohnung **U 145**
  – Geringfügigkeit **U 143**
  – Härteklausel **U 142**

Ehescheidung (Forts)
  – Haushaltsgegenstände **U 145 f**
  – Renten **U 139**
  – Teilung, externe **U 140**
  – Teilung, interne **U 140**
  – Vereinbarungen über den **U 54, 144**
  – Wertausgleich **U 140**
  Wohnungszuweisung **O 20**
  Zerrüttungsprinzip **U 110**
  Zerrüttungsvermutungen **U 110, 113**
  Zugewinnausgleich **U 76, 121**
Eheschließung
  Aufenthaltsrecht **U 18**
  Bedingungsfeindlichkeit **C 98, 102**
  Eheaufhebungsklage **C 102**
  Formmangel, Heilungsmöglichkeit **C 156**
  Formzwang **C 141, 154; U 16**
  Geschäftsfähigkeit **U 13**
  gleichgeschlechtliche Paare **U 10**
  Grundrechtsschutz **A 68b**
  Konsenserklärung **U 16 f**
  Standesbeamter, Mitwirkung **U 16 ff**
  Vertrag, familienrechtlicher **U 20**
  Volljährigkeit **U 9, 13**
  vorsätzliche sittenwidrige Schädigung
    S 248
Eheschließungsfreiheit
  Ebenbürtigkeitsklausel **V 99**
  Grundrechtskollision **C 175**
  Grundrechtsschutz **U 3, 13, 18**
  Privatautonomie **C 1**
Ehevertrag
  Ausübungskontrolle **U 58**
  Definition **U 50**
  Form **U 51**
  Inhalt **U 52 f**
  Inhaltskontrolle **U 55 f**
  Kodifikationsvertrag **U 52**
  Sittenwidrigkeit **U 57**
  Versorgungsausgleich, Vereinbarungen
    über den **U 54**
  Vertragsanpassung **U 58**
  Vertragsfreiheit **U 56**
  Wirksamkeitskontrolle **U 57**
Ehewohnung
  Ehescheidung **U 117, 119, 121 f**
  Gütertrennung **U 84**
  Mitbesitz **U 22**
  räumlich gegenständlicher Bereich der
    Ehe **U 25**
  Versorgungsausgleich **U 145**
Eigenmacht, verbotene
  Besitzrecht, anderweitiges **D 76**
Eigenschaftsirrtum
  Kaufvertrag, Anfechtung **N 221 ff**
Eigentümer-Besitzer-Verhältnis
  Bereicherungsrecht, Verhältnis
    zum **R 91 ff; T 221, 226**
  Bösgläubigkeit **T 207 ff, 218, 224**

Eigentümer-Besitzer-Verhältnis (Forts)
Fremdbesitzerexzess T 216
nicht-mehr-berechtigter Besitzer T 204
nicht-so-berechtigter Besitzer T 203
Nutzungsherausgabe T 3, 200 f, 207, 218 ff
– Früchte T 171, 218 f
– Gebrauchsvorteile T 218
– Übermaßfrüchte T 219
Rechtshängigkeit T 207, 218, 224
Schadensersatz T 3, 200 f, 207, 213 ff
Schuldverhältnis, gesetzliches D 11 f; T 190, 200
Verjährung T 201
Verwendungsersatz T 200, 222 ff
– Erhaltungskosten, gewöhnliche T 224
– Genehmigung der Verwendung T 228
– Lasten T 224
– Luxusverwendungen T 225
– notwendige Verwendungen T 224
– nützliche Verwendungen T 225 f
– Wiedererlangung der Sache T 228
Vindikationslage T 200, 202 ff
Eigentum
Beeinträchtigung T 231
Bruchteilseigentum T 114 f
Eigentumsvermutungen T 127 ff
geistiges T 113
Gesamthandseigentum T 114, 116
Herausgabeanspruch T 190 ff, 230
immaterielles A 26
Miteigentum T 114 ff
Notstand T 112
Privatrecht A 24 f
Recht, dingliches T 240
an Sachen T 113
Sachgesamtheiten T 113
Sachherrschaft T 109, 151
Sachteile T 113
Stammrecht T 240a
Substantialprinzip T 168
Verkehrsschutz T 146 ff
Zuweisungsgehalt T 229, 240
Eigentumserwerb
Aneignung T 172 ff
Aneignungsgestattung T 169 f
Bestandteile, sonstige T 168 ff
Ersitzung T 162 ff
Fruchtziehung T 168 ff
Geheißerwerb T 134, 153
lastenfreier T 161, 183
vom Nichtberechtigten T 145 ff, 183 ff
originärer T 162 ff
Verarbeitung T 166 f
Verbindung T 165, 167
Vermischung T 165, 167
Eigentumsfreiheit
Privatautonomie C 1; F 4
Eigentumsgarantie
Besitzrecht des Mieters A 68a; O 7

Eigentumsgarantie (Forts)
Grundrechtsschutz T 110 f
Eigentumsstörungen
Anspruch, negatorischer T 230
Beseitigungsanspruch T 190, 230 ff
Duldungspflichten T 235 ff
Immissionen, negative T 231
Imponderabilien T 237
Unterlassungsanspruch T 190, 233
Eigentumsvorbehalt
Abwehrklauseln, formularmäßige K 212
Abzahlungskauf K 211, 216
Anwartschaftsrecht H 24; K 215, 218 ff; N 304; S 241 ff
Bedingungseintritt K 205, 215, 218
Besitzmittlungsverhältnis K 216
Bestandteile, wesentliche T 18
Drittwiderspruchsklage K 17
einfacher N 304
erweiterter K 64, 212
Fahrzeugbrief K 209
Herausgabeanspruch K 17, 217
Insolvenz des Käufers K 17
Kaufpreisforderung, Abtretung K 221
Kaufvertrag N 304
konkludent vereinbarter N 304
Kontokorrentvorbehalt K 229
Konzernvorbehalt K 213, 229
Kreditsicherung K 2, 4
Legaldefinition K 204
Lieferschein K 209
nachgeschalteter K 228
nachträglicher K 211, 214; N 304
Obhutspflicht K 216
Rücktritt vom Kaufvertrag K 217
Sachen, bewegliche K 208
Sachgesamtheit K 208
Übereignung, aufschiebend bedingte C 96, 103; K 204, 209; N 304; T 120
Vereinbarung K 206 f
– stillschweigende K 210
verlängerter H 39; K 59 ff, 64, 212, 222 f; S 532
– Abtretungsverbot K 224
– Bestimmbarkeit der Forderung K 224
– Einziehungsermächtigung K 223
– Factoring K 261 ff
– Kollision mit Globalzession K 59 ff
– Prioritätsprinzip K 59
– Übersicherung K 226
– Verarbeitungsklausel K 225
– Vorausabtretung K 223 f
– Vorrangklausel K 62
– Weiterleitungsrisiko K 263
– Weiterveräußerungsermächtigung K 223 f
Vertragsbruchtheorie K 60, 262, 264 f
vertragswidriger K 211
Verwertung K 17

Eigentumsvorbehalt (Forts)
  Warenkredit **N 303**
  weitergeleiteter **K 227**
Einbaufälle
  s Aus- und Einbaufälle
Einigung, dingliche
  Abstraktion **T 6**
  Anfechtbarkeit **T 123**
  Bedingung **T 120**
  Bedingung, uneigentliche **T 8**
  Befristung **T 120**
  brevi manu traditio **T 135**
  Eigentumserwerb, originärer **T 118**
  Eigentumsübergang **T 6**
  Form **T 122**
  Geschäftsfähigkeit **T 123**
  Inhalt **T 120**
  konkludente **T 122**
  Offerte ad incertas personas **T 119**
  Parteien **T 119**
  Pfandrecht **T 6**
  Rechtsgeschäftslehre **T 4, 118, 123**
  Sittenwidrigkeit **T 9, 123**
  Verbot, gesetzliches **T 123**
  Verbotsgesetz **T 9**
  Vertrag, dinglicher **T 118**
  Widerruflichkeit **T 121**
Einrede
  Durchsetzbarkeit des Anspruchs **I 8**
  Leistungsverweigerungsrecht **G 8**
Einwendungen, rechtsvernichtende G 8
Einwilligung
  ärztliche Behandlung **C 13 f**
  Einsichtsfähigkeit **C 13**
  Ersatzgeschäfte **C 130**
  Generalkonsens, beschränkter **C 131**
  Geschäftsfähigkeit **C 13 f**
  Minderjährigenschutz **C 129 ff**
  Rechtsgeschäft **C 13**
  Widerruf **C 129, 234**
  Zustimmung, vorherige **C 129, 234 f**
Einziehungsermächtigung
  Inkassozession, Abgrenzung **H 4**
  Lastschriftverfahren **G 45**
Einziehungsklage
  Verbraucherschutz **L 31**
Eizellenspende A 35
electronic cash-Verfahren
  Erfüllungswirkung **G 46**
  Zahlungsverkehr, bargeldloser **G 42**
Elektive Konkurrenz
  Bindungswirkung **D 135**
  Nacherfüllung **I 50**
  Wahlschuld, Abgrenzung **D 135**
Elektronische Form
  Vertragsschluss **A 32**
Elektronische Signatur
  qualifizierte elektronische Signatur **C 143**
  – Abschlussfunktion **C 149**

Elektronische Signatur (Forts)
  – Anscheinsbeweis **C 149**
  – Echtheitsfunktion **C 149**
  – Hashwert **C 149**
  – Identifizierungsfunktion **C 149**
  – Passwort **C 149**
  – PIN **C 149**
  – private key **C 149**
  – public key **C 149**
  – Signaturprüfschlüssel **C 149**
  – Signaturschlüssel **C 149**
  – Vertragsurkunden **C 149**
  – Warnfunktion **C 149**
Elektronischer Geschäftsverkehr
  Bestellung, Bestätigung **L 56**
  BGB **A 32**
  Form, vereinbarte **C 143**
  Informationspflichten **L 14, 55 f**
  Kunde **L 55**
  Lieferbeschränkungen **L 57**
  Nebenleistung, entgeltliche **L 41**
  Pflichteninformationen **L 57**
  Verbraucherbeteiligung **L 57**
  Verbraucherschutz **L 55 f**
  Vertriebsformen, besondere **L 42**
  Zahlungsmittel **L 57**
  Zugang **C 30**
Elterliche Sorge
  Alleinentscheidungsbefugnis **U 200**
  Alleinsorge **U 192 f, 203**
  Alleinsorge der Mutter kraft
    Gesetzes **U 193**
  Aufwendungsersatz **U 217**
  Beendigung **U 196 f, 219**
  Deliktsschutz **S 249**
  Ehescheidung **U 147, 200**
  Eingriffsbefugnis **U 223 f**
  Elternverantwortung **U 3, 191**
  – Unterhaltspflichten **U 191**
  Erziehung, gewaltfreie **U 206**
  Erziehungsversagen **U 223**
  gemeinsame **U 165, 192 f, 199 ff**
  – Antragsmodell **U 165**
  Getrenntleben der Eltern **U 120**
  Kinder nicht miteinander verheirateter
    Eltern **U 165**
  Kindeswohl **U 206 f, 223**
  Notvertretungsrecht **U 200, 211**
  Personensorge **U 191, 205, 224**
  – Aufenthaltsbestimmung **U 205**
  – Aufsichtspflicht **U 205**
  – Herausgabeanspruch **U 205**
  – Umgang **U 191, 205**
  Ruhen **U 196, 198, 219**
  Sorgeerklärungen **U 165, 194**
  Sorgerechtsübertragung, gerichtliche **U 195**
  Sorgfalt, eigenübliche **U 218**
  Unentgeltlichkeit **U 217**

Elterliche Sorge (Forts)
Vater, mit der Mutter verheirateter **U 195**
Vermögenssorge **U 191, 207 ff**
– Einkünfte, Verwendung **U 210**
– Entziehung **U 226**
– Genehmigung, familiengerichtliche **U 209**
– Vermögensverwaltung **U 207 f**
– Vermögensverzeichnis **U 207**
Vertretung, gesetzliche **C 116, 205; U 211 ff**
Wächteramt des Staates **U 3, 191, 220, 223**
Eltern-Kind-Verhältnis
Beistand, gegenseitiger **U 229**
Dienstleistung in Haushalt/Geschäft **U 230**
Kindschaft **U 227 ff**
Rechtspflicht zum Handeln **S 803**
Rechtsverhältnis **U 5**
Rücksichtnahmepflicht **U 229**
Schuldverhältnis, gesetzliches **D 11 f**
Embryo
Gesundheitsverletzung **S 216 ff**
Schädigung durch die Eltern **S 218**
Schutz, verfassungsrechtlicher **S 117**
Unterlassungsanspruch gegen die Abtreibung, vorbeugender **S 202**
Empfängerhorizont
Auslegung, objektive **A 60; C 52 f**
Vertragsantrag **C 66**
Empfängnisverhütung, Pflicht zur
Sittenwidrigkeit **C 177**
unerlaubte Handlung **S 363**
Empfangsbote
Irrtum **C 187**
Zugang der Willenserklärung **C 33**
Empfangszuständigkeit
Abtretung der Forderung **H 20**
Erfüllung **G 22**
Leistungsannahme durch Minderjährige **C 128**
Energieversorgungsvertrag
Dreijahreslösung **E 12a**
Sonderkunden **E 19**
Energiewende
Mietrecht **O 5, 56a, 93**
Enteignender Eingriff J 28
Enteignung J 28
Enteignungsgleicher Eingriff J 28
Entgeltforderungen
Verzugszinsen **I 183**
Entgeltfortzahlung
Versorgung, einstweilige **J 11 f**
Vorteile, erkaufte **J 101**
Entwertungsschaden
Verzugsschadensersatz **I 182**
Enumerationsprinzip A 56
Erbbaurecht
Belastung **T 250**
Bestellung **T 250**
Dauer **T 252**

Erbbaurecht (Forts)
Entschädigungsanspruch **T 252**
Erbbauzins **T 250**
Haben eines Bauwerks **T 250 f**
Herausgabeanspruch **T 240b**
Übertragbarkeit **T 250**
Vererblichkeit **T 250**
Erbengemeinschaft
Auseinandersetzung **V 121 ff, 125**
– Ausgleichungspflicht **V 125**
– Teilungsanordnungen **V 125**
Gesamthandseigentum **T 116**
Gesamthandsgemeinschaft **V 121**
Nachlassverwaltung **V 124**
Parteifähigkeit **V 123**
Rechtsfähigkeit **V 123**
Verfügung über Nachlassanteile **V 124**
Verfügung über Nachlassgegenstände **V 124**
Erbenhaftung
Beschränkung auf den Nachlass **V 116**
Nachlassinsolvenz **V 116**
Nachlassinventar **V 116**
Nachlasspflegschaft **V 116**
Nachlassverbindlichkeiten **V 116 f**
– Auflagen **V 117**
– Beerdigungskosten **V 117**
– Dreißigster **V 117**
– Erbersatzansprüche **V 117**
– Erbfallschulden **V 117**
– Nachlasserbenschulden **V 117**
– Nachlassverwaltungskosten **V 117**
– Pflichtteilsrechte **V 117**
– Vermächtnisse **V 117**
– Voraus **V 117**
unbeschränkte **V 116**
Erbfähigkeit V 111
Erbrecht
AGB-Kontrolle **E 13**
Anfechtung **C 181**
Annahme der Erbschaft **V 112**
Auslegungsregeln **C 54**
Bedeutung **V 131**
Ehegattenerbrecht **V 16, 20 ff, 130**
Eintrittsrecht **V 18, 20**
Erbfolge, gesetzliche **V 17 ff**
Erbschaftsteuerrecht **V 29**
Familienerbfolge **A 28; V 2, 5 f, 8 f, 16, 41 f, 128**
Familienvermögen **V 2 f**
Formzwang **V 44 f**
Gradsystem **V 18 f**
Grundrechtsschutz **V 1, 12**
Kinder, nichteheliche **V 15, 28**
Kommorientenvermutung **V 111**
Liniensystem **V 18 ff**
Motivirrtum **C 94, 185**
Nachlass, digitaler **V 130**
Ordnungen **V 18 f**

Erbrecht (Forts)
  Parentelsystem **V 18 f**
  Pflichtteilsrecht **A 28**
  Rechtsentwicklung **A 33**
  Rechtsnachfolge **V 1**
  Reformbedarf **V 130**
  Repräsentationssystem **V 18, 20**
  Singularsukzession **V 109**
  Sondererbfolge **V 102, 109**
  – Anerbenrecht **V 109**
  – Höferecht **V 109**
  des Staates **V 29, 128, 130**
  Stammessystem **V 18 ff**
  Testierfreiheit **A 28**; **V 1, 7 ff, 13 f, 43 ff, 100**
  Typenzwang **V 44 f**
  Universalsukzession **A 28; V 13 f, 101 ff, 116**
  Unternehmensnachfolge **V 70, 73, 76, 130**
  Versorgungsfunktion **V 131**
  Verwandtenerbrecht **V 6, 16, 18 ff, 130**
  Vonselbsterwerb **V 101, 110, 112**

Erbrechtsgarantie
  Pflichtteilsrecht **V 40**

Erbschaft
  Vorteilsausgleichung **J 105**

Erbschaftsannahme
  Bedingungsfeindlichkeit **C 98**

Erbschaftsanspruch
  Gesamtanspruch **V 118 ff**
  Nutzungsherausgabe **V 120**
  Schadensersatz **V 120**
  Surrogate, Herausgabe **V 120**
  Verwendungsersatzanspruch des Erbschaftsbesitzers **V 120**
  Wertersatzpflicht **V 120**

Erbschaftskauf
  Konfusion **G 86**

Erbschein
  Amtsermittlungsgrundsatz **V 127**
  Erbschaftsannahme **V 112 f**
  – Anfechtung **V 115**
  Europäischer Erbschein **V 127**
  Europäisches Nachlasszeugnis **V 127**
  öffentlicher Glaube **V 126**
  Verfahrensrecht **V 127**
  Zeugnis über das Erbrecht **V 126**

Erbunfähigkeitsklausel
  Sittenwidrigkeit **V 99**

Erbvertrag
  Anfechtung **V 67; C 183**
  Aufhebungsvertrag **V 67**
  Bindungswirkung **V 48, 62 f, 67**
  Doppelnatur **V 63**
  Form **C 141; V 46 f, 64**
  Rücknahme aus amtlicher/notarieller Verwahrung **V 67**
  Rücktritt **V 67**
  Schenkung in Beeinträchtigungsabsicht **V 66**
  Verfügung von Todes wegen **V 48, 63**

Erbvertrag (Forts)
  Verfügungen, einseitige **V 65**
  Verfügungen, vertragsmäßige **V 63, 65 f**

Erdgaslieferungsvertrag
  Missbrauchskontrolle **E 11b**

Erfindung
  Kaufgegenstand **N 33**

Erfolgshonorar
  Verbot **A 68a**

Erfolgsort
  Erfüllungseintritt **D 152**
  Kaufpreis **N 249**

Erfüllung
  Annahmeverweigerung **G 26**
  Befriedigungsberechtigte **G 24**
  Beweislast **G 48 ff; I 12**
  Bewirken der geschuldeten Leistung **G 22**
  durch Dritte **G 24**
  Einwendung, rechtsvernichtende **H 28**
  Entwicklung, historische **G 12 ff**
  Erfüllungsgehilfen **G 24**
  Erfüllungsversuch **G 26**
  Erfüllungsvertrag **G 16, 28**
  Erfüllungswille **G 27**
  gutgläubiger Erwerb **G 22**
  Leistung an Dritte **G 25 f**
  Leistungserfolg **G 6, 22, 29; I 44**
  Leistungsstörungen **I 5, 46 f**
  Primäransprüche **G 20**
  reale **G 12**
  Schuldverhältnis, Erlöschen **G 1, 7, 11 ff, 17 ff, 50**
  Sekundäransprüche **G 20**
  subjektives Element **G 16, 27 ff**
  Teilerfüllung **G 21**
  Theorie der finalen Leistungsbewirkung **G 29 f, 97**
  Theorie der realen Leistungsbewirkung **G 28 ff**
  Vertragstheorie **G 16, 28**
  Vorrang **I 23**
  Zurückbehaltungsrecht **G 50**
  Zweckvereinbarungstheorie **G 29**

Erfüllungsgefährdung
  Rücktrittsrecht **I 7**

Erfüllungsgehilfe J 129

Erfüllungsgehilfenhaftung
  Haftung für Verschulden Dritter **J 127 ff; N 180; S 109**

Erfüllungsort
  Nacherfüllung **D 155; I 29, 56**

Erfüllungsübernahme
  Forderungsabtretung **H 23**

Erfüllungsverweigerung
  Nachfrist, Entbehrlichkeit **I 7, 36**

Erhaltungspflichten D 60

Erklärungsbewusstsein
  Erklärung ohne Erklärungsbewusstsein **C 28, 202**

Sachregister   Europäische Union

Erklärungsbote
  Erklärungsirrtum **C 187**
  Zugang der Willenserklärung **C 33**
Erklärungsirrtum
  Kaufvertrag, Anfechtung **N 220**
Erlass
  Annahme **G 80**
  Einwendung, rechtsvernichtende **H 28**
  Erlass-Falle **C 57**
  Forderungsverzicht, einseitiger **G 80**
  Formfreiheit **G 81**
  Gesamtschuld **G 84**
  Grundgeschäft **G 82**
  Leistungsverzicht **G 77**
  Schuldnerschutz **H 31**
  Schuldverhältnis, Erlöschen **G 7, 11, 77, 84**
  Verfügungsgeschäft **G 82**
  Vertrag **G 80 f**
  Vertragsprinzip **G 78 f**
  Verzichtbarkeit des Anspruchs **G 81**
  Verzichtswille **G 81**
Ersetzungsbefugnis
  Bindungswirkung **D 139**
  Kfz-Schäden **J 46**
  Leistungsalternative **D 137**
  Unmöglichkeit **D 138**
  Wahlschuld, Abgrenzung **D 136**
  Wiederherstellung, Unzumutbarkeit **J 46 f**
Ersitzung
  Buchersitzung **T 188**
  Eigentumserwerb **T 162 ff**
  Ersitzungsfrist **T 163 f**
  Kondiktionsfestigkeit **T 164**
  Kontratabularersitzung **T 188**
  Tabularersitzung **T 188**
Erwerbsverbote
  einstweiliger Rechtsschutz **C 172**
essentialia negotii
  Hauptleistung **C 84; M 4, 10; N 11**
  Hauptvertrag **C 80**
  Kaufvertrag **N 11**
  Leistungsbestimmungsrecht **C 84**
  Preis **C 84; N 11**
  Üblichkeit **C 84**
  Vertragspartner **C 84**
EU-Richtlinien
  Auslegung, richtlinienkonforme **A 53, 70; B 4; E 10, 40**
  Auslegungskompetenz **L 12**
  Dienstleistungsrichtlinie **Q 11**
  E-Commerce-Richtlinie **L 55**
  EU-Kartellschadensersatzrichtlinie **J 7**
  Fernabsatzrichtlinie **A 40; L 6, 48**
  Finanzmarktrichtlinie **A 40**
  Geschäftspraktiken-Richtlinie **L 38**
  Harmonisierungsrichtlinien **A 40**
  Haustürrichtlinie **A 40**
  horizontale Richtlinien **A 70**

EU-Richtlinien (Forts)
  Klauselrichtlinie **E 7, 10, 26, 45, 77; L 20 f, 23; Q 12**
  Kompetenzüberschreitung **A 40**
  Pauschalreiserichtlinie **L 115**
  Pauschalreiserichtlinie-neu **L 115**
  Produkthaftungsrichtlinie **A 40**
  Richtlinienkompetenz **A 40 f, 43**
  Time-Sharing-Richtlinie **A 40; L 3, 76**
  Time-Sharing-Richtlinie-neu **L 77**
  Überweisungsrichtlinie **A 40**
  Umsetzung **A 40 f**
  – überschießende **B 4**
  Unterlassungsklagen zum Schutz der Verbraucherinteressen **L 31**
  Verbraucherkreditrichtlinie **A 40; L 3, 86 f**
  Verbraucherkreditrichtlinie-neu **L 87 f**
  Verbraucherrecht **A 40**
  Verbraucherrechterichtlinie **A 40; E 10; I 26, 29, 36 f; L 2 f, 38**
  Verbrauchsgüterkaufrichtlinie **A 40, 42; D 155; L 19, 63 f; N 1**
  Vorlagepflicht an den EuGH **L 12**
  Zahlungsdienste-Richtlinie I **L 107**
  Zahlungsdienste-Richtlinie II **L 107**
  Zahlungsdiensterichtlinie **R 68**
  Zahlungsverzugsrichtlinie **D 159; I 39, 45**
EU-Verordnungen
  Datenschutz-Grundverordnung **P 33**
  Fluggast-VO **A 43; L 117**
  Privatrecht **A 40**
EuGH
  Allgemeine Geschäftsbedingungen **E 10 ff**
  Rechtsfortbildung **A 43**
  Vorlagepflicht an den **L 12**
EuGVO-neu
  Verbraucherklagen **L 33**
  Zuständigkeit, internationale **L 33**
Euro
  Anleihe-Käufe der EZB **A 43a**
  Währung, einheitliche europäische **A 43a**
Europäische Erbrechtsverordnung
  Erbrechtsangleichung **V 132**
Europäische Privatrechtsvereinheitlichung
  Antidiskriminierungsrecht **C 240**
  Erbrecht **V 131 f**
  Europäisches Nachlasszeugnis **V 127**
  Regelungsvorschläge **F 54**
  Richtlinienrecht **F 54**
  Verbraucherschutz **C 240**
Europäische Union
  Arbeitsrecht **P 16**
  Gemeinschaftsrecht **A 40 ff**
  Grundrechtecharta **A 1, 66; P 16**
  juristische Person **A 40**
  Reformbedarf **A 43b**
  Völkerrechtssubjekt **A 40**
  Vorrang des Unionsrechts **E 10; P 16**

Europäischer Stabilitätsmechanismus
Ultra-vires-Lehre **A 43a**
Europäisches Kartellrecht
EU-Kartellschadensersatzrichtlinie **J 7**
Strafgedanke **A 46**
Europäisches Nachlasszeugnis
Verwendung im Ausland **V 127**
Europäisches Vertragsrecht
tool box **L 4**
Europäisches Zivilgesetzbuch A 48
exceptio doli
Arglisteinwand **A 29; D 73**
Existenzgründung
Verbraucherkreditrecht **L 6, 91**
Existenzgründungskredit
Finanzierungshilfe **K 252**
EZB
Anleihe-Käufe **A 43a**
Nullzinspolitik **A 43a**

Factoring
Abgrenzung **K 253 f, 256**
Abtretungsverbot **K 270**
Barvorschusstheorie **K 263**
Debitoren **K 249**
Debitorenbuchhaltung, Übernahme **K 249, 258**
Delkrederefunktion **K 250**
Delkredererisiko **K 250, 258, 264; M 41**
Dienstleistungsfunktion **K 250**
Diskontverfahren **K 251**
echtes **H 4; K 250 ff, 256, 258, 260, 262 f, 268; N 29**
Eigentumsvorbehalt, nachfolgender verlängerter **K 261 ff**
Eigentumsvorbehalt, vorausgehender verlängerter **K 268 ff**
Einziehungsermächtigung **K 270, 272, 274**
Factor **K 249**
Factoring-Globalzession **K 250, 261 ff**
Fälligkeitsverfahren **K 251**
Finanzierungsfunktion **K 250, 252**
Finanzierungshilfe **K 252**
Forderungskauf **H 4; K 252, 258; N 29**
Global-Vorauszession **K 261**
Globalzession **K 259, 261, 263**
– Prioritätsprinzip **K 266, 272**
internationales **H 4, 37**
Kausalverträge **K 257 ff**
Kombinationen **K 256**
Kunde **K 249**
Rahmenvertrag **K 255 f**
Rechtsnatur **K 252, 257**
Struktur **K 249**
unechtes **E 55; K 250 f, 252, 256, 257, 264 ff, 269, 271, 273; N 29**
Verbot **K 270**
Veritätshaftung **K 260**
Vertragsbruchtheorie **K 264 f, 271, 273**

Factoring (Forts)
Vertragstyp **A 31; K 249**
Vorschussverfahren **K 251**
Weiterleitungsrisiko **K 263, 274**
Zahlstellenklausel **K 274**
Factoringvertrag
eigentlicher **K 255**
Fälligkeit
Leistung vor Fälligkeit **D 164**
Leistungszeit **D 161 ff**
sofortige **I 6; N 248**
Fälligkeitsklauseln E 11b
Fahrgastrechte L 117
falsa demonstratio non nocet
Wille, wirklicher **A 50; C 43 ff, 56**
Falschleistung
Beweislast **I 12**
offene **I 12**
Falschlieferung
Extremabweichungen **N 66**
irrtümliche **N 67**
Leistung, mangelhafte **I 15 f, 28; N 64**
offene **I 28**
wissentliche **N 67**
Familie U 2 f, 11
Familienrecht
AGB-Kontrolle **E 13**
Deliktsschutz **S 248**
öffentliches Recht **U 4**
Privatrecht **U 4**
Rechtsgebiet **U 1, 6 f**
Sozialrecht **U 4**
Steuersplitting **A 35**
Verfahrensrecht **U 4, 8**
Vertretungsbeschränkungen **C 223**
Wertvorstellungen **A 28, 30, 34 f**
Familienunterhalt
Ehegatten **U 27, 44 f**
Fangprämien J 122
Fehleridentität
Abstraktionsprinzip **C 17; N 9; T 9**
arglistige Täuschung **N 9**
Drohung, widerrechtliche **N 9**
Geschäftsfähigkeit **C 17; N 9**
Gesetzeswidrigkeit **N 9**
Irrtumsanfechtung **N 9**
Sittenwidrigkeit **N 9**
Fernabsatzgeschäfte
Bereichsausnahmen **L 49**
Dauerschuldverhältnis **L 49**
Dienstleistungen **L 52**
Finanzdienstleistungen **L 48, 50**
Grundvereinbarung **L 49**
Informationspflichten **L 14, 48, 50 f**
Kaufvertrag **N 12**
Kreditsicherheiten **K 106**
Lotterie-Dienstleistungen **L 53**
Rückabwicklung, Höchstfrist **L 18**
Rücksendekosten **L 18**

Fernabsatzgeschäfte (Forts)
  Termin, telefonisch vereinbarter **L 49**
  Unwirksamkeit **N 14**
  Vertragsanbahnung **L 49**
  Vertragserklärung, telefonische **L 53**
  Vertragsverhandlungen **L 49**
  Vertriebsformen, besondere **L 42**
  Wertverlust der Ware **L 18**
  Wettdienstleistungen **L 53**
  Widerrufsbelehrung **C 150; L 16, 51**
  – Muster-Widerrufsformular **L 16**
  Widerrufsfrist **L 17, 51**
  Widerrufsrecht **L 48, 51 ff; N 12**
  – Ausschluss **L 53**
  – Subsidiarität **L 53**
  – Unzumutbarkeit des Widerrufs **L 53**
  Zeitungs-/Zeitschriftenlieferung **L 53**
Fernabsatzrichtlinie
  Privatrechtsangleichung **A 40**
Fernabsatzvertrag
  Definition **L 49**
Fernunterricht
  Informationspflichten **F 29**
  Verbraucherschutz **L 1**
Fernwärmevertrag
  Kundenschutz **E 13**
Finanzdienstleistungen
  Fernabsatzgeschäfte **L 48, 50, 53**
  Informationspflichten **L 50**
  Rückabwicklung, Höchstfrist **L 18**
Finanzgeschäfte
  Verbraucherschutz **L 108**
Finanzierte Geschäfte
  Informationspflichten **F 28**
Finanzierungsbestätigung
  Rechtsnatur **K 103**
Finanzierungshilfen, entgeltliche
  allgemeine **L 102**
  Beratungsleistungen **L 106**
  Immobiliar-Finanzierungshilfen **L 102**
  Informationspflichten **L 14**
  Regelungsort **L 91**
  Verbraucherkreditrecht **L 102**
  Vermittlung **L 106**
Finanzierungshilfen, sonstige
  Factoring **K 252**
  Regelungsort **L 91**
Finanzierungshilfen, unentgeltliche
  Kreditwürdigkeitsprüfung **L 105**
  Teilzahlungen **L 105**
  Verbraucherschutzrecht **L 90, 105**
  Verzugsschaden **L 105**
  Widerrufsbelehrung **L 105**
  Widerrufsfrist **L 17, 105**
  Widerrufsrecht **L 91, 105**
Finanzierungsleasing
  Finanzierungshilfe **L 91, 102**
  Formmangel, Heilungsmöglichkeit **C 157**
  Gebrauchsüberlassung **M 24, 27**

Finanzierungsleasing (Forts)
  Gewährleistung **M 13, 34**
  Insolvenzrisiko **M 34**
  Rechtsnatur **M 12, 13, 24**
  Rückgabe, verspätete **M 4, 12**
  Vertragstyp **M 4, 12 f, 24 ff**
Finanzinstrumente
  Erwerb, Finanzierung **L 59**
Fischereirecht
  Aneignungsrecht **T 173**
  Deliktsschutz **S 239**
Fixgeschäft, absolutes
  Unmöglichkeit **I 80**
Fixgeschäft, relatives
  Nachfristsetzung, Entbehrlichkeit **I 1, 37 f**
  Termingebundenheit, Wesentlichkeit **I 38**
Fixhandelskauf I 38
Flaschenpfand K 149
Flüchtlingskrise
  Dublin-Prinzip **A 43b**
Flüssigkeiten
  Sacheigenschaft **T 15**
Fluggastrechte
  Fluganullierung **L 117**
  höhere Gewalt **A 43**
  Nichtbeförderung **L 117**
  Überbuchung **A 40**
  Verspätungen **L 117**
Folgenbeseitigungsanspruch J 28
Forderung
  Deliktsschutz **S 245**
  Erwerb, gutgläubiger **H 14, 16, 30**
  Rechtsnatur **H 13**
Forderungspfändung
  Übertragungsbeschluss **H 44**
Forderungsverzicht
  Unverbindlichkeit **G 79**
Forfaiting K 253
Form
  Beratungsfunktion **C 155**
  Betreuungspflicht des Vertrags-
    partners **C 161**
  Beweisfunktion **C 154**
  elektronische **C 143, 149**
  Informationsfunktion **C 155**
  Kontrollfunktion **C 154**
  Rechtssicherheit **C 154**
  Übereilungsschutz **C 155**
  Überlegungsfrist **C 153**
  vereinbarte **C 142 ff**
  Warnfunktion **C 153, 155**
Formfreiheit
  Privatrecht **C 140, 142**
Formmangel
  Form, Nichteinhaltung **D 102 f**
  Heilung **C 156; G 19**
  Heilung durch Erfüllung **C 153**
  Nichtigkeitsfolge **C 156 ff**
  Treu und Glauben **C 158 f**

Formmangel (Forts)
  Vertrauensschaden **C 163**
Formularvertrag
  AGB-Kontrolle **E 22 f**
Formvorschriften
  Ordnungsvorschriften, strikte **A 64a**
  Übereilungsschutz **A 64a**
forum shopping
  Internationales Zivilverfahrensrecht **A 39b**
Frachtgeschäft
  Rückgriff auf Frachtführer **J 77**
Frachtvertrag P 9
Franchising
  Vertragstyp **A 31**
Freibleibend
  Gebundenheit, Ausschluss **C 70**
Freirechtsbewegung A 74
Freiwillige Gerichtsbarkeit
  Automatisierung **A 32**
Fremdwährungsklauseln E 11b
Fristsetzung C 11
Fristversäumung
  Wiedereinsetzung in den vorigen Stand **A 64a**
Fristvorschriften
  Ordnungsvorschriften, strikte **A 64a**
Fruchtziehung
  Eigentumserwerb **T 168 ff**
Früchte
  Begriff **T 19**
  Nutzungsherausgabe **T 218 f**
  Übermaßfrüchte **T 219**
Fund
  Bereicherungsanspruch **R 21**
  Sachen, herrenlose **T 174**

Garantie
  Abgrenzung **K 103, 137**
  Bankgarantie **K 145**
  Begriff **K 145; N 182**
  Beschaffenheitsgarantie **N 182 ff, 185, 297**
  Bürgschaftsrecht **K 146**
  causa **K 146**
  Erfolg **K 145**
  auf erstes Anfordern **K 93, 137**
  Forderungsgarantie **K 145**
  Form **L 74**
  Garantieerklärungen **N 185**
  Garantiefall **N 185, 187**
  Geschäftsführer **K 145**
  Gesellschafter **K 145**
  Haftung **I 155**
  Haftungsausschluss, Unwirksamkeit **N 190**
  Haltbarkeitsgarantie **N 182 ff, 188 ff, 297**
  Inhalt **L 74**
  Kaufrecht **N 182**
  Personalsicherheit Dritter **K 11**
  selbständige **N 183, 189**
  Transparenz **L 74**

Garantie (Forts)
  Unklarheiten **L 74**
  Unmöglichkeit, anfängliche **I 159**
  unselbständige **N 183**
  Verbraucherrechterichtlinie **N 182**
  Verbrauchsgüterkauf **N 182**
  Verjährung **N 189**
Gase
  Sacheigenschaft **T 15**
Gaslieferungsvertrag
  Kaufvertrag **N 25, 314**
Gastschulaufenthalt L 116
Gastwirtshaftung
  Sachen, eingebrachte **J 78**
  Schuldverhältnis, gesetzliches **D 10, 12**
Gattungskauf
  Ersatzlieferung **N 95**
Gattungsschuld
  Anderslieferung **N 65**
  Art und Güte, durchschnittliche **D 106 f, 116**
  Ausscheidungstheorie, modifizierte **D 112 f, 116, 120**
  Begriff **D 105**
  Beschaffenheitsvereinbarung, verkürzte **I 51**
  Beschaffungsrisiko **D 108 f; I 162, 168; N 181**
  beschränkte **D 109**
  Geldschuld **D 124**
  Gläubigerverzug **D 120 ff**
  Konkretisierung **D 111 ff, 116 ff, 120; I 82**
  Leistungsgefahr **D 121 f**
  Leistungsgegenstand **D 104 ff**
  Lieferung mangelhafter Ware **D 107, 116 f**
  Lieferungstheorie **D 112 ff**
  Nachlieferung **I 51**
  Preisgefahr **D 116, 120 ff**
  Sachleistungsgefahr **D 108, 111, 120 ff**
  Sachmangel, Vertretenmüssen **I 168**
  Unmöglichkeit **I 81**
  Vorratsschuld **D 109 f; I 81**
Gebäude
  Bestandteile, wesentliche **T 18**
  Bestandteilseigentum **T 18**
Gebrauchsanleitung
  Fehlerhaftigkeit **N 63**
Gebrauchsüberlassungsvertrag O 1 f
Gebrauchsvorteile
  Nutzungsvergütung **I 113 f**
  Rücktritt **I 205, 207, 209**
Gebrauchtwagenhandel
  Agenturgeschäft **L 70; N 288**
  Beweislastumkehr **L 72 f**
  Sachwalterhaftung **F 40**
  Verbrauchsgüterkauf **L 70, 72**
Gebühren
  AGB-Kontrolle **E 65**
Gefährdungshaftung
  Analogieverbot **A 62**

Sachregister | **Gerechtigkeit**

Gefährdungshaftung (Forts)
  Drittschäden **J 72**
  Drittverhalten **J 127**
  Kompensation **S 100**
  Präventionsprinzip **S 108**
  Rechtswidrigkeit **S 108**
  Schadensersatzrecht **J 2**
  Verschuldensunabhängigkeit **S 108**
  Versicherung **S 109**
Gefälligkeitsverhältnis
  Abgrenzung **F 7, 52 ff**
  Haftung **F 52 f**
  Haftungsmilderung **C 8 f**
  Nichtleistung **D 23**
  Rechtsbindungswille **C 8 f; D 23; F 52 f**
  rechtsgeschäftlicher Art **D 66**
  Schlechtleistung **D 23**
  Schutzpflichten **D 6, 23, 66; I 226**
  Schutzpflichtverletzung **F 53**
  Unentgeltlichkeit **D 23; F 52**
Gefälligkeitsvertrag
  Rechtsbindungswille **C 8**
  Unentgeltlichkeit **F 52**
Gefahrübergang
  Mangel, Behebbarkeit **I 167**
  Preisgefahr **I 20**
  Sachmängelhaftung **I 14, 18 ff**
  Verbrauchsgüterkauf **I 18**
  Versendungskauf **I 18 f**
Geheißerwerb
  Eigentumserwerb **T 134**
  gutgläubiger Erwerb **T 153**
  Streckengeschäft **T 134, 153**
  Verfügung zugunsten Dritter **D 42**
Geldforderung
  Entgeltabreden, Unwirksamkeit **L 41**
Geldkarte
  Zahlungsverkehr, bargeldloser **G 41 f**
Geldschuld
  Annahmeverzug **D 125**
  Barzahlung **D 126; G 40; N 246**
  Bringschuld, modifizierte **I 1**
  Bringschuld, qualifizierte **D 158, 160**
  Buchgeld **D 127**
  Erfolgsort **I 45**
  Erfüllung **G 39 ff**
  Erfüllungsort **I 45**
  Geldsummenschuld **D 131**
  Geldzeichen **G 40**
  Illiquidität **D 128**
  Kaufpreis **N 244, 249**
  Kleingeld, Annahmepflicht **D 51, 99**
  Konkretisierung **D 125**
  Leistungsfähigkeit des Schuldners **D 128**
  Leistungsgegenstand **D 104**
  Leistungsort **D 157 ff**
  Schickschuld, qualifizierte **D 157; I 1, 45**
  Synallagma **D 123**
  Unmöglichkeit **D 128**

Geldschuld (Forts)
  Wahlschuld **D 126**
  Wertverschaffungsschuld **D 124**
  Zinsen **D 129 f**
Geldsummenschuld
  Nominalismusprinzip **A 79**
Gemeines Recht A 11, 14
Gemeinsames Europäisches Kaufrecht
  Informationspflichten, vorvertragliche **F 57**
  Instrument, optionales **A 48; E 80; L 4; M 3**
  Klauselverbote **E 45**
  Rücknahme des Verordnungsvorschlags **A 48; E 80; L 4; N 8**
  Schadensrecht **J 7**
Gemeinschaft
  Berechtigung, mehrseitige **H 78, 84**
Gemeinschaftsfahrschein
  Teilschuld **H 91**
Gemeinschaftsrecht
  primäres **A 40**
  Privatrecht **A 40 ff**
  Rechtsänderungen **A 41**
  sekundäres **A 40**
Genehmigung
  Anfechtung **C 236**
  Bedingungsfeindlichkeit **C 98**
  familiengerichtliche **C 233**
  Unwiderruflichkeit **C 236**
  Verhalten, konkludentes **C 19**
  Verweigerung **C 236**
  Zustimmung, nachträgliche **C 234 f**
Generalermächtigung
  Arbeitsverhältnis **C 132**
  Erwerbsgeschäft, selbständiger Betrieb **C 132**
  Gesellschaftsvertrag **C 132**
  Kreditgeschäfte **C 132**
  Teilgeschäftsfähigkeit **C 131**
Generalklauseln
  Einzelfallgerechtigkeit **A 29**
  Grundrechtsdrittwirkung, mittelbare **A 68a; C 175**
  gute Sitten **A 29**
  Privatautonomie **A 68b**
  Rechtsmissbrauch **A 29**
  Sittenwidrigkeit **C 174 ff**
  Treu und Glauben **A 29**
Generalprävention
  Privatrechtsangleichung **A 46**
Genussschuld
  Leistungsgegenstand **D 105**
Gerechtigkeit
  Bindung an Gesetz und Recht **A 76 f**
  iustitia commutativa **A 47; P 46**
  iustitia correctiva **A 47**
  iustitia distributiva **A 47; P 46**
  materielle **A 77**

1553

Gerichtsgebrauch
  Gewohnheitsrecht **A 79**
Gerichtsstand, internationaler
  AGB-Klausel **E 77**
Gesamtarbeitsvertrag
  Auslegung **A 60**
Gesamtgläubigerschaft
  Aufrechnung **G 69**
  Einzelwirkung **H 88**
  Gesamtwirkung **H 88**
  Gestaltungsrechte **H 88**
  Gläubigermehrheit **H 78, 86 ff**
  Innenverhältnis, Ausgleich im **H 89**
  Schadensersatz statt der ganzen Leistung **H 88**
  Schadensersatz statt der Leistung **H 88**
Gesamthand
  Berechtigung, mehrseitige **H 78, 85**
  Schuld, gemeinschaftliche **H 93**
Gesamtlieferung
  Verzicht, konkludenter **D 143**
Gesamtschuld
  Abtretung, isolierte **H 10**
  Aufrechnung **G 67; H 105**
  Daseinsvorsorge **H 102**
  Einzelwirkung **H 103 f**
  Erfüllung durch einen Gesamtschuldner **H 104**
  Erlass **H 106**
  Gesamtschuldnerausgleich **H 108 ff, 115, 121 f**
  – Verjährung **H 118 ff**
  Gesamtwirkung **H 103 f, 106 f**
  Gestaltungsrechte **H 107**
  Haftungseinheit **H 113, 116 f**
  Hinterlegung **H 104**
  kraft Gesetzes **H 101**
  mehrere Sicherungsgeber **H 123**
  Regress **H 108 ff, 123**
  Schuldnermehrheit **H 90, 95 ff**
  Sicherheiten, akzessorische **H 114**
  Unteilbarkeit der Leistung **H 99 f**
  Vereinbarung **H 100**
Geschäft für den, den es angeht
  Bargeschäfte des täglichen Lebens **C 207**
Geschäfte des täglichen Lebens
  Verbrauchervertrag **L 14**
  Verbrauchsgüterkauf **L 64**
Geschäftsähnliche Handlung
  Anfechtung **C 12**
  Auslegung **C 12**
  Geschäftsfähigkeit **C 12**
  Rechtsfolgen **C 11**
  Stellvertretung **C 12**
  Wille des Handelnden **C 11**
Geschäftsfähigkeit
  Empfangsfähigkeit **C 115**
  Teilgeschäftsfähigkeit **C 131**
  Willenserklärung **C 6**

Geschäftsfähigkeit, beschränkte
  Altersgrenze **C 117**
  Einwilligung des gesetzlichen Vertreters **C 118, 129 ff**
  Genehmigung des gesetzlichen Vertreters **C 119, 135**
  lediglich rechtlicher Vorteil **C 117, 123**
  Leistung an den Gläubiger **G 22**
  Minderjährige **C 113**
  Minderjährigenschutz **C 120, 123**
  Nachteil, rechtlicher **C 117, 121 ff, 233**
  – Aufwendungsersatzpflicht **C 121 f**
  – Rückgabepflicht **C 121, 124**
  neutrales Geschäft **C 120, 128**
  Rechtserwerb **C 124 f**
  Rechtsverlust **C 126 f**
  Schenkungsannahme **C 124**
  Schwebeverhältnis **C 135 ff**
  – Widerrufsrecht des Geschäftspartners **C 138**
Geschäftsführung ohne Auftrag
  Abmahnung, wettbewerbsrechtliche **R 117**
  Abschleppfälle **R 116**
  Altruismus **R 98 f**
  angemaßte **R 6 f, 101**
  Anzeige der Übernahme **R 142**
  Arbeitskraft, Vergütung für **R 132**
  Auch-Geschäftsführer, pflichtengebundener **R 112**
  Auch-Gestion **R 108**
  ohne Auftrag **R 122 f**
  Aufwendungsersatz **R 6, 103, 131 ff, 134 ff, 151**
  – Erforderlichkeit der Aufwendungen **R 131, 150**
  Ausführungshaftung **R 128, 138**
  Ausführungswille **R 103, 128, 150**
  Ausgleichsordnung, gesetzliche **R 6 f**
  Auskunftspflicht **R 142**
  Ausschluss **R 122 f**
  Begleitschäden, risikotypische **R 133**
  berechtigte **R 6 f, 96, 100, 102 ff, 124 ff, 131 ff**
  – gutgläubige **R 127**
  Berechtigung, fehlende **R 122 f**
  Bereicherungsrecht, Verhältnis zum **R 96**
  commodum ex negotiatione cum re **R 141**
  echte **R 102, 105**
  Eigengeschäftsführung **R 102**
  – angemaßte **R 102, 137, 139**
  – irrtümliche **R 102, 136**
  Eigenschäden **R 114**
  Einheitslehre **R 100**
  Erfüllungsgehilfenhaftung **R 139**
  Fremdgeschäftsführung **R 101**
  Fremdgeschäftsführungsbewusstsein **R 110**
  Fremdgeschäftsführungswille **R 3, 102, 105, 110 ff, 150**
  Funktionen **R 6**
  Gefahrenabwehr **R 129**

1554

Geschäftsführung ohne Auftrag (Forts)
  Gegenklage **R 131**
  Geschäft, auch-fremdes **R 99, 108, 112, 151**
  Geschäft, fremdes **R 105; T 229**
  Geschäft, objektiv eigenes **R 107, 111**
  Geschäft, objektiv fremdes **R 106, 111**
  Geschäft, objektiv neutrales **R 109, 111**
  Geschäft, subjektiv auch-fremdes **R 110**
  Geschäft, subjektiv fremdes **R 109**
  Geschäftsführung, öffentlich-rechtlich gebundene **R 121**
  Geschäftsführung, pflichtengebundene **R 108, 112, 120**
  Geschäftsherrnwille **R 6, 103**
  Handeln, unabgesprochenes **R 151**
  Herausgabeanspruch **R 141**
  Interesse, qualifiziertes öffentliches **R 129**
  irrtümliche **R 101, 136**
  Irrtum über Person des Geschäftsherrn **R 105**
  Nebenpflichten **R 141 f**
  Notgeschäftsführung **R 132, 140**
  Nützlichkeit, tatsächliche **R 103**
  Rechenschaftspflicht **R 6, 142**
  Rettung **R 113 f, 129, 133, 151**
  Schadensersatz **R 6**
  Schuldverhältnis, gesetzliches **D 10, 12**
  Selbstaufopferung **R 113 f, 133, 151**
  Selbsthilfe **R 115**
  Selbstmordfälle **R 130**
  Straßenverkehr **R 114, 133**
  Tilgung fremder Schulden **R 118 f, 151**
  Trennungslehre **R 100**
  Übernahmehaftung **R 129, 139**
  Übernahmeverschulden **R 124, 139**
  Übernahmewille **R 103, 124 ff, 150**
  unberechtigte **R 3, 6 f, 96, 100, 102 f, 124, 134 ff**
  unechte **R 101 f**
  Unterrichtungspflichten **R 6**
  Verdienstausfall **R 132**
  Vermögensopfer, freiwillige **R 132, 134**
  Versionsverbot **R 120, 122**
  Verträge, nichtige **R 151**
  Verwendungsersatz **R 7, 151**
  Wille, mutmaßlicher **R 126**
  Wille, wirklicher **R 125**
  Zinsanspruch **R 142**
  Zufallshaftung **R 124**
  Zufallsschäden **R 6, 133**
Geschäftsunfähigkeit
  Alltagsgeschäfte **C 114**
  Altersgrenze **C 112**
  Augenblicke, lichte **C 115**
  Leistung an den Gläubiger **G 22**
  Minderjährige **C 113**
  Störung der Geistestätigkeit, krankhafte **C 114**
  Vertretung, gesetzliche **C 116**

Geschäftsunfähigkeit (Forts)
  Willensbildung **C 111**
Gesellschaft bürgerlichen Rechts
  Auflösungsklage **C 24**
  fehlerhafte Gesellschaft **C 23 f**
  Gesamthandseigentum **T 116**
  Persönlichkeitsschutz **S 307**
  Rechtsfähigkeit **S 307**
  Verbrauchereigenschaft **L 6**
Gesellschafter
  Bürgschaft **K 123**
Gesellschaftsrecht
  AGB-Kontrolle **E 13**
  Niederlassungsfreiheit **A 43**
Gesellschaftsstatut
  Auslegung **A 60**
Gesellschaftsvertrag
  Kündigung aus wichtigem Grund **C 184**
Gestaltungsfreiheit
  Privatautonomie **E 1, 3**
  Sachenrecht **T 11, 120**
Gestaltungsrechte
  Bedingungsfeindlichkeit **C 98 f**
  Schuldverhältnis, Modifikation **D 22**
  Übertragbarkeit **H 11**
Getrenntleben
  Eheauflösung **U 27**
  Ehescheidung **U 110 f, 113 f, 120**
  elterliche Sorge **U 120, 200 f, 204**
  Lebenspartnerschaft **U 170**
  Sorgerechtsübertragung, gerichtliche **U 195**
  Trennungsunterhalt **U 116**
  Wohnungszuweisung **O 20**
Gewährleistungsrecht
  Irrtumsanfechtung **C 184, 190**
Gewerbebetrieb
  Begriff **S 404, 406**
  Deliktsschutz **A 33; S 105, 107, 400 ff, 410**
  s a Unerlaubte Handlung
  Inhaber **S 405**
Gewinn, entgangener
  Betriebsausfallschaden **I 189 f**
  Schadensersatz **J 20, 49**
  Verzugsschadensersatz **I 182 f**
Gewinnzusage
  isolierte **L 120 f**
  Leistungsanspruch **L 118 f, 123**
  Recht, anwendbares **L 122**
  Warenbestellung **L 120**
  Zuständigkeit, internationale **L 119 ff**
Gewohnheitsrecht
  Rechtsquelle **A 79**
  Rechtsüberzeugung **A 78 f**
  Übung **A 78 f**
Gläubigerinteresse
  Drittschadensliquidation **J 73**
  Leistungsstörungen **G 91**
  Schadensersatz **J 70**

Gläubigerinteresse (Forts)
  Vertrag mit Schutzwirkung zugunsten Dritter **J 83 ff**
Gläubigermehrheit
  Gesamtgläubigerschaft **H 78, 86 ff**
  Mitgläubigerschaft **H 78 ff**
  Schuldverhältnis **H 1 f**
  Teilgläubigerschaft **G 68; H 78 ff**
Gläubigerwechsel
  Auswechslung von Beteiligten **H 3 ff**
  Rechte, subjektive **H 6 f**
Gleichbehandlungsgebot
  Antidiskriminierung **A 47, 68b**
  Arbeitsrecht **A 47; B 3**
  Zivilrecht, allgemeines **B 3**
Gleichheitssatz
  Differenzierung **A 47**
Globalsicherheit
  Deckungsgrenze **K 67 f**
  revolvierende **K 66 f, 97**
Globalzession
  Factoring-Globalzession **K 259, 261 ff, 263, 268 f**
  Freigabeklauseln **H 41**
  Knebelung **H 40 f**
  Kollision mit verlängertem Eigentumsvorbehalt **K 59 ff**
  Prioritätsprinzip **H 39; K 59, 63**
  Sittenwidrigkeit **K 9, 60 ff**
  Teilverzichtsklausel **K 62, 262**
  Übersicherung **H 41; K 52 ff, 64 ff**
  Vertragsbruchtheorie **K 262, 264 f**
  Vorauszession **K 261**
GmbH
  Anteilsübertragung, Form **C 141, 156; H 18**
  Gründung, Form **C 141, 154**
  Handelndenhaftung **H 46**
GmbH-Geschäftsführer
  Bürgschaft **K 123**
  Diskriminierungsschutz **B 29**
  Verkehrspflichtigkeit **S 532**
goodwill
  Kaufgegenstand **N 31**
Grundbuch
  Automatisierung **A 32**
  Bewilligungsgrundsatz **T 181**
  Eintragungsprinzip **T 180**
  öffentlicher Glaube **K 166; T 183**
  Publizitätsmittel **T 180**
  Rechtssicherheit **C 154; A 28**
  Richtigkeitsvermutung **K 166**
  Verfahren **T 181**
  Voreintragungsgrundsatz **T 181**
Grundbucheintragung
  Grundstücke **T 10**
Grunddienstbarkeit
  Besitzschutz **T 33**
  Bestellung **T 249**
  Inhalte **T 249**

Grunddienstbarkeit (Forts)
  Nutzungsrecht **T 249**
  Nutzungsrecht, dingliches **T 246**
  Schuldverhältnis, gesetzliches **T 249**
  Übertragung **T 241**
Grundeigentum
  Gesetzgebung, liberale **A 25**
Grundfreiheiten F 4
  Gemeinschaftskompetenz **A 40**
  Rechtsfortbildung **A 43**
Grundpfandrechte
  Briefrechte **K 170**
  Buchpfandrechte **K 170**
  Eigentümergrundpfandrechte **K 153, 199 ff**
  Einigung **K 166**
  Eintragung **K 166**
  Haftungsverband **K 154; T 20**
  Informationspflichten **K 169**
  Kreditsicherung **K 14, 169**
  Prioritätsprinzip **K 166**
  Publizitätsprinzip **K 166**
  Spezialitätsprinzip **K 166**
  Umwandlung in andere Grundpfandrechte **K 169**
  Verfügungsbefugnis **K 166**
  Verkehrsfähigkeit **K 170 f**
  Verwertung **K 17**
  Verwertungsbefugnis **K 167**
Grundrechte
  Abstraktion **A 67**
  Auslegung **A 67**
  Ausstrahlung auf Zivilrecht **A 68a**
  Drittwirkung, mittelbare **A 67 f; C 175**
  Kompetenzüberschreitung **A 43a**
  Konkretisierung **A 67**
  Opferschutz **S 115**
  im Privatrecht **A 68a**
  Schutzgebot **S 115**
Grundrechtecharta B 4
  Arbeitsrecht **P 16**
  Diskriminierungsverbot **B 44**
  Strafbarkeit **A 1, 66**
Grundschuld
  Abstraktheit **K 3**
  Abtretung **K 195 ff**
  Aufhebung **K 195**
  Briefgrundschuld **K 185, 189**
  Buchgrundschuld **K 185, 189**
  Eigentümergrundschuld **K 182, 195, 200 ff**
  Einreden **K 191, 196 ff**
  Einwendungen **K 196 f**
  Ersterwerb **K 187 f**
  Fälligkeit **K 191**
  Forderungsabtretung **H 24**
  Inhabergrundschuld **K 171**
  isolierte **K 185**
  Kreditsicherung **K 1, 14**
  Leistung an bisherigen Gläubiger **K 197 f**
  Löschung **K 195**

Grundschuld (Forts)
Rechtsgeschäft, dingliches **K 96**
Rückgewähr **K 195**
Schuldanerkenntnis **K 94**
Schuldübernahme, privative **H 55**
Schuldversprechen **K 94**
Sicherungsabrede **K 185**
Übertragung **T 241**
Verzicht **K 195**
Zweiterwerb **K 189 f**
Grundschuldbrief
Inhabergrundschuldbrief **K 171**
Grundstück
Aneignung **T 189**
Begriff **T 16**, **175**
Besitzerwerb, originärer **T 39**
Bestandteile, wesentliche **T 18**
Bucheigentum **T 204**
Dereliktion **T 189**
Eigentum **T 175 f**
Eigentumserwerb **T 117**, **175 ff**, **183 ff**
Ersitzung **T 188**
Luftraum **T 176**
Mängelansprüche, Verjährungsbeginn **N 211**
Rechtsmangel **N 77**
Übereignung **T 177 ff**
Vorkaufsrecht, dingliches **T 245**
Zubehör **T 178**
Grundstückskaufvertrag
Beschaffenheitsvereinbarung **N 45**
Formnichtigkeit **F 27**; **I 21**
Kenntnis des Mangels **I 21**
Kosten **N 24**
Lasten, öffentliche **N 24**, **79**
Mängelansprüche, Verjährung **N 24**
Missbrauchskontrolle **E 11b**
Rücktritt **I 103**
Sachmangel, Kenntnis **I 21**
Verträge, verbundene **L 46**
Grundstücksmiete
Form **O 16**
Grundstücksveräußerung **O 8**
Grundstücksverträge
Formzwang **C 3**, **141 f**, **152 ff**
– Heilungsmöglichkeit **C 153**, **156**
– Vollmachtserteilung **C 210**
Gütergemeinschaft
Beendigung **U 104**
Ehevertrag **U 92**
fortgesetzte **U 105**
Gesamtgut **U 93**
– Alleinverwaltung **U 97**, **100 ff**
– Auseinandersetzung **U 104**
– gemeinschaftliche Verwaltung **U 97 f**, **103**
– Haftung **U 103**
– Notverwaltungsrecht **U 101**
Gesamthandseigentum **T 116**; **V 121**

Gütergemeinschaft (Forts)
Güterstand **U 91 ff**
Haftung, persönliche **U 103**
Sondergut **U 94**, **96**, **103**
Vorbehaltsgut **U 95 f**, **103**
Wahlgüterstand **U 49**
Güterrecht
Güterrechtsregister **U 60 ff**, **102**
– Publizität, negative **U 63**
Vermögensrecht **U 47**
Vertragsfreiheit **U 48 ff**
Güterstand
gesetzlicher **U 49**
Gütergemeinschaft **U 49**, **91 ff**
Gütertrennung **U 49**
vertraglicher **U 49**
Wahl-Zugewinngemeinschaft, deutsch-französische **U 8**, **49**, **83**
Wahlgüterstände **U 49**
Zugewinngemeinschaft **U 49**
Gütertrennung
Arbeitsleistungen **U 86**
Ausgleich **U 86 ff**
Ehewohnung, Mitbenutzung **U 84**
Güterstand, außerordentlicher gesetzlicher **U 49**, **85**
Miteigentum **U 84**
Vermögensrecht **U 84**
Wahlgüterstand **U 49**, **85**
Gute Sitten
Begriffsmerkmale **A 29**
Grundrechte **C 175**
Gutgläubiger Erwerb
Abhandenkommen **T 154 f**
– Besitzaufgabewille **T 155 f**
– Besitzdienerschaft **T 155**
– Diebstahl **T 155**
– Geld **T 157**
– Verlust **T 154 f**
– Wertpapiere **T 157**
Anfechtung des dinglichen Rechtsgeschäfts **C 184**
Ausgleichsansprüche **T 158 f**
Bereicherungsanspruch **R 47 ff**
Bösgläubigkeit **T 149**
Erfüllung **G 22**
Erwerb vom Nichtberechtigten **T 145 ff**
Fahrlässigkeit, grobe **T 149**
Fahrlässigkeit, leichte **T 158**
Geschäftsführung ohne Auftrag **T 159**
guter Glaube **T 147 f**
– Eigentum **T 148**
– Verfügungsbefugnis **T 148**
Kondiktionsfestigkeit **T 158**
Nachforschungspflicht **T 149**
Rückübereignung **T 158**
Schadensersatz **T 158 f**
Verfügungsberechtigung des Veräußerers **T 144**

Gutgläubiger Erwerb (Forts)
  Vertrauensschutz **T 151 f**
Gutschrift
  Leistungsbewirkung **I 45**

Haftpflichtgesetz
  Drittschäden **J 72**
Haftpflichtversicherung
  Schadenstragungssysteme **J 10 f**
Halbteilungsgrundsatz
  Eigentumsgebrauch **A 68**
Haltbarkeitsgarantie N 182
  Garantie, unselbständige **N 183, 188 ff**
  Garantiefrist **N 184**
  Verbrauchsgüterkauf **N 297**
Handel, stationärer
  Informationspflichten **L 41**
  Richtlinienentwurf **L 5**
Handelsbrauch
  Verkehrssitte **A 80**
Handelskauf
  Hinterlegung **G 58**
  Kaufvertrag **N 7**
  Untersuchungs- und Rügeobliegenheit **N 197, 204**
Handelsregister
  Automatisierung **A 32**
Handelsvertretervertrag P 9
  Provision **P 85**
Handlungsfreiheit, allgemeine
  unerlaubte Handlung **S 105**
Handschenkung
  Erfüllung **G 18**
  Rechtsgrund **C 16**
Hauptleistungspflichten
  Rücktrittsrecht **I 73**
  Vertragsschluss **M 4 f, 9**
Hauptpflichten
  Leistungsstörungsrecht **N 82**
Haushaltsgegenstände
  Mitbesitz **U 22**
  Verfügungsbeschränkungen **U 70 ff**
  Versorgungsausgleich **U 145 f**
Hausmeistervertrag
  Mietvertrag **O 34**
Haustürgeschäfte L 42 f, 45
  Außergeschäftsraumvertrag
  s dort
Haustürrichtlinie A 40
Heilung G 19
Herausgabeanspruch aus dem Eigentum
  s Vindikation
Herrenlosigkeit T 172 ff
Hersteller
  Erfüllungsgehilfeneigenschaft **N 17, 180**
Herstellergarantie
  Beschaffenheitsbegriff **N 41**
Hinterbliebenengeld
  s a Schockschaden

Hinterbliebenengeld (Forts)
  Schaden, immaterieller **J 50**
  Schadensersatzanspruch **J 5, 72**
Hinterlegung
  Annahmeverzug **G 58**
  Erfüllungssurrogat **G 56**
  Erfüllungsversuch **G 26**
  Geld **G 51, 58, 60**
  Herausgabeanspruch, öffentlich-rechtlicher **G 53**
  Hinterlegungsgesetze der Länder **G 54**
  Hinterlegungsordnung **G 53, 60**
  Kostbarkeiten **G 58, 60**
  Sachen, bewegliche **G 58**
  Schuldverhältnis, Erlöschen **G 7, 11, 51 f, 57, 59**
  Ungewissheit über den Gläubiger **G 58**
  Urkunden **G 51, 58, 60**
  Verpflichtung **G 57**
  Verwaltungsvorschriften, landesrechtliche **G 54**
  Wertpapiere **G 51, 58, 60**
  Wirkung, dingliche **G 60**
Hirntod S 200
Historische Schule A 10, 27, 74
Höhere Gewalt A 43
Holschuld D 112, 154
Hypothek
  Akzessorietät **K 2, 18, 24, 183; T 241**
  Bauhandwerkersicherungshypothek **Q 7, 117**
  Bereicherungseinrede **K 179**
  Briefhypothek **K 168**
  Buchhypothek **K 168**
  Doppelmangel **K 178**
  Eigentümerhypothek **K 200, 202**
  Einreden **K 179**
  Ersterwerb **K 172, 176**
  – vom Nichtberechtigten **K 173**
  Erwerb, gutgläubiger **H 14**
  Forderungsabtretung **H 22; T 241**
  forderungsentkleidete **K 176**
  Forderungsmangel **K 176 ff**
  Gläubigerbefriedigung **K 181**
  Haftungsumfang **K 36**
  Hauptforderung, gesicherte **K 172, 175 ff**
  Höchstbetragshypothek **K 168**
  Immobiliar-Verbraucherdarlehensvertrag **A 42**
  Kreditsicherung **K 1 ff, 14**
  Legitimationseinrede **K 179**
  Rechtsgeschäft, dingliches **K 96**
  Schuldübernahme, privative **H 55, 58**
  Sicherheit, geborene **K 18**
  Sicherungshypothek **H 23; K 168 f, 171**
  Sicherungsübertragung **K 180**
  Stundung **K 179**
  Tilgungshypothek **K 203**
  Verkehrshypothek **K 168**

Hypothek (Forts)
  Verpfändung **K 181**
  Verwertung **K 179**
  Verwertungsrecht, dingliches **K 168**
  Zweiterwerb **K 172, 174, 180**
  – vom Nichtberechtigten **K 175 ff**

IKEA-Klausel
  Montageanleitung, mangelfreie **N 58, 60**

Immaterialgüterrechte
  Deliktsschutz **S 239**
  Rechtsmangel **N 77**
  Übertragung **H 6**
  Verwertungsmöglichkeit, anerkannte marktfähige **R 46**

Immissionen
  Duldungspflichten **T 231, 237 ff**
  negative **T 231**

Immobiliar-Verbraucherdarlehensvertrag
  Beratungsleistungen **L 91, 101, 106**
  Einwendungsdurchgriff **L 46**
  Form **L 92**
  Fremdwährung **L 95**
  Gläubigerwechsel **L 95**
  Informationspflichten **L 91, 92, 95**
  – vorvertragliche **L 101**
  Kopplungsgeschäfte **L 94**
  Kündigung **L 92**
  Privatautonomie **A 42**
  Rückzahlung, vorzeitige **L 95**
  Verbraucherdarlehensvertrag **K 7; L 90 ff**
  Verträge, verbundene **L 46**
  Widerrufsdurchgriff **L 46**
  Widerrufsfrist **L 17, 46**

Immobiliarsachenrecht A 28, 33

Immobilienkredit-Richtlinie
  Verbraucherschutz **A 42**

Imponderabilien
  Duldungspflichten **T 237**

In Vitro-Fertilisation A 35
Incentive-Reisen L 115
Incoterms A 80

Induktionsschluss
  Analogie **A 61 ff**
  Rechtsanwendung **A 49**

Industrie 4.0 P 170

Inflation
  Schuldentilgung **A 43a**

Informationspflichtverletzung
  culpa in contrahendo **F 23, 25 ff, 49**
  Vertragshaftung **F 49**

Ingenieurvertrag L 109

Inhaltsirrtum
  Kaufvertrag, Anfechtung **N 220**

Inhaltskontrolle
  Allgemeine Geschäftsbedingungen **E 6, 41 ff**
  s a dort
  Angemessenheit **E 4, 42, 59**

Inhaltskontrolle (Forts)
  gute Sitten **C 175**
  Haftungsausschluss **N 192**
  Interventionsschwelle **E 59**
  Kauf, grenzüberschreitender **E 76 f**
  Klauseln, rechtsdeklaratorische **E 60 ff, 67**
  Kundenschutz, heteronomer **E 66**
  Marktmechanismus **E 65**
  Preis-/Leistungsverhältnis **E 60, 63 f, 67**
  Rechtskontrolle **E 42**
  Unternehmensverkehr **E 18**
  Verbraucherschutz **L 20 ff**
  Vertrag **C 3; E 38**
  Vertragsgerechtigkeit **E 1**
  Vertragstypen **M 1 f, 13 ff, 44 ff**

Inkassozession
  Einziehungsermächtigung, Abgrenzung **H 4**
  Forderungsinkasso **H 4**

Innominatverträge
  Inhaltskontrolle **M 16**

Inobhutnahme U 222

Insichgeschäft
  Gestattung **C 220**
  Interessenkollision **C 220 f**
  lediglich rechtlicher Vorteil **C 221**
  Mehrvertretung **C 219**
  Selbstkontrahieren **C 219**
  Verbot **C 219**
  Vertretung ohne Vertretungsmacht **C 222**

Insolvenz
  Vorzugsrechte, Forderungsabtretung **H 22**

Insolvenzanfechtung
  Sicherheiten **K 68a**

Insolvenzreife
  Prüfungspflichten **K 68a**

Insolvenzverschleppung
  Sittenwidrigkeit **K 68a**

Institutionensystem A 27
Integritätspflichten D 3

Integritätsschäden
  Hauptleistungspflicht, Verletzung **I 186**
  Nebenpflichtverletzung **I 185**

Interessenjurisprudenz A 57

Internationales Privatrecht
  AGB-Kontrolle **E 77**
  Beziehung, engste **A 39a**
  Deliktsrecht **A 39b**
  Ermittlung ausländischen Rechts **A 39b**
  Forderungsstatut **G 95**
  Geschäftsführung ohne Auftrag **R 143 ff**
  Gran-Canaria-Fälle **L 28**
  Kaufvertrag **A 39a**
  Leistung, charakteristische **A 39a**
  Ordre public **A 39b**
  Parteiautonomie **L 24**
  Personalstatut **A 39a**
  Prozessaufrechnung **G 96**
  Qualifikation **A 39b**

Internationales Privatrecht (Forts)
  Rechtswahl **A 39b**; **E 77**; **L 24 ff**
  Rom-Verordnungen **A 39a**
  Rückverweisung **A 39b**
  Statut **A 39a**
  ungerechtfertigte Bereicherung **R 143 ff**
  Verbraucherschutz **E 19**; **L 29**
  Verbrauchervertrag **A 39a**
  Weiterverweisung **A 39b**
Internationales Zivilverfahrensrecht
  Brüssel Ia VO **A 39b**
  EuGVO **A 39b**
  Lugano-Übereinkommen **A 39b**
  Zuständigkeit, internationale **A 39b**
Internet
  AGB-Recht **E 8**
  Allgemeine Geschäftsbedingungen,
    Einbeziehung **A 32**
  Button-Lösung **L 57**
  Click-Through-Buchungen **L 115**
  digitale Inhalte
    s dort
  invitatio ad offerendum **A 32**
  Kaufpreiszahlung **N 246**
  Online-Auktion **A 32**
  Online-Buchungsverfahren, verbundene **L 115 f**
  Persönlichkeitsverletzung **S 314**
  – Access-Provider **S 314**
  – Host-Provider **S 314**
  – Snippets **S 314, 329**
  – Suchmaschine, Autocomplete-Funktion **S 314, 329**
  Reisebuchung **L 115**
  Strategie für einen digitalen Binnenmarkt **L 5**
  Verkehrspflichten **S 533**
  Vertragsschluss **A 32**
  Zahlungsverkehr, bargeldloser **G 46**
Internet-Systemvertrag M 41; N 27
Internetauktion
  Abgrenzung Antrag/invitatio **C 66**
  Vertragsschluss **A 32**; **L 53**
Interzessionsgeschäfte
  Sittenwidrigkeit **K 9**
Investmentvermögen, Anteilserwerb
  Verbraucherschutz **L 108**
invitatio ad offerendum
  Abgrenzung Antrag/invitatio **C 65 ff**
  Erklärungskontext **C 47**
  Internethandel **A 32**
Irrtum
  Anfechtungsgrund **C 181, 185 ff**
  Eigenschaftsirrtum **C 185, 190**
  – Faktoren, wertbildende **C 191**
  – Verkehrswesentlichkeit **C 190 f**
  Empfängerirrtum **C 187**
  Erklärungsirrtum **C 187**
  Identitätsirrtum **C 186**

Irrtum (Forts)
  Inhaltsirrtum **C 186**
  Kalkulationsirrtum **C 189**
  – offener **C 189**
  – Perplexität **C 189**
  Kausalität **C 192**
  Motivirrtum **C 94, 185**
  Rechtsfolgenirrtum **C 188**
  Verschreiben **C 187**
  Versprechen **C 187**
  Vertrauensschadensersatz **I 234**
IT-Verträge M 41

Jagdrecht
  Aneignungsrecht **T 173**
  Deliktsschutz **S 239**
Jahreszins, effektiver
  Formel **A 42**
  Uniform-Methode **A 42**
Juristenrecht, freies A 13
Juristische Personen
  Besitz **T 35**
  Stellvertretung **C 203**
Juristische Personen des öffentlichen Rechts
  AGB-Kontrolle **E 18**
just-in-time-Vertrag
  Fixgeschäft **I 38**
  Nachfristsetzung, Entbehrlichkeit **I 37**
Justizsyllogismus
  Rechtsanwendung **A 49**

Kapitalanlageberatung
  Vermutung aufklärungsrichtigen
    Verhaltens **J 160**
Kapitalanlagegesetzbuch
  Verbraucherschutz **L 108**
Kapitalanlagen
  Haftung de lege ferenda **S 910**
  Informationspflichten **F 28**
  Vertrieb **S 910**
  vorsätzliche sittenwidrige Schädigung
    S 910, 913
  Widerrufsrecht **L 53**
Kapitalverkehrsfreiheit A 43
Kartellrecht
  Diskriminierungsverbot **C 79**
  EU-Kartellschadensersatzrichtlinie **J 7**
  Gesamtgläubigerschaft **H 87, 124**
  Gesamtschuld **H 101**
  Innenausgleich **H 115, 124**
  passing on defence **H 87, 124**
  Strafgedanke **A 46**
  Unterlassungsanspruch **C 79**
Kauf auf Probe N 6, 305
Kauf bricht nicht Miete
  Grundstückserwerber, Eintritt in den
    Mietvertrag **H 66**; **O 8, 73 ff**
  Minderjährigenschutz **C 125**
  Novationslösung **O 74**

Kauf zur Probe N 305
Kaufpreis
  Fälligkeit N 248
  Nichtzahlung N 265
Kaufvertrag
  Abgrenzung N 15 ff
  Abnahmepflicht N 5, 10, 266 ff
  Anfechtung N 220 ff
  Annahmeverzug des Käufers N 253 ff
  Aufwendungsersatz N 86, 163, 205
  Austauschvertrag N 5, 15
  Barkauf N 9
  Beschaffenheitsangabe I 167
  Beschaffenheitsgarantie I 167
  Beschaffenheitsvereinbarung N 38 ff
  Bestandteile, wesentliche N 25
  culpa in contrahendo N 226 f
  Deliktshaftung N 229 f
  Doppelverkauf S 903
  Eigentumsverschaffungspflicht N 5, 10, 22, 34 ff, 76
  Einrede des nicht erfüllten Vertrags N 85
  Erfüllung G 6, 18
  Ersatzlieferung I 43; N 91, 95
  essentialia negotii N 11
  Falschlieferung N 64
  Form N 13
  Garantieübernahme N 182 ff
  Gefahrübergang N 72 f, 83, 217 ff, 221, 250 ff
  Gegenleistungsgefahr N 250 ff
  Gegenstände, sonstige N 5, 31, 33
  Gewährleistung N 88 ff
  Haftungsausschluss N 190 ff, 195, 197 ff
  Handkauf N 9
  Hauptpflichten N 5, 22
  Käuferpflichten N 243 ff
  Kaufpreiszahlung N 5, 10, 243 ff
  vom Körper abgetrennte Bestandteile N 25
  Leistungsgefahr N 250
  Leistungspflichten D 2
  Leistungsverzögerung N 170 ff
  Mängelansprüche N 205 ff, 216 ff
  – Verjährung N 205 ff, 216; R 32
  Mängeleinrede N 218, 220
  Mangelfreiheit der Kaufsache I 13; N 5, 10, 22, 37 ff, 83
  Mankolieferung N 64
  Minderung N 155 ff, 214, 216
  Montageverpflichtung N 20
  Nachbesserung I 28; N 91
  – Recht zur zweiten Andienung N 90
  – Selbstvornahme N 98
  – Weiterfresserschaden I 187 f; N 168
  Nacherfüllungsanspruch I 23, 28 ff, 49 ff; N 10, 90 ff
  – Fehlschlagen der Nacherfüllung I 43
  – Aus- und Einbaufälle N 106 ff
  – Unverhältnismäßigkeit, absolute I 43
  – Unverhältnismäßigkeit, relative I 43

Kaufvertrag (Forts)
  – Verjährung N 205, 214 f
  Nachfristsetzung I 28; N 148 ff
  Nachlieferung I 28 ff, 42 f
  Nebenpflichten des Käufers N 270 ff
  Nebenpflichten des Verkäufers N 80 ff
  Nebenpflichtverletzungen N 231, 273
  Nichtleistung N 84
  Nutzungsausfallschaden N 171 ff
  Pflichtverletzung N 83 ff
  Preisgefahr N 250 ff
  Rechtskauf N 5 f, 23, 28, 35 f
  Rechtsmängelhaftung A 37; N 199
  Rechtsmangelfreiheit N 74 ff
  Rücktritt N 86 f, 140 ff, 214, 216, 265
  Sachgefahr N 250
  Sachgesamtheit N 26, 70 f
  Sachkauf N 5 f, 23 ff, 34, 194
  Sachmängelhaftung A 37
  Sachmangelfreiheit N 37 ff, 46 ff
  Schadensersatz N 160 ff, 175 ff, 216
  – Verjährung N 205, 216
  Schadensersatz neben der Leistung N 168 f
  Schadensersatz statt der Leistung N 86 f, 164 ff, 265
  Sittenwidrigkeit N 13 f
  Störung der Geschäftsgrundlage N 225
  Trennungsprinzip T 5
  Übergabe der Kaufsache N 5, 10, 22, 34, 253
  Untersuchungspflicht N 179
  Veräußerungsvertrag N 5
  Verbot, gesetzliches N 13
  Verbraucherschutz N 10
  Verjährung I 70
  Verkäuferpflichten N 22 ff
  Verpflichtungsgeschäft N 9
  Vertrag, gegenseitiger N 10
  Vertragsschluss N 11 f
  Vertragsverletzung, positive N 228
  Verzugsschaden N 265
  Vorleistung N 303
  Zubehör N 25
  Zuviellieferung N 68
  Zuweniglieferung N 69
  Zweckerreichung/-fortfall I 80
Kausalität
  Adäquanz J 106, 109 f, 124
  Äquivalenz J 107 f
  Alternativverhalten, rechtmäßiges J 119
  Grünstreifenfälle J 113
  haftungsausfüllende J 111
  haftungsbegründende J 111
  hypothetische J 117 ff, 152
  kumulative S 805
  mittelbare J 111
  potenzielle S 805 ff
  überholende J 115
  Verfolgungsfälle J 112

Kfz
  Schengener Fahndungsliste **N 78**
Kfz-Haftpflichtversicherung
  Leistungsfähigkeit des Schädigers **J 10**
Kfz-Handel
  Gebrauchtwagenhandel
    s dort
  Inzahlunggabe **N 247**
  Kfz-Brief, Vorlage **T 149**
Kfz-Kauf
  Rücktritt **I 103**
Kfz-Reparatur
  Leistungstreuepflicht **D 65**
  Schutzpflicht **D 65, 67**
Kfz-Schäden
  Ersatzfahrzeug **J 39, 58**
  Ersetzungsbefugnis **J 46**
  Fachwerkstatt **J 38**
  Restwert **J 38**
  Schadensberechnung, fiktive **J 38, 40**
  Schadensberechnung, konkrete **J 38**
  Schadensschätzung **J 38**
  Totalschaden, wirtschaftlicher **J 46**
  Wiederbeschaffungsaufwand **J 38, 40**
  Wiederbeschaffungswert **J 38**
Kinder
  Besitz **T 28, 107**
  Persönlichkeitsschutz **S 344**
  Produkthaftung gegenüber Kindern **S 617**
  Recht auf Kenntnis der Abstammung
    S 363a
  Verkehrspflichten gegenüber Kindern
    S 516, 522
Kinder- und Jugendhilfe U 222
Kindesname U 228
Kindesunterhalt
  Anspruchsübergang **U 249**
  Barunterhalt **U 247**
  Bedürftigkeit **U 245**
  Berufsausbildung **U 245**
  Geldrente **U 246**
  Härteklausel **U 250**
  Kindergeld **U 248**
  Leistungsfähigkeit **U 245, 247**
  Maß des Unterhalts **U 245**
  Mindestunterhalt **U 247**
  nicht miteinander verheiratete
    Eltern **U 251 f**
  Pflege und Erziehung des Kindes **U 245**
  Regress **U 249**
  Schulausbildung **U 245**
  Unterhaltsleitlinien **U 246**
  Unterhaltspflicht **U 231, 245**
  Weiterbildung **U 245**
Kindeswohlgefährdung
  Eingriffsmaßstab **U 8**
  Gefahrenabwehr **U 223 ff**
  Gesundheitsgefährdung **U 224**
  Gewaltanwendung **U 224**

Kindeswohlgefährdung (Forts)
  Heileingriffe, Zustimmungsverweigerung **U 224**
  Kindesvermögen **U 226**
  Maßnahmen, gerichtliche **U 225 f**
  Prävention **U 223**
  sexueller Missbrauch **U 224**
  Umgangsverweigerung **U 224**
  Vernachlässigung **U 224**
Kindschaftsrecht, einheitliches U 176
Klagerecht
  Verwirkung **D 97**
Klageverzichtsklausel L 22
Klauselrichtlinie
  Allgemeine Geschäftsbedingungen **E 7, 10 ff, 26, 77**
  Anhang **E 11d, 45; L 23**
  Auslegung **L 23**
Know-how
  Kaufgegenstand **N 33**
Koalitionsfreiheit
  Arbeitsverhältnis **P 39**
Körper, menschlicher
  Sacheigenschaft **T 15**
Körperteile
  Herrenlosigkeit **T 172**
  Sacheigenschaft **S 208**
Kollektivvertrag
  AGB-Kontrolle **E 14 f, 61**
  Auslegung **A 60**
  Diskriminierungsschutz **B 51**
Kollusion
  Sittenwidrigkeit **C 223**
Kommanditbeteiligung
  Sondererbfolge **V 109**
Kommanditgesellschaft
  Gesamthandseigentum **T 116**
Kommanditist
  Bürgschaft **K 123**
Kommissionsvertrag P 9
Kondiktion
  ungerechtfertigte Bereicherung
    s dort
Konfusion
  Begriff **G 86**
  Forderung, Fortbestand **G 86**
  Sicherheiten, akzessorische **G 86**
Konnexität
  Zurückbehaltungsrecht,
    Gegenseitigkeitserfordernis **D 165**
Konsens
  Vertragsschluss **C 61 f, 83 f**
Kontakt, ähnlicher geschäftlicher
  culpa in contrahendo **F 15 f, 19**
  Sonderverbindung **F 6**
Kontakt, geschäftlicher
  culpa in contrahendo **F 14**
Kontokorrent
  Factoring, Abgrenzung **K 256**

Kontokorrent (Forts)
Kreditvertrag **K 74**
Kontrahierungszwang
Annahmepflicht **C 79**
Antidiskriminierung **C 240**
Aufnahmezwang **S 907**
Gewerkschaftsbeitritt **S 907**
mittelbarer **C 79**
Monopolmissbrauch **S 906**
Konzertveranstaltungsvertrag M 40
Kostenklauseln E 11b
Kraftfahrzeug
s Kfz
Kraftwerksbau
AGB-Kontrolle **E 25e**
Krankenhausvertrag
Lebensbedarfsdeckungsgeschäft **U 38**
Krankenversicherung, gesetzliche
Versorgung, einstweilige **J 11**
Kredit
Akkreditivkredit **K 75**
Akzeptkredit **K 75**
Avalkredit **K 75**
Diskontkredit **K 74**
Haftungskredit **K 74 f**
Kontokorrentkredit **K 74**
Ratenkredit **K 74**
Überzahlungskredit **K 74**
Verbraucherkredit **K 74**
Zahlungskredit **K 74**
Kreditauftrag
Darlehensgewährung **K 141**
Finanzierungshilfe **K 141**
Personalsicherheit **K 98**
Personalsicherheit Dritter **K 11**
Kreditkartenvertrag
Allgemeine Geschäftsbedingungen **E 2**
Vertragstyp **M 31**
Kreditkartenzahlung
bargeldloser Zahlungsverkehr **G 41 f**
Geldschuld **D 127**
Internet **G 46**
Kreditsicherheiten
Verwertung **K 19**
Werthaltigkeitsprüfung **K 8**
Kreditsicherung
Akzessorietät **K 2, 18, 20 ff**
Allgemeine Geschäftsbedingungen **K 10**
Deckungsverhältnis **K 1**
Haftungsumfang **K 36 ff**
Mehrheit von Sicherungsnehmern **K 52 ff**
Parteiinteressen **K 2 f**
Personalsicherheiten **K 11 ff**
Publizitätsprinzip **K 2**
Realsicherheiten **K 14 ff**
Risikoeinschätzung **K 6**
Transparenzkontrolle **K 10**
Vertragsfreiheit **K 4**

Credittäuschung
Sittenwidrigkeit **K 68a**
Kreditvertrag
Begriff **L 91**
Missbrauchskontrolle **E 11b**
Kreditwucher
Kondiktionssperre **R 39**
Kreditwürdigkeit
Erhöhung **K 5**
Kreditwürdigkeitsprüfung
Allgemein-Verbraucherdarlehensvertrag
L 99
Aufsichtsrecht **K 7 f**
Finanzierungshilfen, unentgeltliche **L 105**
Immobiliar-Verbraucherdarlehensvertrag
L 99
Immobilienbewertung **K 7**
Kreditvergabe **K 6 ff**
– verantwortungsvolle **K 7; L 99**
MaRisk BA 2012 **K 8**
Rechtspflicht **K 7**
Sanktionen **L 100**
Sanktionssystem **K 7**
Verbraucherdarlehensvertrag **K 7**
Wohnimmobilienkreditvertrag **L 89**
Kündigung
Diskriminierungsschutz **B 25**
elektronische Form, Unanwendbarkeit **C 149**
Form, vereinbarte **C 142**
Schuldnerschutz **H 31**
Schuldverhältnis, Änderung **D 22**
Sprachrisiko **C 35**
Zugang **C 34**

Ladendiebstahl
Fangprämien **J 122**
Vorbeugemaßnahmen, Ersatzfähigkeit **J 122**
Ladung, elektrische
Sacheigenschaft **T 15**
laesio enormis
Abweichung, objektive **C 178**
Landpacht O 1
Lastschrift
Zahlungsverkehr, bargeldloser **G 41 f**
Lastschriftverfahren
Erfüllungswirkung **G 45 f**
Geldschuld **D 127**
Leasing
Allgemeine Geschäftsbedingungen **E 2**
Finanzierungsleasing **C 157; L 91, 102;
M 12 f, 24 ff**
Vertragstyp **A 31; E 2**
Lebensbedarfsdeckungsgeschäfte
Angemessenheit **U 38**
Ehegatten **U 36 ff**
Verbraucherschutz **U 40**

Lebensgemeinschaft, faktische
  Ausgleichsansprüche **U 159 ff**
  Beendigung **U 158 ff**
  Eigentumsherausgabe **U 163**
  Einstandswille, gegenseitiger **U 157**
  Erbrecht **U 164**; **V 130**
  Kinder **U 165**
  Mietrecht **U 156**
  Sorgfalt, eigenübliche **U 155**
  Unterhaltsanspruch **U 157**
  Vereinbarungen **U 152, 157**
  Zusammenlebensformen **U 151 ff**

Lebenspartnerschaft, eingetragene
  Aufhebung **U 173**
  Ehegattenerbrecht **V 26**
  Einbenennung eines Kindes **U 171**
  Erbrecht **U 172**; **V 15**
  Getrenntleben **U 170**
  Gleichgeschlechtlichkeit **U 166, 169**
  Haushaltsgegenstände **U 173**
  Lebenspartnerschaftsgesetz **U 167 f**
  Lebenspartnerschaftsname **U 32**
  Notsorgerecht **U 171**
  Pflichtteilsrecht **U 172**
  Sorgerecht, kleines **U 171**
  Stiefkindadoption **U 171**
  Sukzessivadoption **U 171**
  Testament, gemeinschaftliches **V 57**; **U 172**
  Unterhalt, nachpartnerschaftlicher **U 173**
  Verantwortungsgemeinschaft **U 170**
  Versorgungsausgleich **U 173**
  Volljährigenadoption **U 261**
  Willensmängel **U 169**
  Wirkungen **U 170**
  Wohnung, gemeinsame **U 173**
  Zusammenlebensform **U 10, 166**

Legalzession
  s cessio legis

Leiharbeitsverhältnis
  Begriff **P 173**
  echtes **P 173**
  unechtes **P 173**

Leihe
  Gebrauchsüberlassung **O 1**
  Gefälligkeitsvertrag **F 52**
  Rückgabepflicht **D 19**
  Übergabe der Leihsache **D 19**
  Unentgeltlichkeit **D 23**; **O 2**
  Vertrag, unvollkommen zweiseitig verpflichtender **D 19**

Leihmutterschaft A 35

Leistung an Erfüllungs statt
  Ersatzleistung **G 36**
  Hauptleistungspflicht, Erlöschen **G 33**
  Leistungsgegenstand **G 31 ff**
  Parteivereinbarung **G 35, 37, 38**
  Rechtsnatur **G 37**

Leistung durch Dritte
  Ablösungsrecht **D 151**

Leistung durch Dritte (Forts)
  geschuldete Leistung **D 146 ff**
  Mangelhaftigkeit **D 150**
  Rückgriffsansprüche **D 149**
  Schuld, fremde **D 148**
  Schuldnerschutz **D 149**
  Tilgungsbestimmung **D 148**
  Widerspruch **D 147**
  – doppelter **D 147**

Leistung erfüllungshalber
  Ersatzleistung, Annahme **G 34**
  Klagbarkeit, Ausschluss **G 38**
  Leistungsgegenstand **G 31 ff, 38**
  – Verwertungsrisiko **G 38**
  Parteivereinbarung **G 35, 38**
  Stundung der ursprünglichen Forderung **G 38**

Leistung zur Unzeit
  Treu und Glauben **D 51, 99**

Leistungsbestimmungsrecht
  essentialia negotii **C 84**
  Schuldverhältnis, Änderung **D 22**

Leistungsbilanzüberschuss
  Strafzahlungen **A 46**

Leistungserfolg
  Erfüllung **G 6, 22**
  Schuldverhältnis, Erlöschen **G 2**

Leistungsfähigkeit
  finanzielle **D 128**

Leistungsklage
  Mahnung **I 33**

Leistungsort
  Holschuld **G 45**
  Kaufpreis **N 249**
  Leistung am unpassenden Ort **D 51**
  Leistungshandlung, Vornahme **D 152 ff**
  Natur des Schuldverhältnisses **D 155**
  Parteivereinbarung **D 155**
  Preisgefahr **D 153**
  Rechtzeitigkeit der Leistung **D 153**
  Sachleistungsgefahr **D 153**
  Vertragsmäßigkeit der Leistung **D 153**
  Wohnsitz des Schuldners **D 156**
  Zuständigkeit **D 153**

Leistungspflichten
  Äquivalenzinteresse **D 2**
  Hauptpflichten **D 2**
  Leistungstreuepflicht **D 2, 59**
  Nebenleistungspflichten **D 2**
  Schuldverhältnis **D 1 f**

Leistungsstörungen
  Begriff **I 2**
  Beweislast **I 12**
  Eigenschaftsirrtum **C 190**
  Erfüllung **I 5**
  Gläubigerinteresse, Wegfall **G 91**
  Nacherfüllung **I 5**
  Pflichtverletzung **I 2**
  Rücktritt **I 72**

Leistungsstörungen (Forts)
  Schadensersatz neben der Leistung **I 188**
  Schadensersatz statt der Leistung **I 188**
  Schuldrechtsmodernisierung **A 37 f**
  System, zweistufiges **I 5**, **23 ff**, **54**
  Teilleistungsstörung **I 150**
  Unbehebbarkeit **I 5**
  Wahlrecht **I 46**
  Zweckerreichung **G 91**
Leistungstreuepflicht
  Aufklärungspflicht **D 72**
  Leistungserfolg **D 59 f**
  Leistungspflicht **D 2**
  Treu und Glauben **D 59 ff**
Leistungsverzögerung
  Kaufvertrag **N 170 ff**
  Mahnung **I 33**
  Pflichtverletzung **I 11, 72**
  Schadensersatz **I 11**
  Unmöglichkeit, zeitweilige **I 84**
  Vorenthaltungsschaden **I 194**
Leistungszeit
  Erfüllbarkeit **D 161 f**
  Fälligkeit **D 161 ff**
  Kaufpreis **N 248**
  Vereinbarung **D 161 f**
Leitbild
  Gesetzesrecht, dispositives **E 8, 48**
  Vertragstypen **M 1 f, 14 ff**
Letztwillige Verfügung
  Auslegung, ergänzende **C 54**
  Bedingung **C 93, 96**
  Erbeinsetzung **C 16**
  Höchstpersönlichkeit **C 206**
Lieferanten
  Erfüllungsgehilfeneigenschaft **N 180**
Lieferkette
  Unternehmerregress **N 241 f**
  Verbrauchsgüterkauf **N 241**
Lieferungskauf N 16
Limited, englische
  Gesetzesumgehung **A 43**
Lombardkredit K 245
Lotterievertrag
  Vertrag, gegenseitiger **D 18**
lucrum cessans J 20
Luftfahrzeuge, Registerpfandrecht
  Forderungsabtretung **H 22**
Luftverkehrsgesetz
  Drittschäden **J 72**

M&A-Transaktionen
  AGB-Kontrolle **E 25e**
Mahnbescheid I 33
Mahnung
  Begriff **I 5, 33**
  Entbehrlichkeit **I 39, 41 f**
  Entgeltforderungen **I 40 f**
  Fälligstellung, Verbindung mit **I 35**

Mahnung (Forts)
  Handlung, geschäftsähnliche **C 11; I 33**
  Kostenersatz **I 182**
  Leistung, mangelhafte **I 193**
  Leistungsverzögerung **I 33**
  Leistungszeit, nach dem Kalender
    bestimmte **I 39**
  Nachfristsetzung **I 24, 33**
  Schuldnerverzug **I 40**
  Stundenfristen **I 39**
  Unmöglichkeit der Leistung **I 42**
  Verzugsschadensersatz **I 5**
  Warnung **I 33, 39**
  Zahlung bei Lieferung **I 39**
  Zuvielforderung **I 34**
Mahnverfahren
  AGB-Kontrolle **E 12**
Mangel
  anfänglicher unbehebbarer **N 169, 175**
  Behebbarkeit **I 13, 166; N 166, 218**
  Erheblichkeit **N 40**
  Fehlerbegriff, objektiver **I 13**
  Fehlerbegriff, subjektiver **I 13; N 39**
  Gefahrübergang **I 1, 14**
  Geringfügigkeit **I 76**
  Grundmangel **I 1, 14; L 72**
  Kenntnis **I 164; N 199 ff**
  Materialfehler **I 1, 14**
  Nichtbeseitigung **N 179**
  offener **N 204**
  Rügeobliegenheit **I 67**
  Schadensersatz **N 160 ff**
  Unbehebbarkeit **I 42, 164 f; N 169, 175, 219**
  Unerheblichkeit **N 143 ff**
  Unkenntnis, grob fahrlässige **N 199, 201 f**
  Verdacht **N 38, 54, 199**
  verdeckter **N 204**
  Vermutung **I 1, 14**
  Verschulden des Verkäufers **N 179**
  Verschweigen, arglistiges **I 21, 37; N 190, 212 f**
  Vertretenmüssen **I 30**
Mangelbeseitigungskosten
  s Nacherfüllungskosten
Mangelbeseitigungsverlangen
  unberechtigtes **N 94**
Mangelfolgeschaden
  Integritätsschaden **I 186; N 168**
  Verjährungsfristen **Q 9**
  Werkvertrag **Q 5, 152**
Mangelfreiheit
  Äußerungen, öffentliche **N 55 ff, 196**
  Beschaffenheit, übliche **N 49, 51**
  Beschaffenheitsvereinbarung **N 39 ff**
  Leistungspflicht **I 13**
  Verwendung, gewöhnliche **N 49 f**
  Verwendung, vertraglich vorausgesetzte **N 46 ff**

Mankolieferung
  Leistung, mangelhafte **I 15 f, 28; N 64**
  verdeckte **I 15, 28**
MaRisk BA 2012
  Risikomanagement **K 8**
Massengeschäfte
  AGB-Kontrolle **E 51**
  Diskriminierungsschutz **A 47; B 8, 55 ff**
  Geschäfte, gleichgestellte **B 58 f**
  Kreditsicherung **K 10**
  Legaldefinition **B 57**
  Versicherungen, private **B 60**
Mauerschützen-Fälle A 76
Mentalreservation
  Kondiktionssperre **R 34**
  Willenserklärung, Wirksamkeit **C 199**
Messestand
  Außergeschäftsraumvertrag **L 43**
Methodenlehre
  Analogie **A 60**
  argumentum e contrario **A 56, 60, 63**
  argumentum e silentio **A 56**
  Auslegung **A 49 ff, 61**
  deductio ad absurdum **A 56**
  economic analysis of law **A 71**
  Erst-recht-Schluss **A 56**
  Größenschluss **A 56**
  Konstitutionalisierung **A 68a**
  lex posterior **A 56**
  lex specialis **A 56**
  Nichtwiderspruchsprinzip **A 68a**
  Rechtsanwendung **A 49**
  Restriktion, teleologische **A 57, 64, 70**
  Subsumtionsschluss **A 56**
  Umkehrschluss **A 56, 60, 63**
  Verhältnismäßigkeitsprinzip **A 46, 68b**
  Widerspruchsfreiheit **A 68b, 77**
Miete
  Anpassungsanspruch **O 85**
  Bestandsmieten **O 85**
  Verdinglichung **O 75**
Mieterträge
  Beschaffenheitsbegriff **N 42**
Mietpreisbremse
  Auskunftsanspruch **O 91d**
  Mietzinsanstieg, Begrenzung **A 31; O 85a, 91a ff, 120**
  100+10-Regel **O 5, 91b, 91d**
  Vormiete **O 91c**
  Wohnungsmarkt, angespannter **O 91b**
Mietrecht, soziales O 3
Mietsache
  Eigentum, verfassungsrechtliches **A 68a**
Mietvertrag
  Abnahmepflicht **O 40**
  Anfechtung **O 15**
  Angehörige, Aufnahme in die Wohnung **O 25, 30**
  Anzeigepflicht des Mieters **O 38, 63**

Mietvertrag (Forts)
  Aufklärungspflichten **O 11**
  Aufrechnung des Mieters **O 83, 111**
  Bagatellschäden **O 53**
  Barrierefreiheit **A 68a**
  Baumängel **O 55**
  Baumaßnahmen, Erlaubnis des Vermieters **O 113**
  Befristung **C 110**
  Berliner Modell **O 68**
  Beschaffenheitsvereinbarung **O 48, 56**
  Besichtigungsrecht des Vermieters **O 41**
  Besitz **O 7; T 55**
  Bestandsschutz **O 7**
  Betriebskosten **O 26**
  – Erhöhung **O 85**
  – Pauschalen **O 27, 94**
  – Vorauszahlungen **O 27**
  Betriebskostenabrechnung **O 41**
  Betriebspflicht **O 40**
  Bruttomiete **O 26, 60, 94**
  Dauerschuldverhältnis **O 7, 95**
  Dienstleistungen **O 34**
  Doppelvermietung **O 58**
  Duldungspflichten des Mieters **O 41 ff, 93**
  Eigenbedarfskündigung **D 61, 82; O 100b, 101 ff**
  Eigenschaftszusicherung **O 57**
  Einliegerwohnung **O 98**
  Einmalmiete **O 34**
  Eintritt des Erwerbers von vermietetem Wohnraum **H 2, 66**
  Endtermin **O 95 f**
  Energieeinsparung **O 93a**
  Energiewende **O 5, 56a, 93**
  Entgeltlichkeit **O 2**
  Erhaltungsmaßnahmen **O 42, 92**
  Erhaltungspflicht **O 22 f, 42**
  Erlass der Mietforderung **O 82**
  essentialia **O 12**
  Feuchtigkeitsschäden **O 37, 63**
  Flächendifferenz **O 55**
  Form **O 16 ff**
  Fortsetzung des Gebrauchs nach Ablauf der Mietzeit **C 19; O 117**
  Garantiehaftung **M 40; O 21, 61**
  Gebrauch, vertragsgemäßer **O 24 f, 39**
  Gebrauchspflicht **O 40**
  Gebrauchsüberlassung **O 1**
  Gebrauchsüberlassung an Dritte **O 28 ff**
  Geschäftsraummiete **O 9**
  Gesundheitsgefährdung **O 110**
  Gesundheitsschutz **O 54**
  Gewerbebetrieb in Wohnräumen **O 113**
  Gewerberaummiete **O 9 f, 14, 48**
  Grundstücksmiete **O 8 f**
  Hausfrieden **O 114**
  Heizkosten **O 26 f**
  Indexmiete **D 131**

Mietvertrag (Forts)
   Inklusivmiete O 26
   Instandhaltungspflicht O 22 f, 52 f
   Instandsetzungspflicht O 22 f, 52 f
   Kaltmiete O 27
   Kappungsgrenze O 87b
   Kauf bricht nicht Miete C 125; H 66; O 8, 73 ff
   – Fälligkeitsprinzip O 78
   Kaution O 64, 69 ff
   – Geldkaution O 70 f
   – Rückzahlung O 72
   – Teilleistung D 142; O 70
   Kautionsverzug O 112
   Konfusion O 12
   Kündigung, außerordentliche O 95
   – befristete O 95, 106
   – fristlose O 36, 95, 107 ff
   – Schonfrist O 104, 111
   – Sperrfrist O 104
   – wichtiger Grund O 112
   Kündigung, ordentliche O 95, 98 ff
   – Berufsbedarf O 100a f
   – Betriebsbedarf O 100a f
   – Interesse, berechtigtes O 100a f
   – Schonfrist O 104
   – Sozialklausel O 100, 100b
   – Sperrfrist O 104
   Kündigung, Zugangsverhinderung D 83
   Kündigungsfrist O 99
   Kündigungsschreiben O 112
   Kündigungsschutz O 7
   Kündigungsverzicht O 96 f
   Leistungstreuepflicht D 61
   Lüften O 37
   Mängelbeseitigung O 42
   – Verzug O 62
   Mängelhaftung O 54 ff
   – Haftungsausschluss O 63
   Marktmiete O 87, 91b
   Mietdatenbank O 89
   Mieterhöhung O 85 ff
   – Begründung O 89
   – einseitige O 85, 92
   – Härteklausel O 93
   – Modernisierungszuschlag O 91c, 92
   – Sachverständigengutachten O 87a, 89, 91
   – Sperrfrist O 86
   – Vergleichswohnungen O 89, 91
   – Wartefrist O 86
   – Zustimmung des Mieters O 86 ff, 91
   Mieterhöhungsverlangen O 88 f
   Mieterschutz O 4 ff, 73 ff
   Mietsicherheiten O 64, 84
   Mietspiegel O 87a, 89 f
   Mietzahlungspflicht O 34 ff
   Minderung O 60
   Mindeststandard O 25, 54, 56
   Mischmietverhältnisse O 10

Mietvertrag (Forts)
   Modernisierung, energetische O 5, 56a, 92
   Modernisierungsauflagen, behördliche O 93
   Modernisierungsmaßnahmen O 43 f, 85, 92 f
   – Ankündigung O 44, 93a
   Musikausübung O 25
   Nachholrecht O 111
   Nebenpflichten O 37
   Nettomiete O 27
   Obhutspflicht des Mieters O 37 f
   Offenhaltungspflicht O 40
   Parabolantenne O 25
   Personenmehrheiten O 20
   Pflichtverletzung des Mieters O 100b, 104
   Prüfungspflicht O 23
   Räumungsvollstreckung O 68
   Raummiete, sonstige O 9
   Rechtsmängel O 58 ff, 109
   Rechtzeitigkeitsklauseln O 35
   Reparaturpflicht O 52 f
   Rückgabe der Mietsache O 115 ff, 119
   Rücksichtnahme O 114
   Sachen O 2
   Sachmängel O 54 ff, 59 f, 109
   Schlüsselrückgabe O 119
   Schönheitsreparaturen O 22, 45 ff
   – Abgeltungsklauseln O 48
   – Anfangsrenovierungsklauseln O 48
   – Endrenovierungsklauseln O 48
   – Fachhandwerkerklauseln O 48
   – Farbwahlklauseln O 48
   – Formularvertrag O 46 f
   – Freizeichnungsklauseln O 48
   – mangelhafte O 118
   – Quotenklauseln O 48
   – Renovierungsbedarf O 46, 49
   – Renovierungsfristen O 46 f
   – unterlassene O 118 f
   – Vorschuss O 49
   Schriftform O 19 ff
   Schriftformheilungsklauseln O 19
   Schriftformklauseln O 19
   Sittenwidrigkeit O 13 f
   Stundung der Mietforderung O 82
   Teilinklusivmiete O 86, 94
   Tierhaltung O 25
   Tod des Mieters O 7
   Überbelegung O 113
   Überlassungspflicht O 21
   Umweltfehler O 56
   Umzugsschild G 4
   Untermiete O 28 ff, 113
   Verbrauchervertrag O 12a
   Vergleichsmiete, ortsübliche O 13 f, 85, 86 ff, 91b
   – Ausgangsmiete O 86, 87b
   – Einzelvergleichsmiete O 87 f

Mietvertrag (Forts)
  Verjährung **O 118 f**
  Verkehrssicherungspflicht **O 23**
  Vermieterpfandrecht **O 65 ff**
  – Ablösungsrecht **O 68**
  Vertrag, gegenseitiger **O 7**
  Vertrag mit Schutzwirkung zugunsten Dritter **J 82**
  Vertragsänderung **O 82**
  Vertragsschluss **O 11 ff**
  Verwertungskündigung **O 100b, 105 ff**
  Vorausverfügungen **O 80 f**
  Vorleistungen **O 80**
  Wohnraummiete **O 5, 8 ff, 13**
  – Last, dingliche **O 7**
  – Singularsukzession **V 109**
  Wohnungsbauförderung **O 6**
  Wohnungsmiete **A 31**
  Wohnungsstandard **O 25, 56**
  Wucherverbote **O 13 f, 85a**
  Zahlungsverzug **O 36, 104, 111 f**
  Zahlungsweise, unpünktliche **O 104, 108**
  Zeitmietvertrag **O 96**
  Zurückbehaltungsrecht **O 59**
  Zutrittsrecht des Vermieters **O 41**
Mietwucher
  Kondiktionssperre **R 39**
Minderjährige
  Arbeitsverhältnis **P 32**
  Dienst-/Arbeitsverhältnis **C 131 f**
  – Kündigung **C 132**
  Eigentumserwerb **C 17**
  Erwerbsgeschäft, selbständiger Betrieb **C 132**
  Geschäftsfähigkeit, beschränkte **C 113, 117 ff**
  Geschäftsunfähigkeit **C 113**
  Gesellschaftsvertrag, Abschluss **C 132**
  Gewerkschaftsbeitritt **C 132**
  Leistungsannahme **C 127**
  Lohn-/Gehaltskonto **C 132**
  Mietvertrag über Wohnung am Arbeitsort **C 132**
  Schutzbedürftigkeit **C 120**
  Selbstbestimmungsrecht **C 123**
  Vertragsverhältnisse, fehlerhafte **C 21, 25**
Minderjährigenhaftungsbeschränkung
  Haftungsbegrenzung **U 216**
Minderung
  Berechnung **N 157**
  Gegenleistung, Herabsetzung **I 99**
  Gegenleistung, Rückgewähr **I 147 ff**
  Gestaltungsrecht **I 99, 178**
  Kaufvertrag **N 155 ff**
  Nachfristsetzung **I 5, 23, 46**
  Nutzungsherausgabe **I 147**
  Pflichtverletzung **I 2 f, 5**
  Schadensersatz statt der Leistung **I 99, 178**
  Schuldverhältnis, Änderung **D 22**

Minderung (Forts)
  Subsidiarität **N 160**
  Teilleistung **I 100**
Mindestlohn
  Arbeitnehmerentsendung **P 83**
  Arbeitnehmerüberlassung **P 178**
  Arbeitsverhältnis **P 80 ff**
  Pflegebereich **P 83**
Mindestzinsklauseln E 11b
Mitgläubigerschaft
  Gläubigermehrheit **H 78 ff**
  Grundsatz der Einzelwirkung **H 83**
Mitgliedschaftsrechte
  Deliktsschutz **S 240**
  Übertragung **H 6**
Mitwirkungspflicht
  Treu und Glauben **D 63**
Mobbing S 362
Mobiliarsachenrecht
  Verkehrsschutz **A 28**
Modernisierung, energetische
  Mietrecht **O 5, 56a, 92**
Montageanleitung
  IKEA-Klausel **N 58, 60**
  Kaufvertrag **N 38, 58**
  Mangelhaftigkeit **N 58 ff**
  – Aus- und Einbaukosten **N 62**
Montageverpflichtung
  Abbaupflicht **I 112**
  Hauptpflicht **N 59**
  Nebenleistungspflicht, leistungsunterstützende **I 73**
  Nebenpflicht **I 22**
  Vertragsart **N 20; Q 33**
Musikaufführungsrechte
  Schadensersatz **J 123**
Mutterschaft
  Abstammung **U 177**
  Benachteiligung, unmittelbare **B 15**

Nachbarrecht
  Abgrabung **T 236**
  Abwehransprüche **T 236**
  Anlage **T 236**
  Duldungspflichten **T 236**
  Einsturzgefahr **T 236**
  Gemeinschaftsverhältnis, nachbarliches **T 112**
Nachbesserung
  Affektion **I 52**
  Ausbau-/Einbaukosten s Nacherfüllungskosten
  Ersatzsache **I 52**
  Fehlschlagen **I 43**
  Missverhältnis, grobes **I 85**
  Nacherfüllung **I 49, 52**
  Reparatur **I 52**
  Unmöglichkeit **N 128**
  Verschlimmerung des Mangels **N 93**

Nachbesserung (Forts)
   Vertragsgemäßheit der Sache **I 52**
   Weiterfresserschaden **I 187f**; **N 93**
   Wertersatz **I 55**
Nacherbschaft
   Konfusion **G 86**
Nacherfüllung
   Abholpflicht **I 58**
   Andienung, zweite
      s Recht zur zweiten Andienung
   Aufwendungsersatz **L 67**
   Ausbau-/Einbaufälle **N 3 f, 106 ff**
      s a Ausbau-/Einbaukosten
   Ausschluss **N 139**
   Erfüllungsort **D 155; I 29, 56**
   Ersatzlieferung **N 91, 95**
   Fehlschlagen **I 43; L 60; N 91, 152**
   Leistungsstörungen **I 5**
   Nachbesserung **I 49, 52; N 91 ff**
   Nachlieferung **I 49, 51**
   Nutzungsentschädigung **N 96 ff**
   Nutzungsherausgabe **A 43**
   Ortsgebundenheit **I 58**
   Parteiwille **I 51**
   Recht zur zweiten Andienung **H 100, 107a, 112; I 61; N 90, 99, 222, 226**
   Unannehmlichkeiten **D 155**
   Unmöglichkeit **N 128**
   Unverhältnismäßigkeit, absolute **I 43; L 67; N 4, 116**
   Unverhältnismäßigkeit, relative **I 43**
   Unzumutbarkeit **N 129, 153**
   Verjährung **N 205, 214 f**
   Verweigerung, ernsthafte und endgültige **N 150**
   Verweigerungsrecht **N 130, 133**
   Vorrang **N 90, 140, 166**
   Wahlrecht **I 49 f; N 91**
   – elektive Konkurrenz **I 50**
   – Willenserklärung **I 50**
Nacherfüllungsfrist
   Fristablauf **N 140, 143**
   Fristsetzung **N 141**
Nacherfüllungskosten
   Abzug neu für alt **I 69; N 100**
   Ausbau-/Einbaukosten **I 1, 21, 53 f, 63 ff**
      Einbau bei Dritten **I 65**
   Beschränkung **I 59**
   Deckelung **N 133 ff**
   Erforderlichkeit **N 100**
   Fehlschlagen **I 43**
   Kaufvertrag **N 100**
   Kenntnis des Mangels **I 67**
   Klauselverbot **I 191**
   Kostenerstattungsanspruch **I 59 f; N 100, 134**
   Lieferkette **I 65**
   Mangelfeststellung **I 59**
   Nachfristsetzung **I 60, 66**

Nacherfüllungskosten (Forts)
   Rügeobliegenheit **I 67**
   Sachverständigengutachten **I 59**
   Selbstvornahme, unberechtigte **I 60**
   Selbstvornahmekosten **I 61 f**
   Transportkosten **I 59 f**
   unverhältnismäßige **A 43, 70**
   Unverhältnismäßigkeit **I 59, 66; N 116, 130 ff**
   – absolute **N 4, 116, 131, 135 f**
   – relative **N 131**
   Vorschuss **I 1, 59 f, 65; N 100, 290**
Nacherfüllungsort
   Belegenheitsort **I 57, 58**
   Erfüllungsort **I 56; N 101 ff**
   Natur des Schuldverhältnisses **I 56**
   Ortsgebundenheit **I 58**
   Vereinbarung **I 56**
   Verkehrssitte **I 57**
Nacherfüllungsverlangen
   Verbrauchsgüterkauf **I 29**
   Zurverfügungstellung der Sache **I 29**
Nachfristsetzung
   Ablauf der Nachfrist **I 46**
   Abwendungsrecht **I 48**
   Angemessenheit der Frist **I 26**
   Aufforderung zur Leistung **I 24**
   Endtermin **I 25 f**
   Entbehrlichkeit **I 5, 30, 36 f, 42, 72; N 148 ff**
   – Treu und Glauben **I 37**
   Erfüllungsanspruch **I 46 f**
   Erfüllungsverweigerung, ernsthafte und endgültige **I 7**
   Fälligkeit der Leistung **I 6, 26 f**
   Fälligstellung, Verbindung mit **I 27**
   Frist, konkrete **I 25 f**
   Handlung, geschäftsähnliche **I 24, 33**
   Leistungsverlangen **I 24**
   Leistungsverweigerung, ernsthafte und endgültige **I 36**
   Mahnung **I 24, 33**
   Minderung **I 5, 23**
   Pflichtverletzung **I 5**
   Rücktritt **I 5, 23, 72; N 140 ff**
   Rücktritt vom Vertrag **I 1**
   Sachmängelhaftung **I 17**
   Schadensersatz **I 5**
   Schadensersatz statt der Leistung **I 23, 188**
   Schwebezustand **I 47 f**
   sofort **I 26**
   umgehend **I 26**
   Unbehebbarkeit des Mangels **I 42**
   Unmöglichkeit der Leistung **I 42**
   unverzüglich **I 26**
   Wahlrecht **I 46**
   Warnfunktion **I 25, 27**
   Zuvielforderung **I 24**
Nachlieferung
   Aus- und Einbaupflicht **I 55**

Nachlieferung (Forts)
  Ersatzsache **I 151**
  Gattungsschuld **I 51**
  Gebrauchsvorteile **I 151**
  Kaufvertrag **I 28 ff, 49**
  Kosten **I 196**
  Leistungsverweigerungsrecht **I 43**
  Nacherfüllung **I 49**
  Nutzungsherausgabe **I 151**
  Rückgewähr der mangelhaften Sache **I 151**
  Unverhältnismäßigkeit, absolute **I 43**
Namensrecht
  Kaufgegenstand **N 30**
nasciturus
  Erbfähigkeit **V 111**
  Persönlichkeitsschutz **S 303**
naturalia negotii
  Nebenpflichten **M 4 f**
  Vertragsnatur **M 43**
  Vertrauensschutz **M 10**
Naturalrestitution
  culpa in contrahendo **I 229**
  Fristsetzung **J 41**
  Geldbetrag, zur Herstellung
    erforderlicher **J 35 f**
  Herstellung durch den Schädiger **J 33**
  Integritätsinteresse **J 36, 42**
  Persönlichkeitsrecht, allgemeines **J 35**
  Restitution **J 36**
  Restschaden **J 34**
  Sachbeschädigung **J 35**
  Schaden, immaterieller **J 37**
  Schadensersatz **J 18, 22, 29, 32**
  Unmöglichkeit **J 33**
  Wahlrecht **J 35**
Naturrecht A 10, 76
Nebenleistungspflichten
  leistungsbezogene **I 22**
  leistungsunterstützende **I 73**
  nicht leistungsbezogene **I 22, 73 f**
  Rücktrittsrecht **I 73**
  Vertragsschluss **M 4, 9**
Nebenpflichten
  Leistungsstörungsrecht **N 82**
  Nebenleistungspflichten **N 80**
    s a dort
  Verhaltenspflichten **N 80 f**
Nebenpflichtverletzung
  Rücktritt **I 79**
  Schadensersatz neben der Leistung **I 169, 185**
  Schadensersatz statt der Leistung **I 152 f**
  Unzumutbarkeit des Festhaltens am
    Vertrag **D 1; I 32, 74, 79**
  Vertretenmüssen **I 169**
Negativlisten
  Vereinbarungen **A 56**
negotiorum gestio
  actio negotiorum gestorum contraria **R 131**

negotiorum gestio (Forts)
  actio negotiorum gestorum directa **R 141**
  Geschäftsführung, auftragslose **R 97**
nemo auditur propriam turpitudinem suam allegans
  Vorverhalten, unredliches **D 79**
Nichtigkeit
  Einwendung, rechtsverhindernde **H 28**
Nichtleistung
  Pflichtverletzung **I 9**
  Rücktrittsrecht **I 72**
Niederlassungsfreiheit
  Gesellschaftsrecht **A 43**
Niedrigzinsphase
  Verbraucherschutzrecht **L 90**
Nießbrauch
  Aneignungsrecht **T 170**
  beschränktes dingliches Recht **T 240a**
  Bestellung **T 248**
  Früchte **T 240b, 247**
  Gebrauchsvorteile **T 247**
  an Grundstücken **T 248**
  Herausgabeanspruch **T 206, 240b**
  Kaufgegenstand **N 30**
  Nutzungsrecht, dingliches **T 247**
  an Rechten **T 14**
  an Sachen **T 248**
  Schuldverhältnis, gesetzliches **T 248**
  Unübertragbarkeit **T 241, 247**
  Unvererblichkeit **T 247**
no oral modification-Klausel
  Formvereinbarung, Aufhebung **C 144**
Normenkontrolle
  Verfassungsrecht **A 67**
Notar
  Aufbewahrung von Geld **G 57**
Notaranderkonto
  Auszahlungsanspruch **H 23**
Novation
  abstrakte **G 88**
  Begriff **G 87**
  kausale **G 88**
  Schuldverhältnis, Erlöschen **G 87**
Null-Prozent-Finanzierung
  Verbraucherschutzrecht **L 90, 105**
nulla poena sine lege
  Grundrechtecharta **A 46, 62**
numerus clausus
  Sachenrechte **T 11**
Nutzungen T 4
Nutzungsausfallschaden
  Frustration **J 58**
  Kaufvertrag **N 171 ff**
  Kommerzialisierung **J 58 ff**
  Rücktritt **I 205 f**
  Schaden, normativer **J 17**
Nutzungspfand
  s Pfandrecht

Obhutspflichten
  Schuldverhältnis **D 5, 60**
Obliegenheit D 7
Observanz A 79
Oderkonto
  Gesamtgläubigerschaft **H 86, 89**
Öffentliches Recht
  im Privatrecht **A 44**
  Schadensersatz **J 28**
Ökonomische Analyse des Rechts A 71; J 15; S 104
Österreich
  Allgemeines Bürgerliches Gesetzbuch **A 10, 23, 27**
  Verfassungsrecht **A 68c**
Offene Handelsgesellschaft
  Gesamthandseigentum **T 116**
Ohne Obligo
  Gebundenheit, Ausschluss **C 70**
Okkupation
  Inbesitznahme **T 173**
  Sachen, herrenlose **T 173**
Online-Warenhandel
  Richtlinienvorschlag **N 8**
Opfergrenze
  Treu und Glauben **D 47**
Ordnung, öffentliche
  Treu und Glauben **D 48**
Ordre public A 39b
Organe juristischer Personen
  Organbesitz **T 35, 107**
  Organhaftung **S 532, 616, 621, 704**
  Vertretung, gesetzliche **C 205**
  Vertretungsmacht **C 203**
Organmitglieder
  Diskriminierungsschutz **B 29**

Pacht
  Eintritt des Erwerbers **H 66**
  Entgeltlichkeit **O 2**
  Fruchtziehung **O 2**
  Gebrauchsüberlassung **O 1**
  Rechtspacht **O 2**
pacta sunt servanda
  Leistungspflichten, Beendigung **I 4**
  Leistungsverweigerungsrecht **I 85**
  Missverhältnis, grobes **I 85**
  Rücktritt **I 76**
  Vertragsbindung **C 63, 69, 144; M 1**
  Widerrufsrechte **A 32, 42; L 15**
pactum de non petendo G 78; H 35 ff
Pandektensystem A 27; V 4
Pandektistik A 16
Partnerschaften, gleichgeschlechtliche A 35, 68
Partnerschaftsberatungsvertrag M 38
Patientenakte
  Dokumentationspflichten **J 158; P 183**
Patientenrechte
  Behandlungsfehler **J 157**

Patientenrechte (Forts)
  Behandlungsvertrag **P 179 ff**
Patientenverfügung
  Behandlung, ärztliche **C 14**
  Einwilligungsfähigkeit **U 290**
  Legaldefinition **U 290**
Patronatserklärung
  externe **K 147**
  harte **K 11, 147**
  interne **K 147**
  weiche **K 147**
Pauschalreise L 116
  Reisevertrag
  s dort
Pauschalreiserichtlinie
  Reisevertrag **L 115**
peius
  Gattungskauf **I 15**
Perplexität
  Kalkulationsirrtum **C 189**
Persönlichkeitsrecht, allgemeines
  Ärztebewertungsportal **S 344**
  im Arbeitsrecht **D 46**
  arglistige Täuschung **D 46**
  Benachteiligungsverbot **B 64**
  Bereicherungsanspruch **R 46**
  Bildberichterstattung **S 343 f**
  Datenschutz **S 341**
  Deliktsrecht **A 33**
  Deliktsschutz **S 105, 300 ff**
  Diskriminierungsschutz **B 78**
  Ehrverletzung **S 315**
  Ersatzanspruch **J 35, 56**
  – Subsidiarität **J 56**
  Geldentschädigung **S 375**
  Gewerbetreibende **S 415**
  Grundrechte **S 117, 301 f**
  Individualsphäre **S 344**
  Intimsphäre **S 339, 344, 350, 357, 359**
  Kunstfreiheit **S 330 ff, 350, 357**
  Massenmedien **S 329**
  Meinungsfreiheit **S 325 ff, 350**
  Namensnennung **S 340 ff**
  Persönlichkeitsverletzung
  – Vererblichkeit des Ersatzanspruchs **S 310**
  Personen der Zeitgeschichte, absolute **S 347 ff**
  Personen der Zeitgeschichte, relative **S 347, 352 ff**
  – Prangerwirkung **S 353**
  – Straftaten **S 352 ff**
  – Unschuldsvermutung **S 353**
  postmortaler Schutz **F 57; S 308 ff; V 105 ff**
  Privatsphäre **S 338, 344, 350, 359**
  Recht am eigenen Bild **S 339, 343 ff**
  Recht auf Kenntnis der Abstammung **A 35; S 363a f**
  Sachverständigengutachten **S 336**

Persönlichkeitsrecht, allgemeines (Forts)
Schaden, immaterieller **J 14, 56**
Schaden, materieller **S 374**
Selbstbestimmungsrecht **S 363**
Sexualsphäre **S 344, 354**
Sozialsphäre **S 344, 350**
Sphäre, persönliche **S 338 ff**
Tatsachenbehauptungen **S 315 ff, 329**
Träger **S 303 ff**
Unterlassungsanspruch **S 311, 314, 365**
Vererblichkeit von Geldentschädigungsansprüchen **V 108a**
Verschwiegenheitspflicht **S 340**
Werturteile **S 315 ff**
Wissenschaftsfreiheit **S 333 ff**
Wortberichterstattung **S 343 f**
Zuweisungsgehalt **S 364**
Persönlichkeitsverletzung
s Unerlaubte Handlung
Personalsicherheiten
causa **K 13**
Haftungsobjekt **K 1, 11**
Kreditsicherung **K 11 ff, 98 ff**
Sicherungsabrede **K 13**
Personengesellschaften
Sondererbfolge **V 109**
Pfändung
Sache, schuldnerfremde **C 239**
Pfändung und Überweisung
Forderungsübertragung **H 44**
Pfandrecht
Akzessorietät **K 25, 151; T 241**
Besitzpfand **K 148 f**
causa **K 151**
cessio legis **K 158**
Eigentümergrundpfandrecht **K 153**
Einigung **T 6**
Ersatzpfandrecht **K 164**
Ersterwerb **K 155 f**
Fahrnispfand **K 148 ff**
Faustpfand **K 148 f, 152**
Faustpfandprinzip **T 125**
Forderungsabtretung **T 241**
Forderungssicherung **K 152**
Forderungsübergang **H 43**
Forderungsverpfändung **K 162 ff**
gesetzliches **K 155 f**
Gläubigerbefriedigung **K 158**
Gutglaubensschutz **K 16, 152, 156 f, 163**
Haftungsumfang **K 36**
Herausgabeanspruch **T 206, 240b**
Konfusion **K 153**
Konsolidation **K 153**
Kreditsicherung **K 1 f, 14 f**
Mehrheit von Sachen **K 151**
Nutzungspfand **T 170**
– Früchte **T 240b**
Pfandreife **K 164**
Prioritätsprinzip **K 166**

Pfandrecht (Forts)
Publizitätsprinzip **K 2, 148 f, 152, 166**
Rechte **K 2, 14, 18, 162 ff**
an Rechten **T 14**
Rechtsgeschäft, dingliches **K 96**
Sachen, bewegliche **K 2, 14, 18, 148 ff**
Schuldübernahme, privative **H 58**
Sicherheit, geborene **K 18**
Sicherungsabrede **K 151**
Sicherungsrecht, dingliches **K 159**
Spezialitätsprinzip **K 166**
Teilrechtsübertragung **K 15**
Verfallpfand **K 154**
Vermieterpfandrecht **O 65 ff**
Verpfändungsanzeige **K 150**
Verwertung **K 154, 159 f, 164 f**
Verwertungsreife **K 151**
Wahlrecht **K 151**
Werkunternehmerpfandrecht **Q 7, 115**
Zweckabrede **K 43**
Zweiterwerb **K 156 f**
Pfandverkauf
Erlös **K 161**
Pfandverwertung **K 154, 160**
Pfandversteigerung
Haftungsausschluss **N 203**
Haftungsbegrenzung **L 68**
Pferdeverladung
Unmöglichkeit, beiderseitige **I 93 ff**
Pflegevertrag
Kündigungsklausel **M 15a**
Pflegezeit
Leistungsverweigerungsrecht **P 108**
Pflegschaft
Abwesenheitspflegschaft **U 282**
Anordnung **U 285**
Aufhebung **U 284 f**
Auswahl des Pflegers **U 285**
Beendigung **U 284**
Begriff **U 280**
Bestellung des Pflegers **U 285**
Entstehung **U 283**
Ergänzungspflegschaft **U 281**
Ersatzpflegschaft **U 281**
Personensorge, Übertragung **U 262 f**
Überwachung des Pflegers **U 285**
Pflichtteilsanspruch
Ehegatten **U 74 f**
– großer Pflichtteil **U 74**
– kleiner Pflichtteil **U 75**
Zahlungsanspruch, schuldrechtlicher **V 30 f**
Pflichtteilsrecht
Abkömmlinge **V 30, 32, 40**
Ehegatte **V 30, 32**
Eltern **V 30, 32, 40**
Erbrecht **A 28**
Erbrechtsgarantie **V 40**
Familienerbfolge **V 30, 35 ff**
Noterbrecht **V 31**

Sachregister | Produkthaftung

Pflichtteilsrecht (Forts)
  Pflichtteilsentziehung **V 34**
  Pflichtteilsergänzungsanspruch **V 33**
  Pflichtteilsrestanspruch **V 33**
  Testierfreiheit **V 30 f, 34 ff, 44, 100**
Pflichtteilsverzicht
  Sittenwidrigkeit **V 99**
Pflichtverletzung
  Beendigung **I 44**
  doppelte **I 13, 30**
  Durchsetzbarkeit des Anspruchs **I 8**
  Erheblichkeit **I 4, 76**
  Fälligkeit der Leistung **I 8**
  Fahrlässigkeit **I 155**
  Leistungshandlung, Vornahme **I 44 f**
  Leistungsstörungen **A 38; I 2**
  Minderung **I 2 f, 5**
  Nachfristsetzung **I 5, 23 ff**
  Nebenpflichtverletzung **I 22**
  Rücktritt **I 2, 4, 5**
  Schadensersatz **I 2 f, 5**
  Schlechtleistung **I 30**
  Unmöglichkeit **I 9 f**
  Unmöglichkeit der Leistung **I 9 f**
  Verantwortungsquote **I 77**
  Vertretenmüssen **I 4, 155 ff**
  – Drittverschulden **I 156**
  Vorsatz **I 155**
PIN
  Signaturschlüssel **C 149**
political correctness
  Antidiskriminierung **A 47, 68b**
  Familienrecht **A 47**
  Privatrecht **A 47**
Positive Vertragsverletzung
  Kodifikation **A 37**
Postdienstleistungen
  AGB-Einbeziehung **E 31**
Preisänderungsklausel
  Transparenzgebot **E 68**
Preisanpassungsklauseln
  Dreijahreslösung **E 12a**
  Inhaltskontrolle **E 12a, 74**
  Missbrauchskontrolle **E 11b**
Preiserhöhungsklauseln
  Kaufpreiszahlungspflicht **N 245**
Preisgaberecht
  Grundstückszubehör **G 52**
Preisgefahr
  Gefahrübergang **I 20; N 250 ff**
  Leistungsort **D 153**
Pressefreiheit
  Deliktsschutz **S 908 f**
Preußisches Allgemeines Landrecht
  Naturrechtskodifikation **A 10 f**
Primärleistungspflichten
  Vertrag ohne Primärleistungspflichten **I 83**
  – Gegenleistung **I 83**
  – Schadensersatz **I 83**

Primärleistungspflichten (Forts)
  – Surrogat **I 83**
Principles of European Contract Law
  Europäische Privatrechtsvereinheitlichung **F 54**
  Leistungsstörungen **M 6**
  Privatrechtsvereinheitlichung **C 241**
  Schadensrecht **J 7**
Principles of European Tort Law
  Schadensrecht **J 7**
Privatautonomie
  Assoziationsfreiheit **F 4**
  Ausgleichsprinzip **A 46**
  bürgerliches Recht **A 31, 44 f**
  Eigentumsfreiheit **F 4**
  Entscheidungsfreiheit, rechtsgeschäftliche **F 23**
  Gerechtigkeit **F 3**
  Gestaltungsfreiheit **E 1, 3**
  Grundrechtsschutz **A 47, 68b**
  Rechtsgeschäft **C 1**
  Rechtssicherheit **F 3**
  Richtigkeitsgewähr, vertragliche **E 1 f, 4**
  Vertragsfreiheit **C 1; F 4**
Probefahrt
  Obhutspflicht **F 22**
  Verkehrssicherungspflicht **F 22**
Produkthaftung
  Anscheinsbeweis **S 618 f**
  Aufklärungspflicht **S 609**
  Ausreißer **S 601, 620**
  Basissicherheit **S 606**
  Befundsicherungspflicht **S 619**
  Beweislast **S 601, 618, 621**
  deliktische **S 602**
  DIN-Normen **S 607**
  Drittschäden **J 72**
  Entlastungsbeweis **S 620**
  Entwicklungsfehler **S 601, 611 f**
  Fabrikationsfehler **S 601, 610**
  Fehlgebrauch des Produkts **S 612**
  Gebrauch, bestimmungsgemäßer **S 617**
  Gesamtschuld **H 124**
  Haftungshöchstbetrag **S 603**
  Hersteller **S 613**
  Inhaltskontrolle **S 622**
  Instruktionspflicht **S 601, 609, 612, 620**
  Inverkehrbringen **S 504, 600, 613**
  Kausalität **S 618**
  gegenüber Kindern **S 617**
  Kleinbetriebe **S 612**
  Konstruktionsfehler **S 601, 608, 620**
  Mindeststandard **S 607**
  Mitarbeiter, leitende **S 621**
  Organhaftung **S 616, 621**
  Pflichtenumfang **S 606 f**
  Pflichtwidrigkeit, objektive **S 620**
  Produktbegriff **S 604 f**

Produkthaftung (Forts)
   Produktbeobachtungspflicht **S 601, 603,
      612, 620**
   Produktfehler **S 618, 620**
   Produktgewöhnung **S 609**
   Rechts-/Rechtsgutsverletzung **S 618**
   Rechtsgüterschutz **S 600**
   Rechtswidrigkeit **S 108**
   Reparaturpflicht **S 612**
   Rückruf **S 612**
   Sachen, unbewegliche **S 605**
   Schutzerwartungen des Verkehrs **S 606**
   Selbstbeteiligung **S 603**
   Selbstschutz **S 607**
   Stand der Technik **S 608, 611**
   Verlagserzeugnisse **S 605**
   Vermögensschaden **S 600, 602**
   Verschulden **S 601, 620**
   Verschuldensunabhängigkeit **S 108**
   Vertriebshändler **S 615**
   Wareneingangskontrolle **S 613**
   Warnpflicht **S 609, 612, 617**
   Zulieferer **S 613 f**
Produkthaftungsrichtlinie
   Privatrechtsangleichung **A 40**
Produzentenhaftung
   Beweislast **J 161**
   Deliktshaftung **J 161; S 602**
   Verbraucherschutz **L 35**
   Verschulden **S 603**
Prospekthaftung
   deliktische **J 161**
   Sachwalterhaftung **F 40**
   uneigentliche **F 40**
   Vermutung aufklärungsrichtigen
      Verhaltens **J 160**
   Verschuldensunabhängigkeit **J 161**
Prostitution C 174, 177
protestatio facto contraria
   Gegenerklärung **C 57**
   Inanspruchnahme der Leistung **C 20**
   Verhalten, widersprüchliches **D 87**
   Vorbehalt, unbeachtlicher **C 57**
Prozessvertretung
   Dienstvertrag **P 10**
Publizität
   Besitz **T 21**
   Grundpfandrechte **K 166**
   Kreditsicherung **K 2**
   Pfandrecht **K 2, 148 f, 152, 166**
   Rechtsgeschäfte, dingliche **T 10**
   Sachenrecht **C 15; D 42**
punitive damages
   Ordre public **A 39b**
   Strafschadensersatz **J 13**
Punktuation
   Verhandlungsergebnis,
      unvollständiges **C 86**

Quittung
   Schuldverhältnis, Erlöschen **G 50**
Ratenkreditvertrag
   Sittenwidrigkeit **K 57 f**
Ratenlieferungsvertrag
   Kaufvertrag **N 12**
   Schriftform **L 104**
   Verbraucherschutz **L 91, 104**
   Widerrufsfrist **L 17**
   Widerrufsrecht **L 104**
Ratenzahlungsvereinbarung
   Teilleistung **D 143**
Rating
   Meinungsfreiheit **A 46**
Raumsicherungsvertrag
   Sicherungsübereignung **K 235; T 139**
Realakte
   Wille des Handelnden **C 10**
Reallast
   Grundstücksbelastung **K 203**
Realsicherheiten
   Haftungsobjekt **K 1**
   Kreditsicherung **K 14 ff**
   Teilrechtsübertragung **K 15 f**
   Verwertung **K 17**
   Vollrechtsübertragung **K 15 f**
Rechenschaftsbericht
   Leistungsgegenstand **D 140**
Rechnung
   Zugang **I 41**
Rechnungsstellung
   Zahlungsverzug **I 39 ff**
Recht am eigenen Bild
   Bereicherungsanspruch **R 46**
   Persönlichkeitsschutz **S 339, 343 ff, 350;
      V 108**
Recht auf informationelle Selbstbestimmung
   Abtretungsverbot **H 7**
Recht auf Kenntnis der Abstammung
   s Abstammung
Recht, dispositives E 1
Rechte, absolute
   Deliktsrecht **A 33**
   Familienrecht **T 2**
   Immaterialgüterrechte **T 2**
   Persönlichkeitsrechte **T 2**
   Sachenrechte **T 2**
   Wirkung **F 8**
Rechte, beschränkte dingliche
   s Beschränkte dingliche Rechte
Rechte, dingliche
   Absolutheit **F 8; T 2**
   Abwehrfunktion **T 1**
   Rechtsmangel **N 77**
   Übertragung **T 21**
   Zuordnungsfunktion **T 1**
Rechte, obligatorische
   Rechtsmangel **N 78**

Rechtsanwalt
  Gebühren, Erlassvertrag **G** 81
Rechtsausübung, unzulässige
  Rechtsprinzip **A** 29
  Treu und Glauben **D** 54 f
Rechtsbegriffe, unbestimmte
  Kriterien **D** 45 ff
Rechtsbindungswille
  Gefälligkeitsverhältnis **C** 8 f; **D** 23; **F** 52 f
  Schuldverhältnis **F** 7
Rechtsfortbildung
  richterliche **A** 72 ff, 77
  richtlinienkonforme **A** 43, 70
Rechtsgeschäft
  Anfechtbarkeit **C** 180
  dingliches **T** 4 ff
  – Bereicherungsausgleich **T** 6 f
  – Einigung **T** 6
  – Zweckverfehlung **T** 6
  einseitiges **C** 2, 15; **D** 13
  mehrseitiges **C** 15
  Willenserklärung **C** 41 ff
  Zustandekommen **C** 61
  zweiseitiges **C** 2, 15
Rechtshängigkeit
  Verzinsung **D** 129
Rechtskraftdurchbrechung
  Titelmissbrauch **S** 922
Rechtsmangel
  Kaufvertrag **N** 75
Rechtsmissbrauch
  Interessen, überwiegende **D** 77
  Treu und Glauben **D** 54 f, 74 ff
  Übermaßverbot **D** 78
Rechtswahl
  AGB-Klausel **E** 77
  Binnensachverhalte **L** 25
  EU-Binnensachverhalte **L** 25
  Günstigkeitsvergleich **L** 26, 29
  Ordre public **A** 39b
  Parteiautonomie **L** 24
  Verbraucherschutz **L** 24 ff
Rechtswahlklauseln E 11b
Rechtszersplitterung
  Zivilrechtskodifikation **A** 11, 13
rei vindicatio
  Eigentumsherausgabe **R** 92
Reisegewerbe
  Darlehensvermittlung **C** 167
Reiseleistungen, verbundene
  Informationspflichten **L** 116
  Vermittlung **L** 116
Reisevermittlung
  Informationspflichten **L** 116
Reisevertrag
  Abhilferecht **L** 116
  Absage der Reise **L** 116
  Angebote, gebündelte **L** 115
  Ausschlussfristen **L** 116

Reisevertrag (Forts)
  Beistandspflicht des Reiseveranstalters **L** 116
  Click-Through-Buchungen **L** 115
  Ersatzperson **L** 116
  Insolvenz des Reiseveranstalters **L** 115
  Insolvenzsicherung **L** 116
  Kündigungsrecht **L** 116
  Leistungsänderungen **L** 116
  Mängelrechte **L** 116
  Minderung **L** 116
  Online-Buchungsverfahren, verbundene **L** 115 f
  Online-Vertrieb **L** 115
  Pauschalreise **L** 116
  Pauschalreiserichtlinie **L** 115
  Pauschalreiserichtlinie-neu **L** 115
  Preiserhöhung, nachträgliche **L** 116
  Reiseleistungen, zusammengestellte **L** 115
  Rücktrittsrecht **L** 116
  Schadensersatz **L** 116
  Urlaubsfreude, entgangene **J** 62 f
  Verbraucherschutz **L** 1, 115
  Verjährungsfristen **L** 116
Reisevertragsrecht
  Anwendungsbereich **L** 115
  Geltung, halbzwingende **L** 116
Rentenneurose
  Schutzzweck der Norm **J** 125
Rentenschuld
  Ablösung **K** 203
  Realkredit **K** 203
Restschuldbefreiung
  Angehörigenbürgschaft **K** 120
Reurecht
  Vertragsbindung, Durchbrechung **C** 64
Richterrecht A 72
  Bindung an Gesetz und Recht **A** 67, 73 f, 76 f
  Gewohnheitsrecht **A** 79
  Rechtsfortbildung **A** 72 ff, 77
  Schutzgesetzverletzung **S** 701
Richtigkeitsgewähr, vertragliche E 1 f, 4
Risikoübernahme
  Gegenleistungspflicht **I** 92
Rom I-VO
  Allgemeine Geschäftsbedingungen **E** 77
  Aufrechnung **G** 96
  Schuldverhältnis, Erlöschen **G** 95
  Schuldverhältnisse, vertragliche **A** 39a
  Verbrauchervertrag **L** 26 ff
Rom II-VO
  Geschäftsführung ohne Auftrag **R** 143 ff
  Rechtswahl **R** 143
  Schuldverhältnisse, außervertragliche **A** 39a
  unerlaubte Handlung **R** 143
  ungerechtfertigte Bereicherung **R** 143 ff

Rom III-VO
  Ehescheidung **A 39a**
Rom IV-VO
  Erbrecht **A 39a**
Rücksichtnahmepflicht
  Abmahnung **I 32**
  culpa in contrahendo **F 24**
  Hauptleistung, Sicherung **D 62**
  Schuldverhältnis, rechtsgeschäftsähnliches **F 20**
  Treu und Glauben **D 53**
Rücktritt
  Abbaupflicht **I 112**
  Abholpflicht **I 112**
  Annahmeverzug **I 78**
  Aufwendungsersatz **I 104, 119 f, 210**
  Ausbaukosten **I 104**
  Ausbaupflicht **I 107, 109, 112**
  Ausschluss **I 77 ff; N 144, 147**
  Bedingungsfeindlichkeit **C 98**
  Befreiungswirkung **I 70**
  Bereicherungsherausgabe **I 140**
  Beseitigungspflicht **I 124, 146**
  Betriebsausfallschaden **I 205**
  culpa in contrahendo **F 48**
  Einbaufälle, echte **I 112**
  Einbaufälle, unechte **I 112**
  Einwendung, rechtsvernichtende **H 28**
  Erfüllungsort für die Rückgewähr **I 104 ff**
  – Belegenheitsort **I 105 ff, 111 f**
  – gemeinsamer Erfüllungsort **I 108**
  Erfüllungsverweigerung, ernsthafte und endgültige **I 1**
  Fälligkeit der Leistung **I 6**
  – Rücktritt vor Fälligkeit **I 7, 36 f**
  Folgeschaden **I 146**
  Form, vereinbarte **C 142**
  Gebrauchsvorteile **I 205, 207, 209**
  Gegenleistungspflicht **I 150**
  – Wegfall **I 88**
  Geldleistung **I 103**
  Gestaltungsrecht **I 70, 234**
  Gestaltungsverjährung **I 71, 99**
  Hauptleistungspflichten **I 73**
  Informationspflichten, vorvertragliche **I 233**
  Leistungsstörungen **I 72**
  Mindernutzungsschaden **I 207**
  Nachfristsetzung **I 1, 5, 23, 46, 70, 72 f, 75; N 140 ff**
  – Entbehrlichkeit **I 1, 37 f**
  Nebenleistungspflichten **I 73**
  – leistungsunterstützende **I 73**
  – nicht leistungsbezogene **I 74**
  Nutzungen, gezogene **I 209**
  Nutzungen, nicht gezogene **I 115, 208**
  Nutzungsausfallschaden **I 205 f**
  Nutzungsersatz **I 113 f, 205, 207**
  – Gebrauchsvorteile **I 113 f, 207, 209**

Rücktritt (Forts)
  – Sachfrüchte **I 113**
  Nutzungsherausgabe **I 207**
  Nutzungsvergütung **I 206**
  Nutzungsziehung **I 116, 151**
  pacta sunt servanda **I 76**
  Pflichtverletzung **I 2, 4 f, 46 f**
  – Verantwortlichkeit des Gläubigers, weit überwiegende **I 77**
  Rückgewährkosten **I 104 f**
  Rückgewährschuldverhältnis **D 22; I 102 f, 116, 141 ff**
  Rückgewährunmöglichkeit **I 212 ff**
  Rücknahmepflicht **I 109 ff; N 137**
  – Störungsbeseitigungspflicht **I 111**
  Rücksichtnahmepflichten **I 73**
  – vorgreifliche **I 144, 146**
  Rücktrittsgründe **I 72**
  – Kenntnis vom Rücktrittsgrund **I 142 ff**
  – Verantwortlichkeit des Käufers, alleinige/weit überwiegende **N 147**
  Sachleistungen **I 202**
  Schadensersatz **I 141 ff, 214, 237**
  – Herausgabe **I 140**
  – Kombination mit **I 203 ff**
  Schadensersatz statt der Leistung **I 109, 121**
  Schuldrechtsmodernisierung **A 38**
  Sowiesokosten **I 210**
  status quo ante **I 102, 111, 199**
  Subsidiarität **N 160**
  Synallagma **I 73**
  Teilleistung **I 75 f**
  Teilrücktritt **I 100, 148**
  Teilunmöglichkeit **I 75, 101**
  Unmöglichkeit der Leistung **I 75**
  Unmöglichkeit der Schuldnerleistung **I 89**
  Veräußerungsgewinn, Herausgabe **I 140**
  Verjährung **I 70**
  Vertrag, gegenseitiger **I 72 ff, 198**
  Vertragsdurchführungskosten **I 121**
  Vertragsschlusskosten **I 121**
  Verwendungsersatz **I 117 ff, 210 f**
  Vorenthaltungsschaden **I 116, 141, 206**
  Vorteilsausgleichung **I 210**
  Wertersatzpflicht **I 103, 115, 121 ff, 129 ff, 146, 208**
  – Abnutzungsschäden **I 130 ff**
  – Ausschluss **I 134, 140**
  – Berechnung **I 125 ff**
  – Folgeschaden **I 211**
  – Gebrauch, vertraglich vorausgesetzter **I 132**
  – höhere Gewalt **I 136**
  – Ingebrauchnahme, bestimmungsgemäße **I 130 ff**
  – Sorgfalt, eigenübliche **I 137 ff**
  – Untergang auch beim Gläubiger **I 135**
  – Untergang der Sache **I 134 ff**
  – Untergang, zufälliger **I 135 f**

Rücktritt (Forts)
  – Verantwortungsbereiche **I 134**
  – Verschlechterung der Sache **I 134 ff**
  Zerstörung der Kaufsache **I 77**
Rücktrittserklärung
  Anfechtungserklärung, Auslegung **I 237**
  aufschiebend bedingte **I 72**
  Taschengeldparagraph **C 133**
  Umstände nach Vertragsschluss **I 236**
  Zugang **I 70, 76, 116**
Rücktrittsrecht
  gesetzliches **I 72, 105 f, 136**
  vertragliches **I 105 f, 136**
Rückzahlungsklauseln E 11b

Sachen N 24; T 4, 14 ff
  Eigentumsübertragung **N 34**
  herrenlose **T 172 ff**
  nicht vertretbare **T 16**
  teilbare **T 16**
  unteilbare **T 16**
  vertretbare **T 16**
Sachen, bewegliche
  digitales Produkt **N 276**
  Eigentumserwerb **T 117 ff**
Sachen, gebrauchte
  Haftungsausschluss **N 194**
  Verjährungsverkürzung **L 70**
Sachenrecht
  Allgemeines Schuldrecht **T 4**
  Publizität **C 15; D 42; K 2, 148 f, 152, 166; T 10**
  Rechte, dingliche **T 1 ff**
  Rechtsgeschäftslehre **T 4**
  Spezialitätsprinzip **H 19; T 31, 113**
  Typenzwang **A 28; T 11**
Sachleistungsgefahr
  Gattungsschuld **D 108, 111**
Sachleistungsvertrag P 8
Sachmängelhaftung
  Abzug neu für alt **I 69**
  arglistige Täuschung über Mangel **I 239**
  Beschaffenheitsgarantie **I 21**
  Beweislast **I 14, 17**
  Beweisvereitelung **I 61**
  culpa in contrahendo **F 49 f**
  Erfüllungsverweigerung **I 17**
  Gefahrübergang **I 14, 18 ff, 238**
  Kenntnis des Mangels **I 21**
  Nacherfüllungskosten
    s dort
  Nachfristsetzung **I 17, 23 ff**
  Nutzungsentgelt **A 43**
  Nutzungsersatz **I 68 ff**
  Selbstvornahme **I 61 f**
  Sperrwirkung **F 49 ff**
  Teilunmöglichkeit **I 101**
  Unkenntnis des Mangels, grob fahrlässige **I 21**

Sachmängelhaftung (Forts)
  Untersuchungspflicht **I 164**
  Verjährung **A 39; I 17, 28**
  Vertretenmüssen **I 163 ff**
  Verwendung, vertraglich vorausgesetzte **N 46 ff**
  Vorrang **I 238 ff**
Sachmangel
  Kaufvertrag **N 37 ff**
Sachpfändung
  Konvaleszenz **C 239**
Sachverständige
  Auskunfts- und Beratungsvertrag, konkludenter **F 40**
  Haftung **F 40; S 222**
Sachwalterhaftung
  Sachwalterbegriff **F 36, 40**
  Schuldverhältnis, vorvertragliches **F 35 f**
Saisonware
  Fixgeschäft **I 38**
  Nachfristsetzung, Entbehrlichkeit **I 37**
Saldoanerkenntnis
  Novation **G 89**
Saldotheorie
  s Ungerechtfertigte Bereicherung
Salvatorische Klausel C 54
Samenspende A 35
Sammelbestellung
  Teilschuld **H 91**
Sammelklagen
  de lege ferenda **A 46**
Sanierungsversuche, ernst gemeinte
  Sittenwidrigkeit **K 68a**
Schaden
  Begriff **J 16 ff**
  immaterieller **J 5, 14, 18, 37, 50, 54 ff, 164, 167; S 108 f**
  materieller **J 167; S 374**
  mittelbarer **J 21**
  natürlicher **J 16**
  Nichterfüllungsschaden **J 19**
  Nichtvermögensschaden **J 18, 50 ff**
  – Arbeitszeit **J 53**
  – Persönlichkeitssphäre **J 53, 56**
  normativer **J 17**
  positiver **J 20**
  Schockschaden **J 72, 125; S 215**
  unmittelbarer **J 21**
  Verfrühungsschaden **J 115**
  Vermögensschaden **J 18, 53**
  Vertrauensschaden **J 19**
Schadensberechnung, fiktive
  Lohnnebenkosten **J 38**
  Schadensminderungspflicht **J 38**
  Sozialabgaben **J 38**
Schadensersatz
  Abänderungsklage **J 165**
  Affektionsinteresse **J 18**
  Allgemeine Geschäftsbedingungen **J 162**

Schadensersatz (Forts)
　Anspruchsgrundlage **I** 152 ff
　Antragstellung **J** 151
　Arbeitszeit **J** 53
　Ausgleichsfunktion **J** 8 ff, 87
　Behauptungslast **J** 152 f
　Bereicherungsverbot **J** 87 ff
　Beweiserhebung **J** 163
　Beweislast **J** 151 ff
　Beweislastumkehr **J** 156 ff; **S** 109
　Differenzhypothese **J** 16 f, 87, 97
　Differenzmethode **I** 150
　Dispositionsfreiheit **J** 65 ff
　Drittschäden **J** 69 ff
　– Dienstleistungen, entgangene **J** 72
　Effizienzorientierung **J** 8, 15
　einfacher **N** 168 f
　Einstandspflicht für Dritte **J** 149 f
　Erfüllungsgehilfenhaftung **N** 180
　Fälligkeit der Leistung **I** 6
　Feststellungsklage **J** 165
　Freiheitsentziehung **J** 35, 72
　Fristsetzung **J** 41 f
　in Geld **J** 22, 41 ff
　Generalprävention **A** 46
　Genugtuungsfunktion **J** 8, 14
　Gewinn, entgangener **J** 20, 49, 154
　großer **I** 150, 179 f; **N** 167
　Grundurteil **J** 166 f
　Haftpflichtversicherung **J** 10
　Haftungsausfüllung **J** 2, 8, 15, 26 f, 125
　Haftungsbegründung **J** 2, 8, 15, 26 f, 125
　Herstellungskosten, fiktive **J** 38
　höhere Gewalt **A** 43
　immaterieller Schadensersatz, Vererblichkeit **V** 108a
　Interesse, negatives **J** 19
　Interesse, positives **J** 19
　Kausalität **J** 106 ff
　Klageantrag **J** 164
　– Mindestbetrag **J** 164
　Klageart **J** 151, 165
　kleiner **I** 3, 178, 180; **N** 167
　Körperverletzung **J** 35, 68, 72
　Kompensation **J** 28, 32, 43, 50
　Legalzession **J** 96
　Leistungsklage **J** 165
　Liebhaberwert **J** 18
　Mitverschulden **J** 142 ff, 152
　Nachfristsetzung **I** 5
　Naturalrestitution **J** 18
　Pauschalierung **J** 162
　Pflichtverletzung **I** 2, 5, 46 f, 154
　– doppelte **I** 13
　Präventivfunktion **J** 8, 13 ff
　Rechtswidrigkeitszusammenhang **J** 124
　Reserveursache **J** 25, 114 ff, 152
　Schadensanlage **J** 114 ff

Schadensersatz (Forts)
　Schadensberechnung auf Gutachtenbasis **J** 67
　Schadensminderungsobliegenheit **J** 145
　Schadensschätzung **J** 24, 38, 163
　Schuldverhältnis **I** 154
　Schutzzweck der Norm **J** 106, 119, 124 f
　Strafschadensersatz **J** 13
　Subsidiarität **N** 160
　Substantiierung **J** 163
　Teilklage **J** 165
　Teilurteil **J** 167
　Totalreparation **J** 3, 29 ff
　Umsatzsteuer **J** 5, 66 f
　Urteil **J** 151, 166 f
　Vertretenmüssen **N** 175 ff
　– Vermutung **I** 14
　Vollstreckungsgegenklage **J** 165
　Vorhaltekosten **J** 120 ff
　Wertersatz **J** 32, 43
　Wiederherstellung, Ungenügen **J** 45
　Wiederherstellung, Unmöglichkeit **J** 43
　Wiederherstellung, Unzumutbarkeit **J** 46 f
　Zeitpunkt, maßgeblicher **J** 22 ff
　Zurechnungszusammenhang **J** 106 ff
Schadensersatz nach § 280 Abs 1
　Forderungsabtretung **H** 25
　Vertretenmüssen **I** 72
Schadensersatz neben der Leistung
　Integritätsschäden **I** 185 ff; **N** 168
　Kaufvertrag **N** 168 f
　Nebenpflichtverletzung **I** 169, 185
　Pflichtverletzung **A** 38
　Verzugsschadensersatz **I** 181
Schadensersatz statt der ganzen Leistung
　großer Schadensersatz **I** 150, 179 f; **N** 167
Schadensersatz statt der Leistung
　Amortisationsvermutung **I** 202, 221 f
　Berechnung **N** 167
　Deckungskauf **I** 173, 182
　Differenzhypothese **I** 172
　Differenzmethode **I** 174, 176 f, 180, 203
　Erfüllungsersatz **I** 173
　Erfüllungsinteresse **I** 173; **N** 164
　erwerbswirtschaftliche Geschäfte **I** 202
　Forderungsabtretung **H** 25
　Gegenleistung, Rückgewähr **I** 201 f
　Gegenleistungspflicht, Wegfall **I** 98
　Geldanspruch **I** 173
　kleiner Schadensersatz **I** 178, 180; **N** 167
　Leistungsinteresse **I** 199
　Leistungspflichtverletzung **D** 1
　Minderung **I** 99, 178
　Mindestschaden **I** 202
　Nachfristsetzung **D** 1; **I** 23 ff, 38, 46
　Nebenpflichtverletzung **I** 152 f
　Nichtleistung trotz Möglichkeit der Leistung **I** 152, 160 ff
　Nutzungen, gezogene **I** 205 ff

Schadensersatz statt der Leistung (Forts)
Nutzungsherausgabe **I 209**
Pflichtverletzung **A 38; I 4**
– doppelte **I 30**
Rentabilitätsvermutung **I 202, 221 f**
Rücktritt, Kombination mit **I 203 ff**
Sachleistungen **I 202**
Schuldnerleistung, Rückgewähr **I 200**
Schuldverhältnis **I 198**
Sowiesokosten **I 210**
stellvertretendes commodum **I 225**
Surrogationsmethode **I 150, 175 ff, 180, 203, 214**
Unmöglichkeit der Leistung **I 152**
Unmöglichkeit der Rückgewähr **I 215**
Unzumutbarkeit des Festhaltens am Vertrag **I 169**
Vertretenmüssen **I 30, 160 ff, 198; N 177 f**
Vorteilsausgleichung **I 209 f**
Wahlrecht des Gläubigers **I 177**
Weiterveräußerungserlös, Herausgabe **I 215**
Zweistufigkeit **I 203 f**
Schadensminderungsobliegenheit
Schadensersatzanspruch, Verlust **D 7**
Schatzfund T 174
Scheck
Erfüllungswirkung **G 43**
Teilzahlung **D 142**
Zahlungsverkehr, bargeldloser **G 41 f**
Scheingeschäft C 200
Schengener Fahndungsliste
Rechtsmangel des Kfz **N 78**
Schenkkreis
Kondiktionssperre **R 38**
Schenkung
Annahmeverzug **C 122**
unter Auflage **C 124**
in Beeinträchtigungsabsicht **V 62, 66**
gemischte **M 35**
Handschenkung **C 16; G 18**
Sittenwidrigkeit **C 178**
von Todes wegen **V 80 ff**
Unentgeltlichkeit **D 23**
Verkehrssicherungspflichten **C 122**
Schenkungsversprechen
Formzwang **C 142**
Heilung durch Erfüllung **C 153, 156**
Scherz
guter **C 201**
Scherzerklärung
Nichtigkeit **C 201**
Schadensersatzpflicht **C 181, 201**
Schickschuld
Erfolgsort **D 154**
Leistungsort **D 154, 156**
Preisgefahr **D 114**
qualifizierte **D 157; G 45; I 45**
Sachleistungsgefahr **D 112**

Schiedsgerichtsklauseln E 11 b
Schiedsklauseln E 12
Schiffshypothek
Forderungsabtretung **H 22**
Schikane
Rechtsmissbrauch **D 74 f**
Schlechtleistung
Annahme **I 3**
Mangelfreiheit der Sache **I 13**
Pflichtverletzung **I 30**
Schlüsselgewalt
Ehegatten **U 36 ff**
Schmähkritik
Persönlichkeitsverletzung **S 302, 326, 328, 337, 417 f, 423**
Schmerzensgeld
Schaden, immaterieller **J 14, 50, 54 ff**
Schmerzensgeldteilklage **J 165**
Urteil **J 167**
Schneeballsysteme
Kondiktionssperre **R 38**
Schockreaktion
Schutzzweck der Norm **J 125**
Schockschaden
s a Hinterbliebenengeld
Ersatzfähigkeit **J 72; S 215**
Schutzzweckzusammenhang **J 125**
Schriftform
Beglaubigung, öffentliche **C 151**
Beweissicherung **C 142**
Blankett, abredewidrige Ausfüllung **C 147**
Briefaustausch **C 143**
elektronische Form **A 32**
Ersetzung durch elektronische Form **C 149**
Fax **C 143, 145**
Schreibhilfe **C 145**
Telekommunikation **C 143**
Unterschrift **C 145 ff**
Vereinbarung **C 143**
Schriftformklauseln
doppelte **E 36**
Klauselkontrolle **E 36**
qualifizierte **E 36**
Schrottimmobilien
Darlehensvertrag, Widerruf **L 46, 61**
Wissensvorsprung der Bank **K 77**
Schuldänderungsvertrag
Dienstleistungen **G 36**
Schuldanerkenntnis
Novation **G 89**
Personalsicherheit **K 11**
Sicherungsabrede **K 94**
Schuldanerkenntnis, negatives
Forderungsverzicht, einseitiger **G 77**
Vertrag **G 83**
Schuldbeitritt
Abgrenzung **K 144**
Anlassrechtsprechung **K 143**
Form **K 143**

Schuldbeitritt (Forts)
  Gesamtschuld **K 142**
  gläubigervertraglicher **K 142 f**
  Haftungsumfang **K 36**
  Kreditsicherung **K 1, 11**
  Nahbereichspersonen **K 143**
  Schriftform **K 127**
  schuldnervertraglicher **K 142**
  Schuldübernahme, kumulative **H 24, 47**
  Sicherungsabrede **K 96**
  Sicherungszwecke **H 23**
  Sittenwidrigkeit **K 143**
  Umdeutung in Bürgschaft **H 62**
  Verbraucherkreditrecht **K 127, 143; L 91**
  Vertrag zugunsten Dritter **K 142**
  Widerrufsrecht **K 127**
Schuldnermehrheit
  Gesamtschuld **H 90, 95 ff**
  Schuld, gemeinschaftliche **H 90, 93 f**
  − Gesamtwirkung **H 94**
  Schuldverhältnis **H 1 f**
  Teilschuld **H 90 ff**
Schuldnerverzug
  Verzugszinsen **D 129**
Schuldnerwechsel
  Auswechslung von Beteiligten **H 3 ff**
Schuldrechtsmodernisierung A 36 ff; E 8; N 2, 6
Schuldschein
  Rückgabeanspruch **G 50**
  Rückgabe **G 81**
Schuldübernahme
  Genehmigung **C 19**
  kumulative **H 24, 47, 62 ff**
  privative **H 45 f**
  − Aufrechnungsbefugnis des Altschuldners **H 61**
  − Ausschluss **H 50**
  − Drittsicherungsgeber **H 57 ff**
  − Einwendungen **H 56**
  − Form **H 49**
  − Fristsetzung **H 54**
  − Gestaltungsrechte **H 56**
  − Insolvenz **H 60**
  − Schuldentlassungswille **H 48 ff**
  − Sukzessionsfähigkeit der Forderung **H 50**
  − Verbraucherkreditrecht **L 91**
  − Verfügungstheorie **H 51 ff**
  − Vertragstheorie **H 51 f**
  Sicherheiten **K 24**
  Verfügungsgeschäft **G 82**
Schuldverhältnis
  Erlöschen **G 1 ff, 7**
  − Leistungsinteresse, Befriedigung **G 6, 11**
  Erlöschensgründe **G 7 f**
  − außergesetzliche **G 85 ff**
  − Einwendungen, rechtsvernichtende **G 8**
  gesetzliches **D 8 ff; F 1 f, 6**
  Leistungsgegenstand **D 104 ff**

Schuldverhältnis (Forts)
  rechtsgeschäftliches **D 8, 13 ff; F 1, 4**
  rechtsgeschäftsähnliches **F 1, 10 ff, 20**
  Rechtsgrund **G 5**
  Relativität **F 8 f**
  Sonderverbindung **D 1**
  Unentgeltlichkeit **D 23**
  Vertrag **D 13 f; F 1, 4, 6**
  verwaltungsrechtliches **J 28**
  vor-rechtsgeschäftliches **D 27**
  vorvertragliches **F 10 ff, 20; I 226 f**
  Wirkung, relative **D 1**
  zweiseitiges **D 14 ff**
Schuldversprechen
  Novation **G 89**
  Personalsicherheit **K 11**
  Sicherungsabrede **K 94**
Schutzpflichten
  Äquivalenzinteresse **D 64 f**
  allgemeine **D 4, 64 ff**
  Aufklärungspflicht **D 72**
  Erlöschen **G 9**
  Integritätsinteresse **D 3 ff, 64; N 81**
  nachvertragliche **D 5, 67**
  Pflichtverletzung **D 68**
  Schuldverhältnis **D 1 f**
  Treu und Glauben **D 53, 59**
  Vertrag **C 10**
  vorvertragliche **D 67**
  vorvertragliches Schutzpflichtverhältnis **C 19**
Schutzrechtsverwarnung, unberechtigte
  Abnehmerverwarnung **S 427, 431**
  Anwalt, Ersatzpflicht **S 428**
  Gewerbebetrieb, Eingriff in den **S 401, 429 ff**
  − Behauptungslast, sekundäre **S 435**
  − Betriebsbezogenheit **S 430 f**
  − Markenverwässerung **S 436**
  − Mitverschulden **S 434**
  − Rechtswidrigkeit **S 432**
  − Verschulden **S 433**
  Herstellerverwarnung **S 427**
  Unterlassungsbegehren **S 428**
Schutzzweck der Norm
  Schadensersatz **J 106, 119, 124 f**
Schwarzarbeit
  Kondiktionsausschluss **C 168; R 40**
  Nichtigkeitsfolge **C 168**
  Ohne-Rechnung-Abrede **Q 76**
  Rückforderungsausschluss **Q 77**
  Werkvertrag **Q 75 ff**
Schweigen
  Bedeutung, rechtsgeschäftliche **C 19**
  unbestellte Waren/Dienstleistungen **C 19**
Schweiz
  Grundrechte, Drittwirkung **A 68c**
Selbstbedienungsladen
  Vertragsantrag **C 67**

Selbstmord
　Beihilfe zum Selbstmord **S 200**
Selbstständige
　Diskriminierungsschutz **B 29**
Selbstvornahme
　Bereicherungsausgleich **I 62**
　Beweissicherung **I 61**
　Beweisvereitelung **I 61**
　Geschäftsführung ohne Auftrag, unberechtigte **I 62**
　Kostenerstattung **I 61 f**; **N 98**
　Mängelbeseitigung **N 98**
　Recht zur zweiten Andienung **I 61**
　Selbstvornahmefalle **I 61**
　unberechtigte **I 60**
　voreilige **N 98**
　Werkvertrag **N 98**
sens-clair-Regel A 50
SEPA-Basislastschrift L 41
SEPA-Firmenlastschrift L 41
SEPA-Überweisung L 41
share deal
　Unternehmenskauf **N 32**
Sicherheiten
　Akzessorietät **K 18, 20 ff**
　Angehörige, finanzielle Überforderung **C 177**
　Austauschklausel **K 97**
　Begriff **K 1**
　Bewertung **K 93**
　dingliche **C 15**
　Entnahmeklausel **K 97**
　Ersatzklausel **K 97**
　fiduziarische **K 31 ff**
　geborene **K 18, 64, 96**
　gekorene **K 19, 88**
　Haftungsobjekt **K 1**
　Mehrheit von Sicherungsgebern **K 69, 72 f**
　Nachschubklausel **K 97**
　revolvierende **K 66 f, 97**
　Rückgabe **K 93**
　Rückübertragungsanspruch **K 84, 95**
　Schuldnerwechsel **K 35**
　Sicherungsabrede **K 18**
　Sittenwidrigkeit **K 57 f, 68a**
　Verfügungen **C 15**
　Verwertung, bestmögliche **K 87**
Sicherheitenaustausch
　Austauschklausel **K 97**
　Regelungen, gesetzliche **K 97**
Sicherheitenbestellung
　Rechtsgeschäft, dingliches **K 96**
　Sittenwidrigkeit **K 57 f**
Sicherheitsleistung
　Hinterlegung **G 57**
Sicherungsabrede
　AGB-Kontrolle **K 86**
　Akzessorietätsprinzip **K 83**
　Allgemeine Geschäftsbedingungen **K 10**

Sicherungsabrede (Forts)
　Anrechnungsbestimmungen **K 93**
　Aufklärungspflichten **K 87**
　Auslegung **K 36 f**
　Begriff **K 81 f**
　causa **K 85**
　Dauerschuldverhältnis **K 82**
　Entgeltlichkeit **K 83**
　Ersatzansprüche **K 37**
　Formfreiheit **K 82**
　Freigabeanspruch, schuldrechtlicher **K 65 f, 68, 87**
　Nachbesicherung **K 93**
　Nebenpflichten **K 87**
　Nichtigkeit **K 85**
　Obhutspflichten **K 87**
　Quasi-Akzessorietät, gewillkürte **K 33**
　Rückübertragungsanspruch **K 19, 34, 95**
　Schuldanerkenntnis **K 94**
　Schuldversprechen **K 94**
　Sicherheiten, fiduziarische **K 31 f**
　Sicherheiten, geborene **K 96**
　Sicherheiten, gekorene **K 19, 96**
　Sicherheitenaustausch **K 97**
　Sicherheitenbewertung **K 93**
　Sicherheitenfreigabe **K 93**
　Sicherheitenverwertung **K 19**
　Sicherungsfall **K 19, 93**
　Sicherungszweck **K 19**
　– Wegfall **K 34**
　Tilgungsbestimmungen **K 93**
　Übersicherung **K 57**
　Vermögensverschiebungen **K 93**
　Verwertungsreife **K 93**
　Zweckabrede **K 36 ff, 88 ff**
Sicherungsabtretung
　Begriff **K 244**
　Drittschadensliquidation **H 42**
　Einziehungsermächtigung **K 245**
　Folgeänderungen **H 42**
　Forderungen **H 38**; **K 244**
　– Bestimmbarkeit **K 248**
　– künftige **H 19**; **K 244, 248**
　– Rückübertragung **K 247**
　Forderungsabtretung **K 244, 248**
　Freigabeanspruch **K 248**
　Globalzession **K 52, 244, 248**
　Knebelung, wirtschaftliche **K 248**
　Kreditsicherung **H 5, 38 f**; **K 1, 3 f**
　Sicherheit, gekorene **K 19**
　Sicherungsfall **H 38**; **K 244, 246**
　Sicherungsfall **H 42**
　stille Zession **K 245**
　Übersicherung, nachträgliche **K 248**
　Vermögensrechte **H 38**
　Vollrechtsübertragung **K 15**
　Vorzugsrecht **H 42**
　Zweckabrede **K 43**

Sicherungsfall
  Sicherungsabrede **K 19**
  Verwertungsreife **K 93**
Sicherungsgrundschuld
  Forderungsauswechselung **K 185**
  Grundstücksbelastung **K 184 ff**
  Kreditsicherung **K 3 f**
  Legaldefinition **K 185**
  Sicherheit, gekorene **K 19**
  Sittenwidrigkeit **K 9, 122**
  Tilgung **K 192 ff**
  Zweckabrede **K 43**
Sicherungsrechte
  Privatrecht **A 24 f**
Sicherungstreuhand
  Sicherheit, fiduziarische **K 32**
Sicherungsübereignung
  Abstraktheit **K 231a, 238**
  AGB-Kontrolle **K 240**
  Allformeln **K 235**
  antizipierte **K 52 f, 236**
  Begriff **K 230**
  Besitzkonstitut **K 3, 230, 234; T 139**
  Bestimmtheitsgrundsatz **K 235**
  causa **K 238**
  Einigung **K 234 ff**
  – Bedingung, aufschiebende **K 237**
  Forderungsabtretung **H 24**
  Gebrauch des Sicherungsguts **K 241**
  Globalsicherheit, revolvierende **T 139**
  Gutglaubensschutz **K 16**
  Inventarverzeichnis **K 235**
  Kreditsicherung **K 1, 3, 14 f, 96**
  Kreditvertrag **K 230**
  Nutzungen **K 241**
  Pfandrecht, besitzloses **K 19**
  Raumsicherungsvertrag **K 235; T 139**
  Realsicherheit **K 14 f**
  Recht zum Besitz **K 241 f**
  Rückgabepflicht **K 242**
  Sachen, bewegliche **K 230 f**
  Sachen, künftige **K 235**
  Sachgesamtheit **K 235 f; T 139**
  Sicherheit, gekorene **K 19**
  Sicherungsabrede **K 230, 231a f, 238, 240**
  Spezialitätsprinzip **K 235**
  Treuhand, eigennützige **K 230, 242**
  Übereignung **K 230, 231a, 234 f**
  – auflösend bedingte **T 120**
  Übersicherung, anfängliche **K 239**
  Übersicherung, nachträgliche **K 240**
  Verwertung **K 243**
  Vorbehaltsware **K 220**
  Warenlager **K 64, 66, 235**
  Weiterveräußerungsermächtigung **K 241**
  Zweckabrede **K 43**
Sicherungsvertrag
  Allgemeine Geschäftsbedingungen **E 2**

Signatur, elektronische A 32
Sittenwidrigkeit
  Aufklärungspflicht **K 8**
  Begriff **C 174**
  Bewusstsein der Sittenwidrigkeit **C 176**
  Gläubigergefährdung **C 177**
  Grundrechte **D 46**
  Kaufpreis **K 8**
  Kaufvertrag **N 13 f**
  Knebelung **C 177**
  – Selbst-Knebelung **C 176**
  Kommerzialisierung höchstpersönlicher Leistungen **C 177**
  Kreditsicherung **K 8 f**
  Nichtigkeitsfolge **C 164 ff**
  sexuelle Handlungen, Entgeltzusage **C 174**
  Stufenverhältnis **C 176**
  Unmöglichkeit der Leistung **I 92**
  Verleitung zur Kredittäuschung **C 177**
  Verleitung zum Vertragsbruch **C 177**
  Verschaffung übermäßiger Sicherheiten **C 177**
  Vertrag **C 60**
Sitzblockade
  Analogieverbot **A 68**
SMS
  Vertragsschluss **A 32**
sofort
  Nachfristsetzung **I 26**
Software
  Ausbau-/Einbaukosten **N 121**
  Eigentumsverletzung **S 223**
  Kaufvertrag **N 27, 314**
  Werkvertrag **N 27; Q 29**
Softwarevertrag M 41
Solange-Rechtsprechung
  Grundrechtsschutz **A 43a**
Sondervermögen des öffentlichen Rechts
  AGB-Kontrolle **E 18**
Sorgfaltspflichten D 5
Sowieso-Kosten
  Bereicherungsverbot **I 210**
  Werkvertrag **Q 40, 139**
Sozialrecht
  Sondererbfolge **V 109**
Sozialversicherungswesen
  Entscheidungen, automatisierte **A 32**
Sozialwohnungen
  Miethöhenbeschränkung **O 6**
Spaltung H 70
Speditionsvertrag P 9
Spezialitätsprinzip
  Eigentum **T 113**
  Rechtsgeschäfte, dingliche **T 12**
  Sachenrecht **H 19; T 31**
Speziesschuld
  Leistungsgegenstand **D 105**
Sportverletzungen
  Rechtswidrigkeit **S 205**

Stand der Technik
 Produkthaftung **S** 608, 611
 Verkehrspflichten **S** 514
Stellvertretendes commodum
 Anrechnung **I** 225
 Gegenleistung **I** 224
 Unmöglichkeit der Leistung **I** 223 f
Stellvertretung
 Abgrenzung **D** 29
 aktive **C** 204
 Eigenhaftung **F** 36, 38 f
 Genehmigung **C** 204
 Höchstpersönlichkeit **C** 206
 durch Minderjährige **C** 120
 mittelbare **C** 205
 Offenlegung des Vertreterhandelns **C** 204, 207 f
 – Geschäft für den, den es angeht **C** 207
 – Handeln unter fremdem Namen **C** 208
 – Handeln für das Unternehmen **C** 207
 – Namensangabe, falsche **C** 208
 passive **C** 204, 225
 Rechtsgeschäfte **C** 206
 Verkehrsschutz **A** 28
 Vertretung, gesetzliche **C** 116, 204
 Vertretungsmacht **C** 204, 209 ff
 – Missbrauch **C** 218, 223 f
Steuerberater
 Haftung **F** 40; **J** 160
Steuerwesen
 Entscheidungen, automatisierte **A** 32
Stiftungsvertrag
 Schuldverhältnis, einseitig begründetes **D** 22
Störung der Geschäftsgrundlage
 Äquivalenzstörungen **I** 86
 Inflation **D** 132
 Irrtum über Vertragsgrundlagen, gemeinsamer **C** 94
 Kalkulation **C** 189
 Kaufvertrag **N** 225
 Kodifikation **A** 35
 Rücktrittsrecht **C** 94
 Vertragsanpassung **C** 94, 189; **D** 132; **I** 86
Straßenverkehrsrecht
 Drittschäden **J** 72
Streckengeschäft
 Gefahrübergang **N** 258
 Geheißerwerb **T** 134, 153
 Mängelrechte **N** 204
Streitbeilegung, außergerichtliche
 AS-Stellen **L** 34
 AS-Verfahren **L** 34
 Online-Plattform **L** 34
 Verbraucherschutz **L** 34
 Verbraucherstreitbeilegungsgesetz **L** 34
Strohmanngeschäft
 Scheingeschäft **C** 200; **N** 289

Strom
 Kaufvertrag **N** 33
 Produkthaftung **S** 613
 Sacheigenschaft **T** 15
Stromdiebstahl
 Analogieverbot **A** 62
Strukturvertrieb
 Vollmacht **L** 93
Stückkauf
 Ersatzlieferung **N** 95
 Identitätsaliud **N** 65
 Nacherfüllung **I** 51
Stückschuld
 Beschaffenheitsgarantie **I** 167
 Leistungsgegenstand **D** 105
Subprime-Kredite
 Unternehmensstrafen **A** 46
Subsumtion
 Rechtsanwendung **A** 49, 56
Subunternehmer
 Drittschadensliquidation **Q** 52
 Gestattung des Einsatzes **Q** 132
 Vertragsverhältnis **Q** 58
Sukzessivlieferungsvertrag
 Mängelansprüche, Verjährungsbeginn **N** 211
superficies solo cedit T 18
Surrogationsmethode
 Schadensersatz statt der Leistung **I** 150, 175 ff, 180, 203, 214
Syllogismus A 49
Synallagma
 Vertrag, gegenseitiger **D** 16; **N** 10

Tariflohn
 Verzichtbarkeit **G** 81
Tarifvertrag
 Gesetzesrecht, tarifdispositives **P** 38
 Schutzgesetzverletzung **S** 701
 Tarifgeltung **P** 39
 Vorrang **P** 38
Taschengeldparagraph C 133 f
Tauschsystemvertrag
 Verträge, zusammenhängende **L** 83
Tauschvertrag
 Abgrenzung **N** 15
 Verbraucherschutz **L** 77
Teilgläubigerschaft H 78 ff
 Aufrechnung **G** 68
Teilleistung
 Annahme **I** 3
 Anspruchshöhe, streitige **D** 145
 Ausnahmen vom Verbot der Teilleistung **D** 141 ff
 Beweislast **I** 12
 Leistung, mangelhafte **I** 15
 offene **I** 12, 15, 28, 100, 148, 150, 179
 Rücktritt **I** 75 f
 Treu und Glauben **D** 144

1583

Teilleistung (Forts)
  verdeckte **I 15, 76, 100, 179**
  Zurückweisung **D 141**
  Zuweniglieferung **N 69**
  Zwangsvollstreckung, Abwendung **D 144**
Teilschuld H 90 ff
Teilunmöglichkeit
  Rücktrittsrecht **I 75, 101, 148**
Teilzahlungsdarlehen
  Gesamtfälligstellung **L 105**
Teilzahlungsgeschäft
  Eigentumsvorbehalt **K 211**
  Finanzierungshilfe **L 91**
  Formmängel **L 103**
  Kaufvertrag **N 12**
  Pflichtangaben **L 103**
  Rücktritt **L 103**
  Rücktrittsfiktion **L 103**
  Rückzahlung, vorzeitige **L 103**
  Zahlungsaufschub **L 91, 103**
Teilzahlungsvertrag
  Formmangel, Heilungsmöglichkeit **C 157**
Teilzeitnutzungsrechte
  Unterkünfte **L 77**
  Verbraucherschutz **L 77**
Telearbeit
  Arbeitsverhältnis **P 171 f**
Telefonwerbung
  Verbraucherschutz **L 48**
  – de lege ferenda **L 48**
Telekommunikationsdienstleistungen
  AGB-Einbeziehung **E 31**
  Grundtarif **L 41**
  Verbraucherschutz **L 41, 48**
Telemedien
  elektronischer Geschäftsverkehr **L 55**
Testament
  Andeutungstheorie **A 50**
  Anfechtung **C 27, 183; V 55 f**
  Auflage **V 68, 74**
  – Grabpflege **V 74**
  – Stiftungserrichtung **V 74**
  Auslegung **C 43, 54, 102; V 56, 68, 84 ff**
  – Andeutungstheorie **C 43 f; V 86**
  – Erblasserwille **V 86, 90**
  – erläuternde **V 87**
  – favor testamenti **V 84**
  – grundrechtskonforme **V 90**
  – menschenrechtskonforme **V 90**
  – wohlwollende **V 88**
  Auslegungsregeln **V 89**
  Bedingungen **C 100 ff**
  Bedürftigentestament **V 97, 99**
  Behindertentestament **V 94, 97**
  Bürgermeistertestament **V 49**
  Dreizeugentestament **V 49**
  eigenhändiges **V 49, 51 ff, 84, 130**
  Erbeinsetzung **V 68**
  Ersatzerbeinsetzung **V 68**

Testament (Forts)
  favor testamenti **C 102**
  Form **A 64a; C 41, 43, 141; V 46 f, 53**
  Geliebtentestament **C 174, 176; V 94 ff, 99**
  letztwillige Verfügung **C 16**
  Motivirrtum **V 56**
  Nottestamente **V 49**
  öffentliches **V 49 f**
  – Rücknahme aus amtlicher Verwahrung **V 54**
  Pflichtteilsklauseln **C 101; V 60**
  Religionsklauseln **C 101**
  Seetestament **V 49**
  Sittenwidrigkeit **C 174, 176; V 94 ff, 100**
  – Adelshäuser, Erbregelungen **V 94, 98**
  Verbot, gesetzliches **V 91 ff**
  Verfügung von Todes wegen **V 49**
  Vernichtung der Testamentsurkunde **V 54**
  Verwirkungsklauseln **C 101**
  Widerruflichkeit **V 48, 49**
  Widerrufstestament **V 54**
  Willenserklärung, nicht empfangsbedürftige **C 27, 41**
  Zölibatsklauseln **C 101**
Testament, gemeinschaftliches
  Berliner Testament **V 59 f**
  Bindungswirkung **V 48, 62**
  eigenhändiges **V 57**
  Nottestamente **V 57**
  öffentliches **V 57**
  Pflichtteilsklausel **C 101; V 60**
  Schenkung in Beeinträchtigungsabsicht **V 62**
  Verfügung von Todes wegen **V 48**
  Verfügungen, wechselbezügliche **V 58**
  Widerruflichkeit **V 60 f**
  Wiederverheiratungsklausel **C 93, 96 f; V 60 f**
Testamentsvollstreckung
  Anordnung **V 68, 76 ff**
  Auswahl des Testamentsvollstreckers **V 77**
  Unternehmensnachfolge **V 76**
  Vergütung **V 78**
Testierfähigkeit
  Altersobergrenze de lege ferenda **V 48a**
  Beweislast **V 48a**
  Internationales Privatrecht **A 39b**
  Minderjährige **V 48a**
Testierfreiheit
  Auslegung von Verfügungen von Todes wegen **V 84**
  Eigentumsfreiheit **V 1**
  Erbrecht **A 28; V 1, 5, 7 ff, 13 f, 43 ff, 100**
  Familienerbfolge **V 128**
  Gestaltungsfreiheit **V 68**
  Grundrechtskollision **C 175**
  Grundrechtsschutz **A 68b; V 1**
  Heimgesetz **V 92 f, 99**
  Pflichtteilsrecht **V 30 f, 34 ff, 44, 100**

Testierfreiheit (Forts)
  Privatautonomie **C 1; F 4; V 7, 43**
  Schenkung von Todes wegen **V 80**
  Teilungsanordnung **V 125**
Textform
  Formerfordernis **A 32**
  Schriftlichkeit **C 150**
Tiere
  Behandlungskosten **J 4, 48**
  Besitz **T 31**
  Eigentum **T 113**
  Eigentumserwerb kraft Gesetzes **T 166**
  Herrenlosigkeit **T 172**
  Kaufvertrag **N 25**
  Nacherfüllung **I 51**
  Sache, gebrauchte **N 278**
  wilde **T 172 f**
Tilgungsbestimmung
  Anfechtbarkeit **C 12**
  Leistung durch Dritte **D 148**
  negative **G 30**
  positive **G 30**
  Schuldverhältnis, Erlöschen **G 50**
Time-Sharing-Richtlinie
  Privatrechtsangleichung **A 40**
  Verbraucherschutz **L 3**
Time-Sharing-Vertrag
  Anzahlungsverbot **L 82, 84**
  Form **L 81**
  Grundstücksvertrag **L 81**
  Informationspflichten **L 78 f**
  Pflichtangaben **L 14**
  Prospekt **L 79**
  Schadensersatzhaftung **L 79**
  Sprache **L 81 f**
  Übersetzung, beglaubigte **L 81**
  Umgehungsverbot **L 78**
  Verbraucherrechterichtlinie **L 77**
  Verbraucherschutz **L 76 ff**
  Verträge, zusammenhängende **L 83**
  Vertragsurkunde **L 81**
  Vollharmonisierung **L 77**
  Werbung **L 80**
  Widerruf, Form **L 82**
  Widerruf, Kostentragung **L 83**
  Widerrufsbelehrung **L 82**
  Widerrufsfrist **L 17**
  Widerrufsrecht **L 78, 82 ff**
  Zuständigkeit, internationale **L 85**
Totalnichtigkeit
  Vertragsauslegung **C 54**
Totalreparation
  Schadensersatz **J 20, 29 ff**
Transplantation
  Todeszeitpunkt **S 200**
Transportvertrag P 9
  Gesamttransportvertrag **M 40**
Trennungsprinzip
  Eigentumsübertragung **T 5**

Trennungsprinzip (Forts)
  Unterscheidung Verpflichtungs-/
    Verfügungsgeschäft **N 9**
Treu und Glauben D 44 ff
  Auslegung **D 45 ff**
  Ergänzungsfunktion **D 49, 52 f, 59 ff**
  Generalklauseln **A 29**
  Gerechtigkeit **D 56**
  Grundrechte **D 46**
  Immanenztheorie **D 55, 73 ff**
  Innentheorie **D 55, 73 ff**
  Kontrollfunktion **D 100 ff**
  Korrekturfunktion **D 49, 56 f, 100 ff**
  Nebenpflichten **D 59**
  Ordnung, öffentliche **D 48**
  Pflichtenbegründung **D 52 f**
  Pflichtenkonkretisierung **D 50 f**
  Rechtsprinzip **A 29**
  regulierende Funktion **D 49 ff, 98 f**
  Schrankenfunktion **D 49, 54 f**
  Schuldrecht **D 44 ff**
  venire contra factum proprium **D 85 ff**
  Vertragsschluss **M 5, 7, 11 f, 36 f**
  Verwirkung **G 92**
  Vorverhalten, unredliches **D 79 ff, 91**
Treugut
  Veräußerung durch den Treuhänder **C 173**
Treuhand
  Gewohnheitsrecht **A 79**
  Handeln im eigenen Namen **C 205**
  Scheingeschäft **C 200**
tu-quoque-Einwand
  Vorverhalten, unredliches **D 84**
Typenzwang
  numerus clausus der Sachenrechte **T 11**
  Vertragstypen **M 1, 13**

Übereignung
  Abstraktionsprinzip **T 124**
  Bedingung, aufschiebende **C 96, 103; T 122**
  Besitzkonstitut **T 124 ff, 137 ff**
  Einigung **T 117 ff**
  Genehmigung **T 144**
  Gewahrsamswechsel **T 132, 134**
  Traditionsprinzip **T 124 ff**
  Trennungsprinzip **T 124**
  Übergabe **T 121, 124, 131 ff**
  Verfügung **C 15**
  Verfügungsbefugnis **T 142 ff**
  Zweckbestimmung **T 6**
Übergabe
  Sachen, bewegliche **T 10**
  Surrogate **T 136 ff**
  – Besitzkonstitut **T 137 ff**
  – Herausgabeanspruch, Abtretung **T 140 f**
Übernahmehaftung
  Geschäftsführung ohne Auftrag **R 129, 139**
  Verkehrspflichten **S 517**

Übersicherung
  anfängliche **K 54 ff**
  Beweislast **K 56**
  Missverhältnis, auffälliges **K 55 f**
  nachträgliche **K 64 ff**
  Privatautonomie **K 54**
  Sittenwidrigkeit **K 55 ff**
Überweisung
  Ausführungsverzögerung **I 45**
  Bereicherungsausgleich **R 67, 69**
  Einzelzahlungsvertrag **R 68**
  Erfüllungswirkung **G 44**
  Geldschuld **D 127**
  Rechtzeitigkeit der Leistung **D 159; I 45**
  Zahlungsdiensterahmenvertrag **R 68**
  Zahlungsverkehr, bargeldloser **G 41 f**
Überweisungsrichtlinie
  Privatrechtsangleichung **A 40**
Überziehungskredit
  Verbraucherdarlehensvertrag **L 88**
Umbaumaßnahmen
  Verbraucherschutz **L 109**
Umgangsrecht
  Deliktsschutz **S 249**
Umschuldungsdarlehen
  Verbraucherdarlehensvertrag **L 88**
  Vergütungsausschluss **L 106**
Umtauschrecht
  Kauf, unbedingter **N 306**
  Verkehrssitte **I 57**
Unbestellte Waren/Dienstleistungen
  aliud-Lieferung **L 40**
  Annahmeerklärung **D 24 f**
  Anspruchsausschluss **L 38, 40**
  culpa in contrahendo **D 26**
  Falschlieferung, wissentliche **N 67**
  Herausgabeanspruch, Ausschluss **L 38**
  Ingebrauchnahme **D 24 f; L 37**
  Integritätsinteresse **D 26**
  Schweigen **C 19**
  Verbrauch **D 25**
  Verbraucherschutz **L 36 ff**
  Vertragsannahme **C 68; L 37**
  Vertragsantrag **C 68**
  Vertragsschluss **L 40**
  Weiterveräußerung durch den Verbraucher **L 39**
unclean hands objection
  Vorverhalten, unredliches **D 79**
Unerlaubte Handlung
  Äquivalenztheorie **S 804**
  Anstiftung **J 140**
  Beerdigungskosten **S 201**
  Befriedigungsfunktion **S 100**
  Beihilfe **J 140**
  Eigentumsverletzung **S 223 ff; T 229**
  – Benutzung durch Dritte, unbefugte **S 226**
  – Beratung, unrichtige **S 232**
  – Diebstahl **S 226**

Unerlaubte Handlung (Forts)
  – Dispositionsbeeinträchtigung **S 227 f**
  – Eigenblutspende **S 208**
  – Einbau beweglicher Sachen **S 224**
  – Einwirkung auf die Sache **S 223**
  – Gebrauchsfähigkeit der Sache **S 230 f**
  – Körperteile, abgetrennte **S 208**
  – Nutzungsbeeinträchtigung **S 229 ff**
  – Photographieren, unerlaubtes **S 226**
  – schuldnerfremde Sachen, Verwertung **S 224**
  – Sperma, Vernichtung **S 208**
  – Substanzverletzung **S 225**
  – Tankfüllung, abredewidrige **S 226**
  – Unterschlagung **S 226**
  – Verfügung eines Nichtberechtigten **S 224**
  – weiterfressende Mängel **S 233 ff**
  Fahrlässigkeit **J 69**
  Freiheitsverletzung **S 220 ff**
  – Fixierung psychisch Kranker **S 222**
  – mittelbare **S 222**
  Gesundheitsverletzung **S 203 ff**
  – Ansteckung mit Krankheit **S 210**
  – Passivrauchen **S 209**
  – pränatale Schädigung **S 216 ff**
  – psychische Krankheit **S 211 ff**
  – Rauchen **S 209**
  – Schockreaktion **S 213**
  – Schockschäden Dritter **S 215**
  – wrongful life **S 219**
  Gewerbebetrieb, Recht am **S 105, 117, 400 ff**
  – Betriebsbezogenheit **S 408 ff**
  – Betriebsblockade **S 424**
  – Boykottaufruf **S 400, 419 ff**
  – Freiberufler **S 404**
  – Rechtswidrigkeit **S 403**
  – Reflexschaden **S 413**
  – Schiffbarkeit **S 410**
  – Schutzrechtsverwarnung, unberechtigte **S 401, 426 ff**
  – Streik, rechtswidriger **S 401, 425**
  – Subsidiarität **S 414**
  – Tatsachenbehauptungen **S 415 f**
  – Unmittelbarkeit **S 408**
  – Vermögensschaden **S 401**
  – Warentests **S 418**
  Handlung **S 500, 800**
  Handlungsfreiheit, allgemeine **S 105**
  Kausalität **S 804 ff**
  – Anteilszweifel **S 805**
  – Doppelkausalität **S 804**
  – kumulative **S 805**
  – potenzielle **S 805 ff**
  – Urheberzweifel **S 805 f**
  Körperverletzung **S 203 ff**
  – ärztliche Behandlung **S 206 f**
  – Selbstschädigung **S 204, 213**
  Leben **S 200 ff**

Unerlaubte Handlung (Forts)
  Mehrheit von Schädigern **J 127, 139 ff**;
    S 805 ff
  Mittäterschaft **J 140**
  Persönlichkeitsverletzung **S 105, 117, 300 ff**
  – Arbeitsplatzverlust **S 374**
  – Ausgrenzung, soziale **S 344**
  – Belästigungen **S 361**
  – Bereicherungsanspruch **S 364**
  – BGB-Gesellschaft **S 307**
  – Bundeswehr **S 306**
  – Diagnose, ärztliche **S 324**
  – Diskriminierung **S 361**
  – Einwilligung **S 342**
  – Gegendarstellung **S 374**
  – Gesundheitsbeeinträchtigung **S 374**
  – Gewinnherausgabe **S 374**
  – Herabwürdigung **S 315 ff**
  – ideelle **S 309**
  – Internet **S 314**
  – juristische Personen **S 306**
  – Kollektivbezeichnungen **S 304 f**
  – Kunst **S 330 ff**
  – Lizenzgebühr **S 364, 374**
  – mehrdeutige Aussagen **S 320**
  – Meinungsäußerungen **S 323, 325 ff**
  – nasciturus **S 303**
  – Parteien, politische **S 307**
  – Passivlegitimation **S 311**
  – postmortaler Persönlichkeitsschutz **J 57**;
    S 308 ff
  – Prangerwirkung **S 344 f, 353**
  – Rechtswidrigkeit **S 356 ff**
  – Richtigstellung **S 366 ff**
  – Satire **S 320, 332**
  – Schaden, materieller **S 374**
  – Schadensberechnung **S 374**
  – Stigmatisierung **S 344, 350**
  – Störer **S 311, 314**
  – Tatsachenbehauptungen **S 315 ff, 329**
  – teilrechtsfähige Personen **S 307**
  – Verbände **S 307**
  – Vereine **S 307**
  – Verfolgte des NS-Regimes **S 305**
  – Verhältnismäßigkeitsprüfung **S 328, 345, 369**
  – Wahrnehmung berechtigter Interessen
    S 372
  – Werturteile **S 315 ff**
  – Widerruf **S 364 ff**
  – wissenschaftliche Äußerungen **S 324**
  – Wissenschaftsfreiheit **S 333 ff**
  – Zusendungen, unerlaubte **S 361**
  Pflichtverletzung **S 109**
  Präventionsfunktion **S 101, 108**
  Produkthaftung **S 600 ff**
  Produktionsunterbrechung **S 228, 409**
  Rechtsgüterschutz **J 69**; **S 105**
  Rechtswidrigkeit **S 107**

Unerlaubte Handlung (Forts)
  – Sportregeln **S 205**
  Schaden, immaterieller **S 108 f**
  Schaden, mittelbarer **S 105 f**
  Schadensersatz **C 10**
  Schmähkritik **S 302, 326, 328, 337, 417 f, 423**
  Schuldverhältnis, gesetzliches **D 10, 12**
  Schutzgesetzverletzung **S 105, 700 ff**
  – Beweislast **S 706**
  – Delegation **S 704**
  – DIN **S 701**
  – Entlastungsbeweis **S 707**
  – Gesetzesbegriff **S 701**
  – Individualschutz **S 703**
  – Organhaftung **S 704**
  – Passivlegitimation **S 704**
  – Richterrecht **S 701**
  – Satzungen **S 701**
  – Strafbewehrung **S 702**
  – Tarifverträge **S 701**
  – Überwachungspflichten **S 704**
  – Unfallverhütungsvorschriften **S 701**
  – Vermögensschaden **S 700, 703**
  – Verschulden **S 705**
  – Verwaltungsakte **S 701**
  Schutzzweck der Norm **J 125**
  sonstige Rechte **S 238 ff**
  – absolute Rechte **S 238**
  – Anwartschaftsrecht **S 241 ff**
  – beschränkt dingliche Rechte **S 239**
  – Besitz **S 247**
  – Ehe **S 248**
  – elterliche Sorge **S 249**
  – Fischereirecht **S 239**
  – Forderungen **S 245**
  – Forderungszuständigkeit **S 246**
  – Gewerbebetrieb, Recht am **S 402**
  – Immaterialgüterrechte **S 239**
  – Jagdausübungsrecht **S 239**
  – Mitgliedschaftsrechte **S 240**
  – Umgangsrecht **S 249**
  – Vormerkung **S 244**
  – Wertguthaben (Altersteilzeit) **S 250**
  Sportverletzungen **S 205**
  Straffunktion **S 102**
  Stromkabelfälle **S 228, 409**
  Tötung **S 200 ff**; **U 230**
  Totgeburten **S 201**
  Tun **S 500, 801**
  Unterlassen **S 500, 801 ff**
  Verfolgungsfälle **S 204**
  Verkehrspflichtverletzung **S 500 ff**
  – Anscheinsbeweis **S 535**
  – Beweislast **S 535**
  – Kausalität **S 535**
  – Rechtswidrigkeit **S 534**
  – Verschulden **S 534**
  Vermögensschaden **S 105, 109, 227, 500**
  Verschulden **S 107**

Unerlaubte Handlung (Forts)
vorsätzliche sittenwidrige Schädigung
S 105, 900 ff
- ad-hoc-Mitteilungen S 910
- Berufsfreiheit S 908
- dolus eventualis S 900
- Drohung S 901
- Familienrecht S 248
- Fehlinformationen S 910 ff
- gerichtliche Verfahren, Missbrauch S 919 f
- Gläubigerbenachteiligung S 916 f
- Gutachten, fehlerhafte S 911 ff
- Kreditvergabe S 918
- Missbrauch der Vertretungsmacht S 904
- Pressefreiheit S 908 f
- Rechte Dritter, vertragliche S 902 ff
- Schmiergelder S 904
- Schwindelunternehmen S 910
- Sittenwidrigkeit S 901, 903 f
- Täuschung S 901, 910
- Titelmissbrauch S 921 f
- Überlegenheit, geschäftliche S 915
- Vertragsbruch S 903 f
- Vertragsschluss, Ablehnung S 906 f
- Vollstreckungsbescheid S 923
- Vorsatz S 901
- Wissenszurechnung S 901
- Zeugnis, falsches S 914
- Zwangsversteigerungsverfahren S 924

Unfallversicherung, gesetzliche
Leistungsfähigkeit des Schädigers J 10

Ungerechtfertigte Bereicherung
Abgrenzung R 3
Abschöpfungsfunktion R 4, 14, 42
Abstraktionsprinzip C 16
Anweisungslage R 20, 22, 59 ff
- Anweisung im weiteren Sinne R 59
- Deckungsverhältnis R 59 ff
- Doppelkondiktion R 61
- Doppelmangel R 61
- Gültigkeitsmängel R 62, 64
- Irrtum über den Leistenden R 65
- Simultanleistung R 59
- Valutaverhältnis R 59 ff
- Zurechenbarkeitsmängel R 62 ff, 73
- Zuwendungsverhältnis R 59
aufgedrängte Bereicherung R 89; T 224
Aufwendungen, ersparte R 83
Aufwendungskondiktion R 21, 42, 55, 79
Ausgleichsrecht R 148
Billigkeitsrecht R 10, 17, 22, 78, 148
causa, Fehlen C 15
commodum ex negotiatione cum re R 80
commodum ex re R 48, 80
condictio causa data causa non secuta G 91; R 10
condictio furtiva R 10 f
condictio indebiti R 10, 13, 26, 28

Ungerechtfertigte Bereicherung (Forts)
condictio ob causam datorum R 10
condictio ob causam finitam R 26 ff
condictio ob rem G 91; R 28 ff, 35
- Veranlassungsfälle R 29
- Verwendungsfälle R 29
- Vorleistungsfälle R 29
- Zweckanstaffelungsfälle R 30
condictio ob turpem vel iniustam causam R 10, 33
condictio possessionis R 92
condictio sine causa R 10 f, 13
Direktkondiktion R 20, 42, 53 f, 56, 66, 70, 73 f, 77
Dreipersonenverhältnisse R 14 f, 18 ff, 22, 57 ff, 148 f
- Drittleistung, veranlasste R 70 f
- Lebensversicherung R 73
- Leistungsketten R 58
- Versorgungsfälle R 73
- Vertrag zugunsten Dritter R 72 ff
- Zahlung auf fremde Nichtschuld R 70 f
- Zessionsfälle R 75 ff
Durchgriffskondiktion R 42, 56, 75 ff
Eigentümer-Besitzer-Verhältnis, Verhältnis zum R 91 ff
Eingriffskondiktion R 5, 16 f, 21, 41 ff, 79, 95, 148; T 229
- allgemeine R 42 ff
- Einbaufälle R 45
- Einziehung fremder Forderungen R 51 f
- Nutzungsfälle R 46
- Subsidiarität R 14, 19
- Usurpation R 44, 46
- Verfügung eines Nichtberechtigten R 47 f
- Verfügung eines Nichtberechtigten, unentgeltliche R 49
- Vindikationsersatzfunktion R 47 f
- Zuweisungsgehalt des Rechts R 43
- Zuweisungsverfehlung R 44
Einheitslehre R 15, 18, 22
Einrede der Verjährung R 32
Einrede des nicht erfüllten Vertrages R 32
Empfängerhorizont, Lehre vom R 19, 65
Entreicherung R 82 ff
Erfolgseintritt, Kenntnis der Unmöglichkeit R 35
Erfolgseintritt, treuwidrige Verhinderung R 35
Ergänzungsfunktion R 2, 5
Erwerbskosten R 84
Etwas, erlangtes R 4, 78 ff
Geschäftsführung ohne Auftrag, Verhältnis zur R 96
Haftungsverschärfung R 90
Herausgabe des Erlangten R 4, 78
Insolvenz des Empfängers R 23, 54
Kausalverhältnis R 25

Ungerechtfertigte Bereicherung (Forts)
Kenntnis der Nichtschuld **R 33 f**
Kettendurchgriffskondiktion **R 53 f**
Kettenlieferverhältnisse **R 57**
Kondiktion der Kondiktion **R 61, 64**
Kondiktionsanspruch **R 2**
Kondiktionssperren **R 34 ff**
Konkurrenzen **R 91 ff**
auf Kosten **R 18, 24, 41**
Leistung **R 24**
– causa acquirendi **R 32, 35**
– causa lucrativa **R 50**
– causa solvendi **R 31**
– datio acquirendi causa **R 24**
– datio donandi **R 24**
– datio ob rem **R 24**
– datio obligandi causa **R 24**
– datio solvendi causa **R 24 f**
– finaler Leistungsbegriff **R 17, 19, 58**
Leistungskondiktion **R 5, 10 f, 17, 21, 23 ff, 148**
– Erfolg, Nichteintritt **R 28 ff**
– Forderung, einredebehaftete **R 31 f**
– Gesetzesverstoß des Leistenden **R 36 f**
– Gesetzeswidrigkeit des Leistungsempfangs **R 33, 37**
– Nutzungsherausgabe **R 94**
– Rechtsgrund, Wegfall **R 27**
– Rechtsschutzziele **R 79**
– Rückabwicklungsfunktion **R 17, 21, 23**
– Sittenverstoß des Leistenden **R 36 f**
– Sittenwidrigkeit des Leistungsempfangs **R 33, 37**
– Vorrang **R 120, 151**
Lieferkette **R 58 f**
Lieferung, abgekürzte **R 59**
Luxusaufwendungen **R 83**
Mängeleinrede **R 32**
Naturvorgangskondiktion **R 21**
Nichtleistungskondiktion **R 5, 11, 17, 41 ff**
– Rechtsschutzziele **R 79**
Nutzungsherausgabe **R 4, 80 f**
Persönlichkeitsverletzung **S 364**
Rechtsentwicklung **R 9 ff**
Rechtsgrundabrede **R 28**
Rechtsgrundlosigkeit **R 5, 22, 25**
Restitutionsanspruch **R 11**
Risikozurechnungslehre **R 20**
Rückgriffskondiktion **R 21, 42, 55 f, 79, 148**
Sachzerstörung **R 83**
Saldotheorie **R 79, 85, 87**
Schuldverhältnis, gesetzliches **D 10, 12; R 2**
Schwarzarbeit **C 168; R 40**
in sonstiger Weise **R 41**
Surrogate **R 4, 80 f**
Synallagma, faktisches **R 50**
– Empfänger, nichtberechtigter **R 51 f**
Tilgungsbestimmung **R 19, 24**
Trennungslehre **R 17, 19, 22, 148**

Ungerechtfertigte Bereicherung (Forts)
Veräußerungserlös **R 83**
– Herausgabe **R 80**
Veräußerungsketten **R 48**
Verbrauch des Bereicherungsgegenstands **R 83**
Verjährung **R 79**
Vermögensverschiebung **R 14, 22**
– Unmittelbarkeit **R 14 f, 18, 22, 55**
Vermögenszuordnungen, unrechtmäßige **R 2**
Verträge, gegenseitige **R 85 ff**
Verwendungen **R 84**
Verwendungskondiktion **R 21, 42, 55 f, 79, 95, 148**
Wegfall der Bereicherung **R 82 ff**
– Folgenachteile **R 84**
Wertersatzpflicht **R 78, 81, 95**
Zeitablaufskondiktion **R 21**
Zurückbehaltungsrecht **R 32**
Zweckbestimmung **R 19, 24**
Zweckerreichung **R 28**
Zweckmissbilligung **R 33**
Zweckverfehlung **R 14, 28, 33**
Zweikondiktionentheorie **R 85 f**
– modifizierte **R 79, 88**
– strenge **R 86**
Ungleichgewicht, strukturelles
AGB-Kontrolle **E 5**
Treu und Glauben **D 46**
Ungleichgewicht, übermäßiges makroökonomisches
Strafzahlungen **A 46**
Unisextarife
Versicherungsvertragsrecht **A 47; B 68**
Universalsukzession
Gesamtrechtsnachfolge **A 28; V 13 f, 101 ff, 116**
Unmöglichkeit
anfängliche **I 83, 152, 159**
– Verschuldenszurechnung **I 159**
Annahmeverzug des Gläubigers **I 90**
beiderseitige **I 93 ff**
– Gläubigerverschulden **I 97**
– Kaufpreisanspruch **I 94 ff**
– Konfusion **I 96**
– Schadensersatz **I 94 ff**
beiderseitige nachträgliche **I 1**
faktische **I 85**
Gegenleistungspflicht **I 92**
Gegenleistungspflicht, Wegfall **I 75, 88 ff, 154**
– Gefahrtragung **I 91**
Leistungspflicht, Wegfall **I 80**
Leistungsstörungen **A 38**
nachträgliche **I 152, 158**
Naturgesetze **I 80, 92**
objektive **I 80 ff, 92**
Pflichtverletzung **I 9 f**

Unmöglichkeit (Forts)
qualitative **N 83, 219**
rechtliche **I 80**
Rückgewähr **I 149**
Schadensersatz **I 158 ff**
Schadensersatz statt der Leistung **I 152**
Schuldverhältnis, Erlöschen **G 7, 94**
subjektive **I 80, 85**
tatsächliche **I 80**
Teilunmöglichkeit **I 75, 101, 148**
Verantwortlichkeit des Gläubigers, weit überwiegende **I 89, 94**
vorübergehende **I 84**
wirtschaftliche **I 86**
zeitweilige **I 84**
Zwangsvollstreckung **I 84**
Unterhalt, nachehelicher
s Ehescheidung
Unterhaltsanspruch
Verzichtbarkeit **G 81**
Unterhaltsleistungen, entgangene
Ersatzfähigkeit **J 72**
Unterhaltspflicht
Einkünfte, Verschweigung **D 84**
Erfüllung **G 21**
Rangfolge **U 234**
Unterhaltsverzicht
Sittenwidrigkeit **C 176**
Vereinbarungen **U 241**
Verzichtbarkeit des Anspruchs **G 81**
Unterkunft
Teilzeitnutzungsrecht **L 77**
Unterlassungsanspruch
vorbeugender **B 50, 71; S 112, 202; T 70, 77 ff**
Unterlassungsklage
Verbraucherschutz **L 31**
Unterlassungsklagengesetz
AGB-Verfahrensrecht **E 8**
Unterlassungspflicht
Abmahnung **I 31**
Leistung in Person **D 146**
Untermiete
Gebrauchsüberlassung an Dritte **O 28 ff**
Unternehmen
Ertragsfähigkeit **N 42**
Umsatz **N 42**
Unternehmensfinanzierung
Kreditverhältnisse, multilaterale **K 3**
Unternehmenskauf
Beschaffenheitsbegriff **N 42**
Kaufgegenstand **N 31 f**
Mangelbegriff **F 51**
Unternehmensstrafen A 46
Unternehmensstrafrecht
de lege ferenda **A 46**
Unternehmer
AGB-Kontrolle **E 18**
Unternehmerbegriff
Verbraucherschutz **L 6**

Unternehmerregress
Aufwendungsersatz **N 236 f**
Lieferkette **N 4, 127, 234, 241 f, 301 f**
Mängelrechte **N 232 ff, 237 ff**
Aus- und Einbaufälle **N 4, 232, 234 f**
Verbrauchsgüterkauf **L 75; N 4, 298 ff**
Verjährung **N 240**
Unterschrift
Abschlussfunktion **C 147**
Beglaubigung, öffentliche **C 151**
Blankounterschrift **C 147**
auf derselben Urkunde **C 148**
Echtheitsfunktion **C 147**
Eigenhändigkeit **C 145**
eingescannte **C 149**
Faksimile **C 145**
Firma **C 146**
Handzeichen **C 146**
Name **C 146**
„Oberschrift" **C 147**
Paraphe **C 146, 148**
Schreibhilfe **C 145**
Stellvertreter **C 146**
Stempel **C 145**
Unterstützungspflichten
Hauptleistung, Sicherung **D 62**
Untreue
Vermögensbetreuungspflicht **A 68**
unverzüglich
Nachfristsetzung **I 26**
Urheberrechte
Eigentum, geistiges **T 113**
Kaufgegenstand **N 30**
Schadensberechnung **J 14**
Urlaubsfreude, entgangene
Ersatzfähigkeit **J 61 f**
Urlaubsprodukte, langfristige
Verbraucherschutz **L 77**
Verträge, zusammenhängende **L 83**
Urlaubszeit, nutzlos aufgewendete
Schaden, immaterieller **J 50**

Vaterschaft
Abstammung **U 177 ff**
Vaterschaftsanerkennung
Abstammung **U 180 ff**
Anerkennungserklärung **U 181 f**
Bedingungsfeindlichkeit **C 98**
Formzwang **C 154**
Missbrauchsverbot **U 9, 182**
Zustimmung **U 181 f**
Vaterschaftsanfechtung
Abstammung **U 183 ff**
Untersuchungsgrundsatz **A 35**
Vaterschaftsfeststellung
Abstammung **U 187, 221**
Vaterschaftsfeststellungsverfahren
Abstammungsklärung **A 35**

venire contra factum proprium
  Mängelrechte **N 198**
  Rechtsausübung, unzulässige **D 85 ff**
Veräußerungsverbote
  absolute **C 172**
  Nichtigkeitsfolge **C 171**
Verarbeitung T 166 f
Verbandsklage
  Abmahnung **E 20**
  Arbeitsvertrag **E 21**
  Auslegung, kundenfeindlichste **E 39**
  Einziehungsklage **L 31**
  Verbraucherschutz **E 8, 19 ff; L 31**
Verbindung T 165, 167
Verbotsgesetze
  Auslegung **C 165, 167**
  Inhaltsnichtigkeit **C 167**
  Nichtigkeitsfolge **C 164 ff**
  Normzweckvorbehalt **C 166**
  Umgehungsgeschäfte **C 170**
  Vertragsschluss, Umstände **C 169**
Verbraucherbauvertrag
  Abnahmefiktion **L 109**
  Abschlagszahlungen **L 113**
  Baubeschreibung **L 111**
  Begriff **L 110**
  Formzwang **L 109 f**
  Informationspflichten **L 14, 109, 111; Q 10b**
  – Textform **L 109**
  – vorvertragliche **L 111**
  Inhalt **Q 10b**
  Kündigung aus wichtigem Grund **L 111**
  Nachweis der Einhaltung von Drittbedingungen **L 114**
  Nachweis der Einhaltung öffentlich-rechtlicher Vorschriften **L 114**
  Sicherheitsleistungen **L 113**
  Unterlagen **Q 10b**
  Unternehmerbegriff **L 110**
  Verbraucherschutz **L 109, 113**
  Verzug **L 111**
  Widerrufsbelehrung **L 112**
  Widerrufsfrist **L 17, 112**
  Widerrufsrecht **L 109, 112; Q 10b**
Verbraucherbegriff L 6
Verbraucherdarlehensvermittlungsvertrag L 106
Verbraucherdarlehensvertrag
  Allgemein-Verbraucherdarlehensvertrag **K 80; L 90 ff**
  Anschlussbedingungen **L 95**
  befristeter **L 96**
  Beratungsleistungen **L 92**
  elektronische Form, Unanwendbarkeit **C 149**
  Entgeltlichkeit **L 91**
  Erläuterungspflicht **K 7; L 92**
  Fälligstellung, vorzeitige **L 97**
  Form **C 155, 157; L 92 f**

Verbraucherdarlehensvertrag (Forts)
  genossenschaftliches Darlehen **L 88**
  Immobiliar-Verbraucherdarlehensvertrag **A 42; K 7; L 90 ff**
  s a dort
  Immobilienbewertung **K 7**
  Informationspflichten **L 14, 88, 92, 95**
  – Europäische Standardinformation **L 92**
  – Muster **L 92, 96**
  – Sollzinssatz **L 95**
  – vorvertragliche **L 92**
  Jahreszins, effektiver **L 86, 93**
  Kreditwürdigkeitsprüfung **K 7**
  s a dort
  Kündigung **L 96, 100**
  Lockvogelangebote **L 92**
  Pflichtangaben **L 14, 93**
  Regelungsort **L 91**
  Rückzahlung, vorzeitige **L 88**
  Scheckverbot **K 79, 94; L 97**
  Schriftform **L 86**
  Sicherheiten **K 79 f**
  Sittenwidrigkeit **C 178**
  Teilleistung **D 142**
  Teilzahlungsberechtigung **L 97**
  Tilgungsanrechnung **L 97**
  Überziehungskredit **L 88, 98**
  Überziehungsmöglichkeiten **L 98**
  – Beratungsangebot **L 98**
  – kurzfristige **L 98**
  Umschuldungsdarlehen **L 88, 106**
  unbefristeter **L 96**
  unentgeltlicher **L 105**
  Verbraucherschutz **L 19**
  Verträge, verbundene **L 59, 93**
  Verzichtsverbot **L 97**
  Verzug **L 97**
  Vollmacht **L 93**
  Vorfälligkeitsentschädigung **L 96, 100**
  Wechselverbot **K 79, 94; L 97**
  Werbung **L 88**
  Widerrufsfrist **L 46**
  Widerrufsrecht **L 96**
  – ewiges **L 17**
  Zinseszinseffekt **L 97**
Verbraucherkreditgesetz
  Verbraucherschutz **L 90**
Verbraucherkreditrecht
  Geltung, halbzwingende **L 91**
  Risikobegrenzungsgesetz **L 90, 95**
  Verbraucherschutz **L 86**
  Werbung **L 92**
Verbraucherkreditrichtlinie
  Anwendungsbereich **L 88**
  Informationsangaben **A 42**
  Privatrechtsangleichung **A 40**
  Vertragsinhalt **A 42**
Verbraucherprivatrecht
  Harmonisierung **L 4 f**

Verbraucherprivatrecht (Forts)
Integration ins BGB **L 7 f**
Sonderprivatrecht **L 7**
Verbraucherrechterichtlinie
Bereichsausnahme **L 109**
Bürgschaft **K 106**
Drittwirkung **A 40**
Gegenleistungsansprüche, Ausschluss **L 38**
Harmonisierung, gezielte vollständige **L 3**
Kreditsicherheiten **K 106**
Nachfristsetzung **I 26, 29**
– Entbehrlichkeit **I 36 f**
Umsetzung **L 2, 41, 42, 48**
Verbraucherschutz **L 2**
Verbrauchsgüterkauf **L 63**
Vollharmonisierung **A 40; I 1, 26, 29; L 38, 41**
Verbraucherschlichtungsstellen L 34
Verbraucherschutz
acquis communautaire **L 4**
Allgemeine Geschäftsbedingungen **L 1**
Aufklärungspflicht **F 30**
Diskriminierungsverbote **A 48**
dual use **L 6**
Entgeltvereinbarung **L 41**
EU-Richtlinien **C 240**
europäischer **E 10**
Formgebote **C 142; L 13**
Frachtkosten **L 41 f, 51**
Informationspflichten **A 30, 42, 48; F 29 f; L 2, 13 f, 41**
Internationales Privatrecht **E 19**
Klauselkontrolle **E 12, 19; L 20 ff**
Kosten, sonstige **L 41 f, 51**
Lauterkeitsrecht **L 35**
Lieferkosten **L 41 f, 51**
Mindestharmonisierung **L 1, 87**
Mischfälle **L 6**
Musterfeststellungsklage de lege ferenda **L 32**
Pflichtangaben **L 13 f**
Rechtsschutz, kollektiver **L 32**
Richtlinienkompetenz **A 42**
Schadensersatzverfahren, kollektive **L 32**
Schuldrechtsmodernisierung **L 90**
Streitbeilegung, außergerichtliche **L 34**
– Online-Plattform **L 34**
Telekommunikation **L 41**
Umgehungsgeschäfte, Nichtigkeit **C 170**
Umgehungsverbot **L 19**
Unionsrecht **L 1 ff**
Unterlassungsverfahren, kollektive **L 32**
Unternehmerbegriff **L 6**
Verbraucherbegriff **A 42; L 6**
Verbraucherleitbilder **L 9, 22**
Verbraucherrechterichtlinie **L 2**
Versandkosten **L 41 f**
Vollharmonisierung **L 3, 87**
Warteschleife **L 48**

Verbraucherschutz (Forts)
Widerrufsrecht
s dort
Zuständigkeit, internationale **L 33**
Verbraucherschutzrecht
Geltung, halbzwingende **L 19, 55**
Verbraucherstreitbeilegungsgesetz
Klageverzichtsklausel **L 22**
Streitbeilegung, außergerichtliche **L 34**
Verbrauchervertrag
AGB-Kontrolle **E 10, 26, 40**
– Drittbedingungen **E 26**
– Einmalbedingungen **E 26**
Auslegung, richtlinienkonforme **E 40**
Entgeltlichkeit **L 41, 44**
Geschäfte des täglichen Lebens **L 14**
Grundsätze **L 41, 42**
Identität des Unternehmers, Offenlegung **L 41**
Nebenleistung, entgeltliche **L 41**
Pflichtinformationen, vorvertragliche **L 14**
Rechtswahlfreiheit **E 77**
Restwirksamkeit des Vertrages **C 54**
Rückgabebelehrung **L 14**
Zahlungsmittel **L 41**
Zahlungsmöglichkeiten, kostenlose **L 41**
Verbraucherwiderrufsrecht
s Widerrufsrecht
Verbrauchsgüterkauf
Abzug neu für alt **I 69**
Anwendungsbereich, persönlicher **N 275**
Anwendungsbereich, sachlicher **N 276 f**
Aufwendungsersatz **N 282**
Aus- und Einbaupflicht **L 66**
Auslegung, gespaltene **L 63**
Beschaffenheitsvereinbarung **L 70; N 287**
Beweislast **I 1, 14; N 275**
Beweislastumkehr **L 71 ff; N 3, 274, 291 ff, 299**
mit Dienstleistungsteil **N 277**
dual use **L 6; N 275**
Ersatzlieferung **L 63 f, 66**
Fälligkeit **N 281**
Fristablauf **N 142**
Garantien **L 74; N 182, 297**
– Textform **N 297**
Gefahrübergang **N 264, 280, 296**
Geschäfte des täglichen Lebens **L 64**
Gewährleistung **L 63, 70**
Grundmangel **L 72**
Haftungsausschluss **N 193**
Haftungsbeschränkungen **N 283 ff**
Kaufrecht **N 274, 279 f**
Kaufvertrag **N 6, 274**
Leistungszeit **L 69**
Letztverkäufer **N 298**
Lieferkette **N 302**
Mängelrechte **L 70**
Mängelvermutung **N 291 ff**

Verbrauchsgüterkauf (Forts)
  Mangel, weiterfressender **L 72**
  Mangelerscheinung **N 294**
  Minderung **L 63**
  Nachbesserung **L 63**
  Nacherfüllung **I 29; L 64 ff**
  – Aufwendungsersatz **L 67**
  – Unverhältnismäßigkeit, absolute **I 43;
    L 67; N 4, 116, 131, 136, 282**
  Nutzung der mangelhaften Sache **L 65**
  Nutzungsentschädigung **N 97 ff, 279**
  Nutzungsersatz **A 70; I 68**
  Nutzungsherausgabe **A 43**
  Pfandversteigerung, öffentliche **L 68; N 279**
  Regress **L 75; N 4**
  Rücktritt **I 26**
  Sachen, bewegliche **N 276 f**
  Sachen, gebrauchte **L 70; N 278, 284**
  Schadensersatz **L 70**
  Schadensersatzanspruch **N 285**
  Sechsmonatsfrist **N 291 f, 294, 296**
  Umgehungsgeschäft **L 70**
  Umgehungsverbot **N 286 ff**
  Unternehmereigenschaft **N 275**
  Unternehmerregress **L 75; N 4, 298 ff**
  venire contra factum proprium **N 275, 286**
  Verbrauchereigenschaft **N 275, 286**
  Verbraucherrechterichtlinie **L 63**
  Verbraucherschutz **L 19, 63 ff; M 2**
  Vereinbarungen, abweichende **N 274, 283**
  Verjährungsfrist **N 284**
  Verjährungsverkürzung **L 70**
  Versendungskauf **N 264, 279 f**
  Versteigerung, öffentlich zugängliche **N 278**
  Vertragsaufhebung **L 63**
  Vorschussanspruch **I 1, 59; L 67; N 290**
Verbrauchsgüterkaufrichtlinie
  Auslegung **N 3**
  Gewährleistungsausschluss, Verbot **A 42**
  Nacherfüllung **D 155**
  Privatrechtsangleichung **A 40; N 1**
  Schuldrechtsmodernisierung **N 2**
  Umsetzung, überschießende **L 63**
Verein
  Gesamthandsgemeinschaft **V 121**
  Persönlichkeitsschutz **S 307**
Verfassungsbeschwerde
  Grundrechte **A 67**
Verfügung
  Begriff **C 15; T 5**
  Bestimmtheit **C 15**
  Ermächtigung **C 237**
  Genehmigung **C 15, 237**
  lediglich rechtlicher Vorteil **C 17**
  letztwillige
    s Letztwillige Verfügung
  Publizität **C 15**
  zugunsten Dritter **D 42**

Verfügung (Forts)
  Zuständigkeit **C 15**
Verfügung eines Nichtberechtigten
  Erbe, unbeschränkt haftender **C 238**
  Erwerb des Gegenstands durch den
    Verfügenden **C 238**
  gutgläubiger Erwerb **T 145 ff**
  Konvaleszenz **C 238**
  Zustimmung **C 237**
Verfügung von Todes wegen
  Auslegung **V 84 ff**
  Erbvertrag **V 48, 63 f**
  Sittenwidrigkeit **V 91**
  Testament **V 48**
  – gemeinschaftliches **V 48**
  Unwirksamkeit **V 91 ff**
  Verbot, gesetzliches **V 91 ff, 99**
Verfügungsbefugnis
  Ausschluss **C 173**
  Beschränkung **C 172 f**
Verfügungsverbote
  Nichtigkeitsfolge **C 171**
Vergleich
  Schuldnerschutz **H 31**
Vergleich, gerichtlicher
  notarielle Beurkundung, Gleichstellung **C 152**
Verhältnismäßigkeitsprinzip
  Privatautonomie **A 46**
  Verfassungsprinzip **A 68b**
Verhalten, widersprüchliches
  Rechtsprinzip **A 29**
  Treu und Glauben **D 54, 85 ff**
Verhandlungsgehilfenhaftung
  Eigenhaftung **F 36, 38 f**
Verhandlungsverschulden
  Schadensersatz **F 41**
Verität
  Recht, bestehendes **N 76**
Verjährung
  Anspruch **I 71**
  Einrede der Verjährung **R 32**
  Gestaltungsrechte **I 71**
  Gestaltungsverjährung **I 71, 99**
  Regelverjährung **A 39**
  Schuldrechtsmodernisierung **A 37, 39**
Verkehrspflichten
  Anlagenbetrieb **S 502**
  Aufenthalt im Gefahrenbereich, unbefugter **S 521**
  Aufgabenübernahme **S 505**
  Benutzung, befugte **S 517**
  Benutzung, bestimmungsgemäße **S 517 f**
  Benutzung, Duldung **S 503**
  Benutzungsgestattung, Rücknahme **S 525**
  Beweislast **S 535**
  Chemikalien **S 501**
  Delegation **S 526 ff**
  – Anweisungen **S 528**

Verkehrspflichten

Verkehrspflichten (Forts)
- Auswahlpflicht S 528 f
- Überwachungspflicht S 528 ff
DIN-Normen S 514
Feuerwerkskörper S 501
Funktion S 500
Gebote/Verbote, behördliche S 514
Gebote/Verbote, gesetzliche S 514
Gefahrbeseitigung S 509, 515, 525
Gefahrenschaffung S 501, 507, 516
- Drittverhalten S 513
- Erkennbarkeit der Gefahr S 510
- Verursacher S 523
Hunde, gefährliche S 501
Inverkehrbringen S 504
gegenüber Kindern S 516
- Elternverantwortung S 522
Kompensation S 100
Mindeststandard S 514
Mitverschulden S 522
Organhaftung S 532
Produkthaftung S 600, 608 ff
Räumpflicht S 531
Rechtsgut, bedrohtes S 508
Rechtspflicht, allgemeine S 506
Schutzbereich S 517 ff
sekundäre S 505
Selbstschutz S 522
Sicherheitsmaßnahmen S 511, 515
Sicherheitsvorkehrungen S 522
Spielplatz S 508 f
Sprengstoff S 501
Stand der Technik S 514
Streupflicht S 531, 535
Übernahmehaftung S 517, 523, 531
Unterlassen S 802
Unterlassungsanspruch, vorbeugender S 112
Verhaltenssteuerung S 103
Verkehreröffnung S 503
Verkehrserwartungen, legitime S 508 f
Verkehrspflichtiger S 523 ff
- mehrere Verkehrspflichtige S 524
Vorsorge des Geschädigten S 512
Verkehrsschutz A 28
Abstraktionsprinzip T 7
Verkehrssicherungspflichten
Rechtsgüterschutz F 21 f
Verkehrssitte
Vertragsauslegung A 80
Verlöbnis U 12
Brautgeschenke, Rückgabe R 35
Vermächtnis
Anordnung V 68, 73
Anspruch, schuldrechtlicher V 72
Beschwerter V 72
Damnationslegat V 72
Drittschadensliquidation J 77
Form V 72

Vermächtnis (Forts)
Gattungsvermächtnis V 73
Geld V 73
Konfusion G 86
Minderjährigenschutz C 124
Nießbrauchsvermächtnis V 70, 73
Schuldverhältnis, einseitig begründetes D 22
Stückvermächtnis V 73
Unternehmensnachfolge V 73
Vindikationslegat V 72
Vorausvermächtnis V 125
Wahlvermächtnis V 73
Wertpapiere V 73
Zweckvermächtnis V 73
Vermischung T 165, 167
Vermögensrecht A 28
Vernunftsrecht
Kodifikationen A 10
Verpackungspflicht
Nebenleistungspflicht, leistungsunterstützende I 73
Nebenpflicht I 22
Verpflichtungsgeschäft
Bedingung der Verfügung C 17
Begriff C 15; T 5
Zweckbestimmung T 6
Verrichtungsgehilfe
Begriff J 133
Weisungsgebundenheit S 109
Verrichtungsgehilfenhaftung
Auswahlverschulden S 109
Entlastungsbeweis J 136 f; S 109
- dezentralisierter J 138
Haftung für Verschulden Dritter J 127, 132 ff
Versandhandel
Fernabsatzgeschäfte L 49
Verschmelzung H 68 f
Verschollenheit
Todeserklärung U 108
Versendungskauf
Drittschadensliquidation J 77; N 263
Gefahrtragung I 18 f; L 68
Gefahrübergang N 257 ff
Leistungshindernisse, zufällige N 260
Sachmangel N 72
Schickschuld N 257
Selbsttransport N 259
Transportperson, ungeeignete N 260
Transportperson, Verschulden einer selbständigen N 262 f
Transportrisiken, spezifische N 261
auf Verlangen des Käufers N 257 ff
Versicherungsvertrag
Informationspflichten F 28
Verhandlungsverschulden F 41
Vertrag, gegenseitiger D 18

Versicherungsvertragsrecht
  Antidiskriminierung **A 47**
  Fernabsatzgeschäfte **L 48**
Versiegelung
  Widerrufsrecht, Ausschluss **L 53**
Versionsklage
  Verwendungsklage, allgemeine **R 14f, 47**
Versionsverbot
  Geschäftsführung ohne Auftrag **R 120, 122**
Versorgungsausgleich
  s Ehescheidung
Versorgungsleistungsvertrag
  Vertragstyp **M 40**
Versorgungsvertrag
  s Energieversorgungsvertrag
Versteigerung
  öffentliche zugängliche **N 278**
  Widerrufsrecht, Ausschluss **L 53**
Verträge, verbundene
  Darlehensvertrag **L 105**
  Einheit, wirtschaftliche **L 59**
  Einwendungsdurchgriff **L 60; R 32**
  Rückabwicklung **L 59f**
  Rückforderungsdurchgriff **L 60; R 32**
  Rückgriff des Darlehensgebers **L 59**
Verträge, zusammenhängende
  Begriff **L 62**
  Darlehensvertrag **L 62, 105**
  Kreditverträge **L 62**
  Rückabwicklung **L 59, 62**
  Time-Sharing **L 83**
  Verbraucherverträge **L 62**
  Widerruf **L 83**
  Widerrufsdurchgriff **L 59, 62**
Vertrag
  atypischer **C 60; M 35**
  – AGB-Kontrolle **E 51, 54, 62**
  – Auslegung **C 50**
  Austauschvertrag **M 15f, 40**
  Bindungswirkung **C 63, 69**
  einseitig verpflichtender **D 14, 21**
  erbrechtlicher **C 60**
  faktischer **C 20ff; D 8**
  familienrechtlicher **C 60; U 20**
  Formfreiheit **C 3**
  Gegenleistung, anderstypische **M 35**
  gegenseitiger **D 15ff**
  gesellschaftsrechtlicher **C 60**
  mehrseitiger **C 60**
  Natur des Vertrages **E 54f; M 7f, 11, 36f, 39, 43, 46**
  Pflichten, nachvertragliche **G 4**
  Privatrecht **A 24f**
  Rechtsgeschäft **C 2, 15; D 13f**
  sachenrechtlicher **C 60**
  Sachleistungsverträge **P 8**
  Schriftform **C 148**
  schuldrechtlicher **C 60**
  typengemischter **C 50; M 25, 31, 35; N 20**

Vertrag (Forts)
  Typenkombinationsvertrag **M 31, 35**
  Typenverschmelzungsvertrag **M 35**
  unvollkommen zweiseitig verpflichtender **D 15, 19**
  Verhalten, sozialtypisches **C 20, 22**
  Vertragsschluss **C 60f, 63, 65; D 14**
  – Hauptleistungspflichten **M 4f, 9**
  – Nebenleistungspflichten **M 4, 9**
  – Sonderverbindung **F 6f**
  – Treu und Glauben **M 5, 7, 11f, 36f**
  völkerrechtlicher **C 60**
  zufällig zweiseitig verpflichtender **D 20**
  zweiseitig verpflichtender **D 14ff**
Vertrag mit Schutzwirkung zugunsten Dritter
  Abgrenzung **D 28**
  Abzug neu für alt **J 89ff**
  Auseinanderfallen Schaden/Anspruch **J 80**
  Drittinteressen **C 60**
  Erkennbarkeit **J 85**
  Gläubigerinteresse **J 83ff**
  Kodifikation **A 37**
  Leistungsnähe **J 82**
  Leistungsnähe des Dritten **F 9**
  Schadensanlage **J 93**
  Schadensersatz **J 71, 80ff**
  Schuldverhältnis **D 1**
  Schutzbedürfnis des Dritten **J 86**
  Schutzpflichten **D 28; F 9; J 80**
  – vorvertragliche **F 9**
  Sorgfaltspflichten **F 9**
  Vertragsauslegung, ergänzende **F 9; J 80**
  Vorteilsausgleichung **J 94ff**
Vertrag über das Vermögen als Ganzes
  Formmangel, Heilungsmöglichkeit **C 157**
  Formzweck **C 155**
Vertrag zugunsten Dritter
  Abgrenzung **D 28f**
  Anfechtung **D 38**
  Anspruch des Dritten **D 28, 35**
  – Leistung an sich selbst **D 35**
  Bereicherungsausgleich **R 72ff**
  Deckungsverhältnis **D 30, 35**
  – Aufhebungsvorbehalt **D 37**
  – Mängel **D 41**
  Drei-Personen-Konstellation **D 30ff**
  Drittinteressen **C 60**
  echter **D 28; R 72**
  Einrede des nicht erfüllten Vertrags **D 35**
  Einwendungen des Dritten **D 35**
  Eltern **D 29**
  Haftung **D 41**
  Leistung an den Dritten **D 36**
  Leistungsabkürzung **R 72**
  Nichtleistung **D 37**
  Rückabwicklung, bereicherungsrechtliche **D 41**
  Rücksichtnahmepflichten **D 33**
  Rücktritt **D 37**

Vertrag zugunsten Dritter (Forts)
Schadensersatz statt der Leistung **D 37**
Schlechtleistung **D 37**
Schuldverhältnis **D 1**
Synallagma **D 37**
unechter **D 28**
Valutaverhältnis **D 31**
Verfügungsgeschäfte **D 42**
Versprechender, Rechte **D 39 ff**
Vollzugsverhältnis **D 32 f**
Widerrufsrecht **D 38**
Zurückweisungsrecht des Dritten **D 33, 42**
Zustimmung des Dritten **D 33, 37**
Zuwendungsverhältnis **D 32 f**
Vertrag zugunsten Dritter auf den Todesfall
Rechtsgeschäft unter Lebenden **V 80, 83**
Vertragsanbahnung
Außergeschäftsraumvertrag **L 43**
culpa in contrahendo **F 15 ff**
Schuldverhältnis **D 27; F 1; I 226**
Schutzpflichten **D 4**
Vertragsanpassung
culpa in contrahendo **F 44**
Störung der Geschäftsgrundlage **C 94, 189; D 132**
Vertragsaufhebung
culpa in contrahendo **F 44, 48**
Vertragsauslegung, ergänzende
Verkehrssitte **A 80**
Vertragsfreiheit
Abänderungsfreiheit **F 5**
Abschlussfreiheit **E 63; P 31**
Auswahlfreiheit **P 31 ff**
Beendigungsfreiheit **F 5**
Gesetzgebung, liberale **A 25**
Gestaltungsfreiheit **F 5**
Handlungsfreiheit, allgemeine **F 4**
Inhaltsfreiheit **E 63**
Kontrahentenwahlfreiheit **F 5, 8 f**
materielle **E 1b**
negative **B 74; C 2; E 3**
Privatautonomie **C 1; F 4**
Privatrecht **A 31**
Schuldrecht, vertragliches **F 4 f**
Vertragsbegründungsfreiheit **F 5, 8**
– negative **F 5, 31, 33**
Vertragsgerechtigkeit **E 1a f**
Vertragskosten
culpa in contrahendo **I 229**
Vertragsparität
Interessenausgleich **E 1a**
Vertragspartei
Auswechslung **H 2**
Vertragsrecht
Rechtsfortbildung **A 31**
Vertragsschluss
s Vertrag
Vertragsstrafe
AGB-Kontrolle **E 72**

Vertragsstrafe (Forts)
Forderungsabtretung **H 23**
Rechtsmissbrauch **D 78**
Vertragsstrafeklauseln E 11b
Vertragstypen
Inhaltskontrolle **M 13 ff, 42, 44 ff**
Innominatverträge **M 16**
Leitbildfunktion **M 1 f, 14 ff, 40, 44**
neuartige **E 52, 54, 62; M 41, 47**
Normstrukturtypen **M 17, 20 ff, 32, 35, 38 ff**
Parteivereinbarung **M 17 ff**
Schuldverhältnis **F 6**
Typenerschleichung **M 38**
Typenzwang **M 1, 13**
Vertragsergänzung **M 1, 4, 42 f**
Vertragsübernahme
Auswechslung von Beteiligten **H 3, 65 ff**
Vereinbarung **H 71 ff**
Vertragsuntreue
Leistungstreuepflicht **D 61**
Verwirkung durch Treueverstoß **D 84**
Vertragsverhandlungen
Abbruch **F 31 ff; I 227**
culpa in contrahendo **F 15 ff**
Informationspflicht **F 25**
Interessenausgleich **E 1, 1b**
Schuldverhältnis **D 27; F 1; I 226**
Vertretenmüssen
Sachmangel **I 30**
Schadensersatz **N 175 ff**
Vermutung **I 14**
Vertretung, gesetzliche
Betreuer **C 116; U 291**
Eltern **C 116, 205; U 211 ff**
Haftung für Verschulden Dritter **J 127**
Organe juristischer Personen **C 205**
Vormund **C 116; U 267, 272 f**
Vertretung ohne Vertretungsmacht
Aufforderung zur Erklärung über die Genehmigung **C 225**
Genehmigung des Rechtsgeschäfts **C 225**
Haftung **C 226 ff**
Insichgeschäft **C 222**
Kenntnis des Mangels der Vertretungsmacht **C 226 ff**
Rechtsgeschäfte, einseitige **C 225**
Untervollmacht **C 212**
Wahlrecht des Geschäftspartners **C 226**
Widerruf des Rechtsgeschäfts **C 225**
Zustimmung **C 233**
Vertriebsformen, besondere
Informationspflichten **L 14**
Verbraucherschutz **L 42 ff, 48**
Verwahrung P 9
Gefälligkeitsvertrag **F 52**
Leistung in Person **D 146**
Unentgeltlichkeit **D 23**
Verwandtenunterhalt
Abänderungsantrag **U 244**

1596

Verwandtenunterhalt (Forts)
 Auskunftsanspruch **U 238**
 Bedürftigkeit **U 235 f**, **244**
 Geldrente **U 240**
 Härteklausel **U 242**
 Lebensbedarf **U 239**
 Leistungsfähigkeit **U 235, 237, 244**
 Rangfolge **U 234**
 Tod des Berechtigten **U 243**
 Tod des Verpflichteten **U 243**
 Unterhaltspflicht **U 231 ff**
 für die Vergangenheit **U 240**
Verwandtschaft
 Abstammung **U 174**
 Adoption **U 174 f**
 Blutsverwandtschaft **U 174**
 in gerader Linie **U 174, 232**
 Schwägerschaft **U 174 f**
 in der Seitenlinie **U 174**
Verwendung, gewöhnliche
 Sachmängelrecht **N 49 ff**
Verwendung, vertraglich vorausgesetzte
 Sachmängelrecht **N 38, 46 ff**
 Tauglichkeitsminderung **N 48**
Verwendungen
 Begriff **T 223**
 eigennützige **D 129**
 Eigentümer-Besitzer-Verhältnis **T 222 ff**
 notwendige **I 117; T 224**
 nützliche **T 225 f**
 Verzinsung **D 129**
 wertsteigernde **I 119**
Verwendungsvereinbarung
 Formerfordernis **N 46**
Verwirkung
 Ausschluss **D 97**
 nutzungsermöglichende **I 117**
 Rechtsausübung, unzulässige **G 92 f**
 substanzerhaltende **I 117**
 Treu und Glauben **D 54**
 Treueverstoß **D 84, 91; G 92**
 Umstandsmoment **D 89, 92 ff**
 Verhalten, widersprüchliches **D 88**
 Verjährungsfrist **D 90**
 Zeitmoment **D 89 ff, 93**
Verzicht D 93
Verzug
 Entgeltforderungen **I 39 f, 40 f**
 Leistungshandlung, Vornahme **I 44 f**
 Verbraucherschutz **L 19**
 Vertretenmüssen **I 170 f**
Verzugsschadensersatz
 Aufwendungen, zusätzliche **I 181**
 Beitreibungskosten **I 182**
 Entwertungsschaden **I 182**
 Ersatzsache **I 182**
 Folgeschäden **I 181**
 Forderungsabtretung **H 25**
 Geldgläubiger **I 183**

Verzugsschadensersatz (Forts)
 Gewinn, entgangener **I 182 f**
 Kreditzinsen **I 183**
 Leistungsverzögerung **I 3**
 Mahnung **I 5, 33 ff**
 Nutzungsausfallschaden **I 182**
 Rechtsanwaltskosten **I 182**
 Schadensersatz neben der Leistung **I 181**
 Schadensersatz trotz Leistung **I 181**
 Vorenthaltungsschaden **I 182**
Verzugszinsen
 Ausschluss, grobe Unbilligkeit **I 183**
 Basiszinssatz **A 46**
 Beschränkung **I 183**
 Mahnung **I 33**
 40 €-Pauschale **I 183**
 Rechtsverfolgungskosten **I 183**
 Schadensersatzanspruch **I 183**
 Schuldnerverzug **D 129**
 Zinseszinsverbot **I 184**
 Zinshöhe **A 46; D 129**
 Zinsrückstände **I 184**
 Zinssatz **I 183; L 19**
Verzugszinsklauseln E 11b
Vindikation
 Besitzauskehr **T 195**
 Eigentumsschutz **T 3**
 Herausgabeanspruch aus dem Eigentum **T 191 ff, 230**
 – Konkurrenzen **T 197 f**
 – Leistungsort **T 196**
 – Prozessstandschaft **T 196**
 – Unabtretbarkeit **T 196**
 – Unmöglichkeit **T 196**
 – Verzug **T 4, 196**
 Recht zum Besitz **T 192 ff, 201**
 Verjährung **A 39; T 199, 201**
Vindikationslage
 Eigentümer-Besitzer-Verhältnis **T 202 ff**
 Herausgabeanspruch aus dem Eigentum **T 192 ff**
VOB/A Q 16 f
VOB/B
 Ablösungsrecht **H 23**
 Bauvertrag **Q 14 f, 18 ff**
 Bauzeitenplan **Q 128**
 Behinderungen des Unternehmers **Q 129 ff**
 Einbeziehung **Q 24, 74**
 Inhaltskontrolle **E 61; Q 25 f, 74**
 Planungsänderung **Q 63**
 Rechtsnatur **Q 24**
 Selbsthilferecht **Q 121 f**
 Transparenzgebot **Q 74**
 Werkerstellung **Q 121**
volenti non fit iniuria
 Vertragsfreiheit **E 1a**
Volljährigkeit
 Herabsetzung des Volljährigkeitsalters **A 35**

Vollmacht
  Abstraktheit **C 209, 213**
  Anfechtung **C 214**
  Anscheinsvollmacht **C 217**
  Außenvollmacht **C 210, 214 f**
  Bedingung, auflösende **C 213**
  Befristung **C 213**
  Duldungsvollmacht **C 216**
  Erlöschen **C 213, 215**
  Erteilung **C 210 f**
  Formfreiheit **C 141, 210**
  Generalvollmacht **C 211**
  Handlungsvollmacht **C 211**
  Inhalt **C 211**
  Innenverhältnis Vertretener/Vertreter **C 213**
  Innenvollmacht **C 210, 214**
  – nach außen mitgeteilte **C 210, 215**
  – Bekanntmachung, öffentliche **C 215**
  Prokura **C 211**
  Prozessvertretung **C 211**
  Rechtsscheinvollmacht **C 214 ff**
  über den Tod hinaus **C 213**
  Untervollmacht **C 212**
  Unwiderruflichkeit **C 213**
  verdrängende **C 211, 213**
  Vertretungsmacht, rechtsgeschäftliche **C 209 ff**
  Widerruf **C 19, 213**
  Wissenserklärungen **C 214**
Vollstreckungsabwehrklage
  Erfüllung der Forderung **G 50**
Vollstreckungstitel
  Teilzahlung **D 142**
Vor-rechtsgeschäftliches Schuldverhältnis
  Aufklärungspflichten **D 27**
  Nebenpflichten **D 27**
  Schutzpflichten **D 27**
Vor- und Nacherbschaft
  Anordnung **V 68 ff**
  Anwartschaftsrecht **V 71**
  Dreißigjahresfrist **V 69**
  Ehegattentestamente **V 70**
  Erbschaftsteuer **V 70**
  Familienvermögen, Bewahrung **V 69**
  mehrere Nacherben **V 69**
  Nacherbe **V 71**
  Nacherbfall **V 69**
  – Tod **V 71**
  – Wiederverheiratung **V 71**
  Unternehmensnachfolge **V 70**
  Vorerbe **V 71**
  – befreiter **V 71**
Voraus
  Vermächtnis, gesetzliches **V 24, 117**
Vorbehalt
  Schuldverhältnis, Erlöschen **G 50**
Vorenthaltungsschaden
  Gewinn, entgangener **I 194 f**

Vorenthaltungsschaden (Forts)
  Rücktritt **I 116, 141, 206**
  Schadensersatz statt der Leistung **I 196**
  Verzugsschadensersatz **I 182**
Vorfälligkeitsentschädigung
  Verbraucherdarlehensvertrag **L 96, 100**
Vorhaltekosten
  Ersatzfähigkeit **J 120 ff**
  Sicherungsmaßnahmen **J 122 f**
  Überwachungsmaßnahmen **J 122 f**
Vorkauf
  Abwehrinteresse **N 308**
  Erwerbsinteresse **N 308**
  Frist **N 312**
  Kaufvertrag, bedingter **N 309**
  Kaufvertragsart **N 6**
  Rechtsnatur **N 309**
  Vorkaufserklärung **N 312**
  Vorkaufsfall **N 311**
Vorkaufsrecht
  Ausübung **N 310 ff**
  dingliches **N 308; T 245**
  gesetzliches **N 308**
  Mieter **N 308**
  Miterben **N 308**
  schuldrechtliches **N 308 ff; T 245**
  Übertragbarkeit **H 11**
  vertragliches **N 308**
Vorlegung von Sachen
  Schuldverhältnis, gesetzliches **D 10, 12**
Vormerkung
  Akzessorietät **T 243 f**
  Anspruch, zu sichernder **T 243 f**
  Bestellung **T 243**
  Bewilligung zugunsten eines Dritten **D 42**
  Deliktsschutz **S 240**
  Dritterwerb, unwirksamer **T 204**
  Erwerb vom Nichtberechtigten **T 244**
  Forderungsabtretung **H 23**
  Rückauflassungsanspruch **I 103**
  Verkehrsschutz **T 244**
  Zweiterwerb **T 244**
Vormundschaft
  Amt, Beendigung **U 278**
  Aufwandsentschädigung **U 275**
  Aufwendungsersatz **U 275**
  Beendigung **U 277**
  Befreite **U 271**
  Dauerschuldverhältnis **U 275**
  Ermächtigung **U 272**
  Gegenvormund **U 266**
  Genehmigung, familiengerichtliche **U 272**
  Grundstücksgeschäfte **U 272**
  Haftpflichtversicherung **U 275**
  Haftung **U 276**
  Interessenkollision **U 273**
  Kinder- und Jugendhilfe **U 222**
  über Minderjährige **U 264 f**
  Personensorge **U 262 f, 267 f**

Vormundschaft (Forts)
  Rechnungslegungspflicht **U 271, 279**
  Übernahmepflicht **U 265**
  Überwachung durch Familiengericht **U 274**
  Unentgeltlichkeit **U 275**
  Vermögensherausgabe **U 279**
  Vermögenssorge **U 267, 269 ff**
  – Anlage, mündelsichere **U 270**
  Vertretung, gesetzliche **U 267, 272 f**
  Vorschuss **U 275**
Vorratsschuld
  Gattungsschuld, beschränkte **D 109 f**
  Unmöglichkeit **I 81**
Vorsorgevollmacht
  Behandlung, ärztliche **C 14**
Vorteilsausgleichung
  Beweislast **J 152**
  culpa in contrahendo **I 230 f**
  Leistungen Dritter, freigebige **J 103**
  Rückgewährschuldverhältnis **I 210**
  Schaden, normativer **J 17**
  Schadensersatz statt der Leistung **I 209 f**
  Schadensminderungspflicht **J 102**
  Vertrag mit Schutzwirkung zugunsten Dritter **J 94 ff**
  Vorteile, erkaufte **J 101**
Vorvertrag
  Annahmepflicht **C 80**
Vorvertragliches Schutzpflichtverhältnis
  Schweigen als Pflichtverletzung **C 19**
VW-Gesetz A 40, 43

Wärme
  Kaufvertrag **N 33**
Wahlrechte
  Schuldverhältnis, Änderung **D 22**
  Übertragbarkeit **H 11**
Wahlschuld
  Annahmezwang **G 34**
  Erfüllung **D 133**
  Geldschuld **D 126**
  Leistungsgegenstand **D 104**
  Unmöglichkeit **D 134**
Wahlzugewinngemeinschaft, deutsch-französische U 8, 49, 83
Waren-Fernabsatz
  Richtlinienentwurf **F 57; L 5**
Waren, unbestellte
  s Unbestellte Waren/Dienstleistungen
Warenautomat
  Vertragsannahme **C 18**
Warnpflichten D 5
Wasser
  Kaufvertrag **N 25**
Web-Design-Vertrag M 41
Web-Hosting-Vertrag M 41
Wechsel K 254
  Erfüllungswirkung **G 43**
  Sicherungsfunktion **K 254**

Wechsel (Forts)
  Teilzahlung **D 142**
  Zahlungsverkehr, bargeldloser **G 41 f**
Wegerecht
  Abtretung **H 8**
Wegnahmerecht
  Leistungsgegenstand **D 140**
Weiterfresserschaden
  Anspruchsgrundlage **I 187 f**
  Nachbesserung **N 93**
  Nacherfüllung **I 188**
  Schadensersatz statt der Leistung **N 168**
Werklieferungsvertrag M 39
  Erfüllungsgehilfen **N 17**
  Gefahrübergang **I 20**
  Herstellungspflicht **N 16 f**
  Lieferung herzustellender/zu erzeugender Sachen **N 16 ff**
  Unmöglichkeit **I 89**
Werkunternehmerpfandrecht
  gutgläubiger Erwerb **K 156**
Werkverschaffungsvertrag M 40
Werkvertrag
  s a Bauvertrag
  Ablieferungstermin **Q 127 f**
  Abmahnung **Q 124**
  Abnahme **Q 8, 14, 107 ff, 133 ff, 137a f**
  – Verweigerung **Q 110, 112**
  Abnahmefiktion **Q 8**
  Abnahmereife **Q 140**
  Abrechenbarkeit, selbständige **Q 103–104**
  Abrechnungsreife **Q 137b**
  Abschlagszahlungen **Q 7, 14, 96, 98 ff**
  – Baufortschritt **Q 98**
  – Fälligkeit **Q 102 f**
  Änderungsbefugnis **Q 63**
  Annahmeverzug **Q 30**
  Aufklärungspflichten **Q 71**
  Ausführung der Leistung **Q 34, 39**
  Bauhandwerkersicherung **Q 118 f**
  Bauhandwerkersicherungshypothek **Q 7, 117**
  Bauvertragsrechtsreform **Q 10**
  Besteller **Q 46 ff**
  Dienstleistungsrichtlinie **Q 11**
  Dispositionsfreiheit des Unternehmers **Q 125 f**
  Drittschadensliquidation **J 77; Q 52**
  Einheitspreisvertrag **Q 88 ff, 93**
  Entgeltlichkeit **P 8; Q 79 ff**
  Erfolg **Q 27**
  – geistiger **Q 29**
  Form **Q 73**
  Gefahrtragung **P 11; Q 4, 136**
  Gefahrübergang **I 18 ff; Q 137a**
  Gutachten **Q 29**
  Haftung **Q 36 ff**
  – Beschränkung **Q 159 f**
  – Erweiterung **Q 161**

Werkvertrag (Forts)
Herstellung des Werkes **P 10**; **Q 27 f**, **120**
Herstellungspflicht **N 16**
Höchstpersönlichkeit der Werkleistung **Q 54**
Klauselrichtlinie **Q 12**
Koordinierung mehrerer Unternehmer **Q 34**
Kostenvoranschlag **Q 71, 171**
Kostenvorschuss **Q 137b**
Kündigung **Q 4, 124, 161a ff**
– außerordentliche **Q 10, 14**
– Schriftform **Q 161a**
– aus wichtigem Grund **Q 5, 167 ff**
Leistungsort **D 155**
Leistungsstörungen **Q 9**
Leistungsverweigerungsrecht **I 87**
Mängelansprüche **Q 14**
– Verjährung **Q 135, 156 ff**
Mängelbeseitigung, Kostenvorschussanspruch **Q 5**
Mängelhaftung **Q 137 ff**
Mangel **Q 137, 141**
Mangelbegriff, funktionaler **Q 39**
Mangelfolgeschaden **Q 5, 9, 152**
Mangelschaden **Q 5, 151 f**
Minderung **Q 137b, 155**
Mitwirkung des Bestellers **Q 59 ff, 129**
Montageverpflichtung **N 20**
Nachbesserung **Q 3, 40 f, 43, 139**
Nacherfüllung **Q 138 ff**
– eigene **Q 148 f**
– Kosten, unverhältnismäßige **N 131**; **Q 138 ff, 143 ff**
– Kostenvorschuss **Q 149**
Neuherstellung **Q 139**
Pauschalpreisvertrag **Q 87, 92**
Planung **Q 34 ff, 62**
Planungsänderung **Q 63 ff**
– notwendige **Q 64 ff**
– willkürliche **Q 67 f**
Planungsmangel **Q 39 ff**
Prüfvermerk **Q 95**
Rechnung **Q 94**
Ohne-Rechnung-Abrede **Q 76**
Rechnungserteilung **Q 105**
Rechtsentwicklung **Q 1 ff**
Rechtsmängelhaftung **A 37**
Remonstration **Q 38**
Rücktritt **Q 123 f, 153 f**
Sachmängelhaftung **A 37**
Schlussrechnung **Q 105 ff**
Schlusszahlung **Q 96, 105 ff, 113**
Schwarzarbeit **Q 75 ff**
Selbsthilferecht **Q 122**
Selbstvornahmerecht **N 98**
Softwareentwicklung **Q 29**
Sowieso-Kosten **Q 40, 139**
Stundenlohnvertrag **Q 91**

Werkvertrag (Forts)
Unternehmer **Q 46, 53 ff**
– Generalunternehmer **Q 55**
– Nachunternehmer **Q 49 f, 58**
– Subunternehmer **Q 52, 57 f, 132**
Unternehmerpfandrecht **Q 7, 115**
Verjährung **Q 9**
Vertrag auf Arbeit **P 2, 8 f, 27**
Vertrag mit Schutzwirkung für Dritte **Q 52**
Vertragsanbahnungskosten **Q 72**
Vertragsänderung **Q 65 f**
Vertragsaufhebung **Q 118**
Verzug **Q 127**
Vorauszahlungen **Q 96 f**
Vorleistung **Q 114, 116**
Weitervergabe **Q 56**
Werklohn **P 12 f**; **Q 79 ff, 96 ff**
– Fälligkeit **Q 8**
Zweckerreichung/-fortfall **I 80**
Wertgutachten
Vertrag mit Schutzwirkung zugunsten Dritter **J 84**
Wertpapierhandel
Informationspflichten **F 28 f**
Wertpapierverpfändung K 245
Wertsicherungsklauseln D 131
Wettbewerbsfreiheit
Privatautonomie **F 4**
Wettbewerbsrecht
Strafgedanke **A 46**
Verwertungsmöglichkeit, anerkannte marktfähige **R 46**
Wettbewerbsverbot
Leistungstreuepflicht **D 62**
nachvertragliches **G 4**
Widerruf
Bedingungsfeindlichkeit **C 98**
konkludenter **L 17**
Schuldverhältnis, Änderung **D 22**
Widerrufsbelehrung
Belehrungsmangel **L 17 f, 42, 45 f, 51, 105**
Musterbelehrung **L 16, 105**
Regelungsort **L 14**
Textform **L 16**
Verbraucherbauvertrag **L 112**
Widerrufserklärung
Fristbeginn **L 18**
Widerrufsfrist
Fristbeginn **L 16, 51**
Hemmung **L 42, 51**
Höchstfrist **L 15, 46, 51, 105, 112**
Widerrufsrecht **L 15, 17**
Widerrufsklage
Verbraucherschutz **L 31**
Widerrufsrecht
Befristung
s Widerrufsfrist
cooling-off period **L 15**
ewiges Widerrufsrecht **L 17**

Widerrufsrecht (Forts)
  Hinsendekosten **L 18**
  Rechtsnatur **L 16**
  Rückabwicklung nach Widerruf **L 18 f**
  Rückgaberecht, Ersetzung durch **L 17**
  Rückgewährschuldverhältnis **L 16**
  Rücksendekosten **L 18**
  Rücksendung der Sache **L 17 f**
  Rücktrittsrecht, besonderes **L 16 f**
  Übereilungsschutz **L 15**
  Überrumpelungsgefahr **L 15**
  Verbraucherbauvertrag **L 109, 112**
  Verbraucherschutz **A 30, 32, 42, 48; C 3, 64; L 6, 15 ff, 90**
  Verbrauchervertrag **L 41**
  Verbraucherverträge, allgemein entgeltliche **L 16**
  Verkaufsprospekt **L 17**
  Vertrag, unwirksamer **N 14**
  Ware, versiegelte **L 53**
  Wertverlust der Ware **L 18**
  Widerrufsbelehrung **C 150**
  Willenserklärung, einseitige empfangsbedürftige **L 16**
Widerrufsvorbehalt
  Transparenzgebot **E 68**
Wiedereinsetzung in den vorigen Stand
  Fristversäumung **A 64a**
Wiederkauf
  Erhaltungspflicht **N 307**
  Kaufvertragsart **N 6, 307**
Wiederkaufsrecht
  Ausübung **N 307**
  Übertragbarkeit **H 11**
Wiederverheiratungsklausel
  Erbeinsetzung, auflösend bedingte **C 93, 96 f; V 60 f**
Willenserklärung **C 27**
  Abgabe **C 28 f, 38**
  – gegenüber einer Behörde **C 27**
  Abhandenkommen **C 28**
  Auslegung **C 6**
  Bestimmtheit **C 59**
  Empfangsbedürftigkeit **C 27, 62**
  Erklärungstatbestand **C 26 ff**
  Form **C 6, 18**
  Geschäftsfähigkeit **C 6**
  Irrtum **C 6**
  Kenntnisnahme **C 40, 52**
  Kenntnisnahmemöglichkeit **C 30 ff**
  Mehrphasenmodell **C 185**
  nicht empfangsbedürftige **C 27, 38**
  Privatautonomie **C 41**
  Schweigen **C 19**
  stillschweigende **C 18**
  Verhalten, konkludentes **C 18**
  Vertretungsmacht **C 6**
  Widerruf **C 29 f, 40**
  Widerrufsverzicht **C 29**

Willenserklärung (Forts)
  Zugang **C 6, 27, 30 ff**
  Zustimmung **C 6**
Willensmängel
  Anfechtung **C 180 ff**
Wirtschaftsprüfer
  Haftung **F 40**
Wirtschaftsverfassung **A 7**
Wissenszurechnung
  Akkumulation von Wissen **C 231 f**
  Aktenwissen **C 231**
  Vertretung, gesetzliche **C 229**
  Weisungen des Vertretenen **C 230**
  Wissenserklärungen **C 214**
Wohnimmobilienkredite
  Richtlinienvorschlag **K 169**
Wohnimmobilienkreditverträge-Richtlinie
  Anwendungsbereich **L 89**
  Mindestharmonisierung **L 3, 89**
Wohnimmobilienkreditvertrag
  Begriff **L 89**
  Fremdwährungskredite **L 89**
  Informationspflichten, vorvertragliche **L 89**
  Kopplungsgeschäfte, Verbot **L 89**
  Kreditwürdigkeitsprüfung **L 89**
  Umsetzung **L 90**
  Zinssatz, variabler **L 89**
Wohnraummiete
  Antidiskriminierung **A 47**
  Mietnotrecht **A 31**
  Mietrecht **O 5, 7, 8 ff**
  Missbrauchskontrolle **E 11b**
Wohnungseigentümergemeinschaft
  Berechtigung, mehrseitige **H 78, 84**
  Verbrauchereigenschaft **L 6**
Wohnungseigentum
  Baugenehmigung **N 78**
  Schenkung an Minderjährige **C 126**
  Sondereigentum **T 176**
Wohnungszuweisung
  Ehegatten **O 20**
Wucher
  Ausnutzung des Bewucherten **C 178**
  Kondiktionssperre **R 39**
  Missverhältnis der Leistungen, auffälliges **C 178**
  Nichtigkeitsfolge **C 179**
  wucherähnliche Geschäfte **C 178**

Zahlungsaufschub
  Teilzahlungsgeschäft **L 91, 103**
  Verbraucherschutz **L 102**
  Zahlungskredit **K 74**
Zahlungsbefehl
  Automatisierung **A 32**
Zahlungsdienste
  Bereicherungsausgleich **R 68 f**
  Verbraucherschutz **L 107**

Zahlungsdienstleistungen
  Informationspflichten **L 14**
  Pflichtangaben **L 14**
Zahlungskarte L 41
Zahlungsverkehr, bargeldloser
  Bereicherungsausgleich **R 67 ff**
  electronic cash-Verfahren **G 42**
  elektronischer Zahlungsverkehr **G 46**
  ELV **G 46**
  Geldkarte **G 41 f**
  Gläubigerschutz **G 47**
  Internet, Zahlungen im **G 46**
  Kaufpreiszahlung **N 246**
  Kreditkarte **G 41 f**
  Lastschrift **G 41 f**
  POS-System **G 46**
  Scheck **G 41 f**
  Überweisung **G 41 f**
  Wechsel **G 41 f**
Zahlungsverzugsrichtlinie I 39
Zeitarbeit
  Arbeitnehmerüberlassung **P 173 f**
Zeugenentschädigung
  Verdienstausfall **A 68a**
Zinsanpassungsklausel
  Transparenzgebot **E 68**
Zinsberechnungsklausel E 11b
Zinsen
  Basiszinssatz **D 129**
  Negativzinsen **A 43a**
  Nullzinsen **A 43a**
  Zinseszinsverbot **D 130**
  Zinshöhe **D 129**
Zubehör T 4, 20
Zugang
  E-Mail **C 31, 34**
  Empfangsbereitschaft **C 39**
  Empfangsbotschaft **C 33**
  Empfangstheorie **C 39**
  Erklärung mittels technischer Einrichtung von Person zu Person **C 36**
  Fax **C 31**
  Herrschaftsbereich, Gelangen in den **C 30 f, 34**
  Internet-Chat **C 36, 71**
  mündliche Erklärung **C 37**
  Schriftstücke **C 31**
  Sprachrisiko **C 35**
  telefonische Erklärung **C 36, 71**
  Transportrisiko **C 39 f**
  Übergabeeinschreiben **C 32**
  Vernehmungstheorie **C 37**
  Videokonferenz **C 36, 71**
  Willenserklärung **C 6, 27, 30 ff**
  Zugangsvereitelung **C 34**

Zugang (Forts)
  Zugangsverzögerung **C 34**
Zugewinngemeinschaft
  Güterstand, gesetzlicher **U 49**
  Gütertrennung **U 66 f**
  Verfügungsbeschränkungen **U 68 ff**
  Wahl-Zugewinngemeinschaft, deutsch-französische **U 8, 49, 83**
  Zugewinnausgleich **U 66, 73 ff**
  – Anfangsvermögen **U 76 ff**
  – Ausgleichsanspruch **U 76, 79, 82**
  – Einrede **U 80**
  – Endvermögen **U 76 ff**
  – erbrechtliche Lösung **U 74 f**
  – güterrechtliche Lösung **U 76 ff**
  – Tod eines Ehegatten **U 74**
  – Verlustausgleich **U 79**
  – vorzeitiger **U 80, 85**
Zurückbehaltungsrecht
  Abwendung durch Sicherheitsleistung **D 166**
  Aufrechnung, Verhältnis zur **D 167**
  Befriedigungsrecht **D 169**
  Einrede **D 165, 168 f**
  Gegenanspruch **D 166**
  Gegenseitigkeitserfordernis **D 165**
  kaufmännisches **D 169**
  Konnexität **D 165**
  Leistungsverweigerung **D 165**
  Verjährung **D 166**
  Verurteilung zur Leistung Zug um Zug **D 168**
Zustimmung
  Einwilligung **C 129, 234 f**
  Erklärungsbewusstsein **C 235**
  Formfreiheit **C 141, 235**
  Genehmigung **C 234 f**
  – familiengerichtliche **C 233**
  Geschäftsfähigkeit, beschränkte **C 233**
Zuviellieferung I 16
Zuweniglieferung I 15 f
Zwangsvollstreckung
  Abwendung durch Teilleistung **D 144**
  Gefahrtragungsrisiko **G 23**
  Zahlungsfiktion **G 23**
Zweckabrede
  Anlassrechtsprechung **K 39, 48 f, 51**
  Inhaltskontrolle **K 43**
  Kündigung **K 92**
  Sicherungsabrede **K 36 ff, 88 ff**
  überraschende Klauseln **K 39 ff**
  Vertragsänderung **K 92**
  weite **K 38 ff**
Zweckerreichung G 91; I 62, 80
Zweckfortfall I 62, 80

J. von Staudingers Kommentar zum Bürgerlichen Gesetzbuch mit Einführungsgesetz und Nebengesetzen

Übersicht vom 1. 5. 2018
Die Übersicht informiert über die Erscheinungsjahre der Kommentierungen in der 13. Bearbeitung und deren Neubearbeitungen (= Gesamtwerk STAUDINGER). *Kursiv* geschrieben sind die geplanten Erscheinungsjahre.

Die Übersicht ist für die 13. Bearbeitung und für deren Neubearbeitungen zugleich ein Vorschlag für das Aufstellen des „Gesamtwerk STAUDINGER" (insbesondere für solche Bände, die nur eine Sachbezeichnung haben). Es wird empfohlen, die Austauschbände chronologisch neben den überholten Bänden einzusortieren, um bei Querverweisungen auf diese schnell Zugriff zu haben. Bei Platzmangel sollten die ausgetauschten Bände an anderem Ort in gleicher Reihenfolge verwahrt werden.

		Neubearbeitungen			
Buch 1. Allgemeiner Teil					
Einl BGB; §§ 1–14; VerschG		2004	2013		
§§ 21–79		2005			
§§ 80–89		2011	2017		
§§ 90–124; 130–133			2012	2016	
§§ 125–129; BeurkG				2012	2017
§§ 134–163		2003			
§§ 134–138			2011	2017	
§§ 139–163			2010	2015	
§§ 164–240		2004	2009	2014	
Buch 2. Recht der Schuldverhältnisse					
§§ 241–243		2005	2009	2014	
§§ 244–248		2016			
§§ 249–254		2005	2016		
§§ 255–314		2001			
§§ 255–304		2004	2009	2014	
§§ 305–310; UKlaG		2006	2013		
§§ 311, 311a, 312, 312a–i		2013			
§§ 311, 311a–c			2018		
§§ 311b, 311c		2012			
§§ 313, 314		*2019*			
§§ 315–327		2001	2004	2009	2015
§§ 328–361b		2001			
§§ 328–359			2004		
§§ 328–345				2009	2015
§§ 346–361				2012	
§§ 358–360					2016
§§ 362–396	2000	2006	2011	2016	
§§ 397–432		2005	2012	2017	
§§ 433–487; Leasing		2004			
§§ 433–480			2013		
Wiener UN-Kaufrecht (CISG)	1999	2005	2013	2017	
§§ 488–490; 607–609		2011	2015		
VerbrKrG; HWiG; § 13a UWG; TzWrG		2001			
§§ 491–512		2004	2012		
§§ 516–534		2005	2013		
§§ 535–562d (Mietrecht 1)		2003	2006	2011	
§§ 563–580a (Mietrecht 2)		2003	2006	2011	
§§ 535–555f (Mietrecht 1)					2014
§§ 556–561; HeizkostenV; BetrKV (Mietrecht 2)					2014
§§ 562–580a; Anh AGG (Mietrecht 3)					2014
§§ 535–556g (Mietrecht 1)					2017
§§ 557–580a; Anh AGG (Mietrecht 2)					2017
Leasing			2014		
§§ 581–606		2005	2013		
§§ 607–610 (siehe §§ 488–490; 607–609)		./.			
§§ 611–615		2005			
§§ 611–613			2011	2015	
§§ 613a–619a			2011	2016	
§§ 616–630		2002			
§§ 620–630			2012	2016	
§§ 631–651		2003	2008	2013	
§§ 651a–651m		2003	2011	2015	
§§ 652–656		2003	2010		
§§ 652–661a				2015	
§§ 657–704		2006			
§§ 662–675b			2017		
§§ 675c–676c			2012		
§§ 677–704			2015		
§§ 741–764		2002	2008	2015	
§§ 765–778		2013			
§§ 779–811		2002	2009	2015	
§§ 812–822		1999	2007		
§§ 823 A–D		2016			
§§ 823 E–I, 824, 825		2009			
§§ 826–829; ProdHaftG		2003	2009	2013	2018
§§ 830–838		2002	2008	2012	2017
§§ 839, 839a		2007	2013		
§§ 840–853		2007	2015		
AGG		2017			
UmweltHR		2002	2010	2017	

Neubearbeitungen

Buch 3. Sachenrecht
§§ 854–882	2000	2007	2012
§§ 883–902	2002	2008	2013
§§ 903–924	2002	2009	2015
§§ 925–984; Anh §§ 929 ff	2004	2011	2016
§§ 985–1011	1999	2006	2013
ErbbauRG; §§ 1018–1112	2002	2009	2016
§§ 1113–1203	2002	2009	2014
§§ 1204–1296; §§ 1–84 SchiffsRG	2002	2009	
§§ 1–19 WEG	2017		
§§ 20–64 WEG	2017		

Buch 4. Familienrecht
§§ 1297–1320; Anh §§ 1297 ff; §§ 1353–1362	2007		
§§ 1297–1352		2012	2015
LPartG		2010	
§§ 1353–1362		2012	2018
§§ 1363–1563	2000	2007	
§§ 1363–1407			2017
§§ 1408–1563			2018
§§ 1564–1568; §§ 1–27 HausratsVO	2004		
§§ 1564–1568; §§ 1568 a+b		2010	
§§ 1569–1586b	2014		
§§ 1587–1588; VAHRG	2004		
§§ 1589–1600d	2000	2004	2011
§§ 1601–1615n	2000	2018	
§§ 1616–1625	2007	2014	
§§ 1626–1633; §§ 1–11 RKEG	2007	2015	
§§ 1638–1683	2004	2009	2015
§§ 1684–1717	2006	2013	
§§ 1741–1772	2007		
§§ 1773–1895; Anh §§ 1773–1895 (KJHG)	2004		
§§ 1773–1895		2013	
§§ 1896–1921	2006	2013	2017

Buch 5. Erbrecht
§§ 1922–1966	2000	2008	2016
§§ 1967–2063	2002	2010	2016
§§ 2064–2196	2003	2013	
§§ 2197–2264	2003		
§§ 2197–2228		2012	2016
§§ 2229–2264		2012	2017
§§ 2265–2338	2006		
§§ 2265–2302		2013	
§§ 2303–2345		2014	
§§ 2339–2385	2004		
§§ 2346–2385		2010	2016

EGBGB
Einl EGBGB; Art 1, 2, 50–218	2005	2013	
Art 219–245	2003		
Art 219–232		2015	
Art 233–248		2015	

EGBGB/Internationales Privatrecht
Einl IPR; Art 3–6	2003		
Einl IPR		2012	
Art 3–6		2013	
Art 7, 9–12, 47, 48	2007	2013	
IntGesR	1998		
Art 13–17b	2003	2011	
Art 18; Vorbem A + B zu Art 19	2003		
Haager Unterhaltsprotokoll		2016	
Vorbem C–H zu Art 19	2009		
EU-VO u Übk z Schutz v Kindern		2018	
IntVerfREhe	2005		
IntVerfREhe 1		2014	
IntVerfREhe 2		2016	
Art 19–24	2002	2008	2014
Art 25, 26	2000	2007	
Art 1–10 Rom I VO	2011	2016	
Art 11–29 Rom I–VO; Art 46b, c; IntVertrVerfR	2011	2016	
Art 38–42	2001		
IntWirtschR	2006	2010	2015
Art 43–46	2014		

Eckpfeiler des Zivilrechts	2011	2012	2014	2018

Demnächst erscheinen
§§ 581–606	2005	2013	2018	
§§ 854–882	2000	2007	2012	2018

oHG Dr. Arthur L. Sellier & Co. KG – Walter de Gruyter GmbH, Berlin
Postfach 30 34 21, D-10728 Berlin, Telefon (030) 2 60 05-0, Fax (030) 2 60 05-222